RVEPP. ÆTATI SVÆ.
1636

Herrn Warth
in aufrichtiger
Dankbarkeit
zugesprochen.

Titelbild:
Hans Francken. Der Hexensabbat. Ausschnitt aus einem Ölgemälde, 1607, Wien. Kunsthistorisches Museum.
Mit freundlicher Genehmigung.

Vorsatz:
Sebastian Wolff (ganz links) – Bürgermeister der Stadt Ingolstadt im Jahre 1636. Unter seiner Amtszeit (1629) wird die Eichstädter Hofschneiderin Katharina Nigglin verbrannt. Stadtarchiv Ingolstadt.
Mit freundlicher Genehmigung.

Hans-Jürgen Wolf

GESCHICHTE DER HEXENPROZESSE

HOLOCAUST UND MASSENPSYCHOSE VOM 16.–18. JAHRHUNDERT

EFB

1995

Die Deutsche Bibliothek – CIP-Einheitsaufnahme

Wolf, Hans-Jürgen:
Geschichte der Hexenprozesse : Holocaust und Massenpsychose vom 16.–18. Jahrhundert / Hans-Jürgen Wolf. – Erlensee : EFB-Verl., 1995
ISBN 3-88776-078-6

1. Auflage 1995

Printed in Germany
ISBN 3-88776-078-6

»Die Geschichte läßt sich auf die Dauer nicht fälschen, die Legende vermag vor der wissenschaftlichen Forschung nicht standzuhalten, das dunkle Gewebe wird ans Licht gebracht und zerrissen, auch wenn es noch so kunstvoll und fein gesponnen war.«

Dr. Jakob Ruchti

Empfehlungen

Zu den schrecklichsten Verirrungen der »Religion der Liebe« gehört die Bekämpfung vermeintlicher Hexen. Was einmal bloß als Wahn grassierte, wird mit dem Christentum blutrünstige Realität. Hans-Jürgen Wolf hat in jahrelanger geduldiger Arbeit viel Material gesammelt und diese Geschichte des Grauens durch eine beachtliche Fülle von Details konkretisiert. Gerade dies macht das Wesentliche seines Werkes aus, das zudem übersichtlich gegliedert, durch interessante Texttafeln bereichert, durch gute Bildbeigaben geschmückt und überhaupt trefflich ausgestattet worden ist. Besonders wertvoll: das mit Hilfe großer Bibliotheken erstellte umfangreiche Literaturverzeichnis. Und schließlich hat der Verfasser seine Behauptungen durch Hunderte von Fußnoten belegt; Stichproben ergaben deren Zuverlässigkeit. Auch wenn man, fast selbstverständlich freilich, durchaus nicht allem zustimmen wird, empfehle ich doch gern den mit so viel Mühe und ethischem Engagement verfaßten Band, der wohl jedem oft Neues über ein altes, den meisten aber nur in groben, großen Zügen bekanntes Thema bietet. Sagt Goethes Mephisto in der Hexenküche von »Faust« I: »Dies ist die Art, mit Hexen umzugehen«, so ist das hier die angemessene, dem Leser nützlichste Methode, ein Buch über Hexen zu schreiben. In den erstaunlich zahlreich dargelegten Hexenprozessen, in der eindringlichen Veranschaulichung im einzelnen, besteht der Vorzug dieser Dokumentation.

Karlheinz Deschner

Wenn Hans-Jürgen Wolf, abgeleitet von seinem Werk »Hexenwahn« jetzt das Buch »Geschichte der Hexenprozesse« auflegt, ist das nicht nur als weiterer erfreulicher »Aufklärungsversuch« zu begrüßen, sondern als Denkanstoß für die Gegenwart notwendig. Denn jene, die dieses grausame Verirrungsspiel der Vergangenheit im Namen eines gütigen, gerechten Gottes inszenierten, berühmen sich heute immer noch, als alleinige Vertreter ausgewählt worden zu sein, um die Liebe zu predigen. Ihre Liebe galt jahrhundertelang der Menschenverdummung, der Versklavung, der Verachtung, der Lust am Peinigen und Morden. Dabei sind die Hexenprozesse – das Zerstückeln, Aufhängen, Ertränken und Verbrennen »Andersgläubiger« – nur ein geringer Ausschnitt ihrer Verbrechen an der Menschheit. Aber sie sind »eines der scheußlichsten Greuel der Weltgeschichte und eines der entsetzlichsten Verbrechen, die das Schuldkonto der Kirche belasten. Hätte sie nie ein anderes Verbrechen begangen, dies eine würde genügen, sie mit ewiger Schmach zu beladen!« (Rosenow) Allein dieser Erkenntnis wegen wünsche ich dem Autor Erfolg.

Dr. Emil-Heinz Schmitz

»Fliegende Hexen«, Martin Le Franc, »Le Champion des Dames«, 1451. →

Des vaudoises
Quant
Vray es
Que le
Ne vint
Vont en
Veoir le
Ce nest
Tache
Ne aud
En par
Quant
Toutes
Et nest

Vorwort des Verlages

Immer mehr rückt die Erforschung der Hexenprozesse in den Mittelpunkt des allgemeinen Interesses. Ist es doch neben dem Holocaust des III. Reiches die umfassendste Ausrottungsmaschinerie gegen Unschuldige, die Christen in der frühen Neuzeit inszeniert haben. Lange wurde das heikle Thema tabuisiert, auch deshalb, weil es eng an die anerzogene Hörigkeits-Religion des falschverstandenen Christentums gekoppelt ist.

Die Literatur zum Thema war weitgehend abgeschrieben und verzerrt; immer und immer berief man sich auf den »Soldan-Heppe«, das »alte« Standardwerk zum Thema Hexen.

Unser Verlag legt nun dessen kompetente Überarbeitung vor. Das »neue« Standardwerk hat es in sich. Hinter ihm verbirgt sich die etwa zehnjährige Forschungsarbeit des geschulten und schreibgewandten Historikers, der mit dem Skalpell des Experten alle Schichten freilegt, die das Verstehen ermöglichen. Er räumt mit vielen bislang vorangetragenen Vorurteilen auf und ermöglicht dem Leser, das Thema von verschiedenen Seiten zu beleuchten.

Die Kapitel sind – wie in seinem Korrespondenzband »Sünden der Kirche« – logisch aufeinander abgestimmt und der erhebliche Quellenapparat, das umfassende Literaturverzeichnis, das Sach-, Namens- und Ortsregister sowie Hunderte von Bildern dokumentieren den Hintergrund des Autors.

Seit 1982 publiziert er zu dieser Problematik, so mit seinen längst vergriffenen Büchern »Hexenwahn und Exorzismus« oder »Hexenwahn … Hexen in Geschichte und Gegenwart«, die in seinem eigenen Verlag erscheinen konnten.

Unser Buch geht typographisch neue Wege. Es ist ein kompaktes Nachschlagewerk mit einem nahezu genialen Orientierungs- und Suchsystem. Die Schrift ist trotz der Materialfülle gut lesbar und viele Tabellen verdichten die Fakten.

Zudem publizieren wir nicht abgeschmackte Hexenbildchen, sondern – und das ist erst- und einmalig – stellen wir die Verantwortlichen in farbigen Portraits dar, soweit es noch greifbar war. In erschreckender Deutlichkeit wird klar, daß es vor allem der intellektuelle Hintergrund der Kirchen war, die das »Schaubild des Todes« teilweise aktiv, teilweise mit vornehmer Zurückhaltung, aber jedenfalls rücksichtslos betrieben haben. Hier ist die Schnittstelle zum letzten Holocaust.

Es wird deutlich, wie unchristlich die meisten Christen sind und man gelangt zu der Auffassung, daß sie von Zeit zu Zeit andere »abschlachten« müssen, um ihr dubioses System zu rechtfertigen. Ihre Aberwitzigkeiten in der Geschichte dokumentieren es in einmaliger Fülle: Kreuzzüge, Inquisitions- und Ketzerprozesse, Judenpogrome, Religionskriege und dann noch die Hexenverfolgungen der früheren Neuzeit. Der momentane Weg endet beim Katholiken Hitler und seinen christlichen Schergen.

So gesehen ist es ein ernstes Buch; es soll wachrütteln und dazu beitragen, die Toleranz in unseren Herzen zu fördern. Es geht nur über eine realistische Auseinandersetzung mit der Geschichte.

Bei dieser Gelegenheit machen wir darauf aufmerksam, daß der Titel »Geschichte der Hexenprozesse« Teil eines fünfbändigen Kompendiums des gleichen Autors ist. Wir empfehlen Ihnen, diese kompetente und neue Verlagsrichtung zu beachten.

EFB-Verlag
Herbst 1995

Für den schnellen Leser: Tabellen im Überblick

Für den schnellen Leser: Tabellen im Überblick

Kapitel

Grundlagen

Regionalstudien

Sonderteil

Quellenapparat

Einführung
—
Erklärungsversuche

Inhalt

Wenngleich das Motiv aus dem 19. Jh. stammt, hat man sich so die Vorbereitung der Folter angeblicher Hexen vorzustellen, von denen im deutschsprachigen Raum von Christen etwa 20 000 ebensolche umgebracht worden sind.

Einführung/Erklärungsversuche

Heute weiß keiner mehr so recht, was eine Hexe sein soll. Man denkt an etwas Negatives, Schaden Anrichtendes und hat gehört, daß es Verfolgungen gegeben haben soll. Es ist schockierend, weil es dokumentiert, wie wenig die Geschichte aufgearbeitet ist.

Nie war das Hexen ein exakt faßbarer Begriff und immer hat man auf etwas gedeutet, das mit Übersinnlichem, Heilkundlichen oder Bösen zu tun hat. Dieses Problem haben vor allem die, die sich heute als Hexen/ und oder Hexer ausgeben! Der Begriff der Hexe ist unscharf. Es gilt, mit einer »gigantischen« Illusion aufzuräumen, weil nur so eine realistische Schadensanalyse gemacht werden kann. Die Geschichte des Hexenwahns ist das schwärzeste Blatt der Kulturgeschichte. Die Hexenprozesse stellen ein erschütterndes Dokument des fatalen Aberglaubens unter zivilisierten Barbaren dar.

Es hat zu keinem Zeitpunkt unserer Geschichte Hexen gegeben, sondern immer nur solche, die gemeint haben, eine zu sein, bzw. die man als solche ausgerufen und verstanden hat.

Behringer bestätigt es, wenn er sagt: »Hexen im Sinn des elaborierten Begriffes gab es sicher nicht, doch Personen, die sich dafür gehalten haben. Es ist fraglich, ob die Zielgruppe durch die Verfolgungen erfaßt worden ist.«

Es ist es nicht neu, denn 1612 sagt der in Dieburg festgenommene Philipp Kremer: »es wundere ihn, daß man Dinge glaubt, die unmöglich sind und die man aus keiner Schrift beweisen kann.« Spee zweifelt 1631: »ob es Hexen gäbe.« Und doch sollte die (Ohn)macht des Irrglaubens nicht unterschätzt werden, was Niklas von Cues 200 Jahre vorher erkennt: »Es kann sein, daß der Teufel ihnen begegnete, weil sie an ihn

Christliche Repressalien und Diskriminierungen gegen Juden

1. Man behauptet: »sie haben sich dem Wahrsagen, Zaubereien, magischen Kulten und Hexereien hingegeben, durch die sie viele unvernünftig Kranke und Schwache den satanischen Gaukeleien zuführen.«
2. Papst Gregor XIII. erläßt 1581 die Bulle *Antiqua Judaeorum improbitas.*
3. Kurfürst Ferdinand aus Kurköln, der jüngere Bruder Maximilians (aus München) schürt – wie er – unter jesuitischem Einfluß einen Feldzug in seinem Verantwortungsbereich wider die ihm verhaßten Hexen. Schormann gelangt zu der Auffassung, es wäre ein gezielt ausgerichtetes Vernichtungsprogramm, das Hitlerschen Pogromen ähnlich ist.
4. 1535 wird in Jägerndorf der Älteste der Judenschaft von Leobschütz, Abraham Hirsch, wegen Zauberei verklagt. Er habe von einer Frau Milch verlangt, um die Christenheit umzubringen. Er wird gefoltert und vermutlich am 8. Juni 1535 hingerichtet. Die Judenverfolgungen lassen sich hier bis in das 12. Jahrhundert zurückverfolgen. Im Fürstentum Neisse, lange als das »Schlesische Rom« betrachtet, kommt es zu ähnlichen Exzessen.
5. Luther verfaßt 1543 seine Schrift *Von den Juden und ihren Lastern.*
6. Immerhin: Die Besagung einer Jücin (!) als Hexe läßt sich dokumentieren. Es handelt sich um Golda, Julius Rubens Hausfrau aus Treysa im Hessischen. Der Vorfall ereignet sich 1669: sie will sich dem Teufel verschrieben haben.
7. Der Frankfurter protestantische Geistliche Waldschmidt gibt 1569 zum Besten: »die Juden sind des Teufels Werkzeuge und haben Gott nicht.«
8. Im Kurfürstentum Mainz wird Veronika aus Usingen im Februar 1511 öfters als »Judenhure« bezeichnet; vermutlich war sie Konvertitin.
9. Im Zauberer Jackl-Prozeß (1675–90, Salzburg) soll der Bandenführer Marteln beschmutzt und gesagt haben: »Pfui dich, du schiecher Jud, bist meiner nicht würdig.«
10. Im Verbund mit dem Pappenheimer-Schauprozeß (München 1600) räumen Bezichtigte ein: »Juden hätten sie angesprochen, junge Kinder zu bringen ... wöllen ihms wohl bezahlen ... darauf er dann ein fünfjähriges Bübel, welches schon mit ihm laufen können, gestohlen und dem alten Elß Juden zugebracht, darumben er ihm 20 fl. geben.«
11. Pius VI. erläßt 1775 ein Edikt *sopra gli Ebrei,* in dem er »Hexereien, Zaubereien, Deutungen, Heilungen durch Psalmverse oder andere Taten, welche Aberglauben bedeuten, mit schweren Strafen bedroht. Christen und Juden sollten solche Verbrechen mit 100 Scudi, Rutenstreichen und lebenslanger Galeere büßen. Silberschmieden wird verboten, Amulette für Juden anzufertigen.
12. 1871 wagt der in Prag wirkende Theologieprofessor August Rohling, »die sittliche Verworfenheit und das asoziale Verhalten der Juden« aus dem Talmud nachweisen zu können.
13. 1895 verfaßt Pfarrer Deckert das Buch *Die ältesten und gefährlichsten Feinde des Christentums* und meint damit die Juden.

glauben. Was man glaubt, das begegnet einem.«

Der 68jährige Christian Thomasius stellt in einem Gutachten aus dem Jahre 1723 im Verbund mit einer in Schweinfurt Besagten klar: »es gebe keine Hexen und keine Hexerei, das sei ein Wahn.«

Er sitzt so tief in den Herzen des einfältigen Volkes, daß noch heute, kurz vor der Wende zu einem neuen Jahrtausend, 5 bis 8 Millionen Bürger in irgendweiser Weise daran glauben.

Wenn das Thema auf die Hexen kommt, ergibt sich fast immer das gleiche Schema:

- Das Wüten gegen sie gehört dem finsteren Mittelalter an.
- Man habe überwiegend Frauen verbrannt.
- Ihre Zahl gehe in die Millionen. (So hat es übrigens noch Soldan vor 100 Jahren gesehen!)

Vereinfachte Pauschalurteile über geschichtliche Fakten treffen oft neben das Ziel. Geistige Erschütterungen werden aus widersprüchlichen Quellen gespeist. Sie fließen aus Rinnsalen zusammen, brechen plötzlich auf und suchen ihren Weg.

Trotz vieler Errungenschaften wandeln wir nicht im Licht der Vernunft: »bald geht die Entwicklung der Menschheit langsam und schnell voran. Stets werden Vertreter einer höheren Stufe auf uns blicken. Auch über uns wird zu Gericht gesessen. Menschsein ist Irrtum; der Beste ist nur ein Kind seiner Zeit.«

Nach wie vor ist es so, daß in der Vorstellung vieler der Aberglaube mit elementaren Kräften der Bildung streitet; oft zugunsten des einfachen Weges. Wäre das Thema nicht so erotisch, grausig und pikant, möchte man am liebsten mit einem Achselzucken darüber hinwegsehen, so wie beim Glauben an Gespenster, das Goldmachen oder an Werwölfe.

Es berechtigt nicht, die Sache auf sich ruhen zu lassen. Eine Analyse der Hexenprozesse führt zu erschreckenden Ergebnissen über uns. Es lohnt, sich damit zu beschäftigen, denn nur so sind wir in der Lage, der in uns liegenden Intoleranz, Inkompetenz, Überheblichkeit, Besserwisserei, intelektueller Eitelkeit und Selbstsucht – oft nur um eines winzigen Vorteils willen – entgegenzutreten.

Phänomen Judenhaß

Die systematische Verfolgung der Juden setzt mit den Kreuzzügen ein, die letztendlich und aus heutiger Sicht, mit einer elenden Blamage für die Christenheit enden. Dann scheinen sie für die sozialen Spannungen des Mittelalters verantwortlich gemacht zu werden und so festigt sich das »antijüdische«

Feindbild

In der Krise des 14. Jahrhunderts treten die (bis auf das 20.) schärfsten Judenpogrome auf. Schon Kreuzzüglern stehen sie im Wege. Nach 1348, im Verbund mit einer Pest und konstruierten Brunnenvergiftung, geschieht etwas Merkwürdiges, denn die Christenheit erhebt sich zu einem neuen Schachzug wider die ihnen verhaßten Juden, obgleich sie ihnen nichts getan haben.

Vermutlich führt die Kampagne im deutschsprachigen Raum zum größten Massenmord an den Juden im Mittelalter. Sie werden in Hunderten von Gemeinden grausam aus der christlichen Welt geschafft. Hinzu kommen die ihnen unterstellten Ritualmorde an christlichen Kindern und Hostienschändungen. Beide Phänomene treten bei den Hexenbränden nochmals in schauerllicher Eintracht auf.

Deshalb ist die Frage berechtigt, ob eine Brücke von der Verfolgung der Juden zu der der Hexen führt, die im paranoiden Haß der Christenheit begründet ist. Wolfgang Häuser hat recht, wenn er sagt: »die brennende Frage nach dem Ursprung des Bösen obliegt keineswegs nur dem analysierenden Historiker, sondern dem persönlichen Gewissen und dem demokratischen Bewußtsein der jeweiligen Gesellschaft.«

Juden- und Hexenwahn liegen in langen Traditionsreihen begründet. Grundlage ist auch hier die verfälschte christliche Bibel mit ihren tausendfachen Widersprüchen. Johannes *soll* gesagt haben (4.22.) »Das Heil komme von den Juden.« Und dann *soll* er gesagt haben. (8.44) »Ihr habt den Teufel zum Vater, und nach euers Vaters Gelüste wollt ihr tun. Der ist der Mörder von Anfang und steht nicht in der Wahrheit, denn sie ist nicht in ihm.« Matthäus *soll* gesagt haben: »sein Blut komme über uns.«

Jedenfalls bringt das Mittelalter zahllose Beispiele von Judenverhöhnungen in Wort und Bild. 1293 werden Brünner Juden eines Ritualmordes bezichtigt; sie sollen einen Christen um seines Blutes willen getötet haben. Um die Wut des Volkes zu beschwichti-

Grober Holzschnitt aus dem späten Mittelalter. Juden auf dem Weg zur Hinrichtung.

gen, läßt Herzog Albrecht I. zwei von ihnen rädern. Die Wiener Synode der Salzburger Kirchenprovinz von 1267 verbietet Juden und Christen die gemeinsame Mahlzeit. Der Geschlechtsverkehr mit einer Christin wird mit zehn Mark Silber gebüßt und der Jude soll äußerlich durch einen gehörnten Hut (pileum cornutum) als Fremdling gekennzeichnet werden. **»Hexenprozesse haben in Deutschland die nach der Judenverfolgung größte nicht kriegsbedingte Massentötung von Menschen durch Menschen bewirkt.«**

Ein Blick in die Geschichte bestätigt es. »Die Wellen der Verteufelung und Vernichtung von Hexen und Juden verliefen nicht synchron, sondern lösten einander ab, wobei es zu einer bezeichnenden Vermengung der Stereotypen kam.« (Häusler). In beiden Fällen sind die Täter Christen. Bei der Betrachtung des Hexenwesens lassen sich einige Parallelen aufzeigen.

Wo ist der wesentliche Unterschied zwischen den Phänomenen?

1. Als die christlichen Besatzer 1945 einen von Christen begonnenen und unter der Verantwortung eines Katholiken mit einer jesuitischen Riege geführten Krieges einmarschieren, um ihn zu beenden, wird über Nacht eines der größten Verbrechen der Christenheit der Öffentlichkeit bekannt. Millionen von Kriegstoten und unzählbare Opfer in den Konzentrationslagern dokumentieren es. Gelernt hat man nichts daraus, weil heute schon wieder Christen in kriegerische Händel verwickelt sind und sich auch diesmal der Vatikan in Schweigen und Passivität hüllt.

2. Anders bei der »historischen« Hexenverfolgung. Man geht heute davon aus, daß ihr im deutschsprachigen Raum etwa 20 000 Menschen zum Opfer gefallen sind. Diese Prozesse, die etwa 450–250 Jahre zurückliegen, sind mehr oder weniger »eingeschlafen«.

Es sind trotz geringerer Bevölkerungszahlen im Vergleich des Holocaust des III. Reiches verschwindend wenige. Und doch hat es bis vor wenigen Jahrzehnten gedauert, bis man sich ernsthaft dieses schaurigen Kapitels angenommen hat; möge die Aufarbeitung der Kriegsverbrechen des III. Reiches rascher vorangehen. Es sind völlig neue Interpretationen zum jetzigen Stand zu erwarten und es wird sich herausstellen, wer die Fäden in der Hand gehalten hat! An dieser Stelle kommt es zur Kongruenz der Täter!

3. Juden sind existent und als Religionsvariante ernst zu nehmen. Hexen nicht. Sie sind konstruierte Fabelwesen und man muß sie suchen! Zu einem Völkermord benötigt man eine Ideologie und schwerwiegende Indizien, zu einem Hexenprozeß den schlechten Ruf der Angeklagten, Zeugen und Besagungen.

Entscheidend ist der dahinter steckende Geist und es scheint, als müsse die Christenheit von Zeit zu Zeit ein Inferno inszenieren, um sich ins rechte Licht zu rücken. Beschämend ist, wie viele sich Christen Nennende zu solchen Glaubensmorden hinreißen lassen. Man muß es begreifen: die Christen sind die Verfolger und keinesfalls die Verfolgten! Gab es einen

Hexen-Holocaust?

Im Volk bildet sich eine »gesteuerte« Angst. Alle waren vom Hexenwahn besessen und es schien gefährlich, andeutungsweise dagegen anzugehen, um gegen die ungeheuerliche Geisteskrankheit seine Stimme zu erheben. Es findet eine erschreckende Parallele im III. Reich. Einmal in den Fangarmen von Klerus, Obrigkeit und Justiz, gibt so gut wie kein Erbarmen oder Entrinnen.

Es sind Phasen mehr der fanatischen denn überlegten Verbrechensbekämpfung festzustellen. Es kommt zu Massakern und der Ausrottung ganzer Familien: es zeigen sich Perioden der Selbstvernichtung. Niess gelangt zur Auffassung, daß die historischen Grundlagen solcher Ausbrüche gleich sind:

- Wenn eine Gemeinschaft in eine ausweglose Situation kommt.
- Wenn in ihr eine Idee geboren wird, die Rettung und Erlösung bringen soll und
- Idealisten die rettende Idee rücksichtslos durchzusetzen suchen: Das Ergebnis ist ein Holocaust.

Es ist insofern dramatisch, weil wir heute wieder vor einer solchen Situation stehen! Wenn die Gewalt zunimmt, hat es (ebenfalls) religiöse Triebfedern, denn die Hauptreligionen haben sich zu weit von den Herzen der Gläubigen entfernt; das Maß der klerikalen und intelektuellen Ausbeutung ist voll.

»Geschichtliche Ereignisse sind meist das Werk bestimmter Personen oder -gruppen. Sie treiben die Ereignisse mit Leidenschaft voran, wobei Humanität und Toleranz oft im Hintergrund bleiben.«

Systematische Ausrottungsprogramme sind kaum feststellbar; außer vermutlich im Kurfürstentum Köln mit seiner Hauptstadt Bonn unter dem Jesuitenschüler Ferdinand. Es fällt auf, daß sein Kommissar Heinrich von

Schultheiß gleichfalls ein Jesuitengymnasium besucht. Selbst dies findet eine Parallele unter dem Katholiken Hitler. Mehr als Abrundung sei auf das Engagement der Nationalsozialisten im III. Reich verwiesen. Das von Himmler eingerichtete

Hexensonderkommando

das in acht Jahren etwa 36 000 Hexenprozesse erfaßt, hat außer einer gigantischen und heute schwer verwertbaren Materialsammlung nichts bewirkt. Polnische Beamte haben sie 1946 im Schloß von Schlawa (Schlesien) gefunden. Hintergrund war vermutlich, weltanschaulich-ideologische Dinge abzuleiten, um das System zu festigen, bzw. eine bessere Handhabe gegen rassische Minderheiten zu dokumentieren. Es scheitert an der bunten Vielfalt des Volkscharakters. Man sucht erfolglos nach germanisch-deutschen Grundwerten. Vermutlich haben bereits damalige Experten erkannt, daß das Unterfangen sinnlos ist. Dramatisch wird es, wenn die hinter ihm gelagerten religiösen

Strickmuster

erkennbar werden. Beispiele sind die Verfolgungen der Ketzer, die Inquisition, Judenpogrome des 14. Jahrhunderts, die Verfolgungen der angeblichen Hexen über etwa 200 Jahre und schließlich die Holocaust-Krönung im frühen 20. Jahrhundert. Alle damit im Zusammenhang stehenden Verbrechen haben Christen begangen! Die von den Kirchen über Jahrhunderte systematisch organisierte geistige Knechtschaft trägt im Umfeld des Hexentreibens bittere Früchte.

Der entscheidende Block, der seit Jahrhunderten wie eine Klammer das Abendland zusammenpreßt, die Macht der Kirche, hat versagt! Er stellt egoistische Ziele in den Zenit seiner Interessen. Die Notlage der Bevölkerung, die sich in der menschlichen und tierischen Unterversorgung manifestiert, wird ausgenutzt und persönliche Schicksale von Kanzeln als Fingerzeig Gottes gewertet; man soll *noch* mehr beten, *noch* mehr glauben (*noch* weniger denken!), *noch* mehr zahlen und *noch* mehr denunzieren.

An diesem Wollen hat sich bis heute nichts geändert und es ist frappierend sehen zu müssen, wie lange sich die Glaubensschäflein dies mit der größten Selbstverständlichkeit gefallen lassen.

Die Kirchen bleiben im Hintergrund, obwohl ihr Lied geträllert und oft nach ihrer Pfeife getanzt wird. Den Pfarrern und Priestern als geistlichen Erfüllungsgehilfen ist ob ihrer unmenschlich-falschen Religiosität schon mehrfach der Realitätssinn abhanden gekommen.

Tatsache ist, daß die Hexenverfolgungen in anderen westeuropäischen Ländern nicht das Ausmaß wie in unserem Raum einnehmen. Sie sind vor allem ein »deutsches« Phänomen, dem Land des »klassischen« Katholizismus. Zipfelmützentum und Hörigkeitswahn sind Garanten für weitere Ausbrüche.

Die Erforschung des Hexenwesens ist ein Griff in ein Wespennest; zu lange von Historikern verdrängt und noch länger vom Klerus als temporäre Nichtigkeit betrachtet, verbirgt sich hinter ihm ein blutiges Kapitel in einer Zeit, in der es hätte nicht geschehen dürfen. Man rechnet die Hexerei zu den menschlichen Irrtümern; das sind sie nicht. Dann müßte man die Verfolgung von Juden und Andersdenkenden einschließlich der Konzentrationslager der jüngsten Geschichte ebenfalls abtun.

Lebensbedingungen

Die Führung der Hexenprozesse wird mehr und mehr als Resonanz gesellschaftlicher Spannungen verstanden (Schormann), die durch wirtschaftliche Umschichtungen verursacht sind.

Eine Würdigung des Phänomens ist schwierig. Man muß versuchen, die Emotionalität der Zeit auszuleuchten. Es soll gegen die Vergangenheit und deren agierende Menschen keine Anklage erhoben, sondern nur gezeigt werden, wie Unwissen und Intoleranz zu geistigem Verfall und Selbstzerfleischung führen. Es geht um das Auseinanderbrechen der abendländischen Glaubenseinheit und Völkergemeinschaft (Pohl).

Immer wieder werden soziale Spannungen deutlich. Die allgemeinen Lebensbedingungen sind bedroht: Türkengefahr, Glaubensspaltung(en), Kriege, zunehmende Gewalt, Bevölkerungswachstum, Seuchen, Wetterkatastrophen, Kindersterblichkeit sowie hohe Steuern wirken begünstigend.

Die meisten Verurteilten leben in bescheidenen Verhältnissen. Die junge Hechtbeckerin sagt: »wisse wohl das sie im Verdacht der Hexerey gehalten werdt, auß denen ursachen, Weil sie arm, von ihrem Ehemann verlassen, Und geschehe gemeinlich, wan Jemandt kein Oberhaupt habe, so wolt ein jeder denselben undertrucken, und habe sich derzeitt hero von einem Jedem bernheutter (Bärenheuter) mussen hutteln (wohl (?) bevormunden) lassen.«

Klagepunkte wider das falschverstandene Christentum im Verbund mit dem Hexenbrennen.

- Die Kirche ist von ihrer intellektuellen Haltung auf dem Status des *Hexenhammers* stehengeblieben und demonstriert in einmaliger Weise ihre geistige Verknöcherung.
- Ihre Wortführer haben zu einem frühen Zeitpunkt die Anordnung der Folter gutgeheißen.
- Sie haben zu allen Zeiten den geistigen Fortschritt gehemmt, falls er nicht in ihrem Sinne auszubeuten war.
- Sie haben nichts zur geistigen Befreiung und Kritikfähigkeit der Menschen beigetragen, sondern sie auf Irrtümer verpflichtet und die geringste Abweichung drakonisch geahndet.
- Die Kirche hat zu keinem Zeitpunkt eingeräumt, daß ihr Verhalten unrecht, intolerant und unwahr ist.
- Sie hat den Teufelswahn, der nichts denn ein Ammenmärchen ist, in die Welt gesetzt und dieses Fabelwesen Leichtgläubigen an den Rockzipfel gehängt.
- Die Christen sind nicht die Verfolgten, sondern die Verfolger. Beispiele liefern die Phasen der Inquisition, der Ketzerverfolgungen, der »historischen« Judenpogrome, der Hexenverfolgungen, ihre dubiose Beteil gung an Kriegen, die »jüngsten« Judenpogrome und die gegen ethnische Minderheiten im III. Reich unter dem Katholiken Hitler und seiner jesuitischen Zuträger.
- Sie haben die Ängste der Menschen geschürt, anstatt sie zu befreien.
- Ihre Wortführer haben mit ihrer längst überholten Sexualvorstellung einen Schatten über Europa gelegt und – fast für sie selbstverständlich – jeden zweiten Menschen, jede Frau, diskriminiert.
- Deshalb sind die Parallelen zwischen dem Hexen-Holocaust und dem des III. Reiches unverkennbar.

Der 74jährige Cunz Hoffmann sagt während seiner Gefangenschaft: »seine Frau sei so böse, daß man es nicht glauben könne ... er sei unschuldig und habe noch niemand etwas Böses zugefügt.« Hans Hilpert sagt: »seine Frau koche so schlecht, daß er noch sterben müsse ... auch seine Kuh sei zauberisch gemolken worden.« 1616 sagt der Gamburger Amtskeller Löffler: »es geb der meiste theil ihre weiber selbst gutwillig zum feyr, wan sie solche zauberische undugenden hinder ihnen wüßtn. Gott behüdt einen hjeden ehrliebenden haussvatter sein weib und kindt, so mit diesem laster nicht behafft, vor falschen Zungen, allem ubel und laidt.« Ende April 1569 zeigt Hans Wagner von Langen die Frau seines Nachbarn an, »sie habe nicht nur Ehemängel, sondern auch ein Mädchen blau gezaubert; zudem habe sie Vieh verdorben.«

1665 wird im Hessischen die Frau von Helwig Brand unmenschlich gefoltert. Er muß für die Kosten aufkommen, sein Haus opfern und wegziehen. Als er zurückkehren möchte, intervenieren die Bürger und der Rat von Schweinsberg: »man habe Angst vor neuen Behexungen und es sei zu befürchten, daß sich hier kein anständiger Mensch mehr niederlassen würde.«

Irmel Heydt aus Damm (Kurfürstentum Mainz) gesteht im peinlichen Verhör vom Juli 1603, vor drei Jahren aus Not eine Hexe geworden zu sein.« Margreth, Hans Schürs Weib bekennt ebenfalls aus Armut zur Hexe geworden zu sein. Ähnlich geht es Anna Glau aus Aschaffenburg. Sie gesteht im peinlichen Verhör am 10. Juli 1603, »als sie vor etwa zehn Jahren von Schulden belastet und die Creditores heftig uf sie gedrungen, sei sie eine Hexe geworden.«

Die Lebensbedingungen der Stadt- und Landbevölkerung verschlechtern sich seit 1470 kontinuierlich. Der Getreidepreis verteuert sich bis 1620 um 260 %. Das Ansteigen der Bevölkerung um 70 % führt zur Lebensmittelverknappung und dies zur Teuerung. Eine Zunahme der Produktivität kann das Problem nicht ausgleichen. In solchen Fällen wirken sich Ernteschäden katastrophal aus. In den drei letzten Jahrzehnten des 16. Jahrhunderts häufen sich Mißernten. Unter dem Volk steigt die Unruhe und man sucht (wieder einmal) nach Sündenböcken. So gesehen geht die Initiative zur Hexenjagd von Bürgern aus. Um das Überleben der dörflichen Strukturen zu sichern, entschließt man sich, Außenseiter auszugrenzen.

Wenn Hexen für Peste(n), Krankheiten und Mißernten verantwortlich werden, liegt der Schluß nahe, daß man ihnen das Zurückgehen der Lebensbedingungen anzulasten versucht. Es wird deutlich, wie unterentwickelt das Verständnis für die Naturwissenschaften ist, dessen Aufblühen die Geistlichkeit zu hindern sucht. Hier kommt der Kampf zweier Phänomene zum Ausbruch: der Irrglauben der Kirchen mit dem uralten Volksaberglauben, der ihn übertrumpfen wird.

In der Regel kommen die Herrschenden, selbst verwoben in den Wahn der Zeit, der Vorstellung nach, anstatt sie einzugrenzen. Es sind Auswirkungen und Formungen der Renaissance und damit dem geprägten »neuen« Menschenschlag. »Die Leidenschaft zu untersuchen, entdecken und analysieren, die fördernde Kritik und die freie Forschung, das Abwerfen der Dogmen, die Steigerung der Allgemeinbildung und das Zerpflücken des Scholasmus. Der Mensch, der seine schöpferische Kraft der Natur auferlegt, ist des Pudels Kern.« Im gefühlsmäßigen Gegenschlag schlägt das Pendel des Aberglaubens diesmal in Richtung Hexenverfolgung um.

Historische Hexennamen

hagazussa	(Zaunsitzerin)	alt-nordisch
hexse		deutsch (1293)
hess		deutsch (1387)
hezze		deutsch
haghetissen		deutsch
häxen		deutsch (15. Jh.)
hächse		deutsch (1510)
hägs		deutsch
hag		englisch
hazessa		deutsch
hekse		holländisch
holzmuoia		deutsch
tunritha	(Zaunreiterin)	alt-nordisch
zunrite	(Zaunreiterin)	oberdeutsch
walriderske	(Zaunreiterin)	niederdeutsch
wildaz wip	(das wilde Weib)	deutsch
wicca	(die weisse Frau)	altenglisch
witch		englisch
sorcière	(Zauberin)	französisch
strega	(Streicherin)	italienisch
erbaria	(Kräuterfrau)	italienisch
bruja	(Zauberin)	spanisch
xorguina	(Zauberin)	spanisch
maga	(Zauberin)	lateinisch
striga	(Eule)	lateinisch
venefica	(Giftmischerin)	lateinisch
malefica	(Schadenszauberin)	lateinisch
indivina	(Wahrsagerin)	lateinisch
lamia	(weibl. Dämon)	lateinisch
masca	(Maske)	lateinisch
larva	(Totengeist)	lateinisch

Klimatische Umschichtungen

Sicher ist die Abhängigkeit von der Witterung für die damaligen Bürger bedeutender, als es uns heute erscheinen mag: daran hängt die Nahrungskette und an ihr die Teuerung. Mißernten führen zu Viehkrankheiten und einer erhöhten Kindersterblichkeit. Das Klima ist eines der kritischen Punkte zur realistischen Beurteilung des »historischen« Hexenwahns, zumal es des öfteren Geistliche als »göttlichen Fingerzeig wider die sündhaften Menschen« interpretieren.

Es ist denkbar, daß die extremen Klimaprobleme der Vergangenheit zu Auslösern oder Aktivatoren von (Hexen)verfolgungen werden. Um 1500 brechen Exportmärkte und Kapitalströme auseinander, während die Bevölkerung »explodiert«. Dann entsteht eine »Kleine Eiszeit« und 1563 friert der Bodensee zu. Die massive Hexenverfolgung im süddeutschen Raum kann davon beeinflußt sein. In Bayern steigt die Zahl der Hexenverfolgungen nach 1560.

1578 wird in München eine Frau als Hexe verurteilt, die man für Unwetter über Starnberg und Weilheim verantwortlich macht. Etwa ab 1580 setzt eine für zehn Jahre anhaltende Mißernteperiode ein, die zur Verarmung eines Großteils der Bürger führt. Fuggerzeitungen sprechen von »großer Angst und Armuet.« In Trier fallen innerhalb kurzer Zeit 350 Menschen der Wahnvorstellung zum Opfer, »weil man glaubte, daß der durch viele Jahre anhaltende Mißwachs durch Hexen und Unholde aus teuflischem Haß verursacht werde, erhob sich das ganze Land zur Ausrottung der Hexen.«

In Bad Waldsee und dem Stift Obermarchtal (siehe dort) setzen umfassende Kampagnen ein. Im Hochstift Augsburg werden zwischen 1587–88 mehr als 20 Personen wegen Hexerei verklagt. Dann setzen Beschuldigungen in Schwabmünchen ein und kurz darauf entflammt einer der größten Hexenbrände in Schongau. (siehe dort)

Im Zenit aller Kriege und Verfolgungskampagnen stehen menschliche

Machtgelüste und Schwächen

man will sich profilieren und opfert dem gesunden Menschenverstand einer absurden Idee, einen Krieg zu gewinnen oder einen Schwächeren zu unterdrücken. Das Alibi ist einfach; braucht man doch nur zu gehorchen. Sagte nicht Spee zurecht: »Pfui, ist das eine Schande, die an uns Deutschen zu beobachten ist.« 1613 berichtet der Schwäbisch Gmünder Jurist Kager: »der Pöbel denunziere umb geringer ursachen willen Leute als Unholde und Hexen.« Es gibt regelrechte

Besagungsketten

Im Zusammenhang mit den Hexenverfolgungen im Naheraum sagt Bröder: »er habe die Nachricht von Jungs Hexerei von seiner Frau erfahren; diese behauptete, Katharina, Ehefrau von Theobalt Frey, habe sie ihr im Backhaus anvertraut. Katharina hat das Gerücht von Margerath, Frau dey Peter Lorentz gehört, welche wiederum Ottilia, die Tochter des Dominik Culmann, als ihre Quelle benannte. Ottilia Culmann will es von Anna, des alten Seibels Frau, gehört haben. Anna Seibels leugnet erst, das Gerücht verbreitet zu haben, als aber mehrere Zeugen Ottilias Aussage bestätigen, gibt sie sie am 30. Mai 1630 zu, Hans Jung und Conrad Bender der Hexerei bezichtigt zu haben. Nach einer Bedenkzeit fügt sie hinzu, sie habe die Nachricht nicht erfunden, sondern von Johann Friederich gehört. Dieser beteuert glaubhaft, daß es Anna nicht von ihm erfahren haben konnte, da er selbst erst davon geredet habe, als der Fall vor Gericht behandelt wurde. Da Anna keine andere Quelle nennen kann, bleibt der Verdacht der Besagung an ihr hängen.«

Die menschliche Schwäche, andere zu denunzieren, ist eines der zentralen Anliegen der »historischen« Hexerei. Daran hat sich bis heute nichts geändert. Tatsache ist, daß sich der Vorwurf der Hexerei gegen alle Schichten der Bevölkerung richtet. Praetorius klagt 1669: »nicht nur alte betagte, sondern auch unverständige Kinder, nicht nur Weiber, sondern auch Männer, nicht nur geringes sondern auch hohen Standes Personen, nicht nur Weltliche, sondern auch Geistliche, nicht nur ungelehrte, sondern auch berühmte Doctores auß allen Facultäten seien unter den Hexen zu finden.«

Mutter-Tochter

»Wann sie dem Teuffel ein Gefallen thun, bringen sie ihm viel Kunden und zupflichtige Unterthanen. Gemeiniglich bringt das Weib ihren Mann dazu, die Mutter ihre Tochter, …

Entwicklung: Hexenwüten 1500–2000 (ca. Werte)

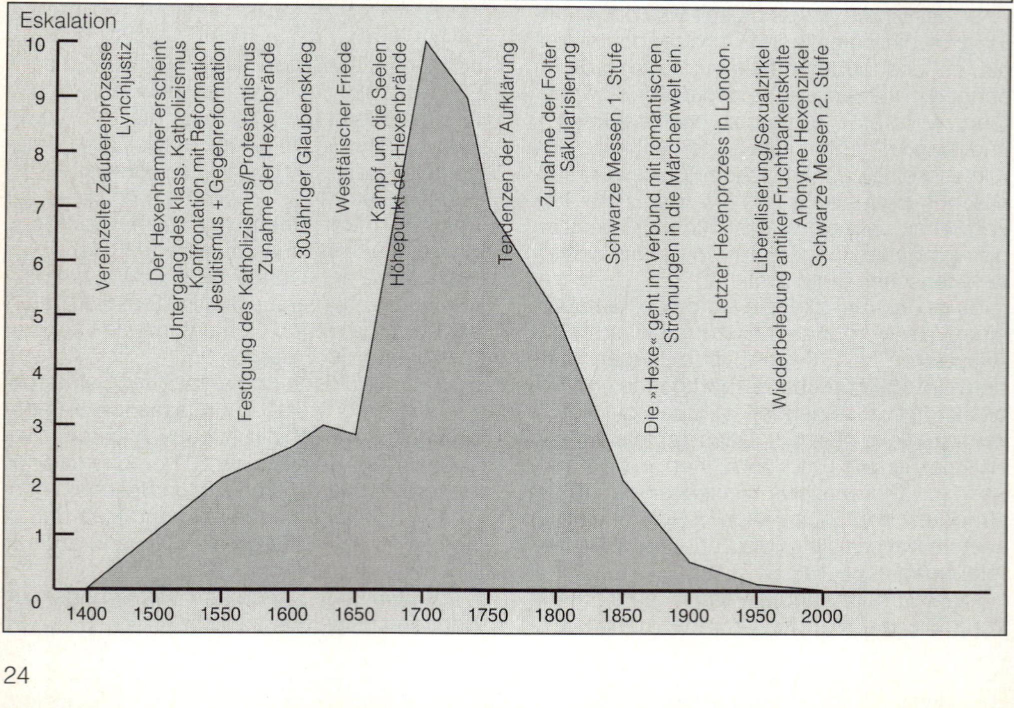

erbens offt von Geschlecht und Geschlecht auff einander, inmassen diß durch unzehlich viel gerichtliche Proceß ist kundbar worden.«

Er weist auf das Phänomen des schlechten Leumundes, der sich oft über Generationen zieht und speziell auf Mutter-Tochter-Beziehungen abgestimmt ist. »Etliche böse Schälk und Buben gehen morgens neben einen anderen hin an der linken seyten, reden ihm nicht zu, antworten nichts auf ihre Rede, legen den Daumen in die zugeknöpfte Faust, und stoßen sie darmit in die Hüfft. Wer ihnen nachschreyet und schilt, muß ein Zauberer sein.«

»Oder schmieren ihre Schuh auff Sonntags Morgen und stellen sich in die Kirchtüren. Wer dann nicht bald und gern neben ihn hinauß geht, muß schuldig sein.«

»Oder legen ihnen verkehrte Besen in den Weg, den sie gehen müssen, welche das recht überschreiten, die dörffen sie für Hexen ausschreyen und schelten.«

Balthasar Bekker (1634–1698). Nach einem Gemälde von Zacharias Weber.

Herkunft und Alter

des Hexenbegriffes lassen sich nicht mehr fassen. Dante sagt in seiner Göttlichen Kommödie: »Sieh die Erbärmlichen, die, Nadel, Spule und Schiffchen verlassend, Zauberinnen wurden und Hexerei mit Kraut und Wachsbild trieben.« Der Glaube an die Wirksamkeit von Hexen und Hexern ist Bestandteil unserer kulturellen Entwicklung und führt zu den Anfängen der Naturreligionen und Mutterkulte. Aus der Imagination entwickelt sich – nach einer mehrtausendjährigen friedlichen Phase – unter dem Einfluß des Christentums – ein Ungeheuer von grausigen Dimensionen; es hat über die abendländische Geschichte einen Schatten geworfen.

Auch außereuropäische und einige südafrikanische Völker glauben an Hexerei. Dort wird sie von Kaioab (Männern) und Kaiabs (Frauen) ausgeführt. Sie geben vor, Regen zu machen, Kranke zu heilen und die Ursachen des menschlichen Todes zu kennen. Der afrikanische Regenmacher und die europäische Wetterhexe deuten auf gleiche Wurzeln.

Das Wort Hexe setzt sich aus zerstückelten Vorstellungen antiker, südländischer und germanischer Begriffe zusammen. Ansatzpunkte sind die Begriffe hag (Zaun) und zussa (Weib). Wir haben die bei Assyrern und Babyloniern bekannte Zaunreiterin vor uns, die keine Erfindung des 16. Jahrhunderts ist!

Die italienische Strix (altfranz. estrié) entspricht dem antiken Zaubervogel und darum mehr römisch -abergläubischen Vorstellun-

Christian Thomasius (1655–1728) gilt als der juristisch erfolgreichste Gegner des Hexenwahns.

gen. Grimm sucht nachzuweisen, daß das Wort von hägtese (altsächsisch = dexter) stammt. Es deutet auf ein verschmitztes Weib. Seine These, daß die »historischen« Hexen heidnischen Kulten anhingen, steht auf schwachen Beinen.

Keiser ist der Auffassung, daß das Wort Haegse zugrundeliegt, was auf eine kluge und weise Frau deutet. Von hier aus ist eine Rückkoppelung auf den altgermanischen Religionskult der Druiden nachvollziehbar. Dieses hauchdünne Mäntelchen wird momentan zur Symbolfigur einer spirituellen Frauenbewegung; man versteht die »modernen« Hexen als Hüterinnen uralten Wissens und magischer Kräfte. Der Ansatz ist falsch.

Bis weit ins 18. Jahrhundert hinein werden in unserem Sprachraum die Begriffe Trut, Trutte, Unhold(e) und Drut mit Hexe gleichgesetzt. Es zeigt sich eine Verbindung zum Nachtmahr oder Alp (Schrattel). Es ist zu berücksichtigen, daß sich eine Verschmelzung einbindet, die mit dem Hexenwesen nichts zu tun hat. Der Glaube an Kobolde, Zwerge und Heinzelmännchen hat andere Grundlagen. Ebenso ist es mit den Werwölfen. Auch der vor allem im schlesischen Raum vorkommende »Wiedergänger« und »Vampyr« sind anders zu bewerten. Danach setzt eine sprachliche Verflachung ein. Der einst so heikle Begriff wird im Laufe des frühen 19. Jahrhunderts verniedlicht. Es ist die Periode der Volksmärchen. Hier taucht oft eine angebliche Hexe auf. Sie hat die Aufgabe, Kindern den Unterschied zwischen Gut und Böse zu zeigen, ist alt, gebeugt, schwarz gekleidet und hat eine Katze oder Rabe auf dem Buckel. Es ist eine gefährliche Verharmlosung, denn das »historische« Hexenwesen ist unromantisch.

Verfolgungswellen

Hexenverfolgungen mit Todesfolge sind nur im Konsens der allgemeinen Geschichte verständlich. Das Brennen umfaßt halb Europa, alle Bevölkerungsschichten, Geschlechter, Alters- und Bildungsklassen. Die Hinrichtungswellen des 16. und 17. Jahrhunderts umfassen Kleinkinder, die man der lebenden Mutter auf den Scheiterhaufen wirft, Rats- und Chorherren, »schöne« Jungfrauen, geistliche und weltliche Honoratioren, wie Greise, die man auf einer Ochsenhaut oder Bahre zum Brandplatz schleift.

Seit kurzem weiß man, daß sich die Hexenverfolgungen wellenförmig bewegen, kann Höhen und Tiefen einigermaßen exakt bewerten, hat aber noch Probleme bei der Analyse des Süd-Nord-Gefälles. Der gleichzeitige Ausbruch in unterschiedlichen und oft weit entfernten Regionen unter gleichen Prämissen bedarf der Präzisierung. Wie sich die Wellen deuten lassen, ist noch ein weißer Fleck; vermutlich sind es verschiedene ineinanderlaufende, die der Analyse bedürfen. Entscheidend ist: das Weitertragen folgt in der Regel nicht durch Besagungen, sondern lokale Klagen; es gibt der Bewertung des gängigen Hexenwesens ein anderes Gesicht.

Der heutige Forschungstand ist lückenhaft. Falsch ist die Auffassung, als sei man durchgehend 200 Jahre mit der gleichen Intensität gegen Hexen vorgegangen. Es zeigt sich eine stark unterschiedliche Struktur mit Epizentren, Randgebieten und sich überlagernden Wellen. Die Geschichtswissenschaft macht in der jüngsten Zeit auf dem Feld enorme Fortschritte.

Tatsache ist, daß die Frau des hohen Mittelalters meist Anerkennung genießt. Man denke an den Minnesang und an die von ihnen geführten Zünfte und Klöster. Mit dem Auseinanderbrechen der Epoche unter dem Vorschub des italienischen Humanismus treten Abneigung, Tadel und Verachtung in den Vordergrund. Nun wird sie zum sinnlich-bösen, was man weitgehend mit der verklemmt-männlichen Sexualität in Verbindung bringt. Hans Sachs hat es in seinen Schwänken so gehalten, ihr alle guten Eigenschaften abzusprechen und sie als verdorbenes, untergeordnetes Geschöpf hinzustellen. Wenn man genau hinsieht, erkennt man die antiken Konflikte zwischen Frauen- und Männerkulten, bzw. daraus abgeleitete Religionsformen; es geht um Machtverhältnisse.

Dem ausgehenden Mittelalter ist das »organisierte« Wüten gegen die als Hexen Deklarierten fremd. Vereinzelt lassen sich Zaubereiprozesse dokumentieren. Erste in die Richtung gehende Aktivitäten deuten auf Lynchjustiz und/oder verdeckte Zaubereiprozesse. Im April 1074 wird in Köln eine Frau von der Stadtmauer gestürzt, weil sie im Verdacht steht, mit magischen Kräften umzugehen. 1409 soll in Frankfurt am Main eine ihr Kind an einen zaubernden Jude verkauft haben. Sie wird eingetürmt und freigelassen, während man ihn in Friedberg verbrennt.

Deutlich sehen wir den Einfluß des italienischen Humanismus mit seiner Wiederentdeckung der antiken Literatur: die abendländische Strix wird geboren und verwischt sich mit dem stehenden Hexenbegriff.

Im späten Mittelalter wird das Hexen Schadenzauber gleichgesetzt. Autoren erkennen in den Hexen eine neu entstandene Sekte und erwähnen Mitglieder, die mit dem Satan einen Bund geschlossen haben. Nun entstehen Schriften, die das aufkeimende Hexenwesen beeinflussen. So der *Formicarius* Niders, dem die Tragweite seines Wirkens verborgen bleibt. Er konnte so wenig wie Hitler wissen, daß er mit seinem geistigen Elaborat einen Schatten über Europa legt. Die Sphäre des Dämonischen gewinnt an Bedeutung und es fehlt nicht an Interpretationsversuchen. Einer davon spiegelt sich in der Abfassung des *malleus maleficarum* zweier Dominikaner im Vorfeld der Hexenbrände. Langsam entwickelt sich die Vorstellung, bei den Hexen handle es sich um kindermordende, nachts umschweifende, mit Teufeln im Verbund stehende Wesen.

Von Bedeutung sind nicht die Prozesse, sondern ihr geistig-intelektuelles Vorfeld. Die Verzerrung springt ins Auge: griechisch-römisch-philosophische Strömungen verbinden sich mit christlichen.

Eine vom Teufel besessene Frau, nach einem mittelalterlichen Holzschnitt.

Zeitdauer und Ausmaß

Prozeßakten bilden den Kern jeder Darstellung zu einer Geschichte der Hexenprozesse; weniger engagierten Feministinnen bleiben sie verwehrt. Bedeutung kommt den Verhörsprotokollen zu. Es ist zu berücksichtigen, daß nicht jede Verdächtigung in einen Strafprozeß mündet und nicht jede Gefolterte landet auf einem Scheiterhaufen: es gibt viele Abwehrklagen von den als Hexen Verleumdeten. Je unbedeutender ein Prozeß ist, desto unwahrscheinlicher ist seine Dokumentation.

Brauchbare Unterlagen zur Erforschung des historischen Hexenwesens sind Criminalratsprotokolle, Kassiber, (während der Haft verfaßte Briefe (Catharina Henot, Bürgermeister Junius), Bürgermeisterbücher, Aufzeichnungen von Ratskommissarien und Stimmeistern, Akten über Untersuchungen und Bestrafungen bei peinlichen Verhören, Urgichten, Verhörsprotokolle in der Peinkammer sowie Fakultätsgutachten. Die Behauptung, aus vorliegenden Chroniken lasse sich der Schluß ziehen, daß die Zahl der Verbrennungen »in die Millionen gegangen sei«, ist unhaltbar. Das Phänomen der Hexenbrände bedarf der Übertreibung nicht; es ist furchtbar genug. Jede pauschale Aussage über die Zahl der Verbrannten ist falsch: »wie viele in Kerkern verschmachtet, zu Krüppeln geschlagen, Tode gefoltert, vergewaltigt, erwürgt, auf Scheiterhaufen gezerrt und verkohlt wurden, wie viele aus Angst vor blutgierigen Häschern das Land verlassen haben, bleibt unbekannt.« Nur eines kann man sagen: es werden immer weniger, als man seither angenommen hat!

Für das ehemalige Bistum Bamberg weist Lambreg von 1624–30 785 Verfahren wegen Drudnerei nach, denen zufolge 307 Personen ihr Leben gelassen haben. In Büdingen werden in der Zeit von 1633–34 311 wegen Zauberei (muß nicht heißen: Hexerei) aus der Welt geschafft[1]. Es sind Beispiele, die hohe Verurteilungen ausweisen. Häufiger sind einzelne Anklagen.

Es zeigt sich ein unterschiedliches Prozeßverhalten zwischen Städten und ländlichen Regionen. Früh versucht man Willkürlichkeiten durch obrigkeitliche Vorbehalte einzugrenzen. Es entstehen juristische Zentralbehörden (Oberräte), die mit qualifizierten Juristen besetzt sind.

Ab der zweiten Hälfte des 16. Jahrhunderts nehmen die Verfolgungen zu, dann werden sie durch die Flammen des 30jährigen Glaubenskrieges verlagert. Nun brechen sie in einigen Regionen nochmals auf, um unter dem Einfluß der Aufklärung abzunehmen. Parallel sehen wir eine Zurücknahme der Folter in der praktischen Anwendung.

Im 18. Jahrhundert wird der Teufelsglaube angegriffen, indem Theologen wie Cornelius Loos, Balthasar Bekker und Juristen wie Christian Thomasius die These verbreiten, daß er kein leiblicher, sondern – wenn überhaupt– ein imaginärer Gegner sei. Die ketzerische Meinung rüttelt bis heute an der Kirchentür; nun setzt für die Kurialgeschichte eine kritische Phase ein, denn man bezweifelt (wieder einmal) ihre Glaubwürdigkeit.

Jetzt **muß** sie klein beigeben und erkennen, daß sich viele nicht mehr wie Marionetten bewegen oder Schachfiguren schieben lassen. Man kann es wenden wie man will; mit der Verminderung des Glaubens an den Teufel schwindet die Glaubwürdigkeit der Hexerei[2)].

Nach realistischen Schätzungen ist die Zahl der Hexenopfer im Verhältnis zur Gesamtbevölkerung relativ gering. Und: wäre es nur eines, wäre es zuviel. Alle Hochrechnungen sind spekulativ. Über weite Strecken fehlen nachprüfbare Dokumente. Je weiter Chronisten vom Schauplatz entfernt sind, desto dramatischer wird die Sache. Vermutlich pendelt sich die Zahl der gesamteuropäischen Hexenopfer in etwa 250 Jahren bei etwa 100 000 ein.

Erste Verfolgungen im deutschen Sprachraum setzen zaghaft im letzten Drittel des 15. Jahrhunderts ein, einer Epoche, in der das Glaubensgefüge des darniederliegenden Katholizismus am Rand eines moralischen und intelektuellen Abgrundes steht. Längst steht die Kirche unter historisch gewachsenen Zwängen und hat das theologische Halbwissen als Bollwerk gegen sich gerichtet. Sie begreift ihre Fehler nicht, übernimmt den Glauben an Geister aus antiken Strickmusterbögen vorgelagerter Kulturen und zimmert daraus ein imaginäres, auf die Verwirklichung *ihrer* Interessen ausgerichtetes Luftschloß.

Dann geht sie zum Angriff über. Unter dem Einfluß des Christentums, das den Zauberglauben vorfindet, (ver)schwinden alte Götter, um neuen Platz zu machen. Besser sind sie nicht. Heidnische Tempel werden geschleift, um christliche Basiliken zu errichten. Durch das Christentum kommt eine Wende zum Negativen. Vorbei ist es mit den antiken Götterboten und deren dämonischen Vorstellungen; alles wird zementiert, reglementiert, zentral von Rom gesteuert und vorgedacht.

Die Geburt des Christentums beinhaltet den Keim seines Unterganges, denn es verläumdet die Wahrheit!

Mit dem Emporkommen der römisch-katholischen Kirche setzt eine Kulturbewegung ins Rückständige ein. Die Gegenströmung der Geistlichkeit bedeutet eine nicht zu verkennende Blindheit.

Von hier zum Hexenwahn ist es ein Schritt. Es fehlt nur noch der Teufel; er ist schnell herbeigedacht. Die Auseinandersetzung mit ihm führt über die Brücke der angeblichen Buhlschaft und von hier aus – weiter gedacht – zu Denunziation, Folter und christlichen Scheiterhaufen[3)].

Die Kirche kämpft mit erfundenen Dämonen gegen erfundene Sünden mit aufgezwungenen Dogmen; Opfer sind Menschen. Wie weit ist sie von der Toleranz entfernt!

Priester ergehen sich in suspekten Haarspaltereien und stellen die Frage, ob es richtig sei, einer als Hexe Verurteilten vor der Hinrichtung eine Hostie zu reichen, denn sie bleibe vielleicht unverdaut und könne das Sakrament verunehren.

Eine mißverstandene und aus dem Zusammenhang gerissene Passage des Alten Testamentes (Exodus 22.18): »die Zauberinnen sollst du nicht leben lassen«, muß dazu herhalten, um – überwiegend von protestantischer Seite vorgetragen – sogenannte Hexen zu denunzieren, jagen, verfolgen, zu foltern und zu Tode zu bringen.

Konfliktpotential Kirche(n)

Theologen gehen mit den Begriffen Sünde(n), Fegefeuer, Höllenstrafe(n) und dem Teufelswahn auf dem Marktplatz der menschlichen Einfalt spazieren. Nach Pfarrer Schindler ist der Hexenprozeß eine Zuchtrute der Christenheit, getragen von einer Dogmatik, die neben Gott den bösen Geistern Gewalt beigemessen hat.

1821 sagt der Kirchenrat Georg Konrad Horst, Verfasser einer sechsbändigen *Zauberbibliothek:* »daß sich ein Gelehrter der Sichtung und Bearbeitung namentlich des Hexenprozesses unterziehen möchte, um eine vollständige geschichtliche Revison dieses dunklen Teiles der Geschichte möglich zu machen.« Dieser Aufgabe unterziehen sich die Protestanten Soldan-Heppe.

Die Zeit ihres Schreibens ist eine kritische. Inmitten des zwischen Kirche und Staat geführten Kulturkampfes, als dessen Repräsentant Bismarck anzusehen ist, erheben einige die Stimme gegen das Unrecht des Hexenwesens und die von Rom gesteuerten Machenschaften der Geistlichen. Zu nennen sind Rosenow mit seinem Werk *Wider die Pfaffenherrschaft,* Otto v. Corvin mit seinem *Pfaffenspiegel* und der *Geschichte der Geißler,* sowie Carl Lempens mit seiner *Geschichte der Hexen und Hexenprozesse.*

Übereinstimmend proklamieren sie: »Hütet euch vor den falschen Propheten, die in Schafskleidern zu Euch kommen, inwendig aber reißende Wölfe sind.« Sie schießen über das Ziel, halten Emotionen nicht im Zaum und werten sich ab. Ähnlich ist man über den *Hexenhammer* hergefallen.

Lempens doziert: »Wie oft hat man den Priestereinfluß auf bürgerliche Verhältnisse als Heilmittel gegen die Schäden der Zeit betrachtet und immer wieder wurde das Volk betrogen. Wir brauchen Licht, um das Unkraut auszurotten und man holt die Träger der Finsternis herbei, damit sie größere Dunkelheit schaffen, um am Lebensbaum der zivilisierten Nationen zu saugen.«

Er spricht von geistlichen Schmarotzerpflanzen, die alles überwuchern und für sich beanspruchen. Es sind ihm Träger der Korruption; sie fühlen, daß die Zustände faul und morsch sind und daß die Sprossen der unehrlichen Leiter ihrer Größe mit jedem Schritt wackliger werden ... und doch wollen sie mit mitleidsvoller Verblendung das Rad der Zeit rückwärts drehen. Es sind Repräsentanten der Geistesknechtschaft und Verfinsterung, Blutsauger und schwarze Handlanger.«

Er spricht ihnen jede sittliche Qualifikation ab. Sie spekulieren mit der Dummheit der Masse, denen die Einsicht fehlt und sagt: »(irgendwann) müßte auch das beschränkteste Schaf zu der Einsicht kommen, daß die pfäffischen Bestrebungen Trug sind.«

Er greift zur Feder, um das Lügengewebe zu zerreißen und würzt sein Wissen mit einem biblischen Zitat. Bei Matth. 5.13. heißt es bezüglich der Priester: »Ihr seid das Salz der Erde; wenn es seine Kraft verliert, so taugt es zu nichts weiter, als daß es hinausgeworfen und von den Menschen zertreten werde.«

Corvin kommt zu einem ähnlichen Ergebnis, drückt es aber schärfer aus! Es geht an der Sache vorbei, denn man sollte unterscheiden zwischen den Zielen eines autoritären Systems und der persönlichen Überzeugung der oft engagierten Priester oder Pfarrer. In erster Linie sind es sie, die an der Glaubensnase herumgeführt werden.

Über Kanzeln, wo sich Protestanten, Calvinisten, Zwinglianer und Katholiken brüderlich die Hand zum unchristlichen Bunde reichen, fließt der künstlich gestaute (Hexen)-haß über das »Teufelsgesind«, die »Hurenvögel« und die »vom rechten Glauben Abgefallenen« in einer kaum vorstellbaren Woge an die Obrigkeit zurück und fordert ihr Handeln heraus.

1884 erhebt der schwäbische Pfarrer Johann Georg Sauter seine Stimme: »um die schwersten Anklagen, die in dem Zusammenhang gegen die katholische Kirche geschleudert wurden, zurückzuweisen.« Die Fakten sprechen gegen ihn!

Manch klerikale Literaten klammern sich gleich Ertrinkenden an den letzten Strohhalm und wenden ein: »Ja, wenn wir auch den Hexenwahn mit Blocksbergfahrt und Zubehör als Aberglauben wider Willen anerkennen müssen, da es in unseren Tagen nun einmal nicht mehr ausführbar ist, dessen Wirklichkeit öffentlich der Menschheit vorzugaukeln, haben viele Hingerichtete an die Sache geglaubt und durch den Willen das Teufelsbündnis geschlossen, wenn es auch körper-

Vater-Tochter-Inzest als Werk des Teufels dargestellt. Aus dem Volksbuch »Der Entchrist« aus dem Jahr 1475.

lich nicht möglich war, sie sind nicht unschuldig verbrannt worden.« Kann man einfältiger argumentieren?

Ein Beispiel für die falsche Bewertung ist die von Innocenz VIII. im Dezember 1484 erlassene Bulle *Summis desiderantes affectibus.* Lange hegt man die Meinung, sie trage die Schuld an den breitangelegten Verfolgungen, die zwischen 1590 und 1630 einem Höhepunkt zueilen, zu einer Zeit, da man in weiten Teilen Europas dem Statthalter eines angeblichen Gottes weder Gehorsam, noch Glauben oder Gehör schenkt. Die Verfolgung wird zwar durch die Bulle angetippt und legalisiert; aber man darf sie nicht überbewerten.

Das gleiche gilt für den *Malleus maleficarum,* den zu hoch geschaukelten *Hexenhammer,* der schon zu seiner Entstehungszeit ein Sammelsurium des Unsinns ist; eigentlich kann eine Breitenwirkung davon nicht ausgehen.

Bewertungen

Tatsache ist, daß das Wissen um theologische Sachverhalte zusammenbricht und sich den Gesetzen der Geschichte stellen muß. Die Hexenverfolgung gibt dazu das Beispiel.

Noch nie war die inner- und außerkirchliche Kritik so massiv und qualifiziert wie heute. Ihre Glaubens-und sonstige Herrschaft ist überaltert und wird zusammenbrechen.

Hexenprozesse haben immer wieder das Interesse der Historiker, Poeten, Tagesschriftsteller und geistigen Eintagsfliegen auf sich gezogen, »wobei mancher sich nur deshalb damit beschäftigte, um Gift verspritzen zu können.« Es entstehen Schriften, die sich durch intelektuelle Anspruchslosigkeit auszeichnen.

Für Autoren, die nicht ernsthaft mit dem Thema befaßt sind, ist es ein gefährliches Pflaster. U. a. verbrennt sich der Brite Trevor-Roper die Finger. Viele orientieren sich am alten Hexenbegriff; an Bodin, Binsfeld und Delrio, die auf den Schultern des *Hexenhammers* stehen. Heute ist eine Präzisierung möglich, die durch die Verknüpfung verschiedener Disziplinen erreicht wird. Es ergibt sich eine neue und realistische Betrachtungsweise.

Diese Prozesse sind ein Problem der Herrschenden und Beherrschten, da sie von der gleichen Triebhaftigkeit, Einfalt, Mißgunst, Besserwisserei usw. bewegt werden.

Wieder einmal spiegelt sich die teilweise rabiate Männergesellschaft im Spiegel der weiblichen Sinnlichkeit. Von diesen überholten Männerstrukturen ist nur noch eine weltweit agierende übriggeblieben; das Regiment der römisch-katholischen Kirche. Es ist eine Frage der Zeit, bis sie überwunden sein wird.

Es ist zu würdigen, daß zur Zeit der beginnenden Hexenverfolgungen traditionelle Herrschaftsstrukturen umgeschichtet werden: es ist eine politisch und religiös unsichere Zeit.

Im übrigen bezieht sich das Hexenwesen nicht allein auf die Frauen. Auffallend hoch ist ihr Anteil; er läßt sich durch das Denunziationsverhalten nicht begründen. Pohl macht darauf aufmerksam, daß es keine geschlechtsspezifisch signifikanten Unterschiede ausweist. Lediglich als Tendenz sei zu erkennen, daß Frauen etwas häufiger von Frauen und Männer etwas häufiger von Männern besagt werden.

Auch wenn sich vielerorts das Besagen (Denunzieren) von unten nach oben spült, scheitert die Toleranz oft an der Moral und Verantwortungsbereitschaft der Herrschenden. Alle sind Menschen und fast alle sind in den Zeitgeist verwoben.

Literarischer Ansatz

Die Literatur über das Hexenwesen war bis vor kurzen unbrauchbar. Meine Untersuchung entstammt dem Wunsch, Soldan-Heppe zu überarbeiten. Seine Verfasser waren in der zweiten Hälfte des vergangenen Jahrhunderts ein Jurist und dessen Schwiegersohn. Obwohl sie sich um die Sache Verdienste erworben haben, ist ihre Darstellung fehlerhaft. Sie zeichnen ein zu hartes Bild, gehen mit Quellen spärlich um und geben dem Leser kaum Gelegenheit, die Thematik von verschiedenen Seiten zu beleuchten. Ihr Buch hat den Nachteil, daß es bezüglich der Schuldfrage die römisch-katholische Kirche über Gebühr belastet. Es zementiert Irrtümer, die arglos zitiert und zigfach abgeschrieben werden!

Das Phänomen des Hexenwesens wird von vielen Seiten hinterfragt und erst jetzt, nachdem das Interesse an einer ernsthaften Erforschung spürbar ist, zeichnet sich ein einigermaßen realistisches Bild ab. Insgesamt herrscht in der Auseinandersetzung um die

Schuldfrage[4)]

eine heftige Kontroverse, denn Jeder versucht, den Schwarzen Peter wegzuschieben, um sich auf Kosten Anderer vom Blut der reinzuwaschen, die ihr Leben auf der

Schlachtbank der menschlichen Willkür gelassen haben. Die Bandbreite reicht von der kollektiven Alleinschuld der Kirchen und deren Vasallen bis zu feministischen Spekulationen der jüngsten Zeit.

Der Klerus wäscht seine Hände in Unschuld. Ein solches Christentum hat versagt[5]. Goethe hat Recht, wenn er sagt: »es ist noch viel Dummes am Glauben der Kirche, aber sie will herrschen. Ein Mischmasch von Irrtum und Gewalt.« Das Theologenzitat: »Ich bin der Glaube, das Leben und die Hoffnung,« ist bar jeder Realität und durch die Kirchengeschichte tausendfach dementiert.

»In Städten wissenschaftlicher Bildung herrschte im 16. und 17. Jahrhundert eine theologische Begrenzheit, die durch den gesunden Menschenverstand des schlichten Landmannes beschämt wurde. Daraus leitet sich ein Gelehrtenwahn ab, der alle geistigen Kräfte des Volkes umfaßte. Man dachte nicht mehr logisch, sondern theo-logisch. Es ist der Zunft gelungen, den Hexenwahn als Allgemeingut zu verankern.«

»Seine Leugnung bedeutet einen Angriff auf den Glauben und die Tradition der Kirche(n). Überall ertönte der Schrei der Verzweiflung in den Folterkammern und aller Orten rauchten die Scheiterhaufen, auf denen ein dämonischer Irrglauben seine Opfer brachte[6].

»Die ganze Pest war ursprünglich ein Ausfluß der heiligen Dummheit, der krassen Unwissenheit der Natur und ihrer ewigen Gesetze. Immer bleiben der Hexenwahn und die Verfolgungen Unschuldiger für die Christenheit ein beschämendes Armutszeugnis; sie wurden gefoltert im Namen der Religion der Nächstenliebe. Denkt man an das (mögliche) Wort Christi: »An ihren Früchten werdet ihr sie erkennen, möchte man im Angesicht der Hexenprozesse verzweifeln.«

Um den kirchlichen Irrglauben einzugrenzen, muß man verstehen, daß ihr Kampf nicht den Hexen gilt, denn ein Menschenleben hat in ihrer blutüberströmten Geschichte keine Bedeutung. Er gilt dem nichtexistenten Teufel. Er wird über Jahrhunderte zur Zentralfigur des Christentums und ist es noch heute!

Die Geistlichkeit hält ihre Hand über Ketzer- und Hexenrichter, Judenschänder und Kriegsverbrecher, wenn sie unter dem Deckmantel der (ihrer) Religion aktiv sind. Binsfeld geht in der Vorstellung auf: »daß der Teufel als verstoßener Engel voll Neid gegen Gott ist, weil man ihn von der höchsten Glückseligkeit ausgeschlossen hat. Da er ihm nichts anhaben kann, stürzt er sich auf die Menschen, um zu verhindern, daß sie der himmlischen Seligkeit zuteil werden. Eine solche Denkweise ist primitiv.

Sigmund Freud bringt es auf den Punkt.» Wer Augen und Ohren hat zu sehen und zu hören, überzeugt sich, daß die Sterblichen kein Geheimnis verbergen können. Wessen Lippen schweigen, der schwätzt mit den Fingerspitzen; aus allen Poren dringt ihm der Verrat[7].«

1957 behauptet der Katholik Egon von Petersdorff, der sich ein jämmerliches Zeugnis seiner Unfähigkeit ausstellt, »daß Hexen fliegen können[8].« Er deutet das Theoretikum dämonologisch. Für ihn ist der Abfall von Gott das Problem, an dem inzwischen kluge Zeitgenossen und selbst Christen Abstriche machen. Für ihn sind die Hexen nicht mehr als Variante der Prozesse gegen Ketzer[9]. Für ihn ist klar, daß sie wahre Aussagen gemacht haben[10] und daß ein Wiederaufleben der Hexenprozesse im größeren Stil denkbar ist. Er steht in seinem Irrglauben nicht allein, wenn man die Überlegungen des momentanen Papstes integriert, den Glauben an den nichtexistenten Teufel zu dogmatisieren. Es sind krankhafte Gelüste, um ein sterbendes Imperium zu beleben.

Spätestens dann, wenn man den Teufelswahn als falsch begriffen hat, wird dem darauf errichteten Christenglauben der Boden entzogen.

Zum Teufel mit dem Teufel

Wie vehement der nichtige Teufel in den Hirnen der Katholiken pocht, ist an einigen Beispielen erklärt: entscheidend ist der verpflichtende Glaube an ihn.

- Freimütig bekennt ein Katholik: »seine Anbetung muß als die größte Sünde und Inbegriff der Gottlosigkeit angesehen werden.«
- Der Protestant Vilmar ist der Auffassung: »der Teufel ist ein kosmisch geschaffenes Wesen, das mit seiner persönlichen Macht die Erde umspannt. Er verfügt über ein organisiertes Reich und eine Schar affilierter Geister. Es ist das finstere Reich der Zauberei, dem wir Realität zusprechen müssen.«
- Der Jesuit Gury weiß zu berichten: »schädigende Zauberei ist dazu geeignet, dem Nächsten mit Hilfe des bösen Feindes zu schaden.«

Theokraten posaunen von Tausenden Kanzeln den Unsinn in die Hirne des verängstigen Volkes und machen sich dadurch strafbar. Die Epoche ist schwanger von diversen Teufelsaustreibungen.

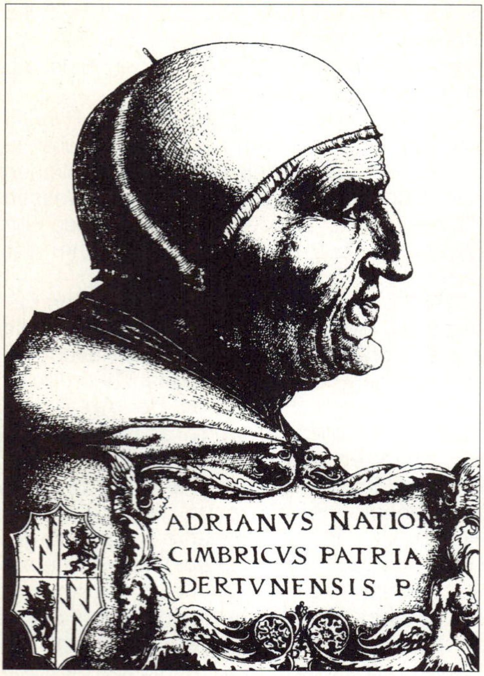

Papst Hadrian VI. (1522–23). Seit 1507 Erzieher des späteren Karl V., seit 1517 Kardinal.

Kaiser Karl V. Radierung von Cornelius Teunissen, 1548.

Seit der zweiten Hälfte des 16. Jahrhunderts gesellt sich die Teufelsliteratur dazu. Hinzu kommen geistliche Bühnen-, Oster- und Heiligenspiele. Sie finden in unzähligen Auflagen Verbreitung. Da wird das Böse immer weiter ausgeschmückt und immer wieder wird gesagt: »dass niemand seiner Straff entfliehe.«

So gewinnen die unheimlichen Gewalten Raum in den Köpfen der Bürger. Der Hexenglaube des 16. und 17. Jahrhunderts bewegt sich etwa in diesem Rahmen.

Es gibt als Schutzmittel (u. v. a.) gegen das Böse »Johanniswein« und den damit verbundenen Brauch des »Minnetrinkens«. Er wird am 27. Dezember, dem Johannestag, in der Kirche ausgeteilt. Denen, die ihn tranken, sollte er eine reiche Ernte bescheren und sie vor Bezauberungen schützen. Sterbenden wird »Johannisminne« gereicht. Ob ein Segen erlaubt oder unerlaubt ist, ist die Frage, wer ihn gesprochen hat. Für jede menschliche Not gibt es Heilige und Schutzpatrone. Dieses Zerrbild ist so gefestigt, daß man sich vehement gegen die parallelen (viel älteren) Volksbräuche gewehrt hat.

So bildet sich die Vorstellung heraus: »wer den katholischen Glauben verleugnet, muß verloren sein. Es ist besser, ein kleines Weilchen auf einem Scheiterhaufen zu brennen, als ewig verdammt zu sein. Verurteilten stehe zu, erst erwürgt zu werden. Bei Unbußfertigen brauche man die Milderung nicht beachten.« Welch christlicher Trost im Angesicht des Todes!

Der Tübinger Professor Haag wird erst vor kurzem suspendiert, als er behauptet, daß es absurd sei, daß die heutigen Christen an den Teufel glauben müssen. Er hat Glück, denn der Benediktiner de Lure, Mönch aus Poitiers, der 1453 predigt, daß satanische Versammlungen Hirngespinste sind, wird zum ewigen Kerker begnadigt: »indem sich ergeben, daß er mit Teufeln ein Bündnis geschlossen, wodurch Richter zur Milde bewogen, und darum das Unwesen überhandgenommen hat.«

Fest steht, daß die Geistlichkeit seit Jahrhunderten ihre Geschichte schreibt; sie ist nicht kongruent mit der wirklichen. Hier geben sich unter purpurnen Roben aufgewärmte Volksmärchren, Kittungen, Unwahrheiten und bewußt eingeschobene Fälschungen die Hand[11]. Beispiele sind die konstantinische Schenkung, die ihren ungeheuren Land- und Grundbesitz einläutet oder das

Märchen, daß Juden ihren Religionsgründer umgebracht haben (sollen!).

Unglaubliches muß zur Rettung einer überholten Ideologie geglaubt werden. Wir haben eine nach allen Seiten verpflichtende Verherrlichungsgeschichte vor uns, die wertlos ist. Schon denkt man an Salvador di Madrigala, der sagt: »in einem totalitären Staat sind die Historiker mächtiger als der liebe Gott, sie können die Wahrheit verändern.« Denken wir an Mark Twain: »was die Regierungskunst belange, muß die Etikette stimmen, nicht die Moral.«

Es hat zu keinem Zeitpunkt unserer Geschichte Teufel gegeben. Es ist ein künstliches Zerrbild, um theologische Machtansprüche abzusichern. Die Geistlichen mögen den Gegenbeweis antreten. Sie können es nicht, weil damit ihrem System das Fundament entzogen wird.

Diese Zeit scheint vorbei, denn immer mehr rückt die Forschung Steinchen für Steinchen des gigantischen Trümmerfeldes beiseite, das sich Kirchengeschichte nennt.

Irr- kontra Aberglauben

Bezüglich des Hexenwahns streiten zwei Systeme: der klerikale Irrglauben gegen den altgestandenen Volksaberglauben. Es läßt sich an einem Beispiel demonstrieren:

- Wer eine geweihte Hostie würdig schluckt, kommt in den angeblichen Himmel.
- Wer sie in den Busen fallen läßt, auf einem Misthaufen zertritt oder gar dem Teufel überreicht, hat unweigerlich den Tod verdient.

Dieses alberne Phänomen ob eines künstlich geschaffenen Aberwitzes zieht sich durch die Geschichte der Hexenprozesse. Es geht um die Durchsetzung einer Ideologie!

Seitenhieb auf die Juristen?

Die Hexenprozesse sind nicht das Hexenwesen. Sie geben nur Kunde von ihm, so wie die aus fauligen Wassern steigenden Blasen über darunter verborgene Kräfte. Wer an ihre Bewertung geht, muß sich hüten zu verallgemeinern, vergröbern, pauschalieren, muß leichtfertige Unterstellungen und überscharf-anachronistische Wendungen meiden.

Ein Teil der bekanntgewordenen Giftmischer-, Abtreibungs- und/oder Ehehändel, Konflikte um Erbschaften und/oder wirtschaftliche Vorteile, werden unter weiterführenden Besagungen und falscher Ideologien zu Hexenprozessen hochgeschaukelt. Nachträglich ist es schwer, sie auseinanderzuhalten.

Rechtlich gesehen bedeutet die Hexerei ein kombiniertes Verbrechen, dem verschiedene Tatbestände zugrundeliegen; Schadenzauber, Gotteslästerung, vereinzelt Sodomie und allenfalls Ehebruch und/oder Kuppelei.

Gewiß war es nicht so, daß sich die Obrigkeit generell zum Spießgesellen klerikaler Hoffnungen erniedrigt hat und es ist unrecht, in allen Justizangehörigen nutzlose Gesellen zu erkennen.

Sie werden nachträglich streng ins Gebet genommen, weil sie direkt mit der Materie behaftet sind und den Opfern gegenüberstehen. Manche sprechen von einem Justizmord als stehender Einrichtung[12] und meinen: »sie wären einer engherzigen Beschränktheit verfallen und hätten den Zauberwahn vorausgesetzt, haben die Tortur[13] ersonnen und unter Berufung auf das göttliche Recht Verbrechen begangen[14]. Sie wären unfähig gewesen, sich von den Anschauungen des Zauberglaubens freizumachen.«

Richter sind Kinder ihrer Zeit. Schuld ist nicht eine generell beabsichtigte Ungerechtigkeit, sondern der an den Tag gelegte Übereifer, der von religiösen Faktoren stimuliert ist; er hat von den Massen Besitz ergriffen[15] und findet in unseren Jüngsten Geschichte eine Parallele.

Es gibt Tausende ermüdender Wiederholungen bei den Fragstücken und so entsteht der Eindruck, von den Besagten Geständnisse zu stimulieren; als habe man die Unvernunft zum System erhoben, um Unglückliche zu verwirren, um sie sicher(er) dem von vornherein zugedachten Schicksal überantworten zu können.

Sicher wird in manchen Gerichtsstuben geschludert. Einzelne Advokaten müssen sich den Vorwurf der Laschheit gefallen lassen[16] und öfters werden Pauschalurteile gefällt und/oder Delinquenten mit Nummern bezeichnet (ähnlich wie beim jüngsten Holocaust). Unter den damaligen und heutigen Juristen gibt es – wie überall – schwarze Schafe.

Der klerikale Seitenhieb geht ins Leere, weil sie bis weit in das 18. Jahrhundert innerhalb der christlichen Bannmeile (römisches Recht) groß geworden sind und weil es in einer Zeit wirksam wird, wo sich die Hexenbrände ausbreiten. Carpzov, eine Leuchte am sächsischen Juristenhimmel, rühmt sich, die Bibel (freilich die protestantische) 53 x

»Der schwarze Tod«. Nach Hans Holbeins Totentanz von 1538.

durchgearbeitet zu haben; dennoch spricht er unmenschlich-grausame Todesurteile.

Die Kleriker sind im Unrecht, denn zur Zeit der Hexenbrände, der Judenverfolgungen und während des III. Reiches waren die Verfolger Christen. Aus dieser Ecke festigt sich das Bild einer entarteten Justiz, den Justizmördern und Blutrichtern[17]. Seitens der Theologie wird eine

Habsuchtstheorie

konstruiert und versucht, sie Juristen in die Schuhe zu schieben, wertlos, wie sich erwiesen hat, denn die extremsten Ausrutscher sind in geistlichen Kurfürstentümern nachzuweisen und nicht in weltlichen. Hier verallgemeinert vor allem Ohle[18].

Die Mainzer Domkapitularkammer gewinnt durch das Hinrichten von 300 Personen 1 000 Morgen Land. Dem Bamberger Bischof wird für 1631 nachgerechnet, daß er eine halbe Million Gulden durch das Verbrennen von Hexen eingestrichen hat.

Ein Würzburger Fürstbischof ordnet an: »alle Wochen auf Dienstag – außer wenn hohe Feste anfallen – einen Hexenbrand zu tun, jedesmal 20–30 Weiber, zum allerwenigsten 25 und nicht weniger als 15 auf einmal zu verbrennen: und solches wollen Ihre fürstlichen Gnaden durch das ganze Bistum kontinuieren.«

Eine schwierige Frage ist, inwieweit die Konfiskation der Obrigkeit als treibendes Element zur Fortführung der Prozesse anzusehen ist. Massenexekutionen bedeuten (wirtschaftlich betrachtet) eine Kostendämpfung.

Das Verhalten der Scharfrichter steht auf einem anderen Blatt, denn sie interessiert das Vermögen der Delinquenten nicht. Sie sind abgesichert, da die Bewertungsgrundlage Taxordnungen und Zuweisungen sind.

Eine grobe Analyse der aufgezeigten (Hexen)prozesse macht klar: unter den Verfolgten befinden sich verschwindend wenig Begüterte, so daß das Motiv der Habgier zusammenfällt. Fast alle Geschundenen, Gefolterten und Verzweifelten entstammen der ärmeren oder armen Volksschicht; der unterprivilegierten. Die Verbrennungen reicher Witwen oder Stadtväter liegen im absoluten Grenzbereich. Das Problem der Kostendekkung und Güterkonfiskation zieht sich wie ein roter Faden durch die Geschichte der Hexenprozesse und bis auf wenige Ausnahmen müssen die Aufwendungen von der Obrigkeit getragen werden, um Verwandte von der öffentlichen Fürsorge freizustellen[19].

Das Verhängnis der durch die Hexenjustiz zu Tode Gekommenen liegt weniger an der Tatsache der Tortur, sondern in der Eigenart des vorgehaltenen Deliktes, wie es in den Hirnen der Verbohrten spukte und nicht zu beweisen war.

Der Angeklagte befindet sich in einem nahelos rechtlosen Zustand: die Hilfe einer wirksamen Verteidigung ist ihm verwehrt, obgleich sie die Schwere des Deliktes herausfordert. Aus der Furcht, die Aufmerksamkeit der Öffentlichkeit auf sich zu lenken, die, jeder vernünftigen Überlegung bar, im Eintreten für eine Hexe eine verachtenswürdige Beschönigung des Verbrechens erblickte, wollte sich niemand aussetzen. Es ist von den Autoren des *Hexenhammers* vorgedacht.

Das (neue) Reichsrecht

Als die Europa umspannende Heilsidee des katholisch ausgerichteten Karl V. zu Grabe getragen wird, entstehen »neue« Staaten mit territorialer Kompetenz und religiöser Eigenständigkeit. Auf dem Freiburger Reichstag wird 1498 beschlossen: »eine gemein Reformation und Ordnung in dem Reich fürzunehmen, wie man in criminalibus procediren soll.«

Das Ergebnis ist die *Constitutio Criminalis Carolina* (C.C.C.) die 1532 auf dem Regensburger Reichstag verabschiedet wird. Sie bildet den Abschluß der Reichsreform der Strafgesetzgebung und wird 1534 wirksam. Sie besitzt Gültigkeit für das gesamte Reich und ist das Zentralgesetz zur Beurteilung des Zaubereideliktes. Unbeschadet davon besteht die Clausula salvatoria, die Fürsten gestattet, »alte« Rechts(ge)bräuche festzuhalten. Es ist eine Grauzone.

Die CCC. unterscheidet zwischen guter und böser Zauberei, was eine Orientierung am griechisch-römisch-antiken Rechtsempfinden darstellt, und sagt: »denn wo jemandt Zauberey gebraucht, vnndt damit niemant schaden gethan hett, soll sunst gestrafft werden, nach gelegenheit der Sach.« Später wird die Differenzierung unter dem Druck der Kirche aufgegeben.

Hexenprozesse werden nicht zum Instrument der Konfessionspolitik, aber sicher scheint, daß die Verschärfung des religiösen Klimas Verfolgungen beeinflußt hat. Ob man in katholischen, calvinistischen oder protestantischen Landesteilen mehr gegen sie wütet, bleibt sekundär, denn alle nennen sich christlich und sind dem Wahn verpflichtet. Die Devise heißt: »wo es Christen gibt, müssen Teufel sein. Wo es Teufel gibt, müssen Hexen (Hexer) sein. Sie sind auszurotten.«

Es ist eine Tatsache, daß die Hexenlehre in allen Konfessionen Verfechter und Gegner hat. Zwei Jahrhunderte predigt der Klerus aller Schattierungen unter Mithilfe von Staatsdienern und Juristen, die Hexen seien auszurotten (Niess) und man ruft zu einem Kreuzzug wider sie auf. War es die

Folter?

Immer wieder hält man die Kirche vor, daß sie als erstes (?) die Folter sanktioniert hat und dies führt naturgemäß zum Aufschrei der Gotteskundler, wie es beispielhaft Schuegraf 1858 zum Ausdruck bringt[20]. Auf Spee geht ein Hauptstrang zurück, der gesagt hat, daß das Foltern die Hexen mache, was man so nicht stehen lassen kann.

Quanter führt den Nachweis. »daß man ihr innerhalb der deutschen Rechtspflege nicht den Vorwurf machen kann, daß sie ohne weiteres nach blinder Willkür habe angewendet werden können und daß es an allen Cautelen gefehlt hat[21].« Auch hier sind Ausrutscher in der Praxis einzuräumen.

Man darf nicht vergessen, daß die Folter seit Menschengedenken im Gebrauch ist. Ihre Anwendung im Verbund mit dem Hexentreiben ist nicht mehr denn eine Zwischenstufe; eine Schublade der Geschichte!

Auch heute wird von Christen gefoltert, obwohl es keine Hexenprozesse mit Todesfolge mehr gibt. Die Folter ist ein Hilfsmittel zur Durchsetzung einer Wahnvorstellung; sie schafft das wichtigste Indiz; das zur Verurteilung notwendige Geständnis. Zur Erklärung des Hexenwahns ist sie unbrauchbar (Henkel).

Sozialfolter

Das häusliche (Un)glück, die Erziehung der oft zahlreichen Kinder, die Versorgung der großen Haushalte und der bescheidenen Landwirtschaften, soziale Probleme, die häufige Abwesenheit der Männer und die Tatsache, daß sie oft dessen Willkür ausgesetzt sind, spielen neben dem Analphabetentum eine nicht zu unterschätzende Rolle im gängigen Hexentreiben. In Hagenau besagt die alte Schäferin drei ihrer Kinder und die Tochter Margaretha belastet die Mutter. Mit ihrem Sohn, erklärt die Alte, habe sie gelebt »wie man mit einem Ehemann lebt.« Er bekennt sich zum Hexenwerk und der Unzucht mit ihr. Eine weitere Tochter räumt ein, sie wäre als Kind dem Teufel zugesprochen worden.

Anna Spülerin aus dem schwäbischen Oberamt Ehingen erklärt im Dezember 1508: »sie habe sich für schuldig erklärt, um durch den Tod dem erwartenden Elend zu entgehen, denn niemand werde sie fortan annehmen und ihr Essen geben; man werde sie schlagen und Hunde auf sie hetzen. Darum habe sie gewünscht, lieber tot zu sein[22].«

Die Wenigen, die ihr Stand gehalten haben, sind für den Rest ihres Lebens gezeichnet. Sie werden von der Gemeinschaft ausgeschlossen. In Drebber (Kr. Diepholz) verschloß 1707 der Stiefsohn seiner Mutter das Haus, und Diepholzer steinigen eine Frau, die alle Qualen der Folter, ohne zu gestehen, überstanden hatte, als sie auf einem Wagen die Stadt verläßt. Sie wird herabgeworfen und liegt zwei Tage und Nächte auf dem Feld, bis ihre Angehörigen davon erfahren und sie holen.«

Im 1596 protestieren die Flörsheimer Hans Plaum und Kilian Merten: »daß man ihre Frauen nicht wegen sachlicher Indizien, sondern auf Verleumdung anderer neidischer (und schon) verbrannter Hexen eingezogen habe. Sie hätten die Folter zweimal ausgestanden und dennoch habe man nichts Unrechtes an ihnen gefunden.«

Früh macht man den gemeinen Mann klar, daß ihm Peiniger unerreichbar sind. Es wird proklamiert: »daß erlauchte Personen wie Geistliche, Richter, Schergen, Henker, Häscher, Hexenriecher und -fänger von der Anwendung der Tortur befreit sind.« Wir lesen es u. a. in der *Peinlichen Halsgerichtsordnung* Kaiserin Maria Theresias.

Wir leben inmitten moderner Barbaren und bezeichnen das Mittelalter (das das Hexenwesen nur in späten und sporadischen Grenzfällen kennt) als »finster«. Aber das Verbrechen wird in dieser Zeit »vorgedacht«, so wie Hitler mit den Judenpogromen eine längst vor ihm entwickelte Verfolgungsstrategie zu Ende bringen will (soll) und scheitert, weil solche Ideen vom Ansatz her absurd sind.

Medizinische Ansätze/Volkskrankheiten

Die Zeit der Hexenverfolgungen ist von vielen Krankheitssympthomen gezeichnet, die damaligen Bürgern und Ärtzen unerklärbar sind. Die hohe Kindersterblichkeit, der Umgang mit Geschlechtskrankheiten, Pesten und Seuchen, Hungersnöten durch Ernteausfälle und Klimaschwankungen, Mäuseplagen, Heuschreckenschwärme und Ungeziefer machen ihnen zu schaffen. Die hygienischen Zustände sind – gemessen am heutigen Standard – katastrophal.

Inzwischen hat die Geschichte der Medizin einen Großteil der damaligen Phänomene »entzaubert«. Seit dem rheinischen Arzt Dr. Johann Weyer, hat man in den Hexen (auch) Nervenkranke, Epileptiker, Hysteriker, Melancholiker, Psychopaten, Schwachsinnige und Verrückte sowie alte Frauen, »denen der Dachstuhl verrückt sei«, erkannt[23]. Weyer meint: »daß diejenigen, die sich für Hexen halten, in ihrer verruckten imagination und einbildungen vom Satan am Narrenseil umbgeführt und geäffet werden.«

Sicher befinden sich unter den Verurteilten Kranke. Ob deren Anteil an der Gesamtzahl der Gemordeten ins Gewicht fällt, ist abzuzweisen. Martinus stellt in seinem 1719 erschienenem *Unterricht von der wunderbaren Magie und derselben medizinischen Gebrauch* die Schwatzsucht der Bürger unter Beweis: »Es ist der Leute Gewohnheit zu schelten, wenn die Ursachen der Kankheit nicht alsobald hervorleuchten, oder die Chur nicht glücklich von statten gehet, sie es für Zauberei halten und alles den Hexen zuschreiben. Wenn der Medicus weder eine innerliche noch äußere Ursache der Krankheit findet und durch die vortrefflichen Medicamenta die Krankheit nicht heilen kann, so wird er nicht sündigen, wenn er stillschweigend die Sache wegen Zauberei für verdächtig hält.« Einem kanadischen Wissenschaftler gelingt vermutlich die medizinhistorische Aufklärung des

Vampyrismus

der ihn als Folge einer Stoffwechselerkrankung (Porhyrie) definiert[24]. Mary Matossian von der Universität Maryland wartet im September 1982 mit der These auf, der Hexenwahn sei als Ausfluß einer Getreidekrankheit zu versehen. Sie hat Probleme, in historischen Zusammenhängen zu denken[25]. Die medizinische Problematik führt zum Feldzug gegen

Hebammen

und kräuterkundige Frauen spielen – aus der Gesamtsicht der als Hexen Verfolgten, eine verschwindend kleine Rolle. Die Stellung der Gebärmutter ist weiter gespannt als heute und sie ist im dörflichen und städtischen Leben eingebunden. Sie überwacht Teile des Gesundheitswesens, nimmt Nottaufen vor und kann unter bestimmten Voraussetzungen die Beichte abnehmen. Sie hat die Pflicht, totgeborene oder ungetauft verstorbene Kinder zu begraben und schwere Mißgeburten vor der Mutter zu verbergen, bis über deren Zukunft entschieden ist.

Sie kennt wehentreibende und schmerzstillende Mittel und von ihr erhält das Kind das erste Bad. Dann schiebt ihr die Hebamme ein Gemisch aus gebratenem Apfel und Honig in den Mund, ein Brauch, der altgermanischem Volksgut nahekommt; so integriert sie es in den Kreis seiner Familie. Wegen dieser Aufgaben stellt die Obrigkeit an sie hohe Anforderungen[26].

Dazu kommt die hohe Kindersterblichkeit. Deren Todesursachen sind vielfältig und oft den Eltern nicht bekannt. Wenn sie an »Schwachheit« sterben oder »ausgedorrt« sind, ist man rasch dabei zu sagen, sie seien von bösen Leuten »angegriffen« worden. Einzelne als Hexen Verurteilte gestehen, (wenn auch unter der Folter), Kindermorde verursacht zu haben.

Else Jung aus Hochstetten wird im Verbund mit einem Hexenprozeß beschuldigt: »sie wäre bei der Geburt dabeigewesen und habe versucht, das Neugeborene zu erwürgen; habe man doch deutlich die Würgemale am Hals des Kindes sehen können.« Nikolaus Bamberger sag: »daß sie bei einer schwierigen Geburt seiner Frau, als er eben zum Pfarrer habe laufen wollen, sie die Nottaufe vollzogen habe. Nach drei Tagen wäre das Kind gestorben.«

Wegen der engen Berührung mit der Entstehung des Lebens und dem Tod, umgibt sie der Nimbus des Geheimnisvollen und von da aus eine enge Verbindung zur Hexerei. In Ostungarn ist die Identifizierung der Hebammen mit der Volksmagie so groß, daß die Begriffe verschmelzen. Im Nahe-Mosel-Raum herrscht die Vorstellung, eine Hebamme werde im siebenten oder spätestens 14. Jahr ihrer Tätigkeit zur Hexe.

Öfters werden Hebammen im Verbund mit Hexenverfolgungen erwähnt und schon ist man dabei, einen Feldzug der Ärzte gegen sie zu mobilisieren, der sie aus ihrer heilerischen Tätigkeit verdrängen soll. Ärzten ist seit dem Konzil von Tours (1162) jedes Blutvergießen verboten. Die römisch-katholische Kirche hat sich wegen ihrer absurden Moralvorstellungen gegen die frühere Entwicklung der Medizin und damit der Volksgesundheit versündigt. In der Frauenheilkunde begründen sie ihre Diagnosen mit der Harnschau, der Befragung, dem Pulsfühlen und der Beurteilung der Konstitution.

Der Stand der ausübenden Medizin ist – aus heutiger Sicht – unterentwickelt, weil man kosmische Einflüsse geltend macht. Der *Hexenhammer* sagt dazu: »Die Ärzte schließen aus den Umständen, forschen nach der Ursache der Krankheit. Ist sie nicht zu entdecken, ist sie durch Dämonen verursacht.«

Ab dem 16. Jahrhundert beginnen sie sich mehr dafür zu interessieren, da klerikale Tabus gebrochen sind. Jetzt kommt es zur Konfrontation zwischen Badern, Hebammen und »studierten« Ärzten; jetzt entstehen Feindseligkeiten auf dem Rücken der Wöchnerinnen; jetzt nehmen Schuldzuweisungen gegenüber Hebammen zu. Eine unglücklich oder kompliziert verlaufene Niederkunft wird kaum noch als Kunstfehler bewertet, sondern als heimtückisch und absichtlich hingestellt[27].

Asmussen Reinharts Frau bringt 1592 die Aschaffenburger Hebamme Schmidin wegen eines Kunstfehlers ins Gerede und wird nach deren Hinrichtung an ihrer statt angenommen. Artverwandte Berufe üben Baderinnen und Spitalmeisterinnen aus.

Anders verhält es sich mit den Frauen, die vorgeben, wirksame Segen sprechen zu können, um sich ein Zubrot zu verdienen. Aus dem ableitbaren Vorteilszauber ergibt sich ein zweifelhafter Ruf. Sie haben nichts mit den »historischen« Hexenverfolgungen gemeinsam. Selbst wenn in vielen Besagungen der Volksaberglauben spürbar wird, Kräutersegen gesprochen und mit vermeintlich magischen Kräften gepokert wird, ist der zentrale Punkt der ihnen an den Rockzipfel gehängte Teufel.

Verbrennung von Ketzern in einer Grube. Derber Holzschnitt (Nürnberg) aus dem Jahr 1494.

Die These, die jüngst Gunnar-Heinsohn und Otto Steiger in die Welt gesetzt haben[28], die Verfolgungswut der Hexenjäger habe sich vor allem gegen Hebammen gerichtet, muß als wertlos verurteilt werden. Ihre Ansichten bleiben Spekulation, die zur Erklärung des Hexenwesens nichts beitragen[29].

Es läßt sich nicht mehr halten, wenn der protestantische Pfarrer David Meder in seinen Hexenpredigten *Von des teuffels Mord Kindern* sagt: »wenn auch eine Wehmutter oder Hebamme eine Hexe ist ... wird sie ein rechter lebendiger Mordteuffel an die jungen Kinderlein/und erwürget oder beschediget dieselbigen/ehe sie recht aus Mutterleibe geboren werden/wo gott nicht gnedig behütet/ und andere christliche Weiber gute Achtung drauff geben.«

Die Theorie, daß es sich vor allem um mordende Hebammen handele, führt im wesentlichen auf die Dominikaner Sprenger und Institoris zurück. Ihr *Hexenhammer* gibt Beispiele[30]; so fressen sie Fehlgeburten oder opfern die Kleinen Dämonen. Wenn sie Kinder zerreißen, verschlingen und deren Blut schlürfen, wären sie schlimmer denn Tiere. »Niemand schade dem katholischen Glauben mehr als sie.«

Der *Hexenhammer* steht in diesem Punkt in den Fußstapfen der Geschichte; er begründet keine neue Doktrin, sondern baut auf antiken Traditionen.

Unterdrückte Sexualität

Ruhen Antisexualismus und Hexenwahn auf einem klerikalen Mißverständnis? Nietsche betont, daß das abendländische Sexualverhalten durch das Christentum vergiftet worden sei; so gesehen wäre das Wüten gegen vermeintliche Hexen ein Ausfluß sexueller Perversionen.

Gewiß spielt Sexualität auf beiden Seiten eine Rolle, auf der der Unterdrücker und Unterdrückten. Die römisch-katholische Kirche geht fälschlicherweise Jahrhunderte davon aus, daß pathologisch-sexuelle Störungen wie Unfruchtbarkeit, psychisch bedingte Impotenz und Frigitität Folgen zauberisch-dämonischer Beschwörungen sind. Auf dieses Thema läßt sich u. a. die Bulle Innocenz VIII. ein[31)].

Eine Folge der unterdrückten Wollust sind sexuelle Störungen. Nach Taylor liest sich der *Hexenhammer* stellenweise wie ein Nachschlagewerk der Sexualpsychiatrie; er hat in der *Moraltheologie* Liguoris einen gleichwertigen Nachfolger.

Inzwischen hat die Psychoanalyse erforscht, daß solche Krankheitsformen eine Folge strenger Tabus sein können und so scheint es verständlich, daß es gerade in den vom Katholizismus infiltrierten Regionen zu extremen Auswüchsen kommt. Hysterie unter Nonnen sind an der Tagesordnung und einige von ihnen werden als Hexen verbrannt.

Nigg sieht es ähnlich[32)]. Es ist darauf zu verweisen, daß bei Schizophrenen, Hysterikern und Geisteskranken ähnliche Sympthome wie bei den Hexenverfolgungen auftreten. Vor allem trifft es Menschen mit inneren Konflikten – durchaus auch auf Seiten der Verfolger.

Pitres stellt fest, daß sexuelle Träume bei hysterisch Kranken üblich sind. Oft berichten sie von schmerzhaften Sexualpraktiken und Vergewaltigungen. Der Scheidenkampf ist ein Kennzeichen der Hysterie. Auffallend oft berichten als Hexen Besagte, sei es nun gezielt gefragt oder nicht, von ihren sexuellen Eskapaden und erotischen (Wunsch)vorstellungen.

Darunter fallen Anfälle und Tagträume, hysterische Schwangerschaften, Hautausschläge, Stigmata, Frigitität und Impotenz. Laurent und Nagour schildern die Wahnvorstellungen psychisch Kranker. Dazu zählt das Beispiel einer alten Frau, die sich bitter darüber beklagt, daß sie ein Arzt jede Nacht besucht, um ihr seinen Penis in das eine Ohr bis an den Hals zu stoßen.

Zwischen den Zeilen lassen sich sexuelle Eskapaden lesen. Die Frau des Hans uf der Heydt sagt während ihrer Folter: »Kein zauberei weiß ich nicht, aber sonsten bin ich ein groß Sünderin wegen des Ehebruchs dann ich ungefähr uf acht Jahr mit Baders Wendelin neben meinen Ehemann zugehalten.« Elisabeth Wagners Frau aus Aschaffenburg räumt ein: »daß ihr mit solcher Beschuldigung (Hexerei) Unrecht geschehe. Wahr sei aber, daß sie die Ehe gebrochen und mit Herrn Wendeln, dem Pfarrherrn seligen zweimal zu tun gehabt.« Vor dem 8.7.1603 sagt Marharetha Österling: »sie hätte vor 20 Jahren Hans Lindenberger lieb gehabt.«

Verdrängte Sexualität wird zur Begierde umgemünzt und tatsächlich steht die Buhlschaft mit dem angeblichen Teufel im Zenit des »historischen« Hexenwahns. Untersuchungen verstärken den Eindruck, daß die den Hexen unterstellten Gelüste Sehnsüchte projizierten[33)]. Zeugenaussagen Verurteilter weisen in die Richtung.

Bisweilen werden Beschuldigte beobachtet, wie sie auf dem freien Feld oder im Wald koitale Bewegungen ausführen. Peuckert zieht den Schluß: »das sexuelle Selbsterlebnis einer Hexe wird zum Incubus-Besuch« und er meint, daß die, die vom Erleben der sexuellen Freude ausgeschlossen sind, sie sich mit teuflischer Hilfe verschaffen wollen, wobei er sich auf den *Hexenhammer* beruft[34)]. Vergl. hierzu die Ausführungen im Kapitel der Schwarzen Messen.

Allgemein scheint sich die Kirche bei der Unterdrückung ihr nicht angenehmer sexueller Praktiken, außer wenn es um die in den eigenen Reihen geht[35)], der Hexenverfolgung als wirksames Mittel entgegengestellt zu haben; sie bekämpft Homosexualität bei anderen und muß sie innerhalb der eigenen Reihen tolerieren. Sie wettert gegen Sodomie, obwohl sie die Menschen von Anfang an begleitet und früher vermutlich häufiger war. Verstöße gegen die kirchliche Moral sind ein Faktor zur Bewertung der Hexenprozesse. Allerdings: etwa bei der Hälfte der bekanntgewordenen Fälle stehen andere Vergehen im Vorderdgrund.

An dieser Stelle sind die unterdrückten Begierden derer zu nennen, denen sie das Zölibat umgehängt hat und die ihre seelisch verklemmten Vorstellungen – wie die damit verbundenen Ausschweifungen – auf das Volk projizierten. Wem fällt beim Studium der Hexenprozesse nicht auf, wie gierig sie im Aufspüren erotischer Details sind. Frauen werden als Negativum in das undurchsichtige Labyrinth der theologischen Halbweisheiten gepreßt. Es hält Geistliche nicht davon ab, sie in Pfarrhäusern, Beichtstühlen oder während Hausbesuchen als sexuelle Leckerbissen zu behandeln.

Die These, daß es sich bei den als Hexen Besagten um Prostituierte oder (generell) leichtfertige Frauen gehandelt hat, entbehrt der Grundlage.

Anfang des 14. Jahrhunderts berichtet Arnold von Lüttich von einem dämonischen Hexenjäger, der jeder Dirne goldene Ringe schenkte, sobald sie bereit war, sich seiner Lust zu opfern. Ein Klügerer verspricht einem Frauenzimmer alle Weisheit dieser Welt, »falls sie seinen Wünschen gehorche.« 1484 wird in Bologna ein Mann zum Tod verurteilt, weil er ein Freudenhaus geleitet haben soll, in dem weibliche Teufel beschäftigt waren.

Lambreg gibt zum Besten: »Es haben sich Wüstlinge beiderlei Geschlechts, um sich fleischlichen Genuß zu verschaffen, hinter verschmitzte Kupplerinnen gestellt, um Gastereien und Tänze zu organisieren. Getränke erhitzten die Sinne und erregten Begierden. So wurden Mädchen und Frauen auf das Schändlichste mißbraucht. Dann trat eine Übersättigung ein. Man verleugnete die menschliche Natur und legte sich die Attribute des Teufels bei.« Seine Argumente sind unhaltbar, weil sie nichts zur Erklärung des Hexenwesens beitragen.

Rauschgifte

Ein pensionierter Gymnasiallehrer kommt im Laufe des letzten Jahrhunderts auf die Idee, der Hexenflug und die Teilnahme am -sabbat seien Halluzinationen unter Einnahme eines Rauschmittels gewesen. Er schließt es aus der Selbstbezichtigung angeblicher Hexen: »Träume und Visionen im halbwachen Zustand, die so lebendig und eindringlich sind, daß es denen, die sie erleben, schwer oder unmöglich ist, sie von der Realität zu unterscheiden, können nur durch Rauschmittel hervorgerufen werden.«

Die damaligen Frauen hätten den seit 1420 in Mitteleuropa vorkommenden Stechapfel als Rauschmittel entdeckt und verwendet. Bilsenkraut als Stimulativ verwirft er[36]. Jedenfalls taucht der Stechapfel seit Ende des 16. Jahrhunderts in Kräuterbüchern auf. »Mit dem Aufkommen neuer Rauschmittel (Branntwein) habe sich die Situation verlagert und so sei der Hexenwahn verschwunden.«

Die These ist problematisch, denn der Hexenflug ist seit Jahrtausenden bekannt, keiner hat damals an das Christentum oder den Teufel gedacht; längst bevor man an die Wirksamkeit des Stechapfels kennt.

Schon Vintler bezweifelt im frühen 15. Jahrhundert das Ausfahren der angeblichen Hexen: »da man guet beweisung hat,/das der leib nicht chumpt von stat,/aber si werden verzucket im sinn,/das sie wänen, sie varen da hin,/ und mit dem bestrickt si Sathanas,/das sie im gelauben dester pas.« Um seine Erklärung des Flugglaubens durch die Verzückung zu bekräftigen, erzählt er eine Legende des Thomas von Aquin.

Der Hexenflug kann kein Produkt des »Stechapfelrausches« sein. Selbst die Vorstellung, daß man ihn als Trank zu sich genommen hat, ist kaum stichhaltig, denn in den wenigsten Hexenprozessen wird davon gesprochen; eindeutig dominiert die Hexensalbe, die möglicherweise über Hautreize wirken soll. Gödelmann gibt dazu 1591 ein Beispiel[37].

Versuche mit narkotischen Giften haben bestätigt, daß Halluzinationen und wollüstige Träume nachvollzogen werden können. Am bekanntesten ist der 1960 von Will-Erich Peuckert geführte. Er bestreicht sich Schläfen und Achselhöhlen mit einer Rezeptur von Giambattista Porta (1568) definierten Salbe und beschreibt deren Wirkung[38].

Hubert Fichte hat bei Versuchen in den 70er Jahren dieses Jahrhunderts ähnliche Erfahrungen gemacht. Soldan-Heppe und Siegmund Riezler lehnen wegen nicht ausräumbarer Unsicherheiten die Salbenwirkung ab[39]. Die Einnahme von Hexengetränken (Wein, Suppe(n) und Salben) sind Marginalien im allgemeinen Hexentreiben.

Man hat nachweisbar psychisch Kranke verurteilt, ohne ihnen die notwendige medizinische Hilfe zuteil werden zu lassen. Es hat dazu beigetragen, daß Fälle von auf Geisteskrankheit ruhenden Selbstbezichtigungen – so selten sie vorkommen – dazu beigetragen haben, den Glauben an die Wirklichkeit des Hexenwesens zu festigen. Absurd ist der

Feldzug der Feministinnen

die in etwa folgende These vertreten. Ein Teil der Frauen habe sich als unterdrückte Minderheit (Hebammen und Kräuterkundige) vereinigt, sich gegen die Männergesellschaft gestellt und eine Gegenkultur aufgebaut. Deshalb seien sie von Machthabern (Männern) verfolgt und ausgerottet worden.

Dem steht die Tatsache gegenüber, daß man etwa zu 10–20 % (auch) Kinder und Männer wegen Hexerei verurteilt und hingerichtet hat und daß es mit der allgemeinen Frauenfeindlichkeit außerhalb der kirchlichen Strukturen so schlecht nicht bestellt ist.

Feministinnen setzen voraus, daß die Hexenprozesse eine »Rebellion der Frauen gegen die Ohnmacht des Patriarchats waren. Es ist unhaltbar, weil sie wesentliche historische Fakten unbeachtet läßt. Schormann hat den Ansatz als unzulässig verworfen[40].

Bauernunruhen

Soldan und Heppe lassen sich dazu hinreißen, die Hexenprozesse als politisches Instrument im Rahmen der Bauernkriege und Glaubenskämpfe zu bewerten[41]. Feministische Kreise sind auf den Zug gesprungen und verknüpfen die Hexenverfolgung mit bäuerlichen Unruhen der damaligen Zeit[42]. Stichhaltig sind deren Argumente nicht, denn

1. Sind die Höhepunkte der Verfolgung überschritten, als Auswirkungen der Gegenreformation spürbar werden.

2. Bleibt festzustellen, daß viele Regionen nicht von Bauernbewegungen erfaßt werden; sie spielen sich im wesentlichen 1524/25 im süd- und mitteldeutschen Raum ab und

3. Scheidet das Bauerntum nach seiner gewaltsamen Niederschlagung für Jahrhunderte aus dem politischen Leben, wenngleich Luthers inkonsequentes Zutun (selbst Sohn eines einfachen Mannes!) nicht unberücksichtigt bleiben kann.

Zusammenfassung

Es lassen sich einige soziologische Muster deuten. Empirische Untersuchungen haben gezeigt, daß Hexereibeschuldigungen als Resultat vorausgehender Ereignisse zu betrachten sind. Alte und nicht ausgetragene Spannungen unter den Bürgern, Streit, Mißgunst, Neid, Eifersucht, Haß, Gewinnsucht, nicht verarbeitete Vorfälle in den Familien brechen hervor und lösen unter dem Schutz der Obrigkeit Krisen aus.

»In ihrem Kern ist die Hexenverfolgung eine Abwehr des Bösen. Ihr Wahncharakter beruht darauf, daß sie gegen irrtümliche Ziele gerichtet ist, sich falscher Methoden bedient und von falschen Quellen genährt wird[43].«

Trends

Seit dem Ende der 70er Jahre zeigt sich ein verstärktes Interesse an der Erforschung des Hexenwesens. Selten sind kirchenhistorische Arbeiten zum Thema, was die Vertuschung nicht aufhalten kann. **Die Hexe hat das geistesgeschichtliche Erbe des mittelalterlichen Ketzers angetreten. Man kann die historische Kontinuität belegen.**

Heute haben wir eine ähnliche Situation; soziale Spannungen, Bedrohung der allgemeinen Lebensbedingungen, Zunahme von Angst, Gewalt und Agressionen. Der Verlust an Religiosität bedingt den enormen Zulauf zu teilweise »teuflischen« Sekten.

In der jüngsten Vergangenheit zeigt sich eine Aktivierung des Glaubens an die Hexerei; es ist eine Verballhornung antiker Fruchtbarkeitskulte, der mit sexuellen Liberalisierungen gepaart ist. Es steigt die Zahl derer, die meinen, eine Hexe oder ein Hexer zu sein. Ihre Anhänger gehen in die Millionen und finden eine Parallele in den Satanskulten und Schwarzen Messen, die sich wie ein Flächenbrand über Europa ausdehnen.

Schon 1603 bringt ein Glaubensbekenntnis der Pellke Stubben zum Ausdruck: »Ich gelove an den bosen Geist, seine allegemeine bose kercke, de gemenschap der bosen (Bremen).« Hier ist der Teufel an die Spitze einer Gegenkirche gerückt. Er ist der Fürst und (bis heute) Meister aller Gaukler.

Man wird behaupten, das Material sei auf eine Kritik an den Kirchen ausgerichtet. Dem ist nicht so. Wer an die Bewertung von Ursachen geht, die Teile der europäischen Bevölkerung über Jahrhunderte in Schach gehalten haben, kann nicht darauf verzichten, theologische Quellen zu zitieren; sie stehen Jedem zur Verfügung.

Ich mache auf den Korrespondenzband *Sünden der Kirche* aufmerksam (vergl. hinterer Buchdeckel), der das Hexenwesen in einem größeren Zusammenhang beleuchtet.

Eines der wesentlichen Untersuchungsergebnisse dürfte in der Tatsache zu sehen sei, daß die Schwarzen Messen bereits im 17. Jahrhundert im Verbund mit Hexenverfolgungen erwähnt werden.

Ich schicke das Buch mit der Hoffnung auf den Weg, daß es kritisch beurteilt und verbessert wird. Es soll eine sachliche Diskussion entfachen, die es ermöglicht, die Zusammenhänge über das Hexenwesen besser zu verstehen.

Das neue Hexenbild
—
Frühe Hexenprozesse

Inhalt

Frühe Hexenprozesse

Hier geht es um die Frage, ob die Verfolgung der angeblichen Hexen aus den Ketzer- und Inquisitionsprozessen hervorgeht, die bei den Judenpogromen des 14. Jahrhunderts Zwischenstation macht, um dann im Verbund mit erfundenen »neuen« Sündenböcken nochmals stehen zu bleiben.
Das Ganze ist nicht eindeutig und wohl darum, weil man den Terminus der Zauberei (bis heute) nicht korrekt einzuordnen vermag. Schon die alten Römer differenzieren zwischen einer positiven und negativen Variante, die nur eines gemeinsam haben. Man kann nicht zaubern!

Eines läßt sich mit Bestimmtheit sagen: der »neue« Hexenbegriff, wie er etwa ab der Mitte des 16. Jahrhunderts halb Europa zu tyrannisieren beginnt, wird im 14. bzw. 15. Jahrhundert »vorausgedacht«. Hier entstehen die »geistigen« Grundlagen, die Krämer und Institoris »erst« um 1480 zusammengeschrieben haben. Es bedeutet, daß der *Hexenhammer* anders als bislang zu bewerten ist. Seine Stoßkraft ist gering!

Die Interpretation der (unvollständigen) Tabelle verdeutlicht drei Fakten:

1. Das klerikale Wollen steht im Vordergrund, wobei öfters auf die Tätigkeit der Waldesier abgehoben wird.

2. Die »Philosophie der Hexe« greift in einer Zangenfunktion, von Süden über Frankreich, Spanien und Italien, auf den deutschsprachigen Raum über.

3. Der Terminus Hexe taucht erstmals auf Schweizer Boden auf.

Es bedeutet, daß die »neuentstandene« Sekte der Hexen, wie man es seither interpretiert, so neu nicht ist. Sie schöpft aus dem geistigen Fundus der Antike und dem Zerrbild des darniederliegenden Katholizismus.

Frühe Hexenprozesse im deutschsprachigen Raum finden in Ravensburg, Straubing (Agnes Bernauer) und Heidelberg statt. Hinzu gesellt sich der Innsbrucker, in dem der päpstliche Inquisitor eine juristische Niederlage hinzunehmen hat. Dazu kommt der unter Mitwirkung des Agrippa von Nettesheym 1519 geführte in Metz. Sie sind jeweils in der behandelten Region beschrieben. Aus allem wird erkennbar, daß das Hexenbild zur Mitte des 15. Jahrhunderts unscharf ist.

Das neue Hexenbild

entsteht nicht in den Köpfen des Volkes, sondern formiert sich über Generationen in denen von Gelehrten, Stimmungs- und Meinungsmacher. Die Autoren des *Hexenhammers* sind eine späte Ausprägung von dieser Denkweise. Im Laufe des 15. Jahrhunderts finden mehr als hundert Hexen(?)prozesse auf dem Gebiet der heutigen Schweiz, im deutschen Südwesten und den Ländern und Landschaften entlang des Alpenhauptkammes statt (Blauert).

Der Schweizer Raum, Regionen des Bodensees und die am Oberrhein, bilden frühe Schwerpunkte und bestätigen die Theorie der Zangenfunktion. Im Vorfeld dominieren (siehe Tabelle) Verfahren gegen Ketzer, Zauberer und Juden. 1407 werden vornehme Baslerinnen in einen Zaubereiprozeß verwikkelt. Eine Zeugin will gesehen haben, wie eine Besagte ein Wachsmännlein über einer Kerze »gebraten«hat und von einem Zettel einen Zauberspruch abgelesen habe. In gewisser Weise ist es ein simulierter Liebeszauber. Hier werden jahrhunderte alte magische Volkspraktiken vorangetragen. Der Baseler Prozeß findet eine Parallele im (späteren) Innsbrucker.

Ein Problem ist der begriffliche Wandel vom Ketzer zur schadenstiftenden Hexe, der sich ab dem 14. Jahrhundert abzeichnet und eine Parallele zu den damaligen Judenpogromen hat. Aus dem Ketzer formiert sich der Teufelsdiener und daraus die »Sekte« der Hexenmeister- und Zauberinnen. Auch damals gibt es »typische« Krisenjahre: so um 1400, 1440, 1450 und 1480; es sind Vorläufer der Hexenwellen.

In Basel tagt 1431 ein Konzil, auf dem die Schwächen des damaligen Katholizismus deutlich werden. Ruhe in den eigenen Reihen macht konziliare Veranstaltungen unnötig!

1430/40 werden in der Dauphine, im Piemont, in Savoyen und in der Westschweiz Hexenprozesse geführt. Damals greifen Nider und Martin Franc zur Feder, der anonyme Verfasser des *Errores Gazairiorum,* dem Luzerner Hans Fründ u. a.

Die Geschichte der europäischen Hexenverfolgung nimmt ihren Anfang in der französisch-italienisch-westschweizerischen Grenzregion. Nicht zufällig wirken hier die den Katholiken verhaßten Waldenser.

Visitationsberichte aus der Diözese Genf (u. a.) aus dem frühen 15. Jahrhundert kennen den definierten Hexenbegriff nicht; man erwähnt Zauberer und Wahrsagerei. Kurz danach geschieht das Entscheidende. Im Konflikt zwischen dem auf dem Konzil abgesetzten Eugen IV. und dem Konzilspapst Felix V.

Beispiele früher Zauberei- und Hexenverfolgungen (vor Erscheinen des Hexenhammers)*)

1180 **(Frankreich)** Der Erzbischof von Rheims verurteilt zwei Personen zum Feuertod.
1183 **(Frankreich)** Es wird berichtet: » viele, darunter Adelige, Bürgerliche, Geistliche, Jungfrauen und Witwen wurden vom Erzbischof von Rheims und dem Grafen von Flandern dem Flammentod überliefert.«
1222 **(Frankreich).** In Besancon werden Ketzer als »Diener des Teufels« verbrannt, um mit dem »ewigen Feuer« gereinigt zu werden.
1235 **(Niederlande)** der Dominikanerinquisitor Robert läßt in Chambray und Douais Männer und Frauen als Ketzer verbrennen.
1269 **(Spanien)** Die Gebeine des Grafen von Castelborn und die seiner Tochter Ermesinda werden ausgegraben und verbrannt; sie sind seit 28 Jahren tot.
1348 **(Frankreich)** Der Erzbischof de Sarrats läßt vor der Domkirche von Embrun zwölf Waldesier verbrennen.
1378 **bis 1384 (Deutschland)** Der Domdechant Heinrich von Regensburg läßt als päpstlicher Inquisitor Frauen als waldesische Ketzerinnen verbrennen.
1402 **(Deutschland)** Der Inquisitor Eylard Schönefeld läßt in Lübeck und Wismar zwei Ketzer öffentlich verbrennen.
1419 **(Schweiz)** In der Urfehde eines Angeklagten und Gefolterten aus Luzern erscheint die Bezeichnung »Hexe« für Schadenszauber.
1423 **(Schweiz)** In Basel wird eine Unholdin zum Tod verurteilt. Sie bestätigt an Eidesstatt, daß sie eine Hexe sei und auf einem Wolf reitet.
1424 **(Italien)** In Rom wird die Hexe Finicella verbrannt: »weil sie in teuflischer Weise so viele Kreaturen getötet und anderen geschadet hat.« Ganz Rom geht hin, um dem Spektakel beizuwohnen.
1429 **(Deutschland)** der Inquisitor Johann von Frankfurt berichtet: »daß er am 4. Juni in Würzburg den Ketzer Johann Fuyger öffentlich verbrannt hat. Unter großen Feierlichkeiten, an einem öffentlichen Ort und nach einer hinreißenden Predigt übergibt er ihn dem weltlichen Gericht.
1438 **(Deutschland)** In Heidelberg wird eine Zauberin mit einer Schandmütze an den Pranger gestellt, ihr die Zunge abgezwickt und ein Brandmahl aufgedrückt.
1447 **(Deutschland)** In Braunberg (?) wird eine Frau der Zauberei überführt, aber lediglich zur Verbannung auf eine Entfernung von zwei Meilen verurteilt, nachdem eine dreifache Bürgschaft in Höhe von 10 Mark gestellt wird.
1456 **(Deutschland)** In Breslau werden zwei Frauen ertränkt, weil sie mit Liebesbissen, durch die sie eine Heirat beeinflussen wollen, ihre Männer umgebracht haben. In Köln werden zwei Personen wegen Fruchtzauber (Ernteschaden?) verbrannt. Zieglers Jutte soll ein Beichtbüchlein besessen haben, das Zaubersprüche beinhaltet.«
1471 **(Deutschland)** In Frankfurt am Main wird eine Zauberin ausgepeitscht, weil sie vorgibt, Diebstähle entdecken zu können.
1481 **(Deutschland)** In Breslau wird Anna Brommelshausin als Zauberin und Hexe ertränkt. Sie räumt ein: »sie habe Georg Kramer und Georg Beckern ihr eigenes Wasser (Urin) zum Trinken gegeben. Für Kramer habe sie Kröten gesotten. Ihrem Mann habe sie Schweiß zum Trinken gegeben: sie wird am Montag vor Michaelis hingerichtet. In Eggersdorf wird eine Frau verbrannt, die mit einer Hostie Unfug getrieben hat.
1483 **(Deutschland)** Unter Friedrich I. wird in Berlin eine alte Frau der Hexerei überwiesen und verbrannt.
1485 **(Deutschland)** Ketzereiverfolgungen in Berlin. Hier sind zur Zeit Friedrich II. der Bischof Stephan von Brandenburg und der Franziskaner Johann Kannemann zu Inquisitoren bestellt. Sie verurteilen am 28. April Matthäus Hagen als Ketzer zum Feuertod und übergeben ihn in feierlicher Weise den kurfürstlichen Beamten zum Verbrennen.
Jetzt: Erscheinen des *Hexenhammers*

*) Zusammengestellt nach: Wolf, H.-J.: *Hexenwahn. Hexen in Geschichte und Gegenwart.* Historia-Verlag.

Berthold von Regensburg hält eine Predigt gegen die Ketzer, Buchmalerei, 1447. →

Das ist prueder perichtolt der predinger

wird gesagt: »In seiner Heimat wimmle es von stregule vel stregones seu Waudenses.«

Es ist die geistige Wende. Der Lausanner Dominikaner Uldry de Torrenté führt zwischen 1428 und 1439 Inquisitions- und (frühe) Hexenprozesse. Zum Beginn des 15. Jahrhunderts prägen Ponce Feugeyron und zwischen 1449 und 1477 von Chambray aus Bérard Trémey die dortigen Hexenprozesse.

Um 1450-54 finden erste in Luzern statt. Jetzt taucht im Verbund mit den Vernehmungen der Beklagten Els von Meersburg und Margret Jegerin aus Lauterburg (Elsaß) der Terminus Hexe auf. Sie bringen die klassischen Delikte ein:

1. Teufelspakt
2. Liebeszauber
3. Schadenszauber (aus Rache)
4. Wetterzauber

Hier wird von Hexenzusammenkünften berichtet und daß man auf Wölfen oder Hunden geritten sei. Margret Jegerin räumt ein, bei einem solchen Treffen »vor zwei oder drei Jahren« mit anderen Hexen ein Hagelwetter verursacht zu haben, das über Basel, Straßburg und Weißenburg niedergegangen sei.

Tatsächlich finden in Basel 1450/51 Prozesse gegen angebliche Hexen statt, die in einer Wechselwirkung zu den Heidelberger stehen. In Straßburg wird 1451 ein Mann, der bereits in Basel Hexerei Gerüchte in die Welt gesetzt hat, ertränkt, weil er einen Beweis gegen eine alte Frau nicht erhärten konnte.

In Konstanz werden 1453 gegen drei Personen Untersuchungen wegen Wettermachens angestrengt. 1454 finden Hexenprozesse in Mühlhausen statt; auch hier geht es um die Herstellung von Pulvern zur Schädigung von Menschen, bzw. um das Wettermachen. Jetzt tauchen die ersten schriftlichen Berichte über die junge Hexensekte auf. Selbst über den Hexenflug wird hier – wie in Luzern – berichtet. Literaten nehmen sich des Themas an und die Erfindung der Buchdruckerkunst schafft den Durchbruch zur Massenideologie.

Wieviel Angst der Klerus davor hat, wird 1471 durch eine Äußerung der Dominikaner der strengen Observanz erkennbar; sie sehen in ihr eine verwerfliche Einrichtung und verbieten ihre Ausführung bei Strafe der Ungnade (!). Es hält sie nicht davon ab, sie rücksichtslos für die Ausbeutung ihrer Interessen einzusetzen. **Die Frühgeschichte des Buchdrucks nimmt auf die Ausgestaltung des neuzeitlichen Hexenwesens eine dominierende Rolle ein, denn sie bereitet Meinungen auf und illustriert das makabre Geschehen durch Holzschnitte und später durch Kupferstiche.**

Man kann davon ausgehen, daß um 1450 der »neue« Hexenbegriff eine Festigung erfahren hat; zu einer Zeit, da die Abfassung des *Hexenhammers* eine Generation auf sich warten läßt. So wird klar, weshalb dessen Autoren ein so festes, zusammengefügtes in sich logisch scheinendes Hexenbild zusammentragen konnten.

Institoris war um 1430 in Schlettstadt (Elsaß), Sprenger um 1436/38 in Basel geboren worden. Beide treten in jungen Jahren den Dominikanern bei und es ist denkbar, daß sie sich beim Abfassen des malleus an frühe und persönliche erlebte Hexenverfolgungen erinnern.

Ungeklärt ist, wie die frühen Verfolgungen vernetzt sind. Der Luzerner Chronist Hans Fründ berichtet über Hexenverfolgungen, die um 1430/40 im Wallis stattgefunden haben. 1475 verfolgt Mathias Widmann von Kemnat, Hofkaplan von Kurfürst Friedrich von der Pfalz, in Heidelberg diese Spur. Die neuen Sammelbegriffe scheinen gefestigt. Er beschreibt den Beitritt eines neuen Mitgliedes in die Hexensekte:

»Item wie sie in die sinagoga komen, so antwort man den verfurten armen menschen dem deuffel, der zu stund erscheint in einer gestalt einer schwartzen katzen oder bock, oder in einer andern gestalt des menschen. Darnach fragt der deuffel oder der verfurer den verfurten, ob er in der gesellschaft wol bleiben und gevolgig wol sein dem verfurer, und so antwort cer arme verfurte mensch: Ja.

Darnach muß er schweren, als hernach steht: Item er schwert, das er getreuw wol sein dem ketzermeister und alle seiner gesellschaft, zum andern, das er alle, die er moge zu solllicher gesellschaft bringen, das er fleis darzu thun wolt; zum drittem, das er bis in den doit die heimlichkeit verschwigen wol; zum vierten, das sie alle die kind, die under drien jarn sind; wollen doten und in die gesellschaft bringen; zum funfften das, als offt er beruffen wirt, alle ding ligen lass und in die gesellschaft eile; zum sechsten, das sie alle eheleut verwirren wollen und darvor woln sein, das innen ihre gemacht verhalten werden mit zauberei und sunst sachen; zum siebenten, das sie wollen rechen mit allem fleiß das unrecht, das man den personen duth, die in der sect sein: Und wen der arme die artickel also geschwert, so kniet er nider und bett den ketzermeister an und gibt sich ime und kust ine in den ars, und sie sagen, es sei der deuffel selbs, der uff dem stuhl sitzt in eines menschen wise und gibt ime zins ein glidt von seinem leibe, so er gestirbt. Darnach so sint die gesellschaft frolich und freuwen sich des neuen gesellen und ketzers.«

Eine ähnliche Beschreibung hat ein Papst im Verbund mit Ketzerverfolgungen verfaßt.

Ravensburg

In Ravensburg hält sich Heinrich Institoris im Herbst des Jahres 1484 auf. Erzherzog Sigmund von Österreich läßt sich vom Rat und Bürgermister der Stadt über den Aufenthalt berichten. Er erfährt einiges über das inquisitorische Vorgehen, dem mindestens zwei Frauen zum Opfer fallen.

»und fügen daruf uwer gnad zu vernemen, daz war ist, in diser nechtsvergangenen herpstzit ain solher doctor (Institoris) in unser statt ist komen mit bäpstlichen bullen sins empfehlens und furnemens halben, davon er abschriften als copien an den kirchtieren uf schlachen ließ und daruf ettlich tag an der kantzel geprediget und aller mengi, fröwen und mannen, bi bäpstlichem, höchsten bann gebieten tät also: Wer der oder die weren, die ainiche hechsen als unholden wisten oder von iemands gehört hetten, daz sie die wisten, als in arckwon hetten, oder daz ain böser lumd (Leumund) uf sie gieng, als wa iemand schad an lpüt vech beschechen wer, daz man uff ettwern argwan hette, die sölten bi gehorsame oberrütz gebots zu im komen und im sölch häxen als verlümbt argwönig personen angeben mit irn umbstenden, waz ieder von im wiste, gesechen als von anderen lüten gehört hette. Da ist nun ain grosser zulauf von vil luten worden, vil frowen und mannspersonen zu im gangen. So er nu die lut bi iren gelüpten und aiden verhört hat, und daz ingeschrift furgehalten, uf daz haben wir ettlich wips personen in unser gevengnuß prächt, dar under zwo veriechen hand, wie daz si sich dem tüfel ergeben habint und mit im ir gespenst der unluterkait gepflegen, ouch hägel und ungewitter helfen machen, derglich lüt und vech gelembt und gesert und vil derglich zobri gespenstes vil iar und zit getriben, und demnach haben wir zu inen mit dem für richten lausen.« In

Innsbruck

1485 kommt es zu einem Massenverfahren gegen Frauen. Die klerikale Verantwortung liegt bei Bischof Golser. Er läßt pflichtgemäß die ihm aufoktroierte Bulle Innocenz VIII. publizieren und gewährt Hilfeleistenden einen Ablaß von 40 Tagen. Es muß davon ausgegangen werden, daß im Tiroler Raum bis dato keine Prozesse gegen angebliche Hexen stattgefunden haben. Der Prozeß wird im 12. Kapitel des 2. Teiles des *Hexenhammers* verzerrt eingeflochten.

Er endet mit einer Niederlage des bestallten Glaubensrichters. Es scheint ein inquisitorischer Alleingang unter Berufung auf päpstliche Kompetenzen gewesen zu sein.

Er hat mehr als 50 Personen der Zauberei bezichtigt; bis auf zwei handelt es sich um (ältere) Frauen. Es sind Angehörige der unteren Sozialschichtungen. Unter ihnen befindet sich die »alt Bendlin« die mit Pulver agieren soll, sie stiftet Liebeszauber und bringt Kinder um, lehrt »iungen dürnen« ihre Kunst und »get vast umb mit swarzen katzen und hunden.« Zu den Besagten gehören die »schöne Goltsmidin«, Bedienstete des Erzherzoges Sigmund von Österreich und der Tiroler Landesherr. Eine enttäuschte Liebhaberin soll versucht haben, seine Gunst mit Hilfe zauberischer Mittel zurückzugewinnen. Besager tragen das übliche vor[1)] und selbst Mord durch Zauberei findet Erwähnung.

- Eine Frau, die aus Bayern nach Innsbruck geheiratet hat, sei von der ehemaligen Geliebten ihres Mannes zauberisch umgebracht worden.
- Eine Frau habe durch Fastenzauber ihren Sohn ermordet, weil sie mit der Schwiegermutter nicht einverstanden war[2)].

Krämer ist ein Greis und kommt mit der Zeit nicht zurecht, in der er verwurzelt ist. Er wählt sieben belastete Frauen aus und läßt sie verhaften. Ob sie gefoltert werden, ist ungewiß. Der Inquisitor ist von ihrer Verurteilung so überzeugt, daß er die Verwendung des konfiszierten Vermögens ins Auge faßt.

Im Zusammenhang mit dem Prozeß werden Wetter- und Milchzauber erwähnt. Immer deutlicher wird das sexuelle Motiv in den weiterführenden Beschuldigungen und schon beabsichtigt man, drei Beklagte dem weltlichen Gericht zu übergeben. Aus mehreren Schreiben des Bischofs wird deutlich, daß er die Handlungsweise des Inquisitors ablehnt, wobei er gegenüber der päpstlichen Anweisung Hochachtung bekundet.

Er rät am 21. September Sigismund, dem Inquisitor »beystand hilff und fürdrung zu erweisen.« Er fordert den Inquisitor auf, Rechtsnormen zu beachten und herzogliche Räte hinzuzuziehen. Golser ist um Milde bemüht und sagt: »villeicht durch die guetikeit der irsal dester mit pesserm fueg ausgeredt möcht werden.« Die Beschuldigten mögen zur Kirche zurückkehren.

Die Angeklagte Scheuberin sagt: »sie wünsche dem Inquisitor das fallende Übel an den grauen Scheitel, weil er immer gegen die Hexen predige.« Sie habe seine Predigten gering geschätzt und ihn verwünscht. Man wirft ihr vor, daß sie den Ritter Spieß in Innsbruck umgebracht habe. Der bischöfliche Generalkommissär weist eine vom Glaubensrichter gestellte Zwischenfrage über sexuelle Geheimnisse als nicht zur Sache gehörend zurück und gibt einen Protest zu Protokoll.

Institoris rät bei der Angeklagten Selachin die »peinliche Frage« anzuwenden: zum Zweck weiterer Besagungen scheint ihm die Folter angebracht.

An den Verhandlungen beteiligen sich neben dem Wortführer Institoris drei weitere Ordensbrüder. Samer und der bischöfliche Kommissar von Brixen, wirken als geistliche Vertreter. Beteiligt ist Magister Wann, ein Dr. der Theologie und Kanonikus aus Passau. Ein Beauftragter der weltlichen Macht steht vermutlich nicht zur Verfügung.

Dann tritt Johann Merweis (aus Wendlingen) als Verteidiger auf. Er erklärt das Vorgehen des Inquisitors als gesetzwidrig und beantragt seine Verhaftung. Er begründet es mit der Verletzung der päpstlichen Bulle und Kompetenzüberschreitungen in fünf Punkten. Er erreicht eine Annulierung des Prozesses, da er den Rechtsnormen widerspreche. Turner verkündet den Freispruch der Besagten und erklärt Golsers Vollmacht an den Inquisitor für erloschen, wobei Institoris die Rückgabe der Urkunde verweigert.

Die eingekerkerten Frauen werden unter Stellung von Bürgen entlassen. Sigismund erklärt sich zur Übernahme der Prozeßkosten bereit und sagt: »bei einem neuen Prozeß soll seine Kasse nicht belastet werden.« Über eine Neuaufnahme des Verfahrens ist nichts bekannt.

In einem Brief Golsers an den Pfarrer von Innsbruck äußert er sich besorgt über Krämer und sagt: »er scheint aus Altersschwäche kindisch geworden zu sein. Was er getan (hat), ist unanständig«.

Ein weiteres Schreiben trägt das Datum vom Februar 1486. In ihm wird betont: »eure Väterlichkeit sollte, wie ich euch schon zugeredet habe, in sein Kloster zurückkehren und anderen nicht zur Last fallen. Ich glaubte, daß er die Diözese lang verlassen hat[3]. Zudem wird gesagt: »In der Praxis zeigte sich seine Dummheit, denn er unterstellte vieles, was nicht erwiesen war.« Vermutlich agiert Institoris weiter, was nicht zu dokumentieren ist.

Goslers Haltung zur Zauberfrage ist widersprüchlich. Auf der einen Seite will er die Leute durch geistliche Milde zurückgewinnen und auf der anderen erklärt er dem Erzherzog, daß Tötung durch Zauberei streng bestraft werden soll. Es ist unklar, wie er die Verbindung zwischen Zauberei und Ketzerei bewertet. Jedenfalls hält er den Ketzerrichter für überflüssig und stört sich an seinem rigorosen Vorgehen.

Georg Golser entstammt keinem Adelsgeschlecht und ist vermutlich ein Sohn bürgerlicher Eltern. Er wird in Werfen (Salzburger Alpen) geboren und immatrikuliert 1438 in Wien. Hier studiert er Jurisprudenz. In Wien wird damals ausschließlich Kirchenrecht gelehrt und das über Italien einströmende »römische« ist unterentwickelt. Sein Studium fällt in die Zeit des Baseler Konzils. Er wird vom Brixener Domkapitel im September 1464 zum Bischof gewählt. Am 20. Juni 1489 ist er hier gestorben. Sein (berühmter) Vorgänger im Bischofsamt war

Niklaus von Kues

Er soll einmal wegen einer Zaubereiaffaire zwei alte Frauen verhört haben. Treffend erkennt er das Wesentliche: »daß man vor allem da viele Zauberer finde, wo man an sie glaube und daß Unschuldige durch den Haß ihrer Verfolger umkommen.« Ein gewisser Einfluß von Kues auf ihn ist denkbar. Er ist durch sein mutiges Denken eine Ausnahme seiner Zeit!

Es ist möglich, daß Golser um diese Handhabung weiß. Er steht Prozessen kritisch gegenüber, weil keine vergleichbaren Fälle da sind. 1477 erläßt er eine *Verordnung zum Verbot gegen Feiertage,* da sie ihm zu abergläubisch sind. Eines seiner Probleme ist die drohende Gefahr der Türken, die vor seiner Haustür stehen und auf dessen Problematik er öfters eingeht.

Es ist davon auszugehen, daß Golsers Verhalten in dem Hexenprozeß Signalwirkung hat und nicht unbewertet bleibt. Dennoch ist übertrieben, wenn gesagt wird: »es sei ein Schrei der Entrüstung durch das Land gegangen.« Tatsache ist, daß die weltlichen Stände auf dem Tiroler Landtag (Hall, 1487) gegen Übergriffe bei der Tortur intervenieren.

Offensichtlich ist nach dem Weggang des Inquisitors die Hexenverfolgung nicht mehr aktiv geworden.

In den Landesordnungen wird erst 1573 Zauberei unter die verbotenen Handlungen gezählt und hauptsächlich eine Geldbuße angedroht.

Wandel der Rechtsbegriffe

Dem Mönch Benedictus Levita gelingt bei der Neufassung der *Kapitularien* eine »gigantische« Fälschung. Unter den späten Karolingern entsteht mit seiner Hilfe der gesetzliche Auftrag, daß Hexen im Namen Gottes aufgespürt und vernichtet werden sollen.

Die ersten Texte des Mittelalters, die von Zauberei sprechen» sind die *Leges,* in denen zwei Überlieferungsstränge überliefert sind; Herkömmliches aus der Antike und lokale Traditionen.

Im 6. Jahrhundert belegt das *Poenitentiale Columbani* Mord durch Zauberei mit kirchlichen Strafen.

Es findet ein grundsätzlicher Wandel in der Beurteilung der Zauberei statt. Unter dem Einfluß des Christentums haben zuerst Childerich III., 742 außerdem Looswerfen und Liebeszauber als Formen der Zauberei unter Strafe gestellt.

Einen deutlicheren Einfluß germanischer Vorstellungen von Zauberei lassen das *Poenitentiale Burgendense* aus dem 8. Jahrhundert erkennen und das *Poenitentiale* Bischof Halitgars von Cambrai zum Beginn des 9. Jahrhunderts. Kritischer als sie beurteilt der *Canon Episcopi* des Abtes Regino von Prüm von 906 die Vorstellungen der Zauberei, die er in das Reich des Unglaubens verweist und sagt:

»Es darf nicht außer acht gelassen werden, was einige verdorbene Weiber, vom Teufel und dämonischen Bildern und Vorspiegelungen verführt, glauben und bekennen; daß sie zu nächtlicher Zeit mit Diana, der Göttin der Heiden, und einer großen Schar Weibern auf gewissen Tieren reiten, weite Strecken Landes in der Stille tiefer Nacht überwinden, ihren Befehlen, als sei sie ihre Herrin, gehorchen und in bestimmten Nächten zu ihrem Dienst gerufen werden.«

Das darf nicht unterschätzt werden, denn der *Canon Episcopi* wird im gleichen Jahr für die Visitation der Mainzer Erzdiözese verbindlich. Er ist eine wichtige Stütze im Kampf gegen die Wahnvorstellung und wird u. a. von Weyer und Gödelmann ins Feld geführt.

Seitens der Kirche hat sich die Beurteilung der Zauberei während der Scholastik geändert. Im 13. Jahrhundert ist die negative Entwicklung abgeschlossen. In den Predigten Bertholds von Regensburg (ca. 1210–72) werden darüber hinaus Besuche von Wahrsagerinnen, Beschwörungen zur Heilung von Krankheiten oder zur Bereitung von Heiltränken sowie die Beobachtung zukunftsdeutender Zeichen untersagt.

Bildnis des Erzherzog Sigismund von Tirol. (Um 1480–90). Wien. Gemäldegalerie des kunsthistorischen Museums. Er wird mehrfach im Zusammenhang mit Hexenfragen konfrontiert.

Der Glaube an Nachtfahrten ist bei ihm ebenso nachweisbar wie das Überwiegen weiblicher Begriffe für alles, was mit Zauberei in Verbindung gebracht wurde. Immer mehr verdichtet sich der Begriff auf die schadenstiftene Frau, die mit Dämonen im Bunde steht. Nicht erst der *Malleus maleficarum* gegen Ende des 15. Jahrhunderts bringt die Zuspitzung des Hexenglaubens auf das weibliche Geschlecht.

Johannes Nider

Der schwäbische Dominikaner, Eiferer des katholischen Glaubens, verfaßt den *Formicarius* um 1437–41. Er beinhaltet eine Sammlung von widersinnigen Hexen- und Gespenstergeschichten. Aus der trüben Quelle schöpfen die späteren Autoren des *Hexenhammers.*

Er verfolgt das Ziel, aus der gängigen Theologie, dem Aberglauben und der Scho-

Mittelalterliche Rechtspflege: »Sitzen im Stock« und Anwendung einer Folterart, denn die Hände der Frau liegen zwischen Keilen – nicht zu verwechseln mit der Daumenschraube. Holzschnitt aus dem 16. Jahrhundert.

lastik einen Mix zu machen, den das Volk versteht. Er möchte Erkenntnisse (!) der Theologie unter das Volk tragen, ohne die damit verbundenen Widersprüche zu erkennen. Seine Arbeit dokumentiert, die fertig die Idee der Inquisition ist, als Hexenverfolgungen in unserem Sprachraum ihren Anfang nehmen.

Er gilt als Fachmann der christlichen Dämonologie, denn er meint zu wissen: »daß er eine 15jährige Jungfrau, die im Zorn ein Fluchwort gesagt und ohne Gebet zu Tisch gegangen sei, beim ersten Bissen eine Fliege verschluckt habe. Damit sei der böse Geist in sie gefahren, welcher erst auszutreiben gewesen (als sie geschworen) eine Jungfrau zu bleiben.«

Zudem weist er auf drei Frauen: »deren eine dem Dominikaner Kalteisen, dem Kölner Inquisitor, entwichen, die andere sei vom Inquisitor von Frankreich eingezogen und verbrannt worden, die dritte habe sich bekehrt.«

Und doch weicht seine Arbeit von der des teilweise auf ihm ruhenden *Hexenhammers* ab. Er meint: »zu allen Zeiten wurde den Weibern gegen ihren Willen von Sucubus und Incubus nachgestellt ... dagegen unterscheiden sich die »modernen« Hexen dadurch, daß sie sich freiwillig der Unzucht mit einem Teufel hingeben.«

Nider weist auf Peter von Bern, einen Richter von Simmenthal am Thuner See. Von ihm habe er Erkenntnisse gewonnen und in seinem Bezirk seien in kurzer Zeit Kinder verschwunden und eine gefangene Hexe habe mitgeteilt, sie seien in den Wiegen unter dem Hersagen von Zaubersprüchen getötet worden. Nach dem Begräbnis habe man sie wieder hervorgeholt und in einem Kessel gekocht. Aus ihrem Fleisch werde Zaubersalbe bereitet, während die daraus gemachte Suppe die Kraft verleiht, der Sekte der Teufelsbeschwörer beizutreten.

Bei ihm scheint die Hexerei nicht scharf von der Zauberei getrennt. Nach ihm können Zauberer und Hexen auf siebenfache Weise Schaden. Sie können Liebe und Haß einflößen, Zeugung und Empfängnis verhüten, Siechtum an allen Gliedern erzeugen, den Menschen das Leben rauben und Tieren schaden. Er betont:

»Zauberer und Hexen verleugnen Christus, können sich in Mäuse verwandeln, Getreide und Heu auf den eigenen Grund übertragen (womit er bei den alten Römern an der Tür kratzt), Wetter machen, durch Blitze Kinder töten, sie vor den Augen ihrer Eltern ins Wasser werfen, Unfruchtbarkeit erzeugen, Pferde mit dem Reiter in die Luft entführen, Verbotenes offenbaren und die Zukunft weissagen: Abwesendes können sie sehen.«

Das erste Werk, das die Hexerei im elaborierten Sinne beschreibt, ist das *Flaggelorum haereticorum,* das 1458 von Jaquier verfaßt ist. Er betont, daß die neuentstandene Sekte der Ketzer und Zauberer »modernis temporibus«, in jüngster Zeit, entstanden ist. Ein weniger bekanntes Verfahren ist der Prozeß gegen die

Hexe aus Otternheim

deren Schicksal unsicher erschlossen ist. In gewisser Weise ist es ein Parallelfall zu Agnes Bernauer. Im Sommer des Jahres 1464 beauftragt der Rat der Freien Reichsstadt Straßburg den Bildhauer Nicolaus von Leyden, das Portal der neuen Kanzlei künstlerisch zu gestalten. Er entscheidet sich (möglicherweise), Jacob von Lichentenberg mit seiner »schönen« Bärbel in Stein zu verewigen, was in Chroniken zum Ausdruck kommt. Sie soll seine Konkubine gewesen sein.

Er ist einer der Mächtigen im damaligen Elsaß und heiratet im Alter von 15 Jahren eine Gräfin von Mörs und Saarwerder. Sie soll extrem geizig und häßlich gewesen sein, so daß sie stets einen Schleier getragen habe: es ist verständlich, daß sich der lebensfrohe von ihr wendet.

Eines Tages spricht ein Mädchen aus Otternheim auf dem Schloß um Arbeit vor; sie erwirbt sich das Vertrauen des Grafen, wird seine Geliebte und gelangt dadurch zu Macht und Einfluß. Sie führt ein strenges Regiment und läßt Säumige in den Hungerturm sperren. Bald verdächtigt man sie, sie verdanke ihren bösen Einfluß auf den Grafen dem Teufel.

Für das einfache Volk bleibt sie die »die salige Frau, die eins sein kann mit Baum und Strauch, mit Vogel und Reh, ein elbisches Wesen, das mit Salben und geheimnisvollen Heilkräutern umzugehen weiß, (und die) den Wettersegen im Tal sprechen konnte.«

Dann ziehen die Bauern von Buschweiler zu Jacobs Bruder nach Ingweiler, um ihm das Leid über die harte Herrschaft der »Hexe« aus Otternheim zu klagen. So entsteht eine Familienfehde, wobei es um Erbanteile geht. Schließlich wird der Graf Jacob in seinen Rechten beschränkt und Bärbel »mußte item geloben und sweren such zu fugen strax und unverzöglich gon Speyer in die

Im Halbprofil kommen die reizvollen Züge der Staßburger Plastik besonders gut zur Geltung. Städtische Galerie, Frankfurt am Main.

stadt und iren lebtage darin zu bliben und zu Jacoben unserem vettern nimmermere zukommen.«

Darauf geht die Gekränkte auf ihren Hof in Hagenau und heiratet den Fürsprech Eucharius. Später nimmt der gekränkte Graf die Konkubine wieder zu sich. Dann explodieren die Gerüchte von nächtlichen Hexenzusammenkünften, Giftmischereien und Zauberkünsten.

Bald danach wird Bärbel beim Hexengericht verklagt und man sagt: »Graf Jacob sei ein in negromantia gelehrter Herr gewesen – er kunde vil seltzamer bossen machen, auch hin und wider faren in lüften.« Bärbel wird vom Rat der Stadt Hagenau »etlicher ursachen halb« verhaftet und in den Turm geworfen. Bevor ihr der Prozeß gemacht wird, nimmt sie sich im Kerker das Leben. Vereinzelt lassen sich die frühen (Aus)wirkungen des *Hexenhammers* erspüren.

Wilhelm von Bernkastel

sagt in einem von ihm zwischen etwa 1490 und 1536 verfaßten Buch über die *Mirakel der Muttergottes von Eberhardshausen* »das ich unwissend gewesen bin. Wer einen reichhaltigen Stoff lesen und wissen will, wieviel die Hexen auszurichten vermögen, wem sie auf welche Weise (...) schaden, der lese das genannte Buch von Johann Nider.«

Und an anderer Stelle: »Aber im Urteil berühmter Gelehrter, die ich bereits erwähnt habe und denen ich schon wegen ihres Namens selbst glauben schenken muß, nämlich Johann Nider, einem ausgezeichneten Lehrer der heiligen Schrift, der in seinem *Formicarius* über die Dinge schreibt, und Heinrich Institoris mit seinem Kollegen Jakob Sprenger in dem genannten Buch *Malleus Maleficarum,* stehe fest, daß Hexen Kinder töten und verschiedenste andere Untaten begingen.«

1468 erklärt Papst Paul II. das Hexenwesen zu einem crimen exeptum und beseitigt damit die gesetzlichen Schranken hinsichtlich der Anwendung der Folter in Hexenprozessen.

Ein Kräutergarten, der sich im Besitz der Frauen befindet. Der Mann (links oben) bleibt ausgeschlossen.

Innocenz VIII.
—
Hexenhammer

Inhalt

Innocenz VIII.

Papst Innocenz VII., der Sprenger und Krämer unterstützt.

(1484–92) gibt sich weltlich und ist wegen seiner Ausschweifungen berüchtigt. Fleury sagt über ihn: »kein Mensch habe eine gute Meinung von ihm, er führe ein unordentliches Leben, indem er mit verschiedenen Weibern Kinder gezeugt.« Er handelt sich den Titel »Vater des Vaterlandes« ein. Ein gespaltener Geist, eine gespaltene Kirche.

Mit solchen Eigenschaften steht er nicht isoliert da. Päpste der Renaissance stehen heute im Kreuzfeuer wegen ihres lockeren Lebenswandels.

Das Verderbnis ist allgemein; Geistliche wettern gegen die Unzucht in den eigenen Reihen. Der Karthäuser Dionysius von Leewis[1)] klagt über Unzuchtsverbrechen, das Konkubinat, Ausschweifungen der Nonnen und die Erhebung des Hurenzinses, eine Erfindung (?) des sinnig-sinnlichen Sixtus IV. ist. Was die Verhältnisse in Deutschland angeht, sagt Johannes Trithemius in einer an Niclas von Kues geschriebenen Anleitung zum priesterlichen Leben: »die Geistlichen verzichten lieber auf ihre Pfründe, denn auf ihre Konkubinen[2)].

1484 wird die Liederlichkeit des Klosters Söflingen bei Ulm so eklatant, daß eine bischöfliche Untersuchung angeordnet wird. Der Kommissar trägt vor: »er habe in den Zellen der Gottesbräute unzüchtige Liebesbriefe gefunden, Nachschlüssel und üppigweltliche Kleider. Die meisten seien in gesegneten Umständen.«

Das kanonische Recht verhängt gegen Unzucht Kirchenbußen, die man freikaufen kann, wobei gerade das Geld damals Mangelware ist. Um 1500 taucht im deutschsprachigen Raum die Syphilis (Franzosenkrankheit) auf und richtet verheerende Folgen an.

Innocenz VIII. ist als Beispiel für den Geist der Zeit zu werten; tiefe Frömmigkeit, üppige Wollust, Armut und überschüssiger Reichtum geben sich die Hand. Er beschläft Dirnen und läßt Waldesier verfolgen; er wettert gegen Johann Lailier, weil er an der Rechtmäßigkeit des Zölibates zweifelt und erläßt kurz nach seinem Amtsantritt die Bulle *summis desiderantis,* die als Hexenbulle angesehen wird, obwohl sie kaum etwas damit zu tun hat. Merzbacher bezeichnet sie als letzten großen gesetzgeberischen Akt der »alten« Kirche.

Sie ist dem *Hexenhammer* beigebunden und wird zum Zankapfel der Geschichte. Sie ist ein Beispiel für die ausgehöhlte Kurialpolitik; weit hat man sich von den Idealen der christlichen Nächstenliebe entfernt. An ihrem Wortlaut haben sich über Jahrhunderte Gemüter erhitzt. Schlagworte wie mißlungener Staatsstreich[3)], verfluchter Kriegsgesang der Hölle[4)] oder Beginn der Tyrannei eines Heuchlers bringen nichts.

Es ist absurd, wenn pro-katholische Schreiber herausstellen: »waren die aus Deutschland einlaufenden Berichte falsch, mußte die darauf gebaute Darlegung (des Papstes) falsch sein, denn in diesem Punkt kann er getäuscht werden[5)]. Man muß einräumen, daß er von leichtfertigen und kritiklosen Inquisitoren unterrichtet war und daß er durch seine Antwort der Ungerechtigkeit Vorschub geleistet hat[6)]. Ich habe den weitschweifigen Text unter die Erläuterungen genommen[7)].

Der Papst bezeichnet sich mit der Standardformulierung »Knecht der Knechte Gottes« und verlangt mit der höchsten Begierde, daß sich der katholische Glaube vermehrt und der Ketzerei Einhalt geboten wird. Es sei im zu Ohren gekommen, daß in den Erzbistümern Bremen, Trier, Mainz, Salzburg und Köln Personen beiderlei Geschlechts ihre Seligkeit vergessen und vom katholischen Glauben abfallen, sich mit Teufeln vermischen, Zauberei und Verderben anrichten, Impotenz schaffen und leichtfertig in Laster und Sünde leben.

Gegenüber den geliebten Söhnen Institoris (Krämer) und Sprenger benehme man sich halsstarrig. Damit die Sache des ketzerischen Unwesens nicht zunimmt und sich das Gift des Verbrechens nicht ausdehnt, gibt er ihnen Johannes Gremper bei, um das Amt des Inquisitors vollziehen zu können und die als schuldig Erkannten nach ihrem Verbrechen zu züchtigen, an Leib und Vermögen zu strafen oder in Haft zu nehmen. Es soll dem gläubigen Volk vorgetragen werden, so oft es nützlich erscheine.

Parallel dazu befiehlt er dem Straßburger Bischof[8], daß er alle Widerspenstigen zu zähmen habe und daß er ggf. den weltlichen Arm zur Unterstützung anrufen werde. Die Bulle schließt mit der Anmaßung: »keinem soll erlaubt sein, die Verordnung zu übertreten oder gegen sie zu handeln. Würde sich jemand dazu erkühnen, soll er wissen, daß er den Zorn des allmächtigen Gottes auf sich zieht.« Hat sich in Rom die Angst breitgemacht? Der

Hexenhammer

bedarf einer neuen Interpretation im Zusammenhang mit den Anfängen des Hexenwesens. Das Bemühen, den Lehrkörper der Kölner Universität – die im Zeitgeist als geistliche Zensurbehörde verstanden wird – dafür zu gewinnen, zeigt die Probleme:

- Sixtus IV. lobt sie 1479 wegen ihres Eifers in der Unterdrückung ketzerischer Schriften[9]. Hier wirkt seit 1475 Jacob Sprenger[10] als Dekan und Professor der Theologie. Er setzt sich für die Verbreitung des Rosenkranzes ein und gründet eine Bruderschaft, an der maßgebliche Personen beteiligt sind[11].
- Der Papst bemüht sich, das Glaubensgericht aufrecht zu halten und setzt zur Durchsetzung Dominikaner ein. Diese – Krämer und Sprenger – suchen ihr Recht zu wahren. Die Weltlichkeit arbeitet der Entwicklung zu und 1487 gestattet Maximilian I. in Koblenz den drei geistlichen Kurfürsten das Verfolgen von Hexen. Die Inquisitoren weisen auf eine Bulle und ein Dokument, das in Brüssel von der kaiserlichen Kanzlei unter der Regierung Maximilians I. gesiegelt ist.
- Sie legen dem Dekan redigierte Sätze vor, die ihre Absichten untermauern:

1. Sie verdienen als Abgesandte des Papstes Unterstützung bei ihrer Arbeit. Fürsten und Priester seien zu ermahnen, das fromme Werk zu stützen.

2. Es steht nicht im Widerspruch der katholischen Lehre, daß es Hexen gibt, sondern es stimme mit den Aussagen der *Heiligen Schrift* überein. Andersdenkende hindern das Werk der Inquisition.

Es sind schwierige Fragen, die zu klären sind. Steht doch die römisch-katholische Kirche am Abgrund ihres Treibens. Sie hat Probleme, die Masse geistig zu unterdrücken, denn eine neue Zeit ist – beflügelt vom italienischen Humanismus – angebrochen. Ein weiteres kommt dazu: die Buchdruckerkunst ist geboren[12] und damit der gefährlichste Gegner des Krummstabes.

Wegen der Überlegungen läßt sich die vorsichtige Haltung der Hochschule in der Hexenfrage erkennen. Die Tatsache, daß es den Verfassern zunächst nicht gelingt, Zustimmung zu erfahren, zeigt, daß die Mehrzahl der Professoren schwankt. Siebel führt den Nachweis, daß die Billigung nicht die Geisteshaltung des Lehrkörpers vertritt[13].

Im Mai 1487 versammeln sich die Verantwortlichen in der Stube des Dekans Lambertus de Monte[14], Sprenger und Krämer, der Universitätspredell und ein Kleriker als Zeuge, der Notar der Kölner Kurie und der Priester Kolich aus Euskirchen als Schriftführer.

Der Dekan bemerkt: »daß er die dreiteilige Abhandlung eifrig durchgesehen habe und daß sie verglichen worden ist. Betreffs ihres ersten Teiles, (und) wenigstens nach seinem bescheidenen Urteil, nichts enthalte, was mit der Wahrheit des katholischen Glaubens im Widerspruch stehe. Dennoch scheine es ratsam, daß der Traktat nur gottesfürchtigen Personen mitgeteilt werde.«

Später wird Wohlwollen erlangt und nun wird ex cathedra das Sammelsurium des *Hexenhammers* als glaubwürdig erklärt. Der Lehrkörper huldigt der Zeit und dem gleichen Aberwitz wie der Einfältigste unter dem Volk. Ob eine Abstimmung mit der Kurie zu sehen ist, oder ob es ein rheinischer Alleingang ist, bleibt zweifelhaft.

Auf jeden Fall erhält die Schrift die kirchliche Auszeichnung *sanctissimus liber.* Da es ein Schandfleck auf der Kirchenweste ist, hat man versucht, die Approbation als Fälschung hinzustellen.

Thematisches Umfeld

Der Inhalt des *Hexenhammers* setzt eine Beschäftigung mit der Materie und angelaufenen Literatur voraus[15]. Er baut auf biblischen Grundsätzen und etwa 50 vorausgehenden Autoren, wobei Niders *Formicarius* den Schwerpunkt bildet. Sie verarbeiten das angestaute Wissen. Nach der Methode der Zeit ist er logisch in der Form, fest auf die scholastische Theologie und das kanonische Recht gegründet, daß sein Ansehen verständlich wird.

Die Absicht der Autoren wird vor allem aus dem dritten Teil erkennbar und doch ist zu fragen: Ist es ein Belehrungsbuch für unschlüssige Richter, ein Handbuch der beabsichtigten Hexenverfolgung oder eine Dokumentation der angelaufenen Literatur?

Es ist zu berücksichtigen, daß man das dickleibige Werk erst spät ins Deutsche übertragen hat. Es kann zunächst nur von Akademikern interpretiert werden. Es ist übertrieben zu behaupten: »Hunderttausende wehrloser Unschuldiger sind durch ein wissenschaftliches Buch, durch dieses entsetzliche Machwerk des verirrten Geistes in gräßlichen Qualen einem grauenhaften Tod ausgesetzt worden. Damit hat sich die Menschheit besudelt.«

Der *Hexenhammer* wird um 1486 vollendet und erscheint ein Jahr darauf in Straßburg. Die Autoren verraten Belesenheit, aber ihr Weltbild steckt voller Teufel und Dämonen; gilt es doch, die römisch-katholische Kirche vor negativen Einflüssen zu schützen und die Idee des Glaubenstribunals voranzutragen.

Die Epoche befindet sich im geistigen Umbruch und der *Malleus maleficarum* spiegelt den Geist der Zeit. Prokatholische Schreiber spüren die Unsicherheit und tragen vor: »er ist ein in den Intentionen reines und untadelhaftes Werk, doch oft unvorsichtig auf die scharfe Seite neigend[16].«

Er gliedert sich in drei Teile. Erst werden in 18 Fragen die Dinge untersucht, die bei der Zauberei zusammentreffen. Dann wird vorgetragen, wie man sich schützen kann, bzw. dämonischen Krankheiten vorzubeugen hat. Der dritte Teil widmet sich dem Hexenprozeß. Hier wird ihre Anbindung an vorausgegangene Ketzer-und Inquisitionsverfahren deutlich. Die Autoren sind bemüht, den Hexenbegriff abzusichern[17]. Um die Unwissenheit zu besiegen, muß man sich Mühe geben, das Hexenwesen zu studieren.

Sie ignorieren die 400 Jahre alte Auffassung des *Canon Episcopi,* wobei ich unterstelle, daß ihnen deren Wortlaut bekannt gewesen sein muß. Sie deklarieren das Laster der Hexerei als Ausnahmeverbrechen; zwei Christen plädieren für die Sanktion der Folter und den Feuertod!

Noch sind die Erkenntnisse der Naturwissenschaften über die Bewegungen der Himmelskörper nicht offengelegt; sie werden das Fundament des kirchlichen Gottglaubens erschüttern, indem sie die Theorie einer göttlichen Weltschöpfung mit der Legende von Adam und Eva der Bedeutungslosigkeit preisgeben.

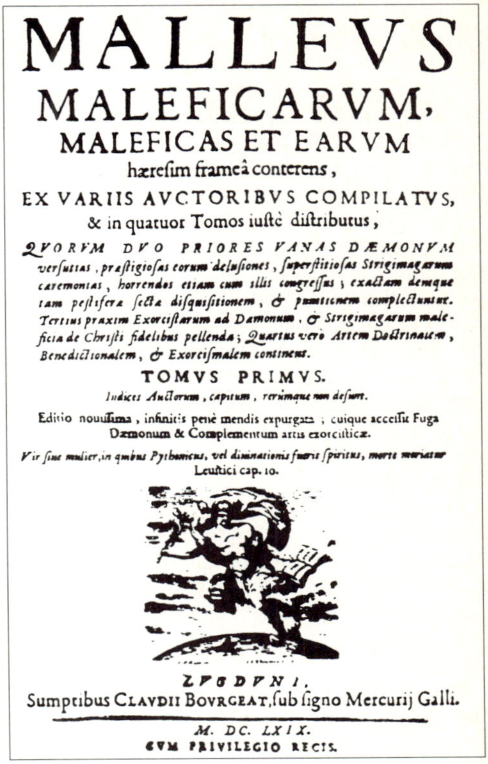

MALLEVS MALEFICARVM,
MALEFICAS ET EARVM
hæresim frameâ conterens,
EX VARIIS AVCTORIBVS COMPILATVS,
& in quatuor Tomos iustè distributus,

QVORVM DVO PRIORES VANAS DÆMONVM versutias, præstigiosas eorum delusiones, superstitiosas Strigimagarum cæremonias, horrendos etiam cum illis congressus; exactam denique tam pestiferæ sectæ disquisitionem, & punitionem complectuntur. Tertius praxim Exorcistarum ad Dæmonum, & Strigimagarum maleficia de Christi fidelibus pellenda; Quartus verò Artem Doctrinalem, Benedictionalem, & Exorcismalem continent.

TOMVS PRIMVS.

Indices Auctorum, capitum, rerùmque non desunt.

Editio nouissima, infinitis penè mendis expurgata; cuique accessit Fuga Dæmonum & Complementum artis exorcisticæ.

Vir siue mulier, in quibus Pythonicus, vel diuinationis fuerit spiritus, morte moriatur Leuitici cap. 10.

LVGDVNI,
Sumptibus CLAVDII BOVRGEAT, sub signo Mercurij Galli.

M. DC. LXIX.
CVM PRIVILEGIO REGIS.

Titelseite des »Hexenhammers«, der zu gewichtig angesehen wird.

Nicht so zum Herbst des Mittelalters. Bedeutung messen die Belesenen den Einflüssen der Himmelskörper bei und sagen: »ihr Einfluß kann nicht verworfen werden, denn sie werden von geistigen Substanzen bewegt und regiert, wie es von allen Theologen und Philosophen angenommen wird. Die Seelen der Himmelskörper sind größer als unsrige; folglich können sie in uns wirken. Der Mensch ist Gott, den Engeln und ihnen untergeordnet. Die Macht der Sterne kann keine Zauberei verursachen. Die Wirkungen bestehen darin, daß Zauberer ihren Glauben verleugnen, Unzucht treiben, Kinder umbringen und boshaft sind. Sie gehen ein Bündnis mit dem Satan ein.

Das Laster der Zauberei ist so groß, daß es den Fall der Engel übersteigt. Die Hexen verleugnen den Glauben. Deshalb sündigen sie schneller und schwerer. Weil sie nirgends Frieden finden, gehen sie schneller als andere zur Kirche hinein und langsamer hinaus[18].

- Drei Gesellen gingen über das Feld. Zwei wurden vom Donner erschlagen und der dritte hörte eine Stimme aus der Luft: »laßt uns auch den erschlagen.« Da kam die Antwort: »das geht nicht, denn heute ist das Wort Fleisch geworden (er hat die Messe besucht), so daß ihm der Teufel nichts anhaben konnte.«
- Abt Serenus hatte mit seinem Fleisch Krieg und bat Gott, ihn keusch zu machen. Nachts kam ihm ein Gesicht vor, als komme ein Engel zu ihm. Er öffnete ihm den Bauch und nahm ein Ding weg, wie ein feuriger Kopf. »Siehe: sprach der Engel, ich habe Dir den Kitzel genommen und von heute an wirst Du weniger Anfechtungen haben, als ein Junge an der Mutterbrust.«
- Ein Priester versicherte uns, daß er in der Nähe von Landsberg eine Luftfahrt gesehen hat. Bei einer studentischen Versammlung sollte einer Bier holen. Er kehrte um, als er vor dem Haus Nebel sah. Sogleich rief ein anderer: »und ich werde gehen, selbst wenn der Teufel zugegen wäre.« Kaum war er aus der Tür getreten, wurde er vor aller Augen in die Luft geführt[19].«

Solche Beispiele halten sich in der Teufelsliteratur; nicht nur bis 1717[20], sondern weit darüber hinaus: Die Hexerei geschieht mit Hilfe des Teufels. Es ist ketzerisch zu behaupten, daß er mehr Macht als Gott hat. Mit seiner Zustimmung können Dämonen auf Leute wirken. Die behaupten, es gebe keine Hexen, sind als Ketzer zu strafen. Um die Unwissenheit zu besiegen, muß man sich Mühe geben, das Hexenwesen zu studieren. Es schmeckt nach Ketzerei zu behaupten, Zaubern wäre eine Einbildung. Das Gegenteil läßt sich durch kirchliche und bürgerliche Gesetze beweisen. Das göttliche Gesetz befiehlt, Zauberer zu töten[21]. Wer die Schrift anders erklärt, ist ein Ketzer.«

Hexen verdienen die schwersten Strafen, die der Ketzer **und** Abgefallenen. Ist der Ketzer ein Laie und weigert sich, dem Irrtum abzuschwören und zu widerrufen, wird er verbrannt. Ist er Geistlicher, wird er seiner Würde enthoben und der weltlichen Obrigkeit zur Todesstrafe übergeben. Kehrt er von der Ketzerei zurück, wirft man ihn lebenslänglich in einen Kerker. So gelinde darf man mit den Hexen nicht verfahren, man kann sie nicht mit ewigem Gefängnis benadigen; sie müssen verbrannt werden.«

Es gibt dreierlei Arten. Einige bezaubern, lösen den Zauber wieder auf, andere beschädigen ohne zu entzaubern und einige können nur entzaubern. Das beste Mittel gegen sie ist das Sakrament der Buße.

Die Empfängnis des Antichrist im Beisein des Teufels. Holzschnitt aus »Der Entchrist«, 1475.

Zauberer peitschen durch die Hilfe des Teufels die Elemente zusammen, um Hagel und Ungewitter hervorzubringen. Sie verwirren das Gemüt der Menschen, verursachen Raserei, Haß und wütende Geilheit. Durch die Kraft der Zaubergesänge töten sie andere[22], womit sie sich an antike Strickmuster klammern. Ihr theo-logischer Scharfsinn ist beachtlich.

- Einer unserer Inquisitoren entdeckte eine fast ausgestorbene Stadt, in der das Gerücht ging, daß ein Weib nach und nach ihr leinernes Sterbekleid in sich fresse, bis daß sie es vollends verzehrt hätte. Nach einer Beratschlagung ließen der Stadtschulze und Bürgermeister das Grab öffnen und fanden, daß es die Alte zur Hälfte durch das Maul in den Bauch geschluckt und verzehrt hatte. Der Schulze ergrimmte darüber, zog vom Leder (die Waffe heraus) hieb ihr den Kopf ab und warf ihn in die Gruft, worauf die Pest nachließ. Nach geschehener Untersuchung fand sich, daß das Weib eine Erzhexe gewesen.«

Kontrahexen
gießen Blei in eine Schüssel mit Wasser. Findet sich die verlangte menschenähnliche Gestalt, nimmt die kluge Frau (Mann), ein Messer und schneidet (sticht) das Bild in der Gegend, wo es die antuende Hexe haben will. Sie hat sogleich darauf an dem Glied, worauf es gezielt war, so heftige Schmerzen, daß sie es nicht länger verbergen kann.«

Einige Ärzte haltes flüssiges Blei über den Kranken und gießen es in eine mit Wasser gefüllte Schale. Erscheint ein einigermaßen deutliches Bild, urteilen sie, daß die Krankheit »ex maleficio« zustandegekommen ist. Theologen halten es für unerlaubt, da man nichts Böses tun dürfe, damit Gutes herauskommt.« Schlägt nicht diese Formulierung der Kirchengeschichte ins Gesicht?

Als in Innsbruck eine Hexe inquiriert war, erzählte ein gewisses Frauenzimmer: »ich besuchte meine Freundin, die unerträgliche Kopfschmerzen und darum eine alte Frau bei sich hatte, die sie durch Hokuspokus heilen wollte.«

»Abergläubische Possen, sprach ich zu ihr, euch ist es doch nur um das Geld zu tun.« Drei Tage später war kein Fleckchen mehr an ihr, wo es nicht geschmerzt hätte, wo nicht eine Beule voll Eiters war. Eines Tages entdeckte ich über der Stalltür ein Päckchen in einem Tuch. Auf den Rat des Hausherrn nahm ich es herunter, öffnete es und warf alle Siebensachen, Schlangenknochen, Kräuter usw. in das Feuer. Darauf ward mir stehenden Fußes besser.«

»Viele Weiber kennen die Mittel, um eine Hexe zu entdecken. Wenn jemand ein Instrument unter der Türschwelle verbirgt, ist es Zauberei.« Es ist altrömischem Brauchtum abgekupfert.

Interessant ist, daß sich der Brauch des »Bötens« vor allem in ostdeutschen Regionen und an den Küsten bis heute gehalten hat.

»wenn sie beispielsweise eine Kuh auf die Weide lassen und auskundschaften wollen, wer eine Hexe ist, hängen sie des Mannes Beinkleider oder sonst etwas Schmutziges an deren Hörner oder binden es auf deren Rücken. Dann treiben sie die Kuh mit dem Stock weg. Sie geht nach dem Haus der Zauberin, stößt mit den Hörnern gegen die Tür, blökt beständig und zeigt die Hexe an.«

»Wenn ein Stück Vieh krepiert und die Hexen zu wissen wünschen, ob es an einer natürlichen Krankheit oder durch Zauberei geschehen ist, und wenn sie den Täter heraushaben wollen, gehen sie auf den Schindanger, schleppen die Eingeweide des abgedeckten Tieres bis ins Haus hinter sich, jedoch nicht über die Türschwelle, sondern unter derselben, legen es auf einen Rost und braten es. Wo die Caldauen anfangen zu braten, fangen im Leib der Hexe die Gedärme zu schmerzen an.«

»Unerlaubt ist das Mittel, dessen sich einige Weiber hin und wieder in Schwaben bedienen. Sie gehen am ersten Mai vor Sonnenaufgang in den Wald, schneiden sich von Weiden oder anderen Bäumen Zweige, biegen sie in der Gestalt eines Zirkels, hängen sie beim Eingang im Kuhstall auf und versichern, daß das Vieh über das ganze Jahr nicht bezaubert werden kann.« Kann man theo-logischer argumentieren?

Sexualität
»Fromme Kirchenlehrer meinen zu wissen, daß die Weiber eine schlüpfrige Zunge haben und die eigene Schande nicht verschweigen können, wenn sie es mit ihresgleichen zu tun haben. Wenn es ihnen an Kräften gebricht, sich zu rächen, nehmen sie Zuflucht zur Zauberei.«

»Das Weib taugt von Natur aus nichts, es zweifelt geschwinder und verleugnet den Glauben: daß Ehebrecherinnen und Huren vorzüglich Hexen sind, ergibt sich aus dem Behexen, wodurch das Ehestandsgeschäft – ein Werk Gottes – bei gewissen Personen verhindert wird. Es ist eine orthodoxe Meinung der Kirche, daß durch den Beischlaf der Menschen mit Teufeln Kinder erzeugt werden. Aber doch kann er »semen virili« bekommen und ihn »ad ovarium« gebracht haben, wodurch das Weib empfängt. Der Teufel ist nicht der Vater, sondern der, dem der Samen entwendet ist. Zudem kann es geschehen, daß sich ein Incubus unsichtbar zwischen zwei Umarmende schleicht und unbemerkt »semen sum loco« feministri injiziert, denn was können Geister und Engel nicht alles tun?

Daraus folgt, daß sich die Teufel nicht aus Wollust mit solchen Dingen abgeben, sondern um des Menschen Leib und Seele zu verderben. Es sind Teufel der niedrigsten Klasse, die zum Frondienst der Hurerei verdammt sind. Viele Ehebrecher verlassen die schönsten Weiber und hängen sich an einen widerlichen Nickel.

Uns ist eine Vettel bekannt, die nach und nach drei Äbte eines Klosters in sich verliebt machte, so daß sie nicht mehr von ihr lassen konnten. Sie gestand, daß sie es mit Hilfe der Exkremente getan hat, »von denen die heiligen Väter ein armlanges Stück gespeist.«

Weiber sind untereinander selten gut. Und da ein beraubter Mann wohl mit anderen, aber nicht mit seiner eigenen halten kann, läßt sich die Sache begreifen: das Weib sucht sich zu entschädigen und so bekommt der Teufel zwei Braten für einen.« Wenn die männliche Rute sichtbar ist oder sich keiner Erektion erfreuen kann, ist die Sache natürlich. Ist aber Bewegung, ohne daß das Werk vollbracht werden kann, ist der Mann bezaubert. Dies betrifft auch die Weiber; dann können sie entweder nicht empfangen oder abortieren. Wenn es nicht innerhalb von drei Jahren gelingt, erklären einige Kirchenväter die Ehe für ungültig. Eine Hexe, die das Empfangen verhindert oder einen Abortus fördert, ist eine Totschlägerin und muß wie eine Mörderin bekämpft werden. Es ist ein geistiges Vorspiel zum gerade heute umkämpften § 218.

Es ist insofern bemerkenswert, daß unter der Verantwortung des Christentums schon Millionen in Glaubenskriegen aus der »sündigen« Welt geschafft worden sind (und werden?) und daß man sich gerade hier so empfindlich zeigt. Alle zwei Minuten stirbt ein Kind auf der Welt und die Kirchen (Christen) hüllen sich in Schweigen! Die Autoren des *Hexenhammers* vergessen nicht, die Künste der Weiber aufzulisten:

1. Umstimmen des menschlichen Gemüts in ausschweifende Liebe oder alles übertreibenden Haß.

2. Verhinderung der Zeugungskraft und Weghexen der Zeugungsglieder.

3. Frauen eine unzeitige Geburt verschaffen (und) deren Kinder dem Teufel darbringen.

4. Tiere in Menschen verwandeln, Unerlaubtes Beten und Bannsprüche sowie Wallfahrten mit unbußfertiger Beichte. Die

Hebammen

schädigen die Frucht im Mutterleib, befördern eine unzeitige Geburt und loben die Kinder dem Teufel an, indem sie sie unter Vorwänden in die Luft oder unter den Schornstein tragen und sie dann in die Höhe heben. So geschah es in der Diözese Straßburg, wo eine Hebamme, weil sie nicht wieder genommen wurde, das Kind behexte, so daß es nach einiger Zeit Nägel, Dornen und Knochen spie. Hier fand man in den Köpfen der Kinder Nägel[23)]. Hexen haben uns bekannt, daß dem katholischen Glauben niemand schädlicher und gefährlicher sei, als sie, wenn sie die Kinder auch nicht umbringen, so opfern sie sie dem Teufel.

Trithemius warnt, der Zauberei anrüchige Frauen als Hebammen anzunehmen: sie brächten nicht selten Kinder um und opfern sie dem Teufel. Sie vermählen neugeborene Mädchen mit Dämonen, machen Gebärende unfruchtbar und erfüllen das Haus mit Teufelsspuk. Wie sich

Kinderfresserinnen

verhalten, hat der Richter Peter im Berner Gebiet aus einer Hexe herausbekommen: »Wir stellen vorzüglich ungetauften Kindern nach, auch getauften, besonders, wenn sie durch Gebete und das Zeichen des Kreuzes in Sicherheit gesetzt worden sind. Wenn Sie in den Wiegen oder bei den Eltern im Bett liegen und tot gefunden werden, glauben diese, sie hätten sie im Schlaf erdrückt oder wären auf eine andere Art ums Leben gekommen. Hebammen haben sie durch Zeremonien umgebracht. Sodann stehlen wir sie heimlich aus dem Grab, kochen sie mit Kalk, bis sich das Fleisch von den Knochen löst und gar geworden ist. Aus den festen Teilen machen wir eine Art Salbe und die flüssigen füllen wir in eine Flasche. Wer davon trinkt, wird einer unserer Sekte.« Viele behaupten, die

Hostienfreveldarstellung auf den Predellenbildern des Pulkauer Altars, 1515/25. →

Spottblatt auf das Lasterleben der Geistlichkeit. Holzschnitt aus dem Jahr 1546.

Hexensalben und -fahrten

seien eitel Phantasey und Einbildung. Diese Meinung ist wider Gottes Wort und die Wohlfahrt der Kirche. Selbst schlafend können die Leute durch die Luft geführt werden. Das sieht man an denen, die nachts auf die Dächer steigen ohne Schaden zu nehmen, herumgehen und hinabsteigen, wenn sie von Zuschauern nicht bei ihrem Namen genannt werden. Man glaubt, daß der Teufel seine Finger im Spiel hat.

Die Art der Hexenfahrten ist diese: »sie bereiten nach der Anweisung des Teufels aus den Gliedern kleiner Kinder und der ohne Taufe Verstorbener eine Salbe. Damit beschmieren sie ein Gefäß oder etwas Leinwand und werden gleich darauf in die Luft gehoben und weggeführt. Es kann bei Tag so geschehen wie bei Nacht oder auf eine unsichtbare Weise, wie sie es verlangen. Was die Zeit betrifft, wählt der Zauberer vorzüglich hohe Festtage, damit die Sünde größer wird.«

Da ergeben sich die Mädchen dem Müßiggang und erleichtern es den Hexen, sie zu verführen. Eines aus Breisach setzte hinzu: »wenn die Hexe nicht die Fahrten mitmache, doch wissen wolle, was in jenen Versammlungen vor sich geht, stützt sie sich in aller Teufels Namen auf den linken Ellenbogen, worauf ein gelblicher Rauch aus ihrem Munde geht. Sie kann dann alles sehen, was dort vor sich geht[24].«

Buttermachen

»Die Hexen stoßen ein Messer in die Wand, nehmen einen Milcheimer zwischen die Beine und rufen den Teufel an, er möchte ihnen von einer bestimmten Kuh Milch verschaffen. Mit der größten Geschwindigkeit melkt der Teufel, bringt der Hexe die Milch und weiß es so einzurichten, als wenn sie aus dem Messerstiel gezogen wäre.« Ein Passant habe durch das Stoßen seiner Hände im Wasser gutschmeckende Maienbutter hervorgebracht[25]. Das

Wettermachen

erfolgt so: »erst rufen wir auf einem öffentlichen Feld den Obersten der Teufel an, daß er jemand sende, der ausrichte, was wir wünschen. Dann opfern wir ihm auf einem Kreuzweg ein schwarzes Füllen, werfen es in die Höhe, und, nimmt er es an, setzt sich gleich darauf die Luft in Bewegung. Doch nicht jedesmal treffen Blitze und Schlossen (Sturzbäche) die Gegenden, die wir verlangen, weil es Gott nicht immer erlaubt.

Von Rabensburg (?) bis Salzburg wütete ein Gewitter, einen Strich von 28 deutschen Meilen dergestalt, daß sich der Weinstock im dritten Jahr kaum erholen konnte. Das Volk schrie mächtig über die Hexen, denn jeder hielt es für Zauberei. Da nahm man ein paar berüchtigte Weiber bei den Ohren, folterte sie und es fand sich, daß man die Rechten getroffen hatte. Auf des Teufels Geheiß hatten sie das Grübchen gegraben, Wasser hineingegossen und unter Hersagung gewöhnlicher Formeln die Jauche mit dem Finger gerührt; das Übrige hat der Teufel besorgt.«

Hostienschändung

»Wir haben vor kurzem eine Hexe in Arbeit gehabt, die eine gesegnete Hostie aus dem Mund genommen und in einen Topf geworfen hat, in dem eine Kröte war und den sie in einem Stall mit anderen Zaubersachen vergraben hat. Am anderen Tag kam ein Arbeiter des Wegs und hörte ein Winseln: so als wäre es ein Kind. Er glaubte, daß in der Nähe eine Mörderin versucht hat, ihr Kind umzubringen und zeigte es an. Man ließ graben, wies Zuschauer zurück und wartete, ob die Hexe kommen würde, um sich zu verraten. Sie kam, nahm heimlich den Topf unter den Mantel und wollte fortschleichen; allein man nahm sie bei den Ohren, brachte sie auf die Folter und sie bekannte.«

Eine Spezialität im Hexenwesen nehmen die Werwölfe ein; jene die bisweilen Menschen anfallen und Kinder aus der Wiege rauben; es sind durch Hexen bewirkte magische Künste; vom Teufel besessene Tiere[26]. Auch dies läuft auf einen griechisch-römischen Strang zurück.

Unzucht

Besonders gern stellt der Teufel Heiligen und Frommen nach. Eine Baderin wollte nachts ihren Geliebten besuchen, um bei ihm zu liegen. Sie kam an einen Teufel in menschlicher Gestalt. Nachdem er sie beschlafen hatte, fragte er sie, ob sie ihn nicht kenne: »Nein, gab sie zur Antwort«. »Ich bin der Teufel, und wenn du willst, werde ich dir immer zu Gefallen leben und dich in keiner Not verlassen.« Sie ging mit ihm einen Vertrag ein und lebte fortan mit ihm in teuflischer Unzucht.«

Hexenversammlungen

Die Hexen versammeln sich an einem bestimmten Tag, wo sie den Teufel in Menschengestalt sehen, der sie zur Treue gegen ihn ermahnt, Glück und ein langes Leben verspricht, worauf ihm die Hexen den Kandidat empfehlen. Findet ihn der Teufel willig und bereit, den heiligen Sakramenten zu entsagen, geben sie ihm die Hand und geloben Treue. Dann verlangt er eine Huldigung, die darin besteht, daß der Aufgenommene verspricht, ihm in Ewigkeit mit Leib und Leben zu gehören und daß er sich bemühen solle, ihm soviele Rekruten wie möglich zu beschaffen. Zuletzt erinnert er daran, Salben aus den Knochen und Gliedern der getauften Kinder zu bereiten, durch die er alles ausrichten könne, was man verlangt.«

Der Blick in die ersten Teile des *Hexenhammers* zeigt den Tenor des Werkes. Eigene Geistesblitze beinhaltet er wenige. Die Autoren wiederholen, tragen Bekanntes und Bewährtes (?) zusammen und wärmen altgermanisches und -römisches Volksbrauchtum auf. Zwei Punkte erweisen sich als kritisch; der vorgetragene Frauenhaß und das Emporheben des Teufels.

Er wird in seinem dritten Teil gefährlich, denn hier begeben sich die Gotteskundler auf das Glatteis der Juristen und versuchen, den weltlichen Arm vor den theologischen Karren zu spannen.

Ihr Ziel geht aus dem Bemühen um die Approbation hervor: unsere vornehmste Absicht ist, uns Inquisitoren soweit wie möglich von der Hexenverfolgung zu entlasten. Deshalb wollen wir die kirchlichen und weltlichen Richter über den Hexenprozeß belehren. Da die Hexerei ein gemischtes Verbrechen ist, gehört sie vor das weltliche und geistliche Gericht. Wo die Strafe an Leib und Leben geht, können Inquisitoren ohne weltliche Gerichte nicht prozessieren.«

Karikatur auf das Lasterleben der katholischen Geistlichkeit im 16. Jahrhundert.

Hexenbrand

Es wird deutlich, daß den Autoren die geläufigen inquisitorischen Handbücher bekannt sind. In allen spielt das Besagertum eine Rolle. »Man könne den Leuten Mut machen, andere anzuzeigen, indem man die Mitteilung einfließen läßt, daß der, der seine Anklage nicht beweisen kann, nichts zu befürchten habe.« Es steht im Widerspruch zur gängigen Rechtsauffassung, die den Verleumder straft. Geforderte haben sich folgendem Protokoll zu unterwerfen:

»Im Jahre des Herrn nach der Geburt Christi, am Tag, des Monats, erscheint vor mir, dem Notar und den unterschriebenen Zeugen, vor einem hochlöblichen Gericht, persönlich, und übergab folgende schriftliche (mündliche) Anzeige: »er zeige an, er sei da und da gebürtig und bezeuge, daß er dieses und jenes wisse. Daraufhin lasse man ihn schwören, entweder auf die vier Evangelien oder auf das Kreuz mit drei ausgestreckten Fingern zur Erinnerung an die heilige Dreifaltigkeit und mit zwei eingezogenen in Rücksicht auf Seele und Leib.«

»Exkommunizierte, Mitschuldige, Infame und Lasterhafte wider ihren Herrn werden in Glaubenssachen als Kläger zugelassen. In Ermangelung besserer Zeugen wird der eine Ketzer wider den anderen angenommen und in jedem Falle könne die Frau wider den Mann, die Kinder wider die Eltern und vertraute Freunde wider Feinde zeugen. Meineidige sind nicht verwerflich, wenn sie die Vermutung haben, daß sie aus Glaubensdrang die Wahrheit sagen. Ihnen sind folgende Fragen zu stellen:

- Woher er gebürtig sei und wer seine Eltern gewesen? Ob sie noch leben oder verstorben? Ob sie eines natürlichen Todes gestorben oder ob man sie verbrannt habe?
- Wo Comparent erzogen und sich die meiste Zeit aufgehalten? Ob und warum er den Geburtsort verlassen? und ob er an besagten Orten von Zaubersachen gehört; daß nämlich Zauberer und Hexen Gewitter machen, das Vieh verzaubern und den Kühen Milch rauben?
- Warum das allgemeine Volk so bange vor ihm sei und ob sie (er) zugebe, daß sie (er) einen bösen Namen habe und deshab gehaßt werde?
- Warum sie ihrer Feindin (Feind) gedroht habe: »Du sollst nie wieder einen gesunden Tag erleben? und aus welcher Absicht sie das Vieh berührt habe?«
- Warum sie das Kind angerührt (habe) und wie es gekommen, daß es krank geworden?

Die Fragen machen die Standpunkte klar; wir haben eine Vorverurteilung vor uns. Es sind Suggestivfragen, wie sie später von Juristen bevorzugt werden. Können die Angeklagten keine Bürgschaft stellen (das konnten seinerzeit wenige) oder steht die Besorgnis an, daß sie die Flucht ergreifen, muß man sie verwahren. Wird die Hexe in ihrem Haus gefangen, erlaube man ihr nicht, zuvor eine Kammer aufzusuchen, damit sie keine Zaubersachen zu sich stecke, um sich verschwiegen zu machen. Das hartnäckige Schweigen während der Tortur verursacht der Teufel oder die Hexen haben andere Mittel. Beispielsweise braten sie zu dem Zweck ein erstgeborenes Kind männlichen Geschlechts im Ofen.

Nachdem man die Zauberer zur Haft gebracht hat, fordert es die Ordnung, den Entschluß des Richters zu hören, ob ihnen die Verteidigung gestattet wird. Zeugen sind geheimzuhalten. »es hat aber nicht jeder Inquisit die Freiheit, sich nach Belieben einen Anwalt zu wählen; der Richter muß einen beiordnen, der weder zänkisch noch frevelhaft ist, oder der sich durch Geld bestechen läßt. Verteidigt man wider Gebühr einen der Ketzerei Verdächtigen, wird man für schuldig gehalten; schlimmer als ein Hexenmeister.«

Dann wird der Angeklagte in die Folterkammer gebracht und befragt, jedoch noch nicht gefoltert, weil kein Bluturteil ohne Geständnis gesprochen werden darf. Man muß den Angekagten durch die Tortur zum Bekenntnis bringen. Dann spricht der Richter das Urteil:

»Nachdem wir und Beisitzende den Prozeß wieder Dich eingeleitet und Deine Sache erwogen haben, finden wir, daß Du in Deinen Aussagen nicht gleich geblieben bist, denn Du gestehst zwar, daß Du die oder die Drohungen ausgestoßen hast, nicht aber, daß Du es in der Absicht Anderen zu schaden getan hast. Und doch sind verschiedene Indizien wider Dich vorhanden, um Dich auf die Folter zu bringen. Damit wir die Wahrheit aus Deinem Mund hören, und Du durch Einreden die Ohren der Richter nicht beleidigst, erklären, verurteilen und verdammen wir Dich zur Tortur am heutigen Tage.«

Darauf wird der Inquisit mit dem Bemerken in das Gefängnis gebracht, daß es ihm als Strafe und nicht als Verwahrungskerker angerechnet werde.

Mit der peinlichen Frage wird folgendermaßen verfahren: »zuerst machen die Büttel die Anstalten zur Tortur und dann entkleiden sie den Inquisit. Ist es eine Frau, verrichten es ehrbare Weiber. Die Kleider sind nach eingenähten Zaubersachen oder nach Gliedern ungetaufter Kinder zu untersuchen. Dann werden die Folterinstrumente zurechtgemacht und den Bütteln befohlen, ihn auf die Leiter zu schnüren und die oder die Instrumente zu verwenden.

Wenn der Richter wissen will, ob sich eine Hexe durch Zauberkünste die Gabe des Schweigens erworben hat, lege er oder der Priester die Hand auf den Kopf und sage: »ich beschwöre Dich durch die bitteren Tränen Christi, die er am Kreuz für unser Heil vergoß, durch die heißen Tränen der glorreichen Jungfrau, seiner Mutter, die sie zur Abendzeit so reichlich über die Wunden ihres Sohnes fließen ließ und durch all die Tränen, die jemals alle Heiligen und Erwählten Gottes auf dieser Welt vergossen haben und die der Herr von ihrem Angesicht gewischt hat, daß Du, im Falle Du unschuldig bist (jetzt) Tränen weinst, wenn Du aber schuldig bist, keine. Im Namen des Vaters, des Sohnes usw.

Damit der Richter nicht Schaden leide, ist es gut, geweihte Kräuter bei sich zu tragen; es gilt auch für geweihtes Wachs am Hals; man soll am Palmsonntag beschworenes Salz bei sich haben.

Man darf die Hexe nicht berühren und lasse sie rücklings in die Stube führen, damit sie den Richter und seine Gehilfen nicht eher sehen kann, als sie den Angeklagten. Weiter muß man ihr alle Haare vom Kopf scheren, damit sie keine Zaubersachen bei sich behalten kann. Diese Vorsicht muß sich auf die geheimsten Örter erstrecken, wie denn unser Bruder Cusanus berichtet, der 1435 (?) in der Gegend von Wormserbad 41 Hexen rasieren und verbrennen ließ.

Beim Laster der Zauberei kann man die Rechtsordnung beseite lassen und summarisch verfahren. Es ist nicht erforderlich, dem Richter eine Klageschrift vorzulegen. Nun kann er das Urteil sprechen. In Kriminalsachen soll es gleich vollzogen werden, bei Schwangeren soll man die Exekution aufschieben, bis das Kind geboren ist. Eine Urteilsformel lautet:

»Zuerst verurteilen wir Dich, daß Du zur Strafe über Deine übrigen Kleider einen grauen Anzug tragen sollst, gleich einem Mönchsskapulier, doch ohne Kappe, mit safranfarbigen ledernen Kreuzen, drei handbreit lang und zwei breit. In ihm sollst Du an Festtagen vor der Kirchentür stehen. Überdies sollst Du zum Kerker verdammt sein. Indessen behalten wir uns nach dem kanonischen Recht vor, die Pönitienz zu lindern oder zu erhöhen, sie in eine Geldbuße zu wandeln oder aufzuheben, wie es uns beliebt.«

Ist der Beklagte ein Geistlicher, wird er nicht degradiert, sondern der Barmherzigkeit des Bischofs überlassen. Er wird zum ewigen Gefängnis verdammt, wenn er seinen Irrtum abgeschworen hat. Dies muß an einem Festtag vor dem Volk in der Kirche geschehen. Er muß seine Verbrechen auf die Fragen des Offizials hin bekennen. Daraufhin wird ihm folgendes Absolutionsdekret vorgelesen:

»Damit Dein Vergehen nicht ungestraft bleibt und Du Dich fürs Künftige vorsichtiger zu verhalten lernst; condemnieren wir Dich auf ewig zum Kerker, damit Du bei Brot und Wasser des Trübsals gespeist werdest; Du sollst beständig Kreuze tragen und Dich auf die Treppe der Kirchentür stellen. Indessen verzweifle nicht mein Sohn, wenn Du Dich gnädig in Dein Schicksal gibst, wirst Du bei uns Barmherzigkeit finden.«

Wird einer für unschuldig gefunden, lautet das Urteil: »da Du der Zauberei verdächtig angeklagt worden bist, und wir wider Dich gerichtlich prozessiert, aber nichts gefunden haben, entschlagen wir Dich von diesem Augenblick an aller weiteren Untersuchungen.«

Heinrich Krämer[27)]

wird 1472 vom Orden mit Haft belegt, weil er eine unerbietige Predigt gegen Kaiser Friedrich III. gehalten hat. Zwei Jahre später ernennt man ihn zum Oberinquisitor für Deutschland. Zugleich wirkt er als Prior des Dominikanerklosters Schlettstadt, das wegen seines Eifers gelobt wird. 1482 erwirkt Sixtus IV. einen Haftbefehl gegen ihn, weil er Ablaßgelder unterschlagen hat.

Über seine Tätigkeit ist man teilweise unterrichtet. Was seine Aktivität im Innsbrucker Raum angeht, kann nur von einem Mißerfolg gesprochen werden[28)]. Die Akten der dortigen Inquisition tauchen 1890 auf und werden kurz danach publiziert[29)]. Man findet in ihnen Anweisungen zur Prozeßführung und Zeugenaussagen, doch keine Bekenntnisse. Vergleiche dazu die Ausführungen zum frühen Innsbrucker Hexenprozeß.

1491 berichtet der Regensburger Bischof Heinrich von Abensberg: »er habe an mehre-

Meister mit dem Zeichen D. S.: »Das selige und das reuelose Sterben.«

ren Orten des Sprengels bemerkt, daß die Verwirrung Raum gewonnen habe, daß sich Menschen beiderlei Geschlechts die göttliche Ehre anmaßen, sich als Wahrsager gegen das Verbot der Kirche ausgeben, Einfältige täuschen und Zauberei treiben.«

Kurz danach beauftragt er den Augustinerchorherr Wolfgang Heimstöckel, der als Granator (Kastner) des Klosters Rohr bei Augsburg tätig ist, diesen Aberglauben mit Hilfe der Seelsorger durch den christlichen niederzuwalzen. Widerspenstige sollen nicht nur exkommuniziert, sondern ggf. unter Anrufung des weltlichen Armes vor den Bischof geladen werden.

1495 läßt Krämer in Nürnberg eine Sammlung von Traktaten gegen *Jüngst aufgetauchte Irrtümer bezüglich des Sakraments der Eucharistie* drucken. Im gleichen Jahr folgt er dem Ruf seiner Oberen, um in Venedig über eine Streitfrage zu diskutieren. Dann kehrt er nach Deutschland zurück.

1497 erscheint der »fromme und ehrwürdige« Vater im Kloster Rohr und weist sich als Inquisitor aus. Daraufhin bestellt er Heimstökkel zum Vikar und erteilt ihm im Juli 1497 für den Regensburger Sprengel die Vollmacht, gegen Übeltäter vorzugehen und sie nach der *Lex multorum* zu strafen[30]. Im Juli 1499 schreibt er Magister Ramwein:

»von glaubwürdiger Seite sei ihm das Gerücht zugekommen, daß die Stadt voller Schändlichkeiten der Idolatrie[31] sei. Dort sollen viele sein, die zum Schaden ihrer Mitbrüder Hexereien verüben. Darum wundere ich mich, daß ihr, ein gelehrter und berühmter Prediger, ein beherzter Mann, solchen Verbrechen nicht bis aufs Blut Widerstand leistet? Warum schweigt ihr über das Übel des Götzendienstes, warum seid ihr wie ein stummer Hund[32] der nicht bellen kann? Mir scheint, daß ihr für eure Haut fürchtet, daß ihr Angst habt, Hexen könnten euch verzaubern, daß ihr den alten Vetteln mehr glaubt als Gott, während es eine ausgemachte Sache ist, daß sie Predigern und Werkzeugen der Justiz nichts anzutun vermögen.« Es ist eine kühne Theorie: die Allmacht der Hexen scheitert an Diensträngen!

Papst Alexander VI. ernennt Ende Januar 1499 Krämer mit dem Abt von Neuburg zu Nuntien und beauftragt sie, gegen die »böhmischen Brüder, Waldesier oder Pickarden« in Böhmen und Mähren vorzugehen. Ein Breve vom Februar 1500 weist Krämer an, das die römische Kirche angreifende Buch *Bild des Antichrists* von Peter von Chelcis zu konfiszieren und verbrennen zu lassen. Krämer schlägt ein Religionsgespräch vor, das im Kloster Olmütz stattfindet, aber zu keiner Verständigung führt.

Er schreibt ein Werk über die Waldesier. Sein Blick ist geschärft, denn er meint zu wissen: »die Brüder halten bei ihren Versammlungen den Mund offen, um den heiligen Geist in der Gestalt einer Fliege aufzunehmen. Durch eidliche Assagen sei ihm bezeugt worden, daß sie bis auf wenige Ausnahmen vom Teufel besessen sind[33].

Später kehrt er nach Rohr zurück. Die Quellen verlieren sich um 1503 und 1506 ist er im Alter von 75 Jahren gestorben. Es ist anzunehmen, daß er den maßgeblichen Teil des *Hexenhammers* verfaßt hat. Unbeabsichtigt (?) hat er dazu beigetragen, den Wahn zu formulieren, zu systematisieren und ihm eine tendenziöse Richtung zu geben.«

Jacob Sprenger

wird 1487 Provinzial der deutschen Ordensprovinz der Dominikaner. 1489 wendet sich der Offizial der Kölner Kurie an einen hier lebenden Astrologe und an die Bewohner der Diözese, die mit Zauberen und Hexen in Verbindung stehen sollen. Sie werden aufgefordert, vor einer inquisitorischen Kommission zu erscheinen, an deren Spitze Sprenger steht. Über den Verlauf der Auseinandersetzung ist nichts bekannt.

Vermutlich hat er die Funktion eines Mitautors. Aus Bezugspunkten ergibt sich, daß das geistige Fundament mehr im süddeutschen Raum angesiedelt ist, in dem Krämer und Gremper wirken. Über den Letztgenannten (der als Inquisitor im Konstanzer Sprengel tätig ist) wird gesagt: »eine berühmte, von allen Einwohnern beschuldigte Hexe in der Grafschaft Fürstenberg im Schwarzwald verlangte auf der Folter, die Feuerprobe abzulegen. Der unerfahrene Fürst erlaubte es, und so trug sie das glühende Eisen, zu dem sie verurteilt war, nicht nur drei Schritte, sondern sechs. Sie erbot sich, es noch weiter zu tragen[34].« Nach dem Stand der Rechtsprechung muß sie freigelassen werden.

Zusammenfassung

Man darf sich nicht wundern, wenn sich Kritiker auf den *Hexenhammer* stürzen. Wir hören Argumente wie: »des Papstes Tyrannen wüteten grausam wider die Weiber[35]. Finsterlinge behaupteten Dummheiten[36], proklamierten Bosheit, Geschwätz, Unbarmherzigkeit, Arglist, ekelhafte Sophistik, pfäffische Entmenschtheit, Folterlust und Blutdurst[37]. Es waren mörderische Buben[38], pathologisch beschränkt, geistlich aufgeblasen und von einem schamlosen Zynismus getragen[39].

Im *Hexenhammer* vereinigen sich Buchstabenklauberei und kleinstädtische Borniertheit. Worte wie berüchtigt, spitzfindig, unverständlich, verrucht, unheilvoll, barbarisch in der Ausdrucksweise, scheußlich und fluchwürdig sind an der Tagesordnung[40].

Solche Argumente richten sich gegen die Kritiker und führen ins Nichts. Dramatischer und folgenschwerer als alle *Hexenhammer* zusammen dürfte die Unlauterkeit der christlichen *Bibel* sein. Sie ist ohne göttliche Inspiration entstanden und was definiert ist, muß nicht so gewesen sein[41].

Der *Hexenhammer* bleibt weder unkritisiert noch unbeantwortet. 1486 schreibt Johann Rintler: »wie sollte ein altes Weib, das sich der Zauberei rühmt, Gott gebieten können? Wie sollte er sich zum Knecht eines alten Weibes machen lassen? Es ist der springende Punkt. Gleichzeitig nennt der Wiener Probst Stephan v. Lanzkrana in seiner *Himmelstraß* unter den Abergläubischen diejenigen, »die an Nachtfahrten, Druten, Schrätel (Schrattel), Werwölfe, den Alp und manche Läpperei und Gedichtung glauben.«

Die vorsichtige Haltung wird in Hexenpredigten spürbar; so in den Sammlungen des oberbayerischen Benediktinerpriors Holzapfler (Tegernsee). Er plädiert für Pilgerfahrten als angemessene Buße. Andere bayerische Geistliche, wie der zu den führenden Kirchenmännern gehörende Passauer Domherr Wann, lehnen den neuartigen Hexenglauben aus der dominikanischen Zauberküche ab. Er verspricht eine Predigt zu halten, in der er das beschädigte Ansehen des heiligen Stuhles wieder herstellen will. Er spricht von »ungerecht verdächtigten« Frauen und meint die, die im Innsbrucker Hexenprozeß verleumdet worden sind.

Unmittelbar nach dem Erscheinen des *Hexenhammers* folgt die Synode von Salzburg. Hier findet man es nicht der Rede wert, sich mit dem Zauberwesen zu beschäftigen[42]. Lediglich in der Liste derer, die von der Kommunion zurückzuweisen sind, werden 1490 Wahrsager (incantrices) und als vom Teufel besessene genannt.

Der Franziskaner Thomas Murner, dessen *Freien Künste sehr nützlicher Tratktat über den Hexencontract,* der 1507 in Pforzheim erscheint, ist der Auffassung, daß er in seiner

Filippino Lippi, »Zwei Hexen«, Handzeichnung, um 1457.

Jugend durch die Berührung einer Frau gelähmt wird[43]. Ein Minorit aus Mailand, Samuel de Cassinis, veröffentlicht 1505 den Traktat *Quaestion la Strie,* in dem er den Kampf gegen die angenommene Realität des Hexenfluges aufnimmt und der Kirche die Stirn bietet. Seine Arbeit nimmt einen bevorzugten Platz gegen die Lehre vom Hexenflug ein[44].

Die Bedeutung des *Hexenhammers* liegt weniger darin, daß er neuere und schärfere Akzente als bisher setzt, als in der Tatsache, daß er den Hexenglauben zusammenfaßt, mit Zitaten untermauert, begründet und das Ganze durch die Möglichkeit des Drucks der Masse zugänglich macht. Er hat nicht die Auswirkungen, die ihm spätere Autoren beimessen; und doch ist interessant, auf die

Ein schwedischer Holzschnitt aus dem frühen 16. Jahrhundert von einer Hexe, die ihren Kessel ins Meer entleert, um einen so starken Sturm heraufzubeschwören, daß ein Schiff versenkt wurde und die Seeleute ertranken.

Kritik am Hexen- und Zauberwesen — Seismographen

Inhalt

Kritik am Hexen- und Zauberwesen

zu hören, die unmittelbar vor und nach seinem Erscheinen reagieren. Es kann nur eine Momentaufnahme sein. Wir müssen unterscheiden nach der »bürgerlichen« Meinung und deren Macher.

Georg von Heimburg

vereinzelt als der bürgerliche Luther des 15. Jahrhunderts bezeichnet, wird um 1340 in Schweinfurt geboren und tritt während des Konzils von Basel in Erscheinung. Er sieht sein Lebenswerk darin, den Samen des Humanismus zu verstreuen. Mutig verteidigt er bis zum letzten Atemzug die Rechte des Reiches und die Autorität der Konzilien. Er vertritt die Auffassung, daß die Schlüsselgewalt den Aposteln in ihrer Gesamtheit verliehen worden ist und daß die päpstliche Allgewalt eine Anmaßung sei. Wenn er die herrschenden Klassen gegen Rom verkörpert, zeigt

Hans Böhm

den rastlosen Geist des Widerspruchs gegen das Priestertum, wie er in den unteren Volksschichten zum Ausdruck kommt. Er ist ein herzumziehender Pfeifer aus Helmstedt, der sich in Niklashausen bei Würzburg niederläßt. Angeblich empfängt er von der als heilig angesehenen Jungfrau Maria Offenbarungen und sagt: »er habe die Macht, die Seelen aus der Hölle zu befreien und denen, die ihm folgen, Ablässe zu gewähren.«

Rasch sammeln sich Vertrauensselige aus Bayern, Thüringen, Sachsen und Meißen um ihn. Sie wollen den Worten des »Gotterleuchteten« lauschen. Er doziert:

- Die heilige Jungfrau habe ihm verkündet, daß Christus nicht länger den Stolz und die Sinneslust der Priesterschaft dulden kann, bzw. daß die Welt infolge der Verderbnis des Klerus zugrundegehen werde.
- Rom habe kein Vorrecht auf den Glauben. Das Fegefeuer sei eine Erfindung. Kurz danach wird er von bischöflichen Wachen ergriffen und auf die Feste Marienberg gebracht, gefoltert und zum Tod auf dem Scheiterhaufen verurteilt. Seine Beichte ist kurz und sinnlos. Zudem agiert

Johann Ruchrat

aus Oberwesel und zeigt, daß der oppositionelle Geist im Schoß der Kirche lebendig

Anbetung des Teufels auf dem Tanzplatz. Dargestellt sind alle wichtigen Attribute.

ist. Er zählt zu den bekannten Theologen und ist als Disputant bekannt. Wie Luther beginnt er seine Karriere mit einem Angriff auf das Ablaß(un)wesen. Veranlassung ist das Jubeljahr 1450. Er geht schrittweise vor, um die Kirche ihrer Verblendung zu rauben.

So verwirft er die Autorität der Überlieferung der Kirchenväter und möchte lediglich die *Heilige Schrift* als Glaubensgrundlage anerkennen. Seit 1460 wirkt er aufklärend in Basel und Worms. Die Kirche sieht ihm nicht tatenlos zu. Seine Schriften werden verbrannt und er wird zu lebenslanger Haft im Mainzer Augustinerkloster begnadigt (!). Er stirbt 1481, kurz vor dem Erscheinen des *Hexenhammers.*

Man sieht im deutschsprachigen Raum allenthalben Diskussionen über das Hexenwesen aufflackern; hart prallen die Meinungen aufeinander. So spricht sich in Frankreich der Prior von St. Germain en Laye 1453 auf der Kanzel gegen die Realität der Hexenfahrten aus. Er muß abschwören und seinen Widerspruch mit lebenslänglicher Haft quittieren. Etwas anders sieht es auf der

»akademischen« Seite

aus. Hier kommen vier Juristen zu Wort. Vintler, ein Gerichtspfleger und Amtmann, steht dem Rechtswesen nicht fern. Alle sind dem kanonischen Recht verwachsen und teilweise vom römischen beeinflußt. Man sieht die enge Verbindung zwischen der noch übermächtigen Theologie und der Jurisprudenz. Bei fast allem wird der Anschluß an deren humanistische Ausrichtung spürbar. Ihre Standpunkte sind zwar kritisch, aber noch nicht »aufgeklärt«, denn zu stabil ist der Teufelswahn verankert. Alle stehen dem sich abzeichnenden Hexenwesen kritisch gegenüber.

Erasmus von Rotterdam äußert sich vorsichtig. Von dem Mailänder Minorit Samuel de Cassinis (1505) geht der erste systematische Angriff auf die Lehre des Hexenfluges aus. Die spanische Königin Isabella von Kastilien wendet sich gegen die Impotentia ex maleficio.

Johann von Hartlieb

ist Autor eines Zauberbuches, das auf Wunsch eines weltlichen Fürsten entsteht. Er stammt aus Neuburg (Donau) und wirkt als politischer Berater bayerischer Herzöge. Auf der geistigen Höhe seiner Zeit stehend, vielgereist, Arzt, Diplomat und Humanist, kennt er die Szene. An ihm läßt sich der gängige Aberglauben ablesen.

1458 schreibt er das *Puch aller verpotten Kunst, Unglaubens und der Zauberey.* Er nennt an abergläubischen Dingen: die Leute segnen Käse und meinen, wer an einem Diebstahl schuldig ist, könne davon nichts essen. Sie besprengen ihr Vieh mit Weihwasser, damit es nicht von Wölfen gefressen wird oder bespritzen Pflanzen, weil sie meinen, daß es von Krautwürmern verschont bleibe. Er nennt das Kräutergraben und Anfertigen der »Atzmänner«, vermutlich einer Variante der »Weckmänner.«

Daß man die Eingeweide von Tieren verbrennt, um aus dem steigenden Rauch zu weissagen (es ist eine Anbindung an altrömische Praktiken). Er berichtet vom Sehen in den Parill (Kristallkugel) und dem Lesen aus der Hand.

»Ein Volk zieht in der Welt herum, das heißt Zygeiner, die treiben es gar sehr und verführen Einfältige; doch hat diese Kunst keinen Grund. Die Sache ist allein, daß sie die Leute um ihr Geld bringen.« Er nennt das Beschreien der Kinder und erwähnt Wechselbälge.

»Die Geistlichen darf ich nicht nennen; sie wollen strafen und ungestraft sein. Ich weiß gar vieler Prälaten, Erzbischöfe, Äbte, Pröbste und Priester, die ihm anhängen; sie glauben an die Wirkung des Gänsebeins; dies ist ein Gespenst des Teufels. Tut man etwas, das die Kirche nicht erlaubt, ist es eine Todsünde und Abgötterei. Der Teufel mischt sich in die Sachen, damit leichtfertige Menschen dem Unglauben verfallen.

Die heilige Kirche hat einen Verlust der Seelen darin erkannt. Deshalb hat sie solche Künste bei dem Feuer verboten. In den weltlichen Rechten sind sie schwerer verboten, denn die Bücher sagen, daß man solche Zauberer und Abgötterer mit glühenden Zangen und Kauppen ohne Gnade und Barmherzigkeit zerreißen soll.«

Er erkennt den freien Geist des Individuums, ohne dessen Zustimmung der erfundene Teufel machtlos ist. So betont er: »Fliehe vor der Trügerei. Der Teufel reizt den Mensch mit bösen Gleichnissen. Sobald er seinen Willen dazu gibt, erdichtet er alles, woran ein Mensch gefallen hat. Mancher gemeine Mann wird durch das böse Ebenbild des Teufels verleitet und verführt.« Im gleichen Atemzug nennt er die Törichten, die auf den Unfug hereinfallen.

Von den 132 Kapiteln seines Buches gehen zwei auf die Hexerei ein; ein beredtes Dokument für die untergeordnete Bedeutung. Dann berichtet er über die seinerzeitigen Hexenprozesse in Heidelberg: »Hagel und Schauer machen ist eine ihrer verbotenen Künste. Wer damit umgeht, muß allen Heiligen und die christliche Gnade verleugnen. Niemand treibt diese Kunst mehr als die alten Weiber, die an Gott verzagt sind ... mit Zauberlisten machen die Leute Rosse, die kommen (dann) in ein altes Haus und so der Mann will, sitzt er auf und reist in kurzer Zeit viele Meilen dahin. Das Roß ist in Wahrheit der Teufel.

Zu solchen Zaubereien gehört das Blut von Fledermäusen; damit verschreibt sich der Mensch dem Teufel. Zu solchen Fahrten benützen die Unolde die Salbe »Uguentem Pharelis«. Sie wird aus Kräutern gemacht, in die das Blut von Vögeln und Tierschmalz gemischt werden, wenn sie wollen, bestreichen sie Bänke, Säulen, Rechen und Ofengabeln und fahren dahin. Es ist Schwarzkunst und verboten.« Der Eichstätter Kanonikus

Albrecht von Eyb

ist Verfasser des 1472 gedruckten *Ehebüchlein* und hier erörtert er die Frage: »Ob einem manne sey zune(h)men ein eelich weyb oder nicht.« Der Begriff der Zauberei oder Hexerei tritt nicht in Erscheinung. Es ist eine Laudatio auf die Ehe und kein Seitenhieb auf das weibliche Geschlecht, wie er

Der junge Alexander taucht mit Hilfe einer »weisen Frau« im Meer. Buchmalerei, 1463 →

Eine Hexe im Kampf gegen sieben Teufel oder Dämonen, von denen sie bereits zwei zu Boden geworfen hat. Hier wird der Kampf zwischen Gut und Böse versinnbildlicht; freilich muß das Gute siegen. Holzschnitt aus dem frühen 16. Jahrhundert.

beim kurz danach gedruckten *Hexenhammer* spürbar wird. Sagt doch schon Geiler von Kaisersberg (1508). »Wan man ein man verbrennt, so brent man wol zehen frawen.« Trotzdem spiegelt der *Malleus maleficarum* eine »schon vollzogene Entwicklung.« Jehan de Meung beschreibt in seinem etwa 1280 verfaßten *Roman de la Rose* die Frauen satirisch als Verkörperung aller Laster. Eyb stellt im wesentlichen die Schwächen und Vorzüge der Frauen gegenüber, wobei die Betonung auf ihrer Keuschheit liegt. Er erkennt die Intoleranz der Männer.

Er wird im August 1420 auf Schloß Sommersdorf bei Ansbach geboren. Er stammt aus einem fränkischen Adelsgeschlecht. Sein literarisches Hauptwerk ist die *Margarita poetica* (1459). Ein Verwandter von ihn, Johannes von Eyb, wirkt als Jurist und Domherr. Albrecht besucht die Lateinschule in Rothenburg o. d. T. (1438), die Erfurter Universität (1440) und wird Kanoniker im Eichstätter Domkapitel. Er studiert in Pavia, Bologna und Padua. 1458 ernennt ihn Pius II. zum Cubicularius und kurz danach promoviert er.

Er erstellt mehrere Rechtsgutachten für Fürsten und Städte. Eine Zeitlang wirkt er in Nürnberg und widmet sein Ehebüchlein dieser Stadt. Deutlich wird bei ihm die Beherrschung der römischen Rechtsgedanken.

Schon während seiner Bamberger Zeit hat er sich mit der humanistischen Schrifstellerei beschäftigt. Auch Niklas Wyles verfaßt ein *Lob der Frauen* (1474), was nur unter den Wirkungen des italienischen Humanismus zu verstehen ist.

Das *Ehebüchlein* erreicht bis 1541 mindestens 14 Auflagen und dokumentiert eine positive Gegenströmung zum Malleus. Es ist ein Wechselspiel aus drei Komponenten:

1. Die Laudatio auf die Frau.

2. Eine Periode der religiösen und sexuellen Verwilderung. Die Spaltung der Kirche verwirrt die Gemüter und ein Chronist bemerkt: »mir schaudert vor den Sitten des Volkes, denn es sind Zeiten wie Sodom und Gomorrha. Überall herrschen Verbrechen, Religionsunsicherheit und Unsittlichkeit.«

3. Kurz danach wird, auch unter dem vorläufigen Zusammenbruch der römisch-katholischen Moralvorstellungen (Zölibat-Krise), die Frau immer mehr ins Negative gekehrt: es ist teilweise der Humus für das jetzt emporbrechende Hexen(un)wesen. 1484 wird das epische Lehrgedicht *die Pluemen der Tugent* gedruckt, das

Hans von Vintler

1411 verfaßt hat. Es geht auf italienische Vorbilder zurück. Wir haben eine Sittenlehre vor uns, in der 17 Tugenden den entsprechenden Lastern gegenüberstellt sind. U. a. geht er auf das gängige Zauberwesen und den Aberglauben ein; möglicherweise ruht er auf dem lateinischen *Beichtspiegel* des Martin von Amberg.

Nennung bei Vintler	Hexenbegriff
Heilzauber	Vintler nennt u. a. »das chraut widdertat (Frauenhaar) und die Alraune ... Umgang der kräuterkundigen Frauen.
Tierzauber	(Herz des Wiedehopfes, Laubfrosch) »mit der Fledermaus treibt man bisweilen noch heute manig teufelisch spil.«
Tierverwandlungen	(Verwandlung eines Zauberers in eine Katze) ... Werwölfe Liebeszauber Gießen von Wachsbildern
Schatzzauber	Schatzgräbereiprozesse
Hostienzauber	(hier gegen Fieber) ... Hostienschändung, Verunehrung der Hostien
Pfeilsegen ...	»Passauer Kunst«, sich unsichtbar machen.
St. Georgs-Hemd ...	Schutz für die Kämpfenden.
Milchzauber ...	Butterhexe
Impotentia ex maleficio	...
Zauberische Wirkungen der Hebammen ...	...
Drucken ...	»und etleich die glauben,/der alpe minne die Leute.« Nachtmahr
Zauberrezept gegen Ohrenschmerzen ...	hier wird die Ursache einem Dämon zugeschrieben.
Totenbeschwörungen ...	Wiedergänger in der schlesischen Region.
Wettersegen	(Gegenmittel = elsenpaum)
Giftmischerei ...	fehlt auffallenderweise

Er beruft sich vor allem auf die Autoritäten der früh- und hochmittelalterlichen Kirche und steht auf dem Boden ihres Teufels- und Dämonenglaubens. Auffallend ist, daß er theologische Lehren seiner Zeit kritisiert. Er versteht vor allem die Geistlichkeit als Verbreiter des Aberglaubens. Damals wird Zauberei noch nicht mit Ketzerei gleichgesetzt; der Gedanke an eine Hexensekte liegt ihm fern. Der Hexenbegriff ist bei ihm nicht zu erwarten.

Vintler schildert den volkstümlichen Aberglauben und übernimmt die Vorstellungen aus Vorlagen. Er kritisiert den Zauberwahn seiner Zeit. Er ist stark verbreitet und frappierend ist festzustellen, wie viele der Komponenten im kurz danach aufbrechenden Hexenwesen (wieder) in Erscheinung treten. Er geißelt den vermehrten Unglauben seiner Zeit und den apostatischen Charakter der Zauberei »ich wais ir vil/die da haben/ganzen gelauben an zauberei/und wissent doch wol da pei,/dan zauberei got ist unwert.«

Es fällt auf, daß die Autoren des *Hexenhammers* ihr Augenmerk auf die Vielfalt der angeblich bewirkten Malefizien lenken. Schon Vintler bemerkt: »die gueten wort nicht dazu zu benutzen »das man got damit nöten well,/das er den Teufel aus der hell/sull haissen chunftige ding sagen.«

In seiner Darstellung werden die Frauen als Schadensverursacherinnen nicht überbewertet, wenngleich er wohl eine schon damals treffliche Schilderung von ihnen gibt. Er nennt alte Frauen und »hübsche dieren« (schöne Dirnen) »etleich ammen« und »etleiche präut«

Gegen Schluß seiner Untersuchung tadelt er ihre Untugenden, die Putzsucht und den Hochmut mit aller Strenge. Und doch schränkt er ein: » doch main ich nicht die ärtigen,/ich main die widerwärtigen.« Er will sie nicht bestraft wissen, sondern ihnen Ratschläge im Sinn seiner Tugendlehre erteilen.

Wer verbirgt sich hinter dem Autor? Der 1419 Gestorbene stammt aus einem alten Adelsgeschlecht der Tiroler Region. Vorgänger erwerben die Burg Runkelstein bei Bozen. Vintler ist Zeitgenosse des berühmteren Oswald von Wolkenstein.

Er wirkt als Pfleger des landesfürstlichen Gerichtes Stein auf dem Ritten (1407); inwieweit er mit Zaubereidelikten behaftet ist, läßt sich nicht ausmachen. In Steyr wird 1395–97 ein Inquisitionsprozeß gegen Waldenser geführt, wo mehr als 100 Menschen den Tod durch das Feuer finden; von dem Vorfall müßte er erfahren haben. Es betrifft auch kleinere Prozesse in Simmenthal (ca. 1395–1405), die Hansen als Vorspiel der späteren Hexenbrände ansieht. Das römische Recht scheint ihm fremd gewesen zu sein, zumal über eventuelle Studiengänge nichts bekannt ist.

Die Blumen der Tugend sollten nicht überbewertet werden. Es ist die Schrift eines Adeligen in einer schriftarmen Zeit, in der nicht nur der Aberglauben, sondern noch mehr das Analphabetentum grassieren.

1489 entsteht mit dem Traktat *De laniis et phitonicis mulieribus* des Konstanzer Juristen

Ulricus Molitoris

eine der frühesten Schriften im deutschsprachigen Raum über das Hexenwesen, das die Kenntnis des nahezu vollständig entwickelten Kollektivbegriffes voraussetzt. Er hat ihn im Auftrag des Erzherzoges Sigismund von Österreich und seiner Räte geschrieben und ihn Habsburger Fürsten gewidmet.

Der Traktat hat klugerweise die Form eines Dialoges. Erzherzog Sigismund stellt strittige Fragen und äußert Zweifel an der Wirklichkeit des Hexenwesens: der Konstanzer Schultheiß Konrad Schatz, vertraut mit Hexenbekenntnissen, antwortet im Sinne theologischer Gelehrsamkeit. Sigismund vertritt den rationalen Part und sein Partner den theo-logischen. Doch wird der Landesvater mit theologischen Argumenten überumpelt. Es ist davon auszugehen, daß sich hinter beiden der Autor verbirgt.

Acht strittige Komplexe werden behandelt und es fällt die Übergewichtigkeit der Frauen ins Auge. Die erste Frage gilt dem Wetterzauber. Der Landesvater nimmt gegenüber den unter der Folter erzielten Geständnissen eine kritische Haltung ein und sagt: »hätten die Frauen die ihnen zugeschriebene Macht, könne man auf Soldaten verzichten: man brauche nur eine Hexe zu rufen.«

Dem biblischen Beleg aus der Johannes-Apokalypse, der vier Teufeln die Macht des Wetterzaubers zuspricht, steht Sigismund skeptisch gegenüber.

Ulrich vertritt die Auffassung, daß Schadenzauber nur mit göttlicher Hilfe erfolgen kann; d. h., er folgt der allgemeinen Lehre des Augustinus: göttliche Ratsschlüsse wären für Menschen nur teilweise nachvollziehbar. Darin liegt eine Tücke, denn die Menschen haben sich die Götter selbst geschaffen; sie beugen sich eigenen Ratsschlüssen!

Wenn Gott über den Teufel ein Land mit Unwetter strafen wolle, so instruiere er Hexen. Sie würden glauben, daß derartige Naturereignisse durch sie herbeigeführt würden, obwohl sie nichts dazu beitragen; es fehlt das rationale Verständnis. Es bedeutet, daß Hexen von sich aus niemand schaden können. Das Argument des Hexenbekenntnisses lehnt Sigismund als trügerisches Geschwätz ab.

Molitoris wird »Zu Konstanz von freien Eltern geboren.« Er studiert Jura an der 1457 gegründeten Universität Freiburg und dann in Pavia, wo er 1470 zum Dr. avanciert. Er kehrt nach Konstanz zurück und tritt in den Dienst des bischöflichen Hofgerichtes. 1475 erhält er das Bürgerrecht. Er wirkt als Prokurator und Redner am kaiserlichen Kammergericht und scheint 1508 gestorben zu sein. Über seine praktische Tätigkeit als Jurist ist nichts bekannt.

Für ihn ist das Hexenthema eine Randfrage und einige andere kleine juristische Schriften sind bekannt. Er ist in einer schwierigen Position, denn nach dem bereits erschienenen malleus kann eine Leugnung des Hexenwesens böse Folgen haben. Ob er ihn gekannt hat, ist ungwiß.

Die in der Konstanzer Diözese 1482–85 geführten Massenprozesse können zur Vorsicht gemahnt haben. Am zeitgenössischen Teufelsglauben hat er nicht gerüttelt; dennoch nimmt er einen aufgeschlossen-kritischen Standpunkt ein. Ausgeprägt ist die Trennung zwischen dem Rationalen und Theologischen.

Man bescheinigt ihm eine hervorragende humanistische Bildung. Wie Eyb spricht er sich gegen die Folter aus. Er wird intensiv vom römischen Recht beeinflußt, das aus italienischen Rechtsschulen seit dem 12. Jahrhundert zu wirken beginnt. Schon Azo von Bologna hat gelehrt, auf Hexen und Zauberer die Todesstrafe anzuwenden (unter der Voraussetzung eines Deliktes.) Er setzt nach der gängigen Vorstellung Zauberei und Häresie gleich; er hat eine rigorose Strafvorstellung. Der Jurist fordert für Hexen die Todesstrafe wegen der Idolatrie und ihres Abfalles von Gott; er leitet sie nach dem weltlichen Recht ab. Bis 1495 sind fünf lateinische, bis 1508 drei deutsche Ausgaben nachweisbar. Später wird er mehrfach dem malleus beigebunden. Von

Das Gemälde »Inquisitionsgericht unter Vorsitz des Heiligen Dominikus«, um 1500 von dem Spanier Pedro Berruguete (um 1450 bis 1504) gemalt, zeigt eindringlich den damaligen fanatischen kirchlichen Eifer, die berechnete Wirkung eines Autodafés auf die Gläubigen und den entwürdigenden Jammer seiner Opfer. →

Buhlschaft mit dem Teufel. Er hat hier keine Hörner aber Krallen an seinen Händen und Geisfüße. Dem Volksglaube nach verwandelt er sich nach dem Beischlaf und gibt sich zu erkennen. Ulrich Molitoris: »De laniis et phitonicis mulieribus«, Reutlingen.

Das »Ausfahren der Hexen«. Dargestellt sind keine Hexen, sondern auf einem Stekken reitende Tiere. Der Sinn wird nicht ganz deutlich, das sogenannte »Wilde Heer« kann es nicht sein. Oben: Andeutung des nahenden Gewitters.

Henricus Cornelius Agrippa ab Nettesheym[1)]

(wie er sich nennt) stammt der Traktat *De incertitudine et vanitate scientiarum.* Aus zwei seiner Briefe wird deutlich, daß man ihn aufgefordert hat, einen Prozeßverlauf (Metz, Woippy) zu schildern.

Er entstammt einer vornehmen Familie und wird wahrscheinlich am 14.9.1486 in Köln geboren. 1499 immatrikuliert er an der dortigen Artistenfakultät und wird Lizentiat. Zwischen 1502–07 studiert er eine Zeitlang in Paris und kehrt nach Köln zurück. 1508 beteiligt er sich an einem abenteuerlichen Unterfangen in Nordspanien und reist anschließend durch Spanien und Italien. 1509 ist er in Dóle als Universitätslehrer bezeugt. Dann hält er sich bei Trithemius in Sponheim (Würzburg) auf. 1510 finden wir ihn in England. Seit 1511 weilt er in Italien. Ein Jahr darauf scheint er am Konzil von Pisa teilgenommen zu haben. Im gleichen Jahr sowie 1515 lehrt er an der Universität Pavia Philosophie und heiratet. Später hält er Vorlesungen an der Universität Turin.

Dann wirkt er in Metz als Advokat und Orator, wo seine herausragende Leistung die Erwirkung eines Freispruches gegen eine der Hexerei Besagte ist; dann geht er nach Genf und wirkt 1523 in Fribourg (Schweiz) als städtischer Arzt; von 1524–27 ist er in Lyon Leibarzt der französischen Königinmutter Luise von Savoyen; 1528–29 wirkt er als Arzt in Antwerpen und dann am Hofe Margaretes von Österreich in Mecheln als kaiserlicher Archivar und Historiograph. 1532 folgt er einem Angebot des Kurfürsten-Erzbischofs von Köln, Hermann von Wied und bleibt bis 1535 in dessen Bonner Residenz. Kurze Zeit ist er in Lyon inhaftiert. Er scheint 1535 in Greno-

Das »Anschießen des Hexenschadens«, aus dem sich bis heute der Begriff des Hexenschusses erhalten hat. Er hat nichts mit dem verwandten »magischen« Freischuß zu tun. Ulrich Molitoris: »De laniis et phitonicis mulieribus«.

Zwei Hexen beim Wettermachen. Eine Schlange und ein Hahn werden in einen Kessel geworfen; alle drei sind alte Symbole kultischer Vorstellungen. Ulrich Molitoris: »De laniis et phitonicis mulieribus«, Reutlingen.

ble gestorben zu sein. Er hat ein abenteuerliches Leben hinter sich.

Hexenprozeß von 1519

Die Affaire wird durch einen nächtlichen Überfall in Woippy nordwestlich von Metz ausgelöst. Woippy gehört als Domäne zum Metzer Domkapitel. Es soll eine Zeitlang Hauptsitz der Hexerei gewesen sein.

Betrunkene haben sich gegen eine alte Frau verschworen, sie ohne rechtliche Handhabe gefangen und in einem Kerker festgehalten. Später hat man sie durch Domherren nach Metz gebracht und dem Offizial übergeben. Daraus formiert sich ein Akkusationsprozeß, bei dem sich acht Bauern als Gefangene stellen. Wohl unter Billigung Savinis wird der Offizial mit Goldstücken bestochen und die Beschuldigte als Gefangene nach Woippy in die Hände ihrer Ankläger überstellt. Während der Haft sei ihr Unrecht geschehen. Man habe ihrem Mann den Zugang zum Gericht versagt, damit er nicht appelieren kann: dann habe man sie der Folter unterzogen.

Später wird der Offizial krank und wird auf seinem Sterbebett von Gewissensbissen geplagt; in Gegenwart von Zeugen und dem Notar erklärt er die Angeklagte für unschuldig und setzt sich für deren Freispruch ein.

Es geht wohl um einen Strafprozeß gegen eine häretische Hexe, was sich aus der Anwesenheit eines Inquisitors ergibt. Man sagt, daß man schon deren Mutter als Hexe verbrannt habe.

Savini wirkt als Assessor des Offizials (Rat oder Beisitzer). Er scheint zuviel Eigenmächtigkeiten entfaltet zu haben; demnach ist er als Mitrichter in Erscheinung getreten (?).

Agrippa von Nettesheym (14.9.1486 (Köln) – 8.2.1535 (Grenoble oder Lyon). Er befreit 1519 gegen den Willen des Dominikaners Nikolaus Savini eine Frau aus den Armen der Hexenfänger.

Prozessuale Funktion

Die Frage ist, welche Funktion Agrippa in dem Prozeß von 1519 wahrnimmt und weshalb er so agiert? Er wirkt als Advokat. Er verteidigt die Frau, indem er sagt: »er habe sie aus den Klauen und dem Rachen des Ketzermeisters entrissen; er werde nicht davon ablassen, einer Unschuldigen beizustehen.« Daraus kann nicht auf seine generell – freiwillige Bereitschaft geschlossen werden; es scheint eher, daß man ihm die offizielle Verteidigung verwehrt hat!

Wahrscheinlich ist, daß ihn der Magistrat als seinem städtischen Advokaten offiziell zum juristischen Sachverständigen berufen hat. Ohne sein aktives Zutun wäre die Frau möglicherweise verurteilt worden, zumal es sich im damaligen Metz nicht um den einzigen Fall gehandelt hat.

Nach dem Tod Leonardis wird der Prozeß fortgesetzt, womit sich Savini behaupten kann. In seinen Eingaben an den bischöflichen Vikar Conrad le Payen belastet ihn Agrippa mit dem Vorwurf der Korruption und Konspiration. Vermutlich wird dem Vikar der Fall übertragen und bleibt in den Händen der bischöflichen Gerichtsbarkeit.

Mit Beredsamkeit bewirkt er ihren Freispruch, die Verachtung des Mönches und Bestrafung der Besager. In dem Zusammenhang verwirft er die Geistlichen:

»mit solchen Hirngespinsten schleppst Du unschuldige Frauen zur Folter. Mit Geschwätz richtest Du andere als Ketzer. Du, selbst ein Zauberer und so schlimm wie Faust und Donatus. Ich sage Dir, unserem Glauben gemäß sind wir alle sündhaft und auf Ewigkeit verflucht, Kinder der Verderbnis, Söhne des Teufels und Erben der Hölle. Nur durch das Heil der Taufe wurde Satan aus uns getrieben. Siehst Du nun, wie haltlos, leer und ketzerisch Dein Urteil ist?«

Savini gibt keine Ruhe und versucht, die seinerzeit Beschuldigte zu fangen. Er hat wenig Glück. Ein Freund berichtet Agrippa: »er sitzt in der Zelle, kaut die Nägel vor Ärger und wagt nicht auszugehen[2].«

Clemens Donatus, sein Pariser Freund, schreibt ihm: »ein Grund, weshalb Dir viele böse und unwissende Menschen feind sind, ist, weil Du neulich das der Zauberei angeklagte Weib so nachhaltig verteidigt hast. Harre aus in der Verteidigung der Wahrheit, bleibe tapferen Herzens gegenüber dem Haß der Unwissenden, damit die Wahrheit aufleuchte.«

Agrippa zeigt Verhandlungsgeschick und erreicht den Freispruch der Angeklagten auf dem Weg des Nachweises formaler Rechtsverstöße und der Inkompetenz des Inquisitors. Dennoch zieht es Ärger nach sich und er verläßt die Stadt.

Agrippa ist umstritten. Er beherrscht acht Sprachen, gründet zwanzigjährig eine Gesellschaft zum Studium der Geheimwissenschaften, kommt des öfteren mit der Obrigkeit ins Gehege, widmet sich der Magie, schreibt Bücher, bereist Europa und wird Syndikus. Legenden belegen, daß der gemeine Mann in ihm einen Zauberer vermutet.

»Gehaßt und verfolgt von Theologen und bewundert von weltlichen Gelehrten, Anhänger des Katholizismus, aber später als »autor primae classis« auf dem Index stehend. Wie Trithemius huldigt er kabbalistischen Spekulationen. Sein Verdienst besteht darin, daß er in einer Arbeit über okkulte Philosophien[3] die magischen Wissenschaften in eine abgerundete Form bringt. Sie beinhaltet ein Gemisch frommer Gedanken. In seinem

Werk *Über die Eitelkeiten der Wisenschaften* läßt er erkennen:

»gegen alle Vorschriften drängen sich die blutgierigen Geier (Geistliche) in die Rechtssphäre der Ordinarien und wüten gegen Bauernweiber, die wegen Zauberei angeklagt sind. Sie setzen sie Martern aus, bis sie durch das ausgepreßte Geständnis Grund zu deren Verurteilung haben. Wenn sie die Unglückliche verbrannt haben, bzw. die Hand des Inquisitors mit Gold gefüllt ist, lassen sie von ihr ab.«

Johannes Trithemius[4)]

gilt als Autorität in Glaubensangelegenheiten und es ist davon auszugehen, daß die regionale Obrigkeit von seinem Schaffen weiß. Zudem verfaßt er die *Steganographie,* in der über hundert Geheimschriften zusammengetragen und beschrieben sind. Er will herausstellen, daß er der Gedankenübertragung auf weite Strecken fähig ist, bzw. einem Mensch innerhalb kurzer Zeit eine Fremdsprache beibringen kann[5)]. Es bringt ihn in Verruf. Die *Steganographie* bleibt unvollendet; das Manuskript wird erst nach seinem Tod gedruckt. 1676 gelingt dem Jurist Heidel aus Worms die Entzifferung[6)]. Es stellt sich heraus, daß Scharlatanerie dahintersteckt.

Es ist festzuhalten, daß die Idee keinesfalls von ihm stammt; er schöpft aus der umstrittenen Kabbala. Graf Pico de Mirandola verfaßt 1486 seine *conclusiones cabbalistica.* Einer seiner Brüder weist Trithemius in die Gedanken ein. Zudem steht er in freundschaftlicher Verbindung mit dem Mann, der mehr als andere zur Verbreitung, Methodik und Kenntnis der Kabbala in unserem Sprachraum beigetragen hat: Johann Reuchlin. Als Führer der deutschen Humanisten gerät er 1510 in eine Kontroverse mit Dominikanern. Er gilt als geistiger Vater der später so benannten christlichen Kabbala[7)].

Nach einem mehrjährigen Streit muß er das Kloster Sponheim verlassen, geht nach Würzburg und lebt elf Jahre in Frieden. Er vertritt die Linie der Kirche. Als Ausfluß seines Denkens erscheint 1508 der *antipalus maleficorum* (Gegner der Hexerei). Trithemius kennt den *Hexenhammer;* möglicherweise hat er ihn zur Ausarbeitung des *Antipalus* herangezogen. Er sagt darin: »ein verabscheuungswürdiges Geschlecht ist das der Zauberer, besonders der weiblichen, die durch die Hilfe des bösen Geistes oder Zaubertränke dem menschlichen Geschlecht Schaden zufügen. Leider ist die Zahl solcher Hexen in jeder Provinz groß, (und) es ist kein Ort zu klein, wo man nicht eine findet. Durch ihre Schlechtigkeit sterben Vieh und Menschen. Niemand denkt daran, daß es von ihnen kommt. Viele leiden an Krankheiten und wissen nicht, daß sie verhext sind.«

Der *antipalus* wird auf Befehl des Markgrafen von Brandenburg ausgearbeitet und im Oktober 1508 vollendet, doch erst 1585 in Ingolstadt gedruckt. Trithemius will nicht den Hexenglauben bekämpfen, wie es vereinzelt dargestellt wird. Er ist von der diabolischen Zauberei überzeugt und will nachweisen, wie sich Leichtgläubige schützen können:

- Willst Du o Christ, vor Dämonen und Hexen sicher sein, stehe fest im Glauben und halte Dein Gewissen von Todsünden rein. Besuche an Sonn- und Feiertagen die Heilige Messe und lasse Dich vom Priester mit Weihwasser besprengen. Nimm geweihtes Salz in den Mund, besprenge Dein Bett und Deinen Stall damit. Frühmorgens, wenn Du dich vom Lager erhebst, bezeichne Dein Haus mit dem Zeichen des Kreuzes und bete den Glauben. Wenn Du so lebst, wird keine Hexe Gewalt über Dich haben[8)]. Von ihm stammt ein Rezept für Behexte. Er fordert für Zauberer, die mit Teufeln fleischliche Verbindungen eingehen, wegen der damit verbundenen Gottlosigkeit den Feuertod.

Trithemius wird von Maximilian I. beauftragt, acht Fragen über die Hexerei zu beantworten. Er tut es zunächst handschriftlich und läßt sie 1515 unter dem Titel *Curiosita regia* in Druck gehen.

Für ihn existieren sechs Gattungen, die mit dem Satan zusammenarbeiten. Schlimm wäre vor allem die vierte: »sie verhängen Fallsucht, Pest und Fieber über die Menschen, machen diese wahnsinnig und rasend, dürr, taub und lahm, verhaßt und flüchtig, sie verleiten zu den ärgsten Verbrechen und bewirken, daß die Opfer ihrer Bosheiten von Dämonen durch unerhörte Schmerzen gepeinigt werden. Was sie zum Verderben des menschlichen Geschlechts ausdenken können, verfolgen sie mit allen Kräften und sie selbst stehen mit den Dämonen im fleischlichen Verkehr. Er erwähnt, daß ihm der Teufel erschienen sei. Priester, die ihm durch die Anwendung geistlicher Mittel helfen wollten, habe er mit Steinen verwundet. Auch in der späteren Geschichte des Hexenwesens kommt es vor!

Betrachtet man seine theoretischen Auseinandersetzungen über den Hexenglauben, kann man das Resümee ziehen, daß er ihn nicht bekämpft, sondern aktiviert hat. Dennoch wäre es ungerecht, ihn als flachen

Vielschreiber zu bezeichnen. Vermutlich ist er aus der Liste der Hexengegner zu streichen. Er spricht vom verruchten Geschlecht der Zauberer und sagt: »zumal die der Hexen bringe der Menschheit Schädigungen.« Zudem treibt u. a. im Naheraum der »historische«

Johann Georg Faust

sein Wesen. Über ihn ist fast nichts bekannt. Geboren wird er um 1480, vielleicht ein klein wenig früher, in Knittlingen. Er stirbt um 1540 in Staufen im Breisgau. Seine Lebensumstände lassen sich nicht mehr erschließen und doch muß es eine faszinierende Persönlichkeit gewesen sein. Ob er wirklich ein so negativer Scharlatan gewesen ist, wie ihn u. a. Abt Trithemius schildert, bleibt fraglich.

Jedenfalls bestimmte der von ihm erhaltene Brief, den er 1507 an Johann Virdung geschrieben hat, die ihm angedichteten (?) negativen Eigenschaften. Dies umso mehr, als man heute weiß, daß Trithemius »historische« Berichterstattung teilweise auf wackligen Beinen steht. Er und Faust kannten sich nicht.

»Jener Mensch, über welchen du mir schreibst, Georg Sabellicus, welcher sich den Fürsten der Nekromanten zu nennen wagte, ist ein Landstreicher, leerer Schwätzer und betrügerischer Strolch, würdig ausgepeitscht zu werden, damit er nicht ferner mehr öffentlich verabscheuungswürdige und der heiligen Kirche feindliche Dinge zu lehren wage. Denn was sind die Titel, welche er sich anmaßt, Anzeichen des dümmsten und unsinnigsten Geistes, welcher zeigt, daß er ein Narr und kein Philosoph ist!

So machte er sich folgenden ihm konvenierenden Titel zurecht. Magister Georg Sabellicus Faust der Jüngere, Quellbrunn der Nekromanten, Astrolog, Zweiter der Magier, Chiromant, Aeromant, zweiter in der Hydromantie.

Siehe die törichte Verwegenheit des Menschen; welcher Wahnsinn gehört dazu, sich die Quelle der Nekromantie zu nennen? Wer in Wahrheit in allen guten Wissenschaften unwissend ist, hätte sich lieber einen Narren denn Magister nennen sollen. Aber mir ist seine Nichtswürdigkeit nicht unbekannt. Als ich im vorigen Jahre aus der Mark Brandenburg zurückkehrte, traf ich diesen Menschen in der Nähe der Stadt Gelnhausen an, woselbst man mir in der Herberge viele von ihm mit großer Frechheit ausgeführte Nichtsnutzigkeiten erzählte. Als er von meiner Anwesenheit hörte, floh er alsbald aus der Herberge und konnte von niemanden überredet werden, sich mir vorzustellen.

Wir erinnern uns auch, daß er uns durch einen Bürger die schriftliche Aufzeichnung seiner Torheit, welche ich dir gab, überschickte. In jener Stadt erzählten mir Geistliche, er habe in Gegenwart vieler gesagt, daß er ein so großes Wissen und Gedächtnis aller Weisheit erreicht habe, daß, wenn alle Werke von Plato und Aristoteles samt aller all ihrer Philosophie durchaus aus der Menschen Gedächtnis verloren gegangen wären, er sie wie ein zweiter Hebräer Esra durch sein Genie sämtlich und noch treffender wiederherstellen wolle.

Als ich mich später in Speyer befand, kam er nach Würzburg und soll sich in der Gegenwart vieler Leute mit gleicher Eitelkeit gerühmt haben, daß die Wunder unseres Erlösers Christi nicht anstaunenswert seien; er könne alles tun, was Christus getan habe, so oft und wann er wolle. In den Fasten dieses Jahres kam er nach Kreuznach, wo er sich in gleicher großsprecherischer Weise ganz gewaltiger Dinge rühmte und sagte, daß er in der Alchemie von allen, die je gewesen, der Vollkommendste sei und wisse und könne, was nur die Leute wünschten. Während dieser Zeit war die Schulmeisterstelle in gedachter Stadt unbesetzt, welche ihm auf Verwendung von Franz von Sickingen, dem Amtmann deines Fürsten, einem nach mystischen Dingen überaus begierigen Mannes, übertragen wurde. Aber bald darauf begann er mit Knaben die schändlichste Unzucht zu treiben und entfloh, als die Sache ans Licht kam, der ihm drohenden Strafe. Das ist das, was mir nach dem sichersten Zeugnis von jenem Menschen feststeht, dessen Ankunft du mit so großem Verlangen erwartest.«

Es gibt nochmals einen Brief; den des Mutianus Rufus (1470–1526) an Henricus Urbanus (1513), in dem gesagt wird:

»Vor acht Tagen kam ein Chiromant nach Erfurt,namens Georgius Faustus Helmitheus Hedelbergensis, ein bloßer Prahler und Narr. Seine Kunst, wie die aller Wahrsager, ist eitel, und eine solche Physiognomie ist leichter als eine Wasserspinne. Die Dummen sind voller Bewunderung. Gegen ihn sollten sich die Theologen erheben, statt daß sie den Philosophen Reuchlin zu vernichten suchen. Ich hörte ihn im Wirtshaus schwatzen; ich habe aber seine Anmaßung nicht gestraft; denn was kümmert mich fremde Torheit?«

Einige Fakten aus seinem Leben gehen aus der beigefügten Tabelle hervor. Dann

Ausgewählte Faust-Daten*)

1480	(um) Johann Georg Faust (?) wird in Knittlingen geboren.
1505	Johann Faust aus Symmern in der Diözese Mainz wird als Student in Heidelberg immatrikuliert. Vermutlich ist er mit dem Knittlinger – dem »historischen« Faust – nicht identisch.
1507	Johann Trithemius schreibt am 20. August an Johann Virdung, Mathematiker und Hofastrologe in Heidelberg (s. Text). Der Brief erscheint 1536 im Druck
1513	Mutanius Rufus, Kanonikus und humanistischer Privatgelehrter in Gotha, schreibt seinem Freund Heinrich Urbanus nach Erfurt, er habe Faust in einem Wirtshaus beobachtet – er sei ein Schreihals und Windhund.
1516	(etwa) Faust hält sich in Maulbronn auf, als Alchemist zum Goldmachen engagiert von Abt Johann Entenfuß, der durch seine ausufernde Bautätigkeit extrem verschuldet is.
1520	Vom Bamberger Bischof Georg III. Schenck von Limpurg, erhält Faust für ein Geburtshoroskop 10 Gulden Honorar.
1528	Der Prior des Klosters Rebdorf bei Eichstätt, Kilian Leib, empfängt Faust; er gibt sich als Johanniterkomtur aus.
1528	Faust wird als Wahrsager aus Ingolstadt verbannt.
1532	Faust hält sich in Fürth auf. Seine Bitte um Geleit nach Nürnberg wird vom Rat der Reichsstadt abgelehnt. Man bezeichnet ihn als Sodomit und Nigromant.
1535	Faust soll vom hessischen Korbach aus die Rückeroberung des westfälischen Münster vorausgesagt haben – genau zu dem Termin, als der Bischof die Stadt aus der Hand der Wiedertäufer zurückgewann.
1537	(etwa) Fausts Name taucht in Luthers Tischgesprächen auf.
1539	Philipp Begardi, Stadtpyhsikus in Worms, charakterisiert Faust als Paradebeispiel ärztlicher Kurpfuscherei und Beutelschneiderei.
1540	(etwa) Tod Fausts in Staufen im Breisgau, möglicherweise eines unnatürlichen Todes; ein Überlieferungsstrang bringt den Teufel ins Spiel.
1540	(ab) Einsetzen der Faust-Legenden.

*) Übertragen aus: Faust-Museum Knittlingen. 1980. Mit freundlicher Genehmigung.

wird er in einem Brief des Joachim Camerarius (1500–74) an Daniel Stibar (1536) erwähnt und dann geht Philipp Begardi (um oder vor 1500 bis nach 1539) in einem Büchlein auf ihn ein. Hier erscheint Faust als medizinischer Wilderer und Beutelschneider. Seine Heilmethoden wären dubios »doch bevor sich die Wirkung einstelle oder die Heilung ausbleibe, gebe er Fersengeld.« Hier wird vorgetragen:

»Es wirt noch eyn namhafftiger dapfferer mann erfunden: ich wolt aber doch seinen namen nit genent haben/so wil er auch nit verborgen sein/noch unbekant. Dann er ist vor etlichen jaren vast durch alle landtschafft/Fürstenthuomb vnnd Königreich gezogen/seinen namen jedermann selbs bekant gemacht/vnd seine grosse kunst/nit alleyn der artzney/sonder auch Chiromanicei/Nigromanicei/Visionomei/Visiones imm Cristal/vnd dergleichen mer künst/sich höchlich berümpt. Vnnd auch nit alleyn berümpt, sonder sich eynen berümten vnd erfarnen meyster bekant vnnd geschrieben. Hat auch selbs bekant/vnd nit geleugknet/daz er sei/vnnd heysz Faustus, domit sich geschriben Philosophum Philosophorum etc. Wie vil aber mir geklagt haben dasz sie von jm seind betrogen worden, deren ist eyn grosse zal gewesen. Nuon sein verheyssen ware auch grosz /wie des Tessali: dergleichen sein rhuom/wie auch des Theophrasti/aber die that/wie ich noch vernimm, vast kleyn vnd betrüglich erfunden: doch hat er sich imm gelt nemen, oder empfahen (das ich auch recht red) nit gesaumpt/vnd nachmals auch imm abzugk/er hat (wie ich beracht) vil mit den ferszen gesegnet. Aber was soll man ouch dazuthuon, hin ist hin (ich wil es jetzt auch do bei lassen/luog du weiter/was du zuschicken hast.«

Titelblatt von Ulrich Molitor. »De Lamiis et phitonicis mulieribus« (Von den Unholden und Hexen), Köln, 1489.

Gestorben ist er um 1540 und über seinen Tod haben sich Spekulationen bis heute erhalten. »Derselbig ist nach vilen wunderbarlichen sachen, die er bei seinem leben gibt, darvon auch ein besonderer tractat wer zu machen, letztlich in der herrschaft Staufen im preisgaw in großem Alter vom bösen gaist umgebracht worden.«

»Man sagt, der bös gaist, den er in seinen lebzeiten nur sein schwager genannt, habe ine umbracht. Den münchen zu Lüxheim im Wassichin hat er ain gespenst in das closter verbannet, desen sie in vil jahren nit haben künden ab kommen und sie wunderbarlich hat molestirt, allein der ursach, das sie ine einsmals nit haben wellen übernacht behalten, darumb hat er innen den unrüebigen gast geschafft, zu gleich wie man sagt, das dem vorigen apt von S. Disenberg auch ain sollichs gespenst von ainem neidigen varenden schueler sie zugeüst und engehenkt worden.«

Faust befindet sich in intelektueller Gesellschaft mit Agrippa von Nettesheym und dem Arzt und Naturforscher

Paracelsus

(Theophrast von Hohenheim). Er scheint 1515 in Ferrara Dr. der Medizin geworden zu sein und latinisiert seinen Namen am römischen Arzt Cornelius Celsus, der um Christi Geburt (!) lebte (Paracelsus = zur Seite des Celsus}. Er geht in seinem Denken weit über die damalige Buchstabenmedizin hinaus und lehrt, »daß ein wirklicher Arzt seine Erfahrungen durch die Erforschung der Natur und am Krankenbett begreife.« Zudem fördert er das Wissen um seelische Krankheiten. Er lehnt die traditionellen Mediziner Aristoteles, Galen und Avicenna ab. Seine Bewertung in der Geschichte schwankt. Zwischen ihm und der Baseler Fakultät kommt es zu einem heftigen Streit, der Paracelsus 1528 zur Flucht nach Salzburg veranlaßt.

Nach der Volkssage erkennt man in ihm den Erfinder des Lebenselixiers und bezeichnet ihn in gewisser Weise als Scharlatan. Er paßt nicht (mehr) in das sich auflösende Weltbild.

Der Prediger und Mathematiker Michael Stiftel hat den Weltuntergang für den 18. Oktober 1533 berechnet. Er lebt in der Zeit des Nostradamus, der sich 1555 hinsetzt und die kommenden 2 000 Jahre mit überraschender Treffsicherheit beschreibt.

Ihm geht im Naheraum Johannes Lichtenberger voraus, der um die Mitte des 15. Jahrhunderts in Zweibrücken geboren wird und 1503 gestorben ist. Er wird 1485 Hofastrologe und von Friedrich II. mit einem Wappenbrief geehrt.

Johann Geiler von Keisersberg

ist Domprediger in Straßburg. Er ist gedanklich dem *canon episcopi* verbunden. Zwei Jahre vor seinen Tod hält er während der Fastenzeit Predigten, die seine Ansichten zum Hexenwesen offenlegen; er schöpft aus der Dekalogserklärung Niders, die um 1500 die 20. Auflage erreicht[9)], wie aus den Predigten des Tübinger Pfarrers und Universitätsprofessors Martin Plantsch[10)], der 1505 anläßlich einer Hexenverbrennung über das Thema referiert. Ob er den *Hexenhammer* kennt, ist fraglich.

1508 vertritt er die Ansicht: »du sollst lieber kranck seyn, denn mit der Zauberey gesund werden, denn der Teufel müßte Dich gesund machen. So sollst Du des Teufels müßig gehen, das ist, wider die Menschen, die zu den Teufelsbeschwerern (Beschwörern), einem Kälber Arzt oder Schinder laufen, wenn sie die Kranckheit haben oder etwas verlieren. Gott gebe, sprechen sie, wer mir hilft. Das soll nicht seyn[11].«

Er postuliert, daß die Luftfahrten der Weiber Blendwerke des Teufels sind[12]. Hier orientiert er sich am *Formicarius*[13]. In einer Predigt kommt er auf den Gedanken zurück, daß die nächtlichen Fahrten auf den Venusberg nicht stattfinden. In der 33. Predigt nimmt er die Wirklichkeit des Hexenfluges an und sagt: »daher kommt es, wenn eine Hexe auf der Gabel sitzt und spricht die Worte, die sie sprechen soll, so fährt sie dahin. Das tut die Gabel nicht von selbst, (und) die Salbe tut es auch nicht: darum tut es der Teufel[14].«

Er sucht nachzuweisen, daß die Hexen von Folterqualen nichts spüren, denn er geht davon aus, daß sie der Teufel unempfindlich macht: er hat es von Nider abgekupfert[15] und ist davon überzeugt, daß die Hexen mit seiner Hilfe aktiv werden können. Es reiht ihn mehr unter die Befürworter denn Zweifler am Hexentreiben ein. Aberglauben kann man ihm kaum absprechen[16].

In einer Predigt aus dem Jahre 1495 erklärt er: »es spricht kein Gelehrter, daß das Hexenwerk nicht wahr sei oder nicht geschehe. Es geschieht recht und redlich. Sie machen einen lahm. Sie selbst tun es nicht, aber der Teufel tut es. Ich antworte und spreche, daß die Wirkung der Hexen und Zauberer nicht die wirkliche Ursache des Werks ist, das da geschieht. Was die Hexen tun, ist nur ein Zeichen: dahinter steckt der Teufel[17].

Wie Christus seine Sakramente macht, so hat sie der Teufel. Hexen können fliegen, in den Stuben Hagel machen, den Kühen Milch entziehen (versiegen). Aber es ist ihnen unmöglich, Menschen in Tiere zu verwandeln.

Er glaubt an den Teufel in Wolfsgestalt, Wechselkinder und den geschlechtlichen Umgang mit dem Satan.

Zusammenfassung

Wie stellt sich die Kritik in der Phase des Überganges dar? Die Ansicht des Kaufmannes und Ratsherren Doneldey wird im Kapitel der Bremer Hexenprozesse besprochen. In seinem Arzneibuch werden Teufelsvisionen u. a. aus natürlichen Ursachen erklärt.

Virtler, Repräsentant des traditionsbewußten Ritteradels und Dichter, bestreitet die Realität der Mehrzahl der gängigen Zaubereimotive. Der dem Adelsstand zugehörige Kanoniker Eyb zeigt sich distanziert. Ulricus Molitoris, ein in Italien studierter deutscher Jurist, widerlegt in einem Gutachten fast ausnahmslos die Wirklichkeit des traditionellen Zauberwesens und die neuartigen Vorstellungen der Hexerei; doch er hält den Zaubereiversuch für häretisch und todeswürdig. Agrippas Standpunkt ist geprägt vom humanistischen Denken und seiner intensiven Beschäftigung mit der natürlichen Magie.

Die Stimmen wirken seismographisch, doch ohne generelle Breitenwirkung und so ist zu fragen, wie denn – der *Hexenhammer* allein kann es nicht gewesen sein – die Verfolgungswut gegen die angeblichen Hexen ausbricht.

Ein Hauptstrang bilden religiöse Umschichtungen. Die glaubenspolitischen Strömungen des frühen 16. Jahrhunderts bestimmen das Fühlen und Denken der damaligen Menschen. Die »neue« Glaubenquadriga

Rathaus mit Gerichtslaube, aus Livius, Römische Historien. Joh. Schöffer, Mainz, 1523.

Transport des Bayerischen Hiesels durch Soldaten. Kupferstich von J. M. Will. Vorführung des Bayerischen Hiesels zum Verhör. Um jeden Fluchtversuch zu verhindern haben ihn zwei Stadtknechte an schweren Eisenketten festgemacht. Zeitgen. Kupferstich.

Religiöse Dissonanzen

—

Luther, Melanchton, Calvin, Zwingli

Inhalt

Luther, Melanchton, Calvin und Zwingli

bestimmt über zwei Generationen das Geschehen. Das Volk ist des Papsttums müde und verlangt nach Alternativen. So wird der hermetisch abgekapselte Katholizismus nochmal aufgebrochen. Sein antiqiertes Lehr-und Denksystem wird als überspannte Institution erkannt und verhöhnt; viele sehen ihn ihm was es wirklich ist; ein plumpes Machwerk.

Die Spaltung der Kirchen beunruhigt die Gemüter und trägt dazu bei, die sittliche Verwilderung zu aktivieren. Der Säulenheilige der Protestanten,

Martin Luther

hat schlechte Karten. Der Protestantismus bildet eine Variante in der Geschichte des uneinigen Christentums[1]. Er ist als Kind der Glaubensmutter gleichen Irrtümern unterworfen. Luther, ehemaliger Augustinerchorherr, löst den gordischen Knoten: »Sein Walten löst einen Sturm der Entrüstung gegen die Unbeweglichkeit des Klerus und die Tücken seiner Zeit aus. Das Volk spürt nicht, wie gefährlich das Pendel auf die andere Seite schlägt. Es ist ein Wechselbad der Illusionen ob religiöser Wunschvorstellungen.

Die Kirchenspaltung liegt weit zurück; Entwicklungen von einer solchen Dramatik sind nicht das Werk eines Einzelnen. Es ist nicht damit getan, Luther als »rassische« Persönlichkeit zu deklarieren[2] und ihn nachträglich zum Vorturner einer ideologischen Variante zu küren. Er ist ein Mann von der Straße und dem Denken seiner Zeit verwoben: er steht innerhalb der Bannmeile der nachmittelalterlichen Theologie, er ist weder ein Held noch ein Heiliger. Er hat kaum etwas bewegt. Zwangsläufig ist der protestanische Glaube beweislastig.

Protestanten nehmen Luther in Schutz und tragen vor: »er war ein verehrungswürdiger Mann, der einen großen Teil des menschlichen Geschlechts, das in Aberglaube und Unwissenheit versunken war, aus diesem Schlummer riß und sich mit Macht und einem unbeschreiblichen Mut entgegenstellte[3].«

Als Kind seiner Jahre, befangen vom christlichen Dämonismus, bereinigt er Randgebiete des römisch-katholischen Glaubens; an den krassen Auswüchsen (Teufelswahn) rüttelt er nicht. Der Unterschied der Parteien ist gering und die Christen sind heute in der Gesamtheit so gespalten und abergläubisch wie immer. Dadurch soll sein Wirken nicht geschmälert werden.

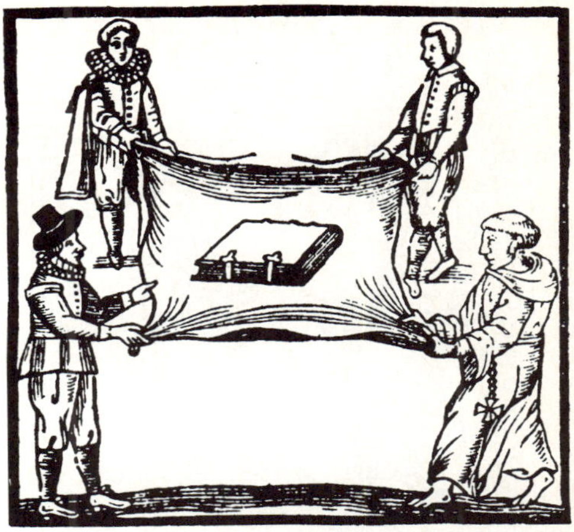

Streit der Konfessionen um die Bibel. Holzschnitt, anonyme Karikatur aus dem 17. Jahrhundert.

Der Protestantismus gibt sich modern, zweifelt, rückt das Individuum näher an einen gedachten Gott und gewinnt in kurzer Zeit Mitläufer. Er öffnet vielen die verklebten Glaubensaugen und vermittelt ihnen Erkenntnisse aus der Realität des Lebens und jetzt bemerken sie, daß das Papsttum in seiner antiken Struktur mit seinem Ablaßhandel, dem Zölibat, den Päpsten selbst und den Konzilien konstitutionelle Einrichtungen sind, deren Feudalismus und Finanzierung man den Glaubensschäflein aufgebürdet hat.

Plötzlich erscheint der Statthalter Gottes als Gewöhnlicher. Der klerikale Pomp wird der Verachtung preisgegeben, Kirchen werden gestürmt und unermeßliche Kunstwerke vom Pöbel zertrümmert.

Viele Bürger erkennen im frühen 16. Jahrhundert die partielle Unglaubwürdigkeit des »traditionellen« Katholizismus mit seinen Zwängen, Ränken und Machenschaften. So gesehen wird das Volk zum Träger der Reformation und Luther deren Fürsprech. Das Papsttum muß klein beigeben und den Kuchen teilen.

Luther entgeht (wie Brenz u. a.) dem inquisitorischen Schicksal nur, weil der Glaubensriese aus vielen Wunden blutet. Seine Macht ist längst gebrochen, bevor die Reformation zum Ausbruch kommt. Es spielen rechtliche, machtpolitische, moralische und wirtschaftliche Gründe mit. Das Neue ist nicht der Protestantismus, sondern die Weltsicht.

Die Papstgetreuen sahen Luther Hand in Hand mit Luzifer. Holzschnitt in der Streitschrift des Peter Sylvius, 1535.

Als der *Hexenhammer* auf den Pulten redigiert wird, ist Luther ein kleiner Bub. Er ist der Sohn eines Bergmannes und erhält seine schulische Ausbildung in Mansfeld, Magdeburg und Eisenach. 1501 bezieht er die Erfurter Universität.

Auf väterlichen Wunsch beginnt er ein juristisches Studium, beendet es aber nach zwei Monaten. Auf seinem Weg von Mansfeld nach Erfurt donnert ein Gewitter auf ihn nieder. Von tödlicher Angst gepackt (so Chronisten!) legt er das Gelübde: »hilf, hl. Anna, ich will ein Mönch werden« ab. Mit dem Damaskuserlebnis steht er keinesfalls alleine im Raum der Geschichte, denn selbst der Katholik Hitler kommt in einen ähnlichen Genuß, als er vorübergehend erblindet!

Folgerichtig tritt Luther im Juli 1505 in das Kloster der Augustiner-Eremiten (Erfurt) ein. 1507 wird er Priester. 1510/11 wird er in Ordensangelegenheiten nach Rom geschickt. Von dort zurückgekommen, versetzt man ihn zum Wittenberger Konvent. Noch ist er vom Katholizismus durchdrungen.

1512 promoviert er zum Dr. der Theologie und übernimmt als Nachfolger des Generalvikars Joahnn v. Staupitz die Professur für Bibelauslegung. Er vermeint in Röm. 1.17 zu erkennen, daß die Gerechtigkeit keine menschliche Leistung ist, sondern als »göttliches« Geschehen anzusehen ist. Daraus folgert der Bergmannsohn und nach ihm Millionen, daß das Individuum nichts anders zu tun brauche, als es in Dankbarkeit und Demut hinzunehmen. In Rom hat eine Bombe eingeschlagen!

Luthers Vorgehen wird vom päpstlichen Legaten in Deutschland, Kardinal Cajetan, registriert. Der Generalauditor der apostolischen Kammer bezichtigt Luther der Ketzerei. Cajetan schätzt die Situation falsch ein und meint: »er wolle die Sache in die Hand nehmen; sie wäre nicht wert, um den Papst zu behelligen. Er erweist ihm einen folgenschweren Bärendienst.

Der angebliche Statthalter eines angeblichen Christengottes muß sich um andere Sachen kümmern. So wird ihm berichtet, daß Karlstadt mit seiner Miete im Rückstand ist!

Jedenfalls kommt Cajetan dem päpstlichen Ansuchen, den Abtrünnigen zu verhaften, nicht nach. Deshalb sucht ihn Leo X. als »notorischen Ketzer vor den apostolischen Richterstuhl zu zerren«, obwohl er nur eine andere Meinung geäußert hat. Man soll ihn: »je nachdem es die Lage erfordere, verurteilen oder absolvieren.« Wieviel Vermessenheit verbirgt sich hinter diesem Wollen?

Luthers Landesvater, Kurfürst Friedrich von Sachsen, setzt durch, daß sein Schützling in Augsburg und nicht wie vorgeschlagen, in Rom vernommen werde. Luther stellt sich 1518 der Verantwortung und lehnt den Widerruf ab. Der Fürst verhindert seine Auslieferung.

Auf der Leipziger Deputation wird Luther klar, daß das Papsttum auf Tonfüßen steht. Die Kurie antwortet Mitte Juni 1520 mit der Bulle Exurge Domini, die Luther, inzwischen ein religiöser Abtrünniger, mit anderen Schriften am 10. Dezember des gleichen Jahres vor dem Wittenberger Elstertor verbrennt. So dokumentiert er den Bruch mit der offiziellen Lehre. Ein kanonischer Prozeß wider ihn wird angestrengt.

Im Oktober 1520 wird in Achen Karl V. zum Kaiser erhoben. Er ist von der Vorstellung beseelt, im Kaiser- und Papsttum übergeordnete Mächte zu sehen, deren Ziel es sei, Frieden und Glauben zu sichern, obwohl sich die Komponenten nicht vertragen können.

Mit Rücksicht auf die Reichsstände gibt er Luther unter Zusicherung des freien Geleites die Chance, sich in Worms zu verantworten. Er lehnt während zweier Verhandlungen jeden Widerruf ab. Seine Rede endet (vielleicht) mit den Worten »Gott helf mir, Amen.« Ein Satz, vor dem die Geistlichkeit kapituliert.

Daraufhin werden er und seine ersten Mitläufer mit der Reichsacht belegt. Um ihn der damit verbundenen Gefahr zu entziehen, läßt ihn Friedrich von Sachsen unter Vorwänden festsetzen und auf die Wartburg bringen. Hier bleibt er zehn Monate und beginnt mit der Übersetzung des *Neuen Testamentes.* Es ist zu betonen, daß zu dieser Zeit andere Übersetzungen vorliegen. Nicht aus seiner Feder, nicht so umfassend und nicht so detailliert. Hier soll das Faktum festgehalten werden, denn es kennzeichnet den sich auflösenden Katholizismus.

Luther ist über die Entwicklung im Wittenberger Raum während seiner Zwangs-Einquartierung und die Unruhen verunsichert. Da ihn das Walten Karlstadts stört, der im Umfeld der Zwickauer Propheten Unruhe stiftet, verkleidet er sich als Junker Jörg und geht gegen den Willen des Landesvaters nach Wittenberg zurück. Ein solches Tun war damals gefährlich. Er möchte die Verhältnisse ordnen.

Während der Wirren des Bauernkrieges heiratet er die aus dem Kloster entsprungene Katharina von Bora und zeugt mit ihr vier Kinder. Die Hochzeit eines Mönches mit einer Nonne hat Signalwirkung. Rasch folgen weitere. Bartholomäus Feldkirch verlobt und sich heiratet kurz danach. Karlstadt folgt ihm im Januar 1522. Mit der Lossagung von der erzwungenen Ehelosigkeit der Geistlichen ist eine zwangsweise Reform des Gottesdienstes verwoben. Jetzt erscheint der Priester nicht mehr von den Laien (was eine Wertung ist) abgesondert. Es löst bei der Glaubensmutter Verwirrung aus.

Dann beginnt Luther mit dem organisatorischen Aufbau der Landeskirche in Kursachsen und den evangelischen Gebieten, für die der Reichstag in Speyer die Grundlage schafft. Er verfängt sich mit Zwingli in einem Streit über die Wirkung des Abendmahles, der später durch Calvin verschrobener wird. Es handelt sich um Spaltungsversuche von gespaltenen Haaren.

Luther unterschlägt den freien Willen des Individuums und postuliert: »Nun hat sogar die Freiheit des (eigenen) Willen eingerissen. Gott hat ihn niemand gegeben, denn er kommt vom Teufel. Ich verwerfe alle Lehre als eitel Irrtum, so unseren freien Willen preiset. Wir sind mit Leib und Leben dem Teufel unterworfen und ein Fremdling auf dieser Welt, dessen Fürst und Gott er ist. Alles, von dem wir leben, steht unter seiner Herrschaft.«

Es ist abenteuerlich feststellen zu müssen, daß Millionen kritischer Zeitgenossen dies als bare Münze hinnehmen.

Geiler von Keysersberg als Prediger. Holzschnitt, Straßburg, 1513.

Nach Luther gibt es vor dem angenommenen Jüngsten Tag der Papisten keine Hölle und keine gefallenen Engel »wie die Wolken und Hummeln[4].«

Um 1530 sehen wir Luther als Geächteten auf der Veste Coburg. Sein Leben ist erfüllt mit der Tätigkeit als Prediger, Organisator, Professor und Autor. Sein Denken ist von religiösem Ernst geprägt. Er beschäftigt sich mit der Übersetzung der Testamente und publiziert ein Gesangsbuch. Im Alter neigt er Schärfe, Kritik und bissiger Agression. Im Juli 1543 verfaßt er die Schrift *Von den Juden und ihren Lastern* und zwei Jahre danach droht er, Wittenberg zu verlassen. Es geschieht insofern, als er hier im Februar 1546 an einem Leberleiden stirbt.

Er wird in der Schloßkirche beigesetzt. Mit ihm stirbt ein verfänglicher Teufelsanbeter. Zudem gelangt er in den Geruch des Satans. Carpzov erwähnt in seinen Schriften das Gerücht, das Papisten über ihn verbreitet haben (sollen). Demzufolge habe sich der Teufel in der Gestalt eines Kaufmannes nach Wittenberg begeben und die Tochter eines Wirts geschwängert; aus dieser fluchwürdigen Verbindung sei Luther hervorgegangen[5].«

Da sich die Parteien gegenseitig mit Vorwürfen beschmutzen, nimmt es kein Wunder, wenn Luthers Mutter zur Hexe deklariert wird, die einen Bund mit dem Teufel geschlossen haben soll. Der niederrheinische Arzt Weyer verteidigt ihn gegen den Vorwurf[6]. Aus dem Briefwechsel wird deutlich, wie verbissen der Teufelsglaube in ihm ist.

Teufelswahn

So in einem Schreiben an Spalatin[7], an den Kurfürsten Johann[8] oder beim Tod des Predigers Oecolampadius. In dem Zusammenhang läßt er wissen: »am Teufel ist er gestorben. Er hat ihm den Hals umgedreht und singt ein Lob-und Dankeslied? Oder: »wir sind dem Teufel unterworfen. Er ficht mich oft so gewaltig an und überläßt mich schweren und traurigen Gedanken, daß ich meinen lieben Herrn Christus vergesse oder daß ich ihn anders sehe, als er anzusehen ist[9]. Seiner Auffassung nach kann er mit einem Baumblättlein mehr Menschen töten als alle Apotheker der Welt zusammen.

Trotzdem ist die Behauptung falsch: »niemand hat die Rolle des Teufels mehr als er gefördert, der sich förmlich in sie verrannte[10].« Es ist des Volkes Bereitschaft zu würdigen, den Unsinn wie einen Schwamm aufzusaugen. Er hat Öl ins Feuer gegossen hat, denn seine Popularität eskaliert die Wahnvorstellung.

Im Juni 1529 warnt er seine Hörer: »deshalb seid vorsichtig und enthaltet euch in der Sommerzeit der kalten Bäder; denn der Teufel bewohnt die Wälder und Flüsse. Er stellt uns überall nach, um uns zu verderben. Er schläft nicht[11].«

In seinem großen Katechismus (1529) sagt er: »unser höchster Feind der Teufel, trachtet ohne Unterlaß nach unserem Leben und kühlet sein Mütchen, indem er manchen den Hals bricht oder ihn von Sinnen bringt, etliche im Wasser ersäuft und viele dahin treibet, daß sie sich selbst umbringen[12].«

Es ist zweifelhaft, ob Luther den *Hexenhammer* gekannt hat, denn er beruft sich nicht darauf. Sein geistiger Fundus stammt überwiegend aus der überholten Vorstellungswelt des AT und eigenen Erfahrungen, bzw. dem Interpretieren umlaufender Märlein.

Johannes Lapäus veröffentlicht 30 Jahre nach Luthers Tod dessen Weissagungen. Aus ihnen wird spürbar, daß er dem Teufelswahn verhaftet ist. Er soll gesagt haben: »wenn ich hundert Jahre leben sollte, so sehe ich wohl, daß unsere Nachkommen keine Ruhe haben werden, weil der Teufel lebet und regieret. Darum bitte ich um ein gnädiges Stündlein. Ihr meine Nachkommen, be-

Die falschen und wahren Apostel Christi. Flugblatt aus dem frühen 16. Jahrhundert.

Unter den berühmtesten Studenten der Universität Heidelberg war der bedeutendste wohl Philipp Melanchthon (eigentlich Schwarzerd). Er trat im Oktober 1509 als Vierzehnjähriger in die Heidelberger Universität ein; zwei Jahre später bestand er das Examen als Bakkalaureus. Darauf ging er an die Universität Tübingen. 1518 wurde er Professor für Griechisch in Wittenberg, wo Luther Theologie lehrte. An dieser Universität führte er didaktische Reformen durch (1536). Die Tat trug ihm den Beinamen praeceptor Germaniae (Lehrer Deutschlands) ein. →

154

tet ernsthaft und treibt fleißig Gottes Wort. Seid gewarnet und gerüstet, als die da alle Stunden warten müssen, wo euch der Teufel etwa eine Scheibe oder Fenster ausstoße, Tür und Dach einreiße, um das Licht zu löschen[13].«

Auf der Wartburg spukt der Teufel

In den Tischreden gibt er zum Besten. »ein Torgauer Pfarrer wäre zu ihm gekommen und klagte heftig, daß er nachts ein Polterstürmen, Schlagen und Werfen in seinem Hause hatte, daß ihm der Teufel Töpfe und Schüsseln an den Kopf werfe und daß er ihn lachen höre, doch (ihn) nicht erkenne[14].«

Luther postuliert: »auf der Wartburg habe er einen Sack mit Haselnüssen verschlossen. Als er zu Bette ging, kam ihm ein Poltergeist über die Nüsse und hob an und quitzt eine nach der anderen an den Betten mächtig hart, doch er fragte nichts danach. Wie er ein wenig eingeschlafen war, hob an der Treppe ein fürchterliches Poltern an, als würfe man einen Schock Fässer hinunter. So ich doch wußte, daß ich die Treppe mit Ketten wohl verschlossen (hatte), so daß Niemand heraufkommen konnte. Da stand ich auf und ging, um zu sehen, was es sei, da war die Treppe zu[15].«

Auch Professor Schuppart aus Gießen glaubt 1723 an Poltergeister und Teufel. »er rumort im Haus, wirft Möbel durcheinander, zerbricht Fenster, öffnet Türen und wirft sie wieder zu. Er bewirft den Professor mit Steinen, Messern und Gabeln, schlingt ihm Stricke um den Hals und sucht ihn zu erwürgen. Außerdem will er ihn gebissen und so hart geschlagen haben, bis es die Leute klatschen hörten. Die Spuren der Mißhandlung waren an ihm sichtbar ... der Teufel soll Blätter aus der *Heiligen Schrift* gerissen haben.«

Die es genau wissen wollen, können noch heute in Wittenberg einen Tintenfleck bewundern, der angeblich vom Teufel herrühren soll.

Melanchton sagt 1540 in der Schrift *Von den teuflischen Träumen:* »als ich in Tübingen war, sah ich in jeder Nacht Flammen, bis sie im gewaltigen Rauch aufgingen. Gleichfalls erschienen mir in Heidelberg Gestalten wie fallende Sterne. Sie kamen jede Nacht. Es sind ohne Zweifel Teufel, die unter den Menschen herumschweifen[16].«

Sein gelehrter Freund Joachim Camerarius teilt die Auffassung und sieht die nächtlichen Hexenfahrten als Realität an[17].

Wer wundert sich, wenn der protestatische Teufelswahn gerade in der schwierigen und religionsunsicheren Zeit auf das Volk überspringt. Die damalige Volksschule ist ein Kind in den Windeln. Aus Württemberg wird berichtet: »neben dem lutherischen Katechismus und Kirchengesängen bleibt in der Schule kaum noch ein Plätzchen für Lesen und Schreiben.«

Kurz danach sagt ein Prediger aus Meißen: »allhier glaubt Alt und Jung schon mehr an den Teufel als an Gott und das heilige Evangelium[18].

Im Herzogtum Preußen wird publiziert: »weil das Volk in den Predigten fast nur noch vom Teufel und seinen Anhängern reden hört, glaubt man allgemein, daß nicht mehr Gott, sondern er die Welt regieret.« Wie steht er dem aufkeimenden

Hexenwesen

gegenüber? Luther beginnt Ende 1516, die Zehn Gebote zu erläutern. Daraus abgeleitet ist eine Dekalogserklärung, die 1518 gedruckt und zwei Jahre später von einer fremden Hand ins Deutsche übertragen wird. Hier findet sich ein bemerkenswerter Ansatz:

»die mit dem Teufel ein Bündnis eingehen, können durch Zauberei die Leute blind, lahm und krank machen und (sie) töten, wie ich es öfters gesehen habe. Zudem können sie Ungewitter hervorbringen, Früchte auf dem Feld verderben und das Vieh umbringen. Sie können den Leuten Butter, Milch und Käse stehlen, indem sie an Türpfosten zu melken meinen.«

»Wer in seiner Widerwärtigkeit mit Zauberei, Schwarzkunst, Teufels- und Bundesgenossen umzugehen sucht, wer Wunschruten (Wünschelruten), Schatzbeschwören, Kristallsehen, Mantelfahren und Milchstehlen übet (die Delikte, die Vintler vor mehr als hundert Jahren verwirft), sündigt wider das erste Gebot[19]«

Es scheint das Wichtigste zu sein, denn immer wieder macht die Kirche darauf aufmerksam, daß es verboten sei, fremde Götter, womit nicht ohne Absicht (auch) der Teufel gemeint ist, anzubeten. Das *Manuale* des Pfarrers Johann Ulrich Surgant von Klein-Basel, das 1508 von Johann Schöffer in Mainz gedruckt wird, erläutert das erste Gebot. »Du solt nit frembde götter anbetten, weder mit vnglauben: noch mit segen oder keyner Zauberey.«

Der 1534 in Mainz gedruckte *Dietenberger Katechismus* nennt als Beispiele für die Übertretung des ersten Gebotes: »Wer Got nicht vertrawet in allen seinen nöthen, sondern in seiner Krankheyt oder widerwertigkeit ausserhalb Gott hilff sucht, als mit zauberei, schwartzkunst, warsagerey und anderer teuffels hilff, Wer ... Wörter, Segen und dergleichen in falschem Glauben gebraucht.«

Luther stimmt in den Affront gegen die Weiblichkeit: »(das Hexen) ist ihnen von der Mutter Eva angeboren, daß sie äffen und betrügen[20].

Wie kann man bei der Durchforstung der Kirchengeschichte die Phantasiegestalten Adam und Eva für unser Naturell verantwortlich machen, wenn es seit 600 000 Jahren aufrecht gehende Menschen und erst seit 2 000 Jahren uneinige Christen gibt?. Und: ist es nicht intolerant, Männer besser und Frauen schlechter zu machen? Das ist keine Religion, sondern (Ausgrenzungs)politik!

1519 gibt Luther einen lateinischen Kommentar zum Galaterbrief heraus. Darin setzt er auseinander, wie es Hexen durch böse Blicke verstehen, Kinder zu bezaubern und krank zu machen. 1522 erklärt er in einer Postille bezüglich der Hexen: »die Zauberer oder Hexen, das sind die bösen Teufelshuren, die Milch stehlen, Wetter machen, auf Böcken und Besen reiten, auf Mänteln fahren, die Leute schießen (Hexenschuß), lähmen, verdorren, Kinder in der Wiege martern und deren Gliedmaßen bezaubern. Sie können den Dingen eine andere Gestalt geben, so daß eine Kuh als Ochse erscheint, was (aber) in Wahrheit ein Mensch ist. Sie können Leute zu Liebe und Buhlschaft zwingen und des Teufels Dinge viel[21]. Die es nicht glauben, seien Klüglinge[22].

Im Frühjahr 1526 predigt er über Exodus 22.18. »Die Zauberinnen sollst Du nicht leben lassen« und sagt in dem Zusammenhang: »es ist ein gerechtes Gesetz, daß sie getötet werden. Sie richten viel Schaden an. Sie können auch ein Kind bezaubern, daß es fortwährend schreie und nicht mehr esse noch schlafe. Schaust du solche Weiber an, wirst du sehen, daß sie ein teuflisches Gesicht haben. Ich habe deren etliche gesehen. Man töte sie nur[23].«

Die vielbemühte Pasage ist aus dem Zusammenhang gerissen und hat ursächlich eine andere Bedeutung. Dennoch muß sie über Jahrhunderte seitens der Protestanten herhalten, Unschuldige zu denunzieren, verfolgen, foltern und zu verbrennen.

Luther trägt vor: »ich trage keinen Zweifel, daß der Tanz der Ziegen, der Flug der Drachen und ähnliches die Spiegelfechterei von bösen Geistern ist, um Leute zu betrügen. Das Schiffsvolk meint, an den Masten würden sie das Feuer von Castor und Pollux sehen. Bisweilen erscheint Licht über den Ohren der Pferde. Es ist gewiß, daß es ein Zauberwerk der Dämonen ist.[24]«

Martin Luther (1483–1546) legt das Klostergelübde am 2.7.1505 ab, während eines Gewitters bei Stotternheim. Im Bezug auf das Verbrennen von Hexen bezieht er sich nicht auf den Hexenhammer, sondern auf das Alte Testament.

1539 erscheint die Schrift *Von den Konzilien und der Kirche.* Hierin betont er: »daß die Hexen wegen ihres Bundes mit dem Teufel zu Recht verbrannt werden. Wo man die Teufelshuren kriegt (einfangen kann) und mit dem Feuer verbrennt. Es ist nicht wegen des Milchdiebstahls, sondern um der Lästerung willen, die sie wider Christus tun[25].«

In einer zweiten Predigt über den legendären Moses untermauert er den Schaden, den Hexen anrichten: »durch Zaubertränke reizen sie die Menschen zur Liebe oder zum Haß. Sie richten Gewitter an, die in einem großen Umkreis Häuser und Felder verwüsten. Mit ihren Zauberpfeilen machen sie Menschen hinkend, so daß ihnen niemand helfen kann. Auch findet man nachher Beine (Knochen), Haare, Kohlen und dergleichen, so daß man zu recht sagt: »wo der Teufel nicht hinkommt, schafft es sein Weib, die Hexe. Die Hexen soll man töten, denn sie verüben Diebstahl, Ehebruch, Raub und Mord. Etliche meinen wohl verächtlich, sie könnten solches nicht tun. Allein sie können es gewiß.

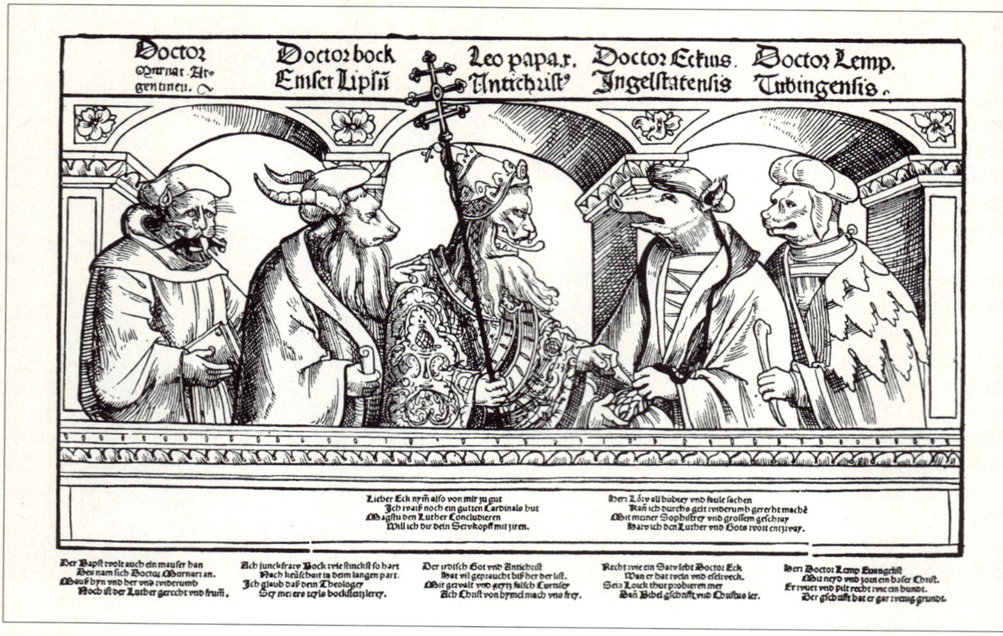

Karikatur auf die Gegner Luthers: Murner, Emser in Leipzig, Leo X., Eckh in Ingolstadt und Lemp in Tübingen. Nach einem zeitgenössischen Holzschnitt.

Mit teuflischer Hilfe richten sie vielfachen Schaden an.«

1531 meint er in einem *Kommentar zum Galaterbrief:* »Zauberei und Hexerei sind des Teufels Werke. Wir sind ihm alle unterworfen[26].« 1535 beginnt er, akademisch die Genesis zu erläutern. Das 6. Kapitel, das er vermutlich im Frühjahr 1536 erklärt, gibt ihm Anlaß, den Verkehr der Hexen mit den Buhlteufeln näher zu bestimmen.

»was die Buhlschaft anbetrifft, bin ich nicht dagegen, sondern glaube, daß es geschehen könnte, daß der Teufel entweder Inoder Sucubus sei. Ich habe ihrer vieler gehört, die ihre Erlebnisse erzählt haben, daß aber aus dem Teufel und den Menschen könnte etwas geboren werden, ist falsch. Wenn man von den teufelsähnlichen Kindern erzählt, von denen ich einige sehen habe, so halte ich dafür, daß sie entweder vom Teufel entstellt, aber nicht von ihm gezeugt sind, oder daß es wahre Teufel sind[27].« An anderer Stelle:

»darum seine Huren und Zauberinnen viel Schaden tun, als mit Herzdrücken und Blindheit. Ja, er kann wohl ein Kindlein stehlen und sich selbst an seiner Statt in die Wiege legen, wie ich gehört, daß so ein Kind in Sachsen gewesen sein soll, dem fünf Weiber nicht genug zum Saugen gaben.«

Der lutherische Hexenglaube nimmt umfangreiche Fomen an, denn er mündet in die Auffassung, daß man arme, blöde und geistesgestörte Kinder, in denen man Teufelskinder (Wechselbälge) erkennt, ertränken soll.

In einer Tischrede gibt er zum Besten: »er habe die Historia gehört, daß der sächsische Kurfürst berichtet habe, daß es in Sachsen ein Adelsgeschlecht gäbe, das aus einer teuflischen Verbindung stamme.«

Im August kommt seine Rede wieder auf die Hexen, wobei er von einer delikaten Teufelsaustreibung erzählt, die der Wittenberger Stadtpfarrer Johannes Bugenhagen (Pomeranus) vorgenommen haben soll. Um diese Zeit ist Sebastian Fröschel als Prediger aktiv[28]. In der großen deutschen Tischredensammlung, die Aurifaber 1566 herausgibt, wird der Vorgang geschildert. Er dokumentiert den Teufeslwahn besser als jedes theologische Lehrbuch.

»Anno 1538, den 25. August, ward viel geredet über Hexen und Zauberinnen, die Eier in den Hühnernestern, Milch und Butter stehlen.« Dr. Martinus Luther sprach: »mit denselben soll man keine Barmherzigkeit haben. Ich wollte sie lieber verbrennen, wie man im Gesetz liest. Man sagt aber, daß gestohlene Butter stinke und solche Weiber vom Teufel fixiert werden. Dr. Pomeranus Kunst ist die Beste. Denn als seinen Kühen die Milch gestohlen wurde, streifte er flugs die Hosen ab und setzte einen Wächter in eine Asch voll Milch. Er rührt es um und sprach: »nu frett, Tüfel.« (nun friß, Teufel) Daraufhin ward die Milch nicht mehr entzogen.« Zu dieser viel erzählten Geschichte gibt es eine Variante[29)], was Fröschel bestätigt[30)].

Er sagt, »daß man den Teufel durch Spott und Verachtung verjagen sollte, wie unser lieber Herr Dr. Bugenhagen sel. es getan habe.« Luther begünstigt als frischgebackener Protestant die Anwendung der

Folter

Er gilt als Gegner des kanonischen Rechts, das ihn während seiner Jahre als Katholik geknechtet hat. Er hat es in Wittenberg mit der ihn und Karlstadt treffenden Bulle den Flammen übergeben. Später schreibt er: »das römische Recht ist besser und ehrlicher, denn jenes der vermeinten Christen. Es wäre gut, das geistliche vom ersten bis zum letzten Buchstabe auszutilgen[31)].«

Im Zeichen der Zeit kann er sich nicht gegen das Foltern stellen, denn sein oberster Kriegsherr hatt es vor Jahrhunderten gutgeheißen; es ist im Rechtsdenken verankert und man sieht darin keine Strafe. Aber als Geistlicher hätte er auf die schwerwiegenden Folgen aufmerksam machen müssen, die an seine Anwendung geknüpft sind. Sein vager Ausspruch (falls er getroffen worden ist), den er an Albrecht von Brandenburg, den Mainzer Kurfürsten schreibt: »wo man die Wahrheit anderweitig ausforschen kann, darf man die Folter nicht anwenden, um Gott nicht zu versuchen,« ist kaum geeignet, seine Mildherzigkeit zu untermauern. Er verfügt über genügend juristische Kenntnisse, um Zusammenhänge zu sehen.»

Magister Spalatino zeigte Dr. Martino anno 1538 an, wie ein Mägdlein aus Altenburg bezaubert wäre, daß sie Blut weinete, und, wenn die Zauberin an einem Ort wäre,und sie doch gleich nicht sehe, noch von ihr wüßte, wo sie doch deren Gegenwart fühlte.«

Darauf sprach Dr. Martinus: »mit solchen soll man zur Strafe eilen. Die Juristen wollen zuviele Zeugnisse und Beweise haben, sie verachten die göttlichen Gesetze. Ich habe dieser Tage einen Ehehandel gehabt, da das Weib den Mann mit Gift umbringen wollte und das Eidechsen gebrochen hat. Und da man sie peinlich befragte, wollte sie (dennoch) nicht bekennen. Denn solche Zauberinnen sind stumm und verachten die Pein. Der Teufel läßt sie nicht reden. Solche Taten

Folterung durch Strecken. Modell, Vorbild Constitutio Criminalis Theresiana, 1768.

geben Zeugnis genug, daß man sie hart strafe, um andere zum Exempel abzuschrekken.«

»wie die Juristen fein künstlich disputieren und von mancherlei Art der Rebellion und Mißbilligung wider die hohe Majestät reden und unter anderem erzählen, daß derjenige, wenn er von seinem Herrn feldflüchtig und treulos wird und wenn er sich zu den Feinden begibt, all diejenigen erkennen und sie zur peinlichen Frage an Leib und Leben. Also auch, weil die Zauberei ein schändlicher (und) gräulicher Abfall ist, da solch einer sich vor Gott, dem er gelobt und geschworen ist, zum Teufel, der Gottes Feind ist. So wird er sie billig an Leib und Leben strafen[32)].«

1529 machen Luther die Teufelshuren zu schaffen. »ich habe etliche zu vermahnen, daß viele Wettermacherinnen sind, die nicht allein die Milch stehlen, sondern auch die Leute schießen. Wir kennen einige von ihnen. Wenn sie sich nicht bekennen, werden wir sie Folterknechten befehlen.«

Es ist wenig bekannt, daß Luther (als Protestant) zum Exorzismus gegriffen hat, denn am Sonntag, den 22. August, bannt er nach einer Nachmittagspredigt einige angebliche

Hexen. Der Wittenberger Diakon G. Röhrer, der das Ereignis der Nachwelt erhalten hat, betont, daß es die erste von ihm ausgesprochene Exkommunikation gewesen sei.

Drei Wochen später wiederholt er die Mahnung, daß man gegen die Hexen beten soll, damit sie entdeckt werden und daß die Henkersknechte ihren Lohn erhalten. Sie würden nicht nachlassen, in Wittenberg ihr Unwesen zu treiben[33).«

Es bleibt festzuhalten, daß Luther trotz seiner anstudierten Intelligenz ein Mann des Volkes geblieben ist. Es ist ihm nicht gelungen, über die Barriere seiner Zeit zu sehen. Er wollte eine Disputation erzwingen und keinen religiösen Weltbrand anzetteln. Er wird zum Aktivator des unsinnigen Glaubens an nichtexistente Teufel und Hexen. Trotz seiner juristischen Grundkenntnisse hat er zur Sanktion der Gewalt beigetragen.

Durch das Lossagen von der Religionsmutter wird Polemik gegen traditionelle Bräuche wach. Der Zölibat, Ablaß und Formen des Gottesdienstes werden an den Pranger der Wahrheit gestellt. Karlstadt verwirft die Pracht und die Üppigkeit des römischen Hofes[34). Er führt 1521 eine neue Form der Abendmahlsfeier ein und findet in dem Mönch Dydimus einen Mitstreiter.

Luther bezeichnet die Verwendung des Weihwassers als Götzendienst. Die priesterliche Messe wird nicht mehr als Ausfluß kirchlicher Machtvollkommenheit betrachtet, sondern als gemeinsame Handlung. Damit fällt die Einsicht auf die Notwendigkeit der Beichte und die Anbetung der Bilder rückt in ein verändertes Licht[35). Priester wagen, persönliche Meinungen vorzubringen. Damit nicht genug. Neben den Katholizismus und Protestantismus stellt sich

Johann Calvin

der sich durch einen extremen Glaubenskurs auszeichnet. Er wird im Juli 1509 in Rouen geboren, wächst in einer adeligen Familie auf und soll Geistlicher werden, wendet sich aber dem Studium der Rechte zu. Er studiert in Paris, Orleans und Bourges. Mit neunzehn ist der Doktor. Über seinen Werdegang hat er persönliche Aufzeichnungen hinterlassen. Vergleiche dazu den Korrespondenzband *Sünden der Kirche.*

Nach dem Tod des Vaters kehrt er nach Paris zurück, um das Studium der Theologie fortzusetzen. In dem Umfeld lernt er die Schriften Luthers kennen. Calvin sieht ein: »ich war dem abergläubischen Wesen des Papsttums hartnäckig ergeben. Da hat Gott meine Bekehrung erwirkt.« Daraufhin setzt er sich für die neue religiöse Überzeugung ein.

Weil er in Frankreich Verfolgungen ausgesetzt ist, geht er nach Basel. Hier publiziert der 25jährige 1536 ein Buch, das ihn in der protestantischen Welt berühmt macht, die *Institutio religionis Christianea* (Unterricht in der christlichen Religion), die er Franz I. zueignet, der Andersgläubige verfolgt, damit man erkennen kann, wie wenig gerechtfertigt seine Handlungen sind. In der Einteilung des Werkes lehnt er sich an den Lutherschen Katechismus.

Calvin verficht eine weitere Variante des religiösen Irrglaubens. Der unumschränkten Selbstherrlichkeit und Ehre Gottes. Aus der Auffassung des göttlichen Machtwillens ergibt sich seine Vorstellung von der Prädestination »Gott erbarme sich, wessen er will und wen er will, den verstockt er.«

Wieder ist das Menschlein zum Nichts degradiert und alles Selbstbewußtsein scheint ihm genommen. Unbegreiflich ist, wie sich Tausende einem solchen Joch – und dies freiwillig – unterzogen haben!

Das Bewußtsein, Gottes Auserwählter zu sein, erfüllt Calvin und seine Anhänger mit dem unbeugsamen Willen und Tatendrang. Sie werden von der eigenen Religiosität fanatisiert, denn sie schrecken ob ihrer rigorosen Anwendung nicht vor der Folter zurück.

Eigentümlich an Calvins Ansichten ist die Lehre vom Abendmahl. Zwinglis Auffassung scheint ihm zu profan. »wie Luther lehrt Calvin die Gabe der Sündenvergebung, das Lebensbrot, welches die Seele zum ewigen Heil nährt. Doch im Gegensatz zu Luther leugnet er die Gegenwart Christi in den leiblichen Elementen.

In Genf beginnt mit biblischen Vorträgen, drängt jedoch immer mehr auf eine Reform der Sitten- und Kirchenzucht. Die Bürger müssen einen Eid auf das von ihnen verfaßte Glaubensbekenntnis ablegen. Öffentlicher Tanz wird verboten und die Schauspielhäuser geschlossen. Wer zuhause heimlich Karten spielt, wird an den Pranger gestellt. Sittenlose sollen vom Abendmahl ausgeschlossen bleiben. Die Mehrzahl widersetzt sich dem strengen Regiment. So werden verantwortliche Frömmler ihrer Ämter enthoben.

Calvin geht nach Straßburg. Hier heiratet er im August 1540 die Witwe Idelette von Büren. Bei den Religionsgesprächen von Worms und Regensburg tritt er in eine dauernde Freundschaft zu Melanchton. Calvin wird nach Genf zurückgerufen, um Unruhen zu meistern. Daraufhin errichtet er seine *Genfer Kirchenordnung.* Das sittliche Leben wird bis ins Detail reglemetiert und man überspannt den Bogen des Natürlichen. Calvin geht in der Vorstellung auf, Gottes Werkzeug zu sein. Bald regt sich Widerstand gegen sein agressives Handeln. Er läßt mehrfach auf die Folter erkennen und billigt Todesstrafen. Im Großen und Ganzen bildet sich das Muster eines auf sittlich-religiösen Grundlagen errichteten Staatswesens. Bald reicht sein Einfluß über Genf hinaus. Calvins Lehre dringt in die Niederlande und, von England aus, nach Amerika.

Er setzt sich ruhelos für sein Lebenswerk ein und stirbt im Mai 1554 vermutlich an Überabeitung. Er wird ohne Gepränge begraben; einen Grabstein lehnt er ab.

Der Calvinismus beeinflußt die Hexenverfolgungen im deutschsprachigen Raum. Vor allem in der Pfalz findet er Anhänger. Der Kurfürst von Brandenburg tritt 1613 zur reformierten Kirche über. Der Prediger

Theodor Beza

meint, auf der Kanzel französische Richter des Unglaubens bezichtigen zu können, weil sie (es) nicht wagen, Hexen zum Tod zu verurteilen. Er zählt zu den führenden Calvinisten seiner Epoche. Einen Mitstreiter hat er in

Lambert Daneau

Er verfaßt auf Anregung des Amtsrichters Daniel in St. Benoit an der Loire, eine Hexenschrift. Sie erscheint 1574 in Französisch und Latein. Zwei Jahre danach taucht das Buch beim Frankfurter Buchhändler Nikolaus Basse auf. Sie ist dem *Theatrum de Veneficis* beigebunden. Im Vorwort wird behauptet:

»Man findet bei ihm kein Fabelwerk oder Weibermärlein. Man finde nur, was durch Historienbücher und durch das Urteil frommer Leute bezeugt sei. Vor allem, was nach dem göttlichen Wort von dieser Streitfrage zu halten sei. Er wisse vom Teufel und seinen Werkzeugen nicht mehr, als was darüber in der *Heiligen Schrift* gelehrt wird.«

»Zauberer sind Leute, die mit der Hilfe des Teufels den Menschen Schaden zufügen. Die Erfahrung hat gelehrt, daß es Leute gibt, die durch teuflische Kunst zaubern können. Die glauben, daß die Zauberei erdichtet und erlogen sei, stecken in einem Irrtum.

Zauberer sind leibeigene Knechte des Teufels und werden von ihm regiert. Sie brennen zu seinen Ehren wächserne Kerzen und küssen ihn, was eine Schande zu sagen ist, auf den Hintern.

Die teuflische und listige Schelmenzunft kann alles auf der Erde, was der Eitelkeit unterworfen, sterblich und vergänglich ist, wo es von Gott nicht erhalten wird, vergiften und verzaubern. Insbesondere richten sie ihre Angriffe auf Menschen.

Ich habe gesehen, daß die Zauberer Säugemüttern die Brüste vertrocknen. Sie töten das Vieh auf mancherlei Weise. Ihre Bosheit hat nichts ihresgleichen. Sie vergiften die Luft und das Wasser, binden die Leute und hindern sie an den ehelichen Werken. Zudem können sie Menschen in Wölfe, Bären, Esel und dergleichen verwandeln.

»Sie haben an ihrem Leib Wahr- oder Mahlzeichen, etliche unter den Augen, an geheimen Orten, im Mund oben im Gaumen, damit sie verborgen seien und von niemand erkannt werden. Darum pflegen die Richter, wenn sie die Leute gefänglich halten, sie über den ganzen Leib zu besichtigen und ihnen mit einem Schermesser alle Haare vom Leib schneiden zu lassen, damit die Wahrzeichen nicht verborgen bleiben.«

»Wenn die Hexen zusammenkommen, läßt sich der Satan als Prälat und Vorsteher, bisweilen als Mensch, bisweilen als stinkender Bock, sehen, so wie es ihm gerade einfällt. Dann müssen die anwesenden Zauberer ihr Bündnis mit ihm erneuern und sagen, daß sie ihn als Gott ansehen.« Auf die Einrede gegen die Ausfahrten der Hexen räumt er ein:

»man habe oft ihre Leiber die Stund wahrhaftig im Bett gefunden, wenn sie gesagt haben, daß sie anderswo gewesen sind. Doch es sind falsche Leiber, die unterdeß vom Satan dorthin gelegt worden sind. Es sind Larven.«

Zauberer sind mit Strenge zu bestrafen, denn es sind öffentliche Feinde des menschlichen Geschlechts. Sie sind abtrünnig und verwegen, vom rechten Glauben abgewichen, Verleugner des Allmächtigen Gottes, schändliche Teufelsdiener, meineinige Verräter Gottes, schändliche Teufelsdiener und Betrüger. In Summa: es ist nie ein verständiger Mensch gewesen, der sie nicht für die ärgsten Leute und der greulichsten Strafe für würdig erachtet hat.

Man muß sich wundern, daß etliche Richter so weichlich sind und die schrecklichen Bestien nicht ausrotten. Sie sind zu mahnen, daß sie die Zauberer fleißig aufsuchen und sie, wenn sie ihrer habhaft werden, mit aller Strenge strafen. Es gibt keine schlimmere

Pestilenz als die der teuflischen Zauberer. Ebenso streng geht der französische Rechtsgelehrte Fanz Hotoman mit ihnen um!

Hexenwahn unter Zwinglianern

In den Schriften von Zwingli ist nie direkt von der Hexerei die Rede, doch aus seinem Werk geht hervor, wie stark er vom Teufels- und Hexenwahn befangen ist.

Durch die Vorstellung, daß Gott das Böse bewirkt, wird die Annahme eines bösen Geistes nicht ausgeschlossen: »Gott habe sich beim Sündenfall der ersten Menshen eines bösen Geistes als Werkzeug bedient.«

Nachdem 1493 in Zürich eine Hexe lebend verbrannt wird, ruhen dort die Prozesse bis etwa 1525. Zeitgleich steht Zwingli im Zenit seiner Glaubensohnmacht. Die Brände nehmen nun ein erschreckendes Ausmaß an. Sein Nachfolger

Heinrich Bullinger

steht von 1531 bis 1575 an der Spitze der Züricher Kirche. Er fühlt sich dem Teufelswahn verpflichtet und doziert: »Zauberer sind die, die ein Bündnis mit dem Teufel machen, sich ihm verschreiben, sich dem wahren Glauben entziehen und durch seine Hilfe Wunder wirken. Weiber ergeben sich dem Teufel, empfangen nach der Verleugnung Gottes einen Biß oder ein Zeichen an ihrem Leib. Er hält mit ihnen Wunderspiele, tanzt und schläft mit ihnen. Es ist kein Wahn, sondern wirkliches Geschehen.«

Merkwürdigerweise zitiert er eine weitere Quelle des AT und sagt: »Zauberer und Hexen sind gottlose und verfluchte Menschen. Das alles magst Du als einen Spiegel in der Historie (des) Job sehen.«

In einer 1560 veröffentlichten Schrift gegen die Wiedertäufer setzt er sich für die harte Bestrafung der Hexen ein. Johann Haller veröffentlicht kurz danach ein Handbuch: »darinnen begriffen werden 50 Predigten Heinrich Bullingers.« In der 30. läßt er wissen: »die Teufel sind Instrumente des göttlichen Zorns, die seine Rache und Strafe vollführen.« So setzten im Großraum Zürich massive Hexenverfolgungen ein, an deren Schalthebeln Christen sitzen. Nach dem Tod Bullingers leitet Rudolf Walter (Gualterus) zehn Jahre als Antistes die Züricher Kirche. Er ist vom Hexenwahn befangen.

Petrus Martyr Vermigli

hält an der Akademie von Zürich Vorlesungen über das AT und sagt: »daß die Zauberer mit Hilfe des Teufels außerordentliche Wirkungen hervorbringen können, ergibt sich aus der *Heiligen Schrift.* Gott hätte eine so schwere Strafe nicht verhängt, wenn die Zauberer und Hexen nichts ausrichten könnten. Namentlich alte Weiber seien seine besten Werkzeuge. Männer und Frauen ergeben sich dem Satan mit schändlichem Laster; daher auch die Sucuben und Incuben, von denen schon Augustinus berichtet. Hexen frönen nicht nur der Unzucht. Sie sind grausam, denn unter der Gestalt von Katzen und Hunden dringen sie in Häuser und entführen oder töten Kinder. Zu den bekannten Theologen der Epoche zählt

Josias Simler

Er ist längere Zeit an der Züricher Akademie Professor für Exegese. In dieser Eigenschaft verfaßt er einen Kommentar über das 2. Buch Moses. Unter Berufung auf Ex. 22.18 sagt er: »dieses Gesetz bezieht sich auf die Frauen, die sich mit verbotenen Künsten abgeben und (die) mit dem Teufel verkehren. Wohl gäbe es einige angesehene Männer (vermutlich bezieht er sich auf den rheinischen Arzt Weyer), die behaupten, an dieser Stelle wäre nicht von Hexen, sondern von Giftmischern die Rede; ihre Ansicht ist falsch. Moses spricht tatsächlich von Zauberinnen, die mit dem Teufel einen Bund eingehen. Die Urheber sind (aber) nicht die Hexen, sondern deren Teufel.«

Simlers Kollege, der Prediger und Theologieprofessor Johann Wolf, gibt später die Komentare Vermiglis heraus. Er betont in einem Abschnitt, wie unheilvoll das Treiben der Hexen ist und wie streng die Zauberei von den göttlichen (d. i. menschlichen) vor allem aber von den weltlichen (d. i. menschlichen), doch von Geistlichen beeinflußten Gerichten geahndet wird.

Ludwig Lavater

ist ab 1551 als Prediger in Zürich aktiv. Er verfaßt mehrere Schriften, von denen *Der Bericht von den Gespenstern* weitere Verbreitung findet. Darin führt er aus: »es wäre dem bösen Feind nicht schwer, in mancherlei Gestalten zu erscheinen und große, wunderbare und unglaubliche Dinge anzurichten.

Ausführlicher behandelt er das Hexenwesen in seinen Predigten über die Teuerung und Hungersnot von 1570. Von der Kanzel herab billigt er das Verbrennen der Hexen.

Hexendarstellung von Manuel Deutsch; frühes 16. Jahrhundert. →

N·M·D·

Späte Hexenverfolgungen im deutschen Südwesten (nach 1700 angestrengte Verfahren)

1703 **1722**	in Künzelsau wirft man einem Mann den Gebrauch von Zaubermitteln vor, klagt eine wegen Hexerei an und 1751/52 wird der Ochsenwirt beschuldigt, einen Pakt mit dem Satan geschlossen zu haben.
1704	(Juli) Man hat sich in Esslingen wegen einer Geistererscheinung eines »todten eingewickelten Menschen« zu befassen, die zu bannen sich der Sattler Jerg Glockner angeboten hat. Er wird wegen seiner abergläubischen Praktiken zu einer Turmstrafe verurteilt.
1707	in Drebber (Kr. Diepholz) verschließt der Stiefsohn seiner wegen Hexerei besagten Mutter das Haus. Diepholzer steinigen eine Frau, die alle Qualen der Folter, ohne zu gestehen, überstanden hat, als sie auf einem Wagen die Stadt verläßt. Sie wird herabgeworfen und liegt zwei Tage und Nächte auf dem Feld, bis ihre Angehörigen davon erfahren und sie holen.
1707	(Februar) in Esslingen wird eine Frau zurechtgewiesen vorsichtiger zu sein, um dem Vorwurf der Hexerei zu entgehen.
1712	In Bad Waldsee wird Regina Kraus wegen Hexerei und »Concubination daemonum« angeklagt. Das Verfahren wird unter dem Gutachten eines Biberacher Rechtskonsulenten eingestellt.
1713	bis 1714 Wird ein Mann aus Niedernhall wegen Schatzgräberei und Geisterbeschwörungen besagt und zu einer Woche Haft bei Wasser und Brot verurteilt. 19 Personen wegen Hexerei vor Gericht, von denen elf, zehn Frauen und ein Mann, zum Tod verurteilt werden.
1721	(Frühjahr) In Esslingen wird gegen Eva Rosina Oetle wegen Giftmord verhandelt. Der Mann der 36 Jahre alten Beschuldigten stirbt kurz nach der Hochzeit.
1736	(9. Juli) Der vermutlich letzte Prozeß der Region Obermarchtal wird gegen Barbara Mayer aus Brasselbe geführt.
1743	In der Herrschaft Straßberg wird ein Prozeß gegen Katharina Geiger geführt. Sie ist 59 Jahre alt, verkrüppelt und leidet an Depressionen, zudem bewegt sie sich in einem gespannten Eheverhältnis.
1745	(Mai) In Obermarchtal kommt es zu einem Hexenprozeß gegen die 74jährige Katharina Schmied.
1745	Spielt der Prozeß gegen Anna Oberländer aus Alleshausen.
1747	Wird Barbara Getschler beschuldigt, sie habe ein »Visier«, mit dem sie den Leuten Böses antun könne. Sie habe Agathe Holl Milch zum Trinken gegeben, sich zehnmal mit dem bösen Geist fleischlich vermischt und (auf der Folter gestanden) einen Pakt mit dem Teufel geschlossen. Zudem schleiche sie auf einer Katze herum und reite auf einer solchen zu Hexentänzen.
1748	Ungewöhnlich ist das Verfahren gegen Magdalena Füederin (Bollmännin) von Alleshausen, die man später tot im Gefängnis gefunden hat.
1760	Kommt auf die Esslinger Justiz ein letzter Räuberei- und Hexenprozeß in Sachen der zwanzig Jahre alten Barbara Müller zu.
1761	(13.2.) Reutlingen. Wegen »auf dem thurm vorsetzlich verübten brands, und ausgegossener abscheulicher Gotteslästerung und vielen anderen eingestandenen Verbrechen«, wird Barbara Müller enthauptet und verbrannt.
1775	Pius VI. erläßt das Edikt *sopra gli Ebrei,* in dem er »Hexereien, Zaubereien, Deutungen, Heilungen durch Psalmverse oder andere Taten, welche Aberglauben bedeuten mit schweren Strafen bedrohen. Christen **und** Juden sollten solche Verbrechen mit 100 Scudi, Rutenstreichen und lebenslanger Galeere büßen. Silberschmieden wird verboten, Amulette für Juden anzufertigen.

Turbulenzen

1551 kommt es, um Manfred Tschaikner zu folgen, zu einem diplomatischen Konflikt zwischen Vorarlberg mit der protestantisch orientierten Stadt Lindau.

Hier gestehen Delinquenten: »daß ihnen der Teufel mitgeteilt habe, der zwinglische und lutherische Glaube gereiche ihnen zu großem Wohlgefallen, weil diese Religionsbekenntnisse allen Teufeln einen breiteren Handlungsspielraum ermöglichten, während ihnen der »alte und wahre« katholische Christenglaube sowie die katholische Kirche mit ihren Satzungen völlig zuwider seien.«

Man schießt kräftig auf die römisch-katholische Kirche. Wie zum Beispiel in der calvinistisch gesinnten Grafschaft Büdingen. Die reformierte Kirche will die Glaubensschäflein von den Resten des katholischen Kults befreien und so läßt Wolfgang Ernst, der den Calvinismus einzuführen sucht, verfügen: »alle die sich mit Lastern behaftet wissen, vom Tisch des Herrn ab(zu)mahnen und ihnen verkünden, daß sie kein Teil am Reich Christi haben. Als das sind alle Abgöttlichen, also so verstorben heiligen Engeln und anderen Creaturen anrufen, Bilder verehren, Zauberer und Wahrsager, so Vieh und die Leute samt anderen Dingen segnen und die solchen Segen Glauben machen.«

1627 wird der Waldecker Schmied Johann Ortung verhaftet, weil er sich gegen die katholische Religion abwertend geäußert hat. Er sagt: »Ach mein Gott seind wir so verwirrte Leut! Ich bin lutherisch geboren und darin auferzogen. Wie der calvinisch und zwinglisch Glauben in diese Pfalz kommen, hab ich müssen dieses glauben werden. Jetzt kommen bapistischen auch, sagen, ihr glauben sey der rechte, dann er sey der ältere. Wir seind halt verwirrt.«

Aus heutiger Sicht ist es doch nur so gewesen, daß einige religiöse Spekulanten mit neuen aberwitzigen Kommödien auf der Weltbühne erscheinen und daß ihnen die Masse erneut auf den Glaubensleim gegangen ist. Anstatt über solche Ammenmärchen nachzudenken, werden sie in ihrer Falschheit begierlich aufgesogen und als bare Münze hingenommen!

Die Religionsunsicherheiten belasten das ohnehin agressive Jahrhundert in seinen vielfältigen Umschichtungen. So ist das frühe 16. Jahrhundert von einem steten Seelenkampf durchwoben. Hinzu kommen unübersehbare

Freund Hein an der Klosterpforte mit dem Aufhebungsdekret. Stich von J. R. Schellenberg in »Freund Heins Erscheinungen in Holbeins Manier«.

Auflösungstendenzen

Die Wittenberger Augustiner und Mönche der übrigen Klöster der Provinz begeistern sich an der refomatorischen Idee und treffen Beschlüsse, die auf die Auflösung ihrer Orden zielen. Hinzu gesellen sich Sekten, wie die *Zwickauer Propheten.*

Während der zu schnellen Verbreitung (dieser) Reformen zeigen sich Spannungen, Kontroversen und Unsicherheiten, deren logische Folge unüberlegte Schritte und schwerwiegende Probleme sind. Dies spürt der Mann auf der Straße, der nicht mehr weiß, ob er am Sonntag einem römischen, katholischen oder papistischen Gottesdienst beiwohnen soll.

Die Unsicherheit zeigt sich bei den Klerikern. Luther läßt wissen: »da viele Pfarrherren zu ungeschickt sind, um zu lehren; es sollen doch alle Christen heißen, getauft sein und das Sakrament genießen. Sie kennen aber weder das Vater Unser, noch den Glauben, noch die Zehn Gebote. Sie leben wie das liebe Vieh und die unvernünftigen Säue[36].« Die Reformatoren können zunächst dem instabilen aber doch umspannenden Lehrgebäude des Katholizismus nichts entgegenstellen. Damals gibt es keine studierten protestantischen Theologen und es versteht sich von selbst, daß Laien in der Auseinandersetzung um dogmatische Fragen unerfahren sind.

In der Tat ist es so, daß von 1550–1600 weite Landesteile protestantisch werden. Pius IV. spricht 1547 von einem geringen Rest der Kirche in Deutschland[37].« 1545 fällt der bayerische Adel dem Protestantismus zu. Auf dem Landtag werden 50 bis 60 lutherische Adelsfamilien gezählt[38]) und bei einem Münchener Buchhändler werden lutherische Schriften gefunden[39].

In Köln, Hochburg des Katholizismus, schlagen die Protestanten Wurzeln. In Andernach bilden sie die Glaubensmehrheit. Als 1582 Kurfürst Gebhard zur neuen Religion wechseln möchte, wird er vom Papst gebannt. Spanische Truppen rücken ins Erzbistum; er wird durch Intrigen aus dem Amt gedrängt und an seine Stelle rückt ein katholisch gesinnter Prinz. In Trier ist nahezu der gesamte Adel protestantisch.

Am Rhein sieht es ähnlich aus. Im Herzogtum Jülich-Cleve-Berg ist der größte Teil des Hofes zum Protestantismus gewechselt. Bruder Göbel schreibt in einer Chronik: »wohin ich mich wende und kehre, findet man nichts anderes, als lutherische Ketzer in der gesamten deutschen Nation[40].«

In Würzburg haben Reformatoren Zelte aufgeschlagen und im Fürstentum Bamberg erreicht die protestantische Lehre fast alle Gemeinden. Die Ritterschaft huldigt Luther und nicht dem Papst. In Paderborn sieht es ähnlich aus. In der gefürsteten Abtei Fulda vertreiben protestantische Agitatoren Abt Balthasar von Dermbach. Das gemischte Domkapitel von Straßburg wählt einen katholischen und protestantischen Bischof.

Katholiken und Protestanten kämpfen ums Überleben; die Glaubensbeute ist um- und zerstritten. Gilt es doch, jede Seele ins eigene Lager zu zerren, das nicht besser denn das andere ist! An allen Ecken fehlen geschulte Prediger. Gesellen, die auf der Wanderschaft etwas von Luther gehört haben und um die Bibel wissen, werden zu Seelsorgern und Lehrern bestellt. Luther ordiniert Buchdruckergesellen und weist sie an, an den Orten, wohin er sie als Pfarrer schickt, die Bibel vorzulesen; natürlich die protestantische!

In Nordhausen wird Anton Otto, ein Böttcher, Pastor Primarius und Johann Nürnberger, ein Weißgerber, zweiter Prediger. In Trebnitz verdingt sich der Maurer Clemens Fornfeist als lutherischer Prediger. In Freienwalde wirkt der Schmied Heinrich Duberke als Geistlicher. Das kann nicht gutgehen.

Der sächsische Kurfürst J. Georg befiehlt 1573 in der *Visitations- und Konsitorialordnung:* »daß zum Predigeramt ferner, wie bis dahin geschehen, keine Schneider, Schuster und andere verdorbene Handwerker, die ihre Grammatikam nicht studieret, viel weniger recht lesen können und allein, weil sie ihren Beruf nicht gewartet, verdorben und nirgends hinausgewußt Noth halber Pfaffen geworden wären ... sollten weder gestattet noch angenommen werden.«

Ungeachtet dessen stirbt 1623 in Stendal ein Prediger, der jahrelang Bier gebraut hat, bevor man ihn zum Kirchenmann gerufen hat.

Die Kurie bläst zum Sammeln

denn sie begreift, was auf sie zukommt, wenn sie weiter den Zug der Zeit verschläft. Mit dem Konzil von Trient und der Gründung des Ordens der Jesuiten werden sukzessive die verloren geglaubten Territorien zurückgewonnen. Jesuiten übernehmen die Führungsrolle; sie sind im Gegensatz zu den Protestanten politisch und akademisch geschult, oft überdurchschnittlich intelligent und redegewandt. Treffsicher versuchen sie erst einmal, die Fürsten im Bayerischen auf ihre Seite zu ziehen, was ihnen gelingt.

Inmitten des Glaubenskampfes wird – parallel zu weiteren gravierenden Änderungen, der Ausbruch des Hexenwahns schubweise erreicht. Katholiken, Protestanten, Calvinisten und andere wetteifern im unchristlichen Bemühen die Hexen auszurotten. Ihre zahllosen Predigten multiplizieren die Stimmung im Volk; geschickt werfen die Ideologen Schlingen aus und dazu gesellt sich eine Flut teuflischer Literatur!

Einstieg

Versuchen wir jetzt, einen Teil der rekonstruierbaren Hexenprozesse nachzuzeichnen. Es ist eine Momentaufnahme, über deren Schwächen Klarheit besteht. Dennoch dürften die erreichten Aussagen der Realität nahekommen, wenngleich das Wesentlichste, das Einfangen der Gefühle und Ängste der Betroffenen, die Gier und das Unrecht der Berherrscher und Beherrschten, nicht mehr rekonstruiert werden können.

Ich bewege mich nach dem Süd-Nord-Gefälle und bleibe in den »historischen« Landesgrenzen, die nicht denen der heutigen Bundesländer entsprechen.

Die Ausbreitung des Hexenwahns im abendländischen Raum folgt der Spur, die die Verbreitung des griechisch-römischen Aberglaubens hinterlassen hat. Es ist eine Klammerfunktion von Süden kommend über Spanien und Frankreich (Ketzerbewegungen/Inquisition) und von Norditalien her über die Alpen und von hier aus die östlichen Handelsregionen wie Schlesien, den Ostalpenraum und Polen umfassend.

Das Unheil liegt an der Verquickung des altgestandenen Volksgutes mit verzerrten christlichen Ansichten, die sich ebenfalls in einem Süd-Nord-Gefälle bewegen. Vom Norden her zeigt sich die Tendenz deren Götterboten, Druiden und weißen Frauen; sie gewinnen zur Beurteilung des »historischen« Hexenwesens nahezu keine Bedeutung.

Beispiele von sogenannten »Ehrenstrafen«. Stehen in der einfachen und »doppelten« Geige.

Hinrichtung wegen Diebstahl, Ehebruch, Raub, Brandstiftung und 25 Mordtaten. Einblattdruck von Joh. Schultes, Augsburg.

Herzogtum Württemberg
—
Südwesten

Inhalt

Herzogtum Württemberg[1)]

1495 hat Kaiser Maximilian auf dem Wormser Reichstag die Grafschaft Württemberg zum Herzogtum erhoben, dessen moderne Verwaltungsstruktur sich an burgundischen Vorbildern orientiert.

Wächter sagt 1848 in seiner *Geschichte des deutschen Strafrechtes* »Im Herzogthum Württemberg finden wir kein Beispiel massenhafter Hexenverfolgungen und waren -hinrichtungen etwas verhältnismäßig Seltenes.«

Midelforth findet eine Begründung in der Haltung der württembergischen Prediger und Theologen sowie in der Geisteshaltung der Tübinger Juristen, »die sich durch eine behutsame Spruchpraxis auszeichneten.« Maßgeblich werden die Entscheidungen der übergeordneten (Zentral)behörden im frischgebildeten Territorialstaat.

Dennoch werden im Zeitraum von 250 Jahren Hexenprozesse geführt und auch hier kommen Wellenbewegungen zum Tragen. Zwischen 1497 und 1750 sind etwa 350 Gerichtsverfahren nachweisbar, die 450 Personen betreffen, von denen mindestens 116 hingerichtet werden. Es dominieren nicht Massen-sondern Einzelverfolgungen. Der Frauenanteil ist bei etwa 85 % auszumachen. Die größte Zahl der Opfer gehört der bäuerlichen Unterschicht an.

Auch hier ist es so, daß nachbarliche und/oder soziale Spannungen zu Auslösern werden. Chirurgen, Wasenmeister und Segensprecher haben ihre Hand im Spiel, denn sie sind Repräsentanten des magischen Volksaberglaubens.

Der Schwerpunkt liegt zwischen 1590 und 1630, wobei ab 1626 der Zenit erreicht wird. Um 1600 leben hier etwa 450 000 Bürger und das Land ist in 58 Ämter gegliedert. 1620 wird der Prozeß gegen Katharina Kepler geführt, der vermutlich der gewichtigste ist; er endet mit einem Freispruch.

Herzog Ulrich, der 1519 das Land verlassen muß, führt nach seiner Rückkehr die Reformation ein. Unter der Herrschaft Christophs (1550–68) wird die württembergische Kirche unter der Leitung von Johannes Brenz organisiert und die lutherische Gesinnung verbreitet. Die damit verbundene Geisteshaltung muß sich negativ auswirken!

Im Zuge der territorialen Umschichtung des frühen 16. Jahrh. erscheinen zahlreiche partielle Gesetzessammlungen.

Anfänge

die erste schriftliche Nachricht stammt aus dem Jahre 1497, als in Brackenheim Unholde verbrannt werden. 1505 wird eine Hexenverbrennung dokumentiert, die Plantsch zu einer Predigt veranlaßt. In Stuttgart endet 1527 ein Prozeß mit Landesverweisung und in Bottwar wird 1531 eine Hebamme als Hexe hingerichtet. Besagte werden des Landes verwiesen oder gegen Bürgschaft freigestellt.

Begonnen hat das Unwesen vermutlich, als 1562 Anfang August ein Unwetter über Stuttgart niedergeht, worüber die *Erschreckliche Nüwe zeitung Warhafftiger und gründlicher bericht wie das Wetter im Wirtenberger Land so grossen schaden gethan einem guten Fründ zugeschrieben,* berichtet.

Bürger begreifen das Unwetter als Hexenwerk und fordern die Veurteilung der überführten Sündenböcke. Folgerichtig werden 1562/63 fünf Württembergerinnen als Hexen hingerichtet. In der benachbarten Reichsstadt Esslingen wird gegen Verdächtige prozessiert und in Wiesensteig lodern Scheiterhaufen. Jetzt beginnen sich in verstärkter Weise Juristen, Behörden und Theologen des noch ungewohnten Themas anzunehmen.

Das Terrain ist neu und man taktiert vorsichtig: »also mit aller guter Fürsichtigkeit und Bescheidenheit (wie dann in solchen schlupfferigen Sachen/der Teuffel leichtlich allerley Verblendung und Betrug eynführen vnd brauchen kan/unnd damit auch etwan unschuldigen Leuthen zu schaden understehet/hoch von nöthen ist.«

Der in Stuttgart geführte Fall Hammel aus dem Jahre 1563 dokumentiert die Rechtsunsicherheit seitens der Obrigkeit. Hammel ist inhaftiert, muß Urfehde schwören und auf dem Wochenmarkt ein Bekenntnis ablegen; sonst geschieht ihm nichts.

Dann wird das Land von Agrarkrisen geschüttelt. Sie führen zu Teuerung, Armut und Abwanderung.

Einen weiteren Schritt inszenieren die Geistlichen. Das Unwetter des Sommers 1562 bietet den Predigern der Stuttgarter Stiftskirche Matthäus Alber und Wilhelm Bidembach die Plattform für Predigten, über die Kirchgänger sensibilisiert werden[2)].

Sie orientieren sich fast ausnahmslos an der Brenzschen Hagelpredigt (1539: Schwäbisch Hall). Obwohl er sich durch eine vorsichtige Haltung auszeichnet, ist er dem lutherschen Teufelswahn verbunden. In Stuttgart setzt sich Brenz mit der Strafwürdigkeit des Hexereiverbrechens auseinander und als Theologieprofessor in Tübingen äußert er sich 1538 in einer Vorlesung über das zweite Buch Moses zu den Hexen, deren Bestrafung er wie Luther aus der Schrift und altkaiserlichen Rechten ableitet.

1546 erscheint eine *Instruktion für die Visitationsräte,* in der gegen Wahrsager, Teufelsbeschwörer und Zauberer Front gemacht wird. Pfarrer und Amtleute werden angewiesen, sie anzuhalten, von ihrem unchristlichen Tun zu lassen. Ähnliche Tendenzen zeigen sich im gesamten deutschsprachigen Raum. Hier empfehlen die Geistlichen der Obrigkeit ein maßvolles Vorgehen.

In der Folgezeit knüpfen Heerbrand und Thumm an die Brenzsche Hexen(hagel)predigt an. Sie stimmen überein, Schadenzauber, Hexenflug und -sabbat als teuflische Phantasie zu begreifen, aber den daraus resultierenden Pakt als todeswürdiges Verbrechen (im lutherischen Sinne) einzustufen. Positiv ist, daß der Prediger Johann Valentin Andreae die Verbrennung als Strafmaß verwirft. Zeitgleich fordert Johann Weyer, Leibarzt des Herzogs von Jülich-Cleve-Berg, eine gemäßigte Einstellung gegenüber den Beschuldigten.

Juristische Aspekte

Der Tübinger Vertrag von 1514 garantiert in Strafsachen ein ordentliches Gerichtsverfahren. Vermutlich ist die CCC., die man 1551 einführt, der Auslöser, eine Passage über Zauberei, Teufelsbeschwören und Wahrsagen in die Landesordnung von 1552 aufzunehmen. Hier werden Zauberer als Abfällige vor Gott bezeichnet.

1567 taucht der Begriff des Satans in der *Württembergischen Landesordnung* auf, wobei man sich an der CCC. orientiert. Und doch ist es eine Verschärfung, denn man konstruiert ein Bündnis mit ihm zum Nachteil und Schaden der Menschen; der Teufelspakt wird in den Mittelpunkt gerückt. Ab jetzt wird Zauberei als schwere Sünde eingestuft.

Württemberg ist das erste Territorium, das in seiner Gesetzgebung 1567 den Teufelspakt unter Strafe stellt. Es ist klar, daß die untergeordneten Richter mit dem neuen Delikt der Hexerei nicht umgehen können. Um Unsicherheiten zu begegnen, werden Vögte angewiesen, die Fälle, die nicht in deren Zuständigkeit fallen, der fürstlichen Kanzlei vorzulegen. Neben der Rentkammer und dem Kirchenrat erwähnt die Kanzleiordnung Herzog Christophs von 1553 den

Oberrat

Wir haben die oberste Rats- und Gerichtsbehörde vor uns. Es ist gewissermaßen neben der Universität die juristische Intelligenz. Bei ihm liegen folgende Entscheidungen:

- Ohne Billigung kann kein Strafprozeß geführt werden.
- Er entscheidet über die Einleitung der peinlichen Verfahren nach dem geltenden Recht.
- Vor der Verkündung muß das Urteil zur Zustimmung vorgelegt werden.
- Ohne Zustimmung darf nicht gefoltert werden.

Auf den Schultern des Oberrates liegt die Verantwortung in Straf- und demzufolge in Hexenprozessen. Vom seinem Votum hängt die Eröffnung eines solchen ab. Oft werden Tübinger Juristen befragt. Vom Lebendverbrennen sieht man in der Regel ab und mildert Todesurteile auf Enthaupten und anschließendes Verbrennen.

Sicher werden die Schwachstellen in Hexensachen früh von führenden Juristen erkannt. 1625 sagt der Rat: »daß es mit der peinlichen Frag in dergleichen delictis occultis ein sehr gefährlich und zweiffelich ding sey.«

1656 ordnet Herzog Eberhard III. an: »daß zwei Oberräte als ständige Referenten in Hexensachen für die Kanzlei bestellt werden sollen und man sagt: »ins künftige behutsamer als bishero geschehen, zu verfahren, jedesmahls die Umstände der Personen und ihres Alters ausführlich zu berichten, und uf die Special-casus (weilen sich in genere kein gewißer modis präscribiren läßt) sich sowohl bei unserer Fürstlichen Canzlei als bei deren Consulenten Bescheids erholen, und gnädige Resolution erwarten, sonsten aber, besonders in gradibus torturae, gute Discretion gebrauchen.« Die Richter werden zur ordentlichen Prozeßführung ermahnt.

Stuttgart

In Tunzhofen soll 1562 ein Hexenabschied stattgefunden haben. Am 1. August nachts um zwölf Uhr hören die Bewohner von Stuttgart, so auch sämtliche Stadt-, Thor- und Thurmwächter ein grausig Gewau, welches also dem Herren Stiftsprobsten berichtet wurde. »Heut Nachtig ump 12 Uhr, höreden wir samptliche Wachtleuth zu Thor und Thurm, auch die der Gassaten gemeiner Stadt Stuttgarten, ein gar grausig Gewau hoch in den Luften, bald fast gar an den Wolcken, und wieder klafterweit nieder. Die Rusigkayt that wie: hihi, hi, hah, huhu, ha, kiki, husch, schuhschu, hoho, masch, hahaloh, mach, schischu, wo, oh, rat! und beim uffschauen sahen wir ein völliglich heer weiblich volck, auf pfähl und reisig sitzend, von der bopserkupp nach der Frawenberger haid fluchteln, eilfertig und ohn rast. Nacher einer stund verweyl kam etwelch volck wieder dusig ruck, verthaylten sich über verschiedentliche Gassaten, absonderlich aber gen der Lorch und dem Bebenhäuserhof hin, uff den Rauchsteinen und verschwandten. Wer dieses getös gehöret oder sehen konnt, der muß glauben, es sey das leibhaftig mutosheer.«

Herzog Christoph erfährt von dem Vorkommnis. Sogleich wird in den Häusern gefragt, welches Weib nachts nicht zuhause gewesen und es finden sich etwa 15, worunter die alte Schulhex Pfluck, des Schulmeisters Eheweib, die gar viel Kinderlein Muß, Haar und Nägel gegeben haben sollte, daß sie fallsüchtig und teufelshäftig geworden seien. Sie werden eingetürmt, verhört und gefoltert, so daß neun Frauen ihren Teufelsbund gestehen. Sie werden drei Tage im Bindhaus festgehalten und man hält ihnen vor, daß sie einen dermaßen Schaden getan, indem dann Gott eine große Heimsuchung gehalten:

»daß er am Sonntag den 3. August des Jahres (1562), da doch eben Kirchbesuch war, morgens 11 Uhr die Sonne verdunkelt, den Tag zur Nacht gemacht, einen Sturmwind, Hagel und Wolkenbruchregen gesendet, wodurch viele hundert Bäume, die seit unfürdenklichen Zeiten gestanden, mit den Wurzeln ausgerissen worden, der Weinstocksegen gänzlich ruinieret, die Wiesen und Felder verflutet, versandet und verschwemmt, auch in den Häusern Tausende der Fensterscheiben zerschlagen worden seien. Doch nicht dieses Unglück allein habe man zu bedauern, sieben Menschen seien in den Bachfluten ertrunken, zwei Mühlen zerrissen und mehrere Häuser zusammengestürzet – an diesem Unheil sei ihr sündiger Lebenslauf und ihr

Besenflug nach der Feuerbacher Heide

schuld, wo sie sich gegen Gott gekehret und die liebe Menschlichkeit verlassen, mit »herescher« Hilfe. Sodann hätten sie in ihrer verdammten Gesellschaft unzüchtige Tänze geführet, seien herabgeflogen mit »gaylem gewu«, umscharet von Teufeln, von der Heide nach dem heiligen Grab in den Mönchhalden und alldorten abschiedlich gereiget bis das Frühlicht gekommen, von wo sie in der Luft heimgezogen und doch die Rauchsteine in ihre Häuser sich wieder genistet hätten.

Solches alles hätten sie zubestanden und darum werden sie einsehen, daß sie den Tod verschuldet hätten, den sie morgen erleiden müßten. Wenn sie noch beten könnten um ihr Seelenheil, so sollen sie es unter sich beginnen, ein Kirchenprediger werde zu ihnen kommen. Sollte die Eine oder Andere noch Lieb hegen gegen Mann, Kind, Geschwister, Knecht oder Magd, so sollen und können sie deren begehren und mit ihren Reden im Beisein des Bindhauswächters Kilian Gerber.

Alle verlangten noch diesen oder jenen zu sprechen, aber die Furcht vor dem Hexenhauch, wenn kein Geistlicher in ihrer Nähe sei, war so groß, daß sich Niemand der Angehörigen an die Opfer wagte.

Der Pfarrer Immanuel Preziger berichtet: »es war ein herzzerreißender Anblick für mich, die irren, scheuen, verzweiflungsvollen Blicke der von Gott Gewichenen zu sehen. Alle sahen ihrem Tode entgegen, als harreten sie eines bösen Traumes. Derohalben ich auch keine Reue (ge)funden, bei irgend einer der Frauen.«

Herzog Christoph unterschreibt die Urteile mit der Bemerkung: »Dieweilen die Weiber so lästerlich von der dreieinigkayt abgefalen

Strafverschärfungen im Südwesten (Zwicken mit glühend gemachten Zangen)

1448 Wird in Würzburg ein Hostienschänder siebenmal mit glühenden Zangen gezwickt und danach vor der Stadt verbrannt.

1458 Johann von Hartlieb schreibt das *Puch aller verpotten Kunst, Unglaubens und der Zauberey* und sagt darin: »die heilige Kirche hat gesagt, man soll Zauberer und Abgötter mit glühenden Zangen und Kauppen ohne Gnade und Barmherzigkeit zerreißen.«

1587 Die Dillinger Hebamme Walpurga Haußmann wird zum Feuertod verurteilt und auf dem Weg zum Richtplatz fünfmal mit glühenden Zangen gezwickt. Man hat ihr vor der Verbrennung die rechte Hand abgeschlagen. Ihre Asche wird in das nächst fließende Wasser gestreut.

1595 Im Verbund mit den Reutlinger Hexenverfolgungen wird Margarethe Wurt mit glühenden Zangen gerissen und lebend verbrannt.

1600 **Schauprozeß gegen die Landfahrerfamilie der Pappenheimer.** (München) Auf dem Weg zur Richtstätte beginnt die Exekution, indem man Anna die »Brüst abgeschnitten« und die Malefikanten mit glühenden Zangen gerissen werden. Der Vollzug der Untaten ist dokumentiert. Die Brüste werden der Mutter und ihren Söhnen »ums Maul gerieben«.

1603 In Reutlingen werden vier Frauen mit glühenden Zangen gerissen und lebend verbrannt.

1603 (um) Dem Fuldauer Hexenriecher Balthasar Roß wird vorgehalten: »er beeide keine Zeugen, lege kein Protokoll nach dem Verhör an und hat die Schöffen, die die Gröllers zum Tod verurteilten, angeredet, daß sie nicht auf Zwicken mit glühenden Zangen erkannten und er habe zu ihnen gesagt: »ich lasse sie dennoch zwicken.«

1605 Im Verbund mit den Horber Hexenverfolgungen gegen Christina Rascher kommt das verschärfte Verfahren mit glühend gemachten Zangen zur Anwendung.

1612 (Cham) Ursula Zanner wird für schuldig erklärt und demzufolge »auf dem Schaitterhaufen verbrennt ... nach vorher mit einer glühenden Zange gegebenen Zwicks.«

1612 (4.5.) Wird in Dillingen die ehemalige Hebamme Afra Buzin nach drei Griffen mit glühender Zange, Abschlagen der rechten Hand und Strangulierung verbrannt.

1627 Findet in Marktheidenfeld ein Prozeß gegen 16 Hexen statt. Einige von ihnen werden unter Berufung auf die CCC. § 109 mit glühenden Zangen gezwickt.

1645 Aus einer Urgicht (Bad Waldsee) ist bekannt: »sie soll dem Scharfrichter übergeben, an den Richtplatz und bis dorthin dreimal mit glühenden Zangen angegriffen werden, hernach an einen Gaul gebunden, daran erdrosselt, verbrannt und daraufhin ihre Asche vergraben werden. Gott der Allmächtige wöllt ihrer Seel gnädig und barmherzig sein.«

1661 in Geroldshofen wird entschieden: »Ernstlichen Valentin Storr wegen 10 begangener Menschenmorde und sonderlich sodomistischer Sünden 3 Zwick mit glühender Zange, auch sollen zweitens solche 11 Personen Jede an eine sonderliche Säule geschmiedet, alsdann mit dem Feuer lebendig stranguliert und zu aschen gebracht werden, daß der Wind die Asche in der Luft hinweg wehet.«

1662 (Mitte Juli) Die 65jährige Buschanna wird mit dem Schwert gerichtet und ihr Leichnam verbrannt. Ihre Tochter wird zur Kirchenbuße verurteilt und soll am rechten Arm mit einer glühenden Zange gezwickt werden.

1663 (um) Der Esslinger Hexenriecher Daniell Hauff plädiert dafür: »die Steganna sei auf dem Weg zum Richtplatz mit glühenden Zangen zu zwicken, und auch die Ketter.«

1663 (20.3.) Der Esslinger Hexenricher Daniell Hauff veranlaßt, »daß man die Gohlann mit glühenden Zangen in die Brüste zwickt.«

1663 (8.5.) Im Verbund mit den Esslinger Hexenprozessen wird der Haasenhans vor der Vollstreckung der Todesstrafe mit glühenden Zangen gezwickt.

vnd dem Deuffel angehanget, auch sovil unhayl üb mayn getrewe stadt Stuettgarten bracht, so sölln sie ouch ym feuerpfuhl verenden. Absonderlich zvm abschrecklichen Exemplo für andere.«

Sechs Schinderknechte und Helfer kommen, um die Verbrennung vozubereiten. Sie sammeln sich im Wirtshaus zum Wolf. Hier finden die Verhöre statt und dann werden bei den Spitaläckern zwei Scheiterhaufen aufgerichtet, worüber sich eine Beschreibung erhalten hat[3].

Am Hinrichtungsmorgen wird ausgetrommelt, daß jeder Mann seiner Frau. »welcher in kurzer oder langer Hoffnung stehe, untersagen solle, aus dem Haus zu gehen, so lange die Weiber auf dem Fortweg seien. Sie sollen ihre Kinder unter sieben Jahren innehalten, bevor die Salveglocke geläutet sei.«

Und doch sammelt sich das Volk, wobei Weiber lästerliche Reden führen und welche gar zürnig schrien: »man solle auch die Hexenmeister, Deckelesspieler, Mondswanderer, Buchdupffer und Schlüssellochschlupfer verbrennen, deren es noch mehr gebe als Hexen.«

Dann wird das Diebglöcklein geläutet und aus dem Bindhaus fährt ein Wagen, worauf die Frauen in ungebleichten Hemden sitzen und so am Hals mit einem Strick zusammengebunden sind, daß er sich bei der geringsten Bewegung zuschnüren würde. Die jüngste von ihnen ist 57 und die älteste 82 Jahre alt. Von der Tochter einer Verurteilten erscholl ein Wehgeschrei: »laßt mich, laßt mich mit meiner ehrlichen frommen Mutter sterben, ihr gottlosen Kriegsknechte; ihr Blut komme über euch und über eure Kinder. So wahr ein Gott lebet; meine Mutter ist unschuldig und gottesfürchtig war sie allezeit; ihr Wandel war tugendhaft und ihr Gebet inbrünstig zu ihrem Heiland immerdar.«

Sie wird in Gewahrsam gebracht, »weil sie sich mehrmals unter die Räder des Wagens werfen wollte, worauf ihre Mutter saß, um zerquetscht zu werden.«

Beim Scheiterhaufen angekommen, beschwören sie nochmals ihre Unschuld und sagen, nur durch die Folter habe man sie zu ihren Aussagen gezwungen. Jetzt werden sie geknebelt und Hauben über deren Gesichter gezogen. Dann wird der Holzstoß angezündet. Sie ersticken, ehe sie die Flammen erreichen. Die Asche wird in die Feuerbacher Heide getragen und zerstreut. Die Geistlichen in den drei Hauptkirchen halten Strafpredigten auf den Kanzeln.

Theodor Thumm (1586–1630).

Sonderling Lukas

Kurz danach findet eine Sitzung des »wohlweisen Stadtrat« auf dem Burgerhaus statt. Michael Schuler, des Gerichts einer, trägt vor: »ein Lukas habe mit teuflischer Hilfe ein Feuer gelöscht, zumal er ein geheimes Buch besitze, das allerlei Hokuspokus enthalte, aus welchem er der Leut Alter zu errechnen im Stande sei, Krankheiten erkennen könne, die menschlichem Dafürhalten unheilbar und an unbekannten Stellen des Körpers ihren Sitz haben. Sodann vermöge er mit Hilfe Gebeter und Litaneien böse Geister, so nach dem Tod noch laufen, zu bannen an dies oder jen Räumlein; er vermög auch der Schwernot (Fallsucht) zu steuern und mit Verstorbenen zu »munkeln bei Tag und im Dunkeln.«

Er mische allerhand Kräuterich zu Tränken, womit er Wassersucht, Rauten, Flug und Dippel vertreib« auch hock er halbe, fast gar ganze Nächte krittlings auf dem Dach seines Hauses, wozu er ein Schlupfloch gesägt hab und guck nach den Sternen und dem Mond und mal dabei allerlei Gezeuge, daß anderen Christmenschen davon die Haar »geberg« stünden.

Dann wird überlegt, was man in einem so schwierigen Fall tun kann. Der Teufelsbanner wird vor Gericht gestellt, um ihn über sein Treiben zu fragen. Ungeschickterweise prophezeit er innerhalb der kommenden 14 Tage eine Sonnenfinsternis, die eingetreten ist. Der Stiftsprediger Daniel Scheitlin läßt »zusammenläuten« und eine Bußstunde halten. Wieder wird Lukas vorgefordert und erhält einen Verweis.

Die Geistlichkeit hat ihn mehrmals der Teufelsbannerei angeklagt. Er stirbt zwar gemieden, aber unbehelligt, nachdem einige seiner Prophezeiungen eingetroffen sind.

Schorndorf[4)]

Hier wird 1594 der zwanzigjährige Michel Kremer verdächtigt, gottlose und zauberische Dinge zu treiben, weil er beim Abendmahl die Hostie aus dem Mund genommen und unterschlagen hat. Kurz danach ermittelt der Vogt gegen einen Zauberer aus Geradstetten, der sich als Teufelskünstler ausgegeben hat und vorgibt, sich unsichtbar machen zu können.

1619 wird Veronica Röcklin wegen Unzucht, Diebstahl und Unterschlagung vom Stadtgericht zur Schwertstrafe verurteilt und verbrannt. 1628 geht es Maria Mauder genauso. Sie räumt ein, mit dem Satan Unzucht getrieben und das Kind ihres Bruders erwürgt zu haben. Mehr Bedeutung erlangt ein Prozeß aus dem Jahre 1659, in den die Hebamme

Maria Laihlin

verwoben ist. Man kann an ihm dokumentieren, daß es keine Hauptzielgruppe im grassierenden Hexenwahn gewesen ist. Im übrigen ist es keine geschworene, d. h. sie hat kein Examen vor der Obrigkeit abgelegt. Statt dessen hat sie 1656 dem damaligen Pfarrer ein Handgelübde geleistet und ist daraufhin vom Dekan angenommen worden. Der Vogt bestätigt, daß solche Mängel öfters in seinem Amt vorgekommen sind. Sie ist zum Zeitpunkt ihrer Besagung 59 Jahre alt und seit 15 Jahren im Dienst.

Susanna Catharina Bader geht im Januar 1659 zu ihr, um Milch zu holen. Von ihr erhält sie Brot und auf den Nachhauseweg verspürt sie Herzklopfen und es wird ihr übel. Sie wird schwach und muß das Bett hüten. Einige Tage später folgt die Lähmung einer Körperseite und es stellen sich Bewußtseinsstörungen ein. Der Physikus reicht ihr wirkungslose Medikamente. Sie bleibt regungslos wie ein Stück Holz und schon rechnet man mit ihrem Tod. Dann bricht sie unter Schmerzen Glufen (Stecknadeln), Flachsbüschel, kleine Holzstücke und Eierschalen. Der Arzt vermutet »ein recht Zauberstück und Hexenwerk.«

Dann beginnt man im Pfarrhaus über die Verursacherin nachzudenken. »wenn es Gott erlaube, solch boshafte Dinge an einem jungen Menschen zu üben.« Man vermutet ein teuflisches Spiel, zumal sie an religiösen Wahnvorstellungen leidet.

Dann erhält sie Besuch von der Hebamme, die sich nach ihrem Befinden erkundigt. Sie empfiehlt einen Kräutertrank, Ehrenpreis in Wein gesotten und so erhärtet sich der Verdacht, sie könne Susanne vergiftet haben. In ihrer Gegenwart erleidet sie Krämpfe und bald steht für die Pfarrfamilie fest, daß sie das Unglück in deren Haus verursacht hat. Der Pfarrer hört den Teufel rumoren; da fällt etwas wie ein Stein vom Dachboden auf den Tisch in die Stube, und das »platschte auch etwas, stank darauf als ein Sack, rauschte bei dem Kind und klopfte zweimal an die Stubentür, gleich als einer mit dem Finger tut.«

Die Hebamme ist bestürzt, als sie von den Vorwürfen erfährt. Sie ruft Gott zum Zeugen an, möchte unter dem freien Himmel das Abendmahl darauf nehmen und sagt der Pfarrmagd: »wenn sie eine Hex wäre, wollte sie ihre Freund nacheinander reiten, daß also in ihrem Willen nicht zu zweifeln.« Jetzt wird die Sache nach oben gespült und das Konsistorium in Stuttgart eingeschaltet. Der Pfarrer Johannes Brand entwickelt sich zum Denunziant:

- Sie habe vor etlichen Jahren zwei Knaben in ihr Haus aufgenommen, die anfangs beide gesund gewesen: in der Zwischenzeit ist der eine blind geworden und der andere dünn und krank.
- Die Hebamme habe als Mittel gegen das Drudensaugen empfohlen; ein Messer mit aufgeschnittener Scheide außerhalb der Wiege auszulegen. Nicht sei zu vergessen, daß viele Kinder in den vergangenen Jahren in Geradstetten tot geboren worden sind.
- Zudem wäre sie mit der Schneiderin Maria Rau befreundet, die als Hexe verschrieen sei.

Der Vogt befragt sie während des Verhörs nach Mitteln, die sie gegen das Drudensaugen und gegen Kopfschmerzen wisse. Maria Laiblin räumt ein: »daß es wohl ein narrischer abergläubischer Brauch sei, aber sie kenne ein Gewächs im Wald, den »Truttenfuß«, das sie Neugeborenen unten in die Wiege lege. Um den Säugling zu bewahren, stoße sie ein Messer in die Wiege, so daß die Scheide auf den Körper des Kindes zeige. Dieses Wissen habe ihr der frühere Schultheiß von Geradstetten, Samuel Breitmaier vermittelt, als sie in seinen Diensten war.

Sie bestreitet die gegen sie gerichteten Vorwürfe und verteidigt sich. Eigentlich hat sie einen soliden Ruf. Der Vogt berichtet, daß er nichts Böses gegen sie vorzubringen wisse und der Pfarrer fühlt sich zurückgesetzt. Er verfaßt eine Beschwerde gegen den Kontrahenten, der seiner Auffassung nach die Angelegenheit »zu kaltsinnig« betreibe. Er verlangt Einsichtsnahme in das Untersuchungsprotokoll und beklagt den Gesundheitszustand seiner Schwägerin: »Im Pfarrhaus leide man unter des Teufels und seiner bösen Diener Wüten und Toben, welches sich dieser Zeit über in Katzengestalt mit Stoßen, Pochen und Schreien, vor dem Pfarrhaus bei nächtlicher weil verübt.« Dann fällt der Verdacht auf

Maria Rau

die gedroht haben soll: »wenn man sie als Hexe verhafte, wolle sie sagen, wie viele es im Dorf gebe.« Sie verfügt nicht über den Leumund der Hebamme; sie habe einen schlechten Ruf und sei von ihrer Jugend an zu nichts nutz gewesen.« Sie wird im April 1659 verhaftet und auf einem Karren nach Schorndorf gebracht, wo man sie in den Malefizturm sperrt.

Der Canstatter Vogt Johann Cull beginnt sie zu verhören und zieht die Hebamme heran. Sie zeigt sich keinesfalls verschüchtert und entbietet sich zur Wasserprobe. »Von Soldaten hätte sie erfahren, wenn man ein Weib in das Wasser werfe, könne man herausfinden, ob sie eine Hexe sei oder nicht.« Der Verdacht richtet sich immer stärker gegen die schlecht Beleumundete.

- Michael Grimm, Wolf Kürner und Peter Eisenbraun tragen vor: »jedesmal wenn sie in das Haus komme, habe das Vieh Schaden gelitten und so hätten sie es ihr verboten.«
- Der frühere Pfarrer in Geradstetten habe viel Vieh verloren. Er verdächtigt sie als Hexe, da seine Tiere auf dem Weg zur Tränke oder Weide an ihrem Haus haben vorbeigehen müssen.
- Margaretha Weller trägt vor: »Maria Rau wäre ihr vor acht Jahren in der Morgendämmerung begegnet. Sie soll eine Ofengabel in der Hand getragen haben, mit einem zerrissenen Männerwams und einem -hut bekleidet. Sie habe vermutet »daß sie gerade von einem Hexentanz gekommen.«

Schließlich wird sie, auch unter dem Druck einer öffentlichen Diffamierung, im Juli 1659 vom Stadtgericht als Hexe angeklagt. Man spürt die Unsicherheit des Vogtes. Er entschuldigt sich mit dem Hinweis auf die Einmaligkeit des Falles und verlangt: »er wolle die Folter an der Beklagten vornehmen, da sie nichts zugegeben und kein freiwilliges Geständnis abgelegt habe.«

Die Akten werden Tübinger Juristen überstellt. Sie prüfen die Indizien und verfassen einen Urteilsentwurf. Sie gelangen zur Auffassung: »man soll sie dreimal aufziehen, aber »es dürfe ihr nur so viel zugemutet werden, wie sie ertragen kann.« Bis dahin hat sie sieben Monate im Turm verbracht.

Der Stuttgarter Henker Endris Rieblin wird bestellt und stellt an ihr eine unnatürliche Empfindlichkeit fest, »da sie weder Ach noch Weh« geschrieen. Dann werden ihr die spanischen Stiefel angelegt, ohne etwas zu erreichen.

Nun werden nochmals die Tübinger Juristen konsultiert, um ein Urteil abzugeben. Sie sagen: »weil sie die Folter überstanden hat, soll man sie auf freien Fuß setzen,« was im Januar 1660 der Fall ist. Ein echter Freispruch bleibt ihr verwehrt; sie wird ohne Urteil entlassen, das Verfahren bleibt in suspenso (unabgeschlossen) was einem Rechtsbruch gleichkommt.

Zwei weitere Hexenprozesse in den Jahren 1663 bis 1668 bleiben ohne rechtliche Konsequenzen.

Großbottwar

Seit 1531 arbeitet Gertrud N. aus Hertmannsweiler in Bottwar als Hebamme. Sie wird im Oktober 1532 verhaftet, da man sie Diebstähle bezichtigt, die sie teilweise mit ihrem Sohn begangen hat. Zudem stehe sie im Verdacht, mit Unholden-Werk Umgang gehabt zu haben. Zwei Bottwarer beeiden, daß sie ihnen Schmerzen zugefügt habe. Auch soll sie gesagt haben, sie habe kürzlich zwei Kinder empfangen (entbunden), die würden Unholde.

Die Obrigkeit schickt den Nachrichter zur peinlichen Frage. Dann räumt sie weitere Diebstähle ein. So habe sie (u. a.) dem Kopfkrämer aus Lauffen auf dem Jahrmarkt in Winnenden ein Parchet entwendet. Jetzt wird sie darum und wegen Hexenwerks vor Gericht gestellt. Der Nachrichter soll nach Bottwar kommen; bis dahin sei sie zu ermahmen, habe zu beichten und das hochwürdige Sakrament zu empfangen. Die Hinrichtung bleibt aus und Schaulustige sind enttäuscht, da der Henker nicht kommt.

Dann wird sie vor dem Obervogt Ludwig Spät in Gegenwart des Eitelhans von Plieningen, des Stadtschreibers Bechtold Hagen und den Geschworenen des Rats, Martin Hirt, Simon Kriech und Hans Glych, verhört. Dabei macht sie Aussagen über den Pfarrer. Sie wäre im Oktober ins Pfarrhaus gerufen worden und traf dort in der Küche den Pfarrer mit seiner Magd und seiner Mutter. Am Spieß staken vier Hühner; ein Kapaun lag im Kraut, ein altes und junges Huhn in der Brühe. Es ging das Gerede, die Vögtin habe die Pfarrmagd eine Hexe gescholten.

Dann wird der Hebamme vorgeworfen, sie habe gesagt, die Pfarrmagd habe die Vögtin eine Hure geheißen. Die Magd rief: »wir wollen alle einander helfen und dem Vogt auch einen Schmuser (»Die Schmuser und die Huren wollen bezahlt sein«) geben. Als die Mutter sich einmischte, rief die Tochter: »Kannst du nicht schweigen bis zu seiner Zeit? Du mußt doch allweg voran fürwischen.«

Dann sagt die Hebamme: »sie wolle als ein Christmensch sterben; wenn es nicht wahr sei, soll sich Gott ihrer nicht erbarmen und ihre Seele soll verloren sein. Das Kind des Vogts sei nicht von dem Griff gestorben, den sie ihm am Schenkel gegeben habe, sondern von dem, der von anderen Leuten geschehen sei. Sie habe niemand angelernt.« Sie stirbt am Dienstag nach Martini auf dem Scheiterhaufen.

Der Pfarrer Bernhard Lustnauer spielt eine unrühmliche Rolle. Wann er nach Bottwar gekommen ist, ist unbekannt. Am hl. Jahrestag, wohl am 6. Januar 1533, predigt er beim »Austeilen« des Neuen Jahres: man soll der Obrigkeit, insonderheit den Vögten, gehorsam sein, ob er schon gut oder böse und dem Henker entlaufen wäre. Dann sagt er von der Kanzel, es solle recht zugehen; aber es stehe einer hinter der Tür, der sage, wenn es recht zugehe, wolle er hier nicht mehr bleiben.

Der Pfarrer war nach dem Bericht des Vogtes von der verbrannten Hebamme besagt worden, daß auch er ihrer Meinung sei; allenthalben ging in den auswärtigen Flecken das Geschrei, wie es mit dem Unholden in Bottwar, dem Pfarrer tue. Schon wolle niemand mehr bei ihm das Sakrament empfangen. Deshalb bittet der Vogt im Namen von Gericht und Rat die Regierung um seine Entlassung: »denn sie wollten nicht sein weder gesotten noch gebraten. Bald wolle niemand mehr seine Messe besuchen.« Wie der Streit ausgeht, ist unbekannt. In

Leonberg

spielt von 1615 bis 1621 u. a. der Hexenprozeß gegen

Katharina Kepler[5)]

Mutter des Hofastronomen Johannes Kepler. Sie »ist 70jährig, klein, mager, dunkelfarbig, unerfahren im Lesen und Schreiben, ein Weib, das eine freudlose, einsame Jugend zäh und hart, die früh geschlossene Ehe zänkisch und streitsüchtig, das Alter aber unstet und schwatzhaft gemacht hat[6)].« Ihr Vater ist Melchior Guldemann, der von 1567–87 Schultheiß in Leonberg ist. Ihre Mutter soll lethargisch gewesen sein. Katharina heiratet im Mai 1517 Heinrich Kepler. Sieben Monate später bringt sie Johannes zur Welt, den späteren Hofmathematiker und ein für das klerikale Denken kritischen Freigeist. Er wird die Mutter vor dem Scheiterhaufen bewahren.

Denkbar ist, daß sie nach den Umständen der Zeit zur Heirat bewogen wird. So ließen sich familiäre Spannungen nachvollziehen, die den gegen sie gerichteten Prozeß begleiten.

Katharina bringt eine Tochter und sechs Söhne zur Welt, von denen drei früh sterben. Sie folgt ihrem Mann in den Landsknechtsdienst nach den Niederlanden. 1575 kommen sie in die Heimat zurück, wohnen erst in Ellmendingen und schließlich in Leonberg.

Im Januar 1589 verläßt sie ihr Mann und man hält ihr vor: »ohne Zweifel habe sie etlichmale daheim Unholdenwerk betrieben, so daß er schließlich im Krieg habe sterben müssen ... bei einem ordentlichen und ehrlichen Weib, das ihren Mann tapfer und wohl halte, möge ein Mann auch bleiben[7)].«

Sie besitzt ein Haus in der Leonberger Kirchgasse sowie Wiesen und Felder. Im Alter vom Leben gezeichnet, will sie sich nützlich machen. Sie wendet sich der Krankenpflege und der Zubereitung von Salben, Heiltränken und Arzneien zu. Sie kennt einige Segensprüche, die im Prozeß verwertet werden[8)], spricht mit dem Vieh und macht Hausbesuche. Sie ist einfältig und abergläubisch.

Während des Prozesses widerspricht sie sich und schafft weitere Konflikte. Auf dem Friedhof bittet sie den Totengräber, ihr den Schädel des Vaters auszugraben. Sie wolle ihn in Silber fassen und dem Sohn geben, denn sie habe oft in Predigten gehört, daß es bei Gelehrten Brauch sei, aus den Schädeln der verstorbenen Eltern zu trinken, um an die Vergänglichkeit der irdischen Dinge gemahnt zu werden[9)].

Von ihrem ältesten Sohn werden ihr Schwatzsucht, Neugier, Jähzorn, Starrsinn und die Sucht zu Verwünschungen nachgesagt. Erschwerend kommt hinzu, daß ihr zweiter Sohn Heinrich meint: »daß seine Mutter eine Hexe sei. Er werde sie bei der Obrigkeit verklagen, sobald er nach Heumaden komme[10].« Sein Tod im Februar 1615 verhindert es. Hinzu gesellt sich ein lang anhaltender Streit mit Ursula Reinbold, die alles daran setzt, um ihre Gegnerin moralisch und psychisch zu vernichten.

Die ersten Brände in Württemberg sind aufgeflackert und betreffen (auch) das reichsfreie Weil der Stadt. Im Dezember 1615 werden vier Frauen und im kommenden Frühjahr zwei aus der Umgebung Leonbergs als Hexen verbrannt. Die Besagungen der

Reinboldin

fallen auf fruchtbaren Boden. Sie sucht mehrfach bei der fürstlichen Kanzlei in Stuttgart nach, daß man die Keplerin verhaften, ihre Güter konfiszieren und sie foltern möge, denn sie wäre in der Stadt als Hexe verschrieen. Sie wird in Ansbach erzogen und hat in der Jugend von einem lieb gehaltenen Apothekergesellen, um eine Schwangerschaft zu verhindern, ein verbotenes Mittel erhalten. Sie heiratet früh, wird Witwe und führt ein lasterhaftes Leben.

Nach einer Auseinandersetzung zwischen dem Kupferschmied Jörg Zürn und dem Glaser Jacob Reinbold, die um die Einfältige buhlen, ist sie eine Zeitlang wegen Unzucht verurteilt und im Diebsturm eingesperrt. Während der Haft heiratet sie ein zweitesmal.

Sie bleibt lebenshungrig und läßt sich von einem vermeintlichen Medico unfruchtbar machen. Der Eingriff hat gesundheitliche Folgen, zumal sie unordentliche Mittel von Marktschreiern und Quacksalbern genommen hat. Ein ihr in dem Zusammenhang verabreichter Trank »hat ihr fast das Herz ausgestoßen und die Augen heftig aus dem Kopf getrieben, so daß sie halb von Sinnen sei.«

Darum sucht sie Rat beim Chirurgen Urban Kräutlein, ihren Bruder, der im Dienst des Prinzen Achilles von Württemberg steht. Er meint: »es könne nicht mit rechten Dingen zugehen.«

Jetzt besinnt sich die Reinboldin des Trankes, den ihr vor Jahren die Keplerin gegeben hat[11]. Er wird zur Grundlage des auf ihm gebauten Prozesses, der von Verleumdungen durchwoben ist. In ihrem Haß bezichtigt sie die Keplerin der Hexerei und Giftmischerei, »so hat das böse Gerücht wie ein Feuer um sich gefressen.«

Die Keplerin kontert: »daß ihr Leben aus einem lockeren Wandel und falschen Arzneien resultiere. Die Reinboldin könne Koppenschmalz, Bäder oder was sie wolle gebrauchen. Sie habe kein Kind, wolle aber gut leben und müsse nun ihr Leid tragen.«

Die Angehörigen der Kepler wollen die Verleumdungen als Weiberreden abtun. Erst als sich die Schmachreden verstärken, erscheint Christoph Kepler klagweis vor dem Vogt mit dem Begehren, der Glaserin Stillschweigen aufzuerlegen und ihr zu befehlen, Ruhe zu bewahren und künftig seine Mutter unbehelligt zu lassen.

In ihrem Namen wird von dem Stadtgericht eine zivile Verleumdungsklage gegen das Reinboldsche Ehepaar angestrengt. Der Keplerin wird vorgeworfen:

- Sie habe Katharina Haller einen Schlag auf den Arm gegeben.
- Sie habe ihrer Kontrahentin einen Schlag gereicht, der Ursache ihres Leidens geworden ist.

Nun reagiert die Gegenpartei. Die Hallers bringen eine zivile Schadenersatzklage ein und Schinder Burger behauptet:

- Wer sonst als die Keplerin könne daran schuld sein, daß ihr ältester Bub ein krum-

Johann Valentin Andreae (1586–1654).

mer, bresthaft-elender Krüppel war, der sich niemals sein Handbrot würde selbst verdienen können[12].

Dem Gericht trägt sie vor, zu ihrem kranken Buben sei ein schwarzer Vogel mit schrecklichem Brausen und Sausen in die Stube gekommen, (er) habe sich auf die Schulter des Kindes gesetzt, es mit großen Augen angesehen. Erst habe sie ihn fangen wollen, doch sei er mit Brasseln hinweggeflogen. Von den Bürgern wird die Keplerin vorverurteilt, denn die Hallerin erzählt: »Ihr würde ohnehin das Gut zugesprochen.«

Die Angehörigen sehen, daß sich das Ungewitter über dem Kopf ihrer Mutter zusammengezogen hat[13]. Ihr Ziel ist, die Starrsinnige von Leonberg wegzuschaffen, um weiteren Gerüchten zu begegnen.

Im Sommer 1616 hat Johannes Kepler den Leonberger Kriegsvögten geschrieben und von ihnen begehrt, daß sie ihm die Muttter nach Linz (Österreich) schicken. Sie hat die Reise angetreten, gelangt bis Ulm, kehrt wegen des Wetters um, bleibt vorübergehend in Esslingen und geht zu ihrer Tochter nach Heumaden. Im November 1616 bringt sie ihr Sohn, wohl widerständlich, zu seinem Bruder nach Linz, wo sie neun Monate bleibt.

Die Verbringung wird von der gegnerischen Partei als »ausweichende Flucht gedeutet, die sie unternommen, um sich der Verhaftung zu entziehen.«

Der Sohn kontert: »seine Mutter wäre keinesfalls heimlich fortgegangen, sondern habe den Bürgermeister, den Vogt und die Kriegsvögte unterrichtet. Sie sei nicht als Beklagte sondern als Klägerin gegangen. Zudem nicht an einen unbekannten Ort. Außerdem wäre sie aus eigenem Antrieb zurückgekommen.

Jetzt schaltet sich die Obrigkeit dazwischen. Im Dezember 1616 erteilt das fürstliche Ratskollegium in Stuttgart den Auftrag, das Vermögen der Keplerin, da sie flüchtigen Fußes sei, zu inventarisieren. Zum Beginn des Folgejahres bittet Jacob Reinbold den Herzog, die ausgetretene Keplerin verhaften zu lassen, damit man von ihr erfahre, welches Gift in dem von seiner Frau gereichten Trank gewesen sei, um mit einem guten Mittel dagegen wirken zu können.«

Deutlich wird das Agieren von Johannes Kepler, der sich schützend vor die Mutter stellt. Er schreibt an Herzog Friedrich und unterbreitet sein Anliegen dem Vizekanzler Dr. Sebastian Faber. Für sich bestellt er Anwälte in Tübingen und Stuttgart, für die Mutter in Leonberg. Daraufhin ändert sich die Haltung der fürstlichen Kanzlei. Sie befiehlt Ende Januar nach Zustimmung durch den Herzog dem Leonberger Vogt, die Kinder und den Schwiegersohn der Keplerin vor sich zu fordern, damit er ihnen eröffne, daß im Falle sich die Mutter wieder stelle, ihr der Herzog ein sicheres Geleit geben wolle, damit der Prozeß zu Ende geführt werden kann.

Die Verantwortung der Keplerin solle der Vogt nach Stuttgart melden und (des) dortigen Bescheids gewärtig sein; eine Inventariserung wird untersagt.

Der Advokat des Jacob Reinbold trägt vor: »die Keplerin habe sich durch ihr schlechtes Gewissen und offenkundige Hexenstücklein schuldig erwiesen, weshalb er nochmals darum bitte, ihr Hab und Gut aufzuzeichnen. Jetzt wird das fürstliche Hofgericht Tübingen angerufen: es weist die Reinboldsche Appelation zurück.

Dies bewegt Katharina Kepler, gegen den Willen ihres Sohnes nach Heumaden zurückzukommen. Im November 1617 ersucht er den Herzog, ihr per expressum zu erlauben, ohne Verlust ihrer Ehre und gemäß seinem Wunsch ihm nach Linz zu folgen. Er würde sie in die Heimat zurückbringen, falls er es fordern werde.«

Im März 1618 wendet sich die gegnerische Partei in einer Klage an die Obrigkeit. Jacob Reinbold fordert im Namen seiner Frau Schadensersatz in Höhe von 1000 Gulden, für das ihr durch den Trunk angetane Unrecht und Wiedererstattung der Gerichtskosten[14]. Im Mai findet ein Verhör der Zeugen statt, wobei von vier ehrliebsamen Gerichts-und Ratspersonen der Leumund der Keplerin hervorgehoben wird. Ihre Tochter beteuert: »sie habe sie in der der Gottesfurcht unterwiesen und führe einen ordentlichen Lebenswandel.« Der Glaserin hält man vor, »daß sie mit abergläubischen Dingen umgehe und ihre Krankheit selbst verursacht habe.« Im Juni kommt die der Hexerei halben verdächtige Keplerin nach Leonberg zurück. Reimbold und deren Mann erscheinen vor dem Vogt und verlangen ihre Verhaftung »wegen erneuter Fluchtgefahr soll man sie in Leonberg verwahren.« Verfasser der später abgelehnten Supplikation[15] ist der Stadtschreiber Werner Feucht. Im Oktober hat das Gericht die Aussage weiterer Zeugen publiziert:

- Habe sie dem Töchterlein eines Bürgers das Hexenwerk lehren wollen und diesem gegenüber die ketzerische Ansicht geäußert, daß mit dem Tod des Menschen wie beim unvernünftigen Vieh alles aus sei.

Klagepunkte gegen Katharina Kepler

- Die Glaserin trägt vor: »Sie hat dem Schulmeister Benedikt Beutelsbacher das Leben versalzen. Er wolle darauf sterben, daß sein Leiden von ihr stamme.«
- Der Schulmeister sagt: »Sie hat mich in den Jahren 1607 oder 1608 eines sonntags zu sich geholt. Dabei hat sie mich und Margaretha, Bastians Mayers Hausfrau, gezwungen, aus einem Zinnbecher zu trinken. Daraufhin habe Margaretha zu siechen begonnen, ist von da an nimmer gesund geworden und habe schließlich daran sterben müssen. Ich dagegen bin glimpflich davongekommen, denn ich habe nur wenig von dem Wein getrunken. Allerdings hat sie mir meine Mannschaft genommen.«

Die Verteidigung lenkt ein und nennt ihn einen Fabelmann. Sie bezeichnet den Beutelsbacher als gemeinen, unverständigen Idioten und abergläubischen Menschen: »Man hat bei ihm nicht soviel Hirn zu suchen, als daß man nicht annehmen müßte, es wäre seine Auslegung. Selbst im Angesicht der Folterwerkzeuge hat Katharina Kepler vor Gott bezeugt, daß sie dem Schulmeister nichts getan.«

- Bastian Meyers lungenkranker und schwindsüchtigen Frau wird von der Reinboldin vorgeworfen: »sie hat bei der Keplerin den Tod getrunken.« Dem widerspricht der Witwer und trägt vor: »sein Weib sei an Dörrsucht und nicht durch das Hexenwerk ausgesocht und gestorben.«
- Margaretha, Frau des Zieglers Endris Leibrand, sagt: »damals habe ich, gerade als ich gesegneten Leibes gewesen, einen leidenden Schenkel (Rotlauf) bekommen und bei der Keplerin ein Bad genommen. Sie habe dabei nicht nur mir, sondern auch meiner Leibesfrucht nach dem Leben getrachtet.«
- Johann Bernhard Buckh sagt: »ich habe von Jörg Hallers Weib vernommen, daß sie von der Ziegelin gehört habe, es sei erst neulich ein Haar von ihrem offenen Geschwulst gekommen, das nicht heilen wolle.«
- Daniel Schmidt meint: »Die Keplerin hat sich über die Wiege meiner Kinder gelegt. Sie haben große Knochen bekommen und seien daran gestorben.«
- Christoph Frickh sagt: »Ich habe plötzlich Schmerzen an meinem Schenkel verspürt, gerade als die Keplerin vorbeigekommen. Es ist ihm wie ein Nebel vor Augen (ge)worden. Dann habe ich mich damit behandelt, daß ich den Schenkel mit meinem Urin getränkten Tuch umwickelt habe.«
- Anna Maria Maisterlin trägt vor: »Ich habe an der linken Hüfte einen heftigen Stoß erhalten. Als ich mich umdrehte, sah ich die Keplerin über den Schloßplatz gehen, von der ich wußte, daß sie im bösen Verdacht steht. Der Schmerz stelle sich jeweils bei Neu-und Vollmond ein.«
- Der Sattler meint: »Als sie bei den Schweinen vorübergegangen ist, haben sie im Stall zu Jammern begonnen und eines sei darüber gestorben.«
- Die Hausbäckerin meint: »Bei mir ist ein Kalb erkrankt. Sie könne es geritten haben, doch ich kann nicht unter Eid sagen, daß sie schuld daran ist: auch sei sie nicht im Stall gewesen.«
- Der Küfer von Leonberg, Jacob Koch, sagt: »Michael Stahl hat bei Martin Weißhaupt erzählt, Martin Nestler hätte nach einer gelungenen Operation auf die Frage nach dem Grund seiner Krankheit auf eine Katze, die oben im Gebälk der Scheune gelegen, gewiesen und gemeint, er wollte, er könnte mit dem nassen Finger auf sie zugehen, denn sie wäre seine Nachbarin.«

- Sie habe den Schulmeister und den Gesellen des Barbiers durch einen Hexentrunk beschädigt.
- So habe das Vieh des Metzgers durch sie Schaden gelitten.

Auf die Reimboldsche Klage hat die gegnerische Seite Gegenklage erhoben, die nach dem württembergischen Landesrecht mit der anderen im gleichen Prozeß gehandelt, um den Ort gebracht und in einem Urteil entschieden werden muß.

Dann bringt Jacob Reimbold, der den Eindruck erweckt, als habe er nur noch die Gehässigkeiten seiner Frau zu formulieren, Dr. Philipp Jacob Wehenmeyer reicht 49 allerschrecklichste und schändlichste Artikel ein, mit denen er die Untaten der Keplerin zementieren will. Von der Verteidigung werden zu jedem Fragstücke verfaßt, die die Zeugen in die Enge treiben sollen.

So werden im November 1619 vom Merklinger Amtsschreiber 22 Zeugen vernommen; das Protokoll wird später der fürstlichen Kanzlei geschickt und dem Herzog vorgelegt.

Johannes Kepler bittet, daß er zu den Schmachpunkten Stellung nehmen kann. Im Konsilium fallen am 24. Juni 1620 die Würfel; die Reinboldsche Partei sonnt sich im angenommenen Triumpf. Dem Leonberger Vogt wird befohlen: »Katharina Kepler zu verhaften, sie auf die theologischen Artikel zu examinieren und mit den Zeugen zu konfrontieren. Nach darüber erfolgtem Bericht sei, falls sie nicht geständig werde, die Folter an die Hand zu nehmen.«

Bei der überraschenden Verhaftung hat ihre Tochter, »umworren im ersten Erwachen und Schrecken, warum es eigentlich zu tun sei,« den Kopf verloren. Mit einem Hemd bekleidet geht Margaretha Binder zur schlafenden Mutter, weckt sie, sodann hat sie sie nackt mit einem Deckbett in eine offene Truhe gesteckt und so, um ihr die im Pfarrhaus widerfahrende Schande und den Spott der öffentlichen Abführung zu verbergen, transportieren lassen. Dies geschieht in der Frühe des 7. August 1620. Veranlasser ist der Vogt Marx Walter.

Dann wird sie nach Stuttgart gebracht und den Leonbergern überstellt. Die Verteidigung trägt vor, daß es sich um einen schmählichen Überfall »ante citationem« gehandelt habe, der unnötig gewesen wäre, da die Keplerin mit dreijähriger unverrückter Wohnung bei ihrer Tochter in Heumaden gelebt habe[16].

Vier Tage danach wird sie examiniert und mit 17 Zeugen konfrontiert. Das Protokoll weist aus: »sie habe ihnen nicht rechtschaffen ins Gesicht sehen können. Ihre Entschuldigungen seien gering und sie habe nicht geweint, als ihr gütlich und ernstlich zugesprochen worden sei und selbst, als sie die theologischen Artikel gehört, seien ihr nicht einmal die Anzeichen des Weinens gekommen.« Die Keplerin habe sich auf Appolonia, Jacob Wellingers Witwe berufen, die 1616 wegen überaus bösem Zeugnis und (des) gräßlich auf sich geladenen Verdachts zur Hexerei zu Leonberg angeklagt und torquiert worden sei, nun aber mit einem Wirtsladen auf dem Lande streife[17].

Im August bittet ihr Sohn, der Kandelgießer Christoph, den Herzog: »es möge seine verhaftete Mutter von Leonberg an einen anderen Ort transferiret werden, weil sich deren Widersacher damit rühmen, ihr werde der peinliche Prozeß gemacht.«

Daraufhin wird sie in den Turm von Güglingen gelegt. Ende August soll sie durch den Stuttgarter Nachrichter Jacob gefoltert werden. Anfang September wird die peinliche Klage vorgebracht; sie beinhaltet 23 Angriffspunkte und stellt im wesentlichen eine Wiederholung der Reinboldschen Zivilklage dar.

Johannes Kepler alarmiert den Tübinger Juristen Christoph Besold. »dieser kühle, den Hexenprozessen an sich abgeneigte Jurist« schreibt ihm: »Die Schwere des Falles erfordere, sich jetzt an Dr. Bidenbach um Rat zu wenden, denn er sei der erste Berater des Fürsten und überdies wisse er, daß er Kepler und seiner Familie gesonnen sei.« Die

Position Keplers

darf nicht überbewertet werden. Für viele ist er einer, »der sich theologisch nicht fügen will, der mit dem Brandmahl der Häresie gezeichnet und dem man nicht einmal eine Professur in Tübingen habe geben können.«

Er bittet um Aufschub, bis er in Güglingen eintreffe, was am 26. September der Fall ist. Er möchte, daß seine Mutter in ein menschenwürdiges Gefängnis verbracht wird, damit sie trotz ihres Alters den Winter lebend überstehen könne. Es wird bewilligt und so kommt sie in das Torstüblein, wo sie mit Ketten an ein eisernes Band gelegt wird. Die mündlich vorgebrachte Bitte, sie gegen Kaution freizulassen, wird abgeschlagen.

Während der Haft in Güglingen soll sie ein kleines Geislinger Messer zum Zerkleinern der Mahlzeiten benutzt haben. In dem Zusammenhang fragt sie der Wächter Jacob Bidermann: »Kätherlein, wo bringt ihr das Messer her. Wanns der Vogt inne würde, so würdet ihr hübsch anlaufen[18].«

Kepler erreicht, daß die gegen seine Mutter gerichtete Klage auf Zahlung von 1000 Gulden »aus bewegenden Ursachen« abgelehnt wird. Das Gericht läßt den Glaser im November 1620 zur Geduld weisen.

Die landesfürstliche Kanzlei beauftragt den Advokat Hieronymus Gabelkover, die Anklage gegen Katharina Kepler zu fundieren. Die Rechtstage finden im Januar 1621 in Leonberg und kurz danach in Güglingen statt.

Beispiel eines Schmäh- und Schandbriefes, mit dem man noch im 16. Jahrhundert säumige Zahler schmähen konnte. →

[illegible]

Johannes Kepler bittet im Juli flehendlich den Landesvater, »er möchte sich als gerechter Fürst und Vater in Huld und Gnad einer armen, verlassenen, verwitweten und gefangenen Untertanin erbarmen.« Für den 20. August wird ein weiterer Rechtstag bestimmt, bei dem die Verhaftete im Beisein ihres Sohnes erscheint. Nun übergibt die Verteidigung dem Gericht eine Anklageschrift. Der Urteilsfindung durch Tübinger Juristen steht nichts mehr im Wege. Der Antrag des klagenden Anwalts lautet auf Durchführung der Folter[19].

Die Anklage konstruiert unter Berufung auf juristische Autoritäten ein zusätzliches »Indicium post capturam«, die Verhaftete habe die vom fürstlichen Anwalt im September 1620 zusammengefaßten Artikel über einen Haufen geleugnet und dem Richter die Wahrheit verleugnet und wäre dadurch der lügnerischen Tat handhaft ergriffen worden», was eine Behauptung ist.

Der vom Güglinger Vogt geschlossene Akt wird Tübinger Juristen geschickt, die zu entscheiden haben, ob die Beklagte gefoltert werden soll[20]. Sie erkennen nach Erlangung der gründlichen Wahrheit auf die Folter im ersten Grad. Im Urteil wird gesagt: »daß sie vom Nachrichter nicht angegriffen, noch viel weniger gefesselt und aufgezogen, auch sonst noch gemartert werden solle.« Begründet wird es mit ihrem Alter und der Unzulänglichkeit der Indizien.

Die Publizierung und Vollstreckung des Urteils findet Ende September 1621 früh gegen sieben Uhr statt. Doch bleibt die Keplerin, nach den Worten des Güglinger Vogtes, beim Leugnen und meint: »man mache mit ihr, was man wolle, wenn man ihr auch eine Ader nach der anderen aus dem Leib ziehen wolle, habe sie doch nichts zu bekennen. Sie fällt auf die Knie, betet ein Vater Unser und bittet, daß Gott ein Zeichen geben möge, wenn sie eine Hexe oder Unholdin sei, wenn sie jemals etwas mit der Hexerei zu tun gehabt habe. Sie wisse, Gott werde die Wahrheit an den Tag bringen und den heiligen Geist nicht von ihr nehmen. Er werde die Zeugen strafen, die sie in diesen Handel gebracht haben, denn es geschehe ihr Gewalt und Unrecht.«

Daraufhin muß sie der Güglinger Vogt ins Gefängnis bringen, bis weitere Entscheidungen getroffen sind. Anfang Oktober befiehlt Herzog Johann Friedrich den Endlichen Rechtstag anzusetzen, und die Keplerin, die sich durch die ausgestandene Territio von den Vorwürfen gereinigt habe, freizusprechen. Seit der Überstellung von Leonberg nach Güglingen sind 450 Tage vergangen, was u. a. die Gerichtskosten nach oben treibt. Die Rückerstattung zieht sich über Jahre hin.

Katharina Kepler stirbt etwa ein halbes Jahr nach ihrer Entlassung im April 1622.

Keplers Stellung zur Hexenfrage

Er gehört zu den Wenigen, die in der Lage sind, die Bannmeile der religiösen Schranken zu überblicken. Er steht in freundschaftlicher Verbindung zu Galilei. Er erkennt den menschlichen Hochmut und kämpft gegen Wunder, Vorbedeutungen und Zeichen. In Bezug auf die Geister läßt er die Frage offen, ob es real ist, an solche zu glauben. Den Hexen legt er keine Macht bei, weil sie durch Mißhandlungen hervorgerufen werden.

Ihren Luftflug macht er lächerlich, denn in seinem Traum von der Beschaffenheit des Mondes berichtet er: »daß man auf der im Äther gelegenen Insel Levania alte und ausgetrocknete Weiber kenne, denen von Jugend an dieser Glaube eingetrichtert worden sei, um nächtlich auf Böcken und Gabeln ungeheure Strecken der Erde zu durcheilen. Wenn wahr wäre, was die meisten Tribunale vom Luftflug der Hexen erzählen, wäre es vielleicht möglich, daß ein gewisser Körper, von der Erde abgestoßen, bis zum Mond gelangen könne.« Kühn zeichnet er die Möglichkeiten der Raumfahrt vor!

Christian Ludwig I. der von 1658–92 in Schwerin regiert, macht ebenfalls eine ironische Anmerkung: »er wolle der Hexen Leben und ansehnlichen Lohn versprochen haben, wenn sie öffentlich und in mehrerer Gegenwart sich zu Befehl stellen würden, durch die Luft nach dem Blocksberge reiten oder angesehenen Leuten, die in der Nähe des Berges wohnten, zur bestimmten Stunde Briefe bringen.«

Wiesensteig

Als treibende Kraft hinter den für die erste große Verfolgungswelle der Jahre 1562/63 im südwestdeutschen Raum den Anstoß gebenden Prozessen, fungiert Graf Ulrich von Helfenstein, unterstützt von seinem Bruder Sebastian, württembergischer Obervogt im Blaubeuren und entschiedener Lutheraner.

Sie betreiben die 1555 durchgeführte Reformation, obwohl sie später zum »alten« Glauben zurückkehren. Während der Prozeßfolge in Esslingen und Ulm wird mehrfach auf das Treiben in Wiesensteig Bezug genommen. Die dortigen Grafen haben: 1562

»aus großen Ursachen und vielfältigem Geschrei der Untertanen, auch wegen allerhand gründlicher Anzeigungen höchlich bewegt, mehrere Frauen wegen des Verdachts der Hexerei eingezogen und verbrannt[21]. Hier berichtet man: »daß von den Verhafteten zwei wegen der Anstiftung vieler Untaten, sonderlich schon vor mehreren Wochen verbrannt worden seien. Vier andere aber, weil sie ihre Ehemänner, Kinder und sonst viel Leut und Vieh getötet haben, am nächsten Tag gerichtet werden sollen.«

Ulrich läßt an einem Tag sieben Frauen als Hexen verurteilen. Den Pogromen aus dem Jahre 1562 fallen zwischen 79 und 108 Todesopfer zu. Sie können nicht identisch mit einer Verfolgungswelle aus dem Folgejahr sein, worüber das Flugblatt *die Warhafftige vnnd Erschreckliche Thatten und Handlungen der VXIII (63) Hexen vnd Vnholden/so zu Wiesenstaig/mit dem Brandt gericht worden seindt.*

Anno M. D. LXIII. berichtet: »Sie seien von Gott abgefallen und hätten mit dem leidigen Satan wie mit einem natürlichen Mann die Werke der Unkeuschheit vollbracht: obendrein sollten sie durch teuflische Anreizung und Hilfe greuliche Handlungen und Mordthaten verrichtet haben. Viele, sonderlich ungetauft gestorbene Kinder gruben sie aus der Friedhofserde und versotteten sie gar »unmenschlicher« und »jämmerlicherweise« zu einem Mus, andere Kinderleichen verbrannten sie zu einem Pulver. Daraus bereiteten sie eine giftige Zaubersalbe, in die sie folgende Zutaten mischen: Ratten, Hasen, Geiß, Hunde und andere Tiere; desgleichen Menschenhaar, vornehmliches rotes, Sauborsten, Wolle, Spinnweben, Milben, Eierschalen, Weinbrand, gelbes und weißes Gift, schädliche Giftkräuter usw. Das Wasser, indem die Kinder gesotten worden waren, verwenden sie zum Wetter- und Hagelzauber.«

Mit den Hexenverbrennungen in Zusammenhang gebracht werden Skelettreste, die 1950 in der Trasse der Sommerbergstraße gefunden worden sind.

Esslingen[22]

Zur Einwohnerschaft Esslingens gehören die Sprengel Vaihingen (auf den Fildern), Möhringen und Deizisau. Die Bürger gelten als fromm. Zur Zeit der Kirchenspaltung finden täglich zwei bis drei Gottesdienste statt und oft besuchen Erwachsene die Kinderbeichte. Da sich ein Teil des Lebens in der Kirche abspielt, bleibt dem Tribunal keine menschliche Regung verborgen. Allgemeine Dinge werden von der Kanzel unter das Volk getragen und 1548 wird gesagt: »ein Weib, so den Erbgrind ohne alle Schmerzen heilen kann und ihrer Kunst gewiß ist, will jedermann gewärtig sein.«

Das Ortsgericht auf den Dörfern besteht aus dem Pfarrer, Schulmeister und dem Schultheiß; von Zeit zu Zeit halten der Spitalvogt und der Stadtschreiber Visitationen. Dem Magistrat untersteht die peinliche Gerichtsbarkeit. Kriminalprozesse werden dem Einungergericht und Gastrichter zur Examination überstellt, wobei der Stadtammann den Vorsitz führt. Stehen schwierige Fälle an, bittet man um eine »Deputation ad hoc«. Todesurteile werden vom kleinen und großen Rat gesprochen. Vereinzelt ernennt das Einungergericht Kommissionen.

Man bemüht sich um ein geordnetes Rechtswesen. Die Folterkammer ist im Hagenturm untergebracht.

Frühe Prozesse

Im Mai 1541 kommt die Obrigkeit überein, Agatha Heubacher festzunehmen. Doch gibt es nur vage Vermutungen. Am 25. Mai 1543 tritt das für peinliche Sachen zuständige Einungergericht zusammen, um unter dem Vorsitz des Stadtammannes Konrad Machtolf gegen Elsbetha Langhansin zu verhandeln[23]. Man unterstellt ihr, daß sie seit etlichen Jahren mit dem bösen Geist Zauberei getrieben und mit dessen Hilfe Jung und Alt an ihrem Leib geschadet hat. Man hält ihr vor:

- Vor Jahren habe sie Hanns Hartmanns Tochter, da sie noch ledigen Standes gewesen, über die har Zepff gestrichen, worauf ihr diese ausgefallen seien. Sie sei die ganze Nacht in ihrem Haus umbgeloffen und unruwig gewesen.
- Gegenüber dem Schustergesellen habe sie geäußert: »sie sähe es am liebsten, wenn in der Stadt kein Wein mehr wüchse. Besagten habe sie Tags darauf auf die Achsel geschlagen, sagend: »er hett ein hipsch goller (Wams) an, druffe sei er krank (ge)-worden.«

Juristisch sind es magere Grundlagen, zumal die Besager keine Zeugen glaubhaft machen können und sie nicht berüchtigt ist, was eine prozessuale Voraussetzung ist. Bei der Verbalterrition streitet sie alle gegen sie erhobenen Vorwürfe ab und kontert:

- Was ihre Bemerkung zum Wein anbelange, habe man das aus dem Zusammenhang gerissen, denn sie sei einer Horde betrunkener Bauern begegnet und habe ihren Ab-

scheu davor in die Worte gekleidet. Keinesfalls habe sie den Gesellen angerührt.

- Bezüglich der Nervosität der Trödlerstochter: »solte man iren man fragen, ob er ir am bett gemangelt hab. Es sei kein christenmensch auf Erdterich, dem sie ie mit worten oder wercken laidts zugefiegt hab.«

Obwohl man zur Folter schreitet, ist ihr kein Geständnis abzuringen: zum andernmal aufgezogen, bekent nichts, darumb solte unser vatter im hymmel ihr zeug sein.«

Sie wird wohl gegen Schwören der Urfehde entlassen und damit endet der erste nachweisbare Esslinger Hexenprozeß, der eigentlich keiner ist. Solche Freisprüche bedeuten mitunter die Exkommunikation aus der Gemeinschaft und den sozialen Tod[24]. Mitte Februar 1544 muß sich

Endres Bickelhenning

von Augsburg vor dem Esslinger Ammann rechtfertigen. Er hat mit dem Hexenwesen nichts zu tun. Vermutlich handelt es sich um einen Landstreicher oder landschädlichen Brenner, der die Gegend verunsichert. Zwar sagt er, daß ihm ein französischer Schneiderknecht seinen Strick und das Holz zu Zauberzwecken gegeben habe; »er sei überdies kein prenner well auch, so Gott will, kain brenner werden oder sunst laidts zufigen.«

Als er auf solches gebunden: »hat er sich ganz übel gehept und gewainet und um barmherzigkeit gepetten.« Er hat sich auf Montag, den 11. Februar in der Nacht auf dem Thurm im Stüblin, darin er gelegen an sein Hemd und an das eysinggitter im fenster erhangen; der ist folgends durch den Nachrichter auf dem Schelmenwasen vergraben worden.«

Dem Esslinger Kürschner Hans Kaufmann erkrankt ein Kind und der besorgte Vater sucht

Walburg Beserin von Bappenheim

auf, die kräuterkundig ist und »manchen Mensch hie zu Esslingen gesund gemacht und ihre Kunst an vielen Leuten probiert hat.« Sie weiß keinen Rat und diagnostiziert auf Hexerei und Zauberwerk. Bei der Gelegenheit besagt sie Berchta Buhl, Frau des Anton Buhl (Schreinerin): »die hett das kind angriffen und ander leutt me.« Die Verleumdung endet böse für sie. Sie nimmt zwar ihre Aussage als frei erfunden zurück. »Alls ob

← Strafen der frühen Neuzeit. Zwicken, Rädern, Pfählen, Aufziehen (ggf. mit Steinen).

Folterung bei anwesendem Gericht. Kupferstich von Mettenleiter, Mitte 18. Jahrhundert.

sie kind warsagen.« Doch wird sie von der Obrigkeit an den Pranger gestellt und man läßt ihr die Zunge abschneiden.

Zu diesem Zeitpunkt kann nicht von einem grassierenden Hexenwahn gesprochen werden. Deutlich wird es am Vorgehen gegen die

Geschwollene Jungfrau

Zwar sind die Prozeßakten verloren, aber der Fall – eine medizinische Sensation, ist so spektakulär, daß er aus zeitgenössischen Quellen, Chroniken und Flugschriften rekonstruiert werden kann, »zumal zu Weihnachten 1549 aus deren Leib hundert dreyundfinfzig wirm geschloffen[25].«

Begonnen hat die Geschichte von der »Ulmer Zauberey« um 1545 damit, daß sich die 18 Jahre alte Anna, Tochter des in Esslingen Pliensau-Vorstadt wohnenden Weingärtners Hans Scherer, über den Anblick eines fallsüchtigen Buben so entsetzt hat, »daß sie ein grossen b(a)uch hatte iberkomenn als ob sie schwanger wer ... und derselb je lenger je merer zugeleggt und si gar iberflüssig gros worden, darob sich alle welt hartt verwundert. Und ist die junkfraw mit dem bauch umgangen vngeferlich 3 oder 4 jar und sich angenommen, als ob sie kein leibliche Speiss (ge)niesenn möchte und sich lasenn merkenn, und sie sey bey ihrer scham verwassen (verwachsen) und hab ir stuhlgang zu dem mund heraus ... obwohl man sie aus apodekischer labung, eingemachts dings und ops (Obst) verköstige.«

Schon ist man der Auffassung: »daß ein wildes Tier in ihrem Leib rumore ... es ist recht lebendig geworden auf den Karfreitag, wenn sie Milch oder anderes getrunken hat, hat der Bauch angefangen zu gumpen, als ob ein Tier seiner Nahrung nachlaufe und danach angefangen mit einem Gespräch, als ob sie eine junge Sau in ihr hätt.«

Die Familie zieht Nutzen aus dem Spektakel und als der einträgliche Bauch zu schwinden beginnt, fängt sie an, ihn auszustopfen[26]. Die Ärzte schöpfen keinen Verdacht und im April 1550 beschließt der Rat, ihr ein Denkmal zu setzen[27].

Immer wieder gelingen neue Vertuschungsaktionen und dann wächst das Mißtrauen. Der Esslinger Stadtarzt Venerantus Gabler bereitet dem Spuk ein Ende. Der Altbürger- und Zunftmeister entdecken einen Katzenbalg, der zur unbemerkten Entleerung des Harns bestimmt ist. Nun fliegt der Schwindel auf und die Familie-mit dem Gesinde 14 Personen, werden gefangengesetzt. Das Einungergericht vermutet die Mutter als Drahtzieherin. Sie wird als Hexe entlarvt, die mit dem Teufel im Bunde steht.[28].

Der Bürgermeister sieht sich überfordert und konsultiert die Kollegen in Tübingen. Die dortigen Juristen versagen sich[29] und dann beschließen am 21. Januar 1551 der kleine und große Rat am Endlichen Rechtstag die Margarete Ulmer auf einen Wagen zu binden und zum freien Markt vor das Rathaus zu führen, hier ihr Geständnis zu verlesen und sie durch das heilige Kreuztor auf die gewöhnliche Malstatt des Hochgerichts zu führen, wo man sie daselbsten mit dem Holzwerk ihres Hauses, in dem sie so großen Betrug geübt und getrieben, mit dem Feuer zusammen mit dem angerichteten Bauch zu Pulver verbrannt und damit vom Leben zum Tod gerichtet werden soll.«

Die Tochter kommt günstiger weg; man stellt sie an den Pranger und brennt in ihre Wangen das Stadtzeichen. Daraufhin wird sie ins Gefängnis gebracht, wobei die Schwierigkeiten nicht aufhören. Sie beschwert sich über das Essen und verlangt geistlichen Trost. Schließlich wird sie freigelassen und da sie Verwandte nicht aufnehmen wollen, bringt man sie ins Armenhaus. Später stellt man ihr ein Gemach zur Verfügung; mit unerwünschten Folgen, denn am 3. Juli 1564 wird berichtet: die Ulmer Anna kumpt wider einmal ins buoch; ligt vff dem thurm uß Ursach daß sie ir hat laßen ein khünd anhenken[30]. Sowohl das Kind stirbt und auch die Mutter: wohl an den Folgen der Geburt.

Pfarrer Naogeorgus kontra Obrigkeit

Im Sommer 1562 geht ein Unwetter in der Region nieder, über das Crusius in seiner *Schwäbischen Chronik* berichtet[31]. Es ist er Auslöser der Stuttgarter Prozesse. Gewitterwolken ziehen auf, als ob es würcklich Nacht wäre. »Es war fast anzusehen wie eine Niederlag, da viel tausend Soldaten in der Schlacht umkommen.«

Schon sieht man einen göttlichen Fingerzeig. Vielleicht erinnert man sich an Luther, der gesagt hat, »daß der Teufel nicht nur Streit, Mord und Krieg verursache, sondern auch Hagel und Krankheiten an Vieh und Menschen.«

Naogeorgus gilt als leidenschaftlicher Bekämpfer des Papsttums. Er ist aktiver Hexengegner und Stimmungsmacher; er setzt sich für das uneingeschränkte Züchtigungsrecht des Mannes gegenüber den Frauen ein. Er wettert auf der Kanzel gegen die Obrigkeit[32].

Schon beim ersten größeren Hexenprozeß spielt er eine unrühmliche Rolle. Er predigt mehrere Sonntage über die verderbliche Wirksamkeit der Unholde und stiftet Unruhe. Er eifert dagegen, daß man die Gefolterten jüngster Zeit freigelassen hat und warnt Kirchgänger vor ihnen. Auf der Kanzel soll er gesagt haben: »Die Hexen sollen sich nicht erlauben, seine Kirche zu betreten.« Es trägt ihm einen Verweis ein: »Die Geistlichen sollen der Sache gemäß nicht so predigen, wie neulich mit dem Hagel geschehen, damit sie nicht die Gemeinde wider ihn verbittern.«

Die Spannungen werden größer, zumal er sich gekränkt zeigt und uneinsichtig ist[33]. Er sagt: »er habe nie aufrüherisch gepredigt und rede der Obrigkeit nichts ein. Sie dagegen sollen ihn nicht angreifen und in Ruhe lassen. Jüngst habe ein Geistlicher gepredigt, zu Esslingen sei eine unnütze Obrigkeit und man habe denselben dahinreden lassen, ihm aber mutze man seine Predigten auf. Daher müsse er fast denken, daß hier wirklich eine solche sei.«

Jetzt erteilt man ihm einen scharfen Verweis. Er wird bei einer persönlichen Auseinandersetzung durch einen Hieb am Kopf getroffen und unter dem Vorwand der Abweichung von der Lehre des Abendmahls und der Taufe entlassen. Glaube er doch Lotterbuben und Henkern mehr als der Obrigkeit; er errege durch seine Predigten, mit denen er nicht allein dasteht[34], Zwietracht und Unruhe. Er stirbt Ende Dezember, kurz nach der Rüge, in Wiesloch.

Unbestritten ist, daß in Esslingen Geistliche und Mediziner die Vorstellung vom Hexenwahn schüren, obwohl Schröder konstatiert, daß die seinerzeit neu eingerichtete Kirchenbehörde keine Rolle spielte. Tatsache bleibt, daß man 1561 den Stadtpfarrer wegen Aufwiegelung der Gemeinde stürzt, daß der Esslinger Diakon Jacob Faber als Verfasser eines Traktates über das Hexenwesen den Einsatz der Folter verteidigt und daß der Rat in Hexensachen ein Gutachten des Ministeriums einholt, das den Syndici zur Stellungsnahme vorgelegt wird. Dennoch entsteht der Eindruck, als sei die Mitwirkung von Theologen bei Strafprozessen unerwünscht.

Berchta Buol, Barbara Schauer und Lucie Zeh

Bei einer Hochzeitsfeier im Zunfthaus der Krämer sehen die Gäste eine Frau auf dem Dach nachtwandeln und »Zur scheyben« hereinsehen. Dann springt eine schwarze Katze herum. Schon meint man, in ihr Berchta Schreinerin zu erkennen, die sich in sie verwandelt habe, »zumal sie vor zehn Jahren in den Verdacht der Zauberei gekommen sei.« Der Tübinger Wundarzt Georg Funk erklärt sich bereit, sie einer Hexenprobe zu unterziehen. Er will sie aus einem mit einem bestimmten Kraut bestrichenen Becher trinken lassen, was bewirke, »daß mit diesem im Leibe eine wirkliche Hexe ihre Profession nicht zu leugnen vermöge.«

Der Verdacht richtet sich gleichfalls gegen die Pfauenwirtin Barbara Schauer, die von der Verwandschaft und ihrem Mann belastet wird, so daß seitens der Obrigkeit der Verdacht besteht: »er möchte seine Gründe gehabt haben, sich seines anrüchigen Eheweibes zu entledigen[35].« Man will die beiden verhaften, stößt aber auf den Widerstand einiger Ratsmitglieder. Der kleine Rat zögert und merkt an: »es könne vielleicht einreißen und dadurch manchem Unrecht geschehen.«

Man hat nur Geschwätz in der Hand und mit der schwarzen Katze kann es so wild nicht gewesen sein, sagt doch Helena Kreydweysin (des Bürgermeisters Hans Spies seligen wittib): »sie habe lediglich ein schwartz thierlein gesehen, das mit dem Schwänzlein gewedelt, wis aber nit was es sey.«

Bei der dritten Umfrage vom 12. August 1562 findet man eine Lösung: »die Berchta soll fencklich angenommen und vff denn verdacht gefragt werden ... dergleichen die Schauerin.«

Man konsultiert zur Sicherheit den Stuttgarter Vogt, von dem eine abwartende Haltung eingeht[36] und fragt beim helfensteinischen Obervogt Balthasar Mütschelin an, der in Wiesensteig amtiert[37], wie man dort mit den Hexen umgehe? Jedenfalls ist das Belastungsmaterial dürftig.

Man bringt die Verhafteten in den Gefängnisturm und am 13. August 1562 schreitet der Ammann Hans Sachs »von wegen des Verdachts, daß sie ein Unhold sei,« mit Barbara Schauer zum Verhör. Man ermahnt sie, die Wahrheit zu sagen. Sie wird beschuldigt:

- Sie habe ihrem Liebhaber böse Griffe gegeben, ihre Schwiegertochter, Enkelin als auch zwei andere Personen bezaubert und außerdem habe sie den Pfarrer Naogeorgus mit ihrem Hexenwerk versehrt.

Er habe sich mit der Bitte an sie gewandt, seinen schmerzenden Schenkel zu besprechen und sie sagt über die Haftbedingungen: »die leys haben sie schier gefressen.«

Sie weist alle Vorwürfe zurück; »sie glaube es nicht, man möge ihr Leib, Ehre und Gut nehmen, man habe mit Steinen nach ihr geworfen und sie habs wollen dem Ammann klagen, habe sie doch ebenso gelitten wie Jesus Christus ... sie habe wahrlich nichts getan.«

Den größten Unwillen bezeugt sie gegenüber dem Pfarrer: »der wie ein Dieb über sie lüge.« Sie wolle Gott ihrem Herrn Leib und Seele opfern und sich ihm ergeben, sie befehle sich seinem rosenfarb(igen) Leib und plutt, hat dann ein langes Gebet getan und sagt sie wolle nichts bekennen, man schände, brate oder stoße sie in siedig Öl, so sey es nicht.«

Da man es als Verstockung deutet, läßt man sie durch drei Grade foltern. »schreyt, sey bei Gott und der Mutter Maria nit schuldig. Sie hab mit dem Pfarrherrn gehandelt wie ein biderweyb, hab ime vogel peeren und epfel gepracht, auch gruß gethan ... sie hab irem gabelin (der Enkelin) khein leyd thon, sie hab wol gedacht, es komme von pluttem husten her.«

Dann wird ihr der kleine Stein angehängt: »schreit hefftig, o wee, o wee, sie ging mit der Wahrheit umb, sie habs angezeigt, so war Christus am Kreyzt gestorben.« Dann wird der große Stein angehängt und sie wird erneut aufgezogen: schreyt hefftig, sie hab die Wahrheit angezeigt, so war der Sohn Gottes, Jesus Christus, Tod und Marter erlitten ... sie hab ihrem Gabelin nichts gethon, der Teufel habe nichts an irer armen seel zu schaffen, Gott soll ir beystendig seyn ... man solle doch einen Tegen in sie stoßen, so wiß sie nichts.«

Die Peiniger entlassen sie unter Androhung weiterer Zwänge: »falls sie nicht von ihrem Tun lasse.« Auch Berchta Buols streitet alle Beschuldigungen ab. »Gott der vatter soll ir zu trost und zu hilff kommen ... es gescheh ihr unrecht, so war Gott im Himmel sey.«

Jetzt wird die längst verjährte Sache aufgewärmt. Damals hat sie die »kirsnerin«, um deren Neugeborenes es übel steht, rufen lassen, aber deren Rat »sie möge dem Kind treiblein geben und ein schmelzin ins breilein, sondern ihm »hienerderm« zu essen geben, trotz ihrer Warnung, es werde ein »grymen« zur Folge haben. Dann sei sie eiligst wieder heimgegangen, aber die unglücklichen Eltern haben einen »Wahrsager hinderwerts ir geschickt« (Beserin von Bappenheim), die sie als Schuldige (Hexe) ausmachte.

Sie wird weiter gefoltert: »Vatter im hymel, stand der Gerechtigkeit bey, Christus hab

Christoph Besold (1577–1638), 1610–35 Professor in Tübingen und 1636 in Ingolstadt. Kupferstich von Wolfgang Kilian in Augsburg.

auch Tod und Marter gelitten von der Unschuld wegen, will sys auch leyden, ist uffzogen. Sie habe keinen bösen Geist bei ihr, denn allein Christum Jesum. Am Jüngsten Tag werde ihr Blut Rache über sie schreien, da man sie also martere.«

Jetzt legen die Verwandten und Nachbarn Fürbitte ein: »weil sie allein durch Mißgunst und falsche Bezichtigung ins Gefängnis gebracht worden sei ... obwohl sie sich stets wohl verhalten.«

Die Obrigkeit findet sich in Beweisnot. Anstalten zu weiteren Ermittlungen werden nicht getroffen und schon sieht es nach deren Freilassung aus. Es folgt ein Rückschlag, denn am 24. August 1562 geht ein Schreiben des Wiesensteiger Obervogtes Balthasar Mütschelin ein, das alle Hoffnungen zunichte macht, denn neues Belastungsmaterial wird vorgelegt.

»Sie seien offtermals bei der Agatha und der undervogtin gewest zu wiesenstaig, item das letsts mal uff dem sommerberg bei der unholdin stellen gewest, item uff schwarzen klepperlein reittend oder fahrendt khomen, wenig größer, dan Milchkälber, haben schöne klaidung angehabt, item haben teuffelisch trabanten gehapt und anders, ein großen pracht gehapt. Namentlich die Berchta sey zu wißensteyg wol bekandt.«

Wieder schreitet der Esslinger Rat zur peinlichen Frage und die Schauerin sagt: »man mag ein messer in sie stoßen, so wiß sie nit, bitt irs allters zu verschonen ... sie liegen uff sie wie die dieb und böswicht, die herrn sollen ir seel bedenken, sie sei lam, khend nit essen noch uffsteen. Ach Herr, durch deine fünff wunden, Gott im Hymmel, thue ein Zeichen.«

Erschwerend kommt hinzu, daß ihr Hans Schwarz vorhält: »er habe einmal den Teufel in der Gestalt eines Mannes in ihrem Garten gesehen.« Dann bricht die Folterqual aus ihr hervor:

- Etwa vor einem Jahr sei ein greulich ding an ihr Bett kommen, aber sie habe sich gesegnet und das Kreuz gemacht. Hierauf sei es verschwunden. Auch die Buol leugnet (!) jede Bekanntschaft und sagt: »sie khenn kein mensch zu wiesensteig.«

Sie beteuert ihre Unschuld und bricht nach einer zweimaligen Folter zusammen. Dann wird im Rat erörtert, wie man weiter verfahre? Man schickt einen Delegierten nach

In der französischen Buchmalerei werden die »Höllenstrafen« sehr realistisch dargesellt. →

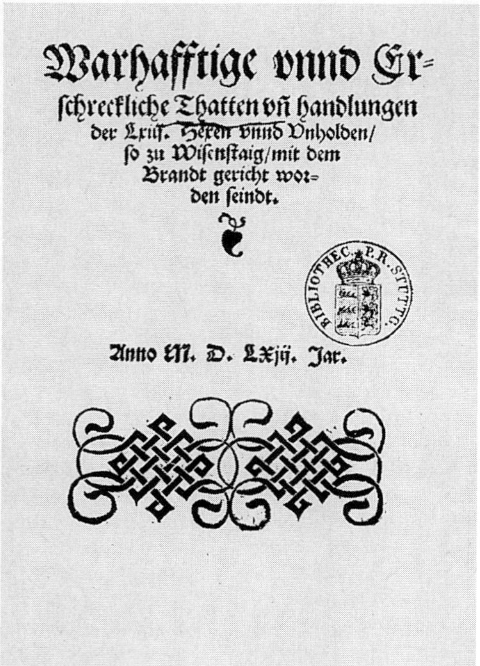
Warhafftige vnnd Er=
schreckliche Thatten vñ handlungen
der Lxiij. Hexen vnnd Vnholden/
so zu Wisenstaig/mit dem
Brandt gericht wor=
den seindt.

Anno M. D. Lxiij. Jar.

Titelblatt einer Textflugschrift zu den Hexenverbrennungen in Wiesensteig (1563).

Wiesensteig. Er kommt zurück und gibt an: »sollende inne 3 gewest sein von eßlingen«, woraus man folgert, daß eine dritte Hexe auf freiem Fuß sein müsse. Kurz danach hat man sie entdeckt, Lucia, Hans Rappen nachgel. Tochter von enzeveyhing (Enzweihingen), jetzo anderiß Zehen, zymmermans eeliche haßfrouw.«

Vor vier Jahren soll sie zur ihrer Nachbarin Wirtelin gesagt haben: »komm mit mir, ich will dich an einen Ort führen und reich machen.« Während ihres Verhörs macht sie die Aussage: »sie habe geschlafen und es habe ihr gedeucht, und zwar wie wenn sie träume, sehe sie viele Leute, die auf einem hohen Berg ducheinandergeraspelt seien. Ob sie wirklich mit der Lucie fortgewesen sei, könne sie nicht sagen, denn sie habe bei ihrem Erwachen stets im Bett gelegen. Hernach sei wohl ein halbes Jahr herumgegangen, währenddem sie die Vernunft nicht gehabt. Das habe sie ihren Nachbarn erzählt.«

Jetzt wird Lucie Zeh aufgezogen. Auf dem Turm sagt sie zu den begleitenden Knechten, »daß man auf der Suche nach Hexen durchweg auf die Armen verfalle, man solle sich auch um die Reichen kümmern.« Dann beteuert sie: »allezeit habe sie sich vor solchen Weibern gefürchtet. Wenn man in ihr eine Hexe sehe, soll man sie verbrennen oder braten. Die Wirtelin sei eine Lügnerin: man soll sie ihr gegenüberstellen. Daraufhin wird sie mit dem Bemerken entlassen: »man werde sie weiter foltern, falls sie nicht von ihren Lügen lasse.«

Die Sache spitzt sich zu, da sich die Obrigkeit ein solches Unrecht nicht eingestehen kann. Man besinnt sich der Fähigkeiten des Nachrichters aus Ehingen: »weil er schon in dergleichen Dingen Handlung gepflogen.« Der Obervogt aus Wiesensteig läßt wissen: »sein Herr könne denselben gerade jetzt umso weniger entbehren, weil er fünf andere Weiber gefänglich eingezogen habe.« Auf Verlangen wird der Stuttgarter Scharfrichter herangezogen und für Anfang September ein Verhör anberaumt.

Die Anschuldigungen werden durch Ludwig Morsch erhärtet, der im Ruf steht, böse Geister bannen zu können und behauptet, einen Spruch gegen den Hagel zu wissen[38]. Er sagt: »die Schauer und Bul wären ihm längst verdächtig vorgekommen. Sie wären mit etlichen Mädchen in den Wald gegangen und er habe gehört, daß sie einen Reifen (Frost) machen können.«

Die Buol erklärt, daß der Nachrichter wie ein Schelm lüge, wenn er behaupte, sie habe jemals mit einem bösen Geist etwas zu schaffen gehabt. Sie habe von Jugend an auf Gottes Wort wie einen Felsen gebaut und ihn lieb gehabt.«

Barbara Schauer »könne wegen der harten Folter nicht mehr schlafen und sei wegen ihrer goßen Schmerzen fast von Sinnen. Gott im Himmel wisse, daß sie unschuldig sei und nie mit dem bösen Geist etwas zu schaffen gehabt habe.«

Obwohl man Lucie Zeh zweimal foltert, bleibt sie standhaft. Sie hat aus Angst »das wasser von sich loffen lassen.« Dann stellt man ihr Anna Wirtelin gegenüber, die nichts neues hervorzubringen weiß, als »daß ihr gedeucht habe, sie sei mit der Lucie auf einer großen Heide, wo viel Volks mit Trommeln und Pfeifen gewesen. Da habe sie ein Rutlein von ihr empfangen, um damit diejenigen, welche mit ihr reden wollten, zu schlagen.«

Die Zeh beteuert, daß die Wirtelin über sie gelogen habe und klagt darüber, daß sie als Unschuldige leiden muß. Ihr Trost wäre lediglich: »daß es nur noch kurze Zeit zu tun sei, dann habe sie es überwunden. Sie könne nicht mehr arbeiten und wolle lieber sterben.«

Nochmals legen die Verwandten Fürbitte ein. Der Rat beschließt die Geistlichen Nao-

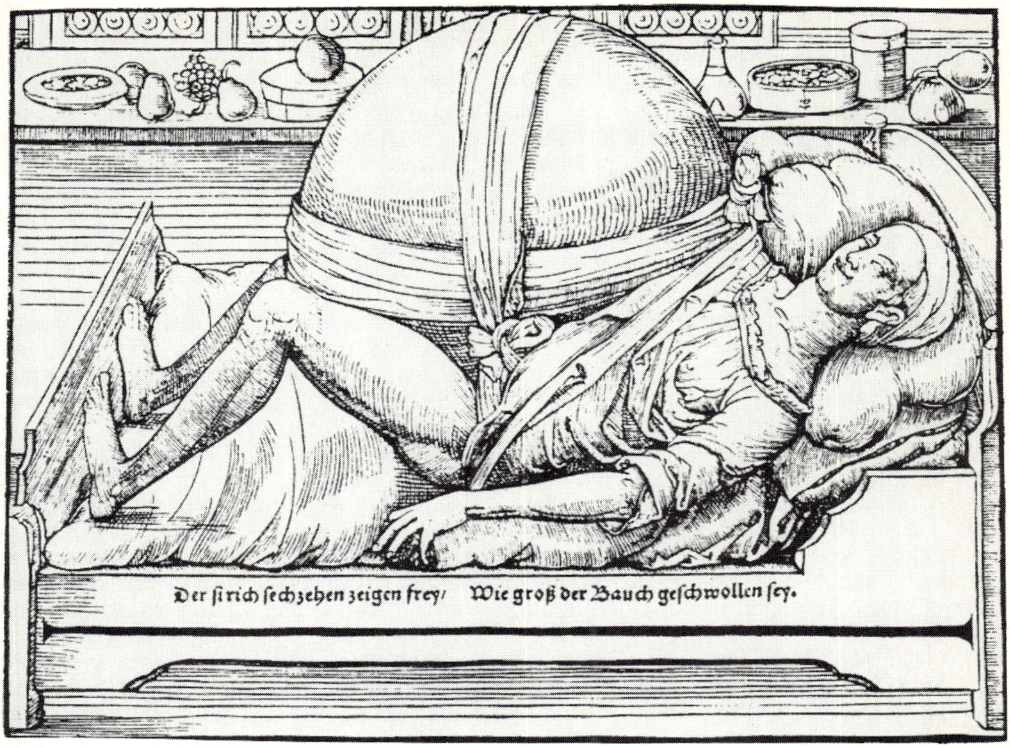

Holzschnitt, der Anna Ulmer mit dem großen Bauch darstellt. Orginal in Landesmuseum Gotha.

georgus und Martin Severus zu ihnen auf den Turm zu schicken und ihnen zuzureden. »endlich die Wahrheit zu bekennen.« Zudem wird der Graf von Helfenstein konsultiert: »die drei Weiber seien ernstlich und wiederholt befragt. Dazu wäre der Stuttgarter Scharfrichter mit seinen Gesellen hinzugezogen worden. Man hat nichts Übles aus ihnen herausgebracht. Weil aber das gemeine Geschrei gehe, wenn der Nachrichter von Ehingen über sie komme, würde er schon etwas herausbringen. Weil er geäußert hat, er wüßte mit ihnen umzugehen, habe man beschlossen, ihn zu rufen.«

Es geschieht im Oktober mit Zustimmung des Esslinger Bürgermeisters und dem versammelten Rat. »als es die Eingezogenen erfahren, freuen sie sich: weil ihre Sache nun zu einem Ende komme.« Der Henker behandelt sie in aller Strenge. Lucie Zeh, die während eines Wahnanfalles Scheiben einschlägt, wird im Bett verhört. Dann räumt der Scherge ein: »er wisse weitere Handlungen nicht vorzunehmen.«

Jetzt wird ein Schlußstrich unter das widersinnige Verfahren gezogen und der Text einer heuchlerischen Urfehde zusammengestellt, die im wesentlichen aus Rechfertigungfloskeln besteht. »Großer und kleiner Rat wollen diesmal mit der erlittenen Turmstrafe ein Begnügen haben und euch alle drei auf euer künftiges Wohlverhalten in Gnaden entlassen. Aber dergestalt, daß ihr euch künftig zu ewigen Zeiten eures Lebens in diese böse Verdächtigkeit und Argwohn der fahrenden Frauen, Hexen und Unholdinnen mit Worten, Werken, Reden, Gebärden und sonst in allem anderen weiß und weg, weder heimlich noch öffentlich, viel weniger durch die Tat, begeben oder teilhaftig macht.« Das verlogene Dokument wird am 16. Dezember 1562 beschworen.

Die Unglücklichen werden zum Leidwesen des Naogeorgus, des Grafen von Helfenstein und des Ehninger Scharfrichters entlassen. Der Graf schreibt Ende Dezember 1562: »er habe erfahren, daß der Rat die Weiber freigelassen habe, er jedoch sei fest entschlossen, die billige Strafe an ihnen vornehmen zu lassen[39], er denke nicht an eine so liberale Haltung.« Zudem beklagt sich der Scharfrichter: »die drei in Esslingen wären nicht die einzigen Hexen. Wenn man ihn nur hätte machen lassen, wolle er sie schon zum

Geständnis gebracht haben. Sobald er aber etwas zu scharf habe vorgehen wollen, hätten sich gleich einige Herren darein gelegt und ihn gefragt, warum er die armen Weiblein so quälen wolle.«

Sie sind nur nach dem Buchstabe des Gesetzes frei, sehen einer unglücklichen Zukunft entgegen, sind geschwächt, arbeitsunfähig, krank, zerschlagen, verachtet, auf Almosen angewiesen und von der Gesellschaft ausgeschlossen.

Damit verlieren sich die Quellen über den Prozeß, der mit einer Niederlage für die Obrigkeit endet.

Barbel-Hebamm

Die Verschreiungen gehen weiter und besagt wird die »Wagenbarbla«, die man als böse Frau ansieht. Sie soll ein Kind mit den Worten: »khum her, due liebs khind« an der Seite und am Herz berührt haben, das »dieselbig Nacht sich noch vor Schmerzen zu krümmen angefangen, sei es gar ellendt noch uff dißen Tag khon weder steen noch geen.«

Der Nachrichter von Ehningen diagnostiziert »auf Hexenwerk.« Sie stolpert über hochgespielte Marotten und ihren mangelhaften Verstand.» Die in ihrer Einfalt manches tut und dadurch den Verdacht auf sich und andere legt.« Erhärtet wird ihre Position durch die Tatsache, »daß einer Zeugin bei einem Besuch gewahr wurde: »daß ein Besen hinter der thier geleint uff den still, und daß sie sich sofort daran gestoßen habe.«

Zum Beginn des Jahres 1563 entschließt sich der Rat, den Nachrichter zu beauftragen und die Wagenbarbel zu befragen. Es kommt zu abenteuerlichen Aussagen:

- Jörg Feihel trägt vor: »Er hab sich vil not erlitten mit seinem buben, hab in wol 30 oder 40 Gulden cost, er klag aber nichts, zeich niemandt ... doch habe die Wagenbarbel vor dem Breitentor seiner Frau vorgeworfen: sie ziech den Buben nit wohl und als am escherich mittwochs (Aschermittwoch) die Barbel auf einem Lotterbett einen Fußtritt versetzte und er zugleich darauf am donstag zunach einen Harnstau erlitt ... sei ihm allwegen gesagt worden, man habe ihn angegriffen.« Als die Wagenbarbel bei ihm einen Krankenbesuch gemacht, beginnt er zu schreien: »owe, owe, vatter, die barbel kumt.«
- Jonas Walers trägt vor: »ihm sei bei sechs oder sieben Jahren ein Kind erkrankt, das es »gillfett wie ein hienlein in ain ay« und auch zu ihm sei die Barbel khommen und das Kind lieb gehapt.« Darum habe ihn seine Frau gescholten und gesagt. »sie sei ain soliche fro und hab ir kind zaubert.«
- Die Frau des Linhart Wagner hat immer das Stoßgebet: »almechtiger got, behiet mich« auf den Lippen, wenn sie ihr begegnet, zumal ihr die Barbel während der Schwangerschaft auf den Bauch gegriffen hat: zuletzt waren ihr drei Kinder vor der Taufe gestorben.

Die Erkundigungen des Rates kommen zum Abschluß und am 15. Januar 1563 beginnt die offizielle Untersuchung. Anfangs leugnet sie jede Schuld, doch ihre körperlichen und geistigen Kräfte sind bald verbraucht, zumal sie neun peinlichen Verhören unterzogen wird. Sie legt ein umfassendes Geständnis (!) ab:

- Sie habe dem Kind etwas angestrichen, sey ein salben ... sei von Kindsschmalz, dazu habe sie gebraucht schellfezen (Obstkraut) ... sey gelb ... kraut mit den preyten pletter (breiten Blättern) und wenn es wachst, so hab es plauwen Blimlin (blaue Blüten). Mit dieser Salbe habe sie des Leewen Kind versehrt, den Finger allein ins Büchslein gestoßen und damit das Kind angerührt. Das Salbenbüchslein befinde sich bei ihr zuhause auf der Bühne unter dem Dach.
- Mit ihrer Salbe habe sie vier weitere Kinder krank gemacht.
- Ein Mann habe ihr das Zaubern gelehrt, wisse aber nicht, wie er heiße, sagt doch darauf, er heiß Eisenmann und er sey in ihrem Haus zu ihr gekommen. Er sei aber nur zweimal bei ihr gelegen. Hab ir nichts gethonn und hab die liebin nit mit ir pflegt. Sagt doch: »ja, er hab die liebin mit ihr pflegt, wisse nicht, wie sein männlich Glied sei, habs nit gesehen noch (ge)griffen. Er hab kein Hosen angehabt und sey nit klar gewesen. Als ihr Mann im Feld gewesen sei, habe sich der Eisenmann helingen zu ihr hineingeschlichen, wo er sie nit mehr denn dreymal beschlaffen.
- »Der Teufel habe Geißfieß gehabt. Er habe ein abenteuerliches Antlitz und keine natürliche Wärme wie ihr Mann ... doch ir Lebtag habe sie noch keinen Menschen gehört, der kliger geredt hab denn er: er sei so klug gewest alls khein mensch in der wellt, der sich aber sexualibis unbeholfen anstelle.«
- Er habe sie auf die Wiesen, Waiblingen zu, zwischen der Linthalde und dem Uhlbacher Holz gelegen, geführt ... Auf einem besen still hinaußgefahren, ungevarlich zwischen 4 und 5 Uhr. Weiber aus Uhlbach, Unter- und Obertürkheim seien auch dagewesen, so die Frau des Dorfschreibers oder die

des Schulmeisters. Deren Gespielinnen »haben praun reck angehapt, nit lang gewest, wie die reuter tragen.«

- Auf dem Kirchhof habe sie die Leiche eines Kindes in ein Tuch gewickelt und mitgenommen. Sie haben es mit einer hauwen usgraben. Sey ein Medtlin gewest ... umbs jar oder anderthalb. Auch habe sie ein Kindsleichlein gesotten und ein salben daraus gemacht; hab (aber nur) wenig geben.«
- Die Frau des Wagner habe sie us neyd »wie das hemmet ein schlitz hab, hineingegriffen und ir die Salben auf den Bauch gestrichen.«

Die Obrigkeit zeigt sich von dem Geständnis überrascht und man sagt: »man wisse nicht, ob sie es aus Blödigkeit oder aus Furcht vor der Marter gesagt habe.« Dann stellt man wieder eine Lüge in den Raum: »Diß hat sie ohne aller Marter bekhent und an(ge)zeigt. «Nun wartet sie mit neuen Zeugen auf:

- Lienhart Bemerlein bestätigt: »er habe wol argwohn gehabt ... jemant anzuzeigen, uff wem er doch argwohn habe, ist nit gern herauskommen, doch gesagt, uff die Wagenbarble, von deren hab er gehört von Jugend auf, das sie solt ein bese frowe sein, er sei auch druffe zogen worden von seinem Vater.
- Die Barbel habe einmal ein Kind auf den Arm genommen, worauf es zu zittern angefangen, in Siechtum gefallen und verstorben sei.
- Den Hammelhans überkommen Schweißausbrüche, als er der Wagenbarbel von seinem Nachbargrundstück ansichtig wird.

Die Kenntnis magischer Sprüche leugnet sie standhaft und dann sagt sie unter der Folter: »sie sey schier nit mehr bey sinnen.«

In ihrer Not besagt sie weitere, darunter Barbara Bemerlin, Hans Schratten eeliche haußfrouw. Sie wird ahnunglos am folgenden Tag verhaftet. Sie beschwört voll Angst das Gericht: »sie nicht zu castigen ... sie sey unschuldig alls Jhesus unschuld am kreyz gelitten ... khend von herzen weinen, laßt das Wasser an der voltur (Folter) von ihr laufen und gehept sich krenklich, gar übel.«

Erfolglos sind die Versuche des Pfarrers Martin Severus, die Wagenbarbel so weit zu bringen, um gegen die Schrattin auszusagen. Am Samstag, den 30. Januar, muß Barbel eine weitere Tortur über sich ergehen lassen und sagt: »sie hab so ein pein im kopff, daß sy nit mehr eygentlich gewißt.«

Im Februar 1563 treten der große und kleine Rat zusammen, um über das Urteil zu beraten. Aufgrund der eindeutigen (!) Indizien wird sie zum Tod durch das Feuer verurteilt und es wird beschlossen:

»auf solches ihr freies und eigenes Bekenntnis erkennen der Bürgermeister, kleiner und großer Rat als Urteil zu recht, daß sie durch den Nachrichter von dem Turm herunter gefänglich zum freien Markt vor das Rathaus geführt wird und nach der Verlesung ihrer Urgicht hinaus zu dem heilig Kreuz Tor zum gewohnlichen Hochgericht geführt und daselbst mit dem Feuer vom Leben zum Tod gestraft werden soll.«

Wider Erwarten widerruft sie ihre Aussagen und meint: »Hab sie gleych gesagt, damit sie nur nit gemartert werde.« Mit dem Eisenmännlein habe sie nie etwas zu schaffen gehabt, sie sei nie von Gott abgewichen und bitte um Verzeihung.« Gegenüber einem Geistlichen bekennt sie: »sie habs nit anders geredt, dann wie eins uff der Canzel verkendt hab, es seyen die Rethen gewest, man soll ihnen das Nachtmahl nit geben.« Eine Unschuldige wird der Staatsräson geopfert[40].

Der Endliche Rechtstag mit der Vollstrekkung des Urteils erregt das übliche Aufsehen und der Chronist Dreytwein vermerkt: »die Wagenbarbel habe sich im feur dapffer heren lassen, zu got geschreyen Jheus und mit dem Kopf gegebbet bis zum Ende.«

Am Montag, den 15. Februar, wird Margaretha Jerg Kerzers Hausfrau beim Stadtammann in Gegenwart von Geistlichen vorstellig und sagt: »Ir aigen fleisch und der bös feind hat ir fir und fir getrouwet, sie in das recht zu werffen, ir jez ihnns feier werfenn.« Sie beschwört das Gremium, sie habe ihr Leben lang kein Kind angerührt und macht sich bittere Vorwürfe, für die in ihrer Verwandschaft verstorbenen Kinder nicht genug gebetet zu haben. Im Traum sei sie von Berchta besucht worden.« Wir haben eine Selbstbezichtigung vor uns.

Damit enden die Prozesse der 1560er Jahre. Ende Juni 1596 findet ein Hexenprozeß des Stadtammann Eberhart Gilgen, des Bürgermeisters Johann Friedrich Bechten, Johann Wege und einem Peter Schweikert statt. Im Hintergrund des Agierens stehen dubiose Hexenproben. Nun wird

Walpurga Hoppenhans

sel. Tochter gütlich examiniert: »Sie habe sich bei der Begegnung mit Apollonia Schuders die Augen zugehalten, worunter sie eine neckische Geste versteht und beteuert: »sie habe mit dem beesen Man nichts zu tun.« Dann beschießt das Gericht die Einholung weiterer Zeugenaussagen und die Verhöre finden Ende Juni 1596 statt. Es wird ruchbar, daß sie die schwerkranke Frau des Matthias Wagners »mit straichen verlämbt« und ihr daraufhin einen Boten geschickt habe, »daß sie ir in drey tagen wiederumb helffe.« Die rasche Genesung kommt Nachbarn wunderlich vor, daß sie »gar iren khind ein brey machen khönde,« was die Eheleute Kenner und Speidel bezeugen.

Dann soll der Wagner die Walpurga mit seiner Hellebarde aus dem Haus getrieben haben. In der gleichen Nacht wird seine Frau krank und sie ist der Meinung, daß es von den Schlägen der Walpurga komme. Es genügt, um sie anzuprangern.

Bei einer nüchternen Betrachtung stellt es sich anders dar. Die Magd sagt: »die Herren haben sich wegen ihrer Krankheit nicht mehr zu helfen gewußt, als »daß man die verhafftin zu ihr precht.« Den Verdacht gegen sie zu erhärten habe man sie angewiesen, Brot und Salz sowie einen Besen »stieloben« hinter die Tür zu stellen, da Walpurga, »so sie thetterin sey,« dann das Haus nicht mehr verlassen könne. Sie soll mit einer Hexenprobe überführt werden. Man soll sie rückwärts aus dem Haus lassen.

Man sagt: »wilt niß hinauß, so gee in teuffels nahmen.« Zudem muß die Magd ein Glas voll Harn des Kranken, »mit wax und einem lumpen zubinden in dem Namen Gottes, Vaters, Sohns, hl. Geists, und auf solches hin werde das Mensch, so die Krankhe beschuldiget, miesen ins Hauß khommen, welches sie also gethan.« Als man ihr den Zutritt verwehrt, kommt es zum besagten Handgemenge.

Die Eheleute Rauschnabel tragen vor: »Fastnacht vor drei Jahren habe ihr Töchterlein nach dem Besuch der Walpurga sich anfangen uebel zu gehaben, item ir der athem anfangen kurz zu werden, gehießlet und lastlich sehr groß geschwöllen, bis sie endtlich derselben Krankheit auch gestorben.«

Bei einem Krankenbesuch habe die Walpurga einen »pfeffer« mitgebracht, von welchem der Hund »uber ein nuß schalen voll nit davon geesen, doch sogleich umbgefallen wider uffgesprungen und sich greilich erzaigt ... die Katze habe die Speis nechtens ausgeessen, gleich umbgefallen ... und den andern Tag also tot funden.«

Ein Weber aus Plieningen bringt ein, seine Krankheit rühre nicht von Gott her, sondern von den besen Leuthen (Walpurga). Als Beweis führt er einen um ein Ei gelegten Zwirn an, der in der Glut nicht verbrannte. Ihn krank gemacht zu haben, verdächtigt ein Obstbauer die Walpurga; sie habe ihn auf dem Obstmarkt gehänselt: »wie bu bistu so karg, soltest mehr geben,« und habe ihm dabei auf die Schulter geklopft, worauf sich an dieser Stelle »rote beyzel« gebildet, mit denen er abends »wie die haselnuß« am ganzen Körper übersät war, so daß kein »Nadelspitz« mehr frei gewesen.

Mysteriöses berichtet Hans Seitz aus der Zeit seiner Buhlschaft mit ihr. Seinerzeit sei »ein bixenschuß vonn der verhafftin behaußung in ain liecht erschienen unnd ime ain Bogenschuß biß zum hauß nach gefolgt ... ihn mit seinem Hut eingefangen, wäre ihm nicht gelungen. Er sei (damit wohl) gewarnet worden, aber ir nit mehr nachgehanget, also das erste uns letzts mal bei ihr gewesen.«

Nach der Blamage der vorausgegangenen Prozesse neigt man zur Vorsicht. Man holt beim Syndikus Dr. Dionysius Fleiner und dessen Kollegen Samuel Herzog Rat ein.

Sie gelangen zu einem eindeutigen Urteil[41)]. Man empfiehlt die Anwendung der Folter und möge ihr bedeuten, daß es mit ihr nit recht zu thun sei und daß sie mit Zauber und Hexenwerk umbgehe, so solt sie redend bekhennen und anzaigen, was Personen sie damit beschädiget, wie lang sie es getrieben und von weme sie es gelehrnt habe.«

Daraufhin erkennt der Rat auf die Durchführung der Tortur, womit Meister Hans beauftragt wird. Die Walpurga bleibt bei ihrer Aussage: »sie sei khein Hex und Gott werd ihr helfen.«

Dann beschließt der Rat eine strenge Tortur (bevor man sich auswärtigen Rat hole). Die Walpurga verneint in summa alles was ir durch den Herrn Bürgermeister aus dem Examen fürgehalten, und nun wolle man ein

Bedenken gehn Nördlingen

umb Bericht geschrieben haben.« Man verdeutlicht den Esslinger Kollegen, daß Armut, ein betrübtes Hauskreuz, unvorhersehbare Notfälle, eine beschwerliche Schuldenlast, übermäßiger Geiz, verbitterte Rachgier, eine frech-unziemliche Liebe und fleischlicher Begür und Fürwitz oft den Teufelspakt herbeiführen.

Gute Erfahrungen habe man damit gemacht, die Gefährdeten durch christliche und verständige Leute, die ihnen Trost, Rat und Hilfe zukommen lassen, an die Seite zu geben. Dadurch würdt desto leichter der Weg gemacht weiter zu procedieren. Summa, wann man so weit kombt, daß solche weybspersonen sich dem bösen Feind ergeben und gemeinigklich mit ihrem blutt verschrieben, so kan man hernacher mit der Tortur desto steiffer procedieren«.

Freilich sei es kein Allheilmittel und zudem habe man beim Verhör die Fragetechnik zu beachten ... Besonderheiten wie die Haar abschneiden, die Veränderung der Kleider sei allhie nicht gebraucht und obwohl Nachrichter gewiße tränkh brauchen wollen, ist dasselbig nicht abgeschlagen und doch anderst nit, dann mit gewißer maß zugelaßen worden.« Dezidiert geht man auf einige Foltermethoden ein.

- Der Einsatz großer Steine sei nicht ratsam, dann solche weyber gemeiniglich schwach und dardurch allso zugericht worden, daß man hernach Sorg und Gefahr handeln oder (gar) stillhalten müsse.
- Ein Instrument, der Stiefel genannt, hat zum besten gewürckt, dann die Weibspersonen starck haimsucht und doch anderer weiblicher zuestand (Schwangerschaft?) und zuefell halber kein Gefahr uff sich trägt.

Weitere Entwicklung

Sogleich schickt man die Esslinger Geistlichen hinter die Inquirierte, doch ohne Erfolg. Jetzt sucht man in Biberach um den Nachrichter Vollmer nach, der ob seiner Kunstfertigkeit als Experte gilt. Ein weiteres Verhör kommt am 20. August zustande. Der Henker sucht nach Hexenmahlen, ohne fündig zu werden. Walpurga bleibt bei ihren Aussagen und will nichts bekennen. Der Nachrichter konstatiert: »bis jetzt habe sich nichts argwöhnisches finden können, wolle man aber sichergehen, müsse man sie «gar ausziehen und mehr suchen.«

Der Rat gestattet ihm, »er möge sie von fuoß auf besichtigen« und auch an ihren oberen Beinen findet er nichts. Überraschend gelangt er zur Erkenntnis: »er halt sie für khein ohnholden.« und so kommt Walpurga nach dem Schwören der Urfehde[42] frei. Jerouschek hat recht, wenn er sagt: »der Prozeß vermittelt ein zwieschlächtiges Bild[43],« endet doch das Spektakel mit einer obrigkeitlichen Niederlage. Am 6. August 1602 wird eine Untersuchungskommission gegen

Margarete Harscher

nach Vaihingen abgeordnet[44]. Der amtierende Schultheiß Veit Reinhardt macht keinen Hehl daraus, wie wenig von Besagungen zu halten sei. Er zeigt sich über den Dorftratsch erhaben; »sey eben verdechtig und (so) mehre sich der Verdacht. Er könne mit gutem Gewissen nicht sagen, ob sie eine Hexin sei, da jeder die Gemeinschaft mit ihr scheue.«

Die aus Laichingen stammende Harscherin steht im Geschrei: »da si vil zu der alten schizingen, des conrad kerchers gewesen weib gewandert, die auch im bösen argwohn gewest.« Deren Schwester wird sechs Jahre zuvor wegen Hexerei in Trochtelfingen inhaftiert und später verbrannt.

Der Schultheiß meint: »er habe sonst nie gehört, »das sie leiten viech oder sachen schaden gethan ... man will mit den Klagen von zwei Frauen befaßt gewesen sein, die von der Harscherin Krankheiten angehext bekommen haben sollen, doch wisse er nit, was es auf sich habe.«

Als Denunziant tut sich der Schulmeister Conrad Elsässer hervor. Dann wird das Ehepaar Luz als Belastungszeuge berufen und Catharina Luz gibt an:

- Als sie und die Harscherin einander auf einem Feldweg passieren mußten, habe sie ihr dreimal mit der Hand auf die rechte Achsel geschlagen und kurz darauf habe sie heftige Schmerzen an Schultern und Armen verspürt, sich aber des nachts nichts weiter dabei gedacht. Am kommenden Morgen seien ihr die stechenden Schmerzen vir das herzt gefahren und da war sie nicht mehr in der Lage aufzustehen. Ein Stuttgarter Apotheker habe ihr den Tip gegeben, im Namen des Satans einen Wassereimer zu schöpfen und ihn unter das Bett zu stellen, da dann die Verursacherin zu erscheinen gezwungen sei. Prompt habe sich die Harscherin eingestellt. Außerdem habe sie in Erfahrung gebracht, daß sie in Plieningen und Echterdingen Kinder umgebracht haben soll.
- Ihr Mann sagt, daß ihm bei der Begegnung mit der Harscherin: »ein solcher schweiß inn kopf und angesicht ausgangen, als wan man ime waßßer ybern kopf abgegossen hette.«

Bevor man zur Inquisition schreitet, sucht man eine Absicherung bei Dr. Fleiner, der sich ungern solcher Dinge annehme[45]. Der Teufel beschmiere alles mit seinem Unflat, so daß man zwischen Fisch und Fleisch schwerlich unterscheiden könne ... trotzdem geht es mit Margreta nit recht zu, weshalb die in Verdacht Geratene »in hafft gezogen« und auf die 16 Artikel des von ihm ausgearbeiteten Fragenkataloges verhört werden soll.

Am 10. August räumt sie ein: »wan sie aller sinden so frey wer als dießer sind der Hexerey, so wöllte sie als in himmel kommen, seye ein arme sinderin wi ander leut auch.« Nun wird sie von Nachbarn besagt:

• Barbara Heberlin war sie zwey mal mit der flachen hand yber den lincken arm abgefahren, worauf sich prompt Schmerzen eingestellt hätten. Sei es doch nicht das erste Mal, daß sie von bösen Weibern angegriffen worden und ir bluot sey vergifftet. Seye an arm und schenkheln lam, da sie manches mal die finger nit zusammen pringen könde, ein suppen ein zu schneiden. Zudem habe sie ihr Mann wegen der über Nacht eingegangenen Sau in Verdacht.«

• Einmal soll sie einer Kindsbetterin Wein verehrt haben, worauf ihr der Leib ufgelaufen, so habe sie vermeint, sie werde zersprengen mießen, ein anders mal hatte sie im Streit, wie ein Zeuge bekundet, seinem Vatter mit wasser yber den kopf angeschittet, daß es vermeint er ertrinhken mießte und als dieser hernach mit der Gabel auf sie eingedrungen, habe sie ein Stein wol acht Pfund schwer erwischt und gegen ime werffen wöllen.«

Noch immer zeigt sich die Obrigkeit verunsichert und beschließt, ein theologisches Gutachten einzuholen. Christoph Hermann und Lucas Osiander, die Diakone Martin Kegerlin und Joachim Pinkisser kommen überein, daß der Verdacht gegen sie vor allem von abergläubischen Leuten herrühre und es erzeige sich: »das durch solche Personen, die sich des laidigen satanas als seine instrumenta zu aygen ergeben. Vielmehr habe sich in den Denuncianten das Wort erfüllt, danach der »böse geist cräfftig wirkket bey den syndern des onglaubens,« (Ephes. 2.)

Zudem verweisen sie auf den zurückliegenden Prozeß gegen Walpurga Hoppenhans, der im Sande verlaufen sei. Habe es doch keinerlei Anstände gegeben, »bis das geschrey von der Catharina Luz ufkomen.«

Mit Rücksicht darauf könne man nicht raten, der Harscherin sei etwas anzutun, sie sei viemehr auf freien Fuß zu setzen mit der Auflage, niemand zu berühren und Zuhause zu bleiben. So wird entschieden und man unterstellt sie der Aufsicht des Spitaloberen.

Doch einmal in schlechten Ruf gekommen, ist es fast unmöglich, sich davon zu befreien. Acht Jahre später wird erneut gegen sie vorgegangen. Der Argwohn gegenüber ihr hat sich erhöht. Man grenzt sie aus der dörflichen Gemeinschaft und munkelt: »sie habe einen bösen Wandel, gehe zur ungelegenen Zeit ins Feld, habe ein falsches Gesicht und für niemand ein gutes Wort, zudem gehe sie unregelmäßig zur Kirche.« Schließlich finden sich 24 Besager ein. Ihr Leben wird zum Spießrutenlauf.

• Ein Nachbar sagt: »sie habe seine zwei Rinder auf dem Gewissen und eines davon durch einen Streich mit einem steckhen gelähmt.« Erschwerend kommt dazu, daß der Böblinger Nachrichter meint, die Lähmung der Tiere komme von einem »angriff« von bösen Leuten her.«

• Ludwig Nanz will sein Leib und Leben darauf geben, daß die Harscherin zwei seiner Kinder auf dem Gewissen habe. Dann berichtet die Frau des Schulmeisters: »in Plieningen sei eine Frau, die von der Harscherin ein halbes Maß Wein erworben hatte, krank, ausgelaufen und geschwollen worden.«

• Für Heinrich Hermann steht fest, daß sie am Tod seiner Kälber schuld sei.

• Der Echterdinger Schultheiß berichtet, die Harschrin werde beschuldigt, in eine Wiege geschaut zu haben, als sie mit ihrem Weinfässlein dort weilte, worauf das darin liegende Kind, das zuvor »gesund und frisch gestanden mit zwey hellen schreyen ergrilt und die Woche darauf mit großen Schmerzen verstorben sei.«

• Einer Frau sei nach einem Besuch der Harscherin ein Kind gestorben: »wie dann die hexen solches ze richten.«

Dr. Fleiner neigt zur Vorsicht und schließt sich nur teilweise der Dorfmeinung an: »Sie werde vom Bösen regiert« und doch rät er zur Anwendung der Folter: »schließlich lasse Gott kein Übel und Missethat ungestraft.«

• In ihrem Haus sei bis mitten in der Nacht ein Licht herumgetragen worden. Eine Katze habe auf dem Kamin gesessen und ein großes Geschrey gehabt.

• Ein Wetter sey so ungestüm hereingebrochen, daß im Nachbarhaus zwei Kühe ihre neuen Stricke entzweigerissen haben.

• Eine Frau, die von ihren Wein getrunken habe, sei 14 Wochen lang krank gelegen.

Nochmals werden die Geistlichen konsultiert, was nicht auf das juristische Wohlwollen stößt: alle Verdächtigungen wisse man nur vom Hörensagen, keiner habe etwas gesehen und man müsse vor allem das feindliche Klima berücksichtigen. Ludwig Nanz seye ein liederlicher man, der gar aine haillose haushaltung habe. Man möge sie jetzt in ihr Haus verbannen »und ir zu sölchem ende, damit sie nit über ir schwellen khommen möge, ain starck paar eyserner pandt oder fessel an beide fueß anschlagen, doch so, daß sie ihrem haushalt nachkommen könne.«

Nach Auffassung der Juristen scheidet der Hausbann aus, weil er eine sichere Beweislage voraussetzt.

Das Gerangel eskaliert, obwohl man sie im Juni 1604 auf freien Fuß gesetzt hat. Diesmal geht es um eine Krankheit der Tochter Heinrich Hermanns, deretwegen das Vogteigericht in Vaihingen zusammentrifft und nach Esslingen berichtet. Angeblich hat die Harscherin das Mädchen auf der Straße umgetreten und ihr an den Hals gegriffen, sich aber dann geweigert, der Liegenden zu helfen. Jetzt hat Dr. Fleiner keine Bedenken mehr, die Folter vorzuschlagen »da man bewegliche und rechtmeßige Ursachen habe, gegen die Harscherin mit peinlicher Frag zu verfahren.«

Seinem Vorschlag entsprechend wird sie auf den Turm gebracht. Man droht sie aufzuziehen und hängen zu lassen, falls sie nicht gestehe. Sie merkt an: »Gott werde ein Exempel an den(en) tun, die sie so angeben.« Schließlich kommt sie mit dem Schwören einer Urfehde davon und wird am 23. Juni 1612 erneut freigelassen. Dann verlieren sich die Quellen. 1623 kommt ein Verfahren gegen den Schuhmacher

Elsässer

in Gang. Zunächst soll ihn der Pfarrer unter dem Vorwand seelsorgerischer Anteilnahme verhören. Er gesteht (?) einen Ehebruch mit der Frau von Georg Beutelbacher. Doch habe er sich mit deren Mann verglichen: »daß alles vertuscht geblieben.« Gleichen Orts (auf dem Kirchturm ?) habe er seiner Frau so zugesetzt, daß diese gar schrie und einen nahenden Reiter übersehen hat. Der Schreinersfrau habe er in den Laden hereingerufen. »schätzle laße mich hinein« und trotzdem treibe er es mit Adam Heberlins Frau. Daß man sich zum Beginn des Jahres 1626 erneut mit Hexensachen zu befassen hat, zeigt das Verfahren gegen den etwa 65 Jahre alten, des Lesen und Schreibens unkundigen

Martin Schreyer

dem man seit Jahren die Kunst des Geisterbannens nachsagt. Er soll den längst verstorbenen Schultheiß von Ruit gebannt haben, wozu ihn der Schwiegersohn des Wiedergängers beauftragt hat. Begonnen hat alles mit seiner ersten Frau. Als er auf Buhlschaft um sie gegangen sei, wäre es nicht mit rechten Dingen zugegangen. Erst als dessen Vater und Großvater ihm versichern, daß sie rechtschaffen sei, habe er in die Ehe eingewilliget und sie als gottesfürchtig erfahren.

Drei Wochen und einen Tag nach ihrem Tod sei sie zu ihm auf die Kammer gekommen, habe sich zu ihm ins Bett gelegt und ein Licht geschlagen, worauf ein schönes Kind ans Bett getreten und sie mit den Worten: »ach Gott, ich hab main aig flaisch und bluot entleibt«, um Erlösung gefleht und dann habe sie ihm einen Griff gegeben, den er lang gehabt.«

Er habe in seiner Not den Bürgermeister Scheublin und den Pfarrer Widmann um Rat angegangen und man habe ihm empfohlen: täglich drey mal ein Vater Unser und den Glauben zu sprechen. In der Folgenacht sei ihm die Verblichene wieder erschienen und Tags darauf habe sie sich in der Alltagskleidung eingestellt, doch gleich wieder entfernt, als sie seiner gewahr wurde.

Da sich bei ihm keine Hexerei nachweisen läßt, wird von der peinlichen Befragung abgesehen, er aber verpflichtet, sich bei der Androhung der Leib- und Lebensstrafe des Bannens zu erhalten. Am 25. Januar 1627 wird er nach dem Schwören der Urfehde freigesetzt.

Mitte Februar 1632 berichtet der Stuttgarter Vogt, ein Verhör Schreyers habe ergeben, daß ihm die abgestorbenen Seelen in der Gestalt von Licht oder weißen Wolken erscheinen. Man halte ihn, da er mit einer weiteren Beschwörung beauftragt war, in Rücksicht auf die Kälte, seiner dürftigen Kleidung und seines hohen Alters (von 75 Jahren) in der Stube des Stadtknechtes fest. Schließlich habe man ihn mit einer zehntägigen Haft belegt und aus dem Herzogtum gewiesen.

Verfänglich scheinen der Obrigkeit seine Machenschaften im Schwarzen Adler, wo ein Gespenst zum Fenster hereingefahren und den Wirt traktiert hat. Nun wird ihm der Prozeß gemacht und er sagt: »er habe nichts mit dem Teufel zuethon«, doch wenn er in sein Haus kom und bethe, so kommen die armen seelen, hopfen wie die wax liechtlein uf dem boden.«

Bei einem weiteren Verhör wird in Erfahrung gebracht, daß er seine Kunst in Sillenbuch verübt hat, wo zwei Gräfinnen einen Schatz vergraben hätten. Nachts um 11 Uhr habe er sie herzitiert: weißgesichtig und schwarz gekleidet seien sie ihm erschienen und ihm kundgetan, der Schatz liege bei der Stiege. Dann wird er auf die Folter gespannt und aufgezogen. Sie scheint ihm nichts anzuhaben und er redet weiter: »so als ob nichts geschehen sey.« Der Rat entscheidet sich für eine Haftstrafe.

Am 24. Mai wird beschlossen »daß er ein jar und ein tag in einer prison mit waßer und brot gespeiset werden solt.« Im Frühjahr 1627 wird gegen

Clauß Grieb

wegen Hexerei ermittelt. Er wird wohl gefoltert, »weilen des verbrechen ybermaßen groß, das er lebendig mit dem feur sollte vom Leben zum Tod gerichtet« werden. Vollstreckt wird das Urteil am 1. Juni 1627.

Am 2. Januar 1628 erhalten die Ratsprotokolle den Eintrag: »Hans Stoll, 59 Jahre und Hans Fischer, 55 Jahre, ehedem Oberknecht im Spital aus Möhringen auf den Fildern, hätten »alle drey species sodomiae« getrieben. Hans Stoll wird wegen Zauberei und widernatürlicher Unzucht zum Feuertod verurteilt, indem ihm ein Pulversäckchen an den Hals gegängt wird. Hans Fischer erleidet das gleiche Schicksal. Caspar Kunkler, gewesener Koch im Spital, soll mit einem Schwert abgeurteilt werden, wird aber in eine ewige Verweisung des Stadt- und Hospitalgebietes begnadigt.

Im Zusammenhang mit einem Selbstmordversuch aus Möhringen steht 1630 ein neuer Hexenprozeß gegen den etwa 65 Jahre alten Schneider

Hans Wild

an, der sich erhängen will. Später versucht er, sich mit einer Zündschnur die Kehle abzuschnüren. Der Pastor greift ihn an: »schon vor 46 Jahren habe er sein Versprechen nicht gehalten, worauf ihn der Teufel – in seine Kammer schwebend-heimgesucht habe. Der Dorfrichter bescheinigt ihm Hurerei und dann wird seine Frau gefragt, weshalb sie sich den liederlichsten ausgesucht habe. Ihre elf, 12 und 13 Jahre alten Töchter aus der ersten Ehe weigern sich im Haus zu bleiben, aus Angst daß ihnen der Vater Gewalt antue. Sie klagt: »er nehme sie in die Kammer, werfe sie aufs Bett und liege »mit bescheidenheit zu reden« nackend by ihnen. Er habe soviel Schande und Laster getrieben, daß solches mit keuschen Ohren nicht zu sagen sei, Fressen, Saufen und beim Teufel Schwören sei sein Tägliches gewesen.«

Das eine Mal habe sie ihn nackt vor der Kinderwiege erwischt und dann habe er sich gebrüstet, eine Echterdingerin geschwängert zu haben. Sein Stiefsohn Hans Gohl sucht ihn anfangs zu decken, gesteht (?) aber, wie er seiner verheirateten Schwester Margarete in eindeutiger Weise nachstelle. »und sie gar zu Boden geworfen.« Auf dem Weg zum Rathaus hab er gemeldet: »wann seine Seele aus dem Leib wäre, woll ers braten und wieder hinein freßen. Pfaffen und Schultheißen scherten ihn nicht und führe man ihn nach Esslingen, werde er ein Donnerwetter loslassen.

Seiner 12 Jahre alten Stieftochter Anna habe er im Weingarten einen Pelz versprochen: »wenn sie ihm zu Willen sei.« Er habe gefressen und gesoffen und dann sei er »wie ein wildschwein neingefahren« Ein Nachbar vermutet, daß er über ein Mittel verfüge, Frauen unfruchtbar zu machen, womit sich ein Zeuge erklärt, daß sich vor allem »iunge leut« mit dem Hurer eingelassen.

Am 27. Januar schreitet das Gericht unter dem Vorsitz des Ammans zum Verhör. Als Grund für seine Selbstmordversuche gibt er an: »die Ursach seiner Verzweiflung, ein(z)ig und allein, dass er und sein Weib so übel miteinander gelebt, hab fünf Stiefkinder und er kein rechts.«

Er räumt ein, sein Eheversprechen vor 47 Jahren nicht gehalten zu haben. Den Taler auf die Ehe habe er der auserkorenen Agathe verehrt, sie aber dann sitzen lassen, worauf sie sich an einer Kiefer erhängt. Sodann sei der Teufel in der Gestalt einer schwarzen Wolke erschienen.

Er bestreitet nicht die unzüchtigen Handlungen an seiner Stieftochter Anna: allerdings sei das Mächen zu ihm ins Bett gelegen. Er habe sich zwar auf sie gelegt und sein Sach mit ihm vollbringen wollen, doch habe er sie nicht um ihre Jungfernschaft gebracht. Man schreitet zur Folter und seine anfängliche Arglosigkeit schlägt in Panik um.

- Im Stuttgarter Wald sei vor ihm ein Mann, schwarz gekleidet mit einem ebensolchen Spitzhut auf, gegangen. Auf einem Baumstumpf sitzend habe er auf ihn gewartet und gefragt, ob er Geld brauche. So habe er von ihm zehn Taler erhalten. Den Bösen habe er an seinen dünnen Schenkeln erkannt.
- Dann habe er von ihm (diesmal grün verkleidet) eine grüne Salbe und ein weißes Stöcklein erhalten, Vieh und Menschen damit zu verderben. Sein Komplize und (Salben)lieferant sei ein verstorbener Kuhhirte gewesen, mit dem er auf einer Katze Ausfahrten in verschiedene Weinkeller unternommen habe.
- Das Jawort seiner Frau verdanke er einem Laubfroschknochen, mit dem er sie auf die Achsel geschlagen habe.
- Er sei bei Hexentänzen auf der Kemnater Heide gewesen, dann in einem Tal bei Sindelfingen, wo er den Braten verschmäht »da er nach Katz« ausgesehen.
- Von den anwesenden Frauen habe er nur

die inzwischen verbrannte Sindelfinger Wirtin Susanne gekannt.

- Der Teufel habe ihn mit einem Messer an der linken Brust geritzt und mit einigen Blutstropfen den Abfall von Gott und die Teufelsgefolgschaft auf Pergament bekundet.

Das Verhör endet zur Zufriedenheit der Obrigkeit. Allein das Wettermachen will ihm nicht über die Lippen: »sey weiber arbeit.« Er beteuert, auf seine Aussagen Leben und Sterben zu wollen und sagt: »alles sei falsch, hab es nur selber erdacht. Weder sei er ausgefahren noch kenne er die genannten Orte. Er habe die Geschichten ersonnen, um vielleicht davonzukommen, wenn er den Herren ein Geständnis zu Gefallen tue.« Im Urteilsentwurf werden die Wild zur Last gelegten Untaten in 35 Punkten aufgeführt.

Dr. Kreidemann segnet das Urteil ab und im Rat kommt man überein, Wild zu enthaupten und seine Leiche zu verbrennen. Der zum Tod Verurteilte verfaßt sein Testament, das den Angehörigen nicht weitergegeben wird; es befindet sich bei den Akten. Kurz danach wird das Urteil vollstreckt. Am 23. August 1642 setzt ein »Bedenken« des Superintendenten

Tobias Wagner

die Obrigkeit davon in Kenntnis, daß David Scherriblin, ein Weingärtner, den Teufel mit seinen desperierten Gedanken zu sich gezogen und eingewilliget hätte, ihm für einen Dukaten auf eine Zeit zu dienen und mit seinem Blute sich lassen verogligieren. Wagner trägt an, den Unglücklichen um seines Seelenfriedens willen zu »cassieren«, während sich die Geistlichkeit des Themas auf der Kanzel annehmen wolle. Wenn sich die Gemüter beruhigt haben, könne man ihn auf freien Fuß setzen.

Am 18. November 1642 kommt der Fall vor den Rat. Dr. Kreidemann schlägt eine schärfere Gangart vor. Der Superintendent ist seit Ende 1631 für die geistlichen Belange der Reichsstadt verantwortlich und folgt 1653 einem Ruf nach Tübingen. Wagner läßt in diesem Zusammenhang die Predigt mit dem zugkräftigen Titel: *der kohlschwarze Teuffel/ das ist; eine scharffe predig vom vnd wider den teuffel … Über einem schröcklichen Fall einer Mannsperson/die sich in Schwermuth dem teuffel mit eigenem Blut verschrieben … aber, durch Gottes Gnad wieder zu recht gebracht, und dem Teuffel auß dem Rachen gerissen worden,«* die 1642 in Ulm im Druck erscheint. Er ist überzeugter Lutheraner und wettert gegen Papisten.

Portrait von Tobias Wagner (1598–1680) mit Inschrift. 1649, J. G. Nist (Maler), Peter Aubry (Stecher), Kupferstich, 16,5 x 12,8 cm, Esslingen, Stadtmuseum.

Die Schrift bleibt nicht unbeantwortet. Aus Dillingen meldet sich ein »Liebhaber der Wahrheit«, der Wagner der Lächerlichkeit und des Aberglaubens zu überführen sucht, was aus dem Titel der Gegenschrift deutlich wird[46].

Jerouschek gelangt zu der Auffassung, daß es sich um eine der bedeutenden Schriften zur Kritik am zeitgenössischen Hexenwahn handelt. »die im Grunde genommen das prozessuale System aus den Angeln hebt«[47]. Er vermutet hinter ihr den Kontroverstheologe Laurenz Forer, Beichtvater des Bischofs von Augsburg und somit einen hochrangigen Jesuiten.

In Rechtssachen wendet sich der Esslinger Rat mehrfach an die Juristen der Tübinger Universität. Die Antworten stammen aus der Feder des rennomierten, abwägenden und zur Milde neigenden Ordinarius, Joachim Wibelius. Ein Ratsersuchen stammt vom 30. November 1648. »in Sachen Hern Burgermeisters und rath zu Eßlingen, cläger gegen Barbara, Nicolaus Rawen weib allda.« begehrt man rat »ob unangesehene fürgangener zweymahliger territion des Scharffrichters und angeordneter instrumenten, die verhafftin mit der Tortur ferner angegriffen und schärpfer torquiert werden könne ... widrigenfalls welche Strafe zu verhängen sei.«

Zur Last gelegt werde ihr ein kürzlich unternommener Selbstmordversuch, dann habe sie unlängst mit dem leidigen Teufel zu tun gehabt, der ihr in der Gestalt eines jungen Mannes auf einer Waldwiese erschienen sei. Er habe ihr angeboten, ihren richtigen Mann umzubringen. »alßdann sie einander heurathen« wollen.

Mit ihm habe sie die teuflische Unzucht gepflogen: »wie es die Hexen zu tun pflegen, nämlich daß der concubitus kalt gewesen.«

Der zweite Fall liegt etwas anders. Im Becher Wirtshaus zu Stuttgart, abgeruckter weyhe nacht, war einem Michael Schenkel, gebürtig aus dem reichsstädtisch-ulmischen Langenau, der böse Feind in der Gestalt eines starken schwarzen Mannes über das Bett gekommen. Er habe ihm dermaßen zugesetzt, daß er der heyligen dreyfaltigkeyt absagen, undt sich dem Teüffel mit leib und seele ergeben müssen, unndt dan volgenden morgens solche gelegenheit gezaigt, das er daselbsten in Junker Jerg wollgen von kaltental, fürstl(ich) württemberg(ischen) vorstmeisters, behausung köstliche Kleider und andere mobilien entwehret (entwendet), dannenhero er mit der todtsstraff unzuversehen zu sein, dafür gehalten werden will.»

Wibelius stellt klar, daß sich die Tübinger Juristenfakultät nicht der Auffassung anschließen kann. Am 12. September 1653 wird Hans Neuffer aus Möhringen mit dem Schwert gerichtet, bevor man seine Leiche auf einen Scheiterhaufen wirft. Seine Kuh, mit der er im 66. Lebensjahr Sodomie getrieben hat, muß mit ins Feuer.

Ein halbes Jahr später wird Hans Keiffer zum Tod verurteilt, weil er »ußer böser anreizung deß leidigen Satans seines sündtlichen flaisches mit einem ehrlichen ledigen jungen Mägdlein zu Deitzisau unerbare schandtliche und vor Gott unverantwortliche Sachen getrieben und dieselbe wider ihren willen mit (der) gantzen gewalt nit gezogen, dazu auch mit der Passauer Kunst[48] umb etwas umbzugehen sich gelustehn lassen.«

Nach einer zweimaligen fußfälligen Fürsprache seiner schwangeren Frau mit ihren unmündigen Kindern, Eltern und Geschwistrigen wird ihm die Todesstrafe erlassen. Man stellt ihn im Halseisen an den Pranger und verweist ihn der Stadt ... »was tags darauf vollzogen wurde.«

Massenprozeß 1662 bis 1665

Aufgrund der vorgeschalteten Ereignisse kommt auf allen Seiten Unsicherheit auf. Es fehlt ein Funke, um einen Hexenbrand auszulösen. So verbreitet sich das Gerücht: »weitere Hexen und Zauberer würden ihr böses Handwerk treiben und ihren Frevel an Mensch und Vieh üben.«

Die Untersuchung setzt im Juli 1662 ein. Die Zahl der ermittelten Personen steigt sprunghaft. Schließlich werden in Vaihingen 88 der Hexerei beschuldigt, in Möhringen 77, in Stuttgart 49 und in Esslingen 39; 375 werden vor das Gericht gefordert, Hunderte von Zeugen aufgerufen und sollen sagen, ob ihnen nicht vor so und soviel Jahren ein Kind erkrankt oder ein Stück Vieh gefallen sei. Manche stellen sich, um Besagungen vorzubeugen. Andere weisen die Anschuldigungen zurück und sagen: »sie hätten sich getäuscht.«

Keiner ist sicher. Jeder kann durch Einfalt, Gewinn-, Schwatz-und Herrschsucht in die tödlichen Krallen des Hexenwahns gelangen. Selbst Kindergeschwätz wird auf die Waage der Justizia gelegt. Viele der seit langem im Stillen Verdächtigen werden zur Hexe deklariert. Als negatives Merkmal gilt, wenn sie bestürzt sind, die Zunge krümmen oder aus dem Munde stecken, zur Seite schauen und sich vergeblich zu Weinen bemühen.

Dann wird der Tübinger Arzt gerufen, »der ein Tränklein zum Erkennen der Hexen besessen habe.« Vereinzelt wird der Scherer von dort beauftragt, um nach dem stigma diabolicum zu suchen und bald reichen die gewöhnlichen Hafträume nicht mehr hin.

Man beschließt, das seit der Reformation leerstehende Augustinerkloster zum Gefängnis umzubauen. Über eine gemauerte Verbindung gelangt man in den Hags(folter)turm.

Vor Ende des Jahres werden 20 neue Wärter eingestellt, aus welchem Anlaß eine das Haftwesen regelnde Satzung *»die thurmhieter neben ihren weibern nicht weniger auch die hierzu verordnete wechter betreffend«* erlassen wird. Den Inhaftierten sind die Mahlzeiten »zu gewohnlicher Zeitt ohne einigen abtrag« zu verabreichen, deren Herbeischaffung hat durch den Turmmeister seine Frau in Begleitung einiger Wächter zu erfolgen.

»Bey anhaltendem Frost und kelte« war nicht nur tagsüber, sondern auch abends und um Mitternacht zu heizen, »daß sich die Gefangenen nicht zu beklagen hätten.« Gesprächsweise Erkenntnisse, auch den Gefangenen durch Dritte übermittelte Nachrichten oder sonstige Mitbringsel waren »gleichbalden dem regierenden Herrn Bürgermeister oder Herren Deputirten zu hinterbringen.« Abends um sechs Uhr waren die »ofenthürlein« zu schließen, des nachts war dreimal nach den Gefangenen zu sehen. Die Wächter hatten sich während der Verhöre in ihrer »verordneten« Stube bereit zu halten, »bis sie durch leutung der gloken erfordert werden.« Dem Nacht- und Schreiwächter mußten sie »alle stundt versehen und antwortt« geben. Verstöße gegen die Vorschriften konnten »an dem leib gestraffet werden.«

»Wann persohnen, irer verwürckhung halber alhie gefenglichen eingezogen, wie es mit denenselben der coßt und pfleg halben gehalten, item so sie auch am leben gestrafft, was für uncosten mit innen uffgewendt werden soll«, wird in einer zusätzlichen Ordnung geregelt. Ihrzufolge ist ihnen zum Beginn der Haft Wasser und Brot, nach der ersten gütlichen Befragung die den Karrenführern zustehende »kercher cost«, im Fall der peinlichen Befragung, die im Spital übliche »Pfründer cost« zu reichen. Die zur Urteilsvollstreckung herangezogenen Handwerker waren mit einem Maß Wein und ein paar »hayden« (?) zu verköstigen.

Auch sie sind nur Menschen. Später kann Hans Zwenck aus Musberg fliehen. Es hat zur Folge, daß man mit dem Turmmeister Georg Binder wie mit einem Wächter eine scharfe Untersuchung anstellt. Es wird ermittelt.» daß sich erster nicht nur große Nachlässigkeiten habe zuschulden kommen lassen, sondern daß er von den Verwandten der Verhafteten Geschenke angenommen und dadurch den Wächter Blumenschein die Korrespondenz zwischen ihnen besorgen ließ. Daraufhin werden die Bediensteten 1663 aus der Stadt gewiesen.

Der aufgrund einer Denunziation aufgerichtete Massenpozeß wird von zahlreichen juristischen Schlampereien und unzulässigen Folterungen begleitet. Der Oberrat sieht es argwöhnisch; er kritisiert die Indizien, rät zur Freilassung der Besagten gegen Kaution und Urfehde und die Tübinger Juristen geben zu verstehen: »daß die Verfahren unordentlich seien und in manchen Stücken mit der gerichtlichen Praxis streiten. Man solle mehr Vernunft gebrauchen.«

Der Tübinger Kaplan Tobias Wagner mahnt: »daß man die Verbrecher nicht mit dem Feuertod, sondern lediglich zur Enthauptung verurteile, denn solch Leute würden meist in ihrer Jugend verführt und hätten

Zeitgenössisches Portrait des Hexeninquisitors Daniel Hauff. StAE, Karten und Pläne Ha 19.

dann keinen Willen mehr, sondern hingen allein vom Teufel ab.«

Der Prozeß belastet die Staatskasse, er kostet etwa 2 300 fl., die aus Strafgeldern und dem Vermögen Einzelner bestritten werden wollen. Infolge der Diffamierungen bricht in den Filialen der Fanatismus aus und bringt sieben weitere auf Scheiterhaufen. Wie andernorten schaltet sich ein Fanatiker und Besserwisser in die Tragödie und zündelt am Pulverfaß, bis seine neurotischen Gelüste befriedigt sind. Hier ist es der Lizentiat beider Rechte

Daniel Hauff[49)]

der am 8. Juli 1662 zum Ratsadvokaten bestellt wird. Er profiliert sich zum unerbittlichen Hexenbrenner und legt einen Schatten über die liberale Reichsstadt. Im Verbund mit dem inhaftierten Johann Elsässer gibt er im Juni 1662 ein Gutachten ab: »es ist eine verzwickte und dunckle Sache, wobei die Obrigkeit nicht zu herb und rauh, sondern fürsichtig, bescheiden und behutsam, mit Mäßigung glimpflich zu verfahren hat.

Zu den rationes dubitandi (Gegenanzeigen) lasse sich anführen, daß viele vornehme Rechtsgelehrte und andere die »Evanimationem nocturnam« (nächtliche Ausfahrten der Hexen) und das Besuchen der Teufelstänze als Imagination und »per rerum naturam« (nach den Naturgesetzen Unmögliches) achten. Autoritate Wieri, Fichardi, Cothmanni, Thumii und sonstige. Aber die transportation (Ausfahrung) ist der Natur nicht entgegen. Sie sei eine von Geistlichen und weltlichen Lehrern beglaubigte Ansicht. Der Teufel kann durchaus bewegen; sei es durch Salben, Stecken oder andere Werkzeuge, womit der Furchtsame kühn macht, Ängstlichen nachhilft, ihre Sinne betäubt und Schwache überzeugt, daß durch die Salbe Kaft in sie gedrungen sei.« Er ist vom Zeitgeist befangen.«

Als Jurist bestimmt er den prozessualen Fortgang und nimmt eine Mittlerrolle ein, die die Haltung des Rates in Hexensachen prägt. Im Juni 1662 reicht er ein Memorandum ein, um in das Kollegium der Advokaten aufgenommen zu werden. Es erfolgt zum Beginn des Jahres 1665 mit der Anmerkung: »er solle erst seine jetzigen Geschäfte vollenden.« Anfang August beschwert er sich. Darauf wird sein Gehalt auf 100 Reichstaler angehoben.

Er erwirbt sich bleibende Verdienste: »wie er dann sonderlich auch seinen Eiffer und Fleiß/sattsam erwiesen/als er bey einreisenden allerley unerhörten stummen und Himmel schreyenden Zauberey-Sünden/so Tags so nachts/mit Hindansetzung auch seines schweren haußsstandes/und merkliche Einbuß seiner Gesundheit/vil Arbeit auf sich genommen.« wie ihm Superintendent Weinheimer nachhrühmt.

Er ist von seiner Sache überzeugt, denn noch auf dem Sterbebett gibt er zum Besten: »nie habe er sich einen Ungehorsam oder Untugend zuschulden kommen lassen.« Er stirbt im Alter von 37 Jahren am 25. Oktober 1655, nachdem er eine Blutspur hinterlassen hat. Der Leichenredner hebt seinen selbstlosen Einsatz hervor und meint: »wie der Verlebte um die Ausrottung der teufflischen Zauberei bemüht gewesen.« An seine Stelle rückt Philipp Weikersreuter. Ausgangspunkt der verhängnisvollen Kampagne wird vermutlich der melancholische

Hans Elsäßer

Sohn eines Webers aus Vaihingen. Er wähnt sich vom Teufel verfolgt und ist eine Zeitlang als Knecht in Rohracker beschäftigt. Als er Mitte Juni von einem Kirchweihfest nachhause kommt, bekennt er vor seinen seinen Eltern: »als Schulknabe sei er von Georg Schöffel, einem Knecht seines Vaters, im Hexenwerk unterrichtet worden. Dieser quäle ihn so stark, sich dem Teufel zu verschreiben, daß er es nicht mehr länger aushalten könne.«

Am 23. Juni 1662 geht beim Spitalmeister Spindler ein Schreiben ein, das der Pfarrer, Zuchtmeister und Schultheiß unterzeichnet haben. Sie berichten, daß Hans Elsässer ohne Umschweife bekannt hat, er habe das Hexenwerk erlernt und wäre des öfteren auf dem Heuberg mit Hunderten von Teilnehmern ausgefahren; zudem habe er sich dem Teufel verschrieben. Da man darin eine Gefahr sehe, habe man ihn in seinem Elternhaus in Gewahrsam genommen.

Die Amtsmaschinerie wird aktiv und sieht sich veranlaßt, ihn zu »berufen«, zumal er droht, sich umzubringen: »weil er Tag und Nacht keine Ruhe habe.« Das Zuchtamt überstellt ihn der nächsthöheren Behörde und von hier aus wird er an das Einungergericht geleitet. Es meldet am 26. dem Rat: »ob der gefängliche Eingezogene nicht in Eisen zu schlagen sei und Tag und Nacht von zwei Mann bewacht werden müsse.« Rasch kommt die Antwort, »in allweg.«

Die Verhöre setzen am 25. Juni ein. Die Richter schlagen aus, ihm die Hand zu reichen und bald zeigt sich, daß er schwachen Verstandes und verdorben ist. Man läßt ihn wissen: »falls er kein vollständiges Geständnis ablege, werde man ihn in Ketten legen und foltern.« Darauf bekommt er Angst und befürchtet, daß ihn der Teufel zerreiße, und doch kommen »nur weltliche Dinge« zum Vorschein.

Sodomitische Eskapaden

Ungewöhnlich im gängigen Hexentreiben ist das Herausstellen homosexueller Praktiken. Elsäßer sagt in dem Zusammenhang:

- Dann habe sich der Teufel zu ihm ins Bett gelegt. »besinnt sich, hab ihn angerührt am Bauch, endlich am Gemäch, besinnt sich auf Zureden, sagt, er sei ihm auch auf den Bauch gelegen, habe ihm geheißen, seine Hand auf sein Gemäch zu tun, sei wie eines Mannes, wie seines Knechts Georg Scheffels, er habe nicht gespürt, ob der Teufel warm oder kalt (gewesen sei).
- Man habe die Stellung gewechselt und (dann) sei der Teufel wie ein Mägdlein worden, hab sein Glied in den Teufel getan und es machen müssen wie mit einem Mägdlein. Welches er getan, bis ihm etwas entgangen. Zuvor sei noch nie etwas von ihm geloffen. Inzwischen sei es ihm einmal ohne Teufel geschehen. Daraus folgert die Obrigkeit:

- Will nit recht ran, entlich ja, der Teufel habe ihn heißen für sich liegen, darauff er ihm uff den ruckhen gelegen sein ding zum hindern sal(va) ven(i) in ihn getan und gestoßen, biß etwas, naß und warms in ihn geloffen, hab ihm nichts wehe gethon und dißes sey zu fünf underschidlich mahlen jederzeit wie in dieser Nacht geschehen. Das Gericht interessiert sich für Details und will wissen, ob ihm der Teufel auch einmal unter der Gestalt Scheffels zugesetzt habe und erhält zur Antwort:
- Nackt »wie ein haariges wildes Thüer, sei er zu ihm an die Bettstatt getreten und habe ihm das Laken weggerissen. Er habs mit ihm gemacht wie der Teifel »sey einer uff dem andern gelegen.« Immer deutlicher werden die fleischlichen Umtriebe aus ihm erforscht.
- Der Teufel habe zum Tanz aufgefordert, sei danach »uff sie gelegen und es mit ihnen getrieben.« Er habs auch so gemacht, namentlich mit einer »Dam von Reutlingen, heiße Margareth, in einem grünen Rock und weißem Schurz, ihr Vater wäre ein Sattler ... habe eine weiße Haube aufgehabt, einen starken buoßem, hab ir solchen griffen. Diese Buhldirne »sey auff einer geschilteten Kazen gefahren.«
- Zur Beleuchtung habe man auf den Sabbaten mit den Alten Spott getrieben und ihnen bücklings (rücklings) Leuchter in den Hintern gesteckt. Auch Anna Gohl aus Möhringen hab(e) »so ein leichter« abgeben müssen.
- Scheffel habe ihn durch Wein gefügig gemacht oder (ihn) durch Versprechen von Geschenken dazu gebracht, sein Glied zu streicheln. »er habe gar ehe er diß sc(ilicet) Sodomie mit ihm getrieben.«
- Scheffel weist den Vorwurf zurück: »er habe gar mit den Hühnern auf der Stange Unzucht getrieben. Das ja wohl nicht möglich sei, weil man da nicht hinauf komme.«

Auch der später bezichtigte Haasenhans kommt in den Geruch sexueller Ausschweifungen und man hält ihm vor: »seine Frau sei – obwohl sie einst blühend und gesund gewesen – seit der Ehe mit ihm immer mehr zusammengefallen. Es rühre daher, daß ihr Mann »wiewohl er drei junge Frauen überlebt hat« des ehelichen Werkes nicht genug haben könne. »könnt ein gantz fleckhen versehen ... er habe nicht einmal während der Schwangerschaft von seinem Ehegemahl Abstand genommen. Daß ihn die »weibliche Sach« in seiner Fleischeslust nicht beeinträchtige, habe sein Frau zur Genüge erfahren müssen.«

Ihre Vorwürfe deswegen habe er damit abgetan »das ding vergang ihm nit, alß bis man die scha(u)fel vor den: rever(ential) arsch schlag.« Seine Frau konnte ein Lied singen von der Verworfenheit »säße ihm jedesmal auf, wenn er nur wolle, er schände sie zu Tode.«

Problematisch ist, daß hier die Obrigkeit einen Kranken traktiert, einschüchtert und bedroht, bis er die unsinnigsten Dinge von sich gibt, sie als wahr ansieht, um entschlossen »von Amts wegen« dagegen einzuschreiten.

Man hat das Gefühl, als haben die Richter versucht, durch sein unüberlegtes Geschwätz hinter die Schliche des Hexentreibens zu kommen. »der Wahn hat auf der Richterbank Platz genommen.« Die Kommissäre gehen in der Vorstellung auf: »in den Filderorten wäre eine Hexenverschwörung ausgebrochen, zumal Elsäßer behauptet: »er habe es mit seinen Augen gesehen, die Obrigkeit solle sie nur greifen, er wolle es vor Gott verantworten. Er scheue sich nicht vor der Gegenüberstellung mit ihnen.« Das Stadtregiment hat versagt, weil es hätte merken müssen, daß sie es mit einem Melancholiker zu tun hat.

- Einmal beginnt er zu schreien und sagt. »o meine Mutter, wie freut sie sich, daß sie nicht ist wie ich und singt dann, unter den Tisch geschlüpft, hab er sich erstechen wollen, seine Mutter hab ihm das Messer genommen.« So steht er wie ein Stock, regt sich wieder, zittert und schaudert wie einer, ders Fieber hat, stoß ihn an Halß und Schlund, während seine Zunge »wie ein nattern zünglein sich bewegt.« Und wieder befällt ihn der merkwürdige Zustand. »wie er die zung im mundt ganz rundt herumb dreht, wie er die Augen herumb lauffen läßt« Gott sey ihm gnädig und dann sagt er: »alles sey in der Tat also und wahrhaftig wahr, kein Einbildung, kein Traum.«

Dann wird er »mit hohem ernst und eyfer vihlfeltig ermahnet, bey Verlust Leib und Lebens auch ewiger Seeligkeit keinen einzigen Menschen Unrecht zu tun, auch nichts vom Hörensagen oder aus Einbildung zu deponieren und anzugeben, sondern was er richtig und gewiß wohl wisse, und daß er darbey bestehen könne, sonsten man seiner nit verschonen, ja lebendig verbrennen würde.«

So tischt er aus Angst Schauermärchen auf und man merkt nicht, daß ihn Verzweiflung in die Enge getrieben hat. Dann räumt er ein:

- Scheffel habe ihn überreden wollen, ein »Brieflein« beschrieben mit »durch beelzebub, den obersten der Teufel« zu verschlukken und er habs geßen.

• Zum Ausfahren habe er seine Gabel »yber und yber geschmiert mit einer schwarzen salben und dazu gesprochen »wol uf und ahn stoß nirgend an.«

• Man habe 1/4 Stunde gebraucht, bis man auf dem Heuberg gewesen sei. Auf diesem Platz wachse kein Gras, doch es sei ein »großer ring herumb.«

Dort habe es ihm wohlgefallen und an Frauen habe kein Mangel bestanden. »Ihm sei eine stattliche hoffärtig, dann so jung und hüpsch gewesen, zugeführt worden.«

• Man sei dazu angehalten worden, fleißig Verzehr zu halten. Für die Musik hätten Geiger, Flötenspieler und Sackpfeifer gesorgt. Den Wein habe der Tiroler Knecht beschafft, indem er aus seines Vaters Weinkeller »ein mäßig fäßlein mitgenommen; sey zum Luftloch hinabgestiegen, hats gefüllt, hernach ihm herauff gebotten, der knecht habs vor sich auf den stecklein oder gabel gelegt.«

• Zu Rohracker sei der Böse vor sein Bett getreten und habe ihn gedrungen, sich auf einer Schiefertafel unter etlichen rot eingetragenen Namen zu verschreiben.

• Der Böse sei in der vergangenen Nacht »Zum Laden hineingefahren, mit seinem Kopf hinein geschoßen, habe sich vor seine Schlafstatt gestellt und »Henßle steh uff, mußt mit mir hinaus« gesagt, ansonst wolle er ihn zerreißen.

• Auf dem Sabbat hätten die Frauen blaue und graue Röcke mit weißen Schürzen getragen, die Männer »allerley trachten, auch lazhosen mit nästeln«, auch Säue habe er geritten u. a. »des haischen annelins saw, weil diese »nicht faist werden wollte.«

• Er habe dem schlafenden Zieglers Töchterlein im »bettlädlin mit der salben an die schläff gestrichen, das Kind habe noch 14 Tage gelebt, wofür ihn der teufel »das sey praw« gelobt habe.

• Er gestehe einen Kindsmord mit dem Bemerken: »der Vater dieses Mädchens sei unnütz, seye fest, könne mit der Passauer Kunst umgehen[50).]«

• Dann gesteht er eine Kindstötung, weil die Mutter, wie ihn der Teufel habe wissen lassen, auf ihr Jüngstes »nit recht acht geben.«

• Ausgefahren sey man am Mittwoch, darunter fünfmal nach Stuttgart, wo man nichts habe ausrichten können »seye ja eine grose statt, hab aigene leuth.«

• Um Feldfrüchte zu verderben, habe man »in großen irdenen flaschen« Gift gehabt und, wann sie über Baum oder Weingarten gefahren, so haben sie uß den fläschen laufen laßen. Das Gift sei schwarz und bewirke eine Kälte über dem Erdboden, so daß die Pflanzen eingehen.

• Der Anhänger des Teufels seien so viele »daß ers in zweyen Tagen nicht zehlen können, wie ein gantz regiment daher gegangen. Vor allem habe er, Elsäßer, mit dem Teufel, der in Stuttgart als Statthalter wirke, geschwatzt und aus einem goldenen Becher getrunken.

• Er könne sich an den jüngst verstorbenen Plieniger Alt-Schultheißen erinnern, wegen seiner hübschen Ausfahrgabel »die oben ein Knöpflein gehabt« und wegen seines ausnehmend dicken Bauches.«

• Gewöhnlich bleibe man bis ein Uhr nachts, wo der Beelzebub durch den Ruf: »Wir wollen marschieren,« das Zeichen zum Aufbruch gibt. Worauf alles in kürzester Zeit verschwindet.

• Der Teufel habe ihm ein Büchslein mit schwarzer Hexensalbe gegeben, und der Hexensamen sei schwarz und dreckig gewesen. Wenn man ihn in einer Wanne stehen lasse, werden aus den kleinen Körnern Flöhe und aus den großen Mäuse. Würmer, Mükken, Heuschrecken, Frösche und Kröten habe er nicht gemacht. Er glaube, daß, wenn er es gewollt hätte, es geschafft habe.

• Er habe Pferde, Kühe, Schweine und Hennen durch Reiten auf ihnen und durch Bestreichen mit Hexensalbe getötet.

Problematisch wird das Ganze, weil er hiesige Bürger ins Geschrei bringt und sagt:

• Die Mogglan-Ketter führe das Kommando auf dem Heuberg und habe sich gebrüstet, zwei Kinder umgebracht zu haben.

• Um sie zu loben, habe sie der Teufel geküßt, mit ihr getrunken, getanzt und hernach Unzucht getrieben. Ihre Schwester, die »Mogglan Grait« wäre ihre Komplizin.

Dann besagt er den Haasenhans aus Vaihingen, Kaspar Groß (aus Stuttgart) und einen alten Edelmann. Dazu kommen sieben Frauen und Männer aus den Nachbarorten Kaltental, Rohracker und Sillenbuch.

Man wirft ihm vor, daß er sie fälschlich angegeben habe und sie unberechtigt »alte Hexen, Teufelsweib, Teufelsvieh und leichtfertige Vögel« genannt habe. Er bleibt bei seiner Meinung: »er wolle es vor Gott verantworten, man solle ihn gefänglich einziehen, es gehe

Antoine Wiertz (1806–1857): Die junge Hexe (La jeune sorcière), 1857. →

ihm geradeso wie früher, denn der Teufel verhindere, daß sie die Wahrheit bekennen.«

Dann werden Tübinger Juristen konsultiert, die einen kritisch-würdigenden Bescheid erteilen und vor weiteren Ungerechtigkeiten warnen. Elsäßer wäre geständig und so scheide die Tortur aus. Zudem seien die Zeugenaussagen ohne Verteidigung erfolgt. Die Indizien seien von schlechter Erheblichkeit und die Inhaftierten seien gegen Kaution auf freien Fuß zu setzen.« Damit sind den Esslingern die Hände gebunden.

Nach der Abfuhr wendet man sich an die Kollegen in Straßburg. Sie halten die Anwendung der Folter bei Elässer für überflüssig und tragen vor: »er wäre ohnehin der Zauberei überwiesen, weil er Dinge bekannt habe, die niemand gestehen kann, der nicht mit dem Laster befleckt ist. Man dürfe seine Erzähungen nicht für blose »illusiones diabolicas« halten. Mit Rücksicht auf seine Jugend soll man ihn nicht verbrennen, sondern zum Tod durch Enthaupten verurteilen. Die anderen soll man gegen Stellung von Kautionen freilassen, doch die Mogglan könne man foltern.

Während der von Elsäßer iniziierte Hexenwahn, geschürt von befangenen Juristen, wird der gegen ihn gerichtete Prozeß weitergeführt. Am 1. Dezember wird ihm sein Geständnisprotokoll vorgehalten: »und von ihme durchauß nochmalen confirmiret mit klaren wortten bejachtzet.«

Er berichtet, der Teufel habe ihm befohlen, ein Stück von der Hostie, die ihm zuvor gereicht worden sei, für ihn zurückzubehalten. Doch sei diese zu schnell geschmolzen, als daß er dem Wunsch des Bösen hätte nachkommen können, was ihn zutiefst erbost habe.

Am 22. September wird Elsässers Vater, der einige Wochen vorher mit Verwandten eine Fürbitte einlegt und um ein gutes Urteil bittet, verhört. Er behauptet, von den Greueltaten seines Sohnes nichts gewußt zu haben. Dann treffen aus Stuttgart zwei Eilpetitionen ein, um seine Hinrichtung zu verschieben, da er im Prozeß gegen den Scheffel noch benötigt werde.

Nachts um elf Uhr verläßt ein Schreiben nach Stuttgart die Kanzlei, das zum Ausdruck bringt, das Urteil sei gefällt, sämtliche Anstalten für die festgesetzte Exekution getroffen und man könne den Termin nicht mehr rückstellig machen. Der Verlust Elsäßers sei umso eher zu verwinden, als man über etliche lebende Inhaftierte wüßte, daß sie Scheffel gleichfalls besagt hatten.

Am Freitag, den 5. Dezember werden dem armen Sünder die Schandtaten vorgehalten und da er »schwere ärgernuß gestiftet und wiewohl er es wol verschuldet hette, daß er mit dem Feuer vom Leben zum Tod gerichtet werde, in Ansehung seiner Jugend zunächst enthauptet, bevor seine Leiche dem Scheiterhaufen überantwortet werde: ihm zu wohlverdienter straff, andern und sonderlich der bösen jugent zu einem abscheilichen exempel, gnad im Gott! Damit ist es nicht getan. Man leitet eine Fahndung nach

Georg Scheffel

und dessen Komplize, dem Tiroler Rolleser, ein. Man stellt Amtshilfersuchen an Eltingen im Amt Leonberg, Laufen und Reutlingen und man informiert den Stuttgarter Vogt Joseph Cull. Beide können gefaßt werden; Scheffel wird in Laufen verhaftet und Rolleser in Bernhausen. Daraufhin übermittelt Esslingen eine Personenbeschreibung Scheffels[51)].

Der Oberrat setzt die Nachbarstadt in Kenntnis, daß man ihn nicht weiter in Haft halten könne, nachdem er die Hexerei leugne und nur gestehe, daß er mit seinem Weib über das Land fahre und mehrere uneheliche Kinder mit ihr gezeugt habe. Man beabsichtige, ihn des Landes zu verweisen. Der von ihm bezichtigte Caspar Groß trifft den Nagel auf den Kopf: »Der Schelm Elsäßer wäre die Wurzel allen Übels, den man am besten gleich aus der Welt hätte schaffen sollen.« Scheffel bezichtigt Caspar Groß, mit ihm Unzucht getrieben zu haben.

Nach einigen organisatorischen Komplikationen hat man die Streithähne gegenübergestellt. Scheffel stellt alles in Abrede und beschwört den Komplizen, bei der Wahrheit zu bleiben. Der Rat konstatiert »er widersetze sich meisterlich« und nur eines gesteht er:

- Anläßlich einer Geisterbeschwörung am St. Johannestag ist ein einfüßiges Pferd erschienen, das seine Eingeweide hintendrein geschleift habe; allein das Handwerk beherrsche er nicht.«
- Er, Elsässer, habe sich in Echterdingen dem Teufel verschrieben, der ihm in einem Pferdestall am linken Daumen geritzt hat, einen Tropfen Blut entnommen, und ihm beim Unterschreiben die Hand geführt habe.

Schließlich schiebt man die Schuld auf den Tiroler; die Kontrahenten zeigen sich einig. Schauen wir auf die von Elsäßer Besagten und von ihm in unflätiger Weise Beschuldigten. Das Haischannelin aus Vaihingen, die 55 oder 56 Jahre alt ist, beteuert: »In ihrem Herzen nur Jesus und die Dreifaltigkeit zu haben ... mit dem Teufel habe sie nichts zu schaffen gehabt.« Der Melancholiker herrscht sie an:

- »Sie wäre ausgefahren und sei einmal auf einer gefleckten, dann auf einer schwarzen Katze und mit der Mogglan-Schwester auf dem Heuberg zusammengesessen ... du alte Hexe, der Häfner hannß ist dein Buhl ... du Hexengeschmeis. Hast danzt, gehuert, gebuelet ... er wer nicht recht, wann er sterben müsse und man sie leben lasse.«

Schon stellt ihm das Gericht einen Freibrief aus: »und ist nicht zu beschreiben, wie sich der Malefikant meisterlich und unverzagt angestellt und in nichts wanckelbar erzeiget.«

Mogglanschwestern

Katharina, Frau des Georg Ebermain aus Vaihingen, ist 45 Jahre alt. Neben der Bezichtigung durch Elsäßer geht im Volksmund um: »sie habe schon früher die Leute krank gemacht.« Der Pfarrer Wagner, der sie seit Jahren kennt, beteuert: »er habe nichts Schlimmes über sie gehört. Sie lebe nachbarlich und wäre mit jedem verträglich, gehe fleißig zur Kirche und nehme das Abendmahl.«

Da sie sich im Gefängnis für schwanger ausgibt, bittet ihr Mann um schonende Behandlung: »denn beide seien fremd und hätten niemand als die Obrigkeit zum Freund.« Der Verdacht gegen sie erhärtet sich, zumal man auf ein Kind hört, das sagt, sie wäre die Urheberin seiner Krankheit. Ein Metzger aus Sindelfingen hält seine Kühe für verzaubert und sagt. »man soll ihm die Milch ins Stroh melken und sie mit Ruten schlagen, so werde die Hexe rote Striemen ins Gesicht bekommen.«

Man folgt dem Rat und erreicht das gewünschte Ergebnis; also muß sie eine Hexe sein. Zu allem Übel brüskiert sie der Superintendent Weinheimer, der meint: »Ich gebe keiner Unholdin die Hand,« und hart auf sie einredet. Straßburger Juristen haben sich für deren Folter ausgesprochen. Als sie während des Verhörs betet, fliegen ihr Mücken ums Gesicht, so daß sie dieses herum und hinan schüttelte. Woraus die Obrigkeit schließt: »Ihr Mückenkönig, der Beelzebub, lasse ihr wohl keine Ruhe.«

Immer und immer wieder beteuert sie ihre Unschuld. Man hängt ihr Steine an und nach der Folter ist sie eine gebrochene Frau. Dann meldet die Turmmeisterin: »die Person habe verlauten lassen, ihre Aussagen nur aus Angst gemacht zu haben.« Als man sie zwingen will, ihre Mutter als Lehrmeisterin anzugeben, ruft sie Jesus an, um ihr die Schmach zu ersparen. Dann werden ihr die Spanischen Stiefel angeschraubt, bis sie gesteht:

- Veit Metzgers Tochter während des Gottesdienstes mit einer grünen Salbe beschmiert zu haben.
- Sie habe mit dem Teufel zweimal Geschlechtsverkehr betrieben. Einmal auf dem Heuberg und das andere Mal zuhause in ihrem Bett, während ihr Mann in Stuttgart gewesen sei, den sie im übrigen in sexualibus bei weitem dem Teufel vorziehe.
- Was den Geschlechtsverkehr angehe, sei das Glied des Teufels kleiner als das ihres Mannes.
- Dann habe sie dreimal mit einem Straßburger Buhlen verkehrt, ohne, mit Gottes Hilf, schwanger zu werden. Auch sei sie mit den besagten Giftflaschen über die Felder gefahren, um die Frucht zu verderben.
- Der Teufel habe ihr den Ringfinger geritzt und ihn beim Verschreiben in ein Buch die Feder geführt: »ich Mogglan Ketter verschreib mich dem Teufel mit Leib und Seele.«

Unter dem Druck der Folter besagt sie Mutter und Tochter Zwenck, die Steganna, das Basangeßlin, das Seherbaslen und deren Schwester Grete. Alle seien auf dem Heuberg gewesen und hätten sich nach der Verhaftung ihres Spießgesellen Elsäßer beim Haasenhans zu einer Krisensitzung getroffen. »Wann man sie nit in die statt forthet und diß un(ge)zifer hiweg thet, wolt und müeß es bey gott uß de flekhen ziehen.«

- Der Haasenhans habe einen alten Weber umgebracht, indem er ihm eine Suppe gebracht, in die sie zwei Messerspitzen grüne Salbe getan.
- Eine Zeugin trägt vor, ihr wäre ein Kind verstorben, nachdem es die Mogglanschwester, das Basangeslen und der Haasenhans gehänselt haben, weil es eine Sichel erst für einen Strohhalm und dann für ein Stück Brot gehalten habe.
- Ein Elternpaar trägt vor: »daß sie sieben von zwölf Kindern verloren haben, doch wisse die Frau noch, daß ihr nach dem Besuch der Ketter die Brust versiegt und ein Säugling gestorben sei, worauf ihr der Stuttgarter Nachrichter geraten habe: die Ketter nicht mehr über die Schwelle zu lassen.«
- Die Ketter habe ihre Kuh wegen der zu geringen Milchleistung mit Salbe bestrichen.
- Aus dem Württembergischen nennt sie den Feuerbacher Schultheißen, ein rechter »hurenvogell, Caspar Groß seye keinen Kreuzter besser.«

- Beim Wasserlassen seien drei schwarze Fliegen von ihr gekommen, aus denen man ein wirksamnes Zaubergift bereiten könne; auf einen Weg vergraben, würden die Darübergehenden lahm und ihre Körper verursachten die unterschiedlichen Gebresten.
- Frischgebackene Ehepaare habe sie nur verzaubert, doch habe sie dem Schmied Jacob »sein Mannrecht« genommen. Die Schmiedin habe sich oft darüber beklagt, daß ihr Mann ihr über Gebühr zusetze, dem sie abzuhelfen trachte.«
- Der Teufel habe ihm eine Wurzel gegeben, mit der sie sich unsichtbar machen könne. Zudem habe er ihr einen Schlüssel geschenkt, mit dem man alle Türen öffnen könne. Sie habe sechs Menschen und darunter ihren Schwager getötet.
- Durch Wurzelsieden habe sie Wetter gebraut. Wenn sie den Topf vom Herd genommen, habe es nachgelassen.

Während des letzten mit ihr angestellten Verhörs Mitte Dezember sagt sie: »sie wolle auf ihr Bekenntnis leben oder sterben, es sei ihr alles herzlich leid und sie bitte Gott und die Obrigkeit um ein mildes Urteil, daß sie nicht verzweifeln müsse.«

Die Mogglan Grete ist 53 Jahre alt und besagt sie: »sei wol herum bringen, gugg Schwester, es mueß doch herauß ... sags, es ist nur eine kurze Zeit auf Erden.«

Dann wird sie auf den Hagturm zwecks Durchführung der Folter verlegt, wo man sie aufzieht: »Eigentlich könne sie nicht sagen, auf dem Heuberg gewesen zu sein, doch wenn ihre Schwester es bezeugt habe, daß sie, auf einer schwarzen Katze dorthin ausgefahren sei, werde es stimmen.«

Sie zeigt sich während der Folter standhaft und wirft den Schergen ungerechtes Verhalten vor: »es sei schrecklich, mich zu zwingen, die Unwahrheit zu bekennen.« Dann sagt das Folterprotokoll: »sie leugnet ein Schwein verhext zu haben. Wird gebunden, könns nit sagen: soll ich lügen O weh, ihr lieben Herren. Bleibt auf der Verstockung. Der Stiefel wird (ihr) angetan und etwas zugeschraubt. Sie schreit: »soll ich lügen und mein Gewissen beschweren? Kann hernach nimmer recht beten.« Sie stellt sich weinend, es übegeht ihr kein Auge. Kann wahrlich nichts sagen, auch wenn der Fuß herab müßte, Schreit sehr, soll ich lügen, ich kanns nicht sagen. Schreit O Gott, o lieber Gott, soll ich lügen, soll ich lügen? Ob zwar stark angezogen, bleibt sie auf einerlei. Oh ihr zwingt einen ja, Schreit jämmerlich, O lieber herr Gott. Sie wollts bekennen, wenn sie nur etwas wüßte. Man sagt ja, soll nicht lügen. Wird weiter zugeschraubt. Heult jämmerlich. Danach wird sie munter. Es ist not, denn man müsse lügen. Ach, liebe Herren es tut mir gar nicht so weh, wenn man euch aber das eine sagt, so wollt ihr gleich das andere wissen.«

Als man sie losbindet, ist sie der Ohnmacht nahe. Die Schergen tragen keine Hemmungen, sie darum zu fragen: »Ob sie denn sonst nicht sprechen könne und ob der Teufel vor dem Wasser fliehe.« Nach weiteren Folterungen räumt sie ein.

- Sie habe ihren Mann bezaubert und ihr Teufel heiße Jacob(e).
- Sie habe Maienbutter gemacht. Wenn es zu donnern angefangen, habe sie Baldrianwurzeln, eine Hand voll Erde aus einem Maulwurfshaufen und Weiderich in einen Topf getan, ihn ans Feuer gesetzt und gewartet, bis es gesiedet. Dann mache sie im Garten einen Ring um sich und schütte den Topf aus; da steigt dann ein blauer Dunst auf und sie spreche zweimal: »das donnre, das hagle, daß alles zerschlage. In des Teufels Namen.«

Sie wird freigelassen, indem man ihr mit auf den Weg gibt: »daß sie sich an niemand wegen ihrer Verhaftung rächen dürfe und daß sie sich ungesäumt sehen lassen soll, falls sie dazu aufgefordert werde.« Es ist sechs Wochen später der Fall. Dann wird der 71jährige Hans Harsch, der Häfner aus Vaihingen (Haasenhans) zur Folter überstellt. Er räumt ein:

- Seine erste Frau habe ihm zwei Kinder umgebracht.
- Mit seiner Tochter Anna Maria habe er Blutschande begangen.
- Seine 15jährige Tochter bestätigt es und erschwert ihre Lage, denn sie meint: »sie kenne etliche Hexenversammlungen und habe dort die und die Leute gesehen.«

Gohlann

Mitte November begeben sich Hauff und Williser nach Möhringen, um sich über die anhängenden Ermittlungen zu erkundigen. Man erfährt, daß man die Gohl Anna wegen ehebrecherischer Beziehungen zu ihrem Schwiegersohn bestraft hat. Aufgrund der fußfälligen Bitte ihrer sieben Kinder kommt sie mit acht Tagen Haft und 40 Reichstalern Strafe davon. Ihren Partner habe man ausgewiesen wegen Viehzauberei, Kopfmessens, Segensprechens und Wetterbeschwörens. So habe sie beispielsweise während eines Gewitters ein Tischtuch zum Fenster hinausgeworfen.

Martin Emhart, der Dorfrichter, stellt ihren Lebenswandel heraus und meint: »hab sein lebtag gehört, jung huren geben alt hexen.« Hans Wolf erkennt die Situation: »seye die gohlann immer im verdacht gewesen, der ein habe geschürt, der ander nit.« Sie verstehe sich aufs Kopfmessen[52]. Zudem kenne sie einen Wettersegen[53]. Die gegen sie gehörten Zeugen belasten sie.

Ihre Tochter Appolonia hält sich nicht zurück. Man wirft ihr vor, daß ein Kind aus dem Bett gefallen sei, während sie »Äpfelschnitz« buk. Nach Abschluß der Möhringer Ermittlungen erfolgt eine Meldung nach Vaihingen. Dann folgen Zeugenverhöre. Man gelangt zu der Erkenntnis, daß die Mogglan-Schwestern, der Haasenhans, das Seherbaslen, die Basenagnes, der Steg Anna und das Haischen Annelin seit Jahren in einem bösen Ruf stehe. Das Dorf empfinde es als Wohltat, daß die Obrigkeit mit Eifer nach den bösen Leuten fahnde. Damit doch der guete fleckh wider gereiniget werden möchte.«

Schließlich wird die 73 Jahre alte Gohlann zum Verhör gezogen. Man stellt ihr die Ketter gegenüber, die behauptet, daß die Anna öfters auf dem Heuberg gewesen sei, worauf man sie zur Folterkammer führt. Dann gesteht sie.

- Vor mehr als zwei Jahrzehnten habe sie der Möhringer Hans Grieb verführt und in die teuflischen Künste eingeweiht.
- Sie könne mit Wurzeln die Leibesfrucht abtreiben.
- Mit Spanischen Fliegen habe er erreichen können, daß jede Frau, die er begehrte, ihm zu Willen sein mußte. Letztlich sei ihm aber »von solchen Sachen das Glied abgefault; sei kein rechter Mann mehr, er sei der Raserei verfallen und elend zugrunde gegangen.«
- Ihr Teufel habe »kreutlen« geheißen und sie habe sich ihm in ein rotes Büchlein verschrieben.
- Sie bittet die Turmmeisterin, daß sie gerne in den Tod ging, wenn man ihr eine Nuß ins Grab lege; entsprösse ein Haselbäumchen, werde man ihre Seligkeit erkennen.
- Mit ihren Wurzeln könne sie Leibschmerzen verursachen; als wenn sie Lungin und Leber von ihm treiben. Auch machen sie »tobig im Kopf«.
- Sie habe unzählige Kindbetterinnen und deren Kinder gelähmt oder umgebracht. Zudem habe sie Abtreibungen bewirkt.
- Die Eingeweide solcher Kinder verarbeitet man zu Pulver, das beim Kartenspiel Glück bringt. Das Hälslin habe man abgenagt wie auch den Embrio, der »Griebs Stieftochter Anna abgegangen« verzehrt.
- Sie habe mit ausländischen Wurzeln experimentiert und mit Terpentin-, Harpfen- und Granatwurzeln Schaden angerichtet. Ein daraus gebrauter Sud habe einen vierjährigen Bettelbuben ins Jenseits befördert.
- Was das Glied des Teufels angehe, sagt sie: »mein eins sey lauter harnisch wie ein eisen sei sein sach, sein glied; hab ihr wohl weh gethon.«
- Dann besagt sie weitere und unter ihnen Wolf Fischer, die auf dem Venusberg[54] gewesen seien. Die Pfarrfrau habe mit einem Feldscher und einem Torhüter gehurt. Wobei der Trompeter zum Besten gibt: »sie die pfarrerin habe so eins, wann er einen hett wie ein hengst, so könt er ihre nit ußfüllen.«
- Der Satan habe ihr ein Teufelsmahl ins »Gemäch« gedrückt und zu einem besonders teuflischen Sud müsse man »wurtzeln, kräuter, schwebel, gifft, bech ... alls undereinander brötzeln.«
- Jeweils 3 Wochen nach dem Beischlaf mit ihm, sei ein hartes hühnereigroßes Etwas von ihr gekommen, das, in einen Kübel geworfen, herumgefuhrwerkt sei, bis es tot war. Auf Anraten des Teufels habe sie es pulverisiert. In ihrer Pein besagt sie weitere, wodurch der Prozeß ausufert. Dann knöpft man sich die Mogglan Grete vor:
- Sie habe allerlei Wurzelwerk zum Abtreiben benutzt und Unwetter gemacht.
- Der Teufel habe rote Augen, Beine »ohne wadten«, die Hände, Nägel und Zähne schwarz, ohne Nase statt dessen nur Löcher. Sein Glied und sein Samen seinen normal gewesen; anstatt der Hostien wurden auf den Versammlungen zweimal jährlich viereckige Küchlein gereicht.
- Zudem habe sie »mayenkefer« vorgebracht.

Dies soll durch kriminalistische Nachspüraktionen gefestigt werden, damit kein Unrecht geschieht. Wieder macht man sich auf den Weg nach Möhringen: hier soll der sechs Jahre alte Michael gesagt haben:

- Er sei mit seiner Mutter auf einer Katze ausgefahren, einmal zur Mühle hinab, und das andere mal hoch zum Kirchturm. Auch sein Vater reite aus.
- Seine Großmutter treibe mit ihm merkwürdige Sachen, daheim müsse er sie am »bruselen« kraulen, welch selbiges sie auch an ihm verübe und wollt sein membrum gleich entdecken ... doch seine Großmutter habe ihm verboten, irgend jemand davon zu erzählen.

• Man habe einmal die Froneggen auf dem Weg zum Esslinger Pfingstmarkt morgens »glogg 4« auf der Dorfstraße liegen sehen.

Dann wird über die 70jährige das Verfahren eröffnet und Zeugen vernommen.

• Margarete Henk sagt, der Burgerhans habe ihrer Tochter mit einem ellenlangen Stöcklein Lähmungen beigebracht. Die Froneggen habe nach dem Genuß von Brot, das ihr die Alte geschenkt hat, Brechreiz bekommen.

• Anna Feucht meint zu wisen, daß ihr die Froneggen »unten am schlundt ein greislich geschwulst zusammen gezogen, daß man vermeint, sie mis sterben.« Agnes Kieß, Tochter der Gohlann, versucht, das Geschwätz des sechsjährigen Michel zurechtzurücken; schamlos wie er sei, habe er seinerseits ihr schon unvermutet an die Brüst und an die Scham gegriffen.

• Doch auch sie habe gefehlt. Als sie wegen eines Marktes in einem überfüllten Gasthaus zu Reutlingen nächtigte, habe der Möhringer Wolf Fischer ihr an die Seite und im Schlaf sein Glied in die Hand gelegt, worüber sie erwacht und es entrüstet von sich gestoßen.

• Beim Brotholen habe er sie auf die Werkbank gelegt und die Ehe mit ihr gebrochen, was sich wenig später im Wald wiederholte. Er habe sich gebrüstet, schon ihrer Mutter beigelegen zu haben.

• Adam Feucht meint: die Gohlann habe alles geschädigt. Kein Auge werde ihm übergehen, wenn es mit ihr ein schlechtes Ende nehme.

Anfang Dezember wird die mehr als 60jährige Steganna mit ihrem Enkel in Möhringen verhört. Ihr Schwiegersohn berichtet: »sie sei zum Beten kaum zu bewegen gewesen und seine Mahnungen, sich von übel beleumundeten Personen entfernt zu haben, habe sie in den Wind geschlagen. Oft habe sie gedacht;

• wenn ihm doch nur das weib uß dem haus wehre.«

Sie gesteht einige Schandtaten. Weitere Klagen werden gegen Hans Kieß (Burgerhans) geführt, den vor allem seine Magd bezichtigt. Aufgrund der vielen Erkenntnisse und der schwieriger werdenden Situation entschließt man sich in Esslingen, ein Sondergericht mit der Prozeßführung zu beauftragen. Die Gerichtskommission tritt am 8. Dezember im Augustinerkloster zusammen, wo Hauff die Funktion des Berichterstatters wahrnimmt und wieder frönt man sexuellen Eskapaden.

Wolf Fischer stellt sein Verhalten gegenüber der Agnes Kieß richtig.

• Einmal habe er von hindenwarts sein glid in ihren frawen leib gethan; weil es ihm aber nicht zuschlagen, hab er sie auff der werckbank hinumb gesetzt, sie hab den fuss uff die seiten stellen müssen und er es also sitzlingen mit ihro vollbracht.

Dann schreitet man zu ihrer Vernehmung und ihre Mutter sagt zu ihr: »bekenn, laß dich nit martern.« Dann hebt sie an, ihrer Mutter Vorwürfe zu machen, daß sie verführt und auf einer Katze in die Pfaffenwiese genommen habe. Dort wäre sie dem Teufel vorgestellt worden und habe sich ihm mit Blut verschrieben.

• Sie habe »seines willens pflegen müssen, dabei aber keinen Unterschied zu normalen Männern gespürt. Schön dagegen wäre er nicht gewesen.«

Dann wird Wolf Fischer vernommen, der einem auffallenden Lebenswandel nachgegangen ist. Schon die Agnes habe ihm seinerzeit in Reutlingen »in die Hosen gegriffen.« Er habe eine Bernhauserin beschlafen und eine jetzt in Vaihingen ansässige Witwe »im Würhtshaus.«

• Er beherrsche die Kunst, zwei Menschen in Liebe zueinander entbrennen zu lassen. Dazu müsse man die Namen der Auserwählten auf Zettel schreiben, ihn in ein Loch stekken und selbiges mit einem Holzspund verschließen.

Er beteuert, mit Hexerei nichts zu tun zu haben. Er wird aufgezogen und »geschnellt« Doch zeigt er sich unempfindlich. Selbst das Anhängen eines Steines von 60 Pfund ändert nichts daran und er spricht: »wahrlich ihr richtet unrecht, Rach über die leuth, die mir dieses zurichten auch Rach am Jüngsten Tag, ich bin ein kindt der seligkeit, ich bin ins Buch des Lebens eingeschrieben. O Gott, helfe mir mein Unglück überwinden, stärck mein armen seel ... wann man Kelterstein holte und im ankenckhte, so konn er nicht sagen, daß er ein Hexenmann, wan er etwas vom Hexenwerck weiß, soll man ihn in Öl sieden.«

Dann hängt man ihm Steine von 110 Pfund an die Füße und zieht ihn damit auf. Dann brüllt er los: »ich waiß, hohl mich der Teuffel. Nichts vom Hexenwerckh.« Dann bricht sein Wille.

• Drei Tropfen Blut habe er aus dem linken Nasenloch entnommen und einem »wackeren lustigen jungen Müllersknecht von Rab uß ungern« das Hexenwerk beigebracht.

• Er habe Fahrsamen besessen und damit

Geister beschworen; Spiegelfechter, Pferdemenschen und andere wunderliche Leute habe er vorbeidefilieren sehen. Am Folgetag widerruft er seine Aussagen: »der Schmertz habs verusacht« und doch räumt er die Verfehlungen wieder ein.

- Der Teufel habe ein »gerammel« mit ihm gehabt und einen »löffel voll wasser, so wol und nit übel gerochen ... uff ihn herab fallen lassen.«
- Dann habe sich der Teufel in Weibsgestalt verwandelt und dergstalt mit ihm Unzucht getrieben, »daß sein Samen ihm in den Teuffel abgangen, hab ihm bedunckt, der teuffel sey kaltt.«
- Er habe dem Teufel Hostien bringen müssen und das dafür empfangene Geld »sey allerley narrenwerck gewesen.«

Dann verhört man die bereits geständige

Stegann

Witwe des Michael Beutelsbacher. Sie habe ihre Tochter verführt und zur Verschreibung an den Teufel angehalten. Der Stegann zugeführte Teufel heiße Michael »habe warmen samen gehabt, wie sie bei dem bald von vorn, bald von hinten verübten Verkehr erfahren. Sie habe zu den alten Weibern gehört, die auf den Versammlungen als Leuchter dienen, mit einem Licht im Hintern, auf allen Vieren in gebückter Stellung. Vor allem habe sie kleinen Kindern geschadet. Mitte Dezember beschäftigt man sich mit der 77 Jahre alten

Barbara Seher

(Seherbalen). Sie soll einen Ochsen verhext haben. Sie bleibt 17 Wochen in Haft und bittet: »es mit ihro baldt uff ein end zu machen«. Als nächstes wird Agnes Grieb (Schaupp) mit ihrem Enkel Hansele verhört. Sie soll bei der Folter ständig gemurmelt haben und das einzige was man erfährt, ist, der Haasenhans sei ein rechter »lahmarsch«, der nur höchst ungern das Tanzbein geschwungen habe. Ihr Enkel bringt ein, ihn auf dem Heuberg gesehen zu haben und darunter etlich(e) Vaihinger. Man schiebt ihn nach Vaihingen ab und unterstellt ihn der Obhut des Schulmeisters.

Er bekennt, mit seinem Vater ausgefahren zu sein und mit Kräutern und Wurzeln Ungeziefer gemacht zu haben. Er erzählt: »er habe Deizisauer Buhlmädchen müssen zwischen ihr beyn ligen.« Schon brüskiert sich die Geistlichkeit. »wie der bub außer Gefängnus bleiben kann und mag. Seine Sachen sind horrible.« Seine Großmutter flieht ins württenbergische Albershausen. Dann gesteht die Baßangeßlen.

- Sie habe bei den Hexentänzen als Leuchter gedient und beim Ausgraben von Kindsleichen geholfen ... man soll sie wegen ihrer geringen Verfehlungen mit dem Feuer verschonen.

Dann zitiert man den Haasenhans herbei, zumal er jüngst während der Predigt gegen die Hexen fluchtartig aus der Kirche gerannt sei. Er wird der Folter unterzogen und dann hängt man ihm einen 30 Pfund schweren Stein an die Beine, geht zu 50 Pfund und noch schwereren über: »achtet aber nicht.« Er bittet um Verschonung, ein gnädiges Urteil und seine baldige Hinrichtung. Man läßt ihm keine Ruhe, bis er gesteht (?).

Der vom Enkelkind des Basaneßlein besagte Spielkamerad, Jacob Heberlin, wird am 18. Dezember in Vaihingen verhört; seine Base habe ihn zum Hexentanz mitgenommen.

Geistliche halten ihn für hochgradig infiziert. Dann wird die Base vorgenommen, die ohne Vorbehalte bekennt, sich mit dem verstorbenen Schulmeister des Ehebruchs schuldig gemacht zu haben. Nur einmal, als er ihr auf dem »glogenturm« zugesetzt habe, wäre es ihr gelungen, sich seiner zu erwehren. Der Lanzinger Palm hält ihr vor: »daß sie eine grewliche und schnelle mauserin« sei.

- Die Ketter beschuldigt sie: »es mehr als 1000 mal mit dem Schulmeister getrieben zu haben.«

Als man sie auf die Folter spannt, sagt sie.» sie wer ein Hex ... wolle freudig in den Tod gehen, um selig abzusterben« und schon wundert sich das Gericht: »es sei nit zu beschreiben wie trefflich er rewendt, bußfärtig und bekehrt sich dißes arme Mensch einstellt, ist ein Exemplar eines bußfertigen Sünders. Gott erhalts biß ans End.«

Dann räumt sie ein, mit dem krummen Schneider Hans Seher die Ehe gebrochen zu haben. Sie wird am 5. Mai vom Kollegium zum Feuertod verurteilt. Der Bub bekommt die Rute des Kerkermeisters zu spüren und wird eine Zeitlang ins Frauenhaus gesteckt. Ohne Komplikationen läuft es mit der 80jährigen

Alt-Froneggen

Ihr werden die Spanischen Stiefel angelegt. Vor der Folter räumt sie ein, mit Katzen auf den Venusberg gefahren zu sein und das teuflische Glied beschreibt sie so: »Entlich, er sey nit gewesen wie ein echter Mann, wie ein eggenzündel oder zahn; sey ihr nit vorkommen das ein falsch sey, hab gleich gespühret das es nit recht sei; sey wie ein Horn gewesen ia. ia. ia. ia. Zur Umtaufe habe sich der Teufel stinkenden Wassers bedient.«

Man hält ihr ein »Ligenhafftes Mauhl« vor und meint, sie wäre eine »halsstarrige arglistige heuchlerin«, deren einzige Sorge sei, daß ihr der Teufel nicht auf die Schliche käme. Sie steht direkt vor dem Todesurteil und wird »unvermutet todt im Gefängnis gefunden,« deren Körper zu Asche verbrannt wird. Dann holt man ihre Tochter Anna, die

Jung-Froneggen

die in Vaihingen mehr als verhaßt sei, so daß man das Schlimmste zu befürchten habe. Jetzt kommt es zu einem unheimlichen Vorfall.

- Der Metzger, der gleichzeitig Nachtwächter war, hat Würste und eine Schweinsblase ins Fenster gehängt, als er die Schlafenszeit ausrief, eine schwarze Katze sich an die Würste heranmachte und kaum von ihnen abzubringen gewesen war, »wiewohl er ein groses geschel mit der blasen gehabt, weil dieselbig uffgeblasen und er etlich erbis darin gewesen.« Danach erkrankte ein Kind.

Sie wird mit 50-Pfund schweren Steinen aufgezogen und gesteht, im Alter von zehn Jahren von ihrer Mutter verführt worden zu sein. Im Februar 1663 meldet der Möhringer Schulmeister: »die Jung-Froneggin habe auf dem Stuttgarter Markt einer bei Schneeglätte gefallenen Frau aufgeholfen, welche hernach linksseitig Schmerzen bekommen habe.« Dann verhandelt man gegen den 72jährigen

Hans Kieß

den Burger-Hanselen. Es zittern und beben ihm alle Glieder, als er vorgeführt wird. Dann kommt der Scharfrichter über ihn.

- Er habe vom Teufel eine Salbe erhalten. Zur Hexensekte angestiftet habe ihn Johann Geisel, der Metzger beim »Beuthenthor« zu Esslingen, der sein erster Buhle gewesen sei.
- Er habe das Töchterlein der Gohlann zur Strafe umgebracht, weil es über sein frisch gesätes Beet gelaufen sei.
- Unzucht habe er vor allem mit der »Spielerin« aus dem Spital getrieben. Dann stellt man ihm die »Spitalspülerin« Ursula gegenüber, nachdem sie gedroht hat, im Spital Feuer zu legen, weshalb man sie halbstündlich rund um die Uhr mit einer Laterne überwacht.
- Dann räumt der Burgerhans ein, daß ihn auch Mannsbilder von hinten »gefickhet« hätten. Dies sagt auch der Haasenhans »was die Manns persohnen anginge, so habe er es wechselseitig getrieben.«

Weitere Ermittlungen

Die Häfnerstochter räumt ein: »Ihr Vater habe es vor 1½ Jahren erstmals versucht, doch sei sie damals noch zu jung gewesen. In der Folge habe er sie zweimal lieb gehabt und sie einmal zum Tanz mit hinaus genommen. Das Glied des Teufels sie kleiner als das ihres Vaters gewesen, auch habe der Böse ihr Blut unter der Achsel entnommen, ob zum Verschreiben, wisse sie nicht.«

Dann bekräftigt das Mareile: »ihr verteufelter Vater habe sie zur Blutschandt gezwungen.«

Dann läßt man den Metzger Michel Seher vorführen. Er räumt ein, mit dem früher in Stuttgart verbrannten Funk masturbiert zu haben. Das sei nichts Unrechtes: »es treibens auch fürsten und herren.«

Immer wieder mit der Folter bedroht, räumt er ein, daß ihn der Häfner Hans Harsch zu Schulzeiten verführt habe. Nach dem Ende des Verhörs wird ihm ein Brief des Schwiegervaters Michael Haisch gezeigt, worin er bittet, seine Verwandschaft nicht preiszugeben. »dan dir mit unseßem bluot nichts geholfen.«

Im Fall er einen »schmehlichen todt leiden müsse« wolle man ihm etwas »eßriges bringen, daß due einen sanfften todt ohne solche schmach bekommen kentest.« und er sagt: »der Häfner habe ihn zur Unrecht angegangen. Man ketzer die leit, daß es zum Erbarmen sei. In einem Schreiben an sein herzliebes Annele, schildert er wie grausam man ihm die Geständnisse abgefoltert hat: »infolge der ihm angehängten Steines sei ihm das Blut aus den Fingern geloffen, kein Glied habe er mehr regen können.« Der Brief wird abgefangen.

Die Fülle des Materials macht es erforderlich, bei Tübinger und Straßburger Juristen anzuklopfen. Es muß zu Schlampereien gekommen sein, denn die Tübinger mokieren unvollständige Unterlagen. Dann widerruft Fischer und beruft sich auf die Schmerzen, die man ihm angetan habe: »fanget dann herzlich an zu weinen.« Dann stellt sich heraus:

- Die Kinder habe er mit Weißbrot angelockt, bevor er ihnen die rote Ruhr angehext habe, wie einem Zweijährigen, den er so elend zugerichtet »als wolle die Sonnen durch ihn scheine.«

- Die Wurzeln, die er für eine Salbe benötige, habe er »umb johannis« im Katzenbach gestochen. Solche habe er zum Abtreiben verwandt.
- Mit der feigengroßen Leibesfrucht, die ihm zugefallen sei, habe er sich unsichtbar machen wollen.
- Er habe eine Geißlingerin in Ebersbach geschwängert und ihr dann mit der Wurzel die Frucht abgetrieben, die sie ihm auf dem Stuttgarter Markt unter Tränen ausgehändigt hat.
- Mit der Agnes habe er ein Verhältnis gehabt, sei schwanger geworden und habe ihm von der abgetriebenen Leibesfrucht »ein ärmlein und händlen geben«. Fischer habe den Fetus zerteilt, bevor man ihn gekocht und gegessen habe. Man habe die Ripplein abgenaget, um sich unsichtbar zu machen. Den Rest außer den Armen und Beinen habe man pulverisiert »zum schiessen.« Das Ärmlein habe man im Pferdestall versteckt.
- Einen aus Salbe und Kräutern zubereiteten Sud habe er im »krautgarten ausgeschüttet und gesprochen, daß Rauppen werden in teuffels namen, worauff sie gleich lebendig worden.«
- Damit seiner Frau und Tochter die nächtlichen Umtriebe verborgen bleiben, habe er eine Nußschale Salbe unter das Bett gestellt. Der Teufel sei zu ihm ins Gefängnis gekommen und habe ihn zur Unzucht gezwungen.

Dann wollen ihn die Geistlichen trösten und bestätigen ihm: »er sei ein Sodomit, Hexenmeister, Bluthschänder, ein Mörder ... er sey dem teüffel mehr als Gott angehangen.« Dann sagt Wolf Fischer: »er werde bei allem bleiben, wenn man ihm nur nicht wieder den Henker schicke.«

Dann begeben sich die Inquisitoren Hauff und Walliser nach Möhringen, um die 66 Jahre alte

Magdalena Elsäßer

zu venehmen. Sie führe einen melancholischen Lebenswandel. Keck und frisch wie ein Soldat gehe sie ins Wirtshaus, wo sie sich mit jungen Burschen einlasse ... sey in ihrer jugent unzüchtig gewesen, ihn allenthalben hinlangen lassen. Sie räumt ein: »sie sei zwar blöder Natur aber keine Hexe.«

Sie wird nach Esslingen verbracht, geschoren, mit einem Stein aufgezogen und geschnellt. Dann rasiert man ihr die Schamhaare und hängt ihr größere Gewichte an. Das dreimalige Anlegen der spanischen Stiefel bringt kein Geständnis zutage.

Sie schreibt ihrem Mann, »er möge sie in ihre Gebete einschließen, Sie stehe als Diebin, Huer und Mörderin unter Anklage und wisse nicht, wem sie solches zu verdanken habe ... er möge sie nicht im Ungeziefer umkommen lassen und ihr etwas Linnen, auch einen alten Rock zukommen lassen ... ich kann Dir in meinem Elend weidter nicht schreiben, seindt Du und eine Encklein und alle feindt und bekannten gegruest.«

Hauff will sie zum Geständnis zwingen. Er erreicht nichts und so muß sie gegen Schwören der Urfehde entlassen werden. Sie dürfe ihr Haus, bis auf den Besuch des Gottesdienstes, nicht verlassen, wo ihr ein besonderer Stuhl zuzuweisen sei. Auch mögen ihre Verwandten darauf achten, daß sie die Hostie im Mund behalte.

Dann geht die Relation der Straßburger Juristen ein, die im Sinne der Esslinger Hexenjustiz ausfällt. Die Mogglan-Schwestern und der Haasenhans Harsch seien ohne Zögern lebend zu verbrennen. Man könne ihnen Pulversäckchen anhängen, sie vorab an einem Besen ersticken oder strangulieren.

Bei den unter 14jährigen inhaftierten Kindern komme die Todesstrafe nicht in Betracht, sondern nur die Züchtigung mit der Rute; daneben sei ihre Ausweisung ins Auge zu fassen.

Anders sehen es die Tübinger, die die Esslinger abschmettern: »daß die Geheimen es nicht wagen konnten, das consilium vor dem versammelten Rat zu verlesen.« Der gesamte Prozeß müsse als rechtswidrig erachtet werden.

Tobias Wagner

meldet sich in Form eines Briefes, zumal ihm 21 Jahre die Kirchenvisitation oblegen sei. Er zeigt Verständnis für den Verfolgungseifer, zumal man ihm zugetragen hat: »daß auch an ihren pfarrer sampt dessen weib nicht viel vil guettes sey gewesen.« Er erinnere sich mit Grauen daran, daß er in seiner Jugend die Strafe des Lebendverbrennens mit habe ansehen müssen.«

Wagner mischt mit, denn er »hab dem Scharfrichter zugesprochen, wie er es machen soll, daß die Benannten im Feuer abscheulich schreienden armen Sünder alsbald ihren Rest bekommen sollten ... man solle sie mit dem Schwert richten und dann ihre Körper verbrennen.« Man überlege; so spricht ein Geistlicher um die Mitte des 17. Jahrhunderts, der keine Sekunde an die Qualen der Folter denkt oder Aussagen in Zweifel zieht.

Strafen

Hauff nimmt eine (un)christliche Mahnung ernst, der zudem deren Greueltaten ausmalt. Dem Kieß möge man den Kopf und die rechte Hand abschlagen, beides auf einen Pfahl stecken und ins Feuer werfen. Wegen zweifachen Kindermordes sei die Steganna auf dem Weg um Richtplatz mit glühenden Zangen zu zwicken, und auch die Ketter: für die Steganna komme wegen der Kindstötung das Lebend-Begraben mit anschließender Pfählung in Betracht.

Die Verkündung der Urteile wird auf den 20. März 1663 festgeschrieben. Die Hinrichtung ist von einem öffentlichen Spektakel begleitet, wobei man davon ausgeht, daß man die »ohnerzogene jugendt notfalls mit streichen zur Ruhe bringen müsse.«

Die Gohlann, in der man die schlimmste der Esslinger Hexen vermutet, wird mit glühenden Zangen in ihre Brüste gezwickt an den Halß unnd mitten des Leibs etliche pulver säckh gehencket, sie an eine feuerseul gebunden, darauf das Feuer angezündet und also lebendig verbrandt ... ihro zue gar verdienter straff; andern aber einem schröckhen und abschewlichen Exempel.«

Die Mogglangrete wird vor ihrem Tod enthauptet. Und doch gibt es Komplikationen:

»bey dißer Exekution hatt (es) sich nachdenklich zugetragen, daß nach Anzündung der scheitterhauffen daß Feuer gleichbalden die Sailer und Schnüer, womit die Malefikanten Gohl Anna Händ zusammen gebunden waren, ergriffen und verzöhret, dem Pulver aber, welches in zarten leinernen und gleichsamb durchsichtigen Säcken angehenkt (gewesen) ohnerachtet die Luft ganz still und steht, schön warm Wetter, und die flam gleich von anfang an beständig gerade über sich geschlagen), vor einer viertel stund ungefahr und da die Golanna schon todt und vom feuer völlig eingenommen, war, ledig nichts gethan.«

Fischer kann man nicht verurteilen, denn er ist »Freytags abendts in der gefangnus gleichsamb verreckt.« Unmittelbar davor habe er ein Kollegium mit dem Teufel gehalten ... er habe willd um sich geschlagen, die Kleider von seinem Leib gerissen, dabei ein überaus scheußliches Gesicht bekommen, endlich sein Mäntelchen zusammengeknäult, seinen Kopf darein gelegt und das Zeitliche gesegnet.« Schon vermutet man: »der leidig Teufel werde ihm den Rest gegeben haben.« Agnes Grieb wird vor dem Verbrennen enthauptet.

Weitere Entwicklung

Dann verhört man Agnes Gohl. Die Tochter der Gohlann, die vorgegeben hat, schwanger zu sein, was sich nach einer Prüfung als falsch herausstellt. Wie das denn möglich wäre, zumal man wisse, daß ihr Mann impotent sei? Ihre Verteidigung ist sinnlos, zumal ihr Mann sagt: »ein ganzes Jahr habe er seine eheliche Pflicht nicht mehr geleistet ... hätts nit können, sey alles wie lahm an ihm gewesen ... es könne von seiner Frau und Schwiegermutter herrühren, daß sein membrum virile wie lahm, hab sich niehmalen erigiret.« Dann bekennt sich eine Frau näher zu der Abtreibung:

- Von ihrer Mutter gegen die Schmerzen ein Süpplein von »kindtsfleisch« bekommen zu haben ... die Leibsfrucht sei ein viertel Ellen lang gewesen und Wolf Fischer habe sich die »händlen« ausbedungen.
- Ausgefahren sei sie mit einem bei den Hörnern geschmierten Ochsen, der von Anstrengung geschomt und geschwitzet.
- Sie habe auf Antreiben einer Möhringer Hebamme die Fehlgeburt verursacht, um an ein ungetauftes Kind zu gelangen ... danach sei man auf den Friedhof gefahren, habe sich aus dem Grufthäuslein mit einer Haue versorgt und den Leichnam ausgegraben. Ihre Mutter habe ihn zerteilt. Händlein, Ärmlein und Füslein habe man eingehalten.
- Dann sagt sie weiter: Schwarze Hühnerfedern, über Nacht bei gedeckten Topf in eine Harnbeize gelegt, ergäbe einen Fliegenschwarm. Auf diese Weise könne sie ziemlich jedes Ungeziefer fabrizieren.
- Ihre Mutter habe sie in einen Fuchs verwandelt und in dieser Gestalt wäre sie auf Hühnerjagd gegangen. Ihre Beute, eine schwarze Henne, hätte sie gekocht und als Proviant auf den Heuberg genommen.
- In einen Wolf verwandelt zu werden, um ein Schaf zu schlagen, habe sie eingewilligt, in eine Ratte oder Fliege jedoch als unzumutbar abgelehnt.
- Ab und ahn sei ihr ein Buhle beigegeben.

Sie wird Geistlichen zur Erbauung überstellt, wobei sie 26 weitere Teilnehmer besagt. Dann geht man zu den Verhandlungen der

Catharina Breunings

über. Sie besagt 31 weitere Personen.

- Sie habe aus Harn Läuse gemacht.
- Ein fingergroßes blutiges Kindlein, das von ihr, als sie vierzehn Jahre alt gewesen, habe ihr der Stiefvater weggenommen, um daraus Salbe für einen Liebeszauber zu ma-

chen. Als sie darüber »daß ihro die dütlen wachsen, in Sorge gerät, schwanger zu sein, habe ihr der Stiefvater mit einem Trunk abgeholfen.

Sie wird später verbrannt. Christoph Breuning sucht um eine Reduzierung der ihm in Rechnung gestellten Haftkosten seiner Frau in Höhe von 60 Gulden nach. Am 20. Januar 1663 wird Anna Catharina wegen Verdachts auf Diebstahl vom Ammann verhört. Sie gesteht unter dem Hinweis, daß es ihre Freundin genauso täte. Dabei handelt es sich um ihre Schwester Anna Maria.

So kommt die Hexenkommission damit in Berührung. Catharina wird unter dem Einfluß Hauffs soweit gebracht, daß sie gesteht:

• In ihrer Zelle sei der Teufel über sie gekommen, habe sie blutig geschlagen und sie in ihren Namen gegen ihren Willen in ein Büchlein eingetragen, und ihr bedeutet, daß sie jetzt sein sei und mit ihm hinausfahren müsse. Er sei als leuchtende Gestalt bei ihr in der Folterkammer gewesen.

• Sie sei zum Weintrinken in Hauffs Keller gefahren. Dann wird die Wehmutter Barbara Spatz mit der Untersuchung beauftragt. Sie sagt, sie habe sie Jahre vorher auf ein Notzuchts(verbrechen) hin untersucht. Gegen die Besichtigung ihrer Scham sträubt sie sich erfolglos.

Anfang April 1663 wird Haischen Michel verhaftet. Seine Frau wollte ihm vor Wut und Verzeiflung den Bart ausraufen; ihr erster Mann sei ihr gestorben, der zweite umgebracht worden, ihr dritter werde gar verbrannt und ihre Tochter liege in Haft. Beim Abtransport nach Esslingen verweigert ihm der Sohn die Hand und die Böse ruft ihm nach: »man mög ihn wägen wie man will und woll, das die Sonnen durch ihn scheinen möcht.«

Offensichtlich reklamiert sie das Eheleben. »das er ubel mit ihr ghaust, hab ihro lang kein eheliche beywohnung gethon ... hätts können eine ganze nacht treiben, weil sie so gar nichts by ihm gegolten, hab sie offt gedacht, es gehe nit recht daher ... zumeist habe er es rückwärts mit ihr getrieben, si hab nur so uff die seithen liegen müßen, er hab gesagt, uff solche weis könne still liegen, sie habs nit leiden wollen.«

Anfang April wird beschlossen (obwohl er zehn Jahre als Bürgermeister und 20 Jahre als Zuchtmeister fungiert hat) ihn peinlich zu befragen. Hauff interessiert sich für das sexuelle Verhalten seiner Opfer.

• Habe er doch neben seinem Bettkasten ein Loch »er will Benediktwurzeln hineingetan haben, um beim Geschlechtsverkehr nicht schlapp zu machen.«

• Auf Raten seines Lehrmeisters habe er im vergangenen Sommer runden Schwefel mit einer Salbe unter Anrufung des Teufels in drei Ameisenhaufen verbrannt und die so entstehenden Kügelchen seinem Ochsen unter das Trinken gegeben. Daraufhin sei ihm die Blase geplatzt.

Anfang Mai sind neue Verbrennungen geplant und dann wird in Möhringen die 47 Jahre alte Agnes, Frau des Webers Hans Henck, einem Verhör unterzogen. Ein Nachbar trägt vor:

• Er habe vor einer Woche zu seinem Fenster hinaus der Agnes bei der Gartenarbeit zugesehen, darauf habe sie die Arme in die Hüften gestemmt und ihn angeblickt, worauf er einen lauen Wind zu spüren vermeint und ihm Hören und Sehen vergangen.

• Der Schulmeister Heinrich Weiß erklärt: »daß neulich bei einer »tauff suppen« eine schwarze Katze über den Sims zum Fenster hereingsprungen und der Agnes ins Weinglas getappt sei.

Sie wird gefesselt und von Musketieren auf einem Karren abtransportiert. Einen Tag später wird in Vaihingen der Schmied Georg Laumayer vernommen. Die Bürger eines Dorfes bescheinigen ihm: »daß er dem tranck sehr ergeben gewesen, so gar, daß man ihn offt haimschlaiffen müßen und er sich gestellt wie ein Viech, wann er kein menschliche vernunfft mehr hätte ... er habe seine ganzen Verdienst versoffen und seine Frau habe so viel gearbeitet, daß es ihm zum Trinken reichte; ein paar Stunden am Tag.« Mit ihm wird der Weber Hans Zwenck verhaftet, der arbeitsscheu war. Er sei wegen Spielen gestraft worden und habe sich immer auf den Märkten herumgetrieben. Dann wird in Esslingen gegen den Schmied

Laumayer

verhandelt. Er weist den Vorwurf der Hexerei zurück. Dann tischt er eine unglaubliche Geschichte auf.

• So sei er mit Zwenck und dem Metzger Bernhard des nachst einmal zum Weintrinken in einen Keller gelangt und habe dort Stockfisch, Hering und holländischen Käse verspeist, dabei aber Unzucht getrieben.

Zwenck sagt, von seiner Mutter verführt worden zu sein. Dann kommt das Gauggen Agneßlein an die Reihe, die sagt, daß sie böse Nachbarn in Verruf gebracht hätten. Sie wird gefoltert, was sie bis zu mittelgroßen

Steinen durchsteht, bis sie sagt, sie sei von der Altschultheißin verführt worden. Aus ihren Zittern erkennt das Gericht: »als würde sie der lebendige Teufel ängstigen.«

Am 5. Mai werden die Todesurteile gegen Margret, Hans Harsch und Anna Bues (junge Froneggin) ausgefertigt. Den Frauen wird wegen ihrer herzzerbrechenden Reue die vorherige Enthauptung zugebilligt, wogegen der Haasenhans auf einer Schleife zum Richtplatz geschleppt wird. Man hat ihn mit glühenden Zangen gezwickt, ihm ein Säckchen Pulver angehängt und lebend verbrannt. Vollstreckt werden die Urteile am 8. Mai 1663.

Kurz danach wird in Vaihingen Anna Maria Kieß vernommen. Dann wird der 21 Jahre alte Michael Eläsässer jun. verhört. Später wird die Jung-Mogglan-Grete mit Haft belegt. Amtsleute sagen: »sie wäre von ihrer Jugend an so scheu gewesen und habe nie ein größeres Interesse für die Männer gezeigt.«

Hans Zwenck gesteht, mit dem Haischen Michel zwei Kinder ausgegraben zu haben, eines, das der »balbierer« von der Mutter schneiden mußte und eines, das in der Mutter verstorben und »abgestanden« war. Der Elsässer sagt, »er habe einstmal ein Mädchen in einer Scheune entblösten Leibes unter die Kleider gefaßt, jemmerliche Schläge seines Vaters habe ihm das eingebracht, als das Mädchen plauderte.«

Dann verhört man am 29. Mai die Jung Mogglan-Grete und konfrontiert sie mit anderen. Als Hans Zweck vorschlägt, die Widerspenstige zu strecken, besinnt sie sich, mit dem Michael Seher die Ehe gebrochen zu haben. Sie gesteht bei der Folter und legt die üblichen Geständnisse ab. Dann widerruft sie und meint, alles von den Hexenpredigten des Pfarrers zu wissen.

Dann wird Michel Haisch vorgenommen. Mit sieben Jahren habe ihn der Vater erstmals mitgenommen.

Kurz danach widerruft er: »könn uf seine Seel und Seeligkeit nemmen, das er durchgehend gelogen, das alles nit wahr, was er bekändt ... die Furcht vor dem Meister habe ihn zur Falschaussage veranlaßt.« Dann wird er aufgezogen dann verhört man die Schreinerstochter Anna Maria Kiße, die erklärt: »sie sey ein arme sünderin von sündtlichen samen gezeugt, ware hierinn ganz unschuldig. Als man sie mit der Folter bedroht, sagt er, sie wäre manchmal melancholisch und bisweilen in Gedanken schlecht ... »als wenn kein Gott were.« Sie bleibt über ein halbes Jahr inhaftiert, bevor ihr der Prozeß gemacht wird.

Dann sagt der Metzger Geisel, als ihm der Scharfrichter Wasser reichen will. »mann möcht ihm doch den todt zu sauffen geben.«

Am 9. Juni werden Michael Seher, der Metzger aus Vaihingen, Barbara Breining und Agneß Kieß aus der sündigen Welt geschafft; sie wird vor ihrer Verbrennung enthauptet. Bei der Urteilsvollstreckung am 12. Juni wird das Beil, mit dem man die ausgegrabenen Kinderleichen zerstückelt haben soll, auf den Scheiterhaufen geworfen: am 25. Juni läßt man ihn Vaihingen die 18jährige Barbara Lutz einziehen, mit der der Schmied Georg Laimaier Unzucht getrieben haben soll. Er habe sie im Pfaffenwald entjungfert und dann habe sie ein halbfingerlange Wurzel erhalten, die sie vierzehn Tage bei sich getragen habe, bevor die Geburt schmerzlich abgegangen sei. Von ihrer Mutter beim Auswaschen des blutigen Hemdes erwischt, habe sie »ein schandt gehabt.« Dann habe sie oft mit dem Schmied Verkehr gehabt und sei mit ihm ausgefahren. Agnes Hein gesteht: »auf Geheiß der Gohlann habe sie kindts händlen in einem Pfännlein in butter breglen lassen und das fleisch verzehrt.«

Anna Griens bezichtigt den »höllenbrand« Zwenck der Lüge voll Leib und Leben, »hab und guet verbürgen, daß sie unschuldig sey,« worauf sie entlassen wird.

Anfang Juli geht das Straßburger Gutachten ein, von dem man sich ein Alibi erhofft: das Gegenteil ist der Fall und Hauff steckt eine juristische Niederlage ein. Straßburg bezieht die Position der Spruchpraxis der *Kursächsischen Konstitution* aus dem Jahre 1572, die Zauberei im Gegensatz zur CCC. in den Mittelpunkt der Strafe rückt. Geisel könne bestenfalls mit Hausarrest belegt werden. Enttäuscht von der Aussage wendet man sich an die Altdorfer Juristen, wobei man das Straßburger Consilium verschweigt.

Altdorf schlägt sich auf die Seite Hauffs, wobei man ihn nochmals rechtswidrig zur Folter führt. Anna Maria räumt ein: »Geisel werde vom Teufel gestärkt; um die Wirkung der Tortur abzuwenden, habe er eine Wurzel in der Hose.«

Dann stellt man fest, daß Hans Zwenck (5. Juli) verschwunden sei. Als man ihn wieder eingefangen hat, stellt sich heraus; er hat

Hans Baldung Grien. Vorbereitung zum Hexensabbat. Mehrfarben-Holzschnitt. Frühes 16. Jahrhundert. →

seine Handschellen aufgebrochen, nachts durch den Rauchabzug die Kerkertür geöffnet, ist durch den Foltergang ins Freie entwichen und zum Dach hinabgerutscht, durch das Plinsautor sei er entwichen. Er habe vorgehabt, ein letztesmal Frau und Kinder zu sehen. Er wolle ein Bauernkleid holen und sich dem Kriegsdienst verschreiben. Dann wird er in eine sichere Zelle verbracht und kurz danach zum Tod durch Verbrennen verurteilt.

Am gleichen Tag werden der Schmied Georg Laumayer und der Haisen Michel verurteilt. Die Flucht aus dem Gefängnis weitet sich zu einem Justizskandal aus und dann stellt sich heraus, daß der Kerkermeister oft betrunken war und der Wächter Georg Blumenschein »gehe maistens über die weib.«

Die Magd Catharina Beurin, die mehrfach Schwangerschaften vortäuscht, wird nach einem Altdorfer Gutachten an den Pranger gestellt und dann über den Rhein verbannt.

Weitere Verhaftungen

Am 13. Juli wird der Vaihinger Wirt Hans Conrad Scheurenbrand nach Möhringen gebracht. Er wird einer peinlichen Befragung unterzogen und erkennt darin ein teuflisches Spiegelfechten. Er verrennt sich in Widersprüche. Er gesteht die Verwendung von Freikugeln und gibt ein Beispiel von Menschenfresserei zu Protokoll.

- Dazu habe er einen Soldaten umgebracht und die eßbaren Teile von süßlichem Geschmack mit seiner Frau verspeist. Das angeblich vergrabene Skelett wird nicht gefunden, so daß er zur Ausrede greift: »er habe es im Backofen verbrannt.«
- Hans Seher räumt ein, daß ihn der Teufel mit dem Eisen am »membrum viril« gebrandmarkt habe, welches schwarzblau angelaufen sei.
- Ihm wäre der Angstschweiß hinabgelaufen, wenn er, wie tot daliegend, die »teuflische Unzucht« habe über sich ergehen lassen. Wann sie gedacht, sie trinken Wein, so sei das »roßsaich« gewesen.

Anfang September greift man den 60jährigen Veit Grieb auf, der so geizig sei, daß er nachts kein Licht anzünde. Er wird gefoltert und später auf Urfehde hin entlassen. Seine Frau wird freigelassen, nachdem Scheurenbrand und Michel Elsässer ihre Besagungen zurückgenommen haben.

Die Brüder Michael und Jacob Heberlen waren nach ihren Besagungen verschwunden. Michel hat neun Kinder und eine schwangere Frau. Sie kehren zurück und werden von zehn Musketieren »in ihren betten außgehebt« nach Möhringen gebracht und im Rathaus »eingelagert«. Freilich wird ihnen die Flucht als Schuldbekenntnis ausgelegt.

Besonders freventlich faßt man auf, daß er sagt: »man verfahre gegen Arm und Reich ungleich; ginge es nach dem Grundsatz »mit gefressen, mit gehenckht«, müßten auch Reiche daran glauben.«

Dann wird Michael der Folter unterworfen, und auch dessen Bruder, dem seine Frau wegen der Kälte ein zweites Hemd in den Kerker gebracht hat. Später werden sie Geistlichen überstellt und widerrufen. Man wirft Michael vor: »er gehet mit brey im maul umb, sagt nit recht recht ja und nit recht nein: seiffzet und spricht, laider Got erbarms.«

Anfang September erweist sich die von Agnes Henk vorgewiesene Schwangerschaft als Täuschung. Man räumt ihr zwei Tage Zeit ein, um zu bekennen.

Die nächste Verbrennung erfolgt auf ein Consilium der Juristenfakultät bey Nürrenberg, Universität zu Altdorff, denn man habe wissen wollen, wie mit dem minderjährigen Jacob Heberlen, den »töchterlen« von Harsch und Lutz sowie Michael Haisch junior zu verfahren sei. Die Fakultät schlägt vor, die Kinder frommen Schulmeistern und Geistlichen anzuvertrauen.

Den zehnjährigen Jacob Heberlen könne man mit Ruten züchtigen und Michael Haisch möge man zur Schwertstrafe verurteilen. Dann sagen die Straßburger, Michael Elsäßer sei zum Feuertod zu verurteilen, wobei Esslingen die Möglichkeit einer Strafmilderung vorbehalten sei.

Am 5. Oktober werden die Todesurteile gesprochen. Michael Haisch jun. schreibt einen Brief an seine Mutter. In Anbetracht der Bußfertigkeit wird den Kandidaten die Schwertstrafe vor der Verbrennung zugestanden.

Dann bezichtigt Anna Hüet die Margarete Breinung und Christine Metzger der Hexerei. Die Besagte kontert und schwärzt die Zieglerstochter an: Das Geschwätz wird nach oben gespült und letztendlich besagen sie 93 Personen, die ihnen suspekt vorkommen; zwei Drittel sind weiblichen Geschlechts.

Die Zieglerstochter Anna wiegelt im nachhinein ab, sie und Christine Metzger hätten mit Ofengabeln »narrentey getrüben, es sey unbedacht gauggelwerck gewesen.« Daraufhin werden Christine Metzger und Anna Hüet mit einer dreitägigen Zuchthausstrafe belegt, wobei bestimmt wird, daß sie nicht eher freigelassen, bevor nicht erstere acht, letztere vier Reichstaler Strafe entrichtet haben.

Am 14. November 1663 wird Euphrosina Mayer wegen Hurerei, Diebstahl und Ehebruch zur Stadt »hinausgehauen«, nachdem man sie an den Pranger gestellt hat. Das gleiche Schicksal erfährt eine Woche später Anna Maria Zoller, da sie nicht davon abgelassen habe, »in den sünden schlamb sich täglich zu wälzen.«

Dann taucht Hauff erneut in Vaihingen auf, um u. a. gegen die 69 Jahre alte Katharina Laumaier einzuschreiten. Sie wäre verschrieen, habe häufig die Wirtshäuser frequentiert, sich von Fuhrleuten aushalten lassen und dann sei sie mit einem Mann verheiratet gewesen, der glücklich gewesen sei, wenn er nachause gekommen und dort niemand angetroffen habe. Ihre Tochter habe sich auf eine Buhlschaft mit einem katholischen Schuhknecht eingelassen, »weshalb man argwöhne, sie möchte mit ihm durchgehen.« Zudem habe sie mit dem inhaftierten Michael Elsäßer Geschlechtsverkehr gehabt.

Dann bekennt sie, Kräuterwein getrunken zu haben, um nach dem unzüchtigen Verkehr die Leibesfrucht abzutreiben. Ihr Vater wäre ihr Lehrmeister und habe Blutschande mit ihr getrieben; mehr als 100 mal.

Dann begibt man sich nach Möhringen, um gegen Elias Kraut einzuschreiten. Man sucht ihn einzuschüchtern, was nicht gelingt, so daß er nach acht Tagen freigelassen wird. Mitte Dezember verhört man in Esslingen Agnes Laumaier, die zurück zu ihrem Schuhmachergesellen will. Es stellt sich heraus, daß der von ihr genannte Sud zum Abtreiben Birnenmost gewesen ist.

Am 15. Dezember werden drei Urteile gesprochen. Das erste betrifft Hans Seher. Das zweite den Michael Elsäßer jun., der seiner Mutter am 18. September einen Abschiedsbrief geschrieben hat. Sodomie habe er nur gestanden, weil ihm Hauff mitgeteilt habe, daß Leugnen zwecklos sei. »der teufel seye nie bey ihme gewesen, werde in diesem closter nicht erst zu ihme kommen sein.« Er verweigert das Abendmahl. Der dritte ist der Wirt Conrad Scheurenbrand. Sie werden vor der Verbrennung geköpft. Das Verhör gegen die Schmiedin

Katharina Laumeier

wird am 23. Dezember fortgesetzt. Nun schafft man sie in die Folterkammer. Sie wird aufgezogen und vollführt: »ein abschwelichen ululatum« und dann gesteht sie, mit ihrem Mann unzüchtig verkehrt zu haben, als er längst verbrannt war. Nach der Weihnachtspause schildert sie das holzharte »membrum virile« des Teufels, redet von giftigen Kröten und Fröschen, die beim Wasserlassen von ihr gegangen seien und die sie auf Anweisung des Teufels zu Salben verarbeitet hat. Sie wird am 1. Februar verurteilt und drei Tage später vor der Verbrennung enthauptet. Ihre Tochter hat in der Zwischenzeit ein Geständnis zu Protokoll gegeben.

Anna Maria Kieß widerruft und sagt: »seye alles lauter nichts ... sie habe alles vom Hörensagen, vermuten und was ihr der Pfarrer von der öffentlichen Kanzel von solchen Sachen, wie sie bekennen und machen, gepredigt. Es gehe ihr nicht mehr darum, ihr Leben zu retten, denn das habe ihr der Nachrichter zuschanden gemacht.« Daraufhin wird sie erneut gefoltert und bleibt bei ihrem Geständnis.

Die Anna Maria Harsch sagt: »der Teufel wäre im Gefängnis in der Gestalt eines Meßpfaffen über sie gekommen. Er habe sie geschlagen und Unzucht mit ihr getrieben.« Vor ihrer Verurteilung schreckt man zurück, da wegen ihrer Minderjährigkeit die Tübinger Juristen gehört werden sollen. Probleme macht der Obrigkeit Agnes Henk, die widerruft und sagt: »sie hab Gott und die Obrigkeit belogen und betrogen.«

Dann wird ihr ein scharfer Verweis erteilt, um sie gefügiger zu machen und dann führt sie Klage über die unerträglichen Haftbedingungen. Um sie fassen zu können, wird ein gerichtsmedizinisches Gutachten eingeholt, daß das von ihr genannte Knochenpulver analysiert werde. Dazu bemüht man Tübinger Mediziner und sie stellen fest, daß es sich um Stärke(mehl) handelt. Was die Wirkmächtigkeit von Menschenfleisch anbetreffe, finde sich zwar bei keinem Medicus oder anerkanntem Scriptor ein Beleg hierfür, doch habe man es seit alters halb ein Paneca in allen Kranckheiten. Namentlich in Form mumifizierten Dörrfleisches in Gebrauch. So möge man die Eignung, nicht gänzlich auszuschließen, wenngleich es dahinstehe, ob es etwas »revere kinderfleisch gewesen, waß sie genoßen, oder gleich affenspiel mit dem vorigen vorgegangen.«

Alles in allem ist das Ergebnis für die Esslinger Obrigkeit niederschmetternd. Agnes, die seit fast einem Jahr inhaftiert ist, soll gegen Urfehde entlassen und aus Württemberg verbannt werden. Sie bricht zweimal die Urfehde und kommt zurück. Die Esslinger beschließen ihre Folterung: »Und haben dahero mit urthel zu recht erkandt, daß sie Elsa oder Gaugen Agnes gefangen und gebunden durch den Scharfrichter von dem Thurm herab vor das Steuerhauß geführet, daselbsten ihro diß ihr Verbrechen publice abgelesen, darauff uff den pranger an das halßeisen gestellt, hernachmals starck mit ruten uß der statt über die pliensaw bruckhen ußgehawen werden soll«, womit zunächst die Sache erledigt ist.

Nach zwei Jahren geht ein Bittschreiben ein, daß sich die Agnes »im ellend« arbeitsam, wohl- und gottgefällig verhalten, weshalb man ersuche, ihr entweder die Rückkehr zu Mann und Kind oder hilfsweise die Scheidung zu verwilligen. Das Ersuchen wird abgelehnt und man sagt: »ihr Mann hätte ihr ja folgen können, die begehrte Rechtswohltat müsse ihr versagt bleiben.« Das Gerangel zieht sich jahrelang hin.

Die junge Mogglan-Gret wird am 12. November nochmals verhört, wobei sie erklärt. »sie seye von hurerey und hexerey frey« und wird dann, da sie nicht mehr gehen kann, der Folter überstellt, wo sie nochmals widerruft und sagt: »und wann man sie schon uff freyen fuß stellete, frewe sie doch ihr Leben nit.« Sie wird nach Schwören der Urfehde »der Gefangenschaft erlaßen« und über die Donau verbannt.

Es hat ein familiäres Nachspiel, denn Georg Kaiser kommt beim Rat ein und trägt vor: »als Mann der Jung- und Schwiegersohn der Alt-Mogglen Grete sei er in Armut und Schulden geraten, da er für die Schäden und Kosten einzustehen habe; er bitte um eine Lösung der verwandschaftlichen Bande, er wolle sich den Rücken frei machen, um eine unbeschwerte Ehe mit der Tochter des Bürgermeisters einzugehen.

Das Begehren wird vom Spital zurückgewiesen. Der Superintendent Adam Weinheimer macht darauf aufmerksam, »daß nach Luther eine Ehe auch im Falle der Stäupung und Landesverweisung Bestand habe, da wie im vorliegenden Fall, der Unschuldige dem Schuldigen nachfolgen könne, wie man aus der Schrift ersehe, wo Kains Weib dem Frevler in die Vertreibung gefolgt sei.«

Nach diesem thelogischen Gutachten neigt sich Hauff auf die Seite Kaisers. Mit Rücksicht auf die restriktive Handhabung von Scheidungsgründen empfehle sich ein geistlicher Zuspruch, sich lieber in die Ehelosigkeit zu fügen, bevor man, der Hurerei zuvorzukommen, in die Scheidung willige, wenn der Rat ausschlage. Schließlich wird Kaiser gestattet, die Hochzeit »ohne weittläuffigkeit und gepreng« abzuhalten. Anfang Februar wird der Spürhund erneut aktiv. Der Wachtposten am Obertor

Michael Eberspächer

gibt zu Protokoll, daß ihm seine Frau einen Brei an den Arbeitsplatz gebracht habe, doch gleich nach der Mahlzeit habe er sich erbrechen müssen und sich »bald darauf übel befunden.« Er habe an den Händen und Füßen Lähmungen bekommen. Seine Frau habe sich geweigert, von dem Brei etwas zu sich zu nehmen. Zudem habe sie ihren Sohn zum Apotheker geschickt, um für einen halben Batzen Quecksilber zu holen. Allein er habe keines erhalten. Seine Mutter sei von Grund auf schlecht, gehe nicht zur Kirche und »könne nichts als hadern und zankhen. Ihre Gabel sei bereits geschmiert.«

Bei Lichte betrachtet, kommt eine Denunziation zutage. Sie sagt, sie habe von dem Brei gekostet und auch ihr wäre schlecht geworden. Erkrankt sei ihr Mann auf dem Weg nach Stuttgart, um Martinsgänse zu verkaufen, wobei er sich Erfrierungen zugezogen habe. Sie habe sich wegen ihrer alten Kleider geschämt in die Kirche zu gehen, zumal sie keine Schuhe gehabt habe. Und doch habe sie ihm für einen Kreuzer Gift in den Brei getan. »er habe alles vertan und so übel gehauset und selbst die Bibel verkauft:«

Zu der Giftattacke sei sie durch die »Roßdoctorin« und Schneiderin bewogen worden, die gemeint haben, sie würden ihren Männern Gift geben, hätten sie einen solchen wie den Ihren.«

Daraufhin wird Barbara Eberspächer gefoltert, wobei sie gesteht, mit dem Teufel Unzucht gepflogen zu haben. Später sagt sie, der Teufel habe sie zu dem Giftanschlag überredet, wodurch sie sich dem Prozeß entziehen könne, »fällt plötzlich mit großer Gewalt doch vorteilhafftig, damit sie den Kopf nit verstoß, uff den boden und ruckhen nieder, sträckht alle viere von sich; sambt wolt ihro oder odem ußgehen, als sie durch den kerckermaister wider uffgericht worden, scheint es samb wie es nur eine simulation ... motu voluntario.« Dann gesteht sie:

- Der Teufel habe sie mit hinaus genommen: »komm schatz, es geht dapfer dussen zu, sein statliche leuth in samt und seiden, in gutschen, in hut und feder dussen.«
- Während des Verkehrs habe sich der Teufel wie ein Kavalier verhalten.
- Dann habe ihr der Teufel aufgetragen, mit Persiliensamen den Kühen die Milch zu

nehmen, »wo doch dieses Mittel zur Kälbermast gebräuchlich sei.«

Das Gericht bemerkt ihre widersprüchlichen Aussagen und dann löst sich das Problem von alleine: »sie hat aber an einem gelittenen Rathstag uff dem Fachthurm durch den Ofen außgebrochen sich uff die bühnen obgemahl und zu dem Laden hinauss uff die gassen herunder zu todt gestürzet.«

Am gleichen Tag wird die Exekution des Kadavers beschlossen. Ihre Leiche wird in Unehren auf dem Hochgericht verscharrt. Der Esslinger Bevölkerung bleibt in den Schreckensjahren nicht verborgen, daß es Hauff ist, der die Fäden in der Hand hält und den Schatten des Hexenwahns ausgebreitet hat. Gegen ihn beginnt sich

Widerstand

zu regen. Mehrfach wird er von Tübinger Juristen reglementiert, vor allem was sein Agieren gegen Jugendliche belangt. Er läßt sich mit den Fakultäten auf ein Spiegelfechten ein. Hauff unterscheidet fünf Stufen der Minderjährigkeit, wobei er am liebsten über alle die Todesstrafe verhängen würde. Er ist bemüht, Tübingen eine rechtswidrige Auslegung der PGO anzuhängen und ereifert sich im Besserwissertum.

Die dortigen Juristen verkennen den Unterschied zwischen »magos maleficios« und »magiae artis conscios,« welche erstere von den griechischen Kaisern mit dem Feuer, letztere aber mit dem Schwert gerichtet worden seien. Es habe die Todesstrafe bei fehlenden Schadenzauber Platz zu greifen ... nur sämtliche Milderungsgründe könnten zu einem anderen Standpunkt führen ... nicht von ungefähr habe sich der Teufel Evas und nicht Adams bedient. Also pfleg noch heit zutag gemeiniglich allerhand wollust, das leichtgläubige weibervolck zu berukcken.« Er verweist auf Bamberg, wo Kinder in ein Bad gesetzt und also »erschleffet werden[55)]«. Um die Qual des Feuers zu mildern, ziehe er vor, sie frommen Schulmeistern anzuvertrauen. Mädchen soll die Strafe verkündet, deren Vollstreckung aber ausgesetzt werden.

Letztendlich sind die Verfahren Hauffs glücklos und von einem fanatischen Fahndungseifer gekennzeichnet. Er begibt sich im November 1664 auf Hexenjagd nach Deizisau, um gegen

Margarethe Eberlein

einzuschreiten. Sie hat zu Protokoll gegeben, sie wisse um ihren Ruf als Hexe und ihre Selbstmordabsichten resultieren aus ihrer Melancholie. In ihrem Bett sei ihr etwas armlanges Haariges erschienen, sie zu beschlafen, sie halte es für Anfechtung, da ihr Mann gelebt habe. Dann wird sie nachhause geschickt. Dann inquiriert Hauff in Möhringen gegen

Anna Schwartz

die bekennt, von ihrer Base verführt worden zu sein. Sie wäre mit ihr ausgefahren und habe mit dem Teufel Unzucht getrieben, worauf sie der Inquisitor nach Esslingen bringen läßt. Um Details zu erfahren, hält man aus Vaihingen die Base, Barbara, die Witwe des Hans Bayers. Sie genießt keinen guten Ruf. Man wäre froh, wenn dieses Unkraut aus dem Flecken wäre; in der Kirche schlafe sie zumeist und dann sagt sie: »es mögen 10 Hencker kommen und jeder ein Stück von ihr hauen ... sie recket die Zung eines fingers lang heraus und inkomdomiert die Richter mit der Bitte, Gott möge den Herrn den rechten Sinn geben.«

Anna Schwarz räumt ein: »sie habe alles nur von den Leuten erzählen gehört ... man sollt ihr Basin lebendig verbrennen ... selbst wenn ihr hundert Herren Mühlsteine umhängten oder gar der Fürst vom Württemberg sie beschuldige, es sei nichts dran.« Nach dem sie der Scharfrichter zur Folter führt, scheint sie zu kapitulieren.

Die Esslinger Obrigekit entschließt sich nochmals die Straßburger zu konsultieren. In der Zwischenzeit versucht der Superintendent Weinheimer Barbara in der Haft zu einem Geständnis zu bewegen. Nun zeigt sich Straßburg liberaler und kommt von der früheren Gangart ab.

»In aller Regel handelt es sich um närrische Einbildungen, wie sie gern ehrliche Leute heimsuchten, in specie mulieris ... circa concubitum; namentlich Frauen zur Zeit des Beilagers. Die peinlichen Befragungen seien einzustellen und den rückständigen Bauersleuten ihre Einfältigkeit zugute zu halten.«

Auch hier steckt der juristische Denunziant eine Niederlage ein, die seine geistige Rückständigkeit dokumentiert. Doch er läßt nicht locker und beschäftigt die Straßburger Experten noch eine Zeitlang. Er verfolgt

Leonhard Helder

wegen einer möglichen Abtreibung und meint auch die Mutter (?) verfolgen zu können. Er geht gegen den Esslinger Müller Jacob Weiß vor, den seine Stiefkinder Jacob und Katharina Kober bezichtigen: »er habe

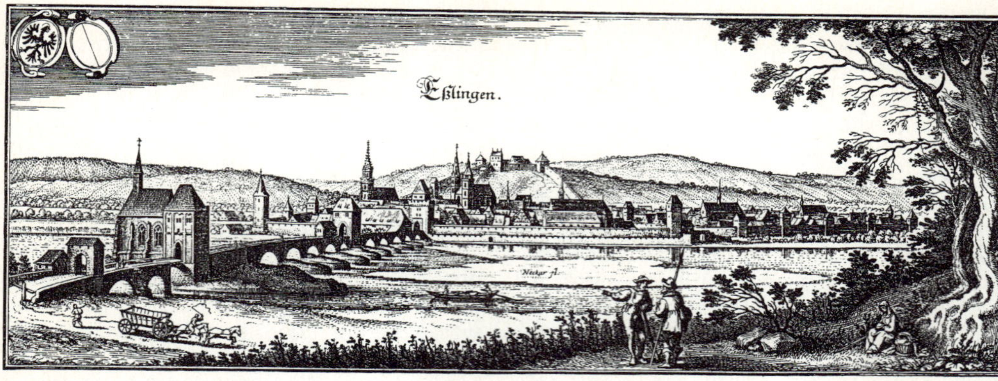

Esslingen, Stich von Mattheus Merian d. Ä. (1643)

seit Jahren ein üppiges gottloses Leben mit Fressen, Saufen und Schweren (Schwören) geführt ... auch habe er fortwährend seine Stieftochter mißbraucht und das so unverhohlen, daß es im Kreis der Familie mehr als ein offenes Geheimnis gewesen sei.«

Für Hauff ist klar, daß es nur mit dem Teufel zugehen könne. Nun werden eine Hebamme und zwei geschworene Frauen mit der gynäkologischen Untersuchung der Katharina beauftragt, die zu der Auffassung gelangen, rein äußerlich zwar nähmen sich die Geschlechtssteile wie die eines unberührten Mädchens aus, wohingegen sie innerlich »wie ein frisches Brot« wirken, was darauf schließen läßt, daß sie bereits Manneskraft erfahren habe.«

Da ihr Bruder bestätigt, daß er gesehen hat, wie der Vater gelegentlich die Schwester geschlechtlich traktierte, wird die peinliche Befragung angeordnet und der Müller unter Anhängen von Steinen gefoltert.

Erschwerend kommt hinzu, daß dem Scharfrichter die Kräfte versagen, als er ihn mit den großen Steinen aufziehen soll. »niemand anders als der Teufel konnte mit aller Macht diese am Boden gehalten haben.« Dann erreicht das Gericht eine Eilmeldung des Turmmeisters, der Müller liege schrecklich zugerichtet in seinem Gelaß. Der Teufel habe ihn mit seinen Klauen den Kopf »greilich zerschmettert«.

Hauff nimmt dem schwer Verwundeten das Versprechen ab, dem Teufel abzusagen. »er solle ein Geständnis ablegen, worauf er einräumt, der Teufel habe ihn, als er betrunken gewesen sei, zur Unzucht mit seiner Stieftochter veranlaßt, jedoch habe er selbige nicht vollständig verübt. Später sagt er: »er habe aus Verdruß des Lebens sich selbst dieses gethon.«

Am 28. Juli wird er mit Johann Heider enthauptet und auf einem Scheiterhaufen verbrannt. Das gleiche Schicksal erfahren drei Wochen später Leonhard Heider (sen.) und seine Frau Walpurga. Vater und Sohn werden am 18. August mit Walpurga Helder enthauptet und verbrannt.

Die Urteilsverkündung vermerkt entsetzt: »der höllische Wolf habe auch in unßerer lieben statt in die Herde Christi einen erschrecklichen Einbruch gethon« und schließt mit eine gereimten Werbung um himmlische Bundesgenossen im Kampf gegen die Regimenter des Bösen. Straßburg beantwortet eine Anfrage Hauffs in Sachen

Philipp Geusels

zurückhaltend. »Bezüglich der Sara Schauer, der Fischerein, der Hemmringerin, der Lilienfein, des Weber und des Fries erlaubt es die erstgradige Tortur. Im Hinblick auf 13 weitere Besagte wird gesagt, daß man warten solle, ob die Besagungen zutreffen und hinsichtlich der restlichen acht Beschuldigten sei angeraten, im Zweifel lieber einen Schuldigen zu verschonen als einen Unschuldigen zu strafen.

Am 12. August wird eine 66 Jahre alte Anna Hellin zum Verhör gebracht und »ratione de hexerey« verhört. Der Ausschlag für ihre Verhaftung war, daß sie von Vater und Sohn und von der Walpurga Helder »hart und beschwehrentlich« angegeben worden sei, nachdem sie ohnehin seit 20 Jahren im Geschrei stand.

Die Fischlerin »speiet gegen den Teufel aus«, als ihr vorgehalten wird, Wetter gemacht und Kindsleichen ausgegraben zu haben.

• Leonhard Helder meint: »sie habe ihm Kinder und Kühe verderbt, umgebracht und gelämbt, auch mit ihm Unzucht verübt.« worauf sie ihm begegnet: »due lüegst in die fressen hinein.«

Kochsara

Am gleichen Tag wie die Fischerin wird Sara Schauer (Kochsara) verhaftet, die zur Prominenz zählt. Sie steht im Verdacht der Hexerei. Im Juli 1657 hat Johann Schauer Anlaß, in der Sache vorstellig zu werden, nachdem seine Frau durch die Aussage einer früher bei ihr im Dienst stehenden Magd in ein »giftiges Geschrey« geraten ist.

Kurz danach werden in der Sache 16 Zeugen verhört und dann weitere sieben, die bezeugen, sich nach dem Genuß von Kraut der Kochsara unwohl gefühlt zu haben. Hauff holt eine Bestätigung des Pfarrers ein: »daß sich die Vorfälle vor sechs Jahren wie beschrieben zugetragen haben.«

Schon hat er vor, sie der Folter zweiten Grades zu unterziehen. Aus Vorsichtsgründen wendet er sich an die Tübinger Juristen: wieder erteilt man dem Voreiligen eine Abfuhr: »die Tortur sei ein gar so zweifelhaftes Mittel, die Wahrheit zu ergründen, daß nicht nur Athusius, sondern auch andere namhafte Theologen und Rechtsgelehrte diese verwürfen ... in diesem Fall handele es sich nur um abergläubische Einbildungen und Gerüchte ohne hinreichenden Grund ... es seien Phantasien und teuflische Spiegelfechtereien.«

Jetzt erteilen sie ihm einen scharfen Seitenhieb: »uff die Frage, warum bey uns Teutschen es mehr Hexen allß bey andern Nationen gäbe ... deßen man sich billich schämen sollte der aberglaube ... und hinderlistiges ohrenblasen ungläublich tief eingewurzelt sey ... würden doch in den deutschen Landen Dummheit und Aberglauben wie auch Neid und Mißgunst mehr als anderswo in der Welt herrschen.«

Dann wird gesagt: »und wenn der Altbürgermeister Heinrich Schloßberger von dem bei der Kochsara genossenen Most »taumlich« geworden sei, wolle man es gern glauben. Er werde deßselbigen Tages vorher mehr Most versuecht haben und sei in summa die einbildung ärger sey allß die pestillenz, dafür zu halten, wenn niemandem die Kochsara in abergläubischen Verdacht gehabt habe hätte, würde in allen dießen Geschichten niemandt bezaubert worden sein.«

Als das Consilium eingeht, versucht es der Rat zu vertuschen. Als noch die konsultierten Straßburger Juristen die gleiche Meinung wie die Tübinger teilen ... man trag ja selbst Schuld daran, wenn man voreilig eingeleitete Inquisition der Verdacht weitere Nahrung gegeben habe.« Dann werden die Esslinger verwiesen, daß sie Besagungen zur Hand haben, die nichts bedeuten. Hauff zieht sich die Schlinge um den Hals.

Mitte August werden Caspar Lilienfein, Hans Fries und der Esslinger Weingärtner Christoph Weber (Weberstoffel) eingezogen. Lilienfein stammt aus Fellbach und ist 60 Jahre alt. Der 75 Jahre alte Hans Fries war verschrieen. »Keck und frisch des walt Gottes und guten abend, betritt er die Verhörstube. er hoffe sie wieder genauso zu verlassen, um mein lieb Weib und kinderlein wiederzusehen und mit ihnen zu hausen, so lang Gott will.«

Nachbarn haben ihn der Hexerei bezichtigt und einer von ihnen sagt: »er habe einst Wein bei ihm getrunken, worauf er sich »grausamblich erbrechen müeßen.« Fries erkläre dann: »man möcht einen martern, daß er unschuldig bekennen müeß.« Und doch bricht die Folter seinen Willen.

- Er sei im Alter von 40 Jahren »von des Nisin sohns weib« entführt worden.
- Getauft worden sei er mit »bruntzwasser«, aber ungern auf den Venusberg gefahren.
- Er habe seine Lehrmeisterin in ein Brunnenloch gestürzt, so daß sie fast ertrunken sei.
- Dann wäre er in des Hegelmaiers Weinkeller gefahren, wo man, wie häufig, in die Fässer »scheuß« oder »bruntz«, oben zum Sponten hinein, was das Gericht zu der Feststellung veranlaßt: »die teuffel werden itziger Zeit auch ärger ahn vor diesem, gleich wie die Menschen auch schärpfer werden.«
- Seine Frau habe es auch im Alter noch recht getan, sie gehen gern mit diesem Ding um und ahn wie die jungen.

Der 48 Jahre alte Weingärtner, den man als Fähnrich unter dem Hexengesinde angegeben hat, erweist sich als verstockter Sünder. Der Stoffel sei während der Geburten einer Frau hinter dem Ofen gesessen, habe weder gebetet noch ihr Mut zugesprochen; selbst nach Fehlgeburten habe er nicht traurig gewirkt. Er habe es mit der »wirtzmillerin« getrieben und sei einer in seinen Diensten schwanger gewordenen Magd lediglich der »lukenbießer« gewesen.

Die Magd leugnet es nicht und sagt: »er habe ihr auch versprochen, ihr etwas zu geben, im Fall sie schwanger würde, von wem das Kind letztlich sei, wisse sie nicht.«

Er rechtfertigt sein Verhalten damit, daß er sagt, »daß es ihm mit seine Frau angesichts ihrer 52 Jahre keinen Spaß mehr gemacht habe. Auch sei sie, obwohl er schon 14 Tage vor dem Gang zum Altar mit ihr verkehrt habe, damals keine Jungfrau mehr gewesen, sondern wie eine, die schon zwei Kinder zur Welt gebracht habe.«

1635 habe ihn sein Vater zur Sodomie verführt und ihn in des Teufels Namen mit hinaus genommen; er wird der Folter unterzogen. Dann soll ihm der Teufel »schene weiber und gelt« versprochen haben.

Dann läßt der Weberstoffel wissen, »anno 50 sei der Teufel in der Gestalt einer tobenden Sau über ihn gekommen und habe ihn vor die Wahl gestellt, entweder einen Ehebruch oder Mord zu gestehen, worauf er sich für das erste entschieden habe.«

• Was die Unzucht mit Kühen anlange, »sei ein schlechter Lust dabei, indem man sich hierzu auf einen Melkschemel stellen müsse und die Tiere gern ausschlügen.«

Später stellt er das Teufelswerk als Betrug hin: »er woll sein Leben gern uffgeben, hab doch nur lautter bosellarbeit in dieser Welt verrichten misen ... er glaub nicht, das ein einig redlich mensch uff dem flecken sey.«

Dann erfolgt eine Verhörspause. Hauff wird krank und seine Spürhundaktivitäten lassen nach; für den Rat eine Chance, den Emporkömmling abzulösen. Lilienfeind gibt an, seine Aussagen nur gemacht zu haben, weil ihn der Hauff so unsäglich drangsaliert habe, es sei samt und alles Lügenwerk.

An die Stelle von Hauff ist Johann Philipp Weickersreuter getreten. Dann wird der Fischerlin nochmals der Folter unterzogen. Am gleichen Tag versucht der 75 Jahre alte Fries dem Gericht anzubieten, er wolle 60 Gulden für die Armen geben. Dann wird Kochsara gefoltert und schließlich beschlossen, sie nach dem Schwören der Urfehde nachhause zu lassen. Kurz danach stirbt Hauff; man hat Prozeßakten bei ihm zuhause gefunden. Der noch von ihm posthum Verfolgte war der 78 Jahre alte Weingärtner und Esslinger Bürger

Peter Kenner

Er gibt zu, während des Krieges zwei Rehe geschossen zu haben. Es sei aber nicht so, daß er mit der Magd seines Vaters Unzucht getrieben hat, doch sei ihm bei ihrem Anblick schon »so wunderlich unterhalb leibes worden, daß ihm das gemäch geschwollen.« Daß er mit der Frau des Nicodemus Baur verkehrt habe, habe er nur deshalb verschwiegen, weil es nur einmal geschehen sei. Auch habe er von der Scheuren abgeladen: »wann er gespürt, daß es komm semen, so hab er es auf uff den boden lauffen lassen.«

Dann bezichtigt ihn der Weberstoffel der Hexerei. Anfang Dezember bestreitet Kenner nochmals den Vorwurf. Er wird zur Zahlung von 30 Talern Bannung in den Flecken Haibach und der Zuweisung eines besonderen Kirchstuhles in St. Bernhard verpflichtet.

Am 13. November wird die 60 Jahre alte Barbara Bayer (Cosmännin) vorgefordert: es zeigt sich hinter den Kulissen ein nachbarlicher Kleinkrieg. Dann wird deren Schwester Anna eingezogen. Den Vorwurf, daß sie mit Fries Unzucht getrieben habe, kann sie entkräften: »weshalb sie ausgerechnet einen so alten Schelm vonnöten gehabt haben solle, wo sie einen so hübschen Mann habe; an seinen Angaben sei nit soviel wahr daran als ein glufenkopf.«

Nachhause geschickt werden die 47 Jahre alte Catharina Beutel aus Rüdern und Hans Engelfried. Burga Nachtriebin gelangt wegen eines Selbstmordversuches ins Geschrei, als sie mit Sichel und Grastuch in den Wald gegangen sei, gefolgt von ihren weinenden Kindern. Straßburg reagiert im Sinne Hauffs und deshalb erfolgen für Esslingen die

letzten Todesurteile

wegen Hexerei. So werden am 18. Dezember 1665 Lilienfein und Fries nochmals vernommen. Die Urteile lauten auf Tod durch das Schwert mit nachfolgender Verbrennung der Leichen. Vollstreckt werden die Urteile am 22. Dezember. 1665 werden mit Weber, Lilienfein und Fries die letzten Hexen in Esslingen verbrannt; die Fischlerin wird auf freien Fuß gesetzt.

Damit erlöschen die Scheiterhaufen nach etwa drei Jahren so rasch, wie man sie entzündet hat. Der für Vaihingen und Möhringen zuständige Johann Jacob Faber bringt 1666 seine seelsorgerischen Erfahrungen mit dem Hexenwesen zu Papier. Er notiert etwa 150 Personen ($^2/_3$ Frauen), die in die teuflischen Verstrickungen geraten sein sollen.

Weitere Bezichtigungen

Nur die Tatsache, daß jetzt Weickersreuter am Ruder ist, bringt die gängigen Besagungen nicht zum Schweigen. Anfang Dezember 1668 wähnt sich Maria Kieß so schweren Anfechtungen ausgesetzt, daß man meint: »der böse Feind habe sie verführt oder daß sie gar wohl besessen seye.«

Man läßt sie ins Warzenhaus einer geistlichen »seelen cura« unterziehen. Vom Hörensagen glaubt man zu wissen, in ihrem Haus hätten die Mäuse »riemlen umb den hals und löcher durch die ohren« gehabt. Stadtärzte konstatieren Melancholie und kurz danach hat »der allmächtige Gott unter dem Zuspruch Herr M. Enslerns durch einen sanfften todt uffgelöst und von der jammerseligen Welt abgefordert.«

Im Februar 1682 geht die Rede, daß die 14 Jahre alte Rosina nach dem Genuß von hanfsamenartigen Körnlein auf böse Gedanken gekommen und von einer auswärtigen Frau in den Wald zu einem Hexenkonvent mitgenommen worden sei. Nach ihrer Rückkehr seien ihr erbrochene Nadeln und ein verrosteter Schuhnagel aus dem Mund gekommen.

Mitte 1668 wird zweimal gegen Lorenz Schuder wegen Hexerei ermittelt. Er wird zur Zwangsarbeit in den Weingärten des Spitals verurteilt. Im Juli 1704 hat man sich wegen einer Geistererscheinung eines »todten eingewickelten Menschen« zu befassen, die zu bannen sich der Sattler Jerg Glockner angeboten hat. Er wird wegen seiner abergläubischen Praktiken zu einer Turmstrafe verurteilt.

Im Februar 1707 wird eine Frau zurechtgewiesen vorsichtiger zu ein, um dem Vorwurf der Hexerei zu entgehen. Im Frühjahr 1721 wird gegen Eva Rosina Oetle wegen Giftmord verhandelt. Der Mann der 36 Jahre alten Beschuldigten stirbt kurz nach der Hochzeit. Bei der Obduktion stellen die Ärzte in seinem Mageninhalt Mäusegift fest. Erst redet sie sich heraus, daß »äpffel oder sonsten was, wo die Mäuse draufgeseicht gegeßen,« gesteht aber später, sie habe ihm aus Rache, da er sie geschlagen hat, ohne seinen Tod gewollt zu haben, Gift ins Kraut getan. Sie wird zu einer Körperstrafe verurteilt.

1760 kommt auf die Esslinger Justiz ein letzter Räuberei- und Hexenprozeß in Sachen der zwanzig Jahre alten

Barbara Müller

zu. Der Altbürgermeister sagt: »es ist eine verwirrte Sache.« Eine Zeugin weiß vorzutragen, sie habe anläßlich eines Blickes aus dem Fenster mit der Inquisitin sich über die Schönheit der Schöpfung unterhalten. Ob sie dann nicht glaube, daß diese schönen Geschöpfe ein allmächtiges Wesen erschaffen? Worauf sie geantwortet: »dieses alles seye von ohngefehr entstanden.«

Dann kommen abenteuerliche Dinge ans Tageslicht:

- Ihr Stiefvater habe ihr sexuell nachgestellt, ihr oben hineingegriffen, auch den Rock gehoben und ihr in »den Schlitz« gelangt.
- Sie habe zwei Jahre im Bamberger Zuchthaus verbracht und aus Selbstmordabsichten 14 Mauskugeln gegessen, welche sie erbrochen, ohne Schaden zu nehmen.
- Sie habe aus Belieben die Konfession gewechselt und sei einem Geistlichen nach Bamberg gefolgt. Weil er ihre Liebe nicht erwidert habe, habe sie sich dem Teufel verschrieben; er habe nicht reagiert.
- Der Pater premier habe ihr, nachdem sie schwanger geworden sei, eine Mixtur aus Kräutern und Pulver verabreicht, worauf die etwa acht Wochen alte Leibesfrucht abgegangen sei.
- In Würzburg sei sie von einem Hauptmann schwanger worden, das Kind, das schon lebendig und über die Hälfte gewesen sei, habe sie von einem Feldscher erhaltenen Arznei abgetrieben.
- Von einem Fluchthelfer sei sie erneut schwanger geworden und habe das gleichfalls lebendige Kind mit dem Rest ihrer Medizin abgetrieben.
- Ein drittes Kind habe sie nicht mehr abgetrieben, sondern mit zwei Löffeln Praecipital getötet.
- Mit einem Hund habe sie Sodomie getrieben und
- In Bamberg habe sie sich mit einer Räuberbande eingelassen. Ein in einer Scheune zur Welt gebrachtes Kind habe man zerstükkelt, die Fingerlein zu nutzen gemacht und den restlichen Körper Schweinen zum Fressen gegeben.
- Dann habe sie versucht, mit Lichtbutzen und zusammengehäuften Stroh und Schwefelhölzern im Turm ein Feuer zu legen.
- Endlich hat man sie nicht nur auf Gott fluchen, sondern auch rufen hören: »daß alle Teufel kommen und sie in die Lüfte hinauß führen solten, und wanns ihrer zwanzig wären.«

Aus Tübingen wird ein Gutachten eingeholt und so wird Barbara Müller am 13. Februar 1761 wegen »auf dem thurm vorsetzlich verübten brands, und ausgegossener abscheulichen Gotteslästerung und vieler anderen eingestandenen Verbrechen,« enthauptet und verbrannt. Damit enden die Prozesse, doch nicht der Aberglauben.

Reutlingen
hat sich 1546 auf der protestantischen Seite am Schmalkaldischen Krieg beteiligt. Es beherbergt um 1600 etwa 5 000 Bürger plus der 1500 aus umliegenden Dörfern. Hier formiert sich ein Markt- und Handelszentrum für die Region. In der zweiten Hälfte des 16. Jahrhunderts läßt die Wirtschaftskraft nach und überschreitet den Zenit.

Reutlingen fällt in die Hände von Karl V., dessen Rekatholisierungspolitik hier kaum wirksam ist. 1527 hält Matthäus Alber, der Reformator Reutlingens, in Tübingen eine Predigt, in der er teilweise scharf den im Volk verbreiteten Glauben an die Fähigkeit der Hexen kritisiert. Er warnt die Obrigkeit vor der übertriebenen Leichtfertigkeit gegenüber Gerüchten und falschen Eiden der Bezichtigten. Er spricht gegen den Wind.

Zwölf Stadtrichter bemühen sich um die Gerechtigkeit, wobei die CCC. als Grundlage angesehen wird. Den Vorsitz führen zwei Oberkommissare. In der Regel wird der jüngste Ratsherr zur Urteilsfindung herangezogen: wohl (auch) um den erfahrenen Unannehmlichkeiten mit der Begründung zu ersparen, »dessen Rechtssinn zu schärfen.«

Auffallend kurz sind die Prozeßzeiten. In Hexensachen werden in der Regel zwei Kommissare mit der Führung beauftragt, die aus den Reihen der Räte stammen. Sie filtern das Geschehen und tragen ihre Erkenntnisse dem versammelten Rat vor, der über das Vorgehen entscheidet. Hier zählen selbst Hinweise von Sterbenden, die andere übermittelt haben, um in das Netzwerk zu kommen. Johann Buckhard Siconius sagt: »daß ihm der verstorbene Herr Curer oft klagte, die Apothekerin hätte ihm sein Mannrecht genommen.«

Denkbar ist, daß die nahelegene Verfolgung in Wiesensteig Signalwirkung für Reutlingen hat, wie es für Ulm und Esslingen einzuräumen ist. Die anhängigen Hexenverfolgungen umfassen die hundert Jahre von 1565–1667. Es lassen sich fünf Wellen ermitteln; der Frauenanteil liegt bei über 80 %. Die Besagten sind älter, arm und in der Regel Witwen. Es kommen mindestens 64 Menschen wegen angelasterer Hexerei ums Leben. Zwei Frauen begehen in der Haft Selbstmord.

Margarethe Oswald (Teufelsgreth) verweigert zehn Tage die Nahrung und verhungert. Die Kindsvatterin löst sich von den Ketten, die sie 28 Wochen »eisern« festgehalten haben und stürzt sich vom Turm. Sie wird verbrannt. Vergleiche die Ausführungen im Kapitel über die Kinderhexenprozesse. Die Teufelsgreth wird unter dem Galgen verscharrt.

1667 wird das letzte Todesurteil in Hexensachen gesprochen. Michael Ammer, wegen Sodomie angekagt, wird mit den Tieren, an denen er sich vergangen hat (nachdem man sie erdrosselt) verbrannt.

Auffallend ist, wenn man den Recherchen von Gabriele Schenker folgt, daß die Häuser, in denen man Hexen vermutet, mit einer Ofengabel gekennzeichnet hat. Mir scheint es wenig schlüssig, denn in den kleinen Sozialverbänden gibt es keine Geheimnisse: die Epoche ist hexenschwanger und überall geht das nichtige Geschrei: »ob der bösen Teufelweiber« um.

Die Bürgerschaft ist dem Aberglauben verschworen. Man fällt auf, wenn man unfreundlich und/oder einsilbig ist, sich aus der Gemeischaft schließt oder nicht zur Kirche (Abendmahl) geht, händelsüchtig und/oder geizig ist. Anne Hehl bemerkt: »daß Lucie Geilen immer zu ungeraden Stunden ins Haus gekommen« und Agatha Finckh meint: »daß sie immer weggelaufen, wenn man von den (Hexen)hinrichtungen gesprochen.«

Nach den Worten eines Landfahrers soll man sich vor einer Person, auf die man Argwohn hat, drei Stücklein Kleider beschaffen, sie über das Feuer legen und danach mit der Glut das schadhafte Glied räuchern. Man würde den Zustand verlieren und jene, die es einem zugefügt, würde Schaden bekommen. »So tat es die Frau von Bastian Maurer. Sie empfindet Besserung, während Ursula »am nächsten Tag« krank geworden ist.

Auch hier halten sich Geistliche nicht an die ihnen auferlegte Schweigepflicht und schüren das Feuer. Ein Beispiel bietet Christoph Ennslin[56)]. Doch sind nicht alle so. Pfarrer Bentlin stellt sich gegen das Treiben der Kommissare. Daraufhin wird er der Hexerei bezichtigt, gefoltert, und gegen eine Zahlung von 300 Reichstalern freigelassen.

Anfänge
Erste Prozesse finden in der zweiten Hälfte des 16. Jahrhunderts statt. 1556 wird Elisabeth Viess, die Gürtlerin, lebend verbrannt. Denkbar ist, daß ein Frost Anlaß zu ihrer Verfolgung gewesen ist. Nach der ersten Hinrichtungswelle scheinen im Rat Bedenken aufgekommen zu sein, denn er fragt am 2. Juni die Geistlichkeit, ob den Besagungen der hingerichteten Hexen Glauben zu schenken sei.

Im November/Dezember 1592 bricht Feuer aus, bei dem 36 Häuser und Scheunen verbrennen. »über zwei Jahre hernach (1595) ist es an den Tag (ge)kommen, daß die Hexen solches angestellt.« Im gleichen Jahr wird Margaretha Wurst mit glühenden Zangen gerissen und lebend verbrannt. Der Prozeß gegen die angeblichen Brandstifterinnen beginnt im gleichen Jahr. Da man ihnen nichts nachweisen kann, werden sie (zunächst) entlassen, doch 1603 erneut inhaftiert. Danach werden vier Frauen mit glühenden Zangen gerissen und mit der Hotzenschneiderin, bei der man aus Altersgründen auf zusätzliche Folterungen verzichtet, lebend verbrannt.

1603 wird der Ratsherr Paulus Klein Amtsbürgermeister. Und doch folgt der Rat nicht den Bestürmungen der Bürger, die Hexenprozesse wieder aufflammen zu lassen.

1633 werden in einer dritten Verfolgungswelle sechs Frauen wegen Hexerei verurteilt. Auslöser wird der Prozeß gegen die Witwe des Theis Groner von Ohmenhausen, der man nachsagt, daß sie ihre drei Ehemänner mit Arsen vergiftet hat. Der Ratsherr Abraham Zendel scheint den Verfolgungen positiv gegenübergestanden zu haben. Eine maßgebliche Rolle spielen der Schuhmacherzunftmeister

Johann Philipp Laubenberger

sowie der Amtsbürgemeister Conrad Felchin (1659/60), die die Verhöre gegen die Hexen als Kommissare leiten. Laubenberger wird 1660 zweiter Schultheiß. Er muß zwischen 1661 bis 1665 politische Niederlagen einstecken. Seine Gegner sind der Apotheker und Ratsherr Heinrich Efferen, der Erste Schultheiß Sebastian Wucherer und der Bürgermeister Johann Schmidt. Sie stehen der Führung der Hexenprozesse kritisch gegenüber.

1665 behauptet Urban Helbling, daß er vom Teufel besessen sei und besagt Bürger, die er auf Hexentänzen gesehen haben will. Laubenberger reißt das Verfahren an sich und gewinnt politischen Boden. Daraus entspinnt sich die heftigste Verfolgung auf Reutlinger Boden, der 1665 14 Menschen zum Opfer fallen. Inzwischen ist er zum Amtsbürgermeister avanciert. Die Tätigkeit hat er bis 1683 inne.

In einem geschickten Winkelzug wird die Frau seines Gegners Efferen besagt. Sie flüchtet vor der Verhaftung nach Tübingen. Da die Stadt sie auf Verlangen auszuliefern hat, kündigt Efferen im August 1665 das Bürgerrecht, womit er eliminiert ist.

Bei Laubenberger scheint sich ein Gesinnungswandel abgespielt zu haben, denn der Chronist Laurentius Hofstetter berichtet, daß seine Haltung gegenüber den Verfolgungen milder geworden sei.

1668 wird die Schüllerin aus der Stadt gewiesen und 1678 beschuldigt ein Eger (?) Herrn Leipold (Schwiegersohn der Schäfferen) in einem Streit: »daß seine Familie eine Hexengesellschaft sei und daß das Kind, das seine Frau erwarte, vom Teufel wäre.«

Der Schandfleck, daß jemand der Hexerei bezichtigt wird, lastet schwer auf einzelnen Familien. Vereinzelt werden Freigesprochene von Angehörigen verstoßen.

Am 19. Mai 1660 sagt Margaretha Oswald: »es werden viel Hexen hier sein, man soll sie nur ausrotten. Sie wisse nichts von des Teufels List und Trug. Sie sei keine (aber) die Bluthex, die das von ihr sagte, sei so gewiß eine wie Christus kein Übel getan habe. Sie könne den Teufel nicht herauslassen, denn er wäre nicht in ihr.«

Eva Maurer trägt vor: »sie wäre keine Hexe. Sie sei fromm und habe ein redlich Herz. Man habe ihr (nur) schmählich zugeredet. Was sie (vorher) bekannt, hab sie sagen müssen, (denn) man habe sie (mit der Folter) sehr geängstiget.« Barbara Schradin unterstreicht es: »sie leugne ihre vorigen Geständnisse. Sie habe den Teufel nie gesehen. In der Angst und Ohnmacht habe sie von ihm gesagt.«

Barbara Kuehns trug ihr Kind, das frisch und gesund gewesen, auf dem Arm. Als sie Anna Bidermann begegnet, ruft ihr diese zu: »weidlich trag dein Kind hinauf und legs aufs Lotterbett, wie übel sieht es aus? Einen Tag darauf ist es gestorben. Sie sagt: »sie habe zwar keinen Argwohn auf die Anne gehapt, weil sie aber wegen des Becken Weib in gros Geschrei gekommen (wäre), habe die Zeugin unterdessen dergleichen Gedanken sich (auch) gemacht.«

Auch hier tritt der Teufel als Seelentröster in Escheinung. Afra Schelling wird in ihrem Haus verführt, als ihre Schwiegertochter schwanger ist und Kummer hat. Judith Göbel gelangt aus Armut zur Hexerei. Über den teuflischen Beischlaf wird gesagt: »daß die Vereinigung kalter Natur war und nicht menschlich sei.«

Vereinzelt erscheint der Satan den Frauen in der Gestalt ihrer verstorbenen Männer. Appolonia Lump als ihr Geliebter, um sie zu verführen.« Es mag sein, daß ein Mangel an sexueller Befriedigung Grundlage dieser Alpträume, Phantasien und Wahnvorstellungen iniziiert. Wenn der Teufel mit den Frauen Unzucht trieb, waren es häufig Witwen oder solche, deren Männer längere Zeit abwesend waren. Catharina Rentz soll 25 mal mit ihrem Buhlen Unzucht getrieben haben und Agnes Blanck wird getauft, nachdem sie der Teufel beschlafen hat. Er gibt Elisabeth Ortlieb Geld »es waren (jedoch) nur Hafenscherben und Hobelspäne.« Obwohl im Gutachten über Afra Schelling das Ausfahren als »bloße Phantasie und Teufelsgaukelei« angesehen wird, hält sich der landläufige Aberglaube.

Zum Ausfahren werden eine Geiß, Maus, Katze oder Bock erwähnt. Man trifft sich im Haus der Fürkäuferin, in der hinteren Stube des Hans Alt Tochtermann oder bei der Urbele.

Der Teufel kann sich nicht nur in Menschen, sondern in Raupen, Mücken, Spinnen, Sauen, Grillen oder Vögel verwandeln.

Urban Helbling sagt: »daß ihm der böse Geist in der Gestalt eines Hirsches erschienen sei. Er habe sich gleich als Mannsperson präsentiert und (trotzdem) Hörner gehabt.«

Zudem findet sich ein Hinweis auf das stigma diabolicum. Der Teufel habe befohlen, man solle sich nach der Taufe einschreiben. Er habe sie mit der Glufe (Stecknadel) in den linken Fuß an der Wade gestochen und Blut herausgelassen. Der Teufel habe ein gros Buch hergeholt und auf ein klein Zettele ihren Namen geschrieben. Das Löchlein, woraus der Böse Blut gelassen, habe sich an der angegebenen Stelle gefunden, wiewohl der Wächter mit der Nadel fast $^1/_4$ Zoll tief in diese gestochen, hat das Mädle nichts empfunden und nicht geschwaitzt (geblutet).

Appolonia Vetter, die ihrem Mann das Geschlecht genommen hat: »so daß er seither kein Mann mehr sein konnte«, wirft dem Weib des Heinrich Weiss ein Steinlein auf den Rücken, »worauf diese lahm geworden.« Anna Groner tötet auf Verlangen des Teufels ihre Männer mit einem Pulver, das ihr der böse Geist gegeben hat. Dem Schultheiß tötet sie ein Roß. Manchmal wurde das Pulver den Menschen unter das Gesicht geblasen.«

Vereinzelt wird den Hexen Heilkraft zugeschrieben. Eva Maurhan, die der Kuh des Johann Kuefuss Milch genommen haben soll, indem sie ihr mit Teufelskraut über den Rükken gefahren und dreimal gesprochen: »es sei dir geholfen, in (des) Teufels Namen.« Maria Helb hilft den Frauen des Jacob Himmel und Hans Jerg, denen sie die Milch genommen, indem sie ihnen die Brust herabfuhr und sprach: »es ist Kat (Kot) es bedeutet nichts, es vergaht« (vergeht).

Klerikale Sexualpolitik

Einen tragischen Ausgang nimmt der Fall der Stieftochter des Bäckers Nedelin. Sie hat sich mit einem Bäckerknecht eingelassen und ist nach »verbottener Unzucht« schwanger geworden. Am 18. Oktober 1662 – sechs oder sieben Wochen zu früh, wird ihr »weh zum Kind«. Sie ruft heimlich nach einer Hebamme und man munkelt in der Stadt »sie habe mit Kräutern und anderen verbotenen Mitteln die Leibesfrucht fortgeholfen«.

Das tot geborene oder nach der Geburt gestorbene oder getötete Kind behält die verängstige Mutter bei sich zu Hause. Als der Jahrmarkt beginnt, tragen sie und die Hebamme den kleinen Leichnam in einem »Schindlädlein« heimlich zum Kirchhof und legen ihn in das Grab eines anderen Kindes. Argwöhnisch beobachtet es eine Nachbarin und so gelangt die Schande ans Licht. Daraufhin werden die Frau und der Vater des Kindes in Ketten gelegt und er mit zehn und sie mit 15 Gulden gestraft.

Jacob, der Sohn der als Hexe verbrannten Blanckhin war seit einem Vierteljahr verheiratet, als seine Frau ein Kind zur Welt bringt. Sie hat die Schwangerschaft geleugnet und niemand um Hilfe gebeten, als sich die Geburt angekündigt hat. Dabei geschieht es, daß sie dem »dem Kind die Nabelgerten im Heruntersteigen vom Bett abriß und das Kind tot war, als die Hebamme eingetroffen ist!

Sie wird am 20. Dezember gefoltert und vom Nachrichter in ein Halseisen gestellt. Dann wird sie aus der Stadt gewiesen. Auf dem Rathausplatz versammeln sich Schaulustige, wobei der Henker Geld für die Verbannte sammelt. Der Ehemann muß für alle Kosten aufkommen.

Und doch ergreift der Rat vorsorgende Maßnahmen. Am 3. Oktober 1680 ergeht ein Dekret, das von den Kanzeln verlesen wird. »Die Weibsbilder sollen die Brüste und Arme nicht mehr also nackt und entblöst zeigen, weil solches zu der Hurerey und Unzucht groß Ergerniß gibt, vor allem könne ein solch liederliches Betragen im geistlichen Stand nicht geduldet werden, der dem weltlichen mit gutem Beispiel voranzugehen habe.«

Deshalb mahnt sie der Pfarrer Eisenlohr in einer Predigt am 31. Oktober, sollten dergleichen Laster selbsten an ihnen abstehen.« Jeder weiß um was es geht; der Prediger Ensslin, dessen beide Töchter »also daher gegangen«. Genauso haben es offenbar viele arme Mägde gehalten »die nit einen hund aus dem Ofen zu locken haben.« Auf allen Zunftstuben wird das Dekret verlesen. »Wer also entblöst erdappt wird, soll 5 fl. Strafe geben.« Das Todesurteil über die im April 1665 hingerichtete

Pfarrer Philipp Laubenberger aus Reutlingen. Vermutlich ein Verwandter des Bürgermeisters Johann Philipp Laubenberger.

Margareta Rieppert

wird so begründet: »Die jetzt vorgeführte arme Sünderin Margaretha, Wittib des Hans Rieppert, gewesenen Bürgers und Weingärtners, geborene Fulb, gebürtig von Pfäffingen, ledig Gültingscher Herrschaft, ist wegen bezichtigter Hexerei vor kurzem eingezogen (verhaftet) worden. Sie hat sowohl in gütlicher Aussag als auch schwerer frag, öffentlich gestanden (Tabelle).
Weil das abscheiliche Laster der Zauberei und Hexerei eine überaus schwere Sünd und Greuel vor Gottes Augen ist, wodurch der Mensch von seinem Schöpfer und Erlöser abweicht. Gottes unaussprechliche Güte und Barmherzigkeit, die er Zeit seines Lebens empfangen hat, mit höchstem Undank erkennt und auf die Seite setzt, der hochgebenedeiten heil. Dreifaltigkeit schändlich abgesagt und dem verfluchten Geist und Feind Gottes und dem menschlichen Geschlecht dem leidigen Teufel, mit Leib und Seele sich ergeben und mit seiner Hilf Menschen und Vieh Schaden zuzufügen sucht, daher ist dieses grausame Laster in der hl. Schrift sowie in den gemainen kaiserlichen Rechten ernstlich verboten und besonders in der peinlichen Halsgerichtsordnung mit der äußersten Todesstrafe angesehen worden.

Danach haben Bürgermeister und Rat dieser Reichsstadt Reutlingen nach eingenommener (festgestellter) wahrer Beschaffenheit der Sache und wiederholtem Geständnis dieser Margareta Rieppert, obwohl sie nach ihren Mordtaten hätte mit glühenden Zangen gerissen, lebendig verbrannt werden sollen, doch auf Fürbitten ihrer Kinder mit der ganzen Verwandschaft die Milde der Strenge vorgezogen und beschlossen, daß sie in die Hände und Band des Scharfrichters geliefert, von ihm auf die gewöhnliche Richtstatt geführt, daselbst, ihr zu wohlverdienter Straf, andern zum abscheulichen Exempel, mit dem Schwert vom Leben zum Tod gerichtet und dann ihr toter Körper zu Asche verbrannt werden soll.« (1665, 28. April)

Daß man es sich in Reutlingen nicht leicht mit einer fundierten Rechtsprechung macht,

Anklagepunkte gegen die in Reutlingen 1665 zum Tod verurteilte Margretha Rieppert

- Vor ungefähr 28 Jahren, als die Piccolominischen Soldaten hier im Quartier gelegen, sei sie verführt worden, so daß sie sich dem bösen Geist ergeben habe. Sie habe damals ihre Halsnuster (Kette) verloren und sie mit Hilfe des bösen Geistes wieder bekommen.
- Er sei zu ihr in die Küche in der Gestalt eines jungen Mannes gekommen, der ein gelbes Kleid angehabt. Darauf wären sie in das hintere Stüblein gegangen...da wurde sie von ihrem bösen Geist, der sich Christoffel genannt, beschlafen, hernach getauft und Anna Gretha genannt.
- In der Tauf habe sie Gott verleugnet, der hl. Dreifaltigkeit abgesagt und sich dem bösen Geist ergeben.
- Er habe ihr ein schwärzliches oder gräuliches Pulver und eine gelbe Salbe zugestellt. Damit habe sie Schaden getan und den Stecken geschmiert, womit sie ausgefahren. Was sie noch davon übrig, habe sie vor ihrer Verhaftung in den Bach geworfen.
- Der Teufel habe ihr Blut ausgelassen und von dem 2. Zehen am rechten Fuß, es behalten und sie daselbst gezeichnet.
- Sie sei ausgefahren und der Platz wo die Leute zusammenkommen, sei auf der Scheibe. Sie habe Wein getrunken und ferner habe sie Pfeifer gehört. Die, die draußen gewesen, haben Wachslichtlein oder Holdermark in Röhrlein in den Händen gehabt und geleuchtet. Besonders seien sie neben anderen am Freitag, den 24. Februar am Mattheistag ausgefahren und sie habe der Hexenzusammenkunft beigewohnt.
- Sie habe dem Stadtknecht Hans Hairemann ein Geisle geschlagen mit einem Stekken, den sie ungefähr (zufällig) auf der Gasse aufgehoben und dabei gesagt: »Stirb in Teufels Namen.« Davon habe es sterben müssen.
- Dem Kind ihrer Tochter, des Babelins, habe sie von ihrem Pulver auf das Breilein gethan, woran es lang siechte und sterben mußte.
- Ihrem Sohn, dem Jacoble, habe sie ebenfalls von dem Pulver auf zwei Knöpfle (Knödel) getan, als er ihr vorher Äpfel gebrochen (gepflückt) hatte und mit ihr zu Nacht gegessen. Er habe sie allein aufgegessen und habe am fünften Tag danach sterben müssen.
- Als sie einmal im Haus ihres Sohnes Jacob tranken, habe sie ihrem Kind, einem Knäblein, im rotem Wein vergeben. Sie habe gelbes Mehl gehabt, welches sie von ihrem Geist empfangen und auf sein Geheiß darein getan habe.
- Ihrem Mann Johannes, nachdem er von ihrem Tochtermann mit einem Krug an den Kopf geschlagen worden, habe sie gleichfalls vergeben. Denn sie habe ihm Pulver, das sie von ihrem Geist empfangen hatte, auf einen gebrannten Brei getan, wovon er morgens um neun Uhr gegessen, fünf Tage hernach krank geworden und ihrem Sohn Jacoble in den Armen gestorben.
- Dem Buben des Glasers Johannes Kurz habe sie Pulver auf die Knöpfle getan. Der habe davon gegessen und sei hinterlättig (kränklich) worden. Sie habe ihm wieder geholfen und Wein aus ihrem Keller zum Trinken gebracht, wovon er gesund geworden.
- In desselben Mutter, des Anna Bärbelins Haus, sei sie oft gekommen. Dazu habe ihr der böse Geist geholfen, der sie immer zuvor zu einem Hund oder eine Katze gemacht habe, so daß sie habe durch das Loch aus- und einschliefen (schlüpfen) können. Es habe aber nicht lange gewährt.
- Dem jungen Schmidt-Hans habe sie einmal eine Suppe in sein Haus hinübergebracht und darauf dieses Pulver getan, weil es ihr Geist so haben wollte. Er habe davon gegessen und dann verlahmen (lahm werden) müssen.

ergibt sich aus einem Rechtlichen Bedenken, das Wolf Adam Leuterbach und ein Scheimann unterzeichnet haben. Wegen seiner Weitläufigkeit setze ich es unter die Erläuterungen[57]. Gefoltert wird auf dem Diebsturm im Hexenstüble. Todesurteile werden freitags vollstreckt.

Der Hinrichtungstag beginnt früh um 6.00 Uhr mit der Beichte, dem heiligen Abendmahl, einer Predigt und damit, daß den Verurteilten das Leben »abgelesen« wird. Dann wird der Delinquent auf den Marktplatz geführt, wo ihm die Urgicht vorgetragen wird. Nun geht es zum Hochgericht.

Johann Hauser besteigt den Scheiterhaufen. Man hat ihm einen Pulversack um den Hals gehängt, um seine Qualen zu verkürzen. Er soll daran ersticken, sobald das Feuer um sich greift: »er schrie 1/2 Viertelstunde, also hat der grausame Missetäter sein Lohn für seine erschröcklichen Unthaten empfangen.«

Der Aberglaube hält sich lange. 1893 wird in einer Oberamtsbeschreibung gesagt: »der Hexenglaube ist noch ziemlich verbreitet und in der Stadt Reutlingen vielleicht selbst noch mehr als auf dem Lande ... unter der Oberfläche lebt noch vieles fort, und mancher, der sich für aufgeklärt hält, merkt nicht, daß er noch dick im Aberglauben steckt.« In der katholisch gesinnten Reichsstadt

Scharfrichterdarstellung aus: »Kriegsbeschreibung«, Graf zu Solms, 16. Jahrhundert.

Schwäbisch Gmünd[58]

kommt es ebenfalls zu Hexenverfolgungen. Am 8. Juli 1613 erfolgt ein verheerendes Unwetter in der Region und darauf gehen die Besager Kleckle und Jäger zum Haus des Bürgermeisters Debler, um vorzubringen: »man solle ihnen den Kopf abschlagen, wenn der Heckenschlupfer und seine Magd keine Hexen wären.« Sie bürgen mit ihrem Leben für die Richtigkeit der Aussage.

Kurz danach werden vier Beschuldigte eingezogen, zumal das benachbarte Aalen Schützenhilfe gibt. Hier hat eine (angeblich) Gmünder Hexe, die, von einer anderen verführt wurde, gestanden, »daß sie mit weiteren zu teuflischen Tänzen ausgefahren sei. Sie habe geholfen, zwei Gewitter zu machen.« Die benachbarte Fürstprobstei Ellwangen erklärt sich zur Stellung des Nachrichters bereit.

Am 10. August findet man eine Beschuldigte tot im Turm, deren Körper verbrannt wird. Etwa vier Wochen danach werden vier Verdächtige entlassen und im Gegenzug drei eingezogen. Am 18. Oktober werden fünf Frauen auf Scheiterhaufen gebunden und verbrannt.

Hier bezichtigt sich das Stribel-Annele, eine Pfründerin am St. Katharina Spital. Sie kommt am 27. Oktober 1613 in die Stadt, »sich selbst anzugeben, das sie ein hex und hab vor dem teufel kein Ruhe, er schlag sie so, das sie soll das Arm haus anzünden.«

Zwischen Oktober 1613 und September 1614 dokumentiert das *Verzaichnus der Unholden* für sieben Brände die Opfer. Es weist neben zwei im Gefängnis verstorbenen und nachträglich verbrannten Frauen 31 Personen auf. Die Chronik des Ratsherrn Friedrich Vogt weist bis Mitte Dezember 1616 weitere vier Hexenbrände mit acht Hinrichtungen nach. Dazu kommen drei in der Haft verstorbene Frauen. Die Zahl der Opfer pendelt sich bei 47 ein, wenn man den 1617 in Dillingen hingerichteten exekutierten Gmünder Priester Melchisedech Haas dazuzählt.

Sein Fall eregt Aufsehen, weil er zwischen 1616–17 Kinder im Namen des Teufels getauft haben soll, was zu einer »Rückrufaktion« führt, um die gültige Taufe nachzuho-

Königsturm in Schwäbisch Gmünd, der u. a. als Gefängnis dient.

len. Dann wird sein Haus ob seiner abscheulichen Tat dem Erdboden gleichgemacht.

Das nächste datierbare Verfahren stammt aus dem Jahre 1645, wo eine Landstreicherin wegen Kirchendiebstahl und Hexerei zum Tode verurteilt wird. 1650 und 1652 dürften je zwei Personen (drei Männer und eine Frau) wegen Hexerei hingerichtet worden sein. 1684 enden die Hexenverfolgungen in Schwäbisch Gmünd. Diesmal werden vier Todesurteile, darunter das eines Mannes, vollstreckt.

Auffallend viele Opfer stammen aus niedrigen sozialen Schichtungen, bzw. den Spitälern Heiliggeist oder St. Katharina. Ein betroffener Ehemann wirft dem Rat vor: »er habe sein weib umgebracht, nicht anders, als habe er sie mit einem Messer erstochen«

1616 hängt eine Frau in der Leonhardskapelle eine Wachszunge mit der Rechtfertigung auf: »damit sie Gott vor falschen Zungen hüten möge und ihrer als Hexe eingezogenen Mutter kein Unrecht geschehe, wie sie das in der Leonhardslegende gelesen habe.« Im gleichen Jahr wird die Schultheisin Magdalena Freyin verbrannt.

Juristisches Kompetenzgerangel

Hier hadern drei Juristen um ihre Positionen. Der Rechtsberater der Reichsstadt, Dr. jur. Leonhard Kager, sucht den Rat zu einer gemäßigten Haltung zu bewegen. In seinem Gutachten vom Oktober 1613 empfiehlt er dem Rat die Hinrichtung zweier Frauen, fordert aber für eine dritte deren Freilassung ohne Anwendung der Tortur: »man dürfe nur die Aussagen von ehrlichen und unparteiischen Leuten verwenden.« Der Rat möge ein Edikt gegen leichtfertige Hexereibeschuldigungen erlassen. Der Pöbel denunziere »umb geringer ursachen willen« Leute als Unholde und Hexen.

Kager kristisiert das stigma diabolicum als Beweismittel und meint: »würden doch die blutgierigen Nachrichter ob ihres eigenen Vorteiles willen damit betrügerisch umgehen.« Ein 121 Seiten starkes Gegengutachten, wohl aus dem Jahr 1614, bezieht einen kontrahären Standpunkt. Für den im Auftrag des Rats gutachtenden Widersacher bedeutet Hexerei ein Ausnahmeverbrechen. Er wirft Kager vor: »er berufe sich auf die gefährlichen milden Gedanken von unkatholischen Scribenten.«

In der Anklageschrift gegen Maria Schleicherin, die 1684 der Syndikus und Stadtschreiber Veit Jageisen verfaßt, steht am Anfang die Beteuerung: »er lehne es ab, mit lutherischen Juristen zu streiten, ob es Hexen gebe ... folge man Kager, könne auf ewig keine Hexe gefangen oder hingerichtet werden.« Hinter dem Standpunkt verbirgt sich der Stadtjurist Dr. Leonhard Friz; ein berüchtiger Hexenjäger. Er hat in Dillingen studiert.

In einer neuen Stellungnahme läßt Kager 1615 seinem Ärger über den anderen Juristen der Reichsstadt freien Lauf; jedenfalls wird seine liberale Haltung ignoriert. Er erwähnt, daß er vergeblich gebeten habe, sein Consilium einer Juristenfakultät oder einem erfahrenen Juristen zu übersenden.

Nur einmal – soweit bekannt – wendet man sich an Dillingen, um die Akten den Räten Dr. Paulus zum Ackher und Dr. Sebastian Hollmayr vorzulegen. In der

Grafschaft Hohenberg

finden ebenfalls Hexenverfolgungen statt. Die hier noch – unmittelbar vor Drucklegung – eingeschobene Zusammenfassung ruht auf den Schultern von Johannes Dillinger im

Der Königsturm im heutigen Stadtbild. Detailbild des Kerkers mit eingeritzter Jahreszahl 1660. →

C F
1660

Kommentarband der Karlsruher Hexenausstellung 1994.

Die Grafschaft gehört seit 1381 zu Schwäbisch-Österreich. Unter anderem verfügt Rottenburg über ein Hochgericht. Christoph Wendler von Bregenroth wirkt von 1571 bis 1605 als Statthalter. Er hat in Tübingen studiert und es besteht möglicherweise eine gedankliche Brücke zu Johannes Brenz. Das Gerichtswesen liegt in der Hand eines Schultheißen, der in Gerichtssachen den Stab führt (Dillinger). 1679 wird in Horb ein Stadtknecht als »Hexenfanger« bezeichnet. Von der Oberschicht her gesehen ist die Grafschaft katholisch.

Die massivsten Hexenverfolgungen liegen in den Jahren 1583 (32), 1590 (23), 1596 (42), 1600 (22) und 1605 (22), wobei hier nur die zum Tod verurteilten Frauen aufgelistet sind. Es läßt sich eine Gesamtzahl von 438 Verfahren erschließen, wobei der Frauenanteil bei etwa 85 % liegt. Anzunehmen ist, daß auch hier Wetterschäden den Hexenwahn aktivieren.

Für die Oberherrschaft Oberhohenberg lassen sich sieben Prozesse wegen Hexerei nachweisen und 1606 ergeht aus Innsbruck der Befehl: »in Kriminalsachen immer die Amtleute in Rottenburg zu befragen.«

Die Herrschaft Oberndorf fällt 1594 von den Grafen von Zimmern an Hohenberg. Hier hat es bereits 25 Prozesse mit 18 Todesurteilen gegeben. Im ersten aus dem Jahre 1533 wird der Beklagten vorgeworfen, durch Hexerei den Brand des Nachbarortes Schiltach verursacht zu haben, was zu einem literarischen Spektakel führt und Erasmus von Rotterdam zu kritischen Bemerkungen veranlaßt. In Oberndorf werden Besagungen 1609 in einem »Hexenrödlin« verzeichnet.

1594 denunzieren zwei angeblich besessene Mädchen, Insassen des Rottenburger Spitals, andere. In der weiteren Folge führte es zu Verhaftungen und Folterungen. Obwohl sie der Rat entfernt, bleibt die Unruhe erhalten. Als eine von ihnen, Maria Ulmerin, 1604 zurückkehrt, sind weitere Prozesse eien Folgereaktion.

Ein Charakteristika für die Hohenberger Verfolgungen ist, daß sich Verdächtigungen (auch) gegen Angehörige der Oberschicht richten. 1559/60 weren in Horb Familien von Ratsherren besagt. Von Interesse ist das Verfahren gegen

Agatha von Sontheim zu Nellingsheim

1590 wird den Bauern von Obernau und Wendelsheim auf ihre Hexenklage gegen die Adelige vom Statthalter erlaubt, in eigener Regie Anklagen gegen sie zu sammeln, sie festzunehmen und ins Rottenburger Gefängnis zu verbringen.

Immer wieder wird aus Urgichten erkennbar: »daß unbekannte Vornehme in prächtiger Kleidung auf dem Sabbat erscheinen.« Ihre Wohnsitze werden als bevorzugte Hexenversammlungsplätze erwähnt. Schließlich geraten der korrupte Statthalter Wendler, seine Schwiegermutter und Frau in den Verdacht der Hexerei: »Wegen auch Ires grossen geütz halt man dafür, Do Sy gleich khaine ist, möcht Sy aine werden.«

Christina Rauscher und deren Mutter kommen nach ihrer aktiven Unterstützung der sozial unverträglichen Politik ihres Vaters, des Bürgermeisters von Horb, in Verdacht.

Wendlers Agieren wird von den Bürgern als zu liberal empfunden. Eine als Hexe Besagte aus der Oberschicht flieht aus Angst vor der Lynchjustiz der Weinbauern. 1605, nach fast 200 Verfahren in der Stadt, beklagen sich Rottenburger Weingärtner: »dz gegen Hexenwerckhs Verdächtige nichts für genommen wirdt und Inen deshalben an Iren früchten merer schaden beschicht.«

In der Region dominiert der Weinbau mit seiner klimatischen Sensibilität und es ist nicht verwunderlich, wenn darauf besonders empfindlich reagiert wird. Unter den Prozeßopfern finden sich Winzerinnen.

Die katholische Kirche spielt bei den Hohenberger Hexenprozessen eine nur geringe Rolle. Geistliche werden mehrfach als Experten in Verfahren gegen Kinder herangezogen. Sie empfehlen deren Aufnahme ins Spital, bzw. eine christliche Erziehung. Der Oberndorfer Priester Dr. Justus Haußmann hält 1636 eine kritische Predigt, in der er an Stelle zweier flüchtiger Hexen, deren Beichtvater er gewesen war, ihre Geständnisse widerruft. In einer privaten Notiz setzt er sich mit der *Cautio Criminalis* auseinander und nimmt eine vorsichtig-abwägende Haltung ein. 1650 lehnen in Rottenburg Kapuziner die Rasur der Hexereiverdächtigen ab.

Der erzherzogliche Regierung in Innsbruck besteht auf der Einhaltung der Rechtsnormen der CCC. und der Konsultation von Juristen. Da in der entfert liegenden Region viele Eigenmächtigkeitejn zutage treten, werden die Reglementierungen aus Innsbruck immer deutlicher und massiver. 1605 kommt es zu einer Visitation, die sich ausführlich mit den Hexenprozesse im Umfeld von Wendler von Bregenroth beschäftigt. Schließlich wird er wegen Korruption, sein Schultheiß wegen

Mißbrauchs der Hexe Maria Ulmerin verhaftet und die verantwortlichen Beamten aus Horb werden suspendiert. Auf diese Weise setzt sich der Innsbrucker Machtblock durch, der regulierend eingreift. Aufgrund der eingerissenen Schlampereien wird Rottenburg verpflichtet, alle Hexenprozesse in Innsbruck zur Urteilsfindung vorzulegen, womit praktisch die ortsansässigen Verfahren einschlafen.

Die Hohenberger Policeyordnungen der Jahre 1607–09 untersagen das öffentliche Verlesen von Besagungen in Urgichten und verpflichten zur Vorsicht beim Gebrauch der Folter. 1615 verpflichtet Karl von Burgau Marschall und Hofschreiber von Rottenburg jedem Hexenverhör persönlich beizuwohnen und nie gleichzeitig zwei Hexenverfahren zu führen. Daneben kommt es zu einer Regelung der Kostenfrage: falls die Verurteilte mindestens drei Kinder hat, war ein Kindsteil für »für Atzung und alles« zu beschlagnahmen, wenn weniger als drei Kinder vorhanden waren, wird pauschal $1/3$ der Hinterlassenschaft eingezogen.

1671 lösen die Besagungen eines Kindes in Oberndorf Angst vor neuen Hexenprozessen aus. In den beiden Fürstentümern

Hohenzollern-Hechingen Hohenzollern-Sigmaringen

werden gleichfalls Hexenprozesse geführt. Die Burg Zollern entwickelt sich früh zum Zentrum und die Zollerngrafen gelangen zu Macht und Einfluß. Erbteilungen und Kriege bringen sie an den Rand des Zusammenbruches. Zum Ende des 15. Jahrhunderts zeigt sich eine Stabilisierung. Jos Nikolaus II. (1538–58) widmet sich dem Ausbau der Landesherrschaft und auf ihn gehen eine umfassende Verwaltungsreform und die Landesordnung von 1550 zurück.

Eine gewisse Dominanz hat Eitelfriedrich I. (1576–1605) mit seiner rigorosen Besteuerungspolitik; er hinterläßt 1602 bei seinem Tod 182 000 Gulden Schulden. Er hat sich der Gegenreformation verschrieben und geht gegen die jüdische Gemeinde Hechingen vor. Arme, aufmüpfige und delinquente Untertanen läßt er das Landes verweisen (Bumiller). Einige revoltierende Bauern werden niedergeschlagen.

Zu seiner Zeit setzt die Verfolgung der angeblichen Hexen ein; 1598 ist ein erster Höhepunkt festzustellen. Die meisten Prozese finden im Raum Hohenzollern-Hechingen statt. Bedeutung erlangen die Verfahren gegen Adelheid Staußin (1615) und Anna Künzlerin aus Jungingen (1648). Der Sigmaringer Archivar Gustav Hebeisen publiziert 31 Hexenprozesse in Hohenzollern-Hechingen zwischen 1576 und 1660. Der Pfarrer und Archivar Johann Adam Kraus behandelt die Hexenverfolgung der benachbarten fürstenbergischen Herrschaft Trochtelfingen. Besondere Verdienste um die Sache verdient Casimir Bumiller, der über Urfehden und Audienzprotokolle das Thema erschließt. Hier machen sich frühere Besagungen bemerkbar. 1610 wird in Hechingen Margaretha Hirrlingerin aus dem Dorf Weilheim hingerichtet, die man bereits 1604 verdächtigt hat.

1591 beklagt sich Jerg Koler aus dem Dorf Owingen im Hechingischen, dessen Frau man als Hexe verbrannt hat: »daß nun auch seine Tochter der Hexerei bezichtigt werde.«

In der Grafschaft Hohenzollern-Hechingen fallen der Wahnvorstellung wohl 86 Menschen zum Opfer. Die Verfolgungen setzen zögerlich um 1500 ein und in den 80er und 90er Jahren kommt es zu Massenprozessen mit Hinrichtungen, wobei die Schwerpunkte bei den Jahren 1583, 1589 und 1598 liegen. Unter dem Sohn Eitelheinrichs, Graf Johann Georg, kommt es 1609/10 mit weiteren 16 Opfern zum Höhepunkt der regionalen Hexenverfolgung. Mit sechs weiteren Prozessen fordert seine Regierungszeit 22 Hexenopfer.

Unter Eitelfriedrich II. geht es weiter. Die Prozesse brechen 1654 ab und spätere, wie 1663 die Anklage von zwei Schwestern, enden nicht mehr mit Todesstrafen. Im Fall der Mädchen Maria und Christine Hartung aus Hechingen liegt ein Rechtsgutachten der Tübinger Universität vor.

Hier werden 19 Frauen vom Verdacht der Hexerei freigesprochen und in 29 Fällen ist der Ausgang des Verfahrens unbekannt. Es deutet auf eine vorsichtige Haltung der Obrigkeit. Die Grafschaft

Fürstentum Hohenlohe

ist von Interesse, weil es im schwäbisch-fränkischen Grenzgebiet liegt und hier zwei berühmte Theologen wirken. Die Grafen von Hohenlohe führen ab 1556 unter dem Einfluß Herzog Christophs von Württemberg die Reformation ein. So entsteht ein geschlossenes protestantisches Territorium, das im Norden an die katholischen Gebiete des Erzstiftes Mainz, des Deutschen Ordens um Mergentheim und des Hochstiftes Würzburg grenzt.

Midelfort täuscht sich, wenn er sagt, daß vor allem in den protestantischen Reichsstädten vor 1560 der Hexenwahn gewütet hat. Er weist auf einen Fall aus dem Jahre 1539. Hier geht es um eine Verdächtigung und keinesfalls um einen Hexenprozeß.

Die Urfehdenbücher der Jahre 1578 bis 1605, einer entscheidenden Phase, sind nicht zugänglich. Man kann Aussagen über den Neuensteiner Landesteil mit den Schwerpunkten Kochertal und dem Amt Langenburg machen. Die greifbaren Dokumente erfassen ausschließlich Frauen.

Midelfort nennt Prozesse aus den Jahren 1582, 1592/93 und 1612/13/14, bei denen Todesurteile gesprochen werden. Zudem berichtet er über 14 wegen Hexerei hingerichtete Personen in Ingelfingen. Nach Herta Beutter werden 81 Personen der Hexerei bezichtigt und 37 davon zum Tode verurteilt.

Brigitte Brenz

von Ingelfingen wird am 26. Juni 1592 eingezogen. Man untersucht sie und findet ein stigma diabolicum. Sie gibt zu Protokoll: »sie sei etwa 54 Jahre alt und habe vor 26 Jahren ihren jetzigen Mann geheiratet. Er behandle sie und ihre Kinder aus der ersten Ehe schlecht. Nach der Geburt ihres letzten Kindes, des dritten aus zweiter Ehe, wünschte er sie mit ihm zum Teufel.«

- Kurz darauf sei nachts ein Mann in der Gestalt des verstorbenen Balthas Dietz in ihre Stube gekommen und versuchte das Kind zu entführen. Sie leistet Widerstand und der Unbekannte gibt es ihr zurück. Dafür muß sie sich ihm hingeben. Es war »zwar anderst als mit ime (einem anderen Mann), nemblicher kalter Natur, doch sie habe dafür Geld bekommen, wofür sie Schmalz gekauft.«
- Es ist ein gar schöner Mann mit einem hübschen grünen Kleid mit weißen Knöpfen am Wams. Sie habe viele Male bei ihm gelegen, und Geld erhalten. Sie könne ihm nichts nachsagen, (denn) er ließ sie keine Not leiden.
- Zu ersten Tanz beim Backofen führte er sie auf einem Bock. Damals mußte sie ihrem Buhle versprechen, Gott und allen Heiligen abzuschwören, ihm zu folgen und sein Eigen zu sein.
- Getauft habe er sie nicht, nur dreimal über den Kopf gestrichen. Sie trägt den Namen Euele und er nenne sich Berlin.
- Mit zwei Gespielinnen machte sie beim hohen Markstein zwischen Griesbach und Niedernthal ein Wetter; sie hätten es in einem Häfelein verwahrt, das Kasper Mergelin umgestoßen. Von den beiden anderen hätten sie von ausgegrabenen und gesottenen Kindsleichen gehört, die die vor 15 Jahren verstorbene Hebamme, Frau des Burck Trummerschneider, besorgte.
- Beim Empfang des Abendmahls sollte sie Hostien verstecken. Zweimal habe sie sie im Schleier behalten. Ihr Buhle habe sie dann zerrissen, bespieen und weggeworfen. Aus diesem Grunde halte sie die Forderung des Pfarrers für richtig, die Frauen sollten beim Abendmahl auf den Mundschleier verzichten.
- Mühlhans, dem alten Büttel, erschoß sie ein Schäfchen durch einen Griff »in des Teufels Namen.«

Sie bereue den Abfall und die Mißhandlung. Es wäre Gottes Wille, denn er würde damit ihre Bosheit strafen. Sie sei froh, daß bald ihre letzte Stunde geschlagen habe und wolle willig die Strafe erleiden. Sie gelangt 1592 auf den Scheiterhaufen. Die Tochter und die Söhne der in Ingelfingen wegen Hexerei inhaftierten

Maria Schmid

bitten Graf Wolfgang von Hohenlohe-Neuenstein um Beschleunigung des gegen ihre Mutter eingeleiteten Verfahrens. Man hat sie besagt, am 26. September 1592 eingekerkert und mindestens zweimal der Folter unterzogen. Die Kinder kommen zur Sache: »der Landesherr möchte das Verfahren rasch zum Abschluß bringen. Einerlei ob ihre Mutter der Anklage für schuldig und hingerichtet oder für unschuldig befunden werde. Damit wir arme nit gar am bettelstab mochten verwisen werden (oder) zum verderben gerathen.«

Obwohl sie nach dem zweiten Foltergang sämtliche Hexereidelikte zugibt, beschließt der Rat ihre Freilassung. Die Gründe für dieses atypische Verhalten sind unbekannt.

1595 werden nach Ausweis der Steuerrechnungen dem Henker von Heilbronn zehn Gulden für seine Tätigkeit bezahlt; er hat zwei Frauen wegen Hexerei vernommen. 1604 brüstet sich Hans Albrecht von Bächlingen, durch seine Beziehungen zum Stadtschreiber von Mergentheim die Verhörsprotokolle der dort Verbrannten zu bekommen: »es würden ganz lustige Dinge darin stehen.«

Die Zauberin Barbara, Noe Mäußleins Frau, wird Mitte März 1613 inhaftiert. In mehreren gütlichen und peinlichen Verhören räumt sie ein, Unrecht getan zu haben, doch dann widerruft sie. So zieht sich der Prozeß in die Länge und deren Mann bittet, »daß man ihm gestatte, die Schriftstücke den Adressaten zustellen zu dürfen, um das Verfahren zu beschleunigen.«

Seine Frau wird im Gefängnis krank und entledigt sich in der Nacht vom 23. zum 24. Juni der Handschellen. An den Füßen gekettet, kann sie von Wächtern unbemerkt aus dem Rathaus entkommen. Sie geht zu ihrem Mann in der Hoffnung, daß er ihr helfen werde. Er weist sie zurück, denn die Beihilfe zur Flucht hätte ihn belastet. So schleppt sich die Bezichtigte unbemerkt ins Gefängnis zurück und tut so, als sei nichts gewesen. Ihr Mann meldet am folgenden Tag das Vorkommnis. Darauf wird sie mehrfach verhört. Im August legt sie ein Geständnis ab und darauf wird der peinliche Gerichtstag festgesetzt.

Die Tochter des Bul hat die verstorbene Schwiegermutter von Joachim Stattmann wegen Hexerei bezichtigt und behauptet: »diese habe auch im Hexenwerk gestanden.« Stattmann beantragt, »sie soll die Anschuldigungen abweisen oder widerrufen.«

Appolonia Schumann und deren Tochter aus Eckartshausen, die man als Hexen verschrieen hat, werden mit je zwei Nächten im Hexennest und einer Zahlung von vier Gulden gestraft und Mitte Juli 1616 nach Ablegung der Urfehde entlassen. Der Hexennest-Turm dient als Gefängnis. Nach German werden hier die schwangere (ledige) Mägde eingetürmt. Danach kommen sie ins Fegfeuer (Spital); vermutlich eine einfache Entbindungsstation, dann werden sie mit Ruten aus dem Stadttor gejagt.

Die Frau von Hans Schloßstein hat 1617 Hans Georg Dier beim Rat wegen Beleidigung verklagt. »Er habe sie beschuldigt, der Teufel gebe ihr ein, welche Kräuter sie benutzen soll. Auf diese Weise habe sie zwei Kinder umgebracht.« Man beschuldigt sie des Siebdrehens. »Sie wäre ein Unhold und der Teufel soll sie holen.« Klägerin und Besager werden zu je einem Pfund Strafe verurteilt und die Schloßsteinin ermahnt, »künftig von solchen Dingen zu lassen.« In

Forchtenberg

kommt es ebenfalls zu Hexenprozessen. Hier ist die Künstlerfamilie Kern betroffen. In fünf der elf Verfahren geht es gegen ihre Mitglieder. Der Forchtenberger Michael Kern d. Ä. (ca. 1555 bis 1634) bekleidet neben seinem Beruf als Steinmetz öffentliche Ämter. Er ist Gerichtsmann und Bürgermeister. Einer seiner Söhne wird hohenlohischer Hofbildhauer; er avanciert zum reichsten Mann Forchtenbergs.

Als 1616 Hexen vor Gericht stehen; ist unter den Beschuldigten die Tochter Michael Kerns d. Ä., Barbara Leuz, die man wegen der Anzauberung einer Krankheit besagt hat. In gleichen Jahr bezichtigt der Schreiner Sebastian Schrot Michael Kern d. Ä. und seine Söhne der Hexerei. 1621 behauptet eine Lukretia, die Familie Kern seien »Unholden und zauberisch Hexenleütt« und sie wolle sie brennen sehen. Sie wirft dem Pfarrer Elias Hofmann vor, er würde unwürdigen Leuten das Abendmahl reichen.

Jetzt strengt Michael Kern d. J. ein Verfahren an, das mit einem Widerruf Lukretias endet. 1627 bezichtigt der Spielmann Bernhard Schmötzer Michael Kern d. Ä. als Unhold.

Abgesehen von der Familie stehen in Fochtenberg sechs Personen wegen Hexerei vor Gericht. Zu den frühesten Besagten gehört

Barbara Kuhn

Sie wird Mitte März 1617 wegen Verdacht auf Hexerei gefangen. Die Denunziation geht vom Forchtenberger Pfarrer Elias Hofmann und deren Mann »weil sie angeblich diesem, schon mehrfach Krankheiten angezaubert und zur Behandlung keinen Arzt zugelassen, sondern einen schöntalischen (päpstlichen) Segensprecher und Handaufleger vom Eichelshof zur Hilfe gerufen habe.«

Ferner legen sie ihr die Ermordung ihres Kindes zur Last und der Pfarrer trägt vor: »der katholische Glaube bestärke das Unholdenwesen und müsse ausgerottet werden.«

Erst wird sie gütlich befragt und dann 3½ Stunden gefoltert. Obwohl man ihr die spanischen Stiefel anlegt, gesteht (?) sie nicht. Sie verweigert das Essen und stirbt trotzt Zwangsernährung im Juli 1617 im Kerker. Für die Forchtenberger, die zwei Tage zuvor einen Schwarm schwarzer Vögel am Rathaus beobachtet haben, ist die Sache klar: der Teufel hat Hand anglegt. Die Bürger stemmen sich dagegen, sie auf dem Gottesacker zu begraben.

Über 20 Jahre später, 1640, wird ihr Mann Michael Kuhn, damals Bürgermeister, als Unhold und Hexenmann beschuldigt, aber freigesprochen. Für

Künzelsau

lassen sich 1571 erste Hexenprozesse nachweisen. Hier wird Barbara Hohbach beschuldigt, Impotenz verursacht zu haben. Die Regentin der Grafschaft Hohenlohe-Neuenstein, Anna (geb. v. Solms) lehnt in dem Zusammenhang ein peinliches Verhör ab. Aus dem gleichen Grund steht deren Tochter vor Gericht.

1613 wird einer Frau Schadens- und Impotenz(zauber) vorgeworfen. 1703 wirft man einem Mann den Gebrauch von Zaubermitteln vor, klagt 1722 eine wegen Hexerei an und 1751/52 wird der Künzelsauer Ochsenwirt beschuldigt, einen Pakt mit dem Satan geschlossen zu haben.

1589 wird eine Criesbacherin in einen Hexenprozeß verwickelt und 1592 setzen Verfolgungen größeren Stils in Ingelfingen plus Umgebung ein, wovon 21 Personen betroffen sind. Hier tritt der Hirte Andreas Schleierbach aus Dörrenzimmern auf und behauptet, Hexen erkennen zu können. Fast alle 20 von der Prozeßwelle Betroffenen werden von ihm besagt. Schließlich gelangt er in die Justizmühle. Wahrscheinlich werden 15 Todesurteile gesprochen, vier Freilassungen und der Ausgang eines Verfahrens ist unbekannt. Der Prozeß gegen den Hirte endet mit einem Todesurteil (?).

1613 findet ein letzter Prozeß gegen eine Crispenhoferin statt; sie erlangt Freispruch. Zum Ausgang des 16. Jahrhunderts ist Niedernhall von Hexenprozessen betroffen. Hier wird 1580 Wendel Dumpel des Diebstahls und der Zauberei bezichtigt. Er kann aus dem Gefängnis fliehen. 1592 beginnen zehn Prozesse. Der erste von ihnen richtet sich gegen

Appolonia Trüb

sie wird von ihren Mann Hans bezichtigt. Das Gericht wirft ihr Teufelsbuhlschaft, Wettermachen, Ausfahrt zu Hexentänzen sowie Diebstahl vor. Darüberhinaus besagt er drei Frauen, bis er selbst der Zauberei bezichtigt wird. Sieben der insgesamt neun angeklagten Frauen werden zum Tod verurteilt. Hans Trüb stirbt im Gefängnis.

Appolonia stellt in den Raum: »daß ihr Mann, als er für die regierende Gräfin Anna von Hohenlohe-Neuenstein nachts Kräuter und Wurzeln ergraben, Merzelschwalben (junge Rauchschwalben) gefangen und nach Neuenstein geliefert ... die Gräfin brauche sie für Zaubereien.« Die Besagung bringt den Niedernhaller Schultheiß Bartholomäus Keller in Konflikte. Er beschafft sich ein Gutachten des Weikerheimers Rechtsgelehrten Ludwig Casimir Hugwerner, der den Verdacht als unbegründet zurückweist.

Die Regentin wird des zauberischen Umgangs bezichtigt; sie verfügt über heilkundliches Wissen, betreibt eine Apotheke und verfaßt ein Arzneibuch; sie arbeitet an der Entwicklung neuer Medikamente und komponiert u. a. ein Mittel »wider die Pest.«

Zu seiner Erprobung bedient sie sich eines zum Tod Verurteilten, der, falls er es nähme, begnadigt werden soll. Er überlebt und muß freigelassen werden. Sie huldigt dem Aberglauben und sagt: »wenn einer bezaubert, daß er seinem Weib feindt oder an einer Huren hängt: siehe, wie Du zu der Huren mist kommst und schmier ihm die Schue zu. So würdt er der Huren Feindt.«

1612/13/14 kommt es zu weiteren Hexenprozessen in Niedernhall. Drei Frauen und ein Mann bezahlen mit ihrem Leben dafür. 1630 wird gegen einen Johann Kreß vom Pfarrer M. Veit Knörr des Segensprechens beschudigt. 1713/14 wird ein Mann wegen Schatzgräberei und Geisterbeschwörungen besagt und zu einer Woche Haft bei Wasser und Brot verurteilt.

Zwischen 1580 und 1713/14 stehen in Niedernhall 19 Personen wegen Hexerei vor Gericht, von denen elf, zehn Frauen und ein Mann, zum Tod verurteilt werden.

1592/93 wird Eva Hermann aus Weißbach der Hexerei bezichtigt. In dem Zusammenhang begeht eine Frau in der Haft Selbstmord. 1596/97 bezichtigen zwei Männer Grete die Frau des Jacob Schmied der Wettermacherei. Der Prozeß endet mit Freispruch.

Langenburg

Um 1670 ist die Region vom Hexenwahn betroffen. 1604/05 wird der Bächlinger Hans Albrecht wegen Wettermachens bezichtigt. Hier werden zwischen 1668 und 1678 fünf Frauen zum Tod verurteilt. Von den zehn Angeklagten gehören fünf zur Familie der Müllerin von Hürden. 1672 hat der Mann der verstorbenen Anna Feßler die Müllerin zu Hürden, Elisabeth Schmieg, sowie deren Tochter des Giftmordes an seiner Frau beschuldigt. Die Mutter gesteht, wird gefoltert und zum Tod durch Erdrosseln am Pfahl und anschließender Verbrennung verurteilt. Die Tochter kommt mit Landesverweisung davon.

Elisabeth Schmieg hat ihren Mann Hans Müller der Zauberei und versuchten Giftmordes an der Tochter besagt. Vater und Sohn gelingt die Flucht aus dem Gefängnis Langenburg.

Schließlich ist aus dem Jahre 1674 ein Einzelfall überliefert, bei dem der ehemalige Schulmeister von Hermuthausen wegen zauberischen Segensprechens, Teufelspakt, Unzucht und Sodomie vor Gericht steht. Er wird enthauptet und verbrannt. Für

Schwäbisch Hall[59)]

trifft die These Midelforts ebenfalls nicht zu. Verfolgungen müssen hier als sporadisch bezeichnet werden. Sie enden 1674.

Um 1562 kriselt es in Hall. Die Beklagten stammen aus den Dörfern des Haller Territoriums wie aus Schwäbisch Hall. Auffallend scheint die vorsichtige Haltung des Rates, der Besager straft. Vereinzelt bringen Geistliche Anzeigen vor. Der erste aus dem Haller Territorium überlieferte Fall datiert aus dem Jahre 1562 und betrifft

Elsa Rössin

aus Sulzdorf. Sie »war als ein unholdt beschreitt« worden und man wirft ihr vor, ein Ungewitter verursacht zu haben.« Da man ihr Wetterzauber nicht nachweisen kann, wird sie nach einer Strafe von zehn Nächten im Gewölb Mitte August freigelassen.

1570 wird den Sulzdorderferinnen Anna Düttler und Barbara Gairer Hexen-und Unholdenwerk vorgeworfen. Anna Düttler soll die Kuh von Lienhardt Horlacher geschädigt haben. Sie werden Mitte April inhaftiert. Da man ihnen nichts nachweisen kann und sie kein Geständnis ablegen, erfolgt deren Entlassung am 26. April nach der üblichen Urfehde.

Im Juni 1571 erscheint vor dem Künzelsauer Gericht die verwitwete Ursula Geiger und beschuldigt Simon Rücker von Gamberg. Er würde das Gerücht verbreiten »sie habe ihm durch unsittliche Berührungen sein mannlich Gliedt genommen und er verlange darum Rechtfertigung.« Im weiteren Verlauf behauptet Sebastian Hamel: »daß sie ihm den gleichen Schaden getan.« Denn verlieren sich die Quellen.

Der einzige nachweisbare Prozeß wegen Hexerei mit Todesfolge wird 1574 vor einem Haller Gericht geführt. Dennoch ist es kein Hexenprozeß. Sie wird nicht wegen Schadenszauber und Teufelsbuhlschaft verurteilt, sondern wegen Urfehdenbruch ertränkt. Sie ist aus der Liste der angeblichen Hexen zu streichen. Beklagt ist die aus der Haller Katharinenvorstadt stammende Baderin

Katharina Schloßstein

aus der Zollhüttengasse. Vermutlich sind nachbarliche Konflikte der Auslöser. Sie ist ein Opfer der klerikalen Willkür. Im März 1574 zeigt der Pfarrer Christoph Rütinger von St. Katharina die mündlich vorgetragenen Beschuldigungen beim Rat an. Er wirft ihr vor: »sie habe sich nit allein unhulden und hexenwerck, sondern auch und allermeist haderns, zanckens und ubel nachredens,

Portrait des Scharfrichters Andr. Bürckh von Schwäbisch Hall. Ölbild, 1690.

schendens und lestern halben und andern bösen unnachbarlichen lück, wort, und geberden« schuldig gemacht. Er nennt sieben Zeugen und trägt vor, daß sie vor etwa 1 1/2 Jahren mit der Schmiedin gestritten, sie als Unhold beschimpft und ihr den Tod gewünscht habe.«

Sie wird im März 1575 vor den Rat geladen. Kurz danach vernehmen Conrad Fux und Johann Christoph Adler den Bader Hans Stetter, deren Mann. Katharina Schloßstein wird im Sulferturm festgesetzt. Ihrem Mann wirft man Mitwisserschaft und Duldung vor. Er trägt vor: »er könne nichts gegen seine Frau sagen, außer daß sie ein bös maul gehapt ... Er habe sie auch zimblichen waidlich geklopft.« Er bleibt bei seinen Aussagen und wird nach dem Ablegen der Urfehde freigelassen. Katharina wird beschuldigt:

- Die Magd Veronica sollte dem Pfarrer jeweiles »Du lügst« antworten, dann werde ihr ein kleines schwarzes Schecklein ums Maul fliegen und sie werde (dann) alles können, was sie (die Schloßstein) in Zaubersachen könne.
- Der schwangeren Frau des Philipp Eulenhöver habe sie unter das Gesicht gespieen

Ansicht des Sulferturmes in Schwäbisch Hall. Er wurde als Teil des Mauerrings der Wohnstadt nach 1250 erbaut. Im ersten Geschoß befindet sich ein tonnengewölbtes Gefängnis. Im Innern sind Inschriften im Putz erhalten. Katherina Schloßstein war hier eingesperrt. Der Turm diente zudem als Gefängnis für die Gefangenen des Bauernkrieges. Foto: Marion Reuter. Mit freundl. Genehmigung.

und sie »huer«, »closterfrawe« oder «Bastillin« geschimpft.

• Sie habe den Prokurator Thomas Schmidt am Fuß beschädigt und (sie habe) das Kalb der Witwe des Knochenklaus krank gemacht.

• Die Teufelskunst habe sie von ihrer Mutter erlernt.

Anfang April wird Katharina von den Ratsherren Jörg Seiferheld und Kaspar Büschler, sowie dem Syndikus Alexander Hienlin verhört. Sie wird der Hexerei beschuldigt, beharrt auf ihrer christlichen Besinnung und räumt ein, aus Zorn geflucht zu haben. Sie fühle sich besagt und meint: »die Knochendörfferin sei verlogen und die Frau des Düffel Lienlin habe seltsam Haus gehalten, habe sie doch dem Vieh nichts zum Fressen gegeben.«

Jetzt wird sie Veronica gegenübergestellt. Sie beeidet ihre Vorwürfe und darum wird Meister Jörg, der Henker, gerufen. Dann wird sie gefoltert. Im weiteren Verlauf gesteht (?) Katharina:

• »sie wolle alles ihr zur Last gelegte getan haben, wenn der Henker sie nur wieder herunterlasse. Sie habe es vom »bösen feind« gelernt und gestehe die Teufelbuhlschaft.

Als die Stadtgeistlichen zur ihr ins Gefängnis kommen, um sich für ihr ewiges Leben einzusetzen, erkennt sie den Ernst der Lage und widerruft. Sie wird am 9. Juni wegen Beleidigung Gottes, eines unchristlichen Lebenswandels und der Schädigung der Mitmenschen wie des Viehs zum Stehen am Pranger verurteilt; daraufhin soll man sie für immer einmauern.«

Ihr gelingt die Flucht aus dem Gefängnis. Später wird sie wegen der Verletzung der Urfehde zum Tod durch Ertränken verurteilt. Das Urteil wird im Juni 1574 vollstreckt und ihre Leiche wird unter dem Galgen verscharrt.

Der Henker Jörg Marschall bekommt fünf Schillinge für sein blutiges Handwerk, der Mesner von St. Katharina pro Woche für die nächtliche Bewachung sechs Kreuzer und eine Zulage. Die Büttel bekommen für die Eingemauerte für Nahrung, Schloßgeld (Schließgeld) und Henkersmahl ihren Lohn.

1576 muß sich Barbara »die alt Kenzlerin« wegen Hexenwerks vor Gericht verantworten. Es handelt sich um eine Diebin, die nach drängenden Fürsprachen ihres Mannes und anderer nach 37 Nächten im Gewölb, einem Stüblin im Sulferturm, freigelassen wird.

Weitere Prozesse

Napurga Schweiker, Tochter des Michael Schweiker aus Steinbach (bei Comburg) wird wegen Beleidigung mit einer Nacht Gefängnis bestraft und am 8. Dezember 1628 entlassen. 1628 hat sich Maria, geb. Feyerabend, als Hexe bezichtigt und weitere Frauen benannt. Sie wird ein halbes Jahr ins Spital gebracht und des Landes verwiesen. Das

Christoph Amberger, Bildnis Kaiser Karls V., um 1532. Lindenholz, 65 x 50 cm. Berlin-Dahlem, Stiftung Preußischer Kulturbesitz, Staatliche Museen, Gemäldegalerie. →

OVLTRE

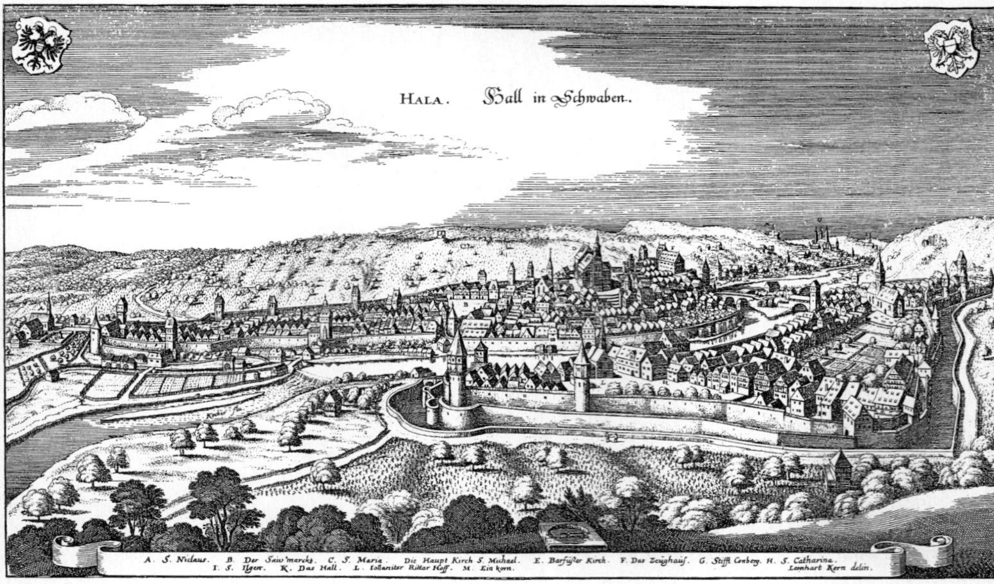

Schwäbisch Hall, Stich von Mattheus Merian d. Ä. (1643).

Haller Hexenbad

sollte isoliert werden, denn es hat mit dem Hexenwesen (fast) nichts zu tun. 1644 hat der bayerische Obrist Hans von Sporck im Umfeld der kriegerischen Wirren mit seinen Truppen in Hall Quartier bezogen. Er läßt Verdächtige der Probe des Schwemmens unterziehen. Dann läßt er sie foltern, enthaupten und verbrennen. Von März bis Mai 1644 bringt er auf diese Weise sechs Frauen ums Leben; eine weitere gesteht (?) ohne vorherige Wasserprobe und wird gleichfalls verurteilt. Es sind Kriegsgreuel außerhalb der Verantwortung Halls. Barbara Schleicher

Spätzin von Atzenrod

wird von zwei Frauen 1669 wegen Hexerei verdächtigt. Das Gericht will den von ihr benutzen Gift- und Zaubermitteln auf die Spur kommen. In ihrer Kammer wird eine Hausapotheke entdeckt; es wird ihr zum Verhängnis. Nach sechsmonatigem Kerker gesteht (?) sie die ihr angelasteten Verbrechen.

- Sie habe ihre beiden Ehemänner ermordet, dazu drei weitere Personen durch das Verabreichen mit dem vergifteten Pulver umgebracht.
- Sie habe Krankheiten bei Mensch und Vieh verusacht, habe sich in einen Wolf verwandelt, sei auf Tänzen gewesen und bezichtige (sich) der Teufelsbuhlschaft.

Das Gericht hält sie für schuldig und sie wird am 8. November 1672 zum Tod per Schwertschlag verurteilt.

Gleichzeitig wird Elisabeth Schmieg, die alte Müllerin aus Hürden, gerichtet. Sie gilt als »versoffen« Bei ihrer Untersuchung stellt der Nachrichter an deren Körper im Lendenbereich ein Hexenzeichen fest. Als teuflische Machenschaft deuten die Henker, daß nach der Tortur mit den Daumenschrauben kein Blut aus den Wunden der Delinquentin geflossen sei. Ende Oktober nimmt sie die Besagungen auf sich, denn ihre Lage ist aussichtslos. Sie gibt ihr gottloses Leben zu und gesteht (?) den Pakt mit dem nichtexistenten Teufel. 1674 wird

Ursula Rüeger

aus Sanzenbach der Hexerei bezichtigt. Auslöser des Prozesses ist ihre neunjährige Tochter, die in der Schule erzählt, daß ihre Mutter Schmalz herstellen könne, obwohl sie kein Vieh hat. Der Rat erfährt es durch den Amtmann Hezel. Nun wird sie festgesetzt und verhört, legt aber kein Geständnis ab. Die Tochter gesteht (?) im ersten Verhör, mit ihrer Mutter unter Zuhilfnahme einer Salbe aus dem Dach des Hauses gefahren zu sein. Eine Woche später widerruft das Mädchen und der Ratsherr Dr. Schragmüller gelangt zu der Auffassung, daß es sich um Kindergeschwätz handle. Ihr Vater solle es wegen ihrer Lügerei »versohlen.« Die Mutter wird wegen der mangelhaften Erziehung mit Ortsverweisung belegt. Also liegt kein Hexendelikt zugrunde.

Der Rat bietet an, das Kind auf Kosten des Vaters im Spital unterzubringen. Der Fall endet im Inferno, denn am 17. August 1674 berichtet der Amtmann Hezel dem Rat, daß in Sanzenbach vier Gebäude abgebrannt sind, keine zwei Stunden, nachdem Ursula Rüeger gedroht hat, sie werden den Sanzenbachern ein Feuer legen. Er geht vom Haus Rüegers aus.

Sie wird am 3. März 1674 mit der Auflage aus der Haft entlassen, »sich friedlich zu verhalten und einen christlichen Lebenswandel zu führen.«

Wie stark familiäre Spannungen sein können, wird aus dem Fall des Hans Kutroffen aus dem Hohenlohischen deutlich, der im März 1678 wegen seines ungebührlichen Verhaltens für ein Jahr des Landes verwiesen wird. Er zeigt seine Frau an, um untersuchen zu lassen: »ob sie der des Seilers Kaspar Reifenschmied einen Schuß gegeben habe, der ein starkes Anschwellen ihres Gesichts verursacht habe.« Daraufhin wird sie eingezogen und man redet ihr nach:

- Da sie schon im Gefängnis säße, könne sie auch nichts Rechtes sein; ihre Mutter, Großmutter und Tante waren der Hexerei bezichtigt gewesen. Ihre Töchter würden in der Schule verbreiten, »sie müßten nachts mit ihrer Mutter ausfahren.«

Eva Barbara bestreitet die Anschuldigungen: »sie wolle sich (auch) probieren und schwemmen lassen.« Während sie im Kerker sitzt, versilbert ihr Mann ihre Habe, denn er rechnet mit ihrer Verbrennung. Das Gutachten der Fakultät Altdorf empfiehlt ihre Freilassung. Kutroffen weigert sich, seine Frau aufzunehmen. Er hetzt die Kinder gegen sie auf, mißhandelt sie mit Schlägen und jagt sie davon. Sie wird von ihrem Mann als so häßlich bezeichnet: »daß sich ein anderer gar nicht damit einlasse.«

Johannes Brenz

(1499–1570) stammt aus der Oberschicht von Weil der Stadt, wo sein Großvater und Vater als Schultheiß und Richter wirken. Er besucht dort die Schule und bildet sich in Vaihingen und Heidelberg weiter, wo er 1513 immatrikuliert. Sein Lehrer ist Oekolampad (aus Weinsberg), der spätere Baseler Reformator. Zudem ist er maßgeblich an der Reformation Ulms, Memmingens und Biberachs beteiligt.

1522 erreicht Brenz durch die Vermittlung seines Studiengenossen Isemann die Berufung an die Predigerstelle Schwäbisch Hall. Hier wirkt er über 1/4 Jahrhundert.

Er macht sich ab 1525 an den Aufbau des Haller Kirchenwesens. Ein Jahr danach bekommt die Reichststadt eine evangelische Kirchenordnung.

Brenz sucht eigene Wege in der Kirchenzucht und nimmt eine Eheordnung in Angriff. Er wirkt mit bei der Schaffung des städtischen Schulwesens und sorgt mit seinem Katechismus, der später für Württemberg übernommen wird, für die religiöse Unterweisung des Volkes.

Er gilt als einer der bedeutenden Reformatoren und Schöpfer der lutherischen Territoriakirche. Er bringt Hall durch die Wirren des Bauernkrieges und greift mäßigend auf die Rechtssprechung ein; er wendet sich gegen die bedenkenlose Verfolgung Besagter. Die Folter betrachtet er argwöhnisch.

Brenz war vom April 1537 bis April 1538 als herzoglicher Kommissar mit dem Auftrag in Tübingen, um die Universität zu reformieren. Später wird versucht, ihn als Professor zu gewinnen. Brenz hält zu Philipp Melanchthon (1497–1560) ein freundschaftliches Verhältnis. Der Heilbronner Rat ruft ihn mehrfach zu theologischen Gesprächen. Man wählt ihn zum Sachverständigen im Religionsgespräch zwischen Luther und Zwingli (1529). Vor, auf und nach dem Augsburger Reichstag ist er einer der wichtigsten Repräsentanten des Luthertums. Markgraf Georg zieht ihn bei der Reform seines Landes hinzu und nimmt ihn 1530 als Berater nach Augsburg.

Brenz anerkennt Gott als Schöpfer und Lenker aller natürlichen Ordnung und fühlt sich an die Autorität der Gesetze gebunden. Zweifel an der göttlichen Vorsehung brandmarkt er als Abgötterei »von Leuten, die das Vermögen Satans oder der Unholden höher einschätzen als die göttliche Macht.«

1539 hält er eine Predigt »von dem Hagel und Ungewitter«, die in der Argumentationskette des Tübinger Universitätstheologen Martin Plantsch steht. Nach Brenz ist der Teufelspakt ein todeswürdiges Verbrechen; dabei seien die Unholde die Betrogenen, denn der Teufel gaukle ihnen vor, daß sie Schaden herbeizaubern könnten und er meint: »alles Verbrennen von Hexen nutze nichts, denn dadurch verurteilen wir uns selbst zum Feuer.«

Über seine persönlichen Lebensverhältnisse ist wenig bekannt. Seine Töchter heiraten teilweise angesehene Theologen wie Dietrich Schnepf und Eberhard Bidembach.

Brenzs Lebensaufgabe erweitert sich in dem Moment, da Württemberg 1544 evangelisch wird. Karl V. verfügt im Augsburger Interim, daß die katholische Lehre in den abgefallenen Gebieten wieder durchzusetzen ist. Brenz, dessen Ablehnung offenkundig ist, soll verhaftet werden. Er entgeht dem Zugriff der kaiserlichen Truppen.

Herzog Ulrich, und nach dessen Tod Herzog Christoph, schützen ihn. Er versteckt sich zunächst in der Nähe von Schwäbisch Hall. Brenz wirkt als württembergischer Vogt unter dem Decknamen Huldreich Engst ähnlich wie Luther auf der Wartburg unter einem Pseudonym. Hier schreibt er wohl die Erläuterungen zum Katechismus und andere Werke.

Als die freie Religionsausübung gewährt wird, ruft ihn Herzog Christoph zum Oberkirchenrat und Stiftsprobst nach Stuttgart. Seit 1533 ist er der erste Theologe des Landes.

1561 rät er dem Waldenburger Pfarrer wegen einer der Hexerei Bezichtigten: »dies sei eine verabscheuungswürdige Sünde, die sie erkennen und bereuen soll. Der Pfarrer soll ihr Gottes Barmherzigkeit vor Augen führen, sie zum Guten bekennen und sie nicht allein lassen, um sie vor neuen Anfechtungen zu hüten. Beim ersten Anzeichen von Reue sei ihr das Abendmahl zu reichen. Beharre sie in ihrer Sünde, dürfe man die Obrigkeit nicht in ihrem Amt hindern. Dem Pfarrer bleibe dann nur noch, die Seele aus dem Rachen des Teufels zu retten, wenn auch ihr Leib nicht vor weltlicher Strafe (Feuertod) bewahrt werden kann.« So gesehen gehört er zu den Befürwortern des harten Kurses.

Anläßlich der Reisen des Herzogs von Jülich-Cleve-Berg zu den Reichstagen nach Worms und Augsburg lernt ihn der rheinische Arzt Weyer kennen, zu dem er später einen Schriftwechsel unterhält. Als die Brenzsche Hagelpredigt 1564 neu aufgelegt wird, gelangt sie in Weyers Hände. Er schreibt an ihn und versucht ihn zu überzeugen, daß man die armen Weiber nicht so unchristlich bestrafen darf. »Sünden im Geist solle man dem Gericht Gottes überlassen.« Brenz läßt ihn wissen:

»Wöllet derowegen lieber herr, in euweren angefangenem Beruff und Ampt, da ihr begeret, daß die armen bekümmerten Weibs Personen, entweder under euwre Cur der Artzteney, oder under meine der Theologische möchten gethan, unnd auf solche weise dem Hencker auß den Händen entwendet unnd von der straffe deß Fewers erlöset werden, mit fleiß fortfahren.«

Für Brenz gilt der Schadensversuch als strafbar. Weyer sieht es realistischer. In einem zweiten Brief versucht er, Brenz seine Ablehnung der bestehenden Rechtsauffassung zu erläutern. Er trägt vor: »die Unholden können nicht ein einziges Ungewitter machen, ein tröpflein Wasser heraußführen, ein Flieg ertödten oder einen Furz, mit gunsten zu melden, lassen.«

Damit endet der Briefwechsel, den Weyer später im Anhang seiner *De Praestigiis* publiziert. Brenz stirbt 1570. Sein Grab bekommt er unter der Kanzel der Stuttgarter Stiftskriche.

Jacob Gräter

(1547–1611) wird in Hall geboren. Er studiert in Tübingen Theologie und legt 1565 die Magisterwürde ab. Danach wirkt er als Präzeptor an der Hirsauer Klosterschule. 1581 kommt er in seine Vaterstadt zurück. Hier sehen wir ihn als Stadtpfarrer von St. Michael, bis ihm 1588 das höchste Kirchennamt als Prediger und Dekan von Schwäbisch Hall übertragen wird.

Er veröffentlicht 1589 zwei Hexenpredigten, worauf ihn der Rat wissen läßt. »künftig kein Druckwerk mehr ohne Erlaubnis herauszugeben.« Man kann ihn auf der Linie seines Esslinger Kollegen Naogeorgus betrachten.

Gräter spricht in seiner ersten Hexen-und Unholdenpredigt über Lucas 6.37: »Richtet nicht, so werdet auch ihr nicht gerichtet.« Es ist jetziger weiler allenthalben, wo man hinsteht unnd geht, eine gemeine sag und klag von hexen und unholden. Man stöckt und plöckt, man sengt unnd brennt sie auch an vihlen ohrten und wo sie nicht getötet werden, richtet man sie mit Worten und behauptet, daß Hagel, Unwetter und aller Unfall von ihnen angerichtet wede. So werden viele fromme und unschuldige Leute greulicher und teuflischer Sachen beschuldiget.«

Nach ihm kommt es durch Mißtrauen und Unglauben zu Gott, durch Fürwitz, Neid und Haß dazu, daß manche Leute Gott verleugnen und dem Teufel Gehorsam versprechen. Er weiß, welche er angreifen soll, diejenigen, die seine List und Tücke nicht so leicht bemerken. So greifft er die weibsbilder am meisten mit solcher teuffeley an, und werden viel mehr unholden weiber als menner gefunden. Jeder soll sich fleißig vor dem Hexenwerk hüten, denn es ist eine greuliche Sünde.«

Viele Vorkommnisse begeben sich auf natürliche Art und Weise, ohne Zauberei und

Hexenwerk. Auch in Krankheiten und Träumen kommt es vor, daß einem wunderbare und seltsame Sachen erscheinen, denn die Sinne lassen sich leicht betrügen.«

In einer zweiten Predigt spricht Gräter über Lukas 1. Mariä Heimsuchung. Dabei stellt er klar, daß die Unholen und bösen Leute ihre Kraft und Wunderzeichen auf den teuflischen Beistand haben, der nur mit göttlicher Erlaubnis möglich ist.»

Er könne niemand nur ein Haar krümmen, wenn es von Gott nicht zugelassen werde, und ebenso können es die Hexen und Unholde nicht. Gott straft mit ihnen den Un-und Aberglauben mancher Christen, die so tun, als ob es keinen Teufel gäbe. Diese Feinde des Menschengeschlechtes sind zu strafen. Es zu tun, gebührt nicht den Kirchendienern, sondern dem Kaiser, den Fürsten und Reichsstädten. Nicht zu gebrauchen sind Nachrichter, die den Teufel mit Teufeln vertreiben, dadurch Richter betrügen und unschuldige Leute peinigen.«

Gräter erkennt die schwierige Abgrenzung zwischen Schuldigen und/oder Unschuldigen. Er rät den Frauen gut daran zu tun, sich mit ihrer Rolle als Hausfrau, Mutter und gläubigen Christin zu begnügen. So wären sie vor Verfolgungen sicher.

1594 wird er nach Geislingen strafversetzt und tritt 1595 in den badischen Pfarrdienst (Gernsbach) ein, wo er Ende Januar 1611 als Superindentent stirbt.

Grafschaft Wertheim[60)]

1522 wird durch Graf Georg II. die Reformation eingeführt, wenngleich die Region von katholischen Fürstbistümern umgeben ist. Es ist ein Gebiet, das von religiösen und (volks)abergläubischen Spannungen durchwoben ist, die sich auf die Sensibilität der Bürger auswirken. Ausstrahlungen vom nahegelegenen und verfolgungsintensiven Würzburg müssen angenommen werden. Hinzu kommen politische Rangeleien (Würzburger Fehde), wobei die Grafschaft Territorien verliert, was mit Rekatholisierungsbestrebungen verbunden ist.

1621 tritt Graf Johann Dietrich von Löwenstein zum Katholizismus über. 1627 überfallen würzburgische Truppen Reicholzheim und vertreiben protestantische Geistliche.

Bestimmend für die Eskalation wird das Agieren Geistlicher, die gegen Kinder geführten oder von ihnen ausgelösten Hexenprozesse, das unrühmliche Verhalten mancher Lehrer und vor allem die Volkswut, die in Schmähschriften und Liedern zum Ausdruck kommt und die die Obrigkeit zum Handeln zwingen will. Der Schluß trifft nicht ganz, denn die Grafen wollen sich nicht zu Bütteln des Volkes degradieren lassen!

Einen Hexenbaum gibt es nicht nur auf dem Heuberg: beim Pulverturm auf der Zitadelle der Burg Wertheim steht ein ebensolcher »dessen Krone wie ein Korb geflochten war.«

Im Mai 1578 wird Margaretha Müssig von der alten Löhrin als Zauberein beschrieen. Dann bringen Freudenberger Bürger sechs Frauen und zwei Männer vor das Malefitz- und peinlich Halsgericht.« Daraus entwickelt sich das Schneeballsyndrom mit Folgeprozessen.

Im Amt Freudenberg setzen 1590 die Hexenprozesse an. In der Phase von 1616/17 vermutet man etwa 80 Opfer. Aus dem Jahr 1627 berichtet eine in Schmalkalden veröffentlichte *Druten Zeitung,* wo einer Freudenberger Hebamme unterstellt wird, daß sie hundert Kleinkinder umgebracht hat. Mindestens 150 Personen werden Opfer des Hexenwahns allein im Zentbezirk Freudenberg.

1590 wird ein Prozeß gegen das »der Hexerey willen eingezogene Weib des Hanns Sauer« festgehalten (Kreuzwertheim ?).

1609 verklagt Kaspar Ziegler aus Sonderrieth einen Rott, weil er seine Frau als Hexe besagt hat.

1628 reicht der Wertheimer Schlosser Burkard Paul eine Klage gegen Anna Hertz ein, die seine Stieftochter der Hexerei beschuldigt hat.

Ein Jahr darauf beginnen die Hexenverfolgungen in Wertheim, die durch Kinder ausgelöst werden. Sie bringen 70 Erwachsene in den Verdacht der Hexerei. In der

Wertheimer Agende

aus dem Jahre 1563 sind Fragstücke zum Thema Zauberei enthalten. Hier zeigt sich, wie tief der Aberglaube im Volk verwurzelt ist. In Niklashausen gibt es Leute, die nach Külsheim zu einer Wahrsagerin gehen oder ihre Kinder dorthin tragen. Der Pfarrer von Dörlesberg bemüht einen weisen Mann. Ein Schulmeister spricht Wettersegen und habe den Jungen Briefe gegen »Hauen und Stechen« gegeben.

In Kreuzwertheim gebraucht Peter Staub (Wertheimer Scharfrichter) »unordentliche unchristliche Mittel zu Arzneien, sonderlich das verlorene Mannrecht wiederzubringen.« Michael Bundschuh aus Reicholzheim verspricht ihm 200 fl., wenn seine Arzneien Erfolg haben. Zudem wollte er für 40 Taler von einer Dörlesberger Frau die Teufelskunst lernen.

Von den Wertheimer Grafen wird berichtet, daß sie sich im Zeichen der Zeit mit Alchemie, Magie und Amuletten beschäftigen, um sich gegen Unheil zu schützen.

Bürgerinitiativen

Hier sind es vor allem Bürger, die zu Hexenjagden anstacheln aber nicht begreifen, wie schnell sie selbst an der Reihe sein können. Freudenberger legen Mitte des Jahres 1590 eine Petition an den Grafen Luwig zu Löwenstein vor, daß die Hexen schon seit etlichen Jahren Schaden an Mensch, Vieh und Früchten angerichtet hätten. Der Landesherr wird ersucht, das Übel und die teuflische Kunst unter Strafe zu stellen und die Untertanen vom täglich zunehmenden Ungeziefer zu schützen. Daraufhin werden sechs Frauen und zwei Männer festgenommen.

Im Mai 1593 werden auf Geheiß des Grafen Ludwig von Löwenstein die Bürger wegen des Hexenhandels verhört, um zu hinterfragen »wie sie gesinnt seien.«

1602 wird in Urphar und einer Reihe von wertheimischen Orten ein Bund gegen die Hexen geschlossen. Daraus muß vermutet werden, daß Bürger verunsichert sind. Auslösendes Moment sind die Hexenprozesse in der mainzischen Oberamtsstadt Tauberbischofsheim. »Das Verbrennen zu Bischofsheim hab ihnen Anleitung dazu gegeben, gestehen die Initiatoren des Hexenbundes.«

Die am Bund der Besager Beteiligten müssen Kerben in einen Stab schnitzen (etwas auf dem Kerbholz haben!). Sagt man doch: »man wisse, die Hexen seien schedliche Leute und in den anderen Herrschaften habe man bereits angefangen, das Übel auszurotten, so solle man auch hier endlich beginnen und dann hält man dem Schultheiß vor, daß sich in den umliegenden Ortschaften die Leute verbunden hätten, keine Abgaben mehr zu leisten, wenn die Hexenleute nicht aufgegriffen würden. Die schweren Wetter- und Ernteschäden ließen ihnen keine andere Wahl.«

1602 und 1616 kommt es zu Mißernten und wieder fahndet man nach angeblichen Hexen als deren Verursacher. Am 25. Mai geht ein Unwetter über das untere Taubertal in der Gegend vom Gamburg nieder. Jetzt strömen die Bewohner der wertheimischen Orte Niklashausen und Höhefeld auf dem Dorfplatz zusammen und schwören nicht voneinander zu lassen, man rotte denn das Unkraut des Teufelsunwesens aus.

Ende Mai werden in dem Umfeld in Wertheim zwei Frauen festgenommen und dem Zentgericht Remlingen unterstellt.

Die Folgen solcher Kampagnen sind mitunter fatal. 1626 kommt es zu einem Fall von Selbstjustiz. Eine Frau, die man in Wertheim in einer Heckenwirtschaft als »entlauffene Hexe« mit Kot und Steinen traktiert und zum Eicheler Tor hinausgejagt hat, wird von Urpharer und Lindelbacher Jugendlichen nach Bettingen getrieben, mit Pfählen geschlagen und Steinen beworfen. Der betenden Frau wird ein Pfahl in den Mund gestoßen. Gefesselt wird sie ohnmächtig in den Main geworfen. Der Schutheiß von Bettingen berichtet nach Wertheim, »daß eine Frau nachts durch Soldatenjungen erschlagen worden sei.« Im gleichen Jahr kommt es in der Taubergegend und im Odenwald zu Hexenjagden und weiteren Fällen von Lynchjustiz.

Jetzt spannen sich sich Geistliche vor den schmutzigen Karren und dann entschließt sich die Wertheimer Obrigkeit vorzugehen. Grundlage ist vermutlich eine Petition, die drei Geistliche Weihnachten 1628 einbringen, in der sie die Untergangsstimmung im 30jährigen Krieg artikulieren und sagen, »der Teufel sei in diesen Zeiten vor dem letzten Ende der Welt gleichsam ledig und in unserem Frankenlande hätten seine Helfer, die Hexen, Hagel, Unwetter, Frost und anderes bewirkt, was die in der Nachbarschaft hingerichteten Hexen und Milchdiebinnen bekannt hätten. Der arme Mann werde um Haus und Hof gebracht. Hexen und Zauberer würden die Jugend verderben, weshalb die Obrigkeit eingreifen müsse.«

Dahinter stehen zwei Kinder des Wertheimer Bürgers und Schlotfegers Barthel Klein, der zehnjährige Hans und der fünfjährige Daniel. Vergl. das Kapitel zu den Kinderhexenprozessen. Sie rufen eine hysterische Reaktion hervor. In Wertheim kommt es zu

Schmähschriften

(Kolportageliteratur), die die Stimmung des Volks reproduzieren. Es ist ein Seitenhieb der Bürger auf die zu wenig aktive Obrigkeit. Dahinter steckt möglicherweise der Barbier Haas. Die Richter werden verhöhnt, sie ließen des Gewinns wegen Zauberer leben, ja man gebe den Hexen salva guardia. Die Grafen werden aufgefordert, die Laster

Szenen eines Hexensabbats (in Holzschnitten aus: Francesco Maria Guazzo, Compendium Maleficarum. →

zu strafen, sonst würden die unschuldigen Kinder Rach und Weh schreien in himmel rein.«

Ein Spottgedicht aus dem Jahre 1630 richtet sich gegen Dr. Bünting, den Gerichtsvorsitzenden. Er habe sich korrumpieren lassen und zeige sich parteiisch.

Position der Obrigkeit

Die Wertheimer Grafen zeigen anfänglich Zurückhaltung in der Einleitung von Hexenprozessen. Dr. Reinhard, Hofmeister des katholischen Grafen Johann Dietrich, vermerkt 1628, daß sich im Wertheimer Gericht etwas verändert habe: »Seither meines Abwesens haben die anwesenden Herren sich aufs Hexenwerk gericht, wöllen mit ernst dran und brennen.« Er signalisiert Bedenken, daß man Leute aufgrund von Aussagen von Kindern ins Gefängnis werfe, die im Reden variieren.«

Es fällt auf, daß in Würzburg die Hexenverfolgungen 1629 aufhören und in Wertheim weitergeführt werden.

Der evangelische Graf Wolfgang Ernst zu Löwenstein schaltet sich 1629/30 in die Untersuchungen ein. Er tadelt in einem Brief vom Mai 1629 den Richter Dr. Bünting, weil er Exekutionen durchführen läßt, ohne die Entscheidung des Grafen eingeholt zu haben. »Da Gnad und Strafe der Herrschaft zustehe, werde er, solange er am Leben sei, das Zepter nicht an ihn übergeben.« Die

Geistlichkeit

wirkt aktiv am Geschehen mit. Der Freudenberger Pfarrer Johannes Leykauff beteiligt sich an Verhören. 1598 soll die alte Löhrin erklärt haben: »Wann nur der Pfarrer nit die Brennde so geschürt hette.« Sie hat ihn beschuldigt, sie zu ihrer Aussage gebracht zu haben.

Im Oktober 1591 werden acht Geistliche nach Freudenberg gerufen, um Angeklagte zu verhören, sich die Geständnisse anzuhören und ihnen das Abendmahl zu reichen. Das Gericht fällt am gleichen Tag die Todesurteile. Ein Briefkonzept des Grafen Luwig III. zu Löwenstein an Graf Dietrich von Manderscheid wegen besserer Pfarrbetreuung in dem vom Hexenunwesen betroffenen Freudenberg vom Oktober 1591 verdeutlicht, welche Position man der Geistlichkeit beimißt.

Mitunter handeln sie eigenständig und verlassen die theologischen Pfade. 1633 bringt der Pfarrer Ulrich Rößler aus Gerolzhofen ein Gerichtsverfahren in Gang. Der Pfarrer Antonius Knoll von Bettingen unternimmt gerichtliche Schritte und Geistliche sind bei Folterungen anwesend; sie erniedrigen sich zu Handlangern der Obrigkeit und Justiz.

Es wundert nicht, daß am Beginn der Hexenprozesse 1628 die drei Wertheimer Geistlichen mit der Redigierung einer Petition von dreizehn Bürgern beauftragt werden. Sie schüren die Angst in Predigten. Die der Hexerei verdächtigen Kinder werden nicht zum Gebet gelassen.

Die Pfarrer sind vom Teufelswahn angeknabbert. Sonst ist nicht zu verstehen, wenn Philipp Stolzenberger, Pfarrer in Hasloch, 1630 nach Wertheim berichtet, »der Teufel habe ihn einmal am Chorhemd gezupft und am ganzen Körper wie mit Nadel- und Mukkenstichen gestipft und beim Gesang »Erhalt uns, Herr bei deinem Wort«, habe er deutlich gefühlt, wie der Satan sich wie ein Wurm unter seinen Füßen gekrümmt habe.«

Auch Lehrer schüren den Hexenwahn, die ebenfalls für die religiöse Betreuung der Kinder zuständig sind. Schulmeister, die zur Bekämpfung des Hexenwesens herangezogen werden, haben einen Eid zu leisten, daß sie die ihnen untergebenen Schüler früh und spät zum Gebet anhalten, aber auch »Kundschafft pflegen«, wie es mit der Zauberei unter den Jugendlichen beschaffen sei.« Sie melden Aussagen von fünfjährigen an die Obrigkeit.

Ganze Schulklassen gelten als infisziert. Der Rektor der Lateinschule, Antonius Rükkel, fordert die Verhaftung seines Sohnes, der der Hexerei verdächtig war, zur Rettung seiner Seele.

Rechtsgang

Die Prozesse finden in Freudenberg vor dem Halsgericht statt. Geistliche wirken auf Verhöre ein. Auch hier werden Religions- und Gewissensprüfungen vorgenommen. Die Besagungen entsprechen dem üblichen Schema.

Eine Freudenberger Angeklagte spricht von der Miltenberger Hexenkönigin. Die Prozesse laufen nach den Regeln der CCC. Angewendet werden die Streckfolter, Bein-und Daumenschrauben. 1642 erklärt Anna Maria Schump, »da sie sollte gemartert werden, wolle sie lieber sagen, sie sei eine Hexe.« Die bezichtigte Hotzin sagt deutlich: »ob man keine andere Mittel habe, die Leute zur Wahrheit zu bringen als durch grausame Martern ... sie schreibt mit Kohle auf einen Zettel, daß sie unschuldig sei, damit die Leute nach ihrem Tod wüßten, daß ihr Unrecht geschehen ist.« Sie gesteht zur Irritation des Gerichts ohne Folter.

Die Obrigkeit wird stutzig und man fragt bei den juristischen Fakultäten der Universitäten Marburg in Ingolstadt nach, wie man sich verhalten soll. Um 1630 erheben sich Vorwürfe gegen die Folterpraktiken und Dr. Bünting kontert: »diese Klage komme von den Lediggängern und Pflastertretern, welche das Gefängnis umlagerten, die das Schreien der Gefolterten hörten oder sie sehen, wenn sie zum Gefängnis zurückgeführt würden.«

Im Gegensatz zu Würzburg hat man in Wertheim keine Kinder hinrichten lassen. Es gibt wenige Freilassungen. Selbstmorde sind in Freudenberg und Wertheim vorgekommen. Als Gefängnis dienen in Freudenberg die »alte carceres uff dem eingegangenen Schloß.«

Ausklang

Während der Zeit der schwedischen Besatzung werden die Hexenprozesse fortgesetzt und in der Grafschaft werden 60 Personen beschuldigt, von denen elf hingerichtet werden. 1648 veranlaßt der Schultheiß Adelmann von Sonderriet Untersuchungen gegen Hexen; vier Erwachsene und zwei Kinder sind davon betroffen.

Am 3. Februar 1649 wird darüber Klage geführt, daß Manns- und Weibspersonen und Kinder bereits im Alter von vier Jahren vom Laster des Hexenwesens befallen seien, wodurch Gott aufs höchste beleidigt werde. Es müßten alle Mittel angewandt werden, um diesem Laster zu begegnen. Den Geistlichen in Stadt und Land wird aufgetragen, eifrig zu predigen, damit das teuflische Laster zum Nutzen der Seelen abgewehrt werden könne.

In Wertheim werden 1690 noch zwei Prozesse geführt. Ein zehnjähriger Junge, Schüler der Wertheimer Lateinschule, erklärt, seine Stiefmutter habe ihn zur Zauberei verführt. Der Kanzleidirektor Scheerbaum läßt eine Frau peinlich befragen, ob sie sich zu Dertingen, als des Baders Hansen Knecht dort auf dem Feld gearbeitet habe, einmal in eine Katze verwandelt und ihn gestreichelt habe.

Noch 1690 haben Hexenprozesse im Tauber-Maingebiet stattgefunden; es scheinen die letzten gewesen zu sein. Die

Kurpfalz[61)]

muß im Zusammenhang mit der Oberpfalz beurteilt werden. Es ist ein stark zersplittertes Territorium. Die rheinische Kurpfalz liegt in der Nachbarschaft großer He-

Wertheim, Stich von Mattheus Merian d. Ä. (1643).

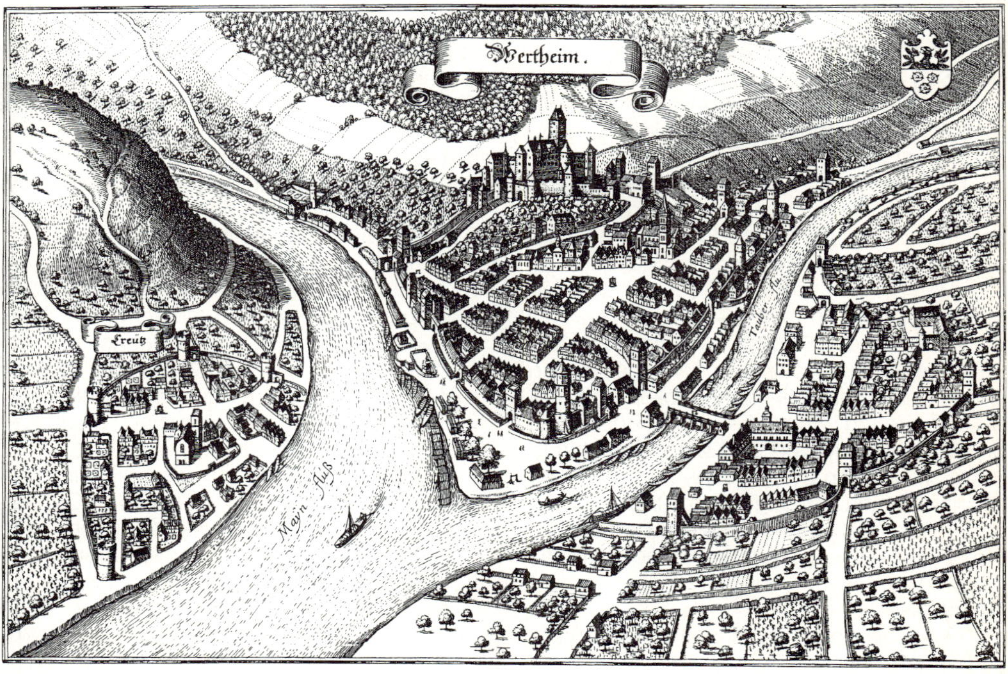

Folterung durch Aufziehen. Holzschnitt aus Millaeus »praxis criminalis«, 1541.

xenverfolgungszentren wie Kurmainz im Norden, Kurtrier oder der Deutschordenkommende Mergentheim. Später gelangt sie in den Sog der bayerischen Hexenpolitik. Bemerkenswert bleibt, daß die Kurpfalz an der großen abendländischen Hexenverfolgung unbeteiligt bleibt.

»Es ist seit dem Ausgang des Mittelalters keine Hexenhinrichtung unter der Herrschaft der pfälzischen Kurfürsten nachweisbar, was auch für die Kuroberpfalz gilt.« Es ist ungewöhnlich und vor allem hier sind die Mechanismen von Interesse.

Da man in der Region weiß, daß den Obrigkeiten solche Prozesse unerwünscht sind und die Landesväter ihnen ablehnend gegenüberstehen, werden sie von den Staatsdienern nicht aktiviert und eigentlich darum innerlich von den Bürgern neutralisiert. Fraglich ist, weshalb dieses Verhalten nur hier zum Tragen gekommen ist. Mit dem Calvinismus allein kann es nicht begründet werden.

Anfänge

Der bayerische Arzt Johannes Hartlieb berichtet von der Hinrichtung »ettlicher« Frauen in Heidelberg wegen Zauberei für das Jahr 1446 und ihrer Meisterin für 1447. Auch der Pfälzer Mathias Widmann von Kemnath[62)] erwähnt für die Zeit um 1475 Heidelberg als Prozeßort.

Möglicherweise steht als treibende Kraft Heinrich Institoris, den wir vom *Hexenhammer* her kennen, dahinter. In Bretten werden 1504 Unholden verbrannt, über die Georg Schwartzerdt im Verbund mit dem Landshuter Erbfolgekrieg berichtet. Dann verändert sich das Klima und die Prozeßführung geht auf weltliche Hände über.

1517 werden im Amt Mosbach einige Frauen der Hexerei bezichtigt und des Landes verwiesen.

Machtverhältnisse

Merkwürdigerweise ist die Verfolgungsbereitschaft »von unten« gering, obwohl die volksmagischen Praktiken ausgeprägt sind. In Mosbach verlangt die Bürgerschaft 1562 und 1592 »endlich« gegen das Hexenunwesen einzuschreiten. Sie können sich nicht durchsetzen.

Die Macht liegt in den Händen des Kurfürsten, da keine Landstände vorhanden sind. Das politische Entscheidungsgremium ist der Oberrat. Er ist calvinistisch geprägt und in der Regel hört der Kurfürst auf dessen Empfehlungen.

Unter den Heidelberger Zentralbehörden wirken die (Ober)-Ämter. Es ist ähnlich – abgesehen von der edleren Geisteshaltung – wie im Herzogtümern Württemberg und Bayern, wo ebenfalls die Entscheidungen für die Hoch- und Blutgerichtbarkeit »von oben« getroffen werden. Der Spielraum der Staatsdiener ist klein. Die Bamten stehen unter strenger Kontrolle, wie es die *Kurpfälzische Malefizordnung* der Heidelberger Regierung 1582 vorschreibt.

Sie empfängt und filtert die Informationen, bespricht und trifft die Entscheidungen. Von hier gehen dezidierte Vorschriften, z. B. über die Anwendung der Folter aus: alle Verfahrensschritte werden überwacht. Unkorrekte Blitzverfahren, ein Merkmal vieler Willkürprozesse in Hexensachen, kommen nicht vor.

»Der kurpfälzische Strafprozeß wird von den Vorstellungen der Juristen des Oberrates bestimmt ... das Urteil entspricht dem Willen der Regierung und der Oberrat bestimmt, wer in der Kurpfalz hingerichtet wird.«

Kurfürst Ottheinrich vollendet die lutherische Reformation. Kurfürst Friedrich II.

(1559 bis 76) mit einer zweiten den Calvinismus, so daß die Region vom Denken Calvins geprägt wird.

Es ist ein weiteres Phänomen, denn es ist bekannt, daß Calvin kein Freund der Hexen war und in seiner strengen Zucht vor der Anwendung der Folter nicht zögert. Er tritt für die Hexenprozesse ein. Folglich gibt es unter den pfälzischen Calvinisten Prozeßbefürworter wie Thomas Erast, den politisch und literarisch bedeutenden Medizinprofessor und Kirchenrat Friedrich III. oder den Theologen Hieronymus Zanchi.

Die Kurpfalz hält am processus ordinarius fest, der ein gerechtes Verfahren sicherstellt. Man erkennt die schwachen Indizien der Zauberprozesse und geht ihnen aus dem Weg. Von allgemeinen Gerüchten und Besagungen hält man nichts. Darüberhinaus sieht man, was in dem umliegenden Territorien los ist. Es mahnt zur Vorsicht und es wird gesagt: »daß in einem so dunckelen undt verwickelten Werkh (Hexenprozesse), da ohne daß er teufel guete Gelegenheit hat zu spielen, undt unschuldig Bluet zu vergiessen zu stiefften, mehr las wohl sonsten guete Aufsicht vonnöten were.«

So gesehen wird die Kurpfalz zur Fluchtburg Verfolgter. Die aus der Herrschaft Dalberg stammende Ottilia Rühl kann aus der (Hexen)haft in Alzey entkommen und in die Kurpfalz flüchten. Hier lehnt man deren Auslieferung ab und der Kurfürst spricht sie aufgrund eines Votums des Oberrates und eines Heidelberger Universitätsgutachtens frei. Ihr wird die Ansiedlung gestattet.

Auf der anderen Seite setzen sich kurpfälzische Behörden für ihre Bürger in fremden Territorien ein, ja man interveniert gegen den Mainzer Kurfürst mit gezielten Militärschlägen, um Leibeigene aus Gefängnissen zu befreien und deren Verfolgung zu beenden.

1562 wird eine Polizeiordnung erlassen, die bestimmt, Zauberer des Landes zu verweisen oder sie ggf. zu strafen, wenn sie rückfällig geworden sind.

In der Grafschaft Hanau-Lichtenberg werden 1581 drei Frauen verhaftet, nachdem zwei verurteilte Hexen in der Folter angegeben haben, sie hätten sie beim Hexentanz gesehen. Der Gutachter Nicolaus Cisner, ein führender pfälzischer Jurist, kurfürstlicher Rat, Vizehofrichter und Mitarbeiter am Landrecht, fordert deren Freilassung, weil in den Besagungen Schadenzauber nicht erwähnt wird. Niemals dürfe man darum die Folter anwenden. Das Oberamt Alzey äußert

Die Urform des Fallbeils, aus dem später die Guillontine ensteht. Entnommen aus »Der Heiligen Leben«, erschienen in Straßburg, 1501.

sich 1603 über eine Teilnahme am Hexensabbat: »(daß die) Dänze kein Lebens Straff uf sich (hätten).« Der calvinistisch gesinnte Arzt

Johann Weyer

verwirft die Todesstrafe für Hexen mit der Begründung, die davon Betroffenen wären lediglich vom Teufel (mit göttlicher Zulassung) verwirrte Frauen. Mit dem Erscheinen seines Buches tritt ihm der Kurfürst zur Seite. In der Zweitauflage lobt Weyer Friedrich III. und seinen Kanzler Christoph Probus ob ihrer positiven Haltung gegenüber Hexenprozessen.

Die Söhne Weyers machen in der Kurpfalz Karriere. Dietrich wird Oberrat und Oberamtmann und Johannes wird Hofgerichtsrat in Heidelberg und später Landrichter in der Oberpfalz. In einem Gutachten der Amberger Regierung von 1572 und einem Brief des Alzeyer Landschreibers von 1613 werden die Weyerschen Gedanken nochmals wirksam.

Von ihm beeinflußt ist der literarische Ableger des Heidelberger Mathematikprofessors Hermann Witekind, der sich 1585 gegen die Verfolgung der Hexen stellt. Auf dessen Tradition steht Abraham Scultetus, der 1609 zwei Predigten über das Hexenthema publiziert und der später als Theologieprofessor in Heidelberg und Hofprediger Kurfürst Friedrichs V. bekannt wird.

Letztlich muß davon ausgegangen werden, daß man das Delikt der Zauberei ab-

Johannes Weyer ist einer der frühesten Gegner des Hexenwahns.

Titelblatt seiner »De Praestigiis daemonum«.

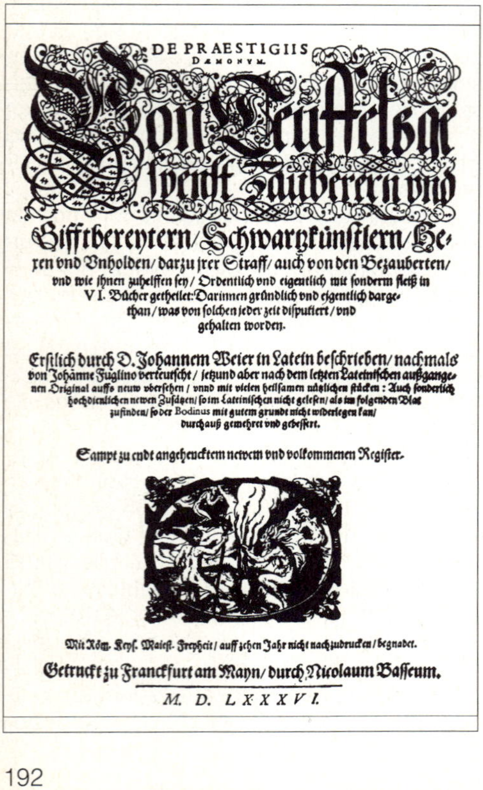

DE PRAESTIGIIS DÆMONVM.

Von Teuffelsgespenst Zauberern vnd Gifftbereytern/ Schwartzkünstlern/ Hexen vnd Vnholden/ darzu jrer Straff/ auch von den Bezauberten/ vnd wie jhnen zuhelffen sey/ Ordentlich vnd eigentlich mit sonderm fleiß in VI. Bücher getheilet: Darinnen gründlich vnd eigentlich dargethan/ was von solchen jeder zeit disputiert/ vnd gehalten worden.

Erstlich durch D. Johannem Weier in Latein beschrieben/ nachmals von Johãnne Fuglino verteutscht/ jetzund aber nach dem letzten Lateinischen außgangenen Original auffs neuw vbersehen/ vnnd mit vielen heilsamen nützlichen stücken: Auch sonderlich hochdienlichen newen Zusätzen/ so im Lateinischen nicht gelesen/ als im folgenden Blat zufinden/ so der Bodinus mit gutem grundt nicht widerlegen kan/ durchauß gemehret vnd gebessert.

Sampt zu endt angehencktem newem vnd volkommenen Register.

Mit Röm. Keys. Maiest. Freyheit/ auff zehen Jahr nicht nachzudrucken/ begnadet.

Getruckt zu Franckfurt am Mayn/ durch Nicolaum Basseum.

M. D. LXXXVI.

lehnt, auch wenn der Standpunkt außerhalb des geltenden Rechts steht. Der Hexenflug und -tanz sind vom Teufel erzeugte Illusionen, dessen Macht nach Ansicht der führenden Theologen von Gott ausgeht.

Der Standpunkt der Heidelberger Universität ist nicht erschlossen, aber sie muß eine liberale gewesen sein. Der einflußreiche Rechtsprofessor Franz Balduin tritt in den 1550er Jahren gegen Hexenprozesse auf.

Volksmagische Praktiken werden kritisch gesehen. Nach der calvinistischen Grundhaltung war die katholische Messe Abgötterei. Man droht Wahrsagern, Segensprechern und Zauberern empfindliche Strafen an, räumt ihnen aber die Chance der Besserung ein. Von Todesstrafen nimmt man Abstand und entscheidet sich für Rutenschlag, Pranger und Landesverweisung.

Wende

Als die Kurzpfalz in kriegerische Wirren gezogen wird, lassen sich vor allem im bayerischen Teil Hexenprozesse nachweisen. 1639 kommen sie verstärkt in der Nachbarschaft zum Ausbruch, vor allem in Mergentheim und Kurmainz. Die Welle schwappt auf das nahelegene Amt Mosbach über. Im Juni 1629 ordnet Kurfürst Maximilian von Bayern den Bau neuer Gefängnisse im Oberamt an, weil die alten für die Besagten nicht reichen; es wird zur Wende in der Hexenpolitik.

Im September 1629 bezichtigt die Bevölkerung Mosbachs den Lehrer Joseph Flieder der Hexerei. Er bringt einen Prozeß ins Rollen, in dem fünf Mosbacher Bürger wegen Hexerei angeklagt werden und der Lehrer aus der Schußlinie kommt.

Im folgenden Oktober werden drei Frauen und zwei Männer als Hexen gefoltert und verbrannt. Man spürt den jesuitischen Einfluß des bayerischen Machtblockes.

Im Juni 1630 wendet sich der bayerische Statthalter in Heidelberg an die Regierung in München, da er unsicher ist, wie er sich in der Hexenfrage verhalten soll. Der Münchener Hofrat ordnet an, sich um einen Hexenkommissar zu kümmern, der auf diesem Feld Erfahrungen hat.

Vermutlich nimmt im Oberamt Mosbach der gebürtige Hilsbacher Keller Johann Die-

David Teniers (1610–1690): Hexenszene. Wahrscheinlich Kopie des 18. Jahrhunderts, Öl auf Leinwand auf Eichenholz, 28,1 x 27 cm. Karlsruhe, Staatliche Kunsthalle, Inv. Nr. 196. →

Calvinisch Gasthauß zur Narrenkapffen genant/
Darinnen die Calvinisten so wol
offentlich als heimlich in jrer Thorheit erwischt/die Larva vermeinter vnschuldt/vnd heiligkeit jhnen abgezogen/ vnnd sambt dem Hause vnd Thorheit vmbgestürtzt werden.
Wie beygefügte Figuren anzeigen.
Von dem krefftigen Posaunen Hall Göttliches Worts:
Beschrieben vnd mit Gottes Wort klar vberweiset
Durch
M. Johannem Prætorium Saxo-Hallensem Dienern am Wort des Creutzes im Pilgramsthal.
QVICQVID EGO CAPIO MECVM PERIT

Quod Monstri cernis, Calvini dogma figurat:
Was lengst zuvor der Bösewicht
Mit falscher Lehr/vñ Menschen tand/
Diß alles er itzt scherffet sehr/
Ach fleuch dis Thier/ welchs forn er(schreckt/

Principium terret, mediu ferit, ultima mordent.
Durch viel Ketzer hat ausgericht/
Zurstört manch Volckreich Kirch vnnd (Land/
Durch der schal Calvinisten Lehr/
Mitten dich ritzt/hinden ersteckt.

Im Jahr Christi/ 1598.

Während Luther in Deutschland die Reformation verbreitet, erfolgt dies in Frankreich durch Johann Calvin. Beide Strömungen werden von Katholiken angeprangert. Hier: Spottblatt wieder die calvinistische Lehre, 1598.

mer provisorisch die Aufgabe wahr, bevor am 16. August 1631 Georg Arnold Freytag als advocatus in criminalibus mit einem Jahresgehalt von 400 Gulden mit der Führung der laufenden Hexenprozesse beauftragt wird. Daraus muß auf einen größeren Verfolgungsumfang geschlossen werden.

Da unmittelbar darauf die Truppen Gustav Adolfs beginnen, die Kurpfalz zu erobern, weiß man nichts über seine Aktivitäten. Möglicherweise hat er seinen Dienst nicht angetreten.

Hier wütetet der Krieg grausam und rottet 80 % der kurpfälzischen Bevölkerung aus. Dennoch lassen sich 1640 in Heidelberg und 1643 Hexenprozesse im spanischen Simmern nachweisen. Nach dem Westfälischen Frieden kehrt Kurfürst Karl Ludwig (1649 bis 1680) zurück: es ist gleichbedeutend mit einem Ende der Hexenverfolgungen in der Region.

Südliche Territorien

Ulm (Donau)

Hier entscheidet man sich 1530 für die Einführung der Refomation; 1552 schließt man sich der württembergischen Kirchenordnung an. Vergleiche dazu die Ausführungen zu Johannes Brenz. In den Ulmer Territorien gestaltet sich die Durchsetzung der Reformation schwieriger als in der Stadt selbst. Hier ist der Rat Träger der obersten Richtinstanz. Es ist eine prozeßarme Zone.

In einem Vortrag hebt Ofterdinger 1882 hervor: »hier sollen keine Hexen verbrannt worden sein, was ich nicht glaube; man wird die Prozeßakten noch nicht gefunden haben[63].

Von 1507/08 bis 1682 werden vermutlich mehr als 29 Hexenprozesse geführt, in die mindestens 30 Personen verwickelt sind. Es dominieren Einzelanklagen, lediglich 1616 kommt es zu einem Kettenprozeß, in den drei Frauen verwoben sind. Insgesamt betroffen sind 20 Frauen, vier Mädchen, drei Männer und zwei Buben.

Bemerkenswert ist, daß sich die Reichsstadt 1523 gegen einen zur Beratung vorliegenden Entwurf der CCC. stellt. Bei einem in Esslingen zusammengetretenen Städtetag verwahrt sich der Vertreter Ulms und sagt: »die Halsgerichtsordnung sei niemanden mehr als den Reichststädten zum Nachteil erdacht und zu nichts fürständiger als alle Übertreter zu harzen und zu pflanzen (hegen und pflegen). Da sie den Freiheiten der Reichsstädte entgegen sei, sei sie ihnen nicht annehmlich[64].«

Einzelprozesse finden sich 1508, 1538 und 1557. In Ulm wird 1538 eine Person wegen Hexenwerks eingezogen und in dem Zusammenhang wird der Nürnberger Rat um Auskunft ersucht[65].

1562 wird die Angeklagte Afra Sterubin vermutlich wegen Schwachsinns ins Spital gelegt. Sie stammt aus Nellingen (nahe dem helfensteinischen Gebiet) und hat sich der Hexerei bezichtigt. Die in diesem Feld unerfahrenen Ulmer bitten zum Prozeßbeginn Graf Ulrich XVII. von Helfenstein um Rat. Zudem wird der Ehinger Nachrichter gehört, der auf Erfahrungen in Wiesensteig und Esslingen zurückgreifen kann. 1563 wird ein namentlich nicht Bekannter aus dem Ulmer Territorium verbannt.

1562–64 kommt es zu einer Konzentration mit vier Prozessen. 1567 erläßt der Rat ein Verbot gegen das Wahrsagen und Segensprechen; 1571 wird es bekräftigt. Dann verzeichnen die Ratsprotokolle bis 1612 einen Hexenprozeß. 1595 wird gegen die Amtmännin von Giengen/Fils wegen Hexerei verhandelt. Sie muß eine Strafe von zehn Gulden zahlen. Während 1612–21 wird in zwölf Prozessen gegen 15 Personen verhandelt. Drei von ihnen werden hingerichtet und 1617 stirbt eine Frau während der Haft.

In Ulm wird 1619 auf dem Garnmarkt ein Galgen errichtet. In den 1630 er Jahren finden weitere Hexenprozesse statt und 1682 kommt es in Ulm zu einer letzten Hinrichtung. Drei Verkünd-Zettel, die Urgichten gleichzusetzen sind, haben sich erhalten. 1613 kommt es zu einem Verfahren gegen die etwa 43jährige

Catharina Rueß

aus Großsüßen, die »Michel Ruessem den beckhen etliche Jahre zur Ehe gehabt und die daselbst gewohnt. Sie ist aus Münster bei Donauwörth zugezogen und 1603 wegen Ehebruch bezichtigt, wofür sie 1605 eine mehrwöchige Turmstrafe in Geislingen zu verbüßen hat.

»Sie ist im Monat Juni (1613) wegen der Ursache in Haft gekommen, daß sie in dem genannten Süßen einem jungen Hirten einen Wecken zum Essen gegeben, darüber er sehr erkrankt sei.« Sie hat während ihrer Haft sowie in Güte wie in der Strenge bekannt.

- Als sie vor acht Jahren wegen eines begangenen Ehebruchs im Geislinger Turm gelegen, sei der Teufel zu ihr gekommen und habe von ihr begehrt, daß sie die gebenedeite Drei-Einigkeit, der christlichen Kirche und den von Gott eingeleiteten Gliedern absage und (daß sie) den christlichen Glauben und die Taufe verläugnen soll. Was sie getan und sich daraufhin dem leidigen Satan mit einem in die Hand gegebenen Versprechen ihm zu Leib und Seele ergeben.
- Sie habe ihm versprochen, daß sie sich zu allerhand Schäden und Verderbung ihrer Mitmenschen mit Zauberei und Vergiftungen gebrauchen lassen wolle. Zu welchem Ende ihr der leidige Satan nicht allein vergiftetes Pülverchen zugestellt, damit sie Menschen und Vieh Schaden anthun könne, sondern es auch kurz vor ihrer Verhaftung im Laubhölzin der böse Feind zu ihr gekommen und habe sie gefragt, ob sie kein Wecklein bei sich habe.
- Sie habe ihm ein Laiblein gezeigt, ihm daselbige gegeben, welches er dreimal in der Hand umgedreht und drei schwarze Körnlein hinein getan ... und es ihr dann wieder zugestellt. Welches sie danach dem erwähnten Buben zum Essen gegeben, der auch alsbald daran erkrankt und in Lebensgefahr gekommen sei.

Sie wird nach dem Läuten des gewöhnlichen Glöckleins vom Scharfrichter im Turm gefesselt, auf den Marktplatz geführt, wo ihr unter der Kanzel das Urteil verlesen wird. Darauf wird sie hinaus vor das Glöckler Tor auf die Hauptstatt (Richtstätte) gebracht und daselbst ist sie mit einem Schwert so lange zu richten, daß der Leib der größere und ihr Kopf der kleinere Teil ist. Hernach soll beides zu Asche verbrannt und in fließendes Wasser geworfen werden. Soll niemand Hand an ihn legen, Gnade Gott der Seele. Actum, Montags den 11. Oktober 1613.

Es ist der einzige nachweisbare Fall, wo Uneinigkeit im Rat über die Urteilsfindung herrscht. Hans II. Krafft (1570–1634), seit 1613 Bürgermeister, will das Todesurteil nicht akzeptieren. Er hält ihre Geständnisse »für phantasmata V(nd) visiones diaboli«. Er hat die Ratsmehrheit mit dem Argument umzustimmen gesucht, daß die Angeklagte vom Teufel nicht mehr angefochten werden könne. Habe sie doch ihr Unrecht eingesehen, gebeichtet und Besserung versprochen, weshalb man sie entlassen könne. Die städtischen Rechtsgelehrten stellen sich quer.

1615/16 und 1632 werden Hebammen beklagt. Eine stammt aus Ulm und die andere aus dem nahegelegenen Böhringen. 1616 hat man

Anna Uebelhör

Jörgen Millers von Aufhausen hinterlassene Witwe wegen Hexerei und Zaubereiverdacht eingetürmt und sie gütlich wie peinlich befragt. Sie gesteht (?):

- Daß sie zweimal mit einer ledigen Mannsperson in Unehren zu tun gehabt und mit ihm die Ehe gebrochen.
- Daß einst aus Blödigkeit der böse Feind hinter sie geraten sei und daß sie gemeinsame Sache mit ihm gehabt, wobei sie sich ihm mit Blut verschrieben habe und er habe ihr die Hand geführt; danach habe sie den Teufel anbeten müssen.
- Danach habe er ihr eine Salbe, ein wurtz (Wurzel) und ein Pülverchen geben mit dem Befehl, daß sie Leute und Vieh damit verderbe.
- Sie habe es einem gar armen Gesellen aus Uffhausen jungen Kind in dem Tod zum Essen gegeben. Diesem armen Mann hat sie noch ein anderes Kind, so ein Döchterlein,

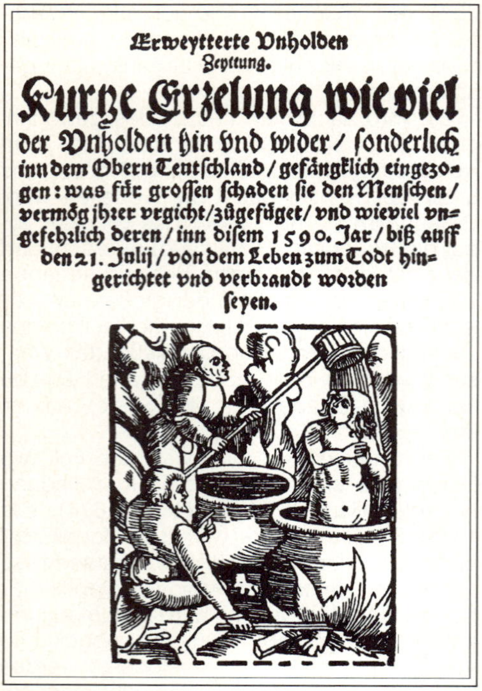
Erweytterte Unholden
Zeyttung.
Kurtze Erzelung wie viel
der Unholden hin vnd wider / sonderlich
inn dem Obern Teutschland / gefängklich eingezo-
gen: was für grossen schaden sie den Menschen /
vermög jhrer vergicht / zůgefüget / vnd wieviel vn-
gefehrlich deren / inn disem 1590. Jar / biß auff
den 21. Julij / von dem Leben zum Todt hin-
gerichtet vnd verbrandt worden
seyen.

Erweytterte Unholden Zeyttung, Ulm, 1590. Der Titelschnitt scheint eine fremde Zutat zu sein, die sich am ehesten noch auf die Schilderung einer Ellinger Hexenhinrichtung beziehen läßt: »... wie dann erst ... deren etlich da, allwegen zwo an ein saul gebunden, under sie Bechkübel mit pulffer gesetzt, angezündet und also vom Leben zum Tode hingerichtet worden sein.«

ebenfalls schadhaft gemacht und es verdorben, indem sie ihm diese Salbe an den Fuß gestrichen.
- Sie habe ihrem Mann Schnitten gebakken und ein Pülverchen daruntergetan, also daß er daraufhin bald gestorben.
- Zum Anfang dieser Sachen habe sie probeweise mit der Salbe zwei Kitzlein und eine Gaiß verdorben. Sie habe es mit der Hand geschmiert, und ihnen dann über den Rücken gefahren.
- Einem Bauern von Aufhausen habe sie einen schönen Gaul verdorben, indem sie ihn ebenmäßig mit Salbe bestrichen hat. Ihm habe sie ein Pülverchen unter die Erdbeeren gestreut, daraufhin er kank gewesen und schier nichts habe essen können.
- Desgleichen hab sie einem Gaul einen Schuß aus einem Stecken gegeben.
- Sie habe sie in zwei anderen Orten, (nit weit von Aufhausen gelegen) dem Vieh etlichemale Schaden zugefügt. Was sie mit ihrem Stecken berührt, sei verdorben.
- Außerdem habe sie eine Salbe und ein Pülverchen zusammengerührt, in ein höckdorn (?) geschüttet und gemeint, es würde aufgehen und einen Hagel geben. Es sei aber nie angegangen, allein einmal sei ein Nebel entstanden.
- Sie habe ein oder zweimal in Aufhausen, auch im Tal gegen Wiesensteig, auf die Weide ein Pülverchen gestreut, um das Vieh zu verderben. Dabei haben ihr andere Weiber geholfen, die sie nicht kenne.
- Im Herbst sei es ein Jahr her, daß sie in das Feld gegangen, am Reiterweg hinter einer Heck gesessen und einen Hagel gemacht, worüber sie etliche Buben beschrien.
- Und hat sie auch bekannt, daß sie sich dem bösen Feind ergeben hat, mit dem heiligen Abendmahl, sooft sie es vom Pfarrer empfangen, auf Anweisung des leidigen Teufels so gräulich und erschrecklich umgegangen, daß sie eine höhere Strafe verdient.

Sie wird zum Scheiterhaufen gebracht, wo man ihr im Juni 1616 ein Pulversäckchen an den Hals hängt, sie verbrennt und deren Asche in fließendes Wasser wirft. »Gnad ihr Gott.«

1617 kommt es zu Ermittlungen gegen Schulbuben. Einer ist Sohn eines Ulmer Bürgers und der andere Halbwaise aus Söflingen. Magdalena Claß, stirbt im Alter von ca. 70 Jahren während ihrer Haft im Jahre 1617. Mindestens zwölf Besagte werden gegen Urfehde freigelassen. 1612 werden Barbara Merkler und 1615/16 Columna Eberin unter Hausarrest gestellt. 1612 werden Margreth Saltzmann und 1620 der Barbara Rueß die Atzungskosten erlassen, weil man sie gefoltert hat. 1620 erreichen die Wirren des 30jährigen Kriegs das Ulmer Territorium. 1621 bringt man die 70jährige Witwe

Anna Ilg

aus Nellingen vor das Tribunal. Sie gesteht (?):
- Daß ihr vor vielen Jahren der böse Feind in der Gestalt eines jungen Mannes in schwarzer lothosend (?) Kleidung und mit zwei Gaißfüßen, Bockenbeltz genannt, im Feld begegnet und ihr darauf bedeutet, daß sie Gott absage. Darauf habe sie der Teufel getauft.
- Sie habe oft Unzucht mit ihm getrieben und an drei oder vier Batzen (Bätzner) bei 12 fl. Zudem eine gelbe Salbe zum Verderben von Mensch und Vieh von ihm empfangen.

- Zu Nellingen habe sie ein Töchterlein von ¾ Jahren so zugerichtet, daß es bald drauf eines jämmerlichen Todes verstorben sei.
- Zwei Kindern aus Böllingen habe sie durch angeschmierte Äpfel vergeben wollen. Darauf habe sich der Ausdruck des Mädchens dermaßen verändert, daß Menschen Augen nit bald einen solchen Anblick an einem Lebenden gesehen haben, daß aber, seithero sie diese gebundene arme Weibsperson im Gefängnis gelegen, verstorben sei.
- In Nellingen habe sie einem Bauersmann ein Knepflin (?) gegeben, daran sie eine gelbe Salbe gestrichen, daraufhin sei er krumm worden. Sie hat es ihm angetan, weil sie ihm nicht hold gewesen.
- Sie habe ihr eigenes Kind nicht verschont, sondern es mit einem jämmerlichen Tod hingerichtet, dann noch ein Sohn ihrer Eltern, als er 13 Jahre alt geworden, mit der gleichen Salbe getötet.
- Einem anderen und jüngeren Sohn, als er ein Jahr alt gewesen sei, habe sie in seinem Bettlein in der Wiege erstickt. Auch habe sie andere Personen jämmerlich erwürgt.
- Sie sei zu den Zusammenkünften gefahren, habe dort Sodomiterei und andere Zauberei verübt und begangen, wie dergleichen in Gebrauch.
- Der Teufel habe ihr ein schwarzes Pulver gegeben, welches, wenn sie es in des Teufels Namen in die Luft gestreut, sei am folgenden Morgen ein großer Reif, beinahe eines Schuh dicks gelegen, der die Felder verdorben hat. Davon sei das Vieh gestorben und sonst wäre dadurch Gewitter und Hagel geschehen.
- Dann habe sie, welches fast das allerschrecklichste zu hören, in Nellingen die Hostie beim Empfang des Abendmahls, allezeit wieder aus dem Mund genommen, wann sie um den Altar gegangen und den Kelch empfangen wollte. Sie hernach dem Satan gegeben, der sie zerrissen hat ... derwegen sie eine höhere und größere Strafe erhalten möchte.«

Sie geht den gleichen Weg wie ihre Vorgängerinnen und wird am Freitag den 26. Januar 1631 eingeäschert. Und doch neigt man zur Vorsicht.

In den Verfahren gegen Barbara Merkler (1612/13) und Magdalena Claß (1617) werden die Tübinger Juristen konsultiert. Rechtsgrundlage ist die CCC., die möglichst beachtet wird. Vor allem wird der Scharfrichter überwacht und zeitweise steht ihm ein Büttelmeister zur Seite. Das stigma diabolicum hat

»Buhlschaft mit dem Teufel« – »Ob der tüffel in menschlicher gestalt müge sich erscheinen und bey den frawen schlaffen.« Detail einer Holzschnitt-Illustration aus: Tractatus von den bosen Weibern, die man nennet die Hexen. Ulm, um 1490.

hier keine Bedeutung. Ein Rechtsgutachten des Rats vom 14. Februar 1649 beginnt mit den Worten:

»Menschen Tödten ist eine große Sach, Man bedenkh wohl und Thue gemach, Mann kan nimmmer zue lang rath schlagen, Wann man vom Todt sentenz soll sagen.«

Die 15jährige

Anna Maria Gaßner

eine Ulmer Schneiderstochter, wird 1680 mit dem Schwert gerichtet. Im Volksmund heißt sie »Unholden- oder Hexenmädle.« Sie soll sich mit Blut dem Teufel verschrieben und die Hexerei von ihrer Großmutter erlernt haben. In dem Zusammenhang findet der Scharfrichter Dietrich Deigentesch Erwähnung, der sein Meisterstück abgelegt haben soll. »er habe ihr den Kopf so schön herabgenommen, als es jemals gesehen worden.«

Orginalzeichnung aus dem Ulmer Urgichtbuch.

Im letzten (?) Ulmer Hexen(?)verfahren steht 1682 der Sohn des Karrermeisters unter Anklage. Diese beiden letzten sind keine Hexenprozesse im eigentlichen Sinn. Das 15jährige Mädchen hat vorab wegen ihres unsittlichen Lebenswandels im Blockhaus gesessen, so daß der erwähnte Teufelspakt möglicherweise ein willkommener Anlaß zum Durchgreifen gewesen ist.

Hans Mayer, der Sohn des Karrermeisters kommt wegen nicht bezahlter Schulden und eines unsteten Lebenswandels ins Blockhaus. Beim ersten Verhör räumt er ein, einen Pakt mit dem Teufel geschlossen zu haben. Der Rat reagiert darauf, indem er den »gottvergessenen Menschen länger im Blockhaus liegen ließ, selbst als sich bei diesem Fieber einstellte, um ihn schließlich gegen Urfehde freizulassen.« Im Urteil wird gesagt, daß er wohl eine Leibstrafe verdient habe »man wolle aber seiner Mueter demuethiger für =//bitt ansehen, die milde der scharpfe vorziehen und ihn//ohne fernere straff auf freyen fueß stellen.

Orginalzeichnung aus dem Ulmer Urgichtbuch.

Oberamt Ehingen

Im Dezember 1508 klagt

Anna Spülerin

vor dem Stadtamann von Ulm gegen 23 Einwohner ihres Heimatortes. Sie verlangt eine Entschädigung (Wandel, Abschlag und Bekehrung); angeschlagen auf 200 Gulden, die durch eine die Schuld derselben erlittene Unbill. Sie trägt vor:

- Vor einem Jahr sei ihre Mutter nebst einigen anderen Weibern auf Anrufen der Einwohner durch den Vogt von Blaubeuren als Hexe eingezogen worden. Da seien ihr Worte gerechter Entrüstung entfallen, wodurch sie, wie sich herausgestellt, verdächtig geworden. Um der Gefahr zu entgehen, hatte sie fliehen wollen, sei aber von Ortsansässigen eingeholt und nach Blaubeuren geschleppt worden. Daselbst im Gefängnis habe sie erwartet, daß ihre Unschuld offenbar und sie entlassen werde; niemand sei zu ihr gekommen, als gleich Abends eines ehrsamen Raths Züchtiger und Peiniger. Er habe sie streng, peinlich, unmenschlich und unweiblich behandelt und von ihr wissen wöllen, sy wäre eine Hex(e).
- Nachmals wäre sie in ein ander Fanknus und Gemach geführt und abermals nit ein, zwei, drei oder viermal, sondern unmenschlich peinlich gemartert worden[66] und ihr alle Glieder zerrissen, sie ihrer Vernunft und fünf Sinne beraubt, so daß sie ihr Gesicht und das Gehör nicht mehr hätte wie zuvor.
- Darauf sei ein anderer Züchtiger von Tübingen mit dem Vogt gekommen, der ihr gedroht; »sie wollen ihr alle Adern im Leib zerreißen, sie haben für und für wissen wollen sy wäre eine.« Haben sie dann mit der Drohung entlassen, sie wollen morgen wieder kommen und mit noch härterer Pein und Marter gegen sie handeln. Doch Gott habe sich ihrer erbarmt; sie sei noch in der derselben Nacht aus ihrem Gefängnis erlöst worden.

Jetzt verhört das Gericht die Besager und gelangt zu dem Schluß: »daß sie an der Pein und Marter der Spülerin nicht schuld gewesen, was von ihnen beschwört wird. Nun appeliert die Klägerin an das Kammergericht; es weist auf das Biberacher. Dann wird sie freigelassen.

Stift Obermarchtal[67]

Dengler, der die Prozesse ans Tageslicht gebracht hat, gelangt zu einem vernichtenden Urteil. Hier leben etwa 700 Menschen und $^1/_{10}$ von ihnen werden aufgrund von Besagungen ausgerottet.

»Die verantwortlichen Richter trugen alles Geschrei über Verdächtigte zusammen und können sich rühmen, daß ihnen keine Hexe entschlüpfte, über die sie einmal die Netze geworfen haben. Es bedarf keiner Erläuterung, mit welcher Grausamkeit man den Hexen aufgelauert hat. Die Behörden ließen sich bei der Verhaftung freie Hand und es gibt keinen Prozeß, der zu Gunsten der Beklagten ausgegangen ist.«

Die Pfalzgrafen von Tübingen, die hier ein Schloß haben, stiften 1771 ein Prämonstratenser Chorherrenstift, mit dem 100 Jahre ein Frauenstift verbunden war. Eine Urkunde des Probstes Konrad spricht später ein vernichtendes Urteil gegen sie[68]. Im Dezember 1802 wird das Kloster säkularisiert und geht in den Besitz der Fürsten von Thurn und Taxis über.

Zwischen den Jahren 1581 bis 1736 sind Prozesse gegen Hexen nachweisbar. Hier trifft die Verfolgung im wesentlichen die in schwierigen Verhältnissen Lebenden und zu einem überwiegenden Anteil Frauen. Eine maßgebliche Quelle spielt der »ehrenhafte und vornehme Vogt Christoph Bitterlin vom ehrwürdigen Gotteshaus«, auf dem die Last des Blutbannes liegt. Eine schwierige Frage bleibt die Abgrenzung zu sonstigen Kriminalprozessen[69]. Die Anklagepunkte sind die üblichen und werden nur beispielhaft angedeutet.

- 1586 gesteht (?) Magdalena Grätter aus Alleshausen: »sie wäre vor etlichen Jahren auf einem Roß zu ihrer Gespielin Barbara Müller gefahren und sie haben einen solchen Hagel verursacht, daß alle Feldfrüchte zugrunde gegangen seien. Sie habe dem seligen Bader von Alleshausen einst einen Trunk eingetrichtert, »wovon er lange Zeit armselig umging und (dann) sterben mußte.«
- 1586 Barbara Müller aus Alleshausen gesteht (?): »sie habe mit ihrer Gespielin Lena Grätter Wetter gemacht und die Feldfrüchte vernichtet. Sie habe das hochheilige Sakrament nach dem Empfang in den Busen geschoben und es später in den See geworfen.«
- 1586 Waldburga Kopeller aus Girtelhofen gesteht(?): »sie habe der Heckenbäurin die Milch verzaubert, so daß sie diese nicht mehr buttern konnte. Zudem habe sie das Schulmeisterlein zu Cobel gelähmt.«
- 1586 Margareta Schmid aus Obermarchtal gesteht (?): »sie habe zwei Hagelwetter verursacht.«
- 1587 Anna Mayer aus Marchtal bekennt. »sie habe, um das Hexenwerk besser verrichten zu können, ihr eigen Blut und Fleisch im Unterleib ermordet.«

Hexenritt, »ob sy sich selbs oder ander leut in ander gestalt mügen verwandeln«. Aus: »Tractatus von den bosen weibern, die man nennt die Hexen«. Druck von Johann Zainer, Ulm 1490. Deutlicher Nachschnitt von Molitor.

- 1587 Anna Spatenmeier aus Saulgart gesteht: »sie habe mit teuflischer Hilfe einige Wetter gemacht.«
- 1587 Anna Lutz aus Alleshausen bekennt: »sie habe im Namen des Teufels das Haus ihres Schwestermannes angezündet.« (der Brand greift auf neun weitere Häuser über und legt sie in Asche).
- 1587 M. Brunnsteiner gesteht (?): »sie habe dem Kind des Schultheißen eine gebrannte Nuß zum Essen gegeben, worauf dieses bald gestorben.«
- 1588 Anna Grätter aus Alleshausen gesteht (?): »als sie noch um Almosen gegangen sei, verhexte sie ein Kind, drei Kälber, drei Geißen, eine Kuh und ein Pferd bei den Bauern, die ihr nichts gegeben haben.«

- 1589 Margarete Eifer (?) aus Oberwachingen gesteht (?): »Ihr Buhle sei zu ihr gekommen und habe ihr eine grüne Salbe gebracht und begehrt, daß sie damit ihrer Geiß die Füße bestreiche, um auf den Schupfenberg zu fahren. Sie habe mit ihren Gespielinnen des öfteren Hagel gesotten.«
- 1589 Juliana Leub aus Seekirch gesteht: »sie habe zwei Kinder, die sie unter ihrem falschen Herzen trug, umgebracht. Sie habe der Magd des Pfarrers auf die Schulter geschlagen, woran diese erkrankte.«

Hier existiert ein Hexentribunal, das im Auftrag des Gerichts vorgeht und systematische Fragebögen erschließt, die nur diesem zur Verfügung stehen. Ausgangspunkt ist in der Regel ein Gerücht, das Dorfbewohner brauen. Unter den 80 Verurteilungen sind 13 Männer und ein Knabe. Nahezu alle verurteilten Frauen haben das Alter von 50 Jahren überschritten. Die Aussagen der Verurteilten schließen einen Zeitraum bis zu 40 Jahren ein.

Ein Fall von einem **nutzenbringenden** Wetterzauber begegnet uns bei Maria Dornhauser, Tochter der Katharina Schmied, die dem Gericht anzeigt: »daß sie, um ein Hagelwetter wegzuzaubern, drei Steine in des Dreihöchsten Namen in einen Busch stecke.« Ein Einzelfall ist die Äußerung über den Mehlzauber. Die Mutter der Hexe Katharina Schmied steht im schlechten Ruf, **aus wenig Mehl viel Brot** backen zu können. Verbreiterer ist die gegenteilige Auffassung. Einmal wird von einer Kristallschau gesprochen. Ein Hinweis auf die Verwendung von Zauberbüchern findet sich nicht.

Das Prozeßloch von etwa 1590 bis zum Ausbruch einer zweiten Verfolgungswelle (1627–57) kann kaum, wie es Dengler tut, mit der Gegenreformation in Zusammenhang gebracht werden. Jedenfalls werden im 17. Jahrhundert die prozessualen Angaben detaillierter und lassen die Schwere des Unrechtes einer aberwitzigen Ideologie erkennen. 1627 wird der Prozeß gegen die 72jährige

Ursula Götz

aus Obermarchtal geführt, die folgendes Geständnis ablegt:

- Sie habe vor 30 Jahren von ihrem Buhlen eine schwarze Salbe und ein ebensolches Pulver erhalten, damit sie Menschen und Tieren Schaden zufügen kann.
- Der Burga Jürg habe sie vor sechs Jahren ein mit dieser Salbe bestrichenes Küchlein zum Essen gegeben, worauf sie erbärmlich erkrankte und nach acht Tagen gestorben.
- Dem Eheweib des Thomas Hummel habe sie einmal ins Gesicht gefauchet und geblasen, woran er erblindet »wie leider noch zu sehen.«
- Einmal des Sommers sei ihr Bruder zu Besuch gekommen, dem sie ein mit Salbe vermischtes Süpplein gemacht, »welches bei ihm ein längeres Siechtum hervorgerufen.«
- Zur Bereitung ihrer Salbe verwende sie Schlafkraut, Eisenkraut, Christrose und Teufelskirsche; »verrühre dieses Pulver mit Blut, das sie der kleinen Ursula ausgesogen.«
- Den Teufelspakt habe sie mit ihrem Blut unterschrieben, das man ihr aus der Brust »ob dem herzgrüblein« genommen. Zudem hatte sie in ihrer ersten Gefängnisnacht mit dem Satan eine fleischliche Vermischung.

Nach Ansicht des Vogtes hat sie ihr Leben verwirkt.

Anna Trüb

aus Alleshausen bekennt im März 1627:

- Daß sie ihre Tochter Bärbel im Alter von elf Jahren mit der Unholdensalbe verhext habe, »worauf diese ein Jahr krank darniederlag und mit 15 Jahren verstorben.«
- Sie bekenne sich am Tod von vier Nachbarskindern schuldig.
- Sie habe nach einem Hexentanz vor 14 Jahren ein solches Hagelwetter verursacht. »so daß es dem Schmied den Hopfen umgestoßen.«

Anna Fischer

aus Alleshausen räumt zwei Tage später ein:

- den halbjährigen Sohn des Hans Leupand mit ihrer Salbe getötet zu haben.
- Beim Töchterlein des Medel hatte die Anwendung nur einen Aussatz zur Folge.
- Zudem habe sie mit dem Großteufel auf dem Galgenplatz unzüchtige Versammlungen gehabt.

Ursula Schmidt soll sich einst vor die Stalltür (der Besagerin) Ursula Martin gestellt haben, so daß jene die Vermutung gehabt, sie wolle ihr das Vieh verzaubern. Nachdem sie der Schmidtin zugerufen: »Du beschissene Unholdin«, sei sie heimgelaufen.

- Ihrer Schwester gab die Unholdin einmal einen Trunk, »an dem sie sieben Wochen darniedergelegen.«

In diesem Fall beschließt das Gericht: »man soll fleißig Inquisition anstellen und fragen, ob diese nicht im bösen Geschrei stehe, fleißig zur Kirche gehen, geweihte Sachen wie Weihwasser, Palmen, Mailichter und Agnus Dei gebraucht.« Weitere Unterlagen fehlen.

Dann klagen der ehrwürdige (Geistliche) Oswald und der Vogt über die teuflische Kunst der Krügerin. Von ihrer Mutmaßung bis zum Scheiterhaufen ist es nur ein Schritt. Ursula Götz, Anna Trüb und Anna Fischer werden vom Biberacher Nachrichter Meister Stoffel geköpft und verbrannt.

Von der Barbel Kepplerin aus Marchtal hat sich ein Teil der Urgicht erhalten[70]. 1657 wird der Prozeß gegen den zehnjährigen

Hans Hildebrandt

geführt. Er ist Waise und muß seinem Dienstherrn versichern, die (einst) von seinem Vater erlernten Zauberkünste nicht anzuwenden. Schließlich wird er in Gegenwart des ehrsamen Wirtes Michael Hildebrandt (Pflegevater) wegen Hexerei angeklagt und in Güte verhört, »ob er Hasen machen, auf einem Besenstiel reiten, Roß, Kind und Vieh verderben lassen könne und ob er denn nicht wisse, daß sein Sohn einen Knaben mit einer Rute totgeschlagen.«

Nun wird die Bürgerhaft über ihn verhängt und dann räumt der Sohn ein: »er habe das Zaubern von seinem Vater erlernt; doch habe er damit niemand Schaden zugefügt.«

Dann holt man von den Biberacher Advokaten ein Gutachten ein. Sie führen aus: »solle man den Wirt mit seinen fünf kleinen unversorgten Kindern und großschwangeren Weib verweisen ... man könne vor Gott keinen solchen Menschen leben lassen.«

Der beschuldigte Michel Hildebrandt meint darauf: »in dieser Sache sei er so unschuldig wie die Mutter Gottes und niemand anders schwor sein Unglück herauf als sein mißratener Schwiegersohn.« Der Knabe bleibt bei seinen Aussagen.

- Die Künste vor drei Jahren von einem grünen Mann erfahren zu haben.
- Vor sieben Wochen sei er auf einem Besenstiel mit dem Schweizer Buben auf den Schupfenberg geritten. Hier habe er vom Teufel eine harte und rötliche Salbe erhalten, womit er Menschen und Tieren geschadet: und auch Wetter gemacht.

Später wird er in ein Kloster verbracht, um von seinen Wahnvorstellungen befreit zu werden, obgleich gerade die der Kapuziner eine Brutstätte des Aberglaubens sind. Kurz danach wird der 16jährige Martin Götz vom Scharfrichter enthauptet und dann verbrannt.

Dann schweigen die Akten fast ein Jahrhundert und zu einer Zeit, wo allgemeine Hexenverfolgungen aufgehört haben, flackern sie im Stift Marchtal mit unverminderter Schärfe auf. Im Mai 1745 kommt es zu einem Hexenprozeß gegen die 74jährige

Katharina Schmied

Die ihr entgegengebrachten Anklagen sind in der Tabelle zusammengefaßt. Ihre Tochter wird in den Strudel gezogen, bis beide verbrannt sind.

Die Inquisitin wird vor den Richter gestellt und angewiesen: »sie möge stolz wie ein Felsen ihre Ehre und guten Namen verteidigen ... sie sei 74 Jahre alt und müsse bald sterben; schon aus diesem Grund soll sie ihre Missethaten bereuen und bekennen. Wenn sie so unschuldig »wie das Kind in der Wiege sei«, wie könne sie dann von anderen Leuten etwas Böses wissen! Sie hat eine bemerkenswerte Biographie.

Sie war zweimal verheiratet und ihr erster Mann ist nach vier Wochen gestorben, weil er aus Unvorsichtigkeit sein Haus angezündet hat und dabei verbrannt sei. Nach etwa sechs Monaten habe sie ein zweitesmal geheiratet, den angeblich ledigen Peter Dornhauser, einen gebürtigen Schweizer. Später habe sich herausgestellt, daß er seit 20 Jahren in der Schweiz verheiratet war. Deshalb ist er nach Ungarn geflohen.

Sie könne kein »böses Mensch« heißen, wenn sie schon 12 Jahre in den Franziskanerorden eingeschrieben, 19 mal in Einsiedel, einmal in Triberg (Schwarzwald) dreimal in Steinbach und in mehreren heiligen Orten wallfahren gewesen sei. Jeden Tag trinke sie dem heiligen Tibery geweihtes Wasser auf ihre Gesundheit.

Sie schiebt die Ursache ihrer Verhaftung den Saufbrüdern und deren Branntwein zu. »der Strohm sei ein Trunkenbold ... wie oft habe Kaspar Strohm geschworen, geflucht und gewunschen, daß Donner und Wetter, alle Pfaffen und Klöster zu Marchtal neun Klafter tief in Grund und Boden schlagen sollen ... und sie Unschuldige müsse jetzt dafür leiden. Gott der Allmächtige werde die Gerechtigkeit nicht mit den Füßen treten und ihr armes Erdenwürmlein mit der Wahrheit bestätigen helfen ... Man hätte in der ganzen Pfarrei kein unschuldigeres Lämmlein ins Gefängnis bringen können als sie.«

Dann werden vier Gerichtsmänner herbeizitiert und dann wird sie gefoltert. Man läßt die Scharfrichter Bartholomäus und Veit Vollmer in die Verhörstube kommen, um anzuzeigen, was sie bei der Visitation und Abwaschung des Leibes Verdächtiges entdecken.

Bei einer weiteren Untersuchung stellen sie fest: »ihre Scham sei so aufgeschwollen, nicht anders als wann sie verheiratet wäre und Tag und Nacht ihrem fleischlichen Triebe nachgehe und sie einen Beischläfer habe ... ihre Geburtsteile wären nicht so beschaffen, wie sonst bei einer 74jährigen.«

Dann setzt man sie auf den Bock. Am Daumenstock zeigt sie nicht die geringste Schmerzempfindung, wenngleich man sie soweit zusammenpreßt: »daß die Daumenfinger kaum noch einen Messerrücken dick gewesen.« Schon vermuten die Häscher diabolische Hilfe und beschließen: »Im Namen der allerheiligsten Dreifaltigkeit Gott des Vaters, Gott des Sohnes und Gott des heiligen Geistes mit der Folter zu beginnen.«

Dann wird sie ohnmächtig und der Scharfrichter hält ihr Essig unter die Nase. Sie wird mit Ruten gestrichen und bleibt bei ihrer Aussage. Dann folgen 40 Rutenstreiche und dreißig Minuten Marterbank »ohne daß man sie klagen gehört.« Schon tauchen Bedenken seitens der Geistlichen und Rechtsgelehrten auf und dann bringt man deren Tochter ins Spiel, die die Mutter besagt:

- Wenn sie aus Seekrich von der Predigt gekommen, mußte sie sich hinter den Ofen stellen und ihrer Mutter davon erzählen und sooft sie etwas vom Teufel gesagt: »habe sich die Mutter fast zu Tode gelacht und gesagt: »gelt, es wäre Dir recht, wenn man dir immer vom Teufel predigen würde. Dann habe sie sich auf ihr Zureden hin dem Teufel verschrieben und sich fleischlich mit ihm eingelassen.
- Sie wäre mit ihrer Hexensalbe zweimal auf den Heuberg gefahren. Dort habe sie mit einem Teufel getanzt »der ihr gar nicht brav dünkte, Füße wie die Geißen, ganz verschobene Augen und schwarze Haare gehabt.«
- Bei ihrer Unzucht empfand sie es nicht anders »alß daß es eben ein rechtschaffener lebendiger Mann wäre. Ob sie oder was sie für ein Unterschied zwischen dem Hineinfließen des Teufelssamens und einem Mannessamen verspürt, könne sie nicht beurteilen ... sie glaubte auch niemals geschwängert zu werden.«
- Sie habe das Wettermachen von ihrem Mann gelernt, als sie einmal heimfuhren und sich am Himmel schwarze Wolken zeigten, sagte er zu ihr, »sie brauche nur in des Teufels Namen mit den Händen in die Luft zu fuchteln.«
- Dann sagt die Mutter: sie bekenne, neun Pferde und zwei Kälber in des Teufels Namen verflucht zu haben.
- Vor 27 Jahren habe sie sich des nachts in ihrer Kammer dem Teufel verschrieben, aber erst nach $^3/_4$ Jahr willigte sie in das Werk der Unzucht ein.
- Ihrer Tochter habe sie das Hexenwerk nicht beigebracht, auch wenn diese ihr »unter das Angesicht sagt«, »daß sie diese Kunst von ihr habe.«

Dann schickt man ihr einen Geistlichen, der sie auf dem Tod vorbereiten soll. Kurz danach fällt der Rechtsgelehrte Sättelin unter Berufung auf die CCC. das Urteil. »Sie sei zum abscheulichen Exempel an einen Pfahl zu binden, vom Scharfrichter zu strangulieren und zu Asche zu verbrennen.« Maria Dornhauser wird per Schwertschlag ums Leben gebracht, dann auf einen Scheiterhaufen geworfen und verbrannt. 1747 spielt der Prozeß gegen

Anna Oberländer

aus Alleshausen. Hier wird auf Betreiben der Mutter die 15jährige Tochter vor Gericht gezerrt. Später überkommt sie Reue und sie zieht die Anklage zurück. Dann geschieht ein Wunder: »bald darauf geschah es, daß der gerechte Gott eine wunderbare Anordnung verfügte und Anna Oberländer sowohl in Alleshausen wie auch in der benachbarten Stadt Biberach bekannte, sie und ihre Mutter verehrten den bösen Geist.«

Es ist eine Vorverurteilung mit tödlichem Ausgang. Nun muß sie ihr Bruder auf Veranlassung des Oberamtes zur Verhörstube bringen. Sie gesteht freiwillig:

- Vor einigen Jahren bei ihrer Mutter einen 20jährigen Bauernburschen getroffen zu haben, der von ihr verlangte, sie sollte Gott und alle Heiligen verleugnen. Anschließend habe sie in diesem »Hans Michel« Unzucht getrieben.
- Mit ihrer Mutter fuhr sie in dieser Nacht auf einem schwarzen Rappen zu einem schönen Tanzplatz, dem »Söhlen.« Nach dem Tanze wurde ihr gewahr, daß sie an einem wollüstigen Ort gewesen.
- Sie habe, ohne daß es der Pfarrrer bemerkt habe, die Hostie aus dem Mund genommen und (später) dem Teufel gegeben.
- Vor einiger Zeit war sie noch bei den Heiligen in Biberach, damit ihr der Teufel nichts mehr anhaben könne ... sie bereue ihre in den letzten Jahren begangenen Sünden und bitte Gott um Verzeihung.
- Alles was sie ausgesagt, sei wahr und sie

Verwendung der Hexensalben im Stift Obermarchtal

1586 Magdalena Grätter aus Alleshausen gesteht: »Auf Anweisung des Teufels habe sie Hans Kürschner mit Salbe bestrichen, daß dieser lange Zeit mit großen Schmerzen darniedergelegen. Als sie zu den Tänzen fuhr, bestrich sie ihren Mann mit einer besonderen Salbe, damit er nicht erwache, bevor sie zurückkomme.« Sie habe mit der Unholdensalbe vor einigen Jahren der Base Haberocher eine Kuh umgebracht und dem Hans Walser ein Roß verhext . . . damit bestrich sie vor 30 Jahren ein Roß des Bartel Kohler »welches eingegangen.«

1586 Barbara Müller aus Alleshausen gesteht: »sie habe beim alten Schmidt auch dessen Sohn bestrichen. Der were nach drei Tagen gestorben. In des Teufels Namen habe sie Hans Spiel mit der Salbe bestrichen, ihm aber hernach wieder geholfen, so daß er habe in den Krieg ziehen können.« Sie habe einen bestrichenen Stecken nach einem Roß geworfen »welches bald darauf krepierte«, zudem habe sie zwei Kinder ausgegraben, sie im Schoß nachhause getragen und eine Salbe daraus bereitet. Dem Kind des seligen Barthel habe sie eine Salbe ans Herz geschmiert: »wovon es nach drei Tagen gestorben.«

1586 Waldburge Kopeller aus Girtelhofen gesteht: »sie habe ein kindlein ausgegraben, um eine Salbe daraus zu bereiten.«

1586 Margreta Schmid aus Obermarchtal räumt ein: »sie habe ein Kind ausgegraben und es zu Salbe gesotten, damit habe sie sechs Kühe, drei Kälber und zwei Pferde verhext.«

1586 Hans Heppe aus Seekirch gesteht: »er habe mit seiner Salbe zwei Geißen, ein Pferd und ein Schwein getötet.«

1587 Anna Mayer aus Marchtal gesteht: »sie habe von dem Buhlteufel eine gelbe Salbe erhalten, mit welcher sie den Knaben des Karrenknechtes und den des Fischbauern verhexte. Dem Bauern Konrad Götz tötete sie ein Kalb.

1587 Ursula Mös aus Kirchbierlingen gesteht: »Zur Herstellung ihrer Hexensalbe habe sie ein Kind auf dem Bierlinger Kirchhof ausgegraben. Damit habe sie sechs Kühe, ein Roß und ein Schwein umgebracht.«

1587 Anna Berneck aus Kirchbierlingen gesteht: »mit ihrer teuflischen Salbe habe sie vor 12 Jahren ein Kind der Margareta Mös verhext, so daß es noch heute taub und gehörlos sei.« Mit Ursula Mös habe sie auf dem Kirchhof ein Kind ausgegraben »um mit der (daraus) bereiteten Salbe Menschen und Tieren Schaden zuzufügen.«

1587 Anna Spatenmeier aus Saulgau gesteht: »sie habe unschuldige Kinder aus dem Kirchhof gegraben und daraus eine den Menschen schädliche Salbe bereitet.«

1587 Margareta Haller aus Saulgart gesteht: »von ihrer Salbe habe sie etwas dem Geiger Konrad Schweyer gegeben, der mit ihr wider die Zehn Gebote gehandelt.«

1587 Margreta Strenger aus Marchtal gesteht: »sie wäre auf einer mit Salbe beschmierten Schürgabel zum Hexentanzplatz geflogen.«

1587 Ursula Roth aus Reutlingendorf gesteht: »sie habe mit ihrer Gespielin ein Kind ausgegraben, den rechten Arm von ihm genommen, das Fleisch davon abgeschabt und eine Salbe daraus bereitet.«

1587 M. Brunnsteiner gesteht: »sie habe mit ihrer Gespielin Ursula Rettich ein Kind aus dem Reittlinger Friedhof gegraben, nahm etwas von dessen Herz, Gehirn und den rechten Arm und habe daraus eine Salbe bereitet.«

1587 Magdalena Kofler gesteht: »sie habe fünf Pferde, drei Kühe und zwei Kälber mit ihrer Salbe umgebracht.«

1588 Anna Grätter gesteht: »sie habe mit einer vom Satan erhaltenen Salbe eine rote Kuh umgebracht und mit derselben das Kind des Anderl Straub gelähmt.«

1588 Margrete Menz (Schillingerin) gesteht: »sie habe dem Eheweib des Hans Burkmayer eine mit ihrer Salbe bestrichenen Apfel gegeben »konnte sie aber damit nicht gänzlich umbringen, doch habe sie ihr so hart zugesetzt, daß sie habe nur noch geringe Arbeit verrichten können.«

1589 Juliana Leub aus Seekirch gesteht: »mit der Unholdensalbe tötete sie fünf Kühe, Kälber, Schweine, drei Fohlen und eine Geiß.«

1590 Katharina Mundinger gesteht: »sie habe mit der Hexensalbe den Sohn des Konrad Grieg und den kleinen Asphalg ums Leben gebracht.«

1593 Magdalena Fischer aus Seekirch gesteht. »sie habe mit ihrer Gespielin Anna Möller ein Kind ausgegraben, um Salbe daraus zu machen. Vor acht Jahren habe sie ein Roß ihres Mannes damit bestrichen »welches bald darauf krepierte.«

1596 Waldburge Heß aus Saulgart gesteht: »sie habe mit einem ausgegrabenen Kind Salbe gesotten und könne damit auch Pferde, Kälber, Schweine und Kühe umbringen.

Sexuelle und sodomitische Eskapaden aus dem Stift Obermarchtal

1586 Magdalena Grätter aus Alleshausen bekennt: »sie habe mit ihrem Gespons das ungebührliche Werk der fleischlichen Wollust getrieben, welches aber kalter und nicht menschlicher Natur. Ihr Buhle sei zu ihr in das Gefängnis (ge)kommen und habe seinen Mutwillen gar gräulich und häßlich mit ihr gepflogen, bis ihr davon ganz übel geworden.«

1586 Barbara Müller aus Alleshausen bekennt: »sie wäre auf einer Geis zum »Brandt« geritten und habe hier alle Freuden der Lust genossen.«

1586 Waldburga Koppeler aus Girtelshofen gesteht: »sie wäre auf einem langen mit Salbe beschmierten Stecken zu wollüstigen Tänzen gefahren.«

1586 Margreta Schmid aus Obermarchtal bekennt: »daß sie sich einmal der Wollust ihres Buhlteufels hingegeben, habe er sie eines Auges und desselben Sterns beraubt, so daß sie einäugig geworden.«

1586 Hans Hopp aus Seekirch gesteht: »nicht allein mit seiner Tauferin, sondern auch mit Lena Grätter habe er das Werk der Unzucht vollbracht.«

1587 Anna Mayer aus Marchtal bekennt: »der Teufel habe sie in süssen betrügerischen Worten bedrängt, um sich zu ihm zu bekennen. Darauf schwor sie allen Heiligen ab und willigte in seine Unkeuschheit ein. Des öfteren fuhr sie mit ihm auf einer Schürgabel (zum Hexentanz) wo sie getanzt, gesprungen und alle Wollust gehabt habe.«

1587 Anna Berneck aus Kirchbierlingen gesteht: »der böse Geist sei in der Gestalt einer schwarzen Mannsperson mit einem Gaißfuß zu ihr gekommen und habe ihr versprochen, daß sie ein Leben lang keinen Mangel haben solle, wenn sie sich ihm ergebe. Sie huldigte dem Satan und gab sich seiner Unkeuschheit hin. Ihr Gepons sei ins Gefängnis gekommen und habe sie ganz gräulich und häßlich geschlagen, daß man sie des andern Tags ganz entblöst und schwach gefunden.«

1587 Konrad Schweyer räumt ein: »mit Margreta Haller und Anna Munding habe er gegen die Zehn Gebote gehandelt und sich an einigen Kühen vergangen.«

1587 Elisabeth Stamlein aus Marchtal bekennt: »sie tollte mit der Lucia Fischer auf den Hexenplätzen herum und hatte eine fleischliche Verbindung mit der kalten Natur des Satans.«

1587 Ursula Roth aus Reutlingendorf gesteht: »sie wäre auf einem Hund zum Heuberg geritten, wo sie nach dem Geigenspiel der Wollust frönte.«

1587 Anna Haller »handelte wider alle Kultur und menschliche Natur, indem sie mit dem Teufel buhlte und die christlichen Sakramente verwarf. Sie habe mit dem Geiger Konrad Schweyer Unzucht getrieben.«

1587 M. Brunnsteiner ergriff die Glückshand des Teufels, trieb mit diesem Unzucht und warf die heilige Hostie in den Bach. Im Gefängnis hat sie Unzucht mit ihren Gespons getrieben.

1588 Leba Grätter aus Alleshausen gesteht: »sie ging in den »Brandt« um Holz zu sammeln. Der böse Geist »Fesslin« sei zu ihr gekommen und habe sie mit vier Batzen bestochen. Dann habe sie Gott abgeschworen und sich der Unzucht mit ihm hingegeben.

? Georg Mayer verging sich »schändlicher Weise« an Kälbern, Kühen und Pferden.

1590 Katharina Mundinger aus Seekirch gesteht. »Sie hab vier Kinder verhext und gegen die Zehn Gebote Gottes mit ihrem Schwager verstoßen.«

1593 Anna Möller aus Alleshausen gesteht. »sie habe mit ihrem Vater Blutschande getrieben.«

1593 Michael Möller aus Seekirch gesteht: »er habe mit seiner Tochter Anna das fleischliche Werk unnatürlicher Liebe gepflogen und sich außerdem in unmenschlicher Weise an Vieh und Roß vergangen.«

1596 Walburge Heß aus Saulgart gesteht: »sogleich verbrachte sie mit dem Teufel in der Küche das Werk der Unzucht und sei anschließend zum Hexentanz gefahren.«

1627 Anna Fischer aus Alleshausen gesteh: »Ihr sei der »federlin« in der Gestalt eines wackeren Bauerngesellen in nächtlicher Zeit zu ihr gekommen...sie habe sich seiner fleischlichen Wollust hingegeben.«

1627 Der 16jährige Martin Götz aus Zell gesteht: »Der Teufel habe ihm zugeredet, sich an einem Pferd zu vergehen, was er auch getan. Da seien vier Frauen dahergekommen, »die ihn entblöst gesehen« und zu ihm gesagt: »er sei ein recht beschissener Schelm«, worauf er sich davongemacht.«

Klagepunkte gegen die 74jährige Katharina Schmied aus Alleshausen (1745)

- Die Strohin klagt: »daß sie ihr vor 25 Jahren ein Küchlein zum Essen gegeben und daraufhin ihr Leib wie ein Kachelofen angeschwollen. In diesem Zustand habe sie sich des öfteren ertränken wollen und sei ganz verwildert wie ein Hirsch im Wald herumgelaufen. Ihr Vater führte sie ins Kloster Elching(en) zum »benedictieren«, wo allerhand Zeug von ihr gekommen. Der geistliche Herr habe gemeint: »es sei ein maleficium. Man habe ihr geweihte Sachen eingegeben, wodurch sie allmählich wieder zu Verstand gekommen. Ihr Argwohn gehe auf die Schmiedin, »weil jedermann im Dorf nichts Gutes von ihr halte.«
- Georg Holl zeigt an: »seiner Tochter Maria sei eingegeben worden, die Schmiedin sei die Ursache ihrer Krankheit.«
- Lorenz Engler trägt vor: »sein Krankheitszustand vor vier Jahren sei auf eine Hexe zurückzuführen, was auch der Dorfpfarrer meine. Während dieser Krankheit habe er oft einen »abscheulichen gestank« ausgeschwitzt, so daß er oft gemeint, er müsse daran ersticken.« Der Geruch war sogleich vorbei, als er ein vom Pfarrer erhaltenes Schnupfpulver anwandte. Schließlich legt er sich Heiligdreikönigwasser und Salz auf die Stirne und die Krankheit war über Nacht weggewischt. Von den Kapuzinern habe er Zettelchen erhalten, die er auf Ställe und Krankenzimmertüren nagelte; seitdem sei er frisch und gesund. Auf die Schmidtin habe er jedoch erst jetzt bekommen.«
- Johann Kuhn aus Saulgart führt die Klage: »daß die Inquisitin einmal seinem Vater die Hand zum Gruß gegeben, wovon der Arm blaurot angeschwollen und ihm bis zu seinem Tod unerträgliche Schmerzen bereitete.«
- Vor 18 Jahren erhielt Ursula Heckenberger von der Frau Hauptmann Bößler zwei Laib weißen Brotes, nach dessen Genuß sie sich unmittelbar erbrechen mußte und ein Jahr lang krank gelegen. Damals sei die Schmiedin zugegen gewesen und so könne der Zustand nur auf ihre Gegenwart zurückzuführen sein.
- Die 52jährige Witwe Anna Oberländer mein: »sie will sich ihrer Kindheit erinnern, daß ihre Mutter von dieser Hexe ausgewichen und ein Kreuz über sich gemacht. An der Krankheit ihrer Tochter sei die Schmiedin die Urheberin.«
- Johann Gaup aus Seekirch schiebt der Inquistin ein Unwetter in die Schuhe.
- Wilhelm Hufnagel zeigt an: »von der Inhaftierten erfahren zu haben, sie hätte bei einer Wallfahrt ein Weib getroffen, das ihr ein Büchslein gegeben, das sie von ihrer Not befreien solle, falls sie sich innerhalb von drei Tagen dem bösen Feind verschreibe.«
- Maria Dornhauer, Tochter der Katharina Schmied, wird in die Verhörstube geladen und sagt: »des öfteren habe sie sich erwürgen wollen, weil man ihre Mutter für eine Hexe hält. Deshalb begehre sie vom Eheweib des Gorg Schmied ein wenig Mausgift und nahm eine große Messerspitze davon ein.«
- Die 24Jährige Magdalena Glensing meint: »sie wäre am Fieber erkrankt und glaubte, daß es ein Malefizium sei. So sei sie zu den Kapuzinern gegangen, um es auszutreiben: »doch sei ihr so gewesen, als ob sie die Schmiedin vor sich habe stehen sehen.«

bleibe bei ihrer Aussage. Am liebsten wolle sie ihre Mutter nicht mehr sehen, da sie von ihr einen so liederlichen Zustand gebracht worden sei.

Das Urteil gegen sie hat sich erhalten[71]. Sie wir per Schwert gerichtet. Der Prozeß gegen die Mutter ist in den Akten nicht erwähnt, doch im Urteil mit zum Scheiterhaufen verdammt. Ungewöhnlich ist das Verfahren gegen

Magdalena Füederin

(Bollmännin) von Alleshausen im Jahre 1748, die man später tot im Gefängnis gefunden hat. Jacob Bollmann erstattet Anzeige gegen Konrad Kitterell und dessen Frau, daß sie sein Weib verschreien und sagen: »sie wäre eine Unholdin und an der Krankheit deren Kindes schuld. Er bitte die Obrigkeit, seiner Familie wieder einen ehrlichen Namen und guten Leumund zu geben.« Die Beklagte weist es zurück und dann formieren sich Klagpunkte:

- Am vergangenen Palmsonntag sei er mit seinem Kind am Haus der Klägerin vorbeigegangen und sie habe ihm zugerufen: »Josefle, komm, ich will Dir ein Küchle geben.« Es war ihm aber zu groß, so daß er es der Katz vorgeworfen, welche sich nach $1/4$ Stunde eigenartig gebärdete und aus der Stube gejagt werden mußte.
- Dann sei das Kind wieder einmal bei der Füederin gewesen. Als es nachhause gekommen, habe es Durchfall mit »ungewöhnlich weißer Materie« bekommen. Daraufhin wurde es gegen seine Eltern verschlossen, verschlagen und böse.
- Daraufhin habe man es nach Biberach zu den Benediktinern gebracht, um es zu entzaubern. Währenddem schlug es mit der Hand wütend gegen die Kleriker. Geweihtes Öl und Weihrauch linderten die Schmerzen. Die Schuld an der Krankheit könne nur die Bollmännin tragen.
- Im vergangenen Herbst habe die Fürderin dem Eheweib des Kitterall ein warmes Küchlein gegeben, worauf es nach drei Tagen Fieber bekommen und »27 Wochen gelegen.«
- Als sie in diesem Herbst schwanger war, berührte die Bollmännin ihren Leib, was sie in Schrecken versetzte und in ihrem Rücken große Schmerzen hervorrief.«

Wegen der Verschreiung wird sie vom Oberamt zu zehn Talern Strafe verurteilt. Dann erscheint Jacob Bollmann vor Gericht und sagt: »daß es ihm fast unmöglich sei, in so harten Umständen neben seinem Eheweib zu leben und er bitte daher gehorsambst seinem Weib, wenn sie eine Hexe sein sollte, das gebührende Recht anzutun, oder sie aber bei der erwiesenen Unschuld freizulassen. Sie gehe als öffentlich ausgerufene Hexe nicht mehr zur Kirche und lasse sich im Dorf nicht mehr sehen.« Dann erscheinen mehrere Zeugen und sagen unter Eid gegen die Bollmännin aus.

- Josef Strohm zeigt an: »daß bei der dreimaligen Niederkunft seines Weibes die Angeklagte zugegen war. Bei der letzten Geburt fing das Kind heftig an zu schreien, gab »rote Materi« von sich, bis es daran gestorben. Er habe gesehen, wie sie ihm ins Gesicht geblasen.«
- Barthel Brugger aus Alleshausen klagt. »daß sie am vergangenen Ostermorgen sein Kind auf den Arm genommen und es mit den Worten: »Ei, was habt ihr für ein schönes weißes Kind.« Worauf es am Abend an Händ und Füß zu zittern angefangen, die Augen verdrehte und störrisch geworden. Gleich drauf wäre es gestorben.«
- Zudem habe die Bollmännin nach einem Pferd gefuchtelt, daß dieses darauf am Hinterfuß erlahmte. Nachdem man ihm Dreikönigswasser und Salz eingegeben, wurde es in sechs Tagen gesund.
- Konrad Kitterell aus Oberwachingen bringt vor: »am vergangenen Ostersamstag ging er mit seinem Weib und Magdalena nach Seekirch, um sich zur Ader zu lassen. Gleich danach verspürte er eine Ohnmacht und mußte sich erbrechen. Daraufhin hege er den Argwohn, daß die Magdalena ihm einen »Fang« gegeben.«
- Anna Kitterell sagt: »vor fünf Jahren war sie fast täglich bei Magdalena, die ihr des öfteren Milch, Brot und Branntwein gegeben. So oft sie aber von ihr etwas genossen hatte, stellten sich solche Schmerzen ein: »daß die Leibesfrucht von ihr getrieben.«
- Während ihrer letzten Schwangerschaft gab ihr Magdalena ungefähr 14 Tage vor der Niederkunft ein Küchel zu essen, worauf ihr Leib aufgeschwollen und sie ein eigenartig Fieber bekommen, daß sie mit allen Vieren die Stiege hinauf gemußt. Das Kind lebte nur 17 Tage und sie glaube, daß durch das genossene Küchle das Kind annoch im Mutterleib empfangen haben dürfte.«
- Vergangenen Februar erhielt der 15jährige Jörg Maurer ein Brot mit geweihtem Salz von der Angeklagten. Tags darauf verspürte er ein heftiges Grimmen im Leib und mußte sich erbrechen.

Daraufhin wird die Bollmännin vor Gericht gestellt. Man wolle lediglich wissen, ob sie bei ihrer angegebenen Unschuld beharre oder was sie sonst zu den genannten Anschuldigungen zu sagen habe.» sie überlasse alles Gott und dessen Gerechtigkeit« Kurz danach wird sie inhaftiert. Anna Münstin bringt vor:

- Sie habe vor etwa sechs Jahren Äpfel von der Angeklagten erhalten, nach deren Genuß sie heftig erkrankte und an den Händen und Füßen lahm geworden sei. Ihr Mann habe zu ihr gesagt, daß die Bollmännin eine Hexe sei und er habe ihr das Haus verboten.
- Weiter wisse sie zu berichten, daß die Angeklagte vor zwei Jahren eine Magd hatte, die den ganzen Sommer hindurch von den Kühen nur ein kleines Schüßlein Milch bekommen. Ihr Kind mußte sich $1/2$ Stunden lang erbrechen und habe am ganzen Leib rote und blaue Flecken bekommen. Es konn-

te nur durch die Anwendung geistlicher Mittel gelindert werden.

Nun erkennt die Obrigkeit ihre Halsstarrigkeit und läßt sie in das Glockhaus bringen. Dann erscheint Jacob Bollmann und zeigt an:

- Als er mit seinem Kalb an dem Gefängnis vorbeigefahren, habe ihn seine Frau aus einem kleinen Fenster zugerufen; »er möge sie heimholen.« Er aber habe geantwortet: »er hätte sie nicht herein gebracht und wolle sie auch nicht heimfahren.«

Die Obrigkeit wird mißtrauisch und hält sie in Verwahrung: »sie möge in Gottes Namen die Wahrheit bekennen. Wenn sie in Güte nichts bekenne, müsse sie es eben mit der Schärfe tun, zu was sie es aber hoffentlich nicht werde kommen lassen.« Sie sagt: »auch wenn die ganze Welt kommen sollte um zu sagen, daß sie ein böses Mensch wäre, so wäre es doch nicht wahr, sie könne niemand schaden und seye nichts Unrechtes ... sie wolle es auf die Schärfe ankommen lassen und es werde sich zeigen, daß sie »kein sündiges Mensch oder eine Hexe sei. Eher wolle sie sich totschlagen lassen als zu bekennen, was die Leute von ihr reden.«

Als sie eingesteht: »oftmals weigerte sie sich gegen die ehelichen Pflichten, hält man ihr entgegen: »man wolle sich mit solchen Schwänken nicht weiter aufhalten und die Zeit so liederlich und vergebens anwenden. Das Gericht könne sich mit ihrem boshaften Abläugnen nicht mehr aufhalten und man übergebe sie dem Scharfrichter und seinen Instrumenten.«

Als man sie in den Bock spannt, fängt sie an zu schreien: »Oh Jesus thue ein Zeichen. Ich bin kein böses Mensch gewesen, oh es wird mir schon ohnmächtig.« Daraufhin wird sie ins Gefängnis gebracht. Später wird sie von zwei Frauen gewaschen, geschoren und erneut »mit der Folter« angegriffen.

Die Scharfrichter gelangen zu der Erkenntnis: »daß ihr dürrer Körper sehr aufgeschwollen sei, besonders die Scham.« Dann entdecken sie das stigma diabolicum. Die Angeklagte meint: »sie wolle sich lieber den Kopf abhauen lassen, als etwas zu sagen, was sie nicht wisse.« Und schon antworten die Häscher.» Man könne es nicht länger verbergen, daß man bei ihrer Leibesvisitation Zeichen gefunden, welche der böse Feind derlay bösen leithen einzuprägen pflege.«

Da der Zuspruch sinnlos ist, bringt man sie mit dem entblösten Oberkörper auf den Bock und verabreicht ihr mit »der von den heiligen Kapuzinern zubereiteten Gaisel vierzehn Straiche.« Unter Jammern und Klagen beharrt sie auf ihrer Unschuld.

Nun wünscht sie die Wasserprobe: »Wan sie schwimme auf dem Wasser wie eine Ganß soll man sie vor ungerecht halten und mit ihr anfangen, was man wolle.« Man läßt sie wissen, daß diese Probe nicht üblich sei und darum nicht angewandt werden könne. Wenn sie selbst die Kapuziner für einen bösen Mensch halten, müsse sie sich eben umbringen lassen. Die Herren sollen ihr sagen, was sie von ihr wissen wollen, so wollte sie alles bekennen.«

Dann wird die Folter fortgesetzt und sie schreit: »oh Jesus Maria! Oh gestrenger Herr Oberamtmann. Was soll sich sagen, ich kann und weiß nichts zu bekennen. Sie streckt die Zunge aus dem Mund: lasset einen Gaifer herausfließen und stellt sich ohnmächtig.« Dann wird sie ins Gefängnis gebracht.

Nun wird dem Scharfrichter befohlen, ihr die Hexenzeichen auszuschneiden. Man führt sie in die Folterkammer und zieht sie rückwärts auf, läßt sie fünf oder sechs Vater Unser hängen und brennt sie mit einer geweihten Osterkerze »Thayls under die Naaßen, thayls unter die beide große zehen.« Dann schleift man sie ins Gefängnis zurück.

Zwei Vater Unser lang sitzt die Angeklagte mit »ganz erstarrtem Leib« vor dem Richter und man versucht, sie mit Ruten und Peitschenhieben zu wecken. Da sie sich störrisch und unempfindlich auf den Boden fallen läßt, sieht man sich genötigt, die Rutenstreiche mit der geweihten Peitsche zu verdoppeln. Jetzt befiehlt man dem Amtsknecht, ihre Arme mit dem Strick zu binden und sie auf dem Boden der Stiege hinunter bis ins Glockhaus zu schleifen.«

Später zeigt der Amtsknecht an, daß er sie »steintot« gefunden. Daraufhin wird sie von Scharfrichtern visitiert: »ob sie nicht etwa wie in derlei Umständen oftmals geschieht, einen Griff oder (ein) anderes Zeichen finden würden, wodurch sie in den Tod gebracht sein dürfte.«

Da man nicht wisse, ob sie unbußfertig aus dem Leben geschieden, wird der entstellte Körper vom Scharfrichter unter dem Hochgericht vergraben.« Die nächsten Prozesse sind die gegen

Barbara Getschler und Anna Möhl

1747 wird Barbara Getschler beschuldigt, sie habe ein »Visier«, mit dem sie den Leuten

Folterkammer im 16. Jahrhundert. Im Vordergrund wird ein Liegender gestreckt und erfährt dabei die Wasserprobe. Rechts im Vordergrund des Strecken mit einem angehängten Stein. Links der sogenannte »Eiserne Stier«, in dessen Hohlraum der Deliquient zu Tode gequält wird. Der Stier wird glühend gemacht, was mit unerträglichen Schmerzen verbunden ist.

Böses antun könne. Sie habe Agathe Holl Milch zu Trinken gebeben, sich zehnmal mit dem bösen Geist fleischlich vermischt und (auf der Folter gestanden) einen Pakt mit dem Teufel geschlossen. Zudem schleiche sie auf einer Katze herum und reite auf einer solchen zu Hexentänzen. Anna Möhl gesteht unter der Folter:

- Die Münstin verflucht zu haben, daß sie ihrem Mann die ehelichen Pflichten nicht mehr erfüllen will.
- Der Kneisslin gab sie im Namen des Teufels ein Brot: »davon sie fast gestorben.«
- Sie verehre ihren »Stoffel«, treibe des öfteren mit ihm Unzucht und er habe ihr »oberhalb der Scham« ein Stigma beigebracht.
- Sie sei des Schreibens unkundig und ließ sich deshalb von ihrem Buhlteufel mit ihrem Blut in ein schwarzes Buch eintragen.

Wie nicht anders zu erwarten, fällt Joß von Sättelin ein (un)gerechtes Urteil[72]. Der vermutlich letzte Prozeß der Region wir am 9. Juli 1736 gegen

Barbara Mayer

aus Brassenberg geführt. Hier klagt Theresia Burg gegen Maria Selg, daß sie ihren redlichen Mann öffentlich gezüchtigt habe und ihre Mutter als Hexe verschreit. Ein Kapuziner, der sie um Krankheitsmittel gebeten hat, habe ihr den Rat gegeben: »sie möge sich von der Person, auf die sie den Verdacht habe, in Obacht nehmen.« Es kommen folgende Klagepunkte zusammen:

- Nach ungefähr acht Wochen bringt sie vor, daß am letzten Frauentag die Barbara an ihr Fenster gekommen sei »und sie mit ganz feurigen, auf sie geworfenen Augen« fragte: »ob sie koch.« Gleich darauf wäre sie verschwunden.
- Abends beim Rosenkranzbeten mußte sie einmal närrisch lachen und von Tag zu Tag wurde dieser Zustand ärger, »bis sie ganz betrübt gewesen.«
- Vor dem weltlichen Gericht erscheinen Johannes Strohm und Martin Schlosser. Sie beschweren sich über den Schaden an ihren

Feldfrüchten, die ihnen die »bösen leuthe« zugefügt. Zudem habe Barbara Mayer ein Roß des Wirtes von Seekirch verhext. Jetzt aber sei es wieder gesund, da der Wirt zur heiligen Frau nach Steinhausen eine Wallfahrt gemacht.«

- Georg Gaiß zeigt an, welches Unglück er mit seinen Bäumen hat. »was wahrscheinlich auf die Mayerin zurückzuführen sei.«
- Jacob Burgmayer macht die Aussage. »er habe gehört, wie die Mayerin am letzten Himmelfahrtstag unmittelbar nach dem Kommunizieren die Kirche verlassen hat. Bestätigt wird es von Ursula Halder, Katharina Strohm und Maria Weiler. Dann wird die Beschuldigte über das merkwürdige Verhalten während der Kirche befragt und gibt an: »sie war noch zwei bis drei Vater Unser im Bettelstuhl und wäre länger geblieben, wenn sie nicht die Schuhe ihrer Tochter angehabt hätte und diese mußte sie rechtzeitig zurückgeben, damit sie noch in die Acht-Uhr-Kirche komme.«
- Georg Gaist aus Brassenberg sagt unter Eid: »daß die besessene Selgin von einem Kapuziner benediciert worden sei. Er habe gesehen, wie sie vom Ährensammeln heimgekommen und der Barbara Mayer vorgeworfen: »du bist eine Hexe und bleibst eine, du hast mich zum Krüppel gemacht und mein kleines Kind ums Leben gebracht.«
- Katharina Gaist sagt aus: »eines Tages kam die Mayerin in die Küche, als sie ganz schnell mit ihrem Leib an den übrigen hineingegaukelt und sie zweimal angetastet... dann aber sofort den Raum verließ. Von dieser Stund an überkam sie ein starkes Zittern am Körper.
- Vergangenen März war die Mayerin mit anderen Frauen bei ihr, um Flachs zu spinnen. Mit einem Male machte Barbara »fürchterliche Augen, verdrehte den Kopf solchergestalten, daß er vollkommen hinter sich auf dem Leib stand und stieß einen überlauten Göller (Schrei) aus, worüber alle erschraken. Als man ihre Tochter fragte, was dieses sei, gab sie zur Antwort.»ha, denk wohl der Ding sei wieder bei ihr gewesen.«

Vermutlich wird Barbara Mayer freigelassen, denn die Aussagen der Besager liegen zu weit zurück und sind als Anklagepunkte unbrauchbar.

Juristisches Umfeld

Obermarchtal erhält unter Karl V. den Blutbann und damit ein Gericht. Die Geistlichkeit steht den weltlichen Richtern beratend zur Seite. Gerüchte genügen zur Inszenierung eines folgenschweren Hexenprozesses und oft wird der Leumund der Bezichtigten verwertet; auch auf Klage des Vogts schreitet man ein. Der Fiskal hat durch die Abfassung eines Klaglibells den Prozeß zu öffnen und ist bei den Verhandlungen anwesend.

Die Gefangennahme erfolgt: »damit der inbrünstige Diener des ehrwürdigen Gotteshauses zu Marchtal Gott und dem Gesetz helfe.« Die Hafträume befinden sich im Glockhaus, über das sich keine Nachrichten erhalten haben. Das nächsthöhere Richteramt ist Biberach. Hierher kommen die Sonderrichter, um das peinliche Verhör zu leiten.

Der Vogt Bernhard Bitterlin hat seinen Wohnsitz in Marchtal und nimmt in der Zeit von 1586–1628 auf siebzig Verurteilungen Einfluß. Seinem Vorfahre Christoph Bitterlin kann aus dem Jahre 1581 ein Prozeß nachgewiesen werden. »Er könne sich rühmen« (Dengler) in seinem Amt nichts unversucht gelassen zu haben, um eine Hexe aufzuspüren und deren Flammentod zu rechtfertigen.« Die Dynastie scheint 1628 ausgestorben zu sein. Nachfolger ist der Rechtsgelehrte von Sättelin aus Biberach.

Als Scharfrichter werden der Meister Hans erwähnt, der von 1560–69 59 Beschuldigte zum Hochgericht bringt und deren Hinrichtung vollstreckt. Nachfolger ist Meister Stoffel. Dann werden die Brüder Bartholomäus und Veit Vollmer erwähnt. Rechtsgrundlage ist die CCC., die locker gehandhabt wird.

Der Klerus nimmt am Prozeßverlauf keinen Anteil, ist aber der intelektuelle Wortführer; die Prozesse verdeutlichen es. Der Richter öffnet die Verhandlung im Namen der Heiligen Dreifaltigkeit und es klingt wie ein Hohn, wenn er vor der Folter »das gewohnliche gebett zur Erhaltung des göttlichen Beystandes« verrichtet.

Unter Glockengeläut erscheinen die Verurteilten vor dem Haus des Vogtes. Hier werden ihnen die zusammengetragenen Schandtaten verlesen und dann werden sie vom Scharfrichter auf das Hochgericht, den »Wietensteig« geführt. Als häufigste Todesart ist das Verbrennen festzustellen, bei dem man den Delinquenten zur Verkürzung der Qualen ein Pulversäckchen an den Hals hängt.

Biberach

1401 erhält die Stadt den Blutbann und damit die (Hoch)gerichtsbarkeit. Die Verantwortung geht auf den Stadtammann über, der mit Schöffen das Urteil zu sprechen hat. Biberach bleibt vom Hexenwahn nicht ver-

Die hexischen Zusammenkünfte und teufflische Malzeiten, Szene aus einem Flugblatt. Augsburg, 1669.

schont. Man verfügt über ein »Hexenstüble« und der »Hexenrichter« Luz berichtet: »es ist 1522 ein groß Wetter gewest von Schussenried bis Heggbach. »Die Leut, so es gemacht, sein hingerichtet worden.«

Ein Schussenrieder Chronist hält fest: »in der paritätischen Reichsstadt Biberach sind den 16. Februar 1652 Hans Rollins hinterlassene Wittib, Magdalena Mohrin und die alte Spitalmeisterin Barbara Wißhak als Hexen eingesteckt worden. Die Rollin wurde am 19. Februar morgens tot im Gefängnis gefunden. Es hieß, der Teufel habe sie stranguliert, worauf sie von Oeschaien in einer gemeinen Bahr unweit des katholischen Gottesackers verscharrt worden.«

Sie enthielt bei der Enthauptung fünf Schwertstreiche und war so fett, daß sie auf dem Rücken fast eine Hand breit Speck gehabt. Das wunderbarste war folgendes; am siebten Tage, nachdem die Asche verscharrt worden, wurde ihr Grab ganz feurig und gab einen solchen Gestank von sich, daß es niemand ohne Ohnmacht in der Nähe aushalten konnte, und haben die Henkersknechte mit rauchenden Pfeifen im Mund einen halben Tag Wasser zutragen müssen.«

1647–48 werden sechs Frauen wegen Hexerei eingezogen, gefoltert und hingerichtet. Es handelt sich um Agnes Nördlinger, Ursula Schaupp, Maria Förg, Anna Wern, Appolonia Sattler und Walburga Traub. Sie denunzieren Barbara (Gseller) Xeller[73)], die Frau des Bierwirtes. Sie wäre gar die Hauptperson gewesen, habe des nachts auf dem St. Wolfgangsberg und dem Biberacher Marktplatz Hexentänze aufgeführt, hier Sälblein und Tränklein gekocht und in deren Stube während ihr Mann auf dem Bett gelegen und geschlafen, mit Buhlteufeln gezecht.«

Um Beschuldigungen aus dem Weg zu gehen, reist sie nach Ulm zu einer Badekur. Der fluchtähnliche Weggang wird ihr angelastet. Als sie zurückkommt, wird sie gefangen und Anklage wegen »Zauberei und Hexenwerk« gegen sie erhoben. Sie hat einen guten Leumund, denn einem Ulmer Rechtsgutachten ist zu entnehmen: »daß Sye nit allein der Hexerey und Zauberey halben niemals zuvor ein wenigstens verdacht, zueschweigen berüchtiget und verleumbt gewesen, sondern daß sye viel mehr ein Gottesförchtig Erbare und fromme Frauw, die jederzeit ein stilles und Gottseliges Leben gefüert, Gotts Wort gern und vleißig gehört und sunderlich den predigern und Armen vil guetes und große Barmherzigkeit erzaigt, also daß kheiner böser verdacht noch Leimunth, sonderlichen aber solch Gottloses Lasters der Zauberey und Hexerey, damit gewißlich niemand umbgehet, so sich zue Gottes Wortt hellt und gern findet, jemahls auf Sye gefallen.«

Sie kommt auf Drängen ihres Mannes, der Einholung dreier Gutachten der juristischen Fakultäten Tübingen und Ingolstadt frei. Die Akte wird im März 1649 verfaßt und in einem Pergamentumschlag verwahrt, der um 1933 entdeckt wird.

Saulgau

Die Mehrzahl der geführten Prozesse fallen in die Zeit von 1666–84, in der Johann Dangel als Bürgermeister wirkt. Hämmerle ermittelt 46 Hexenprozesse, von denen 29 mit einer Hinrichtung enden, zwei Verbannungen ausgesprochen werden (ins eigene Haus oder Spital) und 15 mit unbekanntem Ausgang[74)]. Gerichts- und Ratsprotokolle berichten darüber, Stadtpfleger (Säckelmeister) erwähnen sie in den Rechnungsbüchern und Waldmeister führen in ihren Abrechnungen das für das Verbrennen angefahrene Holz auf. In den Akten des Stadtarchives ist letztmalig 1731 von Hexen die Rede[75)]. Auffallend sind die Prozesse gegen die Hebamme

Anna Persauter[76)]

Nach ihrer Verhaftung findet der erste Prozeß vom 18. Mai bis zum 23. Juni 1666 statt und endet mit ihrer Verbannung ins eigene Haus. Der Folgeprozeß aus dem Jahre 1672 endet mit einem Todesurteil. Das gleiche Schicksal widerfährt ihrer 22jährigen Tochter.

Sie wird von einer zuvor in Buchau hingerichteten Hexe als Lehrmeisterin bezichtigt, dann fallen in der unteren Vorstadt vier Wohnhäuser und einige Scheuern einem Brand zum Opfer. Das Protokoll vermerkt: »daß die ganze Stadt, Geistliche sowohl als Laien, der einhelligen Meinung gewesen seien, daß dies Khein natürliche brunst oder Feür sei[77)].«

Man zeigt Bedenken, die Persauterin zu verhaften. So schickt man den Stadtschreiber nach Meßkirch zu dem Jurist Dr. Fischer, um seinen Rat zu erfahren. Man bemüht sich um Hilfestellung bei Patern des Franziskanerklosters und erbittet geistliche Mittel. Es ergibt sich, daß sie zum Opfer umlaufender Besagungen wird. Besager tragen vor:

- Zwei Ehepaare berichten von einem abendlichen Besuch in deren Haus, wo sie nach Feierabend »Zum Liecht« zusammengekommen wären. Man habe einen Krug Bier holen lassen und dann habe es die Persauterin mit dem Bemerken warmgestellt.» die beiden schwangeren Frauen dürften kein zu kaltes trinken.«
- Dann habe sie es in ein »absonderliches Khrigele« getan und es ihnen zum Trinken gegeben. Drei Tage danach wäre eine davon von Sinnen gekommen, habe getobt und gewütet.
- Nach der Einnahme eines Abführmittels habe sie zwei zerbrochene Nadeln und ein »glufen« (Stecknadel) von sich gegeben. Weiter seien eine Handvoll Haare, Scherben, ein dreckiges Glas und Lumpen von ihr gegangen.«
- Weiter habe sie mit ihrem Mann am 1. Mai eine Wallfahrt nach Riedlingen gemacht. Auf dem Heimweg habe sie bei Marbach einen Nagel im Hals verspürt und ihn »endlich ausgewürgt.«
- Der Mann der zweiten Frau berichtet: »er habe von ihr ein Bett gekauft, es auf Anraten eines Geistlichen untersucht und darin gefunden: einen Kranz von Federn verschiedener Farbe, ein Knöchelchen, zwei Stückchen Tannenholz und ein Sträußlein aus drei Federn.
- Eine weitere Zeugin trägt vor: »nachdem ihre Tochter ein Kind geboren habe, habe die Angeklagte behauptet. »es seye dem khindt das Züngle nit gelöst. Man solle ihr einen halbbatzen (Münze) geben und diese in Oster- Taufwasser-waschen. Die Münze habe sie dem Kind unter die Zunge geschoben.« Nach Ausage der Zeugin habe sie dabei gesagt: »sie tue es in des »drei höchsten Namen«. Das Kind wäre am fünften oder sechsten Tag danach gestorben.
- Ein weiterer Zeuge bringt ein: »nachdem er vor einigen Tagen abends eingeschlafen sei, sei er von seiner Frau geweckt worden, weil sich eine Katze eingeschlichen habe. Er habe sie gefunden und mit voller Wucht so lang auf sie eingeschlagen, bis sie nach seiner Meinung tot gewesen sei. Er habe sie auf den Stecken genommen und auf den Mist geworfen: davon wäre sie verschwunden. Die Angeklagte habe erzählt, daß sie in dieser Nacht schwer erkrankt sei ... sie habe weder gehen noch stehen, weder Hände noch Füße rühren können (wird von einer Zeugin bestätigt).«

Alle beschwören ihre Angaben, so daß sie für den Richter als Tatsachen anzusehen sind. Nach der Vereidigung werden sie »impositio silentio« dimitiert, d. h. unter dem Gebot des Schweigens entlassen. Im Folgeprozeß wird sie weiter belastet:

- Ein junges Mädchen sei durch einen Eierkuchen, den sie von der Angeklagten zu Essen bekommen habe, erkrankt.
- Peter Störck trägt vor: »seine Frau habe im Wochenbett, währendessen ihr Anna Persauter als Hebamme beigestanden hat, im

Gesicht einen Auschlag bekommen, so daß sie ausgesehen habe, als trage sie eine Fasnachtslarve. Sie wäre kurz danach verstorben und habe vor ihrem Tod mehrfach bezeugt, die Angeklagte sei die Ursache ihres Elends.

• Ein Bürger trägt vor: »sie habe seiner Frau im Wochenbett eine Suppe zum Essen gegeben, wovon sie »im Khopf ganz Verwürret worden und ohne Vernunft Und recht Ellendiglich gestorben sei.«

• Während eines anderen Wochenbettes habe die Beklagte einem Neugeborenen »die hirnschall Wie auch das herzlein als Ein- und Zusamengetruckht, daß mahns noch auf dise stundt sehen khönne.«

Nun wird die Bezichtigte gütlich verhört und sie verlangt: »die Besager mögen ihre Beschuldigungen vor ihr wiederholen«, was gestattet wird. Man berichtet von auffallendem Augenrollen und sagt: »sie habe des öfteren die Zunge übers Maul fahren lassen. Zudem habe sie während der gegen sie vorgebrachten Beschuldigungen »frivole excursiert und keine Träne hervorgebracht, so daß man mit händten und füessen greiffen müessen, daß sie Ein solliche seye.« Der Rat konstatiert: »sie sehe ia darauss, da sie nunmehr nit nur Ein(e) sondern drei viermahl yberwiesene Hexen seye, sie solle Gott Und der obrigkeit die Ehre geben Und bekennen, wie sie dahinter Khommen.«

So spitzt sich ihre Lage zu. Sie wird vor den Scharfrichter gebracht, der ihr die Folterinstrumente erklärt, was sie zu einem freiwilligen Geständnis bringen soll. »nach einer ersten Folter habe sie nichts bekhendt« Einmal soll sie zu den Wächtern gesagt haben: »sie werde nichts bekennen und wenn zehn Henker über sie kommen sollten[78)]«. Sie wird rücksichtslos gefoltert und dann fährt das Protokoll fort: »völlig Erlediget, sie auch nur ledig zu lassen gebetten, sie wolle es alles gern bekhennen, was sie nur wisse.« Worauf sie zu Protokoll gibt:

• Sie wäre vor 15 Jahren eine Hexe geworden. Der böse Geist habe sie in der Gestalt eines Pfaffen ein halbes Jahr zu »perpetuirlichen adulterio« (fortgesetztem Ehebruch) besucht.

• Es sei auf dem Acker bei der Sandgrube geschehen. Bei einem folgenden Besuch habe er sich die Kutte vom Leib gerissen und sich in seiner abenteuerlichen Gestalt gezeigt, von oben her ein Mensch, von unten her mit Bocksfüßen.

• Er habe von ihr verlangt, sich ihm zu unterwerfen, ihm zu dienen und Gott und alle Heiligen zu verleugnen. Sie habe es aus Angst getan (und) habe dabei nur die Mutter Gottes, Johannes d. Täufer und die hl. Katharina ausgenommen.

• Andere male sei er in der Gestalt einer Katze oder eines Hundes zu ihr ins Haus gekommen.

• Sie habe zu Fuß zu den Hexentänzen gehen müssen, weil sie keine Salbe gehabt habe; der Teufel habe für sie das Holz gesammelt, so daß sie nach dem Tanz mit den anderen Frauen habe nachhause gehen können.

• Bei den Hexentänzen habe sie die Barbiererin und die Wahrsagerin erkannt (beide werden später als Hexen gerichtet). Von der einen wisse sie, daß sie bei der Kommunion die Hostie aus dem Mund und an sich versteckt, mitgenommen habe.«

• Die Wahrsagerin habe ihr etwas in die Suppe getan, so daß sie (wie im ersten Prozeß) nichts habe bekennen können. Auch die Brunnerin (später ebenfalls hingerichtet) und die Marketenderin habe sie bei Hexentänzen gesehen. Sie habe geholfen, zwölf Wetter zu machen.

• Dabei habe sie »schaufflen Und gräben aufgeworffen, die böse geister haben ihr wurzen, so ganz grün gewesen, und schwarze Palen, so wie Ertrich gesechen, gegeben, sie haben haor darzugenommen, alles zusammen in die gräben gethon, sie mit Erden wieder zugedeckt, woryber ieder zeit Ernstlichen ein dampf aufgegangen, habe angefangen zu sausen und zu prausen, wisse nit, ob Er schaden gethon.«

• Sie habe mit Hexenpulver eine Reihe von Leuten geschädigt.

• Als Hebamme habe sie von den 118 Kindern, bei deren Geburt sie geholfen, sieben umgebracht (nennt Namen und Eltern), sie habe 16 oder 17 Roß oder Stück Vieh gelähmt. Der böse Geist habe sie vor vier Tagen nicht reden lassen, bis ihr Meister (Scharfrichter) ihn mit »einem khnollen blueth herausgetrieben« habe.«

Sie wolle von Herzen gern sterben, Zürne an Kheinem nichts, sondern bedancke sich Vielmehrs, daß mahn sie Von diesem Ellenden standt gebracht habe und bitte allein Ein Ehrsamer Rat wolle ihme ihre Khleine Khinder lassen (an)befohlen sein.«

Zwei Wetterhexen. Hans Baldung Grien. Ölgemälde, 1523. →

Fragenkatalog (beispielhaft) aus dem Verhör der Elisabeth Fuchs aus Saulgau vom März 1674

Interrogationes (Fragen)	**Responsiones** (Antworten)
Ob sie eine Hexe?	Ja, sie sei eine Hex.
Ob sie dahinter gekommen und was sie dazu gebracht?	Die vor 2½Jahren justifizierte Anna (Zuname ist nicht bekannt), habe sie dahinter gebracht.
Ob sie nicht Pulver und Salben vom Teufel empfangen?	Sie habe Pulver empfangen, aber nicht gleich, sondern erst im 5. Jahre.
Wem oder wie sie Schaden gethan? Diese beiden sind bei der Inquisition gekommen und also wahr'.	Andreas Burks Frau habe sie dieses Pulver in Pfeffer gegeben, so sie auf die Suppe gethan und einen starken Husten bekommen. Ingleichen habe sie des Burken Gaisle das Pulver geben, worauf es lahm worden und verreckt!
Wenn der böse Geist zum ersten zu ihr kommen und vor wie viel Jahren?	Es sei Michaeli schon vor neun Jahren gewesen, daß es geschehen!
Wie er gekleidet gewesen und ob er Tags oder Nachts geschehen?	Ganz Schwarz, sei zwischen 3 und 4 Uhr nachmittags geschehen; sei schon am Tisch gesessen, als sie zu der Anna gekommen; ihr und (der) Anna (ihr) Buhle sei dabeigewesen.
Was er mit ihr gethan und von ihr begehrt (von 3 bis 5 Uhr)	Sie haben alle getrunken; die beiden Teufel seien dagesessen wie fürnehme Leut, unterdeß auch ihr zugesprochen, er wolle ihr Geld und was ihr von Nöthen sey, geben. Sie solle ihm dienen und sein eigen sein.
Was habe sie darauf geantwortet?	Ja, sie wolle sein sein!
Ob sie Gott und alle Heiligen verleugnet?	Ja, Gott und alle Heiligen, excepto Sankt Sebastiano, den er ihr gutwillig gelassen.
Wer ihr Buhle gewesen und wie er geheißen?	Habe »Kohle« geheißen, sie aber habe er »Schole« genannt.
Ob sie nicht Hagel und Unwetter gemacht und machen helfen?	Zugestanden.
Ob sie einmal davon abzustehen begehrt?	Freilich wohl, es könne Niemand wiederum davon kommen, wer einmal dahintergekommen; gebeichtet habe sie es niemals, und nicht beichten dürfen; der böse Geist habe es nicht zugelassen. Habe auch (jedoch) des Jahres 3 x gebeichtet und communicirt; ihr Teufel habe sie allemal geschlagen.
Ob sie auch fahren könne und was sie dazugebraucht?	9 mal (sei sie gefahren): der böse Geist habe sie allemal abgeholt und sie vor ihm auf einem Stecken gesetzt und fortgefahren.
Ob sie recht wachbar und leibhaft aufgesessen?	In dem sei allem so.
Was sie daselbst gethan und abgehandelt?	Der eine habe gesprungen und getanzt, der andere sei dort gewest und das dritte sonst; sie habe nie getanzt, sondern sei nur herumgehockt, wie andere. Die alten und armen Leut gelten nit viel und werden nur die jungen und reichen herfürgezogen; sei bisweilen 2½ bis 3½ Stunden draußen gewesen.
Ob sie dann niemand und wen sie dabei gekannt?	Man kenne das hunderte Mensch nit; denn sie seien alle vermummt. Magdalena Sautterin und Anna Aichlerin habe sie 9 mal auf dem Schellenberg gesehen und wohl gekannt am Angesicht und an den Kleidern! Gibt es noch einige an!
Ob ihr Buhl sie geschlagen und warum?	Wohl 100 mal, weil sie nit habe thun wollen, was er ihr befohlen.
Ob ihr Buhl, weilen sie gefangen, niemals zu ihr in die Gefangenschaft gekommen?	Im linken Zopf sei er gesessen; wenn man ihr nicht den Zopf abgeschnitten, hätte sie nicht bekennen können'.

Daraufhin bekennt sie nochmals und bittet um das Wohl ihrer Kinder. Im März 1672 wird das Todesurteil gesprochen[79] und am 26. des gleichen Monats findet die Gerichtsverhandlung statt. Der Stadtschreiber sitzt über der

Urgicht

»Zu wissen und khundt gethan sei hiermit Jedermann, obwohl der allmächtige, liebe, gütige Gott, Schöpfer von Himmel und der Erde und aller Kreaturen, den Mensch als das edelste Geschöpf nach seinem göttlichen Ebenbild, also an und zu dem End erschaffen, daß er in seinem kurzen und zergänglichen Leben alle seine Gedanken, Worte und Werke dahin richten und anordnen soll, damit er dem Allmächtigen als seinen Erschaffer, Erlöser und alleinigen Seligmacher seine von ihm empfangene Seele von allen Sünden rein bewahren und wieder alle des bösen Feindes Arglist und (seine) teuflischen Versuchungen, in dieser Pilgerfahrt also steht, fest und ritterlich wandle und streite, damit er seine Gott und sein Geschöpf und Seel, selbige in sein ewig himmlisches Vaterland zu führen, unverletzt wieder zu bringen möge.

So hat doch diesem allem ungeachtet, die hier unten vor uns stehende armselige Person, alles dies in leichtsinniger Weise und den göttlichen Geboten zuwidergehandelt. Aufgrund redlicher Anzeigen den weisen Herrn Bürgermeister Rat ist sie (daraufhin) in Gefangenschaft gebracht worden. Sie hat nun, nachdem sie die schwere Pein und Marter mehrfach ertragen hat, bekannt und bei der etwas später erfolgten Besiebnung bejaht.« (schließt sich die Liste der Anklagepunkte an) und wird weiter berichtet: »auf diese der nun der armen Sünderin abgelesene Urgicht und den Bekenntnissen verübter Hexerei und grausam-abscheulicher Missetaten, haben die Herren Richter, damit göttliches Recht und die liebe Gerechtigkeit, auch gut Ehrbare Polizei Und Ordnung gehandhabt und erhalten, dagegen das Übel und alle Ungerechtigkeit ausgerottet werde auf den eingeholten Rat der Rechtsverständigen und des Herrn Stadtamtmannes Umfrage und auf ihre kaiserlichen, königlichen, wie auch Erz- und landesfürstlichen wohlhergebrachten und pönalisierten Privilegien und Freiheiten, in einem heute gehaltenen Malefizgericht im Namen Gottes per maiora zu Recht erkannt, daß diese arme Sünderin den Tod verschuldet und ihr Leben verwirkt hat.

Frontispitz »Über die wundersamen Händel und Gauckelwerke der bösen Geister und Gespenster«, 1693. Dargestellt ist die Verschreibung.

Zu dem Ende von dem Scharfrichter ihr die Hände zusammengebunden und sie dann auf die gewohnliche Richtstatt geführt, ihr dort das Haupt mit dem Schwert abgeschlagen und danach beides auf einen Scheiterhaufen geworfen und zu Asche verbrannt werden soll. Den andern zum abscheulichen Exempel. Von Rechts wegen. Wenn dies alles erfolgt ist, ist der Vollzug geschehen.«

Das Urteil ist am Samstag, den 12. März 1672 ausgeführt worden. Gott Gnad der armen Seel: ist wohl gestorben. Im Frühjahr 1674 wird gegen

Elisabeth Fuchsin

verhandelt, Frau des Thomas Wümpfen (?) aus Saulgau. Sie wird von der 15jährigen Maria Achlin besagt und eingezogen. Bemerkenswert scheint ihre Vorstellung, daß ihr der Buhle im linken Zopf gesessen habe: »worauf der Scharfrichter diese habe abschneiden lassen.«

Da sie im gütlichen Verhör nichts bekennt und im Gegenteil sagt: »sie wäre keine Hexe und ganz frech dagestanden und auch noch zu allen Fragen gelacht«, wird ihr alles Ernstes zugesprochen und mit der Pein gedroht. Dennoch bleibt ihr die Anwendung der Folter erspart; sie wird zum Tod verurteilt. Die beigefügte Tabelle verdeutlicht einen üblichen Fragenkatalog. Im Juni 1666 bekennt

Leons Anna

- Daß sie vor ungefähr drei Jahren mit einer geistlichen Person das schändliche Laster des Ehebruchs begangen hat.
- Daß sie vor 14 oder 16 Jahren mit einer geistlichen Person durch ein halbes Jahr »perpetuirlichen Ehebruch gehabt« nachdeme sie das erstemal das Werk mit ime verrichtet, habe sie jederzeit sein fest Begern willfahret.
- Daß sie mit einem anderen ledigen Mann vor ungefähr zwei Jahren das Laster des Ehebruchs »bey viermalen tentieret«, ohngeacht sie zu selbiger Zeit schon groß schwanger war, so aber er »effectium suam impotentiam« nichts ausrichten kündt.
- Weiter bekent sie libere (freiwillig), daß sie im Alter von 21 Jahren mit einer ledigen Standesperson die Unzucht oder simplicem forniciationem (einfache Unzucht), wie man titulieren mag, einmahl getrieben.

In der Urgicht wird formuliert: »sie habe unterschiedliche Laster begangen, den göttlichen Geboten zuwidergehandelt und dessen Willen nicht befolgt; ja, selbigen in die Luft geschlagen, Ehebruch begangen und Diebstähle verübt. Man stellt sie an den Pranger und hat ihr zwei Ruten in die Hand gegeben, was auf den lasterhaften Lebenswandel deutet. Dann wird sie nachhause entlassen, »verpannisiert bis uf ein andern disposition der obrigkeit« (Actum, den 23, Juny 1666). Die Stadt

Bad Waldsee

liegt in Oberschwaben an der Grenze des heutigen Allgäu. Fast 500 Jahre gehört sie zu Österreich. Die Bürgerschaft ist katholisch. 1434 werden ihr der Blutbann und die Hochgerichtsbarkeit verliehen. Ein in Innsbruck erstelltes Verzeichnis der Urgichten enthält 54 Eintragungen, verteilt auf die Jahre 1490 bis 1594. Hans Dener wird 1515 verbrannt und Hans Scherer 1584. Zwei Jahre danach kommt es zur Verbrennung von 17 (!) Frauen. Insgesamt werden 54 Todesurteile gesprochen; über 10 % der Bevölkerung werden Opfer des Hexenwahns.

Michael Gresser

ist der Sohn des gleichnamigen Maurers, der in das schwäbische Stift Irsee eingetreten ist. Er stirbt 1585 und man sagt, seine Mutter, die man 1586 in Waldsee als Hexe verbrannt hat, habe es ihm angetan.

1604 kommt es zu einem Verfahren wider Sybille Schuler, die man stranguliert und verbrannt hat. Sie wird als Hebamme zum Meister und Bildschnitzer Hans Zürn gerufen: »sie habe ein Kind umbringen wollen ... aber der Künstler stand vor sie hin ... hat geschworen und gedroht, wenn sie nicht recht mit dem Kind umgehe, wolle er ein Messer in sie stoßen und ihr Vorhaben hindern.«

Anna Streichle

die im Mai 1645 hingerichtet wird, macht man merkwürdige Vorwürfe. Sie soll »noch ledigen Standes bei ungefähr fünf Mal mit der ganzen Hand zu einer Kuh (!) aus lauter Geilheit wegen gegriffen, und da sie es zuwege bringen konnte, mit selber Kuh zu schaffen gehabt hätte, welches sie den Mönchen gebeichtet, aber nit absolviret, sondern zu der weltlichen Obrigkeit gewiesen worden.

Es ist eine Sentenz aus der Urgicht bekannt: »sie soll dem Scharfrichter übergeben, an den Richtplatz geführt und bis dorthin dreimal mit glühenden Zangen angegriffen werden, hernach an einen Gaul gebunden, daran erdrosselt, verbrannt und daraufhin ihre Asche vergraben werden. Gott der Allmächtige wöll ihrer Seel gnädig und barmherzig sein[80].«

1680 wird Ursula Schulthaißerin, Frau des Michael Gresser, wegen Hexerei besagt und gesteht (?) unter der Folter:

- Vor Jahren sei der Teufel, den sie Krautle genannt, zu ihr über das Bett gekommen und habe von ihm begehrt, sie solle sich ihm ergeben, auch alle Heiligen, Gott, sowie die Jungfrau Maria verleugnen, wofür er ihr genug geben wolle. Sie habe in solches eingewilliget und ihm die linke Hand darauf geboten, worauf er ihr zwei Kreuzer gegeben, die sie jedoch nachher nicht mehr habe finden können.
- Vor zwei Jahren habe sie des Organisten falbe Kuh mit einem weißen Stöcklein gestochen, woran sie gestorben. Auch Georg Schuolers sel. Geiß habe sie mit einem weißen Stecklein und Teufelssalbe ertödtet;

dem Weib desselben habe sie Wein in einer grünen Salbe, die ihr Gespons verschafft, zum Trinken gegeben, woran sie gestorben. Sein Kind habe sie mit einer Salbe getötet[81].

Traut Würtin, die im Juli 1685 in Waldsee als Hexe eingeäschert wird, bekennt:

- Ihr Gepsons, Fäderhans, sei vor sechs Jahren in Bauerngestalt auf dem Petersberg zu ihr gekommen und habe ihr Geld in einem Briefle und ein Fuder Holz gegeben, das aber zu nichts nutzig gewesen, als sie es habe brauchen wollen.
- Wieder sei er zu ihr gekommen und habe sie gefragt: »ob sie Holz kaufe«, worauf sie geantwortet. »Du hast mich betrogen.« Er habe ihr daraufhin anderes Geld geben wollen, das sie nicht genommen. Nun werde er ihr genug geben, wenn sie verspreche, Gott, Maria und alle Heiligen zu verleugnen, ihm folge und alleinig sein eigen sein solle. All das sei von ihr mit einem Handschlag zugegeben worden[82].
- Sie habe eine grüne Salbe erhalten, mit der sie Khüngelters Sohn in Fäderles und in aller Teufels Namen angestrichen und diesen krumm und lahm gemacht. Und ein schwarzes Sälble, mit dem sie in einer Suppe ihre Schwester ertödtet. Sybilla Schuolerin gesteht (?):
- Ihr Buhle heiße Fäderhans. Von ihm habe sie eine weiße und gelbe Salbe erhalten.
- Sobald sie Hebamme geworden, sei der böse Geist zu ihr gekommen und habe ständig mit dem Befehl in sie gedrungen, daß sie schwangeren Weibern in Kindsnöten – und bei den Geburten – zusetzen und ihnen Schaden zufügen solle[83].

Verena Schneiderin sagt aus:

- Sie habe von ihrem Buhlen, den sie Federlin heiße, ein schwarzes Pulver und eine schwarze Salbe bekommen, mit der sie vier Kinder getötet. Auch habe ihr der böse Geist einen Hafen mit Wasser gegeben, mit dem sie Wässer (Überschwemmungen) machen sollte. Doch habe sie kein Wetter zustande gebracht: »nur Rauch und Regen sei geworden.« Dann gesteht (?)

Veronica Leuchtlin

- Der Teufel habe ihr ein bräunliches Pulver gegeben, um ihren Mann zu töten. Und ein gesalbtes Stöcklein, um eine Kuh in des Teufels Namen zu schlagen. Das Verfahren gegen

Katharina Bosch

(v. Wald) ist von Interesse, weil hier eine »Besiebnung«, Vehikel eines alten Rechtsbrauches, zur Anwendung kommt. Die Malefizordnung von Königseggwald stellt heraus: »Weil ungewiß, was dem Maleficanten das recht geben und was er vielleicht für einen Ausschlag gewinnen möchte, damit aber an seiner Heil und Seligkeit nit verkürzt werde, soll man ihm Priester zuordnen, als möge er dasjenige, was er noch nicht bekennet, Gott und dem Priester beichten und über seine Sünd von Herzen Reu und Leid haben.«

Katharine Zollerin klagt gegen sie und trägt vor: »sie sei in der Nacht über das Bett zu ihr gekommen und hab sie so lange gedruckt, daß sie nichts mehr habe reden können. Habe kein Wort gesprochen, sondern sie sei wieder zur gleichen Tür hinausgegangen wo sie hereingekommen. Daraufhin habe sie die Zollerin durch einen offenen Laden bei des Schneiders ihres Nachbarn Haus bei Mondschein mit einem Strohwisch in der Hand herumgehen sehen, so als ob sie das Haus habe anzünden wollen[84].«

Darauf wird sie eingezogen und befragt. Da sie »auf nochmaliges gütliches Erinnern in nichts wollte geständig sein, wird sie an die Folter – jedoch anfangs leer – geschlagen, hernach ihr aber ein schwerer Stein angehängt. An der Blöße solle sie mit der Taufkerzen ziemlich hart gebrannt worden sein, welche Schmerzen sie annoch zu keinem Bekenntnis gebracht[85]. Sie wird erneut aufgezogen, worauf sie vor dem Obervogt »in der güete« (?) bekennt.

- Sie habe im oberen Holz zu Ebenweiler drei Wetter machen helfen, ihrer vier Hexen seien ungefähr dabeigewesen, als fünfte der Teufel. Sie haben in einem Häfele gerührt, worauf ein Rauch aufgestiegen und es ein Wetter gegeben, hätte sollen über den Maurer und Althauser Oesch gehen, sei aber in das nahegelegene Ried gegangen. Die Abredung dessen sei zu Wolpertswende beim Tanz geschehen.
- Der Teufel habe den Wein in einem unbekannten Keller in Ravensburg genommen, item aus des Wirths von Ebenweiler, des Hirschwirts Beckenhans Handen und Schloß in Althausen »zu Wolpertswende«. Beim letzten Tanz den sie mitgemacht, hat der Teufel aus des Josen Keller von Offerach in einer hölzernen Flaschen geholt.
- Sie nenne ihren Buhlen Gebele. Sie mußte Gott und alle Heiligen verleugnen. Außer der Mutter Gottes und der hl. Katharina, ihrer Patronin[86].

Hier erreichen die Geistlichen eine Milderung der Strafe. Die Urgicht berichtet: »Nachdem man die verhaffte Katharina Boschin auf die beschehene Besiebnung von Königs Egg naher Holzkirch ins Wirthaus auf dem Karren geführt und selbiger nach Versorgung ihrer Seel die HH. Geistlichen zugelassen, sind alle Gerichtsverwandte nach gehörter Meß am Morgen um ½ acht Uhr zusammengekommen, die Urtel anfangs, daß sie lebendig verbrannt werden sollte, weilen sie aber höchstens nebenden HH. Geistlichen um Milderung gebeten, hernach (auf Tötung) durch das Schwert verfaßt[87].« Sie wird am 1. April 1672 in Holzkirch mit dem Schwert gerichtet und deren Körper zu Asche verbrannt. Von besonderem Reiz dürfte sein, daß die Hexen

Wallfahrten

unternommen haben. Aus Waldseer Akten geht hervor, daß Anna Brauchlin: vielfältig nach Einsiedeln gegangen sei; auf ihrem vierten Gang sei sie von Fischbach aus über das Hörnlein auf ihrem Pilgerstab, den sie geschmiert, bis zur Herberg übern Steg gefahren; ebenso von der Brücke bei Rappertswyhl über den Etzel hinauf bis für die Kapelle sei sie zweimal auf ihrem geschmierten Pilgerstab gefahren[88].«

1712 wird Regina Kraus wegen Hexerei und Concubination daemonum angeklagt. Das Verfahren wird unter dem Gutachten eines Biberacher Rechtskonsulenten eingestellt.

Unlingen[89]

wird berüchtigt wegen seiner Hexenbrände beim Essenheimer Wald. Eva Storer beschwert sich im Juli 1586 auf der Kanzel (Kanzlei) von Dürmentingen, sie wäre als Hexe oder Unholdin ausgeschrieen und Anna Stucke habe sie besagt. Sie war krank und hat beim Segensprecher Georg Sindelin in Dentingen Hilfe gesucht. Er erklärt ihr, die bösen Weiber hätten es ihr angetan. Sie erzählt ihm:

- Eva habe ihr ein Stück Zelten gegeben, wovon sie die Hälfte gegessen, so daß ihr ganz weh geworden ... worauf sie zur genannten Eva gegangen. Sie wollte um ihren Segen bitten. Doch deren Mann habe es untersagt, worauf Anna Stuckle zum Kusterlin nach Dentingen gegangen. Er habe sie angewiesen, sie möge es auf der Kanzlei in Dürmentingen anzeigen.

Jetzt nimmt das Gerücht seinen Lauf und dann wird zusammengetragen:

- Er habe schon früher ein krankes Roß in Unlingen gesegnet und die Äußerung getan, »es sei ein böser Luft über daselbe gegangen.« Zudem habe er ein krankes Kind gesegnet und zu Martin Hermanutz gesagt: »Es sei ein rechtes Vogelnest in Unlingen, er wolle einmal reden.«

Dann wird Eva von Unlinger Frauen bezichtigt und ein Gerücht jagt das andere. Der Argwohn gegenüber ihr wird stärker; andere werden besagt und alle werden gefoltert, gestehen Wetterzauber und Fahrten auf mit Salbe bestrichenen Stecken oder auf einer Geiß zum Hexentanz auf den Heuberg u. a.

Die zum Tod Verurteilten hat man auf einen Karren geschmiedet und zur Richtstätte geführt, einem Platz beim Essenheimer Wald in der Nähe der Hub. Der Scharfrichter von Ehingen hat sie an Pfähle gebunden und verbrannt.

1587 wird von dem Zwiefaltener Chronisten als Jahr der Hexenbrände bei Unlingen angegeben. Pater Sulger erzählt, unter den Angeklagten sei eine Wirtin gewesen »eine rechtschaffene Frau, die von Zauberei nichts habe wissen wollen. Man hat sie aus Neid und Eifersucht angezeigt. Unter dem Druck der Folter habe sie die widersinnigsten Dinge bekannt.«

Sie landet auf dem Scheiterhaufen. Dem Henker gegenüber bedauert sie ihre Unschuld und prophezeit, zum Zeichen derselben werde der Pfahl, an den sie gebunden werde, ausschlagen und blühen, was eingetroffen ist.

Die Zahl der hier Verbrannten wird mit etwa 40 angegeben. In einer Karte aus dem Jahr 1590 sind 42 Säulen eingezeichnet. Wir haben ein besonders grausiges und eindrucksvolles Dokument vor uns. Unter den Hingerichteten befinden sich Frauen aus Altheim.

Dem Truchsesser Karl, der in wirtschaftlichen Konflikten steht, sind die Brände willkommen. Er läßt vom Rentmeister Tafinger Hexengeld einziehen und führt die Hexenregister. In einer Heiratsabrede wird auf die Hexerei Bezug genommen. Hans Edele (Schenk) läßt, als er sich eine zweite Frau nehmen will, in den Ehevertrag die Bestimmung aufnehmen: »wenn dies Weib sollte als Hexe verbrannt werden, müssen die Unkosten von ihrem Vermögen bezahlt werden.« Sie wird hingerichtet, ebenso eine Pflegwaise von ihm.

Rentmeister Tafinger, der im Namen des Truchsessen und für seine Person beim Adlerwirt Stuckle in Unlingen Schulden macht, geht ohne zu bezahlen davon und wird verfolgt. Der Scharfrichter von Ehingen fordert

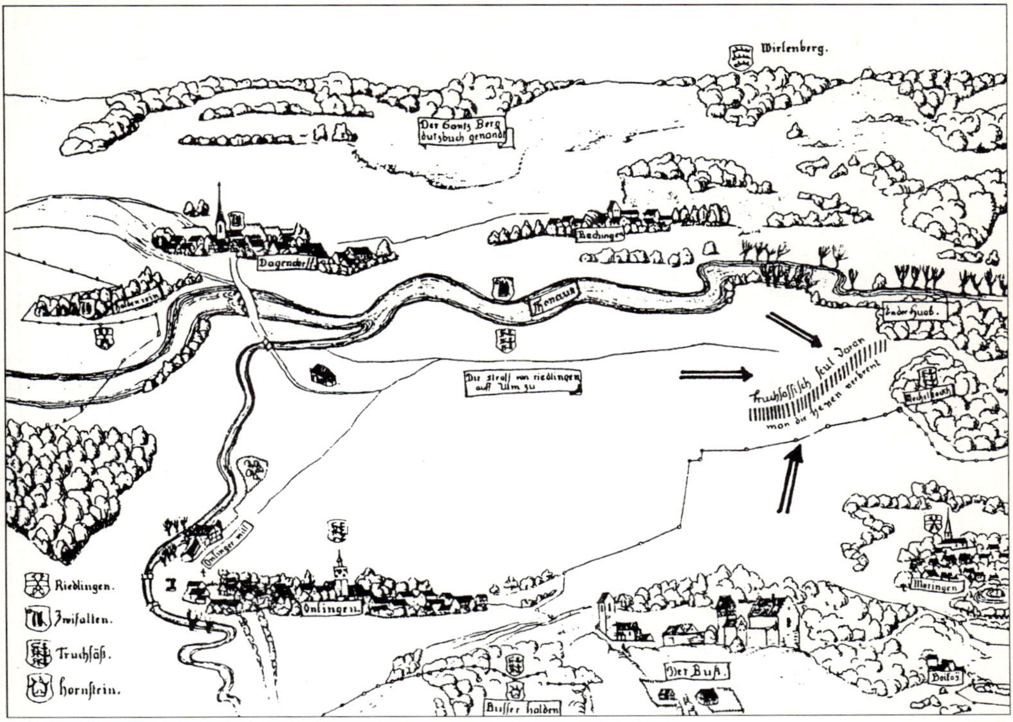

Unlingen im 1590. Nördlich von Unlingen vor dem Wald hub die Hexensäulen. Nach der Reutlin'schen Karte (Kopie im Altertumsmuseum Riedlingen), gez. von Gewerbeschulrat Denzel.

für die Hinrichtung einer Hexe 2 fl. und hat im Mai 1592 sein Geld noch nicht bekommen. Bald schlägt Tafingers Stunde. Er wird gefangen und nach Dürmentingen verbracht; später wird er im Bussenturm inhaftiert, wo er im November 1592 stirbt.

Zwischen 1628–31 finden Hexenverhöre und Hinrichtungen statt. Sie werden vom Scharfrichter Falk aus Marbach geführt. Michael Lendles Mutter wird in Weingarten hingerichtet. 1654 bis 1659 geht das Geschrei von Neuem los, in dem Frauen aus Unlingen der Hexerei bezichtigt werden, doch hier werden die Verleumder gestraft. Im katholischen

Rottweil[90]

befindet sich das Kaiserliche Hofgericht. Juristisch gesehen ist die ehemalige Reichsvogtei kein geschlossenes Territorium und hier kommt es immer wieder zu Problemen. Unbekannt ist, wann Hexenprozesse einsetzen.

Paracelus von Hohenheim hält sich 1525 mehrere Woche hier auf und erwähnt Rottweil neben Wasserburg, Passau und Eger als eine der Städte mit besonders gut entwikkelten Kenntnissen über das Hexenwesen. Zudem sei damals »eine solche hex gefenglich eingezogen gewesen ... die ihm traum oft und vil den geist gerufen (habe).«

Kurz danach verfaßt der Rottweiler Magister Johannes Spreter, sein um 1540 in Basel gedrucktes *Hexen/Büchlein, das ist, ware entdeckung und erklärung oder Declaration fürnämlicher artikel der Zauberey, und was/ von Zauberern, Unholden (Hengsten) Nachtschaden/Schützen/Auch hexen händel, art, thun, lassen, wesen, bulschafften, artzney (...) zu halten sey.*

Er geht auf den Heuberg ein, wo sich Unholdenkinder und Hexenfeste gefunden hätten« Das Protokollum aller urgichten, das 1588 von dem Rottweiler Ratsherr Wilhelm Armbruster angelegt wird, berichtet über die erste Hinrichtung. Walburga Zimmermännin von Rottenburg, Ottilia Pöttin und Agatha Seyfriedin sind »uff montag nach dem suntag laetare anno 1546 mit dem feuer gericht worden.«

Das Delikt der Hexerei wird erstmals in der Urgicht der Catharina Höhnmeyerin erwähnt, die am 26. Juli 1561 gerichtet wird. Aus der *Villinger Chronik* ist zu schließen, daß 1563 in Rottweil acht Frauen verbrannt worden seien, was nicht dokumentierbar ist. Das gleiche gilt für die Angaben in einer anonymen Flugschrift aus dem Jahre 1580 mit dem Titel *Zwo Newe Zeitung, was man für Hexen oder Unholden verbrendt hat.* Darin steht: »zu Rottweil thet man verbrennen balde/der hexen ein guten theil/der waren bey dreysig in der Summ/die haben vil kleiner Kinder/jaemerlich gebracht umb.«

Eine verstärkte Verfolgung setzt 1571 ein. 1572 kommt es zu elf Hinrichtungen und 1581 zu 14. Die meisten Verfahren werden zwischen 1579 und 1598 durchgezogen, in denen mindestens 113 Personen auf Scheiterhaufen verbrannt werden. Der Zenit des Hexenwahns wird 1629 erreicht, wo 20 Hinrichtungen erfolgen.

Insgesamt lassen sich 287 Verfahren wegen Hexerei, Zauberei und/oder Magie nachweisen. Betroffen sind 234 Frauen und 53 Männer. 266 Beschuldigte werden hingerichtet, wozu Kinder gehören.

Bei einem Prozeß in Horb gegen Christina Rauscher wird ein Rottweiler Knabe erwähnt, dessen Besagungen um 1605 zu einer Verhaftungswelle führen. Kindermörderinnen werden ertränkt, Hexen verbrannt und im Falle der Begnadigung enthauptet und im verschärften Verfahren mit glühenden Zangen gerissen. Für Rottweil ergibt sich ein hoher Anteil von Fremden, die in Hexenprozesse gezogen werden.

Der Magistrat ist für die Malefizfälle verantwortlich und übt die peinliche Gerichtsbarkeit aus. Nicht zuständig für die Stadt und deren Territorium ist das Kaiserliche Hofgericht, wobei eine Beeinflussung nicht abgesprochen werden kann.

1566 klagt Hans Nagoldt von Dunningen vor dem Rat gegen seine Frau Margret Schwartzin, die »eine der bösen weyber sei ... sei kain Christen Bluotstropfen an ir wan man sy fenglich annemen die strenge mit Ir gebrauche.«

Die Sache entwickelt sich nachteilig für ihn, denn er wird gefangengesetzt und kurz danach seine Frau entlassen. Er muß öffentlich bekennen, daß er »an obgemelten reden unbedechtlich, freventlich muotwillig und strefflich mißhandlet, und vorgemelter meiner Hausfrauwen damit Unrecht gethan«. Dann muß er Urfehde schwören.

Bevor der Rat schwerwiegende Urteile fällt, werden sie von einem städtischen Ausschuß, von den Deputierten zur Malefiz oder von den »Fünf Herren« untersucht. Deren Ergebnisse werden dem Rat vorgetragen, der weitere Entscheidungen trifft. Vereinzelt werden die juristischen Fakultäten der Universitäten Freiburg oder Tübingen befragt. Die Urteile werden vom Scharfrichter aus der Altstadt vollstreckt.

Begnadigungen sind selten. 1592 richten die Verwandten und Schwäger der Anna Weyland, Witwe des Christian Schuler, eine Supplikation an die »Herren Fünf«, man möge dieselbe um ihrer kleinen Kinder willen aus der bereits anderthalb Jahre währenden Untersuchungshaft entlassen, da ihre Kinder seither »mit unwiderbringlichen Schaden, öd und wüst lügen, und ganz zerstreuet herumgehen.« Man bitte darum, sie zur Haushaltung auf Urfehde zu entlassen, besonders da man erfahren habe, daß für sie »ain eingezwungen finster eng blockhäuslein erbawen worden.«

Verhaftungen sind mitunter problematisch. Als im November 1589 Margaretha Rall aus Lackendorf in Abwesenheit ihres Mannes nach Rottweil geführt wird, um ihr den Prozeß zu machen, (der sie auf den Scheiterhaufen bringt), kommt ihr Mann mit einer »Tachsgabel« bewaffnet in die Stadt. Dort hatte er »die Statknecht mit fir genommenen Trutz und Hochmuth angeredt, sie hetten mein hausfrauw gefangen, und wan ich anheimsch, und iren zehen gewesen, wüesten sy, sie nit gefangen haben, oder ich wolt mit inen verrißen worden sein, werds auch vor dem Kayser verclagen, und man solte nur sehen, was man gethan.« Daraufhin wird er inhaftiert, aber nach dem Schwören einer Urfehde entlassen.

Kurzfristige Freiheitsstrafen erfolgen im »Kuenzloch«, das sich im Spital befunden hat. Personen, die wegen Hexerei bezichtigt sind, werden im Hochturm, den Roten Turm beim Neutor oder dem Schwarzen Tor eingekerkert, verhört und gefoltert. Stirbt jemand während der Haft, sei es durch Erschöpfung oder Selbstmord, wie im Falle des »mädlins so sich selbst erhenckt«, wird die Leiche unter dem Galgen verbrannt und begraben.

Die Folter besteht aus drei Graden, dem Aufziehen, dem Anhängen mit einem kleinen und großen Stein. Es wird in einem Protokollauszug geschildert, der der Urgicht eines der letzten tödlich verlaufenden Hexenprozesse angeheftet ist.

Katharina Weisin von Epfendorf hat 1648 »auf gütliches Zureden immer geantwortet wisse nichts, ungeachtet sie an der Tortur gesagt, wenn man sie herunterlasse, wolle sie alles sagen was sie wisse, deretwegen sie wieder mit dem kleinen Stein ufgezogen – versprochen, wolle alles sagen, darauf sie herunter und ihr die Hand ledig gelassen, und da man ihr die beide Stein vor Augen gelegt und gedroht sie damit ufziehen zu lassen, hat sie endlich bekennt, daß sie vom bösen Geist geschlagen worden, weil sie nit thun wollen was er gewollt, weil sie denn abermals halsstarrig gewesen als zuvor, sind ihr die beede Steine angehenkt, und sie damit ufgezogen worden, wo sie denn alles zu sagen versprochen und sie heruntergelassen worden.«

Um 1596 bekennt Marianne Scheirlin aus der Altstadt, »sie habe die drei weibsbilder nur aus Haß und Neid angegeben, seyen unschuldig«. Liegen Geständnisse vor, werden sie im Consilium verlesen und dann wird auf der Grundlage der CCC. das Urteil gesprochen. Der Verhörsablauf ist stereotyp und entspricht dem anderer Regionen. Schadens- und Wetterzauber entsprechen dem üblichen Schema.

1572 wird gegen Petronella Reim aus Drolfingen prozessiert. Sie soll der Teufel nach einiger Zeit mit den Worten verstoßen haben.» Trolle dich nur, ich will deiner nicht mehr, denn ich hab der jungen schönen Mädchen genug.«

Öfters kommt es zur Amtshilfe mit den nahegelegenen Städten und Herrschaften. 1590 verfaßt Villingen ein Schreiben auf eine Anfrage der Stadt Rottweil bezüglich der »verdächtigen Weibsperson« und ihrer Besagungen, erhält daher gleichzeitig den Hinweis, daß der Villinger Scharfrichter Meister Peter Leyrer, (Sierherten) »solche verzweifelte Leit« (Hexen), wenn sie ihm eigentlich zu ersehen werden, an ihren vom bösen Feind hinterlassenen Mählern und Zeichen erkennen soll, ob sie generis veneficii oder nit« sind.

Weiter bietet Villingen Rottweil an, ihren Scharfrichter zur Verfügung zu stellen.» Wenn aber ir in für euch selbsten getraut zu erweichen, daß er euch zu gefallen sich brauchen, und euch verfügen will; soll es ime unserthalb nit abgeschlagen seyn.«

1643 wird ein Prozeß gegen Ursula (Hausemer Weible) geführt, die »über ausgestandene tortur auch auf starckes zusprechen gaistlicher und erinnerung Herren Mathie Molitoris Predigers in unser lieben Frawen Capellen dennoch nichts bekhennen wollen.« Sie wird entlassen, muß Urfehde schwören und wird des Landes verwiesen.

Katharina Weisin wird der Hexerei für schuldig befunden und verurteilt; gleichzeitig mit ihr wird Maria Bartin aus Epfendorf mit der Auflage aus der Haft entlassen, sich künftig »gebührlich und unargwöhnisch« zu verhalten.

1659 wird das letzte »tödliche« Verfahren wegen Hexerei eingefädelt. Betroffen ist Hans Winckhler, der wegen Sodomie und Diebstahl verurteilt wird. 1661 wird Georg Sautter, evangelischer Konfession und aus Oberzell stammend, wegen Zauberei zum Tod verurteilt, aber »aus fürbitt der gaistlichen« auf Lebenszeit auf das linksreinische Gebiet verbannt. 1676 wird Kunigunde Bantlin, weil sie sich der Hexerei verdächtigt gemacht hat, des Landes verwiesen. Nachdem ein juristisches Gutachten erstellt ist, beschließt der Rat:

»sie Kiniguna über bereits lang Zeit ausgestandene Gefangenschaft des Thurms für dismahlen zu entlassen, doch mit dem Anhang, da sie sowohl für die angegriffene Magd Arztlohn, als auch die Inquisitions- und Atzungskosten, fürgewendeten einreden unverhendert, abzurichten und bezalen schuldig sein, auch fürohin sich besser in obacht nemen solle.«

Sie gibt dem Stadtknecht, der den Bescheid überbringt, zur Antwort: »das sie die Kösten nit bezalen wolle, wan sie solche bezalte, sie miesse sie ein hex sein, und einen Nachtschaden gethan haben, wan meine Herren ihre Hände in ihren unschuldigen Blut wäschen wöllen, so mögen sie es tun.«

Darauf wird sie auf drei Jahre aus der Stadt und dem dazugehörigen Territorium gewiesen und von Bannwarten zur Grenze geführt.

1701 wird versucht, die alte Anna Keller (Pumpel-Annele) auf den Scheiterhaufen zu bringen. Diese klagt zunächst gegen die »Blaicherin«, dieselbe habe sie dreimal gebeten, ihr zu helfen, ganz so, wie man es bei Hexen tue. Sie bittet den Rat, ihr wieder zu ihrem ehrlichen Namen zu verhelfen. Hinzu kommt, daß der Sohn der Anna Keller zur gleichen Zeit im Verdacht steht, daß er Mäuse machen könne. Sie wird gefangen, verhört und gefoltert. Trotzt sechstägiger Tortur, währenddessen sie »kein Schmertz empfunden« und obwohl man ihr »geweyhte sachen« eingegeben, bleibt die Untersuchung ergebnislos. Sie muß Urfehde schwören und mit ihrem Mann das Gebiet verlassen. Es bedeutet das Ende der anhängigen Hexenprozesse.

Rottweil, Stich von Mattheus Merian d. Ä. (1643).

Tuttlingen[91)]

Die Herrschaft gehört seit 1404 zum Herzogtum Württemberg und ist als protestantische Enklave inmitten katholisch geprägter Herrschaften zu sehen. Hier wird im September 1534 Verena Mäder aus Mühlheim aus der Haft entlassen, da »sie (dem) Jacob Ültschin einen Liebestrank gebraut, aus unnatürlich, ungebührlich und unziemlichen Sachen.« Tuttlingen erlangt Bedeutung, weil der Jurist

Johann Georg Gödelmann

(1559–1611) hierher stammt. Als Professor der Rostocker Juristenfakultät verfaßt er 1591 den *Tractatus de magis, veneficis et lamiis.* Er definiert: »Das ist eine Hexe, die wegen des vorgetäuschter Weise mit dem Teufel eingegangenen Bundes, von bösen Geistern überredet, durch des Teufels Eingebung und Blendwerk betrogen, in Gedanken oder Verwünschungen allerhand Übel zu begehen vermeint: wie Blitz und Donner in der Luft erzeugen, Unwetter und Hagel zu erregen, Früchte wegzubringen, von ihrem Buhlen, der ihr in Bocks-, Sau- oder Kälbergestalt erscheint, in allerkürzester Zeit auf einen Berg gebracht zu werden, auf Stecken, Gabeln oder anderen Instrumenten irgendwohin zu fliegen und die ganze Nacht mit Spielen, Scherzen, Tanzen und allerhand Wollust mit ihrem Buhlen zu verbringen und sich tausenderlei widernatürlicher und dem Gespött dienender Händel zu rühmen[92)].«

Sein Verdienst besteht in der Forderung, den Hexenprozeß auf der Basis der geltenden Strafgesetze nach einem ordentlichen Verfahren zu führen. Auf die Hexenprozesse seiner Heimatstadt hat er, da er 1592 in Dresden als kursächsischer Hofrat wirkt, keinen unmittelbaren Einfluß[93)].

Denkbar ist, daß auch hier Unwetter den Wahn aktivieren. Die *Tuttlinger Chronik* berichtet von einer pestartigen Seuche in den Jahren 1585 bis 1589. 1597 werden zwei Frauen wegen Hexerei zum Tod verurteilt. 1598 soll ein Hagelwetter von Hexen angerichtet worden sein. Zwischen 1597 und 1622 werden 15 Frauen wegen Hexerei bezichtigt und verurteilt.

Der Sohn des Bürgermeisters, Hans Menger, wird im November 1601 tot vor den Toren der Stadt gefunden[94)]. Bald darauf verdächtigt man seine Base

Ursula Kromer

die es ihm angetan haben soll. Einige Zeit danach klagt ihre Schwägerin:

- Sie habe ihr etwas ins Bett getan, daß sie des Nachts keine Ruhe finden ließ.
- Die Magd des Pfarrers, die wegen eines Beinleidens den Rottweiler Scharfrichter um Rat fragt, bekommt zur Antwort: »ein böses Weib habe es ihr angehängt« und verdächtigt die Kromer.

Dann unterzieht sie der Pfarrer einer Religionsprüfung. Sie macht sich verdächtig, als sie nach Geständnissen der in Stockach gerichteten Hexen fragt. Im Mai 1602 beschließen die Obrigkeit, der Obervogt Georg von Ulm zu Wellenberg, der Keller Johann Geltzner und der Schultheiß Martin Mayer, drei Frauen wegen Verdachts auf Hexerei festzunehmen. Neben Ursula Kromer sind es deren Tochter Katharina, hinter der man eine Kindsmörderin vermutet und die Alte Braungrete, die von einer Zeugin beschuldigt wird, ihrer Kuh beim Melken die Milch genommen und dem Kind ein böses Knie beigebracht zu haben.

Mit Zustimmung der Stuttgarter Obrigkeit wird der Prozeß gegen sie eingeleitet. Kurz danach beschließt der Stadtrichter, an Ursula Kromer und Braungreta die Folter vorzunehmen, was im Juni 1602 vom Tübinger Scharfrichter erfolgt. Daraufhin gesteht die Kromer:

- Sie habe sich vor zehn Jahren mit dem Teufel verbündet, als sie in einer verzweifelten Lage gewesen, da sie nicht genügend Geld hatte, um Schmalz zu kaufen.
- Der Teufel sei ihr das erstemal in der Grafenhalde beim Erdbeerensammeln begegnet. Sie habe eingewilligt, einen Bund mit ihm zu schließen und Gott zu verleugnen.
- Dann habe sie mit ihm Unzucht verübt; habe ihn aber nie beim Hexentanz getroffen.
- Mit vier anderen Hexen habe sie auf dem freien Feld den Pferdewagen über Hans Menger geworfen und den Mann zu Tode gebracht.
- Auf Anstiften des Teufels habe sie die Krankheit der Pfarrmagd verschuldet, zwei Kinder angegriffen und Vieh gelähmt. Nun gesteht (?)

Braungreta

- Da sie sich öfters geweigert habe, Menschen und Vieh Schaden anzutun, sei sei von ihrem Buhlen geschlagen worden.
- Sie wäre auf einer Schür (Ofengabel) zum Kamin hinausgefahren, um in Hürtlingers Garten andere Hexen zu treffen.

Die dritte Beschuldigte, Katharina Kromer, wird freigelassen.

Die beiden Geständigen (?) werden Anfang Juli 1602 auf dem Hochgericht vor dem Oberen Tor am Fuß des Hornberges enthauptet und verbrannt.

Katharina Kromer verhält sich ungeschickt und kommt wieder ins Geschrei. Im November 1603 läßt sie der Vogt festnehmen. Sie wird bei den Alten und Kranken im Siechhaus in ein Zimmer gesperrt und im März 1603 vor Gericht gestellt. Sie gesteht auf der Folter, mit Hilfe ihres Buhlteufels Hämmerlin Schäden angerichtet zu haben. Sie wird mit Schwert und Feuer bestraft[95].

Ursula Rümelin

die im Januar 1609 auf die Folter gespannt wird, bekennt:

- Als ihr Sohn vor 17 Jahren in den Krieg gezogen sei, wäre sie traurig und bekümmert gewesen. Da sei der böse Feind zu ihr gekommen. Er nannte sich Gräßlin, war grün gekleidet, habe kleine Hände und Füße wie eine Geiß und einen schwarzen Bart (gehabt).
- Er habe sie sechsmal im Bett beschlafen, sei nit warm, sondern kalt und wann sie ihm nit haben wöllen zu willen werden, dan (sei sie) übel geschlagen worden.
- Wann sie hinaus gefahren, hab sie eine Gabel genommen und gesagt: wol auß und an, stoß nirgent an: so kommts dahin. Im Hinausfahren habe sie nichts reden dürfen, auch beim Tanz nicht viel.
- Die Salben hab sie in einem Buchslin gehabt, und durch Geheiß ihres Geistes vierzehn Tag ehedem sie gefangen worden, in die Donau geworfen.
- Vor fünf oder sechs Jahren habe sie ihr selbsten zwei Schaf in des Teufels Namen geschlagen und umgebracht ... zudem vier Schweine.
- Der Teufel habe ihr zugemutet, die Früchte zu verderben, weil sie es aber nit tun wöllen, deswegen viel blau mähler an Leib und Armen hin und wieder durch faust und stekken empfangen.
- Mit der Schwerzin sei sie zweimal uff hürtlins Garten zum Tanz gefahren, die Messerschmiedin unnd Scheidenmacherin (sei) auch dabei gewesen und die Schwerzin (habe) den Vortanz gehabt.
- Uff dem Donaustich wäre sie bei einem Tanz gewesen und dort) habe der böse Geist mit einer Geigen uffgemacht.
- Die Messerschmiedin sei bei der Nacht zu ihr in das Gefängnis kommen und als der Wächter wie auch die Hueberin stark geschlafen, sie mit leisen Worten angeredt und angebeten, solle sie nit angeben, wisse aber nit, wie sie zur ihr hereingekommen seie.

Die nächsten Verfahren wegen Hexerei erstrecken sich auf die Jahre 1606 bis 1609. Ihr fallen fünf Frauen zum Opfer und eine weitere kommt beim Versuch, aus der Turmhaft zu fliehen, zu Tode. 1606 ermittelt die Obrigkeit gegen

Anna Rechlin

Frau des Schlossers Philipp Rechlin. Im November 1606 zeigt Georg Sauter beim Keller Johann Konrad Geltzer an, daß sie einen Jacob zu Boden gestoßen und ihm so die schwarzen Blattern verursacht habe, an denen er sechs Wochen später gestorben sei.

Der Keller verfaßt mit dem Stadtschreiber einen Bericht über die Vorkommnisse und schickt ihn an den Oberrat in Stuttgart.

Auf die Gefangennahme am 26. November 1606 folgen Vernehmungen, die ohne Geständnis enden. Der Keller trägt Belastungsmaterial zusammen. Er gelangt zur Auffassung, daß Anna Rechling »bei meniglich in großem Verdacht« stehe und so wird die Klage gegen sie formuliert. Die Oberräte gestatten die Durchführung des peinlichen Verhörs und Mitte Dezember 1606 tritt der Tübinger Scharfrichter in Aktion. Unter seiner Fügung räumt sie ein:

- Sie habe sich aus großer Armut und Traurigkeit mit dem Teufel verbündet, den Sohn des Georg Sauter geschädigt und an Hexentänzen teilgenommen.
- Ursula Schmidt sei ihre Gespielin gewesen.

Sie wird am 25. Januar 1607 zum Tod verurteilt. Der Seiler Jörg Ganßler verfaßt in dem Zusammenhang eine Zeichnung und behauptet, vor der Stadt von zwei Unholden in der Gestalt von schwarzen Vögeln zu Fall gebracht worden zu sein. Er sei mit dem Hutmacher Michael Droll auf dem Heimweg nach Tuttlingen gewesen. »als ein saus dahergekommen als wann ein Schar Vögel daherfliege, bin ich niedergefallen und hat mich der Hutmacher wollen zum dritten mal aufheben, so han ich nit kinden stehen, so han ich ihn um Gottes Willen gebeten, er soll mich liegen lassen, so hat der liebe Gott endlich geben, das ich han kinden mich aufrichten. So habe ich die beide Personen in dem angesicht gesehen wie sie sonst aussehen.« Anna Rechling bestätigt es unter der Folter.

Nach der Besagung wird Usula Schmidt verhaftet. Nach Maßgabe der Tübinger Juristen und auf Anraten der Regierung soll man sie mit der Territion belegen. Sie beharrt auf ihrer Unschuld und muß freigelassen werden. Später wird sie erneut besagt, kommt ins Gerede, wird inhaftiert, gefoltert, zum Geständnis gezwungen und Ende Oktober 1608 verurteilt.

Ausgelöst wird eine Prozeßwelle im Sommer 1608 durch eine Anzeige der Anna Reutlinger, die dem Stadtgericht von einem Hexentanz berichtet, den sie beim Holzholen im Frühjahr beobachtet haben will. Sie identifiziert den Glaser Hans Stumpp, der auf einem Stock geritten sei und vier Frauen. Sie erwähnt die Scheidenmacherin, die Messerschmiedin Anna Schönlin, Catharina Brandhofer und eine Catharina Teufel. So schreitet die Obrigkeit gegen sie ein.

Catharina Teufel wird zweimal gefoltert und unternimmt einen Fluchtversuch. Sie läßt sich an Decken und Tüchern vom Turm und verletzt sich tödlich. Ihr wird ein christliches Begräbnis verweigert und der Wasenmeister von Balingen beauftragt, sie beim Hochgericht zu begraben.

Im gleichen Jahr versuchen die Scheidenmacherin und Katharina Brandhofen, eine Schwägerin der 1602 hingerichteten Ursula Kromer, mit einem »solch scheußlichen Gesicht, als wenn ihr der bös feindt zu den Augen hinaussehe«, die Frau des Stadtschultheißen als Gespielin anzugeben. Stadtschreiber und Keller stellen sich schützend vor die Verwandten und sagen:

»daß die Verdächtigungen wohl aus Neid und Fürsatz geschehen, denn diese beiden Frauen seien unsers Wissens nie in dergleichen Verdacht kommen noch gewesen, hätten sich als gute Haushälterin, die mit zeitlichem Vermögen reichlich gesegnet in ihrem stand und haussen also verhalten, daß ihrethalben keine besonderen Klagen vorgekommen«, womit die Sache abgeschmettert ist.

Im Januar 1609 läßt sich der Keller dazu hinreißen, die Mesnerin Anna Reichmann willkürlich zu verhaften, wofür er aus Stuttgart einen Verweis erhält. Sie wird von ihrem Stiefsohn der Hexerei bezichtigt.

- Er habe vor 13 Jahren beobachtet, wie sie über die mauren am höflin von dem stüblin hineingeflogen, welches er mit seinen Augen durch die Fenster gesehen, auch gehört, daß sie die Gabel oder Stecken in das küchelin gelainet und der stuben zugeeilet.

Die alte Frau wird mehrfach gefoltert, ohne zu gestehen und schließlich aus der Haft entlassen. Usula Rümelin wird unzulässig scharf gefoltert. Sie und Anna Huber werden zum Feuertod verurteilt.

1618 beginnt ein Hexenprozeß, in den vier Frauen verwoben sind. Drei werden hingerichtet. Agatha Mayer flüchtet, wird in Immendingen auf fürstenbergischem Gebiet gestellt, in Geislingen vor Gericht gestellt und in der Herrschaft Fürstenberg als überführte Hexe gerichtet.

Die letzte Hexenverbrennung findet 1622 statt, wo eine Verena Nagel, die als Kindermörderin verdächtigt wird, die Schwert- und Feuerstrafe erleidet. 1653 wird letztmalig ein Prozeß gegen eine Frau mit »bösem Prädikat« verhandelt.

Margaretha Widmar wird wie ihr erster Mann als »Hexenleut« angesehen, aber bleiben unbehelligt. Die Einflüsse, die der Bischof als Landesvater im

Von der Meersburger Residenz aus wurden bischöflicherseits einige Hexenprozesse aus iniziiert. →

Hochstift Konstanz

beansprucht, gruppieren sich im wesentlichen um den westlichen Raum des Bodensees. Die Abtei Reichenau gehört seit 1540 dazu; hinzu gesellen sich Besitzungen am Hochrhein. Problematischer gestalten sich die Hochgerichtsrechte. Im Innern ist die Region in Vogteien gegliedert, denen ein Obervogt vorsteht. Seit 1551 ist Meersburg Residenz der Konstanzer Bischöfe. Hier befindet sich seit dem Mittelalter ein bischöfliches Hofgericht (Pfalzgericht). Die Doppelrolle des Konstanzer Bischofs als Landesherr des Hochstiftes und Oberhaupt der Diözese gibt der Hexenverfolgung eine besondere Färbung. Es ist eine Region, in die frühe Hinweise führen. 1450 gesteht die in Luzern hingerichtete

Else von Meersburg

daß sie sich in ihrer Jugend mit einer anderen Meersburgerin, Else Schiesserin, dem Teufel ergeben habe ... sie haben Hagel und Unwetter über Konstanz und Meersburg niedergehen lassen. Der Dominikaner Heinrich Institoris berichtet über 48 (?) Hinrichtungen »während der letzten fünf Jahre« in der Diözese Konstanz und der Stadt Ravensburg.

Zwei Jahre nach dem Erscheinen des *Hexenhammers* verfaßt der seit 1479 in Konstanz wirkende Notar beim bischöflichen Gericht, Ulrich Molitoris, den *Traktat De laniis et phitonicii mulieribus.* Vergl. dazu die Ausführungen im Vorspann des Buches. 1497 findet die Hinrichtung von zwei Frauen aus dem Dorf Iznang statt.

Rudi Schellenbaur aus Winterthur wird 1505 vom Reichenauer Abt wegen Zauberei verhaftet. Er hat ein vierblättriges Kleeblatt mit Wachs vermischt und es in der Markelfinger Kirche unter das Altartuch gelegt, damit eine Messe darauf gelesen werde. Auf dem Territorium der

Abtei Reichenau

erfolgt 1557 die erste nachweisbare Hexenverbrennung; nach 1575 häufen sich Nachrichten über Hinrichtungen. 1590 brechen sie zunächst ab. 1579 wird der Reichenauer Georg Frey (Wagenmann) hingerichtet. Er wird unter dem Verdacht, einen Diebstahl begangen zu haben, verhaftet. Zudem unterstellt man ihm den Besitz von Falschgeld. Er trägt vor, daß ihn eine Frau um Geld angegangen und dann auf den Heuberg mitgenommen habe. Er wird später mit drei Frauen gerichtet.

1581 werden zwei Frauen in Allensbach zum Feuertod verurteilt. Die zunächst inhaftierte Dorothea Weltschinger stirbt während der Haft. Nachdem sie ihre Tochter Ursula belastet hat, gräbt man die Leiche hervor, um sie korrekt zu verbrennen. Ursula wird ebenfalls verbrannt.

Der Schwerpunkt der Reichenauer Hexenprozesse liegt zwischen 1575 und 1590 und deckt sich mit zeitgleichen Verfolgungen in der bischöflichen

Residenz Meersburg

Er ergeben sich drei Verfolgungswellen zwischen 1577 und 1581. Landesherr des Hochstiftes ist seit 1572 Stephan Wolgemuoth, da sich der Konstanzer Bischof ab 1569 in Rom aufhält. Hier kommt es zur Besagung von Ursula Benz, die im erweiterten Sinn zur politischen Elite der Stadt zählt. Martin Benz, der Stiefbruder der 1579 Hingerichteten, wirkt als Stadtschreiber. In Meersburg finden in der Regel keine Einzelbrände statt, sondern die kleinerer Gruppen.

Um 1590 verbreiten sich Gerüchte um herumzierende Mordbrenner(banden). Der Senn des Thurgauer Stiftes Kreuzlingen bei Konstanz hält sich für fähig, Verhexungen und Täter zu erkennen. Das sich ebenfalls wellenförmig bewegende Banden(un)wesen ist an die wirtschaftlichen Verhältnisse geknüpft, die sich seinerzeit verschlechtert haben.

Im frühen 17. Jahrhundert werden die Informationen spärlicher und man kann einige Aussagen zum

Besagertum

machen. Der Reichenauer Rudolf Werlin und seine Schwägerin Fortunata Wienzien geraten in Streit. Er sei ein »schelm, dieb, hundsfudt und »Laur« (Spitzname für den hingerichteten Verbrecher Lorenz Weltin). Er kontert: »deren Familie sei nichts rechts und sie wäre selbst »ain hexen.« Die Frau des Hans Birckhofer bezichtigt eine andere: »haist du mich ain unholden, habs ich von dir gelernet« Solche Wortgefechte sprechen sich herum und zeigen mitunter dramatische Folgen.

Der Reichenauer Hans Werli wirft 1615 der Tochters seines Nachbarn Marte Böler vor: »sie habe sein Tochter angegriffen, worauf sie verstorben sei.« 1638 klagt die Markelfingerin Lisabetha Schirmerin gegen Matthäus Rott, »er habe sie eine Hexe genannt.«

1612 klagt die Gemeinde Allensbach vor dem Obervogt über die Witwe des Hans

Fröhlich. Der Verstorbene hat sich in der vorausgehenden Pestwelle (1611) als Totengräber anstellen lassen. Seine Witwe gerät in Erbstreitigkeiten, was zu ihrer Isolation führt. Schon wirft ihr die dörfliche Gemeinschaft vor, sie wäre faul, habe an Ostern nicht gebeichtet und keine Kommunion empfangen. Die Gemeinde wünscht ihre Ausweisung; denn sie habe »ainen schlechten namen.«.

Kurz darauf geht ein Unwetter über Allensbach nieder und wird zur Basis des gegen sie geführten (Hexen)prozesses; der Ausgang des Verfahrens ist unbekannt. Aus der Obervogtei Bohlingen wird 1605 der Konstanzer Scharfrichter zur Durchführung der Folter erbeten. Im Mai des Jahres 1609 wird

Elsa Bierbömerin

aus Markelfingen von der Gemeinde der Hexerei bezichtigt und der Obervogt läßt sie auf der Reichenau inhaftieren. Sie soll 18 Jahre lang im Dorf im Ruf einer Hexe gestanden haben. Auslöser für Ihre Verhaftung ist ein Gewitter. Als Kronzeugen für ihre Untaten werden neben den Einwohnern der Überlinger Scharfrichter und ein Thurgauer Senn erwähnt.

Ihre inzwischen verstorbene Stiefmutter hat sie der Hexerei bezichtigt und der Dorfpfarrer hält sich nicht zurück: »nachdem er in gemein von gemelten laydigen wetter geredt und under anderem gesagt, jedermann halte darfür, es khome von bösen leüthen, man solte diß unkraut ausreüthen, die fürgesezte deß fleckhens darzuthuen und die sach der oberkeit anzaigen.«

Die Meersburger Zentralregierung lehnt ein Einschalten ab und läßt die Gemeinde wissen: »sie hätten sich den göttlichen Zorn zugezogen und als dessen Folge das Unwetter heraufbeschworen ... dies wäre gegen die Satzungen des christlichen Glaubens und der katholischen Kirche.« Dem Pfarrer, der durch seine Predigt der Deutung des Unwetters eine unheilvolle Wendung gegeben hat, wird ein Verfahren durch den Generalvikar angedroht.

Dem Reichenauer Obervogt dienen Bezichtigungen seiner Untertanen dazu, regulierend auf die lokalen Strömungen einzuwirken Er neigt auf die Seite der Beschuldigten und zeigt eine mangelnde Verfolgungsbereitschaft. Die Festigung der Konstanzer Zentralregierung erschwert es Bürgern, Besagungen durchzusetzen.

1637 kommt es zu einem spektakulären Fall, als sich eine Dominikanerin des Konstanzer Klosters St. Peter bezichtigt. Der Bischof läßt sie verkleidet aus der österreichischen Stadt entfernen und wenige Kilometer vor deren Grenzen in Hegne im Bereich des Hochstiftes hinrichten.

Offen ist der Ausgang der Untersuchungen gegen die Reichenauerin Catharina Bluemin, Witwe des Marx Bülin, die tagelang unter der Folter verhört wird »dieweil sye nit mit der sprach herausser gewölt.« Sie verstrickt sich in Widersprüche und sagt: »sie habe an Ostern die Kommunion nicht schlukken können, sondern sie daheim in einer Truhe verborgen.« Es hält einer Prüfung nicht stand.

Ende

1774 hält sich der Wunderheiler und Exorzist Johann Joseph Gassner in der Konstanzer Diözese auf. Beim Bischof, Kardinal Franz Konrad von Rodt (1750–1775) stößt er auf Ablehnung. Immer mehr distanziert sich das Konstanzer Bistum von den traditionellen theologischen Kräften und inzwischen ist eine andere Zeit heraufgekommen. Neue, vor allem politische Unruhen überlagern das Geschehen und Europa steht vor einer erneuten Bewährungsprobe.

Schwäbische Hexenberge

Die Gegend um den Federsee wird noch heute vereinzelt als Hexengäu bezeichnet. Saulgau handelt sich die Bezeichnung Hexenstädle ein und auf dem Heuberg bei Balingen steht ein Hexenbäumchen. Saulgauer Hexen halten ihre Tänze auf dem Schellenberg[96]. Eine aus Waldsee wird von ihrem Buhle auf einem grauen Schimmel abgeholt, um mit ihm auf den Petersberg zu fahren[97].

Königswaldegger Hexen haben ihren Tanz beim breiten Moos zu Ebenweiher, Wolperschwende und beim Galgen bei Holzkirch. 1665 wird in der Ulmer Region von Hexentänzen berichtet.

Die Rottweiler Hexentänze finden auf dem Bollershof, dem Höllenstein, beim Harzwald, meist aber auf dem benachbarten Heuberg statt.

Die bevorzugten Tanzplätze der Obermarchtaler Hexen sind der Brandt, Schupfenberg, Söhlen (Sölr) Emer- oder Amerberg, das Vogelholz, Hochgelendt und der Galgenplatz. Dennoch dominiert der

Heuberg

von dem Crusius in der *Schwäbischen Chronik* schreibt: »nicht weit von Balingen ist der berühmte Berg, den man Heuberg nennt, und von welchem man vorgibt, daß die Hexen auf demselben zusammenkommen, und ihre Künste treiben. Es ist gewiß, daß im Herbst des Jahres 1589 etliche dergleichen Weiber und der fürnembste Ratsherr zu Schemberg verbrannt worden, die bekannt haben, des Nachts auf diesem zusammenzukommen, um mit den Teufeln zu tanzen, zu thun zu haben und um Menschen und Vieh zu beschädigen.«

Nach den Beilagen zur Geschichte der Stadt Rottweil[98] setzt sich Anna Gritzerin von Schömberg, wohnhaft in Neufra, auf ihre Gabel mit der ihr vom Teufel bezeichneten Worten: »auß und ahn, stoß nirgends an« und sei dann auf den Heuberg gefahren, »nit weit von Malstet zu einem Dantz.«

Daß sich von auswärts ebenfalls Hexen auf ihm zusammengefunden haben, geht aus den Akten von Konstanz (1555) hervor, wo eine Hexe gesteht (?): »sie sei auf einer Sau und einer grauen Katze auf den Heuberg geritten.«

Ihre Kollegin, Margaretha Unrauer meint: »die alten Hexen gelten nichts auf dem Heuberg. Sie mußte sich darum mit dem dümmsten Teufel begnügen[99].« Der Sindelfinger Vogt beschreibt eine solche: »als eine kurze Person, so mit einem Buckel beladen ist. Ein sollich schandhäßliches Weibsbild, daß schier nit zu glauben[100].« Traut Würtelin meint: »sie wäre auf einer Ofengabel zum Heuberg gefahren. Dort habe man gegessen, getrunken, getanzt und aller Wollust gepflegt[101]. Das elf- oder zwölfjährige Mädchen von Ebersbach, Maria Auver[102], das gestanden hat, mit ihrer Mutter zum Heuberg gefahren zu sein und das am 17. Oktober 1667 enthauptet wird, hat dort getanzt, eine Leyer gehabt und auf dieser gespielt. Vielleicht begleitet sie das Hexenlied: Harr, Harr, Harr, Teufel, spring hier, spring her, hüpf hie, hüpf da, spiel hie, spiel da[103].«

Reutlinger Hexen fliegen zum Scheibenwasen, Blasinsteig, Hochgericht, Howefeld, Rangenbergle bei Ehningen, zum Burgholz, an den Gönninger Berg, auf die Achalm und den Georgenberg; vereinzelt treffen sie sich auf der Stadtwiese. Der legendäre

Venusberg

als Hexentanzplatz hat (neben dem Heuberg) eine lange Tradition: so spricht Geiler von Kaysersberg, dessen Zyklus von 41 Fastenpredigten (Emeis) 1516 in Straßburg veröffentlicht wird, in der 17. Predigt von der vom Teufel eingegebenen Phantasey, auf den »fraw Venusberkh« auszufahren. Die imaginären Fahrten dorthin hat er aus Niders *Preceptorium* übernommen. Der Venusberg ist der Sammelplatz der Trienter Hexen während ihrer Verfolgung von 1501–05. Aufgrund der damaligen geographischen Aufteilung sehen wir jetzt noch auf die schwäbische Metropole

Augsburg

Hier wird zwischen 1586–95 28 x wegen Hexerei oder Zauberei verhandelt. Zehn von 13 geführten Prozessen fallen in den Zeitraum 1589–91. Von 13 Frauen werden drei aus der Stadt gewiesen, eine alte stirbt während der Haft und hat sich selbst bezichtigt. Neun werden freigesprochen. Zwei werden wegen Besagungen von den Pfleggerichten Zusmarshausen und Schwabmünchen verdächtigt; beide kommen frei.

In Augsburg besucht 1589 eine Metzgerin mit ihrem Kind ein Bad. Es uriniert auf eine dort Beschäftigte, die sich nach seinem Namen erkundigt. Kurze Zeit danach schwillt dem Kind die Brust, worauf die Metzgerin die Baderswitwe öffentlich der Hexerei verdächtigt. Der Stadtrat gelangt zur Auffassung: »als wann sie nit recht im Kopff beschaffen wer.« Die Beschuldigte wird freigelassen und der Klägerin bei Strafe verboten, Schmähungen gegen sie zu richten.«

Die größeren Reichsstädte zeigen eine gewisse Resistenz gegen das Wüten, denn man hat damit Arbeit, Probleme, hohe Kosten und der Tatsache, daß man nicht in den Geruch eines Hexenriechers kommen möchte. Teilweise scheut man sich vor der Verantwortung, die komplizierte Prozesse mit sich bringen. Ein adeliger Gerichtsherr sagt dazu:

»hat es mit der zauberey halben verdachten Persohnen die fehrnere Ungelegenheit, da wo man eine aus denselben gefenglich einzeucht, das sie alsbaldt auf eine oder zwo andere. Und dieselben wieder auf 3, 4 oder mehr andere Persohnen bekhennen, biß endlich die Anzahl so groß würdt, das man, wo nit der menig, so doch etwa derenthalben, welche am Stand, herkhommen und vermögen, also beschaffen, das man der freunschafft verschonen, und also mit dem Brennen ein Endt machen, oder aber mit der immerwehrenden continuierung des Brennens und Martens solang verfahren mueß, bis entlich Richter, Schörgen und Henckher selbst müed werden. Und der Unkosten zu hoch auslauffen will.

Zum andern, das man nit etwas aus unzeitigen Ernst und Eifer einen Gefangenen mit Verhafft, Tortur ... angreiff, ime seine glider zerreiß, oder mit der streng zu einem Khripel und armen Man mache, wohl auch in der gäche unnd furia gar hinrichte, doch endtlich unschuldig befindt, der alsdenn, oder seine freundt an seiner statt, den Richter und mindere Obrigkeit von den Landsfürsten oder dem Kays. Camergericht wegen Ersetzung des gemarterten und der gantzen freundschafft ehren, gesunds, nahrung, mit rechtlichen langwürigen proceß und Unkosten Umbziehe, Und, neben dem beschwerten gewissen, ein immerwehrende Kumernuß an hals henge.«

In Dillingen und Schwabmünchen verfolgt man den Ausgang der reichsstädtischen Hexenprozesse fassungslos. Die fürstbischöflichen Räte schreiben unverhohlen: »auch die vielen im Gebiet des Hochstiftes hingerichteten Hexen hätten anfangs geleugnet, bevor man sie richtig gefoltert habe.«

Ein Fugger-Korrespondent berichtet: »die bösen Weyber betreffend, deren Zwee alhier mit namen Modestin, so brändtwein feil gehabt, die ander Pretzlerin genendt, so im Zwinger gewesen, sein selbige unlangs über scharf Examen wider meniglichs verhoffen umb Mittags zeit auß der Statt verwiesen, wölche Pretlerin anjetzt fürhabens, zu Kriegshabern ein Hauß zu kauffen, und allda zunüchsten.«

Ein Korrespondent aus dem bischöflichen Schwabmünchen sagt: »Bey euch aber, do man deren Leut schon bekommt, will man doch nit daran, beschicht gewißlich auch nicht ohne sonders bedencken, das sey aber so beschaffen, wie es wöll, so sehe die Obrigkeit wol zue, wie sys dermaleins vor Gott verantworten wölle.«

Zusammenfassung

Im Herzogtum Württemberg, das zur Zeit der Hexenverfolgungen etwa $\frac{1}{3}$ der heutigen Größe hat, bleiben, trotz aller Schärfe, die Verbrennungen im Rahmen. Die Region hat sich früh vom verkrusteten Katholizismus abgenabelt und Mut bewiesen. Die Zentralisierung der Rechtspflege verhindert Exzesse und sucht Rechtsfreiräume oder- grauzonen auszugrenzen. Deutlich wird die Personengebundenheit, die an das prozessuale Geschehen geknüpft ist. Sie begründet letztendlich die juristischen »Ausrutscher«.

Eine andere Entwicklung, trotz gleicher Grundzüge, läßt sich für das

Kaiserliches Hofgericht zu Rottweil. Links der Saal mit den Richtern, rechts die Kanzlei. Holzschnitt aus: Rottweilsch Hofgericht, gedruckt von Egenolff, Frankfurt/M., 1536.

Enthauptung eines Missetäters, der kopfunter an einem Baum hängt. Kupferstich, 16. Jahrhundert.

Herzog- und Kurfürstentum Bayern

—

Südosten

Inhalt

Herzog- und Kurfürstentum Bayern[1)]

ausmachen. Hier drücken Katholiken und vor allem Jesuiten den Stempel ihres Wollens auf das blutige Geschehen. Hier hält man zäher an überkommenen Strukturen und Traditionen fest. Hier blüht auch noch heute stärker der Aberglaube als anderswo. Der Stadtarzt von Hall, Gurinoni, ein Jesuitenschüler, vertritt die Meinung: »er sei im Volk stärker als der Glaube.« Es ist widersprüchlich, weil der christliche Glaube eine Variante des Irrglaubes ist. Dennoch ist, im Ganzen gesehen, das damalige Herzog- und spätere Kurfürstentum eine prozeßarme Region. Die

Anfänge des Zauberwesens

lassen sich weit zurückverfolgen und sind im ethischen Volksgut verwurzelt. Berthold von Regensburg (ca. 1200 bis 1272) hält sich 1253 in Niederbayern und Landshut auf. Er bringt in seiner Beredsamkeit die Anbetung des Teufels mit der Zauberei in Verbindung, spricht von der Verleugnung Gottes, der Anbetung des Teufels, vom Zaubern mit heiligen Hostien, Gebeinen der Toten, Kröten und Holzäpfeln und sagt: »sie vermögen mit Hilfe des Teufels ihre Kinder fressen.« Solche Vorwürfe werden später (wieder) gegen Hexen und Zauberer erhoben.

Es geht um die Regierungsbezirke Schwaben, Ober- und Niederbayern, sowie um die Oberpfalz. Das Herzogtum verfügt seit dem späten Mittelalter über eine relativ straffe Gerichtsorganisation. Zum Zeitpunkt des Einsetzens der Hexenverfolgungen ist sie so zentralisiert, daß kein wesentlicher Prozeß ohne Mitsprache der Ober- und Zentralbehörden abgewickelt werden kann. Die etwa 100 Land- und Pfleggerichte können keine »hohen« Gerichtsfälle entscheiden. Untergeordnete Dienststellen müssen bei Eigenmächtigkeiten Rüffel einstecken.

Jeder Hexenfall wird dem Hofrat (München) zugewiesen, der Folgeentscheidungen (Tortur, Bewertung der Indizien) einem Plenum vorträgt, das per Mehrheitsbeschluß entscheidet. Es entspricht dem Oberrat im benachbarten Herzogtum Württemberg, der gleichfalls die Aufgabe hat, Willkürlichkeiten zu unterbinden. Die Sichtung der Hofratsprotokolle erlaubt einen Blick in die Auseinandersetzungen um die Hexenprozesse innerhalb der Zentralbehörden[2)]. Delikte mit Todesfolge bleiben der Entscheidung der Landesväter vorbehalten.

Wilhelm V. Herzog von Bayern. Stadtmuseum München.

In Fragen der Hexenprozesse wird die Autorität der Städte München und Ingolstadt untergraben, denen man die Kompetenz aus der Hand nimmt. In Ingolstadt schlägt das Herz der Jesuiten. Es nimmt wegen der katholischen Universität und ihrem Kollegium einen besonderen Status ein, der durch ihre Spruchpraxis unterstrichen wird.

München hat insofern Vorrang, weil sich hier Gegner und Befürworter gegenüberstehen. Hexentürme in Rain, Kaufbeuren, Memmingen und München (etc.) zeugen noch heute vom Schicksal der Inhaftierten. Bedeutung hat der Münchener Falkenturm, das fürstliche Kriminalgefängnis. Hier sitzen nicht nur Hexen, sondern auch Staatshäftlinge ein. Den dortigen Verhören wohnen in der Regel fürstliche Hofräte und der Hofoberrichter bei; oft begleitet von Standespersonen.

Unter den fürstlichen Landgerichten stehen adelige, klösterliche, städtische und fürstliche Niedergerichte. Hier werden vor allem Privat- und Verleumdungsklagen geführt. Der Umgang mit Hexenprozessen ist ihnen fremd und er ist für Besager gefährlich, denn ungerechte Beschuldigungen fallen in der Regel auf den Kläger zurück und werden mit Geldstrafen geahndet.

Der Verfolgungswille der Obrigkeit entwikkelt sich zögerlich. In den Jahrzehnten zwischen 1520–1560 sind einzelne Hinrichtungen von Zauberern (nicht: Hexen) nachweisbar. Weißenhorn (1542), Regensburg (1552). Spektakuläre Anklagen werden wie in Günzburg (1530), Gundelfingen (1538) oder im Fürststift Kempten (1549) niedergeschlagen.

Das Herzogtum ist ein frühabsolutistisches Staatsgebilde. Die Herzöge Wilhelm V. (1579 bis 1597), Albrecht V. (1550 bis 1579) und Maximilian I. (1598 bis 1651) formieren es zu einem politischen Machtfaktor, dem Eingriffe in die europäische Politik gelingen. Die Region ist von Interesse, weil sie die Wiege des »neuen« Katholizismus ist.

Es ist nicht verwunderlich, wenn sich hier die meisten Heiligen die Hand reichen, wenn es Hunderte von Schutzheiligen, Patronen und Gnadenkapellen gibt und wenn die klerikale Pracht filigrane Formen annimmt. Es ist kein Wunder, wenn hier die Bürger besonders zipfelmützig sind.

Mit der Gründung der »katholischen« Liga profilieren sie sich zum Bollwerk der Gegenreformation. Jesuiten schmeicheln sich in fürstliche Familien und fungieren als Beichtväter und Prinzenerzieher. Sie betätigen sich als erfolgreiche Heiratsvermittler. Erst nach Winkelzügen gewinnt die Gegenreformation Profil. Sie nisten sich in Landsberg (Lech), München, Ingolstadt und Altötting (bis 1592) ein.

Wenn Trevor-Roper sagt: »Wilhelm V. und Maximilian I. verstehen sich als ihre Schirmherren und aktivieren (dadurch) den Hexenwahn«, ist es falsch. Tatsache ist, daß in der Region, verteilt über seine Größe und den Zeitraum, wenig Hexenprozesse geführt werden. Selbst wenn man eine Dunkelziffer berücksichtigt, bleibt Bayern trotzt jesuitischem Einfluß und den Ausformungen der Gegenreformation **kein** klassisches Land der Hexenbrände.

Einige ihrer Fürsten fühlen sich von Behexungen bedroht[3)]. Das Geschehen wird ab der Mitte des 16. Jahrhunderts von katholisch orientierten Herzögen bestimmt. 1623 wird Bayern in den Rang eines Kurfürstentums erhoben, das von der Residenz München aus gesteuert wird.

Bedeutung erlangen die Reichsstädte Augsburg, Donauwörth (1608 annektiert), Kaufbeuren, Kemten, Lindau, Memmingen und Nördlingen. Wenngleich sich die Schaltstelle in München befindet, ist Ausgburg mit seinen 50 000 Bewohnern vor dem 30jährigen Krieg die größte Stadt Süddeutschlands und $2\frac{1}{2}$ mal so groß. Die Bevölkerung hängt dem Katholizismus, Protestantismus und Calvinismus an; dazu gesellen sich religiöse Splittergruppen wie Schwenkfeldianer, Täufer und Paracelsisten. Hier leben um 1600 etwa 900 000 Bewohner.

Behringer erfaßt die Zauber- und Hexenprozesse im Zeitraum von 1300 bis 1800, wobei sich 90 % zwischen 1590 bis 1730 bewegen. Der Höhepunkt der Prozeßwelle wird um 1590 erreicht. Danach fällt sie ab. $\frac{3}{4}$ aller bekanntgewordenen Hinrichtungen fallen zwischen 1586–1631 und $\frac{3}{4}$ der Inhaftierten sind Frauen. Er ermittelt im Untersuchungszeitraum etwa 1 545 Hexenprozesse und gibt die Zahl der Hingerichteten mit 1 000 bis 1 500 an.

Im vergleichsweise großen Herzogtum Bayern werden etwa 100 Hexen abgeurteilt, davon $\frac{2}{3}$ in Schongau. Dennoch ist es nicht die größte Hexenverfolgung in Deutschland. Im nahegelegenen bischöflichen Pfleggericht (Markt) Oberdorf werden fast zeitgleich 68 Hexen verurteilt. Das H-Sonderkommando kann in die Analyse eingebunden werden. Von den hier erfaßten Nummern fallen (20 %) auf das heutige Bundesland.

Hexengesetzgebung

Im ältesten bayerischen Gesetzbuch, der Lex Bajuvariorum (733–40) wird der Ernteschaden geahndet, der uns als Schadenszauber bei späteren Hexenprozessen begegnet. Das Augsburger Stadtrechtsbuch von 1276 bestimmt: »Zauberei soll nur bestraft werden, wenn ein Schaden an Leib und Leben eintritt.« Dann soll wie bei Mord die Todesstrafe mit dem Rad vollzogen werden.

Das Freisinger Stadtrechtsbuch (1328) rechnet Zauberei zu den Verbrechen, die als Ketzerei dem geistlichen Richter vorzutragen sind. Dem steht gegenüber, daß das bayerische Landrecht Kaiser Ludwig des Bayern (1346) keine diesbezüglichen Bestimmungen enthält.

Hier wird erstmals 1506 Zauberei unter die Vitzumhändel gesetzt. Christoph Tengler, Professor für kanonisches Recht an der Ingolstädter Universität, stört sich daran, daß die durch die oberdeutschen Hexenprozesse erwiesenen Schandtaten von den meisten zu gering beachtet werden, daß sogar »bey den Rechtsgelehrten etwa mingerlay Zweifel und Disputation entstanden, als ob nichts an solchen kätzerlichen gebrauch der Unholden, noch zu glauben sei, das sy dardurch treiben, einichen schaden thun oder zufügen sollten.

Inwieweit sein Sohn an der Abfassung seiner Schrift mitgearbeitet hat, ist unklar.« Der Neue Layenspiegel (Augsburg 1511) sieht für die Hexerei das schärfste Prozeßverfahren vor; dennoch soll man ihn nicht zu hoch einschätzen.

Die Regensburger Synode von 1512 geht auf die Frage der »haeretici et sortilegii« ein und verdammt alle von der katholischen Lehre abweichenden Glaubensgemeinschaften als Sekten, alle eitlen und abergläubischen Gebräuche, das Wahrsagen und Teufelsbündnisse. Im Wunsch, das pestbringende Otterngezücht auszurotten, wird verordnet: »daß sich fortan jeder Priester und Kleriker, der sich in solchen Irrtümern verstrickt findet, zur Beichte schicke und darauf zum zuständigen Bischof, damit er ihm die Absolution erteile. Die öffentlich mit dem Laster befleckt sind, sind, wenn sie zum Abschwören ihrer Irrtümer nicht bereit sind, zu exkommunizieren.«

Für Bayern zeigt sich ein Zersetzungsprozeß des altdeutschen Gerichtsverfahrens. 1518 entsteht die *Reformation des Bayerischen Landrechts.* Nicht nur die Gesetzgebung, sondern auch die Strafrechtskommentare ignorieren den inquisitorischen Hexenbegriff sowie dessen unkritische Übernahme im *Layenspiegel.* In Bayern wird die Halsgerichtsordnung des Münchener Juristen Andreas Perneder (gest. 1543) maßgeblich, die unschädlichen Zauber von der Bestrafung ausklammert und sagt: »wer mittels der Schwarzen Kunst, Anrufung der bösen Geister oder anderer Zauberei den Leuten Schaden zufügt oder denselben wahrsagt, soll verbrannt werden. Hat aber jemand durch seine Kunst einem Kranken geholfen, oder Weingärten und Felder vor Schaden, Schauer oder Hagel behütet, so ist dies nach (der) Satzung weltlicher Rechte unstrafbar.«

Perneders Halsgerichtsordnung (Ingolstadt 1519) genießt hohes Ansehen und erlebt mehrere Auflagen. Die scharfe Gangart des *Hexenhammers* wird kaum beachtet.

Kurz danach wird die CCC. in Kraft gesetzt, die hier subsidäre Bedeutung erlangt. Ihre Verabschiedung fällt in eine Zeit, in der man dem Hexenwahn skeptisch gegenübersteht. Am Vorabend der Brände leuchtet noch einmal die Flamme der Vernunft auf.

Johann(es) Zink verfaßt 1549 die Abhandlung *De postetate daemonum, maleficarum et sagarum,* in der er die Auffassung vertritt: »daß es auf Träumen ruhe, wenn sich die Hexen in Tiere verwandeln und in solchen Gestalten vorgeben, Kinder zu verzehren. Das Hexenfahren sei eine Illusion. Viele wackere Männer wollen sie aus göttlichem Eifer verbrennen. Aber nicht geringer ist die Zahl derer, die sie aus Mitleid in Schutz nehmen, da es nicht wahr ist, daß sie den Menschen schaden.« Er vermag sich nicht durchzusetzen.

Unter dem Damoklesschwert der Kurie neigt man zu der Ansicht: »Schon der Grund, daß sich die Hexen mit dem Teufel einlassen, rechtfertige ihre Verbrennung.« 1629 entstehen eine *Hexenprozeßinstruktion* sowie ein Generalmandat gegen sie. Wichtig ist der Beschluß der Salzburger Provinzialsynode von 1569: »Wer Kunde hat, daß jemand in solche Irrtümer verstrickt ist oder anderen teuflischen Verkehr treibt und sich beim Bischof meldet, hat nichts zu befürchten, denn er kann nicht offenbaren. Er soll den Angeschuldigten mit Liebe zu bekehren suchen. Gelingt es nicht, soll man sich nach den kanonischen Vorschriften richten. Man soll die Beschuldigten darüber belehren, daß Teufelspakt, Buhlschaft (mit ihm) und Sabbatbesuch Illusionen seien.«

So etwa ist die juristische Ausgangslage vor dem Ausbruch der Verfolgungen. Da die Hexerei ein »neues« Verbrechen ist, ist Herzog Wilhelm V. an einer prinzipiellen Lösung der Frage interessiert.

Anfang April 1590 beauftragt er den Hofrat, ein Gutachten über die Bekämpfung der Hexerei abzufassen. Es wird gesagt, daß es sie gebe, daß es sich um das schlimmste Verbrechen handle und auszurotten sei. Allgemeine Regeln für den Prozeß können nicht aufgestellt werden, doch soll ein Gutachten vornehmer Theologen und Juristen eingeholt werden.«

Darauf befiehlt er der Universität Ingolstadt, ein solches über die möglichen Irrtümer bei der Hexenverfolgung zu erstellen. Die Antwort wird am 28. April 1590 unterzeichnet[4]. Es bildet die Basis zur Hexendiskussion in Bayern. Aus ihr wird eine Instruktion für untergeordnete Gerichte ausgearbeitet, die an sie verschickt wird. Im wesentlichen wird zum Ausdruck gebracht, daß man Hexen zu verfolgen hat. Man soll beim leichten Verdacht zur Folter schreiten und den Aussagen Glauben schenken; doch müsse darauf geachtet werden, daß nicht »vielleicht zu Zeiten der verdammt oder verurteilt werde, der in Wahrheit unschuldig ist.« In der Praxis neigt man zur Schärfe und läßt die gesetzlichen Vorsichtsmaßregeln (fast) außer acht[5].

Eine Münchener Handschrift aus dem Kloster Schleiern (1468 ff.) gibt eine Übersicht des volkstümlichen Aberglaubens, die vermutlich als Merkzettel für die Beichte anzusehen ist. Hier werden Abergläubische erwähnt, die meinen, Liebe oder Haß unter den Menschen stiften zu können, oder den Kühen die Milch geraubt werden kann.«

Der als heilig angesehene Antonius, Erzbischof von Florenz, (gest. 1459) erteilt Beichtvätern die Anweisung, Büßlinge zu fragen, »ob sie glauben, daß Frauen in Katzen und andere Tiere verwandelt werden können, bei Nacht fliegen und das Blut kleiner Kinder aussaugen. Diese Dinge seien eine Torheit.« Wie fortschrittlich denkt er gegenüber dem späteren *Hexenhammer?*

Katalysatoren

Neben volkskundlichen Aspekten müssen die wirtschaftliche Entfaltung des Jahrhunderts und die damit verbundenen oder ausgelösten Krisen gesehen werden. Gibt es einen Zusammenhang zwischen den Agrarkrisen und den daran gekoppelten Teuerungen, die zu einer Verarmung weiter Bevölkerungsteile führen? Gibt es eine Querverbindung zu der durch den Hunger iniziierten Zunahme der Volks- und Viehkrankheiten, der hohen Kindersterblichkeit? Gibt es eine Querverbindung zwischen der steigenden Kriminalität und dem Ausbruch der Hexenverfolgungen?

In der zweiten Hälfte des 16. Jahrhunderts kommt es zu einer Verschärfung der Strafjustiz: öffentliche Hinrichtungen werden zum »Schauspiel des Todes« und zu mancher Hexenhinrichtung sollen Tausende gereist sein! Gibt es eine Querverbindung zwischen den Pestausbrüchen, der Angst und den Hexen? Wie bewältigt man die Bevölkerungsexplosion und wie pendelt sich das Drängen zwischen Arm und Reich ein? Wie geht man mit der steigenden Zahl von Bettlern und fahrenden Leute um? Das Wüten gegen die vermeintlichen Hexen kann nicht isoliert betrachtet werden, denn es ist eingebunden in ein dramatisches Jahrhundert!

Führen Krisen zur Sensibilisierung von Bürgern und der Obrigkeit? Jetzt kommt der Justiz erhöhte Bedeutung zu.

Die erste Verfolgungswelle im süddeutschen Raum greift im Württembergischen. Ist es eine Folge von Mißernten als Folge von Unwettern? Das Getreide wird teuer und Hunger schließt sich an. Nach 1589 löst eine neue Teuerungswelle ähnliche Faktoren aus. Jetzt weiten sich die Hexenbrände aus, so in Ellwangen, Isny und Leutkirch, am Bodensee, in Konstanz, Überlingen, Wurzach, Bad Waldsee, Obermarchtal und Burgau. Der Freisinger Pfleg(e)richter in Garmisch wird von der aufgebrachten Bevölkerung bestürmt, nach dem Rechten zu sehen und angebliche Verursacher der Schäden (Hexen) zu verfolgen.

Öfters rotten sich Dorfgemeinschaften zusammen, um die Obrigkeit zum Verfolgen aufzufordern. Nach Behringer klettert der Angstpegel und so neigen Verängstigte zu Hysterien (Bobingen 1590, Augsburg 1629). Nach 1585 tritt eine Verteuerung ein und hält sich zehn Jahre. Gleichzeitig grassiert die Pest in Augsburg. Kurz danach im Allgäu, Freising, Lindau, Kempten, Kaufbeuren, Landsberg, Burghausen, Amberg, Beilngries, Abensberg und Windsheim. Fast überall schlagen Hexenverfolgungen los. Behringer findet die Formel:

> Extreme Agrarkrisen; Phasen der Verunsicherung = Große Hexenverfolgungen.
>
> »Billige« Jahre; normale Verhältnisse, Stabilität = Kleine Hexenverfolgungen.

Dann greift der Wahn auf Franken über. Zwischen den Pestepidemien von 1585–88 und 1592–93 finden Verfolgungen im süddeutschen Raum statt. Die Krise weitet sich und oft tritt der Hunger als Basis für den Teufelspakt in Erscheinung. Wie oft begegnet nicht der teuflische Satan armen Bürgerinnen, um sie zu trösten und vermeintliches Geld zu geben? In Ellwangen, Würzburg, Bamberg und Eichstätt erreicht das Wüten grausame Höhepunkte und den Zenit des Hexenwahns im deutschen Sprachraum.

Immer mehr Kometen tauchen am sündigen Himmel auf und die Meldungen über wundersame Zeichen, Blutregen, Monstergeburten (geschwollene Jungfrau von Esslingen?), Himmelserscheinungen und abenteuerliche Zeitungsmeldungen überschlagen sich. Das Geschäft der Wahrsager, Alchimisten, Goldmacher, Astrologen und obscurer Figuren steht im Zenit.«

Daneben treiben Höllen(be)zwinger, Hexen(er)kenner, Geisterklopfer und dergleichen Gelichters ungescheut ihr Werk und vermehren und schänden das göttliche, geoffenbarte Wort; Wunderdoktoren schreiben

Hexenszene und gleichzeitig Neujahrskarte von 1514. Hans Baldung Grien. →

Bücher und Scharteken für Gelehrte und das einfache Volk. Andere ziehen herum und wieder andere betrügen; hoch und niedrig, sie verbreiten den seltsamsten Mißglauben und solcher gemeiner teuflischer Künste gibt es viele.« In einer Zeit hohen Analphabetentums muß sich dies bemerkbar machen.

Eine Ursache für die Teuerung des 16. Jahrhunderts wird im Bevölkerungsanstieg gesehen, der ab 1500 feststellbar ist. Dennoch ist die Verarmung nicht generell; Nutznießer sind in erster Linie Klöster und kirchliche Institutionen, die gigantische Schenkungen erhalten. Der Adel, Händler, Spekulanten, Betrüger und Besserwisser profitieren am Geschäft der Angst. Die soziale Schere geht auseinander. Die Fürstenhöfe steigern ihren Pracht- und Machtzuwachs. Einfache Handwerker und Taglöhner können ihre Familien nicht ernähren. Das Jahrhundert hat ein »doppeltes« Gesicht.

Ein weiteres ist zu beachten. Im Laufe des 16. Jahrhunderts sind Zentralisierungsmanöver an der Tagesordnung und immer mehr wird der Staat von oben nach unten dirigiert.

Stehende Heere verändern das Gesicht Europas und begleitet wird es von Rechtsunsicherheiten. Die CCC. sucht sie zu nivellieren, aber die Clausula salvatoria durchlöchert sie. So zeigt sich eine Verhärtung in vielen Bereichen des täglichen Lebens.

Die Religiosität ist empfindlich getroffen. Die Katholiken sind zur Teilung ihrer Beute gewungen und sukzessive erobert die Gegenreformation ein Stück vom Glaubenskuchen. Protestanten, Calvinisten, Zwinglianer und Splittergruppen wie die Täufer (u. a.) verunsichern die Menschen. Humanistische Bestrebungen, der Drang nach vorn, die ungehemmte Kritik, das Abschütteln vom Altgewohnten, das alles und die fürstliche Willkür lassen ein Weltbild der Verzerrung entstehen. Jetzt wird die Welt zum Schlachtfeld zwischen den Anhängern des Teufels und Gottes[6]. Der

emotionale Gegenschlag

wirkt sich vor allen in Bayern aus. Zeitgenossen schildern das Unheil. »Und anfangs ist laider vor augen, daß der Zorn und Plagen Gottes, bey dieser Zeit hin und wieder schwöbenden Kriegsentböhrungen, Pestilentz und allerley gefährlicher suchten und kranckheiten nicht allein ab: sondern je lenger, je heftiger an mehr orthen theils auch in unsern Fürstenthumbden ganz erschröcklich zunemen unnd wachsen, welches dann allermeistes daher erfolgt, daß bey jetziger Gottlosen verruchten Welt allerhand Sünden, Laster, von Tag zu Tag oberhandt nemmen[7].«

In den 1560er Jahren wettert der jesuitische Domprediger Petrus Canisius in Augsburg gegen die sündigen Menschenkinder. Götz von Pölnitz hat die Reaktion der Oberschichten eingefangen: »Merkwürdig berühren sich die häufenden Nachrichten von der jähen Bußgesinnung einer ekstatisch erregten, mystisch überwach gewordenen Oberschicht als Zeugnisse ihrer Atmosphäre des Überganges. Sie liegt zwischen jener verleuchteten, signorilen Lebensfreude der dekadenten Spätrenaissance und einem asketischen Rigorismus gegenreformatorischer Heiliger.«

Spürbar wird es durch die zu Tage brechende mystisch, marianische Grundhaltung. Wilhelm V. läßt sich in asketischer Dunkelheit konterfeien, fernab sinnlicher Pracht und leuchtend-symbolhaften Farben. Marienbruderschaften und -säulen entstehen; marianische Kongregationen gesellen sich dazu. Die Töchter der bayerischen Herzöge erhalten den Namen Maria und der Erbprinz Kurfürst Maximilians wird Ferdinand Maria getauft. Maria die Alleinseligmachende, Spenderin des Trostes und Glücks.

Schon der *Hexenhammer* sieht sie heilsgeschichtlich als Gegenstück zu Eva. Während sie durch den Sündenfall das Böse in die schon vorher böse Welt gebracht hat, hat die jungfräuliche Maria nach dem damaligen Volksglauben den Erlöser geboren. Sie wird zum Symbol der Hilfe, Gnade und Jungfräulichkeit.

Die Hexe des Verruchten, Bösen, Schadhaften und Negativen. Institoris und Sprenger haben den Mariensegen als Schutz gegen Verhexungen ins Kalkül gezogen. Neurotische Frömmigkeit kontra abgrundtiefe Boshaftigkeit. Die bayerischen Herzöge Maximilian und Ferdinand verschreiben sich mit Blut der heiligen Maria zu Altötting. Es ist das Gegenstück zu den teuflischen Verschreibungen der Hexen.

Ein Bombardement von Sittenmandaten schlägt über den Köpfen der Untertanen zusammen. Gotteslästern und Fluchen werden strafrechtlich verfolgt, enge Hosen und wallende Busen verboten. Ehebruch wird im Wiederholungsfall mit dem Tod gestraft und Leichtfertigkeit und Unzucht argwöhnisch beobachtet. Gemeinsames Baden, Tanzen, Singen und Trinken gelangen in den Geruch des Verwerflichen. Kartenspielen, Sternsingen, übermäßiger Aufwand bei Taufen und Hochzeiten, das Johlen und Schreien in Bier-

Die verschiedenen Strafen und Hinrichtungsarten im Mittelalter. Darstellungen im Hintergrund: Ohr abschneiden, Ertränken, Vierteilen, Verbrennen, Hängen, Blenden. Im Vordergrund: Stäupen, Enthaupten, Rädern, Hand abschlagen. Holzschnitt aus: Ulrich Tenglers Laienspiel, Augsburg 1509.

häusern, Schenken und Krügen; alles wird reglementiert oder verboten. Schon beobachtet jeder jeden und besagt ihn um eines winzigen Vorteils willen; mehr noch als die angeblichen Hexen untereinander!

Die Alternative ist das reuevolle Niederknien, Einhalten der göttlichen Gebote, das intensive Beten und mehrfache Läuten der Kirchenglocken am Tage. Folgerichtig erscheint 1593 das Mandat wider alle weltliche Freud. Behringer spricht von der »sauertöpfischen Tristigkeit des Lebens«, das Ventile sucht und findet.

Jetzt hat man sie: die Sündenböcke. All dies trägt dazu bei, die ersten wesentlichen Hexenverfolgungen einzuleiten. So wird aus einem kleinen Funken ein Flächenbrand. 1563 schreibt Petrus Canisius an den Jesuitengeneral Laynez: »Überall bestraft man die Hexen, welche merkwürdig sich mehren. Ihre Freveltaten sind entsetzlich. Man sah früher in Deutschland niemals die Leute so sehr dem Teufel ergeben und verschrieben. Unglaublich ist die Gottlosigkeit, Unzucht (und) Grausamkeit.«

Keinesfalls sehen es nur die römisch-katholischen so. Im Wüten gegen angebliche Hexen geben sich die Religiösen brüderlich die Hand und suchen sich zu übertrumpfen. Alle gehen von der falschen Vorstellung aus: man zeigt sich einig über die unchristliche Ausrottung der Widersacher, die das verfälschte Christentum geschaffen hat. Und doch kann man es so nicht sehen, denn der Prozeß der Zivilisation hat ältere Wurzeln!

Die Flut der protestantischen Teufelsliteratur setzt um 1560 an. Wenn im Herzogtum der Besitz solcher Traktate über die Wirksamkeit des Teufels verboten wird, so vor allem, weil sie von reformierten Autoren stammen!

In einem Dekret Wilhelm V. wird gesagt: »Nachdem durch das Verhängnis Gottes, von unseren Sünden wegen, das abscheulich und erschreckliche Laster der Zauberey und Hexenwercks von Tag zu Tag weiter einreißen und durch Anstiftung des Bösen zu des Menschen endtlichen Verderben immerdar wachenden Feinds je länger je mehr in Deutschland ... gemain werden, auch schon ... diße landen ergreifen will. Allso ist ... unser gnedigster Fürst ... zu Rettung der Ehre Gottes, dann auch in Abmahnung allerley zeitlichen Unglücks und Unheils, so durch diß verfluechts und Gott zum allermei-

Frühe Zauber- und Hexenprozesse im Herzogtum Bayern*)

9. Jh.	Agobard von Lyon spricht über die abgrundtiefe Dummheit Vieler und beklagt, daß sie aus Verblendung des Teufels an die Macht der Zauberer und Wettermacher glauben.
11. Jh.	(Ende) Unterhalb des Freisinger Domberges werden drei Frauen von der aufgebrachten Menge gelyncht, gemartert und verbrannt. Mönche des Klosters Weihenstephan bergen heimlich deren Überreste.
1417	In Landshut wird eine Frau wegen ihrer Zauberkünste öffentlich zur Schau gestellt. Im Wiederholungsfall bedroht man sie mit Stadtverweisung.
1427	In München wird eine Frau, die mit einem Liebeszauber einen Kaplan betört hat, ausgewiesen.
1434	In Regensburg schreitet man gegen Magdalena Walpotin ein.
1435	(Oktober) Prozeß gegen Agnes Bernauer. Sie wird von der Straubinger Brücke gestoßen und ertränkt.
1443	(und 1493) werden in Lindau je ein Zauberer verbrannt. Beim Letztgenannten wird die klerikale Inquisition eines Sprenger und Institoris spürbar.
1467	In Regensburg wird ein Zauberer gehängt.
1469	In Augsburg wird ein Zauberer ersäuft.
1484	Beschuldigung wegen Hexerei in Unterthingau (b. Kempten).
1486	(davor) Die Autoren des *Hexenhammers* schildern einen Hexenprozeß in der Diözese Konstanz, wo ein Gewitter Früchte verdorben hat. Die Ratsherren gehen gegen die Badmutter Agnes und eine Anna von Mindelheim vor. Beide werden verbrannt.
1487	Für Nördlingen ist der erste Hexereiprozeß in Südostdeutschland dokumentiert. Ausgangspunkt ist eine Besagung aus Schlettstadt (Elsaß).

*) Zusammengestellt nach: Behringer, W.: Hexenverfolgung in Bayern. Volksmagie, Glaubenseifer und Staatsräson in der Frühen Neuzeit. Studienausgabe. München 1988.

sten widerstrebenden Lasters über die Menschen verhengt wird, endtlich bedacht, gesinnt und entschlossen, all dasjenige, was zur Ausrottung desselben gehört, und ein weltliche Obrigkeit dabey fürzunemmen schuldig, zeitig und wohl berathschlagen und folgends in der weiß nach bestem Vermögen richten zu lassen. Damit die Ehre des Allmächtigen gerettet der armen verführten Leut Seelenheil gefördert, und der gemein Schaden, so durch solch erschrecklich Laster über die Menschen verhängt wird, etwas abgewendet werde.«

Letztes Zögern

Es wird deutlich, daß die Gangart des Sprenger und Institoris die von Einzelgängern sind. Ihr Einfluß **muß** zurückgenommen werden. Die allgemeine Rechtslage spricht gegen das Besagertum. Vorschnelles Beschuldigen des Nachbarn oder eine nicht fundamentierte Klage können dazu führen, sich die Finger zu verbrennen. Oft werden Beschuldigte (manchmal unter Auflagen) freigesprochen.

In der Adelsherrschaft Pleß bei Memmingen wird ein Bäuerin besagt, deren Familie im Geruch der Zauberei steht, ohne daß gerichtlich gegen sie eingeschritten wird. So scheut man sich vor öffentlichen Klagen und sucht in vielen Fällen die Dinge mit dem landläufigen Aberglauben, bzw. Schaden- und Gegenzauber zu regeln. Dieser Aspekt im Hexentreiben ist seither kaum gewürdigt.

Bei einem Hexenprozeß der Reichsstadt Memmingen erzählt 1518 ein Bauer über seine ebenso zahlreichen wie sinnlosen Gegenzauberversuche wider eine mehr seit 30 Jahren bekannte Milchdiebin: »Deshalb man Im vil und mancherley kunst gelert, die hab er versucht, die habe nit allweg helffen wollen. Dann allein ein Fraw ain kunst mit (der Hexe) Ursula Strewbin feuer auß irem ofen (gelehrt). Wann der diselbe thut, so helff es Im ein weyl. Aber so pald strewbin Iren Kopf In sein haus stieß, oder umb sein Haus gieng, so were es wie vor.«

Nürnberg distanziert sich und sagt: »daß man von den trutten und teufelswerk nichts halte, sondern daß es ein lauter Wahn sey, darumb hab man anders nicht gestraft, dann innen das land verpoten.« Im Mandat des *Trutenwerks, Zaubereien und Wahrsagereien halber* (1536), wird das Delikt als »greyfflichen falschen Betrug« delariert. Hans Sachs schmettert den Hexenwahn als »Traum und Fantasey« ab und meint: »kein wahrer Christ könne einen solchen Unsinn glauben.« Kurz danach reiht der Ingolstädter Humanist Johannes Turmair aus Abensberg Hexen unter die mystischen Gestalten.

Der Obrigkeit scheint der Umgang fremd. 1549 erklärt im Fürststift Kempten der adelige Inhaber der Gerichtsbarkeit, er habe nie zuvor mit einer solchen Sache zu tun gehabt. Vor der Weiterleitung an die Regierung sucht der Reichsritter Veit Wertenstein zu Ebersbach die verdächtige Bäuerin auf und ersucht sie zur Rücknahme angeblicher Verhexungen. Und doch fällt auf, daß vor dem Ausbruch der Verfolgungen Klagen des Hexereiverdachtes zunehmen; vereinzelt schlagen sie in Prozesse um.

Daraus könnte man ableiten, daß sich das Volk erst bei existentiellen Bedrohungen an die Obrigkeit wendet, da sie sonst niemand hat, der ihr helfen kann. So ist denkbar, daß die Potenzierung der Volksmagie im Laufe des 16. Jahrhunderts zu Hexenverfolgungen ab seiner zweiten Hälfte beigetragen hat. Beweisen kann man es nicht. Es läßt sich nur sagen, daß wir auch heute wieder einen solchen Schub haben und daß in dem Umfeld das Hexenwesen explosionsartig wuchert, wobei die feministischen Eskapaden den keinsten Raum einnehmen und nicht mehr zur Folter gegriffen wird.

Ein Phänomen ist der nahezu gleichzeitige Ausbruch mit identischen Argumenten ohne Absprache, spezielle Gesetzgebungsformen und Verhaltensweisen. Das juristische Bindeglied ist der § 109 der CCC. (Schadenzauber); und doch verschiebt sich dieses Argument in die Richtung eines göttlichen Strafgerichtes. Gott hat sich erhoben, um die sündhaften Menschen zu züchtigen. In dem Wechselbad haben wir die Szene zu bewerten. Über die Bedeutung des Schadenszaubers berichtet die in Ulm publizierte *Erweytterte Unholden-Zeitung* (1590).

Bald streitet die angebliche Macht Gottes gegen die ebensolche der angeblichen Hexen[8]. Fast gewinnt man den Eindruck, daß weder das Volk noch die Obrigkeit den unliebsamen Gast haben wollte, den sie gerufen hat. Für Theologen ein idealer Humus zur Verbreitung ihres fragwürdigen Halbwissens.

Hans Sachs schmettert den den Hexenwahn als »Traum und Fantasey« ab und meint: »Kein wahrer Christ könne einen solchen Unsinn glauben.«

Dr. Kaspar Lagus[9] (1533–1606) von der Ingolstädter Universität weist auf 80 Jahre zurückliegende Verfolgungen, womit er nur die Brände in Heidelberg gemeint haben kann. Der Münchener Buchdrucker Adam Berg schreibt im Vorwort des *Traktates von Binsfelds Bekantnus der Zauberer und Hexen* (1591): »er habe von alten Leuten verstanden, daß man vor Zeiten alle hundert Jar disem Laster mit allem Ernst gewert und solche Lust ausgereutet habe.«

Der Gutachter des lutherischen Pfalzgrafen Philipp Ludwig von Neuburg, Dr. Christoph Mumprecht (1560–1620) meint: »bei der Hexerei handle es sich um ein neues Verbrechen, da es weder in der Bibel, noch in der antiken Literatur, weder in kirchlichen noch weltlichen Gesetzsammlungen erwähnt werde[10]; ein solches Verbrechen könne nur auf die Endzeit deuten[11]. Für ihn ist es Unholderey und Hexenwerck.

Auf Verlangen des Markgrafen Georg Friedrich (1556–1603) entsteht eine *General-Instruction von den Truten*[12], wo der göttliche Zorn zwischen den Zeilen spürbar wird. Nun gibt das liberale Nürnberg seine Haltung auf[13] und ein zeitgleiches Grundsatzgutachten aus dem katholischen Herzogtum Bayern unterstreicht es[14]. Der Teufel scheint wieder an die Macht zu gelangen und alle wider ihn streitenden Kräfte werden unter dem Banner der Theologen zusammengenommen, um das Theoretikum kleinzukriegen.

Doch wieso hat ihm die göttliche Allmacht solche Befugnisse eingeräumt? Kann er doch nach der theologischen Deutung **nur** mit Gottes Zustimmung tätig sein! Was soll es bedeuten? Erst jetzt wird es dramatisch, da es für einen solchen Unsinn keine menschliche Erklärung gibt. Nach Auffassung der Nürnberger Gotteskundler war (jetzt) die Hexerei: »das höchst und greulichst Laster, damit Gott am meisten erzürnt wird, aus deßen unterlaßener Bestrafung nothwendiglich gemeine Landtplagen erfolgen müßen.« Der Startschuß der (bayerischen) Hexenverfolgungen fällt im

Hochstift Augsburg[15]

Politisch gesehen liegt das Territorium mit 150 Hinrichtungen an der Spitze der Verfolgungen[16]. Es lassen sich vier Wellen ausmachen, die ihren Ausgang in

Dillingen

nehmen. Die hier sitzende Regierung scheint der Motor gewesen zu sein. Fürstbischof Marquard von Berg (1575–91) und die Hochstiftsregierung haben den Meister von Biberach von vornherein: »uf ein gantz Jar lang bestölt oder gedingt, dann Ire F. G. gänzlich willens sein, ine irem gebieth gegen diesen verfluechten gesündt mit allem ernst zu procedieren.«

Die Gründung der Universität macht das Hochstift zum Bollwerk des deutschen Katholizismus[17]. Hier wird für nachgelagerte Kampagnen das Vorbild ersonnen und die Dillinger Hexenprozesse zeigen Wirkungen. Noch im frühen 17. Jahrhundert wird in Streitfällen auf sie verwiesen. Der Prozeß gegen Margaretha Kellerin hat in der Region die Bedeutung, die mit dem Fall des Trierer Bürgermeisters Dr. Flade vergleichbar ist. Sie ist Patrizierin und Frau des 1584 verstorbenen Hofratssekretärs Bartholme Kellner. Enge Verwandte waren Domherren in Augsburg und einer Syndikus des Domkapitels.

Mit Petrus Canisius und Gregor von Valencia bietet Dillingen prominente Befürworter zur Bekämpfung der Hexerei. Valencia lehrt hier, bevor er nach Ingolstadt gerufen wird. Er ist an der Ausarbeitung des Hexengutachtens beteiligt. Währenddem findet in Dillingen ein spektakulärer Hexenprozeß statt, der 1574/75 mit einem Todesurteil endet. Der Prozeß gegen den Roßhirt Conrad Stöckhlin (siehe dort), wird von hier aus dirigiert.

Bedeutung bekommt die Dillinger Hexenverfolgung 1587–91, die durch das Auftreten unnatürlicher Krankheiten hervorgerufen wird. Bei den Geständnissen einer Hexe wird deutlich, daß sich mehrere Mitglieder der Regierung geschädigt fühlen; dem ehemaligen Kanzler Dr. Peuter hatten sie angeblich die Frau und zwei Kinder getötet, dem bischöflichen Statthalter Graf von Stauffenberg ein Kind, während seine Frau aufgrund eines Gegenzaubers überlebt.

Auswirkungen haben die Dillinger Hexenverfolgungen durch die Randlage der Residenz(stadt) für das Fürstentum Pfalz-Neuburg. Von Dillinger Beschuldigungen nehmen hier die Hexenverfolgungen ihren Anfang; möglicherweise (auch) in Lauingen. Eine dritte Verfolgungswelle beginnt 1589 südlich von Augsburg in

Schwabmünchen

Hier sind kindliche Phanstasien der Auslöser. Der Hofrat von Dillingen ordnet eine Inquisition an. Der Pfleger und Henker des benachbarten bischöflichen Pfleggerichtes Oberdorf soll zugezogen werden. Im Mai 1589, nachdem sie gegen die durch ein Kind beschuldigten Frauen Klagen wegen Schadenszaubers eingestellt haben, ordnet die Regierung den Beginn der (dortigen) Verfolgungen an. Leitung und geistliche Betreuung liegen in Dillingen. Ein Fragenkatalog wird ausgearbeitet, das Gefängnis in Ordnung gebracht und ein zusätzlicher Scharfrichter geordert.

Von Bobingen aus dehnen sich die Verfolgungen auf die benachbarten bischöflichen Gerichte Wehringen, Göggingen und Schwabmünchen, sowie auf Kleinaitingen (Domkapitel Augsburg) und die Reichsstadt Augsburg aus.

Die vierte große Verfolgung des Hochstiftes beginnt 1590, nachdem mehrere Frauen aus dem bischöflichen Pfleggericht Helmishofen von einem Hexenprozeß in der Ritterherrschaft Osterzell bezichtigt wurden; dazu sollten in Oberndorf fünf und in Helmishofen fünf Blockhäuser als zusätzliche Gefängnisse hergerichtet werden. Zusätzlich beginnt aus lokalen Gründen ein Hexenprozeß in Nesselwang, der nach Oberndorf gelegt wird.

Innenansicht Folterturm in Wemding. Foto: Susanne Brand, Wemding. Mit freundlicher Genehmigung.

Dann weiten sich die Prozesse auf das Hochstiftsgebiet aus. Sie beginnen im Pfleggericht Rettenberg, im Gebiet von Füssen, Dinkelscherben, Zusmarshausen, Großaitingen und (wieder) in Dillingen. Mit der Vielzahl kommt die Routine und langsam formiert sich die Vernichtungsmaschinerie.

In Rettenberg werden es 23 Opfer, in Schwabmünchen 27 und in Oberndorf 68. Ab 1592 überlagert ein größerer Schrecken die Region; die Pest bricht aus und so werden die Verfolgungen eingestellt. Die Hexenprozesse im Landgericht

Zusmarshausen

nehmen ihren Anfang von einem scheinbar offenkundigen Fall von Zauberei, der sich bei den Augsburger Fleischbänken abspielt. Dort hat eine Mutter während des Einkaufs die achtjährige Tochter abgesetzt. Eine alte Frau aus Oberhausen (b. Augsburg) schenkt ihr ein Stück Brot. Kurz danach wird es bleich, fängt an zu keuchen und schwer zu atmen. Dann schwillt dessen Gesicht. Die Menge beschuldigt die Alte der Hexerei, worauf sie am 6. Juni 1590 verhaftet wird. Einen Tag später ordnet der Hofrat in Dillingen die Inquisition an. Zehn Tage nach der Verhaftung wird der Scharfrichter Christoph von Biberach beordert und am 12. September wird ihre Verbrennung angeordnet. Sie hat weitere besagt. Drei Monate später wird die erste der von ihr Bezichtigten verbrannt und nach 1591 dauern in Zusmarshausen Verfolgungen an. Sie greifen auf die Nachbarorte Burgau, Göggingen und Augsburg über.

Fürstentum Pfalz-Neuburg

Unter Herzog Philipp Ludwig (1569–1614) war die Region lutherisch und insofern mit dem benachbarten Württemberg vergleichbar. Aus der Zeit vor 1587 sind bislang keine Hexenhinrichtungen bekannt. Lediglich von Höchstadt (Donau) ist 1570 die eines männlichen Zauberers erwähnt. Doch registriert man hier das Geschehen in Dillingen. Der Landesvater zeigt sich kooperativ. Der Landvogt von Höchstädt, Hieronymus von Diemantstein, fühlt sich (1587) verhext und bei der Regierung von Neuburg setzt er sich für die Hexenverfolgungen nach dem Vorbild des Hochstiftes Augsburg ein.

Dennoch entscheidet man sich hier für einen diplomatischen Weg. Der Konsulent Christoph Mumbrecht wird mit einem Gutachten über das Wesen und die Behandlung der Hexerei beauftragt. Dann zieht man Theologen zu Rate. Drei Frauen liegen wegen Hexenwerks in Haft und man bedeutet ihnen: »niemand fälschlich anzuzeigen.«

Schließlich werden über 20 in den Hexenbann gezogen, sieben inhaftiert und fünf in Höchstädt verbrannt. Da sie arm sind, kann von einer Bereicherung der Justiz (hier wie anderswo) nicht gesprochen werden. Neben dem pfälzischen Scharfrichter von Lauingen assistieren die Henker von Donauwörth, Wertringen (Pappenheim) und Izheim.

In Pfalz-Neuburg verbreiten sich 1589/90 die Hexenprozesse über mehrere Teile der zersplitterten Region. Hinrichtungen sind aus Lauingen und Tapfheim bekannt; andere Prozesse in Lauingen und Kelmünz enden mit Freisprüchen.

Das Hexenwesen in der regional zerplitterten Pfalz wird an mehreren Stellen des Buches besprochen.

Kleinere Territorien

Die in sich zersplitterten Grafschaften verfügen oft über eine eigene Hochgerichtsbarkeit. Vereinzelt gehen von den Mini-Gebilden Austrahlungen von Verfolgungen auf größere Regionen über. Hier setzen die Verfolgungen 1586/87 ein und die Masse der Prozesse wird zwischen dem Herbst 1589 und der Pest von 1592 geführt.

Den größten Eifer zeigen die Grafen von Oettingen, wobei unklar ist, ob es auch deren protestantische Linie betrifft. Prozeßort ist Wallerstein. Die Gesamtzahl der hier Verurteilten läßt sich nicht fassen[18].

Ein schwäbischer Kaplan stellt 1590 heraus: »Graf Wilhelm Zue Oettingen, Ain gefürster Herr Zue Wallersteyn ... wie billich ist. In laßt kain ruehe ... Biß daß sie alle sein zuemal, gebunden an des Rostes Pfal ... herr Marx Fugger der wolgeborn, Thuet auch die böse thatten, Außreytten, straffen und rathen, in sein Gerichten weit und breit... der Erwürdig Herr zum heyligen Creyz, Thuet auch nit tretten außwerts seits.«

In einer Bamberger Quelle wird gesagt: »der alte Meister von Öttingen habe 32 Trutten gerichtet«. Am 4. Juli 1589 kommt es zu einer Verbrennung von zehn Hexen, an der 30 000 (?) Zuschauer teilgenommen haben sollen[19]. Die Prozeßführung gilt als so berüchtigt, daß Nördlinger Bürgerinnen darum bitten: »man möge sie nicht nach Oettingen ausliefern.«

Wegen der unbefugten Abführung von Personen nach Wallerstein, Eingriffe in die Nördlinger Hexenprozesse und Übergriffe bei der Konfiskation strengt die Reichsstadt Nördlingen zwischen 1591–96 drei Prozesse vor dem Reichskammergericht gegen Oettingen-Wallerstein an[20].

Geleitet werden sie von Dr. Paulus zum Ackher, der später als Hofrat fast zwanzig Jahre lang die Verfolgungspartei des Hochstiftes Augsburg führt. In der habsburgischen

Markgrafschaft Burgau

werden Frauen als Hexen gerichtet. Aus Franken sind Verfolgungen belegt in der Herrschaft Pappenheim, der Grafschaft Limpurg, Löwenstein-Wertheim, der Herrschaft Geyern und der Grafschaft Seinsheim, ohne daß deren Ausmaße erfaßt werden können.

Unter den kleineren geistlichen Territorien sind Hinrichtungen auf dem Gebiet des Domkapitels von Augsburg, sowie dem Dorf Donaumünster, dessen Blutgerichtsbarkeit bei dem Abt des Klosters zum heiligen Kreuz bei Donauwörth liegt. Einige der beschuldigten fliehen nach Kaisheim, werden aber gefangen. Der lutherische Pfalzgraf hat gegen die Todesurteile des Abtes nichts einzuwenden. Die größte Hexenverfolgung findet 1590 auf dem Gebiet der Deutschordenskompturei

Ellingen

statt, wo mindestens 72, möglicherweise aber mehr Hexen verbrannt werden[21]. Darüber hat sich eine Notiz erhalten. Verfolgungen in Nennslingen und Ellingen lösen Prozesse in der Reichsstadt Weißenburg aus. Ellinger Hexen tanzen im Weißenburger Wald. Die Verfolgung in Ellingen wird durch den Meister Hans Vollmair von Biberach durchgeführt. Das hochrangigste Opfer ist am 7. Februar 1590 Barbara Strauß, Frau des Kanzlers Hans Strauß von Ellingen. Im

Herzogtum Bayern

setzen ab 1589 Verfolgungen ein. Hinrichtungen finden in den Jahren 1590/91 statt. Von München aus erfolgt der Dirigismus, wo aber auch die Stadt selbst von Hexenprozessen berührt wird. In München stürzt der neu erbaute Turm der St. Michaelskirche, der

Ein einmaliges Beispiel deutscher Rechtsgeschichte: Regensburger Fragstatt im Originalzustand am Originalplatz. Der hölzerne Winkel des Streckgalgens (in der Bildmitte) ist die sog. »schlimme Liesel«. StA Regensburg. Mit freundlicher Genehmigung. →

Verfolgungen mit mehr als 20 Opfern in Herzogtum Bayern*)

Zeitraum	Region	Opfer
1586–88	Rettenberg (Hochstift Augsburg)	25
1589–91	Schwabmünchen (Hochstift Augsburg)	27 mindestens
1590–92	Oberdorf (Hochstift Augsburg)	68
1589–91	Schongau (Herzogtum Bayern)	63
1589–91	Ingolstadt (Herzogtum Bayern)	22
1589–91	Werdenfels (Hochstift Freising)	52
1590–91	Freising (Hochstift Freising)	22
1589–91	Fugger Herrschaften	...
1589–94	Grafschaft Oettingen-Wallerstein	25 mindestens
1589–94	Reichsstadt Nördlingen	34
1586–94	**Zwischensumme**	**338 mindestens**
1614–15	Hochstift Passau	20 mindestens
1628–30	Reichertshofen (Fürstent. Pfalz-Neuburg)	51
1626–30	Grafschaft Oettingen-Wallerstein	20 mindestens
1629–31	Wemding (Kurfürstentum Bayern)	40 mindestens
1614–31	**Zwischensumme**	**131 mindestens**
1586–1631	**Summe der Mindestzahl der Opfer**	**469**

*) Zusammengestellt nach den Recherchen von Behringer.

Triumpfkirche der Gegenreformation, ein. Ein Fugger-Korrespondent meint 1590: »ist vergangene Tage so ein grewlich Wetter abgangen, dem Thurm und gebew (beim Einsturz) nit wenig befürderung mechte geben haben, dann vill der meinung, das sollich ungewonnliche gewütter von den vermaledeiten bösen Weibern gemacht worden. Unnd were sehr gut, mit ihnen darauf zu truckhen. Und hier Niemandts verschonet, der reichen sowohl, Alß der Armen wurde.«

Die größte bayerische Hexenjagd beginnt 1589 im Landgericht Schongau. Ihr Vorbild sind Verfolgungen in Dillingen (1587) und

Verfolgungen von zehn bis 19 Opfern im Herzogtum Bayern*)

Zeitraum	Region	Opfer
1563–65	Illereichen (Graf v. Rechberg)	8 mindestens
1575–78	Allgäu (?)	10 mindestens
1591	Reichsstadt Kaufbeuren	17
1600	München (Herzogtum Bayern)	12
1609	Wemding (Herzogtum Bayern)	10
1612–13	Dillingen (Hochstift Augsburg)	14
1630	Neuburg (Fürstentum Pfalz-Neuburg)	16 mindestens
1656–60	Wasserburg/Bodensee (Gf. v. Fugger)	10 mindestens
1689–92	Haidau (Kurfürstentum Bayern)	14
1701–02	Haidau (Kurfürstentum Bayern)	18
1721–22	Freising (Hochstift Freising)	11
1563–1722	**Summe der Mindestzahlen der Hexenopfer**	**140**

*) Zusammengestellt nach den Recherchen von Behringer.

der Markgrafschaft Baden (1586). In den östlich benachbarten Landgerichten Weilheim und Tölz werden 1590 91 Hexen gerichtet; doch bleiben es kleinere Kampagnen. Das zweite bayerische Verfolgungsgebiet läuft entlang der Donau zwischen Ingolstadt und Kelheim (ebenfalls 1589).

In Ingolstadt werden 1589/91 22 Frauen als Hexen verurteilt[22]. Die Stadt hat zentrale Bedeutung für die intelektuellen Varianten des Hexenwahns. Hier studieren der spätere bayerische Kurfürst Maximilan I. (1597 bis 1651) und der spätere Kaiser Ferdinand II. (1619–37) unter jesuitischer Anleitung. Gregor von Valenzia hat – soweit aus dem Briefwechsel mit Maximilian erkennbar, an mehreren Hexenverhören und -folterungen teilgenommen. Er ist von 1589–91 Beichtvater des Prinzen, überdies Mentor und Reisebegleiter; die Infiltration ist unverkennbar.

Obwohl Ingolstadt über die Hochgerichtsbarkeit verfügt, setzt sich die Regierung in München darüber hinweg und prozessiert in absolutistischer Machtfülle durch Kommissare. In Ingolstadt verhält man sich zögerlich. 1589 schreibt der spätere Herzog Maximilian an den regierenden Fürsten Wilhelm V. (München): »Der Stadtrat zeige nit viel Lust zur Verhaftung und Tortur der Hexen.« Ein enger herzoglicher Vertrauter berichtet von hier: »wann schon der Verdacht auf etliche Persohnen (die ohnedeß der Häxerey, kellerfahren ... übel beschrait) sehr scharf gehen, so fragt man danach nichts, unnd ist man diß orts plind und taub.«

Östlich von Ingolstadt sind im Herzogtum Hexenprozesse in den Landgerichten Vohburg, Neustadt (Donau), Abensberg-Allmannstein, Kelheim, Neuessing, Straubing, Eggenfelden und Griesbach nachzuweisen. Der Herr der Adelsherrschaft Randeckh im unteren Altmühltal klagt darüber, daß in seinem Markt Essing mehrere Frauen beschuldigt wären, als man »in ihrer Nachbarschaft zu Abensberg, in der Neustadt, Kelheim und anderen nächstgelegenen Orten (den Hexen) starckh nachgestellt.« Aus der Zeit hat sich ein Fragenschema erhalten, das noch immer – fälschlich – als Kelheimer Hexenhammer gehandelt wird[23].

Neben Ingolstadt und Abensberg war möglicherweise Kelheim um 1590 stark von Hexenverfolgungen betroffen.

Schwierig ist die Beurteilung für München. Hier werden mindestens vier Frauen als Hexen abgeurteilt. Mehr als 15 Personen sind inhaftiert, unter ihnen reiche Gastwirtinnen. Die Prozesse werden paritätisch von Stadt- und fürstlichen Hofräten geführt. Der Falkenturm ist mit Hexen belegt. Im Juli 1590 werden mindestens fünf, vielleicht zehn Frauen gerichtet. Der von den fürstlichen Räten durchgesetzte Folterprozeß unter Zuhilfenahme Abriels stößt auf den Protest der Stadt[24], die ultimativ ein Ende fordert.

Hochstift Freising

Dem Fürstbischof Ernst von Freising (1566–1612), Bruder des Bayernherzogs Wilhelm V., bedeutet das ihm anvertraute Hochstift wenig. Er residiert in Köln und Lüttich und ist durch einen Statthalter vertreten. Das Territorium besteht aus der Hauptstadt mit der angrenzenden Grafschaft Ismaning, der Grafschaft Werdenfels mit den Gerichtsorten Garmisch, Partenkirchen und Mittenwald, sowie der kleineren Herrschaft Burgrain.

Die Prozesse beginnen in der Grafschaft Werdenfels im September 1589 durch Eigenmächtigkeiten des dortigen Landrichters. Der Kampagne fallen 51 Personen zum Opfer, die an sieben Malefiztagen gerichtet werden. Mindestens 127 stehen unter dem Verdacht der Hexerei; die Verfolgung wird 1591 abgebrochen. Vergl. die dortigen Ausführungen. Die zweite betrifft die Residenzstadt und die benachbarte

Grafschaft Ismaning

Sie setzt im April 1590 ein und hat lokale Ursachen. Anlaß sind Hagelschläge. Das bischöfliche Schloß wird in Mitleidenschaft gezogen. Ein Unwetter verstärkt die Hysterie gegen angebliche Hexen in der Bischofsstadt und bestärkt den Statthalter in der Absicht: »das abscheilich, erschrocklich sehr weit eingerissen, verdamblich und verderblich hechsenwerck sovil muglich auszurotten.« Bei der Durchführung der Prozesse vertraut man dem Schongauer Spezialisten Abriel. In Freising und Unterföhring werden mindestens 21 Hexen verbrannt.

Der ferne Bischof interessiert sich kaum dafür. Im Oktober 1590 befiehlt er: »man soll weiter ernstlich gegen Hexen vorgehen, aber aufpassen, daß niemand Unrecht geschieht. Eine wahrhaft bischöfliche Interpretation!

Reichsstädte

Zwei fränkische und drei schwäbische Reichsstädte lassen sich 1590 zu Hexenhinrichtungen bewegen: Weißenburg und Winsheim, Nördlingen, Donauwörth und Kaufbeuren. In Donauwörth scheinen mehrere Frauen als Hexen gerichtet worden zu sein.

Urgicht gegen die als Witwe verbrannte Anna Schneiders aus Ellingen. März 1590 (auszugsweise)*).

- Sie habe vor ungefähr 40 Jahren eine Gabel geschmiert und so wären sie zu einem Bauern gefahren, was sie aber alda verricht, das khönne sie nicht wissen. Nun wäre der Böse in der Gestalt eines Bauernknechtes zu ihr gekommen und habe gesagt, sie solle ihr Buhle sein & Inn liebhaben, auch nicht In die Kirchen gehen, so woll er Ir gelt geben ... er habe das Werk flaischlicher begirden vollebracht, damals Ir auch ein drutten Zaichen gekrälet & und sich der Lösch genannt.
- Als sie solches werck der unkeuschheit mit Inn gepflegt hab sie Gottes Allmechtigen & aller lieben hailigen verläugnen müeßn. Auch habe sie vor 20 Jahren ein magdt gehabt, die rüedige Bentzin genandt, die sich dieß Hexen & Zauberwerck auch gelernet.
- Der Teufel habe Ir ein salben (In einer Blasen) so Ziegelfarb gewesen geben & beuolchen, sie soll die Gabel schmirben & damit außfahren.
- Item vor dem Ellinger Holtz ... (und) under dem drutten Baum haben & sie Ire gespillen einen danntz gehalten, alda geessen & getrunckhen, & gedanzt, bey solchen danntz seyen gewesen die Canzler Berbel, Secretarin, Gilgen Martsch, Hailigen Ketherin & M. Simony
- Item vor $^1/_2$ Jar sey ein danntz bey dem Schleifflsbach gehalten worden, der Zuo anziger Weiß khommen der Schreiner Els, altwürthin, secretarin, M. Simons Wittib, seilerin & Hailigen Ketherin, alda haben sie einen bueben gehabt, der Innen auf einer Schwigel oder Zwerch Pfeiffen danntz gemacht ... darnach haben sie aller irer Buellen willen gepflegt & hernach haimgefahren.
- Item vor 18 & 15 Jahren sey sie mit Iren gespillen, dem alten Hauffen zue Höttingen seeligen, Inn seinen Keller gefahren, alda guetten Wein gesoffen, & alß sie genug gehabt, haben sie geschraufets fleschlein voll wein gefüllt & mit demselben haimgefahren.
- Vor 5 Jahren habe sie, die alt messerin & Sailerin der groß Köpfi alhier ein kalb geritten, daß die selbst sterben mueste.
- Item dem Schwaben Paure alhier, hab sie, die Meserin Saillerin & Hailigen Ketherin vor 3 jahr eine Sew zue todt geritten.
- Das gleiche habe sie damit der Schreiner Elß vor 5 Jahren In seinem Roßstall durch die Thür hinein gefahren, daselbsten ein Füllen mit Irer Teüfels salben geschmirbt, & zue todt geritten.
- Vor etwa 30 Jahren hab sie (mit anderen) alda ein Wetter gemacht, daß es sehr geknallet und gedonnert, & vill stain geworffen, doch khainen schaden gehan.
- Vor 25 Jahren sey sie & erstgemelter Ire gespiellen Inn dem Schleifsbach, uf Hanß Hannen Wisen zusammen khomen, Ire salben Inn einem Heffelein under einander gerührt, ein grüblein Inn die Erden graben, solches darein geschüttet, Alspalden sey ein Wetter khommen, das es gedonnert & gestaint, doch khainen andern schaden gethan, dan das es die kreüter ein wenig verschlagen.
- Vor acht Jahren habe sie, die Müllerin, Paulußen Martsch, hailigen Ketherin & Würthin abermallen einen Nebel über meines geehrten Herrn alß den Lehleins & andern gärtten gemacht, daß es die Obsblüe beschediget & verderbt.
- Item vor 5 Jaren hab sie Cuntz Zillingers Weib alhier bey nächtlicher Weil gedruckht & nach solche, widerumb haimgefahren.
- Dem Bartholome Teufel Stainmetzen alhier habe sie vor 10 Jahren gedruckht, alß sein Weib neben Inne gelegen & geschlafen.
- 93 & 94 item Stefan Burcken vor 20 Jahren ein Bueben, Caspar Hainolds vor 14 Jahren ein medlin, & des großKopf Schneiders elttisten Sohn vor 25 Jahren außer der KindPeth In der Wiegen gesogen.
- Item Hannß Stainlein Pauren zum Walckerhause ein Tochterlein vor 14 Jahren In die Kindpeth gesogen.
- Vor 30 Jahren habe sie, die Paulußen Martsch & Hans Hanen hausfrauw deß Ebner Michaels Weib alhier, mit Irer salben, an den rechten fueß erkrummet.
- Vor 30 Jahren habe ein alter Knecht In dem hauß hierinnen gedient, der Brötzel genandt, dem haben sie ein fueß mit den Teüfels salben geschmirbt. Weiln er in dem peth gelegen, das er hernach an solchen erkrummet.
- Item vor 30 Jaren sey ein Weibsbild alhier gewesen die Scheyß-Ketherin (ruererende zue melden) genandt, dieselben habe sie an ainem fueß mit Irer Teüfels salben geschmierbt, daß sie an solchen grossen schmerzen, & einen grossen Schaden überkhommen.
- Vor 25 jahren habe sie der Thor-Ursula alhier bey nächtlicher Weil an den fueß geschmirbt, das sie an solchen großen schmerzten bekhommen.

*) Adam Beckhlein. Gerichtsschreiber in fidem subscripsit.

Der Herzog und spätere Kurfürst Maximilian I. von Bayern. Stadtmuseum München. →

MAXIMILIANVS D.G. COM. PAL. RHE. VTR. BAVA. DV.S.R.I. ELECTOR
Quisquis in imperio leges, in legibus æquum
Asseris, et cives moribus ipse facis,
Suspice, quem spectas, BAVARVM tot nomina recti
Virtutumq. apices MAXMILIANVS habet.
Irradiat priscos maiorum gloria fasces.
Qui se iure Ducem, plus ratione probat.
Prælucet titulis Pietas, Regumq. coronas
Sceptraq. coniugijs miscet avita suis.
Bella gerit, gladiumq. Aquilis impendit & Istro,
Dum grave momentum Cæsaris esse putat.
Et tamen hæc, Pacis studijs se bella tubasq.
Tradere, si posset, vellet imago loqui.
C. Barlæus.
J. Sandrart ad viv. Pinxit et exc. Amsteld. 1643
M. Natalis sculpsit

Urgicht gegen die als Hexe verbrannte Hausfrau Barbara Bauners aus Haußen/Ellingen (auszugsweise). Februar 1590*).

- Ihr wäre der böse Geist beim Störzelbacher Hölzlein in einem grünen Kleid, rotem Hut und einem Federbusch begegnet. Wegen ihrer Armut habe sie sich mit ihm eingelassen. Sie habe ihn Fritzlein genannt und er habe ihr ein Büchslein mit einer grünen Salbe gegeben, damit sie die Gabeln damit schmier, und Menschen und Vieh Schaden damit zufüge ... schließlich habe sie Gott dem Allmächtigen und alle Heiligen verleugnen müssen.
- Er habe ihr das druttenzeichen auf dem rechten Schulterblatt gegeben, damit geschrieben, wisse aber nit was und habe darauf das Werk der flaischlichen Unzucht mit ihm gepflegt.
- Sie habe einen langen Stecken mit Teufelssalbe beschmiert, sich darauf gesetzt und gesagt: »In aller teufels namen hinauß & minderst an.« Dann wäre sie zu ihrer Tür hinaus & in Georg Einwegs Bürgers & Gastgeber von Weissenburgs Keller gefahren und hier mit ihrem Buhle Wein aus einem Becher getrunken. Da seien auch ihre Gespielinnen gewesen. Als sie genug getrunken, wäre sie wieder nachhause gefahren.
- Sie wäre auf ihrem Stecken zu den Heckenbacher Linden gefahren. Da habe ein Teufel gesessen »uf ainer Schwigel gepfiffen«. Dann habe sie das Werk der Unlauterkeit vollzogen & darnach haimgefahren.
- Unlängst wäre sie mit ihrem Buhle in den Weißenburger Wald gefahren, wo ein Klaines mendlein, so ein böser Geist gewesen, auf einer Schwiegel gepfiffen. Da haben auch fremde Weiber, die sie nicht gekannt, getanzet.
- Vor zwei Jahren habe sie einem Kälbchen mit der Salbe über den Rücken gestrichen, »hernach mit Irem Buel Teüfel zue todt geritten.«
- Dem Michael Endern Würth habe sie ein Praun hengst Pfertdt mit den teufels Salben an den halß & Bauch geschmirbt, daß es baldt darnach gestorben. Außerdem habe sie die scheckige Kuh des Hans Deschner zu haußen auf der Waidt geschmirbt, daß dieselb Inner 8 Tagen sterben muessen.
- Dem Pfarrer von Hausen habe sie & ihre gespillen aine vor 2 Jaren ein weiße Kue In dem stall Zue todt geritten.
- Mit ihren gespillinnen habe sie dem Leonhardt Leütleins daselbsten, ain Praune Kue mit der Teüfelssalben geschmirbt, welche hernach In einen Graben gefallen und gestorben.
- Sie habe dem Pfarrer daselbsten heür verganges Jar Zwey Jerling Lemmer mit Zwo Iten gespillen umbracht.
- Im vergangenen Sommer sei der Teufel zu ihr und ihren Gespielinnen gekommen. Vermeldet sie sollen sich rüsten, wöllen ein wetter machen, darauf sie zu ihrem fürst gefahren, daselbsten einen haffen genommen, ein wenig Wasser & der Teufel ein salben darein getan, solche undereinander gerührt. Danach in die Höch & ausgeschütt, darauf alspalden ein Wetter khommen, so die Aicheln verderbt, Zu welchem geholfen die Weberin, Zahnmutter & Irer gespiller aine.
- Bei einem weiteren Wetter hat sich ein solches Donnern und Blizen erhoben, daß es dem Holz schaden gethan, & In Zue deß Schuelmeisters Zu Ettenstadt behaußung geschlagen, das solche verbrunnen.
- Sie habe am S. Johannestag an der Felch darauf ein gespredel oder Windbrautt gemacht, daß es das Hew under einander geworfen, damalß hab Hanß Pauren Zue Haußen Sohne Hannß genandt ein fueder Hew uf Veit Kumpfleins Wißen geladen, & weiln Inn der vergifft lufft angangenn, hab er dessen sterben muessen, habe auch solchen windt wie andere böse thaten, auf anstiftung des Teüfels der sie also verblendt, thun müssen.
- Jüngsthin zu Weihnachten habe sie und ihre gespilinnen dem Jungen Peckher Zue Haußen ein Töchterlein In der Kindpeth mit der Salben an die Stirn geschmirbt, das es hernach ausdorren und sterben müssen.
- Sie habe eines Nachts ain klaines khindtlein bay der Nacht mit der salben an die Klatzen geschmirbt, das es ausdorren & sterben müssen
- Fernigs Jahr habe sie, die Müllerin, so alhier verbrendt worden, & Irer gespillen aine ein Büeblein mit der salb geschmirbt, daß es sterben müssen.
- Drei Wochen bevor man sie eingezogen, »sey des Bettelbueb bey dem Widemann Liendel Zue Rorbach übernacht gelegen, welchen sie & Ihrer gespillen aine mit der salben geschmirbt, daß er vor wenig Tagen gestorben.
- Item umb Weyenächten des 1599ten Jars dem Übelleißen Zue Hauffen hab sie & abermals die redelfüererin mit Ir ein Töchterlein In der Kindtpeth geschmirbt, daß es daroun sterben müssen.
- Sie habe vor 1 Jahr den Würth, die Böppin Margreth, den veit rauchen, & Ir Schwiger alle Zue Haußen nacheinander getruckt.

*) Adam Beckhlein. Gerichtsschreiber in fidem subscripsit.

Der Rat von Weißenburg wird durch die Deutschordenslandkomtur von Ellingen erpreßt und sieht sich zu einem Prozeß gegen zwei Frauen genötigt. Der Kaufbeurer hat Verfolgungscharakter angenommen, als sich der Stadtrat in einem mutigen Schritt zum Abbruch entschließt und per Dekret Anklagen wegen Hexerei unterbindet. Anstoß zu den Verfolgungen haben Besagungen aus der benachbarten Ritterherrschaft der protestantischen Familie v. Kaltenthal gegeben.

In Donauwörth fällt die Tochter des Bürgermeisters der Wahnvorstellung zum Opfer. Ihr Vater hat der Stadt die Reformation beschert. Die reichsstädtischen Verfolgungen strahlen nach außen und bergen die Gefahr der Verschleppung. Nördlinger Frauen denunzieren solche in Dinkelsbühl und Weißenburg. In

Regensburg

kommt es zu einem frühen Vorfall. Magdalena Walpotin fühlt sich als Double der Jungfrau von Orleans »begnadet durch göttliche Enthüllungen und als von Gott gesandte Mutter der Christenheit.« Sie wird als Ketzerin eingezogen und inhaftiert. Im Aufzug der verurteilten Ketzer, im feuerfarbigen Kleid mit einem aufgenähten roten Kreuz und auf dem Kopf eine Papiermütze mit der Aufschrift: »dies Weib ward als Ketzerin befunden, aber durch Gottes Hilfe begnadigt«, wird sie im Regensburger Münster zum Abschwören gezwungen.

Dennoch verhält sich der Stadtrat zögerlich. Eine 1591 verwiesene Frau wird nach einem halben Jahr freigelassen. 1594/95 hat man es mit einem Mädchen zu tun, das sich der Hexerei bezichtigt. Die Konsulenten bestätigen, daß sie »tollisiere« und zweifeln an ihrem Geisteszustand.

Hochstift Eichstätt

Die Eichstätter Bischöfe haben seit dem Ende des 15. Jahrhunderts immer wieder Hexen verurteilen lassen. Die dortigen Verfolgungen von 1590–93 sind wenig beachtet. Überliefert sind Hinrichtungen in den hochstiftischen Gerichtsorten Abensberg, Spalt und Herrieden, bei denen jeweils vier und zwölf Frauen verbrannt weren. Der Markgraf von Ansbach läßt seine Prozesse durch den Eichstädter Scharfrichter bewerkstelligen. Unter den Reformbischöfen Martin von Schaumberg (1560–90) und Caspar von Seckendorf (1590–95) zeichnet sich eine Sonderrolle ab, die Eichstätt unter dem Hexenbischof Johann Christoph von Westerstetten (1612–1636) einnehmen sollte: er wird zum Motor einer breitangelegten Verfolgung. Vergl. dort.

Ende der Verfolgungswelle

Ab 1590 treten Hexenfinder in Erscheinung. Sie haben Zulauf und gefährden mitunter die städtische Politik. Augsburg weist 1591 einen aus der Stadt. Der aus Nürnberg stammende Friedrich Stiegler war Gehilfe des Eichstätter Scharfrichters. Nach seiner Rückklehr nach Nürnberg steigt er in das Geschäft mit der Hexenangst ein, verkauft »geweihte Säcklein gegen das Trutendrükken« und beschuldigt elf Frauen wegen Hexerei. Der Stadtrat läßt ihn verhaften und peinlich verhören. Am 28. Juli wird er mit dem Schwert gerichtet.

Der Vorfall kann nicht unbeachtet bleiben. Die Kritik am Wüten gegen die Hexen wächst so wie die am Gebaren der Henker. Schon wird gesagt: »Warum haben die Züchtiger die Freiheit, daß man sie nicht auf die unerhörte Streckbank richtet? so würde man vielleicht bald auf den Grund kommen, ob ihre Kunst vom heiligen oder bösen Geist wäre.« Foltermethoden werden zunehmend kritisiert.

In Ansbach bildet sich eine Fraktion, die vom Markgraf eine Beendigung der unordentlichen Prozesse und der »verpotten Mittel« fordert. Die Verwendung von geweihtem Salz und Wasser, der Speisenzubereitung durch den Scharfrichter und vor allem die Suche nach dem Stigma diabolicum, stellt nach ihrer Auffassung eine Art Zauberei dar, die unmöglich in Hexenprozessen angewendet werden könne[25).]«

Dies beginnt, den Verfolgungseifer der Obrigkeit abzukühlen, zumal die Wahrheitsgehalte der Aussagen auf schwachen Beinen stehen. Auf diese Weise hat sich der blinde Eifer nach Maßgabe des *Hexenhammers,* Bodins und Binsfelds diskreditiert; man spürt, daß es Unschuldige getroffen hat und sucht nach Orientierungen. Gemeint ist das Verhalten Nürnbergs in der Frage, das der Württemberger, die sich an Tübinger Juristen lehnen: in der bayerischen Szene orientiert man sich an Ingolstadt. Das Foltern wird zurückgenommen.

Während das Grundsatzgutachten vom April 1590 noch die rasche Anwendung der Tortur billigt, wird man zurückhaltender und sagt 1592: »die tägliche Erfahrung zeige, daß oftmals die Unholden fromme unschuldige Personen aus lauter Haß, Neid und Anreizung ihres Meisters angeben, damit, wenn dieselben unschuldig gemartert, dadurch in

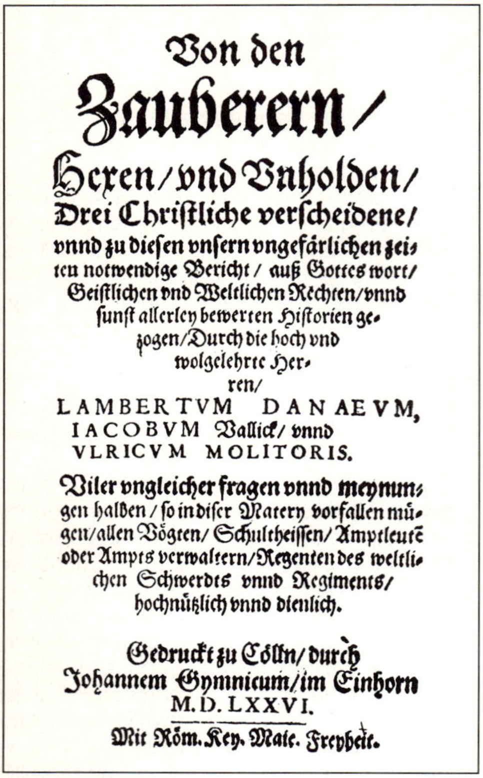
Von den
Zauberern/
Hexen/ vnd Vnholden/
Drei Christliche verscheidene/
vnnd zu diesen vnsern vngefärlichen zei-
ten notwendige Bericht/ auß Gottes wort/
Geistlichen vnd Weltlichen Rechten/ vnnd
sunst allerley bewerten Historien ge-
zogen/ Durch die hoch vnd
wolgelehrte Her-
ren/
LAMBERTVM DANAEVM,
IACOBVM Vallick/ vnnd
VLRICVM MOLITORIS.
Viler vngleicher fragen vnnd meynun-
gen halben/ so in diser Matery vorfallen mü-
gen/ allen Vögten/ Schultheissen/ Amptleute
oder Ampts verwaltern/ Regenten des weltli-
chen Schwerdts vnnd Regiments/
hochnützlich vnnd dienlich.
Gedruckt zu Cölln/ durch
Johannem Gymnicum/ im Einhorn
M.D.LXXVI.
Mit Röm. Key. Maie. Freyheit.

Titelblatt der deutschen Ausgabe der Hexenschrift von Lambert Daneau. Er ist einer der führenden Calvinisten seiner Zeit. Auch dieses Werk über die Hexen wird von der Gegenseite angezweifelt und kommentiert.

Verzweiflung fallen möchten, und weilen sie wegen begangenen abscheulichen Lasters brennen müssen, sy gern sehen, daß die gantze Welt auch verbrännte.«

Man steht vor einem selbst geschaffenen Dilemma! Die Ausweitung der Verfolgungen wird von Zeitgenossen unterschiedlich bewertet. Der Fugger-Korrespondent aus Schwabmünchen gehört zu den Befürwortern[26].

Man hält um 1590 selbst Angehörige des hohen Adels als hexereiverdächtig. Einer aus Niederbayern plädiert für das Ende der Verfolgungen[27]. So wird durch die wachsende Kritik das Ende der Prozeßwelle eingeleitet. Dem bayerischen Statthalter in Ingolstadt wird per fürstlichem Befehl die Gefangennahme weiterer Hexen untersagt. Im November 1591 befiehlt die Regierung in Dillingen dem Landrichter von Schwabmünchen, keine neuen Verhaftungen vorzunehmen und im Sommer 1592 wird – vordergründig wegen der Pest – die letzte große Verfolgung südlich der Donau eingestellt.

Das bedeutendste Dokument für den Abbruch der Verfolgungen stammt aus der schwäbischen Reichsstadt Kaufbeuren[28]. Hier werden mehrere Frauen verhaftet und im Juni 1591 verbrannt. Die Stadt entschließt sich am 25. Juni zum Mandat *Von wegen beschrayung des hexenwercks,* das kurz danach publiziert wird. Hierin werden bei ernsten Strafen »an leib und gueth« Beschuldigungen verboten.

Wie in München und Freising wird in der Reichsstadt Donauwörth die Verfolgung abgebrochen. In der Grafschaft Oettingen enden sie, nachdem die Gräfin in den Verdacht der Hexerei geraten ist. Im Land wütet die Pest und dies bedeutet vordergründig Ruhe an der Hexenfront. Es heißt nicht, daß das Thema abgeschlossen ist. Das Gegenteil tritt ein und man rüstet sich zu weiteren Verfolgungen.

Juristische Hausmacht

Im jahrelangen Bemühen beginnt die jesuitische Ideologie zu wirken, da sie ja, was merkwürdig ist, trotzt ihrer in der Regel hohen Intelligenz vom Wahn der Theologie verdorben sind, daß sie vorbehaltlos an die Macht eines Fabelwesens (Teufel) glauben (müssen). Ihre Haltung bestimmt über Jahrzehnte das Agieren im Kurfürstentum.

Die Folge ist eine Verhärtung der katholischen Position, was Behringer unter der Polarisierung der Hexenfrage zusammenfaßt[29]. Wie stark die Macht der Geistlichkeit ist, erkennt man an ihrem Verhalten gegen den Kanoniker Cornelius Loos, der niedergewalzt wird. Und doch hat sich das Hexenwesen nicht völlig herumgesprochen, denn die in Augsburg verhörte Zeugin Anna Gsellin meint: »sie habe hievor nie geglaubt, daß solche leuth seyen, biß sy yetzt erst sehe, daß es also lautr und offenbar werde.«

Die protestantisch geführten Regionen Bayern stellen nach dem Ende der 1. Verfolgungswelle im wesentlichen das Wüten ein. Durch territoriale Gewinne der Gegenreformation verlieren sie an Einfluß. Bayern wird jetzt durch und durch katholisch. Anfang April 1590 muß der »neue« Weg deutlich werden, denn ein Gutachten des Hofrates zu München bleibt im starren Dogmatismus stecken[30]. Die geistige Zurückhaltung ist offensichtlich.

Die gemäßigte Auffassung des Canon Episcopi, die Ansichten des Ulrich Molitoris, des Freiburger Theologen Lorichinus und des Ingolstädter Pfarrers Wegmann bleiben Schall und Rauch; man beißt sich am Spuk des *Hexenhammers* fest. Bodin und Binsfeld werden an die Fahnen geheftet; Weyer und Brenz mit dem Vorurteil gegen Protestanten belastet. Das Ingolstädter Gutachten wird nach vorn gekehrt, obwohl die Zeit eine andere geworden ist. Wenn man genau hinsieht, merkt man, daß die Geschichte nichts unverborgen läßt. Die Drahtzieher lassen sich benennen.

Der von Duhr als Verfasser genannte Gregor von Valencia, ein bedeutender Theologe seiner Zeit, steht gedanklich auf den Schultern von Binsfeld. An der Abfassung haben neben ihm und Petrus Stervatius die Theologen Albert Hunger und Matthias Mairhofer, die Juristen Vitus Schober, Kaspar Lagus, Andreas Fachinus und Leonhard Zindecker Anteil. Hunger und Valencia gehören zum harten Kern der Verfolger.

Kennzeichnend für die katholische Partei wird, daß man nicht nur den Teufelspakt als realistisch ansieht, sondern auch die Buhlschaft, den Flug der Hexen, ihre Tänze und dem Schadenzauber Bedeutung beimißt.

Vor 1500 werden im Auftrag des Hofpräsidenten Wiguläus Hund durch den Ingolstädter Professor Hieronymus Ziegler die Antworten des Abtes Trithemius auf Fragen des Kaisers Maximilian I. ins Deutsche übertragen, wobei Interessen der herzoglichen Familie im Hintergrund stehen[31)].

Baptist Fickler hat 1582 einen Hexentraktat veröffentlicht und der Ingolstädter Jurist Caspar Manzius befaßt sich mit dem Thema[32)]. Als Ideologe des harten Kurses kann man Jacob Gretser nennen, einen Schüler Valencias und einen der bedeutenden Jesuiten. 1612 widmet er sein Werk über die christlichen Feste dem Fürstprobst von Ellwangen, wobei er u. a. auf die dortigen Verfolgungen eingeht.

Albertinus übersetzt 1602 auf Anregung Gretsers den spanischen Hexentraktat *Flagellum Diaboli* und publiziert später Luzifers Königreich und Seelenjagd, wo über die Macht des Teufels gesprochen wird. Der Jesuit Adam Contzen befürwortet in seinem Staatsroman *Methodus civilis* die Hexenverfolgung. 1637 mahnt der Prediger Drexel publizistisch zur Verfolgung und der unbarmherzigen Vernichtung der Teufelsdiener[33)], obwohl es Jesuiten sind, die sich dem abstrakten Fabelwesen unterordnen und zum Mord aufrufen!

Der Jesuit Georg Wittweiler tritt in seinem *Katholisch Hausbuch* für Verfolgungen ein und der Ingolstädter Jesuit Georg Stengel macht sich 1651 in seinem *Opus de iudiciis divinis* für Hexenverbrennungen im Anschluß an Binsfeld und Delrio stark.

In dem Kaiser Ferdinand III. gewidmeten Werk wird das Beispiel des Würzburger Bischofs Philipp Adolf von Ehrenberg gerühmt, der seinen Neffen als Hexer habe verurteilen lassen, woran sich die anderen Obrigkeiten ein Beispiel nehmen sollen[34)]. Es hat sich als historische Zeitungsente herausgestellt. Wittweiler vertritt die Auffassung, daß die Macht des Teufels mit nichts zu vergleichen sei; eine liegt über ihr; der gesunde Menschenverstand des kleines Mannes!

Jesuiten widmen ihre Elaborate dem bayerischen Fürstenhaus und so nimmt es kein Wunder, wenn die Hexenbrände der Jahre von dieser Seite aus geheizt werden. Bayerische Herzöge erweisen sich in der Folgezeit als besonders fromm, teufelshörig, verfolgungswillig und einige von ihnen wähnen sich vom Zauberwesen berührt. Die Zurücknahme der regionalen Hexenverfolgungen ist nicht das Verdienst der fürstlichen Familie[35)]. Interessant ist, auf den Mann zu sehen, auf dessen Schultern u. v. a. die Verantwortung für die in seiner Region geführten Hexenprozesse liegt.

Maximilian I.

wird von dem juristisch orientierten Theologen Baptist Fickler erzogen, der vordem als erzbischöflich-salzburgischer Protonotar wirkt. seine ablehnende Haltung gegenüber den Hexen ist bekannt. Riezler schreibt ihm ins Stammbuch: »der sich im heiligen Zorn gegen das Hexenwerk von niemanden übertreffen ließ.« Man läßt den 17jährigen Prinzen bei der Folter einiger Hexen zusehen und darf sich nicht wundern, wenn man ihn dadurch sensibilisiert.

Er schreibt am 7. Mai 1589 seinem Vater: »Wir hätten gern wieder eine suspectam personam der Zauberei wegen einziehen lassen, so hat man doch nit auf den rechten Grund mögen kommen, jedoch haben die Räte gute Inquisition halten lassen, vielleicht bringt man sie noch zuwege.«

Ein Brief datiert zu Ingolstadt am 1. März 1591: »gestern ist nach dem Urteil aller herzoglichen Räte (deren Rate ich beiwohnte) ein Weib gefangen genommen worden, das nach dem Urteil vieler und auch nach dem allgemeinen Ruf für eine Hexe gehalten wird. Ob der Ruf begründet ist, wird morgen viel-

Strafe des Zersägens. Holzschnitt von Lucas Cranach d. Ä. (1472–1553). Aus: »Martern der Apostel« um 1512.

leicht die Erfahrung zeigen, da sie durch die Folter gezwungen wird, die Wahrheit zu sagen.«

Am 14. Mai meldet er: »Letzten Freitag hat man eine andere eingezogen, welche unter der von Ingolstadt und der Burgschaft Jurisdiktion. Ihr Sohn, welcher ein kleiner Bub, hat viele ehrbare Bossen von seiner Mutter gesagt, also daß ich glaub, man werde bald die Tortur für die Hand nehmen, wiewohl der hiesig Burgerrat nit viel Lust dazu hat, was sie für Ursachen haben, ist ungewiß.«

Er erläßt 1622 eine *General- und Spezialinstruktion* über den Hexenprozeß. Die Verordnung atmet den Geist bürokratischer Exaktheit, aber auch den finsteren Haß eines Sprenger, Institoris und Binsfeld. Riezler beschreibt ihn als unversöhnlich: »er wetteiferte mit seinem Vater (Wilhelm V.) in Ergebenheit und blindem Gehorsam für die Lehre der Kirche, hat eine unermüdliche Arbeitskraft, den scharfen Verstand und das eiserne Pflichtgefühl des Herrschers, der sich in der Verfolgung der Hexen unversöhnlich zeigt.«

Maximilian wird von Golo Mann als »entschlossener Verfolger« bezeichnet. Riezler erkennt in ihm den ärgsten Hexenverfolger unter den bayerischen Fürsten. Merzbacher stellt ihm das Zeugnis einer »dämonologischen Verwirrung des Zeitgeistes ein bei einem sonst so aufgeschlossenen, umsichtigen Fürsten« aus. Aufgrund der Forschungen Behringers läßt sich der Standpunkt nicht halten.

»Es bestätigt sich nicht die alte Ansicht, daß er als unermüdlicher Hexenjäger unter allen deutschen Kurfürsten anzusehen ist, nicht »Bayerns eiserner Kurfürst«, Führer der Katholischen Liga und Schaffer des Codex Maximilianius, unter dem die Residenz München aufgebaut wird.

Er ist keinesfalls eine der entschlossendsten und kraftvollsten Figuren unter den deutschen Fürsten des frühen 17. Jahrhunderts. Er entpuppt sich zum Papiertiger in der Hexenfrage. Seine Postion bleibt merkwürdig blaß und unentschlossen. Seine Entscheidungen sind schwankend und Ausdruck einer inneren Unsicherheit. Muß er sich doch von einem Hexenaktivator sagen lassen: »Sy haben vermaint, sy haben bisher einem hochverstendigen fürsten (ge)dient, so verspüren sie allererst, das sy einem idiotten dienen.«

Vervaux, Maximilians letzter Beichtvater und Biograph, faßt dessen Religiosität zusammen. »Wenn ich seine Frömmigkeit nenne, meine ich nicht die Art, welche überängstlich und niedergeschlagen ist und mit schändlicher Gewissenverwirrung den inneren Frieden vertreibt, sondern jene, die mit einer Art von milder, besonnener Mäßigung von Gott herrlich denkt und in seiner Nachfolge wahrhaft und beständig Frieden findet.«

Dieses geschönte Bild erhält eine andere Färbung, wenn man die deutlichen Züge der Werkfrömmigkeit, seine Suche nach Heilsversicherung, den betriebenen Reliquienkult und »seine kompromißlose, peinlich genaue Erfüllung aller Lebensanforderungen der Religion, den skrupulösen Gehorsam gegenüber Kirchengeboten« in Betracht zieht.«

Seine jesuitische Erziehung muß als erfolgreich angesehen werden. Vor dem Hintergrund wird sein Tauziehen verständlich. Parallel dazu formiert sich nun, überwiegend auf München konzentriert, ein

intelektueller Stellungskrieg

der Befürworter und Gegner des Hexentreibens. Die Hexenprozesse schwelen weiter. 1597 wird in Dillingen die Frau eines Ratsherren als Hexe verbrannt. In Nördlingen, Tölz und Dinkelscherben (Domkapitel Augsburg) kommt es zu Verfolgungen. Der Wahn feiert Urständ und in einem Briefwechsel zwischen Bischof und Augsburger Domkapitel wird 1599 gesagt: »Obwohl bey unß von wegen beschwerlicher Continuationes des hexischen Prozeß Zweyfel fürgefallen und deßwegen in delibaratione causa allerley pro & contra fürkommen, so ist doch resolutione tam privatim, Im beysein Unsers günstigen Herrn Thumdechants auch Uff dato a capitulariter dahin geschlossen worden, daß von angeregtem Proceß mit nichten abzustehen sei.« Der neugewählte Bischof Heinrich V. von Knörringen (1598–1646) bestätigt das Domkapitel und weist auf die erfolgreichen Verfolgungen seiner Vorgänger.

In einem nordbayerischen Landgericht wird 1600 gegen eine Landfahrerfamilie prozessiert. Der Prozeß Pappenheimer bewegt das Geschehen weit über den üblichen Rahmen hinaus. Das Ganze weht durch den Pressewald und Holzschnitte, Chroniken und Zeitungen heben darauf ab. Noch 1744 wird in einer Publikation auf diese Hinrichtungen bezug genommen. Behringer bezeichnet ihn als bayerischen Schlüsselprozeß[36]. Vergl. die dortigen Ausführungen. Der Aktivator der Münchener Hexenprozesse, Hofrat Dr.

Johann Sigmund Wangnereck

ist ein bürgerlicher Aufsteiger aus dem provinziellen Neuötting; er wirkt nach Studienjahren in Ingolstadt und ab 1592 als Hofrat in München. 1607 wird er Geistlicher Rat, 1606 Kanzler des Hofrates und 1607 Geheimer Rat. Er wirkt am Sturz des alten Hofratskanzlers Gailkircher mit und versucht alle Opposition in Hexenfragen im Keim zu ersticken, wobei er von Dr. Vagh gestützt wird.

Er möchte nach dem zweiten Münchener Hexenbrand im November 1600 eine Ausweitung der Verfahren auf das Herzogtum. In einem Gutachten wegen der Unholden proceß wird auf den unendlichen Schaden gewiesen, den die Hexen verursachen und darum habe die Obrigkeit zur Ehre Gottes einzuschreiten. Unkosten brauche man wegen des großen Nutzens nicht zu scheuen. Spezielle Hexenkommissare sollen die Sache vorantreiben. Kleinere Landgerichte zeigen sich nicht angetan von seinem Dirigismus.

Die Befürworter gelangen mit ihrer Vorstellung in die Vorzimmer des Fürsten und finden Gehör, zumal sie religiöse Argumente einflechten. Sie treiben den Landesvater in einen Glaubenskrieg und mahnen ihn zur rigorosen Verfolgung; führen sie doch letztlich *ihren* heiligen Krieg über den Köpfen der Anderen!

Doch regt sich Widerstand. Gegner melden Bedenken in der Prozeßführung an. Man

Hinrichtung durch das Fallbeil. Holzschnitt von Lucas Cranach d. Ä. (1472–1553). Aus: »Martern der Apostel« um 1512.

bestreitet den Wert der Besagungen, die nie ein Vorwand für eine Gefangensetzung sein dürfen. Auch dürfe die Folter erst vorgenommen werden, wenn die Schuld des Verdächtigten feststeht; der Leumund der Besagten wäre zu beachten[37]. Ihr Intervenieren führt zu einer Unterbrechung des Geschehens. Ein fürstliches Dekret rügt die üble Prozeßführung[38], was eine Gegenreaktion auslöst.

In den 1620er Jahren stehen an der Spitze der Opposition die geheimen Räte Dr. Wilhelm Jocher und Dr. Joachim Donnersberger, die versuchen, mit politischen Argumenten einen Riegel vorzuschieben; sie setzen sich für die Rücknahme in der Hexenfrage ein[39]. Wangnereck bezeichnet seine Gegner als unzuverlässige Christen oder inkompetente Faulpelze. Ihm hält man Hofschmeichlerei, Fürstendienertum und Jesuitenfreundschaft unter die Nase. Sein Unmut wird aus folgender Beschimpfung deutlich: »Herr Grave (Rechberg) sey ein Idiot, Herrn Obrister Cancler (Donnersberger) sey kheyn Jurist und darnebens stinckhend faul darbei. Herr Landschaftscancler (Herwarth) ein offentlicher Zauberer, Herr Dr. Jocher verstehe sich nicht auf die landtgebreuch.«

Die Oppositionellen stammen überwiegend aus dem höheren Ingolstädter und

Münchener Stadtbürgertum und dem bayerischen Adel. Mitglieder der Regierung sind über das Verhalten Wangnerecks im 1600 geführten Hexenprozeß entsetzt und werfen ihm schlampige Führung vor.

Sein schärfster Gegner ist der Hofratspräsident Heinrich von Haslang, der in Italien und Frankreich Rechtswissenschaften studiert hat. Seine knappen sachlichen Gutachten weisen ihn als kompetenten Jurist und fähigen Streiter aus[40]; hinter ihm steht die beamtete Elite des Fürstentums. Sie verhindern 1611 die Publikation des von Dr. Vagh ausgearbeiteten *Aberglauben- und Hexenmandates.*

Es ist von Bedeutung, die intelektuellen Machtzirkel zu analysieren, die dem Hexenwesen Gestalt geben; nicht nur in Bayern.

Den entscheidenden Erfolg sehen die Oppositionellen darin, daß zum Ende der 1620er Jahre ein namhafter katholischer Theologe für sie in die Schranken tritt: es ist der Jesuit Adam Tanner. Er hat während seiner Studienzeit 1587–90 die dortigen Verfolgungen erlebt, während des Noviziates in Landsberg und München vermutlich die Schongauer (und Münchener) Szene beobachet. Unter Bezug auf die Auseinandersetzungen entwickelt er Kritik an den permanenten Hexereiverfahren. Während seiner Tätigkeit in Ingolstadt (1603–27) bildet sich eine Gruppe von Verfolgungsgegnern. In seiner *Theologia Scholastica* macht er seine Ansichten der Öffentlichkeit bekannt; jetzt kämpft die Kirche gegen sich selbst. So kann es nicht weitergehen und darum entsteht eine

Grundsatzdiskussion

in Sachen Hexerei. Wangnereck muß eine Niederlage einstecken, gibt aber nicht auf. Er verfaßt eine ausführliche rechenschaft und antwortt, weist auf sein sorgfältiges Arbeiten, seine Einholung der Zustimmung der Folter und die ordentliche Protokollführung. Der Hofrat billigt Anfang April 1601 seine Vorgehensweise und Maximilian gibt sich zufrieden. Wangnereck unterstreicht die Bedeutung der Denunziation in Hexensachen, ohne die sie (meist) nicht durchführbar wäre[41]. Zudem sei bei Hexenprozessen eine Verurteilung Unschuldiger nicht zu befürchten[42]. Die Verbrennungen seien das beste Argument, denn in einer solchen Vielzahl könne keine Täuschung liegen!

So schwingt er sich nochmals zum Aktivator gegen die Hexen auf und schreckt nicht davor zurück, Bayern und dem fürstlichen Haus Gottesstrafen anzudrohen, falls man nicht auf ihn höre: Einwände der Gegenseite brauche man nicht ernst zu nehmen[43].

Man einigt sich, eine Entscheidung der Universität Ingolstadt einzuholen, die einen Ausweg unter den kontrahären Standpunkten schaffen soll; hinterfragt wird die Art der Prozeßführung[44]. Hier bringt man einen gefährlichen Stein ins Rollen.

Das Gutachten stammt vom 2. April 1601 und man wartet mit Spannung darauf, ob es das vom April 1590 bestätigt oder wesentliche Fakten anders bewertet. Es verunsichert die Befürworter, weil eine differenzierte Betrachtung zwischen Theologen und Juristen spürbar wird. Die Ingolstädter Jurisprudenz hält die Besagungen (allein gesehen) für unwirksam und widerspricht der Kernaussage Wangnercks.

In dem scharfen Gegengutachten, *Notabilia ad responsum facultatis juridicae Ingolstadensis,* das die Handschrift Wangnerecks verrät, werden liberale Tendenzen zurückgewiesen und man stellt in den Raum: »Das Gutachten von 1601 sei dem von 1590 ex Diametro zuwider.« Geschossen wird vor allem auf die Juristen, die von den Grundsätzen der katholischen Hexenriecherei abrükken, wobei der Seitenhieb auf Binsfeld unverkennbar ist. Man zitiert den Rostocker Lutheraner Gödelmann[45].

Wieder schießt Wangnereck über die Stränge des Gebotenen. Er beschuldigt die Geheimen Räte in München, daß sie den Ingolstädter Juristen zugearbeitet haben, sie bezichtigt er der Bestechlichkeit und wirft dem Ingolstädter Juristen Dr. Kaspar Hell vor, die Interessen zweier Seiten vertreten zu haben, was eine Verletzung seiner Dienstpflicht sei, die bei dem schwerwiegenden Hexereidelikt Hochverrat gleichzusetzen ist. Dann setzt er die Amtsenthebung Hells durch, dann seine Verhaftung und Überführung nach München. Erst wird er im Grafenstübchen eingesperrt und dann im Falkenturm inhaftiert.

Als die Verhandlung dem »absoluten Scharfmacher« (Behringer) Dr. Vagh übertragen wird, legt Dr. Locher Protest gegen die Wendung des Falles ein. Vierzehn Monate später wird Hell mit einem demütigenden Ur-

Der Münchener Falkenturm. Dieser Stadtmauerturm nächst dem alten Wurzer, später Kosttor genannt. Im Graggenauer Viertel, lange Zeit als Criminalgefängnis, kam zum Abbruch wegen Neubauten in der Maximilianstraße, den 10. August 1864. →

Statistische Auswertung von 103 zwischen 1608–1616 geführten Hexenprozessen in Bayern*)

Jahrgang	1608	1609	1610	1611	1612	1613	1614	1615	1616	Summe
Prozesse	17	12	12	8	10	5	12	16	11	103
Inhaftierte	37	37	26	14	21	10	15	20	23	203
Frauen	25	34	22	8	18	6	10	12	15	150
Männer	12	3	4	5	3	4	5	6	8	50
Kinder	–	–	–	1	–	–	–	2	–	3
Hingerichtet	2	10	4	1	–	–	–	1	–	18
Verbannung	7	–	4	4	1	4	4	–	1	25
Geringe Strafe	4	4	1	4	–	–	1	6	4	24
Freigelassen	16	3	12	2	18	4	9	8	16	88
Ausgang unklar	7	20	5	3	2	2	1	4	2	46
in Haft gest.	1	–	–	–	–	–	–	1	–	2

*) Die Angaben beruhen auf Auswertungen der Protokollbände Nr. 65 (1. Quartal 1608) bis Nr. 131 (4. Quartal 1616), wobei jeweils die Protokolle des Plenums herangezogen wurden, da alle Entscheidungen im Plenum gefällt wurden.

fehdebrief aus dem Falkenturm gelassen, womit man ihn – wenn auch nicht sonderlich diplomatisch – aus dem Verkehr gezogen hat. Der gegen ihn erhobene Ketzerei- und Korruptionsvorwurf ist haltlos.

Wangnereck schadet durch sein Agieren dem Ansehen der Universität. Es ist Zündstoff, der versprüht wird. Ihm geht es in erster Linie darum, die Interpretation des neuen Gutachtens abzuwehren. Tatsächlich entsteht eine komplizierte Situation, denn man weiß nicht mehr so recht, wie man sich in der Hexenfrage verhalten soll. Dies führt zu einer

Ausweitung

der Grundsatzfragen. Der Landesvater zeigt sich unentschlossen. Wangnereck geht einen Schritt weiter. Man soll Gutachten weiterer bedeutender Universitäten einholen, um eine Entscheidung über die Notwendigkeit der Verfolgung herbeizuführen (womit er Ingolstadt abzuwerten sucht). Es wäre, fair, gründlich, gemeinnützig und gottesfürchtig. Zudem sei es kostensparend, wenn man es als Investition auffasse, mit deren Hilfe Schaden abgewiesen werden könne. Würde man gegnerischen Ansichten folgen, würde ihn unweigerlich die Strafe Gottes treffen. Der Herzog ist bereit, auf den Vorschlag einzugehen.

Jetzt reagieren die Gegner mit einer 80seitigen Darstellung, in der der Unterschied zwischen Weyer und Bodin ausgearbeitet wird. Zwar stehe man Weyer wegen seiner nichtkatholischen Haltung kritisch gegenüber, aber die Hexenprozesse seien so schwierig, daß man damit vorsichtig umzugehen habe. Man entscheidet sich für weitere Gutachten aus Dillingen, Ingolstadt und Freiburg.

Dillingen unterhält eine Jesuitenhochschule ohne juristische Fakultät. Die Aussage vom 30. August 1610 kommt unerwartet. Man schiebt das Wesentliche auf die herzogliche Kompetenz und gelangt zu dem Schluß: »nach reiflicher Erwägung aller Umstände scheine es besser zu sein, wenn sich der Richter und Fürst für die Unerlaubtheit der Tortur entscheiden, denn die Sache liegt so, daß das öffentliche Wohl gebietet, nicht allein die Unschuld ... sehr vieler zu wahren. Dies steht in Gefahr, wenn bei so schwachen Indizien zur Gefangennahme und Folter geschritten wird. Der Schutz der Unschuldigen muß dem Richter und Fürsten in gleicher Weise am Herzen liegen wie die Hut des öffentlichen Wohles gegen die Zauberei. Die Kollegen aus Ingolstadt äußern sich so salomonisch-spitzfindig, daß sich daraus keine eindeutigen Handlungsweisen ergeben.

Mehr Erregung ruft das Eintreffen des Gutachtens aus Freiburg hervor, das im Oktober 1610 eingeht. Es bestätigt die dogmatische Haltung Wangnerecks in wesentlichen Punkten. Auf den schlechten Ruf der Besager

Bedeutungsrückgang des Hexenverbrechens nach 1630 im Spiegel der Münchner Hofratsprotokolle*)

Deliktart	1629	1630	1665	1677	1680	1690
Eigentumsdelikte	32 %	30 %	30 %	40 %	35 %	35 %
Sittlichkeitsdelikte	30 %	33 %	19 %	16 %	14 %	17 %
Gewaltdelikte	6 %	6 %	27 %	17 %	15 %	14 %
Bettelei u. Ä.	9 %	5 %	1 %	4 %	2 %	10 %
Wilderei	3 %	5 %	8 %	10 %	18 %	17 %
Sonstiges	10 %	7 %	10 %	7 %	11 %	6 %
Zauberei	2 %	5 %	4 %	5 %	4 %	–
Hexerei	**6 %**	**9 %**	**1 %**	**1 %**	**1 %**	**1 %**
Zauberei u. Hexerei	8 %	14 %	5 %	6 %	5 %	1 %

*) Die Angaben beruhen auf der Auswertung der Protokollbände HStAM, Kurbayern Hofrat, Nr. 225–229 (1629), Nr. 231–232 (1630), Nr. 412–413 (1677), Nr. 424–425 (1680) und Nr. 464–465 (1690).

brauche keine Rücksicht genommen zu werden. Sogleich ordnet Maximilian eine Beratung darüber an. Schon meint man, sich wieder auf die Verhältnisse von 1590 einpendeln zu können; fest stehen die Autoritäten Binsfeld und Delrios im Raum der Unvernunft.

Wangnereck verneint jede menschliche Erkenntnismöglichkeit in der Hexenfrage[46)]. Gott würde die Vortäuschung der Anwesenheit Unschuldiger bei den Tänzen nicht zulassen, worauf er sich bei der gewagten Konstruktion auf Binsfeld beruft und den geheimen Rat Dr. Flade zitiert[47)]. Er scheut sich nicht, seine Gegner nach Kräften zu verteufeln. Dazu gebraucht er das Gleichnis vom breiten Weg, der in die Hölle und dem schmalen, der in den Himmel führe.

Damit nicht genug; man bemüht die alten italienischen Rechtsschulen Padua und Bologna. Sie lösen Turbulenzen aus, denn Padua zeigt sich Pro und Bologna Kontra. Auf Interesse stößt in München der Verweis der Bologneser Juristen. Ihre Ausführungen entsprechen der Praxis des Heiligen Offiziums. Der Hofbeichtvater Maximilians, der Jesuit Johannes Busladius, zeigt sich darüber irritiert und wendet sich an den 1602 in Graz weilenden Martin Delrio.

»Die Professoren des kaiserlichen Rechts haben geantwortet, den Aussagen über die Hexenversammlungen sei kein Glaube beizumessen und böten keinen Grund zur (Anwendung der) Tortur; daran hielten sich alle Gerichte Italiens, besonders in Rom und Bologna. Da die Entscheidung über die Art des teuflischen Einflusses Sache der Theologen ist und der Papst solche an die Spitze der Inquisition gestellt hat, welche die Meinung vertreten, daß die Aussagen der Hexen keinen Grund zur Folter geben, müssen dann wir auch nicht ihre Meinung befolgen, oder muß nicht dem Herzog geraten werden, daß er sich über das Verhalten der Inquisition Sicherheit verschafft.«

Da das Befragen der gelehrtesten Juristen zu nichts führt, beruft man sich auf zeitgemäße Hexentheoretiker. Binsfeld ist 1598 gestorben, doch Delrio und der lothringische Gemeine Rat Rémy können befragt werden.

Rémy ist der Autor der 1596 ins Deutsche übersetzten *Daemonolatria,* die bis 1600 fünf Auflagen erreicht. Er kann für sich verbuchen, innerhalb von 16 Jahren in Lothringen an der Verbrennung von 800 Hexen mitgewirkt zu haben. Er legt in seinen Prozessen alles zuungunsten der Bezichtigten aus und meint: »heilsamer Eifer sei schädlichen Begnadigungen vorzuziehen.« Es muß Wasser auf der Mühle Wangnerecks gewesen sein.

Delrio kennt den Schwachpunkt aller Hexenprozesse; den Wert der Denunziation. Er ist ein Befürworter der Folter und sagt: »wenn man den Besagungen über die Teilnahme am Hexentanz keinen Glauben schenken würde, würde die Axt an der Wurzel der Hexenprozesse gelegt und damit jede Möglichkeit zur Erforschung der Wahrheit gesperrt.«

Wieder werden die Argumente in Schärfe vorgetragen. Haslang bezichtigt Wangne-

Herzog Wilhelm V. von Bayern nach einem Gemälde von Engelhard de Pee (Hofmaler 1578–1605) im Residenzmuseum München.

reck der üblen Prozeßführung und bescheinigt dem Adeligen »vollkommene Inkompetenz. Er dürfe sich über die Hexenprozesse kein Urteil erlauben ... Wie ein blinder von der farb.« Wangnereck merkt nicht, daß ihm das Bohren schadet.

Tanner bringt die Sache auf den Punkt: »es gebe zwar viele Autoren, darunter Delrio, Binsfeld und Julius Clarus, Farinacius, das Ingolstädter Hexengutachten von 1590 sowie das Freiburger von 1601, das Gutachten von Padua von 1602, sowie die Ansicht Gregors von Valencia, die nur geringe Anzeigen zur Tortur im Hexenprozeß fordern. Diesen stünden die Ansichten von Baldus, Bosius und Marsilius, das Gutachten aus Ingolstadt aus dem Jahre 1610 und aus Bologna gegenüber; Eigenmächtigkeiten der Richter seien abzustellen und jede Gefährdung Unschuldiger zu verhindern.

Es ist merkwürdig, daß die Jesuiten, von denen erst ein großer Sog in Richtung Verfolgungen geht, auch die größten Zweifel hegen, denn auf den Schultern Tanners steht Spee, der dem Hexenwesen die Grableuchte voranträgt.

München will es genau wissen und gibt keine Ruhe. Am 18. Juni 1603 gehen Anfragen an die katholischen Territorien Lothringen, Kurmainz, Kurtrier, Kurköln und die Markgrafschaft Baden. Ihnen wird ein persönlich gehaltenes Schreiben Herzog Maximilians beigefügt[48]. Die Antworten treffen mit Verzögerungen ein.

Fast gleichlautend bringen sie zum Ausdruck, daß auf eine Besagung hin nicht gefoltert werden darf, zumal sie oft aus Neid oder Haß resultieren. Selbst die Kölner Juristen halten sie allein nicht mehr für Indizien, die zur Anwendung der Folter führen können; damit hat sich ein neuer Geist durchgesetzt und Wangnereck in die Schranken gewiesen.

Die Erkenntnisse prägen die Situation in Bayern. Tanner transponiert die gemäßigte Haltung an seine Ingolstädter Kollegen. Jetzt formieren sich klerikale Gegner des Hexentreibens, wie Kaspar Hell (SJ) in Eichstätt oder Paul Laymann (SJ) in Dillingen. 1629 erscheint Tanners Abschnitt über die Hexenprozesse als Sonderdruck in Köln und kurz danach stützt sich Spee auf ihn. In den Jahren 1611/12 ensteht das berühmt-berüchtigte

Aberglauben- und Hexenmandat

als tiefbayerische Stilblüte. Es ist umstritten und führt zu Kontroversen; wieder spielt Wangnereck eine unrühmliche Rolle. Er wird zwei Jahre nach dem Prinzipienstreit um den Wert der Denunziation zum Kanzler des Hofrates ernannt. Nach wie vor gilt er als Hexenverfolger. Er schaut von oben auf die Leute; Herzog Maximilian wird als unfähig betrachtet, Münchener Patrizier als Prahlhänse und Professoren der Universität Ingolstadt als »lautter Schuelbueben und Khinder, auf deren Urteil nichts zu geben sei ... betitelt.« Innerhalb seiner Reihen führt er ein strenges Regiment; wer ihm widerspricht, macht sich unbeliebt und hat mit Konsequenzen zu rechnen; seine Art, politische Gegner als Ketzer zu verhetzen, wird nicht aufgegeben[49].

Vier kritische Prozesse

Sobald ein Hexenprozeß der Landgerichte in die Nähe Münchens rückt, wird er in dessen Bann gezogen. Man hat Wangnereck untersagt, auf blose Besagungen hin zu foltern, aber er findet Hintertürchen. Fast zeitgleich wird Bernhardt Barth Hofoberrichter, der eine liberale Gesinnung hat.

So etwa ist die Ausgangslage, als es zu vier Prozessen in Riedenburg und München kommt, aus denen die Popularität der Ansichten deutlich wird. Sie bringen den Hexenriecher in Konflikte.

1. Er bezichtigt 1607 eine Frau wegen Liebeszaubers und entdeckt bei deren Hausdurchsuchung zauberische Schriften. Der Fall wird vor den Hofrat gezerrt. Als sie trotz mehrfacher Folter nicht gesteht, äußert Vagh »die verhaffte Kephserin so lange zu torquieren, biß sie bekenne, und sollte die Sonne dadurch scheinen.« Die Beschwerde des Hofoberrichters und des Geheimen Ratssekretärs Dr. Gewold, die sich mit einer Petition an den Fürst wenden, retten ihr vermutlich das Leben.

2. 1608 werden einem angeblichen Zauberer aus Riedenburg abergäubische Handlungen und Wahrsagerei nachgesagt. Nach dem Hofratsprotokoll herrschen kontrahäre Ansichten[50]. Wangnereck möchte zur Folter schreiten, aber die Gruppe um Barth billigt dem Inhaftierten wegen seiner Einfalt mildere Umstände bei. Der Prozeß endet vermutlich mit Geldstrafen für einige Riedenburger.

3. 1608 wird der Pflegsverwalter von Schwaben wegen Geldhintertreibung und Begünstigung einer Hexe beschuldigt. Er liegt im Falkenturm und gesteht den rituellen Verzehr eines Wiederhopfherzens und das Bemalen eines Tellers mit Zauberzeichen. Wieder plädiert Wangnereck auf die Anwendung der Folter, worauf ihm der Hofoberrichter Unmenschlichkeit vorwirft: »sey khein modus et satisfactio bey ihme mit dem torquieren.« Er muß sich vorhalten lassen: »er verstünde von den Prozessen nichts, weil er kein Gelehrter sei.« Der Pflegverwalter wird nach einer fünfmonatigen Haft und dreimaligen Folter freigelassen.

4. 1608 wird gegen die »Beyerin von Winden« aus dem Landgericht Schwaben prozessiert, die sich nach einer längeren Haft und Folter im Falkenturm das Leben genommen hat. Der Ortspfarrer will sie in flagranti bei zauberischen Handlungen in der Kirche beobachtet haben. Auch den Fall reißt Wangnereck an sich. Er läßt sie nach München bringen und setzt sich unnachsichtig für deren Folter ein. Barth sieht es anders. Für ihn ist es eine »närrische, lappisch oder unsinnig Person, die in ihrem Kopf gwalmisch, träppisch und einfältig sei.« Das Gerangel um sie führt später zu einer Hofratsvisitation.

Die Verfahren bilden die Spitze eines Eisberges. Die Zauberei- und Hexenprozesse erreichen um 1608 einen Höhepunkt. Prozessiert wird – außer in München – in den Landgerichten Pfaffenhofen, Geisenfeld, Kranzberg, Vohburg, Dingolfing, Dachau, Mainburg, Landshut, Landsberg, Reichenhall, Rosenheim und der besetzten Reichsstadt Donauwörth. Zu Hinrichtungen kommt es in Landshut.

Die Häufung bereitet dem Hofrat Probleme und immer wieder neuen Streit, weil man sich in der grundsätzlichen Frage unschlüssig ist. Das Verbrechen der Hexerei sei so schwerwiegend und seine Strafverfolgung so gefährlich, daß sich die Regierung der Prozeßführung annimmt, woraus die Konzentration auf München deutlich wird. Die Tätigkeit ist aufwendig und kaum erfreulich.

Vor dem Hintergrund setzt Wangnereck zu einer neuen Attacke an. Mitte April 1608 unterbreitet er den Hofräten den Vorschlag eines allgemeinen Aberglauben- und Hexenmandates, das sich zum Ziel setzt: »bey disen vast gefährlichen Zeiten und vil schwebenden großen Sünden die Superstitiones, Abergläubische Khünst, Segen und Sortilegien, auch die Wahrsagerei mit offentlichen straffen auszureutthen.« Mehrere Räte stellen sich gegen den Vorschlag. Dennoch wird seine Vorlage an den Herzog beschlossen.

Der Selbstmord der »Beyrin von Winden« veranlaßt die Gemäßigten, Wangnereck anzugreifen und sich schützend vor den Hofoberrichter zu stellen; er habe richtig gehandelt, da er sich gegen die Vornahme der Tortur gestellt habe; die leichtfertige Einstufung der Volksmagie als Indiz für Hexerei brächte unzählige In den Hexereiverdacht. Wisse man doch, daß Wetterzauber vom Pfarrer ausgeführt werde: wie soll man Pfarrkinder strafen, wenn man ihnen den Spuk vormache?

Im Zusammenhang mit der Diskussion um das geplante Mandat fordert Donnersberger[51], von der übereilten Folter abzusehen. Danach interveniert Wangnereck bei Herzog Wilhelm V. über »diese kalten und politischen Christen, die die Volksmagie für Kinder-und Narrenwerk halten.« Schließlich wird der Erlaß des Mandates angekündigt. Noch einmal trägt man vor:

- Die Folter dürfe nicht leichtfertig angewendet werden.
- Man dürfe Geständnisse nicht gewaltsam erpressen.
- Man habe in Zweifelsfragen zugunsten des Angeklagten zu entscheiden.
- In Hexenprozessen gebe es keine Sonderregelungen und man müsse sich nach dem allgemeinen Recht halten.

DEr Fürstl. Durchl. Hertzog Maximilians in Bayern/ꝛc. vnsers gnädigsten Landtsfürsten vnd Herrens.

Landtgebott wider die Aberglauben Zauberey Hexerey vnnd andere sträffliche Teufels künste.

Gedruckt in der Fürstlichen Hauptstatt München/ Bey Anna Bergin Wittib.

ANNO M. DC. XI.

Landgebott wider die Aberglauben, Zauberey, Hexerey und andere sträffliche Teuffelskünste. München, 1611. Titelkupfer mit bayrischem Rautenwappen.

Dies verursacht Turbulenzen. Dr. Vagh erhält 1607 eine Rüge wegen seines Verhaltens im Prozeß gegen die Kehpserin: »habe man doch Grund genug, ihn zu entlassen.« Er kann durch einen unterwürfigen Brief an den Herzog in seiner Stellung bleiben. Barth wird wegen seiner Widersetzlichkeit gegen den Hofratskanzler zur Rechenschaft gezogen; er fühlt sich so gekränkt, daß er den Posten aufgibt.

Donauwörth

Zwei Monate nach der Besetzung durch bayerische Truppen leben die Verfolgungen wieder auf. Ein Mann wird wegen Impotenzzauber verklagt. Eine Beschuldigte gesteht und besagt vier Frauen, die man verhaften läßt. Ende November 1608 wird Brigitha Schusterin gerichtet. Anfang März werden in Donauwörth mehrere Frauen von Wemding aus besagt. Jetzt werden in rascher Folge immer mehr wegen Verdachts auf Hexerei inhaftiert. Im August 1608 hat man zwei von ihnen verbrannt, acht liegen in Haft und 17 sind besagt. Schon bemängelt die Hofkammer die hohen Kosten der Verfahren[52].

Nachfolger Barths ist Dr. Georg Hundt aus Lauterbach. Er gerät unter den Einfluß des Kanzlers. Wangnereck nutzt jede Chance. In einem mit anderen erstellten Gutachten über die möglichen politischen Konsequenzen der nachlässigen Haltung des Münchener Magistrates in puncto Hexeninquisition erneuert er das Ziel seiner Strategie: der Landesfürst möge die Prozesse an sich ziehen und gelehrten Juristen übertragen. Er strebt die Wiederaufnahme der Grundsatzdebatte an[53].

Mehr Erfolg hat er beim Vorantreiben des Mandats, zu dessen Ausarbeitung Dr. Cosmas Vagh bestimmt wird. Das *Landgebott wider die Aberglauben, Zauberey, Hexerey und andere sträffliche Teufelskünste* wird im Januar 1611 vom Plenum vorgestellt. Es wird geringfügig modifiziert und befürwortet. Ungewöhnlich scheint, daß man es ohne vorherige Zustimmung des Herzogs und Geheimen Rates druckt: es wird erst später zur Unterzeichnung vorgelegt.

Der Fürst und die Geheimen Räte lassen es nicht ohne weiteres passieren. Sie reklamieren vor allem die vorgegebenen Strafmaße. Es bleibt eine unnütze Publikation und sie ist der breiten Öffentlichkeit nicht zugänglich. Das Mandat besteht aus drei Teilen und umfaßt 40 Seiten. Der Konflikt scheint ein konstruierter, denn es geht um die präzisere Abgrenzung des landläufigen Aberglaubens mit dem der Hexerei.

Entscheidend ist die Bewertung des Strafmaßes. Die Abgrenzung scheint kompliziert, wie aus einem Gutachten erkenntlich wird[54]. Für Wahrsager, Traumausleger und Zauberer **ohne** Teufelspakt wird die obligatorische Todesstrafe angesetzt. Die Feuerstrafe ohne Milderung (des vorherigen Köpfens oder Strangulierens) wird beim Teufelspakt, der -anbetung, Liebes-, Impotenz- und Krankheitszauber verhängt. Vorherige Strangulation ist möglich. Das auf unsicheren Beinen stehende Mandat wird 1665 und 1746 erneuert, erreicht aber keine Bedeutung.

Der Versand in der korrigierten Form an die Landgerichte folgt im Frühjahr 1612. Jährlich an Weihnachten und Pfingsten soll es von den Kanzeln verlesen werden. Ob sich die Pfarrer daran halten, ist zu bezweifeln, denn sie unterstehen der bischöflichen Jurisdiktion. Sie machen Schwierigkeiten und wollen es »nit auf der Cancel verlesen lassen«: es wäre falsch, seine Wirksamkeit hoch einzuschätzen[55].

Die Räte führen die schlechte Wirkung auf Nachlässigkeiten der Landrichter zurück. Die Universität Ingolstadt will noch im Juni 1625 nie etwas von ihm gehört haben. Als sie vom Hofrat in München anläßlich eines Gutachtens das Mandat – 13 Jahre nach seiner Publikation, zugeschickt bekommt, fragt die Universität in München zurück, ob man nach ihm ein Urteil fällen soll und ob es rechtens sei, ein unbekanntes Mandat anzuwenden[56]. Hier entscheidet die Universität entgegen dem Mandat auf Landesverweisung. 1677 wird daran erinnert: »daß es in Vergessenheit geraten sei[57].«

Hinrichtung des Hexenrichters von Wemding

Die Wemdinger Verfolgung wird über Besagungen aus Donauwörth verursacht. In Wemding ist der verantwortliche Richter der Pflegsverwalter Gottfried Sattler. Etwa zehn Hexereiverdächtige werden in kurzer Folge in den Münchener Falkenturm gebracht, wobei lokale Willkürlichkeiten deutlich werden. Im Oktober 1611 wird der Pflegrichter Konrad von Bemelburg (d. J.) wegen seiner mangelhaften Aufsicht gerügt: »Hinach auch dem Pfleger von Wemding zu verweisen, daß er also dergleichen Proceß seinem Richter und Untergebenen vertrahwe und selbst darin nicht sehe.«

Dann schickt man den früheren Hofoberrichter Barth nach Wemding, um die Dinge zu ordnen. Er sammelt eine Fülle von Ungereimtheiten gegen Sattler und dann ordnet der Hofrat seine Verhaftung und Überführung nach München an; die Untersuchung wird eingeleitet. Es stellt sich heraus, daß Berichte fingiert sind, daß er willkürlich verhaftet und gefoltert hat und daß er sich (möglicherweise) persönlich breichern wollte. Er wird im September 1612 gefoltert und dann wird seine Hinrichtung erwogen.

Der Stadtrat von Wemding setzt sich für eine Begnadigung ein, ebenso seine Familie, Herzog Albrecht (ein jüngerer Bruder des regierenden Fürsten) und der Hofratskanzler Wangnereck, der Bedenken wegen der politischen Splitterbombe hat.

Die Universität Ingolstadt plädiert für seine Hinrichtung, doch Herzog Maximilian zögert mit der Zustimmung[58]. Wangnereck will das Strafmaß in Verbannung münzen, doch nach dem Agieren Donnerspergers wird der Hofrat zur Rücknahme des Beschlusses bewogen. Der Hofrat, die Universität und die Geheimen Räte billigen die Exekution und kurz danach wird Sattler in Schwaben geköpft. An dessen Stelle tritt der frühere Pflegamtsverwalter Niedermayer, den man 1608 wegen Hexereiverdachts gefoltert hat, womit er rehabilitiert ist.

Die Hinrichtung bestärkt die Gegner, da immer mehr Zweifel an der Rechtmäßigkeit der Prozesse laut werden. Später beziehen sich Verdächtige bei den Eichstätter Hexenverfolgungen darauf. Der Hinrichtung Sattlers folgt 1618 die des Hexenriechers Roß in Fulda. Beide Fälle werden durch den Ingolstädter Jesuiten Adam Tanner publiziert und Spee schöpft daraus:

»Häufig sind Richter, denen Hexenprozesse anvertraut sind, schamlose niederträchtige Menschen. Die Folter wird oft übermäßig und grausam angewandt. Viele Indizien sind unzulässig und gefährlich und das Verfahren nicht selten gegen Gesetz und Vernunft.«

Er erzählt, daß in früheren Jahren in Deutschland zwei Blutrichter, die Hexenfälle zu bearbeiten hatten, durch ein Urteil der Ingolstädter Juristen hingerichtet worden sind, weil sie rechtswidrige Prozesse geführt haben, bei denen Unschuldige in Gefahr geraten waren. »Wer will bezweifeln, daß unter den Richtern Unschuldige verbrannt worden sind.«

Schiebung der Machtverhältnisse

Unter der Kanzlerschaft Wangnerecks entwickelt sich München zum ideologischen Zentrum der Hexenverfolgung. Der Unmut über das Thema bringt personelle Konsequenzen mit sich. Wangnereck als Motor wird mit der Ausarbeitung des *Codex Maximilianeus* beauftragt und Dr. Vagh wird zum Kanzler des Rentamtes Burghausen befördert. Parteigänger werden vesetzt. Als 1617 Wangnereck stirbt, sterben mit ihm die radikalen Verfolgungsmethoden.

Kurz danach kommt es zu breiter angelegten Verfolgungen in den Hochstiften Augsburg und Passau. In Bayern klettert die Hexenkurve nach oben. Der jetzt mehr in den Vordergrund tretende Hofoberrichter Hans Christoph Tanner geht behutsam vor. Er kümmert sich um einzelne Prozesse und neigt zur gütlichen Befragung (Verbalterrition). Die ausgestandene Minimalfolter reinigt den Beschuldigten vom Verdacht der Hexerei und führt zum Freispruch.

Der Ausbruch einer weiteren Agrarkrise, verbunden mit Viehseuchen, dem Vordringen von Wölfen in bewohnte Gebiete, sensibilisiert die Verängstigten. Die Frau des Herzogs Ferdinand soll im Dezember 1614 an einem Schadenzauber gestorben sein. Der alte Herzog Wilhelm hält sich verhext, im Hofstaat bezichtigt man sich gegenseitig der Zauberei und im Zimmer des Geistlichen Rates findet man hinter einem Ofen eine schwarze Truhe mit geheimnisvollen Gegenständen, die durch Wangnereck und den geheimen Ratssekretär Albertinus als Depot mit Zauberkleidung ... und ander vil mehr Sachen, büecher und brieffe, welche erschröklentlich zu sehen und (als) greiliche zauberische Sachen« identifiziert werden. Es deutet auf eine neue Attacke wider die Hexen.

Herzog Wilhelm (1597 zurückgetreten) befiehlt Wangnereck, mit dem Dillinger Hofrat über die Hexenfrage zu sprechen[59]. Daraus leitet sich die *Generalinquisition wider die Zauberer und Unholden* ab. Man soll eine öffentliche Proklamation erstellen und in den Kirchen Briefkästen zum Einwurf anonymer Besagungen aufstellen; Pfarrer sollen über den Gegenstand predigen; wieder feiern überholte Ansichten Urständ und man will die lebendige Volksmagie in den Rang des Hexenwerks pressen. Wieder wird das Denunzieren überbewertet und wieder erkennt man in Wangnereck den Drahtzieher[60].

Dennoch spürt man vehement den Widerstand. Während München im Parteidschungel verstrickt ist, wendet sich in Ingolstadt Professor Dr. Kaspar Denich (d. J.) gegen das System.

Um 1629 wird vorgetragen: »man hat khain Lust zu Ingolstadt zu Prennen, es gebraucht nit vil ... denn alle Unholden, so innerhalb zwölf Jahren Zue Ingolstadt haben müessen werden beygefangen, sein wiederumbden ausgelassen ... worden. Und wollen die Churf. Räth ... den Proceß verhindern.«

In einem neuen Aufflackern stellt Kurfürst Maximilian 1629 den früheren Eichstätter und Oettingschen Hofrat Dr. Kolb als Malefizkommissar an, der die Hexenprozesse in Wemding und Ingolstadt leiten soll; sein Vorgehen wird kritisiert[61]. Nun wütet man nicht mehr nur gegen die Armen, sondern gegen Begüterte. Beim ersten Hexenbrand werden neben drei Frauen ein Gastwirt und Metzger verurteilt. Dann folgt die Mutter eines Ratsherren. Im dritten Brand wird der Bürgermeister Epple, einer der wohlhabendsten der Stadt, verbrannt, dazu eine Verwandte des früheren bayerischen Hofratskanzlers Dr. Brugglacher. Insgesamt fallen dem Wahn 39 Personen zum Opfer, von denen zehn Männer sind.

Für Ingolstadt hat Maximilian auf Betreiben des Eichstätter Bischofs Johann Christoph von Westerstetten den Beginn neuer Hexenprozesse angeordnet. Ausgelöst werden sie 1629 durch den Fall der Hofschneiderin Catharina Nickhlin aus Eichstätt, die wegen Besagungen nach Ingolstadt geflohen ist. Als sie verhaftet und gefoltert wird, kommt es zu scharfen Auseinandersetzungen[62]. Selbst beim Volk sei »ein Knurren und Murren gewesen, daß man also mit leuthen umbgehen.«

Sie bekennt sich unter den Qualen zur Hexerei. Vor ihrer Hinrichtung kommt es zu weiteren Verhaftungen und dann wird Dr. Kolb diffamiert[63]. Hier kommen die Hexenprozesse trotzt wiederholter fürstlicher Befehle schleppend voran. Ab Juni 1630 verlangsamen sich die Verfolgungen in Wemding und dann werden die Abstände zwischen den Exekutionen größer. In den Jahren 1629/30 erreicht die Zahl der wegen Hexerei Beschuldigten in Bayern den Höhepunkt.

Die Schweden

Lange war man der Meinung, daß das Überziehen des Landes mit den kriegerischen Wirren das prinzipielle Ende der Hexenverfolgungen bedeutet. Für Bayern stimmt es nicht. In der Grafschaft Löwenstein-Wertheim gehen während der Schwedenzeit die Verfolgungen weiter. Sicher ist es so, daß das Ende der massiven Bezichtigungen einem inneren Gesetz folgend, **vor** dem Eintreffen der Besatzer zusammenbricht.

Im Hochstift Augsburg lassen die Prozesse Mitte der 20er Jahre nach. Das Ende oder Unterbrechen der Verfolgungen läßt sich nur teilweise extern begründen. Es wird deutlich, daß sie nach deren Weggang nicht aufgenommen werden. Im kleinen Fürstentum Coburg kommt es Ende der 1620er Jahre zu Auseinandersetzungen zwischen der lutherischen Geistlichkeit und dem Coburger Schöppenstuhl. Die Ordinarien Winter und Drach bestehen auf der Durchführung geordneter Verfahren, wobei man sich auf die Universitäten Tübingen, Marburg, Altdorf und Jena beruft.

Votiv-Tafel. Stadeleck bei Simbach am Inn, datiert 1675. Öl auf Holz, 26,7 x 18,3 cm. München, Bayerisches Nationalmuseum, Inv. Nr. V 53. →

Ao 1675 hat georg Pauer zu Iging
für In Vnd sein Mueter Magdalena
gewestne Pürin zu Iging dises däffel verproch
sambt einen opfer zu Unser Lieben
Frauen nach Stallögt von wegen Ihres
gehabten Kopf schmerzen der sohn
gott sey gedanckht ist daran besser wo
rden die Mueter aber ist gestorben
gott Verleiche Ihr und allen Christ
glauben Sellen die Ewig Rueh Amen

Johann Casimir befürwortet die Verfolgungen und so wird ein Hexenkommissar eingestellt. Unter seiner Leitung werden zwischen 1628–32 mehr als dreißig Hexen verbrannt.

Immer mehr stellen sich die Bürger gegen das Wüten. Im Erzstift Mainz gibt ein Mann zu Protokoll: »es nehme ihn wunder, daß man solche abergläubigen Sachen glaube, es seien doch lauter unmögliche Dinge und könne aus keiner Schrift bewiesen werden, das es zu glauben sei. Man solle den Godelmann lesen. Wenn er verbrenndt werde, dann müsse Gott selbst zaubern können.«

Der in Eichstätt wegen Hexereiverdacht inhaftierte Pfarrer hegt Zweifel: »habe dergleichen sachen nit gestudieret, khünd nit sein.« Eine Gürtlerin klagt die Hexenrichter vor ihrer Verbrennung an: »Wenn alle Menschen so wenig ein Unhold weren als sie, so wer kein einzige Unholdt in der gantzen Stadt, sondern man hat allen Unrecht gethan.«

Das Unrecht dringt aus den Poren der Geschichte. Beichtväter sprechen über Ungerechtigkeiten, Gefängniswärter werden ob ihrer Nachlässigkeiten, Grausamkeiten und wegen Schwatzsucht entlassen, Scharfrichter werden beargwöhnt. Vereinzelt werden Kassiber aus schmutzigen Kerkern geschmuggelt, die den Wahn offenlegen. Hinzu kommen die, die die Folter überlebt haben und oft unter dubiosen Umständen als soziale Krüppel die Freiheit erlangen. Einzelnen gelingt die Flucht und es kommt zu spektakulären Widerrufen. All das führt einen Umschwung herbei. Aktiviert wird er durch parteiliche Auseinandersetzungen in der Grundsatzfrage und dadurch, daß die altbayerische Hexenriege nach und nach ausstirbt.

Da nun die Schuldigen (!) von den Unschuldigen (!) kaum zu unterscheiden waren, gelangt man zu der Auffassung: «es entschuldige den Richter, besonders im deutschen Reich, wenn er sich gegen ungerechte Verfolgungen sperrt[64]. Wenig später erhebt sich in Eichstätt die Stimme der Kritik. Der vormalige Ingolstädter Professor Kaspar Hell (SJ) bezieht Stellung und klammert den Fürstbischof nicht aus. Dies schlägt so hohe Wellen, daß der Ordensgeneral Vitelleschi (SJ) darüber den Provinzial der oberdeutschen Provinz in Kenntnis setzt[65]. Jetzt entwickeln sich

Zentren des Widerstandes

Die Haltung bleibt nach 1630 gespalten. Binsfeld und Delrio haben Spuren hinterlassen. In Zedlers Universal-Lexikon wird um die Mitte des 18. Jahrhunderts die Auffassung Delrios erörtert. Tanner steht wie ein Bollwerk da. Der Ingolstädter Theologe Paul Laymann (SJ) ergänzt im April 1630 sein Hauptwerk um ein Kapitel über Hexenprozesse. Der Ingolstädter Jesuit Cusan fordert in seiner *Katechetischen Zuchtschul* Prediger auf, gegen die in der Bevölkerung grassierenden Hexereiverdächtigungen einzuschreiten. Man soll sich davor hüten, alles Unglück auf Zaubereien zu schieben. »Bevor man denunziere, möge man sich lieber auf die Zunge beißen.«

Der Münchener Hofprediger Leopold Manzin (SJ) vertritt die Ansicht, daß viele der Hingerichteten unschuldig gewesen seien und schlägt vor, den Richter, der eine Folter anordnen wolle, $1/2$ Stunde zu foltern, damit er sich der Schrecklichkeit seines Tuns bewußt wird. Der Jesuit Georg Gobat meint: »im Zweifelsfall müsse man an natürliche Wirkungen und nicht an Hexen glauben.« Er warnt vor leichtfertigen Besagungen.

In den 1660er Jahren beruft sich der Münchener Hofbeichtvater Bernhard Frey (SJ) außer auf Tanner auf die *Cautio Criminalis,* um seine Gegnerschaft zu dokumentieren. Ein Exemplar befand sich im Nachlaß des Ingolstädter Jesuiten Sebastian Denich. In denen anderer bayerischer Jesuiten finden sich weitere. Dann erläßt Maximilian im Januar 1631 das Mandat, das reuigen Hexen, die freiwillig beichten und sich der Obrigkeit stellen, unter Geheimhaltung des Namens die Freiheit verspricht; es ist eine rhetorische Sprechblase.

So hat sich ein intelektueller Klimawechsel innerhalb der Bildungselite aufgetan. Es formiert sich eine öffentlich-kritische Meinung in der Hexenfrage, die das Verhalten beeinflußt. Spee trifft ins Herz der Verfolger und sagt: »daß bei diesen Prozessen täglich zahllose Unschuldige erfaßt würden und daß man daran zweifeln müsse, ob es Hexen gebe!« Er greift heuchlerische Geistliche, intelektuelle Schreibtischtäter, unkritische und unfähige Juristen an (Behringer). Vergleiche dazu die Ausführungen im Kapitel Paderborn. Selbst ein Papst schaltet sich abwägend ein. Klagen aus geistlichen Verfolgungsgebieten finden bei

Urban VIII.

(1623–44) Resonanz. Das Bologneser Gutachten von 1602 hat auf die milde Praxis der Inquisition in Italien verwiesen, kurz danach werden die Hexenprozesse in Spanien kritisiert und dann wird die Inquisition unterdrückt. 1623 wird in einer päpstlichen Konstitution angeordnet, »daß man Zauberer nur richten dürfe, wenn sie nachweisbar den Tod einer Person verursacht haben.« Zudem wird in der päpstlichen Instruktion auf den vorsichtigen Umgang bei Besagungen, Zulassung der Verteidigung und vor der leichtfertigen Folter gewarnt.

Sie zirkuliert in den 1630er Jahren in Abschriften und ist (auch) im deutschsprachigen Raum (incl. der Schweiz) bekannt. Sie muß in der Anfangszeit des Papstes Urban VIII. verfaßt worden sein. Vermutlich mit dem Hintergedanken, die von Gregor XV. (1621 bis 1623) erlassene Bulle *Omnipotentes Dei* abzuschwächen. Sie ist entfernt von der Radikalität Spees, doch kongruent mit den Ansichten von Tanner.

Ihrem Bekanntwerden können die hiesigen Verfolger schlecht etwas entgegenhalten, denn die höchste Autorität des Christentums hat ein Machtwort gesprochen. Im Vordergrund steht (jetzt) der Schutz der Unschuldigen vor dem übereilten Zugriff der Behörden.

Die Zahl der als Zauberer oder angebliche Hexen Gerichteten sinkt in allen katholischen Flächenstaaten im mittleren Drittel des 17. Jahrhunderts und nähert sich dem protestantischen Standpunkt. Nach 1630 wird nur noch tendenziell verbrannt. Insgesamt finden in der zweiten Hälfte des 17. Jahrhunderts in den 13 Reichsstädten auf dem Gebiet des heutigen Bayern 21 Hexenprozesse statt[66]. Bei einem in der Reichsstadt Biberach werden (1649) Gutachten in Ulm, Ingolstadt und Tübingen angefordert. Der katholische Stadtrat der pfalz-neuburgischen Stadt Lauingen befragt 1664 einen Dillinger und Ulmer Konsulenten über einen Hexenfall.

Reaktivierung

Der kursächsische Jurist Benedikt Carpzow bekräftigt um die Mitte des 17. Jahrhunderts das Hexenprozeßverfahren auf der Grundlage des *Hexenhammers,* Bodins und Delrios. Ihm folgen in Bayern Kaspar Manzius und im frühen 18. Jahrhundert Christoph und Hermann Anton von Chlingensperg (1651–1720). Er lehrt Rechtswissenschaften an der Universität Ingolstadt, sowie der Tiroler Rechtslehrer Fröhlich von Fröhlichsburg. In diese Jahre fällt der Nachdruck des *Kurbayerischen Aberglaubens- und Hexenmandates.*

In Bayern wird versucht, die Aufmerksamkeit der Landrichter auf das Unwesen der Zauberer zu lenken. Eine weitere Konzentration gibt es um 1685, Mitte der 1740er Jahre. Bis 1730 kommt es vereinzelt zu Massenprozessen mit Hinrichtungen. Von einer klassischen Hexenverfolgung kann letztmals bei einem Freisinger Prozeß in den Jahren 1721/22 gesprochen werden, in dessen Verlauf 200 Personen verdächtigt sind, mehr als zwanzig inhaftiert und von diesen elf hingerichtet werden. Die wesentlichen Verfolgungen ereignen sich zwischen 1675 und 1680.

In der Grafschaft Vaduz werden 1648–51 und 1677–80 Verfahren geführt, in denen etwa 300 Menschen sterben. In Zusammenarbeit mit der Tiroler Regierung in Innsbruck, der Universität Salzburg und dem Reichshofrat in Wien erreicht der stiftskemptische Fürstabt 1684 die Absetzung und Verhaftung des Reichsgrafen von Vaduz, der den Rest seines Lebens im Gefängnis verbringt. Fürstabt Bodmann von Kempten wird mit der Untersuchung wider ihn beauftragt. Hier zeigen sich Formen der Bereicherung, Nachlässigkeiten bei der Verhaftung bei ungenügenden Indizien und ein unchristliches Foltergehabe.

Der zweite spektakuläre Fall betrifft den Zauberer-Jackl-Prozeß (siehe dort). Er erregt Aufsehen und wird richtungsweisend für das prozessuale Verhalten. Ein ähnlicher Prozeß im kleineren Umfang, wird 1720–22 im Hochstift Freising geführt. Hier werden drei Bettlerinnen zwischen 14 und 23 Jahren wegen Hexerei verurteilt. Parallel finden Schatzgräberprozesse statt, die hier nur insoweit interessieren, da die Schatzgräberei bis zur Mitte des 18. Jahrhunderts in den katholischen Territorien als Kapitaldelikt in unmittelbarer Nähe der Hexenprozesse angesiedelt sind. Schauen wir auf die letzten (?) Hinrichtungen der Region.

Während in München nach 1722 niemand mehr wegen Hexerei gerichtet worden zu sein scheint, dauern die Hinrichtungen in den umliegenden geistlichen Fürstentümern an. Scheiterhaufen brennen 1745 in Dillingen, 1749 in Würzburg, 1750 in Salzburg, 1755 im Fürststift Kempten. Das umfassendste Verfahren spielt sich in Mühldorf (Inn) ab. Angeklagt ist eine fünfzehn- oder sechzehnjährige Tochter einer Wäscherin aus dem niederbayerischen Neumarkt, die sich in Mühldorf bei einem Schmied als Magd verdingt hat.

Maria Paurin

verunsichert ihre Arbeitgeber durch Vorgabe von Spukerscheinungen, so daß der Verdacht gegen sie erhärtet wird. Sie verstrickt sich und bezichtigt zwei Frauen in Neumarkt der Hexerei. Ihre Mutter (Maria Zötlin) und deren Arbeitgeberin (Maria Elisabeth Goglerin = Gusterer-Lisl). Die Letztgenannte wird in Neumarkt von einigen der Hexerei bezichtigt, weil sie eine unheilbare Brustverletzung hat, die als Folge eines Kutschenunfalls anzusehen ist.

Man erzählt sich: »zu ihr komme immer jemand, der sie bis aufs Blut an den Brüsten sauge.« Sie selbst, die an epileptischen Anfällen leidet, verspürt Anfechtungen, »als wenn schwarze Männer mit ihr Unzucht treiben wollten«. Dies berichtet sie ohne Anwendung der Folter.

Maria Paurin wird im Frühjahr 1749 von Mühldorf nach Salzburg gebracht. Die Gusterer-Liesl, Mutter der Maria und ein zehnjähriges Mädchen aus Neumarkt nach Landshut. Die Gusterer-Liesl bestätigt in gütlichen Verhören den Umgang mit dem Teufel und wird im August 1749 in Landshut hingerichtet.

Die *Vossische Zeitung* (Berlin) berichtet im September 1749 nach einer Meldung aus Regensburg: »Zu Landshut sei am 29. August 1749 eine Hexe öffentlich hingerichtet worden und einem achtjährigen Mädchen habe man die Adern geöffnet.«

1715 kommt es im Landgericht Vilsiburg zu einem Prozeß gegen ein zehnjähriges Mädchen und eine ältere Frau (Geistgnandl). Während dem Mädchen die Flucht gelingt, wird die ältere 1752 in Landshut verurteilt. 1754 wird ein vierzehnjähriges Mädchen als Hexe besagt und in Landshut kommt es 1756 zum wohl letzten bekanntgewordenen Hexenprozeß der Region[67]. Die beklagte

Veronica Zerritsch

ist die Tochter eines Landshuter Bortenmachers. Zum Zeitpunkt des gegen sie geführten Prozesses ist sie dreizehn- oder vierzehn Jahre alt. Ihr Vater ist tot und die Mutter hat geheiratet. Als sie stirbt, jagt er die unliebsamen Stiefkinder aus dem Haus, um sich zu verehelichen.

Die damals elf- bis zwölfjährige lebt eine Zeitlang »auf der Gasse« und schläft unter Marktständen; möglicherweise schließt sie sich einer Bande an. Verwandte bringen sie in das Landshuter Heilig-Geist-Spital, wo sie sich durch mangelhafte Frömmigkeit, Fluchen und den Diebstahl von geweihten Hostien unbeliebt macht. Als man sie zur Rede stellt, meint sie: »sie werde vom bösen Feind so sehr gequellet.«

Sie wird daraufhin geschlagen und reißt aus. Dann arbeitet sie eine Zeitlang als Kindermagd in Landshut und gerät immer mehr in den Zustand der Verwirrung, fühlt sich von Dämonen angefochten und unternimmt einen Selbstmordversuch. Dann ergibt sich:

- Daß ihr ein Mann bei Freising in einem weißen Rock und roten Umschlägen (der Teufel) das Hexen gelernt habe.
- Sie hexte einem Studenten und zwei kleinen Kindern Krankheiten an.
- Sie wird ertappt, wie sie einem Kind mit einem Messer »das Häls (hatte) aufschneidten wollen.«

Sie ist mit 13 Jahren nicht strafmündig und so weist man sie ins Spital ein. Sie bittet darum, sie von ihrer Besessenheit zu befreien. Sie ist in der Lage, dem Stadtgericht einen langen Zauberspruch zum Unwettermachen zu benennen, den ihr in Freising der böse Feind gelehrt haben will. Sie räumt Unsinn ein.

Der kurfürstliche Bannrichter ist geneigt, mildernde Umstände geltend zu machen und erkennt, daß sie »wegen dem unbarmherzigen tractement des hartten Stiefvaters und den Lebensbedingungen auf der Gasse allen Grund zur Verzweiflung gehabt habe, so daß es wahrhafftig khein wunder gewesen, das Sye ... in verzweiflungsvolle gedanken gerathen und von dem höllischen menschen feindt zu ... unheilen sich verleiten lassen.« Sie wird verbrannt.

Da ist noch der Fall der Anna Maria-Schwägelin, der unter Kempten besprochen wird. Keinesfalls läßt sich der Nachweis führen, daß es sich um die letzte verbrannte Hexe auf deutschem Boden handelt. Zum einen haben wir keinen klassischen Hexenprozeß vor uns und zum andern fehlt das entscheidende Dokument ihrer Hinrichtung, wenngleich die Urgicht erhalten ist! Dennoch stimme ich mit Behringer überein, wenn er sagt: »am Vollzug des Urteils (11. April 1775) kann kaum gezweifelt werden.« Tatsache ist, daß außerhalb der Region Bayern nach diesem Zeitpunkt Todesurteile in Sachen Hexerei gesprochen und ausgeführt werden.

Kurze Erzöhlung und Fürbildung der ubelthatten (...), Augsburg 1600. – Text und Bilder schildern Stationen des Münchener Hexenprozesses des gleichen Jahres. Vier kolorierte Hozschnitte: Teufelspakt, strafverschärfende Marterung, Ausführung zur Richtstätte, Verbrennung der Hexenleute vor den Toren der Stadt. →

Kurtze Erzöhlung vnd Fürbildung der vbelthatten/welche von Sechs personen/als einem Mann/seinem Eheweib/zweyen jrer beiden Söhnen/vnd zweyen anderen Jhren Gesellen/begangen/was massen sie auch/an dem 29. Tag deß Monats Julij/in dem 1600. Jar/in der Fürstlichen Hauptstatt München/von dem Leben zum Tod gebracht worden/den Bösen zu einem Schröcken/den Frommen aber zur Warnung/für die Augen gestellt.

Schröcklich vnd Erbärmlich ist es anzuhören/das Sechs so geringe vnd vnanschenliche Personen/so vil junger vnd alter Leüth/abgöttisch verzaubert/erkrümbt/getödtet/vnnd ermordt/ohne andere grosse Sünden vnd Vbelthatten/die sie mit Raub/Diebstal vnd anderen sachen begangen haben/dann der Vatter Paulus Gämperle sonst Pappenheimer genant/seines alters 58. Jar/hat allein Hundert junge Kinder/vnd Zehen alte Leüth/mit grewlicher Zauberey erkrümbt/vnd erbärmlich vmbgebracht: Jst auch vilmalen den Wirtten vnd anderen Leüthen in die Keller gefahren/vnd da von Speiß vnd Tranck/was Er bekommen/ohne scheuch genommen: Zehen Kirchenraub begangen: Viertzig vnd Vier Personen gwaltthätig mit eigner Hand ermordt: Achtmalen den Leüthen Hauß vnnd Städel angezündt: Zu Viertzehenmalen nächtlicher weil in die Häuser gefallen/die Leüth beraubt vnd geblindert; Zum Fünfftenmal die Leuth/auff den Strassen beraubt/vnd Vier andere Diebstal begangen.

¶ Ebner massen hat sein Weib/Anna Gämperlerin/so 60. Jar alt/ain hundert junger Kinder/vnd Neüntzehen alte Menschen/mit Zauberey angriffen/erkrümbt vnd Gottloser weiß getödtet: Jst Achtmalen in die Keller gefahren/mit eigner Hand einen Mord verbracht: Zweymalen anderer Häuser in Brand gesteckt: Vier Hagel vnd Schaur gemacht/deß Vichs so vil/vnd die Weyd so offt vergifft vnd verderbt/dz sie es nit alles hat zelen könden.

¶ Der älter jr beeder Sohn/Gumprecht genant/von 22. Jaren/hat dreissig Kindern/vnd alten Leüthen/mit Zauberey den Tod verursacht: Jst zu Zwölffmalen in die Keller gefahren: Die Kirchen neünmalen angriffen vnd beraubt: Zweintzig vnd vier Mord begangen: Neün Häuser mit Fewr angesteckt: Sechs malen nächtlicher weyl eingefallen/vnnd die Leüth beraubt: Zum Vierdtenmal Straßrauberey geyebet: Fünff andere Diebställ verbracht: Siben Schaur vnd Hagel gemacht: Vnzählich vil Vich vnd Weyden vergifft vnnd verdörbt: Vnder frommen Eheleüthen/zum Vierdtenmal/böse Ehen angerichtet.

¶ Der ander jr Sohn Jacob von 21. Jaren/hat Fünff vnd sechtzig junge Kinder/vnnd Fünff alte Leüth mit Zauberey hingerichtet: Jst Zehenmal in die Keller gefahren: Fünff Kirchenraub begangen: Drey vnd dreyssig Personen mit eigner Hand/mörderischer weiß vmb jr Leben gebracht: Fünffmalen Fewr eingelegt: Fünff nächtliche Einfäll gethon/Vier andere Diebställ begangen: Zehen Hagel vnnd Schaur gemacht; Sechs vnd zweintzigmal Vich vnd Weyden vergifft.

¶ Die Fünffte Person ist gewesen/Ein Wirtt von Dettenwang/Vlrich Schaltzbawr 68. Jar seines alters/der hat ain vnd Sibentzig Kinder/vnd Dreissig alte Menschen mit Zauberey hingericht: Jst zum Sibendenmal in die Keller gefahre: Drey handthättige Mord begangen: vnd Viertzigmal Vich vnd Weyd verdörbt.

¶ Die Sechste Person ist gewesen ein Schneider/Georg Schmöltzel genant/von Brunn/seines alters Füntzig Jar/hat Sechs vnd dreyssig junge Kinder/vnd Fünfftzehen alte Leüth mit Zauberey getödtet: Sechs malen in die Keller gefahren: Viermalen Kirchenraub/vnd Zwey Mord gethon: Zweymalen gebrandt: zu Hagel vnd Schaur geholffen/vnd zu Dreymalen die Weyd verderbt.

¶ Haben also dise Sechs Malefitzische Personen/in einer Summa Vier hundert vnd ain Kind/Fünff vnd Achtzig alter Leüth/mit Zauberey hingerichtet: Vier vnd Fünfftzig mal in die Keller gefahren: Acht vnd zweintzig Kirchenraub vnd Ain hundert vnd Siben Mord begangen: Sechs vnd zweintzigmal gebrandt: Fünff vnd zweintzigmal Nächtlicher weil eingefallen: Neünmalen Straßrauberey getriben: Dreyzehenmal Diebstall verbracht: Ain vnd zweintzig Hagel vnd Schaur gemacht: Vnzählich vil malen Vich vnd weyd verderbt/vnd Vier böse Ehen gemacht.

¶ Als nun jetzt ermelte Personen lange Zeit gefangen gelegen/vnd lang darüber disputiert vnd berathschlagt worden/mit was Tod sie von dem Leben möchten gebracht werden/hat man sie endtlich an dem 29. Tag des Monats Julij deß 1600. Jars fürgeführt/Jhr Verbrechen nur Summarischer weiß verlesen/vnnd dannoch vber die zwo Stund damit zugebracht/Volgends der Frawen die Brüst abgeschnitten/mit heissen Eysen/vmb das Blüt zu stellen/gebrandt/Jr wie auch den zweyen Söhnen/die Brüst dreymalen vmb das Maul geschlagen/vnd gesagt worden/auß disen Brüsten haben Jr solche abschewliche Bubenstuck gesogen. Am außführen seind Jedem sechs Zwick mit glüenden Zangen gegeben/nachmalen bey der Richtstatt/den Fünff Mañs personen/jedem die beede Armb Zweymal mit dem Raad abgestossen/ferner seind die Söhn/vnd die andere zwen Mann/an Säulen mit eysenin Gürtlen angeschmidt/der Vatter aber gespißt/die Mütter in einen Sessel gesetzt/vnnd alle sametlich mit jämerlichem Geschrey/verbrandt worden. Vom Paul Gämperle sonst Pappenheimer genent/ein junger Sohn so noch bey Leben in verhafft ligt/muste also solchem jämmerlichem Geschrey vnd hinrichten gefangen vnd gebunden/auff einem Roß zusehen. Gott wölle alle fromme Leüth vor der gleichen Gesellen bewahren/vnnd die/so mit gleichen vbelthatten behafftet seind/mit disem grewlichen Schawspiegel erschröcken/daß sie sich bekehren/Jre schwere Sünden erkennen bekennen/daruon mit warhaffter Büß abstehn/vnnd ein frömmers Leben anfangen.

¶ Getruckt zu Augspurg/bey Michael Manger/in Jacober Vorstatt.

Pappenheimer[67]
Wir haben keinen Hexenprozeß vor uns; er ist von Interesse, weil er Einblicke in die Sozialstrukturen vermittelt und als Schauprozeß Bedeutung erlangt. Man scheint den § 19 der CCC. außer acht gelassen zu haben, der vorschreibt, daß man die Sache gründlich zu hinterfragen habe, bevor man dem Recht Lauf läßt.

Es wird nicht festgestellt, ob Verbrechen vorliegen. Auch scheinen die sieben Frauenmorde, an denen Familienmitglieder beteiligt waren, nicht nachweisbar gewesen zu sein, denn sie werden nie erwähnt und den Pappenheimern vorgehalten. Grundsatz ist, daß man erst nach dem Täter suchen soll, wenn man die Tat gefunden hat.

Im Fall der Pappenheimer gibt es kein corpus delicti. Basis sind Besagungen eines gerichteten Diebes und ein angeblich schlechter Ruf. Man hätte sie nicht verhaften dürfen und verkriecht sich hinter Ausnahmezuständen. Es wundert nicht, wenn sich in den Quellen nicht der geringste Hinweis auf die Tätigkeit eines Advokaten findet.

Grundsätzlich verlangt die CCC. den Beweis des Verdachts durch mindestens einen guten Zeugen. Davon ist hier nicht die Rede. Die mühsame Suche nach Beweisen löst sich in Nichts auf: zweifelsfreie Geständnisse gibt es nicht.

Im August nimmt man zusätzlich den Klostermüller, seine Frau und deren jüngste Tochter Agnes, ein zwanzigjähriges, »rundes Mensch« in Tettwang fest, um sie unter dem Vorwurf der Hexerei in den Falkenturm zu bringen; was durch Folterungen bestätigt wird. Der Klostermüller stirbt hier und so kommen wir auf elf Justizmorde im Zeichen des christlichen Kreuzes.

Gegen Paulus und Anna, Gumpprecht und Michel Pämb, Ulrich Schölz und Georg Schmälzl vollstreckt man die Urteile am 29. Juli 1600. Hänsel muß sich das ansehen. Am 26. Oktober wird er mit Augustin Baumann, Hans Stumpf, Anna und Agnes Klostermüller gerichtet. Um was geht es hier?

Ausgangslage
Vermutlich im Februar 1600 kommt der Amtmann von Altmannstein mit Helfern nach Tettenwang, um fahrende Kesselflicker zu verhaften. Ein in Wörth gerichteter Dieb (Geindl) hat sie als Spießgesellen angegeben. Es handelt sich um Michael und Gumpprecht Pämb. Es sind Mitglieder einer landfahrenden Familie. Sie bestreiten nicht, mit dem Geindl in Berührung gekommen zu sein: »er wäre ein wissentlicher Dieb, dem man aus dem Weg gehe.« Paulus Pämb, der Vater, habe ihm bedeutet: »wann er ein solcher Gesell sei, wie man von ihm ausgeb, sollt er ihn und seine Kinder zufrieden lassen ... Wenn er sie anzeige, wäre es weiter nichts denn ein Racheakt. Ohne Probleme werden die Keßlerbuben mit deren Eltern festgenommen und auf einem Schlitten nach Altmannstein gebracht. Zurückgelassen wird der zehnjährige Hänsel. Er sucht und findet seine Eltern im Altmannsteiner Gefängnis. Dann werden die Haftbedingungen verschärft und man sperrt ihn ein.

Der Vater Paulus ist 58 Jahre alt. Er wechselt öfters seinen Namen und bezeichnet sich mitunter als Pämb, Sixt Wölfl, Georg Grienhietl, Dirrmahn und Georg Sedler. Sein Taufname ist Gämperl, was seine Frau bestätigt. Er stammt aus Hittlingen in Schwaben (Nähe von Ellwangen). Sein Vater, ein Leineweber, hat »ihn in unehr gezeugt.«

Er ernährt sich als Bub vom Betteln und hütet Schweine. Dann findet er in einer Ziegelhütte Arbeit und lernt seine Frau kennen »die des Totengrabers von Anspach Tochter gewest«. Dem Schwiegervater hilft er beim Vergraben der Toten und der Nachtwache. Nach dessen Tod beginnt er sein landfahrendes Leben und geht zunächst nach Nürnberg, wo es ihn nicht lange hält. Um 1580 gelangt er mit seiner Familie nach Niederbayern, wo er bis zu einer Verhaftung ein Wanderleben führt. Zur Zeit der Festnahme ist die Mutter 59 Jahre alt.

Sie muß entstellt gewesen sein, denn ihr Mann warf ihr aus verletzter Eifersucht einen »Hafen voll glühender Kohlen ins Gesicht, so daß die Kinder meinen, sie würde sterben. Vermutlich leidet sie an Epilepsie. In der Gegend von Kelheim und Abensberg gilt die alte Pappenheimerin »für ein Unholden oder Hex.«

Die Familie zieht dem Bettel nach und räumt u. a. Klosettgruben, um zu ein bisschen Geld zu kommen. Paulus Gämperl hat das Grubenleeren gelernt: »von einem, der Wolf Dachdecker genannt, der ihn als Gehilfe zum »Häuselräumen« genommen hat. Die Tätigkeit überträgt er später auf Mitglieder der Familie und daraus resultiert der Begriff »Pappenheimer.«

Diese Bezeichnung für einen Arbeiter, der Gruben räumt, stammt aus der Nürnberger Region und ist seit dem 14. Jahrhundert gebräuchlich. Die Tätigkeit erklärt die Wanderbewegungen der Familie. Zubrot verdienen sie mit Besenbinden und die Kinder stricken

Hauben, die sie verkaufen. Auf Bauernhöfen flicken sie Kessel und Pfannen; zudem führen sie Glaserarbeiten aus. Sie legen Wert auf die Formulierung: »daß sie nie im Feld, Hölzern oder auf der Gassen gelegen, sondern immer versucht haben, in einem Haus Herberge zu finden.« Vor allem während der Kirchtage ergeht man sich im Betteln.

Damit steht die Familie keinesfalls allein. In Nürnberg gibt es 1574 700 registrierte Berufsbettler. Man muß trennen zwischen den Bedürftigen und Betrügern: »Und wenn die Kirchweih vorbei war, solt einer sehen Wunderwerk: da gsehn die Blinden, redn die Stummen, und werden grad die Lahmen und Krummen[68].

Ägidius Albertinus hat in *Der Welt Tummel- und Schauplatz* eine Schilderung hinterlassen[69]. In vielen Polizeiordnungen sucht man das Unwesen zu kanalisieren[70]. Natürlich wissen die Landfahrer um die Problematik und führen gefälschte Papiere mit sich. Verfasser sind öfters Schulmeister, und die falsch gesiegelt werden[71].

Der Schwabhänsl versieht sie mit einem (gefälschten) Bettelbrief. Dagegen scheint die Obrigkeit machtlos. Oft sind die Dokumente so professionell, daß sie von Obrigkeiten verlängert und/oder erneuert werden. Maximilian I. beklagt sich 1598 darüber[72]. Dies alles wirkt sich nachteilig auf Prozeßführung gegen Landfahrer aus.

Ihre Aussagen sind zu widersprüchlich, so daß sie kaum ernst genommen werden können. Niemand weiß, ob die erpreßten Geständnisse wahr sind. Dichtung und Wahrheit lassen sich kaum trennen, da man die Intelligenz und das Erinnerungvermögen beim »5. Stand« realistisch einschätzen muß.

Die Frage ist, ob sie allein oder im Verbund operieren! Von straff organisierten Banden kann kaum gesprochen werden, da die Besetzung variiert. Es ist mehr ein soziales Zusammengehörigkeitsgefühl, bei dem Solidarität überwiegt.

Es wird deutlich, daß die Obrigkeit die Familie immer mehr in Schwierigkeiten gezogen und sie »systematisch« bedrängt hat. Gesteht doch der Vater »nach beschehenem recken«,»er und seine Familie seien Diebe, Mörder und Brandstifter« Letztendlich muß offen bleiben, ob ein gerechtes Urteil zum Zuge kommt. Ein Blick auf die von der Familie erpreßten Beschuldigungen und Geständnisse macht die Fadenscheinigkeit spürbar.

- Man habe aus Kirchenstöcken Pfennigbeträge entwendet: »Sein Weib mag wohl auch dergleichen getrieben und etliche Pfennig aus den Stöcken gezogen haben ... hernach es ihre Buben von ihr gesehen und gelernt. Die Mutter will es auf ihre Seligkeit nehmen: »daß sie in allem über neun Gulden nit aus den Kirchstöcken gestohlen.«
- Paulus räumt ein: »(er sei) Nachts in die Kirch durch ein Fenster gestiegen ... habe die Sacra-Tür aufgesperrt, darin sie aus einem Kästel ein Kelch gestohlen ... die Gegenstände habe man zertrümmert und in Straubing an einen Goldschmied verkauft.«
- Sie haben gestohlen: »2 Laib Brot ... etlich Stückel Fleisch ... ein altes Paar Hosen, ein alten Treidsack und ... etlich wenig Ellen Tuch ... sie hätten beim Widenbauern an der Herberg gelegen und Pfannen geflickt. Dafür er ihnen nur ein Laibs Brot geben, haben sie ihm bei Nachts ein Weiberrock, Mannmütz und ein rots Leibl gestohlen.«
- Dazu kommen Fälle von Brandstiftung. »Wenn das Feuer alsbald angangen, hätten sie alle auch retten und austragen helfen und gestohlen »soviel sie bekommen können.« Solche Brände konnten leicht umfassend werden (Eggenfelden/Geltolfing).
- Sie sollen Straßenüberfälle auf wandernde Bauern, Kaufleute und Handwerksburschen verübt und des nachts alleinstehende Bauernhöfe überfallen haben, so daß fast hundert Raubmorde zusammenkommen.

Juden werden ins Spiel gebracht. Paulus behauptet, sie hätten ihn angesprochen, junge Kinder zu bringen, wöllen ihms wohl bezahlen. Darauf er dann ungefehrlich – bei 12 Jahren verschienen – einer Landfahrerin ein Bübel bei fünf Jahren alt, welches schon mit ihm laufen können, gestohlen und dem alten Eßl Juden zugebracht, darumben er ihm 20 fl. geben.« Da spielen die Geschichten der Ritualmorde hinein. Maximilian ist kein Freund der Juden, wie könnte er auch, da ihn Jesuiten erzogen haben[73].

Er ist im Jahre des Pappenheimer Prozesses 27 Jahre alt. Letztlich trifft es ihn: auf der einen Seite werden Schulen und Lehrer durch Spitzel überwacht, stellt man das Versäumnis der Sonntagsmesse unter Strafe, belegt das gemeinsame Baden mit dem »allerhöchsten Bannstrahl«, schreibt Frauen die Rocklänge vor und muß zusehen, wie die Region immer mehr von landschädlichen Leuten verunsichert wird. Hinzu gesellen sich Teuerungen, Plünderungen, Brandschatzungen, Volkskrankheiten sowie Mensch- und Tierseuchen. »Mandate sind genug ergangen, doch geändert hat sich nichts[74].«

Immer wieder befiehlt er den Landgerichten die Kontrolle von Straßen. Auch wenn der Ton seiner Mandate drohender wird, bleiben sie wirkunglos. Man kann sich des Eindrucks nicht erwehren, daß es gilt, ein Exempel zu statuieren.

Immer deutlicher für die Beurteilung Maximilians in dem Punkt wird, daß er ein Zeichen setzen will, so daß man sich seiner verfänglichen Macht bewußt werde. Dafür sprechen gute Gründe.

- Er zieht den Prozeß gegen eine Landfahrerfamilie zu sich, was man nur als lächerlich bezeichnen kann, denn die Indizienlage ist schwach. Er ist sich darüber im Klaren, daß der Hofrat von seiner Entscheidung nicht begeistert ist.
- Er läßt die Familie nach München in den Falkenturm bringen und scheint damit sagen zu wollen: Kosten und Mühen werden nicht gescheut, um das Exempel zu statuieren. Die Exekution muß Breitenwirkung haben.
- Eine ungeklärte Rolle spielt Alexander von Haslang, der Pfleger von Abensberg. Er hat die Pappenheimer in Altmannstein verhört und ihr Tun mit Zauberei in Verbindung gebracht: er weiß, daß Maximilian dieser und dem Hexenwesen kritisch gegenübersteht!
- Am 12. Juni 1600 gibt der Hofrat dem Herzog zu bedenken, daß die bisherigen Beweise »zu einer exemplarischen Exekution« nicht reichen. Es beweist, daß der Gedanke im Laufe des Verfahrens gefestigt wird[75)].

Dubiose Position der Pflegämter

Man darf es nicht so sehen, als ginge es um eine Umverteilung der Justiz. Im Hintergrund stehen teilweise lukrative Pöstchen und damit im weitesten Sinne die Möglichkeit der Korruption. Die Landgerichte (Pflegen) bringen Geld und entlasten das Staatssäkel. Johann von Preying erhält für seine diplomatische Tätigkeit 1612 die Pflege Wasserburg und dann die lukrative Bärnstein bei Grafenau. Er hat Vorteile außer den jährlich an ihn abgeführten 250 Gulden. Die Wasserburger Bürger verweigern ihm den Gehorsam, denn der Mißbrauch mit dem Pflegamt ist ihnen zuwider.

Auch anderweitig klagen sie über die Willkürlichkeiten und die stete Beschneidung ihrer Rechte[76)]. Sie wollen sich ihre Unabhängigkeit wahren und stören sich an den zentralistischen Bestrebungen der Obrigkeit[77)]. Ein kritischer Punkt ist die Behandlung der Vitzumhändel, die der Bestrafung durch den Rentmeister obliegen. Hier geht es um nennenswerte Beträge, die für die Staatskasse von Bedeutung sind. Überspitzt könnte man dies als »bayerisch-juristisches Finanzamt« deklarieren. Der Herzog ist abgeschottet und hat sich den »geheimen« Rat geschaffen. Der »geistliche« hat die Aufgaben, die Wohltaten des katholischen Glaubens durchzusetzen.

Alles spielt sich über den Köpfen der verängstigten Landfahrer ab, die Anfang April zur Vernehmung nach München gebracht werden. Es macht ihren Fall suspekt. Sie sitzen angeschmiedet in einem offenen Karren und der Vater sagt: »Mein Weib, was sollen wir daraus machen. Ich siech wohl, man setzt uns nimmer aus.« Es ist die Vorahnung über die Auslöschung seiner Familie.

Bevor man Paulus Pappenheimer zum erstenmal in München verhört, ermahnt ihn Wangnereck: »Nachdem er und seine Söhne ein lange Zeit für Mörder, Räuber und Brenner beschreit seyn, auch etliche hingerichtet Ubeltäter auf sie bekennt haben, als sei es aus dem unwandelbaren Willen Gottes geschehen, daß er zu Verhaft gebracht worden. Zumalen das Blut der Unschuldigen laut, welche sie beschädigt und umgebracht, gen Himmel geschrien und Gott der Herr solches Übel nit länger hab zusehen können.«

Man fährt durch das Schwabinger Tor zum Falkenturm, einer herzoglichen Instruktion nach der Gewahrsam für Schwerverbrecher; malefizische Personen und Staatshäftlinge[78)]. Hier wohnt der Eisenknecht (Schlegl/Gefängniswärter). Die Hafträume werden sich im oberen Turmbereich befunden haben, wo man die Familie auseinanderreißt und in Einzelzellen bringt; lediglich Hänsl läßt man bei der Mutter.

Anzunehmen ist, daß die männlichen Mitglieder der Familie angekettet oder gefesselt werden[79)]. Ein Bericht aus dem 18. Jahrhundert beschreibt die Haftbedingungen: »Im Falkenturm sind die Arrestanten gewöhnlich mit einer, oft mit mehreren Ketten geschlossen. In den engen und ungesunden Keuchen (finsteres Gemach) sitzen mehrere Arrestanten, und zwar ohne Arbeit. Noch weniger darf hier jemand Besuch empfangen.« Dann gibt es noch eine lieblichere Beschreibung[80)].

Im Gewölbekeller finden Verhöre statt. Hierher, bzw. in die Wohnung des Eisenmeisters, begibt sich der herzogliche Hofoberrichter[81)]. Daß der Geist des Katholizismus über allen schwebt, sieht man an der Verordnung, daß der Hofrat vor dem Beginn seiner Sitzungen, die früh um sechs Uhr beginnen, an einem Gottesdienst teilzunehmen hat:

»Dieweil billich vor allen Dingen das Reich Gottes, damit andere Sachen desto glücklicher gedeihen, gesucht werden solle«, heißt es in der Hofratsordnung von 1590, »ist unser Befehl, daß unser Hofratspräsident die Räte vermahne, daß sie die Meß zum Allten Hoff in der Kirchen ... füglich vor der Ratszeit besuchen«. Daraus ist zu schließen, daß der Landesvater bevorzugt mit ausgewählten Katholiken zusammenarbeitet!

Es darf nicht unterschätzt werden, daß es immer wieder Gerangel zwischen dem Landesvater und seinen Hofräten gibt. Zigfach ruft sie Wilhelm V. zur Ordnung und versucht noch 1598 das Kollegium zu halbieren. Durchsetzen kann er sich nicht; er wird nicht mehr ernstgenommen.

Bei peinlichen Verhören müssen zwei Hofräte anwesend sein und so wird in der Regel eine Kommission gebildet, die die Ratskollegen über den Stand der Dinge unterrichten. Wenn die Hofräte ihr Votum abgeben, sollen sie sich anständig verhalten[82).

Im Falle Pappenheimer wird Dr. Johann Simon Wangnereck vom Hofratspräsidenten aufgetragen: »aus den eingekommenen Indicien ordentlich, wohlverständig, aber doch allein notwendige und der Sache dienstliche Fragstück« zu stellen. Man vertritt die Meinung: »wer den Prozeß anfange, soll ihn beenden.«

Auf dieser Grundlage führt er mit dem Hofoberrichter, einem weiteren Hofrat und dem Gerichtsschreiber die erste ordentliche Vernehmung durch. Dann werden die Ergebnisse dem Kollegium vorgetragen, wobei »der Gefangenen Aussagen ganz abgelesen, auch nach Wichtigkeit der Sache wohl gar schriftlich referiert werden sollen.« Hier fällt die Entscheidung pro oder kontra Tortur.

Maximilian versucht gelegentlich, gegen Verschleppungen etwas zu unternehmen. Er ordnet am 22. Septemer 1609 an, der Hofoberrichter soll in Zukunft wöchentlich jeden Montag im Hofrat zur Unterrichtung und Erinnerung der Räte eine ordentliche Designation aller und jeder Gefangenen überreichen, mit summarischer Vermeldung, worauf eines jeden Prozeß oder Handlung beruhe.« Die Tatsache der vielen Hofratsverordnungen macht deutlich, daß es zu Dissonanzen zwischen den Machtblöcken gekommen sein muß.

Um 1600 gehören ihm 20 Personen an, wobei dem Präsident eine moderierende Funktion zugewiesen ist. Wolf Konrad Freiherr von Rechberg amtiert als solcher. Es ist kaum vorstellbar, daß er, Begleiter und Vertrauter ihro Durchlaucht sich sonderlich für die Probleme der Landfahrerfamilie interessiert haben mag; es muß ihm lästig gewesen sein, zumal es dafür Rechtskundige gibt. So Johann Gailkircher, der 1576 als juristischer Professor nach Ingolstadt gerufen wird. Im Mai 1587 kommt er nach München in den herzoglichen Rat. Seine persönliche Haltung scheint wankelmütig gewesen zu sein und neben Zivilprozessen interessiert ihm vor allem Geld; er ist am Rande in das Verfahren Pappenheimer involviert.

Johann Baptist Fickler spitzt seine Feder vor allem gegen Protestanten und ist der Verfasser eines strafrechtlichen Werkes *Judicum generale de poenis maleficarum, magorum et sortilegorum utriusque sex.* Dieses Buch über Strafen der Zauberer und Hexen ist kaum bekannt, da es Fickler nicht publiziert. Hier soll nur angedeutet werden, daß Fickler sen. dem Thema zugetan ist. Herzog Wilhelm V. überträgt ihm 1587 die Unterweisung Maximilians in der Jurisprudenz, der Geschichte und den alten Sprachen. Von ihm wird der künftige Landesherr intelektuell und moralisch – auch in der Hexenfrage – geprägt. Fickler hat in Ingolstadt studiert; doch auch Dr. Christoph Gewold, der 1594 zum wirklichen Hofrat ernannt wird.

Hier genügt die Feststellung, daß die Sensibilisierung des Hofrates letztendlich jesuitischen Einflüssen und Wollen zuzuschreiben ist; auch Johann Simon Wangnereck hat hier studiert und wir können feststellen: »ihre Dogmen, Autoritäten, Meinungen und Vorurteile hat die Hofratsmehrheit in dieser unter jesuitischem Einfluß stehenden Universität gelernt[83).« Hier gilt der Einfluß der römischen Rechtsschulen, zumal 1587 Andreas Fachineus an die Universität gerufen wird.

1592 übernimmt der Sohn des Hofrates Fickler an der Ingolstädter Universität eine disputatio juridica über das Thema *Das Verbrechen der Hexerei,* eine Arbeit, die wohl sein Vater mit Jesuitenpatern angeregt hat. Für ihn ist die Hexerei das schlimmste Verbrechen, da sie die göttliche Majestät beleidigen und sich so wider die Menschheit versündige: jeder könne ihr Wirken mit eigenen Augen sehen und so stimme die Behauptung keinesfalls, daß es keine Hexen gebe. Gott befehle in der Bibel die Strafung der Zauberer und wer dem nicht nachkomme, versündige sich: der intelektuelle Schwächling steht auf den Schultern des *Hexenhammers,* Binsfelds, Jean Bodins und Paul Grillandis.

Wangnereck wird der für das Schicksal der Pappenheimer Entscheidende. Er studiert die Juristerei, zeitweilig mit dem jüngeren Herzog Maximilian; einmal hat er den 21jährigen auf den Regensburger Reichstag begleitet. Seine Kollegen im Hofrat sehen in ihm einen belesenen Zeitgenossen, der sich vor allem in der juristischen Literatur zum Hexenwesen auskennt. Man sagt ihm nach: »er wäre ein Hitzkopf und beharre auf seiner einmal gefaßten Meinung, selbst wenn die Mehrheit gegen ihn sei.«

Neben Wangnereck nimmt der Rentmeister Ernst Raming an allen Verhören im Fall Pappenheimer teil. Möglicherweise geht auf ihn die Verlegung der Familie nach München zurück: er wird 1591 als Hofoberrichter erwähnt. In dieser Funktion führt er eine Art Oberaufsicht über das Polizeiwesen in München und ist verantwortlich für die Verwahrung der Gefangenen im Falkenturm.

Ein Gerichtsschreiber führt die Protokolle. Es ist Kaspar Steinwandtner. Unter ihm steht Sebastian Georg, Eisenmeister oder Schlegl (Meister Georg), der seine Wohnung im Erdgeschoß des Falkenturmes hat. Seine Frau kocht das Essen für die Gefangenen. Er muß sie mit Stroh versorgen und »dasjenig, was die Natur nicht verhalten kann, wegtragen.«

Er muß die Schlösser und Fesseln der Gefangenen kontrollieren und nach Anweisung der Kommissare die Tortur durchführen. Er gilt als unehrlich. Er und seine Familie werden von der Bevölkerung gemieden.

Maximilian wird über den Fortgang des Prozesses schriftlich oder mündlich unterrichtet. Sein oberstes Ziel ist: zunächst die Ehre Gottes, die heilige katholische Religion und das Heil der ihm anvertrauten Seelen wachzuhalten, wofür er am Jüngsten Tag geradezustehen haben meint.

Eine seltene Gefühlskälte zeichnet ihn schon in jungen Jahren aus. »Allhie gehen jetziger Zeit seltsame Krankheiten um ... viel wöllen sich zum Teil aus Verzweiflung, zum Teil aus Krankheit ertränken, andere erstechen, wie dann die vorigen Täg zwen ertrunken sein. Zwen aus meinem Gesind haben den Kopfweh so heftig gehabt, daß sie begehrt, sie wollten auf die Donaubruck spazieren gehen (28. Juni 1588)«

Ohne erkennbare Gefühlsregung beschreibt der 17jährige, wie eine angebliche Hexe vor seinen Augen gefoltert wird[84]. Am 12. August 1590 berichtet er: »Mit den leidigen Unhulden fährt man flugs fort, wie ich verstehe, sind schon fünf zum Feuer bereit.«

Man darf sich nicht wundern, wenn man auf seine Lehrer sieht. Maximilian hat die herrschende Meinung kritiklos übernommen. Hat ihm doch Gregor von Valenzia im betagten Alter eingeschärft: »es sei Pflicht auch und gerade der weltlichen Obrigkeit, mit Schärfe gegen Hexen und Zauberer vorzugehen.« Ergo mußte der junge Maximilian »aus väterlicher Christlicher Fürsorg« für die Bestrafung der Pappenheimer sorgen.

Ein Hexenprozeß wird konstruiert.

Das Gericht hält sich erst an die Vorstellungen der Carolina. Es verhört als erstes das Kind Hänsel, getreu dem Grundsatz: »Wann man auch zu peinlicher Frag greifen will und der verdachten Personen mehr dann einer sein, soll an den forchtsamesten und schwechesten zuerst die Frage gestellt werden.«

Am 17. April 1600 wird der elfjährige Hänsel unter der Verantwortung Wangnerecks verhört. Im Mittelpunkt der Fragen steht die nach der Verwendung von »Kindshändln«. Das Kind »vermeldt mit Weinen und Umschauen, hab nie keins gesehen.« Dann wird es »an den ort strenger frag« geführt und mit Ruten gestrichen. Aus Angst gesteht er:

»Er hab bei seinen Brüdern 7 junger Kinds Händel gesehen. Die hätten sie solcher Gestalt bekommen: Nämlich und als sie einstmals die Straubing aufm Feld hinter einem Zaun 3 kleine Bettlkinder, davon die Mutter in die Stadt gangen gewest, angetroffen, hätten sich ihnen drei Händl, wiß aber nit die rechten oder linken, abgeschnitten, dieselben in ein Säckl geschoben und davon geloffen, Mehr und als sie zu Deckendorf, bei der gemalten Figur heraußen, zwei kleine Kinder allein sitzen sehen, hätten sie ihnen auch 2 Händl abgeschnitten. Ursach seins Wissens: Er sei bei diesen zweien Taten selbst gewest, hab zugesehen und wölls seinen Brüdern unter Augen sagen.

Sei ungefährlich bei einem Jahr beschehen. Item hab ihm fürs Dritte der Michel in der Fängnus gesagt, daß er und der Gumpp bei Wört ein großbauchets Weib, so alle Tag niederkommen sollen ermordt, sie auf – und dem Kind beide Händl abgeschnitten. Dies hab er aber selbst nit gesehen.

Und wie sein Vater, Mutter und beide Brüder zu Dettenwang, allda sie den Markt besucht, gefangen worden, hätten sie zuvor die 7 Händl hinter des Schelzen Stadl daselbst in der reichen (Reihe) vergraben, sintemalen sie bei ihm, Schelzen, an der Herberg gelegen. Welches darumben und aus Furcht beschehen, ob sie etwan allda gefangen werden möchten, dann es ihnen in der Nacht zuvor getraumbt.« Eine natürliche Frage ist, zu was sie die Hände verwendet hätten:

1. Erstlich haben sie bisweilen ein bißel von einem Finger geschnitten und den Leuten in einem Brot für allerlei Krankheiten eingegeben.

2. Bisweilen ein Händl gesotten und die Suppen den Leuten für die Geelsucht geben.

3. Wie dann auch wohl seine Brüder, die Händl geesen in Meinung, dadurch die Leut desto eher umzubringen oder das Mördern gar zu lassen.

4. Wann man ein Fingerl in ein Tüchel macht und an Hals hängt, sollt für all Krankheit helfen.

5. Seine Brüder haben zu Zeiten den Leuten die Händl gezeigt und gesagt, wers ansehe und sei krank, wie er wöll, so sollte er davon gesond werden.

6. Wann von einem Händl ein Finger oder sonst etwas geschnitten, gehackt und in Weg gelegt werde, sollen die Leut, welche darüber gehen, davon erkranken.

7. Wie dann gedachter Geindl seinen Brüdern ein Stubb (Staub = Pulver) in einer neubachnen Semmel eingeben, so vermutlich von einem gedörrten, gestoßnen Kindshändel gewest, und er nit eigentlich wiß, daß sie nit krank worden, sondern desto besser mörden kinden (usw).

Später wird sein Vater in dem Zusammenhang befragt und er räumt ein:

- Er hab bei seinen Söhnen 4 oder 5 Kindshändel gesehen und in seinen Händen gehabt. Wo die aber gekommen oder hingetan, wiß er nit.
- An die Fingerl steck man brennende Kerzenlichtl und wenn die Leut in einem Haus alle schlafen, können sie nit mehr erwachen, bis man die Lichter ablöscht. Wenn aber ein Lichtl nit brennen wolle, sei es ein Zeichen, daß die Leut nit alle schlafen. Und muß solches ein rechts Händel von einem ungetauften Kind sein ... sie hätten die Händl auch zu Pulver gemacht und denen Leuten, die ihnen Leids getan in den Weg gestreut, wann sie darübergehen, erkranken sollen ... Die Händel schützen vor der Strafverfolgung.
- Vor neun Jahren hab er zu Ellingen und Wiesensteig Unholden verbrennen sehen, ihre Urgicht verlesen hören, daß sie mit Pulver von Kindshendeln Schaden gethan.

Abenteuerlich muten die Taten an, mit denen sie an die begehrten Händchen kommen: sie haben schwangere Frauen überfallen und getötet. So berichtet er vom Mord an einer. Er habe »dieselb erschlagen, aufgeschnitten, dem Kind aber, weil es ein Mädl gewest, die Händel ... nit genommen.« Dann gebe es den dazugehörigen Spruch: »Da streue ich dich (das daraus bereitete Pulver) in Teufels Namen, daß dem, der darüber geht, nichts Guts widerfahre, sondern alles Übel.« Als nächstes knüpfen sich die wahrhaftigen Christen (am 8. April 1600) Hänsels Mutter

Anna Pämbin

vor. Sie wird gefoltert und gesteht:

- Erstlich wäre sie, bei 9 Jahren verschienen, einstmals zu Khelheim im Spital Herberg gehebt, hätte sie die alt verstorben Zieglerin, so darin ein Pfriendtnerin (Pfründnerin) und Hexe gewest, an einen Pfintztag (Donnerstag) selbst angeredt. Sollt mir ihr auf der Gabl ausfahrn, etwas zu gewinnen, wölle ihr schon Sachen geben und sagen, was sie tun soll ... sie habe sich aus Fürwitz und Mutwillen dazu überreden lassen.
- Und wie es nun Nacht worden, hätt er bemalte Zieglerin ungefähr um halb elf ein Pulver von einem ungetauften gestoßnen Kindshändel geben. Welches sie an die Spitzen einer Ofengabel streichen, darauf sitzen und sagen müssen (Gott behüt uns: fahr in aller Teufel Namen oben aus und nirgenst an).
- Wie sie dann damalen dem Simon-Bauern zu bemelten Khelhaim in Keller gefahren, allda die Zieglerin tapfer getrunken. Sie aber nit trinken mögen, weil sie am Fahren gar hart gefallen ... und nachem ihr die Zieglerin genug getrunken, wären sie wieder aus dem Keller zum Silber Nagl allda zu Khelhaim ins Haus gefahren.
- Die Zieglerin sich auf den Hausknecht gelegt und sie, Anna, auch zu ihr herauf geworfen und denselben gedruckt.
- Die Zieglerin hätt ihm aber zuvor ein Salben angestrichen und etwas dazu – wiß aber nit, was – gesprochen, daß er nit erwachen oder schreien können: damalen kein Teufel gesehen.
- Als sie aber in 9 Tagen hernach von Abensperg nach Schwaighausen gehen und Milch holen wöllen, sei ihr der böse Geist in eines schönen Bauernknechts Gestalt auf dem Weg bekommen ... sie sollt mit ihm gehen. »wollten ihr Sache miteinander richtig machen! Sie geantwortet: »Gott behüt mich – ich kenn dich nit, worauf er gesagt: »Folg mir nach und glaub an mich ... mit weiterem Begehren, seines schändlichen Willens nach der Unzucht zu tun. Dessen sie sich auf die großen Verheißungen hin überreden las-

sen. Und habe seine Natur so kalt als Eis empfunden.

- Sobald nun dieses beschehen, hätte er gesagt, weil sie jetzt seines Willens getan, sollt sie auch Gott den Allmächtigen, seiner lieben Mutter, allen Heiligen und der ganzen Welt absagen und verläugnen: darum wöll er ihr Geld genug geben.
- Ihr daraufhin die Hand genommen, weil sie selbst nit schreiben kann, dieselb geführt, sie sich mit ihrem Blut gegen ihn verschrieben, daß sie sein Anhang sei, bleiben und nichts Guts, sondern alles Bös thuen wölle.
- Weiter habe sie ihm von ihrem Leib geben müssen: als ein wenig Haut von der linken Brust, Scham und Nagel der linken großen Zehen. Auch von allen Haar ihres Leibs, des Kopfs, unter der Yexen (Achseln ?) und der Scham auf der linken Seiten.
- Item Pulver (Stupp) von einem ungetauften Kindshändl eines Bübls, so ihr die Zieglerin zu der ersten Ausfahrt gehebt.
- Dagegen er ihr in einem schwarzen Pergament ein schmerbigs weißfarbs Ding, so einer Salben gleich gesehen und doch kein rechte gewest ... samt einem breiten Geldstück gegeben, mit Vermelden, wann sie Menschen oder Vieh Schaden tun wölle, oder daß er ihrs schaff, soll sie seinem anstreichen. Davon werde es alsbald erkranken und erkrumpen.

Am 3. Mai gibt Paulus Pämbs bei seiner Examination im wesentlichen das gleiche zu:

- Allda ein schöns schwarz bürgerlich gekleidts Weib mit einer flachen Hauben zu ihm kommen, gefragt was er tue, sich gar zu ihm niedergesetzt und allerlei liebkosende Worte getrieben. Unter anderem auch an ihn begehrt, mit ihr zu ziehen oder sonst ihres schändlichen Willens zu tun. Und wiewohl er sich ernstlich der Unzucht, weil er selbst ein Weib, verwidert hab, so hab er sich doch dessen letztlich auf die vielfältig großen Verheißungen lassen und mit ihr Unzucht getrieben. Gumprecht gesteht einen Tag später als sein Vater:
- Nachdem ihn bei 7 Jahren verschienen sein Mutter das schädlich Pulver aus den Kindshändeln machen lernen, wär ihm ungefährlich in 3 Jahren hernach zu Egpeten bei Regensburg aufm Feld eines Kreuzwegs der böse Geist in eines Weibs Gestalt, welche sich Masch genannt, erschienen. Ihn angeredt, sollt ihr Buhl sein und Unzucht mit ihr treiben.
- Wann er ausfahr, soll er die Gabel damit schmieren, die Leut bestreichen, daß sie im gesund verderben und sterben, Wetter und dergleichen Unrat machen.

Auch Michel Päbs Bekhantnus die Hexerei betreffend vom 3. Mai ist im üblichen Rahmen; eine Variante ist, daß er den Teufel in verschiedenen Gestalten zu erkennen vorgab. Unzucht habe er mit der Teufelin Ledin getrieben. Ihre Mutter widerspricht der Version, denn sie sagt: »als sie des Michels schwanger geworden, hätte sie ihn bereits »dem bösen Geist im Leib versprechen müssen. Michel sei bei sieben Jahren (alt) gewesen, als ihn die Hausterin mit ausgeführt« (zum Hexentanz). Hänsel Pämb behauptet am 5. Mai: »die Mutter habe ihn zur Hexerei angelernt und ihn zum Sabbat mitgenommen.«

Dann finden die berüchtigten Kreuzverhöre statt, um zu einer gerechten Urteil zu kommen. Hier häufen sich die Widersprüche. Die Obrigkeit ist vom Zeitgeist befangen und sieht die Geständnisse als wahr an: sie sitzen dem kollektiven Irrtum einer Epoche auf[85]. Bemerkenswert ist eine zusammenfassende Schilderung vom Hexensabbat.

»Ausgefahren werde bisweilen auf einer Gabel, Stecken, wohl auch auf Hunden und Böcken, die ihm der Buhl gebracht, auch auf einer Katzen. Sie hätten nicht durch eigene Zauberei durch die Luft fliegen können »die gabel fahr für sich selbst nit, sondern der Teufel führs.« Die richtige Zeit zum Ausfahren sei »um halbe Elfe die Nachtstund.«

Das Treffen beginne mit einem Gelage. Die Hexen und Hexer würden sich im Kreis niedersetzen und »gebratene und gesottene junge Kinder ohne Händ und Füß wie die Spanferkel« essen und »aus silbernen Bechern« trinken. Die Kinder braten und sieden sie, kochens auch sonst auf allerlei Weis. Das Herzl werde gemeiniglich besonders gekocht und der fürnehmsten (Hexe) gegeben. Darüberhinaus bekämen sie vom Teufel »auch Fleisch zu essen, aber das allerunnützist, von Rossen und Böcken. Vom Geflügel geb er ihnen Raben, Krähen und Hasen«. Die müssen die alten Weiber rupfen und putzen.

Er geb ihnen auch Sachen zu essen, das ein Ansehen hab wie Kroten und Frösch. Der Teufel habe eine Abneigung gegen Salz und daher wären die Speisen ungesalzen. »Salz könne er bei den Gastereien gar nit leiden, sonder wann eine eins hab, merk ers gleich und schmiers weg ... Die Weiber bringen ungesalzenes Brot, das sie selbst gebacken.«

Nach dem Mahl würde durch Pfeifer zum Tanz aufgespielt. Teufel haben auf Pusaunen und Trumeten, die alle feuerfarb gewest, gepfiffen. Darunter auch die Buhlteufel und Weiber gejuchzt und geschrien, daß man schier nicht gewißt, was es sei. Der Tanz geh nur in einem Ring, auf die link Hand um und um. Tanzen ärschlings auf der link Seiten, dann es mit dem Teufel alles link zugeh.«

Der Oberteufel sitze auf einem schwarzen gleißenden Stuhl, dem die Augen wie ein Spiegel oder Feuer glänzten. Ihn umringen Diener die »wie die aufm Wasser hinab in Ungarn gefahrne Wallonen« gekleidet waren. Wann sie vor dem obristen Teufel kommen, opfern sie ihm Kinder, die nehmen seine Diener von ihnen. Kein Kind werde geesen, es sei dann zuvor dem Obristen geopfert worden.«

Ansonsten verlange der Oberteufel Huldigungen und erniedrigende Unterwerfung. Die Hexen und Hexer müßten vor ihm niederknien und »auf allen Vieren ... zu dem Obristen gehen oder kriechen. Dann »gehen sie allwegen hinterwärts hinzu, kehren die Scham gen Himmel auf und küssen ihn allzeit aufs Ding und darunter.« Der Teufel gehe mit den Weibern gar grob um: »müssen gemeiniglich leuchten. Steln eine auffn Kopf und steck ihr – mit Gebühr zu schreiben – die Kerzen in Hintern.

Oft habe sie der Teufel jämmerlich geschlagen: wie ihr dann der Ob: einstmals mit einem schwarzen, kropfeten Stecken ein Wunden in Kopf geschlagen, daß sie der Bader heilen und ihr wohl etlich Hafft tun müssen. Der Teufel gebe am Schluß des Sabbates jedem Teilnehmer eine besondere Untat auf, wie »Kinder und große Leut umbringen, Wetter und Reif machen und andere schreckliche Sachen anstellen.«

Der elfjährige Hänsel gesteht: »sie kugeln all übereinander, hab gleich golten, Vater und Mutter und ihre Kinder miteinander, wie dann seine Brüder mit seiner Mutter und der Klostermüllerin Tochter mit ihrem Vater solche Unzucht gepflogen ... Jeder Unhuld sitz bei ihrem Buhlen. Die Unhulden müssen zuvor mit ihrem Teufelsbuhlen Unzucht treiben. Hernach gehts durcheinander, mut ein Unhuld die ander an ... es werde allerhand greuliche sowohl sodomitische als natürliche Unzucht getrieben, zwischen der Brüst, untern Yexen, hinter und fürwärts, wie es der Teufel haben wöllen.«

Die Zusammenkunft endet, indem sich die Genossen vor dem Oberteufel versammeln. Da würde Rat gehalten und beschlossen, wann sie wieder zusammenkommen und was jeder dazu tun solle. Dann sagt er: »Trinkt ihr Säck, tut ein Tänzel und fahrt ins Teufels Namen.«

Wann der Hahn nach Mitternacht kräh, müßte jede daheim sein, sonst kundt sie nit mehr fahren ... es seien nit alle Wochen Tänz, sondern zu 3 oder 4 Wochen an den bestimmten Bösnächten.« Das Gericht forscht nach den angeblichen Versammlungsplätzen und bringt mehrere hundert zusammen.

Interessant sind die Detailkenntnisse der Pappenheimer um den gängigen Hexenwahn. Die Verhöre bringen ans Licht, was die Obrigkeit zu hören wünscht und vor allem, was das Herz Maximilians umtreibt: die Ausrottung des Bösen mit noch Böserem (der christlichen Folter gegen Unschuldige und deren schreckliches Ende). Hat er es gar mit Mitgliedern einer Hexensekte zu tun: ein Grund mehr, ein Exempel zu statuieren.

Besagungen

Es konnte nicht ausbleiben, daß die Familie unter dem Druck andere besagt haben, darunter Hebammen, Schneiderinnen, Schusterinnen, Bäckerinnen und Müllerinnen und es scheint denkbar, daß die Kommissare gezielt nach Personen fragen. Grob geschätzt denunzieren die Pappenheimer etwa 400 Personen, davon 80 % Frauen.

Gumprecht erklärt vor Gericht: »er vermein, es seien im Land etlich 1000 Hexen, und da schon eine einkomme und auf andre bekenn, ferchten sie ihnen doch nit, dann der Teufel tröst und überrede sie, es kinde ihnen nichts geschehen.«

Alexander von Haslang, der die Familie im Februar 1600 im Stadel des Schölz in Tettenwang verhaften hat, meldet vermutlich im Mai 1600 nach München: »die gesuchten Spießgesellen der Pappenheimer Ulrich Schölz, Hanns Stumpf und Augustin Baumann, wohnhaft in Tettenwang, wären festgenommen und könnten nach München überstellt werden.«

Ulrich Stölz wird in den Falkenturm verbracht und gefoltert. Für den kranken Weber Hans Stumpf (Glashänsl) setzen sich Freunde ein und suchen um Haftverschonung nach: sie werden nach München verwiesen. Kaum angekommen, stößt ihr Verhalten auf Argwohn. Der Prunner Schneider wird, da man meint, er stecke mit dem Gesindel unter einer Decke, zum Verhör in den Falkenturm gebracht.

Hier ergibt sich seine Komplizenschaft (unter der Folter erzwungen) mit den Pappenheimern.

Ungereimtheiten

Die Pappenheimer und deren Gesellen gestehen (?) Hunderte von Morden, Raubüberfällen, Brandschatzungen, Plünderungen und Kircheneinbrüchen: also der Summe der Untaten, die man vagabundierenden Landfahrern ohnehin an den Rockzipfel hängt; wollte ihnen der junge Maximilian ins Stammbuch schreiben, wer das Sagen hat?

Die Verhöre orientieren sich an Wahnvorstellungen. Die Examinatoren berufen sich u. a. auf die im Archiv der Stadt Amberg befindliche *Hertzog Wilhelm zu Bayern Instruction, Wie sich ein Richter mit der Unholden und Hexenwerckhs verleumbde Personen zu erkhennung, Einziehung unnd besprachung deren, Auch sonsten Inn Ainem Andern Zuverhalten hab.* Sie wird Mitte September 1590 erlassen.

Das Urteil gegen die Pappenheimer lautet auf Zauberei und Hexerei. Nach der herrschenden Lehre mußten sie verurteilt werden, denn wer in Bayern des Jahres 1600 Gott beleidigte, beleidigte auch seinen Statthalter, den (angeblich) von Gott begnadeten Herzog. Säumig sein hieße Gottes Zorn heraufbeschwören. Verachten doch die Hexen aus Bosheit den christlichen Glauben.

Hier gelingt der Kirche eine meisterhafte Pirouette, denn **sie** ist das Böse und nicht ihre Gegner! die im Fall der Hexen nicht einmal welche gewesen sind. Hier kämpft der Amtsirrglaube gegen den natürlichen und seit Jahrtausenden im Wesen des Volkes Gebetteten. Man mißt ihm ein wissenschaftliches Fundament und juristische Bedeutung bei; überdies mit theologischer Kompetenz, die zu keinem Zeitpunkt vorhanden gewesen ist!

Es scheint das Problem der Inquisitoren gewesen zu sein, etwas theoretisches nach allen Seiten abzusichern, daß man selbst im Licht steht. Kluge Stimmen wie die des Arztes Weyer, der es: »als ein grobe unverschämpte lüge/lautere einblasung deß Teuffels/und loser aberglaub bezeichnet«, hat gegen Autoritäten wie Jean Bodin keine Chance und gerade er ist ein Ingolstädter Säulenheiliger. Unter den Händen Wangnerecks kommt es zu einer Verdrehung der Ausgangslage und sein »persönlicher« Hexenwahn schimmert durch.

Eine Landfahrerfamilie der damaligen Zeit und, möge sie noch so redlich gewesen sein, konnte und wollte an kleinen Hehlereien nicht herumkommen; die Frage ist, ob es unter normalen Umständen strafwürdig sei. Nun erfoltert man aus den Pappenheimern zahllose Diebereien, was nach § 162 der CCC. mit der Todesstrafe belegt werden kann[86)]. Man unterstellt ihnen (vermutlich berechtigt) das »Foppen und Stehlen« aus Kirchen, worauf eine Leib- und Lebensstrafe steht[87)]. Erschwerend kommt hinzu, daß sie Monstranzen aufgebrochen haben[88)] sollen. Dazu kommen Raubüberfälle; für sie sieht die CCC. harte Strafen vor[89)]. Dann die Brandstiftungen[90)].

Es bedeutet, daß man sie so schwerer Verbrechen beschuldigt, daß es der dazukomponierten Hexerei nicht mehr bedurft hätte. Vielleicht wollte der Herzog zwei Fliegen fangen: den Handstreich gegen die Landfahrer und deutliche Abmahnung wider die angebliche Hexerei! Es wird so hingestellt, daß deren Hexereien über den hundertfachen Morden angesiedelt sind. Und doch hat es keine Rechtsgrundlage, außer der einmaligen Denunziation, die juristisch unwirksam ist.

Es gibt einen frühen Kommentar zur Carolina, der sechs Jahre vor dem Prozeß unter dem Titel *Nemesis Karulina d. Karli V. Imp ... Leges capitales* erscheint. Nach ihm ist Schadenzauber mit dem Feuertod zu strafen und zudem wird gesagt: »Wer Zauberei übt, ohne zu schaden, sei wegen der Gottlosigkeit solchen Tuns außer der Ordnung zu strafen.« Da haben wir das Delikt der Hexerei. Von diesem Verbrechen weiß § 109 der CCC. nichts. Doch in § 219 wird hervorgehoben: »so sollen die Richter bei den nechsten hohen Schulen oder anderen Rechtsverständigen Rat zu suchen schuldig sein.«

Die Berater berufen sich auf Autoritäten wie Binsfeld und Bodin. Hier schließt sich unser Kreis, denn ihnen ist bewußt, daß selbst ein unschädlicher Zauber den Teufelspakt voraussetzt. Es ist eine Gotteslästerung nach § 106 der CCC., und dies ist todeswürdig. Man spürt die Handschrift des katholisch ausgerichteten Karl V. bei der Ausarbeitung des Gesetzes.

Somit stand fest, daß die Delinquenten mit dem Tod zu strafen sind. Was die Folter anbelangt, gibt Döpler eine Schilderung[91)]. Deren Anwendung zwingt zur Lüge, was im Prozeß Pappenheimer zigfach deutlich wird:

- Paulus erklärt: »Aus Forcht der Marter, weil ihm die Hände schon auf den Rücken gebunden gewest ... habe er einen Mord gestanden, der nie stattgefunden.«
- Der kleine Hänsel wird gefragt »warumbem er gestern so oft gelogen, sagt er, er sei so erschrocken gewesen, daß er nit gewißt, was er sagen soll.

• Die Clostermüllerin sagt: »Als sie ernstlich angesprochen worden, wie sie in die Hexerei geraten: sie sei dessen ganz unschuldig ... die Pappenheimer hätten ihr Unrecht getan. Als man sie aufgezogen hat, sagt sie: »Sie wolte zwar bekennen, wann sie nur wißt, was sie sagen solle, so ihrer Seel nit schädlich wär und daß man dieselbe erhalten künde.«

Die Delinquenten haben Angst. »Denn die Folter ist ein grausam erschrecklich Ding/welches des Menschen Leib ausdehnet/auch die Glieder auseinander reißt und verrencket ... Eine Zubereitung zu dem ... Tod. Härter als der Tod selbst.« An der Folter gegen

Agnes Clostermüllerin

lassen sich die sadistischen Züge der Peiniger und des verirrten Rechts erkennen. Am 11. August wird die 20jährige erstmals durch Wangnereck peinlich befragt und sie sagt: »wiewohl man sage, sonderlich die Pappenheimer, sie sollten Unholde sein, tue man ihnen doch Unrecht, es werde sich auch nimmermehr auf sie befinden.«

Dann zieht man sie einmal leer und zehnmal mit einem 50 pfundigen Stein auf. Es war jedoch: »nichts weiter nichts von ihr zu bringen, als daß sie immerdar ihr Unschuld geboren. Schon vermutet der Rechtsgelehrte, daß sie der Teufel verstockt mache und spricht lateinische Psalmen über sie. Am Nachmittag wird das Verhör in der Stube des Eisenmeisters fortgesetzt und sie sagt: »und wolle von Gott wünschen, daß er ihr Herz nur eine halbe Stund ein Spiegel wäre, so würde man darinnen ihr Unschuld sechen. Wer Unholderei von ihr sage, der tu ihr gar Unrecht, wölls aber demselben verzeihen und ihn mit einem besseren Maß widergelten als ihr gemessen worden.«

Ihre Peiniger lassen nicht locker und teilen mit: »der bös Geist hab ihrem Vater den Hals gebrochen.« Dann hält es Wangnereck für angebracht, zu eröffnen, daß seine Mutter gestanden und die Tochter belastet hat. Es bricht ihren Willen: »Wann ihr Mutter sage, sei sei ein Unhold, so wöll sie halt auch eine sein ... und hat darauf angefangen zu heulen. Ach, mein liebe Mutter, bring halt dich und mich in Pein.« Dann dringt Wangnereck massiv in sie:

• Wo sie zum ersten den Teufel gesechen hab?: hab ihn in ihrem Haus gesechen.
• In was Gestalt er zu ihr kommen? Si wiß es ja auf ihren Eid nit mehr, sei Nacht gewesen.
• Was er gesagt und begehrt: Hab halt ihren Leib begehrt. Usw.

Dann kommt das zentrale Eingeständnis und Wangnereck kann frohlocken: »Meine Herren, ich sag Euch Lob und Dank, daß ihr meiner annehmet. Verschon meiner Mutter ebensowenig als mein. Mein Vater und Mutter seind auch Unholden. Mein Seel zittert als ohn eine. Wie scheint die Sonnen.«

Dennoch wird die Folter fortgesetzt. Dann räumt sie ihre Teilnahme an den Sabbaten ein und daß sie mehrere Kinder umgebracht habe. Der Teufel stecke ihr im Kopf, ihr Herz sei allein, wollt erzittern«. Gott der Herr werd kommen. Bald darauf ist sie übern Stuhl abgefallen und nach wiederum Aufhebens, sich wunderbarlicher Weis gestreckt und gekrümmt. Dann unternimmt sie in der Zelle einen Selbstmordversuch. Ungeachtet dessen wird sie noch siebenmal gütlich und peinlich verhört.

Offensichtlich gilt der Kampf dem Teufel. Als man die Pappenheimerin fragt: »ob sie nit in der Gfencknuß vom bösen geist Anfechtung gehebt oder denselben leibhaftig gesechen habe, sagt sie, »wie man sie zu Detenang gefangen und bei Nachts auf einem Schlitten gen Altmanstein geführt, wäre ein schwarzer Mann hergeloffen. Und wie sie aus dem Amthaus auf den Turm gelegt worden, wär bei Nachts einsmal ihr Buhl in einem starken Wind, daß sie vermeint, der Turm würde umfallen, zu ihr kommen mit vermelden, wollt sie aus den banden ledigen und wegführen. Sie aber solches nit schechen lassen wöllen, sondern ihm zur Antwort geben, wöll also verbleiben und sich Gott befelchen. Wie sie ihr dann hernach Weichwasser für weitere Anfechtung zutragen lassen. Seither hätt sie ihn nit mehr gesechen oder er sie angefochten.« Ähnlich argumentiert Augustin Paumann.

Wangnereck und seine Schergen scheinen von der Anwesenheit des Teufels überzeugt gewesen zu sein. Sie sehen in ihm einen zusätzlichen Prozeßgegner. Beginnen doch die Verhöre mit einer Anrufung Christi. Man hängt in den Gefängnisen Kruzifixe auf, um den teuflischen Besuch zu unterbinden.

Einschalten des Herzogs

Im Juni 1660 setzt der Landesvater ein Signal und der Hofrat fühlt sich gezwungen, ihm am 12. Juli ein »Underthänigs Anfüegen die im Falckenturm verhaffte Übertätter betr.« zu schicken. Darin bringen sie zum Ausdruck, »daß noch dieser Zeit die Execution mit ihnen fürzunehmen erhebliches

Bedenken vorhanden sei[92].« Der Herzog schreibt auf den Aktendeckel: »Ist der weitern Erfahrung zuerwarten, doch dieselbe zubefürdern. Maximilian.«

Urteilsfindung

Mitte Juli 1600 hält Wangnereck die Verfahren gegen Paulus und Anna Pappenheimer, ihre Söhne Gumpprecht und Michel, sowie deren Mittäter Ulrich Schölz und Georg Schmältzl entscheidungsreif. Man faßt den Beschluß, daß sie ihr Leben verwirkt hätten. Jetzt werden die Akten dem Bannrichter übergeben[93]. Auf dem Landtag von 1584 wird sein Amt exakter definiert. Er solle ein »Ehrlicher von Adel« sein.

Für das Rentamt München ist es im Jahre 1600 Christoph Neuchinger (aus Oberneuching). Er war bereits ein alter Mann, der seit fast zwanzig Jahren im Dienst der herzoglichen Hauses steht. Im Februar 1606 muß er das Amt quittieren, weil er bettlägrig ist »und nit wohl mehr über Land reisen konte.« Später versucht man das Amt abzuschaffen[94]. Wenn man genau hinsieht, liegt die Sache anders, denn der Hofrat schiebt die Blutgerichtsurteile aus Abneigung von sich.

Sein juristisches Geschick ist umstritten. Am 26. Juli 1600 erreicht den Münchener Unterrichter Krügel der herzogliche Befehl, dem Bannrichter bei der Abfassung des Urteils gegen die Landfahrer zu helfen. Nach Lage der Dinge muß der Spruch fixiert gewesen sein. Jedenfalls ist für den 29. Vormittags die Hinrichtung festgesetzt, und der Vortag war ein Sonntag. Ein solches Urteil setzt umfassende Vorarbeiten voraus. Wer es abgefaßt hat, läßt sich erahnen; gewiß nicht der Bannrichter in seiner vorgeschobenen Position. Vermutlich verbirgt sich hinter dem Spektakel Wangnereck. Das weitschweifige Urteil setze ich unter die Erläuterungen[95].

Am 26. Juli erfahren Paulus, Anna, Gumpprecht, Michel, Ulrich Schölz und Georg Schmälzl, daß sie in drei Tagen hingerichtet werden. Sie erhalten am Tag vor der Hinrichtung Gelegenheit, ihre Besagungen zu widerrufen. Ihre Verpflegung wird verbessert und der Münchener Bader Kaspar Zechetmair muß sie scheren.

Vor der Verkündung des Rechtstages hat der Pfarrer D. Hannemann Zutritt zu den Gefangenen. Möglicherweise gehört er den Jesuiten an. Ein Ordenskollege hält diesen später den Spiegel vor[96].

Am Hinrichtungstag besucht die Delinquenten Ernst von Raming in seiner Eigenschaft als Hofoberrichter. Auf dem Marienplatz vor dem alten Rathaus spielt sich die öffentliche Szene des

Schauspiel des Todes

ab. Aus der erhaltenen *Ordnung des Malefiz-Rechtes für München aus dem Jahre 1575* kann man den Ablauf des Rechtsganges rekonstruieren. Vom schönen Turm läutet die Malefizglocke und auf dem Marienplatz ist eine Gerichtsschranne abgeteilt. In seiner Mitte steht ein mit einem schwarzen Tuch bedeckter Tisch mit Requisiten: Halsgerichtsordnung, Gerichtsbücher und der -stab. Dann erscheint der Bannrichter mit seinem Diener zu Pferde. Ihnen folgen der Stadtober- und Unterrichter sowie ein deputierter Stadtrat aus dem Rathaus. Dann ruft der Bannrichter das Malefiz-Recht ein.

Einem Ratsknecht wird befohlen, die Übeltäter gebunden aus dem Falkenturm herbeizuführen. Sie werden auf die Rathausstiege gebracht und stehen erhöht, so daß sie von der Menge gesehen werden können. Der Ankläger verliest im Namen Herzog Maximilians eine Vollmacht »zu clagen vnnd des Rechtens zu begern«. Dann wird den Delinquenten vom Amtsschreiber des Hofoberrichters die Urgicht verlesen.

Danach fordert der Ankläger im Namen des Herzogs von Bayern, der Richter möge »zw recht erkhennen, vnnd sprechen, das die beclagten vbelthätter der begangnen und vberwundnen missethatt halber mit enndtlicher vrthl vnd recht das leben verworcht, den tod verschuldet, vnd demnach nach ordnung vnnd beuelch verlesner articul peinlich vom leben zum todt gestrafft vnnd gericht werden sollen.«

Nachem die Urteile gelesen sind, bricht der Richter den Stab und befiehlt dem Züchtiger, sie zu vollstrecken: »daß er die armen Gefangenen ... allso gebunden auf die gewonlich gerichstat füeret, daselbst meiner gesprochen Vrtul, wie Vrtl und Recht geben hat, volziechung thuest. Alsdann setzt sich das Gericht zu Pferde, vnndt reitt vor dem Maleficanten daher.

Dann werden die Delinquenten jeweils zu dritt in zwei offene Arme-Sünder-Karren ge-

Warhaffte Historische Abbild: und kurtze Beschreibung, was sich unlangst in (...) Augspurg (...) zugetragen (...), Augsburg, 1654. 15 Holzschnitte berichten über Teufelspakt, Exorzismus, Gerichtsverhandlungen und Hexenhinrichtung der Maria Biehlerin. →

Warhaffte Historische Abbild: vnd kurtze Beschreibung / was sich vnlangst in deß Heyl: Reichs Statt Augspurg / mit einer ledigen / von einem stummen Teuffel besessen Weibspersohn / vnd jhren zweyen zauberischen Wartterinnen zugetragen / auch wie endlich durch sonderbahre schickung Gottes alles offenbar worden / vnd dahero mit verwunderung erschröcklich anzuhören ist.

Maria Bihlerin / ledigs standes / von vngefahr 27. Jahren / zu Haunstetten [illegible]

[illegible]

(1 6 6 1)

Zu Augspurg bey Elias Wellhöfer dem ältern / Briefmahler im Pfaffengäßl.

setzt. Aus einem Flugblatt geht hervor, daß auf dem einen Wagen Anna, Gumpprecht und Michel sitzen und in dem anderen Paulus, Ulrich Schölz und Georg Schmälzl.

Dann formiert sich der Zug zum Richtplatz. Voran schreitet ein Bettelrichter mit einem großen Kreuz, dahinter zu Pferd der Bußscherge, Söldner der bürgerlichen Scharwache in eisernen Harnischen und Peckelhauben, Gerichtsbeamte in kurzen roten und blauen Röcken, der Schreiber des Hofoberrichters, die Nachtkönige der vier Münchner Stadtviertel, die Kornmesser, dann folgen die von Pferden gezogenen Karren, geführt vom Wasenmeister und seinem Knecht und dann Schergen und der Scharfrichter, dahinter die Geistlichen, dann zu Pferd der Bannrichter, der Stadtoberrichter, der Stadtunterrichter, der Hofoberrichter und Rentmeister, Stadträte und Honoratioren: diesen schließt sich das gaffende Volk an.

Der Zug bewegt sich in Richtung Neuhauser Tor. Hänsel wird vom städtischen Bußamtmann auf seinem Roß mitgeführt, denn er muß sich die Hinrichtung ansehen. Den Delinquenten reicht man auf dem letzten Weg Wein aus dem Armen-Sünder-Fläschl. Der Weg führt zum Galgenberg, wo Vorbereitungen für das grausame Spiel getroffen sind.

Auf dem Weg zur Richtstätte beginnt die Exekution, indem man Anna die »Brüst abgeschnitten« und die Malefikanten mit glühenden Zangen gerissen werden. Der Vollzug der Untaten ist durch zeitgenössische Berichte dokumentiert. Die Brüste werden der Mutter und ihren Söhnen »ums Maul gerieben.« Das Abschlagen der Glieder mit dem Rad ist eine extrem scharfe Strafe. Der mitansehende Sohn sagt dazu: »Schauts; jetzt bringt man mein Vater. Wie stößt man ihm seine Glieder ab.« Das Spießen ist die Krönung der Unmenschlichkeit[97].

Man hat sechs Scheiterhaufen auf dem Galgenberg aufgerichtet. Anna fesselt man auf einen Sessel. Sie werden lebend verbrannt, was merkwürdig ist, denn üblicherweise werden sie vorher stranguliert.

Nochmals meldet sich das Kind und bringt über die Lippen: »Wie zappelt nur mein Mutter.« Während des schauerlichen Spiels rufen die Geistlichen: »Herr Jesu, dir lebe ich. Herr Jesu, dir sterbe ich, Herr Jesu, dein bin ich tot und lebendig.«

Damit ist die Sache nicht erledigt, denn im Falkenturm befinden sich noch der »Brottrager« Augustin Baumann, der Weber Hans Stumpf (Glashänsel) der elfjährige Hänsl Pappenheimer, der »Zuckerwastel« und zwei niederbayerische Keßlerbuben. Hinzu kommt die neu eingelieferte Familie des Kostermüllers aus Tettenwang.

Hänsel, Augustin Baumann, Glashänsl, Agnes und Anna Clostermüller werden am Samstag, 23. November der »endliche« Rechtstag verkündet. Sie werden am 26. November auf dem Galgenberg lebend verbrannt.

In einem amtlichen Bericht wird gesagt: »verschiedenen Spießgesellen sei der Prozeß gemacht worden, der zur Feuerstrafe geführt habe, darunter dem Weber Glashänsl und den Hexen Anna und Ursula. Der Fall erregt Aufsehen, vor allem durch die grausamen Hinrichtungspraktiken. In den privaten Aufzeichnungen eines Musikers der herzoglichen Hofkapelle, dem Diarium des Altisten Johannes Hellgemayer, heißt es: »Den 9. Julji (!) 1600 sein 6 Personen gericht worden, als Vater, Mutter, 2 Söhn und 2 Mann, lebendig gerädert, dem Vatern gespießt und letzlich alle lebendig verbrennet ... dieses Jahr im November hat man wieder 5 Personen wie die vorigen Hexen hingericht.

In Johann Mayrs Chronik *Aller gedenckwürdigen Sachen/so von 1500. biß zu dem 1604. Jar Christi/auff dem gantzen Erdenkreiß/zu Wasser vnd Landt/sich verlauffen ... verzeichnet Kriege und Erdbeben, Seuchen und Wunder.* usw. wird auf den spektakulären Fall eingegangen[98].

Das Aufsehen war gewollt. Dem diente auch eine Neue Zeitung[99]. Ihr sind vier Holzschnitte beigegeben, die den Hergang beschreiben[100]. Vermutlich existierte ein zweites Flugblatt in Sachen Pappenheimer, worüber sich ein Gedicht erhalten hat[101].

Nach den grundsätzlichen Überlegungen zur bayerischen Hexenszene wollen wir an Schwerpunkten die Kenntnis vertiefen. Auch dies kann nur eine Momentaufnahme sein. Der breitangelegten Hexenverfolgung in

Schongau[102]

gehen Kampagnen in Bad Waldsee und dem Reichsstift Obermarchtal voraus. Im Süden des Hochstiftes Augsburg wird 1586 Conrad Stöckhlin verhaftet. Hier werden zwischen 1587–88 mehr als 20 Personen wegen Hexerei verklagt. Im März 1589 setzen Beschuldigungen in Schwabmünchen an. Hier beginnt im Mai 1589 eine Hexenverfolgung, der etwa 30 Personen zum Opfer fallen. Das Wüten des Augsburger Bischof Marquard von Berg wird durch einen Pestausbruch verzögert. Die Vorgänge werden in Schongau registriert, wo man bis dahin stillgehalten hat.

Unkostenzettel des Bannrichters Gugenhofer vom 10. September 1610 (München)

»Den 6. Septembris dies laufenden 1610 Jahr bin ich nach empfangenen fl. Befelch mit zweien Kleppern und einem Diener nach München vorritten, allda bis die völlige Execution verricht stillgelegen bis auf den 11. dies, also fünf Täg, jedem Tag mein verordnetes Deputat $2\frac{1}{2}$ f. macht ...	f. 12 Kr. 30 Pfg.
Am Malefiztag für mein Mahlzeit mein Deputat	f. 1 Kr. 8 Pfg. 2
Von den zweien Lechen-Kleppern jeden Tag 30 kr.	f. 2 Kr. 30 Pfg.
Dem fl. Hofoberrichteramtschreibern von Verlesung zwei Urgicht und darauf geschöpfter Urtln sein Deputat von einer 1 fl. 8 Kr. 2 Pfg.	f. 2 Kr. 17 Pfg. 1
Dem Stadtrichter mehr sein Deputat	f. 1 Kr. 15 Pfg. 60
Dem Stadtober-, Stuhl-(?) und Unterrichter, auch einer Ratsperson, so einem Bannrichter zu der Execution begleiten, jedem für die Mahlzeit 1 fl. 8 Kr. 2 Pfg. macht zusammen	f. 4 Kr. 34 Pfg. 1
Dem Bußamtmann, von beiden Ubeltätern zu binden und zum Gatter zu liefern	f. 1 Kr. 8 Pfg. 2
Von der Bußglocken zu Kirche	f. - Kr. 17 Pfg. 1
Dem Nachrichter, den Wölfl mit dem Strang hinzurichten	f. - Kr. 1 Pfg.
Für die Ketten	f. 1
Von der Leiter auf- und abzulassen	f. - Kr. 30
Für Strick und Handschuh	f. - Kr. 12
Von dem Berger, mit dem Feuer zu richten, Umb Stroh, weil er solchs verkauft	Kr. 3
Dem Abdecker, Holz und andre Notdurft zu der Richtstatt zu führen	f. 1 Kr. 8 Pfg. 2
Die zwei Personen aus dem Falckenturm zu der Richtstatt zu führen, für jeden 1 f. 8 kr. 2 Pfg. tut zusammen	f. 2 Kr. 17 Pfg. 1

Ausgangspunkt ist ein Unwetter. Vier Personen bestimmen das Geschehen. Der Gerichtsherr Herzog Ferdinand, Bruder von Wilhelm V., der Landrichter Hans Friedrich Herwarth (Hörwarth), der Biberacher Scharfrichter Christoph Hirt und der Schongauer Nachrichter Johann Georg Abriel.

Die Haltung Ferdinands ist dominant; er ist der Herr des Verfahrens. Er ist vom Hexenwahn durchdrungen und man gewinnt den Eindruck, daß seine Reglementierungen Herwarth nicht sonderlich zusagen.

Er hat einen Vorsprung, denn er hat zuvor gegen eine Frau aus Peisenberg wegen Hexerei inquiriert. Dazu hat er den Biberacher Scharfrichter bemüht, der sie nach dem stigma diabolicum untersucht hat.

Die Dorfvierer, Mitglieder der Gemeinde und der Richter Hans Karbl, dessen Frau in das Geschehen gezogen wird, ziehen vor den Schongauer Landrichter und bitten um die Ausrottung der Unholden, in denen sie die Verursacher für die Ernteausfälle erkennen, die ein Hagelschlag hervorgerufen hat.

Man erklärt sich zum Verkauf des Gemeindewaldes bereit, um den Scharfrichter aus Biberach zahlen zu können. Herwarth fühlt sich gefordert und schreibt an Ferdinand, der ihm am 24. Juli 1589 antwortet[103]. Es ist der Startschuß: man möge die Verdächtigen beobachten, sie in Stille ergreifen und deren Wohnungen nach Zaubersachen durchsuchen. Zudem soll man die Geistlichen in der Sache bemühen. Danach fordert er einen

Zwischenbericht an[104] und am 18. November 1589 erteilt er Weisungen zur Durchführung des Prozesses[105]. Er verlangt von vier Geständigen ein Verhör in der Güte und Schärfe und rät den Priestern ggf. die Anwendung des Exorzismus.

Am 6. Dezember erhält Herwarth von Herzog Ferdinand den Auftrag[106], vier böse Weiber erneut zu verhören und ihm darüber zu berichten.

Parallel dazu konsultieren die Bürger einen Wahrsager[107], zumal dem Bauern Hans Miller innerhalb kurzer Zeit 24 Pferde und 30 Kühe gestorben sind. Er deutet ein Feuerorakel und bezichtigt Margaretha Leutherin aus Schwabsoien; sie wird im Herbst 1589 verbrannt.

Böses Geschrei erhebt sich wider Els Kerblin, die Frau des Dorfrichters. Der Pfarrer mahnt ihn: »weiln sein weib ein so geschrei hab und soviel von ihr gesagt werde, er selle wol acht auf sy haben, und daneben gefragt, ob er nit etwas an ir merck oder spiere, Irer etwa nachts am peth mangle.«

Dann bezichtigt man sie der Wettermacherei. Später gibt sie unter der Folter zu, daß sie das große Wetter gemacht habe, das 1588 das Getreide von Schwabsoien, Altenstadt und Schwabbruck zerschlagen hat, was Auslöser für die Prozeßlawine war; bald erkennt man in ihr die Haupthexe.

Anfang April 1590 beauftragt Wilhelm V. seine Hofräte, ein schriftliches Gutachten über die Bekämpfung der Hexerei abzufassen. Zudem holt er bei den Ingolstädter Juristen ein Gutachten ein, das am 28. April 1590 unterzeichnet ist[108]; bedeutende Juristen werden zugeschaltet[109]. Sie rufen zur radikalen Verfolgung, aber einem vorsichtigen Vorgehen auf.

Am präzisesten dokumentiert ist der Prozeß gegen Agnes Weiß aus Peiting, die man mehrfach gefoltert hat[110]. Man hinterfragt sie zum Hagelwetter am Peißenberg und ihre Fähigkeiten, ein solches auszulösen, über die Bedeutung der bei ihr gefundenen Sachen[111] und um die Nennung weiterer Komplizen, Teufelszeichen, Teufelspakt, Hexenfahrten, Gespielinnen und nach dem Hostienfrevel; sie legt ein umfassendes Geständnis ab. Es wird vereinbart, daß sie mit größerem Ernst wegen der Hostien zu foltern sei und dem Weib nit Ruhe zu lassen, bis man die Wahrheit, soweit wie möglich, erfahren habe.«

Bei den Verhören treten der Gerichtsschreiber und Nachrichter in Erscheinung. 1588 tritt Ulrich Krampf urkundlich als Schongauer Gerichtsschreiber auf. Die Frauen werden in der Fronfeste gefoltert. Bei den Verhören sind der Schongauer Bürgermeister und ein Ratsmitglied anwesend. Die Weißin bekennt sich unter dem Druck der Folter zum Wetter- und Schadenzauber an Mensch und Tier; sie räumt ein, das Schauerwetter in Peiting verursacht zu haben[112].

Eine Lucia (Zeule Dietterin) aus Schongau fragt man, warum sie Jerg Scholler gesagt habe: »wenn man sie gefangennehme, müsse man es mit der Pugg Els auch tun.« Die Dietterin stirbt während der Haft; die von ihr verursachten Kosten sollen eingezogen werden: Die Weissin und Schlechtin sollen zum Feuer verurteilt werden und bei der Richterin Kerblin möge man weitere Indizien zusammentragen. Im Laufe des Sommers 1589 wendet sich das Blatt zum Negativen.

Im nächsterhaltenen Brief des Herzogs an den Schongauer Landrichter vom 9. Oktober 1589 wird der Endliche Rechtstag gegen fünf Frauen beschlossen. Unter ihnen befindet sich die Els Kerblin, die 17 weitere Gespielinnen besagt, die nach und nach verhaftet werden. Bis zum 5. November sind neun Frauen aus Schwabsoien verurteilt und gerichtet, was erhebliche Kosten verursacht, so daß Rangeleien über die Bezahlung entstehen.

Herwart von Hohenberg teilt am 15. November 1589 Schwabsoien mit, es wären 1400 Gulden angefallen.

Schließlich wird die Sache vor das Augsburger Domkapitel getragen. Der Pfleger setzt Herwarth davon in Kenntnis, daß nach der CCC. die zuständige Obrigkeit solche Kosten zu tragen habe.

Der Schongauer Landrichter fällt am 9. März früh um vier Uhr mit 80 Mann in Schwabsoien ein, läßt Häuser umstellen und den Müller Hans Gedeler, den Gastwirt Jörg Miller sowie den Richter Georg Karbl »die fürnembsten in der gemein« gewaltsam nach Schongau bringen, um in Sachen seiner Kostenregelung voranzukommen.

Der Hofrat in Dillingen protestiert am 19. März gegen die Geißelnahme und verlangt die Freilassung, die inzwischen gegen Bürgschaft der Gemeinde erfolgt ist. Die Rückführung der angelaufenen Kosten gestaltet sich kompliziert.

Dann breitet sich die Verfolgung im Landgericht aus. Am 20. November 1589 ist davon die Rede, daß einer Hexenhinrichtung Walpurga Malepreinerin aus Peiting zum Opfer gefallen sei. Als nächste sollen verhaftet werden: die Wirtin Margareth Millerin und

Anna Baderin aus Schwabsoien, Catharina Riegerin aus Schwabbruck und Els Kurzin aus Altenstadt. Auf deren Aussage hin sollen Endreß Weib Anne in Burggen und Hans Rappelts Weib in Ingenrith verhaftet werden; jetzt ufert der Prozeß aus.

Der Herzog schickt eine Abschrift an das Jesuitenkolleg der Universität Ingolstadt, um sie um ein Gutachten zu bitten. In einem nächst erhaltenen Brief vom 17. Januar ist davon die Rede, daß die geschworenen Dorfvierer und die Pfarrgemeinde von Peiting die Exhumierung der Leiche des Bauern Georg Leser (Loser) fordern, weil er von seiner als Hexe gerichteten Tochter (Schopperin) als Zauberer angegeben worden war. In der Zwischenzeit hat der Landrichter weitere Frauen wegen Hexereiverdacht eingezogen. Eine aus Dienhausen hat sich ungefragt bezichtigt.

Dann muß es in Peiting zu Verfolgungen gekommen sein. Wenn man die Liste betrachtet, die von der Regierung in München an die Tiroler (Innsbruck) geschickt wird, wird klar, daß sieben Frauen aus Peiting und drei aus Schwabsoien genannt werden. Unter ihnen befindet sich die Hebamme Anna Ettin (Peiting). Inzwischen finden weitere Hinrichtungen statt, vermutlich in Gruppen von vier bis fünf Personen.

Unzufrieden zeigt man sich über die Eigenmächtigkeiten des Scharfrichters. So entsteht die Schrift *Ettliche Articull das schwehbendt Hexenwesen zu Schongau betreffend ... darauf umb ein general bevelch, oder ein ordentliche instruction an Zuehalten.*

Die diversen Gutachten werden im Mai 1590 umgesetzt in eine *General-Instruction, wie sich alle und jede Pfleger, Richter und Beambte ... mit den Unholden und hexen werckhs verleimdten Personen In erkennung, Einziehung und besprachung, dann auch sonsten in ainem und anderem zu verhalten* (haben).

Der nächste Anhaltspunkt ergibt sich durch einen Brief Herzog Ferdinands vom 21. Juli 1590. Hier geht der Gerichtsherr auf den Bericht über die Exekution der Witwe Wolf Schusters aus Schongau, Walpurge Perenheitterin, eine Hebamme aus Schongau, Agnes Degelin aus Hohenfurch und Agatha Esethierin aus Ingenried, ein.

Zudem hat sich ein Vermerk in der in Ulm gedruckten *Erwyetterten Unholden-Zeyttung* erhalten, wo gesagt wird: »dergleichen hat der durchleuchtig Hochgeborn Fürst und Herr, Ferdinandus, Hertzog in Bairn, zu Schongaw an dem Lech gelegen

Die mit dem Trienter Ritualmord kombinierte Frankfurter »Judensau« nach einem Holzschnitt aus dem 17. Jahrhundert.

und sonst in seiner Grafschaft mehr den 40 sollicher Weiber hinrichten lassen, under welchen eine gewesen, für welcher erledigung (Freilassung) ir Mann 500 Gulden geben wollen. Dem hat sie geantwortet: Lieber Mann, was wolltest du dich zeihen? Ich ließ dich noch ein halbes jar leben, so brächt ich dich dann umb. Da dies der Mann vernommen, hat er ir auch nimmer fragen wöllen.«

Herzog Ferdinand befiehlt am gleichen Tag, den peinlichen Gerichtstag über Barbara Kleinin aus Ingenried und Ursula Reitterin aus Burggen abzuhalten. Es waren vier weitere Hinrichtungen. Wegen der alten Mayrin aus Ingenried soll ein Gutachten der Ingolstädter Universität eingeholt werden.

Der letzte vom Herzog Ferdinand erhaltene Brief vom 24.11.1590 spricht davon, daß der Körper, der vermutlich während der Haft verstorbenen (alten) Langeggerin gegen den Willen der Verwandten verbrannt werden sollte; man hielt sie der Hexerei für schuldig. Der Herzog rügt, daß der Spitaldekan Benedikt Stadtmüller zu ihr gegangen ist, um

Geständnisse während der Schongauer Hexenprozesse 1589–1592 (auszugsweise)

Lucia Zeule: Teufelspakt mit Gottesleugnung, Buhlschaft, Hexenfahrt und -mahl, Wettermachen.
Wolf Schusters: (Frau) Teufelspakt mit Gottesleugnung, Hostienfrevel, unwürdige Kommunion, Buhlschaft, Hexenfahrt zum Peisenberg, Verwendung von Teufelssalbe, 16 Stück Vieh totgeschmiert. Besagungen.
Walburge Perenheitter: (Hebamme) Ablehnung des Weihwassertrinkens, Teufelspakt mit Gottesleugnung, Buhlschaft, Kellerfahrt, Salbenverwendung, vier Stück Vieh totgeschmiert, zwei Kindern als Hebamme im Mutterleib den Hals ab-, bzw. das Hirn eingedrückt.
Ursula Paiss: Teufelspakt mit Gottesleugnung, Hostienfrevel, unwürdige Kommunion, Salbenverwendung, eine Anzahl Rinder, Schafe und Pferde tot geschmiert.
Anna Früeholz: Teufelspakt mit Gottesleugnung, Hostienfrevel, Kellerfahrt in Schongau und Altenstadt, Salbenverwendung, Tiere zu Tode geschmiert.
Elisabeth Kurz: Teufelspakt mit Gottesleugnung, Buhlschaft, Hexenfahrt auf Gabel nach Reichlingen bei Rott. »Hat viel gebetet.«
Ursula Ritter: Teufelspakt mit Gottesleugnung, Buhlschaft (Luzifer besucht sie im Gefängnis), zwei Hexenfahrten zum Forchenwald bei Ingenried, Salbenverwendung, Vieh zu Tode geschmiert.
Anna Ritter: Teufelspakt, Verleugnung Gottes und der Muttergottes. Teufelsbuhlschaft wegen Armut. Geldspende des Teufels. Hexenfahrt auf Gabel in den Forchenwald, mit dem Teufel auf einer weißen Geiß zum Brucker Berg, Hexenmahl, Verschreibung, Schauerwetter beim Escherbach und am Auerberg mit Gespielinnen.
Appolonia Zei(t)zler: Teufelspakt mit Gottesleugnung, Hostienfrevel, Teufelsbuhlschaft (mit ihrem Mann stets uneinig gehaust), Kellerfahrt zum Wein beim Wirt, Hexentanz zwischen Asch und Leeder, Tiere umgebracht.
Agnes Degl: Teufelspakt mit Gottesleugnung, Buhlschaft, Kellerfahrt mit dem Teufel auf einem Kalb zum Stenzel in Hohenfurch. Salbengewinnung aus ausgegrabenen und ungetauften Kinderleichen. Tiere umgebracht.
Barbara Klein: (Witwe) Teufelsbuhlschaft, Hexentanz als Zuschauerin auf Brucker Berg, Salbenverwendung, Tiere totgezaubert. »hat sich unter dem teuflischen Einfluß im Turm einen Schaden am Hals zugefügt. Auf die Tortur wird verzichtet: »Zur Verhütung völliger Verzweiflung, da sie noch etwas kleinmütig und irrig im Gewissen.«
Ursula Weinmillerin: »Teufelspakt mit Gottesleugnung, Hostienfrevel, Gottesleugnung mit Blutstropfen aus der Hand. Buhlschaft wegen Armut, Kellerfahrt in Schwabsoien zum Weintrinken. Salbengewinnung mit ausgegrabenen Gebeinen ungetaufter Kinder. Tiere umgebracht und Schauerwetter gemacht. Der Teufel habe ihr 110 fl. gegeben, die sich in Pferdemist verwandelt haben.
Ursula Rappelt: Teufelspakt mit Gottesleugnung. Hexenfahrt auf einem Schaf. Hexenmahl, Hexentanz, Salbenverwendung, Tiere umgebracht. Schauerwetter in Schwabsoien. Besagungen.
Agathe Es(s)ethe(i)r: Teufelspakt mit Gottesleugnung, Salbengewinnung mit ausgegrabenen Gebeinen ungetaufter Kinder. Tiere umgebracht. Schauerwetter in Schwabsoien. Besagungen.
Elspeth Puggler: (Lutterpacher) Teufelspakt mit Gottesleugnung. Hexenfahrt ins Schwabenland auf den Venusberg. Teufelsmahl, Salbenverwendung. Tiere umgebracht. Schauerwetter am Moßbach.
Anna Etti: (Hebamme) Teufelspakt mit Gottesleugnung, Buhlschaft, Salbenverwendung, Tiere umgebracht. Verzicht auf eheliche Beziehungen.
Barbara Schuelerb: (Hebamme) Teufelspakt mit Gottesleugnung, Buhlschaft, Hexenfahrt, Hexenmahl. Salbenverwendung (braune Salbe im irdenen Büchsle). Tiere umgebracht. Einen Buben totgeschmiert.
Margretha Raischer: Teufelspakt mit Gottesleugnung, Hostienfrevel, Buhlschaft, Hexenfahrt, Kellerfahrt Hexenmahl. Tiere umgebracht, ein zweijähriges Mädle mit Ruten geschlagen und vergiftet. Hagelschauer auf Getreide. Der Teufel hat ihr kleine Kugeln in Erbsengröße zugestellt, damit sie die Weide vergiftet, so daß viele Geißen davon zugrunde gegangen.
Anna Deber: Teufelspakt mit Gottesleugnung. Buhlschaft, Salbenverwendung. Tiere umgebracht, Wetter gemacht »haben Gras gerupft und es hinter sich geworfen, sei gleich ein kleines Geriesle daraus worden.«
Magdalena Loser: Teufelspakt, Gottesleugnung, Buhlschaft, Kellerfahrt nach Weilheim, Salbenverwendung, Tiere totgeschmiert.
Magdalena Kleberhans: Teufelspakt mit Gottesleugnung, Hostienfrevel, unwürdige Kommunion, Hexenfahrt nach Venedig, zweimal Kellerfahrt als Katzen zum Mayrwirt in Bernbeueren, Schauerwetter.
Catharina Rieger: Teufelspakt mit Gottesleugnung. Hexenfahrt auf einem Füllen.

Appolonia Schottler: Teufelspakt mit Gottesleugnung, Buhlschaft, Kellerfahrt auf Pferd zu Hans Georg in Lechbruck. Salbenverwendung, Tiere totgeschmiert.
Elßpet Kerbl: (Frau des Richters) Teufelspakt mit Gottesleugnung, Buhlschaft, Hexenfahrt auf Brukker Berg und Schlüsselacker. Hexenmahl. Hexentanz, Salbengewinnung von ausgegrabenen Leichen ungetaufter Kinder, Hagelschauer, um das Getreide in Schwabsoien, Altenstadt und Schwabbruck zu verderben.
Margreth Leutter: (Hebamme) Teufelspakt mit Gottesleugnung, Buhlschaft, der böse Feind sei in der ersten Gefängnisnacht zu ihr gekommen und habe sie »allda unkeusch beschlafen«. Hexenmahl, Salbenverwendung, Tiere totgeschmiert. Kind mit Binkel (?) am Hals totgesalbt. Schauerwetter im Bernbeurer Ried.
Anna Kels: Teufelspakt, Gottesleugnung, Buhlschaft, dreimalige Hexenfahrt, Hexenmahl, Salbenverwendung. Tiere totgeschmiert.
Namenlose: Teufelspakt mit Gottesleugnung »als sich das Zeule erhängt«, sagt sie: »sie habe die Kräutbäurin oft ermahnt, von den verschrieenen Hurenhändeln abzulassen ... der bös Feind habe gesagt, das hochwürdige Sakrament sei ihr nicht mehr nützlich; denn ihre Seele wäre sein: Gott habe nicht(s) (mehr) mit ihr zu tun.«

Sitzung des Landgerichts. Holzschnitt aus »Georgica curiosa« von Hohberg, Nürnberg, 1687.

Hofrat Feigele, der an der Urteilsfindung gegen Maria Anna Schwägelin beteiligt ist. Man rühmt seine juristischen Kenntnisse als mehr als mangelhaft.

ihr die Beichte abzunehmen. In dieser hat sie, unter dem Druck der Folter gestanden, eine Hexe zu sein, widerrufen; es regt sich Widerstand.

Ob es 63 Hinrichtungen in Schongau gewesen sind, läßt sich nicht mehr dokumentieren; aus dem letzten Prozeßdrittel fehlen Unterlagen. Zweifellos ist es die größte Hexenverfolgung südlich der Donau, von der ausschließlich Frauen betroffen sind.

Rechtsgang

Die Todesurteile werden so formuliert: »In peinlichen Sachen und auf fürstlichen Befehl ist betreffend der Inhaftierten (n. n.) auf deren mit und ohne Folter erfolgten Geständnissen hiermit durch mich (Hans Friedrich Herwarth von Hohenburg), fürstl. bayer. Kämmerer, Stadt- und Landrichter allhie ... abschließend als Recht erkannt worden, daß die (genannten Weiber), weil sie Gott dem Allmächtigen widersagt, diesen und alle Heiligen verleugnet, sich mit dem bösen Feind verbunden und sich fleischlich mit ihm vermischt, sowie weitere Verbrechen begangen haben, mit dem Schwert zum Tod gestraft und danach ihre toten Körper durch Feuer verbrannt werden sollen.« Zudem werden Hinrichtungen öffentlich bekannt gemacht:

»Es soll hierdurch Jedermann Folgendes wissen und genau zur Kenntnis nehmen: »Gegenwärtige arme Weibspersonen (mit Namen n. n.) werden auf Grund bösen Verdachts, Argwohns und infolge der Geständnisse anderer Hexen über sie hier in der fürstlichen Fronfeste eingesperrt und dahin auf Grund weiterer Anzeigen sowohl mittels der Folter als auch ohne diese verhört. Dabei ergab sich, daß sie bekannt und ausgesagt haben, durch den bösen Feind aller Tugenden der Seelen und des leiblichen Wohlergehens, den leidigen Feind und höllischen Drachen – Gott behüte Jedermann – mit allerlei Anfechtungen, nämlich mit unkeuscher Wollust, Essen, Trinken, Traurigkeit und weiteren Leichtfertigkeiten verführt worden zu sein. Es wird aus guten Gründen darauf verzichtet, ihre Geständnisse ausführlicher bekannt zu machen.

Doch die wichtigsten Punkte sollten verlesen und zu Gehör gebracht werden und aufzeigen, daß aufgrund eines Berichtes über ihre Verbrechen ein fürstlicher Befehl hierher gelangt ist, daß man mit den Weibspersonen entsprechend der peinlichen Halsgerichtsordnung Karl V. römischen Kaisers höchstseligen Gedächtnisses und nach des löblichen Fürstentums Bayern Recht verfahren soll.«

Das Ganze hat ein Nachspiel, denn am 14. Februar 1594 rühmt sich Herwarth, den größten Hexenprozeß im Herzogtum Bayern geführt zu haben ... Habe man in Schongau innerhalb zweier Jahre 63 Frauen als Hexen verbrannt und so möge der Herzog zur Erinnerung an dieses stattliche »Justici werck« eine »ewige Mercksäul« errichten[113], wozu es nicht kommt. Schauen wird noch auf die Scharfrichter Meister

Christoph Hiert aus Biberach und Johann Georg Abriel

aus Schongau. Man darf ihre Rolle im Verbund mit den Hexenprozessen nicht überbewerten. Das Amt des Scharfrichters im Spätmittelalter hängt mit dem Übergang des Strafvollzuges in die Hand des Klägers zusammen. Er wird 1276 erstmals im Augsburger Stadtbuch erwähnt, aber schon damals tabuisiert. Die Anwendung der Folter gehört zu seinem Handwerkszeug. Oft üben die Scharfrichter Nebentätigkeiten als Abdecker, Wasenmeister, Hundefänger, Kloakenreiniger und/oder Bordellwirt aus.

Das Aufkommen der Hexenprozesse in den 1560er Jahren ist für sie Neuland, in dem sie keine Erfahrung haben. Ihre Tätigkeit ist begrenzt und deren Willkür reglementiert. Er wir zum Treueeid verpflichtet, hat gehorsam und verschwiegen zu sein und die Anweisungen der Obrigkeit zu achten. Aufgrund seiner Tabuierung wird er argwöhnisch, aber auch mit Respekt beurteilt.

Martina Schmidt hat Recht, wenn sie sagt: »die Bedeutung der Scharfrichter steht im Widerspruch zu ihrer sozialen Stellung, denn er war der der Unehrlichste unter den unehrlichen ... er führte eine gesellschaftliche Randexistenz in fast vollkommener Isolation. Die ihm zugeschriebene Unehrlichkeit wird auf seine Familie übertragen. Aufgrund der sozialen Ausgrenzung bilden sich Scharfrichterdynastien, denn die Töchter waren quasi gezwungen, einen solchen zu heiraten und Söhnen blieb nichts anders übrig, als bei ihrem Vätern zu lernen.«

Er muß nicht nur über die Kompetenz des Tötens verfügen, sondern hat (auch) medizinische Fähigkeiten. Er muß Wundarzt sein, um die Spuren der Folter zu beseitigen und er muß Folterfähigkeit beurteilen. Als Experte kann er nur angesehen werden, wenn er seinen vielfältigen Aufgaben gerecht wird.

Für das Territorium Bayern gibt es acht Scharfrichterstellen, was ihre weiten Reisen verständlich macht. Ihre Bezahlung erfolgt nach Taxordnungen.

Um 1590 erfahren sie eine erhebliche Aufwertung; dies vor allem im reichsstädtischen Biberach. Meister Hans Vollmair, Christoph Hiert und ein weiterer Jung-Meister namens Jacob entwickeln enorme Aktivitäten. Christoph Hiert war der Schwiegersohn Hans Vollmairs.

Die Anfangsweihen erwerben sie sich wohl im Verbund mit Hexenprozessen im oberschwäbischen Stift Obermarchtal. Da die dortige Verfolgungswelle Aufsehen verursacht, wird aufgewertet. So ist naheliegend, daß man ihn zu Folgeprozessen im Hochstift Augsburg zitiert.

Im Juli 1585 beginnt im Pfleggericht Rettenberg das Verfahren gegen den Oberstdorfer Roßhirte Conrad Stöckhlin. Die Regierung in Dillingen zieht den Fall an sich und erkundigt sich beim Augsburger Scharfrichter Däubler nach einem geeigneten Mann, was zum Engagement des Biberacher Hans Vollmair führt. Neben ihm wird ein Scharfrichter aus der Grafschaft Tettnang bestellt.

Auch zu den Verfolgungen in der fürstbischöflichen Residenzstadt Dillingen (1587 bis 1591) scheint er hinzugezogen worden zu sein. Ab Ende August 1588 beteiligt er sich an Hexenprozessen in der Fürstprobstei Ellwangen.

Im Mai 1589 werden in Bobingen einige Frauen wegen Hexerei inhaftiert, deren Verfahren nach Schwabmünchen gelegt wird. Hier kommt es zu einer regelrechten Scharfrichtergesellschaft (Behringer).

Christoph Hierth erhält am 16. Juni 1590 vom Dillinger Hofrat den Auftrag, nach Zusmarshausen zu gehen, um eine unter Hexereiverdacht stehende Frau zu foltern; sie wird am 12. September 1590 hingerichtet.

Hans Vollmair wirkt darüberhinaus in Ellingen, wo 1590 bei einer großen Hexenverfolgung 71 Personen ums Leben kommen. In der Grafschaft Werdenfels läßt sich sein Wirken nachvollziehen. Dann wird es ruhiger um ihn. 1592 soll einer der Biberacher Scharfrichter in Königshofen im Taubertal auf der Messe Salbe verkauft haben.

1596 wird Vollmair durch den Esslinger Rat gerufen. Hier untersucht er am 20. August die beschuldigte Walpurga Hoppenhans auf Hexenmale. Sie erlangt ihre Freiheit, möglicherweise mit Zutun ihres Peinigers, denn er sagt: »er hab ouch ein seel, es sei nit kelblins sondern Christen bluott etc. er halt sie für khain ohnholden.«

Im Sommer 1597 kommt es in der Herrschaft Bludenz-Sonnenberg (Vorderösterreich) zu einer Hexenverfolgung. Christoph Hiert läßt anfragen, ob er gebraucht werde. Daraufhin führt er die Folterungen durch. Er wird vom Bregenzer Scharfrichter Meister Jacob assistiert.

Die Schongauer wenden sich zunächst an den Scharfrichter aus Biberach, Meister Christoph Hiert. Er unterbricht zu dem Zweck seinen Aufenthalt beim Hexenprozeß in Schwabmünchen, der im Mai 1589 eingeleitet wird und bei dem der Scharfrichter von Schwabmünchen, Veit Vischer, die Funktion eines Assistenten übernimmt. Der erste Prozeßabschnitt von August bis September 1589 steht unter der Regie des Biberacher

Scharfrichters, der für seine Bemühungen 142 Gulden erhält.

Johann Georg Abriel tritt erstmals 1589/90 beim großen Schongauer Hexenprozeß in Erscheinung. Man sagt ihm nach: »er gehöre zur Sorte jener, die gerufen werden, wenn die anderen nicht mehr mitmachen.« Seine Herkunft ist nicht geklärt, doch es können verwandschaftliche Beziehungen zum Kaufbeurer Scharfrichter Hans Abrell und dessen Nachfolger Bartholomäus Abrell vermutet werden.

Im Oktober 1589 beginnt die Wirksamkeit Abriels auf diesem Feld bei Verfolgungen in Werdenfels; hier lernt er vermutlich den Umgang mit der Nadelprobe. Er war viel unterwegs, was seinen Bekanntheitsgrad erhöht; er besucht umliegende Territorien und Landgerichte.

In Freising und Ismaning beginnen die Prozesse im April und der Stadt- und Landrichter bittet Schongau um die Überlassung des mittlerweile berühmten Scharfrichters, damit er den Hexerei verdächtigen Personen »Drunck und Prot« eingeben und außerdem die Hexenprobe vornehmen kann.«

Am 7. Mai geht eine erneute Bitte um das Erscheinen des Scharfrichters in Schongau ein. Abriel trifft, diesmal aus München kommend, Anfang Juni 1590 in Freising ein; jetzt steht er auf dem Höhepunkt seiner Karriere. Der dortige Statthalter zeigt sich glücklich, ihn bekommen zu können, »zumal er nach dem letzten Unwetter drei mutmaßliche hechsen Weiber« hat verhaften lassen. Mit Abriels Hilfe »könne er das heilig anzufangen werck wohl zu Ende bringen.« Abriel foltert in Werdenfels und vom 23. bis 26. Juli in Garmisch. Er pendelt zwischen Verfolgungszentren; öfters hält er sich in Freising auf.

Nach einer etwa zweijährigen Wirkzeit wird Kritik an seinem Verhalten laut und die ihm gegenüber einst gezeigte Liberalität schlägt in Mißachtung um. Eine der früh gerichteten Hexen gibt zu Protokoll: »Unser herrgott werde den meister Gerg wohl dafür strafen, daß er aus frommen Witwen Unholden und sie geschwätzig macht, da sie doch nichts besser wisse.«

Das Vertrauen in seine Fähigkeiten läßt nach, zumal in einem späteren Münchener Hexenprozeß der von ihm gefolterte Paulus Gämperl den Richtern sagt: »Man solle meister Hans, Zuchtiger von Buberg in der Schweiz hinzuziehen, da dieser die Hexen fein bei den Zeichen kenne.«

Vereinzelt wirft man den Scharfrichtern Eigenmächtigkeiten im Vollzug vor. Im Falle des Haller Michael Fürst ordnet 1605 die Regierung in Innsbruck an, daß er binnen Monatsfrist beichten, kommunizieren und den Beichtzettel der Regierung vorlegen soll.

Der Bamberger Scharfrichter gibt 1628 Johannes Junius den Rat: »Herr ich bitt euch um gotteswillen, bekennt etwas, es sey gleich war oder nit. Erdenket etwas, dan ir könnt die marter nicht ausstehen, die man euch anthut.«

Erschwerend kommt hinzu, daß Ingolstadt feststellt, daß dem Hexenzeichen kein Beweiswert zukomme, »da sich so ein gewöhnlicher und verworfener Mensch wie ein Scharfrichter bei der Erkennung täuschen könne; es sei ein verfahrenstechnischer Fehler, der nicht mehr vorkommen soll.«

Im Januar 1592 unterläuft Abriel ein Kunstfehler bei der Enthauptung Hans Völcks. Der erste Hieb trifft dessen Schulter. Der Landrichter wirft ihm vor, daß er »ungerecht« gerichtet hat. Dann wird es um den Schongauer Scharfrichter still und er bemüht sich wohl, der Stadt den Rücken zu kehren. Dann wird ihm die Scharfrichterstelle München übertragen.

Möglicherweise hat sich sein Konterfei erhalten, denn bei dem Augsburger Holzschnitt aus dem Jahre 1600, der den Münchener Prozeß dokumentiert, kann er abgebildet sein. Er stirbt in der ersten Hälfte des Jahres 1604; seine Todesursache ist unbekannt. Seine Nachfolge in München tritt sein Schwiegersohn Georg Peb an, der vor ihm die Stelle in Schongau übernommen hat. Ihre Bedeutung läßt auch durch die Zunahme der stadteigenen Henker nach.

Fürststift Kempten[114)]

Bis heute geistert in der Hexenliteratur die Vorstellung, daß Maria Anna Schwägelin die letzte auf deutschem Boden zum Tod verurteilte Hexe gewesen sei. Dem ist wohl nicht so. Der letzte Hexenprozeß auf deutschem Boden ist vermutlich der 1793 in der Provinz Posen geführte, der mit zwei Verbrennungen dokumentiert ist.

Dann berichtet Karl Rotter in seiner *Geschichte des Dorfes Frittlingen,* daß man 1810 eine Hexe hingerichtet haben soll. Er bezieht sich auf eine *Ortschronik* des Pfarrers Anton Denninger; es läßt sich nicht nachvollziehen.

Erhalten haben sich ein Ende März 1775 vom stiftischen Hofrat und Landrichter Treichtlinger gefertigter Aktenauszug, ein Rechtsgutachten, die Urgicht, die Sentenz und ein Beiurteil[115)]. Daraus kann vermutet aber nicht geschlossen werden, daß man die Schwägelin hingerichtet hat. Einiges spricht dagegen.

Die Zeit der Aufklärung ist vorangeschritten und der regierende Fürstabt Honorius von Schreckenstein (1760–85) kann so schlimm nicht gewesen sein, wie er geheißen hat[116]. Von ihm stammt die Bettel-Ordnung aus dem Jahre 1767, die gegen die Schwägelin zur Anwendung kommt. Wir haben eine Landstreicherin vor uns, die im Zucht- und Arbeitshaus Langenegg untergebracht wird und die hier in Streit mit der Küh(e)stallerin gerät.

Maria Anna Schwägelin[117]

von Lachen. Fürst Anselm Reichlin von Meldegg (1723 bis 1747) läßt das ehemalige und zur Ruine verfallene Stammschloß der Edlen von Langenegg herrichten und bestimmt es zum Pfründe- und Strafhaus für den Gerichtsbezirk seines Fürstentums. In diesem Armenhaus hat Anna Maria Anna Kühstallerin am 16.2.1775 beim Kriminalamt angezeigt, daß sich die von ihr verpflegte Anna Maria Schwägelin mit dem Teufel versündigt hat. So kommt der Stein ins Rollen. Die Denunziantin wird beauftragt, es dem Zuchthausverwalter Hanß Jerg Steidele und dem Zuchtmeister Johann Georg Klingensteiner zu hinterbringen. Und jetzt sieht es schon so aus:

- Daß ungefähr vor fünf oder sechs Jahren der Teufel in der Gestalt eines Jägers auf dem Harth unweit Memmingen auf dem freien Feld zu ihr gekommen und sie angeredet, ob sie mit ihme nicht sündigen wolle? in welches sie eingewilliget und nach vollbrachter Unzucht Gott und allen Heiligen abgesagt.
- Von welcher Zeit an während ihres Aufenthaltes zu Langenegg sie sich dreimal mit ihm versündigt habe ... sie könne hier nicht mehr bleiben, weil ihr der Teufel keine Ruhe lasse; hierbei fürchte sie, es möchte ihr das Leben kosten oder in Eisen und Band gelegt werden.

Nun bringt man sie wegen ihrer Gebrechlichkeit auf einer Bettelfuhre in Haft. Dann teilt die Beschuldigte mit, daß sie sich gegenüber der Kühstallerin nur aus Furcht vor den Schlägen ihrerseits so verhalten habe Darum habe sie Gott und allen Heiligen abgeschworen und mit dem Satan Unzucht getrieben. Dann werden ihre familiären Verhältnisse hinterfragt.

- Übrigens seye sie auf der katholischen Religion geboren, hätte aber vor fünf oder

Bay. HStA München Plansammlung 4786; Plan der Schongauer Jagdgrenzen von 1699 (Ausschnitt), hervorgehoben: die Köpfstatt.

sechs Jahren zu Memmingen in der Martins Kirche die lutherische öffentlich bekennt, dieweilen des reichen Küners daselbst sein Knecht, welcher lutherisch gewesen, sie zu heurathen ihr versprochen.

Er hat später die Tochter des Berkheimer Wirtes geheiratet. Sie beichtet einem Memminger Augustiner, daß sie nur darum vom Glauben abgesprungen sei. Seitdem plage sie ihr schlechtes Gewissen. Sie wisse, daß man sie angezeigt hat, aber daran sei die Kühestallerin schuld, daß sie solchs gesagt, dieweilen diese ihr nichts anders, als Stopfer und Holzäpfel, Grundbieren, zur Nacht aber eine Suppe gegeben, so daß sie ihr gesagt ahben: »sie möchte lieber dem Teufel dienen, als ihr untertänig sein.« Die Aufseherin hat sie tagelang mit dem Stock geschlagen, so habe sie nur aus Not und Zwang zu derselben gesagt, daß sie Gott und den Heiligen abgesagt und mit dem Teufel zu tun gehabt.

Dann wird angeordnet, die Denunziantin und Zuchtmeister Klingensteiner zu vernehmen. Es stellt sich heraus, daß die Inquisitin in der Nacht nach ihrem Verhör zu schreien angefangen habe, worauf ihr der Eisenmeister die von Herrn Pfarrer aus Martinzell erhaltenen geweihte Zettel, auf die der Namen Jesus gedruckt sei, an die Gattertür gemacht, »so daß die heutige Nacht alles ganz ruhig daselbst gewesen.« In ihrer Einfalt macht sie verfängliche Aussagen:

- Sie habe mit einem Weibsbilde von Niebers der Pfarr Lachen, namens Mariann, auf dem Harth in den Sennhof, welcher denen Kreuzherren zu Memmingen zugehörte, die Nacht Hörberg auf der Heubühne erhalten; da hätte Marianne zu ihr gesagt, sie solle in der Nacht nicht erschröcken und keinen Lermen machen, es werde etwas kommen. Wie nun dieses hin um 12 Uhr oder 1 Uhr der Teufel zu ihnen gekommen, so hätten sie sich beide mit diesem versündigt.
- Es wäre der Teufel auch zur Zeit, als sie bei dem Hieber auf dem lutherischen Hart gedienet und damahlens ein Graß dem Viehe ausropfen müssen, auf dem Felde zu ihr in der Kleidung eines Jägers gekommen. Er habe mit ihr daselbst Kurzweile wollen, sie hätte ihm aber die Antwort gegeben, sie wolle hinter dem Teufel nicht gerathen. Er habe darauf gesagt: »sie wollen schon noch weiters zusammen kommen.«
- So ist aus der Deposition der Kühestallerin zu entnehmen, daß die Inquisitin 3 Tag vor Lichtmeß heimlich einen Kapuziner habe kommen lassen und ihme gesagt: »daß dieweilen heute nacht der Teufel bey ihr gewesen, hätte rote Hosen und eine feurige Zunge gehabt, und seye auf sie hingelegen mit dem Vorhalt: es nütze sie kein gebett mehr, sie seye sein.«

Letztendlich verrennt sie sich in Widersprüchen und dann stellt sich heraus, daß man sie einmal in das Günzburger Leprosenhaus gebracht habe. Sie zeigt ein merkwürdiges Verhalten und man beschuldigt sie, daß sie so unruhig gewesen sei, daß man gemeint habe, es sei jemand bei ihr. Als man ihr Knödel zum Essen gegeben, habe sie in der Schüssel ihre Notdurft verrichtet, öfters habe sie sich krank gestellt, obwohl es ihr an nichts gefehlet »und daß sie einstmahls die verordnete Medizin zu dem Fenster hinausgeworfen habe.«

Die armen Leuth, welche allda neben der Inquisitin in Verpflegung gewesen, haben sich über ihr nächtliches Gerumpel beschwert und sie habe des nachts öfters geschrien.« Es komme ein kohlschwarzer Mann zu ihr. Der Herr Pfarrer hätte hernach das Mädel benedictiret und nach diesem gesagt, »daß es einen Zusatz von bösen Leuten habe.«

Möglicherweise plagen sie erotische Träume, denn: so hat sie dagegen zur Vermäntelung des mit ihme gepflogenen »commerci concubinarii« gesagt, daß ihr in dem Schlaf vorgekommen, ob thäte der Teufel scheinbarlich vor ihr dastehen und thäte sich mit demselben versündigen ... wie sie dann in Gedanken immer bey ihr gewesen und ihr zugesetzt ... sie habe viele derley Träume gehabt und auch im Traum hierzu eingewilliget, meisten theils aber dabey, daß sie sich solle selbsten umbringen. Der Teufel sei ihr wie ein Männlein von 16 bis 17 Jahren vorgekommen.«

Es nutz sie kein beten, denn sie wäre schon verdammt. Von der Zeit an, als sie dem Augustiner gebeichtet ... komme ihr bisher im Traum und im Schlafe vor, als wan sie sich immer mit dem Teufel versündigen thue.« Dann wird ein zweites Rechtsgutachten eingeholt. Es geht davon aus, daß das »crimen Magiae« ausser Zweifel sei ... ein solches Delictum verdiene die Todesstrafe, weil dieses Laster alle anderen übertreffe. Strittig wäre, ob man die Strafe durch das Feuer oder das Schwert vollziehen solle (Bezugspunkte zur CCC. werden erörtert).«

Dem Einwurf anderer Autoren, es gebe keinen fleischlichen Verkehr mit dem Teufel, ein solcher widerstrebe der Natur und existiere nur in der Phantasie der Hexe, sei mit dem Hinweis auf die Jahrhunderte hindurch sich findende Gleichmäßigkeit der hierüber abgelegten Geständnisse derartiger Leute zu begegnen.«

Da nun nach Art. 104 der CCC. die Strafe nach Gelegenheit der Sache ... auf die Liebe zur Gerechtigkeit und des gemeinen Nutzens willen festzusetzen sei, gelangt Hofrat Treichlinger in seinem Gutachten zu dem Schluß: »es sei die Inquisitin durch das Schwert vom Leben zum Tode hinzurichten, der Cadaver hingegen nach Gewohnheit zu verbrennen.«

Hofrat Feigele

sieht es genauso. Das Todesurteil **soll** am 11. April 1775 vollzogen worden sein, wozu man sich auf die Urgicht beruft[118]. Im Bei-Urteil wird hervorgehoben: »Auch ist zu Recht erkannt worden, daß wer der armen Sünderin Todt rächen oder hindern würde, in deren Fußstapffen gestellet werden solle.«

Karl Bernhard Feigele, dem Pflegsverwalter und Hofrat, stellt man ein unrühmliches Zeugnis aus: »Seine iuridischen Kenntnisse sind sehr beschränkt. Seine Fähigkeiten sind Dreistigkeit und strenges Benehmen mit einer Unart verknüpft, die ihm nicht nur alle Zuneigung seiner Untertanen nahm, sondern wohl gar den allgemeinen Haß zugezogen hat. Ist nach den mehrmaligen Untersuchungen als ein schmutziger und im tiefen Grade unwissender Richter bekannt und eine Entfernung von seinem Amte wäre eine Wohltat. Er ist, wie ich dafür halte, mehr aus Dummheit und aus Mangel an Gefühl als aus wirklicher Bosheit schmutzig. Hat einen eisernen Fleiß, äußerst tätig vom frühen Morgen bis abends.«

Oberstdorf[119)]

verfügt seit1495 über ein Hochgericht und damit über die Blutgerichtsbarkeit. Nach der Gerichtsordnung des Fürstbischofs Christoph vom Dezember 1518 steht dem Ort monatlich ein Gerichtstag zu[120)]. Die Pflege Rettenberg hat mit den Gerichten Rettenberg, Füssen und Oberdorf seit 1531 einen Scharfrichter (Meister Hannß).

Der Pfleger und Amtschreiber von Rettenberg fungieren als Blutrichter und sind verpflichtet, die Akten den Herren des Hochstiftlichen Hofgerichtes nach Dillingen zu schikken. Hier fallen prozessuale Entscheidungen. In Oberstdorf lassen sich 15 Hexenprozesse nachweisen, doch vermutlich gibt es eine Dunkelziffer. Auffallend sind grausame Folterszenen. Hab und Gut der Hingerichteten werden in der Regel einbehalten[121)].

Alle Genannten nennen als Hexentanzplatz den Heuberg. Stöckhlin wird gefragt: »ob er auf den Heuberg oder auf dem Hexenplatz »unter dem Jauchen« ausgefahren sei.« Beim Heuberg ist wohl der im Walsertal und nicht der bei Balingen gemeint. Auch der 1640 gemalte Totentanz in der früheren 14- Nothelfer-Kapelle (Hexenkapelle) enthält im Vers Der Tod und die Hexe, die Bezeichnung Heuberg[122)]. Ausgangspunkt ist das Verfahren gegen den vermutlich melancholischen Roßhirt

Conradt Stöckhlin

der am 29. Juli 1586 gesteht (?): »Er sei aus Oberstdorf gebürtig, stehe im 37. Lebensjahr, ist seit 15 Jahren verheiratet und habe in dieser Zeit sieben Kinder gezeugt, eines darunter ist er nicht erfreut worden, vier andere sind (eines) natürlichen Todes jung gestorben und zwei seien am Leben. Er hause in einem Auszug hinter Oberstdorf, da er eine Kuh wintern könne, weiteres sei seines Vermögen nichts. Er wäre seit 19 Jahren bei der Gemeide Roßhirt, wie sein Vater seit 28 Jahren gewesen.« Dann tischt er eine unglaubliche Geschichte auf.

- Vor etwa acht Jahren habe er mit Jacob

Richter, Holzschnitt von Niklaus Manuel Deutsch, um 1620.

Walschen gezecht. Er hat ihm hart zugeredet, solle ihm versprechen, daß derjenige, der vor dem anderen stirbt, wenn es Gott nicht zuwider sei, zum andern kommen soll, um ihm zu sagen, wie es in jener Welt beschaffen ist. Acht Tage danach wäre der Walch mit dem Tode abgegangen.

- Wieder acht Tage danach habe er sich einmal umgesehen und an einer Heuschindel etwas stehen sehen. Er meinte, es wäre der gedachte Walch. Da sei er erschrocken und ohne Grauen ungefähr bei zwei Klafter Nähe zu ihm gegangen und habe ihn angerufen: »Jacob, bist Du es?« worauf er »Ja« gesagt. Dann gibt er ihm Ermahnungen mit auf den Weg[123)].
- Walch sei ihm nach seinem Tode fünfmal erschienen und habe ihn jeweils auf seine Gottesfurcht verpflichtet. So soll er täglich neun Rosenkränze beten.
- Über ein Jahr hinum sei ihm oberhalb Oberstdorfs im Holzmähen um Unser Frauen Geburtstag bei Nacht ein Gesicht erschie-

nen, weiß gekleidet und auf der Stirn ein rotes Kreuz, das habe zu ihm gesagt: »wenn du willst wissen, daß dich der Jacob Walch verfüert vnd wo er seye, so chomb mit mir.« Darauf sei es ihm ohnmächtig geworden und also verzückt mit ihm an End und Ort gekommen, wo er Pein und Freud (wohl: Fegefeuer und Paradies) gesehen.

- Als er wieder von dannen gehen sollte, habe ihm das Gesicht angezeigt, er solle seinem Weib und den Kindern auferlegen, quatemberlich 30 000 Ave Maria zu beten. Sie sollen fleißig der hl. Messe nachgehen und die Sakramente in Ehren halten.
- Ein andersmal habe er den Walch gefragt, was es denn für ein Gesicht gewesen sei, das ihn dahin gebracht habe und er antwortete ihm: »Gott der Allmächtige habe ihm einen Engel erschaffen, damit er inne werde, daß er nicht verführt sei.«
- Dann zeigt er an, daß es drei verschiedene Fahrten gebe (die er wohl mit Christi Himmelfahrt in Verbindung setzt); »die Nachtschar, die rechte Fahrt und die Hexenfahrt. Die Hexen fahren in der Luft, um deren Fahrt er nichts wisse, er sei auch nie dabeigewesen.«
- Daß die Anna ein Hex sei und der Wirtin zu Oberstdorf die Krankheit zugefügt habe, wisse er daher, als die Wirtin krank geworden, habe sie ihn um Hilfe gebeten. Und dann habe ihm sein Engel gesagt: »Sie Anna habs ihr angetan.«
- Auch seine Stiefmutter, Barbara Luzin, sei eine Hexe und habe Chonrad Bachen eine Kuh verderbt.
- Er könne Personen, Roß und Vieh helfen, die von bösen Leuten gesehrt worden und habe es öfters getan. Durch die Gnade Gottes habe er dem Hans Großen (u. a.) an seinem Vieh geholfen.

Jetzt stellen die Dillinger Gerichtsherren weitere Verdachtsmomente auf und tragen einen 146 Punkte umfassenden Fragenkatalog zusammen, worauf er am 15. November 1586 nochmals verhört wird[124]. So möchte man von ihm wissen.

- Ob ihn seine Mutter nicht in der Schwarzen Kunst unterwiesen? Er wisse nichts davon, daß ihn seine Mutter im Leib dem Teufel geopfert oder ihm eine Buhlteufelin zugeführt habe?
- Er habe nie etwas mit dem Teufel zu schaffen gehabt, wie er auch nicht sein eigenes ungetaufft Kindlein außgesotten, das flaisch gefressen, von der faiste ain Salben gemacht, die Bainlein zue Pulver gebrennt vnd aufbehalten habe.
- Wie er denn vom Teufel die Gnad erlangt, daß er viermal im Jahr mit der Seele aus dem Leib fahren könne, was wenigen Hexen oder Hexenmännern widerfahren. Darüber woll er nichts wissen, er könne nicht anzeigen, warum seine Seele vom Leibe verzückt werde.

Mitte Dezember 1586 steht er erneut vor dem Richter, wo er gütlich und mit Schärfe befragt wird. Jetzt beginnt er zu Wanken und sagt:

- Seine Mutter habe ihn im 16. Jahr seines Alters in ihrem Haus eine Salbe gegeben und ihm gesagt, er soll mit selbiger Vieh und Leute beschädigen, was er getan.
- Seine Mutter habe mit dem Walch vor ungefähr 18 Jahren bei Nacht zwei Kinder ausgegraben. Er habe zugesehen. Ein Kind davon sei sein Brüderle, ungefähr ein Jahr alt, gewesen.
- Dann habe er Jacob Walch mit seiner Salbe ums Leben gebracht. Dieser habe vor sieben Jahren »Uff der reith inn sein hus am Dinstag sich voller Weins truncken und am Mittwoch darnach gestorben.«
- Zudem wäre er auf den Heuberg gefahren und habe dort eine Buhlteufelin gehabt.

Dann beginnt er zu denunzieren:

- Ungefähr vor 27 Jahren habe ihn seine Mutter das erstemal auf dem Heuberg dem bösen Feind vorgeführt und zu ihm gesagt: er müsse sich Gott und seinen Heiligen verleugnen.
- Darauf habe er dem Großteufel die Hand geboten und solches versprochen. Ihm sei der Name Hederle und seiner Buhlteufelin der Zederle gegeben worden. Dann wird der Scharfrichter zitiert und der Beklagte gefoltert. »Man hat ihn aufgezogen, mit Feuer, Pech und Branntwein gebrannt, zu welchem man Pulver zugeworffen und auch mit zwayen haißen Aisen, welliches im under die Armen gehöbt ... harrt gemartert worden, daß ime von der Schamb bis zu dem Haupt die hautt abgebrennt worden. Er aber im wenigstens, daß er weiters dann hieuor er anzaigt nit bekhennen noch aussagen wöllen. Allß dieweilen er so schwach geworden vnd die Maister vermeint, er möchte gar sterben. Aber er hat gesagt: »daß alles wahr seye, darauf wolle er sterben.« Dann geht er einen Schritt weiter:
- Barbara Erbin, Cohnradt Stöckhlin seine Roßwirtin, negsten Vetters Weib, sei eine Hexe. Er habe sie des öfteren auf dem Heuberg beobachtet. Sie habe dort gesessen und dreimal mit einem bösen Geist, der schwarz bekleidet gewesen und einen grünen Hut aufgehabt, getanzt.

Frühe Hexenverbrennungen aus der Gegend von Markt Oberndorf (Allgäu)*)

1590	1.8. »Katharina Berckmüllerin und Margret Ströblin ... welche allhie ungebunden vor Augen stehen, haben gestanden in Zeit irer plieenden Jugendt und Alters 44 und 22 Jaren sich mit dem laidigen Satan in flaischliche Vermischung ergeben zu haben ... Sie haben sich vom Teufel bezaichnen und (sich) andere fremde Namen geben lassen,« sind mit ihm ausgefahren; haben viel unschuldigen Kindern und dem Vieh mit zauberischen Salben, geschmierten Ruthen und Steckhen den Todt und Schaden zugefüegt und den lieben Früchten auf dem Feld zum Nachteil Wetter helfen machen ... Der Nachrichter hat sie gebunden und sie an der gewöhnlichen Haupt- und Richtstatt mit dem Feuer vom Leben zum Tod gerichtet und (danach) ihrem Leib zu Pulver oder Aschen verbrannt.« Das Urteil wird am gleichen Tag vollstreckt.
1590	13.5. Magdalena Kayserin und Elisabeth Hollin aus Frankenhofen (deren Urteil deckt sich fast mit dem obigen).
1590	24.9. Elisabetha Zieglerin, Barbara Schäblin, Agate Reichwirtin, Barbara Strödlin (Gölli), Elisabeth Scholzin.
1590	13.10. Anna Öxin von Frankenhofen, Maria Riggin (Hetschin), Anna Preidlerin (?), Elisabeth Loshin (Loschin?)
1590	3.11. Elisabeth Holzmännin und Magdalena Frikkin (beide aus Markt Oberndorf), Ursula Reisachin von Leutersbach, Anna Betzin von Bernbach und Elisabeth Rapenglitzin von Bidingen.
1590	26.11. Christina Dodlini, Anna Keglerin, Elisabeth Reisachin und Barbara Heissin aus Thalhofen und Leutersbach.
1590	19.12. Anna Stadlerin vom Wald, Elisabeth Dodlini aus Thalhofen, Margarete Reichartin und Katharina Vaiglini. Beide von Bernbach.
1591	2.4. Anna Osterriedin aus Leutersbach. Agnes Endresin, Witwe von Leutersbach, Barbara Schneiderin von Bernstein und Katharina Stegerin, Witwe des Thomas Steger in der Au.
1591	25.6. Elisabeth Martin aus Leutersbach, Anna Settelin, Anna Hörmann und Anna Hueber, alle von Thalhofen.
1591	23.7. Anna Unsynn von Leutersbach (diese wieder durchgestrichen), Anna Pfefflini, Margareth Martin, Elisabeth Dreerin und Katharina Kipfflerin, alle vier aus Leuterasch, Anna Gersthöfin, Anna Müller, beide aus Bidingen, Anna Betz aus der Au.
1591	26.7. Katharina Unsyn aus Leutersbach.
1591	14.8. Ursula Liebin, Anna Mayrendressin, Barbara Pröbstin, Barbara Mayrendressin, Agatha Liebin, Anna Freyin, alle sechs aus Bidingen, Eufrosina Erhartin und Katharina Kienlerin, beide aus Stötten.
1591	16.12. Katharina Eberlerin, Anna Betzin und Elisabeth Bürckin aus Leutersbach.
1592	3.1. Anna Geissin von Nesselwang, Waltburga Meichelbeckin von Geblatsried (Bidinger Pfarr), Anna Viererin, Anna Schneiderin und Anna Kempterin, alle drei aus Stötten.
1592	28.2. Anna Erhartin, Ursula Heflerin, Elisabeth Geistscheffin alle aus Stötten und derselben Pfarr, Anna Laminitin von Wald.
1592	11.3. Anna Mayrendresin, Agnes Holzmennin, beide aus Burk, Margareta Kimerlein aus Hausen.
1591	13.5. Margareta Erbarin aus Leutersbach.

*) Übertragen aus: Weitnauer, A.: Allgäuer Hexen. In: UNSER ALLGÄU Nr. 2. Jg. 1.

• Die Appolonia habe im heurigen Frühling im Monat April dem Clemens seinen Töchtern eine Kuh und der Monika Haberstöckin acht gaiß versehen helfen.

• Dann besagt er Katharina Stederin und Katharina B. »Letztere habe er vor Jahren unter dem Fahren getroffen. Er wäre auf einem Bock und sie auf einem weißen Hund geritten. Als sie zu ihm gekommen, habe er sie angeredet, ob sie auch eine Hexe sei? Sie habe ihm gesagt: »Schweig, schweig, gedenk dessen niemand.«

- Die Elsbetha K., so noch ledigen Standes, sei auf einem schwarzen Bock reitend zu ihm gekommen. Sie seien miteinander auf den Heuberg gefahren. Er habe sie 14 oder 15 x daselbst gesehen. Ihr Buhle habe ein grünes Gesäß, schwarze Strümpfe, ein schwarzes Wams und einen grünen Hut getragen, er wisse aber nicht, wie er geheißen.

Das weitere Vorgehen ist klar; er hat sich in solche Wirrnisse gebracht, daß er am Endlichen Rechtstag zum Feuer verdammt wird. Mit ihm besteigt die Bregenzer Grete den Scheiterhaufen, die ausgeführt hat:

- Daß sie sich vor 16 jahr dem laidigen theüfell mit leib und seel ergeben, auch seithero das hochwierdig Sacrament nihe genossen, sonnder höhlich entvnehrt vnnd ir selber aig chind, verschrimbt vnnd zu einem armen menschen gemacht hob, wie er dann noch heutigen tags an zwayen Kruckhen geht.

Anfang Februar präsentieren die Pfleger und Amtleute den Dillinger Herren die Rechnung für das Wüten. Die »Zehrungs-Zettel« belaufen sich auf 257 fl. und die Kosten beider Verfahren auf 50 fl. »Doch hat (sich) der Nachrichter maister Hannß sampt seinem Gesind sich in der Zährung eher grob verhalten, und weilen er zu Sunthoven (Sonthofen) gewest bis inn 253 fl verzöhrt.« Im August 1586 wird

Barbara Luzin

verhört und gesteht: »sie wäre etwa achtzig Jahre alt und habe zeitlebens nie mit Hexenwerk zu tun gehabt und sei nie mit dem bösen Geist umgangen. Die Wortführer merken, daß sie trotzige und lächerliche Antworten gibt.

Sie ist ein Opfer der Besagungen Stöckhlins. Daß sie den Tod findet, geht aus folgender Notiz hervor: »Betreffend der dreyen Hexen Anna E., Barbara Luzin und Elsa K. Verlassenschaft sind ire F. G. mit dem daraus erlösen gelt, der ainhundert und fünfundzwanzig gulden 34 Creüzer zwen, Haller erseltiget.« Ein weiteres Opfer wird Katharina K. Wann und wie sie gerichtet wird, bleibt unbekannt. Ihr Tod geht aus einem Brief der Statthalter von Dillingen vom 19. November 1586 hervor. Eine Bestätigung findet er, als Barbara am 7. April 1587 bekennt, es sei in ihrer Gesellschaft auf dem Heuberg u. a. Katharina gewesen, die hingerichtet worden sei.

Conradt Stöckhlin und Barbara Erbin berichten, daß Hanß Ramminger ein Hexenmann wäre. Sie geben vor, ihn öfters auf dem Heuberg gesehen zu haben. Er kann sich der Verhaftung entziehen. Der Pfleger berichtet am 13. April hierüber nach Dillingen: »Er habe zum Schein vorgegeben, er wolle nach Immenstadt auf den Jahrmarkt, sei aber noch aus und niemand wisse, wo er sich aufhalte. Die Dillinger fordern, alles zu seiner Inhaftierung vorzubereiten. Später wird sein Vermögen inventarisiert. Größeren Umfang nehmen die Prozesse gegen

Barbara und Appolonia Erbin

ein. Nach Kenntnis vom Eingang der Schwestern schreiben die Dillinger Räte Anfang April dem Pfleger von Rettenberg[125]. Sie sollen vom Teufel verblendet sein und deshalb soll man ihnen Priester zuführen, die sie befreien und zur Ruhe und Buße anhalten. Zu diesem Zweck wird ein Frageschema erstellt[126].

Kurz danach steht Barbara vor dem Richter und es wird gesagt: »Wir haben sie an einem sonderbaren Ort, da in unseres gnädigen Fürsten und Herrn Haus in Sonthofen, in dem hinteren Stübchen, wo wir meinen kein Fremder was hören noch Mürcken soll, gütlich und peinlich befragt und examiniert.« Sie wird stundenlang gefoltert, ohne zu einem Ergebnis zu gelangen. Nach einer zweiten Tortur ist ihr Wille gebrochen. Sie bittet darum, von der Marter befreit zu werden, dann wolle sie die Wahrheit sagen.

- Vor drei Jahren in der Fasnacht sei ihr Mann, wie schon oft zuvor, im Wirtshaus gewesen. Darüber war sie zornig, denn sie hatte Schulden gehabt und lebt in Angst, sie werde sie mit ihm verderben.
- Wie sie dann allein in ihrer Stube gesessen und gesponnen, kam ein schöner Mann, der rote Hosen und einen grünen Hut aufgehabt, zu ihr herein und fragte sie: »Fraule, bist du traurig, was liegt an Dir? worauf sie ihm die Sorgen gesagt.

Neben den Körperstrafen kennt man die Ehrenstrafen, wozu (auch) das Ausstellen am Pranger gehört. Hier Schandmasken verschiedener Ausführung. Kriminalmuseum Rothenburg o. d. T. Mit freundlicher Genehmigung. →

- Er habe sie aufgefordert, ihr zu Willen zu sein und wolle ihr Geld genug geben. »Du mußt Gott und alle Heiligen verleugnen, denn er ist nicht der rechte Gott.
- Als er weggezogen, habe er ihr etwas in die Hand gebeben, als sy es aber recht besehen, sei es Kot gewesen.
- Dann sei er wieder zu ihr gekommen und habe sie auf einen Bock gesetzt, wobei sie habe sagen müssen: »oben auß und nicht anders als den Teufel zu.« Also sei sie hinweg auf den Heuberg gefahren. Dort haben die Leute gegessen, getrunken, Unzucht getrieben und einen guten Mut gehabt.
- Von ihrem Buhlteufel, der sich Hahnenfeder und sie Hadermann genannt, sei sie niedergekniet und habe ihn angebetet.
- Oben auf dem Heuberg war er beschaffen, als wenn man in einem Nebel sei, daß man nicht alles sehen und erkennen konnte, was vorgegangen.
- Heute früh sei er ihr im Gefängnis erschienen mit weißen Hosen und einem weißen bleichen Angesicht. Noch einer, der schwarz gekleidet und im Angesicht schwarz gewesen, sei mit ihm gekommen. Beide haben ihr gesagt, man werde sie heute martern: sie möge nichts bekennen, sie werden ihr wohl davon helfen.
- Als er wieder einmal bei ihr gewesen, habe er ihr ein Büchslein gegeben und befohlen, Leute und Vieh zu verderben. Von dieser Salbe habe sie ihrem Kind Hänsle, als es ein Jahr alt war und gar schebig und ihrem Kind Anna, da es vier Wochen alt war, an die Füße gestrichen in der Meinung, dieselben zu töten. Aber die Salbe habe nicht gewirkt.
- Am St. Agnes Tag (1585) habe sie Hans Geigers Kind Christine das 16 Wochen alt gewesen, als man es aus dem Bade genommen, angehaucht und gesagt: »was ist das für ein schönes Kind?« Darauf ist es krank geworden. Sie habe die Absicht gehabt, es mit ihrer Salbe anzustreichen, damit es schneller sterbe.«
- Dem Jacob Köberlein seine rote Kuh, des Martin Reisers Ochse und Bärthels Roß habe sie ebenfalls mit einer Salbe bestrichen. Die Tiere seien veredet.
- Ungefähr vor einem Jahr an einem Nachmittag habe ihre Schwester ein Kindle zu ihr gebracht und (dieses) gekocht. Sie haben es im Beisein des Rößlers, der Bregenzer Grete und ihrer Buhlteufel gefressen. Die Gebeine habe der Roßhirt an sich genommen.
- Sie sei vor etwa sechs Jahren bei ihrem Mann in Ungarn gewesen. Dort sei sie mehr als einmal ausgefahren, wisse aber nicht wohin. Dann widerruft sie ihre Aussagen und sagt:
- Die Salbe habe ihr die Silcherin gegeben, damit die Reude ihrer Kinder und Wunden an ihnen zu heilen.

Den Schwestern wird der Prozeß gemacht und beide werden verbrannt. Katharina B. wird im Mai 1587 gefangen und gütlich und peinlich verhört. Es soll sich um ein wankelmüiges und verstocktes Weib gehandelt haben, das wegen des hochwürdigen Sakraments, Kinderausgrabens und Wettermachens einzuziehen und zu befragen sei. In einem späteren Hexenprozeß wird sie als Hingerichtete erwähnt. Weitere Prozesse werden gegen

Barbara K. und Elsbetha K.

geführt. Die junge Barbara und deren Base Elsa werden im Frühjahr 1587 verhört und gefoltert. Die Pfleger räumen ein: »Wir haben im Gerichtstag mit ihnen getrieben, da sie an der Scheiben und auf der Leiter gar hart und zu Zeiten auf einmal, zwei, drei, ja sogar bis in die vierte Stund gemartert, auch beschehen, ausschneiden und brennen lassen.« Dennoch erzielen sie kein Geständnis. Nun wird der Nachrichter aus Tettnang bemüht, der sein Kommen nach den Pfingsfeiertagen in Aussicht stellt.

Die Herren von Dillingen bezeichnen sie als »arge vergiffte Teuffels Zauberinnen.« Sofern aber der Mittel nichts fruchten, würde von Nöten sein, daß die Priester mit ihrer Fürbitt in der hl. Messe um Eröffnung ihres Herzens Gott ernstlich anrufen und ein andächtiges Gebet für die Hexen (ohne Nennung des Namens) anstellen, damit diese verführten Personen der Allmächtige als ein Vater der Gerechtigkeit und Wahrheit zu wahrer Erkenntnis und Bekennung ihres Übels und zur Reue neigen und den bösen Feind als Erzlügner und erschrecklichen Seelenmörder von ihrer Seele und ihrem Leibe abtreiben möge. Die Hexinnen seien zum Beten anzuhalten, man müsse sie fasten lassen und gute Acht auf sie geben.« Beide werden hingerichtet.

Am 9. Juli 1587 wird gesagt: »Was die in Fenkgnuß abgeleibte Verena R. betrifft, ist von Euch Recht beschehen, das Ir das Cörpel ab der Richtstatt verbronnen lassen, sollen derselben hinderlassen haab und güeter und vns berichten, beschaid zugeben haben.« Dann wird auf Befehl der Obrigkeit gegen

Barbara R.

prozessiert. Sie wird im Beisein des Sonthofer Pfarrers verhört und meint: »Katharina Stederin habe ihr ein gräßlich Unrecht getan. Sie wolle darauf sterben, daß sie nicht Böses wisse und sie zeige darüber große Bekümmernis, Reue und Leid.« Dennoch wird sie verbrannt.

Anna H. und Elsbetha S. sind die letzten greifbaren Todesopfer wegen angeblicher Hexerei in Oberstdorf. Sie werden im September 1587 vor Gericht gestellt und zum Feuertod verurteilt. Man sagt ihnen nach: »sie wären christlich gestorben.« Catharina Stederin, die des Hexereiverdachts wegen nach Sonthofen gebracht wird, erlangt ihre Freiheit, da die gegen sie gerichteten Indizien zu schwach sind. Und doch gibt es einen Lichtblick. Der Hofbeichtvater Pater Bernhard Frey (SJ, 1609–85) zeigt eine humanistische Gesinnung. In seinem Gutachten neigt er zur Milde und Besonnenheit. Er kennt Spees *Cautio Criminalis.* Mit Berufung auf sie legt er dar, wie gefährlich und verkehrt es sei, den erzwungenen Aussagen der Hexen Glauben zu schenken und daß von einem weiteren Vorgehen entschieden abzuraten sei.

Werdenfels[127)]

wie streng man katholische Vorstellungen beachten und welche Auswüchse es annehmen kann, wird hier spürbar. Wir sehen es am Nachfüllen des Weihwassers bei Folterungen, (bei denen Geistliche anwesend sind!) mit dem (auch) die Speisen der Geschundenen zubereitet werden. In der Tatsache, daß die Regierung die Weisung erteilt, das Sakrament denen nicht zu reichen, die ihre unter der Folter gemachten Aussagen widerrufen.

Man erörtert, ob es sinnvoll sei, den Hinzurichtenden vor dem Tod eine geweihte Hostie zu geben, denn sie bleibe eventuell unverdaut im Magen des Ermordeten und dies könne eine Vermehrung des heiligen Sakramentes bedeuten. Wo wird deutlicher, auf welches perfide Gleis der christliche Zug gefahren ist?

Werdenfels ist ein kleiner Fleck und gehört bis zur Säkularisation 1802 zu Freising. Hier finden in rascher Folge sieben Malefiztage statt, bei denen 51 Personen aus dem christlich-sündigen Leben geschafft werden. 33 gehören zum Gericht Garmisch, elf zu Partenkirchen und sieben zu Mittenwald. 84jährige werden gnadenlos gefoltert, um die Weste des Christentums nicht zu beschmutzen. Zwillinge werden im Kerker geboren, Gutachter werden befragt und die Prozeßkosten klettern in schwindelnde Regionen.

Die Akten der Werdenfelser Hexenprozesse haben sich nahezu vollständig erhalten. Angst und Selbstsucht führen im Zusammenhang mit einem Unwetter zum Ausbruch einer Verleumdungskampagne und bei den Bürgern verdichtet sich die Auffassung: »daß die Richter keinen größeren Ernst gegen verdächtige Personen gebrauchen« also zu lasch sind.

Mit dem Rechtspfleger Hans Paul Herwart von Hohenburg (1580–83) werden Schatten des Unheils vorausgeworfen; bis zum Ende seiner Amtszeit reißen die Vorwürfe nicht ab. Der Teufelswahn sitzt wie ein Stachel in den Herzen des Volkes.

Die Müllerin aus Garmisch geht in der Vorstellung auf: »daß ihr böse Leute die Krankheit angezaubert haben« und verdächtigt die 80jährige Elisabeth Schlamp: »ein seltsames Mensch von Aussehen.« Mang Resenberger erzählt, daß das Land voll Zauberer und Hexen sei ... doch er könne sie zusammenbringen, so daß sie alle aus einer Schüssel essen müssen.« Der verunsicherte Amtsdiener erkundigt sich in Freising, was er tun solle und erhält zur Antwort: »aufgrund der momentan schlechten Beweislage soll er die Sache gehen lassen, doch insgeheim Nachforschungen anstellen.«

Der Untermüller von Partenkirchen, Stoffl Jocher, trägt vor: »Resenberger habe die Geschwüre seiner Tochter mit folgendem Rezept vertrieben: man nehme Mühlstaub und Harn des kranken Frelich, mische beides, gieße die Hälfte davon in fließendes Wasser und grabe die andere unter Aufsagen kräftiger Worte aus der hl. Schrift in einen Ameisenhaufen, der auf der Wiese des Müllers steht.«

1583 wird Caspar Poyssl aus Altenzell als neuer Pfleger eingesetzt. Wieder spielt sich Resenberger zum Besager hoch. Plötzlich erscheint dem Eibseefischer Hans Ostler eine Ursula Klöck verdächtig, seitdem er krankes Vieh hat, das nur solche Milch gibt, daß sie sich nicht mehr buttern läßt.«

Der Pfleger läßt am Abend des 28. September 1589 Ursula Klöck in das Garmischer Amtshaus führen, nachdem die alte Els Schlamp und deren ledig gebliebene Tochter Appolonia festgenommen worden sind. Sie werden vom Schongauer Nachrichter Jörg Abriel untersucht. Er erkennt alle drei als Unholde und findet bei Ihnen Teufelszeichen. Weiß er doch in seiner Einfalt vorzutragen: »er erkenne zauberische Personen und habe bereits 20 dergleichen Hexen hinweggerichtet.«

Er meldet nach Freising: »es gäbe viele böse Leute, die den Mitbürgern Schaden angerichtet hätten. Sie hätten Hungersnöte verursacht und andere an den Bettelstab getrieben. Die Untertanen würden fürchten, daß durch die Kunst der Unholde ihre Kinder in die Hexerei verstrickt werden. Inzwischen habe er drei verdächtige Weibspersonen festgenommen. Der Scharfrichter sei abgereist, weil kein Befehl vorgelegen, peinlich zu verfahren. Er bitte um Weisung, was geschehen solle.«

Am 20. Oktober ergeht die Anordnung, die Frauen gütlich und streng zu examinieren. Daraufhin verhört Poyssl im Beisein des Richters aus Garmisch, Georg Knilling, und des Gerichtsschreibers Matheis Schon die der Hexerei Bezichtigten und droht ihnen die Anwendung der Folter an. Bei der gütlichen Befragung sagen sie leichtfertig: daß noch mehrere solcher Weiber in der Grafschaft wären.« Die Klöck trägt vor:

- Sie habe in der Nähe ihres Hauses ein Stück Holz abgeschlagen und es in ihren Keller neben ihr Milchkacherl gelegt, worauf dann bei Tag und Nacht die ihren Nachbarn gehörige Milch geflossen sei. Diese Kunst habe ihr die (verstorbene) Witwe des Claus Schüsterle gelehrt.
- Zudem sei ihr ein großer schwarzer Mann erschienen. Nachdem sie sich bekreuzigt, sei er verschwunden.

Immer mehr verdichten sich die Gerüchte und bald danach wird der Nachrichter geholt, um ein peinliches Verhör anzustellen. Eine von ihnen trägt vor: »Während der Tortur sei ihr der Teufel vor Augen gestanden und habe sie verspottet.«

Währenddem wird Barbara Achrainer der Hexerei bezichtigt. Am 4. Dezember werden die Klöck und die Schlampin in das Schloß Werdenfels gebracht. Die besagte Achrainer folgt am 15. Dezember. Ursula Klöck, Elisabeth Schlamp und Barbara Achrainer bezichtigen Margarethe Gattinger, eine 60jährige aus Hammersbach. Die Gattinger bezichtigt unter der Folter – nachdem man sie am 17. Dezember 1589 festgenommen, ins Schloß gebracht und nach dem Teufelsmahl untersucht hat – weitere. Darunter die Bäckerin Margaretha Knilling aus Partenkirchen und Agatha Loipold. Die Walserin nennt Barbara Gänsler als Gespielin. Appolonia Schlamp bezichtigt Magaretha Wolfharr der Mittäterschaft. Ursula Klöck besagt weiter und so nimmt das Unglück seinen Lauf.

Dann erhängt sich die Gattingerin an einem abgerissenen Schurzsaum in der Haft. Sie wird verbrannt und deren Asche vom Partenkirchner Abdecker Hans Par vergraben. Es deutet darauf, daß man sie als nachträglich der Hexerei überführt angesehen hat.

Inzwischen wird die Obrigkeit munter. Am 12. Januar 1590 ergeht von Freising aus der Befehl, das Vermögen der vier Zauberinnen als »dem weltlichen Fiskus anheimgefallen zu betrachten ... es in Verwahrung zu nehmen und zu Geld zu machen.« Am Montag nach Lichtmeß (5.2.) sollen die drei Bezichtigten gerichtet werden.

Poyssl versucht die Strafen zu mildern, indem er vorschlägt, man soll die Hexen erst strangulieren oder mit dem Schwert vom Leben zum Tode führen und erst dann deren Körper verbrennen (wie es in Schongau geschehen sei). Beim Lebendverbrennen wäre das Feuer so laut, daß die armen Sünderinnen kein Priester trösten kann.

Als Ankläger am ersten Malefiztag ist Hieronymus Plaßl aus Freising mit Geistlichen anwesend. Die Quellen vermerken den Prälaten von Schledorf, den aus Partenkirchen gebürtigen Probst aus Rottenbuch, Wolfgang Perkofer, den Pfarrer aus Garmisch, Andreas Puchberger, sowie die Pfarrer von Eschenlohe und Mittenwald.

Die Angeklagten werden dem Gericht vorgestellt. Dann wird das Urteil durch Verbrennen bei lebendem Leib vollzogen, wozu ein Klafter Holz verbraucht wird. Daraufhin werden die Asche sowie alle gebrauchten Gegenstände an »einen besonderen Ort« gebracht.

Durch das Spektakel sind die Bürger mobilisiert, verängstigt und geschreckt. In rascher Folge werden weitere eingezogen. Es folgen übliche Befragungen und Margaretha Knilling wird vom Scharfrichter so hart gefoltert: »daß sie an allen Gliedern verderbt.« Es kommt zutage, daß der verstorbene Mann der Margaretha Wolfharts, Metzger und Viehhändler aus Garmisch, Sodomiterei mit einem Schaf getrieben hat ... Was sie so entsetzt, daß sie ihrer natürlichen Vernunft beraubt worden sei, bis ihre Eltern die Hand über sie gehalten (haben).«

Am 19. Mai werden weitere neun Bezichtigte mit dem Sakrament versehen und für den 21. Mai wird der Malefiztag angesetzt. Der Scharfrichter aus Biberach trifft einen Tag vorher ein und sieben Gehilfen versammeln sich bis zum Tag der Hinrichtung im Schloß von

Werdenfels. Diesmal wird das Lebendverbrennen durch die Wetterverhältnisse zunichte gemacht.

Der Nachrichter sagt: »daß durch den starken Gewitterregen das Holz und Stroh durchnäßt seien und ihm die Prozedur des Verbrennens unmöglich wäre. Daraufhin willigt Poyssl selbstherrlich in das Erdrosseln und die folgende Verbrennung ein. Zwei Tage nach dem Justizmord werden weitere ins Schloß gebracht. Sie werden von den Scharfrichtern Christoph und Jacob besichtigt: Hexenmale müssen bei allen gefunden worden sein. Am 23. Mai wird mit der peinlichen Befragung begonnen; dabei werden weitere besagt.

Appolonia Lidl bekennt unter der Folter auf Maria Schorn und Maria Schlamp aus Garmisch. Ferner zieht sie Eliabeth Püschl aus Grainau und Margarethe Vöckl »ein armes bresthaftes Weib aus Partenkirchen« in den Hexenbann. Das Folterprotokoll gegen Anna Lidlin vom April 1590 wird wegen seiner Weitschweifigkeit unter die Erläuterungen genommen[128].

Poyssl berichtet im Juli 1590, daß zwölf Hexen und Zauberinnen vom Biberacher Nachrichter festgestellt worden seien, von denen drei schwanger sind. Für den 18. Juni wird der Rechtstag festgeschrieben und am 6. erhalten die Delinquenten Besuch vom Pfarrer, dem es möglicherweise obliegt, ihnen das Todesurteil mitzuteilen.

Am 11. werden der Pflegschreiber und Scharfrichter Christoph nach Biberach geschickt. Er kommt am 16. und logiert beim Wirt und Landrichter Georg Knilling aus Garmisch. An diesem Tag empfangen die Delinquenten das Sakrament und je eine Maß Wein, was auch am Vorabend der Hinrichtung geschieht. Dann wird gesagt:

»Jetzt alsbald nach Erfahrung des Urteils hinaus zu der verordneten Richtstatt geführt und obwohl die Täterinnen vermög Kaiserlichen Rechts und des Heiligen Reichs Peinlichen Halsgerichtsordnung nach mit dem Brand lebendig gerichtet werden sollen, wird ihnen aus Gnaden und besonderem Fürbitten die Strafe in der Weise gelindert, daß sie erstlich mit dem Strang vom Leben zum Tode gerichtet, folgends die Körper mit Feuer zu Asche verbrannt werden sollen. Es soll auch, nachdem sie verbrannt, ihre Asche auf dem Erdboden nicht liegen bleiben, sondern in das nächste fließende Wasser getragen und vergraben werden.«

Am 19. Juni werden weitere Delinquentinnen ins Schloß verbracht. Wieder beginnt das Spiel mit dem Leben. Am 23. Juni 1590 wird Dorothea Gräb gefoltert. Sie belastet Juliana Noll als Gespielin und Katharine Veit als Obristin. Am gleichen Tag wird die 94jährige Ursula Prandner der Tortur unterzogen, aber wegen ihrer Schwachheit bricht man sie ab.

Ende Juni wird Katharina Veit ins Verlies gebracht. Mit ihrer Beschuldigung setzt für die vornehmen Bürger des Werdenfelser Landes eine präkäre Situation ein. Sie nennt die Frau von Hans Veit, des geachteten herzoglich-bayerischen Zollgegenschreibers aus Mittenwald. Am 25. Mai 1590 sagt Katharina Hibler: »daß sie mit adeligen Weibspersonen in Innsbruck, Bozen, Tramin und Kaltern zusammengekommen sei. Sie hätten Goldketten und kostbare Kleider getragen. Mit Ihnen habe sie aus silbernen und goldenen Bechern Wein getrunken.

Auf der Streckbank gibt Brigitte Kätzler, deren Familie zu den siegelmäßigen Geschlechtern von Garmisch gehört[129] an, daß des Pflegers Weib Beninga von Gumppenberg zu ihren Gespielinnen gehört hat.

Man gewinnt den Eindruck, als wolle sich die Obrigkeit vor die Reichen stellen, denn es ergeht die Weisung: »da dem gemainen Sprichwort nach des Menschen Blut heiß ist und eine Christenheit sich wohl vorzusehen hat, möge der Pfleger acht geben, daß er niemanden in die strenge Frage werfe oder zum Tod kondemniere und daß nicht etwa Unschuldige auf die Aussagen der Hexen hin aus teuflischem Haß oder Neid geplöckt, gemartert und durch die Peinigung – wie mit vielen alten und neuen Exempeln zu beweisen, dahin gebracht werden, daß sie etwas getan zu haben bekennen, was ihnen vielleicht niemals in den Sinn gekommen. Danach habt Ihr Euch zu richten und wir sind Euch wohlgesonnen.«

Vermutlich werden die Besagten am 18. Juli nochmals examiniert. Drei Tage später treffen der Pfarrer aus Garmisch und der Frühmesser im Schloß ein. Sie teilen die Kommunion aus und lesen die Morgenmesse. Am folgenden Montag werden die Verurteilten zur Richtstatt geführt. Einige rufen ihnen aus dem Volk zu. »Ihr frommen Weiber fliegt über alle Berge, denn wer von Euch dem Züchtiger in die Hände fällt und an die strenge Marter kommt, muß sterben.«

Die Hinrichung durch Erwürgen und Verbrennen der Leichen wird am Montag, 23. Juli unter der Obhut des Nachrichters aus Hall (Tirol) vollzogen.

Es ist überliefert, daß die »Anna Schlampin« gefoltert wird. Kurz danach dürfte sie im

Kosten für den Scharfrichter während der Verfolgungen im Werdenfelser Land (1590)

1.	Für fünf hingerichtete Personen	145 Gulden
2.	Für die am 21.5. hingerichteten neun Personen	176 Gulden
3.	Für die am 18.6. hingerichteten neun Personen	142 Gulden
4.	Für die am 23.7. hingerichteten zehn Personen	163 Gulden
5.	Für die am 20.8. hingerichteten fünf Personen	86 Gulden
6.	Für die am 1.10. hingerichteten neun Personen	100 Gulden
7.	Für die am 5.11. hingerichteten drei Personen	37,20 Gulden
	Zusammen **45 Personen**	**849,20 Gulden**

Alter von 80 Jahren verstorben sein. Ihre Leiche hat der Abdecker Hans Per verbrannt. Ursula Prandner aus Mittenwald ist 94 Jahre und die Bettlerin Anna Widemann 84.

Anna Windegger, die bei ihrer Verhaftung im Juli 1590 schwanger ist, bringt Ende Februar ein Kind zur Welt. Es stirbt kurz danach im Haus ihres Vaters. Er hat in einem Gesuch nach Freising erfolglos angeboten: »die Strafe, die das Weib erwirkt, selbst zu erdulden.«

Maria Schlamp bekommt Zwillinge während der Haft, die beim Vater gestorben sind. Die Nachrichter meinen: »sie habe drei teuflische Zeichen, so torquiert, examiniert und mit der Rute geschlagen worden, bekannte jedoch nichts. Sie gäbe vor, die Frömmste zu sein.«

Inzwischen ist das Volk des Unsinns müde; der Haß konzentriert sich auf Poyssl, der erwähnt: »daß ihm die Sache über den Kopf wachse. Er sei so verhaßt, daß er sich nicht mehr nachhause traue.« Er habe sich in Schulden gestürzt und wisse sich ohne Hilfe der Regierung nicht zu erholen. Auch wäre es unheimlich, die verhafteten Unholde bei sich im Schloß zu wissen.

Die Hebamme Brigitte Kätzler habe gesagt: »sie wisse keinen anderen Puhlteufel als den Pfleger, der vor ihr auf dem Roß sitzt. Er habe daher keine Lust mehr auf der Schranne dabeizusein, denn er würde nicht mit dem Leben davonkommen.

Seine Frau, die ihr Leiden als Wink der Hexen betrachtet, stirbt Anfang Juli 1592. Ihr Mann folgt ihr 1598. Nachfolger ist Lorenz Wending aus Rollersdorf zu Kronwinkel (1598–1613). Er stellt mindestens sechs Verwalter auf.

Die Kosten der hier geführten Verfahren wegen Hexerei belaufen sich auf etwa 4 000 Gulden. Die Freising-Fürstliche Kanzlei betitelt die Zusammenstellung mit *Expensregister was verfressen und versoffen worden.* Als Taxe für den Scharfrichter gelten: tägliches Wartegeld zwei Gulden. Für jede Besichtigung eines Delinquenten zwei Gulden und für eine Hinrichtung acht.

Gegen den Mittenwalder Pfarrer wird 1597 ein Untersuchung wegen zauberischer Bücher eingeleitet. Zum letztenmal flackert der Hexenwahn in der Region im Frühjahr 1607 auf. Anfang März berichtet man den gnädig gebietenden Herren zu Freising, daß das Eheweib des Bauern Georg Gätinger aus Garmisch während der Vesper des vergangenen Weihnachtsabends die Glockenseile vom Kirchturm von St. Martin angeschmiert habe, aber man wisse bisher noch nicht womit.«

Wemding[130)]

Die dortigen Hexenprozesse gehören dem ersten Drittel des 17. Jahrhunderts an und es lassen sich zwei Perioden unterscheiden: 1609/10 und 1628/31. Die Entscheidungen liegen in der Verantwortung eines vom Landesvater bestellten Pflegers. Als Basis wird die CCC. angesehen; hinzu gesellen sich das bayerische Landrecht und Lokaltraditionen. Beabsichtigte Verfahren wegen Hexerei müssen vom Münchener Hofrat genehmigt werden[131)].

Geht die Zustimmung ein, kann das Gericht zusammentreten. Es läßt durch den Amtsbürgermeister die Bezichtigten laden[132)]. Untersucht wird im Mayrhof, dem kurfürstlichen Schloß.

Zeugen und Gerichtspersonen wird die Schweigepflicht auferlegt. Richter ist Balthasar Vogl, Gerichtsschreiber Alexander Holzhauer und Dr. Schmid, ebenfalls Richter und

Gerichtsschreiber. Oft gehen die Prozesse von Kleinigkeiten aus.

Ländlich-abergläubisches Klima

Einmal läßt Kratzer den Bader Benedikt Keller kommen und bittet in, seinen Sohn wegen eines Sprachfehlers zu untersuchen. Er berührt ihn am Kopf und streicht ihm mit dem Finger durch den Mund. Von dem Augenblick an kann er nicht mehr gehen, »welches doch zuvor gehen mögen, also an allen Vieren erkrommt.«

Kratzmeier ist der Auffassung, daß der Bader Schuld daran sei, daß seine Schwester an den Füßen einen Schmerz habe und nicht gehen könne. Der Scharfrichter von Lauingen habe ihm gesagt, die Krankheit »khomme von Hexenvergiftungen.«

Der Zeuge und Zinngießer Andre Spörl scheint glücklich darüber, daß seine Frau einem teuflischen Anschlag entgangen ist. Vor 15 Jahren sei ein Fremder zu ihr gekommen und habe begehrt, die Planeten zu lesen. Sie haben gesagt, in dieser gaß seyen lauter Unhold und Er wölle sie gewarnt haben. Die Hexen haben ir etwas unter der Haustür vergraben und wenn sie darüber gangen, wäre Sie ganz erkrommt oder außgethort.

Melchior Maurer beargwohnt seine Nachbarin Barbara Pronnemair, da sie als Unholdin verschrien ist. Er meint, sie habe nach Aussagen des Metzgers eines seiner Kälber geritten und sein Vieh behext[133].

Zudem glauben einige, daß die dortigen Hexen während der Nächte auf Besen zum Rauchfang hinausfliegen und Zusammenkünfte halten. Die Zeugin Hiebmair hat von dem verstorbenen Nacht- und Mauerwächter Sporer gehört, daß der Storchenwirt Hans Schweigert, den alle für einen Unglücksvogel und Hexenmann halten »alle nacht um 12 Uhr in seinem Hof und Garten, der gleich bei seinem Haus gewesen sei. Item da habe etwas stark gewinselt, in Prunnen und Ställen ein greulich getemel gehört und gesehen, daß in sein hinterm neuen Bau, in der stuben Lichter in der Nacht geprannt, gewispelt, alß wenn Hexengasterey oder zechleut dort gewesen weren, da doch nichts richtiges von gäst bei Ime einkehre, zudeme hat man am Morgen erfahren, daß man khein gäst gehabt« Dann werden Erfolgreiche beargwöhnt:

Der Birkhuhnwirt Burkard Schwalber sagt: »Die Waserin habe nur vier gemeine schlechte khüe und buttere oft alle tags aus und mache soviel Schmaltz mehr, als die ganze nachparschafft, die über 12 khüe habe. Daher man sich verwundert und genzlich dafür halte, es khönne mit der Wasserin nit recht zugehen. In einem solchen Klima ist es nicht verwunderlich, wenn Bezichtigungen ernst werden. Ein Beispiel dafür bietet die 67 Jahre alte Witwe

Maria Kratzerin

Sie betreibt eine kleine Landwirtschaft. Ihr Aberglaube wird ihr zum Verhängnis, geht sie doch mit Zaubersprüchen um, segnet das Herzgespörr, den -gesser und -wurm, das fliegende Feuer, Mundfäule, Kopfweh und das Geschoß (?). Sie hat Zulauf, steht im Geruch einer Hexe und der Beichtvater hat ihr das Segensprechen verboten.

Zudem hat sie permanent Angst. Sie zeichnet sie sich durch ein merkwürdiges Verhalten aus: »wenn sie den Amtsknecht Christian Grünwedl schmecke, laufe sie von einer Gaß in die andere und sey in ir ein greuliche forcht und verspüren, inmassen das Kind auf der gassen auf sie deute; zue deme erbleiche sie starckh, wenn sie den Schergen sehe.

... Als man ihre Freundin Magdalena Mack eingefangen, weinte sie den ganzen Tag bitter und sie hat offensichtlich Angst davor, verhaftet zu werden: darin erkennen die Bürger ein stummes Eingeständnis ihrer Schuld. Sie soll gesagt haben, in Wemding gehe man saumselig gegen Hexen vor; in Eichstätt mache man es schneller.

Man bezichtigt sie mehrerer Taten. Der Maler Schabhardt hat eine 17jährige Tochter Maria, die erkrankt und bekommt ein Aussehen, so als »wollte sie gar austhorren.« Da sei die Kratzerin in sein Haus kommen und habe zu dem Mädchen gesagt: »Liebe Marie, es ist Dir etwas auß einem Häfele oder ein Strich aus der Pfannen geben worden; du mußt austhorren.«

Bei einer anderen Gelegenheit gibt sie einer Tochter Schabhardts ein Maß Buttermilch. Kaum habe die Familie davon probiert, fühlten sie ein Unwohlsein. Die Mutter geht noch in die Kirche, erkrankt darin aber so, »daß sie nit allein erblaicht, sondern unversehener Ding im Gesicht, am ganzen leib, an hendt und füßen aufgeloffen, so groß alß ein Kachlof, starckh purgiert. Zuvor seyen Mutter und Kinder frisch und gesundt gewesen und haben wegen dieser Krankheit einig und alleinig der Puttermilch die schuldt zugemessen.«

Hans Hegele bekundet: er habe ein Büblein gehabt, welches zu der Kratzerin täglich khommen und von Ihr offt ein brott und je ein

Apfel empfangen, geesen, unterdessen anfangen zu khauern, am leib abgenommen, aller außgethorret und entlich vor 2 Jaren gestorben. Nach seiner Meinung habe es die Kratzerin verhext, weil er aber habe nichts erweisen khönnen, hab er geschwiegen.

Die Magd Margareta Reis »will oft unter den Leuten gehört haben, die Kratzerin habe selbsten gemacht, daß ihr Mann zue todt gefallen seye In also umgebracht habe.« Dann wirft man ihr vor, daß sie vertrauten Umgang mit bereits hingerichteten Hexen pflege. Dazu gehören die Sternenwirtin Magdalena Mack (verbrannt am 6. Februar 1630), Appolonia Hainlin (verbrannt am 6. Februar 1630), Agnes Schneidin (verbrannt am 17. August 1629 und Appolonia Besenmairin (verbrannt am 6. Februar 1630).

So häuft sich der Indizienberg über ihr; sie wird eingezogen, vernommen, bleibt vier Monate in Haft und wird am 10. März 1631 verbrannt.

Kaspar Kilg

ist Bäcker und Mehlhändler. Man wirft ihm Trunk-, Spiel- und Streitsucht vor, der sich oft durch Zorn und Fluchen Luft mache. Man nennt ihn einen Menschen, der auf allen Vieren nichts nutz sei und sich rühme: »er gewinne mehr mit seinem Fressen, Saufen und Spielen alß ein anderer mit Arbeiten. In der Kirche lasse er sich wenig sehen und wenn ... wisse man nit, bett er oder nit.« Man geht ihm aus dem Weg. Seit langen steht er im Geschrei ein Hexenmann zu sein, zumal man seine Eltern als Unholde bezichtigt hat. Gegen ihn wird zusammengetragen:

- Er führe verdächtige Reden, aus denen man den Schluß ziehe: »daß er mehr khönne als Prott essen«. Er rede gern vom Hexenwesen und zwar wie einer, der Genaueres wisse.
- Trotz Müßiggängerei und liederlicher Lebensweise mangle Imme nichts ... seine Gleichgültigkeit könne ein Zeichen der Hexerei sein.
- Hans Hiebmair bemerkt an ihm eine große Niedergeschlagenheit: »Man sehe an seinem Gesicht, daß Er traurig und dunkhl herumgehe und gewiß ein Unhold sey, lauffend immer zue von einem Orth zum andern; darauß schließe er, gesöllen fürchten immerzue, man werde Sie täglich einziehen.«

Er sieht es anders und bekennt gegenüber dem Kreuzwirt: »Er sey froh und danke Gott, daß er kein Unhold sei und erhält die Antwort: »Kilg, habt mir nicht verübl; man sagt insgemain, wer sich selbst entschuldigt, sey zum Ersten dergleichen Leuth.« Einer seiner Freunde ist der Glaser Philipp Amon.

Drei Tage nach dessen Verhaftung plaudert Kilg beim Bier: »er hätte den hingericheten Amon unterschiedlichsmal und zwar noch selbig Abend, wie man Ine eingefangen, gewarnt, Er solle außreißen, flüchtig fueß setzen, man werde Ine gewiß einziehen. Item er habe Ime selbsten 20 fl., damit er fortkhommen möge, darleihen wöllen; jetzt liege er Inne.«

1628 zecht er bei seinem Freund Kaspar Müller dem Sonnenwirt. Sie haben zu tief ins Glas geschaut. Kaum war Kilg auf der Gasse, erfaßte ihn der Schwindel und er vermeinte, daß er für das Nördlinger Tor hinaus in das Stübchen des Torwarts fliege ... derweil sei er wie mehrere Zeugen wissen, nach hause gekommen und in seinen großen Kachelofen hineingefahren, wo ihn seine Magd nächsten Morgen gefunden habe.« Er wird im Sommer 1630 gerichtet.

Jörg Löfflad

wohnt mit seiner Frau und drei Kindern am Markt und betreibt das Gewerbe eines Melbers und Weinschenks. 1629 hat man seine Großmutter Agnes Schneid unter dem Hexereiverdacht eingezogen und verbrannt. Seitdem gerät er ins Geschrei und erkennt, daß ihm das gleiche Schicksal blühen könne.

Aus Angst flieht er im Sommer 1630 und läßt sich in der Nähe von Nördlingen von einer Reiterkompanie anwerben. Ein paar Tage später wird er unter dem Verdacht der Hexerei in einem Keller zu Goldburghausen eingeschlossen: »Es ist wahr, sagt der Reiterkorporal Rudolph Krüchraum vor dem Gericht Wemding, daß Löfflad etlich tag bey Inen im Quartier gelegen. Nachdem sein Rittmeister weitläuffig verstanden und unter der Kompanie des Geschray emporgangen, ob solte Löfflad im Verdacht der Hexerey sein, dahere an Ime bevelch ergangen, Ime zu ver-

Oben: In Luzern wurde 1570 eine Hebamme als Hexe gefoltert. Dabei »wurde sie vom Teufel geschunden, wie man einen Hasen enthäutet, und mit Leib und Seele dahingenommen«. Man fand in der Folterkammer nur mehr ihre Haut, »die aufgeblasen war wie eine Blase«. Mitte: Steinigung eines betrunkenen Scharfrichters durch das Volk, 16. Jh. Unten links: Hexen: Teufelsbuhlschaft, Gerichtsverhandlung und Verbrennung. Bern, 1568. Unten rechts: Erhängen eines Diebes zu Stein im Jahr 1582. Wickiana Zentralbibliothek Zürich. →

haffts zuenehmen und zu Krauthausen zu verwahren, biß man seiner von Wemding auß zur Lieferung begehrt.«

Dann nimmt das Schicksal seinen Lauf und es nützt nichts, wenn er sagt: »man lege Ine gewiß für ein Hexenmeister ein, weil er ausgerissen, unangesehen er khein Unholder sei.« Indirekt wird er von Krüchbaum beschuldigt, der sagt: »oft hätten sie des Hexenlasters wegen mitsammen geredet ... da habe er sich allzeit und khein Menschen recht angesehen und sich mit seinem bettbuch verdechtig gemacht und gemeinet: die Hexenleuth khönnen zwar dergleichen Sach wol lesen, aber bey Gott nichts darmit erhalten.«

Kurz danach bringt man ihn nach Laub, »wo man wegen seiner Erledigung akkordieren werde.« Dann schiebt man ihm einen Fluchtversuch in die Schuhe, denn der Reiter Frickhinger erzählt von der Überführung: »habe Löfflad seinem Pferde zwei- oder dreimal die Sporen gegeben, anfangen zu sprengen und erzeigt, ob wolte er von Inen ausreißen, deme Sie allzeit mit Pistolen und starckhem fürtruckh vorgebogen, habe Er nur allzeit darzue gelacht.« Dann wird er dem Pflegamt Wemding überstellt.

Zeugen beharren bei ihrer Meinung, daß er ein Hexer sei, zumal ihn seine Ahnfrau Agnes Schneid erzogen habe. Hans Hiebmair weiß vorzutragen: »Wenn man von den Hexenschaden geredet, habe der Löffeladt nur darzue gelacht und gesagt, es sey Gottes will. Oft vom Hexenwerckh anfangen zu reden und darbey gemelt, wann man nur niemandt Unrecht tete. Er sey gewiß ein Unholder.«

Als Indiz wird vermerkt, daß er sich seit dem Tod seiner Ahnfrau traurig zeige und er seinerzeit zur Reiterkompanie »geflohen« sei. Er habe das sicher nicht getan, wenn er unschuldig gewesen wäre. Er wird im Sommer 1630 inhaftiert und nach einer Kerkerhaft 1631 zum Tod verurteilt. Wer könnte Jacob Schnierle Unrecht geben, wenn er von den Zeugenverhören im Schloß meint: »Es sey halt lauter Narren Blitschen = und Bletschenwerk und was das Fragen seyn solte.«

Rechtsgang

Wenn die Zeugen verhört sind, teilt das Pflegamt dem Münchener Hofrat das Ergebnis mit und bittet um Entscheidungen[134]. Verhaftungen werden auftragsgemäß vom kurfürstlichen Schergen vollzogen[135]. Das Haftlokal befindet sich im Kreuztorturm. Vielleicht nutzt man Räume des kurfürstlichen Schlosses und die Gewölbe im Folterturm für Unterbringungen. Die Instruktion von 1622 fordert für Hexen Einzelhaft[136]. Der örtliche Hexenturm hat mit unserer Untersuchung nichts zu tun[137]. Im Laufe der Zeit hat sich zur Befragung der angeblichen Hexen ein Schema ausgebildet, das angewendet wird.

Relativ harmlos ist die gütliche Befragung, zumal man den Inhaftierten die Integration eines Advokaten zur Verteidigung gestattet. Wenn der Besagte ein lückenloses Geständnis ablegt, spart er sich die Vornahme der Folter. Dazu muß eine Genehmigung eingeholt werden. Die Tortur wird im »langen Turm« in der südlichen Stadtmauer unter dem Dach vorgenommen.

Während der Folter müssen der Richter, Gerichtsschreiber und die Gezeugen des Rates anwesend sein. Daß es zu Ausrutschern kommt, wird am folgenden Beispiel deutlich. Die Sterbematrikel der Stadtpfarrei St. Peter in Neuburg/D. berichten:

»Ursula Roppin ist 18 Wochen ingelegen, ohne die kleine Pein in allen 11 mal, und 9 mal stark torquiert worden, ehe sie etwas bekennet, auf 2 Stund, einmal auf 4 Stund, hat vor dem Geistlichen beständig gelaugnet, byneben um Gottes Willen gebethen, man wolle sie sterben lassen. Hat auf dem Richtplatz, da sie entplößt, 3 mal öffentlich geschrien: »Ich bin mein Leben lang nie von Gott abgewichen, will auch von ihm nimmer weichen. Habens viele für unschuldig gehalten.«

Das unter der Folter erzwungene Bekenntnis hat keine Rechtskraft. Dann erhält der Besagte Gesellschaft in seiner Zelle: »Es soll nach Bespachung und gethoner Bekandtnuß khaine deren zauberischen Hexen allein in der gefenckhnuß gelassen, sondern derselben umb weniger Verzweiflung willen Leuth zuegeben werden ... alsdann wenn der Gepeinigte von den Schmerzen wieder Ruhe bekommen und er seine Kräfte rekolligirt hat, ist der Gemarterte in die Büttelstube oder ander Gemach wiederum vor den Richter und zwei des Gerichts zu führen, ihm sein Bekenntnis durch den Gerichtsschreiber vorzulesen und er, ob sein Bekenntnis wahr sei, zu fragen und was er darauf sagen, bestätigen, widerneuern, verbessern oder anderst erläutern würde, durch den Gerichtsschreiber fleißig zu protokollieren.«

Gesteht er nicht, wird ggf. ein weiterer Foltergang geführt. Auf jeden Fall müssen die Unterlagen nach München geschickt werden. Hier fällt die Entscheidung über Leben und Tod.

Wemding, Stich von Mattheus Merian d. Ä. (1643).

Der letzte Gang

Wemding verfügt eine Zeitlang über den Blutbann, was bedeutet, daß zwölf aus der Mitte des Stadtrates gewählte Männer unter der Führung des Amtsbürgermeisters im Namen der Stadt Todesurteile aussprechen können. Über dieses Privileg verfügt die Stadt seit 1467, als man sie dem Herzogtum einverleibt[138].

Wenn der Bannrichter eintrifft, wird er gebeten, zu bestimmen, wann man zu Rate sitzen soll. Dann versammelt sich der Gerichtshof: der Bannrichter, der Gerichtsschreiber und 12 Schöffen in der Ratsstube, um über das Schicksal des Inhaftierten in geheimer Sitzung zu beraten. Es ist der »stille oder geheime Rechtstag.« Es wird protokollarisch vorgegangen, indem Gott um Gnade angerufen wird, um nichts Unrechtes zu begehen.

In schwierigen Fällen holt man Gutachten ein, wobei Ingolstadt im Vordergrund steht. Als es sich 1608 um die Verurteilung der vier Hexen Leonhard und Anna Keller, Margaret und Barbara Schmidt handelt, schreibt der Stadtrat an die Universität: »Wann wir dann gemainer Stadt altem Herkommen und jederweilen geurtheilt, so haben wir, weil uns hochlobseligster und miltigster gedachtnuß Khayser Carls Peinliche Halßgerichts Ordnung zu des Rechst erfaren weist, nit underlasen sollen, bey E. F. Frdl. deßhalb Rechts zu erlernen. Derowegen, waß mir unß hierin judicando gegen nebvernannte vier Personen zu verhalten. Bitten E. F. Frdl. wie ganz dienstlich, die wollen unß sollich urthl under der hohen schuel secret verfertiget zukhommen lassen. Dabenebens haben E. F. Frdl. umb diser 4 besagten Personen peinlich begreiffender Urthl 32 Reichstahller und 3 Kreutzer zu empfangen.«

Ist das Urteil gefällt und abgesichert, muß es zur Bestätigung zum Münchener Hofrat geschickt werden. Auf den »geheimen« Malefizrechtstag folgt der »offene.« Jetzt wird das Urteil öffentlich über den Gefangenen gesprochen.

Zwei Tage vor der Hinrichtung erfährt es der Delinquent, so daß er sich mit Gott versöhnen und die Sakramente empfangen kann. Am Rechtstag wird früh für den Armen Sünder in der Stadtpfarrkirche St. Emmeran eine Messe gelesen. Das Blutgericht versammelt sich in der Ratsstube. Währenddem versammeln sich die Bürgerwehr, bestehend aus dem Stadtleutnant, sechs Korporale, 36 Musketiere und ein Trommler vor der Wohnung des Amtsbürgermeisters und marschieren zur kurfürstlichen Fronfeste, um dem Gefangenen, sobald sie den Befehl erhalten, zum Rathaus zu leiten.

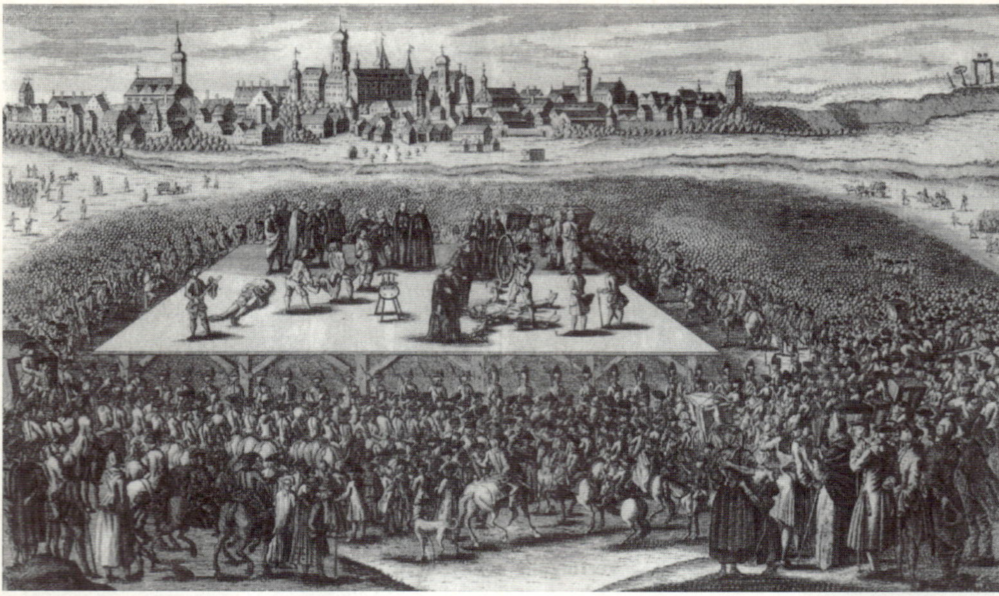

Hinrichtung des Matthäus Klostermaier, genannt der »Bayerische Hiasl«, zu Dillingen am 6. September 1771. Zeitgenössischer Kupferstich.

Zudem findet sich der Nachrichter ein. Dann wird das Gericht zur Ordnung gerufen (verbannt), was nach bestimmten Zeremonien abläuft. Wenn der Gerichtsschreiber das Urteil verlesen hat, bricht der Bannrichter den Stab, womit der Akt in der Ratsstube beendet ist. Dann führt man den Verurteilten vor das Rathaus, stellt ihn auf eine Bühne und gibt ihm das Todesurteil bekannt.

Dann geht es zur Richtstätte. Bürgermeister, Stadtschreiber und Bannrichter begeben sich zum Richtplatz. Der Verurteilte wird von einem Priester begleitet. Die Brandstätte liegt etwas südlich der Stadt auf dem Galgenberg. Man geht durch das Nördlinger Tor. Beim Tod von Hexen bleibt die Sterbeglocke still und deren Namen werden nicht in das Sterbebuch eingetragen.

Grundriß des Foltertums

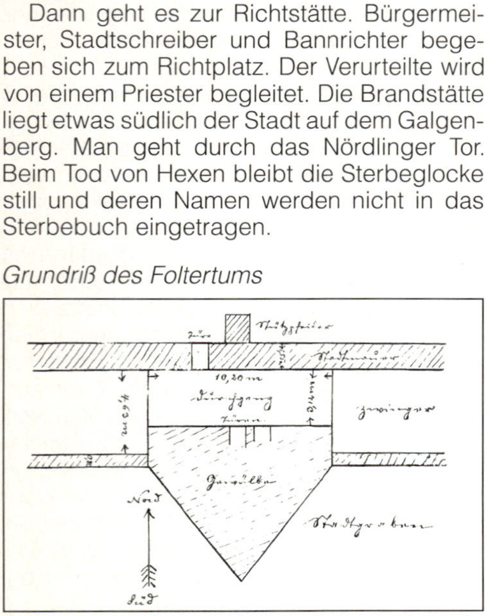

Dieses Vorgehen wird bei der zweiten Prozeßwelle modifiziert, indem man einen Kommissar beauftragt. Vermutlich möchte der Kurfürst den Einflußbereich des Stadtrates beschneiden. Es kann an seiner persönlichen Haltung gelegen haben, denn: »schon seit vielen Jahren hat Maximilian höchst mißfällig wahrgenommen, daß an verschiedenen Orten seines Landes von den Richtern und namentlich städtischen Behörden zu lässig wider das Hexenvolk vorgegangen wurde.«

Daraus kann die Idee von der Entsendung von Spezialisten geboren worden sein. Der Stadtrat wehrt sich gegen die Eigenmächtigkeit und wendet sich an den Ingolstädter Juristen Lang, um die Ansicht der dortigen Universität zu hören. Er fragt Dr. Waizenegger und Dr. Denich und teilt es Ende Januar 1629 Wemding mit[139]. Offensichtlich geht es um die Vermeidung von Ungerechtigkeiten. »Es habe ganz das Ansehen, daß man gemeine Stadt an ihren alt üblichen Herbringen deß Beysitz und Berechtigung successive zu depossedieren ganz intentionieret.« Alle Interventionen der Stadt fruchten nichts.

Bei der ersten Hexenprozeßwelle steht an der Spitze des Pflegamtes Konrad von Bemelberg und als Richter fungiert Gottfried Sattel. Vermutlich ist der zum Hexenkommissar bestellte Dr. Kolb. Am 7. Februar 1629 ergeht an die Hofkammer der Befehl des Kurfürsten, dem Richter zu Wemding, Balthasar Vogl, zu verordnen, daß er im Namen Sr. Durchlaucht dem Dr. Wolf Kolb für seinen Aufsatz einer Instruktion über den Hexenprozeß 60 Reichstaler verehre.« Die Einschaltung der Kommissare verkürzt die Verfahren, da die umständliche Berichterstattung ausbleiben kann.

Er scheint vorübergend in Wemdig gewesen zu sein. An seine Stelle tritt Dr. Schmid aus Ingolstadt. Er führt einen aufsehenerregenden Titel »Doktor der beiden Rechte, der hohen Schul zu Ingolstadt Rector, kurf. Rat, professor ordinarius, der Juristenfakultät Dechant und commissarius für das Hexenwesen in Wemding.« Unter seiner Fuchtel sterben innerhalb kurzer Zeit 39 Menschen auf Scheiterhaufen. Sein Nachfolger wird im Februar 1632 der Bannrichter Dr. Johann Georg Pittliger aus Landshut.

Kurz danach rücken Schweden ein; es bedeutet das Ende der dortigen Hexenprozesse. Auch in

Ingolstadt[140)]

werden Hexenprozesse geführt.

Waldtburg Diepoldt

und ihre Tochter Margreth und Rosina Dintzlin werden am 9. August 1590 erwähnt[141)]. Es geht darum, was mit ihnen geschehen soll: »Herr Oberrichter proponirt, ob man mit den dreyen als der Diepoldt Schöfflerin, ir tochter und der Dintzlin welle fortfahren. Eingestelt, biß man mit Herrn Statthalter und andere Rhätten verners daraus redtt.« Sie werden gefoltert[142)]. »Herr Oberrichter proponirt und sagt, die altt Frantz Schöfflerin uff ir bekentnus allein sagts, sy hab der Sporerin unrecht gethon. Aber mit der Riemerin behartt sy. Ir tochtter, die Margreth betreffend: die beharret auch uff ir aussag. Allein revocierts und sag, sy hab der Lederin und Pfamer Ändel unrecht gethon. Die Dintzlin besteet alles. Allein die that mit irer Schwester, der Veit Sedelmairin widersprichts, sy habe ir nichts gestoolen. Herr Doctor Schober sagt, es sei schwerlich mit disen personen umbzugheen. Seind wanckelmuettig. Fallen baldt wider umb. Sagen, sy habens aus pein und martter bekendt. Beharren doch, daß sy sich dem teuffel ergeben = mit ihme fleischliche Vermischung gehab(t). Auch Gott und allen Heiligen verleugnet haben. Jedoch wellen sy uff die ienigen, die allen in verdacht seindt, Allein bekennen nit mer torquier und peinige, daß sy auch zue zeitten dergleichen nur aus naidt angeben. Erbeutt sich Herr Doctor Schober mit Herrn Doctor Lago, was weiter mit inen fürzunemen darauß zuereden.«

Rosina Dintzlin

gesteht:

- Ihr teuflischer Liebhaber habe sie aus der Ochsenschlucht zwischen den Armen in die Lüfte getragen und wieder wohlbehalten vor der Haustür abgesetzt. Wohin er sie geführt, sei nur Essen und Trinken, dazu Tanz gewesen.
- Zehnmal habe sie ihr Buhlteufel beschlafen und jedesmal hätte sie zwei Groschen dafür bekommen.
- Einmal habe er sie so geschlagen, daß ihr Rücken blau gewesen sei, weil sie ihren Feinden keinen Schaden zufügen habe wollen.
- In einem ledernen Säckel habe er ihr ein Wasser überreicht, mit welchen sie den Leuten Schaden zufügen sollte. Sie habe ihrer Nachbarin etwas davon vor die Tür geschüttet, und diese hätte bald fürchterliche Schmerzen im Kopf, an den Händen und Füßen ertragen müssen.
- Ebenso habe sie dem jungen Adelmann vergiftetes Wasser um die Beine gegossen, daß er große Pein erdulden mußte.
- Einer Schwangeren, Richila genannt, habe sie ein Wasser vor die Kammer geschüttet; da diese darauf schmerzlich erkrankt sei, habe sie ihr kein Brot mehr geben wollen.
- Ihr Buhlteufel habe eine gelbe Salbe, mit welcher sie das Vieh habe umbringen müssen. An den letzten Fasten habe sie des Steffel Metzgers Kuh gesalbt, worauf dieselbe gestorben.
- Auch habe sie ihrer Nachbarin, der Weinheberin, zwei kleine Schweine umgebracht, ebenfalls ein Ferkel des Georg Zimmermann.
- Sie wäre in der Nacht durch die Luft an jene Orte und die folgenden Keller gefahren: Bier und Schmalz habe sie sich am letzten Georgstag, auf einem Bock reitend beim Paul Schneider, dem Unterbaumeister, geholt. Weiterhin vor acht Wochen, ehe man sie ins Gefängnis eigezogen, sei sie in der Frau Hieronmus Sattlerin Keller gefahren und habe mit ihrem Buhlteufel Wein getrunken. Bei Hansen Meier habe sie drei Maß getrunken und in ihrem Krug, der außen rot und innen grün sei, drei Seidel Wein mit in ihr Heim geführt und hernach alles getrunken.
- Auch habe sie die Kühe anderer Bürger gemolken, dem Befehl ihres Buhlen Khrappen gehorchend. Diese Milch habe sie

in einem roten Krug ihrem Höllenfürst gebracht.

• Als sie zum hochwürdigen Sakrament gegangen, habe sie die Hostie aus dem Mund genommen, in ein Tüchlein gewickelt und daheim dem Buhlteufel geben müssen.

• Sie habe das Tüchlein auf den Boden geworfen, mit dem Messer hineingestochen, worauf ein Blutstropfen herausgeflossen sei: schließlich habe sie es aufgehoben und in die Schutter geworfen. Dann bekennt

Waldtburg Diepoldt

• Sie sei von dem leidigen Teufel verführt worden vor 15 oder 16 Jahren, indem er bei Nacht zu ihr in die Schlafkammer gekommen sei in der Gestalt ihres verstorbenen Hauswirtes.

• Sie hätten geredet, wie Eheleute reden und alsbald hätt sie fleischlichen Umgang mit ihm gehabt.

• Als der Buhlteufel öfters zu ihr gekommen, habe sie gemeint, das könne nicht gutgehen; er wäre wie ein grober Geselle und habe sie bedrängt, sie müßte ihm gehören.

• Ihr Buhltefel habe an Fastnacht des ersten Jahres von ihr verlangt, sie solle Gott und allen Heiligen absagen. Dies habe sie getan und das ganze Himmelheer verleugnet und ihren Buhlen nehmen müssen.

• Ihr Liebhaber habe allezeit gewartet, bis sie angekleidet gewesen, dann habe er sie aus ihrer Kammer oberhalb der Tür durch ein Loch an einen finsteren Ort geführt, an welchen sie gegessen und getrunken hätten.

• Sie sei mit ihrem Buhlen auf der Eselwiesen und bei Gaimersheim ausgefahren und seines Willens gewesen, so oft er gewollt habe.

• Als altes Weib hät sie keine Lust verspürt zu tanzen und zu springen, sondern habe mit ihrem Buhlen gezecht.

• Der Verführer habe ihr befohlen, das Vieh umzubringen. Zu diesem Zweck habe sie eine grüne Salbe von ihm bekommen, ebenfalls ein schwarzes Pulver.

• Mit diesem habe des Pfisters Buebel umgebracht, weil dieses ihrem Sohn Steffel als Kind ein Auge ausgestoßen und ihr keine andere Rache eingefallen wäre.

• Auch habe sie eine braune und schwarze Kuh ihres Nachbarn mit ihrer vergifteten Salbe getötet, eine schwarze und eine rote von ihres leiblichen Bruders Weib, der alten Wirtin zu Gerolfing, zu Tode geritten.

• Ein Kalb, welches sie gesalbt hätte, hätte nicht sterben wollen und auch eine junge schwarze Kuh der Melcher Fuhrmannin lebe heute noch, obwohl sie sie habe vor zwei Jahren töten wollen.

• Weiter habe sie vor zwei Jahren im Frühling die Kühe eines jetzt in Gerolfing wohnenden Bauern fünfmal gemolken und die Milch am Markt verkauft. Jetzt gesteht

Margaretha Diepoldt

• Sie habe gedacht, wenn sie nur Geld hätte, daß sie nicht mehr so hart arbeiten müßte. Da sei der böse Geist zu ihr gekommen mit einem schwarzen Bart, schwarz gekleidet und habe ihr gesagt, sie solle nicht erschrecken. Warum sie so hart arbeite?

• In der gleichen Nacht sei er zu ihr gekommen und sie habe ihm gesagt, daß sie auf ewig sein sein wolle ... ihr Buhle habe ihr einen böhmischen Groschen gegeben.

• Bald hernach sei der Böse ein drittes mal zu ihr gekommen und habe begehrt, sie solle Gott und die Heiligen verleugnen. Sie habe es ungern getan mit den Worten: »ich verleugne Gottes und aller Heiligen; da habe er ihr drei Groschen gegeben.«

• In derselben Nacht habe sie der Böse in ein Haus geführt und in der oberen Stuben beschlafen; darauf sei ihr seltsam geworden-sein Leib sei rauh gewesen.

• Zu verschiedenen Zeiten habe sie fleischlichen Umfang mit dem Liebhaber gehabt, meist in ihrem Bett; wie oft es gewesen, könne sie nicht sagen.

• Drei Wochen bevor man sie eingesperrt habe, habe sie der böse Feind in den Lüften auf den Katharinaberg geführt, wo sie bei Essen und Trinken guten Mutes gewesen sei.

• Nach einigem Zögern habe sie vom bösen Feind eine Salbe genommen; er habe sie ihr in einem Büchslein gegeben und befohlen, die Tiere zu salben.

• Daraufhin habe sie eine Kuh so eingerieben, daß sie am dritten Tag umgefallen sei.

• Die Kühe des Georg Schön, Hans Wolff und Ernst Bastl habe sie auf die gleiche Weise getötet.

• Ihr Buhlteufel habe ihr Kügelein gegeben, um die Leute kank zu machen. So habe sie das Katherle, das sie auch Unholden geheißen hätte, schwer und lange krank gemacht. Mehreren anderen Personen hätte sie diese Kügelchen gelegt.

• Durch die Lüfte hätte sie der Böse einmal, nicht weit von der Erde entfernt, in einen Stall geführt, so wie eine Kuh ausgemolken hätte

• Immer sei ihr Buhle dabei gewesen. Er habe es ungern gesehen, wenn sie das hochwürdige Sakrament habe nehmen wollen; er sei in Zorn geraten.

Opfer der Wemdinger Hexenprozesse 1609/10 und 1629/31*)

Nr.	Name	Bemerkungen	Gerichtet am:
1.	Margreta Schmidt	Jägersgret	5. November 1609
2.	Barbara Schmidt	Schustersfrau	5. November 1609
3.	Leonhard Keller	Besitzer des Stadtbades	5. November 1609
4.	Anna Keller	Dessen Frau	5. November 1609
5.	Ursula Fromm	Heinzenurschel	1609
6.	Barbara Reichart	?	1609
7.	Anna Schwalber	Kräuterurschel	1609
8.	Margreta Endes	Schneiderin	1609
9.	Anna Gempf	Witwe	1609
10.	Elisabeth Müller	Veitlmetzgerin	1609
11.	Kaspar Müller	Metzgersohn	14. März 1629
12.	Susanna Schnitzer	Frau des Tuchmachers	14. März 1629
13.	Barbara Krabler	Frau des Sattlers	14. März 1629
14.	Melusina Langenbauer	Frau des Bäckers	14. März 1629
15.	Barbara Siede	Frau d. Weinwirts	7. August 1629
16.	Christina Graf	aus Unterbissingen	7. August 1629
17.	Catharina Fromm	Tochter d. Gastwirtes	17. August 1629
18.	Agnes Schneid	Melberei	17. August 1629
19.	Brigitta Hainle	Frau d. Fuhrmannes	17. August 1629
20.	Appolonia Hainle	?	6. Februar 1630
21.	Anna Kalmair	Frau d. Hufschmiedes	6. Februar 1630
22.	Sibilla Ebermair	?	6. Februar 1630
23.	Matthäus Epplen	ehem. Rotgerber	6. Februar 1630
24.	Magdalena Mack	Frau des Bräuers	6. Februar 1630
25.	Apollonia Besenmair	Frau des Schuhmachers	6. Februar 1630
26.	Katharina Renner	Müllerin d. Hainlesmühle	6. Februar 1630
27.	Barbara Stachl	?	6. Februar 1630
28.	Sibilla Löfflad	?	6. Februar 1630
29.	Maria Fischer	wohlh. Metzgersfrau	6. Februar 1630
30.	Agatha Schwalber	?	6. Februar 1630
31.	Leonhard Heinleth	Witwe	12. April 1630
32.	Margaretha Kilg	?	12. April 1630
33.	Elisabeth Schneid	?	12. April1630
34.	Margarete Biber	Tochter des Schmiedes	28. Mai 1630
35.	Maria Kemmerling	Witwe des Schullehrers	28. Mai 1630
36.	Hans Dietrich	Sohn des Rotgerbers	28. Mai 1630
37.	Jacob Dietrich	Rotgerber	28. Mai 1630
38.	Philipp Amon	Glaser	28. Mai 1630
39.	Georg Krabler	Seilermeister	28. Mai 1630
40.	Katharina Förg	Witwe ?	28. Mai 1630
41.	Jacob Schnierle	Metzgermeister	?
42.	Kaspar Kilg	Bäcker	?
43.	Katharina Koller (Alte)	Büttnerswitwe	?
44.	Appolonia Wunderle	Frau des Roßhirtes	?
45.	Elisabeth Hötzer	aus Lauterbach	4. Oktober 1630
46.	Maria Kratzer	Oekonomenswitwe	10. März 1631
47.	Katharina Wasser	Frau des Wagners	10. März 1631
48.	Georg Löfflad	Melber und Weinwirt	?
49.	Katharina Koller (Junge)	Kupferschmiedin	?

*) Zusammengestellt nach: Schnied, J.: Das Rechtsverfahren wider die Hexen zu Wemding im ersten Drittel des 17. Jahrhunderts.

Sie werden als schuldig erkannt und ein Malefitz Rechtstag wird angesetzt[143]. Am 5. September wird die Urgicht über sie gelesen und dann werden sie dem Tod preisgegeben[144]. Nun wird deren Hinterlassenschaft eingezogen. In dem Zusammenhang wird eine Kuh geschätzt und »denen beeden Richttersknechten gegen Bezahlung gelassen.« Dann meldet sich eine Pfisterin und begehrt, daß ihr ein Schaden gutgemacht werde, »weil die hingericht Frantz Diepoldtin iren sun umgebrachtt, von irer hinderlassenschaft ir den uncosten, was in der kranckheit uff zuegangen zuerstatten.«

Margreth Bemlin

Am 17. Oktober 1590 berichtet das Ratsprotokoll: »Herr Oberrichter proponiert wegen der Burg Grethen oder Bemlin, die ein Hex sein soll. Man soll die im Ambthause, welches sy beherbergt, examiniren, damit man uff sy desdo mer ursachen einzuelegen hab.« Man hat ihr vorgeworfen, daß sie ein pettelkindt umgebracht und mit ihrem Buhlteufel gegessen habe. Sie wird sie am 11. Februar 1591 lebend verbrannt.

Anna Berlin und Catharina Hertzin

Das Ratsprotokoll berichtet 1591: »Malefiz Rechtstag beder unholden, Anna Berlin Einspenningin, der buelteuffel Venusperger genant und Catharina Hertzin Zimmermannin seyndt bede vom H. Oberrichter einem Ersamen Rath überschafft worden. Der Hertzin buelteuffel Weckerle genannt; ist mit Urteil und recht erkanndt, daß sy bede sollen zuevor strangulirt und alsdan verprendt werden. Sendt bede bei oder iber $^5/_4$ Jar innen gelegen.

Am 9. Juni schickt der Statthalter und Geheime Rat Rudolf Freiherr zu Bollweiler und andere verordnete Räte zu Ingolstadt dem Herzog ein Schreiben, daß man die Teufelskünste der Perslin für wahr halte; besonders verdächtig habe man sie durch das »Wiederbringen entfremdeter Kleider und entlaufener Personen, wie auch mit dem Fahren in die Keller gemacht. Das Antwortschreiben befiehlt, nach Belieben mit der strengen Frage fortzufahren und die von ihr Besagten zu beobachten. Beide werden am 9. September verbrannt. Im September des gleichen Jahres gerät

Kue Matheissin

in den Ruf, eine Hexe zu sein, nachdem man sie vermutlich besagt hat. Der Ingolstädter Rat zeigt sich nicht säumig: »Unholde betreffend beschlossen, daß sie oder Mantlerin wegen besser Verzicht solle als ein Hex eingezogen und alsbaldt examiniert werden; wie beschehen; Herr Mullner will ein Cottember dabei sein[145].« Mit ihr wird Anna Huebrin inhaftiert. Man hat sie am 16. Dezember 1591 lebend verbrannt, nachdem man ihnen teuflische Buhlschaft und den Pakt mit dem Höllenfürst unterstellt hat.

Ursula Mathes Sibenburger

wird kurz danach in den Strudel der Intrigen gezogen und wir erfahren nur Weniges: »Herr Oberrichter proponirt wegen Ursula Mathes Sibenburger Bürgers und Schefflers allhie weib, was sy guett und peinlich bekendt hatt. Darauff durch einen Ersamen Innen- und Äußern Rath beschlossen worden, daß sy künfftigen freytags als ein Hex lebendig uff ainer leitter solle verprendt und solches ihr morgens frue angekundet werden. Derer Buelteufel hat der Hoschoho geheißen.« Dann treten Dissonanzen auf:

»Obwolln der Oberrichter Johan Eberhartt Stecher im Anfang proponieret, daß zuevour stranguliert werden, so ist es doch durch die meiste Vota bei dem vorigen, was vor gesteet beschlossen worden beliben.« Das Urteil wird am 31. Januar 1592 vollstreckt.

Vohburger Unholde

Aus dem Jahre 1593 hat sich folgende Aufzeichnung erhalten: »Am 5. Dezember legt Dr. Schober einen Befehl des Herzogs vor, nach dem acht Hexen aus Vohburg: allso in daschen (Taschenturm) sollen gefürtt und darinnen examiniert werden. Die Ingolstädter erklären sich unter der Voraussetzung bereit, daß keine Kosten oder Unannehmlichkeiten für sie verbunden sind. Der Vohburger Landrichter muß für die Gefangenen zahlen. Sie bleiben bis zur Mitte des Folgejahres. Ob man foltert, ist unbekannt; jedenfalls werden sie später abgeführt. Der Ausgang des Verfahrens ist unbekannt.

Margretha Schwartzin,

Philipp Maurer, Anna Niclasin und deren Stiefkinder Alexander und Helena.

Die Kinder werden ins Blatterhaus verbracht und man will sie ungern freilassen: »aus Furcht, sie könnten Gerüchte verbreiten ... als seye die beysorg, wan diese personen sollten ausgelassen werden, sie würden die von ihnen angebne personen auch übel beschrayen, wie dann ohne das der aine bueb gegen den Haffner Barthl von Stamheim, so neben ime inngelegen, von solchen personen auffgeschnitten und selbige namhafft gemacht.«

Der Rat holt sich die Empfehlung der Löblichen Juristischen Facultet ein. Auch Ihro fürstliche Durchlaucht wird informiert. Maximilian entscheidet sich für die Tortur: »sie mögen schärfer angegriffen werden, vor allem die Margaretha Schwartzin.«

Am 6. März 1620 berichtet der Stadtschreiber darüber: »Herr Ober- und Unterrichter referirn, wie daß sie andere zu dem Gericht verordnete Herren angestern bei der Anna Lorentzin Soldatin, so wegen Verdachts der Hexerei in dem Taschenthurm verhafftet, in dem thurm gewesen, diselbe starckh genueg torquieren lassen, wie dan solches Ir Durchlaucht gnädigst befolhen. Darauff sie anfangs nit wöllen bekhennen, doch als man sie mit dem stain behangkt, hab sie gesagt, ja, sie sei eine unholdt, seie vor vielen Jharen zu Augsburg durch iren man ledigen standts zum Fall gebracht, hernach geehelicht, aber als sie etlich jar gehauset, seie er von ir brüchig worden, davon gezogen und über etlich jar seie der böse in Gestalt ires manes zu ir khommen und sie verführt.

Sie sei mit Teuffel aus zu Unserm Herrn, item gehn Himmel gefahren etc. Hernach habe sie alles widerrufen und sich nicht zur Hexerei bekhennen wollen, »halten darfür, es hab ir der böse Geist die Zunge gehalten.«

Nun wird beschlossen, Dr. Denich zu fragen: »weil die Lorentzin also variiere.« Dann wird sie erneut einer Folter unterzogen. Später nimmt sie ihre Aussagen zurück: »weil sie aber in der gefencknussen Catharina Lauterin gesagt, sie hab etwas bei ir, wan man ir dasselbe werde nemmen, so werde es ir übel gehen.« So werden der Amtsknecht und ein Wächter beauftragt, deren Gespräche abzuhorchen. Jedesmal wenn die Sprache darauf kam, ob sie eine Hexe wäre oder nicht: »schien es gleichsam, als könne sie nit reden oder rede gleichsam, seie des Verstandes beraubt.«

Dann schaltet sich der Fürst ein (20. Juli 1620), »daß man die der Hexerey halben verdächtige und befenknusste Anna Lorentzin oder Niclasin Soldatin noch weitter eine zeitlang in fencknus enthalten, auf ihre reden, thuen und lassen vleissige obacht bestellen und zu ir solche personen lassen, die unvermerckhterweis mit ihr konferieren und man wo möglich ein bestendige bekhantnus von ihr hab oder sie per teadium diuturni carceris selbst die wahrheit bekhennen möchte. So man aber über allen angewendten vleiß und etlicher Zeit nichts von bringen würde, khundte sie alsdann ad perpetuos carceres condemniert werden.« Die Schwartzin wäre nach dem Urteil der Juristen freizulassen, die Kinder an verschiedene Orte aufzuteilen und zu unterhalten.«

Noch im 19. Jahrhundert diente der Taschenturm als Gefängnis und Karzer. Auf diesem Bild ist die Einteilung in Keuchen (Zellen) zu sehen.

Dann bemerkt Dr. Denich: »die Niclasin sei noch bis uff Michaelis in Haft zu halten und zu beobachten: ob vielleicht sie sich etwan mit reden verschnappete.« Da der Vater der Geschwister Helena und Alexander Niclasen deren Erziehung ablehnt, wird eine weitere Order des Fürsten über deren Zukunft bestimmt:

»Ir Durchlaucht gnädigsten Bevelch, die wegen verdachts der Hexerey nunmehr lang verhafften Lorentz Niclasen khinder Alexander und Helena in dem Spital zu aufferziehen und zu alimentiern. Herrn Femel als Spitalpfleger um sein notdurfft zugestellt worden.« Das Mädchen wird zur Küchenarbeit verpflichtet und Alexander soll das Schneiderhandwerk lernen.

Anna Niclasin ist zu lebenslanger Haft verurteilt. Am 16. April 1621 wird beschlossen: »daß noch heint auf den abendt sie, Niclasin, solle in das Spitalkhetterl geführt und hinfüro darinnen enthalten werden (khetterl = Kotter = Zelle für Wahnsinnige (?)).

Waisenkinder

Am 8. April 1619 wird erwähnt, Hans Khneiffel habe etliche besagt; als man ihn mit Ruten geschlagen hat, habe er seine Beschuldigungen zurückgenommen. Vermutlich spricht der Bericht vom 17. Mai von dem gleichen Knaben: »Jungker Sebaldt Müller, Stattoberrichter referirt, wie daß man verschine fasten einen jungen Hansen wegen verdächtiger Hexerey habe einziehen lassen. Weiln man aber denselben deswegen examinirt, aber anders nichts als lauter Schelmerei aus seiner Aussag befunden, als sie Herr Dr. Denich mainung, den Buben nachmahln examinirn zu lassen und, da sy anders nichts werden befinden, daß man ihme noch ein gnaden Product, füran von dergleichen Reden zu schweigen und abzustehen, sondern gehen lassen.« Man zeigt sich liberal.

Eines Tages werden Bewohner des Waisenhauses der Hexerei verdächtigt[146]. Es wird ermittelt, daß die Kinder vom bösen Feind und schlimmen Leuten angefochten würden. Es geht um Walburga Schwartz, Enkelin der Scharteten Mathesen, Maria Hitnerin und Symon Ettmüller. Sie sagen, daß sie ausgefahren seien; das Katherlin, welches vorher bei ihnen gewesen sei, habe die Tochter des Amtsknechtes in der Mittagspredigt bei den Mönchen angeblasen, daß dieses im Gesicht blau geworden sei, als habe man es geschlagen.«

Dann brauen sich Widersprüche zusammen. Dann soll die Waisenmutter dimiitiert werden »die drey bueben auf 3 oder 4 wochen an unverdechtige örter, als etwan bei dem schörgen, so ohne daß einer gemeinen Statt geschworen, in die cost eingedingt und auf diselben fleißige obacht geben, wochentlich ires thuns und lassens relation gethon. Die andere dry aber im Taschenturm, bis sich etwas anders eraignen möchte, gelassen.«

Der Prozeß zieht sich in die Länge. Im Ratsprotokoll vom 19. Januar 1624 findet sich der Hinweis: »Auf beschlosene relation, was an gestern die im Taschenthurm liegende waisenkhinder abermals ausgesagt, daß sy nechst verschinen Sambstag und sonsten auch alle loßnacht außgefahren mit von disen benambsten weibern, endtlich aber alles widerumb gelaugnet, fürgebendt, daß sy solches miteinander angelegt, und alles, was sye zuvor gerödt, auch forcht geschehen sye. Conclusum: Daß die Acta H. Dr. Denichs als Advocato sollen zugestelt und sein verner Guetachten vernommen, auch der uncosten halber, so über die khinder gehen, nochmalen mit Ime gerödt werden solle.«

Dann wird das Gutachten der Juristenfakultät im Rat verlesen. Die Tochter des Amtsknechtes soll über das Anblasen examiniert, die Kinder später verschiedenen Personen zur Erziehung überlassen werden.«

Was mit ihnen geschieht, ist nur teilweise bekannt: Martin Gklökhen wird vom Kürschner Michael Beyr als Lehrling angenommen »das khirschnerhandwerkh auf 4 jahr, ain jahr umb ander« zu lernen. Maria Hitnerin, die im Strigelsturm gefangen war, kommt zur Stadtbötin Barbara Bein und der aus dem gleichen Gefängnis entlassene Michael Glück wird beim Schuster Miachel Bilder zur Erlernung dessen Handwerks übergeben. Folterbeurteilung durch

Prof. Manzius

»Bei uns (in Bayern) ist wohl die gelindeste Tortor der Daumenstock, ein Instrument, wodurch der Daumen stark gequetscht wird. Eine andere Methode sind dünne und fest zusammengedrehte Stricke, womit der Henker dem Angeschuldigten die Handgelenke zusammenschnürt. Diese

Schnürfolter

ist mehr als jede andere heutzutage im Gebrauche. Eine dritte besteht darin, daß die Angeklagten, nachdem man ihnen die Hände, manchmal auch die Füße auf den Rükken gebunden hat, in die Höhe gezogen werden, so daß sie eine Zeitlang in der Stellung erhalten werden. Wenn sich Trotz zeigt und die Indizien zwingender Art sind, hängt man Gewichte an die Füße oder legt solche auf den Rücken. Man gießt zur Steigerung des Schmerzes auf den Rücken des Hängenden kaltes Wasser oder es wird nach längerem Aufziehen, wenn die Glieder und Gelenke verrenkt sind, der Strick, an dem der Sünder hängt, oben in Zeitabständen mit einem Stokke erschüttert, damit der Körper dadurch ins Zittern gerät und der Schmerz in allen Teilen und Gliedmaßen gesteigert wird. Es ist auch die

Rutenfolter

üblich, die meines Wissens gegen Zauberer und Hexen, wenn man sie ausgiebig strich, mit glücklichem Erfolge angewendet worden ist. Weil aber manche von den Angeschuldigten, namentlich Zauberer und Hexen ohne Empfindung sind und keine Art der Folter spüren, indem sie das durch Zauberkünste bewirken, oder indem sie Mittel für

Das »Ingolstädter Hochgericht« (= Galgen) südlich der Donau an der alten Straße nach München. (Ausschnitt aus einem Holzschnitt Hans Milichs, 1549).

die Unempfindlichkeit von anderen erhalten haben und bei sich führen, so werden sie, um diesen Zaubereien zu begegnen, hie und da aller ihrer Kleider beraubt und mit andern bedeckt; weil in den Haaren Hexenpulver verborgen sein kann oder irgend etwas unter denselben, so werden die Haare am Körper abgeschnitten und mit dem Messer rasiert.«

Zudem äußert er sich über die Foltergrade: »Von den Rechtsgelehrten werden zwar verschiedene Grade angegeben; weil sie geteilter Meinung sind, und fast alles von der Art und Beschaffenheit der Person, des begangenen Verbrechens und der Umstände abhängt, muß man das dem Ermessen des Richters anheimstellen, der sie je nach der Stärke oder Schwäche, der Jugend oder dem Alter des Schuldigen, dann nach der Schwere des Verbrechens und nach anderen Umständen die Tortur verringern oder verschärfen kann. Indessen unterscheidet man bei uns gewöhnlich drei Grade der Folter. Der erste besteht in der Einschüchterung, wenn nämlich der Richter nicht blos mit Worten, sondern tatsächlich die Tortur androht, indem er den Angeschuldigten zum Orte der Tortur führen läßt und den Befehl erteilt, daß er von den Schergen entkleidet, gebunden und mit dem von ihm beabsichtigten Torturen gequält werden solle. Die Foltergattung wendet der Richter an, wenn die Indizien schwach und zur vollen Tortur unzulänglich sind, den Schuldigen aber belasten. Der Richter bedient sich ihrer nicht bei kräftigen, abgefeimten und schlauen Männern, sondern bei Schwächlingen, Furchtsamen und Zartgebauten.

Der zweite Grad bildet es, wenn der Angeklagte in der Tortur aufgezogen und eine merkliche Zeit, doch ohne Erschütterung des Strickes obengehalten wird. Man wendet den Grad an, wenn der Angeklagte schwerer verdächtig ist, wenn die Indizien nahezu oder ganz beweiskräftig sind, das Verbrechen aber nicht abscheulich oder der Angeklagte bei abscheulichen Verbrechen vom Adel, aus guter Familie, in hervorragender Stellung und guten Leumund ist.

Der dritte Grad besteht darin, daß man den Schuldigen in die Höhe zieht und durch einen oder mehrere Schläge auf den Strick ins Zittern bringt. Das geschieht nur, wenn die Indizien äußerst belastend sind, der Verbrecher sehr verdächtig, kräftig gebaut und das Verbrechen abscheulich oder skandalös ist. Leugnet der Angeklagte oder scheint er die Tortur zu mißachten und ist das Verbrechen ärgster Art, können Gewichte aufgelegt und an die Füße gebunden werden.«

Dann äußert er sich über die Dauer der Torturen: »Hier läßt sich kein sicheres und bestimmtes Maß angeben; auch im Rechte ist das nicht deutlich ausgedrückt. Somit scheint die Zeit dem Ermessen des Richters überlassen zu sein. Was das Aufziehen betrifft, geht die Praxis dahin, daß es manchmal nur geringe Zeit, nämlich ein Ave Maria, ein Pater noster oder ein Misere darüber lang dauert, manchmal die Zeit von zwei Misere und etwas darüber, manchmal eine, zwei oder drei Viertelstunden, manchmal eine ganze Stunde. Je nach der Beschaffenheit der Personen, des Verbrechens und Indizien. Über eine Stunde darf niemand gefoltert werden.«

Spruchpraxis

Das 16. Jahrhundert bringt eine Zentralisierung der Machtverhältnisse von oben nach unten. Parallel erfolgt die Konzentration der Kompetenzen und des Wissens zur Absicherung obrigkeitlicher Entscheidungen. Dies nehmen im wesentlichen die Fakultäten der Universitäten wahr.

Es ist ein gravierender Wandel, denn die frühen Universitäten sind keinesfalls Stätten der Forschung; sie haben dazu gedient, ein geschlossenes Weltbild zu vermitteln. Jetzt bricht dieses Geistesgebäude auseinander. Der hungernde Geist des 16. Jahrhunderts muß befriedigt werden: vor allem bedeutet er ein Zurückdrängen der theologischen Machtposition.

Noch sind die Juristen nicht frei von der Theologie, aber hier macht sich ein dramatischer Abnabelungsprozeß spürbar. Das Recht wird komplizierter und verlangt den gelehrten Juristen. Es hat Vor- aber auch Nachteile:

- Die Gelehrsamkeit der in der Regel unabhängigen Professoren wird zum Alibi für nicht immer richtige Entscheidungen, denn man kann sich hinter ihnen verstecken. Es gilt vor allem auf dem schwierigen Feld der Zauber- und Hexenprozesse mit ihrer komplizierten Rechtslage.
- Für den Landesvater bedeutet das Einschalten einer intelektuell übergeordneten Institution Unparteilichkeit und Mut zum Bekenntnis. Es geht nicht immer gut; so versuchen die mecklenburgischen Machthaber die juristische Fakultät Rostock in Fragen des Zauberwesens zu entmachten!
- Die Unabhängigkeit der Professoren ergibt sich daraus, daß keine Pflicht zur Rechtsfindung besteht, denn sie sind nicht in den juristischen Apparat des Landes eingewoben. In dem Fall verfügen sie weder über Kompetenz noch eine öffentlich-rechtliche Verantwortung.

Sie tragen selbst Bedenken und sagen: »daß die lobliche universitet den Namen einer gemainen freyen hochschuel verlieren und mitlerweil ... für ein trivial schuel möchte gehalten werden.«

Die Nachteile sind offensichtlich:

- Anfragen bei Universitäten verzögern, verteuern und normieren Prozesse.
- Strafrechtliche Entscheidungen mit schwerwiegenden Folgen und ggf. Anwendung der Folter oder Verlust des Lebens, werden mehr und mehr vom Schreibtisch aus getroffen, wobei man sich an die Meinung von Autoritäten hält. Binsfeld, Delrio und Carpzov hätten nie eine solche Bedeutung erlangt, wenn sie Juristen nicht dogmatisiert hätten.
- Niedere Gerichte machen sich die Sache leicht und schieben die Verantwortung nach oben[147)].

Eine Beurteilung der Hexenprozesse im deutschsprachigen Raum setzt eine Bewertung der Spruchpraxen voraus, denn in ihnen erkennt man die höchste Kompetenz und daraus abgeleitet, das menschliche Verhalten der Leimrutengänger. Hier soll ihre Position auf dem Feld der bayerischen Hexenverfolgung beleuchtet werden. Mehr als andere Universitäten greift Ingolstadt in das Geschehen ein, deren jesuitischer Einfluß unverkennbar ist. Dortige Juristen verfassen im 16., 17. und dem frühen 18. Jahrhundert Gutachten zum Thema.

Natürlich gibt es eine Nahtstelle zu einzelnen Juristen. Sie konnten der Obrigkeit in die Quere kommen und so wird deren Auswahl sorgfältig betrieben. Hier sind es im wesentlichen vier, die die Hexenpolitik beeinflussen.

Caspar Lagus

ist seit 1560 Mitglied der Juristischen Fakultät, der in gewisser Weise als Gegner des Hexenwahns anzusehen ist. Später wird er Mitglied des Hofrates in München. Er äußert die Befürchtung, daß sich die Hexenprozesse ins Unendliche ausdehnen könnten. Man hält ihm Nachlässigkeiten und Unfleiß vor. 1651 erhält er eine landesherrliche Rüge wegen Saumselig- und Streitsüchtigkeit. 1584 wird er entlassen, später aber wieder als Professor angenommen.

Caspar Dennich

1591 in Ingolstadt geboren, wird 1623 Ordinarius. Er wird als fleißig, fromm und aufopfernd geschildert. Eine gewisse Agression scheint bei ihm spürbar, hat man doch seine Schwiegermutter wegen Hexenverdachts fangen wollen: »sie sei aber nach Österreich entkommen.«

Georg Everhard

(d. J.) wird nach dem Tod seines Vaters (1570) Professor für kanonisches Recht. Er zählt zu den Befürwortern des Hexenwahns und von ihm stammt der Ausspruch: »es bestehe kein Zweifel darüber, wer der schwarze Hahn gewesen, der vor dem Gefängnis hin und her geflattert sei.«

Wolfgang Kolb

treibt neben ihm die Hexenprozesse voran. Der Kurfürst äußert sich lobend über ihn: »Er sei fleißig und habe 274 Hexenpersonen examiniert, welche äußerlichen Scheins nach wohl gestorben seien.«

Freisinger Gutachten

Die Juristen werden gebeten, in der Frage Stellung zu beziehen, an was man Hexen erkennen kann (stigma diabolicum). Es wird in der Regel dem Scharfrichter überlassen, nachdem man Besagungen argwöhnisch gegenübersteht. Jörg Abriel hat in einem Freisinger Verfahren erklärt, daß er bei einer Inquisitin das Stigma nicht finden kann »offensichtlich habe es der Fürst der Finsternis seinen Blicken entzogen, was nicht ungewöhnlich sei.«

Die Juristen erstellen darauf ein 28 Seiten umfassendes Gutachten und führen aus, daß sich ein Scharfrichter täuschen kann. In einem anderen Fall erklärt Abriel: »er habe an der Inquisitin kein Hexenmahl gefunden, aber sie habe die Gestalt, eine Hexe zu sein«. Hier wird persönliche Willkür zum Drama!

Anfang Dezember 1631 fällen die Juristen ein zweites Gutachten. Es geht es um eine Frau, die seit Jahren als Hexe verschrien ist: zumal sei sie als Witwe immer allein zuhaus ... man habe sie gar mit sich allein reden hören.«

Die Fakultät wird befragt, wie man sich zu verhalten habe und uns heutige Bürger wundert es, daß man seinerzeit Universitäten wegen solcher Lappalien angegangen hat. Ob man sie stärker foltern soll? am andern, wann Sie auch in solcher nichts bekhennen werde, ob sie sich so weit purgiert, daß sie wiederumb auß der verhafft nach haus frey oder waß gestalten zu lassen, oder ob sie lenger und wie lange in der Gefängnis zu enthalten und: falls man sie nicht völlig entlassen könne, (ob sie) bis zu ihrem Lebensende im Kerker bleiben müsse und wem in diesem Fall die Verlassenschaft zustünde?

Wieder zeigen die Juristen Liberalität: sie erkennen die Schwachstellen der Sache und entscheiden: »können wür doch nit sehen, wie gegen der eingefangenen Person auf die bishero wider sie erscheinende indicien peinlich zu verfahren ... sondern vil mehr auf Wiederherstellung wann man ihrer begehren wird, außzulassen seye; sintemalen die wider sie laufende indicia zu neuem fernerem peinlichen Proceß nit schliessen.«

Die Aussage eines anderen Unholden, der die Angeklagte beim Hexentanz gesehen haben will, bezeichnet man als wertlos und sagt: »daß sie wenig Gemeinschaft mit den Leuten gehabt, sei nichts besonderes, denn es gebe viele Weibs- und Mannspersonen, die viel lieber daheim ihre Zeit verbringen als Gesellschaft haben ... wenn es um eine Vermögensregulierung gehe, soll es nicht vom Staat eingezogen werden, sondern ihren Kindern und Verwandten zugute kommen.«

Die vermutlich strittigste Frage unter den Juristen ist die nach der Bewertung der Denunziation. Obwohl man 1601 erst auf die gefährliche Seite Binsfelds neigt, setzt sich die Vernunft durch: »Aussagen der Hexen wären mit Vorsicht zu gebrauchen, denn die meisten seien durch die Qualen der Folter abgestumpft und berichten kaum die Wahrheit. Etliche könnten meinen, daß sie durch Mitteilung einer Anzahl von Komplizen eher frei kommen würden.« Trotzdem befürwortet man in dem Fall die Anwendung der Folter an fünf Frauen und läßt wissen: »daß Besagungen auch vom Teufel angestiftet sein können.«

Kinderprozeß

aus dem Jahre 1624. Hier werden ein neunjähriger Junge und ein zwölfjähriges Mädchen angeklagt. Sie waren Kinder eines Soldaten der Ingolstädter Leibgarde und einer hingerichteten Hexe. Erstattet wird das Gutachten am 11. April 1624: »Denen Edlen, Fürsichtig, Ersamben und Wolweisen Herrn Bürgermeister und Rath der Churfürstlichen Haubtstatt Ingolstatt. Unsern besonders lieben Herrn und Nachbarn.«

Angefragt wird: »Ob und auf was weiß gegen die verhafften Waisenkhünder verner prozess fürzunehmen seye ... da sie all der hexerei halben nit allerdings unschuldig wehren ... sie seien etlichemale ausgefahren, hätten mit dem »bösen fründts« Unzucht gepflegt und der »alten Weiber gesellschaft bekhennt« dies hätten sie sowohl unter der Folter (Rutenstreiche) als nachher gesagt.«

Die Juristen tragen vor: »die Kinder haben sich in nahezu allen Punkten widersprochen und dann wäre ihre Jugend zu berücksichtigen. Der älteste sei elf Jahre, das jüngste noch nicht vier. Deshalb könnten sie nicht mit den allgemeinen Maßstäben gemessen werden. Sie hätten weder Menschen, Vieh, noch Getreide Schaden zugefügt »vil weniger dem tüffel homaginum prestirt und Gott den herrn verlaugnet.«

Deshalb seien sie zu entlassen. Man soll sie unverdächtigen Personen übergeben, die sie in Gottesfurcht und Arbeit erziehen sollen ... und dieweil die Khünder inn ansehung ihres schlechten Alters, daß proth mit ihrer Handtarbeith völig noch nit gewinnen khönnen, und doch sie niemand gern würde umsonst wöllen in der Zucht und Cost halten, bevorab daß sie der Hexerey halber vast bei meiniglichen beschrayet. Also, und damit gemainer Statt Cammer auch nit zuvil beschwehrt werde, vermainen wür guttachtens weiß, daß man etwas von der gestifteten und täglich fallenden Almussen hergebe, und entgegen ander unnotdurfftige Betler, uhndörffte Bürgerskhünder, starcke Weiber, welche wol khönten arbeiten, frembde und müssig genger abschaffen solle.«

Der Fall Nicklin (1629)

Einer der berühmten Regionalprozesse betrifft Katharina Nicklin, Hofschneiderin aus Eichstätt. Sie ist aus Angst vor der Bestrafung nach Ingolstadt geflohen und bei ihrem Schwiegersohn, dem Buchdrucker Wilhelm Eder, untergeschlüpft. Sie wird verhaftet und gefoltert.

Am 6. Juli 1629 schreibt der Kurfürst an den Bürgermeister und Rat Ingolstadt: »es sei nun an der Zeit, daß gegen Catharina Niclin die Exekution vorgenommen werde. Also beauftrage er den Rat damit kommissionsweise. Er befehle, daß zu diesem Zweck die Akten vom Statthalter und den kurfürstlichen Räten zu fordern, sich zu informieren und ein peinliches Urteil zu schöpfen. Es soll an der Nicklin auf Kosten der Hofkammer vollstreckt werden, wenn nicht die Malefikantin genügend hinterlasse.

Der königliche Landrichter und Stadtkommissär Josef Gerstner berichtet: »daß im Jahre 1629 auf Erkenntnis des Stadtrates auf Verbrennung von Katharina Niggl, alten Hofschneiderin von Eichstätt, wegen Verbindung mit dem bösen Feind, Absagung und Verleugnung Gottes, vieler den Leuten und Vieh zugefügten Schäden und verbrachten Umbringens auch dem Magistrat auf Befehl der Statthalterschaft geführter Instruktion der Juristenfakultät mitgetheilt und von dieser bestätigt, daß das Urteil den Rechten und den Akten gemäß sey.«

Es ist auffallend, daß das Verfahren dem Kurfürstlichen Kollegium entzogen wird. Der Bürgermeister und Rat wollen die Verantwortung nicht übernehmen und bitten die Juristen um ihre Meinung: »da in so hochwichtigen Sachen, sonderlich dem verborgenen Laster der hexerey ohne Rats der Rechtsgelehrten fir vnnß selbst etwas zu schliessen, zu schwer vnnd bedencklich fallen will.« Nach der Vorverurteilung des Kurfürsten spricht man sich für die Erdrosselung der Bezichtigten und deren anschließende Verbrennung aus.

Oppositionelle Tendenzen

Man gewinnt den Eindruck, daß sich die Ingolstädter Juristen, zumindest ab dem frühen 17. Jahrhundert, den Hexenprozessen entziehen wollen. Der kurfürstliche Rat und Professor der Juristischen Fakultät, Dr. Johann Valentin Schmid, berichtet 1631 dem Landesvater, »daß er die Prozesse in Wemding nicht mehr führen könne, da ihm dies so beschwerlich falle, daß er denselben, wie gerne er wollte, ohne merckliche Gefahr seiner Gesundheit und anderen ustenden nit forttragen und continuieren möge.«

Dann schreibt der Ingolstädter Rat: »gerade diejenigen Ratsmitglieder, die zu dem gantz gefährlichen Hexenprozeß am tauglichsten und qualifiziertesten seien, stöhnten unter der Last anderer Ämter und Geschäfte, so daß zu besorgen sei, daß sie dem Hexenprozeß allhier gebührendermaßen nit obwarten könnten ... man soll eigene Richter ernennen. Hier wird die Kontroverse deutlich: absolutistisches Regiment kontra Freigeist. Dr. Georg Fasold läßt den Herzog wissen: »daß er wohl gehofft habe, daß man ihn wegen seines hohen Alters (74 Jahre) und wegen kostenlos erfüllter langwieriger Dienste mit solchen schwierigen und gefährlichen Geschäften verschonen würde. Wenn er sich trotzdem dazu bereit erkläre, könne er vor Martini infolge anderweitiger Geschäfte keineswegs zur Verfügung stehen.«

Ausklang

Im 18. Jahrhundert hat sich die Fakultät vereinzelt mit Fragen der Hexerei zu beschäftigen. 1719 wird die 18jährige Anna N. bezichtigt, eine Hexe zu sein. Sie räumt ein, von einer Zieglerin verführt und dreimal auf den Hexentanz mitgenommen worden zu sein. Sie wäre mit verbundenen Augen von ihrem Vaterhaus abgeholt worden. Am Bestimmungsort sei ihr von einem zugeführten Kerl unzüchtiges Treiben zugemutet worden: zudem habe sie zauberische Handlungen vorgenommen. Sie soll zu drei Tagen bei Wasser und Brot verurteilt werden und dann bei einem verständigen Geistlichen unterkommen. Die Schwere des Verbrechens sei gering, weil die Übeltäterin verführt worden sei.

1722 entscheidet sich die Fakultät für die Todesstrafe bei einem 16jährigen[148] und dies bedeutet einen Rückfall in die Zeit des Hexenwahns. Das Consilium aus dem Jahre 1723 verurteilt einen 18jährigen zum Tode: »da eine Besserung nicht zu erwarten sei.« 1717 befürwortet sie bei einer Inquisitin zarten Alters, daß sie mit dem Schwert vom Leben zum Tode zu richten sei. Allerdigs wird es nur bei deren Rückfall wirksam.

Aufklärung und Hexenwahn sind diametrale Postionen. So nehmen die Hexenprozesse in Bayern in dem Maße ab, in dem aufklärerische Tendenzen wachsen. Die Ingolstädter Juristen wirken behutsam und positiv auf das Geschehen, indem sie die Meinung vertreten: »Die Gerichte sollen bey diesen Verbrechen mit vil Behutsamkeit und Moderation verfahren, nicht alles, was dem menschlichen schwachen Verstande unergründlich scheint, gleich für Hexenwerk und Aberglauben ansehen, viel weniger den gerichtlichen Aussagen der Hexen und dem Aberglauben ergebener Personen, sonderbahr so viel die angebliche Complices betrifft, wegen der teufflisch-falschen Vorspiegelung, und auch öfters mit vorwaltender starker Einbildung, Phantasie ... so leichterdings Glauben beymessen. Immassen bey Kindern und Unvogtbaren, welche sich dergleichen teufflischen Künste und Hexenwercks berühmen, welche sich dergleichen hierin angegeben werden, mehr auf gute Disziplin und Unterweisung, als malefizische Straffen der Antrag zu machen ist.«

Die Ingolstädter Juristenfakultät trägt dazu bei, den Hexenwahn zu bekämpfen und der allgemeinen Aufklärung zum Siege zu verhelfen.

Reichertshofen[149]

Hier fallen um 1628 etwa dreißig Personen dem Hexenwahn zum Opfer. Hofmann analysiert meisterhaft vier Protokolle aus dem Jahre 1629, die einen Mann und drei Frauen betreffen. Beschuldigt werden:

- der 30jährige Reichertshofener Bauer (ernehre sich mit dem Ackherpaw) Hanns Zollner, der hervorhebt, daß er lesen und schreiben kann.
- Barbara Kurzhalßin, die etwa 40 Jahre alt ist und sich vom Bäckerhandwerk ernährt. Ihre Mutter wurde als Hexe verbrannt.
- Anna Spizerin, 56 Jahre alt, geboren in Unterhausen bei Neuburg: sie ernähre sich vom Mühlwerk und
- Regina Mayrin, 37 Jahre aus Reichertshofen, eine Bäuerin.

Dillingen[150]

entwickelt sich früh zum politischen, geistigen und geistlichen Mittelpunkt des Hochstiftes Augsburg und teilweise des Bistums. Hier hat der Bischof seine zweite Residenz. Hier befindet die hochstiftische Regierung, sowie die obersten Verwaltungs-und Justizbehörden. Hier errichtet 1549 Kardinalbischof Otto Truchseß von Waldburg mit päpstlicher Zustimmung eine Hohe Schule (collegium litterarum), die 1563 Jesuiten überstellt wird. Sie üben in der Hexenfrage Zurückhaltung.

Als Petrus Canisius im November 1563 nach Rom berichtet, »welch fürchterliche Untaten in Deutschland allenthalben die Hexen, die verderblichen Unholdinnen des Menschengeschlechts und verschworenen Feindinnen des christlichen Namens ... von deren entsetzlichen Künsten und Kräften nicht sicher zu sein scheint« berichtet[151], erhält er die Weisung, sich nicht mit solchen Dingen zu beschäftigen, denn es gebe Wichtigeres zu tun.

Dennoch werden unter den Anwälten der Hexenverfolgung zwei Kapazitäten der Dillinger Universität geführt: Gregor von Valencia und Paul Laymann. Valencia (1549 bis 1603) hat sich in einem vom bayerischen Herzog 1590 eingeholten Gutachten und in seinem Hauptwerk *Commentarii theologici* zum Hexenwahn bekannt und deren Verfolgung theologisch abgesichert. Der Moraltheologe Paul Laymann (1574 bis 1635) der in Dillingen 1625 bis 1632 das Kirchenrecht vertritt, spricht sich ebenfalls für die Verfolgung der Hexen aus. Unter dem Einfluß seines Ordensbruders Adam Tanner (1571 bis 1632) rückt er von den Befürwortern ab und nimmt eine mildere Haltung ein. Mit dem 1629 in Aschaffenburg bei Quirin Botzer erschienenen *Tractatus novus de processu contra saga et veneficos* hat er nichts zu tun. Seit 1625 ver-

Auszüge aus dem Verhörsprotokoll gegen den 1629 in Reichertshofen hingerichteten Hans Zollner

- Er habe vor zwei Jahren Caspar Reicheln aus Zorn eine teuflische Salbe ins Bier getan, wonach er krank und seltsam im Kopf geworden. Innerhalb von 14 Tagen sei er gestorben.
- Wegen eines Streites um einen Kirchenschlüssel habe er den gleichen Trank dem Sedelbauern Leonhard Drählen gegeben: er sei daran gestorben.
- Vor drei Jahren habe er einem kleinen Mädchen eine Salbe in den Apfel gegeben, den es gegessen habe. Sie wäre krank geworden und innerhalb drei Wochen gestorben.
- Eine derartige Salbe habe er einem 11 oder zwölf Jahre alten Mädchen an das Hirn gestrichen; sie wäre fieberkrank geworden und nach zehn Tagen gestorben.
- Dem Sohn Mathes des Hanns Weisen habe er schwarze und teuflische Salbe in ein Glas braunes Bier gegeben, um ihm umzubringen. Er wäre krank geworden. Bastel Sprenger wäre aus gleichen Gründen gelb und dürr geworden.
- Dann habe er versucht, den Müller Martin Kölbel von Königsfeld mit der Salbe umzubringen, was ihm nicht gelungen sei.
- Jährlich zwei- oder dreimal habe er den Teufel als Gott angebetet. Danach habe er Unzucht mit ihm getrieben. Er habe sich ihm verschrieben.
- Er habe auf dem nachhauseweg mit einer Maria Unzucht getrieben. Danach habe sie sich als Teufel zu erkennen gegeben. Er wolle ihm eine Buhlteufelin geben, die ihm gefalle.
- Er habe ihm eine Salbe zum Ausfahren und Pulver zum Schädigen von Mensch und Vieh gegeben.
- Er wäre dreimal in Kammern gefahren, um zu »drucken.«
- Viermal habe er geholfen, Wetter zu machen. Er habe Pulver und schwarze Küglein gehabt, drei weitere hätten teilgenommen. Ort des Wettermachens war der Steinbichl. Einmal bei der Hollerstauden. Etliche Äcker seien verdorben.
- Er habe dreimal geholfen Reif zu machen. Sie seien auf dem Plan von Ingolstadt zusammengekommen, um Getreide zu verderben. Dazu hätten sie in Teufels Namen schwarze Kügelchen, Pulver und Stupp(?) in einen Hafen gegeben. Dreimal habe er Nebel machen helfen. Er habe Obstblüten geschädigt und teilweise verdorben.
- Er wäre vor drei Jahren beim Ausgraben eines Kindes auf dem Friedhof in Reichertshofen dabeigewesen. Die Welschin habe das Kind ausgegraben und heimgetragen. Dann habe man die Leiche geputzt und gebraten. Man habe sie in der oberen Stube der Prewmichlin verzehrt.
- Er sei auf einem Geisbock ausgefahren, den ihm ein Teufel gebracht habe, auch auf einem Gaul, er sei vorne und seine Buhlteufelin hinten gesessen.
- Er sei üblicherweise zweimal pro Woche auf einem Geisbock, und einmal auf einem Gaul ausgefahren, wobei er den Weg durch den Kamin oder Fensterladen genommen habe.
- Versammelt habe man sich bei der Hollerstauden, auf dem Steinbichl, dem Kreuzweg, beim Friedhof, auf den Leberpügkhl, auf dem Pfahl, beim Manchinger Holz, bei Ingolstadt auf dem Plan.
- Er wäre viermal in Weinkeller gefahren, wo man getrunken habe. Man habe nicht aus allen Fässern trinken können, vor allem nicht, wenn ein Drudenfuß am Faß oder Weihwasser darin gewesen sei.
- Er habe nachts mit dem Teufel sechsmal in der Kammer, Tenne und im Hof seines Hauses Unzucht getrieben. Er wäre ihm kalt erschienen.
- Er habe mehrfach die Hostie aus dem Mund genommen, sie in einem Tüchlein heimgetragen, daheim mit der Faust auf die Hostie geschlagen, sie hernach auf Anleitung des Teufels auf den Mist geworfen.
- Er habe den lieben Herrn verflucht und ihn einen Schelm geheißen. Unsere Liebe Frau habe er Hure genannt. Beim Gebet habe er gesagt: »daß er den Teufel als Gott anerkenne und ihm ein Gebet zueigne.«
- Nach den Mahlzeiten habe man getanzt. Unzucht sei getrieben worden, indem Paare auf die Seite gegangen seien. Er habe nur mit seiner Buhlteufelin getanzt.

fügt die Universität über eine juristische Fakultät.

Im Mai 1600 erläßt der Bischof Heinrich von Knöringen ein zeitübliches Religionsmandat gegen das *Wahrsagen, Segensprechen und heimlicher Arznei* und sagt: »diese Verbrechen seien an Leib und Gut zu strafen.« Ein hochstiftischer Beamter kann als

Auszüge aus dem Verhörsprotokoll gegen die 1629 in Reichertshofen verurteilte Barbara Kurzhalßin

- Sie habe vor Jahren ihrem Kind Mathes ein schwarzes und teuflisches Pulver ins Mus gegeben, um es umzubringen. Es wäre krank geworden und an »Darmgicht« gestorben. Auch ihr zweites Kind Ursula habe sie auf die Weise umgebracht. Zudem habe sie dem Zwilling Maria dieses Pulver am Tage nach der Geburt gegeben, worauf es am gleichen Tag gestorben.
- Vor drei Jahren habe sie ein Knäblein des Sedelbauern Georg Lödel in Reichertshofen namens Geörgel umgebracht, indem sie das Unholdenpulver dem 1/4 jährigen ums Maul gestrichen.
- Sie habe zweimal jährlich ihren Buhlteufel als Gott angebetet. Dann habe sie ihn gebeten, er solle Unzucht mit ihr treiben.
- Sie wäre vor 14 oder 15 Jahren unter das Hexenwesen geraten. Der Teufel wäre ihr in der Gestalt Hans Schwaigers erschienen. Er habe ihr 5 Gulden gegeben und dann Unzucht mit ihr getrieben. Bei der Taufe habe der Teufel Wasser aus einer Zinnschüssel über sie gegossen.
- Sie wäre viermal in Kammern gefahren, um die Besuchten zu drucken. Einige haben weder schreien noch reden können, sondern nur still gesagt: Awe, Awe.
- Sie habe zweimal geholfen Wetter machen, wobei Gespielinnen dabeigewesen seien. Beim erstenmal hätten sie Salben und Pulver verwendet, das sie mit Verwünschungen in ein Feuer geworfen haben.
- Reif habe sie ebenfalls helfen machen. Dazu habe man das teuflische Pulver in eine Grube geschüttet und mit einer entsprechenden Verwünschung hinein gebrunset.
- Sie habe beim Ausgraben von sieben Kindern geholfen. Eine Widenpeurin habe es mit Händen aus den Grab genommen und die Wälschin heimgetragen. Sie habe es geputzt und gekocht, sie wisse nicht mehr, ob es gesotten und gebraten, wo diese es verzehrt hätten und wer die Gebeine an sich genommen habe.
- Beim Ausgraben eines zweiten Kindes auf dem Friedhof von Geisenfeld vor der Ledertor habe man ein Kind mit einem Holz ausgegraben, dabei wäre eine Ingolstädterin gewesen. Es habe allen ziemlich wohl geschmeckt. Außer den Gebeinen, die die Ingolstedterin mit nach Hause genommen habe, sei nichts übrig geblieben.
- Sie wäre beim ersten mal mit einer Gabel gefahren, die ihre Mutter geschmiert habe.
- Einmal habe sie sich zu einer Katze gemacht und sei in dieser Gestalt zu Ursula Zollner gelaufen, habe aber niemanden Schaden zugefügt.
- Präsidiert habe ein stattlicher Mann im schwarzsamtenen Kleid, mit grauem Hut und breiten, rotem Bart. Ihm habe man Ehre entgegenbringen müssen. Ihrem Mann habe sie einen Block ans Bett gelegt, der das Erwachen verhindert habe.
- Sie wäre viermal in Keller gefahren. Auch hätten ihre Buhlteufel mitgetrunken und wäre Unzucht nicht getrieben worden.
- Sie habe mit dem Teufel bei Tag und Nacht Unzucht getrieben. Dabei sei er ihr kalt vorgekommen und sie habe ihn an seinem Geisfuß erkannt.
- Zwei Männern habe sie die Mannheit genommen und zwar ihrem Mann Michael Reutter und Wolf Widmann von Gottenshofen.
- Sie habe die Hostie heimgetragen und verunehrt, mit Füßen treten müssen, wodurch sie wie rotes Tuch geworden sei, dabei habe der Teufel gelacht und die Hostie unter den Kot gescharrt und vergraben.
- Sie habe Gott einen grausamen Mann geheißen und ausgespien, wenn man ihn genannt habe. Auf die Bilder in der Kirche habe sie nichts gehalten, ebensowenig auf das Weihwasser.

Hexenriecher bezeichnet werden, Johann Welling von Fehringen (1589–92), der dem Pflegamt (Markt)-Oberdorf vorsteht. Während seiner Amtszeit werden 69 angebliche Hexen dem Feuertod preisgegeben. Die oberste Gerichtsbehörde greift in örtliche Prozesse ein.

Im theologischen Unterricht scheint man dem Thema wenig Beachtung geschenkt zu haben. Dennoch ist man informiert; stehen doch in der Jesuitenbibliothek der *Hexenhammer* und die *Cautio Criminalis*.

Dennoch bleibt die Region vom Hexentreiben nicht verschont, zumal man sich in der näheren Umgebung nicht zimperlich zeigt. Der im Alter von 38 Jahren gestorbene Augsburger Bischof Johann Eglof von Knöringen führt seine Krankheit auf eine Verhexung zurück[152]. Dillinger Jesuiten stehen im September 1591 acht zum Tod verurteilten Hexen bei.

Beginn der Hexenbrände

Hans Kuntz berichtet in einer in Basel 1579 erschienenen Flugschrift, daß die damals 73jährige Hexe (die alte Fritzin) seit 25 Jahren mit dem Teufel gebuhlt und mit seiner Hilfe greuliche Untaten begangen habe. So habe sie am Jacobitag 1578 in Dillingen, als gerade Jahrmarkt und das große Schießen gewesen sei, einen furchtbaren Sturm erregt, der die Marktbuden über den Haufen geworfen, den Rathausturm heruntergeschmissen, Häuser zum Einsturz gebracht habe »viel Menschen und Vihe« getötet habe. Die Hexe wäre gefangen und gefoltert worden, habe kein Geständnis abgelegt und sei freigelassen worden.

Am 5. Oktober 1579, als sie in einer Badestube Leute durch Zauber ums Leben habe bringen wollen, sei sie gefaßt und am 8. Oktober dem Scheiterhaufen überliefert, aber durch ihren Buhlen in die Luft entführt worden.

Ein Dillinger »Jhesuwider« (Georgius Ziglerus), der bei ihr in die Lehre gegangen sei und daraufhin mit teuflischer Hilfe den Lutherischen Schaden zugefügt habe, habe sich aus dem Staube gemacht und von Basel aus sein Unwesen betrieben. Es scheint ein historische Zeitungsente zu sein.

Ein 1588 erschienenes Flugblatt *Urgicht und verzaichnuß, so Walburga Haußmannen zu Dillingen inn ihrer peinlichen Marter bekandt hat, was sy für übel mit ihrer Hexerey angericht hat,* das in Fuggerzeitungen übernommen wird, berichtet von einer Dillinger Hexenverbrennung am 24. Oktober 1587. Opfer ist die Hebamme

Walpurga Haußmann

die unter dem Druck der Folter gesteht:

- Sie habe mit dem Teufel gebuhlt, sei zum Hexentanz geritten und habe sich durch ihn taufen lassen.
- Sie habe Hostien geschändet und Kinder ermordet. Sie wäre für das Viehsterben und Hagelwetter verantwortlich.

Man hat sie zum Feuertod verurteilt und auf dem Weg zum Richtplatz fünfmal mit glühenden Zangen gezwickt und ihr vor der Verbrennung die rechte Hand abgeschlagen. Ihre Asche wird in das nächst fließende Wasser gestreut.

Weiss berichtet in seiner Chronik der Stadt Dillingen, 1587 seien an einem Tag sieben Hexen, 1608 Männer und Weiber wegen Hexerei verbrannt worden; im zweiten Fall seien unter den Gerichteten eine junge und schöne Braut, ein Priester sowie ein alter Spitalpfründner gewesen.

Vor 1596 wird Ottilia Hemlerin verbrannt, die zwei unmündige Kinder hinterläßt. Am 12. April 1597 folgt ihr Maria Waldbeurlin, Frau des Ratsherrn Johannes Waldbeurlin »aus gnädigem Befehl meines Herrn Johann Otto Bischofs von Augsburg«, wie er in einer Eingabe an den Bischof sagt, verhaftet und am 5. Mai stranguliert und verbrannt. Der Witwer soll 250 Gulden zahlen und versucht, von der Summe herunterzukommen.

Ein intensives Hexenjahr war 1612. Am 18. Februar werden die Witwe Juliana Seytz und Appolonia Haffnerin verhaftet, am 21. Februar stranguliert und verbrannt. Am 1. Februar beschweren sich die Bader und Barbiere, daß sie die gefangenen Hexen vor der Tortur radieren und scheren sollten. Das sei ihren Kindern und Kindeskindern abträglich. Der alte Bader Thomas Vest habe sich gegen eine angemessene Entlohnung und Aufnahme in das Spital bereit erklärt, Hexen zu rasieren, habe aber daraufhin seine Kundschaft eingebüßt.

Am 4. Mai wird die ehemalige Hebamme Afra Buzin nach drei Griffen mit glühender Zange, Abschlagen der rechten Hand und Strangulierung verbrannt.

Am 24. Mai werden die Witwe Appolonia Gressin und Euphrosine Buzin, Tochter der Afra Buzin, verbrannt. Am 16. Juli werden Anna Reuschin (Schleiffanna) Agatha Mayerin (alte Säuhirtin), Barbara Windenmannin (des kleinen Schneiderleins Weib), verbrannt.

1616 gibt es wieder Hexenprozesse. Einem Revers der fürstbischöflichen Räte vom 17. Januar 1616 ist zu entnehmen, daß eine von Bergen (Berg?) bei Donauwörth gebürtige Magd Regina, die in Diensten des fürstbischöflichen Rates Hans Georg von Leonrod aus Trugenhofen steht, aufgrund von Aussagen eingezogener Unholdinnen der Hexerei verdächtig und und mit Zustimmung des Neuburger Pfalzgrafen Wolfgang Wilhelm gefangen wird.

Eine Dillingerin muß in diesem Jahr gerichtet worden sein. Die Kammerrechnungen von 1616 vermerken beim Posten Ratszehrungen, es seien von Eberhard Röthen und dem Stadtschreiber M. Johannes Faber bei Bürgermeister und Gastwirt Kaspar Strigl 1 Gulden 20 Kreuzer verzehrt worden, als Eberhardt Röth »auf zwei Mal die Urthl über die gerichtete Unholdin geantwortet.« Möglicherweise bezieht es sich auf Elisabeth Riglerin.

1744–45 kommt es zu einem Prozeß vor dem hochfürstlichen Gericht gegen Barbara Zielhauserin aus Zöschingen. Man hat sie in Aislingen verhaftet und zur Verurteilung überstellt. Sie bekennt ohne Folter:

- Teufelsbuhlschaft, Geisterbeschwörung, Sakrilegien, Hurerei, Abtreibung und Kindszerstückelung sowie Diebstähle.
- Zeugen bestätigen ihren Umgang mit dem Teufel. Eine von ihnen habe gesehen, wie er in der Gestalt einer schwarzen Katze zu ihr gekommen sei und sich mit ihr unterhalten habe.

Die Delinquentin wird am 12. Februar 1745 »auf der Au« auf einem Scheiterhaufen erdrosselt und verbrannt.

In der nachjesuitischen Zeit stellt Dillingen einen kühnen Streiter gegen den Hexenwahn, den Physiker und Philosophen Joseph Weber (1753–1831). Er hält eine Vorlesung über die Nichtigkeit der Zauberei, die 1787 ohne sein Wissen in Salzburg herausgegeben wird. Zeitgleich publiziert er in Dillingen das erste Heft einer Schrift *Über den Ungrund des Hexen- und Gespensterglaubens, in ökonomischen Lehrstunden dargestellt.*

Lauingen[153)]

Im Oktober 1587 wird der Lauinger Scharfrichter zu einem Hexenprozeß nach Höchstädt gerufen, wo zwei Unholde gefangenliegen. Sie werden (u. a.) am 27. und 28. Oktober gefoltert und am 15. Januar 1588 verbrannt.

Bei der Hinrichtung sind Meister und Gehilfen von Donauwörth, Wertingen und Holzheim zugegen. Mitte April 1588 werden in Höchstädt drei Hexen aus Wittislingen verbrannt. Der Scharfrichter von Lauingen beansprucht eine Erhöhung seiner Gebühren: »da die Expedition solcher schädlichen malefizischen Personen gefährlicher und mühsamer sei.« Deshalb fragt der Landvogt von Höchstädt, Hieronymus von Diemanstein, in Dillingen an, was man dort für derartige Verrichtungen zahle und erhält die Antwort: »daß man die Zeit her auch mit dergleichen Malefitzischen Personen zu thuen gehabt, und daß man dem Henker die Zehrung frey und tags 1 Dukaten wartgellt, item für ein brandt 8 fl. und dann für Roß und Karren 10 fl., item für ein peinliche Frag 10 Kreuzer habe zahlen müssen.«

1589 kommt es zum ersten Hexenprozeß. Am 9. Dezember schreiben Bürgermeister und Rat an den Herzog: »sie hätten seit Wochen eine Bürgerstochter in Haft und nunmehr soviel Grund erlangt, daß sie durch den Stadtvogt, zwei Ratsherren und den Schreiber auf morgen eine peinliche Frage ernannt und sie in das verordnete Stüblein auf dem Rathaus hätten legen lassen. Sie hätten einen Boten nach Münster geschickt, wo ihr Nachrichter gestern Hexen gerichtet habe.«

Am 12. August 1590 verlangt der Pfleger von Reichertshofen den Scharfrichter aus Lauingen, weil er »in verhafftung ein Haufen Teufelsgeschmeiß, so der Hexerey bezichtigt (habe), wozu er ihn vielmals gebrauchen müsse.« Hier grassiert der

Aberglaube

Mitte Dezember 1592 wird ein Bürger einige Tage in den Hofturm gelegt, »weil er sich hat wahrsagen lassen, wer seinem Eheweib ihre Krankheit zugefügt habe.« Ein anderer wird wegen Zauberei und Besprechungen in den Turm gelegt. Ende Januar 1599 kommt ein Weber dorthin, weil er bei einem Wahrsager gewesen ist, um zu erfahren, wer ihm sein Pferd gestohlen hat.

Berüchtigt ist die alte Barbara Zehentnerin. Von ihr berichtet das Ratsprotokoll am 18. Februar 1597, sie sei: »wegen zauberischen und abgöttischen Wesens unterschiedliche male gezüchtigt worden ... und habe sich dazu bewegen lassen, einen Segen über einen Diebstahl zu beten.« Man hat sie wegen dem Frevel elf Tage inhaftiert.

1602 liegt eine Frau aus Burgau auf Befehl des Fürsten wegen angeblicher Zauberei drei Wochen im Gefängnis: als sich ihre Unschuld herausstellt, wird sie entlassen. 1603 gerät die Stadt in Aufregung, weil ein Schuhmacher vorgegeben hat, der Teufel habe ihm 20 fl. geliehen und werde dieselben am St. Jacobstag (25.7.) wieder holen. Man besinnt sich einer List, offensichtlich aus Respekt vor dem Satan.

Man läßt in Gegenwart einer Deputation das Geld durch den Stadtknecht am Bayerberg heimlich in die Donau werfen. Der Schuldige kommt mit einer Haftstrafe und einem Verweis davon. Am folgendem Tage kommen Neugierige, vor allem aus Dillingen, um zu sehen, wie der Teufel sein Geld hole.

1627 muß der Lauinger Scharfrichter in Hemau die Hinrichtung von fünf der Hexerei verdächtigen Frauen vornehmen. Drei werden erst geköpft und dann verbrannt; eine wird lebend an eine Säule geschmiedet, dann wird ihr ein Pulversack umgehängt und angezündet; die fünfte wird erdrosselt und verbrannt.

Man hat sie unmenschlich gefoltert und 14 mal an der Leiter aufgezogen, zweimal mit dem Stiefel angegriffen, viermal mit Ruten gestrichen und ebenso oft auf die Rollbank gelegt, dann sie zweimal mit Schwefel, Pech und Branntwein gebrannt. Einer anderen werden Glieder ausgerissen und bei einer weiteren läßt man Schwefel und Pech auf Wunden träufeln[154)].

Anfang April 1631 wird eine Frau gestraft, weil sie eine andere beschuldigt hat, sie wäre eine Gabelfahrerin und habe ihren Mann mit einem Trunk krank gemacht. Im Juli 1637 wird eine Frau aus Böhmenkirch aufgegriffen. Sie bekennt, sie habe das Wahrsagen unterhalb Köln in der Freudenstadt bei einem Doktor, der einen fahrenden Schüler hatte, gelernt. Er sei sieben Jahre lang im Venusberg gewesen. Man weist sie zur Ruhe und droht ihr im Wiederholungsfall einen Stadtverweis an. Im August/September 1664 bricht im Haus des Säckelmeisters

Martin Mayer

Feuer aus, dessen Ursache man sich nicht erklären kann. Er äußert Argwohn gegen seine Magd Katharina Bruckin, Tochter des Stadttürmers und 17 Jahre alt: könne ihr aber nichts beweisen. Sie wird examiniert und beteuert vor Gott, von dem Brand nicht zu wissen und wird entlassen.

Der Rat wird mißtrauisch und geht gegen das Mädchen vor: man läßt sie inhaftieren. Das Säckelmeister-Ehepaar bezeichnet sie als »böses, übel erzogenes, schädliches Kind, das ein schlechtes Lob und öfters Widerwärtigkeit und Zank gestiftet habe.« Sie widerspricht sich und so schafft man sie ins Gefängnis, um sie an ein Eisenband zu schmieden.

Später wünscht sie den Stadtschreiber zu sprechen und gesteht, daß das Feuer durch Nachlässigkeit entstanden sei. Bald festigt sich beim Rat die Überzeugung, daß sie den Brand aus Absicht gelegt habe, was sich unter Verschärfung der Haftbedingungen bestätigt; eine alte Regerbäuerin (ihrem Stiefahnle) habe sie angeleitet, weil ihre Frau so heftig und zornig war. Sie habe es nicht tun wollen, glaube aber, die Alte habe es ihr angetan.

Hier geht es um die 60jährige Regerbäurin, die als Hexe verschrien ist. Sie wird eingezogen. Während sie leugnet, sprudelt es aus der Jungen von weiteren ihr beigebrachten Untaten der angeblichen Hexe: sie sei zum Nähen bei ihr gewesen und einmal wäre sie des nachts von ihr auf einer Ofengabel mitgenommen worden.

Nach Zureden räumt die Alte ihre Hexerei ein:

- Sie sei seit 15 Jahren eine Unholdin und habe Katharina das unholde Wesen gelernt.
- Sie gesteht das Übliche: Wasservergiften, Teilnahme an Hexentänzen, Handtuchmelken usw.

Später widerruft sie und sagt, »sie habe es aus Furcht und Schrecken wegen der starcken Examination angegeben.« Man zeigt sich unentschlossen und holt ein Gutachten der Rechtsgelehrten Dr. Jacob Rees (Dillingen) und Dr. Philipp Andreas Frölich (Ulm) ein. Rees antwortet abwägend und klug[155)]. Man soll erst gründliche Erkundigungen nach der Wahrheit einziehen und er verweist den Rat auf andere gelehrte Männer und schießt mit den Worten:

»Mir hat ob solchen schweren Händeln Jederweilen gegrauset und dabey vil einzugerathen nit vnbillig wie vil andere jeder Zeit abgeschröckhet; es mueß zwar das übel gestrafet werden, aber allein man die Gewißheit haben vnd ergründen khan ... Menschenbluth ist nit Khälberbluet ... die Sache wäre ihm zu bedenklich. Mit der Tortur und peinlichen Besprechung will behutsam umgegangen sein, vnd wurde mancher lieber sterben als sich der Tortur, da sonderlich dieselbe etwas angeschärpfet würdt, vndergeben.«

Der Rat hält sich daran und dann wird gesagt, gegen die Alte lägen keine Indizien vor und man soll die Junge daran erinnern, daß sie niemand zu Unrecht beschuldigen soll.

Der Ulmer Rechtsgelehrte bezieht einen anderen Standpunkt: nach ihm könne man die Alte torquieren und er schickt einen Katalog von 70 Fragen. Sie werden zur Grundlage des peinlichen Verhörs, das die Beschuldigte Ende Oktober 1664 zu bestehen hat. Zunächst verneint sie alles, antwortet dann aber generell mit »Ja«. Dann sagt sie, der Stadtschreiber möge zurückbleiben, da sie ihm die Wahrheit berichten wolle. Sie verwikkelt sich in Widersprüche.

Nach Dr. Frölich könne man die Todesstrafe an ihr vollziehen. Am folgenden Tag widerruft sie und der Rat schlägt eine neue Tortur vor. Dann wird der bischöfliche Rat Dr. Wratis-

Hans Baldung Grien. Hexenszene. Federzeichnung, weiß gehöht, 1514. →

In die schöne Augsburger Baderstochter Agnes Bernauer verliebte sich der junge bayerische Herzog Albrecht und heiratete sie heimlich im Jahre 1432. Wegen dieser Ehe kam es zu einem schweren Zerwürfnis mit seinem Vater, Herzog Ernst von Bayern. (Historia-Foto).

laus Metzger aus Dillingen befragt, der ein Gutachten erstellt. Er beantragt für beide den Feuertod und sagt, die Junge könne aus Rücksicht auf ihre geringere Schuld mit dem Schwert gerichtet werden. Dann wird die Alte gefoltert und läugnet (!) alle ihr zur Last gelegten Schandtaten. Sie gebe nur zu, die Hexerei von der Torböckerin erlernt zu haben. Daß sie Gott abgeschworen und sich mit dem Teufel verbunden habe, stelle sie in Abrede.«

Dann bricht die Folter ihren Willen. Wieder zu sich gekommen, sagt sie: »wäre alles nicht wahr, man möge ihr nicht glauben, es geschehe nur aus Furcht und beschwört unter Anrufung Gottes und aller Heiligen ihre Unschuld.« Dann räumt sie ein:

- Sie habe nach der heiligen Kommunion die Hostie aus dem Mund genommen und mit Füßen getreten.
- Sie habe mit anderen Hexen Kinderleichen auf dem Friedhof ausgegraben.
- Sie habe einem kürzlich verstorbenen Bräuer das Bier vergiftet; ebenso einem Nachbarn zwei Kühe.

Daraufhin zieht der Rat Erkundigungen ein und findet sie nicht bestätigt. Ende November geht ein Schreiben der Regierung aus Neuburg ein, in der Herzog Philipp Wilhelm die Akten anfordert und den Aufschub der Exekution anordnet, dessen Entscheidung er sich vorbehalte. Dann besagt die Junge weiter:

- Sie habe vor 26 Jahren das Hexenwerk von einer Bäuerin aus Dischingen gelernt, in Dattenhausen eine Wöchnerin verkrümmt und das Kind getötet. In Lauingen zwei Personen den Tod angetan und eine andere wahnsinnig gemacht.

Aufgrund der Verhöre beantragt Dr. Frölich in Ulm: »man soll Katharina als Brandstifterin richten und verbrennen. Die Alte solle man peinlich befragen. Gestehe sie, sei sie dem Feuertod zu überliefern, leugne sie, soll man sie des Landes verweisen.«

Am 30. Januar werden beide gerichtet. In der Urgicht wird Katharina wegen zweimaliger Brandstiftung und Teilnahme am Hexentanz, die Alte wegen Verleitung zur Brandstiftung und Hexerei verurteilt. Beide werden auf den Pranger gestellt, zur Richtstätte geführt und geköpft. Johannes Volmar der Ältere, Scharfrichter aus Lauingen, verfaßt einen Bericht in Versform.

Währenddem wird die Witwe Anna Maria Mayrin, vorgeführt. Sie bestätigt die Aussagen der Zeuginnen und fügt an: »dem Schneidergesellen wäre nicht zu glauben, vielmehr sei zu glauben, daß er mit dem Teufel besessen sei. Jetzt werden sie mit ihm konfrontiert.

Am 27. November 1690 findet ein weiteres Verhör statt und schließlich gesteht die Mayrin, sie wäre an dem Sonntag um 3/4 5 Uhr aus der Brüderkirche gekommen und in die Behausung der Jaxemerin gegangen. Da sei niemand zuhause gewesen. Sie habe den Schneidergesellen vorbeigehen sehen und ihm hereingerufen in der Meinung, er sei der Augustinerschneider, dem sie wegen einer verpfuschten Arbeit einen Possen spielen wolle. Sie habe ihm von ihrem Fingernagel heimlich etwas in ein Bier getan, weil sie gehört habe, daß der dies Trinkende trümsig werde, ohne daran Schaden zu nehmen. Später redet sie sich heraus und meint, es wäre auf Drängen Satans geschehen. Dann wird sie dem Scharfrichter vorgeführt, der ihr die Folterinstrumente erklärt.

Schließlich gesteht sie, sie habe dem Schneider Pulver in das Bier getan, das sie von zwei Henkerstöchtern gekauft habe. Es habe nach deren Angaben die Kraft, Liebe zu erwecken. Sie meine, daß sie der Teufel bedrängen würde und sie bilde sich ein, daß sie verdammt wäre und habe an der göttlichen Barmherzigkeit gezweifelt. Der Grund sei, daß sie sich gegenüber ihrem Vater zu dessen Lebzeiten böse verhalten habe; auch habe sie sich im Gefängnis mit Selbstmordabsichten getragen. Außer dem Schneider habe sie niemand ein Leid zugefügt.

Dann räumt sie ein, daß ihr während der Haft eine Maus ein Zeichen eingebissen habe, woraus man schließt, daß es ein Hexenmahl sei. Schließlich hat man sie soweit und sie sagt:

- Der Teufel sei ihr vor 15 Jahren in ihrem Gartenhaus in der Gestalt eines Gärtners erschienen und habe ihr mit köstlichen Speisen und Getränken aufgewartet ... damals habe sie sich der Hexerei ergeben.
- Ihre Lehrmeisterin sei die verstorbene Bäckerin am Dillinger Tor gewesen. Mit ihr sei sie zum Hexentanz auf die Schulerwiese geritten oder in einer Kutsche gefahren.
- Es seien viele Frauen aus Dillingen, Lauingen und anderen Orten dabeigewesen. Sie habe Gott abschwören müssen. Da sie nicht tanzen könne, habe sie die Köchin gemacht.
- Die Frauen hätten hl. Hostien mitgebracht und der Teufel habe ihnen ein Pulver gegeben, damit habe sie das Töchterlein ihrer Schwester vergiftet.
- Dann sei ihr der Teufel in der Gestalt eines Kapuziners mit mehreren Hexen im Gefängnis erschienen und habe ihr verboten, ihre Gefährtinnen zu verraten.

Dann widerruft sie: »sie habe nur erzählt, was sie von anderen Leuten habe sagen hören.« Dann wird sie gefoltert und dann werden ihr Gewichte an die Beine gehängt.

Da die Kurfürstliche Regierung den Prozeß an sich ziehen will, wendet sich der Rat an Dr. Sewboth in Ulm. Er erklärt, daß man nicht mehr zur Folter schreiten könne. Es wird beschlossen, sie in einem besonderen Stüblein zu verwahren. Hier wird sie krank und stirbt am 28. Oktober 1691.

Ende Juli 1773 kommt es nochmals zu einem Vorfall. Ein Glasmaler aus dem bayerischen Wald wird wegen Zechschulden verhaftet. Er führt ein Büchlein mit Teufelsbeschwörungen mit sich *(Speculum Magicum* von Athanasius Kircher). Er hat Lauinger dazu verleitet, mit ihm 32 bis 33 Nächte lang das »Christophsgebet« zur Hebung eines Schatzes zu beten. Sie werden zur Strafe auf den Marktplatz gestellt.

Straubing[156)]

ist von Interesse, weil hier 1750 einer der letzten Hexenprozesse gegen eine Mayrin geführt wird und weil sich in der Region ein seltenes zeitgeschichtliches Dokument zum Verständnis des Hexenwahns erhalten hat, das Hexenkreuz in Freundorf bei Oberalteich. Aufsehen erregt der 1435 inszenierte Prozeß gegen

Agnes Bernauer

es ist weder ein Zauber- noch ein Hexenprozeß. Es entspinnt sich eine Bilderbuchintrige mit dem Hintergrund des Liebeszaubers, was damals so selten nicht ist. 1421 liegt in Kempten eine Frau wegen dieses Deliktes in Haft und 1551 kommt es im Hochstift Eichstätt zu einer Anklage wegen Liebeszauber. Hans Philipp von Mönsheim wird geköpft, weil er sieben Weiber genommen, von denen er zwei mit einer Wurz bezaubert habe, daß sie ihn liebhaben mußten.«

Als Herzog Albrecht 1328 zu einem Turnier in Augsburg ist, lernt er Agnes Bernauer »einß barbierß Tochter« kennen, die in der väterlichen Badestube tätig ist[157)]. Im gleichen Jahr hat sich ein Heiratsplan des Bayernfürsten mit Elisabeth von Württemberg zerschlagen, da sie sich heimlich mit Graf Werdenberg verlobt und mit ihm geflohen ist. Agnes wird als überaus liebreizend (venustissima) gerühmt[158)] und betört den leichtlebigen Albrecht, den »Liebhaber der zarten Frawen[159)]«, was sie mit dem Leben zahlen wird.

Es dürfte eher so sein, daß die Initiative von ihr ausgegangen ist, denn eine solche Partie ist einmalig. Adlzreitter berichtet, daß sie ihre Reize ins Spiel gebracht habe, um den Fürsten zu gewinnen[160)]. Es könnte sein, daß er ihrem Werben unterlegen ist. Sein Vater ist unwillig über die Blindheit seines Sohnes, da er »verstrickt in den ausgelegten Netzen ihrer Liebe nicht mehr an eine standesgemäße Ehe denke.«

Der Sohn bekennt sich zu ihr, erwartet, daß man ihr fürstliche Ehren entgegenbringe und schenkt ihr das Schloß Straubing als Witwensitz, gibt ihr einen Hofstaat und bezeichnet sie als rechtmäßige Herzogin. Geschickt wird er zu einem Turnier beordert und geschmäht. Man sagt ihm: »er wäre seiner ritterlichen Rechte verlustig, solange er zum öffentlichen Ärgernis den Umgang mit einer Dirne pflege.«

Der herzogliche Sekretär Friedrich Aichstätter berichtet dem in Ungarn weilenden Kaiser Sigismund darüber[161)]. Man schiebt ihr den Tod des Sohnes Adolf von Herzog Wilhelm, des Bruders von Ernst, in die Schuhe, der 1441 gestorben ist[162].

Agnes wird am 12. Oktober 1435 in Straubing vor ein Halsgericht gestellt und angeklagt: »habe sie doch durch ihre bösen Künste (und Zaubertränke) den Sinn des jungen Herzogs betört.« Sie rechtfertigt sich und sagt: »sie habe nichts, was zu bereuen sei, als daß sie nicht gleich als dessen Ehefrau aufgetreten sei.« Ihr selbstbewußtes Auftreten kann ein Grund gewesen sein, daß man ihr kein Wohlwollen entgegengebracht hat. Sie wird durch einen Sturz von einer Brücke ertränkt.

Ein Chronist berichtet: »der Strom trägt sie, sie kommt ans Ufer zurück und fleht um Erbarmen. Ein Henker wickelt ihre Locken um eine Stange und taucht sie unter, bis ihr Leben erloschen ist.«

Doch es gibt eine wahrscheinlichere Version. Aventin berichtet, daß Agnes auf Befehl des Herzogs in einen Sack genäht wurde. Es stellt sich die Frage, warum man sie wegen ihrer Vergehen nicht verbrannt hat: möglicherweise ist ein Entgegenkommen des Gerichts zu erkennen; ein Gnadenerweis gegenüber der rechtmäßigen Gemahlin Albrechts. Die Leiche wird auf dem Friedhof St. Peter vergraben.

Als ihr Mann zurückkommt, schwört er Rache. Er sammelt seine Getreuen zum Kampf wider den Vater und entfesselt (fast) einen Bürgerkrieg, der das Land an den Rand eines Abgrundes führt. Unterhändler suchen zu vermitteln und dann siegt die Vernunft, während Agnes in den Geruch einer Heiligen gelangt. Die Zeit heilt die Wunden. Über dem Sarg der Grabkapelle, der die einst schöne Agnes birgt, reichen sich Vater und Sohn die Hände. Der Sohn stiftet bei den Karmelitern eine tägliche Messe und einen feierlichen Jahrestag. Daraufhin heiratet er Anna von Braunschweig. Herzog Albrecht erwirbt sich die Bezeichnung »der Fromme«, denn er gibt sich Beichtvätern hin; selbst während des Essens läßt er geistliche Bücher rezitieren. Er stirbt 1460 und wird in der Benediktinerkirche auf dem Berg Andechs beigesetzt.

Frühe Hexenprozesse

Nach einem Gerichtsprotokoll aus dem Jahre 1650 werden unter der Rubrik »Raüf- und andere strafbare Gerichtshändel« drei Fälle erwähnt. »Waldtburg Schürzlin aus Pilling hat Maria Streberin daselbst ohne allen Grund ein Hex- und Zauberin verscholten.« Als sie vor die Obrigkeit zitiert wird, entschuldigt sie sich, den sie »wiß von ihr nichts als Liebes und Guets.«

1649 wird Anna Bhämerlin der »Zauberey und Hexerei halber« von Viechtach in die Fronfeste geliefert. Hier wird sie 72 Tage lang festgehalten und als vermeintliche Hexe des Landes verwiesen. Dem Scharfrichter werden 1 fl. 30 x bezahlt, weil er die Bhämerin »mit den painschrauben peinlich angriffen.«

Im gleichen Jahr kommt es zu einem weiteren Prozeß »Zauberei und Hexerei halber« gegen Brigitha Päkhin von Bärnstein, die am 14. September in die Fronfeste nach Straubing gebracht wird. Sie wird gütlich und peinlich befragt. Hier holt man eine Rechtsbelehrung aus Ingolstadt ein. Über das Verfahren ist wenig bekannt. Scharfrichter war Michael Schölnstainer. 1650 wird auf Befehl der Regierung dem Michael Ettensperger, der Beschlägerlohn von der neuen Tortur bezahlt. Es ist davon auszugehen, daß er Folterwerkzeuge angefertigt hat. Zwischen den Jahren 1689–92 kommt es in

Geislingen bei Pfatter

zu einem merkwürdigen Hexenprozeß. »Im Hause des Dienstboten Johann Grueber hat im Januar 1689 ein Geist oder leidend Seel sich nicht nur bemerken und sehen lassen, sondern auf Befragen auch vernehmen lassen, daß des Bauern Johann Auer zu Geisling vor sieben Jahren verstorbenes Eheweib solle aus dem Fegefeuer erlöst werden.«

Bald wird sie als »fromme Seel« bezeichnet, die sich durch Klopfen und vereinzeltes Reden bemerkbar macht. Hansen Auer wendet sich in seiner Verzweiflung an die Regensburger Kapuziner und kommt vom Regen in die Traufe. Sie versuchen das Nichts mit Benediktionen, Rauch, Teufels-gaisln und Weychbrunn (Weihrauch) zu vertreiben. Es kommt zu einem familiären Konflikt, hinter der die Kapuziner eine »Spiegelfechterei« vermuten.

Dann erklärt Katharina, daß am 17. März zwischen 11 und 12 Uhr die »fromme Seel« erlöst und glorreich in den Himmel auffahren werde. Es lockt neben dem Pfarrer und Pflegamtsverwalter etwa 300 Schaulustige vor das Haus. Es wird immer deutlicher, daß es sich um einen inszenierten Spuk handelt und in der weiteren Folge wird die junge Grueberin verhaftet und ins Amtshaus gebracht. Sie wird zweimal mit Ruten gepeitscht.

Die Geschichte nimmt eine dramatische Wendung, als sie später beiläufig Simon Hanndloß erzählt, daß ihr im vergangenen Jahr, als sie bei einem Bauern Kremppel in

Burgweinting als Kindsmagd gearbeitet hat, der Satan in der Gestalt einer Katze erschienen ist; er habe ihr das Kopftuch heruntergerissen und 20 Ohrfeigen gegeben. Dann gibt sie an:

- Später sei er in Menschengestalt mit einem roten Rock, rotem leibl, gelben Strümpfen und einer Schmerhauben auf dem Kopfe neben ihr hergangen.
- Ihre Mutter und die Weinzierlin von Geisling würden in den Montag-, Freitag- und Samstag-Nächten auf Gabeln ausfahren, wovon sie jedesmal 2–3 Köpf (eine Mengenangabe) Butter, Schmalz und Milch heimgebracht hätten.

Es wird dem Landrichter hinterbracht und dann sagt das Mädchen vor ihm:

- Daß sie, ihre Mutter und die Weinzierlin in der Woche des öfteren, nachdem sie sich mit der Hexensalbe geschmirbt hatten, aus dem Grueberhaus nachts auf Mistgabeln und stumpfen Besen durch den Kamin ausgefahren seien.

Dies zwingt die Obrigkeit zum Handeln. Der Landrichter kommt nicht umhin, auf Befehl der Churfürstl. Regierung in Straubing die Eltern Grueber mit den übrigen fünf Kindern und die Weinzierlin zu verhaften und der Hexerei anzuklagen. Mit der Durchführung des Prozesses werden die Regimentsräte und Kriminalkommissäre Franz v. Scherer und Anton v. Edlmar beauftragt.

Durch Besagungen sind über 19 Personen in den Prozeß verwickelt. Katharina Grueber wird am 1. Juni 1689 von Pfatter in die Fronfeste Straubing verlegt. Die anderen »vermaledeiten Hex- und Zauberleuth« werden auf Amtshäuser verteilt.

Beschuldigt werden sie auf Teufelsanbetung, -bündnis, Unzucht mit ihm, Hexenfahrten, Teilnahme am Sabbat und den -tänzen, Hostienschändung usw. »Weillen allem Ansehen nach ain und anderer auß denen verhaften Personen mit dem veneficio taciturnitatis behaft, also daß selbige zu einiger Bekkanntnus nit zu bringen«, denkt man an Geistliche, die Abhilfe schaffen sollen. Sie ersuchen sie: »sie nit allein mit dem veneficio taciturnitatis, sondern auch insensibilitatis behafteten Hexenleute »gebirens« zu strafen und man wünscht sich, daß der Kanoniker des Jesuiten-Kollegiats Georg Straßmayr die Exorzismen ausführen soll. Der Straubinger Kapuzinerpater

Konrad von Monheim

verfaßt in dem Zusammenhang am 27. Januar 1692 einen Bericht, den er den Ordensoberen zustellt. Er betitelt ihn so: »Einige von unseren Mitbrüdern mühen sich damit ab, irgendwelche Hexen und Zauberer auf den Tod vorzubereiten[163).« Daraus wird deutlich, wie groß der eingebildete Einfluß der Geistlichen ist. Sie haben acht Hexenleute in der Arbeit, vertrauen auf endlose Gebete, teilen sich die Aufgabe auf verschiedene Spezialisten und verlieren sukzessive die Menschenwürde aus den Augen. Sie reagieren selbst nicht, als die Beschuldigten vortragen, daß sie nur aus Angst vor den Folterwerkzeugen Aussagen gemacht hätten. Nur die Kinder zeigen sich eifrig im Gebet und es scheint uns heute unglaublich, wenn ein Geistlicher berichten kann:

»Es verdient auch gesagt zu werden, daß der junge Balthasar an seinem Hinrichtungstag, dem 9. Januar ... sagte, er wolle nüchtern bleiben und einen glücklichen Tod erleiden. So wurde er mit seiner Schwester in der Nähe von Haidau enthauptet, aber nicht sehr glücklich, da das Haupt des Mädchens kaum mit drei Schlägen, das des jungen Mannes aber mit nur zwei vom Körper getrennt wurde. Gleichwohl darf man hoffen, daß ihre Seelen umso schneller zum Himmel emporstiegen.«

»Benedikt Eckh fügte sich in großer Demut in den göttlichen Willen und ließ sich unter dem Beistand von uns sechs Kapuzinern geduldig an die Säule binden und wurde in kürzester Zeit erwürgt.«

Daß es provinziell zugeht, erkennen wir daran, daß die Geistlichen – zwei Generationen nach Spee – noch immer dem Hexenwahn verworben sind; sie verstehen sich in erster Linie als Diener des weltlichen Gerichts, ohne dessen Handeln in Frage zu stellen.

Hexenjagd auf Petlbuben

Mitte Juli 1700 benachrichtigt das churfürstl. Landgericht Landau die Straubinger Regierung, daß ein alldort (in Landau) in »causa veneficij carcerirter Jacob Parth 2 andere Bueben« schwer beschuldigt habe. Sie hätten sich in der Gegend von Sunzing, Hüttenkofen und Hornstorf herumgetrieben und Schauerwetter gemacht, »wodurch sehr viele Feldfrüchte in Grund und Boden geschlagen« ... erst unlängst wären sie wieder gesehen worden und hätten im Feld ein »erschröckliches Hagelgewitter zugerichtet.« Es wird eine Fahndung angesetzt und es ist kein Wunder, daß man in kurzer Folge zwei Buben gefangen hat. Es handelt sich um die Bösewichte Matthias Hueber aus Hofberg

Aufstellung der Kosten im Verfahren gegen die 1710 in Straubing als Hexe gerichtete Anna Maria Radlerin aus St. Pölten (auszugsweise)*)

• Johann Ignatio Riedls, Stiftkaplan von hier, »um Begleitung zur Richtstatt der ad mortem condemnirten Radlerin	2 fl.
• Denen Hochw. Herrn Capucinis, daß sie die Verhaffte öfters besuchet ...	3 fl. 36 x
• Reisdeputat beiden Landgerichtsamtleuten zu Alburg und Salching zur Justiz, jedem	30 kr. 1 fl.
• Sitz- und Bankgeld für das Gericht vom 28. Juli bis 29. September, täglich 2 Kreuzer	2 fl. 8 x
• Für 9maliges Vorführen zum Gericht und peinliche Examen, denn Beschwören und »Abkindtung« (Verurteilung)	1 fl. 17 x 1 h
• Zum Hinausführen zur Justiz für ein Köpfl Labungswein	18 x
• Scharfrichter Hans Jacob Deibler hat dabei verdient	8 fl.
• Für das »pindten«	34 x 2 h
• Von Aufschneidung der gefundenen 7 Zeichen und Heraußnahmung der verheilten Hostien mit einem Silbernen Instrument«	8 fl.
• Die Verhaftete mit geweichtem Wasser am ganzen Leib gewaschen	1 fl. 8 x 4 h.
• Die Verhaftete in die Tortur zu führen und mit dem Daumenstock »der Schrepfe nach zu torquieren«	1 fl. 8 x 4 h
• Die Verhaftete an einer (Säule) zu erdroseln und vom Leben zum Tod hinzurichten	2 fl.
• Den Körper zu Staub und Asche zu verbrennen	4 fl.
• Den Rost oder »Scheidthauffen« aufzurichten	1 fl. 8 x 4 h
• Von 8 Maß Fichtenholz zum Scheiterhaufen, samt dem Fuhrlohn zum Hochgericht	12 fl.
• Für 60 Schied Stroh (1 Schober Stroh = 60 Schied; ein Schied ist, was ein erwachsener Mensch mit den Armen fassen kann)	á 3 x 3 fl.
• Für das Hinausführen der armen Sünderin auf einem mit zwei Pferden bespannten Wagen zum Hochgericht	1 fl.
• Für das Verbrennen des Kleides und anderer Sachen der Verhafteten	1 fl. 8 à 4 h
• Für die Bewachung des Scheiterhaufens, den 4 bestellten Wächtern	jedem 30 kr. 2 fl.
• Dem Landrichter gebührt vom Examen	34 x 2 h
• Die Summe der Unkosten, die wegen der in causae veneficij verbrannten Anna Maria Radlerin anfielen, betrug	124 fl. 41 x 1½ h.

*) Zusammengestellt nach: Huber, A.: Hexenwahn und Hexenprozesse in Straubing und Umgebung. Beilage zum Jahresbericht des Johannes-Zurmair-Gymnasiums. 25. Heft 1975

und Philipp Brandlhuber von Kollpach; sie werden ins Gefängnis gebracht.

Dann wird die Hochlöbl. Regierung benachrichtigt und dann ergeht der Befehl, sie zu entlassen und zum Arbeiten anzuweisen. Widrigenfalls würde man sie ins Zuchthaus liefern.

Sie haben Glück, denn der große Münchener Schauprozeß gegen die Pappenheimer aus dem Jahre 1600 scheint in Vergessenheit geraten zu sein. Sie werden auf eine interessante Weise aus der Stadt gewiesen: »ein jeder auf einer anderen Straße in eine andere Himmelsrichtung, damit sie nit zusammenkhömmen«, was sicherlich als obrigkeitliche Glanzleistung zu verstehen ist!

In der Zwischenzeit kommt vom Landgericht Haidau am 27. August 1700 ein Schreiben mit der Aufforderung, den dort »inhaftiert gewesten Hexenbueben« Philipp Weinzierl aus Geisling in die Straubinger Fronfeste zu überstellen. Ihm widerfährt das gleiche Schicksal. Vermutlich ist er ein Mitglied der vorher beschriebenen Familie. Nachdem die Mutter Margaretha im Frühjahr 1690 im Gefängnis in Pfatter »eines unseligen Todes« (Selbstmord) gestorben ist und zwei Jahre danach der Vater Wolfgang und die 18jährige Tochter Christine hingerichtet wurden.

Es läßt sich nachweisen, daß Prozesse gegen bettelnde Waisenkinder und Invaliden im Laufe des Spanischen Erbfolgekrieges (1701–14) zunehmen. Anklagen wegen Hexerei und Zauberei sind an der Tagesordnung, um das soziale Elend einzugrenzen. 1710 wird in Bogen ein der Hexerei beschuldigter Bub auf dem Scheiterhaufen verbrannt. 1710 kommt es zu einem Hexenprozeß gegen

Anna Maria Radlerin

aus St. Pölten. Sie ist auf einer Bettelfahrt von Thalstetten in die Ortschaft Münster gekommen. Hier gibt sie vor, krank zu sein. Sie bittet den Pfarrvikar zu sich, legt die Beichte ab und läßt sich mit dem »sacro viatico« versehen. In der weiteren Folge ergibt sich, daß es ihr Ziel war, sich bei Hochwürden durchzufüttern. Daraufhin wird sie »gefänkhlich hinweggenommen und auf guetliches Befragen sovil von ihr vernommen, daß das kommunizieren von ihr wohl öfter des Tages gepflogen, die hl. Hostie aus dem Mund von ihr herausgenommen, entehrt, mit Nägel gestupfet und zu denen Hexen-Dänz appliciret (anwenden) worden seye.«

Die Vorfälle werden von Hofmarksrichter zu Münster, Franz Antoni Landtsperger dem Landrichteramt mitgeteilt. Sie bekennt gütlich:

- daß sie die Wettermachung verübt, Hexerei und anderes begangen habe.

Dann erhält sie Besuch vom Scharfrichter. Sie soll einem weiteren Verhör unterzogen werden »nochmals ein Examen wegen der teuflischen Anbetung und der fleischlichen Beiwohnung »formieren« wolle, ihr im »Essen unvermörckten (heimlich) geweichte Sachen beizubringen, geweichte Kleider herbeizuschaffen, an dem ganzen Leib die Haare abzuscheren, gegen sie den gewöhnlichen Exorcismos zu gebrauchen ... damit sie zur wahren Bekentnuß sowohl des Ortes wie der Leute, denen durch Hexerey und Wettermacherei schaden zugefieget worden, getriben werden mechte.«

Kurz danach wird der Verhafteten das Leben angekündtet (sie zum Tode zu verurteilen), selbige an einer Sauln (Säule) ertrosel, und der Körper auf dem Scheidhaffen werfen solle, »nit weniger die hierüber ergeheten Uncosten aufgerechnet werden sollen.« Man sichert sich ab, indem man bei den Pfleggerichten Wörth, Stadtamhof, Nittenau, Zeitlarn, Kellhamb und Ingolstadt Informationen einholt.

Der letzte (?) Hexenprozeß

in Straubing liegt in der Phase der Aufklärung und ist als Relikt des erstarrten Katholizismus und eines unverbesserlichen Volksaberglaubens zu bewerten. Straubinger Gelehrte sind literarisch in den »bayerischen« Hexenkrieg eingestiegen. Gaßner schlägt ihnen ein Schnippchen, denn er wirft die Zeit mit kühnen und überzeugenden Worten zurück.

Am 17. und 19. Juni 1750 erstattet Antoni Adler, ein Amtsknecht, beim Landgericht Straubing Anzeige und trägt vor: »Die Mutter des Winter Pauern zu Rinkhamb sei zu ihme gekommen, weil sie »vertzehlen hören, wie sie (die Leute) das alte Prechweib zu Atting allhiesigen Landgerichts, namens Mayrin am verflossenen Donnerstag den 11. Juni, in der Fruehe bei der Austreibung des Khüe-Vichs auf einem Anger nechst der Labern mit einer übern Kopf gehabten Milch- oder Zeitl-Gölten (Melkeimer), nur mit einem Hemert (Hemd) und Schuechen, nebst bey sich gehabten Steckhen liegent angetroffen.«

Bauern würden glauben, daß sie mit dem Stock zum Blocksberg und Sabbat gefahren sei. Sie wird von Attinger Leuten angeschrien, aufgehoben und nachhause in ihr Bett gebracht. Zudem habe die Mutter des Bauern Winter von anderen gehört, daß es »just in selbig vorgewester Mittwoch-Nacht den 10. vorstandtnen Monats Junij, bis 2 Uhr in der Früh zu sehr starkem Donner- und Regenwetter gekommen sei.«

In der logischen Schlußfolgerung meint das Gericht, da müsse sie als Hexe heruntergefallen sein« und holt Erkundigungen ein. Am 22. des Monats wird der Amtman von Alburg angewiesen, sich nach Atting zu begeben und »des im Prechhaus alsdaselbst befindendt blindt armen Manns in puncto veneficij gravierte (belastete) Eheweib auf einem einspännigen Karn geschlossen und wohlverwahrten in allhiesige Eisen-Fronvest zu überliefern.« Später wird ihre Behausung nach verdächtigen Dingen und vor allem nach Salben udgl. durchsucht.

Schließlich stellt das Gericht ein Frage- und Verhörschema zusammen. Am 1. Juli wird die Verhaftete guetlich, doch ernstlich examinirt. Dann ergeht der Befehl, »man möge ihr ein anderes Gewand machen vorhero solches benediciren und mit geweichten Sachen wohl ausrauchen lassen.« Außerdem wäre in ihrem Fall der St. Johannis-Segen zu präparieren.

Der Eisenamtmann erscheint täglich bei der Verstrickten, um nach dem Rechten zu sehen. Am 16. Juli zeigt er »des Mittags um 11 Uhr an, daß sich die Verstrickte auf ihrem Stroh-Sack ligent ganz übel zugerichtet habe, mithin gefehrlich ihres Lebens zu sein befindt, obwohlen er vor bereits drei Stundten noch mit derselben geredt und an ihr nichts ungleiches oder von einer unpässlichkeit« habe feststellen können.

Jetzt wird der »allhiesige bürgerliche Stadt-Chirurgus, Franz Paul Faber abgeordnet, um nach ihr zu sehen. Da man Angst um ihr Leben hat, wird der Regierungsphysikus Dr. Greiff in Kenntnis gesetzt. Die Ärzte haben die Verhaftete »nit mehr bei leben, sondern todt auf ihren Stroh-Sackh liegent angetroffen«, was der Regierung mitgeteilt wird. Am gleichen Tage wird »bei diesem entstelten Leichnamb inspectio cadaveris vorgenommen« und dann ergeht der Befehl, daß man die abgeleibte Mayrin bei der Nacht mittels eines Karrens nacher St. Michael hinabführen und außer der Freithofmauer gleich daran begraben lassen solle.«

Hexenkreuz

in Freundorf bei Oberalteich. Das Kloster Metten besitzt unter dem Abt Petrus I. (1388) eine kostbare Reliquie. Hier hat ein Geistlicher 1414 zur Verehrung des heiligen Benedikt auf Pergament einen Kodex abgeschrieben. In ihm befinden sich 28 verschiedene Kreuze und darunter das des Benediktus. Es wird auf Papier abgeschrieben, in Zinn oder Blei gegossen und dem einfältigen Volk gegen teuflische Hexenkünste verkauft.

Dann gerät das Ganze in Vergessenheit und noch später bekennen sechs Zauberinnen in Natternberg »daß sie, mit all ihren Künsten dem Kloster Metten keinen Schaden haben zufügen können, weil dort ein Kreuz des hl. Benedikt verborgen sei ... wo immer ein solches wäre (auch: ein Benediktuspfennig), sei es vergeblich, ihre Künste anzuwenden.«

Das Kreuz ist mit einer Radnabe vergleichbar. In die Speichen und in die Felge sind symbolhafte Buchstaben eingeschlagen. Die Umschrift läßt sich so übersetzen: »Weiche von mir Satan! Nimmer rate mir der Sünde Schimmer! Du kredenzest bösen Wein; Trinke selbst das Gift hinein«. Es ist eine Beschwörungsformel wider den nichtexistenten Satan.

Man hat solche Dinge als Schutzmittel an Türen genagelt, unter Schwellen vergraben und in das Trinkwasser der Tiere gelegt. Hier schließt sich der Kreis, denn die Leute sind heute so abergläubisch wie vor 250 Jahren.

Calvinistische Kuroberpfalz[164)]

Hier dominiert Zurückhaltung. Während der Hungerkrise nach 1570 lehnt die Amberger Regierung die Führung eines Hexenprozesses ab, weil das man Delikt als »Fantasei« ansieht.

Bedeutung erlangt ein 1572 geführter Hexenprozeß im Gericht Schneeberg-Treffelstein, in dem der Landrichter belehrt wird, daß sich die Weiber »aus geschöpfter fantasei und aberglauben« beschuldigt haben. Der Landrichter will die Geständige hinrichten lassen.

Die Region liegt abseits von der Schauplätze. 1410 kommt es zu einer Umverteilung und 1505 wird infolge des Landshuter Erbfolgekrieges die Jungpfalz mit der Hauptstadt Neuburg/Donau gegründet. Im 16. und 17. Jahrhundert liegt eine territoriale Zersplitterung vor. Politische Veränderungen ergeben sich 1628 durch die Übernahme in den bayerischen Kurstaat: jetzt werden Administrationen spürbarer. Trotzdem führt das Gebiet ein Schattendasein.

Es ist seit Jahrhunderten vom Volksaberglauben infiltriert. Es haben sich Hexensagen erhalten. Es kommen vor: der Hütebub als Wettermacher, Hexentanz auf dem Eis oder der Butterzauber. Es gibt Hexenabwehrbräuche; dem Vieh streut man geweihtes Salz ins Trinkwasser, in Neualbenreuth kennt man das »Hexenplantschen«, was sie vertreiben soll, dann gibt es die Walpertnacht und den Hexenzauber, indem man z. B. einen Besen mit einem Reiser nach oben stellt. Der Glaube an Hexen und Zauberer ist verbreitet; magische Praktiken in Bezug auf den Hexenzauber haben sich bis heute erhalten. Vereinzelt werden Hexen als »Taustreicherinnen«[165)] bezeichnet.

Um 1550 steigt in Krummenaab zu Weihnachten ein Sohn aufs Dach, um zu hören »wie es wittern soll im zukünftigen Jahr. Er sei eine Stunde darauf gewesen, habe aber nichts gehört und gesehen.« Er wird mit einigen Stunden Gefängnis bestraft. Um 1557 berichtet der Pfarrer aus Hirschau »Dazu sei der Rat nachlässig im Bestrafen des Lasters, dann allerlei Unzucht mit Gewalt betrieb(e)n wurde, auch Zauberei und Wiedertäufelei.«

Hinzu kommen religiöse Irritationen. Im Zeitraum von etwa hundert Jahren müssen die Bürger vier Religionswechsel über sich ergehen lassen, bis sie zwangs-rekatholisiert werden. Calvin steht dem lutherschen Hexenwahn nicht nach! 1538 haben die Bezirksstätte um die Einführung lutherischer Prediger nachgesucht. Auch hier erfolgen Visitationen, so 1580 auf Anordnung Ludwigs VI.

»Sie sprachen von einem kümmerlich und fast zerrüttet Wesen der Oberpfalz sowohl in profan und politisch, als auch Religionssachen, von groben Gesellen und Postillenpredigern, halsstarrigen Köpfen, mutwilligen Clamanten, welche die Amtleute und dem gemeinen Pöbel an sich hängen und ihres Gefallens führen und leiten ... da trafen sie also auf ein arm Völklein, müssen hart arbeiten, seien selbst so arm, daß sie nicht wissen, wo sie bleiben sollen.«

Neben der Tätigkeit der Pfarrer und Lehrer wird das allgemeine Verhalten der Bevölkerung untersucht und man stößt auf eine Zauberin. Streng geht man gegen Abgötterei vor.

Anfänge

Mathias von Kemnat erwähnt vor dem Auftreten des *Hexenhammers* zwei Verfahren wegen Hexerei (?) 1475 auf der Zent zu Tilsberg in der südlichen Oberpfalz. Der *Hexenhammer* weist auf die Region Regensburg. So wird gesagt: »Hier hing sich ein Jüngling an ein Mädchen; als er es im Stich lassen wollte, verlor er sein Männliches durch Gaukelkunst, so daß er es nicht sehen und fassen konnte als den glatten Körper, worüber er beängstigt war«

1558 befindet sich Leonhard Kaldorfer in Untersuchungshaft wegen zauberischer Künste und 1589 wird die Züberl wegen Schatzgräberei in Haft genommen. Mit Diebereien aller Art hat sich Hans Zängerlein von Kreusing (Teufelskapsar) unbeliebt gemacht. In Neumarkt ereilt ihn im November 1600 die Todesstrafe per Schwertschlag.

Ab dem Beginn des 17. Jahrhunderts wird der nordbayerische Raum von Hexenprozessen erfaßt. Der Neumarkter Schulze berichtet im Juli 1616: »daß die gegenseitige Beschimpfung als Hexe üblich sei, daß Leute beschuldigt würden, sie hätten den Dieben am Galgen das männliche Glied abgeschnitten und es ins Bier gehängt, damit sie größeren Zulauf gewinnen.«

Amberg orientiert sich am nahegelegenen Nürnberg. Eng sind die Rechtsbeziehungen. Am Nürnberger Oberhof werden zahlreiche Prozesse der oberpfälzischen Region verhandelt. Die Einstellung des Kurfürsten von der Pfalz zum Hexenwahn ist unklar. Es ist von Zurückhaltung auszugehen. Ein zeitgenössisches Urteil stellt den Pfälzern eine positive Beurteilung aus[166)]. Eine Schlüsselrolle nimmt der 1572 geführte Prozeß gegen

Katharina Strelsin

in Treffelstein-Schneeberg (Waldmünchen) ein. Georg von Murach auf Stamsried und Schneeberg wendet sich im Mai 1572 an die Amberger Regierung und bittet um Rechtsauskunft, bzw. Bestätigung seines Verhaltens im Fall der Zauberei verdächtigen Katharina Strelsin. Sie wird bezichtigt, sie habe die Leute betrogen, indem sie vorgegeben hat, einen Schatz mit ihnen zu heben. Sie war inzwischen geständig, wobei sie einräumt, mit dem Teufel auf 20 Jahre ein Bündnis geschlossen zu haben, der in der Gestalt eines Bauern zu ihr gekommen wäre.

Georg von Murach zeigt sich von ihren Bekenntnissen betroffen[167)]. Das Verhörsprotokoll hat sich erhalten[168)]. Das Antwortschreiben der Amberger Regierung mahnt ihn zur Vorsicht gegenüber übereilten Aussagen, da sich oft nur Phantasie hinter dem Hexenwesen verstecke[169)].

Die Regierung in Neuburg fordert eine Befragung mit Hilfe der Folter. Der Ausgang des Verfahrens ist unbekannt. Vermutlich kommt sie mit dem Leben davon, denn am 15. Oktober 1584 beklagt sich eine »Chatrin strellin« über eine vom Pfleger von Murach auferlegte ungerechte Strafe.

Politischer Umschwung

Anfang Oktober wird Amberg, das politische Zentrum der Kuroberpfalz, von bayerischen Truppen besetzt. Friedrich V. war entmachtet. Der Okkupation kann taktische Schläue kaum abgesprochen werden.

Maximilians Ziel sind nicht kriegerische Geplänkel, sondern die Erreichung der ihm vom Kaiser zugesagten Kurwürde, die ihm 1623 auf dem Regensburger Fürstentag verliehen wird. Durch den Machtzuwachs verschieben sich die politischen Strukturen. Der Zenit ist 1628/29 erreicht, wo ein Restitutionsedikt die Rückführung aller säkularisierten Einrichtungen einklagt und den bislang tolerierten Calvinismus verbietet; es bedeutet die Rekatholisierung, wobei jesuitische Hintermänner deutlich werden. Jetzt greift der Landesvater in die politischen, wirtschaftlichen und religiösen Strukturen ein.

Seit 1623 treten in Amberger Kirchen Jesuiten in Erscheinung, dann werden unkatholische Beamte entfernt, calvinistische Geistliche des Landes verwiesen, die Annahme des katholischen Glaubens gefordert und 1628 kommt es zum Bücherverbrennungsmandat. Niemand wird bezweifeln, auf wessen Fügungen es erreicht wird! In dieser Phase wütet ein Krieg, der das Geschehen belastet.

Das Hexenthema ist sekundär, denn es hat in der Metropole seit 25 Jahren an Spannkraft verloren. Über die Hexerei in der Oberpfalz haben sich nur marginale Andeutungen erhalten. Selbst das Fortschreiten der

Zwo Newe Zeittung/
Was man für Hexen
oder Unholden verbrendt hat/von dem
siebenden Hornung an biß auff den zwentzig=
sten Höwmonat diß M. D. LXXX. Jars/
auch darbey angezeigt/ an was ohrt vnd enden/
auch was sie bekendt haben/ ꝛc.

Die ander/ Von der grausamen Wüterey
des Türcken/wie er in der Insel Achallander/so jäm=
merlich mit dem Christen Blůt Tyrannisiert
von gehandelt hat.

Hofer Flugblatt, 1580.

Rekatholisierung zeigt auf dem Feld des Hexenwesens keine Zunahme.

In Kemnath kommt es in den Jahren 1628, 1629 und 1635 zu vereinzelten Besagungen. Im April 1628 klagt Marg. Fraunholtzin gegen den Wirt Hans Krauß, weil er sie eine Unholdin gescholten hat und der Beklagte erklärt: »daß sie ihn einen Schelm und Dieb geheißen, worauf er sie in der Hitze eine Hexe gescholten habe. Er wisse zwar nichts von ihr, doch sei sie im Ruf einer solchen.«

Mitte September 1629 werden die Sölchin und David Krausin vom Rat abgeurteilt, weil sie sich gegenseitig Hexen und Huren genannt haben. Im Juni 1635 klagt Margaret Oberdörfferin gegen Hans Stengl, »weil er sie mit ungebührlichen Reden, Schänden und Lästern und mit Hexenwerk angetastet und bezichtigt, als ob sie ihm und seinem Vater die Reutter (Reiter) zugewiesen haben sollte.«

1662 wurden Paul Härtl, seine Frau und Tochter angeklagt, daß von ihrem Haus die Rede ausgehe, die halbe Stadt seien Hexen und die Frau sei von ihrer Nachbarin verhext und dadurch krank gemacht worden. Der Rat verurteilt im September den Mann zur Turmstrafe. Die Frau wird wegen übler Nachreden in eine Geige gestellt. Für das 17. Jahrhundert liegt für die Landgrafschaft

Leuchtenberg

die Nachricht einer Magd vor, die sich als Hex und Unhold bezichtigt fühlt und darum Klage bei der Regierung erhebt. Sie soll ein Schwein zu Tode geritten haben, wofür man einen Teil ihres Lohnes einbehalten hat. Die landgräfliche Kanzlei fordert den Rentmeister zu einer Stellungsnahme auf. Er beschreibt die Magd als faul und sagt, »daß Barbara Ziszler gestanden habe, ihr früherer Dienstherr hätte sie der Hexerei bezichtigt und ihr darum gekündigt.« Jetzt wird durch den Stadtrichter Fortuna Dietz aus Pfreimd der Zeuge Michael Vorster vernommen, der die Aussagen bestätigt.

Dann wird die Magd verhört. Sie räumt ein, Zauberstücklein zu kennen, da sie es von ihrer Mutter gehört, »daß solchs einem Bauern zu Deindorf vor etlich viel Jahren sei geschehen ... das Ganze wäre nur ein Gerücht, das so gekommen sei: »wann man einem lebendigen Spatzen die Haut über dem Kopf abziehen, alsbald den Kopf mit Salz besprenge und alsdann den Vogel unter eines Menschen Kleid lege, müsse derselbe, sobald nur der Vogel verrecke, gleichfalls sterben ... sie habe nicht befürchtet, daß ihr diese Ausage für bös solle angerechnet werden.«

Die Obrigkeit entscheidet, sie zu entlassen und den Besager abzumahnen. Für die Landgrafschaft sind drei Fälle nachweisbar, die in Zusammenhang mit Magie gebracht werden können. 1615 geht es um ein besessenes Mädchen, das nach der Aussage eines Unbekannten ihren Vaters und seine Geschwister umbringen sollte. Walburger Rösel wird der Obhut zweier Geistlicher anvertraut.

1700 entwickelt sich aus einem nachbarlichen Streit eine Anklage wegen verübter Hexerei. Katharina Winter (Wünther, Wüntter) wird beschuldigt, den Neubau eines Nachbarn behext zu haben, worauf sich die Zimmerleute weigern, die Baustelle zu betreten. Es stellt sich heraus, daß die Beklagte einen Sud hergestellt habe, um die Zahnschmerzen ihres Sohnes zu dämpfen. Sie wird Anfang August mit der Auflage aus der Haft entlassen, sich förderhin jeder magischer Praktik zu enthalten. In der Herrschaft

Neustadt-Störnstein

wird 1539 das Luthertum eingeführt. 1563 wird in einer Stadtverordnung die Religions-

Beispiele von Besagungen in der Oberpfalz

1421	bis 1424 Im Bamberger Ächtbuch wird Jacob Vogler aus Pleydenstein (Pleystein?) erwähnt, der der Stadt verwiesen wird, da er wahrsagen wollte, wer Pferde gestohlen hat.
1475	Hinweise durch Mathias von Kemnath auf Hexenverbrennungen auf dem Tilsberg.
1558	Neumarkt. Hier liegt Leonhard Kaldorfer wegen zauberischer Künste in Haft.
1562	Burglengenfeld. Verhandlungen wegen der Zauberin Agnes aus Callmünz.
1568	Burglengengefeld. Verhandlungen gegen Georg Pauls wegen Zauberei.
1579	Zwei Frauen sollen sich dem Teufel ergeben haben und sich haben hängen wollen.
1580	Waldeck. 7 Personen sind der Zauberei und des Segensprechens beschuldigt.
1587	Waldeck. Der Statthalter berichtet: »daß Häftlinge aus den Türmen in den letzten Tagen mit Hilfe des bösen Feindes entflohen seien«
1589	Burglengenfeld. Verhandlungen in der Sache Eberhard Riemer ... von Leonberg ctra. Jörg Kieners Ehefrau und deren Tochter zu Callmüntz zauberische Bezüchtigung betr.
1593	Margarete Hefel liegt wegen Zauberei sieben Wochen in Haft. Sie hat Taufwasser und Hostien dem Vieh gefüttert, um es gegen Unfall zu schützen.
1617	Hemau. Magdalena Scherer wird auf »das Schärfste« gefoltert.
1617	Laaber. Maria Fürterin wird als als Hexe verbrannt.
1623	Burglengenfeld. Verhandlungen gegen Kunigunde Biernerin (die alt Drechslerin) wegen Verdachts auf Hexerei.
1627	Amberg. Anna Rumpffin in Amberg gibt sich als Prophetin aus und wird inhaftiert.
1627	Hemau. Prozeß gegen die 33jährige Barbara Kleußl. Sie versucht sich während der Haft zu erhängen.
1655	Schadenszauber nach einer Hexenverbrennung.
1660	Schreiben des Erbendorfer Richters Johann Paul Weichmann an den bayerischen Kurfürsten Ferdinand Maria, nach dem Tode des protestantischen Pfarrers Ägydius Brandtner, »man habe in dessen Haus eigenhändige Zaubereistück gefunden, darüber sowohl er als andere beiwesende nicht allein erschrocken und erdattert sind, sondern auch der herum im Revier sich befindlichen Prädikanten hierüber ganz tobend worden.«
1677	bis 1680 In Rötz-Schönsee-Eslarn treiben gezauberte Wölfe ihr Unwesen.
1679	Anna Barbara Härtl hat sich am hl. Abend 1679 nackt an den Tisch gesetzt und den Teufel angerufen, ihr ihren Liebsten vorzustellen. Sie wird zur Geige und zwei Tagen Gefängnis verurteilt.
1683	Burglengenfeld. Klage gegen Helena Purnsin ctra. Hanns Pongratz wegen bezichtigter Läusezauberei anhängig.
1685	Burglengenfeld. Akten der inquirierten und wegen Hexerei hingerichteten Christoph Huber und Magdalena Hafenbaur von Kocherthal.
1687	Hexenprozeß in Hemau.
1686	bis 1689 Hexenprozesse in Regenstauf.
1699	bis 1700 Prozeß gegen die wegen Hexerei eingezogene Tochter des Schuhmachermeisters Georg Schwender.
1712	Margarete Heyrin wird zum Tod durch Feuer und Schwert verurteilt.
1718	bis 1749 Untersuchung gegen den der Hexerei angeklagten Johann Jauxhofer von Pilenhofen.

freiheit festgehalten. 1627 werden im Zuge der Rekatholisierung Jesuiten nach Neustadt (a. d. Waldnaab) gerufen und ein katholischer Pfarrer verpflichtet. Hier lassen sich bislang keine Hexenverfolgungen nachweisen.

Pfalz-neuburgische Gebiete

In Neuburg a. d. Donau regiert Ottheinrich, der dem Protestantismus zugetan ist und die Einführung der lutherischen Lehre anordnet. Die pfalz-neuburgischen Gebiete sind vom Hexenwahn stärker betroffen, als die, die unter kurpfälzischer, bzw. kurbayerischer Herrschaft stehen.

Infolge einer Erbteilung sollte Wolfgang Wilhelm das Herzogtum Neuburg übernehmen; er tritt um Katholizismus über. In der Region kommt es zu einer Häufung von Hexenprozessen. Sie ist mitbegründet durch die geographische Lage Neuburgs im Umfeld von Zentren der Hexenverfolgung wie Ellwangen, Wallerstein, Nördlingen, Dillingen und Donauwörth.

In den Neuburger Gebieten scheint sich der Hexenwahn erst in den an Schwaben grenzenden Ämtern Gundelfingen und Höchstädt entwickelt zu haben. 1538 kommt es zu einem Prozeß wegen Liebeszauber. Der Beschuldigten soll die Folter angedroht werden. 1587 liegen in Höchstädt zwei Hexen in Haft. 1563 wird Agnes »die alte zauberin« aufgegriffen.

Hier häufen sich Verfahren gegen Kinder. 1629 geht man gegen ein zehnjähriges Mädchen aus Reichertshofen, 1699 gegen ein siebenjähriges und 1700 gegen einen dreizehnjährigen Buben vor.

In Hemau werden im Juni 1617 fünf Hexen hingerichtet: »eine wurde auf dem Scheiterhaufen erdrosselt, drei in einen Pulversack gesteckt und lebend verbrannt, eine auf dem Scheiterhaufen enthauptet und dann verbrannt.«

Am 20. September 1629 wird Anna Käserin aus Eichstätt, nach Neuburg übersandte Wirtsfrau, als Hexe enthauptet.

Unter der Herrschaft Wolfgangs, Pfalzgraf von 1532–69 sind im Richteramt Burglengenfeld zwei Hexenprozesse zu verzeichnen. Einer ereignet sich 1562 gegen die Zauberin Agnes und der andere 1568 gegen den Schäfer aus Hochdorf, Georg Paul; der letztgenannte soll vom Amberger Scharfrichter peinlich befragt werden. Es kommt zu einer Verzögerung, da der Anklagte momentan an einem schadhaften Bein leide und um Aufschub bitte.

1589 werden zwei Frauen, dann 1596 »drei Weibspersonen wegen Zauberei angeklagt.« Die Untersuchungen werden vom Richter Curaß Adler geführt. Bei den Angeklagten von 1596 handelt es sich um Magdalena Knollin, (die Lehrmeisterin) und um die Mägde, Elisabeth Lablin und Elisabeth Strenzlin.

Die Knollin »wird alßdann mit anschraufung des daumenstocks examiniert« und dann wird sie nochmals peinlich vom Nachrichter befragt. Die mitbeschuldigte Elisabeth Laiblin wird »gegen bezahlung der azung und geleister gelübdt uff widerstellung erlassen.«

Der Rat von Kallmünz sieht sich durch die Vorkommnisse veranlaßt, an den der Stadt Sulzbach zu schreiben und auf die Gefahr des Hexenwesens hinzuweisen. Der Sulzbacher Rat nimmt eine vorsichtige Haltung ein: »des weiteren sei das gesamte Verbrechen ungewiß.«

Unter Wolfgang Wilhelm (Pfalzgraf 1614 bis 1653) nehmen die Verfolgungen im Raum Hemau zu.

Parkstein-Weiden

Der Stadt Weiden gelingt nicht der Aufstieg zur Verwaltungsmetropole. Es kommt zu religiösen Rangeleien. Hier war das Luthertum seit 1523 verwurzelt und die Jesuiten tun sich schwerer in ihrem Bemühen. Teile der Bevölkerung bringen der Rekatholisierung Widerstand entgegen. In Freihung erklären Bürgermeister, Rat und Gemeinde: »daß sie sich zur catholischen religion nicht bequemen können ... falls man die Bergknappen zwingen werde, müßten sie auswandern. Später wird ein Simultaneum erreicht, das sinnlos bleibt.

Der Rechtsmittelpunkt für das Sulzbacher Teilfürstentum bleibt Nürnberg. Von hier werden viele Auskünfte eingeholt. Sie gehen mit dem Erstarken des Landesfürstentums Bayern zurück. Im Herzogtum Sulzbach wie im Gemeinschaftsamt Parkstein-Weiden zeigt man sich in Hexensachen verhalten. Es liegen vereinzelte Nachrichten vor. 1571 fragt die Stadt Weiden in Nürnberg wegen eines Jorgen Ringhendsleins an, dem Schatzgraben, Wahrsagen und Notzucht (u. a.) vorgeworfen werden.

Dann kommt es in der Region zu einem mysteriösen Vorfall. Es geht um die Rückzauberei von gestohlenem Geld, worin 1637 die Zauberin

Kunigunda Dressenreutherin

verwickelt ist. Eingeschaltet ist eine Wahrsagerin in Tachau. In der Zwischenzeit hat der erkrankte Dieb den Scharfrichter aufgesucht, damit er ihn von dem vermeintlichen Zauber befreie. Er stirbt Ende Dezember 1637.

Dann gelangt die Sache nach Leuchtenberg und jetzt ergibt sich eine interessante Perspektive, denn dem Bestohlenen wird vor-

Barthel Beham, Pfalzgraf Ottheinrich von Pfalz-Neuburg, 1535. 43 x 32 cm, Lindenholz. München, Alte Pinakothek. →

gehalten: »Er habe den Rat nicht gefragt, als er zum Unholden- oder Hexenmeister gegangen sei ... man habe keine Verantwortung ihm viel zu raten. Wolle er sich anderen Orts flüchtig aufhalten, stehe es ihm frei.« Die Regierungen in Neuburg und Sulzbach fordern detaillierte Untersuchungen.

Jetzt wird der Scharfrichter von Tachau vom Freiherrlich Hußmannsischen Hauptmann der Stadt verhört. Er gibt zu Protokoll, daß Erkrankung und Tod der fraglichen Person seiner Meinung nach durch Zauberei entstanden sei. Er hat ihm ein Heilmittel gegen Geschwulst des Halses gegeben und dafür sechs Reichstaler verlangt. Ihm wird Stillschweigen auferlegt und er wird ungestraft nachhause geschickt.

Kunigunda Dressenreutherin wird in Mossbach verhört und man droht ihr die Begegnung mit dem Scharfrichter(Folter) an. Sie räumt ein, gewisse zauberische Fähigkeiten zu besitzen, »aber sie habe niemals Wahrsagerei betrieben und keine Zaubermittel unter die Leute gebracht.«

Die dritte Beteiligte, die Wahrsagerin, stammt aus Wolfsberg bei Tachau im Böhmischen. Schließlich rügt man das Verhalten des Weidener Rates: »daß der Kopf nicht durch einen Wundarzt geöffnet worden war, um festzustellen, ob »Nadeln oder Beinlein hineingezaubert waren.«

Stiftsland Waldsassen

Mit der Säkularisation des Klosters von 1571 wird das Stiftsland unter die Regierung eines kurpfälzischen Statthalters aus Amberg gestellt. Auch hier muß es vereinzelt zu Hexenprozessen gekommen sein, zumal das Umfeld der Hexensagen ergiebig ist.

Da geht es einmal um eine Hütbuben, der beim Griesbacher Pfarrer beschäftigt war, der vorgegeben hat er könne »Teufelswetter« machen. Der Pfarrer besagt ihn beim Abt von Waldsassen, worauf er eingemauert und seine Eltern verbrannt werden.

Dann geht in Waldsassen ein schweres Gewitter nieder, wie man es nur Hexen zutraue. Ein französischer Priester im Neukirchen St. Christoph lädt sein Gewehr mit einer geweihten Kugel und einem Lukaszettel, weil er die Hexe herunterschießen will.

Doch ein Pater war schneller als er und schoß die Hexe herunter, die man an ihrem Schlüsselbund als Nürnberger Kaufmannsfrau identifiziert. Da sie nicht tot war, wird sie zum Feuertod auf dem Scheiterhaufen verurteilt. Man gewährt ihr einen letzten Wunsch und sie bittet darum, ein Ei austrinken zu dürfen. »Sie tat es, und sogleich lief die leere Eierschale an der Stange hinauf und die Hexe war verschwunden.«

In der Region Waldsassen (Tirschenreuth) führt der Pfalzgraf Ottheinrich das lutherische Glaubenbekenntnis 1556, gewissermaßen als Staatsreligion, ein. Dann wird die Region in religiöse Auseinandersetzungen zwischen Luthertum und Calvinismus gestürzt, was mit Turbulenzen, ja Morden verbunden ist. So wird 1579 gesagt:

»Es sei der Segnerei viel vom Papsttum blieben; wenn man auch mit Ketten und Banden strafte, die Leute ließen sich den Aberglauben nit nehmen«. Aus Hohentann wird berichtet: »Der Schulmeister gebe kein Taufwasser weg; wenn einer eine Maid habe und ihr Taufwasser gebe, solle die das Kind nit vertaun (verhexen) können.« Dennoch kommt es zu keinen offiziellen Verfahren wegen Hexerei.

In Tirschenreuth kommt es 1590 zu erbitterten Streitigkeiten der Bevölkerung gegen die Einführung des Calvinismus. Die Einwohner beharren auf dem Erhalt der lutherischen Konfession und drohen, den Rat aus dem Fenster zu werfen. Später wird der Repräsentant der calvinischen Landesherrschaft, der Stiftshautpmann Valentin Winsheim, erschlagen.

Erst als das Stiftsland durch politische Unfähigkeiten unter die kurbayerishe Landeshoheit gelangt, ändert sich die Lage. Nach der militärischen Besetzung wird im Oktober 1621 die Huldigung für Bayern angeordnet; kurz danach ereilt Maximilian die Kurwürde. Ein vorrangiges Ziel war die Stabilisierung des hier darniederliegenden Katholizismus. Im Dezember 1625 kann in Tirschenreuth eine katholische Taufe vorgenommen werden.

Aufgrund zusätzlicher kriegerischen Dinge bleibt wohl für Hexenprozesse wenig Raum und es kommt nur zu einigen Besagungen.

- Mathes Rautter aus Mähring trägt vor, »daß ein Ulrich Mayerhofer seine Güter an sich gehext habe und daß dessen Frau eine Hexe sei.« Der Denunziant muß sich bei beiden entschuldigen und eine Strafe hinterlegen.
- Magdalena Taubner aus Mähring bezeichnet eine Nürnbergerin als »Hurn, Hexen und Eyediebin.«
- Die Witwe des Nicl Merzan aus Condrau bezichtigt Maria Gaimershin, die daß sie ihren Sohn bezaubert habe, damit er sie zur Frau nehme.

Ostoberpfalz (Cham)

Die Region liegt an der Grenze zu Altbayern und Rinck bezeichnet die Zeit zwischen 1589–1631 als ausgesprochene Hexenepidemie. Er führt in dem Zusammenhang an, daß der Hexenrichter Kaspar Poyssl, aus Attenzell beim Cham stammend, zu der Zeit in Garmisch wirkt, wo 49 Frauen abgeurteilt und verbrannt worden sind.

De Facto ist der praktizierte Hexenwahn nicht dokumentierbar. 1539 muß die Witwe Barbara Eylen aus Cham schwören, niemanden mehr zu verhexen. Bei der lutherischen Visitation 1580 meldet der Pfleger von Wetterfeld, daß im Bruch Hexen wohnten, »man sehe auch Drachen fliegen, könne aber der Sache nicht auf den Grund kommen.« 1612 wird ein Prozeß gegen eine Roßmann aus Chammünster angestrengt, die man wegen Kuppelei und Zauberei verklagt hat. Der Ausgang des Verfahrens ist unbekannt. Weitere werden gegen Anna Barbara Schmied aus Kam und

Ursula Zannrin

(Zauner?) geführt. Sie wird mit ihrem Mann und drei Kindern wegen diverser Diebstähle und die Weibsperson noch wegen »verübten schweren und gräulichen Hexenwerk und anderen großen Untaten zu gefänglicher Haft gezogen.« Die Akten gehen zur Prüfung nach Amberg.

Die Zannerin wurde »wegen gar vieler verübter erschrecklicher Zaubereien, in machung höchst schädlicher Gewitter, Donner, Hagel, Weind, Regen, Stain etc. über das Gehölz, Vieh und getreidt etc. reutung und zu schandtentbringung vieler Pferdt, Oxen, Khüe, schaf und dgl. Viehs. Item nächtlicher Ausfahrung auf die Hexentänz, treibung der Sodomütherey mit dem bösen feindt, verleugnung und überaus grausamber entunehrung und gräulicher verspottung Gottes. B. Virg. und aller heiligen, teuflicher und erschecklicher Mißbrauchung deß Hochhl. Sakraments des Alters ... für schuldig erklärt und demzufolge auf dem Schaitterhaufen zu Aschen verbrennt ... nach vorher mit einer glühenden Zange gegebenen Zwicks.«

Es hat ein Nachspiel, denn der in den Prozeß involvierte kurfürstliche Regimentsrat Franz Delmückh klagt den Schaden seines Pferdes ein, das er als verhext betrachtet. Der Kurfürst veranlaßt eine Sektion des Pferdes, die »kein dergleichen Zeichen wie andere von Hexen totgerittene Pferde erkennen hätte lassen, sondern ein großes Lungengeschwür«, womit die Klage abgewiesen ist.

Gerichtsbote zu Straßburg, Kupferst., 1630.

1679 als Chams Ratsdiener Andreas Häberl von sich behauptet, er sei mit dem Teufel im Bunde, wird er verhaftet. Der Pfleger von Cham, Poyssl, berichtet an die Regierung wegen des »Andres Häberl, so nit allein sacramentiert, sondern auch ein Kunst habe, sich fest zu machen, daß man ihm in Streitsachen mit der Obrigkeit nichts abgewinne: Er auch ein waibs Bild nach seinem willen zur Lieb und Unzucht zwingen khönne. Jüngst sey dann in seiner Behausung dergleichen abergläubische Sachen gefunden.« Zur Strafe wir ihm auferlegt, die Kosten von 15 Gulden und 9 Hellern zu zahlen. Er muß eine Stunde im Schandgestell auf dem Marktplatz stehen, nachdem Fürsprecher bei der Regierung in Straubing für ihn eintreten.

Es besteht Klarheit darüber, daß die Darstellung zur Geschichte der bayerischen Hexenprozesse ein Fragment ist, das keinen Anspruch auf Vollständigkeit erhebt.

Schauen wir auf den letzten Akt des Geschehens, der den Kern des Ganzen enthüllt. Der unlösbare Konflikt zwischen dem Volksaberglauben und dem Zwangsirrglauben der römisch-katholischen Kirche.

Bayerischer Hexenkrieg

Das Denunzieren, Verhaften, Foltern und Verbrennen in einem besonders vom Katholizismus infiltrierten Land muß ob den damit verbundenen Ungerechtigkeiten eine Grundsatzfrage auslösen. Die Zeit war eine andere geworden, die alten Hexenriecher tot, die Macht der Jesuiten gehemmt, Volksfrömmigkeit hat sich verändert, die überkommenen Moralvorstellungen haben sich gelockert und der Aberglaube ist der gleiche geblieben. Am Horizont zeichnet sich das Fähnchen der Aufklärung ab und all dem muß sich das Staatswesen stellen. In Bayern folgt in gewisser Weise ein Frontalangriff mit Spätzündung.

Die Bedeutung Spees sollte für Bayern nicht zu hoch angesetzt werden. Dominant ist Tanner, den der Jurist Frölich von Fröhlichburg im frühen 19. Jahrhundert als »Hexenpatron« bezeichnet. Bekannter ist das Verhalten Johann Philipp von Schönborn. Erst 1670 bezieht sich der Hofbeichtvater Kurfürst Ferdinand Marias, Bernhard Frey (SJ) auf die »gefährlichen und furchterregenden Prozesse gegen Hexen« und somit auf Spee.

Dann verschiebt sich die Wirkung von Tanner in seine Richtung. 1686 erfolgt der erste südostdeutsche Neudruck der *Cautio Criminalis* im oberpfälzischen Sulzbach, wo der katholische Reichsfürst Christian August das Regiment führt. 1731 wird sie in Augsburg gedruckt, wobei die Autorenschaft Spees einer breiten Öffentlichkeit mitgeteilt wird. Tanner und Laymann wenden sich mehr gegen die Auswüchse der Prozesse als gegen ihre Beendigung. Bis zum bayerischen Hexengutachten von 1756 übernehmen die Argumente Spees die Führung.

Auslöser der Grundsatzdebatte ist vermutlich die Hinrichtung der Subpriorin Maria Renata Singer (1749) in Würzburg (siehe dort). In dem Zusammenhang hat der Jesuit Georg Gaar zwei Reden gehalten, die ihm dazu dienen, die Rechtmäßigkeit des Hexenprozesses zu unterstreichen. Sie haben den Titel *Christliche Anred nächst dem Scheiterhaufen, worauf der Leichnam Mariae Renatae, einer durchs Schwert hingerichteten Zauberin, verbrennt worden.* Die Schrift muß wie eine Provokation und geistige Rückständigkeit gewirkt haben.

Der erste Hieb gegen sie wird in Italien geführt. Abbate Hieronymus Tartarotti hat sich dort in grundsätzlicher Weise mit den Hexenprozessen auseinandergesetzt und 1748 das Buch *Del congresso notturno delle lammie* verfaßt. Er ist der Auffassung, daß die Inquisition die Hexen geschaffen habe. Ludovico Muratori und Scipio Maffei halten darauf Delrio »für endgültig« widerlegt. Maffei bezeichnet Delrios *Disquisitiones Magicae* als ein elendes, nichtswürdiges, mit den schändlichsten Fabuln, derer sich die dummste Heyden schämen würde, und mit der gottlosesten Ketzermacherey angefülltes Buch.«

Und doch ist in Italien die Basis nicht so liberal; zumal der Trienter Franziskanerprovinzial Bonelli am Hexenglauben festzuhalten sucht. Nun wird Tartarotti die Würzburger Rede bekannt. Er läßt sie in die Landessprache übertragen und versieht sie mit einem bissigen Kommentar, bevor er sie in Verona drucken läßt.

Dies bringt Gaar auf die Barrikaden und zum Verfassen einer weiteren Replik, in der er Tartarotti angreift: »daß er sich nicht scheue, alle Tribunale Europas zu verlästern.« Das spricht sich herum und überträgt sich auf den deutschen Sprachraum.

Der fränkische Augustiner-Eremit Jordan Simon aus Neustadt (Saale) im Hochstift Würzburg greift zur Glaubensfeder und beginnt mit der Übersetzung des Maffeischen Buches, das er 1761 in Erfurt unter dem Pseudonym Ardoino Ubbidiente Dell' Osa das Werk unter dem Titel *Das große weltbetrügende Nichts* herausgibt. 1766 erlebt es unter dem Titel *Die heutige Hexerei und Zauberkunst* eine Neuauflage. Wieder konzentriert sich das Geschehen auf München, das zum Schmelztiegel literarischer Kontroversen wird.

Mitte Oktober 1766 hält der Theatinerpater Don Ferdinand Sterzinger seine *Akademische Rede von dem gemeinen Vorurtheile der wirkenden und thaetigen Hexerey,* wenngleich der Akademie der Wissenschaften die Behandlung religiöser Fragen untersagt ist. Hier wird im Beisein des Kurfürsten der Hexenglaube als »Vorurteil« bezeichnet, was eine Ohrfeige für Bayern ist.

Führt er doch aus, daß der Glaube an die Hexerei nichts weiter denn ein Ammenmärchen sei: »welches der gemeine Pöbel, besondern in unserem lieben Bundeslande mangels besserer Bildung noch glaube, das aber jedem Gebildeten als »eine abgeschmackte Chimaera, oder erdichtete Sache« vorkomme.

Sterzinger bestreitet die Existenz des Teufelspaktes und tut damit im Grunde genommen Ungeheuerliches; er hebt die Kirchenväter aus dem Sattel und dann sagt er: »Ich habe mich des Lachens nicht enthalten können, als ich in dem berühmten Vertheidiger der Hexerey, in dem Del Rio, oder in einem alten Hexenprozesse die lustige Spazierfahrt der Unholden gelesen habe.«.

Del Rio wird zum damaligen Zeitpunkt ebenfalls abgeschmettert. Er gilt als Schöpfer des Souverenitätsbegriffes und damit als einer der renommierten Juristen seiner Zeit. Der Mediziner Guy Patin spricht über ihn ein vernichtendes Urteil: »Der Verfasser habe nicht an Zauberei geglaubt, sondern nur seine Mitwelt über seine wahre Gesinnung täuschen wollen.«

Überall sieht Bodin den verderblichen Einfluß der angeblichen Hexen und Voltaire nennt ihn einen »procurateur général de Belzébuth.« Jacob Brucker spricht ihm jede philosophische Bedeutung ab. Dem steht gegenüber, daß er bis weit in des 18. Jahrhundert hinein neben Carpzov als (fast) alleinige Autorität auf dem Gebiet der »crimen magiae« angesehen wird. Mit welcher Arglosigkeit die Hexenverfolgung angesehen wurde, wird daraus erkennbar, daß der französische Jurist Nicolas Remy seine humanistische Bildung dazu verwendet, um »zur Zerstreuung« die Geständnisse der von ihm gemarterten Hexen in lateinische Verse zu kleiden.

Sterzinger beweist Engagement, befindet er sich unmitten eines »historischen« Hexennestes. Wohl als Zugeständnis gegen den Kurfürsten (zumal man bis 1756 in Bayern Hexen verbrannt hat) und auf den traditionsorientierten Katholizismus im Lande, macht er einige Einschränkungen. Den letzten Schritt, **alle** als Hexen Hingerichteten als unschuldig zu bezeichnen, geht er nicht. Er kann es nicht, denn das ginge an der Realität vorbei, denn bei manchen Prozessen ist kriminelle Energie unverkennbar. **Letztendlich ist ihm die »Hexerey in sich selbst ein eitles und leeres Nichts, ein Vorurtheil und Hirngespinst verrückter Köpfe«**

Sterzingers Rede bleibt nicht unbachtet und der Reichsfürst von Senckenberg schreibt ihm aus Wien: »wie sehr ihn die Zerstörung des Reichs des Aberglaubens in Bayern erfreue.« Für das einfache Volk und die Geistlichen ist es eine schwierige Sache, denn sie halten zäh am Althergebrachten fest. Vor allem die Priester konnten nicht plötzlich das Gegenteil auf den Kanzeln erzählen!

In natürlicher Folge regt sich massiver Widerstand gegen den »Hexenstürmer.« In der Bischofsstadt Salzburg wird über das Hexenthema gepredigt wie in Altötting, Burghausen und Straubing. Der dortige Rentmeister, Freiherr Franz Xaver von Lerchenfeld, organisiert Gegenschriften gegen Sterzinger und die Jesuiten in Altötting registrieren aktuelle Proben von der Macht des Teufels.

»In den klösterlichen Zentren der Region spitzen Ordenstheologen ihre Feder, um die häretischen Ansichten des Münchener Akademikers zu widerlegen. (Behringer). Die Schar der Mönche stürzt sich auf dieses Thema und schon wird gesagt: »Da war kein Palast, keine Hütte, keine Zelle, so still sie sonst sein möchte, die nicht ihre Stimme mit einem Eifer abgab, als käme es auf sie an, die Sache zu entscheiden.« Ein Beobachter aus Innsbruck läßt wissen: »In München wäre alles in Bewegung, nicht nur die Gelehrten, auch der Pöbel war geteilt.«

Im November 1766 erscheinen erste Gegenschriften. Die erste verfaßt ein »Liebhaber der Wahrheit« und als Druckort wird »Sterzingen in Tyroll« angegeben. Dahinter verbirgt sich wohl Agnellus Merz (OSA), ein Ordenstheologe aus München. Er kontert: »Ich halte auch, daß zum öftesten solche nächtlichen Ausfahrten Einbildungen seyen, daß aber alles gar falsch, das kann ich nicht entscheiden ... Ich glaube nicht, daß der Verfasser sich einbilde, es gebe unter Leute (sic), die sich um gar keine Bücher umsehen«

Er tut sich schwer, denn er legt die christliche Tradition auf die Waage der Wahrheit; die Lehre der als heilig angesehenen Väter, die Verordnungen und Gebräuche der Kirche, die große Menge der Theologen, die sich wohl nicht grundsätzlich täuschen könne (sehr wohl kann sie das!).

Also ist er mit seinem Standpunkt im Recht, wenn er seinen Glaubensgenossen als Provokateur hinstellt. Haben doch fast alle vorausgehenden Autoren den Angriff auf die Autoritäten der Kirche gescheut. Man reagiert so empfindlich, weil mit dem Wegfall des Hexenwahns der Teufelswahn (der schlimmer ist) anders interpretiert werden **muß.** Merz, ebenfalls Mitglied der Akademie zu München, erkennt die Problematik:

»Kurz zuvor sagt unser Verfasser, wenn Gott die Gewalt des Satans nicht gebunden hätte, und dieser nach seinem freien Willen uns Schaden kunte, wer wurde von ihm und von den Bosheiten des mit dem Beystand des Satans bewaffneten Hexengeschwaders auf Erden sicher seyn.« Lasset er also den Beystand zu, doch so, daß er der Allmacht Gottes unterworfen seye, dieser Beystand kann nicht anders als durch Versprechen oder Bündniß zwischen beyden

Theilen bestehen, wie kann also diese Bündniß ein Chimära, eine erdichte Sache seyn.«

Das ist der Kern! Haben doch nahezu alle Theologen die Befähigung der Möglichkeiten einer teuflischen Beeinflussung herausgestellt.

Auf die Seite des Agnellus Merz stellt sich eine Reihe anerkannter Ordenskollegen. Der Anonymus »vom Tauberfluß« und der Jurist Model aus München bereichern die Diskussion um juristische Varianten oder konkrete Beispiele. Sterzingers Rede führt zu etwa 40 Streitschriften, die man teilweise lokalisieren noch deren geistigen Urheber ausmachen kann.

Die Tat Sterzingers ist letztendlich, das traditionelle Bild der Theologen aus den Angeln gehoben zu haben; er stellt deren überkommene Lehrgebäude in Frage und so den Wahrheitsgehalt der christlichen Lehren; die Hexenfrage wird zum Angelpunkt der scholastischen Theologie.

Sterzinger schaut dem Ganzen nicht tatenlos zu. In seiner Streitschrift *Betrügende Zauberkunst und träumende Hexerey* von 1767 legt er die Argumente der Theologen auf den Prüfstand der Vernunft und allein dies scheint ungeheuerlich und vordem unmöglich. Sagt er doch: »Daß sie durch die heidnische Dämonologie und Platonsche Geisterlehre zu sehr irre gemacht worden seyn, und daß wir dahero mit aller Ehrfurcht von ihrer Meinung abweichen können.«

So einfach ist es nicht. Es ist ein trefflicher Beweis dafür, daß die römisch-katholische Kirche nahezu alles abgekupfert hat und unglaubwürdig ist. Sterzinger plädiert für die Vernunft und weniger für den Glauben, dem gordischen Knoten des Christentums. Er bestreitet nicht die Allmacht Gottes und meint in der Bewertung der Teufelsfrage:

»Gott der Allmächtige gestattet dem Höllengeist, aus einem uns verborgenen, aber gerechten Urtheile, daß er den ausdrücklichen und geheimen Bund, den der Zauberer oder die Hexe mit ihm eingeht, demselben erscheinen, Hilfe und Beistand leiste, mithin, obgleich der Teufel durch Wörter, Zirkel und Zeichen zur Erscheinung nicht könne gezwungen werden, so geschehe doch solches durch die Zulassung Gottes zur Bestrafung des Bösen und verkehrten Willens eines solchen Menschen.«

Diese Schulrede, die der wesentliche Inhalt seines verdrüßlichen Geschwätzes sind, soll der unüberwindliche Mauerbrecher sein, mit dem er mein Lehrgebäude erschüttern will.«

Der »Liebhaber der Wahrheit« schleiche um diese Wahrheit, daß eben die vielen kirchlichen Lehrmeinungen »nur« Meinungen (und dazu noch falsch sind) herum! wie die Karte um den heißen Brei.«

In einem weiteren Traktat des Merz vom Februar 1767, der *Verteidigung wider die geschwulstige Vertheidigung der betrügenden Zauberkunst und träumenden Hexerey* werden seine Angriffe gegenüber Sterzinger deutlicher: »Ist der Höllengeist ganz und gar angebunden, so kann er niemand mehr versuchen. Alle Ermahnungen der Kirche sind umsonst und vereitelt. Wohl acht mein Herr! dies ist die Sprache unserer Freygeister.«

Im Grund genommen bezeichnet er seinen Religionskollegen als Ketzer. Schon befürchtet man den Zusammenbruch der bisherigen Religiosität. Im November 1766 erscheint die Streitschrift *Kurze Vertheidigung der thätigen Hex- und Zauberey wider eine dem heiligen Kreuz zu Scheyern nachtheilige akademische Rede.* Hinter ihr verbirgt sich der Theologe Agnelus März (OSB). Er stützt seine Verteidigung der Hexenwahrheit autoritativ ab. Er vertritt wirtschaftliche Interessen, denn in seinem Kloster werden Tausende »Scheyerkreuzchen« an Einfältige gebracht, die sie als Schutzmittel gegen Verhexungen ansehen. Waren die Hexenkünste Schall und Rauch, muß die Prosperität des Klosters darunter leiden. Es hat nichts mit Religion zu tun, wenn er vorträgt:

»Hochwürdiger Herr Akademicus! Ist die Hexe- und Zauberei ein Fabelwerk, eine Blödsinnigkeit, ein Vorurtheyl schlechtdenkender Seelen, so sind wir Scheyrische Väter schändliche Betrüger, Wort- und Maulmacher ... Nicht nur in Bayern, Schwaben, Böhmen, Oesterreich, Mähren, Ungarn, sondern auch in Sachsen und Poln werden die Scheyerisch-Kreutzlein absonderlich wider Hexe-und Zauberey nützlich gebrauchet, also daß man bei 40 000 derselben nicht selten in einem Jahr hat ausgetheilet.«

Als Paradebeispiel führt er an: »daß eine Hexe in einem Prozeß zu Mainburg im Jahre 1713 durch ein in eine Kirchenglocke eingeschmolzenes Scheyerkreuzchen am Wettermachen gehindert worden sei.« Sterzinger behandelt seinen Kontrahenten als »halbkatholischen.«

Scheyrers Schrift hat keinen sensationellen Erfolg, schreibt doch der Prälat des Augustinerchorherrenstiftes Polling, Töpsl an den sich in Rom aufhaltenden Ordensbruder Steigenberger: »Diese Schrift sei das absurdeste und dümmste, was er in seinem ganzen Leben gelesen habe.«

Dann erscheint Ende Januar 1767 im niederbayerischen Straubing eine Attacke. Hinter ihr verbirgt sich der Schloßkaplan eines oberpfälzischen Adeligen, Andreas Ulrich Meyer, der unter dem Pseudonym »Blocksberger« dem Benediktiner März ein öffentliches Glückwunschtelegramm zueignet und darin sagt: »in Ihrem Falle würde ich mich allein auf die Erfahrung berufen und den P. Sterzinger allein mit lauter Hexengeschichten betäubt haben. Es konnte ihnen an diesen Waffen nicht fehlen, und ich wette, allein in unserem Pfleggerichte so viele Hexenhistorien aufzutreiben, daß ein Buch daraus werden sollte.«

Jetzt werden die Ausführungen von März der Lächerlichkeit preisgegeben. »Unser Kaplan ... lachte sich halbtot über die schekkigten Einfälle, und sagte, sie wüßten nicht recht nach dem Geschmacke ihrer Leser zu richten und jedermann allerley, den Bräuknechten ein Bräuknecht, und den Obstweibern ein Obstweib, zu werden, damit sie nur alles fein gewinnnen möchten.«

Blocksberger führt aus: »Ihre Schrift ist ein Meisterwerk; nur schade, daß sie bei den freygeistischen Großen der heutigen Welt nicht leichte über das Portierzimmer hinaus dringen wird; es wäre sonst wohl zu hoffen, daß ... die, leider, allerorthen verbothenen Hexenbrennereyen zur merklichen Erbauung der Rechtgläubigen, von neuem in Gang gebracht werden dürften.« Dem Benediktinerorden würde eine Beendigung des »Scheyerischen Hexenglaubens« gut bekommen.

Dann greifen der Tegernseer Benediktiner Heinrich Braun und der Innsbrucker Theatiner Josef Sterzinger, ein jüngerer Bruder des Don Ferdinand Sterzinger, zur Feder; beide unter Pseudonymen. Eine weitere Satire steuert Anfang März 1767 der Münchener Buchdrucker Ott bei. Vom Januar bis April 1767 erscheinen zwölf Streitschriften im »Bayerischen Hexenkrieg.« Auf 200 Seiten setzt sich Blocksberger (Mayer) noch einmal mit den Befürwortern der Existenz der Hexen auseinander. Er gelangt zu dem Schluß, daß die Anwendung der Folter, Todesangst und Einbildung, zu dieser Fehlentwicklung geführt haben.

Dann erhebt sich ein A. Planch aus Innsbruck und macht sich für die Existenz der Hexen stark. Ein Münchener Jurist, sowie der Prämonstratenser Abt Oschwald Lorschert, der 1749 an der Würzburger Hexenverbrennung mitwirkt, meldet sich zu Wort. Alle Kontrahenten berufen sich auf die göttliche Autotität, die man in Frage gestellt hat.

Schultheiß im 16. Jahrhundert. Holzschnitt von Peter Flötner.

Letztlich findet die Ansicht Sterzingers Zuspruch. Der kaiserliche Rat von Kautz aus Wien verfaßt die Abhandlung *De cultibus Magicus* und würdigt das öffentliche Auftreten Sterzingers. Der Wiener Professor von Sonnenfels verteidigt ihn gegen den Vorwurf falscher Übersetzungen.

Jordan Simon (OSA) widmet seine Schrift der theologisch-philosophischen Widerlegung der Argumente der bayerischen Befürworter der Existenz der Hexen, doch vor allem der Schrift, die ab 1766 die Teilnehmer der Debatte beschäftigt. *Sr. Kaiserlich-Königliche, Apostolische Majestät allergnädigste Landesverordnung, wie es mit den Hexenprozessen zu halten sey,* wobei es um den Erlaß der Kaiserin Maria Theresia geht.

Dieses wankelmütige Dokument wird von den traditionellen Bayern enthusiastisch aufgenommen, da die theresianische Landesverordnung von 1766 die Existenz der Hexen de facto nicht in Frage stelle. Schon wird gesagt: »es würde nirgends stehen, Hexen sollten prinzipiell nicht gestraft werden.«

Radikaler als Sterzinger bringt Simon zum Ausdruck, daß die Verfolgungen nichts weiter als eine Verirrung aller bisherigen weltlichen und geistlichen Autoritäten gewesen sind:

»Was war die Ursache, daß die Hexenprozesse so häufig, so grausam und so unglücklich geführt werden? Ich will sie zum Entsetzen derjenigen, die sich für die Verteidigung dieser törichten Hexenkunst noch aufzuwerfen getrauen, mit aufrichtigen Worten hersetzen. Man gab gewissen hierzu bevollmächtigten Geistlichen die Gewalt, die vermeinten Hexenprozesse zu führen, weil die Hexerei als Ketzerei angesehen werde. Und die geistlichen Männer hatten die weltlichen Gerichte als Untergeordnete an Handen. Das Übrige wirkte die Grausamkeit der Folter. Die weltlichen Gerichte empfingen aus den Händen der Inquisitoren den geschlossenen Rechtshandel und fuhren zur Exekution.

Es ist die Schuld der katholischen Kirche, zum Zustandekommen eines »gigantischen« Justizmordes beigetragen zu haben; alle hingerichteten Hexen seien unschuldig.

Das *Churbayerische Intelligenzblatt* erwähnt im Februar das 1767 das plötzlich ungewohnte »Author-Fieber« und daraus wird deutlich, daß die Debatte nach unten verlagert wird und zu einem öffentlichen Umdenken beizutragen beginnt.

Der Streitpunkt wird am besten aus folgendem Ausspruch deutlich: »Alle Alten beugten Ihre Häupter, da sie es hörten, vor Ehrfurcht. Die neuen lachten, wie es diese Spottvögel im Brauche haben, und der Richter war so partheyisch, daß er mithielt. Er konnte kaum den Ausspruch thun, so sehr hatte er sich aus dem Athem gelachet über die Einfalt dieser guten Leuthe. Doch hörte man endlich: das blose Ansehen des Alten, und wenn es auch heilig wäre ... sollte gar nichts in philosophischen Sachen gelten.«

Eines wird deutlich: das vom Katholizismus durchdrungene Bayern tut sich schwer, sich zu solchen Sünden zu bekennen, zumal das Schulwesen von Ordensgeistlichen und einer jesuitischen Oberherrschaft »abgestützt« wird. Jetzt wirft man ihnen »pöbelhafte« Erziehung vor und sagt: »Innerhalb von zehn Jahren könne man den Hexenglauben reduzieren, wenn es offentlich auf (den) Hohen Schulen gelehrt werde.« Einen

Schlußstrich

unter den Hexenkrieg zieht im Oktober 1767 Peter von Osterwald. »Seine Rede ist gewissermaßen der Höhepunkt und Abschluß der bayerischen Aufklärungsdebatte: er weist die falsche Buchstabengläubigkeit der traditionell-katholischen Theologen nach, die sich für einen Hexenglauben einsetzen, der als Aberglaube bezeichnet werden kann: Er sagt: »Die von Augustinus und Thomas von Aquien vertretene Lehre vom »pactum tacitum« sei falsch und lauft wieder alle Regel der Logik.« Hexenflüge und Teufelspakte sind für Osterwald »alte Weibermärchen« und er schreibt den Theologen ins Stammbuch: »Die perepethische Logik, wie sie von unseren Schullehrern vier saecula hindurch getrieben worden, ist eine unnütze Wissenschaft, die weder zum Erfinden neuer Wahrheiten, noch zum Beweise bekannter dienen kann; sie läuft auf Logomachien hinaus, und verdient eben darum unsere Verachtung.«

So geht Oswald über Sterzinger hinaus. Er ist von der Unschuld der als Hexen Diffamierten überzeugt. Für ihn sind die Hexengeständnisse ein Wahnwitz oder die Furcht vor der unmenschlichen Folter. Die Richter waren nach seiner Version von den abergläubischen Vorurteilen ihrer Zeit eingenommen und er schließt seine Rede so:

»Mit einem Wort, prüfen sie alle diese vermeintlichen Geschichten ... nach den Regeln einer gesunden Logik. So bitte sie aber, legen sie vorher alle Vorurtheile ab, so werden sie gar bald sehen, daß sie bey einem Vernunftsschlussse stehen bleiben müssen, und sie werden am Ende begreifen, daß sie alte Weibermärchen für glaubwürdige Geschichten angesehen haben.«

Letztendlich geht es darum, den katholischen Einfluß in einem Land zurückzudrängen, der um die Mitte des 18. Jahrhunderts 56 % des Gesamtgüterbestandes umschlossen hält, zugunsten mehr staatlicher Freiheit; es bedeutet einen Auf- und Zusammenbruch des altbayerischen Bildungsmonopols in Richtung frischer Luft und Aufklärung.

Möglich scheint, daß Osterwald und Sterzinger unter einer Decke stecken. Sterzinger wird 1768 zum Direktor der Historischen Klasse der bayerischen Akademie der Wissenschaften ernannt. Kurz danach beginnt man mit der überfälligen Reform des verkrusteten bayerischen Schulwesens, so daß die Hexendiskussion einen tieferen Sinn bekommt.

Der Hexenkrieg findet zu einem Zeitpunkt statt, in dem die letzten Verbrennungen frisch im Gedächtnis sind. Drei Jahre nach dem Beenden des Hexenkrieges tritt der Wunderheiler

Johann Joseph Gassner

(1727–79) in Erscheinung, der eine Vielzahl von Krankheiten nicht natürlichen Ursachen, sondern im Einfluß von Dämonen verursacht sieht. Da seine Heilerfolge beachtlich sind, gewinnt er Anhänger. Der erblindete Regensburger Fürstbischof Ignaz Franz Anton von Fugger ruft ihn. Als im Herbst 1774 in Kempten seine Schrift: *Nützlicher Unterricht wider den Teufel zu streiten* erscheint, gehen seine Gegner auf die Barrikaden, denn schon wieder macht sich die Volksmagie breit.

Dramatisch wird es, weil Gassner vom traditionellen Klerus als Bollwerk wider die Freygeister auf den Schild gehoben wird. Tausende eilen ihm zu, um seinen Exozismen beizuwohnen oder an seinen Heilungen teilzuhaben. Zu seinem Anhängern gehören Mitglieder des katholischen Klerus, der Herzog von Württemberg oder Lavater. Unterstützt wird er von den Bischöfen von Regensburg, Eichstätt und Freising, sowie vom Fürstabt von Kempten. Der Leibarzt des Kurfürsten, Wolter, ist wie andere von der Wirksamkeit der Gassnerischen Wunderkuren überzeugt.

Dann reist Sterzinger nach Ellwangen, um dessen Treiben zu analysieren und die Folge ist eine publizistische Debatte, in der annähernd 100 Schriften ans Tageslicht gebracht werden. Er hat keinesfalls nur Zuspruch. Die Ezbischöfe von Trier, Salzburg, Mainz und Prag wie die Bischöfe von Augsburg, Konstanz und Würzburg untersagen dem »teufelsgläubigen Wunderheiler« die Aktivitäten. Der Kurfürst von Bayern verbietet 1774 seine Schriften.

Den Höhepunkt erreicht die katholische Kampagne mit dem Eingreifen Kaiser Josephs II., der dem Fürstbischof zu Regensburg die Förderung Gassners untersagt und seinen Exorzismen Einhalt gebietet. Papst Pius VI., kritisiert den Wundermann.

Der Streit um Gassner heizt den Hexenglauben an. Sterzinger veröffentlicht bis zu seinem Tod Schriften im Kampf gegen den Aberglauben und Ende der 1780er Jahre löst der Dillinger Physikprofessor Joseph Weber mit seiner Schrift *Die Nichtigkeit der Zauberey* eine Debatte aus.

Sterzinger stirbt 1786. Es ist ihm gelungen, bei den gebildeten Schichten einen etwas kritischeren Standpunkt zu bewirken, den Aberglauben ausgerottet hat er nicht. Dann steht die Säkularisation vor der Tür und findet durch Kurfürst Max IV. Joseph eine interessante Begründung. »Gehe es doch (auch) darum, daß die Klöster der Gesellschaft zur Last fallen, auf deren Kosten leben und Unwissenheit und Aberglauben verbreiten.«

Wieder ist es eine bewegte Zeit. Die Französische Revolution bewegt die Gemüter und dann wird unter dem Minister Monteglas (1799–1817) der Südosten Deutschlands zum Großstaat Bayern vereinigt, der 1806 unter Napoleon zum Königreich aufsteigt. Jetzt werden von München aus zentrale Reformen durchgeführt und 1808 kommt es zur Aufhebung der Folter. Die der Strafgesetzgebung gegen Hexerei und Zauberei folgt 1813 durch die Strafrechtsreformen Feuerbachs.

Selbst die eminente Macht des Korsen ist inzwischen in Bayern längst erloschen und wieder haben die Klerikalen das Sagen! Ein weiteres fällt auf; noch heute glauben Millionen (?) in Bayern an den Unsinn des Hexenwahns! Das Herzogtum Württemberg deckt im wesentlichen die südwestlichen Part des Reiches und das Herzog- und spätere Kurfürstentum Bayern den südöstlichen. Aber die wirklichen Exzesse spielen nicht hier, sondern in den

Fränkische Hochstifte — Fürstabtei Fulda

Inhalt

Fränkische(n) Hochstifte(n)

In der Region wird der Zenit des Hexenwahns im deutschsprachigen Raum erreicht; die Opfer gehen in die Tausende. Denkbar ist, daß gegenreformatorische Strömungen – neben klerikal – absolutistischen Machtgelüsten ohne moralische Grundlage, das Wüten stärker denn anderswo beeinflußt haben. Eine Beurteilung des Hexenwesens kann hier nur im Verbund mit dem Präzisionswerk eines falschverstandenen Christentums erzielt werden.

»Die fränkischen Hexenbrände verwirklichen den düsteren Traum der unbedingten Hexenverfolgung, in der ohne Rücksicht auf politische, gesellschaftliche oder humanitäre Hindernisse allein der Logik gefolgt wurde. Zahlreiche neue Torturen werden ersonnen und übliche Qualen überschritten.« (Behringer)

Ab 1616 dehnen sich die Verfolgungen auf alle Hochstifte aus und bestärken die Meinung der bayerischen Hexentreiber. Im Würzburger, Bamberger und Ansbach-bayreutischen Raum wird das Wüten gegen Andersdenkende durch klerikale Aktivitäten bestimmt.

Die Würzburger Fürstbischöfe verfügen über das Privileg des Blutbannes. Sie richten »mit Stola und Schwert«; sind Herr des Strafvollzuges und bestimmen weitgehend die Organisation des Justizwesens. Sie verleihen Zentgrafen den Blutbann, bestellen Schöffen, Landsknechte und Schreiber, greifen in Prozesse ein.

Uns scheint unbegreiflich, daß die geistlichen Würdenträger, anstatt Nächstenliebe und Toleranz zu verbreiten und das Christentum zu verankern, schaurigen Hexenmorden die Hand reichen. Unbegreiflich verhalten sich auch die Geistlichen und Christen in der jüngsten deutschen Geschichte. Sie sind den gleichen Wahnvorstellungen verfallen, da sie Hitler scharenweise in die Arme gelaufen sind (mußten!).

Hochstift Würzburg

Frühe Spuren des *crimen magiae* lassen sich von Inzichtsfällen ableiten, die in der Regel durch Unschuldseide geschlossen werden. Nächtliches Hantieren mit einem Totenschädel im Beinhaus führt zu einer Bezichtigung und zum Reinigungseid[1]. Im 14. Jahrhundert soll es zu einem Mordversuch mit Schwalbenasche gekommen sein. In Würzburg hat man 1348 gegen Juden gewütet.

Julius Echter von Mespelbrunn. Fürstbischof (1573–1617). Stich aus: Johann Peter. Lorentz Friese u. a. Geschichtsschreiber aus dem Bischoffthum Wirtzburg (Thomas Fritschen), 1713. StA. Würzburg. Mit freundlicher Genehmigung.

Fürstbischof Johann II. von Brunn läßt 1437 die Freifrau Else von Thüngen, nachdem sie ihre Söhne zu Fehden ermuntert haben soll, als Zauberin vor das geistliche Gericht laden[2]. Hexereiverfahren werden daraus nicht abgeleitet.

1448 wird in Würzburg ein Hostienschänder siebenmal mit glühenden Zangen gezwickt und danach vor der Stadt verbrannt. 1470 wird in Würzburg die Magd des Bürgers Sigmund Kotzler wegen eingestandenen versuchten Liebeszaubers im Main ertränkt. 1535 verbrennen die Häscher eine Frau aus Spalt im Hochstift Eichstätt als Trudnerin und Zauberin auf dem Scheiterhaufen[3]. Die *Würzburger Chronik* berichtet, daß unter der Regierung des Fürstbischofs

Julius Echter von Mespelbrunn

(1573–1617) die Hexenprozesse im Hochstift begonnen haben[4]. Tatsache ist, daß es vor ihm zu Verfahren gegen angebliche He-

Johann Gottfried I. von Aschhausen. Fürstbischof (1617–1622). Stich aus: Johann Peter. Lorentz Friese u. a. Geschichtsschreiber aus dem Bischoffthum Wirtzburg (Thomas Fritschen), 1713. StA. Würzburg. Mit freundlicher Genehmigung.

xen gekommen ist[5]. Eine erste Nachricht unter ihm stammt aus dem Jahre 1590[6]. Diefenbach weist einen Prozeß gegen zwei Frauen aus Arnstein nach, der im Januar 1600 eröffnet wird und im März mit deren Hinrichtungen endet[7]. Üble Nachreden führen 1602 zu Hexenprozesen im Würzburger Juliusspital[8]. Ende April 1603 wird eine Försterin aus Lauda von Schöffen gerichtet und am 27. August eine andere aus dem Hochstift gewiesen[9].

Julius Echter von Mespelbrunn widmet der fränkischen Rechtspflege besonderes Interesse. Er begünstigt die Übernahme der italienisch-kanonistischen Gerichtseinrichtungen. Und doch orientiert er sich an der CCC. Er steht hinter der renovierten *Peinlichen Halsgerichts-Ordnung* vom 12. März 1580, die vermutlich 1577 ausgefertigt wird. Er verkündet für die Hexeninquisition Dekret auf Dekret.

In dem Zusammenhang ist eine Hexenzeitung erwähnenswert, die 1616 in Tübingen gedruckt wird. Hier wird berichtet, wie er in Geroldshofen Männer und Frauen, junge und alte, arme und reiche, die in der Hexenkunst und Zauberei erfahren sind, hinrichten läßt. Durch die per Folter erzwungenen Besagungen kommt es zu Treibjagden, woraus die fürstliche Anordnung: »hinfüro alle Wochen vff Dienstag einen Brandt zu thun« erklärbar wird.

Eine bemerkenswerte Quelle bezüglich der Hexenbrände unter ihm sind die Kalendereinträge des Würzburger Tuchscherers Jacob Röder[10]. Er vermerkt unter dem 21. Januar 1617 die Verbrennung von einem Mann und drei Frauen. Eine Notiz von ihm verdeutlicht, daß im Dom von der Kanzel herab verkündet wurde, daß innerhalb Jahresfrist im Bistum Würzburg über dreihundert Hexen oder Zauberer eingeäschert worden seien[11].

Julius Echter wird als Fürst voll Überlegung und Weitsichtigkeit geschildert, dem die Wohlfahrt der ihm anvertrauten Region am Herzen liegt. Er versteht sich als Gegenreformator. 1585 schickt er Missionare in die Region seines Landes und zieht selbst, teilweise predigend, in größeren Städten herum. Durch sein Engagement und harte Maßnahmen gelingt es ihm, innerhalb zweier Jahre etwa 100 000 (?) Seelen in das katholische Lager zurückzuführen[12]. Er entfernt Prediger und Beamte, die nicht bereit sind, der neuen Religion anzuhangen.

Die Hexenverfolgungen bleiben ein Schandfleck auf seiner christlichen Weste, denn er kann sich vom Wahn der Zeit nicht befreien. Er überwacht sie mit peinlicher Exaktheit.

Unbegreiflich erscheint uns, warum der sonst so human gesinnte Fürst Exzesse zugelassen hat. Selbst die Warnungen des Grafen Wolfgang zu Castell, des Mitzentherrn von Remlingen, der ihn auf seine Verantwortung weist, läßt er außer acht. Möglicherweise versteht er sich zu sehr als geistlicher Oberhirte in einer kritischen Zeit!

Im Würzburgischen hantiert man mit Weihwasser keinesfalls nur in Gotteshäusern, sondern versucht die Reumütigen mittels Einflößen von ihm und Verabreichung des Sakraments, zu einem Geständnis anzuhalten. 1616 hat die Coburgische Regierung den Gebrauch von Taufwasser zur Erlangung eines Geständnisses als Aberglauben verboten. Einzelne sollen mit geweihten Wachskerzen gepeitscht worden sein.

Das Wüten konzentriert sich vor allem auf die Regionen Königshofen, Marbach, Lauda, Krautheim und Freudenberg. In Königswiesen werden sieben Frauen verbrannt und in Geroldshofen werden 1616 Hexen eingeäschert. Julius Echter stirbt am 13. September 1617. Sein Nachfolger wird der bisherige Fürstbischof von Bamberg

Gottfried von Aschhausen

(1617–22) Unter ihm werden die Hexenprozesse nicht eingestellt[13]. Er hat die Praxis der Verfolgung in beiden Hochstiften vorgefunden[14] und hält am 30. März 1610 die Beamten seines Hochstiftes zur Verfolgung an. Es lohnt sich, da jeder zehn Gulden für eine Anzeige erhält; ist sie stichhaltig, hat er mehr zu erwarten.

Die Rechnung geht auf, weil parallel bestimmt wird, daß die Güter der Eingezogenen beschlagnahmt und verwertet werden. So gesehen zahlen die unschuldig Verbrannten aus ihrer Tasche die Besager. Bei der hohen Zahl der Verbrennungen kommen Vermögen zusammen.

In diesem Vorwurf kann man die fränkischen Bischöfe entlasten, denn sie können sich auf die höchste Autorität in Glaubenssachen berufen. In der *Constitutio Omnipotentis* vom 20. März 1623, der letzten Anordnung der päpstlichen Gesetzgebung in Betreff der Hexerei, hat Gregor XV. für jeden die Denunziation von Hexen- und Zaubereiverbrechen an den jeweiligen Bischof oder Inquisitor zur Pflicht gemacht.

Daneben scheinen Besagungen Erwachsener durch Kinder bei den Verantwortlichen auf wenig Widerstand gestoßen zu sein. So ergeht am 1. Februar 1637 seitens der fürstlichen Kanzlei an das Zentgericht Hammelburg der Haftbefehl gegen Kilian Neusatz, der von einem Jungen zwischen 12 und 13 Jahren diffamiert worden war. In den Akten des Würzburger Malefizamtes findet sich die Klage eines zehnjährigen Jungen aus Birkenfeld (Marktheidenfeld) gegen eine Wagnersfrau wegen Verleitung zur Zauberei aus dem Jahre 1725.

Als Landesvater hat er die Todesurteile zu bestätigen, die er meist vor der Feuerstrafe abschwächt. Es wird aus einem Rescript des Bischofs an das Zentgericht Gerolzhofen vom 15. Juni 1618 deutlich, wo gesagt wird: »soviel aber die überschickten Urtel belangt, haben wir selbige bei Unserer Cantzey beiliegendermaßen ändern lassen, die wollet auf den Rechtstag publizieren, an der malstatt aber in Unserem Namen solch genannte Person alle ... mit dem Schwert richten, die Körper dann verprönnen lassen[15].

Philipp Adolf v. Ehrenberg (1623 bis 1631). Stich aus: Johann Peter. Lorentz Friese u. a. Geschichtsschreiber aus dem Bischoffthum Wirtzburg (Thomas Fritschen), 1713. StA. Würzburg. Mit freundlicher Genehmigung.

Mitte April gibt der Dechant dem Domkapitel einen bischöflichen Befehl bekannt, wonach wegen Überhandnehmens der Hexerei in den Kirchen Kollekten gelesen werden sollen[16]. Die Vollstreckung der Todesurteile läßt er aus seelsorgerischen Erwägungen bis zu ihrer Bekehrung verschieben. In einem Rescript an »Vogteyverweser und Centgrafen zu Gerolzhofen« wird darauf gewiesen, daß man die zauberischen Personen zur Beichte und Kommunion ermahnen soll.

Er schließt mit dem Mainzer Kurfürst und gleichzeitigen Erzbischof Johann Schweikardt von Kronberg (1606–26) ein Abkommen über die Verfolgung und Auslieferung der Hexen[17].

Am 30. März erläßt er ein Mandat, in dem er sich über die Ausweisung des Zauberwesens äußert. Er beauftragt seine Häscher,

Verzeichnis der Hexen-Leut, so zu Würzburg mit dem Schwert gerichtet und hernach verbrannt worden.

- **Im ersten Brandt vier Personen.** Die Lieblerin. Die alte Anckers Wittwe. Die Gutbrodtin. Die dicke Bäckerin.
- **Im andern Brand vier Personen.** Die alte Beutlerin. Zwey fremde Weiber. Die alte Schenckin.
- **Im dritten Brand fünf Personen.** Der Hungersleber, ein Spielmann. Die Kulerin. Die Stierin, eine Procuratorin. Die Bürsten-Binderin. Die Goldschmidin.
- **Im vierdten Brand fünf Personen.** Die Siegmund Glaserin, eine Burgermeisterin. Die Birckmannin. Die Schickelte Amfrau (Hebamme) von der kommt das ganze Anwesen her. Die alte Rumin. Ein fremder Mann.
- **Im fünften Brand acht Personen.** Der Lutz ein vornehmer Kramer. Der Kutscher, ein Kramer. Des Herrn Dom. Probst Vögtin. Die alte Hof-Seilerin. Des Jo. Steinbachs Vögtin. Die Baunachin, eine Ratsherrnfrau. Die Znickel Babel. Ein alt Weib.
- **Im sechsten Brandt sechs Personen.** Der Rath-Vogt; gering genannt. Die alte Kanzlerin. Die dicke Schneiderin. Des Herrn Mengendörfers Köchin. Ein fremder Mann. Ein fremd Weib.
- **Im siebenten Brandt sieben Personen.** Ein fremd Mägdlein von 12 Jahren. Ein fremder Mann. Ein fremd Weib. Ein fremder Schutheiß. Drey fremde Weiber. Damahls ist ein Wächter, so theils Hexen ausgelassen, auf dem Markt gerichtet worden.
- **Im achten Brandt sieben Personen.** Der Braunach, ein Raths-Herr, und der dickste Bürger zu Würzburg. Des Herrn Dom-Probst-Vogt. Ein fremder Mann. Der Schleiper. Die Visirerin. Zwei fremde Weiber.
- **Im neundten Brand fünf Personen.** Der Wagner Wundt. Ein fremder Mann. Der Bentzen Tochter. Die Bentzin selbst. Die Everingin.
- **Im zehnten Brand drei Personen.** Der Steinacher, ein gar reicher Mann. Ein fremd Weib. Ein fremder Mann.
- **Im elften Brand vier Personen.** Der Schwerdt, Vicarius am Dom. Die Vögtin von Rensacker. Die Sticherin. Der Silberhans, ein Spielmann.
- **Im zwölften Brandt zwey Personen.** Zwey fremde Weiber.
- **Im dreyzehenden Brandt vier Personen.** Der alte Hof-Schmidt. Ein alt Weib. Ein klein Mägdlein von neun oder zehn Jahren. Ein geringeres, ihr Schwesterlein.
- **Im vierzehenden Brand zwey Personen.** Der erstgemeldten zwey Mägdlein Mutter. Der Lieblerin Tochter von 24 Jahren.
- **Im fünfzehenden Brand zwey Personen.** Ein Knab von 12 Jahren in der ersten Schule. Eine Metzgerin.
- **Im sechszehenten Brand sechs Personen.** Ein Edelknab von Ratzenstein, ist morgens um 6 Uhr auf dem Cantzley-Hof gerichtet worden, und den ganzen Tag auf der Bahr stehen blieben, dann hernacher den andern Tag mit den hierbeygeschriebenen verbrannt worden. Ein Knab von zehn Jahren. Des obgedachten Raths-Vogt zwo Töchter und seine Magd. Die dicke Seilerin.
- **Im siebenzehenten Brandt vier Personen.** Der Wirth zum Baumgarten. Ein Knab von elf Jahren. Eine Apothekerin zum Hirsch und ihre Tochter. Eine Harsnerin hat sich selbst erhenket.
- **Im achtzehenden Brandt sechs Personen.** Der Baisch, ein Rothgerber. Ein Knab von zwölf Jahren, noch in Knab von zwölf Jahren. Des D. Jungen Tochter. Ein Mägdlein von fünfzehen Jahren. Ein fremd Weib.
- **Im neunzehenten Brandt sechs Personen.** Ein Edelknab zu Rotenhan, ist um 6 Uhr auf dem Cantzley-Hof gerichtet, und den andern Tag verbrannt worden. Die Secretärin Schellharin, noch ein Weib. Ein Knab von zehn Jahren. Noch ein Knab von zwölf Jahren. Die Brüglerin, eine Beckin, ist lebendig verbrennt worden.

- **Im zwanzigsten Brandt sechs Personen.** Das Göbel Babelin, die schönste Jungfrau in Würtzburg. Ein Student in der fünften Schule, so viel Sprachen gekont, und ein vortrefflicher Musikus vocaliter und instrumentaliter. Zwey Knaben aus dem neuen Münster von zwölf Jahren. Der Steppers Babel Tochter. Die Huterin auf der Brücken.
- **Im einundzwanzigsten Brandt sechs Personen.** Der Spitalmeister im Dietericher Spital, ein sehr gelehrter Mann. Der Stoffel Holtzmann. Ein Knab von vierzehn Jahren. Des Stoltzenbergers Ratsherrn Söhnlein, zween Alummi.
- **Im zweiundzwanzigsten Brandt sechs Personen.** Der Stürmer, ein reicher Bütner. Ein fremder Knab. Des Stoltzenbergers Raths-Herrn große Tochter. Die Stoltzenbergerin selbst. Die Wäscherin im neuen Bau. Ein fremd Weib.
- **Im dreiundzwanzigsten Brandt neun Personen.** Des David Croten Knab von zwölf Jahren in der andern Schul. Des Fürsten Kochs zwey Söhnlein, einer von 14 Jahren, der ander von zehn Jahren aus der ersten Schule. Der Melchior Hammelmann, Vicarius zu Hach. Der Nicodemus Hirsch, Chor-Herr im neuen Münster. Der Christopherus Barger, Vicarius im Neuen Münster. Ein Alumnus. Der Vogt im Brembacher Hof und ein Alumnus sind lebendig verbrannt worden.
- **Im vierundzwanzigsten Brandt sieben Personen.** Zween Knaben im Spital. Ein reicher Bütner. Der Lorenz Stüber, Vicarius im neuen Münster. Der Betz, Vicarius im neuen Münster. Der Lorenz Roth, Vicarius im neuen Münster. Die Roßleins Martien.
- **Im fünfundzwanzigsten Brandt sechs Personen.** Der Friedrich Basser, Vicarius im Dom-Stift. Der Stab, Vicarius zu Hach. Der Lambrecht, Chor-Herr im neuen Münster. Des Gallus Hausen Weib. Ein fremder Knab, die Schelmerey Krämerin.
- **Im sechsundzwanzigsten Brandt sieben Personen.** Der David Hans, Chor-Herr im neuen Münster. Der Wydenbusch, ein Rats-Herr. Die Wirthin zum Baumgarten. Ein alt Weib. Des Valkckenbergs Töchterlein ist heimlich gerichtet und mit der Laden verbrannt worden. Des Raths-Vogt klein Söhnlein. Der Herr Wagner, Vicarius im Dom-Stift, ist lebendig verbrannt worden.
- **Im siebenundzwanzigsten Brandt sieben Personen.** Ein Metzger, Kilian Hans genannt. Der Hüter auf der Brücken. Ein fremder Knab. Ein fremd Weib, der Hanserin Sohn, Vicarius zu Hach. Herr Michel Wagner, Vicarius zu Hach. Der Knor, Vicarius zu Hach.
- **Im achtundzwanzigsten Brandt nach Lichtmeß anno 1629 sechs Personen.** Die Knertzin, eine Metzgerin. Der D. Schützen Babel. Ein blind Mägdlein. Der Schwart, Chor-Herr zu Hach. Der Ehling, Vicarius. Der Bernhard Mark. Vicarius am Dom Stift ist lebendig verbrannt worden.
- **Im neunundzwanzigsten Brandt sieben Personen.** Der Viertel Beck. Der Klingen Wirth. Der Vogt zu Mergelsheim. Die Beckin bei dem Ochsen-Thor. Die dicke Edelfrau. Ein geistlicher Doctor, Meyer genannt, zu Hach, und ein Chor-Herr ist früh um 5 Uhr gerichtet und mit der Bar verbrannt worden. Ein guter von Adel, Junker Fischbaum genannt. Ein Chor-Herr zu Hach ist auch mit dem Doctor eben um die Stunde heimlich gericht und mit der Bar verbrannt worden. Paulus Vaecker zum Breiten Huet. Seithero sind noch zwei Brände gethan worden. Datum den 16. Febr. 1629.

fleißig zu sein und Erfahrungsberichte vorzulegen. In kurzer Zeit wimmelt es von Besagten. Unter der Regierung von

Philipp Adolf von Ehrenberg

(1623 bis 31) erreicht die Verfolgung ihren Höhepunkt[18]. Er wütet so gnadenlos, daß ihn die fränkische Ritterschaft wegen Verletzung des Religionsfriedens beim Kaiser verklagt. Nicht weniger als 900 »Hexenleute« sollen während seiner Amtszeit im Bistum hingerichtet worden sein[19], wovon 219 auf Würzburg fallen. Die erste Hinrichtung während seiner Regierungsperiode findet am 3. Februar 1625 sattt[20].

Auch hier wird christliche Milde geheuchelt. Am 12. Mai 1626 wird der Gänshirt von Hedingsfeld wegen zauberischer Schäden, »so er im Feld angerichtet,« eingezogen. Gnädig läßt der Landesherr am 25. Mai verlauten: »laßt ihn laufen, denn es ist nur Geschwätz und daraus nichts Böses gegen ihn zu vermuten. Es genüge, ihn zu ermahnen, sich künftig solcher Reden zu enthalten.« Der harmlose Touch darf nicht über sein Regiment hinwegtäuschen.

Mit dem Jahr 1626 zeigt sich ein Anschwellen der Besagungen und Prozesse, die sich seit 1628 zu Epidemien ausweiten[21] und in der Mitte des Jahres 1629 den Zenit erreichen. Bis zum 16. Februar 1629 werden in Würzburg 157 Personen in 29 Bränden hingerichtet[22]. Ein erhaltenes Verzeichnis informiert über die dramatischen Vorgänge[23].

Friedrich Spee wird 1627 nach Bamberg und Würzburg geschickt. Denkbar ist, der er wegen Hexerei zum Tod Verurteilte auf christliche Scheiterhaufen zu begleiten hat.

Ergriffen von den Vorkommnissen versucht der Fürst, »der Eiferer der Gerechtigkeit« dem Hexenwesen ein Ende zu bereiten. Der Würzburger Chronist Ignaz Gropp berichtet, daß Philipp Adolf in seinen Prozessen keinen Stand, kein Alter und nicht einmal seine Verwandschaft geschont habe. Er soll seinen Neffen Ernst von Ehrenberg enthaupten haben lassen, als er glaubte, den zur Hexerei verführten Jüngling nicht bessern zu können.

Es hat sich als historische Zeitungsente herausgestellt, denn zu Lebzeiten Philipp Adolfs gibt es keinen Neffen Ernst von Ehrenberg; vermutlich handelt es sich um Hektor Hieronymus von Rotenhan[24], der 1628 mit dem Adeligen Julius Schliderer von Lachen und Eberhart Adolf von Fischborn gerichtet wird.

Es ändert nichts an seiner Rücksichtslosigkeit. Bei Soldan-Heppe-Bauer sind 19 Kleriker aufgelistet, meist Kapitulare aus den beiden Würzburger Stiften Neumünster und Hach, ebenso einige Vikare aus dem Domstift, die im Februar 1629 gerichtet werden. Studenten der Universität Würzburg und Kinder finden sich unter den Opfern.

Nicht allein in der Bischofsstadt, sondern auch an den anderen Orten des Hochstiftes grassiert der Hexenwahn.

Gerolzhofen

im mittleren Mainfranken entwickelt sich zum Verfolgungszentrum. In den Jahren von 1615–18 sind 261 »hexische« Leute verurteilt worden. Nach einer zehnjährigen Pause beginnt nach der Meldung des dortigen Gerichtsschreibers auf fürstlichen Befehl das Brennen von neuem. Als Beispiel diene ein Zentgerichtsurteil aus den Hexenprozeßakten.

»Verfaßt Urtheil über: 11 zauberische Manns- und Weibspersonen, als: Valentin Storr, und sein Eheweib von Alitzheim, Jacob Vogels Weib, Clos Weittingers Weib, Hans Christlein, Walburga Forsterin, Gilg Strumachs Weib, Wolf Ruswurmb, Hans Meustes Weib, Veronica Carlin und Jacob Koch.

Weilen solche 11 Personen laut ihrer Bekenntnus und gestendiger Aussag mit ihrer schrecklich verübten zauberischen und teuflischen Kunst nicht allein Gott dem allmächtigen, seinen Heiligen und der lieben heiligen Engeln abgesagt, und sich dem leidigen Teufel mit Leib und Leben nicht allein mit vielen, unterschiedlichen Mordtaten an Menschen und Vieh begangen, mit Verläumdung und Sterbung, wie er Valentin Storr sich mit einer Kuh ins sodomitische Sündigen eingelassen, und sonst sämmtliche mit Reif, Kälte, Wetter, die Saat vergiften, Nebel machen und ander teuflische Kunst vollbringen, womit sich nach Wortlaut ihrer Bekenntnis das liebe Getreide und den Wein erfröret, auch mit Vergiftung viel Vieh zum Sterben gebracht, und Allem, was christlich ist, zuwider handeln und sein wollen.

Welche erschrecklichen Taten und Zaubereien in göttlichen Rechten und sonderlich im 22. Kapitel Exodi Gott der Allmächtige dem israelitischen Volke verboten und demselben geboten hat, keinen Zauberer leben zu lassen, wie denn auch sonst in kaiserlichen und gemeinen Rechten heilsam vorgehen und höchlich geboten.

Erkennen die Schöffen des fürstlich wirzburgischen Zentgerichts allhier zu Gerolzhofen einmüthig und ein jeder in Sonderheit bei seinem guten Gewissen und Eid zu recht: daß solche 11 Personen zu viel und unrecht gethan, und nicht allein wider das Göttliche Recht, sondern auch hochlöblichen Gedächtnis Kaiser Carols V. Halsgerichtsordnung im 109. Artikel, derowegen sie alle 11 Personen ihr Leben verloren, ihnen dasselbe auch abgesprochen sein soll, und solcher schrecklicher Thaten halber sie Anderen zu einem abscheulichen Exempel, sich selbst zu wolverdienter Straf gerichtet werden sollen.

Ernstlichen Valentin Storr wegen 10 begangener Menschenmorde und sonderlich sodomitischer Sünde 3 Zwick mit glühender Zange, auch sollen zweitens solche 11 Personen Jede an eine sonderliche Säule geschmiedet, alsdann mit dem Feuer lebendig stranguliert und zu aschen gebracht werden, daß der Wind die Asche in der Luft hinweg wehet.

Actum und beschlossen einmütiglich zu Gerolzhoven, den 18. Juli Anno 1661.« Hier hält sich 1666 das Gerücht, die Namen hexereiverdächtiger Einwohner würden in einem besonderen Buch geführt, obwohl es die

Obrigkeit dementiert. Ebenso fordert der Wahn in

Ochsenfurt/Zell am Main

in den Jahren nach 1628 Tribute an Menschenleben. Ein unglaubliches Vorkommnis bei der Folterung eines Ochsenfurter Hexenmädchens vom 8. Mai 1627 berichtet das Würzburger Domkapitelprotokoll: »es seye die Butzen Madel in der tortur dermassen in schlaff gerathen, daß sie wieder herunter gelassen, mit ihren kleidern angethan, in die ratsstuben hinauf schnarchendt und unempfindlich getragen, und nachdem sie uff die 28 stundt geschlaffen, wider erwacht und baldt dorauff uneracht der medicus nichts an ihr spüren können, die pulses aequales, und vermutlich externum aliquod maleficium dorbey muß gewesen sein, unversehens todts verfahren.« Hier diagnostiziert ein Stadtphysikus einen vom Teufel verursachten unnatürlichen Schlaf.

Zell am Obermain wird ebenfalls von den Bewegungen getroffen. Im Januar 1627 werden in Marktheidenfeld 16 Todesurteile gesprochen. Im Mai 1627 werden in Stadtvolkach vier Hexen enthauptet und verbrannt. Zur gleichen Zeit sterben in Königshofen vier Bürger, darunter der Ratsherr Michel Geißler den Tod durch Henkershand.

Ein fürstliches Mandat vom 10. Juni 1627 ordnet an, die Güter der wegen Hexereiverbrechen Bestraften einzuziehen. Nach einem Rescript vom 25. März 1629 waren bis dahin 80 000 fl. unter Amtsverwaltung gestellt.

Die Ära dieses Fürstbischofs trägt ein grauenvolles Mal. Vermutlich hätte er noch schlimmer gewütet, wenn ihm nicht das Reichskammergericht in Speyer ein *Mandatum inhibitorium* geschickt hätte, das ihm die weitere Inquisition untersagt. Er stirbt am 16. Juli 1631 und sein Nachfolger wird

Franz von Hatzfeld

(1631 bis 1642). Zum Beginn seiner Regierungszeit ziehen sich politische Wolken zusammen. Schweden richten im Hochstift ihre Herrschaft auf. In Würzburg wird eine königliche-schwedische Landesregierung, Herzogtum Franken, eingesetzt und zum Generalstatthalter wird Graf Krafft von Hohenlohe-Langenburg bestellt. Nach dem Tode Gustav Adolfs erhält der Herzog Bernhard von Sachsen-Weimar 1633 in Heidelberg Franken als schwedisches Lehen.

Franz von Hatzfeld hält erst am 23. Dezember 1634 Einzug in Würzburg. Unter der

Franz von Hatzfeld (1631–1642) Fürstbischof. Stich aus: Johann Peter. Lorentz Friese u. a. Geschichtsschreiber aus dem Bischoffthum Wirtzburg (Thomas Fritschen), 1713. StA. Würzburg. Mit freundlicher Genehmigung.

Zeit der Besatzung lassen sich kaum Hexenbewegungen nachweisen.

Johann Philipp I. von Schönborn

Kurfürst von Mainz (1642 bis 73), wird zum neuen Fürstbischof und Herzog von Franken gewählt. Eine seiner menschlichsten Züge spielt sich in der Tatsache, daß er vermutlich unter französischen Einfluß unter Berücksichtigung der ihm bekannten *Cautio Criminalis* die Hexenprozesse in seinem Verantwortungsbereich abschafft. Er kann es nicht ohne Widerstand. 1667 fordert die Bevölkerung von Amorbach im Odenwald die Verbrennung einer Reihe von Leuten wegen Zauberei. Selbst der Oberamtmann Daniel von Frankenstein zeigt sich dem Verlangen der Bürger geneigt. Philipp von Schönborn erläßt 1669 die Kirchenordnung *Von üblen ehrenrührigem Nachreden und verdambten Aberglauben* für seine drei Stifte Mainz,

Würzburg und Worms. Darin spricht er von üblen Nachreden und dem Hexenaberglauben. Er gebietet seinen Untertanen, sich von Wahrsagerei und Zauberglauben fernzuhalten unter Androhung exemplarischer Strafen. Verbreiter des Aberglaubens sollen gestraft und gezüchtigt werden. Vergl. dazu die Ausführungen zur Region Mainz.

Hier kommt es zu einem Nachspiel. Unter der Regierung des Fürstbischofs

Anselm Graf von Ingelheim

(1746 bis 49) beginnt ein Prozeß wegen Hexerei gegen die 70jährige

Maria Renata Singer[25)]

von Mossau, Nonne des Klosters Unterzell bei Würzburg. Es ist einer der letzten Hexenprozesse auf deutschem Boden mit tödlichem Ausgang unter der konventionellen Anschauung eines Bündnisses mit dem Teufel, unter Hinzuziehung von Jesuiten und der Besagung einer angeblich vom Teufel Besessenen. Wir haben ein Beispiel menschlicher Verschrobenheit vor uns; in einer Phase, wo dem klassischen Hexenwahn das Genick gebrochen ist. Zweifellos war sie geistesgestört. Dieses Attribut kann ihren Besagern und Verurteilern kaum abgesprochen werden. Um was geht es hier?

Renata soll als unverständiges Kind im Alter von sechs Jahren durch einen Offizier zur Zauberei verführt worden sein. Mit 12 Jahren wird sie während eines Hexenkonvents zur Ehrendame erhoben und erhält einen Platz beim Thron des Fürsten der Finsternis. Mit 19 Jahren bringen sie die Eltern in das Kloster der Prämonstratenser nach Unterzell bei Würzburg, das wegen »gräulicher Disziplin und recht außergebräuchlicher-unschuldiger Tugend« bekannt ist. Sie gilt viele Jahre als fromm, ist die letzte im Chor und die erste beim Gottesdienst.

Im Lauf der Jahre erwirbt sie sich die Position der Subpriorin. Innerhalb ihres 50jährigen Klosteraufenthaltes behält sie (angeblich) die ihr unterstellte Zauberei für sich. Dann führen äußere und innere Zwänge eine Spaltung ihres Wesens herbei.

Allmählich erhebt sich ein Tumult im Kloster. Kutschen scheinen durch den Schlafsaal zu fahren, im Garten hört man Geschrei, Nonnen werden geschlagen, gezwickt und gewürgt. Andere werden hellsehend und fühlen sich von Dämonen besessen. Sie deuten wiederholt auf die Subpriorin. Die nächtlichen Plagen werden so schlimm, daß man sie in ihrer Umgebung wahrnimmt.

»derohalben verursachte der Teufel vier Closter-Frauen, theils durch zauberisches Anhauchen, theils durch Wurzeln und Kräuter. Nebst einer Layen-Schwester, so noch eine Novizin, zauberte sie durch erwehnte Mittel mehrere höllische Geister in den Leib. Zudem habe sie berauschende Tränke bereitet, Wein aus dem verschlossenen Festungskeller ins Kloster geholt, als Schwein auf den Klostermauern nächtliche Umzüge gehalten ... auf der Brücke habe sie vorübergehend Kühe gemolken und manchmal habe sie in London beim Theater (mit)gespielt. Sie habe sich in eine Katze verwandelt, die anderen Nonnen gequält, bis man es durch blutige Spuren entdeckt.

»doch Gott ließ es nicht länger zu und veranlaßte eine der Kranken, die Subpriorin beim Probst anzuzeigen.« Er mahnt sie, sich auf den seligen Tod vorzubereiten und läßt die Sache gehen. Schließlich nimmt eine der Chorjungfern ihre »mit scharfen Sporen bewaffnete Disziplin« und treibt Maria Renata aus dem Zimmer. Wieder wird der Probst zum Handeln aufgefordert. Er nimmt die alternde Frau in Verwahrung: als man ihr Zimmer durchsucht, findet man einen Schmierhafen, Zauberkräuter, einen goldgelben Rock, »in welchem sie zum gewöhnlichen Hexentanz gefahren.«

Angesichts der Beweisstücke legt sie ein Bekenntnis ab und verspricht, dem Teufel abzusagen. Auf Befehl des Füstbischofs wird sie ihrer geistlichen Ämter degradiert und auf die Feste Marienburg gebracht. Hier legt sie vor zwei Geistlichen Räten und Jesuiten eine Beichte ab. Daraufhin wird sie zum Tod verurteilt.

Das Urteil hat (gekürzt) folgenden Wortlaut: »in Inquisitions Sachen entgegen und wieder die Mariam Renatam Sengerin de Mossau ... professam puncto Magiae alio-

Abt Oswald Lorschert (geb. 21. Dezember 1704 in Rothenfels). Am 3. Oktober 1747 wird er zum 43. und damit vorletzten Abt des Klosters Oberzell bei Würzburg gewählt. Während seiner Amtszeit spielt die Affäre Renata Sänger (von Mossau), die als Nonne der Hexerei bezichtigt und 1749 in Würzburg hingerichtet wird. Der Abt verfaßt dazu die Abhandlung:

»Vorgängiger Versuch zur Erwirkung eines Vertrages zwischen den in dem bisherigen Hexenkriege verwickelten Gelehrten, wie auch zu nutzbarem Unterrichte, wie man von der Zauber- und Hexerei weder zu wenig oder noch zu viel glauben soll. 1767.« →

rumque delictorum wird allen Vor- und Anbringen nach zurecht erkannt, daß nachdem sie, in dreier Constitutis wiederholter und freiwillig eingestanden hat, was gestalten sie 1. eine Hex und Zauberin seye: 2. mit dem Teufel ein pact gemacht. (usw.) ... sie, Maria Renata, wegen dieser schweren Verbrechen und Missetaten allen geistlichen Freiheiten und Privilegien verlustig und dem weltlichen Richter zu extradieren seye, wie dann hiemit für verlustiget und zu extradiren erklähret wird von Rechts wegen. Decretum Wirzburg, den 23. May 1749.

Es gibt eine Verzögerung, denn der Fürstbischof stirbt am 9. Februar 1749. Unter der Herrschaft seines Nachfolgers, Karl Philipp von Greifenklau (1749–54) wird das Verfahren abgeschlossen. Am 1. Juni 1747, morgens zwischen acht und neun Uhr, enthauptet der Kinziger Scharfrichter die 71jährige.

Ihren Körper wirft man an einer Stelle vor den sog. Hexenbruch, dem üblichen Brandplatz, während ihr Kopf auf eine Stange gesteckt und mit dem Blick nach dem Kloster Unterzell gehalten wird.

Der Jesuit Gaar hält eine Rede. Der Gotteskundler referiert: »Zauberer buhlen mit dem Teufel, weilen Maria durch 50. Jahr, welche sie im Kloster zugebracht, nach ihrer eigenen Aussag(e) keiner einzigen Closter-Seel habe schaden können, wollte der Satan durch diese seine Sklavo die Wuth an denen Leibern ausgießen.«

Darauf wird die Leiche eingeäschert. Einmal mehr kann die Kirche frohlocken, denn sie ist am Tod eines Unschuldigen beteiligt!

Im August 1749 verdächtigt P. Curatus Augustin Sturm von Mitterzell bei Würzburg den dortigen Weinhändler, Ignatius Schlott, als Hexenmeister. Anlaß zu den Besagungen geben die Äußerungen Schlotts. U. a. hat er dem Curatus gesagt, **daß er nicht alles glaube, was ihm die gnädigen Herren sagen, da zu viele Lügen von der Kanzel herab gepredigt würden.** Außerdem habe der Bezichtigte mit Schmähworten geäußert, daß die Weibsbilder nur in den Beichtstuhl gingen, um zu schwatzen. Glücklicherweise führen solche Verdächtigungen nicht mehr zu Folter und Exekution.

Haftanstalten

Neben Türmen werden Stockhäuser als Gefängnisse erwähnt. Vor 1504 befindet sich das alte Würzburger Stockhaus an der Mainbrücke; das Stockhaus am Mühltor läßt sich im 14. Jahrhundert nachweisen. Im Stockhaus liegen auch Hexen angeschmiedet. Unter den Haftlokalen ist vor allem der Grafen-Eckarts-Turm mit seinem Anbau, dem »Loch und Gefängnis im Grünen Baum« (1559) zu nennen.

Ein spezielles Hexengefängnis waren der Feichel- oder Hexenturm am Zwinger und der Schneidturm am Main, wo sich zwölf Zellen für Zauberer und Druden befunden haben. Johann Gottfried von Aschhausen läßt 1618 das »Müntz-hauß in dem Cantzlei-Höflein« in ein Gefängnis mit acht Kammern umbauen, wo zwei Stuben für Hexen reserviert bleiben, damit man sie zum Verhör nicht über die Straße führen muß.

Als 1627 die Hexenepidemie unter Philipp Adolf von Ehrenberg überhandnimmt, reichen die Gefängnisse nicht mehr hin; jetzt werden neun weitere Haftlokale errichtet. Im Juliusspital werden Hexen verwahrt. Im Juli 1628 werden etwa 30 Spitalinsassen der Hexerei bezichtigt. Unter ihnen befinden sich Kinder, die man verbrannt hat.

Vereinzelt liegen zauberische Personen in Verliesen der ländlichen Grundherren; 1620 in den Gewölben des Großlangenheimer Schlosses. Zudem steht in Würzburg die Feste Marienberg und daß man im fürstbischöflichen Schloß inhaftiert hat, sieht man am Verfahren gegen Maria Renata Singer.

Hochstift Bamberg

Aus Bamberg stammt der erste Fall von Zauberei am 24. August 1421[26]. Er ist im Echtbuch festgeschrieben. Hier wird gesagt, daß Jacob Vogler von Pleydenstein den Eid geleistet hat, zehn Jahre den Umkreis von zehn Meilen um die Stadt nicht zu betreten, weil er Leuten wahrsagen wollte, wer ihnen Pferde gestohlen hat.«

Dann setzt eine längere Ruhephase ein und es muß davon ausgegangen werden, daß die Bewegungen im Hochstift von den Aktivitäten des Markgrafen von Ansbach-Bayreuth mitbestimmt werden. 1591 hat er seine geistlichen und weltlichen Räte versammelt, um sich mit ihnen über die Bekämpfung des Hexenwesens zu beraten. Am 25. August 1591 fertigt Adam Francisci, der zweite lutherische Titularabt des ehemaligen Zisterzienserklosters Hailsbrunn (heute: Heilsbronn) bei Ansbach (1590–93)[27] eine *Generalinstruktion von den Trutten* an seinen Landesherrn, den Markgrafen, aus.

Er ist ein glühender Verfechter der Verfolgungstheorie und von der hexischen Existenz überzeugt. Er beruft sich auf eine Stelle der nie erfolgten Offenbarung 12.12., wo Gott die Menschen warnt: »Weh denen, die auf der Erde wohnen und auf dem Meer! Denn der Teufel kommt zu euch hinab und hat großen Zorn und weiß, daß er wenig Zeit hat.«

Weiter heißt es: »Die Beichtväter sollen verdächtigen Personen mit scharfen Bußpredigten ins Gewissen reden. Sie sollen das Beichtgeheimnis wahren, weil es Gott gebeichtet ist, sie absolvieren und ihnen das heilige Abendmahl reichen. Sind aber solche von weltlicher Obrigkeit eingezogen, sollen sie dieselben ernstlich ermahnen, den Richtern die Wahrheit zu bekennen, um ihr Gewissen zu reinigen und sich zu Gott zu bekehren.«

Dennoch läßt es sich bislang nicht dokumentieren, daß es unter Fürstbischof Ernst von Mengersdorf (1583–91) zu blutigen Hexenbränden kam. Das erste Todesurteil, das vom Zentgericht gefällt wird, erfolgt unter der Regierungszeit des Bischofs Neythard von Thüngen (1591–98). Es verdammt Margaretha Behemerin wegen Teufelsbündnisses zum lebenden Brand[28]. Ebenfalls wird während der Epoche Johann Philipps von Gebsattel (1599–1609) prozessiert.

Ende März 1610 erläßt Johann Gottfried von Aschhausen für Bamberg ein Mandat *Gegen das greuliche hochsträfliche Hauptlaster der Zauberei, Wahrsagerei, verdächtige, unnatürliche, verbotene Kunst.* Danach fallen Zuwiderhandelnde unter das kaiserliche Recht und die Bamberger Gerichtsreformation. Personen, die bei ihnen Rat holen, sollen aus dem Hochstift gewiesen werden. Die Bamten werden beauftragt, Übertreter ausfindig zu machen und anzuzeigen. Denkbar ist, daß dieses obrigkeitliche Wollen der Startschuß zu breit angelegten Verfolgungen ist. Trotzdem finden nicht im ganzen Fürstentum, sondern nur partiell Prozesse statt. Von Juni 1612 bis Herbst 1613 werden in Kronach Verfahren geführt.

1616–17 wird in Bamberg ein Prozeß gegen die Magd Margarethe Dümler(in) aus Kronach geführt, in dessen Verlauf die wegen Krankheitsverursachung bei einem Müller als Zauberin Bezichtige ebenfalls durch den Nachrichter gefoltert wird. Sie erträgt die Tortur, ohne ein Geständnis abzulegen[29].

Weitere Hexenprozesse finden in Hallstadt, Steinwiesen und Staffelstein statt. Aus Bamberg ist vom Regierungsantritt Johann Gottfrieds von Aschhausen bis zum März 1616 nur ein Prozeß aus dem Jahre 1614 überliefert. 1617 werden die Verfahren häufig, doch ein Jahr darauf infolge des Kriegsbeginns, eingeschränkt. 1617 sollen im bam-

Fürstbischof zu Bamberg (1623–1633), Johann Georg II. Fuchs von Dornheim, Kupferstich: Staatsbibliothek Bamberg, Signatur: V.A. 39. Foto: Alfons Steber, Lichtbildstelle, Staatsbibliothek.

bergischen 102 Menschen den Hexentod gefunden haben[30]. Wenige Prozesse begegnen uns von 1619 bis Ende 1622, bis zum Tode Johann Gottfrieds zu Regensburg. Der Höhepunkt wird erreicht unter

Johann Georg II. Fuchs von Dornheim (1623–31). 1614 flammen die Verfolgungen auf und ziehen sich bis 1631 hin. Über 900 Untersuchungen werden von 1625–30 in Bamberg und Zeil durchgeführt[31]. In beiden Städten werden etwa 236 Personen verbrannt[32]. Über das Ausmaß der Hinrichtungen des Jahres 1628 informieren uns gedruckte Kalenderblätter, die Eintragungen von Verurteilungen, Verbrennungen und Atzungsrechnungen enthalten[33].

Der Landesvater heuchelt Gerechtigkeit und verkündet am 31. Juli 1627 ein Mandat, worin er Ehrabschneidern, die falsche Angaben machen, Strafen androht. Er läßt einen Wippgalgen errichten. Hier wird der Beschuldigte gebunden und an einem Seil, das über das Gerüst hängt, auf – und abgeschnellt. Zuweilen wird er beschossen, bis der Tod eingetreten ist. Zudem erscheint im Füstbistum Bamberg am 16. September 1628 ein Erlaß, in dem gesagt wird, daß Verleumder ohne Rücksicht gemäß der peinlichen Halsgerichtsordnung zu strafen sind.

Als die Schweden vor der Stadt stehen, liegen zehn Verdächtige im Drudenhaus. Sie werden entlassen, nachdem sie schwören müssen, über die Behandlung während der Haft zu schweigen. So berichtet es die Chronik der Dominikanerin Maria Anna Junius. Nach dem Scheitern der Verhandlungen mit dem Schwedenkönig, muß sich der Fürstbischof zur Flucht entscheiden. Das neugeschaffene Herzogtum Franken wird Bernhard von Weimar übertragen. Der Gotteskundler kann nicht in seine Residenz zurück und stirbt Ende März 1633 im Kollegiatsstift Spital am Pyhrn. Im Verbund mit den Bamberger Hexenverfolgungen ist der Suffragan

Friedrich Förner

zu erwähnen; ein Verfechter der jesuitischen Idee. Er tritt gegen die Hexen als Schriftsteller in Erscheinung[34]. Möglicherweise geht der Bau des Bamberger Hexenhauses auf ihn zurück. Ein Dokument aus dem Jahre 1631 berichtet: »daß in diesem abscheilichen Haus die der Drudnerei bezichtigten jämmerlich gequält werden[35]... es handle sich um 33 Personen.«

Förner will gegen lässige Magistrate vorgehen und die beschämen, die behaupten, daß es keine Hexen gibt. Er ist von der Teufelsmanie infiltriert und gibt (u. a.) zum Besten: »die Bäcker müssen das Brot mit teuflischer Salbe geschmiert haben.« Oder: »der Bürgermeister Neydecker hat, um die Pestilenz anzustiften, den Brunnen der Stadt vergiftet.« Eine Frau wird von ihm beschuldigt, eine Kuh in einen Fiedelbogen verzaubert zu haben[36].

Else Geiger gibt an, daß sie von einer Margaretha Münchin zur Zauberei verführt worden sei. Daraufhin wird sie peinlich befragt und aus dem Weg geräumt. Jetzt öffnet der Beichtvater das Geheimnis und trägt vor: »daß es nicht die Münchin gewesen sei, die sie zur Zauberei verführt habe, sondern eine mit Namen Rüghammer.« Die Angaben des zum Schweigen Verpflichteten werden im Protokoll festgehalten[37]. Die 62jährige

Anna Keurin

wird in Güte examiniert, will aber trotz vielfältigem Zureden nicht gestehen, daß sie eine Hexe ist. Jetzt werden ihr Daumenschrauben angelegt und sie wird mit spanischen Stiefeln gefoltert. Man zieht sie mehrfach auf und forscht nach Hexenzeichen. Zwei kleine schwarze Steine fallen von ihrer rechten Achsel und das Protokoll vermerkt: »will nicht wissen, was das seye, hat auch nicht gebluthet.« Am 21. Juni kommt sie erneut eine Stunde auf den Bock (will aber) nichts fruchten, sie wisse und könne nichts.« Dann wird sie noch zweimal gefoltert. Als man ihr erneut die Daumenschrauben anlegt, bricht sie zum Triumpf der Häscher mit folgendem Geständnis hervor.

- Etwa vor 22 Jahren, als sie im Kindbett gelegen, sei des nachts ein fremder Mann zu ihr gekommen. Er habe sie so freundlich angesprochen, daß sie ihn in sein Bett gelassen habe. Dann habe sie mit ihm Unzucht getrieben. Es war nicht so natürlich wie mit ihrem Hans (Ehemann), sondern sein Glied wäre anfangs groß und kalt gewesen.
- Etliche Zeit danach, etwa sechs Tage, sei der böse Feind wieder zu ihr gekommen und habe Unzucht mit ihr getrieben. Sie habe ihn »Großfickhel« nennen müssen.
- Bei einer teuflischen Zusammenkunft hab er ihr gleich nach der Taufe in die Scham gegeben.
- Jedesmal war ein Überteufel zugegen, der befohlen habe, ihm Referenz zu erweisen; den habe man auf den den Hintern küssen müssen.
- Ungefähr drei- bis viermal habe sie Modo mirabili, dergestalt leuchten müssen, indem ihr der böse Feind das Licht (Kerze) sowohl in die Pritschen als auch in den Hintern gesteckt habe. Danach wird sie zum Feuertod verurteilt.

Manchmal wird von der Obrigkeit Milde geheuchelt: »obwohl der hochwürdige, gnädige Fürst und Herr von Bamberg versucht gewesen wäre, mit dem gegenwärtigen Hans Lamprecht etwas anderes vornehmen zu lassen, so haben es seine fürstlichen Gnaden dahin gemittelt, daß man ihn den anderen zum Abscheu wegen der angegebenen lasterhaften und verlogenen Reden, ihm seine lügenhafte Zunge auf dem offenen Pranger mit einem Pfriemen durchstoße, dann seinen Körper mit einem Schwert vom Leben zum Tod richte und ihn zu Pulver verbrenne[38].

Christian von Benenoe

wendet sich mit der Bitte an den Fürstbischof, die wegen Milchzauber angeklagte Anna Eysenpeinin peinlich zu befragen. Er trägt vor: »hochwürdiger Fürst und Herr. Als

Ehemaliges »Malefiz Hauß« zu Bamberg, erbaut im Jahre 1627. Die Grundrisse des auch sog. »Hexenhauses« zeigen das Erdgeschoß mit Wächterstube, die Zellen für die Gefangenen und unterer Kapelle sowie das erste Stockwerk mit Beichtkammer, Zellen und oberer Kapelle. Das kleinere Seitenhaus, ein turmartiger, nahezu fensterloser Fachwerkbau, stellt »die Peinliche Frag« (E.) dar. Kupferstich: Staatsbibliothek Bamberg, Signatur: V. B. 211^{m}.

wir heute mit der Eysenpeinin das Examen angefangen, hat gleich danach die Kuh meines Kastners Blut gegeben, was acht Tage gedauert (hat). Einer weiteren ist es in die Euter geschossen, so daß man bis zur gegenwärtigen Stunde nichts genießen kann. Die dritte Kuh ist dermaßen ausgemattet, daß man ihr Kalb hat weggeben müssen. Man habe auch geistliche Sachen gebraucht und gedroht, da sie es verursacht habe und daß sie wieder davon absehen soll, denn keine Kuh habe mehr als ein halbes Seidlein Milch gegeben, darum soll sie hochfürstliche Gnaden (jetzt) mit der Folter befühlen[39].

Jacob Mitterspacher wendet sich schriftlich an die fürstlichen Räte von Bamberg, um mitzuteilen, daß eine Ann Hofmännin einem Albrecht Bußregen die Mannschaft genommen hat. »Später habe sie ihm zweimal mit der Hand über den Rücken gestrichen, wodurch sie wieder zurückgekommen.«

Bürgermeister Junius

fungiert in der Zeit von 1614–28 in Bamberg. Im letzgenannten Jahr wird er aufgrund von Besagungen als Druttenmeister eingezogen und so lange unter die Folter gespannt, bis er ein Geständnis seiner Verbrechen wider die christliche Religion ablegt. Wie seine Frau vorab, wird er gequält, mit einem Schwert gerichtet und verbrannt.

Kurz vor seinem Tod schreibt er aus dem Gefängnis einen Brief an seine Tochter Veronika. Das Original hat sich erhalten und zählt zu den erschütterndsten Dokumenten des Hexenwahns. Vergleichbar ist es mit den Kassibern der Katharina Henot aus Köln oder der Lempin aus Nördlingen. Der Brief des Bürgermeisters trägt das Datum vom 24. Juli 1628. Wegen seiner Weitläufigkeit setze ich ihn unter die Erläuterungen[40]. Verstöße gegen die Gefängnisordnung werden geahndet.

Dr. Georg Haan

der bambergische Kanzler, wird in noch schwerere Ketten gelegt, weil er seiner Köchin von seiner Haftstube ein Brieflein auf die Straße geworfen hat.

Er teilt per Testament sein Vermögen an seine Kinder, Kirchen und Klöster auf. Er beauftragt seine Frau, die Armen zu speisen. Vornehme (wie ihn) scheint man vor Tagesanbruch in einer geschlossenen Kutsche zum Richtplatz gefahren zu haben. Er wird am Freitag dem 14. Juli 1628, früh um halb fünf Uhr in der Privatstube des Gefängnisses in Gegenwart von etwa 80 Leuten gerichtet. Man stellt die Leiche mit dem abgeschlagenen Kopf auf einer Bahre im Hof aus. Am kommenden Tag wird sie verbrannt.

Konfiskationsgelder

Der Fürstbischof betreibt den Gütereinzug der Verurteilten so massiv, daß sich auf Beschwerden von Stiftsangehörigen Kaiser Ferdinand II. wiederholt veranlaßt sieht, gegen sein Unwesen einzuschreiten. Er erläßt am 26. Mai 1630 ein Mandat zur Warnung und läßt ihn am 12. Juni 1631 wissen: »Was aber die höchst schmutzige Confiscation in diesen Crimine angeht, können Wir diese durchaus nit, undt unter keinerlei Vorwandt mehr gestatten.«

Zur Durchführung bedient der sich gottesfürchtige Tyrann der Hexen-Curatoren und deren Schreiber. Sie müssen schwören, nichts zu veruntreuen und sind zur Verschwiegenheit verpflichtet. In Aschaffenburg werden aus der trüben Quelle geschöpfte Gelder zum neuen Schloßbau der Mainzer Erzbischöfe verwendet.

Hexenjustiz

Unter Johann Georg II. Fuchs von Dornheim wird 1627 das neuerbaute Druden- oder Hexenhaus am Häfnermarkt eröffnet, das bis zum Einfall der Schweden belegt ist. Am 18. September 1631 überreichen die weltlichen Räte dem Kaiser einen Druck des 1627 errichteten Hexen-Justiz-Hauses. Weihbischof Friedrich Förner läßt das Hexenhaus in der Hellerstraße anstelle des alten Keßlertürleins errichten. In Bamberg gibt es das »gefaltet Stüblein« im Malefizturm.

Georg Neudecker liegt vom 2. April 1628 bis 1631 im Drudenhaus. Barbara Schwarz, Wirtin zur Gans, ist drei Jahre in Zeil eingekerkert. Als man sie entläßt, muß sie auf Betreiben ihres Mannes ins Bamberger Hexenhaus, weil man seit ihrer Rückkehr die Wirtschaft gemieden hat.

Die Verpflegung im Drudenhaus ist gestaffelt und wird verbessert, wenn die Insassen gebeichtet haben. Wird jemand eingeliefert, müssen ihm Angehörige Bettwäsche, Kleidung und Geschirr zur Verfügung stellen. Ihre Behandlung kann nur als schlecht bezeichnet werden. Oft schmachten sie Monate oder Jahre angekettet in dunklen Verliesen unter Hunger, Durst und Angst vor der Folter. Im Winter leiden sie an Kälte und das ganze Jahr über an Ungeziefer. Vereinzelt klagen Gefangene die Mißhandlungen und Zudringlichkeiten der betrunkenen, schamlosen oder rohen Schergen. Vergl. dazu die Ausführungen von Johannes Praetorius zum Thema Gefängnis.

Ihr Verkehr mit der Außenwelt ist praktisch abgeschnitten. Manchen gelingt die Flucht. So liest man in Bamberger Hexenprozeßakten von 1627 u. a. von einer Meldung an den Fürstbischof über die des der Ketzerei und Blutschande verdächtigen Johann Ehmann und seiner ältesten Tochter Katharina. Am 18. August 1627 wird auf dem Würzburger Sternplatz Christianus Ubelacker unter einem Galgen enthauptet, weil er als Wärter zwei wegen Hexerei Gefangenen Beihilfe zur Flucht geleistet hat.

Foltermethoden

Die massenhaften Folterprotokolle müssen für die Region als schlampig bezeichnet werden. Lambreg kritisiert zu Recht, daß man Unglückliche teilweise mit Nummern bezeichnet hat, womit die Gefahr für Verwechslungen groß ist. Dieses Phänomen begegnet uns unter späteren Christen wieder.

Bei der bambergischen Tortur setzt man den »Torquendus« auf den spanischen Bock und prügelt ihn mit einer Karbatsche und Ruten durch. Während der Züchtigung darf ein Mann nicht mehr als ein Hemd und Brustlatz, eine Frau nicht mehr als ein Leibchen oder eine Schnürbrust (Mieder) ohne Fischbein tragen.

Im Bereich des Hochstiftes kennt man den Betstuhl. Darunter versteht man ein Brett mit kurzen, spitzen Holzstacheln, auf das sich die zu folternde Person knieen muß. Beim Helmschneiden werden vom Scharfrichter ein Kranz dünner Schnüre auf dem Kopf des Opfers zugezogen.

1631 wird gesagt, daß etliche eine Durstfolter erleiden mußten. Man reicht ihnen einen Brei, der aus Heringen, Salz und Pfeffer gekocht ist und zwingt sie, ihn zu essen, ohne daß man ihnen etwas zum Trinken gibt. Zudem müssen sich verstockte Druden in siedendheißem Wasser, das mit Kalk, Salz, Pfeffer und scharfen Essenzen zubereitet ist, baden lassen.

Da die Hexenrichter teilweise glauben, ein Zauberer empfange im Kerker durch die Berührung der Erde vom Satan die Kraft, der Marter zu widerstehen, lassen sie vereinzelt einen solchen in einen kupfernen Kessel ketten und ihn an Stricken in einem Turm hängen, bis zur Decke ziehen und dann herunterfallen. Dies wird wiederholt, um ihm den Schlaf zu rauben.

Viele werden so geschunden, daß sie im Gefängnis sterben. Nachdem die 40jährige Christina Wildenbergerin von Bamberg aus Entkräftung vom Bock genommen werden muß, ohne daß sie gestanden hat, stirbt sie im Kerker.

Schwangere sollten nicht gefoltert werden, damit der unschuldigen Leibesfrucht kein Schaden zugefügt werde. Bei Wöchnerinnen verschiebt man die Folter gewöhnlich bis zu sechs Wochen nach der Niederkunft, damit dem Kind nicht die Muttermilch entzogen wird.

Vorschriften über die Dauer der Folter beachtet man wenig. Ein Protokoll vom 8. Juni 1627 vermerkt, daß die Angeklagte Anna Düßlein von 11 Uhr vormittags bis 3 Uhr nachmittags auf einem Bock gesessen habe. Es ist unglaublich, wenn man bedenkt, daß andere bereits nach 1/4 Stunde ohnmächtig zusammenbrechen.

Die *Langhansche Chronik* überliefert eine Notabene des Johann Georg I. Fuchs von Dornheim, das besagt, daß auf fürstlichen Befehl in Zeil ein Backsteinofen zum Verbrennen der Unholde verwendet werden soll. Ein weiterer steht in Geroldshofen.

Es sind in gewisser Weise Krematorien, wie sie Christen (!) modernisiert in den KZs des III. Reiches einsetzen.

Ende der Verfolgungen

Nach der Rückkehr des Bischofs Melchior Otto Voit von Salzburg (1648) wird die prozessuale Praxis nicht aufgenommen. Sein Hexen-Mandat von 1650 zeigt keine Wirkungen.

1659 erscheint in Bamberg eine Broschur mit bischöflicher Genehmigung. Wir lesen darin: »es sind etliche katholische Pfarrer darunter gewesen, die so große Zauberei und Kunst getrieben, daß nicht alles zu beschreiben ist. Sie haben Kinder in des Teufels Namen getauft. Die Bürgermeisterin Lambrecht und die dicke Metzgerin haben bekannt, daß sie den Zauberern eine Salbe gemacht (haben). Dies macht im Jahr 600 Gulden. Die Zauberinnen haben bekannt, wie ihrer 3 000 in der Walpurgisnacht auf dem Kreydenberg auf dem Tanz gewesen sind. Es sind etliche Mägdlein von sieben, acht, neun und 20 Jahren unter ihnen gewesen. Im Stift Bamberg sind über 600 Zauberinnen verbrannt worden. Es werden täglich mehr.« In den protestantisch orientierten

Markgrafschaften Ansbach und Bayreuth

(Sachsen-Coburg). Im Fürstentum Coburg werden 1586 zwei Personen wegen Hexerei gerichtet. Im bayreutischen Amt Creussen kommt es 1569 zu einem Hexenprozeß, in dem sich der Markgraf Georg Friedrich für eine Kirchenbuße ausspricht. In der obreren Markgrafschaft scheint es um 1590 nicht zu Hinrichtungen von Hexen gekommen zu sein.

Die Markgrafschaft Ansbach wird wie kaum ein anderes Territorium flächendekkend von Prozessen erfaßt. Erstmals 1589 sind sie datiert, als der Scharfrichter der Grafen von Oettingen zu einem in Langenzenn gerufen wird. 1590 folgen hier und in Heilsbronn Verbrennungen. In Schwabach werden mindestens sieben Frauen als Hexen verbrannt, in Hohentrüdingen und Fürth (Amt Cadolzburg) wird prozessiert. In Ansbach wird auf die Beschuldigung eines Schäfers eine Angehörige der Reichsaristokratie, die 70jährige Erbmarschällin Cäcilia von Pappenheim, gefangen. Sie soll von überführten Hexen aus Ellingen, Abensberg und Schwabach auf Hexentänzen gesehen worden sein. 1595 wird sie nach Abfassung eines Gutachtens der Universität Altdorf freigelassen.

1594 werden in Crailsheim vier Hexen verbrannt. Besonders schätzt man den Eichstätter Scharfrichter für die Überführung der Hexen, obwohl dessen magische Zeremonien den Lutheranern als papistisches Teufelswerk erscheinen. Der Kanzler von Oettingen soll 1591 dem zweifelnden Ansbacher Kanzler Stadtmann, der ein Gutachten über Hexen in Schwabach nicht unterzeichnen will, die Beweiskraft des Hexenzeichens erklären. In Ansbach halten die Verfolgungen von Hexen bis 1594 an. In Bamberg läuft 1590 ein Verfahren wegen Hexerei: hier ist für 1595 eine Verbrennung überliefert.

Es lassen sich Zaubereifälle ab der zweiten Hälfte des 16. Jahrhunderts feststellen. Hier waren schon unter der Regierung des Fürstbischofs Georg I. von Schaumberg (1459 bis 75) für Zauberei Strafen angesetzt; vom Verbrechen der Trutnerei findet sich vor der Schwarzenbergischen Reform (1507) nichts. Erst die *Bambergensis* verfügt im § 131 eine Strafe gegen Hexerei.

1516 wird die *Bambergensis* als Brandenburgische Halsgerichtsordnung eingeführt. Unter dem Markgraf Georg Friedrich von Brandenburg (1557–1603) ist die Brandenburgica erneuert worden: nach ihr wird schädigende Zauberei mit dem Feuertod bestraft. Hier scheint eine protestantische Interpretation zwischen den Zeilen durch:

»Item, wer durch den ordentlichen geistlichen Richter für einen Ketzer erkannt, und dafür dem weltlichen Richter geantwortet würde, soll mit dem Feuer vom Leben zum Tode gestraft werden. Doch welcher Richter nicht der evangelischen und apostolischen Schrift gemäß, sondern derselben zuwider, jemanden für einen Ketzer erkenne, soll derselbige für keinen ordentlichen Richter gehalten, noch auch auf seiner Erkäntnis gegen den Verurtheilten mit dieser Strafe verfahren werden.«

Schon Johann Oldendorp (1480–1567), ein Begründer der lutherischen Jurisprudenz, setzt sich für die Bestrafung der Ketzer (Hexen) ein.

Das Stadtgebiet von Kulmbach bleibt von Justizmorden in Hexensachen verschont, aber in Ansbach werden im letzten Viertel des 16. Jahrunderts viele wegen Druderei an den Pranger gestellt oder gerichtet[41)].

Der aus dem schlesischen Jägerndorf stammene Adam Francisci (vergl. dort) hat mit seiner *Generalinstruktion von den Trutten* Unheil angerichtet und die Notwendigkeit der Hexenverfolgung untermauert, indem er die gefälschte Offenbarung zitiert und sie etwa so auslegt: »der Teufel wird im geistlichen und weltlichen, ja selbst im häuslichen Bereich nach seinem Erscheinen mit Ketzerei, Abgötterei, Krieg, Aufruhr, Mord, Vergiftung, Drudnerei und Zauberei wüten. Daher tue der Markgraf gut daran, das Hexengeschmeiß mit Eifer auszurotten. Im einzelnen solle sich der Landesherr über erforderliche Maßnahmen nach dem göttlichen Gesetz oder Naturrecht mit seinen Räten besprechen: bei den Zauberern und Hexen könne es sich keinesfalls um Fabelwerk oder Täuschungen, sondern nur um leibhaftige Dämonen handeln.«

Hinter seinem Halbwissen steht das mosaische Recht, das Theologen in ihrem Sinn ausgebeutet und verzerrt haben. Seiner Auffassung nach dürfe man keinen Übeltäter »er sei klein oder groß« ungestraft lassen und die übrigen Leute, die noch nicht mit dem Laster behaftet sind, durch Mandate vor den Gefahren einer hexischen Verführung warnen.«

Sein Wollen zeigt Wirkung. 1591 sind im bayreuthischen 22 Hexen verbrannt worden. 1591 wird Barbara Fleißmann (Fleischmann?) von Kulmbach wegen Hexerei belangt. In Schwabach brennen im gleichen Jahr die Scheiterhaufen. Lory[42)] arbeitet die Kulmbacher Ratsprotokolle durch und stellt fest, daß es in den 90er Jahren des 16. Jahrhunderts zu Anklagen und Verdächtigungen, aber zu keinen Prozessen mit Todesfolge gekommen ist. Am 7. April 1569 berichtet der Creussener Vogt an den markgräflichen Oberhauptmann in Kulmbach, daß die Hausfrau

Katharina Gösers

aus Birk wegen Wahrsagerei und zauberhafter Kuren an Mensch und Vieh verhaftet worden ist. Sie habe bei ihrer ersten Vernehmung einen Wetterstein abgegeben. Hinter der Kampagne steckt ein Geistlicher. Am gleichen Tag berichtet der Pfarrer Nicolaus Friedrich von Birk über den Fall, doch weiß er außer den frechen Reden der Besagten, wie: »sie habe neulich neun Pfaffen in des Kaplans Wohnung zu Creussen überwunden, sie könne ander Leut auch wohl überwinden.« nichts vorzutragen. Eine Zeugin bringt vor:

- Die Angeklagte hätte sich einmal, als ihr Mann abgängig gewesen, angemasst, durch ihren Wetterstein Schicksal und Aufenthalt des Vermißten auszukundschaften.
- Die Angeschuldigte hat bei ihrer gütlichen Vernehmung am 4. April erklärt: »sie sei ein guldenes Sonntagskind« und den Wetterstein habe sie, als sie ungefähr 21 Jahre alt gewesen, unterm Gras gefunden.

Kurz danach wird sie eingezogen und vernommen: zunächst leugnet sie und teilt einen Zauberspruch gegen die Gicht mit[43)]. Zwei Tage darauf werden die Aussagen der von der Kirchnerin mit Rat bedachten Personen protokolliert und es stellen sich gewöhnliche Dinge heraus. Es ist ein harmloser Volksaberglaube, der unter den Händen der Obrigkeit hochgeschaukelt wird.

Aus dem Bericht, den der Pfarrer Julius Bloch aus Bayreuth nach Kulmbach schickt, ist zu erfahren, daß sie ihm berichtet habe:

- Sie hätte die Zeit ihrer Gefangnuss viel von Teufeln leiden müssen, die in kleiner Männlein Gestalt in der Nacht zu ihr gekommen sind, sie plagen und, wie sie meine, ihr das Haar ausraufen, hätte sie auch ihrer genug zu wehren, daß sie sie nicht wegführten.«
- Zuerst sei ihr ein schwarzes Männlein erschienen, welches gesagt, sie solle den Rasen aufheben, da werde sie einen Stein finden, darinnen sie Karten sehen möge. Sie habe das Männlein nicht für den Teufel, sondern für Gott gehalten.
- Dann habe sie der Teufel angesprochen, mit Gewalt in sie gedrungen, auch mehr mit ihr zu schaffen haben wollen ... zu ihr ins Bett gekommen sei, sie geschlagen habe.
- Sie habe das schwarze Männlein nicht in den Wetterstein gebannt, es sei bereits darinnen gewesen ... sie habe in ihm gesehen, wie man zwei Männer gefoltert habe ... sonst habe sie mit dem Teufel keine Gemeinschaft gemacht, derselbe habe sie weder bei Tag noch bei Nacht angefochten.
- Wohl seien vergangenen Dienstag nachts die schwarzen Männlein zu ihr ins Gefängnis gekommen.
- Was die Gichtkuren betreffe, so habe sie einen Löffel mit Wasser »so unbeschreyt und unbekannt gewesen« genommen und darein fünf Haferkörner geworfen; seien sie untergegangen, während sie die Formel sprach, habe die Betreffende die Gicht gehabt; Wetterstein besäße sie keinen mehr.

Inzwischen hat man bei ihr eine Hausdurchsuchung vorgenommen. »Als sie den Stein sah, fing sie alsbald an zu zittern und zu erblassen, warf ihn auf den Tisch und schrie: »Ach Gott, er hat einen Geissfuss, ich will mein Leben lang nimmer den Stein sehen.«

Aus den Unterlagen wird deutlich, daß ihr der Pfarrer keine Ruhe läßt, denn er will von ihr wissen: »sie solle sehen, was für Füße das Männlein im Stein hätte« und so wird der Verängstigten immer weiter zugesetzt. Schließlich sagt sie: »sie wolle dem Prediger von Bayreuth und einem der Geistlichen die Geschichte erzählen.«

»Ihr Vater sei damals krank gewesen, sie sei deswegen traurig dagesessen, da sei das schwarze Männlein gekommen, habe ihr gesagt, unter dem Schüblein Gras sei ein Stein, doch weder sie noch ihr Vater dürften denselben ausgraben, habe ihn also durch einen Knaben ausgraben lassen, derselbe sei noch am Leben; das Männlein habe gesagt, er wolle sich ferner allezeit in solchem Stein finden und sehen lassen, wolle sie die Kunst lehren, Krankheiten zu heilen ... dann habe das Männlein verlangt, sie solle sein werden ... es habe sie wohl manchmal, als sie über das Feld gegangen, gedrückt und geherzt und auch von ihr verlangt, sie solle das gleiche tun; sie aber habe solches nicht gestattet: er habe ihr auch ernstlich befohlen, nicht in die Predigt zu gehen und nicht mehr die heiligen Sakramente zu besuchen; in der Kirche habe sie keine Ruhe gehabt und dergleichen.«

Dann scheint das Ganze eine Wende zum Schlimmeren zu nehmen. Am 4. Mai ergeht vom Stellvertreter des Kulmbacher Oberhauptmannes an den Vogt nach Creussen die Mitteilung, daß der Scharfrichter den Befehl erhalten hat, dorthin zu reisen, weil zu befürchten sei, die Angeklagte habe manches verschwiegen, auch zur Abschreckung anderer; die Goesserin sei nochmals gütlich und peinlich zu befragen, da sie aber schwach und geringen Leibes sei, soll man vorsichtig sein und dem Scharfrichter entsprechende Weisungen erteilen: »damit ihr keine Gefahr am Leben oder sonst welch Krankheit daraus entstehen möchte.«

Unter der Folter macht sie weitere Zugeständnisse:

- Der böse Feind habe dreimal mit ihr zu schaffen gehabt. So sei sie vierzehn Tage nach ihrer Hochzeit neben ihrem Mann im Bett gelegen, als ihr plötzlich Angst und bang geworden: da sei sie um Mitternacht aufgestanden und habe sich draußen in der Stube auf eine Bank gelegt, so sei der böse Feind in der Gestalt ihres Mannes hereingekommen.
- Auch auf dem Wege habe er sich zu ihr gesellt, anfänglich klein und dann immer größer geworden, bis er endlich so groß wie ein Mann, auch sonst habe sie »seines Willens gepflegt.«

Sie wolle nichts verleugnen und darauf die Todesstrafe erdulden. Jetzt schickt der Kirchner eine Supplikation für seine Frau nach Kulmbach und der Bericht, den man dorthin schickt, lautet sinngemäß: »aus allen Umständen sei zu erkennen, daß die Angeklagte eine blöde, einfältige Weibsperson (sei), auch hätte sie Mensch und Vieh keinen Schaden getan, daher sollte sie die Geistlichkeit besuchen, ihr das Unrecht ihrer Handlung zu Gemüte führen, fleißig mit ihr beten und sie vermahmen sich aller solcher Sachen fernerhin zu enthalten und christlich zu leben.«

Sie reißt sich zusammen, widerruft und sagt, daß sie nur unter den Schmerzen der Tortur die Aussagen gemacht habe. Jetzt fordert man von Kulmbach Rechenschaft wegen der duchgeführten Folter und man beeilt sich mitzuteilen: »man habe nur die Daumenschrauben angelegt und sie aufziehen lassen, so wenig aber »daß sich der Stein nicht einmal bewegt« (!).

Am 9. Juni läßt ihr der Markgraf Georg Friedrich mitteilen: »sie solle von den Prädikanten nach Notdurft ihrer großen begangenen Sünde verinnert, zu Besserung und christlicher Buße vermahnt und unterrichtet werden, dann solle sie vor der christlichen Gemeinde öffentlich Pönitenz leisten, der Verhaftung entledigt und ihrem Mann zurückgegeben werden; doch solle man ihr fleißig auf die Finger schauen, ob sie noch ferner zaubere.«

Am 19. Januar 1615 berichten die Beamten aus Ipsheim (Windsheim/Mittelfranken) an die fürstlichen Räte in Neustadt a. d. Aisch, daß man abermals zweier Weiber halber, Hansen Leschs Hausfrau Christine und der Agnes Wehrin nach Ipsheim sich gewendet, weil sie wegen Segnerei und Hexerei von männiglich beschreiet würden.«

Hans Maier habe auf die Christina einen Argwohn, da er vor ungefähr einem Jahr um sieben Pferde gekommen sei, er könne sie zwar nicht einer bestimmten Tat zeihen, aber öffentlich gehe das Geschrei, sie werde von Jedermann gescheut. Georg Auer sagt: »er sei auf den Gangolsberg gegangen, um das Feuer zu sehen, es wären viele Weiber beisammen gestanden, er habe zu ihnen gesagt, sie sollten sehen, wie es zuginge, über eine Weile werde es auch hierher kommen; da hätte die Christine gefragt, ob er sie auch meine, worauf er mit nein geantwortet; sie sei bei der alten Hexen beschrieenem Weib in Dienst gestanden, weshalb man sie gescheut.«

Von der Wehrin gehe die gemeine Sage, daß dieselbe der Truttnerey beschrieen werde. Sie bekennt sich zu einem Segenspruch[44] und räumt ein, daß sie durch Kräuter die Ungnade (Verrücktheit) heilen könne; was die Ungnade sei, wisse sie nit, ebensowenig wie man dieselbe bekomme; doch sei bei dieser Krankheit das Baden schädlich ... es wäre ihr wohl bewußt, daß man sie ein Trutten schelte, was aber solle sie anfangen, nachdem jetzt, wenn eins alt werde, dasselbe ein Trutt sein müsse?

Dann werden die alten Zeugen vernommen und neue kommen dazu. Dann räumt Christine einen Heilspruch gegen das Zahnweh ein[45]. Schließlich teilt Agnes Wehrin, wegen der »Ungnade« vorgenommen, mit: »Reißen und Stechen im Rücken und im Leib sei ein Anzeichen der Krankheit; drücke man dem Kranken die Finger und werden dabei die Nägel blau, müsse er sterben; sie habe es den Betreffenden angezeigt, damit sie sich zum Beten schicken ... sie habe ihr Lebtag hart gearbeitet und selbst viel an Kopfweh gelitten, auch darum den Vers gelernt, damit sie davon frei werde.«

Eine alte Witwe bringt sie beide hinter Schloß und Riegel, indem sie in den Raum stellt, die Christine hätte gesagt: »der Teufel habe ihr etwas ans Ohr gehängt, er werde ihr bald auch eins ans Bein hängen, und dann sei ihr, als sie bei der Angeklagten Haus vorbeigegangen, etwas ins Bein gefahren, so daß sie acht Wochen lang Schmerzen gehabt.« Der Ausgang des Verfahrens ist unbekannt.1654 kommt es zu einem Hexenprozeß auf Bayreuther Gebiet gegen

Margaretha Breunin

die sich unter »scharpfer Betrohung« der Zauberei schuldig bekennt. Sie muß geloben, daß sie sich nichts mehr zuschulden kommen lassen wolle, worauf sie aus dem Ampt und der Hauptmannschaft Bayreuth geschafft werden soll. In der Urteilsbegründung heißt es: »es bestünde zwar Ursache, sie anderen zur Abschreckung mit empfindlicher Strafe anzusprechen, so wolle man sich doch zur Milde entscheiden, da dem Kläger kein Schaden zugefügt worden sei.«

Der nächste Fall aus dem Jahre 1656 führt in die Gegend von Naila, nach Gerolzgrün und Lichtenberg; der Pfarrer von Gerolzgrün hat die Sache dem Amt Lichtenberg angezeigt. Hier hat eine sechzehnjährige einer Frau im Ort nachgesagt, dieselbe habe ihr zwei Büschelin »in welchen auch etwas von einer alten doppelten Messerscheiden, welche ein schwangeres Weib getragen«, zugestellt mit der Anweisung, dieselben zwei anderen Mädchen im Orte im Essen beizubringen, auch der einen davon Hasenhaare in die Schuhe zu stecken, dann würden »beeder Hurrenstück« an den Tag kommen.

Markgraf (Georg Albrecht) befiehlt seinen Beamten, sich von der Juristenfakultät Jena belehren zu lassen und es stellt sich heraus: »dass wegen vermeintlicher Hexerey nichts aufzubringen.« Damit schließen die greifbaren Fälle.

Der Burgfriede des Markgrafen Christian Ernst (1655–1712) droht Strafen gegen Zauberei im § 12 an. Der Landesherr behält sich vor, Zauberer nach dem gemeinen landesüblichen Recht zu strafen. Im Titel V. seiner *Polizeiordnung* werden Teufelsbündler nach der reformierten peinlichen Halsgerichtsordnung gestraft. Wahrsager erhalten als Strafe Gefängnis, Landesverweisung und Staupenschlag. Versuchen wir jetzt, die übergeordneten

Juristischen Aspekte

der Regionen zu beleuchten. In Würzburg hält das

Brückengericht

seine Sitzungen in peinlichen Angelegenheiten im schwarzen Saal im Stadthaus zum Grünen Baum, wo sich früher ein Rechtsdenkmal befunden hat. Es bildet selbst für Auswärtige eine Instanz der Ratseinholung. Die bischöfliche Kanzlei wird zum Schaltgetriebe des fränkischen Hexenwahns. Fast alle Hexenprotokolle werden hier zur Prüfung und Entscheidung vorgelegt. Als Gutachterstelle drängt das Malefizamt das Brückengericht in den Hintergrund.

Selbst in Hexensachen stehen den Besagten im geringsten Umfang Rechtswege offen, so die Oberzentgerichte der Territorien. Bischöfe setzen als Behelf Hofgerichte ein. Der Zentgraf handelt im Auftrag des Bischofs; er ist sein Erfüllungsgehilfe. Er ist der Vorsitzende des Zentgerichtes. Das Zeichen seiner Würde ist der lange Gerichtsstab. Beim Urteil ist er an das Votum der Schöffen gebunden. Immer mehr rückt der Schultheiß als Leiter des Gerichtes in Erscheinung. Auch für Franken sind einzelne Fälle bekannt, wo

Verleumder

wegen falscher Bezichtigungen gestraft werden. Ein Steigenwalder Mädchen beschuldigt 1596 zwei Frauen der Zauberei. Andere erbringen den Beweis ihrer Unschuld. Am 9.12.1596 wird das Urteil gesprochen und dem Mädchen im Juliuspital die Verweisung aus dem Hochstift Würzburg verkündet. Sollte es im Stiftsgebiet erwischt werden, droht man ihr die Ertränkung im Main an: die Bezichtigten gelangen in die Freiheit zurück.

Folterkammern

In Würzburg wird nachweisbar im Rathaus gefoltert. Bezeugt ist das Strecken (Wägen)

Rathaus zu Würzburg zur Zeit der Hexenbrände. Stich von Joh. Poppel, München. Mit freundlicher Genehmigung.

von Angeschuldigten 1392; also muß damals die Folterpraxis üblich gewesen sein. 1596 foltert der Nachrichter »ain maidlein« im Juliusspital. Bevor Todesurteile vollzogen werden, müssen sie dem Fürst in seiner Eigenschaft als Träger des

Gnadenrechts

unterbreitet werden. In Franken übt der Fürstbischof als Zentherr seines Hochstiftes das Begnadigungsrecht, »denn wer die scherpfe zu befehlen, der hat sich auch der gnad und nachlaß zu gebrauchen.« Er hebt zwar nicht die Todesstrafen auf, mildert sie aber in der Regel von »lebenden Brand« auf eine vorherige Hinrichtung per Schwertschlag. Daneben verfügt er des öfteren als mildere Strafe den Tod durch den Strang mit anschließender Verbrennung oder erläßt Delinquenten das Reißen mit glühend gemachten Zangen.

Letzte Verfügungen

Es fällt auf, daß die zum Tode Verurteiten teilweise erhebliche Mittel an Kirchen und Klöster abführen. Aus Bamberg sind eine Reihe von Dotationen bekannt. Am 8. Februar 1628 verfügt Jacob Staudt, Wirt zum Großkopf, letztwillig über seinen Nachlaß und stiftet Almosen und Vermächtnisse für Klöster. Hieronymus Weidenweber aus Lohr am Main bittet, daß man ihn begraben und seine Asche nicht verstreuen möge. Dafür verspricht er der Kirche weitere 100 fl. 1616 begabt der Karbacher Schultheiß vor seiner Hinrichtung mehrere Kirchen mit Legaten. Drei Tage vor der

Vollstreckung des Urteils

werden den Bezichtigten Geistliche beigegeben, die sie zur Bereuung ihrer Sünden anhalten und auf den Tod vorbereiten sollen. Nach Francisci soll man ihnen vier Stunden vor der Hinrichtung das heilige Abendmahl reichen. Johann Gottfried von Aschhausen setzt sich theoretisch für die Rettung der Seelen ein, indem er am Hinrichtungstag für die Gerichteten die *Messe de tribulatione* lesen läßt.

Nicht ganz so freiwillig, sondern möglicherweise unter dem Druck der Ereignisse, läßt der Würzburger Hexenbischof Philipp Adolf von Ehrenberg der Hingerichteten gedenken. Als ihn Bezichtigte als Mitschuldigen bezeichnen, stiftet er eine wöchentliche, vierteljährliche und jährliche feierliche Messe für die durch Henkerhand geendeten zauberischen Personen beim Augustinerkloster.

Gang zur Richtstätte

In Würzburg pflegt noch 1706 der Scharfrichtrer den Verurteilten aus dem Stockhaus zu holen. Gebunden setzt er ihn in den Stock am Rathaus. Dann reiten der Zentgraf mit dem Kläger dorthin, um dem »reo« sein Urteil zu verlesen. Hier bricht der Zentgraf den Stab über ihn. Danach wird der Verurteilte auf einen Wagen gesetzt oder geschleift. Maria Renata Singer wird zum Richtplatz getragen.

In der Regel werden die zum Feuertod Verurteilten an Pfähle gekettet oder an freistehende Säulen geschmiedet. Sitzend oder stehend müssen sie dem grauenvollen Ende des lebendigen Brandes entgegenharren. Vereinzelt werden ihnen Pulversäckchen um den Hals gehängt, oder man schüttet Frauen Schwefel oder Pulver in den Busen. In der Mehrzahl werden die Opfer erdrosselt, bevor der Scheiterhaufen angezündet wird.

Richtstätten

Für Würzburg ist der Schotten-Anger auf der linken Mainseite zu nennen. Hier wird 1476 ein Ketzer lebend verbrannt und zwei seiner Anhänger per Schwertschlag gerichtet. 1528 wird auf dem Sander-Anger ein abgefallener Mönch verbrannt und von 1627–29 beschließen hier etwa 200 Hexen ihr unglückliches Erdendasein. Enthauptet werden sie im Kanzlei-Höfchen.

In Gerolzhofen, das im Gebiet des Hochstiftes Würzburg liegt, sind die zum Tod Verurteilten größtenteils auf dem Schieß- oder Henkerwasen verbrannt worden. In Bamberg liegt der Richtplatz vor dem Langaßtor, während in Kronach auf dem Dreißigackerberge gerichtet wird. Das Nürnberger Hochgericht, der Raben-oder Krüppelstein, lag vor dem Frauentor. In Schweinfurter Hexenprozessen finden im Hartwald in Norden der Stadt bei Dittelbrunn Verbrennungen statt.

Scharfrichter

Das Richten von Hexen birgt Gefahren. Als am 17. November 1685 der Augsburger Scharfrichter Meister Mattheus Hartmann von drei verurteilten Hexen zwei mit dem Schwert gerichtet hat, soll er nach Aussage des Chronisten an beiden Händen gelähmt worden sein.

Seine Besoldung ist durch Taxordnungen geregelt. Für das peinliche Verhör werden ihm täglich zehn Batzen, seinem Knecht sechs bezahlt. Wenn eine Person bis zu viermal aufgezogen wird, erhält der Scharfrichter einen halben Gulden, für die Hinrichtung mit dem Strang, Schwert oder Wasser drei Gulden. Da er zu den anderen Hinrichtungsarten wie Verbrennen, Zangenreißen oder Pfählen mehr aufwenden muß, werden ihm vier Gulden zugebilligt. Wird eine Hexe mit Ruten gestrichen, schuldet sie dem Henker $1^1/_2$ Gulden. Zudem ist jede Person, die peinlich am Leben gestraft wird, verpflichtet, an den Knecht einen Beschreigulden abzuführen.

Die bedeutendsten Gerichte (auch) für Hexensachen waren das Reichskammergericht zu Speyer (verlegt nach Wetzlar) und das Hofgericht in Wien.

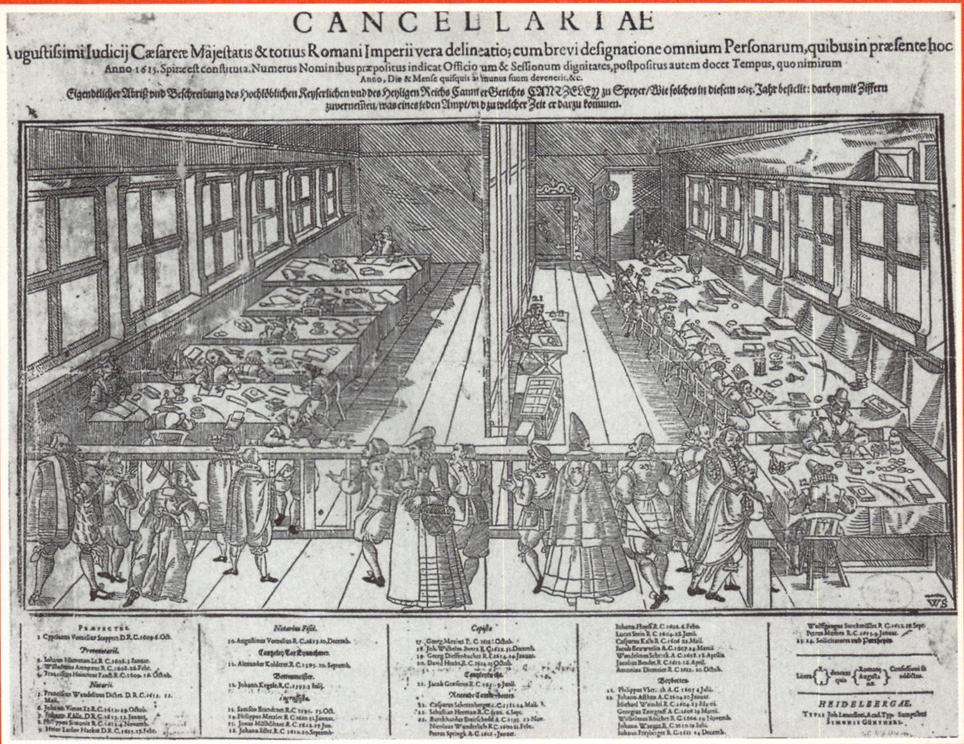
CANCELLARIAE
Augustissimi Iudicij Cæsareæ Majestatis & totius Romani Imperii vera delineatio; cum brevi designatione omnium Personarum, quibus in præsente hoc
Anno 1615. Spiræ est constituta. Numerus Nominibus præpositus indicat Officiorum & Sessionum dignitates, postpositus autem docet Tempus, quo nimirum
Anno, Die & Mense quisquis ad munus suum devenerit, &c.
Eigendtlicher Abriß vnd Beschreibung des Hochlöblichen Keyserlichen vnd des Heyligen Reichs Cammer Gerichts CANTZLEY zu Speyer/ Wie solches in diesem 1615. Jahr bestellt: darbey mit Ziffern zuvernemen/ was eines jeden Ampt/ vnd zu welcher Zeit er darzu kommen.
HEIDELBERGÆ.

SUPPLICATIONES CAMERALES NOVISSIMÆ
LEOPOLD I.
JOSEPH. REX I.
WEZELAR

Zu wenig beachtet wird seither, daß vielfach auch sie Multiplikatoren des Hexenwahns sind. Daneben spielen sich Schergen ab und zu Tröstern auf. So beruft sich Andreas Fröschelin anläßlich einer Stellenbewerbung im Jahre 1630 auf seine Dienste bei den Zeilern Hexenrichtern, »denn dort habe er die Hexen mit Vorbeten, Tröstungen und Ermahnungen zu bekehren versucht.«

Reichsstädte

Aus allen Teilen Frankens werden Hexenprozesse aktenkundig. Prozeßwellen zeigen sich in den Jahren 1590, 1630 und etwa 1660. Die wesentlichen Brandplätze unter den Reichststädten sind Dinkelsbühl, Winsheim, Nördlingen und Schweinfurt, ferner der Deutschordensbezirk Ellingen.

Ein früher Fall ist der 1478 gegen die städtische Hebamme Else Schwab (Nördlingen) geführte. 1545 wird in Schwabach eine Tagwerkfrau eingeäschert. 1589 wird in Emskirchen die erste (?) Hexe (?) verbrannt. In Guntershausen werden 1590 zwei Hexenprozesse inszeniert und in Wallerstein werden 1591 22 Personen als Hexen besagt und verbrannt.

Schwabach stellt einen Drudenhenker ein. In Langenzenn, Heilsbronn, Ansbach und Guntershausen sterben im letzten Viertel des 16. Jahrhunderts zahlreiche wegen Hexerei. Im würzburgischen Amt Rothenfels wird 1661 eine Schulthesen eingezogen, die im peinlichen Verhör gesteht:

- Daß sie ein ungetauftes Kind aus dem Grab genommen, es zuhause gereinigt, zerschnitten, das Fleisch gegessen und sein Hirn und Gebein zu Pulver und Schmier verwendet habe.
- Sie sei an verschiedenen Orten in Keller gefahren und habe sich vollgetrunken.

Sie wird mit anderen verbrannt. 1627 findet in Marktheidenfeld ein Prozeß gegen 16 Hexen statt. Einige von ihnen werden unter Berufung auf die CCC. § 109 mit glühenden Zangen gezwickt.

Die Fürstprobstei Ellwangen

muß als regionale Kernzone angesehen werden; sie weist sich durch eine hohe Intensität und etwa 450 nachweisbare Opfer aus. Höhepunkte formieren sich 1588 und in den Jahren 1611–18.

Das Stift bildet sich aus einem 1460 säkularisierten Benediktinerkloster, das zunächst an Württemberg gebunden ist. Unter der Verantwortung des Kardinals Ottos Truchseß von Waldburg (1552–73) gewinnt man Auto-

Der drehbare Pranger, die »Trülle« zu Bern, 1780. Kupferstich.

nomität. Sein Ziel ist, den angeschlagenen Katholizismus zu festigen, bzw. die Wunden zu lecken, die ihm Protestanten im frühen 16. Jahrhundert geschlagen haben. Mit Johann Christoph I. von Westerstetten (1603–13) wird der Höhepunkt der Rekatholisierung erreicht, wobei Dillinger Jesuiten zur Seite stehen. Parallel dazu wird eine Reform des Strafrechts durchgeführt. Malefizprozesse werden am Ellwanger Hochgericht unter der Verantwortung fürstlicher Räte verhandelt. Die bevorzugte Haftanstalt befindet sich zuerst auf dem Ellwanger Schloß: später folgt die Verlagerung in die städtische Büttelei.

Frühe Prozesse

finden 1588 unter der Verantwortung des Fürstprobstes Wolfgang von Hausen statt. Zwischen 17 und 20 Personen fallen ihnen in etwa vier Monaten zum Opfer. Externe Impulse aus dem Hochstift Augsburg sind so zu berücksichtigen wie die Durchführung einer fürstpröbstlichen Inquisition. Man inspiziert nächtliche Saufgelage und Orgien in Bürgerhäusern. Bei der Gelegenheit ergreift man den 17jährigen Jacob Sinai, der sich zum Auslöser der ersten Verfolgungswelle profiliert, zumal er seine Mutter als Hexe besagt.

Als Scharfrichter wird der Biberacher Hans Vollmair zu Rate gezogen. Der »ortsfremde« Henker kann auf ein erhebliches Erfahrungsspektrum weisen. Es fällt auf, daß die Besagten über eine geringe Verteidigungschance verfügen und daß der Einsatz der Folter fast willkürlich gehandhabt wird. Besagung und stigma diabolicum reichen hin, um zur Folter zur schreiten. Auch hier führen die Besagungen zur Ausuferung des Geschehens. Die Besiebnung durch Mitglieder des Ellwanger Stadtgerichtes fällt auf. Man plädiert für die Feuerstrafe, die jedoch Wolfgang von Hausen durch vorherige Enthauptung und/oder Strangulation auf dem Gnadenweg mildert. Hinterbliebene werden mit Konfiskationsgeldern belastet.

Am 12. November 1588 wird Regina Würzburgerin hingerichtet, die Witwe des ehemaligen kapitelischen Magisters Andreas Würzburger. Kurz danach folgt ihr Eva Boserin, die Frau des Ellwanger Stadtschreibers Michael Boser. Nahezu alle in der ersten Welle Hingerichteten sind Frauen und sie alle stammen aus Ellwangen. Im Dezember 1588 werden die Verfahren, vermutlich unter dem Einfluß des fürstpröbstlichen Kanzlers Johann Hildenbrand eingestellt; zumindest drängt er auf ihren Abbruch. Die

Johann Christoph von Westerstetten, Fürstpropst von Ellwangen (1603–1613), Bischof von Eichstätt.

zweite Prozeßwelle

erfolgt zwischen den Jahren 1611 und 1618 unter der Verantwortung der Fürstpröbste Johann Christoph I. v. Westerstetten (1603–13) und Johann Christoph II. von Freyberg und Eisenberg (1613–20). Beeinflußt wird sie von konfessionellen Vorstellungen. Johann Christoph I. läßt nicht nur in seiner Probstei, sondern auch später als Bischof von Eichstätt (1613–37) Prozesse installieren.

Auslöser ist diesmal ein angeblicher Hostienfrevel der 70jährigen Barbara Rüfin aus Rindelbach, die 1611 die ihr vom Geistlichen gereichte Hostie aus dem Mund genommen haben soll und dadurch den Verdacht der Hexerei auf sich lenkt; zudem ist sie übel beleumundet!

Sie wird Anfang April verhaftet und man leitet ein Verfahren gegen sie ein. Sie legt ein »umfassendes« Geständnis ab, besagt weitere und tritt dadurch den Ball los. Zwischen 1611–12 fallen der Manie etwa 300 Personen zum Opfer. Als die Verantwortung auf Johann Cristoph II. von Freyberg und Eisenberg übergeht, zeigt sich eine Abschwächung; auf sein Konto gehen etwa weitere 100 Unschuldige. Seit Mai 1611 verfügt man über eine Hexendeputation. Sie besteht aus zwei fürstlichen Räten, dem Hofmeister Arnold von Wolffen zu Wöllstein und dem weltlichen Rat Dr. Carl Kibler; zwei Scharfrichter

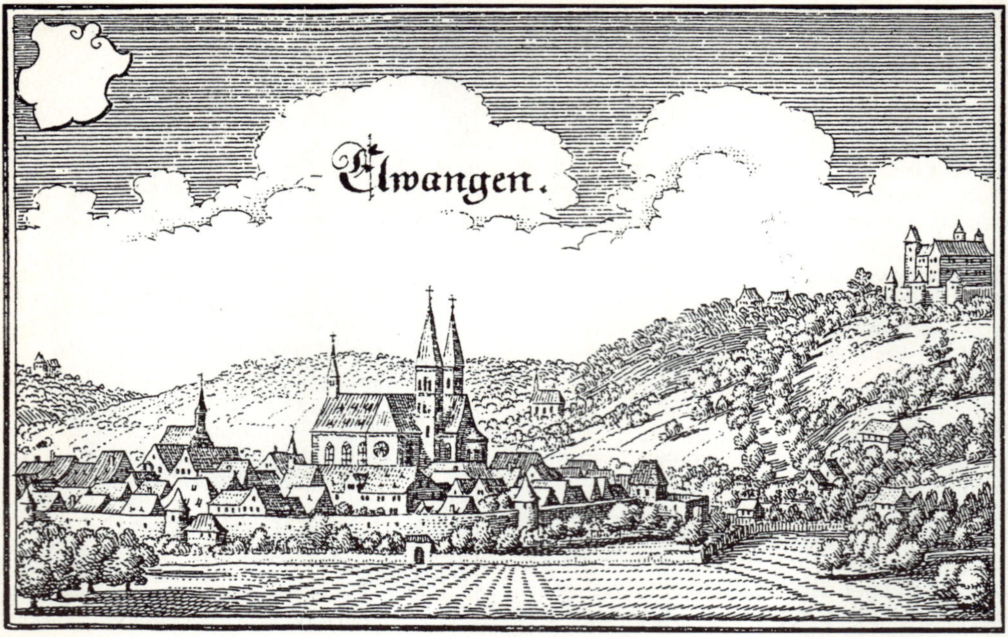

Ellwangen, Stich von Matthäus Merian d. Ä. (1643).

stehen zur Verfügung. Für Folter und Hinrichtung zeigen sich ab Mai 1611 der Marktoberdorfer Scharfrichter Hans Gruber und der Ellwanger Abdecker Wolff Rörlin verantwortlich; später tritt der Bühlertanner Scharfrichter Georg Trexler zur Seite; keiner von ihnen erreicht die Bedeutung des Biberachers Vollmair. Nun zeigt sich eine Verfahrensstraffung und -konformität. Dem Ellwanger Bäcker Caspar Pfitzer gelingt 1612 die Flucht aus dem Haftlokal.

Den fürstlichen Räten und der Hexendeputation obliegt die Steuerung des Geschehens. Es kommt zur Verfolgung von Hexenfamilien und Hausgenossen. Dadurch brechen soziale Strukturen und bald erfaßt die Wahnvorstellung Personen jeden Alters, Geschlechts und Standes (Wolfgang Mährle); Geistliche weren involviert und jetzt steigt der Anteil der verfolgten Männer auf über 20 %.

Das nahegelegene Amt Röteln gelangt ebenfalls in den Sog der Verfolgungen. Erfaßt werden Musikanten des Stiftsterritoriums, von denen 13 zum Opfer werden und reguläre Straftäter, deren Verfahren in Hexenprozesse umgeschmiedet werden. 1618 geht ein Protestschreiben aus der benachbarten Grafschaft Oettingen ein; es vermag die Prozeßlawine nicht aufzuhalten. Finanziellen Nutzen zieht die fürstpröbstliche Regierung durch den Einzug der Konfiskationsgelder und möglicherweise die Scharfrichter mit ihren nach oben hin angesiedelten Taxen. Gefängniswärter werden zu Erpressern. Die Verantwortlichen verschicken Besagungslisten und bewilligen die Entsendung des Ellwanger Scharfrichters Wolff Rörlin an andere Reichsstände. So finden unter dem ellwangischen Einfluß ab 1613 in der Deutschordenskomturei Ellingen sowie in den Reichsstädten Dinkelsbühl, Aalen und Schwäbisch Gmünd Hexenverfolgungen statt.

Mehr Dramatik beinhaltet die Tatsache, daß vom kleinen Ellwangen wesentliche Impulse auf die Verfolgungen in den Hochstiften Bamberg, Würzburg und Eichstätt überspringen. 1618 werden die Verfahren in Ellwangen eingestellt, bevor sie dort losbrechen; die hohe Zahl der Hinrichtungen unterwandert das soziale Vertrauen und führt zu immensen wirtschaftlichen Schäden innerhalb der stiftischen Region.

Ab 1614 taucht die Vorstellung eines Teufelspalastes auf, indem sich die in Ellwangen verurteilten Hexen angeblich nach deren Hinrichtung mit noch lebenden Gespielinnen in Verbindung setzen, um das böse Treiben fortzusetzen. Zwar finden bis 1694 noch vereinzelte Verfolgungen statt, aber nur 1622 und 1627 werden einzelne Todesurteile vollstreckt.

Nürnberg[1)]

Knapp berichtet 1896 in seinem Buch *Das alte Nürnberger Kriminalrecht,* daß sich die dortige Obrigkeit vom Hexenwahn habe nicht fortreißen lassen. Nach ihm soll es lediglich zwei Hexenprozesse gegeben haben. Riezler vertritt die Auffassung, daß man 1591 acht Hexen verurteilt hat, somit sich also der Wahn nicht sonderlich ausgebreitet hat.

Tatsache ist, daß sich eine Vielzahl von Hexenprozessen nachweisen lassen, obwohl einzuräumen ist, daß sie im Vergleich zu dem umliegenden Bistümern und den benachbarten Reichsstädten als gering anzusehen sind.

Ähnliche Tendenzen zeigen sich in anderen Reichsstädten. Sie verfügen über einen besseren Rechtsapparat, eine höhere Kompetenz und (in der Regel) über eine konfessionell geteilte Obrigkeit. Für Nürnberg läßt sich der Übergang vom Mittelalter zur Neuzeit in der Rechtspflege ablesen.

Es ist schwer zu beurteilen, inwieweit Scharlatanerie oder der wirkliche Zauberwille im Vordergrund stehen. In der Frühzeit dominieren Stadtverweisungen und Leibesstrafen. Noch ist der unsichere Umgang mit übernatürlichen Kräften seitens des Rates spürbar. Später liegen Humanismus, Reformation und Renaissance im geistigen Zwiespalt. Nürnberg hat eine erhebliche Ausstrahlung in Sachen Rechtsbelehrungen auf umliegende Territorien.

Anfänge

Im Haus des verstorbenen Sebald Tucher in der Judengasse versuchen 1515 Priester und Laien »einen gaist oder sel zu beschweren (beschwören), so den inwonern dasselben haus davor lange zeit viel unrwe und schrecken gemacht« haben soll. Die Vorfälle seien in aller Mund und lösen Spekulationen aus »ob solichs ain pussende sel oder sunst ain böser gaist oder trugnuß sein möge.« Der Rat befragt die Pröbste von St. Sebald, St. Lorenz und die Oberen der Bettelorden. Durch die Ratsherren Jörg Fütterer und Christoph Kress wird ein Teilergebnis erzielt[8)].

Im September 1515 wird der Wirt Hermann Mugenhover ermahnt, nicht weiter mit einem Gast zu verweilen. Er soll zauberische Sachen mit einer parillen (Brille) durchgeführt haben. 1516 verdient Anna Bairin mit der Dummheit der Leute Geld, indem sie Geschosse zu segnen vorgibt, um die Unverwundbarkeit der Schützen zu sichern. Es hat eine Parallele zu der im 30jährigen Krieg aufkommenden Passauer Kunst. Der Rat erkennt abergläubisches Tun und untersagt ihr in einer sträflichen Rede, so zu handeln. Barbara Wunderlin beschäftigt sich mit dem Liebeszauber. Sie wird verdächtigt, dem Müllersknecht Hermann Schmirer von der Fischmühle etwas angetan zu haben. Sie wird vorübergehend inhaftiert. Einige frühe Fälle sind in der beigefügten Tabelle zusammengestellt.

Prozesse im 16. Jahrhundert

1520 werden Els Gernoltin (schwarze Els) und Anna Sewerin wegen Zauberei angeklagt. Der Rat läßt sie am 11. Februar ins Lochgefängnis bringen und gütlich verhören. Sie werden beschuldigt, Gründlinge (kleine Fische) gefangen und zauberisch mit ihnen gehandelt zu haben. Dann wird eine Untersuchung angeordnet[9)] und nach der Anwendung der Folter werden sie gesprächig. Die Els soll die Fische nach dem Fangen »in ihre weibliche Scham«[10)] gesteckt haben. Darauf habe sie gewartet, bis deren Tod eingetreten sei. Manchmal habe sie auch die »gründeleien in ihrer weiblichen kranckheit getödt.« Anschließend habe sie sie gebacken und jungen Gesellen zum Essen gegeben, weil sie erreichen wollte, daß sie einige lieb haben sollten.«

Als Lehrmeisterin für die seltene Variante des Liebeszaubers gibt sie Anna Sewerin an. Sie scheint es zu bestätigen, nachdem sie mit ihrem Mann positive Erfahrungen gesammelt hat[11)].

Dann schreitet der Rat zum peinlichen Verhör und möchte wissen, welche Personen die Delikatesse bekommen haben, denn man hat ihm zugetragen, daß zwei Männer daran gestorben wären. Da es die Gernoltin bestreitet, wird sie angegriffen. Ein Gnadengesuch ihrer Verwandten wird abgelehnt[12)].

Dann läßt man Konsulenten den Fall bewerten[13)]. Dr. Dotzler vertritt die Auffassung, daß das Tun der Els nach den päpstlichen und kaiserlichen Rechten verboten ist. Für problematisch sieht er die Öffentlichkeit des Falles an, »also das man lieder denen singt ... und wene man nit darzue thet, wird ein grosse stym daraus.« Er befürchtet das Überhandnehmen und plädiert für ihre Todesstrafe[14)] oder hält eine schwere Leibesstrafe für angemessen. Z. B. »sie durch die packen zu prennen.« Die Sewerin will er ebenfalls bestraft wissen.

Dr. Protzer äußert sich zum Verbrechen der Zauberei in ähnlicher Weise[15)], gibt aber zu bedenken, daß ein derartiger Zauber oft von Frauen angewendet werde, die ihre

Frühe Zaubereidelikte auf Nürnberger Territorium von 1300 bis 1511*)

1300 Gugelein, der zauberische Dinge getan haben soll, wird der Stadt verwiesen. Im Wiederholungsfall droht ihm die Todesstrafe[2].

1347 Einer Kunel wird auf fünf Jahre das Betreten der Stadt verboten, weil sie im Verdacht steht, die Kunst des Zauberns zu beherrschen.

1392 Eine Frau kommt wegen Zauberei 21 Tage »ins Loch«. Sie wird auf eine Leiter gebunden und vor die Kirchtüren gestellt.

1406 Der Rat geht gegen die Tochter des Gehaus Dietrichen wegen verübten Liebeszaubers vor. Sie hat mit dem Rotschmiedsknecht Hans Lauenstein ein Pulver geben »dz er sie liep solt haben« Sie wird, ebenso wie die Frau, die ihr »das pulvert gelert het machen« mit Stadtverweisung auf neun Meilen bestraft[3].

1434 Katharina Amberger hat »man als eine zauberin und segensprecherin ein viertel stund an den stock bey der Pegnitz gestellet, ihr ein inful (Mütze) aufgesetzt, daran teufel gemahlet und ihr nachmals ein stück von der Zungen abgezwickt[4].

1448 fühlen sich Anna Halsweckin vom Eberhardshof (u. a.) von Hans Fischer d. Ä. (u. a.) beleidigt »daz sie gesprochen haben, sye seien zauberinnen und haben mit sullich zauberei zubracht, daz des Fischers sun der halsweckin tochter habe nemen müssen, daz doch wieder den heyligen christlichen glauben und ein keczerey wäre und sie damit gern zu gefengknussen bracht hätten.« Sie fordern die extrem hohe Entschädigung von 100 fl.

1448 bringt man Cuntz Papp, Hans Hepp und Erhard Getz ins Gefängnis, da »sie drey zauberische (seien) und bößen sachen am heiligen Pfingsttag getan hätten[5]. Man wirft ihnen unchristlichen Ackergang an einem Feiertag vor. Sie werden nach dem Schwören der Urfehde und einer ernstlichen Strafrede freigelassen.

1444 Läßt der Rat eine Frau verhaften, weil sie möglicherweise mit den Kleidern von Hingerichteten zaubern will.

1464 Werden drei Personen »ins Loch« gebracht; der Schuhmacher Stefan Randeck, Johannes von Loeben aus der Steiermark und Margarete Dorsen, die Frau des Stadtschützen. Sie gelangen in die Freiheit.

1468 Verhaftet die Nürnberger Justiz Els Kramerin als Zauberin. Sie wird beschuldigt, daß sie ihren Liebhaber auf einem Bock zu sich habe holen lassen. Sie kommt eine halbe Stunde an den Pranger und wird an ein Kreuz gebunden, das man am Marktplatz aufgerichtet hat. Man brennt ihr ein Zeichen an die Stirn.

1471 (Mai) Anna Prunnerin wird für die Zeit eines Jahres auf drei Meilen aus der Stadt gewiesen. Sie soll mit zauberischen Kräften Diebereien und Giftmischerei betrieben haben.

1477 (August) Els Hel aus Lichtenhof wird festgenommen. Zwei Männer haben sie beschuldigt, daß sie einer Nachbarin, der Nadlerin und irem vihe die milch mit zauberei nemen und machen soll, daß die alle gerinn.« Sie wird als unschuldig befunden und entlassen.

1480 Verhaftet man den Zauberer Hans Presel, der im Ruf steht, verschwundene Sachen herschaffen zu können[6]. Dabei habe er ein Kreuz geschlagen. Für schwierige Fälle hat er einen »Wolfssegen« parat[7]. Der Rat verurteilt ihn Mitte Dezember zu Stadtverweisung über die Donau.

1486 (19. Oktober) Der Rat läßt zwei Frauen wegen angeblichen Leichenzaubers inhaftieren. Sie werden gegen Schwören der Urfehde entlassen.

1489 (Mitte April) Margarete Salchingerin sitzt »im Loch« wegen Zauberei. Sie kommt frei, wenngleich man sie an den Pranger stellt und ihr eine mit Teufeln bemalte Papiermütze aufsetzt.

1501 Barbara Schlitzin wird »zauberei und lumpperei halb« gefaßt und verhaftet. Sie handelt vermutlich mit Arzneikünsten, Giftmischen und Zauberei. Sie wird jenseits der Donau verwiesen.

1503 Sitzt Els Klaiberin im Gefängnis. Sie ist durch ihren lockeren Lebenswandel aufgefallen, hat mehrere Kinder von verschiedenen Vätern »außerhalb der ee geboren.« Das geht nach Meinung der Nachbarn nicht mit rechten Dingen zu. Sie wird freigelassen.

1511 Wird der junge Hans Bauer, da »er sich etlicher leperey und warsagens unterstanden und gebraucht haben solt, fencklich angenommen und ins Loch geführt. Das törichte Wahrsagen wird ihm untersagt und dann kommt er frei.

*) Zusammengestellt nach Kunstmann: Zauberwahn und Hexenprozeß in der Reichsstadt Nürnberg.

Männer »zue pillicher (geziemender) lieb gegen ine bewegen sollen.« Er hält nichts davon, daß sie ihre Taten im Namen des bösen Geistes getan habe und so dürfe man ihr nicht das Leben nehmen; man soll sie mit einer Leibstrafe belegen und eine Zeitlang an den Pranger stellen[16]. Anna Sewrin möge man nach Gutdünken des Rates strafen.

Dr. Scheurl, der berühmteste Rechtsgelehrte, der von 1512–42 als Konsulent wirkt, schaltet sich ein. Für ihn steht fest, daß die Gernoltin eine Zauberin sei und die Todesstrafe verdient hat. Man soll sie mit dem Wasser vom Leben zum Tod bringen. Anna Sewrin soll man an den Pranger stellen, ihr eine Mütze aufsetzen und ihr die Stadt verbieten.

Daraufhin wird in der Ratssitzung bestimmt, die Gernoltin zu ertränken, was zwei Tage später erfolgt. Anna Sewrin kommt durch ein Gnadengesuch ihrer Verwandten frei[17]. Eine Schwester der ertränkten Els lehnt sich gegen den Rat und gebraucht dabei »ungeschickte Wort.« Er läßt ihr in einer sträflichen Rede sagen, daß ihr eine solche Kritik nicht zustehe; werde sie nicht davon lassen, werde man sie strafen[18].

1521 wirkt eine Zauberin aus Steinbühl im Nürnberger Territorium. Man untersagt es ihr und droht ihr im Wiederholungsfall die peinliche Befragung im Lochgefängnis an. Zudem soll sie die Namen derer bekanntgeben, von denen sie wisse, daß sie zauberische Dinge begehren.

Zum Beginn des Jahres 1524 beschäftigt den Rat eine Zauberin und Wahrsagerin aus Fürth; außerhalb der eigenen Hochgerichtsbarkeit. Sollte sie reichsstädtischen Boden betreten, soll man sie ins Loch bringen. Am 5. Februar 1524 ergeht der Befehl, Margreth Kendlerin gefangen zu nehmen[19], die der Kuppelei und Dieberei verdächtig erscheint. Sie ist im Besitz eines Zauberbüchleins[20], das der Rat verbrennen läßt. Die Lochschöffen unterziehen sie der peinlichen Frage und dann wird der Diakon aus St. Martha als Zeuge vernommen. Er soll gewußt haben »welcher gestalt sy mit zauberey gehandelt hab.« Die Kendlerin wird zu einer Leibstrafe verurteilt. Man brennt sie in beide Backen und schneidet ihr die Ohren ab.

Am 4. Dezember 1525 wird eine bezauberte Magd zur Untersuchung ins Lochgefängnis gebracht. Im Februar 1527 soll Dorothea Engelhardtin mit einer Brille gezaubert haben. Sie wird in einer sträflichen Rede vermahnt; »dieser teuflische ding müssig zusten, man werd ir sonst diebstat verpiten und sol sy schweren lassen[21].«

Ein Bauer spricht bei seinem Anwalt vor. Lithographie aus »Düsseldorfer Monatshefte«, Jg. X., Bd. 29.

M. Kleinin und M. Lutföglin

werden 1527 wegen Hexerei und Zauberei angeklagt. Die Kleinin wird bezichtigt, der Paumännin schädliche Dinge angetan zu haben. Sie gesteht in Verhören, daß sie ihr Wachs, vermischt mit anderen Dingen, eingegeben habe. Unter der Folter räumt sie ein, daß die Paumännin ihre Widersacherin sei: »di ir vil laids mit dem mann gethan.« Von dem Zaubermittel habe sie erhofft, daß es die Nebenbuhlerin krank machen soll oder sie gar sterben möge. Der Schaden stellt sich nicht ein[22].

Schließlich liegt sie drei Monate in Haft und ist durch die Qualen der Folter gesprächig geworden. Im Verhör vom 21. November gibt sie die Lutföglin als Mittäterin an und sie wird gütlich und peinlich befragt. Sie soll ihre Lehrmeisterin gewesen sein.

Die Lutföglin weist auf die Zauberin Dinheintzin aus Wendelstein, von der sie viel über das Teufelswerk erfahren haben will. Der Rat leitet seine Untersuchungen an die

Konsulenten zur Erstellung eines Ratschlages weiter[23]. Sie beraten am 28. November über den Fall[24] und fünf Juristen gelangen zu der Auffassung, daß Margaretha Kleinin sträflich gegen den christlichen Glauben gehandelt hat.

Dr. Kötzler hebt hervor, daß der hinter der Zauberei stehende verbrecherische Wille das Entscheidende sei[25] und Dr. Gugels plädiert für ihre Bestrafung. Obwohl man verstehen müsse, daß die Paumännin der Kleinin den Ehemann abspenstig gemacht habe ... sei das noch lange kein Grund, die mißliebige Nebenbuhlerin zu verhexen: seiner Auffassung nach habe sie ihr Leben verwirkt[26]. Dr. Scheurl neigt zur Milde: denn daß dergleichen Dinge viel in der Welt geschechen.« Es läuft auf eine Prangerstrafe und Stadtverweisung hinaus[27].

Schwieriger für die Juristen stellt sich das gerechte Strafmaß für die Lutföglin dar. Man hält sie für einfältig und ihr Mann soll sie verlassen haben, weil sie ihm gekochte Schuhsohlen als Essen vorgesetzt haben soll[28]. Scheurl und Kötzler raten von ihrer Bestrafung ab, aber hier stehen sie im Gegensatz zu den Auffassungen des Dr. Gugel und Dr. Müllner[29], die sie negativ einschätzen. Sie raten, beide an den Pranger zu stellen und aus der Stadt zu weisen. Das Urteil hat sich nicht erhalten. Im Februar 1528 wird

Katharina Leistenschneiderin

der Hexerei bezichtigt. Die Besagung geht auf die Els Eichlerin zurück, die sich mit schädigender Zauberei befaßt haben soll. Der Rat beauftragt am 15. Februar die Stadtknechte, sie zu verhaften und so gelangt sie zum Verhör ins Lochgefängnis und muß eine Verbalterrition über sich ergehen lassen. Sie verneint alle ihr zur Last gelegten Taten und man hält ihr vor, daß sie »kindshendlein« in einer Schachtel mit sich herumtrage. Schließlich räumt sie unter dem Druck der Folter[30] ein:

- daß sie über zwei Stadtknechte und ein kleines Kind einen zauberischen Segen gesprochen hat, wozu sie Wachskerzen verwendete; sie habe ihnen aber keinen Schaden zugefügt, sondern sie vor Krankheiten schützen wollen.

Die Konsulenten meinen, daß sie nicht geständig sei und man ihr keines der Delikte nachweisen könne. Darum fehle die Grundlage für eine Bestrafung und somit brauche die Schuldfrage nicht erörtert zu werden. Man soll sie freilassen, zumal sie zweimal die Folter ausgestanden habe. Ihr sei eine sträfliche Rede zu halten, in Zukunft vom Zaubern und Segnen zu lassen. Der Rat verfolgt vermutlich eine andere Strategie und hält sie eine Zeitlang im Gefängnis.

1536 erlebt die Nürnberger Obrigkeit einen Hexenprozeß von erheblicher Tragweite[31], denn Adelheit Schneiderin, Els Schneiderin und Katharina Maylin sind verdächtig, unhulden[32] zu sein. Der Rat beschließt am 20. März 1536 Nachforschungen über Adelheit aus Röthenbach anstellen zu lassen, die man wegen Zauberei angezeigt hat. Sie wird verhaftet und ins Lochgefängnis verbracht[33]. Hier wird sie gebunden und mit der Folter bedroht. Sie streitet alles gegen sie Vorgebrachte ab und bezichtigt Els aus Gebersdorf und Katharina aus Unterasbach als Hexen.

Der Rat verfügt deren Festnahme, sobald sie das reichsstädtische Gebiet betreten. In einem Folgeverhör versuchen die Lochschöffen, etwas mehr aus Adelheit herauszubekommen und schon beschließt der Rat: »ir wehe tun« zu lassen. Es bricht ihren Willen und sie gesteht:

- Sie habe die Kühe des Bauern Cunz Erhardt verzaubert anstatt sie zu heilen, wofür er 5 fl. gegeben habe. Sie habe ihm mit ihrem Kräutermittel Widerton[34] die Kühe verzaubert.
- Die beiden anderen Frauen würden häufig ausfahren. Dieser Flug durch die Luft, der nur mit teuflischer Unterstützung möglich ist, sollte sie zum Hexensabbat führen. Folglich hätten sie ein Bündnis mit dem Teufel. Die Laylin bezeichnet sie als Teufelsbraut[35].
- Sie sei im vergangenen Sommer mit Hilfe eines Gespenstes durch die Luft gefahren. Dann habe sie sich dem Teufel verschrieben und mit ihm zu schaffen gehabt[36].

In der Zwischenzeit hat man die Els Schneiderin gefangen. Sie streitet alles ab und selbst die schwerste Folter kann sie nicht umlenken. Der Rat wird unsicher und ordnet an: »die Adelheit Schniderin als dye vermaintliche unhulden, auch die Elsbet Schneiderin im Loch zu lassen und die Verhöre zu unterbrechen, bis man die dritte gefangengesetzt hat; nur so könne wohl die Schuldfrage geklärt werden.«

Dann gelingt es »der unhulden von Anspach« (Katharina Maylin) habhaft zu wer-

Hexenszene des Hans Baldung Grien. Möglicherweise im Sinne einer Bewegungsstudie zu interpretieren. Gezeigt werden die Vorbereitungen zum Hexenflug. →

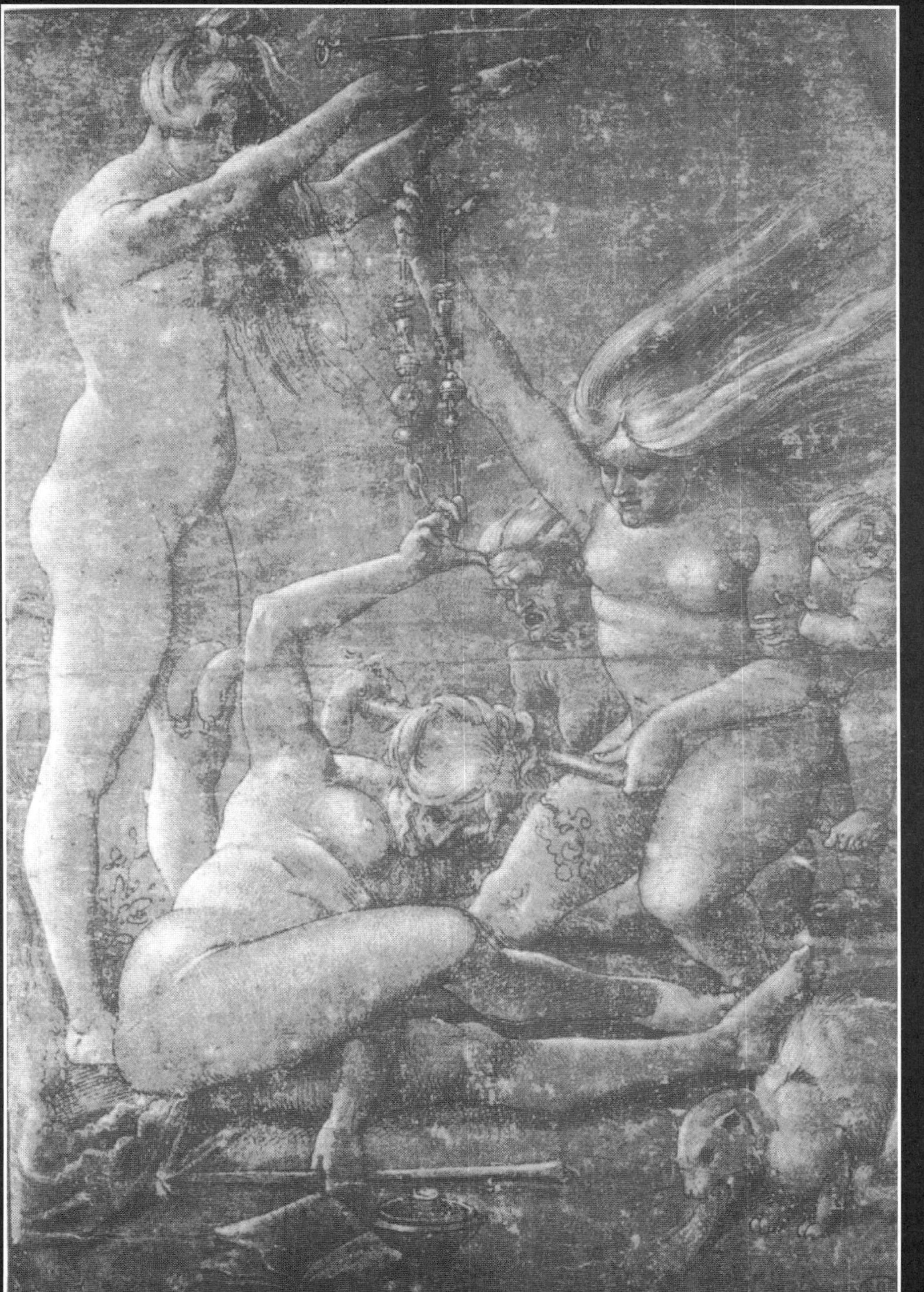

den, sie »zu red halten, pinden und betroen.« Die Lochschöffen können sie zu keinem Geständnis bewegen. Nun werden die Akten Juristen überstellt. Die umfangreiche Stellungsnahme der Konsulenten ist überliefert[37]. Sie stellen heraus: »daß sy von zaubereyen gar wenig halten ... aber so gering sei die Hexerei auch wieder nicht zu achten. Was das Ausfahren betreffe, könne man sehr viele Exempel anführen.«

Dr. Gugel begründet seinen Standpunkt mit der Schrift des Augustinus[38] und sagt: »ohne handfeste Beweise könne man niemand verurteilen, aber bei der Adelheit habe man soviel Unglauben gefunden, daß bei ihr auf die Todesstrafe erkannt werden müsse ... allein die Verwendung von Kräutern habe ihn von ihrer bösen Absicht überzeugt[39].« Dr. Scheurl schickt seinen Ausführungen voran, daß die Zauberinnen und Hexen am Leben gestraft werden sollen und stützt sich auf § 109 der CCC. und »darum sei die Adelheit mit dem prandt zu richten, dann sy den leuten auch schaden gethan.« Vorab aber sei sie zu ermahnen, die ganze Wahrheit zu sagen, da ihr das Leugnen nichts helfen könne. Seltsam erscheint ihm der Hexenflug der Els Schneiderin sowie der Meylin[40]. Die Sache soll man erneut untersuchen. Für eine Bestrafung der Els und der Katharina reiche das Beweismaterial nicht; hier wären weitere Erkundigungen einzuziehen[41].

Dr. Hepstein setzt sich gegen die Ansicht durch, indem er mitteilt: »er könne sich deren Meinung über die Hexerei nicht anschließen. Er verweist auf die Selbsttäuschung, die ihr wahrscheinlich zugrundeliege. Im Übrigen sei er in solchen Sachen unerfahren, daher könne er die Angeklagten nicht vedammen. Seines Erachtens kämen diese Dinge aus Unglauben, Unverstand und heftiger Imagination der leut ... Er könne es nicht glauben, daß der Teufel oder ein altes Weib zu solchen Handlungen fähig ist. Er höre immer nur davon, daß die Hexen anderen Leuten schaden zufügen. Sie müßten dann in der Lage sein, ihnen Vorteile zu verschaffen, doch davon sei ihm nichts bekannt. Allein daraus sei herzuleiten, daß dies meist auf Einbildungen ruhe. Gegen die Els Schneiderin und die Katharina Meylin seien die Verdachtsmomente zu mangelhaft und er empfehle, sie aus der Haft zu entlassen, denn es wäre besser 100 Schuldige ledig zu lassen, dann einen Unschuligen zu verurteilen.«

Die Adelheit habe sich wegen Betrugs und der falschen Anschuldigung strafbar gemacht, nicht etwa wegen des Hexereiverbrechens. Sie habe die beiden anderen wider besseren Wissens der Hexerei bezichtigt und deshalb sei sie strafwürdig und mit der »poena arbitraria« (Leibstrafe) zu belegen[42].

Tatsächlich folgt der Rat der Vorstellung und entläßt die beiden. In der Zwischenzeit hat sich die CCC. durchgesetzt, aber aufgrund der in ihr enthaltenen salvatorischen Klausel ist für die Nürnberger die dortige Halsgerichtsordnung III. vom 17. März 1526 maßgehend.

Probleme macht dem Rat die Bestrafung der Adelheit Schneiderin. Deren Akten werden Theologen zur Begutachtung vorgelegt und im Mai 1536 treten Geistliche zusammen. Nach ihrem Dafürhalten ruhen die Angaben der Adelheit auf deren reger Phantasie. Nur falls sie noch andere Dinge getrieben habe, sei sie nach den geltenden Gesetzen mit dem Tod zu strafen.

Dann folgen längere Ausführungen über den Teufel, von dem alles Böse ausgehe. Vor allem Dr. Römer, Probst zu St. Lorenz, ist vom Hexenwahn der Zeit beeinflußt[43], der mit biblischen Zitaten um sich wirft und sagt: »letztendlich unterstehe der Teufel der Allmacht Gottes. Wenn er kein Unheil über irgendeinen Menschen verhänge, können Hexen oder der Teufel einem Christen nichts antun. Solche Dinge würden nur den Ungläubigen durch göttliche Fügung widerfahren.«

Die Theologen gelangen zur Auffassung, daß Adelheit unschuldig sei. Sie habe lediglich die Leute generret und um ihr Geld gebracht. Sollte man sie als Hexe strafen, würde man das Volk darauf aufmerksam machen. Schließlich wird sie als Betrügerin mit einer Leibstrafe belegt. Seit 1531 finden sich in den Ratsverlässen Hinweise über die der Zauberei und Hexerei verdächtige

Frau von Dormitz

Sobald sie Nürnberger Boden betrete, sei sie zu verhaften und ins Loch zu werfen. Es geht um Kunigunde Hirtin, die später in die Hände ihrer Verfolger gerät. In der Kapelle, dem für die Folter vorgesehenen Raum im Lochgefängnis, wird sie am 10. Oktober 1531 einem peinlichen Verhör »irs warsagens und zauberns« halben« unterzogen[44]. Dann läßt man sie »umb weiter zauberei und teufelssagen auch umb pulerei, darin sy gesagt habe, wie es zugeed, zu red halten, pynden und bedroen.«

Sie kann entkommen und soll wieder festgenommen werden, wenn man ihrer habhaft werde. Die Flucht ist verhängnisvoll, denn immer mehr Abergläubische folgen dem Weg nach Dormitz, um mit ihren Problemen bei den Hexen Rat zu suchen. Die Obrigkeit fühlt sich untergraben und sucht mit allen Mitteln den Aberglauben einzugrenzen[45].

Man gelangt zu der Auffassung, daß ein einheitliches Vorgehen in Verbindung mit Juristen und Theologen am Platz sei[46]. Die Theologen vertreten die Auffassung, daß Hexerei und Zauberei lediglich Ungläubige treffen könne und drängen auf eine verstärkte geistliche Tätigkeit, um des Unglaubens Herr zu werden. Nur die hervorragendsten Prediger – die ebenso zu zahlen sind – könnten Abhilfe schaffen[47]. Freilich wäre klar, daß Gottes Wort allein nicht hinreiche, um die Masse im Zaum zu halten; es gebe immer Unbelehrbare. Gegen sie müsse der Rat mit ernstlicher Strafe vorgehen[48]. Sie schlagen vor, ein Edikt zu erlassen, und dieses müsse vor allem auf dem Land verbreitet werden. Zudem könne man Visitationen durchführen.

Danach folgt der Ratschlag der Juristen. Sie begrüßen die Absicht. Die peinliche Gerichtsordnung verbiete Wahrsagen, Zaubern, Wundt und Kranckheit segen ... ebenso die Heilige Schrift. Männer und Frauen, die solches thäten, seien mit schweren Leibesstrafen oder der des Todes zu belegen[49]. Sie sprechen sich für das Edikt aus. Darin soll den Gesetzen entsprechend für Hexerei, Zauberei, Wahrsagen und Segensprechen die Todesstrafe angekündigt werden.

Nicht anders seien die, die derartige Dienste beanspruchen, zu behandeln[50]. Daraufhin entschließt sich der Rat zu einem solchen Schritt. Das Mandat erscheint am 16. Juli 1536 im Druck. Ich setze es unter die Erläuterungen[51]. In der Ratssitzung wird nochmals deren strikte Befolgung angeordnet, aber es bleibt im wesentlichen wirkungslos[52], denn zu tief hat sich der Wahn in die Herzen eingebrannt.

Dennoch tritt Ruhe ein und es kommt nur zu Geplänkeln. 1539 und 42 beunruhigen den Rat eine Zauberin aus Mossbach und eine aus Gostenhof. Mitte März 1548 wird befohlen, Margarete Reinhartin, Frau des Meßners aus Grundlach, wegen Hexerei und Wahrsagerei ins Loch zu werfen. Sie wird gefoltert. Mit einem Zauberer und Schwarzkünstler hat der Rat Anfang des Jahres 1550 zu tun. Es geht um Hans Heim, dem eine sträfliche Rede gehalten wird. Hans Wirt beklagt am 10. November 1550 seine Frau und Linhardt Grundl, weil sie ein zauberisches Säcklein an sein Bett gehängt haben. Sie werden mangels Beweisen entlassen. 1582 verhindert der Rat, daß ein berühmter Zauberer die Stadt betritt[53] und dann werden die Barbiere, Bader und Marktmeister 1584 angewiesen zu melden, wenn sie etwas über Zauberer hören.

Um 1590 beginnt – wie fast allerorten und aus noch ungeklärten Ursachen –, eine dramatische Hexenwelle in der Region. Die aus dem Volk entstandene *Neubauersche Chronik* von 1601 beinhaltet einen Hinweis auf die rings um die Reichsstadt einsetzende Prozeßwelle. 1589 zeigt sich dem Betrachter ein auf der Mistgabel reitendes Weib[54]. Dem Nürnberger Rat sind auswärtige Folterpraktiken bekannt, aber er wendet sie zu keinem Zeitpunkt in dieser scharfen Form an. Vor die reichsstädtische Hochgerichtsbarkeit wird 1590

Friedrich Stiegler

gestellt, Sohn eines Nürnberger Rotschmiedes. Er arbeitet eine Zeitlang als Gehilfe des Eichstätter Scharfrichters. Er wird am 9. Juli 1590 verhört. Man wirft ihm vor, Bürger aufgewiegelt und deren Frauen als Hexen bezeichnet zu haben. Vermutlich sucht er seinen Lehrmeister zu imitieren[55].

Doch trifft nicht ihn allein die Schuld, denn Abergläubische laufen ihm entgegen und er sagt: »als er hier eingetroffen sei, weren viel Leuth zu ihm kommen und einer do, die ander dort gefragt, ob sie eine trudt were, denen er kein antwort geben, denn er wüßte solches nit, sondern er were auch darumben nit herkommen, sondern es hetten meine Herren ihren aigener nachrichter, wo sie solche leuth weren, so würde er daselbst wohl von ihnen bringen[56].«

Jetzt beginnen die Bürger unruhig zu werden, zumal rings um Nürnberg Scheiterhaufen lodern. Er hat ihnen geweihte Säcklein gegen das Trudendrücken verkauft. In ihnen befindet sich geweihtes Salz, Brot und Wachs. Von seinem Meister habe er Brot und Wachs erhalten. Das Salz habe er zu Abensberg beim Foltern den Hexen weggenommen[57].

Nun werfen ihm Lochschöffen vor, daß er behauptet hat, in der Leder- und Schmiedgasse gebe es elf Frauen, die er teilweise benannt habe. Man fordert ihn auf, zu sagen, woher er das wisse und er sagt: »Sein Meister habe ihm gesagt, die Hexen hätten keine Pupillen und daran könne man sie erkennen. Deshalb habe er den Vorübergehenden in die Augen geschaut und gesagt: »sie hätten das Aussehen von Hexen.« Dann wirft man ihm vor, ein Teufelsbanner zu sein: »habe er doch die Klaiberin ins Bad verzaubert, da sie nit herrauser kommen könne.« Er kontert: »noch niemals habe er mit der Teufelskunst etwas zu tun gehabt.«

Deshalb habe er die Klaiberin nicht verzaubern können. Dann will man wissen, wer solche Säckchen bei ihm gekauft hat und er soll sagen, wer ihn zum Auskundschaften der Hexen geschickt hat[58]. Man vermutet in ihm einen Zauberer und entscheidet sich für ein zweites Verhör. Dabei räumt er er, daß er für manche Leute Licht- und Augensegen aus einem Zauberbuch gesprochen hat[59].

Dann hält man ihm Bigamie vor; habe er doch dreimal hintereinander geheiratet, obgleich keine gestorben sei; es gehe nicht mit rechten Dingen zu. Der Rat entscheidet sich für einen ungewöhnlichen Schritt und verurteilt ihn zur Todesstrafe[60].

Das Urteil an seinem Kollegen vollstreckt Franz Schmidt. Er wirkt in Nürnberg von 1578 bis 1615 in der Blütezeit der Hexenprozesse in Franken. Er hat ein Tagebuch hinterlassen[61], in dem er 361 Hinrichtungen und 345 Fälle, bei denen er Übeltäter am Leib gestraft hat, verzeichnet. Stigler wird am 28. Juli 1590 mit dem Schwert getötet[62]. Anläßlich eines Prozesses aus dem Jahre 1591 werden

Barbara Schindlerin und Appolonia Hofferin

aus dem Nürnberger Herrschaftsbereich als Hexen deklariert. Verurteilte Heilsbronner haben sie besagt. Die Schindlerin bringt man kurz danach ins Lochgefängnis und die Hofferin wird vorübergehend in Lichtenau festgehalten. Im September 1591 beschäftigt sich der Rat mit der Problematik, erkennt aber, daß die Besagung zur Anwendung der Folter nicht hinreicht, was klargestellt wird[63]. Man soll die Hofferin nach Nürnberg überstellen, um ein geordnetes Verfahren einzuleiten, meinen die Konsulenten Dr. Gülchen, Dr. Camerarius und Dr. Grugel. Der Rat hält sich an die Maßgabe.

Über Barbara Schindlerin bringt man in Erfahrung, daß sie vor 15 Jahren in Sachsen (bei Ansbach) auf einen Tanzboden bei einer Hochzeit als Hexe erkannt worden ist[64]. Nachforschungen ergeben, daß sie als Urheberin von Krankheiten an Mensch und Vieh anzusehen ist. Vor allem glaubt man, daß sie für den Tod zweier Kinder und den Ausbruch einer Maul- und Klauenseuche verantwortlich ist[65].

Dann überlegt die Obrigkeit, ob man zur Folter schreiten kann und hinterfragt es bei den Konsulenten. Sie neigen zur Vorsicht und warnen vor dem Geschwätz der »naidischen, leichtfertigen, bösen, unnutzen leuten und allein dem gemeinen Pöfel entstanden[66].«

Die Aussage der Hofferin hat keine Beweiskraft. Zudem könne man die unterstellten Schäden nicht beweisen, das Vorbringen der Zeugen würde sich mehr auf Vermutungen und Argwohn stützen als auf stichhaltige Gründe[67], somit könne von der Anwendung der peinlichen Frage keine Rede sein ... den Aussagen der Gerichteten aus Heilsbronn könne man keine Glaubwürdigkeit beimessen. Zudem wisse man: »das oftermals solche böse verruchte Weiber auch unschuldige Frawen fälschlich besagt haben, zum Theil aus Rachgier, Haß, Widerwillen undt Neid, zum theil auch, da sie sonsten leiden möchten[68].« Die Juristen halten eine Weiterführung des Prozesses für unangebracht. Ende Mai 1592 läßt sie ein Vorfall aus dem benachbarten Fürth aufhorchen.

Margaretha Fleischmännin u. a.

eine Bürgerin von dort begeht Selbstmord. Man hat sie der Hexerei bezichtigt. Möglicherweise aus Angst vor der Folter hat sie den Ausweg gesucht. Ihr Mann und deren Sohn vertuschen das Ganze, um ein christliches Begräbnis sicherzustellen. Wochen nach der Beerdigung hören markgräfliche Beamte, daß die Fleischmännin zu Lebzeiten eine Hexe gewesen sei und ordnen deren Exhumierung an. Sie bringen in Erfahrung, daß die »alte truten« eines unnatürlichen Todes gestorben ist.

In den Folgejahren wird merhrfach über Hexereidelikte berichtet. Von Oktober 1597 bis zum Februar 1598 zieht sich der Prozeß gegen

Elisabeth Aurholtin

hin, der mit einem Todesurteil endet. Sie treibt ihr Unwesen mit Schatzgraben, gelegentlich auch zauberischen Mitteln. Sie räumt ein, daß sie die Leute vorsätzlich beschwindelt und betrogen hat[69].

Im April meldet ein Pfleger aus Altdorf dem Rat, daß er drei Männer gefangen habe, die sich zauberischer Künste bedient hätten. Er erhält die Anweisung, sie zehn Tage lang am Leib strafen zu lassen und ihnen die »zauberischen Bücher und Scharteken abzufordern und herein (nach Nürnberg) zu schikken[70]. 1604 wird ein Betrüger zur Pranger-

Die Drutenzeitung von 1627. →

Druten Zeitung/

Verlauff/ was sich hin vnd wider im Francken land/ Bamberg vnd Würtzburg mit den Vnholden/ vnd denen so sich auß Ehr vnd Geitz muhtwillig dem Teuffel ergeben/ denckwürdiges zugetragen/ auch wie sie zuletzt ihren Lohn empfangen haben/ [illegible] gestellt/ Im Thon/ Wie man die Dorothea singt.

ES wird einmal auffwachen/ der Richter vnser GOtt/ vor die Welt [illegible] machen die Zauberische Rott/ die sich mit Leib vnd Seele dem Teuffel [illegible] ergibt vnd fehrt zur Hölle [illegible] vnd ewiglich.

2. Dann sie Gott gantz absagen/ sampt dem himlischen Heer/ vnd nimmermehr nach [illegible] fragen noch seiner Namens Ehr/ den Menschen [illegible] verschreiben sich mit Blut vnd also darauff sterben mit verzweiffeltem Muht.

3. Auff daß sie mögen haben/ Wollust auff dieser Welt/ mit Zauberwerck solch Gaben/ deßgleichen Gut vnd Gelt/ wiewol auch fürnem Weiber/ dem Teuffel zur Vnzucht/ begeben ihre Leiber/ auff Buhlerey verrucht.

4. Ein Würtzburg [illegible] Groß [illegible] ja der [illegible] zu Zeil hat man verbrennet/ ihre Bekandnuß ist daß sie hab sollen [illegible] Korn vnd Wein diß Jahr/ solchs dem Teuffel [illegible] zu leyd der Armen Schaar.

5. Viel Leut [illegible] diese [illegible] ter wie gute Vögelein/ Ein Katz offt für ein Hasen/ bracht sie wol auff den Tisch/ die Gäst gar [illegible] Ranzen für kleine Fisch.

6. Zu Bamberg wird gebawet/ für die Hexen ein Hauß/ den Druten dafür grawet/ Ein Tortur [illegible] hat man darein gesetzt/ müssen bekennen frey/ wenn sie haben verloren mit ihrer Zauberey.

7. Nach S. Kilians Messe hat man zu Würtzburg brennt/ sechs/ daß [illegible] sie haben das [illegible] wann die Kunst nicht gelehrt/ es müst sie [illegible] doch/ weil [illegible] in [illegible] Kissen doch.

8. Vnd fahren in ein Keller nach allerbesten Wein offtmal gar Mußkateller/ [illegible] sich voll darein sie weiters auff die Schwartz/ fahren auff den Heuberg daselbst halten ein Dantz [illegible] bey der nach der [illegible].

9. [illegible] vnd [illegible] weilen sie habn bewogen manch Menschen dem sein [illegible] diese Jahr nicht gerathen/ verführt haben gar sein/ zu Zauberischen Thaten/ wegen grossen [illegible].

10. Nichts wer [illegible] Rüben vnd Rogen/ [illegible] verderbt vnd [illegible] noch gantzer [illegible] Jahr/ [illegible] wie Gott offtmals verhenget/ vmb vnser Sünden wegen daß wir so [illegible] vns seinen Segen.

11. Ein Hexen hat man gfangen zu Zeil die war sehr reich/ [illegible] der man lang [illegible] gangen/ ehe sie bekandte gleich/ dann sie blieb darauff beständig/ es gschah ihr [illegible] groß/ biß man ihr macht notwendig diesen artlichen Boß.

12. Daß ich mich drüber wunder/ man schickt ein Henckersknecht/ zu ihr [illegible] Gefängnuß [illegible] den hat man Kleyder recht/ mit einer Bärenhaute als wenn der Teuffel were/ als [illegible] der Drut [illegible] meynt ihr Bul käm daher.

13. Sie sprach zu ihm behende/ wie lest du mich so lang/ in der Obrigkeit Hände/ hilff mir auß ihrem Zwang/ wie du mir hast verheissen/ ich [illegible] thu mich auß der Noth reissen/ O lieber Bule mein.

14. Sie thet sich selbs verrathen/ vnd gab Anzeigung viel/ sie hatten gschmeckt den Braten/ was das war für ein Spiel/ er [illegible] sie vnd sagt/ Ich wil dir helffen wol/ darumb sey vnverzagt/ Morgen es gschehen soll.

15. Diß hat er [illegible] alsbald der Obrigkeit/ drauff mans examinirt/ vnd nach Gerechtigkeit/ mit Schwerd vnd Fewr gerichtet/ deßgleichen ein Hebam/ was dieselb hat verrichtet/ das wil ich zeigen an.

16. Es ligt im Franckenlande/ Freudenberg eine Stadt/ da die Hebam bekandte/ wie sie vmbgebracht hat/ wol hundert Kinder kleine/ ihnen in der Geburt/ das Hirn gedruckt [illegible] ehe dann mans [illegible] wurd.

17. Auch wann sie war alleine/ daß niemand in ihr sehe/ nam sie den Kindlein kleine vnd thet damit vmbgehn/ verwechselt es dem Teuffel/ der ihr ein anders gab/ von einer Hex ohn zweiffel/ wehget das ander ab.

18. Was sie damit thet schaffen/ das mercket mit Bescheid/ sie thet den Kind in Hafen/ Sods ab/ bracht ein Malzen/ thet ihren Bulen laden/ zu solcher Gasterey/ merckt weiter was für schaden hat sie gethan dabey.

19. Das Wasser han genommen/ vom abgesottnen Kind/ wann sie sich Leut [illegible] bekommen/ schüttet sies auff geschwind/ wann sie darüber giengen/ wurden sie krum vnd lahm/ Solch Thaten thets verbringen/ biß endlich an Tag kam.

20. Zu Würtzburg hat gewohnet/ ein Wirth beym Falcken genandt/ seiner Seel er nicht schonet/ verschrieb dieselb zuhand/ dem Teuffel er soll geben/ alls was sein Hertz begert/ [illegible] der Feind [illegible].

21. [illegible] nach seines Hertzen lust/ vnd die Zeit [illegible] vergangen/ daß er auch daran must/ Bat er es solt sich dulden/ der böß Feind noch ein Jahr/ darum hundert tausent Gulden/ wolt er jhm geben par.

22. Der Satan zu jhm saget/ es hilfft dich gar kein Gut/ dein Seel mir wol behaget/ deines Gelds bedarff ich nit/ [illegible] das hab ich geben dir/ Jetzt aber wird vollzogen/ daß ich dich zur Höll führ.

23. Hiemit nam jhn der Teuffel/ drehet jhm den Kopff vmb/ auß Hencker ohne zweiffel/ sein gantzen Leib zuschmeiß/ führt jhn mit sich darvon in Höllischen Abgrund/ gab jhm also sein Lohne nach dem gemachten Bund.

24. O was für grausam Sachen/ gschehen an Ort vnd End/ daß der Teuffel thut machen/ die Leut so gar verblend/ daß sie sich jhm ergeben/ vnd haben ein kleine Zeit auff Erden hie zu leben/ denckn nit an die Ewigkeit.

25. Ach GOtt durch deine Güte/ führ mich auff rechter Bahn/ HERR Christe mich behüte/ sonst möcht ich jrre gahn/ halt mich im Glauben veste/ in dieser argen Zeit/ hilff daß ich mich stets rüste zur Ewigen Himmelsfrewd.

Bekandtnuß dieses Vnkrauts.

SJe haben bekennt/ wann man das Hauß oder Stuben auffkehrt/ vnd das Bälglein hinder [illegible]

[illegible]

Dises menniglich frommen Christen zur Warnung vnd Exempel/ von diesem Vngzifer.

Gedruckt zu Schmalkalden im Jahr 1627.

strafe, Auspeitschung und Stadtverweisung verurteilt[71].

Hans Rößner

wird 1608, 18 Jahre nach dem Spektakel um Friedrich Stiegler, angegriffen. Er war wegen Meineides vorbestraft und lügt die Bürger an, um sie um ihr Geld zu bringen. Zweifelt jemand an seiner Aufrichtigkeit, so schalt er sie/ihn einen Hexer/Hexe oder Unhold(in). Gibt er doch vor, Hexen zu erkennen. Wieder werden Bürger verunsichert und es fordert den Rat heraus. Rößner wird zum Prangerstehen verurteilt und aus der Stadt gewiesen. Man hält ihm in einer sträflichen Rede vor, daß er sein Leben verwirkt habe, falls er noch einmal Nürnberger Boden betrete[72].

Brigitte Wolfin

beschäftigt sich mit der Wahrsagerei, Schatzgraben und anderen Zaubereien, bevor man sie im Dezember 1608 ins Lochgefängnis schafft. Anlaß zu ihrer Verhaftung ist eine Anzeige von Conrad Mayer, des Baders im Rosenbad, der sagt: »nur sie könne es gewesen sein, die ihn bezaubert und um seine Mannschaft gebracht habe.« Sie bestreitet es: »sintemal sie weder mit Zauberei noch arztney umbgehen könn, noch eines oder des andern sie iemalß berühmet, viel weniger, wie man einem sein mannschaft nehmen oder wieder zu wege bringen könne ... ein wissenschaft iemalß gehabt hab[73].« Sie beteuert ihre Unschuld so glaubhaft, daß der Rat ihre Freilassung beschließt. Dem Denunziant werden die Haftkosten auferlegt und er wird mit einer Geldstrafe bedacht. Auch hier zeigt der Rat einen ausgeprägten Gerechtigkeitssinn. Aus einem weiteren Prozeßverlauf ist zu entnehmen, daß

Margaretha Rögin

im Dezember 1611 wegen Hexereiverdachts verhaftet wird. In Urgichten gibt sie zu, daß sie draußen auf dem Land den Ruf einer Zauberin hat. Dort habe sie vielfach Segen gesprochen, Beschwörungen vorgenommen und Krankheiten geheilt. Es seien natürliche Dinge gewesen und habe mit Zauberei nichts zu tun. Der Nürberger Rat schenkt ihr keinen Glauben und holt bei Juristen Ratschlag ein. Sie meinen, daß hinter ihrem Treiben mehr stecken könne und plädieren für die Anwendung der Folter; dann soll man sie des Landes verweisen[74]. Auf dem Weinmarkt gelingt es Nürnberger Häschern am 9. Oktober 1617, den wegen Zauberei und Schatzgräberei gesuchten

Carl Georg Lamprecht

von Mainbernheim zu fassen. Er wird im Lochgefängnis über seine Teufelskunst verhört. Zunächst streitet er alles ab. Er muß sich vorhalten lassen, daß er einige Bürger unterrichtet hat. Dann räumt er ein, daß er ein geheimnisvolles Pulver zum Schutz vor dem Erschießen besitze[75]. Nun wird ihm nachgewiesen, daß er eine Zauberin aus Biberach gekannt habe. Dann räumt er ein, daß er seine Künste in ein inzwischen verlorenes Buch geschrieben habe; doch habe er es nie benutzt. In seinen Kleidern findet man Leichenteile, denen man zauberische Kräfte zuschreibt[76]. Darunter das Stück einer Hirnschale, Haut und Fleisch. Die Habseligkeiten will er als Schutz vor Kugeln verwendet haben.

Jetzt wird ermittelt, daß seine Mutter Walpurgis als Hexe verschrieen sei. Dann stellt der Rat fest, daß er als Falschmünzer sein Unwesen etrieben hat, was den Prozeß verschärft. Darauf steht (nicht nur) in Nürnberg die Todesstrafe durch Verbrennen. Und doch versucht selbst hier der Rat die Entscheidung abzuschwächen und befiehlt dem Nachrichter, den Lamprecht vor der Hinrichtung zu erwürgen oder ihm einen Pulversack auf den Scheiterhaufen zu legen, um seine Leiden zu verkürzen[77]. Die Erdrosselung mißlingt wohl infolge der Unfähigkeit des Nachrichterknechtes, des Löw[78]. So wird Lamprecht am 13. November 1617 lebend verbrannt[79].

Sixt Kuhn

aus Stein, Meßner in Gründlach[80], verurteilt der Rat 1622 als »beschraiten zauberer, kirchenräuber und Dieb.« Anlaß für das Einschreiten der Obrigkeit bietet der Brand der Kirche, zumal man ihn als Brandstifter im Verdacht hat. So stellt sich die Schwere seiner Untaten heraus:

- Mehrmals habe er sich unterstanden, Mißbrauch mit geweihten Hostien zu treiben, indem er sie verschiedenen Tieren an den Hals oder zwischen die Hörner gehängt hat.
- Auch habe er abgefeiltes Metall von Glockenschwengeln, die geweiht werden, zum Herstellen von besonderen Arzneien verwendet.
- Er habe Holzteile von den Särgen der Frauen, die an der Erstgeburt gestorben waren, ausgegraben und sie Pferden unter das Futter gemischt.
- Er habe Totenköpfe der Friedhofserde entnommen und Pferde daraus saufen lassen.

• Taufwasser habe er Schweinen vorgeschüttet und einmal habe er zu nächtlicher Stunde den Teufel herausgefordert.
• Zudem könne er zauberische Segen sprechen[81] und einigemale habe er die Truhe, in der das Almosengeld der Kirche verwahrt wurde, aufgebrochen und Geld entwendet.

Der Rat verhängt die Todesstrafe und es wird beschlossen: »daß er auß sonderbaren gnaden mit dem schwert vom leben zum todt gericht umgebracht auch furters deßen cörper sampt dem haupt uf einen hierzu Scheiterhaufen geworfen und zu aschen verbrennt werden soll[82].« Ein Gnadengesuch seiner Frau kann ihn nicht bewahren. Er wird am 18. Juli 1622 gerichtet.

Im frühen 17. Jahrhundert findet unter dem Einfluß der umliegenden Brände die Zurückhaltung ein Ende. Die folgenden Fälle zeigen das Schema des Wütens, das furchtbarer anderweit nicht vorgekommen ist.

Margaretha Mautherin

Frau des Stadtschützen, wird Mitte März 1659 in ihrer Wohnung verhaftet und ins Lochgefängnis verbracht[83]. Man nennt sie die alte Löwin und verdächtigt sie, eine Hexe zu sein. Die Folter bricht ihren Willen und sie räumt ein:
• Schon zu Lebzeiten ihres ersten Mannes – vor acht Jahren – habe sie den Teufel gerufen. Er sei erschienen und habe sie verführt.
• Dabei habe sie mittelst Gotteslästerung der allerheiligsten hochgelobten Dreifaltigkeit abgesagt und sich dem Teufel zu eigen ergeben; zudem habe sie Geschlechtsverkehr mit ihm getrieben.
• Zweimal habe sie die heiligen Oblaten beim Empfang des Abendmahles aus dem Mund genommen und dem Teufel überbracht.
• Sie habe sowohl Leute als Vieh mit schädlichem Zauber belegt.

Der Rat konsultiert die Gelehrten Dr. Wölckern und Dr. Fetzer. Wölckern plädiert für die Fortsetzung der Folter und verlangt, das Opfer zu rasieren, um Hexenzeichen zu erkennen. Fetzer glaubt, daß es mit dem Martern genug sei. Der Rat zeigt sich unentschlossen und wendet sich an die für die Seelsorge zuständigen Diakone von St. Sebald. Johann Michael Dillherr und Johann Gundermann sollen sich der Inhaftierten annehmen. Man stellt ihnen die Aufgabe: »sich in das Loch zu der Mauderen zu bemuhen, derselben ihre abscheuliche sünden vor die Augen zu legen und zu sagen, wie sie

Der Nürnberger Ratskonsulent Niklaus v. Gülchen, der in einen Prozeß verwickelt und 1605 hingerichtet wird.

zu wahrer erkendnuß derselben zu bringen sey[84].

Die Prediger tragen vor, daß die Verstocktheit der Armen anhalte und deshalb wenig Hoffnung auf die Einsicht ihrer Sünden bestehe. Jetzt geht an die Lochschöffen die Weisung: »noch diesen Vormittag die Verhaftete mit Ernst zu hören und sie betrohen, das sie doch das Leben verwirkt habe, derowegen ihre Sache durch bekantnuß der wahrheit nit ärger machen, sondern vielmehr gnad verdienen könne[85]. Schließlich wiederholt sie ihre Geständnisse. Jetzt fordern die Juristen den Kleidertausch; die Stimme der Vernunft, wie sie vordem in Nürnberg zu hören war, scheint erloschen zu sein[86].

Dann tragen die Lochschöffen vor, der Zustand der Delinquentin sei so schlecht, daß sie eine weitere Tortur nicht lebend überstehen kann und »sie habe im übrigen schon soviel gestanden, daß das corpus delicti am tag sei« und einer Verurteilung nichts im Wege stehe. Nochmals »sollten ihr die Geistlichen beweglich zusprechen und ihr bestendig bey zu bringen, daß sie nit könne seelig werden, wer sie nit ihr gewißen reinigen und alles, was sie noch in ihrem Herzen habe, es treffe an, wen es woll, herauß sage, und mit der Wahrheit an den Tag gehe[87].« Schließlich wird sie zum Flammentod verurteilt, aber aus Gnade vorab an einem Pfahl erwürgt[88].

Drei Tage vor der Hinrichtung der Mauderin, am 23. April 1659, wird die Magd

Regina Mettmann(in)

wegen Hexereiverdachts ins Lochgefängnis verbracht. Sie gesteht:

- Sie habe sich vom Satan verführen lassen, Gott und der Heiligen Dreifaltigkeit abgeschworen und die christliche Taufe verleugnet.
- Zudem habe sie der Teufel in seinem Namen (um)getauft und mehrfach habe sie sich abscheulich mit ihm vermischt.
- Viel Leute habe sie an Gut und Geld geschädigt.
- Ferner soll sie ein cehenthalbjähriges unschuldiges Mägdlein auf des bösen Geistes Befehl mit sich verführet und solches demselben gleichsam an die Hand geliefert haben.

Es geht um

Magdalena Wanderin

die man in der Stadt gefunden hat. Sie behauptet, sie sei mittels eines Fluges hierher gelangt. Sie kommt in Turmhaft und wird verhört. Dabei läßt sie wissen, daß die Mettmannin bei diesen Ausfahrten dabeigewesen sei und daß auch sie sich habe vom Teufel taufen lassen: alles sei auf Veranlassung der Mettmannin geschehen.

Der Rat entscheidet, bei ihr eine neue Folter durchzuführen. Sie zeigt sich verstockt, gesteht dann, zieht sie Bekenntnisse zurück, um ihre Unschuld zu beteuern. Der Rat ist mit dem Verlauf unzufrieden.

Die Beschuldigte weigert sich, die ihr zur Last gelegten Verbrechen zu bekennen und so kann man sie nach den Vorschriften der CCC. nicht verurteilen. Man erhofft sich den Rat der Theologen. Sie sollen sie vernehmen: »ob sie die angezeigt böse händel mit dem teufel getrieben habe.« Sie scheinen erfolgreicher zu sein, denn sie tragen vor: »jetzt sei sie einsichtig geworden.«

Konsulenten sprechen sich für die Todesstrafe aus und schlagen vor, Magdalena Wanderin zur Abschreckung an der Exekution teilnehmen zu lassen. Der Rat hat ein Alibi und folgt den Empfehlungen. Danach soll die Mettmannin mit einem Schwert gerichtet und »mit dem feuer zu pulver und aschen verbrent« werden.

Das Mädchen hat im Beisein eines Geistlichen von St. Lorenz vom Frauenturm aus die Verbrennung beobachtet[89]. Vermutlich hat sich der Nachrichter hilfesuchend an den Rat gewandt, da er befürchtet, die Verurteilte infolge ihres verwachsenen Körpers nicht mit einem Schlag richten zu können[90], doch er verrichtet sein Amt fehlerfrei.

Nikolaus von Gülchen[91]

wird nicht in einen Hexenprozeß verwoben, aber am gegen ihn gerichteten Verfahren läßt sich der damalige Rechtsapparat verdeutlichen. Der Prozeß erregt Aufsehen. Man gewinnt den Eindruck eines Schauprozesses – wie er fast zeitgleich in München gegen die Landfahrerfamilie Pämperl geführt wird. Hier wird ein erfahrener Jurist aus der Welt geschafft, um die Zunft nicht zu beschmutzen! Vergl. die Ausführungn zum Trierer Juristen Dr. Flade.

Um die Mitte des 15. Jahrhunderts zeigt sich ein Gesinnungswandel im Rechtsdenken, denn das präzisere »römische« Recht ist auf dem Vormarsch und so drängen sich Spezialisten vor. Der Nürnberger Losunger Christoph Fürer und Joachim Nützel lernen auf dem Wormser Städtetag (1586/87) den Notar Nikolaus von Gülchen kennen. Er tritt im August 1587 die angesehene Stelle eines Ratskonsulenten in Nürnberg an. Wer verbirgt sich hinter ihm?

Geboren ist er in Gülchen bei Limburg. Er hält sich in Holland und Frankreich auf, studiert in Perugia und Basel die Juristerei. Möglicherweise muß er aufgrund seines lockeren Lebenswandels, der ihn in wirtschaftliche Schwierigkeiten bringt, die Studien abbrechen. Durch Bestechung eines Schreibers nimmt er Korrekturen an seinem Diplom vor und hängt ein falsches Siegel daran; dann ergreift er die Flucht, wird eingeholt und gefangen. Man brennt ihm ein Brandmal auf, das er später zu vertuschen sucht. Möglicherweise heißt er nicht v. Gülchen, sondern Weber, was aus einem Portraitstich erkennbar ist.

Nach einem Aufenthalt in Basel geht er nach Worms, arbeitet als Notar und heiratet. Er baut in Nürnberg eine juristische Kanzlei auf, die ihm Einfluß verschafft. Und doch überzeichnet er und scheint sich gegen den »Rat der Älteren« aufzulehnen. Man überlegt sich, ob man ihn entlassen soll.

Hexensabbat bei Genf, 1570 (oben) und Hochzeit des Teufels mit drei Frauen, die dann als Hexen verbrannt werden (unten). Bilder aus der Wickiana, Zentralbibliothek Zürich. Unten: Ein Mädchen wird mit dem Teufel verkuppelt (links) und als Hexe verbrannt (rechts). Wickiana, Zentralbibliothek Zürich. →

Offensichtlich scheint man sich an seinem Lebenswandel zu stören und sagt: »daß er fast jedermann, so in sein Haus komme und ain Schlair aufgehabt, die Unzucht zugemutet.«

Sexuelle Eskapaden bringen den Stein ins Rollen. Dann verklagt ihn der weitläufige Verwandte Dr. Rem auf Beleidigung, widerrechtliche Namensänderung, Fälschung, Betrug, Blutschande, Ketzerei, Gotteslästerung, Erpressung, Verletzung der Amtspflichten, Diebstahl und Unterschlagung: »hab man ihn doch selbst an fürstlichen Tafeln einen Schelm genannt.«

Die Obrigkeit entscheidet sich zur Verhaftung, denn man ist in Sorge, daß er die Flucht ergreift und von auswärts interveniert. In sein Haus wird eine Wache gelegt, er landet im Luginsland und seiner Frau wird verboten, die Wohnung zu verlassen. Er wird streng bewacht. Bücher, Papier und Brille werden ihm verweigert.

Angehörige suchen ihn loszubekommen und bieten dem Rat eine Kaution für die Haftentlassung an. Ein Chronist meint: »seine Verbrechen sollen soviel gewesen sein, daß, wann man es in ein Buch zusammengetragen, es so groß als eine hauspostill sein müsse.«

Man wirft u. a. seiner Magd Magdalena Leykauffin vor, sträflichen Verkehr mit ihm gepflogen zu haben. Die in Nürnberg anwesenden Mitbelasteten werden eingezogen. Es geht die Sage um, er trage einen cestus magicus (Zaubergürtel). Man hält ihm die Verführung einer Dienstmagd vor, dann gesteht er Beziehungen, was er aber auch als »Sünd und Unrecht« erkennt. Er spürt, daß der Ring enger wird, habe er doch im Zorn die Räte des Reichskammergerichts als »paurendölpel« tituliert und Amtsgeheimnisse verletzt, indem er unpublizierte Urteile kommentiert habe.

Schon droht man ihm die Überführung ins Lochgefängnis an und sagt: »wenn er je ein Buch haben will, soll man ime eine Bibel geben.« Der Prozeß zieht sich in die Länge und wird schwieriger. Dann droht man ihm die Anwendung der Folter und sagt: »er werde an anderen Orten gefragt werden.«

Jetzt scheint der Verhaftete krank geworden zu sein. Er zeigt Unruhe, läßt den Lochschreiber rufen, und seine Frau richtet die Bitte an den Rat, ihren Mann zu entlassen oder sie zu ihm auf den Turm zu lassen. Beides wird abgeschlagen. Gülchen windet sich wie eine juristische Schlange und so muß der Eindruck entstehen, daß er mit dem Rat spielt. Schließlich wird er ins Lochgefängnis überführt und jetzt beginnt man ihm schärfer zuzusetzen.

Er wird der Blasphemie bezichtigt: »er habe vor allem die göttliche Vorsehung geleugnet ... leugne die Hölle und glaube nicht an Wunder. Zudem habe er die Jungfrauschaft Mariens verläugnet und gesagt: »es habe Christus noch viel leiblich Schwestern und Brueder gehabt« er hab sich im Haus wie ein Luzifer erzeigt und könne gewiß mit dem bösen feind umbgehen ... er habe die Prediger verlacht und sie als manicipia Sathanae bezeichnet.«

Dann fragt man ihn, was er vom Drudenwerk halte, denn man wisse, daß er solches stets verteidigt, auch selbst in Trier mit einem Dr. Flad Zauberei getrieben und Geister beschworen. Dies solle er frei bekennen. Vom Drudenwerk lehre die heil. Schrift, was davon zu halten ... so wisse man, daß er gottlose König in Israel durch Gespenst Propheten erwecket, die sie umb Rath gefragt, man hab auch tegliche Exempel vor Augen, daß Hexen durch Zauberei dem Menschen und Vieh Schaden zuefuegen, daraus zu vernehmen, daß Zauberer und Hexen seien, wie denn derentwegen in jure ein sonderliche Lex vorhanden.«

Dann reicht er ein Gesuch um Freilassung ein, da er seine Verbrechen genugsam gebüßt, oder man möge seine Sache an das Inzichtgericht verweisen, bei dem er einen Advokaten nehmen könne. Es wird abgelehnt.

Insgesamt wird er zwölf Verhören unterzogen und jetzt greift man zur Folter, womit man die Beweisaufnahme abschließt. Man schickt Abschriften an die Altdorfer Juristenfakultät und sucht beim Speyerer Reichskammergericht um ein Gutachten nach.

Die Altdorfer gelangen zur Auffassung: »bei Zaubereien und Ketzereien ist wohl dafür zu halten, weil Gülcher von Jugend auf Gott und den Nechsten wenig in Achtung gehabt, es werde der Verstand mit einen gotteslesterlichen Reden nicht allezeit gehabt haben, wie er dieselben anjetzo ausdeuten will ... schon erwäge man seine Vierteilung, mit der Landesverräter gestraft würden.«

»Bei der Häufung der Delikte könne die Todesstrafe erwogen werden ... aus allen eingeführten Rechtsgründen erscheinet, daß nach der Strenge des Gesetzes dem Verhafteten wegen seiner Frevel gegen die Obrigkeit und die, weil er die meiste Zeit seines Lebens die Feder fälschlich mißbraucht, die rechte Hand abgeschlagen und ihn dann vom Leben zum Tode zu bringen (und doch soll man einige Milderungsgründe in Betracht ziehen: werden hier weggelassen) ... man könne ihn zum lebenslänglichen Kerker verurteilen ... doch sei es wünschenswert, daß man ein Exempel statuiere.«

Einen anderen Tenor zeigt das Altdorfer Statement vom 18. November 1605: »Gülchen habe sich durch seine vielfältigen Verbrechen unwürdig und unfähig gemacht; es seien ihm die Schwurfinger abzuschlagen und er wäre mit dem Schwert zu richten. Dem Rat könne eine Begnadigung empfohlen werden.«

Am 28. November geben die Speyerer Rechtsgelehrten Dr. Menckelbach und Dr. Michaelis ihr Gutachten ab: »Er wäre der Strafe des Auspeitschens verfallen. Es stehe in der Macht des Rates, die Todesstrafe wegen Inzestes zu verhängen.« Unglaublich sind die unterschiedlichen Rechtsauffassungen bei der identischen Ausgangslage, was dem Rat Probleme bereitet.

Man neigt dazu, ihn mit dem Schwert zu richten und setzt (noch im Vertrauen) den Rechtstag auf den 23. Dezember fest. Vorher soll man Geistliche zu ihm lassen. Das Urteil hat sich erhalten[92]. Er bittet um Gnade und Aufschub. Am Hinrichtungstag drängen sich in den Straßen die Neugierigen, »namentlich am Rabenstein war viel Volks trotzdem ein kalter Tag war und es heftig schneite, daß man kaum sehen konnte ... derowegen nachdem Dr. Gülchen geköpft war, jedermann dem Thor zu herein in die Stadt und zu Haus geeilet hat.«

Er ist 60 Jahre alt und sein Scharfrichter ist Meister Franz.

Ausklang

1660 hören wir von einem Verfahren im Bund mit dem Teufel. Hier geht es um den Nagelschmied Hans Hess. Es ist einer der seltenen Fälle, wo sich Männer dem Teufel verschreiben[93]. Er wird Mitte September 1660 verhaftet und des Teufelsbündnisses und der Gotteslästerung angeklagt. In peinlichen Verhören stellt sich heraus, daß er den Satan angerufen und sich ihm ergeben hat. Beide sollen zusammen gegessen und getrunken haben. Dann beschimpft der Delinquent den Namen Gottes und es genügt, um seine Enthauptung anzuordnen; sie wird auf den 16. Oktober bestimmt.

Dem Kirchenvorstand der evangelisch reformierten Gemeinde in Nürnberg wird 1669 die Begutachtung der als Hexe verdächtigen Barbara Coppin zugwiesen. Man hat sie bezichtigt, schädigenden Zauber an Tieren begangen und den Sabbat entheiligt zu haben. Sie wehrt sich gegen die Anschuldigungen und dann verläuft die Sache im Sand. Am 3. September 1669 folgt die Gefangennahme der vom bösen Geist besessenen

Scharfrichter Johann Michael Widmann, Sohn der Judica. Nachrichter in Nürnberg, 1723.

Regina Sibylla Schillerin

einer Augsburger Schusterstochter. Ihr Verfahren zieht sich über Monate hin. Sie wird beschuldigt, sich dem Teufel ergeben zu haben. Mehrfach werden theologische und juristische Gutachten angefordert und beraten. Eines erstellt ihr Beichtvater am 7. September, Andreas Unglenk[94]. Die Lochschöffen setzen sich durch und verdeutlichen dem Rat, daß alles Teufelswerk sei, das sie betreibe.

Ein von den Geistlichen und Juristen befürworteter Versuch, sie aus dem Teufelsbund zu lösen, scheint fehlzuschlagen; der Rat ordnet an, daß in allen Kirchen für sie zu beten sei, was eine Breitenwirkung hat. Bis man am 14. März 1670 zur Auffassung gelangt, sie unverrichteter Dinge nach Augsburg zu bringen. Hier gelingt es, sie durch Gebete vor dem Teufel zu retten. Man soll den Satan gezwungen haben, ihre Unterschrift, die sie mit Blut unter den teuflischen Pakt gesetzt hat, herzugeben[95]. Auf

Dorothea Kaufmännin

Magd der Familie des Wolf Gabriel Romedi, wird man 1692 aufmerksam, als sie erzählt, daß sie für das immerwährende Glokkenläuten im Haus verantwortlich sei. Der Rat läßt sie in die »weibereyßen« (Frauengefängnis) führen. Als Zeuge soll Frau Romedi vernommen werden. Prediger und der Konsulent Dr. Hieronymus Scheurl sollen sich äußern, ob sie eine Hexe sei[96]. Die Gotteskundler stützen sich auf ihr Geständnis, nach dem sie gesagt hat, am Hexenflug teilgenommen zu haben und es danach wieder abgestritten hat.

Für sie ein ein logischer Fall, denn das kann ihr nur der Satan eingegeben haben. Auf den Teufelsbund deute, daß er ihr seit vielen Jahren in der Gestalt eines Geißbockes manchmal in feuriger, und oft als schwarzer Mann erschienen sei. Schließlich fassen die Theologen zusammen: »wegen solcher der Sachen Beschaffenheit nun gehet unser sämbtlich, jedoch unmaßgeblicher Bedenken dahin, daß freylich nothwendig seye, auf alle mögliche Weise beßer und schärfer hierin zu inquirieren ... den modum aber und die art, wie solche inquisition einzurichten überlaßen wir billig denen hochgelehrten Herren, als welche bestermaßen darin werden zu rathen wißen[97]. «Ein Beispiel christlicher Doppelbödigkeit!

Dann führt man sie ins Lochgefängnis. Scheurl gelangt zu der Auffassung; »er halte nichts von Hexerei und Zauberei. Die Kaufmännin wäre freizulassen,« was nach dem Schwören der Urfehde erfolgt. Es ergeht die Anweisung, künftig ihren Lebenswandel im Auge zu behalten[98]. Das Gerichtsverfahren gegen

Hans Fahner

aus dem Jahre 1725 ist das letzte auf diesem Territorium wegen Hexenwerk geführte. Er stammt aus Stettenberg und gesteht dem Pfarrer von Heroldsberg, einen Bund mit dem Teufel geschlossen und diesen mit seinem Blut besiegelt zu haben. Dennoch werden ihm Zauberei an Mensch und Vieh vorgeworfen. Die Akten gelangen an die juristische Fakultät der Universität Altdorf. Die gutachterlichen Äußerungen haben sich erhalten[99]. Die Professoren geben dem Gericht auf, genaue Erkundigungen einzuholen, an wen und wie Hans Fahner böse zauberhafte Mittel und Künste angewendet und ob dabei ein Schaden entstanden sei; zudem soll man mitteilen, ob der Inquisit ein simpler und melancholischer Mensch sei, der sich selbst aus Einfalt und reger Phantasie der Zauberei bezichtigt hat[100]. Würden Nachforschungen nichts Gegenteiliges erbringen, könne er gemäß der CCC. § 109 zum Tod verurteilt werden. Allerdings meinen sie, daß sich die bisherigen Anklagen auf Gerüchte stützen und dies genüge keinesfalls zu einer Verurteilung. Schließlich entscheidet sich die Fakultät für seine Freilassung[101]. Man verurteilt ihn zur Erstattung der Verfahrenskosten und zum Abschwören des Teufelspaktes.

Intelektuelles Umfeld

Eine permanente Hexenverfolgung in nachvollziehbaren Prozeßwellen erlebt Nürnberg nicht, wenngleich die Gangart im 17. Jahrhundert schärfer wird. Man muß den Geistlichen, Juristen und dem Rat eine liberale Haltung zugutehalten.

Vor allem in Nürnberg, einer bedeutenden Verleger- und Druckerstadt, Zentrum der graphischen Künste, Handelsstadt mit weitreichenden Verbindungen und Wirtschaftszentren, kann das gängige Treiben in Bild und Text nicht verborgen bleiben. Hier wirkt u. a. Albrecht Dürer; einige seiner Kupferstiche haben das Thema zum Inhalt. Hans Sachs nimmt sich 1531 in seinem ein *wunderlich gesprech von fünff unhulden* in Reimform der Problematik an. Er weist den Unsinn von sich und sucht den verderblichen Aberglauben bloszustellen[102]. 1627 muß sich der Rat mit einer

Drudenzeitung

auseinandersetzen und verbietet deren Verbreitung am 3. August: »Die gedruckte druten zeitung, so man hin und wider fail hat, soll man abschaffen lassen.« Es handelt sich um einen Einblattdruck mit zwei Holzschnitten und 25 Versen[103]. Der linke zeigt das Bamberger Hexenhaus. In dem Pamphlet sind gängige Hexenpraktiken geschildert. Der Rat muß handeln, um einem Umsichgreifen der Wahnvorstellung entgegenzuwirken. Er beauftragt den Stadtknecht Endres Weißhart nach dem Drucker zu fahnden, zumal man einen Nürnberger dahinter vermutet.

Möglicherweise ist es Ludwig Lochner, den der Rat zum Verhör auf die Kanzlei verpflichtet. Er beteuert, daß nicht er, sondern sein abwesender Bruder Christoph das Werk gedruckt hat. Der eine Teil stamme »aus einem traktätlein vom falcken wirt zu Würtzburg« und im anderen habe Christoph Lochner, der erst in Bamberg gewesen sei, die Aussagen von dortigen Hexen über ihr

Treiben verwertet. Auf die Frage, wieviele Exemplare vorhanden seien, meint er zu wissen: »daß ein fremder Hausierer nahmens Lorentz einen ziemblichen antheil alhier undt in wirtsheusern verhausieret hat.« Auch habe Caspar Fulden, ein anderer Nürberger Buchdrucker, 60 Stück gekauft und veräußert. Der Rat veranlaßt die Einziehung der greifbaren Exemplare und die Zerschlagung der Druckstöcke. Er ordnet an, daß Christoph Lochner nach seiner Rückkehr zu verhaften sei.

Positionen der Obrigkeit

Da in Nürnberg die Bürger still halten, ist es zur Beurteilung des Hexenwesens wichtig, die geistigen Strömungen der Obrigkeit zu bewerten; im wesentlichen die der Theologen, Juristen und die Meinungen innerhalb des Ratskörpers. Die Geistlichkeit beruft sich vor allem auf die damals noch als unanfechtbar und heilig angesehene Schrift. Sie erkennt das Problem im Unglauben der Leute und meint: »nur ungläubige Menschen würden dem Teufel verfallen.« Sie geben sich anfänglich vernünftig, ändern aber ihre Haltung um 1590, als das Wüten um sich greift. Die »älteren Herrn« beauftragen die Theologen mit einem Gutachten, da die Reichsstadt Weißenburg in Nürnberg anfragt, was man hier über Hexerei und Zauberei denke. In Weißenburg zeigt man sich besorgt über die Auswirkungen der in den Nachbarorten stattfindenden Hexenprozesse. Man will Nürnbergs Haltung ergründen, um das eigene Vorgehen auszurichten.

Sie erhalten zur Antwort: »das zu allen Zeiten und bey allen Völckern warsager, zaichendeuter, beschwehrer und (wie sie jetzt momentan genennet werden) hechßen gewesen sein ... solche leuth seindt nicht allein männer sondern am allermeisten weiber, welche (als einen schwachen werckzeug) der böse Feindt am heftigsten mit seinen geschwindten Anschlägen hinterschleicht und angreifet.«

Weiter: »ob sie der Auffassung sind, ob es dem gemeinen Wahn nach geschehe oder ob es vielmehr für eine lautere fascination, bethörung und verplendung des laidigen Teufels als eines tausentkünstlers zu achten seye?«

Die Macht des Teufels sei ihrer Auffassung nach zwar groß, aber dennoch geschehe alles aus göttlicher Veranlassung. Die Zauberer und Hexen seien über ihn die wichtigsten Werkzeuge Gottes. Der Teufel wäre es, der die hechßen und Unholde mit seinen Mitteln verführe[104].

Bemerkenswert scheint, daß sie den Hexenflug der Phantasie zuschreiben. In ihrer Antwort berufen sie sich die Geistlichen auf die Strafbestimmungen der Bibel. Mit einem Blick für die Schwächen des Verfahrens geben sie die Anweisung: »und sollen doch die weltlichen Herren und Regimentspersonen behutsam sein und in den Sachen einen milden und wohlbedächtigen Proceß unter die handt nehmen, sich nicht übereylen, und darneben fleißig acht darauf geben, wie es doch umb die berüchtigte persohnen geschaffen, von wem sie angeben und durch was leuth ihnen solche bezichtigung beygebracht worden. Ob die Angeber und Kundschafter guter gewißen und einen guten Nahmen haben. Oder ob sie verruchte leuth seien und vielmehr und genauer in des Teufels verpüntnuß gehören als diejenige, welche von ihnen nahmhaftig gemacht und bezüchtigt seindt worden. Man müsse Vorsicht walten lassen.«

Mit den Ausführungen setzen sie sich in Widerspruch zu den sonstigen Bedenken. Sie erwarten ein scharfes Vorgehen gegen die, so Gotteslästerung, Verunehrung der Sakramente und Unzucht mit dem Teufel; auch seien die Zauberer zu strafen, die Blut trinken und die Hirnschalen und andere Gliedmaßen zu Verbrechen heranziehen. Die Aufgabe der Geistlichen sei es, Ungläubige durch Beichte und Gebet vor dem Teufel zu bewahren. Reuigen Sündern könne die göttliche Gnade zuteil werden.

Deshalb gelangen sie zu Erkenntnis: »da sich auch in rechtmeßiger verhör befinden würde, das die ungleiche strafen verdienet, diesselbige leuth der gesetz und ordnung exequiere, sie möchten nicht alle das fewer verdienet haben, sondern die eine das fewer, die andere das schwerdt, die dritt die ruthen, die vierte verweisung deß landts, die fünfte den thurm oder ewige Gefengnuß, die sechst das sie zur puß für die Kirche gestellet werde.«

Die Heilige Schrift erweise, daß Gott der Herrscher der Welt sei, (was eine unerhört kühne und falsche Auffassung ist, denn er ist ein von Menschen erfundenes Fabelwesen. Anm. d. Verf.) Eine Abschrift des Gutachtens überreicht der Rat durch die »älteren Herren« den Weißenburgern unter der Bedingung der Geheimhaltung. Durch Indiskretion wird es bekannt und bei Antonius Praetorius *Von Zauberey und Zauberern, Gründtlicher Bericht* (Heidelberg, 1613), im Druck veröffentlicht.

Hans Nachart aus Pfofeld, einem Ort in der Nähe Weißenburgs, hat Elisabeth Hodlin der

Hexerei bezichtigt. Aus Weißenburg fragt man an, ob sie mit der Tortur angegriffen werden soll. Dr. Hepstein reicht die Beweislage nicht und er sagt: »Er hab auch nie von solchen Sachen und Zaubereien gehalten und noch darumb könn er nicht sondern darzu rathen.« Mit ihm neigt die Mehrzahl der Juristen zur Vorsicht.

Wieder ist es eine Anfrage der Stadt Weißenburg, die 1590 Nürnberger Juristen zu einer Stellungsnahme über das Hexenwesen veranlaßt. Dr. Herel schildert, daß gegen das Hexenverbrechen, einem »crimen lasea maiestatis divinae« vorgegangen werden müsse, da sich sonst eine gemeine Landplage einstellen werde[105]. Infolge der Vielzahl der Verdachtsmomente müsse von Fall zu Fall nach Gelegenheit der Sache entschieden werden.

Dr. Stöckel sieht die Hexerei als realita[106] an. In einem Punkt nehmen die Nürnberger Juristen eine führende Position ein. Sie behandeln das Verbrechen der Zauberei nicht als »crimen exeptum«, als Delikt, das an keine Rechtsordnung gebunden ist. Daher ist in Anbetracht der lodernden Hexenbrände ihren Anschauungen zu danken, daß nur eine vergleichsweise kleine Zahl von Zauberern und Hexen zum Tod verurteilt worden sind.«

Im frühen 17. Jahrhundert wird aus dem vorsichtigen Abwägen der Juristen ein Hang zum negativen Zeitgeist. Der Rat durchläuft eine parallele Entwicklung; er wandelt sich von der liberalen zur scharfen Gangart. 1538 berichtet man: »Denen von Ulm wider zu schreiben, das meine Herrn von dem drutten und teufelswerk nichts halten. Auch wol dergleichen Fall gehapt, haben bey irn gelerten theologen und juristen allmahl gefunden, dass es kein grund hab, sondern ein lauter wahn sey, darumb man anders nit gestraft, da inen das land verpoten.«

Von Interesse scheint ein vertrauliches Schreiben des Bamberger Fürstbischofs Johann Georg Fuchs von Dornheim an den Nürnberger Rat vom August 1627. Er teilt mit, daß er das Bamberger Hexenhaus gebaut habe. Viele Personen seien dorthin gebracht worden. Deren Aussagen hätten so viel Belastungsmaterial zusammengebracht und darunter einige Nota – die auf Nürnberg weisen. Er würde daher, wenn der Rat diese Leute nicht mit »gleichmäßiger Exekution verfolge, alle Namen im Druck veröffentlichen lassen. Dann könne sich jeder von ihnen in acht nehmen.« Das Schreiben des intoleranten Christen macht auf die Nürnberger keinen Eindruck.

Strafgerichtsbarkeit

Es ist von Interesse, den Rechtsgang zu verstehen, denn er ist für die liberale Grundhaltung verantwortlich. Nahezu alle Entscheidungen liegen in den Händen der 26 Bürgermeister aus den »ratsfähigen« Geschlechtern. Sie amtieren wechselweise und aus ihnen formieren sich sie »sieben älteren Herren«, die sich unter anderem mit Kriminalfällen befassen. In Nürnberg werden schwere Delikte vor den Inneren Rat gebracht. Hier existiert ein Blut- oder Halsgericht und hier fallen die Entscheidungen über Leib und Leben.

Zur Durchführung des Strafprozesses sind 13 geschworene Schöffen berufen; zwei von ihnen wirken als Lochschöffen. Der Rat bleibt im Innenverhältnis Herr über den Strafprozeß. Es unterscheidet ihn von dem absolutistischen Agieren der umliegend regierenden Fürstbischöfe in ihrer klerikalen Willkür. So macht der Zauberwahn nicht vor den Toren Nürnbergs halt, aber es kommt zu keinen planmäßigen Verfolgungen.

Wenngleich sich die CCC. auf breiter Ebene durchsetzt, spricht man – auch aufgrund der salvatorischen Klausel, nach der Nürnberger Halsgerichtsordnung von 1526 Recht. Sie regelt den Ablauf des Endlichen Rechtstages. Zudem wird nach dem Mandat vom 16. Juli 1536 gestraft. Der

Nachrichter

hat eine längere Tradition. Im 13. und 14. Jahrhundert gibt es einen der Stadt verpflichteten und besoldeten Züchtiger. Seit 1298 gibt es die Strafe der Stadtverweisung, während die Dauer des Verbotes im Ermessen des Rates liegt. Die Entfernung in Meilen orientiert sich an der Schwere des Deliktes. Ausgewiesene werden von Stadtschützen und -knechten vor die Tore geführt und mitunter im Beisein des schaulustigen Volkes »hinausgesungen.«

Im Zeichen der Zeit ist es eine harte Strafe; Familien werden auseinandergerissen, soziale Bindungen platzen und wer keine Verwandten, Freunde, oder wer keine Arbeit findet, steht vor Problemen.

Auffallend ist, daß von Nürnberg eine Anfrage an den (Mit-)Autor des *Hexenhammers,* Heinrich Krämer, um Überlassung einer Hexenprozeß-Instruktion für die weltliche Gerichtsbarkeit, eines weltlichen Hexenhammers, vorliegt, und diese am 2.10.1491 in Form eines dreiteiligen Buchmanuskriptes erhält. Man zitiert die einschlägige Rechtsliteratur.

Der Stich zeigt die Männer- und Weibereisen, die in den Türmen der vorletzten Stadtbefestigung untergebracht waren. Erhalten ist heute noch der 1323 von Baumeister Conrad Stromer errichtete »Schuldturm«, das sogenannte Männereisen.

In Nürnberg sind die Strafen der Verstümmelung häufig: das Brandmarken stellt eine Variante dar. Das Brennen erfolgt mit glühenden Eisen, die das Zeichen des städtischen Adlers zurücklassen. Man tut es, um auswärts eine hier erfolgte Strafe zu dokumentieren. Im 16. Jahrhundert gehen diese Strafen zurück.

Zum Ende des 16. und zum Beginn des 17. Jahrunderts wendet man sich unter dem Einfluß eines verstärkten Aktenversandes, einer überzüchteten Vorstellung von der Hexerei und dem verstärkten Einholen von juristischen und theologischen Gutachten der Todesstrafe zu.

Der Löw ist dem Nachrichter bei der Durchführung der Folter und Hinrichtung behilflich. Er hat die zum Prangerstehen Verurteilten zu geleiten und peitscht die mit der Stadtverweisung Belegten vor die Tore. Nach der Tuschscheren Halsgerichtsordnung von 1485 tritt er am Endlichen Rechtstag als öffentlicher Kläger und Stadtanwalt auf. Mit der Einführung der dritten Nürnberger Halsgerichtsordnung 1526 verliert er seine bevorzugte Stellung. Ein weiteres Spezifikum ist das

Lochgefängnis

das man 1332–40 unter dem Alten Rathaus baut. Es weist in seinen Gewölben Verliese auf. Es dient als Untersuchungsgefängnis für die, die in Verdacht eines schweren Verbrechens geraten sind. Längere Freiheitsstrafen werden in den Stadttürmen, vor allem im Luginsland vebüßt. Das Lochgefängnis enthält 13 Zellen, zwei Strafzellen und eine Folterkammer, die als »Kapelle« bezeichnet wird. Ein Gelass trägt das Bild einer schwarzen Katze. Denkbar ist, daß man hier die angeblichen Hexen und Zauberer inhaftiert hat.

Für die zum Tod Verurteilten gibt es besondere Zellen, in die sei einige Tage vor der Hinrichtung verlegt werden. Die Räume sind fensterlos. In den Todeszellen brennt eine Öllampe, sonst herrscht Dunkelheit. Die letzten Stunden vor der Hinrichtung dürfen die Delinquenten unter Bewachung in einem mit Tageslicht erhellten Raum verbringen, in dem ihnen die Henkersmahlzeit gereicht wird. Manche Besagten verharren monatelang in den kalten und voll Ungezieferer wimmelnden Räumen, um auf ihre letzte Stunde zu warten.

1441 errichtet man in Nürnberg die Richtstätte vor dem Frauentor. Sie heißt Raben-

Hans Sebald Beham (Drei Hexen und der Tod). Kupferstich. Kopie nach einem Stich seines Bruders Barthel Beham.

oder Krüppelstein (Galgenhof). Zu keiner Zeit hat es in der Nürnberger Rechtspflege eine »eiserne« Jungfrau gegeben[107]. Es ist eine Legende, die um 1860 in Umlauf gebracht wird.

Nach einer ersten Einvernahme berichten die Lochschöffen dem Rat über die Verhafteten und das Kollegium entscheidet über das Vorgehen. Falls man sich zur Anwendung der Folter entschlossen hat, führt man den in einem weißem Hemd und Socken bekleideten Inquisiten in die Kapelle. Hier empfangen ihn der Nachrichter, Löw, Lochschreiber und die Schöffen. Die Handhabung der Folterwerkzeuge obliegt dem Nachrichter. Die Lochschöffen stellen in der Regel die von den Konsulenten entworfenen Fragen. Den Ablauf des peinlichen Verhörs protokolliert der Lochschreiber.

In Nürnberg taucht eine besondere Foltervariante auf, die man als »Kreuz« bezeichnet. Dabei legt der Nachrichter um den Kopf des Delinquenten scharfe Schnüre, die er zusammenzieht. Sie hinterlassen schmerzhafte Wunden. Einige Hexenproben kommen zur Anwendung. Man forscht mitunter nach dem Hexenmahl. Stiegler geht auf die Problematik ein. Die Wasserprobe dürfte nicht zum Verfahrensgebrauch gezählt haben, denn sie wird in keinem Prozeß erwähnt.

Kann dem Angeklagten trotz peinlichen Verhörs keine Schuld nachgewiesen werden, wird er entlassen, nachdem er Urfehde zu schwören hat, die die Obrigkeit vom Makel des Unrechts befreit. Ihr Bruch wird geahndet; das mindeste ist das Abschlagen der Schwurfinger.

Endlicher Rechtstag

Sobald die Delinquenten ihr Geständnis abgelegt haben, bespricht man im Rat, mit welcher Strafe sie zu belegen sind. Bei dieser Gelegenheit wird die Urteilsfassung besprochen. Das Blutgericht wird im großen Rathaussaal gehalten. Im feierlichen Zug gehen die Schöffen von der Ratsstube herüber. Ein Gitter trennt den Zuschauer- vom Gerichtsraum. Der Bannrichter sitzt etwas höher, flankiert vom Reichsadler und den Insignien seines Amtes, einem Schwert und einem Haselnußstab. Sobald die Schöffen die Plätze eingenommen haben, beginnt die Sitzung.

Der Stadt- oder Bannrichter gibt das Zeichen zum Aufläuten und ordnet an, den Beschuldigten aus dem Gefängnis herzuschaffen. Er wird an den Armen gebunden und man wirft ihm einen Armesündermantel über. So gelangt er in den Gerichtssaal.

Wird er zum Tode verurteilt, erfolgt die Übergabe an den Nachrichter. Zeitgleich zerbricht der Bannrichter symbolisch den Stab, woraus sich die Redewendung ergibt »den Stab über einem brechen.« Ab dem Moment steht er außerhalb des geltenden Rechts und der bürgerlichen Gesellschaft. Es bedeutet das Ende des Halsgerichtes. Das Urteil gegen die zum Tod Verurteilte Margareta Mauterin setze ich als Beispiel unter die Erläuterungen[108].

An die Urteilsverkündung schließt sich die Exekution an. Die Verurteilten müssen zur Richtstätte außerhalb der Stadtmauern gehen, Kranke oder durch die Folter Geschwächte werden getragen. Ihr letzter Gang führt vom Rathaus über die Fleischbrücke zum Frauentor hinaus. Der Zug wird vom Löw, zwei Geistlichen und den Stadtknechten eskortiert. Das Opfer erhält ab und zu einen Schluck Wein. Geistliche nehmen ihm die Beichte ab und reichen ihm das Abendmahl.

An der Richtstätte erwartet ihn der Nachrichter. Der Bann- oder Stadtrichter wohnt der Exekution per Pferd bei. Währenddem läutet das Armesünderglöcklein.

Ertränkt wird in Nürnberg nur 1520 Els Gernoltin. Es scheint eine auf Frauen bestimmte Hinrichtunsgart zu sein. 1580 beantragt der Nachrichter Franz Schmied mit Geistlichen, dies nicht mehr anzuwenden. Vollzogen wird sie in der Pegnitz bei der Hallerweise. Zu dem Zweck errichtet man ein bühnenartiges Gerüst, von dem aus die Delinquenten ins Wasser geworfen werden, nachdem man sie in einen Sack gebunden hat. Der Löw drückt das Opfer unter Wasser, bis es regunglos bleibt.

Beim Verbrennen werden gewisse Rituale eingehalten. Es sei am Beispiel des Georg Carl Lamprecht verdeutlicht: »darauf hat ihn der Scharfrichter angenommen, niedergesetzt und an die eichen säulen ernstlich mit einem Strang, daran er ihn hat erwürgen sollen (aber es ist ihm mißlungen), darnach mit einer Ketten angebunden, deßgleichen auch eine Ketten um seinen Leib geschlagen, ein Säcklein Pulver an den Hals gehenket, zwischen beiden Armen und Beinen Pechkränze geleget, etliche Büschel Stroh um ihn gelehnet und Klammern eingeschlagen. Inzwischen hat der Löw den Strang mit einem Knebel sollen aufwinden und ihn strangulieren, welches ihme, wie gemeldet, mißlungen.« Die Asche der Gerichteten wird in alle Winde verstreut, da man selbst sie noch als (glaubens)gefährdet betrachtet.

Schwabach

1505 wütet im Fränkischen die Pest, was Dürer zu seiner Flucht nach Italien veranlaßt. Es entsteht eine Notlage und die Bürger suchen nach Schuldigen. Der Schwabacher Kaplan Johann Pürkel mischt sich unter die Besager. Er besorgt sich einen *Hexenhammer,* um eine solide Basis zu erlangen. Er hat die beiden ersten Teile durchgearbeitet, denn er streicht sich die für ihn wichtigen Stellen an, ordnet sie nach Ziffern und versieht sie mit Marginalien. Zudem kennt er den *Formicarius* des Dominikaners Nider.

Vermutlich verwendet er seinen *Hexenhammer* für die Ausgestaltung der Predigten. So merkt er eimmal an, daß eine Nürnberger Hospitalmagd der Teufel in der Gestalt eines schwarzen Hundes erschienen sei; er habe sie bei Tisch und an anderen Orten gesehen. Auf jeden Fall wirkt er auf die Öffentlichkeit und verlangt, daß die Obrigkeit am Rathaus einen Zettel anschlage, jede Beobachtung von Zauberei zur Anzeige zu bringen.

Danach kommt Barbara, Frau des Tagelöhners Hans Schwab ins Geschrei. Sie wird im September in das Gefängnis auf dem hohen Schwibbogen gebracht und der Obhut des Amtsknechtes überlassen. Dann treffen sich in der Verhörstube Martin Utzlein als Richter, der Stadtschreiber Konrad Frauentraut und die beiden Herren des jüngeren Rats, Thomas Reck und Hans Helbling als Frag(e)herren. Hans Rosenzweig (aus Nürnberg) fungiert als Henkersknecht. Sie gesteht (?) unter den Qualen der Daumen- und Beinschrauben:

- Ihre Mutter habe gesagt, ich will dir einen Buhlen schicken. Also sei ein Teufel mit dem Namen Contz genßlein am Donnerstag vor zwei Jahren zu ir in iren dennen komen, wolgeputzt, umb sie gepult. Er habe ihr verheißen, ihr lebenslang genug zu geben.
- Sie wäre ihm zu Willen gewesen und habe bis Mitternacht bei ihm gelegen, hab im vor (vorher) in hindern plasen müssen und zweimal habe er mit ihr zu schaffen gehabt. (Er) sei lind am leyb und kalt gewest.

Die vier Hexen. Vermutlich eine Bewegungsstudie. Kupferstich von Albrecht Dürer aus dem Jahr 1497. Die realistische Betrachtung wird vor allem aus einem Detail deutlich: aus der Türöffnung beobachtet ein listiger Teufel die Szenerie. Vermutlich hat Dürer seinen Zeitgenossen Hans Baldung Grien zu dessen Hexendarstellungen angeregt.

So etwa stellen sich die Künstler der dt. Renaissance dem Hexenflug im frühen 16. Jh. vor. Stich von A. Dürer.

- Danach habe er ihr zugemutet, Hochzeit mit ihr zu halten ... sie sei diese Nacht bei ihm auf dem Feld gelegen. Danach sei er wieder in ihr Haus gekommen. Hab die halbe Nacht mit ihm zu schaffen gehabt, und hab offt umb sie gepult, ee sie in gewert (abgewehrt) hab. Sonst habe er noch sechsmal mit ihr zu schaffen gehabt.
- Danach habe er ihr zugesetzt, er wolle ihrer Tochter einen schönen Jüngling geben. Also ging er zum Dochterlein in die stuben und lig die nacht bey ir.
- Später fuhren sie beide über die Mauer auf einem schwarzen Pferd und die Hochzeit. Und da wären gewesen: Els Schertzerin, Barbara ir Tochter, des pauern Swiger, die alt pudnerin, barbara im Sichkobel, und die Kreuselmenin zu Puchenbach.
- Ihre Mutter habe sie gelehrt, sie soll das plut- und geschoßkraut in aller Teufels Namen wider syns (Widersinns) graben und also für werth. (Das Blutkraut verursacht nach dem Volksglauben blutige Milch bei den Kühen und das Geschoßkraut Hexenschuß).
- Damit habe sie Oswald Schechsen, dem Amtsmann, Magd geschoß thon wollen; dergleichen Mathes Peckn und Peter Widmanns vich auch.
- Zudem habe sie ertrich (Erdreich) under des bristers fusdritt, als er auf die tauff geweicht hat, in aller Teufels Namen aufgehoben.
- Sei der jung weiß fur ihre tür gekommen, sie gehandelt, hab sie ihm des Erdreichs in aller Teufels Namen nachgeworfen und des Nachts damit gedruckt. Sie habe auch der alten Weyssin ihre Kuh und sie damit gedruckt.
- Sie habe ihrer Dochter ein plettlein (Blättlein?) gegeben, in das frawenzimmer (Frauenhaus auf der Boxlobe) zu werfen unter die Stiegen. Da sei die Göltz selig (?) krank geworden.
- Zudem sie habe ihre Tochter Hansen Linckin das Kraut in aller Teufels Namen werfen lassen, darüber sind die Ochsen krank geworden.
- Sie habe dem Koch die Geschoß gethan (und auch des Segers frawen).
- Item sie hab der Widmennin das Kraut werfen lassen, sei der Knecht mit seinem Pferd darüber geritten, das sey kranck (ge)worden. Dann räumt die Tochter ein:
- Dernach, an ein montag, sey er (Bischlein ?) zu ihr in die Stube gekommen und sie gefragt, ob sie sein Buhle sein wolle. Sie habe Ja gesagt. Also sei er die nacht bey ihr auf der pruck (Ofenbank) gelegen, einmal mit ihm zu schaffen gehabt. Zum andern an einer mittwochen Nacht aber einmal.
- Er habe sie einmal Donnerstags nachts auf einem schwarzen Pferd über die Mauer geführt, hab ihre Mutter Puhlschaft die Mutter auch mitgeführt. Diese Nacht habe sie dreimal mit ihm zu schaffen gehabt ... hab ihm aber des öfteren in den ars plasen müssen.
- Item ir pulschaft hab sie angemutet, sie müsse Zauberey lernen; das sei (aber) noch nicht geschehen.

Dann besagt sie weitere, darunter Anna Beyer von Kammerstein und Anna Wagner, die Schwiegermutter des Hans Bauer.

Nun muß der Rat die Urgicht und das Urteil nach Ansbach melden. Man scheint sich über das Todesurteil der Mutter einig gewesen zu sien, nicht aber über das ihrer Tochter. Jedenfalls hat man sie freigelassen. In der Zwischenzeit hat die durch Folter und Erschwernisse angeschlagene Barbara »in Güte« bekannt und dann wird auf den September der Peinliche Rechtstag angesetzt.

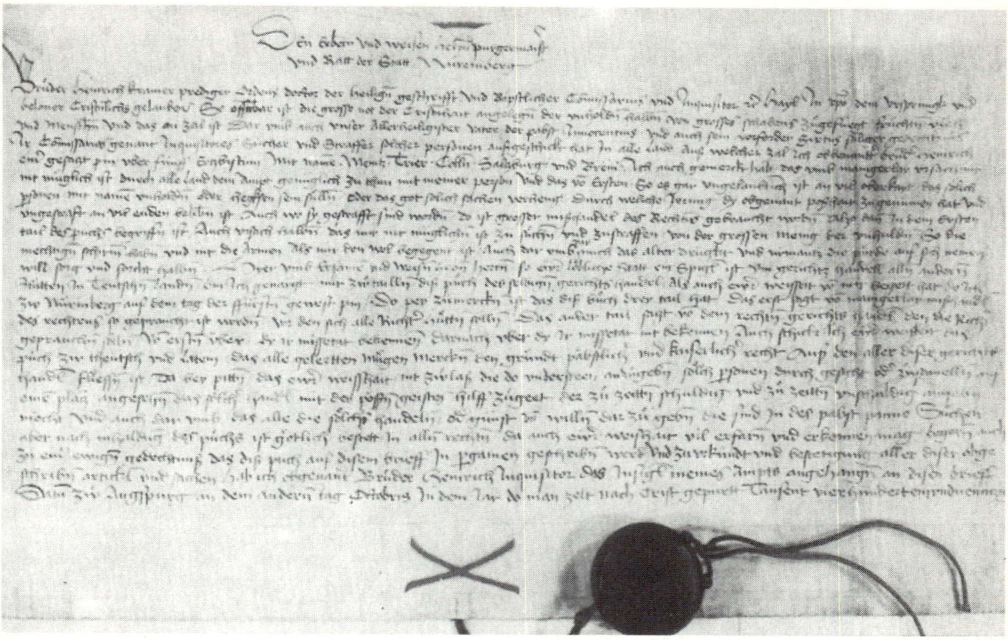

Pergamenturkunde des Heinrich Kramer (Institoris) O. P. für Bürgermeister und Rat der Reichsstadt Nürnberg von 1491. Oktober 2, ausgestellt in Augsburg.

Im Zent »unterm Himmel« werden die Gerichtsschranken aufgerichtet, hinter denen die zwölf Mitglieder des ältesten Rates sitzen. Dabei ist der Stadtschreiber Konrad Frauentraut. Als Stadtrichter fungiert Heinz Knauer von Roth, als öffentlicher Ankläger (und vermutlich als Henker) Hans Rosenzweig (?). Im Volk halten sechs Stadtknechte Ordnung und sie halten den Gerichtsplatz frei. Nachdem sich die Gerichtsherren gesetzt haben, läßt der Richter zur Ruhe mahnen und sagt: »Ist jemand hier, der Rechtes nothdürftig ist? Dem will ich helfen, soviel er Recht hat.« Darauf tritt der Ankläger vor und fordert einen Fürsprecher um Gottes und des Jüngsten Gerichtes willen. Nun fragt der Richter die Schöffen, indem sie sie bei den Taufnamen anredet, ihren Eid abnimmt und fragt, ob er dem Ankläger einen Fürsprecher erlauben und diesem das Wort erteilen solle. Die Schöffen urteilen: »der Ankläger habe den Fürsprecher rechtlich erfordert, deshalb werde er ihm zugestanden und erlaubt, daß er für den Ankläger das Wort billig rede und ihm helfe, soviel er Recht habe.« Darauf wählt Rosenzweig aus der Reihe der Ratsherren Hans von der Mühle. Er legt seine Klage dar: »Ihr habt eine schädliche Frau in meines gnädigen Herrn und Euren Banden. Ich begehre und bittte mit Recht, sie ist mein ... sie wäre billig vor das Gericht zu bringen.« Die Schöffen urteilen: »Der Richter mit seiner Gewalt soll sie vor Gericht bringen, drei Schritte hinter dem Ring, und soll ihre Antwort zu der Klage hören.« Daraufhin bringen Stadrknechte und der Henker die angebliche Hexe auf einem Karren, an den sie an den Füßen, um die Hüften und um den Hals mit Stricken gebunden ist. Sie muß sich die Wiederholung der Anklage anhören. Ihr Fürsprecher trägt vor: »Ja, es ist ein schwerer Spruch, der trifft sie an Leib und Leben. Ihre Antwort werde billig gehört.«

Hans Hofmann tritt aus dem Ratsplatz zu der Hexe, die ihn anfleht: »Lieber Herr, ich bitte Euch, fristet mir mein Leben um Gottes willen.« Der Ankläger läßt sich nicht erweichen: »Ich getrau, Ihr Leugnen und Verneinen hat nicht stat (Stetigkeit), denn sie ist ihrer Missetat bekenntlich gewesen vor dem Richter und zweien des Rats, nach Herkommen und Freiheit diesen Gerichts, und durch einen geschworenen Stadtschreiber angeschrieben. Ich bitte, die Zeugen zu verhören. Dann muß ihr Leib und Leben gerichtet werden wie Recht ist.« Die Schöffen urteilen »Ihre Urgicht ist zu verlesen und was sie dazu zu reden hat, werde gehört.« Der Nürnberger

Deichsler hat die Urgicht in seiner Chronik der Nachwelt erhalten. »Sie hätte bekennt, sie hätte entlehnt von einer, genant ... 15 & von einer 8 &. Wenn man es fordere, so hätte sie in das Geschoß getan. Desgleichen auch um anderer Feindschaft, das sie wohl 15 Menschen das Geschoß getan hätte. Item sie hat auch bekennt, daß sie ihr Puhlschaft, der Teufel, der was genannt der Bischer (?) an der nächsten Pfitztagnacht (Donnerstag) draußen im Veld genannt ... zweimal hergenommen hätte. Item, das was danach aber an der dritten da zu dritten mal. Da kommt er aber mit zwei schwarzen Pferden und führt sie und ihre Tochter über die Mauer aus an die vorige Statt und macht aber zwei Zehent herab und wöllt darvon sein. Da sprach sie zu ihm: »Wo wollt ihr jemand jetzund alsbald hin?« Er sprach: »Ich muß bald hin, ich hab noch viel zu schicken« Und fuhr hin. Und sunst viele Worte sind im Brief gestanden.« Nach dem Verlesen spricht die Beklagte: »Nein, der gesteh ich. Ich hab vor großer bitter Marter wegen alles bekennt, ich habe ihr keines getan.« Dann versucht der Ankläger mit zwei Fragherren die Urgicht zu beweisen und die Schöffen urteilen: »der Kläger hat sich eines Zeugnisses gerühmt, das muß auch billig gehört werden.« Die zwei Fragherren werden vom Richter auf ihren Eid ermahnt zu sagen, was sie gesehen und gehört haben. Sie bestätigen, daß die Hexe das ja alles ohne Folter bekannt habe. Darauf der Kläger: »ich habe wohl bewiesen, wie dieses Gericht Ordnung und Freiheit ist, darum muß mir auch billig zu der schädlichen Frau verholfen werden, zu ihrem Leib und Leben, wie recht ist.« Danach sprechen die Schöffen. Allein daraus ist zu erkennen, daß man sehr wohl um einen geordneten Rechtsgang bemüht ist. Alles konzentriert sich auf die richterliche Kompetenz. Der Ankläger muckt nochmal auf: »Wenn jemand der Hexe ahnden, effern oder rächen wollte, welches Recht habe ich zu dem? Das Urteil lautet. »Ihr habt alle die Rechte zu dem oder den, die diesen Tod ahnden ... wie zu dieser Armen.« Jetzt bricht der Richter den Stab und übergibt die Beklagte dem Henker.

Er hat das Holz aufgeschichtet ... dann hub er die Frau auf den Karren an und beiß das Maul ein und lacht doch, daß sie schüttelt, und sah auf gen Himmel mit andächtiger Gebärd, als ob sie begehrt, das Feuer sollte vom Himmel kommen und ihr zuvor verbrennen. Danach band er die Frauen auf und setzte sie an die Feuerstatt und tat ihr den Stauchen ab (weiter, herabhängender Ärmel ihres Hexen-Hemdes) und macht einen Ring daraus und setzt ihn ihr auf den Kopf. Und nahm viel Pulver und schüttet es ihr über das Haupt und auch ein gut Teil in ihren Busen. Es war ein schönes Fräulein, hatte einen sehr schönen Leib und weiße Brüste. Ehe man sie in das Feuer setzte, sprach der Pfaff, der waren drei dabei: »Ihr liebe Frau, seid stettig im christlichen Glauben, und sterbt als ein Christenmensch. Sie sprach: »Ich will sterben als ein Christenmensch. Sie sprachen: »wenn man das Feuer anzündet, so schreit mit Andacht und mit lauter Stimme mit uns: Jesus Nazarenus Rex Judacorum! Herr erbarme dich über mich.« Sie tat also lange sie möchte und nimmer vor Rauch und Hitze schreien mochte. Und sie gab große Anzeigung, daß sie eine gute Christin und christliche Andacht gehabt hette.« Als von ihr nur noch die Asche übrig geblieben ist, verläuft sich die Menge, wogegen sich die Schergen, der Richter und der Henker »bei einem ziemlichen Mahl« stärkten: immerhin sind sie schuld am Tod einer Unschuldigen!

Rothenburg o. d. T.

sind in einem Zeitraum von etwa einem Jahrhundert nur zwei Personen wegen Hexerei hingerichtet worden[109]. 1649 ist der Wagner Wirth aus der Galgengasse heimlich aus der Stadt geflüchtet, da er befüchtet, wegen Hexerei bestraft zu werden[110]. Neun Jahre

Im frühen 16. Jahrhundert erfolgt zunehmend die Bildung von Teritorialstaaten. Begeleitet ist diese Entwicklung durch Veränderungen innerhalb der Rechtsprechung. Der katholisch gesinnte Kaiser Karl V. verabschiedet im Jahre 1532 die nach ihm benannte C. C. C. Sie wird zur Rechtsgrundlage im deutschsprachigen Raum.
Der Einsatz der Folter wird dezidiert vorgeschrieben. Sie ist keine Strafe an sich, sondern dient der Erlangung (Erzwingung ?) eines Geständnisses als Vorraussetzung zum Urteil.
Unter anderem hat sich auf der heute pfälzischen Burg Berwartstein eine Folterkammer erhalten. Im Vordergrund die Streckbank mit Utensilien. Im Hintergrund eine sog. Halsgeige. Der Gebrauch der Folter im allgeinen überbewertet. Üblich ist die Verbalterrition (Drohung) sowie der erste und ggf. zweite Grad. →

Aus Schwabacher Hexenakten bekannte Namen

Hans Bauer: Seine Schwiegermutter Anna Wagnerin wird verhaftet, aber auf Urfehde hin wieder freigelassen. Seine Frau heißt Barbara. Möglich ist, daß Hans Bauer ein Schneider war.
Mathes Beck: wirkt als Fleischprüfer und wohnt in der Aich. Im Mai 1585 heiratet seine Tochter Anna (Traubuch).
Jorg Färber: Die Tochter der Hexe bat ihr, die Hexe der Frau des Jorg von Pappenheim geschadet. Beide sind wohl identisch. Im Oktober 1507 leistet J. v.Pappenheim Bürgschaft für einen entlassenen Gefangenen.
Fritz Flock: ist ein Färber. Er wirkt eine Zeitlang als Bürgermeister. 1515 ist er Vorsitzender der Lienhardspfründe.
Konrad Frauentraut: Nach dem Tode Berthold Nördlingers wird er Stadtschreiber. Er wohnt mit seiner Frau Katharina auf der Wehrwiese, wo er sich ein Haus gekauft hatte. Sein Sohn Hans folgt ihm im Amt. Wahrscheinlich vertritt der Sohn den alten Vater, als er im Dezember 1553 im Alter von 84 Jahren stirbt.
Jorg Hager: ist von 1490 bis zu seinem Tode am 18. Juni 1524 im Rat. Er reitet mit dem Bürgermesiter Link nach Nürnberg, um die Plünderung Hembachs zu entschuldigen. 1515/16 wirkt er als Bürgermeister.
Hans Helbling: wirkt von 1505 bis zu seinem Tode im Juni 1518 im Rat und 1508/09 als Bürgermeister.
Hans Heller: war Klingenschmied und von 1501-08 im Rat. Dann wird er Bürgermeister. 1528 bitten er und sein Sohn, Dr. Sebastian Heller, der spätere markgräfliche Kanzler, ihm als alten Mann und ältesten des Rats den Ratssitz zu erlassen. Seine Frau Kunigunde ist bereits 1520 gestorben. Er wohnt im Nürnberger Viertel.
Hans Hofmann: war von 1487 bis zu seinem Tode im Mai 1520 im Rat. Er wohnt im Hodlerviertel und besitzt den Hammer und die Schleifmühle, die er seinem Schwiegersohn vermacht.
Heinrich Knauer von Roth: Sein Vorgänger Utzlein ist möglicherweise zuvor an der Pest gestorben. Knauer ist im März 1507 als Richter in Schwabach nachweisbr. Vermutlich folgt ihm Hans Herbst.
Lezelterin: Wahrscheinlich die Frau oder Mutter des Wolf Lezelter, der 1530 (90?) in Schwabach wohnt. Sein Name deutet auf den Beruf eines Lebkuchenbäckers. Fritz Link: wirkt eine Zeitlang als erster Bürgermeister.
Hans Link: Er ist als Kastner frühestens ab Nov. 1498 nachweisbar. Sein Sohn wirkt als Pfarrherr in der Reformationszeit. Er bleibt seinem alten Glauben treu und stirbt 1548.
Hans Meyer: ist Büttner und von 1497 bis zu seinem Tode (im Sept. 1519) im Rat anstelle des verstorbenen Hans Daum zweiter Bürgermeister.
Stefan Meckenloher: wirkt eine Zeitlang als erster Bürgermeister.
Münzmeister: das war damals Hans Rosenberger. Er stirbt im März 1510. Seit 1491 wohnt er im späteren Amtshaus. Sein Name lebt in Schwabach als Wohltäter für die Kirche und für die Armen fort. Er vermacht erhebliche Stiftungen.
Thomas Reck: stammt vermutlich aus Nürnberg, denn Deichsel berichtet:» die Hexe, hätte auch um Recken von Nürnberg, Weinkieser, um Erbarmen gefleht.« Das wird wohl der Fragherr gewesen sein.
Hans Rosenzweig: war der Sohn eines Nürnberger Bäckers und übt in Nürnberg das Amt des öffentlichen Anklägers aus.
Oswald Schechs von Pleinsfeld: Wahrscheinlich Nachfolger des Schwabacher Amtmannes Marx v. Wollmershausen, der 1501 im Vertrag der Klingenschmiede erwähnt wird.
Konrad Schübel: wirkt als Zimmermann und ist eine Zeitlang Bürgermeister. Er stiftet mit seiner Frau Margarete einen Jahrestag für sich und ihre Eltern. Hans Schwab: Der Mann der Hexe war ein Taglöhner.
Thomas Sieber: Von 1484/1510 im Rat, dann erster Bürgermeister. sein Sohn Konrad folgt ihm als Ratsherr und besitzt das Brauhaus neben dem Meßner.

voller verdächtiger Anzeigen vergehen, ehe der Hexenprozeß 1673 gegen die Magd des Feldmessers Maß, Anna Margaretha Rohdin (Rohnin) eröffnet wird. Im Laufe des Verfahrens ist ein Gutachten der Altdorfer Juristenfakultät vom 28. Juli 1673 eingeholt worden. Namentlich des *concubitus cum daemone,* des satanischen Beischlafs, bezichtigt sich die Angeklagte. Ihre Untersuchung ergibt, daß sie noch eine illibara virgo (eine unberührte Jungfrau) sei. Die Fakultät empfiehlt der gegen sie die simplex relagatio zu verhängen. Man hat sie gefoltert, zweimal werden ihr die Daumenstöcke angelegt, und einmal hat man sie ohne Gewicht aufgezogen. In der Reichststadt

Schweinfurt

setzen die Hexenprozesse 1616 ein[111]. Damals ist der stadtverwiesene Nadler (Nagelschmied) Lorenz Knies in Hammelburg verhaftet und mit Genehmigung des Würzburger Füstbischofs Julius Echter von Mespelbrunn auf einen Karren geschmiedet von einem Zentknecht nach Schweinfurt gebracht worden. Er wird mit der Strohschneiderin, auf der Haardt, einer bewaldeten Höhe im Norden der Stadt bei Dittelbrunn, am 22. November verbrannt. Eine dritte Angeschuldigte namens Heimbach, Frau des Bäckers, entgeht der Verbrennung; sie stirbt im Gefängnis. Man dichtet ihr nach, daß sie der böse Geist im Verlies umgebracht hat.

In Schweinfurt dient das Stadtknechtshaus als Hexengefängnis. Hier wird einmal im Zusammenhang mit der Folter gesagt: der Bezichtigte »sey in der marter oder tortur also zugerichtet worden, daß er selbst hat nicht aufstehen können, sonder nur durch den Gemachtstuhl (Bettstuhl) rutschen müssen, und ehe er sich versehen, mit dem Kopf und rücken gar urplötzlich hineingefallen.«

Mitte Oktober (Dezember) 1628 kommt es zu einer Verbrennung auf der Haardt. Es geht um den alten

Stephan Sauerbrey

Er hat zweimal Feuer in das Pulvermagazin des Zeughauses geworfen. Er wird bezichtigt, Gott abgesagt und sich dem Teufel verschrieben zu haben. Zudem soll er das Abendmahl aus dem Mund genommen und dem Satan gegen einen Bauerngroschen verkauft haben. Er wird stranguliert und eingeäschert.

1656 liegt die Frau des Archidiakons und Gymnasialprofessors Brückner angekettet im Stadthaus. Sie war angeklagt, mit zwei verheirateten Männern und einem Gymnasiasten die Ehe gebrochen zu haben. Das gleiche Vergehen soll sie mit einem zaubereiverdächtigen Maurergesellen, Erhard Schiedloch, begangen haben. Sie wird zur Schwertstrafe verurteilt, der in Zauberkünsten erfahrene Junge mit Ausstäupung und Stadtverweis belegt.

Im gleichen Jahr sind dem Kirchtürmer Hannes Bätz die Daumenstöcke wegen Ehebruchs und Hexerei angelegt worden. Er kann vor seiner Verurteilung fliehen. Am 11. Februar 1671 ist auf der Hardt die Leiche einer Zauberin, die ihre verübten Verbrechen gestanden hat und im Gefängnis gestorben war, verbrannt worden. 1723 kommt es zu einem spektakulären Zwischenfall, indem gegen die 21jährige

Susanne L(ampin)

prozessiert wird. Die Jungfer hatte wohl eine Zeitlang ein Verhältnis mit dem Gold- und Silberarbeiter Johann Georg Schr., der sie nicht heiraten wollte. Sie verklagt ihn beim Rat wegen Bruch des Eheversprechens. Diese Eskapade geht dem Hexenprozeß voraus.

Man hat sie beschuldigt, sie habe sich mit dem Teufel eingelassen und eine andere Weibsperson (die Fleischerin) verführen wollen »sie sollte 14 Tage des Teufels sein« und dafür solle sie einen Rock bekommen.

• Auch habe man öfters einen Drachen durch den Schornstein des Lampischen Hauses ein- und ausfahren sehen und es sei bekannt, daß der Satan sich in eine Schlange oder einen Drachen verstelle, wenn er bei seinen Zauberen Einkehr halte. Dann kommt es zur Gegenüberstellung. Die Lampin sagt: »mit gutem Gewissen könne sie wohl sagen, keine Zaubereien gebraucht zu haben, allein einen Eid wolle sie darum nicht schwören.« Der Rat unter der Verantwortung des Bürgermeisters Dr. Johann Kaspar Fehr ist unschlüssig, denn der Zenit der Hexenverfolgungen ist überschritten.

Man wendet sich an eine Universität, um Rat einzuholen. Hier wird vorgeschlagen: »Die Lampin wäre von der Inquisition zu entbinden, sofern sie auf vorhergehende ernste Verwarnung vor einem Meineid, wozu ein Geistlicher heranzuziehen sei, sich mittels eines Eides reinige.«

Da sie sich dem nicht stellt, wird das Verfahren weiter betrieben und der Konsulent Dr. T. beantragt ihre Verurteilung zum Feuertod. Nun stellt ein Verteidiger den Antrag, eine neue Entscheidung bei der juristischen

Fakultät in Halle einzuholen; hinter ihr verbirgt sich der damals 68jährige **Christian Thomasius.**

Er stellt ein vernichtendes Gutachten aus: »es gebe keine Hexen und keine Hexerei, das sei ein Wahn ... die geschädigte Familie möge den kaiserlichen Reichs-Hof-Rat in Wien angehen und eine Satisfaktion (Entschädigung) wegen der zugefügten Blamage fordern.« Dies schlägt wie eine Bombe beim Schweinfurter Stadtrat ein.

Thomasius geht einen Schritt weiter. Er gibt 1723–24 seine *Ernsthaften, aber doch munteren und vernünftigen Gedanken und Erinnerungen über allerhand juristische Händel* heraus und behandelt darin mit einer geringen Verschlüsselung den Schweinfurter Eklat.

Der Stadtrat, der dieses Werk in seiner Bibliothek hat, fühlt sich brüskiert und reagiert mit einer 45seitigen Gegenschrift: *Unvernunft der Thomaischen Gedanken und Erinnerungen über allerhand gemischte juristische Händel auf Veranlassung der und selbigen in Sonderheit wider den Herrn Consulenten und ganzen wohllöblichen Rath einer Oberländischen Reichsstadt vorkommenden groben unverschämten und injuriösen Expressionen. In einem Gespräch gezeigt von Joh. Niclas Saltzmann aus Franken.* Anno 1724.

Es ist der Aufschrei eines geistig rückständigen Konsulenten gegen die Vernunft der neuen Zeit. Er bezeichnet den Rechtsgelehrten als »Dummasius und politischen Maulaffen zu Halle.«

Die besagte Familie wendet sich an den Rat wegen mutwilliger übler Nachrede, worüber sich ein Ratsprotokoll vom 31. Januar 1726 erhalten hat. Der Prozeß wird niedergeschlagen und sie geht straffrei aus. Jahrzehnte später, nach dem Kirchenbuch im Oktober 1782, stirbt sie als Witwe des Konditors und Spezereiwarenhändlers Johann Kaspar Fischer im gesegneten Alter von 81 Jahren. Der letzte Fall eines Hexenbrandes aus Schweinfurt stammt aus dem Jahre 1728. Der Prozeß gegen Margaretha Was, einer Witwe aus

Gschwenda

beginnt im Mai 1667. Die Folter bricht ihren Willen und sie gesteht im August:

- Sie habe sich dem bösen Geist ergeben und dies wäre so zugegangen; vor vier Jahren, als sie sehr betrübt, in dem sie keinen Bissen Brot gehabt, wäre sie in des Junkers Holz gegangen. Hette plötzlich ein Mann im grauen Kleide dagestanden und sie gefragt, was sie mache. Worauf er sie weiter angeredet. Wenn sie die seine sei, sich ihme ergebe und ihm gehorchen wolle, so solle sie führohin genug von ihm haben, worauf sie ja gesagt.
- Die andere Puncta hat sie bestendig verneint. Hernachmals hat sie ungefragt dieses ander gesagt.
- Vor zwei Jahren were der Geist zu ihr gekommen, der dann in der Nacht an drei verschiedenen Orten im Dorf die Ställe aufgemacht, ihr eine grüne Salbe gegeben, und hetten sie beide in einem Stall ein Pferd, im andern einen Ochsen und in einem dritten einer Kuh solch Salbe reingeben und (sie wären) damit gestorben. Sonst hette sie niemanden nichts gethan.

Sie wird am 11. August 1667 von Rechtswegen verbrannt. In der Deutschordenskommende

Mergentheim

kommen nach der unter Himmler angelegten Karthothek zwischen 1450 und 1665 584 Verhaftungen wegen Hexereiverdacht vor. 387 werden hingerichtet. Es kommt zu Verfolgungswellen, die sich mit denen anderer Regionen decken. Karin Wohlschlegel hat darüber eine interessante Analyse verfaßt. Ich verweise auf ihre Arbeit und stehe auf ihren Schultern.

Für Mergentheim ist der erste Hexenprozeß für das Jahr 1540 dokumentiert. Zu Massenverfolgungen kommt es in den Jahren 1590 bis 1631. Der Zenit wird 1628–31 erreicht. Jetzt werden 136 Personen beschuldigt, auf der Burg Neuhaus inhaftiert und gefoltert. Es sind auffallend wenig Witwen und unter ihnen ist nur eine Hebamme, das Ammenfräulein Barbara Geuberin aus Apfelbach, die 240 Kinder aufgezogen hat.

Der Anteil der besagten Männer liegt über der anderer Regionen. Kleriker und Adelige – wie im Nachbarterritorium Würzburg – lassen sich unter den Opfern nicht finden; eine besondere Zielgruppe scheinen Wirtinnen und Handwerkerfamilien gewesen zu sein. Herausragend ist der Prozeß gegen den Hirschenwirt Thomas Schreiber. Ein Spezifikum der hier geführten Hexenprozesse ist, daß summarische Verfahren geführt werden.

Die auslösenden Momente können in Mißernten, Teurungen, politischen, sozialen und religiösen Spannungen gesucht werden. Die Regierung obliegt in der Phase des Hexenwahns Hoch- und Deutschmeistern, wobei unser Interesse bei

Johann Caspar von Stadion

(1625–27) liegt, der dem Hause Habsburg verbunden ist. Die Rolle der Geistlichen läßt sich schwer beurteilen. 1628 treten Kapuziner in Erscheinung und kurz davor Jesuiten, die Einfluß auf die Entwicklung der Gegenreformation nehmen. Der katholische Johann Caspar von Stadion ist durch religiöse Auseinandersetzungen geprägt und führt Balleivistationen durch.

Unterstützt wird die Regierung durch die benachbarten Hochstifte Würzburg und Bamberg. Denkbar ist, daß ein Sog von den Verfolgungszentren herüberstrahlt. So wird 1627 die aus Bamberg stammende Katharina Haan dort als Hexe verbrannt, weil man deren Mutter in Mergentheim der Hexerei überführt hat. 1628 wird in Würzburg ein Untertan der Deutschordensregierung als Hexe verurteilt.

Es gibt eine Parallele in der Konfiskation, wie sie für Würzburg und Bamberg typisch ist. Für 1593 ist der Ausbau des Mergentheimer Kirchturms mit Hexengeldern dokumentiert. Auf dem Höhepunkt der Verfolgung werden Baumaßnahmen in Angriff genommen. Zudem ist der Ausbau des Spitals durch Hexengelder nachweisbar. 1601 erhält es das Vermögen der als Hexe verbrannten Witwe Grosmann im Wert von 1200 Gulden, und 1617 weitere 100 Gulden Strafgelder. In einem Dekret vom Januar 1629 sagt Stadion über die Konfiskation:

»er habe nach der kaiserlichen Gesetzgebung und der CCC. sowie den gerichtlich ausgesprochenen und veröffentlichten Urteilen das Recht zu konfiszieren. Es stehe ihm zu, das Vermögen einziehen zu lassen.«

Hier kann der Justiz mit dem dahinterstehenden Verwaltungsapparat eine gewisse Habgier kaum abgesprochen werden. In der Region tragen sich die Hexenprozesse von selbst. Der Malefizschreiber Buchner wird vom Hexengeld bezahlt, der Amtmann von Neuhaus bittet, für jede Hexenperson, die ihre delicta bekenne, pro Tag 18 oder 16 Kreuzer verrechnen zu dürfen. Der Hauskomptur bezahlt aus den Vermögen den Scharfrichter und stellt die Überschüsse gegen Quittung dem fürstlichen Rentmeister zur Verfügung.

Wohlschlegel weist für das Untersuchungsbegebiet Hexenfamilien nach (Kolbenschlag, Reichardt und Matzet); aus der Familie Weit aus Markelsheim sind acht Opfer zu beklagen.

1609 wird die Witwe des 1609 verstorbenen Deutschordenskanzlers Leonhard Kirchheimer besagt. Daraus spaltet sich im Jahre 1626 ein Hexenprozeß ab. Die Witwe wird geköpft und verbrannt. In dem Jahr wird Mergentheim von der Pest und schweren Unwettern heimgesucht. Erschwert wird die Situation durch Truppendurchmärsche.

Johann Caspar von Stadion, Hochmeister des Deutschen Ordens (1627–1641).

Im Verlauf der letzten Verfolgungswelle kommt die Familie Reichardt in den Sog des Hexenwahns. Bernhardt Reichart ist Bürgermeister in Markelsheim und läßt seinen Sohn in der Schule am Neuen Münster in Würzburg erziehen. Ende 1627 wird ihm zugetragen, daß man ihn der Hexerei verdächtige. Er sucht einzugreifen und ihn abzuziehen. Nach Absprache mit von Stadion wird der Junge nach Würzburg ausgeliefert, verurteilt und am 8. Mai 1628 mit der Begründung hingerichtet: »ermelter Juhng Uf dieser Weldt bei lengerem leben mehr schedlich als nützlich sein könne.«

Er hat vor seinem Tod Hexenzusammenkünfte in Markelsheim beschrieben und durch weitere Gerüchte bestärkt, sieht man sich veranlaßt, genauer hinzusehen.

Johann Caspar von Stadion läßt im Sommer 1628 in Würzburg beim Fürstbischof Philipp Adolf von Ehrenberg anfragen, wie das »hoch schedliche und abscheuliche Laster der Hexerey auß Unsererm gebieth« zu vertreiben sei und ob von Würzburger Prozessen Besagungen für das Deutschordensgebiet vorliegen.

Der Bamberger Bischof, Johann Georg II. Fuchs zu Dornheim, berichtet in einem Schreiben vom 11. Juli 1628 von einem nürnbergischen Extrakt, in dem die Ausrottung von Hexen in Mergentheim gefordert wird. Dabei wird der Deutschordensregierung Hilfe angeboten, worauf Stadion am 23. Juli 1628 dem Bamberger Bischof mitteilen läßt: »daß Gottes Zorn über landt Und leut provociert Würdt« wenn nichts getan würde und Gott die Obrigkeit für die Ausrottung nicht belohnen würde. Er bittet um eine zeitlich befristete Unterstützung aus Bamberg. Daraufhin schickt man ihn den bambergisch-bischöflichen Rat, Doktor beider Rechte und Hexenjäger

Ernst Vasolt

und den Protokollisten Hans Buchner. Vasoldt hält sich von Anfang September bis zum 2. Dezember 1628 in Mergentheim auf. Nachteiliger wirkt sich der akribisch gesinnte Schreiber aus, wobei aber schon 1601 als auswärtiger Hexengelehrter Dr. Pappenberger in Mergentheim wütet: jetzt kann der letzte große Massenprozeß beginnen.

Vasoldt veranlaßt die Erstellung von Denunziationslisten, wobei er auf alte Angaben zurückgreift. Mitte September werden die ersten fünf Frauen aus den Nachbarorten Markelsheim, Neunkirchen und Apfelbach wegen Hexereiverdachts verhaftet. Unter ihnen befindet sich die Mutter des neunjährigen Johann Reichardt, Margaretha. Mit Hilfe der Folter entwickelt sich das Schneeballsystem, das zu einer zwei Jahre anhaltenden Verfolgungswelle führt.

Prozeßführung

Mit dem Weggang Vasolts übernimmt der Hauskomptur und Doktor beider Rechte, Stephan Baumann, die Prozeßführung bis 1631. Zudem wohnen der Bürgermeister und die Schöffen Johann Braun und Georg fast allen anhängigen Hexenprozessen bei. Die Verfahren werden summarisch geführt. Man hat gleichzeitig mehrere Personen verhaftet und gerichtet; es findet eine Parallele zu Hexenbränden in Würzburg. Es scheint hier so gewesen zu sein, daß man regional (dorfweise) vorgegangen ist.

Auffallend kurz sind die Verfahren; in der Regel um zwei Wochen. Das Einsetzen eines Advokaten ist in keinem der 136 Fälle bekannt, so daß von einer Justizwillkür gesprochen werden muß; Gutachten scheinen nicht eingeholt worden zu sein. Der Verhörsablauf ist stereotyp; viele Angeklagten erfahren den Haftgrund nicht. Fragen der Richter lassen auf die Kenntnis des *Hexenhammers* schließen. Zwischen den Aussagen erfolgen Folterungen, die bei weitem das von der CCC. vorgegebene Maß überschreiten; hier ist das Lebendverbrennen häufiger.

Nach 1629 geht die Verfolgungswelle zurück. Die Gründe dazu liegen nicht im Einmarsch der Schweden, da es zu keiner zeitlichen Überschneidung mit dem letzten hier geführten Hexenprozeß kommt. Denkbar ist, daß der Spruch des Reichskammergerichtes, der das Wüten gegen die angeblichen Hexen in Würzburg unterbindet, Auswirkungen zeigt. Von August bis Oktober 1630 unternimmt von Stadion eine Reise zum Kurfürstentag nach Regensburg, auf dem die Bamberger Hexenprozesse wegen ihrer Grausamheit zur Sprache kommen.

Anna Matzet

ist mit dem Krämer Peter Matzet (Welsche Peter) verheiratet; die Familie ist vermögend. Sie wird am 16. Juli 1629 verhaftet. Der Haftgrund ist nicht bekannt, aber ein Bruder und eine Schwester sollen als Hexen verurteilt worden sein. Sie wehrt sich gegen die Willkür und fragt: »ob man einen hole, wenn man Vermögen habe ... wenn sie eine Hexe wäre, müßte die ganze Welt brennen. Sie fragt, wer ihr Denunziationsprotokoll erdichtet hat und meint, es könne nur Gaukelwerk sein. Sie zweifelt an der Glaubwürdigkeit der Examinatoren und sagt, wenn diese in den Himmel kämen, kämen alle in diesen.«

Dann gibt sie als Komplizen angesehene Bürgerfrauen und die des Deutschordensmeisters als Hexe an. Dies löst möglicherweise eine Vertrauenskrise aus, die zur Einstellung weiterer Verfahren führt.

Dennoch wird sie gefoltert und verbrannt. Ihr jüngster Sohn Paul wird im Januar 1631 wegen Hexereiverdachts verhaftet, aber nach zwei Wochen ins Spital entlassen. Die letzte Hexenhinrichtung findet am 10. Februar 1631 statt.

Dinkelsbühl[1)]

Hier beginnt Mitte September 1655 ein Hexenprozeß, der im folgenden Frühjahr mit der Verurteilung und Hinrichtung von fünf Frauen endet. Der Goldschmied Hanns Peter Biedermann ist sechszehn Wochen mit Sybille verheiratet, da entdeckt er in seiner Schlafkammer ein Glas voll Gift (?) und schließt daraus, daß seine Frau ihn damit habe umbringen wollen. Sie beteuert ihre Unschuld und dreht den Spieß herum. Der Streit eskaliert und treibt sie aus dem Haus. Sie flieht zu ihrem Schwager, dem Senator Ströhlin. Parallel dazu läßt ihr Mann das Glas von dem Chirurg Abraham Eberspacher versiegeln, der zu der Auffassung kommt: »es befinde sich ein solcher trunk darinnen, damit man die halbe Stadt vergiften könne.«

Ströhlin geht zum Bürgermeister Mundach, um die Sache zu hinterbringen: »er halte den Biedermann für einen treulosen nichtswürdigen Ehrendieb und verlange seine Incarnation.« Seine Frau beteuert: »daß sie ganz und gar keine Wissenschaft von besagtem Glase hätte. Er seye ein böser Mann, lebe in Gemeinschaft mit dem Teufel, der ihn holen werde, ehe vier Wochen vergingen.«

Da Aussage gegen Aussage steht, wird die vom Biedermann präparierte Magd verhört und räumt ein: »sie habe gesehen, daß die Frau in einem Eimer Gift zerstoßen, über Feuer gesotten und das Glas damit angefüllt hätte. Einige Tropfen davon seien auf den Tisch gefallen und die Fliegen davon krepiert, was man noch zuhause sehen könne.« Der Bürgermeister läßt es prüfen und findet es bestätigt. (!)

Er trifft folgende Entscheidung: Biedermann müsse vier Wochen ins Gefängnis, damit man nach dieser Zeit sehen könne, ob ihn der Teufel geholt habe oder nicht. Seine Frau müsse eingesperrt werden, bis man die Wahrheit wegen dem Gift heraus habe.«

Dann wird eine Expertenkommission berufen. Mediziner untersuchen das Tränklein an zwei Hunden, einer Katze und Henne, die daran gestorben sind. Um Zweifel zu beseitigen, entscheidet man sich, die Biedermännin der Folter zu unterziehen und schließlich räumt sie die Giftbereitung ein:

- Sie habe das Tränklein zubereiten von ihrer Mutter erlernt. Sie habe ihren Mann töten wollen, weil sie erfahren habe, daß jetzt eine bessere Heirat Gelegenheit für sie vorhanden wäre ... sie wolle lieber den Tod als noch einmal so grausame Schmerzen unter der Folter ausstehen.
- Sie wäre eine Hexe und hätte dieses Handwerk in unmündigen Jahren von ihrer Mutter erlernt. Schließlich besagt sie andere der Mittäterschaft.

Dann zieht man ihre Mutter Margarete Linkin und die Frau des Tuchmachers Simon Buckels ein. Sie werden dem Scharfrichter übergeben und gefoltert, was zu neuen Besagungen führt. Ende März kommen Michael Mangolds, Tuchscherers Weib, die Totengräberin Eva Peterin, die Segriner Hirtin und eine Kindwärterin Anna Straußin in die Ketten. Kurz danach eine Schneeballenmacherin (Katharine Däublerin!). Bis auf das Kindermädchen werden sie gefoltert und sagen im wesentlichen aus:

- Daß Sybille Biedermännin am Ursula Tag, (21. Oktober), im Gefängnis einen Besuch bey ihr abgestattet haben sollenden Teufel neuerdings mit ihrem eigenen Blut sich verschrieben hätte.
- Daß Margareta Linkin, vulgo Metzgers Meyer den jungen Tobias Häfer, einem Studiosum ingleichen des Jacob Gerhäusers Weib mit Gift umgebracht.
- Daß die Harscherin des Hrn. Consulenten Paul Georgen Frau und deren fünfjähriges Töchterlein einen vergifteten Apfel beygebracht, worüber die Frau eine schwere Krankheit hätte ausstehen, das Töchterlein aber das Leben lassen müssen.
- Daß die Kellerin des Hrn. Sebastian Meyers Frau im Kindbett umgebracht.
- Daß die Totengräberin ihrem Gevattermann Scharfrichter vier Pferde zu Tode geritten und noch viele andere Mißhandlungen begangen.

Die Frau des Tuchscherers und die Segriner Hirten bleiben in der Folter standhaft. Im März werden die (Todes)urteile gesprochen:

»Weilen sie Gott sich die Übeltäterinnen Gott und der heiligen Dreyfaltigkeit abgesagt, hingegen dem Satan und seinem Anhang zu gehorchen gelobt, und sich mit ihm vielfältig vermischt und Unzucht getrieben, überdies auch Menschen und Vieh, Wind und Wasser vergift und umgebracht, anderer schröcklichen Untaten, so mehr ärgerlich und abscheilich als notwendig und nützlich zu wissen, zu geschehen. Als sollen nachfolgende fünf und zwar Sybilla Biedermännin mit dem Schwert gericht, ihr Körper aber unter das Hochgericht begraben, die übrigen vier aber, als Margarete Linkin, Eva Peterin, Anna Straußin und Catharina Däublerin die Köpfer gleichergestalt heruntergeschlagen, volgends mit Feuer zu Pulver und Asche verbrännt werden.«

Das alte Hainsertor (1424), auf dessen Nordseite sich die Richstätte der Reichsstadt Windsheim befand.

Man solle den fünf Hexen-Weibern den Rechtstag auf den kommenden After-Montag ankündigen und auf Wunsch Geistliche zulassen. Dann hat man den Ratseinungern, dem Stadt- und Ratsschreiber und den Stadtknechten mit weißen Stäben in den Händen ins Amtshaus geschickt und ihnen befohlen: »daß man jeder dieser Weibspersonen ihre Despositiones langsam ablesen und gütlich befragen wolle, ob sie alles beständig und darauf leben und sterben wollen, wie nun beschehen.«

Dem Scharfrichter ist angekündigt worden, daß er sich mit einem guten Schwert und Scheuterhaufen gefaßt halten soll. Dann meldet sich der Bauernvogt wegen der Reiterei, der Herr Stadtwachtmeister wegen der Stellung eines Musketiers zu dem Prozeß. Ingleichen der Pfarr-Mößner wegen Bestellung des Läuters und dann begehrt der Scharfrichter eine Wache: »damit sein Schindershauf nit gehindert werde.« Wird gefragt, wie viel Fuhren bestellt werden sollten? Antwort 3, nemlich 1 Heuwagen, worauf die drei gesetzt, dann wieder 2 Wagen, so auf dem einen Sybille und an den andern ihre Mutter gesetzt werden solle.«

Dann melden sich die Geistlichen und tragen vor: »welchermaßen die Mutter und Schwieger in dieser Hexerey unschuldig zu seyn beständig vorgebe und darauf bleybe. Es wäre zwar nit ohne, daß sie unterschiedliche Sachen bekannt, allein dies wäre aus Forcht, Not und Zwang, auf der besorgenden großen Marter geschehen ... sie wollen um Gotteswillen gebeten haben, E. F. Rath wolle sich nicht übereilen.«

Dann bitten die Verwandten aus christlichen Mitleiden nit allein für ihre Freunde, sondern für alle 5 armen Sünderinnen, E. F. Rath solle gleichwohl sie mit dem Schwerd hinrichten und ihre Körper begraben lassen und sie mit dem Feuer begnadigen.

Dann frägt der Scharfrichter nach, zuzulassen, daß der Kollege von Ansbach seine Gevatterin, die Totengräberin, enthaupten dürfe, was gestattet wird. So zieht sich die Schlinge der Obrigkeit zu. Die Beschuldigten werden vor das Rathaus zitiert, wo das Urteil »abgelesen« und der Stab über sie gebrochen wird.

Dann geht das Gerangel über die Bezahlung der Prozeßkosten an und man ist sich uneinig. Der Stadtknecht trägt vor: »daß die verhaftete Hirtin auf dem Turm erschröcklich schreie, ob die nicht unmaßgeblich an einen anderen Ort gethan werde möchte und man sagt: »Wenn sie sich des Schreyens enthalte, soll sie in ein ander Stüblein gelegt, wo nicht ins untere (Truden)gewölb gethan werden.«

Vor der Exekution stirbt Simon Buckels Frau im Gefängnis und wird am folgenden Tag unter dem Galgen vergraben. Die Obrigkeit meint: »Ihres unvermuteten Todes Ursach ist Gott am besten bekannt, weil sie der Kapuziner Pflegerin gewesen und Tags vorher von ihnen das Abendmahl empfangen.«

Am 14. März wird die Strafe vollstreckt und die Chronisten berichten, daß mehr als 1000 aus Ansbach, Nördlingen, Crailsheim, Ellwangen und Feuchtwangen zugesehen haben.

Biedermann scheint es nicht sonderlich belastet zu haben: »Den 22. may hat obgedachter sich wieder verheiratet und Hochzeit gehalten (sechs Wochen nach der Hinrichtung seiner Frau!). Die zweite Ehe hält vier Monate.

Die Hinrichtungs- und Folterszenen sind der Neubauer'schen Chronik entnommen, die ind den Jahren 1606 bis 1616 entstanden ist, und die im Nürnberger Stadtarchiv aufbewahrt wird.

Dennoch deckt sie die Schandtaten auf. »Demnach Hanns Peter Biedermann mit Melchior Sezers Tochters den 22. May Hochzeit gehalten, diese Zeit über ein leichtfertig und gottloses Leben geführet, um so viel desto mehr allerhand Widerwillen wie leicht zu erachten, zwischen diesen Eheleuten erwachsen, also sind sie zu Abhaltung dessen und Verhütung größeren Urteils den 2. Oktober von den sämtlich verordneten Herren Consistorialen ... von einander geschieden worden.«

Im Mai 1658 hat der Dinkelsbühler Bürger und Häfner, Sebastian Zierer, seinen Tochtermann und Maria Kernerin, seine Nachbarin, die ihn wegen Hexerei bezichtigten, beim Rat angeklagt. Er wird verhaftet, gefoltert und am 4. Juni enthauptet und verbrannt.

Damit enden die greifbaren Hexenverfolgungen. Mehrere Verfolgungswellen erlebt die Reichststadt

Windsheim

Am 19. Mai 1596 enthält ein Ratsverlaß folgenden Eintrag: »Die Kirchendiener (Geistlichen) haben die

Anna Leicht

Ehefrau des Zimmermanns Michael Leicht, besprochen und ziemlich viel aus ihr herausgebracht; sie sollens noch ein bis zweimal tun und versuchen, weiteres zu erlangen. Sie wird verhaftet und zunächst gütlichh befragt; weitere Verhöre erfolgen und dann wird gesagt: nachdem sie soviel bekannt hat, daß sie das Leben verwirkt hat, soll sie nochmals gütlich und peinlich befragt werden, ob etwas Sonderliches auf die übrigen Verhafteten möchte herausgebracht werden«. Am 12. Juli wird ihre letzte Aussage verlesen und dann beschlossen: »Vnangesehen das ihre bekandtnuß zweifelhafftig und bald ia bald nein gewest, nachdem sie aber in den 3 fürnembsten Haupt puncten am meisten beharret, daß sie nemblich Gott und dem himmlischen Heer abgesaget, mit dem teuffl sich vermischet und das heilig abent mahl vervnehrt, so ist sie billig mit dem feuer zu straffen, mit welchem sie vom leben zum tod gerichtet werden solte.« Am 9. Juni wird

Anna Schott

(Schottschreinerin) inhaftiert und gütlich verhört. Kurz danach wird sie der Folter unterzogen. Dann wird vorgetragen (14. Juni): »sie habe dem Stadtknecht Hans Utz Geld gegeben und begehrt, er solle ihr Wein und andere Labung reichen.« Man fordert sie auf, während der Folter die Wahrheit zu bekennen. Sie bleibt bei den gemachten Aussagen und erklärt, daß sie darauf das Abendmahl nehmen wolle und dann besagt sie die Bleiin als Hexe.

Am 5. Juli werden Anna Leicht, Babara Blei und Babara Keget nochmals gefoltert. Dies wird wiederholt und am 12. Juli ergeht die Sentenz: »Nachdem sie schreckliche Sachen (sich zuschulden kommen hat lassen), Verleugnung der Allmacht Gottes, Abschwörung ihres Taufbundes, Vermischung mit dem Satan, vielfältige Verunehrung des heiligen Abendmahles, ferner, daß sie ihre eigene Leibesfrucht dem Teufel übergeben, auch verschiedene Personen ums Leben gebracht und viel beschädigt, soll sie billig mit dem Feuer vom Leben zum Tod gebracht werden.« Am 9. Juni wird

Barbara Blei

Frau des Leonhard Blei, eingezogen und verhört. Sie beteuert – auch in weiteren Verhören – ihre Unschuld: »weil sie jedoch allerlei Mit-Umstände zuerst bekannt und hernach wieder geleugnet hat, erfolgen weitere gütliche Befragungen und dann wird sie der Folter unterzogen. Am 12. Juli ergeht die Sentenz: »Nachdem sie der Verleugnung ihrer Taufe, Abschwörung der göttlichen Dreieinigkeit, Absagung Gottes und der Christenheit, Verunehrung des Abendmahles, der teuflischen Hochzeit, ferner der Vermischung mit dem Teufel, des Fahrens auf den Petersberg und Hainserwasen, ferner daß sie einmal Eichel und Weinblüte verderben helfen und daß sie ihr und ihrem Bruder ein Kalb umgebracht, ausdrücklich geständig, soll sie auch wie die andern mit Feuer verbrannt werden; doch soll ihr mit Strangulieren auf dem Scheiterhaufen Gnade widerfahren.« Kurz danach wird die Glaserin

Babara Keget

Hausfrau des Paul Keget verhaftet und verhört. Sie wird mehrfach gefoltert: vor allem als der Rat in ihrer Truhe ein verdächtiges Bündlein Pulver gefunden hat. Jetzt verstärkt sich der Verdacht, daß sie in des jungen Naglers Bett Haare, Pulver und Nadeln gesteckt habe.« Dann wird sie weiter belastet und der Ratsherr Philipp Vogel bringt ein:

- Die Hausfrau des Hans Strölein habe ihm und seiner Hausfrau folgendes gesagt: »die Glaserin wäre zu ihr ins Haus gekommen und hätte sie gefragt, was sie von dem neuen Meister Henker halte, er würde nichts Gu-

Sterberegister der Pfarrei Windsheim (auszugsweise*)	
1596	16. Juli hat man Anna Leichtin, Anna Schottin, Barbara Bleyn, Barbara Kegetin und Catharina Menlin als Hexen und Unholden strangulirt und verbrandt.
1596	20. Augusti hat man Vrsula Luntzin, Margaretha Kräntzin, Margaretha Strämpfin lebendig, Margaretha Ickelßheimerin und Anna Buhlingin als sie zuvor strangulirt, verbrandt, hexerey halber.
1596	19. Nouembris hat man Margaretha Gerbein, Helene Burkin und die alt Lenhart Hiserin zuuor enthauptet, darnach sind sie mit nachfolgenden noch lebenden Cordula Knöllin, Christina Winßheimerin, Ursula Röschin von Külßheim und Elisabetha Merserin verbrandt worden.
1596	Item den 11. Nouembr. hat sich die Siberin im thurn erstochen, ist vnter dem Galgen begraben worden.
1596	item den 26. hat sich Hanß Kleein im thurn erhenckt und ist danach verbrandt worden.
1596	den 10. Decb. ist Barbara Joha enthauptet, darnach verbrandt worden. Als ein Trut – 21 Weibspersonen, welche als Truthen und vnholden verbrandt und vmbkommen sind.
1597	29. Aprilis zu nacht hat sich ein Truthen gespenst in Pauli Kegets Behausung hören lassen, und im demselbigen ist ime ein Sönlein Valentinus genannt, also zugerichtet worden, das es zu morgens frue gestorben.
1597	den 22. Augusti hat man Anna Jordanin sunsten die Bübin genannt von Wibelßheim, als ein Truthen lebendig verbrandt.
1597	den 26. Julij hat sich ire Tochter Barbara, Cuntz Nagels haußfrau alhie im Thurn erhenckt, ist darnach auch verbrandt worden.

*) Zusammengestellt nach Bergdolt: Hexenprozesse in Windsheim. Heimatkundliche Lesebogen für den Landkreis Uffenheim. Heft IX.

tes anfangen.« Darauf hätte sie (die Strölein) geantwortet: »sie fragt nichts danach, fange er an, was er wolle«; darauf hätte sie (die Glaserin) gesagt: »sie fürchte sich auch nichts, nur vor der alten Truden, dem Teufel und alten Hure, der Luntzin; wenn dieselbe gefänglich eingezogen werde, befürchte sie, diese würde auch sie angeben.«

Am 12. Juli wird die endgültige Aussage der Keget abgelesen und folgendes Urteil gesprochen:

»Nachdem befunden worden, daß sie vom Teufel verführt worden sei, ferner daß sie der heiligen Dreifaltigkeit und ganzen Christenheit abgeschworen, auch der Teufelshochzeit geständig, sie sich mit Aderlassen das Leben nehmen wollen, ferner, daß sie sich auf den Petersberg und gen Rothenburg gefahren, nachdem sie ferner des Schadens, den sie Kilian Rechter und seinen Kindern, ebenso was sie des Würsingers Kind und ihren zwei Schwähern, und den Kühen des Georg Keget angetan, geständig, ferner daß sie der Dorothea Naglerin einen bösen Arm gemacht, die Anna Lörin (Lauerin) mit einem Pulver an einem Bein beschädiget, drei Bündlein in das Brautbett der jungen Naglerin gesteckt, in denen seltsame Sachen sich befanden, um ihr Krankheit zu verursachen, sowie einen Tanz auf dem Petersberg und Hainserwasen, und solches alles geständig, soll sie den andern mit dem Feuer gleich gehalten werden.« Am 23. Juni beschließt der Rat die

Beckenmetzgerin Catharina

Frau des Jacob Menlein zu verhaften, nachdem sie drei andere als Hexe besagt haben. Da sie ihre Unschuld beteuert, wird sie der Folter unterzogen. Das Urteil vom 12. Juli besagt lediglich: »Weil sie derselben, wie sie von Punkt zu Punkt verlesen, geständig, soll sie vom Leben zum Tod, mit dem Feuer wie die andern hingerichtet werden.«

Schließlich werden am 16. Juli die fünf Frauen auf dem Hainserwasen verbrannt, wobei man den Hinterbliebenen die Kosten aufzubürden versucht. Lediglich bei Michael Leicht heißt es: »dieweil er nichts vermag, ist nichts zu fordern.« Am 19. Juni wird

Ursula Luntz

verhaftet, die von acht Personen als Trud besagt worden ist. Sie wird mehrfach gefoltert, bis am 16. August das Urteil wider sie gesprochen wird: »demnach sie fünf Morde begangen, sonsten auch vielfältig Schaden an Menschen und Vieh getan, soll sie lebendig mit dem Feuer vom Leben zum Tod gerichtet werden.« Die alte

Margaretha Strampferin

in der Seegasse wird von ihrer Schwiegertochter des Hexenwerks beschuldigt und am 5. Juli verhaftet. Nach vier Verhören räumt sie ein, daß auch ihre Tochter eine Hexe sei. Gegen sie ergeht ein unmenschliches Urteil. »Nachdem sie etliche unterschiedliche Mordtaten an Menschen gethan, auch ihre leibliche Tochter verführt, sie dem Teufel übergeben und angelernt, daß sie die (schwarze) Kunst lehren sollte, soll sie lebendig mit Feuer verbrannt werden. Weil aber die Strampferin auch ihre Enkelin verführt hat, sollen die Geistlichen versuchen, ob sie die Sache aus ihr und sie (die Enkeln) wieder zurecht bringen möchten.«

Ihre Tochter Margaretha Ickelsheimer wird kurz danach gefänglich eingezogen. Sie ruft durch ihre Schwester die Hilfe des Mag. Paulus Wagner an und erklärt, »das Abendmahl darauf zu empfangen, daß sie »der trutnerei unschuldig« sei. Am 16. August werden ihre erfolterten Aussagen verlesen und beschlossen, daß sie mit dem Strang vom Leben zum Tod gerichtet und wie die anderen verbrannt werden sollte. Auf die belastende Aussage der Türmersfrau Sprinz wird am 9. August die 60 Jahre alte Witwe

Margaretha Krantz

verhaftet. Zunächst beteuert sie ihre Unschuld, als aber der Rat verdächtige Sachen bei ihr findet, entscheidet man sich für die Durchführung der Folter und dann wird gesagt: »weil sie der Strampferin an Bosheit gleich und an Alter nicht weit voneinander, soll sie auch mit den anderen zweien lebendig verbrannt werden.«

Die Strampferin und die Ickelsheimerin haben in ihren Geständnissen Anna Buling, die Frau des Bäckers, als Hexe besagt, die kurz darauf verhaftet wird. Man wirft ihr vor:

- daß sie ein seltsam Kind gehabt habe.
- daß sie ihr kleines Schwesterlein verführt habe.

Daraufhin wird ihr Mann einem Verhör unterzogen, der einräumt.»das maidlin (13 Jahre alt) habe gestanden, wie sie es einmal mit der Schwester getrieben habe« Anna Buling bestreitet es. Trotzdem lautet das Urteil wider sie auf Strang und nachfolgende Verbrennung. Auch Anna Lechner wird durch die Aussage der Sprinz so schwer belastet, daß man sie eintürmt; in Folgeverhören räumt sie Fehler ein. Sie wird zum Tod durch den Strang und nachfolgende Verbrennung verurteilt. Die Türmerin

Barbara Sprinz

wird am 30.Juli verhaftet und am folgenden Morgen im Beisein der beiden Pfandherren, des jungen Bürgermeisters und des Stadtschreibers gütlich »besspracht«. Die Richter ermahnen sie, an ihrer Seelen Seligkeit zu denken und ihre Verfehlungen zu gestehen. Sie erklärt: »sie wisse nichts von der Hexerei: Gott möge sie davor behüten, wenn sie hexen könne, könne ihr kein Mensch die Glieder zerreißen außer der Herr Christus.« Sie nimmt die Verhöre nicht ernst und zieht sie ins Lächerliche. Die Richter halten ihr vor:

- Sie habe auf dem Wasen den Schweinen der Bossin Pulver gestreut, wodurch sie lahm geworden seien. Sie anwortet: »Ich kann nichts, weiß nichts, so widerfahr mir nichts.« Als die Rede auf das Ausfahren kommt, meint sie: »wenn sie es könnte, wollte sies sagen, wie man wacker fahre. Wenn sie fahren könnte, brauchte sie nicht zu gehen.« Der Henker ermahnt sie, die Wahrheit zu sagen. Sie gibt ihm lächerliche Antworten »sie müsse ja närrisch sein, wenn sie etwas sage, was sie nicht getan habe.« Dann wird sie der Ickenheimerin gegenübergestellt, die behauptet, die Sprinz gesehen zu haben, wie sie auf dem Berg und in der Gräf die Weinblüte haben verderben helfen. Eine weitere Zeugin behauptet:
- die Beklagte vor acht Jahren bei einem Tanz auf Hoheneck gesehen und ferner beobachtet zu haben, wie sie den Schweinen etwas gestreut und sie dadurch gelähmt habe.

Da sie auf ihrer Unschuld beharrt, wird von der Obrigkeit die Anwendung der Folter beschlossen. Vorher sagt sie dem Henker. »Sachs, tut mit mit, wie ihr wollt; der Herr Christus sei mein Aufzug.« Dann betet sie mehrere Vaterunser und sagt: »Nun so weiß ich nichts, kann ich nichts, so widerfahr mir nichts.« Erst als sie der Henker herabläßt, räumt sei ein:

- Früher in ihrer Armut Anfechtung zum Selbstmord gehabt zu haben. Sie habe einmal einen Traum gehabt, sie solle aufstehen und sich erstechen. Schließlich räumt sie ein,

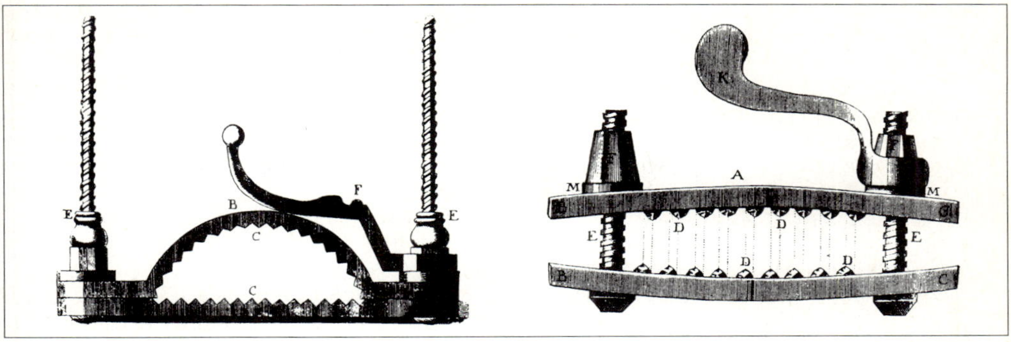

Konstruktionsdetails der Daumenschrauben, die bei der Folter in der Regel als Grad nach der Verbalterritorien eingesetzt werden.

vor allem in ihrer Jugend schlechte Träume gehabt zu haben. Beim nächsten Verhör widerruft sie, schreit immerfort zu Christus und bezeichnet sich als dessen Kind. Endlich gesteht sie:

- Sie wäre mit einem schwarzen Kerl, der einen schwarzen Federbusch auf seinem Hut gehabt, im Rappmannsthal zusammengekommen.
- Er habe sie vor ihrer Verheiratung mit ihrem Mann mit ihr in der Gräf trauen lassen.
- Im viereckigen See sei sie im Namen des Teufels nochmals getauft worden.
- Sie wäre mit dem Schwarzen auf einer Gabel gefahren, er sei vorn, sie hinten gesessen.
- Er habe ihr schöne Kleider versprochen, aber sein Wort nicht gehalten.
- Zu verschiedenen Zeiten habe sie in der Gräf, auf dem Petersberg und auf Hoheneck Tänzen beigewohnt, wo sie Wein getrunken und Vögel, Eidechsen und Kröten zu essen gehabt hätten.
- Unter den Frauen, die dort gewesen, seien auch die Magaretha Kranz und die Anna Lechner gewesen.
- Der Schwarze habe ihr befohlen, selten in die Kirche zu gehen, selten zu beichten und das Abendmahl auszuspucken.
- So habe er ihr Pulver gegeben, durch die sie nicht nur anderer Leute Schweine, sondern auch ihr eigenes gelähmt habe.
- Auch ihren Mann habe sie durch ein solches Pulver lahm gemacht.
- Sie habe auch Getreide verderben wollen; nur sei es ihr nicht gelungen, sondern an der Weinblüte ausgegangen.

Es ist ihr sicheres Todesurteil. Diese zweite Gruppe von Frauen wird am 20. August auf dem Hainserwasen verbrannt; die Erben der Luntz müssen 100 Gulden aufbringen, die der alten Strampferin 200 und Sebald Ickelsheimer 30 Gulden. Dem Türmer Sprinz wird die Zahlung erlassen, »dieweil er ein gut armer Gesell.«

Weitere Prozesse

Anfang November wird auf die Aussagen der Ursula Rösch und der Elisabeth Mörser

Barbara Hornung

(Sieberin) verhaftet. Sie wird so zermürbt, daß sie sich während der Haft in einem unbewachten Augenblick mit dem Messer des Wächters ersticht. Sie wird in einen Sack gesteckt und unter dem Galgen begraben. Dem unachtsamen Wächter Vögelein wird das Bürgerrecht abgesprochen und er muß innerhalb von acht Tagen die Stadt verlassen. Der Stadtknecht Schuster, der versäumt hat, die Beklagte an eine Kette zu legen, kommt auf einige Tage in den Turm, wo er »mit Wasser und Brot gespeist« wurde.
26. November Die Frau des Hans Klee erhängt sich im Gefängnis mit einem Schürriemen; sie wird auf dem Hainserwasen verbrannt.

1597 kommt es zu zwei Hexenverfolgungen. Anna Jordan von Wiebelsheim (Bübin) und deren Tochter, Frau des Kunz Nagel von Windsheim, werden verhaftet; letztere erhängt sich am 26. Juli im Gefängnis und wird danach verbrannt, ebenso wie ihre Mutter am 22. August.

Ausklang

Im Juni 1596 wird die alte Thorschneiderin aufgrund einer Besagung inhaftiert. Da sie auf ihrer Unschuld beharrt und gar das Abendmahl darauf nehmen und sterben wolle, wird in diesem Fall ein Rechtsguachten bei Dr. Hörl aus Nürnberg eingeholt. Er neigt zur Milde und sagt: »sie dürfe keinesfalls am Leben gestraft werden«. Daraufhin entschei-

Hexenverfolgungen in Bad Windsheim

Name	Strafe
Elisabeth Mörser	(Michel Vetterin) hat schreckliche Sachen bekennt und soll lebendig verbrannt werden.
Margaretha Gerber	(Stephan Beckin) wird auf Fürbitte ihrer Angehörigen erst enthauptet und dann verbrannt.
Cordula Knoll	wird lebend verbrannt.
Helene Link	wird mit dem Schwert gerichtet und verbrannt.
Christina Windsheimer	wird lebend verbrannt.
Ursula Rösch	wird lebend verbrannt.
Anna Gütleins	(Witwe: alte Hieserin) wird erst enthauptet und dann verbrannt.
Barbara Joha	wird auf Fürbitte ihres Mannes erst enthauptet und dann verbrannt.

det der Rat »man werde sie aufs »Storchennest« (Gefängnis der Stadt Windsheim) setzen und sie müsse noch einige Zeit in Haft bleiben.

Sie wird auf einen Karren gesetzt, zum Tor hinausgeführt und für immer aus der Stadt gewiesen.

Nachwehen

In Berolzheim waren die Frauen des Schultheißen Caspar Senfftenberger und des Hans Schmid wegen Hexerei beschuldigt. Darauf bitten deren Männer den Rat der Stadt Windsheim, »ihre Weiber durch den fremden Nachrchter besichtigen zu lassen ... ob sie Hexen seien oder nicht.« Er lehnt das Ansinnen ab. Am 20. Juli 1596 bittet der Komtur des Deutscherrenordens in Virnsberg darum, ihm mitzuteilen, ob etwa auch Untertanen von ihm durch die Winsheimer Hexen des Hexenwerks besagt worden sind; sollte dem so sein, möge man deren Geständnisse übersenden.

Aus Gollhofen werden einige Frauen als Truten auf dem Gerichtshügel bei Hellmitzheim verbrannt. Ein besonderes Nachspiel birgt die Verbrennung der Ursula Rösch aus Külsheim. Der Amtmann von Hoheneck beschwert sich über das Vorgehen des Rates, da die Rösch unter die markgräfliche Obrigkeit gehöre. Er verlangt eine Entschuldigung und die Auslieferung des beteiligten Stadtknechtes. Beides wird abgelehnt.

Rechtliches Umfeld

In der freien Reichsstadt Windsheim liegt die Gewalt in den Händen des Rates. Hier werden die Richter als »Pfandherren« bezeichnet. Über alle Verhandlungen werden Niederschriften angefertigt, die im inneren Rat zu verlesen sind. Die Durchführung der Folter bedarf einer obrigkeitlichen Befürwortung. Als Beisitzer (Schöffen) werden 1596 die Ratsherren Georg Hagen, Martin Heckner, Johann Stellwag und Johann Hofmann erwähnt. Der Rat spricht ggf. die Todesurteile aus.

Die Verkündung des Urteils nimmt der Blutrichter im Beisein der Schöffen und Pfandherren vor; auch hier regelt eine Zeremonie das grausige Tun. Wenn der Blutrichter den Stab über dem Delinquenten gebrochen hat, bedeutet es für den Henker, ihn hinzurichten. Das Geständnis der Hexen wird vor dem Rathaus der Bürgerschaft verlesen. Die Todesstrafe wird auf dem Hainserwasen vollzogen. Ein Ratsbeschluß vom 5. Mai 1596 besagt: »es solle ein Nachrichter zu Bucheim im Odenwald, der mit den Hexen wohl umgehen kann, von seiner Herrschaft erbeten werden.« Mehrere Verfolgungswellen erlebt die Reichststadt

Nördlingen[1)]

in den Jahren 1588, 1589 und 1594. Hier wurde immer das Verfahren gegen die heldenmütige Maria Holl in den Vordergrund gestellt. Drei Tatsachen scheinen wichtig:

1. Neben ihr werden andere fast genauso unerbittlich gefoltert, wenngleich sie mit 62 Folterungen den Rekord des Unsinns auf sich verbuchen kann.

2. Fällt auf, daß man vor allem in der Schlußphase des Wütens gegen die Hexen achtbare Personen zwar der Hexerei bezichtigt hat, aber nicht gegen sie eingeschritten ist.

3. Machtpolitische Regungen im Rat können nicht verschwiegen werden.

Verantwortlich für die Hexenbrände in seinen entscheidenden Phasen sind der Bürgermeister Georg Pferinger, die Juristen Dr. Sebastian Röttinger und Dr. Conrad Graf, sowie der Stadtschreiber Paul Majer. Der Zahlmeister Peter Lemp, dessen Frau ein Opfer der Verfolgungen wird, sagt in einer später verfaßten Schrift: »daß man gesehen habe, wie der Verstand in Nördlingen spazieren ging.«

Insgesamt werden 35 Personen verurteilt und hingerichtet. Doch reichen die Verfolgungen weit zurück.

Else Schwab

Zum Sommerbeginn des Jahres 1478 trifft in Nördlingen ein Schreiben der Reichsstadt Schlettstadt (Elsaß) ein. Meister und Rat führen aus, daß die Erberlute (Schöffen) des Dorfes Kestenholz zwei der Zauberei überführte Frauen um deren Missetaten willen haben richten und verbrennen lassen. Sie hätten gesagt, daß sie eine Gespielin gehabt, die eine Hebamme gewesen und in Nördlingen wohne: da sie auf der Aussage gestorben seien, sei Nördlingen geneigt, ihr den Prozeß zu machen. Sie heiße Else Swebenn (Schwab) und man füge eine Personenbeschreibung bei[2]. Man mache ihr folgende Vorhaltungen:

- Sie habe, als sie noch in Kestenholz Hebamme gewesen, der Hausfrau des Kellers Peter während einer Entbindung das Kind verderbt, da es bereits vor der Geburt im Mutterleib totgewesen sei. Sie habe darauf achtgegeben, wo man es begraben. Mit den verbrannten Weibern habe sie den Leichnam ausgegraben und ihn in einem Hafen gesotten. Als das Kind gekocht gewesen sei, habe sie sich einige Glieder davon genommen. Das Übrige hätten die Weiber in einen Hafen getan. So haben sie das Donnerwetter gemacht.
- Die Else habe Leute gelähmt und helfen wollen, einem zu Kestenholz, der Lenz Reimboldt heiße, bei Nacht ein Kind zu nehmen. Da es gesegnet gewesen sei, hätten es die Weiber nicht in ihre Gewalt bringen können. Darüber sei sie böse geworden; »deshalb pfetzen (zwicken) sü denselben Lenz Reimboldt allenthalben an sinem Libe.«

Nachforschungen ergeben, daß es eine Hebamme diesen Namens gibt. Sie hat an Lichtmeß 1473 Kestenholz verlassen und ist dann vermutlich nach Wettelsheim (bei Treuchtlingen) gegangen, was aus einer Aufzeichnung erkennbar wird[3]. Später siedelt sie nach Nördlingen. Sie wird verhaftet und einem Verhör unterzogen. Sie sagt: »damals sei Keller Peters Hausfrau mit einem Kind gegangen, bei dem sie nicht mehr Hebamme gewesen, so daß sie sich nicht vorstellen könne, wie das Gerücht habe entstehen können, sie hätte die Geburt verderbt. Auch kenne sie in Westenholz keinen, der Reimboldt heiße.«

Sie führt das Gehabe auf frühere Streitigkeiten zurück und beschuldigt die Schlettstädterin Else Harder der Ungereimtheiten. Dann wird sie mit »mit Lieb und Ernst« befragt, bleibt aber bei ihren Aussagen. Nun werden Nachforschungen angestellt und Kathrin Peters aus Kestenholz erklärt:

- Vor ungefähr elf Jahren habe sie ein totes Kind geboren. Sie habe allezeit den Argwohn gehabt, daß ihr dieses Unglück durch Furderung (Zutun) von Unholden und Hexen zugestoßen sei. Doch sei die Els Schwebin damals nicht dabeigewesen.

Dies rettet sie. Sie wird entlassen und als städtische Hebamme im Dienst gehalten, was Ausdruck ihrer Wertschätzung ist. Zu Weihnachten 1490 empfängt sie zum letztenmal Lohn: vielleicht ist sie kurz darauf gestorben, ins Spital gekommen oder weggezogen. Dann setzt eine größere Pause ein. Der nächste Prozeß spielt 1534 wider

Appolonia Ypser[4]

ist Witwe eines Bildschnitzers. Die Frau des Schusters wird krank und man vermutet: »es sei die Ungnad der Franzosen.« (Syphilis) Als sie mit Salben und Quecksilber behandelt wird, verlegt sich der Ausschlag auf ihre Hände. Die Ärzte wissen nicht weiter und so geht der Schuster zu einer Wahrsagerin, um zu erfahren »ob sie ihre Krankheit durch Zauberei einer Trude bekommen habe.« Er gibt eine plastische Schilderung ihrer Reaktion[5]. Er äußert sich unklar, aber der Schuster hält es für bare Münze und erkennt die folgenschwere Blutspur. Er erinnert sich, daß vor drei Wochen Appolonia Ypser seine Hausgenossin gewesen war. In ihr erkennt er die Trude, denn sie hat des öfteren mit seiner Frau gestritten und es war zu Tätlichkeiten gekommen. Immer mehr steigert er sich in die Vorstellung, daß sie seine Frau versehrt habe und daß nur sie ihr wieder helfen könne. Das Rezept verrät ihm die Hebamme Anna Lippacher:

»man müsse eine Schwalbe und einen Laubfrosch nehmen. Die solle man in einen

Testamentseröffnung durch den Notar in Gegenwart zweier Schöffen. Kupferstich aus dem Jahre 1607.

neuen Hafen tun und ins Feld hinaustragen zu einem Ameisenhaufen. In diesen müsse man den Hafen versenken und ihn wieder holen, wenn Schwalbe und Frosch von den Ameisen bis aufs Gebein zerstört seien. Aus dem soll man ein Pulver brennen und es mit Diebspulver (Wurzel von Polygotanum officiale) mischen und als Trank geben.«

So wird das Netz der Hirngespinste dichter, zumal die Lippacher endeckt: »eines Tages habe sie ain Hefelin, darin ain Hader (Lumpen) zu baiden Seiten heraushangend und angeprennt gewest, bei der Stieg gefunden, darob sy noch mehr Entsitzen (Entsetzen) und Schrecken entpfangen. Das (habe) sy aufgehebt, besehen und wie sys wider weggesetzt, hette sy gedeucht, es thet ir der Arm wee. Da hett sy zu ir, der Bildschnitzerin gesagt, was sy do hett, sy sollts hinweg thon. Die (habe) ir geantwurt, es stund ir wol, sy sollts selber weg thon, wenn es sy irret (störe). Das wer also ain Wochen oder vier angestanden.

(Da) hett sy ir getruwet (gedroht), wann sys nit wegthet, wöllt sy die Statknecht darüber füeren und solliches dem burgermeister anzaigen. Also het sys ain tag oder drei weggethan und darnach wider daher gesetzt. Derhalben sys wider gepetten, aber sy das nit weg thun wöllen. Wie nun ain andere junge Magt zu ir kommen, hett sy die gebetten, sy sollts wegwerfen, es schied (schade) ir vielleicht minder dann ir, der Hebamm. Die hetts zum Laden aus geworfen. Aber die Bildschnitzerin seitdem kain Wort darnach gefragt.«

Für sie hat das Geschwätz Folgen. Aufgrund der Besagungen geht sie zum Bürgermeister, um sich zu wehren. »Die Hebamme und die Schreinerin hätten sie offen als Unhold beschimpft und ins Gerede gebracht.«

Der Rat zieht beide ein und legt sie auf einen Turm in die Keuche. Man beauftragt die Einunger Georg Schwindenbach und Caspar Hainricher, den Unterbürgermeister Hans Hörlin und den Nachrichter »zu den Weibern zu gehen, sie zu fragen und zu schrecken, aber noch nicht zu klemmen: bald stellt sich das Geratsche heraus.

Die Bildschnitzerin erklärt: »sie sei so unschuldig wie Jesus Christus. In dem Hafen sei ein bisschen Öl gewesen, das sie, weil es alt gewesen, in einem Gläslein dorthin ausgelehrt habe. Das mit der Hand habe sie nicht gesagt; sie habe nur gesagt, Gott werde die Schusterin strafen. Auch habe sie der Hebamme keinen Rat gegeben, wie ihr geholfen werden könne. Wüßte sie ein solches Mittel, wollte sie ihrer Base, die zu Aichach krank liege, längst geholfen haben.«

Man traut ihr nicht und schickt ihr den Scharfrichter Meister Wolfgang Walch aus Ravensburg, um »ihr die Finger einzusperren.« Sie bleibt beständig und beteuert ihre Unschuld. So ließen die Herren, nachdem sie sich eine Zeitlang unterredet hatten, vom Meister das »gesperr« wieder auftun.

Dann vernehmen sie Zeugen, die nichts Belastendes zusammenbringen. Dagegen lassen sie durchblicken, daß sie die Taglöhnerin Kunigunde Dörrer für eine Hexe halten. Sie wird inhaftiert, einer zweifachen Folter unterzogen und am 17. Juni 1534 gegen Urfehde entlassen.

Appolonia Ypser wird freigesprochen[6]. Sie stirbt im gleichen Jahr. Ihre Besagerinnen werden auf zwei Meilen der Stadt verwiesen. Dadurch verliert die städtische Hebamme ihre Anstellung und wird gezwungen, ihr Haus im Hanengäßlein an Hans Schülin zu verkaufen. Im Herbst 1589 sind die Kinder des Messerschmiedes Martin Hindenach krank. Versorgt werden sie von

Ursula Haider[7]

»einer armen schwachen Weibsperson.« Das erste Kind stirbt kurz danach und dann das zweite. Als man es in sein Grabtuch näht, soll Ursula die Leiche in die Bahre legen. Nun geschieht etwas Merkwürdiges: kaum hat sie das Kind auf den Arm genommen, fängt es an am Kopf zu bluten. Schon schwingt die Vorstellung durch, daß ein Ermorderter zu bluten beginne, wenn ihm sein Mörder zu nahe kommt. Die Eltern beachten es kaum, aber als sie ihr Kind auf den Berg nach St. Emmeran tragen, um es zu begraben, hütet Ursula das dritte. Als sie zurückkommen, ist es tot.

Ursula Haider hat eine unglückliche Vergangenheit. Sie hat früh die Eltern verloren und ihre Heirat wird verhindert. Dazu ist sie krank. »Es war ihr, als tummle und rumple es in ihrem Kopf.« Bisweilen kann sie nicht sprechen und es wahr ihr: »als ob ihr ein Haus auf der Zunge stünde.« In ihr verstärkt sich die Vorstellung, daß sie vom Teufel besessen ist.

- Er war als Bauersknecht zu ihr gekommen, hat sie zu Fall gebracht ... er war ein grober Liebhaber. Er mißhandelte und quälte sie, schlug und kratzte sie, suchte sie zum Bösen zu verleiten und rät ihr, sie solle sich erhängen, ertränken oder eine Spinne essen, dann sei ihre Seele sein.

Die Bürger dichten ihr weitere Schandtaten an und nennen ihren Liebhaber »Papperlin.« Immer mehr steigert sich in ihr die Vorstellung, daß sie eine Hexe wäre. Nun beichtet sie das scheinbar auf ihr Lastende der Frau des Messerschmiedes Balthas Christ. Hier gebärdet sie sich so, als wenn der Teufel in sie gefahren sei und sagt: »er kreiß ihr im Fuß der linken Seit herauf, nit einmal wie das ander, sondern wie ein Hund oder Katz. Wann sie hinumgreif, sei es so kalt wie Eis und fahr ihr im laib wie ein natter.«

- Der Teufel habe sie veranlaßt, Menschen zu töten und sie habe das Kind umgebracht, indem sie ihm eine Salbe an den Kopf geschmiert habe.

Von hier aus verbreitet sich das Gerücht über den Tod des Kindes. Deren Mutter wird veranlaßt, es anzuzeigen. Bürgermeister ist Johannes Pferinger. Chronisten berichten, er sei dem Hexenglauben im hohen Maße verfallen und ein unerbittlicher Richter gewesen. Er nimmt sich im Eifer eines Fanatikers der Sache des ermordeten Kindes an. Er läßt sowohl die Mutter (da sie eine noch unbeweisbare Verdächtigung ausgesprochen hat) und die geistesschwache Haider einziehen.

Jetzt erkennt Ursula den Ernst ihrer Situation und leugnet, was sie gesagt hat. Dann beginnt sie wirr zu reden und berichtet von ihrem nächtlichen Liebhaber und »daß er sie schon des öfteren durch die Lüfte entführt habe.«

Hans Krafft von Dellmensingen. Bürgermeister von Ulm. Er zeichnet sich durch einen wissenschaftliche Bildung aus und versucht (erfolglos) eine wegen Hexerei angeklagte »Weibsperson«, die zum Tod verurteilt war, vor dem Scheiterhaufen zu retten. Stadtarchiv Ulm 141-35-1. Mit freundlicher Genehmigung.

Dann hört man Zeugen, was die Schwatzsüchtige belastet und bei Pferinger im November 1589 den Entschluß reifen läßt: »Ursula Haider durch die Einunger foltern zu lassen.« Es sind die Ratsherren Melchior Welsch (Geschlachtwander = Tuchmacher), Caspar Herlin (Gastgeb und Weinschenk) und Hans Jörg (Gewandschneider = Tuchhändler). Sie begeben sich zu der Gefangenen und ihnen versichert sie: »daß das, was sie das letztemal von Teufelsbuhlschaft und Ausfahren mit dem Teufel geschwatzt habe, so wenig wahr sei, wie alles andere, was man ihr zur Last lege ... das Herz sei ihr heute voll guter Engel, nur durch ihre Krankheit sei sie dazu gekommen, solche Torheit und Unvernunft zu reden.«

Dann kommt der Scharfrichter und sie verliert die Gewalt über sich. Als er ihr die Daumenschrauben anlegt, erzählt sie von den teuflischen Anfechtungen und gibt ihre Buhlschaft und das Ausfahren zu.

- Er habe sie auf einem Bock in die Weinkeller (der) Nördlinger Wirte geführt und dann sei sie durch den Hahn oder das Spundloch in die Fässer gefahren und habe sich toll und voll getrunken.

Dann wird der Rechtsgelehrte Dr. Wolfgang Graf konsultiert und sie widerruft: »sie hab geredet wie ein unvernünftig Mensch, sei ihr eben nicht recht im Kopf.« Dann wird sie aufgezogen. »Da fing sie an zu schreien und sich übel zu geheben, vermeldend, sie wiß nichts, könnts nit sagen, wollte sich auch der Böse nichts sagen lassen.« Die Qualen brechen ihr den Sinn.

- Auf Geheiß des Bösen sei sie auf dem Bock zum Totenberg gefahren. Hier habe sie mit einem ihr unbekannten Weib beim Kerkerhäuslein ein totes Kind ausgegraben, und das habe sie mit vier anderen gefressen. Als Werkzeug habe sie eine Schaufel und Hacke benützt, die der Totengräber habe stehen lassen.

Ursula liegt mit zerrissenen Gliedern im Kerker. Dann kommen die Häscher im Beisein des Ratsadvokaten Sebastian Röttinger und jetzt sprudelt es aus ihr heraus. Sie bemüht sich, dem Gericht zu imponieren und Schandtaten zu erfinden. Nun besagt sie die Roßwirtin Margretha Getzler (verh. 3. Dezember 1589) und eine unverheiratete Nördlinger Bürgerstochter, Maria Marb (verh. 3. Dezember 1589), deren elterliches Vermögen verflossen war und die sich ihren Unterhalt durch Hausieren verdient. Röttinger hinterfragt die Sache:

- Der Totengräber Jörg Minderlein erklärt, »er habe niemals Handwerkszeug stehen lassen, er sperre immer alles ein.«
- Veit Wörlen versichert: »er hab eine rote Kuh nie gehabt, so sei ihm auch keine krank worden oder gestorben.«

Immer mehr stellt sich heraus, daß es um Hirngespinste einer Geistesschwachen geht.

- Jetzt weiß sie von einem Kraut zu berichten, das sie auf Geheiß des Teufels den Menschen auf die Türschwelle gelegt oder in die Suppe getan hat.
- Die Wirte am Weinmarkt, von dem Kannenwirt Anthoni Lang und dem Kronenwirt Jörg Straß berichtet sie, daß sie so ausgedörrt seien, daß sie einen großen Trunk hätten tun müssen.
- Hexentänze sollen stattgefunden haben auf dem Weinmarkt, im Paradies, im Kürschnerhaus, in der Frischgasse und in Aißlingers Stadel.

Am Schluß bricht sie weinend zusammen und sagt: »sei ein armer verlassener Wais, hab nichts, leid Not und hab niemand.« Anfang Dezember verlangt sie nach den Einungern: Sie habe ihnen Wichtiges mitzuteilen und dann belastet sie Maria Marb, die mit ihrem Häfelein das Unwetter im letzten Sommer gemacht und Margarete Getzler, die die Königin unter den Hexen sei, weil sie der Teufel als treueste Dienerin am liebsten habe.

Beide läßt der Rat verhaften. Mit Entsetzen sieht Pfarrer Wilhelm Friedrich Lutz ein Unheil entstehen. In zwei Predigten wettert er gegen die Obrigkeit: daß sie von offensichtlich Unschuldigen Geständnisse erpresse. Man zieht ihn später zur Verantwortung.

Die Haider versichert: »sie wolle auf ihre Aussagen sterben und nicht selig werden, wenn nicht alles wahr sei.« Sie hetzt die Examinatoren auf die Besagten. Am 15. Mai 1590 wird sie mit der Getzlerin und der Marbin verbrannt. Der Justizskandal prägt weitere Verfolgungen.

Mitte Juli 1590 werden drei Frauen auf den Scheiterhaufen gezerrt, nachdem sie die Vorgenannten besagt haben und man sie am 30. März verhaftet hat. Maria Schöpperlin ist die Frau eines Lederers und späteren Ratsherren. Anna Koch ist in erster Ehe mit dem Gastwirt zum Goldenen Engel und in zweiter mit dem Statthalter in Kleinerdingen verheiratet. Appolonia Aißlinger wird die Frau eines Nördlinger Gerbers. Sie hegt Selbstmordgedanken.

Aufgrund weiterer Besagungen werden in kurzer Folge fünf Frauen der Hexerei bezichtigt, eingezogen, gefoltert und verbrannt. Es sind Barbara Wörlin, Margaretha Frickhinger und Rebekka Lemp. Hinzu kommen Margaretha Humel, die Frau eines Gürtlers und Anna Seng (Federanna) die Frau eines Schneiders. Die am 1. Juni 1590 eingezogene von Kirchheim nach Nördlingen zugezogene ebenfalls als Hebamme im Dienst stehende Barbara Lierheimer (Kirchheimerin) stirbt vermutlich an den Folgen der Folter im Gefängnis. Ihr Leichnam wird am 23. Juli 1590 verbrannt. Sie hegt die Meinung, daß sie der Nördlinger Nachrichter in Verruf gebracht hat, da sie nicht die Entbindung seiner Frau vorgenommen hat, sondern zuvor der des Nördlinger Spitalpfarrers Hilfe zugesagt hat. Sie sagt am 9. Juli 1590: »es könne auch nit sein, daz der Böß den Menschen könne überwinden.«

Eine Woche vor der großen Hexenverbrennung am 9. September 1590 werden auf-

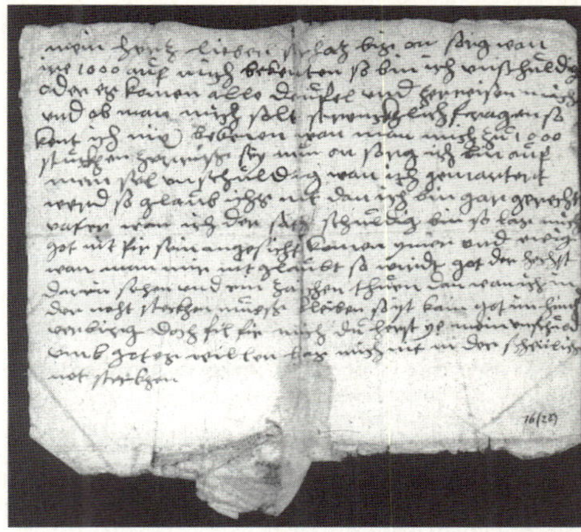

Kassiber der inhaftierten Rebecca Lemp an ihren Mann Peter Lemp. Nördlingen, wohl nach dem 10. Juli 1590. Feder auf Papier, 1 Bl., 15,5 x 19 cm. Nördlingen, Stadtarchiv, Kriminalakten, Hexenprozeßakten.

grund von Besagungen weitere Nördlingerinnen wegen des Vorwurfs der Hexerei inhaftiert. Margaretha Betsch (Heubergerin), Susanna Mair und Barbara Stecher (Lumpenfräulein) und Appolonia Rorendorfer (Kohlenmesserin), die man elfmal gefoltert hat.

Im Oktober 1590 läßt der Rat sechs Frauen unter dem Hexereiverdacht festnehmen. Es sind Appolonia Unfall von Goldburghausen. Vermutlich wurde sie von Frauen besagt, die in Wallerstein von den Grafen von Oettingen wegen Hexerei angeklagt und verbrannt worden sind. Margretha Dambacher von Itzlingen, die ebenfalls von einer Wallersteinerin bezichtigt war. Barbara Scheitlin von Sechtenhausen, dazu Barbara Heinlin von Sechtenhausen und Ottilia Pronner von Itzlingen und Barbara Kaufer von Itzlingen. Sie wird wegen Schwachsinnigkeit freigelassen. Ursula Haider wünscht

Rebekka Lemp[8)]

Frau des Zahlmeisters den Tod, (und) wenn sie gekonnt hätte, sagt sie im Verhör »hätte sie ihr das Teufelskraut in die Hühnersuppe gelegt ... sie wäre »ein beß weib, müeß ihr Mann thon, was sie wolle ... welte ihn auch gern schlagen.«

Sie ist etwa 40 Jahre alt, seit 20 Jahren verheiratet und hat neun Kinder, von denen sechs am Leben geblieben sind. Dennoch zögert der Rat aufgrund ihrer exponierten Stellung, sie in Haft zu nehmen. Er entscheidet am 1. Juni 1590 »daß heut die Hebamm, Kürchheimerin genannt, Barbara Wörlerin die Elter, Margrete Frickingerin, uf diesem Rathaus wohnend, die Lempin Zalmaisterin, Keßlerin oder Bergmüllerin, Lederin, und Joachim Hummels Wittib als wohlangegebene böse Hexenweiber eingezogen werden.«

Rebekka wird bei Abwesenheit ihres Mannes von der Seite ihrer Kinder gerissen. Dann wird sie vom Ratsherr David Holl, einem Apotheker und Hans Baur, einem Kürschner, verhört. Sie beteuert unter Anrufung Gottes, daß sie das ihr zur Last Gelegte nie getan habe. Sie sei so wahr unschuldig wie Christus am Kreuz gestorben sei. Sie habe ihre Kinder zur Gottesfurcht erzogen und mit ihnen Psalmen gesungen.

Dann erhält sie von ihrer ältesten Tochter einen Brief rührender Zuneigung[9)]. Er fällt in die Hände der Obrigkeit und sie wird aus dem bisherigen Gewahrsam in das Barfüßerkloster überführt. Inzwischen kommt ihr Mann zurück und setzt sich für ihre Freilassung ein; der Rat verweigert sich. Dann wird sie Appolonia Aißlinger und der Ratsherrenwitwe Maria Schöpperlin gegenübergestellt, die sie belasten:

- Sie habe sie auf dem Weinmarkt und bei anderen Hexenzusammenkünften gesehen.

Beide werden verbrannt. Rebekka Lemp schreibt einen herzzerreißenden Brief an ihren Mann[10)]. Wieder wendet er sich an die Obrigkeit, um seine Frau zu befreien. Er führt aus, daß Mißgunst, teuflische Verblendung und Eingebungen zu den Beschuldigungen geführt haben, denn er halte es für gewiß, »daß sie niemals das getan habe, was man ihr zur Last lege.« Er stellt ihr ein positives Zeugnis aus[11)]. Der Rat geht nicht darauf ein.

Nachdem sie zwei Monate inhaftiert ist, beschließt man die Wörlerin und die Lempin »sollten gütlich angesprochen werden.« Die Witwe des Bürgermeisters Wörlin hat einen Sohn, der als Jurist in fürstlichen Diensten steht und zwei Schwiegersöhne, die Geistliche sind. Vielleicht will man auf deren Status Rücksicht nehmen. Rebekka beteuert ihre Unschuld: »so wahr, daß Gott im Himmel lebe.«

Dann wird sie von Meister Jacob mit dem Daumenstock gebunden und ihr werden die (spanischen) Stiefel angelegt. Sie bleibt trotzt der Qualen standhaft. »Sie habe nie mit dem Bösen zu tun gehabt, sei bei Nacht nie bei einem Tanz oder einer Gasterei gewesen ... sie protestiere gegen das Vorgehen des Rates.«

Am kommenden Tag unterzieht man sie einer weiteren Folter und wieder gesteht sie nichts. Dann schreiten die Schergen zum nächsten Grad. Man bindet ihr die Hände auf dem Rücken zusammen, zieht sie auf und dann sagt sie:

- Der Geiz habe sie dahin gebracht, daß sie gesündigt hab. Das sei Gott in Ewigkeit geklagt. Sie seie bei der alten Stadtschreiberin (Anna Moser)[12] dahinter kommen. Sie habs (zu) Gast geladen in des Melcher Mair Haus ungefährlich vor 3 Jahr. Dabei sei gewesen die Jörg Sengin und die Burgermeister Gundelfingerin, sei einer in die Stuben hinein gangen, ein gar hoffärtiger und stattlicher. Der hab ein schwarz Kleid angehabt und mit ihm gessen und trunken und zu ihr vermeldt (gesagt) ob sie sein Buehl wölle sein, was sie bejahet. Habs von Stund an gereuet.
- Der jung Gesell hab auch an sie begehrt, sie solle sein eigen sein. Das hab sie es verwilliget und ihm Leib und Seele versprochen.
- Darauf sie Gott dem Allmächtigen und der heiligen Dreifaltigkeit abgesagt und ihme eine Verschreibung geben, welche mit schwarzer Dinten geschrieben.«
- Habe sie der Böse auf einem schwarzen Ding, das wie eine Geis gewesen sei, durch die Lüfte auf das Rathaus geführt. Dort sei in einer großen Stube der Großteufel gesessen, den habe sie knieend mit aufgehobenen Händen wie einen Gott angebetet ... dann hätten sie gegessen, getrunken, getanzt und guten Mut gehabt.
- Der Satan habe ihr etwas gegeben, womit sie Menschen und Tieren schaden könne. Es wäre ein graues Pulver gewesen in einem kleinen Hafen und etwas Gelbes in einem Gläslein. Damit sollte sie auf Geheiß des Bösen die Leute anstreichen und streuen, damit »sie darvon aufbrennen und verkrummen.«

Dann besagt sie Frauen aus ihrem Bekanntenkreis: sie bringt einflußreiche Familien und städtische Gebäude als Hexentanzplätze ins Spiel. Die Aussagen bedeuten ihren Tod. Sie reißt aus einem Gebetbuch ein Blatt Papier und schreibt mit einem Stückchen Blei, ihrem Mann eine erschütternde Anklage der Situation.

»O Du mein auserwählter Schatz, soll ich mich so unschuldig von Dir scheiden müssen. Das sei Gott immer und ewig klagt. Man Nöt(et) eins, es mueß eins reden. Man hat mich gemartert. Ich bin so unschuldig, als Gott im Himmel. Wann ich nur ein Pünktlin um solche Sach wüßt, so wollte ich, daß mir Gott den Himmel versaget. O du herzlieber Schatz, wie geschicht mein Herz. O weh, o weh meiner armen Waisen. Vater, schick mir etwas, das ich sterbe, ich mueß sonst an der Marter verzagen. Kannst heunt nit, so tues morgen. Schreib mir von der Stund an.«

Dann nimmt sie ihren Schmuck, wickelt ihn in ein Stück Papier und schreibt weiter: »Das Ringlein trag von meinetwegen. Das Paterlin (Betkette) nach den 6. teil Laß (es) unser Kind an den Händen tragen ihr Lebtag. O Schatz Deiner unschuldigen Magelona, man nimmt mich Dir mit Gewalt. Wie kanns doch Gott leiden. Wenn ich ein Unhold bin, so sei mir Gott nit gnädig. Wohl schicht (geschieht) mir so Unrecht über Unrecht. Warum will mich doch Gott nit hören. Schick mir etwas,

Adoranten- und Inschriftentafel zu Epitaph der Familie von Johann Lemp. Nördlingen, 1580, Tempelmalerei auf Fichte. Nördl. Stadtmuseum, Inv. Nr. 179. Mit freundlicher Genehmigung.

Oben: Die Korn-Schranne und unten: das Wohnhaus der Rebekka Lemp, die in Nördlingen zigfach gefoltert wird. Aquarelle von Johannes Müller um 1820. Mit freundlicher Genehmigung.

ich mueß sonst falsch reden. Ich möcht sonst erst mein seel beschweren.«

Die Examinatoren erfahren vom Inhalt des Schreibens. »Diese habe ihrem Mann um Gift geschrieben, um ihren Kindern die Schande des schimpflichen Todes zu ersparen.« Sie war an diesem Tag so schwach, daß sie kaum reden konnte. Der Rat setzt sich durch. Am 20. August läßt er sie nochmals foltern und jetzt räumt sie ein:

- Sie habe im Heilsbronner Hof und auf dem Rathaus ausgegrabene Kinder essen helfen.
- Sie wolle den Kronenwirt Jörg Strauß, Anthoni Lang und den Balthas Menzinger mit ihrem Pulver getötet haben.

Die Einunger reden ihr ins Gewissen; »sie solle die Wahrheit sagen und ihre Seele nicht beschweren.« Jetzt legt man die Frauen in ein Gewölbe und am 2. September wird ihnen das Todesurteil verkündet, das eine Woche später vollzogen werden soll.

Man nimmt deren letzten Willen entgegen. Barbara Wörlin, war irr geworden. »Lächelnd hört sie das Todesurteil und wünscht sich »daß sie noch schwerere Sachen begangen hätt, (um) dem Bösen zu gefallen.«

Tobias Schirer, der oberste Wächter, hat sich »gar gelusten lassen sich nach der Längs und Breit etlichemal auf die gefangene Frickingerin zu legen ... er seie noch ein junger Mann, sei nit ohn, daß er etwa zu ihr gesessen.«

Dann wird der Todestag bestimmt und den Wächtern befohlen: »daß sie vor gedachten Weibern kein Messer oder Beiner liegen lassen ... da sie sich sonst vielleicht durch Selbstmord der irdischen Gerechtigkeit (!) entziehen könnten.«

Jetzt trifft man Vorbereitungen der Hinrichtung. Dem Nachrichter wird angezeigt: »er soll die armen Weibspersonen nicht allzu sehr entblößen.« Dann stellt man die Unglücklichen vor dem Rathaus zur Schau. Dann öffnet sich das Fenster der Ratsstube und das Urteil wird verlesen[13)].

Der Galgen stand außerhalb der Stadtmauern auf dem Galgen- oder Henkelberg. Die Richtstätte vor dem Reimlinger Tor (Richtung Augsburg) wird 1818 abgebrochen.

Jetzt werden sie im Beisein des Stadtamman Kilian Reichrat und der Ratseinunger David Holl und Hans Baur auf einem Wagen zur Richtstatt gefahren. Der Geistliche Johannes Rumel spricht den Todgeweihten Trost zu. Dann schlagen die Flammen über sie und Peter Lemp betet für seine Frau. Währendem ziehen sich die Henker und Stadtknechte zu einem Saufgelage zurück, denn schon beim letzten Hexenbrand hat ihnen der Rat zugesagt alles zu zahlen: »damit sie füro desto lustiger sein.«

»Ach Gott war es ein Jammer, wenn es anstoß,« schreibt der Zeitgenosse Johannes Zihler in der *Nördlinger Reimchronik.*

Vier Monate nach dem Tod seiner Frau heiratet Peter Lemp wieder[14)]. Der Rat verehrt ihm zehn Kannen Wein. Als er später eine Chronik schreibt, vermerkt er unter dem Jahr 1590: »Es hat sich auch etwas Selzams und zuvor nie Erhörtes allhie angespunnen, welcher ich gewisser ursachen halben zu erzählen unterlass.«

Weitere Prozesse

Nach der Verbrennung vom Januar 1591 werden bis zum 17. August 1593 lediglich zwei Todesurteile wegen Hexerei vollstreckt. Wie Margaretha Frickhinger, Rebekka Lemp und zwei weiteren Frauen war Katharina Keßler oder die Bergmüllerin verbrannt worden. Sie hat am 27. Dezember 1590 im Spital einen Knaben David geboren. Nach zwölf Verhören, während denen sie sechsmal extrem gefoltert wird, hat man sie zum Feuertod verurteilt.

Ein Sohn der als Hexe verbrannten Katharina Keßler, der Lederer Daniel Keßler, war von 1634 bis zu seinem Tod 1652 Mitglied des Rates der Reichsstadt.

Barbara Kuen, die man am 12. Mai 1592 verbrannt hat, war später die Frau eines Schuhmachers. Sie war wohl geisteskrank. Der Prozeß gegen sie wird vermutlich heimlich geführt, indem man die Gefängniswärter zur Verschwiegenheit verpflichtet hat.

Barbara Götz, die man am 17. August 1593 verbrannt hat, wird hauptsächlich deswegen angeklagt, weil der Graf von Oettingen ihr von Gerichts wegen nachstellte und selbst ihr Mann nicht sicher weiß, ob er sie für eine Hexe halten soll oder nicht.

Appolonia Vogelgesang (verbrannt am 17. August 1593) wird als fromm und wohltätig geschildert. Anna Glauning wird von ihrem Mann der Hexerei bezichtigt, weil er sie für seine Krankheit verantwortlich macht. Später wirft er ihr vor, daß er mehr als 100 fl. eingebüßt habe, da sie sie ihm wegen ihrer Abwesenheit (im Gefängnis!) nicht habe kochen können.

Anna Nussert ist in zweiter Ehe mit dem Deiniger Torwärter in Nördlingen verheiratet und nach eigenen Angaben als Hebamme weit herumgekommen. Sie war vor 30 Jahren unter der Anklage der Hexerei gestanden und zeigt sich so verwirrt, eine Hexe sein zu sollen, daß sie ihre Äußerungen zur Verhaftung beigetragen haben.

Am 9. April 1593 und mit der am 17. August auf dem Scheiterhaufen verbrannten Appolonia Vogelgesang stehen drei Frauen unter Hexereiverdacht. Anna Berlin (Schabhartin), Anna Buger (Holl Ann) und Walburga Blumreiter. Man hält ihr vor: »zuviel Schmalz zu besitzen, da sie doch nur zwei Kühe habe.«

Unter dem Vorwurf der Hexerei werden am 31. Juli 1593 und am 13. September 1593 drei Frauen eingezogen, die am 14. November verbrannt werden.

Diese sieben waren Anna Faul, Frau des Bäckers am Weinmarkt, die von ihren Nachbarn Rebekka Lemp im Hallgebäude und dem Straußbader Jörg Kirschnauer aus dem Nebenhaus besagt war und die man in zwölf Verhören fünfmal foltert.

Eva Aufschlager, Tochter eines zugewanderten Bäckers und Frau eines Lederers, die man mit ihrer Mutter Margaretha Knorz auf dem Scheiterhaufen verbrannt hat. Ursula Klein, Tochter eines Bäckers, die erst mit einem Weißgerber, und später mit einem Gerber verheiratet ist. Margareta Knorz stirbt während der Haft. Sie ist Tochter eines Nördlinger Ratsherren. Obwohl sie von ihren Töchtern belastet wird, gibt sie sie selbst bei zwölf Verhören und einer sechsfachen Folter nicht an.

Rosa Mair, die Frau eines Nördlinger Ratsherren, die von ihren vier Töchtern belastet wird, sagt den Peinigern: »Vor dem Teufel fürcht sie sich nit und thue ihr nichts und habe Ruhe vor ihme, vor den Leuten aber hab sie nicht Ruhe. Müsse halt zu ihrem Unglück lachen, sie habe den Teufel nie gesehen.«

Margaratha Saugenfinger, Tochter eines Lederers, wird 15 x verhört und fünfmal gefoltert. Combinia Leher (Eckher) wird in achtzehn Verhören sechsmal gefoltert. Es fällt auf, daß sie nahezu alle von Familienangehörigen besagt werden und daß das Argument der sozialen Randruppe unzutreffend ist.

Zwei Wochen vorher kommen Anfang November drei weitere unter Anklage. Dorothea Gundelfinger, die im Gefängnis stirbt und am gleichen Tag verbrannt wird. Sie ist vermutlich Tochter des Kaisheimischen Klosterpflegers in Nördlingen und konvertiert, als sie 1566 den Goldschmied Karl Gundelfinger heiratet, der als Nördlinger Bürgermeister von 1589 bis zu seinem Tod am 7. Dezember 1592 Anteil an den Hexenprozessen nimmt.

Von ihrer Mutter wegen des Glaubenswechsels als des Teufels verdammt und bezichtigt, wird sie nach dem Tod ihres Mannes inhaftiert und in 16 Verhören zehnmal gefoltert. Ihr Wunsch wird abgeschlagen, sich mit dem Geistlichen Friedrich Franck in Verbindung setzen zu dürfen.

Margaretha Stahel war die Tochter des Gastwirtes zum Goldenen Lamm, der sein Leben 1566 in geistiger Umnachtung beendet, verheiratet mit dem Klosterpfleger im Heilsbronner Kastenhaus am Weinmarkt. Sie wird von ihrem Mann belastet, daß er ihr in einem Brief den Rat erteilt, zu gestehen.

Einen Tag nach der Verhaftung von Dorothea Gundelfinger und Margaretha Stahel wird unter Besagungen Maria Holl der Hexerei bezichtigt.

Gefängnisturm war eine Zeitlang der Nördlinger Wendelsturm. Im Rat muß es einen Ruck gegeben haben, denn der Eifer der Hexenrichter hat einen Knacks bekommen. Die 70jährige Appolonia Rorendorfer hat sechzehn Folterverhöre überstanden. Sie muß nach einer elfwöchigen Haft am 19. November 1590 freigelassen werden. Schon sagt man ihm nach: »er fange nur die armen Weiber und lasse die Reichen laufen.« Man zweifelt am Gerechtigkeitssinn der Richter und meint: »die, wie schon viele andere ihres Standes, dem Zeugnis lügenhafter Personen Gehör gegeben hätten, wodurch viele gottselige Menschen unschuldig in »großer Gewalt und Trangsal, ja wohl zum Theil auch die äußerste Todesstraf schmerzlicher schändlicher Hinrichtung hätten erdulden müssen.«

Um Michaelis 1592 kommt die Frau des Tuchscherers Paul Maienschein in das Straußbad am Weinmarkt, um sich schröpfen zu lassen. Sie bekommt danach »ein grausam Kopfwehe und endlich Sehstörungen.« Sie geht in der Vorstellung auf, daß sie der Bader unerlaubt behandelt hat. Sie schickt ihren Mann aufs Rathaus, um Klage zu erheben. Johannes Pferinger läßt sie durch Stadtärzte untersuchen, und sie gelangen zu der Meinung, daß sie »voller Ungnad der Franzosen« (Syphilis) stecke also geschlechtskrank sei. Dann wird der Bader

Jörg Kürschnauer

verhört. Als es ernst mit der Folter wird, gesteht er:

- Der Teufel sei ihm auf dem Weg von Ehringen nach Nördlingen in der Gestalt eines Leutnants erschienen, habe Schmauß geheißen und von ihm begehrt, er solle ihm seine Seele geben.

- Das er dem Bösen bewilligt und dafür Geld bekommen.
- Der Teufel habe von ihm verlangt, er solle den Leuten zusetzen, wo er nur könne. Zu dem Zweck habe er ihm eine Salbe gegeben, die er an Schröpfköpfe streichen soll.
- Außerdem seien dem Teufel die Weiber lieber, von denen er leicht drei bekommen könne, ehe einen Mann.
- Seine Frau wirft ihm vor: »er sei zu Bett und Tisch nichts nütz.« Jetzt gibt er seine Frau als Hexe an und behauptet:
- Sie treibe ihr Unwesen seit fünf Jahren, sie könne besser zaubern als er und habe einen größeren Salbentopf gehabt und damit vielen Leuten Schaden getan.
- Mit ihrem Gespan habe sie in der Badstube und an anderen Orten Unzucht getrieben ... wanns dazu komme, solle man sein weib fragen (foltern).

Am gleichen Tag wird Barbara eingezogen und verhört. Obwohl sie gefoltert wird, stellt sie sich schützend vor ihren Mann: »Sie wisse ... daß Gott mit seinen Engeln eine Wagenburg um sie schlagen werde, das ewige Licht scheine ihr hell. Hab nit Mangel. Man setze von ihr oder nit ... Ihr Herz wäre rein, wie das eines jungen Kindes daheim.« Dennoch bricht die Folter den Willen und so wird sie am 17. August 1593 mit ihrem Mann und drei Frauen zum Feuertod verurteilt.

Maria Holl

ist die Tochter des ulmischen Amtmannes Jörg Löhlin. Sie wird um 1549 geboren und hält sich vor der Ehe längere Zeit in Ulm auf. Michael Holl stammt aus Tiefenbach bei Illertissen. Sie heiraten im Mai 1586 und siedeln nach Nördlingen. Holl erwirbt die Herberge zur Goldenen Krone. Es geht aufwärts und bald kommt die Frau ins Geschrei. Im März 1590 besagt Maria Marb die »Ulmerin, Würtin bei der Cron« als Hexe. Dann will sie Anna Reichart (Federanna) mit ihrem Mann auf einer Zusammenkunft bei der Schwallmühle gesehen haben ... hier habe Holl mit der Stadtschreiberin getanzt[15)].

1593 behaupten Ursula Klein und Anna Raul, daß die Kronenwirtin eine Hexe sei. Daraufhin wird sie mit Dorothea, Witwe des Bürgermeisters Karl Gundelfinger und Margarethe Stahl, konfrontiert. Inzwischen ist Johannes Pferinger zum regierenden Bürgermeister emporgeklommen. Die Holl wird am 5. November 1593 vernommen. Sie wehrt sich gegen die Anschuldigungen: »sie werde nichts bekennen und es werde aus ihr nichts gebracht werden, selbst wenn sie 1000 Jahre hier liege, denn sie sei nie vom bösen Geist versucht, gereizt oder angefochten worden. Sie setze ihre Hoffnung auf Gott, der sei bei ihr, mit ihr und um sie.«

Dann wird sie von anderen beschuldigt. Sie bestätigen, daß sie sie auf der Trinkstube und auf dem Weinmarkt bei einem Hexentanz gesehen haben. »Man könne sie martern wie man wolle; sie hoffe, man werde sie wieder müssen auslassen. Gott soll denen verzeihen, die unschuldig Blut vergießen wollten.«

Dann wird sie peinlich befragt. Sie beweist eine ungeheure Widerstandskraft und erzählt von zwei Katzen, die sie mit Mückenpulver vergiftet hat, weil sie ihr Eier und anderes gefressen hatten und

- schließlich habe sie mit diesem Pulver einen Buben ums Leben gebracht: kurz danach widerruft sie. Dann sagt sie:
- Es hab ihr geträumt, da sei ein junger hübscher Gesell zu ihr kommen, welcher mit ihr zu schaffen gehabt, der sei Thomas Hefelins, Wirts Sohn (aus dem Rad in Ulm) gewesen ... er hab sie auch gefragt, ob sie sein wölle mit Leib und Sel.
- Dieser sei aber der Böse gewesen, sie habe ihn an den Gaißfüßen erkannt, sich aber trotzem seiner nicht wehren können.
- Er habe von ihr verlangt, daß sie habe müsse Gott und dem himmlischen Heere absagen und hergegen Viech und Leuten Schaden thun.
- Die Verschreibung hab gelautet, daß sie sein eigen wölle sein, und daß sie das tun wölle, wie der Bös an sie begehrt ... sie habe dazu ihr eigen Blut gebraucht und sei damals noch eine Jungfrau und vor 8 Jahren gewesen.

Dann widerruft sie erneut: »sie hab halt das gesagt, da sie vermeinet, dadurch der Marter zu entgehen ... es sei alles nit wahr, was sie gestrigen Tages angezeigt ... sie habe es nur von den Leuten gehört und getan, daß sie sich der Marter entledige und dieselbe nimmer leiden dürfe.«

Nachdem man sie elfmal verhört und gefoltert hat, wenden sich die Examinatoren

Dorothea Gundelfinger

zu; auch sie zeigt eine fast übermenschliche Widerstandskraft. Nach sieben Verhören ist sie zum Geständnis bereit und sagt, daß sie nur durch die ihr angetane Gewalt dazu bereit sei. Dann stürzt man sich wieder auf die Kronenwirtin.

Dorothea stirbt im Gefängnis. Ihr Körper wird auf dem Henkelberg (Marienhöhe) verbrannt. Der Tod der angesehenen Frau führt zu einer Kritik und jetzt steigt die Zahl der Zweifler an der Rechtmäßigkeit des Geschehens.

Wieder und wieder foltert man die Hollin und immer bleibt sie standhaft, an einem Tage wird sie 17 x gefoltert. Längst hätte man sie nach dem geltenden Recht freilassen müssen.

Der Nördlinger Pfarrer Friedrich Lutz tritt gegen das Wüten auf. Da ihm der Rat verboten hat, auf der Kanzel seine Meinung zu äußern, tut er es im kleinen Kreis, was dem Rat durch Spitzel hinterbracht wird. Der Geistliche macht ihm den Vorwurf: »daß er auf Verräter und Zuträger höre.« Dann kommt es zu einer Kontroverse zwischen der Obrigkeit und ihm[16].

Maria Holls Verwandte in Ulm setzen sich für die Freilassung der Gemarterten ein, indem sie sich an den Ulmer Rat wenden. Inzwischen liegt sie weitere sechs Monate im Kerker.

Dann rückt an die Stelle Pferingers Georg Ostertag und beschließt ein Gutachten der Rechtsgelehrten einzuholen, um zu hinterfragen, ob und unter welchen Bedingungen die Holl entlassen werden könne. Röttinger erklärt: »sie habe sich durch die ausgestandene Marter von den gegen sie erhobenen Beschuldigungen »genugsam purgiert« und es bestehe keine Möglichkeit, den Prozeß weiterzuführen ... würde man sie im Gefängnis halten, was weder recht noch billig sei, bestünde die Gefahr, daß sich ihre Verwandten an den Kaiser oder an das kaiserliche Kammergericht wenden, woraus der Stadt Unannehmlichkeiten entstehen könnten ... man soll die Kronenwirtin auf Urfehde zu ihrem Mann lassen.

»Auch durch das Zweitgutachten des Ausgburger Rechtsgutachten Dr. Georg Tradl wird sie entlastet. Dann überbringen Ulmische Gesandte ein Gesuch um ihre Entlassung[17].

Von Interesse ist die in dem Zusammenhang erstellte Urfehde, ein Beispiel obrigkeitlicher Verlogenheit. Darin wird gesagt: »der Rat habe viel Geduld mit ihr gehabt und ihr nichts widerwärtigs zugemutet, ja dann sogar den Prozeß eingestellt, obwohl er alle Ursache gehabt hätte und jetzt noch hätte, »mit noch mehrerem Ernst« gegen sie weiter zu führen und schließlich habe man sie aus lauter vätterlicher Milde und Barmherzigkeit entlassen.«

Am 11. Oktober 1594 öffnen sich die Tore des Gefängnisses. Man verfügt Hausarrest, wohl um die Schande der Richter zu kaschieren. Am Tag ihrer Entlassung aus dem Rathausverlies wird dem Wächter ihres Kerkers »von Raths wegen ernstlich eingebunden, was er an diesem Ort durchauß gesehen, gehört vnd erfahren, nit von sich kommen zu lassen, sondern zu verschweigen.«

Dr. Leo Krafft aus Ulm verwendet sich für sie: »Man möchte der Kronenwirtin begünstigen, in die Kirche und auf den Markt zu gehen.« Später gestattet man ihr den freien Ausgang.

1608 stirbt Michael Holl. Sie geht nach seinem Tod zwei Ehen ein und überlebt ihre Peiniger. Im Alter von 78 Jahren heiratet sie den Spitalmeister aus Nördlingen.

Seit 1618 wütet der Krieg. Nördlingen ist stark befestigt. Die Beschießung tut ihr keinen wesentlichen Schaden an. Schon gelangen die Belagerer zur Überzeugung: »die Stadt sei voller Teufel, Hexen und Unholden, die das Feuer segnen können, daß es nicht weiter komme und brenne.«

Die Stadt wird am 6. September 1634 übergeben. Die Schrecken muß die alte Kronenwirtin über sich ergehen lassen. Drei Wochen danach nimmt sie der Tod zu sich. 85 Jahre alt ist sie geworden[18].

Ausklang

4 Jahre nach der Freilassung der Maria Holl werden im Januar und Okober 1598 drei Personen unter der Beschuldigung der Hexerei in Haft genommen und angeklagt. Veronika Fritsch (verbrannt am 9. Juni 1598), verheiratet mit einem verwitweten Drechsler. Man hat ihr vorgeworfen, daß sie einen jungen Burschen »angehaucht und angeblasen« habe, der später nach einer Kurbehandlung durch den Nachrichter gestorben ist.

Veronika Frisch leistet Widerstand, der erst nach mehrfachen Folterungen gebrochen wird. Jörg Minderlin war Totengräber in Nördlingen und wegen der Beschuldigung, Leichen ausgegraben und beraubt zu haben, zweimal entwichen, wodurch der Verdacht gegen ihn erhärtet wird. Er erhängt sich am 2. August 1598 im Gefängnis. Am folgenden Tag wird seine Leiche in ein Faß geschlagen und durch den Nachrichter am Galgenberg verbrannt.

Margaretha Minderlin (verbrannt am 20. November 1598), die Frau des Totengräbers, war entwichen und wird bei ihrer Rückkehr verhaftet und wegen Hexerei angeklagt; ein Selbstmordversuch mißlingt, so daß sie am 20. November 1598 den Feuertod auf einem Scheiterhaufen erleidet.

Auffallend für Nördlingen ist, daß hier eine Reihe von Frauen wegen Hexerei bezichtigt werden, aber unangetastet bleiben. Anna Zweifel, Witwe des verstorbenen Stadtschreibers Rochus Zweifel, wird von sieben wegen Hexerei Verbrannten als Erzhexe besagt, kann aber nicht in Nördlingen inhaftiert werden, da sie zu Verwandten ins Württembergische gegangen ist.

Barbara Mundbach war reich. Man hat sie der Hexerei bezichtigt, aber in Ruhe gelassen. Barbara Jörg, ihre Tochter, ist mit einem reichen Gewandschneider verheiratet. Auch sie war bezichtigt und wird nicht angeklagt, da ihr Mann, der seit 1589 Ratsherr war und später Bürgermeister wurde, als Examinator in Hexenprozessen wirkte. Dorothea Bin gerät in den Verdacht, eine Hexe zu sein; sie war mit dem alten Ratsherrn Jörg Bin verheiratet.

Barbara Regner war die Tochter des 1566 verstorbenen Lodenhändlers und Bürgermeisters Johann Wörlin und der 1590 als Hexe verbrannten Barbara Wörlin, verheiratet mit dem Geistlichen Theophil Regner in Nördlingen. Schließlich wird die Kastnerin im Ellwanger Haus, die Frau des Meisters Simon sowie die des alten Ratsherrn der Zauberei und Hexerei verdächtigt, ohne daß gegen sie vorgegangen wird. Die

Fürstabtei Fulda[1)]

ist ein geistliches Territorium im fränkischen Raum. Der schwache und von einer aktiven Reichsritterschaft umzingelte Balthasar v. Dermbach regiert sie von 1570–76. Die evangelischen Stände erheben sich 1576 gegen ihn und das Land wird unter die kaiserliche Administration gestellt.

Dann wird er zur Abdankung gezwungen. Es trifft ihn unerwartet bei einem Aufenthalt in Hammelburg. Hier wird er gefangen und unterschreibt unter Druck, der vor einer Morddrohung nicht zurückschreckt, am 23. Juni 1576 die Abdankungsurkunde. Man zwingt ihn, den Würzburger Fürstbischof Julius Echter von Mespelbrunn auf einer Huldigungsreise zu begleiten.

Im Juli gelingt ihm die Flucht ins Ausland. Sein Kampf um den ehemaligen Besitz dauert 26 Jahre und erst durch den Reichshofrat wird 1602 zu seinen Gunsten entschieden.

Der Abt macht sich unbeliebt. Er läßt die Konkubinen seiner »Kollegen« verhaften, an den Pranger stellen, auspeitschen und des Landes verweisen. Von ihm berufene Jesuiten aktivieren den innerkatholischen Reformkurs.

Hier wird oft der politische Hintergrund übersehen. Die würzburgische Regierung ist bestrebt, die Region an sich zu bringen; so wird von langer Hand gegen ihn opponiert, wobei die Kapitularen des Stiftskapitels eine nicht unwesentliche Rolle einnehmen.

Die Blütezeit der Fuldaischen Hexenverfolgungen fällt in seine Zeit[2)] und es läßt sich dokumentieren, daß **er** sie gewollt hat. In seiner zweiten Regierungszeit setzt er

Balthasar Roß

als Zentgraf und obersten Strafrichter ein. W. G. Soldan bezeichnet ihn als »Sadisten schlimmster Art« und Baschwitz als »kaltblütigen Verbrecher.« Unter ihm setzen 1630 dramatische Hexenverfolgungen ein. Die Zahl seiner Opfer wird bei 250 angesiedelt. Als Balthasar im März 1606 stirbt, setzt ihn dessen Nachfolger, Friedrich von Schwalbach (1606–23) ab, läßt ihn drei Monate später verhaften und leitet einen Prozeß wider ihn ein.

Interessant ist die Frage, weshalb er sich zwölf Jahre hinschleppt, wobei seine Untaten auf ein schnelles Verfahren schließen lassen. Er klagt gegen seine Haftbedingungen und hat Erfolg, denn am 12. Februar 1609 wird entschieden: »ohne Verweilung und Einwand ermelten in Verhaft enthaltenen Nussen uff erträglichere und fügsamere Weis verwahret, carcerem mitigiret, zugleich daß er nach Notturft Pfleg und Wartung haben möge.«

Bittschriften seiner Frau ist zu entnehmen, daß er mehrere Schlaganfälle erleidet, linksseitig gelähmt ist, den Mund nicht mehr bewegen kann; als er im Alter von 73 Jahren zur Richtstätte gebracht wird, kann er nicht mehr gehen.

Und doch kann die Einschaltung des Reichskammergerichtes (Speyer) die lange Haftzeit nicht begründen. Es deutet auf einen politischen Schauprozeß.

Im März 1604 kommt es zu einer Vorladung gegen sechs Frauen, deren Männer, bzw. Familien zu den Gegnern des Abtes zählten. Unter ihnen befindet sich Esaias Röll, der 1576 als Bürgermeister von Fulda mit dem Würzburger Fürstbischof verhandelt hat, Hans Han, der einen Bericht über die Entmachtung des Abtes verfaßt hat und Dr. jur. Hector von Jossa, der als Syndikus von Fulda an der Entmachtung mitwirkt.

1618 wird berichtet: »Damit haben auch die Bluträth und deren Anhang an denen ehrlichen Weibsbildern, so wegen ihres christlichen Glaubens und Gewissens ihr Vatter-

Klagepunkte gegen Balthasar Roß

- Daß er die peinliche Halsgerichtsordnung in jeder Hinsicht übertreffe und die Leute mit Umgehung aller Förmlichkeiten und ohne sie zu Verhören torquieren lasse.
- Er lasse die Folter so lang wiederholen, bis die Leute gestehen oder ohnmächtig werden. Dadurch wurden mehrere gelähmt oder um ihr Leben gebracht.
- Er lasse die Leute nach wiederholter Folter in unmenschliche Gefängnisse werfen.
- Daß er nicht einmal schwangere Weiber schone und die Leute mit erfundenen Instrumenten peinigen lasse, wie beispielsweise mit einem, wie einem Messer zugespitzten Holz; dann auch mit brennenden Fackeln über den Rücken zu streifen.
- Daß er die Valentine Wächter dergestalt peinigen ließ, daß sie noch in der gleichen Nacht mit dem Tod abging und daß er ihren Leichnam des andern Tags durch den Henker von dem Taubenschlag aus herunterstürzen und ins Wasser fallen ließ.
- Daß er auf Geheiß seines früheren Dienstherrn wegen Verheißung und Empfang einer Belohnung einen Praedicanten bei Duderstatt ohne geringste Veranlassung erschossen habe.
- Daß er Klaus Lauterbachs Hausfrau so lang torquieren ließ, bis sie seinem Willen habe nachreden müssen, worauf er die Mutter mit der unschuldigen Leibesfrucht habe richten und verbrennen lassen. Daß er auf solche Weise mehrere Frauen und Kinder mißhandelt habe.
- Aus einem einzigen Ort werden zehn Personen benannt, die nach der Folter krüppelhaft geworden und vier andere, die während ihr den Geist aufgegeben.
- Er habe den Zeugen Geld versprochen, wenn sie zum Nachteil eines Unschuldigen aussagen.
- Er beeide keine Zeugen, lege kein Protokoll nach dem Verhör an und hat die Schöffen, die die Gröllers zum Tod verurteilten, angeredet, daß sie nicht auf Zwicken mit glühenden Zangen erkannten und er habe zu ihnen gesagt: »ich lasse sie dennoch zwikken.«
- Viele von ihm zum Tod Verurteilte haben dem Pfarrer ihre Unschuld gebeichtet und gesagt: »er möge es nicht anzeigen, damit sie nicht gefoltert werden. Lieber wollten sie sterben, als die Qual nochmals mitzumachen.«

land, Haus, Hof, Güter und ihre Freundschaft williglich verlassen und sich unter anderen Herrschaften heuslich nidergethan, welche vielleicht als ubel genannte Ketzer uff den Holtzhaufen zu pringen, ein sonderlichen Anschlag gemacht, ihr Müthlein kühlen möchten.«

Sie befinden sich 1604 außer Landes. Ihre Ladung ist nicht mehr, denn eine Diffdamierung ihrer Familien und so gesehen ein politischer Racheakt. Die Frage der Konfession steht im Hintergrund.

Man hat in dem Zusammenhang die Würzburger Universität befragt[3]. Fulda legt einen Katalog von 13 (nicht mehr erhaltenen) Fragen vor, woraus zu schließen ist, daß man um Absicherung bemüht ist. Die Antwort stammt Mitte Juni 1603 und ruht auf den Schultern von Binsfeld und Delrio sowie auf den Rechtsgrundsätzen der CCC. Schormann bezeichnet die Ausarbeitung als so weitmaschig, »daß damit beinahe jeder in einen Hexenprozeß verwickelt werden konnte.« Auch hier dreht sich die Kernfrage um den Wert der Denunziation als Beweismittel.
Die Würzburger Juristen fällen am 9. Juli 1615 das Urteil gegen Roß[4]. Es fällt ungewöhnlich milde aus, wird nicht vollstreckt und vom Fuldaer Gericht ignoriert.

Roß sagt zu Recht: »von der Ritterschaft, unter der er seine ärgsten Feinde habe, sei der Prozeß gegen ihn aus Haß und Rachsucht angezettelt worden, denn er habe früher als Zentgraf vermöge seines Amtes gegen etliche von ihnen einschreiten müssen.« Es deutet auf einen politischen Hintergrund, der im Agieren des Gegenreformators Balthasar von Dermbach begründet scheint. Roß läßt nachweisbar Frauen aus der protestantischen Ritterschaft einziehen und foltern[5].

Inwieweit er von seinen Dienstherren geschützt wird, läßt sich kaum noch ausmachen, aber es muß davon ausgegangen wer-

Blick in eine mittelalterliche Gerichtsstube. Der Deliquient wird gebunden und soll »aufgezogen« werden. Im Vordergrund sog. »Beschwertsteine«, die an die Beine gehängt wurden, um die Marter zu erhöhen.

den, daß ihm die wesentlichen Vorfälle bekannt sind. Dann wäre der eigentliche Schuldige nicht er, sondern der Fürstabt, der die widerrechtlichen Hexenprozesse angezettelt hat. Es ist eindeutig, daß das Wollen zu den Verfolgungen von oben gekommen ist. Der politische Hintergrund des Prozesses gegen den Hexenrichter von Fulda ist unverkennbar.

Er ist Befehlsempfänger. Mit dem Tode des Balthasar gelangen die besagten Familien erneut in Machtpositionen und gewinnen Einfluß. Es ist klar, gegen wen sich ihr Zorn wendet. Einer von ihnen, der Staatsanwalt Severin v. Jossa nimmt sich der Sache an; sie fordern seinen Tod.

Die von ihm geführten Prozesse zeichnen sich durch Unmenschlichkeit und Geldgier aus. Im ersten Jahr seiner Tätigkeit klagen Bürger beim Reichskammergericht Speyer wider ihn. Im Juli 1603 erläßt das Gericht gegen ihn ein Mandat:

»Die klagende Hausfrau habe sich stets als fromme und tugendhafte Person betragen und sich des besten Rufes erfreut. Trotzdem habt ihr, Zentgraf, Schöffen und Richter, sie ohne Grund als Hexe traduziert. Weil (sie) drei wegen der selben Untat hingerichtete, verruchte und schnöde Weiber wider besserem Wissen angegeben haben. Ihr habt ohne fernere Erkundigung die Sublikantin greifen lassen, sie in schrecklich enge und stinkende Gefängnisse und sie »notorium« in einen Hundestall im Schloß zu Fulda sperren lassen. Hier habt ihr sie mit eisernen Fesseln erbärmlich geschlagen. Sie mußte anfangs wie ein Hund auf allen Vieren durch ein enges Loch kriechen, wo sie gebückt und gekröpft, elendig hocken und sich dabei weder regen, bewegen, stehen, noch des leidigen Ungeziefers erwehren, viel weniger der notdürftigen Unterhaltung, noch eines Trostes der Ihrigen genießen kann, so daß sich gleichsam ein Stein erbarmen mußte. Es ist nicht zu verwundern, wenn das betrübte Frauenzimmer in so vielem Elend sich selbst in den kalten Tod und etliche Verzweiflung gestürzt hätte.«

Daraufhin reagiert das Kammergericht: »sie sei bei einer Strafe von zehn Mark lötigen Geldes in ein anständiges Gefängnis zu bringen, ihr Besuch zu gestatten und ein Verteidiger zu geben.«

Der Malefizmeister wird von der Bevölkerung wegen Unterschlagung angefeindet. Fürstabt Friedrich von Schwalbach ordnet eine Untersuchung an: »40 Bürger des Amts Neuhof hätten sich beklagt, daß er ihre Weiber, Mütter und Schwestern nach einer viertägigen Haft habe verbrennen lassen. Ihnen habe man 1200 Gulden an Kosten auferlegt. Sie verlangen Rechnungslegung.«

Nun wird ein Sondergericht berufen. Jossa stellt die Klagepunkte zusammen und sie werden dem Pflichteifrigen zum Verhängnis.

Den Ausschlag gibt ein Gutachten der Ingolstädter Juristenfakultät, die eine schärfere Gangart als die Würzburger zeigt. Die Fuldaer Chronik berichtet: »er wird in einem Armsünderhemd auf einer Karre zur Richstätte geführt und im Dezember 1618, nach einer 13jährigen Haft, enthauptet.«

Der Verfasser eines *Summarischen Berichts,* sagt wohl zu Recht am Schluß: »es möchten auch alle anderen, die am unschuldig vergossenen Blut mitschuldig seien, zur Verantwortung gezogen werden ... sonderlich aber die vermeinte Rechtsgelehrten, welche zu der Justiz einen theuren Eid geschworen, auch darum solchen widerrechtlichen unmenschlichen Proceß ... viel mehr und Höher dann der hingerichtete Noß zu verantwor-

Fürstabt Balthasar von Dermbach (1570 bis 1576). Er ist maßgeblich an der Durchführung der fuldaische Hexenprozesse beteiligt. StA Fulda. Mit freundlicher Genehmigung. →

Balthasar ã. Dernbach Electꝰ
1570 Mort.
den 15 Martij

ten haben ... der Fürstabt soll sie vor Gericht stellen damit das Land von solchen mörderischen Buben gereiniget ... werden möchte.«

Es bleibt festzustellen, daß in den von Fürstäbten regierten Regionen die Teufels- und Hexenmanie extrem ausgeprägt ist. Fast scheint es, als haben sie aus christlicher Nächstenliebe den Realitätssinn und den Verstand verloren. Es ist zudem die einzige Region – bis auf schlesische Territorien – in der sich der Sog der Gegenreformation stärker denn anderweitig bemerkbar macht.

Das nächste Untersuchungsfeld, die Region Hessen-Kassel, ist im wesentlichen vom protestantischen Engagement gekennzeichnet.

Bestrafung eines Toten. Der Marschall von Frankreich d'Ancre fiel am 24. April 1617, mit Wissen des jungen Königs Ludwig XIII., einer Verschwörung zum Opfer. Sein Leichnam wurde an den Füßen am Galgen aufgehängt, mit Schwertern durchstochen, verstümmelt und später verbrannt.

Hessen
—
Kassel

Inhalt

Hessen-Kassel[1]

Im zweiten Teil des *Hexenhammers* ist von einem Marburger Geistlichen die Rede, der von Dämonen besessen ist und per Exorzismus geheilt werden kann. Wilhelm d. M. (1493–1509) richtet 1500 hier das Samthofgericht als höchste juristische Instanz ein. Bluturteile müssen ihm zur Entscheidung vorgelegt werden. Nahezu alle wichtigen Regionalprozesse werden vom Samthofgericht beeinflußt.

Zudem ist die juristische Fakultät zu hören, bevor Todesurteile gefällt werden. Die Marburger Universität ist dem Hexenwahn verfallen. Hat sie doch als erste die Schriften des Johann Weyer (Basel 1563) dem Feuer übergeben.

Insgesamt ist die Region ein hexenprozeßarmes Land, wenn man von Rinteln absieht, das Hessen-Kassel 1648 zugeschlagen wird. Unter den deutschen Fürsten des 16. Jahrhunderts zeichnet sich

Philipp der Großmütige

(1518–67) durch Liberalität aus. Er tritt zum Protestantismus über und mit der Einführung der »neuen« Religion wird die geistliche Gerichtsbarkeit des katholischen Lagers aufgehoben. Er wird ob der Grundsatzentscheidung mit Vorwürfen überschüttet: »er lebe in einer doppelten Ehe und wäre geschlechtskrank.« In dem Zusammenhang ist das Treiben des Marburger Prädikanten Johann Rosenweber zu erwähnen, der gegen den Katholizismus wettert.

Die ersten Dokumente zum Hexenwesen stammen aus seiner Regierungszeit, bis auf eines, das sich in einer Marburger Rentmeisterrechnung von 1517 findet. Hier wird u. a. ein Ausgabeposten von zwei Gulden für das Holz zum Verbrennen der »Wirwetzen« aufgeführt. Zudem läßt sich aus dem Wortlaut einer Bürgschaft aus dem Jahre 1513 entnehmen, daß man einer Zauberin den Prozeß gemacht hat[2].

Der Landesvater antwortet 1526 dem Amtmann von Lichtenberg auf ein Schreiben, was er mit den Weibern anstellen soll, die er wegen Hexerei eingezogen und verhört habe: »Es sei zu beachten, daß vielen Leuten Unrecht geschehen kann. Er soll sie ohne Pein vernehmen und zur Besserung ermahnen.«

1538 berichtet der Ziegenhainer Beamte an den Landgrafen über die Festnahme eines Wahrsagers und Kristallsehers, der in

Die als Hexe eingezogene Anna Schultzin. Sie ist an die Wand des Gefängnisses gekettet, hat Beinfesseln, einen Eisenring um den Leib und dazu ein eisernes Gestell, das sie praktisch jeder freien Bewegung beraubt. Sie wird als »Märtyrerin des Satans« bezeichnet.

Landsborg, Treysa und anstoßenden Orten großen Zulauf »gleich einer neuen Wallfahrt« gehabt habe.

1557 weist er seinen Statthalter in Kassel an, ihm über eine Zauberei in Immenhausen zu berichten, von der er durch den Grebensteiner Schultheißen erfahren hat. »Man soll Zeugen laden und die Verdächtigen hören.« Sollte sie ausweichende Antworten geben, sei sie in den »Turm des neuen Gefängnisses« zu Kassel zu bringen und weiterer Bescheid abzuwarten.«

Aus der Antwort des Statthalters geht hervor, daß 35 Leumundszeugen positiv für sie gesprochen haben. »Auch hat sich die Person, welche das Gerücht aufgebracht, so wunderbarlich benommen, daß der Schultheiß, der sie vernommen, es für ratsam hält, sie in Merxhausen[3] unterzubringen.«

1560 kommt es zu einem neuen Prozeß. In Eschwege werden ein Vater und zwei Söhne wegen Wahrsagerei und Schatzgräberei an-

Landgraf Philipp d. Großmütige (1518–67). Aus seiner Regierungszeit stammen die ersten Dokumente zum regionalen Hexenwesen.

geklagt, am Pranger gezüchtigt und des Landes verwiesen.

Von einem Prozeß aus dem Jahre 1564, wo eine Frau aus der Obergrafschaft Katzenellnbogen der Hexerei bezichtigt und durch den Spruch der Marburger Juristen zum Feuertod verurteilt wird, berichtet Fichard. Die Beklage räumt Teufelsbuhlschaft, Teilnahme an Hexentänzen und Schadenzauber ein.

Dennoch ist der Landesvater nicht vom Zeitgeist frei. In der von ihm erlassenen *Hessischen Halsgerichtsordnung in peinlichen Sachen* (1535) übernimmt er die Bestimmungen der CCC. über die Zauberei. Da er mit Karl V. im Streit liegt, läßt er seine Untertanen in erster Linie auf »seine« Variante verpflichten, die etwa 100 Artikel weniger als die CCC. enthält. In der Gerichtspraxis werden beide Quellen zitiert.

1543 erläßt er die *Reformation in Polizey und Kirchensachen,* die im Artikel acht Strafen an Leib und Gut für Kristallseher und Weissager festsetzt. In der Polizeiordnung von 1562 ist vermerkt: »uns kommen Klagen vor, daß sich in unseren Fürstentümern große Ärgernisse und Mißbräuche göttlichen Worts durch Zaubern, Fluchen und teuflisches Wahrsagen zutragen, dadurch unsere Untertanen zu Abgötterei, Aberglauben und Schaden geführt werden. Demnach ordnen wir an und wollen, daß Jemand, wessen Standes er auch sei und Anderen Schaden und Unglück zufügt, mit dem Feuer zu strafen sei[4].«

Er ist um eine schnelle und gerechte Rechtssprechung bemüht; sein Verfolgungseifer ist maßvoll und aus seiner Zeit haben sich verschwindend wenig Prozeßakten erhalten. Unter seiner Regierungszeit ist eine Hinrichtung wegen Hexerei nicht nachweisbar.

Offensichtlich schwelt in der Region ein seit Jahrhunderten vorhandener Aberglauben; hat doch hier Bonifazius die Donareiche gefällt, das Land missioniert, christianisiert und einen »neuen« Irrglauben gefestigt. Der Konflikt der legalen und illegalen Aberglaubensbewältigung zieht sich wie ein roter Faden durch die Geschichte der »historischen« Hexenverfolgungen. Früh beginnen die Kirchen gegen die Anwendung ihr nicht angenehmer Segen zu intervenieren, wenngleich ihre nicht besser sind!

Wilhelm der Weise

(1567 bis 92). Unter den Söhnen Philipps nehmen die Prozesse zu und 1572 entsteht die *Reformations-Ordnung derer Vier Herren Gebrüdere in Kirchen- und Polizey-Sachen.* Hier wird Predigern die Anweisung erteilt, vor den Sünden der Kristallseher, Wahrsager und Abergläubischen zu warnen. Beamte werden angewiesen, die zu verhaften, die mit verbotenen Dingen umgehen, damit sie »jre gebührende straff, die jnen nach gelegenheit und befindung an Leib und Läben ohn alle barmhertzigkeit widerfahren soll, empfangen mögen.«

Die sie um Rat fragen, sollen erst verwarnt werden, wenn das nicht helfe, »soll man sie nach Gelegenheit der Überführung strafen.«

Der Küster von Niedermeiser bittet 1582 den Landgrafen um die Aufnahme seines Sohnes in das Hospital von Haina, weil er ihn für behext hält[5]. Zwei Jahre später berichtet auf Wunsch des Fürsten der Vogt aus Kaufungen über ein Gespenst, worauf von der Regierung angeordnet wird, das Haus, wo es aufgetreten und die Personen, denen es erschienen ist, zu bewachen. Man sagt: »der Pfarrer möge die Worte noch nicht an die Tür schreiben, sondern es soll damit einige Zeit gewartet werden.«

Im gleichen Jahr wird über ein Gespenst in Eubach berichtet, wo einer alten Frau ein Leichenzug im Wald erschienen sein soll.

1588 berichten die Amtsknechte in Zierenberg an die Regierung nach Kassel, »daß ein Gefangener, der im Turm wegen seiner Entleibung sitze, vom Teufel besucht worden sei. Er wäre ihm »in den Bart gefallen«, als er Jesus Christus angerufen habe.«

Zwar sind es keine Fälle von Hexerei, aber sie dokumentieren den gängigen Aberglauben. Die Krone stellt die angebliche Behexung der Söhne des Holzvogtes aus Allendorf dar. Der Fall spielt in den Jahren 1590/91. Sie leiden unter einer »unerhört wunderbarlichen Plage ... sie bringen aus ihren Augen ständig kleine und große Kalkstükke, Semmelkrusten, tote und lebende Fliegen hervor ... zudem haben sie unnatürliches Wasser in den Ohren.« Dann finden sich Holzspäne, teils in ihren Augen, teils werden sie am Morgen auf dem Bett des einen Jungen gefunden, so als ob sie heruntergefallen seien. Zudem würden sie an starken Krämpfen leiden.

Der Landgraf beordert einen Arzt und läßt sie untersuchen. Man vermutet Scharlatanerie. Sie werden der Mutter entzogen und getrennt untergebracht. Der Landgraf befragt den Humanisten Camerarius und er schickt ihm eine Abhandlung, in der er den Hexenglauben und die damit im Zusammenhang stehenden Verfolgungen angreift; er warnt vor dem Unsinn der Wasserprobe und den Greueln der Verbrennung. Über den Ausgang des Verfahrens ist nichts bekannt.

1590 kommt es in Grebenstein zu einem Prozeß, wo Eheleute wegen Viehverhexung beschuldigt sind und im gleichen Jahr wird in Felsberg an der Metze Gerlach die Wasserprobe vorgenommen. Auf ein Gesuch an den Landgrafen wird sie gegen Kaution »ab instantia« absolviert[6].

Die Region Marburg, Gießen, Nidda und Eppstein fällt mit dem Tod Philipps seinem Sohn

Ludwig IV. von Oberhessen

(1567–1604) zu. Aus seinen ersten Regierungsjahren sind keine Fälle von Hexenverfolgungen bekannt. 1575 befaßt sich eine Generalsynode Gesamt-Hessens auf seine Veranlassung mit dem Komplex. Anlaß ist ein Vorfall im Amt Blankenstein. Hier haben sich eine Mutter und deren Tochter gegenseitig bezichtigt und werden nach Marburg in Haft gebracht.

Der Landgraf erwartet eine Stellungsnahme der Theologen und dabei wird deutlich, wie stark sie vom Irrglauben eingenommen sind. Einer sagt: »das Unwesen der Zauberei nehme in neuerer Zeit so überhand, daß

Landgraf Wilhelm der Weise (1567–92). Unter ihm nehmen die Verfolgungen zu.

man demselben mit aller Macht zu wehren verpflichtet sei ... das Verbrechen läge so offen zu Tage, daß die strengste Bestrafung erforderlich sei: eine christliche Obrigkeit könne ein gutes Gewissen haben.«

1582 befaßt sich nochmals eine hessische Synode mit dem Hexenprozeß. Wir erfahren, daß Wilhelm mit dem Abschied der vorausgegangenen (1575) unzufrieden ist und Prädikanten auffordert, das Volk zu belehren, daß Zauberei niemanden schaden könne, wenn man nicht daran glaube.

1577 fordert er einen Bericht über ein Gespenst an, das sich in Gemünden an der Wohra gezeigt haben soll. Es soll sich um ein schrecklich großes und dickes Tier ohne Kopf handeln, das Frauen gesehen haben wollen. Der Schultheiß kann es richtig stellen:

Landgraf Ludwig IV. von Oberhessen (1567 bis 1604). Aus seinen ersten Regierungsjahren sind keine Fälle von Hexenverfolgungen bekannt.

»es hätten einige Jungen Gras geholt und auf dem Rücken getragen, wobei man nur ihre Sicheln habe sehen können. Es sei der Grund zu dem Gerücht gewesen.«

Der Marburger Rechtsgelehrte Abraham Saur berichtet von einem Fall aus dem Jahre 1582[7]. Hier bekennt die Beschuldigte:

- daß sie Menschen und Vieh bezaubert habe und mit dem Teufel umgegangen ist.
- sie habe Vieh bezaubert und sei auf Hexentänzen gewesen.

Sie wird zum Tod verurteilt und in Marburg gerichtet. Den gleichen Ausgang nimmt der Prozeß gegen eine Marburger Witwe und ihre Töchter. »Die Mädchen habe man verbrannt, weil man in ihnen »Teufelsbastarde« sieht.«

1584 wird in Nidda die Frau des Hieronymus Lupf angeklagt und vor ein peinliches Gericht gestellt, dann aber freigesprochen, was aus einem Bittgesuch ihres 80jährigen Mannes deutlich wird. Einem Schriftwechsel des Jahres 1590 ist zu entnehmen, daß die Frau des Andres Strüdder aus Battenberg der Hexerei beschuldigt ist, worüber ihr Mann in mehreren Schreiben beim Landgrafen Ludwig Klage führt. Ein Jahr darauf wird eine Frau in Kirchhain gefoltert und freigesprochen; sie überlebt, ist aber zum Krüppel degradiert.

Landgraf Ludwig orieniert sich an anderweitigen Hexenverfolgungen. 1595 werden im kurmainzischen Amöneburg Frauen wegen Hexerei eingezogen. Er bittet um eine Darstellung: »ob die Hingerichtete vor ihrem Tode weitere bezichtigt habe.« Aus dem Jahre 1596 sind Unterlagen über Prozesse erhalten. Hier haben sich zwei junge Marburgerinnen von der alten schlecht beleumundeten

Platzelsa

wahrsagen lassen. Sie wurden von Studenten geschwängert und sitzengelassen. Sie meinen, die Alte könne ihnen helfen und bitten sie festzustellen, ob die Studenten gesund seien und wie man sie herbeischaffen könne.

Sie bedient sich des Siebdrehens und entwickelt einen komplizierten Liebeszauber: sie hat sich von einem der Mädchen einen Schuh ihres Liebsten geben lassen und ihn in einem Töpfchen drei Tage gesotten: wobei das Wasser nicht überkochen darf, weil sonst dem Studenten das Herz im Leibe verbrannt wäre!

Dann wird den Besagten der Prozeß gemacht. Der Verteidiger bringt hervor: »daß sie aus Unverstand gehandelt haben und daß die Ordnung von 1572 vorschreibe, daß solche Sünder zunächst von Pfarrherren und Preadikanten verwarnt werden sollen. Wenn es sich als sinnlos erweise, könne man zur Bestrafung schreiten.« Da man ihnen Hurerei vorwirft, werden sie des Landes verwiesen.

Die Platzelsa erreicht das gleiche Schicksal. Sie wird zur Folter verdammt, was zu einem Geständnis führt. Aus dem Geschehen ist zu entnehmen, daß mit ihr die Zaubersche von Hartenrode, die von Grünberg und die von Amönau inhaftiert sind. Es deutet auf eine Häufung der (Hexen)prozesse.

1600 schreitet Landgraf Luwig in einer ähnlichen Sache ein. Er hat von einem Gefangenen im Gebiet des Grafen Johann zu Nassau und Katzenellnbogen erfahren, der sich in einen Werwolf verwandeln könne. Er soll in Anwesenheit des Grafen auf seinen Wunsch hin seine Künste probiert haben. Der Graf läßt ihn wissen: »es sei zwar ein solcher gefänglich eingezogen und zu Rede und Recht gestellt worden, doch sei das Gerücht, daß er sich in seiner Gegenwart verwandelt habe, falsch. Er würde solche in Gottes Wort verbotene Dinge weder gutheißen noch ungestraft lassen.«

Bei dem Inhaftierten handelt es sich um einen Landstreicher, der sich seit 30 Jahren im

Westerwald herumtreibt und seinen Lebensunterhalt damit verdient, daß er den Leuten die Evangelien vorträgt, »daneben aber, wie er aussagt, abergläubische Segen gebrauche[8].« Mit dem Tode Ludwigs IV. fällt Oberhessen an Kassel zurück und damit an

Moritz den Gelehrten
(1592–1627), der 1592 seinem Vater in Hessen-Kassel folgt. Er kann sich dem Trend nicht verschließen. 1597 bezichtigt in Hofgeismar eine vermutlich Geisteskranke, den Bürgermeister des Ortes zu Tode gezaubert zu haben, was sie weiterträgt. Dann hört sie in einer Predigt von der Hexerei und glaubt, daß nur sie gemeint sein könne. In ihrer Not geht sie zum Pfarrer, dem sie vorträgt: »daß sie der tote Bürgermeister nachts verfolge. Man habe ihr geweissagt, ein Hund würde sie beißen ... es wäre kein Ort im Haus, wo sie sicher wäre, sie liefe »auf Balken«, könne aber nirgends bleiben.« Auf Veranlassung des Kanzlers wird das Verfahren gegen sie eingestellt.

1605 wird in der Zent Benshausen bei Schmalkalden, das Hessen untersteht, dem Zauberer

Johannes Köhler
(Stölzelfuß) der Prozeß gemacht. Nach der Folter räumt er ein, Wahrsagerei betrieben und Segensprechen geübt zu haben. Er will vom Teufel Geld erhalten haben, das sich später als Saudreck erweist. Der Teufel sei ihm mit einer schwarzen, spitzen Kappe »wie ein Münch« erschienen. Er wird zum Feuertod verurteilt.

1611 wird ein Wahrsager und Kristallseher in Ziegenhain angeklagt und zweimal gefoltert. Mehrere Soldaten werden in Treysa fälschlich wegen Siebdreherei angegeben. Sie werden 19 Wochen in Haft gehalten und bitten den Landgrafen, daß ihnen von dem Besager für die angetane Schmach Schadensersatz geleistet werde und daß die Beschuldigungen zurückgenommen werden. 1619 wird Johannes Iba aus Friemen wegen Schatzgräberei angeklagt. Aus dem Jahre 1621 hat sich ein Hexenprozeß erhalten. In Ehlen gerät

Gela Stücker
in den Verdacht der Zauberei. Sie soll Vieh behext haben und aus einer Holzbank Butter habe quellen lassen. An Anraten der Regierung von Kassel wird sie entlassen, muß aber Urfehde schwören und Kaution stellen. Wie ist die Situation in Oberhessen? Landgraf

Landgraf Moritz der Gelehrte (1592–1627), der 1592 seinem Vater in Hessen-Kassel folgt.

Georg I.
erläßt eine peinliche Gerichtsordnung, die die Bestimmung enthält: »die Zauberei ist ein gräuliches, sonderbares, göttliches und sträfliches Laster, welches jetziger Zeit fast allenthalben unter den Weibspersonen durch Gottes gerechten Zorn und Verhängnis eingerissen, daher die Beamten mit allem Fleiß inquirieren, alsbald eine Person des Lasters bezichtigt und ein Geschrei erschollen, da es sich befindet, daß eine »publica vox et fama« zur Haft bringen soll.

Nach 1623 findet die Maßgabe für das Gebiet um Marburg Anwendung.

1583 werden 30 Personen wegen Hexerei eingezogen und 17 von ihnen gerichtet, eine begeht Selbstmord, sieben werden des Landes verwiesen und fünf freigelassen. In der Niedergrafschaft Katzenellnbogen werden in den Kirchspielen Ausschüsse zum Aufspüren von Hexen gegründet.

Der Graf von Nassau-Dillenburg (1559 bis 1606) vertritt einen nüchternen Standpunkt und ordnet 1582 an: »in Sachen, die Leib, Leben und der Seele Seligkeit betreffen, nicht liederlich und auf blose Anzeige hin zu handeln. Niemand sei vor eingezogenen Erkundigungen anzugreifen.«

So sieht es auch Johann Dietrich, Begründer der katholischen Lehre in der Grafschaft Wertheim-Löwenstein. Unter der Leitung seines Hofmeisters, Magister Reinhardt, betreibt er Studien in Straßburg. Man bescheinigt ihm: »bedeutendes Wissen, staatsmänische Begabung, großen Scharfblick und reiche Welterfahrung.«

Er schreibt im Juni 1628: »seit meiner Abwesenheit haben sich die anwesenden Herren auf das Hexenwerk gerichtet und wollen mit Ernst an das Brennen gehen. Ich finde, daß man mehr auf wirkliche Verbrechen und sexuelle Ausschweifungen als auf die Teufelsbuhlschaft, das Wettermachen und die Viehhexerei sehen soll.«

Vorfall in der Mädchenschule

1629 kommt es – möglicherweise verzögert durch Kriegswirren – zu einem neuen Entflammen der Verfolgungen. In Marburg findet ein Verfahren gegen ein sechs- oder siebenjähriges Mädchen statt. Es hat Schulkinder lehren wollen, wie man Milch mache und erzählt, dazu brauche man nur ein Messer in die Wand zu stoßen, dann liefe Milch heraus. Ihre Eltern melkten »als« (immerzu) Milch; davon bluteten die Kühe fremder Leute. Wenn man Bienenhonig haben wolle, müsse man ein Holzspänchen in die Wand stechen. Die Lehrerin der Schule auf der Wettergasse zeigt sie an.

Landgraf Georg, dem die Sache berichtet wird, hält das Kind zwar für verdächtig und bedauert, daß sich das abscheuliche Laster nun schon unter der Jugend auswirke. Doch sei sie jung und (so) reiche ihre Aussage weder »ad capturam« noch viel weniger »ad torturam«. Man wisse nicht, ob es wirklich zaubern könne ... da sie im übrigen ausgesagt habe, sie habe es von ihrer Großmutter erlernt, möge man sie vernehmen. Ferner möge man bei Nachbarn fragen, ob deren Kühe plötzlich keine Milch mehr geben, sondern geblutet hätten. Die Mutter soll fleißig auf ihr Töchterchen aufpassen, sie zum Gebet und Katechismus anhalten und ihr nicht gestatten, zur Altmutter zu gehen.« Vermutlich wird das Verfahren eingestellt.

In den nächsten Jahren folgen Prozesse in Frankenberg, Gemünden a. d. Wohra, Wetter und Gelnhausen. In einem Marburger Prozeß hören wir von einem jungen Mann, der ohne Zwang ein Geständnis ablegt, als Zauberer durchs Schwert gerichtet und verbrannt wird.

Georg I. erteilt die Anweisung, möglichst schriftlich zu verhandeln, damit kein Ärgernis entstehe. In dem Zusammenhang werden aus Marburg juristische und theologische Gutachten eingeholt. Die Theologen fürchten für die Seele des jungen Sünders, doch stellen die Strafe der Obrigkeit anheim.

Juristen halten die Todesstrafe für angebracht und sagen: »die Jugend stelle keinen Entschuldigungsgrund dar ... es will bei diesen Dingen Ernst gebraucht sein, daß Gottes Ehr gerettet und dem Teufel sein Reich zerstört, das Bös ausgerottet, gutte Polizei erhalten und Verführung der Jugend verhütet werden.« Der Landgraf bestätigt das Urteil.

1633 wird gegen Christen, Johannsen Schmidts Frau aus Kirchvers, verhandelt, die durch ihren siebenjährigen Sohn bezichtigt worden ist. Auf die gleiche Weise gerät Eila Rohleder aus Willersdorf in den Verdacht der Hexerei. Ihr wird vorgeworfen, den Knaben Zaubern gelehrt zu haben. Eila wird vor ein peinliches Gericht gestellt und gesteht unter der Folter. Nachdem man ein halbes Jahr gegen sie prozessiert, wird sie zur Schwertstrafe mit anschließender Verbrennung verurteilt. Das Urteil wird am gleichen Tag vollstreckt.

Kurz darauf wird gegen die Meierin in Willersdorf Anklage erhoben. Da sich nicht genügend Beweismaterial zusammentragen läßt, wird sie nach Stellung einer Kaution freigelassen.

1636 wird in Wittelsberg Katharina Lutz inhaftiert. Ihr Sohn befreit sie gewaltsam und entführt sie auf das kurmainzische Gebiet. Es stellt sich heraus, daß die Wächter in der Kirche gewesen sind. Im folgenden Jahr wird die Frau des Scharfrichters in Weimar (bei Kassel) wegen wahrsagerischer Künste beklagt und des Landes verwiesen, nachdem man sie an einen Pranger gestellt hat.

Aus den Jahren 1638/39 hat sich einer der umfassendsten Hexenprozesse der Region erhalten. Es handelt sich um das Verfahren gegen

Elisabeth Sack

aus Kirchhain, die von Nachbarn bezichtigt ist. Sie haben nach mehreren Behexungen einen Hexenmeister oder -banner geholt, der sie durch Sackschlagen als Schuldige ermittelt hat. Andere Verdachtsmomente kommen hinzu und sie wird inhaftiert.

Landgraf Georg, dem die Sache vorgetragen wird, weist seine Räte an, ihr den Prozeß zu machen, doch sollen dieselben in diesen Dingen »nicht weniger mit sonderbarer Embsigkeit, ernsten Eifer, als auch mit Behutsamkeit verfahren.« Sie wird einer zweifachen Folter unterzogen, ohne zu gestehen. Ein Versuch des Fiskals, sie zur Wasserprobe zu bringen, wird vom Gericht abgelehnt und die Angeklagte des Landes verwiesen.

Zehn Jahre später hören wir wieder von einem Prozeß, der in Frankenberg und Marburg spielt. Besagt ist die Witwe Else Kegel aus Bottendorf. Sie gesteht, sie könne Läuse, Mäuse und Hinkel (Hühnchen) machen; wäre auf Hexentänzen gewesen und habe dort 20 andere gesehen. Sie wird zum Tod verurteilt und soll nach der Enthauptung verbrannt werden. Es ist der letzte Prozeß, der unter Georg II. stattgefunden hat.

Mit dem Einheitsvertrag im Jahre 1648 kommt der vierte Teil Oberhessens mit Marburg wieder an Kassel; zudem wird ein Großteil der Grafschaft Schaumburg mit Rinteln durch den Westfälischen Frieden zugeschlagen. Eine Wende nehmen die Verfolgungen in Hessen-Kassel unter

Wilhelm VI. der Gerechte (1637–63). Enkel des Landgrafen Moritz. Er gelangt 1637 an die Regierung.

Wilhelm VI. (der Gerechte)

(1637–63), einem Enkel des Landgrafen Moritz, der 1637 an die Regierung gelangt. Er ist neun Jahre alt und seine Mutter, Amalie Elisabeth, übernimmt die Regentschaft bis zu seiner Verantwortung. Aus der Zeit, wie aus den Regierungsjahren ihres Mannes, des Landgrafen Wilhelm V. (1627/29) ist wenig über Hexenverfolgungen zu berichten.

Aus der Zeit der Regentschaft Elisabeths ist nur ein Hexenprozeß bekannt. 1650 werden zwei Kirchhainer Frauen wegen Hexerei bezichtigt; der Ausgang des Verfahrens ist unbekannt.

Unter Wilhelm VI. bricht eine Verfolgungsepidemie aus. »Die 50er Jahre des 17. Jahrhunderts sind mit Hexenprozessen gefüllt. Allein aus dem neuerworbenen Rinteln sind in den Jahren 1654/55 mindestens 20 nachweisbar (siehe dort).

1654 kommt es zu einem Hexenprozeß in Marburg, wobei eine Kirchhainerin zu Tode gefoltert wird. Im gleichen Jahr wird ein Mädchen in Schmalkalden wegen Schatzgräberei angeklagt. 1655 wird in Marburg Elisabeth Seiß aus Kappel gefoltert und aufgrund ihres Geständnisses zum Tod verurteilt. Das Urteil wird von Wilhelm bestätigt, doch weist er das peinliche Gericht an, sie vorher zu strangulieren, falls sie Reue zeige. Ein Jahr später wird am gleichen Ort Katharina Staudinger wegen Hexerei verurteilt und hingerichtet, dann Anna Doerr aus Weidenhausen bei Marburg.

Von 1650/60 sind Nachrichten über rund 40 Prozesse erhalten, womit vermutlich der Zenit erreicht wird. Dennoch setzt sich Wilhelm aktiv für eine Stabilisierung der Rechtspflege ein, was ihm zu dem Beinamen »der Gerechte« verhilft. Er erläßt Vorschriften gegen das Zauberwesen.

Mit seinem Tod ist die Epidemie der Hexenprozesse nicht beendet. 1669 kommt im oberhessischen Dorf Wohra das Gerücht auf, »daß hier wohl kaum drei Menschen wären, die nicht hexen könnten, weshalb es Hexendorf genannt werde.«

1665 übersteht in Felsberg eine Angeklagte die Folter und wird – nachdem sie zwei Jahre im Turm gesessen hat – absolviert. 1668 wird ein junges Mädchen zaubereihalber in Kassel angeklagt und aufgrund eines Marburger Rechtsgutachtens zur Zwangsarbeit verurteilt.

1669 wird einer Jüdin ein Hexenprozeß gemacht, was außergewöhnlich ist. Es handelt sich um

Golda Rubens

Hausfrau aus Treysa. Sie hat ihr Haus angezündet, um auf diese Weise das Dorf anzustecken; zudem will sie sich dem Teufel verschrieben haben. Man bringt sie nach Marburg ins Gefängnis, um sie zu verhören. Sie widerspricht sich des öfteren und bittet um ihre Hinrichtung: »da sie schon im Mutterleib verflucht worden sei.« Der Verteidiger erklärt sie für irrsinnig.

Ein Arzt stellt eine schwere Melancholie fest. Selbst als sie in einem plötzlichen Anfall eines Nachts mit einer Axt auf den Gefängniswärter und seine Kinder schlägt, schickt man sie nicht ins Hospital. Sie wird andern zum Exempel an den Pranger gestellt und des Landes verwiesen.

1673/74 entsteht in Marburg ein Kettenprozeß, in den mehrere Frauen aus Betziesdorf verwickelt sind. 1672 war die 70jährige Katharina Lips angeklagt worden, hat die Folter überstanden und wird gegen Stellung einer Kaution unter Leistung der Urfehde entlassen. Ein Jahr darauf gerät ihre Enkelin,

Ennichen Schnabel

in den Verdacht, mit Gift, das sie vom Teufel erhalten haben soll, einem jungen Mann vergeben zu haben. Von Interesse ist das Verfahren gegen die Lipsin und deren Enkelin. Sie gesteht – wohl aus Angst vor der Folter oder wegen dem ausgeübten Zwang –, daß sie das Zaubern von der Großmutter erlernt hat, die daraufhin mehrfach torquiert wird, ohne zu gestehen.

Nun berichtet man der Landgräfin Hedwig Sophie, die seit 1663 die Regentschaft in Hessen-Kassel führt, über den Prozeß. Sie greift ein, verlangt die Einholung eines Gutachtens und rät zum behutsamen Vorgehen. Nach einer langen Verhandlung werden, vielleicht mitbestimmt durch ein Straßburger Gutachten, die Angeklagten zur Schwertstrafe verurteilt; und doch scheint ein Gesinnungswandel stattgefunden zu haben.

Die medizinische Fakultät (Marburg) bittet die Landgräfin, ehe das Urteil bestätigt ist, um den Körper der Schnabelin nach deren Hinrichtung zu anatomischen Zwecken. Es kommt zu einer literarischen Stilblüte und der Fakultät wird mitgeteilt: »sie sei noch sehr jung und nur durch ihre Großmutter verführt worden, man möge ihr deshalb ein ehrliches Begräbnis nicht versagen und die Fakultät auf einen demnächst sich ereignenden Fall (!) vertrösten.«

Insgesamt ebben die Prozesse wegen Hexerei ab; Urteile werden milder. Zu einem größeren Spektakel kommt es zum Ende des 17. Jahrhunderts. Von 1692–96 wird gegen die Schneiderswitwe Margareta Weiker verhandelt, die vor Prozeßbeginn stirbt. Dennoch weigert sich die Schneidergilde, sie zu Grabe zu tragen; worauf ihnen der Landgraf Karl eine Geldstrafe auferlegt.

Katharina Holzapfel

Ausgangspunkt der Kampagne sind zwei Schulmädchen, ein Arzt, der Schultheiß und Besager. Es reicht, um eine Unschuldige aus der christlichen Welt zu schaffen. 1657 meldet der Schultheiß dem Landgraf Hermann von Rothenburg: »daß in der Schule von Eschwege zwei Mädchen erkrankt und ein drittes gestorben sei, nachdem sie von einem Butterweck gegessen, den ein Mädchen in die Schule gebracht (habe).«

Schon fällt der Verdacht auf eine unnatürliche Krankheit. Man besinnt sich der Katharina Holzapfel. »Da sie in Güte nicht gestehen will,« wird sie der Tortur unterzogen. Sie bittet den Gefängnishüter, der Mutter zu bestellen, sie soll sich aus dem Staub machen, weil sie auf der Folter ihren Namen gesagt.« Er hinterbringt es und nun werden sie und die jüngere Schwester Maria eingezogen. Die Mutter bringt vor: »daß sie ihr nicht das Hexen, sondern das Beten beigebracht habe.« Die Folter bringt das Geständnis:

- Sie habe von ihrer Mutter das Hexen auf einem Misthaufen gelernt; dabei habe sie eine große Sünde getan und es täte ihr herzlich leid.

Der Kläger stellt den Antrag: »da die Inquirierte eine Hexe sei und also vermög Kaiser Karl peinlicher Halsgerichtsordnung mit der ordinary Straf mit dem Feuer vom Leben zum Todt zu strafen und hinzurichten sei.«

Beide werden Ende Oktober 1657 auf dem Marktplatz von Eschwege abgeurteilt. Die alte wird auf einem Karren gefahren, auf der Richtstätte entkleidet, auf den Holzstoß gelegt und mit Stroh bedeckt. Die junge geht alleine ihren letzten Weg. Sie bittet darum, enthauptet zu werden, was man ablehnt. Daraufhin werden sie vom Scharfrichter erdrosselt und dann lodern die Flammen des Scheiterhaufens in den christlichen Himmel[15)].

1670–71 findet ein Prozeß gegen ein »von bösen Geistern besessenes 13jähriges Mädchen« aus Eschwege statt. Es handelt sich um die Tochter von Johann Holzapfel. Sie bezichtigt angesehene Bürger der Zauberei. Da ein »böser Zauber« aus ihr zu sprechen scheint, sucht sie ein Lohgerber mit den Worten: »ich beschwöre dich mit der heiligen Dreifaltigkeit, wen in der Stadt Eschwege hexen kann, zu bannen.«

Else Dietz

soll mit dem Teufel in Verbindung stehen und Vieh bezaubert haben. Sie ist 80 Jahre alt und sagt: »sie habe die Kunst, Läuse und Flöhe zu machen, vor 40 Jahren von Christs Bela aus der Bunstruh gelernt, aber sie habe die Kunst wenig gebraucht. Sie habe lediglich ein bisschen Milch gezaubert.«

Hier setzen sich der Schultheiß und Verteidiger für sie ein: »man müsse nicht immer gleich zur Todesstrafe eilen, um eine Seele zu retten, soll man fleißig beten.« Die Obrigkeit läßt sich nicht erweichen: »es sei besser dem, der ein Kind verführt, einen Mühlstein um den Hals zu hängen und ihn im Meer zu ersäufen, wo es am tiefsten ist.«

Ein verfängliches Zitat der verfälschten christlichen Bibel[16)]. Nun wird das Urteil gesprochen:

»hierauf erkennen Richter und Schöffen des hohen peinlichen Halsgerichts auf geschehene Anklage und erfolgte lites conestatio und gerichtlichem Bekenntnis, auch anderer sowohl schriftlicher wie mündlicher Verbringung zu Recht, daß die peinlich Befragte zur wohlverdienten Strafe und anderen zum abscheulichen Exempel, auf einem Karren zur gewöhnlichen Richstatt zu führen und mit dem Schwert vom Leben zum Tod zu richten und zu verbrennen ist[17)].«

Der letzte Hexenprozeß in Hessen-Kassel spielt in den Jahren 1710/11. Eine nahezu 80jährige wird um diese Zeit nach Marburg im Schloß inhaftiert. Der Kläger fordert ihre Folter. Sie bekennt: »es gäbe wirkliche Zauberer und Hexen und man möge sie der Wasserprobe unterziehen.«

Juristische Aspekte

Auch hier ist oft die Basis eine unüberlegte oder gezielte Beschuldigung. Von Schultheißen oder Ortsvorstehern eingehende Berichte werden in der Regel zur Grundlage. Um 1640 sind der Kirchhainer Schultheiß Ditmar Plat und dessen Nachfolger Henrich Scheffer (um 1650) eifrig. Dann werden Indizien zusammengetragen und nun – in der Regel – beginnt die Leidenszeit der Besagten.

Auch in Hessen gab es einige Hexentürme (?). Dazu zählen der in Gelnhausen, ein Gefängisturm in Bergen (bei Hanau) über der Oberpforte der Ringmauer. Der 1415 als Befestigungsanlage erbaute »Druselturm« in Kassel mag dazugezählt werden, wie einer in Eschwege und der »Grau Turm« in Fritzlar. Wahscheinlich auch der Hexenturm in Schweinsberg. 1478 wird der Marburger (Hexen-) als Befestigungsturm erbaut: es ist fraglich, ob er als Gefängnis gedient hat. Aussagen von Häftlingen weisen in die Richtung. So sträubt sich Eila Rohleder aus Willersdorf: »daß man sie in das Bürgergefängnis bringen wolle.«

Gefängnisse

Praetorius gibt in seinem Buch *Von Zauberey und Zauberern* eine plastische Schilderung der damaligen Haftanstalten:

»In dicken starken Türmen, Pforten, Blockhäusern, Gewölben, Kellern, oder sonst tiefen gruben sind gemeiniglich die Gefängnussen. In denselbigen eind entweder grosse dicke Hölzer 2, oder 3 übereinander, dass sie auf und nieder gehen an einem Pfahl oder Schrauben; durch dieselben sind Löcher gemacht, dass Arme und Beine daran liegen können.

Wenn nun Gefangene vorhanden, hebet oder schraubet man die Hölzer auf, die Gefangenen müssen auf ein Klotz, Steine oder Erden niedersitzen, die Beine in die unteren, die Arme in die oberen Löcher legen. Dann lässet man die Hölzer wieder fest auf einander gehen, verschraubt, keilt und verschließt sie auf das Härteste, dass die Gefangenen weder Arme noch Beine nothdürftig gebrauchen noch regen können. Das heisst im Stock liegen oder sitzen.

Etliche haben grosse eisern oder hölzern Kreuze, daran sie die Gefangenen mit dem Hals, Rücken und Beinen anfesseln, dass sie stets und immerhin entweder stehen, liegen oder hangen müssen, nach Gelegenheit der Kreuze, daran sie geheftet sind.

Etliche haben starke eiserne Stäbe, fünf, sechs oder sieben Viertel Ellen lang, daran an beiden Enden eisern Banden sind, darin verschließen sie den Gefangenen an den Armen hinter den Händen. Dann haben die Stäbe in der Mitte große Ketten in der Mauern angegossen, dass die Leute stets in einem Läger bleiben müssen.

Etliche machen ihnen noch dazu grosse, schwere Eisen an die Füsse, dass sie die weder ausstrecken, noch an sich ziehen können. Etliche haben enge Löcher in der Mauren, darin ein Mensch kaum sitzen, liegen oder stehen kann, darin verschließen sie die Leute ahngebunden, mit eisernen Thüren,

Hexenhammer, 1520. D. i. Heinrich Institoris/ Jacob Sprenger, Malleus maleficarum maleficas et carum heresim ut phramea potentissima contereus. Paris, 1520.

daß sie sich nicht wenden oder umkehren können.

Etliche haben 15, 20, 30 Klafter tiefe Gruben, wie Brunnen oder Keller aufs allerstärkst gemauert, oben im Gewölbe mit engen Löchern und starken Thüren oder Gerembsten, dadurch lassen sie die Gefangenen, welche an ihren Leibern sonst nicht weiter gebunden, mit Stricken hinunter, und ziehen sie, wenn sie wollen, wieder herauf. Nachdem ist nun der Ort ist, sitzen etliche Gefangene in grosser Kälte, dass ihnen auch die Füsse erfrieren und abfrieren, und sie hernach, wenn sie loskämen, ihr Lebtage Krüppel sein müssen. Etliche liegen in stäter Finsternis, dass sie der Sonnen Glanz nimmer sehen, wissen nicht, obs Tag oder Nacht ist.

Sie alle sind ihrer Gliedmassen wenig oder gar nicht mächtig, haben immerwährend Unruhe, liegen in ihrem Unrath und Gestank, viel unflätiger und elender, denn das Viehe, werden übel gespeiset, können nicht ruhig schlafen, haben viel Bekümmernis, schwere Gedanken, böse Träume, Schrecken und Anfechtung. Und weil sie Hände und Füsse nicht zusammenbringen, und wo nötig hinlenken können, werden sie von Ungeziefer und Mäusen, Steinhunden und Mardern gar übel geplagt, gebissen und gefressen. Werden überdies noch täglich mit Schimpf und Dräuung vom Stöcker und Henker gequälet und schwermüthig gemacht.

Summa, wie man sagt, alle Gefangenen sind arm. O ihr Richter, was machet Ihr doch? Was gedenket ihr? Meinet ihr nicht, daß Ihr schuldig seid an dem schrecklichen Tod Eurer Gefangenen?«

Ein Ungenannter gibt Graf Philipp ein Gutachten ab und sagt: »Nach § 218 der Halsgerichtsordnung müßten Bösewichte in Haft genommen werden. Doch soll man sie nicht in dunkle Türme sperren, wo der Teufel als Engel der Finsternis die Herrschaft habe. Es sei vor Gott nicht zu verantworten, denn dort würden die Hexen von ihm bestärkt, nichts auszusagen, sondern wollten lieber sterben. Man müsse sich vor den Fallen des Teufels hüten. Oft brächten die Torturen falsche Aussagen.«

Einigen gelingt die Flucht. Elisabeth Möllers aus Groß-Seelheim kann »durch den Unfleiß der Wächter« entkommen.

Rechtsgang

Hat man genügend Material zusammen, kann das Verfahren beginnen. Richter war in der Regel der Schultheiß, in Marburg gewöhnlich der Oberschultheiß. Schöffen sind ihm untergeordnet. Der Gerichtsschreiber ist bei allen Handlungen des Peinlichen Gerichtes anwesend. Richter, Schöffen und sie werden auf das kaiserliche und hessische Recht vereidigt.

Manchmal ist dem Gerichtsschreiber ein Adjunctus beigegeben, der die gleichen Aufgaben hat. Im Prozeß gegen Maria Peter aus Marburg (1657/60) ist eine Eidformel festgehalten[9].

Üblicherweise findet die Gerichtsverhandlung auf dem Marktplatz statt. So wird am 25. November 1648 auf dem Marburger Markt über die Hexe von Bottendorf Gericht gehalten. Im Rinteler Prozeß gegen Anna Meyer (1655) erfahren wir, daß das Halsgericht auf dem öffentlichen Markt gehalten wurde; vereinzelt auf Tanzboden[10]. In der Regel steht ein Defensor zur Verfügung.

Am 29. November 1680 verhandelt der Marburger Rat mit dem Scharfrichter Christoph Döring über die Neufestsetzung seiner Bezüge. Sein Status ist miserabel. So beschwert sich am 23. August 1682 bei seinem Tode der Totengräber Paul Peter darüber, daß ihn sein Gesinde zu Grabe tragen und er es machen solle.«

Spottbild auf einen prozessierenden Bauern, dessen Rechtshandel jahrelang verschleppt wurde, ausgehendes 16. Jh.

Das Hauptverfahren wird formelhaft eröffnet[11]. Die Klageschrift ist in der Regel umfangreich. Hier geht man auf den Leumund der Bezichtigten ein und erwähnt u. U., daß bereits deren Mutter als Hexe beschrieen oder verbrannt worden sei. Es kommt vereinzelt zu Verschleppungen. Zeugenvernehmungen wird Gewicht beigemessen[12].

Am Schluß der Vernehmung des Einzelnen wird er gewöhnlich mit der Auflage des Schweigens entlassen. Und doch kommt es zu Ungerechtigkeiten, denn obwohl

Kinder als Zeugen

nicht herangezogen werden dürfen, betrachtet man die Hexerei als »delictum exeptum.« Christen Johansen Schmidts Frau aus Kirchvers (1633) wird von ihrem siebenjährigen Sohn bezichtigt: »er sei mit ihr zu den Hexentänzen im Himmel, in der Hölle und auf der Sonne gewesen.« Er erzählt es Mitschülern und diese zu Hause. So erfährt es der Pfarrer, der anzeigt: »sie wäre mit einem mit schwarzen Fett eingeriebenen Besen durch den Schornstein gefahren ... beim Tanz seien schwarze und rote Hündlein mitgehüpft.« Der kleine Christian erzählt, »daß seine Mutter nach dem Teufelsmahl das goldene und silberne Geschirr gewaschen habe.«

Im Prozeß gegen Eila Rohleders ist es ein Siebenjähriger, der behauptet: »seine Pflegmutter habe ihn mit Schlägen gezwungen, Jesus Christus abzuschwören und habe ihn Zaubern gelehrt. Er sei auf einem Strick mit ihr zum Tanz auf den Gromberg gefahren und habe dort mit einem kleinen mettgen getanzt.«

Seine Buhle (!) hätte Gretha geheißen. Mit Gaukelsamen, den sie von Teufel erhalten, habe die Eila Vieh und Menschen, u. a. Ihren Mann bezaubert. Er hielte sie für schuldig und falls er groß wäre, würde er sie totschlagen, weil sie ihm das Zaubern gelehrt ... auf seine Aussage wolle er leben oder sterben.« Daraufhin wir sie gefoltert und zum Geständnis gezwungen.

Im Prozeß gegen Else Kegel aus Bottendorf (1648) wird ein zehnjähriger Junge vernommen, dem die Beschuldigte zaubern gelehrt haben soll. Unter Anwendung der Folter werden Zeugenaussagen erhärtet, wie im Prozeß gegen Frau George aus Kirchhain (1654). Hier wird eine 70 Jahre alte Zeugin gefoltert.

Rechtsbelehrungen werden eingeholt. Schwerpunktmäßig agieren Marburger oder Straßburger Juristen, bzw. Theologen. 1595 werden drei Frauen auf Gutachten der Jenaer Rechtsgelehrten gefoltert und verbrannt. Der Wortlaut des Gutachtens hat sich erhalten[13]. Hessische Bamte halten das Strafmaß für zu hoch, zumal Schadenzauber nicht nachweisbar ist und deshalb bemühen sie sich parallel um ein Marburger Gutachten. Meist finden wir in den Protokollen Marburg, Gießen oder Rinteln erwähnt.

In dem 1673 zu Marburg verhandelten Prozeß gegen Ennichen Schnabel aus Betzisdorf wird auf Anordnung der Landgräfin Hedwig Sophie in Straßburg ein Gutachten eingeholt: vielleicht weil sie um Neutralität bemüht ist.

Im Verfahren gegen Maria, Frau des Henrich Peter aus Marburg (1657/60) hat der Fiskal aufgrund mehrerer Aussagen von verurteilten Hexen die Folter beantragt.

- Henrich Seippens Frau hat 1655 gesagt: »daß die Angeklagte an den Tänzen bei der Herrenmühle, in der Nähe Kappels und bei Ockershausen als Königin teilgenommen habe.«
- Im gleichen Jahr hat Kurt Klein Wittib auf der Folter erklärt: »sie wäre auf dem Tanz am Steinweg beim Mönch-kompff gewesen.«
- Anna Dörr hat 1656 die Angeklagte Hexenkönigin genannt und gesagt: »sie wäre in

deren Keller öfters zu einem guten Trunk gewesen.«

- Endlich hat die Staudingerin im selben Jahr erklärt, daß die Peter auf dem Tanz bei Bauerbach gewesen sei.

Die Gießener Juristen beziehen einen vernünftigen Standpunkt und tragen vor: »die peinliche Frage sei an und für sich selbsten, bevorab da nicht alle dazu gehörige Umbstände reiflich erwogen werden, ein sehr gefährliches Werk, so dem Angeklagten zu unersetzlichen Schaden, dem Herrn Richter selbsten zu großem Nachtheil ausschlagen und erreichen kann ... die Zeugnisse hingerichteter Hexen würden nichts besagen. Richter würden durch deren teuflische Arglist oft getäuscht, Unschuldige dadurch zum Tode verdammt und das Vaterland mit unversöhnlicher Blutschuld beladen, wie die Erfahrung lehre ... man würde von der Folter abraten ... in reiflicher Erwägung, daß einer christlichen Obrigkeit in solchen wichtigen Fällen fürsichtiglich, behutsamb und bescheidentlich zu verfahren obliege.

Folterpraktiken

Ist die Entscheidung für die Anwendung der Folter gefallen, wird sie praktiziert. Vermutlich werden (nach Liebelt) die Delinquenten in der Regel nackt gefoltert. Manchmal wird gesagt: »sei die Beklagte vom Meister zur Seite genommen, ihr die Haare abgeschnitten oder abgesengt worden.«

Bei der 1655 angeklagten Elisabeth Seipp aus Kappel stellt man fest: »daß sie keine Haare unter dem Arm hat,« was der Scharfrichter für ein Stigma erklärt. Im Falle der 17jährigen Ennichen Schnabel (1673) handelt es sich um eine Blatternarbe, was durch eine ärztliche Untersuchung festgestellt wird, worüber sich ein Gutachten erhalten hat[14)].

So stellt im Prozeß gegen Anna Doerr aus Marburg (1655) ein Arzt fest: es hätte eine Hexe jemanden das Mark aus den Knochen genommen; er dürfe ihren Namen nicht nennen, das sei vom Fürsten verboten. Im Verfahren gegen Elisabeth Becker aus Marburg (1656) hat ein Arzt schwarze, braune und rote Flecken auf der Brust eines Kindes für Hexenwerk diagnostiziert, obwohl der Bader Fleckfieber erkennt. Es sind Beispiele für den gängigen Aberglauben unter hochrangigen Medizinern.

In Folterkammern wird Weihrauch verwendet oder Delinquenten gezwungen, während der Folter Gebete zu sprechen. Aus der Region haben sich einige

Folterprotokolle

erhalten. 1638 wird Elisabeth Hans Sacks Frau eingezogen. Im Verbund mit ihren Folterungen wird im Dezember 1638 festgeschrieben:

»Hieruff ist der Beklagtin der bescheid nochmals vorgelesen und daruff dem Meister die Examination mit ihr zu vollziehen anbefohlen, auch ernstlich treulich erinnert, die Wahrheit auszusagen, sagt, sie sei keine Hexin, sie wollt sich sonst nicht martern lassen ... Woruff ihr die Schrauben uff das rechte Bein gesetzet, sagt: »sie könne nautt (nichts) und wenn sie was könnte, so wollte sie es sagen, und hat kein Wasser geschrieen (nicht geweint).«

Hieruff ihr weiter zugeschraubet, rufet »mein Arm« ... geklopfet, sagt, »sie könne nichts«, hieruff ferner zugeschraubet, sagt sie »könne nicht oder gebe Gott, daß sie nimmermehr allda abkommen; wenn sie was könnte, wolte sie es sagen,« schreit ganz kein Wasser, weiter zugeschraubet, rufet »au au und saget, sie könne neut, sie kann es doch nicht«

Schließlich hat sie ganz still geschwiegen und gelegen, als wenn sie schlafen täte, völlig zerschunden und schwach, hat sie »in dem Uffziehen nichts gerufen, sondern ganz still geschwiegen, der Meister ihr mit Gewalt das Maul uffgetan, fragend, ob sie bekennen wollt. »Nein,« und hat sich gestellet, als daß solche Schmerzen nicht empfinden täte, hat nichts antworten wollen, endlich uff vielfältiges Zureden sagend, Gott sei ihr Schützer und Geleitsmann.«

Gefraget, warum sie nicht schwatzen täte, wann sie uffgezogen würde, da doch die Marter größer sei als vorhin, antwortet nichts, und wann sie heruntergelassen wird, so fänget sie an zu reden ... Woruff sie ernstlich erinnert, die Wahrheit zu sagen, wo nicht, wolle man morgen stärkere Mittel an Hand nehmen. Sagt, »so müßte sie es Gott befehlen.« Ist daruff Beklagtin wiederumb deponiert und von den Herren subscribiert worden.«

Dabei läßt man es nicht bewenden und entscheidet sich für die Vornahme einer zweiten Tortur. Nochmals wird sie vom Oberschultheißen ermahnt, Gott die Ehre zu geben und die Wahrheit zu sagen. Unter Schmerzen schreit sie:

»Au. Ach du lieber Gott, ich armes Kind ... was soll ich sein, daß mich Gotts tausend Sakramente schändet« (worauf sie vom Meister eine Maulschelle erhält). Sie wird noch zigfach im Namen des gütigen Christengottes aufgezogen:

»rufet au au au au, der böse Feind hätte mit ihr nichts zu schaffen, wisse nichts zu sagen, als von dem lieben Gott,« Ihr ferner zugeschraubet, rufet au au au, rufet ganz stark, sie wüßt von nautt, was sie arme betrübte Frau sagen sollt ...

Ist sie abermals etlich mal geschnellt worden und gebeten, man wollte sie ruhen lassen. Ist sie ein wenig abgelassen und uff den Stuhl gesetzt, ist ihr von den Meistern stark zugeredt worden, sagt sie: »ach ihr gute Herren und Richter, meinet Ihr, daß ich mich also peinigen lassen wollt, wenn ich eine Hexin sei?« Dann die Meister ihr zugesprochen, sie sollte sagen: »Du Teufel, du bist ein Schelm und was sollt ihn schelten. Sagt, »er mag ein Dieb und Schelm sein, was es sie scherete.«

Jetzt droht man ihr, sie mit Feuer zu brennen. Nun wird sie wieder aufgezogen: »Hieruff ihr die Haarn unter dem Arm abgebrannt, rufet »au au au, Herr Oberschultheiß, tut mir nicht zuviel, über acht Tag tut mir wieder soviel!«

Die Meister ihr zugeredt, sie sollte den Anfang machen, hat sie dieselben mit harten Worten angebellet. Ist ihr zugerufen – indem man das Vaterunser geläutet – dasselbe zu beten, hat sie solches in dem Henker von Worten zu Worten rezitiert ... als sie am Seil gehangen, saget: »Daß es Gott erbarme, daß Ihr mir so große Schalkheit tut, rufet au au au.«

Unterdessen ist der Strick im Votieren, so achtfältig, entzweigesprungen, ohnerachtet der Meister sie daran nicht gezogen noch sie geschnellt, und ist entzwei gewesen, als wann es mit einem Messer geschnitten sei, und sie heruntergefallen und nicht einmal au gesagt ... Nach diesem haben die Herren votiert, erkannt und geschlossen, daß dem publizierten Bescheid ein Genüge geschehen sei und haben sich subscribiert und Beklagtin reponiert worden. Actum ut supra (6 Unterschriften). 1654 wird

Elisabeth Georges

Hausfrau aus Kirchhain in Marburg dreimal durch die Scharfrichter Meister Zacharias und Christoph Döring gefoltert. Ihr Jammern ist erschütternd.

»Wen ich etwas könnt, wollt ichs sagen, ich weiß doch nautt, ich weiß doch nautt« ... Ruft: »Ach Ihr Herren, Ihr Herren, tut mir Unrecht, von keinem Menschen weiß ich nichts,« ruft au au; ach ich weiß doch von nautt, ich weiß nautt, ach ihr Herren, tut Sünde! Ach du lieber Herr Christus! Wenn ich etwas wüßte, so wollt ichs sagen, ich weiß doch nautt, ach Ihr Herren, wan ich was wüßte ... Von keiner Zaubersche weiß ich, mit Eckhard habe ich das Unglück (sie hat mit ihrem Schwager einmal Unzucht getrieben, das ist alles, was sie gestehen kann).

Ach du, lieber Herr, hilf doch, ich will sagen, wann ich etwas wüßte ... Ach du lieber Herr Christus, der liebe Herr Christus im Himmelreich. Ach du himmlischer Vater ... ach die Herren tun eine Sünd, die in den Himmel ruft: Schließlich ist es zu Ende gewesen.

»Uffgezogen, geschraubt, hat angefangen zu schlafen in der Elevation, Ist uff den Stuhl gesetzt, hat fortgeschlafen ihren Hexenschlaf. Weil nichts auszubringen gewesen, ist sie votu relaxieret und dem Bescheid ein Genügen geschehen eracht worden.«

1837 schreibt ein Geistlicher (?), dem das Dokument unter die Hände kommt, darunter: »Der Herr nehme die Arme zu Tode Gequälte an und helfe ihr zu einer fröhlichen Auferstehung. Er erbarme sich ihrer Ankläger, Richter und Peiniger und bewahre diese, um seines Blutes willen, am Kreuz vergossen, vor der ewigen Verdammnis – geschrieben einhundert drei und achtzig Jahre nach den Ereignissen.«

Ihr Körper wird auf fürstlichen Befehl »unter der Justiz« begraben. Im Prozeß gegen die Frau des Kord Volte in Rinteln (1654) heißt es: »Ist mit der Tortur ferner stillgehalten und ad carcerem wieder gebracht: ein Stunde danach ist sie gestorben. Wie nun aber der Körper den andern Morgen, den 1. Februar, von H. Hering, dem Scharfrichter, in Beiwesens Hans Wisels und Henrich Claußings besichtiget, hat sich befunden, wie Hans Wissels referieret, daß der Hals ist umbgedreht und weich gewesen.« 1673 wird in Marburg

Katharina Lips

gefoltert. Doch hat sie die mehrfache Folter überstanden, was vor allem Soldan dokumentiert. Der Aktuarius gibt folgende Aufzählung der vorgenommenen Folterarten. »Der Lipsin seind zweimal die Hände angeseilt, einmal die Zehen angeseilt, einmal die Haare abgeschnitten, viermal ist sie aufgezogen, sechszehnmal seind ihr die Schrauben ahn- und aufgeschroben, daß sie auch nicht wieder aufgeschroben werden könne.«

Dennoch beschließt man ihre erneute Folter: »bald wie ein Hund gebollen, bald wie ein Jäger sich hören lassen, auch das Maul verschiedene Malen fest zugehalten, daß man ihr solchs habe mit Instrumenten aufbrechen müssen.«

Nach dem Informationsstand Soldans wird sie des Landes verwiesen. Es ist so unrichtig wie die Feststellung Breudens, daß »die an vielen Gliedern gebrochene Frau nach der zweiten Folterung nach Hause gebracht worden sei, wo sie nach einigen Tagen verstorben ist.

Tatsache ist, daß sie mit ihrer Enkelin verbrannt wird. Die Hinrichtung der jungen Schnablerin soll am 8.5.1674 erfolgt sein. Die jugendliche Sünderin habe bis zu ihrem Tode allabendlich Sterbelieder gesungen.

1591 bittet Reiz Hering aus Kirchshagen (Kirchhain) den Johann Leineweber ebenda zum Schadenersatz anzuhalten, da er sein Weib Eila der Zauberei bezichtigt habe. Nachdem sie vor ein peinliches Gericht gestellt und gefoltert worden sei, würde sie die Tortur ihr Leben lang nicht verwinden, sondern stets ein Krüppel bleiben.« Im Prozeß gegen

Eila Rohleder

aus Willersdorf (verhandelt 1633 zu Marburg und Gießen) hat die Beklagte nach langem Leugnen (!) auf der Folter bekannt. Einen Monat später wiederruft sie. »Sie habe es nur aus Forcht der Tortur gesagt.«

Als sie am nächsten Tag wieder »in der Güte« verhört wird, antwortet sie: »Sie hätte zwar mit ihm im Keller zu schaffen gehabt, aber Gott hätte sie nicht abgesagt; und daß sie in Marpurgh bei der Tortur, als ihr ein Eisen an ein Schienbein vom Meister Jonaßen, dem Scharfrichter, so hart angelegt worden, daß sie Gott abgesagt hätte, bekannt, daß sei aus grobem darob empfundenen Leibschmerzen und noch vor Forcht weiteren Torquierens geschehen. Denn das Bein ihr noch so wehe tue, daß sie nicht wohl darauf treten könne. Auch was sie ferner damals bei solcher Tortur (denn sie das Eisen anlegend ans Bein für die Tortur gehalten) ausgesagt, sei alles aus Forcht geschehen, wenn sie keine Zauberin sei, habe auch niemals einigen Menschen die Zauberei gelehret, viel weniger jemand Schaden dadurch zugefügt, wollte derwegen darauf leben und sterben. Was sie zu Marpurgk bekannt, das alles nicht wahr sei. Aber bei diser itzigen Aussag wollte sie verbleiben.«

NB: Als sie, Eulalia, diesmal wiederumb naher dem Gefängnis geführt werden sollen, hat sie sich vor uns drei Personen hören lassen, wenn sie wiederumb auf die Tortur oder Eisenanlegung erkannt werden sollt, so müßte sie doch solches wiederumb gestehen, was sie zu Marpurkh bekannt; das doch nicht wahr wäre, denn sie die Schmerzen nicht ausstehen könnte. Sie wird zum Schwert verurteilt und hingerichtet. Eigentlich sind alle

Hexenproben

umstritten. Sie haben ihre geistige Grundlage in alten Ordalen, als die Menschen eng mit der Natur verbunden sind und sich Naturreligionen abspalten.

Gewisse Bedeutung erlangt die Wasserprobe. So bittet man im Prozeß gegen Andres Strüdder und seine Frau aus Battenberg (1590): »daß man sie vollziehen möge.« Im Stammland Hessen muß sie selten gewesen sein; dokumeniert ist sie im Verfahren der in Felsberg eingezogenen Witwe Metze Gerlach. Allerdings ist hier der Schriftwechsel zwischen Landgraf IV. und Camerarius in Erinnerung zu bringen. Der Landgraf läßt wissen:

»er könne die nach dem Beispiel benachbarter Obrigkeiten in Hessen beliebte (!) Wasserprobe nicht ganz verwerfen; doch wenn er gleich nicht verstehe, wie es zugehe, daß solche Zauberinnen nicht untergingen, so schienen ihm doch auch ihre verübten Gaukeleien übernatürlich; es gebe noch mehr Geheimnisse, wie die Wirkungen des Magnets, die er Gott anheimstelle.«

Rommel erwähnt den weiteren Fall eines freiwilligen Hexenbades *(Seiberts Chronik)* »Als im Jahre 1596 in Kassel eine Frau der Zauberei beschuldigt, mit einem Pelz angetan, freiwillig in die Fulda sprang, und, aller ihrer Bemühung ohngeachtet, nicht unterging, ward sie mit dem Schwert gerichtet.«

Unter den Gelehrten ist die Frage strittig; manche sehen darin eine Versuchung Gottes. Ein Ankläger meint: »sie sei ein adiaphorum (weder gut noch böse), ein natürliches Mittel und darum nicht abzulehnen.«

»wie man dafür hält, daß die Unholten ad Conventus nocturnos auf Besen und Bökken, gläsernen Kutschen vom Teufel transferiret werden und sonsten andere Ding verrichten, welche wir mit der Vernunft schwerlich begreifen können, aber demnach in der Natur begründete Ursachen et physikos rationes, so dem Teufel, als einem alten Physico, besser als uns bekannt seind, haben; die Hexen auch selbst, wie die Experienz gibt, nicht anders dafür halten, wann sie auf dem Wasser gesetzt werden, daß sie nicht untergehen; auch etwan von ihrem Buhlen beredet werden, er wolle ihnen einen Stab Eisen in die Hand geben, der sie unterdrücken soll, und da sie emporgeschwummen, nach der

Schwemme eine Nadel in die Hand funden. Da sie nun selbst in dem Gedanken stehen, selbst nach ausgestandener proba ohne Folter und Pein vielfältig und gemeiniglich bekennen.«

Auffallend scheint, daß etliche Bezichtige die Wasserprobe fordern; möglicherweise um der Folter zu entgehen. Die 1673 angeklagte Schnabelin hat eine Reihe junger Mädchen bezichtigt. Fast alle von ihnen haben »uffs Wasser begehrt«, noch ehe ihnen der Prozeß gemacht worden sei.

Häufiger wohl wird in Rinteln zur Wasserprobe gegriffen. So heißt es im Prozeß gegen die Ehefrau Flacke (1654): »Demnach ist die Flackesche nach dem Wasser gebracht und darin dreimal, als zweimal gebunden und einmal losgelassen, und hat allemal geschwommen.«

Einen letzten Hinweis auf die Wasserprobe findet sich 1711 auf hessischem Boden, wo die angeklagte Eliabeth Hayn aus Geismar um die Vornahme des Hexenbades bittet.

Festnahme, Verhör und Hinrichtung von sogenannten Hexen. Hier wird die »Wasserprobe« demonstriert. Hände und Füße der Delinquentin werden zusammengebunden, danach wird sie mit einem Seil ins Wasser geworfen. Ging sie nicht unter, wurde sie als Hexe angesehen.

Urteilsfindung

Eila Rohleder wird zum Tod durch das Schwert und anschließende Verbrennung verurteilt. Das Urteil lautet: »In peinlichen Sachen fürstl. hess. Fiskalis ex officio Amptsankläger in einem entgegen und wider Eylen, Johanna Rohlederin Hausfrau zu Willersdorf, Ampt Frankenberg, peinl. Beklagtin anderentheils erkennen Richter und Schöpfen des hohen peinlichen Halsgerichts allhier, ihren Abfall von Gott und anderer in actis benannte Übeltat belangend, nach gehörter Anklag, daruff erfolgten litis contestation gegeben Antwort, abgehörten Beweis und Gegenbeweisnus, getaner und ratifizierter Urgicht, wie auch allem Vortragen und getanen Rechtssatz zu recht, daß ... Btin derer in actis angezogenen und gestandener Mißhandlung halben, ihr selbst zu wohlverdienter Straf, anderen dergleichen bösen Leuten aber zum abscheulichen Exempel ernstlich mit dem Schwert vom Leben zum Tod hinzurichten, hernacher auch den Körper mit dem Feuer zu verbrennen, inmassen den Richter und Schöpfen dieses hohen peinlichen Halsgerichts p. Btin Eulyn, darzu, wie obstehet, mit diesem ihren Rechtsspruch condemnieren und verdammen von Rechts wegen.

Publicatum Gießen, den 2. Decembris Ao. 1633.«

Wo die einzelnen Hinrichtungen stattgefunden haben, läßt sich schwer feststellen. Für Marburg werden genannt: »auf dem Galgen unter Spiegellust«. Hier soll 1648 ein Verbrecher aufs Rad geflochten worden sein. Dann wird genannt: »auf der Richtstätte am Ortenberg«.

Der Delinquent weiß in der Regel drei Tage vor seiner Hinrichtung, was auf ihn zukommen wird. Jetzt werden Geistliche zu den Delinquenten gelassen, die sie zu trösten haben. Es ist ein wahrhaft teuflischer Schluß. Erst werden sie unter klerikalem Einfluß verketzert, gefangen und gefoltert und dann werden sie von den gleichen Klientel getröstet!

Häufig ist es so, daß eine Anzeige des Dorfpfarrers ein Verfahren in Gang setzt. Hier wird oft der Bürokratismus spürbar, indem einzelne Regionen um die Zuständigkeit hadern!

Seltener sind Strafen auf Landesverweisung und Staupenschlagen; noch seltener Arbeitstrafen vor allem für weibliche Gefangene und sehr selten sind Geldstrafen. 1676 wird in Abterode bei Eschwege der Kristallseher Hans Geörge Merckell, der Glücksmännchen verkauft hat, zu 1 1/2 Jahren öffentlicher Arbeit und 25 fl. Strafe verurteilt. Freisprüche sind noch seltener; Haftentlassungen werden in der Regel umgangen. Aus dem Jahre 1660 hat sich ein Kautionsschein erhalten, durch den sich drei Bürger aus Marburg zur Leistung der Sicherheit und zu »Sistierung der Beschuldigten auf Erdboden« verpflichten[15].

Was bleibt, ist das Besagertum: 1665 geht es um einen Helwig Brand aus Schweins-

Matthew Hopkins, selbsternannter »General« der Hexenjäger.

berg, dessen Frau unmenschlich gefoltert wird. Er muß für die Kosten aufkommen, sein Haus opfern und wegziehen. Als er zurückkehren möchte, intervenieren die Bürger und der Rat von Schweinsberg: »man habe Angst vor neuen Behexungen und es wäre zu befürchten, daß sich hier kein anständiger Mensch mehr niederlassen würde.«

Auch in Hessen zeigt man sich bemüht, die Kosten von Hinterbliebenen einzutreiben. 1660 geht das Marburger Gericht so weit, den Ehemann der 1654 hingerichteten Kirchhainer Hexe Happel nicht allein zur Zahlung der Gerichtskosten für diese, sondern auch für andere mit ihr zugleich Verurteilte unbegüterte Hexen aufzufordern.

Dennoch lassen sich für die Region Hesen-Kassel keine Fälle von Bereicherungen nachweisen. Es ist ein Argument gegen die systematisch betriebene Hexenverfolgung, denn in Regionen mit hohen Verfolgungsquoten verschlingt die Rechtspflege ungeheure Summen, woran niemand interessiert sein konnte, zumal klar war, daß sie nur zu einem verschwindend geringen Teil zurückgeholt werden konnten. Die in Rinteln geführten Hexenprozesse zeichnen sich teilweise durch Brutalität und Rücksichtlosigkeit aus. Es wird 1648 Hessen-Kassel zugeschlagen. Hier führt der Jurist Hermann Göhausen (gest. 1632) ein Verfahren ein, das an summarischer Kürze nicht zu überbieten ist. Von Interesse ist, daß sein *Processus juridicis contra saga et veneficios* fast zeitgleich mit *Spees Cautio criminalis* erscheint.

Der hessische Hermann Schmidt ist der erste, der eine vollständige Übersetzung von Spees *Cautio criminalis* in Frankfurt am Main 1649 herausgibt. Die Literaten der Region sind selten und stehen sich Pro und Kontra gegenüber. Während der hessische Rat Ludwig Gilhausen mit seiner Schrift *Jurisconsulti Arbor judiciari* auf die Gefahren der Folter aufmerksam macht, setzt sich der Jurist Reinkink zum Beginn des 17. Jahrhunderts als Kanzler in Marburg für die Verfolgung der Hexen ein.

Der Marburger Rechtsgelehrte Abraham Saur setzt sich insbesondere für die Anwendung der Folter ein. In seiner *Kurtzen treuwen Warnung* spricht er davon: »daß die hexen nicht vnbillich mit Fever verbrennt werden ... da solche Straff genugsam vor Augen und dahero zu schließen, daß Zäuberer je vnd allwege vnter Gottes Volck gewesen vnd noch seyen.« Es ist wie überall; das Hexenwesen wird zurückgenommen, doch der Aberglauben wuchert.

1830 schreibt der Schultheiß der Gemeinde Oberissigheim: »Daß dem Übel gründlich nur durch tüchtige Schul- und Volkslehrer begegnet werden könne, die die Fähigkeit besitzen, die Begriffe ihrer Schüler zu berichtigen ... aber leider ist für diesen Zweig der Volksbildung erstaunlich viel zu wünschen übrig, und die geistliche Erblindungskunst ist vielen zu mühsam.«

Der gleiche Standpunkt wird am Schluß des bayerischen Hexenkrieges herausgearbeitet. Daran hat sich bis heute nichts geändert! Für

Frankfurt am Main

kann bislang kein Todesurteil wegen Hexerei nachgewiesen werden. Der Rat ist oberste Instanz und trifft bei schweren Fällen die Entscheidung. Ab 1556 besteht er aus Protestanten. Für die Gerichtsbarkeit des katholi-

Oben: Enthauptung mit dem Schwert in Luzern. 1509, aus der Luzerner Chronik des Diebold Schilling, 1513. Bürgerbibliothek Luzern. Mitte: Das Rad mit dem Körper des hingerichteten Mörders Duckeli wird aufgerichtet. 1492. Unten: Verbrennen mehrerer Hexen in Würzburg. Aus der fränkischen Chronik des Lorentz Friess, 1546. →

schen Teiles ist in geistlichen Dingen das Kurfürstentum Mainz zuständig.

Bei der 1573 angeklagten Frau des Henkers Bachwein aus Sachsenhausen sagen Nachbarinnen: »sie habe einem Bäcker ein Kind verzaubert, das gestorben sei.« Sie wird mit ihrem Mann im Oktober nach einer gütlichen und peinlichen Examinierung und dem Schwören der Urfehden entlassen[16].

Gertrud Becker wird von der Nachbarschaft bezichtigt: »sie habe unziemliche (unzüchtige) Dinge getrieben und mehreren Leuten Schaden zugefügt.« Endressen Klein wird beschuldigt, einer Kuh die Milch verhext zu haben. Sie gibt die Anwort: »wenn er ihr (der Besitzer) etwas zum Fressen gebe, würde er auch Milch bekommen.«

Nach einer gütlichen Vermahnung entschließt sich der Rat zur peinlichen Frage. Der Stocker (Stockknecht, vom: im Stock sitzen) fragt sie, weshalb sie auf der einen Seite des Körpers blau sei? Ihrer Antwort, sich gestoßen zu haben, glaubt man nicht.

Der Spruch lautet: »Endressen Krein, so in Verdacht gefallen und schließlich von ihrer Nachbarin verklagt worden ist, daß sie mit Zauberei umgegangen, ist hiermit in den alten Urfrieden entlassen worden.«

Folter, Angst und Schmerz haben ihren Willen gebrochen. Trotzdem wird sie nicht zum Tod verurteilt, sondern im Mai 1544 entlassen[17]. Ihre Strafe war hart: drei Jahre Haft im 16. Jahrhundert sind kein Pappenstiel.

Elisabeth Burgk

ist die Witwe eines Bürgers aus Sachsenhausen. Über ihr entspinnt sich eine umfassende Hexen-, Zauber- und Denunziationskampagne. Sie wird von ihren Stiefkindern der Hexerei bezichtigt. Elisabeth ist 13 und Melchior acht Jahre alt. Sie erzählen ihrem Stiefbruder: »ihre Stiefmutter habe sie vom bösen Geist taufen lassen.« Es wird angezeigt und die Besagte eingezogen. Die Kinder tragen vor:

»dann sei er (der böse Feind) in ihre Stube gekommen und habe sie gefragt, ob er hübsch wäre. Als sie es bejaht, habe er sie küssen wollen, dessen sie sich geweigert. Dann habe er bei ihr im Bett auf ihrem Bauch gelegen. Er sei gar schwer und eiskalt gewesen. Wann er bei ihr gewesen sei, habe sie nicht schlafen können und er habe ihr keine Ruhe gelassen. Im Stadtwald habe sie sich von ihm taufen lassen.«

Bei der Konfrontation mit den Kindern streitet die Mutter die Vorwürfe ab. Dr. Trinkhausen ist von ihrer Schuld überzeugt und bezeichnet sie als Lügnerin. Die Aussagen der Kinder sieht er als glaubhaft an. Dann werden weitere Kläger zitiert. Der Spitalhofmeister sagt:

- Als der Hund im Hospital etwas von dem Übriggelassenen gefressen habe, habe sie zu ihm gesagt: »friß, daß dirs der Teufel segne.« Am anderen Tag wäre sein Hund gestorben. Nikolaus Burgk, ein Verwandter, tritt in die Schranken:
- »Er habe einst bei ihr ein Kalb gekauft, das frisch und munter gewesen. Dann sei die Milch blau und zu nichts nutz worden. Die Bürkhin wäre eine, die mit Zauberei umgehe. Sie kann das Vater Unser nur verstümmelt beten.« Es wird als Indiz für ihre teuflische Buhlschaft gewertet:
- Außerdem habe sie ihrem Mann, nachdem sie vom Abendmahl gekommen, keine Ruhe gelassen und mit ihm gezankt. Ihre Dienerin habe des öfteren einen schwarzen Mann bei ihr in der Kammer gesehen. Dann habe sie gehört, wie die Bürkin laut gebrummelt, »wie wenn ein Alp auf ihr läge.«

Trinkhausen schließt daraus: »es kann gemutmaßt werden, daß der böse Feind mit ihr gebuhlt und Unzucht mit ihr getrieben.« Eine Frau sagt aus:

- »Dieweil ein großer schwarzer Mann in der Stube an ihr Bett gekommen sei und es habe abziehen wollen. Worauf sie gebetet und er nicht gewichen, gefluchet, worauf er (endlich) entwichen.«

Nun reicht die Beschuldigte eine Bittschrift ein und vermerkt: »zum anderen müsse man das Alter und den Zustand ihrer Kinder in Erwägung ziehen. Sie wären jung und einfältig.«

Der Rat legt die Akten den Universitäten Speyer und Straßburg vor. Es stellt sich heraus, daß Nikolaus Burgk aus Böswilligkeit die Kinder gegen die Stiefmutter aufgestachelt hat. Er wird traktiert: »warum er ihnen falsche Beschuldigungen an die Hand gegeben, daß leichtlich Blut geflossen wäre, daß er sie eines Lasters bezichtige, das aus lauter teuflischer Imagination bestehe?«

Die Kinder werden mit Ruten gestrichen, Elisabeth Burgk aus der Haft entlassen und für ein Jahr mit dem Begehren aus der Stadt gewiesen: »daß sie sich wieder stelle.« Der Pfarrer

Waldschmidt

kommt 1640 an die Barfüßerkirche und ist ein engstirniger Lutheraner, dem das Leben eines Menschen: »bei der so schröcklichen Sünde der Hexerei nichts bedeutet[18]. Er hält

28 Hexen- und Gespensterpredigten, die im Druck erscheinen und die er jeweils mittwoch abends in der Kirche zum Besten gibt. Er ist davon überzeugt, daß es Menschen gibt, die mit dem Teufel einen Bund geschlossen haben: »denn sonst wäre das göttliche Gebot nicht. Der allweise Gott kann kein Gesetz von Dingen geben, die entweder nicht sind oder nicht sein können[19].

«Er macht am Katholizismus Abstriche: »die Leute im Papsttum meinen, mit Weihwasserbesprengungen und geweihtem Salz, das sie in den Mund genommen haben, etwas gegen Zauberer und Hexen ausrichten zu können. Es hilft nichts: nötig sind ein gottseliges Leben, Nüchternheit, Mäßigkeit, Treue und Fleiß in seinem Beruf.«

1569 lassen 21 Pastoren und lutherische Theologen bei Sigismund Feierabend eine Enzyklopädie des Satanismus unter dem Titel *Theatrum diabolicum, das ist: ein sehr nützliches und verständiges Buch, daraus ein jeder Christ sonderlich und fleißig zu lernen, daß wir in dieser Welt nicht mit Kaysern oder anderen Potentaten, sondern mit dem allermechtigsten Fürst, dem Teufel, zu kämpfen und zu streiten haben.*

Darin ist Waldschmidt vertreten. Er sagt: »die Juden sind des Teufels Werkzeuge und haben Gott nicht.«

Der in Frankfurt tätige Prediger Bernhardus Waldschmidt. Er predigt lange Jahre an der Barfüßerkirche und ist der Verfasser div. Hexenpredigten. Er gehört zu den Verfechtern eines »harten« Kurses gegen die sog. Hexen.

Philipp Spener

ist der Verfasser der *Theologischen Bedenken* und glaubt an die Möglichkeit der Hexerei und Zauberei. Er betont 1671 in einer Predigt: »daß es viele tausend Teufel, Gespenster und Teufelserscheinungen gibt. Wenn auch behutsam davon zu reden, weil viel Betrug und Einbildung damit unterlaufe[20].« Es hält ihn nicht ab, sich für den Hexenbrand einzusetzen.

Idsteiner Hexenjagd

Der Superintendent Tobias Weber erhält von der Landesherrschaft den Auftrag, im November 1630 in Idstein eine Synode zu halten, auf der Geistlichen zu befehlen ist, vor dem »vermaledeiten« Hexenwesen zu warnen. Auch müßte jeder Pfarrer am Andreastag Abmahnungen von den teuflischen Lastern in seine Predigt flechten und auf das Unheil weisen, das zeitlich und ewig daraus entstehe.«

Aus diesem Hohn wider die Vernunft eskaliert sich die Idsteiner Hexenjagd.

Schon vorher verfügt man über eine Praxis im Hexenbrennen. Zur Zeit des Grafen Johann von Nassau-Dillenberg (1559 bis 1606) werden vier männliche und 16 weibliche Zauberer exekutiert.

In Nassau drängt das Volk »endlich« gegen Hexen einzuschreiten. So kommt es 1674 zu einer Psychose, der 40 Menschen zum Opfer fallen. In Heftrich wird die Frau des Pfarrers wegen Hexerei angeklagt. Nach der Folter gesteht sie, mit dem Teufel ein Bündnis geschlossen zu haben. Nun steht ihrer Hinrichtung nichts im Wege. Weil ihr Mann dem geistlichen Stand angehört, wird sie nicht verbrannt, sondern »gnädiglich« enthauptet. Die Kosten für das Verfahren hat er zu tragen. Der Justizmord lastet so auf ihm, daß er nicht in der Lage ist, gottesdienstliche Handlungen vorzunehmen. Der erste

Lindheimer

Hexenprozeß findet 1633–34 statt. 1598 wird vor einem dortigen Gericht wegen Hexerei verhandelt. 1631 verklagt die Frau von Johann Kraft ihre Schwägerin Pomponna und hebt hervor: »sie habe sie hexenmäßig

Philipp Jacob Spener. Verfasser der »Theologischen Bedenken« und Prediger in Frankfurt am Main. Er ist vom Hexenwahn überzeugt (Innenarchiv Frankfurt. Mit freundlicher Genehmigung).

berührt,« d. h. in ihr Bein gestochen. Zudem soll der Hofverwalter der Herren von Diez, Hans Kneller, an den Folgen eines Beinbruchs gestorben sein, den er sich nach einem Gespräch mit ihr zugezogen hat. Vorab wird sie von Peter Engel von Büches und einem Johann Metzel wegen Zauberei verklagt.

Mit der Pomponna werden zwei Frauen aus dem Leben geschafft. Über deren Ende berichtet das Protokoll: »daß man unter das Rathaus gangen, das Gericht wie gewöhnlich gehegt und die Malefikantinnen Anna Kraft, Johann Reunicks, Witwe Else, die Bierbrauerin genannt und Johanna Schmieds Witwe vorgeführt, von den Schöffen nach der Halsgerichtsordnung Karls V. abgefaßt, vorgelesen und die Malefikantinnen nach dem gebrochenen Stab und vorheriger obrigkeitlicher Begnadigung und Milderung des Urteils dem Henker überantwortet und dann mit dem Schwert vom Leben zum Tod gerichtet: Sie sind mit dem Feuer verbrannt worden.« In diesem Umfeld entstehen die Prozesse, in die

Georg Ludwig Geiss

verwickelt wird. Bei den Herren v. Rosenbach bewirbt er sich um die Position des Oberschultheißen, nachdem sein Vorgänger Augustin Huber gescheitert ist. Ein Attest weist ihn als ehrlich und zu dem angetragenen Dienst qualifiziert aus. Er gibt an, daß er hanauischer Amtmann von Ortenberg gewesen sei. Dort habe er ein Haus und wäre unweit von Lindheim begütert. Die Herren von Rosenbach geben ihm im April 1622 den Posten.

Über seinen Vorgänger sagt er: »er habe versagt. Auf einem Saufgelage sei er von einem Schöffen geschlagen und dabei sei ihm (fast) ein Finger abgebissen worden. Dazu habe er sich in eine Schlägerei mit dem Pfarrer Höker eingelassen und einen berüchtigten Skandal verursacht[21].«

Höker hält sich nicht bedeckt und kontert am 29. September. Geiss habe:

- Im 30jährigen Krieg einen katholischen Priester gehängt, an einem Lindheimer Weib ein Notzuchtverbrechen begangen und sie mit Geld beschwichtigen wollen: zudem habe er die Ehe gebrochen.
- Die Frau des Pfarrers habe er in das Lindheimer Hexenprotokoll geschrieben. Dieses habe er Jedermann zum Lesen gegeben. In Wirtshäusern habe er darüber gesprochen und dadurch Leute in Verdacht gebracht.
- Er wäre Tag und Nacht vollgesoffen. Während, vor und nach den Hexenverfolgungen und Folterungen sei er toll und voll gewesen. Dabei habe er wie ein Bürstenbinder gesoffen[22].«

Nun wird die Obrigkeit stutzig und erläßt zum Beginn der 50er Jahre eine Polizeiordnung: »wenn gottlose, unter den Untertanen betroffen und ausgekundschaftet werden oder falls sich hinreichende Indizien dafür fänden, sollen sie durch den Oberschultheiß von Lindheim zur Strafe an Leib und Leben eingezogen werden.«

Die Ganerben[23] ordnen an: »daß wer wegen Beleidigung überführt wird, mit 20 Talern gestraft und dem Bescholtenen ein Leumundzeugnis auszustellen ist.« Es ist geheuchelt, denn erfolgreiche Besager erhalten als Belohnung zwölf Schillinge von jedem Gulden der erwirkten Strafe, »wenn aber einer den Lastern der Teufelskünste oder der wirklichen Hexerei betroffen und hinreichend überführt ist, soll ihn der Schultheiß verhaften, peinlich anklagen und nach der CCC. am Leben strafen[24]. Henker ist Conrad, der Nachrichter von Ortenberg. Der Tyrann braucht einen Komplizen, den er sich zum

Werkzeug schmieden kann. Er findet ihn in dem Schöffen und Kirchdiener

Andreas Krieger

der 1685 als Anstifter bezeichnet wird. Man sagt ihm nach: »er habe beim Prozeß gottlos und unverantwortlich verfahren, er wäre ein meineidiger Unhold, habe ohne Richter und Schöffen Gefangene zum Spaß für sich allein verhört. Er habe schwangere Frauen nicht geschont und dem Weib des Johannes Schneider mit Geiss in der Stube des Herrn v. Oynhausen gewaltsam einen so schrecklichen Trunk eingegossen, daß sie kurz darauf bei ihrer Flucht eine erstickte Geburt zur Welt gebracht habe.«

Demant sagt treffend: »Geiss und Krieger wußten die Stunde zu nutzen, denen in ihrem Machtrausch und Habgier alles entgegenkam. Es kann nicht zweifelhaft sein, daß sadistische Gründe die Wahl ihrer Opfer bestimmten.« Dazu kamen Enteignungen und Unterschlagungen des Gutes der Verurteilten. Wagenladungen voll Hausrat läßt sich Geiss in seine Wohnung nach Selters schaffen.

Augustin Huber stellt 1655 die Liste der Exekutionskosten zusammen, die er von den Verurteilten und/oder Geflohenen erpreßt hat; sie ist nicht vollständig, zumal das Lindheimer Hexenbuch nicht mehr zur Verfügung steht.

Die Vorwürfe gegen ihn werden so massiv, daß man ihn im März 1664 unter der Bedingung absetzt: »daß er sich stelle, falls er von jemand angeklagt werde.« In einem Schreiben vom Oktober, das an seinen Nachfolger Hieronymus Tacke gerichtet ist, bezeichnet er die Lindheimer als »Hexengeschmeis.« Ende des Jahres 1664 erheben die Familien Schüler und Esch gegen ihn und seinen Blutschöffe Klage beim Reichskammergericht. Geiss hat ein Pendant im fuldaischen Hexenjäger Balthasar Roß (siehe dort).

Die Polizeiordnung der Herren von Rosenbach orientiert sich an der CCC. Im § 2 geht sie auf das Zaubern, Wahrsagen und Teufelsbeschwören ein. Es wird betont: »daß sich die Leute untereinander anschreien, mit höchst strafbaren Verleumdungen und ehrenrührigen Machinationen zwacken und dabei fast die göttliche Allmacht vergessen. Der erste in

Hanau

bekanntgewordene Fall einer Hexenverfolgung stammt aus dem Jahre 1564. Die verstümmelt erhaltene Akte berichtet vom überhandnehmenden Hexenwesen in Assenheim. Der Bürgermeister berichtet, daß es unter den Einwohnern Zauberer gebe, die dem Vieh Schaden zufügen.

Der nächst erreichbare Fall folgt 1575. Dabei wird eine Frau aus Wachenbuchen gefoltert. Sie besagt unter der Folter weitere und schließlich preßt man aus Maria Stein folgendes Geständnis:

- Ihr Buhle heiße Volant. Er habe sie einmal beschlafen und wäre mit der Elsen auf dem Tanz gewesen.
- Der Teufel habe ihr einen Gulden versprochen, wenn sie mit ihm gehen wolle. Doch sie habe es abgelehnt.
- Er sei nicht wie ein anderer Mann gewesen, sondern wäre ihr während des Beischlafs kalt erschienen. Er habe sie gestoßen, daß ihr das Herz wohl wehgetan.
- Beim Tanzen hätte jeder Buhle bei seiner Hexe gelegen. Er habe sie gelehrt, im Namen aller Teufel Taler (zu) machen. Er habe einen Pferdefuß und sei oft in der Gestalt einer Maus zu ihr gekommen.

Das Protokoll vermerkt: »daß viele Leute zugegen gewesen.« Vermutlich bezieht es sich auf die öffentliche Hinrichtung.

Gelnhausen

Kräuter schreibt 1819 im Gelnhäuser Tageblatt: »1574 ging man gegen Hexen vor.« Damals verlangt Wilhelm IV. von Hessen von seinem Amtsrat Ott eine Auskunft, die so ausfällt: »sieben Hexen angeklagt, eine von ihnen verbrannt, eine so zerrissen, daß sie im Gefängnis gestorben. Von den anderen, die nichts gestanden, ist Freispruch bekannt.«

Der erste protestantische Pfarrer ist Strupp, dessen Frau kurz danach ins Gerede wegen Kirchenraub gelangt, dann als Hexe verrufen und enthauptet wird. 1584 wird Anna Petermann wegen Zauberei angeklagt und gerichtet. Die 70jährige Klara Geißlerin gesteht unter dem Druck der Folter: »sie habe 250 Menschen umgebracht.« Dann bricht sie tot zusammen[25].

In den Jahren 1589–99 werden in Gelnhausen zahlreiche Frauen gefoltert. Zwischen 1584–88 sollen 20 gerichtet worden sein. Johann Christoph von Grimmelshausen hat als Kind einige Hexenprozesse erlebt. In seinen Aufzeichnungen wird Pfarrer Johannes Coberstein erwähnt.

Konrad Wiesel legt folgendes Geständnis ab: »er habe auf den Verkaufsstand seiner Braut einen Diebsdaumen gelegt, damit er Geschäfte mache.« Weil es andere als zau-

Exekutionskosten der von Georg Ludwig Geiss Erpreßten und Verurteilten

- Peter Maurer muß für seine Frau 30 Taler geben; Konrad Euler für seine Hingerichtete ebenfalls.
- Johann Adolf Schmidt muß für seine Mutter 40 Taler geben. Heinrich Kuhn für seine Frau 25.
- Johannes Reuneck muß für seine Mutter und Frau 89 Taler einschließlich des Hausrates abliefern.
- Peter Weber muß für seine Frau 18 Taler geben. Frau Marie muß für ihren geflüchteten Mann 20 Taler zahlen.
- Valentin Lochmann muß für seinen flüchtigen Schwiegersohn 20 Taler geben.
- Heinrich Kneller muß wegen seiner flüchtigen Frau 10 Taler geben.
- Andreas Esch muß für seinen Vater und seine flüchtige Mutter 100 Taler geben.
- Heinrich Leschiers Tochter und Schwiegersohn müssen für die geflohenen Eltern 150 Taler zahlen.
- Philipp Reuneck muß für seine flüchtige Frau, seinen Sohn und seine Tochter sieben Taler, ein paar Ochsen, Kälber, acht Schweine, sein Schiff mit dem Geschirr, alle bestellten Äcker und Hausvorräte abliefern.
- Klaus Adam muß für seine mit sechs Kindern geflohene Frau das Mobiliar abliefern.

berisches Mittel ansehen, kommt es zur Anklage. Vor dem Scharfrichter bekennt er, daß er die Zauberei von seiner Mutter erlernt habe und von einem Teufel unter einem Brunnen in der Schönau bei Gelnhausen getauft worden sei.« Schließlich wird ihm der Kopf abgeschlagen.

Man führt den Toten auf der Karre an die Mauern des Friedhofes. Die Hinrichtung folgt am 1. August 1633 auf dem Aescher (Richtstätte). 1633 und 34 erscheinen 21 Personen vor dem Tribunal. 18 von ihnen sterben per Schwertschlag und drei an den Folgen der Folter[26]. Zudem ist der Gelnhäuser Bürgermeister

Johannes Koch

zu erwähnen. Er ist mit Balthasar Roß (Fulda) und Ludwig Geiss (Lindheim) vergleichbar. In Gelnhausen bildet sich in der Bürgerschaft eine Opposition gegen die städtischen Machthaber, was durch die Religionswirren der Zeit begründet ist. Strupp ist lange tot, da mischt sich die Witwe unter die Opponenten. Nun kommt es zu einem Kirchenraub. Obwohl der Küster und ein Handwerker die Tat gestehen, wird die Witwe belastet und die Chronik berichtet: »die Täter nutzen die Abneigung des Bürgermeisters Koch gegen sie.«

Daraufhin wird sie eingezogen und gefoltert. Unter den Qualen gesteht sie alles Gewünschte. Man gewährt ihr die Gnade, mit einem Schwert enthauptet zu werden. Später werden die Täter verbrannt.

Daraufhin werden sowohl der Hexenriecher wie der Bürgermeister wegen der von ihnen veranlaßten Ungerechtigkeiten entmachtet. Unter der Regie des Bürgermeisters sollen 28 Urteile wegen Hexerei vollstreckt worden sein[27]. Er wird krank, bittet um Gnade für seine Untaten und stiftet die noch heute erhaltene Kanzel in der Stadtkirche. Er stirbt 1603 in geistiger Umnachtung.

Eine Anfrage des Gelnhäuser Rates an den Frankfurter über die Bekämpfung des Hexenwesens bestätigt, daß 1630 die Bevölkerung von Gelnhausen den Rat bestürmt, Verfolgungen aufzunehmen, da sonst das Geschmeis weitere Mißernten herbeiführen werde.«

Grafschaft Büdingen[28]

Die in Büdingen und Birstein vorhandenen Protokolle der Hexenprozesse umfassen etwa 170 Jahre (1532–1700). Niess weist vier Perioden nach. Vollständigkeit des Materials vorausgesetzt, werden 485 Personen angeklagt und in der Regel verurteilt.

Durch den Einsatz der Kirchenrüger wird das Land mit einem undurchlässigen Netz von Spitzeln überzogen. Ihnen wird auferlegt: »daß sie bei ihren Pflichten, Ehren und auferlegtem Befehl fleißig aufsehen und Erkundigung haben, dass alles unehrbares, unchristliches Wesen angezeigt und zur Strafe gebracht werde, vornehmlich aber die Übeltaten so in folgenden Artikeln begriffen.«

Im Mai 1532 berichtet der Amtmann Wolf von Wolfskehl dem Grafen Johann V. von Ysenburg und Büdingen über

Katharina Groß

die in den Verdacht der Zauberei gekommen sei. Zeugen bestätigen: »sie habe helfen Kinder abzutreiben, biete ihre Heilkunst gegen Lebensmittel an, könne gar (dem Michel von Ail) einen Schatz zeigen« Caspar von Bobenhausen sagt: »sie übe die Kunst des Starstechens, doch seien dabei viele Leute blind geworden. Sie behandle Kranke mit Wurzeln und Kräutern, reise im Land herum und habe lahmen Kindern helfen wollen. Sie könne Feuer an Gebäude legen, ohne daß etwas geschehe, ja mit dem Finger in einem Eimer Wasser stoßen, da fielen einer verzauberten Person ein oder gar zwei Augen aus dem Kopfe.« Vermutlich wird sie des Landes verwiesen.

Erste Prozesse

1562 kommt es zu »Malefizsachen von Amtswegen gegen ettliche Weibspersonen so mit der Kunst der Zauberei befleckt.« Angeklagt sind Frauen. In Büdingen ist Unruhe eingetreten, so daß die Obrigkeit Verhaftungen einleitet. Sie werden vermutlich im Turm »am Gebück« untergebracht, aus dem der spätere Hexenturm wird. Bis heute haben sich Einritzungen im Verlies erhalten. Das Halsgericht tagt im Rathaus und beruft sich auf die CCC.

Simon Schmidt installiert ein Foltereisen mit Ringen für Fesseln und 1561 wird auf dem Turm, »wo die Malificanten liegen« eine Tür eingebaut. 1564 setzt der Maurer auf dem »Teufelsturm« eine Treppe ein und installiert ein Seil, um Gefangene durch die Luke abzuseilen. In dem Zusammenhang wird ein Korb erwähnt, mit dem Frauen in der Badstube »geschnellt« werden und der repariert werden muß. Ailchen Heuser bekennt unter der Folter:

- Vor 23 Jahren sei der böse Feind auf dem Wingersberg beim Pfaffenwald zu ihr gekommen und habe sie zur Frau begehrt, was sie abgelehnt. Später sei er nochmals in der Gestalt eines Reiters zu ihr gekommen, habe Moritz geheißen, sie zweimal betört und einen schuppigten Arsch und eine kalte Natur gehabt. Nach vollbrachter Tat sei er mit Schnauben und Brausen zu den Hecken gefahren und erst dann habe sie bemerkt, daß er Eselsfüße gehabt.

Vier Frauen bestätigen, daß sie die Ailchen auf dem Hexentanz gesehen haben. Anna Wörner gesteht ohne Folter:

- Nach dem Tod ihres Mannes sei ein großer schwarzer Mann in die Stube an ihr Bett gekommen, so daß sie ihm eine halbe Stunde zu Willen gewesen.
- Er habe sich Luzifer genannt, ihr ein Kreuzlein gegeben, das sie im Mörser zu Pulver gestoßen und auf seine Anweisung in Wasser getrunken. Aufgrund der Medizin habe sie zauberische Kräfte gehabt.
- Sie habe ein Kind mit der Hand geschlagen und gerufen: »ich schlage dich in tausend Teufels Namen, daß du erlahmst.«
- Zudem habe sie den Sohn des Büchsenmachers lahm gemacht.
- Mit dem Axtmelken habe sie die Kühe des Pfarrers Hansen zauberisch gemolken und die Butter nach Rinderbügen und Lorbach verkauft.

Anna Faust

aus Großendorf bei Büdingen übt das zauberische Melken und hat mit dem kuhfüssigen Buhle Luzifer auf dem Pfaffenwald getanzt.

- Dort habe man schwarzes Brot und schwarze Brühe gegessen.
- Danach seien sie wie Hunde übereinander hergefallen. Ihr Buhle habe sie in der Haustüre überfallen und genommen.

Sie wird gefoltert und bleibt bei der Aussage: »alles seien Lügen gewesen.« Deutlich werden die Suggestivfragen der Obrigkeit. Sie muß freigelassen werden.

Belastend ist das geistige Klima. Die erste für die Wetterau gültige Kirchenordnung Philips, Landgraf von Hessen von 1543 enthält *ettliche Notwendigkeiten zu Erhaltung christlicher Zucht und Ehrbarkeit, auch guter Polizei dienlichen Punkten.* In ihr wird bestätigt:

»Desgleichen auch unsere Räte gesehen und vernommen haben und noch täglich spüren und befinden die vielfaltige Straf, so Gott der Allmächtige mit Krieg, Misswachs, Hunger, Teuerung, Pestilenz und sonst anderen vielfaltigen schrecklichen Krankheiten und Plagen jetziger Welt zukommen läßt. So können wir bei uns nit anders ermessen oder gedenken, dann das solchs umb unser dieser Welt vielfertigen Sünde und Laster willen geschehe.«

1543 enthält sie einen Vermerk gegen Zauberer:

- Der Christallen und Weissager halben ist unser erster Befelch, daß man derselben Personen gantz und gar keine in unseren Landen leiden, sondern wo sie mögen angetroffen werden, das man dieselben am Leib und Gut on all Barmherzigkeit straffen soll.«

Dann wird hervorgehoben: »die so mit Zauberei und Segen umgehen, sollen, wenn sie überwiesen nach Verwirkung erstlich und unnachlässig an Leib und Gut gestraft werden.«

Um 1545 wird in der Grafschaft Ysenburg die Reformation eingeführt und kurz danach treten die Lehren der Gegenreformation in Erscheinung. Der Calvinismus hat in der Region Ausstrahlung. Es erschüttert das kirchliche Leben und Pfarrer beklagen Ausfälle. Sie fordern eine schärfere Kirchen- und Polizeiordnung.

Ihr Sprecher verfaßt eine Denkschrift unter der Überschrift: *Die Pfarrherrn der Dreieich übergeben ettlicher Unordnung und Ärgernis halben, sich unter ihren Pfarrkindern, erhaltend, diese verfaßte Punkte Ao. 62* (1562).

Man trägt 26 Beschwerden vor und sagt: »daß Gott durch Verachtung seines heiligen Wortes mannigfaltigerweise gereizt und gezwungen wird zu strafen, mit Hagel, Ungewitter, teurer Zeit, Krieg, Krankheit und unzähliger Übel und in Summa kein Glück noch Heil in der Welt mehr ist, auch keine Besserung und Milderung der Strafen zu erwarten. Man warne vor dem listigen Teufel, der die Leute vor dem Einfluß des Herrn fernhalten wolle.«

Selbst Amtspersonen führen einen gottlosen Lebenswandel. »Während der Gottesdienste herrsche Unordung, man saufe, fresse, mache Geschäfte, das Volk prasse ganze Nächte lang. Die jungen Burschen tanzten, laufen und rennen wie das unvernünftige Vieh: an den Kirchweihen sei das Besäufnis so groß, daß sie sich mit Messern stechen. An Fasnacht verkleideten sie sich wie Teufel und laufen mit Trommeln von Haus zu Haus: als seien sie toll und unsinnig.«

Von Amts wegen müsse die Geilheit und die unzüchtigen Gelege der Spinnstuben genannt werden. Dann wird gesagt: »Wir müssen auch allhie klagen von dem schändlichen Mißbrauch der alten Weiber und anderer Leut, so mit Zauberei und Segen umgehen, mancherlei Krankheiten an Menschen und Vieh damit zu heilen, dadurch Gottes Wort mißbraucht und sein heiliger Name gelästert wird. Denn ob sie sich wohl damit beschönen wollen, sie brauchen nichts dazu denn gute Worte, so ist die Sünde desto größer, je heiliger die Worte sind, dieweil sie dieselbigen in einem Mißbrauch wenden, und nicht dazu vom heiligen Geist geredet sind, daß man Zauberei damit treiben soll.«

Mit eindringlichen Worten bitten sie um Abstellung der Übel. Unter Hinweis auf Melanchton, der gesagt habe, daß die Legislative ohne Exekutive wie eine Schlacht ohne Schild sei, müsse man Abgötterei, Gotteslästerung, Zauberei, unrechte Ehr und falschen Glauben, sowie den Mißbrauch des Sonn- und Feiertages durch harte Bestrafung von zweien oder mehreren Übertretern verfolgen.«

Jetzt verstärken sich die Besagungen. Else Vonhoff trägt vor, Mergen Wentz habe mit ihrem Zauberwerk Kinder und Schweine umgebracht. Des weiteren werden eine Katharina, Agnes und die Else Bach der Zauberei verdächtigt, deren Verfahren rechtswidrig in Offenbach geführt wird. Sie werden beschuldigt:

- In der Walpurgisnacht auf dem Teufelstanz gewesen zu sein und dort mit dem Maul getrumpelt zu haben, sie hätten mit Bilgenkraut Pferde verdorben und mit -samen Mann und Kinder vergiftet. Sie seien von Gott abgefallen und haben mit dem Teufel gebuhlt. Katharina Dehrs räumt sein: »sie habe wegen des großen Hungers Unzucht nur der Lebenshaltung wegen getrieben.« Sie werden im September 1562 zum Feuertod verurteilt.

Drei Tage später werden acht weitere aus Offenbach wegen Zauberei inhaftiert und der Henker von Ursel wird beauftragt: »sie hart und tapfer anzugreifen.« Sie gestehen unter der Folter und werden verbrannt. Die Frau von Jacob Burbach wird trotz ausgehaltener Tortur als überführt angesehen, trotz Flehen ihres Mannes gerichtet und unter dem Galgen verscharrt.

Die in Offenbach geführten Prozesse haben Ausstrahlungen auf Teile der Grafschaft Dreieich. Der Amtsmann Geissig meldet im April:

- In Ginsheim bei Langen seien Zauberinnen am Werk, die Pferde verdürben.
- Barbara, Klaus Diels Frau von Langen, habe einem Hochzeiter vor der Kirche Glück gewunschen, er habe sich sofort danach vor Schmerzen gekrümmt und (sich) hinlegen müssen, sich gar im Garten gewälzt und vor Schmerzen geschrieen. Dies zeige der Bruder des Hochzeiters an.

Die Frau wird vor das peinliche Halsgericht Langen zitiert. Mit ihr Käthe Braun, die alte Pfäffin und die alte Möllerin. Unter der Folter bekennen sie. Der Amtmann Flecken-

Johann Koch († 1603). Magister und Schultheiß in Gelnhausen. →

VND SCHÖFF ALHE · DEM GOTT GNADE
STARB DER EHRNVEST VND WOLGEAT
ALTRS
JAR

bühl läßt Hütten für die Verbrennung errichten und eine Absperrung für das Publikum bauen. Kurz danach werden sie gerichtet.

Dann werden zwei neue Opfer in Offenbach eingeliefert. Bauern beschuldigen Agnes Weigand, daß sie das Vieh verdorben habe und einer der Kläger will ein steifes Bein durch Anfassen bekommen haben. Sie wird dem Frankfurter Scharfrichter überstellt und gesteht, in der Walpurgisnacht auf dem Sabbat gewesen zu sein. Sie wird im November 1564 zum Feuertod verurteilt, aber aus Gnade ertränkt.

Ende November 1564 bittet Graf Wolfgang seinen Rat, eine Verwaltungsanweisung in Sachen Zauberei für den Amtmann in Hain (Dreieich) auszuarbeiten, damit in der Sache nicht zuviel oder zuwenig gehandelt werden soll[29]. Beamte regen an, ihnen einen Trank einzuflößen, der sie geständig macht. Man gelangt zu der Erkenntnis, man müsse Frauen auf eine Schwangerschaft hin untersuchen und es müsse sicher sein, daß sie durch die Verabreichung des Trankes keine Schäden davontragen. In Büdingen wird

Margaretha Brodt

Frau des Bürgermeisters, wegen Zauberei inhaftiert. Zudem soll man die Faulhaber hart angreifen. Der Bürgermeister bittet im Mai 1564 die Räte um Gnade und Freilassung seiner Frau; er biete eine Kaution: wenn man nur diese aus der Schande und dem Spott lasse. Die Sache geht ihren Gang und im Juli 1564 beginnt die Verhandlung gegen sie.

Nach der Verteidigung wird vorgetragen: »daß niemand des antichristlichen, teuflischen und hochverdammlichen Irrtums anhängen solle oder gar Gott absagen und sich der Gesellschaft des Satans aussetzen dürfe. Die Heilige Schrift verfüge für diese Sünde höchste Strafe bei ewiger Verdammnis und Verlust der Seligkeit.« Ihr Geständnis ist abenteuerlich:

- Sie habe ein Verhältnis mit dem Teufel gehabt, einem kleinen Männlein, so von Menschenfüßen und haarigen stumpfen Händen, Moritz geheißen.
- Sie habe einer Bettlerin ein Kraut gegeben, damit sie Tiere vergifte.
- Sie habe Kinder angefaßt: sie seien lahm geworden und elend gestorben.
- Sie habe einen Topf Wasser vor dem Haus einer Kindbetterin ausgegossen: wer über dieses gehe, soll lahm werden.
- Sie sei in der Büdinger Umgebung als Zauberin bekannt, habe ihrem Tochtermann einige Kräuter in die Suppe getan, auch eine Spinne hineingesetzt, wovon er vergiftet worden.
- Sie halte eine Kröte im Haus, diese streiche sie mit einer Haselrute, dann gebe sie Geld. Bereits 10 Gulden habe sie so bekommen.

Der Vertreter des Grafen fordert ob der Frevel ihren Tod durch den Scheiterhaufen. Gegen die mitangezeigte Faulhaberin wird die Tortur am 20. Mai 1564 angewendet. »Sie sei zwölfmal aufgezogen worden, daß die Arme aus dem Körper gekugelt gewesen ... sei auch gerüttelt und geschüttelt worden. Dann man ihr auch die beiden Füß ... an ein eisernen Haken ein Spill angebracht und darauf obhörter massen auseinandergestreckt. Beide Schienbein mit Schrauben mit gekerbten Hölzern gefüttert, zusammengeschraubt ... Im Aufziehen ihrer Arme hat es gekeckert, daß es wahrlich nit kurzweilig anzusehen gewesen. Sie wäre jedoch aus einem harten Holze und habe sich trotz ihrer unmenschlichen Schmerzen nicht bereitgefunden, die vorgesagten Fragen entsprechend dem Hexenspiegel zu beantworten.«

Das Urteil lautet auf Verbannung, aber das Gericht konstatiert: »da es mit zerrissenen Gliedern und verderbtem Leib jämmerlich sei, sie von den ihren zu jagen, soll man sie mit Ruten streichen und dann habe sie Urfehde zu schwören.«

Das Verfahren gegen sie ist tragisch. Sie will einen Knecht heiraten, der sie ablehnt. Als er krank wird, schiebt man es in ihre Schuhe. Bauern geben an, sie habe elf Pferde, drei Kühe und ein Kind durch Zauberei verdorben. Sie sagt dazu: »sie hätten das Vieh und die Pferde durch Arbeit weitgehend entkräftet, in die Kälte gejagt, so seien die Abgänge eingetreten.«

Sie bitte, von der Tortur abzusehen, weil sie mit zerrissenen Gliedern nicht mehr arbeiten und für ihren Unterhalt aufkommen kann. Sie stirbt an den Folgen der Folter.

Ein Jahr danach kommt es in Wächtersbach zu Verfolgungen. Hier sitzt Magdalena Eschenbrenner wegen Zauberei in Haft. Sie wird am 4. Oktober verbrannt. Am Vorabend ihrer Hinrichtung werden in der Gaststube 44 Liter Wein vertrunken, hinzu kommen die Essen für die Amtspersonen und das Futter der Reitpferde; dazu die Kosten der Hinrichtung. Der Nachrichter Ludwig läßt es sich gutgehen; neben dem Essen für sich und eine Gehilfen, trinken sie 32 Liter Wein.

Die Kosten sind hoch. Es ist ein Grund, weshalb Einzelne um ein kurzes Verfahren bitten, um die von ihnen zu tragenden Folgekosten einzugrenzen; oft gestehen Frauen, um den Hinterbliebenen nicht noch mehr Sorgen zu machen.

Von 1567 hat sich ein Schreiben erhalten, das den Blick für die inneren Zustände des Hexenwesens schärft[30]. Ihm ist ein Begleitschreiben mit 59 Leitsätzen über die Merkmale des Teufelsglaubens beigegeben, wobei deutlich wird, daß der Teufels- dem Hexenwahn vorgelagert ist.

Dem Kräuterwesen und der Heilkunde kommen Bedeutung zu; es ist eine gefährliche Schnittstelle, denn die Anwendung von lückenhaften Naturrezepten führt zu ungewollten Krankheiten; oft schmieden sich daraus Anschuldigungen. Hans Scherp sagt 1575:

- Er habe um Hilfe gebeten, weil fast das ganze Dorf ausgestorben sei. Viele müßten noch sterben, weil sie krank seien. Man wisse nicht, wer die Frucht schneiden und einbringen soll, wenn nicht Leute von außerhalb zur Hilfe kämen, könne sie nicht rechtzeitig eingebracht werden und der Rest der Bevölkerung laufe Gefahr, an Hunger zu sterben. Wenn Blattern und Windpocken ausbrechen, gilt es als zusätzliche Erschwernis.

Dies lastet man zwei Frauen aus Vonhausen als Zauberei an. Eine soll Milch in des Teufels Namen gesotten haben, sie habe mit dem Messer hineingestochen, darauf sei ihr Gesicht voller Blasen gelaufen, die beim Öffnen Wasser entlassen hätten.

Hinzu kommen die geringe soziale Absicherung und eine große Kindersterblichkeit. Ende April 1569 zeigt Hans Wagner von Langen die Frau seines Nachbarn an: »sie habe nicht nur Ehemängel, sondern ein Mädchen blau gezaubert; zudem habe sie Vieh verdorben.« Anfang Oktober 1571 wird

Catharina Joachim

aufgegriffen und nach Langen in den Turm gebracht. Sie soll das Geld eines ertrunkenden Strohschneiders veruntreut haben, den der Main angeschwemmt hat. Man sucht sie wegen Zauberei zu überführen. Das erste Verhör unter der Tortur vom 22. Oktober 1571 bringt nichts. Sie bestreitet eine Zauberin zu sein, ihre Tochter, die verkrüppelt war, was als Indiz ihrer Zauberkräfte angeführt wird, sei von einem Schlag getroffen worden. Dies habe ihr der weise Mann von Hain bestätigt. Dabei bleibt sie trotz aller Torturen.

Der Barbarossa-Palast in Gelnhausen (Hexenturm in der Mitte).

Im Verlauf der Folter bezichtigt sie zwei weitere der Hexerei: die Frau des verhörenden Schultheißen und eine Weißbeckerin. Der Scharfrichter hat mit seinen Gehilfen am 1. November 1571 50 Liter Wein und am 3. 52 Liter vertrunken.

Catharina Joachim liegt im Winter neun Wochen im Turm und wird viermal gefoltert. Nachdem sie Urfehde geschworen hat, wird sie freigelassen, doch habe sie sich geweigert, die Kosten anzuerkennen. Sie wendet sich an die Obrigkeit und trägt vor: »zwei Beamte hätten sie in eine schändliche Situation gebracht, sie sei aus Neid und Mißgunst angezeigt. Sie sei unrechtmäßig als Zauberin beschuldigt; man habe sie widerrechtlich der Tortur unterzogen.«

Im August 1571 kommt es in Büdingen zu Anzeigen und nachfolgender Haft wegen Zauberei. Hans Müller sagt:

- Man habe seine Tochter verleumdet und nach Birstein in Haft geführt, dort würde sie wegen veneficii verhört, da man behauptet, sie habe den Sohn des herrschaftlichen Pächters von Aulendiebach verzaubert. Dann sei er gestorben. Er habe seine Tochter in Zucht und Ehre aufgezogen, der Sohn des Hofmannes sei ein Schnapssäufer, er sei zur Behandlung beim Barbier gewesen und gegen dessen Willen zu einer weisen Frau gegangen.

Walpa Strauss

schreibt dem Grafen Luwig III. von Ysenburg und Büdingen, »daß sie in Haft gewesen und davon noch krank sei, nunmehr schaffe man sie gar im Bett ins Gefängnis.« Wieder nimmt das Schicksal seinen Lauf. Sie wird ein Opfer des Pfarrers von Eckartshausen, der vorbringt, »sie sei dem teuflischen Machwerk verfallen.« Sie hat Heilpflanzen (?) in seinem Haus vergessen und danach stellt sich eine Krankheit der Kinder, Frau und Magd des Pfarrers ein. Die Magd befürchtet: der Kopf würde ihr auseinanderspringen. Das Kind habe mit den Pflanzen gespielt, war daraufhin abgemagert und verstorben.

Der Geistliche nennt weitere ihm unerklärbare Todesfälle im Dorf, die er Walpa an den Rockzipfel hängt.

- Sie hat der kranken Lips Hess von Eckartshausen einen Pflaumenbrei gekocht und ihn ihr bringen lassen.

Danach beginnt die Hess zu schwärmen. Sie sagte: »als flögen Kissen unter ihr weg und das ganze Haus versinke in der Erde.« Sofort meint man, daß das Essen vergiftet gewesen sei? Er bringt es zur Anzeige und sagt: »er habe seiner Frau Medizin aus Frankfurt geholt. Als sie diese genommen, habe sie Spüllappen, Federn und unmögliche Dinge ausgewürgt. Walpa habe seiner Frau die Zauberei angewunschen.« Im Juni 1575 beraten die Büdinger Räte in Sachen Zauberei einer

Elisabeth Seip

von Bruchenbrücken. Sie liegt wochenlang in Assenheim in Haft. Ihre Zauberei wird nach der Aktenlage als erwiesen angesehen.

- Ihr Mann hat Bäume gefällt und dabei sei ihm schwach geworden. Er suchte bei einer weisen Frau Hilfe, doch auch das Aderlassen bringt keine Linderung. Verärgert beschimpft er seine Frau, sie habe es ihm angewunschen. Es sei auf einen vergifteten Kuchen zurückzuführen. Der Mann habe ihn allein essen sollen, um daran zu sterben. Nachbarinnen behaupten, in ihm sei Quecksilber, davon Friedrich Seip lahm geworden. Sie habe in gleicher Weise ein Kind beschädigt.

Elisabeth Seip ist heilkundig und gibt vor, den Brauch des Segnens zu beherrschen, womit sie die Wirkung der Medizin verstärken will. Im Laufe des Verhörs hat sie Segen zu Protokoll gegeben. Seip wird verhört, um zu erfahren, wie es zu der von ihm beklagten Schwachheit gekommen sei. Er sagt:

»bei der Arbeit mit seiner Frau wie Eheleute es zu tun pflegen, sei ihm gewesen, als sei etwas in seinen Kopf gekommen und gesauset, gepfiffen und gesummet als wenn Pfeifen und Trommeln alda wären, wie es ihm seid der Zeit und noch auf diese Stund im Kopf liegt, daher er den Argwohn trägt, ein solches (sei) von ihr gekommen.« Es deutet auf Kreislaufschäden beim ehelichen Beischlaf.

Der Sohn besagt seine Mutter, die er offensichtlich nicht mag. Sie habe den Kuchen angeschnitten und auf einmal einen weißen Stein in Taubeneigröße in der Hand gehalten! Er will darin Quecksilber in Krötenschleim und der Weiber Monatszeit gesehen haben. Man habe den Kuchen in den Bach geworfen und dann seien Fische gestorben.

Es handelt sich um ein Familiendrama, zumal die Schwiegertochter ihre -mutter mit dem Messer bedroht und Hexe nennt.

Die Frau von Heinz Treutt berichtet, ihr Kind habe vier Wochen lang Fieber und Kopfweh gehabt, die Haare auf dem Kopf seien ausgefallen, es habe keinen Schweiß mehr am Körper, der Rücken sei eingebogen und

Was die gefangenen Weiber so Zauberei halben in Haft liegen zu fragen*)

1. Wie lange sie Zauberei getrieben und von wem sie es gelernt? Wie ihr Teufel heiße?
2. Wie oft sie bei Martz Heinzen in Pferdsbach getanzt?
3. Ob auch der Teufel nach beschehenem Tanz sein Unzucht mit ihr getrieben und wie oft in der Woche?
4. Wer ihre Gesellinnen und Gesellen seien, die sie bei dem Tanzen und Treibung allerhand Zauberei gewesen?
5. Wie oft sie beneben anderem Wetter gemacht, sonderlich zu fragen, was sie von dem nächsten und fertigen Wettermachen weiß, wie sie es macht?
6. Was sie dem Menschen für einen Schaden zugefügt und wer dieselben Personen seien?
7. Was sie an Vieh und Tieren für Schaden getan? Dieweil die anderen alle auf sie bekennen, was sie dagegen auf die gefangene Person weiß?
8. Ob sie außerhalb des Burgfriedens Zauberinnen wisse, also in Pferdsbach, Wolf, Büches, Dudenrod, Lorbach, Vonhausen, Haingründau?

*) Gräfliche Kammer (Büdingen; 1565). Es geht es die Befragung der Else Schwarz aus Ravolshausen.

die Brust nach vorne herausgedrückt erschienen. Sie habe Elisabeth geholt, doch sie habe nicht helfen können. Sie habe nur gesagt: »sie habe ihr Kind nicht gut genug geliebt.«

Daraufhin habe sie in Bleichenbach einen Mann gefragt, der ihr gesagt habe: »eine kaltherzige Frau habe dem Kind ein kaltes Herz angeflucht.« Sie habe ihm im Beisein von Elisabeth ein Kräuterbad gemacht, dabei habe diese den Finger in das Badwasser gehalten und gesagt: »sobald würde das Kind nicht sterben.« Es sei davon verzaubert worden und gestorben.

Orla hat ein krankes Kind, das Elisabeth behandeln soll. Sie habe ihm Mandeln gegeben und das krumme Bein strecken wollen. Nachts sei es schwach geworden und habe geweint. Nach Wochen sei es gestorben.

Elisabeth bestätigt, daß sie verschiedenen Leuten helfen wollte, doch es gelänge nicht immer. Mit Zauberei habe es nichts zu tun! Als weitere gegen sie auftreten, entschließt sich das Gericht zur Folter, die für den Juni 1575 angesetzt wird. Sie wird dem Nachrichter übergeben, der ihr die Spanischen Stiefel (Krebse) anlegt.

- Als man sie foltert, sagt sie, er solle drükken oder scheißen. Als er ihr das Haar schneidet, wenn sie das nit hät, dürft sie sich auch nit Strehlen (kämmen).«
- Als der Henker sie heisen ausspeien, sagt sie, was sie speien solt, sie hätte nichts im Maul. Sagt sie do nun man gleich mehr martere, so soll man nichts aus ihr bringen.
- Kranken Kindern würde sie helfen, indem sie die Hand deren Mutter nehme und mit ihr dreimal auf der Erde ein Kreuz mache und die Kinder segne im Namen des Vaters, Sohnes und heiligen Geistes.
- Um Kühe zauberisch zu melken, müsse man deren Euter mit Stroh reiben.
- Wenn Wunden nicht heilen, habe sie gelben Mauerpfeffer, Edbeerenkraut, Violenkraut, Dunnerreben und Schlüsselblumen genommen.
- Kuhlmann Wendels Weib habe sie mit einem kurzen Besenstiel einen Knochen unter die Türschwelle des Stalles geschoben, davon werde das Vieh krank.
- Wenn man Holderblumen über die Stalltüre stecke, könne kein Zauber in den Stall, weil er so stark rieche.
- Die Pförtners Els habe den Schweinen etwas in den Trog gestreut, danach hätten sie nicht mehr gefressen, sondern nur noch geplärrt.
- Sie habe durch Angreifen der Heilges Anna einen Schmerz verursacht, dann habe sie einen Lappen mit Essig über den Arm gelegt, um es zu lindern. Der Ahnfrau von Hans Wenzel habe sie ein Kurierkraut gegeben, daran sie gestorben.
- Die Milch der Kühe habe man mit Gassen- und Katzendreck weggenommen. Um sie wieder zu bringen, habe man die Euter mit Stroh gerieben und dabei gesagt: »im Na-

men des Vaters, des Sohnes und des heiligen Geistes.«

- Wenn ein Pferd krank sei, solle man ihm Spatzendreck, blaue Blumen wie Violen, Rotblümlein – Gaulsheil genannt – die auf den Krautländern wachsen, geben.
- Wolle man einem Mann sein Glied nehmen, so gebe man ihm der Frauen Monatszeit zum Trinken, will man es ihm wieder geben, so gebe man ihm Safran, Brunnenwasser und Süßmilch. Ein Mann von der Weiber Monatszeit werde gar toll.
- Der Teufel habe sie in der Gestalt eines schwarzen Mannes angesprochen. Er habe ihr das Wissen über die Heilkräuter und das Quecksilber übermittelt, habe Federwisch geheißen und sie in der Gefangenschaft besucht, gedrückt und gehalst.
- Wenn sie mit ihm auf den Tanz gefahren, habe er sie mit Gassendreck und Quecksilber eingeschmiert. Er habe ihr ein Gespenst ins Bett gelegt, damit man nicht merke, daß sie weg sei. Außerdem wären die und die auf dem Tanz gewesen, der auf der Hohenstraße stattgefunden.

Nun wird die Verhandlung ausgedehnt. Heinz Steins Frau von Assenheim erzählt unter der Tortur von ihrem Teufel mit dem Namen Hühnerfuß, mit dem sie in der Walpurgisnacht getanzt habe.

- Ihr Buhle hatte zudem von verstorbenen Menschen und Haaren eine Salbe gemacht, welche ihre Mutter schon gemacht hätte. Mit ihr habe man Unheil anrichten können, so habe sie damit Kinder und Erwachsene bestrichen und zu Schaden oder Tode gebracht.
- Ihr Buhle laufe in der Gestalt einer Maus hinter ihr her. Sie habe Pferde und Kühe verzaubert, außerdem Kühe aus dem Axthelm gemolken.

Sie nimmt auf die Wahrheit ihrer Aussagen das hochwürdige Sakrament und bezichtigt andere. Unter ihnen befindet sich die Witwe Heilges Anna.

Ihre Kinder Katharina und Margaretha schreiben dem Graf Philipp nach Birstein: »ihre Mutter habe sie so christlich erzogen, daß sie sich nicht als Zauberin vorstellen können. Da sie keinen Vater mehr hätten, würden sie vielleicht Vollwaisen, weil alle Hexen umgebracht würden. Ihre Mutter würde in Haft gehalten, sie gestand zwar, mit Heilkräutern umgehen zu können, doch Zaubern könne sie nicht. Man habe sie verleumdet.«

Sie entgeht der Folter, schwört Mitte Oktober 1575 Urfehde, trägt die Kosten des Verfahrens und wird auf freien Fuß gesetzt. Jetzt kommen Zweifel hoch. Graf Ludwig sagt, man soll nichts überstürzen und wäre nicht sicher, daß Unschuldige zum Tod verurteilt würden.«

Er läßt die Akten der durch die Anwendung der Folter in Assenheim überführten Frauen Elisabeth Seip und Margarethe Stein an Dr. Faust in Aschaffenburg senden, um eine juristische Stellungsnahme zu erhalten. Der Anwalt plädiert für die Todesstrafe und beruft sich auf das Alte Testament; sie wäre rechtens, weil sie dort festgelegt sei. Gegen

Gurtel Agnes

wird ein Verfahren eröffnet. Sie ergeht sich in üblichen Floskeln, wird gefoltert, fällt in Trance und berichtet über sexuelle Erlebnisse mit ihrem ersten Mann, Caspar Velten, den sie als Teufel bezeichnet.

- Als sie sich auf dem Scheiterhaufen befindet, sei ihr Buhle gekommen mit großem Windwehen, Sausen und Brausen, er habe an der (Gefängnistreppe) gerüttelt und sie an den Brüsten verkratzt.

Sie muß nach dem Geständnis (?) mit dem Tod rechnen. Die vierte hingerichtete in Assenheim war Hein Werners Witwe. Alle werden verbrannt. Und doch scheint die Menschlichkeit ein wenig durch.

Pfarrer Marx Seyfried

aus Hofstetten geht wegen seiner Krankheit zu einem Kristallseher in Sentelbach. Da es wegen der Schmerzen nicht auszuhalten war, wählt er das Thema in der Sonntagspredigt vom 21. Juli 1581 und bald hat er eine in den Bänken sitzende ausersehen (Frau des Andreas Höflich) und beschuldigt sie:

»Du Teufelsbraut, Du hast mir solches angetan und mich als verlahmt, und ich bitt Dich nicht, daß Du für mich bitten sollst. Du gehest in die Kirche und stellst Dich christlich.« Schließlich gesteht er; »er habe aus Böswilligkeit gehandelt, indem er sie verdächtige.« Er weist auf die Versuchungen des Teufels, die vor ihm nicht haltmachen. Seine Anfechtungen seien so groß, daß er Angst vor ihm habe. Sogar Jesus sei nicht sicher gewesen, wie in der Bibel zu lesen. Er erklärt sich bereit, öffentlich Abbitte zu tun:

Er sei durch den Aberglauben zu einem großen Mißtrauen gegen Gott verleitet worden und habe nun aufs Neue erfahren, welchen geschwinden und gewaltigen Feind wir im Teufel haben, der ihn in eine große Sünde gestürzt. Damit ist die Beschuldigte vom Makel der Hexerei befreit. Im Büdinger Land bricht zwischen 1580–1601 eine

Hexenpsychose

aus und es kommt zu Massenverfolgungen. Graf Heinrich ist Lutheraner und fühlt sich dem Teufel verbunden. So belasten die Prozesse der Jahre das Konto der Evangelischen.

Der Theologe Antonius Praetorius aus Westfalen sagt (1602–29) in seinem Buch *Bericht von der Zauberei und Zaubern:* »daß die Büdinger abergläubisch waren. Sie seien 1597 in der Walpurgisnacht mit Gewehren und Beilen in die Gemarkung gerückt und hätten mit Büchsen über Felder geschossen und mit Äxten an Bäume geschlagen, um Unheil abzuwenden.«

Anton Sarbrück

wird 1593 gräflicher Hofsekretär auf der Ronneburg und bläst in die Posaune wider das Hexengeschmeis, in der Überzeugung, eine gottgewollte Mission zu erfüllen[31)].

Im Mai 1598 wird eine neue *Kirchenordnung* erlassen. Es wird festgeschrieben, daß jeder die sonntägliche Predigt zu besuchen hat. Pfarrer Peter Rudolphis beschwert sich im März 1589: »sonntäglich seien nur acht Personen in der Kirche, um die Predigt zu hören.« Die Moral wird nach vorn gekehrt und so werden u. a. Sonntagstänze, unzüchtige Gebärden und Worte untersagt[32)]. Es ist eine mit dem bayerischen Raum vergleichbare Strömung der Verinnerlichung.

Kirchenrüger haben regelmäßig einen Bericht über die geistige Verfassung der Bürger abzulegen. Sie werden vereidigt, jedem Sonntag dem Pfarrer Vergehen gegen die Kirche und den Glauben unter Nennung der Delinquenten zu melden. Von Seiten der Pfarrer wird auf eine schärfere Ordnung gedrungen.

In der Folge wird hervorgehoben: »was aber öffentliche, landrüchige grobe Sünder sind als Zauberer, Abgötter, Meineidig, Gotteslästerer, Totschläger, Mörder, Ehebrecher, Blutschänder, Hurer, Trunkenbolde, Dieb (und) Räuber, sollen sie hart bestraft werden.«

Nach wie vor gilt die CCC. Vor allem die §§ 106[33)] und 109 sind von Interesse. Faust beruft sich auf den französischen Hexenrichter Jean Bodin (1530–96). Der Pfarrer Comenci von Büdingen stellt Ende Juli 1586 ein Gutachten aus und sagt:

- Zauberer und Zauberei sind Tatsachen, weil sie schon in der Bibel benannt werden. Sie können Schaden tun, weil der Teufel die Luft beherrscht.
- Luther berichtet, daß sich eine Frau mit einer Salbe eingeschmiert habe, dann in einen tiefen Schlaf gefallen sei und als sie erwachte berichtet habe, wundersame Dinge erlebt zu haben. Es sei verboten sich zu beschmieren und daran zu glauben.
- Andererseits seien schwache Frauen für den Teufel anfällig. Sie seien leicht verzagt und schläfrigen Glaubens gegen Gott und deshalb dem Lügenvetter bequem, sein Affenspiel mit ihnen zu treiben.
- Doch sei die Tortur nicht der Weisheit letzter Schluß, weil man nicht wisse, ob die Betroffene die Wahrheit sage.

In Büdingen kommen neue Beschuldigungen zu Protokoll. Pfingsten 1594 hat die Frau des Bäckers Werner Driesch beim Kirchgang Mergen, Tochter des Schuhmachers »Braut« genannt und das Gerücht verbreitet, die Familie Deckhardt habe während der Walpurgisnacht im Markwald eine Teufelshochzeit gefeiert. 1595 ereignet sich in Birstein ein Fall von Segnen und Kristallsehen.

Cunz Hoffmann

wird deshalb beschuldigt und nach Büdingen in Haft gebracht. Das Verhör erbringt, daß ihm ein Schwarzkünstler ein Rezept zur Dingfestmachung eines Diebes verraten hat:

- Er soll vor Sonnenaufgang einen Eimer Wasser schöpfen und mit einem glühenden Eisen dreimal hineinstoßen und sagen: »Ich zeichne dich in des Teufels Namen, die in Bruch und Dahlen sind, daß du mir das Meine wiedergeben mußt.« Danach soll er den Eimer auf drei Wegscheiden leeren.

Obwohl er einem Scharlatan auf den Leim gegangen ist, wird er gefangen. Er ist 74 Jahre alt. Von seiner Frau sagt er: »sie sei so böse, daß man es nicht glauben könne.«

Er sei unschuldig und habe noch niemand etwas Böses zugefügt. Er verabreiche Wurzeln und Kräuter insonderheit Eppich und Goldenwiderton, den man brauche, um Kühen die Milch zu holen. Er war wohl ein fahrender Naturheilkundler, denn er meint:

- Liebstöckel und Goldenwiderton hänge man den Kindern an, damit sie nicht verzaubert werden. Außerdem benutze man sie zum Holen von Milch bei Kühen. Die Pflanzen würden am Walpurgismorgen geholt.
- Garteneppich und Goldenwiderton können Zauberer nicht leiden, sie blieben deshalb von ihnen fern.
- Er habe eine spanische Fliege bei sich, um die Mannbarkeit zu fördern. Für geschwollene Kinder hätte er einige getrocknete Schwämme.

• Für den Pferdewurm war ein Briefchen mit getrocknetem Maulwurf vorhanden. Für das Vieh hatte er Reinfall, Johanneskraut, Gundelrebe, brauen Dost und roten Beifuß.
• Weißen Alaun brauchte er, um seine Mägdlein zu färben.
• Ein Stück Sauerbaum soll gut für den Rotlauf sein.
• Die Springwurz habe er nicht, er habe aber gehört, nur ein Specht könne sie finden, wenn man ihm sein Loch zuschlage.

Später wird er entlassen und ihm aufgetragen, daß er sein Dorf nur zur Bestellung der Felder verlassen dürfe. 1596 wird

Magdalena Wendel

(»Spanierin«) wegen Zauberei angeklagt. Man sagt ihr nach die Pest ausgelöst zu haben. In einem Schreiben beantragen die Büdinger: »die mit dem teuflischen Laster der Zauberei verhafteten Personen allhie ex officio inquirieren und der Gebühr (nach) strafen zu lassen.« Das Verfahren gegen sie wird im Rathaus eröffnet und gegen sie halten 30 Zeugen an, die behaupten, daß sie zaubern kann. Zum Ende des gleichen Jahres wird die

Hebamme Elisabeth

wegen Zauberei verklagt. man wirft ihr vor:
• Sie habe einer Frau die Muttermilch genommen und durch Kunstfehler Fehlgeburten herbeigeführt.
• Sie habe das Kind der Margaretha Thola hinter dem Rücken der Eltern im Keller beerdigt und gesagt: »der Leichnam eines ungetauften Kindes gehöre nicht auf den Friedhof.«
• Der Mann der Kindbetterin grub nach ihm, wobei er im Grab einen irdenen Topf mit Sroh und einen Kälberzahn gefunden hat.
• Als eine andere Wöchnerin sie nicht als Hebamme habe nehmen wollen, habe sie sie verwunschen, so daß sie gestorben sei.

Die Prozesse sind Auftakt zu einer Hexenepidemie. Im Februar 1597 versammelt sich der Rat und da erscheint eine Delegation und legt die Resolution vor: »zum wiederholten male verlangen sie vom Schultheißen, daß er die Prozesse in Gang bringe; »er soll die Glocken läuten lassen, um die Bürgerwehr zu rufen und die Hexen gefangen nehmen.«

Dann werden Amalie Mertzen, Barbara Blosen (Leineweberin) Stephany Grünewald sowie Anna Groens besagt. Es kommen abenteuerliche Aussagen zustande:
• Georg Hilpert sagt: »Anna Groen habe einen roten Faden über seinen Acker gelegt, eine Kuh sei darüber gegangen und lahm geworden.«
• Enders Kling sagt: »sie habe seinen Buben gehalten, und davon sei er lahm geworden und gestorben.«
• Hans Hilpert wolle gehört haben, das Annas Mutter sie eine Katzenköchin genannt habe, »sie koche so schlecht, daß er noch sterben müsse, auch sei seine Kuh zauberisch gemolken worden.«
• Jorg Hildebrand sagt: »Eulen-Anna haben ihrer Schwiegertochter Katzenhirn zum Essen gegeben, wovon sie gestorben sei. Wenn sie ihm, Hildebrand, die Hand gebe, habe er gedacht, sein Herz müsse verbrennen.«
• Hans Zaun bezichtigt Amalie, daß sie seit 30 Jahren eine Hexe sei. Sie habe ihm drei Kühe, ein Pferd und Schwein verzaubert.
• Das Schlimmste sei, daß seiner Frau drei Kinder im Leib verfault seien! was Dr. Hapelt von Gelnhausen festgestellt habe.
• Dem Stadtknecht habe sie einen Trunk gegeben und ihm dabei auf die Schulter geklopft, davon er gestorben.
• Stephany Grünewald wird vorgeworfen, daß ein Ofenbauer in ihrem Keller einen Topf gefunden habe, in dem eine Kröte war. Ihre Mutter von Rosenbach sei eine Zauberin gewesen.

Die Verdächtigen werden eingezogen und teils im Rathaus, dem Schlaghaus und der Schützenstube in Haft gelegt. Sie sollen in Gegenwart des Scharfrichters verhört werden und bestreiten alle Anschuldigungen.

Eulen-Anna

trägt vor, daß Peter Hilpert den Faden selbst gespannt habe, um sie zu belasten. Er wolle sie als Zauberin verdächtigen und habe Brombeeren in die Milch getan, damit es aussähe, als wäre Blut darin.

Barbara Blosen wird von der Schwägerin belastet: »sie habe eine Hitze ans Bein bekommen, dahinein habe ihr der Barbier Simon ein Loch geschlagen, doch es habe nicht geholfen.« Danach habe er den Verdacht auf Anna gelenkt. Else Blosen will Barbara in der Kälbernacht beim zauberischen Tun mit 13 Katzen beobachtet haben.

Aufgrund der verworrenen Aussagen arbeitet die Kanzlei einen Fragenbogen aus und die Räte bestellen das peinliche Halsgericht. Die Marburger Universität wird eingeschaltet und verfügt, daß die Befragung der Frauen unter der Folter geschehen kann.

Die Verhöre beginnen im April 1597 mit der Eulen- und Franzen-Anna. Sie werden in

Anwesenheit des Nachrichters verhört und gestehen nichts. Daraufhin wird die Eulen-Anna entblöst, um nach einem Hexenmahl zu suchen. Das zweimalige Aufziehen und die Beinschrauben führen zu keinem Geständnis.

Dann wird Stephany Grünewald vernommen, bei der sich am Rücken ein Hexenmahl zeigt. Sie wird gefoltert, man schneidet ihr die Haare ab und zieht sie an einer Rolle auf. Danach zieht ihr der Scharfrichter den Pfefferkuchen (Beinschrauben) an; sie werden an den Beinen gelassen, bis sie gesteht:

- Sie habe an der Teufelshochzeit teilgenommen, von Jesus Christus sei sie abgefallen und auf dem Hexensabbat gewesen.
- Sie habe Unwetter gemacht, indem sie mit dem Teufel in einen Topf geschissen und diesen in den Wald geworfen. Zudem habe sie ein Kind umgebracht.

Als man die Eulen-Anna erneut aufziehen will, gesteht sie, um die Qualen zu umgehen. Sie bittet um den Beistand es Pfarrers, um ihre Seele reinigen zu können. Dann werden acht weitere der Hexerei bezichtigt. Im April 1597 fällt das Gericht das Todesurteil, wobei es zu einem Machtkampf zwischen Nachrichtern kommt. Sie werden vom Scharfrichter Meister Stephan Fuchs gerichtet.

Kaum sind die Prozesse beendet, laufen neue Nachrichten ein und man sagt: »daß die Hingerichteten nicht die einzigen seien. Man habe die flehentliche Bitte, die anderen Hexen, bevor sie Schaden anrichten, zu beseitigen.« Jetzt werden sieben Frauen und vier Männer besagt. Wagners Frau habe eine Katze, die könne Eier legen. Dann kommt es zu einem Prozeß gegen

Anna Scheuers
aus dem Großendorf. Sie hat im Schloß gearbeitet und mit einer Kameradin ein Ei geteilt.

- Als diese das halbe gegessen, sei sie lahm geworden, habe nicht mehr auf den Schloßturm gehen können, und der Barbier habe ihr nicht mehr helfen können ... sie mußte an Krücken laufen und hat Anna deshalb angezeigt.
- Sie habe sie auch im Pfaffenwald in den Wacholdern mit einem schwarzen Mann gesehen, der einen furchtbaren Sturm heraufbeschworen habe. 1597 wird das Nachbardorf

Rinderbügen
vom Hexenfieber befallen. Männer, Weiber und Kinder rennen nach Büdingen, berauschen sich an den Folterqualen und stellten fest, daß es bei ihnen Hexen geben muß. Man hat sich infisziert und so nimmt das Unglück seinen Lauf. Als Schultheiß wirkt Wilhelm Fißler, der eine Inquisitionsschrift verfaßt. Angeklagt werden vier Frauen. Dabei ist Steffen Fuchs, Scharfrichter von Büdingen. Die Eulen-Anna wird in den Prozeß gezogen und gibt an: »sie habe in Rinderbügen vier Freundinnen, die mit ihr uffm Dantz gewesen.« Sie werden eingezogen und ihr gegenübergestellt.

Sie brechen in Panik aus und in ihrer Not begehen sie einen Fehler nach dem anderen. Dem Schultheiß werden Kleinigkeiten hinterbracht; nun werden Lügen und Verleumdungen zusammengetragen, bis das Beweismaterial auf dem Tisch liegt. Im Mai 1597 nimmt die Tragödie ihren Lauf. Thomas Weitz sagt:

- Daß ihm vor vier Jahren ein Pferd plötzlich krank geworden und (es) habe über die Stalltür springen wollen. Dann sei es verendet. Der Meister habe es aufgeschnitten und festgestellt, daß das Herz dürr geworden sei. Er könne niemand beschuldigen.

Der Kuhhirt sagt als Zeuge gegen Margreth Fausten:

- Daß sie jeden Morgen mitten unter die Kühe laufe. Sie tue so, als ob sie sie zählen wolle. Jedesmal sei ihm auf der Weide eine krank geworden. Peter Faust und Peter Bopp berichten:
- Der Brückenschneider habe vor einem Jahr mit Hanß Datt im Wirtshaus gesessen. Auf dem Heimweg sei ihnen Datten"s Frau begegnet und habe den Schneider alles geheißen, weil er so lange mit ihrem Mann gezecht habe. Er habe sie darauf mit Schneeballen beworfen und eine Zauberische gescholten.

Die Frauen werden in den Turm von Birstein gelegt und rund um die Uhr bewacht. Dann werden sie befragt, weisen alle Vorwürfe zurück und erklären ihre Unschuld. Daraufhin werden weitere Zeugen vernommen. Sie bringen vor: »daß ihnen das Vieh gestorben sei, daß sie krank gewesen, aber nicht wüßten, ob es von den Zauberischen käme.« Kinder werden ausgehorcht und als Zeugen zu Felde geführt. Die Angeklagten bleiben standhaft.

Auch hier liegt eine Entscheidung der Marburger Juristen zugrunde: »Umb mehrerer Erkundigung der Wahrheit willen mit ziemlicher peinlicher Frag anzugreifen sein, ob wir sie dazu hiermit verdammen, von Rechts wegen.«

Jetzt holt man den Scharfrichter Stephan Fuchs aus Büdingen. Er erhält den Auftrag, den Angeklagten die Instrumente zu zeigen, was verheerende Folgen hat. So erhängt sich eine in der folgenden Nacht in der Zelle und das Protokoll sagt:

• Am Dienstag, den 31. May Ao. 97 hat sich Anna an einem strick so im gewölbe oben heraber gehangen, selbst erhengt. Ist geschehen in dem gefencknuß. So Und (er) der Cantzlei ist. Den 1. Juni ist sie durch meister Steffan den Scharpfrichter hinaußgeführt Und Und(er) den Galgen begraben worden.«

Jetzt werden weitere 17 Zeugen vernommen. Am 1. Juli wird der Scharfrichter auf sie losgelassen. Dann findet man die von ihm »angegriffene« Margret Fausten erhängt in der Zelle. Der Scharfrichter, der sie unter dem Galgen verscharrt, sagt: »daß ihr der Halß entzweigebrochen und an den Schenkeln oben gar schwartz gewesen« (Beinschrauben?)

Gegen Hofmanns Frau treten weitere Zeugen an. Dann erscheint ihr Mann und beantragt ihre Freigabe, weil sie in guter Hoffnung lebe. »Man möge nach ihrer Niederkunft die Sache weiter verfolgen.« Das Gericht schenkt ihm kein Gehör. Da erscheint Lips mit seinen Kindern und den Verwandten und bittet um die Freilassung seiner Frau. Sie wollten sich mit ihrem Vermögen für sie verbürgen. Wider Erwarten wird sie entlassen!

Anna, Fritz Dieterichs Frau, Mutter von neun Kindern, wird peinlich befragt und beteuert ihre Unschuld. Obwohl sich der Pfarrer Praetorius – der später wegen seines Auftretens gegen die Anwendung der Folter gemaßregelt wird – für sie einsetzt, kann er deren Leben nicht retten.

Die dritte erdrosselt sich in der Zelle. Sie legt sich eine Schnur um den Hals und dreht sie mit einem Hölzchen so lange zu, bis sie erstickt.

Die Versuche des Verteidigers, Konrad Textor, das Unheil abzuwenden, verlaufen im Sand. Vermutlich liegt ein persönlicher Racheakt zwischen dem Brückenschneider zugrunde, der sich am Rinderbügener Schultheiß rächen will. Damit ist der Prozeß zunächst beendet.

Die Beschuldigungen gehen 1598 in Büdingen weiter und kurz danach bricht die Pest aus. Die Hexenprozesse von 1601 bis 1616 im Büdinger Gericht haben vorläufig in der Zeit vor dem 30jährigen Krieg ein Ende. In

Eckartshausen

bricht 1596 der Wahn aus. Katharina, Tochter des Pfarrers, ist krank: »sie sei schwach, ihr Bauch geschwollen und so hart wie eine Pauke, ihr Körper nur noch Haut und Knochen. Zweimal habe sie das Bewußtsein verloren und schon glaube man, daß sie stürbe.« Plötzlich habe sie gesagt: »Die Hur hat mirs angetan,« womit sie Baltes Else meint. Folgerichtig wird sie der Zauberei verdächtigt. Sebastian Frank, ein Arzt, gibt dazu ein Gutachten ab[34].

Der Zentgraf berichtet: »Die Krankheit sei unerklärbar, es könne nur des Allmächtigen Strafe sein!« Baltes Else meint: »ihr könne nur noch der Herrgott helfen.«

Dann wird sie ihr gegenübergestellt, wird blaß und schwört bei Gott und allen Heiligen unter Tränen: »sie habe dem Mädchen nie etwas getan.« Es stirbt am 8. Dezember. Jetzt besichtigt Wendel, ein Barbier aus Büdingen, die Tote im Auftrag der Regierung und gelangt zur Auffassung, das Handmahl auf dem Körper entspreche der der Angeklagten.

Else Gaul

Interessant ist das Obduktionsprotokoll[35]. Nun wird geforscht, ob sie nicht doch eine Zauberin sei?

• Lips Eitel aus Bergheim trägt vor: sie trage am Tag vier Eimer Milch aus dem Stall, es ginge nicht mit rechten Dingen zu.

• Clos Küchel aus Eckertsweiler will durch ihre Berührung lahm geworden sein.

• Klos Geier habe sie eine Kuh, und Klos Webers Witwe ein Pferd verzaubert.

• Georg Stauers Frau sagt: »sie habe ihr ein Kind zu Tod gezaubert.«

• Heinz Nickels Frau Else habe sie nach einem Bad verzaubert, daß sie schwach geworden und gestorben sei.

Von Interesse sind die Aussagen einer Eckertshäuserin[36] und des dortigen Pfarrers[37]. Else wehrt sich und Ende Dezember wird das Verfahren gegen sie eingeleitet; man stellt 43 Klagepunkte zusammen. 32 Zeugen sollen auf 18 Fragen zur Person und in 107 zur Sache gehört werden.

Die Angeklagte liegt in Haft und dann wird berichtet: »sie habe sich in der vergangenen Nacht um zwei Uhr von den Fesseln befreit, das Fenster ausgehoben und das Tuch, worauf sie gelegen, an den Fensterrollen befestigt, um sich abzuseilen. Es war nicht lang genug und Else sei eine ganze Strecke heruntergefallen und habe sich häßlich zugerichtet. Der sie bewachende Büttel habe es bemerkt und sie wieder hinaufgeführt. Else sei sehr malad und niemand wisse, was sie gebrochen habe.«

Sie wird nach Büdingen gebracht und im Rathaus angeschlossen. Schließlich verfügt Wolfgang Ernst die Anwendung der Folter. Sie wird im Januar 1597 vorgenommen. Um drei Uhr früh werden Beinschrauben angesetzt, ohne daß sie etwas gesteht. Dann soll sie mit rücklings gebundenen Händen aufgezogen werden. Der Barbier meint: »die Aufziehung trotz der Armverletzung bringe keine Gefahr für das Leben der Betroffenen« (sie hat sie aus dem Fenstersturz davongetragen). Jetzt folgt das Geständnis.

- Sie sei Hexe, habe das Mädchen geschlagen und gerufen: »Ich schmeiße dich in tausend Teufels Namen.« Das Zaubern habe sie von einer Bettlerin gelernt. Sie sei von Jesus abgefallen und habe Menschen und Vieh beschädigt.

Sie nennt neun weitere, die in die Hexerei verstrickt werden. Ihr Geständnis genügt dem Gericht nicht und sie wird einem weiteren Verhör unterzogen. Nun gesteht sie, daß sie sich mit Salbe geschmiert habe. Dann hat man sie nochmals gefoltert.

Infolge der Qualen stirbt sie Mitte Januar 1597. An der Leiche wird die Todesstrafe vollzogen. Die Kosten betragen 140 Gulden 7 Batzen, die ihr 80jähriger Mann erstatten soll. Er bittet im Januar 1597 um Nachlaß.

Gründau und Meerholz

1574 werden sieben Frauen in Gelnhausen der Hexerei bezichtigt. Ende August 1584 läßt der Rat Anna, Hans Petermanns Frau als Hexe verhaften, weil sie eine Frau umgebracht haben soll. Sie wird drei Tage später gerichtet.

In den Jahren 1596–97 setzt eine Massenverfolgung ein. 16 Todesurteile werden teils mit Feuer, teils mit dem Schwert vollstreckt. Suggestivfragen der Richter führen zu konformen Geständnissen.

- So habe der Hexentanz vor dem Gelnhauser Holztor stattgefunden und man sei auf Besen dorthin geritten.

In weiteren Schüben wird besagt, gefoltert und gerichtet. Schultheiß in Gründau war Peter Frank. Hier bricht der Wahn 1591 aus und reicht 15 Jahre in die Zukunft. Niclas Schlegell bezichtigt die Frau seines Bruders, Margaretha, sowie deren Tochter aus Niedergründau der Zauberei. Mutter und Tochter werden in den Büdinger Hexenturm gebracht. Zugrunde liegt vermutlich ein Familienstreit.

Die Tochter soll vor vierzehn Jahren einen Spruch gelehrt haben, den man sagen müsse, wenn man jemandem etwas Böses tun wolle: »Ich stehe hier auf dem Mist und verleugne den Herrn Jesum Christ.« Ihre Akten werden Marburger Juristen vorgelegt und angefragt, ob die Tortur vorzunehmen sei. Die Gemeinde erhebt Vorwürfe gegen Niclas;

- Er habe Cuntz Lippert vier Pferde und Hans Daudt eines verzaubert.
- Georg, Paul Schlenchers Sohn, habe Fasnacht bei Henkells Tochter gesessen, sei krank geworden und gestorben.
- Zudem sei sie von den dort verbrannten Hexen beschuldigt, sie habe geholfen, durch die Verzauberung der Feldfrüchte eine Mißernte zu verursachen.

Beide haben Tortur und Feuer überstanden und erheben Klage bei Gericht gegen die ihnen angetane Behandlung und fechten juristisch das Verfahren an.

Das Ergebnis des Widerspruchs muß ein Freispruch gewesen sein und man verständigt sich auf 600 Gulden Schadenersatz. Es war für die Gemeinde so hoch, daß sie in Schwierigkeiten kommt und sich Familien erneut gegen die Schlegell aussprechen. Es ist der Beginn einer Kampagne.

1594 wird Henn Schlegell wegen Hexerei vor Gericht beschuldigt; er entzieht sich durch Flucht. Seine Frau wird verfolgt und im August 1597 als »jüngst als Hexe verbrannt« erwähnt. Kurz danach findet ihre Tochter, inzwischen verheiratet, den Hexentod durch das Feuer. Drei Jahre später wird

Margaretha Weigel

als Zauberin angezeigt. Zu ihrem Leumund wird gesagt: »sie sei in ihrer Jugend als der Hurerei halber nach Frankfurt gelaufen, ginge aber in den letzten Jahren fleißig in die Kirche, was sie dabei denke, wisse Gott allein.«

Nun wird das Verfahren gegen sie eröffnet und nach der Peinlichen Halsgerichtsordnung geführt. Die juristische Fakultät der Marburger Universität wird zum Gutachten aufgefordert. Eine Frau sagt aus:

- Es habe auf der Taufe immer saures Bier gegeben, sonst nichts.
- Nach Jost Scheffer sei sie eine Zauberin: »er habe einmal ein Lamm in der Stube gehalten, dem habe die Weigel die Hand auf den Kopf gelegt, davon sei es erst blind geworden und dann gestorben. Ihr Mann habe noch auf dem Totenbett gesagt, seine Frau habe ihn umgebracht.«

Die Leute im Dorf meinen: »wenn sie eine Hexe sei, soll man sie verbrennen.« Sie habe ein bübisch Leben in Frankfurt geführt, allerlei Zauberwerk in ihrer Stube gehabt und verlauten lassen; »solange Graf Heinrich und seine Gattin lebten, würde niemand verbrannt, denn Gottes Sakrament helfe in schweren Stunden.«

Die Beschuldigte sagt: »der Verdacht auf Zauberei sei auf sie gekommen, weil sie vor 25 Jahren bei der Frau des Pfeifer Henn Butter geliehen habe. Als sie sie zurückgeben wollte, sei ihre schlecht geworden und sie habe sie verschrieen.«

Den Nachweis der Zauberei erbringt ihr Schwager Kuntz Henkell, indem er behauptet, er habe vor einem Jahr den Stubendreck in einen Sack getan. Dann habe er mit einem Stock darauf gehauen und danach sei die Weigel krank geworden. Sie habe die Schläge über den Sack empfangen. Es sei ein unfehlbares Rezept. Vermutlich unterzieht man sie der Folter. sie legt kurz danach ein Geständnis ab.

- Sie habe das Zaubern bei einer Frau in Niedergründau erlernt und der Teufel, ihr großer Buhle, sei schwarz gewesen, habe einen grünen Hut und Federbusch gehabt. Er habe sie oberhalb von Gettenbach getauft.
- Dort habe er ihr ein hölzernes Büchslein mit Schmier (Salbe) gegeben, damit sie sich eingerieben und dann den Schornstein hinausgeflogen. In Gelnhausen habe sie in der Walpurgisnacht getanzt. Dort seien viele Zauberinnen gewesen.
- Danach hätten sie Obst und Wein verdorben. Zudem habe sie Tiere durch Zauberei zu Tode gebracht. Dazu sei sie ihnen mit Teufelskraut über den Rücken gefahren.

Jetzt tritt das Gericht zusammen. Der Verteidiger widerspricht der Anklage, sie zu foltern und zu verbrennen mit der Anmerkung: »sie wäre ein blödes betrübtes Weib, die nicht selbst antworten könne.«

Inzwischen werden weitere Zeugen vernommen. Um das Geständnis zu bestätigen, wird sie der peinlichen Frage unterzogen. Der Richter spricht die Todesstrafe aus und bricht den Stab über sie. Sie wird im September 1595 hingerichtet. Anfang August 1596 wird

Margarethe Theiß

wegen Zauberei nach Lieblos in Gefangenschaft genommen. Sie habe Haare unter die Schwellen der Viehställe gelegt und davon sei das Vieh gestorben. Der Prozeß soll nach den in Lyon erschienenen Instruktionen von Nicolaus Remigius (1554–1600) erfolgen. Er zeichnet sich durch Bildung und Gewalttätigkeit aus. Zur Untermauerung bezieht man sich auf Peter Binsfeld. Dann berufen sich die Kameralisten auf die Weisungen *Tractata de Quetionibus torturum* von Johannes Zangeri.

Margarethe wird unter der Folter verhört und man belastet sie mit dem Tod von 200 Pferden.

- Zudem habe sie die Mißernten der Jahre 1594 und dem Folgejahr verursacht und man habe sie bei einem zauberischen Tanz unter den Gelnhäuser Tannen gesehen.
- Man habe sie unter einem Königsbirnbaum stehen sehen und dann habe der Baum so gewackelt, als würde er von einer starken Männerhand bewegt.

Unter dem Druck der Folter legt sie ein Bekenntnis ab. Sie gibt elf Frauen an, die Zauberinnen seien. Sie wird am Niklaustag 1596 aus Gnaden decoltiert (enhauptet). Im gleichen Jahr findet ein Verfahren gegen

Katharina Gutland

aus Lieblos statt. Einer trägt vor:

- Er habe durch (ihre) Zauberei 30 Pferde verloren.
- Der 60jährige Peter Schäffer meint, sie sei zwar sehr fromm und immer in die Kirche gegangen, trotzdem könne er nicht umhin, sie zu beschuldigen, seinen Reitochsen (Bullen) verzaubert zu haben. Im Keller sei ein Faß mit Wein ausgelaufen und auch das müsse Zauberei sein.

An ihr wird Anfang Dezember 1596 die Todesstrafe vollstreckt. Dann beschuldigt man

Margarethe Schäffer

- Ein Kind umgebracht und in den Gemeindebrunnen geschissen zu haben, sie habe die Kühe zauberisch gemolken und Pferde so verzaubert, daß sie eingingen.
- Sie habe geschmiert und zur Walpurgisnacht sei sie aus dem Schornstein gefahren und habe mit dem Teufel getanzt.

In ihrer Verzweiflung gibt sie elf Frauen und vier Männer an, die der Zauberei verfallen seien. Sie wird im April 1597 auf den Scheiterhaufen gezerrt.

Aus dem Jahre 1596 ist ein Brief des geistlichen Sekretärs Sarbrück erhalten. Er schildert, man habe begonnen, im Gericht Gründau verstärkt gegen Hexen vorzugehen. »Es müsse alles getan werden, um der Obrigkeit keine Nachteile entstehen zu lassen. Man könne zur Folter greifen, wenn es Not tue.«

Bei den Prozessen im Gericht Gründau, die 1596 in Lieblos gehalten werden, sind die Beschuldigungen so zahlreich, daß der Schreiber ein Besagungs-(Hexen)buch anlegen muß. Es ist eine breitangelegte Dorfintrige.

1597 werden acht Prozesse mit Todesfolge geführt. Im April zeigt Hans Mohr von Lieblos Magdalena Gerhards an:

- Sie habe seinen Sohn Jost angegriffen und ihm einen Pfennig geschenkt. Daraufhin habe er sechs Wochen krank gelegen und am rechten Oberschenkel einen Knoten gehabt. Nach der Tortur gesteht sie eine Hexe zu sein und wird verurteilt.

Den Verteidigern bleiben die Schwachstellen nicht verborgen. Das gemeine Geschrei sei kein Beweis. Oft seien Neid und Mißgunst am Werk. Viele seien der Zauberei halben verbrannt und später unschuldig befunden worden. Im Zweifel sei zu ihren Gunsten zu entscheiden. Dann beschuldigt man

Margarethe Pulvers

- Sie habe einem toten Kind Fuß- und Fingernägel abgeschnitten, sie in die Rinde von Obstbäumen gesteckt und so die Ernte verdorben.
- Einem toten Kind habe sie die Zunge abgeschabt und dies mit einem Backenzahn ins Feld geworfen.
- Sie habe die Ernte vertrocknen lassen.
- Sie habe von ihrem Buhlen einen Stein, den sie im Feuer glühend macht, um die Ernte zu verderben. Vor zwölf Jahren habe sie damit einen so großen Wind entfacht, daß im Büdinger Wald Bäume umgefallen seien. Das Geständnis führt zur Todesstrafe.

Es folgen weitere Besagungen und so greift der Wahn um sich. Johann Castricius sagt als Verteidiger: »was die vermeintlichen Zauberwerke der Hexen betrifft, so mag man, daß sie, wenn sie sich mit Salben reiben, die aus Katzen- und Wolfsfett, Eselsmilch und ich weiß aus was noch sie gemacht sind, ihre Häuser auf Stöcken oder Besen verlassen, entweder auf dem gewöhnlichen Wege oder durch ein enges Loch, und daß sie durch die Lüfte fliegen können und sich von einem Ort dorthin fortbewegen, wo sie ihre Feste und Schlemmereien mit den Teufeln feiern.«

Es ist ein weit verbreiteter Glaube, daß alle Hexen Deutschlands während der Nacht zum 1. Mai zum Blocks- und Heinberg, in der Gegend von Bructeri gebracht werden, nachdem sie sich gesalbt haben. Einige reiten auf ihren Lieblingsteufeln, die die Form von Ziegenböcken, Schweinen, Hammeln und ähnlichen Tieren annehmen, andere auf Gabeln und Krummstäben. Danach verbringen sie die Nacht mit Spielen und Freßgelagen und tanzen mit ihren Liebhabern.« Von Interesse ist ein

Gebet für Hexen und Zauberer

»Ich arme elendige Sünderin bekenne vor Gott meinem heiligen Schöpfer, seinem Sohn Jesu Christ meinem Heiland, und Erlöser Jesu Christ, daß ich mich schwerlich an der heiligen Dreifaltigkeit versündigt hab, durch Überredung des bösen Feindes. Ich von dem Bunde aus, so in meiner heiligen Taufe, die heilige Dreifaltigkeit aufgerichtet hat. Ich auch in dieselbige eingewilliget, so schendlich abgewichen bin, und dem bösen Feind zugesagt, desselben hinfürder zu sein und ihm in zauberisch verboten(en) Dingen und anderen sche(n)dlichen Sünden zu dienen und Gehorsam zu leisten.

Durch welchen schweren Abfall und begangene Zaubereien, den ich leider in Gottes Zorn und Ungnade gefallen bin. Auch heimliche und ewige Strafe, den Tod und ewige Verdammnis darmit wohl verdient habe.

Es ist mir aber solches alles von Grund meines Herzens leidt, und ich will zur Anzeige meiner ernsthaftigen Reu und Leid meines Herzens, solche dem bösen Feind getane Zusagung und Gelöbnis, für Euch Dienern Gottes aufgekündigt, und mich derselben gänzlichen verziehen und Begaben haben, und nehme hiergegen meinen Trost und Zuflucht allein zu der grundlosen Güte und Barmherzigkeit Gottes, meines himmlischen Vaters und bitte denselben vom Grund meines Herzens und um seines Sohnes Leidens und Sterbens willen, (daß) er mich arme Sünderin bußfertig wiederum wolle zu Gnaden annehmen und mir meine Missetat und begangenen Fall und Sünden aus lauterer Gnaden verzeihen. O Gott, bist einer armen Sünderin gnädig um meinen lieben Herrn und Erlösers Jesu Christ willen. Amen.«

Else und Margarethe aus Langendiebach werden verdächtigt, Vieh verzaubert zu haben. Sie werden auf Anordnung der Universität Heidelberg an den Pranger gestellt und mit Ruten gestrichen, erhalten ein Brandmahl und werden des Landes verwiesen. Auf einer Inspektionsreise des Grafen Wolfgang Ernst nach

Staden und Assenheim

wird ihm berichtet, daß auf eine unheimliche Weise Vieh verstorben sei; es gehe nicht mit rechten Dingen zu und man mache eine Frau verantwortlich. Er beauftragt Philipp Weissbrot mit der Prüfung, der berichtet, daß seit längerem

Else Dönges

als Hexe verschrieen sei.

- Habe sie im Stall Pferde und auf der Weide Kühe betastet, die eingegangen seien. Seine Kuh sei durch Verwünschungen gestorben. Auf dem Acker soll sie etwas vergraben haben.
- Sie habe ein Lammfell bei dem Schäfer als Brusttuch haben wollen, danach seien ihm 26 Lämmer gestorben.

Dann wendet man sich an den Aschaffenburger Dr. Faust. Er bezieht sich auf das 1580 in Paris erschienene Werk des Jean Bodin, das 1591 ins Deutsche übertragen wird[38]. Aus ihm könne man sehen, wie man Prozesse mit Unholden anfangen und durchführen soll.

Dann wird der Folter der Else Dönges zugestimmt. Agnes Rosens Witwe könne man nichts nachweisen und soll sie beobachten. Im Juni 1591 wird in Assenheim eine 16jährige wegen Hexerei angeklagt und in Rosbach wird erzählt:

- Er sei als Knabe mit seiner Mutter aus dem Fenster durch die Luft gefahren. Sechs andere Knechte und Mägde seien dabei gewesen sowie ein Buhle, der mit den Mägden Hochzeit gehalten. Er habe einen Kuhfuß gehabt.

Ein Schreiben von Ott gibt bezeichende Hinweise:

- Um vergrabene Salbentöpfe ausfindig zu machen, soll man sich Zeit lassen, zumal die Kosten des Verfahrens Angehörige zu tragen haben.
- Die zum Tod Verurteiten soll man nicht lange mit der Folter quälen, sondern sie hängen oder ihnen einen Pulversack um den Hals hängen.
- Die Schwere des Vergehens stelle es der Obrigkeit frei, das Strafmaß festzulegen.

1595 kommt es zu Anklagen in Assenheim. Hans Lieps von Rodenbach hat mit einem Ackerwagen auf einer Brücke das Schwein einer Nachbarin überfahren, so daß es lahmt. Sie erstattet Anzeige und will den Schaden ersetzt bekommen. Als es Lieps verweigert, sagt sie ihm: »Du sollst die Suppe noch gewahr werden.« Agnes wird gefoltert und bekennt:

- Ihr Buhle heiße Federwisch. Sie habe mit ihm getanzt und sei ihm hörig gewesen. Zuerst sei er ihr so hübsch wie ein Edelmann erschienen, danach aber häßlich an den Füßen nit wie andere Männer am männlichen Glied, eine häßliche Figur und ein seltsames Ding nit lang, quallerisch, federich.
- Es hat ihr nicht gedeucht, daß ihr in den Leib ging, ein wenig sanft habs getan aber kalt. Er habe ihr auch Gold gegeben. Sie gibt weitere an und ein Zeuge sagt:
- Er habe vom Fenster der Rathausstube aus, worin die Gefangene saß, einen Gesellen mit einem großen Federwisch auf dem Hut vorbeireiten sehen. Einer habe gesagt, »der reitet wie ein Schinder«, von da an sei die Gefangene krank und schwach geworden.

Ihr Wächter betont: »sie sei wohl eine Sünderin vor Gott aber keine Zauberin.« Der Pfarrer habe ihr die Absolution erteilt und zur Stärkung des Glaubens das Sakrament des Leibs und Blutes Christi auf ihr Verlangen gegeben. Im gleichen Jahr wird Appolonia bezichtigt, mehrere Brände gelegt zu haben, sie habe den eigenen Hof anzünden wollen. Während des Verhörs gesteht sie einige Segen.

Dann kommt es zu einem Schreiben von der Bürgerschaft Stadens, das die Obrigkeit zur Fortsetzung der Gerichtsverhandlungen auffordert[39]. Oft kommt es zu Familienfehden. Wie es zugeht, sehen wir am Prozeß gegen

Margaretha Winds

Ihr Mann ist wegen der Beschuldigungen schwermütig geworden und sie flüchtet. Wegen ihrem Umherirren gefragt, sagt sie: »sie sei in ihrer Angst nach Wehrheim gelaufen, dort sei sie krank geworden und habe um das heilige Abendmahl gebeten, was ihr, weil der Pfarrer nicht da war, nicht zuteil geworden sei. Ihr Mann habe ihr nicht geholfen, als sie ihn um Kleider und Geld gebeten hat. Von Wehrheim habe man sie weitergeschickt, sie sei nach Leidhecken und Friedberg zu Dr. Schiefer gegangen, um ihn um ein Schreiben zu bitten, was er verweigert hat. In Rodheim habe sie einen Brief schreiben lassen und um Geld gebeten, um ihre Unkosten in Wehrheim zu zahlen.«

Nach neun Tagen geht sie in ihr Dorf und stellt sich dem Verfahren. Immer wieder hat sie ihre Unschuld beteuert und gesagt, daß sie keine Zauberin sei. Nicht einmal der Mann will ihr glauben. Im Gegenteil, sie wird im Mai 1597 von anderen beschuldigt:

- Sie hätten nachts elendes Kuhgeschrei gehört und als sie am Fenster hinausgesehen, hätten sie ein Weib gesehen, das auf der Gasse eine Kuh gemolken. Man habe die Milch in den Eimer zischen und rauschen hören. Die Kuh sei verschwunden, die Frau aber mit dem Eimer in Henn Windts Haus gelaufen. Sie wird kurz danach verhaftet, denn man hat 70 Klagepunkte zusammen:

- Sie habe am Palmsonntag 1589 während der Kirche im Bach gestanden und sich die Schenkel mit Wasser gewaschen und dies sei zauberisch.
- Sie habe Kilian Pfeifers Kind aufgewickelt und daraufhin sei es gestorben: sie soll zwei weitere Kinder verzaubert haben.
- Sie soll die Scheer Gret mit einem Honigkuchen vergiftet haben und zudem habe sie Philipp Bach impotent gezaubert.
- Er habe sie im Wald angesprochen und gebeten: »sie möge ihm helfen.« Sie habe gesagt, »er möge eine Maß Wein über seinem Brautkranz trinken, dann werde es besser.«

Die Stellung der Marburger Universität ist bedeutsam, denn $^1/_4$ aller hier vorgetragenen Fälle befassen sich mit dem Zauberwesen. Sie ordnet die Folter an und jetzt gibt es kein Entrinnen mehr. Einzelheiten über ihren Tod sind unbekannt. Sie gibt 26 Personen an und dies führt zu einer Verhaftungswelle. Der Pfarrer von Mockstadt erklärt 1600:

- Daß einige Hexen ihr Unwesen treiben, die man noch nicht justifiziert habe. Sie hätten Vieh verhext und die Mütter würden ihre Töchter die Zauberei lehren. Schultheiß, Bürgermeister und Gemeinde bitten, die Hexen zu strafen. Die Prozesse unter

Graf Wolfgang Ernst

bedeuten eine intelektuelle Wende. Sarbrück hat bei den frühen Hexenprozessen der Grafschaft Büdingen eine tragende Rolle gespielt. Er läßt ihn in Haft nehmen und die Brände werden rückläufig. In der Regierungszeit des Grafen Wolfgang Ernst von 1601–28 haben nur wenig Hexenprozesse stattgefunden; häufig kommt es zu Verweisungen oder Freisprüchen.

1602 berichtet Sebastian Scheffner, daß Maria Möser sein Kind gewickelt und dabei gemurmelt habe; daraufhin sei es krank geworden. Kurz danach wird die »Cronbergerin« beschuldigt,

- Die klagende Else bei der Fronarbeit mit dem Schippenstiel so heftig gestoßen zu haben, daß sie lahm geworden. Sie sei ohnehin als Zauberin verschrieen. Ein Büdinger soll ihr auf die Schulter geschlagen und gesagt haben: »Zauberhur, wann mir von diesem Schlag etwas widerfährt, will ich dich öffentlich ausschreien für eine Zaubersen und vor die Obrigkeit anklagen.« Daraus formiert sich ein Hexenprozeß, der sich bis 1605 zieht und wegen Beweislosigkeit im Sand verläuft.

1613 kommt es zu einer Gerichtsverhandlung wegen Zauberei in Büdingen, denn Nicolaus Schlegel soll zauberische Reden geführt haben. Der Pfarrer im Spital, Hermann Köhler, wird verhört und berichtet:

- Er habe nach dem Bad bei ihm gesessen und mit ihm wegen der Religion gesprochen und gesagt: »die neue Lehr bringt meinen Herrn um die Dreieich.«
- Zudem ginge es in der Herrschaft wunderlich zu, die armen Leute würden geplagt und 26 Pferde seien durch Zauberei eingegangen.
- Er sei Schuld am Tod des Meisters Hansen, das wisse das ganze Spital. Ende Mai 1616 wird Else Dills wegen Zauberei verdächtigt. Sie soll ihr Kind mit Weizenbrot krank gemacht haben. Sie wird aus der Haft entlassen.

Ein weiterer Prozeß beginnt im Juli 1602. Er dreht sich um Zauberei und Kindesmord in Udenhain.

Anna Dorn

hat nachts im Beisein ihres Mannes eine Fehlgeburt. Er hat sie im Garten unter der Dachtraufe beerdigt, aber es Nachbarn angezeigt. Jetzt verbreitet sich das Gerücht, daß man das Kind ermordet habe, um Zauberei zu treiben und schon sagt man:

- Es sei vom Teufel gewesen, den es habe einen gespaltenen Fuß gehabt.
- Es habe einen Kopf, so groß wie ein Daumen dick. Es sei noch rot gewesen und habe keine Haut gehabt.

In der Hauptsache wird Katharina Mohrs beschuldigt, die Wöchnerin zum zauberischem Treiben veranlaßt zu haben. Das Gerücht geht um:

- Wenn man das Kind ausgrabe und die Lumpen, mit denen es eingewickelt sei zu sich nehme, könne man zaubern, ja damit aus jeder Gefangenschaft kommen.
- Wahr und bekannt sei, daß sie und ihre Schwester hinter ihres Vaters Hofreite ein Grab gemacht und Katharinas Mann, so damals das Fieber gehabt und krank gewesen, lebendig darin gelegt und drei Schaufeln Erde über ihn geworfen, um das Fieber zu beseitigen. Er sei darüber eingeschlafen, wieder erwacht und das Fieber sei vergangen.
- Vor Jahren habe sie die Hosen verloren und geflucht: »der soll zum Krüppel werden,

Übersicht und Zusammenfassung der Tabellen der wegen Hexerei angeklagten Personen innerhalb der Verfolgungsperioden und nach ihrer Herkunft aus der Grafschaft Bündingen und der angrenzenden Wetterau. 1532–1700.

	I 1532–1575	II 1576–1601	III 1602–1628	IV 1629–1643	V 1644–1667	VI 1668–1700	Sa./Ort 1532–1700
1. Bündingen	17	29	5	125	55	8	239
2. Düdelsheim					11		11
3. Eckartshausen	2	1		10	4		17
4. Himbach				7	2		9
5. Bergheim				7	3		10
6. Calbach				1			1
7. Niedergründau		10		4	1		15
8. Lieblos		4	3	4	6		17
9. Rothenbergen		1		4	8		13
10. Roth		3			8		6
11. Meerholz		12	5	8	10		35
12. Haitz		1			1		2
13. Langendiebach		2	1				3
14. Staden		21	8	2			31
15. Assenheim	4						4
16. Wächtersbach	1	2	2		4		9
17. Wittgenborn					2		2
18. Birstein	1	1					2
19. Offenbach	8	10			1		19
20. Dreieich	7	1		2			10
21. Sprendlingen			2	1			3
22. Götzenhain		6		4			10
23. Petterweil					3		3
24. Oberkleen					2		2
25. Ebergöns					4		4
26. Villmar	7						7
27. Schönrain	1						1
28. Sa. Grafschaft Büdingen	48	104	26	179	120	8	485
29. Gelnhausen		32		22	1	?	55
30. Hanau	11					?	11
31. Friedberg	2					?	2
32. Sonstige Wetterau (Lindheim–Bingenheim					114	?	114
Sa. Wetterau	13	32	–	22	115	?	182
Sa./Periode I–VI	61	136	26	201	235	8 ?	667

welcher sie an sich gebracht habe.« Daraufhin sei des Heinz Wecken Frau so geworden. Sie hatte sie gefunden und behalten.

Anna Dorn gesteht: »ihr Kind sei so klein gewesen, daß man es in einen Federkiel habe stecken können. Es sei tot im Dunkeln zur Welt gekommen, ehe ihr Mann habe Licht holen können.« Die Leiche wird ausgegraben, um nachträglich festzustellen, daß es eine nicht lebensfähige Fehlgeburt war.

Mitte April 1602 kommt es in Meerholz zu Beschuldigungen wegen Hexerei. Es geht um das Ansegnen eines an Blattern erkrankten Kindes. Es nützt nichts und stirbt. Es wird erkennbar, daß Eva Hessler Sterbende pflegt, sie nach dem Tod wäscht und zur Beerdigung in ein Tuch näht. Die Nadeln werden in den Türpfosten der Stube, in der der Tote lag, eingeschlagen. Eva Hessler bleibt 17 Wochen in Haft und wird des Landes verwiesen. 1607 kommt sie in ihr Dorf zurück, ohne Erlaubnis eingeholt zu haben. Sie wird vor das Gericht zitiert, verhört und soll in Haft genommen werden.

1608 kommt es in Sprendlingen zur Anklage gegen Barbara Lorey wegen Segnens. Sie wird nach § 10 der Kirchenordnung bestraft und geht ins Gefängnis. Das Mädchen Maria aus Meerholz gibt vor, Segensprüche zu beherrschen; ein Gerichtsschreiber hat sie notiert[40].

Im Mai 1611 wird Otilie Ackers aus Ravolshausen mit Haft belegt, weil eine Denunziantin dem Pfarrer Beschuldigungen hinterbringt.

- Erstlich sagt sie aus, als man Abend läuten wollte, wäre sie in ihres Bruders Johann Müllers Haus gegangen, denn sie etwas schwach und matt gewesen, habe sich in der Stube bei dem Ofen auf ein wenig Stroh gelegt, sei um 11 oder 12 Uhr ein schwarzer Mann gekommen, derselbe habe ein schwarz leinen Winterkleid angehabt, Hände wie ein Igel, gespaltene Füß wie eine Kuh oder Pferd, anfänglich habe sie keine Hörner an ihm gesehen, um die Achsel und Hals habe er blaue Lichter so groß wie Bohnen stehen gehabt. Und wäre Jost Ackers Frau bei ihm gesessen, sie hätten miteinander geredet, doch nur gepipsert, hätte es nicht verstanden, so habe er sie endlich genommen uff zwei Bänk wie eine Trage so in der Stube steht gelegt, Unzucht ein weil mit ihr getrieben, wäre formieret gewesen wie ein Faden, doch hätte er vorne und hinten Haare gehabt.
- Unversehens wäre unterdessen ein starker schwarzer Teufel auf der Bank gesessen,

»Hexe bei der Arbeit«, Illustration zur Neuauflage des »goldenen Esel« von Apuleius. Stich von Thomassin nach Demaretz, 1736.

und eine junge Dirne bei sich gehabt, als wenn es ihr Tochter wäre, habe sich gebükket die Dirne vom Hals bis unten, als wenn er etwas schmieret angestrichen.
- Dasselbe habe alsbald geschienen als wenn es lauter Gold wäre, hierüber habe sie ihm auch um den Kopf und Hut, als wie ein Hutschnur geschmieret, derselbe habe gleicher Gestalt gesehen, danach habe er ihr einen Fingerring angetan, welcher von schwerem Gold geleuchtet. Doch habe er kein Licht oder Schein bei sich gehabt wie der Alte.
- Durch die Tür im Ehren oder Küchen hat es gescheint, als wenn lauter Feuer im Haus wäre, hätte ein groß Gepipser daraus gehabt, als wenn ihrer gar viele wären.
- Als nun schier der Tag wieder anbrechen wollen, haben sie Schmier bei sich in der Stube gehabt, so anders nicht gesehen, als wie ein Bettstreich, darmit sich die Alte am er-

sten geschmiert und gleich große Hörner gefunden. Und hernacher seinen Buhlen als Jost Ackers Frau noch geschmiert, ingleichen hat der junge Teufel seiner Dirne auch getan. Indem sie nun wollen aufstehen, unter ihnen einer gerufen: »Schwarzer Johann, wollt ihr mit, wir wollen auf sein, sonst kein deutlich Wort als diese von ihnen verstanden. Endet damit ihre Aussage.«

Die Tumulte in den Dörfern des Meerholzer Gerichts haben zur Folge, daß sich im Oktober 1614 die Untertanen an den Graf Wolfgang Ernst wenden: »er möge zur Abwehrung größeren Unheils fügliche Mittel zu Handen nehmen.«

Margarethe Kesselring

wird vorgeworfen, Frauen und Kinder mit Äpfeln und Brei vergiftet zu haben. Bei einem sterbenden Kind findet man ein Kuhhorn unter der Türschwelle, das mit Haaren, einem Krötenfuß und einem Stück Geburtsdarm gefüllt war. Sie habe sich der Hurerei schuldig gemacht, als das Kriegsvolk im Meerholzer Gericht gelegen: die Soldaten haben sie sich einander tapfer zugeworfen. Auf die Folter gespannt, gesteht sie nicht nur den Unsinn, sondern bezichtigt 14 weitere. Die Weissin von Fauerbach sagt:

- Das Lischen laufe nachts im Hause herum, weil sie Katzenaugen habe. Außerdem habe sie einem Mann und Kind einen Kuchen zu essen gegeben, daß diese nun in sie verliebt und ihr verfallen sei. Sie habe junge Burschen verführt und den Hausrat erschlagen. Katharina Sterkel sagt:
- Sie habe in der Walpurgisnacht auf einem Baum gesessen und Äste geschlagen. Sie wurde gefangen, dem Scharfrichter vorgestellt und gesteht:
- Daß sie auf der Stammheider Heide: allda der Augenschein und Kringel noch befindet sie und ihr Kompanie zusammengewesen. Johann und Velten Hölst hätten gepfiffen, sie seien mit einer Kutschen zum zauberischen Tanz gefahren, die Bast Kreet habe die Schmeer, womit man sich schmiere, in einem roten Topf.

Die liberale Haltung bezüglich der Prozesse ändert sich unter dem Walten seiner Söhne. Nun tritt

Graf Philipp Ernst

in die Verantwortung. Unter seiner Amtszeit häufen sich die Prozesse vor allem von 1632–34. Kaum ist er an der Regierung, wird er bestürmt, sie aufleben zu lassen. Ein Drahtzieher kann in dem Amtmann

Johann Joachim Hartlieb[41)]

(Walsporn) gesehen werden. Er ist fromm, zeichnet sich durch Sendungsbewußtsein aus und ist dem Teufelswahn verwachsen: alle die ihm anhangen, müßten ohne Mitleid vernichtet werden. Sein Vater hält Verbindung zu Johannes Fischart, dem Autor des 1591 erschienenen Werkes *Vom ausgelassenen Teufelsheer.* So hat er den Hexenglauben mit der Muttermilch aufgesogen[42)].

Wilhelm Preiswerk ist mit der Führung der Prozesse betraut. Das kirchliche Leben liegt in den Händen einiger Pfarrer. Man ist bemüht, die Kirchenordnung von 1628 zu schärfen. Ihre Verkündung über Kanzeln ist der Startschuß umfangreicher Verfolgungen. Ein spektakulärer Prozeß ist der gegen den Kristallseher und Naturheilkundigen (?)

Diel Bröll

der auf die Anzeige eines Knechtes zurückgeht. Hein Geier von Eckartshausen schreibt im Oktober 1628 an Graf Philipp Ernst und bittet, die Beschuldigung seiner Tochter, das Vieh des Quartiermeisters verzaubert zu haben, zurückzuweisen. Es rühre vom Wahrsager und Teufelsbanner Diel Bröll in Calbach her. Der Lügner sei vorzuladen und zu strafen. 1629 wird er in Büdingen verhaftet und sitzt im Betzenloch bei der Oberpforte. Man trägt zusammen:

- Ob er zu einem Mann gerufen worden sei, dessen Geld verschwunden war und er nicht gesagt habe: »es wäre bei der schwarzen Sau im Getränk«, wo man es fand.
- Er habe den Teufel erst in einer Schublade, dann in einer Kammer gegeißelt und ihm den Hintern aufgerissen, bis er ihn angefleht habe, aufzuhören.
- Er habe in einem Kristall den Dieb gesehen, der in der Kirche den Almosenkasten ausgeräumt habe. Beim Trunk habe er oft über seine Taten erzählt und gesagt, »daß er Hexen könne.«

Er sieht es nüchterner: »die Leute fragen ihn um Rat, er habe ihnen Kräuter gegeben und könne gut mit Vieh umgehen. Sein Kristall sei ein Schwindelsteinchen und er könne darin nichts sehen. Bislang habe er sich davon ernährt, den Leuten Kräuter gegeben zu haben, dies sei aber keine Zauberei!«

Einer Kranken hat er Wegleuchtwurzel, Haarhechelschleen in Salz und Wasser gesotten als Bad verordnet, was geholfen habe.

Einige Bürger tragen vor, man möge ihn freilassen. Die Gegner vereinigen sich und sagen: »man soll ihn zur Rechenschaft ziehen ... daß solch Unkraut beizeiten ausgerottet und nit irgend mehr Leut oder junge Kinder damit befleckt würden.« Allgemeines Mißtrauen stellt sich gegen ihn. Bald wird er konfrontiert:

- Georg Eilner konnte er seinen entlaufenen Eber in Hanau nachweisen, wohin er einer Sau nachgelaufen war.

Noch kann er den Schaden von sich wenden. Das Gericht beginnt zu schwanken und man schickt die Akten an den Syndikus in Friedberg mit der Bitte um Beratung. Er findet nichts, was die Anwendung der Folter rechtfertigt. Dennoch wird ein Halsgericht gehalten und gesagt:

- Er habe gegen die Heilige Schrift und die ysenburgische Kirchenordnung durch Wahrsagen, Lügen, Teufelsdienste und Aberglauben verstoßen, gotteslästerlich gewahrsagt und gesegnet, Untertanen als Zauberer beschuldigt und eine solche Unruhe in den Gemeinden gebracht, daß dort fast Mord und Totschlag Platz gegriffen. Er wird an den Pranger gestellt, mit Ruten gestrichen und aus der Grafschaft gewiesen. Im Juni 1629 legt er dem Graf dar:

»ich armer Mann (bin) durch etlicher Leutt angebrachtes Geschwätz in langwierige und böse Gefängniß nur nicht geringer meines Leibes Marter und daraus gefolgter Ungesundheit gelegen. Nach der Verurteilung habe er Strafen, Schimpf und Spott erlitten. Er bitte im Namen seines Weibes und seiner Kinder, der Graf möge ihm Barmherzigkeit erweisen und (ihn) in Gnaden in seiner Heimat Calbach aufnehmen. Er wolle ein gehorsamer Untertan sein.«

Ein Bürger hält dagegen: »er säe Unheil zwischen Eltern und Kindern, Kranken und Gesunden. Er hat den Schwur nicht gehalten und tut mit dem zauberischen Werk fortfahren, er soll vor das peinliche Halsgericht.«

Erneut beginnt man gegen ihn zu prozessieren. Wieder werden Zeugen verhört. Vor allem geht es darum, daß seine Heilmethoden nicht gefruchtet haben. Er wehrt sich und sagt: »er habe immer nur Kräuter gebraucht, um Mensch und Vieh zu helfen.«

Dann wird beschlossen, ihn zu foltern, denn anders werde man ihm nicht beikommen. Er beschwört die Räte, er sei kein Zauberer, habe nichts mit solchen zu tun und ruft Gott als Zeugen an. Dann scheint er zu resignieren: »er habe ja doch nicht mehr lange zu leben und bäte um Gotteswillen um Gnade.« Er besagt weitere und sagt:

- Michel Krebs Frau sei eine Zauberin, er habe seiner Frau den Verkehr mit ihr verboten.
- Sie sei bei kalter Zeit gerne in das Wasser gegangen, um sich zu waschen oder zu baden.
- Außerdem seien die Dudenröderin und die Frau des Peter Steins Zauberinnen. Im Oktober 1632 beginnt ein neuer Prozeß gegen ihn und dann bricht es aus ihm heraus:
- Den Kristall habe er von einem Mann in Gronau, der ihn damit gesegnet habe. Sicher habe er einen Bund mit dem Teufel gehabt. Er habe in seinem jugendlichen Leichtsinn eingewilligt.
- Vor Gott und der Welt bekenne er alle Missetaten und bereue sie. In seinem Stein habe er Hexen und Unholde sehen können.
- Er sei vom Teufel getauft worden und habe ihn in Lindheim getroffen. Schließlich wird er verurteilt. Sein Tod führt zu einer Hexenepidemie in der Wetterau.

Eckartshausen

1633 legen Untertanen eine Bittschrift in Sachen Hexenverfolgungen vor[43]. Margarethe Weigand ist aus der Haft entkommen und man schickt Suchtrupps aus. Sie wird gefunden und gefoltert. Jeden Abend betet der Pfarrer mit ihr um die Rettung ihrer Seele, damit der Teufel von ihr weiche. Margarethe Kittel wird ebenfalls gefoltert. Obwohl sie gesteht, erreicht sie der Tod vor der Hinrichtung[44].

Caspar Mohr berichtet Hartlieb in Büdingen: »er habe die Zauberinnen durch den Meister angreifen lassen – um Geständnisse zu erhalten.« Schon muß er eine tabellarische Übersicht der Beschuldigten machen, um die Übersicht zu halten. Er erstellt eine Liste der Giftmischer und Hexen. Es handelt sich um 28 Personen, die vor das Tribunal gezerrt werden sollen.

Wieder melden sich die Untertanen und tragen vor: Im Eckartshäuser Gericht anzufangen, die mit Hexenwerk und Zauberei behafteten Manns- und Weibspersonen aus dem Acker der christlichen Kirche auszurotten[45]. Viele gestehen unter den Qualen der Folter oder bei der Verbalterrition.

- Der Teufel habe Elisabeth Orten, Frau des ehemaligen Schulmeisters, angehalten, das Leinen aus der Kirche zu stehlen, wobei sie die Treppe heruntergefallen sei. Katharina Wilhelm gesteht:
- Sie habe eine Salbe, wenn sie sich mit ihr einschmiere, reite sie auf einem Bock zum zauberischen Tanz. Sie habe Kräuter und Wurzeln dazu. Bei ihrer Hochzeit habe ihre Base ihr eine Suppe gekocht, damit sie keine Kinder bekommen und sich besser verfüh-

ren lassen könne. Sie habe neben drei Kindern, fünf Pferde, vier Ferkel und zwei Kühe behext.

- Dönges, ein Heilkundler, wird verdächtigt, weil sich die Krähen jährlich zur gleichen Zeit auf die Kirche und sein Haus setzen. Bei der Tortur gesteht er, Feldfrüchte mit Raupen und Schnecken verdorben zu haben.

Er wird im Mai hingerichtet. Als man Georg Kittels Frau von Bergheim festnehmen will, hat sie sich in ihrer Kammer verschanzt und Betten, Krüge und Töpfe vor die Tür gerückt. Als man das Zimmer aufbricht, liegt sie tot am Boden. Sie hat Selbstmord begangen, um der Folter zu entgehen. Dann bittet Johann Dultmann, »man möge seine Frau mit dem Schwert richten und genehmigen, daß sie am Friedhof beerdigt würde[46].«

Büdingen

ist calvinistisch und hier wirkt der Pfarrer Martinius von 1631–35. Folterungen finden im Rathaus statt; verwahrt hat man Delinquenten im Schlaghaus an der Mühltorbrükke, in der Schützenstube und auf dem Hexenturm. Dann werden Besagungslisten erstellt, um den Überblick zu behalten.

Die unter Hartlieb geführten Prozesse zeichnen sich durch Straffheit aus, was aus der Menge zu begründen ist, werden doch von 1632–34 159 Personen angezeigt. Immer wieder scheint die Gehässigkeit durch und manchmal sorgen Familienmitglieder für Strafverschärfungen ihrer Angehörigen wie Caspar Heil von Laubach im Mai 1633[47]. Unter den Angeklagten befindet sich der Glaser Henrich Luck. Er sagt:

- Der Teufel wäre in großer mächtiger Weibsgestalt, in einem stahlgrünen Kleid, wie die Niederlander sie tragen, große Spitzen auf dem Kopf, bei ihm gestanden und gesagt: »nun siehst du, mit wem du es zu tun hast, hast mir zweimal die Hand gegeben, dass du mein seist und Gott verleugnen wollest.«
- Allda er sie beschlafen und nicht anders gemeint, als daß er es wirklich mit ihr zu tun habe, seines Behaltens wäre er über $^1/_4$ Stunde nicht bei ihr geblieben, so sei sie verschwunden.

Dem regierenden Graf komme unsterbliches Lob zu, wenn er das seltsame Reich zerstreue und das Unkraut aus dem Acker der christlichen Kirche rotte. 1632 folgen sieben Verbrennungen. Im Folgejahr werden 68 Personen gerichtet und 1634 weitere 51.

Wertet man die Büdinger Hexenprotokolle der Jahre aus, so werden 27 Pferde, 275 Kühe, 180 Schweine sowie 37 Stück Kleinvieh und sonstiges durch Zauberei vernichtet. Dazu gesellen sich 139 Kinder und 15 Erwachsene. Die Einwohnerzahl Büdingens beträgt 1634 etwa 1000 Bürger. Jeder hätte merken müssen, daß die Rechnung nicht aufgeht!

Enthauptete werden nicht in Särgen bestattet. Die meisten Hinrichtungen werden in Büdingen auf dem Niederwert (Hexenfriedhof) vorgenommen. Von Verbrannten wird die Asche hier verstreut. Andere werden über den Hexenweg zur Remigiuskirche gebracht, um außerhalb des Gottesackers beerdigt zu werden.

Auffallend sind die Aufwendungen des Gerichtspersonals: Rechnungen zeigen, daß die mit dem Rechtsgang Beschäftigten guten Appetit haben[48].

Gründau und Meerholz

Graf Wolfgang Heinrich bestellt ein peinliches Halsgericht. Es ist klar, daß sich die Bürger untereinander argwöhnisch beobachten. Man spricht von Nachbarschafts- und Gerichtshilfe, tauscht Listen oder sieht sie ein, um nichts Unrechtes zu tun. In Niedergründau lebt der Wahn 1633 auf. Hier bekennt Elisabeth Schmicken:

- Sie habe die Schmeer gebraucht, sei in einer goldenen Kutsche, welche mit Ziegenböcken gezogen, zum Hexentanz unter die Gelnhäuser Tannen gefahren. Dort habe sie zwanzig Frauen getroffen.

Sie wird im Oktober 1633 mit dem Schwert gerichtet. Margarethe Schauer gesteht unter dem Druck der Folter:

- Von Gott abgefallen zu sein, der Teufel habe sie getauft und sie habe Unzucht mit ihm getrieben.

Sie wird auf dem Berg bei Meerholz mit dem Schwert gerichtet. Gela Rösch aus Hailer gesteht unter der Tortur:

- Sie sei vor 50 Jahren dem Teufel verfallen, habe drei Kinder umgebracht und mit dem Teufel getanzt. Da seien 28 weitere Frauen gewesen. Margarethe Köhlers Wtw. von Gründau gibt beim peinlichen Halsgericht in Lieblos an:

- Sie sei bei den Gelnhäuser Tannen zum Tanze gewesen, dabei haben sie eine wildgefleckte Katze und 600 Meisen dorthin getragen. Unter den Tannen habe sie diese ins Feuer gehangen und gefressen.
- Einmal habe sie einen Fuchs dorthin gebracht, er habe gestunken, deshalb habe sie ihr Buhle mit einem Feuerbrand geschlagen.
- An der Bergkirche habe sie eine Kindslei-

che ausgegraben, auch diese habe man bei den Gelnhäuser Tannen verspeist. Außerdem habe sie sich mit Schmeer gerieben und im Büdinger Wald Eckern verdorben.

Büdingen

1650 verlassen die schwedischen Besatzer die Region. Nun wird wieder die lutherische Glaubensrichtung gefördert. Ob der Hexenwahn aus allgemeinen Gründen oder auf Drängen eines Konsortiums, dem Hartlieb angehört, aufbrechen, läßt sich nicht ausmachen. Graf Wilhelm Otto hält ihn zum umsichtigen und verantwortungsbewußten Handeln an. Im Mai 1651 bricht der Wahn aus.

Ludwig Driesch habe sich bei der Beerdigung seiner Tochter gottlos gezeigt: als das Kind starb, hat er in seiner Verzweiflung Klaus von Fischborn und eine Wahrsagerin in Rückingen befragt, wer die Hexe sei, die sein Kind verzaubert hat und an dessen Tod schuldig sei. Als Nachbarn mißtrauisch durch das Schlüsselloch in sein Haus sehen,

- Habe sich ein merkwürdiges Geschehen dargeboten. Anton Broths Tochter habe gesehen, wie Drieschs Frau nackt über das Bett des kranken Kindes gesprungen sei und sie habe zauberische Sprüche gesagt, dabei habe die Hexe von Rückingen mit einer Haarschnur die vier Ecken des Zimmers gemessen und Sprüche gesagt, es sei ein teuflisches Spektakel gewesen.

Es setzt das Hirn des Neurotikers Hartlieb in Bewegung. Driesch gibt es ohne weiteres zu und sagt:

- Die Wahrsagerin von Rückingen müsse auf seinem Geburtsplatz in der Stube liegen und seine Mutter nackend darüber steigen. Damit und mit zauberischen Sprüchen der Wahrsagerin soll es gesund werden.

Hartlieb schlägt vor, Driesch mit 30 Gulden Kirchenstrafe zu belangen. Er bittet, ihm dies zu erlassen, weil er als Schmied sonst aus der Zunft ausgeschlosssen, keinen Lehrbuben halten und Märkte mehr besuchen dürfe. Es wäre sein Ruin. Alle Bittschreiben bleiben ohne Erfolg. Er wird außer Landes getrieben.

Es kommt zu breitangelegten Beschuldigungen. Bürger intervenieren: »man würde nichts gegen die Hexenbrut unternehmen, sie mißbrauche Kirche und Sakramente, und dies widerspreche der Heiligen Schrift. Biedermänner müßten mit den Teufelshuren schlafen, Hoffart und unkeusche Lust nehme in der Stadt überhand, ebenso Krankheiten an Mensch und Vieh. Bei nächtlichen Zeiten fänden zauberische Tänze statt. Frauen gebrauchten teuflische Sprüche und trieben mit Teufeln Unzucht, schmierten sich mit Salbe, fielen von Gott ab und lassen sich vom Teufel taufen; leider würden sie noch immer für ehrliche Menschen gehalten! Der Teufel stachle Familien zu Mord und Totschlag auf. Man soll ihnen den Prozeß machen.«

Der Graf wägt ab und holt ein juristisches Gutachten der Würzburger Universität über die Wiederaufnahme der Prozesse ein. Die Frage ist, ob man die vor 17 Jahren begonnenen (1633) fortsetzen könne. Drei der Betroffenen seien aus der Grafschaft geflohen, hielten sich in benachbarten Orten auf und die Bevölkerung bitte darum, das gotteslästerliche und verfluchte Geschmeis zu erledigen. Das

Würzburger Gutachten

plädiert für die Vernunft. Die Universität nimmt einen abwägenden Standpunkt ein: »das Hexenwesen wäre unergründlich. Daß bei dem verwirrten Handel und Hexenprozess wenig gefunden werde, was sich dazu gebrauchen lasse. Sintemalen von Tag zu Tag neue Beschwerlichkeiten vorfallen, indem nicht allein gelehrte, sondern auch gottesfürchtige und geistige Männer der Sachen nicht in allen Stücken einig sind: trotz der Untersuchungen Delrios und Binsfelds sei man der Ansicht, daß man alles genauer untersuchen müsse.

Vor allem sei zu bedenken, daß die Prozesse gegen Frauen stattfinden, deren Geschlecht bekanntlich öftermal wahnsinnig, unverständig, leichtfertig, geschwätzig, wankelmütig, betrüglich, lügenhaft, meineidig ... von ihrem Lehrmeister zu allen Bubenstükken abgerichtet sei.«

»Wann man solche Unholden und Hexenprozess einmal angefangen, derselbige etliche Jahr gewährt, wird die Zahl derer, die gestraft werden sollen mehr und mehr zugenommen, als daß des Brennens kein Ende zu hoffen, bis das ganze Land verbrennt und hingerichtet wär, woraus der gemeine Nutzen viel und groß Ungelegenheit Schaden und Unheil, als nämlich der Tod und die Marter vieler Unschuldiger und anderer unbezahlbarer Mangel zugewachsen, und gleichwie noch niemals einiger Fürsten oder Herr gefunden, der mit Eid gezwungen worden, dem Hexenprozeß ein Ende zu machen.«

»Man könne den lasterhaften Hexen, die sich oft gegenseitig belasten, nicht glauben und dann sogar im weltlichen und geistlichen Recht gesagt, daß man Frauen wegen ihres blöden Unverstandes in peinlichen Sachen zum Zeugnis nicht zulassen könne. Demzufolge seien die Beschuldigungen von Personen unter der Tortur als Teufelswerk anzusehen und unglaubhaft. Aus diesem Grund würden immer mehr Hexen angezeigt. Der Teufel wolle das so, und die verblendeten Menschen fielen darauf herein.«

»Wenn man keine einwandfreien Beweise gegen die vor 17 Jahren Verurteilten und bisher nicht vollzogenen Urteile habe, könne man sie auf reine Indizien und Verdacht hin ohne Verfahren nicht richten.«

Es muß wie eine Bombe eingschlagen haben, eine so liberal-fortschrittliche Meinung zu erhalten. Jetzt bittet man den Grafen, eine andere Universität zu fragen, um das ihnen nicht passende Gutachten abzuschmettern.

Hartlieb sucht bei Experten Anweisungen zu bekommen, wie man Hexen bekämpfen kann. Niess bezeichnet ihn als Schreibtischtäter. Er ist ein Denunziant, denn er sagt: »nach der Predigt gehe ich wieder zu ihnen (zu zwei wegen Hexereiverdachts in Haft liegenden Frauen) und hoffe zu Gott, sie werden besser schwätzen und (den) Kindermord bekennen, da ich starke Indizien hab.«

Er verschafft sich mehr und mehr freie Hand in dem teufischen Spiel, interveniert gegen das Würzburger Gutachten und trägt vor: »wenn das stimme, was die dortigen Gelehrten ausführen, so wären Tausende von Frauen zu Unrecht als Hexen bezichtigt und hingerichtet worden.«

Im Mai unterschreiben 63 Büdinger den Antrag, man möge ohne Anfrage an Rechtsgelehrte mit den Prozessen beginnen und den Nachrichter mit Schärfe vorgehen lassen. Am gleichen Tag nimmt der Graf Stellung und sagt: »daß mir nichts lieber ist, dass die Hexerei ausgerottet mag werden, und ich vormalen Person nichts zu lindern gedenke, allein ich in Vorders vor der Einziehung der Komplicen und genügsam Beweisen hab.« Pfarrern wird hinterbracht:

- Barbara Blosen aus Büdingen melke die Kühe am Schwanz, sie könne Flöhe und Hühner machen und habe ein Verhältnis mit einem schwarzen Mann mit kalter Natur.

Es gibt wohl den Ausschlag. Letztendlich willigt der Graf in das Morden und stellt sich hinter seine Untertanen. 1652 wird ein Spitzenjahrgang der Büdinger Verfolgung: es sollen 46 Frauen gerichtet werden. Man geht bürokratisch zunächst gegen die vor, auf die die meisten Besagungen weisen. Von hier aus erweitert sich der Todeskreis. Zudem kommen durch Namensgleichheit Verwechslungen vor. Schon formiert sich das Wort: »wer aufs Rathaus kommt, muß sterben. Es geschehe dem Frommen wie dem Bösen.«

Der Graf schwankt und läßt Hartlieb fragen: »ob man nicht behutsamer umgehen könne?« Verhöre finden im Beisein der Pfarrer statt. Der Graf verfügt oft, die Exekution im Namen und zur Ehre Gottes vorzunehmen. Ende Mai 1652 bitten die Büdinger nicht mit den Prozessen nachzulassen, »man könne die Notzeiten nur überwinden, wenn man das Geschmeis ausrotte. Sie seien durch den Würzburger Bescheid bestärkt und pflegen Consilia. Alle Hexen sollen in Haft genommen und abgeurteilt werden, um die Menschheit zu bewahren.«

Schon ist in der Stadt jeder des anderen Feind. Schwangere werden nicht geschont. Ludwig Driesch habe seine Frau angezeigt, sie habe ihm auf die Brust geschlagen und gesagt:

- Was habt ihr so schöne dicke Brüstgen.

Darauf seien ihm fünf Löcher entstanden, aus denen Molke gelaufen. Er wäre schon 1651 der Hexerei bezichtigt worden.

Hartlieb preist die Leistungen des Scharfrichters: »welcher bei der Tortur besondere Fähigkeiten habe. Er habe eine Wurzel, die er pulverisiert, wenn der böse Feind den Menschen besitzt, daß er ihn nicht reden läßt. Einer Person in das Trinken gegeben, so verlasse ihn der Teufel und er könne sprechen.« Die Pfarrer hätten täglich mit den Sünderinnen gebetet und ihnen zugesprochen.

Im September schreibt Johann Dietrich von Rosenbach, Vormund der Ganerbenschaft Lindheim, an Hartlieb und bittet ihm um Überlassung der Hexenprotokolle, damit sie sein Oberamtmann studieren kann. Es ist möglicherweise der Grundstein zu den dortigen Prozessen[49)]. Einigen gelingt die Flucht aus dem Gefängnis[50)]. Dem gefolterten Caspar Ruß gelingt es, einen Brief aus der Haft an seine Frau zu senden. Es ist ein ergreifendes Dokument[51)]. Er erhebt Vorwürfe gegen die Justiz.

Neben dem allgemeinen Rechtsgang gibt es Kirchenstrafen. Hans Jacob sagt vor dem Konsistorium:

- »Fritz Daut habe seine Frau zum reformierten Nachtmahl gehen lassen damit habe sie ihre Seele verloren.« Strafe: 5 Gulden.
- Lästerung der Calvinischen Religion. 5 Gulden.
- Hans, der Ochsenknecht im Schloß von Wächtersbach, soll wegen frühem Beischlaf Pönitenz geben.

Es ist verständlich, wenn einige unter dem Druck die Nerven verlieren und immer wieder hört man: »dieser oder jene sei nicht mehr bei Sinnen oder sei im Kopf nicht richtig.«

Wenig Widerstand wird Hartlieb entgegengebracht. Im Selbolder Wirtshaus trifft man den Pfarrer, den man nach den Büdinger Umständen fragt. »Hier ginge es schlecht, da es so viele schlechte Leute gebe.« Worüber sich der Pfarrer aus dem Odenwald gewundert und gesagt: »was unser Amtmann für ein Bärenhäuterpfleger und ungelehrter Mann sein müse, der mit solchen Leuten verfahren täte und auch der hiesige Pfarrer müßte ein ungelehrter sein, dass er zu solchen Werk helfen täte. Er erböte sich alle Prozesse schriftlich zu widerlegen und wolle es drucken lassen. Es wäre nichts als Verblendung.«

Johannes Triesch, dessen Frau man als Hexe hingerichtet hat, meint: »Gehet also zu, dass wenn ein Mensch, er sei wer er wolle, dahin gebracht werde, so werde demselben so viel Pein angetan, und wenn es schon ein frommer wäre, so müsse er doch etwas sagen, damit er derselben nur abkommen möge, wenn er schon nie mehr etwas böses im Herzen habe, denn sei Frau habe auch müssen von einem Kind und einem Kalb sagen, das sie sollte zugebracht haben, welches doch nicht wahr wäre. Vieles was er wisse, dürfe er nicht sagen.«

Sofort überschüttet man den Angreifer auf das Regiment mit Vorwürfen, tausend Teufel sollten ihn holen oder gar den Hals brechen. Seine Frau sei vom Teufel besessen und trotzdem habe er die Gnade erreicht, sie beerdigen zu dürfen. Dann wird Zipprich vom Konsistorium angeklagt und Caspar Walrab gibt an:

- Er habe ihm gegenüber das ganze Hexenwesen in das Reich der Fabel verwiesen. Er glaube nicht an Hexen, es sei alles Blendwerk, was man sich erzähle[52).]«

Auf Hartliebs Betreiben werden die der Hexerei Verdächtigen 1651 vom Empfang des Sakramentes ausgeschlossen. Nun räumt er ein: »seine Magd sei selbst eine, was sie bei der Androhung der Tortur gestanden.« Er sei gezwungen, gegen das Geschmeiß vorzugehen. Immer wieder soll der Teufel den Heilkundigen an der Stadtkirche bregegnet sein. Der Fall der

Witwe Streccius

ist von Interesse. Der Pfarrer lebt als Hofprediger der Witwe des Grafen Philipp Ernst von Büdingen und stirbt 1642. Die Witwe hat Neider und wird im August 1652 eingezogen und aufs Rathaus gebracht. Sie gesteht ohne Folter, daß sie eine Hexe sei und erzählt:

- Der Teufel sei leibhaftig zu ihr gekommen und habe sie am See beim Wäldchen getauft.
- Sie habe mit einem Pulver ihren zweijährigen Sohn Engelbert und andere Kinder aus dem Leben geschafft. Die Kuh mit dem Schwein und den Ferkeln vergeben.

Ihre Tochter tritt in die Schranken und trägt vor: »daß sie als armes verlassenes Waislein in großes Elend, äußerste Not und Verderbnis gesetzt sei, doch wolle sie gern leiden, so ihrer Mutter Gnad widerfahren möge. Sie bitte darum, daß sie nach ausgestandener Justiz in ein Leichkar gelegt und bei der Pfarrkirche neben der Mauer oder Linden begraben werde.«

Hartlieb ist nicht vom Wahn der Zeit befreit, denn bei der Behandlung seiner kranken Tochter greift er zu den gleichen Mitteln, wegen denen er angebliche Hexen hinrichten läßt[53)].

Im Laufe der Prozesse gerät die Frau des Gräflichen Rates Brand in den Verdacht, eine Hexe zu sein. So formiert sich ein Prozeß, der seine Gegnerschaft mit dem Kollegen Hartlieb deutlich macht. Er dauert von 1653– 55 und weist Besonderheiten auf:

Im Februar 1653 schreibt Brand von Büdingen nach Birstein und führt aus, daß im Büdinger Land kursiert habe, daß die nächste Hexe eine Amtmannfrau sein werde, worüber schon im Ausland geredet.

Man habe seine Frau öffentlich der Hexerei verdächtigt. Hartlieb habe ihr Hexensolidarität angelastet und wolle sie zur Verantwortung ziehen. Ihr werde unterstellt, sie mache mit den Hexen gemeinsame Sache. Es entspreche nicht der Wahrheit. Das Gerücht sei aus Rachgier entstanden. Der Graf möge der Anschuldigung entgegentreten.

Hartlieb meint: »wenn man säugende Frauen vor Gericht stelle, könne man bei denen der Beamten keine Ausnahme machen.« Brand setzt sich unablässig für die Freilassung seiner Frau ein; er legt ein Gutachten der Universität Marburg über die rechtliche Seite vor. Er fordert eine neutrale Untersuchung. Im August 1563 wird mit dem Verhör begonnen. Der Jäger Lips Möller sagt, daß er gehört habe:

- Daß immer nur arme Frauen als Zauberinnen angeklagt würden, nie eine reiche, wie z. B. die des Dr. Brand.
- Sie wären alle keine Hexen, doch man glaube ihnen nicht, unterwerfe sie neuen

furchtbaren Verhören, sie wollten lieber sterben: »die Wächter möchten die Wahrheit nach ihrem Tode dem Gericht vortragen.«

Es spricht kaum für Hartlieb. Michel Menzels sagt aus:

- Sie sei zu Aussagen gezwungen worden. So habe seine Frau absichtlich dauernd sich widersprechende Aussagen gemacht, damit man erkenne, daß es Unsinn sei. Gezwungen sei Gottes Leid, sei die Devise der Frauen gewesen. Es belastet Hartlieb.

Jetzt kontert er gegen Brand und sagt: »Ich habe mit Befremdung vernommen, dass er ungeschulter Dinge mich in adverso anzugreifen sich nicht entblödet (allein nach seines Weibes Willen, die in das Hexenregister eingeschrieben ist) und zu vernichten. Hexen muß man hören und vernehmen, wer ihre Complicen seien, fromme Leute wisse niemand zu nennen, man glaubt nach ihrer Tortur nicht eher bis sie zu vorderst zu Recht erkannt aus ihren Sünden kommen, wenn sie von Herzen bereut haben, so werden sie letztlich, kurz vor dem gehaltenen Gericht im Beisein des Herrn Pfarrers Waldys und meiner erinnert, bei Verlust ihrer Seligkeit niemand unschuldig anzugeben.« Schießlich würde er sein Hexenregister gewissenhaft schreiben. Er müsse sich vorbehalten, die falschen Vorwürfe des Dr. Brand gegen ihn zurückzuweisen.

Seine Position wird durch ein Gutachten der juristischen Fakultät der Universität Marburg verbessert. Es schließt sich seiner Auffassung an: »daß eine Diffamierung nicht reiche, um eine Betroffene in Haft zu nehmen oder der Folter zu unterziehen.«

Brand stellt den Antrag, seine Frau aus dem Register zu streichen, da Hartlieb keine Beweise gegen sie hat. Es kommt zu einem vorläufigen Vergleich. Hartlieb läßt nicht lokker und sein Gegner hält ihm vor: »er wolle seine Irrtümer nicht einsehen, selbst wenn dadurch unschuldiges Blut vergossen werde. Er lasse nur seine Meinung gelten und würde sich heimtückisch verhalten.« Hartlieb ist der juristischen Intelligenz Brands unterlegen.

Mit dem Stillstand des Prozesses ist die Bevölkerung Büdingens nicht einverstanden. Es seien genug verdächtig und nun wäre es an der Zeit, das Geschmeiß zu verbrennen. Das Unkraut müsse beseitigt werden. Die Stadt sei im Verruf, nichts zu unternehmen. Der krankhaft ehrgeizige Hartlieb fühlt sich in die Enge getrieben. Gott nimmt ihm den Stab aus der Hand. Er stirbt im November 1654. Vor seinem Tod verfaßt er Rechenschaftsbericht, den wir unter die Erläuterungen setzen[54].

1634–35 werden von 160 angezeigten 133 hingerichtet. Drei gelingt die Flucht und 21 sterben eines natürlichen Todes. Es wird gesagt: »man hänge die Kleinen und die Großen lasse man laufen.« Eigens für die Hexenprozesse werden in Büdingen Deputierte gewählt.

Es müßte Richtern aufgefallen sein, daß die Aussagen nicht stimmen. 1652–53 haben die Verurteilten gestanden, 121 Kinder und 31 Erwachsene tot gehext zu haben, zudem Hunderte Stück Vieh.

Gründau und Meerholz

1649 zeigt der Meerholzer Heinrich Stapp Katharina Heg wegen Zauberei an.

- Sie habe seiner Frau, als sie diese bei der Kindstaufe besuchte und noch im Kindbett gelegen, ins Gesicht gehaucht. Daraufhin habe die Kindbetterin Schmerzen an der linken Brust bekomen.
- Einreibungen mit Terpentinöl haben nichts geholfen und die Schmerzen seien beim Auftauchen der Katharina Stapp bei der Wöchnerin heftiger geworden. Daraufhin habe man ihr Haus geräuchert, womit sie geringer geworden.

Die Beschuldigte streitet alles ab und ihr Mann bringt eine Gegenklage wegen Verleumdung ein. Belastend scheint, daß man Katharina Hegs Mutter vor 15 Jahren als Zauberin gefoltert hat.

Dann beschuldigt der Pfarrer Johann Coberstein von Gelnhausen die Frau des Johann Jahr von Haitz in ihrem Weinberg eine Hexe gescholten habe. Die Pfarrer geben keine Ruhe. Im Februar 1652 läßt der von Wächtersbach die nachgelassene Tochter des Walter Schilling von Wittgenborn im Alter von 11 bis 12 Jahren vorführen, weil sie eine Zauberin sei. Er begründet es damit:

»weil sie nicht beten könne. Auch hätte sie gelernt, Kühe aus einem Axthelm zu melken.«

Die Lage schärft sich mit dem Agieren des Grafen Johann Ernst und des Wilhelm Preiswerk von Lich. Im Juli 1652 hinterbringt Hans Schreiber den Schöffen, daß in Rotenbergen in der Kinzigmühle eine Zauberin am Werke gewesen sei. Die Tochter Konrad Schäffers habe etwas Getreide in der Kinzigmühle zum Mahlen abgeliefert, dabei habe sie an ein Kammrad gegriffen, davon sei die Mühle verkehrt gelaufen und habe getobt, als säßen lauter Teufel in ihr. Versuche, sie zu reparieren, seien fehlgeschlagen und erst als sie Marie wieder entzaubert habe, sei sie richtig gelaufen.

Aus Angst vor Psychosen verlassen Bürger das Land. Hermann Stapp aus Roth flieht im August 1652, eine Bäckerin von Büdingen hat ihn bei Miltenberg in einem Dorf gesehen. Er habe ihr erzählt, er sei wegen Zauberei in Haft gewesen, doch ein Engel sei gekommen, habe die Fessel gelöst und ihm zur Flucht verholfen. Man begehrt seine Auslieferung. Bevor es dazu kommt, hat er sich im Gefängnis erhängt.

Ende Oktober 1652 wird die Bürgerschaft erneut beim Grafen vorstellig: »die Zauberei und das Hexenwerk im Meerholzer Gericht zu inquirieren und durch Gottes Beistand und Hilfe auszurotten.« Wächtersbach tut sich auf gleiche Weise hervor. Die Vorwürfe sind die stehenden. Für die

Milchgreth

aus Rothenbergen waren in Büdingen eiserne Fesseln geholt worden, sie sieht man als gefährlich an. Sie sagt: »sie werde nie etwas bekennen und alle Folter überstehen.« Anlaß zur Anzeige war eine Hochzeit des Stoffels Kuhn zu Rothenbergen. Hier habe sie der Maria Schneider ein Stück Fleisch gegeben:

- Sobald sie es gegessen, wäre ihr das Maul stark aufgelaufen, sei der Kopf so dick wie der Leib und sie krank geworden, ihr Hausherr Hans Schneider habe ihr die Brust geschmiert, sie auf Stroh gelegt und ihr Teriak gegeben, aber so bald nichts helfen wollen. Es habe so ausgesehen, als würde sie sterben.

Die Beschuldigte kontert: »alle hätten das gleiche Fleisch gegessen und nur sie sei krank geworden. Wenn man sie als Hexe ins Unglück stürzen werde, müsse man noch viele andere vorladen.«Sie legt ein Geständnis ab und nennt weitere Frauen:

- Die mit goldenen Schuhen auf einer von Bock und Katzen gezogenen Kutsche zum zauberischen Tanz unter die Gelnhäuser Tannen fahren.

Unter der Qual der Beinschrauben gesteht sie, Maria vergiftet zu haben. Hartlieb ist beim Verhör anwesend. Sie wird zum Feuertod verurteilt, darf (!) ihr Testament machen und bittet, ihren Leib in einem Sarg zu beerdigen. Else Holbens bekennt:

- Sie könne zwar nicht zaubern, aber sie habe mit einem Soldaten in Gelnhausen Ehebruch getrieben. Am Walpurgistag habe sie müde in der Kirche gesessen und die Augen seien ihr zugefallen, doch sie habe diese krampfhaft aufgerissen, um wach zu bleiben.

Alle würden sagen, wer am Walpurgistag in der Kirche schläft, sei am Abend vorher auf dem zauberischen Tanz gewesen. Sie wird gefoltert und gesteht nach fünf Tagen die Teufelsbuhlschaft.

- Bei der Walpurgisnacht seien ein Sack- und ein Stöppelpfeifer, die zum Tanz aufgespielt hätten, gewesen. Sie hätten schöne Kleider angehabt beim Tanz, viele seien vermummt, so daß sie sie habe nicht erkennen können.
- Sie habe sich mit einer schwarzen Salbe geschmiert, die sie im Keller aufbewahre. Sie sei aus Quittenkernen, die man vier Tage unter Wasser lege und sie sei grün und gelb.

Belastet wird sie durch den Pfarrer Julyi aus Gelnhausen. Das Urteil lautet auf Feuertod. Sie vermacht den Armen in der Kirche ihren Getreidevorrat. Von Anna Helffrichs ist ein Bericht über deren Gefangennahme erhalten.

»Hat sie auf den Tisch mit Fäusten geschlagen und gesagt, sie wollte wissen, warum, man hatte ihr angezeigt, warum sollte sie in Meerholz erfahren.« Sie geantwortet, »wenn sie eine Hexin wäre, so wär der Keller mit den seinigen auch als sie, was sie könne, könne er und die seinigen auch, sie hätte gemerkt, daß sie der Keller scheel angesehen. und müßte kein Gott im Himmel sein, wenn sie deren Leut wäre, auf die Brust geschlagen und sich ganz schrecklich verstellt.«

Daraufhin wird sie zum Gericht geführt. Sie hat der Kirche auf dem Berg einen Weiberstuhl vermacht. Die verurteiten Frauen erhalten die Möglichkeit, eine letztwillige Erklärung abzugeben, die ich wegen ihres Umfanges unter die Erläuterungen setze[55)]. Die Exekution wird auf den Juni 1653 in Lieblos angesetzt; sie werden mit dem Schwert gerichtet. Das Verfahren gegen sie hat 25 Tage gedauert; geflossen sind für das Gericht 355 Liter Wein und 89 Liter Bier.

Drei Tage nach der Hinrichtung bittet die Bevölkerung die Hexenprozesse fortzusetzen und schon läßt der Graf wissen: »er könne mit seinem Personal nicht überall sein.« Ende Juni 1553 beginnt ein Verfahren gegen vier der Hexerei angeklagte Frauen unter der Führung von Wilhelm Preiswerk. Sie werden über die Folter zum Geständnis gezwungen. Bei ihrer Exekution sind 24 Schützen zugegen.

Das Gericht Lieblos kommt im August 1653 mit Bittschriften beim Grafen Johann Ernst ein, er möge die Kinzigmühle, die 1652 Gegenstand zauberischer Machenschaften

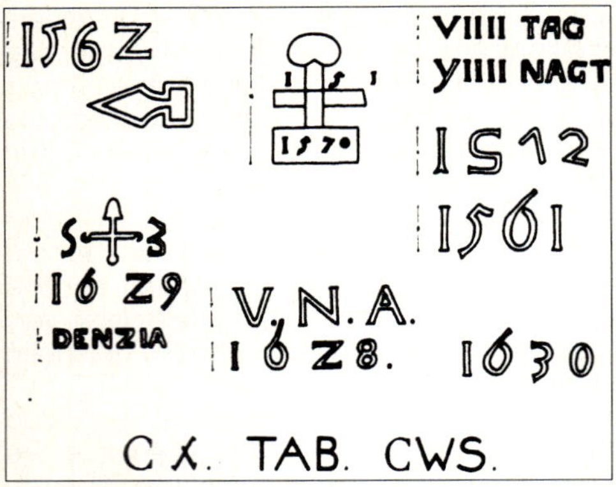

Inschriften im Inneren des Hexenturmes in Büdingen.

war, untersuchen lassen. Dort hätten sich eine Menge Raupen gefunden und es sei anzunehmen, daß es nicht um ein natürliches oder göttliches, sondern vielmehr teuflisches Wesen sei. Er möge gegen die Zauberei vorgehen. Elsa Stumpf wird beschuldigt.

- Sie habe Menschen und Vieh verhext. Vor allem habe sie einen Bub zu Tode gezaubert und einen Ochsen schlagen lassen, daß dieser eingegangen sei. Man habe ihn in die Landschaft gelegt, dort hätten Füchse und Wölfe alles bis auf das verzauberte Vorderteil gefressen. Ihm seien die Augen aus dem Kopf gefallen.

Sie wird im August mit dem Schwert gerichtet. Aus dem Jahr 1662 haben sich Prozeßunterlagen aus der Region Meerholz erhalten. Hier richten sich Verfahren gegen Abraham Hedderisch aus Offenbach und Hans Peter Conrad Harlens Sohn aus Rodenbergen. Beim Kühehüten soll sich Abraham dem Röschen sexuell genähert haben, wobei Hans Peter zugegen gewesen sei.

Abraham ist ein 11jähriger Betteljunge der wohl schwach im Kopfe war: »er werde nie aus den Fängen des Satans kommen, sei von Gott abgefallen und verdiene den Feuertod.« Als er vor Gericht steht, berichtet er:

- Er könne zaubern, Läuse, Flöhe und Vögel machen, er habe es von seiner Mutter gelernt.
- Bis heute habe ihm der Teufel nicht geholfen, er sei auch nicht sein Freund. Er habe einem Bauer in Ravolshausen Flöhe in die Stube gezaubert.
- Von seinem Vater habe er gelernt, Vieh zu verzaubern. Einer Kuh habe er ein weißes Pulver gegeben, worauf sie lustig nach Offenbach gesprungen sei, doch dabei seien ihr Zähne ausgefallen.
- Seine Mutter, die Zauberin, buhle jede Nacht mit dem Teufel, welcher ihr den Rükken kratze. Sie ginge mit ihm zum Tanz und söffe ihm zu.
- Zu Rodenbergen auf dem Wingertsberg sei der Tanzplatz. Der Teufel spiele mit einem kleinen Geiglein auf.
- Nach dem Tanze in der Walpurgisnacht flögen alle um 12 Uhr nachts davon.
- Seine Mutter ritte auf einem Esel und die Männer müssen laufen. Wenn der Teufel mit seiner Mutter getanzt hätte, hätte sein Vater das Geiglein spielen müssen.
- Sein Schatz sei ein kleines schwarzes Mägdlein, sie habe einen schwarzen Federbusch auf dem Rücken angenäht und sei plötzlich auf dem Bauholz bei ihm erschienen.

Sie sei kalt und gleichsam wie rauhe Haut anzufassen gewesen, sie sei, als er nachts bei ihr gelegen, nur Haut und Knochen gewesen, zwischen den Beinen aber geschlitzt wie die anderen Weiber.

- Sie habe ihn gelehrt, wie man auf ein Mägdlein komme und wie er hobeln solle. Das habe er den anderen Buben gelehrt. Sein Schatz habe ihn einmal mit der Hand ans Gemälke gegriffen und solches gehalten, dabei sei ihm der Schwanz warm geworden.
- Er habe Jesum abgeschworen und wäre nicht in die Kirche gegangen.

Im April wird er dem Scharfrichter gegenübergestellt und auf die Folterbank gesetzt. Er erhält zwei Zwick in den Rücken. Dann erzählt er sexuelle Erlebnisse mit dem Teufel in Weibsgestalt und nennt vier Frauen von Gelnhausen, die Hexen sein sollen. Der Fiskal stellt den Antrag auf Enthauptung. Er wird gerichtet und unter dem Galgen begraben.

Im April 1663 kommt es zu weiteren Prozessen in Meerholz. Hier müssen die Beschuldigten vor der Verhandlung beten[56].

Hexenturm von Gelnhausen. Früher »Fratzenstein« genannt. Zur Zeit der Hexenprozesse (1636) wird der untere Raum, die ehemalige Pulverkammer »... als der schlimmste Raum für die Gefangenen« bezeichnet. Sie wurden durch das gut erkennbare »Angstloch« in das Verlies hinabgelassen. Sicher ist, daß der Turm lediglich zur Inhaftierung der Verurteilten diente. Gefoltert wurde – möglicherweise – im Ratskeller. Freundlicher Hinweis von H. Kalbfleisch, Gelnhausen. →

1
2
3
4
5
6
7
S - SO

Eckartshausen

Nach dem Abzug der Schweden greift das Übel um sich. 1644 klagt Jost Reichard von Himbach, daß ihm sein Nachbar ein Kind verzaubert habe. Im April 1645 war das des Jost Beiers unter Schmerzen gestorben, weil eine berüchtigte Frau einen bösen Griff getan: »Es könne nicht mit rechten Dingen zugehen, wieder seien Zauberer am Werk.«

Ende Juli 1652 überreichen die Untertanen dem Grafen eine Bittschrift in Erinnerung an die Maßnahmen vor Jahren, die Prozesse fortzusetzen. Das Gesindel verderbe Mensch und Vieh. So bricht 1653 eine fanatische Verfolgung aus.

Im April schreiben Untertanen: »können wir arme und jederzeit pflichtschuldige Untertanen nicht unterlassen zu Gemüth zu führen, in was für großer Drangsal, Betrübnis und Traurigkeit wir versetzen worden mit unseren armen Kindern und Freundschaft, wie denn unsrige Weiber, wegen des schweren und grausamen Lasters der Zauberei in Haftung eingezogen und deswegen auch Bekenntnis vor sich getan, und nunmehr nichts übrig, als daß deswegen die Exekution erfolgen wird, wie auch billig und rechtens. Der Graf möge in der Sache fortfahren.«

Er kommt dem nach und meint, die Dorfältesten sollten so schnell wie möglich die als Hexen verdächtigen benennen. Hartlieb arbeitet in der Büdinger Rentkammer die Denkschrift aus[57)]. Dann folgen 13 Fragen, in der Merkmale der Zauberei abgefragt werden können. Mitte des Jahres hat man sieben ob ihrer Hexereien ins Auge gefaßt.

Dann bezeichnet Johann Wilhelm Preiswerk, Pfarrer von Eckartshausen, das Thema in der Sonntagspredigt und bezichtigt Grüning der Zauberei. Er weist alle Vorwürfe zurück. Ab September beginnen Gerichtsverhandlungen.

Die Frau des Georg Geiers wird gefoltert und sagt: »wenn sie im Zauberbuch stünde, sei es aus Haß und Neid geschehen.« Unter der Folter bezichtigt sie ihre Schwester. Die Ehemänner bitten das Gericht, die Verfahren zu kürzen, denn sie könnten sonst die Kosten nicht mehr aufbringen. Einer stellt heraus: »seine Frau habe bekannt, eine Hexe zu sein.«

Johann Reicharts wird der Unzucht bezichtigt, die er mit der Tochter seiner Schwester getrieben hat. Er wird im Oktober 1653 inhaftiert und an Händen und Füßen geschlossen. Der Graf droht mit der Anwendung der Folter. Er wird im Oktober mit Beinschrauben gefoltert und rücklings mit gefesselten Händen aufgezogen. Es bricht seinen Widerstand und er beginnt zu erzählen. Später macht er einen Selbstmordversuch mit einem Messer, der mißlingt.

Johann Reichert wird zum Feuertod verurteilt und in Anwesenheit des Pfarrers gerichtet. Manche Männer bedrängen ihre Frauen, sie mögen endlich gestehen, schon wegen der Kinder und der auf die Familie zukommenden Kosten.

Gela, Frau des Ludwig Reiperts aus Himbach, wird unter der Folter zerstört, gesteht aber nichts. Sie muß Urfehde schwören und wird freigelassen. Ihr Mann will sie nicht haben. Sie hat in einem zwanzigmonatigen Prozeß Haft und Folter überstanden, und nun liegt der Verdacht der Zauberei so auf der Familie, daß ihr Mann lieber wegziehen will, als sie aufzunehmen.

In Eckartshausen tagt das Blutgericht unter freiem Himmel an der Kirchhofmauer bei der Linde. Hier werden Bänke für das Gericht aufgestellt. Der Gerichtstag wird mit der Glocke eingeläutet. Auf dem Weg zur Richtstätte wird der Zug durch Schützen eskortiert. Sie sind mit Spießen und Gewehren bewaffnet. Im Zug sind die Gerichtspersonen, Geistliche und der Henker. Während der Hinrichtung wird der Galgen gesperrt und nach dem Vollzug spricht der Richter zum Henker. »So du gericht hast wie Urtheil und Recht geben hat, so laß ich es darbei bleiben.«

Dreieich, Sprendlingen, Götzenhain

Ende April 1633 schreibt Margarethe Klein von Götzenheim an den Grafen Wolfgang Heinrich und bittet aus der Haft entlassen zu werden, da sie keine Hexe sei. Im Mai 1634 wird Jacob Waag bezichtigt, weil er gesegnet hat. Sein Vater habe ihm einen Spruch in die Bibel geschrieben, mit dem man Mensch und Vieh helfen könne. Zudem habe er einen Segen zur Abwehr von Wölfen von den Schafen.

Er erwähnt ein Mittel gegen Fieber und Zahnweh, das in der Form eines kabbalistischen Buchstabendreieckes auf Pergament geschrieben, der Mutter um den Hals gehängt und am neunten Tag ins Wasser geworfen werden soll. Man gelangt zur Erkenntnis: »Waag sei der Hexerei nicht schuldig, er sei ein fahrender Gesell und wolle nur helfen und nicht schaden: man soll ihn nach den Kirchengesetzen strafen, er solle acht Tage sitzen, fünf Gulden zahlen und des Landes verwiesen werden.«

Katharina Lauers aus Götzenhain wird beschuldigt, in ihrer Jugend Raben gemacht zu haben und ihre Mutter Anna sei als Hexe gerichtet worden; von ihr so spreche man, habe sie die Hexenkrone erhalten.

Peterweil und Cleeberg

liegt in der Grafschaft Hanau. Peterweil erlebt zwei Perioden der Verfolgung, eine von 1653–56 und eine von 1659–61. Im Februar 1656 beginnt ein Verfahren gegen

Anna Elsa Ruppert

Sie arbeitet als Magd bei einem Metzger. Obwohl sie ein gottgefälliges Leben führt, wird sie der Zauberei bezichtigt. Dann wird sie der Folter unterzogen und bekennt:

- Sie wäre in Peterweil in dem Haus in Zauberei gefallen, dabei sie auch geblieben, da der Meister den Beinschrauben Luft gegeben und man verhofft, sie würde ihrem Erbieten gemäß alles gütlich vollends bekennen.
- Das Zaubern habe sie von Jesus Christus gelernt. Darauf setzt man ihr nochmals die Beinschrauben an und zieht sie an Seilen eine Stunde auf. Sie sei in vorheriger Halsstarrigkeit geblieben. Sie hatte gar ihr Geständnis, eine Zauberin zu ein, widerrufen.

Man unterzieht sie stärkeren Qualen und ist der Meinung: »nun müsse man das juristische Kollegium zu Straßburg um Rat fragen.« Dann bekennt Johann Jordan ohne Anwendung der Tortur:

- Er könne zaubern, sei auf dem Tanz in der Walpurgisnacht gewesen er habe dort etliche Frauen gesehen und die jetzige Pfalzgräfin sei dort gewesen, sie habe einen goldenen Schuh am linken Fuß gehabt, sei in einer grün ausgeschlagenen Kutsche gefahren, welche von vier Katzen gezogen wurde.
- Die Hexen hätten militärische Ränge, einer sei der Hexenleutnant, ein anderer Corporal usw. Die Obersten ritten auf Böcken oder führen in Kutschen.
- Der Pfaffe Johann Leonhard taufe die Kinder im Namen des Teufels in Wißborn.

Er bitte darum, ihn hinzurichten, damit seine Frau nicht verarme, man möge ihn unter dem Galgen beerdigen. Der Advokat Achilles Uffenbach schlägt vor, ihn mit dem Schwert zu richten, »doch soll man die Ruppert Elsa mit dem Feuer richten, dabei soll man ihr einen Pulversack an den Hals hängen, damit sie schneller sterbe.« Die Urteile werden von der Universität Gießen bestätigt.

Johann Jordan gelingt die Flucht vor der Hinrichtung. Was die Ruppertin belangt, wird gesagt: »Nachdem der Scharfrichter ihr Wambs und Hemd über den Rücken gestrichen, ist der Rücken ganz schwarz und braun gewesen, als wenn solcher geschlagen sei.« Wie denn die beiden Meister, was sie davon hielten gefragt wurden, sagten sie einmütig, »sie hielten davon, daß sie vom bösen Feind geschlagen worden, gesteht sie schon mehrmals im Gefängnis ein blaues Auge bekommen, daher nicht anders zu schließen, dies gleicher Gestalt geschehen sei.« Vermutlich ist es ein Hinweis auf erfolgte Mißhandlungen und Vergewaltigungen.

Der Pfarrer von Peterweil, Philippus Chrisiany Werner, schreibt an den Grafen in Sachen Hexerei[50]. Im November 1655 schreibt der Amtsverweser Johan Keiser:

- Zu Giessen sollen sonst viel seltsame Händel vorgehen. Eine Kuh soll zwei Kinder geboren haben. Ein Junge hat seine leibliche Mutter erschlagen. Ein Kerles hat mit einer Kalbin zu tun.
- Ein Pfarrer hat etliche Jahr dem Teufel gedient, seine Magd so er vorher geschwängert, im Abendmahl mit einem sonderbaren Kelch mit Griff von Wein päpariert vergraben, bei welcher waren zwei Kinder gefunden. Sind schreckliche Mirakula. Gott erhalte sein armes geringes Häuflein und schütze sie vor allem Bösen.
- Man soll am Morgen nach der Walpurgisnacht aus einem anderen Haus Salz und Brot holen, dabei dürfe kein Wort gesprochen werden. In der Kirche könne man dann sehen, wer eine Hexe sei[51]. Man erkenne die Hexen in der Kirche daran, daß sie Hühnernester auf dem Kopf hätten, hätten auch Melkkübel auf dem Kopf.

Späte Prozesse

1662 hat Geiss in Lindheim sein Amt angetreten. Er nimmt Verbindung mit den Büdinger Verfolgern auf. Catharina Buschanna wird von Elisabeth Keiser beschuldigt, bei ihrer Tochter abgetrieben zu haben. Zudem habe sie ihre Tochter abgehalten, zum Tisch des Herrn zu gehen. Sie soll ihrem Mann vergiftetes Essen gegeben und umgebracht haben.

Dann wird sie vor das Tribunal gezerrt und einem Verhör unterzogen. Befragt wird die Kräuterfrau Anna Maria Vicethum aus Magdeburg. Ihr wird eine Urinprobe der Catharina vorgelegt und sie konstatiert: »daß sie eine große Hitz ums Herz habe und weil sie eine gelbe Farb, so der Gelbsucht, nicht ungleich gewesen. Das Urinwasser wäre so gewesen, als wenn ein Kind käme.«

Die Heilpraktikerin (?) hat Catharina einen Trank aus Engelsüß, Odermennig, Weißer Eisow, Mauerraute, Feldlohle und Saurauchholz gemacht, was nicht geholfen hat. Da habe man ihr zwei Stück halbellenlang Siebenbaum und ein Stück Haarwachs, halbfingerlang gegeben, worüber die Kräuterfrau ungehalten war und warnt: »wer das verordne, sei eine Hure oder Hexe, denn nur Huren pflegen es zu nehmen.« Möglicherweise handelt es sich um ein Abtreibungsmittel. Mitte Juli 1662 wird die 65jährige

Buschanna

mit der Tortur angegriffen und verhört. Sie gesteht:

- Sie habe die Füße geschmiert und sei zum Tanz gefahren. Sie habe die abgetriebenen Kinder geteilt und sie Leuten zur Speise gegeben.
- In einer Lade habe sie die Schädeldecke eines Kindes gehabt, was gegen Krankheiten von Vieh hätte helfen sollen. Sie wird mit dem Schwert gerichtet und ihr Leichnam verbrannt. Ihre Tochter wird zur Kirchenbuße verurteilt und soll am rechten Arm mit einer glühenden Zange gezwickt werden.

Eine Agnes belastet Jost Reichart von Ekkartshausen, der Salben von toten Kindern gemacht habe. Sie wird enthauptet und verbrannt.

Der Einfluß der in Lindheim anhängenden Hexenprozesse wirkt bis ins ysenburgische Düdelsheim. Die Bürger bitten den Landesvater, »er möge die Hexen des Dorfes beseitigen.«

Die Tochter von Johann Scheids, Else Käthe, ist 14 Jahre alt und wird als Hurenkind bezeichnet, das niemand dulden will. Es gesteht:

- Der Teufel sei in der Gestalt des Kaspar Scheid als Buhle zu ihr gekommen, er habe sie im Weiher auf dem Glauberg getauft und ihre Base sei die schwarze Margreth habe sie lehren wollen, wie man Kühe am Schwanz melke.

Sie wird eingetürmt und vom Pfarrer besucht. Die Juristen der Marburger Universität plädieren für die Anwendung der Folter. Käthe wird zum Ausstreichen mit Ruten verurteilt und entlassen.

Christine, die andere Tochter des Johann Scheids, wird ebenfalls verhört und da sie15 Jahre alt ist, nach dem Marburger Gutachten zum Feuertod verurteilt, aber aus Gnade enthauptet.

Wieder werden sieben Frauen besagt und man stellt eine Liste zusammen. Nun wird die des Johann Scheid, namens Catharina, mit dem Schwert gerichtet.

Margaretha Kranz

aus Düdelsheim ist 50 Jahre alt und kommt ins Gespräch. Der Pfarrer Blasius hat sie angezeigt und dann geht der Prozeß seinen Gang. Das Gericht halte sie seit 20 Jahren für eine Hexe und der schwarzen Künste kundig, sie habe am Sonntag in der Kirche über Zauberei gepredigt. Sie wird im August 1663 gefoltert: schließlich gesteht sie das Gewünschte. Sie wird zum Tod auf dem Scheiterhaufen verurteilt.

Das gleiche Schicksal widerfährt Elsa, Frau des Reichard Fachens aus Düdelsheim. Sie bekennt nicht; man schickt sie nachhause und ihr Mann erklärt: »wenn man das Verfahren gegen sie länger hinausziehe, sei er verarmt und könne nicht existieren.«

Im Mai 1663 kommt Rea-Clara, Frau des Müllers von Hitzkirchen in das Gerede, eine Zauberin zu sein.

- Sie wird der Kindstötung beschuldigt, einem Mann habe sie Samen in die Fußstapfen geworfen, so daß er toll nach ihr gewesen sei. Sie habe das Vieh verhext und in Bindsachsen unter der Linde mit dem Teufel, der gespaltene Füße hatte, in der Walpurgisnacht getanzt.

Der Pfarrer von Hitzkirchen meint zu wissen: »Clara Pescher habe nach der Aussage von drei Zeugen die Hostie beim Abendmahl aus dem Mund genommen und versteckt.« Als keine Aussagen zusammenkommen, beauftragt man den Scharfrichter Hans Steffen. Pfarrer Waldy verfaßt ein 27-seitiges Gutachten über den Hexenglauben und dann wird die Delinquentin gefoltert. Sie gibt alles zu, besagt weitere und wird im Juni zum Feuertod verurteilt. Dann wird Gertraut Jost beschuldigt:

- Sie habe ein Kind verhext, das gerade getauft werden sollte und wieder gehen die Beschuldigungen vom Ortspfarrer aus. »Sie habe den Leuten geraten, deren Vieh nicht fressen wollte, sie sollten im Teufelsnamen einen Knüppel schneiden und mit diesem einen Sack mit Kerschel (Stubendreck) schlagen. So werde deutlich, wer das Vieh verhext habe. Zudem habe ein Kind eine gelbe Maus gesehen.«

Dann macht der Pfarrer von Wolferborn, Adam Hermann Hattenbach die Anzeige, die Frau des Simon Geiß sei eine Hexe.

- Habe sie sich doch in einen Wolf verwandelt und eine andere Frau so erschreckt, daß sie ihr Kind im Mutterleib verloren habe. Von 1667-73 findet ein Verfahren gegen

Oberhof in Büdingen.

Hans Mohr

aus Eckartshausen statt. Er war offensichtlich Heilpraktiker. Er habe Weisheiten und Arznei verkauft. Aber er habe Kühe falsch behandelt, die umgekommen seien und er habe in Frankfurt die Pest vertreiben wollen. Dann wird er verhört und sagt: »Nur wer an die Arznei glaube, dem könne geholfen werden.«

Er wird auf die Ronneburg gebracht und so lange festgehalten, bis man einen Entscheid des Speyerer Gerichts habe. Während seiner Gefangenschaft wären Leute zu ihm gekommen, um seinen Rat zu erfahren. 1669 wird er erneut beschuldigt und ein Müller gibt an:

- Er habe im Büdinger Wald drei Wölfe getroffen und auf sie schießen wollen. Doch als er das Gewehr angeschlagen, seien drei Männer aus ihnen geworden.

Oft sagt Mohr: »die Krankheiten kämen von den Hexen, diese müsse man schlagen, um wieder gesund zu werden.« Er habe gesagt, man müsse die Stube neun Tage vor- und rückwärts kehren, den Kehricht in einen Sack tun und wacker darauf schlagen, nur nicht den Sackknopf, wo er zugebunden, sonst müsse die Hexe sterben. Ein Mann habe es getan und mit der Mistgabel hineingestoßen, da sei seine Frau blau geschlagen gewesen.

Der Schulmeister von Feichenbach bestellt Hans Mohr, als seine Kühe die Milch verloren haben. Dann sucht man ihn zu überführen.

- Bei einem verhexten Stall habe er die Aronwurzel in ein Säckchen getan und bei Nacht unter der Schwelle vegraben. Sie sei gegen Hexen und Zauberei gut, es stünde in der Historie des König Melchior.
- Von einem Schuster einer Frau aus Gettenau habe er ein Mittel gegen das böse Wesen gelernt. Man müsse Rinde vom Eichbaum, darüber Holz gewachsen sei, von Molkraduff (?) die vorderst Füß, ein Säckchen Otterzungen vom Holder, der auf den wilden Bäumen wächst, die Knoten nehmen.
- Er habe von einem Soldaten, der lange auf dem Meer gefahren sei, einen Stein bekommen, der sei gegen alles Gift, befördere

die Geburt der Frauen usw. Er sei so groß wie eine Walnuß und er habe ihn seit 20 Jahren.

- Es sei bekannt, daß er Kräuter gebrauche und den Kirchenschlüssel zum Aufbrechen des Maules der Kühe benutze.

Man kann ihm Hexerei nicht nachweisen und so weiß man nicht, was mit ihm anzufangen sei. Man sucht Argumente, die zu seiner Verurteilung reichen. Leute sprechen zu seinen Gunsten und immer wieder rühmt man seine Kunst als Heilkundiger und Vieharzt, doch die Ärzte schimpfen über ihn, weil die Leute sich von ihm zu närrischen Arzneien bereden lassen. Er schröpfe sie und betrinke sich in Wirtshäusern.

Nun schreibt Mohr an den Grafen und bittet um eine gerechte Strafe. »Mit Hexerei habe er nichts zu tun, denn er habe nur den Leuten helfen wollen.« Er und seine Familie müssen Urfehde schwören und das Land verlassen.

Im Juli 1673 kommt es auf Veranlassung des Pfarrers Meisenti in Düdelsheim nochmal zu einem Hexenprozeß. Er wendet sich gegen die 80jährige

Katharina Burgand

Wtw. Der Pfarrer befragt seine Magd, ob sie keine teuflischen Anfechtungen habe. Sie erzählt:

- Wie sie auf einem Besen durch ein Loch aus der Küche des Pfarrhauses zum Tanz gefahren sei, das Fliegen habe sie vom Satan gelernt der ihr einen Brief mit einer Salbe zugeschickt habe.
- Zudem sei der Teufel um den Pfarrturm geflogen und das Mädchen habe gesehen, er habe schwarze Haare und Sauohren gehabt.
- Auf dem Tanz esse man Katzen und Pferdefleisch.

Nun erstattet der Pfarrer Anzeige bei der Obrigkeit und man sagt: »ein Mädchen von Laubach, seine Magd, sei mit der Zauberei behaftet, sei in der letzten Walpersnacht auf dem Hexentanz. Ein Düdelheimer Mann sei Hexenkönig gewesen.« Die alte Frau wird dem Stadtknecht übergeben. Schließlich gesteht sie:

- Sie sei in Ottenberg vor 50 Jahren Hofwäscherin gewesen und dort habe sie der Bäkker im Backhaus beschlafen. Da habe sie gesehen, daß er gespaltene Füße wie Klauen gehabt habe, daß es der Teufel war.
- Einmal habe sie der Teufel geschlagen, als sie bei der Jungfer in Rotenberg im Bett gelegen habe.
- Die Jungfer habe es nicht bemerkt und danach habe ihr der Teufel ein Zeichen auf die Hand gemacht.
- Er habe ein Glied wie ein Bockshorn, er habe ihr Gift gegeben, um ein Kalb und Schwein zu vergiften.
- Der Tanzplatz sei in der Sandkaute von Rohrbach, ein Spielmann blase einer Katze in den After, um Musik zu machen. Es dauere ungefähr zwei Stunden, dann führe man wieder nachhause.

Sie fällt auf die Knie und sagt; »sie sei keine Hexe, sondern ein Gotteskind. Sie habe aus Angst vor der Folter alles erzählt, es sei gelogen.« Sie wird dem Scharfrichter vorgestellt, der ihr die Beinschrauben ansetzt und schließlich bricht es aus ihr heraus: »Gott möge ihr gnädig sein, wäre es also, sie habe niemanden umgebracht, bat um Gotteswillen man möge ihr helfen, daß sie hingerichtet würde«

Die juristische Fakultät Marburg legt dar, daß die Klagepunkte unhaltbar seien und sie freizustellen ist. Der Verteidiger läßt wissen: »die Angeklagte habe einen guten Leumund, sei fromm zur Kirche gegangen und habe bis vor kurzen die Sakramente der Kirche gebraucht. Sie habe ihre Sünden bereut. Der Teufel sei nur eine geistige Macht und Einbildung der Menschen, die nicht natürlich sei. Durch die Luft zu fahren, sei einem Menschen unmöglich. Der Teufel verwickle die Menschen mit Träumen zu Verblendungen und Fetischträumen. Man habe nie jemand auf einer Katze musizieren sehen, also sei das Teufelstrug. Ihre Aussagen variieren, also müßten frei erfunden sein. Sie habe Menschen kein Leid zugefügt und sei nach der Halsgerichtsordnung straffrei zu lassen. Im Übrigen sei sie eine Frau von fast 70 Jahren.«

Der Verteidiger zeigt sich gut informiert. In der Zwischenzeit war einiges geschehen. Friedrich von Spee hat seine Veröffentlichung gegen das Hexenwesen bekannt gemacht. Der von Carpzov (Wittenberg 1638) geforderte Nachweis der Schuld sei nicht erbracht und der italienische Jurist Franz Ponzibinius aus Florenz habe 1592 die nächtlichen Ausfahrten und Schmausereien der Hexen bestritten. Man habe der Angeklagten scharf zugesetzt und ihr den Kopf toll gemacht. Sie sei traurig und melancholisch und habe in solchem Affect dem Fiscal gestanden.

Daß sie mit dem Teufel Unzucht getrieben habe, sei gegen jede menschliche Vernunft, denn das halten Theologen und Juristen für Betrügerei. Lerchner habe vermerkt, daß sich die Weiber das nur einbilden und in der

Heiligen Schrift, in welcher alles stünde, fände man nichts vom Teufelsbeischlaf.

Dortige Juristen sind der Meinung: »man müsse die Folter zur Zeit noch aussetzen und der Angeklagten neue Fragen vorlegen. Offen sei, wie der Samen des Teufels beschaffen sei, und ob sein Glied kalt oder warm?« Schließlich erkennen die Juristen auf Anwendung von Tortur und Landesverweisung.

Ein Musketier bringt sie zur Grenze, um sie aus dem Land zu stoßen. Mit dem Tod des Grafen Johann Ernst 1673 hören die Büdinger Hexenprozesse auf und allmählich werden die Vorboten der geistigen Aufklärung spürbar. Wenden wir uns jetzt den kleinen, aber bedeutsamen Regionen des Oberrheins und insbesondere der Ortenau zu, in der die tausendfach beschriebene Geschichte der Hexen von Schiltach spielt.

Zwei Parteien vor dem Richter. Holzschnitt, aus: Nikolaus Tudeschis, Super Libros Decretalium, Basel, 1477.

Oberrhein (Ortenau)

—

Saargebiet

Inhalt

Markgrafschaften Baden-Baden und Baden-Durlach

Grundlagen

Bernhard III. ist der Stammvater der Markgrafen von Baden-Baden und Ernst gründet die Linie Baden-Durlach. Beide Regionen entwickeln sich unterschiedlich. Karl II. führt 1556 den evangelischen Glauben ein. Baden-Durlach bleibt protestantisch, bis sich Ernst Friedrich dem Calvinismus zuwendet.

Für die Markgrafschaft Baden-Baden zeigt sich ein anderer Verlauf. Der minderjährige Philipp II. führt ab 1569 die Rekatholisierung durch. Ob das Gerangel Einfluß auf die Verfolgungen nimmt, ist unbestimmt. Für

Baden-Durlach

sind für die zweite Hälfte des 16. Jahrhunderts fünf Hexenprozesse belegt. Weitere sind kaum bekannt.

1552 wird im Amt Pforzheim eine Bürgerswitwe besagt; sie soll auf dem Blocksberg gewesen sein. Markgraf Bernhard schickt die Akten an die Tübinger Juristen mit der Bitte um ein Gutachten, die gegen die Anwendung der Folter sprechen. Der Ausgang des Verfahrens ist unbekannt.

Karl II. übernimmt 1553 die Regierung für Baden-Durlach. Aus seiner Regierungszeit sind zwei Hexenprozesse bekannt. Im Sommer 1598 werden dem Schultheiß Volmar Berthlin von Ersingen Beschuldigungen gegen die Frau des Hans Bechthold vorgetragen. Sie soll mit »schwarzem Käse oder Äpfeln, bzw. Berührungen« Schadenzauber begangen haben. Später ordnet Markgraf Ernst Friedrich eine Untersuchung an.

Im Rötteler Schloß hat sich möglicherweise ein »Hexen-Gewölb« befunden. Dramatischer geht es in der Markgrafschaft

Baden-Baden

zu. Die erste Welle fällt in die Zeit Philipps II., der als Zehnjähriger unter der Vormundschaft Bayerns steht. Bis dahin werden vermutlich 26 Frauen besagt und verbrannt. Unter ihm hat es, wenn wir der *Newe zeitung Von den hexen oder Unhulden, so man verbrend hat vom 7. Februari an biss auff den 25. Junii dises 1580. Jar* glauben schenken, 1580 eine Verfolgung gegeben. Unter Eduard Fortunatus kommt es zwischen 1590–94 in Ettlingen zu Besagungen.

Karl II., Markgraf von Baden-Durlach (1553 bis 1577), Großer Gnadenpfennig (1559).

Hans Geigers Witwe (Fischer = Anna) kommt der Böse ins Stüblein und bietet ihr Geld, wenn sie ihm zu Willen sei.

Der Höhepunkt wird erreicht, als Kaiser Ferdinand II. nach der Schlacht bei Wimpfen 1622 das fast evangelisch gewordene Baden dem katholisch ausgerichteten Wilhelm II. überträgt.

Von 1626 bis 1631 werden mindestens 244 Personen wegen Hexerei angeklagt. 231 von ihnen finden den Tod, 13 werden freigelassen und zwei mit Landesverweisung belegt. Als erstes Opfer wird Ende der 1560er Jahre eine Frau aus Baden-Baden verbrannt. Sie besagt die Ratsschreiberin: »mit ihr Hexenwerk getrieben zu haben (und in des) bösen gaistes gesellschaft gewesen zu sein.«

Der Markgraf bedrängt Andersgläubige, auszuwandern oder zur katholischen Kirche zurückzukehren. Da wird Anna in Baden besagt und man erzählt von ihrem bösen Blick. Sie wird eingezogen, gefoltert und besagt weitere.

Die Frau des Hans Weinhag hat eine Magd, die bei ihr um einen Pfennig Pfeffer kaufte, in den Arm gekniffen und angeredet: »daß dieselbe so fein stark geworden sei (dick).« Dann stellt sich heraus: »Mit dem Kniff sei es nicht recht mit rechten Dingen zugegangen, zumal sie zuvor niemals einigen Schaden am Arme gehabt.« Sie wird eingezogen, gefoltert und bleibt standhaft. Agnes Benders ist durch ihr Fluchen und Schwören in den Verdacht der Hexerei gekommen. Klare Mützel soll einem Kind das Hauptweh angetan haben und schon schleppt man sie vor das Tribunal. Der Hebamme Kiefer wird vorgehalten: »daß sie Frau Ziegler die Milch genommen habe. Sie habe ein schwaches Kind so leise getauft, daß man nicht wisse, wem sie es getan habe.« Kurz danach wird ihr Scheiterhaufen errichtet.

Johann Besigheimer, erfährt, daß man ihn besagt hat und entscheidet sich für die Flucht. Da prahlt das Schulkind Johannes Pantel: »seine Mutter habe mit ihm durch den Kamin zum Tanzplatz fahren wollen. Der liebe Gott habe es nicht zugelassen und da er stecken geblieben, habe ihn die Mutter herausgezogen.«

Joh. Michal Behus berichtet: »vergangene Woche wäre der Schäfer von Beuern blutüberlaufen zu ihm gekommen, halbtot vor Angst und erst sprachlos ... als er gestern mit seiner Frau heimgekommen, sei ihnen ein schwarzer Mann begegnet. Er habe nach der Frau gegriffen. Da sie hinter ihm Schutz gesucht, sei er von dem Schwarzen so grausam zu Boden gestoßen, daß er gemeint, es müßte sein Ende sein. Mit Furcht und Zittern habe er sich nach seiner Frau umgesehen, diese sei aber in die Luft entführt worden ... wäre später nachhause gekommen und sagt: »Sie wisse nicht, was ihrem Mann begegnet sei.«

Bei den Prozessen in den Dörfern Ersingen und Bilfingen (1573–77) kommt es zu Anklagen aus der Bevölkerung. Der Frauenalber Amtmann berichtet 1576 an die Kanzlei: »ihm sei vorgebracht worden, daß Margarethe Jerg Bauersbachs Haus-Frau, als eine Hebamm, so ungedultig mit ihren Weiberen, wan sie Kinds niderkommen wöllen, sey darauf erfolgt, das Weib und Kinder grosser nachtheil und Schaden geschehen.« Sie wird am 1. Dezember 1576, 14 Tage nach ihrer Verhaftung, in Ettlingen verbrannt.

Die Hebamme Elisabeth Behrmann gibt folgendes Rezept zur Bereitung des Hexenpulvers an: »es wird die Leiche eines ungetauft verstorbenen Kindes ausgegraben, gesotten, das Fett abgeschöpft und von dem zerstoßenen Fleisch genommen und etliche ausgesuchte Hostien dazugegeben. Die ausgedörrten Beinlein werden zu Pulver zerrieben, die anderen Bestandteile entweder zu Salbe verarbeitet oder Pillen gedreht.«

Kronenwirtin von Rastatt

Katharina Haug (Huckin) wird durch beklagte Weiber aus Kuppenheim besagt. Sie habe mehrfach bei Hexenmahlzeiten am Tisch gesessen. Sie wird am 26. September 1626 verhaftet und schreibt nach dem peinlichen Verhör Briefe an ihre Angehörigen. Es sind erschütternde Dokumente jener Jahre.

»Freudlicher herzlieber Schatz und herzlieber Bruder! So haben unsere Feinde es doch erreicht und so viele falsche Zeugen über mich gebracht, daß ich in Furcht und Zittern kaum noch weiß, wo aus und ein. Um des Jüngsten Gerichts und um Gottes Barmherzigkeit willen bitte ich, ihr wollet euer Äußerstes zu meinem Beistande thun. Wenn auch ihr mich verlaßt, so bin ich von der ganzen Welt verlassen. Bitt' ach herzlieber Schatz und lieber Bruder, setzet kein Mißtrauen in mich! So wahr Gott Himmel und Erde erschaffen hat, sie thun mir alles Unrecht. Ach lieber Schatz, glaube dem Vogt nicht, es ist alles nicht wahr! Sie sagen mir von silbernen Bechern, sie müssen auch sagen, wer sie denn gesehen habe. Warum haben sie mich nicht zu meiner Verantwortung kommen lassen? Der Vogt sagt, ich sei wohl zwanzigmal angegeben. Aber wenn mich schon hunderttausende angeben, so habe ich doch ein gutes Gewissen, daß sie mir Unrecht thun und Gewalt. Ich weiß so wahr Gott ist, nichts vom Hexenwerk. Ich weiß von nichts zu sagen, denn von meinem Schöpfer und Erlöser, dem Herren Jesu Christ. In seine Hand bin ich gezeichnet.Er kennt die Seinen bei ihrer Stimme, er wird auch mich kennen. Das Vertrauen habe ich zu ihm, daß er mein Seufzen hört und daß die Thränen, die ich unschuldig vergießen muß, durch die Wolken dringen zu Gott. Er, der Herzenskündiger, wird mein Fürsprecher und Erretter sein, auf ihn ist all mein Vertrauen. Er wird mich in meiner großen Not nicht sterben lassen. Läßt er sich schon eine Weile ansehen, als wollt er nicht, ich laß mich nicht erschrecken, Und wenn er mit im Bunde ist, So wird ers bald entdecken. Er ist allein der gute Hirte, der Israel erlösen wird aus seinen Nöten allen. Sie haben mir lange nach meinem Leben getrachtet, aber der allmächtige, getreue Gott wirds ihnen nicht zulassen. O du herzlieber Mann, Du darffst auf mich verlassen, wie auf dein eigen Herz. Aber laß es nicht zu lang anstehen, versäume nichts, Du mußt es sonst gegen den allmächtigen Gott verantworten. Willst Du nicht nach Speyer? Laß Dir den Schlaf nicht zu lieb sein, daß sie mich nicht übereilen, daß mich der Henker nicht angreift, ehe meine Unschuld an den Tag kommt. Warte nur nicht zu lange! Greif an, was Du hast, wende alles darauf, meine Ehrlichkeit zu erretten, Gott wirds uns reichlich wieder bescheren. Zieh deine Hand nicht von mir ab; glaube es nicht, was die Gottlosen sagen. Es soll uns niemand voneinander scheiden und soll uns auch niemand von derer Liebe Gottes scheiden, die in Christo Jesu ist, unserm Herrn. Ich gehöre nicht zu diesen Leuten, das würden sie schon gefunden haben, wenn der Vater die Zitation zu Speyer ausgebracht hätte. Aber der Herbst ist da, leider! Gott erbarms; es um zwei Tage zu thun. So reit Du hinab! Ich bitt nochmals um Gottes Willen: verlasset mich nicht.« Katharina Huckin

Drei Tage später beginnen die Verhöre. Sie wird mit den Besagern konfrontiert und entbietet sich zur Wasserprobe. Sie wird gefoltert und man zieht sie an Steinen an Hals und Zehen auf. Schließlich gibt sie auf und ist bereit alles zu gestehen. Dann empfängt sie die Sterbesakramente. Auf dem Weg zur Richtstätte gibt sie an, daß sie guter Hoffnung sei, so daß die Hinrichtung verschoben wird, worauf sie nach Straßburg fliehen kann. Ihr Anwalt interveniert beim RKG gegen den Markgrafen Wilhelm und seine Räte: »man möge das ungerechte Urteil aufheben und die Unschuld seiner Klientin herstellen.«

Juristische Aspekte

Der Landesvater arbeitet mit Juristen zusammen und ist informiert. Vermutlich verfügt man in Offenburg über einen eisernen Stuhl als besonderes Folterinstrument. Zudem gibt es den Wachstuhl. Hier werden Delinquenten mit Schnüren an Daumen und Zehen festgebunden, um den Hals einen eisernen Ringkragen mit herausstehenden Nägeln.

Die Beklagten liegen im Beurer- und Spitalturm. Im Gemmingerturm ist die Gerichtsstube. Alle Betroffenen halten sich für unschuldig. Die Witwe Labinger versichert der Frau des Ober-Ratsekretärs Bluemenneckher: »jene sei oft genug bei Hexentänzen gewesen, namentlich auf der Aumatt, wo sie sich geschworen, sie wolle nicht von ihnen lassen. Sie wäre eine Hexe wie sie ... auch sie habe erst gemeint, die Marter überstehen zu können und habe bekennen müssen; es werde jener nicht anders gehen.«

Im Baden-Badener Landrecht von 1588, das Philipp II. herausgibt, und dessen strafrechtlicher Teil dem Kurpfälzer von 1582 entnommen ist, enthält abweichend von ihm ein Interrogationsschema. Nach der Befragung soll sich die Besagte vom »bösen Feind« lossprechen, wofür ein vorformulierter Text beigegeben ist.

Die Verfolgungen unter Eduard Fortunatus zeichnen sich durch eine straffe Kontrolle der Zentralbehörden aus. Seit 1604 regiert Georg Friedrich, der den lutherischen Glauben aktiviert.

Der erste Hexenprozeß unter der Verantwortung Wihelms findet im Sommer 1625 in Ettlingen statt. Ab Mai 1626 finden weitere im Amt Rastatt statt. Katharina Haug gelingt es am 28. November 1626 aus der Haft zu fliehen. Doch die 75 Jahre alte Barbara Decker wird, obwohl das RKG mit einer Nullitätsklage involviert ist, unter der Verantwortung des Markgrafen hingerichtet.

Im September 1627 werden Verfolgungen im Amt Baden-Baden mit einer Anklage gegen die Witwe Anna Lump, eine Segensprecherin, aufgenommen. In der Regel werden von der Obrigkeit $^2/_3$ des Vermögens konfisziert.

Im Januar 1632 treffen schwedische Truppen ein und verhindern die Fortführung der Hexenprozesse. Die letzten überlieferten finden 1642–44 statt: es kommt zu keinen Hinrichtungen.

In der Hinteren Grafschaft Sponheim kommt es vor allem während der Amtszeiten der baden-badischen katholischen Amtmänner in Kastellaun (1628–64) und Winningen (1643–60) zu Verfolgungen. Vergl. die dortigen Ausführungen. Die Einwirkung Wilhelms beschränkt sich auf die Tätigkeit seiner Beamten und auf Formalakte.

Jung Anna Schwäblin

Etwa zeitgleich, als in Esslingen die Prozeßwelle ausbricht, findet im Kraichgau (Gemmingen) 1563 ein bislang wenig bekannter Hexenprozeß statt. Er entsteht auf Besagungen zwischen der Witwe des Jacob Schwab (Jung = Anna) und deren Schwiegertochter Margarete Staiger. Hier liegen seitens der Rechtsgelehrten Chilianus Sinapius und Georgius Brummer (letzter kaiserlicher Kammeradvokat in Speyer) Gutachten vor.

Margarete hat Jung Anna der Hexerei bezichtigt und gesagt: »sie sey ein Unhold und man möge sie nach den keyßerlichen Rechten peinlich fragen: es soll die Wahrheit an den Tag kommen ... man soll sie gefencklich einziehen und halten, daß sie nit entweich.« Die Witwe läßt es nicht auf sich sitzen. Hans Scherer zeugt:

- Er habe vermeint ein Weib zu sehen, alß ob sie die Jung Anna were, wiße aber nit, ob sie solche gewesen, oder ob vielleicht der Teufell sonsten sein gespenst möcht gemacht haben ... es habe ihm zugefordert, er soll mit ir tanzen, sey auch offt herumbgesprungen, von und zu ihme gehopfft.

- Er hab sich oft von ir gerissen und mitt seinen Armen von sich gestoßen und nach ir hinder sich geschmissen.
- Er habe die frauwen für die ermelte Jung Anna angesehen, sie sey nun solche gewest oder nit, daß wiß er nit.« Wilhelm Schmidt zeugt:
- Daß ime gedeucht, es sey Jung Anna aller Gestalt nach gewesen, woll aber kein Aydt darumb schweren ... er sey bezecht und trunken gewessen.«

Aufgrund der mageren Indizien werden Klägerin und Beklagte entlassen, ohne daß ein Urteil ergeht. Margarete, die von der Jung-Anna in der späteren Prozeßfolge als ein teuflisch-niederes Mensch bezeichnet wird, bemüht sich um weitere Zeugen, um ihre Besagungen zu erhärten. Die Folge ist eine Vernehmung. Anna Wendels bringt vor:

- Es hab sich zugetragen ungevär umb das jar, nach dem als man die Unholden zu Schweigern und Massenbach verbrändt gehapt ... da were Jung Anna zu ir inn die küchen kommen und hett weck wollen kauffen. Da wäre Abraham aus der Stuben herauß geloffen und zu Jung Anna gesagt: »Siehe, Hexin, was wiltu thun? Du bist eine Hexin, hasts meyner mutter gesellschaft geleist, wann bistu bey ir uff dem eselsberg geweßen und hast getanzt ... Hörtus, du bist eine Hexin und Unhöldin, du steest in sieben brieffen; du kanst mir nit verneinen ... daß mir Gott helf, man solt dich lengst verbrennet haben.« Margretha Schmidts vermittelt ein Rezept, das uns ermöglicht, in die abergläubische Zeit zu sehen. Jung Hans Bentzer zeugt:
- Als seine erste Frau Agatha krank gelegen, habe ihn einer gelehrt, er möge Speck betteln, denselben klein hacken und zergehen lassen ... diesen habe er seiner kranken Frau gegeben. Sie habe es vor die Augen gehoben, dreingesehen und darüber gebettet. Das Schüsselchen wollte er ungesehen vergraben und dann wäre der Jung Anna Meidlin Appelin in der Nähe gestanden, davon gesprungen und gesagt: »wa der hans mit der buttermilch hinwölt.« Da hab der Zeug mit der Schüssel nach dem Meitlin geworffen und der Jung Annen stal getroffen.«

Jung Hans Ziegler bringt vor:

- Margretha Staigern habe zu ihr gesagt: »Hörtus, Du bist ein offendtlich Unhöldin, du begerst mich und meinen Mann umzubringen, Du bist nicht werdt, daß Dich das Erdrich tregt, man solt Dich lengst verbrendt haben.« Der Kuhhirte Bastian Schmidt bezeugt:
- Jörg, der Sohn der Anna, habe ihm eine kranke Kuh abgestochen. Der Wasenmeister aus Eppingen rät ihr geweihte Sachen an seinen Hals zu hängen.«
- Dann wären sie zu einer Wahrsagerin gegangen und habe sie ihn in ein Glas sehen lassen und da hab er zwo Personen gesehen, nit anderst, alß ob es verstorbene Meßner Anna und dann jetzige Clegerin Jung Anna wer gewesen ... sicher were er nicht ... dann der Teuffel möcht ein hieoben zu Gemmingen begaukeln.« Diether Scherer bezeugt im Dialog mit Sylvester Eschelbacher:
- Meinet ihr doch, daß jung Anna ein solches Weib sey und erhält zur Antwort: »Die hur hatt mir funff pferd und ein khu umbgebracht ... und hat mir auch noch nachgestellt.«

Dann schließen sich Zeugenaussagen an. Der Heilbronner Stadtschreiber S. Feyerabendt erkennt die Schmachreden. Er möchte den Spieß umdrehen und die Klägerin zur Beklagten machen. Die Speyerer Ratsadvokaten sehen es anders und jetzt wird die tödliche Maschinerie in Gang gebracht. Jung Anna wird am 12. Juli 1563 im Ratsstüblein an eine Kette geschmiedet. Der Junkherr schickt seinen Amtmann mit dem Schulmeister zu ihr: »um sie in der Frühe anzureden, sie möge die Wahrheit bekennen und wie sich das zugetragen, was er ihr gelernt hat und wer die mitgespi(e)len seien.«

Sie ist verzweifelt: »Ach Gott, wie thut man mir so gewalt und unrecht ... Gott möge denen verzeihen, die mich beschuldigen; sie wer kein Unhöldin, hets nit gelernt, auch nie begert zu lernen, were ir auch von keinem Menschen jemalen zu lernen zugemutet worden ... ihre Base habe sie wohl aus Neid besagt: sie hett sie fast von jugendt uffgezogen, ir alles guts gethan, sie in ir Haus undergeschleifft.« Die Obrigkeit wird hellhörig: »ob sie meine, daß sie (Margreth) vielleicht etwas vom Hexenwerck khöndt oder gelernt het.« Sagt sie Anna: »sie wiße nichts bös von ihr zu sagen, hett auch nie nichts solches dings von ir gehört oder gesehen, allein daß sie sonst ein arges bös neidiges mensch were.« Ihre Mutter wäre lediglich ein arglistiges Weib gewesen, so daß sie oft über sie gesagt: »der teuffel ist inn dem weib, man kan sie nit außlernen mit ihren listen.«

Es wird ihr geraten, Gott um Verzeihung zu bitten und sie möge bekennen, so möchte sie auch eine milte straff erlangen.« Nochmals beteuert sie ihre Unschuld: »sie were des Hexenwercks frey und unschuldig.«

Daraufhin wird sie in einem Gefängns angeschmiedet. Hier hat sie mehrfach der Prediger ermahnt, ihre Sünden zu bekennen ... ihm solle sie sagen, ob sie eine Hexe sei: »es were besser, 1 Stundt gebrunns, denn die ewige Qual leiden.« Am 19. Juli hat sie der Gerichtsherr ermahnt, die Wahrheit zu sagen. Das Zureden des Nachrichters M. Veltin bringt nichts: »sie sey unschuldig und gott werde sie erhalten.«

Jetzt schreitet man zur Folter »volgendts, also uffgezogen, daß sie ganz bleich und ir fast onmechtig ward, auch der schweiß über die brust ablieff, aber umbsonst, gaben ir also Zeit zu bedencken, man solt ihr suppen und zu eßen pringen.« Dann wird der Nachrichter gerufen und man hat sie wieder aufgezogen. Jetzt bricht ihr Wille: »Sie wiße oder khöndte uff selber nit liegen, jnd ob sie schon solche marter ferner leiden werden müßen, so sey doch gezwungener eydt gott leid, denn falsche Zungen bringen sie hierher in diße gefangknus und marter.« Dann räumt sie ein:

- Da were der sathan zu ir über das beth kommen hett sie angeredet, sie solt sich um seins Willen ergeben, hette sie auch geküßet und getruckt, auch sich zu ir under die deckhen gelegt und Manßliebe mit ihr gepflegt, hett sich genannt, er heiß mit seinem Namen der Clingle.
- Zudem habe sie Hagel verursacht ... hett sich allgemechlich ein wetter ufgetreet geregnet und klein schloßen gegeben, aber kein Schaden gethan, wer über die äcker bey dem nußbaume und den wolfsäckern herabgegangen.«
- Sie habe ein Kindlein mit der Handt angegriffen und ihm heimlich in aller Teufel Namen weiße lümplein oder fötzlein (Fetzen) von ihren eigenen Schurtzlumppen in den rechten Arm gezaubert und getruckt, daß ime also solcher schaden und schmertz gevolgt sei.«
- Sie wäre in Schweigern auf einem Unholden-Tanz gewesen uff dem Elselßberg bei dem galgen, hett um den Galgen herumbgetanzt ... druff wer ir bule Clingle, als sie schlaffen gon wollen, zu ihr in die kammer kommen, zu ihr gesagt: »woluff, zum tanz, hett sie uff einem geißbock zum laden gegen des Almußen garten hinaus dahin geführt ... hetts gebratene Spatzen gehapt und andere gut ding derbey.«
- Sie sei mit ihrer Hexensalbe der Himmelskue über die Euter gefaren, daß sie darin sterben solle: »sei eine vergiftete Teufelssalbe gewesen.«

Wieder widerruft sie und meint: »Hab nit anderst gesagt oder angezeigt, denn wie sie gehört hab, von andern Hexen beschehen sein ... sie wäre unschuldig woll druff alle marter und den todt leiden ... sie wiße doch nit, wie ihr im kopff gewesen sei, sie habe sich so gar übel vorm hencker und der marter geförcht, besorgt, es werde wieder über sie kommen.«

Dann zieht sie die Konsequenz und sagt: »daß sie der zeitlichen todtsstraff ihrer bekenten und verwirckten articul wol wirdig were, auch gern leiden wolt, wir solten auch gott den Allmechtigen treulich für sie bitten.« Nun wird sie einer weiteren Folter unterzogen, aus dem Kerker geholt und in das Ratsstüblein gelegt. Dann wird mit den gewöhnlichen Glocken zum Gericht geläutet. Hier enden die Aufzeichnungen. Akten über ihre Verbrennung fehlen. Vermutlich beginnen die Verfolgungen in der

Ortenau

im Juli 1557, als Anna Schütterlin den verbotenen Umgang mit dem Knecht Georg Zimmer und ihrem Schwager Andreas einräumt: »Das Zaubern habe sie von ihrer Mutter gelernt, die ihr einen kleinen Hafen mit Nachtschatten und Klettenkraut gegeben habe.«

Dahinter verbirgt sich ein familiärer Streit; der Mann schlägt seine Frau und sie läuft aus dem Haus. Da begegnet ihr ein junger Geselle und fragt nach dem Grund der Trauer: »Er wolle ihr helfen, wenn sie ihm zu Willen sei und Gott sowie die Heiligen verleugne.« Beidem sei sie nachgekommen. Daraufhin habe sie in Fessenbach ein Pferd durch einen Schlag auf den Rücken getötet.

Da habe doch vor einigen Jahren ein lutherischer Pfarrer gesagt: »wer sich mit dem heiligen Kreuz segne, zu dem käme der Teufel und es sei ein Teufel, der heiße das heilige Kreuz.« Sie kontert vor Gericht: »der Prediger habe wie ein Bösewicht gelogen.

Anna Katharina (Kreß) war einem Mann zu Willen und erst später hat sie bemerkt, daß es nit ihr(er) gewesen und sei erschrocken. Der Teufel hat sie zur angeblichen Zauberei verführt und dann sagt sie: »alles was sie könne, habe sie als 14jährige von der Anna (Schütterlin) gelernt.«, womit deren Schicksal besiegelt ist.

1569 wird gegen Wolf Lenz und dessen Mutter, wie gegen Margarete Ketter von Urloffen »meniglich zu einem Exempel dem Nachrichter an die Hand gegeben, auf die gewöhnliche Richtstätte geführt und mit dem Feuer vom Leben zum Tode gerichtet und also ihr Leib, Fleisch, Geblüt und Gebein zu Asche verbrannt werden.« Der Sohn der Witwe bezeugt:

- »sie habe ihn auf eine Ofengabel gesetzt und sei mit ihm in einen Keller im Elsaß geritten, wo gezecht und getanzt wurde. Die Mutter habe ihn berührt, worauf ihm einige Tage danach Sauborsten und Beiner aus dem Fleisch gefallen wären.

Sie wird lebend verbrannt und der Sohn zum Tod durch das Schwert begnadigt. Die von Lenz angegebenen Frauen des Hans Puesam und des Hans Schneider werden auf Fürbitte und Bürgschaft ihrer Männer dem Ortenberger Gefängnis entlassen.

Am 5. Juni 1573 besteigt Welsch Hänsin den Scheiterhaufen. Sie steht seit 18 Jahren im Geschrei, eine Hexe zu sein und drei vor kurzem verbrannte Frauen haben sie besagt. Ihr Sohn belastet sie: »würde sie doch Gotteslästern, Schwören, Balgen und ein unchristliches Leben führen ... zudem habe sie elsässische Weinlager besucht, Kindbetterinnen und Schweine getötet und am Böllenberg ein Gewitter gemacht. Mitte Juni 1575 erleidet Urban Byser den Tod. Er wollte in Offenburg bei den sieben Linden ein Gewitter machen; »da fing es in der Stadt an zu läuten, und so konnte er keinen Schaden thun.«

Im Sommer 1595 werden Katharina Ehrhards, Witwe Katharina Roß und Christine, Witwe von Adam Markgraf in Appenweier Wumb ihrer bösen Verhandlung und die »gegen den allmächtigen Gott beschehene Verleugnung« verbrannt. Die Witwe gibt vor: »sie habe in Katzen und Hasengestalt Kinder getötet.

In dem Zusammenhang wird Bärbele erwähnt. Ihr Buhle gab ihr eine Gerte, mit der sie durch einen Schlag Menschen und Vieh zu töten vermochte. Außerdem hat sie ein Mutterschwein damit umgebracht und dann brachte sie eine Kuh mit dem Pulver um.

Sophie, eine zweite Verurteilte, wird aus dem Fenster geworfen. Sie vermochte eine Kuh per Schlag mit einem Strohhalm umzubringen. Sie verursacht auf dem Lindenrain (Mergelloch) einen Hagel aus dem Fenster: »weil sie mit den Worten: »Potz Jesus, hätte ich das gewußt, so wäre ich nicht so weit heraufgefahren.« Katharina Markgraf mißglückt das Wettermachen, aber sie verdirbt Kirschblüten, fährt in die Weinlager von Gengenbach, Kinzigdorf und Rammersweier.

Im September 1595 wird Tobias Ohnmacht aus Fautenbach in den Sog des Hexenwahns gerissen. Seine Frau hat sich mit dem angeblichen Bösen in ein Gebüsch zurückgezogen, wo er ihr eine schwarze Wurzel geschenkt hat, »mit der man Leute und Vieh töten könne.«

Die Ortenberger Richter ziehen im Oktober 1596 die Witwe Treyschneizler wegen Zaubereien ein. Ihr begegnet bei der Hohlgasse ein Herr und fragt sie nach dem Grund ihres Kummers. Seine Leibeskälte und sein Geisfuß machen sie stutzig. Ihr Verführer verlangt: »daß sie Gott und die Heiigen verleugne.« Als sie »Behüte mich Gott« rief, war er verschwunden. Sie fährt auf einem Stab zum Zaubertanz und auf dem Rückweg widerfährt ihr ein Unglück. Sie fällt über der Brücke vom Zauberpferd: »so daß sie ein halbes Jahr am Arme braun grewesen«. Dann sagt das Protokoll: »Obwohl Sy, Barbara sich auf Invermelte Bekentniß ganz rewig und also erzeigt und mit Folter befragt vernomen, als wollte Sy willig Bueß und den Tod leiden, man ir auch nach Gelegenheit Ires erzeigens nit getraut, so Sy ohn schloß und Pand wäre, daß Sy ausreisen würde, so hat Sy sich die Ketten am Fueß, so zwar etwas weit gewest, durchgeschleift und sich von einem Rundel oben beim Tach in den tieffen Graben hinab zu todt gestürzt und todt verbrenndt worden.« Martha erhängt sich am Schauloch des Pulverturmes.

1603 wird vor dem Ortenberger Gericht auf dem Schloß gegen Katharina Hey und deren Tochter Anna aus Ebersweier verhandelt. Man sagt ihr nach: »daß sie wie ein Türke fluchen könne.« Der Sohn des Mitbürgers J. Schwein hat sie belastet. Er wird krank und sagt wohl in einer Ohnmacht: »O wie war ich an einem so guten Orte. Engel zogen mich auf einem Wägelchen und jedes wollte mich haben. Plötzlich schrie er: O Vater, hertzlieber Vater, schneide mir den Bauch auf, wie leide ich so furchtbare Schmerzen; die Urglerin und ihre Tochter haben es mir abgeschnitten.« Daraufhin sank er tot auf seinem Lager zurück. Kurz danach werden sie und deren Tochter eingezogen.

Dann zeichnet sich eine Pause und erst zum Ende des dritten Jahrzehnts flammen sie wieder auf. Maria soll aus einem Stuhlbein Milch gemolken haben. Im März 1629 erhebt der Schwiegersohn von Pater Anckel beim Gericht Appenweier gegen die Schwiegermutter Anklag: »daß sie seiner Frau infolge eines Streites eine Eiersuppe in einem Pulver eingegeben habe ... wodurch diese sinnlos geworden, aber sofort wieder zu sich gekommen, als ihr die Mutter eine vom Teufel gewichste Schnur um den Hals gelegt habe.«

Im Januar 1628 steht in den Offenburger Ratsprotokollen: »Im belittenen Rath. Deren fünf gefangene Unholden Weibern bekentnußen seindt gestern alle vorgelesen ... pleibt bis zu seiner Zeit und soll Ihnen der rechtlichen Prozeß gehalten werden.« Hier handelt es sich um Magdalena, H. Stettmeisters Johann Megerers Hausfrau, Ursula Ottin, eine Margareth, Christoff Kastens Frau, Maria Ernsten und Maria Scheutlins Dochter »sollen wegen bekannter fleischlichen Vermischung und Vermählung mit dem bösen geiste, verläugnung Gottes und aller Heiligen, auch verübter Zauberey und hexenwerks biß künftigen Freitag erstlich mit dem schwehrt vom Leben zum Tod gericht undt sollen nachfolgendts Ihre Häupter und Körper zu Äschen verbrennt werden. Gott sey Ihnen gnedig und barmhertzig. Des Scheutlins Dochter soll man zu Ersten richten. Freitag d. 14. Jan. 1628. Was die Hexenprozesse in

Offenburg

anbelangt, so wirkt hier Seyfried Gall zum Rudolfseck, der fordert: »damit allem übell so vihl möglich gesteuert und die liebe Justiz an alten Ort allen orten propagirt und befördert werde.« In der Freien und alten Reichsstadt finden von 1586–1625 Verfolgungen statt.

Bernhard Ziegelknecht und Bastian Strebel klagen im August 1586 die schwarze Else an. Sie wird inhaftiert, beteuert ihre Unschuld und dann erkennt der Rat: »sie möge nach geschworener und geschriebener Urphede verreisen.

Ab 1597–99 scheinen weitere Verurteilungen stattgefunden zu haben. Vermutlich erleiden die Frau des Rats Laubbach, eine Frau Geier, Fehr und Rumanns Ann den Tod. Der Rat erläßt am 11. Oktober 1600 ein Mandat.

Daraufhin rühmt sich Jacob Fiegenbach: »er wolle ein Schelm oder Dieb sein, wenn er nicht auf seine Kosten innerhalb von 14 Tagen eine Hexe einziehen und verbrennen lassen werde.« Er steht am 24. November mit Thomas Dreier als Ankläger vor dem Rat; sie besagen Christine Köpfer, die Dreier in einem Glase einen Trunk gegeben habe: »Ob dem ihn ein Grausen gefaßt, denn es habe ausgesehen, als wenn Alraun darin wäre ... alsbald sei Leibweh eingetreten, von dem er jetzt noch nicht befreit.«

Kurz danach wird Frau Rockenbach gefesselt als Hexe auf den Klosterturm verbracht. Sie wird mehrfach gefoltert, widerruft und gesteht. Am 13. Dezember wird ihr das Leben »aufgekündigt.« Sie besagt Margarete Wannemacher. Der Jurist Dr. Hartlieb aus Straßburg hält die Angaben für unbegründet; sie wird später entlassen: »weil die Zeugen günstig ausgesagt und weil man sich vor den höheren Richtern nicht befahren wolle.«

Affaire Silberrad

Im September 1601 erhebt Ruprecht Silberrad gegen Georg Laubachs Töchter Adelheid und Helene »Anklage auf Leib und Leben«, weil sie ihm neben ihrer früher verbrannten Mutter sein Fleisch und Blut um das Leben gebracht.«

Silberrad verhält sich agressiv und schon erklären die Zünfte: »daß sie für böse Mäuler nichts könnten.« Dann stellt sich heraus, daß Fiegenbach Zunftmitglieder angesprochen habe: die armen Rebleute müßten nun einmal die Wegschaffung einiger Weiber fordern, um endlich der Raupen und des Ungeziefers ledig zu werden ... wenn man die Raupen also pflanze wie der Rat, müsse man zuletzt verderben.«

Der Rat entschließt sich, gegen Fiegenbach (u. a.) einen Haftbefehl zu erlassen. Er kann sich durch Flucht entziehen. Kaspar Silberrad wird in Straßburg eingezogen und sein Vermögen beschlagnahmt. Lienhard Stehlin bricht im Januar 1624 aus einem Kerker im Kittelsturm aus. Später läßt man ihn foltern und dann wird ihm der Kopf abgeschlagen.

Im Oktober 1601 kommt es zu einem Verfahren, als man aufgrund einer Besagung des Ölmüllers Weyd aus Offenburg gegen zwei angebliche Traubendiebinnen einschreitet. Man eröffnet ihnen, daß man einen Prozeß gegen sie inszenieren werde; wohl unter dem Einfluß des Ratsherren Christoph Rues, eines Anhängers der Silberradschen Partei. Dann wird die Jüngere gefoltert. Sie besagt ihre Mutter die meint: »Die Aussagen der Tochter wären unbegründet.« Dann bricht die Folter den Willen und sie besagt weitere: u. a. des Kaspar Silberrads Frau und mehrere Schutterwälderinnen. Mutter und Tochter werden gegenübergestellt. Beide bleiben auf ihren Aussagen und wollen darauf sterben.

Daraufhin werden die Besagten eingezogen. Zu ihnen gehört die Bäcker-Els, die sagt: »die Toten wie die Lebenden hätten die Unwahrheit gesagt und ihre Seele belastet. Schließlich wird sie gefoltert und räumt ein: »daß sie die Liebe des entenfüßigen Leiblin genossen habe.« Marie wird zum Tod durch das Schwert und deren Mutter zum Feuertod verurteilt. Als sie auf dem Weg zum Richtplatz vor den Häusern Laubachs, Ruprecht Silberrads und Stehlin vorüberkommen, sagt sie: »Laubach habe auch zwei Töchter, welche durch ihre Hexerei dem Silberrad und Stehlin Schaden getan.«

Entwicklung

Am 20. Juni 1603/04 werden in Offenburg zwei Frauen als Hexen verbrannt. Dazu gehört Hans Bluethards Frau. Sie soll auf einer Geis eine Badereise mit ihrem Buhlen in den Baldreit nach Baden gemacht und sich dann in einem Keller mit ihm vergnügt haben. Die andere ist Barbara Hirn, Witwe von Michel Radalph, die auf einem Stecken in die Offenburger Pfalz geritten sein will ... bei den 7 Linden haben sie »heiter« gebechert.

Mitte des Jahres 1608 kommt es zu einem Gesuch des Wolf Fehr, mit seiner Frau zu seinem Schwiegersohn (Notar Baldauf) nach Straßburg ziehen zu dürfen. Der Rat ist zögerlich und fragt nach Verhaltensmaßregeln: »da Frau Fehr vielfach als Hexe angegeben worden war.«

Graf v. Sulz, Präsident des RKG meint: »obgleich sie nicht wegen Schadens angeklagt und nach allen Aussagen einen braven Lebenswandel geführt habe, solle man doch nach Rat der Rechtsgelehrten gegen sie vorgehen, denn der Teufel könne auch die Gestalt eines Gerechten annehmen.« Daraufhin wird sie inhaftiert. Fehr geht an das Reichskammergericht und verlangt die Freilassung der Frau gegen Bürgschaft. Sie hat ein Geständnis abgelegt und weitere besagt. Am 18. August nimmt man Maria Betzler fest, die das Opfer einer Besagung wird. Drei Tage vorher hat sie ihr Sohn der Blutschande mit ihr und Hexerei bezichtigt, sowie Sabina, Frau des Peter Probst und die Tochter der Weidenwirtin, die »nach Aussage des Kirchherrn« von ihrer Mutter der Hexerei beschuldigt worden, verhaftet. Die Betzlerin wird kurz danach verbrannt.

Ein Kampf entspinnt sich um Maria Anna Hofmann, Frau des Eberhard Papst. Er wendet sich an das RKG, wo er sich beschwert, daß man ihm den Besuch verwehrt hat. Am 13. Januar 1610 geht die Auffassung Speyers ein: »man müsse ihr die Schuldanzeigen mitteilen, rechtliche Verteidigung und freien Ab- und Zugang nach Notdurft gestatten und mit derselben nicht anders als ordentlicher Weise verfahren soll.« Den Mann türmt man ein und auf Anordnung eines Arztes gestattet man, seiner Frau bessere Speisen und Wein zu reichen. Am 23. Februar 1611 berichtet der Schultheiß den Weisen Herren Meistern und Räten, daß man die Papstin in das Irrenhaus zu schicken habe. Sie stirbt kurz danach und im Februar 1612 zieht man die Kosten und Steuern aus der Gant ein.

Am 15. April 1626 wird im erlittenen Rat ein Schreiben des Landvogtes verlesen, worin um die Vernehmung des Kirchherrn gebeten wird: »ob nicht ein Vermummter vor dem heiligen Sakramente phantastiziert habe.« Am 6. November 1627 geben die Ortenauischen Beamten dem stillen Rat Bericht über die Aussagen ihrer Verbrecherinnen und das Offenburger Gericht beginnt mit seiner Aktivität.

Katharina Brem, Frau des David Holdermann wird einer Folter unterzogen. Sie zeigt sich störrisch und so werden Altargebete (collecta) eingelegt. Dann wird beschlossen, einen Hexenstuhl zu machen. Jetzt bekennt (?) Frau Holdermann, die weitere besagt. Die erste von ihnen, Witwe des Hans Götz, bekennt auf dem Küttelturm: »daß sie seit 28 Jahren eine Hexe sei.« Sie wird so hart gefoltert, daß sie des Wächters Hausfrau sie füttern muß.

Anna Maria Spengler wird am 30. September 1622 vor Gericht gestellt. Die Frau des Lebkuchers Müller im Steinweg hat vorgebracht: »daß letzten Donnerstags Nachts ein Getöse in ihrem Haus gewesen sei und daß sie zweimal geglaubt habe, es wäre etwas auf ihr Bett gefallen, wovon sie erwacht.« Ein Mädchen habe gemeldet, des Glasers Spengler Frau sei im Gang, sie hätte einen Pelz an und des Gesellen Tür stände auf ... dann sei die Spenglerin über den Bach gegangen.« Sie bestreitet die Vorwürfe. Man türmt sie ein und beruft ihren Mann. Kurz danach wird sie entlassen.

Ende November sollen drei Frauen die Geständnisse zur Anerkennung vorgelesen werden; zwei Tage zuvor hat der stille Rat verordnet: »daß man außem Wolffsgässel Holz zum Hochgericht führen möge.«

Am 1. Dezember werden im belittenen Rat die Geständnisse von Katharina Brehm (Holdermann), Eleophera Betzlerin (Götz) und Anna Maria, des Glasers Spengler Hausfrau, vorgetragen. Man entscheidet sich für die Strafe des Schwerts und die Verbrennung. Frau Holdermann vermacht dem Wächter einen Sester Frucht und 30 Gulden der Kirche: »damit sie am Katharinentage die Zinsen davon an Arme gebe.« Die Besagten werden am 3. Dezember gerichtet.

Simon Haller
aus Rammersweier wird im Mai 1610 wegen »unnützer Reden« eingetürmt und bald darauf entlassen. Er zieht später her und wohnt der öffentlichen Verlesung einiger Urgichten wider verurteilte Hexen bei. Dabei hört er seinen Namen. Er regt sich so darüber auf, daß er droht, den Amtmann zu erschießen, worauf er wegen Ungebühr verhaftet wird.

Schließlich wird er von städtischen Beamten zum »Bannstein« gebracht. Simon wird in das Blockhaus am Küttelturm gesetzt, verhört und am 13. von Meister Mathis torquiert. Später wird er in einem Stübchen des Milderturms bewacht. Dann wird er in Ortenberg aufs Neue als Hexenmeister angegeben und ergebnislos gefoltert. Die Tochter des Boten belastet ihn: »daß er allerdings bei ihrer Hexenhochzeit am Laubenlindle mit des Vatters Neßels Tochter getanzt habe. Sie thue ihm nicht Unrecht, er sei eben ein Hexenmeister.«

Haller bestreitet es: »alle die ihn besagen, seien des Teufels.« Dennoch entscheidet man sich im Rat für die Folter. Kurz danach berichtet der Gefängniswärter: »daß Simon Haller gestreckt im Gefängnis liege und ihm der Atem so heftig aus und eingehe, daß er gar nicht wisse, was mit ihm sei.«

Am 16. Dezember trifft ein Auszug aus dem Ortenberger Hexenprotokoll ein, wo er als Unhold bezeichnet wird. Jetzt beschließt der Rat: »daß er, (da) doch alle Tortur fruchtlos gewesen, sofort im Stübchen auf dem Schabenhauser Bollwerk in den von Hacker nach Ortenberger Muster verfertigten Stuhl gesetzt werden soll«, worauf er sich zu einem Geständnis erklärt. Er berichtet den Stettmeistern, wie er ein Hexer geworden sei.

Parallel zu ihm liegen Lucia Linder, Christine Häußler und Maria, Caspar Geringer in Haft. Alle gestehen nach dem peinlichen Verhör. Dann wird ihnen das Malefizgericht gehalten und sie werden zum Tode verurteilt. Der Stettmeister Philipp Beck erbittet sich in der Ratsversammlung, das Holz zum Hexenbrennen zu geben. Am 29. August 1629 legt man seine Frau auf den Scheiterhaufen.

Dann werden Hans Schlininger(s) Ursula, »weil sie sowohl jetzt von 4 Ortenbergischen als auch hiebevor vermöge alten Protokolls unterschiedlich Mal angegeben« eingezogen und abends durch sechs Männer auf den Känerturm getragen. Ein bei ihr beschäftigter Knecht erwähnt des Nachts ein »Teufelsgespenst.«

Daraufhin ordnet der Rat ihre Gefangennahme an. Man legt ihr die Daumenschrauben an und sie beteuert ihre Unschuld. Sie kommt in den Hackerschen Stuhl, worauf sie ein Geständnis ablegt und »hat sie erst recht bekannt, daß sie eine Hexe sei.« Im Januar 1628 wird Frau Stettmeister Megrer eingezogen und am gleichen Tag gefoltert. Kurz danach wird sie zum Tode verurteilt.

1627 hat Frau Beuerlin in Ortenberg mit der Widerstetterin deren beide ältesten Töchter, sowie der Weidin dicke große Tochter im roten Rock und schwarzer Schürze als Teilnehmerinnen an Hexenfahrten genannt. Schon fordert man aus Ortenberg einen Auszug aus den Hexenprotokollen. Bald gestehen die Mädchen ihre Schuld und damit erkennt der belittene Rat im Malefizgericht, daß sie »wegen ihrer gütlichen und peinlichen Bekenntnisse, der Vermischung mit dem bösen Geiste, (der) Verleugnung Gottes und aller Heiligen auch Vermählung mit dem bösen Geiste und des abscheulichen Lasters der Hexerei« zum Tod durch das Schwert und anschließende Verbrennung verurteilt werden sollen. Sie werden Mitte Juni 1628 gerichtet und verbrannt.

Ab November 1629 zeichnet sich ein Umdenken ab. Die Frau des Georg Holdermann wird wegen Schwangerschaft nachhause gelassen, der »mit Leib und Gut dafür Bürgschaft leisten muß, daß er sie nach der Kindtauffeier wieder in das Gefängnis liefere.« Sie landet auf dem Hackerschen Stuhl.

Kleinlaut wird beigefügt: »Mit dem Hexenfang soll man einhalten bis Weihnachten nacher.« Immer mehr setzt sich die öffentliche Meinung durch, daß die Geständnisse erzwungen und/oder erfoltert sind. Die Besetzung der Region durch Schweden verlagert das Wüten.

Saargebiet

Im nördlichen Saarland bestehen gegen Ende des 16. Jahrhunderts Ausschüsse, die die Aufgabe haben, Hexen zur Anzeige zu bringen. Im kurtrierischen Raum werden 1591 die Bündnisse untersagt: dennoch agieren sie Jahrzehnte im Untergrund. Die andere Möglichkeit ist das Einschreiten durch das Hochgericht. Es erfolgt in der Regel, wenn Beschuldigte freiwillig oder unter dem Druck der Folter andere besagen.

Für Burg Schwarzenberg (Lockweiler) wird ein »Blockhaus« als Hexengefängnis erwähnt. Der Rechtsgang und die eventuelle Anwendung der Folter entsprechen der anderer Territorien. In einigen Fällen kommen Lebendbrände vor (Hochgericht Madern in der Herrschaft Dagstuhl: 1630 und bei den Prozessen gegen die Hexen von Bliesransbach).

Von einigen werden die Drangsale der Jahre 1580–82: »da viel Kriegsvolk ins Land gefallen (und) als die Freibeuter im Land waren«, als Konflikt angegeben. Hier reisen die Hexen auf einem schwarzen Bock oder Pferd »auf den Zauber Tanzplatz.«

Hier wird Wein aus Kuhhörnern getrunken. Man pfeift auf einem Bockshorn, »schlimmen Stab«, »Schwebeltgen«, Messingpfeifchen, »Wießbaum«, »Schliedenbaum« oder einem »Rongbaum«. Man tanzt links herum, die Füße von der Erden.« Vereinzelt wird Schaden vereitelt, wenn in der Nähe Glokken läuten »und dann ihr Spiel gebrochen ist«, wenn jemand in der Versammlung aus Versehen das Wort Gott oder Jesus spricht, wenn ein Licht getragen oder ein heiliges Lied angestimmt wird.

Katharina Backes

aus Weierweiler: »Im Jahre unsers Herrn 1599, Montag, den 1. November, hat der wohledle und ehrenfeste Hans Gebhard v. Enschringen, Herr zu Schwarzenberg und Weiler zum Torn, auch Grund- und Hochgerichtsherr zu Weiersweiler die Backes Cathrin daselbst (die seit langer Zeit im Verdacht steht, dem Laster der Zauberei verfallen zu sein und von den bereits hingerichteten Meyer Velten, Schmidts Else und Jorgen Cathrin als Mitschuldige angegeben worden war, sich deswegen auch nach Lockweiler geflüchtet hatte) zu Lockweiler greifen und auf Schwarzenburg führen lassen. Als sie ... ankam, fing sie an, sich zu entschuldigen, ließ sich erst auf die Knie und dann mit dem ganzen Leib auf die Erde fallen, um vorzutäuschen, daß sie krank wäre. Sie erhob sich bald von selbst und wurde in das Gefängnis gewiesen.«

Am andern Tag hat der obengenannte Herr zu Schwarzenburg die Cathrin in meinem, des Notars Beisein allein in dem Gefängnis sitzend in aller Güte ermahnt, ihre Verführung gutwillig zu gestehen. Sie fing alsbald an und sagte: »sie wolle sich Gott ergeben und erklären:«

- Vor etwa sechs Jahren habe sie Käufe bei Antheß Theisen zu Waldheltzbach gemacht. Da sie nicht zahlen konnte, wäre sie eines Nachts Tages zu Steuers Pietgen gegangen mit der Absicht, $^{1}/_{4}$ Gulden zu leihen. Weil er dafür sechs Sester Korn als Zins hätte haben wollen, hätte sie sich beschwert und kein Geld von ihm bekommen.
- Als sie in Betrübnis nach Hause gegangen wäre und an die Weyher Triesche bei Noßwenden gekommen, wäre der böse Feind in der Gestalt ihres Mannes Thees zu ihr getreten, hätte ihr gesagt, sie solle ihm folgen, Gott und seiner Mutter ab- und ihm zusagen. Dafür wolle er ihr genug Geld geben; aber es sei nachher »Muhl« gewesen.
- Drei Tage danach sei er gegen Abend in ihr Haus gekommen und habe einen grauen Bock mitgebracht. Darauf habe er sie zur linken Seite in aller Teufel Namen gesetzt und geschwind auf die Weiskircher Heide zur Zaubergesellschaft geführt (besagt weitere).

Daraufhin bittet sie, sie nicht weiter zu bemühen. »Sie wolle sich bedenken und alles zu gegebener Zeit in der Güte bekennen.« Am folgenden Tag wird sie gefoltert und räumt ein: »was sie geredet, sei nicht wahr. Sie hätte das nur gesagt, weil man sie bedrohte, sie in die Pütz zu werfen.« Dann hat sie der Nachrichter aufgezogen. Jetzt macht sie Zugeständnisse und bekennt: »sie wäre vor ungefähr einem Vierteljahr beim Entenpoel zum Zaubertanz gewesen ... Dort habe sie (die und die) gesehen. Die »Schmeer« die ihr der Böse gegeben habe, wäre aus Bloedt (Blut) und Kindern gemacht, das der Jorgen Cathrin gehörte und neben dem Kirchhof begraben lag, in Jorgen Cathrins Haus bei einem blauen Feuer gebraten, zerstoßen und in ihr »Schmeerdupfgen« getan.

Thomas Engel habe das Pulver umgerührt. Mit der Schmeer habe sie eine Kuh umbringen wollen, aber da sie gesegnet war, wäre es unmöglich gewesen. Der böse Feind habe es nicht gerne gehabt, daß sie zur Kirche gegangen sei. Auf seinen Befehl hin habe sie das Sakrament aus dem Mund genommen und in ihren Schleier und in das »Zauberdupfgen« getan. Danach bekennt sie »ohne eines reuigen Herzens« sie wäre ein geschwindes Weib mit Schwören und Fluchen gewesen ... sie wolle gern den Tod erleiden.«

Engel (Angelika) Anthes

aus Gonnesweiler. Beklagt wird sie von Mattheiß Luder aus Eckelhausen. Er hält ihr vor: »daß man sie im Dorf seit langem als Hexe ansehe. Zudem habe sie die Diffamierungen gegen sie unbeachtet gelassen.« Zudem hält man ihr vor, daß sie zuviel »buttere« und daß sie vor ungefähr acht Jahren zu Velten Cläßgen aus Grunich an einen Apostel- oder Feiertag, als derselbe in ihrem Backhaus gesessen und an einem Schuh geputzt, gekommen und gesagt: »Was tust Du? Putzest Du an diesem Tag schuehe.« Zugleich dem Cläßgen um den Hals gefallen, ihn geküßt, dabei ihm in die Seite gegriffen und gekitzelt, auf welches Küssen, Kitzeln und Seitengreifen Cläßgen zu der Beklagten gesagt: »Bist Du ein wilder Teufel ... Wie tust Du mir weh.« Später habe er nach dem Priester und Beichtvater geschickt, demselben seinen Zustand gebeichtet und kommuniziert und dann noch acht Tage gelebt.«

Aufgrund der Beschuldigungen wird die Beklagte dem Zeitgeist entsprechend in Haft genommen. Es wird beschlossen, sie nach »Kaiser Caroli des Fünften peinlicher Halsgerichtsordnung und nach dem Ermessen des verständigen Richters mit der Tortor oder scharfen Frage zu belegen.«

Am 23. April 1630 erfolgt dies und sie sagt: »sie würde zehn Reichstaler geben, wenn sie zaubern könne.« Dann hat man sie dem Scharfrichter überstellt. Sie meint sie: »man solle sie verbrennen; sie könne nicht zaubern; viel weniger könne sie sagen, was sie nicht getan habe.« Daraufhin werden ihr »Daumeisen« an die Zehen geschraubt und ihr eine Stange zwischen die Beine gelegt. Dann wird ein »Rosenkrantz» angelegt und sie damit gepeinigt. Sie sagte: »es geschehe ihr Gewalt und Unrecht.«

»Sie hat also nichts gestehen wollen und ist fast eine ganze Stunde in der Folter gehalten worden.« Dann wurde sie in Haft gelegt, um sich bis (zum) Mittag zu bedenken.« Jeztz bekennt sie dem Scharfrichter: »sie könne die Folter nicht aushalten und wolle bekennen.«

- Sie habe vor etwa 8 Jahren zu Oberkirchen bei Born Heinrichen gedient und seinen Sohn Hans Nickel lieb gehabt. Da wäre der böse Feind in der Nacht in dessen Gestalt zu ihr gekommen und habe begehrt, ihm den Willen zu tun. In der Meinung, es sei Hans Nickel, habe sie es getan. Der böse Feind habe sich Belztebub genannt ... Kurz danach habe er sie auf einem schwarzen Bock nach Oberkirchen zum Tanzplatz geführt, wo sie mit dem Buhlen eine »teuflische Hochzeit« gehalten habe.
- Noch vor ungefähr vier Wochen wäre die böse Gesellschaft mit einer großen Versammlung beim Bruderborn gewesen, willens, die Frucht und alles Getreide im des Teufels Namen zu verderben. Sie habe gebeten, davon abzusehen.
- Sie habe nächtlicherweile einen Zaubertrank aus Schwefel und Gift gemacht und der in der sterbenden Luft (Pest) liegende Dälgen zu Gundeßweiler sei daran gestorben.

Sie wird zum Tod durch Strang und anschließende Verbrennung am 26. April 1630 verurteilt, wobei ihre Seele dem allmächtigen Gott empfohlen wird. Im

Herzogtum Lothringen

sollen die Hexenverfolgungen durch den Markgrafen Albrecht von Brandenburg eingeschleppt worden sein, als er 1552 mit seinen Truppen durch die trierischen Lande und Lothringen zieht. Jedenfalls ist die dominante Person nicht er, sondern der herzogliche Geheimrat und Oberrichter Nikolaus Remigius aus Nancy, der zum Hexenthema publiziert. Darüber wird gesagt: »(seine Schrift) ist lieblich zu lesen, dem Richter ein wahres Arsenal in jeder Verlegenheit, es gibt nicht leicht einen Punkt, für den der Verfasser nicht aus irgendeinem nach Namen und Tag bezeichneten Prozeßfall einen Beleg beibrächte.«

Seinen Angaben zufolge hat er in 16 Jahren 800 Menschen wegen Zauberei auf den Scheiterhaufen gebracht. 1581 wird eine Frau wegen Hexerei hingerichtet; weitere Urteile werden 1593, 1594 und 1596 gesprochen. Betroffen ist die Herrschaft Dagstuhl. Anna, die Frau von Schmid Matthes aus Peßbach (Piesbach) liegt im Juni 1595 wegen Zauberei in Dillingen in Haft und soll hingerichtet werden. In dem Verzeichnis der Akten in der Collection de Lorraine (Bibliothéque Paris) findet sich ein Befehl des Herzogs von Lothringen vom 24. April 1639, Etienne Tisserand auch Mechern, der der Zauberei verdächtigt aber nicht überführt wird, aus der Haft zu entlassen.

Tritz erwähnt mehrere Hexenprozese, die im Gebiet der Abtei Wasgassen geführt werden. 1646 soll eine Zauberin erst gehenkt und dann deren Leiche verbrannt worden sein. Er erwähnt eine Frau aus Ensdorf, die 1619 wegen Zauberei im Gefängnis von Wadgassen sitzt, fliehen kann und in Ludweiler gefaßt wird. Aus dem Jahre 1619 hat sich eine Notiz erhalten, denn der wegen Zauberei bezichtigte Nikolaus Remeringer aus Wadgassen bittet den Herzog von Lothringen, ihn und seinen Sohn Adam, Mönch in Wadgassen, für unschuldig anzusehen.

Im lothringischen Amt Schaumburg werden in der zweiten Hälfte des 16. Jahrhunderts Prozesse gegen angebliche Hexen geführt. Aus einem Brief des Hermann Quadt v. Landskron, Amtmann in Schaumburg, um

1590 an den schaumburgischen Amtsschreiber Johannes Damian ergibt sich: »daß die Untertanen des Amts vielfältig um Exekution in Zaubereisachen angehalten (haben).« Das Amt beschäftigt den Scharfrichter aus Wadern. Die Amtsrechnung des Amtes Schaumburg von 1618 beinhaltet Angaben über die Hinrichtung von Frauen aus Imsweiler, Osenbach, Linden und Thalexweiler wegen Zauberei. Was die Hexenverfolgungen in Kurtrier anbelangt, so sind sie auszugsweise an anderer Stelle des Buches beschrieben. Aus dem

Kondominium Merzig/Saargau

in dem teilweise der Kurfürst von Trier und der Herzog von Lothringen die Hochgerichtsbarkeit halten, lassen sich für die Zeit zwischen 1588 bis 1634 Hexenprozesse nachweisen. Abt und Konvent von St. Mathias aus Trier berichten dem Herzog von Lothringen im Juli 1630 wegen der Konfiskation der Güter eines wegen Zauberei gerichteten Bewohners aus Mondorf. Zudem befinden sich in den Rechnungen des lothringischen Burggrafen auf Burg Siersberg Notizen über hingerichtete Personen. 1593 steht ein Wendell Lorentzen aus Merzig unter Anklage wegen Zauberei.

Am 13. Dezember 1605 verklagen Zentner und Gemeinde von Merzig den Schiffbauer Adam Meyer, weil er an offener Wirtstafel gesagt hat: »daß die Weiber, die unter dem Hospital oder Dorf wohnen, entweder Huren oder Zauberinnen seien, sowie, daß die Obrigkeit drei Männern, die hier hingerichtet wurden, Unrecht getan habe ... es würde den Leuten nachgsagt, von denen er wisse, daß ihnen die Ehre abgeschnitten werde und die er für unschuldig gehalten habe, worauf er den Tod erleiden wolle. Solches Werk werde durch unnütze Leute in die Welt gesetzt ... wenn man dem Geschwätz der leichtfertigen Leute glaube, gebe es bald keine Frau und keinen Mann mehr ... die nicht verbrannt werden müßten.« Für die

Grafschaft Saarbrücken

liegen spärliche Nachrichten vor. 1631 soll man eine Welch Jodoka und die alte Hexe Maria verbrannt haben. 1573 sollen in Oberlinxweiler Petronella und Barbara mit Zauberei umgegangen sein: »darum habe sie Graf Johann IV. in Ottweiler gefangen gehalten.« Sie werden begnadigt und des Landes verwiesen. In der nassauisch-saarbrückischen Kirchenordnung (1576) findet sich kein Hinweis auf Hexerei. Geistlichen wird aufgetragen, das Volk vor Kristallsehern, Zauberern und Wahrsagern zu warnen.

Einige klagen, weil andere sie Hexen gescholten hätten. 1643 zeigt ein Bürger in St. Johann dem Bürgermeister Reuther an, weil er des Jonas Frau »eine Hur und Hexe gescholten.« 1688 klagt eine Frau über eine andere. »Diese habe sie eine Hexe oder Hur gescholten, sollte hin zu ihren Teufeln gehen.« Die Sache wird als Beleidungsklage vor dem Stadtgericht beigelegt.

1659 wird Christian Preißern aus Mayntzweiler wegen Zauberei bezichtigt und 1662 Maria Thiels, Witwe des Scharfrichters aus Wiebelskirchen besagt. Für 1679 ist später Fall aus Ottweiler belegt, wo sich eine Katharina vor der Behörde der Zauberei und des Teufelsbündnisses bezichtigt. Der Ausgang des Verfahrens ist unbekannt. Im

Herzogtum Pfalz-Zweibrücken

treten nur sporadische Verfolgungen auf. 1567 wird eine Frau aus der Pfarrei Brenschelbach wegen Zauberei besagt und unter der Regierungszeit Herzog Wolfgang (1532–69) treten Verbrennungen verstärkt auf. Unter seinem Nachfolger, Johann I. (1569–1602) fällt eine Intensität in der Verfolgung auf. 1580 werden in Hornbach einige Frauen aus Biesransbach wegen Zauberei verurteilt und hingerichtet. Hans Closter hat gegen den Meyer Cun aus Bübingen geklagt, weil er seine aus Bliesransbach stammende Frau Katharina Hexe gescholten hat. Der Bruder ihres Mannes habe öfters zu ihrem Manne gesagt: »er liege jede Nacht bei einer Hexe.« Zudem werden um 1580 Frauen aus Bliesransbach als Hexen verbrannt. Eine 60jährige sagt als Zeuge aus.

Daß Herzog Johann in seinen späteren Regierungsjahren als Gegner der Verfolgungen anzusehen ist, ergibt sich aus einer Klage des Zweibrücker Lehnsmannes Conrad v. Sötern, der 1592 gegen ihn beim RKG klagt: »er habe die Gerichtsschöffen des Hochgerichtes Neunkirchen (Nahe) in Nohfelden eingesperrt und zur Rückerstattung der in Hexenprozessen entstandenen Unkosten genötigt.« In seiner Klageschrift sagt Conrad v. Sötern: »der Herzog halte nichts von den Hexenprozessen und sei dagegen.« In der Herrschaft

Blieskastel

sollen zwei Frauen aus Wölferdingen bei Saargemünd hingerichtet worden sein. 1593 soll eine aus Reinheim im dortigen Gefängnis gestorben sein. 1570 wird Klähr Agathe aus Blickweiler im Gefängnis von Blieskastel durch den Scharfrichter befragt und 1571 werden Hensels Kethe und der Hirte von Rubenheim wegen Zauberei in Blieskastel gefoltert. 1593 sind hier zwei Frauen wegen Zauberei eingezogen. Sie gestehen, werden zum Tod verurteilt und sollen verbrannt werden. Die Grafen von Zweibrücken-Blitsch, denen das halbe Dorf Reinheim gehört, erheben Einspruch. Die

Criechingische(n) Besitzungen

um 1600 gehören die Herrschaft Saarwellingen sowie die Herrschaft Püttlingen den aus Lothringen stammenden Herren v. Criechingen. Beteiligt sind die Grafen von Nassau-Saarbrücken. Um 1580 beschwert sich das Gericht Meyers und der Gemeiden zu Püttlingen gegen den dortigen Amtmann Thomas Königsdorffer »wegen zu rascher Aburteilung und Verbrennung von Frauen aus Kriechlingen-Püttlingen und Salbach.« An die Püttlinger Hexen erinnert ein Rest der ehemaligen dortigen Wasserburg, der als »Hexenturm« bekannt ist; möglicherweise hat man in seinem Verlies welche gefangengehalten.

Aus Saarwellingen, Obersalbach, Reisweiler und Falscheid werden mehrere Einwohner im Hochgericht Schwarzenholz als Hexen verbrannt. Etwa um 1570, zur Zeit des Grafen Johann IV. von Nassau-Zweibrücken, wird eine Frau aus Saarwellingen als geständige Hexe zum Tode auf dem Scheiterhaufen verurteilt. Ihre Hinrichtung wird im letzten Augenblick untersagt. Sie bleibt bis zu ihrem Tode in Haft und wird unter einem Galgen vergraben.

Sonstige Hochgerichte

Über Schwarzenholz, in dem die Äbtissin des Klosters Fraulautern Inhaberin der Hochgerichtsbarkeit ist, werden in den 15 Jahren von 1597 bis 1622 59 Personen als der Hexerei verdächtig angezeigt und – mindestens – 16 Frauen und sechs Männer verbrannt. Dann werden weitere 28 wegen Hexerei beschuldigt.

In Merchingen üben die Grafen v. Sayn, sowie die Herren v. Warsberg und die Abtei Mettlach die Hochgerichtsbarkeit aus. Im August 1593 klagt Schieffer Heinrich im Namen der Gemeinde gegen eine Frau, die eingezogen wird und – nachdem sie aus dem Gefängnis auf Burg Montclair entflohen ist – am 7. Oktober 1593 auf dem Galgenberg bei Merchingen gerichtet wird. Aufgrund ihres Geständnisses erleiden ihre Schwester und deren Sohn im November 1593 das gleiche Schicksal.

In Haustadt ist die Komturei des deutschen Ritterordens in Beckingen an der Hochgerichtsbarkeit beteiltigt. Hier ist bislang lediglich eine Mischform von Diebstahl- und Hexenprozeß bekanntgeworden. Nach dem Bekenntnis der Angeklagten hatten die »Obersten« auf den Tanzplätzen Geld von den Hexen erhalten.

Im Hochgericht Düppenweiler kommt es vereinzelt zu Verfolgungen in den Jahren 1603. Sie werden durch einen »Hexenausschuß« ins Rollen gebracht. Ein Fall ereignet sich in Honzrath, wo 1603 ein »verordneter Kläger und Ausschuß der Gemeinde Honzrath« als Ankläger auftritt.

Müllers Sunna gebärdet sich in der Haft wie eine Bestie: »Um sie aus dem Gefängnis herauszubringen, hatte man den Boten den Befehl gegeben, sie aus dem Turm mit einem Seil zu nehmen; wie bald aber die Sunna das Seil, das man in das Verlies hinunterließ, erreicht hatte, zog sie es mit Gewalt herunter; und da die drei es nicht hielten, brachte sie es herein. Darauf gab man ihr gute Worte, sie solle heraus kommen, ihre Sache werde guter Rat werden. Sie wollte aber nicht aus dem Turm heraus und begehrte, man solle sie darinnen lassen, daselbst begehre sie zu sterben. Auch fluchte sie selbst, daß sie sich im Turm habe nicht selbst verhungern lassen. Als Sunna auf alle wohlgemeinten und guten Worte sich des Gefängnisses nicht begeben wollte, sondern dabei angezeigt hatte, es solle niemenad sich zu ihr hineinbegeben, im Falle, wenn jemand hineinkommen sollte, werde sie ihn totschlagen und dasselbe öfter repitierte, wagte niemand, sich allein zu ihr zu begeben. Also ließ man den Boten Diedrich mitsamt dem Scharfrichter an zwei Seilen zu ihr hinunter. Weil der Bote zuerst herabkam, schlug sie demselben mit einem Stein drei Löcher in den Kopf und traktierte ihn dermaßem, daß er tot liegen blieb, ehe der Scharfrichter seinem Gesellen zu Hilfe kommen konnte. Letzterer überwältigte die erboste Frau schließlich und man brachte sie gebunden vor ihre Richter.«

Sie wird gefoltert, zum Bekenntnis gezwungen und hingerichtet. Zudem haben sich aus dem Jahre 1603 Prozeßakten im Verbund mit der Zauberei angeklagten Frau des Hans Torsch aus Honzrath erhalten.

Neunkirchen (Nahe) war als zweibrückisches Lehen im 16./17. Jh. im Besitz der Herren v. Sötern sowie der von Grohe. Hochgerichtsherren waren 1633 der Kurfürst zu

Trier und (u. a.) Johann Reinhard v. Sötern. 1588/89 sind sechs Frauen wegen Zauberei beklagt und auf Burg Liebenberg bei Hofeld gefoltert worden. Vier davon werden verbrannt, zwei als ungeständig entlassen. Die Kosten klettern auf 527 Gulden.

1630 werden im Hochgerichtsbezirk neun Personen wegen Zauberei verbrannt. 1633 beschweren sich die zweibrückischen Untertanen in Gonnesweiler über den verstorbenen Junker Christoph Geborg Braun v. Schmidtburg: »er habe für die Hinrichtung von sechs Hexen und Zauberern aus Gonnesweiler zu hohe Kosten berechnet.« Der Ausgang des Verfahrens ist unbekannt.

1587 werden mehrere Untertanen aus Uchtelfangen »mit der Zauberei berüchtigt, gegriffen und in Haften genommen.« 1595 und 1596 werden Beckers Engel und Closen Clesgen Witwe Dorothea aus Uchtelfangen verbrannt. Der Prozeß gegen Beckers Engel ist aus einem Schreiben bekannt, in dem Graf Ludwig von Nassau-Saarbrücken seinen Mitgerichtsherren Philipp Daniel v. Hagen mahnt, die Forderungen an die nassauischen Untertanen in Uchtelfangen wegen der Hinrichtung einzutreiben und an ihn zu zahlen.

Dagstuhl, Schwarzenburg (u. Weierweiler)

Die Region gelangt zum Beginn des 17. Jh. in den Besitz der Herren v. Sötern. Hier könnte 1523 (?) ein Hexenprozeß geführt worden sein. Da ist von einer verbrannten Frau die Rede. Ab 1540 sind sie dokumentierbar, denn jetzt werden Otil (Ottilie) von Budenich und Adelide (Adelheid) Muler Dietrichs Hausfrau, im Hochgericht Lockwiller (Schwarzenburg) verbrannt. Das Gericht wie der Scharfrichter erhalten für die Kampagne wider die Menschlichkeit 64 Gulden.

Am 10. Juli 1569 schreibt Tiburtius Bechtholff v. Flersheim an seinen Amtmann auf Burg Dagstuhl: »er habe in Sachen der gefangenen Frauen zu Dagstuhl und Schwarzenburg bei Dr. Offenbach zu Worms ein Gutachten erbeten, das ihm versprochen worden sei ... würden die Besagten (auch weiterhin) nicht gestehen, müßte man den Ankläger oder an seiner Stelle die Bürgen in das Gefängnis liefern ... Man solle Rat pflegen und nicht eilen ... zudem möge man klären, ob sich denn jemand in der Gemeinde annehmen würde, wenn sie freigelassen würden.« Es handelt es sich um die Frauen des Gedmanns Hanß und Meyer Hans. Sie werden später unter Auflagen entlassen.

1575 wendet sich der Brucker Amtmann auf Dagstuhl erneut an seine Herrschaft wegen »Zauberei und Hurerei«. Weitere Nachrichten liegen 1581 vor, wo gesagt wird: »sind dieses Jahr vier Weiber zaubereihalber im Hochgericht Dagstuhl gerichtet worden, die fünfte in der Haft gestorben.« 1589 folgen weitere Hinrichtungen. »Dieses jahr vier Hexen, Eyer Lehn zu Wadern, Custers Cattrein daselbst, Feilen Anna zu Wederen und Adams Haußen Frau zu Losteren Zauberei halber verbrannt worden.« Mitte Januar 1592 wird in der Auwen aus Bartenbach »Zaubereihalber« nach Dagstuhl ins Gefängnis geliefert und am darauffolgenden Montag mit einer anderen, nicht genannten Person, hingerichtet.

Kurz vor Weihnachten des Jahres 1592 stellen die Untertanen des Hochgerichtes Schwarzenburg den Antrag: »um Ausrottung des hochsträflichen Lasters der Zauberei, daurch die Ehre Gottes gesucht werden möge und das verdammliche zauberische Laster seine wohlverdiente Strafe erlange.«

Ende Januar 1593 beschwert sich der Schultheiß Göttmann aus Selbach bei seinem Grundherren, dem Chorbischof Christoph v. Sötern (einem Onkel des späteren gleichnamigen Erzbischofs und Kurfürsten), »den Hinterbliebenen wegen Zauberei auf der Schwarzenburg hingerichteten Personen seien als Unkosten für jeden Hingerichteten 75 abgefordert worden.«

Gegen Wolf Schneder aus Löstern wird ein Kesseltreiben verursacht. Er beschwert sich im August 1595 bei Philipp Wolf v. Fleckenstein in Hagenau: »Meyer Blasius Theisen aus Wadern habe ihn der Zauberei verdächtigt.« Der Freiherr ordnet eine Untersuchung zu seinem Nachteil an. Noch 1598 beschäftigt man sich mit der Frage bei den Hochgerichtsherren in Wadern. Schneider wendet sich an das RKG. Es erläßt 1598 ein Mandat gegen die Mitglieder des Dagstuhler Ausschusses. 1598 liegt Frietges Mathes im Kerker der Burg Schwarzenberg; der Ausgang seines Verfahrens ist unbekannt.

Von 1597–98 schwillt die Flut der Hexenprozesse besonders auf der Schwarzenburg an. Mindestens 29 Personen werden in solche verwickelt, von denen mehr als 17 den Tod finden. Aus den Jahren 1629/30 sind elf Hinrichtungen bekannt. Im Vorfeld müssen Hexen verfolgt worden sein, wie aus einem Schreiben an den Herren Adolf Baden, der Rechten Doktor, Amtmann auf Dagstuhl, hervorgeht. Beschäftigen wir uns nun mit den Hexenverfolgungen in der Mainzer Region.

Kurfürstentum Mainz
—
Naheraum

Inhalt

Kurfürstentum Mainz[1)]

Der mainzische Hofrat Peter Ostermann, Doktor beider Rechte, berichtet 1625: »daß es an manchen Orten keine Verfolgung der Hexen gäbe und daß der Hexenhandel eine ungewisse Sache sei[2)].« Merzbacher sieht es ähnlich. Es bedarf der Korrektur. In der Regionen zeigen sich an- und abschwellende Wellen wie in der benachbarten Wetterau und anderswo.

Zentren der Verfolgung sind Aschaffenburg, Dieburg, Miltenberg und Lohr, wo ganze Familien ausgerottet werden. Über 20 Frauen und Männer der Sippe Kunkelmann aus Bürgstadt und Miltenberg besteigen Scheiterhaufen. Die Mainzer Juristenelite dokumentiert es so: »Wie das eye so daß kükken, wie das kücken, so der vogel, also legt er eyer«. Es schwingt die Vorstellung durch, daß die Hexerei oft von der Großmutter bis zur Enkelin nachwirkt.

Später und vor allem unter Anselm Kasimir wird man vorsichtiger und räumt der Besagung wenig(er) Beweiswert ein. In einem Brief an die Räte des Amtes Amorbach wird gesagt: »So sey so viel möglich in geheimb zu erkunden, was gegen diese Personen von real indicia vorhanden, welche also beschaffen sein müssen, daß man sie unempfendlichen verstands nach begreifen kan, daß hexerey lasters halben sonsten hochverdäch(t)liche worth ausgestossen in jahres frist mit der beicht und H. Kommunion sich nit eingestellt, mit wahrsagen, segen und ander verdächtig teufels künsten sich gebrauchen lassen oder nach deme mit der Hexeninquisition einen anfang gemacht, diese Persohnen sich allbereits zaghaft gezeigt ... dahero sehr viel gelegen, den da dergleichen geschrey allein dahero nit ausreicht, weil der beschreit eltern verbrennt, oder andere uff sie bekannt ... würdt man sich daruff ganz nit fundieren können.«

Aus dem aufgeklärten Standpunkt darf man nicht ableiten, daß die Mainzer Juristen vor allen anderen deutschen Universitäten den Lorbeer der Humanität tragen können. Bis zu Johann Philipp von Schönborn schwimmen sie im Wasser der Hexenideologie und selbst Kurfürst Anselm Kasimir Wamboldt läßt Gefangene scheren. Dennoch sind im Erzstift Hexenproben von untergeordneter Bedeutung; das Hexenbad findet im Mainzer Territorium keine Anwendung. Man orientiert sich eher am *Hexenhammer* denn an der CCC.

Johann Adam von Bicken. Kurfürst von Mainz (1601–1604).

Die Zahl der Opfer ist nicht so hoch, wie einst angenommen. Pohl hat sicher recht, wenn er sagt: »was ihre Gesamtzahl angeht, dürfte sie, nach allem was zu erkennen ist, 1000 nicht überschreiten.« Es ist von Interesse, das Wechselspiel zwischen dem Aufbegehren der Bürger und den Reaktionen der Obrigkeit zu beachten. Auch hier führen

Wetterkatastrophen

zu Besagungen. »Anno 1593 ist im Juni ein so groß Wetter gewest, daß viel Schaden an Frücht und allerhand Bäumen geschehen, deren es unzä(h)lich viel aus der Erden gerissen, auch Kiesel von $3\frac{1}{2}$ lb. geworffen, darinnen man Eicheln, haselnüß gefunden.« Ein ähnliches Unwetter hat 1562/63 in der Stuttgarter Region Verfolgungen ausgelöst, die über Wiesensteig, Esslingen, Reutlingen und Ulm wirken. In Dieburg wird der Verdacht Mitte Juni 1597 laut, als die Getreideernte auf dem Steinweg vernichtet wird, was eine Verfolgung auslöst. Einer Viehseuche fallen 1593 in Neudenau 40 Rinder zum Opfer. Die Bürger wähnen sich ins Verderben gestürzt. Es wird mit Hexen in Verbindung gebracht, wie im August des Jahres ein Wetterumschwung in Osterburken, der Bürgern auf dem Feld »das Fürchten lehrte.«

Man befürchtet: »daß die Hexen nicht ruhen würden, bis sie den unschuldigen Säuglingen die Früchte auf dem Feld und somit die Nahrung entzogen« und Kurfürst Wolfgang von Dalberg erkennt 1598 die Problematik, »der zum äußersten erschöpften Untertanen bei diesen beharrlichen mißwachsenden Jahren.« Der Winter 1600 zieht ein kaltes Frühjahr nach sich und 1601/02 herrscht in Mainfranken Hunger. In Gamberg erfrieren 1616 in der Walpurgisnacht (?) Weinstöcke. Zwei Wochen später geht ein Unwetter nieder, und »was der Hagel an Früchten nicht niederschlug, erfror in einem Schneesturm.« 1625 vernichtet in Seligenstadt ein Unwetter die Ernte.

Hexenprozesse in Großkrotzenburg und Oberrodenbach beginnen infolge einer Dürre, die der Mißernte des Vorjahres folgt. Rentbaumeister, Rat und Bürgerschaft Amorbachs geben in der Supplikation vom Juni 1641 zu bedenken: »daß ietzt beschehene kalte nacht der entstandene frost unsere weinberg den mehrenteils getötet und daß (dies) dem Ansehen nach mehrer durch die hexischen Zusammenkunfften, alß durch Naturliche Kält beschehen sein soll.« Die Obrigkeit gerät in Zugzwang, zumal der überwiegende Teil der Bürger von der Funktionalität ihrer landwirtschaftlichen Betriebe abhängig ist!

Anfänge

Die schärfste Ausprägung der Verfolgungen findet im Oberstift statt. Man kann von einem inquisitorischen Vorfeld sprechen. Im März 1435 wird Heinrich Kalteisen bestellt, doch für seine Tätigkeit läßt sich kein Nachweis führen. Sprenger wird im Juni 1481 von Salvus Casetta zum Inquisitor für die Bezirke Mainz, Köln und Trier ernannt. Die von Innocenz VIII. unterzeichnete Bulle stellt heraus: »daß (auch) in den Provinzen von Mainz Menschen durch Dämonen mißbraucht werden.«

1511 erscheint der Vorwurf der Hexerei in Ratsprotokollen, als zwei Frauen gegen Verleumder klagen. Die Verfolgungsbereitschaft wächst in der zweiten Hälfte des 16. Jahrhunderts und erreicht in Spessart und Bachgau die höchste Ausformung. In den letzten Jahrzehnten nehmen die Verfolgungen zu und sind über das Erzstift verbreitet.

In einem Schreiben vom Oktober 1593 verteidigt Kurfürst Wolfgang die von ihm eingeführte Güterkonfiskation gegenüber Julius Echter von Mespelbrunn: »daß es mit solchen abscheulichen Hexerey und Zauberei nunmehr leider gar zu gemein werden will[3].« Mainzer Kurfürsten zeichnen sich durch eine auffallend liberale Haltung aus, strafen Verleumder und geben oft dem Wollen der Bürger nach. Die Hexenprozesse setzen unter

Wolfgang von Dalberg

ein. Von den 231 Hinrichtungen in Spessart und Bachgau fallen während der Jahre 1594–1614 126 in seine Zeit. Um 1603 wird ein Höhepunkt erreicht. U. a. wird eine Witwe aus Unterscheidenthal bei Mudau verbrannt.

Johann Adam von Bicken

ist weder ein ausgemachter Hexenjäger noch steht er der Entwicklung gleichgültig gegenüber. Als es 1602 zu einem Auflauf gegen zwei der Hexerei Verdächtigte kommt, läßt er die Anstifter verhaften. Der Jesuit Nikolaus Serarius beleuchtet seine Haltung[4] und eine *Mainzische Chronik* von 1612 stellt heraus, daß er »zu Aschaffenburg/vnnd andern orten/etliche viel persohnen/so mit solchem Laster behafftet/mit dem fewer (hat) strafffen vnnd hinrichten lassen.«

Die Besagungen gehen fast nahtlos von der Bevölkerung aus. Vereinzelt läßt man zänkische Weiber ins Narrenhaus stecken. Die Eskalation kann mit wirtschaftlichen Notlagen zusammenhängen[5]. Der Landesvater schreibt: »der Maifrost (hat) den Wein teils zur Hälfte, teils ganz vernichtet und jetzt schädige die Dürre die Sommerfrucht[6].«

Im Februar 1603 weist er Johann Hartmut von Kronberg (d. M.) an, für die seelsorgliche Betreuung der Delinquenten zu sorgen[7]. Es ist nicht neu, denn bereits die *Ordnung der gefangenen leuth* von 1524 schärft ein, sie zum Erhalt der Sakramente anzuhalten[8].

Nach dem Tod von Johann Adam hören die Hexenverfolgungen für fast sechs Jahre auf. Ausnahmen bestehen im Freigericht Alzenau, Königshofen und dem hessischen Amt Neustadt. Möglicherweise hängt es mit dem Ausbruch einer Seuche (Pest ?) zusammen, die 1606–07 das Erzstift erfaßt. Nachfolger ist

Johann Schweikard von Kronberg

(1604–26) der seine Residenz in das pestfreie Seligenstadt legt. Ab 1611 wird deutlich, daß er sich der Bekämpfung des Hexenwesens zuwendet. Er läßt sich von Theologen und Juristen belehren. Mit *98 Spezial- und Gegenfragen* systematisiert er Verfolgungen. 1611 erfolgen in Kleinwallstadt 84 Hinrichtungen und 20 Inquisiten sind inhaftiert. Die Jahresbriefe der Aschaffenburger Jesuiten weisen für 1612 aus: »die furchterregenden Heere der Hexen erfüllen alles mit

Schrecken und bedrohen nicht nur die Fluren, sondern verwüsten sie meistenteils. Zur Abwehr der verderblichen Zaubereien setzte der Erzbischof ein dreitägiges Fasten und eine Bittprozession an, bei der er das Sakrament in Andacht umhertrug.«

Zu Verfahren kommt es in Rieneck, Lohr, Aschaffenburg, Kleinwallstadt, Külsheim und Amorbach, dann setzen sie sich über Stockstadt, Dieburg und Bodenheim fort, erreichen Mombach, Oberursel, Klingenberg und Buchen, 1614 Hechtsheim, von 1615 bis 1618 Weilbach, ab 1616 Fritzlar, Wörstein, Flörsheim, Külsheim, Miltenberg, Rockenberg, Oppertshofen, Rothenfeld und Tauberbischofsheim, dann erneut Lohr, ab 1617 Höchst, Wicker, Götzingen und Walldürn. Man muß von einem Flächenbrand sprechen. Dann lassen die Prozesse nach.

Die *Kirchenordnung* vom Juli 1615 läßt seine Sorge um die Seelen der Untertanen erkennen[9]. Die Tochter Paul Kistners, die sich bezichtigt, soll 1625 auf Anweisung des Kurfürsten wegen ihrer Jugend dem Fritzlarer Pfarrer und Jesuiten zur Unterweisung überstellt werden, bevor man zu ihrer Bestrafung schreitet[10]. Das Volk kommt dem Teufel entgegen, indem sich im Oktober die Einwohner von Bodenheim verpflichten, für die Kosten künftiger Hexenprozesse aufzukommen.

Schweikard von Kronberg setzt eine Milderung durch, indem er dem Lebendverbrennen in seinem Verantwortungsbereich ein Ende bereitet. 1612 wird gesagt: »die Malefikanten würden, sofern sie sich willig in ihr Schicksal ergeben und um Gnade bäten, was immer sie begangen, mit dem Schwert gerichtet, damit über den Leib hinaus nicht die Seele gefährdet werde, und weil Gott das Urteil über diese Tollheit anheimzustellen besser sei als Unbarmherzigkeit[11].«

Der Miltenberger Johann Konrad von Vorburg rühmt 1614 die Güte seines Fürsten, »der nicht, wie vordem, angebliche Hexen lebendig verbrennen, sondern enthaupten und aufknüpfen und ihre Leiber nach (dem) Eintritt des Todes verbrennen läßt.«

Der Landesvater ist um die Linderung sozialer Härten bemüht und erläßt ein *Edikt zum Einzug des Vermögens der wegen Zauberei Verurteilten*. In einem Schreiben vom Juni 1617 an den Keller von Kransberg wird die Zahlung »hinterstendiger Gelder zu Rokkenberg vndt Opperßhouen gefordert.«

Auf ihn zurückzuführen sind zwei Verhörsschemata zur Vereinfachung der Verfahren. 1616 wird in Miltenberg und ein Jahr darauf in Höchst damit gearbeitet. Vermutlich ist

Georg Friedrich von Greiffenklau. Kurfürst von Mainz (1626–1629).

ihre Entstehung im Zusammenhang mit der *Peinlichen Halsgerichtsordnung* neu aufgerichtet (Aschaffenburg 1612) zu sehen. Ob eine weitere Ordnung, die 1625 die Verpflegung von in Miltenberg und Prozelten inhaftierten Hexen und Zauberern regelt, auf ihn zurückgeht, bleibt zweifelhaft. Die Haltung des

Georg Friedrich Greiffenclau

von Vollrads zur Hexenfrage ist umstritten. Sein persönlicher Anteil an der Aktivierung läßt sich schwer fassen. Er neigt eher zur Verhaftung der Besager, von denen sich einer durch Flucht entzieht. Nach seiner Wahl nutzt die Bevölkerung der Zent Dieburg 1626 die Gelegenheit der Huldigung und trägt die Bitte zur Wiederaufnahme der Prozesse von 1612/13 vor[12].

Er setzt im April 1629 den Aschaffenburger Dechant Johann Wolfgang Wetzel und den Vikar Georg Heeg wegen einer schimpflichen Predigt ab[13]: vermutlich wegen einer öffentlichen Kritik des Landesherrn. Jetzt greifen die Prozesse u. a. auf Lohr über, worüber Merian in seiner 1655 erschienenen *Topographie Franconiae* Angaben macht[14].

Der Lohrer Hans Ludwig von Kerpen berichtet den Weltlichen Räten im Februar 1627 vom verdächtigen Verhalten des Pfeifers und sagt: »er sei nicht nur lange Zeit der Zauberei verdächtig, sondern auch nach Außweisung deß mir von dem Würzburgischen Zu solchen processen verordneten Commissario, Doctor Christoph Faltten Mayern communicirten unndt sub n.o. 1 hiebeykommenden Extracts[15] dort besagt worden.«

In Gerichtstätten hat 1626 Hans Meelpreißen eine Catharina als Zauberin erschlagen[16]. In Königshofen kommt es wegen der der Hexerei bezichtigen Anna Mederin zum Tumult. Prozesse folgen ab 1627 in Flörsheim, Aschaffenburg und Mainaschaff, Dieburg, Miltenberg und Amorbach, ab 1628 in Bieber, Klingenberg und Wörth.

Im Januar 1628 teilt der Dechant dem Stiftkapitel des Mainzer St. Peterstiftes mit: »in Großkrotzenburg sei von den der Hexerei Bezichtigten die erste ergriffen, gefoltert und geständig. Darüber hinaus seien sechs verhaftet worden.« Anselm Kasimir Wambold zu Umstad wird bei seiner Wahl förmlich dazu verpflichtet, gegen das Laster der Zauberei vorzugehen[17].

Dann überschattet der Krieg die Region und Gustav Adolf nimmt fast das ganze Erzstift ein. Mainz ergibt sich Ende 1631. Der Kurfürst flieht in die Reichsstadt Köln, um bis zum Sommer 1636 zu bleiben. Hier kommen die Verfolgungen gerade zum Stocken, während sie im benachbarten Kurfürstentum Köln unter der Federführung Ferdinands von Bayern mit epidemischer Gründlichkeit installiert werden. Vergl. die dortigen Ausführungen.

Begleitet ist die Zeit von Hunger, Nöten und Seuchen. Mit dem Fortschreiten des Krieges brechen die Verfolgungen im Kurstaat zusammen, um einem größeren Übel Platz zu schaffen. Man darf nicht generell eine Beendigung von Hexenprozessen mit seinem Ende gleichsetzen; wir haben zwei Religionskriege vor uns, die ineinander verschachtelt sind.

1639 kommt es in Amorbach und 1641–42 nochmals hier, in Walldürn und Obernburg zu Untersuchungen. Die Gemeinde Buchen führt 1642 Klage über Schmähungen ihres Pfarrers. »Es sei höchst ärgerlich zu vernehmen, wie man ihn noch unlängst von der Kanzel sagen gehört, die vor Beendigung der Predigt aus der Kirche laufen, seien Hexenleute[18].« Er hat einen Gleichgesinnten in Naogeorgus, der im protestantischen Esslingen ob seiner ketzerischen Predigten aus dem Amt gedrängt wird. Mainzer Juristen plädieren im Juli 1645 gegenüber einer Frau aus Mudershausen für den Einsatz der Folter.

Johann Philipp von Schönborn

wird zugeschrieben, daß er in seinen Territorien keine Hexenprozesse zugelassen habe, wozu ihm Spee Anstoß gegeben hat[19]. Es ist strittig. Der Landesvater unterhält Beziehungen zum französischen Hof. Hier findet die letzte Hinrichtung einer Hexe im Großraum Paris um 1625 statt. Französische Juristen zeigen Skepsis gegenüber der Anwendung der Folter. Es ist denkbar, daß seine liberale Haltung von hier (mit)bestimmt wird: aufgeklärt ist er nicht und doch steht fest, daß die (Hexen)prozesse unter ihm aufhören. Er wendet sich verstärkt gegen den umgreifenden Aberglauben. Im März 1661 erläßt er das Verbot der Hagelfeiern: »zu dadurch verhoffter Abwendung (von) Krankheiten, des Ungewitters, Underhaltung der lieben Früchten auf dem veld.«

1657 wird ein Müller aus Amorbach wegen beschuldigter Hexerei aus dem Erzstift gewiesen. 1648 wird Buch Maria aus Walldürn verhaftet. Man hat sie 1641 wegen Verdachts der Zauberei vernommen. Sie bleibt ein Jahr im Gefängnis, bis sie 1642, als hessische Truppen den Ort besetzen, freikommt. 1648 wird sie in Gerolzahn erneut ergriffen und gütlich wie ernstlich examiniert. Johann Philipp von Schönborn entscheidet: »sie sei gegen ein gewöhnliches Revers und Versprechen, sich ggf. wieder zu stellen, auf freien Fuß zu setzen. Ihre seelsorgerische Betreuung soll man Kapuzinern überlassen und sie möge künftig fleißig zur Kirche gehen.«

Als im September 1660 der Pfarrer in Gegenwart eines Edelmannes den Schulmeister einen Schelm und Hexenner schilt, wird er von Johann Philipp des Amtes enthoben. Als in Amorbach 1654 ein Zettel mit dem Namen von angeblichen Hexen kursiert, wird eine Untersuchung angesetzt, um Hintermänner ausfindig zu machen.

Die von ihm erlassene *Kirchenordnung* untersagt abergläubische Segen, Superstition und stellt Wahrsagerei unter Strafe. 1682 fordert ein in Heiligenstadt erlassenes Verbot des Philipp Caspar von Bicken »das hinführo im hiesigen lande Jedermänniglich sich des abergöttischen Crystallsehens, unverantwortlicher Wahrsagens, und abergläubigen Segensprechens enthalten (soll), ansonst er nach gestalten Sachen an Leib undt Leben gestraft werde.«

1669 folgt eine *Kirchenordnung*, die »allen Manns = und Weibß = Persohnen, die sich mit der bißhero verspürten üblen Nachreden gegen ihre Mitmenschen nit enthalten oder von Abergläubigen Segen und Superstitionen wie nit weniger auch bey verdächtigen Wahrsagern Hilf und Rath suchen« Strafen androht.

Sicher hat Schönborn Hexenverfolgungen nicht aus grundsätzlichen Erwägungen ausgeschlossen. Er hat andere Probleme, denn sein Territorium ist verschuldet und bedarf der wirtschaftlichen Erholung. Zeitgenossen preisen ihn als Vater des Vaterlandes und Friedensfürst.

Nach ihm bleiben die Hexen ein Thema. Aufgrund eines Gerüchtes, das nach Darstellung des Vizedoms vom Rheingau: »auch bis nacher Cöllen und weiters erschollen« sei, wird der kurfürstliche Rat Dr. Schlaun am 25. Januar 1675 nach Lorch geschickt, um wegen »des Lasters der Zauberey ... dieses werck mit erfordertem bestand gründtlich zu undersuchen.« Es stecken Diffamierungen der Bürger dahinter.

Nach dem Kirchenbuch des eichsfeldischen Breitenbach werden im September Catharina Stademann und im Mai 1682 Elisabeth, Martin Kunkels Frau, als Hexe verbrannt. Im Freigericht Alzenau wird 1683 Anna Zeiger, Hebamme von Neuses, von der Frau des Hirten angezeigt. Sie soll vor $1\frac{1}{2}$ Jahren ihr Kind bei der Entbindung im Namen des Teufels getauft haben.

1675 kommt es in Lohr und 1698 in Ortenburg zu Bestrebungen, Hexenprozesse zu installieren, wobei ein Junge Worte vom Teufel, Hexen und Zauberern fallen läßt und sich auffällig verhält. Die Obrigkeit hält ihn für närrisch und veranlaßt seine Einweisung ins Hospital von Prozelten.

63 Bürger, die sich an Besagungen beteiligt haben, wird eine Buße von fünf Gulden aufgelegt. Man schärft den Rentmeistern und dem Rat der Stadt ein: »uff dergleichen leichtfertig und ohnbegründetes geschwätz zu verhuetung fernerer Confusion ... guth obsicht zu haben und diejenige, so dagegen handeln, alsogleich ... mit dem Zuchthauß oder gar mit dem Thurm abzustraffen.«

Zauberschelten und Frevelbußen

Früh wird erkannt, ob welch nichtiger Kleinigkeiten Bürger zu unüberlegten Besagungen bereit sind. **Eines der zentralen Probleme bei der Beurteilung des »historischen« Hexenwesens ist die fast unmögliche Abgrenzung zwischen den abergläubischen Praktiken der römisch-katholischen Kirche und denen des altüberkommenen Volksglaubens, den Kleriker teilweise imitieren.** Bischof Johann Georg – und andere vor ihm – erwarten, streng gegen

Johann Philipp von Schönborn, Kurfürst von Mainz (1647–1673), Bischof von Würzburg.

falsche Anklagen vorzugehen. **»So gibt die tägliche Erfahrung, daß vor losen Mäulern kein ehrlicher Mensch gesichert ist, sondern (daß) ohne alle Scheu jetzt da, dann dort, immer einer nach dem anderen, in unschuldiger Weise für ein(en) Trutner ausgeschrieen und zum wenigsten solcher Laster verdächtigt wird.«**

Dem steht gegenüber, daß Gottfried von Aschhausen die Bevölkerung zur Besagung der Hexen und Zauberer auffordert.

Das Besagertum zieht sich wie ein roter Faden durch die Geschichte der Hexenprozesse. Es ist neben dem Teufelswahn seine Stütze.

Veronika aus Usingen klagt im Februar 1511 gegen den Sackträger Hans Behaltnust, der sie öffentlich der Hexerei bezichtigt und fordert: »man soll sie von der Erde tun, damit sie keinem mehr Schaden zufüge[20].« Vermutlich ist sie jüdische Konvertitin und wird des öfteren als Judenhure[21] bezeichnet. Die Frau des Sackträgers hat sie beschuldigt, ihrem Kind einen Griff gegeben zu haben »auf das mir meine Milch genommen werde.« Die Beschuldigte befürchtet, daß ihr die Nachreden schaden. Die Obrigkeit verurteilt den Besager zu einer Frevelbuße und legt ihm die Verfahrenskosten auf.

Muckens Els bezichtigt im März 1511 Hans Hengen aus Zahlbach mit den Worten:

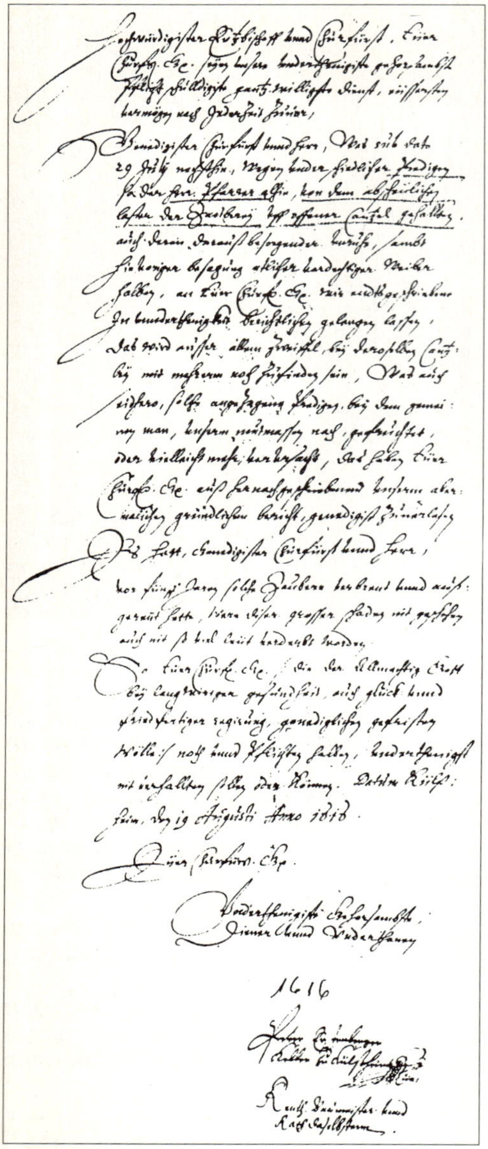

Brief des Külsheimer Kellers Peter Erstenberger an den Kurfürsten in Mainz (St. A W). Der Keller verlangt die Abberufung eines Pfarrgeistlichen, der die Bevölkerung aufwiegelte und Hexenfurcht schürte. Erstenbergers eigene Tochter, die Frau des Stadtschultheißen Firnhaber von Miltenberg, wurde 1629 als Hexe verbrannt.

»er wolle sie mit einer Axt schlagen, die Sonne soll durch sie scheinen, (sie) eine Zauberin gescholten zu haben.« Die Streithähne werden zu einer Frevelbuße verurteilt.

Als der Knecht von Jacob Plateisen die Frau von Henrich Baumer 1542 »alte zauberische Hure«[22] schilt, klagt er gegen die Tätlichkeit des Knechtes. Ruffen Bender soll im Dezember 1544 Greta Cleßgens eine »Zauberin vnd alt Hur genannt und mit einem Messer bedroht haben.«

Im Mai 1566 hat Catharina Wunderlich Wildts Schwiegermutter als Kees Diebin bzw. Munchshuer (Mönchshure) bezeichnet. Die Besagerin wird zu einer Frevelbuße von 8 Pfund Hellern verurteilt. Als Martin Sontgen 1578 Wilhelm Brandt vor dem Mainzer Rat des Diebstahls bezichtigt, stellt der Verteidiger den Antrag: »man möge Dielman Handschuhstrickhern Von Collen fragen, ob er von der Tochter des Klägers mit den Worten gewarnt worden sei; sie habe von ihrer Mutter gehört, Wilhelms Frau sei eine Zauberin.«

1586 steht die Schneiderin Anna als Klägerin ihrer Nachbarin Hoppen gegenüber. Von ihr wird sie mehrfach »Zauberin« genannt. Im Juni 1587 werden zwei Frauen von Stokkum nach Mainz gebracht und wegen des Verdachts der Zauberei gefoltert. Eine sei an den Folgen gestorben, die andere verurteilt und beide nach Nackenheim gebracht und dort verbrannt worden. Es wirft rechtliche Fragen auf.

Kritische Zielgruppen

Es wird deutlich, daß sich der Groll der Besagten in erster Linie auf die Chargen der unteren Obrigkeit konzentriert, die Verhaftungen vornehmen, also Schultheißen und Ratsherren. Dann sind es Handwerker von einem hohen Sozialstatus und Begüterte, die für die Versorgung der Bevölkerung verantwortlich sind und dadurch wohlhabend geworden sind; insbesondere Bäcker, Müller und Wirte. In Dieburg wird die Familie des Kupferschmiedes Hans Sattig von der Verfolgung erfaßt. Er und seiner Frau gelingen die Flucht. Die 17jährige Tochter und der Lehrjunge sterben auf Scheiterhaufen.

In der Gemeinde Flörsheim ist »Hans Hocheimers Backhaus« der am häufigsten genannte Hexentanzplatz. Maria Ahler aus Walldürn merkt an: »Ihr Buhl habe mehlmann geheissen, und ihr bei der tauf den namen Mehlkind gegeben.« In Miltenberg werden drei Metzger, bzw. Angehörige von Fleischern, hingerichtet.

Eine weitere Gruppe sind nichtseßhafte Spielleute, die immer wieder mit dem Hexensabbat in Verbindung gebracht werden. Hans Dumb muß wegen Trunkenheit von einem Tanzplatz zum nächsten getragen werden. Weil er mit »Witweibern« in Neustadt (b. Lohr) verkehrt, wird er stranguliert und verbrannt; er hat über 100 weitere besagt. Das »Pfeifferlein« (wie er auch genannt wird), ist nicht religiös, geht nicht zur Kirche, kennt das Vater Unser kaum und das Ava Maria nicht. Er kann den Richtern erklären, was ein »güldenes Sonntagskind sei und wie man Hexen an den Augen erkennen könne.« Da er arm ist, läßt er sich vom Teufel taufen, um seinen Kindern Brot kaufen zu können.

Im Erzstift werden zwei Bettlerinnen, Katharina Salzer aus Mainflingen (1601, Seligenstadt) und Klaus Ehalters Witwe aus Rodenbach (1612, Lohr) wegen Hexenwerks hingerichtet. Hebammen stehen nicht im Vordergrund. Anna Storck aus Dieburg gesteht 24 Kindstötungen, drei Verzauberungen von Wöchnerinnen, dreifache Verarbeitung von Kinderleichen, zehnmaligen Hostienmißbrauch und eine Abtreibung. Sie wird zur Strafverschärfung mit glühenden Zangen gezwickt. Eine Schweiker wird beschuldigt: »daß sie durch Einnahme von Saft die Geburt weiterer Kinder verhindert habe.«

Nur zwei »weise« Frauen werden in Hexenprozesse verwoben. Eine aus Ober-Roden (Amt Steinheim) und Margarethe Höflich, die Steinhofbäuerin aus Lohr. Katharina Weidenweber muß geisteskrank gewesen sein. Sie bekennt sich ohne Zwang zu sexuellen Spielen mit Hunden und meint: »sie müss gepeinigt werden, sonst könne sie nicht reden ... man möge sie doch beschrauben ... zweimal sie sie mit dem höllischen Geschwader über den Kirchturm von Lohr geflogen.« Zudem werden familiäre Konflikte deutlich:

- Valentin Wolf d. Ä. bekennt: »der Obrigkeyt sey bewußt, daß er in Streitigkeit mit seiner Frau lebe. Oft sey sie mit dem Knecht zusammen. Er selbsten habe seiner bas Dorothea aus Amorbach und seiner jetzigen Magd zugehalten.«
- Der Bäcker Hans Deusinger, die beiden Ratsherren Sebastian Günter und Jörg Schmidt sowie Anna Rosen (schöne Anna v. Lohr) gelten als der Hurerei verdächtig und sie wird als Prostituierte bezeichnet.
- Margarethe Niklaus ist am Mord ihrer Schwiegertochter beteiligt. Als sie die Richter des Verbrechens überführen, gibt sie vor, eine Hexe zu sein. Damit bringt sie die Lohrer Prozesse ins Rollen, die mehr als 100 Opfer fordern. Schwierig zu beurteilen ist die

Position der Geistlichen

Hochrangige gelangen im Gegensatz zu Trier und Würzburg nicht vor die Tribunale. Einmal taucht die Frage auf, ob die wegen Hexerei bezichtigten Geistlichen wirksame Taufen vornehmen können; es kommt zu Nachtaufen von Erwachsenen. Aus einem Fakultätsspruch wird deutlich, daß man zwei Pfarrer wegen Hexenwerk hingerichtet hat. Aufwiegler, die öffentlich in Predigten Stimmung machen, werden des Amtes enthoben und 1615 wird der Pfarrer von Külsheim wegen seiner Hexenpredigten abgesetzt.

Im Kurfüstentum werden die Bedienstete eines Pfarrers und die langjährige Maitresse eines Prälaten wegen Hexerei verbrannt. Die eine, »des Pfarrers Barbara« ist Haushälterin des von Münster, der als Konkubinarier angesehen wird. Pfarrer Konrad Weinig von Münster wünscht seiner Gemeinde am Kirchweihtag: »er wolle, daß der Teufel alle miteinander hölte.« Die andere, Margarethe Zehender, hat vor und während ihrer Ehe intime Beziehungen zum Prälaten des Benediktinerklosters in Neustadt bei Lohr. Da ihr Mann Schneider ist, wird sie (auch) als »Klosterschneiderin« bezeichnet.

Der Schlosser Georg Meyer aus Rieneck besucht seine Frau Veronika im Juni 1613, die als Hexe besagt ist, mehrfach im Turm, wozu er sich einen Zweitschlüssel macht. Ziel seiner Eskapaden ist, sie zu schwängern, denn dann würde sie entlassen. Die Untersuchung der Hebamme ist negativ. Der evangelische Pfarrer Holzapfel hinterbringt den Vorfall der Regierung. Er arbeitet mit den Behörden Hand in Hand, obwohl man seine Frau als Hexe verbrannt hat; er hört Gefangene aus, um Vorgesetzten zu berichten. Einer einer Denunziationsbriefe hat sich erhalten:

»Nach vielfeltigen fragen, und ernstlichen erinnern, hab ich von der verhafften Veronica Jörgen Mayers des Schlossers Hausfrau anders nicht erforschen und erfahren können, dan daß sie allerdings unschuldig sein will, auch solche ihre Unschuld, mit Gott und ihren Gewißen zum höchsten bezeuget, als ich aber dagegen eingewandt, hab sich ihr Mutter eben den Tag, do sie hette sollen justifiziret werden, sehnlich gesagt und geclagt, Ach mein Frönlein, Mein Frönlein, was dan die wort andeuteten, und daß solche wort ein sonderlich nachdencken möchten, hat sie mir zur Antwort geben, solches rühre daher, Als ihr Vater vor dieser zeit zu Wisenfeldt ein Hofbauer gewesen, sei zu ihnen in das Hofhaus kommen, ein starker Mann, mit einem Krämerladen, und sich bei ihnen angeben, ihnen die Handen zu lesen, Als sie das Frönlein nicht willigen wollen, hab ihr Bruder Claus, so dazumal noch ein Bub gewesen, gesagt, laß ihn lesen, ich will ihn für mich und dich zum lohn geben, und als sie gewilliget, hat der mann angefangen zu lesen, daß sie in einem bösen Zaichen geboren, und daß ihr mit der Zeit durch blinde Leuth eingewaschen, und in gefahr Leibs und Leben Kommen würde. Als aber ihr Bruder Claus gefragt, was blinde Leuth einem thun Köndten, hette der Mann zur antwort geben, durch solche blinden würde verstanden, solche leut, die Gottes Reich nicht sehen, und dadurch die Zauberei und Hexen vermeint« Signatum Rieneck der 16. Juli Anno 1612.

Dennoch darf man ihn nicht als Hexenriecher abtun: es geht ihm um den Erhalt seiner Pfarrstelle in der religiös umwühlten Zeit. Tatsächlich wird Rieneck als eine der letzten Pfarreien zum katholischen Glauben zurückgeführt. Einige Geistliche tun sich als Hexengegner hervor:

- Johannes Raitzmann (1629, Großwallstadt) soll den wegen Hexerei Inhaftierten unerschrocken Beistand geleistet und sie im Glauben und ihrer Zuversicht gestärkt haben.
- Gerhard Klöppner (1641–1645; Obernburg) wird als Gegner der Hexenverfolgung zitiert. Vor allem in Predigten soll er sich mit der Thematik auseinandergesetzt haben.
- Pfarrer Göll aus Eichenbühl ermuntert viele: »bis man in nicht wenigen Fällen von ihnen (ab)ließ.«

Dem steht gegenüber, daß manche Geistliche Inhaftierte bedrängen, vor Gericht auszusagen. Sollen sie doch den Gefangenen das Gewissen »rhaumen«, was eine stehende Floskel in Akten ist. Jacob Thürmers Frau und die Witwe Eva Kolb aus Lohr (Oktober 1628) fallen während der Folter »in einem ziemblichen harten schlaf« und »waren schmertzen gleichsamb ohnempfindlich«, so daß sie nicht bekennen. Die Obrigkeit stellt die Mutmaßung an: »sie hätten wohl einen haimblichen Pact, den sie mit ihrem Buhlgeist getroffen« und ordnen an: »also hettet ihr sie beide noch eine Zeitlang in Custodi enthalten, durch die Pfarrherrn und Seelsorger Vleißig besuchen, zu eröffnung der Wahrheit, vermittels gottseliger einsprechungen, auch adhiebierung anderer Zuläßiger gaistlicher remedien treuligst vermahnen, und uns des ervolgs was nemblich solch der gaistlichen Zusprechen, bey ihnen verfangen möchte hernegst ebenmeßig hinwider verstendigen.«

Schwierigkeit bereitet das Beichtgeheimnis. Es muß Fanatiker gegeben haben, denn sonst ist die die Aussage der Ottilia Grün nicht zu verstehen, die sich weigert zu beichten: »da sie dem Pfarrer nicht traue.« **Die Beichte beinhaltet die Chance, den Hexenglaube in Frage zu stellen, da die Geistlichkeit der Schweigepflicht unterliegt.** Der Kaplan Andreas Henricus aus Lohr faßt seine Erfahrungen anonym in einem Gespräch zusammen.

Ab 1627 sind im Aschaffenburger Raum Jesuiten als Hexenbeichtväter aktiv. Das Tagebuch des Georg Nikolaus von Reigersberger enthält den Eintrag: »den 14. (August) seindt die Jesuiten zum ersten mahl nach Werth (Wörth) verreißt, alß vier zauberische man und weibspersonen hingericht worden.«

Vereinzelt werden die Geistlichen von der Bevölkerung gerügt. Martin Jeckel (Dieburg) bringt vor: »Wan die geistliche leuth beßer in die kirch hielten und selbst vleißiger drinnen gingen und daß volk vermahnten auch die kindter lernten, könte der teufel nit so platz haben, es sey manches mahl zu Urberach, alda er in seiner jugent verfuhrt worden, in drey vier wochen kein pfarher dahin kommen.« Margarethe Kunkelmann (Amt Miltenberg, März 1628) erklärt: »Er (der Teufel) sey nicht wie die priester sagen, er seye Gott.«

Allgemeine Haftsituation

Wie überall hat man panische Angst vor Besagungen und Verhaftungen. Als Ursula Eck 1641 eingezogen wo wird, backt sie ihren Kindern noch einen Kuchen und läßt sich vom Zentgrafen um ihr Haus führen, wünscht den Nachbarn Gute Nacht und meint: »Sie sehe doch ihr Haus und Kindt nit mehr.« Sie wird kurz danach verbrannt.

Viele flüchten, um sich der Besagungen zu entziehen; Chancen haben nur Begüterte, die bei Freunden im Ausland unterkommen. Die Haftzeit ist kurz und als Mittelmaß pendeln sich 4–5 Wochen ein. Die Witwe des Nikolaus Rüth ist 83 Tage inhaftiert, weil neue Beschuldigungen auftreten. Ela Dheiß schmuggelt einen Kassiber aus ihrem Gefängnis in Frankfurt (Höchst) und läßt wissen: »man soll im Schrank in der Eßstub nach quittensaft, essig und gurgen und weiße strümpf suchen und ihr (dies) bringen.« Nach 1620 gestattet man Delinquenten, ihr Bett ins Gefängnis zu nehmen; besondere Humanität darf man daraus nicht ableiten. Eher geht es um die Kostenreduzierung für die Origkeit.

Als im August 1627 Margarethe Zacheis (Amt Dieburg) aus dem Verlies zum Verhör geholt wird, wird gesagt: »als sie aus dem unteren theile des Gefängnis herufgezogen worden und eben oben ahn gewölb gewesen, hat sie wie der knecht berichtet, ahn

Auffassung des Lohrer Pfarrers Andreas Henricus zur Hexenfrage

1. Sie sey der grausamen Zauberey sünde so rein, als ein kindt das auff disen Tag und stundt die heilige Taufe empfangen, und darmit beseliget werde.
2. Sonsten sey sie eine große arme Sünderin vor Gott, wie alle Menschen, hab vielfeltig wieder gott und den nechsten gesündiget.
3. Vor nemlich ßey eß itzt ihre größte sünd darüber sie auch großen schrecken hab in ihrem herzten, das sie wieder sich selbst und die anderen zwo falsch Zeugnis geben habe.
4. Begere vor Gott, und bitte Tag und Nacht, daß ihr Gott solche sünd umb christus willen vergeben wölle.
5. Begehrt von Mir zu woßen, ob ihr diese sünd auch könne verziehen werdten.
6. Als ich gesagt Nicht allein diese sünd, daß sie falsch Zeugnis geben, sondern auch andere Sünde, auch der Abfall von Gott, Bundtniß mit dem Teufel, zauberey e. c. können vergeben werdten, wann sie ware buße thue; Antworth ßie, das sie solches gar wol glaube, hab aber nicht von Nöthen der Zauberey halben umb Verzeihung zu bitten
7. Als ich ihr vorgehalten, Ob sie gleich leugnen und sich beschönen wolle, so ßey doch Gott ein herzenkündiger, der werdte am Jüngsten Tag doch alles ans licht bringen. Antworth sie Mir, deß freue ich mich, diß ist allein mein trost.
8. Als ich ihr einredtete, es weren vielleicht dieß nur Wortt, sie redt dies nur aus furcht vor dem Tod. Sagt sie: es sey über sie kommen, daß die Obrigkeit es hab vorgenommen, das Unkraut der Zauberer und Zauberinnen aus zu roten, Wo fern sie nun eine ware, und itzt sich gleich mit leugnen und hoher betheuerung konthe ausreden, das sie wieder zu den ihren keme, müßte sie sich doch gestehen das es wan ein tag oder 3 andere auffs Neue sie bekennen würdten, das sie doch wieder in dießes elende kome. Darumb, wan sie eine Zauberinne were, So wellte sie es gleich ietzt bekennen, das sie der marter und qual abkome.
9. Das sey itzt ihre große klag, das man von ihrer unschuld nicht wißen oder hören wölle. Wenn man (sich) mit peinlicher Frage witter an sie wendte setzend sie zu (wie vorgestern) wieder bekennen würdthe, so thue sie doch wißentlich unrecht
10. Als ich gesagt: »sie werdte in der güte oder peinlich gefragt, Soll sie die Wahrheit sagen, ihr solle auch Niemand Unrecht thun.« Antwortet si: »Die Wahrheit will man von mir nicht hören. Diß ist die wahrheit, daß ich der Sünden der Zauberei unschuldig, wie ein kindt.«

weyl die Händt uffgethan, daß sie wieder hinund gefallen, clagt ahm Knie wund und blutig gewesen.« Sie wird am gleichen Tag gefoltert.

Die Witwe des Niclaß Lippert (Dieburg) findet man im Juli 1627 nach einem Selbstmord tot im Gefängnis; sie hat fünf Tage das Essen verweigert. Wilhelm Ofenstein aus Dieburg gelingt im gleichen Jahr die Flucht. Er läuft mit den Ketten nachhause, besteigt ein Pferd und springt über die Stadtmauer. In den Gerichtsakten des Amtes Miltenberg befinden sich die Briefe des Zöllners Mohr. Sie verdeutlichen, wie der Hexenglaube Ehepaare entfremden kann (siehe dort).

Nachrichter wohnen nachweisbar in Miltenberg, Mainz, Aschaffenburg, und Oberursel. Im Amt Dieburg greift man auf den aus Aschaffenburg, Frankfurt und/oder Oberursel zurück. In Lohr stellt der Nachrichter aus Leichen Hingerichteter Salben her und verkauft Knochen zum Düngen der Gärten.

Bei den Verhören kommen immer wieder Intimitäten und biographische Details zum Vorschein. In die Wahnvorstellungen fließen Fragmente des Privatlebens und so blitzen sexuelle Vorstellungen durch das Geschehen:

- Margarethe Bechthold aus Eichenbühl (Amt Miltenberg) sagt: »so seye einer in schwarzen kleidern, ßo einen rothen barth gehabt, und in ihres verstorbenen man gestalt, in ihres vatters haus erschienen ... als baldt bey nacht mit einander auf einer wiesen gefahren und Vermischung miteinander gepflogen.«
- Lorenz Beck, der Wirt des Miltenberger Riesen, trägt am 1. Februar 1627 vor: »er

hab weibspersonen mehrtheils trunkener weiß ungebührlich zugehalten. Ein Verhältnis hat er zu zwei Mägden des »Türmers zu Bischofsheim Schwester« und »eine Magd so von Hartheim mit Simon Schomanns hausfrauen«. Er muß sie abfinden, da sie ein Kind von ihm bekommen hat.

Die Tage im Kerker müssen allein wegen der Erwartungshaltung des nahenden Todes schrecklich gewesen sein. Hans Thum (Lohr 1627) sagt beim Verhör: »daß er eine sehr unruhige Nacht gehabt, und wer sein bul geist zu ime in die stuben kommen, wüst aber nit wie, ihn nit gesehen, allein denselben gehört, daß er gesagt, er werde gepeinigt werden ... auch ein mahl oder drey, uff den disch geschlagen, hette entlich einen solchen windt am fenster geben, daß er heftig erschrocken und nit anders gemeint, daß fenster uff in fallen werde, hette auch umb hülf geschrien.«

Im August 1627 schreibt der Amtmann Ludwig von Kerpen an die Regierung: »bey diser vergangen Examination hat verhaftin (Anna Rosen, Lorch 1627) gesagt; daß deme in wahrheit also sey und angezeigt, nach deme der in haft gelegene Jörg Schmidt (Stadtrat) vorigen Freitags hingerichtet worden, wer ihr in der Sontags nacht hernacher eine lange manß person in einem weißen kleidt zu ihr kommen, ihr ihren Schenkel mit deme sie in ketten eingeschlossen, denselben zwey mahlen uff gehoben ... und wieder die erden gestossen in deme sie sich verwundert und sehr erschrocken, solche person anders nit alß wen es Jörg Schmidt selbsten were, angefangen zu reden ... sie solle dem zentgrafen umb Gottes willen pitten, daß er seiner hausfrauen sage, daß sie ein Opfer ausrichte, und eine kerzte in die buchen (Wallfahrtsort Maria Buchen bei Lohr) bringen lasse, auch ein seel Meß für in halden lasse ... und ob man schon daran gezweifelt, ob dem also seye, so ist doch hirauf alles bevohlen worden.«

Margarethe Zehender aus Lohr träumt 1627 vom Höllenfeuer. Fast in jeder Verfolgungsserie kommt es in den Haftanstalten zu Selbstmorden. In Dieburg haben kaum die Prozesse begonnen, als Margarete Lippert (Juli 1627) und Best Haun (August) Suizid verüben. Sein Auffinden wird so beschrieben;

»Die weil wir aus eurem bericht, so viel vernemen, das der todt gefundene Best Haun ohnbeklaydet, und nur in einem hemdt, uff dem rucken gelegen, und ein zusammen getröhtes Stoheseyl, eines daumens dick, umb den Hals, und derselbe mit einem holzernen starcken Zimmermanns nagel zusammengekurbelt gehabt, auch das genick ganz entzwey gewesen seye, und dahero nit zu zweifeln, er sich durch hilf seines Buhlgeistes des Teuffels, selbsten ganz verzweifelter Weiß umb das leben gebracht und ermordet habe.«

Peter Diem (ein Knecht aus der Fürstenherberge zum Riesen) schreibt im Juli 1629 mit Kreide an die Tür seines Kerker: »Gott erbarm/mein unschuldig Leben/will gott selber uffgeben./Gott nehme mein seel in dein Hände./Damit ich mein unschuldig leben end,/In Gottes namen!/Amen, Amen, Amen./O du unschuldig Peter,/Frommer, gerechter Diener/ Weib und Kinder, eine gute Nacht/Herzeleid./In Gottes Namen/Gott sei Lob und Dank in Ewigkeit/Ich bin nit verzweifelt an Gott./O aeternitas, aeternitas, aetertitas.«

Nicht alle Obrigkeiten dürfen als Fanatiker angesehen werden. Georg von Reigersberger wird die Aufgabe des Inquisitors übertragen, »weil er besondere Fähigkeiten bei der Durchführung der Hexenverfolgung entwikkelt.« Das Mainzer St. Petersstift betreut ihn mit der Durchführung der Hexenprozesse in Bürgel, Groß-Krotzenburg und Rodenbach, obgleich sie dem Erzstift nicht direkt unterstehen.

Der Amtskeller Heinrich Bohn (Bonn) scheint ein besonderes Talent für die Bewältigung solcher Prozesse gehabt zu haben. Er leitet die Verfahren in Rieneck und maßgeblich in Dieburg. Kaum hat er sein Amt in Höchst angetreten, setzen hier Hexenverfolgungen ein. Der Amtmann von Miltenberg, Oberst v. Goertzen, führt ein strenges Regiment. Separate Hexengefängnisse und Verbrennungsöfen werden unter seiner Verantwortung angelegt. Er führt neue Folterinstrumente ein. Dem steht der Keller von Külsheim gegenüber, der sich für Verfolgte einsetzt und die Absetzung von zwei Geistlichen erreicht, die das Volk aufgewiegelt und deren Furcht geschürt haben.

Der Amtmann Johann Konrad von Vohrburg (Miltenberg), schreibt 1614: »Ich wachte in der Nacht des 24. November um 2 Uhr plötzlich auf. Darauf verfiel ich in einen Halbschlummer, in dem ich mich mit dem beklagenswerten Los der der Zauberei verfallenen Personen beschäftigte, welche nun schon seit zwei Jahren in Stadt und Land Aschaffenburg auf Anzeige verhaftet, verhört, gemartert und getötet werden und da ich die Armen sah, pries ich die Güte meines Fürsten (Johann Schweickard v. Kronberg), der nicht mehr, wie vordem, die Hexen (unter

Johann Adam von Bicken) lebendig verbrennen, sondern sie enthaupten oder aufknüpfen und nach Eintritt des Todes verbrennen ließ.« Die Milderung geht auf Gnadenurteile oder -zettel zurück.

Freilassungen bedeuten nicht = Rehabilitation. Als Anna Müller aus Weilbach (Amt Höchst 1616) freikommt, schreibt ihr Mann: »Sie soll sich nicht lang uffhalten oder martern lassen. Er hab schon lange gemerkt, daß sie dergleichen Person sei.« Landesverweisungen beinhalten eine soziale Härte. In einem Brief an Johann Philipp von Schönborn schildert der Bäcker Georg Müller aus Amorbach (1657) sein Los. Er wird von Stadt zu Stadt gejagt. Hilfe gewähren im Klöster und er sagt: »fromme Geistliche wären sein einziger Trost gewesen.« Dann findet er in Wien Arbeit. Als er nachhause kommt, läßt ihn seine Frau wissen: »ihm nichts mehr schuldig zu sein.«

Schon vor dem Beginnn der Massenprozesse in den Jahren 1627–30 wird das Amt Dieburg von zwei Verfolgungswellen (1601–03; 11–13) heimgesucht. Es gilt als Hexennest. Hier wird die Frau des Stadtrates Peter Kremer als Hexenkönigin hervorgehoben; doch auch Ottitla Grün oder die des Fauth.

Im Amt Lohr entscheidet das dörfliche Milieu. Im katholischen Lager begehen nur zwei Hostienfrevel und hier dominiert der Wetterzauber. Hexen graben einen Topf auf dem Fallersberg ein, um die Kornernte zu vernichten. Die Stadt Lohr wird erst in den Jahren 1626–30 von der Verfolgung betroffen. Hier erscheint als Hexenkönig Hieronymus Weidenweber, der bedeutendste und wohlhabendste Kaufmann der Stadt. Frauen der Räte werden als Hexenköniginnen besagt.

Frühe Verfahren

Für Mainz ist nur die Hinrichtung einer Hexe nachweisbar, als 1593 die flüchtige Schmidtbeckin aus Neudenau ergriffen, im November unter der Folterandrohung verhört und als Hexe gerichtet wird. 1534 bitten die Gemeinden Niederheimbach und Trechtlingshausen: »eine bei ihnen in Haft liegende Zauberin abzuurteilen.« Das Domkapitel trägt Bedenken, ihr Leib und Gut zu nehmen. Im Juni 1544 läßt der Binger Faut einen Betrunkenen aus Rüdesheim verhaften, weil er seine Frau »Zauberin« gescholten hat.

1549 wird eine aus Trechtlingshausen oder Niederheimbach wegen des Verdachts der Zauberei verhaftet. Ihr kürzlich verstorbener Mann hat sie für seine Krankheit verantwortlich gemacht. Sie wird nach Schwören der Urfehde freigelassen. 1555 wird ein Clasen als Zauberer angesehen (?). Er wird Ende Oktober 1556 nach Schwören der Urfehde des Landes verwiesen. Ende August 1557 weist das Domkapitel den Binger Amtmann an: »Frauen, die sich gegenseitig wegen Zauberei beschimpfen, so lange in den Turm zu stecken, bis sie damit aufhören[23].« 1563 ändert sich die Haltung und der Amtmann berichtet:

»daß man in Drechshausen (Trechtlingshausen (?)) ettliche wegen Zauberei eingezogen hat und man um Entscheidungen bitte.« Er wird angehalten, niemand Unrecht zuzufügen. Das Kapitel hält sich bedeckt, sucht sich vom Makel falscher Entscheidungen freizuhalten und weist in der Regel an nachgeordnete Instanzen, Weltliche Räte oder auf die Möglichkeit der Privatklage.

Im Sommer 1569 wird in Hochheim eine alte Frau von der Gemeinde verdächtigt, eine Zauberin zu sein und vom Schultheiß verhaftet. Man lastet ihr ein Viehsterben an; sie soll ein Kind krank gemacht haben. Sie wird nach Bingen überführt, peinlich verhört und entlassen.

Ende November 1595 beschwert sich Thonges Geckel aus Flörsheim beim Domkapitel über überzogene Forderungen: »zwar sei seine Frau wegen Zauberei verhaftet und in der Vernehmung überführt worden, den-

Folgende Doppelseite: *Zur spätmittelalterlichen Rechtssprechung: Linke Seite. Oben links: Gerichtssitzung unter dem Vorsitz des Kaisers. Links von ihm die drei geistlichen, rechts die vier weltlichen Kurfürsten. Ein Fürst aus dem Hause Bayern trägt seine Sache vor. Oben rechts: Angehörige der jüdischen Gemeinde schwören einen Eid. Unten links: Abführung ins Gefängnis. Unten rechts: Ankläger vor Gericht. Rechte Seite. Oben links: Zwei Verletzte tragen ihre Sache vor. Oben rechts: Allegorie. Der Zeuge schwankt, ob er die Wahrheit sagen oder lügen soll. Symbolisiert durch Engel und Teufel. Unten links: Peinliche Befragung. Rechts Folterung durch Elevation (Aufziehen), links durch Brennen. Im Hintergrund die Leibstrafe des Abschlagens der Finger. Unten rechts: Der Gerichtsschreiber verliest das Geständnis und die Urgicht des Delinquenten. Holzschnitte aus dem Tenglerschen Layenspiegel. Schöffer, Mainz, 1508. Rechtsgrundlage zur Zeit der Hexenverfolgungen wird die CCC. des Kaisers Karl V. (1523).* →

Freisprüche im Erzbistum Mainz

Landesvater	Allgem. Verfahren	Entlassungen
Johann Adam von Bicken (1601–04)*)	690	6
Johann Schweikard v. Kronberg (1604–26)	395	21
Georg Friedrich v. Greiffenklau	909	41
Anselm Kasimar Wamboldt (1629–47)**	11	10
Summe	2005	78

*) Johann Adam v. Bicken stirbt jung und kränkelt zeitlebens; es kann die Statistik beeinflußt haben. **) Am Schluß verlagern Kriegsgreuel das Geschehen zugunsten der Besagten und noch größerer Turbulenzen.

Geschlechterverhältnis im Erzstift Mainz zur Zeit der dortigen Hexenverfolgungen

Landesvater	Region	Frauen	Männer	Zusammen
Johann Adam von Bicken		208	19	227
Johann Schweikard von Kronberg	Mombach	12	24	
	Bodenheim	24	1	
	Höchst	38	7	
	Dieburg	1	1	
	Freigericht	1		
	Miltenberg	44	30	
	Lohr	38	5	
	Kellerei Buchen	7	2	
	Exklaven i. Oberhessen	8	-	
Summe		172	72	70,5 % : 29,5 %
Georg Friedrich von Greiffenklau	Gem. Bodenheim	2	–	
	Amt Höchst	17	6	
	Aschaffenburg	17	13	
	Amt Dieburg	94	39	
	Amt Steinheim	1	1	
	Groß-Krotzenburg	74	14	
	Amt Klingenberg	45	26	
	Amt Miltenberg	119	56	
	Amt Prozelten	3	4	
	Zent Rüdenau	3	6	
	Amt Lohr	104	24	
	Amt Amorbach	2	1	
	Amt Fritzlar	59	8	
Summe		540	198	73,0 % : 27,0 %
Gesamt		920	289	ca. 72,0 % : 28,0 %

noch würden ihm 200 Taler abverlangt.« Das Kapitel teilt seine Bedenken und sagt: »die Strafe dürfe lediglich den Verurteilten treffen, eine Entscheidung werde dem Syndikus anheimgestellt.«

Einen Monat später ist die Rede von verhafteten Hexenweibern von Flörsheim. Ihre Geständnisse werden später verlesen. Die Entscheidung ist nicht überliefert; eine von ihnen dürfte gerichtet worden sein. Im März protestieren die Flörsheimer Hans Plaum und Kilian Merten: »daß man ihre Frauen nicht wegen sachlicher Indizien, sondern auf Verleumdung anderer neidischer (und schon) verbrannter Hexen eingezogen habe. Sie hätten die Folter zweimal ausgestanden und doch habe man nichts Unrechtes an ihnen gefunden[24).«

Anfang April 1596 wird die Witwe Eberhard Benders als Hexe gerichtet. Im Sommer des Jahres fragt die Gemeinde Flörsheim wegen zwei wegen Zauberei eingezogener Frauen nach, die die Folter überstanden haben ohne zu gestehen, »doch seien sie mehrfach von Komplizinnen angegeben worden.« Dann kommt die Gemeinde ein: »daß man sie der Gebühr nach strafen soll.« Wieviele in Flörsheim von 1595–96 wegen Zauberei gerichtet werden, läßt sich nicht ausmachen.

Der Höchster Gerichtsschreiber Balthasar Posch stellt im Juni 1616 Akten zusammen. Es handelt sich im wesentlichen um Besagungen. 1588 wird die Hebamme Margreth aus Crufftell (Kriftel) wegen Hexerei nach Erstattung der Kosten aus dem Erzstift gewiesen und im Februar 1595 wird wegen des gleichen Verdachts »die Schmidtin« vernommen. Sie belastet vier weitere der Zauberei und wird gerichtet[25).

Nach dem Bericht des Gerichtsschreibers ist Elß Fursten vor dem 28. März bestendig (geständig) gestorben, was bedeutet, daß sie trotz Tortur bei ihrer Aussage geblieben ist. Weitere Frauen werden besagt. Es wird berichtet, daß sie sich schuldig gezeigt hätten. Vermutlich hat man sie verurteilt. Das gleiche gilt für Merg Schweikharts, deren Widerstand im März 1596 auf der Folter gebrochen wird.

1597 wird die Thöngessen Crein, Köchin von Heidersheim (Hattersheim) vermutlich in Hofheim inhaftiert, examiniert und »auf empfangenen Befehl schwebend aufgezogen und torquiert.« Jetzt gesteht sie vom Teufel verführt worden zu sein. Man entledigt sie der Folter nach dem Versprechen: »sie wolle alles bekennen.«

- Auf dem Weg zwischen Weilbach und Hattersheim sei ihr von einem Mann zugeredet worden, ihm zu thun, was er haben wollte, wofür er ihr ein Brot versprach; sie habe eingewilligt. Statt Lohn zu empfangen, habe er sie genötigt, mit ihm zum Teufelstanz bei Marxheim zu fahren, Gott und den Heiligen anzuschwören sowie Schaden zu verursachen.

1597 datiert der Prozeß gegen die 70jährige Höchster Hebamme Clasin Mergenin, die während ihrer Haft bekennt:

- Daß sie Gott dem Allmächtigen abgeschworen, sich dem Teufel ergeben, mit ihm Gemeinschaft gepflogen und dem unvernünftigen Vieh Schaden zugefügt (habe).

Bei einer erneuten Vernehmung gesteht sie ihre Zauberei und besagt u. a. ihre unter einem ähnlichen Verdacht gefangene Schwägerin, die Linden Mergenin. Pohl geht davon aus, daß beide verurteilt und gerichtet werden. Im Dezember 1600 wird in Hofheim Bippen Merg gütlich verhört, die bestreitet, was ihr zur Last gelegt wird. Man droht ihr die Folter an, indem man den Scharfrichter hinzuzieht. Schließlich gibt sie zu Protokoll:

- Sie wäre vor 15 Jahren mit ihrer Mutter, da sie in bösem Geschrei gewesen, geflohen.
- Greta Baumen aus Kriftel habe sie zur Zauberei verführt, als sie mit der Mutter in Streit gelegen und beide einander Zauberinnen geschimpft hatten.
- Auf Anstiften ihres Buhlen habe sie Jacob Kaufen umgebracht, als er ihr die Pacht des Weinberges gekündigt hat.
- Die Möllerin aus Heitersheim (Hattersheim) sei ihr Hauptmann gewesen.

Sie besagt u. a. Anna, Frau des Schöffen Lorenz Glitzen aus Hofheim. Bei einer Gegenüberstellung fährt die Bippen fort: »sie wolle auf ihr Bekenntnis sterben, denn sie freue sich, daß es an den Tag kommen wird und hoffe, Gott im Himmel habe Gefallen daran. Man solle erfahren, daß sie manchmal darüber geschrien (geschimpft), daß sie die Greta und ihre Mutter soweit gebracht haben. Sie haben sie beschuldigt, ihr das Pferd umgebracht zu haben, obwohl sie selbst eine Zauberin sei und es getan habe.« Bippen Merg wird im Januar 1601 in Hofheim vor Gericht gestellt und gerichtet. Eva Bender gesteht ohne Folter:

- Sich auf ihrer Flucht dem Teufel verschrieben zu haben. Bittere Not hat sie dazu gezwungen.
- Ihr böser Geist heiße Sparpfennig und habe sie über Bockenheim bis Frankfurt verfolgt, bis sie sich seinem Willen ergeben.

Bevor man die Möllerin ins Verlies bringt, klagt sie: »sie komme nicht wieder hinaus, um ihren Freunden und Kindern Gute Nacht zu sagen. Der Folterknecht soll sie umbringen.« Den Qualen zeigt sie sich nicht gewachsen und gesteht: »vom Teufel verführt worden zu sein, sie habe an Hexentänzen teilgenommen und Schadenszauber begangen.«

Sie widerruft und wird von dem Frankfurter Verteidiger Sebastian Homerg unterstützt, der Formfehler in der Verhandlung entdeckt[26]). Der Kläger weist es zurück und hält die Aussagen der Komplizen für bedeutsam[27]).

Das Gericht zeigt sich überfordert und verweist den Fall an die Weltlichen Räte. Eva Bender wird zum lebenden Brand verurteilt. Die Möllerin bleibt in Haft und wird erneut verhört – vermutlich ohne sie zu foltern. Sie gesteht mehr, als was sie vor wenigen Tagen widerrufen hat. Infolge ihrer Besagungen wird Anna Glitzen, die Schwiegermutter des Pfarrers aus Weilbach, verhaftet. Das Verhör bringt nichts und die Folter führt zu keinem Ergebnis; schließlich hört man auf, sie zu quälen, hält sie aber in Gewahrsam. Sie kommt gegen Schwören der Urfehde frei.

Die Möllerin kommt frei, muß aber die Bürgschaft von 2 000 Talern stellen und wird mit Hausarrest belegt. Else Hans verweigert unter der Folter ein Geständnis. Über ihre Hinrichtung weiß man nichts, doch sie ist wahrscheinlich.

1542 hat »ein Kirdorfer eine Frau Zauberische gescholten« und muß 7 ½ Gulden Strafe zahlen. 1553 wird unter Graf Eberhard von Rieneck ein Melchberg aus Kleckheim in Königstein verbrannt; es muß kein Zauberer gewesen sein, denn die gleiche Strafe erleiden Brandstifter und Münzfälscher. Vor 1596 wird Ludwigs Mergen von Königstein wegen ausgeübter Zauberei gerichtet. 1596 wird eine Frau aus Schloßborn wegen Hexerei verhaftet. 1595 wird Margretha Grebin aus Wicker von Hans Nauheimer wegen Zauberei angeklagt. Ihre Hinrichtung folgt im Juni 1595.

Dann weiten sich die Untersuchungen aus. Vor dem 28. März 1596 werden Crain Bernhardsen von Weilbach und Dietz Jungen Catharein von Wicker gerichtet und ihnen folgen weitere. Magdalene Schneider legt im Mai 1596 nach der Folter ein Geständnis ab. Von Interesse ist der Konflikt um den

Standort Königstein

Im September 1596 erkundigt sich Jacob Othera beim mainzischen Oberamtmann von Königstein, Gernand von Schwalbach, was es mit einer wegen Hexerei Verhafteten aus Born auf sich habe, die nach dem Hörensagen in Königstein im Gefängnis liege. Später läßt er wissen, daß er gehört habe, daß man sie gefoltert und zudem die Tochter des Borner Schultheißen aufgegriffen und einer Tortur unterzogen habe. Er protestiert gegen das ungebührliche Prozessieren in Königstein.

Man läßt ihn wissen: »schon seit den Zeiten des Grafen Eberhard von Königstein sei anhand von Kriminalakten und Visitationen der Brauch belegt, daß Malefikanten vor Gericht gestellt werden können. Somit käme die *Clausula salvatoria* zum Tragen, die es Kurfürsten und Reichsständen freistelle, an althergebrachten Bräuchen festzuhalten und Bestimmungen der kaiserlichen Halsgerichtsordnung zu dispensieren.« Hier prallen Rechtsauffassungen zusammen: sie scheinen wichtiger als die Not der Inhaftierten!

Für den 5. November 1596 wird ein Gerichtstag angesetzt. Inzwischen hat man die Tochter des Schultheißen Borner nach Königstein gebracht. Beide Frauen werden, nachdem ihre Hinrichtung im Dezember 1596 von Weltlichen Räten angeordnet ist, im Januar 1597 in Königstein gerichtet.

Der Eppsteiner Amtmann läßt wissen: »beim Publikum habe das Todesurteil gegenüber den Frauen Mitleid und Verwunderung über den Prozeß hervorgerufen. Der Fiskal, der arme Leute anklage, würde sie zuvor der gemeinen Sage nach mit großem Ungestüm foltern lassen und es sei unverständlich, wie man eine solche Prozeßgeschwindigkeit in Sachen von Leib und Leben vor dem Allmächtigen verantworten könne. Man könne niemand auf sein bloßes Bekennen zum Tod verdammen, wofern nicht vorher der begangenen Missetat wegen andere unfehlbare Anzeigen außerhalb und neben dem Bekenntnis vorhanden seien ... daß mit den Exekutionen nicht das Ende der Ungerechtigkeiten erreicht sei, lasse die kürzlich erfolgte Verhaftung einer weiteren Frau aus Born befürchten.«

Außer ihnen wird im Dezember 1596 eine in Eppstein gebürtige und in Königstein wohnhafte Kühhirten wegen Zauberei verhaftet. Ihr gelingt die Flucht; sie wird eingeholt und zurückgebracht. Über ihr Schicksal ist nichts bekannt.

Ende Januar 1597 wird eine aus Weilbach stammende Frau in Königstein inhaftiert. Sie wird beschuldigt, durch Zauberei die Stiefkinder vergiftet zu haben. Sie kann ins hessische Territorium fliehen, so daß ihre Verfolger machtlos sind.

Im Frühjahr 1597 wird die Mutter von Hans Hartts von Weilbach in Königstein inhaftiert. Sie bleibt 32 Wochen gefangen und wird im Herbst des gleichen Jahres gerichtet. Durch die lange Haft, klagt Hartt dem Kurfürsten, »seien beträchtliche Kosten entstanden, die nur zum geringsten Teil auf den Unterhalt der Mutter gingen, als vielmehr auf die Zehrung der Schöffen.«

Im Frühjahr 1600 kommt es zwischen Hessen-Marburg und Kurmainz zu Differenzen um gerichtliche Kompetenzen. Man hat aus Josbach eine Kindsmörderin in Königstein eingeliefert und es ist zweifelhaft, ob Zauberei im Spiel gewesen sei. 1608 gelangen zwei Ehebrecher aus Kelkheim und Hornau vor das Königsteiner Stadtgericht.

Vermutlich werden mehr als die genannten sechs Frauen während der Zeit als Hexen verfolgt und gerichtet. 1613 erinnert sich Cunrad Filius aus Oppertshofen, daß sich der Königsteiner Oberamtmann nicht zum Hexenbrennen bewegen lasse: »daß bei Bischoff Wolffgang hochloblicher gedechtnus vmb dreissig weiber Hexerey halben sein Justificirt worden, davon dan drey wissendliche Hexin vber acht Jar ... offendlich entlauffen[28].«

Der in der Nähe von Königstein gelegene Flecken Mammolsheim gehört zum Bezirk des Königsteiner Stadtgerichtes, was u. a. aus einem Kostenverzeichnis für die 1600 in Königstein gerichtete Anna Melchior bestätigt wird. Sie wird im August 1600 in Königstein inhaftiert und kurz danach werden ihr die Klagpunkte vom Scharfrichter vorgelesen. Jetzt wird sie mit ihren Besager konfrontiert und dann folgt eine Vernehmung im Beisein des Schultheißen, Gerichtsschreibers, Scharfrichters und seines Knechtes. Sie wird im Oktober 1600 gerichtet. Die Kosten des Verfahrens belaufen sich auf über 76 Gulden.

In einem anderen Fall sagt der Wiesbadener Oberamtmann Bernnardt Horneck: »Er habe eine Bäckersfrau aus Mammolshain Zauberei halben einziehen, auch auff furgehappte wichtige Indicia peinlich (be)fragen lassen. Sie habe gestanden:

- Etliche Kinder, darunter zwei eigene, vergiftet und sie anschließend mit Hilfe teuflischer Materie zu Gift verarbeitet zu haben.

Als man sie wegen der großen Kälte auf eine Stube des Königsteiner Rathauses legt, hat sie den Umstand genutzt, das Falleisen aus der Stubentür gerissen und sei geflohen. Dem Vermelden nach soll sie sich bei ihrem Bruder in Roth an der Ems aufhalten. Er ersuche den Amtskollegen, die Übeltäterin auszuliefern.« Dann verlieren sich die Quellen.

Oberes Erzstift

Das Amt Lohr wird zum Schauplatz berüchtigter Hexenprozesse und Pohl spricht ab 1611 von Prozeßkaskaden[29]. 1576 werden in Frammersbach und Lohr Klagen über Hexerei laut, sie richten sich gegen Barbara Neubauer und Margreth, Frau des Lohrer Spitalmeisters Claus Scherchen. Beide stehen seit längerem im zweifelhaften Ruf.

Margreth Scherchen

werden Diebereien zur Last gelegt und der Argwohn geht soweit, daß ihr Nachbarn das Betreten ihrer Häuser verweigern, wenn sie um Wollappen für Spitalinsassen bettelt. Man stellt an Verdachtsmomenten zusammen:

- Sie habe vor einigen Jahren dem Spitalpfründer Barthel am Rhein eine Suppe aus Safran und Salz bereitet, nach deren Genuß er krank geworden. Während seiner Gesundung soll sie gesagt haben: »sie wolle Im etwas zurichten, das er sein leblang keins weibs bildt begere.« Hierauf erleidet er einen Rückfall und bleibt 15 Wochen krank.
- Mit dem Müller Stoffel Ziegler hat sie ebenfalls eine Auseinandersetzung. Ihm hat sie gedroht: »Du bist ein stolzer Müller, ich wil dir die potten (Pfoten) balt schmelzen, du sol(ls)t sie bald verlieren, worauf er, wie die Hinterbliebenen berichten, ohnlengst hernach in grosse Krenck gefallen, anfenglich lang gebluet, dernach an seinem Leib durchaus abgenomen und solcher elender anplick zusehen gewesen, bis er gestorben. Sie habe ihn mit zauberey angegriffen und beschediget.«

Anfang Mai 1576 setzt der Lohrer Amtskeller Johann Drach die Weltlichen Räte über den Zaubereiverdacht gegen Margreth Scherchen in Kenntnis. Beschwerden der Bürger, die sie als Verursacherin von Schäden an Mensch und Vieh bezichtigen usw. liegen vor. Manche sagen, von ihr bedroht worden zu sein, eine Spitalinsassin sei anläßlich einer Auseinandersetzung mit der Meisterin zum Krüppel geworden.

Dahinter liegt ein scharfes Frostjahr und auch damit bringt man sie in Verbindung. Hinzu kommt, daß sie am Ostersonntag mehrmals ohne erkennbaren Grund durch das Obertor aus und ein ging und ihre Hände dabei unter der Schürze verborgen hielt. Es veranlaßt den Torwart zu der Anmerkung: »sie sei der großen Zauberin eine.« Kurz danach erkrankt seine Frau und seine Kuh gibt keine Milch mehr: »weil sich auch die Brust der Frau des Torwarts entzündet hat, muß er sie bei Nachbarn kaufen.«

Die Weltlichen Räte beschließen ihre gütliche Vernehmung. Die Beschuldigte weist alle Vorwürfe zurück und betont ihre Hilfsbereitschaft. Doch beschließt man ihre Folter. Ihr wohnen am Abend des 6. Juni außer dem Keller Johann Drach der Zentgraf Jacob Fuchs und zwei Ratsverwandte bei. Nun wird ihr Widerstand gebrochen. Sie gesteht:

- Daß sie ein schwarzer Mann angesprochen habe: »Wenn man mit der grausamen Folter aufhöre, wolle sie ein gütliches Geständnis ablegen.«

Sie beharrt auf der Aussage, keine Komplizen gehabt zu haben, worüber man sich erstaunt zeigt. Am Pfingstmontag 1576 läßt Margreth Scherchen durch den Stadtknecht dem Keller übermitteln, sie habe ihm etwas mitzuteilen. Jetzt nennt sie Komplizen, die nach der Darstellung des Kellers »nicht weniger auch lange Zeit in diesem Geschrei und Bezichtigung gleich der Spitalmeisterin verdechtig gewesen.« Zu ihnen gehören die Baderin von Frammersbach und deren Mutter, das Alt Gamperlein.

Die Weltlichen Räte halten die Aussagen der Margreth Scherchen für eine Verurteilung ausreichend aber machen zur Auflage, »sie nochmals in Ruhe zu fragen, ob sie bei ihrer Aussage bleibe. Erst dann dürfe das Gericht zusammentreten.«

Der peinliche Rechtstag kommt nicht zustande, denn ein Verhörsprotokoll weist aus: »daß der Spitalmeisterin verstorbener Körper von den hochgelehrten Churfürstlichen Meynzischen Weltlichen Räthen zum Feuer verurteilt worden sei, welches – da sie lebendig geblieben – auch geschehen.« Vermutlich stirbt sie an den Nachwirkungen der Folter.

Daß gegen die von der Spitalmeisterin besagten Frauen vorgegangen wird, läßt sich nicht ermitteln. In Prozessen der Jahre 1591 und 1601 sind sie nicht erwähnt. 1576 kommt es zu einem Verfahren gegen die Baderin

Barbara Neubauer
Frau des Frammersbachers Baders. Ihr haftet der Ruf einer Heilkundigen an und doch kommt sie – vielleicht deswegen – ins Geschrei. Ihre Mutter hat das Amt einer Hebamme versehen, bis sie vor vier Jahren ... Zauberei halben ... beurlaubt worden. Im Schreiben der Räte vom Mai ist davon die Rede, daß sie in der Badstube mehrere Personen angegriffen, d. h. durch zauberische Handlungen geschädigt habe, weshalb ihr ihr Mann den Zutritt untersagt.

Sie wird durch ihre Mutter belastet. Sie soll vor Jahren zwei Männern eine todbringende Suppe bereitet haben. Einen anderen habe sie so verhext, daß er ums Leben gekommen ist. Die Brüder Balthasar, Lorenz und Hans Winter bezichtigen die Mutter und Tochter eines Pferdesterbens mit einem Schaden von 1600 f. Schließlich erinnert man sich, wie es vor Jahren einer Nebenbuhlerin der damals ledigen Barbara Neubauer ergangen ist, als der Glaser Heinz sich zu Frammersbach beweiben wöllen. Barbara hätte ihn gern zum Mann gehabt; aus Eifersucht soll sie ihn behext haben.

Ende Mai 1576 übermittelt Johann Drach den Weltlichen Räten einen Bericht und man sagt: »man möge den Frauen bestenfalls eine Verwarnung erteilen, möglicherweise würden sie fliehen, womit man Gewißheit bekäme.« Sie bleiben unbehelligt. Die

Weidenjostin
ist eine wohlhabende und geachtete Witwe. Anfang Mai 1591 wird der Lohrer Keller Jacob Wolpert angewiesen, Ermittlungen gegen eine namentlich nicht Genannte einzuleiten, die der Zauberei verdächtig sei. Besager werden nicht genannt, doch sei ihnen glaublich berichtet worden, daß eine große schwarze Katze, die von einem Lohrer Bürger in einer Falle gefangen und fast zu Tode geprügelt worden war, in ihr Haus geflohen sei. Seitdem liege die Frau mit zerschlagenen Gliedern im Bett. Es habe zudem ihre Enkelin auf der Gasse zu anderen gesagt: »Es käme offtermals heßliche schwarze Böckh zue seinem fräwlin bey nächtlicher weill in die Cammer an das Beth.«

Man soll die Bezichtigte aufsuchen, ihre Wunden von einem Arzt oder Barbier untersuchen lassen und sie nach den Ursachen fragen und schon meint man: »man müsse sie in einen wolverwarlichen Thurm sperren und der Nachrichter möge sie aufziehen, torquieren und fragen.«

Jacob Wolpert bemüht sich, den Auflagen nachzukommen. Dann läßt er den Wullenweber Peter Appel, der die Katze an Walpurgis (?) gefangen hat, unter Eid vernehmen. Auch ihm sei merkwürdig erschienen, »daß das Tier nicht den geringsten Ton von sich gegeben, als es geschlagen wurde.« In der folgenden Nacht habe es in seinem Haus ein Ge-

Richtplätze im Erzstift Mainz

Ort	Richtplatz
Aschaffenburg	Hinter der Agathenkirche
Dieburg	Zwischen Ewalds- und Mainfelder Pforte
Fritzlar	Auf dem Pippert hinter der Siechenkapelle
Flörsheim	Uf dem Hexenberg oberhalb der Traiser Mühle
Groß-Ostheim	Auf dem Schieberg am stumpfen Turm
Groß-Welzheim	Am Spiegelsberg
Hörstein	Am Weg nach Kahl
Klein-Heubach	Unter dem Galgen
Klingenberg	Am Galgen auf dem Hohberg
Lohr	Auf dem Galgenberg
Miltenberg	Vor dem Rathaus und auf dem Schindanger an der Stadtmauer in Richtung Bürgstadt
Mönchberg	Oberhalb der Waldmühle
Seligenstadt	Auf dem Marktplatz
Somborn	Galgengrund
Steinheim	Auf dem Schloßplatz
Wörth	Über der alten Straße

rumpel gegeben, als wenn eine Wand einstürze. Doch könne er über die Weidenjostin nur Gutes berichten.

Dann wird sie in ihrem Haus aufgesucht. Ihr Zustand erlaubt es nicht, zum Verhör ins Rathaus zu kommen; sie hat rote und blaue Flecken auf Rücken und den Armen. Als Ursache für ihre Bettlägrigkeit gibt sie den Genuß von verdorbenem Wermut an: »sie habe sich drei Stunden lang erbrechen müssen, bis schließlich nur Blut kam, seitdem hüte sie das Bett. Bei den Flecken handle es sich um Rotlauf. Ihrer Katze war nicht anzumerken, daß sie geschlagen worden sei, sie habe vor 14 Tagen Junge geworfen.«

Mägde bestätigen ihre Aussage. Ihre zwölfjährige Enkelin Catharina Obers gibt zu Protokoll: »sie wäre gefragt worden, ob es denn so sei, daß zu ihrer Großmutter häufig ein Bock käme.« Sie habe das bestritten: »obwohl sie bei ihr in der Kammer schlafe, habe sie davon nie etwas bemerkt.« Für

Aschaffenburg
ist der Hexenglaube früh nachweisbar. In Synodalberichten von 1487 wird erwähnt: »daß ein Götz Lautenschläger aus Erlenbach in Liebeshändeln mit einer nicht weiter genannten Hexe aus Obernburg ertappt worden sei ... zudem der Mann mit einer Hexe namens Somborn zu schaffen gehabt.«

Der Umfang der Verfolgungen in der Region wird unterschiedlich interpretiert, die wirkliche Zahl läßt sich nicht ermitteln. Die Angaben schwanken in einem größeren Zeitraum zwischen 231, 319 und 120 Hinrichtungen. Nach einem teilweise erhaltenen Protokoll aus dem Jahre 1603 sind hier (mindestens) 21 Personen in Hexenprozesse verwickelt. Zudem sind weitere neun faßbar, die 1603/04 Opfer des Hexenwahns werden.

Margaretha, Hans Österlings Mundköchin und Hausfrau, war am 11. Juli 1603 hingerichtet, denn Barbara Bertz sagt unter dem Datum: »bei ihrer teuflischen Hochzeit vor 16 Jahren habe sie gekocht und ein frembder Spielmann zum Tanz gespielt.« Zudem wird ihr vorgeworfen, daß sie im Hegholz einen Hafen mit allerhand Beblüt (Blüten) ausschütten und so allen Wein und Korn verderbt haben wollen, aber Otten Even hab es gehindert, »daß nit alles ausgeschüttet worden.«

Eine Hertelin wird von Gertrud Hippel bezichtigt, an ihrer eigenen und Siegfried Schnabels (Seyfreidts) Tochter teuflischen Hochzeit teilgenommen zu haben. Sie wird von Catharina Rauchards besagt, im Hegholz bei einem Tanz gewesen zu sein und bei Goldbach einen Nebel zur Verderbung des Ackers machen helfen, indem sie mit Gerten in Teufels Namen ins Wasser geschlagen. Sie hat vor dem 8. Juli 1603 gestanden, eine Hexe zu sein; danach wird sie gerichtet.

Katharina Rauschards wird von mehreren belastet. Als sie am 28. August 1603 gefoltert wird, gesteht sie, vor zehn Jahren, als sie

Cent- oder Folterturm in Aschaffenburg. Federzeichnung, laviert, um 1850. Städt. Schloßmuseum Aschaffenburg.

ihren jetzigen Sohn gesäugt habe, sei sie von der hingerichteten Fischerin zur Hexerei verführt worden.

Die Witwe Katharina Bertz wird von der Mundköchin belastet: »welche ihr vor etlich Jahren ein Kind umbracht, indem sie ihm eine Birn geben, davon ihm der Hals zugeschwollen und ungefähr in vier Tagen gestorben ... damals (sei) die alt Bertzin in ihr Haus (ge)kommen und dem Kind, als es schon tot gewesen, drei Troppen Bluts aus der Nasen geschossen.«

Belastet wird sie von Irmel uf der Heydt aus Damm: »Henrich Bertzen Wittibin, so bei ihrem Buhlen unter einem Baum gesessen und ihres behalts (zu ihrem Schutz?) schwarze Kleider angehabt.«

Barbara, Tochter des Heinrich Bertz, bekennt vor 16 Jahren durch ihre Mutter verführt worden zu sein. Sie ist etwa 24 Jahre alt und wird vermutlich kurz danach hingerichtet. Nach ihren Angaben war sie als Kind von acht Jahren verführt worden, nach Angabe der Mundköchin im Alter von vier Jahren.

Irmel Heydt aus Damm gesteht im peinlichen Verhör vom 10. Juli 1603, vor drei Jahren aus Not eine Hexe geworden zu sein. Margreth, Hans Schürs Wittib bekennt das gleiche.

Barbara Müller bezichtigt man der Teilnahme am Wettermachen und Verderbung der Frucht im Schülerwäldchen. Dann wird behauptet: »sie habe vor sieben Jahren auf der Teufelshochzeit der Anna uf der Heydt unter dem Godelsberg gekocht.« Sie wird nach dem 28. August 1603 hingerichtet.

Anna, Frau des Hans uf der Heydt, sei wohl ebenfalls eine (Hexen)köchin gewesen. Sie bekennt seit zehn oder zwölf Jahren eine Hexe zu sein. Vermutlich wid sie kurz danach verurteilt.

Elisabeth Hans Wagners Witwe aus Aschaffenburg, über 60 Jahre alt, wird bezichtigt, sie sei vor vier Jahren beim Kieselwettermachen auf der Auen dabeigewesen. Sie wird gefoltert und gesteht, seit vier Jahren eine Hexe zu sein. An Schluß des Protokolls ist vermerkt: »Verhaftin ihre Aussag geendet und ist folgenden Tags in haften verstorben und darauf verbrannt worden.«

Magdalena Jung ist 30 Jahre alt. Sie gesteht, daß, als sie noch ledigen Standes, sei sie durch die hingerichtete Schultheißin zur Hexerei verführt worden. Sie besagt rücksichtslos andere. Anna Kolb aus Kleinostheim hat sich zur Hexerei bekannt und wird nach dem 17. Dezember 1603 verurteilt.

Katharina Bürger

soll der böse Geist erschienen sein. Dann sagt Magdalena Jung: »vor ungefähr acht Jahren habe Philipp Bürgers Tochter ihre zauberische Hochzeit in Georg Auheims Garten beim Schlenkerturm gehalten-wozu ihre Mutter Wein in silbernen Bechern gebracht. Philipps Bürger Tochter sei als Hochzeiterin, so einen hübschen jungen Gesellen bekommen, grün gekleidet gewesen. Nach vollbrachter Hochzeit hab ihn der böse Geist und sonderlich der Hochzeiterin Buhl befohlen, die Frucht, das Dinglicht (Spelz) zu verderben und das H. Nachtmahl dazu zu gebrauchen ... zudem habe sie ein Gewitter erzeugt und vor ungefähr drei Jahren sein eigenes Kindlein in Philipp Bürgers Haus gesotten, dabei Georg Auheims Frau gewesen, daraus sie Zauberschmier gemacht und ihr ein wenig geben, damit sie sich schmieren solle, wann sie zur Hochzeiten führe.«

Als die Jung ihre Aussage aufrecht hält und erweitert, wird auf Befehl der Räte die angegebene Philipps Bürgers Hausfrau Catha-

Oben: Zum Neubau des Aschaffenburger Schlosses werden teilweise »Hexengelder« verwendet. Unten: Gasthaus zum Riesen Miltenberg, dessen Inhaber einst als Hexer verfolgt wurden. →

rina, eingezogen und in Güte examiniert. Darauf sich die Bürgerin verantwortet, die Zauberin wäre Teufelsleut, und sei nimmermehr keiner hold gewesen, Ihre Tochter sei einstmals mit der verhafte(te)n Benderin eines Zubers halben uneins worden, daß ihr dieselbig gedrohet, sie wolle ihr gedenken. So hab sie zwar auch gehört, daß sie von der Mundköchin angegeben worden, sei es aber aus keiner anderen Ursach geschehen, als daß sie deren Tochter einmal einen Hasenkopf genannt. Es werde sich auf sie nichts Böses befinden, man wolle dann gegen ihr Gewalt brauchen (ergänzte: Unter der Tortur sei sie wie alle bereit, Märchen zu erfinden).

Dann geschehe ihr Unrecht, oder wollt, daß sie Gottes Angesicht nimmermehr beschaut. Hab mit ihrer Angeberin, der Benderin niemals kein Gemeinschaft gehabt. Sie möchte noch mehr sagen, hab die Zeit ihres Lebens keine Sinn oder Gedanken uf die Zauberei gehabt. O ihr Examinatores, habt mir große Schand angetan. Und do mir etwas geschieht, so habt ihr auch acht.

Jetzt wird sie mit der Jung konfrontiert, die ihre Aussagen erweitert. Dagegen sagt die Bürger(in): »wi kannstu dies sagen? Es ist doch alles erlogen. Du wirst nimmermehr selig, daß du mich so beleugst:« »Ich tue euch nicht unrecht, sagt die Benderin. Ich hoff, ich wolle selig werden, dann ich hab mein Sach richtig an Tag geben. Und daß es alles die Wahrheit sei, daruf wolle sie das H. Nachtmahl empfangen und den Tod leiden und ihr solches am Jüngsten Gericht unter Augen sagen. Zu wahrzeichen seien der Kantengießer und (Cobrad Jergen) Sporers Tochter ihrer Tochter Brautmägd gewesen und jetztgemelter ihrer Tochter Buhl noch jung, in Grün gekleidet.«

»Nichtsdestoweniger saget Verhaftin, es sei ihr nicht bewußt, und hab auch ihr Lebtag keine Gemeinschaft mit ihrer Angeberin gehabt und könnte so wohl für ihre Tochter, als für sich selbsten schwören, daß ihnen zuviel und Unrecht geschehe. Denn sonsten wollt die wohl hinweggezogen sein.« Ob sie diese Leut sein sollten? Dafür hat sie Gott behütet.

Wie geht es mit Magdalene Jung weiter? Wie mit der Frau und Tochter des Philipp Bürger? Anna, Frau des Hans uf der Heydt, hat im August 1603 vor Gericht gesagt: »Sie wisse nichts Böses und sei ihr Zeit ihres Lebens nicht zugemuetet worden, viel weniger sei der böse Geist je zu ihr kommen; zudeme sei sie oftmals vermahnt worden, daß, wann sie sich schuldig gewußt; sie vorlängst ausgewichen sein wollte. Dieweil sie aber ja so oftmals bekannt (angeklagt worden sei), sollte man sie auf derselben Aussag richten.«

Weitere Opfer

Dann wird eine Amme aus Damm hingerichtet. Irmel will sie 1602 beim Wettermachen im Fahrenbach gesehen haben. Barbara Bertz beschuldigt sie:

- vor 16 Jahren sei diese ihr Leuchter bei der Teufelshochzeit gewesen und habe das Licht uf ihrem gemächt stecken gehabt.
- vor acht Jahren habe ihr die hingerichtete Amm aus Damm den Hafen umgeschüttet, in welchem sie selbst allerlei zu einem Wetter zur Verderbung der Frucht bereit hielt.
- Zudem hat Anna Heydt behauptet, die Amm von Damm sei ihr Teufelshochzeitsleuchter gewesen.

Die hingerichtete Fischerin wird ebenfalls bezichtigt. Katharina Rauschard sagt über sie: »vor ungefähr zehn Jahren, als sie ihren jetzigen Sohn gesäugt, sei sie zu ihr kommen und habe gesagt, sie hab böse Augen, sie sollt ihr doch (aus ihren Mutterbrüsten) darin melken, dann sie hab gehört, es sollt gut dafür sein.«

Als sie nun solchs getan, hab dieselbig ferners an sie gesetzt und begehrt, sie sollt auch Zaubern lernen, dann es sei nichts Böses, so wollt sie ihr ein hübschen Buhlen geben. Dann habe sie das H. Nachtmahl aus dem Munde genommen und unter die zauberische Schmier getan, »so in der Fischerin Haus aus deroselben Tochter ohngetauften Kindlein gesotten werden.«

Irmel uf der Heydt hat auf die hingerichtete Lauckh bekannt: »daß sie vor drei Jahren auf ihrer Teufelshochzeit der Leuchter gewesen sei.« Claus Rauscher berichtet: »sie habe vor zehn Jahren Lauxen dem Pförtner ein Schwein umbringen wollen, aber den Schaden sich selbst zugefügt.«

Ein mißlungener Mordversuch der Hexen wird am 10. August 1603 von Irmel auf der Heydt geschildert: »sie hätte vor ungefähr einem Jahr ein Wetter in der Fahrbach machen helfen, so Blitz Contzen von Steinbach erschlagen sollen, welches die Fausten Grain angericht. Dieweil sie mit ihm uneins gewesen, und in Teufels Namen mit Gerten ins Wasser geschlagen.« Anna Glau bekennt sich zu drei Morden.

- sie hab Charium Sengern, dieweil er jeder Zeit ihrem Mann zuwider gewesen, aus Befelch ihres Buhlgeistes hingericht, indeme sie demselben lang nachgegangen und endlich uf der langen Mauern in des Teufels Namen angeblasen.

• Desgleichen hab sie auch Conradt Rausen, den Herrenschiffer, hingericht, dieweil sie gern gehabt, daß ihr Mann Schiffmann worden wär. Sie habe ihn mit ihrer zauberischen Schmiersalb angestrichen, davon er sterben müssen.
• Nicht wenigers hab sie auch aus ebenmäßigen Ursachen ihres Mannes Bruder, indeme sie ihme ihre zauberische Schmier in Teufels Namen an ein Arm gestrichen (umgebracht).

Teuflische Bekanntschaften

Hier taucht der Teufel unter den Namen Grünewald, Blaufuß, Bölge, Hollerkautz, Grünrock, Federwisch und Schürlenfüß auf. Margaretha Österling hat zweimal mit ihm gebuhlt und ihre Teufelstaufe habe am Weltzbach stattgefunden. Barbara, Tochter des Heinrich Bertz, feiert ihre Teufelshochzeit im Waldzipfel in der Strüdt (Strietwald?).

Irmel uf der Heydt wird bei der neuen Brükke verführt und heiratet (ihn) im Steinbacher Stutz. Die unbekannte Barbara ist in der Röderbach getauft und ihre Hochzeit war unter dem Goelsberg, wozu sie vier Buhlgeister auf einem Wagen in der Luft geführt haben. Margreth Laux wird vom Satan beim Reisig auf dem Bischofsberg übertölpelt und an einem Bronnen getauft.

Der Anna uf der Heydt erscheint der Teufel mitten uf der Gassen im Herstal, buhlte mit ihr, verhielt sich grob, hat sie im Hegholz ins Wasser gestoßen und getauft. Elisabeth Wagner erscheint der Teufel vor vier Jahren im Schreibersgraben beim Grasen, verführt sie und führt sie auf den Judenberg bei der Ziegelhütte, um sie zu taufen.

Seine Präsente lösen sich in der Regel in Asche, Pferdemist, Kot oder Schiefersteine auf. Magdalena Jung erhält statt eines Talers harte Hafenschirben (Topfscherben).

Hostienschändung

Mißbrauch des hl. Nachtmahles läßt sich nachweisen. Barbara Hans (?) behauptet, sie hätte aus Befelch und im Beisein ihres Buhlgeistes mit einer Stecknadel darin stechen müssen, daraus ein Blutstropfen gangen, daß sie übel darob erschrocken und solches im Garten begraben, der Orts jetztunter ein Stall gebaut sei. Eine Unbekannte trägt vor: »das H. Nachtmahl habe sie dreimal aus dem Mund genommen und der Otten Even uff ihr Begehrn zugestellt, Schmier daraus zu sieden.«

Anna uf der Heydt äußert: »daß sie einmal des H. Nachtmahl aus dem Mund genommen und unter ihre Schmier gemischt, so zu zweimal uf der Auen aus jungen Kindern gesotten worden, dabei alle Ihre obgedachte Gespielen gewesen und jede ihr Teil vom bösen Geist empfangen.«

Nikolaus Georg von Reigersberg. Stadtschultheiß der Stadt Aschaffenburg und kurmainzischer Kanzler.

Zweite Prozeßwelle

Im Raum Aschaffenburg und Damm werden 1628/29 weitere 43 Personen als Hexen verurteilt, doch 23 nach ein- oder mehrmaligen Folterungen entlassen. Bei den Unterlagen befindet sich die Forderung H. Paulußes, Scharpfrichters »wegen deren in annis 1628 undt 1629 hingerichter von hier (Aschaffenburg) und Damb, wie auch heimbgelaßener zauberischen Man und Weibspersonen deren so hingerichtet worden 43 Persohnen seindt, von jedem zu richten 3 fl., thuet 129 fl. Von denenselben bei den Examinibus ufzuwarten, von jedem examine 8 Batzen, deren seindt 53; 28 fl. 4 Batzen. Mehr drey mohl die gefencknüs geseübert: 9 fl. $2^1/_2$ Batzen ... Summa Summarum 253 fl. $13^1/_2$ Batzen Pauls Straff, Scharpfrichter.« Im hanauischen Amt

Schaafheim

sind seit 1580 Untersuchungen wegen vermuteter Hexerei im Gange. Mitte Januar

Hexenunwetter im Aschaffenburger Raum

Margaretha Österling: vor etlichen Jahren wurde ein Unwetter im Hegholz veranstaltet, das alles verderben sollte.
Hertelin: Mit Zaubergerten schlagen die Hippelin und Katharina Rauschard ins Wasser bei Goldbach und verursachen Nebel zum Verderbnis der Eichelmast.
Hippelin: bezichtigt sich, vor etwa zehn Jahren mit Stoffel Sommers Frau ein Wetter gemacht zu haben, welches sie in einem Hafen gehabt.
Barbara Bertz räumt ein: or acht Jahren hätte sie allerlei Früchte zur Verderbung der Frucht in einen Hafen gehabt, den die Amm von Damm im kleinen Wäldchen ausgeschüttet habe.
Die alte Bertzin: sie habe vor etlichen Jharen Obst verdorben im Hegholz durch allerlei Geblüt in einem Hafen.
Irmel Heydt beschuldigt sich, 1602 geholfen zu haben, als Fausten Crein ein Wetter durch Schlagen ins Wasser in der Fahrbach machte und 1601 im Hegholz durch ein Kieselwetter zur Verderbung des Weins Gescheine (Blütenknospen) der Trauben in einem Hafen mit Hölzern umgerührt und ausgeschüttet habe.
Anna Glau: hat 1600 auf der Scheppenbach Kiesel vom Teufel erhalten, ins Wasser geworfen zur Verderbung des Weins; hatte außerdem allerlei Getraidts in einem Hafen, den Jacob Broden Frau ausgeschüttet, daraus lauter Raupen geworden.
Margreth Weiß: wird besagt, »sie habe 1600 auf den Genswaidt (Gänsewiese) ein Wetter zur Verderbung des Weins machen helfen, das sie in Körben gehabt und im Teufels Namen ausgeschüttet hätte.«
Anna uf der Heydt: vor drei Jahren hat sie im Hegholz Rüben und Kappes (Kohl) verdorben; deshalb mit Gerten ins Wasser geschlagen; damals habe sie zu Wahrzeichen nicht helfen wollen, darumb sie von ihrem Buhlen zerschlagen worden.
Elisabeth Wagner: hat vor vier Jahren im Totenwasser ein Wetter zur Verderbung des Weins und Obstes gemacht; sie hatte dabei Zincken (männliches Glied) und Obst in einem Hafen, den der Teufel persönlich ausgeschüttet habe.

*) Zusammengstellt nach den Recherchen von Anton Ph. Brück

1590 erhebt Hans Becker in Kleinostheim eine Verläumdungsklage gegen Hans Wirmann. Er habe seine Mutter der Zauberei bezichtigt. Hans Becker hat 1587 die Hebamme Margaretha diffamiert. Sie behauptet, daß in der Karrengasse, wo sie wohnt, nicht mehr von den 17 dort wohnenden Frauen als drei fromm seien; wegen ihres zweifelhaften Leumundes nehmen die Nachbarn es so ernst, daß sie die Regierung um Erlaubnis nachsuchen, ihre Frauen zum Erweis der Unschuld durch den Ellinger Nachrichter auf das Teufelsmahl untersuchen zu lassen. Möglicherweise entwickelt sich aus dem Vorspiel eine Untersuchung.

Eine Notiz von 1594 besagt, daß die Alte Hechtbeckerin Jahre zuvor wegen Hexerei verhaftet und peinlich verhört worden sei. Catharyn Fechers wird vor 1590 als Hexe gerichtet. Die erste nachweisliche Hinrichtung einer Hexe in Aschaffenburg erfolgt 1592.

Hebammin Schmidin

hat 1590 durch ihr Versagen bei einer Geburtshilfe Verdacht erregt. Das Kind war von Nachbarsfrauen, nachdem sich die Hebamme Stunden bemüht hat, tot zur Welt gebracht worden. Äußerlich ist ihm nichts anzumerken und deshalb sagt man: »Es sei kein rechte sach mit dem khindt.« Bald danach gesteht die Hebamme, es nicht begraben, sondern unter Beihilfe von Komplizinnen zu Salbe verarbeitet zu haben.

Die Weltlichen Räte sehen es so, obwohl es genug Zeugen gibt, die versichern, daß man das Kind ordnungsgemäß auf dem Friedhof St. Agathe begraben hat. Nutznießerin ist eine andere Hebamme, der das Amt übertragen wird. Zwei weitere, die Froschin und die Schollerbin, teilen das gleiche Schicksal. Vor 1594 finden die Fritzen Ketter von Niedernberg und eine Hoffrau als Hexen den Tod.

Die Aschaffenburger Zünfte und Bürger fordern zum Beginn des Jahres 1594, gegen die seinerzeit Besagten mit gebührender Strafe vorzugehen. Die Bittschrift zeigt den gewünschten Erfolg; sie werden gefangen und gütlich verhört. Es bleibt ergebnislos. Ihren Angaben zufolge war Catharina Schäfers schwanger, was eine Folter unterbindet. Am nächsten Tag verfügen die Weltlichen Räte ihre Freilassung gegen Kostenerstattung und Bürgschaft. Dazu kommt es nicht, da sich ihr Mann (Urich Schäfer) weigert, sie zu stellen. Als keine gütliche Regelung erzielt wird, wird verfügt: »sie bis zur Geburt des Kindes auf eigene Kosten in Haft zu halten.«

Margaretha Wagner

die Junge Hechtbeckerin, wird gütlich verhört: »daß sie auch bey den Kindern uff der gassen, in diesem geschrey gewesen« ist ihr bekannt. Als sie sich zu Tätlichkeiten gegenüber der Spitalköchin hinreißen läßt, die sie öffentlich Zauberin nennt, muß sie mehrere Tage ins Narrenhaus. Ihr fünfjähriger Sohn bezeugt: »er könne in den Bach springen, ohne sich die Füße naß zu machen.« Die Häscher werfen ihr vor: »scheint ein boeß gifftig und schadhafft Thier (zu) sein.«

Bürger intervenieren: »man lasse sich nicht von Rachsucht leiten und wolle nur verhindern, daß nit auch mit ihnen zugleich unsere armen weiber und junge bludt ... in ewiges verdamlichs wesen gefurtt werden.« Sie werden nach Erstattung der Kosten und Leistung einer Urfehde aus dem Erzstift gewiesen.

Biebergrund

Mit der Sitte des Segensprechens und Wahrsagens wird in einem Visitationsprotokoll des zweiherrischen Biebergrundes von 1562 Zauberei gerügt; 30 Jahre vor dem ersten belegbaren Hexenprozeß. 1601 und 1602 wird Zauberei erneut aktenkundig. Es liegen Abrechnungen über gerichtete Zauberinnen vor. Es scheint, als sei der Biebergrund während 1600–02 Schauplatz breit angelegter Untersuchungen gewesen. Die erste nachweisbare Exekution findet am 7. März 1600 statt und weitere folgen im Laufe des Jahres. Bei den Verurteilten handelt es sich um Frauen.

Mit Endreß Stenzel wird im Januar 1601 in Bieber der erste Mann gerichtet. Erstmals wird nicht auf Feuertod erkannt, sondern auf Enthauptung per Schwert. 1601 folgen weitere Hinrichtungen. Margretha Krug, die zum Beginn des Winters 1602/03 zum dritten Mal wegen Verdachts der Zauberei verhaftet wird, ist die letzte der in den Rechnungslisten aufgeführten Gerichteten. Früh künden sich in

Seligenstadt

Hexenprozesse an. 1544 wird die Witwe des Jacob Schwalbacher von Catharina »eine offentliche Zaubersche gescholten.« Es gelingt ihr vor Gericht, einen Widerruf zu erzwingen. 1600 beginnt ein Prozeß gegen mehrere Seligenstädterinnen. Den Grund legt 1597 der Pfarrer Martin aus Mainfinden. Er hat im Rausch auf offener Straße Elisabeth, Frau des Fischers Reiz Glauen, angehalten, und mit der Bemerkung: »daß jetzt allenthalben Hexen ergriffen würden, ihre Hände besehen. Darauf erklärt er, daß sie eine sei.«

Als im Frühjahr Ermittlungen eingeleitet werden, wird vorgetragen: »das sie etliches Gesindel in der Stadt auf sich gezogen und allerhand verdächtigem Gehabe nachgehe, daß (sie) in ihrem Haus Cuplerey gehapt, gespielt, unnd beim Wein geseßen.« Hans Winter beschuldigt sie, »das sie ihm in einem Trunk Wein und einem Stück von einem Fisch hart an Leib und Leben zugesetzt habe[30].« Weitere Indizien kommen dazu:

- Arnold Rucker hat vor Jahren eine Kuh statt ihr dem Johann Wupfel verkauft. Als sie keine Milch mehr gibt und sich als unfruchtbar erweist, lenkt Rucker den Verdacht auf Elisabeth Glauen und sucht den neuen Besitzer zu einer Zauberklage vor Gericht zu bewegen.
- Hans Budencapp hat seiner Frau im vorangegangenen Jahr während eines Streites mit einem Holzscheit zwei Löcher in den Kopf geschlagen und man sagt: »daß die Glauen Buddencapps Frau bezaubert und ihr eine unerklärliche Abneigung gegen ihren Mann eingeflöst haben müsse.«
- Man lastet ihr den unverhofften Tod des Stoffel Bambach und seinem knapp zweijährigem Sohn an. Er stirbt in den Armen von Elisabeth Glauben, als die Mutter das Haus für einen Augenblick verläßt.

Sie wird Anfang Oktober 1600 als »geständige« Hexe verbrannt. Im gleichen Jahr wird gegen vier Frauen wegen Zauberei ermittelt. Möglicherweise hat sie Elisabeth Glauen besagt.

Ende November 1600 berichten Fauth und Baurentmeister dem Aschaffenburger Vizedom von Kronberg, was die beiden wegen

Zauberei inhaftierten Frauen des Alexander Nails und Marcellin Melman während der gütlichen und peinlichen Verhöre aussagten. Die Bitte der Deliquentinnen um einen raschen Prozeß, damit sie ihre Angehörigen nicht weiter zur Last fallen, läßt die finanzielle Härte erkennen.

Am 20. November 1602 teilen die Weltlichen Räte dem Aschaffenburger Vizedom Hans Dietrich von Reiffenberg mit, daß man vorläufig gegen Peter Hetzers Frau nichts unternehmen könne, obwohl die Genannte 1600 wegen Zauberei eingezogen und durch die in der Haft gestorbene Mutter und Schwester verdächtigt geworden ist. Im Oberamt

Amorbach

werden ebenfalls Hexen verfolgt. Hier ist der stimulierende Einfluß des benachbarten Würzburg erkennbar. Es beginnt mit der Verleumdungsklage einer Frau. 1547 wird Hans Rinschheim vom Buchener Stadtgericht zur Rechenschaft gezogen, weil er die Frau des Cunz Schmiden »alte Zauberin« gescholten hat.

Elisabeth Schmidten wird aufgrund von Besagungen ihrer Nachbarn beim Amorbacher Oberamtmann 1570 in den Buchener Turm geworfen; einen Monat später wird sie vom Scharfrichter bedroht und dann wird ihre Freilassung angeordnet. Der Miltenberger Scharfrichter hat sie ohne Indizien gefoltert. Ihr Mann unternimmt in der Folgezeit mehrere Anläufe wegen der Ungerechtigkeit, die bleibende gesundheitliche Schäden hinterlassen hat und versucht, eine Entschädigung zu erhalten.

Unterdessen nehmen die Prozesse in der Zent Buchen ihren Fortgang. In einer Auseinandersetzung mit dem Mainzer Kurfürsten suchen die gemeinen Ganerben von Bödigheim Rückhalt bei Fürstbischof Julius Echter von Mespelbrunn.

Zu den Betroffenen gehört Frau Claus von Stettens. Obwohl sie während des peinlichen Verhörs geständig ist, widerruft sie ihre Aussagen am 3. November 1593. Der Zentrichter verfaßt ein Protestschreiben an die kurfürstlichen Räte, da er die Verwicklung von Privatinteressen vermutet[31)].

Im gleichen Jahr werden weitere als Hexen eingezogen und gerichtet. Die Bittschrift der Bürger von 1593 zeigt die Furcht auf einem neuen Höhepunkt. Die Torwächter und ein Bürger ergehen sich in apokalyptischen Visionen und berichten von einem nächtlichen Überfall von Teufeln und Hexen.

In Amorbach werden im August 1593 vier Frauen als Hexen abgeurteilt und zwei weitere 1593 in Walldürn. In einem *Extract Zauberischer Indicien auß den prothocollis zu Amorbach gezogen,* bemerkt 1641 der Schreiber zur Person der Glöcknerstochter Margaretha: »Nota Ihr freuelein ist vor 40 Jahren auch verbrend worden.« Hier fällt unser Blick auf

David Meder

einen unbarmherzig gesinnten lutherischen Hexenpastor. Er ist Pfarrer in Nebra (Thüringen) und veröffentlicht 1605 acht Hexenpredigten[32)], die er in der Grafschaft Hohenlohe gehalten hat. In der ersten bringt er den Beweis von Hexereien ein. In der zweiten fordert er die Obrigkeit auf, sie aufzusuchen und hinzurichten. Er feuert die Richter an, sich von ihnen nicht bestechen zu lassen.

Vor allem in seiner dritten Predigt zieht er vom Leder: »es bekennen alle verblendeten Menschen, daß sie der hl. Dreifaltigkeit, dem christlichen Glauben und der heiligen Taufe absagen. Sie verleugnen, sonderlich in den Kirchen, wenn der Pfarrherr den Text lieset, alle seine Worte bei sich selbst Lügen strafen und sich dadurch zu Feinden Gottes erklären. So lange sie beim christlichen Glauben verharren, kann sie der Teufel nicht als seine Werkzeuge brauchen.«

Er erlaubt sich die Anmerkung, daß päpstliche Mönche als geheime Schwarzkünstler im Beichtstuhl alten Weibern Unterricht im Zaubern erteilen und meint: »die Hexenwerke seien des Teufels Verrichtungen, als das sind Luftfahrten, Ausfahrten, fleischliche Vermischung mit dem Satan ohne Nachkommenschaft, Wettermachen, Bezauberung von Menschen durch Pulver, das sie auf den Weg streuen, durch Schüsse (Hexenschuß), damit sie abwesende Menschen (be)schädigen, zauberische Wachsbilder, womit sie Abwesende blind oder lahm machen, durch Nestelknüpfen und Schloßwerfen, wodurch sie Eheleute verderben oder durch anderweitiges, womit den Menschen an Leib und Leben, Eisen, Holz, Bein (Knochen), Haare usw. in sie gezaubert weren. Die Tierverwandlungen seien eitle Betrügereien des Satans, indessen sei das Herbeischaffen von fremdem Eigentum eine feststehende Tatsache.«

Meder schürt den Hexenhaß im Volk und entlarvt sein einseitig-theologisches Denken. »frei von den Anfechtungen sind Fromme und Gottesfürchtige, Prediger und geistliche Personen, Stock-und Kerkermeister, Büttel, Häscher und alle, die Hexen und Zaube-

Ansichten des Protestanten Meder zum Hexentreiben

- Der Teufel tut dem christlichen Glauben Herzeleid an.
- Die Hexen müssen zugeben, daß sie Gott und allen Kreaturen feind sind.
- Die Hexen müssen zugeben, allein den Teufel als ihren Gott anzuerkennen und ihm in allen Dingen gehorsam zu sein.
- Daraufhin werden sie in des Teufels Namen getauft, wobei andere Weiber siedendes Wasser auftragen.
- Die Taufe verrichtet entweder der Satan oder eine ihn vertretende Hexe: »es geschieht auch nicht allezeit mit besonderem Gespreng, sondern oft nur in einem Fahrgleis oder Mistpfütze, da den Neugetauften Hexen ein anderer Name (gegeben) wird.
- Dann wird ihr ein Buhlteufel beigegeben. Er hält mit ihr Hochzeit und (das) Beilager) ... die anderen Hexen sind dabei fröhlich.
- Der Huren- oder Buhlteufel kommt oft zu ihr, treibt mit ihr Unzucht und befiehlt ihr, dieses oder jenes Übel zu tun.
- Dann verheißt er ihnen seine Hilfe. Wenn sie gefänglich eingezogen werden, würde er sie befreien.

rer gefänglich halten, bzw. (sie) verwahren, verurteilen und die gerichtliche Exekution an ihnen verüben.«

Welch kühne Behauptung? **Ein Pfarrer macht einen Schnitt durch die Wertigkeit der Menschen! Steht ihm dies, ja steht es überhaupt jemand zu? Wo sind Tolerenz und Nächstenliebe geblieben? Der einst sich liberal gebende Protestantismus verfällt wie seine Glaubensmutter in die Gruben der Tradition und Verknöcherung. Schon hier übertüncht der protestantische Hexenwahn die Ansichten einiger katholischer Kollegen.** Im übrigen ist das Schutzverhalten nicht neu, denn schon die Autoren des *Hexenhammers* gehen damit hausieren!

Seinen Ausführungen zufolge müßte hier ein Massenprozeß zugrundegelegen haben, der keine Spuren hinterlassen hat. Eine 1603 in Frankfurt am Main gedruckte Warhafftige Zeitung berichtet von geringeren Prozessen in Aschaffenburg, Dieburg, Kleinostheim und Rönshofen.

Miltenberg

ist die Hauptstadt des gleichnamigen kurmainzischen Oberamtes. Hier wird 1616-17 eine Hexenjagd inszeniert. In dem Zusammenhang bittet der Obrist Johann von Garzen um Erlaubnis, eine neue Verfolgung einleiten zu dürfen: »denn es seien manche übrig geblieben seit der letzten Prozedur vor elf Jahren: der Himmel fordere die Obrigkeit auf, es aus dem letztjährigen Mißwachs zu erkennen.«

Eine weitere Verfolgungswelle überzieht den Landstrich und reicht bis in das Jahr 1629. Schon sagt Heinrich Henk aus Eichenbüchel: »wenn das so weitergeht, bleibt kein Mensch mehr auf der Welt« und eine wegen Hexerei Eingezogene stellt heraus: »wenn man mit dem Brennen fortfahre, werde es bald kein Holz mehr geben.« Die beiden noch erhaltenen

Briefe des David Mohr

sind ein erschütterndes Dokument zum Verständnis einer verirrten Geisteshaltung. Er schreibt an seine wegen Hexerei eingezogene Frau ins Drudenhaus: »liebe Hausfrau Catharina!

Euer betrübter Zustand ist mir hart zu Herzen gegangen. Ob nun wohl ich mir Anfangs keine Gedanken hab machen können, daß ihr eine solche Person seiet, so weiß ich aber, daß ohne den Willen gottes keinem Menschen ein Härlein auf seinem Kopf gekrümmet werden kann, und ist mir alsbald dieser Trost eingefallen, daß dies Unglück aus lautterer göttlicher Schickung zu euerem Sehlen Heyl geschehen sey.

Dieweil ich denn auch von Ihrer gestreng, herrn obbristen verstanden, wer auf Euch bekanndt, und was ihr mit denselben menschen, so uf Euch gestorben, für Werk begangen, glaub ich wohl, daß ihr eine zauberische und arme verführte Person seiet, und der Buß wohl bedürftig.

Wenn ihr auch schon durch die Hülff des leidigen Teufels die nachfolgende erschreckliche Pein, welches menschlicher Weiß un-

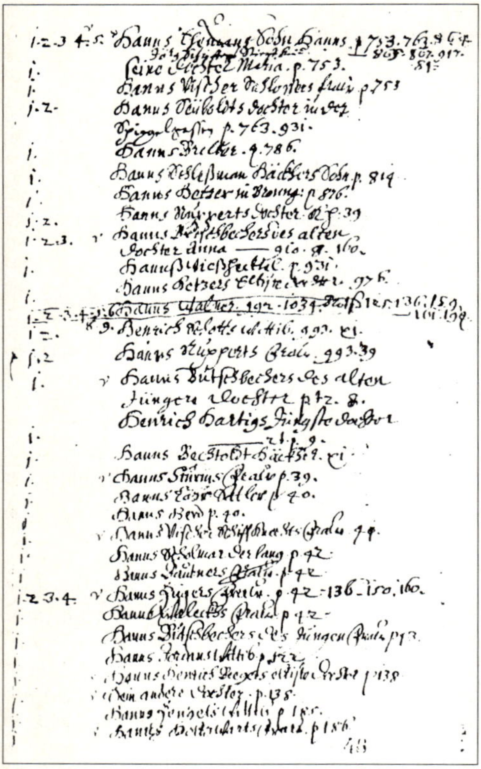

Aus dem »Index Denuntiatorum et Denuntiatarum Miltenbergiensium« (St. A W). Er enthält die Namen von über 600 Personen, die im Amt Miltenberg der Hexerei beschuldigt waren. Die Denunziationsliste ist alphabetisch (nach Vornamen) geordnet.

möglich ist, ausstehen werdet, so müßt ihr doch in ewiger Gefängnis sitzen bleiben, und werdet nichtsdestoweniger von der Obrigkeit und allen Menschen für eine unbußfertige Sünderin und bekannte Zauberin gehalten werden.

Mich verwundert sehr und schmerzet mich im Herz, daß ihr euch durch Henker nakt ausziehen und wider die Natur scheren und schänden lasset. Vielmehr aber verwundere ich mich, daß ihr des leidigen Teufels in Ewigkeit sein und pleiben wollet. O Gott erbarme sich der armen verführten Sehl. Gehet in euch, schemet euch vor eurem Schaffer, vor Gott dem Allmächtigen, schemet euch vor Gott unsern gerechten strengen Richter, der alles gesehen hat, was ihr vor seinen göttlichen Augen gethan habt. Schemet euch, daß ein solch unbußfertiges Leben von euch geführt wird, schemet euch vor denen, wider die ihr gesündigt hat, schemet euch nit vor mir, dann euch ist von mir alles verziehen, und obwohl ich euch in dieser Welt nicht mehr sehen kann, so verhoffe ich doch, wenn ihr die Heimsuchung Gottes erkennet, und werdet euer Gewissen reinigen, daß wir uns wieder im Ewigen Leben mit Freuden ansehen werden. Soviel ich Eurer Sehle Guthes thun kann, will ich nit unterlassen. Habt das Vertrauen zu Gott, glaubt an Gott, veracht die böse Welt, folgt Christo nach, traget euer verschuldetes Creutz willig und gehrn, verachtet die bevorstehende Gnadenzeit nit; denn in der Hölle ist keine Erlösung. Verlasset euch nit auf des Teufels Einsprechen und verdammlichen bösen Trost; denn seine Werke sind lauter Lügen, und seind lauter solche zu sehn, darin er die bei ihm bleiben, zur Hölle führet, darin sidet, brennet und bratet. Gedenkt wie ihr selber oftmals gesagt habt, wenn ihr euch ein wenig gebrannt habt: »Gott behüte uns vor dem höllischen Feuer.«

Wenn Ihr nun wollt eurer Seele Ruhe schaffen, so müßt ihr eurer Seele den Eingang zur ewigen Seligkeit durch eure Buß und Bekennung eurer Sünde machen. So wird alsdann zu eurer Seel gesagt werden, wie dem heiligen Petro, der hl. Maria Magdalena, dem hl. David, dem Schächer am Kreuz und vielen anderen mehr, so auch große Sünder gewesen; komme her die büßende liebe Seel, denn alle deine schwere müh und arbeit solle nun ein Ende haben. Komm her, besitze das Reich deines himmlischen Vatters, welches dir von Ewigkeit her bereitet ist.

Hiermit wünsche ich euch eine gute nacht und befehle euch im Schutz Gottes und der lieben Englein und aller Heiligen gottes und ich will den heil. Erzengel Michael bitten, weil er den Teufel aus dem Paradies geschlagen, daß er auch zu euch komme, damit er den bösen Geist aus euerem Herzen treiben möge. Allein bitt ich euch, ihr wollet die Thür eures Herzens eröffnen, und die gute Einsprechungen nit versperren, so werdet ihr Ruhe finden.

Euer getreuer Hauswirth David Mohr.
Oder: »Liebe hausfrau, aus getreuem gemüth gebe ich euch dieses zu bedenken, wenn ihr eine arme verführte Seele seiet, dafür euch meines gnädigsten Herrn Räthe und sonst jedermann haltet, so bitt ich um Gottes Willen, ihr wollet euch nit mehr durch den Henker zwingen und so jämmerlich zerreissen lassen, sondern wollet bedenken, wie Christus unser Seligmacher sagt: überwinde dich selbst, nimm dein kreutz und folge mir nach. Es scheint euch vielleicht diese Rede hart zu seyn, aber viel härter wird das letzte Wort zu hören seyn, weichet von mir,

ihr Verfluchten, in das ewige höllische Feuer. Gedenkt, daß dasselbst eine stundt wird länger sein in der höllischen Pein, als allhie hundert Jahr in Schmertz und in der aller bittersten Buus.

Liebe Frau, gedenkt, daß besser ist, die ganze Welt zum Feindt zu haben, als Christum zu Zörner und in der Ungnad Gottes zu seyn. Ich bitte euch, bedenkt die Ewige Ewigkeit, Gott behüt euch vor der ewigen Verdammniß. Amen. Miltenberg 1627 D.Mohr

Insgesamt beträgt die Zahl der hier wegen Hexerei und Zauberei Gerichteten 168, sofern nicht neue Zahlen hinzukommen. Ab 1593 gibt es in

Osterburken

Hexenakten. Ermittlungen sind seit Winter 1592/93 im Gang. Im Juni 1593 meldet eine Adelsheimer Deputation dem Osterburkener Zentgrafen Nicolaus Wildt: »daß sie eine am Vortag verhaftete Frau herbringen wollen: es sei eine Unholdin und Zauberische. Man habe begehrt, sie einzuziehen.« Es handelt sich um Velten Küners Witwe Margreth, die Küe Mergel. Im Namen der Junker von Adelsheim verlange man, ihm die Teilnahme an den Verhören zu gestatten, und auf eine Güterkonfiskation im Falle der Verurteilung zu verzichten, da die Kosten durch den jährlich erhobenen Zentbatzen gedeckt sind.

Die Mainzer Räte neigen zur Vorsicht und halten ein Agieren aufgrund der Umstände für bedenklich; den Junkern könne bestenfalls eine Abschrift der Protokolle überlassen werden.

Sie lassen – vielleicht als Reaktion darauf – im Herbst 1593 zwei der Hexerei überführte Frauen in Adelsheim statt Osterburken richten, wenngleich sie ihre vogteiliche Kompetenz überschreiten. Im Juni übersendet Nicolaus Wildt den weltlichen Räten ein Denunziationskompendium, in dem Margreth Küner neun Taten angelastet werden.

- Sie soll an Todesfällen Schuld gehabt haben und habe 20 bis 30 Jahre zuvor im Verdacht der Zauberei gestanden.

Den weltlichen Räten genügen die Feststellungen, um sie für schuldig zu halten. Sie sei gütlich zu vernehmen, mit den Besagern zu konfrontieren und ihr Mienenspiel zu protokollieren. Die Hinrichtung Margreth Küners wird später erwähnt. Sie erfolgt Ende Juli 1593. Ob man dabei Barbara Füger aus Osterburken verbrannt hat, läßt sich nicht ausmachen. Im Juli 1593 werden Schaf Bartels Appel und die Hebamme Kunigunde aus Osterburken sowie Michel Beckers Frau aus

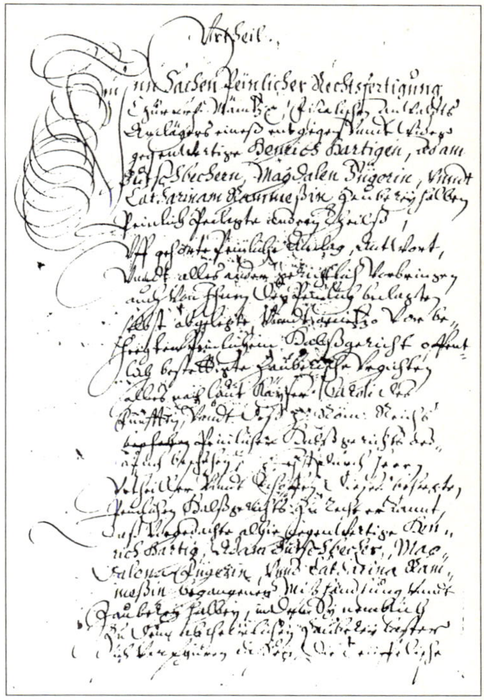

Ein Urteil. Aus den Miltenberger Hexenprozeßakten (St. A W).

Adelsheim verhaftet. Die Weltlichen Räte ordnen ihre Hinrichtung an.

Im August berichtet Wildt, daß sie ein umfassendes Geständnis abgelegt habe. Für den Aufschub der Exekution macht er Gründe geltend; Schaf Barthels Appell habe ihn gebeten, mit zwei von ihr besagten Frauen konfrontiert zu werden, wofür er die Zustimmung der Weltlichen Räte bedürfe. Zum andern verschlinge eine Hinrichtung derartige Summen, daß er aus Gründen der Sparsamkeit lieber warten wolle, bis mehrere zusammengekommen seien.

Bei der Konfrontation mit Michel Beckers Frau war sie »so giftig und zornig geworden mit einem verschäumten Mund, und einem zornig-bösen Schweine gleich, auch mit zornigem Springen (auf die Besager?) zugesprungen. Im Falle man sie nicht ergriffen, wäre die Jeune von ihr geschlagen worden[33].

Am 19. August wiederholen die Weltlichen Räte den Befehl, die Geständigen, Schaf Bartels Appell, die Hebamme Kunigunde und Michel Beckers Frau vor Gericht zu stellen und richten zu lassen. Lediglich Dockessen Appell soll man noch einmal gütlich durch den Scharfrichter verhören lassen.

Ordnung der Haftverpflegung*)

Wie es mit einziehung, Vnnd des oncostens halben mit den Zäuberischen Persohnen gehalten werden solle, von newem auff gerichtet Zue Aschaffenburg den 12ten Martij Anno 1612

1. Da eine oder mehr der Zäuberey verdächtige Persohnen Zu gefenglichen Hafften bracht, solle denselben diß tags mehr nicht, als Auff ein persohn für 12 d (Weißpfennige) brodt, vnd der Wasser Krug darzugeraicht werden.
2. Vber den dritten tag aber solle der verhafften Auff eine Persohn ein warm brue, vnd Flaisch oder das es ein fastag ein suppen, vnnd gemüß dartue, yedoch vber einen batzen nicht wehrt, dan auch für 12 brodt, vnnd ein Achtmaß (ca. 1/4 l) wein, vnnd darüber ferners nichts gegeben werden.
3. Da nun Verhaffte Persohn guet; oder peinlich bekant, solle die selbe ausser der gefengnus in ein besonder stuben oder gemacht gesetzet, ihr Zween hüeter Zugeordnet, Vnnd fürters deroselben Persohn biß Auff die Heilige Communion ieden tags ein brue, vnnd Flaisch, oder da es ein fastag wie vorgemeldt, ein Suppen, vnnd gemueß in dem vorigen wehrt, an ebenmessig für 13 d brodt, vnd ein Achtmaß wain geraicht werden.
4. Da nun Verhaffte Persohn durch den Herren Pfarrherren Communiciert worden, solle man ihr täglichs ein halbmaß wein, für 12 d brodt, vnnd ein warm essen odser zwey, welche doch über Zween batzen nicht werth sein sollen, geben lassen.
5. Auff den Peinlichen Halßgerichts tag solle der maleficischen Persohn vormittag umb 7. Vhren ein gerings Imbs geben, vnnd darbey einig Vbermaß nicht gebraucht werden.
6. Würde es sich aber begeben, das eine oder die andere, verhaffte Persohn, es seye Zur Zeit es wölle /: darauff dan die Statt Knecht mit allem Vleiß sonderliche Achtung Zugeben :/ schwach oder sonsten alters halben Crafftloß werden solte, sollen sie dasselbe fürderliche anzeigen, damit die gebür iederzeit nach gelegenheit der persohnen, anbeuohlen werden möge
7. Dißem nach solle sich der Atzungswürth, wie auch die Stadtknecht allerdings gemeß verhalten.

*) Von der Ordnung existieren mehrere Exemplare. Die hier wiedergegebene ist die des Mainzer Stadtarchives LVO 1612 März 12.

Dann wird Butzenbauers Frau aus Rosenberg besagt. Doch sagen die Bürger: »sie sei friedsam und wohne der Kirchen fleissig bey ... belastend wirke, daß eine Bürgerin behauptet, ihre Mutter sei im hohen Verdacht gewesen, und die Kunigunde bei einem Hexenkonvent gesehen worden.« Den anderen wirft man Wetter-und Schadenszauber vor. Michael Ott soll zu seiner Mutter im Zorn gesagt haben: »Ey, ich mus mich dreinschemen, und ich weis wol, ich werde noch erleben müssen, daß man dich verbrennt.«

Margaretha Walch hat sich verdächtig gemacht, da sie mit den zauberischen Weibspersonen umgegangen. Caspar Schmidt und Balthasar Reichardt bezichtigen sie, Pferde getötet zu haben. Bald fällt der Verdacht auf Margaretha Obenauffs. Man sagt, man habe sie auf frischer Tat ertappt.

Bauern, die im August 1593 am Hannberg Heu mähen, sehen eine Frau im Wald gehen. Eine Viertelstunde später kommt dichter Nebel auf, der vom Wind so gelichtet wird, daß man Margaretha Obenauff aus dem Wald kommen sieht. Am nächsten Tag wiederholt sich der Vorfall am Bauholz. »Zugleich sei ein solches getumel umb ihn komen, als wan es ein groser hauff reuter were.«

Die Empörung unter der Bevölkerung wird massiv, was zu einem Verweis der Weltlichen Räte führt, weil Margaretha Obenauff geständig war. Die Dockessen Appell sei durch den Nachrichter zu foltern. Die Hinrichtung der Genannten erfolgt in der zweiten Hälfte des Jahres 1593.

Der Mann der getöteten Dockessen richtet eine Eingabe an den Kurfürsten und stellt heraus: »es sei sonderlich zu vermuten, daß seine Frau von ihrer Verhaftung an so heftig gestreckt worden. Zu fünf unterschiedlichen malen mit allerhand erschrecklicher Tortur und Peinigung sei ihr so heftig zugesetzt, daß sie etliche Taten erdichtet und damit ... die Schmerzen erledigt werden möcht ... sie sei derart zugericht und zerrissen worden, daß sie ihrer Gliedmaßen nicht mehr gebrauchen könne und er sie im schwersten Ungemach erdulden muß.«

Dann gestehen Osanna Ott und Margaretha Reichart ihre Verbrechen (?). Osanna gelingt in der Nacht zum 7. Oktober die Flucht ins Württembergische, obwohl man sie mit Ketten fesselt und vom Büttel und Knechten bewachen läßt. Sie entgeht der Verfolgung. Ihrer Tochter gelingt die Flucht. Sie wird am gleichen Tag auf dem freien Feld gestellt und zurückgebracht. Die Folter bricht ihren Widerstand.

Der Mann von Margaretha Obenauff läßt wissen: »er wäre nur ein mittelloser Köhler und könne die Verfahrenskosten nicht zahlen. Er habe kein Herz mehr an ihr und seit Jahren habe er nicht mehr ehelich mit ihr verkehrt. Zudem befürchte er, daß sie keine Arbeit finden und mit ihren Nachbarn Streit vom Zaun brechen würde.« Schließlich muß die Zentkasse für die Kosten aufkommen.

Ihre Freiheit währt kurz. Bürger bitten den Kurfürst im März 1594 um Wiederaufnahme des Prozesses vom vergangenen Jahr. Inständig bitten sie: »es nicht wieder so weit kommen zu lassen, als alle Frucht Schaden genommen.«

Hinter der Besagung steckt Velten Walch, dessen Frau man im letzten Herbst als Hexe verbrannt hat. Er tut kund: »seine Frau sei verprennet worden, andere musten auch verprennet werden, und wer bei ihme stehen wolle, solle sich melden, woraus sich der Bürgerausschuß konstituiert.« Wildt bringt sie zum Einlenken und sagt: »man solle Gott die Ehre geben und fleißig die Kirchen besuchen, dann werde die Ernte wohl besser ausfallen.« Es bewirkt, daß sie stillschweigend nach Hause gehen.

Dann sehen die Weltlichen Räte ihre Akte durch und entdecken die übereilte Entlassung. Die Anweisung, sie erneut zu verhaften und zu vernehmen, trifft sie im April 1594. Nicht mehr in Osterburken: zum Beginn des Monats hat sie den Ort verlassen und gesagt: »sy werdt sich schwerlich alhie widerumb sehen oder betretten lassen.« Ein weiteres mal war die Zent Osterburken 1595 Schauplatz eines Hexenprozesses[34]. Die erste Hinrichtung einer Hexe im

Oberamt Krautheim

erfolgt in Oberwittstadt. Im August 1592 wurden hier als Hexen lebend verbrannt: Wenzel Bauren, Anna Zimmermännin, Barbara Hetzlerin und Engel Züfin. Im Folgejahr werden in Ballenberg acht Personen verbrannt, unter ihnen Margret (!) Knebelin, Ursel Seitzin und Bärbin Dorsin. In Krautheim werden 1592 acht Frauen wegen Hexerei durch den Heilbronner Nachrichter Meister Hans gerichtet, der als Lohn 250 fl. verlangt[35].

Wieder ruft die Initiative der Bevölkerung die Brände ins Leben. Die gemeine Bürgerschaft zu Neydenaw (Neudenau) beklagt in einer an den Kurfürsten gerichteten Eingabe vom Januar 1593 die Schäden, die Kinder wie Alte, Vieh und Früchte in der jüngsten Vergangenheit erlitten hätten. Solches wolle man gleichwohl alles für Gottes willen vnd straf ufnehmen und erkennen ... doch sei man darüber in Zweifel gekommen: die konsultierenden Ärzte hätten stets Anzeichen von Hexerei erkannt und in Anbetracht der Häufigkeit solcher Befunde sei zu erkennen und zu folgern, daß mehr als eine derartige Person ihr Unwesen treibe. Sie sollten nach dem Willen der Bittsteller, die von ähnlichen Untersuchungen in anderen Gegenden des Erzstiftes erfahren haben, soviel wie möglich außgerottet werden.

Die Weltlichen Räte bestehen auf der Einbringung von Indizien. Der Neudenauer Keller Lieb trägt Beschuldigungen gegen ein halbes Dutzend Frauen zusammen; vor allem gegen die Witwe des Stadtschreibers Wolff Bartholomes und Dorothea, Claus Goßens Witwe. Letztgenannte hat um 1580 Michel Winterheldt den Alten aus Neudenau verklagt, als er sie nach einem Unwetter Hexe genannt hat. Beobachtungen anderer stützen den Verdacht. Weitere Besagungen handeln von Erkrankungen und Todesfällen, für die man die Stadtschreiberin verantwortlich macht. Sie hat sich durch Segensprechen und Verabreichen von Kräutern einen zwielichtigen Ruf erworben.

Beide Frauen sind betagt. Dorothea Goßen ist nach Aussage ihrer Kinder 90 Jahre alt und die Stadtschreiberin: »hat fast das abscheuliche Aussehen, als wann sie mit dem Aussatz beladen wäre ... Sie habe ihr Haus zugemacht und darinnen einen Tanz gehalten.«

Am Montag, dem 15. Februar wird sie verhaftet, die Stadtschreiberin ist in der vorausgehenden Nacht gestorben. Das Verhör der Dorothea bleibt erfolglos, als man eine Woche später den Scharfrichter hinzuzieht. Wegen der großen Kälte hat man sie im Rathaus einquartiert und gefesselt von Wärtern beobachten lassen. Dann wird ihre Folter beschlossen. Ihr Sohn und die beiden Schwiegertöchter weisen in einer Eingabe an den Kurfürsten auf ihren schlechten Gesundheitszustand und sagen, daß sie üblen Nachreden ausgesetzt sei. Nach langem Zögern gesteht sie:

- Vor 18 Jahren von Gott abgefallen zu sein und sich dem Teufel hingegeben zu haben.
- Barbara, Frau des Bäckers und Barbara, die des Küfers seien ihre Komplizinnen.

Der Keller sagt: »die von ihr Besagten ständen im Verdacht der Zauberei.« Die Gegenüberstellung bringt weitere Besagungen. Der Keller schlägt vor, die Exekution Dorotheas auszusetzen, bis hinsichtlich der Schuld oder Unschuld Barbara Heinleins und Dollens Klarheit bestehe.

Die Weltlichen Räte wollen schärfer durchgreifen: Dorothea Goßen sei umgehend der Prozeß zu machen. Ihr Widerrufen in einigen der Schadenszauberei betreffenden Punkte sei unerheblich, weil die Tatsache ihres Glaubensabfalles, der Teufelsbuhlschaft und ihre Teilnahme an den Hexentänzen bestehen bleibe. Der Tod kommt ihr zuvor. Sie stirbt im März 1593 während ihrer Haft: »als sie sich ettliche Tage schwach und übel befunden, verstorben, dero toter Körper (sei) wie sich gehört, nachmals durch den Nachrichter verprennt worden.«

Dann wird die Schmidtbeckin der Folter unterzogen, sagt aber, daß sie weder Schaden an Menschen oder Vieh getan, auch kein Wetter verursacht habe. Sie wird von Nachbarn besagt:

- Einmal habe sie Putzwasser in deren Suppe gegossen, was ihr als Mordversuch angelastet wird.
- Eine andere Frau sagt, bei ihrem nächtlichen Heimweg sei sie von zwei unheimlichen Katzen bedroht worden und dabei so erschrocken, daß sie mehrere Wochen lang das Bett habe hüten müssen.
- Ein Bürger vermerkt, daß sein Sohn durch ihren bösen Blick an Händen und Füßen gelähmt worden war und nur durch einen Segen seine Gesundheit erlangt habe.
- 12jährige Kinder hätten gesagt, sie könne Eis machen und Trauben verderben.

Drohungen des Scharfrichters führen zum Geständnis. Die Schmidtbenderin bleibt in Haft. Ihr Mann und leiblicher Bruder bezeugen: »sie habe ihr Hexenwerck von Jugendt auf getrieben.« Sie wird im Mai 1593 gegen Urfehde und Bürgschaft entlassen.

Der Bäcker Balthaß Heinlein steht zu seiner Frau und wird verleitet, im Juli 1593 im betrunkenen Zustand über den »Unholden-Keller« (Lieb) zu sagen: »er wünsche, daß ihn der Hagel im Schloß erschlage, worauf die Verwandten des Bäckers ein großes Mordiogeschrei vor der Kellerei erheben.«

Seine Frau kommt nicht zur Ruhe: sie muß aus Lorsbach fliehen, weil man mutmaßt, hier habe sie das Kind des Amtmannes umgebracht. In Heidelberg kann sie nicht lange bleiben und dann gelangt sie nach Mainz. Sie wird zurückgeholt und unter Androhung der Folter verhört. Ihrem Geständnis folgt vor Jahresende die Hinrichtung in Mainz.

Die Wende scheint die Neudenauer Bürger ermutigt zu haben, einen neuen Anlauf zu wagen. Sie verfaßen eine Eingabe an den Mainzer Kurfürsten: »daß längst nicht alle Unholde bestraft worden seien.«

138 Bürger haben die Bittschrift nicht nur ideell unterstützt. Die Viertelmeister haben von jedem zwei Batzen als anclag gelt gesammelt. Damit wird die Deputation nach Aschaffenburg geschickt, um von einem Procurator die Bittschrift aufsetzen zu lassen. Man hat sie der Gemeinde unterbreitet und sie wird angenommen.

Der Schmidtbenderin wirft man vor, daß sie Erwachsene und Kinder durch Zauberei umgebracht haben soll. Durch die Bemerkung, sie verlasse nachts des öfteren das Haus, gelangt sie in Verdacht. Es liegt daran, daß sie ihr Mann öfters im Rausch bedroht und mißhandelt hat, weshalb sie bei Nachbarn Unterschlupf suche.

Ihr Bruder aus Wimpfen bezichtigt sie, ihm das Gehör genommen zu haben. Die Schwägerin der Schmidtbenderin hat Marx Dollen zum Mord anstiften wollen und ihm zu dem Zweck ein Fläschchen mit Quecksilber gegeben, das er unter das Essen seiner Frau mischen sollte[36)].

Dann wird die Schmidtbenderin verhaftet und zum Jahresende 1593 einem Verhör unterzogen. In Anbetracht der Tatsache, daß neben dem allgemeinen Geschrei ihr Mann und Bruder gegen sie aussagen, wird sie im Januar 1594 gefoltert und gesteht mit Ausnahme des Mordes die ihr zur Last gelegten Verbrechen. Als der peinliche Rechtstag angekündigt wird, ergänzt sie ihre Angabe und besagt andere. Sie wiederholt es vor Gericht und wird verurteilt.

Tafelbild aus dem Zyklus des Philipp Neri Miller (1710), der in der Deggendorfer Kirche einst die Judenverfolgung demonstrierte. →

Jetzt geht man gegen Verleumder vor. Salome, Matheß Pferrs Frau, wird von dem Wirt Niclaß Senff für den Tod seines Kindes verantwortlich gemacht. Sie hat sich in verdächtiger Manier in Ställen zu schaffen gemacht, in denen das Vieh verendete. Weitere Anzeigen betreffen die von ihr praktizierte Kunst des Segensprechens.

Von Dieners Frau Rachel heißt es, sie habe in ihrem früheren Wohnort kein guttes lob verlassen. Ihre Schwiegermutter aus erster Ehe sowie ihre Stiefmutter stünden im üblen Ruf und eine ihrer Schwestern sei im vergangenen Jahr in Buchen als Hexe gerichtet worden.

So wird im Februar Salome Pfeffer zum Verhör auf das Rathaus geladen und in den Turm geworfen. Sie wird gefoltert und besagt weitere. Als sie Selbstmordabsichten äußert, legt man sie zur Beobachtung ins Rathaus. Sie wiederholt vor Gericht die Besagungen und läßt den Antrag unterbreiten, vor ihrer Hinrichtung den von ihr Besagten gegenübegestellt zu werden. Das Ansinnen lehnt man ab: »sie hatte wohl vor damit obbesagten dreien Weibern eine solche gleichmessige wolverdienete Straff ... wiederfahren thue, sonsten wolle sie am Jüngsten Tag Rach darüber schreyen.«

Dennoch werden sie in den Bann gezogen. Schließlich wird Catharina Reichart im August 1595 gegen Urfehde und Bürgschaft freigelassen. Von den Hexenverfolgungen im Kurfürstentum Mainz haben die

Dieburger

den größten Bekanntheitsgrad, obwohl sie von einer Lächerlichkeit ihren Anfang nehmen. Die Anwesen des Zieglers Ewald Schütz und des Ratsverwandten Martin Stoffel grenzen einander. Aus der gemeinsamen Zufahrt entzündet sich ein Streit. Da sich vor allem Frauen mit dem späteren Tausch nicht einverstanden zeigen, lassen sie ihrem Unmut Lauf. Stoffel glaubt, daß er sich durch die ständigen Reibereien eine Krankheit zugezogen hat; er wird impotent und meint, von Margaretha verzaubert worden zu sein. Sein Verdacht erhärtet sich, als Frankfurter Ärzte keinen organischen Befund ermitteln. Bei der nächsten Gelegenheit bezichtigt er sie der Zauberei. Er fordert rechtliche Schritte gegen sie und deren Tochter Christina Weikkardt.

Nachforschungen führen zu einer Fülle weiterer Anschuldigungen, Gerüchten und Besagungen, die Ewald Schütz belasten. Margaretha Schütz wird mit den Krankheiten von Mensch und Tier in Verbindung gebracht.

- Zwei Frauen haben je sechs Fehlgeburten, als Margaretha Geburtshilfe leistet. Der Gegenzauber der Frau des alten Wasenmeisters lassen das 7. Kind gesund zur Welt kommen.
- Ihre Mutter sei im Ruf einer Zauberin gestanden und selbst die Großmutter wäre im Gefängnis gestorben, wo man sie wegen des Verdachts der Zauberei inhaftiert hat.

Ewald Schütz sagt im betrunkenen Zustand bei einer Hochzeitsfeier seiner Tochter zu ihrem Freier: »nimmst du sie, so nimmst du eine Zauberin, die Mutter hat sie die Zauberei gelernt und ich kanns auch.«

Im allgemeinen halten die Weltlichen Räte am Grundsatz fest, daß ein übler Leumund oder die allgemeine Fama keine Handhabe für ein obrigkeitliches Vorgehen sei. Später werden die Frauen gütlich verhört. Der Prozeß endet mit ihren Entlassungen. Christina Weickart verliert bei der Hexenverfolgung 1612 ihr Leben. Stimmen des Volkes werden laut und verlangen Befriedigung. Als man Margaretha Schütz ungefoltert läßt, gibt es ein gemeines Geschrei. Der Unmut eskaliert bis zur offenen Auseinandersetzung und führt 1599 zum vorläufigen Stillstand der Prozesse.

Verzauberte Glocken

Schon immer versuchen die Menschen, sich vor ihnen unbekannten und schädigenden Einflüssen zu schützen; da daraus die Weltreligionen entstehen, ist es kein Wunder, wenn der Klerus in geschickter Weise den Spieß herumdreht und kirchlichen Schutz vor der menschlichen Ohnmacht erfolgreich zu vermarkten beginnt. Wer kennt sie nicht, die Benediktionen, das Segnen von Vieh, die Taufe, den Brautsegen, Exorzismus, die Devotionalien, Reliquien, Schmuck- und Schluckbilder, Schabfiguren und den anderen Unsinn, aus dem Leichtgläubigen das sauer verdiente Geld seit Jahrhunderten von der Kirche aus der Tasche gezogen wird.

Rasch vermischen sich das religiöse und magische Brauchtum und an der Schnittstelle sitzen die »unschuldigen« Hexen, denn natürlich gibt es (auch) Segen gegen sie; niemals umsonst! Mit Weihwasser, gesegnetem Salz und Kräuterbüscheln sucht man böse Geister abzuwehren. Um die Ernten und sich selbst bei Unwetter zu bewahren, legt man Antlaßeier (Gründonnerstagseier) und Kräuterbüschel in den Dachstuhl und setzt Wetterkreuze, -kerzen, -glöckchen und -segen ein.

Von hier zum Wetterläuten ist es nur ein Schritt. Der Ton der geweihten Glocken richtet sich wider die dämonische Macht und soll als Nebeneffekt Gläubige(!) vor dem heranziehenden Unwetter warnen. Vereinzelt werden Glocken betextet. Ein Beispiel ist der Mantel der Schillerglocke in Schaffhausen, die 1486 gegossen wird. Darauf steht: »Die Lebenden rufe ich, die Toten beklage ich, die Blitze breche ich.« Für den Hausgebrauch kommen geweihte Glöckchen bei aufziehendem Unwetter zum Einsatz. Das Familienoberhaupt schreitet mit ihm durch die Räume des Anwesens, damit der Blitz nicht einschlagen möge; vereinzelt werden separate Wettersegen gesprochen.

Das Läuten der Glocken hat wie das Anbringen von dämonischen Fratzen an den Kirchen und das Setzen von Grabsteinen eine schadenabwehrende Funktion und ist als christlich gehegter Irrglauben zu verwerfen. Friedrich Nausea, Mainzer Domprediger und späterer Bischof von Wien, erachtet es in dem von ihm verfaßten und 1543 in Köln erschienenen *Catechismus Catholicus* als Zeichen gläubiger Gesinnung: »die Glocken zu läuten und das heilige Sakrament hinauszutragen, wenn heftige Gewitter losbrechen, die oft von Dämonen verursacht werden.«

Der Trierer Weihbischof Petrus Binsfeld, betont in seinem 1591 veröffentlichten Tractat *Von Bekanntnus der Zauberer und Hexen,* es sei »offenbar und am Tage, daß (ihr) Fürnemen durchs geleut offt verhindert werde.«

1587 verwüstet ein Unwetter Teile des Mainzer Erzstiftes und Severus berichtet: »In diesem Jahr, Sonntags den 27. Dezember auf Johannis Evangelisten Tag abends nach 6 Uhr ist ein großes Ungewitter gewesen mit grausamen Donnern und plitzen, daß man in allen Stiften und Kirchen zu Wetter geleutet.« Der Mainzer Domglöckner war verpflichtet: »so es donnert bei Tag und Nacht zu läuten.«

In Dieburg wird die Walpurgisnacht mit der Festglocke eingeläutet und währenddem bringen die Bürger an Haus und Stall drei Kreuze an. Außer zur Walpurgisnacht wurde in der Johannisnacht zum Schutz gegen die Hexen geläutet.

Im Juni 1597 zieht ein Unwetter auf, das das Getreide auf dem Steinweg vernichtet und schon sagt man, als der Glöckner Haberkorn den Glocken keinen Ton zu entlocken vermag, als er zur Abwendung des Unheils läuten will. Es habe sich anfangs ein schreckliches Brausen um dem Turm ereignet, das sich von den Glocken begeben und (er habe) sich, als er oben bei ihnen gewesen, fugam saluiren müssen.

Schillerglocke Schaffhausen, 1485 gegossen.

Dazu paßt die von Soldan-Heppe eingebrachte Geschichte: Der Torhüter Veit Meffert sagt: »er habe in der Nacht vom 4. auf den 5. Juli zwischen elf und zwölf Uhr ein Rumoren, Pfeifen, Trommeln, herumspringende Reiter und ungeschmierte Kutschen gehört, so daß er vor Schreck in sein Horn geblasen. Doch habe er niemand von der Bürgerschaft wecken können. Desgleichen habe er in der Vorstadt ein Springen und Getümmel vernommen, so als wenn alle Häfen zusammengeschmissen würden. Daraufhin erfolgte um den Torturm ein gräulich Unwetter samt Platzregen, wie aus Fässern, desgleichen noch niemand gesehen. Ein Bürger, der eben aus dem Wirtshaus kam, habe alles um sich herum tanzen sehen. Eine merkliche Anzahl teuflischen Zaubergesindels in Menschengestalt, schwarz angetan, habe er auf der Gasse herumtanzen und springen gesehen: es sei vom leiblichen Teufel wider alle Verbote der geistlichen und weltlichen Obrigkeit zu keinem anderen Ende gerichtet, als um das satanische Reich zu erweitern.«

Dieses Tun findet eine interessante Parallele in der Steiermark. 1657 kommt es zu einer

Dieburger Mühlturm. Nordwestlicher Eckturm der Stadtbefestigung. Foto: Reith, StaA Dieburg.

Klage gegen den Feldkirchner Pfarrer, da er bei drohendem Wetter nicht mit den Gocken läuten ließ: »er habe sogar den Mesner mit groben Worten abgewiesen und bemerkt: Donner und Hagel sollen nun alles zerschlagen, damit seine Äcker etwas gelten.«

In Gleichenberger Protokollen heißt es in der Aussage des Hans Kropf über das Hagelmachen bei der Hexengesellschaft am Stradner Kogel: »daß sie das Wetter gegen Straden führen wollten ... sie seien durch das Läuten vertrieben worden, weshalb sie das Unwetter über Gruberg ausgeschüttet hätten.«

Im Laufe des 18. Jahrhunderts wird seitens der Josephinischen Reformen das Wetterläuten untersagt, aber bis heute betrieben. Noch Mitte 1856 wendet sich die Gemeinde Eschbach an das Erzbischöfliche Ordinariat Freiburg mit der Bitte, die wieder »wie es früher üblich war« die Glocken zu läuten. Man belehrt die Gemeindemitglieder über die theologische Auffassung. **Wieder einmal verliert sie das Gesicht und verwirft als törichten Aberglaube, was sie iniziiert und über Jahrhunderte gutgeheißen hat.** Neben dem Wetterläuten kennt man das -schießen. Beides wird 1750 von Maria Theresia erfolglos verboten.

Kommen wir zur Sache zurück! Die nächsten Monate verstreichen in scheinbarer Ruhe. So erlangt das Gerücht der verzauberten Glocken Verbreitung. Ein Brief Mitte Dezember 1597 des Aschaffenburger Ratschreibers Albrecht Heydrich sorgt für Aufregung, denn er sagt: »einige in Steinheim inhaftierte Frauen hätten gestanden, im vergangenen Sommer das Unwetter verursacht zu haben. Dabei hätten ihnen Dieburger Komplizen assistiert, indem sie die Glocken festhielten.«

Als Hauptverdächtigte wird die Witwe Catharina Sturm (Raupenmacherin) angesehen. Sie wird von der aufgebrachten Menge auf das Rathaus geschleppt, wo von der Obrigkeit ihre unverzügliche Gefangensetzung gefordert wird; es bleibt beim Hausarrest, der auf Weisung der Weltlichen Räte in Turmhaft gewandelt wird.

Margreth Hecken wird durch Äußerungen ihres Mannes belastet. Auf einer Reise nach Ungarn hat er sich ein Halsgeschwür zugezogen, das ein Wahrsager als von seiner Frau verursacht diagnostiziert. Seinem Schwager hat er angekündigt, dafür Sorge zu tragen, daß sie als Hexe verbrannt werde, sobald er heimkomme. Beide Frauen werden gütlich und peinlich befragt. Sie gestehen die Glokken während des Unwetters festgehalten zu haben. Ihrer Fürsprache sei es zu danken, daß der Teufel den Glöckner nicht aus dem Turm gestürzt hat.

Catharina Sturm gesteht, ihre Tochter Appolonia zur Zauberei genötigt zu haben; es erschwert die Sache, weil sie während des Verhörs weitere belastet. Wieder erstellt die Bürgerschaft eine Bittschrift, aus der die Sorge vor neuerlichem Unwetter und daraus resultierenden Nöten spricht. Falls ihnen der Amtmann nicht beistehe, sehen sie sich genötigt, an den Kurfürst zu schreiben.

Weil die Frau eines wohlhabenden Ratsherren verhaftet wird, geloben die Mitglieder des Dieburger Rates einander am gleichen Tag, keinen Verdächtigen zu schonen; bald danach ist der Rat in Fraktionen gespalten. Die Tochter des Ratsherren Wendel Zink hat die Stadt verlassen, bevor der Haftbefehl gegen sie eintrifft. Drei der Verhafteten bleiben standhaft. Es kommt eine Merkwürdigkeit zutage, denn in einem Fall übernimmt eine ortsfremde Wasenmeisterin die Durchführung der Folter in Dieburg: wohl mit außergewöhnlicher Schärfe, an der der Widerstand der Gefangenen bricht.

Der Schneider Adam Wolff sucht sich zu entlasten, indem er durch die Straßen geht und dabei durch ein Sieb schaut (»reuterte«), womit er Unschuldige von Hexen zu unterscheiden können meint. In der Badgasse entdeckt er sieben. Rasch findet er Genossen. Drei Tage Turmarrest bereiten seinen Praktiken ein Ende.

Die Freilassung der Frauen, gegen die kein Belastungsmaterial zutage gefördert werden kann, suchen die Schöffen dadurch zu verhindern, indem sie darauf weisen, daß Endres Diez diese seinerzeit nach Empfang der Sakramente der Komplizenschaft bezichtigt hat. Jetzt steht ihre Freilassung bevor, was bei der Bevölkerung Unmut auslöst.

Der Dieburger Kaplan gerät in die Schußlinie und muß sich gegen den Vorwurf zur Wehr setzen, er und die Beamten würden Hexen schonen. Die Bürger Steinheims drohen mit einer Eingabe an die Weltlichen Räte, »sollten die Prozesse verschleppt werden.«

Der Heimweg mancher Entlassenen gleicht eher einem Spießrutenlauf. Familienmitglieder werden geschmäht und können wochenlang das Haus nicht verlassen. Schließlich greift der Kurfürst ein. Er verhängt im Oktober 1599 gegen den Ausschuß eine Strafe, die je nach Vermögen bis zu 2000 Gulden betragen, bei den Unbemittelten aber bis zu zwei Wochen Turmhaft bedeuten. So werden die Prozesse beendet.

Prozesse zwischen 1599 und 1627

Kellereiakten von 1627 erlauben, ein Verzeichnis der 1603, 1612 und 1613 abgelaufenen Prozesse zu rekonstruieren. 1602 werden Untersuchungen geführt. Das Interesse daran dokumentiert die *Warhafftige Zeitung ... Von etliche Hexen oder Unholden, welche man kürtzlich im Stifft Mäntz, zu Ascheburg, Dipperk, postum ... verbrandt, was Ubels sie gestifft und bekandt haben* (gedruckt 1603 in Frankfurt am Main).

Nach Darstellung der Flugschrift versuchen die Männer der verhafteten zunächst mit einer Eingabe an den Kurfürsten die Freilassung zu erwirken. Später veranlassen sie den Kirchner, (Glöckner) eine Schmähschrift gegen den Kurfürsten am Galgen anzuschlagen. Es erregt Aufsehen und schon sagt man, daß die Aufrührer seine Ermordung geplant haben. Am Ende werden die Frauen verbrannt und sie gevierteilt.

1627 wird die Witwe Anna Starck als Hexe gerichtet. Die Frau des Kupferschmiedes wird 1598 unter dem Verdacht der Hexerei festgenommen, aber später freigelassen.

Loretoglöckchen, Süddeutschland/Österreich, 18./19. Jh. München, Bayerisches Nationalmuseum.

1612 bis 1614 werden mindestens zwei Männer und Frauen gerichtet. Die Namen weiterer werden während der Verhöre des Jahres 1627 und in vermutlich von der Dieburger Kellerei erstellten *Extracten Zauberischer Aussagen* genannt. Für die Jahre 1612 bis 1613 ist die Hinrichtung von vier Männern und zwei Frauen nachweisbar. Für die Jahre 1612 bis 1613 die von einem Mann und 15 Frauen. Die Gesamtzahl der Opfer dürfte 44 erreicht haben. Im Februar 1618 klagt Georg Wöber gegen Reinhardts Frau, sie bezaubert und ihm einen lahmen Schenkel angehext zu haben.

Höhepunkt

Kurfürst Georg Friedrich Greiffenklau läßt sich im Herbst 1626 in Dieburg huldigen; schon steht eine Bürgerschaft parat, um sich für die Fortsetzung der Hexenprozesse einzusetzen; er zeigt sich zögerlich. Im Frühjahr 1627 erteilt er Zustimmung. Anfang Mai beginnen Ermittlungen und dann murrt die Bürgerschaft: »der Justiz geschehe kein Genüge.«

Anna Peedt, deren Mutter und Taufpatin wegen Hexerei gerichtet wurden, entschließt sich zur Flucht, doch wird eingefangen. Dann wird sie der Folter unterworfen und gesteht. Zudem nennt sie die Namen von weiteren. Es geht immer rascher: Besagungen, gütliches Verhör, Folter, Geständnis und Peinlicher Rechtstag lösen sich ab. Es ufert aus und bald scheint die Region von Teufeln und Hexen regiert.

Aufgrund der Aussagen Anna Peedts werden Anfang Juli 1627 sechs Verdächtige aus Dieburg verhaftet. Am 5. Juli folgt die Gegenüberstellung mit der Peeds, die zwei Tage danach gerichtet wird. Margreth Lipperts begeht Selbstmord und Margreth Stahlberger, die Hecken Cüntzin, erträgt die Folter, ohne sich zu einem Geständnis bewegen zu lassen.

Die Frau des Ratsherrn Peter Lippert entgeht der Folter, da sie sich krank stellt. Inzwischen finden sich neun Personen in Haft. Da zeigen sich zwei Schwachstellen; immer mehr ergreifen die Flucht und die Kapazität der Gefängnisse scheint erschöpft. Nachdem die Stadttürme belegt sind, greift man auf das Rathaus über.

Im März 1628 werden weitere Verhöre von drei Frauen und am 14. März 1628 von vier Frauen und zwei Männern berichtet. Mit dem 16. April schließt das letzte Protokoll des Jahres 1628. Der Dieburger Ratsverwandte Hans Brucher wird abgesetzt, weil er von Verhörten besagt wird und dadurch seine Vertrauenswürdigkeit verliert.

Im März 1628 werden weitere vernommen. Der Keller Wolfgang Altvater klagt beim Kurfürsten am 8. Januar 1629: »daß dieses böse, vermaledeite und verdeckte Laster in diesem Amt, daß es wohl zu erbarmen wäre je weiter es einreißt, und derentwegen so schwebende Prozesse, sich so leichtlich oder kurz nicht stecken lassen würd.«

Die Frau des Daubenschneiders Stoffel Braun ist eines der letzten zu ermittelnden Opfer. Sie wird im Herbst 1629 wegen genügsamer Bekanntnuß der Lasters der Zauberei halben eingezogen und soll in den Turm gebracht werden. Sie tut so, als wäre sie nicht bei Sinnen und schreit unaufhörlich, bis man sie ins Rathaus legt und schon klagt der Wächter: nach zwei Wochen rufens und schreiens wollte dulten und bey ihr bleiben.«

Sie bleibt 18 Wochen in Haft und wird auf kurfürstlichen Befehl entlassen. Stoffel Braun weigert sich, die Kosten zu tragen und sagt: »da gehe seine Frau, man soll sie verbrennen. Dieweil sie vor eine Hexin eingezogen worden gebe (er) nichts an den Kosten.«

Sein Verhalten ist auffallend. Außer seiner Frau liegt 1630 Catharina Tag, Frau des Taglöhners, im Gefängnis. Anfang Juni verfügen die Weltlichen Räte, sie bis zur bevorstehenden Geburt ihres Kindes zu entlassen, eine Entscheidung, die Braun nicht billigt. Schließlich landet er im Gefängnis.

Dann hören die Hexenverfolgungen im Dieburgischen auf, obwohl die Gründe unklar sind. Schwedische Besetzung ist nicht nachzuweisen. Allem Anschein nach enden die Untersuchungen im Sommer 1630. Nach Lunkenheimer sollen 85 den Tod gefunden haben.

Vielleicht kannte er den Taufbucheintrag des Pfarrers Breisigers, der von 87 Verurteilten spricht: »In diesem und dem nächstvergangenen Jahr sind aus der hiesigen Dieburger Gemeinde wegen der Überhandnahme und der Ungeheuerlichkeit der verfluchten Zauberei siebenundachtzig mit dem Feuer verbrannt worden. Gott der Allmächtige vermehre den Behörden Festigkeit und Beständigkeit zu weiteren Prozessen, um dieses so überaus große Laster auszurotten.«

Für die Ermittlung der Zahl der Opfer existieren mehrere Quellen und 1628 erscheint eine Flugschrift über die Dieburger (?) Hexenprozesse.

Insgesamt fallen den Kampagnen 140 Frauen und 56 Männer innerhalb von 34 Jahren zum Opfer. Zwölf Frauen und vier Männer werden freigelassen. Eine Frau wird des Landes verwiesen, sechs Männer und vier Frauen entziehen sich durch Flucht. Um 1630 enden die Hexenprozesse.

Dann beginnt wieder der erwähnte Stoffel Braun zu denunzieren und von sich Reden zu machen; wieder schmäht er Mitbürger. Selbst der Pfarrer Hohenstein sagt: »o wie ein böser Bub ist der Glöckner, und in seinem Testament habe sich ein Zettel gefunden darinnen Er viermahl geschrieben stehe.«

Zu den Beschimpfungen hat Braun Zuflucht genommen, als man ihn der Unterschlagung bezichtigt. Es geht um Kirchenwachs zum Ausgießen der Kerzen und es wird gesagt: »der Glöckner habe das Wachs, scheme Er sich nicht die Kirchen zu bestehlen, so schäme er sich auch nicht die Kerzen zu stehlen. Er wäre ein Kirchendieb und Schelm, solle auch einer bleiben d(er) Zauberer... Aus seinem Haus würde nur noch Fluchen, Schwehren (Schwören), Schänden und Schmähen schallen.«

Jetzt wird er vom Stadtgericht mit Turmhaft bestraft. Er appelliert beim Kurfürsten und fährt fort, andere zu nennen. Schließlich wird ihm die Landesverweisung angedroht.

Braun, Burgwirt Joseph Lovete von Luttig und weitere Bürger appelieren am 21. Juli des Jahres anläßlich der Hegung des Landgerichts um die Wiederaufnahme der Prozesse. Man agiere nicht aus Haß, sondern aus bewegendem göttlichen Eifer, christlichschuldigen Mitleiden so vieler tausend Seelen, zum Schutz und Vorsorge der noch zarten Jugend und unserer armen unschuldigen Kinderlein: auf die Ausrottung des Lasters zu drängen.

Jetzt verhaftet der Dieburger Amtmann Friedrich Wambold zu Umstad die Bittsteller als öffentliche Unruhestifter und findet die Zustimmung des kurfürstlichen Hofrates. Ähnlich geht es im gleichen Jahr Amorbacher Supplikanten. Die Dieburger lassen sich nicht schrecken und werden Ende August 1667 in Mainz vorstellig: Man würde allein die Ehre Gottes suchen damit der barmherzige Gott nicht also durch diese deüflische Hexerey gelästert und dadurch verursacht werde, das ganze Land zu strafen.«

Im April 1669 verklagt Elisabeth, Witwe von Balthasar Muhts, die Frau des Taglöhners Gabriel Aschaw auf Widerruf, weil sie sie eine Hexe gescholten und gesagt, sie wehre mit deß Heinrich Bingen Frau hinaus auf den Tanz gefahren.« Die Kinder Heinrich Bingens habe Remspecher Pfaffenkinder gescholten und zu Bingens Frau gesagt: »Sie Elisabeth seye gewiß eine Hex, alß Er da ufm platz stehe.«

Anna Aschaw wird zu zwei, Adam Remspecher als Urheber der Verleumdungen zu drei Tagen Haft im Mühlturm verurteilt. Später besagt er weiter und sagt zu Elisabeth Muht: »Du bis ein Hex Undt bleibst ein Hex; er wolle fueß für fueß setzen, daß Sie wittib eine Hex seye, solle wiederumb hinauß Uff den Eichwasen undt aldha tantzen ... Ihres Vaters Bruder sei bereits im vorigen Jahr verbrannt worden ... schließlich habe sie selbst gesagt: »wann das Hexenbrennen angehen solte, werde sie niemandt allhier sehen.«

Auf Befehl des Dieburger Amtmannes wird Remspecher in den Frankensteiner Turm gesperrt. Dann hat Elisabeth Muht gegen Remspechers Frau Klage erhoben und ihr nachgerufen: »dein Arsch wirdt dir baldt gesengt werden.«

Die Weltlichen Räte befehlen Adam Remspecher zur Verantwortung nach Mainz zu bringen und seine Frau acht Tage bei Wasser und Brot im Turm zu lassen. Kurfürst Johann Philipp hat eine scharfe, exemplarische Bestrafung Remspechers und seiner Frau als Anstifter einer vermeintlichen Unruhebewegung angekündigt, zumal sich beide vom Agieren der Weltlichen Räte wenig beeindruckt zeigen.

Er wird in ein Halseisen geschlossen und unter militärischer Bewachung nach Mainz gebracht, wo ihn ein halbes Jahr Schanzarbeit erwartet. Seine Frau soll zur Zwangsarbeit eingeliefert werden. Remspecher bittet nach drei Wochen Festungsbau um Gnade. Durch den »eisernen Schnabel« sei ihm der Hals wundgerieben und zuhause liege alle Arbeit nieder. Er wolle sich die Straff eine warnung seyn lassen und sich hinkunfftig vor dergleichen Fehlverhalten hüten. Damit schließen die Akten zur Dieburger Hexenverfolgung.

Weitere Prozesse

Im Mai 1520 wird die Witwe Kunigunde aus Preßberg wegen Hexerei von Mitbürgern nach Lorch gebracht, verhört und zunächst inhaftiert. Dann wird ihr bescheinigt, eine fromme und fleißige Frau, aber keine Hexe zu sein. Man läßt sie frei und verhaftet an deren Stelle ihren Schwiegersohn. Auf dem Weg zum Turm wird er von der Lorcher Bevölkerung halb totgeschlagen. Eskortierende Büttel erhalten einen scharfen Verweis, entschuldigen sich aber damit, daß die Menge so groß gewesen und es nur ihren Bitten und guten Worten zu danken sei, daß er nicht vollends erschlagen wurde.

1559 soll Paul Herdegen aus Bürgel wegen Hexerei verhaftet worden sein. Das gleiche kann Magdalena Gattermann 1561 betreffen, die man der Zauberei beschuldigt. Sie wird freigelassen, nachdem man feststellt, daß sie Opfer von Verleumdungen ist.

Im Lahnsteiner Schöffenbuch finden sich die Namen einiger wegen Zauberei bestrafter Frauen. 1573 werden Berbel in der Carthausen und Loeben Gredta ertränkt, für Kurmainz das einzig bekannte Mal der Hinrichtungsart. Im gleichen Jahr werden Jacob Grinsheusers Frau und Anna, Wendel Guedts Frau, die Tochter Berbels in der Carthause, als Hexen verbrannt. Just Schneiders Frau erhängt sich wegen des Verdachts auf Komplizenschaft in ihrem Haus.

Von einem Fall von Selbstjustiz im Freigericht Alzenau berichtet ein Schreiben Ende August 1576. Anna zu Hörstein war am Aschermittwochabend bei ihrem Nachbarn Mathe zu Gast. Dem Wein wird zugesprochen und später sagt sie, wenn sie zaubern könnte, wollte sie vier Hörsteiner Männer behexen. Einer davon war Mathes, der sie geschlagen und aus dem Haus gestoßen hat. Er erzählt es den Besagten und am kommenden Morgen warten sie der Schwätzerin auf; sie bringen eine Daumenschraube mit. Man legt sie ihr an und als sie zu schreien beginnt, läßt man von ihr ab.

Vor 1600 lassen sich im Oberamt Tauberbischofsheim im Unterschied zum benachbarten Amorbach keine Hexenprozesse nachweisen. Eine Verleumdungsklage findet sich im Zentgerichtbuch, indem Margaretha Lufften aus Umpfingen Wendel Schmid wegen der Behauptung auf öffentlichen Widerruf verklagt: das sy Margretha auch eine Zauberin und bey Verderbung des Weins gewesen sein sollte.

Im oberhessischen Amt Amöneburg wird 1567 eine Frau »des abscheulichen Zaubereylasters halber von Allendorf nach Neustadt gebracht. Sie stirbt an den Folgen des peinlichen Verhörs und wird »unter dem Galgen vom Schinder verscharrt.«

Der Pfarrer Engelbracht Dietz aus Obergrenzbach behauptet in der Wirtschaft, seine Frau als auch seine Schwägerinnen seien Hexen. Er entschuldigt vor Gericht seine Äußerungen, daß er betrunken gewesen sei. Dennoch werden beide eingezogen und gerichtet.

Rechtlicher Hintergrund

Die Mainzer Kurfürsten nehmen Anteil am Werden der CCC[37]. Der Speyerer Entwurf von 1529 entstammt einer Mainzer Kanzlei[38]. Die CCC. besitzt bis zum Ende der Mainzer Kurstaaten Geltung und bildet die strafrechtliche Grundlage. Dieburger Schöffen müssen vor Eröffnung des Gerichtstages schwören: »wie die kaiserliche peinliche Gerichtsordnung mit sich bringt und ausweiset ... Recht zu sprechen.«

Und doch gibt es eine Besonderheit, denn stets treffen die Weltlichen Räte die Entscheidung über den Verfahrensbeginn. Mit der Bezeichnung Hofrat greift man auf einen vor 1522 in Mainz gebräuchlichen Ausdruck zurück. Er setzt sich im wesentlichen aus hochrangigen Juristen zusammen und findet eine Parallele in der Region Bayern[39] sowie im Württembergischen. Sie üben maßgeblichen Einfluß aus und legen die alten Landgerichte und deren Rechtsvorstellungen lahm.

Den Weltlichen Räten werden Berichte der kurfürstlichen Keller oder Amtmänner zur Entscheidung vorgelegt. So zeigt sich die Tendenz einer zentralistischen Verwaltung mit einem großen Verwaltungsapparat, Schematisierungen, Reglementierungen und dazugehörigem Aktenversand.

Beim Einsetzen der Hexenverfolgungen existiert die Institution. Hinzu kommt die gerichtliche Dynamik: einmal in ihren Fängen, ist kaum wieder herauszukommen. Parallel erfolgt der Aktenversand an juristische Fakultäten. In Kriminalfällen bedarf die Anforderung eines Gutachtens einer Erlaubnis.

Privatklagen wegen Zauberei kommen im Kurfürstentum Mainz nicht vor[40]. Oft fordern die Bürger das Einschreiten von Amts wegen. (Ex officio= damit die Wahrheit ans Licht gebracht werde). Spee stellt in der *Cautio Criminalis* fest: »daß alle Welt schreit, die Obrigkeit solle die Inquisition gegen die Hexen einleiten.« Bei der Überführung zeigt sich die CCC. bemüht, richterlichen Irrtum oder Willkür einzugrenzen. Nur dann soll der Verdächtigte verurteilt werden, wenn er entweder geständig oder durch zwei Augenzeugen überführt ist.

Hier liegt das juristische Problem. Das Zauberwesen schöpft aus dem Undefinierbaren und Verborgenen. Unverdächtige Zeugen gibt es nicht und die Beurteilung eines Gerüchtes ist schwierig. Die »fama publica« ist zweischneidig. Vor allem deshalb gelangen die Weltlichen Räte oft zu dem Schluß, daß es erstrebenswert sei, Genaueres zu erfahren und veranlassen Erkundigungen.

Hier werden verwandschaftliche Bindungen spürbar und so kommt die Annahme zustande, daß das Wissen um die Kunst der Zauberei von der Großmutter über die Tochter zur Enkelin springt. Häufig heißt es: »die Person stünde seit manns gedenken oder viel(en) Jahren im hohen Verdacht«, was stets unbewiesen ist.

Es kommt zu Mißhelligkeiten. Die junge Hechtbeckerin gerät in Verdacht, weil ihr fünfjähriger Sohn behauptet, nicht nur seine Mutter sei eine Hexe, sondern er habe von ihr Zaubern gelernt. Die Obrigkeit schließt daraus: wenn sie schon bei den Kindern uff der Gassen in diesem Geschrei stehe, wäre es ein nicht zu unterschätzendes Indiz, denn dieweil ein gemein Geschrei, darin sie stekket, nicht ohne erhebliche Ursachen und bewegende Zeichen entstehe[41].

Der Dieburger Keller verwirft 1598 das Urteil der Wasenmeisterin, »die wir für ein leichtfertig weib gehalten und darauf niemals gangen ... man könne auf solches bloß angeben und bezichtigung« keiner Verhaftung zustimmen.

Nach CCC. Art. 44 sollen folgende Indizien vorliegen:

- Umgang mit des nämlichen Verbrechens Überführten.
- Der Besitz und Gebrauch verdächtiger Requisiten.
- Das Anerbieten, jemand das Zaubern zu lehren (und):
- Der Eintritt eines Schadens nach einer vorausgegangenen Androhung.

Ein Merkmal ist die Ausleuchtung des Leumundes[42]. Die damit verbundene Unsicherheit führt zu unterschiedlichen Maßstäben. Akten vorausgegangener Prozesse werden als Beweis herangezogen, da sie die Verbrechenstradition untermauern und auf das Strafmaß Einfluß nehmen.

Die CCC. kennt im Fall von Zauberei keine Differenzierung zwischen einer genugsamen Anzeige für eine Verhaftung und die Vornahme der Folter eines Verdächtigen[43]. Schwüre machen das Ganze kompliziert[44]. Anzeigen werden aus Geständnissen der Hexen gezogen. **Die Tat kann nur das Geständnis nachweisen, das nötigenfalls (mit der Folter) erzwungen wird. Es ist die entscheidende Schwachstelle, denn eine solche gibt es nicht!**

Haftanstalten

Die Haftbedingungen sollen menschlich sein[45]. Für leichtere Vergehen stehen z. B. das Aschaffenburger Narrenhaus oder der Osterburkener Eselstall zur Verfügung. Bevorzugte Verwahrplätze sind die befestigten Stadttürme. In Dieburg stehen vier zur Verfügung; der Mühlturn, der Weiße Turm, der Frankensteiner Turm und der Blaue Hut. Der Blaue Hut wird bis zu seinem Abbruch 1954 als »Hexenturm« bezeichnet. Unsicher ist, ob das Dieburger Schloß als Haftanstalt herangezogen wird.

Bei der Verhaftung des Philipp Kremer wird gesagt: »er sei zu gefänglichen Haften inß Schloß geführt worden.« In Höchst und Hofheim wird berichtet, wie die Gefangenen »Im Gefängnis wieder hinab, bzw. her(a)uf an das liecht gelaßen (worden) sind.«

Möglicherweise im Zusammenhang mit den Hexenprozessen werden einzelne Türme ausgebaut und mit zusätzlichen Türen und Maulschlössern versehen. Das Verlies des Dieburger Hexenturms hat eine Grundfläche von etwa 11 qm. Bei strengem Frost werden Decken verteilt. Der inhaftierte Hans Arnold wird nach 14 Tagen so vom Fieber geschüttelt, daß Angehörige um sein Leben fürchten.

Die Turmhaft untergräbt die Moral der Eingesperrten und zermürbt ihre Gesundheit. 1591 verweigern die Lohrer Stadtknechte den Befehl, die Weidenjostin in den Turm zu bringen, weil sie um das Leben der Kranken fürchten. Manche erklären sich zum Geständnis bereit, wenn man sie aus der Haft befreit. Rathäuser sind weniger geeignet, da deren Fenster in der Regel ungesichert sind und zu Fluchtversuchen verleiten. Dorothea Goßen wird 1593 in Neudenau wegen der Kälte in einem »Stüblin uf dem Rathauß angepunden« und Salome Pferrer in bessere verwahrung »uff dz Rathauß gelegt,« weil die Wächter einen Selbstmordversuch fürchten.

Spürbar sind die Verpflegungskosten während der Haft, die festgeschrieben und später den Hinterbliebenen zur Zahlung überlassen bleiben oder mit dem Vermögen der Hingerichteten verrechnet werden. Über Art und Umfang der Haftverpflegung wird dem Dieburger Keller 1627 eine Verordnung zugestellt. Sie wird im Zusammenhang mit dem Hungerstreik Maria Lipperts erwähnt[46]. Im März 1612 wird eine solche für das Erzstift erlassen. Siehe die beigefügte Tabelle.

Vereinzelt kommt es zu Selbstmorden: Haun hat ein Strohseil geflochten und es mit einem Holznagel so lange um den Hals gedreht, bis sein Genick bricht. Die Obrigkeit sucht Ausreden; so z. B. daß es mit teuflischer Hilfe geschehen sei. Der Scharfrichter sagt: »Außerdem sei er ohnbekleidet und nuhr in einem hempt todt uff dem Rucken gelegen beyde händt gestreckt, nebeneinander Ligent gefunden worden.«

Da ist noch die Frage nach der richtigen Bestattung, worüber der Klerus wacht. 1629 schlägt Paul Laymann in seinem *Processus juridicus contra sagas* vor: »Gewöhnliche Verbrechen seien mit dem Tod gesühnt, und der Täter könne auf dem Kirchhof begraben werden; im Falle von Zauberei hingegen sei an den Toten die ordentliche Strafe zu vollziehen; lediglich bei Personen höheren Standes könne davon abgesehen und eine Bestattung auf dem Friedhof zugelassen werden ... Jedes Verbrechen müsse unausweichlich durch die dazugehörige Strafe gesühnt werden, und sollte aus einem Selbstmord ein Schuldgeständis herzulesen sein, umso mehr Zauberei, da es sich bei ihr um ein crimen exeptum handele, das im Sinne einer Generalprävention eine Bestrafung erfordere.«

Verhöre werden schematisiert. Das Gesagte muß glaubwürdig sein und uns scheint es heute unverständlich, daß Richter an Verführung, Teufelspakte und Hexensabbat in dieser starken Ausprägung glauben konnten. 1597 wird für das Kurfürstentum ein allgemeines Schema erlassen. Es ist unsicher, ob es für das Erzstift Geltung hat. Auch läßt sich nicht nachweisen, ob man nach ihm vorgegangen ist. 1616 wird in Miltenberg und 1617 in Höchst mit Fragekatalogen gearbeitet. Auf jeden Fall gestalten sich die Verhöre unterschiedlich.

Teilweise am Tag ihrer Verhaftung werden die Bezichtigten einem ersten Verhör unterzogen[47]. Wo sie die Schuld läugnen, und es ist fast immer der Fall, folgt die Gegenüberstellung der Besager. Es hat keine gesetzliche Grundlage, nützt aber der Einschüchterung. Es dient Weltlichen Räten als Entscheidungsgrundlage zur Anwendung der Folter. Eine Regula in examinis, die sich im Anschluß an ein Dieburger Verhörprotokoll von 1612 findet, gibt die Anweisung: »Während des Examens und der Konfrontation ist zu achten auf Verlegenheit, Verzagtheit, Wechseln der Farbe, unbeständige Rede, Erschrecken ebenso auf Erröten und Erblassen.«

Es kommt zu Ungerechtigkeiten, wenn z. B. der Neudenauer Keller über die Frau von Adam Koch sagt: »Sie sei dem Ansehen nach einer Hexen nit ungleich.« § 46 der CCC. schreibt vor, daß der Delinquent vor seiner Folter damit bedroht werden muß: (Verbalterrition). Bei vielen reicht es, um zu gestehen. Dann werden die Beschuldigten geschoren, entkleidet und ihnen das Folterhemd angelegt.

Man sucht nach dem Hexen- oder Kainsmal. Das Stigma Diabolicum ist Bestandteil der Wahnvorstellung. Ostheimer Bürger beabsichtigen 1587 zu ihrer Rechtfertigung, ihre Frauen vom Henker darauf untersuchen zu lassen. Man vermutet, daß sich die Verhörten durch in der Kleidung verstecke Zaubermittel zu schützen suchen[48]. Laymann[49] lehnt die Rasur ab, wenn in ihnen irgend eine Magie vermutet werde.

Im Isenburg-büdingischen Assenheim erfolgt 1575 die Rasur, weil man annahm, der Teufel sitze als Fledermaus im Haar des Vernommenen[50]. 1586 glaubt man in Königstätten, ihn in der Gestalt einer Mücke zu erkennen[51]. Bei Verfahren gegen Hexen und Zauberer geht es ja (auch) darum, daß man sich durch sein Geständnis wieder Gottes Barmherzigkeit erfreuen könne und dadurch die Seele vor der ewigen Verdammnis zu retten vermag. Die Haft führt zu

psychischen Störungen[52]

Dazu kommt das Phänomen des Hexenschlafes, die Ohnmacht des Gefolterten. Von der Heidersheimer Möllerin berichtet das Hofheimer Verhörsprotokoll vom 30. Juni 1601: »Hing stillschweigendt, thet die Augen alzeit zu, als ob sie schlieff[53].« Dazu kommt die umstrittene Tränenprobe, die man im *Hexenhammer* als Indiz gegen die Person ansieht[54]. Die Folterknechte erblicken darin die Verstocktheit des Gefangenen und sehen die ungebrochene Herrschaft des Teufels.

Man greift zu einem Gegenrezept, der Verabreichung von Weihwasser. Es wird möglicherweise als Gegenmittel zur Hexentaufe empfunden und kommt vereinzelt zum Einsatz. Die Dieburger Hans Leber und Hans Haun speien es wieder aus. In Kleinwallstadt wird 1611 seine Verwendung als Sympathiemittel als Verfahrensgundsatz bezeichnet. Die Wasserprobe wird in der Region nur einmal erwähnt, aber von Neustädter Examinatoren als trügerisch zurückgewiesen.

Foltereinsatz

Der Anwendung der Folter steht man kritisch gegenüber und im August 1612 beklagen sich die Weltlichen Räte in einem Schreiben an die Kellerei Rieneck über deren Übermäßigen Gebrauch. Sie darf eine halbe Stunde nicht überschreiten, kann aber wiederholt werden. Sie soll vormittags bei »nüchternen« Leibe erfolgen, womit man die Gefahr von Todesfällen einzugrenzen sucht. Zudem soll man auf die »baufälligkeit und das alter« achten. Wie in Bamberg und Würzburg bleiben Schwangere vor ihrer Anwendung verschont, wozu vereidigte Hebammen Bescheinigungen ausstellen. Die Folterung von Adeligen, Doktoren und Honoratioren läßt sich nicht nachweisen; nicht verschont bleibt das mittlere Beamtentum (vergl. d. beigef. Tabelle)

Im Vordergrund stehen die Verbalterrition, bzw. das Anlegen von Daumen- und Beinschrauben. Seltener ist das Aufziehen mit und ohne Stein(en). Brennen mit Schwefel, Durstfolter, der »spanische Bock« und Prügel mit einer Karbatsche sind nicht zu dokumentieren. Lediglich im Amt Miltenberg streicht der Scharfrichter, dem wohl die medizinische Nachversorgung obliegt, Zauberer und Hexen mit Ruten. Es kommt zu Ausrutschern. In Aschaffenburg wird ein 13jähriger hingerichtet und im Juni 1627 wird der 94jährige Michael Kunkelmann aus Bürgstadt bei Miltenberg gefoltert.

Auffallend ist die Beigabe von religiösen Sympathiemitteln wie Weihasser oder geweihtem Salz. Priester besprengen Angeklagte damit, geben es ihnen zum Trinken oder lassen sie Weihrauchkörner oder geweihtes Salz schlucken. Vereinzelt wird ein »Agnus Dei« getragen. Manchmal erhalten Delinquenten Folterkleider, die man frei von eingenähten (Gegen)mitteln weiß. Sie werden vor dem Gebrauch gesegnet oder mit Weihwasser besprengt.

Besoldungsordnung für das Erzstift Mainz

Ordnung Wie es mit den Verordneten Examinatornn in solchen Zäuberischen sachen vnnd anderenn dienern ihrer mühe halben Zuhalten, eodem die von ehrengedachten herren Vicedhomben verordnet.

	fl.	batzen
Erstlich. zentgrauen vn yeder Persohn so außerhalb der Statt in der cent vorm Speshardt eingezogen würdt, soll hinführo /: vmb deßwillen Ime hierbeuor in ansehung solcher Zauberischen Executions processen, vnd darundter bemühungen Zue ergetzlichkeit dz Jährlich Costgelt verordnet wordenn: mehr nicht gericht werden alß	**2 fl.**	
Da ein Persohn in der statt od dham eingezogen würdt, alß dam den Schultheissen wofern er anderst allen, vnnd iedenn examinibiq von Anfang biß Zue endte Persöhnlich sein würdt ebengestalt geuolgt werden	**2 fl.**	
Dem Centgrgrauen	**1 fl.**	
Den Stattschreiber (!) von ied persohn	**2 fl.**	
Beyden Stattknechten yedeen vonn einer Persohn	**½ fl.**	
Jedem hüeter des Tags vnd nachts		**4 batzen**
Ferners Schultheissen, Zentgrauen, Baw Rentmeistern vnd dem Stattschreiber soll iederwederen zue iedem examine anstatt des abgeschafften Jmbs vor alles an gelt bezalt werden		**3 batzen**
Beyden Stattknechten Zue iedem examine anstatt ½ Viertel weins		**4 batzen**
Dem Scharffrichter Zue iedem examine anstatt 2½ viertel weins		**4 batzen**

Item sollen Ime Scharff Richtern die Zue Execution gehörige Ketten, Kloben, feuerhacken, vnnd anders verschafft, vnd da etwas daran zerbrochen, wiederumb außgebessert werden.
Holz Reissig, vnnd Strohe verschaffen die Jenigen örtter Zur execution auß welchen die Maleficische Persohnen eingezogen worden seindt.

Aufgeschlossene Defensoren erkennen die Schwachstelle. Ein Aschaffenburger Verteidiger bringt ein: »ein bekanntnis, dem keine rechtmäßigen Indizien vorausgehen, ist nicht nur nichtig, vielmehr ist der Richter aus dem Kollegium zu entfernen und zu strafen.« Ein Hanauer Anwalt interveniert: »so viel aber die durch die scharffe frag weiter auß gebreste auß sag belanget, kann ein Verstendiger Richter nach beschaffenheit der armen beklagten, alter und baufelligkeit auch fast vierzigjährigen Persohn, uff solche ohnvertregliche schmerzen, herausgezogenem bekandtnuß kein fundament setzen, viell weniger mit gutem gewissen darauff zum todt zu verdammen, dem nach dem kayserlichen Rechten in gemein kann der tortur, als welche auch in Gottes wordt nit fundiret, und es nicht stattuieren, als quod res sit fragilis et periculosa, quae veritatem fallat.«

Foltergrade

Von einer einheitlichen Folterpraxis kann keine Rede sein. In Dieburg wird 1627 die Dauer der Aufzüge am Seil nach dem Vaterunser bemessen; das Maximum dürfte eine halbe Stunde gewesen sein[55]. Der Makel eines Peinlichen Verhörs bleibt den Gefolterten zeitlebens und fördert neue Besagungen.

Es geht um die Probleme der Glaubensverleugnung und des Teufelspaktes, die keine sind, und so versteht sich das Engagement der Geistlichkeit. Zudem sollen sie die Gefangenen betreuen, worauf sie 1524 in der *Ordnung der gefangenen leuth* verpflichtet werden. Der Neudenauer Pfarrer wird 1594 dem Anschein nach zu Konfrontationen der Neuverhafteten mit ihren Besager hinzugezogen. Der

Peinliche Rechtstag

bildet den Abschluß des Verfahrens. Nach § 79 der CCC. wird er dem Delinquent einige Tage vorher angezeigt, damit er sich auf die Sakramente besinnen kann. Die Prozedur wird vor dem zuständigen Land- oder Zentgericht geführt. Das Halsgericht wird mit Glocken eingeläutet. Nachdem die/der Angeklagte von Bewaffneten zum Gerichtsort geführt ist, eröffnet der Richter die Sitzung.

Es ist schwierig, da es sich bei der Zauberei um ein gemischtes Verbrechen han-

delt, bei dem das weltliche wie das göttliche Recht[56] verletzt scheinen. Das (nichtexistente) Verbrechen erlangt eine »dämonische« Qualität[57]. Zauberei zählt zu den Majestätsverbrechen. Darauf steht üblicherweise die Todesstrafe. Zwar soll nach der CCC. der, der keinen Schadenszauber verübt hat: »sunst gestrafft werden, nach Gelegenheit der Sach.« Doch haben 1572 die *kurhessischen Konstitutionen,* 1587 das kurpfälzische Landrecht und 1588 das Landrecht von Baden-Baden die Bestimmung verschärft, daß jeder Teufelsbündler getötet werden soll[58].

Nach dem Urteil beauftragt das Gericht den Scharfrichter mit der Vollstreckung. Er soll die verurteilte Person zum hohen Halsgericht führen, um sie lebendig zu Asche zu verbrennen[59]. Eine 1587 in Mainz gerichtete Frau wird in ein Faß geschlagen und verbrannt. Öfter werden Delinquenten in eigens errichteten Hütten verbrannt. Mit Endreß Stenzel aus Bieber wird im Januar 1601 ein wegen Zauberei Verurteilter enthauptet, bevor man ihn verbrennt. Gnadenzettel setzen sich durch[60]. Strafverschärfungen in Form von Verstümmelungen vor der Hinrichtung sind in Kurmainz im Zusammenhang mit Hexenprozessen nicht nachzuweisen[61].

Jedenfalls wird dem Alkohol zugesprochen. 1628-29 wird dem Gericht nach Ausweis der Dieburger Stadtrechnungslisten Wein ausgeschenkt. Anläßlich der Folter Endreß Stenzels werden Ende Dezember 1601 in Bieber von zwei bis drei Examinatoren 30 Maß Wein konsumiert, in einem anderen Fall verzehrt das Halsgericht 80 Maß.

Noch ist das Verfahren nicht abgeschlossen, denn nun zankt man sich um die Kosten. Immer wieder erhebt man den Vorwurf, der materielle Ertrag aus den Verfolgungen habe eine Auffüllung des Staatssäckels bewirkt. Dem steht entgegen, daß viele Verurteilte zu arm sind, um Kosten zu übernehmen. Es gibt zwei Mainzer Konfiskationsordnungen.

Bei Majestätsverbrechen besteht die Möglichkeit der Güterkonfiskation. Nach der Hinrichtung des Täters folgt die Taxierung des eingezogenen Gutes auf seinen Zeitwert. Hinterbliebene können den konfiszierten Teil in einer Frist auslösen.

Zur Rolle der Kurfürsten

Unter Daniel Brendel von Homburg (1555 bis 1582) ist die Frage nach Hexenverfolgungen nicht relevant. Wolfgang von Dalberg zeigt sich dem Zeitgeist aufgeschlossener und ein alter Stich um das Portrait des Johann Adam von Bicken weist den Spruch aus: »Johannes Adamus von Bicken/von Jugend auff zu allen Christlichen Tugenden und Gottseeligkeit erzogen (er wurd erwelt im jahr Christ anno 1601 im Monat Maii (demnach in dem Bistumb Maintz der abschweliche Grewel der zauberey und hexerey allenthalben eingerissen/und mit solchen eine grosse Anzahl Mann und Weibs Personen befleckt/hat diesser erzbischoff Johan Adam im Jahr 1604 solchen Grewel und Abgötterey mit grossem Ernst auszurotten angefangen zu Aschaffenburg und andern orthen/etlich viel Personen/so mit solchem laster behaftet/mit dem Fewer straffen und hinrichten lassen/daß gleichen hat er auch die Grafschaft/Rieneck und Lohr reformiert.«

Ähnlich aktiv und systematisch geht er gegen Protestanten vor: »die nach seinem Tod aufgefundenen Briefe lassen keinen Zweifel daran, daß es sein Ansinnen war, die an die Kurpfalz verpfändeten Ämter mit Waffengewalt zurückzuerobern. Mit dem Kurfürst von Köln (s. d.) versucht er 1603 ein Bündnis der katholischen Staaten zu schließen, was am kaiserlichen Widerstand scheitert. Er verbannt alle evangelischen Würdenträger und Beamte von seinem Hof. In Mainz und Oberursel läßt er Bücherzensuren durchführen. Sein Herz schlägt für den fehlgeleiteten Katholizismus!

Unter Johann Schweikard von Kronberg werden die juristischen Rahmenbedingungen und -erlasse bezüglich der Duchführung der Hexenprozesse publiziert. Dazu zählen ein Interrogatorium und die Kurmainzer Verordnungen. 1615 erläßt er eine Kirchenordnung. Sein Engagement ist mehr politischer denn religiöser Natur; sein Handeln wird von der Staatsräson geleitet.

Friedrich von Greiffenklau lernt während seiner Studienzeit 1588 in Trier die Hexenprozesse kennen und gilt als radikaler Vertreter der kirchlichen Politik. Bicken hat den jungen Domkapitular 1601 auf eine Huldigungsreise mitgenommen. Als Bischof von Worms (1616 bis 1629) legt sich Greiffenklau aus kirchenpolitischen Gründen mit spanischen Besatzertruppen an. Sein Vater war Beisitzer am RKG (Speyer) und so ist denkbar, daß eine Beeinflussung vorliegt. Er ist nicht der »finstere« Hexenbischof, wie es hin und wieder dargestellt wird.

Ausklang

Ab der zweiten Hälfte des 17. Jahrhunderts läßt das Staatsinteresse an der Füh-

Hinrichtungen von Oberschichten im Erzstift Mainz

Zielgruppe	Wann	Wer	Ergebnis
Schultheißen	**1617**	Johann Bleichenbach (Wicker) die Frau des Schultheißen von Weilbach, Elisabeth Allendorf, stirbt im Gefängnis	Todesurteil
„	**1618**	Jacob aus Flörsheim	Wird als Spielmann
„	**1629**	Klaus Behrs (Erlenbach)	bei Hexentänzen be-
„	**1629**	Hans Lang (Wört)	sagt.
„	**1629**	der aus Elshofen	Opfer der Hexenprozesse in Klingenberg
„	**1597**	Die Tochter des Schu. von Schloßborn (Amt Königstein)	Scheiterhaufen
„	**1628**	Frau des alten Schu. von Groß-Krotzenburg	Scheiterhaufen
„	**1628–29**	Im Verlauf der Lohrer Hexenprozesse werden Schultheißenfrauen der Gemeinden Nantenbach und Rodenbach	verbrannt
„	**1617**	Maria Firnhaber, Witwe des Schultheißen, wird nach der Folter entlassen, aber (1629)	hingerichtet
„	**1629**	Albert Bräunich von Schippach	
„	**1629**	Sch.-Ehepaar Bastian und Maria Beck von Eichenbühl	
Stadtärzte		In Dieburg wird fast die Hälfte des Rates und in Lohr jeweils vier Stadträte	hingerichtet
Keller, Zentgrafen, Zollbeamte	**1603**	Frau des Zentgrafen von Großostheim Besagung	
„	**1628**	Frau des Fauth Adam Schmuk aus Oberroden	Besagung
„	**1603**	Wasserzöllnerin von Aschaffenburg	Besagung
„	**1608**	Catharina, Frau des Zöllners von Miltenberg, David Mohr Hinrichtung (vergl. seine Briefe im lfd. Text)	
Hospitalmeister	**1628**	Das Ehepaar Peter Lippert und Frau in Dieburg	
„	**1628**	das Ehepaar Benedikt Stumpf und Frau in Stadtprozelten	
„	**1576**	Die Hospitalmeisterin Margareta Schaerpf aus Lohr liegt wegen Hexereiverdachts	im Gefängnis
Schulmeister	**?**	Die Hinrichtung des Ehepaares Rupert ist für Dieburg nachweisbar.	
Wirte (Miltenberg)	**1629**	Gasthaus zum Oberwirt, Peter Mader und seine Frau Hinrichtung	
„	**1629**	Gasthaus zum Riesen, Lorenz Beck und seine Frau	Hinrichtung
„	**1629**	Gasthaus zum Schwert. Appolonia Wagner und deren Bruder	
„	**1629**	Gasthaus zur Sonne. Hans Hartmann und seine Frau	Hinrichtung
„	**1627**	Gasthaus zum Vogel Strauß. Andreas Spüer und seine Frau	

Vergütungsordnung des Amtes Lohr aus dem Jahre 1602

Vorgang	Besoldung
1. Dem Fiscali Ancläger Vor jeder Persohn	2 Gulden
2. Dem defensori halb soviel alß	1 Gulden
3. Mehre derem jeder für seine Zehrung oder Imbs so hirbevorn nach vollendeten Gericht gehalten zu werden gepflogen	4 Batzen
4. Den hiesigen Löhrer Gerichtsschöpfen, deren Knecht, sampt dem Blutschultheißen, Zentgraven und Stadtschreiber für die Zehrung yedem	5 Batzen
5. Dem Zentgrave, zween Gerichts Persohnen und andere dar zu gehörigen Examinatoren yedem	5 Batzen
6. Den zweyen Gerichtsschöpfen zu jedem Weiler sie etwas weit zugehen für Zehrung	2 Gulden
7. Den Dreyen Frammerspacher Schöpfen für ihre Zehrung ydem	6 Batzen
8. Dem Herrn Pfarrherren und Caplan an statt der Zährung oder für den Imbiß jedem	2 Gulden
9. Dem Herrn Centgraven wegen des Gerichts (endlicher Gerichtstag)	2 Gulden
10. Dem Stattschreiber (endlicher Gerichtstag)	2 Gulden
11. Dem Herrn Oberamtmann (für den Schriftverkehr mit der Oberbehörde)	2 Gulden
12. Dem Stattschreiber (für den Schriftverkehr)	2 Gulden
13. Vor einer persohn jetziger Zeit sein Zehrung täglich beim Wirth	6 Batzen, 2 Kreuzer
14. Den Bütteln vor jeder Persohn zu warten tag und nacht hat jeder für seine Zehrung gemeinlich	4 Batzen, 4 Kreuzer
15. Den Wechtern so dergleichen Mißthätigen Persohnen zugegeben werden ... jeder Tag	4 Batzen
16. Dem Nachrichter vor eine Persohn	10 Gulden
17. Deßgleichen ihme vor jedes Verhör, da peinliche Instrumente gebrauchet oder vorgezeigt werden	1 Gulden
18. Den Rotten in Rüstung, so bey der Exekution gebraucht	1 Thaler
19. Holz, stro, wellen so zur Exekution beigeschaft werden muß, erstreckt sich ohngefehr uff	5 Gulden.
20. Pothenlohn und Warthgeld (pro Tag)	4–5 Batzen

rung der Hexenprozesse nach. Man erspürt das damit verbundene Unrecht und wirtschaftlich wie politisch haben sie nichts als Ärger verursacht. Verfahrenstechnische Bedenken wie im Kurfürstentum Bayern und dem Herzogtum Württemberg-werden deutlicher. Der Krieg verlagert das Geschehen und dann macht sich eine neue Erweckungsbewegung mit dem Ziel der »die unversorgten, hochbetrüblichen Seelen, Schwermütigen und Irrenden in ihrem Kreuz und Leiden zu helfen« bemerkbar. **Die Hexerei wird vom Verbrechen zur Sünde gepolt** und neue eschatologische Gedanken machen sich breit. Stärker treten Gegner des Hexentreibens auf den Plan. Der Ideologie wird das Fundament entzogen und vor allem im katholischen Bereich bringt die Debatte um die spät hingerichtete Klosterfrau Maria Renate Singer aus Mossau (1749; s. d.) die Debatte ins Rollen. Es zeigt sich eine parallele Entwicklung wie beim »bayerischen« Hexenkrieg (s. d.), der den Hintergrund etwas ausleuchtet.

Und doch kommt es zu einem Rückfall. Unter Erzbischof Anselm Franz von Ingelheim (1679–95) müssen zwei Frauen aus Eichsfeld den Scheiterhaufen besteigen. 1739 wird letztmalig ein Hexenverdacht ausgesprochen. 1769 wird der Priester Johann Trapp unter dem Verdacht der Geisterbeschwörung verhaftet. Bei dem Miltenberger Verfahren gegen Jörg Ott, der 1783 die Frau des Hans Osterlein als Hexe beschimpft, handelt es sich wohl um den letzten Fall, daß im Kurfüstentum Mainz ein Zaubereivorwurf vor Gericht verhandelt wird[62].

Freigericht Alzenau

Die Region wird durch den Ausbruch von Pesten und das Eingreifen des 3o-jährigen Krieges erschüttert und deren wirtschaftlich-soziales Gefüge verworfen. Die Grafschaft Hanau nimmt im Zuge der reformatorischen Bestrebungen die »neue« Lehre an. Als der Calvinist Jörg Friedrich von Thüngen 1602 Amtmann im Freigericht wird, kommt es zu Konflikten mit der vom Geist des Katholizismus geprägten Mainzer Erzbischofs Johann Schweikard von Kronberg. Thüngen widersetzt sich seinen religiösen Bestrebungen und wird 1616 ob seiner Eskapaden, wohl auch wegen Unterschlagung von Hexengeldern, aus dem Amt gedrängt. Er dokumentiert die Religionsunsicherheit mit der Anmerkung: »Viele Freigerichter Untertanen könnten nicht einmal das Vater Unser.«

Die Hexenprozesse in der Alzenauer Gegend sind ein Beispiel dafür, wie Katholiken **und** Protestanten in der Jagd auf vermeintliche Hexen wetteifern. Die Akten enthalten Anmerkungen über die Lieferung von Strikken, Lichtern, Öl, Blei und Eisen. Schmiede aus Hörstein (u. a.) sind mit Instandsetzungsarbeiten für das Hexengefängnis betraut. Es kommt zu auffallend vielen Lebenverbrennungen. Der Nachweis des Hexenbades oder der Verwendung von Weihwasser läßt sich nicht führen. Man ist um eine straffe Prozeßführung bemüht, wobei sich die Verfahren zeitlich bei etwa vier Wochen einpendeln.

Das Freigericht untersteht 1600 Mainz **und** Hanau, wobei jeder auf seinen Vorteil bedacht ist. Es geht um die Pfarreien Alzenau, Hörstein, Somborn und deren Filialen. Die 13 Dörfer umfassen etwa 3 000 Seelen, die überwiegend von der Landwirtschaft leben; es dominiert der katholische Einfluß. Hier kommt es zu einer Prozeßlawine, der vom September 1601 bis zum Januar 1605 139 Menschen zum Opfer fallen. Zu etwa 90 % sind es ältere oder alte Frauen. In der Regel liegen Besagungen zugrunde.

Anfänge

In der Grafschaft Hanau werden 1564 (Bischofsheim) fünf Frauen unter dem Verdacht auf Zauberei verhaftet und vier von ihnen zum Tode verurteilt; die jüngste aus dem Ort gewiesen. Da sie keiner aufnehmen will, läßt sie sich mit ihrer Familie auf den Höfen vor der Stadt nieder. 1567 werden drei angebliche Hexen in der Kinzig ertränkt. Sie sind das Opfer theologischer Willkür, hat doch ein Pfarrer vor deren Freilassung gewarnt: »weil dadurch das Hexenwerk gestärkt werde.« In Assenheim kommt es vor 1600 zu Hexenprozessen.

1576 droht eine alte Frau aus Hörstein am Fasnachtsdienstag, vier Männer zu bezaubern, da sie von ihnen nicht beschenkt worden sei. Daraufhin legt ihr einer die Daumenschraube an und als der Amtmann einschreitet, räumt sie ein, die Aussage im Trunk gemacht zu haben. 1592 findet in Bingen ein Hexenprozeß statt; er endet vermutlich mit Freispruch. Es sind Einzelfälle.

Ob Bicken erst 1603 zu einem schärferen Vorgehen auffordert, wie der Mainzer Historiograph Nikolaus Serarius rühmt, ist zu bezweifeln, denn aus den Jahren 1601–02 liegen Berichte über Hinrichtungen wegen Zauberei vor. In der Cent vor dem Spessart werden während der 3½ jährigen Regierung Bikkens 126 Zauberer mit dem Tode bestraft und in Aschaffenburg wohl über 50. In Seligenstadt und Umgebung finden in den Jahren 1600–04 Hexenbrände statt, die wenige Opfer fordern. (Grebner)

Massenprozeß (1601–1605)

Die erste Hinrichtung erfolgt am 10. September 1601 und betrifft vermutlich Katharina, die Witwe Stoffel Dietmars aus Hörstein. Die zuletzt eingekerkerte Elsa Heckmann aus Alzenau begeht am 12. Januar 1605 Selbstmord. Ihre Leiche wird einen Tag später verbrannt. Ab 1605 läßt das Wüten nach, was möglicherweise mit der Verlegung der Residenz des Philipp Ludwig II. von Hanau nach Windecken zusammenhängt; (auch) das verhindert das Wiederaufleben der Hexenprozesse im Freigericht. In den 13 Ortschaften sind 677 Personen von Besagungen betroffen, wobei 139 auf die Schlachtbank der menschlichen Willkür gelegt werden. in Alzenau wird nahezu in jeder zweiten Familie ein Angehöriger hingerichtet. Die Gesamtausgaben für die 139 Hinrichtungen belaufen sich auf etwa 6 661 Gulden. Von den Nachkommen sind knapp 14 000 aufzubringen. In einigen Fällen unterbleibt der Vermögenseinzug wegen Armut. Die Abrechnung der Hexengelder zieht sich über einen längeren Zeitpunkt hin.

Paul Rüger, ein reicher Hörsteiner, wird 1613 bei der Wahl der Zehentbeständer übergangen und beschuldigt daraufhin den Landbereiter, die Lochschöffen u. a. der Zauberei. Daraufhin erheben die Besagten eine

Verleumdungsklage gegen ihn. Er verteidigt sich, daß er die Verleumdung keinesfalls erfunden habe, sondern (sie) vom Schneider Thomas Becker gehört habe, der im Wirtshaus darüber gesprochen hat. Beim Verhör trägt er vor: »als nach alter gewohnheit die Pfarrei Hörstein eine Wallfahrt nach Seligenstadt unternahm, sei er des abends um neun Uhr im betrunkenen Zustand und seine Hosen auf dem Rücken tragend, durchnäßt in das Wirtshaus gekommen ... und (habe) den sich wundernden Gästen geantwortet: »er hab uff dem langen see bey der hardt gelegen, und darnach sich dreymal mit dem Teufel herumbgeschlagen, welcher ihne darzu uber den Rohrbronn, ohnfern von Kaal, geführet und alsda getaufet ... zudem könne er zaubern, (er) kenne die Zauberer (dann zählt er eine Reihe angesehener Bürger aus Hörstein auf). Unter ihnen befindet sich der Landbereiter Paul Eyles.

Nun wird Thomas Becker verhaftet und entkommt am Kirchweihsonntag durch das Türfenster des Kerkers; er flieht nach Hörstein. Seine Schmähungen haben dazu geführt, daß die dortigen Bewohner mit den angeblichen Zauberern nichts mehr zu tun haben wollen. Sie wenden sich an die Mainzer Regierung, bitten um seine erneute Gefangensetzung und beschuldigen Paul Eyles der Fluchthilfe, was sich als falsch herausstellt. Er räumt ein, im betrunkenen Zustand reagiert zu haben. Es kommt ein gütlicher Vergleich zustande und schließlich wird er nach Zahlung einer Kaution wie der Haftkosten entlassen. Der Hörsteiner Wirt wird wegen Verstoßes der Schankordnung mit einer Strafe belegt.

Vor 1600 kommen Hexenprozesse am Untermain nur sporadisch vor. Als sie im September 1601 im Freigericht beginnen, verfügt man hier nicht einmal über einen Amtmann. Später nimmt Zimprecht Amman, ein ehemalig reisiger Knecht, die Aufgabe wahr. Er übt die gütliche und peinliche Befragung über die angeblichen Hexen aus; und doch sind ihm weitgehend die Hände gebunden. Ende Oktber 1602 finden wir Jörg Friedrich von Thüngen als Amtsmann, wo er die Leitung der Verfahren übernimmt. Der Gerichtsschreiber Eyles ist bei der Mainzer Regierung angesehen und er wird in einer Referenz als ein »uffrichtiger catholischer gesel« angesehen.

In Hörstein wird das Schöffenamt von Contz Seypel d. Ä. und Paul Ruger d. J. geübt. In Somborn nach Ausweis der Rechnungen von Hans Huth und Georg Lenk. Als Nachrichter werden Nikolaus Lucas von Alzenhaßlau und Meister Jonas von Aschaffenburgh erwähnt.

Der prozessuale Ablauf scheint stereotyp. Schwerwiegend ist wohl die Anmerkung; eine Hexe habe einen goldenen Schuh; was als Attribut für Hexenköniginnen angesehen worden ist. Der zentrale Angriffspunkt der Obrigkeit ist **nicht** der Schadenszauber, sondern der Religionsabfall. Die Delinquenten beichten am Abend vor der Hinrichtung beim Pfarrer Johann Etzel und erhalten am folgenden Morgen die Kommunion; daraufhin besseres Essen und Wein. Das Urteil ergeht im Namen des Landesvaters; des Kurfürsten von Mainz und des Grafen von Hanau. Die Hexen werden beschuldigt: »nicht allein Gott dem allmechtigen, irem schöpfer und vatter, auch jesum Christ iren erlößer unter des deufels verbundtnus und consortio verlaugnet, sonder auch demselbigen irem anfhürer huldigung geschworen, bey und zugefallen, schaden an menschen, viehe fruchten und andern gethan, die hailige sacramenta geunhailiget« zu haben ... darum sollen inen zu straf, andern zum abschewlichen exempel durch den scharpfrichter mit dem fewer vom läben zum todt getraft werden.« Die Richtstätte befindet sich in Hörstein auf dem Wege nach Kahl und in Somborn beim Galgengrund.

Freilassungen sind selten. Als Katharina Tragaser aus Hörstein Ende Januar 1602 wegen Zaubereiverdacht gefangengesetzt wird, flieht deren ehemalige Magd aus dem Ort. Im Verhör bekennt die Trageser: »auch ihre Magd sei vor zwei Jahren vom Teufel in der Gestalt eines Metzgergesellen verführt und getauft worden.« Nun wird die Magd, die zu ihrem Vater nach Alzenau geflüchtet ist, von Freigerichter Beamten verhaftet und der Besagerin gegenübergestellt. Sie wird zwar von der Dienstherrin des Teufelsbundes bezichtigt, aber widerruft die Aussage am Tag ihrer Hinrichtung.

Der Vizedom Hartmut von Kronberg teilt den Mainzer Räten mit: »Gleicher gestalt fienden Ewer Gnaden auß dißem bericht, daß sie die underbeampten ohne bevelch auf der hiengerichteten Drageßerin plosses angeben ein ledig magt, welche doch von gedachter Drageßerin vor ihren außgestandenen urtheil loßgeben und fur unschuldig gehalten worden, zu gefenklichen haften genommen, daß meines einfaltigen erachtens wol hette verpleiben können, dieweil auß dergleichen unbedacht bießweilen mehr ergernuß alß befürdernuß der justitien zu gewarten.« Letztlich wird entschieden, sie unter der Beobachtung ihres weiteren Lebenswandels durch öffentliche Personen freizulassen.

Bei der peinlichen Befragung Mitte April 1602 hat Greta Schöfer aus Alzenau gesagt: »die 19jährige Kunigunde, Tochter Peter Schletts, sei von ihrer Mutter mit dem Satan verlobt worden, die Hochzeit solle in der Walpurgisnacht stattfinden.«

Als es während dieser Zeit der Aschaffenburger Vizedom erfährt, ordnet er an, die angebliche Teufelsbraut währenddem ins Gefängnis zu legen. Eine Konfrontation mit der Besagerin frührt zu nichts und so wird sie (vermutlich) freigelassen; nachweisbar hat man deren Mutter als Hexe verbrannt. Es sind keine Freisprüche wegen Standhaftigkeit unter den Qualen der Tortur, sondern aufgrund rechtlicher Bedenken der Verantwortlichen.

Mitte Mai 1601 schreiben die Hörsteiner Richter an den Vizedom, Else Volz aus Großwelzheim, die man tagsüber gefoltert hat, sei des abends tot im Gefängnis gefunden worden ... wohl habe ihr den Teufel dem Hals herungedreht.« Man verweigert ihr ein ordentliche Begräbnis und verscharrt die Leiche auf dem Schindanger.

Das Aussehen des Teufels wird unterschiedlich beschrieben; zuweilen erscheint er als Mann in grüner Kleidung und einem Federbusch. Hans Trucklaib aus Alzenau begegnet er als »ein schön weibsperson, so ein grun laibgen und pareth, sonsten ein roten sammeten underruckh angehabt.« Bezeichnet wird er als Grünwältge, Süßholtzgrin, Klotz, Fedderwisch, Beeltzebub, Liebge und/oder Grünlundischrock.

Sexuelle Eskapaden bleiben im Hintergrund und einmal kommt eine Abtreibung zur Sprache: »Ferners darbei geweßen, wie hingericht Winter Elß ihrer aigner dochter Chrain ... ein khindt abgetrieben und hernacher salben aus abgetriebenen kindt mache helfen.« Freilich kommt die Herstellung von Hexensalben zutage: »es hette auch die hingerichtete Schmidin als retelsfuhrerin ir salben von ohngetauften kindern gemacht ... und solche salben sie daß nachtmahl eingeworfen.« Lediglich bei Fällen gegen der Zauberei verdächtige Frauen: »sie seien in Katzengestalt in den Stall ihres Nachbarn gekommen und hätten das Vieh verdorben.«

Bekannte Hexentanzplätze sind der Hauckwald in Alzenau, das Kahler Reisig, die Hart, der Dautenraudt in Michelbach sowie in Hörstein das »heilige Haus« (Wilefortis-Kapelle). Die

Stellung der Geistlichen
läßt sich schwer orten. Der Aschaffenburger Stiftsdechant Johann Wolfgang Wetzel hält 1629 eine verfängliche Predigt und läßt wissen: »Wenn man die ohnnöthige Hund und Pferd, wenn man die ohnnöthige Vögel und Herd, wenn man die ohnnöthige Paläste und Häuser abschaffen thäte, und mit den Kosten die Hexen verbrennte und Leute gnugsam dazu bestellen ließe (u.) ... dann wird es mit der Hexerei bald aus sein ... Außerdem würde die Regierung bei der Verfolgung der Hexen nach ungleichen Affecten verfahren.« Kurfürst Georg Friedrich von Greiffenklau suspendiert den theologischen Aufwiegler.

Zudem kann ein Mißverständnis beseitigt werden. Keineswegs ist dem so, daß der Pfarrer Johann Etzlel ob seiner vielen Tränen, die er wegen dem Hexentreiben vergossen hat, blind geworden ist. Das Original besagt: »Demnach ich, Johann Etzelius, weiland in die neun und zanzig jahr pfarrherr zu Hörstein, die große unvermöglichkeit und schwacheit meins leibß, und daß die kräften deßselben von Tag zu tag, ie lenger, ie mehr, abnehmen und ferzehrt werden; wie dann auch die kürtze und unbestendigkeit menschlichen lebens, deßen todt gewiß, dies undt aber menniglichen verborgen, erwogen, betrachtet und zu gemüth geführt, hab ich vermeint, es sey rathsamb, damit zwischen meinen nechsten freunden und erbnehmern wegen meiner geringen verlaßenschaft kein uneinigkeit, streit, zanck oder zwytracht sich erheben möcht, folgende dispositionen noch bei gutem verstand anzuordnen.« Bestenfalls kann man Altersschwäche daraus ableiten. Unkosten und Stolgerühren werden den Priestern aus der sog. »Hexenkiste« verabreicht.

Zudem ist es nicht so, wie noch Spielmann interpretiert, daß die Freigerichter Pfarrer den Landesvater zur Verfolgung der Hexen animieren; eindeutig geht der Druck von der Bevölkerung aus.

Vereinzelt werden Wohlhabende in den Hexenbann gezogen. Zu ihnen gehört Hans Heilos, der die Entwicklung der Weinstöcke für das kommende Frühjahr vorausgesagt hat. Das älteste Ofer ist eine 93-jährige und viele Besagte tragen vor: »die Begegnung mit dem Teufel sei vor einigen Jahrzehnten erfolgt.« Über die Hebamme Chrein Krieger wird vorgebracht: »sie würde im Freigericht herumstreifen, betteln und den Leuten Hühner und Gänse stehlen.« In Alzenau wird die Frau des Centgrafen als Hexe verbrannt. Hinzu kommen die von Gastwirten und Müllern, die in der Regel vermögend sind.

Midelfort zieht daraus möglicherweise einen übereilten Schluß. Da im 16. Jahrhundert das Heiratsalter der Frauen steigt, wird die Quote der Unvermählten und unverheirateten Witwen größer. Nach seiner Version kommen sie bevorzugt in die Schußlinie des Hexentreibens. Ich halte die isolierte Betrachtung für einseitig.

Supplik der Untertanen

Um 1615 bittet man die Obrigkeit um die Stundung der noch unbezahlten Hexengelder: »Wan wier aber unß durch die bißhero verlittene underschiedliche mißwachsende jahren in schuldten vertieft dermassen, daß der last obangedeuter von unß erhobener 8524 fl. auf unßerm armuth und guetern noch stehend und haftet, indeme wir zu beruhigung edelgedachten heftig und in unß tringenden herrn Amptmann solche geldtsummen anderwerts entnommen und zusampt derselbigen hohen capital schuldt, nunmehr auch mit iährlicher starcker pension beschwerdt, bedrangt und verarmt seindt; wofern wier... die obgelmeldte restierende starcke summ zu höhrer beschwehrung unsers lasts anderswerts aufnehmen und damit Ewer Churfürstlichen Gnaden fisco underthänig abfreidigung wolten, so wissen wier iedoch solche entnehmung ... nicht zu werck zu richten.«

Jörg Friedrich von Thüngen

und der Verbleib der restlichen Hexengelder. Der Hanauar Landesvater Ludwig II. erwägt die Errichtung einer »Hohen landesschuel« und möchte einen Teil davon über die Freigerichter Hexengelder finanzieren. Darum wird von Thüngen beauftragt, sie einzutreiben. Er kommt dem nicht nach, da er zu sehr in private Familienfehden verwoben ist. Schließlich landet der Prozeß beim RKG (Speyer).

1612 ordnet die Mainzer Kanzlei eine Untersuchung über den Verbleib an und dann wird von Thüngen vorgeladen: er gibt vor, das eingezogene Geld vor allem zu Renovierung der Alzenauer Burg verwendet zu haben, kann es aber nicht glaubhaft belegen. Der Streit zieht sich bis in die Wirren des 30jährigen Kriegs hin und da Thüngen 1625 stirbt, bleibt er wohl unerledigt. In gewisser Weise kann er als Nutznießer der lokalen Hexenverfolgungen betrachtet werden. Auch zum Neubau des Aschaffenburger Schlosses werden Hexengelder verwendet.

Ausklang

Unter Kurfürst Georg Friedrich von Greiffenklau (1626–1629) wenden sich 1629 die Freigerichter Untertanen an die Mainzer und Hanauer Kanzlei mit der Bitte um Ausrottung der Zauberer und tragen vor: »gelangt derentwegen an Ewer Gnaden unser umb Gottes willen nochmahliges untertheniges pitten, ie geruhen umb Gottes und der unschuldigen, auch der blinden jugend willen, wie auch bey andern benachbarten oder beschicht, solche grausamb erschrecklich verdambt zauberey laster gnade außreuthen zu laßen.«

Der Erzbischof stimmt darauf der Hexenverfolgung im Freigericht zu, mahnt aber zur Vorsicht und fordert den Amtmann auf, die Namen der Verdächtigen zu notieren und an die Regierung zu schicken; unbekannt ist, ob sich daraus Hexenprozesse abspalten.

Der 1683 geführte Prozeß gegen eine Hebamme ist ein Beispiel für die Zeit nach dem 30jährigen Krieg. Die Frau des Hirten von Neuses klagt die Hebamme des Ortes, Anna Zeiger, an: »sie hätte ihr Kind bei der Entbindung vor $1\frac{1}{2}$ Jahren im Namen des Teufels getauft.« Vermutlich endet das (spätere) Verfahren) mit Freispruch.

Naheraum[1)]

Baumgarten bearbeitet für die Region 140 Fälle von Hexenverfolgungen. Er ermittelt eine flächendendeckende Verteilung. Ein Schwerpunkt bildet der Raum Bingen. Zwischen 1575–1595 und 1615–1650 stellt er Eskalationen fest. Danach nehmen die Verfahren ab. Wieviele den Tod gefunden haben, läßt sich nicht feststellen; vermutlich mehr als 100. Die Mehrzahl sind Frauen, doch in den nördlich des Soonwaldgürtels gelegenen Landesteilen der Hinteren Grafschaft Sponheim besteht etwa 1/3 der Verurteilten aus Männern; ebenso im Hochgericht Neunkirchen.

Als einzige Verfolgte aus einer angesehenen Familie kann Barbara Weiß aus Kirrweiler ermittelt werden, deren Prozeß mit Freilassung endet. Adelige, Gebildete, Offiziere und Geistliche finden sich nicht unter den Opfern. Vereinzelt heizen Kleriker die Situation auf. Der Einzug der Schweden (1630/31) unterbricht oder beendet die Verfolgung von angeblichen Hexen in den meisten Territorien.

Neunkirchen gehört zur Herrschaft Dagstuhl, die ursprünglich als ritterliche Ganerbenschaft unter kurtrierischer Herrschaft steht. Von 1616–25 wird sie durch den Trierer Kurfürst Erzbischof Philipp Christof von Sötern (1623–1652) für seine Familie gekauft. 1690 geht sie an die Grafen von Oettingen über. Hier wird 1630 ein Prozeß gegen

Eva Schmehlich[2)]

geführt. Da sich die Akte auf vorausgegangene Hexenprozesse bezieht, können sie vermutlich als früheste der Region angesehen werden. Möglicherweise hängen sie mit einem Waldfrevel mehrerer Bürger aus Gonnesweiler und Selbach zusammen. Der kaiserliche Notar Melchior Wiltperger beruft sich auf eine Schrift des Hexenausschusses, in der folgende Vorwürfe zuammengefaßt sind:

- Sie wäre seit langem im Verdacht und (sie) habe sich nicht gegen den öffentlichen Vorwurf der Hexerei verteidigt.
- Eines nachts sei sie Johannette Backers erschienen und habe sie aus dem Bett werfen wollen.
- Sie habe der Magd gedroht, einen schwarzen Hund auf sie zu hetzen, falls es bekannt werde. Johanette habe Angst ausgestanden, eine Schädigung davonzutragen.
- Viele wegen Hexerei Hingerichtete hätten sie, selbst im Angesicht des Todes, als Gespielin angegeben.

Ende Januar folgt die Vernehmung der Zeugen im Beisein der Schöffen. Sie sind alt und erinnern sich an zurückliegende Ereignisse. Dann läßt Wiltperger Auszüge aus acht Prozessen (fünf Frauen, drei Männer) folgen, die man zum Tode verurteilt und hingerichtet hat. Sie dokumentieren, Eva Schmehlich sei Mitglied einer zauberischen Gesellschaft gewesen und habe sich an Zusammenkünften beteiligt, so bei der Teufelshochzeit auf dem Oitschberg vor zwölf Jahren, bei einem Treffen auf der Weißkircher Heide, beim Versuch ein Kind zu vergiften, beim Einschütten von Katzenhirn in den Kopf von Naw Henckels Hain (worüber er den Verstand verloren) und bei der Tötung einer Kuh.

Vielleicht spielt Neid eine Rolle, weil Clomans Bast sagt: »es wäre verdächtig, daß der Angeklagten immer alles geglückt sei.« Die Akten werden nach Trier geschickt, von wo im Februar 1630 die Anweisung eintrifft, die Beschuldigte einzukerkern und ggf. zu verhören. Man hält sie zwei Monate in dem als Gefängnis dienenden Backhaus in Lemberg fest. Im April setzen die Befragungen ein.

Da sie nichts bekennen will, wird sie viermal aufgezogen, mit Daumenschrauben belegt und dann stellt sich der Scharfrichter auf eine Stange, die er zwischen ihre gebundenen Beine gesteckt hat, um deren Qual zu steigern. Der Ohnmacht nahe, bringt man sie ins Backhaus zurück. Am folgenden Tag wird das Verhör fortgesetzt; ihr Wille bröckelt und sie beginnt einzuräumen:

- Sie habe sich vor zehn Jahren mit einem fremden Krieger vermischt, obwohl sie einen Mann hatte ... dieser Teufel (?), er heiße »Beltzebock«, habe sie mehrmals aufgesucht und Unzucht mit ihr getrieben.
- Die Hochzeit mit ihm habe auf dem Petersberg stattgefunden und sie habe den Namen »Grasmisch« erhalten (nennt die Anwesenden). Antheß Michel aus Eckelshausen habe auf einem Schelmenbein gepfiffen.
- Bei der damaligen Verhexung des New Henckels Hain mit Katzenhirn wäre es ihre Katze gewesen.
- Sie habe sowohl bei dem Hexentreffen auf dem Oitschberg und , vor 14 Tagen, auf dem Röllenberg bei Neunkirchen teilgenommen, sowie bei der mißglückten Verhexung einer Kuh vor drei Jahren mitgewirkt. Ihr Schmiertopf stehe auf dem Momberg bei Selbach.
- Sie habe ihr Schwein und ein großes Mutterpferd vergiftet.
- Sie habe ihrer Schwester Hanßen Catharina vor drei Jahren, als sie sich die Hand an einem Balken gequetscht, ihr eine giftige Salbe in die Wunde geschmiert, die ihr Schmerzen hervorgerufen.

Am 26. April 1630 wird das Urteil gesprochen. Sie wird erdrosselt und verbrannt[3)]. Sie hat elf weitere Frauen besagt, darunter die des Gonnesheimer Schultheißen. Ob sich daraus Prozesse ableiten, ist unbekannt.

Herzogtum Pfalz/Zweibrücken

Herzog Wolfgang (1532–69) macht sich um die Organisation des Schul- und Kirchenwesenes verdient. In vier Oberämtern richtet er Kirch(en)schaffnereien ein und regt -visiatationen an. Sie werden zur Grundlage von Hexenverfolgungen.

Von den Hexenprozessen in den zum Naheraum zählenden Teilen des Herzogtums Pfalz-Zweibrücken haben sich nur wenige Nachrichten erhalten. 1588 sagt der Tiefenbacher Pfarrer Valerius Pfeiffer: »sein Vorgänger habe das Segen- und Hexenwerk zugelassen, solcher Irrtum stecke noch im Volke.«

Acht Jahre später werden zwei Frauen aus Dielkirchen wegen Hexerei und Zauberei beschuldigt und ohne Ergebnis verhört. Im Oberamt Zweibrücken besagt ein Pfarrer eine Frau aus Musbach: »sie habe die einäugige Frau des Schultheißen durch Anblasen erblinden lassen und das gleich(e) bei ihm versucht.« Im Verbund mit Kirchenvisitationen scheint es zu ersten Prozessen im Oberamt

Meisenheim

gekommen zu sein. Dann wird in Obermoschel die Frau des Schafhirten aus Unolbach, Cecilia, wegen Hexerei bezichtigt. Ihr Besager ist Peter, Schäfer vom Hainhof. Hier geht es eher um eine Privatfehde. Sie begeht den Fehler, sich zu belasten: »sie habe vor 28 Jahren mit weiteren ein Unwetter verursacht, wodurch der Schafhof eingestürzt und viele Tiere verendet seien[6].« Die Kanzlei ordnet eine Untersuchung an und meint: »sollte sich der Verdacht gegen sie erhärten, wolle man zur Verhaftung schreiten[7].«

In Obermorschel wird Otilia Strohschneider beobachtet, wie sie beim Abendmahl die Hostie aus dem Mund genommen hat[8]. Sie wird von Werner Zimmermann und Friedrich Kilz besagt und gilt als streitsüchtig. Sagte sie doch: »der Gemeindepfarrer Philipp Rickweiler sei ein gottloser Mensch, den sie mit seinen Kindern in Leid und Not bringen wolle.«

Hier ordnet die Kanzlei Untersuchungen an. In Meisenheim stehen vier Frauen im Verdacht der Hexerei. Der Zensor Hans Bremchenhorn fügt an: »daß die alte Hoffrau Eva zehn Tage zuvor seiner einen Klaps auf die Achsel gegeben hat, worauf an dieser Stelle ein Geschwür entstanden sei und sie krank geworden ist.«

Otilia Zikmer aus Dielkirchen muß vor Visitatoren erscheinen, weil sie im Geschrei einer Zauberin steht und sich mit einem »Burggesellen« eingelassen haben soll. In Niederhausen erhebt Draben Veltin Anklage gegen Amalie und sagt: »sie habe seine Tochter, als sie mit dem Kind schwach gewesen ... bezaubert und ihr Schaden zugefügt.« Die Obrigkeit entscheidet, daß die Parteien zu verhören sind.

1588 wird die reformierte Lehre im Herzogtum Pfalz-Zweibrücken eingeführt. In dem Zusammenhang wird vom März bis zum November 1590 eine Visitation in den Ämtern Meisenheim, Landsberg und Stadecken durchgeführt[9].

Der Bericht wird vom Obermorscheler Pfarrer Philipp Rickweiler und dem Schaffner des Klosters Disibodenberg, Daniel Thilmann, im Januar an die Kanzlei geschickt. Die Protokolle gewähren einen Blick in die sozialen Strukturen und den landläufigen Aberglauben: es ist der Schmelztiegel des Menschseins, den die Obrigkeit zu kanalisieren sucht.

Die Frau des Kuhhirten Matthias, Katharina, beschäftigt sich mit Siebjagen (divinatio cribi). Sie ist der Meinung, daß es keine Sünde sei, solange sie den Namen des Teufels nicht gebraucht. Der Pfarrer hat es ihr verboten und die Obrigkeit verfügt, daß man sie ausweisen soll, falls sie nicht davon lasse[10].

Dann gelangt in Sitters Barbara Bender in den Verdacht der Hexerei[11]. Hinzu gesellt sich die Anzeige des Isaac Mengels aus Sitters, »Barbara habe ihm ein Pferd verzaubert. Sie habe es berührt und gesagt: Nun fahret hin, tapfer. Wenig später sei es ins Schwitzen, Taumeln und Wanken gekommen, so daß er es habe ausspannen müssen. Er habe es zum Schmied gebracht und der sei der Meinung, daß es verzaubert wäre.«

Dann erinnert er sich, daß seine Kuh vor zwölf Jahren keine Milch mehr gegeben hat. Eine Heilkundige aus Sponheim habe ihm damals gesagt: »die Hexe werde sich zweimal verraten« und so kommt er wieder auf die Bender. Zudem haben ihr fahrende Zigeuner geweissagt, daß man es habe hören können: »sie wisse doch, wer sie sei, daß sie Gott verleugnet und ihren Mann umgebracht habe.«

Man schreitet nicht ein, aber läßt sie überwachen. Im allgemeinen zeichnet sich die Zweibrücker Kanzlei durch Zurückhaltung und Besonnenheit aus. Dann entkräftet sich gegen den Wagner von Schiersfeld, Matthies Kerle, der Verdacht, daß er mit dem Teufel einen Bund unterhalte. Pfarrer und Schultheiß stellen ihm ein positives Zeugnis aus.

Damals muß Rechtsunsicherheit bestanden haben, denn 1560 richtet man seitens des Hochgerichtes eine Anfrage an die Zweibrücker Kanzlei: »ob im Herzogtum eine Gerichtsordnung bestehe, bzw. welche anzuwenden sei.« Das Antwortschreiben weist auf die CCC[12]. 1566 finden Hexenprozesse gegen

Klotzen Ella[13] und Katzen Engel[14]

aus Odenbach statt. Das Gefängnis befindet sich im Münzturm und die Hintergründe der Verfahren sind unklar. Ella Klotz räumt ein: »sie habe sich vom Teufel buhlen und als

Kirchenvisitationen als Besagungsgrundlage für Hexenverfolgungen vom Jahre 1575 im Herzogtum Pfalz-Zweibrücken[4)]

- In Odenbach bezeugen Kirchenbesucher Elsa, des Conradts Frau, habe beim Abendmahl die »particulum« aus dem Mund genommen und verborgen; zudem wäre sie ihr Leben lang im Verdacht der Hexerei gewesen[5)].«
- Gergen Jeckels Frau hat Christina, Frau des Niclaß Finckenbacher in Schönborn wegen Siebjagens und Wahrsagerei verklagt, »worauf sie die Flucht ergriffen.«
- Reiffen Engel aus Rehborb wird von dem Kuhhirten Adams Matthes der Zauberei bezichtigt. Man soll sie zur Rede stellen, zum Gottesdienst anhalten und zur Beichte schikken.
- Bauers Elsa bezichtigt Margarete, Frau des Johann von Schiersfeld, sie und ihr Geschlecht könnten zaubern. Sie habe ihr drei Pferde zu Tod geritten.
- Elsa Schad, die mit Segensprechen »für die Blatter« umging, soll mit einer Turmstrafe belegt werden.
- In Obermorschel hat man eine Frau beobachtet, wie sie beim Abendmahl die Hostie aus dem Mund genommen hat.

Werkzeug mißbrauchen lasen. Sie habe an etlichen Tänzen im Westerwald bei Odenbach teilgenommen.

Die Katzen Engel gibt zu, Becker Pettings Sohn angeblasen und getötet zu haben. Prassen Engel habe sie an der Brust berührt, so daß sie Schmerzen daran gehabt hat. Sie habe Lawers Margaret in die Seite gegriffen und angeblasen, wodurch sie geschwollen und krank geworden. Für beide Angeklagten beantragt der Amtmann Hans Thain den Tod durch Verbrennen.

Am 11. Mai wird der Endliche Gerichtstag gehalten. Die Katzen Engel bittet: »ob sie möge mit dem Leben davonkommen ... so wolle sie sich dem Gericht künftig in aller Untertänigkeit dankbar und schuldig erweisen.« Es nützt nichts, denn am gleichen Tag werden die Urteile auf dem Keddert vollstreckt[15)]. Von Interesse ist der Prozeß gegen

Anna Spengler[16)]

aus Meisenheim. Ihr Mann Lorentz wirkt als Gerichtsbüttel und begeht Nachlässigkeiten. So können trotz seiner Aufsicht zwei Häftlinge entkommen. Aus Angst vor der Bestrafung ergreift er die Flucht und läßt seine Familie im Stich. Sie gelangt an den Bettelstab und wird von Almosen abhängig.

In der verzweifelten Situation wendet sie sich mit einem Gnadengesuch[17)] an Herzog Johannes I. Der weitere Ablauf liegt im Dunkeln. Kurze Zeit danach wird sie wegen Hexerei angeklagt[18)]. Sie besagt unter dem Druck der Folter fünf Frauen als Teufelsanbeterinnen und fordert vor ihrer Verbrennung: »man solle sie in der gleichen Weise befragen, so würden sie alles bekennen.« Ihr Buhle sei der »Fidderlin« gewesen[19)]. Gemäß dem Urteil wird sie »vom Leben zum Tod mit dem Feuer bestraft« In der Region setzt man anstelle der Scheiterhaufen Reisighütten ein (?). Im Frühjahr 1677 erscheint

Johann Meddersheimer[20)]

aus Meisenheim in Begleitung des 14jährigen Sohnes eines Kümmel- und Samenhändlers beim Stadtschultheiß und verlangt, die vom Vater des Jungen beim Schuhmacher Jonas Merten abgestellten Sachen in Besitz nehmen zu dürfen.

So wird bekannt, daß sich ein Wunderheiler hinter ihm verbirgt. Meddersheimer räumt ein, daß er seit vielen Jahren von den Leuten zum kranken Vieh gerufen werde, um es mit Kräutern zu heilen. Diese würde er in den Wäldern suchen und seine Eltern hätten ihn in die Geheimnisse der Kräuterkunde eingeführt, da man Kräuter oft als Abwehrmittel gegen böse Leute in Ställe hänge.

Zu keinem Zeitpunkt habe er abergläubische Segensprüche verwendet. Seinem Begleiter diagnostiziert er Besessenheit mit drei Teufeln. Er habe Schmerzen am Gemächte, im Magen und am Auge »das ihm zeitweise dick aus der Augenhöhle hervorgestanden.«

Der Landschreiber Dorville gibt die Entscheidung der Kanzlei bekannt und man verfügt: »Meddersheimer hat das Amt wegen seiner verdächtigen Arzneien innerhalb von zwei Monaten zu verlassen und soll sich (auch) im Ausland seiner Künste enthalten.« Später geht er nach Abtweiler.

Aus den anderen Pfalz-Zweibrücker Territorien im Naheraum gibt es aus dieser Periode keine Hexenprozesse[21]. Baumgarten sieht die 426 Folioseiten umfassenden Akten des Klosters Hornbach ein, aus denen sich die beigefügte Tabelle rekonstruieren läßt.

Auch hier ist es so, daß die militärische Besetzung des Landes den Wahn in den Hintergrund drängt. Aus Meisenheim haben sich einige Niederschriften aus späterer Zeit erhalten. 1642 wird angezeigt, daß Margaret M. Wittib: »mit allerhand abergläubischen Sachen umbgangen, zu erkundigen, ob ihre dochter so draußen ist, noch lebe, do sie ein Messer in den grundt im garten solte gesteckt haben, am selbigen in ettlichen tagen, so es rostig oder hell befunden werde, zu erfahren, ob sie todt oder lebendig seye, deswegen sie solle nechsten tags vorbeschieden werden. In censur examiniert, weil Argwohn gehegt gegen ihr Besserungsversprechen.«

1656 wird der Aberglaube gegen Wundersucht, Zauberei und unchristliches Brauchtum verurteilt. 1669 wird gefordert, an die Heilkraft von Kräutern zu glauben: »doch müssen die bösen leuth zuvor gebannt werden, die ihrem Mann die Krankheyt angethan hätten.«

1681 werden Zigeuner vor die Zensur beschieden, die aus der Hand geweissagt haben. Aus dem Amt Lichtenberg gibt es nur eine kurze Notiz im Birkenfelder Kirchenbuch von 1634–1635, die den Hexenwahn betrifft. Hier wird im April die Hebamme Bärbel Lang begraben, die der »bösen Künste« verdächtig ist. Der Pfarrer setzt dazu: »wie dan ihre Schwester zu Baumholder verbrandt.«

Vordere Grafschaft Sponheim

interessant ist die Region neben der Erforschung der Hexenprozesse durch das Wirken des Abtes Trithemius[22], der u. a. auf Graf Johannes V. eingeht [23], der in Trarbach ein Laboratorium zur Goldgewinnung errichtet. Trithemus hat zur Hexenverfolgung aufgerufen[24] und sagt: »Wegen ihrer schweren Verbrechen vor Gott, der Natur und des menschlichen Geschlechts werden sie mit Recht nicht anders, als mit dem Feuer bestraft[25]. Zudem hat er ein Rezept gegen Behexungen hinterlassen[26]. Neben ihm wirkt der Magister Georg Sabellicus (Faust d. J.). Vergl. die Ausführungen im Vorspann des Buches.

Die Hochgerichte der Vorderen Grafschaft Sponheim zeigen ein starke Zersplitterung; hier wird nach altem Herkommen Recht gesprochen. Nachrichten über durchgeführte Hexenprozesse haben sich nicht erhalten; Ausschüsse zu ihrer Verfolgung scheint es nicht gegeben zu haben.

Zu ihrem Aufspüren sollten Bürgermeister, Schultheißen und Amtleute nach der Polizeiordnung aus dem Jahre 1588 vorgehen[27]. Damit ist die Verfolgung der Hexerei in den Ortschaften in deren Verantwortung. Hinweise auf die Verfolgung von Hexen im Raum

Kreuznach

sind spärlich. In den Visitationsprotokollen der vom Pfalzgraf Ottheinrich nach seinem Regierungsantritt angeordneten Kirchenvisitationen (1556) wird das Delikt nicht erwähnt. Die Kirchenbücher beinhalten keine Fälle von vemuteter Hexerei. Lediglich ein Eintrag vom Februar 1694 weist auf den Gespensterglauben.

Möglicherweise hat in der Region der 30jährige Krieg, der sie in Mitleidenschaft gezogen hat[28], eine planmäßige Verfolgung verhindert. Einmal scheint sich der Kreuznacher Oberamtmann für eine der Hexerei Beschuldigte eingesetzt zu haben. In Kirner Gerichtsprotokollen heißt es 1606: »dem Oberamtmann zu Kreuznach sei eine Bewilligung ausgesprochen worden, wegen der Zauberin, sie sich zu bedanken, daß Ihre Gnaden deroselben solche Gnade erwiesen[29].« Für die

Hintere Grafschaft Sponheim

tauchen erste Hinweise über Segensprecher, Sektierer, Zauberer und Ketzer in Visitationsprotokollen von 1560 auf. Man schaut vor allem auf Gotteslästerer und Segensprecher. Pfarrer klagen über die Trunksucht, das Festefeiern, Gotteslästern und Denunziantentum. Der Winninger verwendet das Wort »Zauberer«; ein Fingerzeig (?), daß die Region später zum regionalen Zentrum der Hexenbrände wird.

Eine Verordnung aus dem Jahre 1558 versucht, den Aberglauben einzudämmen und

Die 14 berühmten Tafelbilder von Philipp Neri Miller aus dem Jahre 1710. Sie dokumentieren in »einmaliger« Weise den über Jahrhunderte geschürten Judenhaß. Man hat die Tafelbilder 1968/69 in zwei Gruppen aus dem Presbyterium der Deggendorfer Grabkirche entfernt. →

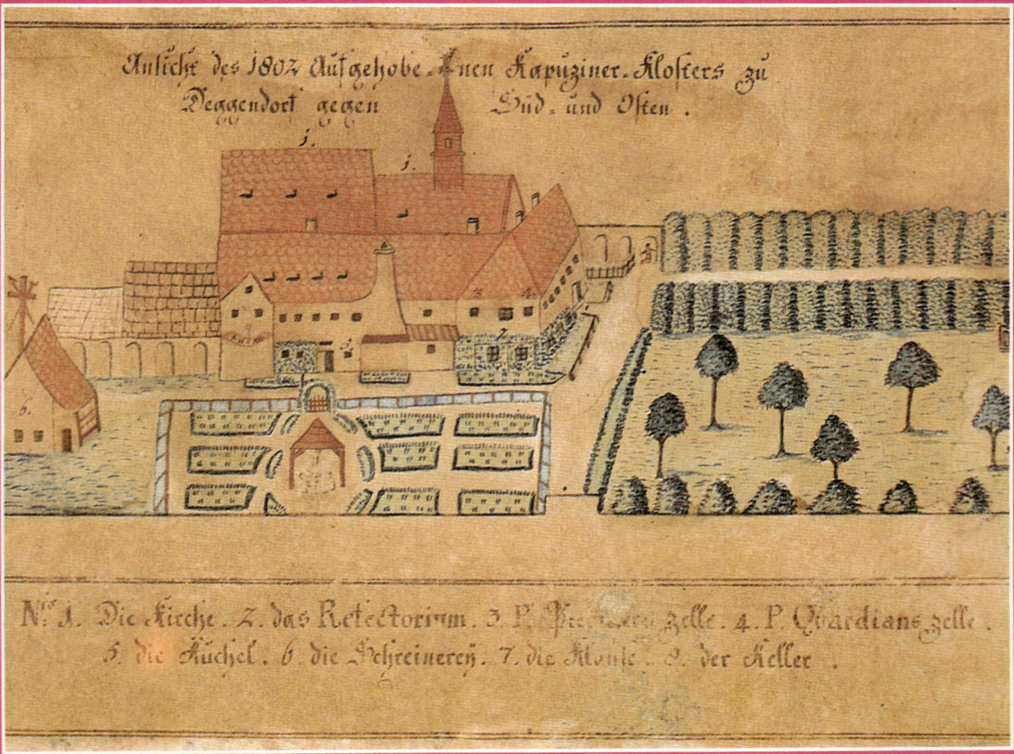
Ansicht des 1802 Aufgehobe-nen Kapuziner-Klosters zu Deggendorf gegen Süd- und Osten.
Nro 1. Die Kirche. 2. das Refectorium. 3. P.
4. P. Quardians zelle.
5. die Küchel. 6 die Schreinerey. 7. die
8. der Keller.

Hexenverfolgungen in den Pfalz-Zweibrücker Territorien im Naheraum*)

Name	Wann	Urteil
Cathrin, Frau des Schneiders Hans Wendel	1576	Hinrichtung
Frau des Jost Steg, Schwester der Vorgenannten (Jost hat sich erhängt)	1576	Hinrichtung
Remigs Paulussen Els	1577	Hinrichtung
Barbara, Frau des Kilian Kiefert	1578	Zunächst angeklagt, gegen Urfehde entlassen, 1580 hingerichtet.
Ottilia, die alte Schneiderin	1578	Hinrichtung
Groß Barttels Frau (Bärbel)	1580	Angeklagt und freigelassen.
Closter Cathrin, Hansen Frau	1578	Angeklagt und freigelassen
Margreta Schmidts und deren Ehemann; der Prozeß zieht sich bis 1592, da sie flüchtig sind.		Ausgang offen
Irmell Schuhnickel und seine Frau	???	beide gegen Urfehde freigelassen.

*) Zusammengestellt nach den Recherchen von Achim R. Baumgarten. Hexenwahn und Hexenverfolgung im Naheraum.

wettert »wider das Fluchen und Schweren, Wetterleiten, Ess- und Gevatterkirben, Mundkosten der Kindtaufen, unzüchtiges Tanzen, Fasnacht etc.«

Bei der Visitation von 1575 findet man in fast allen Kirchspielen Segensprecher (Braucher). In Enkirch gesteht eine Hebamme, daß sie zur Erleichterung der Entbindungen Segen gesprochen hat[30]. Eine Frau aus Gebroth räumt ein, ihrer Nichte, Tochter der Pfarrfrau, durch Segensprechen eine Erkrankung geheilt zu haben. Dazu hat sie das Kind in einen Mantel gewickelt, es zu einem Kreuzweg getragen und einen Segen darüber gesprochen[31]. Dann hat sie es in eine Kuhkrippe gelegt und Bannsprüche gemurmelt.

Sie werden von der Obrigkeit ermahnt, von dem Unsinnn zu lassen; kommen sie dem nicht nach, soll sie der Zorn Gottes treffen. Bei der Visitation aus dem Jahre 1580 werden drei Segensprecher entdeckt. In Pferdefeld hat sich ein Hexenbanner als Spezialist für das Sausehen emporgearbeitet[32].

In Gödenroth ist Klaus Zilian auf Kuhsegen spezialisiert[33]. Er hat erheblichen Zulauf. Begehrt sind die Zaubermittel des Beschwörens von Briedel. Zwei Klienten empfiehlt er, ein gebratenes Ei in drei Stücke zu schneiden und diese mit drei weißen Schneckenhäusern und Wurzeln in Erdkuhlen zu legen. Darüber sei aus dem morgens fließenden Brunnen $^{1}/_{8}$ geschöpftes Wasser zu gießen. Das Ganze wäre zu verschließen und dazu im Namen des Vaters des Sohnes (etc.) ein Kreuz zu schlagen.«

Es soll bei krankem Vieh genützt haben, mehrmals das Ave Maria zu beten. In Enkirch gehen 1575 Martin Wagner und Schmidt Rodenbusch mit dem Pferdesegen um und vereinzelt stoßen wir auf Stilblüten.

Als Männer in Enkirch die Zeugungskraft verlieren, empfiehlt ihnen ein Wahrsager, bei Pfarrer Heinrich Gallus nachzufragen, der für diese Übel verantwortlich sei. Er habe jedem, der bei ihm nach Heilung gesucht habe, ein Kraut Astranz gegeben, »mit der Weisung, es in Wein zu sieden, die Wurzel zu pulverisieren und zu trinken.«

1591 berichtet ein Geistlicher den Visitatoren, Krämer Clas von Hundheim gehe mit Zaubersegen um und eine Frau von Huben treibe Gürtel- und Schleiermessen (?). Wenn Kinder krank werden, soll man einem bestimmten Heiligen zwei Kerzen stecken und 15 x das Vaterunser und 5 x das Glaubensbekenntnis beten. Das Ganze wird »Heilige Gnade« genannt.

Gossen Henn aus Sohren macht sich 1597, als die Pest an der Mosel ausbricht, einen Namen als Pestbanner. Er kassiert von jedem Haushalt 30 Pfennige (eingewickelt, damit er sie nicht berühre, weil Christus durch 30 Silberlinge verraten worden war). Er treibt Bannriten unter Ausschluß der Öffentlichkeit.

Ähnlich steht die Obrigkeit dem Brauchtum der Notfeuer und dem Räderschieben gegenüber[34], worüber der Pfarrer von Gebroth berichtet[35]. Vergleichbar ist es mit dem Scheibenwerfen und den brennenden Besen.

Zwei alte Brauchtümer im Hundsrück sind das »Lehenausrufen« und »Königswählen«. Im Visitationsprotokoll von 1609 für Wolfersweiler werden einzelne Rüg(e)punkte aufgeführt[36]. 1599 gibt eine Frau einen Spruch gegen schlechte Augen preis[37].

Birkenfeld

ist eine Oase inmitten des Wütens, wenngleich es zu Verfolgungen gekommen ist. In allen Fällen, in denen Anklagen wegen Zauberei und Hexerei eingehen, wird in den Ämtern Birkenfeld, Allenbach, Winterburg, Herrstein und Dill nach einer vom Pfalzgrafen Georg Wilhelm unterzeichneten Anordnung verfahren, die von einer liberalen Haltung geprägt ist.

Die Anwendung der Folter wird untersagt und so gelangen die meisten Fälle nicht über das Anfangsstadium hinaus. Er ist der Auffassung: »in einer so wichtigen Sache wie einem Hexenprozeß, in der es um Menschenleben geht, dürfe man weder Zeit noch Unkosten scheuen.«

Die Besagung der überführten Hexe (Wälsche Marie) sei wertlos, weil man glaubwürdige Exempel habe, daß auch ehrliche, christliche Personen bei dergleichen concenticulis und Tänzen gesehen worden, die noch zu Hause gewesen, wie denn auch Caroli Halsgerichtsordnung (CCC.) verordne, auf der Zauberer Aussage hin soll Niemand zum Gefängnis gezogen werden, indem die Zauberer nicht besser seien, als ihr Vater und Abgott, der Teufel, der als Lügner, Mörder und abgesagter Feind der Menschen dahin trachte, wie er fromme Leute in Leibes- und Lebensgefahr stürzen möge.«

Ungeachtet dessen grassiert der Aberglaube. 1574 hat im Amt Kastellaun ein Hexenverfahren stattgefunden. Man hat eine Verdächtige verhaftet, die sich im Gefängnis umbringt. Im Juni 1585 meldet der Kastellauner Amtmann Römer an Herzog Karl von Birkenfeld: »man habe Scheffen Gretchen von Uhler nach den Bestimmungen der CCC. gefoltert, doch sie habe nicht gestehen wollen.«

1610 ergeht die erste Todesstrafe in einem Hexenprozeß; die Frau des Pforten Michel aus Kastellaun wird verurteilt. Aus dem Birkenfelder Raum hört man erst wieder aus der Zeit des 30jährigen Krieges von Hexen- und Zauberhändeln. Im Februar 1628 stirbt Sinn Closen Frau Gertrud aus Buhlenberg, die man zeitlebens der Zauberei verdächtigt hat. Auf dem Sterbebett verflucht sie den Pfarrer[38]. Das Zensurbuch berichtet ein Jahr später über ein Ereignis in der Walpurgisnacht[39].

Eine ähnliche Begebenheit trägt sich 1642 zu. Am Pfingstdienstag wird Lochen Greth verhört, weil ein Zeuge gegen sie ausgesagt hat[40]. Sie hat Tücher in der Walpertnacht ausgelegt, um sie am dritten Tag zur Heilung einer »bösen Detz« (Euterkrankheit) ihrer Kuh zu verwenden. Das Sei(h)tuch habe sie in den Maitau gelegt und dazu Worte gemurmelt[41].

Zensoren machen ihr Vorhaltungen: »es sei gefährlich, in der Walpertnacht zu zaubern, da der Teufel raset.« Dann wird sie entlassen, später aber zur Strafe von einem Gulden verurteilt. Mehrere Eintragungen betreffen den Milchzauber und daraus abgeleitet das Buttermachen[42]. Erheblich ist die Zahl der

Beleidigungsklagen

So beklagt sich im März 1652 Michel Merz: »Johann Roth habe ihn im Wirtshaus einen Hexenmeister genannt, wenngleich er betrunken gewesen sei.« 1634 tritt in Buhlenberg ein Mann als Ankläger gegen seine Frau auf; möglicherweise aus Haß und Verdrossenheit[43]. In einem anderen Zusammenhang wird gesagt: »(die) Margreth sei ein lügnerisches und wäschhaftes Weib.«

1641 geht aus Fleckweiler beim Pfalzgrafen ein Bericht des Pfarrers Corvinus ein, er landet auf dem Schreibtisch des Birkenfelder Amtmannes Hans Friedrich von Wolframsdorf. Ihrzufolge sind die Witwe Maria Schwert und deren Ankläger zu vernehmen. Obwohl schwerwiegende Anklagen zu Protokoll gegeben werden, untersagt der Pfalzgraf das weitere Besagen[44]. Aufregung verursacht die vermeintliche Verhexung des Bürgermeisters von Birkenfeld

Adam Kußler

Klägerin ist die der Hexerei beschuldigte Catharina Brägerin, Witwe des Johann Franz Ruppenthal. Sie hat den Bürgermeister besagt, worüber sich eine Eintragung erhalten hat[45]. Es kommt zu keiner Verständigung.

Die Braher wird freigesprochen und der Bürgermeister stirbt kurz darauf an einer rätselhaften Krankheit.

Das Kirchenbuch vermerkt am 26. November 1645: »er sei fast vier Jahre krank gelegen und wie ein Zaunstecken ausgedorrt.« Catharina bleibt im Geschrei. Sie wird von Susanna Nonnweiler geschmäht, die sich segnet, wenn sie ihr begegnet. 1652 flieht eine Frau aus Birkenfeld »aus dem großen Verdacht der Zauberei.«

In den Ämtern Winterburg, Herrnstein, Allenbach und Dill sind keine derartigen Prozesse aus Kirchenbüchern ableitbar. Die Durchforstung der Sterberegister gewährt einen Blick in das soziale Umfeld:

- Nickel Kreiß aus Buhlenberg (beerdigt 1634) »ging heimlich mit Se(gen)sprecherei umb und war eines and(ern) verdechtig.«
- Johann Müller Wittib und ihr Sohn aus Buhlenberg: »Die Mutter war ein bös weib und der Zauberei verdächtig.«
- 1680 wird gesagt: »Grete Caspari sei nit guten Ruffs gewesen, sonderlich wegen ihres arzneyens, besprechens und anderer verbotener Künste.«

Die Dinge werden nicht ernsthaft verfolgt und ohne Zweifel prägt der Landesvater die liberale Haltung. Anders sieht es in der Region Winningen aus. In der Vogtei erreichen die Höhepunkte des Hexenwütens die Mitte des 30jährigen Krieges[46]. In Kastellaun kommt es zu einer geringeren Konzentration. Im September 1645 fassen drei Vögte des Gerichts von Beltheim und Vertreter der Ortschaften Maßnahmen zur Bestrafung und Ausrottung der Zauberei bei gleichzeitiger Reduzierung der Kosten für die Allgemeinheit[47].

Wie gering der Einfluß der Birkenfelder Pfalzgrafen auf die Hexenprozesse im nördlichen Teil der Grafschaft – der unter badischer Alleinverwaltung steht – ist[48], zeigt der Prozeß gegen die Frau des Lauxen Hammen

Else von Roth

Im Dezember 1628 erscheinen der Schäfer von Roth, Hennen Jacob und dessen Frau vor dem Amtmann in Kastellaun und klagen, die Kinder des Lauxen Hammen hätten ihren Hahn zerschlagen, was sich bestätigt. Sie hätten es nur getan, weil seine Frau Else von Hennen Jacobs Frau eine Zauberin-, Butter- und Wettermacherin genannt worden sei. Der Amtmann weist die streitenden Parteien zur Ruhe. Weil die Frauen mit gegenseitigen Bezichtigungen keine Ruhe lassen, werden sie mit einer Turmstrafe belegt.

Im April 1629 legt der Schäfer eine förmliche Anklageschrift gegen Else Roth vor und sie wird kurz danach verhaftet. Trotz gütlicher und peinlicher Befragung legt sie kein Geständnis ab. Der Pfalzgraf Georg Wilhelm hat an seine Zustimmung zum Verhör die Bedingung geknüpft, daß man die Protokolle nach dem Abschluß an den Rechtskonsulenten der Grafschaft, Dr. Melchior Koch, nach Weißenburg schickt.

Man gelangt zur Auffassung: daß die Fortführung der Folter sinnlos sei: »da sie sich purgiert habe.« Es kommt zu juristischen Eigenmächtigkeiten; hat doch kurz vor dem Eintreffen des Gutachtens die Beschuldigte ein Geständnis abgelegt.

Der Pfalzgraf protestiert gegen seine Mißachtung. So findet am 20. Juli der öffentliche Rechtstag auf dem Kastellauner Marktplatz statt, bei dem die Angeklagte auf Fürsprache der hier lebenden Mutter des Markgrafen Wilhelm zum Tod durch das Schwert mit anschließender Verbrennung verurteilt wird. Auf der Richtstätte in Bell wird Else Laux vom Nachrichter der Hinteren Grafschaft, Meister Nagel aus Birkenfeld, gerichtet[49].

In den im Naheraum liegenden Ämtern der Hinteren Grafschaft Sponheim ist es nicht zu einer größeren Hexenverfolgunsgwelle gekommen, was unter Vorbehalt einzuräumen ist[50].

In der Region Baden wütet man massiver gegen sie. Am 28. März 1528 meldet der jesuitische Hofprediger Schorich, der den Grafen Otto Heinrich von Schwarzenberg als Verwalter der Markgrafschaft begleitet, dem Herzog Albrecht von Bayern: »man habe gerade zwei der Hexerei überführte Unholde verbrannt.« Einen Monat später berichtet er: »am kommenden Freitag werde man abermals zwei Hexen verbrennen«.

Der frauenalbische Klosteramtmann fordert am 17. August 1575: »in Schillberg sollen Hexenfahnder tätig werden, da er auf verdächtige Spuren gestoßen sei.«

In Baden, der Residenzstadt, fallen im August 1575 zwei angesehene Frauen, die Stadtschreiberin und deren Tochter, der Wahnvorstellung zum Opfer. Einen Höhepunkt erlebt die Verfolgung in Baden-Baden unter Markgraf Philipp II. Er läßt in seinem Landrecht von 1588 durch Juristen einen Fragenkatalog für die peinliche Befragung der Hexen ausarbeiten, der im wesentlichen mit den Vorstellungen des *Hexenhammers* kongruent ist[51].

Entscheidend ist, daß die juristische Gewalt bis in die Hintere Grafschaft Sponheim wirkt. Der unselige Krieg hinterläßt abergäubische Spuren. Eine Frau aus Richenbach, die ihr Mann verlassen hat, findet in einem Gebüsch mehrere Totenschädel gefallener Soldaten. Weil ihr eine Landstreicherin aus Allenbach geraten hat, nimmt sie einen davon nachhause, kocht ihn drei Tage in einem Wassertopf, um so ihren Mann zurückzugewinnen.

Im Brombacher Kirchspiel verliert Karel Lawer den Verstand. Er läuft in der Nacht durch das Dorf, meckert wie eine Geiß oder bellt wie ein Hund. So vermuten die Bewohner, daß man ihn vehext habe.

Wild- und Rheingrafschaft[52)]

Einen frühen Hinweis auf Hexenverfolgungen in Grumbach-Stein beinhaltet das Kirchen-Visitationsprotokoll von 1584. Hier werden in Münsterappel vier Frauen wegen des Verdachtes auf Hexerei festgenommen[54)]. Über den Prozeßverlauf ist nur bekannt, daß eine der Bezichtigten $1\frac{1}{2}$ Jahre in Haft gelegen hat. Für den Beginn des 17. Jahrhunderts sind in Gaugrehweiler und Grumbach Hexenprozesse dokumentiert.

Appolonia Heß

wird im Mai 1610 vom Schultheißen Bekker im »Narrenhaus« gefangen. Ein Viehhirt hat ihr gedroht, er werde sie erschlagen, wenn sie ihm seine Kuh nicht ersetze. Parallel wird eine Anklageliste zusammengetragen, die die vermutete Hexerei beweisen soll.

- Sie wäre in Grehweiler und den benachbarten Orten im öffentlichen Geschrei, eine Hexe zu sein.
- Der Pfarrer Peter Cronberger habe sie einst am Johannestag beim Haus des Hirten gesehen und beobachtet, daß neben ihm ein Haufen Kohle lag. Er meint, sie habe in der Nacht ein Johannesfeuer abgebrannt.
- Melchior Cronsberg sieht sie auf dem Weg zum Feld vor etwa zwei Jahren nackt auf dem Mist stehen; sie habe regungslos und schweigend dagestanden.
- Sie soll vor sieben oder acht Jahren das Kind des Heinrich Meurer berührt und verhext haben, so daß es darüber gestorben sei.
- Die (?) habe gesehen, wie die Hirten die Angeklagte am Rücken mit einer Salbe (ein)geschmiert habe.
- Appolonia habe vor Jahren in Grehweiler das Kind des Schultheißen berührt. Danach konnte es nur noch mit offenen Augen schlafen und die Nahrung nicht mehr bei sich behalten.
- Sie habe am Ostermorgen des Jahres 1610 bei einem Kuhhirten Salz geliehen, worauf eine Kuh krank geworden sei; darauf sei sie nach Alsenanz geflüchtet, wobei sie ihrem Stiefsohn gesagt habe: »sie wolle sich nicht »schanden« und seinen Vater nicht um Haus und Hof bringen.«
- Der Stiefsohn sagt: »er habe vor einiger Zeit seine Stiefmutter und die Schäferin in ihrem Haus überrascht, als sie mit den Knien gegeneinander auf dem Fußboden saßen und sich scheußlich gebärdeten.
- Sie habe sich bei ihrer Inhaftierung angeboten, die verendete Kuh des Viehhirten zu zahlen, falls man sie freiließe. Dadurch habe sie sich verdächtig gemacht.
- Sie habe in Alzey mit einem Bäcker zusammengelebt und sei von dort geflohen, weil sie im Verdacht gestanden, ein Kind umgebracht zu haben.

Appolonia verteidigt sich und macht merkwürdige Äußerungen. Was das kranke Kind betreffe, das habe sie durch Zaubermittel heilen wollen, sie sei so vorgegangen: zunächst sollte es zwischen 10 und 11 Uhr gegen Brot aufgewogen werden. Am nächsten Morgen hatte sie dann durch ihre Schwester ein Kräuterbüschel geschickt, das sie in Absenz bei der alten Amme Eva geholt hat. Es habe dem Kind geholfen.

Daß sie der Melchior Cronsperger nackt auf dem Mist gesehen habe sei wahr, aber sie habe eine Erklärung. Eine Bettlerin habe ihr ein Rezept gegen Zahnweh verraten, sie solle nackt dreimal Tau fassen und auf den schmerzenden Zahn geben, das Zahnweh werde dann vergehen. Dies habe sie getan, als er vorbeigekommen sei. Sie kann nahezu alle Argumente entkräften. In einem weiteren Verhör räumt sie ein, daß sie aus Kräutern Salben herstellen könne.

Nun wird beim Reichskammergericht Speyer um Rat nachgesucht. Das Gutachten fordert klare Beweise: »ansonsten solle man den Angeklagten außer Landes jagen oder foltern.« Ihr Mann legt ein Bittschreiben vor und macht auf die gesundheitlichen Schäden aufmerksam, die seine Frau durch die Haft erlitten habe. Dann beschuldigt sie Anna Catzenbacher und trägt vor:

- Nachden sie ihr Mann verlassen, habe sie sich bei Ulrich Hafner verdingt und hier sei sie von einem Knecht geschwängert worden, doch habe sie das Kind verloren.

Allmählich bricht ihre Widerstandskraft und sie gibt Verfehlungen zu, darunter zahlreiche Unzuchtsdelikte, Fälle von Hurerei und des Ehebruchs. Die ihr vorgeworfene Abtreibung bestreitet sie. Als man ihr vorhält, daß sie eine Schüssel voll Blut auf dem Misthaufen ausgegossen habe und ihr mit dem Henker droht, räumt sie ein:

- Erst habe sie soviel »Seuenbaum« (?) wie man zwischen den Fingern halten kann, eingenommen und sich niedergebeugt; wenig später habe die Geburt eingesetzt. Das Kind, ein Knäblein in der Größe einer Faust, habe sie im Hof ihrer Herrin Schelhorn unter einem großen Stein in einer Scherbe vergraben. Das Gerücht, daß sie das Kind Schweinen vorgeworfen, sei falsch. Acht Tage lang habe sie darauf große Schmerzen gehabt und ein zweites Kind, das sie von Hans Wammen aus Winterborn erwarte, war tot zur Welt gekommen.

Ihre Angst vor dem Tod steigert sich. Als sie den Scharfrichter vor ihrer Zelle sieht, flieht sie durch eine schadhafte Stelle des Narrenhauses, wird gefangen und sagt:

- Als sie ihr Mann verlassen habe, sei ein wenig später der Teufel in der Gestalt eines jungen Knechtes zu ihr gekommen. Er habe mit ihr Unzucht treiben wollen und er habe ihr die Ehe versprochen.
- Als sie sich weigerte, habe er sie zusammengeschlagen und sei dann in der Gestalt von Feuer davongefahren. Sein Name sie Federhanß oder Federwüsch gewesen.
- Zudem habe sie an einem Hexenfest hinter Randeck beim Schiersfelder Galgen teilgenommen, wo außer ihr noch 300 Personen gewesen.

Der Endliche Rechtstag findet Ende Oktober 1610 statt. Sie wird vor einer Holzhütte, zu deren Errichtung 15 Wagen Holz gebracht werden, verbrannt. 44 Soldaten sind »zur Wehr« angetreten. Zwei Jahre später stoßen wir auf den Prozeß gegen die über 94jährige

Barara Weiß

(u. a) aus Kirrweiler. Die Mutter eines in Buborn wohnenden Mannes, die als Bettlerin umherzieht, wird erwischt, wie sie beim Empfang des Abendmahles die Hostie aus dem Mund fallen läßt und in den Kleidern versteckt. Als man sie in Grumbach verhört, sagt sie: »daß sie das Zaubern vor $1\frac{1}{2}$ Jahren von Anna, Pfaff Hansen Tochter gelernt habe.« Schließlich besagt sie weitere. Sie werden eingezogen und gefoltert, worauf sie Zaubereien einräumen und Barbara Weiß belasten.

- Sie soll in ihrem Alter Hurerei getrieben und bei der Tötung eines Ochsen mitgeholfen haben.
- Sie habe Kaspar Kriebel mit Gift umgebracht, drei Kinder des verstorbenen Krumbacher Kellers mit ihrer Zauberei getötet und seine Frau unfruchtbar gemacht.

Sie wird auf den Turm gebracht. Dann werden ihre Tochter und eine Katharina von Deimberg festgenommen. Katharina übersteht mehrere Folterungen und verweigert das Geständnis. Sie bittet um den Beistand des Pfarrers, der ihr verweigert wird.

Ihre Angehörigen wenden sich an den Rheingrafen von Püttlingen und schließlich gelangt sie zur Freiheit zurück. Man übt Kritik an der Prozeßführung und ihre Rehabilitierung wird verschleppt. Statt dessen geraten Angehörige der Barbara in die Mühlen der Justiz.

1622 wird Anna Margarete Scheuer, die im Hofdienst tätige Tochter von Katharina Müller und ihre Mutter der zweiten Magd, die »niederländische« Margret, Frau des Münzers Hans Caspar, wegen Hexerei beschuldigt und verhaftet.

Katharina Müller wird später freigelassen und muß eine Kaution hinterlegen. Weitere Verfahren scheinen durch die beginnenden Wirren des 30jährigen Krieges überlagert zu werden. In Kirn scheint es nicht zu Hexenprozessen gekommen zu sein. Lediglich 1606 bedankt sich eine Zauberin über die ihr vom Kreuznacher Amtmann erwiesene Gnade und 1615 wird Veltin Mumbach, der die Frau des Ulrich Helffenstein der Zauberei bezichtigt hat, vor Gericht gestellt und zu einer Geldstrafe verurteilt[54)].

Aus dem Jahre 1672 hat sich ein Urteil aus den Alt-Kyburger Ämtern erhalten. Vor dem Hochgericht in Dhronecken werden Conradt Mantzen aus Rorodt, Elisabeth, Witwe des Junghanns Andreß aus Etgert und Elisabeth, Witwe des Fritz Schmidt, wegen ihres Bundes »fleischlicher Vermischung« mit dem Satan sowie schädigender Hexerei zum Tode durch Verbrennen verurteilt. Interessanter sind die Hexenprozesse im Amt

Dhaun und Hochgericht Rhaunen

Die zeitgleichen Ereignisse in den Kurtrierer Territorien und im Amt Schmidtburg wie Hinweise in den erhaltenen Dokumenten legen die Vermutung nahe, daß Kurtrierer Beamte die treibenden Kräfte im Hochgericht Rhaunen sind, während die Obrigkeit der Wild- und Rheingrafschaft zögerlich bleibt[55)].

In Dhaun werden Untersuchungen im dortigen Schloß geführt, das möglicherweise über eine noch zugängliche Folterkammer verfügt[56)]. Der erste nachweisbare Hexenprozeß findet 1577 gegen

Else Hunkel

aus Hochstädten und Katharina (Kettgen), Magd des Pfarrers aus Simmern statt. Else wird vor dem Prozeß wegen Zauberei verrufen. Sie wird vermutlich auf Drängen der Dorfbewohner des Landes verwiesen, kehrt zurück und sucht sich mit Hilfe von Zaubermitteln an ehemaligen Besagern zu rächen. Als sie von einem Hirten beschuldigt wird, ein Schwein verzaubert zu haben, wird sie in den Gefängnisturm verbracht und Anklage gegen sie erhoben.

Der Hirt gibt zu: »kurz nachdem Else seine Frau geschlagen habe, sei eines seiner Kinder lahm geworden und so habe er die Inhaftierte im Verdacht. Sie habe dem Gefängniswärter gesagt: »sie sei sich der Tatsache bewußt, daß sie sterben müsse, doch sie werde vorher einige benennen, die »hervor« müßten. Die Kettgin, die sie einst auf Diebestouren begleitet hat, bezichtigt sich, doch wikkelt sich in Besagungen.

Mehrfach soll sie sie aufgefordert haben, mit ihr in Kirchhäuslein einzubrechen; diese hätten keine Schlösser, so daß Else sie mit einem Hasenspieß öffnen könne. Dann dreht Else den Spieß herum und sagt gegen sie:

- Sie habe von einem Schmied das Zaubern gelernt.
- Ihr und ihrem Kind habe die Kettgen Blut kranker Frauen zum Trinken gegeben. Sie kenne eine Speise, die bewirkt, daß man sie lieb haben und nicht mehr von ihr lassen könne. Dann gesteht Else:
- Daß sie der Frau des Dhauner Amtmannes, der sie lahme Füße und Hände gezaubert habe, es lediglich aus Rachsucht getan habe, als sie deren Mann ausgewiesen hat. Später habe ihr die Frau leid getan und sie habe den Zauber gelöst.
- Dazu habe sie ein Glied vom Gebein der verstorbenen Mutter der Amtmannfrau aus deren Grab geholt, es verbrannt und es unter der äußersten Pforte des Dhauner Schlosses verscharrt. Als sie sie durchquerte, sei der Zauber aufgehoben gewesen.«
- Der Teufel habe ihr das Rezept gelehrt, wie man einen Menschen krank machen und lähmen kann. »Man nehme eine Donneraxt und lege sie in »Frauenkrenk«, lasse sie eine Zeitlang darin liegen, bis das Blut »beliebert«, schabe es ab und gebe es Menschen in die Speisen; so habe sie es mit dem Steinmetzen Hans aus Kreuznach gemacht.
- Sie habe einen erfolglosen Versuch unternommen, Wetter zu machen. Zudem habe sie während der Zeit ihrer Haft Kontakt mit dem Teufel gehabt.

Eine Beschreibung des Hexensabbats liefert sie nicht. Sie wird 1577 an der Richtstätte in Hochstädten vom Scharfrichter verbrannt.

Vom Prozeß gegen die von ihr belastete Magd des Simmener Pfarrers, Katharina, liegt das Protokoll ihres Geständnisses vor:

- Sie habe das Kind des Hans Hart mit einem Sud aus »Spitzlatengenwurzeln« vergiftet.
- Ihren Mann habe sie mit einer Maulwurfsleber »die sie in Mus gegeben,« vor 18 Jahren in Kleinich vergiftet.
- Bei Appelbach habe sie ein Unwetter angerichtet, um die »von Simmern« zu verderben.
- Ihren Pfarrherrn habe sie vor zehn oder elf Jahren mit in Essigkraut gemischtem »Frauenkrenk« vergiftet. Der Rhauner Pfarrer wurde Opfer eines Giftanschlages. Dazu hat die Kettgen der Magd des Pfarrers zwei Äpfel und drei Birnen präpariert, nach deren Verzehr er gestorben sei. Der Prozeßausgang ist unbekannt, doch ist eine Verurteilung anzunehmen.

Margaretha Schuhmacher

aus Simmern gelangt in den Verdacht der Hexerei und wird im August 1578 festgenommen und nach Dhaun ins Turmgefängnis verbracht[57)].

- Margaretha Fuchs trägt vor: »sie habe gesehen, wie sie nachts zwischen elf und zwölf Uhr unter ihr Bett gekrochen sei. Dies habe sie so erschreckt, daß sie am folgenden Tag krank geworden sei und danach haben sich an ihrem Körper »Nachtgriffe« gezeigt.
- Die bettlägerige Anna Scherer soll gerufen haben: »sie solle zu ihr kommen und sie von der Krankheit heilen, die sie ihr zugefügt habe.
- Dann wäre sie ihr auf der steinernen Brücke begegnet, wobei sie so schrecklich ausgesehen habe, daß sie zu Tode erschrokken sei. Seitdem habe sich ihr Gesundheitszustand verschlechtert. Da sie kurz vor ihrem Tode stehe, wollle sie fest dabei bleiben, daß Margaretha es ihr zugefügt habe.

Sie übersteht alle Qualen der Folter, bleibt inhaftiert und wird nach Grumbach verlegt. Ihr Mann entdeckt einen Rechtsbruch in der Verhandlungsführung und so gelangt der Vorgang nach Speyer zum Reichskammergericht. Schließlich wird sie nach einer fast einjährigen Haft entlassen.

Es scheint die Prozeßwut gedämpft zu haben, denn bei der 1584 durchgeführten Kirchenvisitation sagt der Schultheiß Wilhelm

Beispiele von Hexenverfolgungen im Naheraum zwischen 1534–1684*)

Wer	Ort	Region	Wann	Ergebnis
Eine Frau	**Trechtlingshausen**	Bingen	1534	Todesstrafe.
Grete Leonhard	**Trechtlngshausen**	Bingen	1535	Haft lebenlänglich
»Waldbruder«	**Heuchelheim**	Hochgericht Rhaunen	1538	Todesstrafe
Maria Kurßner	**Sobernheim**	Amt Böckelheim	1560	Freilassung
Zwei Frauen	**Dielkirchen**	Pfalz-Zweibrücken	1565	?
Ela Klotz	**Odenbach**	Pfalz-Zweibrücken	1566	Todesstrafe
Frau Wentz		Idar-Oberstein	1570	Todesstrafe
Conrad Berckmann	**Hüffelsheim**	Monfort	1570	?
Taschin Ottgin	**Hüffelsheim**	Montfort	1573	Freilassung
Anna Spengler	**Meisenheim**	Pfalz-Zweibrücken	1575	Todesstrafe
Engel Reiff	**Rehborn**	Pfalz-Zweibrücken	1575	Anklage
Cecilia	**Unkenbach**	Pfalz-Zweibrücken	1575	?
Amalie	**Nidernhausen**	Pfalz-Zweibrücken	1575	Anklage
Else Hunkel	**Hochstätten**	Wild- u. Rheingrafschaft	1577	Todesstrafe N. N.
Zwei Frauen	**Niderheimbach**	Bingen	1583	?
Frau des langen Schneiders	**Münsterappel**	Wild- u. Rheingrafschaft	1584	Verhör
Dorothea	**Niederhausen**	Wild- u. Rheingrafschaft	1584	Verhör.
Else Koch	**Hettenrodt**	Oberstein	1585	Todesstrafe
Maria Petermann	**Wallhausen**	Dalberg	1586	Todesstrafe
Katharina Matthis	**Hallgarth**	Pfalz-Zweibrücken	1589	?
Barnbara Bender	**Sitters**	Pfalz-Zweibrücken	1590	Anklage
Otilia Gaß	**Hüffelsheim**	Montfort	1590	Todesstrafe
Frau v. Burpachs Heydrich	**Reichenbach**	Hint. Grafs. Soph.	1590	Anklage
Gretha Steltz	**Bingen**		1591/94	Hausarrest
Gretgen Schneider	**Rhaunen**	Hochgericht	1593	Freilassung.
Else Fluer	**Weitersbach**	Hochgericht Rhaunen	1593	Freilassung
N. N. Schulmeister	**Bingert**	Ebernburg	um 1600	?
N. N. Zauberin	**Kirn**	Wild- und Rheingrafs.	1600	Freilassung.
Appolonia Heß	**Gaugrehweiler**	Wild- und Rheingrafs	1610	Todesstrafe
Walburga	**Hausweiler**	Wild- u. Rheingrafs	1612	Sebstmord
Hans Krieger	**Hüffelsheim**	Montfort	1614	Freispruch
Zimmermännin	**Sobernheim**	Amt Böckelheim	1615	?
Katharina Müller	**Grumbach**	Wild- und Rheingrafs	1622	Freispruch
Christine Jung	**Wallhausen**	Dalberg	1682	Todesstrafe
Gertraut Clos	**Buhlenberg**	Hint. Grafschaft Sponh.	1628	Gestorben
Melcher, der Schmied	**Birkenfeld**	Hint. Grafs. Sponheim	1629	Zauberversuch
Hans Nickel	**Birkenfeld**	Hint. Grafs. Sponheim	1629	Zauberversuch
Haudtten Friedt	**Gonnesweiler**	Neunkirchen	1629	Todestrafe
Eva Schmehlich	**Neunkirchen**	Neunkirchen	1630	Todesstrafe
Hans-Jung	**Hochstetten**	Wild- und Rheingrafschaft	1630	?
Else Knell	**Obernhausen**	Wartenstein	1631	Selbstmord
Nickel Kreis	**Buhlenberg**	Hint. Grafs. Sponheim	1634	?
Bärbel	**Baumholder**	Pfalz-Zweibrücken	1635	Todesstrafe
Niclaß Müller	**Hüffelsheim**	1635 Montfort	1640	Freispruch
Maria Holtzapfel	**Oberhausen**	Wartenstein	1650	Freispruch
Frau Claßer	**Birkenfeld**	Hint. Grafs. Sponheim	1653	?
Johann Meddersheimer	**Meisenheim**	Pfalz-Zweibrücken	1677	Landesverweisung
Greta Caspari	**Ellenberg**	Hint. Grafschaft Sponh.	1680	gestorben
Gertraud Thoma	**Sobernheim**	Amt Böckelheim	1684	?

*) Zusammengestellt nach den Recherchen von Baumgarten. Die Zahl der Verurteilten muß höher liegen.

Vogel zur Frage nach Sektierern und Hexen. »Wiße kein Zauberin, Hexen oder Segensprecher im Dorf. Wiße auch keine Unehe im gantzen Dorf, außgenommen Fuchsen Hannßen und sein Hausfrauw, führen ein seltzsames und unfriedliches Leben. Der letzte aktenmäßig belegte Hexenrozeß findet 1630 statt und richtet sich gegen die etwa 75 Jahre alte

Else Jung

aus Hochstetten. Im Januar legen die Untertanen der beiden Dörfer eine Anklageliste gegen Else Jung vor und teilen der Obrigkeit mit: »sie wollen sie nicht länger in ihrer Mitte dulden.« Möglicherweise geht sie mit Segensprüchen um.

- Gerhard Brust meint zu wissen: »daß sie seinen Kühen die Milch genommen habe, kurze Zeit danach habe eines seiner Kinder ein Auge verloren.«
- Sie soll bei einer Geburt dabeigewesen sein und habe versucht, das Neugeborene zu erwürgen; habe man doch deutlich die Würgemale am Hals des Kindes sehen können.
- Nikolaus Bamberger sagt, »daß sie bei einer schwierigen Geburt seiner Frau, als er eben zum Pfarrer laufen wolle, die Nottaufe vollzogen habe. Nach drei Tagen wäre das Kind verstorben.«

Jetzt fordert sie der Amtmann auf, zu den Vorwürfen Stellung zu beziehen. Ihr Mann weist alle Besagungen zurück, das angeblich erwürgte Kind erfreue sich der besten Gesundheit. Damit sei der Nachweis der Hexerei unbrauchbar und seine Frau wäre unschuldig. Er bitte darum, die Nachbarn wegen der ihm und seiner Frau zugefügten Schmähungen und Beleidigungen »zu piliger reparation und kehrung« anzuhalten.

Nun wird ihnen eine Frist gegeben. Die Unterzeichner bestehen auf ihrer Meinung und fordern vom Amtmann, Else zu foltern. Sollte sie dann kein Geständnis ablegen, wären sie bereit, eine Entschädigung zu zahlen, aber sie wollten die Else »nimmermehr« bei sich »dulden noch leidten.«

Die Gerüchte greifen um sich und schließlich erhebt Hans Jung vor dem gemeinsamen wild-und rheingräflichen Gericht in Kirn Anklage wegen Verleumdung. Es stellt sich eine Denunziationskette heraus, die ich wegen ihrer Einmaligkeit unter die Erläuterungen setze[58)].

Später erhebt Else Jung Klage gegen Johannes Meurer, der ihr gedroht hat: »woll er Ihr eins auf das Hexenmaul geben.« Im Juli wird der Komplex vor dem Kirner Gericht verhandelt. Anna Seibel muß zwei Albus Strafe zahlen und zwei Tage und Nächte im Hochstetter Narrenhaus sitzen. Else wird aufgetragen, sich künftig von Kindbetterinnen fernzuhalten. Ansonsten sollen die Parteien in Frieden entlassen werden. 1593 finden im

Hochgericht Rhaunen

Hexenprozesse gegen mehrere Frauen statt, hinter denen sich wohl als Drahtzieher Trierer Amtleute verbergen. Zu einer ersten Gruppe von Besagern, die im Herbst des Jahres vor Gericht stehen, gehören Schultheiß Gertrud und Kettgen Bart. Der Kreuznacher Jurist Klug gibt ein Gutachten ab, das sich durch Rücksichtslosigkeit und Härte auszeichnet. Er beruft sich auf Binsfeld, die Vorschriften der CCC. und den alttestamentarischen Exodus 22.1.

Die Unkosten sollen die Verurteilten zahlen und ihre Güter wären einzuziehen. Dann hat man sie gefoltert und ein Geständnis erzielt. Im Dezember 1593 werden Greta Faust und Gretchen Schneider aus Rhaunen und eine Else Fluer aus Weitersbach inhaftiert. Hier neigt der Gutachter zur Vorsicht: »die Folter sei ein gefährliches Werkzeug, da sie nur in begründeten Einzelfällen einzusetzen sei. Je bedachtsamer man damit umgehe, desto besser.« Der Fluer wird vorgeworfen, sie habe einen Kübel mit Ruten geschlagen, die »Haeb« gemolken und ungewöhnliche Tänze vollführt. Die Bürger intervenieren: »sie wollten die Frauen erschlagen, falls sie nochmals freikämen, da sie für die Ernteschäden der vergangenen Jahre verantwortlich seien.«

Die beiden Erstgenannten öffnen sich gegenüber dem Pfarrer im Vertrauen und er plaudert darüber. Dann trifft ein Gutachten aus Kreuznach ein, das ihn in die Schranken weist: »daß kirchliche Personen unter dem Siegel der Verschwiegenheit anvertraute Geständnisse in Gerichtssachen nicht verwertet werden können, da es Aussagen seien, die der Beichtende für Gott und nicht für die Menschen bestimmt habe (facta est Deo non homini).

Die Verhafteten hätten sich durch die erlittenen Schmerzen purgiert. Selbst wenn man Greta Faust noch zehnmal foltere, wären die Bauern nicht zufrieden. Die Inhaftierten seien zu entlassen. Es seien keine weiteren Schritte gegen sie gerechtfertigt. Die Nachrichten über die wegen Hexerei anhängigen Verfahren im Amt

Schmidtburg
fließen spärlich. Im Zuge der Verfolgungswelle des Jahres 1593 erscheinen auf der Schmidtburg einige, die in den Verdacht der Hexerei geraten sind. Man scheint sie verhört zu haben, wie aus einem Schreiben des Burggrafen Thomas Wirich vom 14. Mai 1607 an den Trierer Erzbischof hervorgeht, als Antwort auf eine Beschwerde der Wild- und Rheingräfin Juliana, die vorgebracht hat: »bisher seien alle Verbrecher vom Hochgericht Rhaunen nach deren Verhaftung nach Dhaun geliefert worden«, listet er Kriminalfälle auf, bei denen es nicht der Fall gewesen ist.

Darunter finden sich mehrere Verhöre wegen Hexerei. Ein Fall, der Hexerei einschließt, ereignet sich 1607. Stoffel Wildt aus Schneppenbach, der wegen Diebstahl vor Gericht steht, bekennt sich in der Urgicht der Hexerei. Bei der Kirchenvisitation in der Hinteren Grafschaft Sponheim (1608) werden die Beschuldigungen des inzwischen hingerichteten Stoffel Wildt durch Visitatoren aufgegriffen und der Pfarrer Heinrich Hallbach beauftragt.

Er gibt zu Protokoll, daß die Beschuldigte etwa 90 Jahre alt und stark gehbehindert sei, so daß sie nicht den Gottesdienst besuchen könne. Zwar gingen Gerüchte um, daß sie Segen sprechen und in ihrem Keller Kerzen brenne, doch all das genüge nicht zu einer ernsthaften Bezichtigung. Es sind die einzig überlieferten Hexenverfahren der Region; wahrscheinlich ist die Zahl der Verfolgten höher. In der

Herrschaft Oberstein
spielt um 1570 ein Hexenprozeß gegen eine Wentzin unter der Regierung des Grafen Sebastian von Dhaun-Oberstein. Er läßt sich aus einem im Jahre 1602 geführten Nachlaßstreit erspüren. In Hettenrodt wird 1585 ein Prozeß gegen

Else Koch
inszeniert. Es ist einer der wenigen, der zum Eigentor führt. Die Beschuldigte will sich durch eine Beleidigungsklage vom Vorwurf der Hexerei befreien und leitet so den Verdacht auf sich. Im Juli 1585 erhebt sie Anklage gegen Perches. Cleschen und seine »Schnur« (Schwiegertochter) Agnes. Hätten sie beschuldigt, den 14 Tage zuvor gestorbenen Ehemann der Agnes, Niclas, mit Hexenmitteln getötet zu haben. Sie bittet das Gericht, einen Widerruf zu verfügen und die Verleumder zu strafen. Schließlich stellt sich heraus, daß der Verstorbene kurz vor seinem Tod Else für sein Leiden verantwortlich gemacht haben soll, was durch Zeugenaussagen bestätigt wird.

- Else habe ihm gewünscht, er soll am Galgen gehenkt werden, denn er sei eines Begräbnisses unwürdig.
- Culmann aus Hettenrodt sagt: »er habe in seinem Bett gelegen und sein Bauch sei aufgeschwollen und er habe dagelegen wie ein Ferkel. So wahr Christus am Kreuz gestorben sei, so bringe Else ihm den Tod. Einen Tag darauf sei er im Alter von 28 Jahren gestorben.
- Groen Merten sagt: »Schuld am Tod seines Sohnes war ein Erbsengericht, das Niclas ein Jahr zuvor in Kochs Haus zu sich genommen. Ilse stehe im Ruf, eins der »bösen Weiber« zu sein.«

Der Amtmann trifft ein salomonisches Urteil und setzt eine Strafe von zehn Gulden fest, die fällig werden, sobald eine der Parteien die Auseinandersetzung in der Öffentlichkeit fortsetze und übergibt den Vorgang der Kanzlei Oberstein. Einige Zeit danach meldet das Gerichtsbuch, daß die Beklagte nicht mehr am Leben sei. Wer die acht Jahre zuvor hingerichteten »bösen Weiber« sind, bleibt unbekannt.

Es kommt zu Beleidigungsklagen. Im August stehen zwei Frauen vor Gericht, die sich gegenseitig in der Ehre gekränkt fühlen. Eine stellt die andere als Hexe hin und fügt hinzu: »ihre Hütte (wohl zum Verbrennen!) sei bereits gebaut. Die andere erwidert: »sie solle besser auf sich aufpassen, daß sie nicht in einen Pfuhl geworfen werde.« Es kann eine verdeckte Anspielung auf das Ertränken gewesen sein und deutet auf einen Ehebruch.

Dann erhebt Margaretha aus Idar Anklage wegen Beleidigung, da sie aus der gegenüber gemachten Anmerkung: »ich habe mich nicht vom Galgen abgekauft,« eine Anspielung auf ihre Mutter vermutet, die man wegen Zauberei vor Gericht gestellt hat. Möglicherweise haben wir einen Bruchteil der wirklichen Prozesse vor uns. In der

Herrschaft Wartenstein
finden im Hochgericht Hennweiler Hexenprozesse statt. 1543 werden zwei Zauberinnen, von denen eine die Magd des Dechanten ist »auf dem König« per Schwertschlag gerichtet. Der Dhauner Oberamtmann Eberhard Flach von Schwarzenberg gibt den Kirnern die Anweisung: »sich in der Wehr zu halten.«

1573 scheint es zu einem Hexenprozeß in Wartenstein gekommen zu sein. In einem

Graf Dietrich IV. (d. Weise) von Manderscheid-Schleiden. Mittler in dem Religionswirren. Zw. 1521 und 1549 nimmt er als kurkölnischer Rat des Erzbischofs Hermann von Wied 14 mal als dessen Stellvertreter an den Reichstagen teil.

Schreiben an den Beilsteiner Mitgemeinsherr gibt Ludwig von Schwarzenberg zu verstehen: »daß mehrere Zauberinnen auf Wartenstein inhaftiert waren. Er habe sie foltern lassen und die Geständisse lägen vor.« Er bittet um eine Festsetzung des Gerichtstermines, um die Urteile verkünden zu können.«

Denkbar ist, daß es in dem Zusammenhang zu Hinrichungen gekommen ist. Ein letzter erwähnter Hexenprozeß findet 1631 statt und betrifft Else Knell aus Oberhausen. Sie besagt unter der Folter weitere.

Kurz danach rücken Schweden ein und damit verlagern sich die Probleme. Sie begeht vor dem Endlichen Rechtstag Selbstmord, indem sie sich mit einem Schustermesser tötet. Daraufhin wird sie vom Kirner Scharfrichter Meister Clas (Glas?) zum Richtplatz »am König« gebracht und unter dem Galgen verscharrt. Dagegen protestiert der Dhauner Rheingraf und verlangt, daß die Leiche ausgegraben und fortgeschafft werde. Der 1650 geführte Prozeß gegen

Maria Holtzapfel

ist der einzige aus der Herrschaft Wartenstein, von dem viele Unterlagen greifbar sind. Ende September 1650 erhebt ein vierköpfiger (Hexen)ausschuß vor dem Wartensteiner Amtmann Tapperich Anklage. Er hat 14 Punkte gegen Maria Holtzapfel gesammelt, die sich seit Jahren im Geruch der Hexerei befinde, aber wegen der kriegerischen Ereignisse nicht (mehr) vor Gericht gestellt werden kann.

Im wesentlichen wird sie von der 16jährigen Tochter des Hans Vollmann, Maria, belastet, die vorbringt: »sie wäre mit der Holtzapfel auf Hexentänzen gewesen.« Dann wird vorgetragen:

- Maria und andere Hexen haben an der Hennweiler Kirche ein Kindergrab geöffnet, die Leiche herausgenommen, gesotten, zerhackt und in Hexensalbe gemengt. Der Ausschuß läßt das Grab inspizieren und findet einen aufgebrochenen Kindersarg. Möglicherweise ist es ein derber Scherz.
- Sie soll einen Ochsen und eine Kuh vergiftet haben.
- Einmal habe sie im Haus rücklings auf dem Boden gelegen und über Übelkeit geklagt, einmal ohne Grund einen Schrei ausgestoßen und am nächsten Tag im Bett gelegen, so daß das Gerücht aufgekommen, der Teufel habe sie erschreckt.
- Die Magd des Amtmannes habe gehört, wie sie zu einer alten Frau aus Hennweiler gesagt habe: »sie sollten noch ein Stück Brot und Käse miteinander essen, bevor man sie verbrennen werde.«
- Mit der 1631 angeklagten Else Knell soll sie den Hexentopf benutzt haben.

Nun wird die Holzapfel verhaftet und gütlich befragt. Tapperich ist überfordert und weiß nicht, wie er den Prozeß führen soll. Er wendet sich an den kaiserlichen Notar Wolfgang Halberger aus Birkenfeld. Er neigt – im Gegensatz zu anderen Gelehrten – zur Strenge und Härte. Man soll eine Hausdurchsuchung anordnen, sie neu einkleiden und in ein anderes Gefängnis schaffen. Das Essen soll ihr von einer unverdächtigen Person gereicht werden, wobei man ihr zuvor alle Haare, auch »in parte corporis secretis sima »allwo die Unholden gemeiniglich verborgene Zettel tragen, abscheren, die Angeklagte mit der Salbe, so welche gefunden würde, einschmieren und sie nochmals mit angelegten Beinschrauben aufziehen lassen ... doch dürfe sie durch die Anwendung der Folter nicht gebrechlich werden.«

Es ist eine im Zeichen der Zeit rückständige Ansicht. Dann vergehen Wochen und man weiß nicht, wie der Prozeß fortgeführt werden soll. Dann entschließt man sich zu einer weiteren Folter im Beisein einiger Schöffen. Man legt der Delinquentin Beinschrauben an und beschwert sie mit einem 50 bis 60 kg schweren Stein, um die Qualen zu erhöhen. Dennoch beibt sie beim Leugnen (!).

Das Ergebnis wird an Johann Phillipp von Wartberg nach Trier berichtet und er verfügt nach den Bestimmungen der CCC. ihre Freilassung. Man verurteilt sie zur Übernahme der Verpflegungskosten. In der Herrschaft Wartenstein scheint der Prozeß von 1650 der letzte seiner Art gewesen zu sein.

Maria Holtzapfel kommt u. v. a. das gleiche Verdienst wie (u. a.) Maria Holl aus Nördlingen zu; beide weisen durch ihre Tapferkeit die Willkürjustiz in die Schranken. Weitere Verfahren finden im Amt Böckelheim statt, was aus einer Eintragung des Sobernheimer Gerichtsbotenbuches aus dem Jahre 1560 hervorgeht. Unsicher ist, ob es zu Verurteilungen kommt.

1650 gelangt Maria Kurßler in den Verdacht der Zauberei. Sie wird festgenommen. Unschlüssig ist, ob man sie nur gütlich bestraft oder gefoltert hat. Sie verweigert ein Geständnis und wird unter dem Schwören der Urfehde freigelassen, nachdem die Obrigkeit »den Handel und die ganze Sache aufs Gnädigste erwogen hat.«

1559 tritt Friedrich II. von Simmern die Nachfolge des Pfalzgrafen Otto Heinrich in Kurpfalz an. Möglicherweise hat der Wechsel Einfluß auf den Fortgang des Verfahrens. Im Juli 1615 erhebt Clas Zimmermann beim Schobernheimer Amtmann Klage gegen Hans Cautz (d. J.): »Er habe seine Frau verleumdet und gesagt, sie habe ein ihm gehörendes Kalb verzaubert.« Die Obrigkeit fordert sie auf, künftig keine derartigen Verdächtigungen auszusprechen, andernfalls müsse sie mit einer Leibstrafe rechnen. Die Parteien geloben, die Bestimmungen des Bescheids einzuhalten. Dann taucht ein

Bescheinigungsbrief

der Stadt Gelnhausen auf, der zu den Merkwürdigkeiten der Prozesse zählt. Er ist im Juni 1618 für Maria Jacobs ausgestellt und besagt: »daß sie alle niemals in (den) Hexereiverdacht gekommen waren, viel weniger deshalb vor Gericht gestanden haben.«

Dieses ungewöhnliche Dokument kommt auf Ersuchen der Mutter zustande. Ihre Tochter Gertraud hat elf Jahre zuvor eine Stellung als Magd in Frankfurt am Main eingenommen, war arbeitslos geworden, weil das Gerücht umging, ihre Mutter Maria und deren Schwester Catharina seien in Gelnhausen als Hexen verbrannt worden.

In der rechten Bastion des Schlosses Dhaun befand sich einst ein Verließ, in dem möglicherweise (auch) Hexen gelegen haben.

Um solchen Gerüchten ein Ende zu bereiten, bittet Maria Jacobs den Rat um die Ausstellung einer »Unbedenklichkeitsbescheinigung« über die Haltlosigkeit solcher Verdächtigungen. Von Interesse ist ein Verfahren gegen

Gertraud Thomas

aus Sobernheim. Im Oktober 1684 klagt Jean Thomas gegen Peter Copio, er habe seine Frau in David Soyens Haus eine Hexe und Zauberin gescholten. Nun ergibt sich folgender Sachverhalt.

Johannes Wagner aus Horbruch kommt im Frühjahr 1684 zu seiner Schwägerin nach Sobernheim und berichtet, daß man ihm ein fettes Schwein, Geräte und Schüsseln gestohlen hat. Da habe ihm jemand gesagt, Jean Thomas Frau könne ihm zu seinen Sachen verhelfen und schließlich verspricht ihm Gertraud, sie zu bschaffen, wozu sie keine Gewalt, sondern Worte gebrauche. Vermutlich verbirgt sich hinter ihr eine Segensprecherin. Auf Wunsch könne sie den Dieb kennzeichnen, was Fritz Eschpachs Frau ablehnt. Das Ganze verzögert sich und geht daneben.

Schließlich meint die Beschuldigte: »sollte nochmals jemand zu ihr kommen, um sie um Rat zu fragen, würde sie zehn Reichstaler verlangen und fünf davon in das Almosen geben, die anderen aber beim Wirt versaufen. Auf die Aussage hin könne man sie foltern.« Dann häufen sich die Zeugenaussagen wider sie.

• Johannes Seikönigs Frau habe sich bei ihr nach einem verschwundenen Schwein erkundigt. Gertraud soll daraufhin gesagt haben: »es liege in der Neugasse im Salz.«

Zum Beginn des 17. Jahrhunderts tut sich der Schulmeister aus Bingert mit Gleichgesinnten zusammen, um eine Gesellschaft ins Leben zu rufen, die mit Teufelsbewörungen, okkulten und abergläubischen Handlungen verborgene Schätze ausfindig machen will. Eine Witwe schließt sich an, weil sie meint, ihre Kinder besser versorgen zu können. Daraus formiert sich eine Denunziationskampagne und man beutet deren Gutmütigkeit aus.

Als sie sich zu wehren sucht, läßt man sie wissen: »man werde sie auf der Straße niederstrecken und der Schulmeister wolle ihr einen Arm abschlagen.« Der Fortgang ist unbekannt. Wesentliche Quelle zur Darstellung der Hexenverfolgungen in der

Herrschaft Dalberg

sind die Aufzeichnungen von Lokalhistorikern[59], sowie die Dalberg betreffenden zwischen 1935–44 angelegten Karteikarten des Hexensonderkommandos beim Reichssicherheitsamt[60]. Wie aus einem Urfehdebrief vom 28. November 1586 hervorgeht, wird

Maria Petermann

1586 verhaftet und nach einem erfolglosen Fluchtversuch gefoltert. 1592 scheinen neue Verdachtsmomente aufgekommen zu sein und man inhaftiert sie erneut. Sie wird zweimal gefoltert und legt ein Geständnis ab. Sie wird zum Tode verurteilt und verbrannt. Bei ihrer Hinrichtung werden 800 Reisigwellen benötigt[61].

1595/96 findet in Wallhausen ein Prozeß gegen Bernhard Schmidts[62] Frau statt. Er beginnt mit einer Verteidigungsschrift, die zur Anklage gegen den Kläger wird. Margaretha Best wird von Bernhardt Schmidt wegen einer öffentlichen Verleumdung angezeigt. Sie kontert und geht auf die Frau des Klägers los.

• Als Margaretha einst auf dem Weg zum Backhaus gewesen, sei ihr ein Schaf vor die Füße getreten, habe sich erschrocken und wäre davongelaufen. Bernhardt Schmidt habe sie daraufhin verflucht und ihr gewünscht, daß sie sich Hals und Bein brechen solle. Tatsächlich habe sie sich am kommenden Tag den Arm gebrochen.

• Bernhard Schmid trägt vor: »sie habe seine Frau zwei Tage vor dem Gertraudentag eine Teufelsbraut gescholten, die ihr übel mitgespielt habe.« Dann türmen sich aberwitzige Emotionen. Margaretha bittet, daß man Schmidts Frau verhaften soll und foltern läßt: »es seien genügend Indizien vorhanden und sie würde Leib, Gut und Blut dafür einsetzen, daß sie alles gestehen werde.«

Das Verfahren scheint wegen der Spärlichkeit der Anklagepunkte einzuschlafen. Dennoch sammelt Margaretha belastendes Material gegen ihre Widersacherin und bringt es nochmals vor die Obrigkeit.

• Schmidts Frau sei vor kurzer Zeit in ihr Haus gekommen, um sich einen Löffel Butter zu leihen, was ihr Margaretha verweigert hat. Daraufhin habe sie ihr Kind berührt und gesagt: »Du lieber Kaiser, ich will dir nicht weh tun, wodurch es gelähmt worden sei.«

Margaretha beantragt erneut, man soll die Angeklagte foltern, worauf eine Zeugenvernehmung erfolgt. »Man soll sie nebeneinander auf die Tortur spannen, dann werde sich die Wahrheit erweisen.« Dann bestreitet die Beklagte, daß sie am Tod eines zweiten Kindes der Klägerin die Schuld trage. Zu dem Vorfall an der Leiche werden Zeugen gehört.

• Wilhelm Hans Grien und Cleß von Veltin Schmidt haben sie sich angesehen und gelangen zu der Auffassung: »das Kind habe auf dem Rücken und dem Bauch braune »purpeln« und am Kreuz seltsame Zeichen gehabt ... sie hielten den Tod für kein natürliches Werk.«

Nun fordert man, die Beklagte soll zum Zeichen ihrer Unschuld ein glühendes Eisen in ihre Hand nehmen. Dann wird sie gütlich vernommen und sagt zu ihrer Person: »daß sie 43 Jahre alt sei und 13 Jahre im Rheingau gedient habe. Das linke Auge habe sie im ersten Kindbett verloren, als ihr beim Aufwachen etwas hineingefallen sei.

Mit ihrem jetzigen Mann habe sie acht Kinder, davon seien eines vor der Taufe, zwei im Alter von zwei und vier Jahren an der Pest gestorben. Seit zwei Monaten wäre sie schwanger ... Vor kurzen wären ihnen eine Kuh und ein Schwein gestorben. Sie sei nie im Verdacht der Hexerei gewesen und habe ihr Leben lang nichts Böses getan.«

Der Mainzer Rechtsgelehrte legt im Juni 1596 ein Gutachten bei. Er plädiert für eine gütliche Einigung und meint: »alles sei auf Gerüchten und Verleumdungen gebaut, die eine Inhaftierung oder Folter nicht rechtfertigen. Dennoch ist die Beschuldigte- aus nicht vollziehbaren Gründen-»comburirt und verbrannt« worden. Im Mai 1628 beschwert sich Nikolaus Levendecker beim Dalberger Keller Johann Pistor über

Christine Jung

»Sie wäre vor seinem Stall gesehen worden. Kurz danach sei ihm ein Geiß gestorben.« Als Zeugin gibt er die Frau von Hans Dreiß an.

- Catharina Knieriem bringt ein: »im Mai habe Christine zu ihr gesagt: »wenn sie keine Kinder hätte, wäre sie bereits aus dem Ort geflüchtet. Dann habe sie leichtsinnige Reden über Hexerei und den Teufel geführt und vermutet, man wolle mit dem Verbrennen einen neuen Anfang machen.«

Die Beschuldigte bestreitet alle Vorwürfe. Dann wird durch die Obrigkeit die Fortsetzung der Untersuchung angeordnet: vorerst ohne Anwendung der Folter. Im Juni 1628 wird sie gerichtlich examiniert, wobei der Pastor als Zeuge zugegen ist. Inzwischen hat man Christine verhaftet. Vom Juni 1628 besagt eine Notiz: »sie wolle sich mit Nikolaus Leyendecker gütlich vereinbaren, damit sie der Gefängnussen erledigt werde.«

Dann legt der Mainzer Notar Caspar Beuscher ein Gutachten mit einer von ihm ausgearbeiteten Frageliste vor und drängt schrittweise auf die Durchführung der Folter »mit verantwortlicher Mäßigung.« Er orientiert sich an den Vorstellungen des *Hexenhammers*. Wohl unter Qualen räumt sie ein:

- Sie wäre in Dörrenbach geboren, 30 Jahre alt und seit 12 Jahren verheiratet. Ihre Lehrmeister seien Hans Ortten Frau aus Schöneberg und ihre Base Elß gewesen; Ihr Buhle heiße Florig.
- Bei verschiedenen Hexentänzen habe sie Jungen Wolfen Frau, Michel Stempels Frau Maria, Nikolaus Kigels Frau Katharina und Katharina Buch erkannt. Die Salbe habe ihr Ottilia Buch gegeben.
- Ihr Buhle habe sie zweimal während der Haftzeit besucht und weil sie bekennen wollte, darart geschlagen, daß ihr die Nase übergeschossen, wie selbst die geistlichen Herrn, Keller und andere im Hermisturm sie blutrünstig gesehen und noch uff diese Stund an ihrem Ärmel zu sehen sei.«

Vermutlich waren es weltliche Teufel, die Henkersknechte oder Büttel, die sie belästigt haben, denn andere gibt es nicht. Jetzt ist der Endliche Rechtstag eine Formsache. Das Protokoll verzeichnet die geschickte Argumentation des Verteidigers Johann Walter Hargesheimer, der sich auf Weyer bezieht. Dennoch wird seine Mandantin Anfang September 1628 mit dem Schwert gerichtet und verbrannt. Im gleichen Jahr beginnen die Prozesse gegen die von ihr besagte

Katharina Kigel und Maria Stempel

Beide werden gefoltert und freigelassen. Im Juni 1631 (drei Jahre danach) werden sie erneut vernommen, nachdem sie das verstorbene Kind der Christine Ruhelen im Grab berührt hatten. Ob es zu einer neuen Untersuchung kommt, läßt sich nicht ausmachen. Vermutlich werden in Wallhausen mehr Prozesse geführt als überliefert sind. Ähnlich ist es in der

Herrschaft Schweppenhausen

Ende September 1608 klagen Henrich Jost und desen Frau gegen Nikolaus Lampert, der sich gegenüber Jost's Schwiegersohn Matheß Fuchs hat vernehmen lassen: »seine Schwiegermutter, Jostens Frau, sei die größte Hexe die er kenne.« Lampert gesteht die Äußerung in einer Wirtschaft gemacht zu haben, nimmt sie aber mit Bedauern zurück. Es kommt zu einer Einigung.

Sieben Jahre danach steht Catharina, Frau des Velten Engelmann in Schweppenhausen vor Gericht. Eine andere hat sie als »Mönchshure« bezeichnet und in den Raum gestellt: »sie habe ein Kind umgebracht und ihres bezaubert.« Die Angeklagte gibt die Beleidigung zu, bestreitet aber, in dem Zusammenhang von Zauberei und Kindstötung gesprochen zu haben. Nach der Kartei des Hexen-Sonderkommandos soll vor 1592 in der Herrschaft Schweppenhausen eine Frau verbrannt worden sein; es läßt sich nicht dokumentieren.

Aus Waldlaubersheim sind keine Fälle von Hexerei überliefert. Ein Grund kann die von den übrigen nassauischen Besitzungen getrennte Lage sein, die das Gerichtswesen behindert. Anders ist es in der

Herrschaft Monfort

Zu ihr gehören Schloß und Hof Montfort, der Fallbrückenhof, Hundsbach, Lauscheid und Hüffelsheim. Hier wird 1570 der Pfarrer Conrad Berckmann in einen Fall von Hexerei verwickelt; möglicherweise weil er kräuterkundig ist. 1555 wird Catharina Senters in Montfort zum Tode wegen Zauberei verurteilt.

Aus einem von Hüffelsheimer Gericht verfaßten Verteidigungsschreiben vom 15. Oktober 1590 ist ersichtlich, daß man Maria Eberts, Ottilia Gaß und Maria Dieters seit längerem inhaftiert und gefoltert hat. Sie haben einige ihrer Sünden zugegeben und sie inzwischen »bitter bereut und beweinet.«

»Zwar hätten sie sich mit dem Teufel eingelassen, doch er gaukle (so der Verteidiger) seinen Angehörigen lediglich Dinge und Wirkungen vor, zu denen sie nicht fähig seien, könne er doch nicht einmal Naturereignisse beeinflussen. Daher sei alles Lug und Trug und er bitte um Milde bei der Urteilsfindung.« Dennoch werden die Beklagten im Oktober 1591 hingerichtet.

Im Mai 1591 beginnt ein Prozeß gegen Taschin Otthin aus Hüffelsheim, die von der Gemeinde besagt und gemieden wird. Mit der Prozeßführung beauftragt ist der Schultheiß Johann von Dalberg. Man hat das »Weiblein« am 22. Juni einer Folter unterzogen. Vermutlich endet ihr Prozeß mit Freispruch.

1614 wird gegen Hans Kieger und 1640 gegen Niclaus Müller verhandelt. Krieger soll vom Teufel verführt worden sein, seine Frau zu verlassen und mit einer Konkubine zusammenzuleben. Als der Landesherr, Johann Philipp Boos, davon erfährt, spricht er gegen die beiden Geldstrafen aus und läßt sie des Landes verweisen. Müller soll unter satanischem Einfluß Diebstähle verübt haben. In Brezheim lassen sich bislang keine Hexenprozesse nachweisen.

Kurpfalz/Simmern

Aus dem Herzogtum Simmern wie aus dem kurpfälzischen Raum haben sich Akten über Hexenprozesse nicht erhalten. Dennoch liegen für die Zeit von 1551 bis 1682 Nachrichten über mindestens zehn Enthauptungen in Stromberg vor; sie müssen nicht mit dem Hexenwesen zusammenhängen. Verfolgungen sind wahrscheinlich.

Einen Höhepunkt erreicht das Wüten, als der Simmerer Herzog Friedrich II. die Nachfolge Otto Heinrichs in Kurpfalz antritt. Der Jurist Johannes Fischard (1512–81) berichtet aus dem Jahre 1562: »daß man in Rokkenhausen sieben Frauen als Hexen hingerichtet hat.« Später scheint sich Kurfürst Friedrich unter dem Einfluß Weyers gewandelt zu haben, der ihm konstatiert: »er habe der Stimme der Vernunft Gehör gegeben.«

Unter Ludwig VI. wird die Strafandrohung für das Verbrechen der Hexerei 1582 im *Pfälzischen Landrecht* verschärft, indem der Teufel in den Mittelpunkt der Erörterung des Strafmaßes (Baumgarten) gestellt wird. Unter Weyers Einfluß scheint das Wüten einen Dämpfer bekommen zu haben. Zur gleichen Zeit werden im Bistum Speyer Hexen verfolgt[64)].

Eine ähnliche Lage zeichnet sich im Herzogtum Simmern ab. Aus dem 17. Jahrhundert sind keine Zeugnisse über Hexenprozesse bekannt, doch aus dem zurückliegenden. Wegen eines Streites der Herren von Schönberg mit Herzog Reichard von Simmern um die Gerichtsbarkeit im Kumder Gericht werden 1579 und 1586 Einwohner der zum Gericht gehörenden Dörfer in Simmern verhört.

Johann Michael aus Benzweiler sagt in dem Zusammenhang: »daß ihm seine Eltern erzählt haben, wie Deckers Leyse aus Rayenschied in Simmern als Zauberin verbrannt worden sei. Auch Veitzen Elsa wäre von Beamten ergriffen und nach Simmern verbracht worden. Ihre Verbrennung habe unmittelbar bevorgestanden. Ein reicher Mann soll sie mit 50 Talern »ledig« gemacht haben.«

Aus späteren Jahren steht nur noch die Hinrichtung einer Frau aus Alterkülz im Zusammenhang mit dem Hexenwahn. Im Dezember 1598 teilt der Simmerner Landschreiber Waldis dem Amtmann von Kastellaun mit: »daß die Frau des Marzin M. aus Altenkülz der Zauberei und Hexerei angeklagt sei, sie wäre in Simmern verhaftet und am vergangenen Mittwoch hingerichtet worden[65)].

Bingen

Aus der Region haben sich keine unmittelbaren Dokumente erhalten. Die Hochgerichtsbarkeit übt ein aus den Reihen des Domkapitals gewählter Amtmann aus[66)]. Aus in Würzburg gesammelten Domkapitelprotokollen, die bis 1545 in Regestenform erhalten sind, lassen sich Schlüsse ziehen.

1534 wird eine Frau aus Trechtlingshausen (?) verurteilt und deren Vermögen eingezogen[67)]. Im August 1535 erscheint eine Delegation dortiger Bürger und bittet das Domkapitel, die wegen Hexerei zu »ewigem Gefängnis« verurteilte Greta freizulassen. Es verdeutlicht, daß es damals Inseln der Vernunft gegeben hat.

Im November des gleichen Jahres erstellt Dr. Konrad Heydmann ein Gutachten, das darauf hinausläuft, daß deren Tochtermänner (Schwiegersöhne) die angelaufenen Haftkosten übernehmen sollen, bevor man sie gegen Urfede auf freien Fuß setzen soll.

Ursprünglich sind die Haftstrafen bei geringen Vergehen kurz, was (auch) mit der Kostenfrage zusammenhängt. Erst später tritt ein grundlegender Wandel ein[68].

1549 wird eine Frau aus dem Trechtlingshauser Gerichtsbezirk inhaftiert. Ein Sterbender hat sie kurz vor seinem Tod als Hexe und Verursacherin seiner Krankheit bezeichnet; »die Frau gelte als fromm und habe einen guten Leumund. Man frage um Verhaltensmaßnahmen nach.« Sie wird gegen Urfehde entlassen.

Im Sommer 1569 wird in Bingen ein Untersuchungsverfahren gegen eine Frau geführt, die man in Hochheim festgenommen hat. »Sie stehe im Geruch der Zauberei und in der letzten Zeit sei viel Vieh zu Schaden gekommen und ein Kind (habe) plötzlich aus einem unerfindlichen Grund Pein auszustehen gehabt. Der Amtmann wolle vom Domkapitel wissen, wie er sich verhalten soll.« Er bekommt einen Rüffel, da er eigenmächtig gehandelt hat[69].

Dennoch meint man: »da sie schon verhaftet sei«, müsse man das Verfahren zu Ende bringen. Man soll sie nach Bingen schaffen und peinlich befragen. Da die Folter keine zusätzlichen Erkenntnisse bringt, wird sie gegen Urfehde freigelassen.

Im September 1582 verfügt das Domkapitel, daß Johann Wiederhasens Witwe aus Niederheimbach, die von Peter Hebel der Zauberei beschuldigt wurde, dem Lizentiaten Wieß zur Begutachtung übergeben werden soll. Der Ausgang des Verfahrens ist unbekannt.

1585 werden in Trechtlingshausen weitere Personen verhaftet und 1584 fällt Hermann Probst, ehemaliger Pfarrer in Trechtlingshausen in »geschwinde Leibesschwachheit.« Auf seinem Sterbebett hat er eine »suspecta persona« beschuldigt, die ihn verhext haben soll. Sie wird später festgenommen.

Im Oktober 1586 wird verfügt, daß »gegen eine wegen Hexerei verhaftete Frau hier bescheidentlich procedirt werden soll.« 1590 sitzen in Bingen mehrere Personen wegen Zauberei ein und warten auf ihre Verhandlung. Sowohl der Ausgang des Verfahren sowie das Schicksal der Inhaftierten bleiben unbekannt.

1590–94 kommt es zu einem Verfahren gegen Gretha Steltz. Der Amtmann macht am 10. Dezember 1590 Meldung an den Syndikus über eine ergebnislose Folterung. Man plädiert für »ewige« Verweisung, doch dagegen setzen sich Nachbarn zur Wehr, da Gretha als »teuflisches Werkzeug« untragbar geworden sei. Ihr Wunsch, das jüngste Kind mit in die Verbannung zu nehmen, wird abgeschlagen.

Ein Jahr später tragen Verwandte vor: »sie bitten um Wiedereinweisung, da sie verarmt und unschuldig sei.« Das Begehren wird abgelehnt. Trotzdem kommt sie zurück. Dann scheint sie erneut festgenommen worden zu sein, denn im Dezember 1593 bitten ihre Kinder, sie aus der lang andauernden

Verbrennung von Puppen durch den Pöbel an der Grenze zur Altstadt von London. Kupferstich von William Hogarth, 1697–1764.

Haft zu entlassen und zu verspechen, »sie im stetigen Hausarrest« zu halten.

Die verfängliche Macht einer unkultivierten Frau zeigt sich an einem verhängnisvollen Beispiel. Als im Frühsommer 1544 die des Binger Fauts im Begriff ist, mit der Fähre nach Rüdesheim überzusetzen, verlangt ein Betrunkener mitgenommen zu werden. Als sie sich darüber brüskiert, schilt er sie eine Zauberin; mit bösen Folgen, denn als er wieder in Bingen auftaucht, läßt ihn der Fauth in den Turm schicken. 1583 beschimpfen sich zwei Frauen gegenseitig der Zauberei. Im

Hexenszene. Holzschnitt aus: Johann Geiler von Kaisersberg, Die Emeis, o. O., 1516.

Kurfürstentum Trier

—

Grafschaft Blankenheim

—

Niederrhein

Inhalt:

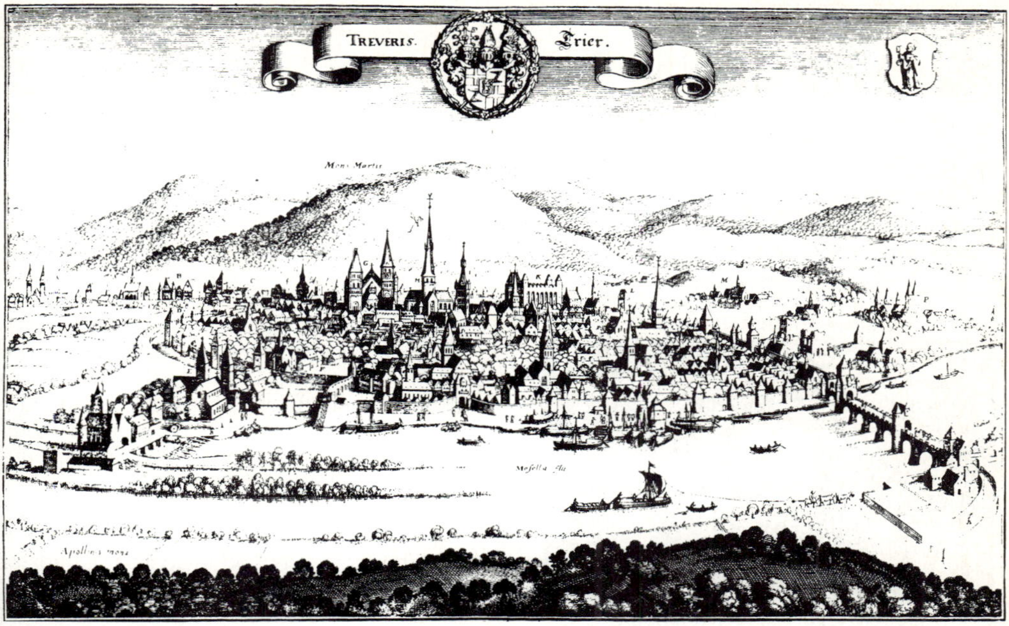

Trier, nach Merian, 1646.

Kurfürstentum Trier[1)]

setzt die Verfolgungswelle im Vergleich zu süddeutschen Regionen etwas später, dafür aber intensiver ein. Institoris und Sprenger halten im *Hexenhammer* fest, die dortige Gerichtspraxis mache die Bestrafung der Hexen (vor allem in Koblenz) unmöglich. Trithemius beklagt den Mangel an Hexenrichtern. Er ist mit dem Trierer Kurfürsten Johann II. befreundet. Gegenüber Innocenz VIII. bestreitet er die Existenz von Hexen in seinem Machtbereich.

1577 werden im Kurfürstentum Hexen verfolgt und der Stiftsherr Johann Linden von St. Simeon betont in seiner Gesta Treverorum, daß das Volk glaube, die durch viele Jahre anhaltende Unfruchtbarkeit sei von Hexen und Zauberern verursacht. Die Pest folgt dem Hunger und die Bürger suchen einen Schuldigen: »man muß die Diener des Teufels strafen.« Der Jesuit Brower schreibt: »Verhöhnte weibliche Falschheit vermittels Zauberei die öffentliche Not. Der Teufel habe sich in eine Hexe verwandelt, um den Menschen grausames Leid anzutun, das Vieh tödlich zu verzaubern, Ernten zu vernichten und Stürme zu entfachen.«

Unter Kurfürst Johann VII. von Schöneberg (1581–99) beginnt die gezielte Hexensuche. Die meisten Prozesse im Umkreis werden durch das weltliche Hochgericht der Klöster St. Maximian und St. Paulin geführt. Andere klösterliche Vereinigungen, so die Abtei St. Marien, sind an der Verfolgung beteiligt. In Trier geht der Henker »in Gold und Silber gekleidet einher; seine einfältige Frau wetteifert in ihrer Kleiderpracht mit den vornehmsten Damen.« Eine Schlüsselrolle gebührt

Peter Binsfeld

der 1580 zum Weihbischof ernannt wird und acht Jahre danach während eines Krankenbesuches an den Folgen der Pest stirbt[2)]. Er gilt als religiöser Fanatiker[3)] und erhebt die ihm anvertraute Region zum Schauplatz von Hexenverfolgungen. Seiner Meinung nach ist es grausam, sie zu schonen[4)]. Als Suffragan veröffentlicht er 1558 eine Schrift über die Glaubwürdigkeit der Hexenbekenntnisse. In der Widmung läßt er die Katze aus dem Sack: »es gilt für die göttliche Ehre zu kämpfen, die durch Verbrechen beleidigt wird. Zauberer sind auszurotten: so will es Gott. Wer Schlechte walten läßt, fördert sie.«

Am Schluß nennt er 20 Indizien, mit denen es möglich ist, jeden x-Beliebigen in die

TRACTAT

Von Bekanntnuß der Zauberer vnd Hexen. Ob vnd wie viel denselben zu glauben.

Anfänglich durch den Hochwürdigen Herrn Petrum Binsfeldium, Trierischen Suffraganien/ vnd der H. Schrifft Doctorn/ kurtz vnd summarischer Weiß in Latein beschrieben.

Jetzt aber der Warheit zu steur in vnser Teutsche Sprach vertiert/ durch den Wolgelerten M. Bernhart Vogel/ deß löblichen Stattgerichts in München/ Assessorn.

Exod XXII. Cap.

Die Zauberer solt du nicht leben lassen.

Gedruckt zu München bey Adam Berg.

Anno Domini M. D. XCI.

Mit Röm: Kay: Mayt. Freyheit/ nit nachzudrucken.

»Hexen und Teufelswerk«: Vignette auf dem Titelblatt der Übersetzung von Binsfelds »Tractatus«.

Fangarme der Hexerei zu treiben. Der Traktat erscheint in einer zweiten und vermehrten Auflage. Sein Einfluß läßt sich bis in das 18. Jahrhundert verfolgen, zumal er durch Bernhard Vogel, Assessor des Münchener Stadtgerichtes, unter dem Titel *Von den Bekenntnissen der Zauberer und Hexen* ins Deutsche übertragen wird. Zu den christlichen Wohltaten Binsfelds gehört der von ihm erzwungene Widerruf des Kanonikers

Cornelius Loos

Er ist der Meinung, daß das Wüten gegen die der Hexerei Bezichtigten – in der Region – vor allem durch ihn entfacht worden sei. Der Niederländer[5] studiert und promoviert in Mainz, um dann in seine Vaterstadt Gouda zurückzugehen. Wegen der Einführung des Protestantismus wandert er nach Köln und verfaßt das Buch *Die falsche und wahre Magie*[6], ein Thema, das die Gemüter erregt und von der Obrigkeit konfisziert wird.

Er widerspricht in wesentlichen Punkten der Auffassung der Geistlichkeit und geht davon aus, daß die Hexenfahrten auf Einbildungen ruhen. Zudem gebe es keine Zauberer, die den Teufel verehren; es wären leere Träume. Man zwinge die Hexen mit der Folter zu absurden Geständnissen[7]. Loos ist einer der wenigen Christen und ein Vorkämpfer des Jesuiten Spee; seine Menschlichkeit steht hoch über der des Weihbischofs.

Er erkennt in dem Werk einen Affront gegen sein aufgeblasenes Kirchenwissen und läßt es sich angelegen sein, seine Macht auszuspielen, um die Verbreitung korrekter Ansichten zu unterbinden. Loos wird auf Befehl des päpstlichen Nuntius, des Bischofs von Tricarcio, verhaftet und im Benediktinerkloster St. Maximian in Trier verwahrt. Im Beisein des Erzbischofes und Abtes wird er im März 1592 gefoltert[8] und gezwungen, sich zu einem Widerspruch zu bekennen. Er sagt unter dem Druck der Folter:

»All die Sätze, zusammen und einzeln, Verleumdungen und Lästerungen, die ich leichtfertig, unverschämt und fälschlich ausgestoßen habe, und wovon meine Schriften über das Zauberwesen wimmeln, widerrufe und verdamme ich. Ich bitte für meine Missetaten um Verzeihung und verspreche heilig, daß ich in Zukunft, wo es auch sein mag, nichts derartiges lehren, ausbreiten, verteidigen und behaupten werde. Sollte ich dagegen handeln, unterwerfe ich mich allen Strafen der rückfälligen Ketzer, Widerspenstigen, Rebellen, Ehrenschänder und Majestätsbeleidiger ... jeder willkürlichen Strafe des Erzbischofs von Trier als auch jeder anderen Obrigkeit, unter der ich mich aufhalte und die von meinem Rückfall und Eidbruch Kunde bekommt; damit sie mich an meinem Vergehen züchtigen. Zur Bekräftigung habe ich meinen Widerruf eigenhändig unterschrieben.«

Binsfeld sonnt sich im Triumph, versteht aber nicht, daß Äußerungen, unter Zwang getan, selten den dahinter liegenden Geist löschen. Ähnlich geht die Kurie mit Galilei, frühen Naturwissenschaftlern, Freidenkern, Kritikern und Medizinern um. Wie weit geht deren Horizont über das theo-logische Halbwissen hinaus!

Daraufhin wird Loos freigelassen und findet als Vikar in Brüssel eine Anstellung. Bald danach steckt man ihn erneut in den Kerker. Wieder entlassen, sieht er sich zum drittenmal angeklagt. Sein Tod im März 1593 entzieht ihn weiteren Verfolgungen.

Obwohl man ihn vor allem in der jesuitischen Literatur als Ketzer betrachtet, ist er der Vater des geistigen und persönlichen Widerstandes gegen eine verirrte Ideologie.

Auf Binsfelds Ruhmesblatt steht der Prozeß gegen

Dietrich Flade

der mit zwei Bürgermeistern, Stadtherren und Priestern hingerichtet wird[7]. Die ihn betreffenden Akten werden 1874 entdeckt. Die Familie stammt aus St. Vieth[8]. Dietrich Flade wird 1534 in Trier geboren und in St. Laurentius getauft. Nach Beendigung juristischer Studien wird ihm die Leitung des Trierer Schöffengerichts übertragen. Er wird Beisitzer am Appelationsgericht Koblenz, Schultheiß der Domprobstei Trier und Schöffe des Hochgerichts St. Maximin.

Die Akten für die Hexenprozesse des Klosters stehen vollständig zur Verfügung. Hier sind neben den verschiedenen Verzeichnissen der Prozesse und sonstigen allgemeinen Unterlagen die abgeschlossenen Akten zu etwa 150 Prozessen aus den Jahren 1587–1642 erhalten.

Seit 1577 wirkt er als Professor an der Universität. 1580 wird er Vertreter des kurfürstlichen Statthalters und 1586 Rektor. Er reist dem vom Reichstag zurückkehrenden Kurfürst entgegen, um über den Reformversuch Caspar Olevians in Trier zu berichten.

Flade gehört der von ihm beauftragten Kommission an, um der Unterdrückung des ihm verhaßten Protestantismus entgegenzuwirken. Über seine persönlichen Verhältnisse ist wenig bekannt[9].

Denkbar ist, daß er ein Opfer klimatischer Probleme wird. Eine Raupenplage und ein starker Winter hindern die eingefrorenen Mühlen am Mahlen des Getreides. Der Frühling des Jahres 1587 kommt zu spät und viele sind an Hunger, Auszehrung und Krankheit gestorben. Es ist das ideale Reizklima.

Anfang des Jahres 1587 sei der Versuch unternommen worden, den Kurfürst zu behexen. Ein 15jähriger wird dazu in Beziehung gesetzt, später verhaftet und von Jesuiten exorzisiert. Das Protokoll vermerkt: »ein junger Bub aus Wiskirchen namens Matthias sei auf Befehl des Trierer Statthalters in Haft gebracht worden.« Beim ersten Verhör gesteht er: »daß er, vom Teufel verführt, mehrere male auf dem Hexensabbat gewesen sei, daß er dort eine Anzahl prächtig gekleideter Leute, darunter zwei vornehme Männer, gesehen habe. Einer davon sei, um nach dem Protokoll zu urteilen, nach der Beschreibung seiner Kleider, der Körpergestalt und der übrigen Umstände mit Flade identisch.«

Erschwert wird seine Position, daß ihn der Junge bei einer Begegnung zu erkennen glaubt. So beginnt das Drama, das der Jurist mit dem Tod bezahlen wird.

Im Juni 1587 wird in Pfalzel die als Hexe besagte Maria Meyers aus Ehrang verbrannt. Ohne Folter bezeugt sie:

- daß Flade mehrere male zu der dantz platzen uff lehen, hinder Erang bey der Quintenz auf einem Pferd dahergekommen sei. Sie habe ihn auf der Hetzerader Heide gesehen ... da seine Frau noch gelebt.«

Im August 1587 wird er zusätzlich belastet, als Hans Loch aus Schweich ähnlich aussagt.

Flade legt dem Kurfürst eine Petition vor, um seine Unschuld zu beweisen. Er bittet ihn, ihm zu erlauben, vor dem Weihbischof, dem Statthalter, Offizial oder einer Kommission seine Unschuld zu belegen. Es wird ihm in Koblenz gestattet. Nun wird der Aufrichtige in den Hexenbann gezogen.

Sieben sagen gegen ihn aus, die zwischen August 1587 und April 1588 gerichtet werden. Ende April 1588 bezeugt Margarete Merten aus Euren:

- daß er am Donnerstag der Karwoche auf einem goldenen Wagen auf der Hetzerader Heide erschienen sei. Dort habe er Schnekken fabriziert und auf die Vernichtung der Ernte gedrängt: als sie sich dem Plan widersetzt habe, sei sie von ihm geschlagen worden.
- Er und seine Anhänger haben das Gewitter veranlaßt, das vor neun Jahren 46 Kühe erschlagen, indem sie im Biewerer Bach gestanden und Wasser über die Köpfe von tausend Teufeln geschüttet hätten.
- Flade habe verlangt, den Eurener und Pfalzeler Wald zu vernichten, damit kein Holz für Scheiterhaufen vorhanden sei.
- Sie habe vor vier Jahren auf dem Friedhof ein vierwöchiges Kind ausgegraben, dessen Herz ausgerissen, in Stücken gebraten und es in einem Pfannenkuchen gegessen, woran sich Flade beteiligt habe.
- Schließlich habe er Klötzer aus Erden gemacht, die er in ein Faß getan, um Schnekken zu machen.

Da sie bis zu ihrem Tod auf der Aussage beharrt, muß die Obrigkeit einschreiten. Im Juli 1588 befiehlt der Kurfürst, ein Verfahren einzuleiten, denn er sei von vielen Gerichteten als des Zauberwerks Mitschuldiger benannt. Mit der Untersuchung werden der Trierer Richter Christoph Fath und der Notar Peter Omsdorf beauftragt. Sie tragen 20 Aussagen zusammen.

- Die im Januar 1588 gerichtete Bärbel Kirsten aus St. Menard sagt: »daß sie mehrere

Oben: der Hexenplatz von Trier. 1594 erscheint in Erfurt von einem Anonymus unter dem Namen Sigfridus S. L. ein Traktakt unter dem langen Titel »Richtige Antwort auf die Frage, ob die Zauberer und Zauberinnen mit ihrem Zauberpulver Krankheiten oder den Tod herbeiführen können, was von ihrer Salbe, ihrer Zusammenkunft und ihrem Bekenntnis zu halten ist und ob ein Bezauberter sich durch Zauberei wieder helfen lassen kann.« Als Untertitel ist hinzugefügt: »Allen gutherzigen Christen zur Kenntnis und Warnung, mit wahren alten und neuen Begebenheiten, wie sie sich zum Teil noch in diesem Jahr zugetragen haben, kurz geschildert und mit einem Kupferstich dargeboten ...«
Die Abbildung vermittelt dem Betrachter all die Greuel, die man mit der Hexerei in Verbindung bringt. Gezeigt wird die Verschreibung, das Wettermachen, der Hexenflug, der Hexentanz und das Hexenmahl.

»Hört an new schrecklich abentheur
Von den unholden ungehewr:
Im Bistumb Trier der werden stat
Man ihrer vil gefangen hat,
Welche man auch nach Gottes gebot
Von leben hatgericht zum dot.
Was ihr nun hie thut sehn und lesen
Ihr eigen bekenntnis ist gewesen.«

Nächte auf dem Tanzplatz auf der Hetzerader Heide verbracht habe; es sei dort hell gewesen, denn die Teufel hätten Kerzen gehabt und ihnen geleuchtet. Dort habe sie Flade dreimal gesehen. Auf der Maiweide in Kasel habe sie ihn beim nächtlichen Hexensabbat getroffen.«

- Die im Januar 1588 gerichtete Martins Trein aus Ruwer bezeugt: »Flade hat auf der Longericher Höhe mit einer schönen Jungfrau getanzt, so schwartz und grose gekröser umb den halß gehabt.«
- Die im März 1588 gerichtete Margarete Iselsbacher sagt: »daß er in vornehmer Kleidung und eine goldene Kette tragend, auf mehreren Tanzplätzen gewesen sei.«

Flade spricht bei Mitgliedern des Trierer Gerichts vor und im August 1588 wendet er sich an das von St. Maximin. Man bescheinigt ihm: »daß er von Jugend an ein guter Katholik gewesen sei, er besuche regelmäßig die Messen, Predigten und Vespern, sei zu allen Sakramenten gegangen und habe sich an Prozessionen beteiligt. Er habe treu zur katholischen Religion gestanden und sich während der Olevianischen Wirren für die katholische Seite bekannt. Sein Handel und Wandel wäre einwandfrei und darum halte ihn der Rat für unschuldig. Da er als Richter Hexen zum Tod verurteilt und deren Exekution beigewohnt hat, werde ihm dies zusätzlich als redlich angesehen.«

Die Haltung schwankt und es scheint sich zum Guten zu wenden. Dann treffen neue Beschuldigungen ein.

- Die im September 1588 verurteilte Anna Junghansen aus St. Matthias sagt: »daß Flade, auf einem schwarzen Bock sitzend, auf der Hetzerader Heide erschienen sei und daß er sich mit anderen Personen verabredet habe, um Wein zu verderben.«
- Die im Oktober 1588 gerichtete Maria Becker-Hansen bestätigt: »er sei auf einem goldenen Sessel sitzend auf der Hetzerader Heide mit mehr als hundert Personen erschienen, wo man beratschlagt habe, wie man die Weinberge verderben kann. Auch sei er auf dem Tanzplatz bei Metzdorf erschienen.«
- Die im Oktober 1588 gerichtete Maria Schelinger aus Hentern sagt: »sie habe gesehen, wie er ein halbfudriges Faß voll Schnecken aus schwarzer Schmeer gemacht. Sie seien in des Teufels Namen in den Kornsamen geworfen worden; Flade habe den Anfang gemacht.«

Jetzt spitzt sich die Sache zu und er bittet den Komtur des deutschen Ritterordens zu Trier, Johann von Eltz, ihn auf einer Reise begleiten zu können. Am Morgen des 3. Oktober 1588 kommt Johann von Eltz mit seinem Wagen vor Heiligkreuz an, um, wie verabredet, Flade aufzunehmen. Als man nach Bekkingen kommt, erreicht ihn eine Botschaft aus Trier, die erkennen läßt, daß er im Begriff sei, einem flüchtigen Zauberer zu helfen. Daraufhin bricht er die Reise ab und kehrt zurück; am Stadttor setzt er Flade ab, der von hier aus zu seinem Haus in die Brückengasse geht.

Inzwischen haben die Bürgermeister Nikolaus Fiedler und Johann Ruland von Kesten den Befehl erlassen, sein weiteres Ausgehen zu unterbinden. Gleichzeitig haben sie den Statthalter Johann Zahndt über den angeblichen Fluchtversuch in Kenntnis gesetzt, der daraufhin von Grimburg nach Trier zurückkehrt. Flade folgt dem Aufruf nicht, im Rathaus zu erscheinen.

Das Geschehen eskaliert und er muß das »Handgelübde« leisten, die Stadt nicht mehr zu verlassen. Sein Haus wird von Knechten bewacht. Im Januar 1589 beteuert er seine Unschuld. Er geht nicht auf die Vorstellung ein, sein restliches Leben in einem Kloster verbringen zu wollen.

Der Kurfürst wendet sich im Januar 1589 an die theologische Fakultät der Universität und an die dortigen Juristen »damit kein Unrecht geschehe.« Die Antwort ist nicht bekannt, aber wohl negativ, denn im März 1589 gibt der Kurfürst von Wittlich aus dem Statthalter den Befehl, Flade im Rathaus einzusperren. Er wird abgeholt, und, da er krank zu sein vorgibt, auf einem Sessel ins Rathaus getragen. Sein Haus wird versiegelt und die Schlüssel werden dem Statthalter übergeben. Über ihn wird eine Nachrichtensperre verhängt.

Im Mai wird er auf einem Wagen durch die Brot- und Hosenstraße in das Kurfürstliche Palais gebracht, um zwei wegen Hexerei inhaftierten Priestern gegenübergestellt zu werden. Der Pastor von Mering, Johann Waldrach, sagt:

- »er habe Flade vor vier Jahren auf der Hetzerade Heide nachts gesehen. Er habe ein seidenes Wams und ein Samtbarett getragen, man habe an einem Tisch gesessen und geplant, den Wein und die Feldfrüchte zu verderben.
- Johann Rauwe, Pastor von Fell, erklärt: »Flade ist schon vor Jahren mit einem Wagen, der von drei schwarzen Pferden gezogen wurde, zur Hetzerader Heide gefahren.«

Er bestreitet die Aussagen und so bringt man ihn wieder ins Gefängnis. Kurz danach legt ihm der Kurfürst 40 Fragen vor. An der Befragung nehmen der Statthalter, der Schultheiß Heinrich Hutzbach, der Schöffe Carl Wolf und der Gerichtsschreiber teil. Der Statthalter stellt ihm die verfängliche Frage, ob er nicht durch die Anfechtung des Fleisches, durch seinen Geiz, Neugierde oder durch andere pacta in die Fallstricke des Teufels gelangt sei: »er soll die Wahrheit sagen, denn nur dann könne er mit Gnade rechnen.«

Er meint, er habe nichts zu bekennen. »Man unterstelle ihm lügenhafte und teuflisch erdichtete Dinge. Die Versammlungsplätze der Hexen seien ihm bis auf die Hetzerader Heide unbekannt, über die er oft geritten sei.«

Dann muß er den Eid leisten. Man reicht ihm das Kruzifix und das Neue Testament und er spricht die Worte: »Ich gelobe und schwere, daß ich uff mir vurgehaltenen Puncten die wahrheit gesagt und so mir volgents vurgehalten werden, die lautere pure und eigentliche Wahrheit ussagen soll und will, als mir Gott helffe und seine hayligen Evangelia.« Er bittet um Bedenkzeit und möchte mit einem Beichtvater sprechen.

Die Obrigkeit wendet sich gegen ihn und man meint: »die Gerechtigkeit müsse ihren Lauf nehmen. So müsse ihm der Prozeß gemacht werden.« Das Gericht berät im August im Rathaus in der Knechtstube und zwei Tage danach, am 7. August, kommen die Hofgerichtsschöffen im Haus des Schultheißen Hutzbach zusammen.

Der Kurfürst sagt: »es müsse in den Apfel gebissen werden, der Prozeß habe stattzufinden.« Flade erkennt, daß er keine Chancen hat. Das erste Verhör gegen ihn findet Mitte August 1589 im Rathaus statt. Nach einer Beratung rät man ihm die Wahrheit zu sagen: »da er vieles verschwiegen.« Falls er dem nicht nachkomme, müsse man ihn nach der peinlichen Halsgerichtsordnung fragen. Er lenkt angesichts seiner aussichtslosen Position ein: »Ich habe viele Anfechtungen gehabt, man solle Gnade walten lassen und nicht die Schärfe des Rechts anwenden. Man möge seinen Leib verschonen.« Nun bricht es aus ihm heraus:

»Er ist durch die Geilheit des Fleisches in die Sünde der Unkeuschheit gefallen. Eines Tages hat eine Jungfrau bei mir im Bett gelegen; sie sei ihm zu Willen gewesen und ich habe Wollust empfunden.« Dann wird er gebunden und aufgezogen. Ein zweites Verhör findet am folgenden Tag statt. Er macht immer präzisere Zugeständnisse. Nun legt man ihm konkrete Fragen vor:

1. Da er sich schuldig bekenne, daß der Teufel über seinen Leib Gewalt habe, soll er bekennen, wie es gekommen und geschehen sei?

2. Der Coitus, die Umarmung und der Gebrauch der sucuba habe nicht ohne Pakt mit dem Teufel geschehen können. Er soll sich dazu erklären und wie er Gott abgesagt habe.

3. Er soll berichten, wie er geistig und körperlich dem Teufel verfallen sei.

4. Er soll bekennen, was auf den Hexensabbaten geplant und ausgeführt worden sei?

5. Er soll seine Komplizen nennen und bekennen, ob dabei die Heilige Eucharistie geschändet oder profaniert worden sei?

Das Gericht gibt sich mit seinen Antworten nicht zufrieden. Er wird aufgezogen und bekennt (?):

- er habe Gott widersagt und sich dem Teufel durch einen Pakt verbunden. Er habe ihm ein Pferd gebracht. Er sei aufgesessen und auf ihm zur Brücke geritten.
- Zuhause sei ihm der Teufel erschienen. Er habe gefordert, ihm zu folgen und zu vertrauen. Neben dem Teufel seien Maria zum Drachen und Veltes Else bei ihm gewesen. Die Feldfrüchte zu verderben sei Werk der Weiber gewesen.
- Die Hexen hätten ihn Doktor genannt und er habe sich vor ihnen geschämt. Bei einer anderen Gesellschaft habe er die hingerichtete Barbara Weißgerber aus der Neugasse gesehen.

Es tritt eine Prozeßpause ein, doch der Kurfürst besteht auf der Durchleuchtung und so kommt es im September 1589 zum Verhör. Wieder sagt er:

- Nachts sei der böse Feind in der Gestalt einer Jungfrau gekommen und habe sich zu ihm ins Bett gelegt. Sie sei nackt gewesen und habe wie ein liebliches junges Mädchen von 26 oder 27 Jahren ausgesehen. Er habe sie schön Mädchen geheißen.

Das Belastungsmaterial ist ausreichend. Es wird beschlossen, ihn Mitte September 1589 zu verurteilen. Er macht sein Testament, trifft Dispositionen über sein Vermögen und äußert den Wunsch, auf dem Friedhof der Pfarrkirche St. Antonius begraben zu werden. Am Morgen des 17. wohnt er zwei Messen bei, die von den Jesuiten Lukas Ellentz und Johannes Gellius in der Rathauskapelle gelesen werden. Dann empfängt er die Kommunion.

Am Morgen des 18. suchen der Schultheiß Hutzbach und die Hochgerichtsschöffen

Wolf und Tholess den Verurteilten auf. Um neun Uhr tritt das Gericht im Rathaus zusammen, weil man wegen der Pest das weltliche Gerichtshaus in der Grabenstraße nicht nutzen kann. Flade wird in den Saal geführt, um das Urteil entgegenzunehmen. Sein Geständnis wird auf dem Hof verlesen.

Die Schöffen geben das Urteil ab, der Schreiber gibt es bekannt: »daß Dietrich Flade, der als Angeklagter vor dem Gericht stehe, wegen seines Verbrechens, wodurch er sich selbst dem Bösen hingegeben, diesem gedient, mit ihm gesündigt, sich mit Zauberei abgegeben und das öffentliche Wohl geschädigt habe, mit dem Feuer vom Leben zum Tod gestraft werden soll, wie wir jenen hiermit dazu verdammen, verurteilen und condemnieren, die Seele dem allmächtigen Gott und seiner Barmherzigkeit empfehlend.« Der Vorsitzende bestätigt das Urteil.

Der Verurteilte fällt auf die Knie, bittet um Gnade und, ihn zunächst zu strangulieren und dann sein Leiche zu verbrennen. Als der Zug zum Scheiterhaufen gelangt, wendet er sich an die Menge, um sie zu mahnen: »aus seinem Schicksal zu lernen, die Ränke und Tücken des Satans zu meiden.«

Damit endet eine Ungerechtigkeit unter dem Deckmantel der falschverstandenen Religion. Er hat einen ebenso berühmten Kollegen in dem Nürnberger Ratskonsulenten Gülchen, der gleichfalls – doch nicht wegen angedichteter Hexerei – den Tod findet.

Frühe Prozesse

Die Ortschaften Blickweiler, Niederwurzbach und Habkirchen gehören zum kurtrierischen Amt Blieskastel, deren Oberherrschaft beim Stift Trier liegt. Möglicherweise spielt bei einem 1535 in Blieskastel anstehenden Kriminalprozeß Zauberei eine Rolle. Im dortigen Schöffenweistum am Ormesheimer Berg, der Richtstätte für die sieben Dörfer des Hochgerichts, wird gesagt: »Dis hirnach geschriben stet, ist uf dem Ormesheimer Berg gehandlet, da man Bärbel von Nyder-Wirzbach verbrannt hat, die schefersfrau, uf freitag nach St. Annentag im jar 1535.«

Sollte es zutreffen, wäre es der früheste Hexenprozeß im dortigen Amt und damit im Erzstift Trier unter der Regierung des Kurfürsten Johann III. von Metzenhausen (1531–40).

Ein ebenfalls früher Prozeß wird 1570 gegen Clare von Blickweiler-Blieskastel[10] geführt. Der Ausgang ist unbekannt, doch kann auf ein Todesurteil geschlossen werden. Wenn er eine rechtliche Grundlage hat, ist es der früheste aus aus den Akten rekonstruierbare aus dem Bliesgau und somit einer der frühesten des Kurfürstentums Trier, der in die Verantwortung des Kurfürsten Jacob III. von Eltz (1567–81) fällt. in dem Zusammenhang gesteht die

Hausfrau Clare

- Der böse Fallendt (Volant = Teufel) sei bei der tiefen Glamm zu ihr gekommen unden an dem dorff und hab einen gestickten Rock angehabt. Es sey beim hellen Tag geschehen und er hab sie umb seinen Willen angesprochen; da hab sie es nit tun wollen und gesagt: »Jesus, was komst du mit dem gestickten rock her.« Da sei er nicht mehr dagewesen.
- Schließlich habe sie zur Unzucht mit ihm gegen das Versprechen eines großen Stükkes Geld eingewilligt. Als er seinen Willen mit ihr geschafft und hinwegkommen, hab sie gemeint, sie habe viel Gelds, so ist es Pferdsdreck gewesen. Da hab sie gelugt, daß der Linkfuß gespalten sey wie ein Kuhfuß, da sey er abermals verschwunden.
- Die Korb Eill habe einen Hafen in dem Bruch in einem hohlen Baum, damit (womit) sie das Jahr den Ecken verderbt hat.
- »wie daß ir meister Kaufus hab wollen gesellschaft in irem haus halten, sie heißen den disch decken, hab sie gesagt: »Jesus, wir haben doch nichts.« Da sey er hinweggewest.
- Daß sie in einem halben Jahr nichts mehr mit dem Vallendt zu schaffen gehabt. Der Pfarrer hab sie so hart erinnert, daß sie stets gesegnet wachslicht am Hals getragen, das hab sie (ihr) wohl geholfen.«
- Das sie der bös feindt im Gefängnis nicht weiters angefochten hab, den die zweyte nacht sey er vor das Fenster komen und gepletscht, als wan einer die Hände zusammenschlüg. Da sey sie erschrocken und gesagt: »Jesus behüt mich.« Da sey er wieder mit einem Wind hinweg gefahren.«

Mayen, Monreal, Kempenich

Unter Kurfürst Johann VII. von Schönburg (1581–99) zeichnet sich eine systematische Verfolgung ab. *Seine Erzstiftische Ordnung in Zaubereisachen* vom Dezember 1591 in 23 Artikeln verfolgt den Zweck: »das höchst sträfliche Laster der Zauberei, so ein zeithero eingerissen, durch ordentliche Mittel auszurotten.«

In 27 Dörfern der Umgebung der Hauptstadt werden von 1587–93 368 Personen zu Tode gebracht. Unter ihnen Ärzte, Beamte, Geistliche und ein Abt. In zwei Ortschaften bleiben lediglich zwei Frauen am Leben[11].

Die *Landes-Zauberei-Ordnung* verweist darauf: »daß unsere beide weltliche Gericht in unseren Städten Trier und Coblenz gotthablob in ietziger Zeit mit ansehentlichen graduirten und anderen qualifizirten Personen versehen sind. Und kann zwar keine Tortur vorgenommen und kein Urteil vollzogen werden, ohne daß der Prozeß zuvor für das Oberstift nach Trier und für das Unterstift nach Coblenz hingelanget.«

Im Februar 1593 fordert der Kurfürst vom Schultheiß, Schöffen und Gericht zu Koblenz ein Verzeichnis: »wieviel Personen Zauberey-Lasters halben in unseren Ämtern Mayen, Monreal und Kempenich durch Euch ad torturam et capturam erkant worden.« Die Liste umfaßt 15 Personen[12]. Wahrscheinlich umfassen die Dokumente die Jahre 1591 bis 1592. Vermutlich werden bei dieser Gelegenheit neun Frauen lebend verbrannt.

Philipp Maximin

von Münstermaifeld wirft man 1630 vor:

- Er wäre seit längerer Zeit als Zauberer angesehen. Conraden Wolff, den man zu Mayen gerichtet hat, habe ihn als einen der vornehmsten beschrieben. Dies bestätigt das jtzo auf dem Meinfeld vagierende Zaubermädchen: »so ine auch unter den vornehmsten Hexenmeistern uf den Dänzen zu sein ausgesprenget und in einem Kutschwagen samt seinen Hausgenossen zu erscheinen anzeigt.«
- Der Verdacht habe sich erhöht, indem er vor zwei Jahren in die Scheune des Michael Sauren gekommen und dabei zu Michel gesagt: »Schwager Michel, hat (habt) Ihr auch gehört, was man von mir, meiner Frauen, Eurer Mutter und Euch saget. Das gemein Geschrei gehet. »Ihr seiet ein zauberischer Kutscher und führet mich, mein(e) Frau und Euer Mutter in einem Kutschwagen zum Zauberdanz.«
- Außerdem sei wahr, daß er den Quirino Waldecker zu Borgen (Burgern an der Mosel) mit Zustand seiner Hausfrauen mit einem Drunk so behext habe, daß er davon totkrank nachhause gekommen und wenige Tage später darüber gestorben sei, bis zu seinem Lebensende behauptet habe: »wan er selbigsmal bei Beklagten nicht gedruncken, wäre ime solcher Zustand nit begegnet.«

Der Notar Strutz ergänzt die Aussagen um Erweiterungen von Angaben bereits Hingerichteter[13]. Daraufhin werden am 10. Dezember 1630 Zeugen vernommen und es stellt sich heraus:

- Margaretha Eilhelmi, Frau des Müllers von Hatzenpfort, will ihn mit seiner Frau bei Zaubertänzen gesehen haben; sie habe neben anderen Fleisch gegessen, Wein getrunken, gedanzet, beratschlaget und eingewilligt, das Wachstum der Erde zu verderben. Zu diesem Ende habe sie eine teuflische Salbe ausgeworfen und dadurch Nebel, Kälte, Reif und Frost erweckt.
- Lorenz Müllers hingerichtete Hausfrau Margaretha bekennt, daß sie in einer Zaubergesellschaft Philppum Maximin und seine Frau leibhaftig gesehen habe.
- Clas Boller von Mertloch, ein hingerichteter Zauberer, habe ihn bei zauberischen Tänzen erkannt.
- Afra, des jungen Schoh Johan zu Kaltt hingerichtete Hausfrau sagt: »er wäre mit seiner Frau über die Bäume in einer Gutschen obwendig Birbäumen und Staubenbusch fahrend kommen, um mit andern Wein und Korn zu verderben.
- Maria, Johannesen Reisens gerichtete Hausfrau, hab sie ebenfalls in leiblicher Gestaltnus gesehen und vor allem wiewohl seine Hausfrau mit einem schwarzen Velamine (Gewand) bedeckt gewesen. Sie haben gedanzet, gedrunken, daselbst Fleisch gegessen und die Apfelbluet zu verderben
- Afra, Steiner Thöniges zu Wirsheim, hat anno 1636 gütlich bekannt: will (sie) ebenfalls auf dem Hexentanz gesehen haben.«
- Girtraud, Adam Saurens (hingerichtetes) Weib, sagt: »daß die beiden mit ihrer Kutschen zum Zauberdanz gefahren seien.«
- Catharina, Theisen Scheffers (hingerichtete) Hausfrau aus Wirsheim habe sie ebenfalls gesehen: »obwohl sie vermummet gewesen.«
- Lenz Keufferheims (hingerichtete) Frau hat Anno 1634 bekannt und gesagt: »sie habe Maxim und dessen Frau gesehen, wie sie beratschlaget, alles Erdengewächs zu verderben.«

Das Urteil hat sich nicht erhalten; es besteht kaum Zweifel an der Hinrichtung des Mannes. Über ein seine Frau betreffendes Verfahren ist nichts bekannt. Dem

Werwolf (?) Wilhelm Scheffern

aus Metternich wird vorgehalten:

- (es) sei wahr, daß er seit geraumer Zeit im Verdacht der Zauberei stehe, daß man seinen Vater aus den gleichen Gründen verbrannt hat und daß des beklagten Schwester halber vor Jahren verbrannt worden ist. Zudem habe sein junger Bruder ausgesagt: »Wilhelm könne zaubern.«

• Zudem könne er sich zu einem Werwolf machen und so habe er dem Schäfer aus Metternich ein Lamb aus der Herde in Wolfsgestalt genommen.
• Zudem habe er gesagt: »dies Jahr werden wir keine Schnecken bekommen, so das Korn abfressen, aber künftiges werden wir viele haben, und weil es geschehen, wird dafür gehalten, (daß) er sie machen helfen und austeilen.«
• Habe er den Rübsamen so bezaubert, daß er nicht aufgegangen sei und soll zudem gesagt haben: »wan die Obrigkeit nicht anfinge und brente, so thäte es kein guet mehr, den die böse Leut nehmen mit Gewalt überhand.«
• Wahr sei außerdem, daß er sich einmal vor ungefähr sieben Jahren im Feld unsichtbar gemacht habe, welches ohne Zustand des bösen Feindes nicht geschehen kann.
• Zudem habe er einen Bürger zu Metternich mit einem Trank dergestalt bezaubert, daß er etliche Wochen lang elendiglich krank gelegen und daran gestorben wäre, hätte man ihm nicht gesegnete Sachen gegeben.
• Er habe einem Nachbarbauern eine Kuh bezaubert. Wieder fügt der gewissenhafte Notar die Aussagen von Verstorbenen bei:
• Dem Jost Schäffer zu Moertz folgender Zeit wären drei Wölfe unter die Herde gefallen und haben ihn verletzt und ihm ein Schaf genommen. Folgender Zeit nochmals eines. Wären zween Wölfe ihme unter die Herde gekommen, und zwei Lämmer abgenommen; der beklagte Wilhelm habe daselbst Schafe gehütet. Er würde sich in einen Wolf gemacht und den Schaden zugefügt haben. »Weiteres wisse er nicht.«
• Michael Esch trägt vor: »der Beklagte habe auch das Zaubern gelernt und sei mit dem Vater sameterhand auf den Zauberdanz gefahren, welche derselbe ohne Scheu andern mehr offenbaret; ihm seien drei verschiedene Mal Lämmer genommen worden durch den Wolf und obschon er gute Hund gehabt, haben doch dieselbe das Dier nit verfolgen wollen, dadurch er geargwohnet, daß es mit dem Wolf nit richtig seie; habe einen starken Verdacht auf den Beklagten, ihme solchen Schaden zugefügt zu haben.«
• Matthias Marx bestätigt, daß er sich zu einem Werwolf verwandeln könne und Jonas Brachtenhoff sagt: »der Beklagte könne Hünkelen (schwarze Teufelshühner) machen.«
• Hermann Keuffenheim, ungefähr 70 Jahre alt, sagt: »der Teufel habe ihn fürchterlich und schwarz geschlagen.«

Dann macht der Notar weitere Angaben[14].
• Petri Kirchs Frau Elisabetha bekennt, daß sie Wilhelm den Schäfer bei verschiedenen Zaubertänzen auf den Hommerich und Wirscheimer Kirchacker gesehen habe. Er sei auf einem schwarzen Bock gefahren.
• Die enthauptete Gertrud Trimbsen habe bei ihren Zaubertänzen Wilhelm den Schäfer aus Metternich gesehen. Elisabeth Probsten habe ihn bei einer ähnlichen Gelegenheit gesehen und
• Adam Coenen meint zu wissen, daß der Beklagte seiner Kuh durch seine teuflische Kunst eine Krankheit angetan habe.
• Johannes Schumacher habe er eine Kuh bezaubert und er habe gehört, wie ihn die Gemeinde einen Hexenmeister und Werwolf gescholten.

Das Urteil ist verloren. Von Interesse ist das bei der Hinrichtung der Adelgunde Henn von Münstermaifeld 1652 erstellte Auslagenverzeichnis.

Nutznießer des Verfahrens sind wohl, an den Kosten orientiert, der Bürgermeister, der Notar, der Ausschuß und der Scharfrichter. Daraus wird deutlich, daß von einer Kostendeckung der Hexenprozesse keine Rede sein kann.

Kurfürst Philipp Christoph von Sötern schreibt 1634 an den Schultheiß Dr. Freylinger über die Heranziehung der Hinterlassenschaft Hingerichteter zur Bestreitung der Exekutionskosten[15]. In

Winningen

finden in der Zeit von 1631–61 mindestens 31 Kriminalprozesse statt. Dabei werden 21 Frauen und sieben Männer hingerichtet. Eine Frau stirbt im Gefängnis vor der Hinrichtung und ein Mann wird nach Anwendung der Folter begnadigt; ein anderer entzieht sich der Verantwortung durch Flucht. Die Urteilsvollstreckung erfolgt in der Regel auf dem Heideberg, eine halbe Stunde nordöstlich von Winningen am Moselufer.

Winningen ist eine markgräflich-badische und pfalz-zweibrückische Enklave im Erzstift Trier mit fast ausschließlich protestantischer Bevölkerung. Während der dortigen Hexenbrände (ab 1631) wirkt Jonas Hilarius als Pfarrer, bevor er in seine Heimatstadt Augsburg zurückkehrt. Der Ort zählt etwa 300 Seelen.

Anfang 1630 fordert der Sponheimische Amtmann von Kastellaun, Burkard Dietrich Senft v. Sulburg die Gemeinde auf, Hexen und Zauberern im Ort nachzuspüren. Dann wird ein Ausschuß zur Ausrottung der Zaube-

Specificatio der Unkosten, so in Criminalsachen der Ausschuß zu Münster gegen und wider Diederichen Heimes Hausfrau Aldigundam daselbsten, so exequiert worden, 7. Martii 1652 entstanden.*)

Erstlich zu Beibringen der Indizien zween Ausschuß hin und wider sich erkundigen müsen, daß einige Articul beibracht, darüber gebühret jedem	1 fl. 8 fl.
Item ferner die Klagpunkten dem Herrn Ambtmann eingeliefert zwen Ausschuß zwen Tag ausblieben	4 fl.
Item als die Zeugen abgehöret worden, zwen tag ufgewart zwen Ausschüß	4 fl.
Item einen Zeugen zu Coln abzuhören, zwen Ausschuß derorts reisen müsen, selbige verzehrt in fünf tagen mit ihren Tagesgeldern	20 fl.
Item Notario, welcher den Zeugen abgehöret, geben	7 fl. 4 alb.
Item dem Scheffen, so dem Examini beigewohnet, mit der Zehrung ufgangen	2 fl.
Item den Boten laut Zettuls	11 fl. 8 alb.
Item als um der Besorgungen willen nacher Coberen zwen Ausschuß gangen, Herr Ambtsschreiber aber damalen nicht Zeit gehabt selbige zu extrahiren, herüber zwen tag ausblieben	4 fl.
Item als der Prozeß verfertigt gewesen, selbigen nacher Alcken umb zu revidieren, dem Herrn Ambt mann eingeliefert, ob stark genug wäre, darüber zwen tag zugebracht mit zehrung	4 fl.
Item dem Oberhof pro Juribus entrichtet	6 fl. 18 alb.
Item dem Postmeister für zwei Pferd, worauf der Pater und Bruder heraufgeritten. Heuergeld	1 fl. 21 alb.
Item Herrn Ambtmann wegen der Vorstellung	4 fl. 12 alb.
Item Herrn Schultheisen Tom (Turm)geld und pro juribus	1 fl. tut 3 fl.
Item als die Inhaftirte bekentlich worden, zwen Ausschuß umb die missivam angehalten, einen Tag zubracht	2 fl.
Item zweien Scheffen so dem Zeugenverhör beigewohnet zwen Tag jedem 1 fl. täglich tut	4 fl.
Item Herrn Burgermeister laut Zettuls wegen Zehrung ufgangen	57 fl 18 alb.
Item bei Herrn Borgener laut Zettuls durch Herrn Ambtsschreibern und andere Zukommende verzehrt worden	17 fl. 6 alb.
Item Notario laut Zettuls	20 fl. 6 alb.
Item zweien Wächtern, so die Inhaftirte bewachet	2 fl. 6 alb.
Item dem Stiftklockener	6 alb.
Item den Doctoren mit einem Pferd holen lasen	1 fl. 3 alb.
Item Herr Doctor Möden pro Salario	4 fl.
Item denjenigen Taglöhnern, so das Holz gehauen und zu den Hütten geben	2 fl. 6 alb.
Item als das Holz, Stroh und Schanzen bestellen müsssen, zwen Ausschuß auspliben	4 fl.
Item dem Fuhrmann so die Schanzen, Strohe und Holz ans Gericht geführet	1 fl. 18 alb.
Item bei der Hinrichung drei Ausschuß aufgewartet	3 fl.
Item dem Gericht pro juribus	6 fl.
Item dem Fuhrmann so die Person ans Gericht gefähret	2 fl. 6 alb.
Item dem Nachrichter laut Zettelts	16 fl. 12 alb.
Summarum	312 fl. 18 alb.

*) Übertragen aus: Krämer, W.: Kurtrierische Hexenprozesse im 16. und 17. Jahrhundert, vornehmlich an der unteren Mosel. Ein Beitrag zur Kulturgeschichte. München, 1959.

rei gebildet, dem Hans Reinhard Moeden, Johann Kröber, Peter Siegbert und Peter Horschemer angehören. Ihr erstes Opfer ist

Maria Knebel

die Anfang Mai 1631 eingezogen wird. Man hält ihr vor:

- Sie habe zu verwichener Zeit, da der Graf von Schlick in Winningen gelegen und dessen Stallmeister bei ihr sein Losament gehabt, diesem seine Mannheit genommen, so daß er in ein anderes Haus habe ziehen müssen.
- Sie habe einem Amtsknecht aus Kastellaun in ihrem Haus einen Trunk gegeben, davon er ein ganz Vierteljahr bettlägerig geworden.
- Sie habe ihr Halstuch an einen Baum gebunden und daran gemolken.
- Einmal sei sie bei einem Nachbarn »hinterrücks« die Stiegen heruntergekommen, einen Arm ausgebreitet und heruntergefahren. Endlich habe sie einen Totenschädel im Hause.

Verhängnisvoll wird für sie, daß man die Aussagen Hingerichteter gegen sie verwendet, die sie bei Hexentänzen gesehen haben wollen. Es erschwert ihre Position. Bei der Folter erklärt sie: »sie wolle sich lieber in Riemen schneiden lassen, wenn sie eine Zauberin wäre.« Die Qual bricht ihren Willen und sie räumt ein:

- Sie wäre seit 16 Jahren mit dem Teufel verbunden, der ihr, da sie ihm nicht zu Willen sein wollte, ein Auge ausgeschlagen.

Das Gericht entscheidet: »Ihr Cörper ist zu Pulver und Eschen zu verbrennen« und so wird sie am 16. Juni 1631 gerichtet. Ihr Mann, der Winninger Schöffe Mathes Knebel, hat für die angelaufenen Kosten 200 Reichstaler zu zahlen[16]. Im Februar bittet er um Nachlaß. Vergeblich ist sein Gesuch um eine ehrliche Beerdigung seiner Frau, da der Pfarrer meint: »solche leuth gehören nicht auf den Kirchhof. Sie sollten auf der Heiden verscharrt bleiben.« Seine Bitte, ihre Asche in seinem Garten zu vergraben, wird abgeschlagen. Im Oktober 1640 wird die Witwe

Catharina Knebel

gefangen und kurz danach verhört. Ihr hält man vor:

- Ein bei ihr auf Stunden untergebrachtes Kind habe stark zu weinen angefangen und sei zehn Tage darauf gestorben.
- Die Kinder auf der Straße hätten die Beklagte für eine Hex und Rebenstechermacherin (?) gehalten.
- 1632 habe die Frau des Oser ein Kind zur Welt gebracht. Nach 14 Tagen habe Beklagte es sich angesehen, danach sei es krank geworden und fünf Wochen darauf gestorben. Er mutmaße, daß die Knebel das Kind verhext habe, da diese »schon eine lange Zeit wegen Zauberey im Geschrey gegangen.«

Das Gericht gelangt am 18. Januar 1641 zu der Erkenntnis: »Catharina soll mit dem Feuer vom Leben zum Tod gerichtet werden, aber in Ansehung der guetwillig gethanen bekantnus und dadurch erlittener beschwörlichen langer gefangnus bei Aufgeh und Ergreifung des Feuers der Hals zugezogen oder doch solcher mit Pulver darangehänget werden.

Am 5. Februar mildert ein pfalzgräfliches Urteil die Strafe in Enthauptung und anschließende Verbrennung des Körpers. Sie wird als Unschuldige am 10. Februar 1641 durch den Scharfrichter von Trarbach exekutiert.

Christiana Heydens

wird von ihrem Mann als Unholdin und Zauberin besagt. Er zeigt der Obrigkeit an:

- Sie sei einmal nachts von ihm gesehen worden mit verworrenem Haar und »ufgemachten Kleidern, als etwan sie mit viel Buhlen getanzt und zu tun gehabt.«
- Sie habe ihm einmal eine Suppe gegeben, vor der ihn seine Tochter gewarnt habe, so daß er sie habe stehen lassen.
- Sie sei nicht oft genug »wie es einem ehelichen Weib gebührt« zu ihm ins Bett gekommen und wenn, dann oft erst gegen morgen und » zum öfteren ganz kalt wie ein »frusch« ... er glaube, daß sie in solchen Fällen auf dem Hexentanz gewesen sei. Vor 27 oder 28 Jahren sei die Beklagte als Dienstmagd mit einem Knecht zu Wolken in Dienst gewesen und dieser habe einmal gesagt: »die Christine habe ihm seine Mannheit verhext.«

Sie entgeht der Hinrichtung wohl nur dadurch, daß sie im Gefängnis stirbt[17]. Unter den Qualen der Folter bekennt Anfang Oktober 1642

Margareta Schiffer

- Als sie zwölf Jahre alt gewesen, habe sie mit dem Teufel gebuhlt.
- Später sei sie mit ihrer Mutter auf einem schwarzen Bock zu den Hexentänzen geritten. Sie sei 16 x bei solchen gewesen.
- Ein Hexenpfeifer, der auf einem Hundsoder Pferdeschädel blies, sei allemal dabeigewesen und der böse Feind nenne sich Emerenz.

Margarete Kröbers
werden nach ihrer Verhaftung im August 1642 14 Anklagepunkte entgegengehalten:

- Sie sei vor ziemlicher Zeit hero gemeiniglich vor eine Zauberin gehalten und beschreyt worden, und ihre Mutter sei selbigen Lasters halben gerichtet worden.
- Einmal habe sie während des Gottesdienstes »vor ganzer gemeind zu ihrem Schimpf einen Haufen in die Kirch hofiret[18).«
- Weiter habe sie einem Jungen eine Suppe gegeben, darauf es demselben schlecht geworden
- Sie habe seinerzeit die Tür zur Hütte geöffnet und hineingesehen, wo Jost Pfeiffer von Cobern und einer aus Ochtendung vor ihrer Verbrennung gesessen.
- Sodann sei, wie ihr siebenjähriges (?) Söhnchen gesagt, einmal »ein Katz so groß wie ein Esel« in ihrem Haus gewesen.

Sie wird mehrfach gefoltert und gesteht, was die Schergen hören wollen:

- Sie habe auf Anraten ihrer Mutter abgeschworen.
- Ein kleiner freundlicher Junge sei als Teufel dabeigewesen und habe im Garten mit ihr »gebohlet«. Wäre an Leib gräßlich und von kalter Natur gewesen. Er habe Hänsgen geheißen.
- Er sei noch im Gefängnis zu ihr gekommen und habe versprochen »ihr davon zu helfen.«

Nachdem sie weitere besagt, wird sie am 15. November 1642 mit Margareta Schiffer enthauptet und verbrannt. Einen fatalen Eindruck hinterläßt ein bei den Akten liegendes Schreiben des

Pfarrers M. Jonas Hiller
der seit elf Jahren in Winningen tätig ist, indem er nach den Morden den Amtmann in Kastellaun bittet: »es möge ihm und seinem Kaplan eine Belohnung gegeben werden, da er die beiden Hingerichteten täglich in die vier Stunden mit Ermahnungen und Vertröstungen versehen und er dadurch vom Studium und anderen Obliegenheiten abgehalten worden sei.« Die Witwe

Emeranzia Lauxens
wird im Dezember 1642 verhaftet und man hält ihr vor:

- Habe sie doch einst ihren Mann im Keller eingesperrt, ein krankes Schwein gehabt und einen Heiltrunk bei einer verdächtigen Person geholt, worauf das Schwein krepiert sei.
- Ihr Mann habe sie des öfteren eine Hexe gescholten. Sie habe sich dem Weintrunk ergeben und sich mit Soldaten eingelassen.
- Weiter habe sie dem Herrn Pfarrer einen Trunk gegeben, daß er krank verblieben und sich ausgezehret bis in seinen Tod.

Bei dem Prozeß ist der kurtriersche Hofrichter aus Koblenz, Dr. Peter Breitenbach anwesend. Sie bekennt unter der Folter, daß der Satan Federhans geheißen habe. Sie sei u. a. als luchter (Leuchter) auf den Hexentänzen gewesen. Dabei hätte sie auf dem Kopf gestanden und »salve venia« das Licht in den Hintern gestochen. Sie wird am 15. November 1642 in Kastellaun enthauptet und verbrannt. Im November 1642 wird

Maria Siegbert
das Opfer einer Besagung. Die Kröber trägt vor:

- Martin Schopf der Posthalter zu Winningen hätte die Regierung uf den Hexentänzen gehabt und Vert Geiler sei Hexenpfeifer gewesen. Unter den Teilnehmern habe sie die Margarete (Maria) erkannt. Man wirft ihr vor, daß man vor Jahren deren Mutter in Boppard a. Rh. verbrannt habe.

Ihr Mann richtet eine Bittschrift an den Landesherrn: »Da es annoch unerwiesen bei criminalsachen um leib und leben, ehre, hab und gut gehe! Mit Anerbieten, seine liegenden und fahrenden Güter für die angelaufenen Kosten zu verpfänden.«

Später gelingt der Inhaftierten die Flucht, aber »sie wird aus sonderbarer göttlicher Vorsehung« in Alken von Vögten festgenommen und am 7. Oktober zurückgebracht. Ihre Hinrichtung erfolgt am 15. Oktober 1642, elf Monate nach der Verhaftung. Ende Juli 1644 wird Peter Sunner (Sonner, Sund, Suner, Sauer) »alt gebresste und lahme« Hausfrau Elisabeth verhaftet und im Beisein von Peter Breitenbach und des Scharfrichters zu Koblenz gütlich verhört. Über die Anklagepunkte und deren weiteres Schicksal ist nichts bekannt.

Margarete Schop
Frau des Postmeisters Martin Schop, wird vermutlich aus Haß von Mitbürgern besagt und so findet der gegen sie gerichtete Pro-

Oben: Kurfürst Johann VII. v. Schönburg, Erzbischof v. Trier (1581–1599). Unter seiner Regierung erreichten die Hexenverbrennungen den ersten Höhepunkt. Unten: Kurfürst Philipp Christoph von Sötern, Erzbischof von Trier (1623–1652). Unter seiner Regierung kam es zu einer neuen Zunahme der Hexenprozesse. →

RELIGIONE ET SAPIENTIA.
IOANNES Á SCHONENBVRGH DIVINA
PROVID. ARCHIEP. TREVIRENS. S.R. IMP.
ELECTOR PER GALL. AC REGNV. ARELAT.
ARCHIC. PRVMIENS. ADMINIST. PERPET.

PHILIPP·CHRIST· D·G·ARCHIEP·TREVIRENSIS
PRINC·ELECT·EPISCOP·SPIRIÆ·

zeß eine Parallele in der Kölner Szene bei Catharina Henot.

In einem undatierten und wohl noch vom Sommer 1644 stammenden Brief an den Hofgerichtsdirektor und Amtsverwalter schreibt der Postmeister: »Ew. Herligkeit kan ich notzwinglich mit großem Herzeleid und bestürzenden Gemüt clagens vorzutragen, nicht vorbeigehen, welchergestalt mein Hausfrau leider in solch großes leid geraten, und nun fast über die vier Wochen, ohnangesehen sie die schwere Pein und tormenta auch das kaiserliche Recht ausgestanden, daß ich nicht verhoffen will, meine Hausfrau mit solchem Laster behaft zu sein, dennoch erbarmlicher (weise) ohne einiges mitleiden in dem Gefangnus an ketten und banden geschlossen liegen muß und nicht liberiret werden will.« Er bittet um deren Freilasung, damit die Kosten nicht ins Uferlose wachsen.

Lucia Flick

wird im Februar 1647 verhaftet. Sie gesteht unter der Folter, daß ihr der Teufel vor vielen Jahren in der Gestalt ihres Verlobten Peter entgegengekommen sei. Auch ihr werden Suggestivfragen gestellt.

- Mit welchen Worten und Gebärden sie Gott dem Herrn ab- und dem bösen Feind zugesagt habe?
- Was er ihr gegeben? Wie oft und an welchen Orte sie mit dem bösen Feind in Unzucht gehalten habe?
- Wie er gekleidet gegangen oder in was Gestalt er ufzogen und wie sie seine Beiwohnung empfunden?

Sie wird am 15. Mai 1647 mit der Witwe Lucia Zens enthauptet und verbrannt.

Im Prozeß gegen Magdalena, Frau des Bürgers und Gerichtsschöffen Hans Reichard, Müller aus Winningen, bemüht sich der Mann um eine Verlagerung der Prozeßkosten[19]. Die Entscheidung darüber ist unbekannt, doch steht fest, daß sie am 18. Juli 1647 enthauptet und verbrannt wird. Dem

Veit Gailen aus Pollich

wird 1648 vorgehalten:

- Er sei seit Jahren »im geschrey der zauberey« gegangen. Er habe vor 18 Jahren, als bei einem groß »Thonnerwetter« der Ferge zwei Leut nit über die Mosel setzen wollte, diese im eigenen Nachen hinübergebracht und gesagt: »ich tue euch den Gefallen, wans einmal an mich würd kommen, so solt ihr mir auch gnädig sein.«
- Zudem habe er in »verlittener fastenzeit« sein Vieh nach Lay geflüchtet und es dort in des Jacob Selzers Scheune getan; bald darauf sei dessen Kuh krank geworden und verendet, obschon sie noch »bei den Herrn Kapucinern im Thal (Koblenz) Medizin und gesegnete Sachen geholt und der Kuh eingegeben.
- So habe er bestimmt die Kuh verhext, zumal auch der Wasenmeister von Coblenz, der der verendete Thier zerlegt, besagt, das »Kuhherz sei ganz und gar zerquetscht gewesen.«
- Peter Meffert aus Winningen sagt: » Er und Beklagter hätten vor 20 Jahren im benachbarten Arnsdorf gewohnt und als (der) Zeuge einmal den Gailen mit Kinderwäsche zur Mosel gehen sah, um sie zu reinigen, habe er ihm spöttischerweise zugerufen: »Veit, das lernet Dich das Kindermachen«, worauf er geantwortet: »nicht ich habe das Kind gemacht, sondern der Teufel.« Darüber der Zeug erschrocken!

Er wird am 6. November 1648 hingerichtet (?). Im April 1646 wird Peter Mölich aus Winningen wegen Sodomie und Zauberei gerichtet. Er soll sich an einer Kuh vergangen haben. Von Interesse ist der Prozeß gegen

Dorothea Kröber

aus dem Jahre 1650. Sie hat durch alle Foltergrade ihre Unschuld beteuert und das ihr daraufhin abgepreßte Geständnis widerrufen. Nun untersucht sie der Henker nach Teufelsmahlen, da man vermutet, daß sie sich unempfindlich gemacht hat. In dem Zusammenhang wird die Foltervariante des *tormentum vigilarum* erwähnt, von deren Wirkung der Trierer Weihbischof Peter Binsfeld angetan ist: »man raubt ihr den Schlaf und läßt sie 17 Stunden lang ununterbrochen im Kerker herumlaufen, bis ihr Willen gebrochen ist.« Sie wird am 14. Juli 1651 enthauptet und verbrannt. 1652 bezichtigt man

Katharina Friedrichs

- Man habe im Ort gemunkelt, seit langer Zeit, die Beklagte sei eine Hexe. Sie habe ihre Hand auf eine Kuh gelegt, worauf sie sich alsobald zu clagen angefangen und darüber lahm geworden, Zeugin sei darüber erschrocken, weil sie gesehen, daß Beklagte die Kuh angetastet, wegen ihres großen Verdachts der Zauberey.
- Vor vier Jahren hab der Wolf ihm vorm Rathaus zu Winningen seinen Hund hinweggeholt und gefressen, da noch die Pfoten am Flecken gewesen. Man habe gesagt: »wan die Hexen Hochzeit halten, dann müßten sie lauter Hundsfleisch essen.«

• Eine weitere trägt vor: »Ihr Hund habe ihrem Kind ein Loch ins Bein gebisssen, sie müsse daher mit ihm verbrannt werden.«
• Vor 16 Jahren habe er gesehen, wie in der beklagten Haus ein großer schwarzer Hund, auf den Hinterfüßen gestanden; die Haar wären gekräuselt wie bei einem Wasserhund, habe einen Kopf gehabt, wie ein Mensch und das Tier sei ungefähr eines halben Mannes Höhe gewesen.
• Man wirft ihrvor, sie auf Hexentänzen gesehen zu haben

Sie bestreitet alle Besagungen, räumt aber ein:
• Sie sei immer zu zweit auf einem schwarzen Bock mit langen Haaren zum Hexentanz gefahren. Sie tanzten in der Luft und nicht auf der Erde ein wenig über dem Boden.
• Sie müssen versprechen, alles Gewächs auf der Erde zu verderben.
• Der böse Mann habe gesagt: »sie soll ihren Mann umbrengen, welches sie nicht thun wollte, darauf hab er sie mit einem Brügel jammerlich zerschlagen.«
• Mit ihrer Zaubermaterie habe sie einmal eine schwarze und dann eine weiße Katze vergiftet, desgleichen Schweine und Kälber anderer Leute behext.
• Vor dem Gang zum Hexentanz habe sie das »büxgen mit der Materi ihrem Mann unter das Kissen gelegt, damit er nicht sollte aufwachen.«

Nachdem man sie nochmals »drei Misere lang« aufgehängt und sie dem Pfarrer mehrfach ihre Unschuld beteuert hat, wird sie am 19. Oktober 1652 enthauptet und verbrannt. Genauso geht es 1652–1653

Hans Wilhelm Mölich

gegen den 16 Klagepunkte zusammengetragen werden. Er wird erst im Winninger Rathaus festgehalten, aber im November 1652 nach Kastellaun gebracht.
• So lange er in Winningen gewesen, habe man ihn vor einen öffentlichen Zauberer und Hexenmeister gehalten und je länger desto mehr.
• Es sei bekannt, daß man seine Mutter vor geraumer Zeit vor eine offentliche Hexe und Zauberin gehalten. Zudem sei »landskundig«, daß man zwei seiner Brüder als Zauberer in das Feuer geworfen und verbrannt habe.
• Er habe ein Schwein in des Schultheißen Haus mit einer Ruten hintenauf geschlagen, so daß es alsobald krank geworden und »continenti darauf gestorben.« Es sei umb und umb braun wie eine zeitliche Brombeer gewesen.
• Kaud sagte aus: »er halte ihn, Mölich, für eine offentlichen Hexenmeister und Zauberer.
• Er habe auf Hexentänzen auf einem Pferdeschädel gepfiffen.

Der angeklagte Ausschuß weist auf die Aussagen von elf in den Jahren 1642–1652 hingerichteten Personen, die auf ihn erkannt haben. Er weist alle gegen ihn erhobenen Vorwürfe zurück, gibt aber zu, seiner Frau Unrecht getan zu haben; »er habe sich über sie geärgert und sie daraufhin mit dem Fuß in den Bauch getreten, so daß sie ein totes Kind zur Welt gebracht habe.« Dann bricht die Folter seine Kraft.
• Ja, er könne seit seiner Jugend zaubern. Der Satan sei ihm in der Gestalt von Franz Kohners Schwester zu Cobern begegnet, um die er damals gefreit habe.
• Sie habe angedeutet, er solle sich fleischlich mit ihme vermischen, so dann geschehen, welche Buhlschaft er nicht menschlich befunden.
• Er habe Gott ab- und dem Satan zugeschworen und dieser habe ihn auf einem schwarzen Bock zu den Hexentänzen geführt. Da wurde er aufgefordert, Menschen und Tieren Böses zu tun.

Dann widerruft er seine Aussagen. Dramatisch sind seine Aufzeichnungen, die er auf ein Bettuch schreibt: »kein Wort, keine Silbe ist wahr, was er bekannt, alles wäre aus Angst vor weiterer schrecklicher Folter erpreßt: wäre nicht wunder, liebe Frau, daß mir das Herz im Leibe zerspringt, wenn der liebe Gott nicht bei mir wäre. Auf diese Worte will ich sterben, liebe Frau und liebe Kinder, daß ich nicht liege (lüge). Ich will den Tod erleiden, daß die Zeugen miteinander falsch auf mich gezeugt haben. Ich habe so wahr mir meine Seligkeit, nichts Böses getan. Ach Jammer über Jammer, Herzeleid über Herzeleid. Dem lieben Gott sei alles anheimgestellt, dann ich will leben und sterben in Ewigkeit.«

Immerhin ist er in der seltenen Lage, einen klugen Verteidiger zu haben[20]. Die Zeit vergeht. »Der Arme beklagt, er werde in Eisen und Banden an Händen und Füßen ärger denn ein Türke gehalten, man gebe ihm stetig hartgesalzenes Fleisch zu Essen und wenig zu Trinken. Anstatt ihn der Pfarrer tröstet, habe er ihm vorgeworfen, er wäre ein offentlicher Zauberer und seie auf den Dantzplatzen[21] gewesen.

»Zwar liegen schon viele Zauberer auf dem Kirchhof, sie seien alle verdampt, wenn er aber verbrennt (als reumütiger Beken-

Hexenbrände an der Mosel (Winningen) von 1631–61

Wann	Wer	Von	Strafmaß
1631 Juni	Maria Knebel	Winningen	enthauptet/verbrannt
1641 Februar	Katharina Knebel Witwe	Winningen	enthauptet/verbrannt
1641 Dezember	Christina Heyden	Winningen	gestorben v. d. Hinr.
1642 November	Marg. Schiffer	Winningen	enthauptet/verbrannt
1642 November	Marg. Kröber	Winningen	enthauptet/verbrannt
1643 Dezember	Emeranzia Laux Witwe	Winningen	enthauptet/verbrannt
1643 Oktober	Maria Siegbert	Winningen	enthauptet/verbrannt
1644 Herbst	Elisabeth Suner	Winningen	Hinr. ungewiß
1647 Mai	Lucia Flick	Winningen	enthauptet/verbrannt
1647 Juli	Magdal. Müden	Winningen	enthauptet/verbrannt
1648 November	Veit Gailen	Polchen	enthauptet/verbrannt
1650 ?	Margarete Schop	Winningen	Schicksal ungewiß
1651 Juli	Doroth. Kröber Witwe	Winningen	enthauptet/verbrannt.
1652 Oktober	Kath. Friedrichs	Winningen	enthauptet/verbrannt
1653 Juni	H. W. Mölich	Winningen	enthauptet/verbrannt
1659/61	Friedrich Mölich	Willingen	begnadigt
	Prozesse, von denen keine Akten überliefert sind:		
1630 März	Kath. Polchert	Layen	enthauptet/verbrannt
1630 August	Katharina Reineker	Layen	enthauptet/verbrannt
1630 Juli	Susanna Falscheid	Layen	enthauprer/verbrannt
1630 September	Klaus Laux	Laexen	enthauptet/verbrannt
1630 September	Barbara Möden	Lay(?)	enthauptet/verbrannt
1631	Engel Schmoller Witwe	Winningen	3x gefolter
1640 (?)	Balthasar Mölich	Corbern	enthauptet/verbrannt
1642 August	Agnes Wirges	Layen	enthauptet/verbrannt
1642	Christina Rademacher	Winningen	enthauptet/verbrannt
1643 Oktober	Margarete Müden	Winningen	enthauptet/verbrannt
1646 März	Peter Mölich	Wnningen	enthauptet/verbrannt
1647 Mai	Lucia Zens Witwe	Winningen	enthauptet/verbrannt
1648 Juli	Agnes Kröber	Winningen	enthauptet/verbrannt
1648 Juli	Agnes Meffert	Winningen	enthauptet/verbrannt
1648 September	Kath. Horchemer	Winningen	enthauptet/verbrannt
1648 September	Th. Georg (Ant. Jergen)	Winningen	enthauptet/verbrannt
?	Philipp Mölich	Winningen	enthauptet/verbrannt
1656	Jacob Bormer	Winningen	entkommt durch Flucht

ner), so wird er zum Jüngsten Tag glorwürdig aus der Eschen erstehen etc.«

Im November 1652 geht beim Amtmann von Kastellaun ein Defensionsschreiben ein, in dem mit juristischer Sachkenntnis die gängige Folterpraxis kritisiert wird: »In Summa der ganze Processus befindet sich in unbefugter, übelbegründeter, der Ausschüsse Anklag und verübten unberechtigten Gewalt, Schmach und Schmerzen«.

Der Hexenausschuß erklärt die Defension als eine vorsätzliche Uffenhalt (Verzögerung) seiner faulen Sachen. Er beruft sich auf Bodin, Godelmann, Delrio, Lesius, Crylanus, Bernardus, Weyer, Castro, Tanner und Binsfeld, M. A. Pergerinus und den *Hexenhammer.* Hans Wilhelm Mölich wird nach einem zehnmonatigen Martyrium zum Tod verurteilt und am 16. Juni 16321 verbrannt.

Friedrich Mölich

wird Anfang September 1659 als des Lasters der Zauberei verdächtig verhaftet und man hält ihm vor:

- Habe er doch das Weib des Mathes Karbach angehaucht, so daß diese dermaßen im Haupt verrückt worden, daß (sie) ihren Mann nit (mehr) dulden und bei sich behalten wollen, auch dermaßen sich angestellt, als wan sie besessen sei.

Er muß später freigelassen werden. Dennoch verurteilt man ihn rechtswidrig und belegt seine Weingüter. Die Kosten des gegen ihn gerichteten Verfahrens betragen über 300 fl. In

Westrich

erfolgt 1593 eine Anklage gegen Anna, Hausfrau des alten Leiningischen Meyers und Margarete, (Schweinsgrete) sowie gegen Peters Meitten. Das Dorf verfügt seit alters her über eine Richtstätte beim Herrenweg. Sie werden im Dezember 1593 zum Feuertod verurteilt. Im Frühjahr 1594 wird

Catharina Kern

aus Glanmünchweiler von Niclaus Hansen wegen Zauberei beim Amt angezeigt. Daraufhin wird die »Klein Ketter« eingezogen. Sie stand als junges Mädchen in Quirnbach im Dienst und soll dort einem Johann, des Schäfers Niclausen Sohn »das herz gedruckt« haben, so daß der Junge habe sterben müssen. Der Licentiat Weber schreibt an den Stadtschreiber Landsberg: »Und die peinliche Frage ist ein geferlich Ding, darin leichtlich zuviel geschieht, darum solche nicht leichtlich ahn die hand zu nehmen.«

Er sieht in der Sache »viel liederlich, leichtfertigen Argwohn, unglaubig Leith, druf nichts zu geben« und rät von der peinlichen Frage ab. Trotzdem wird Katharina Kern gütlich verhört und peinlich gefoltert, was sich aus ihrem Widerspruch ergibt.

- »Wisse wohl, das ehr krank gewesen und ahm siebenten tag verstorben, das sie aber solle ursach seines Todes sein oder dessen Wissenschaft haben, das seye nicht ... es seye alles falsch und erdicht aus neidt so ihne Anclegere deßwegen angezeugt haben.«

Dann stellt man heraus: »Catharina aber hat ihre Anclager und Zeugen allesampt für Mörder, Diebe, Schelme und falsche Zungen gescholten und ist durchaus nicht gestendig gewesen ... daraufhin hat sie der Henker (in praesentia carnifices) gütlich befragt, ist auf ihrem Verneinen beharrt und (habe den) Meister gescholten und heßlich angefahren. Dann schreitet man zur Folter. Man wirft ihr vor, daß sie einen Jungen beim Birnenpflücken die Leiter weggehext habe und dann verlieren sich die Quellen. Dann findet ein Hexenprozeß gegen

Jean Bodin (1530–1596), Kupferstich des 16. Jahrhunderts, F. Stuerhelt zugeschrieben.

Simons Elsa und Meyers Eva

aus Wölferdingen-Wustweiler, der in die Region des Saargebietes gehört. Im Spätherbst 1598 werden vier Frauen aus Wustweiler wegen Zauberei verdächtigt und durch den Hofmeyer von Wölferdingen, Kaspar Scherer, nach Frauenberg verbracht.

Hier verfügen die Grafen von Eberstein, seit 1542 Vögte von Wolferdingen, über ein Schloß mit einem Gefängnis. Nun werden die Besagten gütlich und peinlich verhört. »Da sie aber nichts etwas zur zauberey dienlich (hatten) bekennen wollen und dieweil man nicht genugsamer Inditia gehabt sie zu torquieren, hat der Amtmann »ihrer drey wiederumb haimgelasse(n) ... aber die Simons Elsa, eine etwas schon bejahrte »blöde« Frau, behalten.«

Der nassauische Amtmann Johann Friedrich Herr zu Eltz in Blieskastel, ist sich hinsichtlich der Schuldfrage der Simons Elsa im Unklaren, wendet sich an einen Rechtsgelehrten und erhält (vermutlich am 6. November 1598) eine Antwort.

Der unbekannte Verfasser ist ein Kind seiner Zeit, ein Anhänger des Hexenglaubens und der teuflischen Umtriebe. Er erkennt in Feindschaft und Hader die häufigste Ursache der Bezichtigungen und setzt sich für die maßvolle Anwendung der Folter ein[22]. Sein Gutachten rettet die Beschuldigte nicht vor der Verbrennung. Das Ganze hat ein Nachspiel, denn die Gemeinde soll für die laufenden Kosten geradestehen. Sie wendet sich mit einer Bitte um Abwendung an den Landesherren[23].

Versammlungsplätze

Einer der bekannteren Hexentanzplätze muß die Geringer Linde (obwendig Staudenbusch) gewesen sein. Ebenso der Schweinsberg, das Wierschener Kirchenstück und ein Haberstück bei Hatzenport, die »Foderwiese bei den Bierbäumen«, Mudener Berg, Buschensteiner Berg. Einmal wird die Bopparder Heide erwähnt.

Grafschaft Blankenheim[1]

In dem verhältnismäßig kleinen Territorium der Westeifel sind innerhalb 44 Jahren 87 Personen in Zaubereiverfahren verwickelt, die bis auf fünf zum Tode verurteilt werden. Es müssen, wie aus Besagungen erkennbar, weitere stattgefunden haben; vermutlich hat man die Zahl der Opfer bei 140 bis 150 anzusiedeln, wobei die meisten in den Zeitraum 1627–1630 fallen. Zu ihnen gehören Frauen und Männer aus allen Teilen der Bevölkerung.

Nachdem zum Beginn der wesentlichen Verfolgungswellen 1627 fast nur ärmere gefangen und vor Gericht gestellt werden, haben sich 1629–30 infolge des lawinenartigen Anschwellens der Besagungen Begüterte zu verantworten.

So sehen sich die Schöffen des Obergerichtes Blankenheim, Thonis Tesch und Georg Halff in den Anklagestand versetzt. Hillebrandt von Esch und Hanns aus Wiesbaum kostet der Aberglaube das Leben wie dem Schultheiß Gilliß aus Gönnersdorf und seiner Frau, während der der Zauberei verdächtige Dechant von Sarresdorf und sein Amtsbruder, Pfarrer Laurentz aus Schmidtheim, flüchten können.

In der Grafschaft liegen relativ viele Urteile gegen Männer vor. Vereinzelt kommt es zu Selbstbezichtungen. Sybille Schmit ist von der Bösartigkeit des von ihr begangenen Verbrechens so überzeugt, daß sie nach ihrer Vernehmung auf Raten des Beichtvaters, die Wahrheit zu sagen, Katharina Kautsch besagt: »in Reue und Zerknirschung, daß sie aus schändlicher Weise Gott beleidigt habe, weil sie die empfangene Hostie in ihren Zaubertopf geworfen.«

Katharina Reuter besagt ihre Tochter und Johann Schrentzge nennt als Besucherin des Teufelstanzes seine kranke Tochter, die vermutlich melancholisch ist.

Die Region befindet sich zwischen den Spannungsfeldern Köln und Trier. Eine auf sie zugeschnittene *Hexenordnung* ergeht nicht, doch macht sich der Einfluß der kurkölnischen von 1607 bemerkbar. Man beruft und konsultiert Rechtsgelehrte; hier vor allem die Hexenriecher Buirmann und Johannes Moeden.

Das dem Osten vorgelagerte Territorium untersteht der Reichsfürstin Margaretha Gräfin von Arenberg, die im November 1593 eine *Verordnung über die Verfolgung und Bestrafung der Zauberei, Hexerei, Teufelsfänger und Wahrsager* zur Wiederherstellung des religiösen Lebens erlassen hat.

Möglicherweise hängt es mit den Aktivitäten Weyers zusammen. Unter dem Einfluß ihrer Verordnung kommt es zu keinen Hexenbränden. Prozesse werden lediglich bei den Hochgerichten Blankenheim, Gau (Engelgau); Esch, Ober Gartzen und Houverath gehandelt.

Erste Aktivitäten

fallen in die Regierungszeit des Grafen Hermann von Manderscheid- Blankenheim (1548–1604), einem Kölner Domherren. Ihm folgt Graf Arnold II. (1604–14), sein Bruder, der ebenfalls Probst und Domherr in Köln gewesen ist. Er widersetzt sich calvinistischen Bestrebungen. Ihm folgt Graf Johann Arnold (1614–44), dem man Gottesfucht und Frömmigkeit nachsagt. Seine Tugenden werden Anlaß zu extremen Hexenbränden.

Das Ende der Verfolgungen wird unter Graf Salentin Ernst (1644–94), einem Sohn Arnolds, erreicht, der sich in schärferer Form gegen den Aberglauben wendet und eine Parallele im Münsteraner (Kanonen-)Bischof von Galen findet.

Anfänge

In der Grafschaft werden alle Hexenprozesse vom Amtswegen geführt: es sind Inquisitionsprozesse[2)]. Hier ist es wohl üblich, eine von der Öffentlichkeit als Hexe oder Hexer Bezichtige durch einen von der dörflichen Gemeinschaft gewählten Vertreter anklagen zu lassen; er verfaßt ein Klag(e)libell und es wird Grundlage des darauf errichteten Verfahrens.

Frühe Prozesse

Auf Veranlassung von Jacob Contzen vom Vronhof Carl findet im März 1589 vor dem Notar Nicolaus Weyhr gegen die der Zauberei verdächtige

Draude Theis

ein Zeugenverhör statt. Das Material liegt bruchstückhaft vor. Das Protokoll wird dem Grafen Hermann von Manderscheid-Blankenheim zugestellt. Zeugen tragen vor: »sie wäre seit Jahrzehnten als eine bekannt, die man für eine Hexe halte.« Anlaß ist ein von ihr unbedachter Stallbesuch, bei dem sie aus Verlegenheit »nichts zu sagen gewußt.« Einem dort stehenden Pferd soll es danach schlecht gegangen sein.

- Sie habe sich in einem fremden Stall bei einer Kuh zu schaffen gemacht und sich auf sie gelegt.
- Kurz danach findet man eine Katze der Besagten auf der Kuh sitzend. Dann wäre sie verschwunden: »als ob sie nie dagewesen sei.« Kurz danach sei die Kuh eingegangen, was man nur als Zauberwerk der Beschuldigten verstehen könne.
- Sie habe einer Frau, mit der sie fröhlich zusammengesessen, eine Krankheit angedroht und ihr gesagt: »er (ihr Mann?) werde mit ihr einen solchen Tag nicht mehr erleben.« Tatsächlich wurde die Zeugin krank.

Das Gericht verhandelt in getrennten Verfahren gegen

Hans und Walper Henck

Hier handelt es sich um keinen Hexenprozeß, sondern um die Beseitigung eines Nebenbuhlers. Um nicht »zu Schand und Spott« zu kommen, beschließen sie, den Hintergangenen zu beseitigen. Aus dem Grund besucht der Beklagte den in Kiel (Kyll) wohnhaften Juden, Meister Jacob, um ihn um einen »wirksamen« Trank zu bitten. Da er der Frau zu schwach erscheint, mischt sie darunter »einen drunck, den sie in ihrem Haus gehabt und (der) gut für das Vieh gewesen.« Auf Anraten ihres Liebhabers gibt sie das Gebräu dem Geprellten, der kurz danach stirbt. Beim Verhör sagt sie: »der böse Feind habe sie ins Verderben gestürzt.«

- Er wäre ihr eines Tages in der Gestalt eines früheren Bekannten erschienen und habe zu ihr gesagt: »was solstu mit dem alten man thun. Willst du mir folgen, so wil ich dir gelts genug geben. Du solst mir folgen und gottes verleugnen, denn ich bin gott dein herr selber.«
- Darauf habe sie sich ihm zugeschworen und sei ihm zu Willen gewesen, aber dann sei er mit einem großen Geräusch verschwunden.
- 14 Tage danach habe er sie zum Hexentanzplatz auf der »heyden kopf« geführt und dazu will er sie auf eine schwarze Geis gesetzt haben. Dort habe ein Bauersmann gespielt.

Die Urteile ergehen im Juli 1593. Der Mann wird wegen Ehebruch und »weil er das vergifft mit seinem wordt helffen stiften«, gerädert und die Frau wird »des Zauberey Schadens und anderer Übelthat halben mit dem fewer vom leben zum dott verbrandt und gestrafft.«

Dann wird (ihn betreffend) gesagt: »auff ein rath gesetzt, aber mit der Axt geschlagen worden, hat gelitten 27 Streich vom Nachrichter und darnach 2 von dessen Weib, hat darum nit gott genent noch angerufen.« Im Juni 1593 hat sich

Barbel Hecken

aus Walsdorf wegen Zauberei zu verantworten. Ihr hat sich der Böse »in gestalt eines beslichen schwarzen mannes mit ein scharzen bart, roden hute und weysser federn druff« genähert, als sie sich mit Betrübnis nach hause von einer Betteltour befunden hat.« Sie habe sich aus Armut und wegen ihrer Kinder mit dem Teufel eingelassen und sei darum von Gott abgefallen.

Als sie einmal wegen eines kranken Kindes zuhause bleiben muß und kein Brot verdienen kann, soll ihr der »Feind« zur Genesung des Kindes »grau müll und stüpp« gegeben haben. Das Kind sei acht bis neun Tage später gestorben. Sie bekennt:

Der Feind habe sie alle Jahre zur Fastenzeit auf einem grauen Bock zum Tanz ge-

Übersicht über die bekanntgewordenen Hexenprozesse des Obergerichts Blankenheim zwischen 1589 und 1643 (auszugsweise)*)

Nr.	Besagte(r)	Ort	Prozeß	Urteil/Strafe	Bemerkungen/Beginn
1.	Draude Theis	Carl	**24.3.1589**	**Zeugenverhör/Voruntersuchung**	
2.	Hans Henck	Feusdorf	**29.6.1531**	**1.7.**	Wegen Ehebruch und Giftmord z. Tod durch das Rad verurteilt
3.	Walper Henck	Feusdorf	**21.6.1593**	**1.7.**	Frau d. Vorgenannten
4.	Nikolaus Krampf	Schmidtheim	**24.1.1597**	**6.2.**	Schuldig der Zauberei, Mord und Simonie. Vierteilung
5.	Else Johentges	Blankenheim	**28.5.1597**	**?**	Auf freien Fuß gesetzt.
6.	Katharina Jonen	Esch	**3.7.1597**	**?**	Auf freien Fuß gesetzt.
7.	Katharina Pabst	Blankenheim	**18.8.1598**	**?**	Kein Urteil mehr vorhanden.
8.	Katharina Jonen	Lissendorf	**1.7. 1608**	**15.7.**	Verbrannt.
9.	Lehne Bramer	Blankenheim	**22.7.1614**	**?**	Zunächst freigelasssen, später neues Ermittlungsverfahren.
10.	Adolphs Anna	Blankenheim	**2.8.1614**	**?**	Akten unvollständig.
11.	Grethe	Schnepplingen	**1.7.1614**	**2.8.**	Verbrannt.
12.	Agnes Peuß	Ober Gartzen	**12.5. 1627**	**?**	Freigelassen.
13.	Liese Preußge	Ober Gartzen	**Mai 1627**	**?**	Verbrannt. Mutter d. Vorgenannten.
14.	Dorothea Wingart	Ober Gartzen	**15.5.1627**	**?**	Urteil verlorengegangen
15.	Katharina Marx	?	**Mai 1627**	**28.5.**	Kostenrechung und Datum der Hinrichtung.
16.	Zimmermännin	Ober Gartzen	**26.6.1627**	**6.7.**	Verbrannt.
17.	Witwe des Theis »Staefmächers«	Ober Gartzen	**1.7.1627**	**6.7.**	Strangulation und anschließende Verbrennung.
18.	Sibylla Schmit	Ober Gartzen	**3.7.1627**	**20.7.**	Verbrannt.
19.	Dorothea Halffen	Ober Gartzen	**5.7.1627**	**20.7.**	Verbrannt.
20.	Peter Racher	Blankenheim	**16.10.1627**	**30.10.**	Kostenrechnung noch vorhanden.
21.	Frau des Theis Pütz	Blankenheim	**?**	**?**	Verbrennung
22.	Lauken Enn (Anna)	??	**1627**	**?**	Verbrennung.
23.	Margarethe Breuer	Blankenheim	**1627**	**?**	Verbrennung.
24.	Barbara Paulus	Engelgau	**2.8.1629**	**9.8.**	Verbrennung.
25.	Katharina Pinck	Blankenheim	**2.8.1629**	**4.8.**	Verbrennung.
26.	Anna Schefer	Blankenheim	**6.8.1629**	**9.8.**	Verbrennung.
27.	Johann Schrentzge	Blankenheim	**6.8.1629**	**14.8.**	Urfehde, spätere Verurteilung.
28.	Else Schrentzge	Blankenheim	**11.8.1629**	**?**	Schwört Urfehde.
29.	Maria Hammacher	Blankenheim	**7.8.1629**	**9.8.**	Verbrennung.
30.	Johann Sypen	Blankenheim	**18.9.1629**	**26.9.**	Verbrennung.
31.	Barbara Frenis	Engelgau	**8.10.1629**	**10.10.**	Verbrennung.
32.	Maria Halffens	Engelgau	**15.10.1629**	**?**	Verbrennung.
33.	Gertrud Platz	Buir	**15.10. 1629**	**18.10.**	Verbrennung
34.	Thonis Tasch	Holzmühlheim	**16.10.1629**	**25.10.**	Verbrennung (Nonnenpater).
35.	Rudolf Theis	Hüngersdorf	**Sept. 1630**	**10. 10.**	Akten sind unvollständig
36.	Georg Halff	Engelgau	**27.5.1633.**	**26.6.**	Verbrennung.
37.	Gertrud Gietgen	Engelgau	**5.6.1633**	**9.6.**	Verbrennung.
38.	Susanna Grieten	Engelgau	**14.6.1633**	**18.6.**	Strangulation/Verbrennung.
39.	Heinrich Jönnen	Blankenheim	**19.7.1634**	**29.7.**	Sodomie und Diebstahl
40.	Frau des Schultheißen Jelles	Dieffenthal/Wehr	**16.6.1643**		

*) Breiden, M.: Die Hexenprozesse der Grafschaft Blankenheim von 1589–1643. 1954.

führt. Dort sei von Hexen überlegt worden, wie man Feld- und Baumfrüchte verderben kann.

- Zweimal habe sie sich am Wettermachen beteiligt, die vor allem in der Gegend von Lommersdorf und über Blankenheim Schaden angerichtet haben.
- Auf dem Hexentanz habe man überlegt, wie ein Karrenpferd des gräflichen Stalles zu töten sei.
- Sie habe mehrmals das Sakrament verunehrt. Nach der Kommunion will sie die Hostie aus dem Mund genommen und je nach Laune in der Kirche auf einen Stuhl, im Feld auf einen Stein und zu Hause in einer Schüssel mit Milch eingenommen oder unter die Zaubermasse gemengt haben.
- Zudem wäre der böse Feind zu ihr ins Gefängnis gekommen. Er habe ihr verboten auszusagen: »andernfalls er sie erwürgen werde.«

Schließlich besagt sie andere. Sie wird Anfang Juli dem Scheiterhaufen überantwortet. Im Frühjahr 1597 gelangt ein weiterer Fall vor Gericht. Es ist gelungen, Mitgliedern einer Räuber- und Mörderbande habhaft zu werden, die in der Region ihr Unwesen treiben. Bekannt ist der Prozeß gegen

Clas (Nicolaus) Krampf

aus Schmidtheim. Seine Mutter soll eine Hexe gewesen sein. Nach dem Geständnis haben er und seine Gesellen nach und nach vier Menschen ermordet, um sie ihrer Kleider und Wertsachen zu berauben. Einen von ihnen hätten sie lebend in einem Meiler verbrannt.

Insgesamt bringen sie zahlreiche um und bestätigen sich als Pferde- und Schafsdiebe. Zudem üben sie »Verratherey«. Er treibt des öfteren Unzucht und Sodomie. Aufgrund der Vielzahl seiner Verbrechen vermutet die Obrigkeit in ihm einen Zauberer. Schließlich behauptet er, es von seiner Mutter erlernt zu haben. Dann räumt er ein:

- Als er einmal im Wald auf einem Baum gesessen und dort etwas vom Inhalt eines Zaubertopfes ausgeworfen habe, um die Eicheln (Nahrungsgrundlage für umlaufende Schweine) zu verderben.
- Er habe im vergangenen Jahr das Korn zweier Bauern aus Schmidtheim verdorben.
- Er sei auf dem Zaubertanz gewesen und habe dort einige Bekannte getroffen. Einige der Frauen seien auf einem Wiesbaum mit dem Teufel an der Spitze zum Tanzplatz geritten.

Er wird zur Vierteilung und öffentlichem Ausstellen seiner Leichenteile auf einem Rad mit dem »haupt oben darauff« verurteilt, was Anfang Februar 1597 erfolgt. Sein Bruder und die Mutter werden hingerichtet.

Kurz danach, 1600, erfolgt im Herzogtum Bayern der Schauprozeß gegen die Landfahrerfamilie Pappenheimer, der ebenfalls mit grausamen Urteilen endet. (vergl. dort) Im Februar 1597 beschäftigt sich das Gericht mit dem Fall der etwa 60jährigen

Eva Wasen

aus Walsdorf, die mehrere wegen verübter Zauberei besagt haben. Zunächst bestreitet sie, etwas mit dem »teufflischen bülen« gehabt zu haben. Sie habe »drey christliche« besessen, worunter sie ihre Ehemänner versteht.

Aufgrund einer Streiterei wird behauptet, sie habe Pferde »ins Wasser geblasen.« So hält sich das Gerücht, daß sie sie umgebracht habe. Böse Zungen erhalten neue Nahrung, als der Bruder der Beklagten krank wird und stirbt. Mitte Februar wird sie gefoltert und sagt:

- Daß einst ein großer schwarzer Mann im Wald zu ihr gekommen sei, als sie sich in großer Betrübnis wegen einer Zurechtweisung ihres Ehemannes befunden hat. Es sei der Teufel gewesen.
- Sie habe Gott verleugnet und sich mit dem Versucher, der sich »Hans ohnarsch« genannt habe, geschlechtlich vereinigt. Die empfangenen fünf Gulden hätten sich hinterher als »pferdts köttl« verwandelt.
- Sie habe sich mit ihrem Buhlen »nach teufflischer artt vermischet«, nachdem er sie ihm Kuhstall in die Krippe geworfen habe.
- Sie sei mit einem Bock zu verschiedenen Tanzplätzen gefahren, wo ein Pfeifer auf einem Baum gesessen und auf einem Pferdskopff gepfiffen habe. Die Teilnehmer hätten ihre Mahlzeit mitbringen müssen.
- Sie habe mit Gespielinnen den Tod ihres Mannes herbeigeführt. Man habe dem Kranken eines Abends eine Unke in die Milch getan und am anderen Morgen Spinnen und anderes Ungeziefer.
- Ihr zweiter Ehemann habe fünf Jahre lang »gedorret«, weil sie ihm gebackene Eier und eine kleine Schlange aus dem Zaubertopf gegeben hat. Durch eine Spinne, die sie ihm mit der Milch eingegeben habe, sei er gestorben.
- Sie habe mit Gespielinnen durch die Wirksamkeit der schwarzen Materie Kühe und Pferde getötet.

Sie wird im Februar des gleichen Jahres verbrannt. Im Mai 1597 kommt es zu Verhandlungen gegen

Eva Schoeler, Katharina Kleuser und Else Schrentzgens

aus Blankenheim. Bewohner aus Schmidtheim haben sie der Zauberei verdächtigt. Die Anwendung der Folter bringt Weiteres zum Vorschein. Sie beteuert erst ihre Unschuld, daß sie »jed(er)zeit fromblich und christlich durch Gottliche gnadt gelebtt. Sie habe keine bösen Werke begangen und niemanden laid zugefügt.« Doch auch hier hat der Aufweichungsprozeß Folgen. Die Kleuser räumt ein:

- Sie habe sich zwischen dem Tal und dem Dorf »an dem creutz« von ihrem späteren Buhlen »Heinrich Strausberg« verführen lassen. Hier will sie Gott verleugnet haben.

Dann gesteht die Schoeler:

- Wie sie sich ihrem Buhlteufel »federn hans« hingegeben hat und sagt, das dafür empfangene Geld habe sich bei dem Wort Jesus in »Pferdteköttl« verwandelt. Dann bekennt die alte Schrentzgens:
- Sie hab einmal geweint, weil sie großen Hunger gelitten. In dem Zustand sei ihr ein großer Mann begegnet, der sich später »hans nimmergutt« genannt habe.
- Er habe ihr versprochen, Geld zu geben, wenn sie von Gott abfallle und sich dem Teufel ergebe. Seitdem wäre sie eine Hexe geworden.
- Alle drei waren »in der Gestalt von Katzen under der thür in Michelthens Haus gekrauchen, haben ein in der Wiege liegendes Kind aufgedeckt, es in Katzengestalt geküsset, der Zauberwerck darüber gebraucht, so daß es davon gestorben sei.«
- Zudem haben sie ein weiteres Kind umgebracht. Jede von ihnen habe das in der Wiege Liegende »mit dreyen fingher an der lincken Handt auch in die lincke Seitt angerürrt, etliche bose wortt gesprochen, und anderer Zauberwerck begangen.«
- Zudem haben sie dem Halfen Johann im Dorf ein Pferd »in Wolfs gestalt erbissen.« Zwei andere Dorfbewohner sollen ein Pferd und eine Kuh eingebüßt haben.

Die Schoeler will aus ihrer teuflischen Materie eigene Haustiere umgebracht haben. Dabei sei sie »mit einem newen bessen in einen eimer wassers gefahren und hat das wasser in hundert tausendt teuffels namen dreymahl in die Lufft geworffen, darvon sich baldts ein donner wetter erhoben, welches doch Gott lob wenigh umd das dorff gethan.« Alle drei werden Ende Mai 1597 zum Feuertod verurteilt. Zeitgleich ist

Else Johentgens

aus Blankenheim inhaftiert. Man wirft ihr vor, daß sie geholfen hat, eine Kuh zu töten. Sie sagt: »sie wisse davon nichts und wenn sie schon zerhawen und zerhackt würdt.« Bereits ihre Großmutter habe im Verdacht der Hexerei gestanden. Kurz danach wird sie freigesetzt.

Das gleiche Ergebnis bringt eine im Juli 1597 gegen Katharina Jonen aus Esch geführte Vernehmung. Sie steht in Verbindung mit Carl Krampf. Man verdächtigt sie wegen Zauberei und sie meint: »davon gantz und gar nichts (zu) wissen.« Sie räumt ein, daß sie einen Segen für den Fall kenne, daß eine Kuh von Blattern befallen sei. Darum haben sie Nachbarn zu ihren kranken Tieren gerufen.

Das Protokoll schließt mit den Worten: »daß die Beschuldigte des gefengnus ohn einigh nachredt und schmach, so ihr deshalben vorgeworffen mocht werden, entlediget ist.« Aus dem Jahre 1598 ist der Hexenprozeß gegen

Katharina Papst

aus dem Tal Blankenheim bekannt. Drei Burschen haben gesehen, wie sie etwas in ihrer Schürze an das Feld des Schultheißen getragen und an der Hecke ausgeschüttet hat. Es kommt ihnen merkwürdig vor und sie benachrichtigen die Obrigkeit. Sie werden über die Problematik eines Meineides aufgeklärt und die Beschuldigte wird geladen, um sich zu rechtfertigen. »Sie habe lediglich gebetet und nie die Absicht gehabt, Felddiebstähle zu begehen.«

Dennoch steht sie im Ruf einer Zauberin. Man habe gehört, daß sie andere Frauen »besagt« haben und wird darum eingezogen, gefoltert und gesteht (?):

- Sie habe sich dem Teufel ergeben, der sich ihr nach einem Streit mit ihrem Mann genähert hat.
- Sie habe das Sakrament verunehrt und auf sein Geheiß Kühe und Pferde mit Zauberwerk umgebracht. Zudem sei sie auf ihrem Besen zum Tanzplatz geritten.

Der Gerichtsschreiber hält fest: »Gott der Allmächtige vergeb jhr alle begangenen sündt und missethat, damit sie nit alhie von der welt zeitlich, und an jenen tagh auch Ewiglich verdampt wede. Amen.« Das Urteil hat sich nicht erhalten, aber es ist davon auszugehen, daß man sie verbrannt hat.

Katharina Jonen

bleibt ein Jahr in Freiheit, doch im Juli 1608 wird ein neues Verfahren gegen sie eingeleitet. Nun taucht in den Akten der Name des Vorsitzenden D. Hornungh auf. Wieder erklärt sie: »daß sie der Zauberei unschuldig sei. Der allmächtige Gott habe sie jederzeit vor dem Teufel und seiner List behütet.« Dann bricht ihre Widerstandskraft und sie räumt ein:

- Angeblich vor 17 Jahren ist ihr ein Mann begegnet: »der nit eben ein menschlich form, sondern groß und langs angesichts anzusehen gewesen. Er müsse wohl der Teufel gewesen sein.«
- Als sie sich gesegnet habe, sei die Gestalt mit (einem) Geräusch verschwunden. Einige Zeit später sei er wieder gekommen und war schon »lieblicher« anzusehen.
- Nunmehr habe er seinen Willen an ihr geschafft auf »kalte unnatürliche weis.« Sie habe sich mehrfach mit ihm eingelassen. Er habe sich »federkill« genannt und ihr falsches Geld gegeben.
- Als sie zum Tanzplatz wollten, sei sie im Bett gelegen und dann habe vor der Haustür ein grauer Bock gestanden, auf den der Teufel sie von der linken Seite gesetzt habe, während er einen schwarzen bestiegen hat.
- Anfangs wären sie auf der Erde geblieben, dann aber sei es in der Luft vorwärts gegangen. Auf dem Tanzplatz sei stundenlang Links herum getanzt worden.
- Sie will sich nur für die Dauer ihres irdischen Lebens von Gott abgesagt haben und der Teufel habe ihr wiederholt versichert: »sie solle einen engell haben.«
- Der Handel mit ihm habe ihr weder Lust noch Freude bereitet. Sie habe oft daran gedacht, wie sie in Roidts Nedt von Lissendorf habe Brennen sehen.
- Jeweils habe sie der Buhle nach ihrem Kirchgang erwartet und gescholten. Er habe sich erkundigt: »ob sie dem Satan abgesagt habe.«
- Einmal hätte sie die Hostie verloren und nicht wiedergefunden.
- Verschiedentlich habe sie sich am Wettermachen beteiligt und allein oder mit Gespielinnen Kühe und Pferde unter Verwendung der Zaubersalbe getötet.
- Zudem sei ihr der Teufel nach der Einlieferung im Gefängnis erschienen; er sei gestern während der Verhandlung im Vernehmungsraum gewesen.

Dann werden Zeugen geladen: sie erklären, daß ihnen im Lauf der letzten Jahre auf unerklärliche Weise Vieh eingegangen sei. Dann besagt die Jonen weitere: »so wahr – falte ihre hänt zusammen – als das fleisch und blutt, sie Tursell (ursel) sey am dantz und bey den bistern zutödten bey und mitt ihre gewesen.«

Sie wird eingezogen, um sich zu verantworten. Auf das Leugnen (!) der 60jährigen gibt man nicht viel und schreitet zur Folter. Sie räumt ein:

- Wie der Böse ein- oder zweimal im Feld zu ihr gekommen sei, um sie zu versuchen. Ein Notzuchtverbrechen sei zunächst fehlgeschlagen, erst beim dritten Mal sei es dem Teufel gelungen, gewaltsam mit ihr zu tun, was er gewollt habe. Sonst habe sie mit dem Satan nichts zu schaffen gehabt.
- Sie habe mit anderen Pferde und Kühe getötet.
- Der Böse habe sie durch Schlagen und Stoßen genötigt, Gott zu verleugnen. Einmal habe sie ihm das im Mund nachhause getragene »Nachtmahl« aushändigen müssen. Zudem wäre sie auf den gleichen Tanzpätzen wie die Jonen gewesen. Kurz danach werden beide verbrannt.

Veränderungen

Zum Beginn des 17. Jahrhunderts schwelen im Erzbistum Köln Verfolgungen von angeblichen Hexen; hauptsächlich seit der Regierung des Kurfürsten und Erzbischofs Ferdinand von Bayern und unter dem Einfluß des Generalvikars Johannes Gelenius. Zur Bewältigung werden Kommissare eingesetzt, von denen vor allem der Richter Buirmann durch sein Wüten in Rheinbach, Mekkenheim und Siegburg Berühmtheit erlangt. Seinem Wirken sind mindestens 200 Personen zum Opfer gefallen. Als Hexenrichter im Kölner Bezirk ist Johannes Moeden bekannt, dem wir 1627–30 begegnen.

Voruntersuchungen

Oft sind es Geistliche, die wie Seismographen reagieren. Ihnen wird aufgrund der Nähe zum Volk aufgetragen, nach Verdächtigen zu forschen und darüber zu berichten[3)]. Manchmal fertigt man Listen der Unglücksfälle an. Nach einem Ende November 1607 angelegten Verzeichnis über elf im gleichen Jahr gefallene Pferde will man im Herz einer der Tiere »zwei ding mit gelben Streifen« entdeckt haben und im Herz eines weiteren »ein Tier gleich einem jungen Hund. Mit Füßen und Sterz, doch ohne Haar.[4)]«

Solche Hinweise dienen als Grundlage für das spätere Einschreiten des Landesherrn. Es sind Voruntersuchungen, die den Zweck haben, die Basis für eine im ordentlichen Prozeß durchzuführende Spezialuntersuchung zu schaffen[5]. Die Variante kommt bei den Hexenprozessen selten zum Tragen. Diverse *Hexenverordnungen* geben andere Richtungen vor[6].

Ein Herzstück des falschverstandenen Christentums ist das stete Denunzieren, das von päpstlicher Seite aktiviert wird »um die Seelen der Glaubensschäflein zu erforschen«. Letztendlich gehört die Ohrenbeichte in die seelische Folterkammer der Religionsvariante. Die Verfolgungen erfahren unter der Regierung des frömmlerischen

Grafen Johann Arnold

(1614–44) eine Wende zum Guten und Schlechten. Er schaltet sich in Prozesse und ordnet in der Regel die Verhaftung der Besagten an. Die von ihm zugelassene Folterpraxis muß als milde bezeichnet werden. Er ist 1627 22 Jahre alt und von hier bis 1630 erfolgen 60 bis 68 Hexenprozesse in seinem Verantwortungsbereich, die im wesentlichen von Moeden geprägt werden.

Aus der *Chronik des Aachener Jesuitenkollegs* läßt sich ableiten, daß es 1630–46 und 1649 zu Hexenverfolgungen gekommen ist. Damals muß sich im Raum Blankenheim ein Viehsterben abgezeichnet haben. 1610 hält es der 20 Jahre später als Hexenmeister gerichtete Pfarrer Peter Hillebrandt für nötig, zu erzählen: »er sei samt seinem Küster auf einem Pferd durch die Luft von Esch nach Alendorf geritten.«

Es wird dem Grafen hinterbracht: »wie einem Bauern sechs Ferkel nach dem Fressen von Hafer im Verlaufe von zwei halbviertel Stunden eines nach dem andern zitternd und bibbernd eingegangen seien, ohne daß man etwas habe finden können. Damals hätten die Tiere Schaum vor dem Maul gehabt. Man habe sie durch das Eingeben von Weihwasser und gesegnetem Salz und Brot retten können.«

Hillebrandt hat sich 1613 beim Grafen zum Sprecher einer Frau gemacht, die von zwei Nachbarinnen zu einem Glas Wein eingeladen worden sei und die »noch am gleichen Abend in einem Bein solche Schmerzen verspürt, daß sie habe überlaut schreien müssen. Am Sonntag darauf hätten die Schmerzen nachgelassen.«

Der Bericht des Pastors Johannes Mehlen aus Rohr an den Grafen vom Juli 1614 befaßt sich mit zwanzig Fällen meist langjähriger unheilbarer Krankheiten und dem Kindersterben. Der Graf geht den Dingen nach. Es zeigt ein Faszikel aus dem Jahre 1641: *Verhör verschiedener Einwohner im Blankenheimer Dorf betreffend einem angeblich daselbst abgehaltenem Hexentanz*[7]:

Der vom Grafen beauftragte Schultheiß Nikolaus Eschermann benötigt einen Monat für die Vernehmungen; es kommt nichts Vernünftiges heraus. Daraus kursieren Beleidigungsklagen und Gerüchte. Einige Bezichtigte stellen sich im Vorfeld dagegen[8]. Einige belasten sich in den Augen der anderen. 1627 ruft der Graf den bis dahin in der Gegend von Köln als Hexenrichter tätigen Rechtsgelehrten

Johannes Moeden

als Kommissar für das Gebiet seiner Grafschaft. Er zieht mit ihm einen erfahrenen Experte zu Rate. Zwar hat die Instruktion nur zum Ziel: »zum ständigen Unterricht der einfältigen und schlechten Richter und Urteilsprecher«, wobei sie sich an Laienrichter wenden. Sie sehen sie als Hilfsmittel für ihr Vorgehen; sie begründen aus solchen Vorgaben Entscheidungen. Der bis 1627 in der Region mehr oder weniger formlose Prozeß erhält mit Moeden juristischen Schliff.

Die Mitwirkung des Grafen wirkt sich positiv für die Angeklagten bei der Anwendung der Folter aus, da er groben Folterpraktiken vorbeugt[9] und sich Schergen unter ihm kaum sadistische Ausrutscher leisten können.

Dies bringt ihm im Zusammenhang mit dem wegen Zauberei beschuldigten Pfarrer Mathias Hennes aus Wiesbaum eine Rüge ein. Das Mitglied des Domkapitels zu Köln, Adolf von Pempelfurth, beschwert sich in einem an den Grafen gerichteten Brief vom April 1630: »man habe vernommen, daß nit modo torquendi in sede vigiliare exedieret werde.«

Eine rühmliche Einstellung des Grafen zeigt sich in seinem Eintreten für den Pfarrer Hillebrandt von Esch, denn er schreibt im Juli 1627 dem Generalvikar Johannes Gelenius: »er möge noch einmal Nachsicht mit ihm haben, da er Besserung versprochen und seine Concubine entlassen habe.«

Er läßt sich darauf nicht ein und teilt mit: »er sei für das Seelenheil des Geistlichen

Flugblatt aus dem Cölnischen zum Jahre 1589; wobei auf die Werwolflegende Bezug genommen wird. Farbbild eingespiegelt. →

Warhafftige vnd Wunderbarlich/ Newe zeitung von einen pauren/ der sich durch

Zaùberey/ des tags siben stund zu ainen wolff verwandelt hat/ vnd wie er darnach gericht ist worden durch den Colnischen Nachrichter/ den letzen October Jm 1589 Jar

Vier Meil von Coln wolbekandt/
Ein flecken ligt Bedbur genant.
Alda ein Baùr gericht wardt.
Der an sich het ein Teifflische ardt/
Schrecklich ist es zu heren an.
Ein Gürtel het der selbig Man/
Wan er sy vmb seinen leib det.
Verwandelt er sich an der stedt/
Jn eines greilichen Wolffs gestalt.
Vnd loff also hin in den waldt.
Al Tag vnd weret siben stund/
Sein verwandlung wie dan ist kundt
Nun ging eines abents auß dem walt

Ein Baur der wart dem Wolff bekant
Lieff an der Wolff fraßlich in geferdt/
Gar bald der baur zucket sein schwert
Vnd schlug dem wolff ein dapen ab·
Der wolff gar bald die flucht gab.
Der Baur hùeb auff den dapen bald
Drug in bald haim sagt die gesicht/
Sein nachpārē woltēs glaubē nicht/
Den wolffs dapē wolt er ziechē rauß
War eines menschē hād wordē drāus
Der wolff kam haim zu hauß verstet.
Vnd wùr gar kranck leckt sich zu pet.
Nach dem sein nachpaur in besucht/

Was im da wer vnd der verrùcht.
Petter Stump bald zu im sprach/
O Nachpaur wist das ich den dag
Nechten der groß wolff war/
Der euch hat angeloffen gar/
Vñ jr habt mir hand abgeschlagē
Jch bidt dut darvon gar nix sagē
Dem Teiffel ich mich hab ergeben/
Das ich mit zaùberey mein leben.
Nach dem der nachbaur ham kam
Sagt seiner frawen auch darvon,
Die es auch darnach offenbart.
Bis das es gar laūdt precht wart/

Jn seinē het hat man in geffangen
Den Petter stūp wol mit verlange
Da man in peinlich hat gefragt.
Darauff ers solches ales sagt/
Ermórd hab dreyzechen kinder klei
Drundert den aygnen Sune mein
Jhr Hirn gefressen vnd zerspalten/
Darnebē vmpracht auch drey alten/
Dem vich ich āch gar schedlich war
Gebùlt hab Füff vnd zwanzig jar.
Mit ainer laidichen Teifflin eben/
War mein Gefaterin darneben/

Vnd auff solches die vrgicht sein/
Hat man in auff ein Rad gesetzt.
Zechen zwick gab man im zu letz/
Mit ainer Hacken muß ich sagen.
Det man sein hēd vñ füeß abschlagē
Dē Kópff man im abgschlagt hat
Vnd steckt in hoch auff ein Rad/
Ein wolff macht mā im drauff ebē
Weil er hat gfierd ein wolffs leben/
Darnach den Korper mon verprein
Vnd auch sein Dochter an dem end
Vnd sein Gefader auch darby/

Welches Jedem ein Exempel sey.
Zu Meiden solche Teiffeley/
Gottes gericht nicht schlefft Firwar
Als man schreybt 8 9 Jar/
Den letzen October ist geschen.
Was man hie thut vor augen sechen

Gruckt Zu Normberg bey Lucas
Mair Formschneider hinder

verantwortlich und es sei wegen des gegebenen schlechten Beispiels besser, seine Absetzung auszusprechen.« Zwei Jahre danach wird Hillebrandt der Zauberei bezichtigt und kann nicht mehr mit dem Wohlwollen des Landesvaters rechnen.

Tolerant zeigt er sich im Falle der Frau des Schuhmachers aus Houverath, die er aus Rücksicht auf ihre fünf unmündigen Kinder freiläßt. Im Juli 1614 wird die schwangere Tochter von Peter Bramer aus dem Blankenheimer Dorf

Lehne Bramer

eingezogen. Die Brüder Scheffer haben sie besagt. Daraufhin wird der »gar schwache und kranke« Johann Scheffer ins Schloß geholt. Er berichtet, daß ihn die Beklagte vor etwa zwei Jahren aufgesucht hat. Darüber habe sich sein Weib so entsetzt, »weil sie beid als bezichtigett.«

Der Beklagte habe nach einem Gläschen gegriffen und daraus zum Trinken begehrt. Ihrem Mann, der von dem Wasser getrunken, wäre dann »ubeln befunden« und am rechten Arm sei ihm »ein knorr auffgelauffen.« Die Beklagte sei an seinem Elend schuld, sie wäre »gewißlich eine zauberin und wehrwolff.« Auch seinen Bruder habe die Beklagte mit einem (kalbe gekrauhe?) verzaubert, woran er gestorben sei. Man erblickt in ihrem Tun zauberisches Wirken und dann trägt ein Zeuge vor:

- Er habe wegen der Machenschaften der Beklagten seine potentia virilis (Zeugungskraft) verloren.

Trotz Anwendung der Folter ist aus ihr nichts herauszubringen. Sie verlangt, die

Wasserprobe

vorzunehmen. Die Obrigkeit läßt sich darauf nicht ein. Das Obergericht Blankenheim hat sich lediglich einmal zur Durchführung des Hexenbades entschlossen. Im benachbarten Herzogtum Jülich hat sie Wilhelm III. (1539–92) verboten. Sein Sohn Johann Wilhelm (der letzte Herzog von Jülich) ordnet an: »daß sie bei Angeklagten auf Zauberei wieder zur Anwendung zu bringen sei.« Moeden läßt sich auf das unsichere Mittel nicht ein.

Dann wird als Unbeteiligter der Pastor Johann von Blankenheim vernommen. Er läßt durchblicken, daß Zauberei im Spiel gewesen sein müsse, denn er habe gesehen, wie der Kranke einen besonderen Trank »ausgeworffen« habe: »wer ein abscheulich materie gewesen, were ein stück oder mehrere darin gewesen wie ein platt schlangen kopf oder dergleichen.« Nach weiteren Qualen räumt sie ein:

- Von ihrem Buhlen »Lucifix« habe sie einen Zaubertopf (mit) »hutschen und Schlangen erhalten. Daraus habe sie dem Kranken gegeben und daran wäre er gestorben. Der Topf stehe im Garten unter einem Apfelbaum »beim Nachsuchen werde man ihn finden.«
- Der Böse habe ihre Betrübnis und Schwermut ausgenutzt, in der sie sich befunden, nachdem sie erkennen mußte, daß ihr Sohn anstatt zu arbeiten schier einer »hurr« aus Blankenheim nachgelaufen.
- Der Verkehr mit dem Teufel wäre kalt und unnatürlich gewesen.
- Angetan sei er immer mit einem grünen Kittel und es sei möglich, ihn an den Klauen seiner Hände zu erkennen.
- Er habe sie mehrmals auf den Tanz geführt. Dort sei viel Volk versammelt gewesen. Man habe gegessen und getrunken. Etliche hätten dabei des Guten zuviel getan.
- Den Armen sei es unmöglich gewesen zu erfahren, was die Reichen getan oder beschlossen hätten.

• Auf dem Tanz habe einer aus Schmidtheim: »ein ziemblich feiner Knecht mit einen roden bartt aber kleiner statur« auf einem Pferdskopf gepfiffen.
• Da er nicht in der Lage gewesen sei, ihn mit Geld zu entschädigen, »hatte sie ihm in den Arsch blasen müssen, mit Verlaub zu reden.«
• Sie sei vom Teufel geschlagen worden, da sie sich geweigert hat, das Sakrament zu verunehren.

In diesem Fall entscheidet die Gräfin von Blankenheim: »die Beklagte sei wegen ihres ungeborenen Kindes freizulassen, dero gestalt, dass sie dieserhalb und sonst jederzeit auff erfordern Meines gnädigen heren bey tagh und nacht sich gehorsambst und in person sich sistieren soll.« Zu einem späteren Zeitpunkt muß sie dem Henker sechs Taler wegen seines Verdienstausfalles geben.

Im Juli 1627 wird ein neues Ermittlungsverfahren eingeleitet. Nach dem Bericht von Peter Jonen wird ihm am St. Laurentz-Tag auf der Weide ein Pferd »gebissen.« Er wagt sie zu beschuldigen, »da sie sich in der Nähe aufgehalten und schon einmal gefenglich angehalten worden sei.« Während des gegen

Sybille Kuhe

geführten Verfahrens wegen Zauberei hat die beklagte Susanne Hansen als Mitschuldige besagt. Sie wird unter Anklage gestellt und erklärt sich für unschuldig. Sie wolle nicht verbrannt werden, weil sie die Zauberei nicht gelernt hat. Dann wird sie gefoltert. »Trotzdem sie eine Stunde »in tortura aufgehangen gewesen, ist nichts aus ihr hervorzubringen, als daß sie von Zauberei nichts wisse.«

Nun entscheidet sich die Obrigkeit zur Vornahme der Wasserprobe. Man führt sie zum »Schaffweyher« (Schafweiher). Beim Hineinwerfen hat sie, wie das Protokoll bemerkt: »lufftigh auff dem wasser geschwommen, und ob schon der scharffrichter sie mit einer stangen ein, zwey, dreymal eingestossen, ist sie doch herausgekommen und oben geschwommen.« Dann wird sie nochmals gefoltert, obwohl die Wasserprobe für sie spricht und dann gesteht sie:
• Sie habe sich auf Veranlassung des bösen Feindes von Gott (und) unserer lieben frawen losgesagt: zuvor habe sie ihm zu Willen sein müssen.
• Der Buhle habe sie in aller Regel am Donnerstag zum Tanzplatz geführt. Dort habe man gegessen, getrunken und getanzt. Anschließend hätte »ein jeder den Willen mit seinem Buhlen« vollbracht.
• Der Böse mache eine schwarze Materie aus allerley gifft und deile und gebe davon den Hexen, die sich damit die Hände einreiben, um Bäume und Früchte in des Teufels Namen zu bestreichen.
• Sie habe bei der Kommunion die heilige Hostie unter der Zunge nachhause getragen, wo sie der Teufel am Abend zu sich genommen habe.
• Sie habe auf Veranlassung des Bösen vor einigen Jahren ihr gerade getauftes Kind getötet, indem sie ihm »Materia« in den Mund gegeben. Über den dritten Tag habe sie es ausgegraben, das Herz herausgenommen, ein Stück davon abgeschnitten, gesotten und gegessen, das übrige »hette der teuffel hinwek genommen.«

Sie wird Ende Juli 1614 mit Sibylle Kuhe dem Scheiterhaufen überantwortet. Ein gegen Adolphs Anna aus dem Dorf Blankenheim geführter Prozeß dauert lediglich zwei Tage. 1614 werden Verhandlungen gegen

Gredtgen aus Schnepflingen

aufgenommen, die Susanna Hansen besagt hat: »sie wäre nie auf dem Tanzplatz gewesen und nicht vom Teufel verführt worden, es liege eine Verwechslung vor.« Daraufhin schreitet man zur Folter und sie bittet um die Vornahme der Wasserprobe. Dann räumt sie eine Begegnung mit dem Teufel ein. Er soll sie gestoßen und geschlagen haben, so daß sie ihm folgen mußte.
• Nach der Absagung Gottes habe er sie vor die Stirn gestoßen »und etwas hinwegh geholt und gesagt, das were der Crysam.«
• Auf dem Tanzplatz habe sie mit ihrem Buhlen getanzt, den sie umb den munt geküsset und sonsten wohin er gewolt.«
• Nach dem Tanz habe man beratschlagt, wie man »die Baum und Lantfrücht verderben könne.«

Schließlich besagt sie weitere und am Schluß der Verhandlung wird gesagt: »der allmechtigh Ewigh Gott behütt all fromm Christen vor des teuffels list in Ewigkeit. Amen.« Sie wird Anfang August 1614 hingerichtet. Dann erfolgt für 13 Jahre eine Phase der Ruhe vor dem Übel der Hexerei. 1627 wird ein Prozeß gegen

Agnes Preußge

aus Ober Gartzen inszeniert. Hier dominiert als Anklagevertreter Johannes Moeden, dem die Führung obliegt. Da sie sich unschuldig fühlt, wird sie zur peinlichen Frage verwiesen. Bis auf einige Schmerzensschreie bleibt sie standhaft.

Die Folter wird mehrfach unterbrochen und Moeden ordnet deren Rückführung in den Kerker an. Hier verbirgt sich eine abenteuerliche Intrige. Es ist üblich, daß die Scharfrichter nach Vollzug ihres Amtes Schuhe, Kleider und Lumpen der Hingerichteten an umstehende Bettler verteilen. Agnes nimmt es zum Anlaß, einem von ihnen zuzurufen: »es kombt di woll man viele Zauberschen verbrandt werden, so bekommst du noch viell gueter Sachen.« Worauf er sagt: »Ey was will ich dan noch all feinen dinghs bekhommen, wan du nun verbrandt wirst,« worüber sie gantz stillschweigendt und schamrodt weggegangen.«

Wegen ihres Leugnens muß sie eine zweite Folter über sich ergehen lassen. Sie gesteht, daß sie als Kind einen Goldgulden gestohlen und später eine Frau um einen holländischen Taler betrogen hat. Mehrfach bittet sie um die Wasserprobe. Als sie Wasser zu Trinken begehrt, reicht man ihr »particula de consecrato Agno dei« in Weihwasser. Eine fünfstündige Folter vermag ihren Willen nicht zu brechen, doch dann räumt sie ein:

- Sie habe den Teufel gesehen, der das Gesicht eines Hundes und den Gang eines Menschen gehabt habe. Er habe sie begehrt, die Zauberei zu lernen. So wolle sie einmal Zuhause ein Pferd bezaubert haben.
- Einmal wäre sie Zuhause dem Teufel zu Willen gewesen. Er sei in weißes Leder gekleidet gewesen und habe sich Hans Johann genannt.

Diese Aussagen widerruft sie. Niemals habe sie den Teufel gesehen und wäre unschuldig, der die Pein leiden müsse, müsse verzweifeln. Es geschehe ihr Unrecht und sie sei des Übels unschuldig.«

Dann wird sie gegen Schwören der Urfehde freigelassen. Um die gleiche Zeit muß deren Mutter (Leysen) verhaftet worden sein. Man stellt Untersuchungen über deren Leumund an und hört 16 Zeugen. Man bringt in Erfahrung, daß sie sich in ihrer Jugend auf Kirmessen herumgetrieben und daß man sie der Zauberei beschuldigt hat. Man hält ihr vor, die Hostie aus dem Mund genommen zu haben, um sie dem Teufel zu bringen oder (sie) in ihren Zaubertopf zu werfen.

Dann bezichtigt sie Nellies Zimmermann, daß man sie vor Jahren dazu verurteilt habe, den Zeugen einen Schaden zu ersetzen. Darauf soll sie geäußert haben: »sie zahle keinen Heller, bis ihr der Teufel das Geld zurückgegeben hat.« Über ein Jahr danach ist dem Zeugen eine Kuh krank geworden, die so jämmerlich geschrieen: »so das halb Dorf überschallet.« Als sie in den Stall gegangen, um nach dem Rechten zu sehen, habe man sie mit einer Mistgabel davongejagt.

Ihre Hinrichtung wird durch ein späteres Protokoll bestätigt. Wahrscheinlich liegt dem Verfahren ein Racheakt zugrunde, den sie mit dem Leben zahlen muß. Im Mai 1627 wird das Verfahren über

Dorothea Wingart

eingefädelt. Sie stammt aus Auenheim und bei ihrem Weggang sollen die Leute geweint haben »denen sie Gutes getan.« Könne sie doch das Vieh segnen und den Bauern (wieder) zu ihrer Milch verhelfen. Aus der Quelle resultieren die gegen sie erhobenen Gerüchte. Sie wird der Folter unterzogen, weil sie »von allerorts hingerichteten Weibe und mahns personen pro complice besaget worden.«

Dann räumt sie ein, das Segnen nicht von Gott, sondern einer inzwischen verstorbenen Frau gelernt zu haben. Sie verstehe nichts von Zauberei. Als man sie, anstatt aufzuziehen, mit Birkenruten schlägt, bleibt sie bei ihrer Aussage und besagt Liese Preßge:

- »sie habe die Beklagte auf Scheumer heidten am Tanz gesehen. Dann hat man sie soweit, daß sie alles einräumt, was eine Verbrennungswürdige ausmacht.
- Sie habe den Bösen zweimal durch die Nennung des Namens Jesus verjagt und bei der dritten Begegnung wäre sie ihm zu Willen gewesen, als sie wegen des Todes ihrer Tochter niedergeschlagen gewesen sei.
- Sie habe bemerkt, daß sein Ding kalt gewesen sei. Sei wie ein Span nagel gewesen, sei nit gewesen wie eines Christen manns gliedt.
- Der Teufel habe hundts fues gehabt undt eines Menschen fues, schwartz Kleider, schwartz angesicht, menschen handt und sich Hans genennt.

Nach der Absagung Gottes hette der Teufel sie in den Arm genommen, sie unden angegriffen undt ahn die stirn auch, do hette er gesagt: »Er hette Ihr den Chrisam abgekratzt, es hette jhr etwas wehe getan.

- Einmal habe der Teufel mit ihr verkehrt, als sie mit ihrem Mann im Bett gelegen habe. Er habe herausbekommen, daß sie beim Hexentanz gewesen; aus dem Grund habe sie eine kräftige Tracht Prügel einstecken müssen.
- Vom Teufel habe sie das »Düppen« (Zau-

bertopf) erhalten, um sich damit für die Fahrt zum Hexentanz zu schmieren. Danach habe vor der Tür ein Wagen mit kleinen Rädern und Pferden gestanden, in dem sie und des Leinewebers Hausfrau Platz genommen haben.

- Auf dem Platz habe man getanzt »gegen einander in einem Kreis mit Rücken inwendig (und) den Gesichtern auswenig. Das Spiel des Spielmanns dazu hätte »bethumbt gelaut hum, hum, hum und der Teufel habe das Amt des Mundschenks verwaltet.
- Nach der Prasserei habe man gewöhnliche Vermischung gepflegt und darüber beraten, wo man Schaden zufügen könne. Deshalb habe der Teufel verschiedenfarbige Erde zur Verfügung gestellt, welche sich in Raupen, Mücken und dergleichen verwandelt hätte, sofern man sie in des Teufels Namen hinter sich geworfen habe.
- Sie wolle auch Wetter gemacht und Vieh umgebracht haben. Der Teufel sei ihr kurz nach der Verhaftung erschienen und habe ihr mit der Verdammung ihres Leibes und ihrer Seele gedroht, falls sie irgend etwas offenbare. Er habe ihr während der Zeit »auff der Zungen« gesessen.

Dann besagt sie weitere. Das Urteil ist verlorengegangen. Die Hinrichtung wird im Prozeß gegen Anna Zimmermann bestätigt. Ende Mai 1627 wird Katharina Marx hingerichtet. Im Juni des gleichen Jahres verhandelt das Gericht gegen

Anna Zimmermann

aus Ober Gartzen; hier führt Moeden das Regiment. Da sie nicht gütlich gesteht, wird sie gefoltert und bekennt:

- Der Teufel habe sie in ihrer Betrübnis wegen der vielen Schulden ausgenutzt und durch das Versprechen »ein stueck geldts« geben zu wollen, zum Abfall vom Glauben gebracht ... nachdem sie mit dem hindersten dafür gestoßen undt dernach mit Jhro den Willen oder Vermischung geschafft ... sie habe sich dem Teufel mehrfach hingegeben.«
- Zu den Hexenfahrten habe sie sich eines schwarzen Bockes bedient, an dessen Hörnern sie sich festgehalten.
- Zum Schornstein sei sie schon herausgefahren und jedesmal habe sie der »schwartze Schelm mit Händen wie hundtsfuess und Stuppen fuessen begleitet.«
- Sie habe sich verschiedentlich am Wettermachen beteiligt und die schwarze Masse aus ihrem Topf zur Vernichtung des Viehes verwendet.
- Sie habe jeweils den Segen der Kirche abgewartet, um eine Zeitlang Ruhe vor dem Teufel zu haben.
- Vor einem halben Jahr hat er verlangt, sie solle ihm ihr jüngstes Kind geben. Als sie sich geweigert, habe sie der Teufel übel zerschlagen.
- Sie wäre schuld am Tod einer Frau aus Ober Gartzen, die sie mit Hilfe ihrer Gespielinnen bestrichen haben will. Sie habe daraufhin ein »dick ding an den halss bekommen und wäre daran gestorben.«

Sie besagt weitere und darunter Verwandte, denen der Prozeß gemacht wird. U. a. besagt sie den Pastor Hillebrandt: »er habe sich auf dem Hexentanz als Spielmann beteiligt, welcher außerhalb der Tanzenden gestanden und »auf einen langen ding wie auf einem Strohhalm« gespielt habe. Zudem habe sie gesagt, daß man Liese Preußge bald fangen werde und ihr habe der Pfarrer vorgehalten: »sie were auch eine ... doch könne man alle Sachen nicht sagen.«

Schließlich bedankt sie sich bei den Examinatoren, daß man ihr dazu geholfen hat die Wahrheit zu bekennen. Sie wäre von Herzen froh, daß sie ihr Gewissen entlastet habe und wolle verhindern, daß sich ihre Kinder das Urteil anhören müssen. Sie wird zum Feuertod mit vorausgehender Strangulation verurteilt. Dann folgt der Prozeß gegen die Witwe des Theis

Steefenmächers Anna

aus Ober Gartzen. Sie war nach ihrer Verhaftung flüchtig, aber durch den Landvogt des Amtes Niederkenn-Rittersbach eingeliefert worden. Man habe sie zwar wegen Hexerei besagt, nehme sie aber auf Befehl des Grafen wegen Ehebruch vor, aus dem sie ein Kind empfangen habe. Sie hat die Ehe mit Johann Groß gebrochen: »Wolle von der Zauberei nichts wissen, sonst müßte sie mehr sagen als sie wüßte.«

Dann wird sie der Zimmermännin gegenübergestellt, die bei ihrer Seligkeit versichert: »daß sie die Beklagte auf der Scheuner heidten beim Hexentanz gesehen habe.« Es bricht ihre Hemmschwelle und sie sagt:

- Der Teufel habe sie gezwungen, Gott abzusagen: Er habe sie an das Creutz zwischen Thönis und Gartzen geführt und sie dort »mit dem hinderst darwider« gestoßen und nach der Absagung Gottes »lange das Creutz auffrecht stehend fleischliche Vermischung mit Jhme gepflegt ... So sie kalt als ein Eisen mit Schmertzen empfunden.«

• Die Hexenversammlungen habe sie auf einem Geisbock besucht. Dort sei der Herr aus Virmenich der Pfeifer gewesen, der »auf einem langen dicken ding gepfiffen, hette gleich lautend als ein baum vol brommen hommeln.«

• Dabei wäre sie als Leuchter gewesen. »Ihr Buhl habe jhr die Kertz geben, so schwarz licht gewesen, hette die Kertz in hindersen gehalten.«

• Sie habe Wetter gemacht und einer Frau im Kindbett die Milch genommen. Dann besagt sie weitere. Sie wird zur Strangulation und Verbrennung verurteilt. Nach dem Schlußprotokoll ergibt sich die Beklagte »mit Freuden, daß (sie) diesen Tag einmal erlebt und aus des Satans Stricken erlöst.«

Während des Prozesses gegen die »Steefmächers« vernimmt man die Witwe von Bernhard Schmit aus Ober Gartzen, Sibylla Beelgen, die man besagt hat. Sie wäre in der Öffentlichkeit als Zauberin verschrieen. Man schreitet zur Folter und sie räumt ein:

• Die leuth hetten sie der hurerey und dieberey bezichtigt. Dann räumt sie ein:

• Sie sei im dritten Monat schwanger gewesen und von ihrem Mann verlassen worden, als er in ihres Mannes Gestalt zu ihr gekommen und hette den willen mit jhr geschafft neben Versprechung wolle er sie zur Ehe nehmen.

• Beim dritten Besuch habe sie sich dem Bösen mit Leib und Seele ergeben und bei der wiederholten geschlechtlichen Vermischung habe sie »befunden das es kaldt wie Eis gewesen.«

• Der Böse hatte fues gehabt wie ein hundt auch klawen ahn den henden.

• Zum Hexentanz wäre sie auf einem Besen gefahren und sei vorab in des Teufels Namen an den Ohren und Lippen geschmiert worden. Zum Tanze soll der Pastor Hillebrandt gespielt haben.

• Das Weißbrot habe (dort) wie ein Schwamm ausgesehen und das Fleisch habe wie Holz geschmeckt.

• Wenn sie dem Teufel zu Willen gewesen, habe es nicht lang gedauert: »sein manlich gliedt sei stup gewesen, gleichet es mit einem hundts schwantz.«

• Sie habe ihren Mann durch »ein klein pulfergen auf eine(m) Salat« getötet.

• Der Teufel habe sie aufgefordert, dem Ehemann den ehelichen Verkehr zu verweigern und deshalb sei sie von ihrem Manne geschlagen worden. Sie wird Mitte Juli 1627 erwürgt und verbrannt. Dann wird gegen die Witwe

Dorothea Halffen

ermittelt. Man hat sie besagt und dann wäre sie dem Schützen davongelaufen, der sie habe festnehmen wollen. Nachdem man sie gefoltert hat, meint sie: »man habe sie fälschlicherweise angeklagt und sie wäre keine Zaubersche.« Bei einer weiteren Folter bittet sie um Wasser. Man reicht ihr vermutlich Weihwasser, das sie ausspuckt und dann beginnt sie zu erzählen:

• Sie habe vor zwei Jahren bange zuhause gesessen, als der Teufel von ihr verlangt habe, dem Pastor ein Rind umzubringen. Der Böse habe ein leichtes Spiel gehabt, sie zu verführen und dann räumt sie ein:

• Daß durch Betrug des Feindts in deme wegen schuldt betruebbet gewesen, in daß Laster der Zaubereyen kommen ungefehr für 12 Jahren.

• Daß (sie) under deme Gott dem Allmächtigen abgesagtt undt dem Teuffel Jhren buhlen zugesagtt im Pleutzling (?).

• Daß unterschiedlich mahl fleischlicher Vermischung mit dem Teuffel gepflegt, so sie unnatürlich mit Schmerzen befunden.

• Daß (sie) vom Teuffel geldt empfangen, so hernacher Dreck befunden.

• Daß (sie) ahn unterschiedlichen örthern auff hexentäntzen undt Versammlungen gewesen, dabei neben Jhren gespillen allerhandt zu zauberwercken verübt.

• Daß (sie) ein Zauberdüppen vom Teuffel sambt ettlichen materien empfangen.

• Daß unterschiedlich mahl ahn verschiedenen örthern darbei wehre gewesen, do sie neben Jhren gespillen sich beratschlagtt wetter zur verderbung der fruchten zu machen, welche wetter auch würklich erfolgtt.

• Daß dem Junckern zu Virmenich ein schwartz undt zwei rode kühe mit hülff und ratt Jhrer gespillen durch Zauberei getötet vorm Jahr.

• Here Jacob Pastory habe in gleichen ein rod rindtgen getötet. Sie wird stranguliert und verbrannt. Im Juli 1629 wird der Prozeß gegen

Jonas Theißen

aus dem Dorf Blankenheim geführt. Er macht einen Kniefall und bekennt sich eines Ehebruches. Man möge ihn von der Pein verschonen, doch zaubern könne er nicht. Zwar gebe er zu, daß ihn der Mann seiner Geliebten als Werwolf bezeichnet habe und daraus leite man ab, daß er ein Zauberer sei.

Die Tortur mag seine Zunge nicht zu lokkern. Man soll ihn in Frieden lassen. Dann findet man ein Hexenmahl an seiner Schulter und führt ihn in den Kerker. Seine Halsstarrigkeit wird mit einer 19 Stunden anhaltenden Folter belohnt.

- Er erwähnt den Zaubertopf mit der schwarzen und schädlichen Materie und den Bock für die Reise zu den Tanzplätzen.
- Seiner schlafenden Frau habe er »ein Kraut ins Bett gelegt«
- Auf dem Tanz sei ein Pfeifer gewesen, der mit seinen Nasenlöchern in einen Pferdekopf geblasen hätte, daß es dumpf: hu, hu, hu getönt habe.
- Barbara Paulus sei in einem goldenen Wagen mit vier schwarzen Pferden zum Tanz erschienen.
- Er habe Haustiere durch das Eingeben von Zaubermasse umgebracht und das Sakrament mit Füßen getreten.
- Zum Beginn seiner Hexentätigkeit habe er Wetter gemacht. Er habe ein Kraut in die Luft geworfen und gerufen: »da fahre in Teufels nahmen, waß du triffest, das werde zuschanden.
- Er wolle den Amtmann von Gerolstein (Heinrich von Mülheim) auf dem Tanzplatz jenseits der Mosel gesehen haben.

Bevor er stranguliert und verbrannt wird, sind seine letzten Worte: »daß ein jeder sich fur sunden hüten wolle, damit solchen Gang nicht zu gehen nöthig.« Dann folgt die Verhandlung gegen

Katharina Kautsch

von der der Sohn meint, er würde die Mutter gerne tot sehen. Sie will sich der Wasserprobe unterziehen, doch hält man die Anwendung der Folter für wirksamer. Im Kerker bekennt sie, sie wolle die Wahrheit sagen und das Gericht möge schnell zusammentreten. Ihre Aussagen decken sich weitgehend mit den Bekannten.

- Sie habe einen Ochsen des Grafen Arnold umgebracht, da sie beim Saufen des Tieres mit ihrem Stecken in des Teufels Namen geschlagen und bezaubert habe.
- Sie habe mit ihren Gespielinnen auf einem Holzapfelbaum gesessen und sie in des Teufels Namen über den Baum geworfen. Dadurch sei die Baumblüte verdorben worden.
- Man werfe ihr vor, die Hexen hätten ihr Kind ausgegraben, um daraus das Herz für Zaubereien zu gewinnen. Der Teufel habe auf der Kirchhoftreppe gestanden »und hart gelachet.« Dann geht man gegen

Katharina Britzge

vor. Sie werde seit Jahren »für eine offentliche Zaubersche gehalten und wäre von etlichen Hingerichteten besagt worden.« Sie wird gefoltert, was sie mit einem spöttischen Unterton begleitet. Als man sie am Folterstuhl hochzieht, beginnt sie zu lachen. Sie soll am Tod eines Säuglings schuld gewesen sein. Das Kind hätte sie aus Barmherzigkeit umgebracht, da es gar heruntergekommen und so elend ausgesehen habe. Zudem habe sie sich an der Ausgrabung einer Kinderleiche beteiligt. Die am 2. August 1629 dem Gericht vorgeführte

Barbara Paulussen

muß sich sagen lassen: »sie stehe schon lange im Ruf der Zauberei. Zudem wäre aufgefallen, daß sie vor zwei Jahren zur Zeit der damaligen Hexenprozesse offenbar aus Furcht nach Steinfeld ausgewichen sei.« Sie meint: »sie wäre keine Zauberin und wisse nicht, daß sie als eine solche gelte.«

Moeden ermahnt sie:» sich fleißig zu erinnern.« Dann wird sie sieben Stunden lang gefoltert und legt ein umfassendes Geständnis ab.

- Der Teufel habe sie bei der zweiten Begegnung auf die Erde geworfen und vergewaltigt. Dann läßt man sie in der Folterkammer die Absagung des Teufels nachbeten.
- Sie habe in fünf Fällen von ihrer Zaubermasse dem fremden Vieh eingegeben, so daß die Tiere eingegangen.
- Sie sei dabeigewesen, wie ihre Nachbarin eine Mißgeburt zur Welt gebracht habe.Sie habe zwar das Kind im Namen des Teufels gebadet, sei aber von ihrer Zauberkunst im Stich gelassen worden.
- Auch habe sie sich beim Tanz als Leuchter betätigt. Diesen hätten sie »cum venia in posterioribus« küssen müssen.
- Sie habe viermal das Sakrament mit den Füßen getreten und es zweimal in einen Schweinetrog geworfen.

Als Graf Arnold am 6. August der Verhandlung beiwohnt, widerruft sie und meint: »sie hätte nur aus Pein bekannt. Ihr Wissen habe sie von Leuten, die man als Hexen verbrannt habe. Sie habe gemeint, etwas sagen zu müssen, was aber nicht wahr sei.«

Katharina Finck

aus dem Dorf Blankenheim wird im August 1629 eingezogen. Sie steht im Ruf einer Zauberin. Die Leute würden sich segnen, wenn sie ihr begegnen und haben ihr teilweise das Betreten ihrer Häuser untersagt. Sie räumt ein, »daß sie seit 15 Jahren im Gerücht stehe, aber sie wäre zu arm, um dagegen etwas unternehmen zu können.

Sie beginnt sich arglos in einer unglaublichen Weise zu profilieren, so als wolle sie einmal im Leben im Mittelpunkt stehen.

- Sie habe sieben Kinder verzaubert und wäre dem Teufel mit der Hostie unter dem Rücken zu Willen gewesen.
- Sie habe einem neugeborenen Kind »Dings« auf die Zunge geschmiert, so daß es gestorben sei. Sie wolle einen drei Monate alten Säugling heimlich aufgesucht und umgebracht haben.
- Sie habe sich mit einem teuflischen Plan gegen die gräfliche Familie gerichtet. So habe sie sich mit anderen »in Katzengestalt under der pforten« in den Saal des gräflichen Schlosses begeben und vorgehabt, dem jungen Grafen ein lahmes Bein zu zaubern. Da sei die Kammer gesegnet gewesen und sie konnten nicht eindringen.
- Da sie beim Grafen habe nichts erreichen können, hätten die Hexen nach dem Eindringen ins Schloß versucht »bei dem magdhauß« hinaufzukommen. Dann wären sie sich uneinig gewesen und haben des Nachts ein »Katzengeschrey« gemacht.

Sie bittet, nicht mehr ins Gefängnis verbracht zu werden, weil der Teufel noch gestern bei ihr gewesen sei und ihr zugeredet habe, nicht zu schwatzen: »daß man baldt Ihro das leben nehme«. Sie bedankt sich bei Moeden mit Handschlag: »daß man sie aus diesem Jamerthal auß solchen bösen sündigen Leben errettet«. Sie wird stranguliert und den Flammen übergeben.

Anna Schefer

aus dem Blankenheimer Dorf hat sich im August 1629 zu verantworten. Sie sei 30 Jahre lang Witwe und durch das Kriegsvolk eine arme Frau geworden. Seit 25 Jahren befinde sie sich in der Gewalt des Teufels. Sie habe »ahn seinem eiskalten gescheffl« erkannt, daß es ein Buhle sei. Er habe sich »Nimmergut« genannt und sie solange geschlagen, bis sie »Gott unserer lieben frauen undt seinen lieben Heiligen« abgesagt und »liegend beim Creutz Ihme den Willen gethan.«

- Mit ihrer Materia habe sie vier Pferde getötet und ein Apfelbäumchen bestrichen, damit es keine Frucht bringe.
- Einem $1\frac{1}{2}$ jährigen Knaben habe sie das schwarze Dings ahn den Beinen gestrichen, worauf es gestorben.
- Sie habe einem Kind etwas in den Brei getan und vor etwa zehn Jahren sei sie dabeigewesen, als sie mit mehreren auf dem Friedhof ein ungetauftes Kind ausgegraben und ihm das Herzchen herausgerissen haben, um ein Pferd zu töten.
- Hinterher habe man die Kinderleiche wieder eingegraben ... sie sei aber niemals mit Freuden bei der Sache gewesen, sondern vom Teufel dazu gezwungen worden.

Es stapeln sich ermüdende Wiederholungen und man gewinnt den Eindruck, als habe die Unvernunft Oberhand gewonnen. Sie erfährt das übliche Todesurteil. Anfang August 1629 wird

Johann Schrentzgen

festgenommen und am gleichen Tag vor die Gerichtskommission gestellt. Er habe sich zum Hexenpfeifer mißbrauchen lassen und stehe seit Jahren in einem bösen Ruf. Zudem habe man seine Mutter als Hexe verbrannt.

Die Verhandlung wird in Gegenwart des Grafen fortgesetzt und dann sagt das Folterprotokoll: »undt nachdeme auch uff betröhung der torturen derselb nichts bekennen wollen, zu deme man ahn ihm verspürt weilen Er allenthalben am Leib aufgeloffen, also anfenglich man gemeint das es mit der wassersucht behaftet, schwach an stehen undt gliedern demenach aber man in der gentzlichen Vermutung gestanden auch Ihre Gnaden so wol alß der here rechtsgelehrte und gerichten erspürt, daß derselbe mit großen löchern am gantzen leib umbstanden nach bedenkens getragen denselben, wiewohl mit guten rechten darztu gezwungen befügtt, der Tortur zu applicieren.« Daraufhin läßt man ihn schwören.«

1. Daß er sich im Hinblick auf seine Krankheit außerhalb des Dorfes eine Hütte bauen und mit keinem Nachbarn Gemeinschaft pflegen wolle.

2. Daß er sich in Köln oder einem anderen Ort ärztlich untersuchen lassen und eine Bescheinigung darüber beibringen werde, ob er mit diesem Aussatz behaftet sei oder nicht.

3. Daß er alle bisher entstandenen gerichtlichen Kosten tragen wolle.

4. Daß er sich auf Erfordern einstellen und nicht flüchtig werden wolle. Danach erscheint er vor Gericht und sagt: »er wolle bekennen.«

Er verhält sich wie ein Geisteskranker, der wegen seiner körperlichen Leiden den Tod sucht und seiner Familie nicht zur Last fallen möchte. Geld habe ihn getrieben, sich dem Teufel zu verschreiben:

- Viermal sei es zu einer geschlechtlichen Vereinigung gekommen, jener habe sich ihm immer in männlicher Gestalt gezeigt und habe beim Verkehr »auffm Kopf gestanden ... also gegen die Natur wie beester sich vermischet.«

• Er sei auf vier Tanzplätzen gewesen und habe auf einem langen Knochen gepfiffen. Auf dem Zaubertanz sei seine kranke Tocher gewesen.

• Der Teufel habe ihm einen Gürtel um den Kopf gelegt und habe ihn damit in einen Werwolf oder Hund verwandelt.

• Einmal habe er auf Geheiß des Teufels ein Pferd totbeißen wollen. Es sei ihm nicht möglich gewesen, weil zu viele Leute dabeigewesen.

• Auch habe er sein eigenes Schwein nicht bezaubern können, weil das Tier gesegnet gewesen.

• Zudem habe er des öfteren das Sakrament verunehrt und es in einem Schnupftuch nachhause getragen oder in seinen Zaubertopf geworfen. Er wird stranguliert und verbrannt.

Else Schrentz

die Frau des Vorerwähnten, muß nicht sein Schicksal teilen. Hingerichtete haben sie besagt. Sie scheint nicht die Klügste gewesen zu sein, denn sie »denkt«, daß sie dem Teufel seinen Willen getan habe. Den Verkehr mit ihm habe sie kalt empfunden. Sie bestreitet, Zauberei vollbracht zu haben und dann läßt man sie drei Stunden lang in der Folter hängen und sie bekennt:

• Einmal habe sie der Teufel auf den Singerstberg geführt, wo sie auf der dortigen Wegscheide Gott und seinen Heiligen abgesagt habe.

• Sie hätte Lust auf ihren Mann gehabt, weshalb sie dem sie besuchenden Fremden zu Willen gewesen sei und sie habe geglaubt, mit ihrem Mann zu verkehren.

• Dann fällt sie auf die Knie, dankt und bittet Gott, sie um ihrer Sünden Willen wie den Schächer am Kreuz zu behandeln.

• Sie habe noch vor einer halben Stunde mit dem Teufel verkehrt.

Sie scheint der gerichtlichen Auseinandersetzung nicht gewachsen, wie aus einer Aufzeichnung des verärgerten Gerichtsschreibers hervorgeht:

»Demnach uff alle fragstueck geantwortet: Ich dencke es wol, ich dencke es wohl, also alle Ihre bekentnußen in zweifffel stellt on sonsten auch nicht gestehen wollen, daß etwas bezaubert ahn Vieh, leuth oder sonsten sie ist dieselbe remitirt ad carceres auß Ursachen daß dieselbe selbsten angebe. Sie könne zaubern, seie in diesem Laster schuldig, aber könne es nit bekhennen mit fernerem andeuten als werde gehalten vom bösen Geist, gleich wol sie leibe Schwachheit halbe der tortur nit applicirt werden können, und deme auch furgibt, alß wen der teufel besessen derselbst stets bei Ihr seie.«

Das Gericht läßt wegen der vermuteten Besessenheit vom Priester einen Exorzismus über sie sprechen, der wirkungslos bleibt. Als man wissen will, wer sie das Zaubern gelehrt hat, sagt sie: »könne das eigentlich nit sagen,« und als man sie fragt, ob sie verbrannt werden wolle oder nachhause gehen, meint sie: »darauf könne sie nicht antworten.« Sie wird nach dem Schwören der Urfehde entlassen.

Marie Hammacher

wird im August 1629 in einen Prozeß verwickelt. Obgleich man sie besagt hat, sagt sie: »sie habe mit den genannten Hexen nichts zu schaffen.« Dann wird sie zur peinlichen Frage überwiesen. Sie bleibt »ein Misere« in der Tortur, um zu gestehen:

• daß sie vor 20 Jahren in die teuflische Gewalt geraten sei. Er sei ihr in der Gestalt eines Bekannten erschienen, während ihr Mann auf dem Feld gewesen sei.

• Den Geschlechtverkehr mit ihm habe sie unnatürlich empfunden.

• Der Teufel habe sich erst hinterher zu erkennen ergeben. Darauf habe sie sich gesegnet, so daß er mit einem Geräusch verschwunden sei.

• Er habe sie später zum Heiligenhäuschen geführt, wo sie von Gott abgefallen und einen Bund mit dem Teufel eingegangen sei.

• Zum Tanzplatz wäre sie auf einem Bock gefahren, der vor der Tür gestanden habe.

• Mit ihrer Zaubersalbe habe sie erst ihre Kuh verzaubert, so daß das Tier abgestochen und das Fleisch den Juden gegeben werden mußte.

• Bei einem Nachbarn habe es genügt, dessen Kuh über das Herz zu streichen, damit das Tier am nächsten Morgen verendet im Stall gelegen.

• Sie habe die Hostie in ihren Zaubertopf geworfen.

Dann gibt sie vor dem Schöffen Ihren letzten Willen ab und trifft Anordnungen über den Verbleib und die Teilung einiger Habseligkeiten unter ihren sechs Kindern. Sie bedankt sich bei Gericht und allen guten Leuten, die ihr geholfen haben, aus dem Elend herauszukommemn. Sie wird stranguliert und verbrannt.

Katharina Reuter

aus Engelgau liegt in Haft und benimmt sich so, als wäre sie davon überzeugt, der Zauberei gefrönt zu haben. Sie beantwortet die an sie gestellten Fragen »von hertzen gern« und beginnt zu plaudern, wie sie das erstemal vor 18 Jahren mit dem Teufel zusammengekommen sei, als sie sich von einem Bittgang nach Aachen auf dem Heimweg befunden hat.

- Die fleischliche Vermischung sei »schnell und sehr unfletig« vonstatten gegangen. Er habe sie zu diesem Zweck mit dem Rücken gegen ein Kreuz gestellt.
- Sie sei genötigt gewesen, von Gott abzusagen, weil sie der Böse andernfalls umgebracht hätte.
- Auf dem Tanzplatz habe sie ihre Tochter gesehen und als Mitschuldige benannt. Jene sei zu der Zeit verführt worden, als ihr die Freibeuter die Kleider geraubt hätten. Das Mädchen hätte sich einen Buhlen genommen der Hanß geheißen.
- Er sei ein stolzer junger Gesell gewesen, der ihre Tochter zuhause besucht habe. Seitdem habe sie immer von allem genug gehabt.
- Auf dem Zaubertanz habe sich der Nonnenpater von Holzmühlheim als Wichtigtuer aufgeführt. Er habe herumkommandiert, man möge den Wünschen der Buhlen nachkommen.
- Sie habe dem Sohn einer Hex(e) einen tödlichen Trunk Wein zubereitet, den seine Mutter und zwei andere Hexen dem Jungen verabreicht haben.
- Sie habe mit mehreren anderen Hexen ein ungetauftes Kind auf dem Kirchhof gegraben und dessen Herz herausgeholt, um Menschen zu töten. Doch wolle sie die Verantwortung für die Leichenschändung der ältesten Beteiligten zuschreiben. Sie wird stranguliert und verbrannt.

Margret Bruck

muß sich im August 1629 öffentliches Zaubergeschrei und einen leichtfertig-hurenmäßigen Lebenswandel vorhalten lassen. Sie gesteht unter der Folter, von einem Caspar ein Kind bekommen zu haben, der bereits ein anderes Mädchen geschwängert hat.

- Sie habe diverse Tiere durch Schlagen mit ihrer Rute zu verderben gesucht.
- Der Pater von Holzmühlheim habe auf den Tanzplätzen die Stellung des Römischen Kaisers bekleidet und Anweisungen für die auszuübenden Schandtaten gegeben.
- Außerdem sei noch ein groß, dick und sündig alt pfaff von Munster dagewesen, were auch im Wagen bei den freiers Frawen gewesen, hette mit gefressen, gesoffen undt (sei) herumb gesprungen.

Dann überschlagen sich ihre Bekenntnisse und sie sagt, daß ihr Buhle »Grünarsch« geheißen habe. Sie wird am 22. August stranguliert und verbrannt.

Gertrud Stingen

aus Blankenheim hält man vor, daß sie bereits verbrannte Hexen besagt haben. Sie antwortet: »Wolen dan thuet wie den zeugen bescheen ist undt verbrendt mich. Ich will mich in den todt begeben ... Sie wisse von keiner Angst und betont: »Ihr Lebtag keinen bösen Geist gesehen zu haben.« Dennoch wird sie gefoltert. Nachdem man sie »drei Misere« hängen läßt, wird sie abgelassen und bekennt (?):

- Sie habe sich vor 13 oder 14 Jahren erstmals dem Teufel in einem Kuhstall hingegeben. Der Böse sei mit einem grünen Kleid gekommen. Man habe ihn an seinen Händen, die wie Hundsklauen ausgesehen, erkennen können.
- Der Verkehr mit dem Buhlen, der »Plück« heiße, sei kalt und unnatürlich zugegangen.
- Sie habe sich in einen großen Hund verwandelt und in dieser Gestalt ein Pferd gebissen.

Sie räumt ein, darauf gebeichtet zu haben und unterschreibt so ihr Todesurteil. Sie wird am 2. August stranguliert und verbrannt. Im September 1629 wird gegen

Walpurg Halffen

aus Frohngau der Prozeß eingeleitet. Man hält ihr vor: »sie müsse am besten wissen, da sie seit 40 Jahren von Jedermann für eine Zauberin gehalten werde (und) vor der man sich gefürchtet und gesegnet habe, falls man ihr begegnet sei.«

Schießlich sei sie verschiedentlich Zauberin gescholten worden und habe das Wort trotzdem auf sich sitzen lassen. »Gleichwohl meine sie, keine zu sein und man könne das Geschrei auf Gehässigkeiten zurückführen.«

Dann wird sie sieben Stunden lang gefoltert und zeigt eine bewunderswerte Selbstbeherrschung: sie läßt keine Zeichen der Schwäche oder Ermüdung erkennen. Dann wird die Verhandlung unterbrochen und man sucht nach weiteren Indizien. Man hält ihr vor, daß vor acht Tagen die Grete Hammacher »auff sie gestorben.« Bei der zweiten Folter erlahmt ihr Widerstand:

- Vor 20 Jahren habe sie »krauten« gehen wollen. Als sie an dem Kreuz in der Nähe ihres Dorfes gewesen sei, habe sich ihr der Teufel in der Absicht genähert, mit ihr zu verkehren: »sie habe daselbst Gott, unser lieben frawen undt allen heiligen ab- undt Ihme zugesagt:« dann hätten sie sich vermischt. Doch wären die übrigen Mädchen näher gekommen, weshalb »derselbe es verschüttet in der eyl.«
- Sie habe einen Zaubertopf mit schwarzer Materie und darunter zweimal das heilige Sakrament in tausend Teufels Namen vermischt.
- Einer der Hexentanzplätze habe sich am Blankenheimer Gericht befunden. Zudem existiere – wie sie von der hingerichteten Margaretha Bruck vernommen – ein Tanzplatz bei dem Kolffenbach.
- Sie habe drei unmündigen Kindern »Dings« in den Brei oder Mund getan, so daß sie daran gestorben.
- Vor kurzen habe sie einer Kuh »schmers in die sauff« geben. Man habe in Munster (Münstereifel) um Rat nachgesucht, so daß dem Tier besser geworden sei.
- Vor zwei Jahren habe sie einem Kind ein »Dings« auf Butterbrot gegeben. Seine Angehörigen sind nur deshalb dem Tod entgangen, weil sie bereits gegessen hatten.
- Auf dem Tanz habe sie den Pater von Holzmühlheim und »Gerhartgen« ihren Verwandten, gesehen.

Es wäre unmöglich, alles zu behalten, was in 30 Jahren geschehen sei und in vier weiteren Fällen habe sie durch das Ausstreuen des »dings« Vieh getötet, darunter eigenes. Daraufhin bringt man sie in das Gefängnis.

Später sagt sie, das wäre alles nicht wahr. Man foltert sie und läßt sie nach $3^1/_2$ Stunden auf ihr Bitten herunter. Den Widerruf erklärt sie damit: »der Teufel sei in der Nacht bei ihr gewesen und habe ihr dazu geraten. Er habe versprochen, ihr loszuhelfen.«

- Sie habe ein Kind von zehn Wochen in der Wiege mit Zaubermasse getötet und sie habe zur Auffüllung ihres Zaubertopfes ein ungetauftes Mädchen ausgegraben und deren Leiche mit einem Stein zerstückelt.
- Zudem habe sie einer Wöchnerin die Milch genommen. Ihr sei durch das gesegnete Wachs, das man von den Kapuzinern in Münstereifel geholt habe, geholfen worden.
- Sie habe sich von der Kuh einer Nachbarin durch das Ziehen eines Talers »am krempen« Milch besorgt.

Sie besiegelt ihr Todesurteil. Sie hat Zeit zu einer »ultima dispositio«, in der sie ihren Mann anweist, hinsichtlich des teilweise noch offen stehenden Heiratsgutes von drei Töchtern Maßnahmen zu ergreifen. Sie wird am 26. September 1629 zum Tod durch das Feuer mit vorausgehender Strangulation verurteilt. Zwei Tage dauert der am 15. September 1629 begonnene Prozeß gegen die Frau des Johann

Gretchen Hammacher

»Ihr könne nicht entgangen sein, daß sie jedermann für eine offentliche Hexe halte.« Aus Angst vor der Folter sagt sie: »man solle Sie nit viel peinigen, wolle alles bekennen.« Dann behauptet sie, der Teufel habe sich einen von ihr in der Jugend begangenen Fehltritt zunutze gemacht, weil ihr ein Knecht »den Rücken gekehrt«, nachdem er sie geschwängert hat. In ihrer seelischen Bedrängnis habe sich ihr der Teufel in der Gestalt jenes Knechtes genähert und sie habe vor Erstaunen »Jesus« gerufen. Darauf habe es im Busch gekracht, als seien alle Bäume niedergefallen und die Gestalt wäre verschwunden gewesen.«

Wenig später sei er wieder zu ihr gekommen und da sei sie ihm zu Willen gewesen. Auch noch ein drittes mal wäre der Böse erschienen. Sie habe sich ihm wieder hingegeben, weil er sie getröstet habe.

- Dann habe auf dem Hexentanz der »Pfeifer auffm pferdkopf gepfiffen für an der nasen eingeblasen hette ellendig gelautet... überhaupt wäre es auf dem Tanz ellendig gewesen.«
- Der Nonnenpater sei der »oberst« gewesen und er habe über eine entsprechend herausgeputzte Buhlin verfügen können.
- Der Pater habe auf dem Tanz Speise und Trank spendiert. Er sei an den Tischen entlang gegangen und habe aus einer zinnernen Kanne eingeschenkt. Er habe befohlen: »keiner solle den anderen beschwetzen.« Sie besagt 24 Männer und Frauen aus Blankenheim und der Umgebung »denn es seien besonders viele Leute aus dem Blankenheimer Dorf auf den Tanzplätzen gewesen.
- Ihr Buhle habe Hans Stoltz geheißen und sie habe viermal das Sakrament dadurch verunehrt, indem sie »dasselb under sich gelegtt, den willen darauff dem Teufel gethan, darnach dem teufel geben.«
- Zudem habe sie mit zauberischen Mit-

Schweinehirt mit Stab und Knotenpeitsche hütet seine Herde bei der Eichelmast. Holzschnitt aus: Pietro Creszeni. New Feldt vnd Ackerbaw, Straßburg, 1602, Kap. 27, S. 449.

teln Vieh umgebracht. Ein Zeuge sagt: »ihm sei ein Kalb gestorben, ohne daß er an demselben eine natürliche Krankheit habe entdecken können.

- Dann gibt sie ihren letzten Willen zu Protokoll. Kurz danach wird das Todesurteil an ihr vollstreckt. Mitte September 1629 verhandelt das Gericht gegen

Gertrud Stall

aus Blankenheim. Sie klagt darüber, daß man sie zu Unrecht besagt hat. Darüber müßten die Verurteilten nach dem strengen Urteil Gottes Rechenschaft ablegen. Ungeachtet ihrer Beteuerungen wird sie gefoltert. Man beginnt mit dem zweiten Foltergrad und nach dem Verlauf von $8^1/_2$ Stunden legt sie ihr Geständnis ab:

- Es sei vor Jahren gewesen, als sie »dem hilleßheimer« Geld schuldig gewesen sei, ohne zu wissen, woher sie welches nehmen solle. In ihrer Betrübnis sei einer in der Gestalt ihres Schwagers Albert gekommen und habe auf dessen westfälische Art zu reden gefragt, weshalb sie so dasitze ... er wolle nach Steinfeld gehen und Geld beschaffen. Nach zwei Tagen habe er zwei Reichstaler gebracht »welche sich hernach (als) Sawsdreck befunden hette(n):«
- Einige Zeit später sei er wiedergekommen, als ihr Mann beim Bier gesessen, der eine Sohn auf Wache gestanden und der andere geschlafen habe. Der späte Gast habe sich zu ihr ins Bett gelegt, sei aber verschwunden, als sie seine Kälte spürend »Jesus« gerufen habe.
- Einige Tage später habe jener zur Mittagszeit ihr Haus betreten. Er hätte sie in die Stub gerissen, sich mit ihr vermischet und sie angehalten, Gott abzusagen und dem Teufel zu dienen.
- Darnach sei der Teufel zu ihr gekommen und habe sie in der Gestalt ihres Mannes angelächelt und sie an die Stubenwand gestoßen. Es hätte ihr nichts genützt, ihm zu sagen: »du teuffels Bock, was geht dich das ahn.« Jener hätte dennoch seinen Willen mit ihr getan. Er habe sich Hans Nimmergut genannt.
- Sie habe vor einigen Tagen ihrer Kuh die Milch genommen und die fehlende will sie sich in ihrer Scheune durch Melken an einem Strohhalm in des Teufels Namen beschafft haben.
- Sie habe keinen großen Zaubertopf gehabt, sondern nur ein »ein klein salb tüppgen« wie die Quacksalber haben.
- Entgegen dem Wunsch des Teufels habe sie das Sakrament nicht verunehrt und sich geweigert, unlängst ein Pferd in »einen Kümpel« zu stoßen. Deswegen hätte sie der Teufel an einen eichen Baum hart gestoßen.
- Der Teufel habe sie einmal in ihrer Kammer aufgesucht, um ihr zu befehlen, eine Kuh zu töten und ihm zu Willen zu sein. Beides habe sie, ohne Schläge einstecken zu müssen, verweigern können, da sie sich vorher gesegnet habe.
- Sie wolle auf dem Hexentanz den Pater von Holtzmühlheim an seiner Sprache erkannt haben: »er habe einen weißen Bart gemacht. Im übrigen habe er sie mit einem weißen Schurztuch um sie wie ein Küchenmeister oder Anrichter aus einer großen wie Silber glitzendern Kanne eingeschenkt.

Dann äußert sie den Wunsch, ihre Hinterlassenschaft unter den drei verbleibenden Kindern zu teilen. Sie wird am 26. September 1629 zur Strafe des Feuertodes und vorausgehender Stangulation verurteilt. Am

1. September 1629 wird das Verfahren gegen

Johann Sypen

aus Blankenheim eröffnet. Mehrere bereits wegen Zauberei hingerichtete Personen haben ihn besagt. Der Beklagte will von allem nichts wissen. Man tue ihm Unrecht, denn er wäre ein frommer Mann. Sein Schicksal ist schon deshalb besiegelt, da man an seinem Kopf ein Zauberzeichen entdeckt. Kurz darauf wird er gefoltert.

- Als er zur Zeit des Todes seiner Frau mit 200 Gulden in der Schuld gestanden habe, sei ihm eines Tages der Teufel in der Gestalt eines Kaufherrn begegnet. Der Böse habe ihn getröstet, ihm Geld versprochen und ihm welches hingeworfen. Es habe sich später in Dreck verwandelt.
- Später habe sich der Satan in Weibsgestalt mit ihm vermischt. Seine Buhlteufelin habe sich »Blumenstoltz« genannt.
- Mit ihr will er auf Hexentänzen gewesen sein und habe dort eine Anzahl bekannter Frauen gesehen.
- Er habe über einen Gürtel verfügt, mit dem er habe sich zum Werwolf machen können. Er befinde sich noch jetzt in einem irdenen Topf in seinem Garten. Wenn er sich verwandelt habe, habe ihm der Teufel andere Zähne gegeben.
- In Wolfsgestalt habe er Vieh angefallen und zerrissen. Mit seiner Zaubersalbe habe er bei seiner Stute Gebrauch gemacht.
- Er habe zweimal das Sakrament verunehrt. Er habe Hostien in seinem Schnupftuch davongetragen und in den Zaubertopf geworfen.
- Dann tragen Zeugen vor, daß sie in den letzten Jahren immer wieder ein Wolf ihrem Vieh Schaden getan habe; einem habe gar ein Lamm gefehlt. Das Tier wäre später in einem Morastloch gefunden worden. »Darüber habe man sich gewundert.« Er wird Ende September zur Strangulation und anschließendem Feuertod verurteilt. Im Oktober 1629 erklärt

Barbara Reuter

aus Engelsgau: sie wolle gutwillig ihre Missetat bekennen. Sie wäre nach Überzeugung der Öffentlichkeit eine Hexe. Sie wäre bereit auszusagen und wenn sie verführt worden sei, müsse es vor ihre Verheiratung geschehen sein, als sie vor $4^1/_2$ Jahren beim alten Schultheiß gedient hat.

- Sie sei damals vier Jahre lang Mutter eines unehelichen Kindes gewesen, dessen Vater ihr jetziger Ehemann sei.
- Als sie sich wieder von ihm schwanger gefühlt habe, sei sie eines Abends entschlossen gewesen, ins Wasser zu gehen. Dort habe plötzlich jemand gestanden, den sie für ihren Bräutigam gehalten habe. Doch als sie gerufen: »Jesus , was magstu hir«, sei er verschwunden.
- Später habe sie sich in einem leerstehenden Haus verabredet. Statt ihres Liebhabers sei ihr dort eines Tages der Böse in der Gestalt ihres Geliebten entgegengetreten. Während des Verkehrs habe sie an der Kälte der Berührung verspürt, daß der Partner kein Mensch gewesen sei.
- Sie wäre auf einem grauem Bock zu einigen Tanzplätzen gefahren, wo es »rund herumb« gegangen sei.
- Sie habe mit anderen Hexen helfen, ein ungetauftes Kind aus dem Friedhof auszugraben. Man habe die Leiche mit den Händen ausgegraben, den Körper mit einem Stein zerfetzt und das herausgeholte Herz verteilt. Den Körper habe man im Haus der Barbara Paulus gebraten und hinterher mit einem eisernen Gegenstand zerstoßen.
- Auf dem Hexentanz habe der Pfeifer auf seinem Pferdekopf herumgefingert, daß es ganz verführerisch geklungen habe.

Sie bezichtigt 25 weitere Männer und Frauen aus der Grafschaft Blankenheim. Darunter befindet sich der Nonnenpater von Holzmühlheim. Später fügt sie weitere Namen bei und sagt: »sie habe es auf Anraten ihres Beichtvaters getan.« Sie wird stranguliert und verbrannt.

Marie Halffens

aus Engelgau wird vorgehalten, daß sie von bereits hingerichteten Personen besagt worden sei. Leugnen nütze ihr nichts. Dies umso weniger, als der Scharfrichter bei der Suche nach dem »stigma diabolicum« davon »allervoll« findet. Nach einer $5^1/_2$ stündigen Folter räumt sie ein:

- Sie wäre vor Jahren von ihrem Ehemann jämmerlich zerschlagen worden, weil sie ihn des Umgangs mit einer Magd bezichtigt habe. Darauf wäre sie ihrem Mann immer wieder davongelaufen.
- In der Betrübnis habe sie die Bekanntschaft des Teufels gemacht und sich zum Abfall vom Glauben bewegen lassen.
- Sie will mit dem Teufel auf Tanzplätzen gewesen sein und die Fahrt dorthin auf einem schwarzen Bock zurückgelegt haben.
- Sie habe des öfteren dem Teufel mit Stroh »den Arsch gewischt.«

• Auf dem Tanz habe sich der Pater von Holzmühlen befunden, welcher eingeschenkt habe.

• Vor einem Monat will sie auf einem Zaubertanz gewesen sein, wo man ihr nochmals den Befehl erteilt habe »biester und leuth umbzubringen.«

• Sie bekenne, das Vieh in des Teufels Namen bezaubert zu haben, so daß es davon eingegangen.

Obwohl sich das Urteil nicht erhalten hat, läßt sich sein Inhalt erspüren. Im Oktober 1629 findet ein Verfahren gegen

Gertrud Platz

aus Buir statt. Man hält ihr vor, daß sie aufgrund kaiserlicher Vorschriften in Haft liege, weil sie von fünf unlängst wegen Zauberei hingerichteten Frauen (...) besagt worden sei. Sie ist bereit zu bekennen. Dann wird sie einer stundenlangen Folter unterzogen.

• Die Mißachtung ihrer Stiefkinder sei wohl der Grund gewesen, weshalb sich der Teufel vor 23 oder 24 Jahren an sie herangemacht habe. Er habe ihr den Hals zugehalten und seinen Willen mit ihr im Ehebett neben ihrem Mann getan.

• Der Teufel habe ihr seinen Willen zugemutet und sie an das Kreuz geführt, wo sie Gott ab- und dem Teufel zugesagt habe. Hier habe sie sich geschlechtlich mit ihm vereint. Es sei aber schnell gegangen »gleich als wan ein vogell in Eil daher fliege, sey eiser kalt gewesen.«

• Daraufhin habe er sich mit einem Geräusch entfernt. Sie wäre ihm im Ehebett öfters gefällig gewesen.

• Der Nonnenpater wäre auf dem Tanzplatz gewesen. Sie sei bereit, es ihm ins Gesicht zu sagen.

• Sie habe bei verschiedenen Unglücksfällen bei Tieren mitgeholfen, da sie ihnen Zaubersalbe gegeben habe.

• Der kurz hinterher erfolgte Tod von drei unmündigen Kindern in ihrer Nachbarschaft hat nach dem Geständnis der Beklagten die gleiche Ursache.

In ihrem letzten Willen bittet sie ihre Stiefkinder, daß sie ihren Vater in Ehren halten und nicht verstoßen möchten. Von ihrem Mann begehrt sie, er möge ihr verzeihen, wenn sie ihn jemals erzürnt habe. Sie bitte ihn, er solle an ihrer Stelle einen Bittgang nach St. Kichelberg tun, wohin zu gehen sie einmal gelobt hat. Sie wird am 18. Oktober stranguliert und verbrannt. Im Oktober findet ein Prozeß gegen Thonis Tesch aus Holzmühlheim statt, der im Volksmund als

Nonnenpater

bezeichnet wird: dennoch ist er kein Geistlicher. Es gibt kein Kloster und er ist verheiratet. Zeitweise versieht er das Amt eines Schöffen und Vormundes. Man bringt ihm Respekt entgegen und fragt ihn: »ob er den Beistand eines Advokaten verlange und ob ihm die Person des Moeden angenehm sei.«

Unbeschadet der positiven Seite wirft man ihm einen leichtfertigen Lebenswandel vor und sagt: »er wäre als Exhibitionist in Erscheinung getreten; selbst Kindern wäre er in schamloser Weise nachgelaufen. Sieben (bereits) Hingerichtete hätten ihn benannt.

Bei der Aufforderung, gütlich zu bekennen und so den Leib vor der Marter zu verschonen, bedient sich das Gericht eines Briefes, den der Sohn des Beklagten seinem Vater ins Gefängnis geschrieben hat und in dem er ihn auffordert, ein Geständnis abzulegen »falls er schuldig wäre.«

»Er möge daran denken, das Erbe seiner Kinder durch ein »langweiliges« (langwieriges, spätes?) Bekenntnis (wegen der Prozeßkosten) nicht unnötig zu verkleinern.« Das Schreiben macht auf ihn keinen Eindruck. Als sich ihm der Henker nähert, um ein Zauberzeichen auszuforschen, beginnt er zu schreien. Schon hat man die Begründung für die Anwendung der Folter, denn an ihm werden fünf Hexenmahle gefunden. Dann beginnt er zu erzählen:

• Als er vor 15 Jahren mit seiner Frau gelobt habe, jedes Jahr den Armen »umb Gottes wilen« Korn im Werte von sechs Talern zu geben und Messen lesen zu lassen. Da sei einer in eines armen Mannes Gestalt zu ihm gekommen und habe ihn um Korn angehalten.

• 14 Tage später sei er wieder gekommen und habe gesagt, er wäre der Teufel und müsse ihm folgen. Bei einem Kreuz habe er von ihm verlangt, Gott abzusagen und sich dem Bösen anzugeloben. Darauf habe sich der Teufel in Weibsgestalt verwandelt, der ihm zu Willen gewesen sei.

• Er habe »Federgrieth« geheißen. Bei den Hexentänzen habe er als Mundschenk gedient und dem Pfeifer hätte man Geld geben oder aber dem Teufel »den Arsch blasen« müssen. Der Leuchter sei immer eine als ihm unbekannte Frau mit einer Kerze im Hintern gewesen.

• Weitere Beobachtungen habe er nicht gemacht, denn er wäre meistens betrunken gewesen. Lediglich den Pfarrer vom Münstereifel (Palmerschein) benenne er, der auf einem goldenen Wagen gekommen sei und der sein Weib mitgebracht habe.

Dann widerruft der Beklagte und sagt: »aus Schmerz und Pein sei ihm nichts anderes übriggeblieben, als zu bekennen.« Dann wird er zwei Stunden lang gefoltert und räumt ein:

- Es sei der Teufel gewesen, welcher ihm den Widerruf angeraten und ihm dabei auf der Zunge gesessen habe, damit er nicht habe reden können, was wahr sei.
- In 18 Fällen habe er sich der tödlichen Wirkung seiner Zaubersalbe bedient, oder er habe, mittels eines Zaubergürtels vom Teufel, sich in einen Werwolf verwandelt, das Vieh angefallen und zerrissen.
- Er habe gehört, daß der von ihm bezichtigte Pfarrer von Münstereifel schon lange in einem bösen Gerücht stehe. Er habe einen beim Hexentanz anwesenden Pfaffen mit seiner Person in Verbindung gebracht. Er bitte darum, keine der von ihm besagten Personen festzunehmen und ihnen den Prozeß zu machen.

Er wird am 25. Oktober 1629 stranguliert und verbrannt. Kurz nach ihm wird Rudolf, Sohn des Theis aus Hüngersdorf, hingerichtet. Größere Ausmaße nimmt das Verfahren wider

Gertrud Gierdt

aus Frohngau ein; es ist der erste der fünf Prozesse aus dem Jahre 1633. Jetzt nimmt der Amtmann Marsilius von Weiß die Funktion des Verhandlungsführers anstelle Moeden an. Mitte Mai setzt eine fünftägige Verhandlung an. Er erzählt so viel, daß das Gericht zum Besten gibt: »daß es ihm nicht möglich gewesen sei, in der Eile alles festzuhalten.«

- Vor 18 oder 19 Jahren hätte sie einmal wegen des Hausgesindes mit ihrem Mann Streit bekommen, wo ihr jener mit Schlägen gedroht habe. Darauf habe sie sich weinend in den Garten gesetzt. Plötzlich sei der Teufel von hinten auf sie zugetreten und habe sie auf die Erde gestoßen. Es sei ihm nicht möglich gewesen, seine eindeutigen Absichten zu verwirklichen, weil ihre Kinder im Garten nach ihr gesucht hätten.
- Dann wäre er ihr in der Gestalt eines schwarzen jungen Gesellen mit einem schwarzen Hut und einer weißen Feder darauf begegnet. Er habe sich gegenüber ihr als Kriegsmann ausgegeben. Dann habe sie der Verführer dazu gebracht, Gott zu verleugnen und sich mit dem Satan zu verbinden. Er wäre mit einem langen krausen Haar, schwarzen Händen und großen runden Füßen.
- Zum ersten geschlechtlichen Verkehr sei es acht Tage später in ihrer Scheune gekommen, wobei sie Qualen empfunden haben will: »wie wenn ihr ein Stück kaltes Holz in den Leib gestoßen worden sei.«
- Die erste Aufforderung zur Teilnahme am Hexentanz habe ihr eines Abends seine Katze gebracht. Sie habe in der Küche beim Schuhschmieren gesessen, als es das Tier in menschlicher Stimme aufgefordert habe, zu folgen. Sie sei ihr auf die Schulter gesprungen und habe sie solange gekratzt, bis sie bereit gewesen sei, mitzukommen.
- Auf ihr wäre sie zu einem Versammlungsort getragen worden, wo es voller Hexen und Teufel gewesen sei. Sie habe etwa 150 Leute beim Tanzen angetroffen. Man habe nicht den Boden berührt, sondern in der Luft geschwebt. Bei alledem hätten sich die »stattlichen von Münster« abgesondert.
- Hier wäre eine schwarze Messe gehalten worden von zwei Männern in einer merkwürdigen Haartracht und absonderlicher Kleidung. Dann gibt sie einen Hinweis:
- Sie habe mit Anna Nipp gesprochen. Jene habe Eile gezeigt und gesagt, sie müsse zum Hexentanz, weil man darüber beraten wolle, wie die Früchte zu verderben seien. Darauf habe die Beklagte erwidert: »ihres Erachtens müsse die Gesellschaft der Anna Nipp erheblich zusammengeschmolzen sein, nachdem man durch Hexenverbrennungen unter ihnen aufgeräumt habe.«

Die Nipp sei anderer Meinung gewesen und habe entgegnet, im Tal und im Dorf Blankenheim gebe es noch vier oder fünf Hexen. Außerdem weiß die Beklagte zu berichten, daß ein von ihren Gespielinnen vorbereiteter Plan, ein Wetter zu machen, zunichte geworden sei, weil man in Blankenheim damit begonnen habe »die Hexen wiederum anzugreifen.«

Sie widerruft und sagt: »sie habe nur aus Angst vor der Tortur so geredet.« So räumt man ihr eine kurze Bedenkfrist ein. Der Teufel habe sie veranlaßt, die Erklärungen des gestrigen Tages abzugeben.

- In der Nacht sei der Böse auf ihr Stübchen gekommen und habe sie mit den Füßen getreten und sie dabei so laut bedroht, daß der schlafende Wachtposten vor der Tür aufgewacht und sie angesprochen habe.
- Sobald ihr Zaubertopf leer gewesen sei, habe sie sich ihn auf einer »Generalkonvention« auffüllen lassen.
- Einmal habe man eine schwarze Zauber-

masse auf den Boden geworfen und wären daraus zwei schwarze Krähen entstanden, welche auf ein Pferd zugeflogen und dasselbe im Flug berührt haben. Es wäre eingegangen.

- Sie habe fünfmal ihr Amt als Hebamme mißbraucht und die Kinder in der Geburt durch Bestreichen mit Zaubermasse getötet.
- Zum Wettermachen benötige man die Masse von vier bis fünf Zaubertöpfen, vermischt mit Schnee und Eis, welche in des Teufels Namen gegen den Wind geschleudert werden müsse. Alsdann ziehe das Wetter zu dem Platz, der von den Hexen angegeben werde.
- Vor drei Jahren haben sie ein Donnerwetter gemacht, um Reiter nicht in den Genuß der Ernte kommen zu lassen.
- Ein anderes Mal habe das von den Hexen gemachte Unwetter nicht nach Blankenheim ziehen können, weil in der Gegend Glocken geläutet hätten.

Nach dem Schuldbekenntnis wird die Bezichtigte Anna Niß gegenübergestellt und Ende Mai 1644 stranguliert und verbrannt. Etwa eine Woche später wird gegen

Georg Halff

aus Engelgau prozessiert. Er wurde 1629 in einem anderen Verfahren benannt. Einst hat die »Grieten« behauptet: »sie habe den Beschuldigten »am Grewelseiffen« auf dem Tanz gesehen. Auf diese Behauptung wolle sie sterben.« Warnend fügt sie an: »Ach lieber Georg, warumb lasset Ihr Euch also peinigen undt martern, bekent doch guetlich, wir muessen doch alle von hinnen.«

Er weist sie brüskiert zurück: »Du unfletige, schweig, denn du mußt ja ohnehin bald fort.« Worauf sie antwortet: »bruder gib mir die handt wan ich werde muessen gehen, so wirstu auch wohl muessen mitreithen.« Dann meint er: »seine Schwägerin werde sich eines Besseren besinnen, ehe sie hingerichtet werde.« Dann beginnt sie zu gestehen:

- Zu der Zeit der welschen Einquartierung, welche bei ihrem Abzug ihm ein Pferd mit genommen habe, hätten vier Mann in seinem Haus gelegen. Einer davon habe sich wie der Teufel angestellt. Er habe ihn und die anderen Soldaten geschlagen und ihnen eines Tages den blanken Degen auf die Brust gesetzt.
- Dann sei ihm einer in vornehm weißer bürgerlicher Kleidung mit einem »Springstecken« in der Hand begegnet, der sich nach der Ursache seines Kummers erkundigt habe.
- Zwei Tage später sei ihm der Böse in der gleichen Gestalt erschienen. In seiner Begleitung habe sich eine junge städtisch gekleidete Frau befunden, die der Fremde als Tochter vorgestellt habe.
- Diese habe ihn an sich gezogen und begehrt, er möchte sich geschlechtlich mit ihr vereinigen. Das wäre hinter einer Hecke geschehen, während der Fremde ein wenig zur Seite gegangen sei. Hinterher habe das Weibsstück erklärt, nun müsse er ihr folgen.
- Dann haben sie ihn zu einem Kreuz geschleppt, wo er Gott absagen und sich zu dem Weib bekennen solle, andernfalls man ihm das Genick brechen werde. So habe er sich gezwungen gesehen, das teuflische Bündnis einzugehen.
- Dann sei er von der Weibsperson aufgefordert worden, mit zum Tanz zu kommen. Sie habe »Fedderließ« geheißen und ihn mit der schwarzen Masse eines mitgebrachten Topfes Hände und Füße »geschmert.«
- Dann sei es zum Schornstein herausgegangen in den Hof, wo ein großer grauer Bock gestanden, der sie hinweggebracht habe.
- Die Zaubertänze würden immer von 300 bis 400 Personen besucht. Besonders viele Hexen gebe es in der Gegend von Tondorf bis Zinxheim. Falls man dieselben nicht ausrotte, würde es in der Zukunft übel aussehen.
- Er habe es einigemale gesehen, daß der Zauberei Beschuldigte aber (noch) nicht Hingerichtete auf dem Tanz herumgegeistert seien, bis er zu seinem Entsetzen bemerkt: »daß es unter dem Mantel wie Feuer oder glühendes Eisen gebrannt habe.«
- Im übrigen ginge es auf dem Hexentanz zu wie sonstwie auf der Welt. Die Reichen säßen immer oben und die Armen unten.
- Man habe bei einem Zaubertanz beschlossen, es dürfe in diesem Jahr keinen Sommer geben oder es dürfe nur wenig warm werden, damit die Früchte nicht wachsen können.
- Er habe mehrfach an der Hostie herumgekratzt und deren Überbleibsel in einen Topf geworfen.
- Dann sei beabsichtigt gewesen, den Blitz in das Haus seines Schwagers und Feindes Johann Kopf schlagen zu lassen. Man habe auf Geheiß des Teufels in dessen Namen Wasser in die Luft gegossen, worauf sich das Wetter erhoben und die beabsichtigte Richtung eingenommen habe. Tatsächlich habe der Blitz am Haus seines Schwagers eingeschlagen.

• Der Baum sei abgebrannt und wegen des Sturmes habe man befürchtet, daß das Dorf in Flammen aufgehen werde.
• Er habe sich mittels eines Zaubergürtels in einen Werwolf verwandeln können und sei in der Gestalt auf Anraten seiner Buhlin in den Schafstall seines Bruders eingebrochen. Ebenfalls in Wolfsgestalt habe er ein Gespannpferd angefallen.
• Fehlgeschlagen sei der Wunsch, als Wolf in eine weidende Schafherde einzufallen. Die beiden Hunde seien stärker gewesen. Weil ihm der Schäfer ein Stück nachgelaufen sei, habe er es für an der Zeit gehalten, hinter der Hecke den Zaubergürtel abzustreifen. Seitdem wäre es für ihn gefährlich gewesen, sich in einen Wolf zu verwandeln.

Er wird am 25. Juni stranguliert und verbrannt. Die am 30. Mai inhafterte und dem Gericht am gleichen Tag vorgeführte

Anna Nippen

aus Frohngau wird von sieben Hingerichteten der Hexerei beschuldigt. Eine Gegenüberstellung mit Gertrud an der Eschen erschwert ihre Position. Ihr wirft sie vor: »sie habe ein falsches Maul, sie wünsche ihr, der Donner und Hagel möge sie erschlagen, weil sie die Unwahrheit gesagt habe.«

Die Beklagte wird kurz danach der Folter überwiesen. Dann stellt sie sich tot und man läßt sie $7^1/_2$ Stunden im Marterinstrument sitzen, ehe man sich wieder mit ihr beschäftigt. Dies bricht ihre Kraft:
• Sie habe seinerzeit bei der vor Jahren hingerichteten »Illigeth Griethen« gedient. Eines Nachts sei jene auf ihre Stube an ihr Bett gekommen und habe sie zum Mitgehen aufgefordert. Vor der Tür hätten zwei Böcke gewartet und dann habe man sie gewarnt, während der Fahrt das Wort »Jesus« zu sprechen.
• Acht Tage später habe sie draußen im Feld gearbeitet, als der Teufel in der Gestalt ihres damaligen Bräutigams und späteren Mannes zu ihr gekommen sei. Der Böse habe sie einfach niedergerissen undt den Willen an ihr gethan ... sie habe es »eyß kaltt und unnatürlich empfunden.«
• Anschließend habe sie der Teufel veranlaßt, Gott abzusagen und ihm zu folgen. Dabei habe er ihr den Rock hochgehoben und sie »mit dem hintersten bloß widder das Creutz gestoßen.« Von da an habe sie eifrig die Hexentänze besucht. Zudem will sie bei Tondorf an einer Teufelsmesse teilgenommen haben.
• Sie habe mit der Grethe Illiget einen Zaubertopf besessen. Wenn man sich damit gesalbt habe, sei man zum Schornstein hinausgefahren. Für die Fahrt zum Hexentanz habe in diesem Fall ein Bock auf dem Dach gestanden.
• Mit der gleichen Salbe habe sie sich in eine Katze verwandeln können. So wolle sie mit ihrer Lehrmeisterin in ein Haus eingeschlichen sein und ein dort liegendes Wiegenkind mit der Zaubermasse umgebracht haben. Ein weiteres soll Opfer der Salbe geworden sein.
• Sie wolle nicht in den Gefängnisturm zurückgebracht werden, weil sie befürchte, der Teufel werde dort wieder zu ihr kommen. Deshalb gibt man ihr einen Wachtposten und führt sie auf die Gesindestube des Schlosses. Dann räumt sie ein: »sie habe dreimal das Sakrament verunehrt, indem sie die Hostie in einem Schnupftuch nachhause getragen und in ihren Zaubertopf geworfen habe, worin sich Kinderherzen befunden hätten.«
• Der Teufel habe sich beim Ausgraben der Leichen nicht in den Friedhof begeben; er sei in der Luft über ihnen geschwebt und sie haben Kinderleichen ausgegraben.
• Mit ihrer Zaubermasse will sie zweimal Haustiere umgebracht haben. Als hinterher ein Hund das Herz eines getöteten Pferdes aufgefressen hätte, sei er eingegangen.
• Zudem hätten die Hexen beschlossen, alles zu verderben und zu dem Zweck den Einzug des Sommers verhindert.

Sie wird Anfang Juni 1633 stranguliert und verbrannt. Einen Tag danach wird das Verfahren gegen

Gertrud Reuters

aus Engelgau eingeleitet. Ihre Lage ist hoffnungslos wegen der zahlreich gegen sie vorliegenden Besagungen.
• Als sie noch nicht 20 Jahre alt war, hat sie angeblich ein Hurenleben geführt, aus welcher Zeit ein damals geborenes uneheliches Kind stamme; dabei habe – nach Auffassung des Gerichtes – der Teufel seine Hand im Spiel gehabt und so sei die Schleiferei angefangen.
• Zudem müsse sie das Laster mit der Muttermilch aufgesogen haben, da man sie (Katharina Reuter) ja auch hingerichtet habe.

Sie bestreitet, mit keiner von ihr etwas zu tun zu haben und sie nicht in den Ställen oder bei den Kindern haben wolle. Sie wird einer neunstündigen Folter unterzogen und räumt ein:

• Nach dem Tode ihres ersten Mannes, der sie mit kleinen Kindern zurückgelassen habe, sei der Teufel zu ihr in die Stube gekommen und habe ihr angeboten, ihr zu helfen. Sie aber wolle zunächst noch Jesus zustreben.
• Bei diesen Worten habe sie mit der Feuerzange in der Herdglut gestochert. Als sie sich umgesehen habe, sei niemand dagewesen.
• Etwa 14 Tage später sei sie während eines abendlichen Beisammenseins mit ihren Bekannten an deren Scheune vorbeigegangen. Und in dieser sei ihr der Teufel in der Gestalt des Bräutigams ihrer jetzt verheirateten Schwester entgegengekommen und sie habe nach dem Wohin gefragt.
• Zur damaligen Zeit sei sie noch jung und zur Kurzweil aufgelegt gewesen. So habe sie geantwortet: »sie suche nach einem Freier ... das wäre dann der Teufel gewesen. Er habe sie zur Erde niedergeworfen und vergewaltigt. Hinterher habe er ihr Geld gegeben, daß sie ihren Kindern etwas kaufen könne.«
• Beim Bäcker habe sich herausgestellt, daß die erhaltenen sechs Albus zum Teil ungültig gewesen seien.
• Später habe er nochmals seinen Willen an ihr versucht. Es sei ihm aber nicht gelungen, weil sich vom Dorf Pferdejungen genähert hätten.
• Der Teufel habe ihr ein gar nicht schlecht schmeckendes Mittel gegeben und darauf sei sie zum Schornstein hinausgefahren bis zu einer Stelle, wo eine Kutsche mit zwei anderen namentlich bezeichneten Frauen auf sie gewartet haben.
• Sie habe auf dem Hexentanz einem der Pfeifer statt des üblichen Geldgeschenkes zweimal die Beiwohnung gestattet.
• Sie habe in fünf Fällen Vieh umgebracht, zwei kleine Kinder getötet und zweimal die heilige Hostie in eine Büchse oder Schachtel gesteckt, in der sie hin und wieder Zaubermasse aufbewahrt habe.

Sie wird am 9. Juni stranguliert und verbrannt. Die im Prozeß gegen ihren Schwager Georg Halff als Zeugin aufgetretene

Susanne Griethen

aus Engelgau wird von sechs hingerichteten Frauen besagt und »zudem halte sie die Bevölkerung für eine Hexe.« Außerdem habe sie einen leichtfertigen und liederlichen Lebenswandel geführt. Sie sei jedermann zu Willen gewesen und habe zur damaligen Zeit zwei uneheliche Kinder gehabt. Wie leider in Erfahrung zu bringen, pflege der Teufel bei einem solchen Handel »seinen Samen« beizuwerfen, und die lasterhaften und geilsüchtigen Personen zu umgarnen und in das Verbrechen der Zauberei zu stürzen.

Die Angst vor der Tortur läßt die Beklagte gestehen, der Teufel habe sie zweimal vergewaltigen wollen, als sie während ihrer Dienstzeit beim Pfarrer von Schmidtheim in den Wald zum Nüssepflücken gegangen sei. Von Gott wäre sie nicht abgefallen und auch nicht beim Zaubertanz gewesen.

Man räumt ihr Bedenkzeit ein. Man schreitet zur Folter und sagt und sie sagt: »sie wolle heruntergelassen werden, weil sie sonst auf dem Stuhl sterben müsse, wie ihr dieser Tage eine alte Frau versichert hat.« Jetzt ist sie zu einem Geständnis bereit.
• Ihr jetziger Ehemann hätte sie nach der Geburt von dessen Bastardkind verlassen und habe das Kind mitgenommen. Es habe sie viel Mühe gekostet, ihre Mutterrechte gegenüber dem Erzeuger durchzusetzen.
• Als ihr dies gelungen sei, habe sie auf dem Rückweg nachhause den bösen Feind in der Gestalt ihres Freiers getroffen.
• Der Teufel habe sie nach dem Grund ihrer Betrübnis gefragt und gemeint, sie werde das Kind wiederbekommen. Dann habe er gewaltsam den Beischlaf mit ihr vollzogen, in ihrer Niedergeschlagenheit sei es ihr nicht aufgefallen, mit dem Teufel zu verkehren.
• Später habe sie gefühlt, daß »sein gescheffft hart wie ein horn und kaltt« gewesen sei.

Sie wird am 18. Juni (möglicherweise) zum lebenden Brand verurteilt. Die Strangulation ist im Protokoll nicht erwähnt. Zum Schluß hat sich die Beklagte über das Urteil ihrer Richter bedankt. Kurz danach wird ein Verfahren gegen

Heinrich Jönen

aus dem Dorf Blankenheim eingeleitet. Hier ist nur am Rande von Zauberei die Rede. Er hat sich wegen Diebstahl verdächtig gemacht. Er wird zur Prangerstrafe verurteilt. Damit ist das Gericht nicht zufrieden und verdächtigt ihn weiterer Untaten und bald danach wird er gefoltert.

»Man sehe ihm an, daß er die Diebstähle auf teuflische Anweisung ausgeführt habe.« Der Beklagte ist auf die Knie gefallen und hat gebeten, man möge ihn nicht peinigen, denn er sei kein Zauberer. Dann bekennt er sich in acht Fällen der Sodomie für schuldig, wobei er für die Zeit seiner Verheiratung sich auf die dreimonatige Abwesenheit seiner Frau aus Anlaß einer herrschenden Pest beruft.

»Sie habe ihm den ehelichen Verkehr verweigert ... und in der weiteren Folge sagt er, mit einem Mädchen längere Zeit Geschlechtsverkehr unterhalten zu haben und auch dessen Mutter ins Bett gefolgt zu sein, als diese Witwe geworden.«

Er wird aufgrund seiner Diebereien und seiner »groben sodomitischen Unkeuschheit gegen die Natur« aufgrund des § 116 der CCC. stranguliert und dem Scheiterhaufen überstellt. Dann wird gegen

Anna Dieffenthal

verhandelt. Der wegen Zauberei hingerichtete Johannes Schur aus Wehr hat sie besagt. Sie räumt ein, daß sie sich vor ihrer Ehe von ihrem Mann habe schwängern lassen.

- Bei der Schlachtung eines Kalbes habe die Beschuldigte einer Besucherin ein Stück Brot mit Leber gegeben, worauf die Frau solche Schmerzen bekommen, wie wann sie lebende Tiere im Leib gehabt habe. Durch das Einnehmen von geweihten Sachen sei eine Rettung möglich gewesen.
- Ein zwölf oder 13 Jahre altes Mädchen habe sich bei der Bezichtigten Leibschmerzen geholt. Es habe kein Essen mehr bei sich behalten können. Blut und unbeschreibliche Dinge seinen von ihr gegangen, nachdem der »Klostermann« ihr geweihte Sachen zum Einnehmen gegeben habe.« Der Ausgang des Verfahrens ist unbekannt. Die Hexenprozesse vor dem Obergericht

Esch

sind im wesentlichen ein Spiegelbild der regionalen Situation. Auch hier liegt die Verhandlungsleitung in den Händen von Johannes Moeden. Von den 15 wohl geführten Prozessen werden zwei herausgestellt. Das Gericht verhandelt Mitte November 1629 gegen

Gertrud Caspar

aus Wiesbaum. Man wirft ihr vor, sie werde – ganz zu schweigen von der Meinung anderer Leute – von ihren Kindern der Zauberei verdächtigt. Ihr Sohn habe dem Gericht vorgetragen, weshalb er sie für eine Hexe halte, »denn sie habe vor allem zu den heiligen Zeiten des Jahres allerley unzulässige gotslesterliche Zanckung, Hader und Zwispalt im Haus angefangen, während sie zu anderer Zeit in guter Ruhe gewesen. Zudem stehe sie seit geraumer Zeit bei Nachbarn im Rufe einer Zauberin, zumal sie von Baders Tringen aus Wiesbaden besagt worden sei.«

Sie sucht sich mit »halsstarrigem Läugnen« herauszureden und dann findet man sechs Zauberzeichen an ihrem Körper.

Nun wird sie einer stundenlangen Folter unterzogen. Da sie nicht bekennt, wird sie in den Kerker zurückgebracht. Als man ihr Angehörige gegenüberstellt, beginnt sie zu bekennen und räumt ein, eine Zauberin zu sein:

- Sie wolle ihren Weg als Hexe vor 23 oder 24 Jahren begonnen haben. Damals sei sie mit ihrem Mann in Dollendorf beim Schultheißen gewesen, wo sie getrunken hätten.
- Auf dem Heimweg sei sie allein gewesen, als sich ihr der Teufel in der Gestalt eines Mannes genähert und sie geküßt habe. Sie habe sich ihm hingegeben ... trotzdem sie» voll mit Wein beschenkt gewesen, hette gespürt, dass sein mannlich glied kalt langlicht nit natürlich gewesen.«
- Zu der fleischlichen Vermischung mit ihrem Buhlen soll es noch öfters gekommen sein, ja selbst im Ehebett, ohne daß ihr Mann etwas davon bemerkt habe.
- Zum Tanz sei sie auf einem aus ihren »düppen« geschmierten Besen in tausend Teufels Namen gefahren. Hier will sie einmal den Pfarrer von Esch gesehen haben.
- Sie räumt ein, sich das heilige Sakrament u. a. »in ihr schämb oder weibliche phende (?) gestochen, darin es etwa ein halb stund lassen stehen, postea heraus geholt auff ein fewer zangen gebrachten, um das besudelte ins Zauberdüppen zu werfen.
- Sie habe geholfen, drei Kinder auszugraben. Eines von Ihnen habe sie aus dem Beinhaus geholt. Die Körperchen seien in ihrem Haus samt den Knochen gebraten und zerstoßen worden, nachdem man vorher deren Herz herausgenommen.
- Mit dem Material habe man Kühe, Pferde usw. umbringen können.
- Sie wolle sich hingesetzt und im Geiste Kühe gemolken haben. Dann sei jedesmal Milch gekommen und manchmal Blut, wenn sie zu lange gemolken habe. Aus dem Grund seien einige Tiere eingegangen. (Die Aussagen werden von Zeugen bestätigt.)
- Die Beklagte will vor vier oder fünf Jahren ein klein Jüngelchen bezaubert haben und zwar soll dem Kind beim Bestreichen mit der bösen Materie die Haut handbreit aufgeplatzt sein, so daß es möglich gewesen sei, ihnen Nadeln und Zaubermasse einzuschieben.

Sie wird stranguliert und verbrannt. Dann folgt der Prozeß gegen den Pfarrer aus Wiesbaum

Mathias Hennes

Anhand der Prozeßrechung in Höhe von 228 1/2 Gulden und 34 1/2 Albus hat man den Beklagten 138 Tage verpflegt. Er wird im Januar 1630 festgenommen. Unter dem Tag hat er aus dem Gefängnis an seine Schwester geschrieben und gegenüber ihr seine Unschuld beteuert. Man hat ihn aufgrund von Besagungen eingezogen.

In einem Gesuch an den Grafen Johann Arnold bittet er, seinen Schwager einstweilen im Besitz der Lehngüter der Pfarre zu lassen.

Er soll übernatürliche Kräfte besessen und einen anstößigen Lebenswandel geführt haben. Wegen seines geistlichen Standes kann ihm vor einem weltlichen Gericht zunächst nicht der Prozeß gemacht werden, weshalb man ihn nach Köln überführt und die erzbischöfliche Kurie beauftragt, die Sache nach dem kanonischen Recht zu prüfen.

Juristisches Umfeld

Die Gerichtsverhandlung erfolgt vor einem berufenen Gericht, dessen Vorsitz in der Regel der amtierende Schultheiß führt. Ihm werden zwei Schöffen beigegeben. Ihre Aufgabe ist, quasi als stumme Zeugen mitzureden, (Ersatz für die Öffentlichkeit.) Als Gerichtsschreiber fungiert ab 1627 fast ausnahmslos der Notar Arnold Funck. Hier wird ein eingespieltes Team wirksam.

Die Verfahren finden in aller Regel auf Schloß Blankenheim statt, in dessen Turm sich das Gefängnis befindet. Als weiterer Verhandlungsort ist im Prozeß gegen den Pfarrer aus Wiesbaum die Burg Jünkerath erwähnt.

Als Verhandlungsleiter der Gerichtskommission des Obergerichtes Blankenheim und Ober Gartzen taucht 1609–14, zur Zeit der Regierung des Grafen Arnold II. ein D. Hornungh auf; möglicherweise ist es ein gräflicher Beamter.

Die Beiziehung eines Rechtsgelehrten erscheint erst dem Grafen Johann Arnold erforderlich. Er ruft 1627 Moeden, den er mit weitreichenden Vollmachten ausgestattet hat. Aufgrund seiner Intelligenz reißt er das Ruder an sich. Er drückt die Gerichtspersonen in die Rolle von Statisten.

1629 übernimmt der Gerichtsvorsitzende und Sekretär des Grafen, Johann Arnold Eschermann, vertretungsweise die Verhandlungsführung in einer Nachtsitzung, da Moeden wegen Übermüdung am Tisch eingeschlafen ist.

Mit seinem Ausscheiden Moedens hat der Amtmann Marsilius von Weiß die Aufgabe des Hexenkommissars übernommen, der sich am Vorgänger orientiert. Der Einfluß Moedens ist so groß, daß die in Hexensachen als Spezialisten tätigen Rechtsgelehrten und das erkennende Gericht vielfach die in einem Aktenauszug zusammengefaßten Ergebnisse des Spezialinquisitors ohne Prüfung übernimmt.

Die Tätigkeit der Mitglieder des ordentlichen Gerichts muß bei Ablegung eines streng rechtlichen Maßstabes als bedeutungslos bezeichnet werden. Die Folter wird in Maßen durchgeführt und keiner der Gemarterten stirbt an deren Folgen oder während der Haft.

Dennoch muß der Angeklagte Join eine 1-stündige Tortur über sich ergehen lassen. Bei den ersten Prozessen wird auf die Strafe des Lebendverbrennens erkannt. Mit Moeden setzt sich die Gnade der Strangulation durch. Eine weitere Linderung ist das vorherige Enthaupten. In der Regel werden die Urteile sofort vollstreckt. Vermutlich ist es so, daß man die als Zauberer und Hexen Deklarierten in einer Strohhütte vom Scharfrichter erwürgen läßt, um sie anschließend mit ihr zu verbrennen.

Das Ende der Verfolgungen wird unter der Grafschaft von Salentin Ernst (1644–94) erreicht. Er wendet sich verstärkt gegen die Auswüchse des Aberglaubens. In seiner Region taucht 1692 eine Frau auf, die sich mit zauberischen Dingen beschäftigt. Er wendet sich gegen ihre Methoden und sagt, daß seinen Untertanen unnütze Kosten entstehen. Der Schultheiß von Wiesbaum wird angewiesen, ihr nahe zu legen, das Gebiet zu verlassen.

In dem Zusammenhang hat am 24. Januar 1630 vor dem Großsiegelbewahrer Dambroch im Beisein des Notars Jacob Wilich in Köln ein Verhör stattgefunden, bei dem in Erfahrung gebracht wird:

- Der seit 18 Jahren in Wiesbaum als Pfarrer tätige Häftling sei in der Lage, die sieben Sakramente und Todsünden aufzuzählen. Er hat in seinem Leben nie die letzte Ölung ausgeteilt. Über die ihm durch das Zölibat auferlegten Pflichten hat er sich hinweggesetzt.
- In Wiesbaum besitzt er zur Zeit eine Geliebte namens Sophie. Daneben hält er ein länger bestehendes Verhältnis mit Gertrud aus Blankenheim aufrecht.
- Die Beziehungen zu einem »filia spiritualis« bezeichneten Mädchen sind nicht ohne Folgen geblieben.
- Als Kaplan beim Dechanten zu Sarresdorf hat er dessen (!) ledige Tochter zwei

oder dreimal verführt. Er habe noch mit ihr verkehrt, als sie schon verheiratet war.

- Zur gleichen Zeit unterhält er eine geschlechtliche Beziehung zur Magd des Dechanten. Danach hat er sich mit einer Witwe abgegeben, die seine Haushälterin war.
- Die Liebschaft mit seiner Konkubine Sophie hat er dennoch eines ihm vor zwei Jahren erteilten Verbotes nicht aufgegeben, sondern er hat das Mädchen weiter heimlich besucht und bei ihm ohne das Wissen ihrer Mutter geschlafen.

Das alles räumt er ein, verneint aber, zauberische Dinge getan zu haben. Sein Können auf dem Gebiet der tierärzlichen Kunst verdanke er einem in seinem Besitz befindlichen Buch.

- Vor sechs Jahren sei er einmal so betrunken gewesen, daß er sich beim Wald in Wiesbaum zum Schlafen niedergelegt habe. Beim Aufwachen habe tatsächlich ein bäuerlich gekleideter Herr hinter ihm gestanden, der auf seinen Anruf hin verschwunden sei.
- Er, der Dechant von Sarresdorf, und andere Leute haben auf dem Kirchhof von Gerolsheim den Geist eines verstorbenen Mannes gesehen, welcher in der Kirche durch Klagen, Seufzen und Schlagens sechs Jahre lang einen »grausamen Handel« angestellt habe.
- Es treffe nicht zu, daß er sich unsichtbar machen könne und er sei niemals auf einem Hexentanz gewesen. Es sei haltlos, wenn man sage, er wäre gegen Hauen, Stechen und Schießen fest. Daran sei nur soviel wahr, daß er einmal gesagt habe, er sei fest, wenn er hinter einer dicken Mauer stehe. Wegen seines einsamen Gehöftes habe er sich mit Pistolen versehen müssen.
- Mit Caspars Girt habe er vorgehabt, fleischlich zu sündigen, jene sei auch dazu bereit gewesen. Er habe sich dann eines Besseren bedacht und sich von ihr zurückgezogen.

Daraufhin wird er dem weltlichen Gericht übergeben und gefoltert. Das Prozeßgericht verhandelt in der Gesindestube der Burg in Jünkerath gegen ihn. Er sagt: »Er habe mit dem Laster der Zauberei nichts zu tun, müsse jedoch abwarten, was man mit ihm vorhabe.«

Moeden hält ihm vor, was passieren müsse, wenn er nicht freiwillig seine Schuld gestehe. Er schreibt aus dem Gefängnis an den Grafen und erklärt den Gerichtsvorsitzenden für befangen. Er wird aufgefordert zu gestehen: »da man ihn sonst in aller Schärfe angreifen würde.«

Dann holt man den Scharfrichter und weist ihn an, die Folter vorzubereiten. Trotz der 17 Stunden lang, die ganze Nacht und bis zum nächsten Vormittag um 10 Uhr, dauernden Folter besitzt er die Kraft, alle gegen ihn gerichteten Fragen mit »Nein« zu beantworten.

Man bietet ihm an, seine Bekenntnisse selbst niederzuschreiben, wenn es ihm angenehmer sei. Dann zitiert man das Kriminalprotokoll der hingerichteten Anna Picker aus Hillesheim, wonach er von Wiesbaum beim Zaubertanz an den »Lichtenbäumen« gesehen worden ist, wie ob er oben am Tisch bei den Reichen gesessen und umher gesprungen ist.

Zu einem Geständnis ist er nicht bereit. Nach einer weiteren Folter bricht sein Wille und dann tritt zutage:

- Als er vor zwei Jahren im Kloster Niderehe gewesen sei, habe es eines Abends, während er zu Bett gelegen habe, an der Tür geklopft. Das Geräusch habe der Klosterbruder Nikolaus gehört.
- Dann sei plötzlich ein Mädchen in der Gestalt der im Kloster tätigen Magd in sein Zimmer getreten und habe ihn aufgefordert, ihr zu folgen. Von ihr sei er zu einem Hexentanzplatz geführt worden.
- Acht Tage später habe ihn der Teufel zum Abfall von Gott gezwungen. Unweit von Wiesbaum sei ihm jener in der Gestalt seiner Konkubine Sophie begegnet. Nach der geschlechtlichen Vereinigung habe sich das Mädchen in ein schreckliches Tier verwandelt.
- Das einem Löwen ähnliche Monstrum habe zu ihr gesprochen: »er müsse Gott und seinen Heiligen absagen oder es werde ihm den Hals brechen.«
- Dann habe er seinem Pferd »schwartz ding«, das er mit seinem Urin vermischte, eingegeben. Hinterher will er dem Tier durch einen Knecht Geweihtes verabreicht haben, so daß es wieder gesund geworden sei.
- Zudem habe er in seiner priesterlichen Tätigkeit drei Kinder im Namen des Teufels getauft.
- Er habe dem Beschluß der Hexen, die Früchte zu verderben, stillschweigend zugestimmt.

Dann werden die Akten zur Bewertung nach Köln geschickt. Das unter dem Vorsitz des Generalvikars und Weihbischofs Otto von Cyrene am 22. April tagende geistliche Gericht stellt fest, daß der Beklagte aufgrund seines Geständnisses als überführt anzusehen sei.

Übersicht der bekanntgewordenen Hexenprozesse des Obergerichtes Esch zwischen 1582 und 1630 (auszugsweise)*)

Nr.	Beschuldigter	Ort	Prozeß	Urteil	Strafe	Bemerkungen
1.	Dominite Heussge	Esch	26.6.1582	?		Ist geständig
2.	Thönis Schmit	Gönnersdorf	23.8.1629	1.9.	?	Sodomie
3.	Friedrich Gilиß	Gönnersdorf	30.8.1629	12.9.	Hingerichtet	
4.	Martin Pytz	Esch	10.9.1629	12.9.	Hingerichtet	?
5.	Johann Mehiß	Gönnersdorf	17.9.1629	20.9.		Blutschande mit der Schwester
6.	Tringen Schmit	Gönnersdorf	27.9.1629	3.10.	Hingerichtet (?)	
7.	Peter Hillebrandt	Esch	1.10.1629	5.2.1630		Siehe Text
8.	Else Broch	Gönnersdorf	22.10.1629	26.10.		Buhle = Hans Venis (Reupenschiesser)
9.	Enn Creutz	Walsdorf	27.10.1629	31.10.	Hingerichtet	
10.	Witwe Gierth	Gönnersdorf	20.10.1629	26.10.	Hingerichtet	
11.	Gertrud Caspars	Wiesbaum	14.11.1629	20.11.	Hingerichtet	
12.	Anna Picker	Hillesheim	Febr. 1630	20.1.		Nur Aktenauszüge vorhanden.
13.	Bernhard Strüben	Schmidtheim	April 1630	?	?	Nur Aktenauszüge vorhanden.
14.	Severinus Buch	Schmidtheim	Mai 1630	?	?	Nur Aktenauszüge vorhanden.
15.	Mathias Hennes (Pfarrer)	Wiesbaum	1630	25.5.		Siehe Text

*) Breiden, M. Die Hexenprozesse der Grafschaft Blankenheim von 1589–1643. Disertation 1954.

Das Verbrechen der Zauberei sei so schwer, daß hierdurch nicht nur die göttliche Majestät verletzt und beleidigt worden sei ... er werde seiner kirchlichen Weihen und geistlichen Privilegien für verlustig erklärt; er dürfe keine krichlichen Ämter und Verrichtungen mehr ausüben. Man rate ihm, sich mit Gott zu versöhnen.«

Nachdem es durch Beichte und Sakrament geschehen ist, tritt das Gericht im Mai 1630 zur Entgegennahme des Schuldbekenntnisses zusammen. Er gibt dazu Erklärungen ab[10]. Aufgrund seiner undurchsichtigen Einlassungen hält es das Gericht für bedenklich, ein Urteil zu fällen. Es ergeht am 25. Mai 1630[11]. Das Protokoll schließt mit den Worten: »Publicata Setentia begert der reus, daß Ihne die Gnadt widerahren möge, damit die Execution mit dem Schwerdt beschehe, weilen solches bei unserem Gnedigen Hern stehe undt Ihro Gnaden reseuriret, so hatt man dieselbe ersuchtt, darauff sich dieselbe erklert, wiewohl vonn den gefellten Urheil nit abzustehen wissen, so wollten jedoch kraft im urtheil beschehen vorbehalte zuvorderst Gott dem Allmächtigen als dem Obersten Priestern demnegst anderen geistlichen frommen Priestern zu ehren undt dem gericht uff derselben Reseruation solches begeren dem Reo vergönnen.

Welches alß dem Reo vorgetragen, thuet sich derselb demütig bedancken, ist also dem Scharpffrichttern die Execution mit dem Schwerdt ahn statt der strangulation ahnbefohlen.«

Friedrich Gilіß, Schultheiß aus Gonnersdorf, der im September 1629 gerichtet wird, bekennt u. a: »Der Amtmann von Gerolstein, Heinrich von Mülheim, sei mit einem kurzen dicken Pfaffen, seiner Meinung nach der Dechant aus Sarresdorf, in einem goldenen Wagen zum Tanz gekommen. Der »Herr Peter« habe ein kleines Pferdchen geritten und auf dem Tanz die Messe gelesen. Auf dem mit schwarzen Tüchern ausgeschlagenen Altar hätten ein schwarzer Hund und andere abscheuliche schwarze Tiere gestanden. Dem Hund hätte der Pfarrer und der Amtmann das

Hinterteil küssen müssen. Statt der Hostie hätte der Pfarrer ein schwarzes Ding in der Hand gehabt, mit dem er über den Kopf gefahren sei und das er »mit züchten genannt« an den Arsch gehalten habe ... im trunkenen Zustand habe er danach getrachtet, den Grafen zu erschießen.

Der Schmied Johann Mehiß aus Gönnersdorf bezichtigt sich der Blutschande als damals 16–18 jähriger mit seiner zwei Jahre älteren Schwester. Katharina Schmit aus Gönnersdorf räumt ein: »daß sie als Magd von dem Pfarrer aus Berrendorf ein Kind empfangen habe, desgleichen als Magd bei dem Pfarrer Johann von Lissendorf ein Kind vom dortigen Schäfer. Ihr Buhle habe Roppelich geheißen. Schauen wir auf die greifbaren Hexenprozesse im

Hochgericht (Engel)gau

Hier lassen sich 13 Verfahren wegen Hexerei nachweisen, die inhaltlich nicht viel Neues beinhalten. Die Verhandlungen finden im Schloß von Blankenheim im Gemach »über der Brückenpforten« statt. Die Verantwortung obliegt Moeden. Auslöser kann ein Viehsterben gewesen sein, wie es Dionysia (Nießgen) Theis aus Blankenheim während des gegen sie gerichteten Verfahrens zum Ausdruck bringt. Sie wird am 16. August 1627 gerichtet. Im Juli 1627 wird Anna Caspars aus Houverath eingezogen und im darauffolgenden September verurteilt. Der Prozeß gegen ihren gerichteten Sohn Heinrich, Statthalter auf der Hardt, kommt sie teuer zu stehen.

Hier soll ein schwarz gekleideter Priester eine Teufelsmesse gelesen haben, wobei er kommuniziert haben soll. Dann wird die Schultheißin aus Houverath verurteilt. In ihrem Prozeß entstehen Kosten in Höhe von 256 Gulden drei Albus und sechs Heller. Die Frau des Schuhmachers Franz zu Houverath, Sybilla (Bilsa) gibt vor, im vierten Monat schwanger zu sein, was durch eine Untersuchung der Hebamme als falsch herausgestellt wird. Sie wird auf Anordnung des Grafen wegen ihrer fünf unmündigen Kinder freigesetzt.

Dann wird die frühere Haushälterin des verstorbenen Pastors Johann, die Pfaffen Mareichen, verhaftet. Sie ist 84 Jahre alt und seit 64 Jahren bei ihm beschäftigt. Sie wolle elf Kinder von ihm gehabt haben. Davor habe sie einem anderen Herren gedient und von ihm ein Kind gezeugt.

Sie hat ihren Schwager im Verdacht, sie besagt zu haben, der ihren baldigen Tod wünsche, um ein widerrechtlich an sich gebrachtes Grundstück behalten zu können.Sie wolle lieber ins Feuer gehen, als sich nochmals foltern lassen.

Bei der Folter der Sophia Fey aus Hüchrath wird dem Scharfrichter vorgehalten: »man hab festgestellt, daß bisher die Gepeinigten so elend gewesen seien, daß sie ihre Hände nicht mehr zum Munde bringen können. In Zukunft möge er seine Sache besser machen, zudem es geschehen sei, daß er den armen Sündern ohne Erlaubnis mehr Steine angehängt habe.«

Der 1614 in Wiesbaum verbrannten Anna Cramp habe der Teufel im Gefängnis geraten, sich mit der Schürzenschnur umzubringen. Sie erklärt nach ersten Bekenntnissen, sie freue sich, ein Kind des ewigen Lebens zu werden. Eva, Frau des Wilhelm Schwarz aus Houverath bekennt: »auf dem Tanz seien 1 000 Personen und an die 100 Pfeifer. Man habe gewaltig gepraßt und getrunken. Nach dem Tanz gehe jeder mit seinem Buhlen beiseite und treibe »unfletigkeit«

Dionysia Baches aus Blankenheim ist während ihrer Ehre mit ihrem ersten Mann von einem betrunkenen Bekannten vergewaltigt worden. In der Tortur formiert sie daraus ein teuflisches Erlebnis. Maria Gertrud Niesen aus Bergheim räumt ein: sie wäre in »Maria Madlen« umgetauft worden und wolle ihren Bruder tödlich bezaubert haben. Ihr Sohn läßt ihr sagen: »daß sie gestehen solle.« Im Obergericht

Ober Gartzen

wird im Mai/Juni 1593 gegen eine Drude Zimmermann verhandelt. Hier hat ein Mädchen erklärt, die Beschuldigte habe es bezaubert, deshalb müsse es sterben. Sie sei im Hof hinter ihr gegangen und habe etwas gemurmelt, wie wenn sie gebetet habe. Im gleichen Augenblick soll sich die Verstorbene so schwach auf den Füßen gefühlt haben, daß sie beinahe hingefallen wäre.

Grethe Dotzer fällt durch sortilegische Handlungen auf. Sie heilt nach einem in ihrem Besitz befindlichen Krankheitsbüchlein. Vor allem aber durch »Messen« mit einem Gürtel.

Dank einer ihr von Gott verliehenen Gnade des Messens mit dem Ellenbogen führt sie medizinische Untersuchungen durch. Der Gürtel längt sich je nach der Höhe des Opfers. So habe sie einem Lahmen zum Gehen verholfen. Sie tritt nach ihrer Verhaftung in einen Hungerstreik und wird im Juli 1608 auf freien Fuß gesetzt, nachdem sie schwört, ihre Finger von Messen und Segnen zu lassen und sich auf Befehl zu stellen.

Im Obergericht Houverath wird Maria Kloeckner beschuldigt. Sie ist über 90 Jahre alt und steht im Ruf, eine Hexe zu sein. Sie gesteht ohne Folter, daß der Teufel das erstemal mit ihr auf einem Misthaufen verkehrt haben. Verantwortlich sei ihr früherer Verehrer, der sie mit einem unehelichen Kind habe sitzen lassen.

Hexenprozesse am Niederrhein

Es ist im wesentlichen eine prozeßame Zone, was vermutlich an die Person Weyers gebunden ist. Deutlich werden die negativen Einflüsse Kurtriers und -kölns, in dessen Spannungsfeld es sich befindet. Die Hinzuziehung von Advokaten als Verteidiger scheint so selten wie die Anwendung von Hexenproben gewesen zu sein. Im August 1486 – vor dem Erscheinen des *Hexenhammers* – vermerkt eine den Niderrhein betreffende Urkunde, daß sich der wegen Zauberei beschuldigte Johann von Walde auf Ersuchen der Geistlichen und weltlichen Räte, bzw. des Inquisitors jederzeit zur Verhandlung der Anklage zu stellen hat. Über den weiteren Verlauf ist nichts bekannt. Vermutlich nehmen sich hier von Anfang an bis zum Wirksamwerden der CCC. die weltlichen Gerichte, Vögte und Schöffen solcher Delikte an.

1491 wird eine Frau aus Hochkirch im Dekanat Bergheim-Erft als Hexe verbrannt. Es liegt eine Besagung zugrunde. Sie wird im Oktober in Bergheim inhaftiert und vom Scharfrichter gefoltert. »bis sein kunst erschöpft war und die Gesundheit der Angeklagten gebrochen ist.« Sie bleibt standhaft und man fragt, wie man weiter vorgehen soll.

Am 21. Oktober 1499 schickt der Amtmann von Rheinberg dem Richter von Angermund das Bekenntnis einer dem Scheiterhaufen verfallenen Zauberin. Hier bekennt Giertken Bolnackers, seit 20 Jahren der Zauberei kundig zu sein und so lange mit dem Teufel gebuhlt zu haben. Sie will an vier Hexensabbaten teilgenommen haben und besagt unter dem Druck ihrer Folterung weitere.

Dem Landwirt Adolf Schlingerstock in Angermund werden Pferde krank und der Milchertrag seiner Kühe sinkt. Er fragt zwei Geistliche um Rat, doch sie können ihm nicht helfen. So hält er sein Vieh für bezaubert, worin ihn Meister Konrad in Alpen bestärkt. Vermutlich kommt ein Molkenzauber zu Anwendung und man erkennt in Irmgen Neckl die Verursacherin. Schlingerstock klagt vor dem Gericht, wird aber mit Irmgen eingezogen, bis ausreichend Bürgen gestellt sind. Jetzt gibt Meister Steinbrecher (ein Wahrsager) der Irmgen einen narkotischen Trank, um während des Deliriums ein Bekenntnis zu erhalten. Es mißlingt so wie die Anwendung der Folter. Vermutlich endet das Ganze mit einem Freispruch.

Weyer geht auf die Wirkung narkotischer Tränke ein und stellt entrüstet die Frage: »wie es um die Wahrheit eines Bekenntnisses stehe, das nach dem Genuß eines trunken oder wahnsinnig machenden Getränkes abgelegt worden sei?«

Ein ähnlicher Fall spielt sich im Dezember 1629 im Kölner Raum ab. Es wird kurkölnischen Räten gemeldet, daß »in puncto venefici« zu Bliesheim einige Malefiz-Personen unter der Tortur stumm bleiben und phantasierten ... gleichsam als wenn sie im Schlafe seien.« Die Verantwortlichen empfehlen die Inanspruchnahme frommer Patres und die Anwendung des Exorzismus. Denkbar ist, daß ihnen ein Henker einen Trunk eingegeben hat, wie es (auch) anderweitig berichtet wird.

Für die ersten vier Jahrzehnte des 16. Jahrhunderts sind Hexen-Verfolgungen oder -prozesse in folgenden Regionen des Niederrheines nachweisbar. Aachen, Ahrweiler, Bergheim-Erft, Brauweiler, Düren, Elten, Emmerich, Grevenbroich, Heinsberg, Jülich, Köln, Linnich, Nideggen, Ratingen und Xanten.

1502–03 wird Geyert auf dem Berge (Amt Grevenbroich) von Nachbarn als Zauberin besagt. Man schafft sie nach Grevenbroich, wo sie mehr als 14 Wochen im Gefängnis harrt und stirbt. Man hat ihr vorgehalten, sich dem Teufel ergeben und ihnen ein Schwein verdorrt zu haben. In dem Zusammenhang wird der Scharfrichter Meister Michel aus Jülich erwähnt. Das Bekenntnis wird an den Jülicher Herzog nach Hambach

Oben: Graf Joachim von Manderscheid-Schleiden (1555). Entscheidet sich für die Lehre Luthers und erregt dadurch Argwohn der katholischen Hofriege. Unten: Portrait des Domherren Eberhard von Manderscheid. Blankenheim (1542–1607). Ende des 17. Jh. Kopie. Unbekannter Maler. →

Übersicht über niederrheinische Hexenverfolgungen und -prozesse für die Zeit von 1490–1738 (auszugsweise)

1491	Zwei Berichte des Vogts Winrich zu Bergheim über eine zu Erft im Gefängnis sitzende, wiederholt gefolterte Frau.
1499	Hans von Boemelsberg, genannt von Hoensteyn, Amtmann zu Rheinberg, sendet dem Richter zu Angermund, Wilhelm von Hammerstein, das Bekenntnis der als Zauberin verbrannten Giertken Blanckers.
1513	Nideggen. Anklage wegen Hydromantie. Die Beschuldigte hat u. a. den Harn eines Schwerkranken ins fließende Wasser geschüttet, um zu entscheiden, ob er genesen oder sterben werde. Die Angeklagte beruft sich in der Rechtfertigung auf den »Unterricht eines Apothekers« und meint: »daß sie den Wert der Probe auf sich beruhen lasse.«
1521	(vor) Emmerich-Marienbaum. Tod nach sechsjähriger Kerkerhaft trotz der Fürsprache Kaiser Karl V.
1527/28	Zehn Folterungen einer Frau durch den Scharfrichter im Laufe von zehn Tagen; vermutlich wird ein Bekenntnis nicht erzielt.
1535/36	Düren. Untersuchung eines der Zauberei verdächtigen Mannes durch »Aufschneiden« in Gegenwart des Doktors von Jülich, eines Lizentiaten, zweier Medeci, des Bürgermeisters, der Schöffen und des Rates. Das Aufschneiden erfolgt durch einen Barbier.
1563	(vor) Folterung und Tod einer »Wettermacherin.«
1563	(vor) Grafschaft Mark. Herzog Wilhelm III. (V.) von Jülich-Cleve-Berg setzt 16 der Molkenzauberei Angeklagten aus (J. Wier)
1563	(vor) In der Nähe von Düsseldorf gelegenes (ungenanntes) Städtchen, wohl jedenfalls im Gebiet eines der kleineren niederrheinischen Territiorialherren, Verbennung einer durch schmeichelndes Zureden zum Bekenntnis veranlaßten Angeklagten. (J. Wier)
1589	Stift Essen. Wasserprobe mit 1 Angeschuldigten; 12 von ihnen schwimmen.
1590	Kaster. Vier Zauberinnen, die gefoltert werden. Zuziehung des Ratinger Scharfrichters, nachdem der Jülicher ein Bekenntnis nicht zu erzwingen vermag. Verwendung von »Eisenwerk« und eines eigens angefertigten Halsbandes; zwei der Angeklagten erhängen sich im Gefängnis; deren Leichen werden verbrannt.
1591/92	Bergheim: Tod einer durch den Scharfrichter zweimal ergebnislos Gefolterten im Kerker nach einer Haft von 318 Tagen.
1597	Malmeyder Gegend. Johann de Vaulx, Mitglied der Abtei Stablo-Malmedey, klagt sich der Zauberei an und bezeichnet 500 Mitschuldige. Die Verfolgung wird ausgesetzt und er hingerichtet.
1629	(um) Im Westfälischen müssen die Pfarrer Kanzelreden gegen Zauberei halten; ein besonderes Kirchengebet wird angeordnet.
1630	Beginn der Hexenprozesse im Ländchen Drachenfels (1630–45).
1630	In Schmittheim Junkersdorf, AW (?) und in Westfalen werden Geistliche als Zauberer angeklagt und hingerichtet; in Schmidtheim Peter Hilebrandt, Michael Kampen, Pastor in Ahweiler, Mathias Hennes, Pastor in Weissbaum.
1632	Andernach. Aberglaube: **»Wer eine Todsünde begangen hat oder seine Kleider nachts auf dem Tisch Liegen läßt, kann auf dem Hexentanzplatz gesehen werden.«**
1737/38	Gerresheim bei Düsseldorf. Im Märkischen sind ex principiis des Prof. Thomasius die Hexenprozesse generaliter abgestellt.« Anwendung der Hexenwaage.

geschickt, worauf man die beiden Frauen verbrennt. Für Folterwerkzeuge werden Kosten genannt (Seil, Ketten, Klammern und Haken). Bisweilen wird Pulver (Donnerkraut) zur Entzündung des Scheiterhaufens in Rechnung gestellt.

Die zweite Periode der niederrheinischen Hexenverfolgungen in der neueren Zeit fällt mt der Regierung Herzog Wilhelms III. (1539 bis 1592) von Jülich-Cleve-Berg zusammen. Wohl unter dem Einfluß Weyers wird er zum Gegner des Wütens gegen angebliche Hexen; jedenfalls kann ihm bislang keine Bestätigung eines Todesurteiles gegen eine Hexe nachgewiesen werden, obwohl er mehr als ein halbes Jahrhundert regiert. Die herzoglichen Räte vetreten die Auffassung: »daß es gottloser Unfug wäre, Widerwärtigkeiten auf den Teufel oder Zauberer zurückzuführen.« Am Tod einer von roher Hand in Düren kurz vor 1563 zu Tode gefolterten Wettermacherin ist Wilhelm III. (V.) unschuldig; die Befreiung von 16 Molkenzauberinnen in der Grafschaft Mark rechnet ihm Weyer an. Er klagt weniger über die Hexenverfolgungen, als über die drohende Gefahr der Hexenhetze. 1581 weist der Herzog die Wasserprobe bei einer wegen Zauberei Angeklagten an, doch ist die Quellenlage nicht authentisch (?).

Für Kaster und Bergheim-Erft sind einige Hexenrozesse in den Jahren 1590–91 nachweisbar; es ist eine Zeit, da der Herzog ein geistig und körperlich gebrochener Mann ist. 1574 verbrennt man einige Hexen in Linz am Rhein. 1583–90 fürchtet man sich vor Zauberern in den Ämtern Andernach und Hülchrath. Vielfach lodern in rheinischen Gegenden zum Beginn des letzten Jahrzehnts des 16. Jahrhunderts die Scheiterhaufen; Impulse gehen von Kurtrier und -köln aus.

In Jülich-Cleve-Berg hat nach dem Tode Wihelms III. im Jahre 1592 dessen geisteskranker Sohn Johann Wilhelm die Regierung übernommen. »Die Krankheitsgeschichte dieses unglücklichen Fürsten entrollt ein seltsames Bild über den Aberglauben und das Zauberwesen, die am Düsseldorfer Hofe in den höchsten Kreisen Anhänger findet.« Und doch steht er der Sache kritisch gegenüber. Der geisteskranke Jacob von Baden fürchtet sich in seinen Tobsuchtsanfällen vor Hexen, scheint aber nie ein Todesurteil in Hexensachen bestätigt zu haben.

Im Clevischen gehören Hexenscheiterhaufen zu den Seltenheiten. Die meisten niederrheinischen Hexenverfolgungen spielen sich während der sechs Jahrzehnte von 1590 bis 1650 im Kurkölnischen ab (s. d.). Ohne Zweifel steht der von Jesuiten geformte Ferdinand von Bayern unter dem Einfluß abergläubischer geistlicher und weltlicher Räte

Im allgemeinen scheint nach 1632 die Kraft der Hexenprozesse am Niederrhein gebrochen. Für Aachen sind Hexenscheiterhaufen nur in geringer Zahl nachweisbar und auch für die Zeit von 1604–48. Urkundlich heißt es zum 25. September 1604 in den Akten über die Verbrennung der Merie Kroiseti: »man erinnere sich nicht, daß je in Aachen eine Zauberin verbrannt worden sei.« Dennoch wird hier 1649 ein 13 Jahre altes Mädchen ohne Gewährung der Gnade des Schwertes verbrannt. Für Köln läßt sich auf das Jahr 1655 ein Nachzügler dokumentieren.

Das Jülicher Landrecht erwähnt die Folter im 55. Artikel; bei Verübung von Notzucht an Jungfrauen, Diebstahl und Sodomie kommt sie zur Anwendung. 1332 wird sie gegen Sektierer angewandt, um die Namen von Beteiligten zu erfahren.

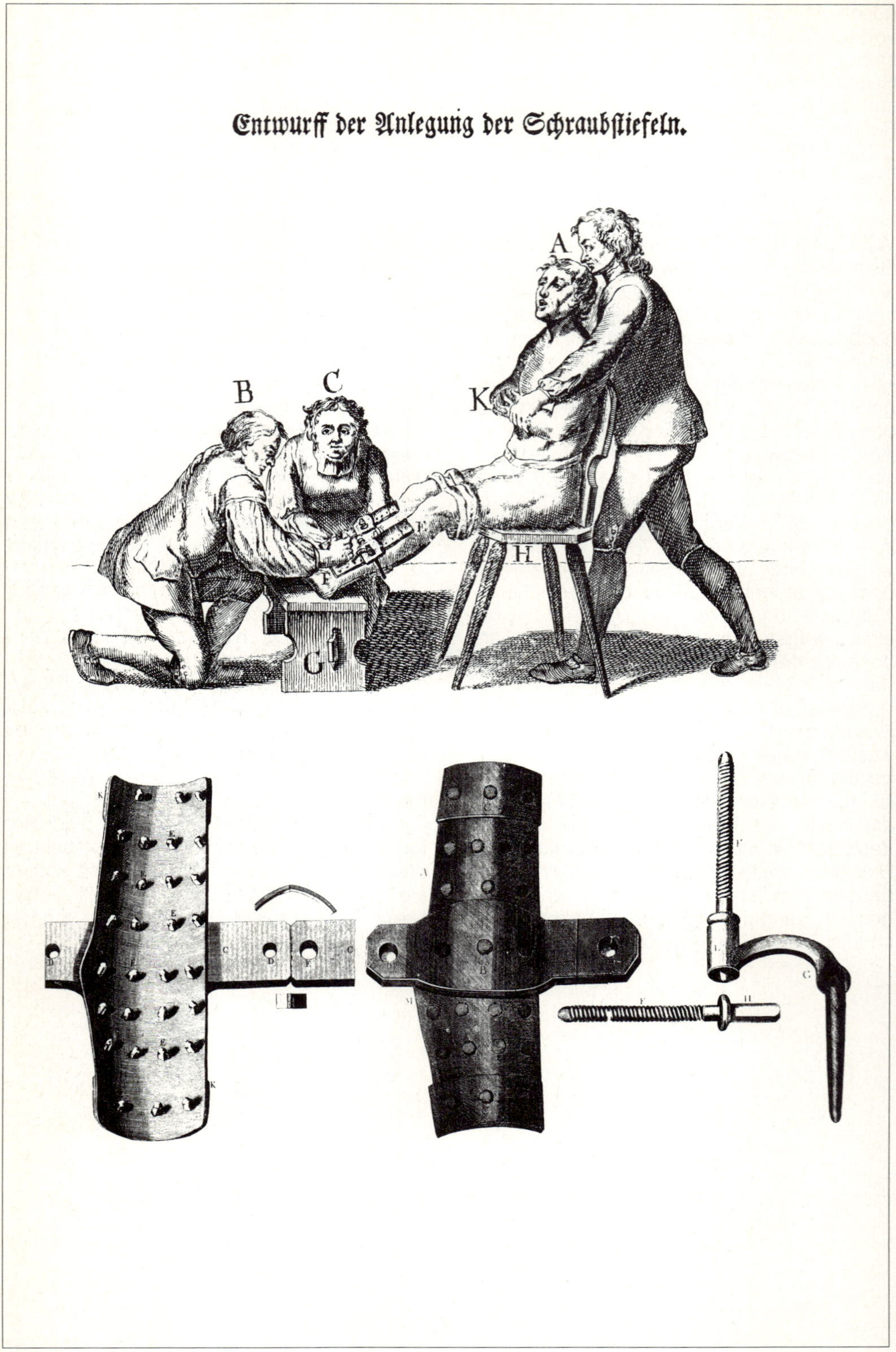
Entwurff der Anlegung der Schraubstiefeln.
A
B
C
K
F
H
G

Reichsstadt Köln
—
Kurfürstentum Köln

Inhalt:

Die Reichsstadt Köln

Das Titelblatt der Epistolae obscurorum virorum (»Dunkelmännerbriefe«). Dieser um 1514 anonym erschienene publizierte Text, in dem die scholastischen Theologen verspottet wurden, hatte große Resonanz in Deutschland. Er ist das Werk der Humanisten Johannes Jäger – oder besser Johannes Crotus Rubianus – und Ulrich von Hutten. Sie hatten in Erfurt studiert, obgleich Erfurt für Hutten nur eines der vielen von ihm frequentierten studia generalia war.

ist eng mit der Geschichte des deutschen Katholizismus verwoben; an der Universität treibt die Scholastik Blüten. Albertus Magnus (1193–1280) nimmt in der Zauberfrage eine vorsichtig-abwägende Haltung ein: »sie ruhe oft auf Täuschungen. Lediglich das Volk sehe aufgrund seiner mangelhaften Bildung einen Zusammenhang mit zauberischen Handlungen.«

Er ist dem Zeitgeist folgend von der teuflischen Existenz überzeugt. Sein Schüler Thomas von Aquien baut die Teufelslehre aus und läßt sich von In- und Sucuben, der teuflischen Buhlschaft und nächtlichen Ausfahrten inspirieren. Er quält sich mit der Frage über die Fähigkeit, zwar nicht der eigenen Frau, doch anderen geschlechtlich beiwohnen zu können[1]. Vergl. dazu die Ausführungen im Kapitel Sexualität und Frauenhaß. Gegen Ende des 13. Jahrhunderts beschäftigt sich eine Kölner Synode mit der »impotentia ex maleficio« und exkommuniziert die, die unter zauberischem Einfluß der Ehe schaden.

1357 verfügt der Erzbischof die Exkommunikation über Beschwörer, Looswerfer und Wahrsager. Eine Synode von 1450 setzt sich mit dem Thema auseinander: »ob sich Wahrsager und Beschwörer, die mit Teufeln in Verbindung stehen, in Pfarreien aufhalten können.«

Köln bleibt von den großen Verfolgungswellen verschont. Die Stadt hat etwa 40 000 Bewohner und zwischen 1627–30 werden 33 Anklagen wegen Hexerei erhoben. Bis 1655 sind 29 Hinrichtungen belegt. Als grauer Fleck auf ihrer universitären Intelligenzweste bleibt die Approbation des *Hexenhammers*.

Die Satire *Epistolae obscurum virorum* verfolgt das Ziel, der Geistesfreiheit über die Barberei zum Sieg zu verhelfen. Das schlechte Mönchslatein, die selbstgeschaffenen Wörter und Redensarten, die unnützen, lächerlichen und mit Wichtigkeit behandelten Streitfragen, die albernen Spitzfindigkeiten, die Unwissenheit, der alles beherrschende Aberglauben und die Schamlosigkeit der Sitten werden publizistisch an den Pranger gestellt. Vergl. den Korrespondenzband *Geschichte der Buchdruckerkunst* (Hagenau und Kirchheim).

Die Verfasser von 1515/17 haben ihren Spott über die Hochburg Köln ausgegossen. Es entwickelt sich zum Bollwerk des kämpferischen Katholizismus im Nordwesten des Reiches. 1544 eröffnen Jesuiten ihr Domizil. 1583 wird eine Nuntiatur eingerichtet, was der Glaubensmetropole Gewicht verleiht. Zum Beginn des 17. Jahrhunderts lodern hier Hexenscheiterhaufen; verschwindend wenige im Vergleich zum benachbarten Kurköln unter der Federführung Ferdinands. Und doch lassen sich die Verfolgungen weit zurückführen.

Anfänge

1074 wird eine Frau von der Stadtmauer gestürzt, weil sie im Verdacht steht, durch magische Künste Menschen zu betören. 1163 wird die Verbrennung eines Mannes erwähnt, der vor seinem Tod Brot und Wasser verlangt. Aus Furcht vor dämonischen Einflüssen wird es ihm verweigert.

Aus dem 13. Jahrhundert liegen fragmentarische Überlieferungen vor. 1453 schlüpft ein Mädchen in die Rolle der kurz davor verbrannten Jungfrau von Orleans. Sie setzt sich bewaffnet und in Männerkleidern anläßlich des Trierer Bischofsstreites in Szene. Kalteisen versucht, sie vor ein Tribunal zu zerren.

Für den 26. Februar 1446 ist der erste Hexenprozeß nachweisbar. Er endet mit einem Freispruch des Bezichtigten, nachdem er Urfehde geschworen hat. Jahre später fällt das Hohe Gericht zwei Todesurteile wegen ausgeübter Zauberei. Die Betreffenden stehen im Gerücht, ein Unwetter gemacht zu haben. 1487 – im Jahr des Malleus – verurteilt ein Gericht eine Frau wegen eines gemeinsam mit deren Tochter ausgeführten Mordes, nachdem die Tochter die Mutter unter der Folter besagt und hervorhebt: »daß sie anderen Frauen das Zaubern gelernt habe[2].« 1509 ist ein erstes vor einem Gericht abgelegtes Geständnis einer Hexe überliefert. Es ist das Bekenntnis der

Tringin von Breising

- Der Teufel wäre in ihr Haus auf dem Heumarkt gekommen und dort habe sie Gott, der hl. Mutter Maria und den Heiligen abgeschworen.
- Daraufhin habe sie der Teufel an der Stirn geritzt und Unzucht mit ihr getrieben.
- Einmal wäre sie auf dem Hexentanz gewesen, wo man gegessen habe und gesprungen sei. Hernach habe sie ein Gewitter gemacht.

Die Lage spitzt sich zu, als sich in der Region der Protestantismus ausbreitet. Als 1582 Kurfürst Gebhard zur »neuen« Religion wechseln möchte, rücken spanische Truppen vor, um das Bistum zu besetzen. Der Abtrünnige wird »ausgetauscht.«

In Köln sind es vor allem Geistliche, die dem Hexenwahn Auftrieb geben. Johann Gelenius verfaßt Gutachten zum Thema. Glimbach trägt zur Aktivierung des Treibens bei. Während im Sommer 1629 die der Zauberei angeklagte Christina Plum aus der Haft entlassen wird, hinterfragt er die Namen der Besagten und gibt sie an Dritte weiter.

Ihnen stehen vernünftige Bürger gegenüber die das Wüten einzudämmen suchen und auf deren Schwachstellen wie Folter, Leichtsinn und Besagertum aufmerksam machen. Zu ihnen gehört Spee, der sich während der Jahre 1627–28 am Dreikönigsgymnasium aufhält.

Erzbischof Hermann von Wied entzieht den Hexenverfolgungen eine Stütze, indem er 1583 auf den vergessenen canon episcopi aufmerksam macht[3] und den Glauben an Luftfahrten wie deren Verwandlung in Tiere verwirft. Der Ratsherr Hermann Weinsberg[4] steht dem Hexenwesen kritisch gegenüber[5].

»Die Zauberei ist ein ungewisser Handel und man hat viele Gründe, daran zu zweifeln. Es gibt böse Leute, die ein altes Weib als Zauberin schelten und sie in Verruf bringen. Wenn man aus Haß oder Leichtfertigkeit Mitmenschen in böse Gerüchte bringt, wird man es schwer vor Gott verantworten können. Ich habe nie ein Weib gesehen, das imstande wäre, Katzen, Hunde, Mäuse, Schlangen oder Kröten zu machen, in Weinkeller zu schlüpfen oder mit dem Teufel zu tanzen[6].« Ende Oktober 1589 (?) wird

Peter Stube

gevierteilt und verbrannt, weil er 25 Jahre (?) mit einer Teufelin gebuhlt und sich mit Hilfe eines Gürtels in einen Wolf verwandelt haben soll. Am 8. Mai 1593 wird Johann von Pulheim gevierteilt. Er soll 200 Pferde und anderes Vieh geraubt und Leute umgebracht haben. Man sagt ihm nach, er habe Schwangeren den Bauch aufgeschlitzt und die Herzen ihrer Kinder gefressen, um sich schußfest zu machen[7]. Vergl. die Ausführungen zur »Passauer Kunst« im süddeutschen Raum. Der Prozeß gegen

Catharina Henot

ist der interessanteste seiner Art[8]. Es ist denkbar, daß er aus Neid um eine Postmeisterstelle gefochten wird. Die katholisch orientierte[9] Familie gehört zu den wohlhabenden der Stadt. Catharinas Vater ist kaiserlicher Postmeister. Ihr Bruder Hartger, Doktor der Rechte, Kapitular am Domstift, Dechant von St. Andreas, Probst von St. Severin, kaiserlicher und kurfürstlicher Hofrat sowie apostolischer Protonotar.

Catharina ist verwitwet und bewohnt mit ihrem Bruder ein zum Kloster St. Andreas gehörendes Haus. Eine Tochter von ihr ist im St. Klara-Kloster Nonne. Von hier aus nimmt das Unglück seinen Lauf. 1626 geben einige vom Teufel besessene Schwestern während der Exorzismen an, daß sie der Ursprung ihres Leidens sei. Sie bezichtigen sie der Hexerei, bzw. sagen, sie habe einen Pakt mit dem Teufel geschlossen. Ihre Quälereien würden nicht eher aufhören, bis man sie wie eine Hexe behandle[10]. Rasch verbreitet sich das Gerücht.

Die begüterte Familie hat die Möglichkeit wie die finanziellen Mittel, sich gegen Besagungen zu wehren, doch es ist ein besonderer Fall. Ende August bestreitet sie mit einer aus kurfürstlichen Räten gebildeten Kommission alle Anschuldigungen und droht jedem, der das Gerücht weiterträgt, mit einer gerichtlichen Verfolgung. Der Kölner Erzbischof wird bemüht, um den Gerüchten nachzugehen. Nun beauftragt Catharina beim Hohen Gericht eine Purgation, um sich vor Anfechtungen zu schützen. Ihr wird nicht stattgegeben. Unabhängig davon beschließt der Rat im kurfürstlichen Einvernehmen, sie ins Gefängnis zu stecken.

Jetzt bringen die Stimmeister ein: »daß sie eine der besessenen Schwestern der Hexerei bezichtigt hat. Sie habe sich bereiterklärt, als Klägerin aufzutreten.« Erschwerend komme hinzu, daß die in Lechenich inhaftierte Langenbergerin sagt: »die Henot habe im St. Clara-Kloster Maleficios und Zauberwerk geübt und mit ihr Collusiones, Conspirationes und Tottschläg gehabt. Schließlich besinnt man sich auf das in der Stadt umlaufende Geschrei. Ein Jesuit erwähnt als zusätzliches Indiz ein bei ihr gefundenes Hexenmahl.

Die Verhaftung der Henot stößt auf Schwierigkeiten, da die Obrigkeit in kirchlichen Gebäuden keine vornehmen kann, stellt der Offizial einen erzbischöflichen Rodenträger, der sie übernehmen und die Gefangene den städtischen Behörden übergeben soll. So wird sie zum Turm und dann ins Gefängnis verbracht.

Ihre Anträge, die ihrer Verwandten und vor allem die ihres Anwaltes, Laurentius Mey, auf Mitteilung der Indizien, bleiben erfolglos. Jede Begegnung mit ihr, ihm und dem Beichtvater werden unterbunden. Man macht den Vorschlag, das Gericht soll das Gutachten einer unparteiischen Universität einholen.

Alles bleibt unbeachtet. Nachdem man sie foltert, richten ihre Freude am 9. Februar eine Anfrage um Erfahrung der Indizien an den Kölner Rat; sie wollen das Foltern unterbinden. Man wirft ihr im wesentlichen Fälle von Tot-Zaubern vor:

- Sie habe den Wallraff so bezaubert, daß er deshalb gestorben sei.
- Sie habe den Pastor Lucas Weyendall blind und tot gezaubert.
- Sie habe den Welschen Doctor »zu den Predigern« tot gezaubert und
- sie habe das Kind, das Welffer Halfmann mit seiner ersten Frau gehabt, tot gezaubert.
- Sie habe der schwangeren Frau des Schulmeisters von St. Severin einen Trunk gemacht, worauf sie ein totes Kind auf die Welt gebracht habe.

Schließlich übersteht sie drei Torturen, ohne ein Geständnis im Sinn der Häscher abzulegen. Sie wird ohne Bekenntnis einer Schuld (Rechtsbruch) vom Hohen Gericht zum Tod verurteilt. Unter den Schöffen befinden sich fünf städtische Juristen. Am Prozeß gegen sie sind die Schöffen Walram Blankenberg und Johannes Romesswinckel beteiligt.

Drei Tage vor der Vollstreckung verfaßt sie einen Brief an ihre Angehörigen, der zu den erschütterndsten Dokumenten des Hexenwahns zählt und den ich unter die Erläuterungen setze[11].

Sie schildert den Verlauf des Prozesses und weist alle ihr vorgehaltenen Verbrechen zurück. Auf Bitten ihrer Verwandten stellen sich der Notar und zwei Zeugen am Tag der Hinrichtung am Hospital an die Breite Straße, wo den zum Tod Verurteilten Trost gespendet wird.

Nun wird die Witwe auf einem Karren dahergefahren. Sie sitzt zwischen den Jesuiten Adrian Horny und Hermann Mohr. Der Zug bewegt sich nach Melaten zum Galgenberg. Ein Scharfrichter erdrosselt sie und daraufhin wird sie in einer Strohhütte verbrannt.

Ob der Henot-Prozeß Signalwirkung auslöst oder ob es ein typischer Drahtzieherprozeß war, ist nicht zu dokumentieren, aber denkbar. Jedenfalls steht er am Beginn einer Prozeßkette. Er zeigt Ungereimtheiten; z. B. die Verurteilung zum Tod **ohne** Geständnis.

Es leitet für Köln eine fünfjährige Phase der Hexenbrände ein. Nach der Hinrichtung legt ihr Bruder Hartger aus Protest alle Ämter und Würden ab. Schließlich gerät er mit Franziska Henot in den Verdacht der Zauberei. Möglicherweise ist Spee Augenzeuge der Vorgänge und wird (auch) dadurch in der Abfassung der *Cautio criminalis* bestärkt. Die 24jährige

Christina Plum[12]

ist die Tochter eines Kölner Gürtelmachergafferboten, leidet unter Wahnvorstellungen und lebt zwielichtig. Vor Geistlichen bekennt sie sich zur Hexerei und meint: »Catharina Henot habe sie verführt.« Ihre Nervosität führt sie auf diabolische Einflüsse zurück.

Erzbischof Hermann von Wied. Er macht auf den vergessenen Canon Episcopi aufmerksam.

Vermutlich ist sie geistesschwach, denn sie bittet um die Todesstrafe, die sie als Erlösung versteht.

Ende April 1629 wird sie von Stimmeistern und Syndici verhört. Sie sagt: »die Henot wäre ihr ein halbes Jahr nach ihrem Tod erschienen und habe sie auf den Hexentanz genommen.« Willig besagt sie während der Befragung weitere und unter ihnen stadtbekannte Bürger. Zwei Priester erkennen ihre Aussage als unbedenklich. Jetzt ordnet der Rat ihre Haft im St. Gereonsturm an. Am 26. Mai wird sie dem Hohen Gericht zur Verurteilung überstellt, doch mit Auflagen entlassen.

Es wird ihr untersagt, Namen von Beschuldigten bekannt zu geben. Daran hält sie sich nicht. Sie eröffnet dem erzbischöflichen Vikar und Spiritualibus, dem Domdechant Glimbach und einem Schöffen des Hohen Gerichts weitere Personen. Weil sie sagt: »sie habe auf dem Hexentanz einen Jesuit getroffen, so gelb von bardt und volligh von angesicht gewesen, der sie gequält (habe) und mit ihr Unzucht habe treiben wollen«, bemüht sich Glimbach, an Beichtstühlen vorbeizugehen, um den Betreffenden ausfindig zu machen[13].

Im Februar entschließt sich der Rat zu einer im Rahmen der Hexenverfolgungen ungewöhnlichen Maßnahme und bestimmt: »weil die Christina so viele ehrliche Leute angesagt und diffamiert (habe), deren guter Leumund dadurch geschmälert werde, soll den Betroffenen die Denunziation mitgeteilt werden.« Der Turmschreiber erhält den Auftrag, Abschriften der Vernehmungsprotokolle zu überbringen.

Unter den Beschuldigten befinden sich der Domherr Hartger Henot, zwei seiner Schwestern, der städtische Syndikus Dr. Wissius, ein Dr. Spiegel und die Frau des Bürgermeisters Hardenrath. Eine Ennen nennt den Domherrn, Fürst Franz von Lothringen, die Frau des Bürgermeisters Lyskirchen und den Erzbischof Ferdinand von Bayern, macht aber keine näheren Angaben.

Wieder wird die Plum in den Cunibertsturm gesperrt und von Soldaten bewacht. Man will verhindern, daß sich weitere in den Todesschlingen verstricken; nicht einmal der Beichtvater wird zugelassen.

Zur Jahreswende 1629/30 erreicht die Erregung einen Höhepunkt. Am 11. Januar wird dem Rat vorgetragen: »daß sich nach der Aussage der Plum mehrere Hexen zu einem Bündnis verschlossen haben, um Unschuldige zu besagen, und der Justiz hinderlich zu sein.«

Daraufhin werden zwei Frauen verhaftet. Die Ende 1629 erkennbare Reaktion des Stadtrates läßt einen hohen Kölner Geistlichen nicht ruhen. Heinrich Glimbach, Dechant von St. Severin und Professor der Theologie, gibt die Flugschrift *Lamentatio animae suspirantis ad deum pro extirpatione magia* (Klageruf einer Seele, die zu Gott seufzt um Ausrottung der Zauberei). Es vermittelt den Eindruck, daß Köln voll Hexen sei und daß man den Eindruck habe, der Stadt den heiligen Charakter zu nehmen: »der Rat würde nicht die geringsten Anstrengungen unternehmen, um das Laster auszurotten, so daß die Teufel ungehindert ihr Unwesen treiben können.« Im Januar 1630 läßt der Stadtrat die Schmähschrift einziehen und öffentlich verbrennen.

Jetzt läßt er die Druckpressen zerstören, verfügbare Exemplare beschlagnahmen und öffentlich verbrennen. Der Verkauf des Flugblattes wird mit Strafen belegt. Glimbach wird gezwungen, das Pamphlet zurückzuziehen. Währenddem verweigert die Inhaftierte die Nahrung: »wodurch sie in Lebensgefahr geraten und sich zur Vornahme der Tortur desto unbequemer mache.«

Geistliche werden zur Folter hinzugezogen. Sie haben die Aufgabe, die vom Teufel bereiteten Hindernisse aus dem Weg zu schaffen. Wegen aufgetretener Schwierigkeiten, vor allem der Uneinigkeit innerhalb des Gerichts, gibt der Kurfürst am 28. Dezember die Anweisung, das Verfahren ruhen zu lassen, bis man weitere Vorkehrungen treffen kann.

Urteil

Schließlich wird der Spruch gefällt. Die Sentenz wird am Mittwoch, den 16. Januar 1630 verfaßt. Die Angeklagte befindet sich im Turmhof, inmitten eines von Soldaten gemachten Kreises.

Das Urteil wird öffentlich verlesen: »In Sachen der (von) Christina Plum bekannt(en) Missethaten wird zu Recht erkannt, daß Gedachte wegen der eingestandenen Absagung Gottes, der Allmächtigen und seiner lieben Heiligen, der Verunehrung der hochwürdigsten heiligen Sakrament(e), wegen ihrer Vermischung mit dem leidigen Satan wegen ihrer (der) katholischen Religion schändlichen Verbindung ... betreibe sie (doch) teuflische Konspirationen und er habe ihrer Scheinbeichte beigewohnt. Zugleich habe sie andere der Hexerei beschuldigt. Sie habe an Menschen und Früchten verbotene Zauberei geübt. Deshalb soll man sie auf den Scheit setzen und öffentlich durch die vornehmen Straßen der Stadt schleifen. Sie soll an sicheren Orten mit glühenden Zangen gespitzt, zum Galgenberg geführt und mit dem Feuer vom Leben zum Tod gerichtet werden.

Weil die Geistlichen berichten, daß Christina ihre begangenen Sünden herzlich beweine, wird in Erwägung ihrer Constitution, Jugend und der hochbeklagten Verführung die gerechte Strafe dahingehend gemäßiget, daß sie mit dem Strang vom Leben zum Tod zu richten und daß ihr toter Leib mit dem Feuer zu Asche zu verbrennen ist.«

Am 15. Mai 1632 werden die den Prozeß betreffenden Akten in einer Eisenkiste deponiert. Sie wird mit einer Kette an der Wand befestigt und im Beisein der Schöffen und Deputierten im Schöffenschrein hinterlegt. Christina besagt u. a. die Hebamme und Witwe

Sybille Wilhelmstein

die trotz ihres untadeligen Rufes ins Geschrei kommt. Am 12. Januar 1629 bezeugen 25 Bürger ihre treuen Dienste. Nun beschuldigt sie die wahrscheinlich besessene Mechthild von Bremerbroich (erneut) in einem Verhör vom 9. März der Hexerei. An der Verbreitung des Gerüchts beteiligt sich der Jesuit P. Belte (Bolden?), indem er meint: »sie wäre eine Zauberin. Mitte Mai wird sie Schöffen überstellt und am 31. zur Strangulation und Verbrennung verurteilt.

1631 geht eine verdächtige Frau zum Markt und wird als »schwarze Hexe« ausgerufen. 1647 und 1650 kommt es zu weiteren Prozessen. Eine Frau und deren elfjähriger Sohn werden zum Tod verurteilt[14].

Hier kann ein Mißverständnis beseitigt werden, dem Soldan (u. a.) aufgesessen ist. Es geht um einen Brief des Pfarrers Duren v. Alfter an den Grafen Werner von Salm, der besagt: »daß wegen der vielen Hexenmeister die halbe Stadt draufgehe. Selbst Kinder von drei bis vier Jahren haben ihren Buhle. Summa, es ist ein solcher Jammer, daß man nicht weiß, wie man mit den Leuten ungehen soll.« Der Hinweis bezieht sich auf den Würzburger Raum [15]. Die Hexenverfolgung im

Kurfürstentum Köln[1]

setzt 1627 ein. Viele historische Dokumente sind verlorengegangen, so daß die Interpretation kompliziert ist. Schormann weist auf die Protokolle des Hofrates, die ab 1579 bis 1685 wesentlich erhalten sind und über die man teilweise die Problematik erschließen kann. Die Hauptstadt des Kurfürstentums ist nicht Köln, wie mithin angenommen, sondern Bonn. Das Territorium ist nicht in sich geschlossen, sondern besteht aus dem rheinischen Erzstift mit vielen En- und Exklaven, der Vest Recklinghausen und dem Herzogtum Westfalen, sowie dem kurkölnischen Sauerland mit der Zentrale Arnsberg. Die Region ist extrem verschuldet (Kölner Krieg ab 1583). Rheinzölle sind verpfändet und Kriegs-Altlasten drücken.

Landesherr ist Kurfürst Ferdinand von Wittelsbach, der 1612, im Alter von 18 Jahren in die Verantwortung tritt; er führt das ihm anvertraute Gebiet durch die Wirren des 30jährigen Krieges, widmet sein Leben der Stabilisierung der verlottert-pfründeorientierten Kirchenzucht (obwohl er Herr über fünf Bistümer ist). Korruption beim Klerus ist an der Tagesordnung, was teilweise mit seiner miserablen Bezahlung zusammenhängt. Er setzt sich für die Durchsetzung der Trientiner Beschlüsse, der Drangsalisierung der Protestanten und der Ausrottung der angeblichen Hexen ein.

Die gewaltsame Rekatholisierung steht auf seinem Banner. Er will »antikatholische« Kräfte beseitigen, wie es es in der *programmatischen Religionsordnung* von 1614 definiert ist. Von Geldstrafen bis zur Landesverweisung reicht sein Instrumentarium. »Der Kirchenfürst ist in seinen Anschauungen über den Hexenwahn befangener als seine Zeitgenossen, die Bischöfe von Bamberg und Würzburg.« Er beginnt seinen Vernichtungszug inmitten eines anderen Glaubenskrieges. Bezeichnet er doch den Kölner Magistrat als »Schutzpatron der Hexen.«

Es ist kein Wunder! Ferdinand wird im Oktober 1577 als Kind des Herzogs Wilhelms V. von Bayern und der Herzogin Renate von Lothringen geboren. Siebenjährig erhält er die Tonsur und wird mit Pfründen überschüttet. Zwölfjährig schickt man ihn Ingolstädter Jesuiten zur Erziehung und dann wird er als Koadjunktor nach Köln gerufen. Er bleibt deren Geist treu und stirbt im September 1650.

Bei der Betrachtung der Gegenreformation und dem Verfolgen angeblicher Hexen ist die Achse München (sein älterer Bruder Maximilian), Ingolstadt (geistige Ausprägung durch Jesuiten) und Bonn – (er selbst) zu beachten.

Ferdinand erhebt Bonn 1597 zur Haupt- und Residenzstadt, wohin er 1601 siedelt. Im gleichen Jahr erläßt er eine Hofratsordnung. Der Hofrat ist die oberste Verwaltungs- und Justizinstanz, wie sie auch im Herzogtum Württemberg, bzw. dem Herzog- und späteren Kurfürstentum Bayern praktiziert wird. Er hält sich die Besetzung der Schlüsselpositionen vor. Der Hofrat steuert unter seiner Federführung wie ein Präzisionswerk das Ausrottungsprogramm (Schormann) gegen angebliche Hexen. Eine Gesamtzahl aller Opfer der Hexenprozesse für Kurköln schätzt er »nicht unter 1000« ein. Die Verfolgungsmechanismen zum III. Reich sind frappant!

Juristischer Apparat

Zuständig für die Blutgerichtsbarkeit sind Schöffengerichte, denen ein Schultheiß vorsteht. In der Reichstadt Köln fungiert das Hohe Weltliche Gericht. Deren Schöffen spielen in der Praxis der kurkölnischen Hexenprozesse eine Rolle; zudem greifen das RKG und der Reichshofrat in die Rechtssphäre Kölns ein. Ferdinand verschärft die CCC. und droht Strafverfahren auch bei geringen Abweichungen an. In der *kurkölnischen Hexenordnung* wird 1607 gesagt: »Es sollen aber der Vogt, Schultheiß oder Gerichtsschreiber vor der peinlichen Frage oder aus der eingebrachten Frage oder Erkundigung gewisse Fragstücke in Schriften verfassen, diesselbe den Scheffen verpringen und auf erfolgte Erkenntnüß der Schefen, darauf die hafte person selbst abfragen und dem Scharpf- oder Nachrichter das Examen nit einraumen oder zulassen. Entscheidend werden:

1. Diffamatio oder der seit geraumer Zeit bestehende böse Leumund.

2. Besagung Mitbeschuldigter.

3. Der Zaubereiverdacht der Nachbarschaft (schwaches Indiz).

4. Berüchtigung oder Verurteilung der Mutter der Angeklagten oder sonstiger Familienangehörigen wegen Hexerei und Zauberwerk.

5. Auffälliges Betragen gegenüber der Obrigkeit und in der Öffentlichkeit.

6. Neid, Haß und Feindschaft gegenüber einem zum Schaden gekommenen Dritten.

7. Häufiger Wohnungswechsel.

Aus einer Mixtur solcher Vorhaltungen kann jeder in das Netz des Hexentreibens gelangen. Die Prozeßordnung von 1607 beginnt mit den Worten: »Nachdem das greulich und abscheulich Unwesen der Zauberey, leider bei diesen sorgsamen geferlichen Zeiten, einen gemeinen Uebergang nehmet ... fühle sich der Fürst nach göttlichem Befehl und allen Rechten verpflichtet... nach Vermögen solche Unthaten zu straffen.« Sie löst keine Sensationen aus; damals sind gegen Hexen geführte Prozesse eher selten denn häufig.

Nach ihrer Aufwertung und erweiterten Publikation bricht der Wahn gezielt aus. 1631 flieht eine Frau vor dem ihr drohenden Prozeß von Scheinheim nach Rheinbach, wird aber auf Drängen des dortigen Gerichtsherren verhaftet und verbrannt. Der Zeuge sagt: »sie hätte viele denunciert und wäre damit der Anfang gemacht.« Ein literarisches Vorbild bietet das geistige Elaborat Binsfelds in Trier. Verstärkte Bedeutung mißt man dem

Stigma diabolicum

bei und meint: »Zum dreyzehenden gibt auch grosse antheilung zur peinlichen fragen, wenn ahn der diffamirter personen ungewonliche Stigmata undt zeichen als wann schon darin gestochen kein blut daruß kommen tuet« erfunden werden.« Der Standpunkt ist altertümlich. Längst hat das Mißtrauen wider die Henker um sich gegriffen und im Oktober 1590 wird das trügerische Zeichen von namhaften Ingolstädter Juristen verworfen. Im Kurfürstentum Köln hält man bis mindestens 1637 an dem Spuk fest.

An der geistigen Verknöcherung setzen die Verfolgungsgegner an. Es ist ein wirksamer Hieb gegen den Unsinn der Hexenprozesse an sich. Spee lehnt es ab und sagt: »ich sehe alle Tage, daß die Betrügereien der Menschen unendlich und oft selbst große Herren von beschämender Leichtgläubigkeit sind. Weil sie viel zu groß sind, solche Kleinigkeiten zu prüfen, machen sie sich jedes beliebige Märchen zu eigen, verzeichnen es in ihren Lehrbüchern und führen alle Welt hinters Licht.«

Ende November 1628 wird die seit 1607 bestehende *Hexenprozeßordnung* neu aufgelegt und deren Vervielfältigung und Verteilung an die Gerichte befohlen, was einen Streit auslöst.

Verfolgungen in Bonn

Bonn bleibt nicht frei vom Hexenwahn; ist es doch die Schaltzentrale des Jesuitenschülers Ferdinand. Das erste Signal für die Verfolgungsmaschinerie in den Hofratsprotokollen erscheint zeitgleich mit dem Henot-Prozeß. Am 12. Januar 1627 lehnt der Kurfürst die Bitte um Zulassung von Verteidigern für sie ab. Von da ab kann die Massenverfolgung dokumentiert werden.

Am 7. April 1629 werden die am Bonner Gericht Beschäftigten vom Hofrat unter Strafandrohung an ihre Schweigepflicht erinnert: »Weiln man in Erfahrung kommt, daß die Geheimhaltung nit wie sichs gebührt gehalten, sondern was vorgeht in und außer der Stadt spargiert werd, solches aber von niemanden anders, dann so darmit Wissenschaft haben, beschehen kann.« Daraus kann nur geschlossen werden, daß man im Frühjahr 1629 in Bonn gegen Hexen eingeschritten ist.

Ende August 1630 beschwert sich der Bonner Apotheker Reiner Curtius darüber: »daß er für die Hinrichtung seiner Frau als Hexe 100 Rtl. zahlen soll. Die gleiche Beschwerde wegen seiner hingerichteten Tochter richtet am 18. August Dietrich Caspell an die Obrigkeit und einen Tag danach reicht ein Konrad Schneider eine Bittschrift ein, »seine wegen Hexerei der Stadt verwiesene Frau zu begnadigen.« Dazu kommt eine Notiz vom Februar 1631: »die angeklagte Giertgen (Gertrud) Sybertz sei sehr verdächtig »und so viell mehr, weill Ihre Schwester newlich zu Bonn auch Hingericht.« Der Jahresbericht der Jesuiten nennt – bezogen auf Bonn – für 1639 etwa 50 Hinrichtungen in Hexenprozessen. Die Realität läßt sich nicht mehr rekonstruieren.

Kurfürst Ferdinand v. Bayern, der in der kurkölner Region mit epidemischer Gründlichkeit gegen angebliche Hexen einschreitet.

Hexenkommissare

Noch während in Köln wider Katharina Henot prozessiert wird, greift der Hofrat in das Geschehen ein. Man zitiert den Schultheiß von Antweiler (Nähe Euskirchen) zur Instruktion für die Ausrottung der Hexen nach Bonn. Mitte Februar 1627 wirken Hexenkommissare im Amt Hardt. Im Juni werden weitere nach Nürburg geschickt und im Juli 1627 sind zwei Dörfer in der Vogtei Köln nicht mehr in der Lage, Holz für die Verbrennungen zu beschaffen. Dem Lechenicher Amtmann werden für einen Prozeß in der Herrschaft Flerzheim Anfang August Hexenkommissare »aufgezwungen«. Im Oktober 1627 wird für das Amt Hardt ein 20-Punkte-Programm erstellt, dem wegen seiner Massenprozesse der Kollaps droht. (Schormann)

Hier ruft Frau Voßkammer das RKG (Speyer) an und sie ist erfolgreich; die Aussetzung des Prozesses wird unter Strafandrohung empfohlen. Man reagiert mit einem Gegenurteil, schindet Zeit; währenddem wird sie gefoltert, gesteht und verbrannt.

Auf der ersten Hofratssitzung Anfang Januar 1629 im Bonner Schloß wird die *Hexen-Ordnung* verlesen und in dem Zusammenhang ein Befehl zur Ausfertigung an die Gerichte des Erzstiftes erlassen. Jetzt beginnt der dortige Holocaust. Im März schickt der Hofrat zwei Kommissare ins Amt Nürburg, um die Verfolgungen aufzunehmen. Im Juli greift der Kurfürst ein, da die Prozesse ins Stocken geraten sind.

Die Vorgänge im Amt Andernach ähneln dem Geschehen in Nürburg. Bittschriften der Bürger korrespondieren mit dem kurfürstlichen Wollen. Die Gemeinden Meisenheim, Kell und Namedy wenden sich im April 1629 an den Hofrat, der in ihrem Sinne reagiert. Ende März 1629 wirft eine Bürgerdelegation dem Stadtrat von Andernach vor: »daß er nit tette anfangen, uber das Zaubereylaster zu inquirieren, obwohl die Bürgerschaft seit langem darauf dränge.«

Jetzt schaltet sich der Kurfürst dazwischen und aktiviert das Geschehen. Ab 1630 sind Sondersitzungen erforderlich. Das Kloster St.Thomas bei Andernach, dem die Kosten für den Transport der Verurteilten zum Richtplatz aufgezwungen ist, sagt: »jetzt wäre die Belastung zu groß.« Der letzte Prozeß ist hier 1643 nachweisbar.

Für 1631 liegt aus dem Monat August eine Kostenaufstellung über 20 Hinrichtungen vor, worunter sich zwei Männer befinden. Ende 1632 treibt der Hofrat das Ahrweiler Gericht zu einem schärferen Vorgehen an. Jetzt brennen Scheiterhaufen. Hier erfahren wir über die Kosten für die Herstellung von Folterwerkzeugen, einem Hexenstuhl und einem »eisernen Halsband«. Aus dem Jahr 1632 liegt eine Kostenaufstellung für sechs Hinrichtungen vor und Schormann schätzt die Zahl der Opfer auf etwa 40. Immer mehr betroffene Familien legen Bittschriften vor: »damit die noch vorhandenen Schuldigen der Gebühr nach bestraft werden.« Um 1629 hat der Wahn nach zögerlichen Anfängen die Region erfaßt. Der Hofrat treibt die Prozesse voran und steuert sie nicht zuletzt mit dem Einsatz seiner Kommissare.

Es scheint so gewesen zu sein, daß man sie gezielt zum Verfolgen der Hexen eingesetzt hat, um das kurfürstliche Wollen zu präzisieren. Man gewinnt den Eindruck, als habe man sich über kleinene Gerichtsbezirke hinweggesetzt. Drei der Hexenverfolgungsspezialisten sind Heinrich von Schultheiß, Lic. Kaspar Reinhard und Franz Buirmann. In Rheinbach wüten Franz Buirmann und Johann Moeden. Er soll 1636 innerhalb von zwei Monaten in Meckenheim mit seinen 1300 Einwohnern etwa 70 Menschen in Hexenprozessen umgebracht haben. Vermutlich gehen auf das Walten

Franz Buirmann(s)

den Schormann als agilen Massenmörder bezeichnet, Hunderte von Hexenopfern zurück.

1631 wirkt Buirmann in Heimerzheim. Als im Februar 1631 die Stadt Rüthen im Herzogtum Westfalen wissen läßt: »die Ausrottung der Hexen wäre steckengeblieben« ergeht ein Befehl, mit ihnen fortzufahren. Am 11. März klagen Einwohner des Amtes Brühl: »die Hexen würden täglich mehr, der Schaden immer größer, aber die Ausrottung nur lasch betrieben.« Hier wird an den Fleiß bei dem blutigen Geschäft appelliert. Aus dem Oberamt Altenahr wird berichtet: »man könne das Holz zur Verbrennung der Hexen nicht mehr beibringen.«

Im September reklamiert ein Beamter sein Gehalt und trägt vor: »er bitte, (daß) ihme sein ausstehendes Salarium aus dem Hexengelde, so aus der zu Godesberg und Mehlem hingerichteten Unholden Verlassenschaft beibracht, zu nehmen verstattet werden möchte.« Eine Sonderstellung bei den Hexenprozessen in Kurköln nimmt das

Vest Recklinghausen

ein, wo etwa 100 Menschen dem Wahn geopfert werden. 1595 rufen Bürgermeister und Rat der Stadt das RKG gegen den Landesherrn und dessen Gericht an. Sie haben zugunsten der Prozeßopfer eingegriffen, die »furnemer Rahtsverwandten und Burgere in der Stadt Recklinghausen Weib und Kind sein.« Schlußendlich beendet der Kaiser das Imponiergehabe.

Heinrich von Schultheiß (u. a.)

ist der Verfasser eines Handbuches zur Prozeßführung. Es ist die 1634 in Köln gedruckte *Instruction wie in Inquisition Sachen des gräulichen Lasters der Zauberey ... zu procediren«*. Er besucht das Jesuitengymnasium und steht eine Zeitlang in kurmainzischen Diensten unter Johann Schweikard (1604–26). Ab etwa 1616 wirkt er als Hexenkommissar im Herzogtum Westfalen: in der Tätigkeit ist er zuletzt 1643 nachweisbar. Er preist sich 1634 glücklich, Hunderte von Menschen mit Feuer und Folter aus der Welt gschafft zu haben: »denn sie waren nichts anderes als der göttlichen Majestät und der Christenheit Feinde.«

Eine am 10. Mai 1644 in Olpe zum Feuertod Verurteilte sagt, daß ihr Bruder, ihre Schwester und deren Sohn »vor uhngefehr 14 jahren bei Inquisition Hern Commissario Reinhards wegen... Zauberlasters hingerichtet worden sei.« 1653 spricht ein Angeklagter von seiner Mutter und Großmutter, die »vor jahren bey Inquisition domini Commissarii Reinhards hingerichtet.«

Er wirkt in Westfalen so vehement, daß Betroffene ein Attentat auf ihn verüben. In Balve versuchen sie ihn beim Abendessen zu erschießen, töten aber nur seinen Gerichtsschreiber und einen Diener. Drei Täter werden gefaßt und zum Tod verurteilt.

Pfarrer Nikolaus Rotger aus Drolshagen, der vor Reinhard im Frühjahr 1630 flieht, sagt: »der Kommissar habe bis jetzt über 800 Menschen verbrennen lassen und verwende »gräuliche Tortur«; er ist ein »erfolgreicher« Hexenjäger. Dr. Franz Buirmann fungiert als Gerichtsschöffe der Stadt Rheinbach, Hermann Löher flieht mit seiner Frau 1636 nach Holland (Amsterdam), wo er 1676 ein Buch *Gegen die Hexenprozesse* drucken läßt, das heute nur in zwei Exemplaren greifbar ist. Darin schildert er die Taten des Hexenriechers, der ihn blosstellt.

Buirmann stammt aus einer ärmlichen Familie in Euskirchen, studiert ab 1608 in Köln Jura. Die Zahl seiner Opfer ist nicht abzuschätzen. Er kommt 1631 in Rheinbach an und prozessiert gegen zwei Frauen und läßt sie foltern. Dann bezichtigt er die reiche Witwe Christina Böffgens, über 60 Jahre alt und schwächlich, aber im Ruf einer Spenderin stehend. Sie stirbt unter den Händen der Folterer. In ihrem Keller findet man eine Truhe mit 2 000 Talern in bar, woran man sich bereichert. Er verfolgt den reichen (ehemaligen) Bürgermeister Hilger Lirtzen.

Buirman hantiert mit Blankohaftbefehlen, was in der Rechtsprechung Seltenheitswert hat. Sofort interveniert der Schöffe Herbert Lapp. Er nennt das Vorgehen ungesetzlich und verlangt die Einschaltung unparteiischer Rechtsgelehrter. Darauf herrscht ihn Buirmann an: »ich bin ein (solcher), ein Doctor in den Rechten, mit mir sollt ihr Rat nehmen.«

Später wird er vor den Bonner Hofrat geladen und suspendiert. Man hält ihm vor: »es wäre nicht mit rechten Dingen zugegangen und ihn habe vor allem das lucrum (Gewinn) interessiert: er hat sich auf abenteuerliche Weise zu bereichern gesucht. Er bleibt weiter als Hexenkommissar tätig und taucht bald wieder in Rheinbach auf. In Heimerz-

Hexenrichter Schultheiß, Rat des Kurfürsten von Köln in Westfalen. Schultheiß betätigte sich als gnadenloser Hexenrichter 1616 in Hirschberg, 1621 in Arnsberg, um 1628 im Gogericht Erwitte, insbesondere zu Anröchte, 1643 in Werl. Im Jahre 1634 gab Heinrich von Schultheiß seine »ausführliche Instruction, wie in Inquisitionssachen des greulichen Lasters der Zauberey« zu erfahren sei, heraus.

heim spricht er zehn Todesurteile aus und ist der Beherrscher des Verfahrens.

In Siegburg hat er seinen letzten nachgewiesenen Einsatz in Hexenprozessen im Jahre 1647. Als er die Stadt verläßt, wird er von Verwandten seiner Opfer tätlich angegriffen. Über sein weiteres Leben ist nichts bekannt.

Anton Fabens aus Werden wird 1613 an der Kölner Universität immatrikuliert, wirkt seit den späten 1620er Jahren als kurkölnischer Hexenkommissar und ist 1636 in Siegburg nachweisbar. Johann Moeden stammt aus Koblenz und war 1613 als Jurastudent an der Würzburger Universität immatrikuliert. Zu ihm vergleiche Ausführungen in der Grafschaft Blankenheim. Für die Zeit des Ausrottungsprogrammes sind im rheinischen Teil des Kurfüstentums elf Hexenkommissare nachweisbar.

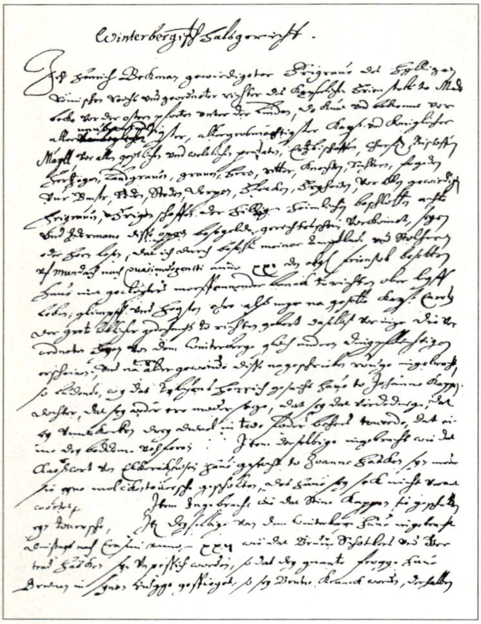

Das erste Blatt des ältesten Hexenprozesses aus dem kurkölnischen Sauerland von 1532, überschrieben »Winterbergisch. halsgericht« (Staatsarchiv Münster).

Kopfgeldjäger (?)

Als Ergänzung zur kurkölnischen *Hexenprozeßordnung* von 1607 gehört eine *Konfiskationsordnung,* worin der Kurfürst erklärt: »daß er zur Einziehung des gesamten hinterlassenen Vermögens berechtigt sei und nur aus Mitleid mit den unschuldigen Kindern und Erben darauf verzichte. Doch müssen alle Prozeßkosten aus dem Nachlaß gedeckt werden (wozu er detaillierte Anweisungen gibt). Eine besondere Gebührenregelung bestimmt Zahlungen für das Gerichtspersonal.

Die Reichsstadt Köln weigert sich zur Annahme der Bestimmung. Durch komplizierte Besitzverhältnisse kommt es zu Schwierigkeiten, Verzögerungen und Überlastungen der Gerichte. Im Mai 1632 beschwert sich eine Witwe über das Ahrweiler Gericht: »es habe die Kosten für die Hinrichtung ihres Mannes übermäßig hoch veranschlagt.« 1634 beklagt sich ein Mann über die hohen Prozeß- und Hinrichtungskosten für seine Frau. Lechenicher Schöffen bestreiten 1629 den Hexenkommissarien das Recht, für jedes Urteil zwei Goldgulden zu fordern. Vom

Hexenschwemmen

Die erste bekannte Reaktion stammt von zwei Schöffen des Hohen weltlichen Kölner Gerichtes, Dr. Walram Wilhelm Blankenberg und Dr. Johannes Romesswinckel. Sie verfassen das Gutachten *Processus et forma procedendi per stigmata contra sagas.* Nach Auffassung der Juristen genügen zur Anwendung der Folter drei Besagungen und das Hexenzeichen. Sie rücken das Stigma in den Mittelpunkt ihrer Beweisführung und auf dessen kurfürstliche Billigung vom 4. Mai 1629.

Im gleichen Jahr erscheint Köln das *Comentarius ad L. Stigmata* von Dr. Peter Ostermann mit einer Widmung an den Kurfürsten. Er wirkt als Professor für Zivilrecht an der Kölner Universität; auch er ist vom stigma diabolicum angetan, »weil Gott dem Teufel keinesfalls erlaube, es Unschuldigen einzuritzen.« Er wettert gegen Theologen, die eine gegenteilige Meinung vertreten.

1630 kommt der Gegenschlag durch den Bonner Kanoniker Johannes Jordaneaus *Disputatio brevis et categorica de proba Stigmatica,* worin er seinen Kontrahenten angreift. Ostermann strengt eine Klage gegen den Drucker an.

Romesswinckel und Blankenberg leiten im Dezember 1629 Hexenprozesse in der kurkölnischen Herrschaft Bliesheim. Der Hofrat gibt ihnen den Rat: »sorgfältig auf solche Zeichen zu achten und nit alles den Henkern oder dessen Jungen zu vertrauen.« Allein im winzigen Brauweiler sind für das 17. Jahrhundert mehr als 60 Hinrichtungen bekannt.

Prozesse in Siegburg

Hier gibt es das Send, worunter man ein geistliches Gericht zu verstehen hat. Der Abt als regierender Landesherr steht ihm vor und es wird innerhalb der Kirchenmauern gehalten. Hier müssen die erwachsenen Gemeindemitglieder auf Glockenschlag (Querverweis zu den Dieburger Glocken beachten) erscheinen und sind gehalten, Verstöße gegen Gott, Religion und Sitten vorzutragen. Der Abt nimmt eine vorsichtige Haltung ein und stellt wegen einer von ihm freigesprochenen

Eine 1570 in den Niederlanden als Hexe hingerichtete Frau wird während des »peinlichen Verhörs« ausgepeitscht. Darstellung aus der »Schau-Bühne der Märtyrer« von Johann Luyken (ca. 1700). Im »zweiten Schritt« der Folter wurde der oder die Beklagte auch mit Gewichten an den Füßen aufgehänget. Darstellung aus der »Schau-Bühne der Märtyrer« von Johann Luyken (ca. 1700). →

Näherin: »wegen Geklaffe mißgünstiger Weiber« das Verfahren ein. Rechtsgrundlage sind (auch) hier die CCC., aus dem Jahre 1532, die Hexen-Prozeßordnung Kurfürst Ernst von Köln vom 24.7. 1607, sowie die des Kurfürst Ferdinand vom 27. November 1628. Zudem erscheint in Köln 1634 *Eine ausführliche Instruction, wie in Inquisitionssachen des greulichen Lasters der Zauberei ohne Gefahr der Unschuldigen zu procedieren* des Heinrich Schultheiß (s. d.).

Im gleichen Jahr wird für das Herzogtum Berg bestimmt: »Weissager und Wicheler (= Wicker), bei denen aberglaubige Hilfe gegen Krankheit der Menschen und des Viehes gesucht werden, sollen ausgewiesen werden.« Schließlich müssen hier 1748 Hebammen ein Zeugnis des Pfarrers nachweisen, daß sie einen guten und frommen, der Ketzerei und Hexerei unverdächtigen Lebenswandel führen.«

Im Nassau-Hademarschen verweigern die Bürger 1619 ihrem Fürsten den Huldigungseid, bis er versprochen hat, den Hexenprozessen freien Lauf zu lassen, um das Land von der Plage zu befreien. In den Jahren 1636, 37, 38–48 sind in Siegburg 21 Hexenprozesse nachweisbar. Die auftretenden Delikte entsprechen denen der anderen Regionen (Terminkalender des Gerichts beispielhaft).

Als Hexenkleider werden genannt: drei Trippenborden, schwarzes Schürzel und Trippen-Mauen, einen goldenen Huppenkamp daran zwei Knoten, einen englisch roten Rock, englisch leifgen, beratte Schürzel, Leifgen von türkisch Bombasin, silberne Örthges oder Beschlaggürtelgen (sowie) Sammetkleider.

Den häßlichen Frauen habe der Teufel Schuhlappen zum Küssen hingehalten. Auch hier tanzt man links herum und reitet (oder fliegt) auf einem Bock, den Schultern des Teufels zum Fenster oder Kamin hinaus. Zudem gehen hier die Stadttore für sie auf und zu. Wenn sie auseinandergeflogen sind, habe es so gekracht, als wenn Eichen übereinanderstürzten. Die Frauen sind teilweise vermummt und man spielt auf Fiedeln, Lieren, Pferds- und Totenköpfen. Hexen tanzen um den Galgen herum.

In Siegburg wirkt Buirmann (Baurmann) vom 3.9.1636 mit Unterbrechungen bis zum Schluß. Weiter werden genannt: Liblar Kaspar und div. Gerichtspersonen, Minoriten als Geistliche unter dem Vorsitz des Bürgermeisters, Stadtboten (Emundts, Ewert u. Möllendorff). Scharfrichter ist Johann (auch: Hans-Hansen). Er läßt in einem Fall einen Halskragen mit Stacheln erstellen. Das Hochgericht befindet sich auf dem Brückberg bei Ulrath.

Ein Prozeß wird gegen Kunigunde Meurer, Leineweber-Leute geführt. Die Familie ist katholisch. Eines ihrer Mädchen stirbt in Siegburg wärend der Pest. Christian Lindlar und der Bürgermeister Wilhelm Kortenbach erstatten Anzeige, weil ihnen die Besagte angeblich eine Krankheit angezaubert hat. Der Bürgermeister hat davon ein Geschwür im Gesicht bekommen. Sie wird am Dienstag den 16. September 1638 zum Tode verurteilt und hingerichtet. Nach dem Gerichtsschreiber Wilhelm Koltzern hat der Scharfrichter Hans seine Sache ordentlich gemacht. Ab Sommer 1628 wird das

Kurkölnische Sauerland

von einer Hexenwoge überspült, hinter der kurfürstliches Wollen steht. So müssen die Pfarrer im Amt Balve im August von den Kanzeln einen Befehl verlesen, wonach alle Einwohner: »welche Leute beherbergen, die mit Zauberei berüchtigt, diese von Stund an abschaffen, widrigenfalls, sofern dieselben angegriffen und gerichtet würden und die Gerichtskosten aus derselben Verlassenschaft nicht bekommen, sollen die Aufhälter für sie aus ihren Gütern zahlen.« Im Januar 1629 geht ein Ersuchen des Hofrates an den Generalvikar, dafür zu sorgen: »daß im Herzogtum Westfalen von allen Kanzeln **gegen** die Hexerei gepredigt werde.« Hier ist angebracht, nochmals auf

Heinrich v. Schultheiß

zu sehen. Nach einem Jura-Studium wird er Schultheiß unter Erzbischof Johann Schweikard (1604–26) »viele Jahre« kurmainzischer Rat auf dem Eichsfeld. Später tritt er in kurkölnische Dinste; zunächst unter Erzbischof Ernst (1583–95), als Kommissar am Hofgericht Köln, seit etwa 1616 als Rat und Advokatus Fisci (Staatsanwalt) im Herzogtum Westfalen (Arnsberg). 1616 leitet er die Hexenprozesse in Hirschberg, 1621 in Arnsberg und 1628 am Gogericht Erwitte (Anröchte). 1633 flüchtet er wegen der drohenden Kriegsgefahr nach Köln. Vermutlich ist der religiöse Fanatismus sein Problem und er ist geistig zurückgeblieben.

1. Der Scharfrichter läßt ihn wissen: »Ich wills mit Göttlicher Hilf auß ihme woll bekommen.«

2. Der Peiniger soll die Ruten in Weihwasser netzen oder sie hinein legen, auch mit Weihwasser und geweihtem Salz das Haupt

Siegburger Gerichtskostenrechnung »Aufstellung der Kosten, so bei den Hexen-Prozessen entstanden«*)

Vorgang	Summe
1. H. Commissarius Doctor Buirmann, 16 Tage beigewohnt, je Tag zwei Goldgulden, macht ...	40 Rtlr.
2. H. Syndikus Doctor de la Valle, für 19 Tage, je zwei Goldgulden, macht	47 1/2 Rtlr.
3. H. Doctor Buirmann verlangt je Tortur 2 Goldgl., macht	2 1/2 Rtlr.
4. Wegen seiner Vocation selbigen Doctores 2 Goldgl. macht	2 1/2 Rtlr.
5. Einem Boten nach Bonn, gegeben	1 Rtlr.
6. Procurator fiscali Steinmann für 13 Tage je 1 Gold gl. macht	19 Rtlr.
7. Das Gericht (Bürgermeister und Scheffen)	
a) Bürgermeister Kortenbach für 19 Tage je 1 Rtlt. macht (darinnen alles begriffen, auch Essen, Triunken, Licht, Bett)	19 Rtlr.
b) Bürgermeister Rader für 19 Tage je 1/2 Tlr. macht	9 1/2 Rtlr.
c) Scheffen Kaspar Kaymer, desgl.	9 1/2 Rtlr.
d) Scheffen Bertram Breuer, desgl.	9 1/2 Rtlr.
e) Scheffen Johann Schutheiß, desgl.	9 1/2 Rtlr.
f) Scheffen Johann Rorphius, für 3 Tage je 1/2 Tlr.	1 1/2 Tlr.
g) Scheffen Hilger Kneutgen, desgl.	1 1/2 Rtlr.
h) Wilhelm Koltzem, Gerichtsschreiber, für 21 Tage, je ein cöln. Taler, macht	14 Rtlr.
i) beiden Gerichtsboten für 19 Tage, je 1 Reichs-Orth, macht jedem Boten 5 Rtlr. weniger 1 Ort, zus.	9 1/2 Rtlr.
j) Meister Hanß, Scharfrichter, von drei Personen, so hingerichtet, zus.	15 Rtlr.
k) wegen seines Aufwartens für 19 Tage, einschl. Verzehr.	3 Rtlr.
8. Johann, Schreiner, vom Stuehl (Folterstuhl) und anderer Arbeit, so auf dem Bürgerhauß geschehen, zus. 11 Gld. 18 Albus macht	3 Rtlr.
9. An Bertram Breuer für Verzehr und bei ihm gekauften Sachen 84 Gulden 4 Albus, macht	25 Rtlr.
10. An Peter Ricks für Verzehr durch die Herren Patres, Doctoren, Scholen und Gerichtspersonen 129 Gulden 13 Albus	39 Rtlr.
11. Bei Lukam Trompertz geholt an Wein, 15 Pind = 8 Gl. Albus macht	2 1/2 Rtlr.
12. An Bertram Breuer für ganzen (Holz) Stroh und Wein so ans Gerichte geliefert , 8 Gl., 21 Alb. macht	20 1/2 Rtlr.
13. Für einen Schliden	1 Rtlr.
14. An den Scharfrichter für einen Halskragen und einen Hagk, so zu dem Folterstuhl gehörig, 2 Gl.	1 Rtlt.
15. An Reinhadrten Nagelschmidt für gelieferte Nägel.	27 Alb.
16. Durch Ihre Fürstl. Gnaden angeordnet, den Minoriten-Patres zu geben (Seelsorge).	30 Rtlr.
17. Dem Scharfrichter 1 Pind Wein	13 Albus
18. Für verhaftete Frauen 2 mal warm Essen und 1 Pind Wein	16 Albus
19. Meister Hans 1 Pind Wein	13 Albus
20. Abends 1/2 Pfund Kerzen	10 Albus
21. Zwei Geistliche, Dr. Buirmann, Steinmann, Joh, Scholtes u. Gerichtsschreiber, zu Mittag Mahlzeit gehalten, mit Wein zus.	6 Gl. 16 Alb.
22. Des Morgens 8 Brandwein 8 Albus, Wacholder-Wasser	12 Albus
23. Auch zu Abend etwas gegessen, zus.	2 Gl. 12 Albus
24. Für verhaftete Frauen An Essen und Trinken	1 Gl. 12 Alb.

*) Es bezieht sich auf die Kosten im Zusammenhang mit der Hinrichtung Kündtgens Meurers Frau, Frau Leyendeckers, Bielen Vogelsangs.

Siegburger Hexenopfer (auszugsweise)

Nr.	Name	Religion	Alter	Captur	Hinricht.	Bemerkung
1.	Kunigunde Meurer	kath.	?	24.7.1636	16.9.1636	Testament fehlt. Bürgers- und Leinewebers-Eheleute nach der Notiz des Gerichtsschreibers Wilhelm Koltzem.
2.	Trein, Leyendecker Konrad Ehefrau	kath.	50–60	Sept. 1636	16.9.1636	Vater war wegen Mordverdacht in Haft; »sie sei unvermögend, besäße nur einen Garten, eine Ziege und ein Schwein und müßten vom Arbeitsdienst leben.«
3.	Sybilla (Biela) Vogelsang, Hermann Kellners Frau	?	ca. 66	8.9.1636	17.9.1636	Stirbta auf dem Marterstuhl nachmittags zwischen 5 und 6 Uhr, weil sie die Hexerei nicht gestehen wollte. Sie wird unmenschlich gefoltert. Hingerichtet am 18. Verbrennung der Leiche.
4.	Maria, Bernd Tükkingh Frau	kath.	?	Sept. 1636	16.9.1636	Täuscht eine Schwangerschaft vor. Das Testament fehlt. Urteil mit Zuziehung des Troisdorfer Scheffen Johann Schmitt.
5.	Anna Trommelschläger Huetmachers Frau	kath.	erinnert sich an den span. Krieg (1586)	Sept. 1636	28.9.1636	Testament fehlt. Zieht den Tod am Galgen der Verbrennung vor. Verschärfter Foltereinsatz.
6.	Anna Huetmacher, verw. Dahmen	kath.	ca. 70	Sept. 1637	28.9.1637	Testament erhalten. Denkt vor allem an ihre Kinder.
7.	Äntgen Trumpts	kath.	60–70	Sept. 1637	28.9.1637	Testament fehlt.
8.	Haupts Frau Tringen, Heinrich Gammersbachs Witwe, verw. Wischersheim	kath.	50–60	Nov. 1637	1.12.1637	Testament erhalten.
9.	Tringen Vasen Vaß Beckers Frau	kath.	?	Nov. 1637	1.12.1637	»In der schwedischen Zeit sei ihr auf dem Berg ein Faß auf den Kopf gefallen, wodurch ihr Gedächtnis gelitten, auch sei sie bei Denklingen unter staatliches Volk geraten.« Testament erhalten.
10.	Elsa Theis, Schoemachers Frau	kath.	60–70	Anf. Dez.	5.12.1637	Testament erhalten.
11.	Wilhelm Kremer (Hinken-Kremer)	kath.	63	Nov./Dez.	5.12.1637	War in Elsdorf als Schweinehirt, dann in Altenvolberg bei einem Junker als Lakai und Viehhüter und bei einem Schneider in Wahn als Arbeiter. Unter dem Druck der Folter besagt er seine Frau des Teufelswerks.
12.	Margarete Kolf, Frau d. Gerichtsschr. Wilhelm	kath.	55	Nov. 1537	1.12.1637	»weil sie vergangene Nacht nicht bei ihrem Mann geschlafen hat, was sie mit Krankheit (Fieber) entschuldigt, war sie in den Verdacht geraten, an einem nächtlichen Tanzgelage teilgenommen zu haben.
13.	Antgen (Agneta)	kath.	?	Dez. 1637	12.12.1637	**Hebamme.**

14.	Frau Hüppelsheuser verw. Wielpütz	calv.	61	Dez. 1637	14.14.1637	Testamemt erhalten.
15.	Margareta Langenberg	kath.	70	Dez.1637	14.12.1637	Testament vorhanden. »was alldae nach seinem Tod (ihres Mannes) übrig, daß solches den Enkelgen verbleiben soll.«
16.	Agnes, Wilhelm Kremers Frau	kath.	40	14.12.1637	19.12.1637	Arm: letzwillige Verfügung fehlt. Hat in Köln und Siegburg gewohnt. Sich wohl erhalten.
17.	Margret Langenberg, Dietr. Wrede Frau	kath.	60	Mitte Dez. 1637	19.12.1637	Erster Mann stirbt an Wassersucht und viele Kinder an der Pest. Testament erhalten.
18.	Elß Schwarzendahl Hans Dahmen Frau	kath.	40–50	Jan. 1638	21.1.1638	Testament vorhanden.
19.	Tringen Vogts (Gensköppers)	kath.	48	Juli 1638	19.7.1638	Genannt nach der Weinschenke »zum Genskoof« in der Holzgasse. Testament fehlt, aber ihre unmenschliche Folter ist dokumentiert.
20.	Dieterich (Dederich) Knütgen (a. d. Linde)	?	ca. 40	Anf. 1638	22.7.1638	Bürger in Siegburg. Wird mehrfach als Teilnehmer an Hexentänzen besagt.
21.	Scharfrichter Johann				1638	Heilkundiger in Siegburg. Wird von Beklagten als Teilnehmer an nächtl. Tanzgelagen bezichtigt und als schwarzer oder grüner Hans bezichtigt. Hexentanzmeister-Buhl-Teufel.

und die Füße und den gantzen Leib der Hexen uberstreichen ... zudem soll(en) in der Folterkammer Weihrauch angezündet und sonstige geistige Mittel gebraucht werden.«

3. Er widerspricht der Auffassung des ihm bekannten Canon Episcopi: »Im capitul (sic!) Episcopi wirt allein dero betriglicher uberführung, so im Geist geschicht, gedacht, aber darauß kann nicht inferirt werden, daß die Transportation der Leiber nicht geschehen könne.«

In Köln gibt er seine Instruktion heraus. Er trägt 51 Indizien zusammen, mit denen man jeden in die Hexennetze treiben kann und so ist er in gewisser Weise ein geistiger Nachzügler des Trierer Weihbischofs Binsfeld. Die Wasserprobe lehnt er ab: »weiln sie kein natürliches, sondern ein ubernatürliches Mittel ist umb die Hexen zu (er)kennen, unnd an sich ein aberglaubisch werk unnd eine Versuchung Gottes.« Das Stigma diabolicum« ist fest in seinem irrgläubigen Herz verankert.

Als Zeugen läßt er neunjährige Kinder zu, falls sie verständig seien und er meint, daß die Hexen am ehesten nach ihrer Verhaftung unter der Wirkung des Schocks zu Geständnissen bereit sind: »bei Zeitgewinn würde der Teufel Halsstarrigkeit erzeugen.« Er arbeitet in seinen Verhören mit psychologischen Tricks und entwickelt makabre Methoden: »(Hirschberg); wie er einmal einen verschlagenen Kerl, so des Lasters der Zauberey hoch verdächtig ... und sehr trotzig mit mir geantwortet, schockiert habe, indem er plötzlich sein Monokel hervorgeholt und ihn dabei scharf fixierte. Der Bluff wirkt: »da wurde der Kerl entfärbet und ließ beyde Hände von der Seyten ab niedersincken. Wie ich merckete, daß er sich erschröckte, do sagte ich: »was ein grewlicher Zauber ist er« Wie ich diß also mit sonderlichem Ernst thete, redete und dabey zugleich befohle, dem Scharfrichter hinauff kommen zu lassen, do sprach der Kerl: »es ist verrathen werck, der H. Doctor lasse ihn nicht herauff kommen, ich wills sagen.« Das Agieren der sauerländischen Hexenjäger provoziert den

Widerstand einiger Geistlicher

heraus. Bereits 1611 wetttert einer von ihnen in der Chronik des Klosters Oelighausen gegen die Hexenprozesse. Der Pfarrer von Drolshagen, Nikolaus Rotger, kritisiert die unsinnige Verfolgung der Hexen. Per Flucht kann er sich der Verfolgung durch Kapsar Reinhard entziehen.

Scharf greift Pater Johannes Quinken, Oberer der Lippstädter Niederlassung der Jesuiten, in einem Brief an den Provinzial in Köln das Treiben der kurkölnischen Hexenkommissare in seiner Stadt an: »Sie haben beschlossen, keinen von uns mehr zur geistlichen Betreuung der Angeklagten, insbesondere der Hexen, zuzulassen, auch wenn sie uns inständig darum bitten, denn sie halten sogar uns der Zauberei verdächtig. Ein Kommissar verstieg sich zu der Behauptung: »wenn er Adam Tanner in die Finger bekäme, würde er ihn wegen Hexerei anklagen, weil er so nachhaltig über die Hexen schrieb und nicht alles dem Urteil des Richters überließ. Ein anderer versicherte öffentlich, möglicherweise seien die Jesuiten in das Verbrechen verstrickt.«

Der Pastor von Erwitte, Jodokus Vogt, wird wegen angeblicher Zauberei zum Tod verurteilt und Quinken meint dazu: »Neulich hat ein Pfarrer, der wegen des Verdachts der Zauberei gefangen saß, immer wieder nach mir verlangt ... er sollte am vergangenen Montag hingerichtet werden. Er weigerte sich, einem anderen Priester außer einem Jesuiten zu beichten, verlangte ausdrücklich nach einem solchen, doch wurde seine Bitte abgeschlagen. Pfarrer Jodokus legte feierlich auf der Richstätte Verwahrung gegen seine Anklage ein. Man habe ihn unschuldig fünfmal gefoltert, obgleich er kein Geständnis abgelegt habe und dann sei er (ebenso unschuldig) zum Scheiterhaufen verurteilt worden. Dann redete er mit solcher Haltung eindrucksvoll zu den Zuschauern und geht mit solcher Standhaftigkeit in den Tod, daß er viele Tränen gerührt hat. Die Bürger aus Lippstadt, die bei der Urteilsvollstreckung zugegen waren, haben gesagt: »wenn dieser Mann die ewige Seligkeit nicht erlangt hat, kommen nur Wenige in den Himmel.« Im Zenit der Kritik steht der ehemalige Landpfarrer

Michael Stapirius

den einige den »sauerländischen« Spee nennen. Er ist einer der fast vergessenen Kämpfer für die Erhaltung der Menschenwürde und wider das unter ihnen alltägliche Unrecht. Er erhebt seine mutige Stimme im Herzogtum Westfalen, einem Epizentrum der Hexenverfolgungen im deutschsprachigen Raum.

Zuerst predigt er wider die Hexerei und wiegelt die Bevölkerung auf. Sein Gesinnungswandel ist an das Wüten von Dr. Schultheiß geknüpft, der 1616/17 Prozesse in Hirschberg installiert, die mindestens 13 Personen umfassen. Stapirius soll ihnen nach der ausgestandenen Folter geistlichen Beistand leisten, wobei er erfährt, daß man deren Geständnisse erfoltert, d. h. sie zu falschen Aussagen gezwungen hat.

1617 sagt der beklagte Bierbrauer aus Niederbergheim zu ihm, als er ihn 1/2 Stunde vor seiner Hinrichtung besucht: »Herr Michel, ich bin bey euch bekant. Wolt ihr bey mir auff dem wege zum feur seyn, darin bin ich wohl zufrieden; aber sagt mir kein Wort von zauberey; dan ich bin kein Zauberer. Die Richter und Scheffen wie auch der Commissarius haben bey mir gethan als Schelmen und Diebe; dan sie haben mich durch unleidliche Pein und Marter gezwungen Dinge zu sagen, welche ich niemahlen gedacht, ich geschweige zu thun, und haben mich gezwungen zu sagen, ich wäre ein Zauberer; aber Gott der Herr ist mein Zeuge und mir ein festes Gewissen, daß ich nicht weiß, was zaubern ist. Und sprach ferner zu seinem Sohn: »ich befehle Dir meinen unschültigen Todt zu rächen, und so Du einen redlichen blutstropffen von mir hast empfangen, so räche meinen Todt an Richter, Scheffen, Fronen und Commissarien, an den einen Schelmen wie an den andern am besten, wie Du kannst (etc.) Ich muß nun bald für den richtern zu allen meinen gethanen Lügen-bekanntnüssen Ja sagen, da zwingen einen die Schelmen dazu. Sage ich die Wahrheit und recovire, so peinigen sie mich wiederumb, und welcher Mensch kann solch foltern, marteren und peinigen ander mahl außstrehen? Er hat sein erzwungen Bekanntnüß für Gericht bejahet und alles wahr zu sein bekräfftiget und ist zum Feuer gemacht und da selbsten gestorben.« Stapirius dokumentiert 21 Justizmorde, wobei er Personen, Orts- und Zeitangaben macht. Aufgrund der intimen Einsichten entschließt er sich zur Abfassung eines Traktates, was er so begründet:

1. Christliche Nächstenliebe und brüderliches Mitleid, so daß er mit dem Apostel Petrus sagt: »es ist unmöglich, von dem zu schweigen, was wir gehört und gesehen haben.

2. Oft habe er die ungerechten, allein auf Besagungen beruhenden Urteile von den Hexenrichtern kritisiert. Einige Gründe schreibe er nieder, um sich zu vergewissern, daß er vernünftig und christlich gehandelt hat.

3. Falls er sich einmal vor seinen Oberen rechtfertigen müsse, könne er leichter auf seine Argumente zurückgreifen.

4. Im übrigen finde sich kein Wort zur Verteidigung wirklicher Hexen, sondern er wolle damit zeigen, wie Unschuldige fälschlich angeklagt werden (Querverbindung zu Spee).

1676 wird sein Werk durch den Amsterdamer Hermann Löher in dessen Buch *Hochnöthige,Unterthanige wemütige Klage der Frommen Unschültigen* eigebunden. Löher war Bürgermeister in Rheinbach, bevor er 1636 vor dem Hexenriecher Dr. Buirmann geflüchtet ist. Noch als 80jähriger wendet er sich gegen die Skrupellosigkeit, Brutalität und Habgier der Hexenjäger und insbesondere gegen Schultheiß.

Hexe betet einen Dämon an. Sebastian Münster, Cosmographia universalis, 1544.

Hexenprozesse in Rühten

Hier hat Walter Dalhoff bemerkenswerte Untersuchungen angstellt, der sie von 1655 und 60 behandelt. Doch gehen die Verfolgungen bis zum Jahre 1576 zurück, wo ein junges Mädchen wegen Zauberei besagt wird. 1586 und 1593/94 folgen weitere und 1630 wird Clauß der salterige, ein Schweinehirt, aus der Haft entlassen. Im Kirchspiel Hoinkhausen sind zwischen 1652–60 37 bis 38 Personen wegen angeblicher Hexerei hingerichtet worden. Gegen die Bäuerin

Grete Arian

wird 1655 wegen »Zauberlasters« verhandelt und sie wird Anfang Juni vor die Rütheener Gerichtsschranken zitiert. Sechs Zeugen haben sie besagt:

- Sie soll vor etwa 18 Jahren ihrem Mann und Johann Losse Milch vorgesetzt haben, in der ein buntes, maulwurfsähnliches Tier von der Größe einer Faust gewesen sei. Das müsse sie hineingezaubert haben.
- Zudem habe ihr der Schwager, der Obristwachtmeister Conradt von Miste, des öfteren angedroht: »er wolle sie auf seine Kosten verbrennen lassen.«
- Der Zeuge Brunstein wirft ihr vor: »sie habe den (vor mindesten sieben Jahren) dem Tückenest ein Pferd vom (Wehr)wolf zerrissen, habe Frau Grete gesagt: »sie habe den Todeskampf des Pferdes gehört.«
- Der Zeuge Stoffel Luiß trägt vor: »vor ungefähr vier Jahren habe sein Bruder Goerdt, Knecht bei Johann Adrian, von ihr Milch bekommen. Daraufhin haben sich starke Halsschmerzen eingestellt und der zur Hilfe gerufene Dr. Steinfurth habe Frau Adrian mit »Teufel« angefahren und gesagt: »ich woll Dich brennen lassen oder Du sollst von meinem hoffe ab.«
- Dann soll sie den Teufel in der Gestalt eines schwarzen Hundes oder einer großen Katze auf der Deele zwischen den Speckseiten auf der wiethe sitzen haben. Was sie heute vom Speck abschneide, sei morgen ergänzt.

Jetzt entscheidet sich der Magistrat für ihre Verhaftung (decretum capturare) und sie wird in zwölf Punkten beklagt, wozu sie im Juni während der Haft vor Ratsmitgliedern Stellung beziehen soll. Sie bestreitet alle gegen sie erhobenen Vorwürfe, rechne jedoch mit der Folter: »sie sey aller vorgehaltener laster unschuldig«. Man verbringt sie in die Hachtpforte und erklärt ihr den Gebrauch der Folterinstrumente. Sie wird von Kapuzinern exorzisiert und benediktiert (gesegnet). Da sie nicht freiwillig gesteht, wird sie vom Scharfrichter entkleidet, geschoren und ihr werden die Beinschrauben angesetzt. Die Qual bricht ihren Willen und sie gesteht:

- Sie sei eine Hexe. Sie habe das Hexen von der Schwester ihrer Mutter vor 30 Jahren gelernt und wäre jetzt 55 Jahre alt.
- Damals habe sie ein Kerl in gelben Kleidern (so Federbusch geheißen), erblickt. Ihre Tante habe ihr geraten, Gott und allen Heiligen abzuschwören.
- Mit dem Federbusch habe sie Unzucht getrieben ... sie habe eigenes Vieh vergiftet

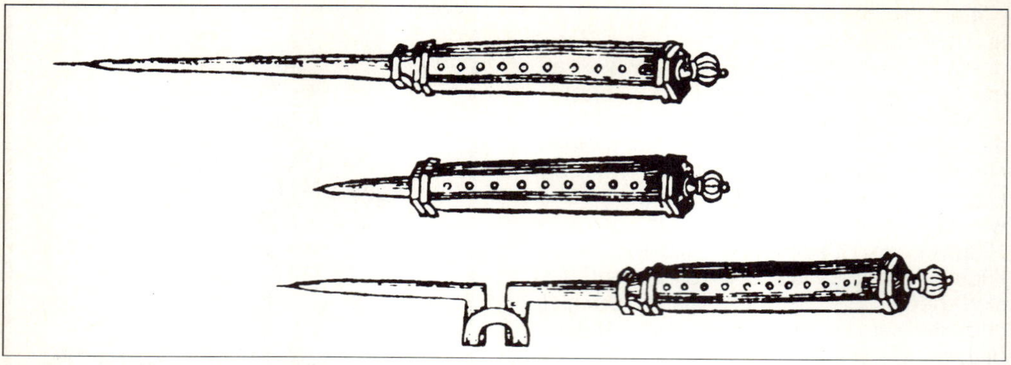

Messer der »Hexenstecher«, mit versenkbarer Klinge.

und den Pferden des Nachbarn Tückenest auf teuflischen Befehl ein tödliches Gift eingegeben.

- Dem Winterberg habe sie vier Kälber vergiftet und dem Scheuneken eine Kuh.
- Ihren Mann habe sie auf Anraten des Teufels ein schwarzes Pulver gegeben, wonach er innerhalb der nächsten drei Jahre hingesiecht sei. Er hätte viel gedoktoret, aber die Ärzte hätten gesagt: »inen ginge die gulden (goldene) ader, da wehre kein rhatt zu.«
- Sie habe durch den Teufel Mist von Nachbargärten auf ihren eigenen bringen lassen.
- Sie wäre in einer schwarzen Kutsche zum Tanzplatz bei der Stumpelen Wahrde gefahren. Vier Rappen zögen die Kutsche, auf der man herumschwebe.
- Wer sich beim Tanz nicht recht aufführe, den stoße der Teufel herunter.
- Zum Tanz spiele er auf einer gläsernen Trommel. Er habe eine dumpfe Stimme, Hörner auf dem Kopf, einen Schwanz wie ein Hund und ein schwarzblaues Gesicht.
- Vor 26 Jahren habe sie Josten Johans Witwe, damals ein Mädchen, das Zaubern beigebracht.
- Der Teufel habe es mit ihr getrieben, wie vordem mit ihr (selbst). In gleicher Weise habe sie der Halbschwester vom Vater die Zauberkunst gelehrt.
- Einmal habe sie sich in einen Werwolf verwandelt und einem Pferd des Bauern das Fell abgerissen. Das sei noch im Kriege gewesen und seit ihrer Gefangenschaft habe sie der Teufel nicht (mehr) besucht.

Sie bitte um ihre baldige Hinrichtung. Zwei Tage danach, am 16. Juni, wird ihr das Geständnis (?) vorgelesen. Sie bitte den Bürgermeister und Rat darum, daß nach dem Rüthener Recht jedem ihrer Kinder der gesetzliche Erbteil zukomme. Jedes soll 110 Reichstaler, eine Kuh, ein Rind, einen Kessel und Pott erhalten. Sie muß begütert gewesen sein. Die Regelung des Nachlasses weist auf Intelligenz. Sie erkennt ihre Situation und meint: »man möge mit ihrer Hinichtung nicht zögern.« Das letzte Verhör findet am 5. Juni statt und dann spendet ihr der Pastor die Sakramente. Sie wird zum Marktplatz geführt, geköpft und verbrannt. Der Gerichtsschreiber schließt den Bericht mit den Worten: »Wolle ihrer sehlen Gott gnadigh seyn. Im Juli 1660 wird

Freunnd Happen

aus Meiste verhaftet und man sagt ihm: »so er nicht friedlich bekenne, drohe man ihm die Folter an.« Ratsdiener bringen ihn in das Gefängnis des Allagener (Hexenturms). Er betont seine Unschuld: »wäre kein Zauberer und wolle gerne sterben.« Auch er hat keine Chance. Er wird rasiert und nochmals vermahnt, seine Verbrechen zu gestehen. Dann zieht man im einen gesegneten »kettel« (eine Art Unterhose) an und schreitet zur Folter. Die Qual bricht seinen Willen und er gesteht:

- Daß die Reinermannische ihm das zu Miste in ihrem alten Hause gelehrt hat.
- Er möge Gott, seinen Heiligen, sonn und mon absagen und abschwören. Dazu müsse er drei Fuß zurücktreten … so daß ihm dann eine Frauensperson erschienen sei.
- Wie er ferner nicht bekennen wolle, ist ihm die Beinschraube auf den rechten Fuß geschroben und der bahll ihme (Capistrum) ins maul geworffen … woruff remisionem gebetten zu sagen versprochen … Druff bekennet:
- Die erschienene Frauenspersohn habe ihm ½ Reichsthaler geben, so nichts gedaucht … er were ein from mensch. Jetzt wird er mit Ruten gestrichen und dann räumt er ein:

• Er hette es nur aus Angst gesagt ... er sei zwar ein armer Sünder, aber kein Zauberer. Wenn er wirklich etwas wüßte, würde er sich nicht so lange quälen lassen und: zum abscheide hat er tausentmahl die herren umb Gottes willen gebeten, ihme auffs waßer zu werffen, so sollten sie sehen, das er unschuldig seye ... er were nicht daselbsten (auf den Hexentanzplatz) gewesen.«

Dann schleudert ihm ein Denunziant entgegen: »Freunddt, wan du das nicht bekennst, kanstu vor Gottes angesicht nicht kommen noch sehlich werden, dan (denn) du bist so schuldigh als ich.«

Er bleibt bei seinen Beteuerungen und bittet erneut um die Durchführung der Wasserprobe: »wan er nun schwimmen würde, wie er dann mit seiner unschult bestehen wolle, druff er geantwortet: so wer er wert, das man ihn mit glüenden zangen voneinander reißte oder sonsten andern todt ihm anthete.«

Dem Ansinnen wird stattgegeben: »Am folgenden Tage (2. September) wird er mit anbrechendem tag herus auff die Mohne (Möhne) unter und benedden der olimuehl an den waßerkolch durch meister Asmussen, scharffrichter, und seinen Sohn neben einem boddel vor beuren (eine Flasche Bier) bei sich habend geführt, gebunden, bis auffs Hemd ausgezogen und praesentia (in Gegenwart) Kämmers Casparen Kostehoffs von Cöllen ex senatu (aus dem Stadtrat) ... uffs waßer geworffen, aber nit zu grunde gangen, sondern oben blieben und geschwommen, endlich herausgelanget und wieder druff geworffen, als aber vor als nach geschwommen, letztlich ungebunden ins waßer springen mußen, jedoch als nach geschwommen.«

Eigentlich müßte er jetzt freigelassen werden, da er sich purgiert hat. Ein neuer Foltertermin wird angesetzt und er wird einem Exorzismus unterzogen. Nun holt der Magistrat ein Rechtsgutachten ein. Die Sache wendet sich zum Guten. Da er keine Bürgen stellen kann, muß er einen Eid leisten und versprechen: »sich an niemanden zu rächen, sich friedlich und stille bei seiner Haushaltung (zu)halten und andere Gesellschaft zu meiden.« Er erlangt seine Freiheit wieder, sofern man von einer solchen sprechen kann.

Die Freigrafschaften Düdingshausen, Grönebach, Züschen und Münden, sowie die Städte Medebach, Hallenberg, Winterberg und (zeitweise) Schmallenberg, sind im kurkölnischen

Amt Medebach

zusammengefaßt. Hier kommt es wegen der territorialen Abgrenzungen oft zu juristischem Kompetenzgerangel. Der Medebacher Notar und Fiskal Heinrich Faber hat 1573 ff. ein »Besagungsbuch« verfaßt. Hier kommt es 1523 unter dem Freigraf und Richter Heinrich Beckmann zu einem der frühesten Hexenprozesse auf westfälischem Boden gegen fünf Bürgerinnen aus

Winterberg

wobei zur Sprache kommt:

• Wy dat Tylchens henrich gesacht hab have to Johannes kappen dochter, dat sey weder ere moder sage, dat sey dat verdedigen, dat sy Bunterkorken drey duvel in twe foder behers (Bier) toverde, dat eime boddeme uthforen.

• Item derselbige ingebracht, wie dat Claes Cort von Elcker Elckerckhusen have gesacht to »Joannes Hasken, syn moder sey eyne molckentoversche gescholten des have sey seck nicht verantwortet.«

• Item ingebracht, wie dat Stine Kappen sie geschulten eyn toversche.

• Item deyselbige van dem Winterberge hab haven ingebracht dinstags nach Erasmi anno (1522), wo wie dat Brune Schotlers und Gertrud Hasken syn unpessich worden, so dat genante frogge have Brunen in synen rugge gespieget, so sey Brune kranck worden, derhalben habe Brune gesacht, sterve hey, so habe dey frogge ermegelt eme dat angetan.

• Item noch ingebracht wy Johan Kappe sie kommen in Tylman Schulten huf und have syne frogge gescholten ein molckentoversche, to habe Tylmann frogge geantwort: »wylle hey toverschen soken, dat he dan ga by syner moder herd.« (auszugsweise)

Eine Specktersche räumt ein:

• Sie wäre mit der Keppeschen auf dem Tanz gewesen und habe hier mit dem Teufel getanzt. Danach habe er seinen Willen mit ihr getan. Gott habe sie ab- und diesem zugesagt. Dafür habe er ihr Geld gegeben, das sich später als Dreck herausgestellt hat.

• Item ouck hette die Speckertsche bekant, die keppesche habe er getan roit har und schwart har von koggen und nocken von dem kerckhove, dat habe sey Bunterkercken unter syn sull gestocken, dat eme solden de kogge sterbe sterven und dat beer verschut werden durch rait des duvels.

• Item die kepesche hett bekant, dey Schultesche habe sey es gelart, dey solte drey donnerstage abend schnyden eyne hollunder pipen in des duvels nahmen, genant federwisch und solde darin milch thun und solte sey durch das futer thuen und schudden dan die mylch mit der pipen in das vad, so solde sey bottern (und) kese genoch maken.

• Sie habe mit dem Teufel gebuhlt und er hab zu ihr gesagt: »wenn sie standhaft bleibe, solle sie keine Not haben.«

• Item heth Gertrud Haßken bekant, dat de duvel sie to er komen, genant Einhoreken in ere huiß, und have sie gelart, dat sye Brunen und dem Groven solte schalckheit doen und dabey so gelart, dat sey solte nemen swinsborsten und knocken, von dem beenhuse und solte enne unter dey sule graven, so solten si vergaen.

• Item ouck het se bekant, dat sey myt den andern an dem tanzte gewest by sy dem Hilligen huse, und do dy tantz ein ende hette, da deten sie eren willen, und wan dat geschen wehr, da furten se die duvel weder vor ere huse, dey Schultesche, Speckmanesche, Ebbinghovsche, keppesche, dey Brungmensche haben sey entschaldiget.

Die anderen Besagten machen ähnliche Zugeständnisse. Jetzt hegt Henrich Bekman das öffentliche Gericht wider sie. Letztendlich werden sie vom Scharfrichter vom Leben zum Tode befördert und verbrannt.

Im Sommer des Jahres 1628 folgt der Hexenprozeß gegen

Henrich Stoffregen

aus Hallenberg, dem der öffentliche Ankläger vorhält:

• **1.** Jeder würde ihn für einen Zauberer und Werwolf ansehen. Stehe er doch in einem bösen Geschrei und habe sich (auch) an anderen Orten aufgehalten, ohne daß man eine Untersuchung gegen ihn eingeleitet habe. Selbst als er nach Hallenberg gegangen sei, habe man in ihm einen Zauberer erkannt.

2. Vor zwei Jahren wäre er mit dem Viehhirten David Heimann im Streit gelegen, der in ihm einen Werwolf erkenne. Da sei es zu einer Schlägerei gekommen, worauf er ihn gebeten habe: »ihm nicht die Zähne einzuschlagen ... er wolle keinen Schaden mehr thun.«

3. Er habe die Beleidigungen stillschweigend ertragen und sich nicht dagegen gewehrt.

Als Zeugen sind Valentin Furingh, Peter Bender, Franz Schmidt und David Heinemann geladen. Sie werden vereidigt, über die Strafe des Meineides aufgeklärt und später mit der Auflage des Schweigens entlassen. Sie sagen im Wesentlichen: »sie haben mit Stoffregen keinen Streit, gonne(n) ihm, was ihm Gott und das Recht gönnen: »sie haben zwar von dem Gerücht gehört, daß er ein Zauberer und Werwolf sei und ihnen wäre aufgefallen, daß er sich ob solcher Vorwürfe nicht verteidigt habe.« Der einzige Punkt, der an ihm hängen bleibt ist:

• Er habe Jost Holenstein, einen Pförtner und Nachtwächter, krank gezaubert (und er ist) daruff gestorben.

Die Schöffen werden hellhörig, erkennen auf seine Verhaftung und drohen, ihn in den Kerker zu werfen, räumen aber das Recht der Defension ein. Er bekennt sich lediglich: »daß man ihm übel nachrede und ihn hinderrucks nachgesagt habe.« Man traut seinen Ausführungen nicht und droht mit der Folter, falls er nicht die Wahrheit sagen wolle.« Er entbietet sich: mit der wasserprob zu purgieren, woll sich auch wie ein junges kindt wiederumb tauffen lassen und angeloben, keinem mit der zauberey Schaden zu thun, hatte auch solches nicht gethan.« Da die Zeugen auf ihren Aussagen beharren, bietet er zusätzlich die Probe der Hexenwaage an, was Seltenheitswert hat!

Wegen seiner scheußlichen Taten wird ihm mitgeteilt, daß die in den Akten enthaltenen Indizien hinreichend sind und weil er seine Verteidigungschancen »hat trotzig verstreichen lassen ... darum müsse man (nun) zur Erkundigung der Wahrheit mit der Folter gegen ihn schreiten.« wozu er am 20. Juli 1628 verdammt wird. Er wird in Abwesenheit des Henkers ermahnt, gütlich auszusagen und seine Schuldigkeit wegen der Zauberkunst ohn marterung seines leibs zu bekennen und von sich zu thun ... weilen aber keine gutliche ermahnung bei ihm stattfinden wollen, ist er darauf zu mässiger tortur gelegt worden, und bekennet wie folgt:

• Er sei ein Zauberer und habe die Kunst von einer Frauen, die Merge geheißen und Hans Roleders von Braunhausen dochter gewesen, vor 20 Jahren, als sie Schafe gehütet, gelernt.

• Die Frau habe gesagt, er müsse Gott verleugnen und sich dem Buhlen angeloben, worein sie gewilliget.

• Bald darauf were ein Weibsmensch, Jutta geheißen, erschienen, wer aber doch ein teuffel gewesen, welchen er anloben und Gott versagen musen.

• Habe ihm einen goltgulden auf die treu geben, were doch unduchtig gewesen.

Terminkalender der Siegener Hexenrichter

Tag	1636 = 3 Urteile			1637 = 14 Urteile			1638 = 4 Urteile	
	Juli	Aug.	Sept.	Sept.	Nov.	Dez.	Jan.	Juli
	Gerichtliche Vernehmungen, Folter, Urteile, Hinrichtungen							
1.	–	–	–	–	–	*8, 12*	–	19
2.	–	–	–	–	–	10	–	–
3.	–	–	1	–	–	11	–	19
4.	–	–	1	4	–	10, 11	–	19
5.	1	–	1	–	–	*10, 11*	–	19
6.	–	–	1	–	–	–	–	19
7.	–	–	–	–	–	17	–	
8.	–	–	–	–	–	–	–	–
9.	–	–	1, 3, 4	–	–	–	–	–
10.	–	–	1, 3	–	–	–	–	19
11.	–	–	2	–	–	–	–	–
12.	–	–	2, 4	4	–	*13*	–	19
13.	–	–	1, 3, 4	3	–	14, 15 16, 17	–	–
14.	–	–	4	4	–	*14, 15*	–	–
15.	–	–	*2*, 3	–	–	–	–	–
16.	–	–	1	4	–	16	–	19
17.	1	–	*3*	5, 6	–	17	18	19
18.	–	–	–	–	–	*16, 17*	18	–
19.	–	–	–	–	–	–	18	–
20.	–	1	–	–	–	–	–	19
21.	–	–	–	–	–	–	*18*	–
22.	–	–	–	–	–	–	–	*20*
23.	–	1	–	6, 7	–	–	–	–
24.	1	1	–	5, 6	8, 9	–	–	*21*
25.	–	–	–	7	–	–	–	–
26.	–	–	–	5, 6, 7	9, 12	–	–	–
27.	–	–	–	–	–	–	–	–
28.	1	–	–	*5, 6, 7*	9, 12	–	–	–
29.	–	–	–	–	8, *9*	–	–	–
30.	–	–	–	–	–	–	–	–
31.	–	–	–	–	11	–	–	–

Die kursiven Zahlen bezeichnen den Tag des Todesurteils und der Hinrichtung.

- Er sei mit seinem Buhlen auf dem Tanz auf dem Hilbersberg gewesen. Er sei mit einem Stock(e) dahin gefahren, sich aber zuvor mit Salben, die ihm sein Buhl gebracht, schmiren musen … der tanz dauere etwa zwei Stunden und dann wäre man wieder auf dem Stock nachhause geritten.
- Nach dem gehaltenen Tanz bekommen sie von des alten Landgrafen Moritz zu hessen vische, fleisch und bier … (es) werde auf einem Wagen zu ihnen gebracht.«
- Er habe mit Saat (möglicherweise: Mutterkorn) ein Lamm umgebracht, das aus seiner Handt gefreßen; sey seinem Vettern Johan Braunsheuser gewesen.
- Er habe dem Bolten vor fünf Jahren ein schwarzes Pferdt mit einer weißen Blume auf dem Kopfe umgebracht … zudem eine Kuh mit einem weißen rucken, wozu ihn sein Buhle gezwungen habe.
- Er habe dem Jost Holenstein ein stuck Kuchen eingeben, sey er jar danach gangen, hette doch daran sterben müssen.
- Knippians Herman sei ein Pfeifer gewe-

sen ... er wolle auf (alles) sein Leib und Leben nehmen.«

Dann hat man ihm das Bekenntnis nochmals vorgetragen und er hat es akzeptiert. Jetzt wird das Halsgericht wider ihn angesagt und er wird zum abscheulichen Exempel durch das Feuer verurteilt und bittet um Gnade. Dem wird nicht stattgegeben, da er sich von Gott ab- und dem Teufel zugewendet habe. Das einzige Entgegenkommen besteht darin, daß man ihn dekolliert (den Kopf vor der Verbrennung abschlägt). Im August/September des gleichen Jahres prozessiert man gegen

Catharina Conradts

aus Hallenberg, der der Fiskal vorhält:

1. Sie stehe seit langem im Gerücht der Zauberei; deren Eltern habe man vor Jahren als solche verbrannt und dann wäre ihr wegen Zauberei inhaftierter Bruder entlaufen.

2. Vor Jahren habe sie zu Christina Conrads gesagt: »Du bist eine kornfrau, es kompt dir zur giebel hinein geflogen, das thuts mir nitt.«

3. Sie habe Heinrich Schnorbusch vorgeworfen: er habe ihr wegen eines Streites gesagt: »Du Zaubersche: Du und alle Deine Geschwister sindt Zauberer«, sei aber stillschweigendt von ihm abgangen undt kein wordt mehr geredt, auch solches niemaln verthediget.« Zeugen, darunter der Bürgermeister Adam Mörchen, bestätigen es. Dann hält ihr der Stoffregen vor: »das sie an gewohnlichen dantzplätzen mit gewesen, sey auch der Zauberey so schuldig als er, er habe darauf das heilige Nachtmahl empfangen, wolle darauf leben und sterben.«

Catharina bestreitet es und dann kommt eine neue Besagung hinzu. Schon interveniert der Fiskal: »daß man die Besagte trotz neuer Beweismitel nicht der Folter unterzogen hat und nunmehr wären ihr zumindest Beinschrauben anzulegen«, was er mit neuen Argumenten präzisiert. Es wird ein Foltertermin bestimmt. Man ermahnt sie nochmals: »ihr sundt gutwillig zu bekennen, undt Gott dem allmechtigen die ehr zu geben ... es hat aber die treuhertzige ermahnung eben so wenigh als die vorige bei ihr nicht stattfinden mogen ... weshalb man sie nochmal einer mesigen Folter unterzogen hat. Man legt ihr die Beinschrauben an, zieht sie auf und castigirt sie mit einer Rute: »ist aber beym vorigen leugnen gäntzlichen verplieben.« Sie wird nach dem Schwören der Urfehde am 14. September freigelassen. Kurz danach geht man gegen

Crine Vollmeke

vor. Der etwa 70jährige Krämer Johann Geistell bringt vor: »durch dass gemeine geschwetze gehort zu haben, daß sie eine zaubersche sei« und die 30jährige Enchen meint: »daß ihr Kind eine Augenkrankheit bekommen hat, bei der ihm schließlich die (Aug)äpfel ausgefallen seien und sie vermute die Beklagte, als wan sie daran schuldig, ob sie aber in warheit daran thättig, könne sie nitt eigentlich wißen.« Ihre Mutter soll ebenfalls berüchtigt gewesen sein und dann sei aufgefallen, daß die Kühe des benachbarten Ehepaares Conradt nur noch wenig Milch gegeben haben. Die mageren Argumente reichen hin, um einen Haftbefehl gegen sie auszuschreiben.

Am 26. September wird durch den Kommissar festgestellt: »weil sie sich der rechtlichen defension gestrigs tags begeben und sich mit ihrem leibe inculpierter zauberey und aller anderen gegen sie eingebrachter delicten zu purgiren erpotten; hat aber die freywillige bekentnuß bey ihr nicht stattfinden konnen, darauff sie zur tortur durch folgentes decretum torturale verdampt worden.«

»Ist darauf mit mäsiger tortur nach gelegenheit ihrer person angegriffen worden, aber dieselbige bestendig ausgestanden und sich bezichtigter Zauberkunst und anderer beschuldigter Delicten nicht schuldig finden lassen wollen.«

Aufgrund weiterer Besagungen soll sie ein zweitesmal gefoltert werden: »weil aber sie, ehe dieselbig ein meister mit einer handt angriffen und ehe sie die kleider abgelegt, in delirium animi (ohnmöchtig) zur Erden gefallen und ein Zeit lang also liegen blieben, ist sie auf gutachten Herrn commissari fur dißmall derselben zweiter tortur bis zu fernerem bescheidt verschonet worden.« Es wird später nachgeholt.

Mitte Oktober wird sie mit Jost Mörchen konfrontiert, der ihr vorhält: »daß sie auf dem Altten felde auf dem dantz mitgewesen, sie auch selbsten ermahnet, das sie bekennen solte, wie er auch gethan hette, es wehre alhier umb ein geringes zu thun, hat sie darauf ohn ferner angelegte Marter ihr bekäntnuß folgenten inhalts abgethan.« Der Ausgang des Verfahrens ist unbekannt.

Margarete Regers

aus Hallenberg wird 1628 in fünf Punkten bezichtigt:

1. Sie wäre seit langer Zeit im starken Verdacht der Hexerei gewesen.

Hexenprozesse im Amt Medenbach*)

1523	Winterberg. Wie vorausgehend beschrieben. Molkenzauber.
1560	(vor) In einem Prozeß vor dem RKG sagt Henrich Lange aus Medelon: »er habe gesehen, daß ein Weib durch Poll Hansen eine Zauberin gescholten und dessen überwunden (überführt) sei, weshalb sie dem Stuhlherren im Grund übergeben worden sei.
1562	Bittet Winterberg die Stadt Hallenberg um zwei Ratspersonen, die über etliche verdächtige Weiber, die sich selbst vergeargwonigt haben, nach Kaiserrecht (CCC.) mitzurichten.
1591	Die Bendersche vor 2 thaler sich schwemmen lassen und zu grund gefallen.
1591	Urfehde durch die der Zauberei besagte Künne Breiden (Brieden?) aus Liesen.
1597/98	In den Prozessen des Jahres 1628 wird auf eine Hexenprozeßwelle »vor 30 Jahren« verwiesen.
1601	Von Siedlingshausen führt man eine Hexereiverdächtige nach Medebach.
1606	Die Städte Medebach und Wolfhagen einigen sich auf 70 Reichstaler Entschädigung für die entlaufene Zauberin Ottilie Hunold.
1616	»Zauberey, grose muckerey (Unzufriedenheit) der burger gegen den rhat darumb gewesen, und ist Frantz Schmidt und Henrich Roleder die principalen gewesen. Ist heftig an die cantzley und churfürstliche durchlaucht ... umb auszurotten und zu brennen supplicirt (am 26. Julii)
1617	Jost von Hoxer, Licentiat zu Werl, Commissarius in Hexensachen, kobt hier an.
1618	Wird Jorge Bonacker hiongerichtet (Notiz am Prozeß von 1628 gegen Lötzten Creina).
1618	(Oktober) Lober Daniel wird inhaftiert und bestraft, weil er den Bürgermeister Sonneborn als Zauberer gescholten hat.
1619	Hexen-protestierung Hermann Conradts contra Hallenberg und wie die verdächtigen conspirirt und rebellirt, Hallenberg sich aber wol verthediget.
1628	(vor) hat Peter Guntermann mutter zu Medebach gesessen und das kayserliche Recht ausgestanden (eine Folter überlebt!).
1628	Hexeninquisition von H. Cottmann anno 1628 furgenommen.
1629	Ist Steffan Oberliesen von Züschen, welcher in der Inquisition ins Hessenland geflohen und im Ambte Gemunden an der Wohra sich aufgehalten, auf Ansuchen Herren commissari und cantzleyrevers hier bei Pfaffenstrauch vom Schultheiß zu Franckenberg mit 20 Musquetieren geliefert.
1629	Ein Kölnischer Untertan, Hermann Lose, bricht aus dem Medebacher Gefängnis und wird in Frankenberg (wieder) eingefangen; möglicherweise wegen seines blutenden Kopfes.
1631	Dorfelt mutter ausgeflohen.
1643	Criminal- oder hexenproces getrieben
1659	Kurfürst Maximilian Heinrich von Köln genehmigt auf Bitten von Hallenberg und Winterberg nach Mahnungen und Bedenken grundsätzlich eine Komission; eine Prozeßordnung soll folgen.
1661–62	Hexenverfolgungen (etwa 126 Besagungen)
1684	Drei Hexenprozesse (6. u. 10. Februar)
1686	(und 1698) Beginn neuer Hexenverfolgungen
1717	(7. April) Die kurfürstliche Kanzlei Arnsberg beantwortet ein Gesuch der Städte Winterberg und Hallenberg an Kurfürst Joseph wegen »bestraffung des schändlichen lasters der zauberey.«
1717	(24. April) Die kurfürstliche Kanzlei Arnsberg weist die Küster von Winter- und Hallenberg an (Gebrüder Mörchen), bei Strafandrohung die Zeugenprotokolle der Zauberey wegen an das kurfürstliche Gericht abzuliefern,«

*) Zusammengestellt nach den Recherchen von Fritz Schreiber.

Aus der Jagdkarte des Klosters Grafschaft von ca. 1653, Nachzeichnung. Staatsarchiv Münster, Kloster Grafschaft Nr. 194. Zwischen Oberkirchen und Almart, heute Almert, ist die Gerichtsstätte des Gerichtes Oberkirchen eingezeichnet mit dem Galgen und dem Rad.

2. Catharina Cranaugers, die allhier gestorben, habe sie im Verdacht, daß sie ihr die Krankheit angezaubert habe.

3. Zudem habe sie ein erkranktes Kind besucht, es aber nicht geduldet, daß sie es aufhöbe, weil der Verdacht der Zauberei gegeben sei, Die Beklagte räumt ein: »daß sie die Kranke in ihrer Schwachheit besucht und christliebenten gebrauch bewissen, auch geweyeten weyrauch zubringen wöllen, solches alles auch von ihr auf und angenommen.«

4. Dann soll sie eine Kuh bezaubert haben.

5. Heinrich Stoffregen spricht die schlimmste Belastung aus und meint: »daß drei bereits hingerichtete Zauberinnen auf sie ausgesagt haben.«

Da sie alle Vorwürfe bestreitet, wird ein Haftbefehl gegen sie erlassen und am 25. September wird sie in Gegenwart des Kommissars Suichard Rham gefoltert. Sie hat sich als unschuldig bezeichnet und die Tortur überstanden. Dann folgen weitere Besagungen und Catharina Lodderhose beschuldigt sie: »das sie mit auf dem Dantz am Bollerberg gewesen, auch eben der zauberey so schuldig als sie, wolte darauff leben, zeihe ihr nicht unrecht.«

Als ihr der Rathausdiener das Essen bringen will, findet er sie tot in ihren Fesseln. Dann hat die Obrigkeit den Kadaver besichtigt und man gelangt zur Auffassung: »daß ihr der Hals gebrochen sey ... wan der cadaver von den Meisters aufgehoben oder hinder oder vor sich gebumpelt. Ist darauf auf befelch herrn commissarii an gewohnliche Gerichtstatt verbrandt worden am 2. Oktobris anno 1628.«

Creine Lözen

aus Hallenberg gelangt in den Sog der allgemeinen Besagungen, der sich keiner zu wehren vermag. Wenn man dem Zeuge Johannes Grose Glauben schenken will, steht sie seit 30 Jahren im Gerücht einer Zauberin.

- Als ihm vor Jahren ein schweißfüchsig Pferd einging, hat er sie in Verdacht genommen »sie habe es ihm bezaubert.«
- Der im Oktober 1618 hingerichtete Zauberer Jorge Bonacker hat die Inquisitin als Zauberin besagt.

Nun wird sie seitens der Obrigkei ermahnt, freiwillig die Wahrheit zu sagen: »sonsten wurde sie der peinlichen Frage musen exponirt.« Aufgrund neuer Besagungen wird sie gefoltert und bekennt nicht. Wieder kommt es zum Eklat: »Anna 1628 auf S. Michaelis morgents – am 29. September – als der stattdiener peinlich beklagtinnen das Essen bringen wollen, hat derselbige sie im Gefangnus auf der undern pforten todt gefunden ... fleißig besichtiget worden, ob sie nemblich sich selbst stranguliert oder morten causirt haben möchte, hat sich aber im Augenschein befunden, das derselben der Hals zerbrochen gewesen.« Sie wird mit Margarete Regers am 2. Oktober an der Gerichtsstätte verbrannt. Dem

Johänchen Paffe

(gen. Benden) aus Hallenberg wirft man im Oktober 1628 das Übliche vor:

1. Er sei seit vielen Jahren im Geruch der Zauberei gewesen, wenngleich er es bestreite.

2. Habe doch seine Mutter 1619 wegen »beruchtigter zauberey und tagh gefangen geseßen.«

3. Henrich Moller hat den Beklagten provoziert: »Du weist woll, was dein eltermutter und mutter für leute gewesen und auch sein. Nun zugelt ein hase keinen wulff oder kein wolff einen hasen, gang nun hin und verthedige (verteidige) dich.«

4. Zudem soll er durch seine Zauberei das Vieh des Nachbarn bezaubert haben und Catharina Lodderhosen hat ihn als Zauberer besagt: »auch dabei bestendig blieben undt gestorben.«

Mitte Oktober wird er verhaftet und kurz danach gefoltert, was er ohne Geständnis durchsteht. Ein weiterer Folterbeschluß wird erlassen, denn man will die Wahrheit zutage fördern. »Dann hat derselbe sich erpotten, sofern er ferner tortur möchte verschont werden, wolt er seine schuldigkeit freywillig zu tage thun.« Er räumt ein:

- Er habe die Zauberkunst von seiner Großmutter, der Knipperschen, im Alter von sieben oder acht Jahren in seiner Kammer gelernt. Sie habe ihm ein Gebettchen beigebracht, wan er das könte und ihr folgete, so sollte er sein Tage genug haben.
- Seinem Buhle, so Schöne geheißen, hab ere die handt geben und trucken wollen ... habe sich hernacher uber ein Jahr lang Gott veleugnet und dem Teufel, seinem Buhlen, ergeben musen ... getanzt habe man uf der Ecken, auf dem Alten Felde und auf dem Bollerberge.
- Der Teufel habe ihm jeweils ein schwarzes Roß zugeschickt und das buliren mit seinem Buhle sey eitel Betrug gewesen.
- Dann habe er einen Hahn vergiftet und sich ein halbwüchsigs (schosterlings) Schwein umgebracht: zudem habe er das Vieh seines Nachbarn Henrich Bange krank gemacht ... außerdem habe er weiteren das Zaubern gelernt.

Kurz danach liest man dem Delinquenten in der Ratsstube die Urgicht vor und dann stellt der Fiskal den Antrag: »vermoge gemeiner beschriebenen rechten, sodan auch kayser Carols des funften und des heiligen romischen reichs peinlicher halsgerichtsordnung« (ihn) zum erschreckenden Exempel an leib und leben straffen zu laßen.« Ein weiterer Prozeß wegen Hexerei wird im Dezember 1628 gegen

Peter Guntermann

aus Liesen iniziiert. Wir haben einen 60–70jährigen Lohnschäfer vor uns. Er wird von seinen Nachbarn in Liesen und Hesporn als Zauberer angesehen, obleich er meint: »gleichwoll soll ihn Jesus Christus dafur behuten.« Sein Vater sei bereits vor 30 Jahren wegen ihm nachgesagter Zauberei verlaufen und seine Mutter habe die Folter ausstehen müssen. Sein Bruder Johann Guntermann von Hesporn sei im Kerker gewesen: »aber bey nacht aus der gefangnus gebrochen und fur ein zauberer verlauffen.«

Jacob Schnorbusch hat ihn wegen eines nachbarlichen Streites um einen Bewässerungsgraben gescholten und zu ihm gesagt: »er muge nun hinlauffen und ihn verklagen, hat aber schweigendt sowoll das schlagen als auch das injurieren auf ihm ersitzen lassen und sich niemals begert zu verthedigen.

- Der Beklagte habe mit seinem Vieh der Gemeinheit zu Liesen viel Schaden zugefügt, aber man habe zusehen und schweigen müssen, um von ihm nicht geschädigt zu werden.

Auf die Vernehmung der Zeugen folgt postwendend der Folterbeschluß und unter Qualen räumt er ein:

- Die Köstersche aus Hesporn, seine Patin (Godel) habe ihm die Zauberkunst in einem Schafstall gelehrt, als er etwa elf Jahre alt gewesen sei. Er habe sich von Gott ab- und dem Bösen zugewandt. Das ihm zur Treue gegebene Handgeld wäre zu Dreck geworden.
- Sein Buhle heiße Friedrich, habe schwartz grau kleider angehatt und ein gulden hauwen auf dem haupt, aber klauwen an den fißen gehatt.
- Er habe viermal mit ihm buliert, doch wäre es kalter Natur gewesen.

- Jährlich zweimal sei er auf dem Tanzplatz auf dem Astenborn und bei Hesborn auf dem Hilbersberg gewesen.
- Er habe sich mit einer schwarzen Salbe angeschmiert und fahre dann auf einem Seile in der Luft dahin, es geschehe aber bei Nacht. Er lege alsdan ein wisch stroh bei sein fauw.
- Zimmer Jacobs Johannes zu Hesborn sey spillmann und spiele auf einem Gaulskopfe.
- Dazu gesellen sich Schadenzauberdelikte. So habe er mit einem schwarzen Kraut ein Lamm umgebracht und vor drei Jahren seinem Bruder ein Rind vergiftet. Die gegen ihn gerichtete Besagungsliste wird länger. Peter Guntermann bestätigt seine Aussagen und widerruft sie. Auf dem 15. Dezember 1628 wird der peinliche Gerichtstag-auch für andere Delinquenten, angesetzt. Sie werden zum Tod durch das Feuer verurteilt, aber aus Gnade dekolliert. Verantwortlich zeichnet in dem Verfahren der Hallenberger Richter Jacobis Schefer. Im

Amt Bilstein

kommt es zu vielen Besagungen, was auf altgestandene dörfliche Strukturen schließen läßt. Viele werden hochgespült. Im März 1592 hält sich eine Inquisitionskommission Caspars von Fürstenberg in Niederhelden auf, um die Bewohner über die Zauberei zu befragen. Die Metten Limeken wird als Zauberin erwähnt und Anna, die alte Falentornsche, soll ein paar Hosen in eine Kuh gezaubert haben. Anfang Mai 1596 schreibt die Gemeinde des Dorfes Welschenedest an den Drosten, Christian Heilschotter zu W. habe entgegen des Verbots aus der Reichs- und Landesordnung während eines Biergelages in Hans Schneiders hauß zu Benolpe behauptet, in W. gäbe es 18 Zauberinnen und Zauberer. Der Drost möge Heilschotter vorladen und prüfen, ob er beweisen könne, was er behauptet habe. Andernfalls möge er bestraft werden.«

Im November 1597 bittet die Gemeinde des Gerichts Wenden den Drosten um Hilfe und bringt vor: »Leute, die ehemals der Zauberei beschuldigt waren und die und in die benachbarten Herrschaften geflohen sind, kehren zurück und stellen ein allgemeines Laster dar. Der Drost möge Abhilfe schaffen.«

Im Oktober 1603 sagt Valentin Gercken aus: »er habe mit Johann Schreders aus Benolpe in der haul Eich zum Bier gesessen. Schröder habe ihm 1/2 Kronentaler angeboten, wann er herausfinden würde, ob seine Frau ebenfalls unter der Anklage der Zauberei stünde.«

Ob es gerecht zugeht, wird bezweifelt, denn im August 1596 wird im Zuammenhang mit dem Verhör gegen Johann Fischer aus Fleckenbergk vorgebracht: »daß die Quinkesche und Rupert Bergendaill zur Zeit noch nicht verbrannt werden, hab ir reichtumb und ansehen verhindert.«

Im Oktober 1659 berichten der Landdrost und die Räte aus Arnsberg dem Drosten aus Schellenberg: »daß er aufgrund eines Schreibens von Bürgermeister, Scheffen der stätt und gerichteren Olpe, Drolßhagen und Wenden überprüfen möge, wie es in diesen Ortschaften mit der Zauberei gestellt sei. Falls dort Zauberer angetroffen würden, möge er die Prozesse einleiten.

Die Verfolgungen lassen sich zumindest bis 1576 (oder kurz zuvor) datieren. Am 6. September eines unbekannten Jahres haben Johann Schmidt und Johann Bauwmeister aus Lehnhausen die Zauberinnen Alheitte furm Kirchhoffe und Anna Mollers auf Befehl des Drosten herbeigeschafft und die Gemeinde hat sich dazu verpflichtet, weitere Verfahrenskosten in deren Prozessen zu übernehmen. 1576 wird eine Frau verhört, die einräumt:

- Sie sei mit einem Teufelswagen zum Tanzplatz gefahren, der auff dem Branten holtze zwischen Lahnne und Milchenbach liege. Zudem seien dort gewesen (Besagungen werden hier weggelassen)
- Ihren Bruder Jacobus aufm Dümpel hat sie eine rote stercke umgebracht und Jost Vaiten, auch irem broder, hat sie mit demselben kraudte, Balleran genandt, ein schwein getötet, hermann aufm Poil ein rotes Rind, (und) Hanße Trese ein Fercken.
- Mit Peter Schwartze hat sie dem Hermann Tropf ein pahr pferde helfen tuill machen und zudem habe sie ihm eine Kuh umgebracht.
- Mir ihrem Schwarzkraut habe sie eine Kuh des Peter Huts eingegeiben. Der weitere Verlauf ist unbekannt. Anfang Mai 1587 wird

Stina Krohmen

einem Verhör unterzogen. Sie gesteht (?), daß sie des Grobges kind den brehe geben, daß sie sich mit ihrer Schwester gescheiden, sei in ihren Felde geschehen vor sieben Jahren.« Einen Tag später wird sie gefoltert und »als sie in der tortur ufgezogen oder gegeißelet« sagt sie: man möge sie freilassen, dann wolle sie alles erzählen.«

- Sie habe vor langer Zeit in Attendorn gedient, daselbst sei einer gewesen, dei Dorre genannt, dessen sohn hab ein bastarzt dochter von adel, so sie nicht gekandt, und allernegst bi Attendorn gewonet, zum eheweib genommen, welche Mutter solche betrubnis nicht gerne erleiden wolle.
- Da sie (die Mutter) dauernd murtte, hat die junge Frau ein Bierbrot gebacken, in dem Quecksilber und sonstiges material versteckt war.
- Ihren Sohn Hans Krome zu Benolpe hat sie mit seiner Frau (und) außerdem etliche andere Leute, oft verwünscht und verflucht.
- Item hat sich uf anschlagh des scharpfrichters erpotten, sie ufm waßer, wahn man will, der zoberei zuschwemmen laßen.

Das Protokoll wird von Jost Eckhardt Landtknecht unterzeichnet. Bei der

Hexe von Bilstein

geht es um Dorothea Beckers, Frau des Richters Franz von der Hardt. Der wider sie geführte Prozeß ist einer der seltenen Fälle, wo die Beklage über einen qualifizierten Verteidiger verfügen kann. Sie gerät 1570 wegen einer nicht einlösbaren Forderung in Uneinigkeit. Der Leiher Johann Fronen ist übel beleumundet und in den Verdacht der Zauberei geraten. Er besagt sie in dem gegen ihn geführten Verhör als Teilnehmerin und Ritten durch die Luft: doch widerruft am 3. Juni 1575. Danach wird er hingerichtet.

Dorothea erwirkt durch eine Bittschrift ihrer Verwandten beim Drosten Caspar von Fürstenberg, daß sie zum gerichtlichen Nachweis ihres guten Rufes zugelassen wird. Sie strengt eine Purgationsklage an. Damals droht ihr der Richter Valentin Landknecht: »er werde ihre Verbrennung und die ihrer Mutter Ottilia herbeiführen.«

Jetzt beschwert sich Franz v.der Hardt (u.a) und erreicht, daß das Verfahren auf den Gograf Eberhard Halfinner aus Attendorn übertragen wird. Die Verhandlung erfolgt im kurfürstlichen Gericht von Bilstein. Sie beeidet ihre Unschuld. Das Gericht steht auf ihrer Seite und fertigt die gewünschte »Documentum purgationis« aus. Sie wird am 19.Juli 1575 freigesprochen und den Besagern wird Schweigen auferlegt.

Im Januar 1587 kommt es zu einem neuen Vorfall zwischen ihr und Knopen Cordt »wegen Scheltwörter(n) der Zauberei« und dann taucht eine »heimlich fliegende Rede« (Gerücht) auf: »die Richtersche sei schuld am Tod der Frau des Drosten und sie soll seine selige Hausfrau vergiftet haben. Andere als Hexen Beurteilte haben sie in der Zwischenzeit besagt«.

Jetzt schreibt Fürstenbergs Schwiegermutter einen gehässigen Brief und verlangt die Hinrichtung der (geflohenen) Richterschen. Ihre Schwester Neta wird in Emlinghausen festgesetzt, nach Bilstein geführt, gefoltert und am 30.7. hingerichtet.

Dann konzentriert sich der Verdacht immer mehr auf Dorothea; sie wird gefangen nach Bilstein gebracht. Sie wird mindestens dreimal »auf das schärfste« gefoltert und beharrt auf ihrer Unschuld. Jetzt wird seitens des Gerichtes als Klageanwalt Diedrich Rodinkhausen zugelassen. Er ist obrigkeitshörig und sucht die Qualen gegen sie zu verstärken: er wolle sie regelrecht »ausmartern.« Und jetzt geschieht etwas in den gängigen Hexenprozessen Seltenes. Die Beklagte entschießt sich am 19. Februar 1591 zu einer

Exeptions-, Protestations- und Reservationsschrift

und trägt darin (auszugsweise) vor: »Ehrsame, fürsichtige und weise Herren Richter und Scheffen dieses Churfürstlich Cölnischen Peinlichen Halsgerichts zu Bilstein! Da angemaster Anwalt vor einigen Tagen ein, so meinen wir, unbegründetes und zu Recht nicht zulässiges Libell nebst Klagartikeln gegen Dorothea Beckers, Franz von Hardts eheliche Hausfrau, allhier zu Bilstein übergeben hat, so protestiert die Beklagte hiermit feierlichst dagegen und sagt, daß die vermeinte Klagschrift mitnichten gegen sie, die Beklagte, zuzulassen, sondern sie abzuweisen und zu verwerfen, auch sie, die Beklagte, zu befreien und ledig zu sprechen sei.«

Darin beschreibt sie die ihr angetane Folter und sagt: »daß man sie mit brennenden Lichtern ausgemartert habe ... habe man ihr doch fünfmal Tränke eingegeben, um sie zum Geständnis zu erpressen ... sie habe sich aller Ehrbarkeit und Gottesfurcht beflissen, sei wohlgelitten und werde von allen lieb und wert gehalten. Man rufe zum Beweis der Unschuld nun das höchste Richteramt an.

Man hält ihr vor, daß sie ihre Schwester besagt habe, daß sie flüchtig gewesen und mit leichtfertigen Leuten Umgang pflege: somit stehe Aussage gegen Aussage. Obwohl die Beklagte darum bittet, den Gegenanwalt nicht zu hören, ist er von ihrer Schuld über-

Verhör gegen Gretha uf dem Hufgen (17.5.1590) Bilstein

- Sie habe dem Theves aufm dem kampe etliche Heu gestohlen. Christen Frawen habe sie Kleider gestohlen und zwei Mal habe sie Kellermanns Knecht ihm faßelsaivien (?) genohmen.
- Als sie abends im Stall gewesen sei, ist ein kleiner Mann zu ihr gekommen und habe ihr ein Kraut gegeben, womit sie ein Kalb getötet. Dem Kellermann habe sie ein Fohlen getötet und zudem zwei große Schweine umgebracht.
- Hardtlauff hat sie Gras gestohlen und dem Schmelzer eine schwarze Kuh getötet. Christen Elsen ein rotes Pferd. Deves auf dem Kampe ein Schwein, ebenso Peter uf dem Buchs. Peter Schwermer hat sie zwei Pferde getötet.
- Bei Jost aufm Hamer, Hartlauf und Evertz Kühen hat sie ein Düppen untergesetzt, um die Milch zu verderben. Bei Bockes Jacob hat sie die Frucht verdorben.
- Sie sei auf dem Tanzplatz gewesen und auf dem mitte Hage. Ein anderer liege auf dem Willensberch.
- Ihr Buhle sei donnerstags vor maitag bei ihr geweßen, sie mit schwarzen kleidern bekleidt, und ein plume getragen.
- Auf dem Tanzplatz wären 30 Leute gewesen, item der spilman mit der schlameyen, habe blaube buchsen ahn, heiße hans, habe in der Heischotts Hanses soin uf dem brauttanz gespilet.

*) Zuammengestellt von Otto Höffer, der die Regesten aufgearbeitet hat.

zeugt. Sie protestiert und behält sich Rechtsmittel vor. Es möge ihr gestattet werden, bei einem unparteiischen Rechtsgelehrten Rat einzuholen.«

Sie bleibt inhaftiert und ihre Lage verschlechtert sich, denn ein Eintrag Fürstenbergs vom 4. September 1591 besagt: »Die in Olpe eingezogene Wickersche wird geschwemmt und gefragt. Später »bekennt sie Schelmenstück, auch viel über die Richtersche.« Sie wird zusätzlich belastet und dann zur »Confrontation nach Olpe geführt.« Es handelt sich um

Anna von Wulfrodt

die vernommen wird. »so des teuflischen Lasters und Zauberei halben hiebevor hingerichtet, auf Dorotheen, die »Richtersche«, denuncyrt, angegeben und besaget.« Darauf hat sie diese Antwurt getan:

- Sie wäre eine Zeitlang beim Richter zu Bilstein in der Herberge gewesen und da sei die Richtersche von Bilstein gegen Welschen Ennest abgeflogen.
- Ihr Mann habe zu ihr gesagt: »Seine Frau solle des zauberischen Handels verdächtig sein, wolle es aber nicht bekennen ... man möge sie doch besser zum Bekenntnis bringen damit die Kinder ungeschändet blieben ... wenn sie nichts bekenne, müsse sie einen stummen Teufel bei sich haben ... sie möge ihr Möglichstes tun; der Richter werde es ihr gut lohnen.
- Sie habe ein Johannisgläslein, das sie am Halse getragen, aufgeschnitten und der Richterschen das darin befindliche Evangelium abgeschrieben.
- Ihr Sohn Friedrich, habe es seiner Mutter dann im geweihten Wasser eingegeben.

Anfang September wird Anna dreimal aufs Wasser geworfen und geschwemmt. Danach hat sie ungepeinigt bekannt und über die Richtersche gesagt:

- An dem Sonntagmorgen, an dem die Richtersche gefänglich gen Bilstein gebracht wurde, sei Agnes zu Welschen Ennest, bei ihr in das Richterhaus neben dem Herd in dem Gemach gewesen, da das Gesinde zu Essen pflegte und habe zu ihr gesagt: »Liebe Engen (Ännchen), ihr seid mancher Örter gezogen und habt viele Künste gelernt. Könnt ihr eure Kunst nun gebrauchen, so helft uns doch, daß sie (die Richtersche) nicht bekenne, damit die frommen Kinder nicht geschändet werden.«
- Am dritten Tage sei Gertgen (Gertrud) des Richters Tochter zu ihr gekommen und habe sie gebeten, ihr doch zu helfen und sie habe gesagt: »sie wolle zusehen, was sie könne.«
- Nachdem sie ihren Buhlen um Rat gefragt habe, sei sie auf den Kirchhof zu Vei-

schedt gegangen und habe dort von drei Totenköpfen etwas »in tausend Teufels Namen« in ein Papier abgeschrappt. Dann habe sie schwarzes Kraut (Praadtkraut), in einem Eisenlöffel gedorrt, beides in einem Krautstein kleingestoßen und in eine Halbe neuen, süßen Weines geschüttet. Der Richterschen Sohn Evardt habe es seiner Mutter in einem Kännchen bringen sollen. Später habe es die Mutter getrunken, damit sie nicht bekennen solle.

- Als die Richtersche zum erstenmal auf Fastenabend bei Johann Landknecht zu Gast gewesen sei, habe sie ihm ein Glas Wein, das sie verfälschte »in Tausend Teufels Namen« zum Trinken gegeben. Es war aber umgestoßen, so daß kein Schaden entstanden sei. Später habe sie nochmals versucht, Johann Landknecht zu vergiften.
- Vor ungefähr zehn Jahren habe die Richtersche mit ihrer Gesellschaft ein großes Faß Wein vor und nach den Tänzen halb ausgetrunken.
- Als Anna, einmal auf des Richters neuem Bau in der Stube geschlafen ... da habe sich um 11 Uhr die Tür geöffnet und etliche Weiber seien hereingekommen ... und danach (auch die Richtersche). Auch deren Buhlen seien mitgekommen. Sie habe mitgehen sollen, aber nicht eingewilliget. Nach dem Tanze seien alle wieder zu ihr gekommen und beschlossen, daß die Brillsche dem Hern Drosten Teufelskraut in das Wasser werfen sollte: »seine Pferde tränken damit sie zurückgehen (= krank werden) sollten, weil der Herr Droste den Zauberschen so feind wäre.«

Jetzt kommt es zur Gegenüberstellung und die Sache spitzt sich zu. Dorothe bezeichnet alles als Lüge und Verleumdung und dann bittet Anna die Richtersche: »sie möge sich doch um Gotteswillen bekehren, und tun, wie alle anderen armen Sünderinnen und den Teufel von sich zu treiben, sie wisse doch recht wohl, wie es sei.« Dann wird Anna am 28. Dezember 1591 gefangen nach Bilstein gebracht. Man foltert sie und sie sagt u. a.:

- Sie habe die Richtersche zweimal auf dem Rüberg (?) zwischen Benolpe und Bilstein auf dem Tanzplatz gesehen.

Dorothe bleibt über den Winter gefangen. Im Frühjahr 1592 reicht sie ein Gesuch um die

Canonica Purgatio

um die kirchengesetzliche Reinigung vom Verdacht der Zauberei ein. Es ist selten in den gängigen Hexenprozessen. Sie will ihre Unschuld dokumentieren, macht insbesondere auf die Intrigen des klagenden Anwaltes aufmerksam und stellt heraus: »denn es ist besser, viel Schuldige zu absolvieren und im guten Glauben von der Strafe abzusehen, als einen Unschuldigen zu verurteilen. Das umsomehr ... als sich die Beklagte durch die beständige Beteuerung ihrer Unschuld ertragene Tortur (ohnehin) gänzlich gereiniget. Sie sei endgültig entkräftet und damit aufgehoben. Es wäre deshalb nur recht und billig gewesen, sie schon damals endgültig zu absolvieren und zu entlassen.«

Im übrigen sind die vom Kläger vorgebrachten Indicien so geschaffen, daß wenig darauf zu bauen sei. Die hingerichteten Frauen haben in ihren Urgichten nicht mehr zu sagen gewußt, daß sie die Beklagte auf ihren Tanzplätzen und Zusammenkünften gesehen haben. Der böse Feind treibt mit diesen Leuten seine Kurzweil. Er dichtet und trachtet am liebsten dahin, unschuldiges Christentenblut zu vergießen und zu verderben.

Darum kann man eben daraus, daß man eines Menschen Gestalt an irgend einem Orte gesehen hat, nicht schließen, daß er leiblich dagewesen sei, sondern, weil nicht allein durch ausdrücklichen Text des geistlichen Rechtes, sondern auch aus anderen Gründen und Ursachen zu schließen sei, daß das Fliehen, auf Böcken reiten, durch die Luft Fahren, Essen, Trinken, Tanzen und Wollusttreiben, das die Zauberer getan zu haben, vermeintlich bekennen, nicht leiblich, vere et ipsam in corpore, sondern im Geiste, phantastice et per illusionem diaboli geschehen sei.

So wären ihre Aussagen wertlos. Schon Ganding (ein angesehener Jurist seiner Epoche) halte in seinem Buch von den Mißhandlungen dafür: »daß niemand wegen unzweifeliger Anzeigung oder Vermutung an Leib und Leben könne verdammt werden. Es sei ihm nur eine Geldstrafe aufzuerlegen.«

Man könne der Beklagten nicht nachweisen, daß sie je Gift gekauft oder damit umgegangen sei. Alle Besagungen, soweit sie bisher erfolgt sind, oder fernerhin geschehen mögen, haben ihre Ursache in der ersten, falschen Besagung und dem dadurch bei Großen und Kleinen, Frommen und Unfrommen erwachsenen Geschwätz und Geschrei, oder in des Teufels Betrug und Phantasie ... es sind verleumderische Anzeigen ... weil nun die Denunziantin ein leichtfertiges, ungeachtetes, schlimmes Weibsbild, eine Bäuerin ist, die Beklagte aber, wie aus den Akten zu ersehen ist, eine geachtete, von einem jeden Ehrliebenden wert gehaltene vornehme Frau, so ist mit Recht zu schließen, daß die Besagung der Wahrheit ungleich und unähnlich ist. Darum ist dem Bekenntnis gegen die Beklagte nicht zu glauben.«.

In der Zwischenzeit liegt sie über zwei Jahre im Kerker. Im Februar 1593 schlägt die Stunde ihrer Freilassung: Fürstenberg sagt: »Über die Richtersche wird endlich Gericht gehalten. Sie wird durch das Erkenntnis unparteischer Rechtsgelehrter des Erzstiftes Köln verwiesen und zu Erstattung der Atzung an mich verdammt. Dieser Prozeß hat ins dritte Jahr gedauert und steht mir ein Großes.« (vielleicht: hat mir viel Ärger und Kosten verursacht). Sie wird des Landes verwiesen; es ist kein klassischer Freispruch. Vermutlich geht sie zu ihrem geistlichen Sohn nach Mainz. Interessant ist die Frage, wie

Caspar von Fürstenberg

zu den Hexenprozessen steht? Er hat als Drost von Bilstein die Befehle des Kurfürsten zu Köln, auszuführen. Er scheint aber nicht seine Meinung geteilt zu haben. Es wird aus einem Briefkonzept Fürstenbergs an seinen »Gnädigen Hern« vom 6. Juli 1575 deutlich, das sinngemäß zum Ausdruck bringt:

»Hochwürdigster ... Eure Kurfürstlichen Gnaden mögen gnädigst nicht darauf verhalten, daß ich Eurer Kurfürstlichen Gnaden Befehl der Bekämpfung der bösen, teuflischen Anhangs zum Schutz der Frommen und zur Bestrafung der Gottlosigkeit nicht nachkäme ... Daneben aber steht mir in diesem beschwerlichen Werk nichts höher, wie billig, dafür zu sorgen, daß die unter einem Schein teuflischer Lügen und Unwahrheiten verdächtigen Unschuldigen nicht mitgetroffen und zur Marterung gestellt werden. Da nun die Entscheidung notwendig bei mir liegen muß, auch schon etliche Personen, die für schuldig befunden wurden, hingerichtet worden sind, bedrängen mich meine Ankläger ungestüm, und wollen mich dahin nötigen, daß ich ... diese Personen ... zur peinlichen Frage stellen lassen soll. Aber dabei lassen sie es nicht bewenden, sondern greifen häufig ohne Beisein Eurer Kurfürstlichen Gnaden Diener und ohne Eurer Kurfürstlichen Gnaden Befehl aus eigener Machtvollkommenheit selbst zu, selbst da, wo noch kein unabweisbarer Verdacht besteht. Sie ziehen Johann Stahl Hausfrau gefänglich ein und gebärden sich dermaßen, wie der gemeine Pöbel ohne Bedacht vorzugehen pflegt.

Eure Kurfürstlichen Gnaden mögen sich keinem Zweifel hingeben. Ich werde in diesen Dingen so handeln, daß die Bosheit gestraft und die Frommen geschützt werden. Darüberhinaus möchte ich ein reines Gewissen von Blutschulden haben ... die Raserei des Pöbels ist zu verwerfen ... (usw.)«

Wenn man von der Grundhaltung ausgeht, muß man ihm vorwerfen, daß er in diesem Fall übereilt gehandelt hat. Am 27.11. 1604 läßt er die Zauberer von Fretter strafverschärfend mit glühenden Zangen reißen und verbrennen.

Auch hier drängt das verängstigte Volk zu obrigkeitlichen Reaktionen. Immerhin verklagen ihn die Einwohner und Setzgenossen des Kirchspiels Drolshagen (1575) beim Kurfürsten: »weil er nicht scharf genug gegen Hexen und Zauberer vorgehe ... weil er Besagte decke und Urgichten unterschlagen habe.« 1665 fordern die Eingesessenen des Oberamtes Bilstein in einer »wehmütigen Klage« vom Landdrosten in Arensberg ein neues scharfes Vorgehen gegen das »allergrausamste Laster der Zauberei,« gegen das nun seit nunmehr vierzig Jahren kein Exempel mehr statuiert worden sei.«

Unter Kaspars Sohn Friedrich finden im Kreis Olpe die letzten Hexenprozesse in der Herrschaft Bilstein statt. Johann Weber, Greta Elisa, Anna Trina, Hans Spickermann, Johannes Hirt und Liesen Burberger werden am 21. Mai 1629 per Schwertschlag gerichtet und abschließend verbrannt.

Das Vasbach-Archiv enthält eine Verteidigungsschrift der wegen Zauberei verhafteten Clara Werneke, Witwe des Joh. Degenhardt zu Attendorn und Tochter des Bürgermeisters Herm. Werneke zu Lüdenscheid, an den Gogrefen des kurfürstl. peinlichen Halsgerichts zu Attendorn. Ausführlich wird die Widerrechtlichkeit des »peinlichen« Verhörs dargelegt. Wegen der Aufbringung der Unkosten im Verfahren gegen das »Hexenmädchen« Anna Kleine von Beukenbeul, gebürtig aus dem Kirchspiel Rhode, gibt es 1652 »Umstände.« 1695 wird in Olpe ein 12 oder 13jähriges Mädchen, das vorgegeben hat, zaubern zu können, unter dem Galgen begraben.

Im Oktober schreiben die Gerichte Olpe und Wenden an den Drosten Friedrich von Fürstenberg zu Schnellenberg mit der Bitte um Unterstützung in der Prozeßsache gegen die Zauberei durch zween bewährte Rechtsgelehrte. Es wird gantwortet, man möge ihn wegen seines Alters von der Aufgabe entbinden und schlage Dr. Steinfurtt und den Richter aus Ruiden, zudem Doctor Godda, vor.

Oberkirchen

Die wesentliche Prozeßlawine rollt 1630 an. Sie geht von Besagungen aus. Zunächst wird das zehnjährige Christinchen Teipeln aus Oberkirchen bezichtigt; sie benennt zehn weitere Teilnehmer, die eingezogen werden.

Vorfeld

Juristische Grundlage ist die im Juli 1607 erlassene kurkölnische Hexenordnung, die die Maßgabe der CCC. manifestiert. Sie wird später durch Erzbischof Ferdinand von Köln erweitert, der in seinem Verantwortungsbereich unter der Prämisse der falschverstandenen Religion systematische Ausrottungsprogramme installiert.

Engeleitet werden die Oberkirchener Hexenprotokolle (1630) durch eine bislang undatierte Liste der hingerichteten Personen, die bis kurz vor 1600 zurückreicht. Ein Bestechungsskandal kommt zutage. Hans Volmars aus Gellinghausen wird in Fredeburg verhaftet und kurz danach gefoltert. Auf Vorschlag des Schöffen wird er gegen Zahlung von sieben Talern entlassen. Insgesamt fallen in der Region mehr als 50 Menschen der Wahnvorstellung zum Opfer. Die Gerichtsakte sprengt einen Umfang von 200 Seiten. Durch erzwungene (erfolterte!) Besagungen weitet sich das Einzugsgebiet aus.

Tilman Halman

soll Gertrut Clemens das Zaubern beigebracht haben. Er wäre neben andern in der Wehelime auf dem Tanzplatz gewesen und habe eine »grosse juffer« (Jungfer?) als Buhle gehabt. Er wäre neben der ... der reichste Zauberer gewesen, worauf sie leben und sterben wolle. Halmann bestreitet die üble Nachrede, dennoch wolle er ungepeinigt vortragen, was er wisse:

- Vor etwa vier Jahren sei ihm unweit der Mühle genseit dem Winterberg ein großer Mann gefolgt, und ihme umbringen wollen, dem er entflogen.
- Am folgenden Morgen sei er betrübt gewesen. Da sei eine frauensperson in bunten kleider mit einer swarzen feddern auf dem hoide gehabt, gekommen, zu ihme geredet, sie wolte mit ihme nach dem Winterberch gehen ... habe er kein Geld, so wolle es es ihm geben.

Der Teufel im Kampf mit einem alten Weib.

Allgemeine Verhörspunkte aus den Bilsteiner Hexenakten (1576–1608)

1576 Anna Konnings im Planck zu Bilstein klagt darüber, daß Maria Kramers (Schwägerin) sie in der Öffentlichkeit der Zauberei bezichtigt hat. »Ihr Ruf sei dahin und sie erwarte durch den Vertreter des Drostes Schutz und Aufklärung.«

1590 (September) Bilstein. Anna Kromen »Die Richtersche, Schmatz Gerdt, die Kuisische zu Viedermule und Agatha Stammes haben den Plan geschmiedet, um die Drostin und den Drosten von Bilstein zu vergiften. Danach wären die Drostinnen gestorben. Die Richtesche habe danach aufs Haus Bilstein zu Drostinnen gegangen, zusammen gezecht, und habe sie in den vergifft in einem glaise weins in dausent teuffel eingeblaißen. So sie den Raum und Zeit gehabt, wollte sie dem Herrn Drosten gleichfalls vorgeben haben.«

1591 (August) Trina Schomecher aus Roinhusen. Sie habe sie vor 12 Jahren mit dem Teufel verschrieben, der mit ihr gebuhlt hat; er sei kalter natur gewesen und heiße Hans Lucefer. Sie habe vergangenen Ostern ihrem buhlen des hl. Sacrament gegeben, das er mit in den Abgrund der Hölle genommen hat.

1591 Bilstein (August) Anna (Herdische v.Bilstein) Sie habe sich während des Truchseßischen Krieges im hohlen Siepen einem Mann verschrieben, mit dem sie auf den Kruberg gefahren sei. Ihr Buhle heiße Peter Federwisch. Als sie einmal mit ihm vom Tanzplatz kam, hat sie bei der Mollen, als sie das waßer rauschen gehordt, den Namen Jesus angerufen. Daraufhin hat sie der Teufel ins Wasser geworfen.

1597 (August) Hans Sommerhof von Hagen. Nachdem man ihn aufgezogen und getaucht hat, räumt er (u. a.) ein: »Er habe dem Peter von Schonthausen habe dem Rhamme einen guten Hammel gegen einen schlechten eingetauscht. Agathe Faullfautes habe ihn zur Zauberei überredet und sein Buhle wäre der Belzebub.

1591–92 (Jahreswechsel). Annen Eberz aus Kruberg. Ihr Buhle heiße Hans Federwisch, der bei der Grevenbrugge zu ihr gekommen sei. Sie hat auf dem Kilsberg mit ihm getanzt. Ihr Spielmann heiße Mett Hans zu Reherkusen; er habe auf dem Keilsperk gespielt.

1595 (Dezember) Adam Krempfer aus Riflinckhausen. Seine Stiefmutter Trina habe ihm die Zauberei gelehrt. In seines Vaters Hause sei vor acht Jahren geschehen. Sein Buhle heiße Beilsberg und ihr Tanzplatz sei in der Jubeke bei Dunschede am Gassen Peters Kampe. Der Spielmann heiße auf dem Tanzplatz Varbitius und sein Buhle habe ihm hinter dem rechten Ohr ein Zeichen gemacht. Hans Bitter und sein Vater im Oberndorff seyen auch Zauberer.

1595–96 (Jahreswechsel) Trina Melckersche. Sie hat sich dem Buhlen Hoimoidt verschrieben, der sie daraufhin zum dantzplatze gefurdt als auf einer faillen zigen, hat große horner gehabt. Mit einem Kraut ihres Buhlen hat sie Hans Romerpeschen Mutter, Elsen habe sich damit die Beine eingerieben und ist daran gestorben.

1595–96 Jahreswechsel. Gertraut Helners aus Niddernhelden. Sie habe die Zauberei durch Anna Fallentornsche in irem Hause vor 2 Jahren erlernt. Ihr Buhle heiße Stickelhorn.

1596 (Januar) Greta im uberndorff zu Meckelighausen. Ihr Buhle heiße Stickelborn. Er habe ihr vor 12 jharen, ober Poltenhauß uf den steinen im felde, als sie gediestelt, die Zauberei gelehrt. Bekannt, muße iren bollen im ab und anzuck hinden fue den arß kussen, dan laße er einen streichen, das es ir umb den Kopf her gangen, stincke gar ubel wie ein aaß, davon thue inen zauberschen die augen wehe.

1596 (Februar) Johann Schmitkens zu Ernest sagt: »Er habe Gott abgesagt und sich dem Teufel verschrieben. Sein Buhle heiße Witte Wenneke. »hat klauen an den foissen auch an den fingern.«

1596 (Sommer) Greta die Wulfesche zu Fleckenberg. Vor sechs Jahren habe die Quikesche, Elsa Reuesche, Hinrich Russen husfraw obiit beschlossen, Kloster und Ackerhaus Grafschaft durch ein Unwetter zu vernichten. Dies sei aber durch Glockenläuten der Dienerschaft vereitelt worden.(sie wird am 23. August 1596 verbrannt)

1596 (August) Verhör des Thonies unter dem Hagen von Niederhelden. »Dabei hat sich seltsam anstellt, alß whan im der hencker den halß zerbrechen wullen. Whan er mith der leinen aufgezogen, ist er gantz ersticket, hatt nichts von sich speien oder redden können. Seine Buhlin Bela wäre ihm in einem statlichen Brautkleid erschienen. Er habe seine Opfer mit Schwarzkraut vergiftet oder erschlagen.

1603 Stinen Bettinkhausen: peter boven dem wege hate sie etliche pferde, Kühe und ferken getötet. Peter hat sie daraufhin in einen sack woll geschlagen, das sie darnach lenger als 14 Tage krank gelegen. Johann Schulten Grethen eiusdem habe sie mehr als 100 mal Zauberin gescholten (sie flieht später ins Bergische Land).

1603	(Mai) Anna Rapschellen. Der Zeuge Wulff sagt: »er habe beobachtet, wie Anna vor seinem Kälbern herginge und etwas ins Futter geworfen habe. Die Kälber seien gestorben. Als man deren Leiber geöffnet, sei lebendigh ungeziffer darin gefunden worden.« Sie wird kurz danach gefoltert und räumt u.a. Wetterschaden ein.
1603	(Sommer) Trinen Kempers von Farste. »Die Grethen der Brochmannschen aus Farste habe ihr uff der straßen oder dem kalberhofe Schwarzkraut gegeben, damit sie des Tauben Kälber getötet und ihr Buhle Steckelhorn habe ihr im Zippelbruch neues Kraut gebracht, um den Leuten Schaden zuzufügen. Das hl. Sakrament habe sie in einen Brunnen geworfen, um ihn zu vergiften.
1603.	(August) Elßgeb Hatteln von Silbergk. Nach der ausgestandenen Folter unterzieht man sie der Wasserprobe und dann hat man sie »weinigh uffgezogen.« Sie gibt mehrere Giftmorde zu und sagt durch Eingebung eines Trankes habe sie und die Rhapschelle den alten Hirten zu Farste und sein Kind vergiftet.
1603	(September) Juditia uber Annam Schreders zu Benolpe. Sie habe in Wilhelm Hause den Hans Sprenger, ihren Anna Sohn Peter ein Zauberkindt gescholten. Juditia uff Grethen, Hans Hirtten frauw zu Benolpe. Sie sei einem Zaubergeschlecht entsprossen (ebenfalls: Hans Leppers Frauw zu Benolpe) Valentin Gercke sei von ihr gebeten worden, ihr foher geldt mit auf Attendarn zu tragen. Dies habe sie abgeschlagen, worauf ihm drei Stück Rindvieh zu gestorben seien.«
1608	(Sommer) Johann Duxen zu Welschen Endesten. Er habe mit dem Teufel unkeusche Worte gesprochen und er habe ihm einen Goldgulden, der zu einem Eichenlaubblatt wurde, gegeben. Ihm gelingt die Flucht aus dem Gefängnis, wird aber tags darauf eingefangen und nach Bilstein gebracht. Er sei geflohen, um sein Leben zu fristen. Da er in Güte nichts bekennen will, wird er der Folter unterzogen und mit Ruten gestrichen. Schließlich sagt er: »er habe zweimal das sacrament außer dem maul in ein tüchlein fallen lassen.« Er bekennt, seiner Frau ins Ohr geblasen zu haben, bevor er zum Tanzplatz gegangen sei. Daraufhin habe sie die ganze Zeit geschlafen.

- Sein Boillin heisset E ... hat sich ihr ganz ergeben mossen, Godt und die heilige Trifaltichkeit mossen versaken.
- Seitdem habe er keine gute Stunde mehr gehabt. Er habe mit dem Buhle boiliert, ist kalter Natur und unatürlich werk.
- Sagt, sie essen und drinken auf dem dantzplatze, habe des weinich genossen, sei sie recht mit ihnen einich gewesen.
- Sich selbst habe er zwei Schafe getötet, indem er ihnen ein schwarzes Pulver in des Teufels Namen eingegeben habe.
- Herman Roli (Reli?) habe auf einem Gaulskopf gespielt.
- Bekennet, sein smerpodt steidt in einem schaffe auf der stoiben, sei in einem hulzem bosken, es sie weinich noch drin. Sein boile habe es ihme geben. Schmere sich under die Armen in des duivels namen, so faren sie mit ihme zum dantzplatze.
- Wan er nach dem danze ferde (fuhr), pleibe sein frauw auf dem bette, und (er) spreche: »Ligge du in dusem duvel namen hier, bis ich widder kome.« ... auf seine Aussagen wolle er Leben und Sterben. Hierauf wird er nochmals peinlich verhört und sagt: »er könne nicht mehr oder weniger bekennen, sunst beswere er sein gewissen.«

Stift Essen

Hier liegt die Verantwortung eine Zeitlang bei der Äbtissin Elisabeth v. Sayn (1578–88). Sie stellt sich hemmend gegen den Wahn, was aus zwei Urteilen deutlich wird:

»1580 am letzten may Elssgen Kammans uß Befelch Ehrwürdiger Wolgeporner Fürstin u. Frauwen Abtissin deß keis. freiwelt. Stifts Essen in Ihrer F. G. Hafftungh die Windemüelle uff volgend anzeig der zauberei halb gefenklich angenommen. Ist uff vilfaltig Schreien und demütigh Bitt ihrer selbs auch anderer Intercession und Vorbitt irer Jugend und trostloser underjariger Kinder halb mit dem leben begnadet, der Hafftungh uff gepürlich Orpfeden gnedig erlassen und poena relegationis bestrafft, nach wirklich geschworenen Eid daß Stift hinfüro zu meiden, bey also, da sie über kurz oder lang wieder darinnen betrotten und fundten würdte, alsdan ohn einige Gnad an Stund mit der albereid verwirkter Straffen und Exekution gegen Sie verfaren werden solle.« Actum vor der Windmüellen coram indice in praesentia, Johans zum Pottkamp u. Johan Nyp Fronen.»

Als Reinhold Pott von Dortmund der zauberei halb diffamirt sich selbs allhie zur Wasserprob ungefordert eingestelt und dieselb an ime befonden, ist er in der Windmoellen gefenklich hingelegt und tormentis subjicyert, da er dich pertinaciter geleugnet, daß er nit zaubern könne. Derwegen alß man von ime mit pein die Bekentniß nit haben können, die landfürstliche Obrigkeit gnedig befehlen lasen, daß er zuvorderst am Pranger zu Borbeckh vorm Kirchove gestrichen und des Landtes verwiesen werden soll, wie dann uff gewonlich Urpfede beschehen.« 1581 am 12. May beywesens deß Richtern und Landfronen.«

Ein größerer Prozeß wird 1589 unter der Äbtissin Elisabeth II. von Manderscheid und Blankenheim (1588–98) geführt. Mehrere stiftische Untertanen waren als Zauberer und Hexen verschrieen und sie begehren die Durchführung der Wasserprobe. Es handelt sich um 18 Personen. Die Probe wird am 30. Mai 1589 in der Emscher durchgeführt und sechs von ihnen sinken, woran man deren Unschuld erkennt. Gegen die anderen wird der Prozeß eröffnet.

In unsere Sprache sinngemäß übertragen wird gesagt, sie seien schon seit langer Zeit wegen ihrer Zaubereien berüchtigt und von anderen besagt worden. Nur deshalb habe sich die Äbtissin zur Durchführung der Wasserprobe entschieden. Dann habe man

Heine in der Holtbecken

peinlich befragt. Er räumt ein:

- Er wäre ein Zauberer und sei vor acht oder neun Jahren dem Teufel begegnet. Er sei zu ihm an das Bett gekommen und habe von ihm verlangt, daß er Gott ab- und dem Teufel anhangen solle und hin und wieder alles Böses zu tun
- Dann habe ihn der Teufel in einer Kuhle getauft, und er habe Gott verleugnet.
- Dann habe ihm der Teufel ein Pöttgen mit schwarzer Materie gebracht, damit er Schaden zuwege bringen könne. Mit ihm habe er seine vorige Frau und Kynder umgebracht.
- Auch habe er verlitten Lentes (im letzten Frühjahr) Nurseln zwei Pferde zu verschiedenen Zeiten verdorben. Er wäre zu nächtlicher Weile in den Pferdestall gestiegen und habe von der Materie etwas ins Heu gestochen und es den Pferden zu Fressen gegeben.
- Er sei auf dem Tanzplatz ussen Creutzwege über der Segerod nach den Bergbeumen gewesen die die Hittmannsche Ihre Dochter und sein frau mitgedanzt, so alle uffm bessen und er uffen roten kalb gezogen, wilche Inen der teuffel zupringe und geschehe sollichs uff die Quatember.
- Dann wäre der Teufel um Mitternacht zu ihm gekommen mit einem Schrecken: »wenn sie zum Dantz ziehen sollen.« Er sei der Spielmann gewesen. Das Instrument, auf dem er gespielt habe, wäre ein Pferdtskynen (?) gewesen, wilch Inen ein überauß soeß und genöchlich gelauth giebe.
- Zudem sei er im Keller seines Vetters Henrich zu Vochlinghusen gewesen in Gegenwortigkeit desselben magd, so hingericht, Hab Inen irst zu dieser Sünd gereidzt.
- Das Pöttgen, darin die schwarze Materie, stehe in seinem Kemmerchen under der Schapp, da eß woll gefunden köndt wörden.

Dann geht man gegen

Trinen Dulmans

die Witwe des Sartmanns, Gerdten Hutman und Rademachers Frauen »ad torturam« vor. Man hat sie von sechs Uhr früh »bis um achte« gefoltert (in der Pein gestanden), sie über eine Stunde lang von rückwärts aufgezogen und sie zugleich mit den Beinschrauben gemartert, sie in ein eisernes Halsband gesetzt und streng mit Ruten gestrichen ... und doch hat sie nichts bekannt, sondern ihre Unschuld beteuertt und »geschrouwen.« Dann hat man die Huttmannsche Tochter zur Pein gestellt; sie räumt ein:

- Es wären ungefähr drei Jahre vergangen, daß sie ihre Mutter zur Zauberei gereizet und demnächst uff ein Zeit im Weidkamp bey der Werd am Nierbome, da sie die Biesten gehoedet (Tiere geweidet), sei sie traurig und mißtröstig (niedergeschlagen) gewesen ... da sei der Teufel in der Gestalt einen jungen Gesellen einem schwarzen Mantel umhabend, zu Ihr gekommen und gesagt: »wenn sie seinen rheit folgen wolle, solle sie keinen Mangel mehr leiden.«
- Als sie nun darauf am gleichen Ort (von ihm) gedeufft und geloben müssen, Gott nimmer im Mund zu führen (wohl: keine Hostie mehr zu nehmen), noch die Sakramente zu empfangen ... da habe er ihr zehn Taler zum Kaufen eines Pelzes (ge)geben, es wäre aber hernach Dreck gewesen.
- Dann seien sie viermal auf dem Tanzplatz gewesen ... dreimal an dem Hußacker by der linden. Mit der schwarzen Materie habe sie zwei Tiere verdorben.
- Auf dem Tanz seien als Gesellen gewesen: Ihre Moder (Mutter), Heine In der Holtbeckh und desselben Husfrau. Heine sei (der) Spielmann gewesen und gebe daß gespiell ein gelauth von sich, alß wenn man

Überblick über den Ablauf der Hexenprozesse in Oberkirchen*) März bis Mitte Juni 1630

Männer	Ort	Ausgang	Frauen	Ort	Ausgang
1. Peter Arndtz	Westfeld	Hinrichtung	Grete Moller	Astenberg	Hinrichtung
Johann Volmer	Almert	Hinrichtung	Grete alte Schultische		Hinrichtung
Peter Figgen	Oberkirchen	Hinrichtung	Dorothea Schorzten	Oberkirchen	Hinrichtung
Johann (?)	Westfeld	Hinrichtung			
2. Evert Kemper	Mittelsorpe	Hinrichtung	Anna Schhmidts	Grafschaft	Hinrichtung
Jorgen Johennichen		Hinrichtung	Grete Schortesche	Nordenau	Hinrichtung
Zacharias Schorten	Oberkirchen	Hinrichtung	Stine Grotjohansche	Nordenau	Hinrichtung
Dietrich Everts	Niedersorpe	Gest.vorh.	Stina Trine	Niedersorpe	Hinrichtung
			Trina Schaefersche	Nordenau	Hinrichtung
			Stina Claes	Oberkirchen	stirbt in U-haft
3. Peter Halman	Oberkirchen	Hinrichtung	Ursula Halman	Oberkirchen	Hinrichtung
			Elsa alte Piepersche	Nordenau	Hinrichtung
			Christina Teipel	Oberkirchen	Hinrichtung
			Gertrud alte Volmarsche	Westfeld	Hinrichtung
			Trine Hoffmann	Grafschaft	Hinrichtung
			Gertrud Hennemannschge	Holthausen	Hinrichtung
			Grete Halman	Oberkirchen	Hinrichtung
			Elsa Biermansche	Grafschaft	Hinrichtung
4. Hans, Sohn d. Augustin Schutten	Westfeld	Hinrichtung	Dorothea Schuttens	Westfeld	Hinrichtung
Hans Gunthermann	Niedersorpe	Hinrichtung	Anna Ditteness	Oberkirchen	Hinrichtung
			Elsa junge Piepesche	Nordenau	Hinrichtung
			Gertrud Schutten Tochter		Freilassung
			Anna Herdesche	Nordenau	Ausg. unbek.
5. Peter Broß (Brosius)		Hinrichtung	Anna Kemper	Milltelsorpe	Hinrichtung
Johann Moler	Astenberg	Hinrichtung	Enneke Schneppers	Niedersorpe	Hinrichtung
Johann Faester	Nordenau	Hinrichtung	Elsa Schgmidtsche	Holthausen	Hinrichtung
Jorgen Kerstings	Westfeld	Hinrchtung	Elsa Halman	Oberkirchen	Freil. w Schwangerschaft
Johann Tigges	Nordenau	Hinrichtung	Elsa Schorten	Oberkirchen	Freil. w. Schwangerschaft
6. Heinemann Pieper	Niedersorpe	Hinrichtung	Gerda Sporkische	Holthausen	Hinrichtung
Heinrich Druen	Oberkirchen	Hinrichtung	Clar Heßmannsche	Holzthausen	Hinrichtung
Dienel der a. Kolnische	Astenberg	Hinrichtung)	Alheid Klokesche	Holthausen	Hinrichtung
Cosmas Kerstings	Astenberg	Hinrichtung	Trina Heinemanns	Westfeld	Hinrichtung
Johann Sommer	Astenberg	Geständnis	Grete in Jacobs Haus	Obersorpe	Hinrichtung
			Albertz Grete	Nordenau	Hinrichtung
			Dorothea Kaspar Jorgensche	Almert	Hinrichtung
			Tilmans Anna	Lehenbeck	Hinrichtung
			Trine Moller Johnsche	Astenberg	Freil. w. Schwangerschaft
			Ennke David Heimannns Tochter	Westfeld	viel. gleicher Grund
7. Heinrich Peters Niedersorpe		Hinrichtung	Elsa alre Raedische	Holthausen	Hinrichtung
			Merg Figgen	Oberkirchen	Hinrichtung

Nachweisbare Hexenprozesse im Herzogtum Westfalen*) Auszugsweise; hier ab fünf Opfern aufwärts

Jahr	Gerichtsort	Beklagt	Hingerichtet oder in Haft gestorben
1573/74	Kallenhardt	9	9
1575/76	Kallenhardt	6	6
1584/85	Kallenhadrdt	5	5
1587	Olpe	9	Ausg. unbekannt
1590–96	Kallenhardt	6	Ausg. unbekannt
1590	Bilstein	28	21
1591	Drilshagen	12	12
1591	Bilstein	8	2
1592	Bilstein	11	6
1593	Gogericht Rüthen	14	13
1594	Gogericht Rüthen	9	7
1595–1600 (ca.)	Fredeburg	50	40–50
1596	Bilstein	15	14
1596	Balve	ca. 10	2
1599/1600	Kallenhardt	5	5
1603	Bilstein	7	3
1618/19	Geseke	11	3
1628	Hallenberg	20	14
1628	Hirschberg	11	11
1628	Menden	19	18
1628	Balve	74	74
1628–30	Werl	53	53
1629	Balve	110–120	110–120
1629	Rüthen	7	6
1629	Bilstein	39	43
1629/30	Olpe/Wenden	36	36
1630	Oberkirchen	65	56
1630	Balve	87	87
1630	Bilstein	12	Ausg. unbekannt
1630	Menden	8	8
1630	Rüthen	11	5
1630	Alme	13	12
1631	Menden	18	14
1641	Oberkirchen	8	Ausg. unbekannt
1642	Oberkirchen	5	4
1652/54 (vor)	Gogericht Rüthen	ca. 24	ca. 24
1652	Gogericht Rüthen	5	4
1652	Balve	14	13
1653	Balve	14	11
1654	Gog. Rüthen	10	8
1654	Balve	8	7
1656	Canstein	9	5
1659	Rüthen	6	6
1660	Rüthen	6	5
1670	Geseke	10	9
1671	Oberkirchen	8	7
1682	Geseke	5	2
1688	Geseke	7	Ausg. unbekannt
1691	Geseke	10	10
1696/97	Olpe	54	1
Summe (insgesamt)		ca. 1140	ca. 915 162

*) Zusammengestellt nach R. Decker. Die Hexenprozesse im Hochstift Paderborn. Heimatkundliche Schriftenreihe 11/1980 der Volksbank Paderborn, 1980. S. 28

uff einer Pannen rapt (?). Auch sie werden scharf gefoltert und beharren auf ihrer Unschuld. Als nächstes bezichtigt man

Diederich im Heerßklamp

der gesteht: (?)

- Es wäre ungefähr vor einem Jahr gewesen, da habe er kein Brot im Haus gehabt, zudem habe er Kummer und Not gelitten und (sei) darum traurig gewesen ... da wäre der Teufel (Federbusch) in der Gestalt eines schwarzen Mannes erstmals oben im Stadtveld nach Stopenberg und hernach im veld nit fern von seinem Heußgen zu ihm (ge)kommen und gesprochen, er möge nicht traurig sein, ihm dienen und Gott verlassen, dann sollte er jederzeit (von allem) genug haben. Er habe ihm dann Geld gegeben, was sich später als Pferdedreck erwiesen hat.
- Und als er sich mit ihm eingelassen, habe er ihn in der Eickenscheider Vorth inß wasser gestossen und geteufft, auch vom haupt etwas gekratzt und ein chrims genommen, darauf habe er Gott verleugnet und zum Zeichen dreimal innß Teuffels nahmen zorugkgetrotten.
- Sie wären uffen Stadtfeld ahm Sessenberg zum dantz gewesen und da habe der teufel in der gestalt einer frauensperson mit ihm getanzt (Dann besagt er weitere).
- Er sei zum Tanzplatz auf einem schwarzen Pferd gezogen, wilch (welches) nur ein Ohr gehabt.
- Einmal habe er der Elsen Costers ein schwarz-braunes Pferd verdorben mit seiner schwarzer Materie, die er vom Teufel erhalten habe ... auch ein Kalb habe er auf diese Weise verdorben.
- Das Duppen, darauß er sich schmier, stehe in seinem keller uff die lingke Hand. Wollß sunst selber woll weisen.

Auch die Huttmannsche Mutter wird herangezogen, gesteht aber vor der Anwendung der Folter, daß sie sich habe nichts zuschulden kommen lassen.

Der Richter steht in einem Konflikt, denn von den zwölf Inhaftierten haben lediglich drei ihre Bekenntnisse zurückgenommen und auch einer zweiten Folter widerstanden. Deshalb wendet sich der Hofrichter an die Fürstin und bringt seine Bedenken vor:

Er verwirft die Wasserprobe unter Bezug auf die Anmerkungen Wiero und Bodins. »Dieweil nun das Schwemmen nit vor ein gewiß indicium under den gelehrten gehalten wirdt und keine newe indicia vorkommen, frage er sich, ob da die Anwendung der Folter angebracht sei, zumal man die erwähnten Salbentöpfe nicht gefunden habe ... zudem wären die Besagungen teilweise schon 20 oder 30 Jahre zurückliegen.

Daraufhin läßt läßt die Fürstin unter dem 4. Juni an zwei kölnische Rechtsgelehrte, Dr. Schenck und Hartzem (Hartzheim) schreiben. Sie fordert sie auf, nach Essen herüber zu kommen, um sowohl wegen der Gefangenen ein Urteil abzugeben, was weiter mit ihnen geschehen solle. Als (auch) wegen einiger anderer Angelegenheiten. Sie lehnen ab.

Sie bestätigen die vorsichtige Haltung des Richters. Hauptsächlich Hartzen sagt: »daß die Rechtsgelehrten nicht gerne mit dieser Sache zu tun haben. Wenn schon der (unerfahrene) Richter zweifle, wäre es nach der Halsgerichtsordnung angebracht, ein Gutachten einer Universität einzuholen.« Er hat daraufhin die Sache an seinen Licentiaten Wittfeld (Wißfeld?) abgegeben, der sinngemäß folgendes meint. Er zieht die Wasserprobe in Zweifel und räumt weitere Bedenken ein. Es dürfte glimpflich für die Inhaftierten ausgegangen sein.

Der Richterlich Clagspiegel.

Ein nutzbarlicher begriff / Wie man setzen vnd for=
miern sol nach ordnung der Rechten eyn yede. Clag / Antwurt / vnnd
außsprechene Vrteylen. Gezogen auß Geystlichen vnd Weltlich=
en Rechten. Dadurch sich eyn yeder / er sey Clager / Antwor=
ter oder Richter / in recht geschickt mache / das selb üben /
brauchen / vnd dargegen vor vnrechter that / anfech
tung / vnnd fürnemen verhüten mag. Durch
Doctorem Sebastianum Brandt wider
durchsichtiget / vn mit merem fleiß
von newem zům teyl gebessert.

Titelblatt. Sebastian Brandt, Clagspiegel. Holzschnitt von H. Burgkmair, Augsburg, 1536.

Herzogtum Westfalen
—
Niedersachsen/Harz
—
Nordwesten

Inhalt

Niedersachsen

Einige westfälische Kernländer sind Zentren der Hexenprozesse und finden eine Parallele in den Fürstbistümern Würzburg und Bamberg. Man muß unterscheiden zwischen Niedersachsen und Westfalen. Während es in Niedersachsen zu relativ wenig Hexenprozessen kommt, sind es in Westfalen auffallend viele. Die Herrschaft Büren südlich von Paderborn kann möglicherweise als »protestantisches« Epizentrum ausgemacht werden.

Das Religionsgerangel spricht sich herum und 1581 schreibt der Bremer Superintendent Christoph Pezel an den Grafen Johann VI. von Nassau-Dillenburg: »man hätte bisher das westfälische Recht gebraucht gegen die genannten Calvinischen und sie verdammt und verjagt, ehe man sie verhört hätte.«

Tatsächlich klingen Remeniszenzen an die alt-westfälische Feme nach und das Ordal der Wasserprobe hat Stellenwert. In der Region kommt es um die Jahre 1590, 1630 und 1655 zu Verfolgungswellen.

Die CCC. sieht es in § 219 im Zweifelsfall vor: »bej den nechsten hohen Schulen, Stetten, Communen oder andern rechtsverstendigen ... rath zu suchen.« Es ist vornehmlich bei Zaubereiverfahren angebracht, denn bei ihnen fehlt der juristisch nachweisbare Tatbestand. So ist es kein Wunder, daß vor allem Universitäten – die Intelligenz, hinter der man sich verstecken kann – regulierend und bestimmend auf gängige Hexenverfahren eingreifen; die meisten Prozesse werden von Fakultäten entschieden, denen für die Strafrechtspflege der frühen Neuzeit eminente Bedeutung zukommt (Schormann).

Oft gehen fertige Urteile aus, die man nur zu unterschreiben braucht. Die Universitäten werden zur Zeit der Hexenverfolgungen Schaltstelle für die Durchsetzung und Verbreitung der wissenschaftlichen Hexenlehre. Die religiöse Erziehung der Richter und der Einfluß des »römischen« Rechts werden spürbar. Für Niedersachsen stehen im 17. Jahrhundert in erster Linie Helmstedt und Rinteln zur Verfügung.

Auffallend ist, daß Gutachten teilweise zu kontrahären Auffassungen gelangen und sich widersprechen. Natürlich muß man sehen, daß die in Hexensachen getroffenen Konsilien eine Minderheit des Ganzen ausmachen. Es ist nicht zulässig, von einem einzig erhaltenen Negativurteil auf eine geistige

Collin de Plancy in Unterhaltung mit dem Teufel. Kupferstich, 1825.

Rückständigkeit des Lehrkörpers zu schließen. Falkultäten bekriegen sich gegenseitig, denn die Spruchtätigkeit ist lukrativ und macht sucht Fälle an sich zu ziehen. Die zentrale Frage ist, ob die Anwendung der Folter zulässig sei oder nicht? Hier kommen oft Widersprüche in der gleichen Sache bei Gegengutachten zutage. Auch hier kann die Betrachtung der einzelnen Regionen nicht mehr als eine Momentaufnahme sein!

Münster[1)]

Alle hier wegen Hexerei Besagten gehören den unteren Volksschichten an und es dominieren Frauen. Bei den wenigen verurteilten Männern handelt es sich um vermeintliche Schatzgräber, Teufelsbanner und Kurpfuscher. Leumundaspekte stehen im Vordergrund. Wer aus dem Rahmen fällt, wird beargwöhnt und (vor)verurteilt. Der Schandfleck der Herkunft macht sich negativ bemerkbar und wird leicht zum todbringenden Verhängnis[2)]; vor allem, wenn sich Bürger unter dem Deckmantel einer Scheinfrömmigkeit in Aussagen verstricken.

Vielfach versuchen sie aus Notsituationen und dem verwurzelten Aberglauben Kapital zu schlagen, wobei Böswilligkeit eine andere

Universität	Quellenbestand	Konfession
Altdorf	Kein Nachweis mehr möglich.	
Bonn	?	
Duisburg	Relativ gut dokumentierbar.	
Erfurt	...	
Frankfurt a. d. O.	Keine Bestände erhalten.	
Freiburg Br.	Bruchstückhaft vorhanden.	Katholisch
Gießen	Teilweise greifbar.	
Greifswald	Umfangreich erhalten.	
Heidelberg	Aus dem 16. und 17. Jh. bruchstückhaft.	
Helmstedt	(Wolfenbüttel); voller Quellenbestand.	
Ingolstadt	Nur wenig nachweisbar.	Katholisch
Jena	...	
Kiel	Unterlagen etwa erst ab 1683 erschlossen.	
Köln	Universitätsarchiv verschollen.	Katholisch
Leipzig	...	
Mainz	Universitätsarchiv verschollen.	Katholisch
Marburg	Unterlagen beginnen erst zum Ende des 18. Jh.	
Rinteln	Universitätsarchiv verschollen.	
Rostock	Umfangreich erhalten.	
Straßburg	Universitätsarchiv verschollen.	
Trier	Universitätsarchiv verschollen.	Katholisch
Tübingen	Nahezu lückenlos dokumentierbar ab 1600.	
Wittenberg	...	
Würzburg	Archiv vernichtet.	Katholisch

*) Sinngemäß zusammengestellt nach den Schormannschen Recherchen in seinem Buch Über die Hexenprozesse in den nordwestdeutschen Territorien.

Sache ist. In Münster werden wenige Hexenprozesse geführt. Der Rat zeigt eine maßvolle Haltung und greift nie nur auf Besagungen zurück. Es kommen keine Kettenprozesse vor.

Über die Haltung der Geistlichkeit während der Verfolgungen läßt sich kein abschließendes Urteil fällen. Man sucht sich früh die Verdächtigen vom Leib zu halten und Anfang 1627 verfügt der Rat, Übelbeleumundeten Schutz zu gewähren[3)].

Der Magistrat läßt die Verordnung im August verkünden. Als ihm bekannt wird, daß sich Frauen aus Lüdingshausen, die im Verdacht der Zauberei stehen, in Münster versteckt halten, wird befohlen: »in jedem Haus anzusagen, daß niemand bei Strafe von 20 Reichstalern sie aufnehmen und beherbergen darf, und daß man sie »ausschaffen« müsse.«

Frühe Prozesse

Aus einer Grutrechnung des Jahres 1552 erhält der Scharfrichter Velthen, den man aus Paderborn zugezogen hat, für die Hinrichtung der Kotterschen acht Taler; es ist das erste hier nachweisbare Todesurteil in einem (Hexen?)prozeß. 1574 werden die Brunincksche und Mollnersche der Wasserprobe unterworfen und zum Feuertod verurteilt. Beide hat man gefoltert. 1574 ereilt das gleiche Schicksal Reine Schwirkels und die Krumfingersche.

1580 spielen Verfahren – mit unbekanntem Ausgang – gegen Anna Dolle und Stine, ihre Tochter. Im gleichen Jahr wird Elschen Voegt aus Rinkerode der Stadt verwiesen, weil sie als Zauberin berüchtigt und ohne Abschiedsbrief nach Münster gekommen ist.

1585 erliegt die Bottergese auf dem Weg zur Richtstätte ihren Qualen; ihr Leichnam wird verbrannt. 1593 werden der Flickschuster Claeß Gerning und Grete von Dorup wegen Verdachts auf Zauberei, Wucher und Ehebruch inhaftiert. Dem Mann schneidet man ein Stück vom Ohr ab und seiner Frau die Haare. Dann werden sie des Landes verwiesen.

1584 kommt es zur Verhaftung der Anna Kirlahei. Sie wird im Februar auf die Besagung des Fleischhauers Balthasar und Heinrich Farwickl verhaftet. Man wirft ihr vor, das Eingehen eines Schweines und den Tod eines Kindes verursacht zu haben. Sie stirbt nach der Folter im Gefängnis.

1601 treibt Johann Brüning als Teufelsbanner (exorcista) sein Unwesen. Bei einer Hausdurchsuchung werden Zauberbücher entdeckt, die man später auf Anordnung des Rates verbrennt.

Nach Aussage des Hauswirtes Heinrich Wibbeling und dessen Mutter soll es des Nachts im Gaden (Bude) der Gertrud, Witwe des Walter Bruns, so gespukt haben, daß man meint, sie würde zusammenstürzen. Später gerät sie in den Geruch einer Molkenzauberin. Um sich von dem Verdacht zu befreien, bietet sie sich für die Wasser- und Feuerprobe an. Sie wird von der Bottmeisterin verhaftet und gegen Leistung der Urfehde entlassen, muß aber Atzung, Fang- und Schließgeld zahlen.

Evert Heggemann, ein herumziehender Händler im Alter von 30 Jahren, erlebt in Davelsberg die Hinrichtung seines wegen Zauberei angeklagten Vaters; bald steht er selbst im Verdacht. Bernt Kock bezichtigt ihn 1614, Kühe vergiftet zu haben und strengt eine Klage gegen ihn an. Dann ruht die Sache und etwa zwei Jahre später schreitet man zu seiner Verhaftung. Zeugen stellen heraus:

- Vier Kühe, die aus seinem Korb gefressen, erlitten einen merkwürigen Tod. Im Herzen der aufgeschnittenen hat sich etwas von der Form eines Peddenfußes gefunden.
- Vier Gänse des Christoph Krone haben sich seltsam benommen und die Hälse umgedreht. Das wilde Gebaren anderer hat erst aufgehört, als man ihnen Weihwasser zum Trinken und geweihtes Wachs zum Fressen gegeben hat.
- Der Witwe Rallens waren die Ochsen und Rinder eingegangen, als Evert als Viehjunge bei ihr im Dienst gestanden hat.
- Die Kühe, die Hermann Herde in die Grutsteige treiben wollte, waren beim Anblick Heggemanns wie wild davongelaufen und erst nach dem Rat des Pastors von Wolbeck durch Trinken von Weihwasser zur Ruhe gekommen.
- Middelmann war nach der Ausage seiner Frau infolge eines Trunkes, den er mit Evert getan hat, krank geworden, und nach 15 Wochen unter eigentümlichen Vergiftungen gestorben. Der Bruder des

Heinrich Freichmann

der bei der Nachricht von der Hinrichtung des Vaters mit Evert im Garten war, wird von einer seltsamen Krankheit befallen. Sein Leib schwoll stark an und seine Zeugungsglieder wurden »dick wie eine Kappe.« Er wird gefoltert, gesteht und widerruft. 1616 wird er aufgrund eines eingeräumten Ehebruches aus der Stadt gewiesen. Im Januar 1616 hat

Katharina Schwenentrup

(Schöndorp?) aus dem Kirchspiel Milte eine Henne der Witwe Körmann mit Brot gefüttert, worauf das Tier den Hals herumgedreht und zehnmal im Kreis herumgelaufen sei. Im Herz des geschlachteten Tieres befand sich ein kleines Lebewesen wie eine Schlange oder Eidechse. Sie wird aus der Stadt gewiesen. Man hat bereits ihren etwa 70jährigen Vater wegen Zauberei am Gogericht von Harkotten mit dem Schwert aus dem Leben geschafft. Im November 1618 hat der Enkel der

Anneke aus Steinhorst

Ernst Palßerkamp, im Alter von acht bis neun Jahren erzählt, wie er von seiner Großmutter die Kunst erlernt hat, Ferkel zu machen. Er hätte die linke Ferse in die Erde gesetzt, sechs Stöcke um sich in den Boden gesteckt und sich dann dreimal nach links gedreht. Darauf wären sechs schwarze und ein weißes Ferkel herausgekommen. Von diesen hätte seine Großmutter eines gekocht und die anderen in ein Loch laufen lassen. Anneke wird aus der Stadt gewiesen und der Junge zu den Jesuiten geschickt, »damit er die Kunst verlerne.«

Dann wird Anfang Januar des Folgejahres Anneke in Münster verhaftet, weil sie, um in die Stadt zu gelangen, den Graben durchschwommen hat. Der Bub hat den Jesuiten vorgetragen:

- Daß er sich mit seiner Großmutter aus den Töpfen zum Fliegen geschmiert und verschiedenemale den Hexentanz besucht hat. Er wäre eines Nachts mit seiner Großmutter nach Jödefeld geflogen, wo sie zwei Pferde mit einem schwarzen Kraut vergiftet haben.
- Zur gleichen Zeit soll Anneke mehrere Kühe und Schweine im Kampe vergiftet und einem Knecht dadurch Leid zugefügt haben, daß sie ihm einen Apfel in die Milch gebrockt hätte, die von ihr aus einem Stock gemolken worden sei.
- In den Leibern der vergifteten Pferde haben sich Schlangen befunden.

Daraufhin beschließt man ihre Folterung. Margarete Böcker sagt:

- »solange sie mit der Anneke an der Lyrmauren wohnte, hätte sie stets Katzengeschrei vernommen und dann zu ihrem Mann gesagt: »daß nun die Molkenzauberschen tanzten« Schneiders Bernhart Wentrup sagt:
- »sie habe einmal einem seiner Nachbarn, die auf der Straße gestanden, einen Eimer Wasser auf den Leib gegossen. »Am Tage darauf sei seine Kuh gestorben.«

Mitte Januar schreitet man zur Folter und schon erklärt sie: »alles zu gestehen, wenn man davon ablassen würde.« Aufgrund der Widersprüche wird sie gefoltert und besagt weitere. Als sich die Richtherren Bockhorst und Kirchoff zu der Gefangenen begeben, räumt sie ein: »alles aus Pein gesagt zu haben, da sie ja etwas habe sagen müssen.«

Am 25. Januar wird die Folter wiederholt. Unter dem Einfluß der Schmerzen widerspricht sie sich und gibt eine Schilderung vom Treiben auf dem Tanzplatz der Hexen.

Der Rat konsultiert die Klägerin in Warendorf, um Näheres in Erfahrung zu bringen. Als die Richtherren Anneke im Gefängnis aufsuchen, bleibt sie bei den während der Folter gemachten Ausagen und der Rat erkennt die Widersprüche zwischen den Aussagen der Zeugen und den erfolterten der Delinquentin. Mit Einwilligung des Gografen Tondorff werden am 18. Februar Brinkmann und vor dem Hecke der Anneke gegenübergestellt. Dann wird der Peinliche Gerichtstag angesagt, nachdem sich der Scharfrichter Dr. Römer verweigert hat.

Sie wird ein Opfer ihres einfältigen Enkels und am 2. März zum Feuertod verurteilt, aber auf Wunsch ihres Beichtvaters, Pater Stuill, vorab an der Leiter erdrosselt. Ernst Plaßkamp bringt man bei einem Leineweber unter, »damit er ordentlich erzogen werde.« 1627 folgt das Verfahren gegen

Elsa Buddenboems

der Nichte von Anneke. Sie wird auf Veranlassung der geistlichen Herren, weil sie im Ruf der Zauberei steht, am 23. Juli 1627 mit Haft belegt. Es kommen Merkwürdigkeiten zu Tage.

- Die Tochter der Witwe Conerding war nach dem Genuß eines Apfels, den sie vor Weihnachten von der Buddenboems erhalten hat, krank geworden. »Seitdem werde sie vom Teufel geplagt.«
- Frau Lagemann vom Fischmarkt hat ihr drei Schillinge gegeben. Sie soll davon eine Messe hören, daß der Lagemann katholisch werden möchte. Pater Michael, der das Geld erhalten hat, wollte von dem üblen Geruch desselben krank geworden sein.
- An der letzten Fasnacht hat Elsa einer Elschen vom Rheine, die in der Nachbarschaft wohnt, von einer heißen Wegge (Heidenwekke?) ein Stück gegeben, seitdem war es vom Teufel benommen.
- Der Guardian der Minoriten weigert sich vor Ostern, ihr die Beichte abzunehmen, unter dem Vorwand: »daß der Teufel so vornehmlich aus ihr spreche.«

Die Besessenheit einer Elschen Pörtners aus dem Armenhaus wird der Budenboems angelastet. Ende Juli werden ihr 46 schriftlich ausgearbeitete Fragstücke vorgelegt. Die Beschuldigte weist auf ihre Besager, die Kapuziner. Dann werden weitere Zeugen verhört.

- Die Witwe Conerding wie Frau Langemann geben der Geschichte mit den Schillingen eine verhängnisvolle Wendung und sagen: »das Mädchen, das Ursache für die Erkrankung des Paters gewesen sei, war nur durch Waschung der Hände in Weihwasser vor dem gleichen Übel bewahrt worden.«
- Die Nachbarn Nickhorn sagen: »als den Eheleuten Else gegenüber gesessen habe, wäre erst der Frau eine fürchterliche Krankheit zugestoßen. Ein starkes Erbrechen habe sich eingestellt und der Kot eine gelbe, das Wasser eine grüne und eine durch den Mund ausscheidbare Masse, habe eine schwarze Färbung angenommen. Am selben Abend hätte den Mann das gleiche Übel befallen.«

Toller finden sie die Erscheinung, daß in dem leeren Nachtgeschirr des Geistlichen, Herrn Willen, der bei ihnen wohnte, zur größten Verwunderung desselben am folgenden Morgen Wasser gewesen sei.

Die Anordnung der Folter bricht ihren Willen und sie legt ein Geständnis ab. Trotz steter Anfechtung durch den Teufel äußert sie den Wunsch, sich zu bekehren und bittet sich den Beichtvater Aschendorf aus. Schließlich besagt sie vier weitere. Doch bitte sie, keine weitere von ihr zu verlangen: »da sie sonst noch viel zu nennen hätte.« Am 7. August wird die Todesstrafe über sie verhängt. Sie wird aus Gnade stranguliert und verbrannt.

In den ersten Tagen des Septembers 1627 hat der Tod das achtjährige Kind des Johann Handrup geholt und es taucht der Verdacht auf, daß es eines unnatürlichen Todes gestorben sei. Da

Marie Brüggers

im Verdacht steht, ihren Mann vergiftet zu haben, ist es nur ein Schritt bis zu ihrer Besagung. Den Tod des Kindes erklärt sie als natürliche Folge der unmenschlichen Behandlung seitens der Mutter. Sie selbst wollte Salben aus der Apotheke geholt haben, damit die blauen Striemen auf dem Körper des Kindes eingerieben werden können. Nun werden Zeugen vernommen.

- M. Lünnebert gibt eine Schilderung vom erbärmlichen Zustand des Kindes, das überall blaue Streifen aufgewiesen habe und dessen Zeugungsglieder schwarz gewesen seien.
- Der Windmüller Bernhard aus Kobbing vor Ägidispforte beklagt Marie: »weil sie seiner im hohen Alter verstorbenen Mutter beim Mistaufladen die Zauberkunst beigebracht hat.«

Dann wird sie der Folter unterzogen und bekennt:

- daß sie im Alter von 25 Jahren auf dem Kirchhof von dem verstorbenen Küster Hermann zu Ochtmansbocholt die Zauberei gelernt hat. Zudem habe sie dem Kind einen mit schwarzem Kraut bestrichenen Apfel gegeben.

Am gleichen Nachmittag erliegt sie ihren Qualen. Der Bottmeister und Schließpförtner, die um 12 Uhr der Brüggers das Mittagessen bringen wollen, finden sie nicht mehr an der Stelle sitzend, wohin sie sie nach der Folter gesetzt haben; schon sehen sie den Teufel am Werke. Dann haben sie sie mit Weihwasser besprengt und ihr ein Kruzifix vorgehalten. »Schließlich habe man immer deutlicher gesehen, wie ihr der Hals stärker angeschwollen, wie der Teufel ihr erst auf der Zunge gesessen und sie dann, im Halse sitzend, erwürgt habe.«

Kapuzinerkläre

Am 20. September 1627 bringt die Witwe von Johann Schomacher beim Rat eine Klage gegen Kläre Voß vor, die man unmittelbar danach verhaftet. In Schomachers Haus war in der letzten Zeit ein Gespenst »wie das Feuer anzusehen, die Treppen auf-und abgegangen und habe dabei verschiedene Namen gerufen.« Daraufhin haben Kapuziner das Haus gesegnet.

Sie raten der Witwe, den Geist beschwören zu lassen. Jetzt wendet man sich an Kläre Voß, die im Ruf steht, es zu beherrschen: »doch müsse sie vorher fasten, kommunizieren und sich die Erlaubnis der Kapuziner holen.«

Daraufhin kniet sie sich vor das Bett des Kranken und betet. Gegen Mitternacht hat sie sich in ihren Kleidern auf das Bett gelegt, sich dann aber ausgezogen, den Sohn geherzt und geküßt, schließlich seine Schlafstätte zum Beischlaf bestiegen. Seit der Zeit sollen sich im Haus in den Speisen Ungeziefer aller Art wie Ohrwürmer usw. eingestellt haben.

Der Sohn Gerhard fügt an: »daß er zu der fleischlichen Vermischung genötigt worden sei, da sie ihm Gold und französische Kleider versprochen hat.« Kläre bestreitet es und erklärt: »solche Versprechungen nur aus Spaß gemacht zu haben.«

Den Geist, der rote Augen gehabt haben soll, wolle sie auf ihrer Kammer gesehen und mit der Formel beschwört haben: »ich beschwöre Dich bei dem lebendigen Gott und bei den vier Elementen: Luft, Wasser, Sonne und Mond, wenn du ein guter Geist, so sprich, wenn du aber nicht von Gott bist, so soll das Kreuz Christi zwischen dir und mir sein und die Pein hunderttausendmal vermehrt werden.« Wieder schreitet man zur Zeugenvernehmung.

- Die Witwe des Hermann Koenhorst bestätigt, daß Kläre mit ausgebreiteten Armen gebetet hat.
- Der kranken Tochter des Pfennigmeisters Morien hat sie einen Trunk gereicht, der zur Kindererzeugung geeignet ist. Nach der Heimkehr des Richters war die Gattin eine Leiche.
- Johann Stolenkampf gibt an, daß er sie im Verdacht habe, seine Tochter vergiftet zu haben.
- Agnes Langemann hat ihr einen Rock versprochen, wenn sie die Heirat ihrer Nichte Maria Staels mit dem Witwer Marls, Richter aus Sendenhorst, zustande brächte. Sie habe geantwortet: »daß er höchstens noch vier oder fünf Wochen zu leben habe, da sie in der Kirche bereits sein feierliches Begräbnis mit schwarzen Torsten gesehen hat.«
- Der Magd Katharina Tyde gegenüber hat sie sich gerühmt, daß sie Zauberer auf den ersten Blick erkennen könne. Als sie einmal in einem Kruge trinken wollten, hätte Kläre sie aufgefordert, ihr erst ins Gesicht sehen zu dürfen, damit sie erführe: »ob sie etwas von der Zauberkunst verstehe«, doch wäre Katharina als harmlos befunden, aber seit jener Stunde von einer seltsamen Krankheit befallen.
- Den Eheleuten Terkenborg, deren ältestes Kind an den Augen leide, hätte sie gera-

ten, ein Gelübde zu machen und sich erboten, im Stift Paderborn ein Kindchen aus Wachs zu opfern.

- Sie habe, als 1625 die Pest in Münster wütete, bei mehreren Nonnen aus dem Kloster »zum Ringe« die Funktion einer Krankenwärterin versehen und ihnen unglaubliche Dinge vorgetragen.
- Einst hätte Kläre in der Ludgerischule einen weißen Geist beschworen. Dann wäre ihr auf der Straße ein großer schwarzer Hund mit feurigen Augen bis in die Kapuzinerkirche gefolgt, wo er die Gestalt eines Priesters angenommen habe.
- Einmal hätte Kläre drei Jungfern zum Ringe auf dem Ludgerifriedhof gesehen, von denen die eine ein rotes Paternoster mit goldenen Sternen in der Hand gehalten hat. Als Kläre auf Wunsch der Seelen 15 Vater Unser für die Erlösung gebetet habe, seien sie verschwunden.
- Ein anderesmal wäre eine Seele im Hof rückwärts um einen Baum gelaufen und hätte in der Hand ein grünes Buch getragen. Das hätte Kläre dahin ausgelegt: »daß ihr in ihrer Pein nicht zu helfen sei.«

Zum Schluß äußern die Nonnen, daß Kläre den Tod von Mutter Münstermann verschuldet hat, »die der Pestkranken die Nase mit einer Salbe eingerieben.« Nach deren Tod sei ihr Körper steif und von bunter Färbung gewesen. Nun werden Jesuiten beauftragt, ihr zuzureden und schließlich wird sie gefoltert. Dann räumt sie ein:

- Sie habe die Zauberkunst vor vier Jahren vom Herborner Pastor erlernt; widerruft aber dann. Bald finden sich neue Belastungsmomente.
- Im Haus des Notars Neuheuß auf dem Rothenberg liegt ein Diener auf dem Krankenlager. Kläre soll ihn »warten« (pflegen) und sie habe ihn von oben bis unten betastet und begehrt, sich fleischlich mit ihm zu vermischen. In der folgenden Nacht sei dem Diener ein Gespenst vorgekommen und habe ihm bedeutet: »es würde ihm den Hals brechen, falls er nicht liegen bleibe.«
- In Sendenhorst soll die Kläre die Magd des früheren Richters Schenking als »Zaubersche« gescholten haben, habe sie ihr doch ihren Buhlen abspenstig gemacht.

Dann setzen die Jesuiten neue Frag(e)stücke auf. Ende Oktober wird die Besagte wegen der ihr unterstellten Geisterbeschwörungen und der erheuchelten Frömmigkeit an den Pranger gestellt und der Stadt verwiesen.

Heinrich Lohmann
wird Anfang November 1627 inhaftiert, zumal man ihn schon früher der Wahrsagerei beschuldigt hat. Er ist ein alter Mann und vermutlich Wunderdoktor, dem die Kranken scharenweise ihr Wasser zur Beurteilung bringen. Einmal gibt er dem Bäcker Bernhard Loeff zur Heilung seines dritten Kindes etwas Kraut mit, das er ihm in Milch aufgelöst einflößen soll.

Bei der Heimkehr Loeffs ist das Kind tot. Die Eltern vermuten dämonischen Einfluß und bitten den alten Lohmann um Rat. Er läßt sich ein Licht geben, liest kniend das Evangelium des hl. Johannes und vertreibt den Geist mit Weihrauch. Er soll die Fähigkeit gehabt haben, Gestohlenes beizubringen. Am 17. November wird er mit dem Versprechen aus der Stadt gewiesen, bis zum St. Thomasabend (21. Dezember) dem Freigrafen 25 Reichstaler zu zahlen.

Adelheid Cappenberg
ist 26 Jahre alt, stammt aus Evelswinkel und wird 1628 verhaftet. Man legt ihr zur Last, daß sie sich habe »wicken« lassen. So war ihr von einer Heilung vor dem Küster geweissagt worden: »daß sie zwei Frauen verfolgen, um ihr Leid anzutun.«

- Kürzlich habe sie mit Hermann Schuhmacher und einem Kutscher in Jörg zu Dalems Haus drei Kannen »koyt« (speziell gebrautes Bier) getrunken. Es sei nicht ganz kalt gewesen und nach Ansicht der Adelheide haben sich Hopfenkörner oder Fliegen darin befunden.

Sie kommt glimpflich davon, denn ihr Kirchgang wird positiv bewertet. Man bezichtigt sie eines Unzuchtsdeliktes und läßt sie nach dem Schwören der Urfehde frei.

Im Dezember 1628 klagen die Eheleute Wychmann Boedecker, daß Greta Wessling ihrem kranken Töchterchen Branntwein mit Zucker gegeben und ihm so Leid zugefügt hat. Es stellt sich als falsch heraus und sie wird am gleichen Tag entlassen. 1629 geht man gegen den angeblichen Schatzsucher Wilbrand Blising vor. Er wird wegen seiner Taten an den Pranger gestellt, mit Ruten gestrichen und aus der Stadt gewiesen. Seine Bücher werden verbrannt. Von Interesse ist der Verfahren gegen den Kurpfuscher (?)

Fürstbischof Bernhard von Galen, der sich zwar aufgeklärt zeigt, aber als »Kanonenbischof« in den Annalen der Geschichte festgeschrieben ist. →

Christian Schöttelhöver

der im Juli 1629 inhaftiert wird, da ihn Geistliche und weltliche Herren beim Rat als Teufelsbanner angegeben haben. In einem ersten Verhör erklärt er, daß er vielen Leuten, die entweder vergiftet waren oder an den »fahren« gelitten[3], geholfen hat. Im weiteren Verlauf gibt er ein Rezept gegen Vergiftungen an.

Er tut es in einem Ort Wein; Theriac[4], Mythridat[5], Korallen, weiße Perlen, Einhorn, Bibinellen[6], Hollwürtzel[7] und Anіß. Dieses habe er einigen Leuten verschrieben. Gegen die »fahren« verwendet er ein wenig Selue[8], Ißbeeren (Eisbein), Winrute[9], Betoni[10], Sevenbaum[11], Lübbestickensat[12] und vermengt es mit $^3/_8$ Liter Bier, kocht es bis auf die Hälfte und gießt es ab. Dann fügt er Muskatnegel, Blumen und Beckler[13] dazu, Hollwurzel und langen Pfeffer.

Mit dem Mittel habe er mehreren helfen können. Der Frau Bernhard Modersons waren infolge der Medizin Würmer durch den Urin abgetrieben worden. Drei Frauen habe er Mittel gegen »Mutterweh« gegeben.

Dann schreitet man zur Vernehmung der Zeugen. Am 24. Juli gesteht er, in Warendorf einem Mädchen den Teufel ausgetrieben zu haben. Der Rat hat seine Bücher an das Jesuitenkolleg geschickt, damit die Pater eine Zensur vornehmen. Er wird an den Pranger gestellt und mit Ruten gepeitscht; seine Bücher werden verbrannnt[14].

Marie Aldenroxel

findet aufgrund mehrfacher Besagungen den Weg in den Kerker. Einige Frauen, die man an der Helle[15] wegen Zauberei verbrannt hat, sollen gesagt haben: »daß sie des öfteren auf dem Tanz erschienen sei.« Kurz danach wird sie verhaftet. Sie ist 65 Jahre alt. Man bezichtigt sie, das vom Teufel besessene Kind des Bartold aus Darle, Marie, als Ursache ihres Übels bezeichnet zu haben. Man bringt keine vernünftigen Indizien zusammen.

Sie wendet sich in ihrer Not an den Minoritenpater Hermann Averhauß. Er hat ihr die Absolution verweigert und daraufhin ist sie zu dem Jesuiten »mit dem roten Barte« gegangen.

Die Besagung, daß Marie Kühe vergiftet haben soll, war nur »flomehrig« (durch Gerüchte verbreitet). Die Obrigkeit wird unschlüssig. Anfang August richten die Verwandten ein Schreiben an den Rat mit der Bitte, sie freizugeben. Der Prozeß gegen

Trine Schloetman

reicht 1634 nicht über das Anfangsstadium hinaus. Sie soll die 29jährige Änne, Tochter des Stadtsoldaten Tönіß von dem Busche, vergiftet haben. Nach dem gemeinsamen Trunk war der Änne derart unwohl geworden, daß sie das Zimmer verlassen mußte. Starkes Bluten aus Nase und Mund haben sich eingestellt und ein »gewaltiges« Erbrechen folgt.

Änne soll daraufhin Nadeln, Spähne, Stroh, Flachswolle und Splitter von Flachsstengeln von sich gegeben haben. Schon vermutet man Besessenheit und ruft nach den Jesuiten.

Dann soll der Teufel aus ihr gesprochen haben: »daß er in vier Jahren nicht von ihr weichen werde und Trine als Ursache des Übels bezeichnet haben.« Der Ausgang des Verfahrens ist unbekannt.

Anna Voß

aus Ahlen soll 1635 diverse Leute durch Weissagen und Geisterbeschwörungen betrogen haben und habe sich als natürliche Tochter des Scharfrichters von Coesfeld ausgegeben. Sie bekennt sich zu ihrer Lügerei und bittet um Gnade und Verzeihung. Sie wird an den Pranger gestellt und mit Ruten gestrichen.

Greta Bünichmanns

1635 sterben Hermann Grotenhof zwei Pferde und sein Kind zeigt an der Stirn Verkratzungen. Die Verwundung läßt auf katzenähnliche Krallen schließen. Ein Freund setzt den Rat in Kenntnis. Daraufhin wird Greta in Verwahrsam genommen. Ihre Mutter hat man zehn Jahre vorher »in der Helle« verbrannt. Sie sagt:

- Die Pferde wären daran gestorben, daß man sie zu stark mit Rattengift eingerieben habe.
- Sie will nicht gesehen haben, daß sich ein Frosch oder eine Schlange im Körper der toten Tiere befunden habe. Dann schreitet man zur Folter, die ergebnislos verläuft und später räumt sie ein:
- Sie habe vor vier oder fünf Jahren ein Kind Grotehofs, ferner vier oder fünf Pferde mit Weißkraut vergiftet.
- Sie habe die Zauberkunst auf dem Weg von Altenroxel hinter dem Sentruper Busch vom Teufel, der ihr zum Lohn einen halben Taler gegeben habe, erlernt.
- Sie gebe zu, auf dem Hexentanz gewesen zu sein und dann besagt sie weitere.

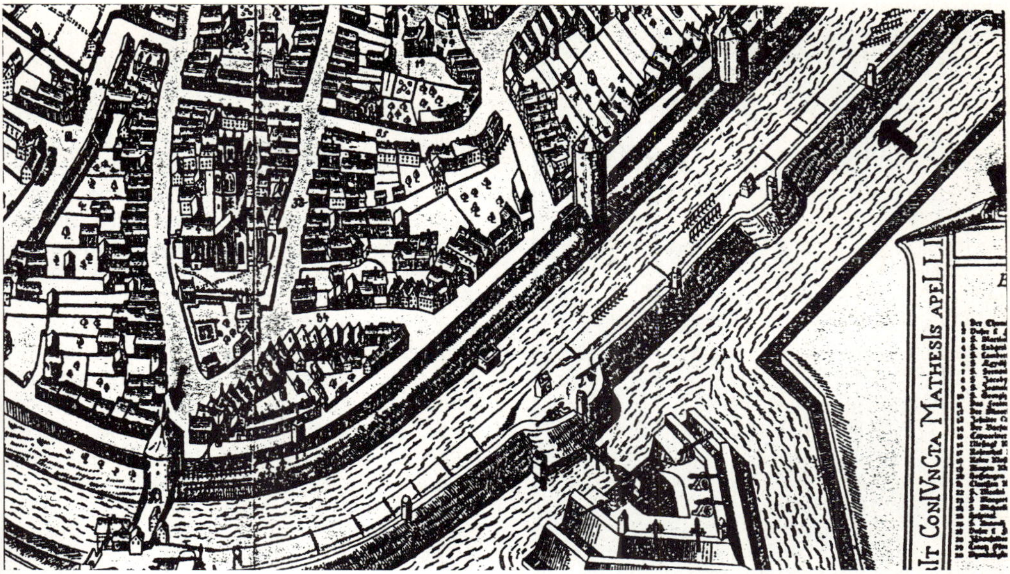

Ehem. Stadttore in Münster/Westf. Niesingturm/Ludgeri in denen angebliche Hexen inhaftiert (?) und gefoltert (?) worden sind. StaA Münster. Mit freundlicher Genehmigung.

Jetzt läßt der Rat das peinliche Halsgericht ansagen und sie widerruft ihr Geständnis. Dann beschließt man eine weitere Tortur. Das *Symbolum Apostolikum* mit der *Oratio Dominika* und *Salutation,* ferner die Zehn Gebote, sagt sie fließend her.

Obwohl sich der Scharfrichter bemüht, bringt er kein Geständnis aus ihr heraus. Am 23. Juni steht sie vor der Richtstätte: »weil sie gegen Gott und sein heiliges oberstes Gebot gesündigt hat, sich dem Teufel ergeben und Mitmenschen durch Zauberkunst geschädigt hat.« Grete wird – da sie Reue zeigt – mit dem Schwert gerichtet. Der letzte greifbare Hexenprozeß ist der gegen

Anna Holthauß

geführte. Er zieht sich vom Dezember 1643 bis Mitte März des Folgejahres hin. Es geht um die Verführung eines minderjährigen Knaben. Arnold Raemers, ein Waise, wird im Alter von neun Monaten Anna Holthauß zur Erziehung übergeben. Später wird er krank und man holt sich Rat bei einer »Wickerschen.«

Sie meint, daß des Kindes Großvater in der Gestalt eines schwarzen Mannes mit einem feurigen Stab auf dem Erbe Ramers herumgehe und dem Kind das Elend zugefügt haben soll.

Bald spricht sich die eigentümliche Krankheit herum und im Herbst 1643 wird er im Alter von acht Jahren an das Hospital verwiesen. Hier gebärdet er sich merkwürig und sagt:

- daß er vor ungefähr drei Jahren von der alten Mutter das Zaubern erlernt hat und häufig beim Tanz gewesen sei, wo viele schöne Männer und Frauen zwanglos miteinander verkehrt hätten.

Dann zieht man Kapuziner zu Rate und später stellt sich der Stadtschreiber im Spital ein und verhört die Pflegerin des Knaben, Gertrud Klaholt. Nach ihrer Aussage wurde der Junge so stark gequält: »daß ihm der Angstschweiß auf der Stirne stände.« Falle dann das Wort »Jesus« oder »Maria, fange er an zu lachen und zu erzählen, daß soeben sein Buhle bei ihm gewesen sei. Am gleichen Tag wird Anna Holthauß verhaftet und vernommen.

Sie gibt vor, dem Kind nur Gutes beigebracht zu haben und entbietet sich der Wasserprobe. Dann sagt der Junge:

- Er habe in der »Voßkuhle« auf Veranlassung der alten Mutter Gott und seinen Heiligen abgeschworen, wobei er drei Fuß zurückgetreten sei.
- Er habe auf dem Tanzplatz Hasen, Katzen, Mäuse, Schweine, Wölfe usw. gemacht.
- Er habe von der Anna das »lütke Paternoster[16)]« und ein Gebet gegen die Nachtmare gelernt.
- Sein Buhle habe ihm auf dem Tanz einen

Mallinchrodt, der Gegenspieler des »Kanonenbischofs« v. Galen in Münster.

Zettel in die Hand gedrückt, auf den er habe mit schwarzer Tinte schreiben müssen, daß er sich mit Leib und Seele seinem Buhlen übergeben müsse.

- Er wolle fast jede Nacht auf dem Tanz gewesen sein.

Dann wird ermittelt, daß Anna drei uneheliche Kinder hat. Sie bestreitet, das Kind in die Zauberei eingeweiht zu haben, »deren sie selbst nicht mächtig sei«. Nun holt man den Scharfrichter. Als er Arnold das Wams vom Leib zieht, beginnt er zu schreien. Die Frau wird gefoltert und der Scharfrichter meint, ein Hexenmahl entdeckt zu haben. Dann sagt sie, es stamme von einer vor 25 Jahren überstandenen Pest.

Deren Haftzeit muß übel gewesen sein. »Der Gefangenen wären wegen des Frostes die Füße geschwollen und aufgebrochen.« Nun beschließt der Rat eine Wiederholung der Folter. Sie wird später aus der Stadt gewiesen. Wegen dem Knaben befragt man die theologische und juristische Fakultät in Bonn. Die Bescheide haben sich nicht erhalten. Auch in Münster variieren die

Hexentanzplätze

Anneke aus Steinhorst wollte während ihres Aufenthaltes auf der »langen Wies« getanzt, mit ihrem Enkel einmal zum Tanze auf dem »Bülte« dann auf dem »Schile« und endlich auf der »Lymauren« erschienen sein. Elsa Buddenboems hat angeblich einen Tanz »auf dem Kreuzwege an der Straße nach Roxel.« Marie Aldenroxel soll »auf dem Hoenfelde« bei Akenschoeken, Weidemollen und auf dem Rüschfeld am »Tilbeker Berg« gesehen worden sein.

Von Ernst Palßerkamp hat sich eine Schilderung der Flugvorbereitung erhalten. Er muß seine Arme und Füße ausstrecken und wird von seiner Großmutter unter den Füßen, zwischen den Beinen und unter den Armen mit einer Salbe, die in einem Topf aufbewahrt wurde, eingerieben. Der Teufel wird als »Hänschen« bezeichnet.

Ausklingen

Dann erfolgt ein Riß in den Aufzeichnungen der Kriminalprotokolle. 1645 setzen in Münster und Osnabrück Friedensverhandlungen ein. Als nach dem im September 1650 erfolgten Tod des Kurfürsten Ferdinand von Köln, der gleichzeitig Bischof von Münster ist, im November des Folgejahres vom Domkapitel

Christoph Bernhard von Galen

zum Fürstbischof erhoben wird, entspinnen sich zwischen ihm und dem Dekan des Domkapitels, Mallinchrodt, kontroverse Machtansprüche, an denen sich teilweise Bürger beteiligen. Der Rat gerät mit dem Fürstbischof in Streit, weil er Privilegien der Stadt verteidigt; wir haben eine Parallele zum Geschehen im nahegelegenen Osnabrück. Schließlich läßt von Galen die Stadt belagern, was ihm den Titel »Kanonenbischof« einträgt. Ihre politische Macht bricht unter dem klerikalen Einfluß zusammen und das einst freie Ratsgericht wird entmachtet.

Von Galen denkt fortschrittlich; er sucht den Aberglauben durch Aufklärung des Volkes auf dem Weg des Religionsunterrichtes zu begegnen.

Nach seinem Edikt vom 19. Juli 1658 verbietet er Wickern, Nachweisern und Teufelsbannern bei Strafe von 2 000 Goldgulden den Gebrauch der Zauberkunst.

Möglicherweise gehen die Prozesse durch die 1631 anonym erschienene *Cautio criminalis* zurück, deren Inhalt vermutlich durch das jesuitische Engagement bekannt wird.

Juristische Aspekte

Die Beisitzer im Stadtgericht führen seit dem 16. Jahrhundert den Namen Ratsherren. Im peinlichen Gericht hat der Rat mit der Zeit das Recht an sich gebracht, Untersuchungen einzuleiten und auf die Folter zu erkennen. Der Rat fällt Bluturteile, bis es ihm von klerikaler Seite entzogen wird.

Er scheint im letzten Jahrzehnt des 16. Jahrhunderts dem Gottesurteil des kalten Wassers mißtrauisch entgegenzustehen. Er erklärt sie im September 1611 als teuflischen Betrug[17)].

Die Verhaftung durch Bottmeister erfolgt gewöhnlich aufgrund einer Besagung beim Rat. Die Gefangenen werden entweder in den Kellerräumen des Rathauses und der Schreiberei untergebracht, oder finden Aufnahme in den Gelassen des Stadttore, die als Gefängnis genutzt werden. Als Getränk wird ihnen in der Regel Bier gereicht.

Die Folter erfolgt im Niesingturm auf der Klosterstraße; doch werden vermutlich die als Hexen Deklarierten eher in den unteren Räumen des Ludgeristadttores gefoltert. Die Tortur findet in der Frühe statt. Zum Inventar des Folterraumes gehören Weihwasser, Weihrauch und geweihte Kerzen. Öfters gibt man Delinquenten geweihtes Wasser zum Trinken oder peitscht sie mit in Weihwasser getauchten Ruten. Man besprengt jammernde Frauen und umräuchert sie, damit nicht der nichtexistente Teufel an sie herankomme, um über die Rechtmäßigkeit des Verfahrens einen Schatten zu werfen. Vergl. dazu die einschlägigen Tabellen im Buch.

Der Scharfrichter ist eine Zeitlang Franz Heinrich von Rüthen, dem man nachsagt: »daß an anderen Orten die Hexen sehr viel stärker torquiert würden.«

Auch hier kommt es vor, daß man Delinquenten systematisch den Schlaf entzieht. Bei der Heggemann ordnet der Rat an, daß sich Tag und Nacht der Sohn des Scharfrichters mit anderen bei der Angeklagten aufhalten soll, so daß er ihr genommen werde.

Nach der CCC. (§ 79) muß der Endliche Gerichtstag drei Tage vorher angesagt werden, damit sich die Angeklagten auf ihre Sünden bedenken, dieselben beklagen und beichten können.

Nach dem alten münsteranischen Brauch kündigt man den Delinquenten das Ereignis einen Tag vorher an. Die Henkersmahlzeit besteht in der Reichung einer »Bastardsuppe.« Sie werden am folgenden Morgen unter dreimaligem Läuten hinaus geführt zur Galgheide, der Richtstätte, wo das Peinliche Gericht gehalten wird. Hier folgt die Abstrafung.

Die Form der üblichen Urfehde hat sich auf der inneren Umschlagseite eines Kriminalprotokolles erhalten[18)]. Der Knecht des Scharfrichters, Dietrich Böckers, verfaßt einen Bericht über die Landesverweisung der Anna Holthauß[19)]. Da Straßenjungen nach der Verwiesenen mit Steinen und Kot werfen, hat sie sich dahin geäußert: »daß es wohl das Beste für sie sei, sie in einem Tümpel zu ertränken.« Kaum ist der Knecht von ihr gegangen, haben sie junge Burschen ins Wasser gestoßen. Möglicherweise ist sie ertrunken[20)].

Osnabrück[1)]

einer unsicheren Quelle nach sollen hier 1394 (?) 104 »veneficae« verbrannt worden sein[2)]. Die erste (?) Verbrennung einer Zauberin ist für 1501 festgeschrieben. Nachweisbar sind zwei Verfahren, was mit deren Appelation an das Speyerer RKG zusammenhängt. Es geht 1583 um die fast 70jährige Anna Schreiber, bzw. um deren Stieftochter Anna. Ihr Ausgang ist unbekannt. Eine Teleke stammt aus dem Kirchspiel Freren bei Lingen. Sie wird im Juli 1585 gefangen und im August des gleichen Jahres verbrannt.

Ernsthaft beginnen die Verfolgungen 1561, wobei 16 Frauen den Tod in den Flammen finden. Die Schwester des Lübecker Bischofs Jodokus Hoetfilter, die in den (Hexerei)verdacht gekommen war, übersteht die Folter und erlangt die Freiheit.

1575/76 unterbricht eine Pestwelle das Wüten; ihr fallen 4436 Menschen zum Opfer. Dann folgt die Teuerung und ab 1583 lodern die Hexenbrände wieder auf, wobei sich vor allem der

Bürgermeister Rudolf Hammacher

in die Annalen eingeschrieben hat. Er hat sich als Leinwandhändler niedergelassen und gilt als überzeugter Lutheraner. Im Sommer 1583 werden mit seiner Billigung 121 Frauen zum Tod auf Scheiterhaufen verurteilt. Zwei Jahre danach finden vermutlich neun Verfolgungen statt und 1587 müssen weitere ihr Leben lassen.

Zum Beginn der 90er Jahre des 16. Jahrhunderts verstärkt sich der Trend. 1590 werden 22 und 1592 17 Frauen der Hexerei bezichtigt und gerichtet. Insgesamt sind es wohl um die 200, die im Laufe des 16. Jahrhunderts der Wahnvorstellung geopfert werden. Damit liegt die Region über den süddeutschen Zentren wie Württemberg oder bayerischen Stammländern.

Viele Prozesse lassen sich weder lokalisieren noch dokumentieren. Die Stadt wird am 11. März 1613 durch einen Brand nahezu zerstört; mit ihr entscheidende Dokumente. Die zweite Hälfte des Jahrhunderts war eine Zeit der Not und Verzweiflung. Pest(en), Teuerung(en), Hunger, Seuchen und kriegerische Unruhen lösen sich ab.

Bei der relativ starken und unabhängigen Stellung des Stadtrates gegenüber dem katholisch gesinnten Landesherrn ist es kaum verwunderlich, daß die Initiative zur Einführung der Reformation von der Bürgerschaft und dem Rat ausgehen[3)]. Dramatisiert wird das Geschehen durch das Wirken des Bürgermeisters Dr. Peltzer.

Der Teufel erscheint den Frauen oft in der Gestalt eines prächtig gekleideten Mannes und nimmt vereinzelt Tiergestalten an; er verwandelt sich in einen Hund, Katze oder Ziege. Einmal taucht er in einer goldverbrämten Lederkleidung und dann im Gewand eines weißgekleideten Mönches auf. Oft trägt er einen Hut mit einem Federbusch. Seine Hände sind Kaninchenpfoten, Kuhfüße oder Hundeklauen, Schweinsfüße oder Vogelschwingen.

Allgemein dürfen der Einfluß der Literatur, die zahllosen Hexenpredigten, die gängigen Mysterienspiele und Bühnenaufführungen nicht vergessen werden, die das Volk in der Fehlmeinung stärken. Nur so kann eine Besagte auf die Frage, woher sie die Gestalt des Teufels so gut kenne antworten: »sie wäre in ihrem Evangelienbuche abgemalt.«

Interessant scheint, daß der Teufel die Beichte abnimmt. So berichtet eine Frau: »sie sei bei ihm in der Hellingstraße zur Beichte gegangen. Dort habe sie ihm gesagt: »O mein Buhle, du weißt ja wohl, daß ich mein Kind, das Kalb, die Katze und feindt vergeben« (ihnen geschadet habe). Daraufhin habe er ihr die Absolution erteilt.

Eine Frau berichtet, der Teufel habe sie so lange mit einer Peitsche geschlagen, bis sie sich bereit erklärt hat, zum Sabbat mitzukommen. Wetter- und Erntezauber sind nicht dokumentiert, liegen aber zu sehr in der allgemeinen Vorstellung, als daß man sie ausgrenzen könnte. Vieh- und Molkenzauber wird in der Regel so beschrieben, daß die Hexen dem Vieh schwarzes oder gelbes Kraut, das sie vom Teufel erhalten haben, zum Fressen geben. Darauf gehen die Tiere ein und/oder geben keine Milch mehr.

Hinzu gesellt sich das Anhauchen und daß man den unliebsamen Nachbarn verhexte Milch, Butter oder Fleisch anbietet. In einem Fall wird eine Frau der Hexerei bezichtigt, weil sie einem Kind, bei dem sie Pate gestanden hat, die Brust gegeben hat und es kurz darauf verstorben ist. Bei einer anderen genügt es, daß sie das verstorbene Kind kurz vor seinem Tod auf dem Schoß gehalten hat, um ihr später die Schuld zuzuschieben.

Es kommt – wie überall – zu Familienfeden und Zerwürfnissen. Da behauptet eine Frau: »sie habe ihren Mann und ihr Kind mit dem Teufelskraut umgebracht, weil sie sie nicht leiden kann.« Eine andere will ihren Mann getötet haben, weil sie sich der Kinder wegen mit ihm gestritten hat. Schließlich behauptet eine: »sie bringe durch ihre Hexerei die Tiere aller Leute um, die ihr etwas schuldig seien und nicht zahlen.«

Der 80jährige Heinrich Marquart wird unter dem Verdacht der Hexerei im Juni 1639 verhaftet. Am 4. Juli ereilt seine Frau das gleiche Schicksal. Am selben Tag werden sie zur Konfrontation gegenübergestellt. Bei der Gelegenheit ruft er ihr zu: »sie habe schon vor 20 Jahren das Zaubern gelernt und wisse wohl, daß sie mit ihm auf dem Hexentanz gewesen sei. Sie möge alles bekennen; andernfalls werde es ihr übel bekommen.«

Aus Angst vor der Folter erklärt die 80jährige Elisabeth Neuhaus gegenüber den Peinkommissären: »sie were keine Hexe, ehe und bevor sie sich aber peinigen lasse, wolle sie sagen, sie were eine.«

Verfolgungen im 17. Jahrhundert

Mit dem Tod des evangelischen Bischofs Philipp Sigismund von Wolfenbüttel (1623) gerät die Stadt in den Sog der Gegenreformation. Die Spannung eskaliert unter dem leidenschaftlichen Gegenreformator Franz Wilhelm von Wartenburg, der im Dezember 1625 vom Domkapitel gewählt wird und kurz danach in die Stadt zieht. Rücksichtslos betreibt er mit dem Carmeliterpater Caspar Münster die Wiedereinführung des »alten« Glaubens.

Sie bemächtigen sich der evangelischen Kirchen, schließen die Ratsschule, veranlassen, daß die evangelischen Lehrer und Prediger das Land zu verlassen haben und befehlen den Kürgenossen, katholische Ratsmitglieder zu wählen. Der Bischof gründet eine Jesuitenakademie und ein Franziskanerkloster. Er drangsaliert die Protestantischer, indem er ihnen höhere Lasten aufzwingt.

Viele verlassen ob seinem Imponiergehabe die Stadt. Mit dem Einzug der schwedischen Truppen 1633 scheint der Spuk beendet. 1648 kommt mit der Unterzeichnung der Friedensverträge Ruhe und Stabilität in die Region. Die letzten Osnabrücker Hexenverfolgungen des 17. Jahrhunderts fallen unter die Amtszeit des Bürgermeisters Dr. Wilhelm Peltzer, der von 1634–40 amtiert.

Er entstammt einer alteingesessenen Osnabrücker Patrizierfamilie und hängt dem lutherischen Glauben an. Er studiert Rechtswissenschaft in Deutschland und Frankreich. Die Wahl von Franz Wilhelm muß ihm zugesetzt haben, zumal sich sein Ehrgeiz darauf richtet, die Privilegien und Selbständigkeit der Stadt zu schützen.

So läßt er 1627 dem Neugewählten mitteilen: »daß er nur zu seiner Huldigung bereit sei, wenn er die Ausübung des protestantischen Glaubens garantiere.« So beginnt eine Rivalität zwischen Machtblöcken, die mit der Vernichtung des Bürgermeisters endet. Auf bischöfliche Anordnung muß er 1628 die Stadt verlassen und findet Anstellung am Hofe des Herzogs von Lauenburg.

Im September 1633 flieht der Bischof vor schwedischen Truppen und kurz danach kehrt der vertriebene Bürgermeister in sein Amt zurück. Er wehrt sich gegen Besatzerrepressalien, die Viehsteuer zu erhöhen und wird eine Zeitlang gefangengesetzt. 1636 erhebt man ihm zum ersten Bürgermeister der Altstadt. Er nimmt das Ruder fest in die Hand und beschert seiner Stadt in seiner vierjährigen Amtszeit die schlimmsten Hexenverfolgungen. Peltzer wird von der breiten Bürgerschaft und zunächst von protestantischen Geistlichen gestützt, die eine Beendigung des Unwesens durch eine radikalere Verfolgung fordern. Im März 1636 stürzt sich die schwermütige (?)

Elsch(e) Bertges

aus der Neustadt in einen Brunnen. Da sie sich aus der mißlichen Lage befreien kann, kommt es dem Rat verdächtig vor und er beschließt, sie einzuziehen. Unter dem Druck der Folter gesteht sie: »daß sie der Teufel in den Brunnen gestoßen habe.« Kurz danach findet man sie tot im Bocksturm. Der Scharfrichter und die Kommissare gelangen zur Auffassung: »daß ihr schwacher Hals entzwei gebrochen sein müsse.« Möglicherweise wird sie ein Opfer der rohen Haftbedingungen.

Später taucht ein Parallelfall auf, indem man der im Juli 1639 im Hexengefängnis verstorbenen Ludeke Schröder nachsagt: »sie habe sich mit Hilfe des leidigen hellischen Teuffels erwürgt.« Ende Mai 1636 beginnt die Hexenjagd im Haus des Bürgermeisters Peltzer.

Maria Bödikin

die zu seinem Gesinde gehört, wird bezichtigt, einen Geldbeutel gestohlen zu haben. Sie bestreitet es, sagt aber: »man möge ihr eine Nacht Zeit geben und sie wolle Gott bitten, daß der Täter gefaßt werde.« Nun erhebt sich nachts ein Katzengeschrei. Einige Mägde laufen hinaus und eine von ihnen stößt im Dunkeln mit dem Fuß an den Beutel: »als sie ihn gefunden habe, sei eine Fledermaus im Haus herumgeflogen und es habe laut in den Balken geknistert, so als ob Kalk herunterliefe. In der Nähe habe man einen Zettel mit der Aufschrift: »ich stehe in großer Gefahr« gefunden.«

Aufgund der Indizien läßt sie der Bürgermeister und Hausherr am 11. Mai verhaften. Sie wird dreimal der Wasserprobe unterzogen und besagt weitere. Unter ihnen befindet sich Anna Helmich. Ausgehend von den Besagungen werden im Verlauf des Monats Mai auf Anordnung des Rates zwölf und in den Folgemonaten nochmals zwölf Frauen wegen Verdachts auf Hexerei eingezogen. Besagt werden u. a. die Frau des Apothekers Heinrich Ameldung und die 82jährige Ratsherrenwitwe Anna Modemann.

Der Apothekerin wird ein Scherz zum Verhängnis. Beim Bier wird erzählt, daß man in

Bis weit über das 17. Jahrhundert hinaus vermarkten Theriakkrämer ihre Produkte an Leichtfertige und Abergläubische.

der letzten Zeit einige Frauen im Amt Schaumburg verbrannt habe. Sie hätten bekannt, sie seien mit etlichen aus Osnabrück und Münster in der Nähe von Essen auf dem Tanz gewesen. Die Mindener hätten das Bier und die aus Münster das Brot gebracht. Zudem habe ein Hexe eine Büchse mit Konfekt, auf der die Initialen H. A. gestanden hätten. Der Unsinn wird verbreitet. Um es zu verdeutlichen, daß es sich um einen Spaß handelt, lassen die Verwandten einen Krug mit übelriechendem Unrat verpakken. Sie schicken ihn mit einem Brief an den Besager[4)], um es ihm heimzuzahlen.

Dennoch belastet es Frau Ameldung. Sie wird Anfang August mit anderen verhaftet. Kurz danach schreibt Peltzer an den Rat der Stadt Minden: »ob sie von einer der dortigen Hexen bezichtigt worden sei.«

Am Tag der Verhaftung werden die Eingezogenen auf dem Armenhof mit der Besagerin konfrontiert. Die mitbeschuldigte Modemann sagt dem Rat: »sie sollten solche Lügen und Phantastereien von Teufels Kindern keinen Glauben schenken.« Als man Frau Ameldung auffordert, nicht so hochmütig zu sein und sich dem Wasserbad zu unterziehen, sagt sie: »sie habe mit dem Wasser nichts zu tun.«

Pelzer meint: »nun habe man (obgleich fast seit 50 Jahren keine Hinrichtung mehr wegen Hexerei erfolgt sei) durch die sonderbare Schickung Gottes Mittel an die Hand bekommen, wieder gegen einige vorzugehen.« Man beschließt sie in Güte zu fragen und der Rat stellt heraus: »daß mit den Reichen als mit den Armen procedieret werden muggte, mit ferner erbieten, daß sie alle für eine und einer für alle stehen und sich keineswegs vom Rhate trennen wollten.« Es sieht nach einer wechselseitigen Absicherung aus, da man Begüterten nicht zu nahe treten möchte.

Anna Ameldung/Anna Modemann

werden fast acht Wochen in Haft gehalten, bevor man sie im September 1638 zum Badeplatz an der Hase führt. Der Grund für die Verzögerung liegt in der Intervention ihrer Männer, die um die Bekanntgabe der Indizien nachsuchen. Dr. Modemann weist auf das Alter und den schlechten Gesundheitszustand seiner Frau: »er bitte um Freilassung gegen Kaution und verlangt die Einholung eines unparteiischen Gutachtens über die Zulässigkeit der Wasserprobe.«

Da der Rat nicht reagiert, wenden sie sich an die landesfürstlichen Räte. Der Rat begehrt auf und weist auf ein Privileg aus dem Jahre 1171, das ihm die Gerichtsbarkeit in peinlichen Sachen zuspricht. Ameldung läßt sich vom Rat der Stadt Minden ein Leumundszeugnis über die Unbescholtenheit seiner Frau ausstellen. Die Gutachten fallen günstig aus und immer wieder wird darauf gewiesen, daß die Anwendung der Wasserprobe von Rechtsgelehrten abgelehnt wird.

Es scheint sich zum Willkürakt auszuweiten, bis Modemann in die Ratsstube stürmt und zu Peltzer sagt: »er wolle den Tag erleben, daß ihme Consuli D. Peltzern der Kopf abgehauen werden sollte.« Das leidenschaftliche Eintreten der Männer führt zu einem Teilerfolg.

Nachdem sich die Ratsherren von den Predigern beraten lassen, fassen sie den Beschluß, das Verfahren fortzusetzen. Bei dem Wasserbad, das am 20. September 1636 stattfindet, schwimmen die beiden dreimal oben. Dann werden sie in den Bocksturm gebracht, um mit den Verhören zu beginnen. Sie werden nach einem vorbereiteten Fragebogen verhört. Nach Anwendung der Territion und der »Scherffe«, gestehen sie, was aus den Suggestivfragen herauszuhören ist.

In der Zwischenzeit wenden sich Heinrich Ameldung und Modemann an den Landesherrn, Gustav Gustavson, der sich im Feldlager Kyritz in Brandenburg aufhält. Er schreibt an Peltzer mit dem Bemerken: »bei der Vermeidung einer Strafe von 1 000 Gulden den Prozeß bis zu seiner Rückkehr auszusetzen. Seiner Regierung sei Respekt entgegenzubringen, die Frauen müßten die Chance der Verteidigung erhalten und die Indizien seien an unpartheiische Gelehrte zu schicken.

Möglicherweise trifft die Abordnung zu spät ein, denn am 6. Okober 1636 beschließt der Rat, Frau Ameldung, Frau Modemann und sechs weitere vor das öffentliche Halsgericht zu stellen. Den beiden Erstgenannten gestattet man die Gnade der Privatexekution. Vielleicht will Peltzer verhindern, daß Unruhe unter hochgestellten Bürgern aufkommt. So wird Anna Ameldung am 7. Oktober 1636 per Schwert gerichtet. Die Modemann wird mit sieben anderen verurteilt und öffentlich gerichtet.

Gustavson legt beim schwedischen Hof (Stockholm) Beschwerde gegen das Vorgehen Peltzers ein. Er hat keinen Erfolg. Modemann tritt in schwedische Dienste und läßt öffentlich erklären: »Im Rat säßen Leute, die es verdienten, daß man sie in Stücke reiße und solche an vier Enden aufhänge.«

Ameldung kritisiert öffentlich das Verhalten des Rates. Seine Frau habe sich vor ihrem Tod über die Härte der Peinkommissäre beschwert und sie vor das Jüngste Gericht zitiert.

Mit dem Prozeß war die Hexenverfolgung des Jahres beendet. Insgesamt werden 37 Frauen und zwei Männer verurteilt und gerichtet. Ein Mann und eine Frau sterben während der Haft. Ende Januar nimmt die Hexenverfolgung mit der Verhaftung der

Grete Stalmann

ihren Fortgang. Sie ist zwei Jahre zuvor in das Geschrei gekommen, eine Hexe zu sein und flieht ins benachbarte Tecklenburg. Bei ihrer Rückkehr wird sie verhaftet. Sie wird am 18. Februar 1637 nach der CCC. zum Feuer verurteilt. Aus Gnade wird ihr die Hinrichtung per Schwertschlag gewährt. Sie besagt vor ihrem Tod weitere. Im Juli 1637 flackert der Hexenwahn erneut auf. Die 70jährige

Grete Bockern

hat in der Katharinenkirche mit anderen Frauen Streit und eine Schlägerei angefangen. Der Pastor Magister von Gülich verflucht sie und nennt sie eine Teufelin. Wegen der Bemerkung wird sie sterben.

Der Rat verfaßt am 16. August 1637 einen Beschluß über die Fortsetzung der Prozesse und schreibt u. a.: »Dennoch in abgewiesenem Jahre man mit Bestraffung und so viell muglich gemachet undt dann itzo durch sonderliche schickung Gottes wiederumb zu dem prozeß gerathen. Auch von den Vorfahren löblich statuiert, daß alle Jahre zu Schrekkung solches Lasters notwendig Exempla statuirt werden sollten, welches aber leider nicht observirt worden, dahero dieß laster desto mehr und gröblicher eingerießen, so ist dahin per consonantia vota geschlossen, daß zu continuirung dieses processus und zu mehr schreckung dieses grewlichen lasters zuvörders drey Persohnen, zwey von den Altten- und eine von der Newenstatt in hafft zu pringen und demnegst wie sich die Sache schicken würde, weiterß zu ferfaren were, und zwar ernstlich auff solche Personen zu sehen, so böses Gerüchte und zum offteren besaget weren, und mit ietziger inhafftierten confrontierett werden könten.«

Am gleichen Tag wählt der Rat drei Frauen und verhaftet sie in aller Stille zur Konfrontation mit Grete Bockern, um sie in das Kleine

Die Bedeutung der Apotheken ist enorm, zumal das Phänomen der Krankheiten wie ein roter Faden mit der Geschichte der Hexenverfolgungen verwoben ist.

Wachhaus am Bocktsturm bringen zu lassen. Unter ihnen befindet sich Anna von Fürstenberg, Frau des früheren Gografen von Iburg und fürstlichen Rates, Dr. v. Bar.

»Es seien Klagen eingekommen, daß sie Pferde und Hühner im Haus des inlogierten Captain vergeben und darnach den Hühnern Kraut vorgeworfen, davon es besser worden.« Sie wird einem Wasserbad unterzogen und legt, teilweise gütlich, (ohne Folter) Geständnisse ab. Sie werden am 1. September 1637 verurteilt und mit der Besagerin Grete Bocken per Schwert gerichtet.

Wie bei Anna Ameldung wird Anna von Bar, auf Bitten ihres Mannes die Gnade der Privatexekution und einer ehrenvollen Bestattung eingeräumt: »Weil sie nicht geringen, sondern hohen Standes.« Er muß für den Erweis 500–600 Taler zahlen. Dann beschließt der Rat, weitere Erkundigungen einzuziehen. »über welche man die meisten Indicia, Besagung und Befahmung hette und eß ietzo mitt denn inhafftirten confrontirt werden konten.«

So kommt es im September 1637 zur Verhaftung von drei Frauen. Zwei von ihnen werden am 6. Oktober 1637 verurteilt und gerichtet. Eine von ihnen ist die frühere des Bürgermeisters der Neustadt, Meyer. Er hat 100 Taler für deren Privatexekution hingeblättert. Eine Bevorzugung erfolgt nicht und als der Geprellte das Geld wegen des gebrochenen Versprechens zurückverlangt, wird ihm beschieden: »es werde für den Neubau einer Brücke neben dem Pförtnerhaus vor dem St. Johannestor verwendet.«

Die dritte der Verhafteten stirbt einen Tag vor dem Gerichtstermin nach dem Genuß von warmem Bier während der Haft. Insgesamt fordern die Hexenprozesse des Jahres 1637 acht Opfer.

Wie zuvor haben sich der schwedische Statthalter Müntbruch und die fürstlichen Räte bei Gustavson beschwert: »daß Bürgermeister und Rath zu Osnabrugh erenrörige, geschwind und gantz gefehrliche Hexenproceß hinwiderumb angefangen dadurch leichtlich ein jedweder unschuldiger Mensch umb glimpff und ehren, Leib und Leben gebracht werden konte.«

Gustav Gustavson erklärt von seinem Feldlager aus: »daß er nicht willens sei, solchen überauß gefehrlichen procedere ferners also stillschweigend nachzusehen.« Er ordnet eine Strafe von 20 000 Reichstalern an, »daß bei den Hexenprozessen anderer Gestalt nicht als vermüge der gemeinen beschriebenen Rechten und rechter Vernunft, nemblich Verstattung rechtlicher Defension und was dazu nötig, ante torturam verfahren werden soll.«

1638 finden in Osnabrück zwei Verfahren wegen Hexerei statt. Eines wird auf Veranlassung des schwedischen Obristen Hans Christoph von Königsmarck eingeleitet, als er mit seinen Truppen in der Stadt liegt. In den Ställen des Regimentes gehen nach und nach 40 Pferde ein. Zudem gibt es auffallend viel Ungeziefer und Katzen. Unter den Soldaten bildet sich das Gerücht, es handle sich um einen Fall von Hexerei und der Verdacht fällt auf die Korporalsfrau

Elsche Pagenstecher

der man die Schuld für das Unglück zuschiebt. »Sollte hier die Obrigkeit nichts tun, werde man zur Selbstjustiz greifen.« Der Rat zeigt Bedenken, weil es sich um eine »persona militaris« handle und die Indizien mager sind. Sie besteht darauf, möglichst schnell zum Wasserbad gebracht zu werden, da sie im Gefängnis einen Selbstmordversuch unternommen hat. Man denkt an den Scharfrichter Meister Mathias. Nun wird der Regimentschulze Holck zum Auditor bestellt und mit der Untersuchung beauftragt.

Obwohl sich herausstellt, daß Elsche schwanger ist, muß die Tortur scharf gewesen sein. Der Scharfrichter erklärt: »man habe ihm und seinen Gehilfen ein mehres in torquando zugemuetet als sich gebühret, deß er vor seiner persohn sich auch geweigert.«

Hier wirft er die Ruten weg, mit denen er die Aufgezogene schlagen soll und erklärt den Peinkommissären: »er weigere sich, die Frau weiter zu quälen, da sie die lebendige Frucht in ihrem Leibe bemerken kenne ... wer mehr hauen wollt oder könnte, mugte es thun.« Dann wird der Prozeß unterbrochen und als sie das Kind auf dem Armenhof zur Welt gebracht hat, fortgesetzt. Das von dem Rechstgelehrten Dietrich Morus unter Berufung auf die CCC. vorbereitete Todesurteil wird am gleichen Tag per Schwert vollstreckt.

1639 bringt einen letzten Höhepunkt und das Ende der hiesigen Hexenverfolgungen. Nach der Wiederwahl Peltzers im Januar 1639 regt sich

Widerstand

seitens der protestantischen Geistlichkeit gegenüber ihm. Die Prediger aus St. Katharina treten zwar für die Fortsetzung der Verfolgung ein, doch die Pfarrrer Greve und Pechlin von der St. Marienkriche kritisieren das Stadtoberhaupt von den Kanzeln wegen dessen Hexenriecherei.

Hier tun sich vor allem der Pfarrer Greve, ein Verwandter der hingerichteten Anna Modemann, hervor. Bürgermeister und Rat spüren die Opposition und beschließen: »weil senatu den proceß sowohl von dem Ministerio schwierig gemachet, daß man sich damit nicht überheffen, sondern nach Gelegenheit zum Schrecken und damit die Bosheit nicht zu sehr einreiße, jährlich ein Exempel statuiren mugte.«

Kurz danach werden die Frau des 80jährigen Armenvogtes Heinrich Marquart und Mareke Bordewisch inhaftiert. Die Verfolgung fordert 1639 43 Todesopfer. Die Prediger verstärken ihre Angriffe und wettern Mitte Juni 1639 gegen die Anwendung der Wasserprobe.

Dann ermittelt der Rat, daß die 75jährige alte Kaufmannsfrau Ludeke Schröder und Grete Spreckmeyer häufig besagt wurden. Ihre Verhaftung wird angeordnet. Der Widerstand der Prediger von St. Marien wird heftiger, schärfer und verletzender. Die Kanzel wird zur Zelle des Widerstandes, was nur selten in der Christenheit geschieht. Vielleicht ist es mehr ein Machtkampf der Interessensblöcke und möglicherweise gibt Peltzer nicht auf, um eine einheitliche Haltung der Ratsmitglieder zu erzielen. So wird vereinbart:

»Da wir vorgedachten Hexerey lasters tragenden oder gefüreten Ambts, oder sonsten in oder außer Rechts angefochten werden sollten, das wir alsdann alle für ein und ein für alle und unsere Amptnachfolgern antworten: man solle die Hexen mehr zum abschreckenden Beispiel als zu ihrer Ausrottung verfolgen, die bei den kriegerischen Zeiten ohnehin nicht möglich sei.«

Bürgermeister und Rat verwahren sich gegen die Schmähungen und Verunglimpfungen der Geistlichen und schließlich geloben die Mitglieder des Rates Verschwiegenheit über alles, was in Hexensachen besprochen und beschlossen wird. Der Vertrag bleibt wirkungslos.

Die Geistlichen verstärken ihren Widerstand und gehen dazu über, Schmähschriften zu verbreiten, in der sie vor allem gegen die Unsitte des Wasserbades polemisieren. Als Magister Grave von der Marienkirche eine Sendschrift in Druck gibt und Peltzer es erfährt, läßt er durch einen Ratsherrn die Exemplare beschlagnahmen und droht dem Buchbinder eine Strafe von 50 Goldgulden: »falls er auch nur einen zurückhalte.« Um die unterdrückte Schrift zu publizieren, schlägt sie der Magister an die Tür seiner Pfarrkirche. (Luther!) Peltzer sieht sich konfrontiert und die Eskalation nimmt zu.

Danach tritt der Rat zusammen und der Stadtkommandant Lydert Hinderson läßt wissen: »daß E. E. Radt die herrn Prediger nach ihrem legebus und rechten straffen und selbige durch Beförderung der Schlusell und Versperrung der Kirchen zu gehorsamb pringen könten.« So abgesichert, beschließt er die Schließung der Marienkirche und befiehlt dem Küster, den Schlüssel abzuliefern.

An deren Tür wird ein Plakat geheftet, in dem die Gläubigen an die Katharinenkirche verwiesen werden. Der Rat läßt den aufsässigen Geistlichen ein Mandat zustellen, in dem ihnen verboten wird, in einer der Stadtkirchen den Rat öffentlich anzugreifen und das Volk gegen ihn aufzuwiegeln.«

So wird beschlossen: »Was aber den Hexenproceß anlanget, weiln sie vernommen, daß der Streit eintzig und alleine davon herkeme, so were Ihr begeren, E. E. Raht mugte doch mit demselben verfahren, wie bißhero geschehen, und sich darum von den Herrn Predigern noch jemanden anders das Geringste nicht vorschreiben, auch nicht ändern lassen, und das auch dem einst einen

Postreiter im frühen 18. Jahrhundert.

als dem andern, dem Reichen als dem Armen, beschen muchte.

Sie wären erbietig, Guet, Leib und blueht bey R. E. raht auffzusetzen, da dies, falls dem Rathe ich was angemuthet werden muchte.«

Jetzt beschließt die Obrigkeit neue Verhaftungen. Nun wird die Frau des Kunsthändlers, Sara Baumeister, eingezogen, Schwester des Predigers der St Katharinenkirche, Bernhard von Gülich. Drei Tage danach wird die des früheren Ratsherren Rudolf Rüßel, Catharine, verhaftet. Dr. Peltzer geht auf Glatteis, indem er angesehene Bürger verhaften läßt.

Sturz Peltzers

Er hat sich durch seine Haltung einflußreiche Feinde geschaffen. Gustavson kommt zurück und sucht die Macht an sich zu reißen. Er muß ihn stürzen, um es zu erreichen. Bei der anstehenden Bürgermeisterwahl vom Januar 1640 ordnet er an: »daß die Churgenossen Peltzern vergessen mugten ... wolle er doch alle verderben, die ihm nicht gehorchten.«

Nun erheben sich seine alten Gegner und Modemann sinnt auf Rache. Mit Angehörigen der hingerichteten Ameldung, Sara Baumeister, Catharina Rüßel und der im Gefängnis verstorbenen Ludeke Schröder erhebt er Klage bei der landesfürstlichen Kanzlei. In Anklageschriften werden seine Untaten zusammengestellt. Es zeigt sich eine Parallele in der Region Fulda beim Vorgehen des Hexenriechers Roß!

Mit der Rückkehr Bischofs Franz Wilhelm in sein Osnabrücker Bistum erwächst ihm ein Gegner, da er ihm die Gegenreformation vereiteln wollte. Er läßt im November 1651 Peltzer verhaften und ins Gefängnis werfen. Der Prozeß zieht sich jahrelang hin und gelangt vor das RKG, ohne daß eine Entscheidung gefällt wird. In dem Zusammenhang wird das *Hexenstatut* verfaßt[5)].

Im März 1669 wird Peltzer, der in geistiger Umnachtung im Gefängnis vegitiert, vom Tod erlöst. Fast 30 Jahre Verfolgung und 18 Jahre Haft sind eine harte Strafe für das von ihm Verursachte. Und doch ist der Standpunkt einseitig; er ist von der Aufrichtigkeit seines Wollens überzeugt, hat aber zu seiner Vernichtung beigetragen, indem er Einflußreiche nicht geschont hat.

Als in Osnabrück der erste Sammelprozeß geführt wird, wendet sich der Rat mit der Bitte an Hannover, den dortigen Scharfrichter ausleihen zu dürfen, da er »sodannen Personen« durch Eingebung eines Spezialtrankes ohne jede Marter das Geständnis entlocken könne.« 1523 werden in Hannover 12 Frauen hingerichtet. Hier sind für die Jahre zwischen 1594 und 1648 Hexenprozesse nachweisbar. 1605 kommt es zu einem beachtlichen Sammelprozeß.

Strafgerichtsbarkeit

Es ist davon auszugehen, daß die einschlägige Rechtsliteratur geläufig ist. Grave weist in seiner Schrift auf die Werke von Bodin, Del-Rio und den *Hexenhammer.* Oft zitiert man die mosaische Vorschrift Exodus 22.18 oder den § 109 der CCC.

Anna Schreiber wird vorgeworfen: »sie sei über herkommen und standts gepür von allen anderen der Stadt Statt Osenbrugk Bürgers frawen und Kindern denselben zum ergerlichen exempell und ihnen teufflischen Buhlen zu gefallen üppig und leichtfertig gekleidet und habe ungewonliche hoffart und pracht in die gemeine Oesenbrugk eingeführt. Es sei bereits Gemeindegerücht, daß sie mit der Zauberei behaftet sei.« Solche Kleinigkeiten sieht der Rat als glaubwürdige Besagungen an. Gelten die Indizien als ausreichend, faßt er den Beschluß der Verhaftung. Die Eingezogenen werden entweder zum kleinen Wachhaus vor dem Bocksturm oder zum Kumpersturm verbracht. In einem Schreiben von H. Ameldung und Modemann an den Rat wird gesagt: »die im Bocksturm Inhaftierten müßten daselbst unter ratten, meusen, flöhn und leusen, windt und kälte ihr leben einbüßen.«

Als Stadtgefängnis wird der Bocksturm 1378 erstmalig erwähnt. Sein Name ist wohl auf einem zur Stadtseite hin angebrachten Stein, auf dem ein Bockskopf dargestellt ist, zurückzuführen. Der Kumpersturm befand sich auf dem linken Haseufer neben der Herrenteichbrücke in der Nähe zum Teichtor. Hier werden die

Wasserproben

durchgeführt. In der Region nimmt sie einen bedeutsamen Rahmen ein. »Der Scharfrichter, Meister Mathias, bringt den Delinquenten auf ein kleines Schiff und fährt mit ihm in den Fluß hinaus. Dort entkleidet er ihn und bindet ihn nach einem bestimmten System. Dann schlingt er dem zu Badenden einen Strick um den Leib und wirft ihn dreimal aufs Wasser.

Natürlich kommt es zu dubiosen Praktiken, den er kann, wenn er merkt, daß die Beschuldigte unterzugehen droht, das Seil straffer halten. Deshalb verlangt Anna Modemann: »das Wasserbad soll in Gegenwart der Ratskommissare, ihres Sohnes und einiger Freunde der Ratsdiener, aber nicht durch den Scharfrichter vollzogen werden.«

Eine der Frauen, die in den Akten die »Behlische« genannt wird, nutzt die Nähe des Kumperturmes am Wasser, um ihrem Leben vor dem Bad ein Ende zu bereiten. Die Kommissare können es nicht verstehen und sagen: »bevor sie aus dem Fenster gesprungen sei, sei ein großer schwarzer Windhund im Turm gesehen worden. Zudem habe man ein starkes Brausen in der Luft gehört; so könne nur der Teufel den Selbstmord ermöglicht haben.«

Flugblatt von einem Postreiter, der 1648 die Nachricht vom Ende des 30jährigen Krieges verbreitet. Er bedeutet einen Einschnitt in die laufenden Hexenprozesse, aber nicht deren Beendigung. Kolorierter Holzschnitt. Bundespostmuseum, Frankfurt a. M. Mit freundlicher Genehmigung. →

Freüdenreicher Postilion von Münster/ den durch deß Allerhöchsten ohnaußsprechliche Gnad/ von den Vornembsten Potentaten der gantzen Christenheit/ daselbst den 24. vnd 25. Octob. Anno 1648. Ratificierten/ vnderschribenen vnd mit grossen Frewden offentlich Publicierten hochwerthen lieben Frieden bringent.

ICh die Fama vnd gmain Geschrey/
Von allen Kräfften mich erfrewt
In der so glückseligen Stundt/
Erheb mein Gefider jetzunde/
Deßgleichen ich Mercurius/
Gantz schnell ohn alle hindernuß/
Vor grossen Frewden mich schwing auff/
So renne ich in vollem Lauff/
Als ein Frewden Postilion
Damit Ich eylende verkünde schon
Der hart betrangten Christenheit
Die ohnaußsprechlich grosse Frewd
So sich newlich durch GOttes gnad/
Zu Münster geoffenbart hat/
In Westphalen solcher gestalten/
Dann als sich alldort auffgehalten
Etlich Jahr die Allerhöchsten
Vnd Christlichsten Potentaten
Zu berathschlagen rechter Sachen/
Wie doch wider wer Fried zumachen/
Darnach viel tausende Christen-hertzen/
Vil Jar seufftzen mit grossem schmertzen/
Hat endtlich der getrewe Gott/
Sich erbarmet vber die Not/
Die hohe Sach dahin gewendt
Vnd gebracht zu eim gutten Endt
Daß alldort der hoch edle Fried
Allerseits ohne vnderschied
Vnderschriben vnd ratificiert
Auch offentlichen proclamiert
Zu diesem End ließ man vor allen
Viel Trompeten frölich erschallen
Die Heer-Paucken thäten erklingen
Mit grossem Eifer thät man singen
Das Te Deum Laudamus fein/
In allen Kirchen insgemein
Ja man ließ auch nit ohnvermitten
Daß man mit alln Glocken gelitten
Den gantzen Tag an solcher stätt/
Die Thürnen man bestecken thät/
Mit Fahnen/ als rechte Friedszeichen
Alle Stuck hat man deßgleichen
Gelösst hindurch den gantzen Tag/
Sonst mehr Frewden-zeichen ich sag
Hat man gebraucht/ so nit zubschreiben
Die Frewd thät reich vnd arme treiben
So sehr das mit verwunderung
Es bald außsprechen kan kein Zung/
Ich Fama thät mich da auffhalten/
Vnd sprach wolan das muß Gott walten
Ich schwing mich auff vnd bring hiebey
Das allgemaine gut Geschrey/
Erstlichen dem Geistlichen Standt/
In den Stätten vnd auff dem Landt
Kan nun fürohin ohn beschwerden
Rein vnd lauter geprediget werden
Das wort GOttes/ mit fried beschelden
Kan ein Seelenhürt die Schaf weiden
Auff die recht grühne Aw zum Leben
Wol den Schafen/ die volgen eben
Ihren Hürten/ welche sie straffen
Vmb das böß/ sie zum gutten schaffen.
Von dannen so schwing ich mich wider/
Zu den Schülen hoch vnd auch nider/
Bring jhnen die frölich Botschafft/
Dann all gute Künsten lobhafft
Sprachen vnd auch wissenschafften
Hinfort wider werden hafften
Bey euch/ vnd Früchte bringen in rhü/
Zum lob deß Höchsten neiffen zue/
Daß auß euch kommen glehrte Leuth
Vnd zu Gottes forcht vnd Weißheit
Die Jugendt aufferzohen werd/
Auff schneller Post wend ich mein Pferd/
Zu Obrigkeiten vnd Regenten
Thü jhnen den Frieden verkünden
Dann jetzund können/ Fürsten/ Herrer/
Vnd alle Regenten mit Ehren
In Rhü regieren gantz glücklich/
Alles wird bestelt ordenlich
Groß vnd kleine Stätt/ die Länder/
Wachsen vnd zunemmen jhe mehr/
Wie Ehr vnd Rühm kan auch der Adel/
Seinen Standt Christlich füren ohn tadel
Jedem Vnderthanen mit Heyl/
Wird Gricht vnd Grechtigkeit zu theyl/
Wa sich der liebe Fried thüt regen
Daselbst blühet Glück vnd Segen
Wa Fried ist alles wolgedeyt/
Ihr Vnderthanen euch erfrewt/
Dann jhr nun in Rüh vnd Fried könde
Mit allem ewrem Haußgesindt/
Vnder dem schutz vnd schirm mit Nam
Ewrer Obrigkeit gantz lobsam/
Leben vnd haben ewren Rast/
Der beschwerliche Krieges-Last/
Contribution/ plündern/ brennen/ morden
Was deß Vnheyl mehr an den Orthen
Ist nun dahin/ drumb lobt GOtt/
Befleissigt euch hinfort ohn Spott/
Allen Gehorsamb zu erzeigen/
Der Obrigkeit vnd thüt euch neygen/
Gebührende Steur/ Gildt vnd Rendt/
Willig zu raichen an dem endt/
Den gemainen Nutzen vnzerspalten/
In gutem Wolstande zu erhalten/
Vnd seydt allzeit dahin gerüst/
Zu geben GOtt/ was GOttes ist/
Deßgleichen dem Kayser das sein/
Jetzunde nimb ich den Eulckher mein
Bey dem Haußstande/ der sich nit minder
Zu erfrewen/ dann jetzt die Kinder
Mit sambt dem Gesind alt vnd jung/
Könden in besserer Ordnung/
Vnd gutter Zucht gehalten werden
Das offt verhindert kriegsbeschwerden
Daß es geheissen frü vnd spat/
Must alls gehn lassen wie es geht/
Der Krieg bringet vil hindernuß.
Deßgleichen ich Mercurius/
Bring die gut Botschafft hin vnd wider
Kauffleuth vnd Burger auff vnd nider
Dann nun mehr die Commerzien
Wider glücklich werden fortgehn/
Deren jhr vor offt müßt vergessen/
Jetzt könd jr wider Märckt vnd Messen/
Bawen/ ewr Gewerb vnd Handlung/
Treiben/ euch zu gutter nutzung/
So wol zu Wasser alls zu Landt/
In frembde Länder weit erkandt/
Vnd durch GOttes Segen auff Erden/
Grosse Schätz samlen/ vnd reich werden
So dann der arm Mann ohn verdriessen
Auch gantz reichlich hat zugeniessen
Daß euch der getrew Gott gantz milt
Hundertfältig wider vergilt
Darumben übt Barmhertzigkeit.
Jetzund bring ich euch Handwercksleuth
Die fröliche Zeitung von Gott/
Hinfort könd jhr ewr täglich Brot
Durch GOttes Segen reichlicher
Gewinnen/ als geschehen bißher/
Dann viel Handthierungen ehrlich
In den Kriegsläuffen thäten sich
Stecken/ vnd gar darnider ligen
Entgegen aber war gestigen
In hohem Preiß/ was der Mensch balde/
Braucht zu seins Lebens auffenthalt/
Da es hat ghaissen vnder dessen
Mit gutten Zähnen vbel essen/
Wie dann mancher in wahrer that/
Mit Weib vnd Kindt erfahren hat/
Seit getrost/ vnd darbey ermahnt/
Daß ein jeder in seinem Stande
Fleissig bete/ vnd auch arbeit
Gebrauche sich der Redligkeit
Vnd thü sein Gwissen nicht verletzen
So wird jhn GOtt reichlich ergetzen
Seins grossen Ellends/ hie vnd dort/
Wolan ich schwing mich weiter fort/
Vnd muß den armen Bawersmann
Welchen auch viel ist gangen an/
Diese frölich Botschafft entdecken/
Nun dörfft jhr euch nit mehr verstecken/
In die Wälder mit grossem grauß
Oder fliehen von Hof vnd Hauß/
Hin in die Stätt mit Weib vnd Kind/
Vih Haußrath Hew Stro vnd Gesind
Daselbst ligen auff freyer Gassen/
Oder die Leuth bschweren dermassen/
Vnd wohnen vnder frembdem Tach/
Sonder in ewrem aignen Gmach/
Wohnen im Fried vnd gut vertrawen
Die Felder könd jhr wider bawen
Aller orthen wie es seyn soll/
Alßdann stehn sie der Früchten vol/
Dieselben thüt jhr samlen ein/
Im Herbstzeit macht jhr gutten Wein/
Vnd setzt euch nider in der Rtrh/
Trinckt ein reuschlein mit ewrer Greth/
Ihr könd wider züglen allhie (Rhü/
Pferdt Ochsen Schaf Schwein Gaisen
Darvon jhr hernach ohn verdriesen/
Milch butter käß vnd fleisch könd gniesen/
Item/ Gänß Enten Hännen Tauben/
Darvon könd jhr zusamen klauben/
Die Eyr/ vnd macht ein kirchweih Muß/
Was jhr dann habt zum vberschuß
Könd jhr wider im Fried vnd rhü/
Hernach den Stätten tragen zu/
Darauß jhr dann/ es euch nit fehlt
Mögt erlösen ewr bares Gelt/
Es gilt jetzt nit mehr vmb sunst lauffen
Mit gewalt nemmen/ darvon lauffen
Wie es zu Kriegszeit offt geschehen
Hernach so könd jhr euch hin nähen
In ein Würtshauß/ euch nit zu schaden/
Allda essen ein gutten Braten/
Oder aber ein gute Wurst/
Auch könd jhr leschen ewren durst
Mit gutem Wein/ Meth oder Bier/
Was euch selbst zum besten schmeckt hier/
Vnd auch ein guten rausch heim bringen
Ein wackers Bauren-Liedlein singen
Jedoch daß es nicht sey zu grob/
Für diß alles saget GOtt lob/
Im Krieg gieng es anderst daher/
Jetzt zu den Würthen ich mich kehr/
So wol in Stätten/ als dem Landt/
Vnd mach euch den Frieden bekandt/
Dann jhr habt euch bey meinen trewen/
Dessen nicht wenig zu erfrewen/
Dann wann die Strassen sicher seyn/
Fahren die Fuhrleuth auß vnd ein/
Alle Gewerb die thün auch wandern
Wol von einem Orth zu dem andern
Diese alle sambtlicher weiß/
Die müssen haben Tranck vnd Speiß/
Pferde vnd Menschen alt vnd auch jung
Das gibt dann ein gute Zehrung
Vnd anders mehr ohn verdriessen/
Deß jhr reichlich habt zu geniessen
Es sey dann daß jhr in den Sachen
Selbsten zu wenig Zech wolt machen/
Hoff doch jhr solt ewr nicht vergessen/
Jedoch heist es: wie jhr thüt messen/
Soll euch wider gemessen werden
In Summa all Ständen auff Erden/
Bringen wir die Botschafft von Gott/
Vnd wir für vnser Botten-brot/
Begehren nicht mehr allbereit
Als daß die gantze Christenheit
Mit wahrem büßfertigem Hertzen
Vnd zerschlagnem Gemüt mit schmertzen
Diese vnaußsprechliche Gnad
GOttes erkenn mit wahrer that/
GOtt im Himmel mit Lob erhebt/
Hinfort in aller Gottsforcht leb/
Daß nit widerumb GOtt der HErr/
Vns zustraffen geneigt wer/
Vnd sonderlich du Teutschlandt
Vergiß es nit/ sey hoch ermahnt
Was guttes dir der HErr gethan/
Laß ab vom bösen von stundan/
Thü wahre büß/ süch rechte Sach/
Den Frieden/ vnd jag jhm nach/
Halt an mit beten Tag vnd Nacht/
Bedenck allzeit vnd nimb in acht
Die Ewigkeit/ die Ewigkeit/
Leg ab Zorn Haß Hoffart Neid
Geitz Wücher Vnzucht sauffen fressen
Leb wahre Gottsforcht vnder dessen
So wird dir Gott beystehn auff Erden
Nimmermehr lassn zuschanden werden
Drumb fall nider auff deine Knie/
Danck GOtt dem HErrn spat vnd frü
Für die Wolthat ohnaußsprechlich/
Biß endlich Er dich nimbt zu sich/
In die ewig himlische Frewdt
Da der rechte Fried ist bereit
O heylige Dreyfaltigkeit
Sey gelobt vnd gebenedeit/
Von jetzund an/ vnd allezeit.

AMEN.

Aus den Weinrechungen der Peinkommissäre ergibt sich, daß die Folterungen üblicherweise über einen längeren Zeitraum verteilt sind, wenngleich die CCC. präzise Vorschriften macht. In einem Fall lassen die Schergen eine Aufgezogene drei Stunden hängen«, während sie in einem beim Bocksturm gelegenen Weinkeller zechen.

Das Osnabrücker Gogericht tagt in früherer Zeit am Standbild des Löwen auf dem Domhof. Im 16. und 17. Jahrhundert finden die Gerichtstage auf der Treppe des Altstädter Rathauses unter Leitung des Gografen statt. Sowohl am 7. Oktober 1636 und am 10. September 1639 finden an der Rathaustreppe öffentliche Gerichtsverhandlungen gegen Hexen statt.

Die beigefügte Tabelle verdeutlicht die extrem kurzen Prozeßzeiten, den hohen Frauenanteil, die in der Regel sofort nach der Captur erfolgte Wasserprobe und das hohe Alter der meisten Besagten. Als

Hexentanzplätze

werden genannt; die Linde auf dem Markt, der Platz vor der Johanniskirche, der Johannesfriedhof und der Rosengarten; eine gibt vor, auf den Tanzplatz nach Berlin-Spandau geflogen zu sein. Manchmal schlägt der böse Feind die Pauke und einmal wird der Osnabrücker Weihbischof Pater Caspar als Trommelschläger erwähnt.

Hochstift Paderborn[1)]

Gründer des Stiftes ist Karl d. G., der den in Sachsen eroberten Landstrich Engern unter die geistliche Obhut der würzburgischen Bischöfe bringt und nach Errichtung des Kammergutes Paterbronna 779 an den Quellen der Pader die bischöfliche Kirche durch Papst Leo III. weihen läßt. Zwanzig Jahre später verfügt der Ort über einen Bischof. Ludwig der Fromme erteilt ihm 822 einen Schutz- und Immunitätsbrief. Der Kirchenadvokat Widekind vereinigt im 12. Jahrhundert die geistliche und weltliche Herrschaft; so wird der Bischof ständiges Reichsglied und schon Heinrich IV. verleiht ihm den Titel *princeps imperii.*

Das damalige Stift grenzt im Osten an Niedersachen, Braunschweig-Lüneburg, die Reichsabtei Corvey und das Weserfürstentum Calenberg, im Westen an das Bistum Münster, die Gografschaft Rietberg und das Herzogtum Westfalen, im Norden an die Grafschaften Lippe und Ravensberg, im Süden an das Herzogtum Westfalen und das Fürstentum Waldeck. Der Padergau mit der Hauptstadt Paderborn untersteht hinsichtlich seiner Gerichtsbarkeit einem vom Bischof zu ernennenden Grafen.

Einst hegt man vernünftige Gedanken. Zur Zeit Karl des Großen (789) findet eine Synode statt. Hier wird Front gemacht gegen denjenigen: »der vom Teufel verblendet, nach der Weise der Heiden glaubt, daß ein Mann oder eine Frau eine Hexe oder ein Hexer sei, ihn oder sie verbrannt habe.«

Die Region zeichnet sich durch zwei Besonderheiten aus: zum einen läßt sich der Einfluß des *Hexenhammers* – unmittelbar nach seinem Erscheinen – nachweisen und zum anderen wirkt hier zeitweise der Jesuitenpater Friedrich v. Spee. Er hat in der Region kaum spürbaren Einfluß.

Hier sind die herrschenden Schichten Träger der Verfolgung. Verschont bleiben wahrscheinlich das gelehrte Bürgertum, der Adel und städtische Honoratioren. Hexenprozesse gegen Kleriker kommen vereinzelt unter Bischof Dietrich von Fürstenberg vor. Deutlich zeichnen sich drei Verfolgungswellen ab: um 1590/1600, um 1630 und 1658/59 im Verbund mit dem Auftreten von Besessenen. Etwa 75 % der Opfer sind Frauen. Manche Inhaftierte sterben an der Folter oder begehen Selbstmord.

Auffallend sind in einer späten Phase Prozesse gegen Kinder! Schlimm wütet man 20 km südlich Paderborns. In Büren werden 1630 innerhalb eines Monats 50 Menschen getötet.

Die Wasserprobe spielt bis 1600 eine ernstzunehmende Rolle; sie wird noch 60 Jahre später angewendet, dann aber nur noch auf Wunsch des Besagten und ohne Beweiswert.

Die Prozesse werden nicht zentral gesteuert, sondern eigenständig von autonomen Gerichtsherrschaften, Bischof, Domkapitel und adeligen Patrimonialherren geführt. Selten ist das Einholen von Gutachten. Konfessionelle Unterschiede sind nicht erkennbar; die Herrschaft Büren ist calvinistisch geprägt und Paderhorn lutherisch.

Ein grundsätzlicher Gegner des Hexenwahns war Ferdinand von Fürstenberg nicht. Die *Cautio Criminalis* macht auf ihn weniger Eindruck als auf seinen Zeitgenossen Philipp von Schönborn (gest. 1673), der als Erzbischof von Mainz und Bischof von Würzburg Hexenverfolgungen in seinen Stiften unterbindet.

Problematisch ist die zerrissene Gerichtsstruktur. Dietrich von Fürstenberg (1585 bis 1618) scheint sich um eine Abgrenzung zwi-

Aktenmäßig nachweisbare Hexenprozesse in Osnabrück*)

Nr.	Name	Alter	Captur	Bad	Hinrichtung
1.	Anna Schreiber	?	?	15.5.1583	?
2.	Anna Schreiber	?	?	?	?
3.	Teleke von Lingen	?	13.7.1585	21.8.	
4.	Elsche Berges	?	12.3.1636	14.3.	14.3.
5.	Mareke Bödiker	?	11.5.1636	13.5.	23.5.
6.	Anna Helmich	?	13.5.1636	13.5.	23.5.
7.	Grete Berling	80	16.5.1636	17.5.	23.5.
8.	Anna Flusningk	?	16.5.1636	17.5.	23.5.
9.	Wobbeke Hillebrand	60	16.5.1636	17.5.	23.5.
10.	Trine Krögerin	60	19.5.1636	19.5.	23.5.
11.	Trine Quadfasel	80	19.5.1636	19.5.5.	23.5.
12.	Anna Stallmann	80	19.5.1636	219.5.	14.6.
13.	Anna Dumkenca	40	27.5.1636	27.5.	30.6.
14.	Trine Kastling	?	27.5.1636	27.5.	14.6.
15.	Grete Voß	82	27.5.1636	27.5.	14.6.
16.	Grete von Bueren	60	27.5.1636	27.5.	14.6.
17.	Catharina Borgwede	66	10.6.1636	10.6.	9.7.
18.	Trine Eiffeler	60	10.6.1636	10.6.	30.6.
19.	Regina Quermann	66	10.6.1636	10.6.	30.6.
20.	Johann Wesseling	60	10.6.1636	10.6.	17.6.
21.	Elsche Brinkmann	40	21.6.1636	?	30.6.
22.	Sara Münstermann	ca. 50	21.6.1636	?	30.6.
23.	Gertraud Voß	30–40	26.6.1636	26.6.	?
24.	Grete Bierbaum	30	27.6.1636	27.6.	15.7.
25.	Lisbeth Brockmann	35	27.6.1636	27.6.	15.7.
26.	Gertraud Gronewalt	58	27.6.1636	27.6.	15.7.
27.	Anna Meyer	?	12.7.1636	12.7.	?
28.	Mareke Sivering	?	12.7.1636	12.7.	29.7.
29.	Gerd Tonsing	?	12.7.1636	12.7.	229.7.
30.	Anna Tripmacher	40	12.7.1636	12.7.	29.7.
31.	Stine Framking	?	19.7.1636	19.7.	29.7.
32.	Mareke Otting	?	19.7.1636	19.7.	.7.10.
33.	Trine Prölking	40	19.7.1636	19.7.	29.7.
34.	Anna Hope	?	26.7.1638	?	29.7.
35.	Grete Wahrhaus	50	26.7.1636	26.7.	?
36.	Anna Ameldung	?	1.8.1636	20.9.	7.10.
37.	Johann Helmich	?	1.8.1636	22.9.	Freilassung
38.	Anna Modemann	82	1.8.1636	20.9.	7.10
39.	Grete Meltersca	30	23.9.1636	23.9.	7.10.
40.	Elisabeth Neuhaus	80	30.9.1636	?	7.10.
41.	Grete Bockern	70	21.7.1637	22.7.	1.9.
42.	Anna Beckmann	60	26.8.1637	?	1.9.
43.	Elsche Großmann	63	16.8.1637	?	1.9.
44.	Anna Bar	?	17.8.1637	17.8.	1.9.
45.	Grete Erndtbrink	70	4.9.1637	?	5.9.
46.	Margaretha Meyer	63	4.9.1637	?	6.10.
47.	Anna Raumshaus	?	4.9.1637	?	6.10.
48.	Ludeke Wenner	?	?	?	1.9.
49.	Trine Hoeping	28	4.9.1638	?	9.7.
50.	Else Pagenstecher	?	20.9.1638	?	9.7.
51.	Mareke Bordewisch	?	18.6.1639	18.6.	9.7.
52.	Heinrich Marquardt	80	18.6.1639	18.6.	9.7.
53.	Ludeke Schröder	75	26.6.1639	26.6.	1.7.
54.	Anna Tripmacher	?	26.6.1639	16.6.	?
55.	Trine Deichmann	?	5.7.1639	.5.7.	9.7.
56.	Grete Marquardt	?	4.7.1639	5.7-.	?
57.	Sara Baumeister	ca. 40.	14.8.1639	14.8.	10.9.
58.	Grete Speckmeyer	?	14.8.1639	14.8.	?
59.	Trine Evering	60	17.8.1639	?	7.9.
60.	Trine Eversmann	?	17.8.1639	17.8.	?
61.	Catharina Rüßel	52	17.8.1639	17.8.	10.9.
62.	Fredeke Glandorf	68	22.8.1639	?	7.9.
63.	Catharina Witthaus	50	22.8.1639	22.8.	Freilassung
64.	Frau Grothe	?	?	?	?
65.	Elsche Peters	?	?	?	?

*) Übertragen aus: Strebel. Hexenprozesse in Osnabrück

Geistliche Eskapaden. Priester und Pastoren auf Abwegen

1526 Martin Luther gibt zum Besten: »Die Zauberinnen sollst Du nicht leben lassen. Es ist ein gerechtes Gesetz, daß sie getötet werden. Sie richten viel Schaden an. Sie können ein Kind bezaubern, daß es fortwährend schreie ... schaust Du solche Weiber an, wirst Du sehen, daß sie ein teuflisches Gesicht haben. Man töte sie nur.«

1541 Der Breslauer Reformator Ambrosius Moiban erkennt in den Türken eine Geißel Gottes und predigt gegen sie. Auch wenn es nicht korrekt ist, es als Ausländerhaß zu bezeichnen, liegt es so weit nicht davon!

1551 In Schleswig rügt der Lektor des Domes die Verfolgungswut des Vikars gegen die angestrebte Verbrennung der Metke Framen.

1561 In Esslingen wirkt der Diakon Jacob Faber als Verfasser eines Traktates über das Hexenwesen. Er verteidigt den Einsatz der Folter.

1562 Der Esslinger Pfarrer Naogeorgus wettert auf der Kanzel gegen die Obrigkeit und predigt mehrere Sonntage über die verderbliche Wirksamkeit der Unholde; er warnt die Kirchgänger vor ihnen und soll gesagt haben: »Die Hexen mögen sich nicht erlauben, seine Kirche zu betreten.«

1562 bis 1563 Der Esslinger Superintendent Weinheimer brüskiert die Mogglanschwester und sagt: »ich gebe keiner Unholdin die Hand.« Später kontert sie und meint: »daß sie alles von den Hexenpredigten des Pfarrers wisse.« Anna Marie Kieß sieht es ähnlich: »sie habe alles vom Hörensagen, vermuten und was ihr der Pfarrer von der öffentlichen Kanzel von solchen Sachen ... gepredigt.«

1563 (vor) In Hildesheim predigt der Superintendent gegen Melchior Gordeler: »da er sich auf das Bannen und Beschwören gelegt habe.«

1572 Der Pfarrer Sinderam in Osterode löst einen Hexenprozeß aus.

1574 Katharina Schloßstein wird zum Opfer der klerikalen Willkür. Der Pfarrer Christoph Rütinger von St. Katharina zeigt die ihm mündlich vorgetragenen Beschuldigungen beim Rat an.

1579 Der Hegelsdorfer Pfarrer (Hochstift Paderborn) beschuldigt die Witwe Goste Korfs: »sie und deren Kinder wären Teufelskinder.«

1584 Der Superintendent Pauli aus dem Pommerschen wettert auf der Kanzel gegen das Unwesen der Zauberei. Ihm werden Zettel auf die Kanzel gelegt: »er solle nicht gesund sein Haus wiedersehen, wenn er mit seinem Eifern (gegen die Hexen) nicht aufhöre.«

1584 Der Würzburger Priester Christoph Zehendter leistet der Hexenfurcht der Dieburger Bevölkerung Vorschub. Er beschuldigt den Rat, ihn mit Zauberkräutern, die er auf der Kanzel gefunden hat, behext zu haben.

1585 Der ehemalige Trechtlingshausener Pfarrer Hermann Probst bezichtigt vor seinem Tod öffentlich eine »suspectam personam«, an seiner Leibesschwäche Schuld zu sein.

1587 Pastor Freudesius meint: »Daß es Hexerei in allen Ständen gebe ... ich könnte unterschiedliche nennen, etliche auch die noch leben und sich vielleicht bekennen möchten.«

1587 Im Amt Varenholz im Lippischen wird der Prozeß gegen die »Dünnesche« durch den Bericht des Pfarrers aus Vlotho ausgelöst, demzufolge sie von Johan Eulerts sterbenskranker Frau die Rücknahme der Hexereibeschuldigung verlangt hat.

1588 Der Pastor und Almosenpfleger aus Lüdenhausen finden zehn oder zwölf Hostien vor dem Altar. Sie schließen auf einen Hostienfrevel durch Hexen. Dorfbewohner klagen laut Aussage des Pfarrers: »daß ihre Kühe keine Milch gäben, andere dagegen mit nur zwei Kühen viel Butter hätten.«

1589 Jacob Gräter in Schwäbisch Hall sagt: »diese Feinde des Menschengeschlechtes sind zu strafen.«

1592 Der Aschaffenburger Dekan Jodokus Cammerer, Stiftsprediger von Kurfürst Wolfgang von Dalberg, veranlaßt die Bestrafung Margreth Wagners, als sie Verleumdungen ihrer Person in Selbstjustiz ahndet.

? Der Seligenstädter Pfarrer Martin erkennt an den Händen Elisabeth Glaubens, daß sie eine Hexe ist.

1595 (?) Es wird gesagt: »Die Herren Prediger von allen Kanzeln, daß man die Inquisiten nicht loslassen, sondern weiter wider sie procedieren möge. (Sie wären) zum öfteren mit ganz eifrigen Ermahnungen (zu) erinnern.«

1598 (um) Auf Veranlassung des Superintendenten M. Joachim Zehner von Schleusingen und des Pfarrers Balthasar Ritter von St. Kilian wird ein Hexereiverfahren im Magdeburgischen eröffnet.

1598 Der Freudenberger Pfarrer Johannes Leykauff beteiligt sich an Verhören und die alte Löhrin soll gesagt haben: »Wann nur der Pfarrer nit die Brennde so geschürt hette.«

1600 Engelbert Dietz, Pfarrer von Obergrenzbach, sagt im Wirtshaus, sobald man seine Schwägerin verhafte: »so lasset sie auf meine Hausfrau fragen, denn sie ist auch eine. Ich habe 120 Gulden verarztet. Nun sagen alle Wahrsager, »meine Frau hats mir angetan.«

1618 verklagt der Pastor die etwa 80jährige Ilsche Osterhagen beim Gogericht. Er wird im Gegenzug beklagt, weil er ihr das Abendmahl verweigert und sie bis zur deren Besserung dem Teufel empfohlen habe. Sie ist ihrer Sache sicher und meint: »Jesus werde ihr das Abendmahl reichen.«

1626 (um) Der Pastor von Baunenstorf verweigert zwei zum Verbrennen Verurteilten vor der Hinrichtung das Abendmahl und redet ihnen »hart« zu, die Teufelsbuhlschaft zu gestehen, anstatt sie zu trösten.

1627 Der Geistliche Oswald und der Vogt klagen in Alleshausen »über die teuflische Kunst der Krügerin.« Von ihrer Mutmaßung bis zu deren Scheiterhaufen ist es nur ein Schritt.

1627 In Hildesheim erkrankt ein Bürger an Wassersucht. Der Pastor an St. Georgen verweigert der »dicken«Lehnsche die Beichte mit der Anmerkung: »daß er sie solange, als sie sich der bösen Bezichtigungen nicht entledigt habe, nicht zum Tisch des Herrn zulassen könne.«

1627 In Münster (Westfalen) erklärt Kläre Voß unter den Qualen der Folter: »sie habe die Zauberkunst vor vier Jahren vom Herborner Pastor erlernt.«

1627 In Münster (Westfalen) wird Elsa Buddenboems auf Veranlassung der geistlichen Herren mit Haft belegt, »da sie im Ruf der Zauberei stehe.«

1627 In Münster (Westfalen) verweigert der Guardian der Minoriten Elsa Buddenboems, die Beichte abzunehmen »da der Teufel so vornehmlich aus ihr spreche.« Zudem wäre sie die Ursache für die Erkrankung eines Paters gewesen.

1628 Geistliche in Wertheim bringen eine Petition ein und sagen darin: »der arme Mann werde um Haus und Hof gebracht. Hexen und Zauberer würden die Jugend verderben, weshalb die Obrigkeit eingreifen müsse.

1629 In Münster ist Christian Schöttelhöver inhaftiert. Geistliche und weltliche Herren haben ihn als »Teufelsbanner« besagt.

1629 In Köln bezichtigt der Jesuit P. Belte (Bolden ?) Sybille Wilhelmstein: »sie wäre eine Zauberin.«

1630 In Niedernhall wird Johann Kreß vom Pfarrer M. Veit Knörr des Segensprechens beschuldigt.

1630 In Köln wird gegen die minderjährige und wohl unter Wahnvorstellungen leidende Christina Plum ein Hexenprozeß inszeniert. Sie wird von zwei Geistlichen belastet.

1630 Der Breslauer Pfarrer von St. Christoph erkennt in der Teuerung eine Strafe Gottes und macht die Obrigkeit verantwortlich.

1637 kommt es zu einem spektakulären Fall, als sich eine Dominikanerin des Konstanzer Klosters St. Peter bezichtigt. Der Bischof läßt sie verkleidet aus der österreichischen Stadt entfernen und wenige Kilometer vor deren Grenzen in Hegne im Bereich des Hochstiftes hinrichten.

1637 In Osnabrück bezichtigt der Pastor von Gülich Grete Bockern als Teufelin und verflucht sie.

1646	In Hillentrup wird im Verbund mit einer Kirchenvisitation gegen den etwa 70 Jahre alten Pastor Johannes Stephani vorgebracht: »er habe die Gemeindemitglieder in einer Predigt gegen die Wahrsager »Teufelskinder« gescholten.
1654	In Kamenz wird einem zur katholischen Religion konvertierten evangelischen Pfarrer der Prozeß gemacht. Kaspar Dulichius wird gefoltert und 1655 hingerichtet.
1654	findet in Lemgo das Verfahren gegen den (Hexen)lehrer Beschorn statt. In dem Zusammenhang meint der Pfarrer Dreckmaier von Schötmar: »Unter Berufung auf Exodus 22.17 soll man das Gesetz an den Kindern erfüllen.« (sie töten) »Kinder, die sich nicht besserten, sollten »evitandum majus periculum« durch einen sanften todt zu richten sein.«
1654	Berichtet der Pfarrer Gilhausen von Kirchheim: »daß Elisabeth, Frau des Heinrich Georgen, nie in die Kirche gehe, wie es auch ihre Mutter gehalten.« Darauf agiert die Kanzlei: »sie möge es schleunigst nachholen.« Weil sie dem nicht nachkommt, wird sie gefoltert.
1654	Beschwert sich der Pfarrer Piderітz in Langenholzhausen über die heidnische, barbarische ja teuflische Gewohnheit des Osterfeuers, wobei gerufen, geschossen und geflucht werde und man die Mädchen ums Feuer und in den Busch ziehe.« Er bittet um die Abschaffunng des Brauches. Zudem beschwert er sich über die Spinnabende, bei dem die jungen Knechte mit den Mädchen Branntwein tränken und große Schande trieben.«
1654	Der Pfarrer von Almena, Anton Trophagen (im Lippischen) löst ein Hexereiverfahren gegen Anneke Rüschemeier aus.
1655	Margarethe Wehrmann (Schweinsche) stellt den Kirchgang ein, weil sie eine Predigt des Pfarrers Römer gegen die Hexen auf sich bezieht. Er meldet es dem Konsistorium.
1659	Der Pfarrer aus Stemmen (im Lippischen) stellt Gretke Schmid wegen ihres ärgerlichen Lebenswandels, Verachtung der Predigt und des Abendmahls zur Rede.
1663	Der Pfarrer von Kupertin und Plauenhagen verfaßt ein Werk mit 400 Gewissensfragen, das in gewisser Weise als protestantischer Nachzügler des *Hexenhammers* angesehen werden kann.
1666	Als im Verfahren gegen Engel Steg im Lippischen der Anneke dicke Milch, Käse und Salbei gegen ihre Appetitlosigkeit bringt: »will sie diese erst zu sich nehmen, wenn der Pfarrer zustimme.«
1669	Fragt der Güstrower Superintendent beim Konsistorium in Rostock nach: »wie man sich hinsichtlich des Beichtstuhles gegen die der Hexerei Verdächtigen zu verhalten habe.«
1674	Im Hildesheimer Verfahren gegen die Lorentzische bestätigt der Pfarrer: »aber das sei gewiß, daß der Teufel in dem Kind operiere und die wunderlichen actiones verursache.«
1706	Im Oberamt Dringeberg gehen der Bürgermeister, Stadtrichter und Pastor gegen ein neunjähriges Mädchen vor, das in den Ruf geraten war, zaubern zu können.
1717	Pastor Scheudius rät im Pommerschen, ruchbaren Leuten nie zu gestatten, in Keller, Küche oder Kammern zu gehen, oder Hauswinkel zu kriechen.
1729	bis 1731 In den Landgerichten Schwertberg und Prendegg wird unter geistlicher Assistenz einer Großmutter eine Narbe geöffnet, weil man dort eine zu magischen Zwecke eingenähte Hostie vermutet. Das herausfließende Blut wird vom Pfarrer aufgefangen.

schen seiner Jurisdiktion und der seiner Landstände bemüht zu haben.

Anfänge

Die Erzbischöfliche Akademische Bibliothek besitzt ein Exemplar des *Hexenhammers* Ausgabe 1494, die in Köln bei Johannes Koelhoff erschienen ist. Es wird 1495 vom Priester Wulhardus erworben, der sie »besonders für Pastoren« als nützlich bezeichnet. Zur gleichen Zeit zirkuliert das Buch im Benediktinerkloster Abdinghof. Der

Mönch Jodokus Cassel wendet sich nach seiner Lektüre an den Prior des Kölner Dominikanerklosters, Servacius Fanckel und erkundigt sich: »inwieweit Jacob Sprenger mitgearbeitet hat« und stellt einige moraltheologische Fragen.

Es ist denkbar, zwischen dem Auftauchen des Buches und den ersten Hexenverfolgungen im Hochstift (Büren) eine Brücke zu schlagen. Ob es vor 1500 Hexenprozesse in Westfalen und hier gegeben hat, bleibt zweifelhaft[2]. Beim ersten nachweisbaren, der zwischen 1500 und 1520 anzusiedeln ist, gesteht »ohne Pein«

Alheyd Reyneken[3]

- Sie habe verschiedenen Leuten Milch gestohlen und dies mit Hilfe des Teufels, indem sie sagte: »Duwel, far in des mannes ... molken und halte my den smant an der melck in hundert (?)«
- Sie habe eine Kuh vergiftet und eine weitere totgeschlagen und räumt ein, daß sie den Herrn Johann Middentwe vergiftet habe.
- An bestimmten Tagen habe sie mit einem Teufel namens Kunsse auf dem Markt getanzt. Er sei auf einer schwarzen Ziege, sie auf einem Besen geritten.
- Sie habe Gott und alle Heiligen verleugnet und im Namen sämtlicher Teufel Verbrechen begehrt.

Ihr Geständnis ist ähnlich der Mitangeklagten Styne Henneken. Der Ausgang der Verfahren ist offen. Vermutlich hat man sie verbrannt.

1555 werden Kersting de Smedt und Anna, Witwe des Meisters Kaspar Strunck »uff ein gemein gerochte, mollen und straten meer thouerien (Zauberei) und anders halber beargwohnet und differeth« und darum von den Bürgermeistern »durch viele besser und an solcher fruntschaft der sulftigen gefencknisse uff sein unschult entlediglich« (entlassen). Sie müssen Urfehde schwören.

1556 beklagt sich Hermann von Hanxleden in einer Eingabe an den Bürgermeister und Rat der Stadt Paderborn über die Behandlung seiner Frau und seiner Schwiegereltern: »sie seien von einigen Bürgern verleumdet und daraufhin verhaftet worden.« Es hängt vermutlich mit einem Zaubereidelikt zusammen.

Hinrichtungen sind erst zwanzig Jahre später nachweisbar. In einer Stadtrechnung von 1575 erscheinen in der Rubrik »Ausgaben« 55 Mark »für 3 gefangene und gerichtete Zauberinnen[4]«. Sie werden gefoltert und verbrannt. Ihr Tod wird verkürzt, indem ihnen der Scharfrichter einen Beutel Schießpulver um den Hals hängt. Vermutlich gehört der Prozeß zu einer breit angelegten Verfolgungswelle und sollte nicht isoliert betrachtet werden.

Die meisten Verfahren sind aus der Herrschaft Büren überliefert, wo die Akten 1572 einsetzen. In diesem Jahr werden zwei Frauen und ein Mann exekutiert[5]. 1579 beschuldigt der Hegelsdorfer Pfarrer die Witwe Goste Korfs, »sie und deren Kinder wären Teufelskinder« und eine Frau erklärt: »sie seien nicht gut genug, um mit den Nachbarn zu trinken.«

In zwei Briefen vom Sommer 1579 bitten sie die Herren von Büren um Schutz vor solchen Beleidigungen. Das Gegenteil tritt ein und die Obrigkeit neigt zu deren Ausweisung. Mit bitteren Worten beklagen sie die Rechtsbeugung und erflehen nochmals den Beistand der Obrigkeit.

1583 wird Trine Freitag in Büren wegen Hexerei angeklagt und unter der Folter zum Geständnis gezwungen. Sie stirbt vor der Hinrichtung im Gefängnis und ihre Leiche wird verbrannt. Für 1584 ist aus dem Patrimonialgericht der v. d. Lippe in Vinsebeck das Geständnis einer Hexe überliefert. In den 70er Jahren des 16. Jahrhunderts verunsichert

Der Schreiber von Haaren

als Führer einer Räuber- und Mörderbande das südliche Hochstift und die Nachbarterritorien. Es wird berichtet:

- Daß ihm seine Mutter ein Mittel verschafft habe, um sich unsichtbar zu machen.
- Dann habe er mit seinen Spießgesellen Gott und den Heiligen abgeschworen und den Menschen den Kampf angesagt.
- Neben anderen Verbrechen soll er schwangeren Frauen den Leib aufgeschnitten haben: »in der Hoffnung, sie sollen Knäblein getragen haben, aber Gott der Herr hat nit wollen gestatten, daß diese arme unschüldige Kindlein zu ihren teuflischen Zaubereien sollten dienen und gepraucht werden, sondern er hat verhängt, daß alle Mägdlein gewesen seien.«

Er wird gefangen und im Dezember 1579 in Dalheim gevierteilt. 1570 gibt es in der Grafschaft Lippe einen vergleichbaren Fall. Es kann mit umherziehenden Banden zusammenhängen, die man als landschädliche Leute betrachtet und verfolgt hat. Vergl. dazu die Ausführungen zur Hexenverfolgung in der Steiermark und dem politischen Schauprozeß im Jahre 1600 gegen die Familie Pappenheimer. (München)

Um 1600 klettert die Prozeßwelle nach oben. Im Bereich der Gerichtsbarkeit des Domkapitels werden 1597 in Etteln südlich von Paderborn neun und im Nachbardorf Atteln drei Personen verbrannt. In der Westphalenschen Herrschaft Fürstenberg liegen für 1601 sieben Todesurteile und darüber hinaus die Geständnisse von fünf Angeklagten vor, die vermutlich hingerichtet worden sind. Somit fallen den Wahnvorstellungen mindestens zwölf zum Opfer.

Die gleiche Größenordnung ist in etwa für das Jahr 1593 in Büren anzunehmen, wo sieben Geständnisse, darunter die von drei Männern, feststellbar sind. Parallel läuft eine Hexenverfolgung in der Nachbarstadt Rüthen, wo 1593–94 mindestens sieben Personen den Tod finden.

Im Bereich der bischöflichen Jurisdiktion sind kaum präzise Angaben möglich. Im Schloß des Landesherrn in Neuhaus werden 1591, 1602 und 1603 jeweils mindestens drei Menschen ums Leben gebracht. Es lenkt die Aufmerksamkeit auf den Bischof

Dietrich von Fürstenberg

Man sagt ihm nach: »er habe einer großen Anzahl Zauberer, Hexen und Unholden, welche sehr viel Böses begangen, ihren verdienten Lohn durchs Feuer gegeben.« Von der gleichen Überzeugung spricht seine *Kirchenordnung* aus dem Jahre 1602, in der er das Anwachsen des Hexenwesens beklagt. Ihm zur Seite steht sein Bruder Kaspar.

Auffälligerweise geht er in der Region gegen mehrere der Hexerei bezichtigte Geistliche vor. So 1591 gegen den Pater von Thüle, der hingerichtet wird und 1603 gegen den Prior, den Subprior und einen Konventualen des Klosters Dalheim. Der Letztgenannte stirbt während der Haft und die anderen werden nach einem einjährigen Gefängnisaufenthalt entlassen[6)].

Besser ist die Quellenlage beim Vorgehen des Domkapitels[7)].

Es setzt 1597 in seinen Dörfern Atteln, Etteln und Henglam eine Hexenverfolgung in Gang. Kopf des aus sieben Mitgliedern bestehenden Richterkollegiums ist der Syndikus des Domstiftes, Lic. jur. Johann Moller. Mehrere Frauen besagen vor ihrer Hinrichtung

Elisabeth Schaefer

die 1597 in Etteln verhaftet wird. Sie ist mindestens 60 Jahre alt und gehört der dörflichen Oberschicht an. Ihr Vater wirkt als Richter in Atteln und ihr erster Mann war Holzgreve; so wird ihr energischer Widerstand verständlich.

Sie appelieren mit einer vom Notar aufgesetzten Petition an Bischof Dietrich und bitten um seinen Schutz. Die Hexenrichter entschließen sich zu einem ungewöhnlichen Schritt und lassen den Notar verhaften. Jetzt wenden sie sich an den Anwalt Johann von der Wipper. Auf dessen Betreiben bitten die weltlichen Räte den Bischof in einem Brief vom August 1597 Moller und seine Komplizen um Aufklärung und verlangen Akteneinsicht, Unterbrechung des Prozesses und Freilassung des Notars gegen Kaution.

Ungeachtet dessen setzen die Richter den Prozeß fort und unterziehen die Delinquentin der Wasserprobe. Später preßt man das Geständnis aus ihr; Teufelsbuhlschaft, Schadenszauber und Teilnahme am Hexensabbat.

Dann geschieht etwas in der Rechtsgeschichte seltenes, denn am öffentlichen Gerichtstag, an den sich die Hinrichtung knüpft, dringen Rechtsbeistände, Verwandte und Freunde tumultartig auf den Richter ein und fordern die rechtmäßige Verteidigung.

Letztendlich wird das Todesurteil bestätigt und Elisabeth Schaefer auf dem Scheiterhaufen verbrannt. Die Gerichtskosten von 113 Reichstalern werden dem Ehemann aufgebürdet. Aus Protest richtet er 1597 zwei Eingaben an den Bischof. Die domkapitularischen Richter verhaften daraufhin die Schwester der hingerichteten Magarethe, Frau des Gier Vogt aus Etteln.

Ihr Neffe Hermann Meyer gibt auf, auf die Hilfe des Bischofs zu hoffen und wendet sich im Dezember 1597 an das Reichkammergericht in Speyer. Es erläßt im Januar 1598 ein

Hexenprozeß. Von oben nach unten, jeweils von links nach rechts: Allegorie des Inhalts der 'Cautio Criminalis': Die Unschuld wird im Namen Gottes vor geistlichen und weltlichen Gerichtsherrn gerechtfertigt gegen die Helfer des Unrechts (Habgier, Falschheit, Lüge, Neid und Folter; Matth. 5.10). Vernehmung einer Beschuldigten; das Ende des Verfahrens ist im Hintergrund angedeutet. Folterungen: Im Vordergrund das Anlegen der 'Beinschienen', im Hintergrund das 'Strecken'. Bekenntnis unter der Folter. Folterung: Peitschen mit nassen Ruten. »Der Teufel habe ihm das Genick gebrochen«, stellen befriedigt die Richter fest. Exorzismus. Hexenverbrennung. Aus: Editio Secunda, Frankfurt 1632. →

Geistliche im Widerstand: so selten wie im III. Reich

1563 Im Verbund mit den Esslinger Hexenverfolgungen stellt sich Pfarrer Bentlin gegen das Treiben der Kommissare. Daraufhin wird er der Hexerei bezichtigt, gefoltert und gegen eine Zahlung von 300 Reichstalern entlassen.

1595 Der Pastor von Neumünster rät einer Besagten: »niemand fälschlich zu beschuldigen und sie bekennt: daß sie von anderen nichts Böses wisse.«

1609 Kloster Preetz. Ein Hexer, der auf der Folter bekennt, achtmal auf einer Biertonne auf den Brocken gefahren zu sein, widerruft auf Anraten des Klosterprobstes Dietrich Blome, der ein Gutachten der Rostocker Juristen erwirkt.

1631 Der Jesuit Friedrich Spee führt den entscheidenden Schlag, indem er anonym seine *Cautio Criminalis* veröffentlicht. »Er trage nichts Anstößiges vor und wolle die Aufmerksamkeit der Gelehrten auf das im Hexenprozeß übliche Verfahren lenken und zeigen, wie wertlos die dabei verwendeten Indizien und Beweismittel sind; er wolle kein Verbrechen straflos lassen, doch zur Vorsicht mahnen, um zahlreiche Unschuldige vor einem schrecklichen Schicksal zu bewahren.« Er bekommt einen Dämpfer vom Paderborner Weihbischof Pelking: »da sein verruchtes Werk gegen Fürsten und Richter gemünzt sei.«

1634 (um) Der Pfarrer Rotger aus Drolshagen, der von dem rheinischen Hexenriecher Rheinhard die Flucht ergreift, sagt: »Der Kommissar habe bis jetzt über 800 Menschen verbrennen lassen und verwende »gräuliche Tortur.« Ein seltener Aufschrei der Gerechtigkeit!

1639 In Osnabrück kritisieren die Pfarrer Greve und Pechlin von der St. Marienkirche das Stadtoberhaupt von den Kanzeln wegen dessen Hexenriecherei. Der Rat läßt den Aufsässigen ein Mandat zustellen das ihnen verbietet, in einer der Stadtkirchen den Rat öffentlich anzuzeigen und das Volk gegen ihn aufzuwiegeln.«

1650 In Rottenburg lehnen Kapuziner die Rasur der Hexereiverdächtigen ab.

1678 Wendet sich ein anonymer Geistlicher gegen die überstürzte Hinrichtung einiger Hexen.

1686 Der Pfarrer Linekogel aus Giekauz (Schleswig) setzt sich unerschrocken für eine wegen Hexerei Besagte ein. Er ist von ihrer Schuldlosigkeit überzeugt; der katholisch gesinnte Graf Christoph Rantzau stellt sich gegen ihn.

Mandat, wonach die Richter illegale Maßnahmen wie Folter und Wasserprobe unterlassen sollen. Auf Grund dessen und der Tatsache, daß sie die Folter überstanden hat, wird sie freigelassen, womit das Domkapitel eine Niederlage hinnehmen muß. Wer verbirgt sich hinter dem Syndikus

Johann Moller

der sich durch richterlichen Machtmißbrauch und Willkür in die Annalen der Geschichte eingeschrieben hat. Er gelangt ins Zwielicht und die Akten berichten:

»Als er einstmals u. a. eine junge Zauberische von Etteln, die Josephsche genandt, zu Lippspring in haften gehabt und in der Tortur gesehen, wie dieselbe so schön von Leibe und wolgestalt gewest, daß er oft davon zu sagen pflegen, es were schade, daß man ein so schönes Weib verbrennen solle; hat er sie motu proprio (nach eigenem Gutdünken) auß dem gefengniß gelassen, aber über etliche Zeit hernach auff das (zu) Lippspringe wieder zu sich kommen lassen, sie in ein der besten gemacher eingewiesen, auch täglich hinein gegangen, etliche Stunden bey ihr allein verblieben, daß auch seiner Haußfrauen der Handel verdächtig worden, derenhalb er sie endlich nach verrichtetem Schaden, als sie glatt und wolgemestet, eadem authoritate propria (aus derselben eigenen Machtvollkommenheit) wieder herauß gelassen, und hat doch ihr Mann zum Überfluß eine ansehnliche Summe Kostgelds vor sie erlegen müssen.«

Eine andere wird deutlicher. Gertraud Kneips gibt im November 1611 vor dem Notar Hermann Henxleben zu Protokoll: »als sie vor etzlichen Jahren von Frohnen zu Etteln zum Syndico Johanni Moller gefordert und bey ihnen außerhalb Dorffs auffm berge kommen, daß domaln ermelter Syndikus zu ihr gesprochen, sie solte mit ihm gehen und den Weg weisen, welches geschehen: und indem sie den Abendt spatt in ein Holz nicht weit von der heiligen Seel gelegen angelangt, sey der Syndikus vom Pferd gstiegen, selbigs an einen Baum gebunden und habe ihr Gertrauden fleischliche Vermischung angemutet mit Versprechung, ihr etwas zu geben, und Vertröstung, sie sollte des Brennens frey sein und in Zaubersachen binnen Ettelen nicht weiter verfahren werden.«

Drauff auch im gedachten Holtze viermahlige Vermischung erfolgt. Es sei nicht ohne Folgen geblieben; sie habe einen Sohn geboren; als es Moller gemeldet wurde, sei er dem »mit allerhandt bedrawung, daß er sie, Gertraudt, auff allen Orten verschreiben, verfolgen und verbrennen lasen wollte, begegnet, daß sie ermeldten Söhnlein einem alten unvermögenden Mann, der Grothe genannt, habe zueignen müssen.«

Um diese Zeit kommt ein Fall von Selbstbezichtigung vor. 1630 klagt in Büren die »alte Silkenß« gegenüber ihren Kindern, sie habe sich vom Teufel verführen lassen und von einer anderen Hexe das Zaubern gelernt. Sechs Wochen später erhängt sie sich. Sie war vermutlich im Weyerschen Sinne melancholisch »und hatte den Dachstuhl verrückt.«

Siedepunkt um 1630

Zwischen 1603 und 1620 lassen die Prozesse nach und es besagt eine Anmerkung in den Fürstenberger Akten von 1631: »hieselbst ab illo tempore ab Anno 1601, dahero wider dieselbe Hexischen Personen nicht peinlich prozediret werden.«

Etwa seit 1626 nehmen in den katholischen Territorien die Hexenverfolgungen zu. Deutlich wird es am Beispiel des Hochstiftes Würzburg unter Bischof Philipp Adolf v. Ehrenberg (1623–31), der etwa 900 Menschen – darunter Kinder – richten läßt.

In Westfalen formiert sich zum Zentrum der Hexenverfolgung das kurkölnische Sauerland. So finden in Balve 1628 76 Hinrichtungen statt. 1629 und 1630 wahrscheinlich 99 bzw. 66 Menschen zwischen 1628 und 1671 77 und im Kirchspiel Überkirchen, Amt Freudenburg 69 im Jahre 1630.

Der Landesherr, Erzbischof Ferdinand von Köln aus dem Hause Wittelsbacher, ist seit 1619 Oberhaupt des Bistums Paderborn. Als Verfechter des Hexenwahns hat er die Verfahren in seinem Verantwortungsbereich durch eine 1607 erschienene und 1628 ergänzte *Hexenprozeßordnung* zurechtgerückt. Ähnliches war für das Hochstift Paderborn vorgesehen: »Demnach die Zauberkunst aller Orten heftig einreißt und Ihre Kurfürstliche Durchlaucht dieselbe auszurotten befohlen, also soll eine Ordnung aufgesetzt und darauf weiter verfahren werden.«

Dazu kommt es nicht. Zwei Jahre später drängt Ferdinand darauf, über das Hexenwerk eine Ordnung zu machen, »denn davon zu referiren«. Daraufhin beschließen die Regierungsmitglieder eine Gebührenordnung für Hexenkommissare[8].

Ob es zur Verabschiedung kommt, ist ungewiß, weil Ende 1631 das Hochstift von hessischen Truppen besetzt wird, was schwebende Verfahren unterbricht. Zuvor hat Ferdinand im Amt Boke eine Hexenverfolgung eingeleitet.

Auch im bischöflichen Amt Wünneberg gibt es im Jahre 1630 Hinrichtungen. In Fürstenberg sind 1631 sieben Personen, unter ihnen vier Männer, zum Tod verurteilt und hingerichtet worden. 1630 scheint die Prozeßwelle in Büren vorläufig unterbrochen worden zu sein und das Geschehen verlagert sich auf umliegende Dörfer.

Aufgrund einer Scharfrichterrechnung lassen sich die Hinrichtungen zwischen Dezember 1630 und April 1661 ermitteln (s. beigefügte Tabelle)

Inwieweit der Gerichtsherr Moritz von Büren, seit 1629 Präsident des RKGes, über das Ausmaß der in seinem Namen gehaltenen Hexenprozesse unterrichtet wird, läßt sich nicht ausmachen. Die Durchführung der Verfahren in Ringelstein obliegt dem späteren Paderborner Landrentmeister Johann Hoffmann, der im wesentlichen freie Hand hat. Unter den 55 Hingerichteten befinden sich etwa 16 Männer.

Das Ringelsteiner Vorbild animiert die Bürger von Büren, wieder eine Hexenverfolgung zu iniziieren: »damit solches Teufelslaster ausgerottet und vertilgt werden möge.«

Die folgenden Prozeßakten enthalten Geständnisse von fünf Frauen, zwei Männern und einem zehnjährigen Jungen, die wahrscheinlich im Oktober 1631 exekutiert werden. Als hessisches Militär das Hochstift besetzt und sich im November in Büren einquartiert, bedeutet es ein vorläufiges Ende der Verfolgungen.

Auf dem Höhepunkt des Hexenbrennens in Deutschland erscheint zum Beginn des Jahres 1631 in Rinteln die schärfste Anklage gegen die unmenschlichen Praktiken bei den Hexenprozessen, hinter der sich der engagierte Jesuit

Scharfrichterrechnung aus der Region Paderborn 1630–31

Vorgang	Kosten	
Anno 1630 sind dem 24. Dezember zu Ringelstein fünf Personen wegen Zauberei verbrannt worden.		
Berechnet auf:	15 Tlr.	4 Sgr.
17. März 1631 sind acht Personen verbrannt:	19 Tlr.	32 Sgr.
27. März 1631 sind zehn Personen verbrannt:	18 Tlr.	27 Sgr.
1. April 1631 sind neun Personen verbrannt:	8 Tlr.	26 Sgr.
7. April 1631 sind 13 Personen verbrannt:	10 Tlr.	9 Sgr.
15. April 1631 sind zehn Personen verbrannt:	11 Tlr.	6 Sgr.
Zusammen: 55 Personen	83 Tlr.	32 Sgr.

Friedrich Spee[9]

verbirgt. Neue Erkenntnisse[10] erlauben, ihn korrekter als seither im Zusammenhang mit dem Hexenwesen zu würdigen. Er lebt in einer unruhigen Zeit. Kurz vor seiner Geburt wird der Kölnische Krieg (1582–84) geführt. Der Kurfürst, Gebhard II. Truchseß von Waldburg, tritt aus politischen Gründen dem Calvinismus bei.

Als Friedrich sechs Jahre alt wird, wird die Frau des Herzogs Johann Wilhelm von Jülich-Cleve-Berg im Düsseldorfer Schloß ermordet. Bis 1609 leidet die Region unter dem Spanisch-Niederländischen Krieg; es sind Vorboten des darauf folgenden 30jährigen. Friedrich wird Peter Spee und Mechthild Dükkers von Altenkriegenbeck am 25.2.1591 geboren. Das Geschlecht läßt sich weit zurückführen[11].

Er soll Jurist werden, um die Nachfolge seines Vaters anzutreten. 1603 kommt er an das von Jesuiten geleitete Dreikönigsgymnasium. In der Schule wird ein Leistungsbuch geführt und wir lesen darin: »Der adelige freigebürtige Junker Friedrich Spee hat mit 14 Jahren bei der Versetzung in die nächsthöhere Klasse den ersten Preis für hervorragende Leistungen in der lateinischen Sprache erhalten.«

Die Schule wird 1607 wegen eines Pestausbruches geschlossen. Spee wechselt an das Kölner Gymnasium Montanum, wo er etwa 17-jährig die Abschlußprüfung besteht. Er wird an der philosophischen Fakultät der Kölner Universität immatrikuliert und erreicht den Grad eines Baccalaureus.

Mit 19 Jahren bewirbt er sich beim Leiter der Rheinischen Jesuitenprovinz in Köln um die Aufnahme in den Orden. So gelangt er ins Noviziat nach Trier, wo im September 1610 seine zweijährige Ausbildung und Probezeit beginnt. Währenddem kann er von zurückliegenden Hexenumtrieben und -verfolgungen erfahren haben, zumal der Bischof darin verwickelt ist.

Bevor er sein Noviziat beendet, bricht 1612 in Trier die Pest aus. Die Studenten werden vorübergehend nach Fulda gelegt. Hier legt er die ersten Ordensgelübde ab. Nach dem Noviziat folgt ein dreijähriges Philosophiestudium in Würzburg. Hier hat der regierende Bischof Julius Echter von Mespelbrunn die nach ihm benannte Alma Julia gegründet und deren philosophische und theologische Fakultät den Jesuiten anvertraut. Spee promoviert 1615.

Dann wird er von Würzburg in das Jesuitenkolleg nach Speyer versetzt, um als Gymnasiallehrer und Jugendseelsorger tätig zu sein. Kurz danach werden ihm die Oberklassen in Worms übertragen. In Speyer leitet er die Engelssodalität St. Michael, der er schon als Schüler in Köln angehört hat.

1617 gelangt er nach Worms. Im Januar schickt der Generalobere, Pater Mutius Vitelleschi, ein Rundschreiben an die Gesellschaft und sagt darin: »den glücklichen Stand der Mission in Japan und Indien empfehle ich aller Gebet und bitte Gott, daß er in den Herzen vieler Mitglieder ein glühendes Verlangen entflamme, diese ungeheuren unfruchtbaren Gebiete mit ihrem Schweiß, ja selbst mit ihrem Blut zu begießen.«

Spee entwortet ihm[12]. Die Genehmigung wird nicht erteilt, weil sich mehrere Patres vor ihm für die Aufgabe entschieden haben. 1619 beginnt er in Mainz mit dem Studium der Theologie. Er empfängt im März 1622 die Priesterweihe und beendet ein Jahr darauf das Studium[13].

1623 erhält er einen Lehrauftrag an der Paderborner Universität. Bis 1626 bietet er den dreijährigen Vorlesungszyklus der Philosophie dar. Nach den Ordensverzeichnissen ist er gleichzeitig Katechant an der alten Marktkirche St. Pankratius. Die Paderborner Universität muß zeitweilig wegen der einsetzenden Kriegsereignisse und Pestausbrüche geschlossen werden. Die Jesuiten nehmen sich der Lazarette an und bilden Pfleger aus.

Dann verfolgt er die Absicht, nach Italien zu gehen, um die dortige Sprache zu lernen. Zum Abschluß des Terziatjahres erhält er die Versetzung nach Wesel. Kurzfristig bekommt er die Weisung, die Vertretung des erkrankten Philosophieprofessors Fekenius in Köln zu übernehmen.

Devotessen

Aus der großen Kölner Bruderschaft Schifflein St. Ursula bildet sich 1606 eine Gemeinschaft von Jungfrauen und Witwen, deren Ziel ist, mit einem intensiven religiösen Leben eine apostolische Aufgabe zu verbinden. Unter der Leitung der aus Aachen stammenden Witwe Uda Schnabel ist die Gesellschaft auf mehr als 300 Frauen angewachsen. Viele von ihnen legen das Gelübde der Keuschheit ab. Wegen ihres Lebenswandels heißen sie Devotessen (Jesuitessen).

Spee wirkt als Beichtvater und Seelsorger. Seine Kölner Episode ist von ordensinternen Konflikten begleitet. Er wendet sich wegen seiner Schrift *Vom immerwährenden Lobe Gottes* an den General und erhält im April 1628 einen Verweis, weil er den Dienstweg über den Provinzial nicht eingehalten hat. Zudem soll er sich freigeistig über Mißstände innerhalb des Ordens geäußert haben.

Daraufhin wird er nach Peine versetzt. Es gehört zum Hochstift Hildesheim und ist lutherisch. Als 1600 Kurfürst Ernst von Köln das Gebiet einnimmt, sichert er der Bevölkerung die Beibehaltung der lutherischen Lehre zu. Sein Nachfolger Ferdinand widersetzt sich der toleranten Auffassung und verfügt 1601: »daß sie nun doch wieder katholisch werden muß.«

Im März 1628 läßt der Rat von Peine mitteilen, daß man die evangelischen Pfarrer ersetzen werde. Die Bevölkerung müsse innerhalb von sechs Monaten durch Beichte und Kommunion zur katholischen Kirche zurückkehren.

In der Spannungsphase kommt Spee an. Im November wird er zum Pfarrer der Dörfer Schemdenstadt und Menstedt ernannt. Für seinen Unterhalt werden ihm wöchentlich sechs Reichstaler angewiesen und mit der Fastenzeit läuft sein Auftrag in Peine ab. In der Stadt zieht sich ein Konflikt zusammen. Der evangelische Pfarrer Johannes Bissendorf steht als Verfasser einer Schmähschrift gegen die Irrtümer und Mißbräuche der katholischen Kirche und gegen die Jesuiten vor Gericht und soll ausgewiesen werden.

Friedrich Spee, einer der wenigen Christen im gängigen Hexentreiben. U. a. Verfasser der Cautio Criminalis.

Als sich die Nachricht verbreitet, daß man ihn im März 1629 in Köln hingerichtet hat, kommen in Peine Haß und Verbitterung auf. Möglicherweise sind es Zusammenhänge, die zu einem Attentat gegen Spee führen. Er reitet am Sonntagmorgen zum Gottesdienst nach Woltorf. Auf dem Weg stellt sich ihm ein Reiter und gibt zwei Pistolenschüsse auf ihn ab. Spee kann entkommen und erreicht blutend sein Ziel. Während des Evangeliums bricht er zusammen. Er gesundet im ehemaligen Kreuzbrüderkloster Lilienthal bei Falkenhagen.

Im Herbst 1629 ist er so weit hergestellt, daß er eine schulische Aufgabe überneh-

CAVTIO
CRIMINALIS,
Seu
DE PROCESSIBVS
CONTRA SAGAS
Liber.
AD MAGISTRATVS
Germaniæ hoc tempore necessarius,
Tum autem
CONSILIARIIS, ET CONFESSARIIS
Principum, Inquisitoribus, Iudicibus, Aduocatis,
Confessariis Reorum, Concionatoribus,
cæterisq́; lectu vtilissimus.
AVCTORE
INCERTO THEOLOGO ROMANO
EDITIO SECVNDA:
FRANCOFVRTI,
Sumptibus IOANNIS GRONAEI Austrij.
ANNO MDCXXXII.

Titelseite der von Spee verfaßten Cautio Criminalis, die im April 1631 anonym und ohne Approbation in Rinteln erscheint.

men kann. So erhält er einen Lehrauftrag an der Paderborner Universität als Professor für Moraltheologie.

In der Zwischenzeit wird er mit dem Hexenwesen konfrontiert und sagt: »persönlich kann ich unter Eid bezeugen, daß ich bis jetzt noch keine verurteilte Hexe zum Scheiterhaufen geleitet habe, von der ich hätte mit Überzeugung sagen können, daß sie schuldig gewesen ist. Gott weiß, wie oft ich es in durchwachten Nächten überdacht habe und mir doch kein Mittel einfallen wollen, der Wucht der öffentlichen Meinung Einhalt zu gebieten.«

1631 wird er seiner Professur enthoben. Der Ordensobere begründet seine Entscheidung mit dem Hinweis: »er verdrehe den jungen Leuten den Kopf und ziehe die Rechtmäßigkeit der Hexenprozesse in Zweifel.«

Das Niederschreiben der *Cautio Criminalis* verlangt eine detaillierte Kenntnis der Situation. Er kann sich den litarischen Strömungen seiner Zeit nicht verschließen und so fällt sein Blick auf den Innsbrucker Professor für Theologie und Jesuiten Adam Tanner. Er räumt in seiner vierbändigen *Universalis scholastica, speculativa, practica* (1626 bis 1628) Schadenzauber ein und weist auf die Hexensabbate. Spee steht auf seinen geistigen Schultern und doch ist es dies nicht allein. Vermutlich ist der tiefere Grund für die Abfassung der *Cautio Criminalis* seine Religiosität und sein intaktes Verhältnis zur Nächstenliebe, der Charitas christiana. Für ihn ist der Geist des Christentums entscheidend. Daß er als Verfasser einer so mutigen Schrift gegen den Hexenwahn Schwierigkeiten zu erwarten hat, ist ihm klar und macht seine Anonymität verständlich. Die

Cautio Criminalis

erscheint im April 1631 ohne Approbation. Gedruckt wird sie vom Universitätsbuchdrukker Peter Lucius in Rinteln. Auffallend an ihr ist die formaljuristische Betrachtungsweise, die auf dem Boden der bestehenden Gesetze ein rechtsstaatliches Vorgehen bei den Hexenverfolgungen verlangt. Die Forschung hat vermutet, der unbekannte (Herausgeber?) sei ein Paderborner Jurist. Möglicherweise ist es der Stadtrichter

Johann Laurantz

Er stammt aus Sandebeck und hat sich nach dem Studium an den Universitäten Köln und Angers 1617 in Paderborn niedergelassen. Er bewohnt ein Haus auf dem Vorplatz der späteren Jesuitenkirche, in direkter Nachbarschaft Spees.

Im Sitzungsprotokoll der Regierungskanzlei vom 9. April 1630 wird gesagt: »Serenissimus (Erzbischof Ferdinand) item haben wegen des Bokischen Hexenwesens abermalen gnädigst anbefohlen, Doctorn Laurantzen zur Verantwortung anzuhalten.«

Er hat sich den Unwillen des Landesvaters zugezogen. Nach einem späteren Streit mit dem Paderborner Magistrat wird er im Sommer des Jahres 1630 seines Amtes enthoben. Bis zu seinem Tod 1639 wirkt er als Advokat, der sich einen bedeutenden Ruf erworben hat.

Im August 1631 legt ein bei einem Hexenprozeß gegen Elsche Vogels in Fürstenberg anonym bleibender Advokat eine umfangreiche Verteidigungsschrift vor. In ihr sind viele Passagen teilweise wörtlich aus Spees Buch übernommen. Die Frage, ob der Herausgeber der *Cautio Criminalis* mit Laurantz identisch ist, läßt sich nicht schlüssig beweisen, sollte aber als Hypothese erwogen werden[14].

Während der Öffentlichkeit der Name des Autors verborgen bleibt, wissen Jesuiten um die Zusammenhänge. Im Juli 1631 bestätigt der Ordensgeneral dem Provinzial der niederrheinischen Provinz den Empfang eines vom Mai datierten Briefes über einen von Spee verfaßten, aber ohne sein Wissen veröffentlichten Traktat.

Der General wünscht zu wissen, welche Schuld Spee treffe und wie der Drucker in den Besitz des Manuskriptes gelangt sei. Von einer Bestrafung wird abgesehen, da man ihm nicht nachweisen kann, daß er die Drucklegung veranlaßt hat. »Er möge ernsthaft ermahnt werden, in Zukunft seine Schriften besser zu verwahren.«

Gleichwohl erheben sich in-und außerhalb des Ordens Vorwürfe gegen die Dokumentation der Gerechtigkeit. Der General erteilt die Weisung, von der Zensur des Buches abzusehen und den Autor nicht zu behelligen. Die zweite Auflage von 1632, die *Editio secunda,* wird nicht in Frankfurt bei Groanaeus gedruckt, wie es das Titelblatt ausweist, sondern unter konspirativen Umständen in Köln.

Jetzt beginnt man im Orden, an Spees Aufrichtigkeit zu zweifeln. Hinzu kommen Streitigkeiten mit dem Rektor des Kölner Jesuitenkollegs, so daß erwogen wird, ihn aus dem Orden zu weisen. Man legt ihm nahe, die Konsequenzen zu ziehen. Daraufhin bittet er um seine Versetzung in eine andere Ordensprovinz, erklärt sich bereit, auf sein Lehramt zu verzichten und in das von Schweden besetzte Mainz zu ziehen. Hier ist die Pest ausgebrochen. Er will pflegend und helfend eingreifen. Stattdessen versetzt ihn der General mit einem Lehrauftrag für Moraltheologie nach Trier.

Ende März 1635 steht er Verwundeten und Sterbenden bei: bei der Pflege von Soldaten in den städtischen Hospitälern wird er von einer im Sommer ausbrechenden pestartigen Seuche angesteckt. Nach einer kurzen Krankheit stirbt der 44jährige an deren Folgen. Am gleichen Tag wird er in der Krypta der Jesuitenkirche beigesetzt. Das Grab wurde gefunden.

Er setzt sich kritisch mit dem gängigen Aberglauben auseinander; er ist ein Wegbereiter der Toleranz und stemmt sich in diesem Punkt gegen das kuriale Wollen.

Er wird zum Gegner des unsinnigen Wütens und argumentiert logisch, wenngleich er auf der schwankenden Plattform der Theologen steht: »Er trage nichts Anstößiges vor und wolle die Aufmerksamkeit der Gelehrten auf das im Hexenprozeß übliche Verfahren lenken und zeigen, wie wertlos die dabei verwendeten Indizien und Beweismittel sind; er wolle kein Verbrechen straflos lassen, doch zur Vorsicht mahnen, um zahlreiche Unschuldige vor einem schrecklichen Schicksal zu bewahren. Er wisse nicht mehr, wieviel er einem Binsfeld, Remigio, Delrio und anderen glauben kann, die ihre Lehre mit Ammenmärchen und mit auf der Folter herausgepreßten Geständnissen stützen. Während es ihm früher nicht eingefallen sei, zu beweifeln, daß es viele Hexen auf der Welt gebe, sei er nun, da er einen tieferen Einblick habe, dahin gekommen, daran zu zweifeln, ob es überhaupt welche gibt (?).

Er führt den Nachweis, daß der menschenunwürdige Prozeß eine Folge von Zirkelschlüssen ist. »Ein unheimliches Netz, aus dem es kein Entrinnen gibt« (Ritter).

Er beklagt die Beschränktheit seiner Epoche und ist auf der Suche nach deren Mündigkeit.

Anstelle des Autoritätsglaubens will er mit Vernunft die Dinge prüfen und nicht hinnehmen. Mit Sicherheit sieht er Hexenakten ein und durchforscht sie nach Indizien, wohnt Verhören bei, hält sich in Gerichtsstuben und Kerkern auf, fragt Gefangene und spricht mit Richtern; so überschaut er immer deutlicher den Mechanismus[16].

Er prangert die Sorglosigkeit an, mit der man gegen Unschuldige wütet und führt den Nachweis, daß sie rechtlos sind und keine Chance haben. Er weist das natürliche Ermessen der Henker und Richter nach und sagt: »daß man mit der Folter zu jedem gewünschten Ergebnis gelangen kann.« Der Kern seiner Aussagen ist: »Ist ihre Blindheit nicht zum Erbarmen[17]? **Ich schäme mich, daß man in einer so wichtigen Sache nicht besser zu argumentieren weiß. Pfui der Schande, das ist ein Eifer, deran uns zu loben ist[18] ... laßt uns staunen über die Torheit der Deutschen und über das Unwissen derer, die den Namen von Gelehrten tragen[19]**.« Er erkennt vier Hauptgruppen als Verursacher der Wahnvorstellung:

1. Theologen, die sich der tiefsten Ruhe erfreuen und von dem, was in den Kerkern und Folterkammern vor sich geht, dem Jammern und dem Schreien keine Vorstellung haben. Sie halten die Histörchen von den Geständnissen für das Evangelium und lassen sich mehr von ihrem Eifer als von der Einsicht leiten.

2. Juristen, die aus dem Mord ein Geschäft machen.

Älteste gedruckte Darstellung eines Wünschelrutengängers aus der »Cosmographia« von Sebastian Münster, erschienen 1544.

3. Der Pöbel, der Feindschaft, Nach-und Rachsucht durch Angeberei befriedigen will.

4. Besager, die prahlen, um den Verdacht von sich zu lenken.

Er stellt heraus, daß viele wegen Trunkenkeit oder aus Böswilligkeit als Hexe verleumdet werden und so in das Mühlwerk der Inquisition gelangen, aus dem es kein Erbarmen gibt[20].«

»Ich sah die Gewalttaten, die unter unserer Sonne geschehen und die Tränen der Schuldlosen, die keinen Widerstand mehr zu leisten vermögen, die aller Hilfe Beraubten. Ich preise mehr die Toten als die Lebenden und den als glücklich, der noch nicht geboren ist und der es nicht gesehen hat[21].«

Die Richter haben jedes Gefühl für die Folter verloren; und doch sind sie alle gefoltert worden, mit einer eisernen, mit spitzen Furchen versehenen Presse, die scharf um die Schienbeine gezogen wird, so daß das Blut von beiden Seiten spritzt und das Fleisch wie ein Kuchen zerdrückt wird. Ferner lassen die Richter den Henkern Freiheit, einfach darauf los zu foltern. Die werden am meisten gelobt, die es am schlimmsten treiben.«

Wenn man das hitzige Vorgehen der Richter beklagt und die große Zahl der Hexen in Zweifel zieht, wird man abgewiesen und verdächtigt; mein Blut kommt in Wallung, wenn ich höre, daß man selbst den frommen Tanner als reif für die Folter erklärte, weil er vernünftig über den Hexenprozeß geschrieben hat. Man möge mich zum Inquisitor machen. Sogleich werde ich gegen alle Obrigkeiten, Prälaten, Domherren und Ordensleute vorgehen; Verleumdung ist leicht bei der Hand. Wenn sie sich verteidigen wollen, werde ich nicht auf sie hören, sondern zur Folter schreiten. Sie werden nachgeben und ich rufe: »wo sich die Hexen doch verbergen, wie schleicht dieses Verbrechen im Geheimen?«

Kritik an Spees Vorgehen

Spees Buch wird verworfen. Man wirft ihm vor, daß er es ohne Approbation herausgegeben hat, was nach den Statuten des Ordens einer Todsünde gleichkommt[22]. Spürt man nicht gerade hier den Obrigkeitswahn, denn wem steht es zu, über die geistigen Leistungen eines anderen zu befinden? Der Paderborner Weihbischof Pelking bezeichnet das Buch als »verruchtes« Werk, das voll Verleumdung gegen Fürsten und Richter gemünzt sei[23].

Die *Cautio Criminalis* findet weit bis in das 18. Jahrhundert hinein Verbreitung. In Bremen erscheint 1647 eine der schwedischen Königin und den Offizieren des Heeres gewidmete Übersetzung. Gleichzeitig erscheint eine Ausgabe in Posen. 1649 eine in Frankfurt am Main. Sie ist dem Grafen Moritz von Katzenellnbogen gewidmet.

Übersetzungen entstehen 1657 in Amsterdam, 1660 in Lyon und 1680 auf polnisch in Posen, die 1714 nochmals aufgelegt wird. Die letzte lateinische Ausgabe erscheint nicht mehr anonym, sondern 1731 in einer Lizenz der Ordensoberen in Augsburg.

Obwohl die Hintergründe für die Herausgabe der Frankfurter Ausgabe ungeklärt sind, übertreibt Johannes Groaneus Austrius, wenn er behauptet: »es haben etliche Nationen nach der Lektüre und sorgfältigen Prüfung des Buches ihre Hexenprozesse abgebrochen.«

Spees Klagepunkte aus der Cautio Criminalis

- Es gibt einige Zauberer und Hexen, doch nicht alle, die dafür angesehen werden, sind es. Es ist zweifelhaft, ob es Hexen gibt.
- Die hauptsächliche Ursache des Hexenbrennens sind Unverstand, Aberglauben, Mißgunst und Bosheit.
- Die von der Obrigkeit angewandten Mittel sind falsch und verwüsten das Land mehr als jeder Krieg. Ein solches Übel kann nicht ausgebrannt werdden. Selbst wenn die Zauberei als Ausnahmeverbrechen verstanden wird, darf man damit nicht willkürlich verfahren.
- Bei der Anklage ist vorsichtig vorzugehen, denn einer schiebt die Verantwortung auf den anderen. Die Hexenprozesse werden grausam und leichtsinnig geführt.
- Die Richter müssen streng gegen Lästerer und Verleumder vorgehen, damit Unschuldige geschützt bleiben. Betrug und Leichtfertigkeit haben dazu geführt, Teufelsmale als Indiz für die Hexerei anzusehen.
- Viele Richter sind frech, habgierig, unwissend und blutgierig. Zur Führung solcher Prozesse dürfen keine unverständigen Menschen und nicht mit gelehrten Titeln prunkende zugelassen werden. Sie müssen klug, gerecht und wohlwollend sein.
- Das Konfiszieren der Hexengüter muß aufhören und damit die Straflosigkeit der ungerechten Richter. Es ist ein neuer Kriminalprozeß zu bestimmen, der allen Ungerechtigkeiten vorbeugt.
- Jedem Angeklagten steht ein Verteidiger zu. Das Recht der Appelation muß gesichert sein. Das Geständnis darf nicht erpreßt werden, denn die Anwendung der Folter stürzt Unschuldige ins Verderben.
- Die Folter ist eine Schande vor Gott und gegen die Gerechtigkeit. Richter und Henker quälen die Unglücklichen so lange, bis sie sich für schuldig bekennen, obwohl sie nichts getan haben.
- Die Tortur ist eine unmenschliche Grausamkeit. Sie wurde erst durch die große Menge der Verurteilten hervorgerufen. Nie kann man mit der Folter die Wahrheit erforschen. Sie ist abzuschaffen. Mit dem Blut von Menschen darf man nicht spielen. Auch die Herrschenden müssen Rechenschaft für ihr Handeln ablegen.
- Die Beichtväter dürfen den Richtern nicht die Hand zum Bunde reichen.
- Es ist ein schändliches Verbrechen, Gefangenen vor der Tortur die Haare zu schneiden, denn es führt zu Mißbräuchen.
- Um zur Folter zu schreiten, ist das Gutachten einer juristischen Fakultät notwendig. Ihre Anwendung darf nicht der richterlichen Willkür überlassen bleiben.

Tatsächlich kann es nur in zwei Fällen angenommen werden. Es gilt für Johann Philipp von Schönborn, der Leibnitz seinerzeit erzählt, daß er in seiner Jugend den Verfasser kennengelernt hat.

Zudem kann angenommen werden, daß die Schrift die Königin Christine von Schweden beeinflußt. Sie hat in einem Rescript von 1649 die Einstellung aller laufenden Prozesse, das Ende jeder Inquisition und die Freilassung aller in Haft befindlichen Hexen angeordnet.

Thomasius im Zeichen der Vernunft geführter Kampf gegen das Hexenwüten ist ohne Vorhandensein der *Cautio Criminalis* undenkbar. Er äußert sich mehrfach postiv über sie und bekennt 1712: »Spee hat die Ungerechtigkeit der Prozesse so klar vor Augen gestellt, daß mit Recht den Verteidigern unter den Evangelischen die Schamröte in die Augen treiben muß[24).]«

Der protestantische Rechtsgelehrte Brunnemann gesteht: »daß vor ihm keiner so verständig über die Sache berichtet hat wie der Päpstler aus dem Jesuitenorden namens Henricus Spee[25).]«

Weitere Entwicklung

Infolge der kriegerischen Wirren werden die Verfolgungen zurückgedrängt. Im September 1648 beklagen sich die Einwohner von Essentlo, Amt Wünneberg, bei den Herren von Westphalen als Drosten des bischöflichen Verwaltungsbezirkes: »seie schier alle Zeit Scheltung und Schmähung der Hexerei halber in ihrem Dorf verliefe, anderntheil ihrer etzlichen die Pferde urplötzlich hinfielen und wann sie durch den Wasenmeister dieselbe aufschneiden ließen, befinden sich dabei allerhand giftige Formen, von Schlangen, Kröten und Gößeln (?) und (weil sie) dabei uff ein oder zwei Personen verdächtige Anzeigungen geben wollten, baten darumb, ein Inquisition Prozeß gegen die Zauberer formulieren zu lassen, sie müßten sonst einer den anderen todt schlagen.« Das Gerücht richtet sich vor allem gegen Fiesels Cordes

Frau Cunne

Die Voruntersuchung wird eingestellt, da sie nach Volksmarsen flüchtet und »ex metu incarcerationis« (aus Furcht vor der Verhaftung) sich über sechs Wochen daselbst aufgehalten, bis sie gehört, daß die Hessen wieder von Paderborn kommen und deswegen die Inquisition eingestellt werden müsse, da ist sie wieder zu ihrem Mann nachhause gekommen.« Zeugenbefragungen werden durchgeführt. Zwischen 1656 bis 1660 erregt eine

Welle von Besessenheit

das Hochstift; sie erfaßt Hunderte. Der Wahn beginnt im Februar 1656 bei mehreren halbwüchsigen Mädchen in Brakel. Sie kriechen in Winkel, unter Betten, auf Stühlen herum und halten sinnlose Reden, machen sonderbare Bewegungen, tanzen bis zur Erschöpfung, verziehen die Gesichter, toben, schreien, bis ihnen der Schaum vor dem Mund steht. Sie beschuldigen die Magd des Bürgermeisters Möhring, Katharina Meyer, daß sie ihnen den Teufel in den Leib gezaubert habe. Ein Pater des Brakeler Kapuzinerklosters exorzisiert sie, gelangt aber zur Auffassung, daß sie simulieren.

Anderer Ansicht ist der Paderborner Jesuit Bernhard Löper. Er setzt den Exorzismus fort und so klettert die Zahl der Besessenen auf über 200. Sie werden zur Landplage, sind agressiv und erschlagen mehrere als vermeintliche Zauberer und Hexen[26].

Als das Unwesen überhand nimmt, setzen sich unter der Führung des Fürstbischofs Dietrich Adolf v. d. Reck (1650–61) und der Kapuziner die Kritiker durch. Die Besessenen werden in Einzelhaft genommen, teilweise als Simulanten geprügelt und als Mörder bzw. Zauberer oder Hexe hingerichtet. Die aufgekommenen Hexenverfolgungen erfassen auch Nicht-Besessene.

In Brakel, dem Zentrum der Unruhen, endet die Großmutter der beiden als ersten besessenen Mädchen im Dezember 1657 auf dem Scheiterhaufen[27]. Dann folgen tumultartige Bewegungen.

1657 wird der Bürgermeister Heinrich Möhring, Dienstherr der Katharina Meyer, abgesetzt und dann eskalieren die Beschuldigungen. Im Sommer 1658 werden sieben Personen verurteilt und unter ihnen der frühere Stadtkämmerer Ferdinand Duffhaus, der von zwei besessenen und später hingerichteten Frauen als Zauberer und Werwolf besagt worden ist. Es führt zu neuen Ausbrüchen und Verfolgungen.

Die Epidemie findet eine Parallele in der von Salem (Massachusetts 1691–92), die mit etwa 20 Hinrichtungen endet. An dem v. Westphalenschen Gericht Fürstenberg beginnen die Prozesse im Frühjahr 1658 mit einem Verfahren gegen

Hinte Moller

Auch hier begegnet uns Besessenheit. Zur Einleitung der Folter erbitten die Gerichtsherren ein Gutachten von der in Brakel tätig gewesenen Hexenrichterkommission. Sie zeigen sich einverstanden: »damit überall die Zauberei nit allein ausgerottet, sondern auch die armen besessenen Leute von dem Feinde Gottes und der Menschen befreiet und erlassen werden mochten und wünschen dahero zu ihrem guten Vorhaben Gottes Segen und Gnade.«

Der Prozeß gegen sie kommt während des Sommers in Gang, als man die Doktoren Antonius Berg und Wilhelm Steinfurt aus Rüthen als Experten heranzieht, die in ihrer Heimat zwischen 1652–54 mehrere Dutzend Hexenprozesse geleitet haben[28]. Hinte gesteht unter der Folter, wird verurteilt und gerichtet.

Lise Bödeker, die sie in der Folter als Komplizin bezeichnet, folgt ihr nach der Tortur am 27. Juli in den Tod. Die besagte Enneke Grothen wird gefoltert und Ende August mit der besessenen Freda Sommer konfrontiert, gesteht jedoch nicht. Ihr Schicksal ist unklar.

Mitte August 1658 wird Heinrich Hammerschmidt exekutiert. Er hat, schockiert durch seine Verhaftung, von sich aus Blutschande und Sodomie gestanden, was ursächlich nicht Gegenstand der Anklage war.

Die nächsten und vorläufig letzten Hexenprozesse finden in der Herrschaft Fürstenberg im Sommer 1659 statt. Im Juli werden drei Frauen und ein Mann gerichtet. Ihnen folgen Lenzing Buschmann und im September Johann Moller, der Neffe der Hinte Engel. Im Hochstift geht der Spuk um 1660 seinem Ende zu.

Etwa zehn Jahre nach dem Auftreten der Besessenen ist die nächste Hexenverfolgung im Hochstift nachweisbar: 1668–70 in der Herrschaft Büren, die 1661 mit dem Tod des letzten Edelherren v. Büren an den Jesuitenorden übergegangen war. Dabei werden mindestens elf Personen gerichtet. Zwischen 1673 und 1694 kommt es zu Einzelprozessen. Zu den Besagten gehört der Tagelöhner

Johann Engelbrecht

aus Warburg-Altstadt. 1673 erfährt der zuständige Pastor, Engelbrecht habe mehrere Bürgern angeboten: »wenn man ihm eine konsekrierte Hostie bringe, könne er ihre Augenleiden heilen.« Der Pfarrer vernimmt mehrere Zeugen, verfaßt ein Protokoll und schickt es an seinen Vorgesetzten, den Archidiakon zu Paderborn.

Auf dessen Veranlassung wird Engelbrecht im Februar 1674 von dem Warburger Bürgermeister und Altstädter Pastor verhört. Er räumt ein, Augenleidenden geholfen zu haben, bestreitet aber die Verwendung der Hostien. Aufgrund von Zeugenaussagen wird er inhaftiert.

Jetzt trägt der Archidiakon die Sache dem Fürstbischof Ferdinand von Fürstenberg (1661 bis 1683) vor. Er befiehlt, den Strafprozeß gegen ihn einzuleiten. Nachbarn des Beklagten bestätigen, daß er sich mit Quacksalberei und Feldzauber beschäftigt habe. Zwei Zeugen beharren auf dem Hostienmißbrauch.

Interessant ist das Verhalten der fürstbischöflichen Räte in Neuhaus. Im Namen des Bischofs weisen sie den Frei- und Gografen in Warburg an, auf die Einhaltung und den Schutz des Angeklagten dienenden Rechtsvorschriften zu achten und einen Offizialvertreter zu bestellen. Dies nimmt der

Advokat Cothmann

wahr. Er beklagt die schauerlichen Haftbedingungen, vor allem den Schmutz des Gefängnisses, was den Inhaftierten leicht »ad deporationem et maius malum« (zur Verzweiflung und in größeres Unglück) bringen könne. Er spielt auf einen kurz vorher versuchten Selbstmordversuch des Delinquenten an, der sich zweimal mit einem Messer in den Unterleib und Hals gestochen hat. Auch sein Versuch, die Zellentür zu sprengen, scheitert. Seine Verwirrung zeigt sich in seiner späteren Behauptung:

»ein Knecht sei in schwarzen Kleidern zu ihm gekommen, selbiger hette daß brechen

Das jüngste Gericht. Holzschnitt von Michael Wohlgemut aus der lat. Ausg. d. Schedelschen Chronik. Nürnberg 1493. Koberger.

verrichtet undt mit gewalt ihn erretten wollen ... der Schwarze sei mit Donner und Hagel durch das Gitterfenster entwichen.«

Es verstärkt den Argwohn des Gerichts, daß er mit dem Teufel im Bunde sei. Am 25. September scheitert ein zweiter Fluchtversuch und dann will er sich durch erneute Stiche in die Gurgel das Leben nehmen. Im November wird per Einholung eines juristischen Gutachtens seine Folter beschlossen. »Sie soll höchstens eine Stunde dauern und in der allgemein üblichen Form vollzogen werden.«

Sie erfolgt im Sinne der Besager und Häscher. Er gibt in etwa 20 Fällen den Hostienmißbrauch zu und stellt sich den üblichen Vorwürfen. Das Protokoll wird an den Fürstbischof gesandt, der es zu Begutachtung an seine Räte leitet. Im Februar und März 1675 wird ein zweiter Foltertermin angesetzt. Dabei besagt der Angeschlagene eine Anzahl Warburger als Teilnehmer an Hexentänzen. U. a. Rotger Hertin, den Schwiegervater des Bürgermeisters Johann Heising. Der Schwiegersohn verwahrt sich gegen die Bezichtigungen.

Engelbrechts Schicksal ist besiegelt. Das Todesurteil wird de facto von den landesherrlichen Räten beschlossen, formell aber von zwei bischöflichen Beamten sowie Vertretern der Stadt Warburg am öffentlichen Gerichtstag auf dem Neustädter Marktplatz am 8. Juli 1675 gefällt. Am gleichen Tag stirbt der alte Mann auf einem christlichen Scheiterhaufen. 1672 findet vor dem bischöflichen Oberamt Dringenberg ein Prozeß gegen den 15jährigen

Cord Lüdeken

aus Beverungen statt, der seine Mutter und sich wegen Zauberei und anderer Delikte belastet hat. Der Junge stirbt nach einer mehrmonatigen Haft, bevor er aufgrund eines Gutachtens der Marburger Juristen gefoltert werden kann. Wie allerorten versucht man, die Verfahrenskosten auf Erben zu wälzen.

1677 legen zehn Bewohner in Fürstenberg den Jesuiten folgende Petition vor: »beklagen sich darin, nach dem letzten Hexenprozeß sei das weitere Vorgehen auf die lange Bank geschoben worden und so besorgen wir uns, daß solches von wegen der so vielen darauf gehender Unkosten verursacht werde.«

Um die gewünschten Prozesse finanziell abzusichern, bitten sie um eine besondere Kollekte. Den Herren v. Westphalen wird vorgeworfen: »sie seien vormahls weniger auf das Seelenheil ihrer Untertanen bedacht gewesen, sondern auf ihren Gerichtsbeutel.«

Auch hier wird rücksichtslos besagt. 1672 erklärt Trine Lüdeken: »sie müßte sie Leute reden lassen, was sie wollen, und sie hätten sie jüngsthin aus den Fenstern gerufen: »Hexe, Hexe, wie sie dann auch allhier in Beverungen vor ihr die Tür verschlossen, noch mit ihr zu schaffen haben wollen.«

Im Sommer 1686 ermittelt man in der Herrschaft Fürstenberg gegen einige Jungen wegen Zauberei; vermutlich ohne Ergebnis. Statt dessen mehren sich im Dorf Gerüchte um eine etwa 40jährige, von der lediglich der Vorname

Elisabeth

erhalten ist. Weil mehrere Nachbarn erkrankt und gestorben sind, nachdem sie von ihr Speisen und Getränke genommen, gelangt sie in den Ruf einer Giftmischerin. Im Januar 1687 wird formell Anklage gegen sie erhoben und so kommt der Prozeß in Gang. Vor dem Verhör räumt sie eine Schwangerschaft im fünften Monat ein, was durch eine gerichtliche Untersuchung bestätigt, aber von ihrem Mann dementiert wird. Sie gelangt in den Geruch der Hexe, zumal man schon deren Mutter als solche verbrannt hat.

Vermutlich ist sie daran interessiert, durch eine Notlüge der Folter zu entkommen. Es gelingt ihr nicht und ihr Verhörsprotokoll soll beispielhaft wiedergegeben werden:

»Um halber acht angefangen: Hierauf ist Inhaftierte (die Gefangene) vorgefordert, ad locum toturae (zum Orte der Folter) gebracht, in der Güte befragt, hat geantwortet. »sie könne nicht zaubern, wann man sie schon zu Riemen schnitte; darauf die Haar abgeschnitten, die Hände auf den Rücken, die Augen zu, und eine linnen Schürze umb Leib gebunden, ahn den linken Fuß die Beinschraube angelegt, sagte darauf: »sie könne nicht zaubern«.

Ist in die Höhe gezogen, mit einer Ruthen gestrichen, darauff sie gerufen: »ich kan nicht zauberen, ich kann nicht zauberen, wan Ihr mich schon fillet (quält), wan Ihr köntet Einen kriegen, der mich beklaffet (beschuldigt). Seyn mit einer anderen Ruthen ihr noch einige Streiche gegeben, sagte: »sie könte nicht zaubern, wehre ihre Mutter eine Hexe gewesen, dar könt sie nicht zu. Man kehme ihr nicht auff den rechten Weg. Sie wehre ein gerecht Mensch, ist die Beinschraube versetzet und inquisita in die Höhe gezogen, darauff sie sich gestellt, als wan Ihr nichts wehre,

Dieweilen nuhn inquisita eine halbe Stunde semiplene (fast) torquiert (gefoltert) alß ist Sie wieder heruntergelassen, loß geschroben und umb acht Uhr ad carcerum (zurück ins Gefängnis) geführt worden, mit der Condition, sobald ein Tag und Nacht verflossen, aus erheblichen Ursachen mit derselben continuiret werden solte.«

Dann geht es weiter: »Seyn ihr die Augen zugebunden, hatt sie gesagt, wen Ihr Einen hettet, der mich beklaffen könte, wolte sie gern ohnschuldig sterben, iterato repitierend (erneut wiederholend), »Ich kan nicht zaubern, ich kan nicht zaubern. Ich will so gern sterben, ich will so gern sterben. Ich kan nicht zaubern, Wie Ihr die Beinschraube angelegt, sagte: »sie wehre eine Zauberinne, bald darauf sagte. Sie wollte gerne Eine sein, könne nicht Zauberen, wolte so gerne Eine seyn, ist Einer, der mich besagen kann, so lasset mich loß. Ich will gern zaubern können, will es so gern lehren, lasset es mich lehren, ich kann es nicht sagen.

Befragt, wer es Ihr dann verhindere, »thäte es der böse Feind (Teufel), wollte man mehr geistliche Mittel gebrauchen, und hatt man Weyrauch, Weywasser, Taufkerze und Heiligthumb, vorhin und continuierlich gebrauchet und solle inskünftig mehr gebraucht werden, auch die instrumenta torturalia et ipsa inquisitionis (die Folterwerkzeuge und die Angeklagte selbst) benedictiret (gesegnet) werden.«

Dann wird die Folter abgebrochen. Man sucht nach Indizien, um sie erneut aufziehen zu können. Ein Gutachten untersagt die zweite Folter und dann kommt ihr Mann um ihre Freilassung ein. Damit ist es nicht getan. Sie muß nicht nur die Haftkosten tragen: »sondern hat sich fromm -und ehrlicher Leute Gesellschaft zu meiden.« Sie wird aus dem Gerichtsbezirk verwiesen. Immerhin hat sie den Prozeß überlebt!

Ausklang

Zum Beginn des 18. Jahrhunderts kommt in Fürstenberg eine Prozeßwelle in Gang. Die Anzahl der Verfahren und Opfer bleiben unbekannt. Zwischen 1700–02 wird gegen mindestens zwölf Personen prozessiert. Bei fünf von ihnen ist die Hinrichtung nachweisbar. Als belastendes Indiz wird angesehen, wenn man Verwandte oder Vorfahren, wie bei Friedrich Vahle[30)] wegen Hexerei bezichtigt hat. Die Prozesse führt der Hexenkommissar Dr. Johannes Poelmann. Die Besagungen bleiben die alten.

Im September 1704 gerät die Bürgerschaft in Büren durch das Gerücht in Panik, Zauberer wollten die Stadt in Brand stecken. Jobst Heinrich Deventer, Beauftragter der Paderborner Regierung, berichtet an die vorgesetzte Behörde: »was an diesem ohndem miserablen Orte Unglückliche sich hervortut, und obschon bekannt, war der Erfolg sehr geschweiften Materie in den Städten und Gemeinheiten für schlechten Nutzen bringt, so fehlt es doch an unbesonnenen und hitzigen hier auch nicht, welcher dieser Tage nicht allein die große Bürgerglocke zum gemeinen Aufstand habe läuten wollen, sondern öffentlich gedroht, daß, dafern man die alte vormahls hier abgehaltene Hexen-Inquisitions-Protocolla nicht öffnen und de nova (von Neuem) Processum inquisitions unverweilen formieren würde, sie die hiesigen Gerichts Commisarios bei höhere Obrigkeit verklagen wollen. Im übrigen zeigen die Jesuiten sonderlichen Eifer. Er habe versucht, die aufgeregten Gemüter zu beruhigen.«

1706 werden vor dem Oberamt Dringenberg Ermittlungen gegen zwei Personen geführt, die wegen »Wickerei« angeklagt sind. Ein Jahr darauf gehen Bürgermeister, Stadtrichter und der Pastor von Borgenteich gegen ein neunjähriges Mädchen vor, das in den Ruf geraten war, zaubern zu können. Das Ganze entpuppt sich als Kindergeschwätz. In Hallenberg und Winterberg werden noch 1717 bzw. 1728 Hexen abgeurteilt[31)]. Die mutige Stimme Spees scheint an seiner Wirkungsstätte verhallt zu sein.

Während in preußischen Gebieten ab 1740 nicht mehr gefoltert wird, bleibt im Bistum Paderborn und damit auch in der Herrschaft Brenken die Zulässigkeit der Folter bis zur Säkularisation 1802 bestehen. Ihre Abschaffung wird am 1. Oktober 1801 durch die preußische Interimsregierung angeordnet; 1815 erfolgt der Anschluß an Preußen. Die

Herrschaft Brenken

befindet sich im westlichen Teil des Paderborner Hochstiftes. Das Dorf ist alt und das Gebiet ist ein Stiftslehen der Edlen von Büren, die über die Gerichtsbarkeit wachen. Die Gerichtsstätte befindet sich unter einer Linde. Im 16. Jahrhundert verfügt Brenken über ein Gefängnis. Die Vollstreckung der Todesurteile findet auf der Richtstätte statt. Hier steht der Galgen. Zauberer werden verbrannt und Todesstrafen werden per Schwert vollzogen. Sie werden morgens und, wie allgemein üblich, öffentlich vollstreckt. Das bedeutendste Freigericht der Herrschaft befindet sich in Wewelsburg auf der dortigen -burg »vor dem Blocke.«

Die bischöfliche Hofkanzlei in Paderborn übt die Verwaltung über deren Besitzungen und des Hochstiftes Paderborn aus. Was die Justiz anbelangt, werden Assessoren eingesetzt. Schwere Fälle in Strafprozessen werden ihnen zugeleitet, um Gutachten zu erlangen. So gesehen, übt der Bischof ein Mitspracherecht auf die regionale Rechtspflege aus. Hier kommt die Besonderheit des

Eisernen Eselskopfes

zum Tragen. Wenn jemand vor Gericht steht und ständig leugnet, wird er in Untersuchungshaft genommen. Sie wird verschärft, indem man ihm einen solchen aufsetzt. Von der Foltervariante kann er sich durch ein Geständnis befreien. 1737 gelingt es einem Delinquenten aus der Haft zu fliehen und mit dem Instrument auf dem Kopf das ca. 15 km entfernte Paderborn zu erreichen. Kurz danach verbietet die fürstbischöfliche Kanzlei dem Gerichtsherren von Brenken dessen Verwendung.

Besagungen gegen Magdalena Schiffer wegen Zauberei vor dem Patrimonialgericht der Herren von Westphalen im Jahre 1700 (Fürstenberg)

- Wahr, daß ihr, als sie noch klein und ohngefähr acht oder neun Jahre gewesen, zum verfluchten Laster der Zauberei sich verführen lassen.
- Daß ihr der böse Feind in der Gestalt eines feinen Jünglings von ihrer Lehrmeisterin in ihrer Lehrstube vorgestellt und angerathen, denselben zu ihrem Bräutigam anzunehmen ... daß sie alsdann genug haben sollte
- Wahr sei, daß sie sich nach demselben ergeben und mit ihme zu Beth gangen.
- Wahr sei, daß sie auch mit ihrem Bräutigam einen sichern Contract gemacht, welchen ein ander böser Geist geschrieben und daß sie solches mit ihrem Blut unterschrieben.
- Dann habe sie sich dem Oberteufel in Gestalt eines elegant gekleideten Herrn vorgestellt und habe ihm mit »handgebenderTreue« angeloben müssen, bei selbigen freilich zu pleiben, den eß wehre kein anderer Gott, er wolte ihr aleß verschaffen.«
- Wahr, daß daraufhin inquisita dem wahren allmächtigen Gott und allen Heiligen abhingegen ihme zugesagt und für immer für ihren Gott angenommen.
- Wahr, daß diesem nach der Teufel inquisitam zur lustigen Gesellschaft eingelassen, allwoh lauter Lust und Freude sein sollte.
- Wahr, daß auf dem teuflischen Dantzplatze allerhand Gotteslästerungen, sodomitische Sünde, Blutschande und Ehebrecherei geschehen.
- Wahr, daß manche Teilnehmer auf halben oder ganzen Ziegenböcken zum Tanzplatz gekommen.
- Wahr, daß durch ihre Zauberkunst der Teufel Andern das Korn und dergleichen Sachen aus den Häusern entführet undt ihme zugebracht.
- Wahr, daß beschlossen worden, was für Schaden und Böses dieß Jahre angestiftet werden sollte und daß Andern die Weiden vergiftet (werden sollten) damit das Vieh stürbe[29].

Neben dem freiherrlichen Gericht existiert ein fürstbischöfliches Sendgericht. Hier kommt es des öfteren zu Konflikten; ein hier ausgetragener Zivilprozeß gelangt vor das Reichshofgericht in Wien. 1537 wird die CCC. im Bistum Paderborn als geltendes Strafgesetz verkündet, flankiert von einigen Reichspolizeiordnungen.

In schwierig gelagerten Fällen wendet man sich an auswärtige Juristenfakultäten. Die Richter in Brenken bevorzugen Erfurt und Rinteln. Oft wird Carpzov zitiert, woraus der sächsische Einfluß deutlich wird; neben ihm stehen Berlich, Boehmer, Gödelmann, Goehausen u. a.

Was die Hexenprozesse anbelangt, die damals einen breiten Raum einnehmen, gibt es den Sammelband *Acta criminalia de Processibus contra Sagas et Maleficos ab anno 1601 usque 1663*. Hier lassen sich 12 vollstreckte Todesurteile nachweisen.

In Brenken werden Verfahren gegen Hexen nicht abgewickelt. Lediglich eines wird hier eingeleitet. Die Beklaffte stirbt zum Beginn der Folter. Die Prozesse werden in Fürstenberg, Kreis Büren, geführt. Es ist die zentrale Hexenanlaufstelle der südwestlichen Teile des Hochstiftes. Hier ergehen die Urteile und erfolgen die Verbrennungen. Hier hat ein Hexenkommissar den Verfahren beizuwohnen. 1659 werden in Fürstenberg u. a. die Hexen Meineke und Agathe Brielon »justifiziert«. In beiden Fällen haben sich die Bekenntnisprotokolle erhalten. (Vergl. die beiden angefügten kleinen Tabellen)

Reichen die Indizien, erläßt man ein *decretum capturum* und nimmt den Delinquenten in Haft. Jetzt schickt man die Ermittlungsakten zu einer auswärtigen Juristenfakultät, um ein Gutachten einzuholen. Das *decretum torturale* ist an Bedingungen gebunden. Die Durchführung der Folter obliegt dem Scharfrichter; zwei Schöffen sind anwesend und überwachen das Verfahren, währenddem ein Gerichtsschreiber Protokoll führt.

Lediglich in einem Fall, 1631, übersteht eine Frau die Folter, ohne eine Geständnis abzulegen. Dann unterzieht man sie der Was-

Bekenntnisprotokoll des 1659 in Fürstenberg justifizierten Meineke Brielon

- Daß er das abschweliche Laster der Zauberei in seiner Jugendt undt Kindheidt gelernet, Gott ab- und dem Teuffel zugesagt habe.
- Daß er solche Zauberkunst probiert, sich selbst undt seinem Nebenmenschen damit Schaden zugefüget.
- Die übrigen so midt undt beneben ihm auff den dantzplätzen gewesen, welche er das gesehen, daß die aber so schuldig sein wie er, auch niemandt unrecht besagt habe.
- Daß er darauff leben undt sterben und daß solche seine Aussage also wahr, bey Gott dem allmechtigen an jenem Tage bey dessen gestrengen Gerichte verandtwordten, auch daß ihm nicht Unrecht geschehen daß ganze Gericht vertretten wolle.«

serprobe. Nach dem Geständnis (?) wird dem Beklagten das peinliche Halsgericht angesagt und ein Hinrichtungstermin bestimmt. Die Sitzung ist öffentlich. Die Vollstreckung erfolgt in der Regel im Anschluß an die Urteilsverkündung durch den Scharfrichter.

Grafschaft Schaumburg Rinteln

Rinteln kommt ungerechterweise in den Geruch eines Hexennestes. In dem Werk *Das malerische und romantische Westfalen* von Freilingraht wird über die Universitätsstadt gesagt: »Es scheint nicht, daß das Licht, welches von ihr ausging, je ein hellleuchtendes gewesen sei, es würde sonst in den Flammen der Scheiterhaufen nicht neben sich geduldet haben, die man im 17. Jahrhundert mit solcher Wucht in dieser Musenstadt schürte, daß kein altes Mütterchen ihres Lebens mehr sicher war. In den Jahren 1653–60 soll der weise und fürsichtige Stadtrat von Rinteln im Hexenbrennen das Stärkste geleistet haben, was unsere Landesgeschichte kennt. War es deshalb, daß gerade in Rinteln der edle Spee 1631 sein berühmtes Werk ... herausgab? Man weiß nur, daß es dort wenig fruchtete.«

Es ist überzeichnet. In Rinteln sind in den Jahren 1635–69 etwa 20 Personen zum Tod durch das Feuer dokumentierbar. Alle Prozesse laufen stereotyp ab.

1560 gesteht die inhaftierte Jägersche, daß ihr derTeufel geraten hat, sich von der Bolteschen belehren zu lassen. Sie habe mit ihr die Wiesen vergiften wollen und darum »Unrat« gebraut. Zwei Teufel seien dabeigewesen, die ihnen mit »Frohlocken« auf die Schultern geklopft und verheißen haben, wenn sie die Brühe ausschütten, sollten sie ihr Leben lang »schöne Sachen «haben. Das Tanzen habe die Jägersche ebenfalls von der Bolteschen lernen wollen. Sie stammt aus einer reichen Ratsherrenfamilie. Sie wird vor Gericht geladen, um sich zu rechtfertigen, bekennt sich zu den Untaten und sagt: »Sie habe nach dem Buhle gegriffen und da sei er wie der Wind gewesen.«

Da sie sich weigert, dem Ruf des Teufels zu folgen und mit auf den Tanz zu gehen, »habe er sich auf sie gestürzt, daß sie beinahe den Hals gebrochen.« Eine dritte Eingezogene bekennt, daß sie 20 x auf dem Tanz gewe-

Bekenntnisprotokoll der 1659 in Fürstenberg justifizierten Agathe Brielon

- Daß sie das abschwewliche Laster der Zauberey in ihrer Jugendt gelehrnet, Gott ab- und dem deuffel zugesagt habe.
- Daß sie solche Zauberkunst probirt, sich selbst undt ihren Nebenmenschen Schaden damit zugefüget.
- Die übrigen so mitt undt beneben ihr auff den dantzplätzen gewesen, welche sie da gesehen, daß die eben so schuldig sein wie sie auch niemandt unrecht besagt habe.
- Daß sie darauf leben und sterben, und daß ihre Aussage als wahr, ahn jenem Tage bey Gott dem allmechtigen undt dessen gestrengen Gerichte verandtworten, auch daß ihr nicht unrecht geschehen, daß gantze Gericht vertretten wolle.«

sen sei; ihr Tänzer und Buhle wäre Luzifer. Er habe sich mit ihr vermischt, sei kalt gewesen und habe ein schwarzes Kleid getragen. Dann besagt sie weitere.

Otto, Graf von Schaumburg, bestellt den Rentmeister von Holle nach Bückeburg, um die Sache zu klären. Nach Rücksprache mit den Geistlichen und der Städte wird beschlossen, sie »billig zu strafen.« Man entscheidet sich für die Durchführung der Folter. Ein mit ihr verwandter Ratsherr bittet sie, nichts zu bekennen: »um ihrer Kinder und Freunde willen«; es wird als Bestechungsversuch gewertet.

Die Jägersche leugnet, was man ihr aus der Folter gepreßt hat; so kommt sie wieder ins Gefängnis. Man wolle sie und die Boltesche mit dem Feuertod strafen. Jetzt bittet der Graf die juristische Fakultät Köln um Belehrung »damit die Bosheit richtig bestraft werde.« Interessant ist das Antwortschreiben: »In der Fastenzeit seien so viele Hochzeiten und Gesellschaften, so daß der Dekan die »Doctores« nicht zusammenbringen könne; auch sind viele Geistliche darunter, die nicht gerne über Blut urteilen möchten.«

Dann wendet man sich alternativ an die Leipziger Juristen, die meinen: »da sie bekannt habe, möge man sie nochmals torquieren ... der Ratsherr sei mit zehn Tagen Gefängnis oder mit einer Geldbuße zu belegen. Der Ausgang des Verfahrens ist unbekannt. 1581 wird Johann Klenke in Rinteln wegen Blasphemie und Zauberei angeklagt. Die

Academica Ernestina

gehört zu den vielbesuchten Universitäten. Sie wird 1621 eröffnet und muß einen bedeutenden Status gehabt haben. Es ist die einzige Volluniversität im Nordwesten. Ihr Mißgeschick beginnt mit dem Tod des Landesvaters im Jahr nach ihrer Gründung; kurz danach gerät sie in die Wirren des 30jährigen Krieges. 1624 ist die volle Stärke mit vier Professoren erreicht und bis zur Wiederbesetzung aller juristischen Lehrstühle 1642 gibt es keine Juristenfakultät.

Die erste Ausfertigung eines Gutachtens entstammt einem Lemgoer Hexenprozeß aus dem Jahre 1625, die letzte aus einem Mindener von 1684. Die dortigen Juristen entfalten eine enorme Aktivität auf dem Feld der Beurteilung. Insgesamt liegen 309 Gutachten in Hexensachen vor. Zudem hat sich von ihr eine Kostenaufstellung erhalten. Der juristiche Lehrkörper wirkt vor allem in den Grafschaften Schaumburg und Lippe und dem Stift Minden.

Für die Rintelner Juristen stellen sich die Kernfragen: inquirieren, foltern, verbrennen (Schormann). In 144 Fällen plädieren sie für die Anwendung der Folter. Merkwürdigerweise läßt man die Anwendung der Wasserprobe gelten, wodurch sie (fast) ein Alleinstellungsmerkmal hat.

Bedeutung erlangt die Spruchpraxis durch ein Gutachten vom 5. August 1648, das die Einstellung eines großen Prozesses in Verden und das Verbot der Hexenprozesse im Herzogtum Bremen-Verden durch die schwedische Königin beeinflußt hat; möglicherweise unter dem Einfluß des Rechtsbeistandes Franz Gießenbier (1571 bis 1649). In Rinteln wirkt David Prestl. Helmstedt und Rinteln dürften – soweit es heute erkennbar ist – die extremste Spruchpraxis aller deutschsprachigen Volluniversitäten in Hexensachen aufzuweisen haben. Hier wirkt

Hermann Goehausen

(1593–1632), seit 1621 erster Inhaber der hochdotierten Wippermannschen Familienprofessur. Er publiziert 1630 den *Processus juridicus contra sagas et veneficos Das ist: rechtlicher Proceß/Wie man gegen Vnholden und Zauberische Personen verfahren soll«;* er kann nicht unter die Geistesblitze der Hexenliteratur gezählt werden. Er polemisiert gegen Weyer und stützt auf sich auf die katholischen Klassiker Binsfeld, Bodin, Rémy und Delrio. Von seinem geistigen Elaborat gehen negative Wirkungen aus. Am 10. Mai 1654 beginnt das Verfahren gegen die der Zauberei verdächtige

Frau Hoppenstock

Der peinliche Ankläger Georg Torior (?) trägt vor, daß sie schon 1635 als notorische Hexe bekannt gewesen wäre: die damals vier verbrannten Zauberinnen, die Remmersinn, Steinmannsche, Cath. Drophag (?) und Barbara Mengersen hatten bekannt und ausgesagt, (daß) Hoppenstocks Wittib Magdalena Meyers die Zauberkunst verstehe und mit ihnen auf dem Hexentanz gewesen sei; dazumal sei sie der Remmersin gegenübergestellt worden.

Zudem war sie 1654 von der Sievekingschen, von Kunneke Baurmeisters, von der Haverschen, die allhier verbrannt worden sind, als Zauberin bekannt. U. a. habe die Haversche bekannt, daß die Hoppenstockschen in Wolbertsnacht im Jahre 1653 in dem Rintelschen Weinkeller gewesen und daraus Wein geholt, der auf dem Tanzplatze ausge-

Universität Rinteln; im frühen 19. Jahrhundert abgebrochen. Sie zeichnet sich durch eine extrem scharfe Spruchpraxis aus.

trunken wäre. Es wird durch Zeugenaussagen erhärtet:

- Johann Römmer bekräftigt per Eid: »daß er etliche male gehört, die Hoppenstocksche sei eine Zaubersche. 1. Er hätte von ihrem Sohne gehört, daß er sie eine Hexe gescholten. 2. Er hätte von der Jüdin allhier gehört, daß es ihr die Hoppenstocksche angetan, als sie das Bein gebrochen.«
- Isaak Juden Frau sagt aus: »daß sie vor sieben Jahren hätte wollen nach Stadthagen gehen. Dazumal hätte sie die Hoppenstocksche, die ihr Kind getragen, mitgenommen. Jenseits Obernkirchen, bei den Rösehöfen, wäre es ihr ins Bein geschossen, daß sie zur Erde gefallen und es gebrochen habe ... sie habe die Hoppenstocksche darum im Verdacht, weil sie ihr ein Handtuch, um das die H. gebeten, nicht habe überlassen wollen ... Zudem haben sie andere Leute vor ihr gewarnt. Nach ihrem Unglück hätte sie die H. abgeschafft und nicht mehr zur Hausarbeit gebraucht.
- Henrich Baxmeier bestätigt das Gerücht und fügt hinzu: »daß er gehört, wie im Jahre 1635 Cordt Teigelers Frau, als sie vom Markte abgeführt sei, zu Hans Brenneking gesagt habe, es könne die H. was sie könne und wäre gewesen, was sie gewesen.«
- Hans Knübel bestätigt das Gerücht und fügt hinzu: »Er wäre vor vier Jahren zu Henning Seegers Kinde Gevatter geworden. Auf der Kindtaufe sei die H. gewesen. Als nun auf des Kindes Gesundheit getrunken wäre, hätte die H. einen Krug auf dem Knie gehabt,

Hexenopfer in Rinteln

Wann	Wer
1635	1. Die Einsamsche. 2. Die Teigelersche. 3. Die Sievekingsche. 4. Die Stoteklernsche. 5. Die Flotische. 6. Die Rommersin. 7. Die Steinmannsche, 8. Die Cathr. Trophag, 9. Die Mengersen. 10. Die Künneke Baurmeisters, 11. Die Haversche. 12. Die Doroth. Bremers.
1654	13. Die Cord Meinersin Ww. 14. Cath. Vogels. Henr. Hoppenstocks Wwe. 15. Die Magdalene Meyers. 16. Die Jost Reinekings Frau Künneke Pollmanns. 17. Die Henr. Schroeckels Frau Mar. Brennerkings und 18. Die Daniel Hormanns Witwe, Anneken Brennnerkings.
1655	Johann Ernsting gen. Cronenschreter und die Meiersche verbrannt. (6. Oktober) die Haverbecksche.

welchen sie mit Broihan (Schaumburger Bier) gefüllt, ihm die Gesundheit zu trinken, gereicht hätte. Wie er denselben halb ausgetrunken, hätte er sich übel befunden und den Krug nicht völlig austrinken können.

Allmählich hätte er große Not im Leibe bekommen und obwohl er 50 Taler für Medikamente verwendet, wäre er dennoch bis jetzt nicht völlig zu seiner vorigen Gesundheit gekommen und würde auch seine Lebzeit nicht wieder hergestellt werden. Damals hätte er die H. in Verdacht genommen, sie hätte es ihm mit dem Tranke beigebracht ... er meine, dieselbe wisse, weshalb er sie im Verdacht habe.

• Tönnies Windten bestätigt das Gerücht und auch Jürgen Krusekopf. Veit Kiel sagt aus, daß er vor 20 Jahren gehört, daß die H. eine Hexe gescholten. Wie die Teigelersche zum Gericht geführt wäre, hätte er gehört, daß sie gesagt. »die H. sei so schuldig wie sie.«

Jetzt befragt man die Rintelner Juristen der Universität, ob man sie einziehen (Captur) und der Folter unterwerfen könne. Sie stellen einen Fragenkatalog zusammen.

Zudem hat man die Hoppenstocksche den beiden inhaftierten Frauen gegenübergestellt. Die Bokersche belastet sie: »am verwichenen Maitag wäre sie mit auf dem Tanz gewesen und hätten bei einem Tisch gesessen, gessen und getrunken.« Die Meinersin bestätigt es. Um die Wahrheit zu erforschen (!) bleibt der Obrigkeit nichts anderes übrig (!) als zur Folter (!) zu schreiten. Jetzt legt sie ein abenteuerliches Geständnis ab:

• Sie wäre eine Zauberin. Anneke Waltermanns, des gewesten Kösters Schwester zu Veltheim, hätte in ihres Bruders Hause Küsterei) ihr die Zauberkunst gelehrt, wie sie noch ein unmündiges Kind von sechs oder sieben Jahren gewesen.

• Sie sei ihr dann mit solchen Worten angenommen: »Sie sollte ihr etwas lehren, sie hätte wegen ihrer Jugend nicht gewußt, was solches möchte sein.«

• Sie habe Gott und seine heiligen Sakramente verleugnet und die Sterne am Himmel.

• Ihr Buhle habe sich Hans Federbusch genannt und leinerne Kleider angehabt, dem hätte sie zugesagt.

• Sie wäre einstmals zu dem Juden nach Schwabenburg für 19. Jahren gegangen, da hätte des Schafmeisters Hund, welcher schwarz gewesen, ihr ins Bein gebissen, dem hätte sie vergeben im Brote, worin sie ein schwarzes Pulver getan und den Hund zu Fressen vorgeworfen.

• Es hätte ihr Sohn eine rote Kuh gekauft. Diesselbe hätte sie vergiftet, als schwarzes Pulver im Munde gemacht und dieselbe vergeben.

• Sie hätte niemand mehr die Zauberkunst wieder gelehrt als zwei Frauen.

• Auf Cathrinen-Clause (an der Ludhdener Klipppen) wäre der Hexentanzplatz, worauf sie über fünfmahl nicht gewesen.

Sie könne keine Komplizen nennen, mußte denn erstlich aufs Wasser (Wasserprobe) gebracht werden. Ob nun wohl ihr solches abgeschlagen, darnach sie umbs Wasserbad beständig angehalten: ja sie wäre eine Zauberin ... sie wäre eine Hexe und Zauberin und ihre Aussage wäre wahr.«

Sie besteht offensichtlich auf der Durchführung der Wasserprobe, damit sie ihre Komplizen benennen könne: »sie wären mit ihr auf dem Teufelstanze gewesen auf der Cathrinen-Clause, sie wolle bei ihrer Aussage beständig bleiben und darauf leben oder sterben.«

Daraufhin stellt der Fiskal die Klage zusammen und überreicht sie dem fürsichtigen Bürgermeister. Sie endet mit der klassischen Formulierung: »Wenn dann peinl. Angeklagtin durch den Abfall von Gott Verbündnis und Gemeinschaft mit dem leidigen Sathan sich wider Gott, sich selbst und vorangezogener Rechte und peinl. Halsgerichtsordnung gröblich versündiget, so bittet peinl. Amtsankläger dieselbe, ihr zu wohl verdienter Strafe und den anderen zum Exempel und Abscheu an Leib und Leben nach Ordnung des Rechtes zu bestrafen.« Rinteln am 8. Juli 1654.

Darauf wird das Gericht geheget ... ist sie darauf auf dem Wagen geführt und zum öffentlichen Gerichte gefahren. Man hat ihr die Besagungen nochmals vorgehalten, darüber ihr Bekenntnis zu vernehmen und ferners zu verhängen, was Rechtens maßen Fiscalis das streng peinliche Gerichtsamt anrufet.«

Der Verteidiger der Witwe trägt vor: »daß sie zwar nach gestandener gröblicher Sünde das Leben verwirket, demnach weil dieselbe in unmündigen Jahren zu dem schrecklichen Laster verführet. So bittet er, nicht die Schärfe des Amtsanklägers anzugeben, sondern das Urteil zu mäßigen. Jetzt ergeht es:

»In peinlicher Sachen Fiscalis und peinlichen Amtsanklägers der Stadt Rinteln an einem wider Magdalene Meyers Wittiben Hoppenstocks peinliche Angeklagtin am andern Teil erkennen und sprechen wir Bürgermeister und Rat der Stadt Rinteln auf Klage, Ant-

Interrogationsschema im Verfahren gegen die Hoppenstocksche aus Rinteln (1654)

Nr.	Frage	Antwort
1.	Ob sie ihr Sohn für eine Hexe gescholten?	Ja. Er wäre trunken gewesen und es wäre aus Eifer geschehen.
2.	Ob und in welcher Gestalt sie sich dawider verantwortet?	Sie hätte es solchergestalt beantwortet, sie wäre eine Hexe.
3.	Worumb sie nicht darüber geklaget habe?	Sie habe ihren Sohn nicht verklagen wollen.
4.	Ob Sie für etlichen Jahren mit Isaak, des Juden Frawe nach Stadthagen gangen?	Bejaht, und hätte der Jüdin Kind getragen.
5.	Wie lange solches wole sey?	Weiß die Zeit nicht. Jüdin sagt, es wäre am verwichenen Weihnachten 7 Jahre gewesen.
6.	Ob die Jüdin unterwegs ein Bein zerbrochen?	Bejaht.
7.	Ob Inquisitin wisse und gehöret, daß die Jüdin Sie damit bezeihe, als wenn sie es ihr angetan hätte?	Sie häte nichts gehört, daß die Jüdin sie im Verdacht gehabt, als hätte sie es ihr angetan.
8.	Wenn ja, warum Sie nicht dawider verteidiget?	Jüdin sagt, sie hätte in der Zeit die H. niemals in Arbeit gehabt, da sie dieselbe vor der Zeit in ihrer Arbeit gehabt und sie ihr viel abverdienet hätte.
9.	Ob Inquisitin einßmahl, die Jüdin umb ein Handtuch gebeten, ihr daselbe zu überlassen, und wie lange solches sey?	Bejaht, wüßte aber nicht wie lange. Die Jüdin sagt, es wäre kurz zuvorgewesen, ehe sie das Unglück bekommen.
10.	Ob die Jüdin ihr solches geben oder geweigert habe?	Saget, die Jüdin hätte geantwortet, sie wolle das Handtuch selbst behalten. Die Jüdin sagt, sie hätte ihr wollen das Handtuch nichtüberlassen, denn sie selbstes vonnöthen gehabt.
11.	Ob sie für etliche Jahre auf Henning Seegers Kindt Tauf gewesen und wie lange solche ssey?	Bejaht, wie Henning Segers ältester Sohn getauft.
12.	Ob sie gehöret, daß auf der Kindtaufe geredet worden, des Kindes Gesundheit zu trinken?	Verneint. Hans Knübel sagt, es wäre dazumal geredet worden, des Kindes Gesundheit zu trinken.
13.	Ob damahl eben Inquisitin einen Krug vole Broyhan gehabt habe?	Verneint. Knübel sagt ja, es hätte die H. den Krug gehabt. H. sagt, es möchte wohl sein.
14.	Ob Hans Knübel auch uff solcher Kindtaufe gewesen?	Bejaht. Denn es wäre Hans Knübel Gevatter geworden.
15.	Ob sie demselben ihren Krug gereicht, die Gesundheit daraus zu trinken?	H. weiß nicht, ob sie es getan habe. Hans Knübel sagt H. ins Gesicht, daß sie ihm den Krug gereicht, woraus er des Kindes Gesundheit getrunken. Die H. sagt, sie wolle solches nicht widerreden, es möchte wohl geschehen sein.
16.	Ob Knübel aus dem Kruge getrunken?	Verneint. Hans Knübel sagt ja. Er hätte daraus getrunken und hätte darauf seine Tage keine gute Stunde gehabt und wäre den andern Tag darauf krank geworden.
17.	Ob Inquisitin wissend sey oder gehört habe, daß Knübel nach gethanen Trunk krank geworden und große noth im Leibe bekommen?	Nein. Knübel vermeint nich tanders, es habe die H. Wissenschaft wegen seiner Krankheit gehabt, indem sie wüßte, daß er den andern Tag nach dem Tor gangen.
18.	Ob Inquisitin wisse, daß Knübel sie im Verdacht habe, daß Sie ihm seine Krankheit in dem Kruge zu wegen gebracht?	Nein. Knübel sagt, er hätte es jedermann nicht dürfen offenbaren.
19.	Worumb Inquisitin, Hans Kübeln uf nicht uf spreche, sondern stillschweigend für sich uff die Erden sehen, wenn Knübel ihr begegnet?	Sie wußte nicht davon, ob sie Knübel nicht habe zugesprochen. Knübel sagt nach seiner Kindtaufe habe Inquisitin ihn niemals zugesprochen, da sie doch vor der Zeit oft mit ihm geredet.

wort und alles Vorbringen, auch notdürftige wahrhafte Erfahrung und Erfindung, so deshalben nach laut Kaiser Karl V. und des heiligen Reichsordnung geschehen aus vorgethanen Rat der Rechtsgelehrten vor Recht: »daß peinliche Angeklagtin wegen ihres Abfalls von dem lieben Gott gemachten Verbündnis und gepflogener Gemeinschaft mit dem leidigen Satan, auch Vergiftung Viehes ihr selbst zu wohlverdienter Strafe, andern aber zu einem Exempel zum Tode abzustrafen und hinzurichten sei. Als wir sie dazu verdammen. Von Rechts wegen, daß dieses Urteil denen uns zugesandten Aktis und den Rechten gemäß sei: bezeugen Wir Dechant Senior mit anderen Doctores der Juristen Fakultät beider Universität zu Rinteln. (Insiegel).« 1654 folgt das Verfahren gegen die

Schreckelsche

der man nachsagt, eine Zauberin zu sein. »Sie gehe selten zur Kirche und ihre Schwiegertochter halte sie für eine Hexe.« Sie soll dem Otto Wibbach sechs Kühe vergiftet haben. Als die dritte von ihnen krank wird, habe sie ihr ein Pulver gegeben, darauf habe sie »geprinselt« und »sind ihr Würmer, so ein halb Arm lang gewesen, aus dem Halß kommen.«

Auf die Frage, warum sie sich nicht gegen die Verläumdung gewehrt habe, meint sie: »sie habe nichts davon gewußt; nur die Brockmannsche habe sie einmal »Hexe« gescholten. Sie wäre nicht so oft zur Kirche gegangen weil es ihr an Kleidern mangle. Dann hält ihr eine Zeugin vor: »daß einstmals ein feuriger Drache in ihr Haus geflogen sei.«

Die Juristen schlagen »Zur Erforschung der Wahrheit« vor, sie der Folter zu unterziehen. Man hat sie früh um zehn Uhr auf die Folterbank geführt, ihr Daumenschrauben angelegt und aufgezogen. Sie bleibt »halsstarrig« und bekennt nichts. Dann besucht sie der Pfarrer Wilhelmi in der Haft, um sie zu ermahnen, die Wahrheit zu sagen. Ihm bekennt sie, eine Hexe zu sein; »Bergers Frau habe sie es gelehrt«. Endlich gesteht sie:

- Sie habe vor 34 Jahren von Bergers Frau aus Münchhausen das Zaubern gelernt.
- Ihr Buhle sei oftmals wie eine Maus gewesen, habe rote Kleider angehabt und sich Hans Federbusch genannt.
- Sie habe Gott im Himmel verleugnen und dem Teufel zusagen müssen ... dann habe sie vor der Tür mit ihm gebuhlt, aber nichts von ihm zur Welt gebracht.
- Auch sei sie alle Maitag zum Hexentanz auf dem Steinanger gewesen. Nachdem sie widerruft, wird sie am 5. August 1654 einer zweiten Folter unterzogen. Jetzt räumt sie ein:
- Der Buhle sei in Wächterkleidung zu ihr ins Gefängnis gekommen und habe ihr geheißen zu leugnen. Es sei ihr herzlich leid, daß sie wiederrufen habe; was sie bekannt, sei wahr gewesen. Lediglich das Geld, das ihr der Böse gegeben habe, wäre Dreck gewesen.

Der Kläger Torlow fordert ihren Flammentod: »wie es nach der Ordnung üblich sei.« Wegen ihres Abfalles »vom lieben Gott und gemachten Bündnisse mit dem Teufel und Vergiftung des Viehs« wird sie am 25. August verurteilt. 1634 sind in Rinteln vier Zauberinnen hingerichtet worden. Sie besagen u. a. Heinrich Hoppenstocks Witwe. Es stellt sich heraus:

- Er habe gehört, Beklagte sei eine Hexe; ihr Sohn halte sie für eine.
- Des Juden Issak Frau sagt: »als sie vor sieben Jahren mit der Beklagten nach Stadthagen gegangen, sei es ihr plötzlich ins Bein geschossen, sei hingefallen und habe das Bein gebrochen. Sie habe alsbald die Beklagte im Verdacht gehabt, ihr das Leid zugefügt zu haben.«
- Eine weitere räumt ein: »sie habe gehört, daß eine Hexe, die man zur Richtstätte gefahren habe, ausgerufen hat: »die Hoppenstocksche könne auch, was sie könne.«

Die Beschuldigte sucht sich zu rechtfertigen und meint: »sie habe ihren Sohn wegen der unsinnigen Anschuldigung nicht verklagen wollen; er sei betrunken und in Wut gewesen«. Jetzt wird sie mit einer anderen konfrontiert, die ihr sagt: »daß sie mit auf dem Tanze gewesen und getrunken habe.«

Am 25. Juni 1654 wird sie gefoltert und mit rückwärts gebundenen Händen aufgezogen. Sie bekennt, das Zaubern im Alter von sechs Jahren erlernt zu haben. Ihr Buhle wäre Hans Federbusch, dem sie zweimal Kröten geboren habe. Sie wird Anfang Juli 1654 zum Feuertod verurteilt. Dann tragen Zeugen vor, daß man die

Hafferbocksche

für eine Hexe ansehen würde, »weil sie sich auf die Beschimpfung des Berthold Blom, daß sie eine sei, noch nicht verantwortet habe.« Nach der Auffassung eines Zeugen habe sie ihm drei Kinder lahm gemacht, da ein Heilkundiger zu ihr gesagt habe: »die erste Person, die dein Haus betritt, ist die Hexe«, worauf sie eingetreten sei. Wieder werden die Juristen gehört, die Konfrontation und Folter befürworten; dazu wird einer der üblichen Fragenkataloge herangezogen. Man bindet ihr die Augen zu und schnürt deren Hände auf dem Rücken zusammen. Als man sie aufzieht, räumt sie ein:

- Sie habe vor 30 Jahren das Zaubern gelernt, habe mit dem Teufel gebuhlt und »habe ihm etwas geboren, »das wie hartes Gras und lebendig gewesen und habe einen kleinen Kopf gehabt.«
- Des Johann Kunschafter Kinder habe sie vergiftet. Sie wird Anfang Oktober per Feuer vom Leben zum Tode bestraft. Mit ihr besagt war Cordt Meinersen Wwe.

Katharina Vogel

die kurz danach inhaftiert wird. Nach Zeugenaussagen stände sie in dem Gerücht, eine Hexe zu sein. Sie ist mit einer Frau in Streit geraten, die sie als »Teufel« bezichtigt habe. Cordt Meiners Witwe Cathr. Vogels sagte: »daß die Milch so dicke geworden wie Leber und keinen Schmand gesetzet: daß die Bittersche so arm geworden, daß sie ihre Kinder vor anderer Leute Türen schicken mußte, daß deren eine Brust schwarz und dick geworden, und sie voll Läuse geworden.«

Sie wird im Verhör ermahnt: »Gott die Ehre zu geben und die Wahrheit zu sagen.« Sie bekennt auf der Folter, eine Zauberin zu sein, Gott ab und dem Teufel zugeschworen zu haben. Habe sie doch ihrem Mann Pulver ins Bier geschüttet, das sie vom Teufel erhalten habe und ihn so vergiftet. Sie wolle auf diesen Aussagen leben und sterben.

Das Letztere geschieht am 8. Juli, als man zu ihrer Verbrennung schreitet. Aufgrund ihrer Besagungen gelangt die Witwe des Daniel Hermann in den Geruch der Hexerei. »Es gehe in der Stadt das Gerücht, daß sie eine sei.«

- Hans Wilkens Sohn soll von ihr mit Wasser bespritzt worden sein und er sei dadurch krank geworden.
- Die (o. e.) Schreckelsche habe auf sie bekannt und gesagt: »Sie wäre mit auf dem Steinanger gewesen und ihr Buhle habe grüne Kleider angehabt.«

Sie wird gefoltert und bekennt: (!)

- Das Zaubern habe sie vor 20 Jahren durch eine Weissagerin aus Hildesheim gelernt; alsbald sei der Teufel in schwarzen Kleidern zu ihr gekommen, sie habe dann mit ihm gebuhlt und ihm (unleserlich) geboren, es aber im Dreck verscharrt.
- Sie habe an ihrer Katze ihre Zauberkunst probiert.

Sie wird verbrannt. Jost Renickens Frau wird gleichfalls denunziert, flüchtet, kommt aber nach 14 Tagen im Bewußtsein ihrer Unschuld zurück, was juristisch gegen sie ausgelegt wird. Auf der Folter bekennt sie:

- Daß sie zaubern könne und auf dem Tanz gewesen sei.
- Ein Zeuge, der bei ihrem Mann das Schusterhandwerk erlernt hat, räumt ein: »daß Mann und Frau sich gegenseitig oft »Teufel« gescholten.«

Beim peinlichen Examen starrt sie vor Angst: »hat gezittert und gebebt, ihr Gesicht oft verändert ... ihr Wasser in den Rock laufen lassen«

- Das Zauberhandwerk will sie von der Hopenstockschen gelernt haben.
- Ihr Buhle habe grüne Kleider gehabt und habe Hans Federbusch geheißen.
- Sie habe Gott abgeschworen und dafür ein Halbkopfstück Mietgeld erhalten.
- Er habe mit ihr in den Bergen oberhalb der Weser gebuhlt, dies sei ihr aber allemal nicht gut bekommen, »da er sehr kalt gewesen.«
- Sie bekenne, ihre Kuh vergiftet zu haben.

Sie sei nicht auf dem Hexentanz gewesen: »Sollte sie solches gesagt haben, sei es im Traum oder Schlaf gewesen. Sie wäre eine Zauberin und wolle gern sterben, man solle sie nicht zwingen, auszusagen, was sie nicht wisse. Der Prozeßausgang liegt im Dunkeln. 1655 findet ein weiterer gegen den Hexenunhold

Johann Ernst Kronenschäfer (?)

statt. Er wird vor einer beschuldigten Zauberin beschuldigt, auf dem Hexentanz gewesen zu sein. Nach Zeugenaussagen stehe er im »bösen Geruch« und werde für einen Hexenmeister gehalten.

Kord Klostermeyer sagt aus: »daß er ihm die Pferde vergiftet habe.« Ein weiterer meint: »daß er ein Werwolf wäre.«

Darauf wird er eingezogen und dann steht er in der Folterkammer. Jetzt bekennt er sich zur Zauberei:

- Er habe von der alten Hexersche das Hexen gelernt. Er habe mit ihr ein Stück Land gesät; als sie niedergesessen, habe sie ihn gefragt, ob er etwas lernen wolle, wovon er sich ernähren könne. Als er die Frage bejaht, hätte er Gott abschwören müssen.
- Er habe zehnmal mit ihr gebuhlt und sei vierzehnmal beim Tanz gewesen.
- Sie habe ihm einen Pferdefuß mitgebracht, worauf er gespielt habe.
- Die 4 fl. die ihm der Teufel versprochen,

habe er nicht erhalten; es sei alles Lug und Trug.

Die hier gegen Kinder geführten Prozesse werden unter dem Kapitel der Kinderhexenprozesse beschrieben. 1662 sitzt

Heinrich Voigt

in Haft. Er stammt aus Jetenburg bei Bückeburg und hat einen Diebstahl begangen. Daraus formiert sich ein gegen ihn gerichteter Hexenprozeß. Er räumt ein, daß er vor 14 Jahren das Zaubern gelernt habe und auf dem Blocksberg auf einem Hexentanz teilgenommen habe. Im Verlaufe des Verfahrens besagt er etwa 100 weitere, darunter den Bürgermeister von Bückeburg. Er wird zur wohlverdienten Strafe vor dem Verbrennen mit glühenden Zangen gerissen. 1668–69 findet ein Prozeß gegen die

Witwe des Kunschoppers

statt. Sie steht im Gerücht, sich die Zunge abgeschnitten zu haben. »Es sei ein allgemeines Geschrei, daß sie eine Hexe wäre, habe sie doch einmal selbst ausgerufen: »Gott sei meiner armen Seele gnädig«. Man stellt ihr mindestens 147 Fragen und sie räumt ein: »sie wollte nur, sie könne zaubern, dann könne sie sich retten.«

Da sie in Güte nichts bekennen will, wird sie der Folter unterzogen. »ist aber im Verhör sehr wankelmüthig gewesen.« Dem Pfarrer Wilhelmi, der sie im Gefängnis besucht, gesteht sie einen Giftmord, den sie widerruft. Dann bittet sie um Bedenkzeit: »damit sie der Herrgott erleuchte« Ihr Buhle habe Hans geheißen, wäre mit ihr in die Scheune gegangen und dort habe sie mit ihm zu tun gehabt. Der Ausgang des Verfahrens ist unbekannt.

Lemgo[1)]

ist eine lutherisch gesinnte Hansestadt. Die Kriminalgerichtsbarkeit liegt in den Händen des Rates. Hexenprozesse werden vor dem landesherrlichen Gericht geführt, die Verurteilung aber von einem Halsgericht ausgesprochen, das seine Sitzungen öffentlich am Marktplatz hält. Rechtsgrundlagen sind die CCC. sowie die *Statuta Lemgoviensium.* Die Nähe zur Universität Rinteln beeinflußt die hier etwa geführten 200 Verfahren wegen Hexerei.

Anfänge

Die ältesten Akten stammen aus den 60er Jahren des 16. Jahrhunderts. In der *Historia Westphalia* berichtet Witte, daß 1509 fünfzehn Personen gefangen genommen waren; in dem Zusammenhang soll ein junger Mann an zauberischen Vergiftungen gestorben sein; sieben Inhaftierte habe man mit dem Feuertod bestraft: »nachdem sie viele schreckliche Taten und Malefizien gestanden.« 1530 soll man wegen Hexereiverdachts verhandelt haben.

Die schriftliche Überlieferung in Sachen Hexerei setzt 1564 mit dem Prozeß gegen die aus einer Horner Ratsfamilie stammende Elisabeth Bösendahl ein. Im September 1566 kommt es zu einem Verfahren gegen Johan Büchsenschütz. Ihm wird wegen Sortilegien der Prozeß gemacht. Man hält ihm vor, ein Teufelsbeschwörer und Zauberer zu sein. Besitze er doch Zauberbücher und verfüge über Bleitafeln und Charaktere.

Unter dem Druck der Folter macht er Zugeständnisse. Dann wird verfügt: »die magischen Gegenstände sollen in seinem Beisein öffentlich verbrannt werden, wobei er zu schwören hat, künftig von den Dingen zu lassen.« Er wird gestäupt und des Landes verwiesen. Herauszustellen ist, daß es sich um keinen Hexenprozeß handelt.

1583 kommt es zum ersten dokumentierbaren. Beschuldigt und geständig ist

Ilsche Heithenken

- einen Pakt mit dem Teufel geschlossen zu haben. Er heiße Cort und sei im Haus des Dieterich Kleinsorges zu ihr gekommen, um sie zu gewinnen.
- Gelernt habe sie das Zaubern von Grete Schlirup. Auf der Hinxheide habe sie Hexentänze gehalten, worauf sie auf einer schwarzen dreibeinigen Ziege in Teufels Namen geritten sei.
- Eine Sackpfeife mit einem ungewöhnlichen Klang habe für die Musik gesorgt …
- Vier Frauen seien als Gespielinnen dabeigewesen. Der Ausgang des Verfahrens ist unbekannt. Aus den Unterlagen wird deutlich, daß mindestens zwei Lemgoer Bürgerinnen vor ihr verurteilt worden sind[2)].

1583 wird die Voßesche als Zauberin gerichtet und 1584 Grete Schlirup, die angebliche Lehrmeisterin der Heithenken. Zudem berichtet der Marburger Jurist Wilhelm Adolf Scribonius an den seinerzeitigen Lemgoer Bürgermeister Heinrich Flörcken und Theodor Cothmann, daß am 27. September drei Hexen außerhalb der Stadt verbrannt worden seien. Es können neben den vorgenannten die Schnitgersche und/oder die die Kikeralke gewesen sein, die nach Aufzeichnungen im Kämmereiregister im September 1583 verbrannt worden sind.

Margarete Teufel und Catharina Culemann

Im Februar 1585 wird die Frau Dietrich Kleinsorges nach ihrer Hochzeit von einer »wunderbaren« Krankheit befallen und bald danach entsteht das Gerücht, Margarete Teufel habe sie vergiftet. Sie will es nicht auf sich sitzen lassen und wird beim Rat vorstellig, um sich zu rechtfertigen. Sie beteuert ihre Unschuld und verlangt, die Besager zu laden.

In der weiteren Folge wird Catharina inhaftiert. Am 15. Mai liegt ihr Bekenntnis vor:

- Sie sei keine Zaubersche, habe auch die Zauberkunst nicht erlernt, obwohl man es ihr angeboten habe. Sie habe nie Menschen oder Vieh Schaden zugefügt.
- Doch habe ihr die Teufelsche »schwarzes gestoßenes Zeug in einem Brief gewikkelt und gegeben, das sie in tausend Teufels Namen vor das Kleinsorgersche Haus legen sollte, damit sie daran stürbe.
- Einen Scheffel Roggen habe ihr die Teuffelsche dafür versprochen, doch den habe sie bisher nicht erhalten.
- Das Kraut habe die Teufelsche in ihrem Hause auf der Kammer in einem Pott. Es wäre fertig und kalt gewesen, habe auf dem Tisch gestanden.
- Das Kraut habe sie mit der rechten Hand vor die Tür gescharrt, und das Papier habe sie der Teufelschen wiedergegeben, die alles für gut befunden habe. Sonst habe sie keinen Schaden angerichtet und den Teufel von sich gewiesen.

Dann gesteht die Culemann:

- Auf dem Hexentanz gewesen zu sein und besagt weitere. Zudem wäre sie durch die Lüfte geflogen[3].
- Die Buhlschaft beschreibt sie stereotyp: »Es sey plump kaldt werck gewesen, gehe nicht zu wie mit einem frommen Ehemann.«

Durch die Aussagen Catharina Culemans wird Magarete Teufel belastet. Jetzt wird sie inhaftiert. Rat und Bürgermeister erbitten von Marburger Juristen eine Belehrung[4]. Es wird zum Ausdruck gebracht: »daß man die Beklagte keiner weiteren Folter unterziehen dürfe; sie sei nach geleisteter Urfehde zu entlassen.«

In Sachen der Culemann wendet man sich an die Wittenberger Juristen, die wegen der dort grassierenden Pest nicht beschlußfähig sind. Das Rechtsersuchen wird nach Leipzig geleitet. Man ist sich über das weitere Verhalten unschlüssig. Am 26. Oktober wird die Culemann zu Staupenschlag und ewigem Landesverweis verurteilt. Die Prozesse der Frühphase enden nicht generell mit Todesurteilen. Der Prozeß gegen

Maria Rampendahl[5]

ist vermutlich der letzte in Lemgo geführte. Er ist kein (Hexen)prozeß und dazu noch ein »halbherzig« geführter, dem wesentliche Elemente der klassischen Hexenlehre wie Teufelsbuhlschaft, Hexenflug und/oder Hostienschändung fehlen. Drahtzieher dürfte der Bürgermeister Cothmann gewesen sein.

Nach der neueren Forschungslage handelt er weniger als Vertreter der bürgerlichen Elite, sondern mehr als Exponent der zunehmenden Machtinteressen des lippischen Landesherrn. Inwieweit er den Rat beeinflussen kann, ist unschlüssig.

Maria Rampendahl entstammt einer angesehenen ortsansässigen Familie. 1475 wird als Zeuge in einer Verkaufsurkunde ein Albert Rampendal, »borgere to Lemego« erwähnt. 1614 erfahren wir von der Familie, als Ludeke Rampendahl, Marias Großvater zum Rentmeister des Bäckeramtes gewählt wird. Cordt Rampendahl, ihr Vater, war ebenfalls Bäcker. Er avanciert zum Feuerherrn und Schlüsselwahrer der neuen Pforte, wirkt als Braumeister und Ratsherr. Es wird ihm gestattet, sein Wappen in einem Kirchenfenster zu St. Nicolai anzubringen. Er ist erfolgreich.

Der soziale Aufstieg der Familie entwickelt sich möglicherweise zum Pulverfaß. 1667 bezichtigt Diederich Stockmeyer vor seiner Hinrichtung die Ehefrau Rampendahl und ihre älteste Tochter, den Sohn, bzw. Bruder Henrich mit zauberischen Mitteln vergeben zu haben.

Anna Maria Rampendahl dürfte 1645 in Lemgo geboren worden sein. Sie besucht als Kind die Knüppelschule um Lesen, Schreiben und Rechnen zu lernen. Es ist eine Grundlage ihrer späteren Geschäftstüchtigkeit. Sie kommt früh in den Geruch der Zauberei, denn am 30.8.1653, als sie acht Jahre alt ist, wird ihre Großmutter Salmeke als Hexe gerichtet. Sie stammt aus Lüdenhausen und hat vor ihrer Heirat 13 Jahre in Lemgo gedient.

In Lüdenhausen hat in den 80er Jahren des 16. Jahrhunderts eine große Hexenverfolgung stattgefunden. 1635 beschuldigt man sie erstmals der Hexerei und 1651 beschimpft sie ihr Schwiegersohn Henrich Kaufmann als »Hexe« und droht, er wolle sie brennen lassen.

Seit ihren Kindertragen steht sie im Ruf, die Zauberkunst zu beherrschen. In der Schule wird es ihr von den Mätgens vorgehalten, worüber sie geweint. Ausschlaggebend war die Hinrichtung des Lehrers Hermann Beschoren am 26.9.1654. Er wird auf seinem Weg zur Hinrichtung dreimal mit glühenden Zangen gezwickt. Unter den genannten Mitschuldigen befinden sich 17 seiner Schüler und Schülerinnen; der Lehrer wirft einen Schatten über sie und behauptet: »er habe sie das Zaubern gelehrt.« Auch wenn sich unter den Bezichtigten Maria Rampendahl nicht befunden hat, bleibt ein Verdacht an ihr hängen.

So wird sie immer heftiger angefeindet und gelangt in den Geruch einer Zauberin; erstmals besagt wird sie von der 1674 gerichteten Agnete Wege, die sie als Lehrmeisterin bezeichnet. Sie wohnt in ihrer unmittelbaren Nachbarschaft.

Man meidet ihren Umgang. Hermann Reineking, ehemaliger Nachbar, wird von seiner Frau gewarnt, »sich für sie zu hüten.« Ihre Heiratschancen und die ihrer beiden jüngeren Schwestern können kaum als sensationell angesehen werden. Dann tauchen auf der Wanderschaft zwei Barbiergesellen aus der oldenburgischen Unterherrschaft Varel auf, Hermann und Anton Günther Hermessen. Wohl Anfang November 1675 heiratet sie Hermann.

Ein kluges Weib, schon um die 30, das einen tatkräftigen und liebevollen Mann findet, bietet wohl für die damaligen Sozialstrukturen mehr Angriffsfläche denn eine gewöhnliche und es ist denkbar, daß der intelektuelle Mangel die »dümmere« zu Besagungen bewegt hat.

Es scheint ein harmonisches Paar gewesen zu sein. In seinem Schreiben an den Grafen zur Lippe Ende April 1681 versichert er: »daß ich niemals eines Verdächtiges an ihr gespüret, sondern sie allemahl wie eine fleißige und ehrliche Haußfrawen gefunden.« Durch ihre Heirat und die folgende Schwangerschaft entgeht sie zunächst einer drohenden Verhaftung. Das Schicksal holt sie 1681 ein, denn sie wird durch Maria Vieregge bezichtigt.

Sie macht sich verdächtig, weil sie überdurchschnittliche medizinische Kenntnisse hat. Sie hat ihrem Mann über die Schulter geschaut. Man sieht in ihr eine Giftmischerin. Menschen sollen gestorben sein, nachdem sie sie am Krankenbett besucht hat. Christina Welmanns gibt Maria die Schuld am Tod ihrer Mutter.

Dem Hermann Reineking soll sie bis zu seiner Heirat das Vieh vergiftet haben. Dann tritt der ehemalige Ratsherr Hans Hancke als Zeuge gegen sie in Erscheinung, sowie Hans Koch, der Korn- und Feuerherr. Der sie denunzierende Ratsherr muß 1667 für drei Tage ins Bollwerk, weil er auf der Hochzeit der Familie Bovenhausen dieselben als Hexen und Teufel beschimpft hat. 1668 wird Koch erneut bestraft, weil er Heinrich Krücke und dessen Mutter »Zauberer« genannt hat. 1672 ist er in einen weiteren Beleidigungsprozeß verwoben. Koch wirft sich zum Besager gegen die Rampendahl auf; habe sie doch neben ihrer Zauberei auch ihren Bruder Hans Caspar vergiftet.

Der Ratsangehörige Hans Hancke wähnt sich unmittelbar von ihrer Zauberei betroffen; er gibt ihr die Schuld am Tod eines Kindes. Es sei erst frisch und munter gewesen, aber nach dem Besuch der Rampendahl krank geworden und gestorben. Seiner Auffassung nach hätte sie es vergiftet. Der Kammerdiener Simon Müller als städtischer Angestellter berichtet vom verdächtigen Verhalten der Rampendahl bei ihrer Verhaftung.

In der weiteren Folge entspinnt sich eine juristische Auseinandersetzung. Die Universität Rinteln stellt ein Gutachten und der Jurist Hermann Goehausen ist eingeschaltet, der ein Verwandter Cothmanns ist. Nach Meinung der Rinteler Rechtsgelehrten hat man zu schnell gefoltert, ohne den Tatbestand zu erforschen. Ein Gutachten der Universität Jena wird nachträglich – fünf Tage nach Anwendung der Folter – eingeholt. Es besagt: »daß man gegen sie weiter nichts unternehmen könne und man solle sie nach Zahlung der Unkosten des Landes verweisen.« Es stellen sich Formfehler der Lemgoer Richter heraus.

Sie wird Mitte März 1681 verhaftet, mehrfach verhört und stundenlang gefoltert. Der Vater Cordt Rampendahl, damals Ratsherr, stößt wegen der Verhaftung seiner Tochter Drohungen aus. Der Ehemann protestiert beim Rat mit Hilfe eines Notars und Zeugen gegen eine Wiederholung der Tortur und verschafft sich bei der Juristenfakultät der Universität Rinteln ein Gutachten, das ihre Freilassung fordert. Sie hat vier kleine Kinder und wird als Mutter gebraucht.

Sie wird am 15.4.1681, vier Wochen nach ihrer Verhaftung, aus der Stadt gewiesen. Ihr Mann hält zu ihr. Am Tag der Verweisung, wie

Ehem. Haus des Lemgoer Bürgermeisters Cothmann, der wohl die regionalen Hexenprozesse beeinflußt hat. Sog. »Hexenmeisterhaus«. Stadt Lemgo. Mit freundlicher Genehmigung. →

die Büttel die Frau kaum aus ihren Händen und Stricken verlaßen, ist ihr Ehemann ... gleich zu ihr getreten, sie als seine Frau zu sich genommen. Sie geführet, gehandhabet und getröstet, unter anderen mit diesen Worten: »Ihr seid doch meine liebe Frau und sollt es auch bleiben, ich will Euch nicht verlaßen ... wie er sie dann auch weiter hinausgeführet, mit ihr gespeiset und sie weggebracht, auch nach der Zeit, da sie relegiret war, immer von ihr ab und zugereiset und sich ihrer als Ehemann genähert und angenommen und sie nimmer zu verlaßen entschloßen.«

Damit ist die Sache nicht erledigt. Hermann Hermessen verlangt vom Landesherrn, dem Grafen Simon Henrich zur Lippe, die Aufhebung des Urteils. Als es abgelehnt wird, verklagt er vom benachbarten Rinteln aus, wohin seine Frau gezogen ist, die Gräflich- Lippische Regierung und die Stadt Lemgo beim RKG zu Speyer. Sie verlieren den Prozeß.

Seit Ende März/Anfang April 1682 bis in den November des gleichen Jahres hält sich Maria Rampendahl mit ihrem Mann in Speyer auf. Wohl 1683 zieht die Familie nach Varel. Hier wird Maria Rampendahl am 27. August 1705 beerdigt.

Immerhin spricht das RKG von dem »wegen der Hexenprocessen überall beschriehenen Stadt Lemgow und dem »blutdürstigen Gemüth des unbarmhertzigen Richters und Bürgermeisters Kothmann.«

Einen Schlußstrich zieht die Stadt, als sie zum Jahresende 1715 in einer symbolischen Handlung das Schwarze Buch, in dem die Beklaffungen wegen Hexerei gesammelt waren, vernichten läßt. Der Fall des

Hexenlehrers (?) Beschoren

aus Lemgo findet 1654 statt. Johan Hermans hat ihn besagt, der unter der Folter einräumt, Schüler und Schülerinnen das Zaubern gelernt zu haben. Dazu gehörten Margarete Catharina Hoppe, Tochter eines verstorbenen Rittmeisters und die zwei Söhne des Niedermeyer aus Lüdinghausen.

Die Behörden holen ein Gutachten der Universität Helmstedt ein und befragen den Rat der Stadt Lemgo. Er gibt seiner Erschütterung Raum und sagt: »daß der Teufel die Macht haben solle, kleine vnmündige kinder, so weder lincks noch rechts wißen, von Gott, ihrem schopffer vnd erloser abzuweichen vnd zu sich zureißen, vnd ihre seele vnd seligkeit zu bringen ... Die Aussagen der kinder stimmten mit denen des Lehrers (ja) nicht überein ... darum sei darauf nicht viel zu geben. Man schlage eine Konfrontation mit den Kindern vor und sagt ... es sei nicht zweckmäßig deshalb zu »procedieren vnd zuverfahren« sintemahl das crimen ohne das occultum, ja occultissimum, dem teuffel auch alß einem schnöden vnd lugenhafftigen geist, welcher auch, da es müglig, die außerwehlten zuverführen sich vnterstehet, nicht zugetrawen (sei)« Der Graf möge die in Detmold inhaftierten Kinder zurückschicken, damit man sie mit Beschoren konfrontieren könne.«

Anders reagiert das Konsistorium. Der daran beteiligte Pfarrer Dreckmeier von Schötmar lehnt die Auffassung ab, bei den Kindern seien Verstand und Erkenntnis des Willens Gottes nicht reif, weswegen es sich in ihrem Fall um keine Verleugnung Gottes handeln könne, denn der Teufel habe sie in ihrer Phantasie und ihren Träumen betrogen. Er rate zur besseren christlichen Erziehung und füge zur Begründung die Worte Jesu von dem zurückgekehrten bösen Geist an (Matth. 12.43 ff.). Deswegen sollten sie zum Christentum zurückgeführt und heimlich getötet werden. Unter Berufung auf Exodus 22.17 soll man das Gesetz an den Kindern erfüllen.«

Schließlich meint man: »in allen Kirchen der Grafschaft sei Gott anzurufen, daß er die verführten Kinder annehme. Die Prediger sollten sich um sie kümmern »ihne ihre sünde vndt die ewige verdamnüß, wozu sie der leidige satan gerne bringen wolte, hingegen auch Gottes große güte vndt die wichtigkeit der ewigen herrligkeit vorhalten vndt wohl einbilden ... Kinder, die sich nicht besserten, sollten »evitandum majus periculum« durch einen sanfften todt zu richten sein.«

Schließlich geben die theologische und juristische Fakultät Helmstedt ein gemeinsames Gutachten ab. Man gelangt zu der Auffassung, daß sie noch zu jung und darum nicht strafmündig seien. Die, die das elfte Jahr schon erreicht hätten undt bey welchen sich eine vorsetzliche boßheit erzeiget ... sollen mit Ruten gezüchtigt werden. Zudem wäre es nicht undienlich, wenn alle verführten Kinder an der Hinrichtung ihres Lehrers teilnähmen ... sie seien verschiedenen gottsfürchtigen, gelarten vnndt verständigen mennern auß dem ministerio vnd den schulen an zu befehlen ...

währenddessen seien sie auf den Kanzeln in das Gebet einzuschließen und die ganze Gemeinde habe für ihre »bekehr« undt wieder erleuchtung« zu beten. Im Unterricht hätten sie zu lernen, den Anfechtungen des Teufels zu begegnen ... sie müßten in den öffentlichen Kirchen dem Teufel und der Zaubereisünde absagen und aufs Neue einen Bund mit Gott schließen. Dabei sei ihnen vorzuhalten, daß die Todesstrafe »ohne einige Gnade« folge, wenn an einem »das geringste würde vermercket werden, daß er der zauberey noch zugethan oder lust dazu hette.«

Einzelne Pfarrer bemühen sich um die Angeschlagenen. Als die Zaubertrine den Magister Kemper in Lemgo bittet, man möge ihr helfen: »das sie ferner aus des teufels banden kommen vnd des h. abendtmahls theilhafftig werden mögte« entschließt er sich, sie bis zu seinem Tod zu unterrichten. Eine dubiose Rolle nimmt 1658 der Richter

Johan Barckhausen

ein: »So kan und muß man solcher aussage (von Kindern) woll glauben, man wolte den nichts glauben, dan allein was man mit beeden henden faßete. Wer in verborgenen sachen die wahrheit erkündigen will, der frage die kinder oder sonsten dumme leuthe, dan weiln bey denselben keine boßheit ist, sondern sie schlecht (schlicht), ohn weiter nachdenken heraus sagen, was geschehen, was sie gesehen und gehört haben, so glaube ich deren Zeugnüß mehr, alß anderen, welche ihre eigene gefahr besorgen, und von anderen bewogen und getrieben worden, die wahrheit entweder ganz zu verschweigen oder also zu bemänteln, daß sie Interrogantem ungewiß und in zweifell laßen.«

Er plädiert für die Tötung der Kinder und schlägt es durch Aderlaß vor.1659 rät er ab, Elisabeth Schmitts nachhause zu entlassen, denn deren Eltern wohnten in Salzuflen an einer Kreuzstraße, wo mehr Kinder seien als an jedem anderen Ort der Stadt. Der Vater sei arm und könne nicht verhindern, daß sie mit anderen in Kontakt komme. Man solle dem Mädchen Arbeit geben, damit es seinen Unterhalt im Gasthaus verdienen kann. Lasse sich dies nicht verwirklichen, rate er: »daß man es nach der Jarxer heide (Hinrichtungsplatz) bringe.« Er zeigt sich erbittert über die milde Behandlung der angeblichen Hexenkinder.

Die lippische Regierung stemmt sich gegen die radikalen Meinungen und beauftragt den Pfarrer von Falkenhagen, Simon Bradäus und den Lehrer Henrich Henckhausen mit der Betreuung. Es ist nicht schlüssig geklärt, wie es letztendlich ausgeht. Noch 1673 werden Zauberkinder im Gasthaus festgehalten. Pastor Hildebrand aus Detmold kümmert sich in den späteren Jahren um sie. Vermutlich stehen sie unter der Aufsicht eines Gefängniswärters.

Johan Hermans wird im September 1655 zum Tod verurteilt, etwa ein Jahr nach seinem Auftreten als Zauberjunge. Auch in Herford sind 1637 sieben- bis neunjährige Kinder wegen Zauberei verhaftet und werden jahrelang im Armenhaus von Predigern unterrichtet. Als ein Feuer ausbricht, an dem man ihnen die Schuld gibt, werden sie erneut verhaftet und nach ihren Geständnis zum Tod verurteilt. In

Barntrup

entwickeln sich die bekanntgewordenen Hexenverfolgungen spät; der erste (?) beginnt im September 1657 und löst eine Kettenreaktion aus; schließlich befinden sich zehn Besagte im Braker Gefängnis. Unter ihnen ein Mann, der sich während der Haft und um der Folter zu entgehen, das Leben nimmt; die übrigen werden verbrannt.

Angeklagt sind sie wegen Hexenbündnis, der Teilnahme an Hexentänzen und dem Verüben von Schadenzauber. Der Fiskal belastet sie und man sagt ihnen nach:

- Sich von Gott und seinen Engeln ab- und dem Teufel zugewandt zu haben.
- Sollen aus dem Bund der heiligen Taufe in des Satans Pakt und Bündnis getreten sei, sich ihm verschworen und das teuflische Laster der Zauberei gelernt und getrieben haben. Das ist aber Gottes zuwider und in geistlichen und weltlichen Rechten verboten. Wer entgegen den natürlichen, auch allen völker- und kayserlichen Rechten zu wider, mit dem Teufel ein Bündnis macht, Zauberei erlernt und treibt, soll mit exemplarischer Strafe an Leib und Leben belegt werden.«

Rechtsgrundlage ist die CCC. Basis sind Besagungen und Gerüchte: »daß über die P. A. viele Jahre hero ein heftiges Geschrey ergangen, sie auch im ganzen Ambte Brake berüchtigt, daß sie eine Zauberin und Hexe seye.« Der Rat drängt, endlich gegen die Hexenweiber vorzugehen, »damit das Laster der Zauberei nicht unter der Jugend fortgesetzt werde, die Eingesessenen anjetzo auch fast wie die Leute in Paderborn und Brakel gemieden würden ... der specificirten Frawen etzliche mügten zur Wasserprobe gebracht werden.« Auch hier bringt ein merkwürdiges Ereignis das Faß zum Überlaufen und hat eine Parallele in Stuttgart. Initiator ist der Nachtwächter

Johan Stöcker

der im Mai 1657 »mehr als 14 Hexen leiblich tanzen (sieht), von ihnen verzaubert und dadurch drei Tage dienstunfähig wird.« Er stammt aus Alt-Barntrup und sagt im *Extractus aus eingezogener Inquisition wegen im Flecken Barntorf ausgesprengten Zaubertantzeß und was darauf weiter erfolget:* »Mercurius, den 17. Juny 1657. »clagt Hanß Düvel auß Barentorff, daß der Wächter daselbst außgesprengt, alß hette er seine Hanßen Düvels Frawen neben anderen bey nacht schlaffender Zeit aufm Hexentanzte gesehen. Bittet denselben zur recovation (Widerruf) anzuweisen oder denselben mit seiner Clägern Frawen aufß Waßer zu werffen.« Tatsächlich wird daraufhin Clärken Düvels der Wasserprobe unterzogen. Sie habe »dreimal oben geschwommen« und damit »übel bestanden.«

Am Folgetag bekundet der 18jährige Johan Stöcker: »daß er nimandt ein bloß geschrey zu machen begehret, wehre jedoch nicht ohne, daß als ihm ernstlich eingebunden auf Fewer und Lucht bey seinem dienste, sonderliche fleißige Achtung zu geben, und er in der Nacht für Meytag bey Verrichtung seines Dienstes gewahr worden, daß in Gerlach Penningers Hause Lucht und ein groß Getümmel gewesen wehre. Er sey umb das Haus herum gangen, die Tuer offen gefunden und gesehen, daß daselbst im hauße ein hauffen Weyber getantzet, etzliche in einem langen Reihen, etzliche zwo und zwo, etzliche drey und drey zusammen. Und hette unter denselben nachspecifizierte eigentlich gekannt als nemblich (Auflistung; wird hier weggelassen)

»Wie er solches gesehen, hette er große Schmertzen im Leibe bekommen und in einer halben Stunde weder Handt noch Fuß regen, auch nicht auß der Stette gehen noch sprechen können. Endlich wehre er zur Erden gefallen, auff Händen und Füßen nacher hauß gekrochen, hette auch in dreyen nachfolgenden Nächten seinen Dienst nicht versehen können. Währe auch nicht gesinnet gewesen, solches einigen Menschen zu offenbaren, maßen er solcheß auch seinem eigenen Vater nicht offenbaret hette.«

Und doch spricht es sich herum: »Folgends wehre er Johann Stöcker in des Johan Braunen Hauß kommen, seine Schuh wieder machen zu laßen. Da hette deßen Frawe gefragt, eß sollten da die Hexen getanzet haben. Ob er solches nicht gehöret.« Da hette er solcheß nicht gestehen wollen. Wie er aber folgenden Morgenß die Schuhe wieder abholen gekommen und Johann Brune neben seiner und Hermann Mejerß Frawen ihme fürgehalten, daß Düvel Clärke gesagt hette, er hette Hexen tanzen gesehen und unter denselben einige Mätgenß von 15 Jahren geweßen, wolte nicht verhoffen, daß ihre Tochter darunter sollte gemeinet oder geweßen seyn, undt gantz inständig angehalten undt umb Gottes Willen gebeten, solcheß ihr zu offenbaren, da hette er sich dadurch verleiten laßen, einige von denen obspecificirten zu nennen. Jedoch könte er von denselben nichts Böses sagen. Johan Brune bekräftigt solcheß ebener Gestalt, daß er also ergangen undt daß er anfängklich niemandt nennen wollen.«

Rasch spricht es sich herum und der Amtmann zögert. Dann gesellen sich neue Klagepunkte dazu und so kommt der Stein ins Rollen. Dem Besager sagt man nach: »er wäre ein vir probus et pius, den der herr gott geführet, das Rott der Spießgesellen der Hexen auf nächtlicher Fahrt zum »saltatio diabolico« zu entdecken, Er wird in die Rolle des Kronzeugen gedrängt und profiliert sich immer deutlicher:

- Es sei genau 11 gewesen, die Klocke habe gerade geschlagen. Er habe die Weiber mit seinen Augen gesehen, weilen die Lichter, die angezündet waren, blau gebrannt. Die tanzenden Weiber hätten mit Fingern auf ihn gewiesen. Maylicht sei es gewesen. Türen und Fenster offen.«

Dabei bleibt es nicht, denn ein Kernstück des »historischen« Hexentreibens gilt der Verursachung von (unbeweisbarem)

Schadenzauber

Den frühest hier Eingezogenen wirft man Vergiftungen vor. Sollen sie doch Müllers oder Clevesaals Pferden in Barntrup »vergeben« haben und an der Krankheit seiner Frau Schuld sein. Dann wird Johan Müller vor den Rat Alt-Barntrups geladen und er sagt:

»daß die drei genannten Personen sein Vieh bezaubert hätten, welches er dannenhero wüßte, daß für ungefähr acht Jahren Düvels (oder Rehms) Alheit in sein und seiner Frawen Abwesenheit in sein Haus gekommen, sein Pferd aus dem Stalle, ohne sein Vorwissen und Belieben genommen und damit Korn eingeführet. Und obwohl seiner Frawen Schwester solches nicht gestatten wollen, dieselbe doch das Pferd genommen. Und wäre es hernach von Tage zu Tage vergangen. Auch alle die, die nach der Zeit in selbigen Stall eingebracht worden. Dahero (er) umb sieben Pferde gekommen.

Strafverschärfungen im deutschen Nordwesten und -osten (Zwicken mit glühend gemachten Zangen)	
1542	wird in Breslau ein Totengräber verbrannt. Im gleichen Jahr wird der von Reichenstein hingerichtet, der den Tod von 1 600 Personen verursacht haben soll. Dem neuen Totengräber von Striegau trennt man das Glied mit einer glühenden Zange ab.
1654	(26.9.) Der Lemgoer Lehrer Hermann Beschoren wird auf dem Weg zur Hinrichtung dreimal mit glühenden Zangen gezwickt.
1660	In Detmold wird Johann Mauritz nicht nur wegen Zauberei bezichtigt, sondern auch des Inzest, Kindermodes und der dämonischen Teufelsaustreibung angeklagt. Auf dem Weg zur Richtstätte wird er mit glühenden Zangen gerissen.
1662	ist Heinrich Voigt inhaftiert. Er stammt aus Jetenburg bei Bückeburg. Er wird zur wohlverdienten Strafe vor dem Verbrennen mit glühenden Zangen gerissen.
1678	(um) Mathias Grebler (Steiermark) soll anderen zum Exempel die Strafe des Feuers mit vorhergehend glühenden Zangen zwicken vermehrt und exaperiert werden. Er soll mit Anhängung eines Sackes (mit) Pulver lebendig verbrannt werden.

Er habe später die Pferde in den Kuhstall stellen müssen. Und wie er die Kühe in den Pferdestall gebracht, wären dieselben ebenso gestorben, auch teils voneinander geborsten.« (dann kommt eine weitere Zaubergeschichte zum Vorschein)

»er hätte eine Zeitlang Düvel Alheiten und Stinen ufm Brinke beherbergen müssen. Und da seine Frau eine Bier-oder Milchsuppe wieder aufgewärmet und einen Löffel davon gegessen, hätte sie etwas in den Hals bekommen, welches sie nicht niederschlingen noch wieder herausbringen können, bis sie es endlich durch vieles Würgen herausgebracht und unversehens ins Feuer geworfen- darauf sie alsobald unleidliche Schmerzen und großes Geschwulst am Hals bekommen und folgends auch durch den ganzen Leib und die Beine. Darüber sie ein halb Jahr krank und bettlägerig gewesen. Hielte auch Düvels Klarken ebenso schuldig wie die beiden anderen, weilen dieselbe mit Rehms Alheit und Stinen ufm Brinke täglich umbgangen.«

Jetzt verdichtet sich unter den Bürgern die Vorstellung, daß Adelheit Rehms, Klärke Düvels und Stinen ufm Brinke Zauberinnen und Hexen wären. Immer mehr verdichten sich die Gerüchte. Sie suchen sich zu verteidigen und ziehen sich die Schlinge um den Hals: »es wäre Düvels Klärke für wenig Tagen in den Krug kommen, hätte ihn ohne einige gegebene Ursachen angefahren und gefragt, ob sie eine Hexe wäre, und sich ganz unflätig erwiesen.«

Die Beklafften begehren die Wasserprobe zum Zeichen ihrer Unschuld abzulegen; dann werden sie inhaftiert. Gerüchte ranken sich um sie. Unter den Besagten finden wir die Frau des Bürgermeisters

Trina Geilhardt

Sie soll Diederich Ekermann ein Stückchen Weißbrot gegeben haben »als er ein bißchen davon genossen, er alsbald sich unlustig befunden und sich eine geraume Zeit von solchem Defekte haben cortiren lassen müssen.«

Schließlich stellt sich heraus, daß man schon deren Mutter wegen Hexenwerk besagt hat. Dann wird sie als Korn- und Goldhexe besagt und schließlich hängt man ihr einen Kuhdiebstahl an den Rockzipfel:

»Es wäre umb die Zeit, wie die Stadt Höxter zum erstenmal wäre belagert gewesen, so ungefähr für 18 oder 19 Jahren geschehen, daß eine Partey Volks mit geraubtem Viehe in Barndorf gekommen und hätten das Vieh auf Philipp von Kerßenbruchs Hof getrieben, woselbst von dem geraubten Viehe eine Kuh gestohlen.

Wie nun die Reiter darüber unwillig geworden und das ganze Flecken in Brand zu setzen gedräuet, daferne die gestohlene Kuh nicht wieder herbeigeschafft würde, wäre darüber inquiriert und befunden worden, daß diese in Haft sitzende Alte Schnitkersche, des Curdten seine Frau genannt; darzu ihr Sohn Herman Alberts seel. und Lutter Viehmeyer anitzo in Lügde wohnend, die

Frühe Hexenopfer in Barntrup*)

Nr.	Name	Prozeßzeit	Urteil
1.	Claren Düvels	12.9. bis nach 26.10.1657	Schwert plus Verbrennung.
2.	Adelheit Rehms	30.10. bis nach 21.11.	Schwert plus Verbrennung.
3.	Stinen ufm Brike	30.10. bis 21.11.1657	Schwert per 21.11.1657.
4.	Trina Geilhardt	26.11. bis 15.2.1658	Schwert plus Verbrennung.
5.	Annen Hohmuth	5.3. bis 28.5.1658	Schwert per 24.5.1658.
6.	Ilsabein Molanus	5.3. bis 24.3.1658	Schwert per 24.5.1658.
7.	Ebele Lüdeke	5.3. bis 11.6.1658	Schwert plus Verbrennung.
8.	Ilschen Falker (Kramersche an der Pumpe)	18.6. bis 4.8.1658	Schwert plus Verbrennung.
9.	Liesken Sevinghausen	15.6. bis 18.6.1658	»Ist zu Brake ausgestiegen und weggekommen.«
10.	Frantz Kropp	14.7. bis 4.8.	»hat zu Brake im Gefängnis sich selbsten erhänket am 3. August Anno 1660. Ist dann mit den anderen Hingerichteten an ihrer Seite verscharret.

*) Übertragen aus: Knese Louis. Zauberwahn und Hexenprozesse in Barntrup. Zum 600jährigen Bestehen der Stadt Barntrup. 1976

Kuh von des Kerßenbruchs Hofe gestohlen.«

Schließlich besagt sie Curdt Solle: »Du Hexe, Barntorf ist bereits im Unglück gewesen und wolltest mit Deinem Sohn es noch weiter ins Unglück bringen« Die bereits hingerichtete Adelheit Rehms hat als Belastungszeuge gegen die alte Schnitkersche des Haußman Frau Anna genannt, die einbringt:

»Es wären ungefähr dreißig Jahre hero (!), da hätte die inhaftierte Alte Schnitkersche sie gebeten, ihr Flachs ribben zu helfen. Wie sie nun des Abends um 5 Uhr in deren Haus gekommen, hätten sie sich, weilen der Mond hell geschienen, die Luchtern zu besparen, an die Tür, und zwar die Schnitkersche an die eine Seite, sie aber an die andere Seite der Tür gesetzet und geristet.

Selbigen Abend umb zehn Uhr ungefähr, wäre eine große dicke, bunte, stumpfsterte Katze auf die Thüren an die Seiten, da die Schnitkersche gesessen, sprungen kommen und hätte schrecklich gemawet, daß ihr ein Schrecken angekommen. Bald aber wäre die Katze vor der Tür in das Haus gesprungen und wieder oben im Hause durch ein Fenster, umbs Haus gelaufen und wieder auf die Tür sitzend gekommen, und solches oft getan.

Es findet eine Parallele zur Region Esslingen, wo im dortigen Krämerhaus während einer Hochzeitsgesellschaft eine Katze herumspringt und dazu beiträgt, einen umfassenden Hexenprozeß auszulösen.

(weiter im Text): Worüber ihr ein Grawen angekommen und hätte zu der Schnitkerschen gesagt: »daß sich die Katze so übel anstellete, welche dann: nämlich die Schnitkesche, wieder gesagt, so sie wolle die Tür zumachen. Weilen aber ihr je länger je mehr gegrawet, dermaßen, daß sie vor Angstschweiß übern gantzen Leib naß geworden, ist auch ihr immer gedeucht/: wiewohl sie oft zu beten angefangen, wegen Angst aber nicht im Gebet fortkommen:/als stünde jemand hinter ihr, und sich danne erinnert, daß das inhaftierte Weib ein böses Geschrey wegen Hexerey hätte, zudem es auch eben in der Nacht von Donnerstag auf Freitag gewesen (da man da sagte, daß die Hexen alsdann ihre Zusammenkunft zu haben pflegten:/hätte sich die Angst bei ihr vermehret.«

Sonderlichen weilen die Kühe im Stalle mit ihren Kuhketten ein groß Gerassel gemacht, worüber sie entschlossen, aus dem Hause zu laufen. Und damit sie mit guter Manier wegkommen mügte, vorgegeben, daß sie nacher Hause gehen und nach ihrem kleinen Kinde sehen müßte. Und wäre damit aus dem Haus weggelaufen. Denn ihr so"n Angst worden, daß, wann mehr Weiber da kämen, dieselben ihr etwa anmuthen und sie darzu zwingen müchten.«

Amtsankläger ist G. Dreyer, der für die Todesstrafe plädiert und die Vermutung hegt, daß sich hinter der Katze der Buhle haben verbergen können. Der Defensor kann sich mit sachlichen Argumenten nicht durchsetzen. Hatte doch schon Papst Julius 1503 zum Besten gegeben: »daß sich Ketzer häufig in Katzen verwandeln würden.« Daher rührt wohl der Begriff der »Teufelskatze.«

Dann gesellt sich nochmals eine Zaubergeschichte um die alte Trina Schnieder. Hans aus Sommersell berichtet: »ebenmäßig, daß er für etzlichen Jahren wohl gehört, daß es ein gemein Geschrey, es würde der Alten Schnitkerschen zu Nacht eine Carosse für die Tür geschickt«. Er ist 59 Jahre alt und sagt: »er hätte das Gerücht von seinem Meister Winterhans und vielen anderen gehört. – an die Ursachen könne er sich nicht mehr erinnern.« Später wird seine Frau besagt, Menschen und Vieh »vergeben« zu haben. Eine weitere Anklage richtet sich gegen

Annen Hohmuth

Sie wurde bereits von unserem Kronzeuge als oberste Tanzmeisterin bezichtigt.

»Anna Düvels, Jürgen Helmenings hausfrawe, ihres Alters 45 Jahre, deponirt, daß sie bei Trine Marien Reineken, Möllers Hausfrau, Anno 1657 vier Wochen für Oisteren in der Pforten ufm Niddern Hof in Kindesnöthen gewesen, wobei auch Annas Hohmuts als Befreundinne sich befunden, und dann den dritten Tag solche frawliche Aufwartung gedauert. Da sei berührte Anna Hochmuths nacher Hause gegangen. Und nachdem sie wieder in die Pforte gekommen, einer jeglichen (der) anwesenden Frawen einen Apfel gegeben.

Sie hätte auch einen bekommen, sogleich gegessen, sich aber schleunigst nach der Nießung unpäßlich befunden. Im Essen des Apfels hätte sie zu besagter Annen Hochmuths gesagt: »Anna, euer Apfel schmeckt mir seltsamb und als wäre derselbe eißdröning«.

Alsobald seien ihr Angst und Schweiß aufs Herz gefallen, habe sich uf dem Bette herumb gewälzt und an keinem Orte bleiben können. Bemelte Annen Hohmuths auch bey sie gekommen und gesprochen: »Wenn ich den Apfel euch nicht nur gegeben, denn er

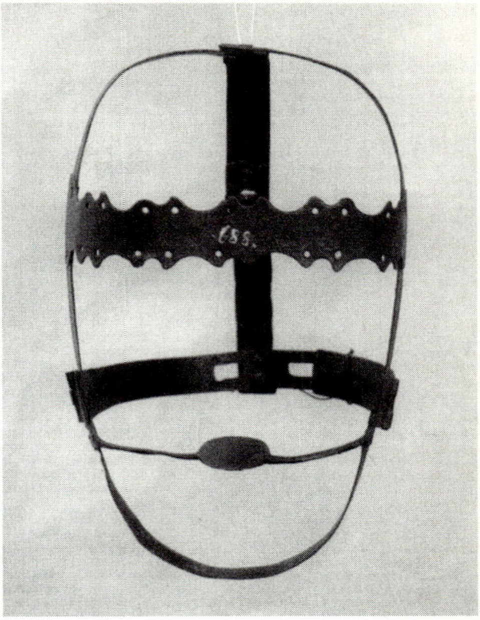

Tragen einer Schandmaske als typische Strafe für Frauen (z. B. bei Verleumdung)

ist viel zu mannigfaltig itzund in der Welt.« Sie aber, Anni Dübels, habe zu ihr gesprochen: »gehet weg von mir, ich habe es in eurem Apfel gegessen.« Sie, Anna Hohmuths: »Ja sehet, das wußte ich wohl.«

Darauf sie, Anna Düvels, schleunigst nach der Jungfer von Kärßenbruch, iziger Frawen von Wulffen, geschicket und von deroselben von Einhorn, Ungrischen Gold und Theriac (Arznei) holen lassen. Selbige Jungfer auch folgends selbst in die Pforten kommen. Wie sie nun solche Medizin eingenommen, sich herumb gewälzet und, salve reverentia, alles übergeben, alles in Präsenz Hohmuts, Trinen Winters und Neta Sünnermans, der Hebemutter, geschehen. Sie hätte hernacher weitere Unmacht nicht empfunden.«

Neta Sünnermanns, die Hebamme, ihres Alters 80 Jahre, und Catharina Winters bezeugen Anna Düvels Unwohlsein. Catharina Winter fügt hinzu: »daß sie auch von den ausgeteilten Äpfeln bekommen und ihren Kindern gegeben habe, welche davon kein Ungemach empfunden.« Es fallen die merkwürdigsten

Besagungen

ins Auge. Da soll eine Clara Kropp ein verzaubertes Gewand bei der Köchischen am Kirchhof gekauft haben, eine Cord Lüdeking trinkt aus einem behexten Bierkrug, und die Ilsabein Molanus soll sich von einer Zauberkröte beim Buttern habe helfen lasen. Eine Frau macht sich durch ihre üppige Kleidung der Hexerei verdächtig. Der Verteidiger der Ilschen Falken räumt die unüberlegten Reden seiner Mandantin ein, fährt aber fort: »ob sie nicht auch gesagt habe, man solle dem »Ratsdiener einen Storchenschnabel« (Schandmaske ?) aufsetzen«. In Hans Düvels Pferdestall soll das Futter vergiftet gewesen sein. Gegen den

Trommelschläger Frantz Kropp

wird im Jahre 1660 prozessiert. 1658 hat der Bürgermeister und Rat der Stadt über ihn berichtet: »Frantz Crop ist dem nachdenken und reiflichen besinnen nach in keinem bösen geschrey gewesen, gleichwohl seine Mutter, welche schon ablebig geworden, für eine Hexe gehalten, also daß keiner gern mit ihr umbgangen, gestalt sie einen Karl Hennige allezeit im Haus gehabt; der endlichen zum Hausberge für einen Zauberer und Mörder hingerichtet.«

Dann wird ihm vorgehalten, daß er Korn bezaubere und nun wird gesagt: »daß er der Trommmelschläger auf den Hexentänzen gewesen sei; acht der hingerichteten Weiber hätten ihn beklafft, ja mehrere von ihnen hätten bis zu ihrem Ende darauf beharret und seien darauf gestorben ... er spiele auf einer gläsernen Trummel mit einem Fuchsschwanz. Zudem habe er Ehebruch begangen.«

Franz Sevinghausen gibt zu Protokoll: »daß er von Heinrich Meyers Frawen, genannt die Finkische, zum oftenmal gehöret, daß sie gesagt, Pahl Frantz wäre aller Hexen Kinder (eheliche und uneheliche) Vater«. Schließlich schiebt man ihm einen Diebstahl in die Schuhe: »weiß man auch, daß er vor zehn Jahren für einen Schäfer die Schafe gehütet an Heiligen verstorbenen Bettage, aber dabei einem den Hals abgeschnitten und unter der Predigt nachhause schicken wollen, ist ihm aber für die Pforten abgenommen und der Exzeß zur Wruge gebracht« ... und dann habe er oft zu den Frawen gesagt: »was sie von ihm zur Welt trüge, wäre nicht von Menschen, sondern von einem lebendigen Teufel.«

Man stellt den Antrag, ihn zum Tode zu verurteilen, da er sich habe aufs Leugnen legen wollen. Er hat sich aus Angst im Gefängnis von Brake erhängt und es wird gesagt: »der Fußknecht habe ihn mittags gefunden erhenket und der Scharfrichter ihn besichtiget und gefunden, daß dem in Haft gezogenen der Hals gar sehr zerbrochen gewesen.« Beim

Wicker Cläßgen

handelt es sich um Balthasar Claus Teufel (Wicken Claus / Cläusgen). Er war einer, der Wahrsagerei und Arzneikunst an Menschen und Vieh treibt, Heilkundiger und Quacksalber. Er wohnt in Herford. 1625 hat man ihn wegen seiner Tätigkeit in Lemgo verurteilt.

Dr. Weyer nennt diese Sorte von Quacksalbern »unwissende Schlingel der Medizin ... sie gaukelten den Bürgern und Bauern etwas vor und versuchten, sie mit Blendwerk zu übertölpeln. Manchmal wären sie gewöhnliche Taschenspieler, manchmal Schwarzkünstler, die mit der Hilfe höllischer Geister die Sinne der Menschen verblendeten, daß sie Wunderdinge zu erleben wähnten.«

Wegen der Delikte war er schon mehrfach in Haft gewesen. Ilsche Huxhol war um 1627 durch ihn in Verdacht geraten und 1653 beklagt sich ein Bauer über ihn, weil er dessen Frau verdächtigt hat. Den ihm entgegengebrachten Vorwurf, seine verlassen zu haben, begründet er damit: »sie habe sich mit einem anderen Mann eingelassen.« Seine Attraktivität als Hexenbanner und Heiler verdankt er vermutlich der Epilepsie (morbus sacer). Er rühmt sich, die Leute im Kristall kommen zu lassen und Hexen im Sack zu schlagen. Er hatte gesagt, wenn er diese schlage, krache jeder Balken im Haus und an jedem seiner Haare hingen Schweißtropfen.«

Eine Frau, die seinen Heiratsantrag abgewiesen hat, besagt er als Hexe und einem Krüppel droht er, ihm das Glück, gutes Bier zu brauen, zu nehmen, falls er kein Freibier mehr bekomme.« Der Knabe Johanman von Istrup hat ihn besagt:

- »Wicken Claus sei auch auf dem Hexentanz in Brüntrup gewesen und hätte auf einer Sackpfeife gespielt.« Eine Almena bringt vor:
- »daß Wickenclaus sich angemaßt, Teufel zu bannen und zu kloppen.«

Er gibt vor, im Besitz eines Zauberbuches zu sein. Er wird am 13. Februar 1646 gefoltert und gesteht:

- Er habe solches gesuchte Buch im Besitz, worin Böses und Gutes stehe, absonderlich aber, wie man Hexen bannen könne. Es wäre von ziemlicher Größe und in hölzerne Bretter gebunden, und hätte solches zu Hervordt für 2 Kopfstücke gekauft. Das Buch wäre 200 Jahre alt, von Johannis Wiery, wäre gedruckt und groß wie ein Testament«
- Er hätte nie versucht, Hexen zu kloppen. Wäre in dem Buches dieses, wenn ein Vieh-

Nächtliche Maskerade auf dem Weg zum Tanzhaus. Stich (Monatsbild) von Matthäus Merian (1593–1650). Hierher kommt die Redewendung des »Heimleuchtens«.

stürbe, so nehme man das Herz, Lungen und Leber davon, täte das Nachts in einen Sack und schlüge dasselbe.«

Sein Verteidiger leitet sein merkwürdiges Verhalten von seiner Krankheit ab, was ihm zugutekommt. Das Hexenbuch, ein *Tractatum von Verblendung der bösen Geister,* wolle der Defensor gerichtlich praesentieren«

»Und scheint es omnibus circumstantiys, daß P. A. Wickenclaus unterweilen sehr am Narrenseil ziehe und gezogen habe, indem er bald mit diesem, bald mit jenem Narrenstreiche die Gesellschaft lustig gemacht und agiret. Auch unterweilen von seinen Patienten einen Thaler bekommen, pro cura et labore, er solchen wieder spendiret, welches dann keinem arglistigen oder sonst einem verdächtigen delicto zuzuschreiben, sondern da dieserwegen von ihm wäre pecciert, habe er wahrlich genugsamb itzo in carcere büßen und ponitentz tun müsen.«

Im März 1646 war Wickenclaus aus der Grafschaft Lippe und dem Stift Paderborn gewiesen worden, nachdem er die aufgelaufenen Gerichts-und Atzungskosten bezahlt hat. Er wird rückfällig und es gelingt ihm, durch die Maschen des Gesetzes zu schlüpfen. Er zahlt 100 Goldgulden und schwört, daß »daß er sich der beschuldigten Wickerey, Wahrsagerei und Arzney, sowohl an Menschen und an Vieh zu gebrauchen in dieser Grafschaft enthalten wolle«, worauf er frei kommt.

Er läßt das Mausen nicht, tritt er doch kurz danach im Ravensbergischen unter einem Claus Wichmann oder Claß Withmann in Erscheinung. 1650 verlangt der Fiskal im Lippischen, man möge ihm die Hand oder einen Finger abschlagen. Bei

Johan Hermann Wichmann

handelt es sich um den Sohn des Wicken Klaus. Er hat ein »gar ärgerliches gottloses Leben« geführt, oft mit seiner Frau gestritten und sie mehrfach »jämmerlich« geschlagen. Acht Jahre vor seinem Prozeß begeht er einen Ehebruch mit der Frau des Gercke Wippermann.

Als er aus dem lothringischen Krieg zurückkommt, geht er auf Holmans Hof in Wellentrup, treibt Unzucht mit dessen Tochter Anna Elisabeth und lebt dabei »tag vnd nacht in freßen, vnd saufen, doppeln und spielen vnd aller üppigkeit«. Obwohl ihn seine Frau unter Tränen bittet, von dem Leben zu lassen, schlägt er sie bis aufs Blut und verflucht sie, krumm und lahm zu machen. Sie verläßt ihn für einige Zeit. 1670 wird er verhaftet, gelobt Besserung und wird gegen eine von seiner Frau geleistete Kaution von 200 fl. entlassen. Darauf geht er mit Holmans Tochter nach Hamburg, läßt sich in Altena trauen und zeugt zwei Kinder mit ihr.

Er besitzt einige Bücher, die er vor seiner Frau verschlossen hält. Er wird nach einem Gutachten der Universität Rinteln 1674 zum Tod durch das Schwert verurteilt.

Hexentänze

Lüdeke Schnitkers gesteht: »was sie auf dem Tanze gethan? Sie hätten banquettiret, gefressen, gesoffen. Ihr Buhle wäre auch da gewesen. Sie hätte aufwarten müssen. Hätte auf einer Seite ein Licht, auf der anderen eine Lampe gehabt. Sie hätten durcheinandergesungen, getanzt und gesprungen, und sonsten gesoffen, so ihnen der Teufel geschaffet, auch gegessen, wäre in irdenen und zinnern Schüsseln gewesen-Wann der Tanz verrichtet, ginge jeder mit dem Buhlen überseit und treibe mit demselben Schande, wäre auch mit ihm nach Haus gegangen.« Ilschen Falken nennt sechs

Hexenztanzplätze (Alt Barntup)

1. In Gerlach Pennings Hause
2. In Henrich Sevinghausens Behausung.
3. In Herman Meyers, des Holzförsters Hause
4. In der Unteren Straße
5. Vorm Ratskeller und
6. Auf der Eichelbache.

Wie sie auf den Dantz kommen? Dazu sagt Adelheit Rehms: »Sie schmierten sich aus einem Pott (mit Hexensalbe) Davon flögen sie nach dem Dantze. Der Pott hätte in ihrer Kammer gestanden. Ob er noch darin stünde, wisse sie nicht. Wär ein klein Pöttgen gewesen und stünde hinter einem Steine hinter der Olsen. Wenn sie zum Danze führen, säßen sie wohl auf einem Ziegenbock.«

Weitere Entwicklung

Der Rat ist versucht, die Prozesse fortzusetzen. Im August 1658 schreiben sie nach Brake:»man möge zwei der Hexerei beschuldigte Personen in Haft nehmen. Es waren Jacob Pennings Frau, die schon etliche Jahre im Flecken »mala fama« gewesen, zumal sie von einer in Lemgo justifizierten Hexe öffentlich als Hexe ausgerufen »und sich dadurch verdächtig gemacht habe.«

Bürgermeister und Rat bitten, beide nach Brake einzuziehen »damit unsererseitz zahrten Jugendt ferner nicht zu ein großen üblen Laster verführet und die Boßheit propagiret werde.« Im Mai bringen die Barntruper eine neue Supplikation ein.

Im 2. Oktober 1660 schreiben sie an die Amtsstube in Brake: »und leider in unseren benachbarten Ortern, wo man mit redlichen Leuten oder sonsten in Gesprächen geräth oder begibt, wir immerdar mit schimpflichen oder höhnischen Reden hören, daß sich etliche außgelassen, daß noch woll neun Stiege Hexen (1 Stiege = 20 Stück) bei uns sein sollten. Wan solches wahr sein wollte, wie man nicht verhoffet, wehre ein Erbarmen und sollte der wünschen, der gedachte, daß bei noch fromm dafür wehre, daß er an einem andern Orte mit seinen lieben Kindern wohnete, daß dieselben nicht vom Deuffel verführet würden. Bürgermeister und Rat getrösten sich, daß der Fiscalis einschreiten würde.«

»Item, daß wegen der gerichteten Hexen noch ein großer rumor unter den Weibern sey, schreibt der Rat ... wodurch die Stadt viel Hohn und Spott und noch viele Hexen in der Stadt seyen, bey den Nachbarn entsprungen.« Ende 1660 ebbt die Barntruper Hexenjagd ab und 1681 bricht sie zusammen.

Juristische Aspekte

Die Verfahren wegen Hexerei werden wegen der ihm beigemessenen Bedeutung vor dem landesherrlichen Kriminalgericht geführt. Auch hier gehen Verfolgungswünsche von unten aus und am 20. Februar 1658 wird gesagt: »der Prozeß mügte fortgesetzt werden, Gott zu Ehren und Uns ohne weitläufige Unkosten«.

Es besteht Angst vor Verhaftungen und Ilsabein Molanis räumt ein: »Gefragt, warum sie sich in diesen Morgen, als sie in Haft genommen worden, unter dem Bette verstekket und warumb sie das getan, da sie doch nicht gewußt, daß sie sollte gelanget werden? gesteht, daß sie unterm Bette wäre gewesen, weil oben eine Leuchte gewesen, hätte daraus angenommen, daß man sie holen wolle.«

Als Trine Geilhardt, die alte Schnitkersche, nach Brake geladen worden war und mit Rehm Adelheit konfrontiert wird, »leugnet sie alles, fing an zu schelten, nannte sie eine Schandhure und lügenhafte Drive, fluchte ihr schrecklich und bedräuete sie, sie mit einem

Vom teuflischen Umgang

Immer wieder wird gesagt, daß der Umgang mit dem Teufel »kalt Werk waren«.
- **Klara Düvels** bekennt: »Der Satan sei ihr in Mannsgestalt erschienen. Daran denkend, breche ihr kalter Schweiß aus, seine Hände seien kalt und nicht wie anderer Menschen Hände gewesen. Er hätte ihr zugemutet, was Mannesleute zu tun pflegen, dreimal sei solches geschehen.«
- **Adelheit Rehms** räumt ein: »Der Arge sei in Menschengestalt zu ihr gekommen, habe gefragt, ob sie sein sein wolle, habe mit ihr gebuhlet, sei oft geschehen. Davon seien ihr weiße Würmer abgegangen.«
- **Stinen ufm Brinke** sagt: »Der Buhle habe sie angerührt, wäre gewesen wie ein Eistappen, gar seltsam, wäre ihr schlecht bekommen, wäre wohl zehnmal geschehen, doch wider ihren Willen. Der Teufel hätte sie aufs Maul geschlagen, wann sies nicht haben wolle.«
- **Trine Geilhardt** sagt: »DerTeufel habe bei ihr gelegen, wäre kalt gewesen, wie ein Stock, unterm Birnbaum. Ihr wären blanke Würmer abgangen, welche sie weggeworfen. Hätte wohl eine halbe Stiege (1 Stiege= 20 Wochen) gewähret, ehe sie solche hervorgegeben«
- **Annen Hohmuth** erinnert sich: »Sie hätten hintern Ofen gebuhlet, wäre kalt gewesen.«
- **Ilsabein Mohlans** räumt ein: »Sie habe auf dem Tanze sich neigen und biegen müssen, auch bei demselben schlafen müssen und alle Ehr antun. Habe auch den Teufel halsen und küssen müssen. Bekannte auch, daß sie von dem Congressen eine Eutzen (Kröte) geboren.«
- **Ebele, Lüdeke Schnitkers Frau** sagt: »Worauf er mit ihr gebuhlet und wäre wie ein Eiszapf gewesen, welches ihr bald übel bekommen. Hätte auch mit ihr gebuhlet in der Kammer hinterm Hause.«

Brandfeuer zu schlagen«, worauf man sie inhaftiert hat.

Schwellen die Verdächtigungen an, wird der »Beklaffte« geladen. Dann wird Anklage erhoben. Im Prozeß gegen Annen Hohmuth, die Hexentanzmeisterin und -königin wird das Attestum des Barntruper Rates fast wörtlich übernommen. In Zweifelsfällen holt man juristische Gutachten bei der Universität Rinteln ein.

Als Annen Hohmuth, Johan Molanis Frau und Lüdecke Schnitkers Frau gefänglich in Brake sitzen, wird die juristische Fakultät Rinteln gehört und am 11. Februar 1658 wird gesagt: »Dechant Senior und andere Doctoris der Juristen Facultät haben die Anklage gegen Annen Hohmuth ... und die Beweisstükke collegaliter gelesen und erkennen: sie zur Haft zu bringen ... mit Cord Schnitkers Frau zu confrontieren und überfolgende Inquistionales gütlich zu befragen ... Inquisitin Antwort und Geberden woll zu observieren.« Später: »berichten für echt und durch den Fiscal so viel dargethan, daß inquisitin ad locum torturae zu bringen und ihnen von Gott genommenen Ab und zu dem Teufel geschehenen Zutritt in Güte fleißigst zu ermahnen.

Und wann die Ermahnung zur gütlichen Bekenntnis sie nicht würde bringen, sie alsdann mit Vorzeigung der peinlichen Instrumente ob die Bekenntnis zu erhalten, zu versuchen. Und wann dies alles vergebens, alsdann zu der Tortur zu schreiten und inquisitae mit der scharfen Frage über die gewöhnlichen Fragen zu befragen, alles fleißig zu protokollieren und ergeht dann ferner, was recht ist ... Von Rechtswegen, haben es unverhalten wollen, die Herren Gottes gnädigen Schutz empfehlend.«

Die Entscheidung, z. B. für die Anwendung der Folter, liegt nicht bei Rinteln, sondern der Landes- und Paragialherren.

Dann wird die Anklageschrift erstellt. Herrschaftlicher Fiskal war G. Dreyer. Dann folgen Vorladung und Verhör. Das Wasserbad spielt eine Rolle. Die Proben finden vermutlich am Schäferteich in Brake statt. Bei allen Beklafften wird nach dem

Stigma diabolicum

gesucht. Als Ilschen Falken bedrängt wird, das Hexenmahl preiszugeben und losgebunden wird: »Zeigete sie einen braunen Strimen am Schenkel und sagte: »wann sie ein ander Zeichen an ihrem Leibe hätte, mügte sie der Teufel holen.« Über der Frage mit einer Schraube angegriffen, sagte sie, man wolle sie loslassen, sie wollte es zeigen. Bekennet, sie habe es unter dem rechten Arm. Bald sagte sie, sie wüßte kein Zeichen, sie wolle alles ausziehen. Repetiret ihr Bekenntnis, daß sie es unterm rechten Arm habe. Vicilliret, und befindet sich das Zeichen an dem Orte nicht. Hat sich geblöset und sagt, der Teufel habe ihr kein Zeichen (ge)geben.

Schwache Defension

Der Verteidiger reagiert vorsichtig:

»Sind Krankheiten bei Menschen und Tieren immer teuflisch? Vermag sich der Teufel vermöge der Heiligen Schrift nicht auch in einen Engel des Lichts zu verwandeln? Lässet der Teufel sich nicht manchmal in frommer Leute Gestalt sehen? Kommen nicht manchmal fromme und gottesfürchtige Leute in ein »Gespräch« und müssen unschuldig leiden? War nicht des Nachtwächters Hexentanz eine Verblendung oder ein Traum?... ob es denn ernsthafte Leute seien, die solche Gerüchte aufgebracht haben?« Er ist machtlos in seiner Argumentation.

Es kommt zur Gegenüberstellung von Zeugen (Mindener Krug zu Brake?), worüber Protokolle angelegt werden. Der Leumund wird analysiert. Der Umgang mit verdächtigen Weibern oder die Teilnahme an Saufgelagen wirken belastend. Als Brake über Leben und Wandel Annen Hohmuths ein

Leumundszeugnis: Problem Alkohol

einzog, sandte der Barntruper Rat folgendes: »Wir haben Ew. Wohlgeb. Gn. Schreiben zu guten handen verleßen und auch verstanden wegen Inhafterinnen Ihrem Leben und Wandell. So wird hiermit durch ein Ehrsamen rath allhie bezeuget, daß sie ofte gesehen, auch gehört, daß etliche weiber undt menner, bey Ihr im Hause ein gesöffe angefangen undt sich sterne full mit Ihr gesoffen haben, wer sie auß gute oder bößheit gethan: Kan man nicht eigentlich wißen, Jedoch bey fromen weibern, die Ihrer menner nicht zu Hauße haben, befindet sich solches nicht.«

Wird bezeuget, ist auch mit Augen gesehen, daß sie, mit anderen Weibern, welche hernach sich selbt wohl nennen werden, auff Frexerstraßen für Ihres Nachbarn thür, Ihrer wohl zehen und kehr ein gelach und gesöffe angefangen lange Zeit im Tage, daß sich viel Leute nach der handt wie dieser prozes ist inß werk gerichtet, verwundert haben ... seindt mit ihr etzliche Weiber gewesen, die haben nicht leben können, wann sie hetten nicht alle morgen den Brantewein entweder im raths keller oder in Ihrn eigenen heusern gesoffen. Da hatt man eben zu der Zeit nicht gedacht, daß es wahr sein wolte, ob man es schon einen argwohn gehabt und daß man der Proceß auß Ihrem Hauße ist erst auskommen, wirdt der Ambtmann Bericht genugh von haben.«

Sonsten wan sie von ehrlichen Leuten uff Hochzeit ist gebeten worden, hat sie sich bescheiden gehalten, dan sonst kan man noch zur Zeit keine Gewißheit von haben, denn sie halten es für andern guten leuten, so heimlich als sie können.«

Mit Empfehlung Gottes undt verplieben. Burgermeister und Rath daselbsten. Barntöff den 20. February 1658.

Daß man dem Alkohol zugesprochen hat, wird aus einer Aussage Johan Meyer, eines Ratsverwandten, klar: »(Annen Hohmuth) wäre oft mit der hingerichteten Zauberin Cordt Schnitkers in Evert, des Kramers Hause gewesen und hätten allda ihre Conversation gehalten, auch Brandtwein und Bier getrunken.

Nach der Handt wären sie in P. A. eigenem Hause nebenst anderen Weibern zusammen gekommen, hätten zu saufen sich niedergesetzet, auch sich nicht gescheut, öffentlich auf den Gassen solches zu tun. Da dann P. A. selbsten das Bier geschaffet, hätte das Gesöffe in ihrem Hause oft 2 bis 3 Tage continuiret. Vor zwei Jahren hätten sie auch Zeugens Fraw zu solchen Gesöffe mit zu ziehen wollen. Zeuge aber seiner Fraw nicht dimitiren wollen.

Das Urteil wird im Namen des Landesherren gefällt und beim öffentlich gehegten Gericht unterm Eichbaum zu Brake verkündet. Die Grafen Otto und Casimir sind zur Prozeßzeit Paragialherren der Linie Lippe-Brake. Nachdem es gefällt ist, ersucht der Amts(an)kläger das herrschaftliche Kriminalgericht: »ein peinliches Halsgericht zu hegen und zu spannen.«

Im Prozeß gegen Trina Geilhardt von der Unteren Straße tritt der Drost Schwechhausen in Erscheinung. Wahrscheinlich finden die Enthauptungen auf dem Holtersberg in Brake statt. Bei Annen Hohmuth ist vermerkt:

Die Apotheken der damaligen Zeit nehmen in Bezug auf das unterentwickelte Sanitäts- und Gesundheitswesen, aber auch als Verkaufsstellen von Branntwein, eine bedeutende Position ein. →

Gottfried Franz. Die Hexenprobe, in: Johannes Scherr, Germania; Stuttgart: Spemann, 1878.

»ist in Brake den 24. May Anno 1658 decollieret und der Cörper in die Erde verscharret.«

Zu einem Hexenfeuer werden benötigt: »drei Fuder Holz, drei Tonnen Teer, ferner Feuerhaken, Pulver und eine Leiter. Im Fall der Chr. Ebel wird gesagt: »weilen das Holz an hiesigen Orte (Brake) schwerlich zu bekommen, sollte der Herr es an gehörenden Orthe ohnschwerlich mit bereden, ob nicht die Hinrichtung ohne Holz geschehen könne.«

Detmold

ist seit 1511 Residenzstadt mit einer relativ geringen wirtschaftlichen Schlagkraft; steht sie doch weit hinter Lemgo zurück. In den Jahren 1624–24 dezimiert ein Pestausbruch die Bevölkerung um ca. $^1/_4$ des Bestandes. Nach dem 30jährigen Krieg zeigt sich ein enormer Aufstieg und Detmold wird nach Lemgo und Blomberg die drittgrößte Stadt des (lippischen) Landes. Die bedeutendste Zunft bilden Leineweber.

Zwischen 1599 und 1669 werden 21 Personen wegen Hexerei und Zauberei besagt. Auffallend ist, daß ab 1654 mindestens 48 Kinder wegen Hexereiverdacht inhaftiert sind. Es lassen sich zwei Prozeßwellen dokumentieren. Das Gericht spricht 16 Todesurteile, drei Freisprüche und eine Haftstrafe aus. Ein weiteres Verfahren endet mit Selbstmord der Besagten. Der Frauenanteil liegt bei knapp 80 %.

1599 wird die »Stallknechtsche« des Abendmahlmißbrauches angezeigt und es wird ihr vorgehalten: »daß sie das heilige Brodt zweimahle empfangen.« Auch zu ende zweimahle umb den Altar gangen, und das sie allerweilen bekommen, ermanet, sie sich gleichwoll nicht abweisen lassen wollen, sondern das Confermierte wieder begert, und ihr auch solches zum andernmahle gereicht worden.«

Man vermutet die Absicht eines Hostienfrevels: »vornemblich viell wahr, das in der Urgichten vieler Zauberer und Zauberinnen sich that erfinden, das sie mit dem heiligen brodt viell greuell, abgotterei und mißbrauch angerichtet.« Dann wird

Ilsche Sölters

der Hexerei bezichtigt; es ist eine bekannte Wahrsagerin und Heilkundige. Man besagt sie wohl aufgrund nicht eingetroffener Erwartungen. Hans Bruchmeier trägt vor:

- Sagt als Zeuge einstmahls ein Pferdt verloren, hette er seine Tochter zu Beklagtinne geschickt umb ihre Nachweisung des verlorenen Pferdes zu thun, worauff sie (ihr) geantwortet, das wollte sie woll thun, sie müßte aber einen groschen zuvohr auff die hand haben, und hingehen, und ihme Zeugen, ihren vatter vermelden, das er sie beklagte heimblich zu sich fordern lassen wolle, da die leuthe und ihre Nachbarn sie bereits in verdacht hetten, das sie das Nachweisen köntte«

Es geht um ein magisches Ritual (Koppenborg). Der Pastor Herman Latomus hat ihr die Austeilung der Communion »ampts halber« abgeschlagen.

1653/54 kommt es zu weiteren Anklagen vor dem Peinlichen Gericht. Grund ist ein nachbarlicher Streit. Es geht um die Kuhlmannsche und es wird gesagt: »Inmaßen sie dann auch jedeß Jahreß so viel butter verkauft und dennoch nur 4 kühe oder weniger gehabt, wo von andere redliche leute kaum so viel haben können, daß sie ihre haushaltung versehen.«

Koppenberg gelingt vermutlich der Nachweis, daß die Einheimischen besonders argwöhnisch auf Zugezogene und Emporkömmliche reagieren. Es ist der Konflikt Alt- kontra Neubürger, wie er (auch) in anderen Regionen spürbar ist. Es werden vornehmlich Prozesse gegen eingeheiratete Familienmitglieder geführt und von hier zu Anklagen gegen Witwen und Witwer ist es nur ein Schritt, die zudem oft in schwierigen wirtschaftlichen Verhältnissen leben und älter sind. Deutlich werden solche Konflikte an den Prozessen gegen die

Familie Mauritz
(Öhlschleger). Das erste daraus resultierende Opfer im Jahre 1659 ist Maria Magdalena Mauritz, die bei ihrem Vater, dem Leineweber Johan Mauritz wohnt, der es zu Wohlstand gebracht hat. Sie wird von ihrem Bruder öffentlich beschuldigt, sein Kind durch Schadenzauber getötet zu haben. Es liegt ein Geschwisterstreit zugrunde, wobei sich der Bruder über das Wohnrecht der Schwester im elterlichen Haus ausläßt:

»Wahr, daß er dahero seine Schwester ... mit abscheulichen schelten undt schmähen sehr grausam dürch solche christlich zugesetzet, der barbarischen meinung, seine Schwester dürch solche gott vergeßenen mittel nicht allein auß dem hauße sondern gar auß dem wege zu reumen, damit er sich in daß ledige nest wieder setzen und bey seinem Vatter, welchen ebenmeßig mit schmähen verfolget, allein wohnen möchte.« Kurz danach wird die Angeklagte verurteilt, zumal sie durch weitere belastet wird. Im September 1660 wird in Detmold der Zauberer Bernd Hollmann zur öffentlichen Hinrichtung gebracht, was mit einem erheblichen Spektakel verbunden war. Hier kommt es zu einer bewaffneten Auseinandersetzung zwischen einem Fußknecht und Melchior Mauritz. Es hat Konsequenzen für ihn, denn der so massive Eingriff in ein öffentliches Verfahren bedeutet sein Todesurteil. So wird festgestellt: »Also wahr, p. a. sein leben verwirket.«

Unter der Folter besagt er seinen Vater der Inzucht mit seiner hingerichteten Schwester und seine zweite Schwester Catharina der gemeinamen Tötung eines in Inzest gezeugten Kindes. Obwohl dem Gericht die Aussage suspekt vorkommt, bleibt er dabei; vergeblich wird nach dem Leichnam gesucht und der Zeuge Hermann Rikusen äußert die Vermutung: »vielleicht hettens die saun gefressen.«

Als der Vater sagt: »er habe das Kind im Kuhstall vergraben«, wird dessen Umgrabung angeordnet. Da die Leiche nicht gefunden wird, bekennt Johann Mauritz: »das Kind am Mühlenbach vergraben zu haben, wo es wahrscheinlich weggespült worden sei.«

An den Enkelkindern geht das Ganze nicht spurlos vorbei. Die achtjährige Anna Marieke sagt auf die Beschwerde des Pfarrers aus Falkenhagen, seine Schweine verloren zu haben: »solches hette ihr großvatter gethan, die schweine gebißen und wehre ein wehr wulff.«

Johan Mauritz wird nicht nur wegen Zauberei bezichtigt, sondern auch des Inzest, Kindermordes und der dämonischen Tierverwandlung angeklagt. Auf dem Weg zur Richtstätte wird er mit glühenden Zangen gezwickt und lebend verbrannt.

1661 kommt es zur Beschuldigung der Catharina Mauritz. Sie wird im wesentlichen von Ursula Brüggemann und deren geistig und körperlichen behinderten Stiefsohn Johan Mauritz jr. belastet. Der Fall der schwangeren

Maria Tintelnot
ist von Interesse, weil er vor das RKG in Speyer getragen wird. Sie ist von der Witwe Catharina Kuhlmann besagt worden, in der Walpurgisnacht 1653 an einem Hexentanz teilgenommen zu haben. Kurz vor Ostern 1654 hat man sie verhaftet, auf das gräfliche Schloß Horn gebracht und in der Form eines Überraschungsangriffes mit der Besagerin konfrontiert. Sie hat weder die Möglichkeit der Rechtfertigung noch Verteidigung. Sie hat ein Alibi, denn sie war zum besagten Zeitpunkt zuhause und ist von vielen gesehen worden.

Somit liegen nach der Auffassung der CCC. und des RKG Nichtigkeitsgründe vor, bevor man Anna Tintelnot zum erstenmal »unaussprechlich grausam gemartert hat«, so daß sie die Richter nach Ablauf von 14 Tagen zum zweitenmal und nach weiteren zwei Wochen ein drittesmal foltern lassen. So daß sie, da sie kein Geständnis ablegt: »ahn allen gliedern lahm und grüppel wordten.« Es ist Unrecht, denn eine zweite Folter ist nach § 44 der CCC. von Kriterien abhängig. Ein zusätzlicher Rechtsverstoß besteht darin, daß man eine *erfolglose* Folter wiederholt, obwohl keine neuen Indizien zugrunde liegen.

Dann wird sie aus der Haft entlassen. Sie beantragt, von der Hinterlegung einer Kaution befreit zu werden und möchte die gegen sie vorliegenden Indizien erfahren. Die lippische Regierung lehnt ihre Anträge nicht nur ab, sondern nimmt – da inzwischen eine zusätzliche Beklaffung durch die »weiße Peltzerisch« vorliegt – das Verfahren gegen sie nochmals auf. Sie bleibt standhaft und wird wieder freigelassen: »Sie hette außer Landes gehen müssen, um einen vornehmen rechtsgelehrten zu finden, der sich ihrer annehme, und ihre Unschuldt weiter außführen würde.«

Jetzt wenden sich die peinlichen Richter gegen ihren Mann, der sich schützend vor sie stellt. Er wird unter Androhung einer Strafe von 200 Talern gezwungen, die Inquisitin nach Detmold zurückzubringen. Da er dem nicht nachkommt, wird er zu 300 Talern verurteilt und sein Haus wird beschlagnahmt. Es ist nach Ansicht des RKG rechtswidrig. Zudem verwirft es die Wasserprobe, die im Lippischen nicht zu unterschätzen ist. Auch an der Tintelnot hat man sie vorgenommen.

Trotz all der Nullitäten untersagt das RKG nicht die weitere Verfolgung der Besagten als Hexe. 1665 ergeht in der Sache ein Spruch, der ihr auferlegt, sich dem erkennenden Gericht zu stellen. Sie flieht aus Lippe und über ihr weiteres Schicksal herrscht Unklarheit.

Lippische Kinderhexenprozesse

Wenn Behringer zur der Erkenntnis gelangt, daß die Integration von Kinder(hexen)prozessen eine Späterscheinung sei, trifft es nach den Recherchen von Walz auch auf die Region Lippe zu. 1654 wird Grote Grete, eine Witwe in Henstorf zum Tod verurteilt; sie hat ihn im wesentlichen dem 14jährigen Korbmachersohn Johan Herman, aus Heiligenkirchen im Amt Detmold zu verdanken. Sein Vater trägt vor: »daß ihm die Alte das Zaubern beigebracht habe. Dies habe Johan Herman ihm und einem anwesenden Schornsteinfeger gestanden. Sie habe ihn, als er die Kühe gehütet hat, zu sich gerufen und gesagt: »Ich will dir etwas geben, das soll dir dein lebetagh gudt thun.« Er habe Gott ab – und dem Teufel zugesagt. Das Spektakel endet mit ihrer Hinrichtung im November 1654.

Sie hat im prozessualen Verlauf ihre Söhne Curdt und Henrich der Teilnahme am Hexentanz bezichtigt, so daß man gegen sie einschreitet. Johan Herman wird wegen seiner widersprüchlichen Aussagen mit Ruten gestrichen. Vergl. die Ausführungen im Kapitel zu den Kinderhexenprozessen.

Amt Sternberg

1587 wird Engel Flake aus Schönhagen bezichtigt, Menschen und Vieh auf dem Hof eines Bauern bezaubert zu haben, wozu sie eine »grüne Materie« vergraben hat. Unter der Folter räumt sie das Delikt ein. Man läßt (erfolglos) nachgraben. In Nalhof steht Anneke Bicker seit langen im Gerücht. Man hat deren Großmutter verhaftet und sie ist im Gefängnis gestorben. Herman Grote hat Annekes Tochter Ilse aus dem Dienst mit der Anmerkung entlassen: »er wolle keine Unzucht im Hause haben,« was sich vermutlich auf den Knecht Lüdeke bezieht.

Die 60jährige Hebamme von Nalhof sagt aus: »daß Annekes Tochters Ilsche ein Mädchen geboren habe, das keine normal gewachsenen Ohren und die Hände am Kopf gehabt habe. Die untere Hälfte der Beine fehle, an jedem Knie wären acht Zehen und der Wirbel stand ihm heraus wie ein Stück Hundeschwanz. 20 Leute haben das Kind beobachtet. Sie habe in 24 Jahren als Hebamme über 250 Geburten betreut, aber so etwas noch nie gesehen.« Anneke wird vermutlich gefoltert, aber mit Sicherheit hingerichtet.

1588 hat Maria Bicker, Tochter der Anneke gesagt: »ein schöner junger Geselle werde zur ihr auf den Kamp kommen, vor dem sie sich nicht entsetzen solle. Wenn sie befolge, was er wolle, sei sie lebenslang versorgt. Sie solle Gott verleugnen und drei Schritte zurücktreten.« Marburg befürwortet den Einsatz der Folter; dann verlieren sich die Quellen.

In Göstrup kommt es 1593 zu einem Verfahren gegen Sanneke Rühing, Ilse Peters und Trineke Redeker. Die Witwe Sanneke hat Umgang mit der berüchtigten Alten Peterschen. Alle drei sitzen in Sternberg gefangen.

Ausgelöst werden die Vernehmungen durch einen Vorfall bei der Abendmahlsfeier des Pfarrers von Lüdenhausen, Jacob Cato. Er habe gehört, daß die Sanneke nach dem Abendmahl hinter dem Altar das Brot wieder aus dem Mund genommen habe: sie habe »mit den zeenen in den kelch gebissen, das jme der wein umb den kopff gesprungen vnd auf die erden schendlich gesprutzt«.

Danach ging sie mit einem schrecklich verzerrten Gesicht vom Chor: »daß sich die ganze Gemeinde entsetzte und der Pfarrer den Kelch vor Schreck wegstellen mußte.« Bernd Buntes Witwe verdächtigt sie, ihren Mann zusammen mit der Peterschen, bezaubert zu haben. Ihr weiteres Schicksal ist unbekannt. In Schwelentrup wird 1665 gegen

Anneke Schoeff

vorgegangen. Sie ist vermutlich arm. Ihr Mann wird nach Zeugenaussagen als »seltsamer Mensch« bezeichnet. Im Winter

1663/64 wird sie von Hans Knop, dem Mann der Tochter Anneke Hagedorns, einer 1669 hingerichteten Hexe, als »Winkelkutte« gescholten.

Ausgelöst wird das Verfahren durch das Engagement des Amtmannes Ernst Meierhoff, der nach Detmold berichtet. Sie hat einem Mädchen zwei Äpfel geschenkt, von denen der eine ein schwarzes Pulver enthalten habe. Er schmeckte übel, weshalb ihn das Mädchen weggeworfen hat. Kurz danach ist es krank geworden und gebärdete sich nach den Aussagen des Pfarrers Stivarius so, »wie wenn es vom bösen Geist besessen sei.« Bei der Bitte des Pfarrers um eine Beisteuer für die zur Zauberei verführten Kinder, habe Anneke geäußert: »sie wollte nichts dazu tun, denn die dem teuffel wehren, die sollte man ihm laßen.«

Etwa ein halbes Jahr danach arbeitet die juristische Fakultät Rinteln einen Fragekatalog wider sie aus, worüber sie kurz danach einem Verhör unterzogen wird. Die Bürger entbieten sich, eine Kollekte für die Wasserprobe zu veranstalten und die Gerichtskosten zu übernehmen, denn Anneke wurde »von allen für eine exellente Hexe gehalten.« Den Schwelentrupern graue vor ihrer Wiederkunft wie vor dem Teufel selbst. Ihre Verwandten hätten sie aufgegeben, ja wollten nicht einmal die fünf Taler Kaution für die Haftentlassung zahlen.«

Dann wird das Gericht der Universität Rinteln informiert und dann wird sie mit zwölf Zeugen konfrontiert. Einer von ihnen trägt vor: »daß sie einmal in der Kirche beim Anblick eines geschminkten Mädchens gesagt habe: »wenn sie es in ihrer Nähe hätte, sollte es aussehen wie schnuppe und nicht alß eine eutze« (Kröte).

Bernd Wulff bringt ein: »die Anneke habe der Greteke Schlink ein Huhn bezaubert, so daß es keine Eier mehr legte ... ihr Mann habe des öfteren nachts nach ihr getastet, ob sie im Bett liege, sie sei aber immer dagewesen.« Dann wird ihr ärgerlicher Lebenswandel hervorgetan. Ihrem Mann hatte sie »so viele Teufel gefluchet, daß die Leute sagen, daß da wohl soviel sein mögten, als in einem hopfen Sack gehen sollten.«

Auf Anweisung der Universität Rinteln wird Anneke einer Folter unterzogen. Sie gesteht, widerruft und wird des Landes verwiesen. 1666/67 kommt es zu einem Verfahren gegen

Catharina Fasse

der Tochter eines Gastwirtes, die als Magd nach Schwelentrup gekommen war. Gerüchte über sie reichen nahezu 40 Jahre zurück. Die Familie gilt im Dorf als wirtschaftlicher Emporkömmling.

Auch hier löst eine Supplik der Bauernschaft das Treiben aus und man weist auf das böse Gerücht und daß eine große Gefahr bestehe: »wie man das Exempel in benachbarten Orten hat. Wenn es die Schwelentruper wissentlich unter sich duldeten, brächten sie sich bei anderen ehrbaren leutten in Verdacht.«

Dann wird die Familie Hördermanns von einer seltsamen Krankheit befallen. So gelangt Catharina in den Geruch der Zauberei. Neue Gerüchte kommen hinzu, zumal man ihr vorhält:

- »Sie habe mit Johan Pieper die Ehe gebrochen und (man habe) sie vor 20 Jahren als Hexe besagt.«
- Der Tischler Stegmeier hat bei der Arbeit in ihrer Molkenkammer Schmiertöpfe entdeckt, die er als Zauberwerk angesehen hat. Daraufhin habe er fluchtartig deren Haus verlassen.
- Dann wird gesagt: »es gebe in Schwelentrup ein Ehepaar mit einer Tochter, der Mann sei ein Werwolf und dessen Frau eine Hexe.
- Vor etwa neun Jahren habe sie einem Soldaten ein Auge blind gezaubert, als er bei einer Tauffeier bei Wulffs übernachtet hat.

Ihr Mann setzt sich für sie ein und richtet Bittbriefe an den Grafen, wobei er die Besagungen auf »etliche mißgönstige leüth« zurückführt. Seine Frau habe sich »zeidt ihres lebens ehrlich und redlich, auch in meiner hauß haltung dermaßen trew und aufrichtig verhalten, daß kein eintziger mensch deroselben in warheit vn tugend oder hexerey nachgesagt noch beweißen könnne.« Er bitte um die Bestrafung der Gegner. Am 16. August suppliziert er erneut an die Obrigkeit.

Bald wird die Familie isoliert. Es geht so weit, daß sich die Bewohner überlegen, ob sie Catharina »steinigen« sollen. Jetzt fordert die Bauenschaft mit einer durch einen Juristen aufgesetzten Eingabe die Öffnung des Verfahrens »von Amts wegen.«

Die Klageschrift besteht aus 102 Punkten. Catharina wird am 27. April 1667 vernommen, wobei sie die Vorwürfe abstreitet. Dagegen bestätigen die Zeugen die Klage. Wieder hört man die Rintelner Juristen und sie plädieren »ziemblicher maßen« für die Anwendung der Folter. Es kommt zum Todesurteil gegen sie durch Erwürgen auf der Leiter und anschließender Verbrennung. Es wird am 2. Juli 1667 publiziert. 1668 wird gegen die Ziehtochter

Kinderbesagungen in Hexenprozessen aus der Region Lippe*)

1654 Die Witwe Grote Grete aus Henstorf wird im November aufgrund einer Besagung des 14jährigen Johan Herman (Detmold) zum Tode verurteilt.

1658 Gibt die acht-oder neunjährige Trine an, von ihren Eltern das Zaubern gelernt zu haben. Ihre Mutter steht im Ruf einer Ehebrecherin und es wird gesagt: »in Abwesenheit des Ehemannes halte ein anderer Haus bei ihr.«

? Die siebenjährige Enkelin der Anneke Rüschemeier »auf dem Strang« behauptet, ihre Großmutter habe sie ein Gebet gelehrt und zudem werde sie auf ihrem Schulweg durch den Wald von einem Vögelchen begleitet. Johanem, der Neunjährige, behauptet, daß er Mäuse machen könne, was er von seiner Mutter gelernt habe. Der Zwölfjährige Rosemund bekundet: »er könne Pfannkuchen in der Asche bakken, ohne daß sie unrein würden.«

1654 Sagt ein Junge namens Levin, daß er beim Schwimmen nicht untergehe und sich in einen »wahr wülf« verwandeln könne. Er wäre der Wolf, der ein Jahr zuvor beim Schäfer auf dem Ochsenkamp gewesen sei. Der Teufel bringe ihm einen Gürtel, worauf er sich verwandle. Wenn er ihn anlegte: »so regierte ihn der teüffel, vnd könte alleß thuen, waß er nur woltte: er könne auch Kühe bezaubern und Mäuse machen ... und zwar auß einem erden klueten.«
Das Ganze stellt sich später als Prahlsucht heraus und als er vom Hofmeister gefragt wird, »wie man sich vor Schüssen sicher machen könne«, sagt er: »er habe gehört, wenn man nach dem Abendmahl mit dem unbeschädigten Brot des Herrn im Munde aus der Kirche gehe, sei man gegen Schüsse immun.«**)

? Trine Wehrmann sagt: »Ihre Eltern haben gesagt, ein kleines schwarzes Männchen mit runden Füßen wie ein Pferd werde Geld bringen. Trine müßte sodann Sonne, Mond und Sterne, Laub und Gras verschwören. Darauf kam das Männchen und brachte ihr zwei grüne Taler zum Kauf eines Rockes. Zweimal war im Haus der Eltern getanzt worden, der Großvater hatte auf einer vom Männchen gebrachten Flöte mit Hörnern gespielt, das Bier habe man von der Mühle geholt. Auf Befehl des Männchens habe Trine anderen Kindern das Zaubern gelernt.

1665 Versucht die Frau des Cordt Bracht u. a. ihren Stiefsohn aus dem Weg zu räumen, indem sie ihn dazu bringt, Lieseke des Zauberlehrens und seinen Vater der Teilnahme am Hexentanz zu besagen. Vor Gericht räumt der Junge ein: »daß ihn seine Mutter zu solchen Aussagen genötigt habe.«

1676 Wird die 27jährige Zaubertrine hingerichtet. Ihr Vater ist in den Krieg gezogen als sie ein kleines Kind ist. Er kommt nicht zurück. Bei ihrer Vernehmung schildert sie, wie man ihr Butterbrot, Speck und Milch versprochen habe, wenn sie die Frau eines Meiers als Hexe angebe.«

*) Vergleiche dazu die Ausführungen im gesonderten Teil des Buches »Kinderhexenprozesse«.
**) Vergleiche dazu die vor allem im süddeutschen Raum erwähnte »Passauer Kunst«, um sich schußfest zu machen!

Engel Steg

verhandelt. Auslöser ist ein Bericht des Amtmannes Christoph Hille, dem Nachfolger des Mitte 1666 verstorbenen Meierhoff. Sie wird besagt, an der Bezauberung der Kinder beteiligt gewesen zu sein; sie läßt ihre Verteidigung schleifen und meint: »ihr Mann habe sie nicht gewünscht, weil sich dadurch das Gerücht im Dorf ausbreite.«

Bernd Wulff hat Engel geraten, Geld zu nehmen und zu fliehen, falls sie von der Catharina das Zaubern gelernt habe. Als Engel bei einem Krankenbesuch dicke Milch, Käse und Salbei gegen die Appetitlosigkeit der Anneke mitbringt, will sie sie erst zu sich nehmen, wenn der Pfarrer zustimme. Die Gerüchte verdichten sich. Einige Zeugen halten ihr vor: »sie wäre oft mit Catharina Fasse zusammengesteckt ... sogar auf dem Dachboden.«

Die Bauern Schwelentups bitten den Graf um ihre Verhaftung. Die Familie bittet ihn um die Bestrafung der Beklaffer, weil sie Engel »aus großem haß vnd neide« in Anwesenheit des Bauernrichters Jaspar Schoeff als Hexe ausgeschrieen und ihr die Behexung der Tochter vorgeworfen habe. Nie habe er »einig bös von derselben erspüret und glaube fest, daß sie fromb vnnd dem laster der Zauberey feindt sei.«

Die Rintelner Juristen plädieren am 7. Juli 1668 für ihre Verhaftung und Folter. Sie gesteht bei der Verbalterrition und wird am 11. September zum Tod durch das Feuer verurteilt, aber zum Schwertstreich begnadigt. Aufgrund eines Familienstreites (?) kommt es 1669 es zu einem Verfahren gegen

Anneke Hagedorn

Auf Verlangen der Dorfbewohner reagiert der Amtmann und wendet sich im November 1668 nach Detmold. Es wird behauptet:

- Einem Gerücht zufolge habe sie 20 Jahre zuvor die eigenen Kühe bezaubert und (habe) sie auf dem Tanz gefressen. Von der Milch ihrer zwei Kühe könne sie (zu)viel Butter machen.«
- Sie habe einer Frau die Kunst lehren wollen, Gänse auf dem Weg zu halten, um Streitereien mit Nachbarn zu umgehen.
- Sie habe seit zehn Jahren Glück im Hauswesen und beim Buttern.

Wegen der eingegangenen Kühe – wird im Dorf geredet – habe man zu Wicken Klaus geschickt (vergl. Barntrup). Mehrere Zeugen erwähnen ihren Umgang mit Anneke Schoeff, mit der sie zusammen gewesen sei, als sie in die Kirche gingen: zudem würde sie häufig fluchen.«

Schließlich sagt sie: »auch wenn man ihr das Fell über die Ohren ziehe, könne sie keinen nennen, der zaubere.« Rinteln wird befragt. Es wird die Folter beschlossen und da sie ihr Geständnis widerruft, wird sie einer zweiten unterzogen. Ihr Todesurteil wird am 8. Oktober 1669 verkündet, nachdem man die Zustimmung der Universität eingeholt hat. 1669 kommt es zu Beklaffungen gegen

Trineke Schnitker

die etwa 60 Jahre alt ist. Aus Gerichtsprotokollen ist erkennbar, daß sie seit Jahren im Dorf unbeliebt ist. 1665 hat sie Cordt Beke auf dem Kirchhof als Erbsendiebin bezeichnet und Hinrich Steg sagt: »sie trage die Lügen im Dorf in der kiepen herum.« Anfang Mai 1669 geht in Detmold eine Supplik der Bürgerschaft ein, in der Trinekes Lebenswandel plastisch – doch negativ – geschildert wird.

- Sie habe »von Zeit dieselbe ihre mannbare Jahre erreicht, nicht allein einigen Verdacht der Zauberei auf sich gehabt, sondern auch Hurerei unndt Eebruch zu begehen sich ohnlässig beflissen.«
- Mit ihrem ersten Ehemann, Schnitker, habe sie öffentlich Verlobung gefeiert, war aber von ihm auf ihrer Schlafkammer mit einem jungen Gesellen ertappt worden. Später trieb sie es mit einem Knecht, der auf dem Hof der Bekes diente und ihre Schwester (Anneke Mollen) heiraten wollte.

Jetzt bezichtigt man sie im Dorf der Mitschuld an den Krankheiten und am Tod einiger Kinder. Im Mai 1668 war sie in Hördemanns Haus gekommen und hat den fünf Wochen alten Sohn auf den Schoß genommen. Er wird krank und sein Stuhlgang färbt sich blau. Wulffs Tod wird ihr in die Schuhe geschoben, hatte sie ihn doch vorausgesagt. Jaspar Schoeff hat ihr »Butterzauber« vorgehalten.

1668 soll sie in Hördermanns Haus so geflucht haben, daß »den Pastoren der donner zerschlagen solte« den sie einen Lügner nennt, weil sie ihm die Schuld an ihrem Gerücht gab und verstellte dabei ihr Gesicht so ungewöhnlich, daß einem frommen christen dadurch ein schrecken angekommen.«

Gegen sie wird kein Verfahren eingeleitet. Das Gerede im Dorf geht weiter. Im Sommer 1669 klagt Hinrich Steg, die Anneke und deren Mann hätten ihn als »Hexenkönig« bezeichnet.

Dann kommt Anne Knop ins Gerede: Dorfbewohner wenden sich an den Grafen »sie können vor Hinrich keinen Frieden haben, denn er gehe in der ganzen Dorfschaft herum und sage: »ich were so eine fraüe wie seine«, was ihm die Engel vor deren Hinrichtung anvertraut habe. Das Gogericht läßt sie wissen: »daß man nichts dagegen unternehmen könne, sie müsse in Detmold klagen.« Dann fordert sie Hinrich zur Wasserprobe auf. Sie weist auf ihre Armut und bittet den Grafen, sie ihr zum Beweis der Unschuld zu erlauben. Die Antwort auf die Supplik hat sich nicht erhalten. In

Bösingfeld und »auf dem Strang«

kommt es zu drei Hexenprozessen mit zwei Hinrichtungen, aber hier wuchern Beklaffungen. 1633/34 klagt Geseke Vahrenkampf, daß sie von Hermann Kenters Frau eine Hexe gescholten worden war und 1645 bringt Meister Teves vor, Kenters Frau bezichtige seine der Bezauberung ihres Sohnes. Da sie bei Wicken Klaus gewesen war, wird ihr vorgehalten, »sie sei im Sack geschlagen worden.« 1656 kostet es Kenter drei Taler, daß er eine andere als Hexe besagt und ihr gedroht hat: »er werde sie verbrennen lassen«. Der erste hier bekannte Prozeß findet gegen

Adelheid Bicker

»auf dem Strang« statt. Sie stammt aus Langenholzhausen und hat 1620 geheiratet. Auslöser ist der Bericht eines Beamten über eine Zeugenvernehmung Ende August 1653.

Im Juli 1653 hat Adelheid Tönies Bent, Hermanns Knecht, eine Schüssel Milch gegeben, nach deren Genuß ihm übel wurde. Im Krankenlager bezichtigt er sie, ihn bezaubert zu haben ... er könne die Hexe nicht vor sich sehen. Kurz danach ist er gestorben.

Ein Gutachten aus Rinteln gestattet deren Verhaftung und befürwortet die Folter. Dann werden Zeugen vernommen. Sie räumt das »Böten« für den Fall ein, daß sich ein Tier »verfangen« habe und sagt: »Im Ruf der Hexerei könne sie schon deshalb nicht stehen, weil sonst ihre vier Töchter, denen sie keine Aussteuer mitgegeben hat, keinen Mann gefunden hätten ... sie gehe regelmäßig zur Kirche«, was der Pfarrer bestätigt.

Anfang Oktober 1653 wird Adelheid auf Bitten die Wasserprobe gestattet, wobei sie dreimal schwimmt. Nach der Vornahme der Folter gesteht sie. Kurz danach wird das Todesurteil verkündet und dann wird sie per Schwert gerichtet. 1654 kommt es zu einem Verfahren gegen die Witwe

Anneke Rüschemeier

Es wird durch einen Bericht des Pfarrers von Almena, Anton Trophagen, ausgelöst. Bei ihm hat sich der Schulmeister darüber beschwert, daß zwei Väter ihre Kinder von der Schule genommen haben.

Im Mai 1654 berichtet Amtmann Meierhoff im Verbund mit einer Werwolfverdächtigung nach Detmold. Sie werde von jedermann für eine Erzzaubersche gehalten. Dann bittet sie um die Wasserprobe. Simon Duncker wolle darauf leben und sterben, daß sie ihn behext habe. Als sie ihm vom Pferd habe herunterkommen helfen, wäre ihm bei der Berührung ein Schmerz in seine Schulter geschossen, »wie wenn ein lebendiges Tier in seinem Körper sei, so immer inwendig freßen thäte.« Hinzu kommen weitere Besagungen.

- Der erste Mann von Simon Dunckers Frau halte sie (für) verdächtig, sich falsch verhalten zu haben und nach Dingen gefragt zu haben, die sie bereits weiß.
- Jürgen Karstings Schwester hat mit einem 12–13 Jahre alten Mädchen die Kühe in Annekes Feld gehen lassen und sich gegen deren Plünderung gewehrt, worauf Anneke plötzlich schrecklich zu fluchen anfing und drohte »ehe die sonne untergienge, so solten ihre eltern sie nacher hauße tragen.« Jürgens Schwester erkrankt »stracks in selbiger Stunde« und muß von den Eltern heimgetragen werden.

Jürgen kommt spät von einer Reise aus Rinteln zurück und will sich im Haus der Bremeke Feuer für seine Pfeife holen. Er findet drei alte trinkende Frauen und unter ihnen Anneke. Daraus schließt er auf eine Hexenversammlung, worauf ihm der Vogt bestätigt: »daß sindt die drey rechten.« Als bald darauf sein Vieh eingeht, meint er, »daß es ihm die Anneke bezaubert habe.«

- Sie hat dem Halbspänner Franz Bebermeyer am späten Abend sechs Reiter zur Verpflegung ins Haus gebracht und bei diesen übernachtet. Nachdem man ihr darum Vorwürfe macht, sterben ihm acht Kühe und fünfzehn Schweine.
- Zudem soll sie ein Schwein dadurch bezaubert haben, indem sie zu ihm sagte: »Du solst nicht mehr ins Korn gehen«, worauf es sich wie toll gebärdete und einging.«

Bei der Vernehmung bestreitet sie alle Vorwürfe und dann versucht Dunckers Frau, Anneke den Tod ihres ersten Mannes anzulasten: »Bevor er vom Balken fiel und starb, sei sie mindestens dreimal ins Haus gekommen, obwohl sie da nichts zu tun hatte.« Sie wird einer strengen Folter unterzogen und gesteht unter deren Druck. Am 5. August 1654 wird sie per Schwertschlag gerichtet. 1662 kommt es zu einem Prozeß gegen

Hexenhemd (Schand- oder Drutenkleid). Veringenstadt, Mitte 17. Jahrhundert, Flachs gewebt. Veringenstadt, Heimatmuseum. Mit freundlicher Genehmigung. Das Hexenhemd wird mit dem Prozeß der Bader-Ann (Anna Kohler, geb. Kramer) in Verbindung gebracht. Sie gilt als heilkundig. 1680 wird Anklage wegen Hexerei gegen sie erhoben und sie wird im unteren Torturm inhaftiert. Sie wird der Folter unterzogen und zum Tod verurteilt. Auf Bitten zahlreicher Personen wird sie durch Fürst Maximilian von Hohenzollern-Sigmaringen zum Tod durch das Schwert begnadigt. Die Leiche wird verbrannt. Motit entnommen aus: Ausstellungskatalog »Hexen im Südwesten«, Karlsruhe, 1994. →

Gretke Eimbden

1653 klagt Hans Laers Frau, die mit ihrem Mann bei ihrem Stiefsohn in Bösingfeld wohnt, am Gogericht, daß der Meier zu Schorbke und sein Gesinde sie der Bezauberung von 17 bei ihm eingegangenen Tieren bezichtige. Damals ist die Beklaffte etwa 75 Jahre alt. Es muß zu einem erheblichen Viehsterben gekommen sein und ihre Bitte, sie nicht anzugeben, macht sie verdächtig.

• Gretke Wint berichtet, daß Laers Frau sich an ihrer neuen Hütte vor ihrer Kuh niedergesetzt habe und zu schlafen schien. Die Kuh wurde rasend und gab keine Milch mehr.

• 1655/56 soll Laers Frau einer anderen den Teufel in den Leib geflucht haben. Sie stirbt 1663.

Dann wird der Pfarrer Trophagen aktiv. Er schildert, daß die kleine Trine, Tochter des Cordt Wehrman, von ihren Eltern das Zaubern gelernt habe. Bei der Befragung sagt das Mädchen: »sie habe das Zaubern von Vater und Mutter vor der Haustür gelernt. Auf Befehl eines nachts erscheinenden Männchens, das ihr auf dem Leib lag, hat Trine andere Kinder des Zaubern gelehrt. Zu einem 13jährigen habe sie gesagt, sie dürfe nicht beten, weil das schwarze Männlein es nicht dulde und einem anderen habe sie erzählt, nach dem Abschwören werde ein Männchen mit Reis im After kommen und Geld bringen. Deren Eltern werden nach Stellung einer Kaution aus der Haft entlassen aber das Kind nicht; man verbringt es zu den anderen bereits inhaftierten Zauberkindern.

1655/56 klagt Anneke Rüschemeiers am Gogericht, ihr Nachbar Hans Hovemeier habe sie »vf ihre Mutter gewiesen vndt gesagt, seine mutter wehre noch nicht gebrandt alß die ihrige.« 1650 beschuldigt er sie vor dem Amtmann, ihm eine Kuh bezaubert zu haben »sie muste brennen oder er von ihr ziehen vnd eine andere herberge suchen.«

Im Herbst 1661 kommt es zu weiteren Eskalationen in Bösingfeld, als Agneta Kenter ins Gerücht kommt. Dietrich Rehm wird beschuldigt, von Zigeunern etwas gelernt oder genommen zu haben, womit er Hexen erkennen könne. Darauf sei er in des »Teufels namen « ausgegangen, um sie zu sehen. Daraus resultiert ein »Hexenstreit« der vor dem peinlichen Gericht verhandelt werden müsse.

Er stellt sich heraus, daß der etwa 25 Jahre alte Dietrich Rehm tatsächlich magische Praktiken durchführt. Er behauptet: »er habe viele Bösingfelderinnen auf dem Tanz gesehen und am Kirchhof wohnten nur neun fromme Frauen«. Trine Suhre räumt ein: »auf der Mitter- und »Echter-Straße gebe es nur vier Häuser mit frommen Leuten.«

Das Ganze geht im wesentlichen auf Schwätzereien der Gretke Eimbden zurück. Sie macht sich dadurch verdächtig, daß sie etliche Tage weggelaufen und von ihrem Mann im Wald gefunden worden sei.« Dem Amtmann sagt sie: »sie könne nicht antworten, warum und wohin sie gegangen sei aber es dünkte ihr, es führe sie jemand an der Hand, und auf dem Berg sei es so schön gewesen wie in einer Kirche.«

Dann erzählt der geflüchtete und wieder gefangene Carl Wilhelm: »er habe, nachts aus der Mühle kommend, eine Kutsche mit schwarzen Pferden durch Bösingsfeld fahren sehen, deren Insassen aber nicht erkannt. Der ein rotes Fähnlein schwenkende Johan Rickehoff war vor der Kutsche hergegangen. Ein Mann in der Gestalt des Johan Sembke aus Reine war auf einem Ziegenbock oder dergleichen Tier hinter der Kutsche geritten ... später wäre der Tanz losgegangen. Cordt Lute sei Trommelschläger und die Kentersche, die alte Bödekersche und Johann Rickehoff seien Hexen bzw. Hexenmeister.

Zurückzuführen ist das Ganze auf einen Dorftratsch mit verhängnisvollen Folgen. Dann wird ein »Hexenbuch« erwähnt. Die Tochter der im Gerede verdächtigten Frau Papes wird von einem Mann als »Hexenkind« bezeichnet, am Arm gepackt und aus dem Haus geworfen.

Wahrscheinlich wird der Gretke vor allem deshalb der Prozeß gemacht, weil man sich auf ihr merkwürdiges Weggehen keinen Reim machen kann. Die Anklage wirft ihr Zauberei und den Bund mit dem Teufel vor. Der Fiskal beantragt die Todesstrafe. Bei ihrer Vernehmung Anfang Februar 1662 gibt sie das Hexengerede zu, belastet aber eine andere Frau. Schließlich meint man, sie einer Geisteskrankheit bezichtigen zu können. Sie wird aufgrund eines Rintener Gutachtens entlassen und stirbt 1663. Im

Amt Varenholz

1588 kommt es zu einem Prozeß gegen die »Dünnesche«. Deren Mutter hat eine Nachbarin vor ihr gewarnt: »sie habe die Kunst von der alten Vögtin in Langenholzhausen gelernt.« Auch die Schwester der Dünneschen war wegen Zaubereien im Geschrei und offenbar schreibt sie sich magische Fähigkeiten zu. Dem Vollspänner Claws Meiger, der ihren Mann ein Pferd für fünf Taler abgekauft hat, aber einen schuldig bleibt, droht sie: »die Raben sollten sein Pferd fressen, ehe drei Tage vorüber seien.« Es stirbt in der folgenden Nacht.

Ausgelöst wird ihr Fall durch einen Bericht des Pastors aus Vlotho, demzufolge sie 1587 von Johan Eulerts sterbenskranker Frau die Rücknahme der Hexereibeschuldigung verlangt hat. Ihr weiteres Schicksal ist nicht erschlossen.

1588 wird gegen Moß Lücke aus Lüdenhausen prozessiert. Anna Bicker aus dem Amt Sternberg hat eingeräumt, daß sie mit ihr und Grete auf dem Tanz gewesen sei. Nachbarn fürchteten sie und nach dem Aussagen des Pfarrers lassen besorgte Eltern die Kinder nicht allein auf die Weide gehen. Eine Zeugin hat sie und drei andere Frauen bei einem Hostienfrevel ertappt. Der Pastor und Almosenpfleger finden zehn oder zwölf Hostien, und vermuten, daß Hexen sie vor den Altar gelegt hatten und verbrannten sie. Auch Butterzauber hat man ihr vorgeworfen.

Der Graf holt einen Ratschlag der Marburger Universität ein. Später wird Moß Lücke mit dem Feuer hingerichtet. Kurz danach wenden sich die Bewohner erneut in Sorge an den Grafen und bringen weitere Beschuldigungen vor. Grete, Salmeke und die Ulemeiersche machten die Äcker unfruchtbar und brächten Eingesessene um Nahrung und Gesundheit. Der Graf wird vor der Strafe gewarnt, die Gott über das Land verhänge, falls er nicht eingreife. An anderen Orten würden die Lüdenhausener wegen der Frauen gemieden.

1589 wird die Mutter der Salmeke Zimmermann als »giftige und böse Frau« beschrieben. Man macht sie für mehrere Unglücksfälle verantwortlich. So hat man sie der Behexung zweier Knechte verdächtigt. Sie waren vom Krug gekommen und haben die Salmeke vor ihrem Haus stehen sehen und ihr zugerufen: »bistu da, du zaubersche, wie balte sal man dich bernen«. Der Frau des Pastors hat Salmeke – mit Moß Lücke – Gift ins Bier getan und Tönies Haiger hat sie ein Pferd bezaubert, weil er ihren Jungen beim Bierstehlen ertappt und geschlagen hat.

Ihr weiteres Schicksal ist unbekannt aber noch zum Beginn des 16. Jahrhunderts wird eine des Segens und Zauberns verdächtige Salome in Lüdenhausen in Visitationsakten erwähnt.

1589 soll die Ulemeiersche über drei schwarze Eier verfügt haben, mit denen sie nach Belieben Eier zaubern könne. Sie sagt: »niemand könne sie leiden oder wolle sie zur Arbeit fordern.« Sogar ihre Verwandten redeten ihr Hexerei nach: ja ihr werde die Behexung des Bruders vorgeworfen. Der Almosenpfleger Johann Coster wird an allen Gliedern lahm, nachdem er ihr die Almosen verweigert und sie aufgefordert hat, sich erst des Gerüchtes zu entledigen. Als sie Bernd Custers Kind ein Butterbrot gibt, findet es unter der Butter rote Materie, kratzt die Butter ab und legt den Rest der Katze hin, die sie ihren Jungen gibt. Sie gingen davon ein.

In Dalbke (Gogerichtsbezirk Hohenhausen) beschuldigt Noltke Johann Klemmes Sohn, er habe den Pferden des Nedder Hans stinkende »worstelen« in den Zaum gelegt um sie damit »auszunutzen« (krank zu machen). Von Interesse ist der 1615 geführte Prozeß gegen

Engel Lüdecke

Hans zum Dalbke klagt 1608, sie habe ihm viel laidtzs gewunschet im leider viehl wiederfahren ... die frawe habe gesagt, seinem herzten soll so weh werden, das ehr nicht wißen solte, zu welcher thur ehr auß oder eingehen wolle.« Im Oktober 1614 wird Anklage gegen sie erhoben.

Sie war »auch sonsten« der Zauberei berüchtigt und wird von jedermann für eine Zaubersche gehalten.« Bei der Vernehmung ihrer Anklage bestreitet sie alles. Die Universität Helmstedt befürwortet den Einsatz der Folter und die Kollegen in Marburg plädieren für ihre Freilassung. Sie wird am 22. Mai gefoltert und einen Tag später findet man sie tot im Backhaus, ihrem Gefängnis.

Für Talle sind in den zehn Jahren vor dem Prozeß gegen Ilsche Osterhagen in den Gerichtsprotokollen keine Hexenprozesse nachweisbar. Eine Scheper Hille soll einen Mann des Haferdienstahls bezichtigt haben, weshalb er sie eine »Schandhure« nannte. Einen anderen schilt sie »Hurenjäger« und »Unflat.« Hier brauen sich 23 Sexualdelikte zusammen. Dann wird gegen

Ilsche Osterhagen

verhandelt. Sie ist die Tochter eines Pfarrers und zum Beginn des gegen sie geführten Prozesses etwa 80 Jahre alt. Schon früher hat man sie wegen eines Abtreibungstrankes besagt. 1605 ermahnt sie der Pastor, weil sie ihm in der Kirche ärgerlich und unbescheiden begegnet war. Ilsches Tochter hat der Tochter des alten Meier eine Hure gescholten und ihr ins Gesicht geschlagen, als sie sich gegen die Beschimpfung verwahrt hat.

Hinter dem steckt ein Konflikt zwischen Ilsches Familie und dem Pfarrer Stephani. Er verklagt sie beim Gogericht wegen Segensprechens. Der Pastor wiederum wird verklagt, weil man ihm vorhält: »daß er ihr das Abendmahl verweigere, habe er sie doch bis zu ihrer Besserung dem Teufel empfohlen.« Dem Pfarrer sagt sie: »Jesus werde ihr selbst das Abendmahl reichen.«

Im Mittelpunkt des gegen sie geführten Prozesses steht ihre Tätigkeit als Wahrsagerin,, Hexenbannerin und Heilerin. Aus dem Amt Vlotho und dem Kirchspiel Schötmar kommen Leute zu ihr, denen sie Diebe offenbaren soll. Sie habe der Frau des Untervogtes angeboten, sie unfruchtbar zu machen. Jedenfalls bezichtigen sie die Bürger von Talle und Ungebung als Zauberin, Hexe und Wahrsagerin. Bei der Vernehmung bestreitet sie die wider sie vorgebrachten Bezichtigungen. Sie wird nicht gefoltert und kommt nach Stellung einer Kaution durch ihre Kinder frei. Sie stirbt 1621.

In Elstorf verklagt 1638 Berendt Wedelmeier Greteke Müsing, sie habe seine Molke verzaubert. Sie verklagt ihn wegen Verleumdung. 1642 bringt ein Einlieger vor, daß die Frau, bei der er gewohnt hat, die seine »Zaubersche« gescholten habe und 1645 bezichtigt ein Mann seine Mutter als »Schandhure« und »Hexe«. Unter 16 Sexualdelikten werden zwei Bettlerinnen und eine Vagabundierende erwähnt. Eine Frau flucht einer anderen den Teufel in den Leib und meint: »der Donner solle sie schlagen.« 1645 wird gegen

Anneke Witt

verhandelt. Sie ist etwa 80 Jahre alt, lebt von der Bettelei, hat sich laut Anklage in der Jugend dreimal sexuell vergangen und steht seit langem in einem bösen Gerücht. Der Bub Johanman von Istorf sagt: »daß sie ihm das Zaubern gelernt habe: sie habe ihn auf den Tanz geführt und zu Zauberdelikten angestiftet.«

Sie bestreitet die gegen sie vorgebrachten Vorwürfe und meint: »das Kind des Hofmeisters sei von der Apothekerin in Lemgo bezaubert worden.« Rinteln plädiert für die Anwendung der Folter, um sie zum Geständnis zu bewegen. Sie läßt es über sich ergehen, ohne zu gestehen. In Henstorf kommt es 1652 zu einem weiteren Vorwurf wegen Hexerei, denn Henrich Frevert hat zu Arendt Freverts Frau gesagt: »er wolle Hermann Klemme mit seinem Gesinde im Haus verbrennen.«

1652/53 sagt die Frau des Kleinkötters Marten Kuhfuß: »es gebe in Henstorf nur drei fromme Frauen, alle anderen seien Zauberinnen.« Es kommt zu 15 Schwängerungsdelikten und einem Fall von Blutschande. Cordt Kater hat eine Einliegerin »diebische Hure« gescholten.

1654 kommt es zu einem Verfahren gegen die Witwe Grote Grete. Sie ist in Streitigkeiten verwoben. Ausgelöst wird der Prozeß durch die Besagung des vierzehnjährigen Korbmachersohnes Johan Herman. Er hat bei ihr gedient und behauptet, von ihr das zaubern erlernt zu haben. Sie soll mehrere Stück Vieh behext haben und man sagt ihr nach, daß sie gut fluchen könne. Einmal wäre des Nachts ein feuriger Tisch an ihr Haus gekommen und dann weitergeflogen. Ilsche wird des Segens von Pferden und Kühen bezichtigt, die sich die Füße verstoßen haben. »Zeugen habe dabei ihr unverständliches Gemurmel gehört.« Zudem soll sie ihren Mann und Sohn behext haben.

Beeinflußt wird der Prozeß durch die Erkrankung des Hinrich Herzog. Er wird wegen seiner Besagung vom Gogericht gestraft, bittet aber um Erlaß: »da die Besagte eine Zauberin sei.« Pfarrer Jeremias Apfuis stellt ihr ein positives Zeugnis aus und hebt hervor: »daß sie regelmäßig die Gottesdienste besuche, am Abendmahl teilnehme und das göttliche Wort andächtig höre.«

Dann verlangt sie bei der Vernehmung, mit ihrem Besager Herzog die Wasserprobe durchzuführen. Aufgrund einer Entscheidung Rintelns wird sie gefoltert. Während der Haft springt sie in den Burggraben und widerruft das Geständnis. Daraufhin wird sie mit Ruten gestrichen und des Landes verwiesen. Sie kehrt zurück und bringt vor: »niemand wolle sie aufnehmen, sie sei des Lebens müde und begehre den gnädigen Tod.« Sie wird erneut des Landes verwiesen.

In Stemmen kommt es zu mehreren Bezichtigungen wegen angeblicher Hexerei. Die Tochter von Hans Wiedthauff wird von Hans Bökes Frau als »Teufelskind« besagt. Hans Bökes hat zur Schmedischen gesagt: »ihr Mann sei ein Hahnrei.« Sie droht ihm, sie wolle es ihm gedenken.« Am gleichen Abend wird er so krumm, daß er weder leben noch sterben könne.«

Herman Böker überfällt Johan Fritzens Frau zuhause, bewirft deren Kind mit Steinen und schilt sie Zaubersche. Er flucht ihr mehrfach den Teufel in den Leib. Sie sagt darauf: »der Teufel möge ihm fünfmal in den Leib fahren, er sei aus einer Hexe geschüttet und sie wolle den Tag erleben, wo er und die Seinigen verbrannt würden ... seine Frau wäre eine ehebrecherische Hure, die von einer Kuh soviel buttere, wie sie selbst von vier.« Ein Mann wird als Werwolf besagt.

Ilsche Watermans, die im Prozeß gegen Gretke Schmid als Belastungszeugin eine Rolle spielt, klagt 1651, Hinrich Hankes Frau habe sie eine »Kirchenhure« gescholten 1657 klagt die Bextin, eine Frau habe ihre Tochter einen »diebischen Sack und ein abgerittenes Hurenkind« gescholten.

1655 bringt man Adelheid Peter mit einem weit zurückliegenden Hexentanz in Verbindung. Schließlich wird sie von der Bürgerschaft als Hexe angesehen und man erwähnt deren seltenen Kirchgang. Als Adelheid 1653 ihrem Mann das Essen nach Rinteln bringen will, gibt sie unterwegs einem Schwein etwas ein, das daraufhin eingegangen sei. Man hat sie mehrfach gefoltert und aufgrund eines Gutachtens zum Tod per Schwertstreich verurteilt.

Prozeß gegen Gretke Schmid

1659 hält ihr der Stemmener Bauernrichter vor, daß ihr Vater ein Dieb gewesen sei und daß man ihre Großmutter der Hexerei verdächtigt habe. Die Anklage wirft ihr Ehebruch, Dieberei, zanksüchtiges Leben und greuliches Fluchen vor. Der Pfarrer hat sie in Gegenwart der Beamten wegen ihres ärgerlichen Lebenswandels, Verachtung der Predigt und Abendmahl zur Rede gestellt

1656 war sie vom Untervogt zum Heuen beordert worden. Da sie nicht erscheint, schilt er sie eine Hexe, droht ihr mit Hagel und Donner und sagt zum Schafmeister: »er solle ihre Tochter gehen lassen, denn mit deren Mutter könne man Ratten und Mäuse zaubern.« Sie soll zu Ilsche Watermanns gesagt haben: »sie solle ein stummes Kind gebären.«

Beim Verhör gegen sie stellt sich heraus, daß sie als Schwangere von Soldaten vergewaltigt worden sei. Das Gericht hält in ihrem Fall den Aktenversand an die Universität für nicht erforderlich. Sie wird gefoltert und mit dem Schwert gerichtet.

1660 wird gegen die Hebamme Hille Böck aus Stemmen verhandelt. Prozeßauslöser sind merkwürdige Vorfälle. Bei der Entbindung der Zwillinge von Eckart Blume stirbt deren Mutter nach drei Tagen und daraus konstruiert man eine zauberische Handlung. Letztlich wird sie gefoltert und lebend verbrannt.

Die Witwe »Frommische«

wird 1645 von Cordt Freverts Frau verklagt, weil sie deren Vater einen Zauberer gescholten hat. 1653 wird sie von einigen Männern wegen Zauberei bezichtigt. Hermann Bökes Sohn sagt: »er wolle die Herrschaft mit 20 Talern unterstützen, damit sie verbrannt werde.« Hier werden die Verleumder bestraft. 1648 bringt die Frommische vor, daß Johan Brand nachts zu ihr gekommen war und ihr für den Beischlaf 40 Taler geboten habe. Man habe ihr vorgehalten: »sie wäre eine Hure und ein Sack.«

Als Weihnachten 1653 im Krug getrunken wird, gibt sie dem Bauerrichter ein Glas Bier, von dem ihm sofort übel wurde. An seinem Körper kommen Beulen zum Vorschein. Er beklagt sein Leid und gibt die Schuld der Frommischen. Hermann Böke beschuldigt sie, seine Schwester bezaubert zu haben. Wicken Klaus hat auf Befragung ihren Namen angegeben.

Man hält sie jedenfalls für eine Hexe und sagt: »sie wäre ein zankisch und haalselig weib, von dem kein Mensch etwas gehalten habe.« Dennoch bleibt sie von einem Prozeß verschont. Im Verzeichnis der leibeigenen Kinder von 1656 wird sie als Leibzüchterin verzeichnet.

In Langenholzhausen kommt es gleichfalls zu hexischen Eskapaden. Henrich Schmid besagt Herman Brands Frau aus Hohenhausen eine »Teufelshexe«, zieht sie bei den Haaren und schlägt sie. Greteke in den Höven wird von Henrich Nagels Frau wahrscheinlich der Zauberei beschuldigt, denn diese sagt: »solange sie lebe, habe sie kein Glück.«

Henrich Schmied wird als Werwolf bezichtigt. Zudem wird ein Mann aus Langenholzhausen, Johan Kronenschießer, ein Rintelner Bürger, 1656/57 als Hexenmeister verbrannt. Öfters kommt es zu Streitigkeiten um Kirchenstühle. Die Frau des Jürgen Höver hat bei einer Schlägerei mit dem Schäfer Hans Reineking und dessen Frau dieser Löcher in den Finger gebissen. Eine andere hat sie ein »dorff drieffe, ein deuffels pack« und deren Mann einen »katholischen Teufel« gescholten.

Allgemein läßt sich sagen; bei den dörflichen Sozialverbänden sind es oft Kleinigkeiten, die das Faß zum Überlaufen bringen und man gewinnt den Eindruck, als wollten sich die »Stammbürger« oder

»Eingesessenen« gegen Neulinge zur Wehr setzen. Es zeigen sich Kollektivängste. Es sind viele Familienfehden und Dorftratschereien auf einem, wie man heute sagen würde, niedrigen Niveau und dennoch hat sich daran bislang nichts geändert.

Da erregt der Wohlstand der Margarethe Wehrmann (Schweinsche) 1655 Verdacht, da sie als Salzträgerin es nicht habe zusammenbringen können. Sie wird als listig bezeichnet, geht zunächst fleißig zur Kirche und hört damit auf, weil sie eine Predigt gegen die Hexen auf sich bezieht, was zu einer größeren Auseinandersetzung führt.

Ausgelöst wird das Verfahren gegen sie durch den Pfarrer Römer, der über seinen Streit mit ihr nach seiner Hexenpredigt an das Konsistorium berichtet. 1663 wird sie von einem Floßführer, der für die Überfahrt über die Weser mehr Geld haben wollte, »Hexe« gescholten.

Catharina Hancke

die »Alte Hasin« kommt 1663 ins Geschrei. 1644 klagt Johan Knops Frau, daß Hans Hase sie bei einem Streit »Zaubersche und Hure« gescholten habe. 1662 muß ein Twellmann ins Gefängnis, weil er gesagt hat, Ilsche Hase soll sich wegen ihrer Hexereinachrede verteidigen. Ilsche behauptet, Twellmanns Frau, eine Pfarrerstochter aus der Oberpfalz, habe ihr den Teufel in den Leib geflucht und sie beschuldigt, Kisten und Laden aufgebrochen zu haben. Einer Frau sagt Ilsche Hase nach, sie habe es mit ihrem früheren Knecht getrieben, wofür sie einen öffentlichen Widerruf zu leisten hat. Einmal stellt man die Alte Hasin an den Pranger, weil sie Twellmann einen Kessel gestohlen hat: zudem habe sie 1660 Hermann Sanderman geschwängert!

Dann bringt man sie mit mehreren Zaubereidelikten in Verbindung. Der Prozeß wird nicht wegen ihnen gehalten, sondern wegen den beschriebenen Streitereien, die vor allen aus der Feindschaft mit Twellman resultiert. Die Alte Hasin wird nach dem Gutachten der Universität Rinteln gefoltert, war aber dabei unempfindlich. Rinteln lehnt eine neue Tortur ab und plädiert für Landesverweisung. Dann hat man ihr die Vorderglieder der beiden Schwurfinger abgehauen und dann wird sie des Landes verwiesen. In der

Vogtei Oerlinghausen

kommt es 1574 zu Verhandlungen gegen Anneke in Heimeke im Kirchspiel Oerlingshausen; sie gehört vermutlich der dörflichen Unterschicht an. Einem Mann, der sie des Diebstahls bezichtigt, droht sie: »es werde ihn 100 Taler kosten«, woraufhin ihm drei Pferde eingegangen sind. Auch wegen einer Kuh des alten Ruetter wird sie bezichtigt. Die Frau des jungen Ruetter verweigert ihr Stroh und Spreu, worauf die Kuh erkrankt und bei der Schlachtung Diagnose auf Vergiftung gestellt wird. Die Milch seiner Kühe sei so bitter wie Galle gewesen. Sie soll einen Knecht »angeblasen« haben, der daraufhin krank geworden sei. Die Ärzte können sich seine Erkrankung nicht erklären. Der weitere Verlauf ist unbekannt.

1612 wird eine Kulen Neteke besagt, deren Bruder man wegen Mord und Diebstahl verhaftet hat. Sie, ihre Mutter und Großmutter waren der Zauberei verdächtig. 1605 gelangt Deppe Stöltung Frau in Oerlinghausen in den Geruch einer Zauberin. Der Bäcker, dem sie die Hilfe verweigert hat, läßt von einem Mädchen vom Stall aus beobachten, wie sie in der Küche ihrem Mann aus der Pfeffermühle Kraut in den Brei streute. Er wird davon krank und stirbt

In Wellentrup kommt es gleichfalls zu Verfolgungen. Eine Havergosche sagt 1655: »Johan Voß, das hexen kind, hatt mich ins gerücht gebracht, dafür soll ihm blut und sacrament schenden.« Die Verleumdung kostet sie acht Taler Strafe. Die

Vössin

gehört zur dörflichen Mittelschicht. Zum Zeitpunkt des gegen sie geführten Prozesses (1654) ist sie verwitwet. Ihr Mann muß zänkisch gewesen sein, denn er ist in viele Konflikte verwoben. Im Zenit steht etwas anderes; die Holmann soll vor 16 Jahren beim nächtlichen Pferdehüten etwas merkwürdiges erlebt haben. Die Tiere halten plötzlich an und laufen auf eine ungewollte Seite. Er wendet sich um und sieht »eine doppelte riege weiber«, bekommt Angst, faßt sich, nähert sich ihnen und will eine von ihnen mit der Gabel zeichnen, um sie später wiederzuerkennen. In dem Moment springt ihm ein schwarzer Hund vor das Gesicht. Danach habe er die Vössin unter den vorderen Frauen erkannt. Sein Vieh sei ihm daraufhin eingegangen.

Zudem bildet sich das Gerücht, daß die Vössin mit anderen in seinem Haus getanzt habe. Zum Ausbruch kommt das Ganze, als sich der Untervogt Franz Redeker für bezaubert hält; auch in dem Fall hat man den Wikker Klaus zu Rate gezogen. Im Hexenprozeß sagt der Untervogt aus: »die Vössin habe das Gerücht bei jung und alt, seit er sie kenne.«

Bei ihrer Vernehmung streitet sie die Vorwürfe ab, räumt aber ein, daß sie berüchtigt sei und sie wisse auch nichts über die Konstellation des Wicken Klaus. Die Vössin wird gefoltert und auf ein Gutachten der Universität Rinteln mit einem Schwert hingerichtet.

1654 kommt es zu Beklaffungen gegen die Bökelhoffische, die mit ihrem Mann nach Wellentrup gezogen war. Sie ist eng mit der Vössin befreundet und dies macht sie verdächtig. Und dann wirft man ihr vor:

- Sie habe die Kinder ihres Mannes aus erster Ehe bezaubert, ebenso das Vieh Grimerts, auf dessen Hof jedes Jahr die Kälber starben. Zudem habe sie dem Welldige das Vieh vergiftet.

Man hat sie mit der Vössin konfrontiert und mehrfach ohne Geständnis gefoltert: nach Stellung einer Kaution wird sie entlassen.

In Evenhausen wird 1648/49 eine Greteke von Niebuhrs Frau als Hexe gescholten. Greteke hat ihr den Teufel in den Leib geflucht und gesagt: »sie wisse, warum ihre Kälber stürben.« Eine Anneke Tölleke wird als »Donnerhexe« gescholten und die Frau von Herman im Kostel wird verdächtigt, eine Frau im Trunk bezaubert zu haben. Ein Mann wird der Sodomie mit einer Kuh beschuldigt.

Hier kommt es zu einem Sexualdelikt wegen eines unehelichen Kindes. Ilsche Hilker, die Mutter, streitet mit dem Vater, Lüking zu Evenhausen, über die Versorgung. Als sie die Unterstützung einfordert, wird sie von ihm und einem Verwandten braun und blau geschlagen. Sie kam sogar zu jenem Mann in die Kammer und wollte zu ihm aufs Bett. Ihr war vom Gogericht auferlegt worden, sich seiner zu enthalten und den Unterhalt in bescheidener Weise zu fordern.

Johan Lüking bezichtigt sie vordem, ihm Pferde bezaubert zu haben und ein Kind wäre von ihren Anfassen »grummelicht« geworden. Ein Dorfbewohner gibt zum besten: »so lange sie hier wohne, werde sie am Ort für eine Hexe gehalten.« Auf ein Gutachten der Rintelner Universität wird sie gefoltert und per Schwertschlag gerichtet.

Kamp Fiekes kommt als Magd nach Ermegassen. Sie ist eine Segnerin und versteht sich auf das Böten. Bei einer alten Frau in Stromberg holte sie Rat für Mensch und Vieh, weswegen sie vom Pastor getadelt wird. sie geht fleißig zur Kirche, pflegt gute Nachbarschaft mit der Röhischen und hat Angst vor einer Besagung. Man hält ihr vor, daß sie beim Abendmahl das Brot in ein Tuch habe fallen lassen und Martin Dahlhaus hegt den Verdacht, ihm zur gleichen Zeit ein Kind behext zu haben Sie soll an seine Wiege gegangen sein und gesagt haben: »Jesus, Anneke, waß habt ihr da ein greilich wacker kind, doch ich hab (es) mein lebtag nicht wackerer gesehen.« Es wurde krank, nachdem sie die Worte gesprochen hat. Ihr weiteres Schicksal ist unbekannt.

In Bechterdissen schlagen sich zwei Schwestern am Sonntag »daß die kirchleute genug zu sehen gehabt.« Anke Sprick, eine Unverheiratete ging einem Mann »an allen orten« nach »berühmte« sich bei jedermann, er sei ihr versprochener Bräutigam. Er lehnt sie ab und bittet darum, ihr zu befehlen, sich von ihm fern zu halten »damit sie ihn nicht zu fall brächte.« Es handelt sich vermutlich um Anneke Tölleke; gegen sie wird kein Verfahren eröffnet.

Anders 1668 bei Anneke, der Frau des Hermann Tölleke. Ihren ersten Mann hat man wegen Vergehen außer Landes geschickt und ihm ein ehrliches Begräbnis verweigert. Ihr zweiter muß »steinalt« gewesen sein. Das Ehepaar verdient den Unterhalt mit Leineweben und hat dazu einen Knecht angestellt. Sie wird von Nachbarn gelobt und ein Zeuge sagt: »sie gehe mit allen gleichviel um.« Ihre Mutter war berüchtigt gewesen und ihre Schwester hat man für eine Hexe gehalten. Anneke hat sich durch Unzucht verdächtig gemacht.

Sie soll schon vierzehn Jahre vor dem Prozeß eine Kuh bezaubert haben. 36 Jahre vor ihm war in der Butter, die sie verkauft hat, eine Kröte gefunden worden. Und 13 Jahre vorher war Bernd Beermann ein Gespenst mit glühenden Augen auf dem Nachhauseweg begegnet.

Ausgelöst wird der Prozeß, weil der Knecht Jobst Mahlß nach ihrem Hund geworfen hat und sie darauf sagt: »das wolte sie ihm wieder denken, wan ers schon vergeßen hette.«

Hier wird die Universität Gießen befragt. Sie lehnt die Anwendung der Folter ab und schlägt ihre Entlassung gegen Kaution von 200 fl. vor. Rinteln plädiert für die Folter »menschlicher maßen«. Später wird sie aus der Haft entlassen.

Prozeß gegen den Pastor Johannes Stephani

aus Hillentrup. Das Verfahren gegen ihn spielt zwischen 1654–56 und er ist damals etwa 70 Jahre alt. 1630 ist es im Gottesdienst zu einem Streit zwischen ihm und dem Küster gekommen. Immer massiver werden die Beschwerden gegen ihn. 1646 vermerkt das Visitationsprotokoll, daß Gemeindemitglieder ihm Vorhaltungen machten: »er habe sie in der Predigt gegen die Wahrsager »Teufelskinder« gescholten.«

Jetzt fordern ihn Kritiker auf, auch gegen die Unzucht zu predigen. 1649 beklagt sich der Pfarrer, der Küster hetze im Krug die Leute gegen ihn auf. Vermutlich verbergen sich dahinter sexuelle Espapaden, denn 1647 gibt Curt Finke zu Protokoll: »der Pfarrer habe die Frau des Meier zu Derendorf dreimal notzüchtigen wollen und die Meisollsche habe er belästigt. Auf dem Weg nach Lemgo habe er sie am Rock gezogen und vergewaltigen wollen, obwohl sie schwanger gewesen sei.«

Seine Autorität ist angeschlagen. Hat er doch beim Besteigen der Kanzel den Küster einen Schelm gescholten und dieser mit »Hurenjäger« geantwortet, worauf der Gottesdienst ausgefallen sei. Die Tochter des Rittmeisters Hoppe, bringt vor: »sie habe Stephani auf dem Tanz gesehen.« Er wird er suspendiert und dann wird das Verfahren gegen ihn eröffnet. Der Ausgang ist unbekannt.

Stift Minden

Nachbar der Grafschaften Schaumburg und Lippe war das Stift Minden. Im Prozeß gegen Katharina Lohrbusch präsentiert der Landfiskal Besagungen von acht Frauen, die zwischen 1654 -56 im Amt Hausberge hingerichtet worden sind. Der Mindener Stadtarchivar Krieg kommt bei seiner Hochrechung für die in der Stadt und dem Stift abgeurteilten Hexen auf etwa 100. 1655 kommt es zu einem Verfahren, in das 34 Personen verwikkelt sind und 1656 zu einem mit 32 Beteiligten. Mindestens 82 Todesurteile werden ausgesprochen.

Ob die Prozesse im Stiftsgebiet 1657 eingestellt werden, läßt sich nicht mit Sicherheit sagen. Es ist bemerkenswert, daß im Dezember dieses Jahres der brandenburgische Statthalter Graf Georg Friedrich von Waldeck mit einem »Hexenpatent« gegen die ausufernden Zaubereibeschuldigungen einschreitet. Für die

Stadt Minden

lassen sich zwischen 1603 und 1684 126 Personen nachweisen, gegen die man in Hexensachen eingeschritten ist. Nahezu alle sind untereinander verwoben. 1603/04 wird ein Prozeß gegen Ilse Nording geführt. Sie stammt aus Borken und ist zum Zeitpunkt ihrer Verhaftung 50–60 Jahre alt. Sie ist ihrem Mann davongelaufen und treibt sich teils in Minden, teils in der Region Münster-Wolfenbüttel herum: sie lebt von gelegentlichen Diebstählen, Prostitution und -arbeit. Bei ihren Mindener Aufenthalten hält sie sich bei leichtfertigen Frauen zu »conventicula und Seufferey« auf. Ihre Hauptbelastungszeugin ist Frau Schreiber, die den Prozeß gegen sie lostritt. Die Nachrichten zu den Hexenprozessen in der

Grafschaft Ravensberg

betreffen fast ausschließlich den Herforder Schöffenstuhl, über den so gut wie nichts bekannt ist. 1627 lassen Bürgermeister und Schöffen aufgrund von Besagungen an einem Tag 30 Frauen verhaften. Man hat sie früh aus dem Bett geholt, um neun durch durch den Henker der Wasserprobe unterzogen und die, die geschwommen sind, im Anschluß daran gefoltert. Kurz danach werden sie hingerichtet. Wenn dem so war, so ist es gewiß außergewöhnlich und das spontanste Verfahren in der Geschichte der deutschsprachigen Hexenprozesse.

Man gewinnt den Eindruck, daß die Herforder Schöffen als Spezialisten in Hexensachen angesehen worden sind. Der Hauptmann und Auditor einer 1637 in Warendorf einquartierten Kompanie wendet sich an sie, da sie »als gute alte verstendige Practicanten und welche mit sothanigen harten Gesellen und Hexenmeistern, doch in allen Ehren, täglich umbgehen.«

Aus dem Jahre 1600 ist ein Todesurteil in Herford in Hexensachen nachweisbar. Eine Mindener Bürgerin trägt 1631 vor, sie habe die Zauberei von einer vor dreiviertel Jahren in Herford verbrannten Frau gelernt. 1649 bittet ein Herforder Bürger die Schöffen, die Hinrichtungskosten für seine Frau von achtzig auf zwanzig Taler zu reduzieren, da er als »schlichter Handwerksmann« nicht genug Vermögen habe.

Aus dem gleichen Jahr liegt ein indirekter Hinweis auf Herforder Sammelprozesse in der Schrift des Osnabrücker Pfarrers Gerhard Grave über die Wasserprobe vor. 1653/54 wird gegen fünf Frauen prozessiert, die von drei zwischen 1635 und 1653 Hingerichteten als »Rottgesellinnen« besagt werden.

Göttingen

Die *Göttinger Chronik* weist aus, daß Heinrich d. J. (1514–1568) im Jahre 1565 zehn und sieben Personen hinrichten ließ und Herzog Julius (1568–89) wird nachgesagt: »daß er von den Prozessen gegen melancholische aniculae ganz und gar nichts gehalten habe (so sein Leibarzt Dr. Johann Bokelius). Es ist eine Anlehnung an die Auffassung Weyers.

1561 sagt man dem Rat der Stadt Göttingen nach, daß er völlig mit Hexenprozessen beschäftigt sei. Lübeck berichtet zu 1562: »In diesen jare hat man alhir zu Gottingen auch mit den zeuberschen gehandelt. Man hat gegriffen die Profiersche und alte Zigeldeckersche, die verbrannt wurden, während die Northmensche, da nicht geständig, ausgewiesen wurde.«

Für die folgenden 70 Jahre ist von keinem Hexenprozeß zu hören. 1651, 1666 und-68 wird jeweils eine Mitbürgerin von einer anderen wegen Hexerei besagt und 1660 geht der Rat gegen einen Teufelsbanner vor. 1676 setzt sich ein Bürger für seinen 14jährigen Sohn ein, den man zu Unrecht beschuldigt habe: »als hette er sich verbotener Zauber- und Teufelshändel unternommen.« Für

Braunschweig

ist der erste Hexenprozeß 1565 nachgewiesen und der letzte richtet sich vermutlich gegen die »Tempel-Anneke« (Anna Klagen) aus dem Jahre 1663. 1698 wird über ein Verfahren berichtet, wobei ein Jacobs genannt wird. Insgesamt lassen sich für die Zeit zwischen 1565 und 1698 zwanzig Personen nachweisen, die man in Hexenprozesse verwickelt hat.

Stift Hildesheim

In Gronau kommt es 1519, 1528 und 31 zur Verbrennung von Zauberinnen, wobei nicht auszumachen ist, ob es sich um Hexenprozesse handelt. Hier hat man 16 Frauen verbrannt. Herzog Erich I. (1495–1540) läßt in den 30er Jahren des 16. Jahrhunderts Prozesse im Calenbergischen führen. Dahinter steckt seine Frau, die ein Verhältnis ihres Mannes mit Anna Rumschottel als magisch ausgelöst ansieht. Zudem wird sie krank, was ihre Meinung bestärkt. Daraufhin läßt Erich I. 1532 eine unbekannte Zahl von Frauen verbrennen, doch seine Geliebte entkommt. Anna Rumschottel flieht in das Stift Minden und wird von der Rachsucht der eifersüchtigen Herzogin verfolgt. Sie entgeht einem Gewaltstreich, der zu einem Prozeß vor dem Reichskammergericht führt. Das Verfahren gegen sie weist eher auf Liebes- als Schadenszauber.

Nach der *Braunschweigisch-Lüneburgischen Chronik* hat 1562 ein »weiser Mann« aus Büren drei Frauen aus diesem Dorf besagt, die man verhaftet und gefoltert. Sie wiederrufen und kommen frei, während der Beklaffer zum Tod durch das Feuer verdammt wird.

1569 wird ein Verfahren gegen eine Frau eröffnet, die in Egestorf bei Nienstedt gewohnt hat. Durch die in Calenberg zeitgleich beklagte Sofke Tops wird sie besagt und der Großvogt Jonrad Wedemeyer hat es an den Rat der Altstadt Hildesheim geleitet.

1572/73 führt Herzog Erich II. aufsehenerregende Prozesse gegen seine Frau, Sidonie, Schwester des sächsischen Kurfürsten, bzw. nach deren Flucht gegen vier Frauen aus ihrer nächsten Umgebung. Es löst eine größere Prozeßwelle im Fürstentum aus.

Im Tagebuch Joachim Brandis d. J. wird zum Jahre 1573 gesagt: »in düssen und fürgangen 72. jahre was die grausam erschrecklike und gefehrliche handel, dat d. Erich van Braunschweich so vele fruwen und ok andere personen gripen leit to Pattensen, Eldagessen, Münder, Springe und deummeher, dat toverschen sin scholden, he ok ein groten antal dar fürbrennen leit. De leve got mag wetten, wer schult gehat heft odder nicht.« 1572 werden in Hardegsen acht Frauen verbrannt.

1575 wird gegen eine Frau aus Völksen, die von drei Männern ihres Heimatdorfes verklagt war, erst in Springe und dann in Calenberg verhandelt. Das letzte nachweisbare Verfahren vor der Vereinigung mit Braunschweig-Wolfenbüttel ist für das Jahr 1583 dokumentiert, als im Amt Ohsen vor dem Drosten Hilmar v. Amelunxen, bzw. der Kanzlei in Münden ein Prozeß gegen drei Frauen aus Tündern geführt wird.

Dann entsteht eine Lücke(!) und erst 1638 hört man wieder von Hexen, wo es zu einem Prozeß kommt. Die von 1638/39 in Cloppenburg, Calenberg und Rehburg hängen durch wechselseitige Besagungen zusammen. An Hexenprozessen im Gebiet des Fürstentums Grubenhagen ist zu erwähnen, daß es 1572 der Pfarrer Sinderam in Osterode ausgelöst hat. Nach 1635 werden in Calenberg 43 Personen in Hexereiverfahren verwickelt.

Stift Hildesheim und Braunschweig-Lüneburg

1610 wird im Amtshaus Peine gegen eine Witwe inquiriert, die nach ihrem Geständnis an den Folgen der Folter stirbt. Die Quellenla-

Thesen (unter Berücksichtigung der Ansichten Schormanns)

1. Hexenprozesse sind Strafverfahren ohne Straftat.
2. Sie werden anhand der schriftlichen Lehre durchgezogen, wie sie im *Hexenhammer* und anderen Schriften definiert sind.
3. Die »verwissenschaftliche« Lehre wird in das Volk »missioniert«, woraus sich das Unheil bis in den letzten Landeszipfel verbreitet.
4. Multiplikatoren sind Kanzeln und die Prozesse selbst; öffentliche Gerichtsverhandlungen, Phamphlete und Mund-zu-Mund-Propaganda verbreiten die Vorstellung.
5. Schaltstelle ihrer Verbreitung bei den Intelektuellen sind Universitäten mit der zentralisierten Pfarrer-und Juristenausbildung. Das Rechtsgutachten der Jenaer Universität aus dem Jahre 1700 bekennt: »es sei aus unzähligen Beispielen bekannt, daß man die abscheuliche Vermischung des Satans mit den Zauberinnen nicht mehr in Zweifel ziehen kann.«
6. Die Spruchpraxis der Juristen (und Theologen) aktiviert das Ganze; sie wirken weisungsgebend auf unterstellte Gerichte. Vor allem in Niedersachsen werden viele Prozesse von Fakultäten entschieden.
7. Im niedersächsischen Raum sind insgesamt wenig Hexenprozesse – im Gegensatz zu Westfalen – nachweisbar.
8. Bei weitem überwiegen Verfahren gegen Unterprivilegierte. Die Angehörigen der herrschenden Klasse, einschließlich der Intelektuellen, sind nicht betroffen; Ausnahmen bestätigen die Regel.
9. Wichtigste verfahrensstechnische Voraussetzungen sind die Anwendung der Folter und die Regelung der Indizien (Verwandschaftstheorie)
10. Die Zeit der massenhaft durchgeführten Hexenprozesse deckt sich mit dem Zeitalter der Glaubenskämpfe. Kausalzusammenhänge sind nicht zu beweisen.
11. Die Macht der Prozesse ist in den 70er Jahren des 17. Jahrhunderts weitgehend gebrochen.
12. Falsch ist die Behauptung, die Aufklärung von Thomasius habe die Beseitigung der Prozesse bewirkt.
13. Im Laufe des 17. Jahrhunderts zeigt sich eine Humanisierung der Strafrechtspflege.

ge ist schlecht. Über den Sohn Heinrichs, August, dem 1635 das Fürstentum Braunschweig-Wolfenbüttel zufällt, herrschen kontroverse Meinungen. Auf seinem Ruhmesblatt stehen die Herzog-August-Bibliothek und seine Förderung der Helmstedter Universität. So gesehen geht er als »Gelehrter und Friedensfürst« in die Geschichte ein.

Schaut man aus Richtung Hitzacker auf ihn, zeigt sich ein Fleck. Hier löst er 1610 beachtliche Hexenprozesse aus und es soll zu 70 Hinrichtungen gekommen sein. Die Hexenjagd nimmt so dramatische Ausmaße an, daß sein Bruder in Dannenberg mit einem militärischen Schlag droht,»wenn nicht wenigstens die schon gefolterten und verurteilten Dannenberger Untertanen freikommen würden.« Er läßt ihn wissen:

»Ob nun woll E(euer) L(iebden) schreiben, daß unsere Unterthanen auf Begehren der freundschaft albereit ihren letzten Willen gemacht und derselbe beschrieben ihnen soll mitgetheilet werden, auch den Pastorn dermaßen ihre Sunde gebichtet, daß sie alles nicht allein gestendig, sundern auch ganz gerne und willig ihre Straffe ausstehen wollen und albereit nebenst den andern das hochwurdige Nachtmall darauf empfangen.

Und was E. L. mehr gedenken in dero Schreiben, daran haben wir nicht genug und das nicht geschehen lassen konnen, weil es unsere Unterthanen sein. Den wir habens fur Gott nimmer zu verantworten, daß wir sie durch solchen schmehlichen Tod hinrichten lassen, ohne jenige bestendige Ursache. Den wie wir allenthalben von allen Rechtsgelehrten berichten werden, daß es an der Wasserprobe nicht gelegen, und der Scharfrichter, den E. L. aldabei haben, sehet nun gerne, daß er die Wasserprobe muege erhalten, auf daß er desto mehr Geld verdiene und verbrennde woll alle die Weiber, die im land Lüneburg weren, wen es ihm nach seinem Willen ginge; auch mit den armen Leuten umbgehen soll, daß sie mussen bekennen, das was sie ihr Tag woll nicht gethan haben.

Ob wir nun woll albereit – daß wofern E. L. unsere Untertahnen nicht wurden loslassen – unsere Diner, etliche Fußevolk und Reiter, in E. L. Gebiete sich an einen heimlich Ort zu verfuegen angeordnet und unsere Unterthanen mit gewald zu nemmen lassen, aber in bruederlicher Vereinigkeit ist es verpleiben. Wollen demnach nochmals ... Goerde den 28. Septembris Ao. 1610.«

Er läßt bei den Verwandten und Zurückgebliebenen Pfändungen zur Bestreitung der Gerichtskosten durchführen. Für Celle ist für 1547 ein Hexenprozeß belegt, in den mindestens zwei Frauen verwoben sind.

Hildesheim[1)]

In der Region fällt auf, daß das Potential der Beschuldigten den ärmeren Volksschichten angehört, das stärker mit Zaubersprüchen verwurzelt scheint, da ihre Not größer ist.

In der Regel sind es Heilsprüche, die einen Teil der medizinischen Versorgung ausmachen. Nirgends begegnet man dem Zweifel an der Wahrheit dessen, was die Beklagten über ihre Zauberkunst sagen und alle sind von der gleichen Vorstellung beherrscht.

Die Pestläufe und selbst der 30jährige Krieg beeinflussen die Szene kaum. Der Rat verhält sich abwägend – vorsichtig. Hildesheim ist Hansestadt und beherbergt in seinen Mauern Katholiken, Protestanten und Juden. Für den Zeitraum von 300 Jahren sind etwa 30 Verfahren nachweisbar, die sich mit Hexen beschäftigen. Es fällt ein strammer Teufelswahn ins Auge.

Ein Einfluß des *Hexenhammers* auf die Regionalprozesse läßt sich nicht nachweisen; deutlich ist der der CCC. Der Rat fühlt sich verpflichtet, das Teufelswerk zu bekämpfen. Er führt die (Hexen)prozesse mit Umsicht, Unparteilichkeit und Gewissenhaftigkeit. Fehlurteile lassen sich heute mit dem geltenden Teufelswahn begründen.

Frühe Zauberei- und Hexenprozesse

Hier reichen die Verfolgungen weit zurück. In der Kämmereirechnung der Altstadt taucht 1431 ein Ausgabeposten von 19½ Schilling für Brennholz auf »do men de toverschen twe richtede[2)].« 1428 werden seitens des Rates einige Männer nach Hannover geschickt, um eine »toversche« zu richten. Sie sitzt 21 Wochen »in der Bodelie« (Büttelei = Gefängnis), bevor man sie verbrennt[3)].

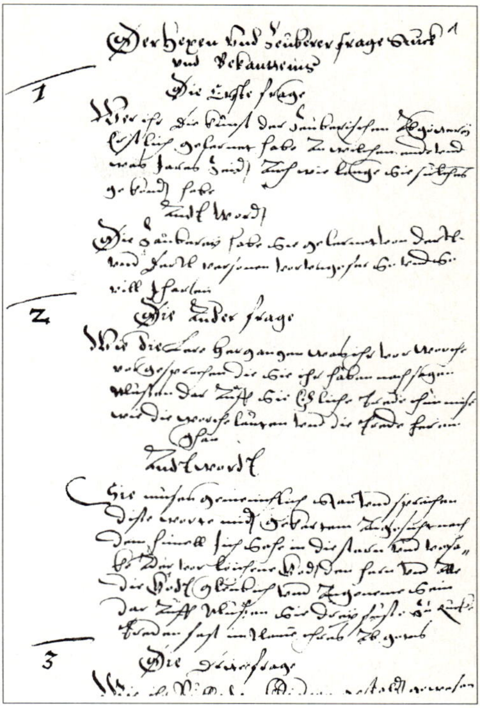

Beispiel einer »standardisierten« Urgicht im Verfahren gegen Hexen »Der Hexen und Zeuberer Fragestuck und bekantenis« (Minden).

1454 wird ein Prozeß gegen sieben Frauen wegen Zauberei geführt. Die Marktknechte erhalten für das Ergreifen der »seven Wickerschen« 7½ s 2 d. Für den Gefangenenkeller benötigt man neun Pfund Wachslichter, woraus auf unterirdische Hafträume zu schließen ist. Von einem Kleinhändler beschafft man sich das Scheitholz (?). 1477 erscheint ein Ausgabeposten für die Beköstigung zweier Frauen von der Neustadt »de me brande und einen weiteren für die der (Rats)-herren[4)].

Henning Brandes berichtet, daß man am 15. Januar 1477 zwei Frauen wegen Zauberei verbrannt hat. Sie hätten Gift gemacht »dar lude van gestorben weren«. Die Kämmereirechnung der Altstadt aus dem Jahre 1476 enthält Ausgaben für die Verbrennung einer Frau aus der Neustadt und 1496 wird in einer Chronik berichtet: »Vor der Stadt Hildesheimb worden 2 boven afgehoben de köppe, dan sie konden mit orer duvelschen kunst alle frauwen und jungfrauwen to falle bringen.« Möglicherweise deutet es auf einen Zaubereiprozeß.

Philippus Sigimundus Dux Brunsuicensis et Luneburgensis etiam Episcopus Verdensis et Praepositus Halberstadiensis Postulatus in Episcopum huius Dioecesis, XXI Aetatis & Princeps. Bonus et pacificus. Sedis Annis 33.

Dominierend ist der Teufelswahn. Der Superintendent Clare bemüht sich vergeblich, die Teufel, von denen 1613 die Jungfrauen von Helversen besessen sein sollen, zu bannen. Nach ihm versuchen es Jesuiten.

Der nächst erkennbare und fragmentarisch erhaltene Hexenprozeß aus dem Jahre umschreibt 1513–15 einen Liebeszauber. Die

Mollersche

wendet sich an Gesche vam Hus, um mit deren Hilfe zu erreichen, daß der Hildesheimer Hans Peppersack in Liebe zu ihr entbrennt. Sie verspricht der Zauberin für ihre Leistungen einen »leidenschen Rock« (Tuch aus Holland) und deren Gehilfin Gesche Grotekoppes aus der Hildesheimer Neustadt einen Gulden.

Sie besorgt sich aus dem alten Beinhaus einen Totenkopf, trennt dessen Schädeldekke ab, verbrennt ihn zu Pulver, schüttet dies in ihn und vergräbt ihn heimlich vor der Kammertür Peppersacks. Das Ziel ist wohl, daß er der Molerschen »most nalopen als eyn dull hunt« (wie ein toller Hund). Dann zerredet sich das Ganze und die Gesche vam Hus gibt an: »die Gesche Grotekoppes habe mit der Mollerschen dem Hans Peppersack etwas in einem Eierkuchen zum Essen gegeben, damit sie ihm gut sei und sie lieb haben sollte.«

In einem weiteren Verhör räumt sie ein, der Westvelschen geraten zu haben, geweihten Dill in den Schuh zu legen. Von der Wilkenschen im Rosenhagen habe sie gehört: »die Schapersche habe Poggenfleisch (Froschfleisch) geröstet und damit ihren Mann vergiftet. Hinrik Cramer habe von ihr gelernt, wie er die sehen könne, die ihn lieben. Die Rickesche bekennt, daß sie sich von der Gesche vam Hus den Rat geholt hat, wie sie sich an ihrem untreuen Mann und dessen Kebsweib (Nebenbuhlerin) rächen könne, so daß beide von einer Geschlechtskrankheit befallen werden.

Gesche vom Hus räumt ein, sie kenne (auch) Zauberworte, um einen angetanen Zauber (wieder) zu bannen. Dann sagt die Rickesche: »daß auch sie zaubern könne und wie man machen könne, daß sich zwei Menschen gram würden. Dazu müsse man Erde von einem Platz, wo ein Mord verübt worden sei, nehmen und durch eine Messerscheide hindurch zwischen den beiden Menschen pusten »so worden se sick gram.«

Die Stadtrechnung enthält in diesem Jahr einen Ausgabeposten für zehn Stiege Wasen »do men die wive (Weiber) brande.« Die Abrechnungen für den Marktmeister und die Amtsleute haben sich erhalten. Wenigstens drei von ihnen scheint man verbrannt zu haben. Von Interesse sind die Prozesse gegen Geseke Papen, Dorthie und Margarete Brandes[6]. Geseke Papen aus Barfelde bei Gronau bekennt:

- Sie habe vor die Ziegelei einen irdenen Topf gesetzt und ihn mit Rattenpulver, die Leber von einem »quaden worme« (böser Wurm=Regenwurm?), die Leber von einer Snoeken (Schnake, Natter) und Haar von einem »Alruneken« (Alraun) getan.
- Sie habe in der Apotheke Rattenpulver gekauft und es einem siebenjährigen Kind in einem Kringel zum Essen gegeben.
- Sie habe dem jungen Knecht Hans Mohre in einer Mahlzeit Rattenpulver und »hader von sinem koppe« zum Essen gegeben: »dat he moste lopen in dem velde also eyn duel hunt (daß er wie ein toller Hund im Feld herumgelaufen sei).

Der Werwolf von Neuses, 1685.

• Sie habe Hinrich Molre »vorgyfft vam lorke« (Kröte) und anderes in einem Topf zum Trinken gegeben. Davon habe er mehr als zehn Jahre lang »de kranckheyt und de lemenitze (Lähmung) in den knoeken (Knochen) gehabt.

• Sie habe Hinrich Molres Schweinen und Ferkeln »vorgeben« (sie umgebracht). Sie bekenne: »dat se sick hadde vortuwet myt dem bosen geyste lucifer.«

• Sie habe des Schulmeisters Frau Rattenpulver und Froschlaich zum Trinken (supen) gegeben »dat se duel wart. Später habe sie »or dat wedder benomen« (sie wieder entzaubert).

• Sie habe das Alruneken mit einem Reis geschlagen: »da habe es gantz vernehmlich gepiept.«

Die Mitangeklagte Dorthie bekennt:

• Sie habe »dem papen to Gronow« (Geistlichen aus Gronau) Gift in einen Bierkübel getan, so daß er »bi veer jaren quinde« (fast vier Jahre lang kränkelte) und dann gestorben sei.

• Sie habe sich an ihm rächen wollen, weil er sich nach einer achtjährigen Dienstzeit eine jüngere Magd genommen habe.

• Sie habe einer Magd für deren Hilfe ein Halstuch oder Leinwand versprochen.

Wegen der Vorkommnisse werden beide am 16. Januar verbrannt. Sie sitzen etwa zehn Tage im Kerker. Die Hinrichtung führt der Scharfrichter aus Hannover aus. Einige Tage später muß Margaretha Brandes, die vor Jahren als Magd nach den Aussagen der Dorthie bei der Vergiftung des Geistlichen behilflich gewesen sei, die Stadt auf fünf Meilen Wegs verlassen.

Ehepaar Rolesch[7)]

Hans Rolesch aus der Neustadt wird wegen Raub, Diebstahl und anderer Verbrechen peinlich verhört. Da er seine Frau belastet, wird sie eingezogen und gesteht unter dem Druck der Folter:

• Die Matzsche habe ihr vor zwei Jahren ein totgeborenes Kind behandiget, welk kint de pestilenzie van eyner fruwen, genomet Catharina up de guntergeringstrate (Günterstraße) gedrewen; sie habe ihr dafür einen Taler angelobt.

• Zum anderen bekennt sie: »dat men mit dotgebornen kinde also handelde. Wenn man es gebruken wolde, dat men eyn eken bret mit reyen benen alse eynen ortschenen schemel (einen ortsüblichen Stuhl) nemen scholde, daruß eyn kussen leggen unde unbedarvet lynewant (ungebrauchte Leinwand), darober breden, ock negen kleyne waßlechte (kleine Wachslichter) umme den schemel her klemen (kleben), da bearnen (brennen) schip scholden, unde desse wort lesen: purte (eile mir nach) my na, purte my na, purty my na, dat duss dusse westerbort (das neugeborene Kind) solange es noch nicht getauft ist) my gehorsam sy, also dat mehr was rec. wo dat zedelen (Zettel) darinne dusse wort vortekend ... vormeldt, und solches, wie man mit dem wichtiken (Wicht, kleines Wesen) komme, habe ihr die Bodesche gesagt: sie selbst aber habe »deß niu versocht! «(nicht versucht):

- Sie habe dem toten Kind alljährlich einen neuen Rock und ein neues Hemd gegeben, um reich zu werden. Das habe sie ebenfalls von der Bodeschen gehört.
- Mit der »Christalle« (Glaskugel, Parill) habe sie niemand etwas Böses zugefügt und sie könne lediglich mit guten Worten beschwören: »dat drey Engel der eyn darin konde gebracht werden.«
- Die Kunst mit den Hufeisen, die bewirke, daß ein Mann seine Frau liebgewinne, könne sie nicht.

Auf die Artikel wolle sie leben und sterben. Weitere Nachrichten über die Verfahren haben sich nicht erhalten. Am 8. August 1561 bekennt die

Siborgesche[8)]

- Sie habe dem Kind der Mollerschen die Krankheit angetan und dazu gebraucht; Ahornblätter (Holunderblätter) und Hühnerblut. Die Blätter habe sie gequetscht, mit dem Blut in einen Löffel getan, beides durchgerührt und dabei gesagt, daß dem ersten, der darüberginge »nimmemehr gudt geschein« solle. Dann habe sie den Löffel vor der Mollerschen Tür ausgegossen.
- Auf Begehren der Mollerschen habe sie die Krankheit dem Kind später wieder benommen. (abgebannt)
- Zu dem Zweck habe sie das Kind dreimal kreuzweise über das Feuer gezogen und gesagt: »Margarete, dre bose hebben dich angesehen und dre gude sehen dich wedder an, de eine dat ist de vader, de ander is de sone und de dridde is de werdige hilige geist.«
- Einst habe sie im Stall gemolken, da sei der Teufel eingetreten in der Gestalt eines großen, schwarz gekleideten Mannes und habe mit grober und harter Stimme gefragt: »wat deistu« (was tust Du?) melkestu= ... du hefft eine dorre kho (eine trocknere, wenig Milch gebende Kuh) ... wenn du mi wollest geloven (wenn du dich mir angeloben willst) so scholten du vel melk und bottern die nacht bekommen.«
- Daraufhin habe er sie geheißen, sie solle in den Garten gehen und werde dort eine Kröte finden. Diese solle sie in einen Topf setzen, dann soll er ihr die Milch zutragen. Dies habe sie gemacht. Der Lorck (Kröte) habe ihr nachts Butter und Milch (zu)gebracht.
- Sie habe der eigenen Magd deren Krankheit angetan und zwar deshalb, weil sie oft böse Worte gegen sie gebraucht habe. Dazu habe sie genommen: Singrün (Immergrün), Alhorn und Milch aus dem Fasse; das habe sie der Magd mit einer »Verwünschen« in ein »behernbrodt« (Biersuppe) gegeben.
- Vor 20 Jahren seien ihr alter Knecht Eilerde und dessen Frau in ihrem Haus Gast gewesen. Da sie sich beide schlecht betragen hätten, habe sie der Frau Katzenminze, Buchsbaum und »alhorn brechen« (Holunder-Fliederbeeren) in ein Glas Bier getan, damit sie »fredesam« würde. Aus Zufall habe deren Mann das Bier getrunken und er sei davon »beirichtig« (zappelig?) geworden und sie habe kein Mittel, um ihm das wieder zu nehmen.
- Sie habe es gemacht, daß der Mollerschen das Vieh gestorben und das Bier verdorben sei. Zu dem Zweck habe sie Büchsenpulver (Schießpulver), Singrün und Alhorn in des Teufels Namen zugerichtet und unter Verwünschungen vor der Mollerschen Tür ausgegossen. Damit habe sie sich an ihr wegen der üblen Nachrede rächen wollen.
- Zudem habe sie der Teufel verführt; er habe sie die Künste gelehrt.

Am 1. September erhält der Scharfrichter Meister Steffen aus Celle für das peinliche Verhör Zehr- und Wegegeld. Man hat sie 34 Tage lang in einem Kerker verwahrt und »recht überwonnen und mit fuer gestraffet.« Eine andere Färbung hat das Verfahren gegen den blinden

Melchior Gordeler[9)]

Er hat sich auf das Bannen und Beschwören gelegt und erregt den Zorn der Geistlichkeit. Der Superindentent predigt am 23. Mai gegen sein Tun von der Kanzel. Er mahnt Obrigkeit und Prediger zum pflichtgemäßen Vorgehen gegen sein teuflisches Treiben. Die Prediger bitten den Rat: »das Bannen und Beschwören des Blinden nicht zu dulden, es sei gewiß möglich, einen Teufel durch einen anderen auszutreiben, dies wäre Teufelswerk des kommenden Weltendes.«

Streit unter Nachbarn[10)]

Kurz nach Ostern 1563 zanken sich Nachbarinnen in der Neustadt und jede bezichtigt die andere als »toversche«. Ihre Männer sind als Woll(en)weber angesehen. Eine von ihnen, die Munstedische »was ovel berochtiget« (hat einen üblen Leumund). Der Rat läßt die Keifenden eintürmen, den Scharfrichter aus Hannover kommen und sie peinlich verhören. Da nichts aus ihnen zu erfahren ist, werden sie nach Stellung einer Bürgschaft freigelassen, womit die Sache nicht erledigt ist.

Seit jenem Vorfall setzt bei Cort Meyer eine Verarmung ein. Er hat aus seinem Haus das Geld aus Kiste und Beutel »dat speck vom wieden« (Lattengerüst vom Rauchfang), das Butterbecken mit der Butter aus dem »schappe« (Speiseschrank) verloren. Sein Verdacht fällt auf die Nachbarn und er meint: »daß sie mit dem Teufel im Bunde seien und ihn um das Seinige gebracht haben.«

Als er sich darüber beim Bürgermeister beschwert, läßt er die zankenden Männer in den Diebskeller sperren, bis sie versprechen, sich binnen vier Wochen nach deren Freilassung durch ihre beiderseitigen Freunde (Verwandten) zu vertragen. Mehrere Wochen danach werden tags und nachts aus Andreas Munstedts Haus und Hof Steine und Kalkstücke in das von Cort Meyers geworfen:

- Bisweilen sei auch der böse Geist in sein Haus gekommen und habe »de wollenknappen von dem tauwe (die Webergesellen vom Webstuhl) gejagt und habe ihm und seiner Frau – wie auch dem Gesinde, großes Herzeleid angetan. Seine Magd, ein 15jähriges Mädchen, sei vom bösen Geist besessen.

Dann lebt das böse Gerücht erneut auf, wenngleich die evangelischen Pfarrer bestätigen, daß die Munstedische alle zwei Wochen zum Abendmahl gegangen sei. Jetzt heißt es: »sie habe ihren Diener, den bösen Geist, in der Altstadt in Thomas Godeken Haus geschickt, weil er sie vor Gericht als »vorsprake« (Fürsprecher = Advokat) schlecht verteidigt habe.

- Der Böse sei bei ihm als ein großer und langer Mann erschienen und sei auf den Boden gestiegen. Godeken sei ihm mit einem Spieß nachgegangen und habe ihn nicht mehr gesehen. Doch man habe ihn Lachen gehört und vernommen, wie er mit der Magd Possen getrieben ... viele wollen das Aufspielen des Bösen gehört haben, wozu der Sohn des Thomas Godeken immerfort auf dem Boden habe tanzen müssen.

Um Mitternacht habe der Geist auf die Frage, wer ihn geschickt habe, geantwortet: »seine momeke (Muhme,Tante) die Munstedesche.«

Der Spuk geht wochenlang weiter. Der böse Geist narrt herbeigelaufene Nachbarn. Er antwortet auf verschiedene Fragen, benennt Zauberinnen und sagt: »daß er bei der Mundtedeschen schlafe« er heiße Strusveder (Straußenfeder). Gedeken verwünscht ihn ins »Barnebrock«, worunter man sich einen schaurig-höllischen Ort vorzustellen hat.

Selbst das hilft nichts. Daraufhin geht er freiwillig ins Gefängnis. Er sitzt gegen den Willen des Rates und will nicht eher heraus, bis die Munstedesche wegen Zauberei überführt ist. Der Rat scheut sich, er will sie nicht antasten und ob so fadenscheiniger Bezichtigungen verhören lassen: vielleicht hätte es unliebsame Begleiterscheinungen.

Mitte September 1564 wird sie aufs Neue verhaftet. Man will sie peinlich verhören und legt ihr Beinschrauben an. Daraufhin habe sie fürchterlich geschrien und alsdann in die Höhe »gerecket« »dat ore der hals lude geknacket hadde.« Sie ist unter den Qualen der Folter gestorben.

Mitte September wird die Tote in einen alten Sack (der kop hendere ore gresselich) ut dem sacke von der karre, vor das weltliche Gericht gebracht; mit der Leiche wird die Temsche wegen Teufelsbuhlschaft, Diebstahl und Brandstiftung »nach gehörter Klage und Antwort« als Zaubersche zum Feuertod bestimmt.

Der Körper der Munstedeschen wird verbrannt und der der Temschen »an einen Pfal dot gesmogt (durch Rauch erstickt und verbrannt).«

Mitte Juli 1564 geben der Rat, Zwölfmann und Olderleute (Stadtregierung) der Neustadt auf dem Rathaus vor dem kaiserlichen Notar Brelewitz über den Bürgermeister folgende Erklärung ab: »daß in ihrer Stadt hin und wider durch gemeynen geschrey kundt und offenbar geworden, wie das eyn Medeken (Mädchen) Geske Graether genannt[11] außen dem Dorfe Obergen bortig, sohlte mith Zaubereien und anderen underleichtigen (nicht zu leidenden Dingen) umbgangen, sich des auch offenlich gegen andere kindere gerhornet haben.«

Er habe sie vorfordern lassen, um dem allgemeinen Geschrei vorzubeugen »nit anderst befunden, daß mehr auß kindtheit, unverstande und (um) seien gleichen (seinesgleichen) darmede zu schrecken, do wortere von dem Mädchen »ausgeschuttelt und gesprochen worden werden.« Es habe sich das schlimme Gerücht »mit eigenem Munde gemacht.« Der Zauberei sei das Kind unschuldig. Man habe lediglich die Wahrheit erforschen wollen, um »dem gemeynen Geschrey und geruchte ... damit zu unterdrukken und zu stillen.«

Ilse Ridders[12)]

ist von der zu Steuerwald wegen inhaftierten Osenschen als Hexe besagt worden. Daraufhin wird sie gütlich befragt und später der Folter unterzogen. Sie gesteht unter den fügenden Händen des hannoveranischen Scharfrichters Meister Hans:

- Sie wäre in der Walpurgisnacht »zuo dem Blocks Barghe gewesen. Der Böse sei zu ihr durch das Fenster mit »fliegen und brusen« kommen und habe sie aus dem Bett dahin geführt.«
- Dort seien »so ein groeß antzahl von mans und fruwes Personen« gewesen, auch habe man dort »solch ein geztuemmel« gehabt, daß es ihr unmöglich wäre, den gewissen ztal (die Menge der Anwesenden) zu nennen ... doch habe sie die Osensche, Ludeken Boen Frau, Meister Jacobs des Arztes Frau, die Cordesche, die Munstedesche von der Wollenweberstraße, Hilleken, Köchin eines Geistlichen und einige andere Frauen dort gesehen.
- Vor drei oder vier Jahren sei der Teufel in ihre Wohnung gekommen und habe mit ihr Buhlerei angestellt. Er sei ein schwarz gekleideter Jungeselle mit einem grünen Hut gewesen und habe sich Valke genannt. Er habe ihr gesagt: »wenn sie ihm zu Willen sei, solle sie alles dinges genug haben; widrigenfalls wolle er ihr alles Böse antun.«
- Er habe »zwei male bei ihr gelegen und dann hebe es sie wieder geruhet (bereut) und sie habe bei ihrem Beichtvater Trost gesucht.
- Dafür habe sie der Böse von dem Friesentor in den Stadtgraben gestoßen und später in Hannover »durch drei Lucken« (Bodenöffnungen) geworfen und als sie letztlich mit einer Kuh an der Hand von Hannover gekommen sei, habe er sie mit ihr »an der Porten von dem Stege über den hohen Graven (Festungsgraben) ins Wasser geworfen.«

Aufgrund der indizien wird Ilse Riders »mit Ordel und Recht überwonnen und volgentz mit fuer zu Pulver verbrandt.« Verausgabt werden 12 Schill für Bot, Butter, Käse und »braden uth den hoken« (Verkaufsstand der Krämer am Marktplatz hinter dem Amtshaus). Hier geht es möglicherweise um die Henkersmahlzeit. Meister Hans aus Hannover erhält »vor eine Tortur der beiden Wiber Ilse und Hillen« ein Ohm Wein, was etwa 3½ Liter entspricht.

Ilse Ridders benennt in der Tortur u. a. die Cordesche und sagt, »daß sie in der Walpurgisnacht auf dem Blocksberg gewesen sei[13)].« Daraufhin wird sie wegen Zauberei angeklagt. Sie gibt vor, daß sie das Heilmittel gegen die Epilepsie ihres Bruders von einem Weib, die »Corsche genannt ... so hiebevor auch mit Zauberei berüchtiget und in Gefängnis behalten worden« erfahren habe.

Vermutlich wird sie aufgrund eines Gutachtens freigesprochen und es wird gesagt: »sie würde noch jetzt von großen und geringen Leuten bei Leibesgebrechen zu Rate gezogen.« Am 10. Juni 1569 teilt der Vogt Conradt Wedemeier zum Calenberg dem Rat der Altstadt Hildesheim mit: »die hier inhaftierte Zauberin Sofke aus Ninstede habe bekannt, daß sie ihre Teufelskunst von der Bademutter

Rustine[14)]

erlernt habe. Er wolle es dem Rat anheimstellen, was er unternehmen wolle.« Er läßt die Rustin einziehen und verhält sich abwartend. Dann steht eine weitere Besagung an; das Schreiben des Gerke Sluter aus Egestorff. Er sagt: »er habe erfahren, daß vom Rat eine Frau »eingezogen« sei mit Namen Rustine ... de scholde besecht (die sollte bezichtigt werden) dat se ein Toversche sin scholle.« Sie habe früher als Mieterin bei ihm gewohnt. Von da ab seien ihm die Nahrungsvorräte verdorben und fortan sei ihm alles mißfallen. Auch habe er »Nachweiser« aufgesucht und diese hätten ihm gesagt: »er sei betovert.« Nun könne er nichts anderes glauben, als daß die Rustin »die toverie begangen.«

Er bitte um Gottes Willen, sie in der Sache bei der Folter zu befragen, ob sie ihm das Unglück angetan habe und ob sie es ihm nicht wieder nehmen könne. Auch habe sie einmal mit Swarte Hans Streit gehabt und er sei daraufhin lahm geworden.«

Vermutlich kommt sie frei. Im September 1570 wird dem sitzenden Rat angezeigt, daß in der Stadt »viel Klagens unter dem volk were, das sie mit Zauberei hart beschediget würden, aber niemand könne sagen, woher das eigentlich rühre.« Bald lenkt sich der Verdacht auf die

Udensche[15)]

Frau eines Hildesheimer Bürgers, weil sie sich bei dem Totengräber von St. Michael um den Kopf eines Toten »so frisch und neue, als er ihn zu bekommen wüßte« beworben. Zudem habe sie vor etwa zwei Wochen von ihrer Schwester, der Rudenischen, die Nachgeburt von einem Knäblein genommen und hinweggetragen.«

Darauf wird sie vor den Rat gefordert und sagt: »sie habe den Schädel eines Toten und die Nachgeburt »so einem jungen Sohn von der Mutter folgt« zu einer Arznei für ihren Bruder Curt Grove, der »mit der schweren Krankheit« (Epilepsie) behaftet sei, gebrauchen wollen. Die Nachgeburt habe sie zu Pulver gebrannt, »damit dat orer suster dar nicht mede enkegen gescheen scholde (daß ihre Schwester dadurch keinen Schaden nehmen solle).« Dem Rat kommt es merkwürdig vor und er läßt sie ins Gefängnis schaffen.

Dann werden Zeugen gehört. Der Totengräber streitet die Sache ab. Die Bademutter und die übrigen, die der Schwester der Angeklagten in Kindsnöten beigestanden haben, bestätigen, daß die Udensche die Nachgeburt mit dem Willen ihrer Schwester an sich genommen hat. Den Zeugen wird seitens des Rates »bei ihrer Seelen Seligkeit« Schweigen auferlegt.

Dann wird die Beklagte von vier Ratspersonen verhört und bleibt bei den Aussagen. Sie besagt die »Corsche von der Neustadt so hiebevor auch mit Zauberei berüchtiget ... se secht ok ferner, se hebbet nicht arch gemeinet, des wil so Gott to tugen ropen, alleine to errendunge ores broders habbe se ith (es) getan) (Sie sagt, sie habe es nicht böse gemeint, sie habe es allein zur Rettung ihres Bruders getan).

Jetzt schickt der Rat die Akten an den Leipziger Schöppenstuhl mit der Anfrage, »ob er denn die Udensche mit der scharfen frag zur Erkundigung der Wahrheit anzugreifen genugsame Ursache habe ... oder was sonst Rechtens sei.«

Ihr Mann stellt das Zeugnis dreier berühmter Doktoren der Medizin aus, um zu beweisen, daß wohl die »Bregenpfanne« von eines Menschen Haupt wie auch die Nachgeburt »mit einer sonderlichen zubereytung« gegen Epilepsie nützlich und unschädlich als eine natürliche »Medicina« gebraucht werde[16).]«

Dann wird hervorgehoben: »daß die Beklagte einen guten Leumund habe, daß ihr Ruf untadelig sei und daß sie lediglich aus Liebe zu ihrem kranken Bruder so gehandelt hat.«

Es könne erwiesen werden, daß der Totengräber und die anderen leichtfertige Leute seien. Zudem könne man erweisen, daß ein anderer Totengräber aus Hildesheim zwei vornehmen und wohlbekannten Personen der Stadt einen Totenkopf zu ähnlichen Zwecken ins Haus gebracht habe; Grabschändung liege nicht vor. Es sei wider Recht und Billigkeit, und es gereiche den Angehörigen zu großem Schimpf und Hohn, die Beklagte in der Sachlage seit mehr als vier Wochen im Gefängnis zu halten, trotzdem ihr Mann und ihre ganze Freundschaft (Verwandschaft) sich dem Rat gegenüber zu Kaution und Bürgschaft erboten habe.«

Die Leipziger Schöppen raten von der Folter ab und sagen: »sie sei auf einen gewöhnlichen Urfrieden ihres Geständnisses wiederum billig zu entledigen.« Dem Meister Hans wird Geld für das zweimalige Reinigen des Gefängnisses zugesprochen.

In der *Scharmacherschen Chronik* wird zum Jahre 1572 vermerkt: »An diesem Tage wurde die Petermensche verbrand, daß sie mit dem Teufel gebuhlet hatte[17)].« Ein Posten weist aus, was der Scharfrichter mit seinen Gesellen vertrunken hat.

Die Meiersche[18)]

gesteht vor dem Rat im gütlichen und peinlichen Verhör:

- Sie habe vor Jahren eine wickerode (Wünschelrute) gehabt »darober sie etzliche worter gesprochen.« Die Rute habe sich alsdann »geboget.« Mit dieser habe sie den Leuten, welche Rat von ihr erbeten hätten gedienet«, indem sie damit wahrsage.
- Sie habe Hans Nagel und dessen erkrankter Frau gegenüber gesagt, die Nagelsche »vorschwinde« deshalb, weil sie »gute hollen« (Geisterchen) sie unter hätten; die guten Hollen lägen in Hans Nagels Haus unter der Treppe »dor men up de kamer geit«
- Sie habe Hans Nagel geraten, in des Bösen Namen auszugehen, niemanden einen guten Tag, Morgen oder Abend zu wünschen und keinen Gruß zu erwidern.
- Auf drei Kreuzwegen solle er alsdann in des Teufels Namen mit einem Messer ein Stück Erde ausheben; diese müsse er in einem Korb nachhause tragen und unter der bezeichneten Treppe »begraben«. Davon sollen die guten Hollen weg ziehen »und seine frauwe nicht mehr plagen.«

Aus der Kämmereirechnung ist zu ersehen, daß man die Meisersche sieben Wochen lang inhaftiert hat. Später wird sie aus der Stadt gewiesen. Im Sommer 1591 kommt vor den Altstädter Rat, daß Hinrich Dannebergs Frau, die »dicke Ann« in ihrer Wohnung vor dem Dammtor »in fürfallenden Krankheiten an Minschken und Queke (Vieh) von den »utluiden« (Leuten, die außerhalb der Stadtmauer wohnen, besucht werde, daß sie in die »christallen« sehen könne und andere Narretei und Teufelskunst treibe. Daraufhin wird sie gefangengesetzt[19].

Da sie einer Niederkunft entgegensieht, wird sie zunächst im Haus des Marktvogtes verwahrt. Das kurz darauf geborene Kind wird ihr genommen und sie ins Kellergefängnis gelegt. Sie bekennt im peinlichen Verhör:

- Sie habe mit dem ledigen Teufel viel Bosheit begangen; daß sie das Vieh mit Gift umgebracht habe im Gerichte Marienburg.
- In der Domprobstei habe sie die Weide vergiftet.

Im September sucht man bei den Helmsteder Juristen um eine Beurteilung nach. Am 1. Oktober 1591 wird die Bezichtigte auf der Steingrube im Beisein der Öffentlichkeit verbrannt. Man hat ihr die Gnade eingeräumt, zum Richtplatz gehen zu dürfen. Kurz danach verbreitet sich ein Gerücht, daß einige Domschüler verzaubert seien[20].

Im Herbst des Jahres 1604 richtet die evangelische Geistlichkeit an den Rat eine Eingabe »wegen der Kinder Zauberei in jesuiter Schulen«, denn die Lehrer sollen mehrere Domschüler wegen des Umganges mit Zauberei von ihnen verwiesen worden sein.

»Man habe sowohl bei einer Hochzeit in des Wiesenthalers Haus als auch sonst vielfach darüber gesprochen.« Der Sohn der Bodenburgischen, der bis vor kurzem die Domschule besuchte, soll des nachts mehrfach vom Lager aufgestanden und stundenlang weggewesen sein. Pastor Oldekopf habe zwei Schüler gehabt, die auf dem Hausboden allerhand »pußen« (Possen) hätten machen können; so haben sie Stühle und Tische auf dem Boden tanzen lassen. Das Ergebnis der Nachforschungen ist mager und der Rat weiß damit nichts anzufangen. Man wendet sich an die juristische Fakultäten der Marburger Universität und nach Helmstedt. Dann schläft die Sache ein. Von Interesse ist der Prozeß gegen die

Mollersche[21]

Angeklagt ist Arendt Mollers Hausfrau aus der Neustadt »ziemblich von Alter.« Man hat sie eingefangen, weil sie dem kürzlich verstorbenen Jobst Barteramb eingeredet hat, sein Siechtum rühre von guten Hollen her, die ihm vor sechs Jahren ein böses Weib in einem Bierglas zugetrunken hat. Sie habe dem Kranken die Hollen austreiben wollen und er wäre darüber gestorben. Nun beauftragt der Rat die Stadtkämmerer, die Beklagte gütlich zu examinieren und sie räumt ein;

- Sie habe die Kunst, Heiltränke zu machen, von der vor zwei Jahren verstorbenen Hopschen, »welche im hl. Geist im Brühl« (Heiligen Geist Spital) gewohnet, gelernt. Vordem habe man sie im roten Buch verzeichnet »weil sie mit der Mueheschen in Streit geraten und vor ihr eine Zauberin gescholten« sei. Doch sei dieser Eintrag »wider fueg und recht« erfolgt.

Der Ehemann räumt ein, daß seine Frau weder lesen noch guten Ruf geben könne, worauf man ihn ob seiner Lügen inhaftiert. Eine Hausdurchsuchung bleibt ohne Ergebnis und es werden nur »etliche Kruken und Gleser mit Salben befunden.« Mitte September wird die Mollersche einem neuen Verhör unterzogen. Sie leugnet, eine Zauberin zu sein und sagt: »sie habe niemanden etwas Böses getan.«

- Sie habe den Kranken beräuchert, ihm Brust und Rücken dreimal mit den Händen»kreuzweis begriffen« und dann einen Segen über ihn gesprochen[22].
- Die Hopsche habe sie diese Kunst gelehrt, als sie, Angeklagte, selbst krank und geschwollen gewesen sei, da seien ihr die guten Hollen »schwarz abgangen.« Sie hätten ihre Wohnung unter dem Alhorn (Holunder, Flieder) und an deren Orten »da die hüener gerne baden.«
- Daß Jobst Bartenramb bald sterben würde, habe sie an seinem Wasser gesehen, denn als sie selbiges »uffgesoden« (aufgekocht), sei es ganz bleck und mit einem schwarzen Ringe gewesen. Wenn gute Hollen im Körper vorhanden seien, sei es » dikke wie waddecke« (Käsewasser, Molken)

Jetzt werden elf Zeugen verhört und sie räumen u. a. ein:

- Hans Romann habe zwei bis drei Wochen vor seinem Tod plötzlich geäußert, daß er bezaubert sei; ein paar gute Hollen wären bei ihm umgekommen und davon sei er krank. Die anderen wären abgegangen: »Selbiges hette er eigentlich gefüelet, daß, wie sie ihre Wohnunge verlassen müssen, hätte es zuegeschnarket (ein Geräusch wie beim Zuschnüren) us einer Wunden gezogen.«

»Er wolle, daß das Weib, das ihm solches zugefügt, angegriffen und gebrannt werde; dazu wolle er gern das Holz von seinem Hinterhaus zur Verfügung stellen.«

- Die Hepsche ist vier Wochen bei Jobst Barteamb gewesen. Der Kranke habe sie zweimal mit einem Wasser zur Beklagten geschickt, um nach seiner Gesundheit zu fragen. Die Zeugin habe die Laken des Kranken gewaschen und sie habe, nachdem ihm die Mollersche etwas eingegeben, seltsame Zueg (Dinge) darin befunden »welches sie also nicht sagen kunte, wie es beschaffen gewesen ... selbiges wehre ihme abgangen.«

• Der Bruder des Verstorbenen bezeugt, der Verstorbene habe in seinem letzten Lebenstagen bei ihme geäußert, fünf paar lebendige Hollen seien jetzt weg; zwei habe er noch bei sich, davon wäre einer krank und einer tot. Letzterer sei von seinem vielen Trinken getötet worden. Diese beiden müsse er »ausschlagen« (ausbrechen).

• Die Gerdtmannsche hat 18 Wochen krank gelegen, da sei sie an die Mollersche gewiesen. Sie habe gesagt: »Zeugin habe elf paar gute Hollen an sich, zwei seien krank und neun gesund. Die Mollersche habe vier Mariengroschen für ein Wachslicht von ihr verlangt, das habe sie auf einen Eimer setzen wollen, um die Hollen darin hüpfen zu sehen. Nachher habe sie ein Brot und eine Wurst verlangt, dafür, daß sie die Hollen beim Abbannen auf sich nehmen müsse, sie werde dann auch so krank wie die Gedermannsche und könne nicht mehr arbeiten. Hette danach das Fieber für 15 Wochen bekommen.«

• Die Barthelsche hat wegen ihres kranken Kindes »das kaum in der huett (haut) hengen konnen«, mit der Beklagten Kundtschaft (Verkehr) gehabt. Anfangs habe die Beklagte nicht gerne raten wollen, endlich aber habe sie das Kind auf den Arm genommen, mit den Händen gestreichelt und dabei gemurmelt, dann ihr, Zeugin, befohlen, dem Kinde »Merk« (Sellerie), seines eigenen Drecks und Knoffloch (Knoblauch) an den Halß zu henge.« Darauf sei das Kind genesen.

• Marttens Luerß sei fast täglich bei den Kranken gewesen. Eines Tages habe er gute Hoffnung und Besserung gehabt. Er habe ihm erzählt, daß er die Doctores abgeschafft habe und daß ihm die Mollersche binnen zwei Wochen helfen würde. Er habe ihm auch von dem Trunk und Segen berichtet.

Der Kranke habe die Mollersche gefragt, woher die guten Hollen kämen und die habe geantwortet: »die wehren von den Teufelen, so mit den Weibern buhleten, und wan sie selbiges verrichtet, zeugten sie alle vier Wochen ein paar und banneten sie dann tho einem Minschen, Viehe oder Baum ... er habe ein Weib uffm dorffe ihr so viel gezeiget, daß sie uff einen pippelen Baum (Pappelbaum) dürm dorffe gebannet, welcher ganz verdorben.«

Von der Vorstellung sei der Kranke nicht abzubringen gewesen. Nach den Vorgesprächen kommt man überein, die Mollersche »in Schärfe« zu befragen. Zunächst bleibt sie auf ihren Aussagen, dann räumt sie ein:

• Daß sie vor zwei Jahren von der Hopschen drei paar gute Hollen habe abtreiben lassen, von »unserm herrgott« abgetretten« sei. Sie wolle aber mit ihrem innigen Gebete wieder zu ihm treten.

• Die Hollen seien greis, weiß oder schwarz und unsichtbar. Sie hätten ihre Speise vom Herzen.

• Das Wachslicht, das sie sich von der Gerdtmenschen Geld gekauft habe, hätte sie in den Dom gebracht »für unser lieben frauen in die Klufft« (Krypta?), damit sie ihr zur Gesundheit verhelfe.

• Die Hollen seinen ein Glied am Daumen groß, könnten nicht reden.

• Ob der Barnebrock die »hele wäre und ein ort, da keine Christen hinkhemen, wisse sie nicht und auf die Frage »ob die Weiber und Zauberischen mit dem Teufel wol buelen konten, da (er) doch ein Geist wehre, der weder Fleisch noch Bein hette und wie das zuginge? weiß sie nicht zu antworten.

• Sie sei ein Sonntagskind und wäre vor dem Sonnenaufgang geboren »und kommen dieselbe das füer leschen.« Dazu hat sie einen Zauberspruch parat[23]. Die Kunst hätte ihr unser Herr Gott gelernet und die Bademutter ihrer Mutter solches angezeigt, daß es würde ein glücklich Kindt sein, kehme für (vor) der sonnen uffganck zue rechter Zeit.

Am Schluß des Verhörs bittet sie die Herren um Entlassung in ihre Wohnung: »sie wolle es nimmermehr thun und wolle stets zu ihren handen sein.«

Der Syndikus fordert ein weiteres Rechtsgutachten und beschließt, sie »abermalig« mit der Folter zu schrecken, mit der Daumenschraube anzugreifen und danach die Akten an eine juristische Fakultät zu schicken. So gelangt man zu folgenden Erkenntnissen:

• Sei sei keine Zauberin »nur was ihr der Teufel eingegeben, der sie einstmals wie sie in der Dorrensen (Dachstübchen) allein gesessen, zu ihr gekommen, schwartz angetan, aber nicht sehr groß, habe ihr das Licht ausgepustet und geredet; »Frauwe, erschrecket euch nicht, ich bin woll ein Mensch als ihr seid; Sitzesdu und spinnest und legst das brott bey dich, kannstu nicht so viel verdienen, als due nottortigk zue essen hast.« Er wolle ihr eine Kunst lehren, davon sie sich woll sollte ernähren.

Das alles sei vor elf Jahren, vierzehn Tage vor dem Tode ihres Mannes, gewesen. Sie habe den Teufel abgewiesen.

• Dann habe er ihr die Kunst gelehrt, sie soll den Kindern Rat geben und wan es ihnen was mangle, soll sie ein wachslicht uffs Wasser halten; wan alsdann Blasen herfür kehmen, mangele (mangle es ihnen) etwas und hetten alsdann die gueten hollen.

• Dann wehre der Teufel mit einem schrecklichen Star und Rocke (Rauch) abgewichen, daß sie nicht in der Dorrensen pleiben können.

• Kürzlich aber wäre es wieder geschehen »er sei wiederumb zu ihr gekommen und habe gefragt: »ob sie wollte seine sein.« Sie habe ihn wiederum abgewiesen. Diesmal wäre er ihr »in etwas lang, braun oder mit schwarzten Kleidern angetan gewesen, hette auch einen schwartzen Bart und in der Ecken des Maulß anstatt des Knebelbarts Dinger, als wenn es Horner gewesen, gehabt.«

• Sie habe die Kunst vom Teufel. Nach einigen Beschuldigungen bricht sie zusammen. Man hat dem Meister Carsten befohlen, mit der Daumenschraube und Stiefeln auf sie loszugehen; jetzt legt sie folgendes Bekenntnis ab:

• Der bose, ihr buehlen habe geheißen Luefaß, hebbe Zweymahl bei ihr gelegen und seinen willen mit ihr gepflogen. Als sie ihren Buhlen nach der zweiten Nacht abgewiesen habe, sei er mit den Worten gegangen: »wehre ihm auch nicht viel daranne gelegen, wolle sich nach einer Jungen umbsehen.«

• Zuvor hätten sie gewürfelt, ob er sie oder sie ihn ernähren solle; sie habe dreizehn und er nur zwölf Augen geworfen. Deshalb »hette er ihr auch taglichs brot vorschaffet.«

• Sie hetten aber ihren Tanzplatz uff dem market, hohen Wege und an anderen Orten gehabt. Sie selbst habe nicht tanzen können »Wehre derhalben von ihrem buhlen verschonet.«

• Jetzt bekennt sie den Tod des Jobst Barteramb.

• Sie bekenne, daß sie aus Rache den kürzlich verstorbenen Bürgermeister Lorentz Cappen vergiftet habe. Die Krumfoetsche habe durch ihre Magd dem Bürgermeister »weiß zeuch« (weißes Pulver, das man zum Vergiften von Fliegen genommen hat) heimlich in ein Getränk getan.

• Auf eine ähnliche Weise habe sie mit ihrer Magd ihren Mann Krumsoet vergiftet. Mit dem Weißzeug, das die Krumfoetsche in ein(e) Düte geholt, hätte man Fliegen »und anders« vorgeben (und andere damit umgebracht). Selbiges alles hette ihr (der Möllerschen) der Böse berichtet.

Die Obrigkeit läßt nicht locker und hinterfrägt die Angaben zur Verleugnung des Glaubens, das Vergehen gegen die göttlichen Gebote und die teuflische Buhlschaft. Aus Angst vor einer weiteren Folter bekennt sie:

• Sie hette uff den Teufel eben gedacht, da sei er zu ihr gekommen.

• Er habe ihr für den ersten Beischlaf zwei Groschen, das andere mal neun Groschen und das allererste mal »als Mittelpfennig« (Mietgeld) zehn Groschen »uff die handt« geben.

• Der Teufel sei ungefehr schwarz-braun gewesen; einen Federbusch habe sie nicht gesehen.

• Nur einmal wehre sie mit zum Tanz gewesen. »das wehre uff dem hohen Weg beschehen für Kogelmanns Thüer up de dußeitt dem schüler (diesseits des Schauers). Do hette sie den luchten gehalten; wehre eine rechte luchtin gewesen; sei zwei Jahr gewesen, in Wolperß nacht (Walpurgisnacht) und sei ihr Mann nicht inne (daheim) gewesen.

• Die Weiber will sie nicht erkannt haben »Die buehlen hetten fein Tuch anne gehabt und federbusche uff dem Hute, Uffen blocksbarge im gleichen wehre sie nicht gewesen. Sie hette nicht tantzen können.«

• Dort wären »hochfertige« (hochfahrende oder hochnäsige) Weiber gewesen und hätten die Beklagte für nichts geachtet. Die Weiber hätten sich im Angesichte verhüllet, so daß man sie habe nicht sehen können und hätten Pelze angehabt.

• Der Teufel sei auch jetzt bei ihr im Gefängnis gewesen und habe ihr »weitere Unzucht angemuetet.«

• Ihr Beichtvater sei Herr Peter. Vor achtneun Wochen sei sie zum Tisch des Herrn gewesen, doch gegen den Willen des Satans: sie habe des Leibes und Blueth nicht mißbraucht.«

• Zudem habe sie der Teufel gelehrt, Vieh zu bezaubern.

• Sie habe des Elias Schowartten Kind bezaubert, damit es krumm werden solle.

• Sie, die Beklagte, habe der Krumfoetschen bei der Vergiftung des Bürgermeisters Lorentz Cappa sowie ihres Mannes geholfen; ein mehres habe sie nicht berichten wollen.

Die so in die Enge Getriebene soll nach dem Urteil der juristischen Fakultät Helmstedt anderen zur Abscheu verbrannt werden. Nach der Kämmereirechnung aus dem Jahre 1607 erhält der Abdecker Meister Carsten »für dreimal torquieren« neun Taler. Der Scharfrichter, Prokurator, Marktvogt und die

Prediger erhalten die ihnen zustehende Entschädigung.

»Uff der Schenke« werden 20 Gulden 16 Groschen verzehrt. Die Prozeßkosten erreichen die Höhe von 128 Gulden. Die

Krumfoetsche[24)]

die von der Mollerschen besagt worden ist, scheint geflohen zu sein. Sie wird steckbrieflich verfolgt und in Lauenburg a. d. Elbe ergriffen, wo gegen sie verhandelt wird. Nach dem eingeschickten Protokoll hat Emerentze Sustermann Bawerten Krumfues sel. Witwe (aus Hildesheim) »nochmals« bekannt:

- Daß sie aus Anreiz und Verleitung der gerechtfertigten (mit recht abgeurteilten) alten Mollerschen sich mit dem bösen Geiste eingelassen und Gott und den heiligen Engeln entsaget habe, auch daß ihr Buhle Grünekeil geheißen. Er habe ihr zwei Gulden in den Beutel verschafft und – wie ihr gedaucht – mit ihme zu schaffen gehabt.«
- Dem Bürgermeister Lorenz Cappen habe sie »Weißzeug« aus der Apotheke in ein Bierglas getan, als er just aus dem Fenster gesehen habe. Sie habe sich an ihm rächen wollen für ein Unrecht, das er ihr in einer Klagsache zugefügt habe. Ihren Mann habe sie auf die gleiche Weise vergiftet
- Das kleine Leine(n)beutelchen, das sie um den Hals trage »dorinnen u.a. Spießglas (Antimon) gebunden« soll bewirken, daß ihr niemand schaden könne. Sie trage es auf Geheiß ihres Buhlen.
- Ihr Buhle habe kürzlich im Gefängnis mit ihr zu schaffen gehabt.

Wahrscheinlich wird sie verbrannt[25)]. Nach einer Rechnung aus dem Jahre 1613 muß eine Florsche[26)] zweimal gefoltert und dann verbrannt worden sein. Am 11. August verausgabt man 11 Gulden 6 gr. 8 Pf. an den Scharfrichter für vier Fuder Holz. Zwei Prediger werden ausbezahlt.

Adelige Jungfrauen

Mitte Mai 1661 wird der Ratsbarbier Meister Jacob Lachemund in Gegenwart zweier Kommissare darüber verhört: »ob er Wissenschaft habe, daß vor diesem zwei adelige Jungfrauen allhier mit dem bösen Geiste besessen gewesen und ob ihnen dieses Orts ausgetrieben worden.«

Er sagt unter Eid: »daß ohngefehr 1613 oder -14 zwei adelige Jungfern, so Schwestern und vermeintlich vom Teufel besessen gewesen und die von Helversen genannt worden, nebst ihrer Mutter allhie in Christoff Dietrichen Bocks Hoff hereingebracht.

Der Superintendent Clara habe sie des öfteren besucht und versucht, ihnen den Teufel auszutreiben. Es were aber bey den Jungfern der Paroxismus offt so starck gewesen, daß etzliche Kerl genug an ihnen zu halten gehabt.« Kurz danach werden sie den Jesuiten zugeführt und »diese heten die Teufel gebannet[27)].«

Mittlerweile seien dem Grafen zu Schaumburg seine besten Pferde toll geworden; deswegen habe er den dicken Tobias, einen Zauberer aus Hessen, holen müssen. Er habe ihnen geholfen, wobey das Geschrey entstanden, daß derselbe auch zu den Jungfern gefordert were. Es weren aber dieselben hernach alle beyde dem Geschrey nach geschwängert worden, da dann die Medici gesagt, daß es ein affectus uterinus (eine krankhafte geschlechtliche Erregung) gewesen were!

Im Juni 1615 kommen vor den regierenden Bürgermeister Georg Dethmers die Vormünder der Kinder des kürzlich verstorbenen Meisters Peter Krüger und bitten um die gütliche Befragung des Gesellen

Heinrich Kirch[28)]

der verdächtig sei, den Verstorbenen bestohlen zu haben. Er wird am gleichen Tag verhört. Er gibt zu, um Fastnacht eine verschlossene Lade im Haus seines Meisters aufgebrochen und daraus Schmuckstücke, Leinen und Kleidungsstücke entwendet zu haben. Er wird inhaftiert und soll über die Polterei im Haus des Meisters berichten.

Da er in Güte nicht bekennen wolle, werden ihm die spanischen Stiefel angelegt und er »endlich zur Leiter« gebracht. Daraus ergibt sich folgender Sachverhalt:

- Der etwa 22jährige Heinrich Kirch hat mit einem lahmen Schüler bei seinem Lehrherr gewohnt und in dessen Haus öfters einen Spuk inszeniert. So wollten sie sich bei dem Ängstlichen für seine schlechte Kost rächen und andererseits ihre Diebereien in Küche, Keller und auf dem Boden vertuschen.
- Mehrfach springen sie wie besessen auf dem Hausboden herum, imitieren Katzenstimmen und bewerfen Nachbarn mit Lehm und Steinen. Um den Meister zu beängstigen, sperren sei eines Tages eine Katze in die Lade. Als er sie öffnet, springt sie fauchend heraus und entwischt durch ein Fenster über die Dächer.

Der Streich wird ihnen zum Verhängnis, denn der Wunderglaube wird als wahr angesehen. Kurz nach dem Beginn der Tortur bittet Heinrich Kirch den Scharfrichter ihn loszubinden: »wollts ungepeinigt gerne bekennen.«

- Der lahme Schüler und er haben sich in Katzen verwandelt und seien als solche herumgesprungen.
- Nicht eine Katze, sondern ein Werwolf sei aus der Lade gesprungen; dieser wäre er selbst gewesen.
- Der lahme Schüler habe einen Gürtel um seinen Leib gespannt und ihn auf diese Weise verwandelt.
- Er habe vor drei Jahren auf seines Meister Boden mit dem Teufel einen Pakt auf sieben Jahre geschlossen.

Als der Vater des Beklagten davon erfährt, wendet er sich an die Äbtissin des Stiftes Gandersheim und betont: »daß sein Sohn durch den lahmen Schüler »der in der Jesuwietischen Schule in Teufels Gespenst studieret«, ein diebischer Schelm sei.« Er bitte um das Leben seines Sohnes und biete Ersatz für alles Gestohlene. Eine Abschrift geht beim Hildesheimer Rat ein. Am 22. Juni wird er nochmals verhört:

- Daß ihm der Teufel in der letzten Nacht gedroht, er wolle ihm den Hals brechen, falls er von ihm ablassen würde; er habe geistliche Psalmen gesungen, sich gesegnet und dem lieben Gott befohlen.
- Beim Schützenhaus habe er mit teuflischer Hilfe um Michaelis abend auf der Wiese zwei Hasen laufen lassen. Ein andersmal habe er einen Wolf gemacht; dieser habe müssen tanzen und Freibier (be)schaffen.
- Der lahme Schüler habe seine Teufelskunst von der Brinkmerschen aus Wierßheusen bei Einbeck gelernt.

Danach wird ihm die Ugicht vorgetragen und er bekräftigt sie. Der Abdecker Meister Franz erhält »für den gegangenen Heinrich Kirch zu brennen« einschließlich des Trinkgeldes für seine Gesellen 2 Gulden 14 Groschen.

Dem Kompagnon gelingt die Flucht und der Rat läßt nach ihm fahnden. Am 2. Juli 1615 schreibt der Amtmann aus Burgdorf: »daß der Gesuchte kürzlich drei Nächte dort geherbergt habe, jetzt aber verschwunden sei.«

Im Herbst 1627 erkrankt der Hildesheimer Bürger Hans Rabente an Wassersucht und wird bettlägerig. Auf Umwegen erfährt er von dem Gerüch, daß die »dicke«

Lehnsche[29]

wegen Zauberei verdächtig sei. Da er vor dem Ausbruch seiner Krankheit mit ihr zu tun gehabt (hat) schließt er daraus, daß sie hinter seinem Leiden stecke. Rasch spinnt sich daraus folgende Besagung: »er sei im letzten Sommer um Johannistag in der Lehnschen Haus gekommen, um mit ihr wegen der Anmietung ihres Hauses in der Dammstraße zu verhandeln. Dabe habe er mit ihr zwei große Broihan (Krüge Weißbier) getrunken. Der dritte sei ihm durch den Hals gegangen als Sagespüne (Sägespäne). Er habe ihn halb stehen lassen und sei nachhause gegangen. Er hab sich müssen übergeben und »qualen« Gleich (als) wolte ihme das Hertz im Leibe brechen«

Danach wäre die Krankheit auf seinen Leib gefallen, auch spitzige Tacken zum Fingern bey den Nägeln heraus gewachsen, und wan er deren einen wegk gerißen, weren doch zwee wieder an die statt kom kommen.«

Von jedem Trank seinen ihm Leib und Beine »hoch aufgeloffen und dicke geschwollen, auch die hande voll großer blasen und einen außssetzigen Menschen gleich geworden«.

Er läßt die Lehnsche an sein Bett rufen und besagt sie der Hexerei; er bedauert, daß er nicht gehen könne, (denn) sonst würde er sie öffentlich auf dem Marktplatz als Zaubersche ausrufen und verlange von ihr, daß sie ihm den angezauberten Schaden »wieder beneme«.

Die über 80jährige verteidigt sich so gut sie kann und bezichtigt den Kranken als Lügner: »er wolle ihr auch jetzt noch einen Schandflecken anhengen ... wo fern er bei dieser bösen Bezichtigung bleibe, würde er seiner Seelen ein bösen Stuel setzen.«

Am folgenden Tag läßt der Kranke seinen Beichtvater, Magister Johannes Willerding, Pastor an St. Georgen, kommen, berichtet von dem Vorfall und nimmt darauf hin das Sakrament. Kaum ist er zuhause, taucht die Lehnsche bei ihm auf und möchte wissen, was der Kranke in der Beichte gesagt hat. Der Geistliche verweigert die Auskunft und gibt ihr zu verstehen: »daß er sie solange, als sie sich der bösen Bezichtigungen nicht entledigt habe, nicht zum Tisch des Herren zulassen könne.« Es ist in gewisser Weise die protestantische Exkommunikation.

Nun schickt die Lehnsche einen Notar zum Kranken, der einlenkt: »er wolle nicht behaupten, sie sei an seiner Krankheit schuld; seineshalben solle ihr kein Böses folgen: hette er ihr zuviel gethan, möge es ihm Gott verzeihen.«

Zwei Tage danach stirbt der Gepeinigte und wird am Körper schwarz. So verstärkt sich das Gerücht, daß es ihm die Lehnsche angetan habe und sie wird kurz danach »ins Gewölb« verbracht (Kerker in der Lilie, dem festen Turm im Rathaus).

Damit beginnt ein verhängnisvoller Prozeß wider sie. Im Februar übergibt ihr Mann Andreas dem Bürgermeister und Rat ein Schreiben, in dem er um die Freilassung seines armen und unschuldigen Weibes bittet, eine Kaution bietet und gegen die freventlichen Beschuldigungen mit Strafverfolgung droht. Sein Gesuch bleibt ungehört und die Inhaftierte wird verhört. Sie bekennt:

- Ihr Großvater habe 24 Jahre als Prediger gewirkt. Sie habe 42 Jahre auf dem Damm gewohnt und dort einen Butter-, Käse- und Bierhandel gehabt. Wegen der Kriegsgefahr sei sie vor vier Jahren in die Stadt gezogen Bei den Leuten heiße sie Hökersche, dicke Krögersche oder Kalkbrennersche.
- Mit der Gesche Fuestkens habe sie keine Kundschaft. Dieses teuflische Weib sei einmals spät des nachts vor ihr Haus gekommen und habe Bier haben wollen: dabei habe sie so laut »gepuchet« (geklopft) und gepralet, daß ihr Mann geursacht, ihr etzliche Schläg auszuteilen. Und dann hette sie ihr aus Rache auf den hals gebogen ... sie wäre eine Erzzaubersche und »könnten ihr die guten Hollen Käse und Butter genug bringen und wofern man bei deroselben mehr denn ein Metze (1 Himpten = 3 Metzen) voll Geldes finden.«

Vor dem Notar habe dieses Weib ihre Aussagen verleugnet. Nun wird die juristische Fakultät Helmstedt um Auskunft ersucht und Ende Februar bittet ihr Mann nochmals daram, seine unschuldige Frau, die eine alte und gebrechliche Person sei, die öfters »mit der cholica hefftig angefochten« werde, aus dem kalten Gewölbe in das Haus des Marktvogtes zu bringen. Dem wird stattgegeben. Nun werden weitere Zeugen vernommen, aber im Grunde findet man kaum Negatives.

- Die Nachbarin Holschge meint: »sie wolle nicht leugnen, daß sie selbst der Lenschen nachgeredet habe; sie habe ihr wenige Tage vor ihrer Gefangensetzung ein scherzhaftes Wort über die Beleibtheit übel genommen; gleich danach sei ihr (der Zeugin) Kind krank geworden. Da habe sie nicht anders gemeint, als daß die Lehnsche diesem die Krankheit angetan habe.
- Die Zeugin wisse ein Mittel, bei einem Kinde »die Guden Hollen« festzustellen[30].
- Bartholdt Gertmann trägt vor: »er und seine Frau hätten vor Jahren bei der Lehnschen geherbergt und von ihr etzliche Nezahl (Netzaale) gegessen. Als nun seine Hausfrau davon geßen, were dieselbe auf der deelen nidergefollen und fur todt gehandelt worden, biß endlich Zeuge zu der Lehnschen gesagt: »sie hette solches seiner frawen beygepracht, solt es ir wieder benemmen, oder ihr sollte an anders wiederfahren.« Auch der Beichtvater spricht gegen sie.

Dann wird sie der Verbalterrition unterzogen. Man zeigt und erklärt ihr die Folterinstrumente und meint: »würde sie sich nun richtig zugehen und die Wahrheit ... bekennen, so plieben ihre Glieder unzerrissen, im widrigen Fall aber würde man den Ernst sehen lassen müssen, und hette sie sich dann eine solche selbst zuzuschreiben.«

Daraufhin ruft sie Gott als Zeugen an »hette doch keine Schuldt, beteuert dieß alles sehr hoch und starck; wolle mit denjenigen, so ihr dies zugerichtet, am Jüngsten Tag für strengen Gerichte erscheinen; daselbst sollten sie es auch verandtwordten.«

Sie bleibt bei ihrer Unschuld und dann wird dem Meister befohlen, ihr die Stiefel anzulegen. »Wie nun daßselbe zu wergke errichtet und sie etwas ein wenig Schmertzen empfindet, spricht sie, sie habs dem Rabenten angetan. Er hette sie villmalß für eine »Alte Huer und Hexen« gescholten, daran er ihr zuviel gethan (ihr zuviel Unrecht getan), dann sie keine Hexe und Zauberin wehre ... sie hette im Razzepulver in den Kroiß geschüttet.«

Dann wird sie dem Nachrichter »nur zum Schrecken und Erkundigung der Wahrheit, sie uf die Folter zu bringen«, anbefohlen. Indeme sich nun derselbe dazu bereitet und die Instrumente zur Hand krigt, wird der Lehnschen zugesprochen: »sie solle ja Niemande umb Haaß und Mißgonst willen besagen und sich auch nicht selbsten mit Unwahrheit eine unerträgliche Last und (den) Zorn Gottes uf den halß laden.«

Es wehre nicht wahr, hette es müßen auß Pein bekennen und sagen, es sei nicht wahr, leide alleß unschüldig. Gott würde es wissen zu rechten. Könne nicht anders sagen, wan man sie auch mitten von einander reißen ließ.«

Man wendet sich nochmals an die Helmstedter Juristen mit dem Ersuchen um Belehrung. Es wird vorgeschlagen: »sie gegen Kaution zu entlassen und zu den Ihrigen wieder zu verstaten sey.« Sie muß unter der Folter gelitten haben, denn am 1. November werden dem Scharfrichter 14 Gulden 8 Gr. bezahlt: »die dicke Lehnsche zu heilen«.

Catharina Grünbergs[31)]

ist eine Betrügerin und ihr Mann Soldat in thüringischen Diensten. Sie streift mit ihrem Kind im Land herum und erzählt Einfältigen: »sie könne Planeten lesen« und »in die Hand sehen« und »sie könne ihnen ihren Liebsten in dem Christalle zeigen«. Sie sei eine »ungeborene« aus »dem Mutterleibe geschnittene Persohn«. So habe sie manches Silberstück an sich gebracht.

In Braunschweig hat sie bei der Witwe Schapers vorgesprochen. Sie bietet ihr an, gegen eine Entschädigung ihre Schuldner so zu närrigen, »daß sie der Schaperschen das Geld bald zurückzahlen würden.« Sie läßt sich betören und verliert den Rest. Daraufhin verschwindet die Grünbergs aus Braunschweig.

Als sie es mit ihrer Kunst in Hildesheim versucht, wird sie, nachdem sie von geschädigten »geschlagen und übel traktieret« vom Rat zur Haft gebracht. Sie gibt die Betrügereien zu und sagt: »die Jungfern hetten sich betriegen lassen wollen.« Sie kommt mit Staupenschlag und Landesverweisung davon.

Am 18. November fällen die Rintelner Juristen das Urteil und sie wird »ausgestrichen.« Darauf muß sie mit ihrem Kind die Stadt verlassen.

Um Michaelis 1647 kommt der Frau von Andreas Dörrien »etzliches Leinen geräthe« abhanden. Sie schickt ihre Mägde, Maria Schraderß und Sophie Hillefeldts zur

Puisterflickersche(n)[32)]

die im Turm hinter St. Michael wohnt und im Rufe steht, »nachweisen« zu können. Man will von ihr den Dieb erfahren und sich von eigenen Vorwürfen entlasten. Sie gibt ihnen eine »Schampannienwurzel« (Wurzel der weißen Nießwurz) und meint: »sie sollen sie ein umd den andern tragen, dann werde sich der Dieb angeben.« Der Erfolg bleibt aus und jetzt lenkt die Puisterflickersche den Verdacht auf

Margarete Doven

die dritte Magd des Andreas Dörrien. Schließlich klagt sie gegen Sophie Hillefeldts wegen Beleidigung. Daraufhin werden die Mägde verhört und es stellt sich heraus:

- Die Puisterflickersche habe einen fortgelaufenen Schäferjungen gezwungen, sich am fünften Donnerstag auf der Haseder Mühle zu stellen ... sie habe dadurch den Schäfer vom Verdacht des Mordes an ihm gereinigt.

Dann faßt der Rat den Beschluß, daß die Marktvögte die Puisterflickersche, wann sie ihrer ansichtig werden, ins Rathaus bringen sollen. Dort wird sie einem Verhör unterzogen und räumt ein:

- Sie sei zwar vor 30 Jahren, als sie mit ihrem ersten verstorbenen Mann in Herford gewohnt, zwei Jahre lang vom Teufel besessen gewesen; doch sei ihr der Satan ausgetrieben worden: »inmaßen der Rath der Stadt Herford dessen ihr Schein und Zeugnuß ertheilet hette.«
- Das Nachweisen und Bannen habe nicht sie, sondern Elisebeth betrieben: »Eß sey ihr auß grundt ihrs hertzen leidt, daß sie sich in diesen Sachen zwischen Anna Elisabeth und obgemelten Leuten gebrauchen lassen; pittet umb Gottes willen, ir solches zu verzeihen.«

Daraufhin wird sie entlassen. Ende Januar 1648 steht sie wieder vor Gericht. Neue Klagen sind über sie laut geworden. Dann ergibt sich folgender Sachverhalt:

- Margarete Krügers sei vor 30 Jahren in Herford vom Teufel besessen gewesen; er sei in sie gefahren auf hl. Drey Königstag, als sie in der Kirche gewesen. Davon wäre sie zwei Jahre lahm gewesen.
- Ihr damaliger Mann habe sie zu einem Teufelsbanner in ein Dorf zwei Meilen vor Bremen gebracht. Er habe ihr durch die Aufbietung des gesamten Kirchspiels und der Jungfern aus den Klöstern durch fleißiges Beten den Teufel ausgetrieben.
- Das Zeugnis des dortigen Pfarrers über die gelungene Austreibung wäre ihr bei der Belagerung Hildesheims abhanden gekommen. Sie were arm und bettelte ihr Brot.

Die Syndici Dr.Melchior Hoffmeister und Dr. Petrus Syring legen dem Rat nahe: »sie sei ahn sich sehr verdächtig und man müsse weitere Zeugen befragen. Alsdenn könne die Angeklagte neu abgehört werden. Würde sie dann noch immer leugnen, könne man zur Folter schreiten.«

Der Rat schickt die Akten an die Rintelner Juristen und von hier läuft die Antwort ein. »daß die Beklagte hochverdächtig sei, solche Kunst auch zu wissen und gebraucht zu haben. Darum werde es für gut angesehen, sie »zu der hafft zu bringen« in deren Wohnung nach Büchern, Kräutern und sonst verdächtigen Sachen zu suchen und sie eingehend zu verhören. Dann soll sie mit der Tortur geschrecket und eventuell mit der scharfen Frage angegangen werden.«

Man bringt sie in den Diebskeller und erklärt ihr die Folterinstrumente: »als sie das

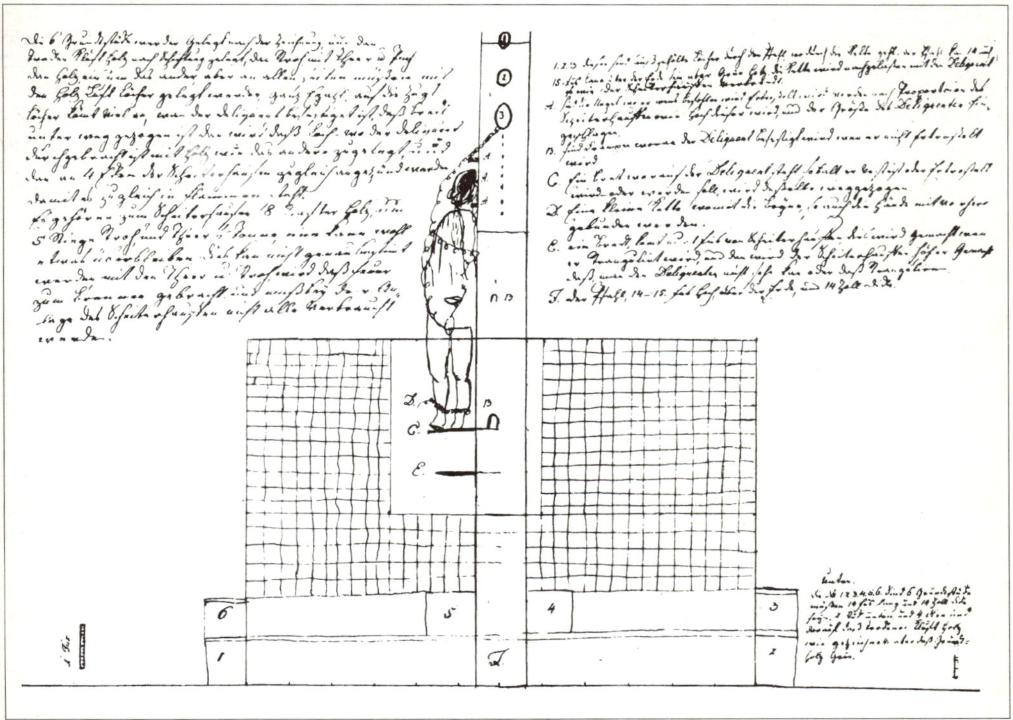

Bauanleitung für einen Scheiterhaufen, von Johann Henrich Ernst Clausen (1763 bis ca. 1842), Scharfrichter im Fürstentum Lippe und der Stadt Lemgo. Stadtarchiv Lemgo.

leibsstück (Mieder) aufgemachet, saget sie endlich ohn Angreifung und Bindung gütlich:

- Sie habe das Nachweisen von Anna Elisabeth gelernt, habe auch beim Nachweisen geholfen und diese Kunst geübet.
- Conrad Schonen Witwe von der Hildesheimer Neustadt sei vor einem Jahr zu ihr gekommen und habe sie um Rat gefragt, wie sie es machen könne, daß sie ihren Gesellen zur Ehe bekomme? Daraufhin habe sie ihr gesagt: »sie solle einen neuen Topf in des Teufels Namen kaufen, etwas von seiner Schuhsohle oder von seinen Strümpfen nehmen und drei Nähnadeln, die sie auch in des Teufels Namen kaufen müsse »da hinein stechen«. In den Topf tun und in aller Teufels Namen mit Wasser in des Knechts (Gesellen) Namen kochen. Inmaßen er sich hette darauf trauwen lassen.« Für diesen Rat habe sie neun Gulden und ein altes Überhemd bekommen.
- Der Krügerschen aus dem Dorfe jenseits Calenberg habe sie (den) Rat gegeben, wo sie ihre 40 Gulden, die ihr in einer Herberge zu Hannover gestohlen wurden, wieder antreffen könne.
- Die Bartfeldsche aus Lafferde (südlich Peine) sei wegen ihres im Kriege seit sieben Jahren verschollenen Sohnes zu ihr gekommen. Der habe sie fünf Bildenköpfe (Samenkapsel vom Bilsenkraut) gegeben und gesagt, sie solle »jeden Freitag einen in des Teufels Namen zu raken (?) mit einem Hagedornstocke.« Daraufhin wäre der Sohn zurückgekommen. Sie habe von der Bartelschen einen Ortstaler erhalten.

Der Rat läßt nicht locker. Der Scharfrichter soll sie nochmals fragen und darauf wolle man die Akten an die Rintelner Juristen schikken. Sie plädieren: »falls sie bei ihrem Teufelsbündnis bleibe, auf Strafe der Enthauptung und Verbrennung des Leichnams. Leugne oder widerrufe sie das Paktum, sei sie wegen des Nachweisens mit dem Schwert zu strafen und ihr Leichnam an Ort und Stelle zu vergraben.«

Daraufhin wird sie »ufs gewelbe« gebracht: »wolselbsten der Scharfrichter mit der Tortur, ihm vermuege der rechenß Belehrung anbefohlner maßen verfahren.« Jetzt gesteht (?) sie:

- Sie habe das Nachweisen vor Jahren von

Anna Zacharius in Pommern gelernt. Diese sowohl wie sie selbst habe dem Teufel einen Bund geschlossen. Ihr letzter Mann, Heinrich Buermeister, sei dabeigewesen.

- Der Teufel habe ihr einen jungen Gesellen geschickt. Er heiße Benedictus »und were ein Amtsschreiber gewesen.« Er habe ihr einen Goldgulden gegeben. Gesegnete Speise kunte er nicht fressen, hette auch niemaln brot gefressen, sonsten Bier und Breihan hette er gesoffen.«
- Sie habe gehofft, mit des Teufels Hilfe reich zu werden; doch darin sei sie betrogen worden.
- Sie habe das Kind, das Andreas Dörrien mit seiner Magd habe, mit einem schwarzen Pulver vergiftet.
- Dem Marktvogt »der sie um das Ihrige gebracht«, habe sie etwas auf den Weg gestreut, darüber er gangen und damit bezaubert worden, daß er gestörben.«
- Einmal sei sie auf dem Kreuzwege im Steuerwaldschen Feld (Steuerwald bei Hildesheim) auf dem Tanzplatz gewesen, ein anderes Mal auf dem Kreuzwege vorm Dammtor und vor fünf Jahren auf dem Blocksberge, »woselbsten viel gesellschaft gewehsen, die sie nicht gekandt und darunter eine von der Unsern (Uhsern bei Hameln) gewesen.
- Ihr Buhle habe ihr letzte Nacht die heutige Peinigung vorausgesagt und ihr geraten: »daß sie sich mit dem Tuche, den sie im Halse hette, die stroten (Kehle, Luftröhre) zubinden solle.« Als sie aber gebetet habe: »Herr Jesus, Dir leb ich etc« sei er von ihr gewichen und habe »ihr ein Zipfel vom peltz inß Maul gestecket.«

Mitte Februar wird der Puisterflickerschen die Urgicht vorgetragen, die sie bestätigt. Der nächste Schrittt ist das peinliche Halsgericht. »Alsdann tritt der Meister Christof Göffert, der Nachrichter, herzu, läßt die Verurteilte durch seinen Knecht »ufn Karn« setzen und durch das Obertor auf die Steingrube bringen ... und ist auf dem Rabenstein durch den Halbmeister Martin R. von Pena decolliret (enthauptet) und volgenzt mit fewr deren Cörper verbrandt worden.«

Die beiden Prediger, die mit hinaus gewesen, erhalten je einen Taler. Der Marktvogt für die Beköstigung der Hingerichteten an neun Tagen vierzehn Groschen. Unter den von der Puisterflickerschen Besagten befindet sich

Katharina

im Knie[33]. Sie wird eingezogen und gütlich verhört: »Man solle sie vernehmen und die Akten um Rechtsbelehrung verschicken. Man könne das Weib zwar der Stadt verweisen, müßte es jedoch wegen des Segensprechens und »verdächtiger conversation« dem Prediger des göttlichen Wortes übergeben, um es durch denselben »solches ihres abergläubischen Fürnehmens halber aus Gottes Wort zu strafen und zu vermahnen.« Letztendlich wird sie aus der Stadt gewiesen. Dann findet ein Prozeß gegen die

Sandkloppersche[34)]

statt. Angeklagt ist Magdalena Kiffer aus der Neustadt, eine 54jährige, gebürtig aus Bayern. Ihr Mann ist lahm, bettelt und »kann nichts tun« als in die Kirche gehen. Aus der bischöflichen Kammer erhält er ein Almosen und kümmert sich um seine 15 Kinder (von denen zehn gestorben sind) nicht. Drei Jahre hat die Angeklagte um Brot im Hospital St. Andräe gebettelt. Dann hat sie Sandsteine zerklopft und ihre Kinder mit dem Sand vor der Leute Tür geschickt. Sie betet viel und oft. Vor zwölf Jahren unternimmt sie, möglicherweise wegen ihrer Melancholie oder weil ihr die Sorgen über den Kopf wachsen, einen Selbstmordversuch.

- Böse Träume haben sie so geängstigt, so daß ihr der Schweiß ausgebrochen ... alda (sei) ein schwarz Ding kommen, es were wie ein Schatten von Menschen gewesen. Es hette sie beym Kopf gefasset und ins Wasser gezogen. Sie were gleich als an sie trunken gewesen und ohnmächtig und also hingefallen.« Der Mahlmüller habe sie daraufhin aus dem Wasser gezogen, zwei Wochen später sei sie ins Kindbett gekommen.
- Sie leide seit langem an Summen im Kopfe. Sie ist dieserhalb zu der alten Reinischen gegangen, um sich den Kopf »zusammen trücken« und segnen zu lassen. Doch es habe ihr nicht geholfen.
- Dem Kind, das sie kurz nach dem Sturz ins Wasser geboren hat, war auf unerklärliche Weise nach der Geburt ein Lattennagel in den Hals gekommen, so daß es am Erstikken gewesen sei und Schaum vor dem Mund bekommen habe.
- Auf den Rat einer Schornsteinfegerin habe man dem Kind »Pulver von einem gebrandten Diebsstrick« gegeben und schließlich hat der Schornsteinfeger den Nagel mit dem Finger aus dem Hals geholt.
- Kürzlich hat die Angeklagte von der Frau des Eselstreibers der Godehardimühle für einen Groschen Milch gekauft; diese sei ihr geronnen. Sie soll deswegen »erschröcklich geflucht und alles Böses des Eselstreibers fra-

wen angewünschet haben.« Bald darauf ist sie »in dem Gehirn verrücket worden.«

Dann wird die Angeklagte von des Eselstreibers Knecht und Magd wie auch vom Malzmüller als Hexe besagt und der Zauberei verdächtigt. Ihr Mann will darum »ob er wohl nach 38 Jahren ihr ehelich beigewohnet « nichts mehr mit ihr zu schaffen haben. Er verlangt von ihr einen Schein von den Herren: »daß sie nichts als lieb, Ehr und Gutes von ihr wissen.«

Dann schreitet man zu ihrer Verhaftung und läßt sie in das Haus des Marktvogtes bringen. Sie wird befragt und sagt: »Sie wisse nichts. Gott möge wissen, wie der Nagel in den Hals des Kindes gekommen sei.«

• Einmal habe die Puisterflickersche ihrer Tochter einen roten Apfel gegeben; das Kind sie daraufhin ganz »vergangen und gestorben.«

Dann geht der Rat auf ein Schreiben ein, in dem der in der Neuen Straße wohnende Niklaus Colvenius (bischöflicher Hofgerichtsassessor) die Sandkloppersche beklagt: »daß sie sich aus Antrieb des leidigen täufels gelüsten lassen, ihn in Gegenwart seines Schreibers, seiner Magd und anderen vor einen Schelm und Ehrendieb ausgerufen.« Er bitte darum, das inhaftierte Weib wegen der Sache zu befragen[35)]... Dies ergibt im wesentlichen:

• Die Schimpfworte gibt sie zu. Als Dr. Calv sie vor einem alten Teufel und Sack gescholten, habe sie ihn einen abtrünnigen Schelm und wehre vor hundert Taler Catholisch geworden, geheißen.« Als sie gefragt wird, ob ihr Mann zaubern könne, sagt sie: »Da sollte ihn Got für bewahren, könte es ebenso wenig wie sie; ein Gottes fürchtiger ehrlicher man und sie eine ehrliche fraw, wollte sich von Stunde an woll baden lassen (wohl: sich der Wasserprobe unterziehen?), wan sie eine Hexe sei.«

Im März verschicken Bürgermeister und Rat die Akten an die Juristenfakultät nach Rinteln. Sie plädieren für die Vornahme der peinlichen Frage. Kurz danach schreitet man erneut zum Verhör. Trotz aller Qualen ist kein Geständnis aus ihr zu bringen. Man muß sie grausam gefoltert haben, denn es stellt sich heraus:

»hat es sich verschiedentlich mit ihr angelassen, als ob sie einschliefe. Deromal hat sie der Scharfrichter bei ihrem Taufnamen genennet, ihr zugeredet ob sie schliefe, sie müßte nicht schlafen, sie gerüttelt und geschüttelt und gesagt: »ihr Mann were draußen, darauf sie sich ermuntert, auf die ihr fürgehaltenen Fragen geantwortet und ihren hangenden Kopf wieder aufgerichtet.

So gahr, ob er ihr woll unter der Tortur die Haar unter den Armen mit dem Licht weggebrannt, sie dannoch dafür nicht einmal gezücket noch einige Wort davon, das es ihr wehe thäte, sich vernehmen lassen, dass der Scharfrichter schweffel angezundt, mit der Feder ihr unter die Nahse zimblich lange und verschiedentlich gehalten und sie gefragt, ob sie solches woll riechen könte.

Hat sie unter wehrender Tortur zu dem Scharfrichter gesagt: »Meister Christoffer wann ihr wistet, wie unschuldig ich leide, ihr würdet mitleiden mit mihr haben.« Der Scharfrichter sie allein befraget, aber sie hat nichts bekennen wollen. Nach der Folter habe sie geantwortet:

»Sie habe ja keine Hande.« Drauf der Scharfrichter ihr beide in den Schoß gelegt, sie fürtens gesagt: »sie hette dieselbe nicht gefühlet. Drauf ihr so baldt ein Frost angestoßen, daß ihr Zahne im Kopfe geklappert und umb eine warme Stuben durch Gotte gebethen.«

Dann wird nochmals die juristische Fakultät befragt. Sie meint: »sollten keine neuen Indizien zutage treten, könne man sie nach dem Schwören der Urfehde entlassen; sie sei jedoch wegen des verbotenen Segensprechens der Stadt Hildesheim zu verweisen.«

Am 5. November 1655 erscheint vor dem regierenden Bürgermeister der Altstadt der Secretarius Justus Deventer und führt Klage gegen die Witwe

Anna Fressen[36)]

die er der Zauberei bezichtigt. Er bringt vor:

• Seine Magd Hille habe einst zur Abendzeit vor der Haustür fegen wollen. Da habe sie plötzlich kein Glied mehr am Leibe rühren können; Arme und Beine seien ihr gleichsam schlafend worden »und es sei ihr im Augenblicke so gewesen, als wenn ihr mit dem hute ein windt angewehet hette.«

Nach dem Aderlassen habe sie wieder nachhause gehen können. Man habe vor der Tür drei Tüten verdächtigen Inhalts gefunden; sie könne an der Ursache der plötzlichen Lähmung kaum einen Zweifel lassen.«

Jetzt werden zwei Kommissare mit der Untersuchung beauftragt. Man kommt nicht voran und wendet sich an die Rintelner Juristen: »Man solle nochmals in ihren Kisten nach versteckten Zaubersachen suchen, und, so man nichts finde, sei sie gegen Urfehde zu etlassen.« Vermutlich ist es der Fall, zumal Henni Schmidt, der Schwestermann der Beklagten, dem Hildesheimer Bürgermeister schreibt: »daß sich seine Schwägerin acht Jahre bei ihm aufgehalten habe, und daß nur Gutes von ihr zu sagen sei; er bitte um deren Freilassung«. Der Prozeß gegen

Catharina Lahrmanns und die Langköpesche[36)]

beginnt mit einer Klage Katharina Lahrmanns gegen Heinrichs Frau wegen öffentlicher Bezichtigung der Zauberei. Man habe Catharina Lahrmann bereits in Borstel bei Rinteln als Hexe bezichtigt. Sie habe »nachdem sie 14 Tage am Wege gelegen und gewinselt,« bei Heinrich ein Unterkommen gesucht, es aber nicht erhalten.

In ihrem Unmut darüber soll sie damals zu der ihrer Niederkunft entgegensehenden Frau des Heinrich gesagt haben: »sie solle ihr »noch wohl gute Wortt geben, ehe sie erlöset werde.« Daraus formiert sich der Verdacht auf Zauberei; aus der Klägerin wird eine Beklagte.

Sie beteuert immer wieder: »sie könne nicht hexen, wisse nichts anders, als daß der liebe Gott ein guter Mann sei. Sie wisse von keinen guten und bösen Hollen.«

Dann weist ein juristisches Gutachten aus: »könnte man ein solch Weib der Stadt verweisen, denn es wäre zu besorgen, daß die Stadtregierung dieses Weibsstück halber in weitläufigen kostenbaren Prozeß gerathen möchte.«

Die weitere Verfolgung ergibt sich, indem die Beschuldigte aus dem Fenster des Rathauses auf die Marktstraße springt und »in momente des Todes worden.« Der Kammerschreiber des Rates, Lüder Schnarmacher, fügt seinem chronistischen Vermerk über das Ereignis hinzu: »daß der Leichnam des Weibes durch die Henkersknechte auf der Schindgrube begraben worden sei.«

Es vergehen einige Tage, da steht die Langköpfische, bei der Katharina Lahrmanns vor etwa einem halben Jahr Unterkunft gefunden hat, wegen Verdacht der Zauberei vor dem Untersuchungsrichter. Sie ist ewa 60 Jahre alt, wird verhört und nach den drei Artikeln und den Zehn Geboten befragt. Doch es ist nicht viel aus ihr herauszubringen, als daß sie immer wieder ihre Unschuld beteuert.

»Sie wisse von keinem anderen Gott als dem dreieinigen. Sie sei vor vier Wochen zum letzten male bei Magister Hofmeister zur Beichte gegangen. Sie könne nicht zaubern.« Dann wird vermerkt: »hat von Anfang an an biß zu ende bitterlich geweinet, daß ihr auch die tranen die backen herunter gelaufen.« Vermutlich wird das Verfahren gegen sie eingestellt.

Lorentzische[37)]

In einem Bericht wird vorgetragen: »es hat sich Anno 1674 den 9. Martii allhie(r) in Hildesheimb begeben, daß ein mägdlein vor zehn jahren mit Nahmen Elisabeth Schmalt plötzlich ist befallen. Sie hat krampfhafte Bewegungen erzeiget, darauf hat sich ihr Leib angefangen abschewelich zu bewegen, daß die Eingeweide gleichsam bis an die Kehle und von da an wieder herunter gestiegen, sich auch bald oben in der Brust gesetzet und daselbst eine Zeitlang unbeweglich gestanden, dann bald wieder in den Unterleib hinabgeschossen. Hierbey verspürte man, daß, wenn man betete, der Paroxismus sofort wieder eintrat. Auch die Leibesbewegungen umb soviel hefftiger wurdt, als fleisiger man mit dem Gebett anhielte. Den Namen Jesu muchte es durchaus nicht hören, dann fluchte es entweder und redete gotteslästerlich oder fing überlaut an zu lachen, biß auch wohl umb sich, wo sie jemandt kunte ergreifen.

Da auch einige Weiber ein paar Strohhalmen kreuzweis, dem Kindte unwissend, unters Bett haben geleget, ist es geschwindt aufgesprungen und hat alles umgekehret, bis es die Strohalmen ergriffen und zerrissen.

Bisweilen sprang es auch aus dem Bett in die Fenster oder tanzete herumb in der Stuben und trieb viele abenteuerliche Poßen, da es doch sonst, wenn es wieder zu sich selbst gekommen war, weder stehen noch gehen kundte.«

Nach dem Anfall betete es geistliche Lieder und Psalmen mit großer Andacht. Ärzte gaben ihr Medikamente, doch ohne Erfolg. Man verbringt sie an einen anderen Ort, doch es hilft nichts. Die Anfälle verschlimmern sich derart, da dem Kind Sprache und Gehör vergehen »folgents zog es sich in den Hals, der bei ihm so steiff wurdt, daß, wenn man ihn zu beugen vermeinte, man zugleich den ganzen Leib wie einen Klotzen aufhub.«

Am 30. März wäre ihm ein Engel in weißen Kleidern mit vergüldeten Flügeln erschienen, der habe es getröstet und gesagt: »es solle nicht ablassen, mit Fleiß zu beten, dann würde Gott sein Gebet erhören und seinen Jammer in der nächsten Montagsnacht zwischen neun und 20 Uhr ein Ende machen ... der in ihr steckende Teufel trieb auch viele Zoten, krehete wie ein hann und lockete die hüner, balt pfiff es, balt schrie es wie ein Eselstreiber bisweilen zeigt (das Mädchen) auf die Beine und sprach: »da sitzt er, da sitzt er. Es betet immer wieder: »O Teufel, du mußt weichen und Gott wird dich schlagen.«

Tatsächlich fährt der böse Geist durch ein Fenster aus ihr und sagt: »O Gott sey lob, daß ich hiervon bin erlöset, nuhn mercke ich, daß der heilige Engel mir wieder zur Seiten tritt, der soll auch woll Zeit meines Lebens bei mir bleiben.«

Ist darauf auf die Knie gefallen und hat gebetet: »schaffe in mir Gott(vertrauen) und dem lieben Gott gedanket, desgleichen auch von dem Anwesenden mit Psalmen und Lobgesängen geschehen ist.«

»In der Stunde, da es erlöset worden, hatt sich bey dem eröffneten Fenster eine schwarze Katze angefunden. Nach dieser Zeit hat das Kind täglich viel Ohnmächte gehabt und nun geht es wieder als frisch und gesund herumb.«

Dem Bericht des Pfarrers entspricht der des Stadtarztes Dr. Joachim Theod. Willerding. Dr. Lachmund gelangt zur Auffassung: »Epilepsie ist es nicht. Besessenheit anscheinend auch nicht, also müsse es bezaubert sein.« Und dann bestärkt der Pfarrer den Unsinn: »aber das sei gewiß, daß der Teufel in dem Kind operiere und die wunderlichen actiones verursache.«

Schon besinnt man sich auf den Säulenheiligen Luther: »wie er mit dem besessenen Mädchen umgegangen sei.« Er müsse von Amts wegen dahin stimmen, daß man die Großmutter des Mädchens gerichtlich in Güte, wegen der Krankheit des Kindes befrage. Es stellt sich heraus, daß sie ihrem Enkelkind: »die schönsten Gebote und Gebete gelehrt habe sie habe es zudem fleißig zum Kirchgang angehalten«, was der Pastor bestätigen könne.

Damit schließen die Akten. Ende August bringen die Marktvögte der fürstbischöflichen Regierung

Margarete Winckelmaß[38)]

zur Haft. Sie wird beschuldigt, dem fürstlichen Rentmeisterkommissario einen Silberlöffel, eine Mütze und ein Tuch gestohlen zu haben. Man habe sie in der Zuckerbäckerei auf dem Domhof ergriffen. Der Zuckerbäkker und ein bischöflicher Corporal hätten sie mit »Carwatschen« (lederne Peitsche) geschlagen und auf die Bürgerey (von der Domfreiheit auf städtisches Gebiet) getrieben, woselbst sie dann ergriffen worden sei.

Sie gibt den Diebstahl zu. Das habe sie betrübt und sie habe gerufen: »Teufel, Teufel komm.«

- Da wäre einer, so schwarz gekleidet gewesen, mit einem Kuh- und einem Pferdsfuß und zwei Hörnern auf der Stirn, zu ihr gekommen und habe sie getröstet. Er habe wie ein Trunkener geredet und eine Sprache gehabt wie ein Bauer.
- Auch hätte er sie als ein Mann gespielet und wann sie beten wollen, hätte sie solches nicht tun können.
- Der Satan habe unzüchtige Handlungen mit ihr vorgenommen und manchmal habe sie gesagt: »ich bin ein Kindt des Teufels und ewig verdammt.«
- Der Mund des Satans sei beim Küssen »ohnerhört kalt« gewesen; im Gesicht aber wäre er feurig. Aus dem Maul sei »seiwer« (Speichel) geflossen, so mächtig gestunken wie ein Aas aus der Fillkuhlen (wie das Aas von Filler (Abdecker) eingekuhlt wird).
- Der Teufel habe ihr gesagt, wenn man sie zuviel plage, soll sie sich ertränken oder erwürgen.
- Er hette ihr eine große Verheißung gethan, daß sie noch mit Gutschen und Pferden fahren solte.
- Sie habe drei Tropfen Blut aus dem linken Goldfinger in dessen Schnupftuch lassen, dann Gott verfluchen und das Hochwürdige darauf nehmen sollen, daß sie dem Teufel beständig bleiben wolle.
- Das alles aber habe sie nicht getan. Sie verlangete keinen Catholischen, sie wollte bey den Lutherischen Leben und Sterben.

Beim Ergänzungsverhör beharrt sie auf ihren Aussagen: alles were Wahrheit. Warumb sie solches verschweigen sollte. Sie wollte sich derhalben nicht peinigen lassen. Sie wüßte wohl, daß sie darum sterben müsse, wolte auch gerne dafür leiden, damit ihre Seele gerettet werde. Die sie konsultierenden Pfarrer bringen ein:

»Sie habe bei jedem ihrer Besuche Tränen vergossen und eine tiefe Reue gezeigt. Aber sie wäre leichtfertig mit dem Mannsvolk umgegangen und habe nur für ihren Leib gesorgt. Sie haben feststellen können, daß sie eine sonderliche Freudigkeit des Geistes zur Schau trage und sie hoffe auf die Gnade, nach ihrer Verurteilung zum Tode ein Gedächtnis hinter sich zu lassen, worüber sich selbst die Engel erfreuen sollten.«

Die Helmstedter Juristen gelangen zur Auffassung: »daß man ihr durchaus Glauben könne, zwar wäre sie mit der Strafe des Feuers zu verschonen, jedoch mit dem Schwer-

Brandmarkung eines Betrügers, Kupferstich, 18. Jh.

te zum Tode zu richten.« Dann offenbart sie:

- Letzten Sonntag während der Predigt seien zwei Schlangen, nachdem zwei Lörcke (Kröten) mit feurigen Augen »bei ihr sitzen kommen.« Als sie verschwunden, hätten sie etwas wie Schwefel gestunken und ihr sei der Schweiß »sehr vom Leibe heruntergeloffen.«
- Mittwoch um 11 Uhr wäre eine große schwarze Kröte zu ihr gekommen, mit Augen im Kopfe wie »Gnippelsteine« (Glaskugeln zum Glätten der Wäsche) und große Klauen. Sie wäre hernach in einem Winkel verschwunden.

Der Marktvogt berichtet: »die Beklagte habe er gestern nicht so richtig ins Gefängnis zurückbringen können, sondern sie habe »donner und hagel geflucht ... und ihr Gebetbuch in das dabei stehende Schmalzbekken geworfen.«

Der Verteidiger sucht den Nachweis zu führen, daß es um Phantasiegebilde gehe. Es müsse schon daraus erhellen, daß der Teufel als Geist fleischlicher Vermischung unfähig sei. So wäre die Beklagte freizusprechen. Er beantrage drei Universitäten (Helmstedt, Halle und Marburg), um Gutachten zu ersuchen.

Die Einwände des Defensors sucht die Fakultät zu wiederlegen: »im übrigen sei aktenkundig, daß die Beklagte viele Jahre schon ein liederliches und ruchloses Leben geführet«

Sie räumt ein: »Man möge ein Ende mit ihr machen, sie könne unmöglich beim Leben erhalten werden.« Dann behauptet sie, sie habe sich während ihrer Kundschaft mit der Gehrlingschen von dieser ein Kind abtreiben lassen. Jetzt wird die Gehringsche einem Verhör unterzogen und es stellt sich heraus: »daß sie ein recht Hurenhaus gehalten ... daß sie sich morgens früh und des Abends spät mit Branntwein (be)säuft, seit ihres Mannes Tod nicht mehr bei der Kirche war und ein »gottloses« Weib gewesen sei.«

Der Syndikus Dr. Schrader gibt dem Verfahren die entscheidende Wendung. »Sie sei mit (dem) Staubpesen zu (be)strafen und ewig aus der Stadt zu weisen.« Über den Verlauf des Halsgerichtes und die Exekution (?) haben sich keine Nachrichten erhalten. Am 22. November 1670 erklärt

Maria Magdalena Meyer[39)]

vor den Ratskommissarien und etwa 40–50 geladenen Bürgern: »sie habe sich vom Satan als dem Vater der Lügen dazu verleiten lassen, Henning Rödechen und dessen Frau nachzusagen, sie habe sie in deren Haus einen Feuerdrachen fliegen sehen.«

Wegen ihrer Krankheit sieht die Obrigkeit von der Leibstrafe und Stadtverweisung ab. Dafür landet sie im Gefängnis. Ende Februar 1724 wird dem Bürgermeister der Altstadt, Dörrien, von dem Stadtsoldaten Probst angezeigt, daß im Haus seines Quartierwirtes, des Schulmeisters Wöltje in der Ritterstraße einige Zeit her »eine

Schatzgräberei[40)]

vorgewesen.« Aus den Akten ergibt sich: der als Schreibmeister in der Neustadt beschäftigte Sohn des Schulmeisters geht zu der vor dem Dammtor wohnenden Frau des Johann Clages und bittet den Rat um Hilfe beim Heben eines Schatzes, der im Keller des Hildebrandschen Hauses auf der Neustraße zu finden sein soll.

Er wird trotz einiger Mühen nicht entdeckt und sie sagt: »Ja, als ihr Mann noch mit dem Schatzgraben umgegangen sei, da hätten sie nichts weiter gebraucht als einen Zettel mit den Worten: »Das Blut Jesus Christi machet alle Menschen rein zu ihren Sünden.«

Diesen müßte man mit einem Kreuzdorn auf die Stelle stecken, wo der Schatz liege.

Dann wird der Schatzgräber in Haft genommen. Man hat schon so tief gegraben, daß Experten meinen, das Haus werde einstürzen. Als letztes Verfahren der Region ist vermutlich das gegen den

Kanonikus Schmidt[41)]

anzusehen. Der Müller in der Mühle zwischen Lamspringe und Neuhof ist einseitig gelähmt und sein Junge schwindet dahin wie ein Schatten an der Wand. Der »Doctor aus Allfeldt meint : »es sei in der Mühle Hexerei.« Daraufhin geht der Müller zu einem Geistlichen, um das Haus zu »benedictieren.« Dies übernimmt der Kanonikus Schmidt von St. Magdalenen im Schlüsselkorb aus Hildesheim. Unerlaubterweise nimmt er eine geweihte Hostie in einem Seidenbeutelchen mit, die er um den Hals trägt. Er besprengt die Wände mit Weihwasser und segnet die Anwesenden mit ihm und der Hand.

Die Entwendung der Hostie wird in der katholischen Gemeinde bekannt und erregt Ärgernis. Der Kanoniker wird gefangen und bricht aus. Später wird er gefesselt in das Zuchthaus nach Münster (Westfalen) gebracht. Die harte Strafe gegenüber ihm »geschehe wegen Mißhandlung« der Christkatholischen Gemeinde.« In den

Regionen des Harzes

muß es zu erheblichen Verfolgungen gekommen sein. Auf der Westerburg soll man die Hexen in einem »Schweißstüblein« verwahrt haben und von Tangermünde erfahren wir 1619, daß die Angeklagten in »die Wärme« gebracht wurden. In der Region wird die Wasserprobe angewendet. Die Verhexung von Vieh spielt eine Rolle.

Es entsteht der Eindruck, daß die Menschen in den wenig besiedelten und mehr den Naturgewalten verbundenen Regionen (Küsten, Wald- und Gebirgszonen) mehr dem Aberglauben verwoben sind als in Ballungsgebieten. In der Region zeigt sich die besondere Nähe zu alten volkskundlichen

Zauber- und Segensprüchen

die wie ein Faden das »historische« Hexentreiben durchziehen. Prinzipiell sind die Guten von den Schlechten zu unterscheiden und ihre Anwendung gilt für fast alle Bereiche des täglichen Lebens. Es sind Heils-, Bann-und Segensprüche. Außerdem wird der religiöse Hintergrund spürbar. 1575 taucht im Mitteldeutschen ein Segen gegen die Gliederverrenkung bei Pferden auf, bei dem an die Stelle der heidnischen Gottheiten christliche getreten sind.

1619 verkauft Grete Mincen in Tangermünde »Galgenmännchen«: Sie sollten Anderen Glück bringen.« Sie werden aus abgezogenen Padden (Fröschen) und Köckelkörnern (Samenkörnern) gemacht. In der Region werden »Zaubermännchen« gefertigt und verkauft.

Grete Minden wird als »Planetenleserin« bezeichnet. 1572 wird in Osterode Grete Mahnkopfs als »Christallguckerin« ausgewiesen und 1653 wird in Frankenhausen, Maria Mildebrandt wegen Planetenlesens und Christallsehens als Hexe verbrannt. Man schützt 1742 das Vieh in der Altmark durch das Aufhängen eines Pflugrades unter den Torhäusern und behauptet: »daß ihm, wenn es darunter ein- und ausgehe, der Teufel nicht schaden könne.« Als Spezialität im Harz gilt wohl das

Zauberkraut Titelothen

(Zeitlose), das 1603 bei einer in Elbingerode verbrannten Hexe erwähnt wird. Um es herzurichten, muß eine braune Beize aus Menschenkot gemacht werden; andere verwenden dazu den Saft der Mistmilde. Der Sud soll die Kraft haben, Leuten die Milch wegzuzaubern. Im Winter wird es in einem Topf im Keller unter einer Bank verwahrt.

Auch Getreide läßt sich mit Zaubermitteln behandeln. Zudem könne man mit Sud einem anderen eine Krankheit anhexen. In Goslar wird darüber gesagt: »einen Trank kochen, darin muß enthalten sein: seine eigene Natur, etwas von der Blume Datur (Stechapfel) und der Millterborke des Ahorn, außerdem neun Fliegen, Haut von einer Natter, Erde aus dem Kirchhof, etwas von einem Totenkopf und ein böser Wurm, den man auf den Zaunpfahl zu stecken pflege. Dies alles zu Asche gebrannt und durch ein Tuch geseihet!«

Das Gegenmittel ist ein Trank »aus vier Espenborken, einem Brett, worauf ein Toter gelegen, einer schwarzen Krähe und einem schwarzen Raben.«

1536 wird ein Mittel erwähnt, um sich unsichtbar zu machen. »Einer schwarzen Katze den Kopf abhauen und dahinein sechs Bohnen tun. Gräbt man das unter die Erde, wachsen bald die Bohnen auf. Wer sich einen aus solchen Bohnenstengeln gemachten Kranz aufsetzt, geht unsichtbar überall hin.« Alheit Claweß in Goslar wendet ein Mittel an, um Leute zu zwingen, daß sie Waren, die die Kaufleute nicht loswerden, um jeden Preis kaufen müssen. Dazu streut sie kreuzweise Bilsenkraut vor den Laden und spricht eine Formel. Man versucht mit Hilfe von Zauberruten (Wünschelruten) Milchdiebe ausfindig zu machen.

Da stellt sich die Frage, an was man Zauberer und Hexen erkennen kann. Praetorius erwähnt den Umgang mit bestimmten (Zauber)pflanzen und sagt: »man schmiere die Schuhe des Sonntags morgens und stelle sich an die Kirchtüre. Wer dann nicht bald und gern neben dem Wartenden hinausgeht, muß schuldig sein oder man legt den Verdächtigten verkehrte Besen in den Weg.«

Eine Parallele zum Passauer »sich schußfest machen« begegnet uns im Harz. Ein Mädchen sollt an seinem 7. Geburtstag nackt und ohne ein Wort zu Reden eine Rolle Garn spinnen. Ein Hemd, das daraus gewebt wird, lenkt jede Kugel ab. Diese Weisheit stammt nicht aus der Zeit der Hexenprozesse, sondern wird **1911** (!) in Kortenbeck (Salzwedel) praktiziert. Der Schuhknecht Hans aus der Priegnitz versteht sich auf die Kunst »festzumachen«, nachdem er vorgibt

Hartmacherbriefe

schreiben zu können. Auf der Folter räumt Merten Emmert ein: »es gäbe weitere Mittel, um sich hart zu machen; drei Messerspitzen voll Erde aus dem Kreuzweg genommen und in aller Teufels Namen aufgefressen.« Er räumt den Mißerfolg ein: »er hätte solches gebraucht, nichts desto weniger können weich gemacht werden, als der Büttel ihn auf die Leiter legte.« Begehrt sind die

Liebeszauber

Venne Richerdes in Goslar war ihr Liebster untreu geworden. In Gram darüber geht sie zu einer Frau, die im Ruf der »bösen Künste« steht. Sie gibt ihr (nicht umsonst) den Rat: »da müsse man nachts unter einen Ahorn gehen und leise sprechen: Alhorn, du blote, ick bidde dick dorch dine sote dat ick moge affbreken unde heime dragen sin barneder leve in minen schragen.«

Es geht auch anders herum: »Zu Halberstadt erzählte mir Herr Michel Wietzler, Rector bey der Martins Schule, daß er einen Schreibergesellen gekannt, dem ein Mägdlein etwas beigebracht, und er nicht von ihr bleiben können. Seine Mutter habe ihm ein Paar neue Schuhe gekauft und St. Johanniskraut hineingesteckt, worin er nach Werningerode geschwind und in einem Tage laufen müssen, daß ihme der Schweiß Tropp mildiglich über den Leib getröpfelt. Wie er dorthin gekommen und sich ein wenig abgekühlet, ließ er ihm eine Kanne Brühen geben, goß solche nach und nach in den rechten Schuh, und drunke stehend und geschwinde nacheinander aus. Worauf er gleich der Hur spinnengram geworden, daß er nicht mehr ihren Namen anhören mögen.«

Fürstentum Braunschweig-Wolfenbüttel

Der Region geht ein negativer (Hexen)ruf voraus, der sich vor allem auf Herzog Heinrich Julius (1589–1613) bezieht. Einer 1611 wegen Zauberei Gefolterten droht man, sie nach Wolfenbüttel zu bringen, wo sie der der Herzog von Braunschweig zum Sprechen bringen werde. In der *Rethmeierschen Chronik* zum Jahre 1590 wird gesagt: »In den fasten dieses jahres ließ der herzog viele Hexenmeister und Zauberinnen in Wolfenbüttel verbrennen, als wohin aus dem Lande Braunschweig, Göttingschen und Calenbergischen Theils, alle Maleficanten zusammen gebracht und gerichtet wurden. Nach Göttingen werden die Hexen aus dem Stift Halberstadt gebracht,unter welchen der Richter zu Halberstadt seine eigene Frau, so von anderen bekant, dahin geführet, und neben andern richten lassen. Wie dann zu Wolfenbüttel öfters auf einen Tag 10,12 und mehr gebrant, und der Ort des Lecheln-Holzes von den Zauberpfälen als ein kleiner Wald anzusehen gewesen.«

Es ist überzeichnet. 1568 übernimmt Herzog Heinrich d. J. in Braunschweig-Wolfenbüttel die CCC. Das *Generalregister oder Repertorium über alle und jede Criminalsachen, so nach dem Alphabet als die Zunamen anfangen ausgetheilt, de Anno 1569* enthält 3391 Eintragungen, die 3388 angeklagte Personen betreffen. Das Register stammt aus der Feder des Gerichtssekretärs Friedrich Ortlep und muß als zuverlässig angesehen werden. Was läßt sich daraus auf das Wüten gegen die vermeintlichen Hexen ableiten? Man hat in den 30 Jahren lediglich 97 Frauen und 17 Männer mit der Zauberei in Verbindung gebracht. 50 von ihnen werden verbrannt.

Immer ist die Hexerei ein Ausnahmeverbrechen und man darf nicht so tun, als habe es nur Hexenprozesse gegeben. Mord, Totschlag, Diebstahl und Sittlichkeitsdelikte überwiegen. Die Delikte wegen Zauberei stehen an letzter Stelle. Zudem ist schwierig, von ihnen die indirekten Prozesse abzuspalten, die sich mit Kristallsehen, Planetenlesen und abergläubischen Segnen befassen. Es bedeutet, daß Herzog Heinrich Julius aus der Riege der unerbittlichen Hexengegner zu streichen ist.

Zusammengefaßt lassen sich heute 225 Verfahren nachweisen; der Frauenanteil liegt bei 90 %. 88 Todesurteile werden gesprochen, 66 werden aus der Haft entlassen und 50 Verfahren haben einen uns unbekannten Ausgang.

Goslar[1)]

liegt entfernt vom Schauplatz des 30-jährigen Krieges. Dennoch ist es involviert, denn der Krieg löst beachtliche Teuerungen aus, wovon die Region betroffen wird. Hier rücken im Januar 1631 schwedische Soldateska ein. Der Rat zeigt sich gemäßigt und geht den Prozeßwünschen der Bevölkerung – soweit zu beurteilen – nicht nach.

Goslar zeigt sich unsicher und befragt des öfteren die Helmstedter Juristen. Sie lehnen die Wasserprobe als Beweismittel (im Gegensatz zu Rinteln) ab. Ein Problem ist die Bewältigung des altüberkommenen Aberglaubens.

Goslar hat sich dem Protestantismus verschrieben. Der erste hier greifbare Prozeß betrifft Venne Richerdes, die 1530 wegen Zauberei besagt wird. Sie bewegt sich in einer politischen Intrige und macht sich des Hochverrates schuldig. Erschwerend ist, daß ihr der Verlobte Heinrich Achtermanns vorhält, »sie habe ihm eine Krankheit angehext.«

Unter der Folter bekennt sie sich zu einer magischen Formel und man sagt: »in der ersten Nacht des abnehmenden Mondes habe sie drei Steine aus fließendem Wasser geholt und bei ihren eigenen und des Geliebten Namen den Teufel angerufen, auch in seinem Namen einen Topf gekauft und ihm über dem fließenden Wasser zum Kochen gebracht ... von dem kalt Gewordenen habe sie etwas ins Bier gemischt und es Heinrich beigebracht.« Sie wird wegen Verrats der Stadt und Zauberei enthauptet.

Die frühesten Verbrennungen von Zauberinnen überliefert Erdwin von der Hardt im *Antiquitatum Goslariensieum.* 1535 soll man zwei Weiber und eine Pfaffen Köchin wegen Zaubereien verbrannt haben, was nach dem Stadtrecht zulässig ist.

In der *Kirchenordnung* aus dem Jahre 1531 wird bestimmt: »die mit wickerey umbgehen, auch rat und weisheit dabei suchen und fragen, wollen für wir für keine Christen halten, zu keinem sacrament lassen, und wenn sie sterben, sollen sie ohne schüler begraben werden, wir können ires glaubens kein zeugniß geben, die weil sie wider gott gehandelt haben.«

Zauberspruch zur Heilung der Gicht*)

Unsere liebe Frau und Sankt Johannes
Die gingen zuhauf über einen Barg; da mötten ihnen gar ein Zwarg und ein Arg.
Ein Arg und ein Zwarg, ein Zwarg und ein Arg.
Da sprache sich unsere liebe Frauen:
Wo wollt ihr hin, ihr Zwo u. (unleserlich).
Wir wollen hinziehen zu Kurt Reddermeier und
wollen ihm benehmen sein Gehend und sein Stehend,
Sein Liegent und sein Sitzend
Sein Wachend und sein Schlafend, sein Essend
und sein Trinkend und alle seine Wohlfahrt;
Sein Fleisch wollen wir essen, und sein Blot wollen wir trinken.
Da sprach sich unsere liebe Frau:
Ich verbiete dir bei dem Wachse und bei dem Flachse
Bei der Taufe und bei dem heiligen Weihgott,
Daß Du Kurt Reddemeiers Fleisch nicht essest
Und sein Blot nicht trinkest.
Und weset heimlich und stille
Als unser lieben Frauen ihr Atem in ihren Munde,
Solange, bis Marie einen lieben Sohn gewinne;
Das hab ihr der Wind angeweihet
Oder Regen angespeyet
Oder ein glühet Wichte angeleyhet;
Das tue dir ein Winnemus und ein Spinnemus,
Das heiße Dir Gott und der heilige Christ,
Im Namen des Vaters und des Sohnes und des heiligen Geistes. Amen.«

*) Erwähnt im Prozeß gegen Adelheid Reddermeier, Wolfenbüttel 1665

Dann treten zwei Zauberinnen in Erscheinung. Denkbar ist, daß es sich um Alheid Clawes und Anneke Hesse im Verbund mit einer Abtreibung gehandelt hat. Sie werden gefoltert und der Zwergenbuhlschaft bezichtigt. Alheid soll für eine halben Gulden für die bedrängte Anneke »Zwerge« rufen. Dazu soll man ein lebendes Herz im gesiebten Semmelmehl kneten, um den Teufel zur Mahlzeit zu bitten. Schließlich sei er nachts in Drachengestalt erschienen und habe Annekes Willen entsprochen. Anneke wird es bei der Beschwörungsformel übel. Sie werden 1536 möglicherweise verbrannt.

Kurz danach tauchen die Delikte des Milchzaubers, der Walpurgisnacht und der Flug zum Brocken auf. Eine Frau sagt in dem Zusammenhang: »am Walpurgiabend, ehe das wilde Heer sich angekündigt, sich auf den Hof geschlichen, die Kühe gemolken und darnach die Nacht lang in einem Kreise, den sie mit einem Dorn gerissen und mit Wachs, Waid und Weihrauch geweiht (still gesessen) ... bis an den anbrechenden Walpurgistag. Da hätte sie die am Abend gemolkene Milch gebuttert und etwas davon in die eigene gethan, die Buttermilch aber in den Hof des Feindes ausgegossen.« 1545 kommt es zu einem Zauberprozeß. Es geht um eine bei Blomsteins arbeitende Magd

Anna Hickelboldt

Sie hat von vier Kühen nur ein halbes Stübchen Milch gewinnen können, so daß sie Angst vor Vorwürfen der Herrschaft hat. Da sieht sie die Milch an einem Ständer an einem Pfosten im Kuhstall hängen, worauf sie die Blomsteins zur Hilfe ruft. Schon verdächtigt man Hans Bodekers Frau des Hexenwerks und sagt: »seit dieser Zeit hätten die Blomsteins mit ihren Kühen kein Glück gehabt.«

Man konsultiert Cordt Rose, der den Rat erteilt, die Milch im Feuer überkochen zu lassen, »so werde die verdächtigte Frau erscheinen.« Es funktioniert nicht, wenngleich Herr Blomstein mit einer Mistgabel auf sie wartet. Dann besinnt man sich der Macht der Wünschelrute, die auf die Bezichtigte deutet. Merkwürdigerweise verhaftet die Obrigkeit nicht die Magd, sondern Cordt Rose und die Blomsteinin, die gefoltert werden.

Hans Caspar Brandes stellt heraus: »1556 In Düssem Jahre sint veele Zeichen am Himmel geschehen. Dingstages vor Anthony als den 17 January hat es feuer vor Gosl. geregnet.« Nun wird eine »ausgestaupte Zauberin bis an die Ocker gebracht, die andere Schwester uf der Koppelstidde verbrand.« Hier befand sich der einst der Galgen und hier werden vermutlich die Scheiterhaufen errichtet.

Nach Erdwin von der Hardt werden 1562 »etliche Vergiftern, alias Zauberinnen verbrandt.« Für Göttingen wird 1561 gesagt: »die Zauberinnen bekannten, wie gewöhnlich, eine auf die andere, und auch die Inquisitores verfuhren so scharf, das fast kein Weib vor der peinlichen Frage und dem Scheiterhaufen sicher war.« 1562 werden in Hildesheim ein alter Mann und seine Frau zaubereihalber verbrannt.

Zwischen 1577–78 herrscht in Goslar die Pest, an der etwa 2600 gestorben sein sollen »welche übern Hartz gekommen, und in Monat July angefangen und hat gewähret biß nach den Neuen Jahre.« Für 1578 sind die ersten dokumentierbaren Verbrennungen bekannt. Der Scharfrichter Meister Lorenz erhält 1 fl.16 gr. für das zweimalige examinieren, (foltern und verbrennen) der »Kokemestersche«. Sie war 14 Tage inhaftiert und die Mit-Besagte Beckersche drei Wochen.

1580 kommt es nach einer Tafelamtsrechnung zur Hinrichtung der »Ruschke.« Acht Jahre danach finden sich weitere Hinweise auf in Goslar geführte Hexenprozesse. Hier kommt es zum Geständnis einer Margarete Hillebrandt. Es ist der erste eindeutige Beleg für Goslar. Sie ist fünf Wochen inhaftiert und wird mit sechs fl. unterhalten (in der Haft beköstigt). Parallel holt man in Helmstedt ein juristisches Gutachten ein. Die im Oktober 1576 eröffnete

Julius Universität Helmstedt

gewinnt früh Ansehen. Deren Juristenfakultät hat im Februar 1628 von – (kriegerisch bedingt – von Braunschweig aus – mit zwei Gutachten in einen Hildesheimer Hexenprozeß eingegriffen. Die Helmstedter Juristen verfassen 423 Gutachten in Hexenprozessen in der Zeit von 1576 bis 1670 und gelangen zu 562 Entscheidungen; $^1/_3$ von ihnen befürwortet die Folter und fast 100 Urteile lauten auf Verbrennung.

Die Hillebrandt wird dreimal gefoltert, was aus Angaben des Scharfrichters zu entnehmen ist. Sie besagt weitere und gesteht unter der Folter:

- Sie wäre eine Zaubersche, undt khundt die gueten Kind zu- undt abbannen, undt als sie solches zum dritten undt mehrmahlen bekhandt, hette auch die Kunst von der frauwen affen Wildemann gelernet, ihr auch ihren Buhlen übergelassen, als sie dessen genug gehabt«
- Daß sie den Leuten aus Kristallkugeln wahrsage.
- Sie habe »zwey pahr guete Follen« verhext und (sie) damit »biss uff den Tod gequälet«
- Sie habe Gemeinschaft mit dem Teuffel gehabt, undt mit ihm gebuhlet.«

Späte Hexenverfolgungen im deutschen Nordwesten und -osten (nach 1700 angestrengte Verfahren)

1700 Die Juristen der Jenaer Universität gelangen zur der Erkenntnis: »es sei aus unzähligen Beispielen bekannt, daß man die abscheuliche Vermischung des Satans mit den Zauberinnen nicht mehr in Zweifel ziehen kann.«

1700 In Rostock wird die Folter gegen eine Angeklagte bestätigt, die der fleischlichen Vermischung mit dem Teufel »hinreichend« schien.

1701 Nach einem Stolper Prozeß bekommt die Angeklagte von einer Zigeunerin eine Wurzel, die sie in den Rinnstein wirft und sagt: »Es ist doch nur eine Hexenwurzel.«

1701 Wird ein 15jähriges Mädchen in der Uckermark wegen Zauberei beschuldigt und per Schwert gerichtet. Vermutlich ein Fehlurteil, denn sie leidet an Melancholie.

1700 bis 1702 In Fürstenberg wird gegen mindestens 12 Personen prozessiert. Bei fünf von ihnen ist die Hinrichtung nachweisbar.

1702 Entsteht der Verdacht auf Zauberei und Kindermord gegen eine Frau in Grassee.

1704 (September) Die Bürgerschaft in Büren gerät in Panik durch das Gerücht, Zauberer wollten die Stadt in Brand stecken.

1706 Werden vor dem Oberamt Dringenberg Ermittlungen gegen zwei Personen geführt, die man wegen »Wickerei« beklafft hat. Hier geht man gegen ein neunjähriges Mädchen vor, das in den Ruf geraten war, zaubern zu können.

1708 bis 1711 Die infolge der eigenartigen Erkrankung der Dorothea Henckel aus Viernau geführten Prozesse sind die letzten der Region. Eine von ihnen erhängt sich am Bettuch und die dritte wird vom Schöppenstuhl freigesprochen.

1710 Folgt eine Anweisung an ein gutsherrliches Gericht, mit welchen Fragen die Frau zu verhören sei, die sich anderen Leuten gegen Entgeld angeboten hat, ihre Teufel (Krankheiten) wegzuhexen.

1714 In der Hexenstube von Stadtlengsfeld stirbt Anna Deiche.

1717 Bzw. 1728 In Hallenberg und Winterberg werden Hexen abgeurteilt.

1721 Wird eine Schuhmacherin wegen Zauberei beschuldigt, weil sie einer anderen Butter verkauft hat, die über Nacht im Spind zu Kuhdreck geworden sei.

1724 Wird eine Unterpörtzlerin enthauptet und eine vierte stirbt im Gefängnis.

1728 Wird in Berlin ein Mädchen von 22 Jahren, daß sich zu hängen versucht hat, des teuflischen Paktes beschuldigt. Es handelt sich um eine Schwermütige. Sie wird lebenslang ins Spandauer Spinnhaus verwiesen, wo sie geistlichen Trost empfangen soll.

1731 In Erbenhausen wird Martha Mahr wegen Hexerei verklagt und nach erwiesener Unschuld wieder zum Abendmahl zugelassen.

1835 (?) Wird bei einer Frau in Klein-Masowitz die Hexenprobe des Schwemmens vorgenommen und

1836 wird eine Frau in Grimmen wegen angeblicher Hexerei zur Anzeige gebracht.

- Zudem habe sie mit Hilfe ihrer Lehrmeisterin einer Frau Wolf einen Trank gemixt, infolgedessen sie krank geworden sei.
- Sie habe der Nabelmenschen unter Anleitung ihrer Lehrmeisterin etwas zugerichtet: »wovon diese noch immer krank sei.«
- Bekandt, daß sie einmahl affen Brockenberge am Tanze gewesen, undt affen Bessen dahin geritten, hatte ihnen Meister Hans der Teuffel so drey Hanen feddern uffgehabt, zum Tanzte gepfiffen.«

Hier zeichnet sich aufgrund von Besagungen ein Sammelprozeß ab. Zunächst wird Margarete Paßschen der Prozeß gemacht. Sie wird fünfmal gefoltert, was sie nicht lebend übersteht: »Item vor 5 ellen Lennewand zu dem sacke, darin die paßsche gesteckt, als ihr der wüffel den Hals entzwei gebrochen, und also todt vor Gericht geführt und öffentlich dem volck gezeiget worden.«

Margarete Hillebrandt wird nach dem Beschluß vom 24. September 1588 verurteilt:

»bekennen wir Bürgermeister und Rath dieser kayserl. freyen Reichsstadt Goslar, mit vorgehabten Raht der Rechtsgelehrten vor Recht, das beklagte Margareta Hillebrandt so alhier vor diesem gehegten Peinlichen Halsgerichte gegenwertig stehet, von wegen ihrer Zauberey, so sie mit Cristallen Kutten, wichten, undt wahrsagen, mit beschedigung der Leute, undt sonst andern ihrem Zauberischen wesen undt schendtlichen abschwerlichen Buberey, geübet undt vollenbracht hat, mit dem Feuer, vom Leben zum Tode, andern zum Exempel undt Abscheu sich vor derogleichen Laster undt deuflischen schendlichen betrüglichen undt Gottes Lesterischen wesen, haben zu hüeten, gestraffet werden soll, von rechts wegen.«

Ihre letzte Stunde läßt sich dokumentieren: »Den 24. Septembris, ist eine Zäubersche genandt Margreta Hildebrandts ... verbrandt worden, hat sich im gefengnüß sehr fein gehalten, mit Beten, undt guter Andacht, aber aufm Wege hadt sie viell muhtwilliges getrieben, geschrien und geruffen, daß man den andern Zäuberschen, so noch säßen, undt auff welche sie bekandt, auch so thun solte, wie man ihr thete, danach hat sie Zetter geschrien, über Ulrich Klünder, aber ehr hette die dreißig Silberling noch nicht bekommen, und solch geschrey hadt sie getrieben vom Marckte an biß an die stette da sie sterben solte, und biß man das Feuer anzündete, undt wie sie vermahnet wardt, sie solte dem lieben Gott ihre Seehle befehlen, gab sie die andtwordt, sie müßte dennoch auch sagen waß ihr fühlete, und ist also dahin gefahren.«

Vermutlich bezieht sie sich auf die Eggertsche, die drei Wochen und einen Tag in Haft liegt, bis sie durch den Scharfrichter Meister Lorenz am Montag, den 2. Oktober 1588 den Todesflammen übergeben wird.

Dann wird die Hirtin »Hinrich Cochens frauen« wegen Hexerei bezichtigt; sie hat in einer achtwöchigen Haft zwei Verhöre zu bestehen: man muß sie übel zugerichtet haben, denn der Bader beansprucht 21 fl. 12 gr. »Hirtschen Hinrich Cochens frauwen zu heilen.« Sie wird freigesprochen.

1589 werden weitere Frauen als Hexen verbrannt, worüber der Chronist Edwin von der Hardt berichtet, der vermerkt: »daß vier Zauberinnen verbrandt worden seien.« Es handelt sich um die Könsche, Phelsche, die Hirten Frau von Grauen Hoff (eine fehlt!). Es lassen sich nur drei vollstreckte Todesurteile nachweisen. Es fällt jetzt eine wesentlich verkürzte Prozeßzeit von nur wenigen Tagen auf. Sie werden gefoltert und auf dem Scheiterhaufen auf der Kopperstidde vor dem Breiten Tor verbrannt. Für die Hinrichtung wird der Seesener Henker Clausen hinzugezogen.

Die dann ausbrechenden Verfolgungen müssen im Verbund mit parallelen im benachbarten Thüringen und Sachsen bewertet werden. In Goslar werden 1599 sieben Frauen und ein Mann wegen Zauberwerk verdächtigt. Zunächst die Tellermannsche und Wolbergsche (aus Bockenem); sie besagt unter den Qualen der Folter Magdalene Kruse.

»Demnach vorbesagte Wolbergk, ein Weib Magdalena Krusen, unter den Bürgeren aber Vulgariter Huerleneken genannt, Zauber und Segnerey halb besagt und sie eher das ein boß gerücht gehapt und in Anno 62 aus der Stadt verwiesen worden, alß hat ein Erbar Raht, dasselbe Weib in hafften einziehen und torquendo examinieren lassen.« Sie werden in der Ulrichskapelle der Kaiserpfalz gefoltert, wo man 1557 einen Kerker installiert hat.

Sie legen kein Geständnis ab: »sie (sind) mit der Strenge befraget worden, purgiret, mit der ausgestandenen Marter und doch nicht sonderlicher Bekenntnus undt weyll ein Erbar Raht daßmall mogten zu keyner anderweyts folterungen gelangen kommen, das dannoch aus den ursachen, das Sie mit verbotener Abergläubiger Segnerey umbgangen, auch sonst (...) manchen Menschen nicht allein gahr nicht geholfen, sondern übell Erger gemacht, so einhelligen beiden Rahte beschluß, zusambt Iren beiden Töchtern die eben sowoll gehexet auf ewig auß der Stadt (...) in perpetuum verwiesen worden« sei. Die Huerleneken wird am 16. März 1599 verbrannt.

Des weiteren gelangt das Ehepaar Bulicher in den Verdacht der Hexerei. Der Mann wird in einem Schnellverfahren am 29. August 1599 gefoltert, gesteht und wird am gleichen Tag zum Feuertod verurteilt und verbrannt. Seine Frau übersteht die Folter, bleibt neun Wochen inhaftiert und wird »ausgewiesen.

1599 war ein Krisenjahr: »Dieses Jahr, den 7. und 8. April hat es diese Tage überaus heftig geblendet, und einen großen Schnee geworfen, das kein Mensch zu den andern hat kommen können ... Viehe und Schaffe sind hinweg gestorben ... der Vogel in der Lufft ist verschmachtet, viel wildes Vieh, als Hirsche und Rehe sind hungers halber aus den Wäldern gelaufen, und so zahm gewesen, das man sie mit den Händen hat greiffen können, sie sind auch zum theil todt gefunden, die weil sie verschmachtet waren, denn es gantzer 5 Tage aneinander geschneiet ohne aufhören und gemählich mit untergefroren« 1608 wird gegen

Zacharias Engelkes

Frau ein Verfahren wegen Hexerei eröffnet. Die Helmstedter Juristen stellen in dem Zusammenhang am 18. Januar ein Gutachten aus, wonach sie »eher einer besessenen als Zauberinnen ehnlich«, obwohl sie nach einer zweimaligen Folter die Teufelsbuhlschaft gestanden hat. Sie empfehlen Anna Preusse als Geisteskranke zu entlassen, doch es läuft anders! »In Sachen Zacharias Engelkes Haußfrauen, dero mit dem Teuffel beschültigte undt bewargwohnet getriebene Buelschafft, und imm Brüder Closter verstorben.«

1638 kommt es zu einer weiteren Prozeßfolge, in die sieben Personen verwoben sind: »1638 sind verschiedene Zauberer eingezogen, davon Gese Schraders, Anna Middendorf und Cathrin Hasenbeins, nachdehm sie durch 3 fremde upe Seesen, Osterod und Elrichsee Scharfrichter gebadet und torquiret, in der Haft gestorben und in Sacken unter dem Galgen begraben. Losie Slingsman enthauptet und verbrand, Catrin Baumans, Catrin Meyers und Hans Schermer verwiesen.« Eine Lucia Schlingmanns hat man am 13. November wegen »Zauberey willen geköpffet und darnach verbrandt.«

Trineken Krusen kommt 1644 ins Geschrei, das sie mit ihrem Leben bezahlen wird. Sie stirbt unter den Händen des Scharfrichters Meister Caspar Krusen: »Trineken Kuhfuß torquiret, nachdem sie kurtz zuvor, Zauberey halben eingesetzt, nach der torsion auff Waßer gesetzet, worauff sie bald gestorben.« Sie ist das letzte dokumentierbare Todesopfer der Goslarer Hexenverfolgungen.

Fall der Witwe Cathrin Hartmann

Das Ehepaar Abendroth hat die Witwe beschuldigt, seinem Kind eine Krankheit angehext zu haben, an der es qualvoll gestorben sei.« Sie wird von der Bevölkerung gemieden, lebt quasi in Isolationshaft und wird als Hure bezeichnet. Sie bestreitet ihren Unterhalt mit Spinnen und bewirtschaftet einen kleinen Acker. Für Nachbarn war klar: »die Cathrin sei eine Hexe.« Man vermutet, sie »beherge einen Teufel in ihrer Wohnung, zumal man des Nachts immer ein Licht bei ihr sehen würde: soviel könne sie mit Spinnen nicht verdienen, daß sie sich das leisten könne.« Die Zeugin Maria Warneken sagt gegen sie aus:

- »den abendt so spünnen sie, und süngen offt die schönsten Psalmen; doch könte der Teuffel die Schrift auch, hette Zeugin woll eher gelesen undt gehöret. Ob sie den Teuffel herbergete, wüste sie nicht, sie wolte es auch woll niemanden sagen.« Frau Trümmer sagt in dem Zusammenhang:
- »daß sie offt gehöret, daß der Haartmänschen Tochter Anna selbsten ihre Mutter, wan sie sich inn Hause keifeten, welches offt, so woll tags alß nachtens geschehe, für ein Hexen gescholten. Vergangenen Sommer were es ein Jahr gewesen, do hette Sie morgens zwischen 3 undt 4 Uhr sich gekeifet undt gezancket, Undt hette die Tochter Anna zur Mutter gesagt: »du Donnerhexe, ist deine Zeit irgent umb, ist dein Seiger außgelaufen.«

1657 dramatisiert sich das Geschehen, als der Sohn des Ehepaars Abendroth nach längerer Krankheit, bei der er zunächst erblindet, stirbt, war für dessen Familie die Sache klar: »Die Witwe Hartmann hette seinem Kinde das große Elende angethan, darbey er seinen Hals setzen wolle.« Er erstattet Anklage wegen Hexerei.

Abendroths müssen abergläubisch gewesen sein, denn sie glauben einem gewissen Mathias Helm, der sagte: »daß es nütze, wenn sie ihr Kind mit dem eigenen Kot bestreichen würden.«

»Es were iedermann bekandt, waß Helm seinem Kinde damals gebraucht, der hette Ihnen das geheißen. Sie hetten müssen den Koth von ihrem Kinde nehmen, bestreichen, und ein Löffel Woll Fett umb Gottes Willen bitten, selbiges uff den stridden gestrichen, darzu »Neunerley« Holtz vor Sonnenaufgang gesammlet, das ausgebrennet, den stridden darauff glüehendt gemachet; darauff werde dieses Fastnachten, morgens frühe, alß er nach der Claus Kirchen gangen, zwischen 5 und 6 Uhr Clägerin in sein Haus kommen, undt nach Kleye gefraget, da Sie doch all ihr tage zu vor mit Ihnen nicht ein Wort gesprochen.«

Der Vorfall begründet den Hexenprozeß gegen sie. Doch die Witwe geht in Opposition: »sie kämpft um ihr Leben, nimmt sich einen Anwalt und strengt gegen die Abendroths eine Verleumdungsklage an. Der Anwalt schlägt eine Wasserprobe für beide Parteien vor. Es muß eine Haßsituation entstanden sein, denn das Wietamt muß die

Kontrahenten bei Strafe von 10 Talern ermahnen: »sich an niemanden nicht zu vergreifen«. Man versucht in der Nachbarschaft ihren Leumund »auszuleuchten.« Heinrich Iden gibt zu Protokoll:

- »Das könte er vor seine Person nicht sagen, daß sie es könne, oder nicht könne. Aber andere Leute hetten offt zu ihm gesagt, Ihr wehnet da nich woll, habt eine böse Nachbarschen; sagt, Ihm were in drithalb jahren 2 Pferde gestorben. Er were ein mahl aus dem Feld ins Claus-Thor kommen, als einige Tartaren dagewesen, von denen ein alt Weib zu ihm kommen, die gesagt, Vater, du hast groß Unglück, Er geantwortet, das weiß ich selbst woll, Sie gesagt, der dirs anthut, wohnet Dir zur rechten.« Idens Frau schwächt die Besagung weiter ab:
- »Sie könten nicht wißen, wer daran schuldt hette, daß ihnen die Pferde so gestorben.«

Auch die Familie Trümmer drückt sich vor einer direkten Beschuldigung und meint:

- »Das müsse Gott befehlen, Ihr Kind were ihr todt gehexet, ob es die Haartmännische gethan, wüste sie nicht, zu dero Zeit hett man solches rufen von ihr noch nicht gewußt, wehr es gethan. An Ihren (Zeuginnen) Kinde hetten sie 36 Wochen lang jammers genug gesehen. Hetten ihm immer Essen und Trinken geben müssen, so oben und undten, wie Fleisch Fäden, wieder von ihm gangen.

Zu der Zeit hette Zeugin keinen Argwohn auf die Haartmänsche gehabt, nur nachdem Sie mit Abendroth in Geschrey kommen (da aber Zeuginnen Kindt schon todt)) hette sie einem Dinge nach gedacht. Dann alß einmahlß Zeugin, vor der Zeit ihr Kindt krank worden, Kühe mist des morgens vor ihrer Thüre auffheben wollen, were eben die Haartmänsche kommen, und den Mist vor Zeuginnen Hauße aufgehoben in eine kleine Bergkipe. Do Zeugin zu Ihr gesagt: » Gefatter Cathrin nehmet Ihr mir dann dehn mist weg undt ich wolte ihn in meinen Hoof tragen, hette die Haartmännsche die Kipen umbgestürztet, und allen mist, so sie darinnen gehabt, vor Zeuginnen Thür geschüttet, damit weg gangen, gekeifet, und gemuttelt biß in ihr Haus,und die Thür hinter sich zugeschlagen, aber Zeugin hette sie nicht hören können, was sie gesagt. Gedanckens weren Zoll frey, Sie hette seider dehm zu ihrem Mann woll gesagt, obwan die Haartmännsche damahls mögte gedacht haben, wiltu scheisserey haben; soltu ihrer genug haben. – Ob sie es etwa gethan, wüste sie nicht.« Frau Koch sagt als Zeugin aus:

- »Sie (Zeugin) machte sich woll gedancken, ob die Haartmännsche solches könne undt eine solche seyn sollte, und hette sie vor Jahren mannigmahl in arbeit gehabt, aber nichts an ihr gemerket. Wiederum gedächte sie, wann sie es nicht were, so geschehe Ihr ja groß Unrecht, undt wie es diejenigen, so es ihr nachsagen, doch verantworten können.« In dem Zusammenhang werden ärztliche Praktiken eines

Arztes aus Osterode

gerügt. Der Ratsdiener Stephan Strüvy sagt über ihn: »Er hette ein kranck Kindt zu Hause, darauff der Doctor hinauß gangen, unndt, da er wieder herein kommen, gesagt: sein Kindt were zu hause schon todt; Roleff hette demselben auch geclaget, daß er mit seinen Pferden groß Unglück hette; hierauff sollte der Doctor ihm geantwortet haben, daß hette seine engste Blutsverwandtin ihm angethan, undt sein eine Pferd wolte er nach Goslar auch nicht wieder bringen, und ferner gesagt, vorne an seinem Hause lege ein Stein, so geborsten, den solte er auff nehmen, der unter mit der Peilhaacke roden, da würde erwas finden als ein Särcklein, das solte er ihm bringen neben 14 ellen rohe Leinwandt und 6 thlt. an Geld, so wolte er ihm Raht geben.«

Dann beschreibt Christoph Roleff die Kunst des Doktors, »welche er im Wirtshaus zu Osterode beigewohnet habe.« Das Enkelkind der Wirtin leidet unter einer schweren Krankheit, worauf der Arzt befiehlt. »Honig und Rockenmehl bey die Handt zu schaffen und unterdessen die Mutter das Kindt beym Ofen auff der Schlippen warmen müssen, inmittels der Doctor voriges zurecht gemacht, damit das Kind beschmiret, darvon ihm hin und wieder vom Leibe kleine Beulen, wie Wikken groß aufgelauffen, darnach hette er ein Messer genommen, mit dem Rücken darübergestrichen und schwartze Würmer daherauß getrucket, undt ferner befohlen, das Kindt mit scharfer Seite über zu streichen, da ferne noch kein Teuffel darinnen steckte, der müste doch nun heraus.«

Der Arzt belastet Frau Hartmann aus der Ziegenstraße und rät Roloff sie totzuschlagen, notfalls würde er ihm dazu sechs Taler vorstrecken. »Er solte ihm bringen 6 thlt. und 14 ellen rohe Leinwandt, darvon wolte er der Huren ein sack machen, undt wan Er sie darin nicht wolte todtschlagen, so wolte er (Doctor) es selber thun ... so lange die Huhre lebet, ginge ihm alle seine Sachen zurück, und würde sonst gar an den Bettelstab gerathen.«

Dennoch nehmen die Abergläubischen den Rat ernst und Frau Abendroth räumt ein: »Sie hette ihnen ihr Kindt blindt und lahm gemachet, sie wüsten, das sie eine Hexe were. Denn sie hetten zu der Zeit eine Probe gemachet, undt einen neuen Besen gekaufft, damit im Hause aus 4 Winckeln Dreck zusammen gekehret, darzu des Kindes Hembde vom Leibe genommen, undt zusammen in ein neuen Sack gethan, denselben mit einem frisch gesponnenen flächsen Faden, so nicht gewaschen, zugebunden, sie undt ihr Mann hetten mit Stöcken auff den Sack geschlagen, darmitt hetten sie gegenwertiges Weib in den Sack krieget, undt so darin braun undt blau geschlagen, daß das Weib zu der Zeit in ihren Hause gehüppet und gezappelt.«

Die Beschimpfungen werden übler und dann gibt der Sohn der Frau Hartmann im September 1662 zu Protokoll: »daß seine Mutter vor Beclagten und den Seinigen nicht mitt frieden auff der Gassen zur Kirchen gehen könte.«

Ein Urteil ist in den verworrenen Fall nicht überliefert; der Zenit des Hexentreibens ist überschritten und der Fall wird nur dem »Niedergericht« verhandelt; es ist kein Hexenprozeß, sondern eine Injurienklage wegen Ehrverletztung.

Geistlicher Zuspruch im Gefängnis, 1786.

Exkurs: Stellung des Reichskammergerichtes (RKG)

Die Meinungen über die Wirksamkeit des Gerichts gehen auseinander. Während ihm noch 1843 Soldan »Kraftlosigkeit« und eine »traurige Rolle« beimißt, hebt Paul Wigand die »einsichtsvollere und gemäßigtere« Ansicht heraus.

Das Feld ist historisch wegen seiner Komplexität nicht aufgearbeitet. Allein die Archivierung der 69 000 vorhandenen Akten wird Jahre beanspruchen. Urteilsbücher sind erst ab 1684 vorhanden, zu einer Zeit, da das Phänomen der Hexenverfolgung fast überwunden ist. Dennoch lassen sich etwa 200 Prozesse mit Bezügen zum Delikt der Hexerei nachweisen.

Wenn man unterstellt, daß innerhalb von 250 Jahren im deutschsprachigen Raum etwa 20 000 Todesurteile wegen Hexerei ausgesprochen werden, kommt dem RKG hier eine Minimalbedeutung zu und es wird keinem gelingen, den Standort sicher zu loten.

Eine schwierige Frage ist, inwieweit die damaligen Entscheider von Zauber-und Hexenwahn involviert sind. In vielen einschlägigen Akten wird die Hexenlehre bezweifelt und die Existenz des Hexensabbats und der nächtlichen Ausfahrten bestritten. Der Prozeßvertreter Adam Röder aus Ehrang, Dr. Andreas Pfeffer, argumentiert 1597 damit: »daß der ledige Sathan ... auch menschliche Gestalt und Ansehen annemen kan«. Es heißt, daß es sich um Vorspiegelungen handeln könne. Auch im bekannten Verfahren des Adolf Cramer gegen Kurköln wird 1632 ähnlich argumentiert.

Wir haben den obersten Gerichtshof vor uns, für den die Behandlung von Hexenfällen bestenfalls ein sekundäres Problem ist. In erster Instanz kann es nur in Fällen des Reichslandfriedenbruches und über unmittelbare Reichsangehörige urteilen (Landesherren, Reichsritter, -städte u. a.). Mittelbare Reichsangehörige, so die Opfer von Hexenprozessen oder deren Verwandten, können Erstinstanzlich nicht klagen.

In der Zweiten sieht es anders aus. Hier fungiert das RKG als Appelationsinstanz der untergeordneten Gerichte. Die Appelation in Strafsachen ist unterbunden, was aus dem § 95 des Reichsabschiedes von 1530 deutlich ist. Peinlich waren nach der Kammergerichtsordnung Delikte »die leib straff uff inen tragen«, also Folgen von Strafbeimessungen aus Zaubereidelikten.

Den Verfolgten bleibt die Chance der Nichtigkeitsklage und es wird gesagt: »Doch ob sich yemandt an dem cammergericht beklagen würde, daß in peinlichen sachen, auch leibstraff belangendt, sein unerfordert und unverhört und also nichtigklich oder sunst wider natürliche vernunft und billigkeyt wider ine procedirt, gehandelt und geurtheylet, und derhalben principaliter uff die nullitet umb proceß ansuchen würde: Soverr dann der richter, des handlung sich die parthei obberrürtermassen beklagt, dem cammergericht ohne mittel underworfen, soll alßdann der ansuchenden parthey sollicher nichtigkeyt halben ladung erkandt und darauf rechtliche hilf mitgetheylt; und so sich in außführung der sachen befünde, daß obberüretermassen nichtiglich gehandelt und geurtheylt, alßdann die hauptsache wider an die ordenliche obrigkeyt, formlich und rechtmessiglich darin zu handelen, zu procedieren und zu urtheylen, remittirt werden.« Es geht nur, wenn zwingende Rechtsvorschriften unbeachtet geblieben sind.

Ab der zweiten Hälfte des 17. Jahrhunderts macht sich eine Liberalisierung bemerkbar, denn die Urteile in Hexensachen neigen sich wohlwollend auf die Seite der Besagten. Die Tübinger Juristenfakultät weist ausdrücklich darauf hin: »daß Rechtswidrigkeiten in Hexenprozessen zu Nichtigkeitsklagen in Speyer führen können, die für die Hexenverfolger zu riskant waren.« (Oestmann)

Adolf Cramer

aus Attendorn klagt 1641 »flehentlich« vor dem RKG, ihm vor dem drohenden Hexengericht der kurkölnischen Häscher zu schützen. Es erläßt daraufhin ein Mandat, bei dem man zwischen den Zeilen das erschreckende Ausmaß des Unrechtes erkennt, das an die Hexenverfolgungen geknüpft ist.

Wir geben es in stark gekürzter Fassung wieder: »Erwürdiger durchleuchtigter und hochgeborener lieber vetter Schwager und Churfürst, Ersame und liebe Getreue. Unserm kayserl. Cammergericht hat unser und des Reichs lieber getreuer Cramer von Attendorn aus dem Erzstift Cöln, suppplicirend für und anpracht; Obwol ... alle peinlichen Gericht mit Urtheilern Richtern und Gerichtsschreibern versehen und besetzt werden sollen, und er so wider recht eingezogen und gemartyrt worden, seiner Schmach Schmerzen Kosten und Schaden der Gebür Ergetzung zu tun und dieselb kein Urfed dagegen schützen oder schirmen, ja er seiner Rechte des Halsgerichts ipso jure verlustig und unser kaiserlicher Fiscal deswegen klagen und anrufen solle ...

Ob er auch wohl, Supplikant, von Jugend auf und seinen verstendigen Jaren aller Gottesfurcht Ehr und Tugend sich beflissen ... überdaß er mit keinem menschen, so wissentlich verdächtig gewesen, umgangen, Niemand Zauberei zu leren sich erbotten, viel weniger mit Zauberern oder zauberey Gemeinschaft gehabt oder mit solchen verdächtigen Dingen Geberden Worten und Wesen, die Zauberey uf sich tragen, umgangen, so habe er doch mit hertzensbekümmernis erfaren müssen, als des Kurfürsten zu Cöln Liebden vor ungefähr 3 Jahren Euch Dr. Brandissin und Notarium Reinhardum zum Hexenproceß in Westfalen und besagten Städtlein Attendorn verordnet, daß Ihr mit Zubeziehung zweier des Orts Deputirten, deren der eine wie in processu causae künftig dargethan werden sollte, zu diesem Werk durchaus nit tüchtig oder qualificirt wie mit weniger nit weniger der ander, so um Mordthat willen eine zeitlang in gefenglicher haft enthalten worden, ihn Supplikanten, ohne allen rechtmeßigen Verdacht, der sachen genügsam Cognition und Erwegung, auch ehe er ad capturam et torturam erkannt, zur gefenglichen Haft gebracht in Eisen und Band geschlossen und daruf, als were er ein hexenmeister und uf den Hexentänzen, besag drei oder vier Personen angeben, gesehen worden, welches alles er standhaftig widersprochen, den Proceß und daß man vil unschuldig Blut vergießen thäte, euch ins Gesicht vorgerückt, seine Angaben und die Anzeigungen, so euch zu diesre Haft und Procedur gegen ihn bewogen, ihm zu eröffnen, darüber seine Verantwortung zu hören und nit alsbalden ab executione anzufangen gepetten;

dabenebens daß uf dem Hexentanz gesehen, vermögh der rechten, sonderlich Ausweis Caroli V. Halsgerichtsordnung kein genugsam indicium zur Haft oder Tortur, das factum auch nit erfindlich were, remonstriert, auch daß diese Besagung aus lautteren Haß und Neid herrühre, klärlich zu beweisen sich erpotten; hatte doch solches nit erhoben und erhört werden wollen, sondern ihr die commissari stracks zugefahren, hattet ihm Supplikaten alsobald die Augen verbunden, Beinschrauben angelegt und ihn erbermlich gemartert, auch daß er der zauberey halben bekennen nit können noch wollen, aus lauter Tyrannei und Rachgierigkeit, ihm mit anhange-

Hexenprozesse vor dem RKG in Speyer (auszugsweise)

1521 Auf dem Wormser Reichstag wird der Antrag auf Einführung einer Reichsrechtsordnung angenommen. Jetzt entstehen das Reichsgericht und das RKG.

1532 Herzog Erich I. läßt im Calenbergischen eine unbekannte Zahl von Zauberinnen verbrennen, aber seine Geliebte Anna Rumschottel entkommen. Sie entgeht einem Gewaltstreich der gehörnten Herzogin; schließlich landet der Prozeß vor dem RKG.

1583 für Osnabrück sind zwei Verfahren nachweisbar, bei denen an das RKG appeliert wird.

1591 bis 1596 Wegen der unbefugten Abführung von Personen nach Wallerstein, Eingriffe in die Nördlinger Hexenprozesse und Übergriffe bei der Konfiskation strengt die Reichststadt Nördlingen drei Prozesse vor dem RKG gegen Oettingen-Wallerstein an.

1595 In der Vest Recklinghausen (Kurköln) rufen Bürgermeister und Rat der Stadt das RKG gegen den Landesherrn und dessen Gericht an. Schlußendlich beendet der Kaiser das kurkölnische Imponiergehabe.

1600 Wird das Verfahren gegen die alte Thorschneiderin (Windsheim) nochmals eröffnet. Sie wird gütlich und peinlich befragt, worauf sie ihr Sohn beim RKG verklagt. Es trifft die Entscheidung, sie auf freien Fuß zu setzen.

1603 Die in Fulda von dem Hexenriecher Balthasar Roß geführten Prozesse zeichnen sich durch Unmenschlichkeit und Geldgier aus. Im ersten Jahr seiner Tätigkeit klagen Bürger beim RKG Speyer wider ihn.

1603 (nach) In Köln fungiert das Hohe Weltliche Gericht. Deren Schöffen spielen in der Praxis der kurkölnischen Hexenprozesse eine Rolle; zudem greifen das RKG und der Reichshofrat in die Rechtssphäre Kurkölns ein.

1605 (Dezember) Der Nürnberger Ratskonsulent Nikolaus von Gülchen hat im Zorn die Räte des RKGs als »pauren dölpel« tituliert. Man scheint unsicher und schickt Abschriften an die Altdorfer Juristenfakultät und sucht beim RKG um ein Gutachten nach.

1610 Appolonia Heß (Gaugrehweiler/Grumbach). Aus Gründen der Rechtssicherheit wird beim RKG um Rat nachgesucht. Das Gutachten fordert klare Beweise.

1627 (?) Kurköln (Amt Hardt) Hier ruft Frau Voßkammer das RKG an und sie ist damit erfolgreich; die Aussetzung des Prozesses wird unter Strafandrohung befohlen.

1627 (nach) Würzburg. Die Ära des Fürstbischofs Philipp Adolf von Ehrenberg (1623–31) trägt ein grauenvolles Mal. Vermutlich hätte er noch schlimmer gewütet, wenn ihm nicht das RKG in Speyer ein Mandatum inhibitorium geschickt hätte, das ihm die Inquisition untersagt.

1651 Der in Osnabrück geführte Prozeß gegen den Bürgermeister Dr. Peltzer schleppt sich jahrelang hin und gelangt vor das RKG.

1659 Klagen die Eheleute Gerd Ahrends und Anna Maria Tintelnot aus Detmold gegen Graf Hermann Adolf zur Lippe vor dem RKG.

1664 Erheben die Familien Schüler und Esch gegen den Lindheimer Hexenriecher Geiß und seinen Blutschöffe Klage beim RKG.

1668 Der Ratsverwandte und Kämmerer aus Lemgo, Court Dircking, klagt gegen Graf Simon Heinrich zur Lippe sowie dessen Landdrost, Kanzler und Räte.

1681 bis 1682 Hermeß und Maria Rampendahl klagen gegen die gräflich lippische Regierung sowie gegen Bürgermeister und Rat zu Lemgo. Das Gericht spricht von dem »wegen der hexenprocessen überall beschrieenen Stadt Lemgow und dem »blutdürstigen Gemüth des unbarmherztigen Richters und Bürgermeisters Kothmann.«

nen beinschrauben uf der Folter gezogen, ihm seinen Leib Hände und Füße also zerrissen, daß er Gott und der Welt darüber hat vergessen mögen, wo er nit durch sonderbare Götliche Stärke und Trost solch Schmerzen und Versuchungen überwunden hatte.

Weil er, Cramer, nun nichts bekennt, were er wieder zur Haft gelassen und verwachet worden bis nach drei tagen, das man ihm Einen, namens Jacob Ohmen ... vorgestellt und denselben gefragt, was er von Adolf Cramer wisse und wo er ihn ufm Tanz gesehen, derselbe geantwortet, es were derselbe so schuldig als er selbsten, hatt ihn auf der ewigen Aul beim Hexentanz gesehen; als Cramer abermals wiedersprochen, seid ihr, Commissari wiederum ohne einiges neu ereigendes indicium zufahren, ihn Supllikanten uffs neu auf die Folter gezogen und erbärmlicherweise gepeiniget, welcher marter er aber durch Gottes Gnad ausgestanden.

Dabei sich wunderlich zugetragen, daß ermelter Ohmen wie angeregt den dritten Tag hernach vor Gericht geführt und justificirt worden, da er seine falsche Besagung auf Cramern allerdings widerrufen und daß derselbe unschuldig, er zu solcher falschen Bekenntnuß angereizt worden, offentlich bekannt, den Unstand um verzeihung und daß man ihn Cramern in sein Haus zu Weib und Kindern ledig frei wiederum lasen wollte, gepetten da man auch baldten ihm Cramern wiederum heimgelassen und bei zweihundert Goldgulden das recht wieder auch Commisarios oder das Gericht nicht zu suchen geboten.

Als er nun etliche Wochen in seinem Hause mit zerbrochenem Leib und Gliedern gesessen, von seinen Freunden unsägliche Schmerzen erzählt, die den Urhebern dieses Uebels solche böse Proceduren vorgerückt und verwiesen ... und ihn dann alsobald, ohne einige andere erzeugende neue indcia wiederum zur gefänglichen Haft gebracht und ihm bedreilich ansagen lassen, daß ihr (eurem Angeben nach) die Wahrheit aussprengen oder ihn zu Tode foltern lassen wollet ... derentwegen er dann sich aus dem Turm bei nächtlicher Weil gelassen, davon kommen, aber bishero mit Verlassung Weib und Kinder auch Hab und Güter das Elend bauen müssen ...

Hiermit so gebieten wir Dir deroselben D. L. und Euch sambt und sonder bei zehen Mark lötigen Golts, hiermit ernstlich und wollen, daß sie und Ihr vielermelten Cramern über die in der peinlichen Halsgerichtsordnunhg Carolo V. gegebene Maß und Ordnung nit beschweren ... und zu Ausübung des rechts in einerlei Weis mit bedreuungen der Gefängnis und Tortur oder wes Scheines das sonst geschehen könnte, nit hindern, dem also gehorsamlich nachsetzen ... daran geschieht unsere ernstliche Meinung.« (Unterschrift)

Damit ist es nicht getan, denn Cramer sieht sich 1641 erneut gezungen, an das höchste deutsche Gericht zu appelieren um gegen das ihm angetane Unrecht vorzutragen.

Hinrichtung der Kindermörderin Rosina Graez in Bern, 1730. Aus Gnade wird sie zuerst erdrosselt und anschließend verbrannt. Zeitgen. Flugblätter.

Erzstift Bremen

—

Verden, Hadeln

—

Norden

Inhalt

Bremen[1)]

Bischofsviten der karolingischen Zeit enthalten Hinweise auf den vorchristlichen Zauberglauben im niederdeutschen Raum. Das (spätere) Werk Adams von Bremen ist eine Fundgrube für den heidnischen Dämonenkult sowie für Wahrsagerei und Zauberei am Hofe Erzbischof Adalberts. Das Bremer (1303/08) Stadtrecht enthält Bestimmungen gegen Giftmischer, Ketzer und Zauberer. Man sieht, daß man sich mit den Fragen beschäftigt. Zu Verfolgungswellen, epidemischen Säuberungsaktionen oder besonders grausamen Gewaltakten ist es nicht gekommen. Weiteres Material findet sich in der Chronik von Rynesberch und Schena sowie in einer Urkunde des Bremer Domkapitels von 1326. In Nequamsbüchern sind Vermerke in Sachen Zauberei enthalten.

Eine Begründung für das Süd-Nord-Gefälle ist, daß sich im bevölkerungsschwachen Norden alte Volksbräuche zäher halten und so ist es zu verstehen, wenn der heidnische Aberglaube mit dem christlichen Irrglauben in eine intensivere Beziehung tritt. Es läßt sich vor allem für Zonen am Meer, Gebirgen und Bewaldungen nachvollziehen. Auch die Rechtsstrukturen sind hier nicht so konzentriert wie in den südlichen Ballungszentren; es kommt verstärkt zu Willkürakten.

Teufel an der Güldenkammer in der oberen Halle des Alten Rathauses zu Bremen, um 1616.

Anfänge

König Olaf *soll* Frauen wegen Zaubereien (maleficia) hingerichtet haben und dann von deren Männern vertrieben worden sein. Erzbischof Adalbert (1043–72) *soll* an seinem Hof Gaukler und Traumdeuter unterhalten haben. Hier *soll* der Jude Paulus als Goldmacher gewirkt haben; es ist ein früher Fall von Alchemie auf deutschem Boden. Eine profunde Quelle für den Heilzauber des Spätmittelalters ist das Arzneibuch des Bremer Ratsherren

Arnold Doneldey[2)]

von 1382. Er geht davon aus, daß gewissen Tieren, Gegenständen und Naturvorgängen Kräfte innewohnen, die heilkundlich nutzbar sind. So beschreibt er die Herstellung einer Salbe gegen die Gicht[3)]. Sein Werk enthält viele uns heute rätselhaft scheinende Rezepte; das Bedürfnis zur Wahrsagerei und das Erscheinen von Engeln und Teufeln im Traum wird als Folge von Krankheiten angesehen. Er bringt diverse Beschwörungszauber ein; darunter einen Wurmsegen, ein Zauber gegen das Fieber und (dem Inhalt nach) ein Hostienzauber in Gebetsform, eine Formel gegen Zahnschmerzen, ein Amulett Zauber ohne Worte[4)].

Die Bulle Innocenz VIII. stellt für das Erzstift fest: »daß in ihm Zauberer beiderlei Geschlechts unter Abfall vom Christenglauben mit Dämonen Unzucht und Schadenzauber treiben.« Es ist davon auszugehen, daß ihr Einfluß im Norden unwirksamer als im katholischen Süden des Landes bleibt; der *Malleus* kommt kaum zum Zuge. Hier fehlt zunächst die Vorstellung der Hexe im Sinne des *Hexenhammers.* 1503 bezichtigen Daniel von Büren und das Ratsdenkbuch eine Geseke Brunes der »toverie.«

In Bremen gilt formal im 16. und 17. Jahrhundert das alte Stadtrecht von 1433, das Ketzerei und Zauberei mit dem Feuer bedroht. Hier wird für Unglauben in Falle handhafter Tat der Scheiterhaufen angedroht. Zwischen 1503 und 1751 kommen 62 Personen mit der Obigkeit in der Frage in Konflikt. Davon sind 22 Männer, was ein hoher Anteil ist.

32 kommen frei, 14 werden verbrannt, vier sterben im Gefängnis, fünf werden geköpft, einer gelangt an den Galgen und neun werden mit anderen Strafen belegt. Bei zehn kann die Anwendung der Folter nachgewiesen werden.

Von den bis 1550 genannten 18 bremischen Zauberern und Hexen sind die Hälfte männlich. Bei Unke Speckgals heißt es 1513, daß sie ihre Beschwörung »in Unglauben«, also unter Hilfe des Teufels oder anderer Dämonen vollführte und bei Johann Polemann wird 1520 der Zauber als »ungelove« bezeichnet. Hier ist von Teufelskünsten die Rede. Nahezu alle gehören unteren Bevölkerungsschichten an.

Erhalten hat sich eine Rechtsbelehrung des Bremer Rates an den Oldenburger über das Verfahren bei Hexenprozessen, vor allem über die Berücksichtigung erfolterter Geständnisse von 1545; ein 1566 geschriebener Brief des Johann Molanus, Rektors der Lateinschule, an Johann Weyer über die Esemannsche; eine Bemerkung Johann Renners in seiner *Chronica der Stadt Bremen* zum Jahre 1565 über den gleichen Fall und 1571 über einen Zaubereiverdacht. Die Parallele zwischen Johann Weyer (Basel 1563) und dem zeitgleichen Bremer Arzt

Ewich

wird in der Hexenliteratur zu wenig beachtet. Er gilt als gleichgerwertiger Kämpfer wider den Hexenwahn und auch er schreibt ein Buch in dieser Sache: *Unparteiische und besonnene Prüfung der Natur, Kunst, Kräfte und Taten der Hexen (gewöhnlich Zauberinnen genannt)* Bremen 1584. Er gelangt zur Auffassung daß die Macht der Hexen beschränkt sei und daß unter ihnen manche geisteskrank sind. Viele seien unschuldig und würden aufgrund haltloser Beweismittel, wie der Folter und des Hexenbades verurteilt. Wenn man schon meine, vorgehen zu müssen, habe es behutsam zu geschehen, denn es sei gefährlich, an Unschuldigen die Todesstrafe zu vollziehen. Wenn man strafe, müsse man Hexen menschlich, nicht grausam behandeln.« Der gleiche Geist wie aus Ewichs Büchlein spricht aus einem Edikt des protestantischen Bremer

Erzbischofs Johann Friedrich

Herzogs zu Schleswig-Holstein (1596 bis 1634) aus dem Jahre 1603. Er sagt: »auf bloses, entweder freiwilliges oder gepeinigtes Anzeigen und Bekenntnis der bösen Weiber und verzweifelten Hexen dürfen keine unverleumdete und unverdächtige Personen eingezogen werden ... dieweil aus vielfältiger Erfahrung bewußt ist, da nicht allein oftmals fromme, unschuldige Leute böslich besagt werden, als sollten sie hier und dort am Zauberinnentanz gesehen worden sein, da sie an einem andern Ort gewesen sind und am angezeigten nur ein Gespenst gesehen worden, sondern daß auch solche böse Weiber (Zauberinnen oder Hexen) ehrliche Frauen zu besagen und böslich anzugeben, zum Teil darum, daß sie verhoffen, wann derselben verschonet werde, so könnte man sie mit Fugen nicht strafen, zum Teil auch darum, wann sie wissen, daß sie wohlverdienter Strafe nicht entgehen können, daß sie als teuflisch, verzweifelte Leute gerne sehen, daß nur viel mitgehen und unschuldig leiden müssen.

Im Edikt Erzbischof Johann Friedrichs von 1603 wird betont: »ein mit Wasserprobe und leichtfertiger Tortur geführtes Beweisverfahren sei nicht allein obgedachten Rechten undt Reichsordnung, sondern auch der Nathur und menschlichen Vernunft dermaßen zuwider, das ein verständiger Christ sich darob, wan er höret, entsetzen muß.«

Nur wenn man gute Verdachtsgründe hat, z. B. das Zeugnis zweier unverwerflicher Zeugen (keiner Hexen), darf die peinliche (maßvoll) Frage angewandt werden.

In Bremen gilt Zauber in Verbindung mit Unglauben als todeswürdiges Verbrechen. Der Vollzug einer Strafe setzt eine nachweisbare Tat voraus. Volkstümliche Zauberformen dominieren und sind noch nicht von der theologischen Teufes- und Hexendogmatik überwuchert. Dieses realistische Denken steht über der Primitiv-Vorstellung eines Sprenger und Krämer, die mit Phantasiegebilden hausieren. Norddeutsche Kirchenordnungen beziehen kaum Stellung zu Fragen der Zauberei.

Der Höhepunkt des Wahns fällt in Bremen in die protestantische Zeit. 1533 zaubert Gebke Rehborgs mit Weihwasser und geweihtem Salz. Im gleichen Jahr beschwört Johan Elers sieben Altäre, alle Heiligen und Maria. Der Scharfrichter Adelarius verfügt 1550 über einen Kristall, in dem sich die Muttergottes zeigt.

Bis 1530 erfahren wir nur einmal von einem Beschwörungsbuch für Molkenzauber.

Verbrennung von drei Zauberinnen zu Derneburg, Flugblatt, 1555. →

Ein erschröckliche geschicht/so zu Derneburg in der Graffschafft Reinsteyn/am Hartz gelegen/von dreyen Zauberin/vnnd zwayen Mañen/Jn etlichen tagen des Monats Octobris Jm 1 5 5 5. Jare ergangen ist.

DJe alte Schlang der Teüffel/dieweyl er Got/vnd zůuoran den Sun Gottes/vnsern Herrn Jesum Christum/vnd das gantze menschliche geschlecht/fürnemlich vmb vnsers Haylands Christi willen hasset/hat er sich bald im anfang/vnd kürtzlich nach der erschaffung vmb dz weibßbild/als vmb die/welcher same seinen kopff zertretten solt/angenomen/dieselbigen durch sein hinderlist vnd lugen/zů dem jämerlichen fal/deß vnglaubens vñ vngehorsams wider Got gebracht/Darauß das gantz menschlich geschlecht/in ewige verdamnuß vñ verderben komen were/so Christus vnser Hayland/den zorn des Vatters nicht weckgenomen/vnd das gericht wider vns auffgehaben het. Nu behelt der alte Feind gleichwol alten haß wider Christum/vnd vns/für vñ für/vnd helt auch sein alte weyse/er setzet sonderlich dem weiblichen gschlecht hart zů/als dem schwecheren werckzeug/damit er sie von Christo wegreysse/vñ in ewige verdamnuß füre/vñ wie er zů Eua sprach/sie wurden werdẽ wie die Götter/Also bläßt er noch das gifft in der weyber hertzen/lernet sie zaubern/auff das er sie klůg mache/das sie mehr wissen dann andere leüt/vnd also den Göttern geleich werden/damit macht er sie jm anhengig/vnd zů Teüffels dienerin/ja auch zů Teuffels breüten/wie dise jämerliche geschicht/welche warhafftigklich also wie vnden angezaiget/am Hartz ergangen ist/Die derhalben also gemalet vñ geschriben/im druck auß gangen. Auff das doch die rohe lose welt/zů Gottes forcht erwecket/vnd von dem Gottlosen wesen abgeschreckt werden/ Dann Gott der allmächtige derhalben solche Exempel vns sehen laßt/das er damit vnsere harten hertzen durch dise erschröckliche exempel / zur forcht Göttliches gerichts/vnd straffe erwecke/man mag es malen/predigen/singen vnd sagen/vñ wie man jmer kan den leüten einbilden/damit der laydige hauffe ein wenig zů Gottes forcht/gehorsam/vnd zucht gezogen werde/besonder zů disen letsten zeyten/in welchẽ der listige Sathan/dieweyl er mercket/das der tag des gerichts sich nahet/gar rassend toll vnd vnsinnig ist/vnd bede durch sich vnd seine gelider/ grewlicher weyse/wider Christum vnd sein armes heüfflein wüttet/Die ellende welt aber dargegẽ so frey sicher in allem můtwillen dahin lebet/als ob der Teüffel vor langst gestorben sey/vnd kain Got/kain gericht oder straff/verhanden were/Der Almächtig Got vnd vatter/vnsers Herrn Jesu Christi/wölle dem grimmigen feinde wehren/sein armes heüfflein vor jm vnd seinen glidern schützen vnd handthaben/seinem vnd der seinen wütten vnd toben/einmal ein ende machen/durch Jesum Christum Amen.

¶ Folget die geschichte / so zů Derneburg in der Graffschafft Reynstein am Hartz gelegen/ergangen ist/ Jm October des 1 5 5 5. Jars.

AVff den Dinstag nach Michaelis/den ersten Octobris/seind zwů Zauberin gebrandt/die eine Gröbische/die ander Gißlersche genañt/ vñ hat die Gröbische bekandt/das sie Aylff jar mit dem Teüffel gebůlet habe/vñ wie man dieselben Gröbischen zů der Fewrstat gebracht/vnd an die saul mit Ketten geschlagen/vnd das Fewr angezündt/ist der bůle/der Sathan komen/vnd sie in lüfften sichtigklich vor yederman weckgefürt. Am Donerstag/nach dem die Gröbische vñ die Gißlerschin am Dinstag zůuor seind gerichtet worden/das ist den 3. Octobris/seind dise bede Frawen auff den abend in der Gißlersche hauß komen/vnd der Gißlerschen man zur thür hinauß gestossen/das er nider gefallen vnnd gestorben ist/welches ain Nachbaur gegen vber gehöret/vnd zů gelauffen ist/durch die thür gesehen/das zway weyber bede eytel fewrige/vmbs fewr gedantzet/der Gißlerschin man aber/lag vor der thür vnd war todt. Am Sonnabendt nach Dionisij/das ist der 12. Octobris/ist der Gröbischen mañ gerichtet worden/vmb der vrsach willẽ/das er bey seines weybs schwester geschlaffen hat/welche er zůuorn zum weybe gehabt/vñ darnach die Gröbischen genomen/ Des Montags darnach/das ist der 14. Octobris ist ain weyb die Serckschen genandt/auch verbrandt worden/der vrsach/das sie des Herrn Achacius von Veldthaym des Stiffts Halberstat Hauptmans weybe vergeben hate/ vnd ainem mañ zů Derneburg ain Krotten vnter die Schwöllen gegraben/daruon der man erlamet/vnd jm das vihe vmbkomen ist.

¶ Hie sihet man wañ der Teüffel an ainem orth einnistet/vñ begundt zů Regieren/wie wüst er mit seinem gifft vmb sich stichet/wie vil personen komen hie vmb/in wenig tagen/vnd soll vns solch grewlich exempel billich raytzen zur bůß/vnd zur forcht Gottes/auff das wir vns mit dem wort Gottes vnd gebette/wider den gemelten feynd schützen/vnd mag dise Histori den sichern gotlosen Epicureern vnnd Zaubrern/wol ain erinnerung sein/dieweyl sie sehen/das der Teüffel noch lebt/vnd das daß Hellische fewr noch nit erloschen ist/Der Almechtig Got wölle sie auch zur bůsse bringen/vnd vns alle inn/vnd bey seinem raynen wort erhalten/vnd mit seinem hayligen Gayst regieren/ auff das wir leben inn aller Gottseligkayt/Zucht vnd Erbarkayt/zů ehren seinem hayligen Namen/Durch vnsern Herren Jesum Christum/ AMEN.

¶ Getruckt zů Nürnberg bey Jörg Merckel/durch verleg Endres Zenckel Botten.

Der Tatbestand der Zauberei erscheint 1520 bei Johann Polemann durch seine Nachweisung mit Hilfe des Teufels sowie 1530 bei Jochym Dortmann, der Kontakte zu einem Geist vorgibt. Er wird zum Tode verurteilt.

Weitere Entwicklung

1533 taucht begrifflich die erste Hexe auf; sie räumt eine Teufelsbuhlschaft ein. Auch der Fall der Essemannschen von 1565 steht auf einer unvollkommenen Entwicklungsstufe der Hexenvorstellung. Nach 1530 werden Urgichten länger, Delikte komplizierter und Zauberformeln reichhaltiger. Aus dem 1591 im Bremen verlegten Buch *Ein christlicher Unterricht von den Gespenstern* von Johann von Münsters werden Wahrsager, Zeichendeuter, Nachweiser und dergleichen verfluchte Leute mit Zauberern unter die Teufelsschüler eingereiht.

1603 lodern in Bremen die letzten Scheiterhaufen für zwei Hexen. Der Gogrefe von Achim bei Bremen schwört 1615: »er wolle Zauberer und Zauberinnen mit dem Feuer verbrennen.« 1651 bittet ein vom Teufel geplagtes Mädchen um Erlösung von ihrer Pein durch Fürbitte bei Gott, damit sie als gläubiges Schäflein Christi von dem hellischen Wolfe möge erettetet und hinfüro nicht dergestalt gemartert werden.«

Spees *Cautio criminalis* wird 1647 in Bremen in der Bearbeitung des schwedischen Feldpredigers Johann Seifert unter dem Titel *Gewissens-Buch: von Processen gegen die Hexen,* verlegt. Er erhält eine empfindliche Abfuhr durch Heinrich Rimphof.

Von einzelnen Pfarrern gehen Besagungen aus. Am merkwürdigsten sind die Bemühungen des Pastors von Jacobidrebber in der Grafschaft Diepholz, der 1695 von zwei Kindern Protokolle über das Hexenunwesen einer Frau aufnimmt und sie dem Amtsgericht schickt. Die Kurfürstlichen Räte aus Hannover bezeichnen das Ganze als Kinder-Rede und verbieten, die Frau weiter zu belästigen.

1696 holen sich Schüler des Johanneums in Hamburg Rat bei einer Zauberin u. a. wegen Mäusemachens.

Verden[1)]

Es ist denkbar, daß durch die liberale Haltung Bremens, geprägt durch das Buch Ewichs und ein Statut des protestantischen Bremer Erzbischofs Johann Friedrich das Wüten gegen Unschuldige (mit)gehemmt wird. Festzustellen ist ein Nachlassen der Prozeßfolge um 1600. 1617 kommt es zu einem großen Hexenprozeß. Er muß Aufsehen erregt haben, denn ein in seinem Verlauf von Th. Reinkingk abgegebenes juristisches Gutachten ist mehrfach nachgedruckt[2)]. Es ist das Verfahren gegen

Grete Sievers

1616 beobachtet man bei der noch nicht 17jährigen Tochter des Steinhauermeisters Hans Sievers eigenartige Erscheinungen, die man als teuflische Besessenheit deutet. Der Versuch, den bösen Geist durch Gebete zu vertreiben, schlägt fehl. Das Mädchen läuft im August seinen Eltern weg, wird ein Jahr darauf im Fürstentum Lüneburg gefunden und behauptet, vom Teufel im Land herumgeführt worden zu sein. Bei Hamburg sei sie über die Elbe geflogen, in Danzig unerlaubterweise zum Abendmahl gegangen, ja, der Teufel habe sie über das Meer nach Spanien geführt, wo sie Pomeranzenäpfel von Bäumen gegessen habe, aber zuletzt vom Teufel mißhandelt worden sei.

Die Eltern bezichtigen sie und so wird sie vom Domkapitel eingezogen. Sie bekennt unter der Folter, daß sie in ihrer Kindheit auf Anstiften einiger Hexen einen Vertrag mit dem Teufel geschlossen und ihn später auf Hexentänzen erneuert habe. Als Mitschuldige benennt sie fünf Frauen aus dem Volk und einige bessergestellte. Vier der ersten werden gefangen und die fünfte kann fliehen. Eine von ihnen, Metta Ottenberg, wird am Morgen des 10. Februar 1617 in ihrem Kerker, dem Neuen Tor, tot aufgefunden. Am 4. und 12. März geht es zwei anderen so. Dann wird Grete Sievers, die am 10. Februar von der juristischen Fakultät Helmstedt zum Tod durch das Schwert nach ihrer Verbrennung verurteilt worden ist, am 21. März 1617 hingerichtet. Damit ist die Sache nicht erledigt. Sie bezichtigt die Witwe

Anna Frese

Frau des Domdechanten und ihre Tochter Maria. Sie seien es gewesen, die der Schwester des Bischofs Philipp Sigismund das goldene Besteck abgezaubert haben. Es dringt an die Öffentlichkeit, obwohl man bei der Verlesung der Urgicht Passagen ausgeklammert hat und einen Rechtsbruch begeht.

Die angesehene Familie sucht sich zu rechtfertigen und beschuldigt ein einer Druckschrift das Verdener Domkapitel, den Prozeß leichtfertig geführt zu haben; man hätte den Aussagen des unmündigen vom Teufel verführten Mädchens keinen Glauben schenken dürden. Schließlich könne sie als

Lügnerin entlarvt weren, denn inzwischen habe man den Gabel- und Löffeldieb entdeckt. Das Domkapitel verteidigt sich schriftlich[3)].

Die Familie schickt Ende April 1618 ihren Anwalt zu Bischof Philipp Sigismund, um ihm klarzumachen, daß die Hexenprozesse mit größter Vorsicht geführt werden müssen: »da man bei diesen nicht allein mit alten, abgelebten, unbeständigen Weibern, sondern mit dem leidigen Teufel zu schaffen habe, der sich mit seinen tausendkünstigen Listen und Tücken bemühe ... gottesfürchtige fromme Herzen unbeschuldet in Beschwer und Verdacht zu setzen ... und daß sonderlich auf der Hexen und Zauberinnen Aussage von ihren Nachtfahrten, Tänzen und Verwandlung in Katzen und Wölfe nicht zu achten, sondern solches für Träume und Teufelsbetrug zu halten sei.« In der weiteren Folge erläßt der Bischof ein umfängliches Mandat. Er setzt sich für die besagte Familie ein[4)]. Dann wird das Verfahren eingestellt. Im Volk schwelt die Vorstellung weiter und dann taucht der Hexenschnüffler Magister

Heinrich Rimphof

(1599–1655) in Erscheinung. Er stammt aus Weydensaal südlich vom Kloster Lokkum und folgt seinem Vater im geistlichen Amt. 1638 wird er Oberpfarrer am Verdener Dom, 1642 Superintendent des Stiftes Verden, 1651 Kgl. schwedischer Konsistorialrat und Mitglied des Stader Konsistoriums. Er schreibt den umfangreichen *Drachen-König. Das ist: wahrhafftige, deutliche, christliche und hochnothwendige Beschreybung des grawsamen, hochvermaledeyten Hexen und Zauber Teufels* (Rinteln 1647).

Hier berichtet er von zwei Hexen aus seinem Geburtsort, von einem großen Hexenprozeß im Kloster Lockum im Jahre 1629, bei dem er mitwirkt und als er sein hohes Amt in Verden erreicht, beginnt er hier und im ganzen Stifte nach Hexen zu wittern. Im Oktober 1646 wird er fündig. Die neunjährige

Anna Garbers

erzählt ihm, ihr sei im siebten Lebensjahr die Zauberkunst von ihrer Großmutter Wobbecke beigebracht worden[5)]. Daraus leitet er einen größeren Beitrag ab. Sie hat erst das Hexenvaterunser lernen müssen. »Vater unser, der du bist in der Hölle (usw.)« Dann noch das Gebet. »Auff einem Fenckel Stengell, Sassen vier und viertzig Engell.« Darauf wird sie gebunden und muß in der mißlichen Lage dem Teufel entsagen und wird auf den

Höllenrachen in der Kirche zu Zwischenahn i. O., um 1500, renov.; Sünder verschiedener Stände, Teufel.

Namen Maria getauft. Bei dem großen Tanzfest, das daraufhin gefeiert wurde, gesellte sich zu dem Mädchen »des teufels jüngster Sohn, in schwarzer Gestalt, wie ein Knabe von 14 Jahren, mit einem schwarzen Kleide, Stiefel und Sporn, auch Plumasi (Federbusch) angetan, mit dem hat sie müssen einen Bund machen ... der alsfort ein Zeichen, welches viel Menschen gesehen, in die Lenden gebissen ... hat auch von dem geboren nach vier Wochen zum ersten Mal ein Kröte, ein Lorch, oder wie man hier redet, eine Ützе ... welche Kröte auch ein Reuter (der schwedischen Einquartierung) gespießet und an die Stadtmauer allhie gestochen. Hat auch alles erzählet, wie es der Teufel mit ihr angeschlagen, so vernünftigklich und deutlich, ob hätte sie schon lange Jahr im Ehestande gelebet.«

Dann berichtet sie weiter: »sie habe noch eine große Hochzeitsfeier abhalten wollen, zu der »viel Regimenter Teufel und Hexen« von allen Orten herkommen sollten. Bei solchen Feiern, wie sie in Sittensen im Stift Bremen und in der Grafschaft Hoya stattgefunden hätten, würden die Hexen vom Teufel mit Wein, Bier und ungesalzener Speise traktieret, die aber in Wirklichkeit »mit Referenz zu melden« Saudreck sei. Dann trägt sie in epischer Breite eine Reihe Verdener Hexenuntaten vor. So. u. a.

- Jeden Donnerstag abend zwischen 12 und 1 Uhr sei die Großmutter Wobbecke mit anderen nach der Blumenwisch oder dem Ziegelhof gegangen, wo sie mit Teufeln getanzt, gebuhlt und schreckliche Schandlieder dem Satan zu Ehren gesungen hätten.
- Bei diesen Hexentänzen sei Satan zugegen gewesen, im schwarzen Kleide und roten Strümpfen, mit zwei Flügeln und einem dicken Pferdefuß. Er habe allen Anwesenden die Hand gegeben und auch wohl die Tanzenden mit einem Aschenbeutel »für den Hintersten, mit Referenz zu schreiben,« geschlagen.
- Auch habe die Großmutter manchmal, wenn andere Leute geschlachtet hätten, von dem weggegossenen Blut etwas in eine Blase getan, und habe durch Zusammendrükken dieser Mäuse und Läuse, Wölfe und Hunde erzeugt.
- Schließlich habe sie ihrer Enkelin die Feuersbrunst in Verden im Mai vorausgesagt und sich als Miturheberin des Unglücks bezeichnet.

Daraufhin beschuldigt Rimphof die Großmutter der Hexerei und veranlaßt im Januar 1647 ihren Beichtvater, Johann von Sandbeck, Pastor an St. Johannis und den Rat der Stadt, sie zu verhören. Sie gesteht, daß sie eine Hexe sei und die Teufelskunst vor 15 Jahren vo einem »alten bübischen, durchteufelten Lehr = und General = Hexenmeister« in der Grafschaft Hoja gelernt habe. Mit einem juristischen Gutachten wird die Großmutter vor ein peinliches Gericht gezerrt. Ende März 1647 gibt sie auf der Folterbank ihren Geist auf.

Inzwischen waren 13 weitere Personen denuziert; drei von ihnen sterben während der Folter und drei werden am 4. August 1647 verbrannt. Unter den Bezichtigen befanden sich drei Honoratioren, der Senior des Rates Franz Panning, die Frau des präsidierenden Bürgermeisters Katharina Wolpmann und die Frau eines Ratsverwandten, Dibbeke Wolf. Sie sollen bei einem Hexentanz auf der Blumenwiese oder auf dem Wege nach Bostel oder zwischen Dauelsen und Halsmühlen gewesen sein. Der Buhle von Frau Wolpmann heiße Rahepantze Rundvoet, die Buhlin des Panning sei Anna Sophie Rundvoet. Panning sei der Hexenrittmeister. Aus seinem Haus stammt das natürliche Gift, das man im Brunnen beim Bürgermeister Cordes gefunden habe, aus dem Würmer entstünden und Menschen unsinnig machen.

Unter dem Druck der Bevölkerung muß der Rat Panning und Frau Wolpmann am 6. Juli 1647 gefangensetzen: Frau Wolf gelingt die Flucht, was gegen sie ausgelegt wird. Die begüterten Familien setzen alle Hebel in Bewegung, um ihre verhafteten Angehörigen zu retten. Sie beantragen ihre Freilassung gegen Kaution und lassen sich Gutachten von Simon Gograven, dem erzbischöflich bremischen und bischöflich verdischen Vizekanzler ausstellen[6)].

Es kann den Beginn der Untersuchung nicht aufhalten. Am 10. August werden Panning, am 24. August Frau Wolpmann verhört. Beide erklären die Zauberei für Sünde, bestreiten aber alle Anschuldigungen.

Dann tritt eine Wende ein. Der schwedische Feldprediger Johann Seifert aus Ulm hört bei seinem Aufenthalt in Verden von einem Hexenprozeß und beschließt, dagegen einzuschreiten, zumal ihm Spees *Cautio* bekannt ist. Er übersetzt das Werk 1647 ins Deutsche und widmet es dem schwedischen Gouverneur Graf Königsmarck. Letztendlich dadurch wird das Verfahren niedergeschlagen.

Seine Bearbeitung hat den Titel: Gewissens = Buch. Von Processen gegen die Hexen ... *Anfangs ohne Namen in lateinischer Sprach Außgangen, jetzo in die Teutsche Übergesetzet, Durch Johann Seiferten von Ulm, derzeit Schwedischen Feld-Prediger.*

Seine Übertragung ist in der Argumentation derber und nicht wortgenau. Z. B. sagt er: durch das gräßliche Mittel der Tortur könne man aus jedem das Geständnis auspressen ... es hat sich selbst ein Brandmeister ohnlängst im Trunk gerühmet, wenn er der Papst in seine Gewalt bekäme, wolle er denselben zum Hexenmann machen. Der Würfel fall wie er wolle, so hat ein solcher Richter recht. O Torheit ... wehe jeder Frau, auf die auch nur der Schatten eines Verdachts fällt! Wie viele Gründe für ihre Unschuld sprechen mögen tut nichts! Die Hexe wird verbrannt ... viele vermeintliche Hexentaten sind Träume und Blendnisse gewisser von Natur zur Torheit disponierten armen Weiblein, deren der Teufel das Gehirn zu verwirren guete Gelegenheit hat.«

Es ist ein Schuß gegen Rimphof, der die Kritik »ungeschicktes, ungelahrtes Dorfpfäfflein« auf sich bezieht. Daraus resultiert sein *Drachenkönig,* der 6 Wochen nach Seiferts Schrift mit einem Umfang von 566 Seiten erscheint. Er widmet sein Werk dem Grafen Jo-

**Geständnis der Margarethe Versche (Verscheke?)
aus dem Lande Hadeln per 30. August 1604**

- Vor 18 Jahren habe sie von Catharina Kedens das Segnen und Böten gelernt und vor zehn Jahren von der verstorbenen Elisabeth Vehrmann das Zaubern: weil sie keinen Mann gehabt, wolle sie ihr einen Buhlen zuweisen, der sie reich machen solle.
- Ihr Buhle Philipp trage schwarze Kleider, habe blanke Knöpfe im Wams, einen schwarzen Filzhut mit einem Silberband und einer roten Feder; sein rechter Fuß wäre ein Menschenfuß, der linke wie ein Pferdefuß.
- Darauf habe sich sich mit ihm eingelassen, Gott ab- und ihm zugeschworen.
- Vor 17 Jahren habe sie auf der Heide bei der Suendorfer Schäferei getanzt. Philipp habe sie dazu in der Gestalt eines schwarzen Bocks, dem das rechte Vorderbein gefehlt, abgeholt. In dreitausend Teufels Namen saß sie in ihrem Hause auf und flog rückwärts aus dem Fenster.
- Beim Tanz wären Spielleute gewesen, man habe eine gläserne Trommel geschlagen und auf einer solchen Schalmei gespielt. Catharina Koldorfer wäre die Köchin.
- Man habe Bier in Eimern gebracht und aus hölzernen Bechern und Gläsern »von drey Ohren« getrunken. Später habe sie mit anderen auf dem Blocksberg getanzt.
- Vor ungefähr sechs Jahren hat sie in aller dreitausend Teufels Namen mit Hilfe ihres Buhlen Philipp ungebleichtes Garn gesponnen und mit Margarethe Quast und Pawel Albers um den Schafstall zu Franzenberg in aller dreitausend Teufels Namen »geschoren« (gespannt), daß die Schafe sterben mußten.
- In ihrem Hause habe sie nach Anweisung ihres Buhlen mit anderen Mäuse und Ratten gemacht. Dazu holte sie im Namen der Teufel Wasser aus einem Graben (aus der Lehmkuhle), mischte sie mit Erde und rührte sie mit einem gespaltenen »Alhorn« Stock und sagt dreimal: »Nun machen wir ratzen und meuse in aller dreyer Tausent Teufels nahmen.« ... die alsbald lebendig wurden und den Leuten haufenweise auf die Äcker liefen und das Korn verdarben.
- Dann habe sie aus Pferdehaaren, Schweinshaaren, Hühnerfedern , Schafwolle und Mäusehaaren in aller dreitausend Teufel Namen ein Seil gesponnen, das sie auf dem Molkenhofe und Vorwerk unter den »Suhl« vergraben hat, wobei sie eine Kuhle mit einem Messer machte.
- Sie habe durch ihren Buhlen in drei Jahren 50 Kälber und 16 Kühe umbringen lassen; u. a., weil ihr eine Magd einmal Salz und Sand in die Milch geworfen habe.
- Auch habe sie mehrere Pferde umgebracht. Durch ihren Buhlen Philipp hat sie Hans Witte neun Kühe und acht Pferde in drei Jahren umbringen lassen, weil er ihr habe eine Schuld nicht zurückzahlen wollen.
- Weil Pawel Grotes Frau einmal zu spät zum Tanze gekommen war, mußte sie auf Befehl ihres Buhlen selbst ihre beste Kuh umbringen lassen.
- Vor neun Jahren hat sie um St. Jacobi dem Schäfer zu Franzenburg in aller dreitausend Teufel Namen Isenhart ins Bier geschüttet. Darauf ist er gestorben: sie habe es getan, weil er ihr Korn abgemäht habe.
- Des Schäfers zu Franzenburg Frau hat sie durch ihren Buhlen Iserhart in die Milch werfen lassen, so daß sie einen Schaden an einem Auge bekam.
- Ihr Buhle sei oft bei ihr gewesen, als sie in Otterndorf saß. Er habe ihr gesagt, daß sie sich nicht füchten solle ... auf diese Aussagen wolle sie leben und sterben und Ihre Seele Gott verantworten.

hann Ochsenstirn, Legaten bei den Friedensverhandlungen in Osnabrück. Das Buch gliedert sich in fünf Teile und einen Appendix gegen Seifert. Er stellt er den abenteuerlichsten Unsinn zusammen und in gewisser Weise deckt sich ein geistiges Volumen mit den Autoren des *Hexenhammers.* Er unterstellt Seifert eine Fälschung und verleumderische Übersetzung.

Die schwedischen Behöden negieren sein geistiges Elaborat und beschäftigen sich mit der *Cautio Criminalis.* Am 21. September

1647 verlangen sie vom Rat der Stadt unter Androhung einer Strafe von 1000 Goldgulden, er soll Franz Panning und Katharina Wolpmann freilassen. Dann setzen die Schweden zur Untersuchung Pannings eine Kommission ein, die vom Magistrat die Aushändigung aller Akten verlangt. Schließlich sagt ein Gutachten der Universität Rinteln, das Verfahren sei mangels an Indizien null und nichtig.

Daraufhin wendet sich der Magistrat am 30. November 1648 an die Königin Christine von Schweden und bittet um Aufhebung der Kommission, die sich unberechtigt in Angelegenheiten mische. Sie trifft am 16. Februar 1649 folgende Entscheidung: »Wir haben vernommen, was es mit deme bei Euch nun eine Zeithero eingerissenen und im Schwange gegangenen Hexen=Unwesen für eine Beschaffenheit habe und was Ihr diesfalls bei Uns in Untertänigkeit suchen und bitten tut. Nun lassen wir zwar Euere disfalls habende und angeführte Jurisdiktion, Jura, Privilegien und Gerechtigkeiten an ihrem Ort gestellet sein und auf sich selbst beruhen, allein weil gleichwohl diese und dergleichen weitausstehende Prozesse allerhand Gefährlichkeiten und schädliche Konsequentien mit sich führen und aus denen an andern Orten fürgelaufenen Exempeln mehr als genugsam kundbar und am Tage ist, daß man sich in dergleichen Sachen je länger, je mehr vertiefet und in einen inextrikablen Labyrinth gesetzet, also und damit auch dergleichen Unheil an Eurem Ort verhütet werde und nicht weiter um sich greifen möchte, so tun Wir diesen und anderen gewissen bewegenden Ursachen mehr Euch hiermit gnädigst und ernstlich anbefehlen, daß Ihr ... alle fernere Inquisition und Prozeß in diesen Hexen-Unwesen einstellet und die diesfalls allbereit Kaptivierte wieder relaxiert und in integrum restituiret[7).«

Gleichtzeitig wird die Regierung der Herzogtümer Bremen-Verden beauftragt: »hierüber zu halten und nicht wieder von einem oder andern Teil darwider zu tun und fürnehmen lassen, insonderheit auch in der Süderstadt Verden mit gleicher relaxierung des alten Bürgermeisters Wittiben daselbst nicht weniger zu verfahren.«

Vergeblich wehrt sich der Magistrat gegen die Entscheidung. Damit schlafen die Hexenprozesse in Verden ein. Als einige Jahre später eine Bürgerin beantragt, ins Wasser geworfen zu werden, um die Beschuldigung, sie wäre eine Hexe, zu entkräften, wird dem Gesuch nicht entsprochen.

Das königliche Rescript steht auf den Schultern Spees bzw. seines Übersetzers, eines Ulmer Feldpredigers. In

Buxtehude

finden nach 1603 Hexenprozese statt. Sie reichen weit zurück und setzen nach Mushards Chronik 1555 mit zwei Verfahren ein. Aus einem Prozeß des Jahres 1614 ist bekannt, daß sich die hinzugezogenen Rechtsgelehrten, die Magdeburger Schöffen sowie die Juristenfakultäten von Wittenberg und Gießen (!) uneinig sind.

Hadeln[1)]

ist die Region zwischen Niederelbe und Weser. Das Land gehört zu Sachsen-Lauenburg. Während der Regierung des Erzbischofs Heinrich in Hadeln (1581–85) wird Barbara Brauns als Hexe verbrannt. Das 1583 verordnete Hadler Landrecht bestimmt: »Wer Zauberey gebraucht, und mit Hülffe des leidigen Teufels, Leuten und Viehe Schaden zufügt, oder Wetter macht, dadurch die Feld-Frucht beschädigt werden, oder Menschen mit Gifft umbringen, die sollen mit dem Feuer verbrannt werden; hat er aber kein Schaden mit der Zauberey gethan, soll er nach Gelegenheit der Sachen, in willkhürliche Straffe genommen, oder des Landes verweiset werden.«

Aus dem Jahre 1586 haben sich Nachrichten eines in Ritzebüttel verhafteten und vermutlich verurteilten Zauberers Clawes Wegener erhalten, der Hadler bezichtigt, bei seinen teuflischen Künsten beteiligt gewesen zu sein. Im Folgejahr wird in Otterndorf vor dem Gräfen des Landes Hadeln, Diderich von Honstedt, Gerichtssekretär Garlef Gerkens und den anwesenden Schulzen der Prozeß gegen Mathis Teigeler geführt. Er bekennt gütlich, daß er seit etwa 40 Jahren ein Bündnis mit dem Teufel unterhalte. Mit seiner Hilfe könne er Leuten helfen, die durch Zauberei Schaden erlitten haben. Vor allem belastet er seine Frau: »die vor etlichen Jahren mit der verbrandten Barbara Brauns und einer Frau (Rauwische) »die damals aufs Wasser geworfen wäre ... einen Johann Jacob in Nordleda zu Tode geplagt hätten.« Zu dem Zweck hätten die Frauen Erde von dessen Fußspur mit Nähnadeln und anderen Dingen vermischt, in eine »bedell« getan und in seinem Haus auf einen Kesselhaken gehängt.

- Ebenso hätte seine Frau Matthewes Segelke in Nordleda ums Leben gebracht, weil er sie einmal geschlagen hat.

• Zudem hätte sie die Pferde des Matthieß Klunder durchgehen lassen, so daß sie einen alten Mann, Johann Grefe, überfuhren und daher der Obrigkeit verfielen.

• Zudem soll seine Frau des Clawes Gert und dem Peter Baerß in Nordleda großen Schaden an Vieh zugefügt haben.

Das Gericht hat den Aussagen des Teigeler geglaubt, einen Scharfrichter aus Stade kommen lassen und die Frauen der Folter unterworfen. Die des Teigeler bekennt sich »in und außer der Pein« schuldig und gibt Einzelheiten über das Verfahren bei der Behexung bekannt. Segelke hätte sie zu Tode geplagt, indem sie ein Nackenhaar von ihm mit etwas Erde von Grabe eins Ermordeten, Pech und Schwefel in einem Tuch durch die Rauwische an das Fußende seines Bettes legen ließ. Er sei eine Zeitlang stumm geworden und nach heftiger Krankheit gestorben.«

Auf Klunder hätte sie einen Haß, weil er es seiner Tochter verboten hatte, bei ihr Gevatterin zu sein. Als er einmal Mist fahren ließ, hätte sie in aller tausend Teufel Namen verhängt, daß die Pferde durchgingen und den alten Johan Grefe ums Leben brachten.

Zudem habe sie im Lande Wursten Johan Peykeß umgebracht, indem sie ihm »Kattenbregen« (vermutlich eine Giftpflanze?) in die Grütze getan hat.

• Claus Gert hätte sie großen Schaden an seinen Pferden, dem Vieh und den Schweinen zugefügt.

• Mit ihrem Bräutigam, dem Teufel Ipenkras habe sie sich eingelassen, als sie in großer Armut lebte und kein Brot für ihre Kinder gehabt habe.

Die Rauwische bestätigt die Aussagen. Sie habe sich mit dem Teufel Kniephof, der in grünen Kleidern zu ihr gekommen wäre, auf vier Jahre verbunden.

Der Gräfe schickt einen Bericht an den Herzog Franz II. nach Schwarzenbeck, wobei herausgestellt wird, daß die Rauwische »ein altes beruchtigtes Weib« sei. Dann widerruft die Teigelersche und möchte ihrem Mann gegenübergestellt werden. Die Rauwische räumt ein, daß sie die Aussagen aus Pein gemacht habe. Auf Zureden ihres Pastors bekennt sie sich schuldig, um kurz danach zu widerrufen.

Der Herzog ordnet die Verbrennung des Teigeler als geständigen Teufelskünstler an. Die beiden Weiber mögen nochmals geschreckt, und, wenn sie sich wankelmütig und unbeständig erklären, mit der Tortur belegt werden. Falls sie für schuldig befunden werden, soll man sie verbrennen, ansonst die Akten an eine Universität schicken und gemäß deren Belehrung verfahren. Dann verlieren sich die Spuren.

Zehn Jahre später kommt es zu einem Hexenprozeß in Otterndorf. Der Hausmann Georg Berendts in Steinau hat Christina, Frau des Peter Wirichs der Hexerei bezichtigt, worauf man sie in das Gefängnis nach Otterndorf bringt. Der Angeklagten wird der Advokat Wilhelm Rotbart beigestellt. Es stellen sich einige lapidare Beschuldigungen heraus: sie soll einem im Streit gedroht haben, daß er im kommenden Jahr weniger Kühe haben werde und einmal soll sie ihrer Schwester Beke Oests das Butterfaß verhext haben, weil sie ihr nicht zwei Pfund Butter leihen wollte. Als man ihr mit einer Anzeige droht, hat sie Salz und Bier in einem Pott sieden und in die »karn« (Butterfaß) gießen lassen.

Zeugenaussagen ergeben, daß die Angeklagte im Sietland als Hexe berüchtigt gilt. Trotzdem kann das Gericht nicht überzeugt werden und sie wird nicht gefoltert. Aufgrund eines Gutachtens der Universität Rostock wird sie aus Mangel an Beweisen freigelassen.

Nach der Bilcauschen Chronik werden im Mai 1601 fünf Personen wegen Zauberei verbrannt und eine tot im Gefängnis gefunden. Im August des gleichen Jahres werden sechs Personen »so der Zauberey verdächtig,« gerichtet und zwei tot im Gefängnis gefunden. Vermutlich sind sie an den Folgen der Folter gestorben. 1604 läßt der Herzog Unholde verbrennen. Aus einem Verzeichnis der Personen, die am 30. und 31. August des gleichen Jahres vor das herzogliche Gericht in Otterndorf zitiert werden sollten, ist zu entnehmen, daß Margarethe, Frau des Warnecke Webers, der Hexerei bezichtigt ist; der Herzog läßt sie auf sein Schloß bringen. Vermutlich hat man sie verbrannt.

In den Folgejahren fordert eine Seuche Opfer und die Bürger suchen nach Schuldigen. Eine Chronik berichtet, daß der Herzog 1609 Zauberer verbrennen läßt. Sie werden mit Pfeifen und Trommeln »ausgeführt«, weil sie bekannt haben, Trommelschläger »unter ihrer Zunft« gewesen zu sein. Zwischen 1610–14 kommt es zu einem Prozeß in Altenbruch wegen Verleumdung. Hier hat ein Pastor von der Kanzel eine Frau der Hexerei verdächtigt, weil deren Enkelin erzählt hat, daß die Großmutter ihr den Teufel als Bräutigam zugeführt habe.

1668 werden von Wruge-Gericht in Ottendorf Lucia Mahlers und ihr Sohn Otto verur-

Der drehbare Pranger, die »Trülle« zu Bern, 1780. Kupferstich.

teilt, weil sie Adelheit beim Graben fälschlich der Hexerei bezichtigt haben. Lucia muß an den Herzog zweimal 60 Mark Lübisch zahlen. Zudem müssen die beiden Abbitte tun und eine Ehrenerklärung abgeben.

Vier Jahre später bezichtigt Margritchen Tochter des Seligen Ties Mingst, sich und andere Frauen der Hexerei. Sie bleibt bei ihren Aussagen, selbst als man sie mit Beschuldigten konfrontiert. Die Akten werden an die Juristische Fakultät der Universität Kiel geschickt, die am 4. Januar 1673 die Aussage für wertlos erklärt und entscheidet, daß gegen die Bezichtigen nicht vorzugehen sei, doch das Margritchen als Verleumderin gestraft werden soll. Es wird durch den Schließer Claus Carstens hinterwerts im Keller mit 2 Ruthen gestrichen, darauf verwarnet bey Vermeydung schwerer straffe nicht wieder ins Landt zu kommen, am Lindenbaum ins Halßeisen gestellt und verwiesen.«

1735 kommt es zu einer Anklage wegen Hexerei. Damals verfügen die Königlich-Großbritannischen zur Churfürstlich Braunschweig-Lüneburgischen Regierung verordneten Geheimen Räte in Hannover auf einen Bericht des Geheimrates v. Münchhausen in Stade, daß Margarethe Gooß, ein der Hexerei beschuldigtes Mädchen, in ein Zuchthaus gebracht, zu strenger Arbeit angehalten und im Christentum unterrichtet werden soll. Eine Zeitlang wird sie beim Prachervogt unter Aufsicht des Predigers von O. E. Otterndorf in Verwahrung gehalten. Ein Schulmeister soll sie im Katechismus unterrichten.

Oldenburg und Ostfriesland

Hier ist die Quellenlage schlecht. In der Grafschaft Oldenburg sind Hexenprozesse nur in den Gebieten nachweisbar, die im Laufe des 16./17. Jahrhundert mit der Grafschaft vereinigt werden, in der Herrschaft Jever (1575) der Herrlichkeit Kniphausen (1623) und die 1577–1647 im Besitz einer Nebenlinie befindliche Grafschaft Delmenhorst. Aus Jever sind zwei große Verfahren dokumentierbar; 1542/43 und 1592. Das erste ist jedoch allem Anschein nach ein traditioneller Zaubereiprozeß, bei dem die Angeklagten mit durchstochenen Wachsbildern und Liebestränken hantiert haben. Die Bestandteile der Hexenlehre treten erst im Folgeprozeß in Erscheinung, in den mindestens 21 Menschen verwickelt sind. 1615 werden unter der Verantwortung des Grafen Anton Günthers drei Frauen in Jever hingerichtet.

Aus Kniphausen ist nur ein Sammelprozeß bekannt. Auf eine Anfrage zur Wasserprobe, schreibt Freiherr Iko von In- und Kniphausen am 7. November über die Hexen in seinem drei Kirchspiele umfassenden Gebiet: »daß wir fast ganz jahr lang mit dergleichen Ungeziefer viel Muhe und Unlust gehabt.« In diesem Jahr werden nach v. Wichts Annalen 20 Frauen verbrannt. Der Freiherr von Kniphausen empfiehlt ihre Freilassung. Daneben ist nur noch ein Verfahren im Jahre 1604 im Amt Varel nachweisbar.

Was Ostfriesland anbelangt, sind zwischen 1543 und 1591/92 einundzwanzig Personen belegbar. Dazu kommt der Loquarder Prozeß aus dem Jahre 1592.

Schleswig-Holstein
—
Küstenregion

Inhalt

Schleswig-Holstein[1)]

In der nordischen Region hält sich das altgermanische Volksgut lange. Im 13. und 14. Jahrhundert werden Reigen um Leichen und Wöchnerinnen getanzt. Den noch nicht christianisierten Germanen gilt die Krankheit als Ausfluß einer bösen Macht, wie es bei Naturvölkern die Regel ist. Ihre Heilverfahren gründen sich teilweise auf Beschwörungen und die Anwendung von Kräutern. Aus der Quelle schöpfen »moderne« weise Frauen, die mit den »historischen« Hexen nichts gemeinsam haben.

Man glaubt an die Kunst des Wettermachens[2)]. Texte von Wundsagen orientieren sich an christlichen Vorbildern[3)] und oft sind sich die Beschuldigten ihresTuns nicht bewußt[4)]. Sie werden geachtet und in Ruhe gelassen. Doch bei unerklärbaren Ereignissen und Sturmfluten[5)] geraten sie ins Visier.

Erich Holst aus Ütersen wird 1559 mit seiner Frau aus Schleswig verwiesen: »weil er mit apanbaren falschen Segenynge umegieng ock Konsth und Nigramatten Böcker by sick har.« Peter Goldbeck aus Tremsbüttel sagt 1562 in einem Verhör: »(er) hätte seinen Pferden einen Trunk gegeben, was er dazu gebraucht, könne man auf der Apotheke bekommen.« Dennoch erkennt man in ihm den Verursacher einer Viehseuche und nachdem er sich unter den Qualen zum Teufelsbündnis bekennt, wird er verbrannt.

Deutlich wird der reformierte Einfluß. Er führt zur Glaubensverunsicherung und bringt den christlichen Teufel in aller Munde. Zur gleichen Zeit, als ihn Goldast für den Glauben an das Wettermachen zitiert, stärkt sich Abel Jansen in der sechsstündigen Folter mit Luthers Trostwort: »So fürchten wir uns nicht so sehr.«

Theologische Schriften

In Hamburg erscheint 1587 ein Werk über die Hexen, die *Panurgia Lamiarum* des Predigers Samuel Meigerium. Er trägt dazu bei, die Saat des Aberglaubens zu verbreiten und steht auf den Schultern Luthers. Sein Verfolgungseifer wird spürbar und nach ihm macht der Teufel nicht einmal vor Frommen halt. Sagt er doch: »De Hexe müste Landt und Lüde darümme straffen, wenn de Queerichet er Amt nicht getruwliken in uthraidinge sulcker Unmischen und gewisser auertüge der Gadestelringe gebruken wolde.«

Dann verfaßt Petrus Goldschmidt aus Sterup seinen *Höllischen Morpheus,* der 1698 in Hamburg erscheint. Veranlaßt durch eine Publikation Bekkers macht er Front und wendet sich (später) gegen Thomasius. Er stützt sich auf die verfängliche Bibel, deren vorurteilsfreies Studium verhängnisvoll ist und er zitiert den Hexenhammer. Im Mittelpunkt steht die Geschichtensammlung eines holsteinischen Adeligen, die den Zauberglauben spiegelt. Er meint zu wissen: »es ist die göttliche Wahrheit weit mehr als aller Menschen gelehrte Lügen und wann jene mit einem Worte die Sache bejahet, so stehet die Gewißheit derselben weit besser, als wenn sie mit vielen Gründen menschlicher Vernunft gesetzet werde.« Es ist falsch, denn die Menschen waren es, die sich **ihre** Götter geschaffen und sich vor **ihnen** verbeugt haben. Einen christlichen Gott im Himmel gibt es nicht.

Er konnte nicht ahnen, daß die christliche Theologie über weite Strecken eine gelehrte Lüge ist.

Je ungebildeter autoritär-hörige Geistliche und Richter sind, desto mehr Gewicht legen sie auf Reglementierungen und (Gottes-)Urteile, hinter denen sie ihren Status verbergen. Es ist eine unumstößliche Tatsache daß es Christen waren, die die meisten Menschen umgebracht und unsägliches Leid im Abendland verbreitet haben.

Die meisten sind in die teuflische Idee vernarrt. Die sich auf ihr Raten nicht bessern, werden vom Abendmahl ausgeschlossen und exkommuniziert.

Der theologische Irrglaube hat eine Ursache in der Unwissenheit und geistigen Verblendung der Würdenträger.

Viele sind so ungeschickt, daß sie sie Postillen nur herunterlesen können. 1575 müssen sich die Professoren und Pastoren in Kopenhagen, »bei Leibes- und Lebensstrafe« verpflichten, keine neuen Disputationen einzuführen. So wird der Probst aus Itzehoe, Detlev Meyer, 1632 vor ein geistliches Gericht in Glückstadt zitiert und im Beisein des Königs entlassen, weil er den Satz verteidigt hat, daß es keine Hölle gebe.

Und doch bietet die Region ein Alleinstellungsmerkmal, denn hier gründet David Joristen eine Sekte und trägt vor: achtet den Teufel nicht, denn er ist nicht. Heutigen Tages mangelt es an Patrioten und Beichtpflichtigen nicht; der Teufel kann so grob nicht geigen, er findet applausores.«

Selten sind Pastoren, die sich schützend vor die Opfer stellen. Der von Neumünster sagt 1595 in einem Prozeß zur Angeklagten »niemand fälschlich zu beschuldigen «und sie bekennt: »daß sie von anderen nichts Böses wisse.«

Juristische Aspekte

Das älteste Gesetz für den Norden, das jütische Low, erwähnt bis ins 15. Jahrhundert die Zauberei nicht. Später wird integriert: »Zeihet oder beschuldiget einer (einen) anderen, daß er ihn bezaubert oder ihm etwas Böses angetan habe, und der Beschuldigte sagt Nein dazu und will es nicht gestehen, und der Kläger will in dessen nicht erfassen; so soll der Beklagte dafür schwören, und sich der Bezichtigung mit Kirchnäfflinge entledigen, aus dem Kirchspiel, da er wohnet, beydes gegen den, der ihn beklagt und auch gegen den Bischof.«

Das Sassen- oder Holstenrecht verfährt nach den Grundsätzen des Sachsenspiegels und fließt in das Lübecker und Hamburger Recht. Die CCC. wird 1614 zum gemeinschaftlichen Gesetz erhoben; mit Abstrichen, denn die territoriale Eigenständigkeit will gewahrt bleiben. Die erste ausdrücklich die Hexenprozesse berührende Bestimmung enthält der Kallundborger Rezeß vom 1576: »alle wegen Zauberei gesprochenen Todesurteile sollen nicht vollzogen werden, bevor sie vor dem höheren Gericht (Landsting) bestätigt seien.«

In einer königlichen Verordnung wird 1606 gesagt: »daß das Tagwählen, Segensprechen, Charakterschreiben und andere dergleichen törichte und sündigen Künste verbotener Art, an vielen Orten hierzu Land stark einreißen. Die davon betroffen werden, sind an Hab und Gut zu strafen und des Landes zu verweisen. Die der wirklichen Zauberei überführt würden, sollen ohne Gnade am Leben gestraft werden.«

Die Konstitution von 1641 verbietet, Frauen auf Indizien hin zu verhaften und der Rezeß von 1643 sagt über das Teufelsbündnis: »in Betreff derer, die sich mit ihm verbünden oder umgehen, wird auf die früheren Gesetze (Todesstrafe) verwiesen.«

Zur selben Zeit wie das Buch Meigers erscheint das des Rostocker Juristen Gödelmann 1591 unter dem Titel *De magis Veneficos et lamiis,* das kurz danach in Frankfurt in einer deutschen Übersetzung aufgelegt wird. Gödelmann hat 1586, auf Anfrage eines Hamburger Bürgers, ein Gutachten erstellt, das seinen Standpunkt deutlich macht. Er stützt sich im wesentlichen auf Weyer, verwirft die Wasserprobe und die Suche nach dem Hexenmahl. Dennoch neigt er zu leicht auf die Seite der Folter.

Auf dem gleichen Standpunkt steht Damhouder in seiner *Practica rerum criminalum,* die 1616 in Antwerpen erscheint. Er rät zur Vorsicht und wendet sich gegen die Formlosigkeit des deutschen Strafprozesses, die sich lediglich nach der Gewohnheit richte und keine Rücksicht auf die individuellen Vorschriften der römischen Kommentatoren und Gesetze nehme. In Hexensachen weist er auf den *Hexenhammer.*

1597 erscheint in Hamburg ein Gutachten des Juristen von Dasel *Responsum iuris in causae poenale maleficarum Winsiensium.* Er plädiert in Fällen der Unsicherheit auf die Vornahme einer weiteren Tortur, aber fügt sich dem Hexenhammer, plädiert für das Abschneiden der Haare und der Suche nach versteckten (Zauber-)Amuletten. An seiner Seite steht der Jurist Goldast mit seiner in Schleswig-Holstein viel benutzten Schrift. Er gelangt zur Auffassung, daß jede Zauberei und Hexerei unnachsichtlich mit dem Feuer zu strafen ist. Unter Berufung auf den *Hexenhammer* plädiert er für die rücksichtslose Verfolgung. Er weist auf das sächsische Recht und die Urteilssprüche der dortigen Gelehrten und Schöppen. Es führt zu Benedict Carpzov; in ihm feiert der Geist des *Hexenhammers* seine Auferstehung (!).

Wesentlich ist der Verfolgungseifer, bedingt durch seine angebliche Frömmigkeit. Mit scholastischer Belesenheit, die ihm eine unvergleichliche Autorität verschafft, trägt er aus der Bibel, dem römischen Recht, dem Malleus und den sächsischen Gesetzen Rechtssätze zusammen; »er war über 100 Jahre das Orakel der deutschen Juristen.« Er lehnt sich an die italienischen Criminalisten Clarus und Franacius und übernimmt deren unselige Lehre von der »criminibus exeptis.«

Von der Bauern- zur Hexenkunst

Nach dem Forschungsstand von 1915 zeigen die frühen Prozesse noch nicht das Teufelsbündnis und die -buhlschaft. Die Bezauberung von Mensch und Tier wird durch das Vergraben einer Tonkruke (Topfes) geübt. Er

Eine der frühesten Darstellungen des sich im späten Mittelalter wandelnden Hexenbegriffes finden sich als Fresken im Schleswiger Dom. 13./14. Jahrhundert.

ist mit zauberischen Flüssigkeiten gefüllt und wird »de Toveria« genannt. 1522 meinen 18 Zauberinnen, die Verarmung der Stadt Schleswig herbeiführen zu können, indem sie einen solchen unter dem Stadttor vergraben.

Ein Jahrhundert danach wird das »Zauberkochen« vom Lübecker Syndikus Michaelis zum Beweis der Hexerei verworfen. Man erkennt die Verschiebung; **was man einst dem Landvolk als Einfalt auslegt, wird unter den demagogischen Händen der Theologen in den Bann des Bösen gezogen; ein Irr- bekämpft einen Aberglauben; daraus muß eine Krise wachsen** und so formieren sich erste Anklagen:

- 1550 gesteht Lene Jürgens aus Schleswig, auf dem Feld den Teufel gerufen zu haben. Er wäre ihr in der Gestalt eines kleinen schwarzen Katers erschienen.
- 1551 wird in Heringdorf gesagt.»wente he, also junge Clawes Buwman, were selden tho passe, sine perde storven, sin Korn vorginge ohme in dem Velde; so wußte he nummende darumb tho beschuldigen, als Hinrik Sleswiken unde sind Husfrouwen Elsabe.«
- 1557 gesteht Elli Petersen, daß sie mit den übrigen einmal zum Nachttanz auf der Kropper Heide gewesen sei und mit Anna Lüttgen einen schwarzen Hund aufgegriffen habe »welches der Teufel gewesen.«
- 1576 wird in Kiel der Schütter Hinrich Busch wegen Hexerei und »weil er sich von Gott abgegeben und mit dem Satan sich (auf) ein Bündnis eingelassen« mit dem Feuer vom Leben zum Tod gebracht.

Die ersten weiblichen Opfer werden 1578 in Heiligenhafen (Land Oldenburg) verbrannt, soweit es nachweisbar ist. Wahrscheinlich setzt die Verfolgung von Hexen um 1550–70 ein. Sunde Bohlen erklärt 1587 in Kiel: »Sie wäre itz hundert und zwei Jahre alt, und hätte man bei ihren jungen Jharen nichts davon gewußt, daß jemand um solch Raden und Segensprechen wäre bestraft oder verbrannt worden.«

1629 sagt Tetje Götien: »der Teufel soll allen Pferden den Hals brechen. Kurz danach wäre Max Johannsen sein bestes Pferd wie auch Hans Wildschein die Pferde und fast in einer Stunde dull geworden, in die Steine gebissen und endlich gestorben.«

1641 gesteht Anneke Rickers aus Bordeholm: »Eine alte Zaubersche habe gesagt: »Du arm Kind, ich will dir wohl genug lehren, daß due reich wirst. Hat ihr darauf ein Reiter zugeführt, der sie gefragt, ob sie ihn freien wolle. Er würde ihr dafür einen Haufen Geld schenken ... dann läßt sie sich mit ihm ein. Er gibt ihr einen Sack voller Geld, den die Kupplerin an sich nimmt. Als Anneke es abholen will, erweist es sich als Pferdemist. Bis jetzt sind es Einzelerscheinungen und es scheint, als ob das Hexensalben in der Region unbeachtet oder -bekannt geblieben sei. Die »natura frigida« wird in jeder Folteraussage versichert. Vielfach erhält die neue Jüngerin schwarze Saat (Duldillen-Kraut) vom Teufel, mit deren Hilfe sie anderen schaden soll.

Hexentanzplätze

Als Versammlungsplätze werden genannt: »der Hasenberg zwischen Dudendorf und Dusenbrock (Preetz), die Havickborsten Koppel auf dem Weg nach Kiel, Schönhorst, der Schlesierberg (?) und der Ziegelhof. Geörgis Lafrenzen bekennt unter dem Druck der Folter: »auf dem Blocksberg wäre er dreimal und jederzeit auf St. Walpurg gewesen. Derselbe wäre sehr hoch und grün und hätte ihn sein Teufel dahingeführt ... wenn er ihn dahin führe, sehe er nicht Land oder See, da sie in Eile kämen. Wären sie daselbst nicht länger als eine Stunde.« 1609 gesteht ein Mann vor dem Gericht des Klosters Preetz: »er sei achtmal auf einer Biertonne nach dem Brokken geritten, meint aber dann: »er habe es nur aus Pein geredet.« Gösche Böttchers wird 1682 verbrannt, obgleich sie sagt: »mit Leib und Seel wäre sie nicht dagewesen, sondern es geschehe nur so als im Traum.«

Allgemeine Besagungen

Als Tasche Silvers (Fehmarn, 1650) Widerstandskraft gegen die Macht der Folter gebrochen ist, ruft sie: »sie wolle sich nicht mehr plagen lassen, sondern bei allem beständig bleiben, wolle aber nicht alleine sterben, sondern die anderen sollten mit fort: Sonsten sollte sie keiner zum Feuer kriegen.« Dietie Serkes soll mit ihr fort: man solle auch sie peinigen, so würde sie wohl bekennen.« Wie allerorten kommt es zu Gehässigkeiten[13].

1668 werden zwei Frauen aus Kiel im Verbund mit ihrer Stadtverweisung zu Tode gesteinigt. Weil die Bürger aus Stuvenborn im Amt Trittau einer angeblichen Hexe nichts nachweisen können, traktieren sie sie in ihren Haus mit Schlägen, so daß sie kurz danach an deren Folgen stirbt. Die Obrigkeit belegt die Denunzianten mit 100 Reichstalern und sagt: »sollte auch der Urheber solchen Werkes mit Staupenschlag und Landesverweisung bestraft werden.« Der abergläubische Gottesurteil der

Wasserprobe

wird früh von Juristen verworfen. So erscheint 1586 in Rostock das *mulierum lavatio,* ein Gutachten mehrerer Gelehrter aus Lübeck, Frankfurt und Rostock, die sich gegen das Schwemmen aussprechen. Der Vorgang wird (hier) so geschildert:

»Daß die Trine Schölen vom Scharfrichter (Fehmarn, 1650) in Fehmarnsund aus dem Botte ins Wasser, nachdem ihre Hände und Füße kreuzweise aneinandergebunden, geworfen und wie sie zum erstenmal oben geflossen, zum andernmal wiederum auf gesetzter wie auch zum drittenmal, sie dann immer oben im Wasser gelegen und gleich einer Gans geflossen, und nicht zu Grunde gehen können, wiewohl sie mit dem Kopfe und Händen sehr danach gearbeitet. Demnach nun endlich die Schölische, sowohl auch ihr Ehemann und ihr Schwiegervater bittlich angehalten, man möchte sie zum Überfluß los und ungebunden hineinlassen, hat sie doch wie ein Holz oben geschwommen, darauf sie wieder nach der Beschworenen Herberge gebracht.«

Es ist vor allem das Volk, das auf die Durchführung drängt. »Als nun hieruf interloquiert, daß auch über die Sache ein rechtliches Bedenken eingeholt werden sollte, seien alle Ankläger, Freunde und Angehörige der Beklagten, sogar auch die Kinder aufgetreten, und auf die Wasserprobe hart gedrungen mit vermelden, es würde sonst Mord und Totschlag entstehen, und müßten dieselbe, wann sie gleich auf Universitäten nicht erkannt würde, dennoch zugelassen werden. Gestalt dann die Obrigkeit ohne Befahrung großen Unheils diese simpertunen Suchens nicht länger nicht erwehren können, sondern diese vermeinte Probe, wiewohl mit Unwillen und Verdruß, gestatten müssen[14).]«

Die Handhabung der Folter entspricht dem gängigen Schema. 1581 erhängt sich Anneke Bumanns mit ihrer Schürze im Gefängnis und Talsche Silvers räumt ein: »weilen sie gedacht, daß sie Zaubern könne und da sie nun vorhero gewußt, was der Teufel aus Peter Wilckens Mädchen von ihr gesaget, so hätte sie solches nur, wiewohl es nicht wahr wäre vorgestrigen Tages sodannen geschwabbelt. Man möchte sie auch von den Gliedern zu Gliedern ziehen, so könne sie doch nichts anders, als daß sie unschuldig sei, bekennen.« Zwei Söhne der gefolterten Abel Kruse setzen eine Verteidigungsschrift auf[15)]. Vereinzelt werden erfolterte Aussagen widerrufen[16)].

Kostenumverteilung

In Schleswig-Holstein scheint es üblich gewesen zu sein, daß der Ankläger für die Unkosten des von ihm initiierten Verfahrens geradezustehen hat. Manch kleiner Fürst mag sich bereichert haben. Herzog Johann d. J. (Sonderburger Anteil) sagt 1602: »Mit den anderen aber, so noch gefänglich verhalten und künftig ausgelegt werden möchten, wird man die Gebühr auch wohl anzuordnen wissen, in maaßen wir dann dasselbe hiermit ernstlich anbefohlen haben wollen ... damit solche und dergleichen Untaten gebührlich gestraft werden. Des verbrannten Weibes Güter, ist unser Befehl: weil arme Kinder nachgeblieben, daß man denen die alten Kleider item Hemden und anderer Leinen geräte wiedergebe. Den ungeschnittenen und unvernutzten Leinwand aber, sowohl auch ander Hausgeräte und was dessen mehr ist, zu Geld machen und uns dasselbige neben den 100 Talern, darüber die Handschrift vorhanden, item den 30 Talern[17)], worauf Silbergeschirr, anhero schickke.«

Ernst von Schauenburg-Holstein wittert Geschäfte: »vor wenigen Jahren sind in der Grafschaft Schauenburg an der Weser zwei alte Eheleute auf einem öden Brinke allein gesessen, die der Wikkerei bezichtigt, vom Fürst hochseliges Andenken (schreibt Goldast[18)]) um 300 Reichstaler, so sie mit Wikkern und Wahrsagen erworben, bestrafet worden.« Dem steht als Tatsache gegenüber, daß die meisten als Hexen Verurteilten arm gewesen sind.

Der Erzbischof Johann Friedrich von Lübeck ernennt 1626 vier Inquisitoren. Berend Nobus verfaßt in dem Zusammenhang 1627 an den Herzog in Gottopf eine Beschwerdeschrift und sagt: »Durchläuchtiger Hochgeborener Fürst. Gnädiger Herr. E. F. G. unterthänigst zu berichten mag ich keinen Umgang haben, was maßen in verwichenem Jahre dero vielgeliebter Herr vatter der hochwürdigste Durchlaucht Hochg. F. und H. Herr Johann Friedrich meine wenige Person selb vierte zu einem Inquisitoren über die Hexen, damit durch landesfürstliche Vorsorge das Ungeziefer abgeschafft werden möchte, verordnet und eingesetzt. Als nun solch Werk viele Mühe, Haß und Neid erfurdert und erwecket, so hat es dabei auch, weil zween der Inquisitoren im Lande Fehmarn seßhaft waren, etliche Unkosten an Essen, drinken und Schreibgebühr verursachet, deren Erstattung dann in der Güte so wenig von den Landleuten als Einwohnern der Stadt erfolgen wollen. Und hat ein ehrbarere Rat der

Burg sonderlich sublizieren und wieder ins Gewissen anzugeben, daß solche Inquisition ex privato quodam otio geschehen sich übernommen ... als gereicht an Euer E. F. G. meine untertänige emsige Bitte den Landrichtern und Rate zu Burgk, daß sie von dem Zauber Inquisitionsprozeß restierende Unkosten und Schreibgepühr incontinenti bezahlen sollen, bei namhaften Zorn zu mandieren gnädig geruhen sollen.«

Dann wird gesagt: »ob nun wohl vor etlichen Jahren mit solchen Hexen stärker Prozeß gehalten und viele wegggebrannt worden, so ist dennoch derselbe, als es den Reichen und Vornehmen anzugrenzen beginnete, durch eine bei der Kanzlei ausgewirkte Inhibition aufgehoben und gehemmet worden, von der Zeit hero die Bosheit ungestraft verblieben.«

Im allgemeinen werden die Hexen auf Anklage hin eingezogen, zumal man in der Regel eine Bürgschaft des Klägers fordert. So gehen die Beklagungen zurück und doch sagt man 1614 in Westerland (Föhr): »alsdann hefft der Kläger sick jegen ehr verpflichtet und gesegt, so scholde sin Lifft und Levent jegen ehr setten, undt wo se newe Töversche were, wolde he den Doet, so einer apenbaren Töverschen gehörende idt sy thi thom edder thom Schwerdt, wortho ehm de hohe Obrigkeit verordelte, gerne liden und ut stahn.«

Später besteht die Verpflichtung des Klägers hauptsächlich in der Bürgschaft für die Kosten. Es kommt noch 1668 vor, daß sich der Kläger selbst, da er keine Kaution stellen wollte oder konnte, mit seiner Person verbürgte (Steinrade): »als ist die Sache von der Obrigkeit des Orts, weilen keiner dem andern nachgeben, auch keine Kaution dieser Sachen halben stellen, sondern beiderseits in Haft verweisen wollen, bis sie die Wasserprobe ausgestanden, ausgesetzet, und Kläger und Beklagte indessen in Verhaft beibehalten worden[19].

Das Gericht hält sich an den Ankläger. Peter Wilkens in Fehmarn bringen die leidenschaftlich von ihm geführten Hexenprozesse an den Bettelstab. In Eckernförde haben sich 1635 30 und 115 Bürger gegenseitig zur Kostenübernahme verpflichtet.

Einfacher scheint das Verfahren, wenn die Beschuldigten Geld und Güter hinterlassen; dann werden Gerichtskosten vom Erbe bestritten. Friedrich III. stellt sich wohl der Konfiskation entgegen, billigt aber die Bestreitung der Unkosten aus der Hinterlassenschaft der Hexen. Er sagt beim Rat der Stadt Schleswig 1642: »Daß nach Abzug der uff die Gefängnis und Execution gelaufenen Kosten und Bezahlung der Schulden, berührter Personen[20] Verlassenschaft den Freunden abgefolget und ausgeantwortet werden.«

Vor allem von Scharfrichtern haben sich Abrechnungen erhalten. Es kommt bei Verurteilten selten vor, daß man auf den Kläger zurückgreift. Im 18. Jahrhundert nehmen Geldbußen für fälschliche Besagungen der Zauberei zu.

1682 erteilt die Kieler Juristenfakultät ein Gutachten in Sachen Hexerei; es zeichnet sich durch Voreingenommenheit aus. Hier wird in der verklausulierten Sprache das Denken der Juristen spürbar. Fast schon spalten sie den Unsinn wie Theologen. Und doch wirken die dortigen Professoren aufklärend; sie verlangen einen Notar und beeidigte Gerichtspersonen, verwerfen die Wasserprobe und das alleinige Foltergeständnis. Sie verlangen die Vereidigung der Zeugen und die Konfrontation mit Besagern. Sie neigen zur Milde und plädieren in der Regel für die Enthauptung per Schwert vor dem Verbrennen. Das Schleswig-Holsteinische Gerichtswesen macht es schwer, zu einer einheitlichen Linie zu gelangen. Einen Schwerpunkt bilden die dortigen

Patriominalgerichte

denn die bedeutenden Gutsherren verfügen über eine eigene Gerichtsbarkeit wie Rantzau, Brockdorf und Rumohr. Entweder behält sich der Patriomonialherr das Recht zu Richten vor oder er überträgt Beamten seines Vertrauens die Rechtsprechung. Nach seinen juristischen Kenntnissen übt er ein Mitspracherecht aus, bei dem Willkürakte unvermeidbar sind.

Die nächste Instanz sind die landesherrliche Kanzlei oder das dortige Hofgericht. So die Glückstädter in der Hexensache Christoph Rantzaus (1686) oder das Hofgericht in Lauenburg in der Angelegenheit des Junkers Dominikus von Uffeln aus Basthorst (1690). Vereinzelt beruft man sich auf den längst überwundenen 12 Mannen-Eid; die Wasserprobe kommt zur Anwendung. 1557 läßt Bertram Ratlou, Besitzer von Lindau, bei der Bornerkirche zehn Zauberinnen verbrennen. Drei besagte Schlesierinnen werden mitverbrannt.

Heinrich Rantzau beklagt 1615 in Brockdorf in der Nähe von Eckernförde eine Margerete Hinten wegen »Bezauberung seines ehelichen Lebens.« Auf dem Adelsgut Roes klagt Klaus Beckmann 1632 gegen Anna

Stieper »wegen Bezauberung seiner Ehefrau«, die seit 16 Wochen bettlägerig ist. Sie soll sich durch einen 12-Mannen-Eid einigen. Weil ihre Tochtermänner nicht zugelassen werden, versagt das Verfahren und sie wird in »des Junkers Eisen verdammt« und verbrannt. U. a. berichtet sie von Viehschäden, einer Verschwörung auf dem Kirchring und dem Hexensabbat im Kirchspiel Gelrung und Schwackendorf.

Heinrich Rumohr vom Gut Roest verlangt 1614 von Ellen Lassen, daß sie ein Kirchspielzeugnis vorlegt. Es entlastet sie nicht. Sie entbietet sich zur Wasserprobe und wird mehrfach gefoltert. Sie bekennt die Teufelsbuhlschaft, das Bündnis mit ihm und die Entweihung der Hostie. Kurz darauf wird sie verbrannt.

1686 kommt es zu einem Massenverbrechen auf den Gütern Schmoel und Övelgönne unter dem Reichsgraf Rantzau. Hier finden vom März bis zum Mai 1686 18 Personen den Tod. Der Fiskal Lindholtz, der vom König mit der Untersuchung beauftragt wird, berichtet: »als im ganzen vom 27. März bis 30. Juni 18 Personen (nur ein Mann, sonst lauter Weiber) zusammen accausiret, inhaftieret, examinieret, aufs Wasser teils geworfen, torquiert, condemnieret, und exequiert sein, in einer Zeit von drei Monaten largo gerechnet. Überhaupt kommen nicht acht Tage auf eine Person, wiewohl manchem wirklich nicht vier zu allem gegönnet. Es seien hierin so viel und enorme Informalitäten und Nullitäten, daß man im Grunde der Wahrheit sich wohl dessen kann, daß im obgemelten processibus criminalibus nicht der geringste passus justificabel sei.«

Wir haben einen Justizskandal vor uns. Die Frau des Grafen wohnt mehrfach Folterszenen bei. Aufgedeckt wird der Skandal durch den Pfarrer Linekogel aus Giekauz. Er ist von der Schuldlosigkeit der Opfer überzeugt und setzt sich unerschrocken für sie ein. Der katholisch gesinnte Christoph Rantzau stellt sich gegen ihn. Er verspricht einer Angeklagten das Leben und die Freiheit: »falls sie sich zum katholischen Glauben bekenne.«

Er hält die rücksichtslose Ausrottung des Ungeziefers für eine göttliche Aufgabe und beruft sich auf ähnliche Fälle »und hat man vielmehr, wie glaubhaft berichtet, auf der Nachbarschaft an verschiedenen Orten Gott von öffentlichen Kanzeln gedanket und gebeten, daß auch andere (nach der Schoelschen Exekution) ihr Amt und schuldige Pflichten in Acht nehmen und solche Unholden, um dadurch großer Seelen Leibes und andere Schaden zu verhüten, nach Gottes Befehl vertilgen und ausrotten möchten. Wie denn auch solches nach der Zeit auf der Nachbarschaft nach dem löblichen Exempel unserer Vorfahren auch nicht lang vor der Schmoeleischen Exekution an mehreren Orten in Holstein geschehen.«

Der Graf, der nach der Hinrichtung in die Rheinlande reist, wird ob seines Willküraktes vor die Glückstädter Kanzlei zitiert. Mit Berufung auf geistliche Übungen und seiner Vorbereitung auf das ewige Leben bittet er, ihn von dem ihm ungelegenen Prozeß zu befreien: »insonderheit bey diesem meinem Alter, da mich wichtige und angelegenere Sachen, um mich zu dieser glückseligen Ewigkeit voll zu disponieren zu thun habe, maßen denn alle anderen Geschäfte nicht dagegen seien.« Die Glückseligkeit der von ihm Geschundenen scheint ihm nicht viel zu bedeuten. Er wird vom Flensburger Landgericht zur Zahlung von 20 000 Talern verurteilt. »Zum besten des Preetzer Klosters und der Schleswiger Domkirche.« 6000 Taler muß er als Buße leisten.

Städtische Gerichtsbarkeit

Ursprünglich ist der Rechtsgang nicht kompliziert; mit den Ratsersuchen weitet er sich aus. Die Städte zeigen in den Hexenprozessen im allgemeinen Mäßigung und Zurückhaltung gegenüber den ländlichen Regionen. Das Stadtgericht fungiert als Kriminalgericht. Hier halten sich die Schöffgengerichte, die der Willkür der Patriomonialherren entgegenwirken. 1444 wird gesagt: »quandam mulierum divinatricem« verbrannt und ein Jahr darauf »incantarix« verbrannt.

In Hamburg wird Dr. Viet 1521 vermutlich im Zusammenhang mit Entbindungen als Zauberer verbrannt. Kunneke Bröckers und Gretje Helm sollen 1530 in Kiel durch ihre Zaubereien den Leuten geschadet haben. Sie werden verbrannt. Catharina Eggers, die Schwester des Stadtvogtes in Schleswig, steht seit drei Jahren (1551) im Gerücht der Zauberei. Der Bruder sucht sie zur Flucht zu bereden und der Vogt sucht einen Bürger zu überreden, mit ihr zu trinken und sie dabei zu vergiften. Sie bekennt unter der Folter, den Liebeszauber mit einem Kissen und eine Krankheit »angehext« zu haben. Sie wäre mehrfach nachts nackt auf einem Schlagbaum geritten und habe in die Türen von anderen Leuten hineinbgeblasen.« Sie besagt weitere und stirbt auf der Folter. Ihre Leiche wird verbrannt. 1555 werden in Hamburg 14

Frauen wegen Hexerei angeklagt und zwei von ihnen zu Tode gepeinigt, vier lebend verbrannt. Unter ihnen befindet sich die Vögtin von Hamm. 1556 werden in Hamburg ein Hexenmeister und seine Kameraden »auf Jacobi« verbrannt. 20 Jahre danach werden vier Hexen lebend verbrannt.

1580 streitet Claus Pawels mit Anneke Stuwen. Er stellt sich, um sie zu ärgern, besessen, worauf man die Struwen einzieht und foltert. Sie bleibt beständig. Dann erkennt man die Tücke des Denunzianten und entläßt die Beklagte. Wegen einer anderen Ehrensache wird sie später per Schwertschlag gerichtet. 1591 wird in Hamburg Methke Pouleur wegen Segnen, Böten und Abfall von Gott verbrannt. Drei Jahre danach wird Lemke Nipers wegen Hexereivergehen verbrannt.

Hexenprozeß in Plön

1602 findet ein Prozeß gegen eine alte der Zauberei verdächtige Frau statt. Der Besager beruft sich auf das böse Gerücht, in dem die Besagte lebt und auf diverse zauberartige Vorfälle.

- Sie sei in einem Haus gewesen und habe sich geheimnisvoll benommen: kurz danach wäre der Hausherr gestorben.
- Sie habe einem Knaben, der in einem Apfelbaum gesessen, gedroht; darauf sei er lahm geworden und gestorben.
- Sie wäre von einem Bauern gesehen worden, wie sie mitten in der Nacht auf einem Schlagbaum geritten sei.
- Beim Verhör wäre sie erschrocken gewesen und habe nicht weinen können.

Sie verlangt die Wasserprobe und Wagschale (?) als Beweismittel, um zur Folter zu gelangen. Obwohl sich der Verteidiger für sie einsetzt, wird sie verbrannt. Johann d. J. fordert ihr Gut.

Zwischen 1607–08 findet vor dem Lauenburger Hofgericht ein Prozeß gegen Telsche Clausen statt. Vor 17–15 Jahren wird sie von eingezogenen Hexen der Zauberei bezichtigt. Man legt ihr Pferde- und Schweineseuchen, Menschensterben und Kindbettunglück zur Last. »In ganz Ratzburg« steht sie im großen Geschrei und unzählige Zeugen treten wider sie auf. Dann schreitet man zur Folter und sie sagt am nächsten Tag: »sie habe alles nur aus Pein geredet.« Dann holt das Gericht ein Gutachten von der Jenaer Universität ein. Die Spezialisten raten zur nochmaligen Folter. Vor der Verbrennung erhält sie die Gnade des Heiligen Abendmahles und wird stranguliert. Ihre Leiche wird verbrannt.

1612 wird in Mölln Catharina Gnauetes auf Anklage eingezogen und sechs Wochen inhaftiert. Später räumt der Denunziant ein: »er habe sie lediglich aus Haß bezichtigt.« Abel Kruse aus Eckernförde kommt 1635 durch Besagung ins Geschrei. Man führt die Wasserprobe durch und unterzieht sie einer dreifachen Folter. Ohne Bekenntnis. Sie wird vor das Tor geführt und verbrannt. 1642 wird in Hamburg Gretje Wewers wegen des Teufelsbundes mit einem Schwert gerichtet. Ihre Leiche wird verbrannt. 1645 kommt es in Mölln zur Anklage gegen Kovahls. Über hundert Zeugen sagen gegen sie aus und dann wird hervorgehoben: »Das Weib hat sich stracks aufs Leugnen verlegt.« Leipziger Juristen erkennen auf die Folter und so ergeht das Urteil :»weil sie nicht gestanden, mit dem Teufel Gemeinschaft zu haben, Menschen, an Vieh und Gütern Schaden gethan, dennoch den hochgebenedeiten Namen Gottes leichtfertiger und schändlicher Weise mit pusten, segnen, böten und anderen losen Fantasien mehr gröblich mißbrauchet, solle sie des Städtleins Mölln und drei Feldscheide die Tage ihres Lebens billig verwiesen werden.« Sie wird in der Neujahrsnacht ausgewiesen.

1668 wird in Segeberg ein Mann wegen Sodomiterei und Hexerei angeklagt und des Teufelsbündnisses bezichtigt. Er stirbt im Gefängnis. Seine Frau bezichtigt man der Mittäterschaft. Sie sei zum Blocksberg bei Niendorf auf einem Haspelstück geritten und ihre Tochter sei auf einem Bock dorthin gekommen. Die 14jährige Tochter gesteht unter dem Druck der Folter die Buhlschaft mit dem Satan, der in der Gestalt eines kleinen Jungen zu ihr gekommen sei.

Die Fakultät rät, die junge Sünderin unter der Obhut eines Geistlichen zur Buße und Umkehr zu bewegen. Wenn sie reuig, solle man sie aber dennoch der Besserung halben mit zur Richtstätte führen, um den Brand der Mutter (mit)anzusehen, danach gestäupt und aus der Haft entlassen werden. Zeige sie keine Reue, geschehe ihr: »was Rechtens«. Eine andere Färbung zeigen die Hexenprozesse vor der

Klostergerichtsbarkeit

Lübeck und Preetz. 1591 St. Johannis Kloster Lübeck. »heft de wedige Frouwen Ebdissine ding unde recht tho Klotzin dorch den Vaget holen lasen.« Die Meisland (Beklagte) sagt: »daß sie mit dem bösen Geiste zwei Kinder gezeugt, die sie nachher umgebracht; sie habe dem Ankläger vier Pferde totgehext. Sie wird einen Monat in Haft gelassen und kommt gegen Bürgschaft frei.

1551 Kloster Lübeck. Heringsdorf. Hinrik Sleswik und seine Frau beschweren sich beim Klostervogt über die fälschliche Beschuldigung der Zauberei durch Clawes Buwmann. Ein Güteversuch des Klostervogtes schlägt fehl. Die Beschuldigten werden gefoltert und gestehen:

- Daß sie das Korn auf dem Feld bezaubert, Zauberei mit Topf und Ausgießen der zauberischen Flüssigkeit, sowie Milch-und Liebeszauber.
- Sie habe in ihrer Bilade einen Topf mit Zauberei aufbewahrt, auch ein Wachskind (?) und Quecksilber, Kälberknochen in einem Ameisenhaufen; um später damit zu zaubern. Das Urteil lautet: »men scholde se bede in dat Fuer werpen, unde barnen so tho Pulver unde Aschen det se sodann Daeth nicht mer deden, unde sick andere Christen daranna spegeln mochten.«

1581 Kloster Lübeck. Heringsdorf. Annelke Bumans, vermutlich von Verwandten besagt, wirft man »Zauberei mit Topf vor, in dem sich Pferdehaar, Hundehaar mit »unterbackne Rattenkrude (?) befinden« vor. Sie habe ihn in eine Sandkuhle gesetzt um das Vieh zu verderben. Die mit ihr Eingezogene, die Westphalsche (?) erhängt sich im Gefängnis mit der Schürze. Ihr Mann Jasper, der verdächtig scheint, sie ihr gebracht zu haben, muß sich mit seinen Kindern einem Gottesurteil unterziehen.

»se moten im Schien gan«. Sie müssen ohne Oberkleid an den Leichnam treten und werden – da er nicht blutete – vom Verdacht der Verleitung zum Selbstmord gereinigt. Beide Frauen werden zum Tod durch das Feuer verurteilt. 1643 wird einer Gretje Fineks Teufelsbuhlschaft vorgehalten. Sie habe Zauberei in »einem warm Bier ihres Sohnes zugebracht.« Sie gesteht eine Zusammenkunft mit sechs oder sieben Gesellen auf dem Schlesierberg. Bei den

Schöffengerichten Schleswigs

bleibt noch lange, dem jütischen Low entsprechend, vor den Hardesgerichten das Freischwören in Übung. Ein Fall aus Apenrade bezeugt, daß hier noch 1641–42 der Zwölf-Mannen-Eid üblich gewesen ist.

1641 erkennen vor dem Riesharder Ding, Hardesvogt und 12 Boden durch Marg. Kochs (verbrannt) besagte Christens zum Feuer, nachdem sie unter der Folter die Entweihung einer Hostie (sie soll sie in einen Kohlkof (?)) geworfen haben, gesteht.

Prozesse vor den Ämtern

(vor allem in Holstein).1590 klagt der Vogt Hans von Allern (Neumünster) gegen Elsche Dibbern, die seiner Frau eine langwierige Krankheit angehext haben soll. Der Verteidiger und Elsches Kinder erwirken eine Ermächtigung zu einem schriftlichen Verfahren und dann erkennt der Herzog auf die Vornahme der Folter. Sie beruft sich auf ihre Unschuld und wird freigesprochen.

1595. Neumünster. Der Amtmann weigert sich in einer Hexensache die Namen aller Besagten zu verlesen. Ein Gutachten aus Rostock gibt ihm Recht. Zugleich wird ein aufsässiger Bürger verurteilt, der das Ablesen verlangt und eine Revolte anzettelt. Der Anstifter und die Bürger werden zu Geldstrafen verurteilt.1638 wird in Wackenberge im Amt Bordesholm Anneke Drewes wegen der Be-

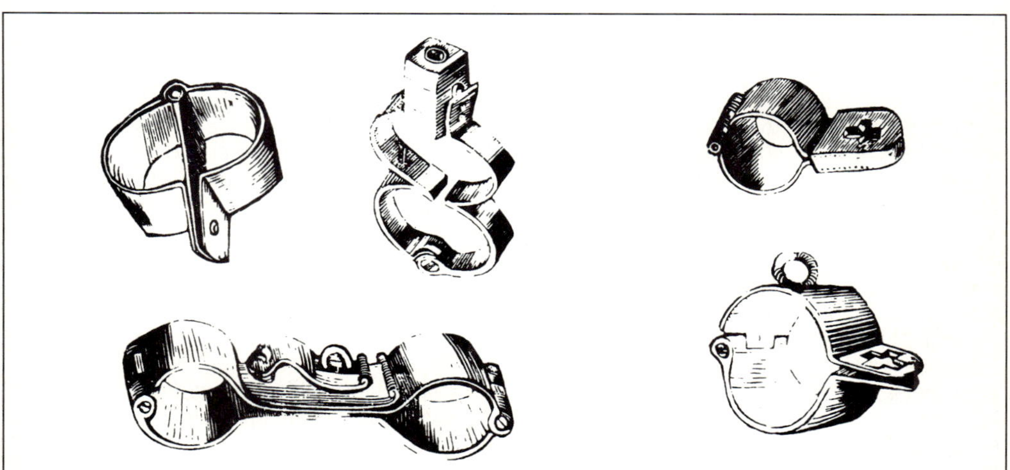

zauberung einer Schwangeren angeklagt, deren Kind nach $1\frac{1}{2}$ Jahren gestorben sei. Da sie unter der Folter nichts bekennt, wird sie freigesprochen, wogegen die Bauern protestieren: »man soll die Hexen nur foltern, sie hätten sonst noch des ärgsten von ihr zu befürchten.«

1639. Gadeland Amt Bordeholm. »in peinlichen Sachen Joachim Winken Clegern contra Anneke Heeschen bezichtigter Zauberei halber, erkennen die Holsten für recht, weiln Clegerin wider geschehen Verbott, daß sie als eine berüchtigte Person sich nicht sollte unterfangen, von den Leuten hin und wider etwas zu leihen, dennoch vom Klägers Frauensalz und Lichter begehrt, und sie ohn das für diesem von einer Zauberin außgelegt worden, soll in Gegenwart acht unparteilicher Männer der Scharfrichter sie auf das schärftse peinlich verhören und daferne sich nicht bekenne, sie alsdann aufs Wasser werfen, und das solche Wasserproben nicht würden helfen, sollte auf der Herrschaft Verwilligung mit der Peinigung gegen sie verfahren werden.« Der Herzog lehnt die Wasserprobe ab und plädiert für die Vornahme der Folter. Durch den Tod in der Büttelei entzieht sich sich weiteren Verfolgungen. Vermutlich wird sie unter einem Galgen verscharrt.

1643 Heyligenland. Arriens Marren sagt Anneke Sünkens: »Gespenst- und Zauberspuk« nach. Der Herzog weist die Verhaftung zurück und daraufhin wird Marrens »das Maul verboten.«

Verfolgungen auf Fehmarn

Es liegen aus dem 17. Jahrhundert zahlreiche Dokumente vor; sie verdeutlichen den epidemischen Charakter des Wütens. Der Pastor von Bauentorf schließt zwei verdächtige vom Abendmahl aus. Er redet ihnen noch in der Haft »hart zu«, die Teufelsbuhlschaft zu gestehen, anstatt sie zu trösten.

Der Erzbischof Johann Friedrich aus Lübeck ernennt 1626 zwei Inquisitoren. Zwischen 1639 und 1640 stehen nachweisbar 15 Hexen auf Fehmarn unter Anklage. Bei mindestens zehn von ihnen wird der Tod durch Verbrennen herbeigeführt. Trine Schölen wird viermal hintereinander »aufgezogen« und auf herzoglichen Befehl verbrannt. 1639 kommt es zu einem weiteren Verfahren.

Berend Nobis als Advokat in der Sache Hildebrand Sievers und eines Bürgers gegen Telsche Bulders in Burg auf Fehmarn. Sie trägt vor:

• Der Dorfbulle habe eines Tages eine Frau, die schwanger gewesen, auf der Straße so gestoßen, daß sie eine Frühgeburt hatte und dabei gestorben sei. Er schließe daraus, daß sie den Bullen verzaubert habe. Ein weiterer Kläger trägt vor: daß die Telsche sein Kind in der Wiege bezaubet hat. Aufgrund der Indizien wird sie verbrannt.

Prozeß gegen die Familie Lafrentzen

Ein Jacob Messerschmidt sagt sinngemäß: »er sehe wohl, wie es daherginge; die Reichen ließe man laufen, mit den Armen aber wollte man fort und wolte ersehen, wie ers wieder einmal machete.« Ganz stimmt das nicht, denn Gretje Lafrentzen, ihre Tochter Gretje Witten und deren Sohn Görgies werden besagt und in Haft genommen. Die Familie ist begütert und weigert sich, die Wasserprobe an sich vollziehen zu lassen. Dann willigen sie ein und schwimmen oben, was sie belastet. Gretje Witten bekennt nichts. Dann werden deren Mägde befragt und sprechen zu ihren Gunsten:

• Sie butterten als andere Leuthe, kriegten auch nicht mehr als andere. Es wäre wohl ein gemeiner Schnack gewesen, daß Gretje Witten viel gebuttert, sie hätten aber viele Kühe und Graß gehabt, wisse sonsten hiervon nichts.

Daraufhin wird sie freigesprochen. Görgies Lafrentzen leugnet (?) zunächst. Dann macht er unbedachte Äußerungen wegen des angeblichen Hexentanzes. Er flieht und wird gefaßt. Er bietet dem Wächter 40 Reichstaler als Bestechung, was er ausschlägt und so gelangt er wieder ins Gefängnis. Der Fluchtversuch wird gegen ihn ausgelegt. Dann legt er ein Geständnis ab. »Im übrigen wolle er bestendig pleiben, und gerne für seine Sünden leiden, pittet nur, daß man es nicht zu lange wehren möge.«

Seine Mutter sucht ihn zu entlasten und meint: »er möchte wohl seinen Verstand nicht haben ... wie vor vier Jahren.« Dann wird sie zum höchsten vermahnt zu bekennen und gesteht alles, das sie sich hinferner nicht mehr martern lassen wollte. Sie wird am 30. Januar 1651 mit ihrem Sohn verbrannt.

Zeitgleich liegt Telsche Silves in Haft. Sie leugnet und drängt auf die Vornahme der Wasserprobe. Es scheint sie so zu verstören, daß sie ein freiwilliges Geständnis ablegt, insonderheit, daß sie Gott verlassen und (sie sich) dem Teufel ergeben, wird sie Ende De-

So etwa stellen sich die spätmittelalterlichen Zeitgenossen den Teufel vor; mit weiblicher List und Krallenfüßen. Österr. Altarblatt des frühen 16. Jahrhundert.

Hexenprozesse vor Schleswig-Holsteinischen Gerichten (auszugsweise)*)

1482 Entweihung einer Hostie durch Eingraben im Kohlgarten, um die Ernte zu verbessern. Die Geistlichkeit des Eppendorfer Kosters läßt nachgraben und findet die Wurzel eines Kohlstrunkes »wie ein Kruzifix geformt«. Darauf wird die Besagte verbrannt. **(städt. Gerichtsbarkeit)**

1548 Lene Jürgens erscheint in Schleswig der Teufel als schwarzer Kater. Zauberei durch das Eingraben einer tönernen Kruke. Ihre Tochter Anna soll mit einem Wachsbild gezaubert haben, das ein Arzt in Flensburg getauft hat. Prozeß auf Anklage wegen Bezauberung »Angeklagte wurde auf einem aus 40 Trachten Holz bestehenden Scheiterhaufen an Pfähle gebunden und verbrannt. **(städt. Gerichtsbarkeit**

1551 Schleswig. Methke Framen habe mit 18 Zauberinnen einen Topf unter dem Stadttor eingegraben, damit die Stadt verarme. Sie wird verhört, peinlich befragt und zum Feuertod verurteilt. Als sie mit der Leiter in die Flammen stürzt ,ruft sie aus, daß sie unschuldig sei. Der Lektor am Dom rügt die Verfolgungswut des Vikars. **(städt. Gerichtsbarkeit)**

1551 (Heringsdorf) »up eher beide frigwillige Thastand und apanbare bekentnisse ist vor Recht erkant und afgesproken: man so holde se beede in dat Fuer werpen und barnen se tho Pulver un Aschen, dat se sodanne bose Daeth nicht mehr deden unde sick andere bose Christen daranne spegelen möchten.« **(Patrimonialgericht)**

1578 Mölln. Anke Becker wird des teuflischen Umganges angeklagt. Im Zusammenhang mit einem Ehebruch, begangen mit dem Knecht, der als Hauptzeuge in Erscheinung tritt. Der Ankläger läßt sich zur Bürgschaft festnehmen. Sie wird später verbrannt und er auf Urfehde hin entlassen. **(städt. Gerichtsbarkeit)**

1596 Flensburg. Aufgrund einer Besagung wird eine Frau von der Gemeinde der Zauberei bezichtigt und stirbt während der Folter. Sie wird verbrannt und eingescharrt. **(städt. Gerichtsbarkeit)**

1608 Vom Domkapitel in Schleswig wird eine Hexe eingezogen, nach Flensburg geschickt und verbrannt. Der Amtmann beschwert sich bei Herzog Joh. Adolf in Gottorp über die Eigenmächtigkeit der Domkapitelleute. Er berichtet über einen Zauberer, der in der Folter über allerhand Wundsegen und Zauberschnack gesprochen hat. **(städt. Gerichtsbarkeit)**

1609 Kloster Preetz. Ein Hexer der auf der Folter bekennt, achtmal auf einer Biertonne auf den Brocken gefahren zu sein, widerruft auf Anraten des Klosterprobstes Dietrich Blome, der ein Gutachten der Rostocker Juristen erwirkt. **(Klostergerichtsbarkeit)**

1614 Westerland-Föhr. Hardesvogt. 12 Bonden. Gundell Knudtssen. Auf Anklage von Boy Wagens. Sie hätte ihn verfolgt in einer Nacht mit einer Rotte anderer Hexen, so daß er, um sich zu wehren, mit einem Messer nach ihr gestochen. Die Löcher finden sich im Rock der Beklagten. Sie hat keine Erklärung dafür. Er entbietet sich zur Wasserprobe: »Wolle mit Klägers Mutter und Schwester aufs Wasser«. Sie wird gefoltert und verbrannt, weil ein Freischwören unmöglich ist. **(Schöffengericht Schleswig)**

1615 Heinrich Rantzau auf Altenhof bei Eckernförde läßt Abel Lafrenzen gefangen nehmen. Sie flieht und wird eingeholt. Der Haß des Gutsherren richtet sich gegen sie, weil er meint, daß sie sein Eheleben bezaubert hat. Er läßt sie auf einem Wagen nach Altenhof bringen und auf dem Boden des Gutshauses so lange foltern, bis sie an den Folgen stirbt. Die Verwandten klagen beim König. **(Patrimonialgericht)**

1617 Bordeholm. Anne Lange wird des Padens und Bötens bezichtigt. Sie besagt zwei Frauen: »daß sie dem Detleffen die Krankheit angehext haben«. Sie wird gefoltert und von dem Holsten zum Feuertod verurteilt. **(Amt Holstein)**

1622 Gemeinde Markelsdorf. Simon Voß Frau. Von Bauern wegen Zauberei bezichtigt. Gegen Kaution (von ihnen) eingezogen und mehrfach gefoltert. Bleibt ohne Geständnis. Sie wird des Landes verwiesen, wieder eingezogen, wieder verhört. Dann gestorben und unter einem Galgen verscharrt. Der Ehemann will prozessieren. **(Urteil aus Fehmarn)**

1631 Hamburg. Heinrich Küsch »konnte sich zum Werwolf machen«. Zwischen den Toren gerichtet. Er hat einen Mensch erstochen. **(städt. Gerichtsbarkeit)**

1634 Bordeholm. Anneke Blunke wird gefoltert und stirbt im Gefängnis. »Ist danach unter dem Galgen verscharrt.« **(Amt Holstein)**

1639 Reinbek. Im Dorf Siek herrscht die Pest. Weil sich die Bürger nicht mehr wegen der umgreifenden Seuche zu helfen wissen, umziehen sie mit einem Erbschlüssel nachts mit einem Pflug das Haus. Bald danach sterben die Burschen, die den Pflug gezogen haben. Das Urteil lautet: »die abgöttischen Weiber 14 Tage bei Wasser und Brot einzuziehen und ihnen eine ansenhliche Geldbuße nach Gottorp senden.« **(Amtsurteil)**

1641 Sterup. Sonje Markes wird durch zwei Ankläger zur Haft gebracht. Sie muß die Wasserprobe über sich ergehen lassen und wird gefoltert. Sie gesteht den Teufelsbund und -verkehr. Sie habe nach einer Trommel mit drei Weibern getanzt; mit ihnen Menschenmorde und Viehschäden begangen. Sie wird verbrannt. **(Amtsurteil)**

1643 Gretje Petersen wird wegen Zauberei angeklagt. Sie bekennt unter der Folter den Teufelsbund und die Buhlschaft. Nachttanz bei Petersdorf. Sie besagt acht weitere, die ebenfalls inhaftiert sind. Man hat sie verbrannt, nachdem ihr Bekenntnis auf dem Markt verlesen worden ist. **(Urteil aus Fehmarn)**

1647 Amt Rendsburg. Albelke Heeschen wird von ihrem Bräutigam bezichtigt, daß sie sich in einen Werwolf verwandeln könne. »Darum könne er siche nicht heiraten.« **(Amtsurteil)**

1651 Tremsbüttel., Peter Goldbeck als Verursacher einer Pferdeseuche angeklagt. Er bekennt während der Folter Segensprüche und wähnt sich im Besitz eines Teufelsbuches. Er wird zum Tod durch das Feuer verurteilt, vom Hofgericht aber begnadigt :»weil er mehrere wohlerzogene Kinder hat und (weil er nicht gewußt), daß er mit dem Segensprechen Böses getan. Die Leiche wird nach dem Enthaupten verbrannt. **(Amtsurteil)**

1666 Kiel. Die Tochter der Abel Beckmann ist tobsüchtig. Nach dem Glauben der Zeit vom Teufel bessen, besagt sie ein Weib, das ihr den Teufel in den Leib gehext haben soll. Der Rat sagt: »wir wollen nur, daß Abel Beckmann aus der Stadt wäre, so hätte der Hexenschnack ein Ende.« **(städt. Gerichtsbarkeit)**

1667 Tremsbüttel. Hier wird eine Frau als Hexe verbrannt, die Grete Offen (Lütjenhansdorf) besagt hat. Den dortigen Bürgern kommt es gerade recht. Sie wird eingezogen und gefoltert. Sie bekennt Unzucht mit einem Teufel in Hundegestalt, Segnen und Böten. **(Amtsurteil)**

1668 Kiel. Trinke Gieren und Trinke Hafen; Ausweisungen wegen Hexerei. Beim Auszug aus der Stadt vom Pöbel zu Tode gesteinigt. **(städt. Gerichtsbarkeit)**

1668 Adeliges Gut Steinrade. Auf Anklage werden zwei Frauen eingezogen und die Bevölkerung drängt auf die Wasserprobe. Sie wird durchgeführt und bei einer von ihnen wird auf die Folter erkannt, nachdem man ihr vorwirft, mit einem Engel gebuhlt zu haben, der ihr in einem seidenen Röckchen in der Größe einer Kanne auf dem Feld erschienen sei. **(Patrimonialgericht)**

1669 Stuvenhorn, Amt Trittau) Hans Ahrend hat eine Frau wegen Zauberei bezichtigt und ihr nicht erweisen können. Er traktiert die Besagte so übel mit Schlägen, daß sie wenige Tage danach stirbt und im Feld verscharrt wird. Der Schläger wird mit 100 Reichstalern belegt. **(Amtsurteil)**

1690 Junker Dominikus von Uffeln zu Basthorst gegen Gerderut Timm. Aus persönlichem Haß wird sie vom Junker der Zauberei verdächtigt und eingezogen. Ihr Mann protestiert beim Lauenburger Hofgericht und drängt auf eine Untersuchung des Willküraktes. **(Patrimonialgericht)**

1701 Das Kloster klagt gegen die Wunderdoktorin Abel Hansen. Sie gilt als heilkundig. Abel betreibt das Wassersehen und gerät durch ein Uringlas in den Verdacht der Hexerei; zudem wird ihr der Tod eines Kutschers angelastet, der betrunken vom Bock gefallen ist. Sie bekennt sich zu harmlosen Sprüchen und zur Bauernkunst. Daraufhin wird sie zu sechs Wochen Gefängnis verurteilt. **(Klostergerichtsbarkeit)**

1702 Mölln. Auf dem Heimweg vom Rathaus kommen Männer in Streit. Sie schelten die Mutter des Andreas Runge als Hexenmeisterin. Sie ist eine Bademutter (Hebamme). Der Scheltende wird zu drei Reichstalern Brüche verurteilt. **(städt. Gerichtsbarkeit)**

*) Zusammengestellt nach den Recherchen von Heberlin: Zauberei und Hexenprozesse in Schleswig-Holstein- Lauenburg. Schleswig. 1915

zember verbrannt. 1651 sagt Detje Serkes: sie wolle nicht wieder nachhause, auch wolle sie ihr Mann nicht wieder bei sich haben. So würde sie Gott im Himmel aufnehmen...sie wolle darauf gerne fröhlich sterben und zu Gott ihrem himmlischen Vater fahren.« Sie wird am 28. Januar 1651 verbrannt. In der Region halten sich die Hexenverfolgungen lange. Die Brände in der Reichsgrafschaft Rantzau auf den Gütern Schmöle und Övelgönne 1686 nehmen dramatische Formen an. 1711 findet ein später Prozeß in Schleswig Holstein statt. Er richtet sich gegen die Wunderdoktorin Abel Jansen aus Preetz. Sie wird aufgrund eines Leipziger Gutachtens zu sechs Wochen Haft und Kostenübernahme verpflichtet. 1735 wird ein Prozeß vor dem Gericht des Klosters Preetz geführt.

Mitteldeutschland
—
Schlesien
—
Ostalpenraum

Inhalt

Sachsen[1)]

Hier erscheint 1669 das Werk *Blocks-Berges-Verrichtung ... in Gleichen von der Hexenfahrt und Zauber-Sabbath* von Johann Praetorius (Leipzig), der sich nachsagen lassen muß: »nirgends ist mehr Unsinn mit mehr Methode und innerem Behagen zubereitet, als auf den 582 Seiten dieses Machwerkes, zu dessen Titel der Brocken mißbraucht wurde.«

Er bezieht sich wohl auf die Region Magdeburg, den Harz, die Altmark und die braunschweigisch-hannoverschen Randgebiete. Schwerpunkte waren wohl 1561 Göttingen, Salzgitter und dann vor allem Quedlinburg 1569/98, wo etwa 30 Fälle bekannt werden: 1574 nochmals Quedlinburg. Ob es hier zu Massenhinrichtungen gekommen ist, ist unklar.

Bischof Heinrich Julius von Halberstadt (1566 bis 1613) gilt als Hexenverfolger. Am schlimmsten steht die Sache in Wolfenbüttel. »Im Lechelnholze wurden an einem Tage oft mehr als 12 Hexen verbrannt, und man sah stellenweise nur verkohlte Baumstämme.« Nicht so extrem unter Herzog Julius.

Dr. Bockleius, sein Leibarzt und Prof. an der neugegründeten Universität Helmstedt, stellt ihm das Zeugnis aus: »er habe Mitleid mit den armen, unglücklichen Weibern gehabt und habe nicht glauben können, daß diese hilf-und machtlosen Leute so schreckliche Verbrechen vollbringen können und habe vorsichtige und milde Behandlung angeordnet.«

Schlimmer wird es unter seinem Sohn Heinrich Julius (1589–1619) von dem die Leichenpredigt rühmt: »er habe Hexen und Zauberer dem Worte Gottes gemäß recht strenge bestraft.« 1593 schärft er Predigern ein: »der Zauberei und Abgötterei nicht durch die Finger zu sehen.«

Auch in Lüneburg mehren sich die Prozesse im 17. Jahrhundert. Der Pastor Krüger in Hitzacker klagt: »wie viele Sorgen und Tränen ihm die Hinrichtungen gemacht haben.«

Der Scharfrichter von Wolfenbüttel soll berühmt gewesen sein. 1601 hören wir Christo Niebuer aus Mauderode, den man in Werningerode wegen Zauberei gefoltert hat: »alß ehr gefenglich angenommen, ehr wolle nicht gerne, daß er gen Wolfenbüttel kommen möchte, sintemal der Herzogk vielen armen leuthen zu wehe thäte.« Emer Kreismars wird nach der Folter gedroht: »wenn sie nicht gestehe, wolle man sie nach Wolfenbüttel schikken«, worauf sie bekennt.

Versammlung auf dem Blocksberg. In einem weiten Bogen kommen die Paare um die Bergspitze. Immer ist ein Buhle dabei. In der Mitte sitzt auf einem Thron der Bock, dem eine Hexe den Hintern küßt. In den Bildecken Hexenflug, Abwerfen einer Hexe und eine Hexenbuhlschaft. Holzschnitt aus dem 17. Jahrhundert.

Anklagen und Geständnisse

1592 erhängt sich in Magdeburg eine reiche Kaufmannsfrau, die man wegen Hexerei bezichtigt hat. 1597 erhängt sich die alte Heinmann im Gefängnis, weil sie in der Folter ihre Tochter als Hexe angegeben hat. Man verbrennt in Braunschweig 1639 Annecken, Heinr. Ulrichs Frau und ein kleines Kind wegen Hexerei.

1664 wird in Hildesheim ein Junge gerichtet, weil er den »Leib einer Katze annehmen« und ein Mädchen »weil es sich unsichtbar machen konnte.« In der Region sind Anklagen gegen Männer selten. 1544 wird ein Hirte wegen seines Umganges mit der Schwarzen Kunst gefoltert.

Vergiftungen und Böten

Die ältesten Anklagen werfen Zauberinnen Vergiftungen vor. In Oscherleben werden 1492 Grete Blomen und die Hinrik Rhygerdesche zum Tod verurteilt. Ihnen wird zur Last gelegt, daß sie Cord Papen zu Tode gebracht haben.

1540 wird in Elbingerode gesagt: »Sie und die Hertische haben Henning Dumen vor die thor gegoßßen daß seyn sihe (sein) viehe und pferde verstorben. Krothen, Mulche unde Schlangen bornen sie zw. pulver vnd kochens vmb gissen es den leuthen vor die thor; geschicht aber alles myt dem Teufel.«

Margarete Diesing wird beschuldigt, zwei kleinen Kindern durch Zauberei eine Krankheit angehext zu haben. Die Frau des Marktmeisters sagt aus: »daß die Angeklagte am letzten Freitag in ihr Haus zu der Frau Unger gekommen sei, um sich nach dem Befinden des Patchens (Patenkindes) ihres Mannes zu erkundigen. Dabei habe sie das eine Kind ans Bein gefaßt. In der folgenden Nacht seien die Zwillinge erkrankt und am Morgen gestorben. Beim Begräbnis wäre Margarete ängstlich gewesen. Sie habe immer so getan, als ob sie weine, man hätte aber keine Träne beobachten können.«

Der Marktmeister gibt an, »daß am vorigen Sonntagabend ein großer Klumpen Feuer aus des Schmiedes Haus gekommen sei und nach dem Calbeschen Tore zugeflogen.« (Feuerbrache!) 1597 wird

Ilse Heinemann

das Arbeiten mit Gift vorgeworfen und einer Anna, Gerge Thalmanns Weib wird nachgesagt, Andres Heyroths Frau behext zu haben. Sie sei daran gestorben. Die Zeugin Magdalene Mast fügt hinzu: »daß sie selbst von der Angeklagten behext worden sei durch einen Kloß, den ihr Anna Thalmann gegeben habe.« In Rohrsheim soll Ilse Heinemann anderen Leuten Teufelchen in den Bart gehext haben.

1522 werden in Gardelegen drei Zauberinnen verbrannt, die unter anderem Männer getötet haben sollen. Hans Herbergs Frau aus Tarthun bei Engeln wird beschuldigt, den bösen Geist in eine besessene Frau gezaubert zu haben. In einem Quedlinburger Prozeß gegen die Odische aus Ditfurt wird 1575 gesagt:

- daß Ir der blume, acht bar gute holliche überlassen, und Ir gelernet, daß sie dieselben den leutten solle zubringen. Sollen cleine dinger Spannen hoch sein. Rot zeug an handen wie haraus, ein Angesicht wie eine halbe Ruß und kleine Hände als meddel. Und Plaulichtlein von innen.«
- Die habe sie gerufen mit Namen Undererdische, Obererdische, Zwarche, Zwergin, Alb und Elbin. Fare in die oder in des Teufels Namen und verderbe oder martere den oder die.« Dies konnte sie auch wiederumb absegnen.
- Ferner bekennet sie, daß sie also die Leute damit in Armen, Beynen, Heubte und gantzen Leibe gemartert. Insonderheit bekennet sie, daß sie Agnesen sonders 2 bar derselben Ins leib gebracht, und mit den worthen »das kind solle ihrer nimmer loß werden. Die haben es zu Tode gemartert, daß es davon gestorben.«

In der Bierstadt Gardelegen werden 1544 fünf Übeltäter verbrannt, die Bürgern und Brauern Schaden zugefügt haben. Dann kommt ein Fall vom Buttermachen vor. In Magdeburg wird 1592 »eine alte Zauberin verbrannt, die der Ehehälfte eines Bürgermeisters den Alb sollte zugebracht haben, daß selbiger große Schmerzen verursachte.« Im Elbingeroder Prozeß 1640 wird von einer Gefolterten zugegeben:

- »daß sie ungefehrlich von 5 oder 6 Jahren sampt der Pfugische, Großen Hansens weyb, vnd der Steinkuhlschen aufm Wolfhayn beyeinander gewest vnd Titelothen gemacht, darmyt sie den leuten ehre melch genohmen.« Eine andere sagt:
- »daß sie im nechst vergangenen Sommer lenger dan in vier Wochen kein kese habe machen konnen; da hab sie die melch in aller teuffel nahmen vber gehangen holtz, auch in dem nahmen, von yhrem zaune gebrochen vnd fewer darunter gemacht, die melch also daß sie allenthalben vbergelaufen, gekocht vnd myt einer mystgabeln gerurth, darmyt sie der Brunschen unter den Augen, als ob sie im fewer gelegen, vorbrandt. Solches hab sie von valten Pflugs weyb gelehrnt.«

Wie sie zum Bündnis mit dem Satan gekommen sei, erzählt die Greisin Marie Kladin aus Oldisleben auf der Folter:

- »Es wäre bei Brünn, woselbst damals das Feldlager gewesen, vor mehr als 30 Jahren der böse Geist im schwarzen Kleide, auch Stiefel und Sporn, als eben ihr Mann Wache gehabt, zu ihr gekommen«
- Auch hätte sie den lieben Gott in des Teufels Namen verleugnen, 3 Schritte zurück und 3 wieder vor sich gehen müssen, darauf (habe) ihr der böse Feind eine Semmel gegeben, welche nicht wohl geschmecket, und sie getauft aus einer Flaschen, welche er bei sich gehabt, hätte sie auch in ihrem Namen, Anna Mariechen, genannt, sich selbst aber Hans geheißen.

• Er wäre dann zum Oefteren bei ihr gewesen und Unzucht getrieben. Wenn sie zum Tanze kommen sollen, wäre der böse Feind zu ihr kommen im rauhen Pelz und hätte sie geführt auf den »Brockelsberg.«

Orthia Lindemann

aus Egeln sagt: »Sie habe vor 14 Jahren einen Teufelsbuhlen in der Gestalt eines Schneidergesellen bekommen, sich damit in Abwesenheit ihres Mannes verbunden, und einen Gulden von ihm erhalten, dessen Gepräge auf einer Seite drei Eicheln gewesen. Mit diesem Teufelsbuhlen habe sie gute Hollen gezeugt und dieselben in einem Holunderbusch im Knick, an Nettal vergraben.« 1687 hat

Susanne Neylmanns

aus Arendsee gestanden: »daß ihr von Ilsen Behrends der Satan in der Gestalt eines schwarz gekleideten Kerls zugebracht, welchen sie als ihren Buhlen angenommen, hingegen dem großen Gott abgesagt, nachher der Satan fast alle Nacht zu ihr gekommen, davon sie zu unterschiedenen malen 14 Heyderen (?) geboren.« 1597 bekennt die

Frohböse aus Rohrsheim

• Sie habe einen Teufel namens Rupprecht zum Liebhaber gehabt; er habe einen schwarzen Rock und einen Hut mit grünem Federbusche getragen und Krähenfüsse besessen.

• Wenn derselbe zuweilen widerspenstig gewesen, habe sie ihn mit Garn, so sie auf dem Kirchhofe gesponnen, gefesselt und er wäre sodann flugs zu Kreuze gekrochen.

• Bei dem Hexen- und Teufelstanze auf dem Deersheimer Kreuzweg habe ein Teufel auf einer Hummel (Art Dudelsack) gespielt.

Vom Deersheimer Kirchhof als Hexentanzplatz hört man aus dem Prozeß gegen die Witwe Lichtenberg: »der Vogt zu Rohrsheim gab an, ein Bauer habe gesehen, wie die Lichtenbergen mit 18 anderen Hexen hier einen Teufelstanz gehalten.«

Begnadigungen

Im Kloster Neuendorf in der Altmark war 1671 die Magd Katharina Stampeels aus Möenthien wegen Teufelsbündnis verurteilt. Sie soll mit dem Schwert vom Leben zum Tode gerichtet werden. Der Leichnam ist zu verbrennen. Jedoch wird das Urteil abgeändert in lebenslängliche Gefangenschaft bei notdürftiger Kleidung und Ernährung und dabei verordnet: »daß die Prediger sie öfters besuchen, treulich aus Gottes Wort unterrichten, und sorgfältig darauf acht geben sollen, daß sie nicht wieder vom Satan verstrickt werde.«

Marie Kladin aus Oldisleben ist ebenfalls zum Tod durch Verbrennen verurteilt. Herzog Johann Ernst zu Sachsen bestätigt es, fügt aber dem offiziellen Schreiben bei: »auch, lieber, getreuer, Wollest Du dem Scharfrichter andeuten, daß er die arme Sünderin bei der Exekution nicht allzulang quälen, sondern ihr mit dem Strange oder auf ander Weise zeitig abhelfe. Daran geschieht unsere Meinung.«

Es gibt eine Mahnung an die Untersuchungsrichter aus einer Denkschrift des Gräfl. Stolbergischen Rates an den Grafen Johann Martin (1638–69): »bey dergleichen wichtigen Sachen behutsamer und legalischer zu verfahren, damit das Böse erkundiget und bestrafet, die Unschuldigen aber mit dergleichen Registraturen und protocolliren in solcher Völlerey, da man mit alte(n) Donner, Drachen, Huren und Erz-Hexen umb sich wirfft, nicht beschweret werden mögen.« Von Interesse ist der Prozeß gegen die

Güldenpfennigsche

aus Ackendorf bei Gardelegen. Sie wird von 24 Dorfbewohnern besagt, die als Zeugen vernommen werden. Ihr Leumund wird hinterfragt, ob sie mit dem Böten umgehe und was von deren Segen zu halten sei, ob man sie nicht wegen Zauberei im Verdacht halte, ob es stimme, »daß es mit ihr nicht richtig sei« und ob sie nicht Unglück – wie z. B. das Sterben von Vieh – verursacht habe? Einer trägt vor:

• Sie wäre Bademutter gewesen und hätte hin und wieder »geböhtet.« Vor drei Jahren habe sie seinem Kind geholfen; auch seinem Vetter, der ihm in der Ernte erkrankt sei, hätte ihr Böthen geheilt ... wie es in ihrem Herzen aussehe, wisse er nicht.« Clara (die sich im Gefängnis zu Kloster Neuendorf umgebracht) hätte ihm ein paarmal geholfen.

• »Einer sagt nichts Gutes von ihr, der andere auch nicht. Den Leuten graut vor ihr, sie möchte ihnen Schaden tun, wenn sie wieder loskäme. Es wäre wohl kein Mensch im Dorfe, der darum beten würde, als ihre Kinder.«

• Arend Krügers Frau, Witwe, gebe den Tod ihres Mannes auf keine andere als auf die G. Er möchte sonst wohl noch leben und das hätte die Witwe vor acht Tagen noch gesagt. Ein anderer sagt:

- »Theodor Schmidt wäre in der Nachbarschaft gewesen, wäre iretwegen weggezogen; es wäre ihm die Frau gestorben, so er auf die Güldenpfennigsche gegeben.«

Dann besagt sie der Ratsdiener Jürgen Thiede aus Gardelegen:

- Sie wäre vor etwa drei Wochen in sein Haus gekommen und habe bei seiner Frau gesessen. Dann habe die Beklagte zu ihr gesagt: »Ihr habt einen wunderlichen Mann. Wie könnt Ihr damit zurecht kommen? Er wird noch wunderlicher werden.«
- Des folgenden Tages nächtig um halbwege zwölf kommen ein Haufen schwarze Katzen, die brennende Augen als Lichter gehabt und springen in die Höhe als Hunde. Zwei und zwei nebeneinander und gegen ihn und die Kinderbetten. Die Kinder hätten schrecklich geschrieen und habe er sie eben gesehen, weil etzliche Löcher im Hause, da der Schein, das Sternenlicht und nicht dunkel, hineingegangen.
- Er sei nach dem Katzengeschrei krank gewesen, als wenn er fort sollte (sterben müßte) und nicht recht bei Sinnen gewesen. »Es zwicke und reiße ihn in seinen Armen und zupfe ihn an seinem Haar, Lenden und Bauch. Gott der Herr würde (die G.) wohl züchtigen und ihm seine gesunden Glieder wiedergeben.« Dann behauptet Kersten Wienke aus Estedt:
- »Die Angeklagte habe ihm die bösen Dinger (Elben) zugewiesen.«

Jetzt stellt die juristische Fakultät Helmstedt einen Katalog zusammen, über den die Inquisitin gütlich und ggf. peinlich zu fragen sei. Da sie ihre Unschuld beteuert »und hat fast nichts gestehen wollen, ohn geachtet sie bei der Herrn Inspektoren Vernehmung sehr geweinet, ihre Tränen häufig vergossen, die Hände zusammengeschlagen und sich kläglich gestellet, ist sie bald danach halsstarrig gewesen.«

Hierauf ist sie die folgende Nacht mit dem Scharfrichter und dessen Instrumenten terrieret und geschrecket worden; doch ist sie bei ihrer Aussage verblieben. Eine zweite Folter endet mit ihrer Ohnmacht, worauf sie abgebrochen wird. Der Ausgang des Verfahrens ist unbekannt.

Teufelshuren von Burg

Im Staatsarchiv Magdeburg befand sich die *Aktis durch Hinrichtung einer Zauberin in der Stadt Burg entstandenen Unruhen und Fehden, auch Beschwerden, wider den Magistrat betreffend. Erzstift Magdeburg.* Sie enthält Berichte des Burger Magistrates an den damaligen Administrator Christian Wilhelm und Eingaben der Angehörigen der beschuldigten Frauen an den Landesherrn. Hier geht die Verfolgung von »unten« nach »oben«, was sich mit anderen Regionen deckt. Soweit erkennbar, hat er auf der Folter »etlicher gueter ehrlicher Ambtspersonen, Ehefrauen und Kinder« besagt.

Da sich der Rat zögerlich verhält, entstehen Tumulte im Ort. Man schlägt nachts Zettel an und es wird gesagt: »solchs zu vollstrecken derselbe Mordgeist aus einen besessenen Mädchen, zweien Weiber, Alß die Schillsche (so verbrannt) und die Zabelin, so noch in Hafften, besaget, welche Zabelin ungeachtet sie in der peinlichen Erkundigung nichts bekanndt, nachhero auf gütlich Befragung sich schuldig gegeben. Und aus desselben Geistes getrieb andere Weiber wiederumb beschmutzet und verleumdet. Alß ob Sie derselben Teufell Zugesacht und wie es sich läßt ersehen, auß sonderlicher boshaftiger Vorsetzlichkeit.«

Die Unterzeichner versuchen eine Abschrift der Akten zu erlangen und möchten zur Verteidigung der Besagten zugelassen werden. Da platzt eine Bombe im Stadtrat: »daß man hier am Orte mit etlichen Frauen gar übel umgegangen sei, daß man dieselben nicht ein- sondern zwei- und dreimal gefoltert, um der Justiz Genüge zu tun und (wie bei der Kreuzigung des Herrn) das Volk zu beruhigen.« Die Eingabe scheint wenig Erfolg gehabt zu haben, wodurch die Erregung zunimmt; Angehörige wollen die Beklagten schützen und die Besager wollen sie auf den Scheiterhaufen zerren. Jetzt häufen sich Fehde- und Brandbriefe. Dann beschießen Unruhestifter die Stadt mit Brandpfeilen.

Am folgenden Morgen wird die Bürgerschaft von den Kanzeln ermahnt, gut zu wachen und die Befehder anzuzeigen »bei Leibesstrafe«, denn am gleichen Nachmittag finden eine Magd und Einwohnerin eine brennende Lunte im Strohdach eines Hauses; ein Brand kann verhindert werden.

Jetzt rotten sich in höchster Erregung 100 Bürger zusammen und stürmen das Rathaus, um Rechenschaft zu fordern: »Denn die Ursache der Befehdungen rüre nur wegen der Teufelshuren her inmassen der Befehdungsbrief bezeuge. Nun hätte die verbrannte Zabelsche auf die noch gefangenen beiden Weiber Christianen Ballins und Annen Dietzes bekannt, wäre auch darauf gestorben und hätte für die Caspar Exinnen öffentlich für Gericht angerufen. Und ließen die Herren sie dennoch nicht torquieren oder hinrichten, sondern müßte noch große Weitläufigkeit und kostbare Prozesse mit den gedachten Weibern gehalten werden; haben derwegen begehret zu wissen, woran es mangle; und wer dannhero sich also widersetzen möchte, daß man zur Exekution nicht gelangen könne.«

Jetzt beschließen die Einfältigen, sich mit einer Petition an den Landesvater zu wenden in der »Ungezweifelten Hoffnung, er möge gnädigst geruhen, ihre äußerste große Noth und Gefahr zu beherzigen und zu schleunigster Verfahrung wider die gefangenen Zauberweiber den Defensoren alle Weitläufigkeiten abzuschreiben.«

Thüringen

Hier lassen sich im Zeitraum von etwa 150 Jahren ca. 150 Verfahren dokumentieren, wobei sie sich auf die Regionen Eisenach und Dermbach konzentrieren. In der Grafschaft Henneberg finden während der Jahre 1597 bis 1676 mindestens 197 Prozesse gegen angebliche Hexen statt. Das Herzogtum Sachsen-Gotha – unter Ernst dem Frommen (1640 bis 1675) – ist prozeßarm. Im Amt Georgenthal macht sich das Wüten des fanatisierten Amtmannes Benedikt Leo bemerkbar, was zu einer höheren Prozeßfolge führt.

Grundlage sind Besagungen von Personen mit überwiegend kritischem Leumund, Witwen und Gemütskranke, die am Rand des sozialen Netzes leben und vor allem ältere. Die älteste Besagte ist über 70 Jahre alt. Einem 18jährigen wird im Alter von acht Jahren von seiner verwahrlosten Mutter das Hexen gelernt. Der Anteil der Frauen ist hoch. Unter den Genannten befinden sich 50 Ehefrauen, 26 Witwen und 12 Jungfern. Fast alle sind geringen Standes: Maurers-, Tagelöhners- und Hirtenfrauen. Eine Ausnahme bildet eine Pfarrfrau. Oft geben Pfarrer Zeugnis von den Besagten:

- Da wird eine alte als einfältig bezeichnet, die nicht lesen und schreiben kann, die vom Katechismus wenig weiß, mit der der Pfarrer »aber sonst« zufrieden ist.
- Vom Kreuzburger Hermann wird gesagt: »er gehe wenig zum Abendmahl und nicht zum Katechismusunterricht. Zudem wäre er zänkisch.«

Auch hier bleiben sexuelle Komponenten nicht aus. Einer Frau wird unterstellt, »daß sie Speichel auf die Geschlechtsteile eines Kindes gespritzt habe.« Anna Haym aus Stadtlengsfeld, die man verbrannt hat, empfindet den Beischlaf mit dem Buhlen so heftig, daß sie sagt: »Du wirst mir den ... zerreißen.« Eine Scharbdaer Dirne ereilt das Hexenschicksal.

Häufig erscheint in der Region ein Feuerdrache im Verlauf der Prozesse und der Aberglaube grassiert. »Ich scheiß dir in die Bakken/dann kriegst du was zu knacken« wird Anna Lünich aus Kreuzburg als Zauberspruch ausgelegt.

Schreibt doch ein Pfarrer ins Kirchenbuch: »den 31. Mai 1611 begraben Fuhrclausen Weib, Margareta; hatte länger alß 1 Jahr krank gelegen, also daß sie die Löcher im Rücken gelegen. Solche schwere langwierige Krankheit war diesem frommen Weibe von ihrer bösen Nachbarin, Gela Habersang, angezaubert worden, wie solche Zäuberin in der Tortur zu Creutzburgk bekannt, und darauf verbrannt worden. Hatte auch dem Manne sc. fuhr Clausen 25 stattliche Pferde totgezaubert.«

Der Kreuzburger Hermann wird von einer Besagten als Wagenlenker bei einer Fahrt zum Hexentanzplatz erwähnt und einer in der Wirtschaft nennt ihn »Drachenmann« was einer Vorverurteilung gleichkommt.

Da liegt 26 Wochen ein Sohn krank, deren Mutter ihm zauberhafte Mittel gegeben haben soll. Ihr Mann sperrt sie in den Schweinskoben und der Richter vernimmt sie als Hexe. Die Beklagte wird schwermütig und stirbt. Mancher Sohn hält seine Mutter für eine Hexe.

Juristische Aspekte/Gerichtsstätten

Über allem schwebt der Jenaer Schöppenstuhl. In der Region führen die Amtmänner das Zepter, denen Gerichtspersonal zur Verfügung steht. Anna Küchenmeister sucht sich ihrer Verhaftung durch einen Sprung ins Wasser zu entziehen, bleibt aber am Ast eines Baumes hängen.

Das Gefängnis befindet sich im Amtshaus. Da in Kreuzburg 1632 das Schloß verbrennt, sitzt eine als Hexe Besagte im Klostertor. In Berka a.d. Werra dient das Weinhaus als Gerichtsstätte und Gefängnis. Im Turm der dortigen Kirchenburg schmachten Gefangene. In Eisenach sitzen sie im Alten Rathaus und in Stadttürmen. Bei extremer Kälte werden sie auf Landknechtsstuben gelegt und einmal klagt ein Weib darüber: »daß eine solche (Person) seine Notdurft nicht in der dazu bestimmten Ecke verrichtet habe.« Der Regelfall eines Prozesses läßt sich am Beispiel der

Margarethe Diemar aus Ostheim dokumentieren. Sie wird 1661 wegen »üblicher« Hexentaten besagt. Zunächst wird sie von ihrem Mann geschützt. Dann erfährt der Schultheiß davon und berichtet dem Amtmann. Er vernimmt die Zeugen und daraus formiert sich ein Fragenkatalog, der den meisten Besagten zum Verhängnis wird. Nun wird das Material Jenaer Schöppen zugestellt und in der Regel ergeht von dort die Anweisung zur Verhaftung. Dann werden Angeklagte und Zeugen konfrontiert und jetzt erfolgt in der Regel die Anweisung zur peinlichen Frage, um die Wahrheit zu ergründen. Sie wird sechs Stunden gefoltert. Grundlage ist im wesentlichen die *Hexenprozeßordnung* des Herzogs Johann Casimir von Coburg (1628).

Sagt doch die Osanna Greif ihren Richtern: »Ihr könnt (mit Hilfe der Folter) eine jede zur Hexe machen.« Zur Anwendung kommen in der Region die obligatorischen Daumenschrauben, Beinschrauben, Seile, Karbatsche, Leiter, Bock, Fuldaer Hemd, Schwefelpfanne (Schwefels- oder Teufelsdreck) und man sucht auch hier nach dem stigma diabolicum. Die Marterhemden sollen schwarz gewesen sein.

Die Folter der Anna Küchenmeister dauert sieben Stunden. Um zum Ziel zu gelangen, wird ihr am Schluß etwas Schwefel »zugeworfen.« Else Rupprecht wird 1660 unmenschlich gefoltert. Die Niederschrift des angeblich von ihr verichteteten Bösen beansprucht drei Stunden. Die Tortur der Weigand aus Oberalba dauert 14 Stunden »als man sie ein wenig von der Erde aufgezogen, war sie plötzlich tot.« Manchmal soll der Satan bei den Verhören anwesend gewesen sein »einer der Besagten schlüpfte er gar aus ihrer Heimlichkeit heraus.«

Teufelsnamen

Der Teufel wird bezeichnet als Hans, Gottbehüt u. a. »er hatte lange Schuhe an, wie Hörner, trug drei Ringe am Finger, war bekleidet mit Goller, Lederhose und trug einen Hut mit roter Schnur. Seine Locken waren gelb, sein Antlitz schwarzbraun. Er habe fein säuberliche Hände aber seine Natur sei kalt wie ein Eishaken.« Die

Hexentanz- und Versammlungsplätze werden plastisch ausgemalt. So sieht eine der Beklagten bei einem Tanz soviel Wagen, Reiter und Hunde, daß die Leute meinen, es wäre ein Kriegszug. Alle sind prächtig gekleidet. An Tanzplätzen werden genannt: Scherbdaer Weg bei Kreuzburg, Bielstein bei Neustedt, Hexenlinde über Klings bei Kaltenwestheim, Beierberg, der Hexenrain bei Nihla u. a. Manchmal spielt man auf einem »Pommert« auf, das als Vorgänger des Fagotts anzusehen ist.

Auch hier heucheln Urfehden falsche Frömmigkeit. Am 10.4.1635 wird im Rathaus von Kreuzburg folgender Eid abgelegt: »alß gerede, gelobe uns schwehre ich zue Gott, dem Almechtigen einen leiblichen Aydt, daß ich die erlittene gefenknus oder verhaft und waß mir dieser Sachen wegen zuerkant, exequiret und begegnet, weder ahn noch hochgedacht V.G.F. und Herrn, dessen Herrn Canzlar und Rethen, Beambten noch Verwand(t)en oder wehr hierzue Raht oder That geben, uff keinerley weise noch wege, wie es beschehen kan, rechnen, ahnden oder eifern, noch jemans anders solches zu thun verstatten oder Ahnleitung geben, mich auch alle gebühr bezeigen und verhalten will, so wahr mir Gott helfe und sein heyliges Wortt durch Jesum Christum unsern Herrn, Amen.« Bei der Exekution hält der Scharfrichter vereinzelt den Verurteilten einen Schwefelbesen vor das Gesicht.

Erfurt

Die erste Nachricht über einen Hexenprozeß gibt Wellendorfs handschriftliche Chronik, wo gesagt wird: »Anno 1530 den freitag nach Tiburtii hat man die Weissagerin, Dorothea genannt, bey den Augustinern zum »rothen Hirsch am Zimmerhofe« wohnhaftig, verbrannt, welche gezaubert und mit dem Teufel gebuhlt hat.«

1550 wird am Freitag nach Quasi modogeniti Zimmermann um Zauberei willen verbrannt, »welche auch bekennt, daß sie mit dem Teufel gebuhlt.« 1587 hat man »viel Zauberei eingeführt, als die Holzapfeln in der Kreuzgasse, auf den Christabend bracht man die Schäken von Dontorf, die Nicken-Stefan, den Hausmann zum Allerheiligen, sonst in der Archen wohnend, die Augen ausgeschlagen umb einer gebratenen Gans willen.«

»Am 14. Februar hat man den alten Mann, den Stotternheim auff den Christtag anno 1587 angesteckt, daß 11 Häuser verbrannt sind, geköpft und die Schiken, die Zauberische, so Nickel Stefan dem Pfeifer ein Auge

Herzog Johann Casimir von Sachsen-Coburg (um 1610). Staatsarchiv Coburg, Bildslg. I. 2, Nr. 1. Mit freundlicher Genehmigung. →

Thüringische Zaubersprüche (auszugsweise)

Für ein krankes Kind: »Drei Töchter (Dochte) aus einem Mannshemd gemacht, in »Oley« genetzt, in der Tür aufgehängt, einen Eimer Wasser daruntergestellt. Den Docht angezündet; wenn die Tropfen ins Wasser fallen, miaut es. Das muß stillschweigend erfolgen.«
Linsen am Christtag gebracht, sind gut gegen böse Augen, sie heilen ein steifes Bein. Ein Gemisch von Eiern, Bier, Öl und Theriack, heiß gemacht, kuriert das kranke Schwein.
Warmer Kuhdreck (von einer roten Kuh) heilt die böse Brust.
Wer **Gundermann** als Heilkraut verwendet, dem kann man als Hexe nichts anhaben. Wenn man ihn bricht, muß man sich niederknien und sagen: »Gundermann, ich breche Dich, mit aller deiner Kraft und Macht« dabei ist ein Kreuz zu schlagen.
Wenn Molche erbrochen werden Ein Messer hinlegen, einen Kranken daraufstellen und ihn sprechen lassen: »Ich trete auf Eisen und Stahl, dem Kinde vergehen alle Mängel und mal. Das walte Got, V. (usw.)«
Mutterbeschwerden werden gestillt, wenn man sich stillschweigend auf einer fremden Hofreite niederlegt. Man darf aber auf dem Wege dahin nicht über ein Geleise gehen. Man nimmt von dem Stroh, auf dem man gelegen hat, ein wenig und räuchert sich damit. Das Rezept ist probiert und hat geholfen.
Schadenzauber, um einen Menschen verdorren zu lassen. Etliche Tropfen menstru, wenn nicht stark, dann Bleiweiß, Grünspan und Brunnenwasser dazu. Das Gehirn vom Vogel Neuntöter oder Wagenkringel nehmen, dazu einen Fußnagel und einen doppelten Zwirnfaden und das alles in den Mist graben.
Geburtsprobleme: Küßt eine Hexe ein Kind, an dessen Lippen noch die Milch hängt, dann bleibt der Mutter die Milch aus. Damit sie wiederkomme: »Rühre auf einem Deckel zusammen Federn von einem schwarzen Huhn, Wermut, Wergknollen und Haare von der Heimlichkeit.«
Pferdeschaden. Wenn Pferde über ein in den Weg gelegtes Kreuz aus Holz gehen, sterben sie.
Beim Taufen bringen die Nachbarn Milch, Mehl, Rahm und Eier. Als eine der Hexerei Verdächtigte nur zwei dieser Sachen bringt, fällt das auf.
Eine Nachbarin hält **Raubbienen.** Man hat sie, um den Besitzer festzustellen, mit Honig ans Fenster gelockt, Mehl auf sie gestreut und so deren Stock ermittelt. Verbrennt man den **Rock einer Hexe**, schützt es vor Zauber.
Eine Verhaftete nimmt im **Kerker** Erde in den Mund; das gilt als Versuch, sich von der Schuld zu lösen.

ausgeschlagen, lebendig verbrannt, welcher im Fewer die Hände ledig wurden, daß sie das brennende Holz von sich stieß und so lange Zeit beym Gerichte kläglich gewimmert haben.« Hierher gehört die Geschichte der

Magd Barbara

»Der Pfaffe Ullrich Eckenberger hatte eine Köchin, die ehemals einen Augsburger, so sich bei ihnen aufgehalten »mit Gift vergeben.« Diese wollte gern ihres Herrn Diener Antonius zur Ehe haben, er aber weigerte sich dessen und sie wollte sich dafür an ihm rächen, daß es ihn »sollte den Kopf kosten.«

Es war eine bekannte Hexe in der Stadt, die man die Notarien Lumpui hieß. Zu der ging die Köchin Barbara und ließ den Antonium ... in vier Stunden des Nachts auf einem Bocke nach Erfurt holen. Der führte ihn zwischen den Turmspitzen des Stifts Mariae hindurch, daß er mit dem Fuße an den Kopf anstieß, und fuhr er darauf bei dem Paffen so unsanft ins Kellerloch hinein, daß ihm war, als wenn Himmel und Erde auf ihm lägen und lief ihm aus allen Fingern und Zehen, das Wasser heraus wie die Milch.

Barbara kam bald in den Keller, sieht ihn, geht zu ihrem Herrn und sagt: »der Antonius sei im Keller, hätte gewiß im Sinn gehabt, ihn zu erwürgen.« Ulrich geht hinunter und fraget ihn, wie er dahergekommen sei? Antonius erzählt ihm, was ihm begegnet. Der Pfaff berichtet es dem Rath, der ließ (den) Knecht und (die) Magd holen und noch zwei andere lüderliche Frauenzimmer und exierte sie.

Im thüringischen anhängige Verfahren wegen Hexerei (auszugsweise)

Wann und Wo	Wer	Ausgang
1583 Kreuzberg	Barbara Glorisch	Verbrannt
1612 Helmershausen	Anna Hepp	Verbrannt
1613 Helmershausen	Osanna Bruck (u. a.)	Landesverweisung
1615 Kaltenordheim	Ottilia Kunz	Schicksal unbekannt
1621 Helmershausen	Osanna Kirchner	Verbrannt
1629 Oberweis	Hans und Apollonia Hauck (Eheleute)	Verbrannt
1629 Oberweis	Elisabeth Amborn	Verbrannt
1635 Strada	Anna Schröter, 69 J. alt	Nach Haft und Folter entlassen
1610 Sondheim	Johs. Schmidt	Feuertod wegen teuflischem Umgang
1652 Oberalba	Elsa Wiegand	Stirbt während der Folter
1652 Kaltenwestheim	Hans Bischof	Wird von seiner Mutter zu Tode gezaubert
1657 Buchenau-Kreuzburg	Jobst Heydenreich	Verbrannt
1657 Gerstungen	Anna Lichtenhayn	Stirbt in der Tortur
1659 Brunnartshausen	Weib des Schultheißen Denner	Verbrannt
1660 Kaltenwestheim	Ursula Trabert	Gerichtet
1660 Kaltenwestheim	Elisabeth Bischof	Wegen Beschuldigung weggelaufen
1660 Herda	Anna Küchenmeister	Verbrannt
1660 Unteralba	Elisabeth E. S. (Weib)	Verbrannt
1660 (um)	Zella Thomas, der Hex.-Mstr.	hat in Meiningen die Folter überstanden und wird des Landes verwiesen
1663 Ostheim	Schwarze Katharin	Verbrannt
1664	Sabine Fühler (Schusterin)	Unbekanntes Schicksal
1663 Ebenau	Anna Müller, 13jährig	Entlassen
1663 Madelungen	Hans Fells Frau	14 Tage Haft wegen Segensprechens. Ausgang unbekannt
1665 Scherbda	Martha Rathgeber	Freispruch
1670 Eisenach	Hans Schellenträgers Wwe.	Verbrannt
1670 Ostheim	Hans Mosengeils Frau	Freilassung
1676 Urnshausen	Kath. Voll, Wwe, 76 J. alt	Verurteilt zum Feuertod
1683 Klings	Anna Sch.	zweimal des Landes verwiesen, stirbt in der Haft
1690/92 Kaltenwestheim	Ottilie, Frau des Gerichtsschöppen Barthel Boon-Moog	erst freigelassen, 1696 verbrannt
1693 Dermbach	Kath. Erbach	wegen abergl. Händel 3 Tage Gefängnis
1696/97 Dermbach	Kath. Meß	wird unter dem Verhör irrsinnig und stirbt
1699 Dermbach-Steinbach	Christoph Barchfeld 18 J.	Keine Strafe
1714 Stadtlengsfeld	Anna Deiche	Stirbt in der Hexenstube
1731 Erbenhausen	Martha Mahr	wegen Hexerei verklagt. Nach erwiesener Unschuld (wieder) zum Abendmahl zugelassen

Es berichtet ein Schneider, daß er gesehen, wie die Notarien ein Wachskind gemacht und Stecknadeln ... die sie haben in der Stadt ausstreuen wollen zu dem Ende, daß jede Jungfer, die solcher Eine aufheben würde und in ihre Haare gesteckt habe, ihre jungfräuliche Ehre verliere und so es ein Weib wäre, von ihrem Manne gelaufen wäre.« Also wurde Antonius losgelassen. Barbara aber und die Notarien verbrannt und die beiden anderen lüderlichen Frauenzimmer auf ewig verwaist.« (aus der Stadt gewiesen)

1566 treibt der Pastor Georg Silberschlag aus dem Leib einer besessenen Bäckerin den Teufel aus. Dann tritt der Schwärmer Esaias Stiefel in Erscheinung, der vorgibt, daß er Christus wäre. Er wird verhaftet. Am 24. Januar 1619 zwingt man ihn, in der Kaufmannskirche zur öffentlichen Buße und seinem Irrtum abzusagen. Von Bedeutung ist der Prozeß gegen

Even Nicol

aus Grossgottern, der 1678 vor dem Amtsgericht Langensalza geführt wird. »Vor etwa 14 Tagen habe Niclaus Henneberg wider Jansen Isleben Klage geführt, daß selbiger sein Weib fälschlich beschuldigt habe, sie habe ihm binnen 1½ Jahren sechs Pferde zu Tode gezaubert, und obgleich er es nicht beweisen könne, habe er sich dahin geäußert, »so oft er ein Pferd gekauft, sei selbiges an der Krippen verdorrt und umgefallen, so daß er annehmen müsse, böse Leute hätten ihm dieses gethan.«

Da nun Hennebergs Weib in dem Gerücht einer Hexe stehe, lenke sich sein Verdacht um so mehr auf sie, als sie ihm seine Feldfrüchte habe ernten helfen und in seinem Hause aus-und eingegangen sei. Auch beschuldige er sie, Friedrich Blätzers Kind etwas beigebracht zu haben, »wodurch es ganz verdorret.«

Der Blätzer bestätigt das Mißgeschick mit dem Kind und sagt: »als ich zurückgekommen, machte sich die Henneberg mit mir unnötigerweise zu schaffen, und mein Kind ist sofort von Kräften gekommen und nach und nach ganz verdorrt. Als ich den lieben Gott bat, es zu sich zu nehmen, war gerade ein münsterisches Soldatenweib bei mir, welches dem Kinde etwas eingegeben, das eine Stunde darauf von dem ersteren viele Haare abtrieb. Trotzdem hat es sich nicht erholt ... er habe darauf von der Henneberg verlangt, daß sie sein Kind gesund mache. Zudem habe sie einmal, als sie Brot gebakken, den Bäckermeister Störzen voll Ungeziefer gemacht.« Dann wird die Besagung erweitert:

- Die Henneberg hat sich am vergangenen Weihnachtsfeste, während der Predigt zu des Hirten Weib begeben und ihr eine Nadel (Spondel) von ihrem Schnurmieder genommen, damit hat sie sich mehrere mal in die Hand gestochen und ging dann wieder nachhause. Seit jener Zeit habe die Hirtin die Empfindung: »als wenn ihr Stecknadeln in den Füßen wären.«
- Heinrich Rabe beschuldigt sie: »daß sie seiner Mutter, als sie mit ihr nach dem Grasen in einen Wortwechsel geraten, voller Ungeziefer gemacht; dasselbe habe sie dem kleinen Böttchermeister Hans Krieger gethan.«
- Zudem wird dem Gericht hinterbracht: »sie habe dem eigenen Schwiegervater ein böses Bein angezaubert, was er selbst kurz vor seinem Tode dem Pfarrer Rhodius mitgeteilt habe.« Er bezeichnet die Frau als »Unholdin.«
- Dann erscheint der »Einspännige« Friedrich Franke und legt der Angeschuldigten zur Last: »als er sie einmal gepfändet, habe sie ihn voller Ungeziefer gemacht.« Jost Gerhard Tolle schlage er als Zeuge dessen vor. Dann schreitet man zur Befragung der Zeugen
- Der 65jährige Hans Krieg räumt ein: »Ich, mein Weib und meine Kinder sind jahrelang mit Ungeziefer behaftet, das hat uns die Hennebergerin gethan, denn so oft diese Plage in Etwas nachgelassen, kam sie zu uns, um sich etwas zu borgen, in Wahrheit aber, um uns zu behexen.«
- Der 69jährige Bäcker Melchior Störz trägt vor: »Wenn die Henneberg bei mir Brod gebacken, wollte sie ihm nie »satt Geld« dafür geben, weswegen ich mit ihr vor drei Jahren in einen Streit gerathen. Als mein Weib das Bett machen wollte, war es voll Ungeziefer. Dies sah wie Weizenkleie aus und hatte keine Füße. Ohne Zweifel hat es uns die Henneberg angetan, welche allgemein für eine Hexe gehalten wird.

  Dieser Tage hat sie bei mir Brod gebacken und gab mir ein Ei und einen Dreier als Lohn. Den Dreier rühre ich nicht an, weil ich fürchte, daß sie uns dadurch behexen könnte, das Ei aber habe ich weggeworfen.«
- Der 50jährige Hirte Hans Caspar erzählt: »als ich nach Grossgottern gekommen war, kam die Henneberg in mein Haus und gab »gut Ding und Freundschaft«, ja sie hat mein Weib mit ihrem Arm in der Mitte umfaßt. Abends darauf habe sie Frost bekommen

»welcher sie drei Wochen nicht verließ und mußte sie diese Zeit im Bett liegen.« Als es ihr wieder besser geworden, hat sie die Henneberg am dritten Weihnachtsfeste mit der Nadel behext. Das hat mein Weib so hart mitgenommen, daß sie weder gehen noch stehen kann. Jetzt sind ihr beide Füße aufgesprungen und sie kann sich weder regen noch wenden, sondern sie schreit den ganzen Tag und Nacht über die Henneberg.«

- Georg Michael Rhodig bekräftigt: »er sei von seiner Schnur, Even am Bein behext und habe Letzterer den Schaden mit ins Grab genommen. Die Fama von dem Weibe sei nicht gut.«
- Jost Gerhard Talle bezeugt: »er wolle noch bemerken, daß beim Bäcker Melchior Störz ein Dienstmädchen sei, zu welcher die Hennebergerin gesagt haben soll: »sie wolle Isleben nicht aufhören, bis seine Pferde alle vorher, dann seine Kühe todt seien, dann wolle sie an seine Kinder gehen.« Sie wäre im ganzen Dorf als Zauberin verschrieen.

Da die Besagte unter die Soldaten gegangen war, wird der Oberstwachmeister befragt und er läßt wissen: »er wolle sich des Weibes nicht annehmen, das fürstliche Amt solle thun »was Recht und Gerechtigkeit erfordern.«

Dann holt man die Inquisitionserlaubnis ein, die mit dem Vorbehalt gegeben wird: »der Leipziger Schöppenstuhl sei erst in der Sache zu erkennen.« Von dort kommt grünes Licht. Jetzt tritt der Prozeß aus dem Vorstadium. Die Besagte wird verhaftet und in einem unterirdischen Raum in einen Stock gelegt. Der Gerichtshof tritt zusammen und vereidigt die Zeugen, die unter dem Vorsitzenden Balthasar Schröder zu schwören haben:

»Ich schwöre zu Gott im Himmel mit Herz und Mund einen leiblichen Eid, daß ich auf diejenigen Artikel und Fragen, die mir anjetzo wegen Even, Nikol Hennebergs Weibes, beschuldigter Hexerei vorgehalten werden sollen, die rechte, reine und unverfälschte Wahrheit, so viel wir davon wissen aussagen und solche weder um Freund- noch um Feindschaft, Haß oder Neid, Gabe oder Geschenk willen unterlassen will, so wahr mir Gott helfe. etc. Amen.«

Dann wird die Gefangene gefragt, ob ihr bekannt sei, warum man sie eingezogen habe und sie meint: »Ich weiß nichts, als von meinem Heiland, Gott möge es denen vergeben, die mich dazu gebracht haben. Ich habe nichts Böses getan, dessen bin ich mir bewußt und auch mein lieber Gott im Himmel weiß es. Mein Mann hat mich verlassen und ist in den Krieg gezogen, jetzt will ein jeder einen Narren an mir haben. Ich war willens, in mein Vaterland zurückzukehren, mein Mann hat mich davon abgehalten, weil ich vor 24 Jahren die papistische Religion verlassen und evangelisch geworden bin.«

»Nein, sie könne nicht zaubern, wenn sie es könnte, wollte es dem Herrn Amtmann wohl sagen. Ich hoffe, in den Himmel zu Gott zu kommen und ich will mich vierteilen lassen, wenn ich eine Hexe bin. Ich bitte um Gottes und des Jüngsten Gerichtes, spannet und dehnet mich, bis die Sonne durch mich scheint, ich werde nichts bekennen; ich will bei meinem Heiland leben und sterben.« Dann wird sie ins Gefängnis zurückgebracht.

Sie wird kurz danach einem Verhör unterzogen, bei dem sie auf ihrer Unschuld beharrt. So muß nach dem damaligen Rechtsbrauch eine Konfrontation mit Zeugen erfolgen, die sie belasten. Der Isel meint:

- Einmal hat die Henneberg zum Fenster hinausgesehen, meinem Pferde alles Üble gewünscht und dreimal nach demselben gespuckt. Des Morgens darauf lag es tot im Stall.

Sie kontert und sagt: »ich bin unschuldig und verlasse mich auf meinen Herrn und Heiland. Ihr könnt mich radebrechen, vierteilen oder mit mir vornehmen was ihr wollt. Ich bin unschuldig und darauf woll ich leben der sterben.« Jetzt fordert der Amtmann Schröder vom Leipziger Schöppenstuhl die Ermächtigung, zur zu Folter schreiten, was genehmigt wird.

Dann wird sie nachts abgeholt, man legt ihr die Daumenschrauben an und zieht sie rückwärts auf. Dann spannt man sie auf die Leiter. Es bricht ihren Willen nicht: »der liebe Gott helfe mir, diese Schmerzen aus(zu)stehen, so ich unschuldig leide. Dabei will ich Leben und Sterben.« Mitte Juli werden ihre Akten an den Schöppenstuhl zur Rechtssprechung gegeben und es ergeht folgendes

Urteil

»Von Gottes Gnaden, Augustus, Postulierter Administrator des Primats und Erzstifts Magdeburg, Herzog zu Sachsen, Jülich, Cleve und Berg. Lieber Getreuer, hierbei verwahrt Hast Du das in Sachen wider Even Hennebergin eingeholte Urthel sambt denen dazu gehörigen inquisitio Actis zurück zu empfahen, mit Befehl, Du wollest dem Urthel Buchstäblichen Inhalts nachgehen. Daran geschieht Unsere Meinung: sie wäre der

Haft zu entlassen, nichts desto weniger aber wegen des starken wieder sie dießfalls streitenden Verdachtes und bei der Tortur Verdächtigen Bezeigungen des Landes ewig zu verweisen.«

Mark Brandenburg[1)]

Ein früher Hinweis auf Zauberei stammt aus der Zeit des Kurfürsten Joachim II. In Eberswalde soll man mit Molken und Bier Zauberei getrieben haben, wobei der Landesvater eine Erkenntnis bei Brandenburger Schöppen einzieht. Eine Frau bekennt: »daß der Teufel in der Gestalt eines schwarzen Ziegenbockes vor dem Gemach der Fürstin erschienen sei und mit ihr gesprochen habe.« 1565 werden in Perleberg die Diedesche und Garmasche als Hexen verbrannt. Eine räumt ein:

- Daß sie »Vorgift« vor eine Tür gegossen habe, damit die Frau des Hausherrn keine Kinder bekommt. Zwei weitere bekennen:
- daß sie und ihre Mastschop (Gesellschaft) in (der) St. Walpurgisnacht auf dem Blocksberg zusammengekommen (sind), wozu sie sich des nachts an der Landwehr bei Perleberg versammelt haben.
- Allda habe sie der Teufel entführt, sei mit gewaltigem nächtlichen Brausen und Sausen angekommen, wofür jede drei Scherff gegeben und als sie oben angekommen, wären Ochsen geschlachtet worden, sie hätten gegessen und getrunken, mit bösen Geistern getanzt und denselben ihre Wohlfahrt geleistet.«

1565 werden in Perleberg die Hans Didesche, Hans Hardusche und Hildebrandt Redersche vom Brandenburgischen Schöffengericht belehrt. Die Tidesche bekennt:

- Daß sie neben der Achim Schinderschen die Gedesche mit Gift vergeben, »daran sie gestorben.«
- Joachim und Mattheus Grabow habe sie das Vieh vergeben und dann Achim Gerkens Magd ein Gift zugerichtet, davon (der) Geriken (auch) das Vieh gestorben. Die Hardische gesteht:
- Daß sie mit Gift Jurgen Wartenbergen, Hermann Wegenerschen, der alten Klinteschen Bowes, Mollern und Henrich Soltemann angethan, »daß sämtliche lange Zeit krank gelegen.« Die Hildebrandt bekennt:
- Daß sie Achims Fruchts einen Molmeister, item Clawes Gericken und die Drewes Rutensteinin durch Zauberei habe benehmen wollen ... und Achim Schomaken und Jurgen Erlin einen Boden Wolle und einen Decher Leder verdorben.

Das Urteil lautet: »So mögen sie alle drei mit dem Feuer vom Leben zum Tode gestraft werden, von Rechts wegen. Schöppen beider Städte Brandenburg.« 1571 kommen Zaubereien in

Wittstock

zur Spache. Die als Hexe verrufene Dosmann soll Bier verdorben, Vieh getötet und den Teufel in einen Kristall gebannt haben; sie wolle es von einem Küster gelernt haben. Sie wird befragt: »ob sie nichts vom Tod der jungen Herrschaft wisse, da der Kurfürst binnen kurzer Zeit mehrere Kinder verloren hat.« Sie sagt: »es seien in Wittstock freilich drei Fräulein und ein Herrchen inner acht Tagen gestorben. Die habe eine hinkende Begine namens Schunemanns mit Gift in einer Nuß vergeben.«

Bei der Dosmann findet man schwarzen Sirup und Bocksblut. Während ihrer Folter beschuldigt sie eine Rumps, »daß sie fliegende Geister in eine Brauserei geschickt habe.«

Dann hat eine Elsche gestanden und gesagt: »daß sie durch ungebührliche Mittel mit der konsekrierten Hostie, Speichen vom Rade, darauf ein Übeltäter gerichtet, hölzernen Kreuzlein in Wachs, zu ihren Bierschenken gebraucht, und daß sie ihrem Mann ein Totenmaß (ein Maas von Zwirn, damit ein toter Körper bemessen) ins Hemde nähen willens gewesen, daß er desto eher sterben sollte, da auch ihre Tochter zu Wusterhausen einem Weibe den Beutel abgeschnitten, Rattenpulver gekauft und solches ihrer Tochter in die Kanne getan, wovon sie getrunken. Sie möchte derowegen vom Leben zum Tode gerichtet werden.«

Zaubereien mit Viehsterben

werden 1572 in Löwenberg, 1583 in Bernau, 1584 in Dratzig (Neumark) und 1591 in Friedeberg erwähnt. Eine Frau aus Breskow gesteht 1583: »daß sie neun Tage lang einen neuen Napf mit Bier und Brot in einen Fliederstrauch hinter der Schinderei gesetzt und dabei gesagt habe: »Guten Morgen Fliederstrauch, Du viel Gute, ich bringe Dir Bier und Brot, Du sollst mir helfen aus aller Noth und so Du mir helfen wirst, so werde ich morgen wieder bei Dir sein.«

1590 soll eine Frau in Königsberg in der Neumark einer anderen den Teufel in den Leib geflucht haben. Er würde Elias heißen und sich in einem langen schwarzen Mantel

Hexenprozesse und Zaubereien in der Mark Brandenburg vom 16.–18. Jahrhundert*)

1545 Eine Frau aus Rhinow bereitet eine Zaubersuppe. Sie kocht eine Kröte, Erde aus einem Grab und Holz von einer Totenbahre. Den Sud schüttet sie in einen Torweg. Nach dem Urteil des Brandenburger Schöppenstuhles wird sie verbrannt.

1551 Werden zwei Zauberinnen in Freienwalde gefoltert. Man hält ihnen vor: »daß sie die Molken weg- und einem ein böses Gesicht angezaubert habe.«

1553 Klagt die Herzogin Anna von Mecklenburg, geb. Markgräfin zu Brandenburg, gegen Lucie Reyken: »daß sie sie habe mit einem bösen Gift bezaubern und umbringen wollen.« Der Herzog läßt sie einziehen und verhören.

1554 Wird in Angermünde eine Frau verbrannt, die jemand Gift vor die Tür gegossen hat.

1563 Eine Zauberin aus dem Dorf Blantkow bei Wittstock wird gefoltert.

1569 Spricht man über eine Zauberin namens Lemmen in Neuruppin. Sie gesteht unter der Folter: »daß sie einen Teufel Hans habe, der ihr zu Willen sein muß. Er habe ihr Geld und Speck zugetragen und auf Ihre Anweisung Anderen Schaden zugefügt.«

1574 Im Berliner Kirchenvisitationsabschied wird Frauen im Hospital das Segnen verboten.

1576 Bekennt eine Frau aus Zechlin bei Wittstock, jemanden in des Teufels Namen einen Gifttrank von Schlangen bereitet zu haben, woran er gestorben ist. Vermutlich geht es um Trine Toebels. Sie habe durch ihren Teufel Vieh umbringen lassen. Sie wird zum Feuertod verurteilt.

1577 Wird eine Zauberin in Lynch vom Scharfrichter verscharrt. Sie soll sich erwürgt haben, stirbt aber wohl an den Folgen der Folter.

1583 In Breskow wird eine Zauberin festgesetzt, die Pulver aus Kröten und Eulenfedern gebrannt hat, ein Ei mit roter Seide zu Zauberzwecken in Feuer geworfen ... auch einem Bürger zauberisch zugesagt, daß er drei Jahre lang den Vogel beim Schützenfest abschießen werde.«

1583 Eine Hexe gesteht: »sie habe ein anderes Weib nackt ausgezogen, sie mit einem Sonntags gewobenen Garnfaden gemessen, Bier in eine Erdgrube geschüttet und sie es mit einer Röhre austrinken lassen, damit sie Kinder bekommt.« Sie beschuldigt eine Amtsschreiberin der Teilnahme an der Zauberei.

1593 Wird Melcher Doberritzens Frau verdächtigt, daß sie den Herzog Johann Friedrich von Pommern und dessen Frau verzaubert hat. (siehe dort)

1593 Hält sich in Havelberg eine Frau auf, die Gift in Pfefferkuchen gemischt haben soll. Die Schöppenstühle von Brandenburg und Magdeburg raten zur Anwendung der Folter.

1606 wird Maria von B. gefangen, weil sie Brandbriefe geschrieben, ihren Mann vergiftet, einen Giftguß getan und Zauberei durch das Vergraben von Töpfen und Pfählen getrieben. Der Brandenburgische Schöppenstuhl spricht sich für Landesverweisung aus.

1619 Glaubt die Bürgerschaft in Bernau bei einem Gewitter eine nackte Frau gesehen zu haben. Ihr Verdacht richtet sich auf eine 70jährige. Juristen erkennen auf die Anwendung der Folter, denn »die Zauberei sei eine der höchsten Sünden.«

1631 Wird Albrecht Peutzke aus Krummendorf im Amt Storkow der Zauberei und Teufelsbannerei beschuldigt, einem Mädchen aus Colberg den bösen Geist an den Hals gewiesen zu haben.

1656 Die Brandenburgischen Kriegsartikel bedrohen Zauberer, Waffenbeschwörer und Teufelskünstler mit harten Strafen.

1665 Kommen zwei adelige Jagdpagen wegen Diebstahl und Teufelskünsten ins Gerede.

1672 Haben die v. Wedell aus Nörenberg in der Neumark eine Frau wegen Zauberei foltern lassen, die darüber verstorben ist. Ein ähnlicher Fall ereignet sich 1674.

1675 Bekennt ein im Amt Bliesenthal wegen Hexerei beschuldigtes Weib, daß ihre Blutsfreunde bis in das fünfte Glied mit einem Naturgeist begabt sind. Sie habe ihn von ihrem Vater, der ein weiser Mann gewesen, geerbt. Und da man sie aus dem Mutterleib geschnitten (Kaiserschnitt), sei sie eine weise Frau.

1701 wird ein 15jähriges Mädchen in der Uckermark wegen Zauberei beschuldigt und per Schwert gerichtet. Vermutlich ein Fehlurteil, denn sie leidet an Melancholie.

1721 Wird eine Schuhmacherin wegen Zauberei beschuldigt, weil sie einer anderen Butter verkauft hat, die über Nacht im Spind zu Kuhdreck geworden sei.

1728 Wird in Berlin ein Mädchen von 22 Jahren, daß sich zu hängen versucht hat, des teuflischen Paktes beschuldigt. Es handelt sich um eine Schwermütige. Sie wird lebenslang ins Spandauer Spinnhaus verwiesen, wo sie geistlichen Trost empfangen soll.

*) Zusammengestellt nach W. v. Raumer. *Actenmäßige Nachrichten von Hexenprocessen und Zaubereien in der Mark Brandenburg.* Berlin 1841.

sehen lassen. Er habe zwei Jahre bei ihr geschlafen und ihr jedesmal einen Dreier verehrt. Sie habe ihm alle acht Tage Semmeln und Butter in eine Kammer gesetzt.

Im gleichen Jahr zieht man in Callies eine Zauberin ein, weil die dortige Gutsherrschaft behauptet: »daß sie ihr Vieh getötet und mit dem Teufel gebuhlt habe.« Die Schöppen sprechen sie mangels Indizien frei.

1592 gerät der Sohn des Heidereiters in Grimmitz wegen Zauberei in Untersuchung. Er wird wegen droh- und gotteslästerlicher Briefe, die er geschrieben haben soll, des Landes verwiesen. Sie befinden sich bei den Akten und sind an den hl. Colbaur gerichtet. Im gleichen Jahr folgt eine

Teufelsbannung

auf dem v. Strauschen Gut Hohen-Kränig bei Königsberg in der Neumark. Eine Frau nimmt an einer Feldscheide drei Steine in aller Teufels Namen, holt fließendes Wasser und siedet es jeweils am Donnerstag Abend, wobei sie sagt: »so hochwierdig an ein Kreuz hierinnen und nicht heraußer, ehe daß ich ein Pfaffe werde und banne dich heraußer.«

Sie bekennt, daß sie jahrelang mit einem Teufel gebuhlt hat, der Wilhelm geheißen habe. Er sei in schwarzer Kleidung zu ihr gekommen und sie habe in seinem Namen Zaubersuppen mit Kröten, Schlangen und Spinnen gekocht und dies in Torwege gegossen.

1614 entsteht das Gerücht, daß Adam v. L. und sein Sohn Joachim zu Bellin i. d. Uckermark Zaubersachen treiben. Es handelt sich um Adelige, die man in der Regel wegen ihrer Querverbindungen, Ansprüche und Beziehungen vorsichtig behandelt. Es wird herausgestellt, daß man in einer Lade gefunden hat:

- Kunstbücher mit allerhand Conjurationen, wie der Teufel in einen Kreis zu bringen und (sich) untertänig zu machen sei.
- Ein Totenkopf und eiserne Ketten: »dem Ansehen nach wie vom Hochgericht genommen.«
- Als einen Spiegel, in dem vier Erzengel zu erscheinen pflegen und darunter ein Pergament mit absonderlichen Schriften und Zirkeln und wie es schien, fünf Oblaten so zur Kommunion gereicht und aus dem Maul wieder gezogen worden, weil das darauf geprägte Kruzifix vergangen war.
- Zwei Knöchlein in einer Lade, anscheinend von gar kleinen Kinderärmchen, noch fest, frisch und mit der Haut.
- Ein Leinentuch wie ein Altartuch, das in katholischen Kirchen auf dem Meßaltar liegt, worauf das Lamm Gottes und I. H. S. genäht war.
- Wachslichter aus einer Kirche, die den bösen Geistern angesteckt worden, und es sind Arme daran gemacht aus Wachs, als wenn es das Bild des gekreuzigten Christus sein solle.
- Stücke Zindel, so Communicanten in den lutherischen Kirchen von dem Altar untergehalten werden, teils um die Spiegel, teils um phantastische Gläser mit Öl und Pulver gewunden, alles zu Teufelskünsten zu gebrauchen.
- Es fand sich ein Tagebuch, wonach sie täglich öfters Visionen gehalten hatten, indem sie neue Zeitungen erforscht. Zu Zeiten luden sie den bösen Geist zu Gast.
- Auch geht daraus hervor, daß sie Bilder aus Wachs gemacht, um andere zu bezaubern und zu beängstigen. Im Tagebuch werden etliche vom Adel genannt, so des Werkes teilhaftig zu sein scheinen.

Nach dem Fund flieht d. J., Joachim v. L., mit einer Magd nach Danzig (?), und sein Vater wird festgenommen. »Schließlich habe er der Verbindung zu Gott abgesagt und das könne die Obrigkeit nicht dulden.« Man wendet sich an die Juristen um Belehrung. Der Kurfürst verfügt aus Wolfenbüttel, den Eingezogenen nach Spandau zu bringen und mit dem Urteil zu warten, bis er zurückgekommen sei.

1618 berichtet eine Frau aus dem Amt Boetzow, daß dereinst in der Carthäuserkirche zu Frankfurt (a. O.) der Teufel aus ihr getrieben worden sei. Sie treibt Unwesen und meint: »es kommen ein guter und ein böser Engel zu ihr, weshalb die Leute zu ihr laufen.« Sie meinen, Gott habe es ihr befohlen, daß Meiers Weib ein Zauberin sei und daß der Meier einen Mord begangen habe. Zudem habe Gott einen Zettel ausgegeben, auf dem stehe: »die Welt solle wegen ihrer Hoffart gestraft werden.« Ein Prediger aus Potsdam, der den Schwindel durchschaut, beredet sie wegzugehen. Es ist in gewisser Weise ein Gegenstück zum Pfeifer aus Niklaushausen.

1669 bekennt Hede, daß sie sich mit dem bösen Feind verbunden und Gott abgesagt habe. Sie war wegen Giftmischerei vom Brandenburgischen Schöppenstuhl zum Tod verurteilt, widerruft ihre Aussage und behauptet, »daß sie keine Hexe sei, nie mit dem Teufel Umgang gehabt habe und daß man sie zu ihrem früheren Bekenntnis gezwungen hat.«

1671 wird von einer Frau berichtet, der vor zwei Jahren der Teufel bei Kricheldorf in der Gestalt eines Schweines erschienen sei:

- »Da sie sich ermüdet niedergesetzt, habe er die Gestalt eines Mannes in Seide gekleidet, doch mit Pferdefüßen, angenommen.«
- Sie wäre von den Eltern verlassen und solle sich ihm mit Leib und Seele ergeben, worauf sie der Teufel beschlafen habe. Es habe ihr dabei geschienen, als wenn sie empfange, es habe ihr vielmehr Wehe getan und sei ihr wie ein Stück Eis in ihrem Leibe vorgekommen.
- Der Teufel wohne bei ihr unter den rechten Haarlocken, wolle sie nicht zur Kirche lassen und verspreche ihr, sie umzubringen, die ihre Feinde wären, »was sie aber nicht verlangt habe.«

Die Helmstedter Juristen vertreten die Auffassung: »daß man sie einem Geistlichen zuführen soll: beharre sie dann noch immer, soll man sie am Leben strafen.« Sie kommt für den Rest ihres Lebens in ein Spinnhaus, »wobei sie der Prediger fleißig besuchen und unterrichten soll und dabei Acht zu geben hat, damit dieselbe nicht etwa wieder vom Satan auf vorige oder andere Weise verführt werden möge.«

1687 berichtet das Amt Arendsee, daß ein Mädchen ausgesagt hat: »der Teufel wäre auf ihr Zuweisen ihrer Mutter in der Gestalt eines schwarzen Kerls erschienen und habe mit ihr gebuhlt. Sie habe Gott abgesagt und aus jener Unzucht habe sie Eideren (Eidechsen?) geboren, mit denen sie Menschen und Vieh Schaden getan habe.« Die Mutter räumt ein, daß sie das Zaubern von einer Zigeunerin gelernt hat. Die Tochter wird zur Schwertstrafe verurteilt und die Mutter verbrannt.

Dann macht sich der Gesinnungswechsel breit, denn unter der Regierung Friedrich III. beginnt der Einfluß von Thomasius wirksam zu werden.

1690 hat sich eine Frau in den Schulenbergschen Gerichten mit Wahrsagen beschäftigt. Sie wird auf zehn Jahre des Landes verwiesen. Die Prozesse werden seltener, doch immer wieder flackert Volksbrauchtum auf. 1702 entsteht der Verdacht auf Zauberei und Kindermord gegen eine Frau in Grassee und 1704 kommt zur Sprache, daß eine in Belitz einen Topf mit Wasser auf dem Herd auf dem Hof des Bürgermeisters in Gottes Namen ausgegossen und dabei gesagt habe: »es steigen drei Jungfern vom Himmel zur Erden, die erste heißt Blutgülpe, die andere Blutstülpe und die dritte Blutstehestill«, mit dem Hintergedanken, daß der Bürgermeister krank werde, falls er darüber geht. Später wird sie einem Prediger zum Unterricht übergeben und des Landes verwiesen.

Es wird ein besonderes Verdienst der Region bleiben, daß König Friedrich Wilhelm I. nach seiner Thronbesteigung am 13.12. 1714 ein Mandat in Sachen Hexenprozesse erlassen hat, in dem gesagt wird: »daß sich unter den häufigen Mißbräuchen in Criminalprocessen eine der gefährlichsten bei den Hexenprozessen zeige, da nicht allemahl mit der gehörigen Behutsamkeit verfahren, sondern nur auf gewissen Anzeigungen darüber auch mancher unschuldigerweise auf die Tortur, auch gar um Leib und Leben und dadurch Blutschande auf das Land gebracht worden sei. Er wolle sie verbessern und so einrichten lassen, daß dergleichen gefährliche Folgen daraus nicht entstehen mögen.«

Der liberalen Haltung steht gegenüber, daß es nach der Grundsatzentscheidung zu Hexenprozessen mit Todesfolge kommt und daß die Zeit eine andere geworden ist. Allerorten wird am Hexenwesen gezweifelt und der Höhepunkt ist seit einer Generation überschritten.

Grafschaft Henneberg

Wir befinden uns auf sächsischem Territorium und damit in der protestantischen von Luthers Nachwirkungen geprägten Teufelsmanie und Weltanschauung. Was die Verfolgung der angeblichen Hexer und Hexen anbelangt, zeigt sich eine farblose Justiz; die angefragten Schöppenstühle Coburg, Jena und Leipzig verstecken sich hinter der landesherrlichen Willkür eines Moritz von Sachsen und Johann Ernst von Weimar. Die faßbaren Prozesse laufen in einem eingefahrenen Schema. Auffallend ist das Verfolgen älterer Personen, vornehmlich Witwen und das nur geringe Erkennen der Tränen- und Wasserprobe, die mehr im nordwestdeutschen Raum angesiedelt ist.

Unter der christlichen Maske der scheinbaren Güte und Nächstenliebe verfügt in der Regel der Landesfürst, die zum lebenden Brand Verurteilten »aus Gnade« vom Scharfrichter köpfen (dokollieren) zu lassen und dann deren Körper zu verscharren.

Die Besagten werden nicht ernst genommen. So haben die Schöppenstühle das Unrecht gefördert und die Menschenwürde untergraben. Es ist wie überall damals und heute; wichtigtuerische Amtsleute mit einem beschränkten Horizont suchen sich vor der Obrigkeit zu profilieren und hetzen Unschuldige in den Tod, um Stadtkassen zu entlasten. Unterstützt werden sie von engstirnigen Geistlichen, die über Kanzeln Massen mobilisieren und so zur Verbreitung der Wahnvorstellungen beitragen. Beim Holocaust unserer jüngsten Geschichte erkennt man die gleichen Mechanismen.

Schleusingen, Suhl, Ilmenau[1)]

1598 finden in Schleusingen die ersten (?) Hexenprozesse statt. Beschuldigt wird Margarethe Griebel aus Waldau[2)], die vom Jenaer Schöppenstuhl von Rechts wegen zum Feuertod verurteilt wird[3)]. Sie wird eingezogen, weist die Anschuldigungen zurück und wird am 27. April 1598 mit der peinlichen Frage angegriffen, die zutage bringt:

- Vor vier Jahren sei der böse Feind zu ihr vor das Haus gekommen, hätte versprochen, ihr viel Geld zu geben, wenn sie sein sein wolle. Durch ihre Armut hätte sie sich bewegen lassen, darein zu willigen.
- Er sei schwarz gekleidet und habe Ziegenfüße gehabt und so habe sie ihm die linke Hand darauf gegeben. Auch habe sie die Taufe verleugnet und dem Herrn Christum abgeschworen.
- Darauf sei der bese Geist mit ihr in die Kammer (ge)gangen und habe mit ihr gebuhlt; es sei (un)natürlich und kalt gewesen.
- Die Teufelstänze, deren ungefähr drei des Jahres gehalten worden seien, als Walpurgis, Martini und Weihnachten, habe sie besucht. Sie hätten links und rechts durcheinandergetanzt. Die Tänze wären (auch) auf einem Rasen nach Hildburghausen zu gehalten worden.
- Auf einem Stecken, den sie mit Salbe – so ihr ihr der Buhle gebracht – geschmieret, sei sie jederzeit in des Teufels Namen hin- und wieder heimgefahren.
- Dort hätten sie Brühfleisch und anderes gegessen, auch Bier und Wein aus Gläsern getrunken und gebuhlet. Es wären etliche geschmückte Weiber (Stadtweiber) dort gewesen.
- An Spielleuten, die ohne Zweifel böse Geister gewesen seien, seien vier Geiger zugegen gewesen.
- Weil Hans Dressel aus Waldau ihr übel geflucht, habe sie ihm im Zorn gewünscht, der Teufel soll ihn holen. Als sie es ihrem Buhlen geheißen, habe er ihr gantwortet: »er wolle ihm weher tun und ihm darauf die Lähme gemacht.«
- Stephan Kempf hätte sie gewünscht, »der Teufel solle ihm ein Pferd hinführen und daraufhin habe ihn der Buhle umgebracht.«
- Vor vier Jahren habe sie Jacob Büttner aus Waldau gedroht, ihr einen gelben Kittel (Totenfarbe) oder gar den Tod anzuziehen; sie habe ihm aber nichts getan.
- Wegen des Drachens sei zu sagen: »vor ungefähr 15 Jahren wäre etwas zu ihrem Kammerfenster hereingekommen, sei eitel Feuer geworden und an der Wand auf- und niedergefahren, auch sei etwas, wie ein Hund, über die Truhe, die vorm Bett gestanden, gefallen und getan, als wenn es mit den vorderen Füßen nach ihrem kleine Kinde habe greifen wollen. Darauf sei alles wieder verschwunden.«
- Der böse Geist habe auf die Walperttage (Wallfahrtstage) auf der Gasse vor ihrer Tür Eier zusammengekehrt, welche sie genommen.
- Lipsen Kasparn und Erhardten, dem Wagner, habe sie die Milch gestohlen, indem sie auf einem Stecken in aller Teufels Namen in die Ställe und ebenso herausgefahren sei.

Das gesteht sie gegenüber dem aus Meiningen gekommenen Zentrichter Niklaus Siebenfreundt. Der Jenaer Schöppenstuhl erkennt auf die Strafe des Feuers und deshalb wird am 12. Mai 1598 ein peinlicher Gerichtstag angeordnet und in Gegenwart des Zentrichters vollzogen. Der Richtplatz befindet sich auf dem Weißen Berg. Die Auflistung der Werkzeuge für den Scharfrichter hat sich erhalten[4)].

Am 28. Mai des gleichen Jahres bringt die Frau des Spitalmeisters von St. Kilian vor dem Schleusinger Amt eine Beschuldigung »wider das Weib des Schmieds zwischen den oberen Toren zu Schleusingen« ein[5)].

Sie soll sich auf geheimnisvolle Weise hinter den Ställen des Spitals zu schaffen gemacht haben und als sie darum von der Spitalmeisterin befragt wird, gibt sie zur Antwort: »es wäre ihr geraten worden, das Wasser in einen Maulwurfshügel zu lassen, um sie von einem gewissen Leiden zu befreien.«

Zur gleichen Zeit schwebt ein Kriminalverfahren gegen Margaretha, Tochter des Wildmeisters aus Hinternah, die vermutlich schwachsinnig ist. Die Witwe Agnes Streil, bei der sie als Magd beschäftigt war, sagt:

- Sie wisse von ihr nichts weiter, als daß sie jederzeit närrisch gewesen sei und bisweilen seltsame Reden geführt habe. Als vor einem Jahr etliche Weiber zu Benthausen verbrannt worden seien und die Leute von weiteren Aussagen gesprochen hätten, hätte ihre Magd geäußert: »sie könne mit diesen Sachen umgehen, müsse aber noch vier Jahre warten, ehe sie die Kunst treiben dürfe.«

Des Nachts wäre sie vielmals aufgestanden, hätte das Bett in der Kammer herumgetragen und mit sich geredet. Sie hätte sie für eine halbe Närrin und Milchdiebin gehalten. Zeugen bestätigen es.

- Einmal habe sie in einem Garten eine weiße Rübe ausgerissen. Als man ihr es vorhält, sagt sie: »eher wolle sie zum Schlot hinausfahren.«
- Zudem könne sie Salbe machen und die Gabel schmieren. Dies habe sie von Holzmädeln aus Hinternah gelernt.
- Einmal wäre sie mit einem Lehrjungen nach Oberstadt gegangen. Unterwegs habe sie eine Schmiele abgerauft, zusammengelegt, darein gestrützt, dann eine Eselsmilch abgerissen, deren Saft in den Speichel treifen lassen und gesagt: »jetzt werde sie eine Hand, einen Fuß, einen Kopf oder sonst etwas von einem Menschen darin sehen.«

Der Lehrjunge sagt: »sie könne auf die höchsten Bäume klettern (und) wie eine Katze auf den Asten laufen.« Darauf befragt, gesteht sie: »es gehe ihr Nachts im Schlaf oft dasjenige durch den Sinn, was am Abend zuvor in der Lichtstube gesagt worden sei.«
14 Tage später bezichtigt der herrschaftliche Schäfer Georg Hofmann in Schleusingen

Hammer-Osanna

der Hexerei, die gesteht:

- Einmal habe einer seiner Knechte mit den Melkschafen am Kohlberg gehütet. Da seien ihm ungefähr 15 auf ein ihr gehörendes Beet entlaufen und Schaden gethan; die Besitzerin habe gescholten.
- Als der Knecht mit den Schafen zum anderen Berg herübergekommen, sei plötzlich eines tot niedergefallen; über Nacht seien fünf und in den kommenden Tagen acht krank geworden.
- Als er, der Schäfer, von dem Weib gegangen, sei es ihm dermaßen in den Rücken geschossen und habe seitdem darin gestochen, als wenn lauter Nadeln darin wären. Die Leute hätten nicht gerne mit dem Weib zu tun und hielten sie für eine Hexe.

Vermutlich werden stillschweigend Ermittlungen geführt, die im Sande verlaufen. Im gleichen Jahr finden zwei Hexenprozesse statt. Der erste betrifft Ottilia, Frau des langen Georg aus Breitenbach[6], gegen die Gerüchte im Umlauf sind.

Auf Veranlassung des Superintendenten M. Jaochim Zehner von Schleusingen und des Pfarrers Balthasar Ritter von St. Kilian eröffnet der Amtsverwalter und Stadtrichter Wolfgang Schönleben das Verfahren und geht auf die Anhörung der Zeugen ein:

- Der Schultheiß Kaspar Vischer meint: »er rede nicht gerne von solchen Leuten und Sachen. Und doch habe er vor einigen Tagen erlebt, daß ihm zwei gute Pferde und das Vieh im Stall umgekommen seien. Das Weib sei im Dorf der Hexerei bezichtigt; sie habe ein scheußliches Gesicht.«
- Der Hirt Klaus Kelber klagt: »wenn er das Vieh austreibe und damit vor das Haus des langen Georg komme, gösse dessen Weib dem Gemeindeochsen beim Herausjagen Spülicht nach, so daß er wild würde und sich stieße. Er sei von auswärtigen Leuten gefragt worden, ob es wahr sei, daß sein Dorfochse Milch gebe. Er habe gehört, daß die Inquisitin Butter schlage, ohne eine Kuh im Stall zu haben.«
- Veit Werner aus Breitenbach beschuldigt sie, ihm ein Pferd gesterbt zu haben.
- Eine Ursula trägt vor: »die Ottilia habe bei zweien ihrer Kühe Blut gemolken. Auch die anderen seien krank geworden und hätten längere Zeit keine Milch gegeben.
- Georg Höfer aus Breitenbach erzählt: »als die Inquisitin vor ihrer Verheiratung bei dem Vogt Wilhelm Krause aus Maßfeld gedient hat und dessen erstes Weib erkrankt und gestorben sei, sei stark die Rede gegangen, die Inquisitin habe durch ihre Herrin die Krankheit angezaubert.
- Der Schreiner Wolf Blau trägt vor: »Hans Sebers Weib habe von der Inquisitin ein Maß Frischbier begehrt, was sie ins Haus gebracht. Scheers Weib habe davon getrunken. Danach hätte sie etwas bedünkt, als stecke ihr etwas wie ein Wurm im Halse. Seitdem sei sie im Haupt verrückt geworden, so daß man sie habe an eine Kette legen müssen.«

Hier entscheidet der Schöppenstuhl: »daß man sie einzuziehen habe und ggf. mit der peinlichen Frage angreifen könne.« Sie wird im Juli verhaftet, kurz danach verhört und da sie die Schuld leugnet (?) gefoltert, was sie übersteht. Darauf wird ihr Freispruch beschlossen[7]. Zudem hat sich der Text ihrer Urfehde erhalten[8]. Der andere Prozeß richtet sich gegen

Dorothea Polich

aus Albrechts, die man ins Schleusinger Gefängnis verbracht hat. Nachdem der Jenaer Schöppenstuhl die Feuerstrafe zubilligt, wird sie am 6. Juli 1598 verbrannt. Hier kommt es zu einem juristischen Kompetenzstreit zwischen der Zent Bensheim und dem Amt Suhl[9].

Dann tritt eine Pause ein. Der nächste Prozeß richtet sich gegen die Witwe von Thomas Weber auf dem Aspen, die»alte leibseelin« stirbt am 17. Februar 1603. (siehe weiter unten) Im Februar 1608 wird Katharina Bohn, die »lange Käthe« aus Schleusingen lebend verbrannt und kurz danach eine Martha Bohn mit dem Schwert gerichtet.

Juristisch-theologisches Spiegelfechten

Der Kompetenzstreit zwischen Benshausen und dem Suhler Amt bezüglich der Hinrichtung von Hexen entzündet sich wohl 1579/80. Damals findet ein Verfahren gegen die über 80jährige Witwe Barbara Kellner statt, das mit Freilassung endet. Sie wohnt mit ihrer Magd im Haus.

Weihnachten 1578 hat ihre Kuh gekalbt. Sie steht, bekleidet mit Hemd und Haube auf, um nach dem Rechten zu sehen um, wie im Winter üblich – das Kälbchen in die Stube zu tragen. Der Nachbar Valtin Jäger beobachtet den Vorgang und weiß nichts Besseres zu erzählen, daß in dem Kellerschen Haus ein Gespenst gewesen sei. Daraus formiert sich das Gerücht, die alte Kellnerin stehe mit dem Teufel in Verbindung und treibe Milchdieberei.

Im November 1579 beschwert sich die Witwe gegen die Verleumdung und bittet um Schutz: »maßen diese Injurien eine vorsätzliche, mutwillige Verletzung und Beschädigung eines freien Menschen an seinem Leib, Würden, Ehren, Namen, Stande, gutem Gerücht und Leumund.«

Es wird den Amtleuten nach Schmalkalden zugetragen. Im Sommer 1580 findet ihre Verhaftung durch den Zentgraf von Benshausen statt. Versuche ihrer Kinder, sie gegen Kaution frei zu stellen, bleiben erfolglos. Sie wird gefoltert und widersteht den Qualen. Darauf erläßt Graf Georg Ernst von Henneberg den Befehl, sie nach dem Schwören der Urfehde freizulassen: »die hessischen Behörden würden wohl damit einverstanden sein.«

1596 oder ein Jahr zuvor, werden vier Frauen aus Benshausen verbrannt. Über eine Fünfte, die nach ihrem Bekenntnis weder Menschen noch Vieh geschadet hat »aber doch ihren christlichen Taufbund verlassen und sich dem bösen Feind verpflichtet und mit demselben abscheulich zugehalten und die gemeine Tänz und Zusammenkünfte der Zauberinnen besucht,« verhängt der Schöppenstuhl aus Jena »gleich den andern vermöge der neuen kurfürstlich *Sächsischen Konstitution* und anderer vornehmer Kriminalisten Meinung nach die Strafe des Feuers.«

Auf Betreiben der hessischen Beamten aus Marburg, die das Vorgehen als zu scharf ansehen, wird die dortige Juristenfakultät um ein Gutachten ersucht, das milde ausfällt. Die Helmstädter erkennen auf Staupbesen und Landesverweisung.

1597 wird Dey Klett von Benshausen »nach dem gegen sie vorgenommenen, gütlichen und peinlichen Verhör, da sie sonderlich nach der ihr zuerkannten und exequierten Tortur in Güte schreckliche Dinge ausgesagt, in das Landsknechts Haus, da sie verwahret worden, durch den bösen Feind der Hals um- und entzweigedreht.« Daraufhin wird sie vom Scharfrichter verbrannt.

Die Gerichtskosten werden aus dem Nachlaß beglichen. Nun sollen zu den Kosten der Hinrichtungen die Bürger des Amtes Suhl beitragen, was sie ablehnen und dann fordert der sächsische Kurfürst die Regierung von Meinungen zu einem Bericht über die vorliegenden Rechtsverhältnisse auf.

Sie sagen: »streitig sei, ob solche Fälle auf Zauberei auszudehnen seien, zumal dadurch der Fürstlichen Grafschaft Henneberg auf Suhla, Heinrichs und den benannten Dörfern Jurisdiktion geschmählert und dargegen der Zent Benshausen und also dem Haus Hessen mit zuwachsen würden.« Der Kurfürst entscheidet, daß die Unkosten unter Vorbehalt durch beide Herrschaften zu zahlen sind, nachdem man zunächst der Zauberinnen Güter zur Begleichung heranzuziehen hat.

Auch hier schüren Geistliche das Unglück. Am Palmsonntag 1609 predigt der Suprintendent Zehner in der Schleusinger Pfarrkirche über Moses 1.49. Vers 1. »Vom Laster der Zauberei« und läßt auf Verlangen sein Elaborat im Druck erscheinen. Er geht dabei auf die jüngst hingerichteten Hexen[10] ein, »denen der Teufel unversehens den Hals herumgedreht habe.«

Weitere Prozesse

Mitte Februar 1611 endet Maria Schneider von Schmiedefeld auf dem Scheiterhaufen von Meinungen. Von ihr ist bekannt, daß sie

Friedrich Wilhelm I., König von Preußen. Er erläßt ein Edikt zur sorgfältigeren Führung der Hexenprozesse und stemmt sich gegen den Einsatz der Folter. Zeitgenössischer Kupferstich. →

Der mehrfache Mörder Hedloff. Im Hintergrund rechts einige seiner Mordtaten, links die Stadt Wels in Schlesien mit der Hinausführung und Hinrichtung.

in der Woche nach Ostern verhaftet worden ist. Nach den Unterlagen hat sie mit großer Reue bekannt, wie sie aus weiblicher Schwachheit und vor dem ledigen bösen Geist jämmerlich und hinterlistig betrogen, auch wider mütterliche Liebe und Affektion dahin bewogen und gezwungen worden sei, ihren leiblichen Kindern, auch deren Vieh und Nahrung Schaden zuzufügen.

In ihrer Urgicht hat sie »Hans Pfeuffer den Dürren und seine Hausfrau und die alte Schneiderin zu Schmiedefeld unten im Dorf wohnend, bekannt und gesagt: »sie seien mit ihr auf Tänzen gewesen.«

1612 finden in Schleusingen vermutlich drei Hexenbrände statt. Am 7. Januar wird Elsa, Hausfrau des Thomas Gerbricht, am 16. März Dietrich »Schreilies« und am 7. Juni Kunigund Fritz aus Erlau »mit dem Feuer vom Leben zum Tode gerichtet.« Über Margarete Heß hat der Coburger Schöppenstuhl am 8. Oktober die gleiche Strafe ausgesprochen.

»Hat dieselbe ausgesagt und bekannt, daß sie vor ungefähr 50 Jahren mit Absagung Gottes, des Herrn, sich zum Teufel verschworen, mit ihm Unzucht getrieben, die teuflischen Tänze besucht und das hochwürdige Abendmahl des Herrn geunehret, auch Bastian Moritz Sohne Läus zaubert. Würde sie nun auf solchem ihren Bekenntnis vor öffentlichen Gericht freiwillig verharren, so ist sie wegen erzählter und ihrer abscheulichen Verbrechen mit dem Feuer vom Leben zum Tode zu bringen. Von Rechts wegen ... des F. Sächs. Schöppenstuhls zu Coburg Ordinarius, auch ander Doctores und Schöppen.«

Die Exekution kann nicht erfolgen, da ihr der Teufel vorab den Hals gebrochen: »ist durch den Scharfrichter unterm Galgen begraben worden.«

Mitte Juni 1615 stirbt in Schleusingen »die Beckardin« und 1618 kommt es in Erlau zu einer Prozeßwelle, die innerhalb von drei Jahren elf Frauen des Leben kostet. Hans Brückner aus Schönau hat mehrfach Unglück mit seinem Pferden und bald danach verdächtigt er Barbara, Frau des Simon Rauch aus Schönau, die durch Zauberei das Unglück verursacht haben soll.

Er verfaßt eine Klag(e)schrift an das Schleusinger Amt: »Verflossenes Jahr habe Barbara Rauch zu Elisabeth, dem Weib des Drechslers Hans Witter aus Schönau gesagt. »wie schwebet sein Pferd wie eine Distel: ich gönn es ihm. Ich hoffe, er werde nicht viel Löffel mehr belecken. Er hat mir Schaden genug damit gethan. Bald darauf sei ihm ein Pferd gestorben.«

- Vor einigen Jahren habe Barbara Rauch einen Birnbaum geschüttelt, wobei es zu einem Konflikt mit der Frau von Hans Ritter kommt: »Witters Weib sei daraufhin todkrank geworden und habe begehrt, man soll Barbara zu ihr bringen, sie wolle sich mit ihr versöhnen, bevor sie stürbe, denn sie wüßte wohl, daß sie der Birnen halben sterben müßte.«

Die Witterschen Eheleute bestätigen es und der Schulze Schmidt ergänzt:

- Simon Geysers Weib habe eine Gans gehabt, welche auf Simons Rauchs Mist gesessen und ein Ei habe legen wollen. Geysers Weib habe sie aufgetrieben und heimgejagt. Dies habe Ruchs Weib so verdrossen, daß sie alsbald das Nest, worauf die Gans gelegen, mit dem Fuß zerstört. Bald darauf hätte Geyers Weib große Schmerzen an einem Schenkel bekommen und öffentlich Rauchs Weib als Urheberin bezichtigt. Zudem hätte sie in der Gemeinde keinen guten Ruf. Kurz danach fällt der Coburger Schöppenstuhl ein Urteil[11].

Möglicherweise eine Besonderheit der dortigen Gerichte ist die sog. »Vorhaltung« der Zeugen, die man als Eidesvernehmung verstehen kann[12]. Am 26. Juli wird Barbara nochmals gütlich befragt und »als sie mit der Sache nicht herausgewollt, mit der ihr als Recht erkannten Peinlichkeit vermittelst des Scharfrichters nahelegt. Sie bekennt:

- Hans Brückner, der seinen Acker neben ihrem hat, habe ihr an ihren Feldbestand Schaden zugefügt. Sie habe es geklagt und von des Schlimbachs Weib eine Salbe erhalten. »Diese habe sie, wo des Brückners Pferd geweidet, in des Teufels Namen ausgestreut und davon sei es gestorben.«
- Mit dem gleichen Gift habe sie um der Birnen willen das erste Weib Hans Witters ums Leben gebracht, indem sie davon etwas in eine Birne getan, »wovon sie gegessen.«
- Die Schmerzen, die Simon Geyers Weib an ihrem Schenkel bekommen, habe sie ihr dadurch zugefügt, daß sie Gift auf deren Mist gestreut hat. Zudem habe sie auf Geheiß ihres Buhlen Georg Vogten zu Oberneubrunn vermittelst ihrer Salbe ein Kalb an der Weid(e) gesterbt.
- Vor ungefähr 1 $^1/_2$ Jahren sei ihr Buhle, so Jacob hieße, und noch etwas jung gewesen, auch ein schwarz Bärtlein gehabt, in schwarzer Kleidung gegen Abend hinter dem Hause zu Schönau zu ihr gekommen und sie angesprochen: »weil sie arm sei, sollte sie sein sein, er wolle ihr bisweilen eine Steuer brin-

gen. Er habe ihr einen Schreckenberger gegeben[13]. Darauf habe sie sich ihm versprochen und Gott verschworen. Dann habe er bei ihr geschlafen, wobei sie ihn gar kalt befunden. Hernach wäre er noch oft zu ihr gekommen und habe mit ihr gebuhlet.

- Der Teufelstänze wären jährlich zwei, auf Walpurgis und Michaelis, nach Mitternacht auf der Insel bei Schönau gehalten worden. Dort hätte es Brühe, Kraut und Fleisch zum Essen und Bier »aus Stotzen« zum Trinken gegeben. Es hätte sauer und stinkend geschmeckt. Einen Fidler hätten sie als Spielmann dabeigehabt. Alsdann habe sie der Buhle heimgebracht und beschlafen.
- Wenn sie – jährlich zweimal – zum Nachtmahl gegangen seien, habe sie den Leib Christi je und allewege auf Geheiß ihres Buhlen aus dem Munde getan und diesem zugestellt: »was er damit getan, wisse sie nit.«

Aufgrund der »eindeutigen« Aussage verhängt der Coburger Schöppenstuhl am 6. August das Todesurteil, worauf sie am 16. in Schleusingen verbrannt wird. Die

Katharina Schlimbach

von Lichtenau betreffenden Angaben schickt der Amtmann Winter an den Kollegen in Eisfeld, den F. S. Regierungsrat D. Johan Bechstedt. Die gütlich und peinlich vernommene Schlimbach bestreitet alle von Barbara gegen sie vorgebrachten Beschuldigungen, während diese bei einem erneut vorgenommenen Verhör in Schleusingen ihre Aussagen durch Details zu ergänzen sucht.

Da der Coburger Schöppenstuhl die Konfrontation der Inquisitin fordert, richtet der Eisfelder Amtmann an den Schleusinger das nachbarliche Ersuchen, Barbara Rauch an die Grenze bei der Schwarzacher Papiermühle wohlverwahrt liefern zu lassen, »damit die Konfrontation geschehen könne.« Dazu kommt es nicht, weil sie inzwischen zum Tod verurteilt worden war und am dem von Eisfelder Amt vorgeschlagenen Termin ihre Hinrichtung erfolgt. Mit ihr erleiden Kunigunde Trott, Dorothea Kummer aus Hirschbach und Elisabeth Breitenbach (Tochter) die gleiche Strafe.

1612 geht das Hexenbrennen weiter und es kommt zu acht Hinrichtungen. In Erlau werden sechs Zauberinnen beschuldigt. Zwei davon werden mit dem Schwert und vier mit dem Feuer gerichtet. Zu einer Familientragödie kommt es beim nächsten Prozeß. Am 3. Oktober 1621 reicht der Köhler Leonhardt Siegmund aus Altendambach gegen seine Schwester

Anna Schantz

Klage beim Schleusinger Amt ein[14]. »E. E. kann ich mit hochbekümmerten Gemüt und Herzensschmerzen als ein hochbeleidigter armer Untertan nicht verbergen, wiewohl es ein sehr unchristliches Ansehen gewinnen und als ein Greuel erscheinen mag, daß ein Bruder seine leibliche Schwester peinlich anklagt, so wird aus nachfolgenden Gründen zu vernehmen sein, daß ich zu dieser peinlichen Anklage genotdrängt werde:

inmaßen es denn an dem, daß ich mich nunmehr vor zwölf Jahren zu meiner Hausfrau verehelicht und bis auf diese Stunde in Lieb und Leid mit unserer Armut für gut genommen. Es hat aber meine Schwester anfangs meine Heirat nicht allein nicht gern gesehen, sondern auch diese elf Jahre kein einzigesmal uns besucht.

1. Nachdem nun der liebe Gott in währendem Ehestand uns mit zwölf Kindlein gesegnet, davon aber leider, Gott erbarms, elf eines fast unnatürlichen Todes und alle auf eine Weise dem Ansehen nach mit erkrummeten Herzlein und schwarzbrauen, mit Blut durchlaufenen Brüstlein stracks nach der Geburt gestorben, teils aber von Mutterleib gekommen, daß es einen Stein in der Erde erbarmen möchte, so ist das Gemurmel die ganze Zeit auf meine Schwester, des Schantzen Weib, stark gegangen, es hat sie auch ein Wolf Zimmermann vor einem Jahre vor E. E. Angesicht im Amt dessen öffentlich bezichtiget und dazu schriftlich eingegeben, sie hätte mir meine arme Kinderlein und unschuldige Würmlein ermordet; welches alles aber dieselbe fein höflich in sich gefressen und nicht geantwortet.

2. Dabei hat Zimmermann dazumal mit angeführt, seither auch mündlich vielfältig wiederholt, als er nach der ersten Klage wieder nachhause gekommen sei, daß sich nach drei Tagen dieses bei der Nacht begeben habe, daß seine Ziege ganz ungewöhnlich und erschrecklich zu blöken angefangen; worüber er erwacht und aufgefahren, auch hinunter in den Stall gelaufen und sehen wollen, was der Geis widerfahren. Als er mitten auf die Stiege gekommen, fänget sie zum andernmal noch greulicher an zu blöken; und da er vollends in den Stall gekommen, wäre sie mausetot gewesen. Als er ihr den Hals aufgehoben, wäre ihr ein Ding wie eine Wespe, den Hals hinabgelaufen und darauf alsobald mit Schnurren zum Stall hinausgeflogen.

Wiewohl mir nun Wolf Zimmermann solches vorgeworfen und auch sonst ungescheut davon geredet, hat sie doch im geringsten nicht geantwortet, sondern also ersitzen lassen.

3. Fürs Dritte sei unleugbar und dorfsrüchig, daß vor nicht gar so langer Zeit der Drache neben und um Klaus Schantzen Haus gesehen, aber, wo er hinaus damals gerathen, nicht vernommen, allein, daß derselbe einsten vor drei Jahren richtig und gradezu in des Schantzen Haus geschossen, von Kilian Keßler, welcher in Barthel Haus bei Nacht zum Fenster herausgeguckt, öffentlich gewahr und gesehen worden.

4. Als man mir vor nunmehr drei Wochen getauft und ich meiner Gevattern eine Ehre tun wollen, hat sich über der geringen Mahlzeit ein solch Katzengeschrei erhoben, daß meine lieben Gevattern das Fenster hinter dem Tisch zumachen müssen; gestalt dann acht Tage hernach, als meine Gevattern meinem Weibe den Kuchen gebracht, ebenfalls, geschehen. Denn, indem sie hinausgehen und einen Rettich holen wollen, hat sich abermals ein solches Wesen mit den Katzen um sein Haus erhoben, daß sie vor Zittern und Zagen nicht gewußt, wie sie wiederum in die Stube kommen sind.

5. Nachdem ich nunmehr vor 14 Tagen meiner jüngst geborenen Zwillinge eines, so meine Schwester außer allem Zweifel auch umgebracht, zur Erde bestatten lassen, ist die Schanzin unterdessen zu des Schneiders Hans Zimmermanns Weib gekommen und gefragt, ob von ihres Bruders Kindern eines gestorben. Als sie nun mit »Ja« geantwortet, hat sie angefangen: »es sei des Trinkens Schuld; worauf ich nun in sie dringen und wissen will, was mit dem Trinken die Ursach sei und woher sie solches wissen müsse.«

6. Ferner wird in die Klage mit eingeführt, daß der Köhler Hans Zimmermann d. J., so neben der Schwarzbacher Papiermühle den hohen Rangen herab sich totgefallen, vielmals ungescheut ausgesagt, als von E. E. ihm die 20. fl. wegen des Hauses, so er von Klaus Schantz bekommen, zuerkannt worden, daß meine Schwester vor sein Bett gekommen und ihm die Kehle abtrummen wollen. Desgleichen ist desselben Witwe auf diese Stunde noch geständig; da gedachte 20 fl. ihr das anderemal zugesprochen und sie darauf heimgekommen, daß die nachfolgende Nacht ein Haufen Katzen vor ihrem Bett hin- und widergefahren, daß sie um Hilfe schreien müssen, besorgend, solche würden sie ums Leben bringen. Worauf die Zimmermann solches der Schantz zuentboten, sie aber daselbe gelitten und nicht verantwortet.

7. Hans Zimmermann der Alte klaget die Schantz öffentlich an: »als er vor zwei Jahren seine Tochter mit einem paar Ochsen auf die Weide geschickt und des Schantzen Weib vorübergegangen, fragend, ob ihre Ochsen einander nicht stießen, das Mägdlein hingegen geantwortet: »Nein, wenn sie satt wären, gingen sie zusammen und lecken einander, daß sobalden die Ochsen übereinander gefallen und einander so grimmig gestoßen, daß man nicht anders vermeint, sie würden sich gegenseitig umbringen.«

Worüber sich ferner zugetragen; als das Mägdlein des Abends von der Weide mit dem Ochsen heimgefahren, daß mehrgedachtes verdächtiges Weib, wiederum zu ihr gekommen und gefragt, ob ihre Ochsen satt wären, in demselben auch vor den Ochsen über den Weg gelaufen, worauf einer auf solchem Fleck niedergefallen, daß Adam Zimmermann darüber herauslaufen und ihn aufheben müssen.

8. Dorothea Fischer muß eidlich aussagen, daß sie und ihre Tochter mit der Schantz wegen eines Paares Schuh uneinig geworden, und als die eine Tochter die Schuhe wieder hinaufgetragen, die Schantz aber die Arme über sie ausgebreitet, daß dieselbe Magd von ihr umgefallen und die Schantz sie bei den Haaren in der Stube herumgeschleift. Ob nun wohl viel Leute dabeigestanden, haben sie doch durch ihre Verblendung nicht sehen können, wie sie mit der Magd umgegangen.

Weil aber deren Mutter der Schantz zuentboten; wollte sie es ihrer Tochter wieder abthun; so sei es gut; wo nicht, sollte sie es lassen hingelangen, wohin es nach seiner Art gehört – ist die Magd frisch und gesund worden.

9. Nachdem mein Bruder Hans Siegmund, jetzt Bürger zu Themar, hiebevor kein Glück mit seinen Pferden gehabt, hat die Schantz sich entboten, ihm das Pferd zu segnen, und sobald darauf es gesegnet, daß es wieder frisch und gesund worden. Seither Hans Siegmund zu der Schantz, seiner Schwester, ganz kein Herz gehabt.

10. Als Hans Schlott d. J. in Hirschbach in des Weidmanns Haus zu Dambach gezecht, und, nach einem Zaunstecken schießend, eine Büchse probieren wollen, aber der Schantzin Huhn unversehends getroffen und totgeschossen, ist ihm sobalden ein Husten angekommen und die Sprache ganz und gar verlegen. Als nun der Schantz zuentboten worden, das Huhn solle ihr bezahlt oder ein anderes an die Stelle geschafft werden, hat sichs von Stund an an ihm verbessert und er seine Sprache wieder bekommen.

11. Als ich auf eine Zeit Fritz Weißleder mein großes Ungemach wegen meiner so jämmerlich ermordeten elf Kinder geklagt und um treuen Rat gefragt, er sich entboten, außerhalb Landes bei Bekannten und Unbekannten meinetwegen aus christlichem Mitleid sich Rats zu erholen, ist ihm in der Nacht die Schantz dergestalt sichtiglich vorgekommen, daß sie ihm drei Trunke in einem Glas mit Gewalt eingießen wollen, daß er sich ihrer kaum erwehren können.

12. Vor nicht gar so langer Zeit sind der Schantzin Gänse in Fritz Siegmunds Hof täglich gestüret. Als er sie nun nicht wehren könne, sondern eines Tages unversehens einer ein Bein entzwei geworfen, hat sein Weib ein solch böses Bein bekommen, daß sie sich etliche Jahre damit schleppen müssen.

13. Vor kurz verrückter Weil hat die Schantz einen Hafen unter dem Schein, als obs ein Schatz wäre, neben ihrem Torsturzel auf ihrem Hof begraben, sich aber zuvor, »als ob es niemand inne werde, allenthalben umgesehen; doch letztlich inne worden oder vielleicht von ihrem Buhlen berichtet worden, daß Wolfs Refs Weib solches Eingraben gesehen, darauf der Reisin Kind sehr krank worden.

Nachdem man nun bei der Schantz Kräutich fordern wollen, sie aber nicht zuhause gewesen und des Reif Schwieger selbst in der Schantz Garten das Kräutich holen wollen, ist sie sobalden voll Läuse worden. Als nachher die Schantz durch ihren Jungen der Reif das Kräutich geschickt und diese es gesotten und dem Kind gebracht, hätte sich mit ihm allein nicht gebessert, sondern es wären auch die Läuse, wie sie gewachsen, von selbst wieder vergangen.

Es ist hierbei insonderheit mit Stillschweigen nicht zu übergehen, daß nach eingegrabenen Topf des Schantzen Kinder und Gesinde stetig zur anderen Tür und nicht zur Rechten, da der Topf vergraben, aus- und eingehen müssen.

14. Am letzten Sonntag hat sichs glaubhaft zugetragen, daß ich samt meinen lieben Gevattern und anderen Gästen in meinem Haus beisammen gesessen und u. a. von diesem Unwesen und der verdächtigten Person geredet. Da wir nun am sichersten zu sein vermeinet, ist der Drache um acht Uhr vor Wolf Zimmermann Haus, als sein Weib mit meines, ihr aus gewissen Ursachen übergebenen Kindes Einwickelung umgegangen, mit solchem Ungestüm gefahren, daß

»Der höllische Proteus« von Erasmus Francisci, Nürnberg, 1695.

es einen hellen Glanz in der Stube gegeben; dergleichen auch um zehn Uhr vor meinem Haus geschehen, daß wir alle erschrocken, inmaßen sich auch dieses Abends ein zeterlich Katzengeschrei ernstlich in meinem Haus und dann in Wolf Zimmermanns Stadel begeben, welches ihr und mein Kind beisammen gehabt, unaussprechliche, große Furcht ankommen.

15. Hellmuthäuser, Forst- und Pirschknecht, ist zu befragen, wen er:

1. wegen seines Vaters so langwierigen Lagers, beschwerlichen Schenkels und anderer ihm zugestoßener Unfälle.

2. daß ihm alle seine Pferde umschlagen.

3. Verzauberter und gesterbten Kuh und Kälber.

4. Bocks und anderer ihm zugefügten Ungelegenheiten im Verdacht habe, ob er nicht zuvörderst auf die Schantz ziele und seinen Ekel auch Grauen habe?

16. Als vor wenigen Tagen die Schantz ihrem Mann ins Amt gegangen und unterwegs ein ander Weib zu ihnen gestoßen, welche auf jener Befragen geantwortet, daß sie in der Stadt Salz kaufen wollte, hat die Schantz aus lauter Furcht und bösem Gewissen zu ihrem Mann gesagt: »diese und jene Leute wären ihr auch Salz schuldig, er sollte es nicht vergessen, sondern einfordern; hat also nichts anderes gewißt, denn sie werde in Verhaftung genommen werden.«

Ingleichen hat sie am letzten Dienstag, als sie abermals ins Amt gelaufen, ihrer Nachbarin, Wilhelm Schmieds Weib, ihre Kinder befohlen, dieselben bisweilen zu strählen und zu reinigen, auch die Hirtin gebeten, daß sie ihre Rüben aushacken helfen und der Mastkuh geben sollte, mit dem Anhang: »ob sie gleich eingesteckt würde, daß sie doch, ehe die Kuh die Rüben gefressen hätte, wieder heimkommen wolle.«

Zusätzlich nennt der Besager 17 Zeugen, die der Amtmann Christoph Winter im Februar 1622 vernommen hat. Fast einhellig wird gesagt: »Sie sei schon des längeren der Hexerei verdächtig, lebe mit Jedermann friedlich und sei fleißig zur Kirche und zum heiligen Abendmahl gegangen.« Hans Siegmund bekundet: »ob sein Bruder Leonhardt seiner Schwester Anna recht oder unrecht tue, wisse er nicht; er für seine Person wüßte dann alles Liebe und Gute nachzusagen. Inzwischen hat Leonhardt Siegmund eine zweite Klag(e)schrift gegen seine Schwester eingereicht.

Am 13. Mai wird Anna Schantz verhaftet und tags darauf vom Amtmann in Gegenwart des Zent- und Scharfrichters und des Amtsschreibers in Güte über die Anklagepunkte und Aussagen der Zeugen befragt. Sie wehrt sich und sagt: »es geschehe ihr Unrecht, sie habe Niemanden Schaden zugefügt. Man soll mit ihr verfahren wie man wolle, sie wolle es dem lieben Gott und der weltlichen Obrigkeit anheimstellen.«

Dann schreitet man zur peinlichen Befragung. »Doch als man sie zwölf Stunden in den Bock gespannt, war dies vergeblich ... hat aber endlich von einem Segen gesagt, welcher nichts Böses darstellet[15], worauf sie wieder in die Kustodia geführt und verwahret worden.« Schließlich bestimmt der Jenaer Schöppenstuhl ihre Freilassung.

Am 7. Juni 1630 werden in Schleusingen fünf Personen enthauptet und deren Leichen verbrannt. Am 8. Juni erleidet Anna Neumark von Gerhardtgereuth wegen Zauberei den Feuertod. Am 10. Dezember 1633 wird Elisabeth (Els) Heinrich von Gerhardtsgereuth in den Tod befördert und dann überdeckt der 30jährige Krieg das Tun. Kurz danach lodern die Scheiterhaufen wieder.

Am 24. September 1651 werden Maria, Frau des Kaspar von Nordheim, am 17. Oktober Barbara Burchard und am 20. November Ursula Köhler aus Schmiedefeld lebend verbrannt. Im folgenden Jahr ist Valentin Zoder, ein Töpfer aus Schleusingen, an der Reihe, wenngleich er sich mit einem Hilfegesuch an Herzog Wilhelm von Weimar gewandt hat. 1657 beginnt ein Prozeß, der die Schleusinger Bürger drei Jahre in Atem hält. Es geht um

Anna Ittiges

Frau des Ratsmitgliedes Nikolaus Ittiges[16], Besitzers des Gasthofes zum Güldenen Löwen. Sie wird im wesentlichen von Margarete Körner besagt:

- Am Monatg vor Pfingsten hätte ihre Frau zwischen acht und neun Uhr zum neuen Bäkker geschickt; da wäre es ganz hell um sie geworden und sie hätte gesehen, daß etwas Feuriges aus Klaus Ittiges Haus oben heraus, über das nächst dastehende, welches Philipp Streitlein bewohnt, weg und bei Valtin Hellers Haus hineingefahren sei. Es wäre lang wie ein Heubaum, vorn etwas dick und ganz feurig hinten hinaus etwas spitzig und bläulicht wie ein brennender Schwefel gewesen.

Zitternd und bebend wäre sie zum Bäcker gekommen und hätte ihm von dem Vorfall Mitteilung gemacht. Der Bäck habe erwidert: »das ist an dem Ort nichts Neues, man ist es allda gewohnt.«

- Den anderen Tag wäre ihr Klaus Ittiges Weib am Burgweg begegnet, habe die Augen niedergeschlagen und sie nicht einmal angesehen.
- In verwichener Sonnabendsnacht, als sie sich kaum zu Bett gelegt gehabt, wäre etwas vor ihrer Kammertür gekommen und habe geklopft. Gleich darauf wäre etwas zur Tür hereingekommen, welches einen Hut in der Hand gehabt und damit gewedelt habe, als wenn es jemand winkte.
- Sie hätte auch gehöret, daß ihrer zwei und das eine eine Weibsperson gewesen wäre und daß sie heimlich gelacht hätten. Dasjenige, welches den Hut in der Hand gehabt, wäre nach dem Fenster zu, das Weib an ihr Bett gegangen, hätte die Ohren vor ihren Mund gehalten, ohne Zweifel, um (sich) zu überzeugen, ob sie schliefe. Sie hätte sich nach, wiewohl in großer Angst, schlafend gestellt. Darauf habe die Weibsperson sie beim Hals ertappet, ihr die Daumen recht

Fragekatalog im Verfahren gegen Anna Ittiges, Schleusingen 1657 (auszugsweise)

- Ob nicht der böse Feind dem Montag vor Pfingsten des Abends zwischen acht und neun ihr bei ihr zuhause gewesen? Ob sie sich nicht gefürchtet, es möchte stadtruchbar werden und daß die Margerete Körner solches anderen gesagt?
- Ob sie nicht sobalden hierauf die Magd bei dem Hals ergriffen, ihr beide Daumen unten an der Kehl eingesetzt und sie also (habe) erwürgen wollen? Ob nicht über solchem Gürgeln die Magd sehr geschrieen?
- Ob Inquisitin nicht wissend, daß sowohl ihrem vorigen als jetzigen Haus bisweilen feurige Drachen gesehen und jedesmal, wenn solches geschehen, ihr Buhle zu ihr komme?
- Ob er nicht bisweilen auch in Gestalt eines Bockes ins Haus kommen und von ihrer Kammer sich angemeldet?
- Ob der Feldscherer hierauf die Worte gebrauchet: »die ganze Stadt wäre voll, sie sollte eine Hexin und auf sie bekannt worden sein? »Ob sie nicht bald hernach zur Stuben hinausgegangen, etwas von dem gekochten dürren Rindfleisch geholet und solches dem Feldscherer und Landsknecht vorgesetzt?«
- Ob sie nicht einstmals Marien Schreierin ihrer Tochter Katharinen eine Maulschelle geben? Ob nicht drauf sie, Maria, in Inquisitin ihr Haus gelaufen, sie eine Drachenbraut gescholten?
- Ob sie nicht hierauf jetzt gedachter Marien Schreierin etwas angezaubert, daß sie bald hierauf todkrank worden und in wenig Wochen gestorben?
- Ob ihr Mann nicht damalen diese Wort gebraucht: »wenn er wüßte, daß sie eine Hexin wäre, wolle er sie verbrennen lassen.«
- Ob er nicht hierüber sie erinnert, wenn sie unschuldig wäre und ein gut Gewissen hätte, sollte sie hinunter in das Haus, wo die Leiche stünde, gehen und an den Sarg treten.
- Warum sie diesfalls ihrem Mann nicht gefolget und hinunter zu der Leich gangen? Ob sie nicht selbsten gestehen müsse, sie habe es aus bösem Gewissen unterlassen und befürchtet, die Leich, weil sie an dem Tode schuldig wäre, möchte ein Zeichen von sich geben?
- Ob sie nicht auch noch damalen der Kordula, Otto Scheidemantels Weib, so ihr gedienet, als sie um diese ihre verstorbene Base trauern wollen, die Trauerhaube vom Kopf gerissen und ihr kein Trauern verstatten wollen?
- Ob sie nicht hierauf diesen Georgen Hellers seinem Söhnlein etwas angezaubert, also daß es selbigen Tages noch todkrank worden und den dritten Tag gestorben?
- Ob sie nicht bisweilen übernatürliche Sachen in währender Wirtschaft gespeiset? Ob sie nicht ehemals ihren Gästen Kröten für gesottene Forellen auf den Tisch gesetzet?
- Ob sie nicht einstmals der Organist Christoph Strunck und der Ritterschaft Trompeter in einer Nacht ganz voll Läuse in ihren Haus gemacht worden?
- Ob nicht des Stadtknechtes Georgen seine Frau vor etlichen Jahren in der teuren Zeit einen Sack Mehl in der Inquisitin Haus des Nachts entwendet?

unten an der Kehle eingesetzt und den Kopf umdrehen wollen.

Auf ihr Schreien, welches ihr Herr gehört, sei die Weibsperson vor dem Bett weg und zu dem Mann am Fenster gegangen, hätte mit demselben heimlich geredet, sei dann wieder zu ihr ans Bett gekommen, habe sich nochmals, und zwar viel härter als zuvor, bei dem Hals gegriffen und dermaßen gegürgelt, daß sie nicht mehr habe schreien können, und ihr Hals und Genick noch bis zur Stunde wehetäten; dann seien beide wieder zur Tür hinausgegangen.

Da es noch ziemlich hell gewesen, hätte sie sie für niemand anders als für Klaus Ittigsen Weib gehalten. Zumal sie von anderen

Leuten gehört, daß der Drache in der Oster- und Pfingstnacht aus dem Ittigschen Haus gefahren sei.

- Dem Hans Wolf habe sie neulich Stockfisch zum Essen gegeben. Davon habe er etwas nachhause genommen und der Katze vorgeworfen, diese hätte es nicht fressen wollen.

Die Regierung aus Meiningen befielt, weitere Erkundigungen einzuziehen. Dann wird Anna Ittiges Mitte Juni verhaftet und am 25. 1657 verhört; man legt ihr etwa 100 Fragestücke vor. Sie sagt: »sie wisse nicht, weshalb man sie zur Haft gebracht habe. Sie wäre des öfteren, meist von trunkenen Leuten, als Hexe gescholten worden, sei aber unschuldig. Sie hätte nie mit dem Teufel zu tun gehabt. Was die Magd vorgebe, müßte ihr im Traum geschehen sein.«

Ehe sie verhaftet worden sei, habe ihr ihr Mann Vorhaltungen gemacht: »er müsse jetzt hören, daß sie eine Hexe sein sollte. Es wäre kein Wunder, daß er einen Strick nähme und sich erhängte; es hieße ihn aber der Herrgott dieses nicht.«

Das Märlein von den Kröten sei vom Leutnant Jordan (Wirt des Gasthofes zum Weißen Roß) aus Neid aufgebracht worden. Für das Mißgeschick des Organisten Strunck und des Trompeters könne sie nichts, das Bett sei von anderen verunreingt worden. Der Schaden sei dadurch beseitigt worden, daß die Magd ihnen am Morgen die Hemden gewaschen hätten. Den Erhart Trott habe sie ihr Lebtag in keinem Bett gesehen, es müßte denn in ihrem Hause geschehen sein.«

Nochmals schreitet man zum Verhör der über 30 Zeugen, die man vereidigt hat. Ihr wird ein guter Leumund bestätigt: »sei sie zur Kirche gegangen, habe fast kein Frühgebet versäumt und regelmäßig das heilige Abendmahl genossen. Sie wäre nicht zänkisch. Ihre Großmutter sei Hexerei wegen zu Coburg verbrannt worden und sie stehe seit längerer Zeit in Schleusingen im gleichen Verdacht.« Die wesentlichen Vorwürfe gegen sie sind in der beigefügten Tabelle erfaßt.

Damit nicht genug. An weiteren Aussagen kommen hinzu:

- Kaspar Müller, der Goldschmied und seiner Stadt Vormünder, sagt: »der Inquisitin Mutter sei ebenso wie die verbrannte Großmutter, in Coburg Hexerei wegen im starken Verdacht gehalten worden. Zeugen hätten sie vor Jahren im Beisein vieler Leute eine Hexe gescholten.
- Margaretha Müller sagt: »Sie hätte von ihrem 15. Jahre an bei Ittiges gedient. Sie wäre in ihrem Hause ziemlich böse gewesen. Jedermann hätte sie für eine Hexe gehalten und Zeugin wäre von unterschiedlichen Leuten gewarnet worden, sie sollte sich nicht von ihr verführen lassen.« Von einer Magd habe sie einst gehört, daß der Drache auf der Inquisitin Kellertür sollte gesessen haben.
- Anna Scheidemantel sagt aus: »Vor drei oder vier Jahren hätte sie noch selbst neben anderen gesehen, daß der Drache bei dem Rathaus hineingefahren sei und sich allda verloren habe.«
- Melchior Jordan, Leutnant und Gastwirt, sagt: »vor drei Tagen wären zwei Coburger Weiber mit Eisenwaren in seinen Gasthof gegangen, welche gesagt: »Als das Gerücht nach Coburg gekommen, daß Inquisitin verhaftet worden sei, wäre es ihnen alldorten nicht fremd vorgekommen, sie hätten sich gewundert, daß es nicht eher mit ihr an die Hand gekommen sei. Vor sechs Jahren hätte ein kurfürstlich mainzischer Trompeter in seinem Haus übernachtet und zu seinem Weib gesagt: »es gäbe in Schleusingen Wirtshäuser, in denen Kröten für Forellen gespeiset würden.«
- Georg am Ende, Kirchenältester aus Hinternah, sagt: »Der Jahn hätte ihm des öfteren erzählet, er wäre mit der Ittiges Weib uneins worden, also daß ihm dieses einen Schlag mit den Schlüsseln gegeben hätte.« Einige Zeit danach sei er krank geworden. Er wäre wie Holz ausgedorret und vergangen, daß an ihm nichts mehr gewesen sei.
- Margaretha Hanff sagt: »Jahn hätte einen Ekel auf sie gehabt, er sei zuletzt ganz vergangen. Niklaus Ittigsen Weib hätte ihm um sein Leben gebracht.«
- Andres Hanff, Schneider aus Schleusingen, sagt: »das Inquisitin Eltern und Geschwister zu Coburg der Hexerei wegen in Verdacht gewesen, habe er vielmals gehört. Jedermänniglich in der Stadt und auf den Ortschaften hätten sie für eine Hexe gehalten.«
- Martha Müller sagt: »vor etlichen Jahren, als ihr verstorbener Bruder Melchior in die Schule habe gehen wollen und an Niklas Ittigsens Haus gekommen, wäre ein »Guß« aus demselben getan worden. Sobald er über diesen gegangen sei, hätte er auf einmal solche Schmerzen im Arm empfunden, als wenn mit einer Büchse darein geschossen wäre. Den dritten Tag wäre er gestorben. Der Zeugin Mutter hätte diesfalls einen Verdacht auf (die) Inquisitin gehabt.«
- Paul Genßler, ein Tuchmacher, sagt. »AO.

1650 hätte er in Ittigsen Gasthof etliche Tage geherbergt. Da wäre er einstmals des Nachts aufgestanden und auf das Sekret gegangen. Mit einemmal wäre alles feurig um ihn herum geworden und nicht anders gewesen, als wenn es wetterleuchtete.«

- Katharina Pertens, eine Witwe, sagt: »sie habe von ihrer Mutter gehört, daß die Inquisitin und ihr Buhle zusammen getanzet haben. In der Stube wäre ein Geknack gewesen. Es hätte auch ihrer Mutter gedünket. Inquisitin habe ihr einen Trank eingießen wollen; sie habe ein Tröpflein davon gekrieget. Noch auf ihrem Sterbebett hätte ihre Mutter gesagt: »Ach ihr lieben Kinder, Gott wird noch meine Krankheit wunderbarlich offenbaren.« Sie soll eine große Hitze gehabt (haben) und deren Maul sei immer schwarz gewesen.

Jetzt wird ein zweites Verhör über die Besagte gehalten und Anna Ittiges antwortet: »sie wisse von allem nichts; auch wenn tausend Zeugen wider sie sprächen, wäre es gelogen; sie wolle am Jüngsten Gericht über sie schreien.«

Daraufhin erkennt der Schöppenstuhl auf die Vornahme der Folter. Dem übergebenen Scharfrichter sagt sie: »Ihr werdet meinen Leib wohl martern, aber ihr werdet mich wohl nimmermehr verbrennen.« Er legt die spanischen Stiefel an und zieht sie auf. Und da sie so getan, als ob sie schlafen wolle, hat man sie über fünf Viertelstunden davon wieder erlediget und auf den Bock gespannt. Als sie 24 Stunden auf diesem gesessen, hat sie nach dem Herrn Amtmann geschickt, ihn ersuchen lassen, er möge sie auf dem Bock erledigen, sie wolle bekennen, was sie gesündigt habe, ist aber sobalden wieder rückfällig worden. Nun wird die Meinung des Jenaer Schöppenstuhles eingeholt, der befindet: »daß Inquirierte gegen gewöhnliche Urfehde der Haft zu entlassen, aber die Kosten des Prozesses von dem Ihrigen zu erstatten und das Land zu räumen habe.«

Die Haftbedingungen müssen desolat gewesen sein, denn die Wächter tragen vor: »daß viel Mäuse in der Stube gewesen und daß Inquisitin gesagt, sie sollten Licht anzünden, wenn eine solche große Maus (Rattemaus?) einem übers Gesicht sprünge, möchte es verderben. Worauf die Wächter das alte Stroh, worin die Mäuse geheckt, ausgeworfen und alle Löcher mit Hudeln verstopft und Tüchlein auf ihr Angesicht gelegt, wie dann hierauf die Mäuse nicht so häufig wie zuvor, gewesen.«

Hans Schumann, der bei der Tortur gewesen ist, sagt: »Heute früh nach drei Uhr hätte er in der Stube, wo die Verhaftete gesessen und noch im Bock gespannt gewesen, zum Fenster hinausgeguckt. Da wäre ein Vogel auf ihn geschwind zugeschossen und ihm vor dem Gesicht herumgeflattert; er wäre nicht gewesen wie ein Sperling, auch nicht wie eine Fledermaus, nicht recht weiß und nicht recht grau. Er hätte sein Lebtag noch keinen Vogel gesehen, der so formieret gewesen.«

Der Mann der Verhafteten setzt sich für deren Freilassung ein und bewirkt durch ein Schreiben an Herzog Wilhelm von Weimar, daß ihre Exekution verschoben wird. Jetzt übernimmt der Advokat Georg Baumbach die Verteidigung und dann sagt der Ehemann: »demnach meine Hausfrau durch die Tortur sehr übel zugerichtet und bis dato nicht heil geworden, auch im Gefängnis keine ersprießliche Mittel dazu gehabt hat, weil die Barbiere nicht Hand anlegen wollen, die Kur gehindert wird ... und sie darüber in mein Haus zu ihren Kindern gelassen und geheilet werden.«

Nach einer 79tägigen Haft darf sie nachhause. Die Besagungen gehen weiter und neue Zeugen werden vernommen. Ittiges verfaßt eine Defensionsschrift, zumal man ihn inzwischen zum regierenden Bürgermeister erhoben hat. Er greift das formale Verfahren im Prozeß als überzogen an, da man seiner Frau befohlen hat, übersalzene Suppen zu essen. Im wesentlichen trägt er vor:

- Margarete Körner sei eine leichtfertige Dirne, die keinen Mann und doch zwei Kinder habe.
- Der Goldschmied Kaspar Müller wäre der eigentliche Denunziant, denn er habe die Lügen zusammengetragen, verbreitet und der Obrigkeit hinterbracht.
- Was Jordan von der Forelle deponiere, so zur Kröte geworden, das habe er vom Hörensagen; und dessen Weib von der ers habe, habe es wieder vom Hörensagen. Endlich komme es auf unbekannte Fuhrleute. Es seien nichts als Kinderhändel.
- Elisabeth Böfer sei ein zänkisches Weib, sprenge allerlei unnützes Gewäsch unter die Leute, weswegen sie oftmals durch die Stadtknechte öffentlich mit dem Krug gestraft wurde.
- Andreas Hanft sei ein falscher Geselle. Sein Weib habe sich seiner Untreue wegen ein ganzes Jahr entzogen, bis sie von den Herren Geistlichen zu ihm fast habe genötigt werden müssen. Er sei unglaubwürdig.
- Er bittet darum, den Goldschmied als Verleumder zu verurteilen, ihm und seiner Frau

Abbitte zu tun und die Gerichtskosten zu übernehmen.

Es ist nicht im Sinn der Obrigkeit. Der Schleusinger Amtmann interveniert: »dabei denke er gleichwohl auch seinen lieben Gottes hierunter versierende Ehre, da ja zuvorderst in Ausrottung und Bestrafung eines mehr als zuviel eingewurzelten abscheulichen höchst verdammlichen und himmelschreienden Lasters bestehe, nicht hintanzusetzen.«

1658 wendet man sich an Leipziger Juristen und sie sprechen Anna Ittiges, »weil sie die Folter ausgestanden«, zum Ärger des Amtmannes von der Zahlung der Gerichtskosten frei. Er, dessen Position schwächer wird, läßt sie am 27. November 1658 aufs Neue verhaften. Im Gefängnis verschlechtert sich ihr Gesundheitszustand und sie leidet an epileptischen Anfällen. Sie bittet um das Abendmahl; der Amtmann erkennt in ihr eine Simulantin.

Im März 1659 wird beschlossen, sie außer Landes zu weisen. Ein Knecht soll sie an die Grenze bringen, doch ihre Schwachheit ist so groß, daß sie nicht mehr gehen kann, deshalb bleibt sie inhaftiert. Dann wendet ich ihr Mann an seinen Bruder, Professor in Leipzig, und er bittet die Regierung, seinem Weibe wenigstens so lange, bis sie wieder selbst gehen könne, zu gestatten, in einem Haus in der Vorstadt zu bleiben.

Die Regierung sagt: »der Amtmann soll entscheiden, ob sie das Land räumen oder durch den Scharfrichter auf einem Karren über die Grenze gebracht werden soll? Dann verlieren sich die Quellen. Ihr Mann verweist u. a. auf die 1630–31 im Stift Bamberg eingerissenen Hexenriechereien:

»Es war zu gedachter Zeit ein elendes Wesen im Stift Bamberg, da es dermaßen mit der Hexerei einriß, daß auch der Kanzler D. Hahn, dessen Weib und Söhne justifiziert worden, und hielten viel gelehrte Theologen dafür, es wäre vielen Unrecht geschehen; zu welcher Zeit der Cautionator anonymus seine *Cautionem criminalem excusam contra iudices,* publizierte. Es kam soweit, daß alles was geschah, von den Hexen herrühren mußte.«

Am 21. September 1660 wird Anna Roßbach von Erlau geköpft und deren Leiche verbrannt. Am 10. August 1661 wird Barbara Schlott aus Hischbach gerichtet. Inzwischen hat man den Amtmann Lauterbach nach Suhl versetzt und in Schleusingen ist der Kollege Joh. Siegmund Sulzberger an seine Stelle getreten. Er wütet nicht minder.

Am 20. September 1662 wird Anna, Wilhelm Stuhls Frau von Schmiedefeld gerichtet und verbrannt und am 21. November drei weitere. Am 23. Januar flammt in Schleusingen ein neuer Holzstoß, der die Körper von drei zuvor enthaupteten Frauen, der Schultheißin Magdalena Triebel von Besser, Elisabeth Pfeuffer und Ursula Keßler von Schmiedefeld verzehrt. Am 6. Mai des gleichen Jahres werden Barbara Heß aus Schleusingen und die über 60jährige

Anna Borcherts

mit dem Schwert gerichtet. Man hat sie im Vorfeld besagt. Die Bocherts wird beschuldigt:

- Sie soll Heu auf dem Feld verlagert, ein Kind behext haben und man soll sie in der Walpurgisnacht gegen Morgen nackt außerhalb des Hauses mit einer Hacke gesehen haben. Vor zwölf Jahren soll der böse Feind in ihr Haus gefahren sein.

Wieder nimmt das Unrecht seinen Lauf und der Schöppenstuhl verordnet, sie vor der peinlichen Befragung gütlich zu verhören und ihr im Beisein des Scharfrichters die Folterinstrumente zu erklären: »Falls sie bei ihrem Verneinen beharre, soll sie vermittelst der unziemlichen Tortur examiniert werden.« Der Scharfrichter legt ihr die Beinschrauben an und es bricht ihren Willen.

- Auf Antrieb des Köhlers Katharina habe sie vor zehn Jahren in deren Haus ein Genist zusammengekehrt, sei darauf getreten und gesagt: »ich trete auf dieses Genist und verschwöre meinen Herrn Jesum Christ.«
- Er habe ihr zwölf Taler, so hernach eine Scherbe gewesen, und später ein Kopfstück (= 6 Groschen = 10 Pfennige) gegeben und viel versprochen, aber nichts gehalten.
- Auch habe er mit ihr gebuhlet. Des Jahres wäre sie auf vier Tänzen gewesen. Zweimal habe sie ihm die Hostie geben müssen. Zu Walpurgis auf der Hinternahe, das andere auf den 3. Pfingstag auf der Wiese am Ilmenauer Weg, die dritte in der Heuernte auf der Herrenwiese am Besserer Weg und der vierte sei nach Bartholomäi auf dem Heimig gehalten worden.
- Sie habe eine Gabel geschmiert und sei darauf mit ihrem Buhlen nach dem Worten: »So fahre ich oben aus und nirgend(s) an« zum Schlot hinausgefahren.
- Die Spielleute hätten einen Dreier aufgelegt und ihre Gespielinnen seien die Witwe Eva Schneider, Hans Schneiders Weib am Berge, Köhlers Katharina und die Witwe Anna Stuhl gewesen; die anderen habe sie

nicht gekannt, da sie sich verhüllt gehalten.

- Vor zwei Jahren habe sie ihrem Mann, der sie ohne Ursachen geschlagen, mittels eines von ihrem Buhlen erhaltenen Pülverchens ein böses Bein gemacht.
- Hans Pfeuffers des Dürren Kinde habe sie auf Befehl ihres Buhlen ein Pülverchen ins Mäulchen gestreut, davor es den anderen Tag gestorben sei.
- Im herrschaftlichen Stall habe sie mit ihrem Buhlen zu viermahlen vier Kühe frühe gegen Morgen ausgemolken und die Milch nachhause getragen, ohne daß es der im Stall liegende Hirte bemerkt habe.
- Ihr Buhle habe begehrt, sie solle ihren Sohn Matthes ein Kind sterben oder er wolle ihr den Hals umdrehen.

In gewisser Weise zimmert sich in den Aussagen das Todesurteil. Der Jenaer Schöppenstuhl erkennt auf die Feuerstrafe, aber der Landesfürst mildert das Urteil und verfügt deren Hinrichtung durch das Schwert und anschließende Verbrennung. Im gleichen Monat, am 26. Mai 1663, müssen Hans Fuchs und die Witwe (?) Anna Stuhl aus Schmiedefeld den Scheiterhaufen besteigen. Dramatik zeigt das Verhalten eines unbekannten Besagten aus Schmiedefeld.

Aufgrund des bösen Geschwätzes einer neidischen Nachbarin erscheinen Zeugen vor dem Schleusinger Amtmann und sagen: »daß sie für eine Hexe gehalten werde und daß man auf ihrem Haus einen Feuerball gesehen. Dem einen wäre eine Kuh von ihr verhext worden und daß sich Jedermann gewundert, daß sie mit ihrem Mann und den Kindern in einem gewissen Wohlstand sich befänden, dessen Ursprung niemand wisse.« Die Sache gelangt zum Jenaer Schöppenstuhl. Sie wird verhaftet und gütlich befragt. Da sie alle Fragen mit »Nein« beantwortet, soll sie gefoltert werden, dem sie sich durch Flucht entzieht.

Vierzehn Jahre gehen ins Land, da wendet sie sich in einem Jammerbrief an die Obrigkeit und an den Herzog Moritz von Sachsen (?). Sie berichtet von den Gründen und den Ursachen ihrer Flucht, ihrem Jammer, daß sie ihren Mann und die teilweise kleinen Kinder habe zurücklassen müssen. Sie beteuert, daß sie eine ehrliche gottesfürchtige Christin sei. Sie habe sich seit ihrer Flucht bei vornehmen Leuten in Erfurt, Weimar, Leipzig und Jena als Kinderfrau ernährt und sei stets fleißig zur Kirche gegangen. Zuletzt war sie bei einem Professor in Jena beschäftigt, dem sie ihr Herz ausgeschüttet hat und der vermutlich der Verfasser des Briefes ist.

Der Landesvater läßt wissen: »ob wohl er allen Anlaß habe, wegen der fürchterlich eingerissenen Hexenhändel die Strenge des Gesetzes walten zu lassen, wolle er in Anbetracht ihres bisherigen christlichen Lebenswandels Gnade vor Recht ergehen lassen.« Vorab hat der Amtmann gegen eine Frau aus Breitenbach:

Magdalena Müller

die Initiative ergriffen. Auf Drängen einiger Nachbarn hat sie der Schulze Bastian Sittich angezeigt. Zwanzig Zeugen werden gegen sie ausfindig gemacht. Sie erklären fast einmütig: »sie werde seit vielen Jahren von Jedermann, auch von kleinen Kindern, für eine Erzhexe gehalten und von den Leuten gescheut; auch sie hielten sie dafür.

- Der Kufenbüttner Georg Müller sagt: »In der Johannisnacht vor drei Jahren sei er um 11 Uhr von Raasen nachhause gegangen. Plötzlich sei ein Hund laut geworden, sei seitwärts ins Feld gesprungen und habe geknurrt, als wie wenn ein Wolf über ihn gekommen. Doch es sei eine schwarz-weiße Katze gewesen, die um die Hälfte größer als übrige gewesen sei. Er hätte mit einem Messer nach ihr gestochen, glaube aber nicht, daß er sie verletzt habe.
- Sie habe einen Schrei wie ein kleines Kind getan. Als er sie habe totmachen wollen, habe er dem Hund gepfiffen und sei mit ihm fortgegangen. Er halte dafür, daß diese Katze die Inquisitin gewesen sei. Hierzu hat sich in der Hexenliteratur ein ähnlicher Fall erhalten[17].
- Inquisitin wäre, als er habe an ihrem Haus vorbeigehen wollen, mit einem Töpfchen unter der Schürze aus der Tür gekommen und habe den Inhalt hin- und herwärts über den Weg gegossen, darüber hätte er gehen sollen. Er habe nachher mit den Seinigen lange Not von Läusen gehabt. Er hätte die Inquisitin im Verdacht, daß sie ihn »angemacht« habe.
- Der Schreiner Georg Höfer aus Breitenbach meint: »es könne nicht mit rechten Dingen zugehen, daß Inquisitin und deren Mann, die früher bettelarm gewesen seien, jetzt Geld genug hätten. Sagte ihm doch selbst seine Frau vor Jahren: »sie wäre eine Hexe. Wenn er sie jetzt in Schutz nehme und spreche, er habe ein Ehrenweib, so sei er nicht besser als sie.«
- Der Nagelschmied Andreas Schmidt aus Breitenbach will gesehen haben, daß am letzten Neujahr vor zehn Jahren abends der Drache zum Schlot hinaus- und in ihr Haus hin-

eingefahren sei. Kürzlich sei Inquisitin zu zwei verschiedenen Malen um Mitternacht vor seinem Bett erschienen und habe es ihm nehmen wollen.

- Der Schreiner Klaus Höfer erklärt: »er habe dem Sohn der Inquisitin eine Ohrfeige gegeben. Bald darauf sei ihm ein Kalb krank geworden. Darauf sei es gestorben.
- Der Ochsenbauer Hans Koch berichtet: »vor drei Jahren habe sein Junge seinen guten rotfleckigen auf der Inquisitin Katze gehetzt. Als diese auf einen Baum gesprungen sei, habe er sie mit Steinen heruntergeworfen, worauf sie der Hund gepackt und zerzauset hätte. Bald darauf sei der Hund herumgelaufen, als ob er krank wäre und am dritten Tag danach gestorben. Er mache sich Gedanken, ob nicht die Inquisitin den Hund gesterbt hätte.
- Der Büttner Klaus Müller sagt: »vor etwa fünf Jahren war Inquisitin vom Dielenschneider Georg Lendenstreich zur Kindtaufe gebeten worden, da aber schon alle Plätze belegt waren, kehrte sie um. Bald darauf sollte der Taufvater ein Fäßchen Bier, das in der Kammer gelegen habe, anzapfen, aber es wollte nicht laufen. Schließlich zog er den Zapfen heraus, aber es wollte kein Tropfen kommen. Endlich warf er drei Bißchen Oberrinde vom Brot ins Faß, machte mit Kreide Kreuzchen daran und drehte nach einer Weile den Hahn wieder auf. Jetzt lief das Bier.«
- Barbara, das Weib des Zimmermann Wendel Hauptmann, gibt an: »ihr im vergangenen Herbst gestorbener Nachbar Wolf Seber hätte ihr mit weinenden Augen geklaget, daß er in einer Nacht zwei Weiber über ihm gewesen seien, die sich auf seinen Leib und Füße gelegt und ihn so hart gedrückt, daß er nun lahm an seinen Zehen sei. Nach seinem Tode habe sein Weib, das nunmehr gestorben, zu ihr gesagt: ihr Mann hätte Inquisitin als eine dieser bezeichnet.«
- Der Schreibergeselle Samuel hätte unter dem Arm einen Schaden bekommen, daraus ein spitzig Eisen und andere Sachen gekommen wären. Er habe ungescheut Inquisitin als die bezeichnet, die ihm den Schaden angezaubert habe.
- Der Nagelschmied Bernhard Schmidt bezeugt: »Inquisitin habe ihn im Verdacht gehabt, sie bei dem Pfarrer von Kilian angeschwärzt zu haben. Die Woche darauf hätten seine zwei Kühe immer weniger Milch gegeben ... seine Frau hätte keine Butter daraus zu schlagen vermocht und habe die Milch wegschütten müssen. Er hege den Verdacht, daß Inquisitin ihm seine Kühe durch Hexerei verderbt habe.«
- Der Zimmermann Lips Hartleb beschuldigt sie, ihm bei seiner Hochzeit ein Geschenk genommen zu haben.
- Erhard Hartleb erzählt: »vor vier Jahren sei er mit seinem Bruder früh ins Holz gegangen, da sei der böse Feind in Gestalt eines großen Gücklers hinter der Inquisitin Haus herumgehüpfet.«
- Der Schlosser Valtin Hoffmann erklärt: »Neulich sei ihm ein Kalb gesterbt. Am vergangenen Mittwoch habe er seine schöne Kuh abends frisch und gesund in den Stall getan. Früh habe er sie dort aufgelaufen und tot gefunden; zeige Beschuldigte ausdrücklich (an) ihm beide Stück durch ihre Hexerei umgebracht zu haben.«
- Die Kirchenältesten räumen ein: »das Gesicht gebe es ... sie sehe niemanden fröhlich an.«

Der Schöppenstuhl entscheidet aufgrund der Indizien: »Daß Inquisitin wegen des wider sie streitenden starken Verdachts der Hexerei zur gefänglichen Haft zu bringen und auf gewisse, aus der Zeugenaussagen gezogene Inquisitionsartikel zu fragen sei.« Da sie nun nicht gestehen würde, sei sie mit Zeugen zu konfrontieren und dieselben ihre Aussagen mit einem körperlichen Eid zu bestärken schuldig.

Jetzt werden ihr 80 Fragen vorgelegt und die Quellen sagen: »Nachdem Inquisitin bei dem jüngsthin gehaltenen gütlichen Verhör meistenteils alles verneinet, so die Zeugen wider sie deponiret, als sie dem jenaischen Urteil zufolge ermeldte Zeugen samt und sonders vorgefordert, ihres christlichen Gewissens erinnert, was ein Eid sei und auf sich habe.« Deutlich berichtet, vor der schweren Strafe des Meineides treulich gewarnet: hernach mit dem diesfalls gewöhnlichen und wohlgeschärften Zeugeneide beleget und darauf jedweder Zeugen absonderlich aus der summarischen Zeugenaussage extrahierende Artikel examinieret worden.«

Da sie auf ihrem Leugnen beharrt, wird sie am 4. September mit Zeugen konfrontiert, die ebenfalls auf ihrem Standpunkt bleiben. Schließlich hat die Obrigkeit gewonnen und sie gesteht:

Christian Richter. »Wilhelm IV. von Sachsen-Weimar«, G. 1652. Kunstsammlungen zu Weimar. Mit freundlicher Genehmigung. Foto: Remo. →

- Seit sie mit der Zimmers Ursel ins Geschrei gekommen, wäre sie für eine Hexin gehalten worden und sei eine solche.
- Vor etwa 15 Jahren sei sie an den Mautenberg gegangen, um Gras zu holen. Da habe etwas hinter ihr gerauscht. Als sie sich umgesehen, habe hinter ihr ein untersetzter Mann in schwarzen Kleidern und geringerem Bart gestanden. Sie habe ihm geklagt, sie sei und hätte nicht viel zum Besten.
- Da habe er ihr einen Taler (ge)geben und begehrt, sie solle sein sein. Als sie dessen Füße gesehen, sei sie gewahr (ge)worden, daß er einen rechten und einen Ziegenfuß habe, sei heftig erschrocken, der böse Feind aber von ihr verschwunden. Er habe sich (später) Kaspar genannt.
- Er habe etwa zweimal des Jahres auf ihrem Boden mit ihr gebuhlet, welches ganz ungeschlacht gewesen. Der erste Tanz sei am Kohlberg, der andere auf dem Mittelbühl gehalten worden.
- Sie hätte ein gelb Gäbelein, so hinter ihrem Schrank in der Kammer stände mit der Schmiere, welche in einem schwarzen Töpflein auch in ihrem Schrank stünde, vorn geschmiert, sich nebst ihrem Buhlen darauf gesetzt und zu den Tanzplätzen gefahren.
- Die Vornehmen hätten sich mit Schleiern und sonst verbunden gehabt, so daß man sie habe nicht (er)kennen können. Ihre Kameraden wären Irmel die Zeugmacherin und Ottilie Volkmar aus Breitenbach gewesen. Die anderen habe sie nicht gekannt.
- Weil Georg Müller sie einst gehöhnt hätte, hätte sie ihm dafür einen Schabernack spielen wollen. Auf Angaben des Buhlen habe sich sich mit ihrer Salbe geschmiert und zu einer Katze gemacht. Sei ihm des Nachts auf den Hals gesprungen und habe ihn wacker zerkratzen wollen.
- Um den Possen mit dem Bier wisse sie nicht: vielleicht sei einer ihrer Kameraden im Spiel gewesen.

In allen übrigen ihr zur Last gelegten Taten sei sie unschuldig. Bei dem gütlichen Bekenntnis wolle sie bleiben und darauf sterben, bäte aber um ein gnädiges Urteil. Der Jenaer Schöppenstuhl erkennt auf die Strafe des Feuers. Es erfährt eine Milderung, denn der Landesherr Moritz von Sachsen-Naumburg, will Milde dokumentieren. Er verfügt: »ob nun wohl das Unheil der Inquisitin die Strafe des Feuers zuerkennt, so sind wir doch gnädigst gemeinet, wofern sie ihre begangenen groben Sünden herzlich bereuen und sich zu Gott hinwieder wahrhaftig bekehren wird, ihr dieselbe in die Strafe des Schwertes, und danach der tote Körper verbrennt werden, zu verwandeln. Begehren demnach hierauf. Du wollest auf solchmaßen mit Exequierung des Urteils oder, im Fall Inquisitin die getane freiwillige Urgicht recovieren sollte, mit der Tortur der angezeigten Sentenz gemäß verfahren, darauf sodann die Acta anderweit verschicken und, was erkannt wird, ohne Mitigation und ferneren Rückbericht dem buchstäblichen Inhalt nach exequieren.«

»Donnerstag, den 1. Oktober Ao. ist Magdalena Müllerin mit dem Schwert vom Leben zum Tod gerichtet und hernach ihr Körper verbrannt worden.«

Am 2. April 1664 werden Anna Ebert aus Schleusingen und Magarete Rohring aus Hieschbach, am 18. Juli Anna Maria Ebert und am 17. November Anna Dressels Witwe aus Schleusingen verbrannt, während Katharina Kern am 15. Dezember vor deren Verbrennung enthauptet wird. Am 30. März 1665 stirbt Anna, Witwe Hans Pfeuffert aus Hinternah, »Schief-Anna« genannt, an den Folgen der ihr angetanen Tortur. Acht Tage später findet der Prozeß gegen die 57jährige

Immel Wagner

aus Breitenbach statt, die man als Teilnehmerin an Hexentänzen besagt hat. Sukzessive hat man das belastende Material zusammen, denn mehrere bekunden, daß man sie schon des längeren als Hexe ansehe.

- Der Jägerjunge des Forstknechtes will gesehen haben, daß der Drache feurig in der Inquisitin Haus geflogen und daselbst vergangen sei.
- Die ihr verfeindete und im selben Haus wohnende Anna Maria sagt: »vor etwa fünf Jahren sei ihr Mann nach Meldburg zum Doktor gegangen: In selbiger Nacht, da sie noch nicht geschlafen, seien mehrere Personen in ihre Kammer gekommen und eine Stimme – in der sie die von der Irmel erkannt habe – habe gesagt: »wir wollen sehen, wie wir sie hinausbringen.« Da sie aber »eine feste Burg ist unser Gott« gebetet, hätten jene von ihr gelassen.«
- Die Irmel hätte auf ihrem Beet den schönsten Flachs bekommen, aber sie keinen und das gleiche sei vor einem Jahr mit den Erbsen geschehen, obwohl sie doch ihren Acker ebensogut und besser gewartet hätte wie jene.
- Die Irmel habe ihren Kühen die Milch weggezaubert. Obwohl sie jetzt wieder Milch gäben, könne sie keine Butter machen. In Summa: »die Irmel stünde ihr und den Ihrigen

nach wo sie nur könne. Sie fürchte um ihre armen Kinder am meisten und bäte um Gottes Willen, man wolle ihr doch von obrigkeitswegen von dem bösen Weibe helfen.

• Der Bader habe stracks gesagt, der von ihm behandelte Nagelschmied Valtin Schmied habe durch die Inquisitin einen Schaden an seinem Bein erhalten. Auch hätte er einen Schweißtrank vom Bader gehabt. Als sein Weib ihm etwas davon habe bringen wollen, habe ein großes Ding, wie eine Spinne, darin gelegen. Der Bader hätte sofort gesagt, der Trank sei verhext gewesen.

• Der Kufenbütter Georg Müller, der Inquisitin Schwiegersohn, berichtet: »weil jedermann seine Schwieger für eine Hexe hielte, hätte er sie im Verdacht. Es hätte eine Zigeunerin zu Gehren ihm aus freien Stücken gesagt, seine Schwieger hätte ihm was zum Fressen gegeben, daß er ihre Tochter hätte ehelichen müssen.«

• Der Nagelschmied Bernhardt Schmidt berichtet: »Im vergangenen Sommer hätte sein Weib hinter der Schmiede Heu gemacht. Da wäre ein Wirbelwind gekommen und hätte ihre besten Bleche weg – über zwei Wiesen – hinüber zu der Irmel Stadel geführt.

• Der Fuhrmann Georg Seber erklärt: »wenn Inquisitin keine Hexe wäre, wolle er sich für sie auf den Scheiterhaufen setzen. Sie habe ihm zwar nichts getan, aber sein Gewissen dränge ihn, wider sie zu zeugen.«

Jetzt wird die Beklagte verhört und auf 57 gegen sie zusammengebrachte Inquisitionsartikel befragt. Da sie ihre Unschuld bezeugt, werden die Zeugen auf ihre Aussagen vereidigt, doch sie fügen ihren Anklagen weitere bei. Der Schöppenstuhl erkennt, ihr vom Scharfrichter die Instrumente zeigen zu lassen, (und) falls sie nicht bekenne, sie zu foltern. Bevor es dazu kommt, erklärt sie sich freiwillig bereit: »wie sie ihr Herz offenbaren und ihre Schuld in Güte bekennen wolle.«

• Sie sei eine Hexin, ihre Verführerin sei Magdalena Müller gewesen. Vor sechs Jahren sei der böse Feind, der sich Hans genannt, als ein Mann mittleren Alters in schwarzen Kleidern zu ihr gekommen. Sie habe sich mit ihm bei der Darreichung ihrer rechten Hand versprochen.

• Er wäre ein paar Tage danach wiedergekommen und sie habe ihm versprechen sollen: »sie solle den Herrn Christum verschwören.« Acht Tage nach der Versprechung habe sie der böse Feind am Tage in ihrem Kuhstall mit Wasser, das er in einem Kärtelshäfelein in ihrem Haus geholt und über sie gespritzt habe, in seinem Namen anders getauft.

• Etwa in sechs Wochen sei er im Holz einmal, in ihrem Garten, auch in ihrem Haus zu ihr gekommen und zu Löchern und Fenstern ins Haus geflogen. Sie halte ihn (den Drachen) für ihren Buhlen und habe unmenschliche Unzucht mit ihm getrieben.

• Die Hostie habe sie ihm nur einmal auf sein Begehren gegeben. Wozu er sie gebraucht, wisse sie nicht.

• Auf den Tänzen sei sie zweimal gewesen. Der Buhle habe sie dazu des Abends auf einem halben Schütt Stroh zur Tür hinausgefahren.

• Die Spielleute hätten Sackpfeifen und Schalmeien gehabt. Unter den Gespielen hätte sie (noch die und die) gekannt; darunter eine Margret aus Schleusingen. Die anderen habe sie nicht erkennen können.

• Sie habe vor einem Jahr auf Begehren ihres Buhlen roter Kuh ein Pulver eingegeben.

Der Jenaer Schöppenstuhl verurteilt sie zum Flammentod. Das Urteil wird in eine Schwertstrafe gemildert; sie wird geköpft und verbrannt. Die nächsten Opfer waren Barbara Siegmund (2. Mai 1667) und Ursula Trotts aus Raasen. Am 15. März 1665 hat Anna Pfeuffer aus Hinternah unter den Qualen der Folter gesagt: »sie sei vor ungefähr neun Jahren im Haus ihrer Schwester Anna gewesen. Da habe diese sie in ihrem Garten angeredet, sie wäre armselig und verachtet; es ginge ihr übel; sie solle die Hexerei lernen, es würde ihr nicht schaden. Als dann der böse Feind dazugekommen, habe sie sich ihm versprochen.

Hier neigt der Jenaer Schöppenstuhl zur gleich stupiden Verhaltensweise. Eine Gegenüberstellung mit den Zeugen kann nicht erfolgen, weil sechs Tage vor dem Eingang des Urteils »der böse Feind der Anna Pfeuffer den Hals gebrochen hat.« Nun wird gegen die besagte

Anna Seber

inquiriert, gegen die folgende Aussagen vorliegen:

• Gerg Franz aus Hinternah berichtet: »Hans Seber und vor allem sein Weib würden von Jedermann für Hexen und Milchdiebe gehalten. Seine Frau sei aufgrund eines Streites mit ihr todkrank geworden. Es wäre nicht anders gewesen, als ob ihr etwas vom gelben Kuchen ins Maul gesteckt sei; sie habe es aber nicht sehen können.«

• Nach ihrer Genesung habe er eines morgens eines der Schweine tot im Stall gefunden und man habe deutlich an den blauen Flecken von Fingern gesehen, wie es erkrummet worden sei.

- Einmal habe es ihn in seinem Stall so hingeschlagen und er sei darauf auf beider Augen blind gewesen. Der Bader von Hildesheim habe gemeint, es wäre ihm angemacht und ein dazugezogener Henker habe dasselbe gemeint.
- Als im vergangenen Frühling sein Sohn Georg an ihrem Acker vorbeigefahren, sei er plötzlich bewußtlos zur Erde gefallen. Man habe ihn nach Hause tragen müssen und die ganze Nacht habe er nicht Reden, Sehen noch Gehen können. Wohl habe ihn die Sebern behext.
- Melchior Lenz bezeugt: »Nach einem Zank zwischen der Seberin und seinem Weibe, sei ihm eine schöne, junge und gesunde Kuh im Stall krank geworden und nach acht Tagen gestorben. Jeder habe gesagt, es wäre ihr gemacht und die Schwefelkerze ihr gebrannt, wie man dann gesehen habe, daß ihr Schwefel zur Nase und Hals heraus geraucht hätte.«
- Der Müller Hans Hartleb räumt ein: »er habe den Drachen zweimal in Sebers Schlot fahren sehen. Er habe einen großen Kopf, sei lang wie ein Heubaum und an seinem Schwanz blau gewesen. Als er ihn das zweitemal gesehen, sei er krank geworden.«
- Ein anderesmal habe er eines nachts beobachtet, daß ein großer Klumpen Feuer auf Sebers Dach gelegen habe; er habe sich hernach herunter auf den Mist gewälzt und wie ein großes Faß sich herumgekaupelt. Endlich wären zwei feurige Männer daraus geworden, die sich miteinander herumgeschmissen hätten, so daß die Funken von ihnen geflogen seien.
- Einmal seien des nachts zwei Weiber bei ihm gewesen und haben ihm etwas eingießen wollen. Eine habe er vorn an der Brust und den Kleidern ergriffen und gesehen, daß sie einen hölzernen Becher in der Hand gehabt habe. Von Stund an wäre er krank geworden.
- Der Fuhrmann Franz Rebhuhn teilt mit: »seine Pferde wären plötzlich auf einer Fahrt nach Nürnberg lahm geworden.«
- Christian Grempflets sagt: »Seber träge einen

Teufelsbrief

bei sich. Als vor etlichen Jahren ihr Mann zum heiligen Abendmahl einen Rock von der Seber geborgt, hätte sich ein schmaler, länglicher Brief, darauf viele Worte und Kreuze gestanden, die niemand habe lesen können, unter dem Arm in der Seite eingenäht gefunden. Sie habe ihn herausgeschnitten und dem Schulmeister gezeigt. Er habe gesagt, es wäre ein Teufelsbrief. Vor der Rückgabe des Rockes habe sie ihn wieder eingenäht.

Nach Ende der Aussagen werden der Seberin 65 Frag(e)stücke vorgelegt. Auf die nach dem Teufelsbrief meint sie zu wissen: »er habe (ihr Mann) das artikulierte etwa zwei Jahre bei sich am Leibe getragen in den gefährlichen Kroatenzeiten und gedacht; hilft es nichts so schadet es nichts.« Wenn etwas Falsches oder Unrechtes darin sei, bäte sie Geistliche und Obrigkeit um Verzeihung.«

Ende März 1667 wird Anna Seber über 78 ihr vorgelegte Fragen verhört. Sie beteuert ihre Unschuld, habe ein gutes Gewissen, wolle auch bei demselben Taufbund Leben und Sterben. Sie wisse vom bösen Feind nichts. Deshalb erfolgt im Beisein des Scharfrichters ein letztes (gütliches) Verhör. Das Protokoll schließt mit den Worten: »Nachdem Inquisitin Anna Seber auch bei dieser gütlichen nochmaligen Befragung wegen nichts gestehen wollen und alles, so ihr vorgehalten, negieret, auch alles beschehenen treulichen Erinnerns, vor der Tortur sich zu hüten, unerachtet auf ihrem Verneinen beharrt, ist sie dem Scharfrichter Niklaus Wahl von Wasungen, die Tortur dem Urteil gemäß an ihr zu vollstrecken übergeben worden.«

»Der Henker hat sie an beiden Händen gebunden und ihr die Spanischen Stiefel angelegt, darauf sie in den Schnüren aufgezogen und nachdem sie solches nicht geachtet, wieder abgelassen worden. Hernach sie der Scharfrichter ausgezogen, ihr gewöhnlichermaßen die Haare abgenommen und wieder die spanischen Stiefel angelegt. Und sie danach wieder an Schnüren aufgezogen, da sie sich dann gestellt, als ginge ihr eine Ohnmacht zu und sie dann mit weiteren peinlichen Instrumenten angegriffen worden.

... Als sie dann auf einem Bett drei Stunden sich erholet, ist sie vom Scharfrichter erneut in Schnüren aufgezogen worden, aber keine Schmerzen oder Empfindungen derselben spüren lassen und dabei geblieben, sie könne nichts sagen.

Darauf sie alsobald wieder abgelassen und mit der Beinschraube besetzet worden. Sie habe wieder nichts bekennet. Darauf sie dann wieder aufs Bett geleget und sie mit Schlagwasser (?) angestrichen worden. Es ist aber dieselbe unvermerket alsobald tot und hinweggewesen, daß niemand gemerkt, was ihr widerfahren. Worauf sie in der Fronfeste liegen blieben, bis der Körper etwas kalt gewesen, da hernach durch den Medium ordinarium et provincialem, Herr Dr. Wilhelm Zapff, im Beisein der Gerichte und des Scharfrichters besichtiget. Hernach aber außerhalb des Gottesackers durch den Scharfrichter begraben.«

Der Arzt kann nicht verstehen, daß diese Frau »von einer so gelinden Tortur« (!) habe sterben können und meint: »da werde ihr der böse Feind geholfen haben.« Zwei Tage nach dem Justizmord findet das peinliche Verhör gegen den Ehemann statt. Er bekennt unter dem Druck der Folter:

- Der böse Feind sei in der Gestalt eines jungen Weibsbildes, welches sich Greta genannt, in schwarzen Kleidern zu ihm gekommen und habe sich erboten, ihm sein Korn helfen zu tragen. Dann habe der böse Feind begehrt, er sollte sein sein. Daraufhin habe er unnatürliche Unzucht mit ihm (ihr?) getrieben.
- Alsdann habe er in seinem Haus die Teufelstaufe empfangen. Der böse Feind habe des öfteren mit ihm gebuhlt.
- Vor langer Zeit sei er einstmals mit seiner Buhlin auf dem Hexentanz am Walpurgisabend gewesen. Jener sei auf dem Einfürst gehalten worden; es hätte ihm geschienen, als ob Essen und Trinken vorhanden wäre, allein er hätte nichts davon genossen. Alles wäre ihm wie ein Gespenst oder Traum vorgekommen. Erkannt habe er niemand als den verstorbenen Schneider Klaus zu Hinternah und dessen Weib.
- Das bewußte Büchlein hätte er besessen, bevor er vom bösen Feind angegangen worden war. Auf der Urgicht wolle er beharren und bitte um ein gnädiges Urteil. Zwei Tage danach widerruft er und erklärt: »sein Bekenntnis sei vor der Furcht einer weiteren Folter erdichtet.« Darauf wird er vom Schöppenstuhl vereidigt und gelangt in die Freiheit. Anfang Januar 1673 kommt es in Schleusingen zu einem Hexenprozeß, bei dem Ursula Rögner lebend verbrannt wird. Der erste vom

Amt Suhl

geführte betrifft Anna, Witwe von Thomas Ener, gewöhnlich »Alt Leibseelin« genannt[18], die man im Januar 1603 verhaftet, gütlich verhört und foltert. Sie bittet vom Bock entledigt zu werden und gesteht:

- Sie habe sich vor ungefähr 18 Jahren mit dem bösen Vollandt verbunden und seitdem allezeit die Hostien und den Wein aus dem Mund getan, die Hostien unter die Schmiersalbe gemengt und den Wein in ein Tüchlein gelassen, sich den Tag damit gewischt und es danach wieder ausgewaschen. Die vor etlichen Jahren gestorbene Veronica, Witwe des Göckings, habe sie dazu bewogen.
- Da wäre ein Mann mit einem schwarzen Bärtlein, in grünen Kleidern mit einem schwarzen Hut zu ihr gekommen und gesagt: »sie solle nachhause gehen, auf den Mist treten und sprechen: »Ich stehe hier auf diesem Mist, verschwör meinem Herrn Jesum Christ.«
- Ein paarmal habe er ihr Geld gegeben, dann aber gesagt: »wenn sie nicht Unzucht mit ihm treiben wolle, wolle er ihr nichts mehr geben.« Und so habe sie es getan: es wäre um ihren Buhlen Schön nicht wie mit einem natürlichen Menschen beschaffen.«
- Sie wäre eines Dienstags ins Albrechtsen Holz bei der Herrscherklause ins Laub gegangen. Als sie zu dem alten Vogelherd gekommen sei, wäre ein Tanz gehalten worden: es wären eitel Frauen und Mägde daran beteiligt gewesen und sie sei darüber erschrocken.
- Als sie nun jetzo angefangen das Laub zu raffen, sei ihr Buhle zu ihr gekommen und habe sie heftig gescholten und ihr gedroht: »wenn sie nicht guttun wolle, wolle er, da sie doch alt sei, sich eine junge nehmen.« Dann habe er sie angefaßt, sie über einen Strauch geschwenkt, da sie gemeinet, sie hätte den Hals gebrochen und dann habe er mit ihr getanzt.
- Sie hätten böses Bier aus unsauberen Lippen getrunken und nach der Mahlzeit hätte Schön im Holz mit ihr gebuhlt. Schließlich wären sie wieder voneinander gefahren, »wie das Gestäub in der Sonne.« Dann habe sie eine Bürde Laub gerafft und sei nachhause gegangen.
- Der Buhle habe sie des öfteren zum Tanz geholt. Auf einer Gabel, welche er in der Hand gehabt, wären sie schnell wie der Wind dahingefahren.
- Zum Schmieren der Salbe habe sie Hostien verwendet. Die letzten zwei Jahre sei sie nicht mehr zum Tanzen gekommen, denn sie wäre zu alt.
- Deshalb habe sie ihre Tochter Veronica ihrem Buhlen übergeben. Er wäre zu ihr in die Kammer ins Bett gekommen. Der Kerl wäre eiskalt gewesen, so daß sie froh gewesen, als er wieder gegangen.
- Ihre Tochter habe eine Gabel geschmiert und wäre damit nach Schmalkalden gefahren: sie läge in der Kammer unter dem Bett. Dann benennt sie auf Befragen des Amtman-

nes weitere. Sie besagt eine Käthe Kelber, Trebels Heinrich Hausfrau, so nun mehr denn über einem Jahr tot, und diese habe sie gebeten: »Ach Anna, wenn du kannst, vergib meiner Mutter, daß sie stirbt, sie versäuft sonst alles, was sie hat und wird dazu noch ins Armenhaus kommen.«

Daraufhin habe sie A(l)raunwurzel, einen Otterkpf, Maulwurfsbein, einen Frosch, Cilonter, Wurzel, Körner und Quecksilber genommen, alles untereinander gepulvert, gebraten und der alten Mutter zweimal davon in einem Pfannkuchen gegeben. Davon wäre sie in 10 bis 12 Tagen gestorben.

- Sie sei mit ihrer Tochter Veronica auf Geheiß ihres Buhlen auf einer schwarzen Katze in des Seilers Edres Hornung Haus geritten. Da hätten sie dessen Bruder Klaus den Hals gebrochen. Sie hätten es getan, weil er der Leibseelin in ihrem Hause und die Tochter am Tanz gehöhnet.
- Als sie einmal mit einer Bürde Holz aus dem Wald gekommen sei, hätte sie Hans Stiefel mit einem Karrn angerannt und umgestoßen. Aus Zorn darüber habe sie ihm ein Pfannküchlein gemacht, dazu Höllens Käth ein Ei und die Butter gegeben, und das Henrichspulver (s. o.) darunter gemengt.
- Dem Müller habe sie, da sie aus seinem Mehl nur wenig Brot backen könne, seine Schweinmutter mit dem Henrichpulver gesterbt. In Viehställe sei sie nie gefahren und habe niemanden einen Tropfen Milch gestohlen, sie vertrage solche nicht und trinke keine.

Sie wird am 17. Februar 1603 in Schleusingen verbrannt. Zeitgleich schwebt ein Verfahren gegen

Margarete Heß

von Suhl, die Schafschererin. Man beschuldigt sie, Anna Preys und ihren beiden Söhnen Läuse angemacht zu haben. Zwei anderen Frauen soll sie die Krankheit »angezaubert« haben und einer von ihnen sei eine Schwelkerze gegeben worden.

- Dorothea Störs bekennt: »sie habe sie eines Morgens vor ihrem Bett gesehen, darauf sei es ihr alsbald ins Ohr gekommen und klinge seitddem so seltsam darin, daß sie zeitweise nichts hören könne.«
- Baltin Krieger berichtet: »sie habe, als er auf dem Wege nach Suhl gewesen sei, plötzlich an seiner Seite gestanden, einen gelben Stecken in der Hand haltend, an dem vorn ein Gäbelein sich befunden habe.«

Im Februar werden in Suhl Zeugen verhört. Die Besagte wird eingezogen und in Gegenwart des Bürgermeisters Stephan Triebel, des Notars und Stadtschreibers Kobol und des Zentschöppen Volkmar Feuchter verhört. Sie leugnet jede Schuld. »Ist zur Tortur willig und wohlgemuth.«

Ob es dazu gekommen ist, weiß man nicht und sie sagt: »sie wolle sich eher zu Stücken reißen lassen, ehe man sie zu einem solchen Urteil machen sollte, dafür sie eingezogen worden.« Später wird sie auf freien Fuß gesetzt und dann wird der Meininger Zentrichter Nikolaus Siebenfreundt mit der Führung des Prozesses betraut. Er verhört weitere:

- Klaus Paul aus Suhl räumt ein: »seine Tochter müsse nun fast ein Jahr einen so schrecklichen und unerhört grausamen Schmerz ausstehen, daß es höchlich zum Erbarmen sei. Er könne von niemand anders als der Schafschererin kommen. Auch habe sie seinem Weib einen bösen Schenkel gemacht und wieder geheilet.«
- Barbara Pauls sagt: »vor ungefähr vier Jahren habe die Schafschererin sie zur Taufsuppe bei ihrer Tochter Christina bitten lassen. Als sie abgelehnt, seien ihr augenblicklich am linken Schenkel sieben rote Blättlein von der Größe der Hirsekörner aufgeschossen, die wie eine Zwiebel geworden.«
- Sie sei zur Schafschererin gegangen und habe gebeten, sie zu heilen und diese habe gesagt: »ihre Söhne sollen künftigen Donnerstag an den Domberg schicken und von einer Eiche den obersten Wipfel abbrechen lassen. Am Freitag, dem Johannistag, sollen sie ihn vor Sonnenaufgang in ihr Haus bringen, so wolle sie das Bein schon heilen.«

Darauf sei sie mit einem Kübel zur Stubentür herausgekommen, habe sie mit in den Kuhstall gehen heißen, habe dort aus dem vorüberfließenden Bach Wasser geschöpft, wozu sie etwas gemurmelt, den Fuß in den Kübel zu setzen. Dann habe sie den Gipfel in das Wasser gestoßen. Davon sei ihr Schenkel geheilt. Es zieht das Übliche nach sich. Da Veronika leugnet, wird sie gefoltert und es bricht aus der Geschundenen hervor:

- Sie habe sich vor zwei Jahren auf Zureden ihrer Mutter auf ein Bündnis mit dem Teufel eingelassen. Die folgende Nacht und später noch einmal hätte sie sich in ihrer Kammer mit ihm in Gegenwart der Mutter vergangen.
- Auf den Hexentänzen hätte sie nur Brühfleisch, Semmel und Bier gehabt, welches alles gar übel geschmecket.
- Den jungen Hornung habe sie mit ihrer Mutter umgebracht; sie habe ihm den Kopf gehalten und die Mutter habe ihm den Hals umgedreht.

• Sie habe ihrer Mutter eine Salbe von Schweinefleisch, schwarzen Schnecken und Salz machen helfen, habe diese aber zu ihrem bösen Schenkel gebraucht.
• So oft sie ihren Buhlen gesehen, habe er einen schwarzen Leib(rock) mit grünen Ärmeln, schwarzen Hosen und einem grünen Hut mit einem schwarzen Federbusch getragen.

Der Schöppenstuhl erkennt: »daß sie wegen ihres Verbündnisses mit dem Teufel und geübter Zauberei mit dem Feuer vom Leben zum Tode zu bringen sei.« Sie wird am 14. April 1603 verbrannt. Mit ihr stirbt die 80jährige Spul Barb aus Suhl. Sie soll vor vier Jahren Hans Metzgers 15jährige Tochter durch Zauberei gelähmt, Hans Wernern vor $5^1/_2$ Jahren ein gesundes Pferd und vor zwei Jahren eine Kuh, desgleichen dem Klaus Reitz vor acht Jahren ein Pferd gesterbt haben.
• Der Frau des Schäftlers Valtin Schlegelmilch hat sie in der Stunde ihrer Niederkunft eine Suppe gebracht. Sie hat nur wenig davon gegessen, und sei danach tobend geworden; ihr Bett sei voller Läuse.

Dann berichtet das Protokoll: »Dies Weib hat anfänglich alles mit nichten gestehen wollen, sich aber endlich dahin bewegen lassen, daß sie alles in Güte, außer daß ihr der Scharfrichter ein wenig an die Schenkel gelegt, bekannt und so hat sie gestanden:
• Da ihr Mann durch Pferdehandel in Schulden geraten sei, habe sie sich bekümmert. Da sei ein Mann in der Gestalt ihres Kohlelieferanten gekommen und habe sie getröstet; er wolle helfen, wenn sie täte, was er haben wolle. Er habe sich Röslein genannt und sie von Stund an betrogen. Er habe ihr einen Groschen gegeben, der bleiern gewesen sei.
• Seitdem habe sie seines Willens pflegen und sich ihm des öfteren zu unnatürlicher Unzucht ergeben müssen.
• Einmal sei sie früh zwischen 5 und 6 Uhr in ihren Garten gegangen; da sei ihr Buhle unter dem Kirschbaum vorgetreten, hätte sie in die Arme gefaßt und gesagt, sie müßten tanzen. Hierauf seien sie miteinander dahingefahren und in Kürze habe er sie auf der Saupfütze, die Ruhestatt genannt, hinter Albrechts zum Tanz gebracht.
• Sie habe Hammelfleisch gegessen, das aber keinen Geschmack gehabt. Dann habe ihr Buhle mit ihr gebuhlt und sie daraufhin nach Suhl geführt.
• Hans Merzens Weib habe ihr oftmals viel Leids getan. Deshalb habe sie ihr Buhle geheißen, deren Tochter, die kommen würde, ein zinnernes Kännlein von ihr zu entlehnen, in aller Teufels Namen zu schlagen, es würde dann etwas widerfahren, daß sie nicht weit gehen würde.
• Bald darauf habe sie an zwei Krücken gehen müssen und die übrigen Verbrechen habe sie auf Geheiß ihres Buhlen getan. Das Pferd und die Kuh des Hans Werner habe sie durch Fliegenpulver gesterbt, das sie dem Hausierer abgekauft habe.
• Von demselben Pulver habe sie dem Weib Valtin Schleglmilch in einer Suppe beibringen wollen, damit sie sterben solle.

Als dritte wird am gleichen Tag in Meiningen Stör Mahret (Margarete) in der Steinau verbrannt. Durch die Urgicht der alten Leibseelin kommt der Verdacht auf die bislang unbescholtene

Katharina Reichs

(Höllens Käth). Gegen sie wird ein Inquisitionsverfahren eingeleitet. Der Schreiner Kilian Jung-Kunz klagt über Stechen in der Seite und heftiges Brennen ums Herz. Er stirbt kurz danach. Als man vor dem Begräbnis den Sarg, in dem der Verstorbene einen Tag gelegen hat, öffnet, stellt man fest, daß der Mund des Toten offen und mit Schaum bedeckt ist. Schon meinen Abergläubische, er habe ein Zeichen gegeben. Dann setzen Verhöre ein und jetzt wird der Jenaer Schöppenstuhl konsultiert. Die Höllens Käth wird auf die Folter gespannt und gesteht:
• Vor ungefähr 14 Jahren sei der böse Feind zu ihr gekommen und habe sich ein Glas Wein geben lassen, welches sie habe mit ihm austrinken müssen. Dann habe er ihr einen Guldentaler gegeben, sei mit ihr in den Stadel gegangen, habe mit ihr gebuhlt: »er wäre gar kalt gewesen.«
• Ungefähr vier Wochen nach dem Verbündnis wäre er mit einem Kütschlein, daran er zwei Riemen gehabt, gekommen und hätten sie an den Albrechtser Berg (Pföffergrube) genannt, zum Tanz geführt.
• Nach dem Essen habe sie eine Zeitlang mit dem Buhlen Unzucht getrieben und sei daraufhin mit ihm heimgefahren.
• Mit der alten Leibseelin hätte sie vor Jahren Hans Steifeln eine Krankheit angezaubert, so daß er davon habe sterben müssen.

Aufgrund der Aussagen wird vom Schöppenstuhl der Flammentod über sie gesprochen. Mit ihr stirbt Dey Reiff von Albrechts. Im gleichen Jahr müssen in Suhl weitere Hexenprozesse stattgefunden haben, was aus einer Belehrung hervorgeht[19].

In der Zwischenzeit rühmt sich das Städtchen der Installation eines Richtplatzes, denn man hat den Schindanger am Eingang des Sehmers dazu hergerichtet. Hier werden zunächst vier Frauen auf einmal verbrannt: Anna Urban (Witwe), Margarete Kiesewetter, eine Gertrudis und Margarete.

Am 3. Oktober des gleichen Jahres sterben Maria, die nachgel. Stieftochter von Johann Anschütz aus Heinrichs. Nach etwa drei Jahren folgen weitere Exekutionen. Am 4. April 1614 stirbt auf dem Scheiterhaufen Anna, Valentin Pfuels aus Suhl hinterlassene Witwe und am 15. Juni des gleichen Jahres Anna, Witwe von Johann Anschütz aus Heinrichs. Darüber hat sich eine Kostenaufstellung erhalten[20]. Ein weiteres Opfer ist Osanna, Frau des Fuhrmannes Michael Wißler. In dem Zusammenhang wird erstmals bei den dortigen Prozessen auf die Folgen eines Unwetters aufmerksam gemacht[21], das Schaden in der Heinrichser Flur angerichtet haben soll.

Sie soll eine Mäuseplage verursacht haben. Letztlich bringt man die Mutter Anschütz mit ihren Töchtern ins Gefängnis. Es scheint sinnlos, wenn der Suhler Superintendent M. Christoph Schade vorträgt: »sie wüßten in der Bibel außerordentlich Bescheid und könnten das 53. Kapitel des Propheten Jesaia, viele Psalmen, dazu den gesamten Kl. Katechsimus und eine Reihe frommer Gebete auswendig.«

Dennoch werden sie gefoltert. Zwar bekennen sie alles, was die Obrigkeit zu hören wünscht, aber widerrufen! Mit einer erneuten Folter werden sie umgelenkt und Osanna stirbt nach einer langen Kerkerhaft. Auf dem Scheiterhaufen beteuert sie ihre Unschuld und befiehlt ihre Seele dem Heiland und erfleht Vergebung für die Richter.

1618 bis 1619 flammen in Suhl Scheiterhaufen. Am 18. Juli wird Magdalena, Tochter des Schwein(e)hirten König, am 12. September Kunigunde, Hans Heppen aus Goldlauters Frau, den Flammen übergeben. Am 15. September des gleichen Jahres ist Klaus Helmut in des Landsknechts Stube, darin er wegen seines Hexenwerkes gesessen, gestorben und freitags hernach mit dem frühesten am Semmer beim Gericht verbrannt worden.

Am 27. und 28. Oktober werden zwei Frauen auf den Scheiterhaufen gezerrt. Hier neigt man – was in der Region als selten anzusehen ist – zur Wasserprobe im unteren Stadtteich von Suhl. 1621 erregt eine merkwürdige, auf Hexenwerk zurückgeführte Erkrankung der 16jährigen Osanna, Tochter des Albrechter Schultheißen Valentin Albert, die Gemüter. Der Ortspfarrer M. Johann Bücher verfaßt darüber eine Denkschrift[22].

Eine merkwürdige Krankheit

1621 wird während der Heuernte ein Mädchen auf der Wiese krank und es war ihr am Leibe sehr übel geworden, also daß sie hab nur schwerlich heimgehen können. Zuhause habe sie sich ins Bett gelegt und dann wären ihr zu Mitternacht drei Weiber, welche ihr wohlbekannt, vor dem Bett erschienen und haben ihr einen Apfel zum Essen geben wollen, der voll Würmer und Maden gewesen und da sie sich gewehrt und auch ihre Schwester um Hilfe angeschrieen, sind sie bald wieder vor ihren Augen vergangen; darauf sei sie kränker geworden.

Kurz danach habe sie einmal ein so großes Prasseln und Platzen gehöret, nicht anders, als wenn das ganze Haus brennete und die Kammer voll Reiter sei. Dann ist sie bei den Beinen genommen, zum Bett hinausgeworfen, niedergedrückt und ihr ein Trank, so gar übel gestunken wie gebrannt Horn, neben anderen Sachen eingegossen worden.

Bald nachdem sind die Unholde und bösen Weiber abermals kommen. Sie haben sie aus dem Bett und bald wieder zur Erde und bald in die Höhe geworfen, sie gezerret und geschlagen, daß man hats klitschen hören sie gewunden und gedrehet, wie man einen Braten am Spieß wendet, sie hin und wieder gerissen und gezocket, wie daß die Weiber das Garn zu zocken pflegen.

Dann haben sie ihr über das Angesicht gestrichen, daß sie alsobald verstummet und habe nicht mehr reden können, auch alsobald ihr über das Gesicht hinaufgestrichen, davon sie blind geworden und solches gewähret bis auf den Christ-Abend obgesetzten damals zu Ende laufenden 1621. Jahres, da sie wiederum angefangen zun lallen, aber doch kein recht deutlich und verständlich Wort auszureden vermocht.

Dann hat sie der Dekan besucht und ihr zugesprochen: »Sie solle aus dem 51. Psalm beten: »Herr tue meine Lippen auf, so daß mein Mund Deinen Ruhm verkünde«, da ist ihre Sprach wiedergekommen und dann ist sie alsobald sehend geworden.

Ob sie nun gleich hernach vielmals auf Begehren der Weiber, so sie ganz unmenschlicherweis gemartert und geplaget, hat offenbaren und mit Namen nennen wollen, so ist ihr doch allewege der Kopf geschwind herumgedreht worden, daß sie alsobalden verstummet und nicht ein einziges Wort hat reden können und sich im Namen der heiligen Dreifaltigkeit gezeichnet.

So große und fast unglaublich und unaussprechliche Marter und Qual, deren sich wohl ein Stein, geschweig ein Mensch, erbarmen möchte, hat von obgesetzter Zeit an gewährt alle Tage, bis so lange der bösen Weiber neun zu Suhla nach Urteil und Recht sind justifizieret worden (18. November 1624).

Erst dann hat das vielfältige Plagen nachgelassen, unangesehen, daß sie sie selbigen Morgens noch 10 x aus dem Bett geworfen, sich auch beim Teufelholen versprochen ... sie habe sich geduldig erzeiget und die Bibel um 12. mal durchgelesen, etliche Psalmen gelernet, da man sie dann ihren sehnlichen Verlangen wieder in die Küche getragen, damit ein sehnlicher Wunsch in göttliche Erfüllung gehen werde. Denn dann ließen sie ihre Eltern auf einem Karrn zur Kirche führen und dann wurde sie hineingetragen, vor dem Altar auf einen Stuhl gesetzt und ihr das Kindlein, das zur Taufe bestimmet, auf die Arme gegeben.

Und siehe, von Stund an konnte sie wieder gehen. Sie sei auf die Knie gefallen und habe Gott für seine geleistete Hülfe Lob und Dank gesagt. »Der Gott des Friedens zertrete den Satan unter unsere Füße in kurzem, und die Gnade unseres Herrn Jesus Christi sei mit uns. Amen.«

Soweit der Chronist. Seit dem Vorfall, bei dem elf Frauen das Leben lassen, schweigen die Quellen über weitere Hexenbrände in Suhl. Es kann daran liegen, daß die Kirchenbücher der Jahre 1620–34 verbrannt sind.

Erst 1663, lange nach dem 30jährigen Krieg, beginnt eine zweite Periode des Hexenbrennens. Damals fungiert als Zentrichter Sebastian Bentzinger[23]. Das erste Opfer wird

Osanna Lappa

Witwe des Schlauchgärtners Peter Keiner. Standhaft beteuert sie ihre Unschuld. Am 3. April »in währender Tortur, als sie in den Bock gespannt gewesen, im Beisein der Gerichtspersonen und des Scharfrichters, drehete ihr der Teufel dem Hals um.« Der Leichnam wird durch den Henkersknecht auf dem Schindanger am Senner eingescharrt. Als nächste kommt Osanna Lappa an die Reihe, die bekennt:

- Seit 30 Jahren habe sie sich dem Teufel ergeben und Zaubereien verübt. Sie wird zum Feuertod verurteilt. Mitte Oktober des gleichen Jahres werden Anna, Witwe von Lorenz Trieben und deren Schwester Margaretha, Witwe des Hans Grämer aus dem Schlauchgarten, verbrannt. Sie gesteht:
- Sie habe vor sieben Jahren mit dem Satan einen Bund gemacht und sich seinem Willen ergeben. Sie habe Gott dem Allmächtigen und der heiligen Dreifaltigkeit abgesagt und vom bösen Feind ein Kopfstück bekommen.
- Zwei Tage danach habe sie sich beim heimlichen Gemach hinter dem Hause ihrer Schwester in seinem Namen mit Mistjauche taufen lassen ... er hätte sie an der Seite geritzt und ihr ein Zeichen wie ein Pfefferkorn gemacht.
- Er habe sie Dietrich genennet und sie habe sich fünfmal in intimen Verkehr eingelassen, »wobei er kalt gewesen wie ein Eiszacken.«
- Sie habe mehrfach Hexentänze besucht. Endlich sei sie dabei gewesen, als ihre Schwester und eine andere vermummte Person Valtin Fischers Weib Gift eingegossen habe.

Der Jenaer Schöppenstuhl erkennt zu Recht: »sie mit dem Feuer vom Leben zum Tode zu richten.« Auch hier läßt Herzog Moritz von Sachsen Gnade vor Recht (!) walten. Aus Anlaß der Prozesse verfaßt der Suhler Archidiakon Johann Ludwig Winter eine Schrift, die 1663 in Schleusingen gedruckt wird[24].

Am 10. Juni 1663 werden in Suhl drei Frauen als Hexen verbrannt. Es handelt sich um Anna, Witwe des Bäckers Motz, ihre gleichnamige ledige Tochter und Martha, Witwe des Simon Eberst[25], die man vor der Verbrennung enthauptet. Kurz danach wird Barbara Mäurer nach vorangegangener Enthauptung verbrannt. Sie hat unter dem Druck der Folter gestanden: »daß sie sich vor acht Jahren mit dem bösen Feind verbunden habe.« Mitte Juni erfolgt die Einziehung der Appolonia Mai am Domberg und der Anna Stubenrauch.

Sie gestehen unter dem Druck der Folter, sagen aber später dem Pfarrer und Richter: »Ihr Bekenntnis sei unwahr, sie wüßten nichts von der Schuld.« Dennoch werden sie vom Schöppenstuhl zum Feuertod verurteilt. So geht es der Hebamme Elisabeth Albrecht, die gestanden hat, Zaubereien verübt zu haben und dann folgt im September der Fuhrmann Balthasar Heimbeck, den man ein Jahr lang im Kerker gehalten hat. Der Leipziger Schöppenstuhl verurteilt ihn zum Flammentod; weitere Opfer müssen gefolgt sein.

Frontispitz »Über die wundersamen Händel und Gauckelwerke der bösen Geister und Gespenster«, 1693. Dargestellt ist die Verschreibung.

Im März 1665 werden Margaretha Günther und deren Tochter Eva Barbara Opfer des Hexenwahns. Das Gericht entscheidet: »daß die Tochter vom Scharfrichter dekolliert und dann ihr Leichnam mit der lebenden Mutter auf einem Scheiterhaufen verbrannt werde.« Als nächstes Opfer erleidet Osanna Triebels im Schlauchgarten den Feuertod und 1667 dreht der Teufel Margarete Döll während der Tortur den Hals um. Anna, Witwe des Martin Bohn (Schwärmerin), wird am 4. Juli mit dem Schwert gerichtet.

Mit dem Tod des Amtmannes Lauterbach, der 1667 stirbt, hört das Hexenriechen auf und die Prozesse gehen spürbar zurück. An seine Stelle tritt Johann Christoph Stauffenpfuhl, der eine edlere Gesinnung hat. **Es ist als Beispiel zu werten, wie eng die Hexenverfolgung an die Intelligenz und religiöse Infiltration der Häscher gebunden ist.**

Die von 1708–11 infolge der eigenartigen Erkrankung der Dorothea Henckel aus Viernau geführten Prozesse sind die letzten der Region. Eine von ihnen erhängt sich am Betttuch und die dritte wird vom Schöppenstuhl freigesprochen. Was

Ilmenau

anbelangt, ist die Quellenlage schwierig, da viele Akten verlorengegangen sind. Erschwerend kommt hinzu, daß im 30jährigen Krieg (1624/1625/1626) $^5/_6$ der Stadt abbrennt und damit Dokumente verlorengehen. Nach der Teilung des Henneberger Landes blühen Hexenprozesse auf. Ein »schon betagter und eisgrauer Mann aus Bösleben« wird wegen Verdacht auf Hexerei 1664 gefangen und als »Erzzauberer und Hexenmeister« am 20. Mai verbrannt. Der Richtplatz befindet sich an der Straße nach Plauen.

Vier Jahre später fordert der Hexenwahn ein weiteres Opfer. Barbara Halbig aus Ilmenau wird wegen Hexerei eingezogen. Mitte August 1668 berichtet der Amtmann Johann Christoph Blanckenberg an den Herzog Ernst zu Weimar: »daß seit vielen Jahren wieder Barbara Halbig und deren verstorbenen Eltern ein böses Gerücht Hexerei halben bestehe.«

Man habe den Drachen in feurig-großer Gestalt wie ein Bierfaß vor ihrem Haus fliegen und sich hin- und herwälzen sehen und beobachtet, wie er durch den Schlot in ihr Haus geflogen sei. Zudem habe sie ihre drei Brüder, frische, junge und starke Personen, umgebracht. Der letzte sei nach Hinterlassung von acht noch kleinen unerzogenen Kinderlein gestorben.

Jetzt habe die Witwe ihres letztverstorbenen Bruders Georg Sturm vor dem Amt angebracht: »Ihre Schwägerin führe so wunderliche Gebärden, daß zu besorgen sei, sie möchte sich an ihrem Leib und Leben Schaden tun, wenn man sie nicht unter eine besondere Aufsicht stelle.«

Dann wird sie eingezogen. Man soll sie verhören, mit Zeugen konfrontieren und die Akten dem Jenaer Schöppenstuhl vorlegen. Er neigt zur Milde: »daß Inquisitin ferner durch die Geistlichen öfters zu besuchen und fleißig darauf zu achten sei, ob sie etwa mit tentationibus und schweren Gedancken beladen, daß auch eines bewährten und erfahrenen Arztes Gutachten ihres Leibszustandes wegen und, ob sie zur Melancholie geneiget, zu vernehmen sei.« Sie beteuert, nie den bösen Feind gesehen zu haben. Daraufhin beschließt das Gericht, sie im Beisein des Scharfrichters in Güte zu verhören und fragt sie (u. a.):

- Ob sie nicht ein ihrem Vater gehöriges Kalb durch Zauberei getötet habe?
- Ob sie nicht dem kleinen Mädchen Anna Elsabeth Sturm versprochen: »wenn sie ihr die Hand gäbe, wolle sie ihm wieder etwas geben, daß sie ihr Lebtag helfen sollte?«

Wenn sie nicht sogleich bekenne, würde man sie dem Scharfrichter übergeben und dann drohe ihr die Todesstrafe durch das Feuer. Sie bekennt:

- Als sie 16 Jahre alt gewesen sei, habe sie mit dem bösen Feind einen Bund gemacht und gesagt, ihm zu gehorchen.
- Dann habe sie alle Jahre die Hexentänze auf Walpurgis besucht und mit ihrem Buhlen des Jahres viermal Unzucht getrieben.
- Ingleichen habe sie den David Hammerschmiedin bezaubert. Zudem habe sie ihren Bruder gesterbet.

So verfällt sie dem Scheiterhaufen. Der Herzog mildert das Urteil in eine Hinrichtung per Schwert. Am 13. November 1668 folgt die Exekution auf dem Ilmenauer Richtplatz. In der Urgicht hat sie drei weitere der Hexerei bezichtigt, gegen die der beflissene Amtmann inquiriert. Zu ihnen gehört

Katharina Höhn

deren Urteil aus dem Jenaer Schöppenstuhl erhalten ist: »hat jetzbenannte Höhning in und außer Tortur bekannt, daß sie mit dem bösen Feind im Holz am Leinenberg einen Bund gemacht, sich ihm versprochen und sich in aller Teufel Namen mißtaufen lassen, mit ihm einmal des Jahres unnatürliche Unzucht getrieben, hätte ihm die Hostien einmal des Jahres gegeben, die Hexentänze besucht und wäre sie dabei gewesen. Klaus Geßnern ein Pferd, drei Hunde und drei Kinder gesterbet, auch dazu Wasser holen müssen und dabei gewesen, als der böse Feind gedachten Geßnern einen lahmen Finger gemacht, auch Tobias Buchenröders Weibe einen lahmen Arm angehext, alles nach mehrerem Inhalt der Akten. Woferne nun Inquisitin auf diesem Ihrem Bekenntnis vor öffentlichem Gericht freiwillig verharret, ist sie solcher Missetaten wegen mit dem Feuer vom Leben zum Tod zu strafen.«

Sie wird im Februar 1669 durch den Ilmenauer Scharfrichter Nikolaus Wahl aus Wasungen auf dem Scheiterhaufen verbrannt. »wobei eine ziemliche Menge Volkes des unfreundlichen Wetters ungeachtet erschienen.«

Malle Höhn

stirbt am 28. Dezember auf eine unerklärliche Weise und der Bericht sagt: »er hab nun in die 14 Tage sehr ungebärdig und grausam sich erwiesen, sie hätte vorgegeben, der vor etlichen Jahren Hexerei wegen in Ilmenau verbrannte Schwede Hans Hisch sei bei ihr im Gefängnis gewesen und deshalb dem einen Wächter Georg Jacob Körber zugemutet, bei ihr zu schlafen.«

Etliche Tage danach hätte sie im Gefängnis sehr gefochten und sich mit den Händen nicht anderst gewehret, als wenn sie jemand vergewaltigen wolle. Auf die Frage des Wächters habe sie geantwortet: »sie wisse nicht, wie ihr wäre und später habe sie gesagt: sie wäre nicht wert, als in kleine Stücklein zerhackt zu werden und dann habe sie sich auf unerklärliche Weise von den Handfesseln losgemacht.«

Die Gerichtspersonen fragen: »wie es denn mit ihrem abscheulichen Körper, vor welchem Jedermänniglich einen großen Ekel hat« gehalten werden soll. Der Herzog weist an: »man soll sie durch den Scharfrichter an dem Ort, wo sonst die Hexen verbrannt worden seien, schaffen.« Gleichzeitig mit Malle Höhn wird der Fuhrmann

Hans Kühner

eingezogen, der unter der Folter gesteht:

- Der böse Feind, der sich Lorenz genannt, sei in Fuhrmannsgestalt zu ihm gekommen und habe sich erboten, ihm, der an einem Beine lahm sei, als Knecht fahren zu helfen, wenn er sein eigen solle sei. Darauf habe er einen Bund mit ihm gemacht und sich an der Straße mißtaufen lassen.
- Er habe am Waldrand, da sie Weibsgestalt angenommen, die unnatürlichste Unzucht mit ihm getrieben und vorm Jahr auf Walpurgis den Hexentanz auf der Seitweise unter Teich besucht. Beim Tanze sei mit Zittern und Geigen gespielt worden.

Später widerruft er seine Aussagen und daraufhin erklärt der Schöppenstuhl: »Dieweil die Vollstreckung der Peinlichkeit nicht wenig exidieret und ziemlichermaßen überschritten worden, worauf Inquisit seine Urgicht nochmalen widerrufen als ist nunmehr vor allen Dingen von ihm zu vernehmen, ob er zur Ausführung seiner gerühmten Unschuld eines Defensoris begehre. Er verstehe sich nun dazu oder nicht, so sind dennoch die ergangenen Inquisitionsakten einem verständigen Advocato zu übergeben und eine Monatsfrist zu Erbringung der Defension des Inquisiten anzuberaumen, auch

Defensionszeugen von Inquisitio zu benennen und anzuhören.«

Dann wird er auf die Folter gespannt und der Scharfrichter sagt: »wiewohl nicht zu vermeinen, daß Inquisit vor geleisteter Urgicht in den Bock, dessen er wenig geachtet, über die Schmerzen der Karbatschen, von dessen Füße auch in ewas zu Bluten angefangen, etlichemale geklaget und endlich diese Worte: »man solle ihn loslassen, er wolle alles bekennen.« Und so hat er aus freien (!) Stücken bekannt:

- Wenn er wüßte, daß er große Unkosten seiner Defension wegen auf einen Advokaten wenden solte, möchte es eben so mehr gehen, wie es ginge ... schließlich habe er um die Gnade des Schwertes gebeten.

Dann gibt es ein juristischs Geplänkel und das peinliche Halsgericht rückt ihm näher. Schließlich sei er »bereit zu sterben, doch wolle er als ein Christ und nicht als ein Hex sterben.« Er wird geköpft und dann wird seine Leiche verbrannt.

Der Bericht an den Herzog weist aus: »nächstdem berichtet der Stadtknecht Severus Trabert, daß des Mittags gegen 12 Uhr, etwa zwei Stunden darauf, als der arme Sünder dekolliert und das Kadaver noch nicht völlig vom Feuer konsulieret gewesen, die Eisen von der Gefängnistür, darin der arme Sünder zuvor in Verhaft gesessen, mit großer Gewalt hin- und niedergeschlagen und daher, weil solch ungewöhnlich Poltern etlich Nacht hernach also kontinuieret, den Seinigen, so es gehört, eine große Furcht eingejagt worden.«

Am 26. April 1670 wird ein »alt betagt(es) Weib« wegen des Lasters der Zauberei enthauptet. 1674 beginnt der Amtmann Johann Friedrich Schmidt gegen

Margarete Schrickels

aus Unterpörlitz wegen Hexerei einzuschreiten. Der Herzog stimmt der Durchführung der Ermittlungen zu und später schreibt der Ehemann der Eingezogenen an die Obrigkeit: »sein Weib sitze seit neun Wochen in Haft. Da sie sich von solchen Delikten, welche man ihr zu Last gelegt, frei wisse, er auch aus ihrem christlichen Leben ihrer Unschuld versichert sei, habe er beschlossen, vermittelst einer Defension zu erweisen und bitte sein Weib gegen Kaution von 400 bis 500 fl. auf freien Fuß kommen zu lassen.«

Herzog Johann Ernst zu Weimar lehnt das Begehren ab. Da die Inhaftierte auf gütlichem Weg nicht bekennen will, wird sie der Folter durch den Scharfrichter von Kranichsfeld unterzogen und sagt:

- Sie habe mit dem Teufel einen Bund gemacht und sich von ihm mißtaufen lassen. Mit dem bösen Feind habe sie Unzucht getrieben und Hexentänze besucht.
- Stadens Tochter zu Hammerfeld krumm und lahm gemacht und Matthes Rosen ein Pulver gestreut; davon er krank geworden. Sie sei dabeigewesen und habe geholfen, weil dessen Weib Katharina ihm eine lebendige Eidechse in den Leib gebannt.
- Sie habe den Stier des Peter Völkern totgezaubert und einem Soldaten, der ihre Kuh geholet, und Schafnickeln zu Hammerfeld voll Ungeziefer gemacht.

Sie wird geköpft und verbrannt. Ihrem Mann bürdet man die Gerichtskosten von etwa 125 fl. auf. Bezüglich der Katharina Rose haben deren Kinder erklärt: »daß sie keine Kosten aufwenden, sondern es der landesfürstlichen Obrigkeit überlassen, die Sache der Mutter anheimgestellt haben wollen.«

Wenngleich man die Folter über sie verhängt, bleibt sie standhaft und der Amtsverwalter Volckhardt berichtet: »dieweil Inquisitin in der Tortur, darinnen sie je länger je frischer worden, allerhand seltsame Reden geführt, gleichwohl aber mit seiner in der anwesenden Gerichtspersonen einen Verwunderung der ausgestandenen Marter, so durch Ausleg und Zuschraubung der Daumenstöcke ihr bei ihrem hohen Alter zugefügt worden, ungeachtet von ihrer begangenen Zaubersünde ganz nicht wissen und gestehen wolle, daß sie eine Hexe wäre.«

Der Herzog weist das Gericht an den Jenaer Schöppenstuhl und er scheint auf einer Verschärfung der Tortur zu beharren, doch dann: »habe sie darauf heut in der Nacht zwischen 11 und 12 Uhr ihren Geist aufgegeben.« Ihre Leiche wird auf Befehl des Herzogs am 20. Mai 1675 ins Feuer geworfen und verbrannt. 1724 wird eine Unterpörtzlerin enthauptet und eine vierte stirbt im Gefängnis.

Exkurs: Juristischer Hexenkrieg Zur Kontroverse Carpzov: Thomasius u. a.

Zu einem relativ späten Zeitpunkt entspinnt sich im Sächischen nochmals ein Kampf zwischen zwei hochrangigen Juristen um das Pro und Kontra der Hexenverfolgungen. Es siegt die Vernunft! Hier gibt es einige Parallelen zum Bayerischen Hexenkrieg (siehe dort).

Benedikt Carpzov[1]

Rechtsgelehrter und im Lager der Protestanten stehend, wird durch seine Schriften zum Begründer einer selbständigen Strafrechtswissenschaft im deutschsprachigen Raum. Zeitgenossen betrachten ihn als »Vater des sächsischen Rechts, Autorität und ersten Kriminalisten.« Für seinen späteren Gegner Thomasius ist er ein leichtfertiger »Zungendrescher.«

Carpzov behandelt in umfassender Weise die Kapitalverbrechen[2]. Seine *practica nova* erlebt 1723 die neunte Auflage; ein Beweis für die Wertschätzung. Des öfteren beruft er sich auf die *Sächsische Kriminalordnung,* Entscheidungen der Jenaer Gerichte (1608) und Urteile des Leipziger Schöppenstuhles aus den Jahren 1594 und 1615[3].

Um ihn ranken sich Gerüchte. Er soll 20 000 Todesurteile gefällt[4] und sich gerühmt haben, die Bibel 53 x durchgearbeitet zu haben, was sicher an der Realität vorbeigeht. Man wirft im übertriebene Strenge vor. Hier ist anzumerken, daß er nach der sächsischen Kriminalordnung seine Pflicht erfüllt, aber ein strammes Verfolgungstempo vorlegt.

Er sagt im Vorwort: »in diesem verdorbenen Zeitalter, bei der immer und überall wachsenden Bosheit der Menschen, bei der großen Verschiedenheit und Art der Verhältnisse, unter denen Verbrechen begangen werden, möchte er, daß unerfahrenen Richtern Anweisung gegeben werde, damit sie sich nicht täuschen lassen und die Strafe unter das gerechte Maß setzen.«

Seine Gewährsmänner finden wir merkwürdigerweise im katholischen Lager. Es sind Grillandus, Binsfeld, Del Rio, die Autoren des *Hexenhammers* und die Ansichten des englischen Königs Jacob I. zur Hexenfrage.

Carpzov lobt die strengen Ansichten des Landesvaters und meint: »die CCC. habe den Tod nur für den Fall vorgesehen, wenn jemand durch Zauberei Schaden oder Nachteil zufügt.« Aber »der erlauchte Kurfürst von Sachsen«, faßte die Sache mit größerer Sorgfalt und ordnete an: »welcher Christ(en)mann oder Christ(en)frau ungläubig ist, oder mit Zauberei und Vergiftung umgeht, und dessen überwunden wird, soll man auf einer Horden (Hürde = Scheiterhaufen) brennen«, womit er auf den Schultern Luthers steht.

Bei der Aufzählung der Hexenwerke orientiert er sich vorwiegend an der Ansicht des *Hexenhammers* und zeigt sich rückständig und bigott. Er vertritt die Auffassung, daß die Hexen mit göttlicher Zulassung Wetter ma-

Titelblatt der Schrift des Benedikt Carpzov, eines der berühmtesten sächsischen Juristen des frühen 18. Jahrhundert.

chen, Früchte verderben, Menschen und Vieh (be)schädigen, wie mit dem Teufel Verträge (ab)schließen. Er stellt das Reiten auf Böcken als Realität hin, merkt jedoch an: »daß dies der größte Teil der Juristen und ein Teil der Theologen als Einbildung betrachten.«

Er verneint die Erzeugung von Kindern infolge des Umganges mit dem Teufel, gibt aber die Entstehung der Elben zu: »Es wäre gottlos, die Zauberinnen, in seinen Augen die verruchtesten Verbrecherinnen[5], von der Bestrafung befreien zu wollen. Die Weyersche Auffassung ist ihm frivol.

In der Praxis gestaltet es sich anders. Carpzov hat 36 Urteile der Leipziger Schöffen aus der Zeit von 1582–1632 publiziert. Sie enthalten mit Ausnahmen von ein paar Fällen, wo Mord und Brand unterlaufen sein sollen, abgeschmackte Märchen. So z. B.: »Daß, weil aus den Acten so viel zu befinden, daß der Teufel auf der Tortur der Margarete Sparrwitz so hart zugesetzt, daß sie kaum eine halbe Stunde auf die Leiter gespannt, mit großem Geschrei Todes verfahren, und das Haupt gesenket, (so) daß man gesehen, daß sie der Teufel hinweg inwendig im Leibe umgebracht, inmassen denn daraus anzunehmen ist, daß es mit ihr nicht richtig gewesen, weil sie bei der Tortur nicht geantwortet; so wird ihr todter Körper unter dem Galgen durch den Abdecker billig vergraben.«

So spricht nicht ein dahergelaufener Advokat, sondern die »Leuchte am sächsischen Juristenhimmel.« Und doch ist es nur eine Standardfloskel, wie sie auch anderweitig gehandhabt wird.

In Quedlinburg dauern die Verfolgungen von Hexen von etwa 1550–1663. Ein später Fall betrifft die 77 Jahre alte Amelungs Witwe. Trotz ihrer Aussagen und den steten Beteuerungen ihrer Unschuld hält es der Leipziger Stuhl für angebracht, sie zu foltern. Man sperrt sie über Nacht in einen Pferdestall, in dem Kobolde spuken sollen. Mit ihrer »gedachten« Anwesenheit will man sie schrekken. Am anderen Morgen ist sie tot. Es liegt die Vermutung nahe, daß sie sich erdrosselt hat. Wieder bescheinigt das Gericht: »der Teufel habe sie erwürgt.«

Um die gleiche Zeit wie Carzov wirkt der Jurist Christoph Fröhlich von Fröhlichsburg, der Innsbrucker Professor (1657–1727). Er vertritt die Auffassung: »daß bei der Zauberei geringe Anzeichen, vor allem Gerüchte, hinreichen, um den Prozeß einzuleiten, bzw. zur Folter zu schreiten.«

Um die Mitte des 17. Jahrhunderts – also früher denn in der sächsischen Region – mehren sich die Stimmen, die auf die Abschaffung der Folter drängen. Mit der einsetzenden Aufkärung entsteht die noch nicht abgeschlossene Kontroverse Glauben: Ratio. Die Juristen können sich ihr nicht entziehen. Der entscheidene Kampf bleibt

Christian Thomasius

vorbehalten, und zwar in Bezug auf die Abschaffung der Folter und einer damit im Zusammenhang stehenden Zurücknahme des Hexen(un) wesens, den siamesischen Zwillingen menschlicher Grausamheit. Er[6] gilt als einer der bedeutenden Rechtsgelehrten aus der Zeit des frühen 18. Jahrhunderts; einer Epoche der literarischen Auseinandersetzung und des Streites zwischen Theologie und Aufklärung. Es zirkulieren zahlreiche

Hexenschriften

So 1681 *Sadducismus triumphans* (London 1681) oder in der deutschen Übersetzung *Vollkommener und klarer Beweis von Hexen und Gespenstern oder Geister-Erscheinungen* (Hamburg 1701). Kurz danach erscheint Johann Wagstaffs *Gründlich ausgeführte Materie von Hexerei oder die Meynung derjenigen, so da glauben, daß es Hexen gebe, deutlich widerlegt.*

Thomasius steht in der Reihe der Persönlichkeiten, die oft unter großen Schwierigkeiten, ja manchmal unter dem Einsatz ihres Lebens, den Mut aufgebracht haben, gegen die Hexenverbrennungen aufzustehen und damit Obrigkeit, Rechtssprechung und Theologie zu beschämen. An erster Stelle ist Cornelius Loos zu nennen, den man wegen seiner korrekten Ansichten dreimal verhaftet. Sein Buch erregt »ungheures« Aufsehen und wird konfisziert. Die Schriften Heinrich Bodes erscheinen kurz vor der *Dissertatio de Crimine Magiae.* Thomasius kennt die anonym erschienene Arbeit des Jesuiten Spee.

Als Jurist steht er in der vorderen Reihe der Prozeßgegner. Nach ihm ist die Zauberei kein strafbares Verbrechen. Er trägt seine Argumente mit Überzeugung und Logik vor. Durch seine Tätigkeit hat er den Vorteil, daß er Gedanken in seine Schüler »hineintragen« kann und allmählich einen Flächenbrand und so eine Änderung der bisherigen Einstellung bewirkt.

Von obrigkeitlicher Seite aus geschieht nichts, was seine Sicherheit gefährden kann. Thomasius wird von Freunden und Gesinnungsgenossen an der Universität bis zum Berliner Hof verstanden und unterstützt; die literarisch für ihn eintreten.

Für seinen Erfolg spricht der Umstand, daß er seinen Kampf unter Friedrich I. (1688–1713) führt, der daran interessiert ist, daß die von ihm begründete »neue« Universität Halle an Geltung gewinnt. Es verpflichtet ihn zu einer liberalen Haltung gegenüber dem Lehrkörper. Ohne Zweifel stärkt es die Position Thomasius und so bleibt fraglich, ob er als »gewöhnlicher« Jurist so erfolgreich gewesen wäre.

Er übernimmt für seine Beweisführung die Ansätze des Geistlichen Bekker und erschüttert damit das gängige Fundament der Hexenprozesse. Mit seinen Schriften versetzt er dem Hexentreiben einen tödlichen Hieb und trifft ins Herz der Theologen.

Ungerechtigkeiten beim Verfahren gegen eines der schlimmsten, doch fiktiven Verbrechens konnte man zur Not als Justizirrtum in Kauf nehmen, erhebliche Zweifel aber an der Grundlage des Verbrechens nicht. Dies bringt den seither angenommenen Teufelspakt ins Wanken, indem er ihm jeden Einfluß in materiellen Dingen abspricht und vorträgt: »Ich leugne, daß Hexen und Zauberer Verträge mit dem Teufel aufrichten. Was nützt ein Bündnis mit ihm? Es ist nicht der geringste Effekt dabei, weder auf der Seite des Menschen noch auf der des Teufels. Nie hat er einen Leib angenommen. Es scheint, daß der Irrtum in den Evangelienbüchern seinen Ursprung hat. Ich leuge und kann es nicht glauben, daß der Teufel Hörner, Klauen und Krallen habe, daß er wie ein Pharisäer oder Mönch, oder wie ein Monstrum, oder wie man ihn sonst abmahlet, aussehe. Ich kann es nicht glauben.« Für ihn war die

Konfrontation mit der Geistlichkeit

unvermeidlich, wenn er einen seiner Grundsätze, die juristisch exakte Trennung von Kirche und Staat, verwirklichen wollte. Rasch erkennen sie seine Gefährlichkeit und suchen zu kontern. Am 16. Oktober 1694 beschwert sich die Fakultät über ihn »wegen seiner Eingriffe in theologische Angelegenheiten bei der Verteidigung mystischer Schriftsteller.« Der Konflikt dringt zum Landesvater und endet mit dessen Mahnung: »künftig miteinander in Eintracht zu leben.« Die Gotteskundler stempeln ihn zum »Atheisten und Ketzer« ab, weil er sie widerlegt und deren intelektuelle Schwäche offenlegt.

Später wird ihm »bei Strafe der Absetzung« verboten, in seinen Vorlesungen theologische Angelegenheiten zu behandeln. 1702 greift ihn der Geistliche Joachim Lange mit einer *Nothwendigen Gewissenrüge* an. Sie wird ein Jahr darauf anonym beantwortet und mit widerlegenden Antworten versehen.

Die Polemik gegen Thomasius wird in die Liturgie getragen, denn am dritten Ostersonntag 1703 wird in der Leipziger Nicolaikirche gesungen: »Die Jünger sind nicht Thomas Art Zu zweifeln; obs Gespenster gäbe. Wenn andere mehr der Jünger Geist bekämen ... Ich zweifle, daß so viel Theologen an neuen Irrthum nähmen.«

Angriff auf Carpzov

Benedikt Carpzov lebt von 1595 bis 1666. Nach dem Studium der Rechte in Wittenberg, Leipzig und Jena erhält er 1620 eine Stelle als außerordentlicher Beisitzer (Adjunkt) am Leipziger Schöppenstuhl. Seit 1623 hat er dem Spruchkollegium mit einigen Unterbrechungen bis zu seinem Tod als ordentlicher Beisitzer angehört. Der Wirkungskreis des Schöppenstuhles ist beachtlich, seine Tätigkeit in der täglichen Rechts-

Benedikt Carpzov (1595–1666), bekannter Rechtsgelehrter und Hexenrichter.

pflege enorm. Nicht nur die etwa 2 000 Gerichte Kursachsens schicken ihre Akten zur Bearbeitung dorthin, sondern auch außersächsische Gerichte bitten die Leipziger Schöppen um Rat.

Carpzov hat das Verdienst, die Amtsenthebung von Thomasius bewirkt zu haben. Er hat ihn quasi aus Leipzig vertrieben. Demzufolge ist er nicht gut auf ihn zu sprechen. Thomasius hat schon früher, wie sich Prufendorf in einem Brief ausdrückt: »das harthäutige Tier Carpzov mit seiner Mistgabel gekitzelt« Jetzt schlägt er mit Keulen auf ihn ein, nennt ihn einen »schimpflichen Abschreiber, bösartigen Märchenerzähler und liederlichen Betrüger.«

»Er solle sich schämen, in einer so wichtigen Sache nichts anderes vorgebracht zu haben, als die Zeugnisse der päpstlichen Sribenten, die ihre Bücher teilweise mit alten Weiber- und Mönchsfragen, teils mit ausgefolterten Aussagen Verurteilter auszufüllen pflegen. Man müsse sich schämen Carpzovius gelesen zu haben[7]. Er bescheinigt

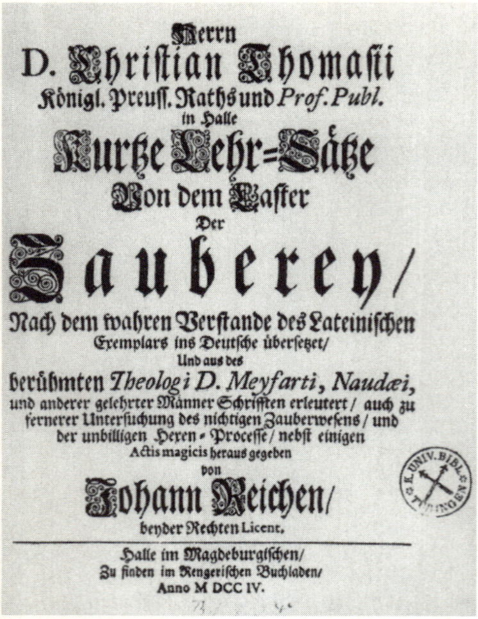
Herrn
D. Christian Thomasii
Königl. Preuss. Raths und *Prof. Publ.*
in Halle
Kurtze Lehr=Sätze
Von dem Laster
Der
Zauberey/
Nach dem wahren Verstande des Lateinischen
Exemplars ins Deutsche übersetzet/
Und aus des
berühmten *Theologi D. Meyfarti, Naudæi,*
und anderer gelehrter Männer Schrifften erleutert/ auch zu
fernerer Untersuchung des nichtigen Zauberwesens/ und
der unbilligen Hexen-Processe/ nebst einigen
Actis magicis heraus gegeben
von
Johann Reichen/
beyder Rechten Licent.
Halle im Magdeburgischen/
Zu finden im Rengerischen Buchladen/
Anno M DCC IV.

Frontispitz von Thomsius »Laster der Zauberei«, einem Todesstoß wider das gängige Hexentreiben.

seinem Kollege »unverständliche Frömmigkeit[8]« und führt aus: »man habe sich lediglich auf Zeugnisse der päpstlichen Sribenten verlassen, da aber seither noch immer einer vom anderen ohne Nachdenken abschreibt und sich dabei einbildet neue Wunder gefunden zu haben, darf man es den Gelehrten nicht versagen, wenn sie bei der Meinung eines Juristen sich solches unter keinem anderen Concepte als eines Zungen-Dreschers oder Legulegi, der nur die Gesetze kennengelernt, einbilden wollen oder können[9].«

Außerdem hahe Carpzov Remigius falsch verstanden: »warum glaubt er unseren Theologen nicht mehr, die gestehen, daß viele Hexen und Zauberer ohne ordentliche Todesstrafe wieder auf den rechten Weg gebracht worden sind?«

Hier spielt er auf das preußische Edikt vom 13. Dezember 1714 an, das bestimmt: »daß dem König jedes diesbezügliche Urteil zur Bestätigung vorzulegen ist.« Außerdem mahnt die *Criminalordnung für die Chur- und Neumark* vom 8. Juli 1717 zu größerer Sorgfalt bei der Anwendung der Folter.

Carpzov sei ein Verfechter des göttlichen Rechts: »doch erstens sei noch nicht ausgemacht, was für ein Unterschied zwischen den Wundern und den ordentlichen Werken der Natur ist. Bislang ist alles unnützes Geschwätz und muß bewiesen werden.«

»Das göttliche Gesetz befahl, es sollen des Hohepriesters Töchter, sofern sie Hurerei treiben, mit dem Feuer verbrannt werden. Warum verbrennt man in unserer Zeit der Herren Suprintendenten Töchter nicht, wenn sie die gleiche Sünde begehen? Das lateinische Wort »veneficos« kann auf deutsch nicht Hexe, sondern nur Giftmischerin heißen. Zu der Kunst gehört nicht die Hilfe des Teufels oder ein Bündnis mit ihm, weil es auch so geschehen kann.«

Damit fällt Carpzovs erster Beweisgrund, ohne daß er etwas bewiesen hat. »Dahin geht nämlich die Kernfrage, ob Zauberer, die mit dem Satan einen Vertrag machen, eine natürliche oder künstliche Magie zuwege bringen. Das ist unmöglich. Wohlan, es soll Carpzovio itzo auftreten und wieder dem bekannten Wierum und anderen dartun, daß es wirklich das Laster der Zauberei gebe.« Wenig freundlich geht er mit

Spizelius

um. Er ist der 1691 verstorbene Senior des geistlichen Ministeriums von Augsburg. Er sagt: »nun will ich zwar nicht die anderen Gebrechlichkeiten dieses frommen Herrn offenbaren, noch alle Fehler seines mehrmals genannten Buches von der *Gebrochenen Macht der Finsternis* aufzeigen. Er hat das Leugnen der Hexen unter Berufung auf Thomas von Aquien, Bonaventura und Torquemada für Atheismus erklärt, doch ich halte vielmehr dafür, daß die Geistlichen und Prediger, die anstatt der seligmachenden Lehre auf der Kanzel und in ihren Schriften lauter alte Weiber-Mährlein und abergläubische Märchen erzählen, schuldig sind, daß viele Leute, die noch wenig Verstand und etwas von den fünf Sinnen übrig haben, sich gern von dem Schandfleck ihres Aberglaubens reinigen wollen.«

Vom Laster der Zauberei

Thomasius ist 1694 Referent der juristischen Fakultät Halle. Im September diesen Jahres kommt er mit Hexenfragen in unmittel-

Christian Thomasius. Bed. Jurist des frühen 18. Jahrhunderts und erfolgreicher Bekämpfer wider Klerikalismus, die unsinnigen Hexenverfolgungen und den Foltereinsatz. Bildarchiv Universität Halle. Mit freundlicher Genehmigung. →

bare Berührung. Dabei verfällt er in »blinde Autoritätsgläubigkeit« und zieht einen übereilten Schluß. 26 Jahre danach räumt er ein: »dieser gegenwärtige casus wurde anno 1694 in unsere Facultät geschickt, wo ich damahls noch mit der gemeinen Meinung von dem Hexen-Wesen so eingenommen, daß ich selbst dafür geschworen hätte, die in des Carpzovs *Praxis criminali* befindlichen Aussagen der armen Gemarterten oder mit der Marter bedrohten Hexen bewiesen, den mit den armen Leuten pacta machenden, und mit denen Menschen buhlenden, auch mit den Hexen Elben zeugenden, und sie durch die Luft auff den Blockersberg führenden Teuffel überflüssig, und könnte kein vernünftiger Mensch an der Wahrheit dieses Vorgehens zweiffeln: Warum? Ich hatte es so oft gehört und gelesen, und der Sache nicht ferner nachgedacht; auch keine größere Gelegenheit gehabt, der Sache weiter nachzudenken.

Dies waren die ersten Hexen-Acten, die mir Zeit lebens unter die Hände gekommen, und also excerpierte ich dieselbe mit desto größerem Fleiß und Attention.«

Daraufhin beschreibt er den Vorgang und erstellt darüber ein Gutachten, das in der Formulierung gipfelt: »wo nicht mit der Schärfe, doch zum wenigsten mit mäßiger Pein wegen der beschuldigten Hexerei die Delinquenten anzugreifen[10].« Die Fakultätskollegen schließen sich seiner Auffassung nicht an. Es macht ihn stutzig und die Sache läßt ihn nicht mehr los. Dann sagt er: »nachdem also die Vortrefflichkeit und Nutzbarkeit des in Sachsen und an anderen Orten des Römischen Reiches üblichen Hexenprozesse einmal wankend gemacht worden, fing ich an nach und nach mehr an, in das Elend unserer Universitäten und Juristen-Facultäten oder Schöppenstühle, was den Hexen-Process betrifft, einzusehen.

So fügte es die göttliche Vorsehung, daß ich immer nach und nach auch andere Hexen-Acten in unsere Facultät geschickt, die mich gleichsam forcierten, die Augen immer weiter aufzuthun, und die miserable Prostitution der Hexen-Richter und Advocaten zu erkennen« *(Juristische Händel)*

Der Gedanke, dem Ursprung des zu seiner Zeit herrschenden Glaubens an den Teufelspakt und an die Teufelsbuhlschaft nachzugehen, kommt Thomasius wenige Jahre nach der Publikation seiner *De crimine magiae,* beim Studium von Stellen des kanonischen Rechts, und zwar beim Lesen einiger Papstbriefe.

»so giengen mir doch bey Durchlesung der pästlichen Briefe ex septimo Decretalium, sozusagen die Augen auf, daß ich erkandte, wie ich bey Abhandlung der materie de origine et progressu noch hin und wieder in der Disputation gleichsam im Finstern getappet, nunmehr aber deutlich sahe, daß der Teufel, der mit den Hexen Pacta machte, und bei ihnen schlieffe, oder sie auf den Blockers-Berg hohlete, nicht älter seyn könne, als die Päpstlichen Constitutiones in besagtem Titel; ich fand auch, daß ie mehr ich deßwegen nachschlug, ie mehr ich in dieser Meynung bekräfftigt wurde. Nichts desto weniger war die Sache nicht so leicht, diese Erkänntnis andern, sonderlich denen, welchen man von Jugend auf viel Mährgen von den Hexen erzählet, und ihre erste Gedanken damit eingenommen, beyzubringen, sondern es wäre für diese nöthig, daß ich soviel möglich von Seculo zu Seculo untersuchte, bey was für Gelegenheit, und aus was für Intention die Fabeln erst von einzelnen Personen erfunden, wie selbige fortgepflanzt und wie sie endlich durch die päpstlichen Constitutiones canonisiert und gleichsam zu Glaubens-Artickeln gemacht worden, auch wie es geschehen, daß nach der Reformation, sonderlich bey den Lutheranern, und unter den Juristen, sonderlich bey denen Sächsischen ICtis, diese einmahl eingewurzelte Meynung sich so veste gesetzt, daß man sich nicht verwundern muß, wenn dieselben auch bißhero der Wahrheit am längsten widersprochen.«

»wie er damals mit dem juristischen Schlendrian nach den Autoritäten des malleus maleficarum, eines DelRio und Carpzov zu handeln im Begriffe, durch ein Votum seiner Facultät auf den rechten Weg kam und auf das eindringlichste den herrschenden Wahn und das ungerechte Verfahren in zwei Dissertationen angriff[11].«

Nun beschäftigt er sich intensiver mit dem Phänomen der Hexenverfolgungen. 1699 ordnet er seinen Ausbildungsplan für die Juristen und rückt darin den Hexenprozeß in der damals üblichen Weise als Sonderform des Inquisitionsprozesses ein: er macht die Richter darauf aufmerksam, in Hexensachen vorsichtig zu verfahren.

Am 12. November 1701 legt er seine berühmt gewordene Dissertation *De Crimine Magia* vor und läßt sie von dem Respondent Johannes Reiche verteidigen. Sie gipfelt in der Formulierung: »alle Hexenprozesse einzustellen, weil die Hexerei nur ein fiktives Verbrechen sei.« Die Existenz des Teufels wird nicht bestritten; da jedoch die bösen Geister in materiellen Dingen keinen Einfluß haben, kann der Teufel weder körperliche Gestalt annehmen, noch Bündnisse mit Hexen eingehen. Geständnisse solcher Art sind entweder das Ergebnis eines Wahns oder der unmenschlichen Folter.

Thomasius zitiert die Passagen aus dem AT, die als hinreichende Begründung zum Verbrennen Andersdenkender dienten[12]. Er wundert sich über die Flut der Hexenliteratur und sagt: **»Ich muß mich nicht wenig wundern, daß ich hin und wieder fast nichts als unnützes Geschwätz und Fabeln, nirgends aber ein gründliches Werk angetroffen habe. Der törichte Aberglaube muß dem einfältigen Pöbel vor Augen geführt werden. Die papistischen Irrtümer, die seither aller Leute Gedanken eingenommen, müssen ausgerottet werden. Heute wird niemand mehr daran zweifeln, daß das Papsttum nichts anderes als eine aus dem Heiden- und Judentum zusammengesetzte Fabel ist[13].**

Papisten haben den Unsinn zusammengetragen, um die breite Masse auszunutzen. Die vergangenen Autoren[14] haben ohne Unterschied die wahren und falschen Begebenheiten wie Kraut und Rüben hingeschmiert. Auch die protestantischen Kriminalisten heutzutage[15]. Ich bin sicher, daß alles, was diesfalls geglaubt wird, nichts als eine Fabel ist, die man aus dem Juden- und Papsttum zusammengelesen hat; die Päpstler haben ohne Verstand geschrieben.«

Dem ist nichts hinzuzufügen. Ein Jahr später erscheint die erste Übersetzung ins Deutsche unter dem Titel *Kurze Lehrsätze vom Laster der Zauberey, übersetzt von einem Liebhaber seiner Muttersprache.*

1704 erscheint eine weitere, deren Verfasser wahrscheinlich Johannes Reiche ist. Eine Übersetzung erscheint 1775 in Augsburg. Die Wirkung ist beachtlich; selbst außerhalb des brandenburgischen Territoriums erfährt sie scharfe Kritik.

1703 erscheinen zwei anonyme Gegenschriften. Hinter ihnen verbergen sich Elias Camerarius und Carolus Fridericus Romanus. Thomasius focht nicht allein. So antwortete sein Schüler und späterer Fakultätskollege Nikolaus Hieronymus Grundling unter dem Pseudonym Hieronymus a sancta Fide auf eine Gegenschrift. Jacob Brunnemann, Neffe des berühmten Rechtsgelehrten, tritt für ihn unter dem Pseudonym Aloysius Charitini in die Schranken. Die

Position Meinders

ist umstritten. Er ist weder ein Schüler von Thomasius noch am preußischen Hof tätig. Er studiert in Marburg, Straßburg und Leyden, so daß er vermutlich Thomasius nicht gekannt hat. Meinders ist Richter im Amt Rabensburg und nimmt in der Eigenschaft zu den Hexenprozessen Stellung. Dazu verfaßt er 1716 in Lemgo ein Buch, in dem er sich als konsequenter Verfechter der Thesen des Thomasius versteht; insofern kann er als Mitkämpfer bezeichnet werden[16].

1719 erscheint nochmals eine Gegenschrift mit dem Kurztitel *Kurtze Untersuchung vom Kobold, inso ferne gewisse Phaenomena unter diesem Nahmen ... von einem nach England reisenden Passagier* (Rotterdam). Eine weitere Verteidigungsschrift für Thomasius erscheint unter dem Pseudonym Wahrlieb (Amsterdam 1720). Verfasser ist Johann Christoph Franck. 1718 tritt in England Francis Hutchinson mit seinem an *historical essay concerning Witchcraft* gegen das Hexentreiben auf.

Thomasius konstatiert: »was die körperliche Gewalt des Teufels anbelangt, komme diese von den Kirchenvätern, die meist dem platonischen und stoischen System zugetan gewesen. Dies ist eine alte Geisterphilosophie[17]. Sie hätten die materialistischen Vorstellungen aus den dämonischen Vorstellungen der Pharizäismus gezogen und in die Bibel getragen. Scholastiker haben es weiter ausgebildet; so sei der Wahn von den Teufelspakten, In- und Sucuben verbreitet worden und habe, begünstigt vom Klerus, am Ende den Schein gehabt, als sei sie direkt aus der biblischen Lehre hervorgegangen.

Die Juristen, unter theologischen Einflüssen aufgewachsen, hätten die Zaubervorstellungen ihrer Zeit auch im justianischen Recht, wenngleich es vom Zauberbündnis nichts weiß, wiederzufinden geglaubt; die Wiederherstellung des Scholastizismus unter den Protestanten, das Beispiel des Kurfürsten zu Sachsen, der eine geschärfte Bestimmung in seinen Strafkodex aufgenommen hat, hätten dieses Übel unter den Protestanten verbreitet.

Kann man die Fakten konzentrierter fassen? Er trifft den Nagel auf den Kopf und es ist der Todesstoß gegen den »historischen« Hexenwahn. Es kann nicht ausbleiben, daß ein Sturm der Entrüstung über ihm zusammenschlägt. In rascher Folge entstehen teilweise bissige Streitschriften.

Letztendlich bleibt unbestritten, daß die Wahrheit auf der Seite des Juristen Thomasi-

Selbstmordtabelle im gängigen Hexentreiben (beispielhaft)

1565 bis **1667.** Während der Hexenprozesse in Reutlingen begehen zwei Frauen Selbstmord. Margarethe Oswald (Teufelsgreth) verweigert zehn Tage die Nahrung und verhungert. Die Kindsvatterin löst sich von den Ketten, die sie 28 Wochen »eisern« festgehalten haben und stürzt sich vom Turm.

1573 Nach dem Lahnsteiner Schöffenbuch erhängt sich Just Schneiders Frau wegen des Verdachts auf Komplizenschaft in ihrem Haus.

1583 Werden im Hessischen 30 Personen wegen Hexerei eingezogen; eine von ihnen begeht Selbstmord.

1590 Erhängt sich die Gattingerin (Freising) an einem abgerissenen Schurzsaum während der Haft.

1592 In Magdeburg erhängt sich eine Kaufmännin, die man wegen Hexerei bezichtigt hat.

1592 Fürth. Margaretha Fleischmännin wird der Hexerei bezichtigt und begeht aus Angst vor der Folter Selbstmord.

1592 bis 1593 Wird Eva Hermann aus Weilbach der Hexerei bezichtigt. In dem Zusammenhang begeht eine Frau in der Haft Selbstmord.

1593 bis 1612 (zwischen) Haun hat ein Strohseil geflochten und es mit einem Holznagel so lange um seinen Hals gedreht, bis sein Genick bricht.

1594 Salome Pfeffer wird in den Turm geworfen. Als sie Selbstmordabsichten hegt, legt man sie zur besseren Beobachtung ins Rathaus.

1596 Am 26. November erhängt sich die Frau des Hans Klee im Gefängnis mit einem Schnürriemen; sie wird auf dem Hainserwasen verbrannt. Hier haben sich lediglich die Todesurteile erhalten.

1597 Erhängt sich in Magdeburg die alte Heinemann im Gefängnis, weil sie in der Folter ihre Tochter als Hexe angegeben hat.

1597 In Büdingen erhängt sich eine Besagte nachts in der Zelle. Dann findet man die »angegriffene« Margret Fausten erhängt in der Zelle. Der Scharfrichter, der sie unter dem Galgen verscharrt, sagt: »daß ihr der Halß entzweigebrochen und an den Schenkeln oben gar schwartz gewesen« (Beinschrauben?)

1597 »Am Dienstag, den 31. May Ao. 97 hat sich Anna an einem strick so im gewölbe oben herabergehangen, selbst erhengt. Ist geschehen in dem gefencknuß.«

1597 Die Frau des Kunz Nagel aus Windsheim erhängt sich am 26. Juli im Gefängnis.

1598 (2. August) Jörg Minderlin, der Totengräber aus Nördlingen erhängt sich im Gefängnis. Am folgenden Tag wird seine Leiche in ein Faß geschlagen und durch den Nachrichter am Galgenberg verscharrt.

1598 In Nördlingen mißlingt der Selbstmordversuch der Margaretha Minderlin (verbrannt am 20. Novemver 1598), die wegen Hexerei bezichtigt ist.

1600 Agnes Klostermüllerin unternimmt im Verbund mit dem Münchener Pappenheimer-Schauprozeß während der Inhaftierung einen Selbstmordversuch.

1608 Wird gegen die »Beyerin von Winden« aus dem Landgericht Schwaben prozessiert, die sich nach einer längeren Haft und Folter im Münchener Falkenturm das Leben genommen hat.

1616 Der als Zauberer verdächtige Jerg Sahm aus Steinhofen (Hohenzollern-Hechingen) begeht im Gefängnis Selbstmord.

1620 Pommern. Sidonia Borke sagt: »sie wolle lieber Selbstmord begehen, als sich foltern zu lassen.« Sie wird verbrannt.

1627 Margreth Lippert aus Dieburg begeht im Gefängnis Selbstmord.

1630 Im Zusammenhang mit einem Selbstmordversuch aus Möhringen steht ein neuer Hexenprozeß gegen den etwa 65 Jahre alten Schneider Hans Wild an, der sich erhängen will.

1630 In Büren erhängt sich die »alteSilkenß«. »Sie habe sich vom Teufel verführen lassen und von einer anderen Hexe das Zaubern erlernt.«

? (wohl um 1630) Die »Behlische« nutzt die Nähe des Osnabrücker Kumperturmes am Wasser, um ihrem Leben vor der Durchführung des Hexenbades ein Ende zu bereiten. Sie zwängt sich durch ein Schießloch des Turmes und läßt sich in den Fluß fallen. Dort zieht sie den Kopf an den Haaren unter Wasser, bis sie ertrinkt.

1631 Else Knell aus Oberhausen (Wartenstein) begeht am Endlichen Rechtstag Selbstmord, indem sie sich mit einem Schustermesser tötet.

1633 (um) Georg Kittels Frau hat sich in ihrer Wohnung verschanzt. Als sie die Schergen abholen wollen, brechen sie die Tür auf und finden sie tot am Boden liegend. Sie hat aus Angst vor der Folter Selbstmord begangen.

1638 Elsche Pagenstecher unternimmt in Osnabrück während ihrer Haft einen Selbstmordversuch.

1644	(nach) Die 44jährige Magdalena Kiffer (Sandklopperscher) unternimmt, möglicherweise wegen ihrer Melancholie oder weil ihr die Sorgen über den Kopf wachsen, in der Haft einen Selbstmordversuch.
1652	Hermann Stapp aus Roth erhängt sich im (Büdinger?) Hexengefängnis. 1653 wird Johann Reicharts wegen Unzucht bezichtigt. Er wird im Oktober mit Beinschrauben gefoltert und mit rücklings gefesselten Händen aufgezogen. Es bricht seinen Widerstand und er unternimmt in der Haft einen Selbstmordversuch.
1660	In Brake wird gegen den Trommelschläger Frantz Kropp prozessiert. Er hat sich während der Haft erhängt. »Der Fußknecht habe ihn mittags gefunden erhenket und der Scharfrichter ihn besichtiget und gefunden, daß dem in Haft Gezogenen der Hals gar sehr zerbrochen gewesen.«
1664	Margarethe Eberlein aus Deizisau räumt ein: »sie wisse um ihren Ruf als Hexe und ihre Selbstmordabsichten resultieren aus ihrer Melancholie.«
1674	Im Januar stirbt die 72jährige Martha Peurin in den Gewölben der Riegersburg in der Nacht vom 4.zum 5. Januar an den Folgen der ausgestandenen Tortur. Franziskaner wirken als Beichtväter.
1677	in Hohenbrugg (Steiermark) sind zwölf Personen in ein Zaubereiverfahren verwickelt. Zwei Frauen sterben während der Haft.
1678	Im Salzburger Prozeß gegen die Familie Pichler aus Lienz sterben Emeranzia Pichlers Mutter und ihr elfjähriger Sohn im Gefängnis.
1683	(?) Der Advokat Cothmann spielt in der Grafschaft Fürstenberg (Paderborn) auf einen kurz vorher versuchten Selbstmordversuch des Delinquenten an, der sich zweimal mit einem Messer in den Unterleib und Hals gestochen hat.
1686	Georg Breyer übersteht mehrere Folterungen und unternimmt in der Haft einen Selbstmordversuch.
1686	Glatz (Schlesien) Dorothea Breyer hat nach mehreren Folterungen gestanden und im Gefängnis einen Selbstmordversuch unternommen.
1690	In Giesling bei Pfatter ist im Frühjahr im Gefängnis die Mutter Margaretha »eines unseligen Todes« (Selbstmord) gestorben.
1690	27. November. Die Mayrin gesteht: »sie habe sich im Gefängnis mit Selbstmordabsichten getragen.«
1691	Auf Veranlassung eines Geistlichen wird eine Frau inhaftiert. Sie erhängt sich im Gefängnis.
1691	In Rostock erhängt sich eine wegen Hexerei Bezichtigte im Gefängnis. 1702 In Bernstadt (Fürstentum Oels) begeht eine im Gefängnis sitzende Hexe vermutlich (?) Selbstmord.
1708	bis 1711 In Viernau (Amt Suhl) erhängt sich eine wegen Hexerei Besagte am Bettuch.
1715	bis 1717 In Freising erhängt sich ein Trudenfänger an einer Kette; andere beabsichtigen Selbstmord. Dann werden sie mit dem Schwert gerichtet.
1756	Veronica Zerritzsch gerät immer mehr in den Zustand der Verwirrung, fühlt sich von Dämonen angefochten und unternimmt einen Selbstmordversuch.
1760	Barbara Müller aus Esslingen räumt ein: »sie habe zwei Jahre im Bamberger Zuchthaus verbracht und aus Selbstmordabsichten 14 Mauskugeln gegessen, welche sie erbrochen, ohne Schaden zu nehmen.«
1950	Eine 39jährige Ehefrau unternimmt einen Selbstmordversuch in dem Wahn, eine Hexe zu sein. Sie wirft sich vor den Zug und erleidet Verletzungen.

us steht. Es darf nicht vergessen werden, daß er eine weitere bedeutsame Publikation hinterlassen hat.

Dissertatio de Tortura

Bereits in seiner Arbeit über das Laster der Zauberei sagt er: »wer aber sollte glauben, daß ein Scharfrichter ein ordentliches Bekennntnis zur Bekehrung sei?

So führt er einen parallelen Schlag gegen die mißbräuchliche Anwendung der Folter. Es wird nicht einfach hingenommen. Im Lager der Juristen und Theologen erhebt sich eine Welle der Empörung: »doch Thomasius focht mit rücksichtsloser Schärfe und mit einer höhnischen Verachtung gegen die geistige Blindheit, Unvernunft und den verschimmelten Autoritätsglauben. Er legt mutig die Hand in die offene Wunde.«

»denn kaum lassen sich die Martern, die bei der Folter dem menschlichen Körper angetan werden, mit Todesängsten vergleichen. Oh, allzu gottlose Schlechtigkeit beim Strafen, gibt es etwas Ungerechteres? Uner-

schrocken spreche ich aus, daß die Folter ungerecht, unbillig, trügerisch, durch Förderung der Übel gekennzeichnet und schließlich jeden Anschein eines göttlichen Zeugnisses entblöst und daher aus den christlichen Gerichten zu verbannen sei.

Die Folter ist das unchristlichste Mittel, um die Wahrheit zu erpressen ... Ihr Zweck ist, eine zweifelhafte Sache zu bestätigen. Nicht umsonst hat Gott, der dreimal Größte und Beste, wie man glauben muß, gesagt, daß sich die Wahrheit nicht auf den Mund des Einzelnen, sondern zumindest auf den zweier und mehrerer begründe[18]. In der Heiligen Schrift ist sie nicht erwähnt[19].

Das erste Argument gegen sie ist ihre Ungerechtigkeit. Jede Strafe setzt ein tatsächliches Verbrechen voraus. Solange jemand zur Folter geführt wird, liegt kein unzweifelhaftes Verbrechen vor und es kann deshalb nicht als solches bezeichnet werden.

Überdies verstehe ich nicht, mit welcher Billigkeit und Vernunft die grausame Lehre verteidigt werden muß ... die Folter muß so eingerichtet sein, daß die Gefolterten unverletzt daraus hervorgehen. Außerdem muß ein corpus delicti vorhanden sein.

Dem Geständnis des Angeklagten allein darf nicht geglaubt werden. Bei der peinlichen Befragung scheint man davon auszugehen, jemand zu falschen Aussagen zu zwingen. Oft ist die Unkenntnis des Richters das Unglück des Unschuldigen. Ein Richter, der einen Unschuldigen arglistig foltert und ihn zu Tode quält, muß zum Tod verurteilt werden.« Daher muß ein Richter bei der Ahndung dieses Verbrechens von der Vernunft Gebrauch machen und nicht gleich eilends zur Folter schreiten[20].

Die peinliche Frage gibt allen Tyrannen Gelegenheit gegen Untertanen zu wüten. Bei den Papisten ist die Folter das beste Hilfsmittel, um fromme und den Patres verhaßte Männer unter dem Vorwand der Häresie und Zauberei aus dem Staat zu beseitigen[21].

Wie steht die römisch-katholische Kirche samt ihren Ablegern vor dem Urteil **eines** Gerechten da? Haben nicht schon die Päpste im 13. Jahrhundert die Anwendung der Folter gutgeheißen und: schweigen sie nicht auch heute dazu? »Ich möchte die in Vorurteilen befangenen Richter ermahnen, die Worte Brunnemanns[22] zu lesen, denn auch ich vermute, daß wegen des gedachten Verbrechens auf Zauberei und Hexerei viele Unschuldige verbrannt werden. Der Henker kann dem Richter bei der Folter etwas vormachen[23]. Schon Justus Oldekopp bringt in seinen *Kriminalistischen Betrachtungen* 42 Beispiele von ungerechten Folterungen und sagt: »selbst die Heilige Schrift verflucht und verabscheut ein derart blutiges Verfahren; unschuldig geflossenes Blut schreit vor Gott nach Rache[24].«

Polemischer Ausklang

J. H. Pott, Dr. der Philosphie und beider Rechte, Advokat aus Jena, verfaßt 1687 die Schrift *Von der Hexen schändlichem Beischlaf mit dem bösen Feind.* Von den Schriften gegen Thomasius ist vor allem der Traktat *Der verworfene Hexen- und Zauberadvokat* des Petrus Goldschmidt aus Sterup von Interesse[25]. Er bezeichnet sein Vorgehen als superkluge Phantasiegrillen und meint, daß er sich einem törichten Vorhaben gewidmet habe. Schon einige Jahre zuvor hat Goldschmidt einen zweifelhaften Ruf als Schriftsteller erworben, denn er verfaßt den *Höllischen Morpheus, welcher Kund wird, durch die geschehenen Erscheinungen der Gespenster- und Poltergeister* aus dem Jahre

Dubiose Verwendungmöglichkeiten von Weihwasser!

1458 Wird Vieh mit Weihwasser besprengt, damit es nicht von Wölfen gefressen wird und man bespritzt damit Pflanzen, damit sie von Krautwürmern verschont bleiben.

1508 (im Druck vollendet 1585). Abt Trithemius gibt zum Besten: »Besuche an Sonn- und Feiertagen die Heilige Messe und lasse Dich vom Priester mit Weihwasser besprengen. Nimm geweihtes Salz in den Mund, besprenge Dein Bett und Deinen Stall damit.«

1521 (um) Luther bezeichnet seine Verwendung als Götzendienst.

1536 verbietet eine Kölner Synode die abergläubische Verwendung von Weihwasser, Salz, Wachs und Kräutern zur Behandlung krankerTiere.

1548 Barbara Türnagel hat sich, dem Rat eines Wanderburschen folgend, an einem Viehzauber versucht. Ihre Kühe haben eine Euterkrankheit, was ihm aufgefallen ist. Er rät ihr, sich Weihwasser und Erde aus drei verschiedenen Gründen an einer Wegkreuzung zu holen und alles zu vermischen und es unter Anrufung der heiligen Dreifaltigkeit im Stall und Hof auszustreuen.

1580 bis 1583 (um) In der Region Werdenfels werden katholische Vorstellungen beachtet. Wir sehen es am Nachfüllen des Weihwassers bei Folterungen (bei denen Geistliche anwesend sind) und mit dem Speisen der Geschundenen gemischt werden.

1589 bis 1592 Der Hebamme Walburge Petenheitter wird im Zusammenhang mit den Schongauer Hexenprozessen die Ablehnung des Weihwassertrinkens vorgehalten.

1601 In Münster beschwichtigt man nach dem Rat des Pastors von Wolbek Gänse und wild davongelaufene Kühe mit Weihwasser.

1616 hat die Coburgische Regierung den Gebrauch von Taufwasser zur Erlangung eines Geständnisses als Aberglauben verboten. Einzelne sollen mit geweihten Wachskerzen gepeitscht worden sein.

1627 Im Würzburgischen hantiert man mit Weihwasser keinesfalls nur in Gotteshäusern, sondern versucht die Reumütigen mittels Einflößen von ihm und Verabreichung des Sakraments, zu einem Geständnis anzuhalten.

1627 In Münster (Westfalen) kann man den Pastor nur deshalb von einer Krankheit bewahren, da man einem Mädchen, das als Verursacherin angesehnen wird, »die Hände in Weihwasser gewaschen hat.«

1627 In Münster (Westfalen) besuchen der Bottmeister und Schließpförtner Marie Brüggers im Gefängnis und sehen den Teufel am Werke. »Dann habe er sie mit Weihwasser besprengt und ihr ein Kruzifix vorgehalten.« Kurz danach habe sie der Teufel, an ihrem Halse sitzend, erwürgt.«

1627 Beschließt ein Gericht in Alleshausen: »man soll fleißig Inquisition anstellen und fragen, ob diese (Anna Fischer) nicht im bösen Geschrei stehe, fleißig zur Kirche gehe, geweihte Sachen wie Weihwasser, Palmen, Mailichter und Agnus Dei gebraucht.«

1627 Steefenmächers Anna aus Ober Gartzen räumt ein: »sie habe eine Kuh verzaubert. Der Teufel habe sie jämmerlich zerschlagen, nachdem er bemerkt habe, daß sie das Tier unter Verwendung von Weihrauch, Segnen mit Weihwasser und Eingeben eines Stückes der Osterkerzen gerettet habe.«

17. Jh. In Osnabrück gehören zum Inventar der Folterkammer Weihwasser, Weihrauch und geweihte Kerzen. Öfters gibt man Delinquenten geweihtes Wasser zum Trinken oder peitscht sie mit in Weihwasser getauchten Ruten. Man besprengt Jammernde mit Weihwasser und umräuchert sie.

1627 wird Heinrich Lohmann inhaftiert. Besorgte Elten fragen den alten Wahrsager um Rat: »er läßt sich ein Licht geben, liest knieend das Evangelium des hl. Johannes aus einem Buch und vertreibt den Geist mit Weihrauch.«

1629 Hans Zoller aus Reichertshofen gesteht: »Er wäre viermal in Weinkeller gefahren, wo man getrunken habe. Man habe nicht aus allen Fässern trinken können, vor allem nicht, wenn ein Drudenfuß am Faß oder Weihwasser darin gewesen sei.«

1629 In Reichertshofen gesteht Barbara Kurzhalßin: »bei der Taufe habe der Teufel Wasser aus einer Zinnschüssel über sie gegossen. Sie habe Gott einen grausamen Mann geheißen und ausgespieen, wenn man ihn genannt habe. Auf die Bilder in der Kirche habe sie nichts gehalten, ebensowenig auf das Weihwasser.«

1640 Macht der Lutheraner Waldschmidt in einer Frankfurter Kirche Stimmung gegen die Katholizismus: »die Leute im Papsttum meinen, mit Weihwasserbesprengungen und geweihtem Salz, das sie in den Mund genommen haben, etwas gegen Zauberer und Hexen ausrichten zu können. Es hilft nichts.«

Fortsetzung auf der nächsten Seite

1642	Räumt eine Nonne ein: »wenn uns die Mönche jährlich das Weihwasser bringen, machen sie (damit) die tollsten Streiche.«
1669	(um) Bei einem französischen Giftmischerprozeß sagt die Voisin: »sie wisse nicht, ob das Herz und Blut der Taube mit Weihwasser gemischt wurde, aber es stimme, daß man es bei den Zeremonien verwendet hat.«
1683	Im Zusammenhang mit den Calwer Kinderhexenprozessen lassen besorgte Eltern ihre Sprößlinge von Kapuzinern mit Weihwasser einreiben.
1743	Räumt der Müller Josef Killimina ein: »Appolonia habe schrecklich auf ihn eingeschlagen, so daß er kimmerlich halbtotter nach Wernsee gekommen und erst über vieles Räuchern (Weihrauch?) im Haus des Gerichtsbeisitzers Johann Stanna zu sich gekommen sei.«
1743	Sagt Niklas Kreinez (Wernsee): »Der Unholde und Unholdinnen habe er sich erst zu wehren vermocht, als ihm sein Mitknecht Stefan Weihbrunn (Weihwasser) zum Trinken und Segnen gegeben habe.«
1724	(nach) In Hildesheim nimmt der Kanonikus Schmidt von St. Magdalenen eine geweihte Hostie in einem Seidenbeutelchen mit ... er besprengt im Verbund mit einer Krankenbeschwörung die Wände mit Weihwasser und segnet die Anwesenden mit dem Beutelchen.
1744	Simon Kugl trägt vor: »nach dem Weggang seiner Frau hätten ihn die anderen Weiber mit zusammengedrehten Gewandfetzen erst recht verpriglet, so daß er närrisch geworden sei. Erst als ihn der Knecht in das Haus von Johann Stanna geführt, ihm ein Kruzifix auferlegt und ihn geräuchert habe, wäre er nach halbstündiger Labung wieder zu sich gekommen.«

Darstellung einer Gerichtssitzung, Holzschnitt von Hans Burgkmaier (1472–1531).

1698.« Hier wettert er gegen die Ansichten des niederländischen Theologen Balthasar Bekker aus dessen *Bezauberte(n) Welt.*

Jacob Brunnemann steht bei Thomasius und veröffentlicht 1707 unter einem Pseudonym den *Diskurs von den betrüglichen Kennzeichen der Zauberei.* Der Rostocker Professor der Theologie und gleichzeitige Pfarrer Weidner widerlegt 1722 Brunnemann mit einer umfänglichen Ausarbeitung. Er vertritt die Auffassung: »daß der Teufel die Hexen durch die Luft führe und sich fleischlich mit ihnen vermischen kann.« 1727 weist Brunnemann die gegen ihn erhobenen Vorwürfe zurück.

1711 verwirft Petrus Tornovius die Luftfahrten und Zusammenkünfte der Hexen auf dem Blocksberg, die Buhlschaften mit dem Teufel und das Wettermachen. Ihm steht Nikolaus Putter entgegen, der 1698 mit der Schrift *Seiner Bekänntnis zu halten, daß sie aus schandlichem Beischlaf mit dem Teufel Kinder gezeugt.* Vergl. die Ausführungen zum Erzstift Bremen. Er ist rückständig.

Interessant ist die Schrift, weil sich hinter dem Pseudonym Johann Klein versteckt. Er ist Professor der Rostocker Universität und gleichzeitig Präsident des Mecklenburger Landgerichts. Er gibt seine Hexendissertation 1706 in erweiterter Form heraus. Klein plädiert für das Verbrennen der Hexen. Johann Weidner läßt es sich als Dekan der theologischen Fakultät nicht nehmen, 722 das rühmliche Verhalten Kleins vorzukehren.

Elias Camerarius sagt in der Vorrede seines Buches: »ein vornehmer Freund habe ihn aufgefordert, Herrn Thomasius »amice« zu weisen. Als er die lateinische Fassung der Disputation de *crimine Magicae* zu Gesicht bekam, fürchtete er, sie würde Thomasius zum Nachteil gereichen, weil ihm die Gelehrten das übel nehmen würden und weil sich Ungelehrte darüber äußern.

Im Grund genommen muß Camerarius zu den literarischen Gegnern gezählt werden, denn er argumentiert rückständig: »es ist möglich, daß der Teufel als geschwinder Geist den Samen des Menschen abstehlen oder den ausgegossenen colligieren (kann) ... um sich dessen zur Generation zu bedienen.« Er steht auf dem Niveau des *Hexenhammers* und betrachtet Thomasius als Versucher Christi?

Johann Gottlieb Heiniccius, Professor der Rechte aus Halle (gest. 1741) vertritt die Auffassung: »Zauberer, die durch Gemurmel und Zauberformeln Schaden angerichtet haben, werden mit dem Schwert gerichtet, aber die, die ausdrücklich ein Bündnis mit dem Teufel eingegangen sind, werden lebend verbrannt. Der Richter muß, wenn in irgendeiner, so gewiß in der von vielen Irrtümern verflochtenen Sache nicht so leichfertig sein[26].«

Sidonia von Borke als herzoglich pommerische Fürstenfrau.

Sein Kollege, Fr. Mantzel ist der Verfasser der Schrift *Ob wohl noch Hexenprozesse entstehen können* (Rostock 1738). Darin führt er aus: »die Hexen, die Gott verleugnen und mit dem Teufel einen Bund schließen, sollen nach dem göttlichen Ausspruch mit dem Tod bestraft werden.« Hier schließt sich die verhängnisvolle Lücke zwischen der Jurisprudenz und Theologie, obwohl es den Theologen viel früher zugestanden wäre, die unchristliche Folter zu bekämpfen.

Die Tatsache, daß noch heute in vielen Ländern gefoltert wird und die Kirchen bedeckt im Hintergrund bleiben, obwohl die Schergen sich teilweise als Christen ausgeben, (z. B. beim jüngsten Holocaust) beweist, wie fremd den Menschen die Gedanken der Toleranz sind. Dem Christentum ist es nicht gelungen, die Moral anzuheben. Das Gegenteil war der Fall; es hat den negativen Weg vorgezeichnet!

Mecklenburg/Pommern

Bedeutung erlangen die Spruchpraxis der Rostocker Universität, das Wirken des aus Tuttlingen (siehe dort) stammenden Rechtsgelehrten Gödelmann, unbegreiflich harte Folterpraktiken und ein Reskript der schwedischen Königin Christine vom 16. Februar 1649: »daß alle fernere Inquisition und Prozeß in diesem Hexenwesen eingestellt werde.« Pommern ist eine der ersten Provinzen Deutschlands, wo Hexenprozessen das Ende gemacht wird. Es zeichnet sich aber auch zu einer Zeit durch geistige Rückständigkeit aus, als das Hexenwesen zu Grabe getragen ist.

Im Schloß Ückermünde lebt ein Augustiner, der mit seiner Schwarzen Kunst »wohl schießen konnte« und, wie man sagt, etliche freie Schüsse gehabt. Als Markgraf Friedrich II. 1469 die Stadt belagerte, trat er den Märkern Schaden an und »schoß einmal dem Markgrafen den Tisch mit der Speise vor dem Maule weg, also daß er sich sehr darüber entsetzte.« Auch später kommen Geistliche ins Geschrei[1]. Es ist davon auszugehen, daß sich das Wüten gegen angebliche Hexen aus dem bestehenden Volksaberglauben kristallisiert und erst zögerlich beurteilt wird[2].

Im Dezember 1522 ist Herzog Ulrich darüber entrüstet, daß man ohne sein Wissen die 19jährige Magd Anna Miller gefoltert und hingerichtet hat, da sie sich zur Wahrsagerei bekannte. Es führt zu einer Anfrage der Juristischen Fakultät Greifswald. Es wird gesagt: »Der Herzog möge die Übertreter mit billiger Geldstrafe belegen.«

Volksmagische Praktiken

In Mecklenburg nehmen die Hausfrauen in der Johannisnacht die Wäsche von der Bleiche, Kindern wird beigebracht, das Brot nicht umgekehrt auf den Tisch zu legen. Dazu kommt das Stillen. Bei einigen Visitationen wird auf den Brauch des »Bötens« verwiesen[3]. Es gibt Segensprüche wider das Zahnweh und für das Herzspann (?), das man sich vor die Brust halten soll. Man legt Tieren die Hand auf und verfügt über Segen gegen Ungeziefer, man vertreibt Hühneraugen und Warzen. Man versteht sich auf das Suchtenbrechen.

Der Landeskatechismus aus dem Jahre 1717 erwähnt das Sieblaufen, Kristallsehen und Festmachen. Dazu kommt der Gebrauch der Erbschlüssels. Dann gibt es Garbenleger und Fliegenbanner; Leute geben vor, Schlösser aufblasen zu können. Es gibt das Käseschreiben und das Auge ausschmieden. Man deutet Fußabdrücke. Bei kranken Kindern breitet man am Freitagmorgen vor Sonnenaufgang und ehe die Glokken geläutet werden, beim Kirchhof eine Windel aus. Dann bespricht man das Vieh. Fast fühlt man sich in die Zeiten des »alten Roms« zurückversetzt!

Pastor Scheudius rät, ruchbaren Leuten nie zu gestatten, in Keller, Küchen oder Kammern zu gehen oder in Hauswinkel zu kriechen. Um sich gegen angebliche Hexen zu schützen, soll man den Anfang des Johannis-Evangeliums, auf einen Zettel geschrieben, am Halse tragen.« Die Geistlichen selbst sind vom Aberglauben befangen[4], dem einige Bürger kritisch gegenüberstehen. Dem Theologen Simon Pauli in Rostock werden Zettel auf die Kanzel gelegt: »er solle nicht gesund sein Haus wiedersehen, wenn er mit seinem Eifern nicht aufhöre.«

Dann gibt es die boshafte Zauberkunst, von deren Realität man überzeugt ist. Es sind die Wärhexen, Towerschen und Wettermacherinnen, wogegen es diverse Segen gibt. Es gibt den bösen Blick und das Anhauchen. Sie vergiften die Weide und streuen Pestpulver auf den Weg. Dazu kommen Zaubertränke und hier ist die Nahtstelle zum *Hexenwahn.*

Das *Rügensche Landrecht,* das um 1530 von Matthäus von Norman abgefaßt wird, enthält eine dem Schwabenspiegel ähnliche Bestimmung: »it is in allen rechten, wo ock oldinges also geholden, dat men bekande töverschen gebrant heft.«

Der Schwarzkünstler Jacob Merßmann in Anklam (1546–49) besitzt ein Zauberbuch. »Es war »ziemlich groß und alles Greuels und Gotteslästerung voll, aber von guten ziemlichem Latein.« Schon meinen Abergläubische, »wenn man es aufschlage, flögen so viele Teufel heraus, daß man ihrer nicht (mehr) sehen könne,« was Augenzeugen bestätigen.

Nach Cosmus von Simmer hat eine Hexe in Järshagen eine sprechende Elster, mit deren Hilfe sie Diebstähle aufklärt und die Zukunft prophezeit. Sie wird im Rügenwalder Schloß vor das peinliche Gericht gestellt. Die wegen Hexerei angeklagte Dorothea Schwartz in Muddelnow (Krs. Greiffenberg) behält beim Abendmahl die Hostie im Mund und gebraucht sie später als Heilmittel beim Zahnweh und legt sie Gänsen ins Trinkwasser, daß die »guet däg« (gutes Gedeihen) haben sollen.

Derartige Gerüchte verbreiten sich rasch und gelangen zur Obrigkeit. Gutachten werden wahlweise bei den juristischen Fakultäten Greifswald, Rostock und Frankfurt (O.) und seit der Wende zum 17. Jahrhundert an den Schöppenstühlen Stettin, Stargard und Magdeburg eingeholt.

Die Verfolgungen erreichen ihren Höhepunkt in den Prozessen gegen Elisabeth von Dobschütz und Sidonia von Borck(e) im August 1620. In der zweiten Hälfte des 17. Jahrhunderts flammen neue Brände auf und halten sich bis in die ersten Jahrzehnte des folgenden. Eine negative Variante erhält das pommersche Hexenwesen durch uns heute unbegreiflich scharfe

Foltermethoden

Auf einer Tafel des Usedomer Klappaltars hat sich ein seltener Folterbeleg erhalten: Die Geißelung Christi in einer Folterkammer. Hier wird die Elevation (Aufziehen) gezeigt, eine Variante, die in gängigen Hexenprozessen häufig ist.

Für die Region haben sich zwei frühe Belege erhalten. Der Stralsunder Bürgermeister Otto Roge läßt 1453 den rügenschen Landvogt Raven von Barnekow und den Bürger Matthais Darne auf die Folter spannen. 1527 wird in Stettin ein Glöckner, der Brandbriefe angeschlagen haben soll, durch das Einflößen heißer Heringslake tot gefoltert. Beide Belege stehen in keinem Zusammenhang mit dem Hexenwesen.

Die Aussage der Gefolterten wird kritisch bewertet: die Anwendung der Folter setzt nach Meinung der Universität »vielfeltig gravierende indicia« voraus. Ein Zeuge reiche dafür nicht: »es wäre denn, daß auch durch das gemeine Geschrey oder andere und mehr Vermutungen wider die vielangezogene Persohn vorhanden.« Sind Verdachtsmomente schwerwiegend, wird auf die Folter erkannt »ziemlicher maßen, ohne Zerbrechung der Glieder.« Willkürlichkeiten lassen sich nicht ausklammern. Die Möller soll gesagt haben: »man möge sie den Weg gehen lassen, den sie gehen wolle; es sei ein Elend, daß, wer gerne sterben wolle, es nicht könne.«

Eine alte Bettlerin sagt unter der Folter: »daß sie dem Tode nicht entlauffen wolle, den sie mit ihren Sünden wohl verdient und fragete nach ihrem Leben nicht mehr, denn sie hatte ihr Lebtags nicht viel gute Tage gehabt.«

Nicht immer greifen fakultative Empfehlungen. Es verdeutlicht ein 1574 geführter Prozeß in Krivitz. Hier hat sich die Fakultät bei drei Beklagten gegen die Anwendung der Folter ausgesprochen, aber der zuständige Landrichter hat sie mehrfach und hart angewendet. Die Fakultät begnügt sich damit, die Überschreitung zu rügen. Eine Verwilderung in der Rechtspflege zeigt sich vor allem bei kleineren Landstädten und -gerichten.

Die Frau des Stargarder Bürgers Reinicke wird in Stettin so furchtbar gefoltert, daß sie trotzt der sorgsamen Behandlung durch zwei Wundärzte noch nach Verlauf eines Jahres »dermaßen an ihren Gliedern verletzt und verdorben (war), daß sie von daran auch nicht mechtig gewesen, aus eigener Macht von ihrem Lager aufzustehen, auch nicht einen Arm, viel weniger eine Hand zu ihrem Munde zu bringen, sondern es muß ihr alles, was sie isset und trinket, von andern zum Munde geführt werden.«

Während der Regierungszeit des schwachen, vom Trübsinn geplagten Herzog Johann (1585–92) kommt es zu einigen Exzessen. Kanzler Husan, Vertrauter der Herzöge Johann Albrecht I. und Ulrich, sagt des öfteren: »man müsse sorgsam nach genügenden Anzeigen zum peinlichen Verfahren, besonders aber zur Marter forschen, man müsse (in Hexenprozessen) die Weiber nicht wie Hunde halten.« Es sei viel leichter, schreibt er 1572 Herzog Ulrich, Menschen hinzurichten, als das Urteil zu rechtfertigen: »kaum gewissenhaft genug könne man bei der Anwendung der Folter sein.«

In einem herzoglichen Befehl an den Rat der Stadt Sternberg vom 27. März 1572 sagt er: »Der Rat habe ein armes altes Weib ohne genügsame Anzeigen foltern lassen, bis es, ohne schuldig zu sein, elend dahingestorben. Wann niemand unverhörter Sachen und ohne zu Recht erhebliche Anzeigen peinlich zu befragen sei, so ein unchristliches Verfahren könne nicht gestattet werden und ungestraft bleiben, soll der Rat bei schwerer Strafe sofort über den Vorgang beweislich berichten.«

In einem Prozeß vom Jahre 1618 wird die Frau des Bauern Peter Bugdahn aus Rißnow unmenschlich gefoltert, indem ihr die Zähne ausgebrochen, Lippen und Brüste abgerissen und ihr Körper an vielen Stellen gebrannt wird. Aus einer Verfügung ist bekannt: »sie entblöste ihre beiden Hände und Arme, welche ihr durch die Schnürbänder erbärmlich zugerichtet, also daß die Narben, insonderheit am rechten Arm, ohne Entsetzen nicht

Sodonia v. Borke am Tage ihrer Hinrichtung.

anzusehen, wobei sie berichtet, daß der Scharfrichter mit seinen Knechten sie vom Abend bis an den Morgen grausam gemartert, also daß ihr am rechten Arm die Adern zerschnitten und derselbe bis auf die Knochen verwundet sei, und weil sie daran noch nicht wieder geheilet, hätten sich die Maden darein gesetzt, wodurch sie mehr als Todesschmerzen ausgestanden.«

Hier soll man nicht in der Frühe, wie es Regel war – sondern abends ab zehn Uhr gefoltert haben. Es gibt einen Peinkittel, ein ärmelloses, aus grober Leinwand gefertigtes Hemd. Das sonst als »gespickter Hase« bekannte Marterinstrument wird (in Barth) als »Schweinebraten« bezeichnet und beschrieben als ein hölzerner, mit großen spitzen Knoten versehener Klotz, der auf einer Leiter befestigt wird und sich um eine Achse dreht; wenn die Betroffenen hin- und hergezogen werden, drücken sich die Knorren in ihren Rücken. Dann gibt es (!) die

Pommersche Mütze

oder Haube (plattdeutsch: Huwe). Sie besteht aus einem eisernen Ring, der den Angeklagten um den Schädel gelegt und zugeschraubt wird. Oder es ist ein mit Knoten und eisernen Gliedern versehener Strick, der um den Kopf zusammengepreßt und -gedreht wird. Als die Kaiserlichen während des 30jährigen Krieges (1627–30) auf Rügen im Quartier liegen, wenden sie diese Folter beim Präpositus Alexander Runge aus Gingst an, als »er ihre geldhungrige Begierde nicht mehr zu stillen vermochte, bis ihm die Augen aus dem Kopf zu stehen begunten.«

Elisabeth von Dobschütz

Um 1575 wandert der schlesische Edelmann Melchior von Dobschütz in Pommern ein. Er erwirbt sich die Gunst des Stettiner Herzogs Johann Friedrich, wo er es bis zum Jägermeister auf dem Jagdschloß Ihneburg bei Altdamm bringt. Seine privilegierte Position verschafft ihm den Neid des Günstlings Peter von Kamecke, was zu dessen Entlassung führt. Dobschütz wird 1590 Hauptmann auf einem Ordensschloß der Johanniter in der Nähe von Crossen.

Seine Frau ist vom gängigen Aberglauben durchdrungen, zumal zwischen 1585–91 regionale Hexenverfolgungen einen Höhepunkt erreichen. Sie wird von mehreren besagt. Am 30. Juni 1591 erpreßt man aus der Klotzischen:

- Daß Elisabeth von Dobschütz Braukufen und Backöfen durch Pulver verzaubert hat.
- Zudem habe sie dem Herzog Witz und Sinne benehmen und ihn zu ihren Gunsten (um)stimmen können, daß sie der Herzogin einen Trank eingegeben habe, um sie unfruchtbar zu machen,
- Daß sie dem Peter Kamecke giftige Güsse verabreicht und dem Herzog die Jagd verdorben.

Herzog Johann Friedrich schenkt den Aussagen glauben. Er erwirkt vom Kurfürst Johann Georg von Brandenburg und dem Verweser des Johanniterordens in Jülich, Graf v. Regenstein, Steckbrief und Haftbefehl und so läßt er die Dobschütz durch seinen Stifthauptmann in Marienfließ, Joachim Barchow, verhaften. Sie wird ins Neustettiner Schloß gebracht, obwohl sie schwanger ist.

Bei einer Konfrontation mit der Besagerin streitet sie alle wesentlichen Punkte ab. Jetzt werden an die 100 Zeugen vernommen. Teilweise unter Eid und der Macht der Folter bezeugen sie Aberwitzigkeiten, die die Zukunft der Dobschütz verdüstern. Der Beutlergeselle Meurer aus Polnisch-Friedland wird in das Verfahren gezogen, da man ihm vorwirft, er habe in ihrem Auftrag die Güsse nach Stettin

Sidonia von Borck(e), die wohl berühmteste pommersche Hexe; man hat sie am 19. August 1620 auf dem Rabenstein bei Stettin verbrannt. →

zum herzoglichen Hof gebracht. Er wird gefoltert und bekennt. Die Schöffengerichte in Stettin und Magdeburg verhängen Anfang November ein Todesurteil über ihn.

Die Dobschütz wird nach Stettin gebracht, weil der Herzog die Leitung des Prozesses in die Hand nehmen möchte. Sie wird im Rittersaal des fürstlichen Schlosses gefoltert, widerruft und sagt: »was man von ihr verlange, das sie sagen solle.« Die Folter bricht ihren Willen, sie bezichtigt sich der widerwärtigsten Dinge und meint: »sie habe es aus Schmerz getan, nichts anderes erdenken können, es thäte ihr sehr wehe.« Der Herzog und seine Frau drängen auf eine Verschärfung der Qualen. Am Folgetag fällt der Stettiner Schöppenstuhl das Urteil: »daß sie mit vorhergehenden zweien Zangen gerissen, mit dem Feuer vom Leben zum Tode zu bringen und die von ihr bezichtigten Personen einzuziehen und zu inquirieren seien.«

Die Akten werden der Rostocker Juristenfakultät geschickt. Dann verlieren sich die Quellen. Es ist davon auszugehen, daß man sie und Meurer verbrannt hat. Der Prozeß ist in gewisser Weise der intelektuelle Vorläufer von dem gegen

Sidonia von Borck(e)[5]

geführten, dem berühmtesten der Region. Es handelt sich um ein älteres Stiftsfräulein vom Kloster Marienfließ, bzw. um die daraus abgeleitete Klosterhexe. Ihre Geschichte ist sagenumwoben[6] und deren Jugendjahre sind wenig erschlossen. Sie stammt aus dem Adelsgeschlecht der Borcken und ist eine Tochter Ottos von Borcke auf Stramehl bei Regenwalde. Sie soll sich durch außergewöhnliche Schönheit und intelektuelle Einfalt ausgezeichnet haben. Ihre gestörte Psyche gibt Anlaß zu Gerüchten. In ihrer Vorstellung eine Fürstin sein zu wollen, geht sie unstandesgemäße Liebschaften ein, deren Lösungen unangenehm und teuer sind.

1604 wird sie im Alter von 57 Jahren im Stift aufgenommen und gelangt in die Position einer Unterpriorin. Sie hat eine Parallele zu der später in Kloster Zell bei Würzburg hingerichteten Maria Renate Singer aus Mossau. Durch ihr zänkisches Wesen eckt sie an und schon nennt sie der Klosterhauptmann Johann von Hechthausen in einem Bericht »Klosterteufel, unruhiges Mensch und Schlange.« Sie soll noch als 60jährige mit einer Axt das Klostertor zertrümmert haben, um freien Ausgang zu erlangen. Immer mehr sagt man ihr zänkische Boshaftigkeit, Fluchen und Ungehorsam nach.

Als unvermutet der Klosterhauptmann, Joachim von Wedel und die Priorin, Margarete von Petersdorf, sterben, erkennt man in ihr die Schuldige, zumal sie sich der Strafe an ihren Widersachern rühmt. Daraufhin wird ihr Vetter Jost von Borck Klosterrevisor. Dann stirbt Herzog Philipp I. im Februar 1618. Sidonia zeigt sich darüber befriedigt und es gibt ihrem Leben eine gefährliche Wendung.

Sein Nachfolger Franz ist von der Schuld des Klosterfräuleins überzeugt und zeigt sich entschlossen, ihrem Treiben ein Ende zu bereiten, denn sie rühmt sich ihrer todbringenden Gebete. Der Klosterpfarrer David Lüdicke, der ihr wegen ihrer Absonderlichkeiten das Abendmahl verweigert, soll viel Wochen die »kramp« gehabt, sich endlich gelegt haben und fünf Tage darauf unter sonderbaren Erscheinungen gestorben sein.« Zudem soll sie den Klosterpförtner und Bäcker Matthias Winterfeld »totgebetet« haben.

Ende Juli 1619 findet in Marienfließ eine Besprechung statt, in der ihre Untaten zusammengefaßt werden. Sidonia hat gegen drei Schwestern Beleidigungsklagen gestellt. Jost v. Borck, der den Vorsitz führt, läßt daraufhin die »dicke Wolde Albrechts« ein altes, verlogenes und verkommenes Weib, die man der Hexerei beschuldigt hat, festnehmen und fragen, ob sie mit Sidonia in Verbindung gestanden hat; so gelangt sie in den Geruch der Hexerei, zumal sie die Wolde unter den Qualen der Folter besagt.

- Sie und Sidonia hätten je einen Teufel, mit denen sie dem Klosterpfarrer und dem Pförtner das Genick gebrochen haben.

Jetzt beschließt der Stettiner Schöppenstuhl die Hinrichtung der Albrechts, die am 8. Oktober 1619 am Teufelsee bei Marienfließ verbrannt wird. Sidonia wird aus dem Kloster nach Stettin gebracht und in der verfallenen Oderburg inhaftiert. Der Fiskal trägt 40 Anklagepunkte zusammen; dann werden sie auf 72 gesteigert und sie hat keine Chance, sich zu rechtfertigen. 27 Zeugen werden aufgeboten. Dann versucht ihr Verteidiger, sie von 132 Anklagepunkten zu befreien. Er ist von ihrer Unschuld überzeugt und weist auf die natürlichen Todesursachen der Opfer, was von Ärzten bestätigt wird. Als die Angeklagte ein reuevolles Schuldbekenntnis ablegt, trösten sie die Geistlichen Stettins und reichen ihr das heilige Sakrament.

Der Verteidiger wettert gegen den Kläger und muß sich von ihm sagen lassen: »er sei ein unbeschliffener Supplikationsschmied, Schreiber und Schneidersohn, der ehrlichen

Marienfliess im Jahre 1612.

Teilbekenntnisse der Rostocker Hexe (?) Gerstin Brandes*)

- Sie habe das Zaubern vor etwa 19 Jahren in Schönefelds Keller von einem alten Weib gelernt. Alle Jahre auf St. Wolbrachts (Walpurgis-Abend) habe sie der Satan auf einem Besen geführt. Auf dem Berg sei ein großer Teich gewesen, worin sich Karautschen befanden. Das Essen habe der Böse aufgetragen. Der Teufel habe ihr gesagt: »du sollst dieses Jahr brennen«, worauf er sie in den Keller gebracht und gesagt: »du sollst jetzt die Meinige sein.«
- Bekennt, daß sie den Satan auf den Donnerstag gebadet und das Wasser dazu gefüllt habe in des Teufels Namen gegen den Strom. Sie habe solches in des Teufels Namen in den Kessel gegossen.
- Bekennt: »daß ihr der Satan Schlangen, Poggen und Nattern gebracht, welche sie in dem Wasser, darin sie den Teufel gebadet, in dessen Namen zu Mus gesotten habe.«
- Weil sie der Martin Krons einmal, als sie gebettelt, zu ihr gesagt habe, sie würde für eine alte Hur und Zaubersche gescholten, habe sie einen Pott vor seine Tür gegossen, damit er sterben solle.
- Bekennt: »daß unter den Armen viel böse Weiber wären, die den Tod auch wohl verdient, denn sie hätten so viel Böses gethan als sie, auch gingen welche dazwischen, die genug hätten, daß sie nicht betteln dürften.«
- Sie habe auf Befehl des Satans vor Claus Beselins Tür einen Pott ausgegossen in des Teufels Namen, »daß er verquinen möge.«
- Bekennt: »daß der Satan ihr habe wollen den Hals entzwei brechen in der Fronerei, darum daß sie ihn verlassen wollen, aber er hätte ihr einen Kneip in den linken Arm gegeben.«

*) Sie wird am 7. August 1584 verbrannt.

Hexenprozesse und Zaubereien in Pommern vom 16.–18. Jahrhundert*)

1501	(?) In der 1548 abgefaßten Stralsundischen Chronik des Johann Berckmann wird gesagt: »Anno 1501 donworth thom Sunde vorbrandt de belkesche; eine schware historia hirup.« Es könnte ein Hinweis auf das beginnende Hexenbrennen sein.
1520	(1. Juni) Herzog Bogislaw X. nimmt die Frau von Hans Moller aus Moratz unter Schutz »von wegen der bokanntnisse, so de towe, de gebrandt wurd, up se bokant.« Er verleiht ihr das Recht, vom herzoglichen Hofgericht verurteilt zu werden.
1538	Wird in Schlawe ein Zauberei (?) prozeß gegen Frauen geführt. Die gefolterte Hesse gesteht: »Sie habe es vor vier Jahren dem Peter Woygen angetan, daß er tollerweise laufen müssen und nicht stille stehen könne, indem sie ihm Erde von dem Grab des ertrunkenen Scharfrichtersohnes, vermengt mit Totenknochen, Dordillen-Saat (Fingerkraut) und Salz, auch von ihren heimlichen Haaren ... in die Schuhe gegossen habe.«
1558	werden nach dem Tagebuch von Nikolaus Gentzkow in Stralsund drei Frauen und ein Mann verbrannt. Darunter befindet sich eine Wolbrecht Vossus[7)].
1560	In Stralsund tritt eine weiße Jungfrau in Erscheinung und
1577	verursacht eine besessene Agne (Agneta daemonicae) Aufregung; sie soll über fünf Teufel verfügt haben.
1592	In Stettin gerät Elisabeth von Dobschütz in den Verdacht der Zauberei.
1602	(20. Juli) Wird die Zauberin Trine Runge, das Teufelsgespenst, in Stettin verbrannt.
1619	Räumt de Wolde Albrechts ein: »ein Bauernweib habe viel Hexerei getrieben und den Leuten in den Bregen gegossen.«
1620	Im August endet der Hexenprozeß gegen Sidonia von Borck(e). 1645 Nach einem Hexenprozeß in Barthel zaubert eine Hexe mit einem Katzenkopf, in den sie Bohnen gepflanzt hat.
1648	Schneidet der Junge des Turmwächters an der Stettiner Marienkirche etwas Holz von dem auf dem Altar stehenden Kruzifix, um es an eine Hexe zu verkaufen. Als er kurz danach vom Blitz erschlagen wird, sieht man einen Fingerzeig Gottes.
1680	Michael Schulz aus Raddack besagt seine Mutter der Hexerei. Er hat ihr sein Vieh im Stall gezeigt, das am folgenden Morgen verendet.
1701	Nach einem Stolper Prozeß bekommt die Angeklagte von einer Zigeunerin eine Wurzel, die sie in den Rinnstein wirft und sagt: »Es ist doch nur eine Hexenwurzel.«
1789	bis 1790 (um) im Kreis Bütow wird von einigen verrückten Weibspersonen gesprochen, »welche die Augen gewaltig verdrehen, mit Fäusten um sich schlagen und unsinniges Zeug sprechen.« Nach ihrem Verhalten werden sie als Hexen eingestuft. »so als wären sie vom Teufel besessen.«
1835	(?) Wird bei einer Frau in Klein-Masowitz die Hexenprobe des Schwemmens vorgenommen und
1836	wird eine Frau in Grimmen wegen angeblicher Hexerei zur Anzeige gebracht.

*) Zusammengestellt nach Haas, A.: Über das pommersche Hexenwesen. 1896.

Leuten die Schuhe schmieren und verdient habe, in die Schule geführt und mit Ruten gestrichen zu werden.«

Der Magdeburger Schöppenstuhl entscheidet sich für die Vornahme der Folter bei Sidonia, um die Wahrheit ans Licht zu bringen. Man soll sie fragen: »ob sie zaubern könne und durch wen sie ihren Teufelsbuhlen bekommen, ob sie den Pastor, den Herzog Philipp, den Pförtner, die Priorin, Joachim v. Wedel und den Otto Borck durch Zauberkünste getötet, andere, wie den Klosterhauptmann, übel zugerichtet und sonstige Untaten begangen habe.«

Am 28. Juli 1620, sie ist über 70 Jahre alt, beteuert sie ihre Unschuld vor Gott: »man dürfe sie nicht peinigen, wenn sie nur gebetet habe.« Dann sagt sie, sie wolle lieber Selbstmord begehen, als sich foltern zu lassen.« Sie wird unbarmherzig angegriffen, auf die Leiter gespannt und ihr die Spanischen Stiefel angelegt. So bricht ihr Wille und sie gesteht das Gewünschte:

- Ein altes Bauernweib sei ihre Lehrmeisterin in der Zauberkunst gewesen.
- Mit Mercurium in einer »Kanne Bier« habe sie Quecksilbervergiftungen verursacht und wäre mit dem Teufel umgegangen.
- Sie bitte darum, mit ihrer Magd das Testament zu besprechen. Dann wolle sie sich unter dem Beistand eines Pastors auf ihr Ende vorbereiten.

Sie bleibt drei Wochen im schmutzigen Kerker. Die Episode ihres Lebens ist von Sagen durchwoben. Am 19. August 1620 wird das Todesurteil vollzogen. In Rücksicht auf ihre vornehme Herkunft wird sie auf dem Rabenstein bei Stettin enthauptet und verbrannt.

Rostock

Bis in die erste Hälfte des 16. Jahrhunderts sind Nachrichten über Hexenprozesse aus dem Raum spärlich. Für Rostock lassen sich 16 ausmachen. Unter ihnen befindet sich eine Warnemünderin, die mit teuflischer Hilfe sagen kann, ob die auf der See fahrenden lebendig oder tot sind.

- Sie hat mit Badewasser einen Sturm entfacht und ein Schiff genannt, dem das Brausen gelten solle.
- Auch habe sie einmal sämtliche Fische von Warnemünde weggehen lassen. »Dann sei Satan als Ziegenbock zu ihr gekommen, und als eine Quadpogge (?) hat sie ihn in ein Boot gesetzt, daraus er mit der Pfote oben auf dem Wasser gehuppert. Dann habe er die Fische wieder kommen lassen.«

Vor allem in der Region begegnet uns immer wieder der Zaubertrunk »Göth oder Pott[8)].« Für 1532 ist die Verbrennung eines Hans Schönebeck dokumentiert. Er hat auf das Ansinnen eines katholischen Geistlichen in »aller duvel namen« Erde von einem frischen Grab genommen und sie heimlich vor den Türen evangelischer Prediger, darunter des Rostocker Reformators Joachim Slüter, ausgestreut; »als wolle er auf diese Weise die Ausbreitung der Reformation hemmen.«

1543 wird Anneke Ratken für schuldig befunden, im Namen von 1000 Teufeln einen Zaubertrunk gebraut und ihn mehreren Personen, mit denen sie im Streit lebte, vor die Tür gegossen zu haben; eine Frau aus Bützow habe sie die Kunst gelehrt. Sie wird zum Tod durch Feuer verurteilt. Ein weiteres Verbrennungsurteil aus dem gleichen Jahr trifft Klaus Lukow. 1545 findet ein Hexenprozeß gegen Anna Gerdes statt.

1556 ist ein Verfahren wegen Zauberei anhängig. Die Köchin Katharina Witt gesteht, auf Weisung ihres Dienstherrn Jacob Fiedendorp einen Zaubertrunk bereitet zu haben, um einem Widersacher Unheil anzufügen; sie wird der Stadt verwiesen. 1568 folgt die Verurteilung Tilske Thilliknechts wegen schadenstiftender Zauberei. Jetzt häufen sich die Prozesse.

Im kommenden Jahr verurteilt man Trine Bleken und den Schäfermeister Paul Kröger. Er hat unter dem Druck der Folter gestanden, Menschen und Vieh umgebracht zu haben. Der Teufel »Hans Bösegeist« will ihm geholfen haben. Er muß ihm im Gegenzug seine Seele verschreiben. Der Schäfer wird am 13. Oktober verbrannt und bringt zuvor

Plonje Krüger

in Schwierigkeiten. Sie bespricht Vieh und Menschen, wahrsagt aus der Hand und spezialisiert sich darauf, mit magischen Mitteln gestohlene Gegenstände zu beschaffen. Eine Frau sagt: »Plonje Krüger habe ihr weisgemacht, in ihrem Haus sei Geld vergraben und ihr angeboten, das Versteck binnen vier Tagen zu entdecken.« Weil nichts gefunden worden ist, verspricht ihr die Betrügerin als Lohn einen Bräutigam mit einem roten Bart. Sie wird beschuldigt, ein Jahr zuvor zauberische Dinge getan zu haben; so habe sie bei der Stadt Sülze Wasser gegen den Strom geschöpft und es kreuzweise über den Damm gesprengt: »wodurch zahlreiches Vieh, das darüber getrieben wurde, umgekommen.« Am 22. November verbrennt man die Angeklagte auf dem Neuen Markt von Rostock.

1574 kommt eine Frau die »gebötet« hat, vor Gericht. Sie wird in die Frohnerei gesteckt, mit Ruten gestrichen und des Landes verwiesen, aber zwei Jahre später begnadigt. Dann werden Prozesse gegen Margareta Gudow und Anna Lüneberger geführt, die wegen Zauberei »ins Feuer geworfen« werden. Sie gestehen unter dem Druck der Folter:

- Margareta sei in der Walpurgisnacht mit ihrem Buhlen »Chimmek« zum Blockbergsfest gefahren. Man tafelte an langen Tischen und trank Ratsbier. Teufel in roter Kleidung bedienten die Gäste und spielten auf.
- Nach einem satanischen Tanz bringt sie der Teufel auf einem Besen nachhause und setzt sie vor ihrem Keller ab.
- Anna sagt: »der Teufel habe sie angewiesen, zum Sakrament zu gehen und Gottes

Teilbekenntnisse des 20jährigen Kersten Sasse aus Rostock*)

- Er habe aus einem Buch acht Stücke abgeschrieben und darunter, was man gebrauchen solle, um sich unsichtbar zu machen.
- Dazu solle man einen jungen Raben aus dem Nest nehmen und ihn an einem roten seidenen Faden wieder über das Nest hängen, dann käme der alte Rabe und holte einen Stein aus dem Meere und stecke denselben dem jungen in den Mund ... wenn man diesen Stein bekomme, wäre man unsichtbar.
- Wenn man des Morgens der ersten Schwalbe, die zuerst die Speise brächte, den Kopf abschneide, fände man darin einen Stein. Würde man ihn in Gold fassen, sprängen die Schlösser auf.
- Wenn man die (Feuer) büchsen besprechen will, muß man sagen: »ich bespreche die Büchse mit Kraut und Loth im Namen Jesu Christi mit seinen fünf Wunden roth, daß er nicht eher los gehest, bis die Mutter Jesu ihren anderen Sohn gebäret.«
- Wer einen Wiedehopfen Kopf bei sich trage, werde im Handel und Wandel nicht betrogen.
- Satan wäre in Hundegestalt mit ihm zur Kirche gegangen.

*) Er wird am 13. April 1586 verbrannt.

Wort zu hören ... damit es die Leute nicht merken, das sie böse kunde.«

Im Folgejahr wird ein Gewaltverbrecher verhört und mit dem Rad bestraft. Seine Frau, Grete Amts aus Wustrow, bekennt sich unter den Qualen der Folter der Zauberei als schuldig. Sie wird verbrannt. Ihre Tochter gesteht, daß sie mit dem Teufel Hurerei getrieben habe. Sie wird gepeitscht und des Landes verwiesen; sie muß der Hinrichtung ihrer Eltern beiwohnen.

1582 finden zwei Prozesse statt. Anneke Gans muß wegen verdächtiger Heilpraktiken die Stadt verlassen und die andere wird verbrannt. 1583 wird Clawes Krüger wegen Diebstahl verhört und der Folter unterzogen. Im Laufe seines wohl (?) Landstreicherdaseins hat er mehrfach Beziehungen zu wohl (?) älteren Frauen. Von einer will er das Zaubern erlernt haben. Sie hat ihm ein Stück Geld gegeben, das sich, da er einmal aus Unvorsichtigkeit den Namen Gottes ausgerufen hat, in Kot verwandelt. Daraufhin habe ihn der Teufel erbärmlich »zerschlagen«. Clawes räumt er: »er könne Vieh nach seiner Wahl schädigen oder heilen.« Er wird zum Tod durch das Feuer verurteilt.

Im Sommer 1584 steht Anneka Quisen vor Gericht. Sie gibt im gütlichen Verhör zu, gebötet zu haben und sagt unter der Folter:

- Der Teufel, den ihr die »Ole Schmedersche« zugewiesen habe, sei ihr als schwarzer Hund und später als Landsknecht erschienen.
- Ihm habe sie ihr Leib und Seele zum Gottespfennig gegeben ... sie habe in die 13. Jahr beim Satan gelegen und mit ihm gebuhlet, auch mit ihm zu schaffen gehabt. Wenn er seine Schande getan, so wer er davon geflogen und ihr nichts gegeben.
- Sie haben ihren Nachbarn Andreas Moller und einen Barbier durch den üblichen Göth vor deren Türen verzaubert, worauf beide erkrankt sind. Anneke wird mit Margarete Benzin am 10. Juli 1584 verbrannt. Dann prozessiert man gegen eine Bettlerin, die man bereits einmal wegen Bötens aus der Stadt gejagt hat. Sie räumt ein:
- mit dem Teufel »in einer Mulde« gebadet zu haben; er habe Kuhfüsse besessen und sich eiskalt angefühlt.

Das Badewasser will sie später mit Zugaben als Göth verwendet haben. Sie wird mit Dorothea Bremer, Anneke Schrapkow und Keersten Brandels verbrannt. Inzwischen wettert der Superintendent Pauli von der Kanzel gegen das Unwesen der Zauberei. Nach Westphal werden in Mecklenburg Diener des Göttlichen Worts verbrannt, weil sie von Hexen angegeben worden sind. Die Verdächtigen kommen in die Hechte (Kerker) und zum Foltern in den Keller des Rathauses.

Die nächste Verbrennung findet am 14. August des gleichen Jahres statt und betrifft Margarete Detlow, Kathrin Dauentin und Grete Jessen. Eine Anne Wessels muß ihrer Hinrichtung beiwohnen, wird gestäupt und aus der Stadt gejagt. Als der Kuhhirte von Warnemünde, Thies Lindemann, wegen der Verzauberung des Viehs gefoltert wird, gibt er an, er habe beim Blocksbergfest seine Nachbarin erkannt, die die (verbrannte) Grete Jesen als Hexe besagt hat. Sie wird eingezogen, gefoltert und gesteht:

- Zum Walpurgisfest kamen 200–300 Tänzerinnen und Tänzer, unter ihnen adelige Frauen.
- Darauf habe der Teufel gerufen: »Haltet uff, ich behalte dies jahr nicht mehr als eine alte hur im stricke, und wenn man alle brennen sulle, kunte man mit der ganzen Rostokker Heide nicht auskommen.« Darauf wäre das Essen aufgetragen worden.
- Durch das Ausschütten ihrer »Göth« in die See habe sie Schiffs- und Fangverluste verursacht.

Mit Thies und Heseke werden am 28. August zwei ältere Bettlerinnen, Anneka Mettlingen und die blinde Trian, auf dem Glatten Aal verbrannt. Zu den nächsten Opfern gehört die Witwe Bouwen. Sie bekennt unter der Folter: »daß der Teufel seit Jahren jede Nacht bei ihr zugebracht habe, ja der Erzeuger ihrer Kinder sei.« Vom Blocksberg berichtet Elseke Schulte, die zum gleichen Zeitpunkt inhaftiert ist, daß Teufel und Zauberer beiderlei Geschlechts unter einem großen Dornbusch ihr Gelage abgehalten haben. Man aß Ochsen- und Schweinefleisch und trank Rostocker Bier, wobei Sackpfeifer musizierten. Der Teufel führt den Reigen mit seinem Eheweib an, das eine goldene Schürze hat.

Von einer alten Bettlerin berichtet das Protokoll, der Teufel habe ihr seinen letzten Lohn erwiesen und sie so stinken lassen, daß man es in ihrer Nähe nicht habe aushalten können, sondern davon krank geworden sei.

Dann bringt man die alte Anneka Schwartten, die nur auf Krücken gehen kann und Anneke Tengels zum Verhör. Die Letztgenannte soll eine Kupplerin gewesen sein, die Zaubermittel verwendet hat. Auf diese Weise wolle sie Liebesbande knüpfen, bzw. bestehende Beziehungen oder -verhältnisse im Sinn ihrer Auftraggeber stören. Auch will sie Meister Hans, dem Ratsbarbier, aus Rache seine Potenz geraubt haben. Dem Gerichtsschreiber habe sie einen Zauberguß vor die Tür geschüttet, »worauf seine Frau darüber gegangen und verstorben.« Diese fünf Frauen müssen am 18. September den Scheiterhaufen besteigen, den man auf den Glatten Aal errichtet hat.

Die Verfolgungswelle des Jahres 1587 hat 17 Frauen und einem Mann des Leben gekostet; fast alle stammen aus den unteren Schichten der Bevölkerung. Der Pastor Freudesius sagt: »daß es Hexerei in allen Ständen gab. Ich könnte solche unterschiedliche nennen, die ich in Klöstern, Dörfern, Schlössern und Städten gefunden. Weil aber etliche nicht vielen bekannt sind, etliche auch noch leben und sich vielleicht bekehren möchten, will ich ihre Namen verschonen. Man ersieht hieraus, daß nicht nur arme und alte Bürgers- und Bauern-Weiber zur Zauberei tüchtig und geneigt sind, wie etliche meinen, sondern auch die großen Hansen und Adelheiten unter dieselbe Fahne sich begeben.«

1589 besteigen ein Zwanzigjähriger und ein Kesselflickerehepaar den Scheiterhaufen. Die achtzehnjährige Tochter des letzteren wird gepeitscht und aus der Stadt gewiesen.

Juristische Aspekte/Spruchpraxis

Die CCC. erlebt im Pommern verschiedene Auflagen. In Barth 1590, in Stettin 1569, 1663 und 1673. Für Vorpommern erläßt die schwedische Regierung 1672 und revidiert 1681 die *Verordnung wider das Hexen- und Teufelswesen*[9].

§ 219 der CCC. sieht die Rechtsberatung vor. In der *Mecklenburgischen Polizei- und Landesordnung* von 1562 wird erstmals auf Gutachten der Landesuniversität verwiesen. Mecklenburgische Herzöge wollen deren Einfluß beschränken. Gustav Adolf versucht, der juristischen Fakultät die Zaubereidelikte aus der Hand zu nehmen und bestimmt ein Gericht, das sich der Dinge anzunehmen habe.

Mit seinem Edikt *Wider die Zauberei und andere abergläubische Dinge* setzt er die Linie fort und ruft einen Protest seiner Stände hervor. Er entzieht sukzessive der juristischen Fakultät in Hexenprozessen die Grundlage.

Eine Verschärfung in der Durchführung ergibt sich in der *Interimsverordnung* Herzog Gustav Adolphs von Mecklenburg-Güstrow aus dem Jahre 1661. Hier wird die Strafe des Feuertodes befohlen. Gerichtshalter werden widrigenfalls mit dem Verlust des hohen Halsgerichtes bedroht.

Zaubereidelikte spielen in der strafrechtlichen Spruchpraxis der Rostocker Universität eine Rolle. Schon in den ersten Urteilsbüchern (1577 ff.) erreichen die Universität Anfragen aus dem norddeutschen und benachbarten Raum. Sprüche gehen an die Landesherren und sind für die Land- und Hofgerich-

Besagungen und Zaubersegen

1688 sagt der Sohn der Eva Volkmann: »Seine Mutter hätte Hasen in der Tonne auf dem Boden sitzen. Sie füttere sie und schmiere sie mit Öl.« Im Dorfe hielten sich Wölfe, die nicht beißen und die das Vieh füttern. Die Tochter der Engel Möller habe ein Wolf vor ihrer Mutter Bett auf dem Kumm (Kasten) liegen gesehen und sie habe zu ihr gesagt: »Fürchte dich nicht, er tut dir nichts.«

1688 bezeugt ein 15jähriger: »er hätte in der Abenddämmerung im Haus der Eva Volkmann ein Ding gesehen, das wäre »greislicht« gewesen, hätte nur drei Beine gehabt und wäre hinter das Heu unter die Anke (Raum des Heubodens, der vom untersten Dachteil begrenzt wird) gehüpft, womit es ihm aus dem Gesicht gekommen wäre, als er darüber mit den Leuten gesprochen, wäre er in eine 14tägige Krankheit gefallen.«

1692 sagt Jacob Lichtenfeldt gegen Jochen Renne aus: »derselbe habe auf dem Kindelbier (Tauffeier) einen Haufen Latein geredet, worüber er sich gewundert, weil er nicht lesen könne, daher ihn ein jeder für einen Hexenmeister hielte, woran nicht zu zweifeln sei.«

1695 meint David Matz als Zeuge: »wie er zur Nachtzeit gewacht, habe er gesehen, daß der Hexerei angeklagten Engel Möller Haus so gestanden, als wenn es im Feuer gewesen, und die Leuchtung davon wäre in sein Fenster geschlagen, daß er darüber aufstehen wollen; das wäre zweimal und jedesmal vor Mitternacht geschehen, er könne solches nicht anders deuten, als wenn es »der Drach« gewesen sei.

1695 sagt Joachim Kniske als Zeuge: »Ihm wäre ein Hase mit drei Beinen begegnet, nach welchem er geworfen habe, als er aber nachhause gekommen, wäre er fast unsinnig geworden und hätte immer gesagt: »Sehet, da steht der Wittstocksche Teufel, der kneift mich! Ich weiß nicht, wo ich bleiben soll.«

te bestimmt. Im 17. Jahrhundert bilden Verbrechen gegen Leib und Leben, Eigentumsvergehen und Unzuchtsdelikte den Schwerpunkt der Anfragen, woraus nicht auf einen Rückgang der Hexenprozesse geschlossen werden kann.

In den 150 Jahren, in denen sich die Fakultät mit solchen Vorgängen zu befassen hat und in deren Verlauf sie mehr als 1000 Urteile in Hexenprozessen fällt, sind Tendenzen erkennbar. Bei der Beurteilung durch Rostokker Juristen fällt eine relativ starre Haltung in der Hexenfrage auf: man erkennt eine schematische Behandlung und einen dogmatischen Zug. Das Kollegium ist dem Zeitgeist verbunden. Es ist denkbar, daß

Gödelmann

unter den Einflüssen sein Werk über Hexen und Zauberer verfaßt; er steht gedanklich beim rheinschen Arzt und calvinistisch gesinnten Weyer. Eng scheint die Haltung an sein Wirken gebunden. 1584 hat er im Rahmen der Behandlung der CCC. im Lehrprogramm der juristischen Fakultät den Abschnitt über Zauberer und Hexen vorgetragen. Später hält er eine Reihe selbständiger Vorlesungen zum Thema und 1591 bringt er in Frankfurt a. M. sein Werk über das Hexenwesen heraus, dessen deutsche Übersetzung im Folgejahr erscheint. Er versucht, zwischen Zauberern (Veneficii) und Unholden (Hexen, Lamii) eine Abgrenzung zu schaffen[10]. Er bewegt sich auf dem Boden der CCC.

Er lehnt die fleischliche Vermischung mit dem Teufel, die Vorstellung des Wettermachens, von der Verwandlung der Menschen in Tiere als Trugbilder ab. Gestehen Bezichtigte solches, wären sie nicht zu strafen, sondern dem göttlichen Wort anzubefehlen. Daraus ist abzuleiten, daß den Aussagen vieler Bezichtigter kein Grund beizumessen sei. Bei einem Teufelsbündnis ohne Schadenszufügung wird auf Landesverweisung und Geldstrafen erkannt. Seine liberale Haltung scheint von den Professoren gebilligt zu sein.

Beim einfachen Verdacht auf Zauberei plädiert man für ein gütliches Verhör. Immer wieder wird Gerichten aufgegeben, die »Ursach und Umstände« zu erforschen, was eine Anbindung an § 52 der CCC. ist. Im gütlichen Verhör müssen dem Angeklagten alle Verdachtsmomente dargelegt werden und er ist zu jedem Artikel zu hören. Gelingt es nicht, ihn zu überführen, werden die Kläger zum Widerruf bzw. einer Geldstrafe verurteilt. Die Wasserprobe wird abgelehnt[11].

1649 meldet ein Konsistorium in Rostock an Herzog Adolf Friedrich: »Ew. fürstlichen Gnaden verhalten wir nicht, was Gestalt der Verwalter zu Reez etliche der Zauberey halber berüchtigte Personen in Gegenwart einer großen Versammlung durch den Henker aufs Wasser werfen lassen. Wann nun aber solch abergläubig Beginnen der Wasserprobe dem Worte Gottes und den Rechten zuwider, als haben wir solches denuncieren wollen[12].«

Bei der Fällung von Endurteilen hält man sich in der Regel an die CCC. So vertritt man die Meinung, daß eine Angeklagte, wenn sie bei ihrer Aussage bleibt: »daß sie den leuthen zu unterschiedliche mahlen durch zauberischen Schaden oder Nachtheil zugefügt, der Schaden also auch wirklich were geschehen,« den Feuertod verdient habe. Bei geringerem Schaden plädiert man auf vorherige Enthauptung.

So geschieht es einer Frau, die unter dem Druck der Tortur den Teufelspakt zugegeben und gestanden hat, daß sie »denselben mit Pfeifen zu locken gepflegt und alsdann durch ihn Korn und Gelt anderen Leuten nehmen und (zu) sich bringen lassen, dazu entlich Haupte Viehes durch Zauberey umgebracht, aber sonst kein Leib und Leben geschädiget.« Bei weitem überwiegen Freisprüche.

Und doch folgt man dem allgemeinen Trend und dies führt zu einer Verschärfung in Hexensachen. So fällt die Fakultät im Wintersemester 1663/64 neun Todesurteile. Verschärfend wirkt sich die inhaltliche Tendenz der Gutachten aus; Hemmschwellen werden abgebaut. In der Zeit häufen sich Kettenprozesse und sie werden durch Suggestivfragen der Juristen geschürt.

Die Aussage auf der Folter hat keinen Geständniswert: sie muß am Folgetag in der ordentlichen Gerichtstube wiederholt werden und erst dann gilt die Überführung. Öfters werden Besager gestraft.

Seit den 70er Jahren des 17. Jahrhunderts gehen Anfragen in Zaubersachen zurück; so legt man Wert auf eine intakte Verteidigung. Am 22. Dezember 1698 wird ein Verbrennungsurteil gegen Lucia Bernitzsch gesprochen. 1700 wird die Folter gegen eine Angeklagte bestätigt, die der fleischlichen Vermischung mit dem Teufel »hinreichend« schien. 1710 folgt eine Anweisung an ein gutsherrliches Gericht, mit welchen Fragen die Frau zu verhören sei, die sich anderen Leuten gegen Endgeld angeboten hat, ihre Teufel (Krankheiten) wegzuhexen. Dann tritt der Rostocker Jurist Tarnow in einer Abhandlung für die Hexenprozesse in die Schranken, während der Theologe Weidner 1722 die Doktrin von der Teufelsbuhlschaft verficht.

Wann das letzte Gutachten von der Fakultät in Hexereiprozessen erteilt wird, kann nicht mehr festgestellt werden. Mantzel soll in seinen 1738 anläßlich einer Promotion veröffentlichten Traktat. *Ob wohl noch Hexenprozesse entstehen,* möchten ein Gutachten aus dem Jahre 1735 erwähnt haben, das nicht mehr auf die Feuerstrafe plädiert, wohl aber die Angeklagte »mit Rücksicht auf ihre Einfalt und Jugend« zu einer Gefängnisstrafe mit Halseisen verurteilt.

Ungeachtet dessen entsteht 1673 in Kolberg ein Kanzelstreit zwischen den Geistlichen Colberg und Jasche, wobei der eine für ein strenges Verfahren und der andere für Milde plädieren. Im Herzogtum Güstrow unter

Gustav Adolf

zeigt sich eine andere Entwicklung. Er nimmt zunächst den sinnlosen Kampf gegen den Volksaberglauben auf und wird allmählich zum Vorgehen gegen Hexen bedrängt. 1590 tritt auf seine Veranlassung die große und einzige Landessynode zusammen, wo Geistliche zum Ausdruck bringen: »Daß sie Leute, so verbotene Künste treiben und damit große ergerniß und aberglauben anrichten, öffentlich auf der Kanzel genennet und die Obrigkeit sie alsobald und ernstlich zu straffen ermahnet werden sollen.«

Der Landesvater billigt es und erläßt in der Folgezeit Currenden an die Geistlichen[13]. Er befiehlt am 29. Juni 1663, den Aberglauben auszurotten. Je mehr er auf die Schwierigkeiten im Volkstum mit seinen Bräuchen stößt, desto eifriger wird er. Pastoren loben ihn.

Der von Kuppertin und Plauenhagen, Michael Freudius, schreibt Bücher, die 1671 zu einem Band zusammengefaßt werden[14]. Er hat das Werk der Zensur der theologischen Fakultät Rostock vorgelegt und deren Billigung erfahren. Es beinhaltet etwa 400 Gewissensfragen und ist wohl als protestantischer Nachzügler des *Hexenhammers* zu verstehen.

Dann wendet sich 1678 ein anonymer Pfarrer gegen die überstürzte Hinrichtung einiger Hexen[15]. Als Erwiderung auf den Angriff erscheint wohl auf Veranlassung des Her-

Eine Hexe stiehlt Milch, indem sie aus einem in einen Pfosten geschlagenen Beil eine im Hintergrund sichtbare Kuh melkt. Detail aus einer Holzschnitt-Illustration in dem Buch: Geyler von Kaysersberg, Die Emeis. Dis ist das Buch von dem Omeisen, Straßburg, 1516 und 1517.

zogs eine Gegenschrift[16]. Herzog Gustav Adolf nimmt, durch den Streit offenbar angeregt, mit größerem Eifer die Gesetzgebung zwecks Ausrottung des Hexenwesens auf sich.

Im Juni 1681 erfolgt der Erlaß, daß er ein Sondergericht eingesetzt habe, »welches die Inquisition mit diesem enormissimo Magia crimine, und auch sonsten in allerhandt vorgehenden Abergläubischen wesen und Handlungen möglichst befordern und betreiben helffen soll[17].« Es folgt eine Instruktion für das Verhalten und Vorgehen seiner Beamten, um das Laster auszurotten. Sie mögen fleißig nach Verdächtigen forschen, anfangs insgeheim Zeugen hören und bei begründetem Verdacht mit Gefangensetzung vorgehen; der Vollzug fällt Beamten oder Stadtgerichten zu.

Am 16. Dezember 1681 folgt ein weiterer Erlaß: »welcher massen in der mit denen der Zauberey halber gefänglich eingezogenen Personen, sonderlich mittelst adhibierter Tortur vorzunehmende Befragung, wegen Ihrer complicen oder mitschuldigen, behutsamlich zu verfahren.« Er wird mehrfach ergänzt. In ihm sind viele Frag(e)stücke zusammengetragen[18].

Mit dem Erlaß vom 8. März 1683 ist dem Hexenprozeß die Unterlage entzogen. 1669 fragen der Güstrower Superintendent und das geistliche Ministerium beim Konsistorium in Rostock nach, wie man sich in Hinsicht des Beichtstuhles gegen die der Hexerei Verdächtigen zu verhalten habe. So empfiehlt die juristische Fakultät der Universität Rostock[19] vor Eröffnung des Prozesses: »daß der Beichtvater täglich die Verdächtigte im Gefängnis besuche, um sie zur Buße zu ermahnen und Bekennung der Wahrheit zu veranlassen« (Seelenkur).

Ausklang

Die Rechtslage ändert sich für Mecklenburg-Schwerin 1688 durch das Edikt Herzog Christian Ludwigs. Im Februar 1688 erläßt er folgenden Befehl: »was die Hexen-Sachen betrifft, sind wir jederzeit der Meynung gewesen, das Brennen einstellen zu lassen, und die Delinquenten, wo ihnen mit Bestand was überwiesen, in andere Wege abzustraffen, welches wir denn hierdurch also wollen gehalten haben, zumahlen das Land durch das viele Hexen-Brennen mehr denn zuviel beschrieen ist.«

Besessene Jungfrauen

aus Wangelin. 1691 berichtet der Pastor Jonas Rümker aus Poserin dem Herzog Christian Louis, daß in seiner Gemeinde zwei adelige besessene Jungfrauen sind, die entsetzliche Blasphemien aussprechen und lästern. Um sie vom Teufel zu befreien, habe er sie in sein Haus genommen. Beide geben vor, daß sie von Frauen aus der Gemeinde behext seien. Von ihren Komplizen wurde darauf sein Haus angezündet. Eine der Besessenen habe eines seiner Kinder gerettet. Nun beabsichtige er, gegen die Hexen vorzugehen und die Jungfrauen zu befreien. Der Landesvater gibt die Sache an die theologische Fakultät Rostock weiter. Die Antwort geht am 11. Juni 1691 ein.

Sie gelangt zu einer milden Auffassung, mit der der Geistliche unzufrieden ist. In späteren Pfarrakten läßt er wissen: »Leider sind durch diesen Aberglauben zwei arme Frauen aus Wangelin, die man im Verdacht der Zauberei gehalten hat, auf Requisition des Pastors Rümker gefänglich eingezogen und nach Lübz gebracht. Eine hat sich im Gefängnis erhängt, die andere ist in Wangelin als Hexe verbrannt worden.«

1698 trifft die Rostocker Universität ein abenteuerliches Fehlurteil gegen Lucia Bertisch und sagt: »sie sei, gestärkt durch Reue und Abendmahl, wegen ihrer bekannten Unzucht und Zauberei mit dem Feuer vom Leben zu Tode zu strafen.« Hinter dem Wahnwitz verbirgt sich der geistige Rückständler

Nicolaus Putter

da er im gleichen Jahr in seiner Dissertation *Was von der Hexen Bekäntnis zu halten, daß sie aus schändlichen Beischlaf mit dem Teufel Kinder erzeuget?* zu dem Ergebnis gelangt, daß der fleischliche Umgang mit dem Teufel möglich ist. Auch könne er aus Luft, Erde und anderen Elementen, und leicht löslichen Dünstungen mischen, kleiden, bewegen und sie den Hexen zuführen. Er geht auf

Lucia Bertisch

ein, die man gefangen hat. Ihre Akten werden im Oktober 1698 der Rostocker Universität vorgelegt. Sie hat bekannt, daß sie von verschiedenen Leuten das Zaubern gelernt, ihren heiligsten Bund mit Gott gebrochen und sich dem Teufel verschrieben hat. Zudem habe sie mit ihren gottlosen Lehrmeistern den Beischlaf geübt. Auf weiteres Besagen gibt sie an:

- Es wäre ein ihr zugefreyter Bräutigam namens Hans vor ihre Tür gekommen, welchen sie angenommen und mit ihm in die Kammer gangen, »obwohl sie erst 12 Jahre alt gewesen.«
- Mit einem anderen habe sie auf dem Felde gebuhlet und nach zwei Tagen des Abends in ihrem Hause, allwo sie gedienet, in der Küchen zu ihr gekommen, unter Versprechung eines schwarzen Tuches.
- Der Geist wäre allezeit in einem bunten Sammtschen Rocke, von weiß, roth und schwartzen Streiffen, mit grauen strümpffen, schwartzen an beyden Seiten auffgeschwänzten Huthe, mit einem seidenen schwartzen Bande zu ihr gekommen und er sei ihr angenehmster Geist gewesen. Doch wäre er sehr kalt gewesen.
- Mit einem Bräutigam namens David habe sie selbst noch im Gefängnis unmenschliche Unzucht wiederholet, dieser wäre in männlicher Statur ihr allemahl erschienen, sehe aber heßlich aus, und hätte so tolle Hände und Füsse, als Pferde-Füsse, und dieser wäre sehr hart gewesen, auch von Natur ganz kalt.
- Sie hat ferner als Frucht solcher Verbindung »einen schwartzen rauhen Windwurm angegeben, den sie auf ihres Geistes Davids Anraten bey einem kleinen gemachten Feur zu Pulver verbrandt ... womit sie habe das Vieh umbringen sollen.«
- Ferner hat sie eine Frucht in Gestalt eines Mädchens von einem Pott Krug groß geboren, welches sie zwei Tage bei sich gehabt, des Tages in ihr Bette vewahret, es Nachts aber zu sich genommen, auch mit ihren Brüsten gestillet und gemerket, daß es gesogen; ihr Geist David aber hätte es ihr nach zwey Tagen genommen.
- Zum drittenmahl habe sie ein Knäblein getragen, hätte ihr Geist ihr denselben nicht lassen wollen, sondern auch gleich genommen.
- Dann habe sie im Gefängnis eine Frucht in der Gestalt eines Mädchens zur Welt gebracht, welche sie auch in ihren Händen gehabt, und gesehen, wie es sich mit Kopf, Händen und Füssen geregt, auch endlich gehört, wie es geweinet, und da es ganz kalt gewesen, an ihre Brust gehalten ... dann habe es von ihr Milch gesogen ... doch dann habe es ihr der Satan weggenommen.«

Vom aufgeklärten Geist ist der hinterpommerische Hofgerichtsadvokat Laurentius Flotow beseelt, der 1701 die in Stolp wegen Hexerei verklagte Trine Zimmermann verteidigt und sie vor der Folter zu retten sucht. Am 7. November 1706 ergeht an die hinterpommerschen Stände ein königliches Rescript, worin Mißstände bei den Hexenprozessen gerügt und Anordnungen über das Verfahren gegeben werden. Eine ähnliche Verordnung erläßt die Regierung in Stargard am 31. Dezember 1714.

1731 schreibt der Hofrat Flesch von Stargard in eine Akte: »die vorliegenden Argumente seien nicht so schwerwiegend, denn es komme auf die Plauderei alter Weiber nicht an, sondern es müsse etwas Reelles sein, worauf man sich fundieren solle.« Für Neupommern schafft die schwedische Regierung die peinlichen Verhöre am 12. November 1785 ab.

Hexenberge

Aus der Geschichte der Hexenprozesse ergibt sich, daß in jeder Region Versammlungsplätze geannt werden. Die Insel Rügen soll außer dem Hexenbusch und -grund über sechs verfügt haben. Weitere sind der in Groß- Reetz nordöstlich von Güntershagen, Gustebin bei Greifswald, Moritzfeld in Krs. Saatzig, Neu-Griebnitz, der bei Repkow, am Dolgensee bei Tempelburg, der Triftberg bei Pritzke, der Brögelskamp in Rüntzer Felde, bei Sellin auf Rügen, beim Treppenberg in Beddin, der Boßberg bei Bunitz u. a.

Die Hexen von Eldena halten ihre Versammlungen auf der Insel Usedom, die von Wierschutzin (Krs. Lauenburg) versammeln sich auf dem höchsten Berg jenseits der westpreußischen Grenze. Bei Dammin liegt der Nonnenberg, der 1667 als Versammlungsort der dortigen Hexen bezeichnet wird. Die Hexen aus Scharchow versammeln sich »unter dem rauhen Baume im Amtsgarten vor Wollin.«

Im Idenaer Hexenprozeß ist die Rede von mitgebrachten Kaulbarschen, Plötzen und Barschen, die vor dem Antritt der Fahrten aus der Wycke (bei Greisfwald) geholt worden sind. Auch Salzfische werden verspeist. Nach dem Bublitzer Hexenprozeß vom Jahre 1653 waren auf dem Blocksberg so viele Hexen versammelt, daß von einer Tonne Erbsen jede nur eine erhalten konnte.

Im Eldenauer Hexenprozeß spielt ein Leineweber auf einer Fiedel; ein anderer mit einem Gänsefuß, auf einem Katzenkopf oder Kälberschwanz. Ein Uneingeweihter wird hereingelegt, indem man ihm befiehlt, auf einer Trompete aus Leibeskräften zu blasen. Später bemerkt er, daß es ein Katzenbalg gewesen ist. Auch hier soll es während der Walpurgisfeier vereinzelt zur Beichte gekommen sein.

Und doch blüht der Aberglauben weiter. Ein Pastor aus Warnemünde erzählt: »daß 1738 ein Monstrum auf der Weide erschienen sei, so groß wie ein jährig Kalb, schwarz, mit einem Menschenkopfe, hinten breit und rund wie ein Kluzhuhn ohne Schwanz. Das Vieh wäre mit entsetzlichem Brüllen zusammengelaufen. Das Untier sei eine Stunde geblieben, bis es sich verlaufen habe.« Die Hexenverfolgung in

Schlesien[1)]

setzt fast gleichzeitig mit der der übrigen Territorien ein, aber nicht in der gleichen Massivität. Karen Lambrecht kann 444 Prozesse mit 593 Hinrichtungen dokumentieren. Schlesien hat eine verhältnismäßig geringe Hexenverfolgung aufzuweisen. Es lassen sich elf Prozeßwellen feststellen. Über die Hälfte von ihnen findet in der zweiten Hälfte des 17. Jahrhunderts statt. Um seine Mitte bemüht sich der Landeshauptmann von Neisse, Georg v. Hoditz, um eine Ausrottung der Teufelssekte. Henel von Hennenfeld leitet das schlesische Wort für Hexen »Biel[2)]-Weisen« vom Fluß Biele im Neißischen ab, weil dort Exekutionen vorgenommen worden seien.

Die Verläufe decken sich im wesentlichen mit denen anderer Regionen. Der Frauenanteil liegt bei etwa 90 %. Neben den angeblichen Hexen gelangen vor allem Hirten und Schäfer in den Geruch der Zauberei. Auch sie gelten als unehrlich. Im August 1561 wird ein Hirte aus Breslau auf dem Schweidnitzer Anger hingerichtet. 1516 wird in Mochar bei Breslau ein Schäfer verbrannt. In Priestelwitz werden 1701 der Schäfer Martin Hillge und sein Knecht mit dem Schwert gerichtet und verbrannt. Eine Spezialität der Region sind Prozesse gegen

Totengräber und Wiedergänger

1542 wird in Breslau ein Totengräber verbrannt. Im gleichen Jahr wird der von Reichenstein hingerichtet, der den Tod von 1600 Personen verursacht haben soll. Dem neuen Totengräber von Striegau trennt man das Glied mit einer glühenden Zange ab. Neunherz, dem Totengräber auf der Probstei

Kräuterbuch des Hieronymus Bock, 1560. →

C

sa
te
de
ei
da
er
th
er
vn
B
ba
ist
ci
st
J
di
vn
Kl
di
ei
de
w
ei
lin
T
d
sc

in Breslau wird zur Last gelegt: »während der Pest giftige pestilenzische Sterbedrüsen und Fett aus drei Leichen ausgeschnitten, sie neben anderen Sachen gepulvert und ausgestreut zu haben.«

Vor allem in Frankenstein zeigen sich viele Totengräber-Prozesse. 1681 wird ein letzter Fall im schlesischen Glatz der Wünschelburger Totengräber Georg Oscher angeklagt und zum Tod durch das Feuer verurteilt; er wird im März 1682 hingerichtet. Bettlern wird vorgeworfen, Türklinken mit giftigen Salben bestreut zu haben.

Für Schlesien haben sich Hinweise auf Wiedergänger erhalten. Die spezielle Form des Geisterglaubens, die »magi posthuma« führt zur Exhumierung und einer eventuellen Zweitverbrennung. Der Glaube an Wiedergänger ist für ganz Schlesien nachweisbar.

Klimatisches Umfeld

Die ersten Anzeichen, die die Periode der Hexenverfolgung erspüren lassen, waren 1454 die Überschwemmung durch die Oder (Breslau) und eine anschließende Verteuerung des Getreides. Zwei Jahre später setzen Zauberprozesse ein. 1574 wütet an der schlesisch-mährischen Grenze und besondersin der Stadt Troppau ein Unwetter mit starkem Hagel. Pesten treten auf und in deren Folge kommt es zu den ersten beachtenswerten Totengräberverfolgungen.

In Oels ergießt sich 1535 – im Jahr der Hexereianklage gegen Jägerndorfer Juden – ein furchtbares Unwetter. Ambrosius Moiban, seit 1525 Pfarrer der Elisabethkirche in Breslau, bemängelt, daß die Leute aus diesen Wunderzeichen keine Lehren zögen, ja einige meynten gar: »es sey ein werck des bösen Geistes, das er durch Zauberey und Gespenste treibet.«

1542 wütet eine Heuschreckenplage in weiten Teilen Schlesiens; eine Folge sind Ernteschäden: teilweise macht man Hexen dafür verantwortlich. Man sagt: »(die) Heuschrecken sey(e)n Straffen der Sünden.«

Der Breslauer Reformator Ambrosius Moiban sieht in den Türken eine »ungläubige Geißel Gottes«, die er wie die Heuschrecken und die Pest zur Strafe der sündigen Menschheit ausgesandt hat. Er predigt 1541 in Breslau: »Vom Turcken, Wer er sey und wie sich ein frommer Christ bei ewigen Verdammnis seim seelen for immer hüten sol/Auch wie man mit ernst zu Gott wider seine Christmorderische Tiranney beten soll.«

Also ist die Türkengefahr als Angstfaktor zu würdigen. Weitere Strafruten Gottes sind Kometen und schon wieder sagt man: »daß die gottlose Welt treuer Lehrer und Prediger Warnung nicht in acht nehmen will/lesset ihr auch durch andere mittel und Creaturen der liebe Gott seinen gefasten Zorn andeuten.«

Freilich hat man biblische Zitate parat: »Luk. 21.25: »Es werden Zeichen sichtbar werden an Sonne, Mond und Sternen, und auf der Erde werden die Völker bestürzt sein über das Toben und Donnern des Meeres. Oder (Joel. 3.3): »Ich werde wunderbare Zeichen wirken/am Himmel und auf der Erde: Blut und Feuer und Rauchsäulen.« Davon leiten sich Wetterpredigten ab.

Der Laubaner Pastor Martin Böhm (1557 bis 622) dichtet kurz nach 1600 ein Kirchenlied, in dem Gott ausdrücklich darum gebeten wird, die Menschen vom schlechtem Wetter zu erlösen. Offensichtlich macht es beiden Parteien zu schaffen; den Christen und den von ihnen Verfolgten!

1608 ist in Liegnitz eine große Überschwemmung und daran schließen sich Kriegsjahre an; sie bedeuten neben der extremen Zunahme der »landschädlichen«Leute eine höhere Kriminalität und Teuerungen. Über das Krisenjahr 1630 in Breslau berichtet der Pfarrer von St. Christoph. Er sieht die Teuerung als eine der schlimmsten Strafen Gottes an und schiebt die Verantwortung der Obrigkeit zu: »sie sollen strafen, denn sie sind Gottes Ordnung, und sie sind Gottes Amptleute; so werden sie auch gewiß genugsame Ursach haben nachzudencken, wie sie solch ihrem Ampt in diesem Fall recht sollen nachkommen, daß sie Gott ihrem herrn trew seyn und hiermit des rechten Lohns aus Gnaden von ihme zu rechter Zeit mögen gewertig sein.« Es dürfte eher davon auszugehen sein, daß die »Teuerungen« weniger mit einem nichtexistenten Gott und dafür mehr mit den Geschäften der Menschen zu tun haben.

Schlesische Judenpogrome

Im 12. Jahrhundert beginnen in Schlesien und überall im Alten Reich Judenverfolgungen. 1163 werden in Troppau 27 von ihnen wegen einer angeblichen Brunnenvergiftung hingerichtet. 1319 werden Breslauer Juden vertrieben. 1315 finden in Schlesien Ketzerverfolgungen statt, wobei in Schweidnitz etwa 50 Menschen verbrannt werden. Waldesier werden in dem Zusammenhang der Teufelsbuhlschaft bezichtigt und mit ritueller Unzucht in Verbindung gebracht. Die Frau des Schweidnitzer Bürgers Heinrich gesteht, daß sie mit drei anderen in einem Keller gewesen sei, dort schändliche Dinge getan und Luzifer angebetet zu haben«

Noch 1438 wird in der *Schweidnitzer Chronik gesagt:* »Viel juden seyndt in dysser zeyt vorbrandt worden, darumb das sie viel borne vnd ander wasser vorgifft haten.« 1535 wird in Jägerndorf der Älteste der Judenschaft von Leobschütz,

Abraham Hirsch
wegen Zauberei angeklagt und auf einen Scheiterhaufen geworfen: »er habe von einer Christ(en)frau Milch verlangt, um damit alle Christinnen zu töten.« Unter der Folter besagt er seine männlichen Glaubensgenossen. »Er sei unter dem Galgen mit ihnen zusammengekommen und habe gezaubert. Er soll die Milch am Leobschützer Galgen in einem Totenkopf geworfen haben, um der Christenheit zu schaden.« Später widerruft er seine Aussagen. Dann wird er so lange gefoltert, bis er die Untaten einräumt. Vermutlich wird er am 8. Juni 1535 hingerichtet. In

Breslau
finden im 15. und 16. Jahrhundert die meisten Hexenhinrichtungen Schlesiens statt. In den frühen Schadenszauberprozessen werden die als Hexen angeklagten meist mit Ertränken bestraft, was im Gegensatz zum Landrecht von 1356 steht. Mit der Häufung der Fälle und dem damit verbundenen erhöhten Aktenversand kommen neben Schematisierungen Verschärfungen auf. Der erste überlieferte Hexenprozeß ereignet sich 1456 mit dem Ertränken zweier Frauen in der Oder. Gängige Praxis im 15. Jahrhundert ist bei solchen Delikten Ertränken oder Landesverweis. Der Meister des Breslauer Matthias-Stiftes, Michael Joseph Fibiger, bezeugt der Stadt in seinen Anmerkungen zu dem Werk des Breslauer Syndikus Nikolaus Henel von Hennenfeld, eine strenge Strafgewalt über Hexen geübt zu haben.

Nach 1530 orientiert man sich an der CCC. In der ersten Hälfte des 16. Jahrhunderts liegt der Verfolgungsschwerpunkt noch in Breslau. Ein Prozeß endet mit der Hinrichtung der »Zukelhese« die 97 Jahre alt ist. Sie wird in der Oder ertränkt und dann stößt ihr der Henker den Kopf mit einem Grabscheit ab. Ein Hirte wird 1561 auf dem Schweidnitzer Anger verbrannt.

Für das 17. Jahrhundert lassen sich wenige Fälle feststellen. Die Malefizbücher weisen für die Jahre 1609 bis 1800 keinen Hexenprozeß auf. Die Prozeßfolgen lassen nach. Für das 17. Jahrhundert ist auf Breslau bezogen kein Fall einer Verurteilung einer Frau zum Scheiterhaufen wegen Hexerei nachweisbar. Es heißt nicht, daß die Justiz liberaler gesinnt ist, weist sie doch für die Zeit von 1445–1800 792 Hinrichtungen aus. Breslau wird zum Schauplatz der meisten Hinrichtungen und vor allem in Neisse entwickelt sich (das schlesische Rom) – möglicherweise aufgrund religiöser Spannungen – eine Hysterie, die früh in der Literatur Beachtung findet.

Marterung von Juden, die auf ein Rad geflochten werden. Ein christlicher Scherge legt brennende Scheite unter sie ... Derber Holzschnitt aus dem Jahr 1475.

1651 berichtet das *Theatrum Europaneum* darüber[3]. Friedrich Lucae geht 1689 in seinen *Denkwürdigkeiten* darauf ein[4] und sagt: »Ohngefehr vor dreyssig Jahren wurden hier scharffe Exekutiones gegen die Hexen ausgeübet/und in sehr grosser Menge unerhörter massen verbrandt[5].« In Freudenthal und Eulenberg, den mährisch-schlesischen Erwerbungen des Deutschen Ordens von 1621–23, kommt es vermutlich nur zu einer Hexenverbrennung. Eva Montaf aus Zechan bei Eulenberg gesteht das Teufelsbündnis, wird aber wegen der Vergiftung ihres Mannes 1665 gerichtet[6].

In den späten dreißiger Jahren des 17. Jahrhunderts nehmen die Verfolgungen zu, bis sie um 1680 mit nordmährischen Massenverfolgungen ein Ende finden.

Geistiges Vorfeld

Die Vorstellung an die Wirksamkeit von Hexen erreicht die Region früh und wird genährt durch Einflüsse des antiken Hekate-Glaubens an Nachtfahrten von Frauen sowie durch den Geisterglauben an Wiedergänger (magia posthuma). Man versteht darunter schadenstiftende Nachtzehrer, die man vereinzelt mit dem Hexenglauben in Beziehung setzt[7)]. Ein Nachtsegen vom Beginn des 14. Jahrhundert, dessen Herkunft in Schlesien vermutet wird, führt eine Auswahl von Zauberhinweisen sowie eine Fülle von Namen für Hexen vor.

Das älteste schlesische Aberglaubensverzeichnis ist der um 1240 geschriebene *Traktat des Frater Rudolphus*. Ende des 14. Jahrhunderts trifft man auf erste Nachrichten von Blocksbergfahrten und den Milchraub der Hexen[8)].

Der Hexenflug soll auf Stangen, Besen und Spinnrocken vor sich gehen. Mit einem in Wasser getauchten Besen könnten sie Regen machen und an Wachsbildern, die sie durchstechen, Schadenszauber üben. Im 15. Jahrhundert heißt der Berg »buchkilsperg.«

Hinzu kommt die Vorstellung, daß sich Hexen und der Teufel in Katzen verwandeln können, was aus dem Traktat des Alanus deutlich wird[9)]. Der gebürtige Schlesier Nikolaus von Jauer bekämpft 1405 in seiner Schrift *de superstionibus* von Heidelberg den Aberglauben seiner Zeit[10)]. Der Dominikaner Nicolaus Jaquier verfaßt 1465 den *tractatus de calatione demonum et fascinariis.* Er ist in Böhmen als Inquisitor tätig und betrachtet die Hexen – vor Erscheinen des *Hexenhammers* als Sekte[11)]. Um die Mitte des 15. Jahrhunderts ist der Hexenglaube ausgeprägt.

Die Tätigkeit von Inquisitoren, die im päpstlichen Auftrag vom 31. Januar 1500 in Böhmen und Mähren gegen das Überhandnehmen der Waldenser oder Piccarden, aber auch gegen Zauberer und Hexen einschreiten sollen, bleibt im Dunkeln, obwohl Institoris im Bistum Neisse agiert haben muß[12)]. Seine (!) Tätigkeit in Schlesien ist bis heute ungeklärt. Der *Hexenhammer* wird 1614 ins Polnische übertragen[13)] und hier ist seine Bedeutung gering. Der Inquisitor Franz Heinrich Boblig von Edelstadt stammt aus dem Neisser Bistum[14)].

Rechtsunsicherheiten

Schlesien gehört seit der ersten Hälfte des 14. Jahrhunderts zum Königreich Böhmen, das spätestens seit der Goldenen Bulle (1355) eine Sonderstellung einnimmt. Durch die Siedlungspolitik fließen polnische, flämische und fränkische Rechtsvorstellungen ein. Der Sachsenspiegel, zwischen 1220 und 1230 aufgezeichnet, hat Ausstrahlungen in die Region[15)]. In dortigen Bearbeitungen finden sich einschlägige Bestimmungen, so im Breslauer Landrecht von 1356, das für Ketzer-und Zauberei die Verbrennung verfügt[16)]. Im *Neumarkter Rechtsbuch* erscheint eine Bestimmung des *Sachsenspiegels*[17)]. Das *Magdeburg-Breslauer Schöffenrecht* aus der Mitte des 14. Jahrhunderts enthält keine Bestimmungen wegen Zauberei.

Das Troppauer Schöffengericht ist im 17. Jahrhundert auf dem altsächsischen Recht begründet. Hier wird 1653 den *Sächsischen Constitutionen* gemäß über zwei Zauberinnen der Feuertod verfügt[18)]. In Gleiwitz urteilt man 1583 nach dem »Magdeburger Recht.« Die CCC. wird in Schlesien angewandt, was aus einem Gerichtsurteil aus Zuckmantel vom August 1640 erkennbar ist[19)]. In wenigen Fällen ist ihr Gebrauch nachweisbar[20)]. Über allem schwebt das »göttliche« Recht. Im wesentlichen bietet der *Sachsenspiegel* die Rechtsgrundlage für die dortigen Hexenprozesse.

Bestimmend für Breslau wird die sächsische »gemeine Strafrechtslehre« von Carpzov. Sein Einfluß auf den dortigen Schöffenstuhl ist nachweisbar[21)]. In den Landesverordnungen der Fürstentümer lassen sich keine Strafbestimmungen über das Hexen- und Zauberwesen finden. Wenige Städte nehmen Vorstellungen wegen Zauber- und Hexerei in ihre Statuten auf. Die *Polizei- und Stadtordnung* Herzog Wenzel Adams von Teschen für die gleichnamige Stadt aus dem Jahre 1573 macht zur Pflicht: »alle schlechten Leute, die sich betrügerischen Handel, Zauberei, Hurerei und Liederlichkeit ergeben und einen unchristlichen Lebenswandel führen, an Leib und Leben zu strafen.«

Zum Ende des 16. Jahrhunderts, als die Prozesse im Abklingen sind, fließen derartige Bestimmungen verstärkt in Rechtsbräuche ein. Ein Beispiel dazu ist die nach 1595 gedruckte *Schlesische Dreidingsordnung*[22)]. Die Liegnitzer beschreitet 1600 einen anderen Weg[23)]. In einer schlesischen Gemeindeordnung von 1639 wird der Bevölkerung »bey harter unnachlässiger Straffe verboten, Rat bey Zauberen oder Wahrsagern zu holen.«

Die Dreidingsordnung der Herrschaft Fürstenstein von 1657 verbietet: »bei Strafe eines »schweren Schokes« alles Wahrsagen, Zaubern, teuflische, abgöttische Segen, hierdurch Menschen und Vieh von Unglückh zu retten.« 1713 ordnet der Freiherr von Promnitz zu Pleß, Sorau, Triebel und Naumburg in einer Dreidingsordnung an: »Zauberer, Wahrsager und verdächtige Leute des Landes zu verweisen.«

Auch der Deutsche Orden bestimmt die Rechtssphäre. Zunächst wird in der mährischen Kommende Eulenberg 1664 ein *Decret an die Samtbliche Untertahnen der Herrschaft Eulenberg das Sie sich von Denen abgötterischen weßen und wahrsagern hutten sollen* publiziert. 1666 wird für Freudenthal eine verschärfte Form erlassen[24].

In der lokalen Gesetzgebung lassen sich Unterschiede in der Handhabung der Zauberei feststellen. Sie sind mehr oder weniger auf den gängigen Aberglauben ausgerichtet und betreffen nicht speziell die Vorstellung der Hexerei. Schlesien bietet gesetzgeberische Freiräume.

Der Herzog von Jägerndorf, Karl Eusebius von Liechtenstein, erkundigt sich nach mehreren Hinrichtungen über die im Jägerndorfer Fürstentum üblichen Rechte. Lambrecht gelangt zur Auffassung: »oft werden willkürliche Entscheidungen aus zusammengetragenen Urteilen, Gewohnheiten, Statuten und den Sprüchen des Breslauer Schöffenstuhls zugrundegelegt[25].«

Der Berghauptmann von Zuckmantel hat 1640 auf seine Anfrage, ob er eine eingezogene und überwiesene Hexe von Hermannstadt richten könne, zur Antwort erhalten: »wenn er es aus dem Archiv erweisen könne, daß die Stadt früher dieses Recht geübt hat.«

Mit dem Ende des 17. Jahrhunderts haben die Hexenprozesse den Höhepunkt überschritten, obwohl die neue *Peinliche Halsgerichtsordnung* Kaiser Josephs I. für Böhmen, Mähren und Schlesien vom 16. Juli 1707 Zauberei anerkennt[26]. In Schlesien wird 1751 in einer Verordnung König Friedrichs II. von Preußen die Folter abgeschafft.

Maria Theresia folgt dem Beispiel ihres Gegners. Sie erläßt für Mähren und den österreichischen Teil Schlesiens 1755 ein Edikt, das von den Ideen der Aufklärung bestimmt scheint. Ein Jahr später verbietet sie die Anwendung der Folter bei Verbrechen der Hexerei, Zauber- und Wahrsagerei[27].

Solche Mißstände sind den Zeitgenossen klar und es wird versucht, das Strafrecht zu zentralisieren. Das Akkusationsverfahren wird zurückgedrängt, indem das Prager Appelationsgericht geschaffen wird, das für Hexenprozesse oberste Instanz wird.

Die Geltung der böhmischen Gesetze und Reichsgesetze in Schlesien ist umstritten, da die schlesischen Fürsten und Stände ihre Kompetenzen halten wollen; öfters wenden sie sich unter Umgehung der Prager Appelationskammer an den Kaiser. Aus Prager Belehrungen läßt sich feststellen, daß ein Teufelsbündnis mit dem Feuertod oder Lebendbegraben gestraft wird. Bei Zauberei wird auf Enthauptung und Verbrennung entschieden. Es entspricht der Lehre Carpzovs in seiner *practica criminalis* von 1635.

Einfluß nehmen die Juristenfakultäten der Universitäten und die Schöffenstühle. An ausländische Universitäten wendet man sich selten. Im Vordergrund steht Frankfurt (Oder) und die Schöffenstühle Leipzig und Wittenberg. Geprägt von Carpzov verfolgt Leipzig einen harten Kurs. Brunnemanns *Tractatus de inquisitionis processu* von 1648 wird von Breslauer Schöffen genutzt.

Die Tätigkeit der Prager Juristenfakultät scheint eingeschränkt[28]. Von den schlesischen Fürstentümern wird in Hexenfällen nur selten hierher appeliert. Bei der Verfolgung in Neisse 1651 tritt der Landeshauptmann Hoditz mit Prag in Verbindung, weil eine Besagung der dort angeklagten Hexenkönigin auf eine in der Prager Altstadt wohnende Schwester lautet. Die

Breslauer Schöffensprüche

tragen den Charakter von Belehrungen: es sind keine ausgearbeiteten Gutachten. Seit dem 16. Jahrhundert nimmt der Breslauer Schöffenstuhl Aufschwung. Nach einer St. Petersburger Handschrift mit Sprüchen können zwei Fälle von Hexerei und Zauberei für den Zeitraum von 1605–1614 ausgemacht werden[29]. Der Breslauer Syndikus Andreas Assig, der seit 1657 tätig ist, stellt Schöffenurteile zusammen. Darin finden sich vereinzelt Zauberfälle. Auch der kuriose Zettel, den eine Hexe gegen das Fieber ausgegeben hat: »Leck mich im aarß so lang, hin, und her, die länge die quer, zu allen vier vierteln, und rund ums Loch[30].« Assig ist ein Vertreter der gemäßigten Linie[31].

Die Tätigkeit des Breslauer Schöppenstuhls muß als maßvoll angesehen werden. In peinlichen Rechtsgängen zeigt er sich vorsichtig. Mehrmals wird darauf verwiesen, daß eine Beschuldigung nicht ausreiche. Vor der Folter seien weitere Erkundigungen einzuziehen. Er bemängelt landesübliche Verfahrensweisen[32]. Nach Breslau ist der

Löwenberger Schöffenstuhl

der bedeutendste, der sich im Strafrecht am sächsisch-magdeburgischen Recht orientiert. Er ist in gewisser Weise Konkurrent. Assig berichtet von einer merkwürdigen Anektdote[33]. Ende des 17. Jahrhunderts wird Löwenberg wegen einer Hexensache gefragt. Es geht um den elfjährigen Hans Georg Ludwig, der wegen Mäusemachens inhaftiert und verhört worden war. Er sei mit 14 Tagen Arrest oder von seinen Eltern mit »ruthen wohlempfindlich abzustraffen«. Die Strafe soll in Gegenwart des Ortsrichters vom Vater durchgeführt werden. Im Wiederholungsfall wird ihm die Todesstrafe angedroht.

Unabhängig der Institutionen besteht die Möglichkeit, Gutachter zu fragen. In Neisse liefert der Fiskal Caspar Nase dem Bischof ein Gutachten, das sich für ein vorsichtiges Vorgehen bei Hexenverfolgungen ausspricht.

Fürstentum Neisse, das »schlesische Rom«

Zum Beginn des 15. Jahrhunderts ist Neisse neben Breslau die größte Stadt Schlesiens. Sie leidet unter den Hussitenkriegen. Der Rückzug der Bischöfe verschafft ihr den Namen: »Schlesisches Rom« Hier finden schreckliche Verfolgungen statt[34]. Sie finden eine Parallele in den fränkischen Hochstiften. Neisse ist Sitz der Landeshauptmannschaft, die für die Hochgerichtsbarkeit im Fürstentum zuständig ist: dazu gehört die Behandlung von Zaubereidelikten.

Dann setzt sich in der Region der Protestantismus durch. Als 1608 Erzherzog Karl von Österreich zum Bischof von Breslau gewählt wird, verschreibt er sich dem Ziel, die drohende Alleinherrschaft der Protestanten zu bekämpfen. Aufsässig stellen sich vor allem die Bürger dagegen, nachdem man ihnen Rechte verweigert. Man kämpft für den schlesischen Majestätsbrief von 1609 und die freie Religionsausübung.

Um den Katholizismus zu stärken, führt der Bischof 1614 die Franziskaner und kurz danach die Jesuiten ein. Im Februar 1618 erläßt Karl von Österreich ein Fastenmandat, in dem er Abtrünnigen den Kampf ansagt[35].

Protestanten intervenieren an Ferdinand I. und tragen 1619 200 Religionsbeschwerden zusammen, von denen 120 Neisse betreffen. Schon betrachtet man sich gegenseitig als Ketzer. Es läßt sich nicht ausmachen, ob der Konfessionszank auf Folgeprozesse Einfluß nimmt.

Die Region entwickelt sich immer mehr zum Zankapfel, was aus einem Brief des Herzog Johann Christian von Brieg vom März 1620 deutlich wird[36]. Nach der Schlacht am Weißen Berg (1620) wird Neisse im kommenden April von dem geächteten Markgrafen Johann Georg von Jägerndorf besetzt. Jetzt werden unter dem Beifall der protestantischen Einwohner Gewalttaten gegen Katholiken und bischöfliche Beamte verübt.

Nach Rückkehr des Bischofs im Oktober 1621 macht er sich für seine Interessen stark, indem er die Protestanten zu entmachten sucht und Jesuiten agieren läßt. Es ist eine »aufgeheizte« Atmosphäre und in gewisser Weise mit Osnabrück vergleichbar.

Kurz danach – 1622 – bricht das Hexenmorden im Reizklima aus[37]. In den Folgejahren kommt es zu vereinzelten Anklagen wegen Hexerei, bis Ende der 30er Jahre neue Verfolgungen feststellbar sind.

Inzwischen findet ein Bischofswechsel statt und an die Stelle des verstorbenen Karl von Österreich tritt der 11jährige Sohn des polnischen Königs, Karl Ferdinand, der als »weltlich« beurteilt wird, der sein Bistum als Pfründe betrachtet und in geistlichen Dingen nur so viel tut, »als Schicklichkeit und Verhältnisse erfordern.«

Ist die Lage für die schlesischen Protestanten bis zum Prager Frieden (1635) im Vergleich zu Böhmen und Mähren relativ günstig, wird sie danach schlechter, denn es steht die Unterwerfung unter den Katholizismus bevor. Im Folgejahr kommt es erneut zu einer Verfolgungswelle, die alle bisherigen sprengt[38]. Im Mai 1639 geht im Namen des Bischofs Karl Ferdinand aus Breslau ein Schreiben an den Rat von Neisse, in dem befohlen wird, neben dem Haus des Scharfrichters eines zur Verfügung zu stellen: »welches weilen zur Confrontation des teuflischen Ungezieffers und Anhanges der Hexen und Zauberinnen, welche nach sovielen Zahl und Summae in denen sonst gewöhnlichen gefenknus weder Raum noch Plaz nicht haben würden (aufzurichten sei).«

Erschwerend kommt die wirtschaftlich-soziale Lage dazu. Im Juli 1639 fallen Schweden ein und besetzen später das Gebiet. Es ist denkbar, daß es zur Unterbrechung der gängigen Prozesse führt. Dazu kommen Pesten. 1633 sollen nach den Totenbüchern 5 000 Einwohner in Neisse gestorben sein. In einem solchen Klima sucht man nach Feindbildern und wir finden eine Parallele in den Judenpogromen.

In einem solchen Hexenofen wird der Hausdieb und Brandstifter Joh. Christian Höpner am 15. August 1786 in Berlin verbrannt. So ähnlich hat man sich die zum Verbrennen von angeblichen Hexen erstellten Öfen vorzustellen.

Von 1638 bis 1642 lassen sich nur wenige Anhaltspunkte finden. Der 30jährige Krieg ist bendet, aber der soziale und wirtschaftliche Zustand des Landes ist verheerend und erst jetzt wirken sich die Folgen der Gegenreformation aus. Voraussetzung ist eine Generalvisitation des Bistums im Jahre 1651. Hier und im Folgejahr erreichen die Verfolgungen ihren Siedepunkt. Sie fordern etwa 250 Todesopfer. 1652 nehmen die Verbrennungen ab, um zu versiegen.

Ende des Jahres 1652 wird ein neuer Landeshauptmann bestellt, Constantin Magnus von Jerin. Unter ihm finden zwar Anklagen wegen Hexerei statt, es kommt aber selten zu Prozessen oder Hinrichtungen. Die Zeit von 1667–1669 bleibt ruhig und Hexenprozesse tauchen sporadisch auf. Aus Johannisberg wird 1667 eine Hinrichtung gemeldet[39)]. In den 80er Jahren des 17. Jahrhunderts geht vom nordmährischen Groß-Ullersdorf eine Verfolgungswelle aus, deren prominentestes Opfer der Dechant Lauthner in Schönberg wird. Berüchtigt als Hexenrichter ist der aus Zuckmantel stammende Franz Heinrich Boblig; er soll über 40 Jahre tätig gewesen sein.

Ausnahmen sind die drei Hinrichtungen in Neisse 1683–84, bei der die Urteile des Luwig Maximilian Graf von Hoditz über zwei Frauen und einen Mann überliefert sind. 1695 flackert ein Prozeß gegen eine Frau und Tochter aus Weidenau auf, die freigesprochen werden und 1715 der Fall einer offenbar Geisteskranken, die nach versuchtem Exorzismus in ein Hospital gewiesen wird[40)].

Frühe Hexenprozesse

Der Massenprozeß steht am Beginn einer etwa fünzigjährigen Phase von Verfolgungen und trägt gängige Merkmale. Zwölf Personen werden in den Strudel gezogen: es entladen sich soziale Spannungen, magische Alltagshandlungen werden überbewertet und die Anklage des Schadenzaubers steht an seinem Beginn. Die Region ist protestantisch gefärbt[41)]. Mit der Schlacht am Weißen Berg wächst unter dem Einfluß der Gegenreformation der Zwang ins Katholische[42)]. Das Gericht nimmt die Anklage eines Sterbenden ernst und führt nach dessen Tod das Verfahren in einer Variante des Inquisitionsprozesses.

Barbara Schmied

aus Freiwaldau soll ihren Mann mit Drachenwurzeln in einem Quarkkuchen vergiftet haben. Sie wird 1622 von ihrem auf dem Sterbebett liegenden Mann der Hexerei bezichtet. Er sagt u. a.: »sy hette Ihm nichts zu fressen geben und ihm einen beßen Finger gemacht. Mit ihr hette er sich begangen, sie wehr ein böses Weib.«

Sie weist die Verleumdungen zurück, kommt ins Gerede, wird eingezogen und verhört; dabei besagt sie andere und Kinder.

- Sie beschuldigt Wolf Salome, sich in Katzen verwandelt zu haben. Die Salome wäre ein Drachenweib, hette einen schwarzen Hundt, der solle ein Drache sein. Dorothe Böhner kontert und nennt sie einen losen Menschen. Außerdem könnte ihr der Teufel in der Gestalt eines schwarzen Katers erscheinen.
- Die aus Mähren stammende Eva Baßler sagt zu Ursula Becker: »sie beliege sie alß eine Hure. Sie wehre thumb gewest, gelogen und gestohlen wüste aber nicht, ob sie gezaubert hette.«

Der Vater von Salome Wolf sagt: »es wehr ihm leidt, daß seine Tochter sich dem Teuffel ergeben und gefolget hette.« Die Schmiedin sagt in einem zweiten Verhör: »zudem seien (der 72 Jahre alte und begüterte) Georg Wießner und die alte Ursel mit ihr ausgefahren.«

Barbara Schmied nimmt eine Schlüsselrolle ein. Sie wird von einem Schöffengericht am 21. Juni gütlich und hernach mit der schärff examinirt.« Dabei sind der Neisser Hofrichter Melchior Wildes und der Schöffe Caspar Schnizel. Erschwerend kommt dazu, daß sie versucht, den Gefängniswärter zu bestechen, um freizukommen.

Möglicherweise ist sie krank, denn sie sagt im Verhör: »es wehre ihr gar üebell im Haupt.« Bei einem weiteren Examen wird berichtet: »daß sy die ganze Nacht nicht geschlaffen hette, sondern geschrien und Narrische Sachen geredet, und sich mit dem Kopf in die Erde aufs Stroh angesteuert.« Man stellt fest: »sie hette bißweilen ein kluges word von sich gegeben, bald wiederumb alles unvernünfftige Narrische Reden. Als nemblich es Poppert ihr im Kopfe, klap, klap, es kochte ihr im Leibe, und lieffe ihr auf und ab, sy wüste nicht wo sie wehre, alß ihr der Meister Georg den Kopf hette angegriffen, wehre kain hize befunden worden, Vermeinte nicht daß Ihr Kopf etwaß manglete. Der Barbierer welcher Ihr in den halß gesehen, hette auch keine hitze befunden, und daß ihr im Halß nichts manglete, es müste im Leibe sein.«

Mitte August berichtet der Stockmeister: »stünde sie auf dem Kopf, gar bald triebe sie andere ungeberde ... bisweilen schreie sie heftig in der Nacht und es breche ihr der Angstschweiß aus ... sagte Immerzue sie Kochten sie, alß Nemblich die droben, Sie wehren Erger alß sie. Sie wehre mit Ihnen auß gefahren, hetten sie aber allezeit allein sitzen laßen ... sie fieng an zu weheklagen, entblöste die brüst und füeße, wie sie so uebell außsehen. Man hat sie mit spanischen Stiefeln gefoltert, doch als ihr der Scharfrichter mit dem Feuer droht, bekennt sie:

- Sie wehre eine Zauberin, wolte alles bekennen, und wolte es auff ihre arme Seel nehmen, die Marter wehre zue groß.
- Sie soll Feuer gelegt und ihrem Mann in den Finger geschossen haben. Sie habe ihm im Schlaf ein Bündel Haare abgeschnitten und in den Finger gezaubert.
- Sie habe den Leuten das Vieh bezaubert und »Pillweisen Putter« (Hexenbutter) gemacht[43].
- Sie sei unsichtbar den Leuten in den Keller (ge)gange(n), (und habe) Millich gebottert.
- Sie habe in einem Stall Wurzeln gelegt, worauf die Kühe der Wolf Jacklin gestorben wehren[44].
- Sie hette (mit anderen) ein griebell (Grübchen) gemacht, in die Erde unter freyen Himel, und hetten gesprochen: fahr hin Reiß überall ein, wo der böse Zueschaffen und zuethuen hat, sie hetten Ihn Neckel gerufft, da wer er kommen, in Schwarzen Kleidern, und einen Federpusch, die Kugeln zum Wetter gebracht, und hette sie hingeschicket, wo es eingeschlagen, oder einschlagen soll.«
- Sie und die anderen Bezichtigten haben sich mit Krötensalbe geschmiert und wären ausgefahren[45].

Buhlschaften

Salome Wolf erwähnt am 22. August 1622 die Teufelsbuhlschaft und beschreibt den Beischlaf mit ihm:

- Den bösen Feindt hette sie offte gesehen, (er habe) offt bey Ihr geschlaffen, wehre wie ein Mann mit Feder Pusch kommen, wehr

Weihbischof Johannes Pelcking auf einem Gemälde des ehem. Minoritenklosters in Münster. Heute: Westf. Landesmuseum. Er erteilt dem Jesuiten Spee eine empfindliche und unqualifizierte Abfuhr. Veröffentlicht mit freundl. Genehmigung. →

gar kalt gewehßsen bey tag und nacht im felde und bette, der Man hette es nicht gesehen, der böse feindt hette ihr selber geben einen Reichsthaler, sie hets nit gewohlet.

• Der bese Feind hette einer gaigen gefiedelt, eine grosen Feder pusch aufgehabt, er were schwarz geweset, im bett bey ihr dreymal gelegen, wehre gar kalt gewesen, hette ihr einen Reichstahler geben. Der Teufel besucht im Gefängnis

Ursula Becker

• Vor gestern wehr der Teufel auf der Schwel bey Ihr gewest. Heutte die nacht umb 11 Uhr hette Er Ihr verbotten, sie solte nichts bekennen, er wehre beydemahl durch die Thür kommen. Und es wehr die rechte warheit ... er hette auch bey ihr ein mahl geschlaffen. Er wehr auch bey den andern gewest. Dorothea Böhner schildert:

• Item in der Nacht wehre er einstmahl zue Ihr kommen, hette sich nackendt zue Ihr gelegt, wer kalt und rauh gewest, zwo stunden bei ihr gelegen, und mit ihr eine Stunde zu tun gehabt, sie hette aber mit ihme kein kindt gezeuget ... er habe sie dazue gezwungen, daß sie es thun müssen, mit Bedrohung, er wolte Ihr im widrigen fahl den Halß umdreen.

Aussagen

Eine Bezichtigte gesteht unter der Folter das Buttern aus Wasser. Währenddem fliegt ein Raubvogel über das Haus und Katzen kommen dazu. Dorothea gesteht:

• »sie hätte geholffen mit dem Arsch im Wasser oder Bach buttern ... Nicht nur aus Wasser, sondern auch aus Kuhfladen hätten sie gebuttert. Außerdem führt sie neben Dorothea Böhmer aus;

• daß sie »nacket« bei Nacht die Kühe von Catharina Jackel gemolken hätten. Am 23. August bekennen sie sich zum Wettermachen. Ursula Becker behauptet: »daß wenn man Leichen stro auf die Ecker streyet, thäte daß Wetter können schaden.« Salome Wolf und Ursula Becker sagen später: »daß sie für die Salbe kleine Kretten und Molchen dazu genommen. Barbara Schmied und sie hetten sich untereinander und form am Leibe geschmieret. Ursula Becker habe sich mit der Salbe an Füßen geschmieret.«

• Neben Kräutern (haben sie) Wagenschmiere genommen. Später behauptet sie, mit Hostien im Mund heimgekommen, Salbe davon gemacht und sie mit warmen Bier eingenommen zu haben. Salome Wolf bekennt:

• Sie wehre auf der Offenbank zur Feuer Eße ins Teufels Nahmens außgefahren« und Eva Baßler meint, man sei über 100 Meilen gefahren. Als Fluggerät diente ein »krekken« (Ofengabel) oder eine Brotschüssel.

Ursula Becker hat ihr Kind dem Teufel geweiht: »sie hette es alßbald nach der Tauffe abgebadet und der Teufell wehr dabei gewest, hette es anderst getaufft auf den teuffel, auf die Schwelle geleget und gesprochen: »kom her, da hette es baldt lauffen können.«

Dorothea Böhner sagt: »hette auch Gott dem Herrn abgesagt ... hette gebeichtet, es aber dem Pfarrer nicht bekanndt, daß sie zaubern köndt.«

Ursula Becker gesteht: »wehre anderst getaufft worden, in ein Tuch geheilet, und hernach getaufft ins Teuffels Nahmen; sie hetten Ihr einen Nahmen geben Suditta, es wehr ein böser Geist und der Ihrige. Der boeße hette Ihr seel haben wollen ... sie habe Hostien genommen und sie Schweinen und Hunden zum Fressen gegeben.

Die alte Ursel widersteht lange der Folter und beschwört die Heiligen, die Mutter Gottes und Jesus Christus. Sie ist ihrer Unschuld so sicher, daß sie verlangt, deswegen ein glühendes Eisen in die Hand zu nehmen: »Wie Ihr der Scharffrichter ainen Tranckh geben, thäte (Sie) einen als wie Christus Jhs. getan hete, weiter geht alles her, er thäte sie unschuldig.«

Scharfrichter ist Georg Hildebrandt, von dem 1640 ein Akkord überliefert ist. Erwähnt wird ein Tränklein, das der »Meister George« von seinen Unkosten bestreiten soll. Von solchen Tränken wird auch bei Hexenprozessen in anderen Regionen berichtet.

Bei den Verhören wird das Verhalten der Schergen erkennbar. Der Stockmeister meldet, »alß er sie dem gefenknus geholet, hette sie gesagt: »Sol Ich auch das hemet anziehn; Er gemeldet, Ja freylich, Sie aber hette ihm antwortt geben: »was hülffs wan ich es gleich anziehe, So weiß ich wohl, ich Hinundt vor die Herrn kömme, so muß ich es wieder abziehen[46].«

Marta Wezel als Hebamme sagt, daß sie sich selbst mit Kräutern geheilt habe. Zur Inhaftierung meint sie: »Sie hette noch fünff Kinder, Ihr Sohn wehre under Ihr keys, iezo im Kriege, die andern Kinder hette nichts zueßen, weil sie alhier wehre.« Sie wird im August mit verdrehtem Hals im Gefängnis gefunden und ist das erste Opfer des Prozesses. Es führt zu einem großen Aufsehen. Bei der Untersuchung der Leiche wie bei der Sezierung wird festgestellt, daß ihr Genick gebrochen war. Sie wird »abents umb 7 Uhr zum Breßlischen Thor hinaußgeführt, und unter dem Galgen begraben, zuvor aber der Kopf weggeschlagen und aufgeschnitten worden.«

Nach 1622 kommen die Verfolgungen zum Stillstand, was möglicherweise mit kriegerischen Turbulenzen zusammenhängt. Bis 1639 liegen vereinzelte Anklagen vor und dann bricht eine zweite Hexenjagd aus. Jetzt werden so viele der Hexerei bezichtigt, daß ein zusätzliches Haus zu deren Vernehmung notwendig scheint[47]. Es ist eine Parallele zum Bamberger Malefizhaus.

Nach den Quellen lassen sich 27 Todesopfer nachweisen, es müssen aber mehr gewesen sein. Man beschäftigt sich mit dem Bau eines

Hexenofens

Martin Lorenz schreibt im November 1639 an die bischöfliche Verwaltung, daß der Rat der Stadt und die Handwerker zu seiner Errichtung angehalten werden sollen[48]. Nochmals muß man sie dazu ermahnen, wie aus einem Schreiben der bischöflichen Verwaltung deutlich wird[49]. Er wird in der Nähe des Hochgerichtes erbaut, doch unklar ist, ob man ihn benutzt hat. Es ist kein Einzelfall. Sowohl im spanischen Kulturraum, im Fränkischen und dem Naheraum gibt es Hexenöfen[50]. Nach Merzbacher hat man ihn sich wie einen größeren Backofen vorzustellen, der mit einer Eisentür geschlossen wird. Eine Beschreibung aus dem Jahre 1651 weist aus: »bald werden sie eingeschlossen/die Augen verbunden/auff eine Tragen/Ralessen gesetzet/vnd in die kleine Hüttlein geworffen/jede besonders/hernach auff einen Stuhl gesetzt/angeschraubt/gesegnet vnd verbrennt.«

Sicherlich sind derartige Hinrichtungsstätten verbreiteter als angenommen; sie senken die Verfahrenskosten. Der Berghauptmann Jonas Birold sucht 1640 in Hermannstadt einen solchen zu errichten, da der Scharfrichter von Zuckmantel im Bistum Neisse die Verbrennungen nicht mehr bewältigen kann. 1641 wird eine Rechnung über die Verbrennung von 16 Hexen ausgestellt. Man gewinnt den Eindruck, daß man dem Hexenbrennen eine wirtschaftliche Seite abringt, was an der Verteilung der Hexengelder deutlich wird.

Mit den Henkern werden in der Regel Vorverträge geschlossen und in Zuckmantel soll, weil sich niemand auf das Foltern verstanden habe, 1640 Meister Georg Hildebrand aus Neisse angestellt worden sein, »daß er die Hexen peinlich verhöre und abfertige[51].« Es wird ihm zugestanden: »wann ein tränklein, oder Schnürens bei etzlichen Personen von nöthen wehre, dies soll meister von seinen Unkosten thun.« Er ist der einzig namentlich bekannte Scharfrichter aus Neisse, obwohl anderweitig von acht Henkern aus Zuckmantel berichtet wird, die gleichzeitig angestellt waren und vollauf zu tun hatten. Man sucht die Kosten durch Konfiskationen zu decken, obwohl Caspar Nase abrät: »da durch den Dreyssigjährigen Krieg jedermängliches Vermögen so erschöpffet, daß die Gütereinzüge nichts bringen[52]. Die meisten Angeklagten seien arm.« 1640 eskaliert das Geschehen und vier Todesurteile sind nachweisbar[53]. Dann greifen die Verfolgungen auf umliegende Städte, z. B. Zuckmantel, über. Man verdächtigt im Mai 1647 Helena Dettlin, da man ihre Mutter vor sechs Jahren als Hexe verbrannt hat und wirft ihr Wetterzauber vor:

- Habe man sie doch auf den Feldern mit verdächtigen Gebärden gesehen, worauf ein großes Wetter mit Eis und großen Wassertropfen niedergegangen.

1651 verlassen die Schweden die Region und unterbrochene Prozesse werden fortgesetzt[54]. Es zeigt sich eine Verschiebung vom individuellen Besagertum zur obrigkeitlichen Gründlichkeit. Allmählich entwickelt sich in den Amtsstuben Routine. Man sagt dem Weihbischof Balthasar Liesch von Hornau Glaubenseifer nach: »wenngleich viel grausame Härte und Gewaltsamkeit daran haftete.« Er läßt im Mai 1640 zwei Galgen vor der Stadt aufrichten.

1651–1652

Schauplatz der größten Verfolgungswelle ist das südlich gelegene Grenzterritorium zu Mähren. Es sind die Ortschaften Ziegenhals, Niklasdorf, Weidenau, Freiwaldau und Zuckmantel. Überliefert ist ein Teil des Briefwechsels von Hoditz mit dem Breslauer Bischof Karl Ferdinand über die Neisser Hexenprozesse. Am Beginn steht die Aussage des achtjährigen

Martin Schirn

aus Breitenfurt bei Freiwaldau. Er ist Halb- oder Vollwaise und keiner weiß, welche Motive ihn zur Besagung bewegen. Als sein Vater stirbt, ist er vier Wochen alt. Martin schildert seine Vorstellung von der Hexengesellschaft so:

- Drei Tische hätten dort gestanden, zwei

waren mit essenden und trinkenden Leuten besetzt. Die meisten unter ihnen waren Frauen, nur etwa vier Männer seien dabeigewesen, unter ihnen ein »schwarzer Mann.«

- Die Habelin habe auf dem Heimweg erzählt, sie habe der Schusterin ins Bein geschossen. Die Lange Schneiderin habe schon mehrfach die Kühe verderbt. U. a. habe sie drei Braten aus den Kühen geschnitten und die Löcher mit Kuhfladen gefüllt. Er besagt sechs Frauen, die verhört und verhaftet werden.
- Ursula Schnizel – eine 70jährige Witwe – habe ihn am Sonntag vor St. Thomastag aufgefordert, nachts mit ihr auszufahren, dann würde sie ihm die Kunst lehren, wie er das Vieh behexen könne.
- Sie seien mit mehreren Personen auf einem Schlitten, der von drei schwarzen Pferden gezogen worden sei, zum Sabbat gegangen. Nach dem Tanzen seien sie wieder heimgefahren.

Martin Schirn wird Jesuiten zur Bekehrung überlassen, da man ihm keine teuflische Handlung nachweisen kann. Nach dem folterlosen Verhör verwerfen die Besagten die Beschuldigungen, doch dann bricht es aus der Schneiderin heraus und sie gesteht. Es läßt sich für Ende Mai 1651 die Hinrichtung der »geständigen« (!) Ursula Schnizel nachweisen.

Die Region ist rekatholisiert aber man sagt: »daß sich fast die Hälfte der Bevölkerung magischen Künsten hingebe. Es seien 127 verbrannt worden und täglich würden mehr zu Gericht und Bestrafung gezogen.« Schwangere erfahren zunächst Schonung. Insgesamt fallen dem Wüten etwa 250 Menschen zum Opfer. Zu ihnen zählt eine Haderlumpintochter.

Die Prozesse finden im Laufe des Jahres 1652 ein Ende. Das letzte Hoditzer Hexenurteil datiert vom 24. September 1652 in Freiwaldau und betrifft eine Frau. In Weidenau werden im Juli 1652 zwei Hexenknaben inhaftiert und gefoltert. In

Königgrätz

wird nach Hexen gefahndet, die aufgrund in Neisse gemachter Aussagen in Verdacht geraten sind. Marianne Tittel aus Zuckmantel beklagt im November 1651 neben ihrer seit 26 Jahren in Prag lebenden Schwester eine Goldschmiedin und deren zwei Töchter aus Königsgrätz. Sieben oder acht Jahre zuvor sei sie mit fünf anderen Hingerichteten auf einem von vier schwarzen Rössern gezogenen Himmelswagen nach Königsgrätz gefahren.

- Die Goldschmiedin und deren Töchter, von denen die schönste und ältere Dorothe heiße, würden rechter Hand an der Straße wohnen, auf der man von Glatz in die Stadt käme.
- Ursula Kupferschmied aus Prag sei dagewesen und hätte sich mit der Goldschmiedin auf böhmisch unterhalten, »was in Böhmen und Schlesien an Erden und Baumb gewechs auf antreibung deß bösen Geist zu verderben sein möchte.«

Der Verdacht erhärtet sich, da die in Prag verhörte Ursula Kupferschmied zugibt, während einer Wallfahrt in einem Wirtshaus an der rechten Straßenseite auf dem Weg nach Glatz abgestiegen zu sein. Hier hat sie Kontakt mit dem Apotheker und dem Arzt, da ihr Mann krank sei. Zudem habe sie ihre Mutter, die verbrannte Hexenkönigin Ursula Schubart, auf der Wallfahrt getroffen.

Die Goldschmiedin war vor zwei Jahren gestorben und die jüngere Tochter nicht greifbar, so daß nur Dorothea eingezogen und verhört werden konnte. Marianne Tittel wird im Dezember 1651 in Zuckmantel über sie befragt und ergänzt ihre Beschreibung. Man will mit ihrer Exekution warten, bis die Untersuchungen in Prag und Königsgrätz abgeschlossen sind. Hoditz berichtet Kaiser Ferdinand III. über die Gefährlichkeit der Sache.

Die durch eine Aussage der Kupferschmiedin in Verdacht gekommene Schwester der Goldschmiedin, die Apothekerin Ursula, soll nach einer Entscheidung der Böhmischen Kanzlei vom 24. Januar 1652 freikommen. Über die Vorgänge hat sich ein gedruckter Bericht erhalten. Er spricht von einer hundertjährigen Bäuerin Eva Launerin.

Es fällt auf, daß in Neisse während der Jahre 1639–1641 mehrere wohlhabende in Prozesse verwickelt werden. Hoditz hat eine Erklärung parat[55]. In Freiwaldau werden u. a. Ratsfrauen verbrannt. Eine solche ist Barbara Geier, Tochter der Hexenkönigin Ursula Schubart.

Der Oppersdorfer Pfarrer Meisner berichtet von der Hinrichtung zweier Ratsfrauen in Neisse. Er stellt für 1651 fest: »kaum war der Friede erfolget, finge man an mit dem anderen Geschlechte zu kriegen und viele als Hexen und Teufelskünstlerinnen einzufangen, dass in dem Bisthum Neisse 200 davon (verbrannt) worden, worunter zwey Ratsfrauen von Neisse waren, auf Oppersdorf aber ist man damals nicht gekommen, obgleich der Landshauptmann gesaget hätte, daß auf die mehrsten Weiber in diesem Dorffe wäre bekannt worden.«

Der Neisser Pfarrer Pedewitz erwähnt in seiner *Kirchengeschichte,* daß selbst der Beichtvater des Bischofs von 15 angeklagten Frauen der Zauberei bezichtigt wurde. Im Zentrum der Anklage steht die

Schöne Ursula

Schubarth, die Schmeter Ursel, die im Juli 1651 in Neisse gerichtet wird: »wie die Königin von diesem Schlesingischen Hexen-Geschmeiß/und viel andere außgesagt/auch unter der Folter bekannt/so seynd sie, an S. S. Philippi und Jacobi Abendt zu Prag auf dem Munsterlatz gewesen. Da sie mit dem Schwert gerichtet wurde, hat sie sich wohl geständig gezeigt.«

Hier wird ein Phänomen der Hexenverfolgungen erkennbar: die Vernichtung ganzer Familien. Ursula Schubarth hat drei Töchter und eine Enkelin, die in das Verfahren gezogen werden. Die Hinrichtung der am 5. Juni 1651 verhafteten Tochter Marianna Tittel wird aufgeschoben. Ihre Schwester, die in Prag wohnende Ursula Kupferschmiedin, stirbt im April an den Folgen der Folter im Gefängnis der Prager Altstadt. Die dritte Schwester Barbara Schubarth, Ratsfrau in Zuckmantel, wird am 28. August 1651 gerichtet. Die bei der Großmutter aufgewachsene Enkelin Magdalena Zottmantel wird am 28. September 1651 eingezogen und später gerichtet.

In der Region kommt es gleichfalls zu Kinderverbrennungen. Vergl. die Ausführungen im Kapitel zu den Kinderhexenprozessen.

Die Angst vor dem nichtexistenten Teufel ist gegenwärtig. Der Oppersdorfer Pfarrer Adam Meisner warnt in der Pfarrchronik 1653 seinen Nachfolger[56)]. In Neisse kommt u. a. ein

Hexenstuhl

zum Einsatz: »worauf die Angeklagten nakend gesetzt werden, (er) hat 150 fingerlange Spitzen, werden darauf geschraubt, schlafen bisweilen drei, oder vier Stunden, und fühlen weder Feuer noch andere Marter.« Von ihm hat sich eine Beschreibung erhalten[57)]. Die Zuckmantler Ratsfrau Barbara Geier gesteht: »nachdem dem sie ein viertelstundt auff dem Stuel gesessen.« Bei der Beschreibung des Hexenstuhls von Arnoldsdorf wird gesagt: »Wenn die Angeklagte Stunden in höchster Marter säße und nichts fühle, ihr ein Trank gemacht werde, der ihren Geist vertreibt und sie dann die Pein fühlen läßt, so daß sie alles nach der Länge bekennt.« Auch in Leobschütz ist ein Hexenstuhl in Gebrauch. Für die Region läßt sich der Landeshauptmann

Georg Maximilian von Hoditz

als Hexenriecher ausmachen. Er ist als Konvertit der katholischen Religion zugetan. Er wird vom Bischof des öfteren zur Vorsicht gemahnt und er läßt ihn wissen: »daß auch bei mehreren Besagungen Irrtümer auftreten können.« Im Grunde genommen versteht er die bischöflichen Weisungen zu umgehen. Caspar Nase ist studierter Jurist. Er ist im Auftrag von Hoditz bei vielen Prozessen mitverantwortlich. Er gelangt in den Geruch eines Hexenrichters und wird 1678 Bürgermeister von Neisse. Der Bischof befiehlt am 18. Januar 1652 die Einstellung der Prozesse.

Wie ein Rückfall muten die Urteile von Ludwig Maximilian Graf von Hoditz von 1684 an. Nochmals wird vorgebracht: »Zwei Frauen und ein Mann seien zu der teufflischen Zusammenkunft auf der Ofengabel durch die Feuermauer auß auff die Viehweyde gefahren, daselbst der Hexischen Gewohnheit nach getanzet, Gefreßen und Gesoffen ... dabei hätten sie des öffteren Unzucht verübet, sich dem bösen Feinde angelobet unndt sich in ein schwarzes Buch einschreiben lassen, entlich auch das Vieh zu Tode Zureiten gelehrnet, unnd solche Kunst, an einer Kuh auch würklich vollzogen.« Sie werden gerichtet. Zum Ende des Jahres 1652 wird

Constantin Magnus

von Jerin zum neuen Landeshauptmann bestellt. Er ist vordem Hofrichter in Neisse. In seiner Leichenpredigt wird über ihn gesagt: »So war er überauß behutsam in den Blutsachen umbgangen, daß er kein Bluturtheil ehender unterschrieben/er haben dann sich darüber noch ein lange weil vorher bedacht/ seine Augen gen Himmel zu Gott mit einem tiefen Seuftzer erhoben/und uber den Sentenz das H. Creuz gemacht.« Unter ihm werden die Prozesse selten und die Hinrichtungen noch mehr.

1654 erregt eine neue Anklage wegen Zauberei die Gemüter. Der Berghauptmann von Zuckmantel, Heinrich Spiering, informiert am 19. September Jerin von einer Auseinandersetzung zwischen Michael Ludwig und Thomas Zottmantel, einem ehemaligen Söldner, der des öfteren in der Schänke »ein ziemlichen trunk eingenommen, daß er allein in sein Hauß zu kommen nicht vermöcht.« Er beschuldigt nach einer durchzechten Nacht

Thomas Zottmantel, ihn zur Zauberei gezwungen zu haben. Es endet mit einer Geldstrafe.

1657 bezichtigen sich Dorfbewohner aus Petersheide gegenseitig der Zauberei und 1667 flackern erneut Hexenprozesse auf. Nun besagt ein Bruder seine Schwester wegen Zauberei. Es kommt zu Verhaftungen und dann zu Entlassungen aus dem Stockhaus von Starrwitz. Der Besager wird zu einer Geldbuße verurteilt. 1667 geht es um das von einem bösen Geist heimgesuchte

Hexenmädchen zu Johannisberg

Sie wird auf den 15. Februar angesetzt, aber durch das Einschreiten des Bischofs Sebastian von Rostock verschoben. Jesuiten berichten: »daß sich die Erziehung des Mädchens gut anließe.« Dann befiehlt Jerin dem Hauptmann von Johannisberg die Hinrichtung des »in verhafft sitzenden Hexenmägdleins auff negsten freytag in aller Frühe, und möglicher Stille mit dem Schwerdt.«

Im März 1669 beschweren sich zwei Männer, daß ihre Frauen im September des Vorjahres eingezogen und im Januar gefoltert wurden und zwar »mit gleicher Tormentis, alß man die Hexen zu martern pfleget, gebrannt undt gezogen worden seindt derogestalt, daß sie Lebenslang zu ihrer vorigen Gesundheit nicht gebracht weden können. Der Grund zu ihrer Verhaftung ist die Aussage eines 14jährigen Bauernmädchens, die behauptet, sie hätten nachts, während sie am Ofen saß, vor ihrem Stubenfenster gestanden, einen Topf hineingehalten und ihr gedroht, daß sie sie darin kochen wollten, falls sie nicht das Hexen lernen wolle.

1715 tritt zum letztenmal ein Zaubereifall im Fürstentum Neisse auf. Anna Maria Steiner, die »auffs neue vom bösen feindt besessen in offentlichen ruff« steht, wird im Münsterburger Turm inhaftiert. Sie wird später in ein Hospital verbracht, um zu prüfen: »ob sie unter einer natürlichen Krankheit litt oder ob sie wahrhafftig auffs newe a daemonio besessen sey.«

Glogau

1630 findet in Beuthen an der Oder ein (Hexen)prozeß statt: die 19jährige Anna Schweizer wird von dem jesuitisch gesinnten Burggrafen Heinrich von Poelke – möglicherweise aus Eifersucht – der Teufelsbuhlschaft beschuldigt. Zeugen wollen sie auf einem Faß sitzend zum Sabbat haben fliegen sehen. Die Erde unter ihren Füßen soll verdorrt sein. Nach einer fünfmonatigen Haft ist ihr Widerstand gebrochen. Sie wird im August gerichtet. Der Prozeß erfolgt unter der Verantwortung des Jesuitenpaters Heinrich Giwesius.

1640 läßt der Obrist Lieut. Seidlitz in Grünberg 1 Wachtmeisterin, 1 Marquetenderin und 2 Gemeine Soldaten Weiber, so der Zauberey überführet waren, verbrennen. Möglicherweise stehen die Verfolgungen mit der Einsetzung eines katholisch orientierten Magistrates zusammen, der mit Strenge die Hexen, die er entdeckte, verfolgt. Eine Parallele hat das Vorgehen mit einem Soldatenführer in Schwäbisch Hall. Hier geht es nicht um Hexenprozesse.

Der erste urkundlich belegte betrifft die 84jährige »gewesene« Badmutter (Hebamme) Katharina Funcke, die 1654 verbrannt wird. Von 1663–65 findet in Grünberg und den umliegenden Dörfern eine Hexenjagd statt, die mindestens 16 Todesfälle ausweist. Fünf Frauen sterben im Gefängnis. Fast zeitgleich zu der Verfolgungswelle beginnen in Lanken und Kolzig weitere. Die Verfolgung in Kolzig mit fast 40 Todesopfern ist die größte.

In Rakau wird 1681 eine Frau aus Bomst wegen Zauberei angeklagt. Der letzte Vorfall in Grünberg ist wohl 1696 der Prozeß gegen den Brandstifter und Schäfer Christoph Kirschke, der aus Eifersucht 1695 zwei Häuser in Schertendorf und Plothow angezündet hat. Als er im Verhör von einer inneren Stimme spricht, vermutet das Gericht eine teuflische Einwirkung. Er wird hingerichtet.

1670 behauptet der Landeshauptmann von Glogau, daß die Menschen auf dem Lande »alle unkatholisch seien[58].« Unter dem Einfluß der Habsburger wird die Ausrottung des Protestantismus spürbar. 1669 verbietet Leopold I. entgegen den Bestimmungen des Westfälischen Friedens den Besuch auswärtiger Kirchen. Das Etablieren der Jesuiten schärft die Situation.

Andreas Gryphius, der ab 1650 als Syndikus der evangelischen Landstände des Fürstentums Glogau wirkt, verfaßt ein Sonett *An einen unschuldig Leidenden,* das nicht mit dem Hexenbrennen in Verbindung stehen muß[59]. Er hat 1653 die *Glogauischen Fürstenthumbs Landes Privilegia* verfaßt. Von Interesse ist der Prozeß gegen die Hebamme

Katharina Funcke

Er hat seinen Auslöser in innerdörflichen Konflikten[60]. Vermutlich ist sie kräuter- und heilkundig, denn Königs Ehefrau ruft sie Weihnachten 1651 wegen einer Krankheit. Sie badet sie mit einem Kraut namens »Gottes Hülff«, doch die Heilversuche schlagen nicht an. Sie wird bei ihrer Verhaftung im September 1652 zu fast 30 Punkten befragt. Sie ist in Lausitz bei Ursula und Matz Stiche im Dienst. Ursula Stiche beschuldigt sie vor allem des Schadens an Vieh.

- So habe sie ihr vor fünf Jahren mehrere Eier abgenommen, worauf Katharina zu ihr gesagt habe: »es sollten ihr teure Eier werden.«
- Der Schweiß einer Kuh hätte wie Aas gestunken, sie hätte alle Haare von den Knien bis an die Klauen verloren und sei schließlich gestorben. Der beste Ochse und noch eine andere Kuh wären lahm gewesen.
- Zudem habe sie seit Wochen keine Butter mehr machen können und an allem sei Katharina Funcke schuld.

Das Gutachten der Universität Frankfurt an der Oder vom Februar 1653 bestimmt: »daß die Zeugen nochmals unter Eid aussagen sollen. Man solle Katharina Funcke so in Verwahrsam halten, daß sie an Ihrer Gesundheit »bey so hohem Alter nicht gekränkt« werde. Die Gutachter gelangen zur Auffassung: »daß die Indizien nicht zur Anwendung der Folter reichen.« Der Scharfrichter soll ihr lediglich die Instrumente zeigen. Unter der Folter gesteht sie den Teufelspakt und die Teufelsbuhlschaft.

- Der Teufel sei ein kleines schwarzes Männchen in einem mäusefarbigen Kleid. Sein Name wäre Hänsel. Er wäre dreimal bei ihr gewesen, aber sie hätte »keine wollust daran gehabt« im Gegenteil, sie sei jedesmal krank geworden und habe nichts essen können. Zudem habe sie sich mit Hexensalbe geschmiert und wäre ausgefahren.

Dann wenden sich die Grünberger an den Breslauer Schöffenstuhl, der zur Hinrichtung rät. Man soll ihren Leumund untersuchen und in ihrem Haus nach Giefft, Kräuter, Menschen beine oder dergleichen Sachen, so der Zauberey Verdacht auf sich haben; fahnden.

Daraufhin wird sie nochmals peinlich verhört und auf eine Leiter gespannt. Sie habe während der Folter zu schlafen angefangen. Sie bestätigt ihre Vergehen und wird im Januar verurteilt. Aufgrund ihres Alters wird sie mit einem Schwert gerichtet. Nach $1\frac{1}{2}$jähriger Haft wird 1654 die 84jährige verbrannt. Der

Hexenjagd

von 1663–65 fallen mindestens 16 Frauen zum Opfer[61]. Sie beginnt mit der Anzeige des Gutsherrn von Schertendorf, Melchior von Landskron, daß ihm sein Kretscham (Wirtshaus) durch Helena Kliche angesteckt worden sei. Sie ist 64 Jahre alt, vermutlich verkrüppelt und hält sich durch Kräuterhandel und Heilgeschäfte über Wasser. Im Juli wird sie verhaftet und gesteht unter der Folter. Sie besagt aus Grünberg und Schertendorf je fünf Frauen und aus Plothow vier. Helena stirbt in der Nacht nach der Folter am 13. Juni 1663 im Gefängnis. Der Teufel soll ihr den Hals gebrochen haben. Daraus entwickelt sich ein Kettenprozeß.

Eva Gutsche und Anna Jeschke werden am Todestag der Kliche in der Säuschwemme »gebadet«. Unter der Folter besagen sie sechs Frauen. Vier von ihnen werden verhaftet, zwei fliehen und »seindt bis dato nicht wieder in Ihre Behausungen gekehrt.« Anna Jeschke und Eva Gutsche werden im September 1663 in Schertendorf lebend verbrannt. Dann werden drei weitere Besagte verhaftet. Der Schöffenstuhl Löwenberg rät zur Anwendung der Folter.

Ein dort ausgestelltes Gutachten gelangt zu der Auffassung: »Anna Stache, die als »halblödsinnig« bezeichnet wird, soll auf dem Scheiterhaufen verbrannt werden, weil sie Teufelsbündnis, Fahrt auf dem Blocksberg (Kükelberg, Kickelberg) und Schadenzauber am Getreide gestanden hat.« Die Folter zeigt die gewünschte Wirkung.

Ende Oktober 1663 wird Anna Stache nochmals gütlich befragt. Sie besagt die 52jährige Elisabeth Graße, Frau des Tuchmachers Christian Graße. Mit der Verhaftung kommt Unruhe auf: »denn nunmehr dünkte sich keine alte Frau mehr ihres Lebens sicher«; man läßt sie ohne Verhör im Stockhaus sitzen. Wegen der Besagung auf sie wird mit der Hinrichtung von Anna Stache gewartet.

Nach dem Bericht des Landeshauptmannes von Barwirt: »ein in dem Aberglauben seiner Zeit befangener Herr, der seine Zustimmung zu allen der Beseitigung des Hexenwesens in Grünberg geltenden Maßnahmen erteilte[62].«

Ursula Gutsche stirbt im Gefängnis und Anna Stache wird im Mai 1664 lebend verbrannt. Dann wird Elisabeth Graße verhört, ohne zu gestehen. Sie kommt mit Schnüren und spanischen Stiefeln auf die Folter. Sie begehrt die Wasserprobe, weil es ihr ihr Geist geraten hat. Sie wird des Feuertodes für schuldig befunden, dann aber nochmals verhört. Jetzt besagt sie fünf Frauen und zur Elisabeth Apelt: »Du bist der Teufel, du bringst mich ums Leben.«

Elisabeth Graße wird von Gewissensbissen geplagt und widerruft ihre Beschuldigungen beim Hinrichtungstermin am 10. Januar 1665, wo sie aus Gnade erst mit dem Schwert gerichtet werden soll. Sie gelangt wieder ins Gefängnis. Jetzt bestehen die Schöffen darauf, daß sie bis zur Resignation gefoltert wird. Sie erfleht ihre Hinrichtung.

Kurz danach wird Elisabeth Graße – nach einer mehr als einjährigen Haft – verbrannt. Die Böhmische Hofkanzlei wird in das Verfahren verwickelt. Elisabeth Apelt wird auf Urfehde entlassen. Einen Monat später, am 15. April 1665, beauftragten die von der Stadt Grünberg Deputierten Johann Georg Schmolcke, einen Bericht über die Hexenprozesse zu verfassen.

Es ergeht die Weisung: »künftig sollte niemand mehr ohne kaiserliche Genehmigung gefoltert und gerichtet werden.« In der Literatur wird über zwei Hinrichtungen von aus Polen stammenden Frauen 1667 und 1668 berichtet. Die meisten Besagten sind alt, haben einen niedrigen Sozialstatus, sind Mägde, Bäuerinnen oder Bettlerinnen.

Merkwürdige Beteuerungen

Die 60jährige Ursula Magnuß sagt:

- »daß sie mit Kräutern gehandelt hätte.« Bei der Verfolgungswelle wird zwei Frauen vorgeworfen: »ihr Sechswochenkind dem Teufel verkauft zu haben.«
- Anna Mämmel soll Leichenerde auf ein Stück Kuchen gestreut und dabei gesagt haben: »wie der Mensch in der Erde verwese, sollen auch ihre Opfer sterben.«
- Eva Wärners soll drei Geister gehabt haben, durch Baden einen »großen Schloßen« (Hagel) verursacht haben, der das Getreide zerschlagen hätte. Außerdem habe sie ihren Sohn irre gemacht.
- Sie gesteht, daß sie 1661 das Haus des Tobias Bergmann wegen eines zu geringen Almosens in Brand gesteckt hat.

Zum Beginn der Prozesse wird die Wasserprobe zur Wahrheitsfindung eingesetzt. Hier sterben fünf Frauen vor ihrer Hinrichtung.

Dem Grünberger Bürgermeister Christof Hirte wird attestiert, daß ihm das schreckliche Umsichgreifen der Hexenprozesse widerwärtig sei. Der Hofrichter Scribanus wird als berüchtigter Hexenrichter bezeichnet; er ist seit 1651 tätig. Der Landeshauptmann von Barwitz muß als Prozeßförderer gesehen werden, mahnt aber »zu gutter Vorsichtigkeit und Bescheidenheit«. Als in Grünberg die Hexenprozesse ihrem Ende zugehen, entwickeln sich in Lanken und Kolzig zwei Verfolgungswellen. Der Hexenprozeß in

Lanken

beginnt im Mai 1664 mit der Vernehmung zweier Frauen, der etwa 76jährigen Barbara Lorenz und der 64jährigen Anna Heintz. Sie werden verhaftet und nach dem Hexenmahl untersucht. Breslauer Schöffen halten wegen des hohen Alters der Beschuldigten eine »rücksichtsvolle« Folter für angemessen. So wird ihr Widerstand gebrochen. Sie werden im Juni 1664 gerichtet. Eine Dorothea Gärtlich und ihre »Schülerin« Anna Stenzel werden verbrannt. Es werden sechs Opfer der Hexenverfolgung und elf weitere werden besagt.

Wieder werden Wasserproben durchgeführt. Die Löwenburger Schöffen sagen, zur Vorbeugung von Teufelskünsten könne man Barbara Zippel und Barbara Rößler mit der scharfen Frage belegen: es sei gestattet, den beiden »ihre Haar am Kopf, unter den Armen und valvis auribus impudentis« abzuschneiden. Beide werden gegen Urfehde entlassen. Ein Kläger ist Ferdinand von Kreckwitz. Barbara Zippel hat sich verdächtig gemacht, weil sie an seinem Zaun Grenzsteine für einen Milchzauber sucht, um ihre Kühe zum Milchgeben zu bringen. Kreckwitz hält es für Zauberei.

In den Folgejahren zettelt er Verfolgungen an: »da das crimen magiae von Tag zu Tag mehr und mehr geheuffet werde,« läßt er 1671 mehrere Personen verhaften und verhören, deren einer – Nickel Algerer – im Gefängnis stirbt.« Vielleicht macht er es aus Profilierungssucht. Es läßt sich nicht dokumentieren, daß er die Verfolgungen instrumentalisiert[63]. Hock macht darauf aufmerksam: »es scheine, als ob der Teufel viele Unschuldige in Spiel ziehen würde. Man müsse danach trachten, daß niemand Unschuldiges zu höchster Gefahr, seineß lebenß oder gesundtheit leichtlich derain gezogen werden möchte, alß daß Vielleicht Untter weilen ein schuldiges darunter hinschleichen dürffte ... es genüge ein genaues Auge auf die Beschuldigten zu werfen.«

Wegen Aussagen von in Lanken Angekagten wird im südlich entfernten Leubus gegen vier Frauen der Prozeß gemacht. Die Hebamme Barbara Adam, der dicken Martinin, wird

Kaiser Maximilian I. reformiert sein Land u. a. durch eine neue Heeresreform und befragt den Sponheimischen Abt Trithemius in der Hexenfrage. →

vorgeworfen, sie hätten die Kinder nach der Taufe an die Stelle gelegt, wo sie geboren worden sei. Sie habe es auf Wunsch der Eltern getan, denn es wäre gut gegen »schwere Not.« Nach Gutachten der Breslauer Schöffen wird sie nach Gelöbnis entlassen.

1671 werden mehrere Personen wegen Hexerei in Lanken inhaftiert. Auslöser ist die Selbstbezichtigung des Nickel Algerer, der nach einer halbjährigen Haft stirbt. Man läßt wissen: »der Hauptmann von Kreckwitz verhalte sich gegen den Tenor der eingeholten Gutachten, die die Angeklagten auf freien Fuß gesetzt haben sollten, indem er sie nicht zu entlassen gedenke.«

Die Verfolgten

Ein Viehsterben lenkt den Verdacht um diese Frauen von 1664. Der Haupteigentümer des Viehs war Scholze, dem nicht nur die erste Frau gestorben war, sondern auch die zweite an derselben Krankheit zu sterben drohte. In deren Federbett finden sich merkwürdige Dinge, die ihn darauf bringen, daß Zauberei im Spiel sei. Bei der Verhaftung wird Barbara Lorenz aufgefordert, sich besser zu kleiden, worauf sie das Gericht anfährt: »sie wäre dem Henker schön genug.«

Unter der Folter gesteht sie eine Hure und Zauberin gewesen zu sein. Vom Gericht befragt, ob sie nicht schwanger gewesen wäre und abgetrieben habe, sagt sie: »Sie sei eine alte Magd und könne nicht schwanger werden.« Von dem Prozeß spalten sich weitere ab.

- Dorothea habe der Anna Stenzel mit einer Wurzel das Zaubern beigebracht. Der Teufelsbund wird mit Blut besiegelt, wozu der Teufel mit seiner Klaue einen Kratzer in die rechte Seite der Frauen macht.
- Zum Hexentanzplatz auf dem »Großen Triebe« in Lanken wird auf einem Bock geritten, der sich Martel nennt.
- Über die Teufelsbuhlschaft wird gesagt: »ohne daß die Natur gantz kalt gewesen wäre.«

Barbara Zippel wurde mit den Füßen in den Stock gesteckt, am Leib mit dreifachen Ketten, die Hände zusammen, mit eisernen Fesseln beschlossen »das sie sich gar nicht regen, auch nicht liegen, noch des Ungeziefers erwehren können, welches ihr am Leibe, bevorab an den Brüsten, sehr schmertzliche Löcher durchfreßen.«

Anna Stenzel droht der Scharfrichter, daß er ihr die Brust abschneiden würde und dann sagt sie: »sie hätte ihre Sünden jederzeit bedauert und sie niemanden anvertrauen können, bis sie in ihrem Herzen den Herrn Jesum anzuruffen, darauf ... der Geist wie ein kleines Mäuslein aus ihrem Halße gesprungen, hette auch baldt darauf den Nahmen Jehsus nennen, und all(e)ß offenbahren können.«

Hans Ernst von Hock hat Mitte des Jahres 1664 in Lanken mehrere als Hexen Beklagte einziehen lassen. Unter ihnen ist Barbara Zippel, die trotz Folter nicht gesteht und 1665 nach einer einjährigen Haft entlassen wird und die man des Landes verweist. Sie flieht nach Bojanova in Polen. Ihr Mann Matthes erhebt wegen des ungerechten Procedere Einspruch und fordert die Ehrenrettung seiner Frau. Daraus entwickelt sich ein siebenjähriger Rechtsstreit, der zu Gunsten von Barbara Zippel ausgeht. Zippel wendet sich an den Kaiser. Es kommt ein Vergleich zustande und der Kläger wird teilweise entschädigt.

Kolzig

Hier zettelt der Protestant Johann Christoph von Kittlitz, Erbherr von Kolzig, Grünwald und Lipke, mehrere Hexenprozesse an, in denen mindestens 39 Menschen umkommen. Es ist die größte Hexenverfolgung im Fürstentum Glogau und nach der Neisser von 1651 die größte in Schlesien.

Im Dezember 1664 werden sechs »zauberische Subjecte« verbrannt und es kommt zu Besagungen. Unter den Opfern befindet sich Anna, Frau des Kutschers Hans Villborn aus Grünwald, die sich durch einen Fluchtversuch verdächtig macht. Laut Aussagen anderer Hexen hat sie auf dem Sabbat verkündet: sie wolle den Tod der Verbrannten an der »gnädigen Frau« und den Kindern des Scholzen rächen und dann gesteht sie unter der Folter mit ihrer Schwester, der alten Kunertin, das Kind des Scholzen vergiftet zu haben. Sie soll bei einer Ortsbegehung zeigen, wo sie die Totenknochen vergraben hätte. Jetzt wird Adam Kubisch hineingezogen.

Ursula Funke sagt: »daß sie ihn auf dem Sabbat gesehen habe« und er gesteht es. Er berichtet von einem Gespräch zwischen acht Hexen, die zu einem Angriff auf das Kolziger Gericht übergehen wollen: »der Scholze zu Grünwald sollte lahm und krumm werden und den Gerichtsschöffen zu Kolzig solle das »schwere gebrechen« anfallen.« Dann berichtet er von seiner Buhlin Barbara, die er »viel heftiger alß sein weib dies acht jahr geliebet«. Er wird später gerichtet.

Ursula Funke wird von ihrer Mutter Anna Villborn und anderen wegen Zauberei beschuldigt. Dann gesteht eine Anna Heil: »sie habe dem Satan ihr Kind versprechen müssen, falls er sie schwängern würde. Sie aber könne nicht wissen, ob sie vom Satan oder ihren Mann schwanger werden würde.«

Tuschen, Christoph Bartsch »hausfrau« von der Kniefel Aden zur Zauberei gebracht, gesteht gütlich. Sie wird im Februar 1665 mit vier anderen verbrannt.

Die Bilanz der Kolziger Prozeßwelle im März 1665; mindestens 19 Tote.

Von den sieben Hinrichtungen des Jahres 1666 sind vier Frauen bekannt. Eine »Rennerin« wird mit der Schäfer Christophin im September 1666 der Wasserprobe unterzogen. »Die Angeklagten versanken nicht, gelten also als schuldig. Im anschließenden Verhör sagen sie: »daß ihnen der Teufel zur Wasserprobe geraten habe. Er wollte ihr eine Eisenstange an den Rücken legen, so daß sie zu Grunde gesunken wären oder ihr sonst helfen. Doch der Teufel hätte sie betrogen.« Später werden beide gerichtet. Die Tochter der Schäfer Christoffin wird ein halbes Jahr nach ihrer Mutter mit »Peuker Mägdelein« am 13. Juli 1667 erst mit dem Schwert gerichtet und dann verbrannt.

Ende Februar 1669 wendet sich Kittlitz an Wittenberger Theologen mit der Bitte um ein Gutachten. Er stellt die Frage: »Ob eine Obrigkeit Personen mit guten Gewissen das Leben schenken könne, die sich freiwillig angeben, bekehrten und wahre Buße täten.« Man sagt ihm: »die Ausfahrten wären größtenteils Blendwerk des Teufels. Man rate zur Vorsicht im Gebrauch der Folter, wenn keine Indizien vorliegen. Es könne ein Werk des Teufels sein.«

Catharina Kunert hat sich der Hexerei bezichtigt. Sie gesteht im April 1669 und besagt 40 Männer und Frauen des Schadenszaubers und der Teilnahme am Sabbat. Die Selbstbezichtigung verursacht einen Auflauf im Dorf. Sie bittet ihre Verwandten und Bekannten, bei ihr zu wachen, denn Hexen würden das Haus umzingeln und sie zur Ausfahrt mitnehmen wollen.

Zentraler Punkt in der Verhörfolge ist die Befragung über die Krankheit der Gutsherrin Frau von Kittlitz. Ihr Mann hat jahrelang Interesse an den Prozessen, greift in sie ein, verhört teilweise die Angeklagten. Gerichtsort ist das Kolziger Schloß. In der Region zeigt sich eine gutsherrliche Autonomie.

Der letzte Hexenprozeß im Fürstentum Glogau findet 1681 statt. Im nördlich von Züllichau gelegenen Rackau wird am 5. Juli 1681 Anna Wincklin verhaftet, die zu ihrer Tochter geflüchtet war, nachdem sie in ihrem Wohnort »Bomst« in Polen von drei Frauen besagt worden war, sie haben Wetter gemacht, das Winter- und Sommergetreide verdorben und 15 Tonnen Heuschrecken gemacht. Unter Georg von Brandenburg wird das Fürstentum

Jägerndorf

fast ein Jahrhundert zum Zentrum des Protestantismus, um dann in den Sog der Gegenreformation zu gelangen. 1535 entwickelt sich ein Hexenprozeß, der durch die Hinrichtung des Juden Abraham Hirsch Aufsehen erregt. Wegen Kuppelei und Liebeszauber angeklagt, besagt Dorothea Schkaryn unter der Folter neben ihm weitere Frauen. Sie werden nach der gängigen Rechtsauffassung verbrannt.

Leobschütz

wird Schauplatz der ersten größeren schlesischen Hexenverfolgung. Ihr fallen mindestens neun Menschen zum Opfer. Im Juli 1581 wird Hans Wolf, genannt Graf, wegen Zauberei mit Zangen gerissen und verbrannt. Kurz danach erleidet seine Lehrmeisterin die »Janin aus Neudorf«, das gleiche Schicksal. Die Stadtchronik von Meylandsky von 1720 berichtet darüber[64]. In Jägerndorf wird Adam Konert aus Schönwiese im Januar 1604 gerichtet.

Die Region wird nach der Schlacht am Weißen Berg den Liechtensteinern übergeben. Im Mai 1638 werden in Jägerndorf zwei Frauen eingezogen, die weitere zwölf besagen. Der »Schwarze Nieckel« hat Margaretha Landtkron in einer Mondnacht besucht und ihr das Hexenwerk beigebracht. Sie gesteht die Teufelsbuhlschaft, die Ausfahrt zum »Kohlberg« und mit der Maria Pohl Schadenszauber in einem Stall und mehrmals »den Regen auf 18 Wochen eingegraben.«

Maria Pohl meint: »der schwarze Mann habe große Krallen an Händen und Füßen gehabt. Außerdem trage er ein schwarzes Kleid und einen Federbusch. Aber auch in der Gestalt eines sprechenden schwarzen Hundes und eines dreibeinigen Hasen zeigte sich ihr der Teufel.«

Eva Lunghans, die vor der Folter stirbt, scheint bis an die »marter stuben frisch und gesund, doch ganz hinein mußte sie vom Scharfrichter getragen werden. Die Hegerin wird von der Toten heimgesucht[65]. Justina Schmidt aus Bransdorf stirbt im Juli 1638 mit gebrochenem Hals. Der Richter hat mit seinen Geschworenen gesehen: »daß der Kopf nur in der Haut gehangen.« Obwohl ihnen die Jesuiten täglich Trost zugesprochen, wä-

Festnahme, Verhör und Hinrichtung von sog. Hexen. Hier wird die sog. »Wasserprobe« demonstriert. Hände und Füße der Delinquientin werden zusammengebunden; danach wird sie mit einem Seil ins Wasser gelassen. Ging sie nicht unter wurde sie als Hexe angesehen, wenngleich die Ansichten darüber erheblich schwanken. Derber Holzschnitt, 1613.

ren sie mit Leib und Seele dem Teufel ergeben gewesen, der sie erwürgt habe.«

Margaretha Mehlmatz gesteht, sich mit einer Salbe im Nacken geschmiert zu haben, bevor sie ausgefahren sei. Sie beschuldigt die Richterin (Scholzin) Barbara Becker von Krotendorf, von der man seit dreizehn Jahren wisse, daß sie eine »Pilwiese« sei und als Hexenkönigin bezeichnet wird. Sie wird mit Barbara konfrontiert und bleibt bei ihrer Aussage.

Mit Urteil vom 25. und 28. Juni werden drei Frauen gerichtet. Margaretha Mehlmatz soll lebend verbrannt und Margaretha Crälit erst mit einem Schwert hingerichtet werden. Die dritte Angeklagte, Eva Spieß, muß auf einem gesonderten Scheiterhaufen verbrannt werden, da ihr der Teufel den Hals gebrochen hat. Auch hier fällt das Alter der Opfer auf.

1638 kommen vier Opfer ohne Urteilsspruch zu Tode. Ein Hexenstuhl ist in Gebrauch. Als der Torhüter Barbara Becker verhaften will, flieht sie »zunächst biß auf den Engelsberg« aber dann stellt sie sich. Ihre Kinder versuchen, im Gefängnis mit ihr zu sprechen. Sie sagt: »nun liebe Kinder, bettet fleißig ein Vater Unser für mich, morgen muß ich beichten[66).«

Gegen sie war aus Leobschütz eine Besagung aufgetaucht. Eine Hexe, die am kommenden Tag gerichtet werden soll, hat auf sie bekannt. Am 9. August wird sie verbrannt. Anlaß zur nächsten Hexenverfolgung, der in Jägerndorf 1653 mindestens zehn Frauen zu Opfer fallen, bildet eine Agrar- oder Kältekrise des Winters 1652/53.

Im Mai wird die Wahrsagerin und Zauberin Barbara aus Neplachowitz verhaftet. Sie besagt vornehme Bürgerfrauen. Laut den Akten war das letzte Opfer die am 1. September verhaftete 72jährige Christina Ott. Es wird stramm rekatholisiert und 1672 soll Jägerndorf nur noch vier evangelische Bürger gezählt haben. Unterstützt wird der Trend von Jesuiten. Das

Herzogtum Troppau

kommt 1614 an den Konvertiten und späteren Reichsfürsten Karl von Liechenstein. Dann folgen in den schlesischen Besitzungen drei Verfolgungswellen, bei denen mindestens 23 Frauen sterben. 1678 finden in Mährisch-Schönberg Hexenverfolgungen statt. Die mährischen erreichen ihren Höhepunkt 1685 in der Hinrichtung des Dechanten Lauthers, sie haben eine gegenreformatorische Tendenz.

1592 findet in Bennisch eine posthume Verbrennung statt. Bei der ersten Verfolgung von 1638 finden mindestens elf Menschen den Tod. Auslöser ist möglicherweise eine Trockenperiode. In der Herrschaft Olbersdorf finden Verfolgungen statt.

In einem Brief vom 21. Oktober 1638 an Johann Permeier berichtet der von den Jesuiten verfolgte Protestant Wilhelm Schwartz von dem Vorgehen gegen Hexen und Zauberer. Hier werden angeblich acht Personen wegen Zauberei abgetan, darunter eine Drechslerin, die, wie Schwartz berichtet »sonst fromm gerühmt, daß ihr Mann für sie zu sterben sich erboten, da sie doch Zeit ihres vierzehnjährigen Ehestandes ihrem Bekenntnis nach nur zwei mal mit ihm geschlafen, die Unzucht mit dem Satan für die süßeste und beste gelobt. Mit dem Blutzeichen ist es allenthalben sehr gemein und wahr[67].«

In der Troppauer Johanniter-Commende werden um die Zeit zwei Zauberinnen gerichtet. Über Eva Mazow aus Waissak und Christina Suache von Wawrowitz wird den Schlesischen Constitutionen gemäß der Feuertod verhängt, dieweil sie Gott ihrem Schepfer und Heylandt abtrinnig, dem hellischen Geiste gehuldiget, zuegehalten, Mensch und Vieh durch Zaubereyen, beschädiget, also der Christlichen Gemeinschaft unwürdig geworden.«

Im April 1654 taucht die geflohene Zauberin aus Kreuzendorf wieder auf. Außerdem berichtet der Jägerndorfer Burggraf von zwei Wiedergängerinnen im Dorf Lichten, die Schaden an Mensch und Vieh verursacht hätten. Mit Zustimmung der Geistlichkeit werden die Leichen, die »in den Gräbern wie die gemesten Schweine liegen« ausgegraben und verbrannt.

In der Johanniterkommende in Gröbnig bei Leobschütz werden zwei Hexen verhört und verbrannt, die 32 Personen in den umliegenden Dörfern besagen. In der Herrschaft Gotschdorf wird 1676 eine Frau aus Kuttenberg verhaftet und gerichtet. Georg Langeneri aus Gröbing wird um 1678 peinlich verhört. Sie bekennt die Zauberei von ihrer Mutter vor 40 Jahren erlernt zu haben und mit einer Ofengabel zum Sabbat gefahren zu sein. Sie habe den Kühen Fleisch ausgeschnitten und die Lücken mit Haferstroh gefüllt. Mit Hilfe eines vom Teufel erhaltenen Pulvers habe sie die austrocknenden Winde, Überschwemmungen und Hagelschlag erzeugt.

In keiner anderen Region Schlesiens wird der Bezug von Hexenprozessen zur Gegenreformation so deutlich wie in Troppau und Jägerndorf. Gravierend für die Protestanten wirkt sich aus, daß sie dem Bischof von Olmütz unterstehen und deshalb von schlesischen Sonderregelungen des Westfälischen Friedens ausgeschlossen sind.

Fluchtversuche von als Hexen Besagten (beispielhaft)

1563 In Esslingen gelingt Hans Zwenck am 5. Juli die Flucht. Er hat seine Handschellen aufgebrochen, nachts durch den Rauchabzug die Kerkertür geöffnet, ist durch den Foltergang ins Freie entwichen, zum Dach hinabgerutscht und durch das Plinsautor entwichen.

1574 Juli. Der Magd Veronica gelingt die Flucht aus dem Gefängnis. Später wird sie wegen der Verletzung der Urfehde zum Tod durch Ertränken verurteilt.

1586 Maria Petermann wird verhaftet und nach einem erfolglosen Fluchtversuch gefoltert.

1593 Osanna Ott gelingt in der Nacht zum 7. Oktober die Flucht, obwohl man sie mit Ketten fesselt und vom Büttel und Knechten bewachen läßt. Sie flieht ins Württembergische und entgeht der Verfolgung.

1594 Wird Henn Schlegell wegen Hexerei vor Gericht beschuldigt; er entzieht sich durch Flucht.

1596 Dezember. Eine in Königstein wohnende Kühhirtin wird wegen Zauberei verhaftet. Ihr gelingt die Flucht. Sie wird eingeholt und zurückgebracht. Auch ihrer Tochter gelingt die Flucht. Sie wird am nächsten Tag auf freiem Feld verhaftet.

1608 Catharina Teufel wird zweimal gefoltert und unternimmt einen Fluchtversuch. Sie läßt sich an Decken und Tüchern vom Turm und verletzt sich tödlich. Ihr wird ein christliches Begräbnis verweigert und der Wasenmeister von Balingen beauftragt, sie beim Hochgericht zu begraben.

1613 Barbara, Noe Mäußleins Frau, wird im Gefängnis krank und entledigt sich in der Nacht vom 23. zum 24. Juni der Handschellen. An den Füßen gekettet, kann sie von Wächtern unbemerkt aus dem Rathaus entkommen. Sie geht zu ihrem Mann in der Hoffnung, daß er ihr helfen werde. Er weist sie zurück. So schleppt sich die Bezichtigte unbemerkt ins Gefängnis zurück und tut so, als sei nichts gewesen. Ihr Mann meldet am folgenden Tag das Vorkommnis.

1615 In Hildesheim gelingt einem Jugendlichen die Flucht und der Rat läßt nach ihm fahnden. Am 2. Juli schreibt der Amtmann aus Burgdorf: »daß der Gesuchte kürzlich drei Nächte dort geherbergrt habe, jetzt aber verschwunden sei.«

1627 Wird in Dieburg Anna Peedt eingezogen, deren Mutter und Taufpatin wegen Hexerei gerichtet wurden. Sie entschließt sich zur Flucht, doch wird eingefangen. Sie wird gefoltert und gesteht.

1627 18. August. Auf dem Würzburger Sternplatz wird Christian Ubelacker unter einem Galgen enthauptet, weil er als Wärter zwei wegen Hexerei Gefangenen Beihilfe zur Flucht geleistet hat.

1642 Maria Siegbert aus Winningen gelingt die Flucht. »Sie wird aus sonderbarer göttlicher Vorsehung« in Alken von Vögten festgenommen und kurz danach hingerichtet.

1647 In Verden muß der Rat unter dem Druck der Bevölkerung Panning und Frau Wolpmann gefangen nehmen; Frau Wolf gelingt die Flucht, was gegen sie ausgelegt wird.

1652 Hermann Stapp aus Roth flieht im August 1652, eine Bäckerin von Büdingen hat ihn bei Miltenberg in einem Dorf gesehen. Er habe ihr erzählt, er sei wegen Zauberei in Haft gewesen, »doch ein Engel sei gekommen, habe die Fessel gelöst und ihm zur Flucht verholfen.«

1656 In Winningen entkommt Jacob Bormer durch Flucht.

1664 (Dezember) In Glogau (Schlesien) werden sechs »zauberische Subjekte« verbrannt. Unter ihnen befindet sich Anna, Frau des Kutschers Hans Villborn aus Grünwald, die sich durch einen Fluchtversuch verdächtig macht.

17. Jh. Einigen gelingt die Flucht. Elisabeth Möllers aus Groß-Seelheim kann »durch den Unfleiß der Wächter« entkommen.

1672 Elisabeth Schmieg hat ihren Mann Hans Müller der Zauberei und versuchten Giftmordes an der Tochter besagt. Vater und Sohn gelingt die Flucht aus dem Gefängnis Lauenburg.

1674 Katharina Kropf aus Österreich flieht aus dem Feldbacher Gefängnis zu ihrer Schwester nach Bergl.

1715 Kommt es im Landgericht Vilsiburg zu einem Prozeß gegen ein zehnjähriges Mädchen und eine ältere Frau (Geistgnandl). Während dem Mädchen die Flucht gelingt, wird die ältere 1752 in Landshut verurteilt.

Böhmisch-schlesisches Grenzgebiet

In der Grafschaft Glatz (Lewin) wird 1344 eine angebliche Wiedergängerin, die zu Lebzeiten gezaubert haben soll, posthum verbrannt. In Nachod wird 1540 die Hehlerin Margaretha gefoltert und nach einem Geständnis verbrannt.

Glatz ist in der Hand der Schwenckfeld(ianer), dessen Lehre sich seit 1530 dort verbreitet[68]. 1578 hat Andreas Pfeiffer, Turmprobst in Glatz, seine Köchin beschuldigt, ihn mit einer Suppe so geschädigt zu haben, daß er an einer tödlichen Krankheit leidet. Er wird kurz darauf wegen Unzucht inhaftiert[69].

Im Mai 1579 werden einige Frauen von Ober- und Niederhannsdorf verhaftet. Sie werden von einer Magd besagt, die mit einer von ihnen zum Sabbat gefahren sein will. Im Juni 1579 beschied die Prager Appelationskammer dem Landeshauptmann von Glatz, daß Christina Sturm mit der peinlichen Frage zu belegen sei[70]. Im gleichen Jahr wird eine Kupplerin aus Glatz in Breslau wegen Hexerei verhört. Angeblich läßt Nicolaus von Bubna 1598 sieben Hexen in Senftenberg richten. Kurz danach werden 14 Personen gerichtet, von denen der eine Teil verbrannt und der andere lebend begraben wird.

Je ein Hexenprozeß finden 1615 und 1616 in Braunau statt. Der Glatzer Bürger Pankraz Scholz führt elf Zauberinnen aus Hannsdorf und Droschkau an, die am 2. Juli in Glatz verbrannt worden sein sollen.

Ab 1623 geht der Breslauer Bischof gegen Protestanten vor. Der evangelische Lehrer und Kaplan Georg Katschker, der unter dem Pseudonym Georgius Aelurius die *Glaciographia* oder *Glätzische Chronika* veröffentlicht, muß sein Amt aufgeben. Er spricht für 1625 von der Verbrennung etlicher Pilweisen, setzt sich aber indirekt für die Religionsfreiheit ein[71]).

Die Schwerpunkte der Verfolgung liegen in der zweiten Hälfte des 17. Jahrhunderts. 1639 finden in Glatz Hexenuntersuchungen statt. Die Verfolgung wird in Regie von der lokalen Obrigkeit gehandhabt. 1639 verurteilt Stillfried Eva Bernhard und Anna Tieff wegen Hexerei zum Tod. Beide werden enthauptet und verbrannt. Sie besagen weitere. Allerdings enden die meisten anderen Hexenprozesse in der Grafschatz glimpflich. 1640 hat sich eine Frau vor dem Gericht in Habelschwerdt zu verantworten, weil sie einen gedörrten Menschen- oder Diebsdaumen mit sich führt. Sie wird nach der Abnahme freigelassen. Die Anklage der Töpferzunft gegen die Frau eines ihrer Mitglieder wird 1650 ab-

Der Jurist Nikolaus von Beckmann (1634 bis 1687). Er wirkt lange in der Steiermark. 1673 tritt er in Wien zum Katholizismus über.

geschmettert. 1678 bestraft der Habelschwerdter Stadtrat Männer, die zur Verbreitung eines Gerüchtes beigetragen haben, mit Arrest.

Einzelanklagen

Dann beginnen in verschiedenen Ortschaften der Grafschatz Glatz neue Hexenprozesse. In Glatz werden 1679 die 79jährige Katholikin Ursula Decker und Rosita Bensipin ins Stockhaus gebracht. Ursula Decker wird verhaftet, nachdem drei Aussagen gegen sie vorliegen. Eva Rosina Böse, geplagt von Gespenstern, behauptet: »sie hätte Ursula unter ihnen erkannt und ihr einen Schlüssel zum Beweis weggenommen.«

Rosina Fuchs sagt: »sie wäre von der Angeklagten gepeitscht und geschlagen worden. Die Magd Susanna Herzog soll von ihr gezwungen worden sein, sich in ein Buch zu schreiben. Ursula wird, nachdem im Gefängnis die Pest ausbricht, auf einem Stuhl in ein neuerrichtetes Gebäude neben der Scharfrichterei getragen. Die Frau des Scharfrichters entfernt ihr die Haare und sucht nach Hexenmalen. Dann wird sie zweimal gefoltert und bleibt standhaft. Mönche des Bernhardinerklosters konstatieren ihren gottesfürchtigen Lebenswandel.

Rosina Bensipin, die alte Grantzin, stirbt im Juli 1680 im Gefängnis an der Pest. Ein Hans Rohrer will gesehen haben, daß sie von Böcken umgeben war. Dem Besager wird vorgehalten: »Ihr lügt, wenn ihr zuvor bis Mitternacht in bier Häußern umbgangen und euch wie ein Schwein besoffen, so habt ihr danach nicht gewußt was ihr tut.« In Wünschelburg beschuldigt man 1680 zwei Totengräber wegen Giftstreuens.

Um die Zeit untersucht man bei der Glatzer Landeshauptmannschaft den Fall der aus dem schlesischen Freudenthal stammenden 20jährigen Maria Elisabeth Naselin, bei der man Zauberwurzeln gefunden haben will. Ende des Jahres 1682 werden Dorothea Breyers und die alte Greschelin wegen Hexerei inhaftiert. Die Grebelin stirbt im Gefängnis. Im Februar 1686 wird Dorothea Breyer mit dem Schwert gerichtet und verbrannt.

Georg Breyer setzt sich für seine Frau ein. Schließlich gestattet man ihn, sie besuchen zu dürfen. Er sieht sie im Spalt der Gefängnistür bekleidet in Ketten und wie sie sich wund gelegen hat. Entsetzt über ihren körperlichen Zustand fragt er beim Amt: »ob man ihre Haftbedingungen erleichtern könne.« Dorothea Breyer hat nach mehreren Folterungen gestanden und im Gefängnis einen Selbstmordversuch unternommen, der vereitelt wird.

Aus Prager Urteilsbüchern erfahren wir von zwei weiteren Zaubereifällen in Glatz. Maria Kringerin wird laut Urteil vom 19. Dezember 1687 gegen Urfehde freigelassen. Zwei Jahre danach besagt Johann Kochansky seine Frau, die ohne Verhör freigelassen werden soll[72].

Übrige Territorien

Das zersplitterte Herzogtum Schlesien umfaßt im Jahre 1600 etwa zwanzig mehr oder weniger selbständige Territorien. Sie haben unterschiedliche Organisationsstrukturen und bilden eigene Gerichts-, Steuer- und Verteidigungsbezirke. In Schweidnitz, Jauer und Sagan ist wenig über Hexenprozesse bekannt. In Schweidnitz werden 1703 fünf wegen Zauberei Angeklagte gerichtet. In Wohlau richtet 1601 der Burggraf eigenmächtig eine Frau, weil sie angeblich eine Läuseplage auf seinem Hof verursacht hat[73]. Hier sind an verschiedenen Orten Hexenprozesse in der zweiten Hälfte des 17. Jahrhunderts festzustellen. Neben einer posthumen Verbrennung in Lossen kommt es im Fürstentum Brieg erst im 17. Jahrhundert zu Zaubereianklagen. In

Liegnitz

finden die ersten Hexenprozesse zum Ende des 16. Jahrhunderts statt. Der erste aktenkundige Fall ist 1581 mit der Anklage gegen Catharina Mybissen ein Schadenszaubereifall. Sie soll an der Krankheit ihres Mannes schuld sein. Sie verteidigt sich gegen die Vorwürfe und bittet um Schutz für ihre Kinder.

In der Herrschaft Parchwitz soll 1595 der »böse Bube« Georg Heinrich im Schlafgemach der adeligen Frauen das Wasser aufgefangen (?) und dabei wunderlich-zauberische Ceremonien beobachtet haben. 1624 findet die Hinrichtung eines Adeligen in Liegnitz statt. Angeblich läßt der Herzog Georg Rudolf den Adeligen von Stange hinrichten, weil er ihm mit Zauberkünsten nach dem Leben getrachtet hat. In Münsterberg findet 1583 eine Hinrichtung statt und 1653/54 kommt es zu den aufsehenerregenden

Münsterberger Totengräberprozessen

Hier findet der Prozeß gegen den 14jährigen Hans Kärtner aus Kunzendorf statt. Anscheinend steckt ein Poltergeist in ihm, der zu ihm gesagt haben soll: »Ich bin ein ungetaufter Geist, vndt habe keinen Namen, den ich weder Hanß noch Georg heiße, sondern ich bin der Geist auß der Rosine Eckelin und habe keine Ruh, muß auf eine ganzes Jahr allhier bleiben ... er sei ein Engel, von Gott gesandt dem Menschen Buße zu verkünden.« Der Geist habe ihm befohlen, aus Leim Mäuse zu machen. Der Junge soll mit Hilfe der Geistlichkeit von seinem Teufelswerk befreit werden. Im

Fürstentum Oels

werden wenige Hexenprozesse geführt. 1574 wird eine Frau trotzt Anklage wegen Zauberei auf dem Gnadenweg entlassen. 1578 werden zwei wegen Wachsziehens und Wettermacherei verhaftet, aber wohl wieder entlassen. Die Schuld an einem Unwetter in Oels im Jahre 1535 wird Juden zugeschoben. 1600 werden drei Totengräber in Oels und Bernstadt gerichtet.

In der zweiten Hälfte des 17. Jahrhunderts vermehren sich die Hexenprozesse. 1653 werden mehrere Frauen gefangen, aber vermutlich nicht gerichtet. Unter ihnen befinden sich die Frau und Tochter des Massenmörders Melchior Hedeloff. Seine Frau stirbt im Gefängnis. Die Tochter wird am 6. Oktober 1653 wegen Kindsmord und Unzucht mit ihrem Vater gerichtet. 1664 finden vier Frauen in Ludwigsdorf und Kirtschen den Tod auf dem Scheiterhaufen. Im Juli wird als erste die Ludwigsdorferin Maria Gerlach gerichtet. Die Hexenkönigin Catharina Hillwig stirbt

Gültige Bekenntnisse der Elsa Plainacher (1583)

- Margaretha Schluttbauer sei im Kindbett gestorben und habe ihr auf dem Totenbett die fünfjährigeTochter ans Herz gelegt.
- Das Mädchen sei neun Jahre von ihr gut versorgt und gesund gewesen.
- Auf Wunsch des Vaters, der ein zweitesmal geheiratet hat, sei sie gegen ihren Willen mit 14 Jahren von der Großmutter in Dienst gegeben worden und bald darauf haben ihre Anfälle begonnen.
- Sie habe weder ihren Mann noch die Kinder vergiftet, habe keinen bösen Feind gehabt und ihr Leben lang keinen solchen gesehen.

im Gefängnis und wird mit anderen verbrannt.

1695 wird ein Mann wegen Diebstahl, Zauberei und Kugelgießerei mit Hilfe der Hand eines Gehängten angeklagt. 1701 werden zwei Schäfer wegen Zauberei verbrannt und 1702 begeht in Bernstadt eine wegen Hexerei im Gefängnis sitzende vermutlich Selbstmord.

Oberschlesische Region

In der Herrschaft Beuthen finden wenig Hexenprozesse statt. Die Einführung der Reformation macht es zum Zentrum des oberschlesischen Protestantismus. Beuthen gehört zur Diözese Krakau.1653 endet der Prozeß gegen Hanna Kurowa. Sie hat ihrem verstorbenen Kind ein Hexenbrot ins Grab gegeben. 1666 wird erneut ein Hexenprozeß in Beuthen geführt. Angeklagt ist Katharina Niedzielina. Sie wird vermutlich im Mai 1666 gerichtet. Man hat sie der Wasserprobe unterzogen.

1710 kommt es in Tarnowitz zu einer Anklage wegen Hexerei. Es geht um Hedwig Lubassin. Im *Schwarzen Buch* von Gleiwitz der Jahre 1582 bis 1691 sind mehrere Hexenfälle verzeichnet. Einer betrifft Dorothea Siwaczkowa, die 1583 wegen »gewisser Zaubereien« angeklagt und nach dem Magdeburger Recht verurteilt wird. Ein Johann Prokop klagt seine Untertanin Hoska an. Verschiedene Zeugen sagen aus, daß sie Kuhschwänze mit Bändern gebunden und auf diese Weise Zaubereien angestellt habe. Sie wird zum Tod durch Schwert verurteilt.

1663 kommt es zu einem Hexenprozeß in Ratibor. Im Mai 1663 wird eine Frau aus Niebotschau in das Stadtgefängnis gebracht und gefoltert. 1666 überzieht eine Hexenprozeßwelle von mindestens 20 Todesopfern das Gebiet. Die

Lausitz

ist ein von Hexenprozessen gering betroffenes Gebiet. Sagenumwoben ist die Geschichte des Kamenzer Franziskanermönches Matthaeus Rudolph, der als Teufelsbanner und Schwarzkünstler berüchtigt war. Er stirbt 1564 in einem Gasthof, ohne daß es jemand wagt, seine Leiche zu berühren. Seine Magd und sein Sohn werden gerichtet. 1553

Erfolterte Bekenntnisse der Elsa Plainacher

- Sie habe sich dem Teufel mit Geld verschrieben und es häufig mit ihm getrieben.
- Sie habe ihm die Anna mit Leib und Seele ergeben.
- Der Teufel sei in einen Apfel geschlüpft, den die Anne gegessen und von dem Augenblick an sei sie besessen gewesen.
- Ihr, (Elsa), sei der Teufel als schwarzer Mann, Garnknäuel, kleines Mädchen, Mücke in einem Glas und Kätzchen erschienen.
- Mehrmals habe sie die Hostie aus dem Mund genommen, im Stadl versteckt oder im Misthaufen vergraben.
- Die Frucht einer vorehelichen Schwangerschaft habe sie nach der Vorschrift des Teufels zum Wettermachen verwendet.

wird in Lauban eine Wiedergängerin verbrannt. Als eine andere im Grab zu schmatzen beginnt, legt ihr der Totengräber einen Stein und einen Pfennig in den Mund, wonach Ruhe gewesen sei.

In Lübben in der Niederlausitz entspinnt sich 1621 ein Prozeß gegen zwei adelige Frauen von Weltwitz. Katharina Lehmann stirbt im Gefängnis mit gebrochenem Genick. Andere gestehen unter der Folter Unzucht und Abtreibungen; vermutlich werden sie mit dem Schwert gerichtet. In Kamenz wird 1654 einem zur katholischen Religion konvertierten evangelischen Pfarrer der Prozeß gemacht. Kaspar Dulichius wird gefoltert und 1655 hingerichtet. Im

Ostalpenraum[1)]

setzen die Verfolgungen früh ein und halten sich lange. Auch hier sind Sage und Realität verwoben. 1296 wird von der Schädigung der Menschen berichtet. 1371 folgt ein Prozeß, als man mit zauberischen Mitteln den Probst des Chorherrenstiftes Neustadt (Brixen) umzubringen sucht. Für 1433 ist ein Zaubereiprozeß erwähnt und für die Jahre 1436–37 in Meran ein weiterer. Zwischen 1505–10 finden im Gericht Völs Prozesse gegen neun Frauen aus der näheren Umgebung statt, von denen sich Urgichten erhalten haben.

Die Region ist von der geologischen und geographischen Struktur her »wetterfühlig«. Stürme, Hagel, Gewitter und Frosteinbrüche führen zu Rückschlägen in der landwirtschaftlichen Versorgung und zur Teuerung. Es fällt auf, wie empfindlich die Bevölkerung gegen Schadenzauber und das Wettermachen ist. Hier schlägt vor allem der Wetterzauber zu Buche, der wie eine Dunstglocke über allen bekanntgewordenen Prozessen schwebt. Die im Juli 1690 per Schwertschlag gerichtete Eva List aus Haag trägt vor: »sie habe keinen Hagel gemacht aber allezeit nur groß waßer Vnd gusß gewest.«

Seit der Mitte des 17. Jahrhunderts befinden sich unter den Opfern der steirischen Hexen- und Zaubereiprozesse bevorzugt Bettler, Landfahrer und Angehörige der sozialen Randgruppen. Trotzdem bleibt es eine Vermutung, daß die Obrigkeit durch gesteigerte Verfolgungen einen Ausgrenzungsversuch unternimmt. Auffallend ist das Töten von Kindern, deren Zubereitung zu Zauberzwecken beschrieben wird. Sie haben sich bis heute in den Sagen von den

Schlernhexen

erhalten. Anna Jobst aus Obervöls räumt ein:

- In ihrer Jugend sei sie während eines Schweinetriebes mit der teuflischen Luftfahrt in Berührung gekommen. In der Folge habe sie manche Künste erlernt; Kühen die Milch zu nehmen, anderen Leute sie zu verderben und dergleichen mehr.
- Sie habe auf der Seiseralm einen Teufelspakt geschlossen und die Kunst des Ausfahrens mit Krötensalbe gelernt.
- Treffpunkte waren die Villander Alm, wo man einen Ochsen verspeisen konnte; am St. Martins-Bühl speise man rituell geschlachtete Kinder und trinke gestohlenen Wein.
- Sie habe den Teufel in einen Hafen getan, den Deckel daraufgelegt, darunter geblasen (und) zu ihm geredet: »wie oder wo er Wetter machen soll, so sei allweg ein Rauch, alsdann ein Nebel und nachmals ein Wetter daraus geworden ... wobei darauf Bedacht genommen, sich nicht selbst zu schaden.«

1583 kommt es in Wien zum

Plainacher Prozeß

Er geht von einer Nachrede aus und endet in einem exorzistischen Spektakel. Anlaß ist vermutlich die Epilepsie der16jährigen Anna Schluttbauer aus Mank in Niederösterreich. Sie leidet an Anfällen und ihr Vater ist davon überzeugt, daß sie dämonischen Ursprungs sind. Exorzismen in St. Pölten und Mariazell bringen keine Linderung.

Im Frühjahr 1583 wird sie nach Wien gebracht und im Mai beauftragt Erzherzog Erst den Wiener Bischof Kaspar Neubeck, für die arme Seele zu sorgen. Daraus entwickelt sich die Geschichte des Mädchens, das der

Hexenriecher Georg Scherer

behandelt hat. Der in Tirol 1558 geborene beruft sich auf den Bischof von Wien, Johann Kaspar; der neben anderen Priestern eine Jungfrau Anna Schluttbäurin, burtig von Manck in Österreich unter der Enns, von allen bösen Geistern erlöst. Das Mägdlein hatte in ihrem Leib 12 625 böse Geister (falls man sich nicht verzählt hat!); es war eine starke und gut besetzte Legion. Das Unheil kam durch eine alte Zauberin über sie, die sie, ihr Kindeskind, mit Leib und Seele an den Teufel verkuppelt hat. Sie stellte sich mit ihm in einen Kreis und habe darauf eine Fliege aus dem Glas gelassen. Sie wurde zum zottigen Mann und alsdann sagte sie zum Dirnlein: »siehe, das ist dein Bräutigam.«

Scherer knüpft daran die rhetorische Meinung: »seid nicht arglos, als ob kein Feind vorhanden, sondern wachet und betet, denn wir haben es mit Gewaltigen zu tun. Ergreift den Harnisch Gottes, umgürtet eure Lenden mit der Wahrheit, angezogen mit dem Panzer der Gerechtigkeit. Ergreift in allen Dingen den Schild des Glaubens. Mit ihm kann man alle feurigen Pfeile des Bösewichtes vernichten. Setze auf den Helm des Heils und nimm das Schwert des Gewissens, welches ist das göttliche Wort.«

Mehrfach fordert er die Obrigkeit zur Bestrafung der Zauberer auf. In seiner *Christlichen Vermahnung wider die Zauberer, Teufelskünstler, Wahrsager und Wahrsagerinnen, die jetzt einreißen und mit Gewalt überhandnehmen wollen,* sagt er: »Siehe, Gott hält sie nicht für wert, daß sie der Erdboden trage. Darum befiehlt er, seien es Manns- oder Weibspersonen, daß man sie einfangen, steinigen und richten soll. Die Obrigkeit kann es weder vor Gott noch der Welt verantworten, wenn sie gegen solche Leute keinen Ernst gebraucht. Der Allmächtige zerstöre die Werke des Teufels und errette uns vor seinen Anfechtungen.«

Der Bischof äußert: »daß das arme Mensch keine schweren Sünden begangen habe und auf Heilung zu hoffen sei. Da aber der böse Feind durch incantatio (Besprechung) und Schadenzauber körperlich von ihr Besitz ergriffen habe, müsse man sich der Großmutter als Verursacherin versichern.« Sie ist über 70 Jahre alt. Aufgrund einer bischöflichen Empfehlung wird sie eingezogen und nach Wien gebracht.

Das Mädchen, das bei ihr aufwächst, ist Untertanin des Protestanten Achaz aus Goldbeck. Ihre Enkelin sagt: »sie habe sie oft zu lutherischen Orten zu Gottesdienst und Predigt mitgenommen.« Ihr Vater, Georg Schluttbauer, beschwert sich darüber, daß ihm seine Schwiegermutter »Crotten und Papistischen Hundt« genannt hat, wodurch der Prozeß ins Rollen kommt.

Obwohl der Stadtrichter Oswald Huttendorfer für ihre Aufnahme ins Hospital plädiert, muß er sich dem Ende 1583 ergangenen Befehl beugen und den Rechtsweg beschreiten. Die Anklage lautet auf zauberische Schädigung ihrer Enkelin, des Giftmordes an ihrem Mann und an ihren vier Kindern. Zudem lägen Vergehen aus dem Bereich des kirchlichen Jurisdiktion vor; Verbrechen gegen die göttliche Majestät und Verachtung des Schöpfers.

Deshalb besteht der Bischof darauf, kein Mitleid zu beachten: »Der allmächtige Gott muß durch gebührliches exemplum ex officium Justiciae versöhnt werden. Wer Mitleid wolle, müsse wissen, daß er es einem Feind Gottes erweise und dadurch befürchten, daß er das Erbarmen des allmächtigen Gottes verliert.« Er bläst in das gleiche Horn wie sein Trierer Kollege Binsfeld; ein solches Erbarmen gibt es nicht!

Auf der Folter bleibt sie zunächst standhaft und, obwohl sie mit drei Steinen aufgezogen wird, bei ihrer Aussage[2]. Es kommt wie es kommen muß; die Folter bricht ihren Willen und sie gesteht: (siehe beigefügteTabellen) »Auf solche ihre Bekannztnuss wolle sy sterben und gott umb verzeichung bitten.« Das Urteil wird Ende September 1583 gefällt: »die Thatterin soll an die gewöhnliche Richtstatt, die Gennsweydt (Gäns(e)weide), geschleift (und) daselbst lebend mit dem Feuer zu Pulver verbrandt werden.« Nach einer Notiz des Bischofs stirbt sie reumütig und vorbereitet.

Landschädliche Leute

Die zweite Hälfte des 17. Jahrhunderts ist – wie heute – europaweit von sozialen Ängsten geplagt und es sind nicht nur Schäden des verhängnisvollen Glaubenskrieges – wie heute – zu beseitigen; es trifft vor allem das Landvolk. Die Erwerbslosigkeit ist extrem, es gibt zahlreiche Bettler und Landstreicher, die in ihrer Hoffnungslosigkeit zu kriminellen Taten neigen. Durchziehendes Gesindel macht sich durch Raub, Mord, Diebstahl und Brandschatzung bemerkbar. Öfters schließen sich Bettler zusammen.

Familien ziehen bettelnd und nach Gelegenheitsarbeiten heischend Hunderte von Kilometern durch die unwegsame Gegend. Häufig sind die Frauen schwanger und Mädchen werden früh defloriert. So gesteht die achtjährige Maria Wilberger aus Seekirchen: »der Willibald und ein anderer schwarzer Mann mit langen Krallen an den Händen hätten sie untenher an ihrem Leib gedruckt, (so) daß es ihr weh getan habe.«

Im Gebiet von Admont seien: »ein aufgeschnittenes Weib und zwei nackte Männer erschlagen auf der Straße gefunden worden und man bitte darum, dem Räuberhaufen den Durchzug durch das erzstiftische Gebiet zu verweigern.« Es entstehen Gesetze gegen landschädliche Leute, deren man sich kaum zu wehren weiß.

In der Arme-Leute-Gegend des unteren Mühlviertels, in der das Getreide schlecht gedeiht, in der Viehzucht und Spinnerei im Winter den Bauern ein kümmerliches Überleben gestattet, sind eine Mißernte, das Ausbleiben der Milch, das Verlaufen und Verenden des Viehes lebensbedrohend. Es schürt die feindselige Stimmung. Es herrschen Neid und Mißgunst. Daraus resultiert eine intensivere Beziehung zu magischen Handlungen, Glaube und Aberglaube werden geschürt. Verständlicherweise kommt es zu Beleidigungen. Hinzu kommt, daß der verfängliche Mechanismus von Geistlichen nach vorne gekehrt wird. Im Prozeß gegen den zehnjährigen

Landstreicher Hans Weiß

und einen 20jährigen Peter wird berichtet, »daß ein Großteil der Oststeiermark von einer Bande heimgesucht werde. Hans Weiß gibt an, daß er Schweine- und Kühhüter gewesen sei. In Stainz bei Straden beheimatet, kommt er siebenjähig zu einem Bauern, um seine Pferde zu weiden. Nach dem Tod des Vaters geht er mit seiner Mutter betteln. Er schließt sich größeren Buben an, »mit denen er in ein Haus in Purka eingestiegen sei; auf Kirchfesten in Straden und Jagerberg habe er Diebstahl verübt.«

Der zweite Angeklagte ist Waise, nach Schätzung des Gerichts etwa 20 Jahre alt und stammt aus der Gegend von Maria Lankowitz. Er ist ein Jahr bei einem Bauern »auf der Pack« und zieht als Bettler herum, wobei er seine Diebestour von der West- in die Oststeiermark schildert.

Im November 1700 wird das Feldbacher Landgericht aufgefordert, eine sich im Ilstal umtreibende, 15–18 Personen starke Räuberbande unschädlich zu machen. Einer von ihnen ist der

Bettler Hans Glaser

der wegen einer im Volksmund als Grind bezeichneten schuppigen Hautkrankheit den Spitznamen »Grindinger-Hansl« erhält. Sein Aussehen wird so beschrieben: »Alter ca. 22 Jahre, eine mittelgroße Person, mager von Angesicht und mit tief hineinstehenden Augen. Am Kopf wegen des Grindes ohne Haare, stößt beim Sprechen mit der Zunge an. Er hinkt ein wenig, weil der rechte Fuß kürzer als der linke ist. Er trägt am Kopf wegen des Grindes eine weiße Haube, darüber einen schwarzen Hut, der am Gupf geflickt ist. Am Körper trägt er einen guten Rock aus weißen Loden, darüber einen gefleckten Rock. Weiteres ist er mit knielangen Lederhosen und weißen Lodenstrümpfen bekleidet.«

Er wird 1637 in der Untersteiermark als Kind von Bettlern geboren und kommt wohl früh von seinen Eltern weg. In den Folgejahren hält er sich in der Steiermark und Niederösterreich auf und lebt von Gelegenheitsarbeiten und Kircheneinbrüchen. Bei seinen Streifzügen kommt er mit einer lose organisierten Bande von Kirchenräubern in Berührung. Als im August 1657 Graz von einem Unwetter heimgesucht wird, sucht die Obrigkeit nach Sündenböcken und meint, die Räuber fassen zu können. Als man im Herbst zwei Mitglieder festnimmt, gesteht einer unter der Folter, mit seinen Genossen, unter denen sich Hans Glaser befindet: »durch Zauberei das Unwetter herbeigeführt zu haben.«

Unter der Folter gesteht er Diebstähle und das Verbrechen der Zauberei. Nachdem er vier Monate im Kerker liegt und nach einer neuerlichen Folter standhaft bleibt, wird er wegen Diebstahl zur Auspeitschung verurteilt und des Landes verwiesen. Der

Salzburger Zauberer-Jackl-Prozeß

wird durch die Festnahme der etwa 50jährigen Barbara Koller ausgelöst. Der Mammutprozeß spielt von 1675–90 und ist extrem teuer. Von 198 Eingezogenen werden 138 hingerichtet, fünf sterben während des Verfahrens, 13 werden des Landes verwiesen, elf Kinder unter zehn Jahren, deren Eltern man hinrichtet, werden »auferzogen.« Vier werden wegen Einfältigkeit und 27 mangels Beweisen entlassen. Unter den Verurteilten befinden sich 36 Frauen im Alter von elf bis 80 Jahren. Von den exekutierten Männern sind 77 nicht älter als 21 Jahre, 56 davon Buben zwischen neun und 16. Alle stehen untereinander in Beziehungen, da durch Besagungen neue Namen auftauchen und sich alte wiederholen. Die Kosten belaufen sich 1677–78 auf mehr als 8 000 fl. und müssen zum großen Teil von der Salzburger Hofkammer, dem dortigen Stadt- und Landgerichten getragen werden.

Grabstein des Hexenrichters Johann Wendteisen (gest. 1689) Nordseite der Stadtpfarrkirche in Bad Radkersburg. Er wird 1679 wegen Bestechlichkeit und Profitgier entlassen. Unten: Der Jurist Dr. Adam von Lebenswaldt 1624–96). Steierischer Arzt und Befürworter des Hexenwahns. Oben: Ludwig Wurm, Hofrichter des Stiftes in St. ambrecht. Um 1610. Er führt eine Anzahl von Hexenprozessen mit tödlichem Ausgang. →

Lüdwig v Würmb,

HIER RVHET IN GOTT
DER WOLL EDL VND
GESTRENGE HERR JO-
HANN WENDTSEISEN
DER FIERSTLICH EGGEN-
BERGISCHEN HERRSCHAFT
OBER RADTKHERSPVRG
GEWESTER VERWALTER
WELCHER DEN 28TEN
MARTII DES 1689 IAHRS
IN GOTT SEELIG ENT-
SCHLAFFEN. GOTT VER-
LEIHE IHME VND ALLEN
CHRISTGLAVBIGEN SEELEN
EINE FROLICHE AVFERSTEHVNG.

S.R.I. ACAD: NAT: CVR: COLLEGA
ADAMVS A LEBENWALDT.
Naturam indagantibus.
PH: & MED: D. COM: PAL. & POET. LAVR. CES.
Studia Colentibus.
Effigiem sculpta Liber atque Scientia Mentem
Pictura Papa Virum, Cæsar, et Imperium.
Posuere Amici S.R.I.A.N.C.

Der Sohn von Barbara Koller führt das unstete Leben eines Bettelbuben, da es der Mutter nach ihres Mannes Tod nicht gelingt, Arbeit zu finden. Versuche, ihre Erbschafts- und Berufsangelegenheiten zu regeln, scheitern. Man sucht sie als »unnützes Gesindel« aus dem Land zu schaffen. So bettelt sie sich mit ihrem Sohn durch das Land ob der Enns, Kärnten und Bayern. Fallweise kommt sie durch das Territorium des Salzburger Erzstiftes. Im Januar 1675 wird sie mit einem 15jährigen bei einem Opferstockdiebstahl in Golling gefaßt. Sie wird im August wegen Diebstahl, Vergiftung (Verzauberung) von Mensch und Vieh hingerichtet.

Denkbar ist, daß der geflohene Sohn eine Organisation der elternlosen oder entlaufenen Kinder aufbaut. Der zwölfjährige Dionysius Feldner aus Schellenberg gehört dazu. Er wird im September 1677 in Salzburg enthauptet und verbrannt; vorher besagt er weitere. Bei den Eingezogenen handelt es sich fast ausnahmslos um Bettler. Bei den Kindern der Familie Händel ist anhand der Geburtsorte der Weg der Eltern rekonstruierbar: Kempten, Bad Tölz, Teisendorf. Viele kommen aus dem Salzachtal (Hallein) und dem Pon- und Lungau.

Typisch ist, daß man erst die Kinder verhört und mit deren phantastischen Geständnissen ihre Eltern so lange traktiert, bis sie unter den Qualen der Folter gestehen oder im Gefängnis sterben. Die Tragik wird am Schicksal der Familie Debellak aus Krain deutlich. Für die Verhöre der Eltern wird ein Dolmetscher gestellt. Der 33jährige Vater, als Kohlearbeiter erblindet, ist seit einem Jahr auf das Betteln angewiesen. Da er alle Foltergrade übersteht, wird er freigesprochen und des Landes verwiesen. Die Mutter und 12jährige Tochter werden hingerichtet, drei kleinere Kinder zur Aufzucht übergeben. Bevor der Vater nach Oberösterreich abgeschoben wird, soll er Essen und neue Kleider erhalten, die Wunden unter den Achseln, wohin man ihm brennende Fackeln gehalten hat, sollen verpflastert werden. Er soll von Läusen gereinigt und mit vier fl. versehen werden.

Weitere Entwicklung

Die Salzburger Prozesse haben in den österreichischen Ländern, in Tirol und der Steiermark weitere zur Folge. Es wird der Familie Pichler aus Lienz zum Verhängnis. Ausgelöst wird der Prozeß durch Aussagen von Clement Perger aus Windisch-Matrei, der 1678 in Salzburg gerichtet wird. Emeranzia Pichlers Mutter und ihr elfjähriger Sohn sterben im Gefängnis. Sie wird 1680 mit ihren zwei älteren Kindern gerichtet. Die achtjährige Jüngste muß alles zur Strafe ansehen, bleibt aber am Leben. Es hat eine Parallele – ja in gewisser Weise ein Vorbild – im Münchener Pappenheimer Prozeß aus dem Jahre 1600, wo man es als pädagogisch wertvoll (!) ansieht, Kinder beim Schlachten und Ermorden ihrer Eltern zusehen zu lassen.

Der 16jährige Georg Puechegger trägt vor, wie man Mitglied der Bande wird: »Ihn habe eines Tages ein hagerer Mann angesprochen. Er wollte ihm Geld geben. Es sollte ihm besser gehen, wenn er fortan in seiner Begleitung ziehe; gutes Geld, Essen und Trinken sind die Lockmittel, mit denen Jackl Leute um sich sammelt. Als Ritual habe er ihnen einen Schnitt versetzt und mit dem austretenden Blut seinen Namen in ein Buch geschrieben.« Es ist eine Abkupferung der Blutverschreibung.

Der 15jährige Christian Reiter ist zwei Wochen mit dem Jackl zusammen. Sie fahren fast den ganzen Tag auf einer geschmierten Gabel. Jackl macht Wetter und trifft sich in der Luft mit dem Teufel. Über Nacht bleiben sie meistens bei Bauern. Das Essen haben sie gestohlen oder hergezaubert; oder sie versorgen sich unsichtbar in Wirtshäusern. In Weinkellern zechen sie bis zum Rausch. Der Jackl lernt ihnen Zaubern und erwartet Gehorsam.

Das Unsichtbarmachen erfolgt durch ein schwartzes Käppl, Pulver, Salbe oder mit magischen Worten. Jackl soll die Fähigkeit gehabt haben, einen zu dem Zweck gefertigten Kübel mit Rahm zu zaubern odere einen Wagen Heu und Pferde von der Straße »zu verschlucken.«

Die Gabe des Unsichtbarmachens wird nur treuen Gefährten zuteil. Es gelingt ihm, sich in Stöcke, Steine, schwarze Stiere oder Hähne, Kühe, Pferde und vor allem in Ratten und Mäuse zu verwandeln. Sie fressen Vorräte und drangsalieren Mensch und Tier.

Dann werden rituelle Kindermorde erwähnt, die Verunehrung und Schmähung geheiligter Orte und Gegenstände, sowie das Hexen und Varianten des Teufelspaktes. Der Jackl soll schwangere Frauen umgebracht haben, falls er überzeugt war, daß die Frucht männlich sei, und den Fötus für Zauberzwekke zerschnitten haben.

Raum nimmt die Schmähung von Bildsäulen und Kruzifixen ein. Man verspottet den »Herren« und die »Liebe Frau«, Marteln werden angespieen, mit Kot beworfen, auf sie wird uriniert oder tituliert: »Pfui Dich, du

Sexuelle Nöte kontra Armut (beispielhaft)

Die 25jährige Mariä Ländlerin sagt: »ihr Mann hab Sye an einen Sambstag grob geschlagen, darauf Sye nachmitdags in Waldt Umb Holz ganngen, Und daselbst gewaint (hier begegnet ihr der Böse) ... später wäre er (wie ihr Mann nit zu Haus) bey der Nacht, etwa 1½ Stundt vor Tags zu ihr in die Hintderhütden Khummen ... Und Begehrt Sye zu beschlaffen ... bis er sie yberrödt, hab mit ihr das werck ainhalb Viertl stundt getriben. Er sye Ganz Khalt gewest, war bey Sye khein Wollust gehabt, dan Er ihr zu schröcklich Vorkhummen, ihr Mann aber seye ihr hernach feint worden.«

Die 25jährige Dirne (Mädchen ?) **Veronika Thöknerin** bekennt: »als sie vor zwei Jahren beim Tanz gewesen, hätte sie der Böse in der Gestalt eines schönen, jungen Bauerngesellen in einem mausfarbenen Tuchrock aufgefordert ... .habe er ihr gleich den Sünn benommen habe gesagt, er wolle sye heyrathen und sye solle ihm Ihre seell verheißen ... dann habe sie der bese auch 3 mall bey der Gesellschaft Und heuer bei dem Muggendorfer Kreuz, das letzte mall, buelt und beschlaffen.«

Die 29jährige Afra Schwanzin sagt: »da sei der Böse um die Jausenzeit wie ein zerissener Bettler zu ihr kommen ... sodann habe er ihr den Sinn benommen (mit ihm ist sie dann auf den Gleichenberger Kogel gefahren) ... er habe Ihr schen gethan und dann habe er sie auf die Seite in einen Strauch geführt, daselbsten braucht ... Syne natur sei khalt gewest; sey habe khaine wollust gehabt. Er habe hernach noch einmal buelen wollen, sey habe Ihm aber nit gelassen, worüber er sye zerreißen wollen.«

Die 30jährige Eva Listin bekennt »in güedt und peinlich: »Ihr mann wäre erst nach mitdernacht voll haimkhumben, habe sye verwiatscht, gescholten, Und schlag wollen Und aus dem Böth außgejagt, worüber sye auf dem Thenn in Porm ligen gangen (hier begegnet ihr der Böse) ... sie habe das unmenschliche werck eine stund lang getrieben, habe Ihr schmerz bereitet, weil sein glied khalt gewest; Sye habe acht tage keine arbeyt machen können ... habe sie doch der Böse dreimal mißbraucht.«

Die 30jährige Maria Frizin sagt aus: »Ihr Mann wäre abends voller haimb khumben Und habe sye wegen der Kinder ergerlich geschlagen, darauf seye sye auf den Herdt gesessen, Und habe daselbst püetli gewainet über 3 stundt in der nacht (hier begegnet ihr der Böse) sie habe 2 mal nachts, alß Ihr Mann neben ihr auf der seithen geschlaffen, buelt und braucht habe, seyn glied sei khalt gewest; Sye habe khaine wolust gehabt.«

Die 40jährige Eva Stärkhin räumt ein: »Ihr Mann habe auf sye rüll gewunschen Und gescholten, worauf sie um die Mittagszeit in ihren Weingarten gegangen wäre (hier begegnet ihr der Böse) ... dann habe der Satan sie alle Jahre zweimal, bisweilen zu hauß, zu Zeiten auf dem Stradner Kogel gebuhlt, Sye habe khain wollust gehabt; Seyn glied sey khalt, schwartz Und groß als wie ein roß gewest.«

Die 45jährige Gertrudt Hofferin räumt ein: »zu Pfingsten sei es vier Jahre geworden, als sie im Abenddunkel von ihrem Weingarten heimgegangen, wäre der Böse wie ein Herr in einem brauen Rock auf der Lechwiese zu ihr gekommen ... sie habe eingewilliget ihm alles zu geben ... als er zu ihr gekommen, wäre sie allezeit im Kopfe verrückt geworden ... dann habe er sie auf dem Stradner Kogel auf die Seite geführt und gebraucht: Sye habe khain wollust gehabt..«

Die 50jährige Barbara Playhießlin bekennt: »als sie vor zwei Jahren und es ihr um ein junges Kraut gelüstet, habe sie solches sodann von ihrem Manne begehrt, der aber habe auf sie gescholten, gesagt, der Teufel solle sie auf den Greithaufen führen, sie thäte gern essen und thue nichts arbeiten, worüber sie in der Stunde über Mittag ein Körbl genommen und in das Dirnbacher Holz Schwamm suchen gangen.« (hier begegnet ihr der Böse) später habe sie im Dirnbacher Holz mit Ihme gebuhlet.«

Barbara Häckhlin bekennt: »sie sei für Langeweile ins Stainpocher Holz gegangen, daselbst sei der Böse ... in schwarzen herrischen Kleid zu ihr gekommen ... daß sye der auch der bese 3 mall und letztlich heuer zu Pfingsten zu hauß auf dem stall buelt; er habe dieß schröckliche werckh Eine Stunde getrieben; Sye habe khain wollust gehabt«

schiecher Jud, bist meiner nicht würdig« Da hängt er oben wie ein Dieb am Galgen. Kannst mich am Hintern lecken? Schaut, diese Hur (Maria) ist auch da.« Auf unterschiedliche Weise wird dem christlichen Glauben abgeschworen und dem Teufel gehuldigt. Das Verbrechen der Sodomie tritt hervor.

Es fällt auf, daß die Anfechtungen des Teufels vor allem während der Inhaftierung auftreten und zwischen den Verhören[3] quälende Formen annehmen. Fast jeder der Verhörten wird »wohlempfindlich« mit Ruten gestrichen. Die Angst der Kinder beflügelt ihre Phantasie. Dem 30jährige Zigeunerhials

Mathis Grebler

aus der Steiermark wird vorgeworfen:

- Er habe schwangere Menscher aufgeschnitten und sich der Knäblein rechten Handl zum Stehlen und Rauben bedient.
- Er habe Kinder bei den Fenstern herausgenommen, entzogen, lebend gesotten und zum Hexenwerk gebraucht.
- Er habe die hochwürdigste Hostie auf das Schimpflichste tractiert, Hexentänze besucht, sich vom Teufel taufen lassen und ihm seine vier unehelichen Kinder geopfert.
- Er habe cum impuro et bistis sodomiam begangen und Leute, Vieh und Früchte durch Zauberei zuschanden gemacht.

Er soll anderen zum Exempel die Strafe des Feuers mit vorhergehend glühenden Zangen zwicken vermehrt und exaperiert werden. Er soll mit Anhängung eines Sackes (mit) Pulver lebendig verbrannt werden. Das Urteil aus der Feder des Kommissars Sebastian Zillner wird juristisch begründet; vor allem im bezug auf Benedikt Carpzov. Gegen den Zauber-Jackl werden Haftbefehle erlassen, die unwirksam bleiben. Obwohl man Prämien für seine Ergreifung aussetzt, wird er nicht gefaßt.

Ausstrahlungen auf das Kurfürstentum Bayern

In der Folge des Zauberer-Jackl-Prozesses finden sich weitere 1678 in der Steiermark, 1679 in Süd-, 1679/80 in Osttirol, 1680/90 im Steiermark, 1700 in der Oststeiermark, 1705/06 in Kärnten. Das dem Erzstift Salzburg benachbarte Bayern wird in Mitleidenschaft gezogen. 1690 sitzen in Burghausen zwölf Zauberbuben im Gefängnis; einer wird verurteilt. 1698 werden drei gerichtet und 1700 sitzen Bettelbuben in den Gerichten Dingolfing, Landau und Haidau ein. 1705 in den Landgerichten Dießenstein und Vilshofen, 1706 in Kelheim, 1707 in Bürnstein und Regen, 1710 in Bogen und 1712 in Straubing.

1715 dehnen sich die Prozesse nach Westen aus. 1715–17 entsteht eine Welle, die vor allem das Hochstift Freising mit seinen Gerichten Freising und Burgrain, sowie die bayerischen Landgerichte Moosburg, Wasserburg, Haag, Mühldorf (Hochstift Salzburg), Teisbach, Dingolfing und Erding umfaßt. Zwischen 1719–22 folgt eine weitere. 1740–55 lassen sich zusätzliche in der Region feststellen. Mathaeus Perger wird 1645 bei Rodenegg zum Tod verurteilt. Er geht unter dem Begriff

Lauterfresser

in die Sage ein. Der sprachliche Hintergrund ist wohl, daß er dem, der ihm etwas Lauteres (flüssiges, klare Suppe) vorsetzt, wohlgesonnen sei. Er soll gehinkt haben, raubt Kinder und gibt vor, sich in eine Fliege oder Mücke verwandeln zu können. Dem nahezu 60jährigen Landstreicher wird vorgeworfen:

- Er sei im Eisacktal einmal von Hauern im Weinberg gepeitscht worden und habe aus Rache Kälte und Schnee gemacht (und) den Wein verdorben.

Seiner Auffassung nach ist Wettermachen Sache der Frauen; auch der ihn Frage stehende Kälteeinbruch sei einer zuzuschreiben. Zudem kenne er einen Spruch, mit dem Frauen auf Befehl der bösen Geister Wetter erzeugen[4].

In St. Kind (Rittscheintal) hat eine Landstreicherin Dorfbewohnerinnen um sich versammelt, um sie mit Hilfe des Coronagebetes zu beschwindeln. Sie wird in Fürstenfeld mit Stockschlägen gestraft und des Landes verwiesen.

Späte Prozesse

1694 wird vor den Landgerichten Greinburg und Reichenstein ein Prozeß geführt, dem die Familie Köterln vom Hornergut mit Verwandten und Bekannten zum Opfer fallen. Der kaiserliche Bannrichter Ignaz Kholler verbucht für sich 450 fl. Hier liegt der Verdacht einer Bereicherung vor.

Der Prozeß gegen Johann Grillenberger, einem Sohn der erwähnten Magdalena, verschlingt etwa 123 fl. Davon werden für das Enthaupten der Verurteilten sechs berechnet und für die folgende Verbrennung acht. Die Personen, die in den letzten Tagen des Prozesses in Schwertberg anwesend sind, zwei Kapuziner, der kaiserliche Bannrichter aus Linz und dessen Schreiber, verzehren Speisen im Wert von etwa 14 fl. Darunter Hechte,

Karpfen, Donaukrebse, Rindfleisch, Kälbernes, Kapaune, Hendl, Wachteln (die man aus Linz kommen läßt) Enten, dazu (damals) seltene Köstlichkeiten wie frische Zitronen, Mandeln und Marillen, ferner 100 Eier, Butter, Schmalz und Konfekt. Für die Tagesration eines erwachsenen Malefikanten werden 4 kr. veranschlagt und für ein Kind die Hälfte.

Die Endphase bilden 1729–31 Prozesse gegen die Familie Grillenberger in den Landgerichten Schwertberg und Prendegg. Ausgelöst werden sie durch den Verdacht der Brandstiftung gegen Sybilla Wenigwieserin, die ihre Großmutter, Magdalena Grillenberger aus dem Wagenlechnergut der Herrschaft Zellhof belastet. Binnen kurzem werden die alte Frau, ihre sechs Kinder und einige Enkel des »delictum magiae diabolicae« für schuldig befunden.

Hexentänze und je nach Geschlecht die Vereinigung mit dem Teufel oder einer Teufelin werden unter der Folter gestanden, aber auch Ratten-, Mäuse- und Eichkatzelmachen, Milch- und Butterzauber sowie die Schädigung von Hostien. Unter geistlicher Assistenz wird der Großmutter eine Narbe geöffnet, weil man dort eine zu magischen Zwecken eingeheilte Hostie vermutet und das dabei fließende Blut vom Pfarrer in einem Tuch aufgefangen wird. Sie werden hingerichtet.

Herzogtum Steiermark

Byloff und Valentinitsch haben umfangreiche Studien im Steiermärkischen Landesarchiv Graz betrieben. Die Lokalszene ist gut dokumentierbar. Man kann für das Herzogtum zwischen 1564 und 1746 etwa 220, teils gegen Einzelne, teils mehrere gerichtete Verfahren wegen des Verbrechens der Zauberei festmachen. Auffallend ist, daß sich (bis jetzt) zwischen 1548–78, in rund drei Jahrzehnten, kein Hexen- oder Zaubereiprozeß nachweisen läßt.

Hier wogen religiöse Kämpfe und nach Cäsars *Beschreibung des Herzogtums Steiermark* ist die Gegend um Feldbach »das am schwersten zu bezwingende Nest des Protestantismus.« Insofern ist verständlich, daß in der Region Pfarrer ins Geschrei der Hexerei gelangen. Agricola von Hotzendorf wird vom Salzburger Konsistorium als Ketzer, Apostat, Zauberer, Hexenmeister und Gottesräuber exkommuniziert; er endet auf dem Scheiterhaufen.

Oft kommt der erste Hinweis auf eine verdächtige Person vom Volk. Aus Akten wird erkennbar, mit welcher Leichtfertigkeit, aber

Katharina Paldauf – Die angebliche »Blumenhexe« auf der Riegersburg. Sie wird als Hexe angeklagt, weil sie es verstand, im Winter Blumen zu ziehen. Portraitorginalität und Blumenzucht sind ungesichert. Sie wird 1675 – etwa 50jährig – in den großen Feldbacher Hexenprozeß hineingezogen. Sie denunziert unter der Folter einige Geistliche. Über ihr Schicksal existieren keine Aufzeichnungen, doch wurde sie wahrscheinlich im September 1675 hingerichtet.

auch mit welchem Vernichtungswillen Hinweise, Anzeigen und Besagungen geführt werden. Man ist sich in der Regel der Tragweite solcher Äußerungen bewußt und oft verbirgt sich hinter ihnen eine »gesteuerte« Angst. Es kommt zu unverhüllten Morddrohungen, wenn ein Grundherr auf eine von seinen Untertanen als Hexe oder Zauberer bezeichnete Person nicht reagiert.

Im Gleichenberger Gebiet ist die Bevölkerung 1699 nach wiederholten Hagelschlägen so aufgebracht, daß der Bannrichter nach der Hinrichtung der als Dorfhexe verschrieenen Eva Kern drei von ihr zusätzlich besagte Frauen zum Tode verurteilt. Die Regierung hebt die Urteile auf und ordnet deren Freilassung an.

Wettersegen, Fluchformeln, Walenbüchlein

Vor allem Hagelstriche sind es, die die Vorstellung wach werden lassen, daß in der Wolke ein böser Mensch sitzt und das Unwetter auf die Menschen leitet. Eine Handschrift des Stiftes St.Lambrecht aus dem 12. Jahrhundert vermerkt auf der Rückseite des Kommentars des Rudbertus über die zwölf Propheten – von fremder Hand eingetragen – einen Wettersegen mit teilweise magischen Formeln. Sinngemäß lautet er: »Gegen Blitz und Ungewitter ... Kreuz im Namen Jesu Christi und der Mutter Maria, durch die die Welt erlöst worden ist. Alfa und Omega.«

Zudem gibt es kirchliche Segens- und Beschwörungsformeln gegen Blitz und Ungewitter: »Ich beschwöre euch, an diesem Ort, noch in diesem Dorf, noch in diesen Feldern oder in der Gegend Felsenstücke loszulassen, noch Ungewitter, versengenden Blitz und starken schädigenden Regen zu tun.«

Im 14. Jahrhundert sind Fluchformeln gegen Diebstahl und Beschädigung im Umlauf. Hinzu kommen solche für oder gegen den Liebeszauber oder das Unsichtbarmachen. Eine Handschrift aus dem Nachlaß des Priesters Anton Meixner aus St. Georgen enthält Anleitungen zum Bäumepelzen, Herstellen von Farben und Tingen (?), medizinische Rezepte und abergläubische Zauberformeln. Man hantiert mit Walenbüchlein. Den als Walen Bezeichneten werden Kenntnisse im Auffinden von Bergschätzen zugeschrieben.

Die älteste Aufzeichnung über die Bestrafung der Zauberei datiert aus der Zeit um 1400. Der erste Hexen- und Zaubereiprozeß, bei dem die Vorstellung der »neuen« Hexenlehre spürbar wird, findet 1546 in Maribor statt. Die rechtliche Grundlage für die Verfolgung der Hexen und Zauberer ist die Land- und Gerichtsordnung von 1574. Sie wird von Erzherzog Karl II. von Innerösterreich mit Zustimmung der Landschaft für das Herzogtum Steiermark erlassen und ist als Beginn einer einheitlichen Strafrechtspflege anzusehen. § 75 über die Bestrafung von Schadenzauber folgt nahezu wörtlich der CCC. und fordert für Zauberei den Tod.

In dem Zusammenhang ist der Landprofos Jacob Bittner zu sehen, denn um 1580 zeichnet sich eine Wende zum Negativen ab. Obwohl er als Gegner des landläufigen Aberglaubens anzusehen ist, stellt er einige der ihm bekannten Gebräuche der »Stifter und Springer«, einer religiösen Bewegung, dem Sabbat der Hexenlehre gleich. In verschiedenen Teilen der Steiermark, doch mit dem Schwerpunkt der unteren, setzt zwischen 1580–89 eine Serie von 18 Verfahren mit 48 Angeklagten ein. Ein Teil der Prozesse geht auf das Konto Bittners.

In der Steiermark gibt es nur wenige Anklagen gegen Adelige[4]. So dürfen sie nur in Ausnahmefällen gefoltert werden; schließlich haben sie die Gesetze gemacht! Ihr Wegfall bedeutet den des wichtigsten Beweismittels.

Sexuelle Nöte kontra Armut

Auch in der Region wird eines deutlich. Den sozial abhängigen und oft von den Männern schlecht behandelten Frauen begegnet in Notsituationen, in denen sie emotional bewegt und traurig, in der sie in Sorge um das Wohl ihrer Familie kaum noch einen Ausweg wissen, der Böse. In der Regel als attraktiver und vornehm-schwarz gekleideter Zeitgenosse als Tröster und Verführer. Sie lassen sich überreden und bringen das Einzige was sie besitzen, ihren Körper, ein, um später zu erkennen, daß sie betrogen worden sind. Dieses Motiv ist so häufig in den gängigen Hexenverfolgungen, daß es einen tieferen Sinn haben muß: die nicht auslebbare Sexualtät und Weiblichkeit, die sukzessive ihren Körper vergiftet. Eine berichtet: »der bese were zu Ihr in einen schwarz sammeten Khlaidt in die stueben Khumben.« Einige Beispiele sind in der Tabelle erfaßt.

Anna Neumann

von Wasserleonburg stammt aus einer in den Adelsstand erhobenen Villacher Kaufmanns- und Gewerkernfamilie: sie ist sechsmal verheiratet. Obwohl sie dem Luthertum anhängt, geht sie viermal eine katholisch orientierte Ehe ein. Ihr Wohlstand und die Ehen geben dem Volk Anlaß zu Gerüchten. U. a. sagt man ihr nach: »daß sie eine weiße Leber habe, die den baldigen Tod ihres Ehepartners verursache; zudem habe sie Zauberer und Hexen zum Wettermachen angestiftet.«

Die Schloßherrin wird dreimal öffentlich des Verbrechens der Zauberei bezichtigt und bleibt unangetastet. Gegen den 1594 erhobenen Vorwurf eines Bürgers aus dem Markt Weißkirchen: »daß sie eine Hexe sei«, wehrt sie sich mit einer Ehrenbeleidigungsklage. In den beiden anderen gegen sie angestrengten Prozessen werden die Verleumder hingerichtet. Als 1591 in St. Lambrecht und 1603 in Gmünd in Kärnten Bettler die Schloßherrin des Verbrechens der Zauberei bezichtigen, und es kurze Zeit danach unter der Folter widerrufen, werden sie verbrannt.

Anna Neumann stirbt im Dezember 1623 im Alter von 89 Jahren und wird in der katholischen Elisabeth-Spitalkriche von Murau beigesetzt. Für die

Oststeiermark

sind es zunächst einfache Fälle von harmloser Zauberei, wie 1604–06 im Markt Vorau. 1612 wird eine Wettermacher- und Ausfahrerin vom Stubenbergischen Landgerichtsverwalter auf Schloß Gutenberg bei Weiz gerichtet und verbrannt. 1631 hat man die Vorstellung: »jeder Grundherr möge Zauberungen für sich selbst strafen.«

1635–37 ist von dem Wetterbanner oder -hüter Philipp bei Hochstraden und Jagerberg im Bezirk Feldbach die Rede. Er wird von Bauern unterstützt, als er von der Innerösterreichischen Regierung verfolgt wird. Hier ist der Aberglaube fest. Bemerkenswert ist die Aussage des Bäckers und Wirtes Georg Hollerspacher (Hartmannsdorf) im Rahmen der Feldbacher Prozesse[6)]. In dem geistigen Humus, unter dem religiöse Wahnvorstellungen deutlich werden, entstehen Verfolgungen von angeblichen Hexen.

In der südöstlichen Steiermark finden 1658 in Fürstenfeld, 1664 in Neudau und Otterndorf (Ritteintal) Zauber-Prozesse statt. 1650 wird die als Zauberin angesehene Kunigunde Krenn in Fürstenfeld zehnmal peinlich verhört und verbrannt. 1660 bezichtigt sich Mörth Schöllauf als Zauberer. Die Regierung verfügt an das Landgericht Feldbach: »man soll ihn fortschaffen, da er dort nicht ansässig sei.«

1668–72 beschuldigt Lorenz Huber den Schwager Mathias Thür aus Vorarlberg: »er habe seine Frau krumm und lahm gelegt. Ebenso den Sohn des Paul Stainer.« Die Augustiner aus Fürstenfeld, die Thür ausliefern sollen, verweigern es mit der Bemerkung: »da die Frau an Wassersucht gestorben sei und der Sohn Stainers an einem Geschwür am Bein zu leiden habe.« Elisabeth Kolb aus Altenmarkt wird 1675 mit Daumenschrauben gefoltert und bekennt:

- Zwei Soldaten, die aus ihrem Acker einen Krautkopf gestohlen haben, wären erkrankt.
- Sie habe aus einem Weingarten eine Kröte geholt, sie in Schmalz geröstet und hernach in den Krautacker getragen, um sie vor Diebstahl zu schützten.

Sie beteuert, niemand Schaden zugefügt zu haben. In Hohenbrugg stehen 1677 Untertanen wegen Zauberei und teuflischer Zusammenkünfte unter Anklage. Unter den zwölf im Prozeß verwickelten befinden sich sieben Frauen. Drei Männer werden hingerichtet und zwei Frauen sterben im Gefängnis. Das Verbrennen der Leichen erfordert neben den üblichen Gerichtskosten 30 Klafter Holz.

Das Gebiet zwischen dem Gleichenberger und Stradner Kogel am Oberlauf des Sulzbaches wird 1673, 1680 und 1689 bis 1690 Schauplatz der

Gleichenberger Hexenprozesse

Hier befindet sich im 14. Jahrhundert die von den Herren von Waldsee errichtete Burg Neu-Gleichenberg. Sie ist Sitz eines Landgerichtes. Der Hexenturm der Ruine Gleichenstein hat sich erhalten. In seinen unterirdischen Gewölben wurden Opfer gefoltert. Nach ihrer Verurteilung beim Kreuz, wo man nach Gleichenberg geht, mit dem Schwert oder Strang getötet und verbrannt. Der Herrschaftsmittelpunkt liegt im Gebiet nördlich der Raab, der Riegersburg.

Die sich zu Massenprozessen weitenden Verfolgungen nehmen 1661 in Gutenhag (Pößnitztal) ihren Anfang. 1671–72 werden sie in Lutterberg (wieder) aufgenommen und greifen nach Friedau, Ankenstein, Sauritsch, Pettau, Gutenhag, Radkersburg, Gleichenberg, ja Kroatien über.

1675 wird gegen eine Zauberin in Gleichenberg ein Prozeß geführt. In dem Zusammenhang wendet sich die Regierung an Johann Wendteisen, den Stadtrichter von Radkersburg; er soll die Sache übernehmen und nach Komplizen forschen. Die Regierung habe erfahren: »daß zauberische Weibspersonen das Zeichen des Bösen an ihrem Leibe haben (stigma diabolicum) und der Bannrichter habe sie nur dreimal wenig gefoltert.« 1673 ist ein Gewitterjahr. Im Juni gibt es drei Unwetter mit Hagelschäden, die mit einem Wirbelsturm verbunden sind. Zur Getreidezeit folgt eine zusätzliche Katastrophe. Die

Riegersburger Hexen

die man als Verursacher beschuldigt, gestehen unter der Folter, den Schauer gemacht und das Getreide und die Weinberge verdorben zu haben. Ende September 1673 erstattet Katharina Lorentzer Anzeige gegen Martha Peurin, Magdalena Steßl, Martha Stindl, Eva Krenn und den Pfarrer von Hotzendorf, Gregor Agricola.

Die Klägerin gehört zu der Gruppe, die als Landstreicher-, Kräuter- und Pilz(e)sammler und herumziehende Bettler verdächtig scheinen. Sie stammt aus dem Dorf Grun, ist ledig und zwischen 37 und 50 Jahren alt. Ihren Unterhalt verdient sie durch Betteln und gelegentliches Spinnen.

Die Herrin auf der Riegersburg. Portrait der Katharina Elisabeth von Galler (geb. um 1608, gest. 1672). In der Volkssage lebt sie als zänkische und gewalttätige Frau (= zänkische Liesl). Sie führt einen Prozeß gegen den Hauptpfarrer v. Riegersburg und wird daraufhin von ihm wegen ihres angeblich skandalösen Lebenswandels in Verruf gebracht.

Sie berichtet von Mißhandlungen, die sie beim Hatzendorfer Kreuz von einer dort tafelnden Gesellschaft unter der Führung des Pfarrers Agricola -vor mehr als einem Jahr- erlitten hat. Durch ihre Besagungen löst sie den wohl größten und verhängnisvollsten Hexenprozeß der Region aus.

Die Besagten werden inhaftiert und vom Ortsgericht Riegersburg dem Landgericht Feldbach überstellt. Die Unterbringung erfolgt im Tabor, der im Laufe des 17. Jahrhunderts erneuert wird. Ein Teil des vermutlichen Gefängnisses (Keichen) im alten Pfarrhaus hat sich erhalten. Hier stirbt das erste Opfer an den Folgen der Folter in der Nacht vom 4. zum 5. Januar 1674. Franziskaner wirken als Beichtväter.

Martha Peurin

ist 72 Jahre alt, wird »alte Vallin« genannt und bringt durch 25 Besagungen die Lawine ins Rollen. Sie lebt mit ihrem Sohn Thomas, der seit 1666 verheiratet ist und mit ihrem Knecht zusammen. Ihr Sohn beschuldigt sie der Zauberei und meint: »da sie ihm kein Recht ließ und nur einen Teil des Grundes und der Fahrnisse an ihn übertragen habe.«

Aufgrund der Anschuldigungen schreitet man zur gütlichen Befragung in Riegersburg. Im November 1673 zum peinlichen Examen. Um sie als Hexe verurteilen zu können, muß man ihr das Teufelsbündnis, bzw. Schadenzauber nachweisen. Dazu bedarf es üblicherweise der Folter. Die Altersschwache ist zu jeder Aussage bereit.

- Daß solche schädlich Zothen beim Kreuz auf dem Angerl geübt werden ... geflogen wurde, daß man Zauberei getrieben habe und es hageln ließ. Der böse Geist wäre in der Gestalt eines schwarzen Mannes erschienen und habe sie stark ans Herz gedrückt.

Sie bittet den Landrichter um Schonung ihres Sohnes. Unter den Angeklagten befindet sich der Ritter von Stang, Jacob Kropf. Als die »alt Valtlin« bei der Konfrontation verunsichert wird und sagt: »es möge sein, daß er (Kropf) in der Gesellschaft war, wird sie erneut gefoltert. So räumt sie im Januar 1674 ein:

- Daß ihr der böse Feind ein Zeichen gemacht habe. Er habe Riepl geheißen. Sie habe ihm ein Kind versprochen, habe schon vor zwölf Jahren ein Wetter gemacht und (dabei) das Getreide verdorben.
- Sie habe Linsen und schlechte Zotten gekocht und so den Flachs auf dem Feld verdorben.

Sie besagt weitere und nennt das Kreuz von Habegg als Zauberplatz. In der Nacht bekennt sie den Wächtern und dem Freimann:

- Daß der Pfarrer von Hartendorf und Jacob Kropf zu Stang immer dabeigewesen seien und die Weingärten verdorben hätten. In der gleichen Nacht stirbt sie an den Folgen der Folter. In späteren Aussagen wird sie vereinzelt als Meisterin dargestellt. Im Dezember 1673 gelangt die elfköpfige Familie Kropf in den Strudel der Vorstellungen. Der Vater und Dorfrichter

Jacob Kropf

(und sein Sohn Hans) beteuert trotz Androhung der Folter seine Unschuld. Vielleicht geht es darum, ein prominentes Opfer zu Fall zu bringen. Graf Purgstall schreibt: »man brauche das peinliche Examen, da sich sonst die Sache höchster Gefahr verziehen werde.« In der Zwischenzeit trägt man Beschuldigungen zusammen.

Im Januar 1674 verfassen der Landgerichtsschreiber Mathias Leimköper und Mathias Morholz ein Dokument über eine Zusammenkunft bei Michael Hofer in Bergl. (Riegersburg), in dem der Richter aufgrund von Gerüchten mehrfach in seinem Amt beschuldigt wird. Man sagt ihm nach: »daß er sich bereichert habe.«

Um die Zeit ersucht das Feldbacher Landgericht die Regierung, den Henker von Graz nach Feldbach zu ordern, um Verurteilte zu richten. Die Angeklagten seien zwar schon in Güte examiniert, da aber auf solche Weise von ihnen die Wahrheit und die Gründe nicht erzwungen werden können, bedürfe es des Freimanns, daß man mit Schärfe verfahre und ihnen den Ernst zeigen könne.

Nach Abschluß der peinlichen Verhöre findet eine geheime Beratung statt, der der öffentliche Rechtsgang folgt, bei dem die Urteile verkündet werden. Der Dorfrichter wird mit seinem Sohn im Februar 1675 gerichtet.

Aus der Rechnung über die Zehrungs- und Exekutionskosten der Familie Kropf vom 1. März 1674 geht hervor, daß man in der »kuchl auf dem rathauß« die Delinquenten nach dem Hexenmahl untersucht hat. Es geschieht vermutlich wegen der großen Kälte. Darum befinden sich neun oder zehn Beschuldigte nicht im Kerker, sondern in den Küchen bürgerlicher Häuser »verschmiedet.« Der Prozeß fordert ein weiteres Opfer der Familie. Zwar gelingt es

Katharina Kropf

aus dem Feldbacher Gefängnis nach Bergl zu ihrer Schwester zu fliehen. Mitte Juli berichtet Graf Purgstall der Regierung: »Maria Kropf, des Hauptzauberers Tochter, ein sehr sauberes und feines Weibsbild, sei noch übrig.« Sie wird im September 1675 in Verhöre verwickelt.

Im Zusammenhang mit der Verleumdung des Dorfrichters ist die Ortschaft Bergl, zwischen Feldbach und der Riegersburg, wichtig. Hier wird bei dessen Schwiegersohn gegen ihn erhoben, hierher flüchtet seine Tochter Katharina, wo sie sich mit einem Messer gegen die Verhaftung zur Wehr setzt. Mit ihr wird das legendäre Hexenopfer, die Pflegsgattin Katharina Paldauf, gerichtet.

Ende Februar folgt die Protokollierung des Nachlasses von Jacob Kropf in der Riegersburger Herrschaftskanzlei. Wie aus einem im Schloßarchiv Hainfeld enthaltenen Faszikel deutlich wird, war er wohlhabend. Das Vermögen wird unter den Söhnen geteilt. Nach der finanziellen Bereinigung richtet sich ab März 1674 das Augenmerk auf den Hatzendorfer Pfarrer

Gregor Agricola

Er wird ein Opfer der Besagungen Katharina Lorenzer. Gleichzeitig erhebt sie einen Vorwurf gegen die lasche Geistlichkeit: »sie habe schon im Jänner desselben Jahres im Beisein des Hauptpfarrers von Riegersburg, des Pfarrers von Feldbach, Jacob Koler und zweier Kaplane ihr Erlebnis beim Hatzendorfer Kreuz ins Gesicht gesagt.«

Zudem äußert sich Graf Purgstall negativ über den Geistlichen, denn er schreibt an den Kanzler der Innerösterreichischen Regierung: »daß Agricola bey seiner gehabten

Zum Problem der Kostenumverteilung

Große Prozesse verschlingen große Summen. So ist die Innerösterreichische Regierung mit ihrer Aufbringung zur Stelle; sie bittet die jeweiligen Herrschaften der eingekerkerten Untertanen zur Kasse:

- An den Augustinerprior von Fürstenfeld geht 1674 die Aufforderung, die Verpflegungskosten für Jacob Pugl aus dessen Weingärten zu bestreiten.
- Der Feldbacher Pfarrer soll für die in Haft liegende Eva Krenn Atzungskosten von ihren Grundstücken zahlen.
- Für die justifizierte Sophie Medlin werden von der Frau von Gera 53 fl. Gerichtskosten eingefordert.
- Weil das Geld des verurteilten Pfarrers in der Stadtkasse liegt, soll die Stadt Fürstenfeld 62 fl. an Gerichtskosten zahlen.
- Um die Kosten der hingerichteten Ursula Koch zu begleichen, fordert die Regierung die Gräfin Trautmannsdorf auf, deren Weingärten zu verkaufen.
- Johann Lindner soll für seine als Hexe gerichtete Frau durch den Verkauf des Weingartens in Lemberg 84 fl. zahlen.

Dienstmagd ein Khündt erzeugt vnd selbiges selbsten getauft. Zu seiner Verteidigung tue er nichts und für seine Schuld spreche das Kartenspielen und Schelten bey Tag und Nacht.«

Manche Geistliche stehen in einem zwielichtigen Ruf. Ein Fall ereignet sich 1590 in Oberwölz, wo sich der neue Pfarrer bei seinen Bemühungen, die protestantisch gesinnte Bevölkerung zu rekatholisieren, zu Drohungen hinreißen läßt. Als Unwetter die Ernten vernichten, glauben Bauern, daß er die Schuld trage und verjagen ihn.

Die Freifrau Elisabeth von Galler streitet »offen« mit dem Hauptpfarrer. Hinzu gesellt sich ihre manchmal dubiose »weltliche« Lebenshaltung. Als Pfarrer Strobel 1655 erkrankt und als seine Wirtschafterin Katharina Hopf beim geistlichen Herrn Nachtwache hält, läßt die Gallerin den Pfarrhof umstellen und die Köchin wegen eines angeblich begangenen Ehebruchs verhaften und nach Feldbach zum Landgericht bringen. Die Hopfin wird gefoltert und viermal mit Daumenschrauben belegt. Schließlich ordnet die Obrigkeit ihre Freilassung an, was zu einer Schadensersatzklage führt.

Im Februar 1674 wird Agricola auf Anordnung des Seckauer Bischofs in Gewahrsam genommen und von Koller beaufsichtigt. Man wirft ihm Schauermachen, Hagelflüge, das Eingraben von Hostien beim Kreuz: »um damit große Kälte und Reif zu bewirken« und weitere Delikte vor. Trotz gütlicher und peinlicher Verhöre weist er alle gegen die ihn erhobenen Beschuldigungen zurück.

Die Innerösterreichische Regierung drängt auf seine Auslieferung an die »weltliche« Macht. Am 20. April wird Koller mitgeteilt: »er habe im Fall der Examinierung Agricolas der weltlichen Obrigkeit im Auftrag des Erzbischofes von Salzburg Protest zu erheben.«

Am 22. Mai erhält Purgstall den Befehl, die Malefikanten mit ihm zu konfrontieren und entweder dabei zu sein oder einen der lateinischen Sprache Kundigen zu senden. Koller überreicht ein Protestschreiben und gibt Agricola zu verstehen, daß er »nit ein Jota« antworten soll.

Letztendlich wird einer geistlichen Kommission gestattet, ihren Glaubensbruder zu verhören. Der inzwischen 61jährige bestreitet jede Schuld und Zeugen geben zu, daß sie wegen der großen Pein und Marter gegen ihn ausgesagt haben. Eva Krenn aus Tiefenbach vermerkt: »sie habe ihn unter der Folter belastet und widerrufe das Abgepreßte, um zu sagen: »Agricola sei ihr seit vier Jahren bekannt, er habe ihr zwei Kinder getauft und sie unterwiesen und ermahnt, fleißig zu beten.«

Unter dem Versprechen der geistlichen Kommissäre, daß sie dem Landgericht nichts mitteile, gibt sie zu, gegen Agricola unter Drohung mit glühenden Zangen ausgesagt zu haben: »Sie würde, wenn sie in ihrer Aussage nicht beständig bleibe, so gereckt werden, daß die Sonne durch sie scheine.«

Die Ergebnisse der bischöflichen Kommission sind wenig berauschend. Purgstall berichtet erzürnt darüber, daß der Erfolg bescheiden war und ordnet die Folter für die im Kerker Befindlichen an, die als er als »das dort verarrestierte Hexengesindel« bezeichnet.

Fast zeitgleich übergibt Paumgartner Purgstall eine schriftliche Aussage gegen den Pfarrer. Zusätzlich kommen belastende Aussagen vom Hartmannsdorfer Pfleger, dem Fürstenfelder Stadtrichter und dortigen Bürgern. Die große Zahl der Beschuldigten und Verhafteten, die dem Landgericht finanzielle Opfer abverlangen und der steigende Unmut innerhalb der Bevölkerung lassen das Faß überlaufen und ihr Haß konzentriert sich gegen Agricola.

Im April 1675 kommt es aufgrund eines Konsistorialbeschlusses zum Befehl, die Folter durch das geistliche Gericht vorzunehmen. Hauptpfarrer Gabrielis, der Dechant Dobler und drei weitere Geistliche haben es zu verwirklichen. Als dem kränklichen Agricola die Folterinstrumente gezeigt werden, bekennt er: »schwer Atem schöpfend, die Zähne zusammenbeißend und schändlich winselnd, als wenn ihm der Teufel auf dem Maul wäre.«

- Die Kinder seit 1670 im Namen des Teufels getauft zu haben, am Hexensabbat auf dem Schlüsselkogel teilgenommen zu haben, usw.

Er ist dem Zusammenbruch nahe und überlebt die Tortur nur um wenige Tage. Am 27. April 1675 findet in Feldbach ein Endlicher Rechtsgang statt, zu dem Zeitpunkt, als der Hatzendorfer Pfarrer tot im Quartier gefunden wird, was zu Gerüchten Anlaß gibt. Am gleichen Tag werden vier Delinquenten in »causa magiae« um acht Uhr vormittags in die Schranne auf den öffentlichen Platz geführt. Von hier bewegt man sich zur Richtstätte, die sich südlich von Feldbach auf dem Mühldorfer Gemeindegebiet befindet.

Auf dem Galgenfeld werden vom Freimann und seinen Gesellen Säulen eingegraben und der Scheiterhaufen errichtet. Am

17. Mai wird das Exkommunikationsdekret des erzbischöflichen Konsistoriums erlassen und am 26. Mai 1675 wird das Urteil gegen den Toten von der Feldbacher Kanzel verlesen. Die wohlhabendste Angeklagte im letzten Abschnitt der Feldbacher Prozesse ist die Pflegersgattin

Katharina Paldauf

Sie wird im Frühjahr 1675 von der Riegersburger Bäckerin Maria Trieber besagt. Am 22. Mai bittet ihr Mann um deren Freilassung, bzw. die Bewilligung: »daß Sye von ihme ohne wacht in die confrontation nach Veltpach gestelt werden möchte, und um die Zulassung seiner Person zum Examen.«

Die über 50jährige kommt im Alter von 20 Jahren in den Dienst der Gallerin. Vor allem macht sie sich Sorgen um die Kinder aus der ersten Ehe, weshalb sie in dem Punkt um die Fürsorge des Grafen Purgstall bittet. Sie legt zunächst kein Geständnis ab. Im Sommer 1675 gibt sie nach und gesteht ihre Teilnahme an den Hexengesellschaften. Sie beschuldigt mehrere Geistliche, die in Verwahrung genommen werden. Anfang August folgt die Gegenüberstellung mit ihnen. Nach einer gütlichen und peinlichen Befragung werden sie von der Anklage freigesprochen.

Der Paldauer Pfarrer kehrt in seinen Wirkungsbereich zurück. Die anderen verlieren ihre Ämter wegen des Mißtrauens der Bevölkerung. Nirgends findet sich ein Hinweis, daß man Katharina gerichtet hat, weil sie im Winter Blumen zu züchten verstanden hat. Am 3. August 1675 wird sie bewacht von Feldbach auf die Riegersburg gebracht. Über ihr weiteres Schicksal existieren keine Aufzeichnungen; doch wird sie vermutlich im September aus der sündigen Welt geschafft!

Purgstall schreibt 1674 an den Kanzler über die Armut unter den Untertanen und hebt hervor: »daß sie zum Erbarmen sei.« Den Protokollen von Gleichenberg zufolge beläuft sich die Zahl der Opfer seit 1673 auf mindestens 52. In denen von 1689–90 erscheinen zusätzlich neun Männer und 19 Frauen, die an den Hexengesellschaften teilgenommen haben wollen und von deren Schicksal nichts überliefert ist.

Im Feldbacher Prozeß sind 16–17 Personen nachweisbar, die ihr Leben gelassen haben. Insgesamt werden 95 Personen und unter ihnen 53 Männer, erwähnt. Zwischen dem Gleichenberger und Stradner Kogel flammt auf dem Herrschaftsgebiet des Grafen Trautmannsdorf 1680 ein größerer Prozeß auf, dem neun Menschen zum Opfer fallen; eingeleitet wird er durch Besagungen der Dorfhexe von Grub. Im

Majestätsbrief Kaiser Leopolds

23. Juni 1700, ein geistiger Spätzünder, spricht er dem Grafen Georg Sigmund von Trautmannsdorf das Zwangs-, Hals- und Blutgericht über die Hexen seiner Herrschaft Gleichenberg zu. Es war ihm zu Ohren gekommen: »durch den würklichen gehaimben Rath und Cammerer, auch lieben Getreuen Georg Sigmund zu Trautmannsdorf, waß maßen nicht allein verwichener Jahren alß nemblich anno 1688 und 1689 bei seinen Landgerichten Gleichenberg und Stain das abscheuliche Laster der Hexerey eingerissen und damahls zu nöthiger Abstrafung dieses Unwesens mit Zuziehung unsers landfürstlichen Paanrichter neun und dreißig Persohnen zu dem feuer condamirt und würklichen hingerichtet worden, sondern auch mehrmahlen in besagten seinen Landgerichten de novo ein Hexenprozeß eraignen, wie dann hiervon Einige all beraith justifizirt und noch mehr denunzirte würklich in verhafft wären, auch noch viel ein größerer Prozeß auf fernere Inquisition zu besorgen bevorstehe (!), welches schädliche Laster dann auszurotten ein gottgefälliges und billiges Werk, allein aber darbey, das allerbeschwärlichste seye das sich bey dergleichen Executionen die Paangerichtstax allzu hoch und unerträglich belaufe, allermaßen bey obgedachter anno 1688 und 1689 beschehenen Justificationen und andere Landtgerichts Unkosten sich weit über zwey tausend Gulden erstreckht, anjetzo aber wohl noch ein mehreres außtragen würde, wodurch die Unterthanen und der exequirten Persohnen verlaßene Kinder in die gänzliche Armuth und so dann öfters auß Verzweiflung gleichmäßig in solches Laster gerathen, oder auch die Burgfriedherren ausforcht der all zu groß anlaufenden Tax dergleichen Delinquenten anzuzaigen gar unterlassen thäten (!)

Und Unß demnach aller gehorsamb ist gebeten, damit diesem Uebel fürgebogen deren Hingerichteten Zurücklaßenden Erben di taxa gelindert und die Justiz umb so vill mehrer und schleuniger befördert werde, daß Wir Ihme über sein drey Landt Gerichte Gleichenberg, Stain und Purgau ein solches Privilegium, Craft deßen er sich daselbst eines aigenen haltenden Paanrichters und verständige Juristens wie auch eines aigenen freymanns zu Ausführung dergleichen Criminalien zu bedienen und zu gebrauchen hätte.

In anbetracht dessen, daß durch die heylsame Justiz befördert als auch das üble Lasster der hexerey ausgetilget werde; (hier unwichtige Passage gestrichen) diese besondere Gnade gethan und Freude gegeben, ohne eigene Dependenz ein eigenes, besonderes Justizium anzustellen, bei den sich hervorthuenden hexenprozessen, malefizsachen und Criminalien nach den rechten und der J. Oe. Landgerichtsordnung gerichtlich zu prozedieren und zu verfahren, Zwang-, Hals- und Blutgerichte vorzunehmen und sonst alle Akten executionis nach Befund und Umständen der sachen, wie sichs zu recht gebührt und vor Gott verantwortlich, zu exerzieren, zu üben und gebrauchen zu lassen.«

Als Ausläufer des Feldbacher Prozesses ist eine Anklage gegen zwei Bauern im Gebiet von Kirchbach (1678) anzusehen, die angeben: »sie wären von einer Wallfahrt nach Maria Lankowitz geflogen und hätten Unwetter gemacht.« Die Bäuerin und Seckauer Untertanin

Barbara Türnagel

hat sich 1548, dem Rat eines Wanderburschen folgend, an einen Viehzauber versucht. Ihre Kühe haben eine Euterkrankheit, was ihm aufgefallen ist. Er rät ihr, sich Weihwasser und Erde aus drei verschiedenen Gründen an einer Wegkreuzung zu holen und alles zu vermischen und es unter Anrufung der Heiligen Dreifaltigkeit im Stall und Hof auszustreuen.

Daraufhin schickt sie ihre Dirn (wohl: Tochter) aus, um es zu erledigen. Einem Bauer fällt auf, daß sie sich jedesmal im Kreis dreht, nachdem sie eine Handvoll Erde aufgehoben hat. Später erzählt sie es dem Anwalt des Probstes von Seckau und wird zu einer Strafe von zehn Gulden sowie zu einer Kirchenbuße verurteilt.

Die Geprellten legen Berufung ein und der Fall wird vor dem Probst Leonhard von Sekkau übernommen. Er kommt nicht voran und Türnagel sieht sich veranlaßt, beim Landeshauptmann Klage einzureichen. Er erkennt in Barbara keine Hexe. Der Ausgang des Verfahrens ist unbekannt. Die 1674 in einen Zaubereiprozeß von dem Landgericht Judenburg verwickelte Wirtin und Bäuerin

Margaretha Luckner

wird im Landgericht Obdach vom Juli 1677 bis zum Januar 1678 festgehalten, obwohl an ihrer Unschuld kein Zweifel besteht. 1674, als sie von dem später gerichteten Ambrosius Kerschbaumer besagt und bei der Gegenüberstellung nicht erkannt wird, hat sie sich an die Regierung gewandt und eine Einstellung des Verfahrens erreicht. Unterstützt hat sie der Anwalt des Stiftes Seckau, Moritz von Moßhardt.

Ende Juni 1677 hat der Gerichtsdiener von Weißkirchen im betrunkenen Zustand den Bettler Simon Pustet zu Boden geschlagen und ihn solange mit dem gezückten Degen bedroht, bis er gesteht, ein Zauberer zu sein. Der Marktschreiber von Weißkirchen läßt ihn in das Landgericht Obdach einliefern, denn er hat bei seiner Verhaftung den Namen der Luckerin angegeben. Daraufhin ordnen Rat und Richter die Konfrontation mit Margaretha Luckner an.

Der damals Betrunkene erkennt sie nicht mehr und kann die Aussage: »er wäre mit ihr zu Sonnwend geflogen, habe auf einer Alm gegessen und getrunken« nicht aufrecht halten.

Der Seckauer Anwalt kritisiert die Praxis, er droht den Gerichtsdiener zu erstechen, falls er seiner habhaft werde. Später verabreicht Moßhard dem Marktschreiber von Weißkirchen zwei Ohrfeigen. Der Henker behauptet, der Gerichtsdiener trage die Schuld an dem Handel und hätte verdient, seinen Kopf vor die Füße gelegt zu bekommen. Moßhardt kritisiert: »daß er die Halsgerichtsordnung mißachtet.«

Nun rottet sich die Bevölkerung zusammen und verhindert die Freilassung der Lucknerin. Dann wird Peter Luckner soweit gebracht, daß er sich schriftlich verpflichtet, die Kosten zu übernehmen und Urfehde zu leisten. Am 20. Dezember 1677 bittet er die Regierung um die Freilassung seiner Frau. Am 7. Januar geht der Befehl von Graz aus an Richter und Rat von Obdach. Der Teufelsbündner

Marx Heen

wird 1655–56 (?) in Neuburg beim vulgo Kohlbauer geboren. Er gilt als »Pfaffenbankert«, den seine Mutter mit einem Mönch aus dem Zisterzienserkloster Neuburg gezeugt hat. Nach Pickl fühlte er sich dadurch mehr und mehr aus der Gesellschaft verdrängt und wird zum Sonderling, Dieb, Straßenräuber, Plünderer, Mörder(?) und aktiven Teufelsanbeter. Merkwürdig scheint, daß er sich des Teufelsbündnisses bezichtigt.

Aufgrund welcher Verbrechen er vor Gericht gestellt wird, ist ungewiß. Am Palmsonn-

Gütliche Bekenntnisse des Teufelsanbeters Marx Heen (1683)

- Als er etwa 16 Jahre alt war und als Knecht seiner Schwester, bzw. seines Schwagers im Ochsenstall des elterlichen Hauses schlief, sei ihm eines Abends zur Zeit des Betläutens der »besse geist« erschienen.
- Er tritt in der Gestalt eines schwarzen Mannes, »dessen Klaidt auch schwarz gewest und einem kleinen schwarzen Kopf, auch kurze schwartze Hendt gehabt; an sein Bett, um zu erklären: » er könne nimmer selig werden und gehöre ihm, weil ihn seine Mutter Gertraud mit einem Pfaffen gezeugt habe.«
- Als ihn der böse Geist entführen wollte, sei Marx erschrocken und habe angefangen zu beten, worauf der Teufel verschwunden.
- Etwa nach drei Wochen sei er in der gleichen Gestalt zu ihm in den Ochsenstall gekommen. Er sagte ihm jedesmal: »er dürfe nimmer mehr beten, denn er wäre ja schon sein; dann sei er verschwunden.«
- 1680 an einem Frauentag sei ihm zur Kirchzeit, als er in Mürzzurschlag beim Bader getrunken habe, der böse Geist in der Gestalt eines schwarzen Mannes mit rauhen kurzen Händen und dicken kurzen Füßen erschienen.
- Er habe ihn mit sich in den Felsen Ganzstein geführt. Darinnen waren lauter Kerzenlichter und ein großer Kessel voller Geld; außerdem seien in der Mitte zu beiden Seiten zwei große Geißböcke gestanden, die so stark aneinanderstießen, daß es gehallt habe.
- Es waren viele Leute im Ganzstein, aber er habe niemand gekannt. Zu einem anderen Teufel, sagte Marxs böser Geist: »er wolle ihn aufschreiben lassen.«
- Dann habe er von ihm begehrt, er solle seine Seele verschreiben lassen, dafür wolle er ihm genug Geld geben. Danach habe ihn der Teufel in die Nase gezwickt, worauf drei Tropfen Blut herausgeronnen seien, mit welchen der am Tisch sitzende Teufel seinen Namen auf einen großen Brief geschrieben und ihn sodann ihm vorgelegt habe.
- Es seien mehrere Leute darauf verzeichnet gewesen, die die Seele ebenfalls dem Teufel verschrieben haben.
- Marx habe den Brief mit drei Strichen unterschreiben müssen, worauf ihm der böse Geist sechs Gulden in Fünfzehnern gegeben habe. Sobald er aus dem Felsenloch gekommen, sei ihm das Geld in den Händen verschwunden.«
- Im vergangenen Jahr 1682 zu Pfingsten sei der Teufel um zehn Uhr vormittags ober Landenwang auf der Straße zu ihm getreten und habe ihm gesagt, da er ohnehin schon sein sei, wolle er ihm das Zaubern lehren.«
- Er verlange von ihm, er solle die heilige Dreifaltigkeit verleugnen, was er dreimal getan und dabei gesagt habe, er verlange nie mehr die Heilige Dreifaltigkeit, (er) wolle auch nicht mehr an Gott glauben und habe Unserer Lieben Frau und allen Heiligen abgesagt: »er verspreche, er wolle allein nur noch den bösen Feind anbeten.«
- Danach habe der Teufel verlangt, er solle sich mit ihm auf eine Ofenschüssel setzen, mit dem sie in einem weißen Gewölk durch die Luft auf einen großen Berg geflogen seien, den er nicht gekannt habe. Dort hätten sie Wein und Brot bekommen: von den Leuten, die dabeigewesen seien, kenne er nur die alte Ruessin, eine Bäuerin aus der Prein, einen alten langen Weber, die Gästin des Simon Grueber und die alte Gästin des Urban Praschl.
- Sie alle, deren sonstige Namen er nicht kenne, seinen Untertanen der Herrschaft Gutenstein im Preinbtal bei Reichenau. Er wisse zwar nicht, wie der Schauer gemacht worden sei, aber der Teufel habe ihm den Hagel in einer Tasche (Buessen) gegeben.
- Danach seien sie auf der Ofenschüssel durch die Luft geflogen, und er habe den Hagel aussäen müssen; das sei jenes Hagelwetter gewesen, das 1682 zu Pfingsten um Kriegslach alles zerschlagen habe. Bei Freßnitz seien sie dann auf einem Feld von der Ofenschüssel abgesessen.
- Acht Tage später sei der böse Geist in Neuberg auf der Straße zu ihm getreten und habe ihn wieder auf einer Ofenschüssel durch die Luft auf den Schneeberg geführt. Dort seien über 20 Bauern zusammengekommen, doch habe er davon nur jene vier Personen erkannt, die zuvor beim Brauen des Hagels dabeigewesen seien.
- Außerdem habe ihn der böse Feind gelehrt, wie er mit einem gewissen Spruch Schlösser aufblasen könne und wie er sich anstellen müsse, damit ein Fuhrmann in einer Lache steckenbleibe.
- Am Palmsonntag sei ihm um 2 Uhr mittags im Kerker (in der Keichen) der böse Geist als schwarzer Mann erschienen und habe ihm versprochen, ihn loszumachen, wenn er ihm nicht nur seinen Leib und seine Seele, sondern, falls er fortkomme und heirate, auch seinen Sohn verschreibe.

- Das habe er knieend dem Teufel mit drei Eiden geschworen, worauf ihm der Teufel befohlen habe, das Kettenglied aufzudrehen und tatsächlich sei es auseinandergegangen.
- Danach sei der Teufel am 27. April zur Zeit des Betläutens in gleicher Gestalt zu ihm gekommen. Er erklärte ihm, daß er ihn von hier wegreißen wolle und habe ihm dazu ein Messer gebracht, mit dem er das Kettenschloß aufgesperrt und sich befreit habe.
- Der Teufel habe ihm befohlen, mit dem Fuß eine Ofenkachel einzutreten und in das Freie zu fliehen. Das sei aber am Gitter gescheitert. Daraufhin habe ihn der Teufel um Mitternacht befohlen, die Decke zu zerreißen und daraus einen Strang zu knüpfen, mit dem er sich erhängen solle. Heen erklärt: er habe das gemacht und sei mit Hilfe des Satans zum Fenstergitter gestiegen.
- Der Teufel habe ihm eine Schlinge umgelegt und ihn vom Stuhl hinabgestoßen. Da der aus der Kozendecke geknüpfte Strang beim Fenstergitter riß, sei er auf den Boden gefallen und dort etwa eine halbe Stunde bewußtlos gelegen.
- Der böse Geist habe ihm auf dem Boden herumgezogen, sei dann aber in der Frühe zur Zeit des Betläutens verschwunden. Er aber habe sich, wieder zu sich gekommen, in das Bett gelegt und angefangen zu beten.
- Am gleichen Tag, dem 28.April, habe ihn der Herr Verwalter in einem weißen Brot etwas Geweihtes gegeben. Daraufhin wäre der Teufel zu ihm gekommen und habe ihm gesagt: »Wenn Du einen Saudreck statt des weißen Brotes gegessen hättest, wäre es besser für dich gewesen. Daraufhin sei er verschwunden.«

tag 1683 befindet er sich im Gefängnis des Landgerichtes Oberkapfenberg. Vom 13. bis zum 15. Mai wird er vom kaiserlichen Bannrichter gütlich und peinlich verhört. Vermutlich unternimmt er Fluchtversuche.

Das Urteil ergeht am 17. Mai 1683. Unter dem Vorsitz des kaiserlichen Bannrichters Johann Jacob Gnisinger beschließen zehn Beisitzer, daß Marx Heen dem Freimann übergeben werden soll: »damit er ihn zur gewöhnlichen Richtstatt führe und dort auf einem Scheiterhaufen aufgerichteten Galgen durch den Strang vom Leben zum Tod zu richten, sodann den Körper durch das Feuer zu Staub und Asche vertilgen soll.« Das Urteil schließt mit den Worten: »Gott sey gnedig der armen Sell.«

Einzelanklagen

Das Landgericht Feldbach befaßt sich 1685 mit dem wegen Magie besagten Jacob König aus Habegg. Der 44jährige beteuert, daß er aus Neid von der justifizierten Agnes Praßwohl angegeben worden ist. Während der Folter räumt er ein:

- »Daß er 14 Tage vor Augustini 1684 mit dem alten Volck und der Jansi im Fürstenfeld gewesen ist. Auf dem Heimweg wurde in Vikkers Keller eingekehrt: »und eins zugebracht.«
- Darauf wäre ihm ein schwarzes Männlein gekommen, habe ihm seine Seele genommen und ihm einen Kratzer auf dem linken Schulterblatt gegeben.
- Um Michaeli habe er sich bei der Raineiche mit der Hexengesellschaft zum Tanz und Trunk getroffen. Sieben Frauen waren vom König erwähnt, die man eingezogen hat.

Hier wird das Wetterschießen erwähnt. König, der später seine Geständnisse widerruft, wird der Kopf abgeschlagen.

In den letzten Jahrzehnten des 17. Jahrhunderts besagt Michael Neuherz aus Habegg Margarethe Holzmann. Neuherz ist Schneider und sagt während des Verhörs: »daß er öfters erzählen hörte, die Hexen hätten bei ihrer Gesellschaft allerlei Speisen, Zinnschüsseln und -teller gehabt und dabei aus silbernen Bechern getrunken.«

Der Traum vom festlichen Essen hat ihn offensichtlich in der Armut und des Hungers übermannt, denn er trägt vor: »er sey im Hauß unsinnig unndt närrisch worden. Als er wieder erwachte, befand er sich einen Büchsenschuß vom Hauß entfernt bei einer Tafel von 30 Personen sitzend. Es gab Hühner und anderes Fleisch, Gebratenes und Gesottenes. Als er von Gott und der hl. Dreifaltigkeit sprach, wären sie alle wie Störche in die Höhe auf-und davongeflogen.«

Die von ihm Besagte wird nach Ersatz der Verpflegungs-und Gerichtskosten freigelassen. In der Region finden die letzten faßbaren Prozesse 1648 bis 1652 in Vorarlberg, 1716 bis 1717 in der Grafschaft Tirol (Rovereto wegen eines Teufelsbundes), 1762 im Erzbistum Salzburg, im Herzogtum Österreich ob der Enns nach 1759 bis 1767 und 1789 (?) statt.

Im Herzogtum Österreich unter der Enns wird 1775 ein Zaubereiprozeß geführt. Im Herzogtum Kärnten 1750 wegen der Schädigung von Vieh. Dennoch tritt ab 1700 eine Beruhigung in der Verfolgung solcher Delikte ein. In den ersten Regierungsjahren der Kaiserin Maria Theresia kommt es in den habsburgischen Erbländern nur vereinzelt zu Hexen- und Zauberprozessen. Nach 1750 hören sie auf, auch wenn die 1768 erlassene *Constitutio Theresiana* Zauberei und Hexerei als Tatbestand erhält. 1776 schafft die Kaiserin die Anwendung der Folter ab; eine neue Zeit scheint gekommen. Dennoch gibt es einen Nachzügler.

Hexen von Wernsee[7)]

Aus Wernsee wurden bislang drei Prozesse bekannt. 1635 wird eine Frau wegen eines vermeintlich von ihr verursachten Hagelschlages Opfer der Lynchjustiz. 1690 stehen in Lutterberg mindestens zwei Männer und 24 Frauen (darunter sieben Bürgerinnen von Wernsee) vor Gericht. In dem Zusammenhang werden acht Todesurteile gefällt. Sieben weitere sterben an der Folter und den Folgen von Kerker und Folter.

1744 setzt eine Verfolgung an, deren Basis eine Verleumdungskampagne ist. Sie führt zum letzten steirischen Hexenprozeß, der in causae crimen magiae geführt wird. Er zieht sich vom September 1744 bis zum Juli 1746, hin. Während der Haft stirbt ein der Zauberei Beschuldigter und die Hauptangeklagte Appolonia Heriz wird nach 452 (!) Tagen mangels Beweisen freigesprochen.

Die Folter wird nicht mehr angewendet. »Daß ihr letzter Seufzer nicht mehr vom Qualm des Hexenbrandes erstickt wird, ist in erster Linie dem Oberradkersburger Landgerichtsverwalter Franz Josef Kuketz zu danken.«

Appolonia Heriz

ist 40 Jahre alt und seit 25 Jahren mit einem Bürger des Marktes Wernsee verheiratet. Ihre Tochter Agnes mit Thomas Stanna, einem Viertelmeister. Es war ein angesehenes Ehepaar, das eine Backstube betreibt und wenn es zu helfen gilt, geholfen hat. Es wirkt sich in der Prozeßfolge positiv aus. So sagt die Tochter später: »Nie habe sie an ihrer Mutter etwas Unrechtes wahrgenommen. Sie wäre von ihr allezeit zum Kirchgang und guten Werken angehalten worden. Auf eigene Kosten hätten die Eltern von einem Bildhauer in Kleinsonntag ein Kreuz schnitzen und es außerhalb des Marktes an der Gemeindegrenze aufstellen lassen. Seit der Verhaftung der Mutter sei der Vater (Caspar Heriz) stetts sehr betriebt und thette wainen.«

Appolonia wird unter einem dubiosen Vorwand festgenommen. Der Viertelmeister Stefan Kossian begehrt am Abend des 25. September 1744 Einlaß in ihr Haus, indem er vorgibt, der Marktrichter Michael Korosch wolle etwas zurückzahlen. Die Frau ist allein,denn ihr Mann ist am frühen Morgen ins Ungarische gefahren, um Mehl zu kaufen. Daraufhin wird sie von vier Männern verhaftet, abgeführt und in Gemeindearrest gesperrt.

Drei Tage später wird sie in das Landgericht Oberradskersburg geliefert und man eröffnet ihr, daß sie drei Männer der Zauberei beschuldigt haben. Der 33 Jahre alte Müller Gregor Stephanez bringt vor:

- Er sei am Gregorabend 1743 in Begleitung eines anderen von Wernsee heimgegangen. Zweimal habe er die Stimme der Appolonia seinen Namen rufen hören, während sein Begleiter nichts vernommen habe.
- Beim Steg habe er plötzlich das Gefühl gehabt, jemand wolle ihn in den Bach werfen. Von Ängsten gepeinigt, sei er nachhause gelaufen. Als er in seinem Bett lag, habe ihn die Appolonia dermaßen gemartert, daß er drei Tage bettlägerig gewesen sei.
- Der MüllerJosef Killimina sagt: »am Samstag nach St. Jacob habe er bei der Kirchweih im heiligen Kreuz mit Männern vier Maß Wein und eine Halbe Met getrunken, jedoch keinen Rausch gehabt.«
- Auf dem Heimweg habe er beim Steg so viele Leute gesehen, die keine Köpfe gehabt hätten. Darüber er verwirrt unter einem Felberbaum liegen geblieben.
- Dort hätte Appolonia schrecklich auf ihn eingeschlagen, so daß er »kimmerlich halbtotter nach Wernsee gekommen und erst über vieles Räuchern im Haus des Gerichtsbeisitzers Johann Stanna zu sich gekommen sei.«
- Niklas Kreinez zeigt an: »daß die Appolonia Heriz eines Nachts mit mehr als 30 Mannund Weibspersonen in den verschlossenen Stall des Johann Stanna gekommen, hätten sich auf ihn gelegt und ihn dabei fast erdrückt.«
- Der Unholde und Unholdinnen habe er sich erst zu wehren vermocht, als ihm sein Mitknecht Stefan, der im selben Stall lag, Weihbrunn (Weihwasser) zum Trinken und Segnen gegeben habe. Von den unheimlichen Bauern, die mit Krügen und Lichtern gekommen seien, hätte er nur die Herizin gekannt.

Der Landgerichtsverwalter erkennt in den Besagungen blödsinnige Phantasiegebilde und erklärt: »daß er keinen Prozeß leiten werde.« Nun belasten Besager die Tochter der Appolonia und tragen vor:

- Die Agnes Stanna hätte mit ihrer Mutter geheimnisvolle Unterredungen geführt und nächst ihres Herdes eine kleine Menge gefärbter Erde ausgehoben.

Auf jeden Fall kommt es den Ratsherren nicht geheuer vor, daß sie in ihrem Haus zehn Viertel frisches Schmalz hat, nachdem sie nur zwei elende Kühe besitzt, die erst seit Pfingsten Milch geben. Agnes sei bei der Konfrontation mit den Besagern in der Gegenwart des Protokollführers in »schröcklicher Winschen und Fluchen, das sye nichts wußte, ausgebrochen und wütend erklärt, sie wolle sich lieber martern lassen, als etwas gestehen.«

Den Zeugenprotokollen vom Oktober wird zur Übersendung an das Landgericht Oberradkersburg eine Erklärung beigefügt[8)]. Hinzu kommt ein Brief an den Landrichter mit der Bitte, nicht nur die Appolonia Heriz, sondern auch deren Tochter in Untersuchung zu nehmen. Der Landgerichtsverwalter läßt sich nicht beeindrucken, sondern teilt mit: »er werde die Appolonia entlassen.« Es versetzt den Wernseer Rat in Aufruhr.

Namens der Gemeinde protestieren Richter und Rat in einem Schreiben vom 9. November 1744 gegen ihre Freilassung. Sie fordern nicht nur Genugtuung für den Schimpf; weil die Herizerin bei ihrem Verhör in Wernsee den ganzen Magistrat mit »Ihr Schelmd« angesprochen habe. Sie verlangen die Anhörung aller Zeugen[9)]. Aufgrund der massiven Erwiderung bleibt Appolonia im Kerker und zusätzlich wird am 22. November ihre Tochter eingeliefert.

Dazu teilt der Wernseer Magistrat mit: »Anna Stanna hätte sich bei ihrer Verhaftung frech geäußert und gesagt: »gleich wie ich anjetzo unschuldig eingezogen werde, also werde auch auch auf viel Unschuldige aussagen.«

Zudem wird dem Landgerichtsverwalter zur Kenntnis gebracht: »ein Mann namens Simon Kugl stehe bei den Bürgern in Wernsee in Betracht seines üblen Wandels im Verdacht der Zauberei.« Man sagt: »Disser mensch ist guett bemitelt, wo alles unkosten bezahlet werden.«

Er sei arrestiert und werde in drei Tagen eingeliefert werden. Bei ihm wurde eine vom Hochgericht entwendete »Totenhand« gefunden, die er zum »Anrauchen« von krankem Vieh verwendet habe.

Unter Druck muß Kuketz die eingezogenen Frauen verhören und eine Untersuchung einleiten, schon um die von ihm beabsichtigte Freilassung gegenüber der Innerösterreichischen Regierung zu verantworten. Vom 21. bis zum 26. November 1744 werden die Verhöre fortgesetzt. Gregor Stephanez bringt vor:

- Er wäre von der Appolonia so stark verhext worden, daß er über angewendete Räucherungen erst nach drei Tagen das (ihm) verlorengegangene Sprachvermögen wieder erlangt hätte. Worauf er zu den Kapuzinern zur Beichte und dann zum Bader zum Aderlaß gegeangen wäre.
- Seine verwitwete Schwester Katharina Gambertz sagt: »sie hätte, als ihr Bruder jammerte, Appolonia im Zimmer gesehen, wohl aber wäre eine fremde, scheckige Katze auf der Türschwelle gesessen.«

Die Frau des Josef Killamina ergänzt die Aussagen ihres Mannes: »seinen Zustand unter dem Felberbaum habe sie genau gekannt. Mit Rücksicht darauf habe sie ihm damals Rock und Stiefel ausgezogen, Hut und Mantel an sich genommen und nachhause getragen, damit die Sachen dem betrunkenen Mann niemand stehlen könne. Sie hätte gern gehabt, daß er mit ihr nachhause gegangen wäre, jedoch von ihm zur Antwort bekommen: »Schau, wie sollte ich nach Hause gehen, da stehen ville Leuth.« Sie aber hätte trotz Schauens niemand zu sehen vermocht.«

Ihr Mann stellt es anders hin: »nach dem Weggang seiner Frau hätten ihn die anderen Weiber mit zusammengedrehten Gewandfetzen »erst recht verprieglet«, so daß er »von den priegeln närrisch worden und in einem Haferfeld herumgelaufen wäre.« Erst als ihn der Knecht in das Haus des Johann Stanna geführt, ihm ein Kruzifix auferlegt und ihn geräuchert habe, war er nach halbstündiger Labung imstande gewesen, sich zu seinem Weib nachhause führen zu lassen. Nach seinem Erwachen hätte er sein Weib vorwurfsvoll angeredet: »Ihr unglickseligen Weiber waß hab ich Euch gethan, daß ihr mich so geplagt habt.« Dabei hätte er im Besonderen an Appolonia Heriz gedacht, die ihn am meisten bedrängt.«

Ihre Aussagen werfen ein Bild auf den Neid ihrer Besager: »daß ihre Mutter stets Brot buk und dieses nicht nur im Markt Wernsee, sondern auch in Lutterberg, Maria Pollenschlag, St. Thomas und in Heiligen Dreifaltigkeit verkaufe. Man were ihr neitig gewesen, daß sie sich bewerbe und bereiche »daß sie so vill Brott bache und anbringen, indeme bravere Weiber in Markht weren, kunten gleichwol nicht so vill Brott anbringen, alß ihre Mutter.«

Sie, die Tochter, wäre aufgrund einer Besagung verhaftet worden. Etwa einen Monat davor war sie Zeugin einer Tätlichkeit geworden. Ivan, der Schwiegersohn des Wernseer Mathias Kolmanitzsch, hat sich am Stiefsohn des Michael Kallez vergriffen. Weil Ivan deswegen von der Herizrin gerügt wird, hätte sie von dem Schläger drei Prügelhiebe über das Kreuz hinnehmen müssen. Auf ihre Klage hin war Ivan vom Rat mit vier Gulden verurteilt worden. Darüber erbost, hat Kolmanitzsch einen Komplott gegen Appolonia geschmiedet und den Müller Gregor Stephanez bestochen: »gegen sie verleumderische Anschuldigungen zu erheben.« »Es thette ihr das Herz wehe und empfinde es sehr:« protokolliert der Gerichtsschreiber Posch die Aussage der Herizin[10].

Schließlich entläßt Kukez am 27. November 1744 die Frau aus der Haft. Der Beschluß setzt den Richter und den Rat von Wernsee in Schrecken. Sofort wird der Marktschreiber angewiesen, eine Rekursschrift an die Innerösterreiche Regierung zu verfassen. Sie unterliegt einem Irrtum. Weil im April 1745 über Wernsee ein Gewitter niedergeht, das ihr an den Rockzipfel gehängt wird, erläßt sie am 7. Mai 1745 eine Verordnung zur Untersuchung, jedoch mit dem Bemerken: »daß alle das Gebiet der Hexerei und Zauberei berührenden Delikte der Gerichtsbarkeit vorbehalten seien.« Kuketz erhält einen Verweis, in die Rechte der höheren Instanz eingegriffen zu haben. Als Kommissar wird der landesfürstliche Bannrichter Dr.

Johann Adam Menhardt

bestellt. Zunächst werden die Delinquentinnen (wieder) eingezogen; mit ihnen der der Zauberei besagte Simon Kugl. Der Bannrichter läßt sich Zeit und treibt die Kosten nach oben. Er nörgelt an den Speisen herum und klagt über das schlechte Quartier im Schloß: »Sein Zimmer hätte keinen Ofen, wohl aber einen Abtritt mit einem abscheulichen Gestank.«

Der Verwalter kontert geschickt: »er hätte sich das Zimmer selbst ausgesucht; was aber den Gestank betreffe, so ginge niemand anders auf den Abtritt als er. Wenn also zu der Zeit der Abwesenheit Dr. Menhardts – wie sonst nie – ein abscheulicher Gestank wahrzunehmen wäre, so hätte dieses Übel der Herr selbst causiret.«

Nach dem Verlauf von zwei Monaten nutzlosen Tuns entschließt sich der Bannrichter den Auftrag zu übernehmen. Die von der Gerichtsbarkeit als maßlos bezeichnete Besoldung ließ ihn vorerst einmal ab dem 5. August 1745 23 Tage am Gerichtsort weilen. Nach einer kurzen Unterbrechung bleibt er bis zum Oktober 44 Tage auf der Oberradkersburg.

Als sich der Gerichtsverwalter außerstande sieht, die Kosten zu begleichen, bekommt er vom Bannrichter die Drohung zu hören: »er werde das Schloß erst verlassen, wenn er sein Geld habe.« In seiner Verzweiflung muß sich Kukez an den Herrschaftsverwalter mit der Bitte wenden, die ihm von Dr. Menhardt geforderten 400 Gulden vorzustrecken.

In der weiteren Folge spornen den Bannrichter weder Betreibungen der Herrschaftsinhaberin Maria Charlotte Josepha, Fürstin zu Eggenberg[11] noch der Umstand an, daß Simon Kugl im Kerker nach einer 108 tägigen Haft verstorben ist, zu besonderer Eile an. Im März 1746 legt er die Akten der Regierung mit der Empfehlung vor, sowohl Appolonia Heriz als Agnes Stanna »ab instantia« loszusprechen.

Die letzte Entscheidung fällt ein Vierteljahr später. Am 8. Juli 1746 wird Freispruch wegen Mangel an Beweisen angeordnet. So endet der letzte und wohl spektakulärste Hexenprozeß in der Steiermark.

Pro und kontra Hexenwahn

Zu den Befürwortern zählt der steirische Arzt Adam von Lebenswaldt (1624–96). Er wird im Mühlviertel (Oberösterreich) als Sohn eines Marktschreibers geboren, besucht die Lateinschule zu Linz, studiert in Graz Philosophie und in Padua Medizin, wo er 1652 zum Doktor promoviert.

Nachdem er sich in der Steiermark niedergelassen hat, wird er Leibarzt des Abtes von Admont und Landschaftsmedikus für das Enns- und Palztental.

1659 erhebt ihn Kaiser Leopold I. in den Adelsstand. 1684 übersiedelt er nach Loeben, wo er 1696 stirbt.

Er veröffentlicht zu der Zeit, als die Verfolgung der Hexen in der Steiermark kumuliert *Acht Traktate über des Teufels List und Betrug*. Darin wendet er sich gegen Wahrsager, Alchemisten und nichtstudierte Ärzte, Bader und Kurpfuscher. Im letzten Traktat behandelt er die Verführung der Menschen zur Zauberei, wobei er den Ansichten des acht Jahrzehnte zuvor in Graz als Professor an der Jesuitenuniversität tätigen Martin Del-Rio folgt.

Lebenswaldt meint, daß die bösen Geister körperlich erscheinen und sucht dem Teufel und seinen Anhängern alle menschlichen Irrtümer in die Schuhe zu schieben. Dennoch betrachtet er den Aberglauben als Sünde und macht die Frauen und deren einfältiges Hirn für die Verbreitung solcher Vorstellungen verantwortlich.

Abraham a Santa Clara

wird 1644 in Schwaben als achtes Kind von Bauern geboren und studiert nach dem Besuch der Lateinschule bei Jesuiten in Ingolstadt, bzw. Benediktinern in Salzburg. Dann tritt er dem Orden der Reformierten Augustiner-Barfüßer bei, ist Wallfahrtsprediger in Taxe bei Augsburg und Ordenspriester in Wien.

1677 wird er kaiserlicher Hofprediger, ab 1686 wirkt er in Graz als Prior der Niederlassung seines Ordens, kehrt nach Wien zurück, um die Leitung der deutsch-böhmischen Provinz seines Ordens zu übernehmen. Er stirbt 1709 und bezieht sich in seinen Predigten auf die Verfolgung von Hexen und Zauberern.

In seinem *Judas der Erz-Schelm* (Salzburg 1689) geht er auf die Feldbacher und Gleichenberger Hexenverfolgungen ein und sagt: »was für wunderseltsame Aussagen und Erkenntnuß seynd nit ergangen verwichenen Jahren allhier in Steyermark von dem Hexen- und Zaubergesindel, daß man hiervon ein großes Buch könnte verfassen, nur von Anno 1675 bis in das laufende Jar 1688.« Da habe eine bekannt: »daß sie achttausend achthundert mal in einem mit zwei Rossen bespannten Kobelwagen seye ausgefahren in die Höhe über Berg und Thal, nachmals in einem bestimmten Orth sehr herrlich tractirt worden; nach vollendeter Mahlzeit mit irem Liebsten, dem Teuffel, welcher in schwarzem Sammt aufgezogen und ausländisch geredet, in allen Wollüsten gelebt etc.«

»Ein Mägdl von 14 Jaren hat ohne Tortur bekannt, wie daß sie auf Befehl des Teuffel(s) zu Lankowitz die Allerheiligste Hostie zu dem Maul herausgezogen, selbige nachmals bei der Zusammenkunft in ein Gruben geworffen, allwo solche unmenschliche Schandthaten vorbey gegangen, welche keine ehrliche Feder getraut zu beschreiben.«

Aus nachträglicher Sicht erweist sich der Volksprediger – wie Luther – als abergläubisches Kind seiner Zeit und verhehlt nicht die Genugtuung über die Hinrichtung der Besagten.

Nikolaus von Beckmann

(1634–87) stammt aus Norddeutschland und gilt als der bedeutendste Jurist der Steiermark des 17. Jahrhunderts. Er wird 1634 in Heide im Dithmarschen geboren, studiert an mehreren deutschen Universitäten und promoviert 1666 in Orleans zum Dr. beider Rechte. 1667 wird er Professor für römisches Recht an der Universität Lund (Schweden), überwirft sich mit dem Naturrechtler Samuel Pufendorf und muß 1673 fliehen. Im gleichen Jahr tritt er in Wien zum Katholizismus über.

1675 erhält er auf Empfehlung des kaiserlichen Hofes eine Anstellung als Kanzleidirektor des Benediktinerklosters Michaelsberg bei Bamberg. Hier verfaßt er seine *doctrina iuris,* eine Darstellung des gemeinen Rechts in Form eines Lexikons. Als Begründung führt er die bestehende Rechtsunsicherheit an und hat in gewisser Weise eine Parallele in dem berühmten sächsischen Rechtsgelehrten Benedikt Carpzov.

Nach ihm ist die Zauberei durch teuflischen Betrug verbreitet und so verborgen, daß die Landgerichte und Bannrichter das »verfluchte Hexengeschmeiß« nicht auzurotten vermögen.

Die Ursachen sieht er im Aberglaube und im Genuß von Alkohol, Hurerei sowie der Hoffnung von Jägern und Soldaten, durch magische Praktiken unverletztbar zu bleiben (sich »schußfest« machen. Vergl. »Passauer Kunst«).

1680 ruft man ihn als Innerösterreichischen Regimentsrat nach Graz, wo er wiederholt mit Hexen- und Zaubereiprozessen befaßt ist. 1681 führt er als Regierungskommissar in Leibnitz einen Hexenprozeß. Er ist vom Zeitgeist befangen und übernimmt die Behauptung: »daß während der Folter der Teufel in der Gestalt eines Eichhörnchens erschienen sei.« Er stirbt 1687 wohlhabend in Graz und wird in der Pfarrkirche St. Peter begraben. Der Hexenrichter

Ludwig Wurm

ist Hofrichter des Stiftes St. Lambrecht. Er führt 1601/02 und 1610 zwei Hexen- und Zaubereiprozesse, in die zwölf Personen verwikkelt sind. Der Hauptangriffspunkt ist das Wettermachen, gemischt mit kirchlich-inquisitori-

Albrecht Dürer. Der Hof vom Innsbrucker Schloß. In der Region finden sehr viele Hexenverfolgungen statt. Graphische Sammlung. Albertina, Wien. Mit freundlicher Genehmigung. →

schen Teufelsvorstellungen. Unter den Angeklagten befinden sich ein Landstreicher, dessen Gefährten und deren zehn bis zwölf Jahre alte Tochter.

Der zweite Prozeß richtet sich gegen eine 72jährige Zauberärztin und deren Sohn, der Meßgewänder gestohlen haben soll. Im Verhör gesteht sie, die Frau des Richters durch Gift beschädigt zu haben. Der Hexenrichter

Johann Wendteisen

(gest. 1689) beschäftigt sich jahrzehntelang in der Verwaltung und Gerichtspraxis. 1673 wird er in Radtkersburg als Stadtrichter und sechs Jahre später als Stadtschreiber erwähnt. 1679 wird er wegen Bestechlichkeit und Profitgier entlassen. Darauf tritt er als Landgerichtsverwalter in den Dienst der Herrschaft Ober-Radkersburg.

Zwischen 1671–85 ist er als Hexenrichter nachweisbar. Seine Tätigkeit fällt in den Zeitraum, in dem die Verfolgung von Hexen und Zauberer kulminieren. Er arbeitet mit der Innerösterreichischen Regierung und beschränkt sich in seiner Aktivität nicht auf Radtkersburg, sondern es gelingt ihm – in Konkurrenz mit anderen – sein Arbeitsfeld auszuweiten.

Von den von ihm geführten Prozessen, denen mindestens 50 Frauen zum Opfer fallen, versteht er es, durch Hinhaltungen seine Einnahmen zu verbessern. Bei seiner Tätigkeit ist er darauf bedacht, den Einfluß auszuschalten, der zur Beschränkung seines Hinrichtungseifers führt.

Als der Stadtpfarrer von Radtkersburg in der Beichte von Angeklagten die Rücknahme ihrer Geständnisse erreicht, erwirkt Wendteisen einen Regierungsbefehl, der den Geistlichen jede Einmischung untersagt. Er stirbt 1689 in Radkersburg und ist hier begraben. Der Grabstein hat sich erhalten.

In dem in einer späteren Abschrift überlieferten *Tractat juciudicarus* legt er seine Erfahrungen nieder und ergänzt sie durch theoretische Ansätze, wobei er sich auf Binsfeld, Del Rio, Carpzov und Laymann stützt. Er empfiehlt, Beichtväter von den Delinquenten fernzuhalten und sie erst drei Tage vor der Hinrichtung zuzulassen. Er hat einen Gleichgesinnten in dem Bannrichter und Landgerichtsverwalter Wolf Lorenz Lämperitsch.

Bei der Frage nach Gegnern der Hexenprozesse ist man für die Steiermark Antworten schuldig. In erster Linie sind es weitsichtige Geistliche, vernünftige Richter und besonnene Advokaten, die sich schützend vor die Opfer stellen. Unter den Geistlichen sind Beichtväter hervorzuheben, die erkennen, wie unsinnig die unter der Folter erpreßten Geständnisse sind.

Für St. Lamprecht ist 1618–19 Pater Christian Jäger zu erwähnen, der vier als Wolfsbanner Verdächtigen zur Freiheit verhilft. In Graz bewirkt 1672 Pater Elias Stanislaus Otto durch ein Gesuch an die Regierung die Begnadigung von zwei zum Tod verurteilten Mädchen.

Hexenberge

Katharina Lorenzer erwähnt das »zu Hazendorf auf der wegschaiden bey dem Creiz«, wo sich die Hexen versammelt haben. Außerdem trifft man sich auf dem Schießkogel. Nach Osten fliegt man nach Birnbach auf den Fuß des Höfberges. Im Sommer 1675 wird von Ursula Koch das große Kreuz zu Breitenfeld als Versammlungsort angegeben. Die Gesellschaft habe etwa 40 Personen umfaßt, »weren theils in Khobelwagen geseßen, theils geflogen.«

Als man im März 1675 Afra Fux aus St. Kind im Rittscheintal verhört, wird von deren Mann angedeutet, daß man nördlich der Riegersburg im Kropfberg Zusammenkünfte halte, um Schauer zu erzeugen. Der Verwalter berichtet seinem Herrn im März 1675: »man habe in Kropfbergen drei große Schauer gemacht, und es müßte eine große Zahl von Bösewichtern in der Gegend sein. Erst vorgestern habe ein Knecht, als er Früh in den Weingarten ging in ein Pergl eine große Gsöllschaft Tanzendt angetroffen.« Die am häufigsten genannten Sabbatberge sind der Gleichenberger und Stradner Kogel. Von hier aus flog (man) auch auf den Königsberg (Tieschen) und auf den Schröckl.

In den meist unter der Folter entstandenen Aussagen werden Ofengabeln, Bratspieße und ähnliche Fluggeräte erwähnt. Der 1659 beklagte Bettler Hans Glaser behauptet: »daß zwei Ziegenböcke einen mit einem Weinfaß beladenen Wagen durch die Luft zum Hexensabbat gezogen hätten. Satt der Räder waren am Wagen Eier angebracht, die durch Strohhalme verbunden gewesen.«

Er trägt im Zusammenhang mit dem Hexenflug vor: »daß er aus Mehl und Wasser, doch ohne Salz, ein »Koch« zubereitet und damit eine Ofengabel geschmiert habe.« Nach dem Spruch »hiemit will ich in (des) Teufels Namen fahren«, war er aufgesessen und zum Sabat auf den Schröckl gefahren. Sie gelten als typische Flugberge, die man auch im Nebel oder durch die Wolken erreicht.

Freimannrechnung aus der Region Gleichenberg

Vor der Hexen, jeder scheiderhauffen alß Holz, Läden, Stroo, Tagwerker, Und Fuhrlohn sambt Nägl indiferenter auf ein Persohn es seindt viel oder wenig Zurechnen. Auf ain Persohn:

Vor besuchung deß Zeiches	1 Fl.	– Kr.
Vor 1 Tortur	-	45 Kr.
Vor dem scheiderhauffen zu machen auf jede Persohn	-	45 Kr.
Vor die sailen einzugraben	1 Fl.	– Kr.
Vor hinrichten mit dem Schwerth	-	15 Kr.
Vor Verdilgung mitdem fayr	-	45 Kr.
Vor dem fayrhaggen	-	40 Kr.
Freymannß Malzeith	1 Fl.	30 Kr.
Dem ortsdiener Vor täglicher auß Unfd einlasung auch sonst abwarttung der Persohn durch werunde Arrest	1 Fl.	30 Kr.
Fuhrlohn vor der Persohn abführung zur Walstath	1 Fl.	– Kr.
Von daß Freimannß Pferdt daß Tags absonderlich umd fueder	- Fl.	18 Kr.
Dem Knechte Ihr gewöhnliches drinkhgelt	1 Fl.	30 Kr.

Die Hexen verwandeln sich mit Hilfe einer blaugrünen Salbe aus einem schwarzen Tiegel, den man sich unter die Jaxen (Achseln) schmiert, in Habichts-, Raben- oder Storchengestalt. Sie werden nach einer anderen Version in der Luft von einer kleinen Kalesche mit zwei oder mehr Rossen oder vom Bösen getragen. Als Treffpunkte nach dem Flug wurden für den Heimweg die Siebenauer Mühle und das Lösersdorfer Kreuz genannt.

Außer den Orten trifft man sich bei einer Eiche auf dem Merkendorfer Anger, im Waldsburger Holz und beim Muggendorfer Kreuz.

Ausgangspunkte für einige Fahrten sind die Wegscheiden bei der Steinbrücke, die Waldberger Brücke, die Lerchenmühle und bestimmte Wald- und Wiesenstücke zwischen den Vulkanbergen. Nach Aussage der Gefolterten gab es Flüge bis nach Ungarn (Neuhaus/Klausenbach), in die Täler des Grabenlandes (Gnas), Klöch, Rosenberg und in die Pfarre Fehring.

Vorderösterreich

Kurz vor Drucklegung des Buches hat Sabine Schleichert im Ausstellungskatalog zum Thema Hexen in Karlsruhe (1994) einen interessanten Aufsatz zu den frühneuzeitlichen Hexenverfolgungen im Elsaß, Breisgau, Hagenau und Ortenau publiziert. Ich nehme einige Aussagen auf und folge ihren Spuren.

Vorderösterreich war ein Teil Oberösterreichs, der zwischen 1565–1665 von einer habsburgischen Linie mit Sitz in Innsbruck regiert und dirigiert wird. Sie sind katholisch ausgerichtet. Vor allem in der Nähe zu den protestantischen Reichsstädten in der Landvogtei Hagenau und im Elsaß kann es zu konfessionellen Spannungen gekommen sein; Hagenau wird zwangs-rekatholisiert!

Die beherrschte Region umfaßt die österreichischen Territorien im Breisgau und Elsaß, sowie die Reichslandvogteien Hagen- und Ortenau. Das Gebiet erreicht etwa die Ausdehnung Württembergs, aber nicht dessen Bedeutung und Geschlossenheit. Die Verwaltung der entfernten Region wird in der Regel Pfandinhabern überlassen; dazu gehören die niedere und hohe Gerichtsbarkeit.

Anfänge

Die frühesten Hexenfälle fallen in die Region des südlichen Schwarzwaldes und es ist denkbar, daß es Übertragungswellen aus der Schweiz mit seinem frühen Hexenaufkommen sind. Vor dem Freiburger Fall von 1546 weist eine Spur nach Basel; die Beklagte Anna Schweizerin hat man wegen Hexereiverdachts aus Basel ausgewiesen.

Seit den 70er Jahren des 15. Jahrhunderts gibt es Hinweise auf gegen Hexen geführte Verfahren. In Waldshut am Hochrhein holen die Stadtväter 1479 nach einem verheerenden Hagel den Inquisitor Johann Gremper, um Untersuchungen anzustellen, was mit dem Tod einer Bezichtigten endet. Man hängt ihr das Unwetter an den Rockzipfel.

Im Breisgau kommt es 1533 und 1546 zu Hexenverfolgungen, in der Ortenau 1557, im Elsaß 1560/70. Bis hier dominieren Einzelpro-

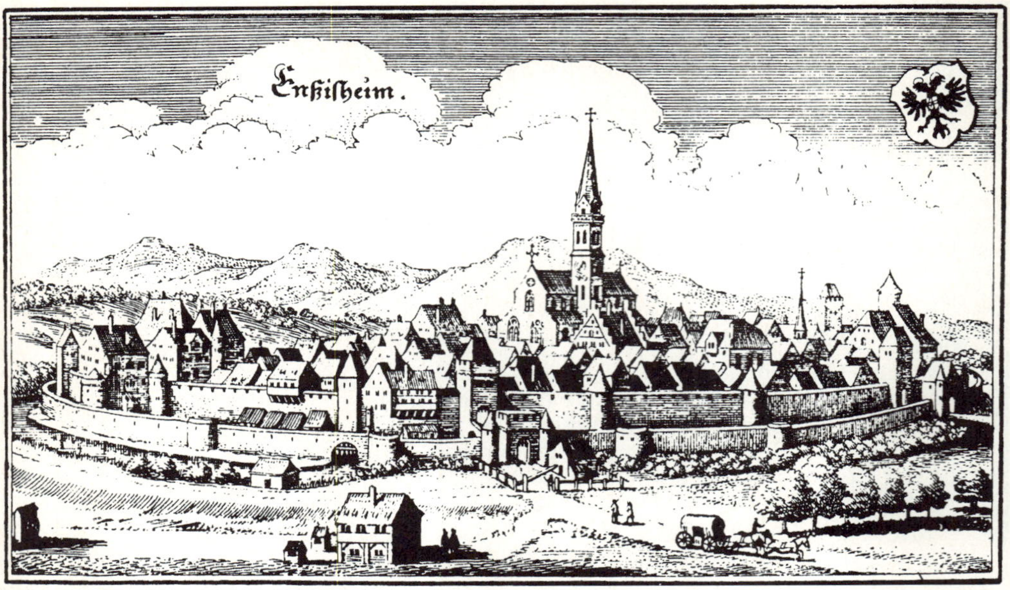

Ensisheim, Sich von Matthäus Merian d. Ä., 1663.

zesse und ab dann formieren sie sich zu Wellen. 1572 geht man in Laufenburg am Hochrhein zunächst gegen eine Besagerin vor, die unter der Folter auf ihrer Meinung beharrt. Dann werden zwei Besagte festgenommen. Sie leugnen (!) unter der Folter die Beschuldigungen; jetzt werden alle drei inhaftiert: »so das sie weder Sonn noch Mond nit mehr sehen Auch Vich vnnd Leüt vor Inen sicher sein mögen So lang bis wo die warhait mit Inen an tag vnd Hof herfür khomen möcht Das Sy sich villeicht selbst bekkandtlich geben oder ersterben thetten.«

Die elsässische Stadt Türckheim bemüht sich nach der ersten großen Prozeßwelle der siebziger Jahre des 16. Jahrhunderts, die Kosten vom Hause Habsburg zurück zu bekommen und begründet es so: »daß die Hexenprozesse unss zur selbigen zeit eine neuwe Sach gewesen, dass wir nit gewusst wie die handlung anzugreiffen, sondern schier bedoerfft das wir leut allher khaufft hetten die mit solchen Ruestungen umbgangen weren, dann solche sachen bey unseren zeitten nit vyl gebraucht worden.«

Die »juristische« Einstellung zum Hexentreiben wird von Innsbruck »vorgeprägt.« Man steht der Zauberei liberal gegenüber und die *Polizeiordnung* von 1573 setzt darauf Geldstrafen. Das Lastermandat Ferdinands II. von 1572 führt Unglücksereignisse auf den göttlichen Zorn zurück und bietet als wirksames (!) Rezept Beten und ein bußfertiges Leben an. Noch 1540 bezeichnet man die Möglichkeit der Zauberei und Luftfahrt als Phantasie; man erkennt die Schwachheit der Besagungen. Keinesfalls sind sie Grundlage zu Verhaftungen. Auf Anordnung der oberösterreichischen Regierung erstellt ihr Kammerprokurator Dr. Volpert Mozel 1637 eine *Instruction vnd Conclusiones, mit was Vmbstehenden die Hexen Persohnen constituiert werden khinden,* die sich im wesentlichen an die CCC. lehnt. Im Sommer 1641 erhält die Innsbrucker Regierung Kenntnis von einer Prozeßwelle im vorderösterreichischen Villingen. Sie schickt einen Verweis an die Verantwortlichen: »daß die offensichtlichen Unförmlichkeiten im Verfahren nicht zu tolerieren seien und die Regierung von nun an die Stadt intensiver beaufsichtigen wolle.«

Im wesentlichen ist es so, daß sie das Geschehen so lange unberührt läßt, bis es um die Kosten(eintreibung) geht. Die oberösterreichische Regierung rät 1577 dem Erzherzog: »bei den derzeit leider sehr zunehmenden Hexenprozessen in den Vorlanden folgendermaßen zu verfahren: in den Fällen, in denen Kinder unter den Hinterbliebenen seien, sollten diesen aus Gnade $^2/_3$ des Erbes zugestanden und nur $^1/_3$ der Strafe eingezogen werden. Bei Erwachsenen wären $^2/_3$ zu konfiszieren und $^1/_3$ den Erben zu überlassen, und wenn es nur weitläufige Verwandte oder diese reiche Leute seien, solle man es beim Landesgebrauch belassen (und das gesamte Vermögen konfiszieren!).« Über die Verwendung solcher Gelder behält sich der Erzherzog die Entscheidung vor: Teile davon fließen in den Bau des Kapuzinerklosters im elsässischen Wallfahrtsort Thann.

Vermutlich müssen sich untergeordnete Instanzen bei Bluturteilen nach oben absichern. 1598 erhält die Regierung erst durch die Bittschrift von Martin Rohrbach aus Rammesweier (Ortenau) Kenntnis von dem gegen seine Frau geführten Hexenprozeß. Appolonia Rohrbach hat man trotzt Schwangerschaft verhaftet, gefoltert und mangels Geständnissen absolviert. Ihr Mann fordert Schadensersatz, einen Unschuldsbescheid und die Bestrafung der Besager. Die Ortenauer Beamten werden ermahnt, in Zukunft die Gesetze besser zu beachten.

Wenn man juristische Gutachten bedarf, wendet man sich vorwiegend an das zentrale Freiburg. Der in den 80er Jahren des 16. Jahrhunderts mehrfach konsultierte Freiburger Jurist Johann Heinrich Tucher vertritt die Meinung: »für die Verhängung von Haft und Folter seien nur die Aussagen ehrbarer Zeugen, nicht aber Gerüchte und Besagungen hinreichend.«

1603 erklärt Professor Thomas Metzger zum Fall einer Geständigen minderjährigen Angeklagten: »die eigentlich verwirkte Todesstrafe sei wegen des Alters, der Freiwilligkeit des Geständnisses und des Fehlens vom Schadenzauber in eine Art Hausarrest bei gottesfürchtigen Leuten zu verwandeln.«

Dr. Friedrich Martini warnt 1618 gutachtlich davor: »eine Sünde zu begehen, indem man Unschuldige foltere.« Er hat in 1604 in seinem Traktat *De iure censuum* die Auffassung vertreten, die CCC. unterscheide **nicht** zwischen schädlicher und nichtschädlicher Zauberei. Er hält beides wegen des zugrundeliegenden Teufelspaktes für todeswürdig.

In Hagenau existiert ein aktiver Hexenausschuß. Die Kosten für die Gefangenen muß die Stadt aus Spitalgeldern vorfinanzieren. Das Malefizgericht besteht aus 24 Personen, dem Rat und zugeordneten Schöffen oder aus Vertretern der dazugehörigen Herrschaften. In Bräunlingen tagt das Gericht unter dem Vorsitz des österreichischen Schultheißen im Namen der Landesherrschaft. Bei einem 1613 in Ensisheim erfolgten Hexenprozeß gegen zwei Frauen wird ein Verteidiger erwähnt. Die Anwendung der Wasserprobe wird nicht gehandhabt und lediglich in der Landvogtei beschäftigt man sich näher mit dem »stigma diabolicum.«

Die Zahl der Exekution bleibt hoch und beträgt von 1570 bis 1630 von über 80 bis über 160 Hinrichtungen pro Jahrzehnt. Für Villingen lassen sich in der Zeit zwischen 1584 bis 1625 21 nachweisen, bei denen 16 Verbrennungen stattfinden. Nach 1650 zeigt sich ein deutliches Nachlassen. Das Ende ist wohl die ungewöhnlich späte Hinrichtung der Anna Schneidewind aus Wyhl bei Endingen im Jahre 1751. Man wirft ihr neben der Teilnahme am Hexensabbat Brandstiftung und Teufelspakt vor.

1617 wird in Hagenau die Hinrichtung einer geständigen Frau verschoben, weil eine Konfrontation abgewartet werden soll; sie kommt nach dem Schwören der Urfehde frei. In der Landvogtei Ortenau sind 91 Hinrichtungen im dem kurzen Zeitraum von vier Jahren 1626/27/30 dokumentiert. Thann kommt auf 140 Hinrichtungen, Villingen auf 62, Ensisheim auf 59 und Freiburg auf 52.

In 90 % aller Fälle wird zur Folter gegriffen, um die Wahrheit zu erforschen. Landes verweisungen sind selten. Viele Prozesse haben keine Todesfolge. Der Frauenanteil liegt bei 85 %. Nur in der Reichsvogtei Hagenau finden sich relativ häufig Urteile gegen Männer.

1571 wird in Burkheim ein Mann hingerichtet. Das Verfahren wider ihn beginnt klassisch, doch dann räumt er ein: »der Teufel habe ihm geraten, zu rauben und zu morden. Seine früheren Besagungen »der bösen Weiber halber im Keller wiederruefft er.« Das habe er nur von anderen gehört und nacherzählt«. Ähnlich werden in Thann 1605/06 Mitglieder einer Räuberbande verurteilt, unter denen sich ein Hexenmeister befunden haben soll.

Kinder scheinen in Vorderösterreich selten in Hexenprozesse verwoben zu sein. Unter den Besagten befinden sich lediglich 13 zwischen 13 und 15 Jahren. Drei Jungen aus Hagenau im straffähigen Alter von 14 Jahren werden hingerichtet; ein Mädchen stirbt im Gefängnis. Drei weitere sollen unter die Aufsicht des Spitals gestellt werden. Die Gruppe der Hebammen ist mit 16 Opfern relativ groß. 14 Angeklagte sind Ehefrauen oder Witwen von Wirten und Müllern.

Hier machen die Prozesse nicht vor Adeligen Halt. In Bräunlingen wird Sabine von Schellenberg besagt, kann aber noch von ihrer Familie in Sicherheit gebracht werden Geistliche finden gel. als Beichtvater Erwäh-

Abraham a Santa Clara, eigentlich Johann Ulrich Megerle (1644–1709), kaiserlicher Hofprediger, war durch seine volkstümliche Art weit über die Grenzen Wiens hinaus bekannt.

nung, denen die Verurteilten (Freiburg) eine gewisse Summe ihrer testamentarischen Nachlassenschaft zusprechen. Sie scheinen kaum Einfluß auf Prozesse gehabt zu haben. 1628 beschließt Erzherzog Leopold, in der Ortenau ein Haus für die Kapuziner aus dem Vermögen der hingerichteten Hexen zu errichten.

Die Besetzung durch Kriegsmächte führt zu einer Verlagerung des Geschehens. Als der Magistrat von Hagenau durch Franzosen entmachtet wird, hat er nicht mehr die Befugnis, Kriminalprozesse zu führen. Die Bräunlinger Hexenverfolgung von 1632 wird durch Besagungen aus dem benachbarten fürstenbergischen Hüfingen ausgelöst. 1635 werden erneut Stimmen laut, die Verfolgung der Hexen aufzunehmen. Es wird ein neuer Hexenausschuß gegründet: er scheint nicht aktiv geworden zu sein.

Hier endet der Streifzug durch die Geschichte der Hexenprozesse. Er kann nicht mehr als eine Momentaufnahme sein, da es sinnlos ist »alle« wiederzugeben. Sie sind nicht mehr greifbar und würden – so man über sie verfügen könnte – das Gesamtbild marginal verschieben. Vergl. zu Vorderösterreich die Ausführungen zu den Hexenprozessen am Oberrhein.

Entscheidend ist, das in dem Zusammenhang begangene Unrecht vor Augen zu führen. Die Aufgabe war, Soldan-Heppe ein aktuelles Werk gegenüberzustellen, das die Kenntnis über das »historische« Hexentreiben vertieft. Über die Mängel und Schwachstellen bin ich mir bewußt. Eingebettet ist das Hexentreiben in eine verklemmte Moral, dessen Verzerrung gleichfalls in den Hirnen von Theologen ausgebrütet worden ist. So ist es notwendig, darauf einzugehen.

Sexualität und Frauenhaß

—

Kinderhexenprozesse

Inhalt

Sexualität und Frauenhaß

Exorzismus, Tafelmalerei, 1512.

Wenn man die Verfolgung der »historischen« Hexen als Wahnvorstellung bezeichnet, hinter der sich (auch) klerikale Ansprüche verbergen, muß man nach deren Anfängen suchen. Sie liegen offen zutage.

1. Zeichnet sich das Urchristentum – soweit faßbar – durch sexuelle Liberalisierung aus. Frauen sind (im Gegensatz zu heute) zum Priesteramt zugelassen. Jesus von Nazareth scheint – seine Existenz so vorausgesetzt, wie das, was er gesagt haben soll – vernünftig gewesen zu sein. Man kann ihn nicht mit Folge-Hypotheken belasten; schließlich hat er mit der auf ihm errichteten Religion so gut wie nichts zu tun, außer daß man sich auf ihn beruft.

2. Die unheilvolle Wende bringt Paulus ein. Er muß intelligenter gewesen sein, denn er schöpft aus dem Repertoire der antiken Wahnvorstellungen und zimmert aus einem »natürlichen« ein »unnatürliches« Religionsgebilde.

3. Damit legt er den Kern der Opposition, an dem es ersticken muß, da es sich mit Gewalt und geistiger Unterdrückung nicht mehr zusammenhalten läßt.

Wenn man es so sieht, werden fast alle »Ausrutscher« erklärbar, deren sich die Kirche in ihrer Gesamtheit schuldig gemacht hat. Sie unternimmt grauenhafte Versuche, um die Sexualität zu reglementieren. Die unnötige Verteufelung des Weiblichen und die Unterdrückung der Sinnlichkeit belasten ihr Konto. Die Verfolgung der angeblichen Hexen findet eine intelektuelle Basis. Ihr liegt ein zusätzlicher Irrtum zugrunde, der

Irrglaube an Dämonen

Alt ist die Vorstellung, daß Menschen mit ihnen in Verbindung treten, um mit ihnen zu kommunizieren, bzw. sich zu paaren. In der Antike spricht man von »dämonischen Angriffen« und sucht rationale Deutungen. Es werden widersprüchliche Theorien ersonnen.

Körper und Geist, Leib und Seele, Transzendentes und Reales stoßen scheinbar unversöhnlich aufeinander. Man meint, in den Dämonen gefallene Engel zu sehen, Früchte ehebrecherischer Verbindungen und stellt in den Raum: »daß der Same Adams auf die Erde gefallen sei, woraus sie sich entwickelt haben.«

Es ist Unsinn, denn es gibt keine Dämonen und demzufolge keine Teufel, Engel und damit keinen begründbaren Exorzismus. Es gibt auch keinen Adam!

Dem Christentum bleibt es vorbehalten, Absurditäten als glaubenswahr hinzustellen, um etwas Nichtexistentes aufzuwerten. Die katholische Dämonenlehre entwickelt sich aus einem Sammelsurium des Unsinns. Der heilige Hilarius meint: »daß Tiere von Dämonen besessen sein können.« Zum Beweis führt er das Kamel an, das dem er Teufel ausgetrieben haben will.« Unbekannt ist, ob es das gleiche ist, das durch ein Nadelöhr gegangen sein soll.

Justinian hält dagegen: »daß die Engel zu den Frauen sexuelle Beziehungen unterhalten.« Clemens von Alexandria, Commodianus und Tertullian, Kirchenlichter des 3. Jahrhunderts, bekennen, daß die Engel voll Begierlichkeit zu ihnen auf die Erde gekommen seien. Zum Beginn des 5. Jahrhunderts schließt sich Sulpician dem Irrglauben an. Lactantius dreht den Spieß herum und sagt: »ursprünglich wären die Engel auf die Erde geschickt worden, um die Frauen vor dämonischen Anfechtungen zu schützen.«

Nach Michael Psellus im 11. Jahrhundert können sie die Menschen sexuell begehren, doch der als heilig angesehene Antonius sagt: »daß es nur eingebildete Körper wären ... jede andere Denkweise sei Ketzerei.«

Mit der Scholastik wird die christliche Dämonologie bis zum letzten Zipfel ausgebaut und schon beginnt das christliche Lehrgebäude zu wanken. Gregor von Tours merkt an: »daß der leibhaftige Teufel nicht verschmäht habe, die Menschen heimzusuchen.« Der heilige Augustin(us) ist der Auffassung: »daß die Sinnlichkeit der Dämonen die der Menschen übertreffe« und später merkt Sinistrati an: »daß ihre Triebkraft sexuell bedingt sei.«

Dichter des 12. und 13. Jahrhunderts erwähnen Teufelskinder, die durch dämonische Unzucht gezeugt worden sind. 1320 berichtet Johann Andreas über Sterelitäts(ge)tränke zur Beschränkung der Kinderzahl, oder um sich ungehemmter ausleben zu können. Grelles Licht fällt auf

Thomas von Aquin

der in seiner Schrift *Über die Macht* die sexuellen Beziehungen zwischen Menschen und Dämonen analysiert. Er versteift sich in der Formulierung: »es wäre eine Unverschämtheit, eine so unleugbare Tatsache in Zweifel zu ziehen.« Dann doziert er:

»Die Heftigkeit der Wollustgefühle entgeistige den Menschen, beraube ihn seiner Würde. Die sexuellen Triebe zögen ihn hinab, um seine Selbstbeherrschung zu vereiteln. Von Geschlechtslust sieht sich sein Verstand bestrickt und von Begierde die Vernunft verschlungen. Im Extremfall führe es zu seiner Auslieferung an den Teufel.« Er bezeichnet den Geschlechtsakt als »bestialis«.

Wenn man die traurige Geschichte des Zölibates betrachtet; vergl. dazu den Zweitband *Sünden der Kirche,* müßte es um viele Geistliche schlecht bestellt sein!

Der Kirchenvater »versiegelt« eine Frau, die fünf Jahre lang mit einem Dämon verkehrt haben soll. Bald unterscheidet man nach heißen und kalten. Nach dem Stand der heutigen psychiatrischen Forschung müßten sowohl Paulus wie er als Neurotiker bezeichnet werden. Unbegreiflich scheint, wie sich die Massen an so absurden Feindbildern orientieren und sich schützend hinter sie stellen.

Die Sache wird immer makabrer und von hier zum Hexenwahn ist es ein Schritt. Ulrich Molitoris verneint im 15. Jahrhundert die Befruchtung. Hexenjäger wie Remy und Bouquet vertreten die Auffassung: »daß die Dämonen beim Geschlechtsverkehr keine Lust empfinden, da sie unsterblich sind, brauchen sie keine Nachkommen zu zeugen und demzufolge nicht begierlich sein. Penis und Vagina wären unnötig für sie.«

Pierre de Lancre vertritt 1613 die Meinung: »daß einige Dämonen aus Ostindien und Japan in Frankreich eingefallen seien, weil sie durch die gläubige Mühsal der christlichen Missionare aus ihrer Heimat vertrieben worden seien. Man habe bedrohliche Scharen von ihnen am Himmel auf Frankreich zufliegen sehen.« Es ist sicher richtig anzunehmen, daß die Zeit der Kreuzzüge orientalisches Gedankengut ins Abendland verpflanzt. Daraus leitet sich die Vorstellung des

In- und Sucubismus

ab. Unter einem Incubi versteht man einen Dämon, der sich in männlicher Gestalt einem weiblichen Wesen nähert, wie es bei den »historischen« Hexenprozessen die Regel ist. Ein Sucubi ist das Gegenteil. Dann werden den Fabelwesen Fähigkeiten zugesprochen. Sie verfügen über einen stofflichen Körper, können wunschweise Gestalten annehmen, formieren sich aus Kondenswasser oder Gasen, schlüpfen in Leichen und erwecken andere zum Leben. Sie können in Behexte gelangen und bei ihnen das Gefühl der sexuellen Vereinigung hervorrufen.

Aus der Vorstellung leitet sich die ab, daß aus dem Geschlechtsverkehr zwischen Dämonen und Menschen Lebewesen entstehen; schon sind wir bei der Teufelsbuhlschaft und den Wechselbälgen, einem Herzstück im »gängigen« Hexentreiben.

Hexen räumen ein, daß sie nach dem Zusammensein mit dem Satan schwanger geworden wären und niedergekommen seien; unter ihnen wären seelenlose unförmige Stücke Fleisch geboren worden. Aussätzige, epileptische und geistig behinderte Kinder betrachtet man als Früchte des Sündenfalles ihrer Eltern und da wird gesagt: »zwei Eheleute überkam die sexuelle Lust am Sonntag vor dem Osterfest. Darauf bedeutete der schwangeren Frau ein Traum, sie möge ihr an jenem Karsamstag empfangenes Kind ins Kloster geben und es dem heiligen Gallus weihen.«

In einer weiteren Geschichte wird berichtet: »wie eine Frau, nachdem sie von ihrem Mann am Tag der Unschuldigen Kinder zum Beischlaf gezwungen worden war, ein Kind mit zehn Zehen geboren hat, das nach der Taufe gestorben sei.« Man berichtet von einer Frau, die, nachdem sie in der Nacht vor dem Gottesdienst »in Fleischeslust« entbrannt, sich ihrem Mann hingegeben hat, in dem Moment vom bösen Feind besessen wurde, in dem sie die Kirche betreten will.« Das Kind, das sie frevelnd empfing, traf der göttliche Zorn[1].«

Sprenger macht darauf aufmerksam, daß solche Früchte in dem ganz besonders mit Hexen gesegneten Deutschland als Wechselkinder bezeichnet werden. In Frankreich heißen die unglücklichen Geschöpfe »Champris« (die auf dem Feld Gefundenen).

Immer weiter setzt sich das theologische Unkraut fort. DelRio verwirft den Standpunkt: »daß der höllische Verführer dem sodomitischen und bestialischen Verkehr abgeneigt sei.« Streitfragen über Streitfragen! Offensichtlich nimmt der Satan bei unbefriedigten Frauen öfters die Rolle des (Wunsch)geliebten ein. Es treten regelrechte

Massenpsychosen

auf. Die unglücklichen Insassen des Amsterdamer Waisenhauses wähnen sich bezaubert oder von bösen Geistern besessen. Im holländischen Waisenhaus (Horn) geht es ähnlich zu. Hier werden die Kinder von einer Seuche befallen, der Ärzte hilflos gegenüberstehen. Sie heulen und bellen wie Hunde. Einigen von ihnen geht der Bauch so heftig auf und nieder, als ob sie lebende Tiere darin hätten. Bei Mädchen treten sexuelle Hysterien auf.

Im 15. Jahrhundert kommt es zu Zwischenfällen in sächsischen, brandenburgischen, holländischen und römischen Klöstern. Die Insassen eines bei Paris beginnen täglich um die gleiche Zeit zu miauen. Als ein Mädchen, das 1516 aus Liebeskummer in einen Konvent bei Dinslaken eingetreten ist, sich wie toll zu benehmen beginnt, toben (auch) die übrigen Nonnen.

Die Schwestern eines Klosters in Utrecht fühlen sich nach dem Genuß von Salzplätzchen verzaubert und glauben, Stimmen zu hören. Darauf wird eine der Hexerei Verdächtige aus der Nachbarschaft zu Tode gefoltert. 1564 macht eine junge Nonne im Kloster Nazareth bei Köln unter stetem Gelächter unsittliche Bewegungen: »da ging ihr unzüchtiger Geist auf die Mitschwestern über und die Seuche verbreitete sich im Kloster.«

Den größten Erfolg verbucht die als heilig angesehene Mechthild: »ihr soll Christus erschienen sein: »er küßte meine Hand, drückte mich an sich und flüsterte mir zu, ihm meine Liebe zu geben. Und ich gab mich ihm hin und kostete von seinem göttlichen Wesen.«

»Die Weiberherrschaft«, Skulptur aus dem 16. Jahrhundert.

Dämonologen berichten von Frauen, die sich schamlos mit koitalen Bewegungen auf dem Boden wälzen und in eine unflätige Sprache verfallen. Die ersten Dokumente reichen ins 7. Jahrhundert: »es ist wahr, daß man einigemale Frauen in Wäldern und den Feldern auf dem Rücken liegen sah, adubilicum tenus, nudatae, ex juxta dispositionem actus veneri (ihre Beine) divaricatis et adduti, clunes agitare«. Wenn kurz nach dem Akt schwarzer Rauch entdeckt wird, der nach oben steigt, kann es nur der Satan persönlich gewesen sein!

Dasselbe gelte für den Fall, wenn eine Frau »concumbere cum homini« gesehen werde und der Mann nach dem Akt verschwinde.

Solche Vorkommnisse zeigen sich verstärkt hinter Klostermauern. 1545 wirft sich Magdalaine de la Croix, Äbtissin eines spanischen Klosters, Papst Paul III., mit dem Geständnis zu Füßen, daß sie 30 Jahre lang, von ihrem 12. Lebensjahr an, mit dem Teufel in der Gestalt eines Mohren fleischlich verkehrt hat. Bodin analysiert: »daß der Satan (in diesem Fall) das Kind im Mutterleib verflucht hat.«

Zum Beginn des 17. Jahrhunderts pflegt sich eine Nonne des französischen Klosters Loudun inmitten der Zuschauer auf den Rükken zu legen, ihre Röcke zu heben, bis die Genitalien sichtbar sind und sich dann »wie besessen« mit den Händen zu befriedigen; solange, bis eine hartgesottene Dirne aus Marseille errötet ist.

Die Teufel führen den Zauberer Hermogenes zum hl. Jakobus d. Ä., Tafelbild. Altar von St. Jacob in Nößlach. Ludwig Kornreiter um 1490, Gries am Brenner, Pfarrhof.

Eine junge Nonne meint am Schwellen ihrer Geschlechtsteile zu erkennen, wenn ihr Incubus kommen würde. »Dann war sie gezwungen, auf ihre Zelle zu gehen und sich aufs Bett zu legen.« Die vierzehnjährige Gertrud glaubte nicht nur, daß sie jede Nacht von einem Teufel aufgesucht wird, der mit ihr schlafen wolle. Sie schreibt ihrem Liebhaber Briefe. Am 25. Mai 1565 findet man, wie Bodin berichtet, einen, der die teuflische Adresse trägt.

Zu einem Waisenmädchen, schreibt Bodin: »kam in dem Augenblick, als es am väterlichen Grab gebetet, der Teufel in der Gestalt eines großen schwarzen Mannes. Später legte er sich, wenn sie alleine war, an ihre Seite und redete vertraulich auf sie ein. Manchmal schalt er sie und nannte sie unbarmherzig wegen ihrer Zurückhaltung. So zeigte der Teufel alle Merkmale des werbenden Liebhabers. Auch begehrte er: »ihr zwischen die Brüste zu stoßen« endlich ließ sie es geschehen.«

Ein Mädchen in Hagenau »hätte gern einen Mann gehabt: da versprach die Wirtin, bei der es als Magd diente, Abhilfe zu schaffen. In der Nacht erschien einer in der Mägdekammer, da aber erschrak sie und schrie »Jesus«, worauf er verschwand.«

Magdalaine de Demandoul, die den Priester Louis Gaufridy aus Marseille beschuldigte, sie mit vierzehn Jahren verführt und dann besessen gemacht zu haben, wird in gewissen Zeiten vom Dämon der Wollust geplagt. »Dieser Geist pflegte durch die Genitalien einzufahren und unzüchtige Bewegungen zu verursachen.«

Zeugungsfähigkeit

Schwierig scheint den Theologen die Frage, ob Dämonen zeugungsfähig sind. Des öfteren wird gesagt, daß rachsüchtige Dämonen, deren Zuneigung unerwidert bleibt, Gatten impotent machen. Erasmus von Rotterdam steuert an Wissen bei: »in Schiltach hatte die menschliche Geliebte eines Dämons eine flüchtige Affaire mit dem Sohn eines Gutsbesitzers. Als es ihr Incubus entdeckte, fuhrt er zornig gen Himmel und brannte 1533 das Dorf nieder.«

Der Sucubismus kommt seltener vor. »Ein Eremit hat begonnen, auf seine Frömmigkeit stolz zu sein und wurde darum eines Tages von einem Dämon heimgesucht, der in den Körper einer schönen Frau geschlüpft war. Er erzählte dem Einsiedler, daß er sich in der Wüste verirrt habe und ein Nachtlager suche. Der heilige Mann nahm ihn (sie) zu sich. Schließlich gelang es dem Dämon, ihn mit den (angenommenen) weiblichen Reizen zu verführen. Als der Eremit versuchte, in ihren Schoß zu dringen, verschwand er (sie) mit einem spöttischen Lachen. Daraufhin gab er sein frommes Leben auf, kehrte in die Welt zurück und verfiel dem Laster.«

Die Sucubi der frühchristlichen Zeit erscheinen nicht nur Einsiedlern. Aus dem 4. Jahrhundert liegt die Geschichte eines Dämons vor, der einem Hufschmied in der Gestalt einer reizvollen Kupplerin erschienen ist. Er brandmarkt sie mit einem glühenden Eisen. Dafür belohnt ihn Gott mit der Fähigkeit, es mit den Händen anfassen zu können.

Zur Zeit des Bernhard von Clairveaux wäre es einfacher gewesen, denn damals glaubte eine Frau, sie habe sechs Jahre lang mit dem bösen Feind zu schaffen gehabt. Der Heilige habe ihr durch die Gewalt Christi die weitere Gemeinschaft verboten.

Epiarchus von Tuvergne besucht als Bischof eines Nachts seine Kirche und findet darin eine dämonische Versammlung. Der Satan sitzt in Frauenkleidern auf seinem

Platz, um den teuflischen Vorsitz zu führen. Schon beschimpft ihn der Kirchenmann als unverschämte Hure. Daraufhin verspricht ihm der Teufel, ihm fortan alle Dirnen ins Bett zu legen, die er haben wolle, da er nun bemerkt habe, wie sehr er sich dafür interessiere. Folgerichtig bemerkt der Chronist: »daß der Bischof Nacht für Nacht von den Qualen der fleischlichen Begierde geschüttelt worden sei.«

Mit Bescheidenheit macht Hieronymus Cardanus darauf aufmerksam, daß diverse Geistliche mit Teufelinnen verkehren. Seneca berichtet von einer Adeligen, die sich in einen Burschen verliebte und ihn bei sich zuhause hielt, um mit ihm zu schlafen: »sie hatte mit ihm Geschlechtsverkehr von hinten und war wahnsinnig verliebt.« Unklar ist, ob es sich um einen Dämon gehandelt hat.

Für das 17. und 18. Jahrhundert liegen weitschweifige Geschichten zu der Problematik vor. Eine von ihnen setze ich unter die Erläuterungem[2]. Wohl zum letztenmal wird in Frankreich der Gegenstand vom religiösen und wissenschaftlichen (!) Standpunkt aus in der Sitzung vom 9. Februar 1637 des Gelehrten Renaudot behandelt.

Hier äußern sich Experten zur Frage des Incubismus. Der erste verwirft die Möglichkeit, mit geistlichen Wesen zu verkehren. Der zweite tritt mit einer theologischen Lehrmeinung entgegen. Der dritte hält die Tatsache des Incubismus für unleugbar, bestreitet aber die Möglichkeit einer Befruchtung. Der vierte gibt eine rationale Erklärung der physiologischen Vorgänge; einig werden sich sie nicht!

Im frühen 19. Jahrhundert gelingt der medizinische Nachweis, daß der Incubismusglaube im wesentlichen auf erotische Träume zurückzuführen ist.

Anatomie des Teufels

Zunächst ist darauf zu weisen, daß sich der frühchristliche Teufel vom späteren unterscheidet. Bruder Rufus, ein Geistlicher des 4. Jahrhunderts, meint dazu: »er könne Christus ähneln.« 1597 soll er sich Anna Wobster in dieser Gestalt gezeigt haben[3]. Montague Summers erwähnt, daß er als deformiertes Lamm erscheint und Experten geben vor: »Der Satan könne nicht nur in der Gestalt von Christus erscheinen, sondern auch im Gefolge seiner Jünger, außerdem besitze er eine Bibel.«

Wenn man genauer hinsieht, wird erkennbar, daß die Theologen die Gestalt dem griechischen Pan und seinen Vorläufern entnommen haben. Er hat einen bocksähnlichen Unterkörper, einen Schwanz und gespaltene Hufe; es ist ein Abkupferungsprozeß.

Der heilige Antonius beschreibt ihn als ungeheuren Riese, dessen Haupt bis an die Wolken reiche. Einige gehen davon aus, daß er eine Fackel unter dem Schwanz habe und wieder andere meinen, er habe hier ein zweites Gesicht. Einige als Hexen Deklarierte tragen vor, daß der Penis eines Dämons an seinem Hinterteil angebracht sei, bzw. er über einen hinteren und vorderen verfüge.

Der lutherische Professor Meyfahrt stellt sich dagegen und betont: »daß die Teufel keinen solchen besitzen und daß der immer wieder betonte Geschlechtsakt auf einer Einbildung ruhe.« Vereinzelt werden Teufel als Hermaphroditen geschildert. Er erscheint schmutzig und häßlich: »mit Händen, die wie bei den Geiern mit krummen Krallen versehen sind.« Einige bescheinigen ihm Zeugungskraft; er soll keine Hoden haben. Gerühmt werden seine Verstellungskünste. Er soll die Gestalt eines feuerspeienden Drachens annehmen oder die einer Schlange haben können.

Warum ist der Teufel schwarz?

Nach Brognolo erscheint er des öfteren als kleiner schwarzer und struppiger Mann mit einem riesigen Phallus. Es ist ein entscheidender Hinweis! Ein frühes Beispiel über die Erscheinung des Teufels als »schwarzer« Mann stammt von Cassian aus dem 5. Jahrhundert, der berichtet: »der Dämon Zabulos sei dem Abt Johannes von Lycius in der Gestalt eines häßlichen Äthiopiers erschienen.«

Der Jurist Boquet gelangt zur Erkenntnis: »wenn der Teufel die Gestalt eines Mannes annimmt, dann ist er schwarz, so wie es die Hexen bezeugen.« Selbst dies ist umstritten, denn »einem Frauenzimmer begegnet auf dem Feld ein schöner Jüngling und verführt sie. Dann fragt er sie, ob sie ihn denn nicht kenne? Als sie es verneint, fährt er fort: »Ich bin der Teufel und wie du siehst, bei weitem nicht so schwarz und schändlich, wie mich die Pfaffen beschreiben[4].«

Wieder erkennen wir einen Abkupferungsprozeß. Schon Pythagoras meint, daß das Schwarze das Böse symbolisiere. Von hier zur Rassendiskriminierung ist es nur ein Schritt. Es ist umso befremdlicher, daß man heute (1995) darüber munkelt, daß ein Schwarzer Papst werden soll. Und doch ist es verständlich: gibt es mehr Schwarze denn Weiße (mit zunehmender Tendenz) und das

Christentum muß unter allen Umständen gerettet werden!

Das Phänonem des »schwarzen« Hexe taucht verstärkt in Märchenbüchern des 19. Jahrhunderts in Erscheinung; es hat mit dem »historischen« Hexenwesen nichts gemeinsam.

Die Schilderungen des Teufels sprudeln vor Phantasien über. Er soll keinen Rücken haben und hinten hohl wie ein Backtrog sein[5]. Anna Miolerin bekennt: »er habe oft mit ihr zu schaffen gehabt, aber er sei feindselig und kalter Natur; zudem wäre er auf dem Rücken hohl wie eine Malter[6]. (Gefäß zum Aufnehmen der Milch).

Susanne Merz

ist die Tochter des wegen Hexerei in Bamberg hingerichteten Bürgermeisters Dittmaier. 1629 trägt sie vor: »sie habe bei einer guten Bekannten einen Edelmann kennengelernt und mit ihm des öfteren das fleischliche Werk getrieben. Und zwar so oft, wie er sie habe zu sich rufen lassen. Einmal sei sie mit ihm auf den Gang gegangen und da habe er sich, während sie das fleischliche Werk verrichteten, in eine abscheuliche Gestalt verwandelt. Feurige Augen, blökende Zähne, Hände und Füße wie Klauen und Klappern bekommen ... an welchen Kennzeichen sie sofort den Teufel bemerkte, sich aber nicht loszureißen vermochte, weil er ihr den Hals umzudrehen drohte ... das fleischliche Werk sey kalt gewesen[7].«

Hans Petz (Landgericht Eltmann/Untermainkreis) bekennt nach der Folter: »Er habe mit der Priestiklin aus Steinach mehr als hundertmal Ehebruch begangen und habe sie teils im Stehen, teils auf andere Art beschlafen. Einmal wäre er mit ihr am Brunnen gestanden und habe an ihrem Körper herumgetappt, worauf er sich in eine Mannsperson verändert, klappernde Füße und am rechten Bein einen Geißfuß bekommen, woraus er gesehen, mit wem er es habe zu tun gehabt. Später sei sie ihm wieder im natürlichen Zustand begegnet, und da haben sie wieder das fleischliche Werk verrichtet, es sei aber kalt und unlieblich gewesen. Zudem habe er sich auf Drudentänzen umtaufen lassen (und) seine Buhlin habe ihm einen anderen Namen gegeben[8].«

Der teuflische Phallus

mit Sorgfalt widmen sich die Gotteskundler diesem Körperteil. Die Größe des männlichen Gliedes wird als gewaltig beschrieben, um dem männlichen Sexualneid zu huldigen. Um die Eitelkeit der Männer nicht zu sehr zu verletzen, durfte der Geschlechtsverkehr mit Dämonen nicht angenehm sein. Immer wieder wird die teuflische Potenz herausgestellt.

Eine Hexe berichtet, daß ihr Incubus einen Samenerguß hatte, der der Menge des Spermas von 1000 gewöhnlichen Männern gleichgekommen sei. Die Größe des Gliedes wird unterschiedlich bewertet. Eine Hexe aus Labours behauptet 1609: »die Gunstbezeugungen des Teufels seien so schmerzhaft, denn sein Penis wäre so lang wie ein Arm und mit Fischschuppen bedeckt, die sich nach dem ersten Eindringen in die Scheide wie Widerhaken nach außen stellten[9].«

Die Angeklagte Marie Marignane, eine 15jährige, behauptet: »der Penis des Teufels wäre je zur Hälfte aus Fleisch und Eisen[10]. Thevienne Paget gesteht: »Die Geschlechtsorgane des Teufels seien so lang und so groß wie ein Finger. Der Coitus verursache soviele Schmerzen wie eine Geburt[11].

Prierias schreibt um 1502: »daß der Incubus beim Geschlechtsakt einen Phallus verwende, der wie die Zunge einer Schlange gespalten sei. So wäre er in der Lage, gleichzeitig einen vaginalen und analen Akt durchzuführen. Der Penis eines Incubus vermochte die Genitalien einer Frau wie ein Messer zu durchbohren oder die Wände ihrer Vagina wie mit Eisenspänen scheuern. Wenn er die Scheide verließ, zog er des öfteren Fleisch und Blut heraus. Mit seinem ständig erigierten Glied konnte er die ganze Nacht After und Vagina der Hexe bearbeiten, ohne auf ihr Flehen zu hören. Vereinzelt wird ihm ein dreifach gespaltener Penis zugeschrieben[12].

Alexeé Drigée meint: »daß der Penis ihres Dämons bei der halben Erektion so lang wie einige Küchengeräte gewesen sei« und 1548 berichtet Claudia Fallet: »daß sich das Glied ihres Incubus wie eine riesige Spindel in ihr gedreht habe.« Vereinzelt wird das Prachtstück als elastisch und schlangenartig bezeichnet. »Das Glied des Teufels wäre unförmig wie ein Gansdarm oder so groß wie das Glied eines Pferdes.« Vereinzelt werden seine wunderbaren Proportionen hervorge-

Der kemptische Fürstabt Honorius v. Schrekkenstein. Er ist in den Hexen(?)prozeß gegen Anna Maria Schwägelin verwoben, die bislang irrtümlich als »letztes Hexenopfer bezeichnet wird. →

hoben: »Dämonische Liebhaber können wohl die geheimsten Wünsche der Frauen erfüllen.«

Pico de Mirandola macht darauf aufmerksam, »daß ein Dämon über einen wesentlich größeren Penis als ein gewöhnlicher Mann verfüge und deshalb bei Frauen höhere Lustgefühle hervorrufen kann. Zudem würden die Dämonen über besondere Sexualtechniken verfügen; sie könnten ihren Penis in der Vagina rotieren oder pulsieren lassen.«

Viele angebliche Hexen geben vor, daß die Geschlechtsteile der Dämonen steinhart und riesig wären, so daß sie nur unter Schmerzen in sie dringen können. Ende Juli 1588 berichtet Didata von Miremont: »daß nach dem Beischlaf mit dem Teufel die Laken voller Blutflecken waren, obgleich sie schon viele Jahre Erfahrung im Umgang mit Männern hatte.«

In der Regel wird das teuflische Glied als kalt geschildert, was bereits im *Hexenhammer* zum Ausdruck kommt. Remy bestätigt, daß es nichts gebe, was kälter und unangenehmer sei. Eine Verurteilte bezeugt im Juli 1586, daß sich der Körper des Teufels wie eine eiskalte Höhle angefühlt hat. Frauen, die unbescholten waren und von einem Dämon umarmt wurden, konnten bei der ersten Begegnung mit seinem eisigen Geschlechtsorgan in Ohnmacht fallen oder krank werden.

Die Belgierin Digna Robert erzählt 1565, daß der Teufel in allen seinen Gliedern kalt gewesen sei. Auf dem North-Berwick-Sabbat im Jahre 1590 läßt er die Gesellschaft vor sich treten, damit sie ihm den Hintern küsse, der so kalt wie Eis gewesen.«

1649 erklärt eine Mutter aus Marton, »der sie besuchende Engel sei schwarz und kalt gewesen, doch er wäre seiner Aufgabe als Mann nicht gewachsen, da er keine Hoden habe.« Jeanne Braedhaed sagt: »sein Geschlecht war riesig und sein Glied so kalt wie Quellwasser.« Seit der Antike verwendet man künstliche Phalli, die mit Wasser gefüllt werden. Wer erkennt nicht zwischen den Zeilen die erotischen Begierden?

Der englische Philosoph Henry Moer versucht es mit wissenschaftlichen Argumenten: »es sei natürlich, da der Teufel aus gefrorenem Eis verfertigt wäre, weshalb sich sein Penis wie ein Eiszapfen befühle.« Doch auch hier mehren sich die Stimmen der Opposition. Francoise Secrétain hebt hervor: »daß sie das Glied ihres Dämons wie Feuer im Leib gespürt habe.« Sylvaina de la Plainé entscheidet sich für eine Kompromiß: »demzufolge das Glied des Teufels beim Eindringen eiskalt und beim Verlassen heiß wie Feuer gewesen sei.«

Katharina Stampeels, die 1671 im Brandenburgischen gerichtet wird, soll man gefragt haben: »ob dem Teufel, wenn sie mit ihm geredet, nicht Feuer aus dem Mund gekommen und ob er er ihr nicht geschadet[13]« Es ist eine grundsätzliche Frage, weil sich die meisten Leichtgläubigen die Hölle als glühend vorstellen. Ein kalter Teufel würde – wenn es ihn gäbe – dahinschmelzen und mit ihm die Lauterkeit des Christentums!

Teuflische Samenräuber

Maria Sinistrati meint: »daß die Zeugungskraft im Geist liege, den der Erzeuger mit dem schaumigen und klebrigen Stoff aussende; daraus müsse gefolgert werden, daß der Same eines Dämons mit der stofflichen Beschaffenheit des menschlichen vermischt werden kann, wodurch die Zeugung vollzogen wird[14]. Hier entzündet sich eine Streitfrage.

Alt ist die Vorstellung, daß sich die Dämonen für den Geschlechtsverkehr frischer, d. h. noch nicht zu sehr verwester Leichen bedienen. Man unterstellt ihnen die Fähigkeit: »kürzlich verstorbene Männer anzuzapfen« und meint, daß sie sich des Samenergusses von Gehenkten bemächtigen. Deshalb geben vorsichtige Dämonologen den Rat, Tote sofort zu begraben, denn sie wollen verhindern, daß deren Samen für diabolische Zwecke verwendet wird. »Es konnte auch sein, daß der Samen von achtlos liegengelassenen Toten durch die Luft geblasen wird und eine unschuldige Jungfrau befruchtet, was so der Bestäubung der Blumen nicht unähnlich sei.« Jeromé Cardans, eine Leuchte des 16. Jahrhunderts, gibt zum Besten: »daß der Beischlaf mit einer trügerisch belebten Leiche eine entsetzliche Tortur sein müsse.«

Daran schließt sich die Gelehrtenfrage, ob Dämonen den Geschlechtsverkehr mit Jungfrauen meiden oder nicht. De Lancre tritt in die Schranken und Bodin verneint es. Die Autoren des *Hexenhammers* weisen auf die unglaubliche Geschwindigkeit der Dämonen. Sie verwerfen den Gedanken, daß deren Same während des Transportes durch Verdampfung und/oder Unterkühlung unbrauchbar wird.

Peter von Palude, ein thomistischer Theologe des 14. Jahrhunderts und Martin von Arles meinen: »daß die Dämonen mit dem Samen von toten Männern Frauen befruchten.« Remy kontert fachmännisch: »es sei so lächerlich wie der Furz eines toten Esels.«

Doch wer ist im Fall der Befruchtung der Vater? Können Dämonen Jungfrauen befruchten? Sind sie nach dem Beischlaf (noch) unberührt? Sind sie Jungfrauen, da ihre Seelen bereits verdorben aber deren Körper (noch) unberührt sind?[15] Und: wen bevorzugen sie zur Paarung. Carpzov muß es wissen: »daß sich Dämonen pro Woche zwei- bis dreimal mit den Menschen vereinigen.« Luther sieht es ähnlich und meint: »daß sich der Teufel den Mädchen gerne unter Wasser nähert, um sie zu schwängern[16].«

Dann taucht die Frage auf, ob Dämonen hübsche oder häßliche Frauen bevorzugen! Der Suffragan von Trier meint: »daß sich die Incubi vor allem mit schönen Frauen paaren.« Er rät dem weiblichen Geschlecht: »keine prunkvollen Kleider zu tragen.« Verständlich ist das nicht, denn die Bischofsornate können sich auch sehen lassen; der Prunk der klerikalen Obrigkeit ist eine Stütze ihrer Wahnvorstellungen.

Dem einfachen Mann auf der Straße ist ein dekorierter Amtsträger noch immer eine Respektperson; möge er so einfältig sein wie er will. Die 15jährige Marie de Madrigane sagt den Richtern: »daß sich die Dämonen mit schönen Frauen von vorn und mit häßlichen von hinten paaren.« Doch es existiert die Meinung, daß sie alte und häßliche Weiber bevorzugen: »weil diese den Liebhaber richtig zu schätzen wissen und seinen Gelüsten eher nachgeben.«

Nach de Lancre beschäftigen sich die Dämonen eher mit verheirateten Frauen wegen des damit verbundenen Ehebruches. »und eben darum Jungfrauen und Kinder verschmähen.« Bouquet erhärtet es: »der Satan würde nur solchen nachstellen, die älter als zwölf Jahre sind, weil er in seiner Schläue weiß, daß der Pakt mit Jüngeren nicht verpflichtend sei, weil es ihnen an Urteilskraft und Verschwiegenheit mangle.«

Sodomiterei, lesbische Praktiken

Zu mosaischen Zeiten wird gesagt: »wenn sich ein Mann mit einem Tier paart, soll er getötet werden und das Tier sollst Du erschlagen. Wenn sich ein Weib einem Tier nähert, um sich mit ihm zu paaren, sollst Du es töten und auch das Tier.«

Die Sodomie begleitet die Geschichte der menschlichen Sexualität. Guazzo weist auf die im Orient alltäglichen Paarungen zwischen Menschen und Affen, bzw. auf den sodomitischen Verkehr mit Kühen. Im alten Rom werden ehebrüchige Frauen erst von Eseln und dann von Sklaven vergewaltigt. Sinistrati entwickelt eine Theorie über den sodomitischen Verkehr zwischen Menschen und Dämonen. Die Teufel verkehren des öfteren in Tiergestalt oder sprechen in Tierlauten zu oder aus den Menschen, was Exorzisten Schwierigkeiten macht.

Frühe Theologen greifen auf die Versuchung Evas durch die Schlange zurück. Darum berichtet Mantegazza über die seltsame Beschreibung von Hexen, die sich zu sodomitischen Zwecken in Schlangen verwandelt haben wollen[17].

Guazzo hebt hervor: »Dämonen verführen unschuldige Mädchen. Schließlich geraten sie wie ein Huhn in die Klauen des Geiers und tun Dinge, an die sie vorher nicht einmal im Traum gedacht haben.«

1462 wird Peronette de Ochis verurteilt: weil sie sich Männern und Dämonen gegenüber in der Form prostituiert hat: »die contra naturam« waren. Man setzt sie einige Minuten auf einen eisernen Rost. Colette du Monot räumt ein: »daß sie sich mit einem Hund gepaart hat ... er habe während des Geschlechtsaktes auf den Hinterbeinen gestanden und sich mit den Vorderläufen auf ihren Bauch gestützt.«

Eine 14jährige Nonne aus dem Kloster der Diözese Köln schreibt ihrem Incubus Liebesbriefe: beide werden entdeckt und verbrannt. Hier werden die Nonnen von einem riesigen schwarzen Hund heimgesucht. »er warf sie zu Boden, leckte deren Geschlechtssteile und paarte sich mit ihnen. Zu dem Zweck schwächte er sie so sehr, daß sie sich nicht wehren konnten.«

Auch die Schwestern eines Klosters in Nymwegen werden Opfer eines Hundes, der sie in ihren Betten vergewaltigt. Liller Nonnen berichten von der Unzucht mit Tieren. Im Kloster Loudun sollen sich Nonnen mit schwarzen Katern gepaart haben, deren Phalli so groß wie die eines ausgewachsenen Mannes gewesen sind.

1671 wird eine Frau aus Großseelheim im Amt Kirchheim verhört; sie habe von ihrer Base aus Kappel das Hexen gelernt. Sie habe ihr Gift gegeben, damit sie Menschen und Tiere töte. »Der Teufel sie ihr in der Gestalt eines Hundes erschienen und sie habe mit ihm geschlafen.«

1673 steht Magdaleine vor Gericht und sagt: »sie habe verschiedenemale mit dem Pater Säuglingsfleisch verzehrt und sodomitischen Verkehr mit ihm gepflogen. 1664 wird Orthe Fleischer aus Wittelsbach beschul-

Stationen auf dem (un)christlichen Weg zur Frauenfeindlichkeit

1245 (gest.) Alexander v. Hales sagt: »wie schon Eva wegen ihrer geringen Unterscheidungskraft vom Teufel verführt worden ist, sind darum die Weiber der Zauberei gegenüber aufgeschlossener.«

1249 (gest.) Wilhelm von Paris meint: »daß die Frauen von Natur aus empfänglicher für die teuflischen und himmlischen Einsprechungen sind.«

14. Jh. Der Schrifterklärer Nikolaus von Lyra bezeugt, daß die größere Beteiligung der Frauen in mosaischen Gesetzbüchern bezeugt sei. Das Weib sei aus einer krummen Rippe gemacht und unvollkommen. Sie wird immer betrügen, denn alle Hexerei entstamme der Fleischeslust. Der Schoß einer Frau ist unersättlich. Um ihre Lust zu stillen, verkehre sie (auch) mit dem Teufel[18].

1404 Diözesansynode von Langres: »daß die Weiber schwächer als die Männer sind und darum leichter von Teufel verführt werden können[19]. Ähnlich argumentiert Johann von Frankfurt, ein Heidelberger Professor, in einer 1412 veröffentlichten Schrift[20].

1438 (gest.) Johann(es) Nider meint: »daß die Weiber leichtgläubig, wegen der Beweglichkeit ihres Naturells dem Einfluß der Geisterwelt zugänglicher und außerdem geschwätzig, schwach und rachsüchtig sind. Da sie von Natur aus zu schwach zur Rache sind, suchen sie es bei Zauberen zu erreichen. Man dürfe sich nicht wundern, wenn sich das schwache Geschlecht im Verkehr mit den Teufeln vermessen zeige, denn drei Dinge sind es, die, wenn sie die Schranken überschreiten, den Gipfel des Guten und Bösen erreichen: die Zunge, der Geistliche und das Weib[21].

1456 Johann Hartlieb betont: »daß die Weiber leichtgläubiger sind, weshalb sich der Teufel eher zu ihnen mische. Der westfälische Augustiner Gottschalk greift den Faden auf[22].

1482 Bernhard Basin stellt sich hinter Nider.

1486 Der Rechtsgelehrte Ambrosius de Vignarte (Lodi) sagt: »der Teufel besuche besonders die Frauen, während es bei Männern gewöhnlich nicht der Fall sei. In Italien bezeugt Antonin von Florenz: »daß der Teufel mehr die Frauen denn die Männer durch Zauberkunst verführe[23].«

1486 **Hexenhammer:** »es gibt kein Haupt über dem einer Schlange und keinen Zorn über dem eines Weibes. Lieber würde ich bei einem Drachen wohnen, als das Haus mit einem Weibe teilen. Alle Sündhaftigkeit ist gering im Verhältnis zu der eines Weibes. Sie ist ein unentrinnbares Übel, eine Versuchung der Natur und ein begehrliches Unglück.«

1508 (um) Paul Grillandus spricht von der größeren Schwäche der Frauen und hebt deren Neugier hervor[24]. »Sie frönen gern der Hexerei, um besser der Fleischeslust nachgehen zu können.«

1523 (14.5.) Luther führt in einer Predigt aus, daß der Teufel mit Vorliebe Frauen zu verführen suche. »wer mag alle leichtfertigen und abergläubischen Dinge erzählen, die Weiber treiben. Es ist ihnen von der Mutter Eva angeboren, daß sie sich äffen und betrügen lassen[25].«

? Der lutherische Prediger Kaspar Huberinus sagt in seinem Spiegel der Hauszucht: »da spüret man erst recht ihre Bosheit, wenn sie auch andere Leute vergiften, schießen, verderben, Hagel und Wetter machen, wie der Satan sie zu seinem Werkzeug braucht und sie etwas böser als der Teufel sind. Es ist gütlich zu glauben, daß die alten Unholden werden, denn da sie in ihrer Bosheit geübet und getrieben sind, kann sie Gott nicht höher strafen. Der Satan macht sie sich zur höllischen Braut, so daß sie ihm den Hintern küssen müssen, bis er ihnen endlich den Hals bricht und dem Henker, einem Brautführer, an den Strick gibt und daraufhin im höllischen Feuer das Bett mit ihnen einnimmt[26].

1549 Der spanische Minorit Alfons de Spina stellt sich hinter Hartlieb.

? Celichius sagt: »Sie sind wild und fürwitzig, von Natur aus stolz und üppig. Ihre Putzsucht und Hoffart tun dem höllischen Levithian Tor und Türen auf. Überdas sind alle Weiber mehr auf die teuflische Zauberei verstürmet denn die Männer.«

1561 Jacob Ballinck, Pfarrer aus Großen im Herzogtum Cleve. Man sagt gemeiniglich; wer leichtlich glaubt, wird leichtlich betrogen. Die Weiber wollen alle Dinge wissen und erfahren. Sie sind rachgierig. Da es ihnen an Macht fehlt, ist alsobald der Satan dabei und lehrt sie solches. Sie wollen mit der Pracht leben, solches verheißet ihnen der Satan.«

1560 Der rheinische Arzt Weyer sagt: »Das Weib ist von Natur unbeständig, leichtgläubig, seiner selbst nicht mächtig, neige zu Melancholie und ist darum teuflischen Einflüssen eher zugänglich[27].«

1584	Johann Ewich: »daß die der Hexerei anhängenden gemeiniglich weiblichen Geschlechts sind. Meistens sind die Weiber damit behafft, welches denn geschieht aus der Schwachheit ihrer Natur, in der des Alters oder in der Unerfahrenheit ihrer Jugend. Böse Auferziehung, unfleißiger Bericht Gottes, ein gottloses und unbändiges Leben, Haß und Angst wider Andere, Armut und Verzweiflung kommen hinzu. Der Satan habe mit der gleichen Lust Eva angefochten.«
?	Hermann Wilcken: »die Frauen wären leichtsinniger und über die Maßen rachgierig, schwätzig und können nichts verhehlen.«
?	Der Baseler Doktor Jacob Wecker setzt sich für eine härtere Bestrafung der Frauen beim Hexenwesen ein: »weil sie von blöderer Natur denn die Männer sind.«
?	Spizelius sagt: »also willig und gern gehen die dummen Hurenvögel in das Ihnen gelegte Netz. So fliegen die Mücken haufenweise in das Gewebe der teuflischen Spinnerin, bis er sie zuletzt frißt und verschluckt.«
17. Jh.	(Anfang) Bodin, einer der berühmtesten Philosophen der Zeit: »Viehische Begierlichkeit treibt das Weib dahin, daß es seinen Begierden genugtue, weshalb es Plato zwischen die Menschen und das Vieh setzt. Die Mannsbilder haben mehr Verstand denn die Weiber.«

digt, mit einem Hund Sodomiterei getrieben zu haben[28]. Schwestern aus dem Liller Kloster bekennen, daß sie wöchentlich ein paarmal an der Sabbatfeier teilnehmen und dort homosexuelle Paarungen, donnerstags sexuelle Befriedigung mit dem Mund und am Samstag sodomitischen Verkehr mit Haustieren und Drachen verüben[29].

»Schamloses Tanzen, unersättliches Fressen, teuflische Paarungen, scheußlicher sodomitischer Verkehr, entsetzliche Gotteslästerungen, die Befriedigung aller grausigen, schmutzigen und widernatürlichen Begierden waren die Schändlichkeiten, zu denen sich die Hexen bekannten[30]. Auf dem Gipfel des Mont Tonale soll ein Sabbat stattgefunden haben, auf dem sich Männer mit Knaben gepaart haben[31].

Freilich gibt es Mischformen. »Francoise Fontaine berichtet, daß der Teufel als Edelmann zu ihr gekommen sei. Seine vornehme Erscheinung und sein höfisches Gebaren ris-

»Ist sie es, die meiner Hilfe bedarf?« Satirischer Kupferstich auf die Kloster(un)zucht.

sen sie derart hin, daß sie seinem herrischen Befehl, sich auszuziehen, gehorchte. Nachdem er sie meisterhaft auf das Bett geworfen hat, vereinigte er sich zweimal mit ihr, was jedesmal ungefähr eine halbe Stunde gedauert hat. Anschließend biß er sie so heißblütig in die Brust, daß sie die blutüberlaufenen Stellen dem Richter zeigen konnte. Sein Penis sei so hart und dick wie ein Kieselstein, sein Same wäre kalt gewesen und einmal hätten sie wie kopulierende Hunde nicht voneinander lassen können.«

Auch nymphomane Praktiken kommen vor und dann behaupten Angela de Foligny und Jeanne de Chambray, mit Christus verkehrt zu haben[32]. Die Beichtväter lehren den Nonnen die Techniken der lesbischen Liebe und sehen genußvoll zu, wenn sie sie in die Tat umsetzen.

»Nackt zogen sie durch das Kloster, veranstalteten mit den Priestern gotteslästerliche Handlungen; führten mit ihnen und Tieren geschlechtliche Handlungen aus. Gegen die Schwester St. Colom aus dem Ursulinnenkloster von Auxomme wird Anklage wegen Hexerei erhoben. Schwestern bezeugen: »daß sie ihnen Zungenküsse gegeben, ihnen die Brüste gestreichelt und deren Genitalien liebkost habe. Sie besitze einen künstlichen Penis, mit dem sie sich und andere befriedige. Der Teufel erhitze die Geschlechtsorgane und breche ihren Widerstand.«

Scheinschwangerschaften

Die Reglementierungen des Klerus gegenüber dem Sexualleben der Tributpflichtigen führt zu unglaublichen Ängsten vor ungewollten Schwangerschaften oder solchen mit einem ungewissen Ausgang. 1249 soll eine Frau aus Herfordshire ein Kind zur Welt gebracht haben, das im Alter von sechs Jahren so groß wie ein Mann war und über ein komplettes Gebiß verfügt hat.

1275 wird Angela von Labaretha, eine 56jährige Adelige aus Toulouse bezichtigt, jede Nacht mit dem Teufel geschlafen zu haben. Daraus sei ein Monstrum, oben Wolf und unten Schlange, hervorgegangen. Zu seiner Fütterung habe sie auf nächtlichen Streifzügen Kleinkinder erbeutet, die sie, ohne mit der Wimper zu zucken, geschlachtet hat. Sie wird verbrannt[33].

Cardan(us) trägt vor: »eine junge Frau stellte fest, daß sie schwanger sei und gesteht es ihren Eltern. Ihr Liebhaber wäre ein junger Mann, der auf geheimnisvolle Weise auf ihrem Zimmer erscheine, sich niederlege und später wieder gehe. Die Eltern beschließen, der Sache auf den Grund zu gehen und als sie eines Nachts im Zimmer verdächtige Geräusche hören, brechen sie die Tür auf und entdecken sie in den Armen eines gräßlichen Ungeheuers. Als man das Johannesevangelium zitiert, kracht der Dämon durch die Zimmerdecke und steckt die Möbel in Brand. »Später gebar sie ein mißgestaltiges Ungeheuer, das man verbrannte.«

Dem *Hexenhammer* zufolge glauben einige Frauen von einem Incubus geschwängert worden zu sein; gewöhnlich schwellen deren Leiber an, jedoch verschwindet die Schwellung zum Zeitpunkt der Entbindung, indem der Körper viel Wind läßt. »Wenn man Ameiseneier in Getränke mischt oder den Samen der Wolfsmilch oder der Schwarzfichte zu sich nehme, entstehen starke Blähungen. Dem Teufel ist es dann ein Leichtes, im menschlichen Körper derartige Ärgernisse zu erzeugen.«

»In das Kloster Lockum wird eine Frau gebracht, die das Hexen aus Armut und um eines Kopfstückes Willen gelernet: sie hat vier Wochen hernach vom Satan einen grausamen Schnacken, fünf viertel lang, geboren, dafür sich heftig entsetzt und diesen scheußlichen Wurm auf einen Misthaufen getragen und darin verscharrt. Der Satan hat sie solange gepeitscht, bis sie das Tier hat wieder ausgraben müssen. Hats am Feuer gewärmet und es wie ein Kind neben den Milcheimer setzen müssen. Und sie hat dem unfreundlichen Gast täglich zur Speise Milch geben müssen. Sobald sie den Schnacken angerührt, sind ihr die Hände geworden, als seien sie aussätzig und (sie) hat auch eine solche ungesunde Hand bis zum Gericht behalten.«

Carpzov berichtet von einer Hexe, die dem Teufel weiße Würmer mit schwarzen Köpfen und spitzen Schnäbeln geboren hat. Ein in Frankfurt a. d. O. 1687 gerichtetes Mädchen gesteht, dem Teufel Eidechsen geboren zu haben. Hier kann der Spott nicht ausbleiben!

»Die meisten Hexen der neuen Zeit gebären keine Kinder mehr, (sondern böse Dinger oder Unholden) ... diese hatten bald die Gestalt rauher Würmer, bald die von Hummeln. Die Hexen verbrannten solche Geburten zu Pulver.«

Die Inquisition, die zu Pütters Streitschrift Gelegenheit gegeben hat, bekennt: »daß aus so getriebenem Beischlaf ihr einstmals ein schwarzer, rauher Lindwurm abgegangen, den sie ihres Geistes Angaben bey einem klein gemachten Feuer zu Pulver verbrannt, welches der David genommen, folgenden Tages in einem Krämerhäuschen ihr wieder gebracht und ihr gelehrt, Vieh damit umzubringen.«

1737 erfahren wir anläßlich eines Hexenprozesses von der Vermischung. Mit dem Buhlen habe sie vielmals Elben, die bösen oder zehrenden Dinger, die von allerhand Coleur, auch theils Flügel haben, geboren und zwar allemahl zehn, welche sie in Töpfe getan und ihren Brot zu essen gegeben.

»Andere pflegen sie unter einem Holunderbaum oder -strauch zu begraben. Sie geben ihnen ein bisschen Wachs, Flachs, Käse und Brot mit ins Grab und sprechen: »wringet das Wachs, spinnet den Flachs, esset das bisschen Käse und Brot und lasset mich ohne Not.« Auf diese Weise werden sie gebannt und können nicht zu ihrer Mutter zurück.

Es ist gefährlich, sich einem Elbengrab zu nähern. »Eines Schneiders Sohn, 13 Jahre alt, setzt sich, um seine Notdurft zu verrichten, bei einem Holunderstrauch nieder, fällt plötzlich unter schrecklichen Gichtern zur Erde und tut unmittelbar vorher einen lauten Schrei. Die Mutter läuft zu ihm und trägt ihn als tot(geglaubt) nachhause, wo er bis zum dritten Tag wie besinnungslos gelegen. Daraufhin fühlte er grausame Schmerzen in den Lenden, Füßen und Waden. Zuletzt fielen ihm tiefe Löcher aus dem dicken Fleisch und dem Hintern, durch welche alles, was er gegessen und getrunken hatte, ausfloß. An seinem Leibe zehrte er ab.

Nach vier Jahren, unter welcher Zeit ihm der Wundarzt ohne Nutzen Medizin gegeben hat, gehen ihm elf Würmer ab, eines halben Fingers lang, mit schwarzen Köpfen und unzählbaren Füßen. Als die Mutter die Betttücher, in welchen sie herumgekrochen, ausschüttelte, verschwanden sie in der Gegenwart der Zuschauer. Der Bursche blieb sein ganzes Leben lang ein armer Tropf. Zwei Hexen haben bekannt, daß sie ihre mit dem Teufel erzeugten Elben unter der Wacholderstaude begraben hätten.«

Mitte Juli 1598 wird Antide Colas aus Betoncourt von dem Chirurg Nicolas Millieré untersucht. »Er entdeckt wider die Natur ein zweites Geschlechtsorgan unter ihrem Nabel. Dabei handelt es sich um eine fühllose Scheide; eine zweite Vagina. Sie gesteht, daß ihr Incubus beim Geschlechtsverkehr diese Öffnung benutze, während das natürliche Loch ihrem Gatten diene. Wegen der von ihr begangenen Verbrechen wird sie im Februar 1599 lebend verbrannt.

Spottbild auf das Lasterleben der Mönche.

Augustin von Montoleon

unternimmt eine Reise ins Elsaß. Nach einer vierjährigen Abwesenheit wird seine Frau schwanger und bekommt einen Sohn. Die Brüder des Abwesenden wollen den Bastard nicht anerkennen und strengen ein Prozeß gegen die Ehebrüchige an. Die Mutter bekennt vor Gericht: »es sey eine schöne Sommernacht gewesen und ihr habe geträumt, ihr Mann wäre zurückgekommen. Die Umarmung sey feurig gewesen.«

Die Ärzte von Montpellier geben ihr recht und behaupten: »Die Einbildung vermöge dergleichen sehr wohl.« Fünf Hebammen tragen vor: »daß ihnen vordem das gleiche begegnet sei.« 1637 wird das Urteil verkündet: »die Mutter sei unschuldig und deren Sohn rechtmäßiger Erbe ihres verstorbenen Mannes[34].«

Am 16. August 1750 berichtet die *Vossische Zeitung:* »in einem Dorf ist ein Bauernweib in einen verzweiflungsvollen Zustand geraten. Sie behauptet, daß sie mit dem Teufel ein Bündnis gemacht habe und dringe darauf, daß man sie lieber verbrenne, denn sie sei schwanger und würde einen jungen Teufel zur Welt bringen. Das Dorf ist in äußerster Bestürzung. Jeder fürchtet, behext zu werden und erwartet, daß man sie verbrenne. Soviel ist gewiß, daß sie etwas Kugelrundes im Leib hat, was sich hin-und herbewegt. Wenn man sie sezieren wird, wird es Ärzten überlassen sein, die Natur des Gewächses zu untersuchen.«

Solange die Amtskirchen wider die natürliche Sexualität streiten und versuchen, sündige Menschen in ihrem Sinn zu kanalisieren, sich aber einen erheblichen

Freiraum lassen, brodeln die Verfolgungen der »angeblichen« Hexen. Es konnte nicht ausbleiben, daß es einen späten Höhepunkt erreicht, indem die Fehlentwicklung zu den

Kinderhexenprozessen[35)]

führt. Sie zeigen in besonders perfider Form das Unvermögen des Menschen zur Toleranz und das Versagen des Katholizismus. Ein Teil der angeführten Prozesse mußte im laufenden Text untergebracht werden, damit der Zusammenhang bestehen bleibt. Alle rütteln noch heute am Gewissen der Obrigkeit und führen zu einem Schrei der Entrüstung.

Es fällt auf, daß sich die Kinderhexe relativ spät in das Gesamtbild fügt. Zunächst erscheinen Kinder als passive Zeugen des Geschehens; selbst der *Hexenhammer* geht (abgeschwächt) auf die Vorstellung ein. Das 16. Jahrhundert bringt den Durchbruch ins Negative. Der Dominkaner Silvester Prieria(s) gibt eine plastische Schilderung ihrer Fähigkeiten:

»Durch gutes Zureden und Belehrung war es Inquisitoren gelungen, die Kinder zu »bekehren« und zu veranlassen, von ihren hexischen Praktiken zu erzählen. Schließlich führten sie ihre eigentümlichen Tänze vor den geistlichen Richtern auf. Dabei saßen die Mädchen auf dem Rücken der Knaben. »Anmut und Grazie, mit denen sie dahinschritten, wobei sie den Tanzfuß weit nach vorne erhoben, verrieten den erwachsenen Beobachtern unmißverständlich, daß die Kleinen derlei Kunst nur auf unnatürliche Weise erlernen können: »ich wünschte sehr, daß einer der Herren Kardinäle es auf sich nähme, zehn von den Knaben und Mädchen nach Rom kommen zu lassen; es würde dadurch zugleich der Stadt eine große Sehenswürdigkeit gewonnen und den Ungläubigen ein noch größerer Schleier der Blindheit weggezogen[36)].« Spieltrieb wird in den Rang theologischer (!) Gelehrsamkeit (!) gezogen.

Eine Untersuchung des Hexenwesens deckt familiäre Konflikte auf. Undank, Haß und Böswilligkeit, Schwatzsucht und Besserwissertum, Triebfedern des Hexenwahns, schlagen auf die Kinder so zurück wie ihre sexuellen Wirrungen. Theologen sind teilweise so verblendet, daß sie den Aussagen der Kinder mehr Glauben schenken als deren Eltern. **Das Kinderbrennen ist verstärkt zum Ausklang des Wütens gegen die angeblichen Hexen festzustellen und eine Erscheinung, die keinesfalls nur den deutschsprachigen Raum betrifft[37)].**

Die Gründe sind naheliegend, denn bei den Erwachsenen bilden Gespräche über Hexen und die damit verknüpften Teufelsmärchen ein zentrales Thema. Eine dubiose Rolle spielen Geistliche, die über Generationen den Unsinn von den Kanzeln wie mit Posaunen unter das leichtgläubige Volk blasen; wohn man blickt, sieht man das Damoklesschwert der verwirrten Religion blitzen. Früh werden die Kinder mit dem (un)rechten Glauben vertraut.

Noch 1767 wird in einer in München erschienenen Schrift gesagt: »die feststehenden Begriffe vom Hexen und Zaubergeschmeis werden von Alter zu Alter fortgepflanzt, ja den Kindern fast in der Wiege mit fürchterlichen Märlein eingeprägt.« Als Beispiel dienen die *Brenzschen Kinderpredigten,* in der bei der Auslegung der zehn Gebote das Hexenwesen erläutert wird. Theologen rühmen sich, die Bibel zitieren zu können und lamentieren: »Gott würde es nicht zulassen, daß die Kleinen nach den Worten des Psalmes: »aus dem Mund der jungen Kinder hast Du Dir eine Macht zugerichtet, daß du vertilgst den Feind der Rachgierigen[38)].«

Dann nehmen sich die Prediger der Sache im verstärkten Umfang an und entwicklen Betbücher zum Unterricht der geschädigten Jugend. So entsteht der *Katechismus* »Formular den Kindern einzuschärpffen, wie sie den tentationibus Satanici resitiren sollen. «Bestehend aus 46 Fragen und Antworten, der an die Haushalte der gefährdeten Region verteilt wird.

Eine Strömung muß dazwischengeschaltet werden; das christliche Agieren gegen Juden, denn die Parallelen zum Hexenwesen sind offensichtlich!

Juden schlachten Christ(en)kinder

»Die Kirche schmähte die Juden und verfolgte die Hexen aus einer ähnlichen Motivation; die störenden Elemente aus der künstlich-christlichen Gesellschaft zu vertreiben, um so die Gefahr des Untergangs der christlichen Gemeinschaft abzuwenden.« Dabei hat man übersehen, daß sie selbst zum Bösen geworden sind. Die Judenpogrome und das Zutun der Kirchen bei den Hexenbränden werden dazu beitragen, daß die Religonsvariante einst der Vergangenheit angehört und als blutüberströmte in die Geschichte eingehen wird.

Das Christentum weist in seiner moralischen Kriegsführung immer wieder den Gegnern kannibalische Attribute bei, um ein Feindbild zu konstruieren, das von der Intoleranz ablenkt; es pflegt zerstörerische Phantasien. Tatsächlich gibt es eine Schnittstelle im 14. Jahrhundert. **Judenschmähung und Hexenhetze liegen nahe beieinander.** Vielleicht läßt sich der Strang auf folgendes zurückführen:

Im Leben des heiligen Basileus tritt ein Jude auf, der herausfinden will, was es mit der christlichen Messe und Kommunion auf sich hat. Er mischt sich unter die Besucher eines Gottesdienstes. »Dabei sah er, wie ein Kindlein in den Händen des Basileus geschlachtet wurde, und als alle zur Kommunion gingen, trat er hinzu und man gab ihm, was wirklich Fleisch war; dann ging er auch zum Kelche, der voll Blut war, und nahm davon.«

Von hier zum Kinderschlächter ist es gedanklich nur ein Schritt. Das Fleischessen und Bluttrinken sind alt-symbolische Kulthandlungen; Speiserituale sind allen Religionsformen eigen und das Abendmahl ist nichts Besonderes. Das Christentum wärmt antike Traditionen auf.

Hier tritt die primitve Vorstellung in Erscheinung, daß die Gläubigen das Leben des Gottes nur im unmittelbaren Genuß des Opferfleisches und -blutes in sich aufnehmen können. »Wer sein Fleisch »beiße« und sein Blut »trinke«, erklärt der Jesus des nicht ernstzunehmenden Johannesevangeliums, (Joh. 6.54) habe das ewige Leben.« Eine solche Denkweise ist primitiv.

Der doktrinäre christliche Antisemitismus ist bar jeder Grundlage; er ist beschämend für seine Wortführer und Mitläufer – damals und heute! **Im Prinzip wirft man den Juden das gleiche wie den Hexen vor und folglich finden die Strafbeimessungen eine Parallele. Hostienfrevel, Brunnenvergiftung, Kindermord und das Ausführen bestimmter Rituale führen zur Folter, Verbrennung und Landesverweisung.**

Christen wie Luther agieren gegen Juden **und** Hexen. Der katholische Kurfürst von Trier und der protestantische Herzog zu Braunschweig töten gegen Ende des 16. Jahrhunderts Hexen **und** Juden. 1610 werden in Logrono Juden als Hexen besagt und in den Alpenländern bezichtigt man Juden der typischen Hexenfrevel.

Der Haß wird früh geschürt[39] und so wird gesagt »Die Juden – so etwa Johannes Chrysostomus aus Antiochia – seien Hunde, Schweine, Böcke. Wer Christus liebe, müsse sie hassen.« Nach Augustinus seien sie vom Satan inspiriert und deren Verbrechen seien »unsühnbar«, wenngleich sie keines – zumindest nicht am Religionsgründer – begangen haben. Ihre Schmähungen werden immer dreister und primitiver; schon stempelt man sie zu widerwärtigen Kulthandlungen, frevelhafter Zusammenkünfte, ja schon ruft man nach dem christlichen Gott, um das Übel auszurotten. 1171 werden in Blois mehrere von ihnen verbrannt. Sie sollen am Osterfest einen christlichen Knabe gekreuzigt und in die Loire geworfen haben. Gegen Ende des 17. Jahrhunderts berichtet der französische Mönch Robertus de Monte: »die Juden der englischen Stadt Norwich hätten zur Zeit des Königs Stephan (1135–1154) einen Christenknaben namens Wilhelm gekreuzigt, an dessen Grab Wunder geschehen seien.

Im 13. und 14. Jahrundert ist es fast an der Tagesordnung, daß die Juden Kinder schlachten würden, um deren Blut zu Heilzwecken zu verwenden; zudem würden sie seine Darstellung mißachten und Hostien schänden.

1247 führen Beschuldigungen des Hostienfrevels im brandenburgischen, 1250 in Paris und 1298 in Bayern zu blutigen Verfolgungen. Im bayerischen Deggendorf werden alle ausgerottet und bis vor kurzem konnte man die (jetzt übermalten) Bilder in der Kirche sehen. Sie zeigen, wie aus den von Juden geschändeten Hostien »Kindlein« entstehen. Bis 1960 feiert man hier gewissermaßen aus christlicher Einfalt ein antisemitisches Fest, die »Deggendorfer Jubelgnad.« Auch Juden werden gefoltert. 1329 gesteht in Genf einer von ihnen, daß er fünf Christenkinder gefangen und an Glaubensgenossen gegeben hat. Sie seien getötet und zu Salbe und Speisen verarbeitet worden, die die Juden anstelle eines Opfers zum Passah essen würden.

Am 24. März 1475, einem Karfreitag, verschwindet das Kind des Gerbers Andreas, wonach das Gerücht aufkommt, Juden hätten sich an ihm vergriffen. In der Nacht vom Ostersonntag auf -montag wird das tote Kind, das später den Namen »Unverdorben« erhält, von ihnen entdeckt. Unter dem Einsatz von Gewalt wird das Geständnis »erfoltert«. Der Jude Samuel erklärt, »da es ihnen vor allem um Knabenblut gehe. Um Christus wirkungsvoll zu verhöhnen, müsse der zu opfernde Knabe an der Marter sterben.«

1881 greift die der päpstlichen Kurie nahestehende *Civita Cattholica* den populären Fall des angeblich ermordeten Judenkindes Simon aus Trient auf, um die Schuld der Juden nachzuweisen. Zwei Jahre später bezieht sich der katholische Pfarrer Josef Decker darauf, als er sich bemüht, die Judenhetze abzusichern: »es habe Ritualmorde gegeben; der an dem Christenkind Simon Gerber ist gerichtlich erwiesen; es gibt solche Morde auch in neuerer Zeit. Nur sind sie schwer greifbar.«

Ganz stimmt es nicht, denn dann könnte man auch die gigantischen Verbrechen der Christen des III. Reiches – die offensichtlich sind – an Andersgläubigen, Kranken, Widerständlern und Denkern als Ritualmorde bezeichnen. **In der bisherigen Hexenliteratur wird die Nahtstelle des christlichen Wütens gegen Juden und Hexen zu wenig beachtet. Das Ausmaß der Verbrechen läßt sich nur gerecht bewerten, wenn man beide Strömungen im Auge behält.**

Wechselbälge

Die Kirchen sind daran interessiert, das blutjunge Opfer in ihre Fänge zu bekommen und drängen zum Vollzug der Taufe. Es ist eines der intolerantesten Vergewaltigungsakte der Religionsvariante, den zeitlebens Tributpflichtigen so früh geistig zu entmündigen und nicht abzuwarten, bis er von alleine und aus Überzeugung den Schritt vollziehen möge. Das Unrecht ist so verbreitet, daß es seit Jahrhunderten als selbstverständlich angesehen wird; ein klassisches Beispiel kurialer Unterdrückungspolitik und der Naivität der Betroffenen.

Es sind theologische Kunstgriffe, um die Zunft auf Kosten der Unaufrichtigkeit zu profilieren. Man stellt in den Raum, daß die rechtmäßig vollzogene Taufe Schutz vor dämonischen Mächten darstelle und stellt sich damit auf die Intelligenzstufe der Naturvölker. Wenn man sich klarmacht, daß es keine Dämonen gibt, bricht die waghalsige Konstruktion zusammen.

Der Dominikaner Geiler von Keysersberg erklärt seinen Lämmern: »daß derjenge, der seine Kinder abends ungesegnet und ohne andere christliche ding und ordnung« zum Schlafen in die Wiege lege, sich nicht zu wundern brauche, wenn sie von dämonischen Mächten geraubt und durch Wechselkinder (Kielkröpfe) ausgetauscht würden[40]. Er erwähnt die »verzuckten frawen« und die Weiber, die zu den »Fronfasten« ausfahren. Der Teufel hole die Kinder und gebe an ihre Stelle elende und arme[41].

Das Ganze erfährt mit Luther eine gefährliche Wendung und so bildet sich im frühen 16. Jahrhundert die Fehlhaltung heraus, daß Teufel Säuglinge aus den Wiegen rauben; es wird zur Nahtstelle einiger Kampagnen gegen Hebammen. Problematisch ist die Denkweise, weil der Teufel nur mit göttlicher Zustimmung tätig werden darf, so als wolle er gottlose Eltern strafen oder deren Standhaftigkeit prüfen. Jean Bodin erklärt: »bei den wider die Ordnung der Natur sich schickenden Wundergeburten ... handle es sich um Anzeigen göttlichen Zorns und um »aufmunternde« Warnungen, mit denen Gott die Menschen zur Buße locke und zur Bekehrung auffordere ... strafe doch Gott den Menschen vor allem an der Stelle, wo es ihn besonders hart treffe: der Herr schlägt das, woran des Menschen Herzen hängt.«

»Zwar diß erfährt man inn täglicher erfahrung/daß dies/so am liebsten unnd werdesten gehalten wird/durch eine rechte Göttliche Raach gemeinlich am ersten verzuckt und verloren wirdt. Dann Gott wolle durch solche Mittel diejenigen straffen/welche jhnen auß dem/so sie lohen/gleichsam Götter machen; uber solche hat der sathan offt mehr macht denn über andere[42].«

Schon meinen Prediger, man soll Wechselbälge als satanische Spielzeuge in Menschengestalt ansehen. Untergeschobene Kinder sind ein Foetus, eine den Menschen darstellende Gestalt, die vom Teufel in der Gebärmutter der Zauberinnen aus Blut aus und einer anderen Materie gestaltet und erzeugt worden sind und anstelle der richtigen Kinder untergeschoben werden, die der Teufel durch seine Gegenwart bewegt und lenkt, um mit den Menschen sein Spiel zu treiben[43].

»Die Materie, aus der der böse Geist den Körper des Wechselkindes bilde, bestehe aus Samen und mütterlichem Blut. Innerhalb der Gebärmutter der Hexe forme er die Umrisse des Foetus. Eine Seele könne er ihm nicht geben, ergo wäre der Wechselbalg kein Mensch, sondern nur eine gleichsam hohle Gestalt, aus der der Teufel spricht.«

Der Satan treibt das makabre Spiel, um Christen zu verspotten. Die Kleinen schaltet er früh in den zauberischen Mechanismus ein und dann stellt man in den Raum: »daß die Hexen die Herzen solcher Kinder verzehren, um die Qualen der Folter leichter zu ertragen.«

Freilich hat das Ganze eine medizinische Komponente, denn vor allem solche Kinder

Ritualmord aus einer Handschrift der Konstanzer Chronik um 1470 in der Stiftsbibliothek St. Gallen. Möglicherweise aus der Werkstatt Gebhard Dachers.

werden oft als krüppelhaft und mißgebildet bezeichnnet. Manche Erwachsene verstoßen und beseitigen sie, indem sie sie auf einem Misthaufen oder ins Wasser werfen. Es sind im weitesten Sinn Behinderte, denen man mit dem christlichen Segen den Garaus macht. Gehören die Euthanasieopfer des III. Reiches auch dazu?

»Die abartigen, idiotischen, seelenlosen, verkrüppelten Mißgeburten gelten als unnütz, diabolisch und so gefährlich, daß man sie, wenn sie nicht sofort beseitigt werden konnten, durch Vernachlässigung zu Tode brachte[44].« Anders bei den Kindern der Landstreicher, die man vereinzelt zu körperlichen Krüppeln degradiert, damit sie eine höhere Erfolgsquote beim Betteln haben!

Luther profiliert sich zum Wortführer der Abgeschmacktheiten. Für ihn ist der nichtexistente Teufel »tägliche Erfahrung«. »Gott kan nicht Gott sein. Er muß zuvor ein Teufel werden, und wir können nicht gen Himmel kommen, wir mussen vorhyn ynn die helle fahren, konnen nicht Gottes Kinder werden, wir werden denn zuvor des Teufels Kinder ... denn alles was Gott redet und thut, das muß der Teufel geredt und gethan haben.« Es ist nicht mehr als eine dumme Redenswendung!

Die Kinder gehören ab dem Geburtstermin dem Teufel und der Täufling ist bereits von ihm besessen und ein »kindlein der sünden und ungenaden«, deshalb muß er früh getauft werden. Eine solche Denkweise ist primitiv!

1523 gibt er das *Das tauff buchlin* verdeutscht heraus. 1526 folgt eine weitere Auflage mit Ergänzungen. Der Taufzweck ist der Exorzismus, wobei Luther die katholischen Riten verwirft, in denen er aufgewachsen ist. Der Taufende bläst den Täufling an und spricht: »Far aus, du unreyner geyst, und gib raum dem heyligen Geyst.«

Durch das Wasser der Taufe »diesze heylsame sindflut,« wird alles ersäuft und untergehen, was dem Kind »von Adam« geboren ist. Luther radikalisiert die Lehre von der Erbsünde[45], die ein Ammenmärchen ist.

Der Teufel hat nach seiner primitiven Vorstellung die Menschenkinder fest im Griff, was aus dem Taufritus deutlich wird: »Du Teufel aber fleuch, denn gotis gericht kompt herbey;« wobei der Taufpate den kleinen Erdenbürger entmündigt und für ihn spricht. Die Prozedur muß bei einigen wiederholt werden, denn sie sind nicht in der Lage, den verfänglichen Mechanismus zu durchschauen. Jeder möge bedenken, so unser Gewährsmann: »wie gar es nicht ein schertz ist, wider den teuffel handeln und denselben nicht alleine vom kindlein jagen, sondern auch dem kindlein solchen mechtigen Feind sein leblang auf den hals laden.« Wenn man sich die Verbreitung der lutherischen Lehre in einem so kurzen Zeitraum vor Augen führt, wird deutlich, welch negativen Einfluß die Fehlhaltung auf das Hexenwesen nimmt.

In vielen Predigten geht er auf die Problematik ein. 1522 veröffentlicht er ein Betbüchlein, in dem er von der Sünde der Zauberei und des Teufelspaktes warnt. Das erste Gebot übertritt: »wer ynn seyner widderwertigkeyt, Zeubery, Schwartz Kunst, Teuffels bund genoszen sucht.« Zwischen 1518–20 erwähnt er den Hexenflug und bei anderen Gelegenheiten bezweifelt er die nächtlichen Ausfahrten.

Die fleischliche Vermischung zwischen Menschen und Dämonen ist für ihn klar und so setzt er sich immer vehementer für die Todesstrafe der angeblichen Hexen ein. In seinem lateinischen Kommentar zum Galaterbrief setzt er sich 1519 mit dem Phänomen auseinander, daß Unholden die Kinder durch ihren bösen Blick zu bezaubern und krank zu machen suchen.

1522 sagt er im Zusammenhang mit dem Epiphaniefest: »die bösen Teufelshuren stehlen Milch, machen Wetter, martern die Kinder in die Wiege und bezaubern die »ehelichen« Gliedmaßen. Gemeynlich ist das der weyber natur, das sie sich fur allem ding schewen und furchten, darumb so viel zewberey und aberglauben treyben, da eine di andere leret, das nicht zu zelen ist, was sie fur gaukkelwerck haben.« Von der Kanzel doziert er: »daß der böse Geist die Zauberinnen schwängern könne.«

Die Sünde der Lust: »kann von Gott gemäßigt werden ... nicht als wäre solche Lust und Beischlafen rein im Fleisch, denn die Eheleute sind von beiden Teilen mit der Erbsünde, Krankheit und Lustseuche vergiftet, sondern weil Gott gesagt hat: »ich will Dir deine Unreinigkeit nicht zurechnen, sofern du es bei deinen Gehülfen bleiben läßt, die um dich ist. Ich habe zwar durch göttliche Erlaubnis ein Eheweib; es ist aber doch in unser beider Fleisch Sünde; die schändliche Lust und Unzucht ist nicht gut ... man soll aber gleichwohl das Böse im Ehestandt und in der ehelichen Beiwohnung nicht verteidigen, als ob es etwas Gutes sei.«

Weyer ist der Meinung: »daß die aus solchen Verbindungen stammenden Kinder ihrem Äußeren nach schwächer als normale seien. Die Abkömmlinge der Hexen werden selten das siebente Jahr erreichen und vordem unangenehme Charakterzüge haben: »mit ihrem Geplärr ließen sie nachts keinen schlafen. Sie würden mehr Milch trinken, als drei gute Ammen geben können, obwohl sie dabei nicht wachsen: kleine Kinder mit dikken Köpfen, die besonders viel essen, sind in Gefahr, als Wechselkinder angesehen zu werden; oft werden sie von den verängstigten Eltern ausgesetzt, um den Vorwurf der Teufelei von ihnen fernzuhalten. Noch jetzt legen Kindbetterinnen, die, so oft sie aus dem Zimmer gehen, etwas von den Kleidungsstücken des Vaters, einen Erbschlüssel oder eine Bibel auf das Kind, damit es nicht ausgewechselt werde.«

Zu den bevorzugten Schandtaten der Hexen gehören Störmanöver der ehelichen Geschäfte. In einer Predigt über 2. Moses 22.18. beschreibt er, wie sie die Menschen zu Liebe oder Haß dadurch zu reizen vermöchten, da sie ihnen Zaubertränke geben ... die Hexen sind die Gehilfinnen des Satans. Wo der Teufel nicht selbst hinkommt, da gelangt sein Weib, die Hexe, hin. »Man soll die Unholden töten, denn sie verüben Diebstahl, Ehebruch, Raub und Mord.«

Seit 1526 fordert er öffentlich zur Bestrafung der Hexen auf und sagt von der Kanzel: »Man töte sie ... man möge gegen die Hexen nicht nur durch Mißachtung, sondern dem Schwert vorgehen.« Am 15. August 1529 erklärt der Reformator: »Er kenne viele Wettermacherinnen, die Milch stehlen und die Leute bezaubern; persönlich wären ihm einige bekannt. Wenn sie sich nicht alsbald bekehrten, wolle er sie den Folterknechten empfehlen.«

Am 22. August 1529 bannt er im Anschluß an eine Nachmittagspredigt einige Hexen und Mitte September wiederholt er seine Meinung: »gegen die Hexen, die nicht nachlassen, in Wittenberg ihr Unwesen zu treiben, möge man beten, damit sie entdeckt werden und vom Henkersknecht ihren Lohn erhalten ... der Teufel kann ein Kind stehlen und sich an seiner statt in die Wiege legen, wie ich denn gehört habe, daß ein solches in Sachsen gewesen sei, welches fünf Weiber nicht genügend haben stillen können.«

Von hier zum Wechselbalg ist es ein Schritt und er meint in seiner Erläuterung zur Genesis: »Was die Buhlteufel betrifft, bin ich nicht dagegen, sondern glaube, daß es geschehen könne, daß der Teufel entweder Inoder Sucubus sei ... wenn man von teufelsähnlichen Kindern erzählt, deren ich einige gesehen habe, halte ich dafür, daß sie entweder vom Teufel entstellt, nicht aber von ihm gezeugt seien, oder daß es wahre Teufel seien, die Fleisch angenommen haben, entweder nur scheinbares oder anders woher gestohlenes ... man möge die Kinder ertränken.«

In Dessau begegnet ihm ein solch armes Geschöpf; es war zwölf Jahre alt, hatte seine Augen und alle Sinne, daß man meinte, es wäre ein rechtes Kind. Dasselbige tat nichts, denn nur daß es fraß, und zwar soviel als irgend vier Bauern oder Drescher. Deshalb rät er dem Fürsten von Anhalt, es in die Mulde zu werfen. Später wird er gefragt, »weshalb er sich dafür ausgesprochen habe« und der Christ gibt zum Besten: »seiner Überzeugung nach sei ein solches Wechselkind nur ein Stück Fleisch und habe keine Seele. Die Stelle des Satans vertrete bei Teufelskindern er selbst.«

Luthers kirchliche und dogmatische Autorität zementiert den Teufelswahn in den Herzen von Millionen Leichtgläubiger und Einfältiger. Ende Mai oder Anfang Juni 1540 zeigen sich praktische Folgen seiner Denkweise, denn im Juni 1540 werden In Wittenberg vier Hexen und Zauberer verbrannt.

Die luthersche Macht reicht weiter und findet in den gesetzlichen Niederschlag. Die 1572 vom Kurfürst August von Sachsen erlassene *Neue Kriminalordnung* bestimmt: »daß man die Hexen und Zauberer allein wegen ihres Bündnisses mit dem Teufel verurteilen und verbrennen soll.« Hier spiegelt sich die reformatorische Denkweise; sie geht später in das vom lutherisch gesinnten Kurfürsten Ludwig 1582 publizierte kurpfälzische und später preußische Landrecht ein.

»Von Luther strömt der Teufelswahn in die Herzen tausender Prediger, die ihm vorbehaltlos nacheifern. Unter Berufung auf die Bibel drängt man auf die Ausrottung der teuflischen Brut. Der Pfarrer von Nebra, David Meder(us) sagt: »So jemandt mit dem Teufel ein Verbündnis aufrichtet, umgeht oder zu schaffen hat, daß dieselbige Person, ob sie gleich mit Zauberei niemand Schaden zufügt, mit dem Feuer vom Leben zum Tode gerichtet und gestraft werden soll ... ein Kielkropf (Wechselkind) sei entweder ein Klumpen Fleisch oder ein Leib eines verstorbenen Heyden Kindes/darinnen der teufel wohnet/frisset und sich unfletig erzeiget.

Meder ruft die Kinder öffentlich auf, ihre Hexenväter und -mütter, bzw. Eltern ihre Hexenkinder zu besagen: »Und solt dich seiner nicht erbarmen/... sondern solt jhm erwürgen ... deine hand sol die erste uber jhm sein/das man jhn tödte.«

Von einem Bauern, der recht tat, erzählt der Augsburger Pfarrer Bernhard Albrecht und der Lutheraner Waldschmidt führt das Elend vieler Kinder darauf zurück, daß sie von den Eltern dem Teufel »dargebracht« worden seien.

Im Februar des Jahres 1578 tötet Katharina Darena, eine Bäuerin aus der Gegend von Soissons, ihre Tochter und das Kind einer Nachbarin, indem sie ihnen mit einer Sichel den Hals abschneidet. Vor Gericht sagt sie: »der Teufel wäre ihr in der Gestalt eines schwarzen Mannes erschienen und habe ihr die Sichel in die Hand gegeben. Kurz danach wird sie zum Tod verurteilt.

Der Reutlinger Pfarrer Enßlin kommentiert: »Hierher gehören die Zauberische Menschendiebin/welche anderer Leuth Kinder/ so abermalß deß gebets vergessen/uff Gottes permission/Tag oder Nachts stelen und wegtragen und andere dargegen Supponieren und darlegen ... solche nenne man Wechselbälge oder Külkröpffe ... das seien greuliche Wesen, nicht von menschlicher, geschweige denn von kindlicher Natur ... sie hetten ungeheure grosse Köpffe/scheußliche gestalt und geberde/ein Ungewehnliches greinen ... es handelt sich dabei nicht um Menschen, sondern um Stücke rohen Fleisches, die der Satan lebend gemacht hat.«

Hexenspiele

»Wie zum Hexenritt reiten sie auf Stöcken durch die Gassen. Sie stecken ein Holzstück in eine Rübe, nehmen sie in den Mund und drehen an ihrem Schwanz; so ahmen sie die Musik der Sackpfeifer nach.« Die siebenjährige Gertraus Bruel aus Ketzerbach (?) sagt gegenüber den Kindern beim Spielen: »sie könne zaubern, denn sie habe es von ihrer Ellermutter gelernt. Seht, so macht man Wetter: Dann hob sie ihre Röcke in die Höhe.« In dem Falle wird nicht sie, sondern deren Großmutter zum Tod verurteilt.

Der vierjährige Sohn des Georg Beutelsbacher aus Vaihingen erzählt 1663: »sie hätten zuhause drei Böcke, auf dem einen reite der Vater, auf dem zweiten seine Mutter und auf dem dritten seine Ahme über die Bäume hinweg.«

Die achtjährige Tochter eines Schmieds aus Möhringen sagt im Scherz (?): »auch sie sei eine Hexe und freue sich, wenn sie auf dem Besen fortfahren könne.« Sie wird drei Tage in den Turm gesteckt und muß eine Geldstrafe zahlen.

Ein fünfjähriges Mädchen, Tochter des Konrad Kreling aus Franken, verbreitet 1656 das Gerücht: »Adam Röhlings Hausfrau habe sie in der Zauberkunst unterrichtet. Sie habe sie in ihr Haus gerufen und ihr ein Gebet gelehrt. Dann wäre ein schwarzer Mann gekommen, der sich an das Feuer gestellt. Sie habe ihm die Hand reichen müssen und als er sie gefragt, ob sie sein sein wolle, habe sie »Ja« gesagt.

Ein sechsjähriger Junge beschuldigt seine 80jährige gelähmte Großmutter: »er habe bei den Hexentänzen gestanden und mitgeholfen. Sie seien auf einem Kätzchen in den Himmel geritten. Dort habe die Großmutter von einem lieben Herrn zu Essen aber auch Ohrfeigen bekommen.« Da sie kurz danach im Gefängnis stirbt, verbrennt man deren Tochter, die man beschuldigt, dem Stuttgarter Metzger Georg Kempter ein Schwein abgekauft zu haben. Am folgenden Tag bekommt das Kind einen Ausschlag und stirbt.

1633 wird Elisa Rohleder aus Willersdorf wegen Zauberei verklagt und inhaftiert. Dahinter steckt ihr siebenjähriges Pflegekind, Junghans von Angershausen. Es bringt vor: »sie habe Gott und Christus abgesagt und ihm das Zaubern gelernt. Wenn er groß sei, würde er sie totschlagen.« Obwohl der Verteidiger darauf aufmerksam macht: »der Junge, den sie großgezogen, habe sie aus Undank angeschwärzt und sich dadurch gegen sie versündigt, wird die Mutter in Gießen gefoltert. Sie wird am 2. Dezember per Schwert gerichtet und·verbrannt.

Die letzte Hexenverbrennung in Köln betrifft vermutlich Enn Lennartz. Sie liegt seit 1652 in Haft. »weil die Schöffen vor dem Erreichen ihres zwölften Lebensjahres nicht zu Gericht sitzen möchten.« Ihr wird zur Last gelegt, mehrfach mit dem Teufel auf dem Tanz gewesen zu sein; zudem habe sie Gott und allen Heiligen abgeschworen. Unter dem unnachgiebigen Maximilian, Nachfolger des unnachgiebigen Erzbischofs Ferdinand von Bayern, wird sie im Februar 1655 verbrannt.

1649 werden die Knaben Titus und Caius im Alter von elf und zwölf Jahren in Osnabrück beschuldigt, Vögel, Mäuse und Schweine zaubern zu können. Bürgermeister und Rat fragen bei der Universität Rinteln an, wie mit ihnen und ihren Lehrmeistern verfahren werden soll. Wegen Titus geht der Rat der Theologen und Juristen dahin, ihn durch einen Prediger über seine Sünden aufzuklären und ihm eine öffentliche Kirchenbuße aufzulegen. »Man möge ihn zum Beten anhalten und er müsse dem Teufel öffentlich absagen.«

Ein weiteres Gutachten stammt von der theologischen und juristischen Fakultät der Marburger Universität. Hier wird auf die Jugend der Beschuldigten Rücksicht genommen. »Die Kinder seien noch nicht in der Lage, zwischen Gut und Böse zu unterscheiden. Sie seien vom Teufel verführt. Mangel an Verstand könne man ihnen nicht zum Vorwurf machen und deshalb sei von der Todesstrafe abzusehen. Allenfalls werde empfohlen, die Kinder zur Strafe vom Büttel mit Ruten streichen zu lassen.«

Mäuse-, Raupen- und Häschenmachen

In Köln werden in den Jahren 1635–38 achtjährige Buben vor Gericht gestellt. Man wirft ihnen vor, Häschen und Mäuse machen zu können, die im Zeichen der Naturalwirtschaft als Erntefeinde angesehen werden. Einer von ihnen meint: »er habe das Mäusemachen von seiner Mutter gelernt. Er reibe Rosinenkraut, werfe es auf die Erde und wenn er »fock, fock« rufe, sprüngen drei Mäuse über den Boden[46].«

Die zwölf Jahre alte Catharina Vents wird verdächtigt, sie könne aus einem Handtuch Milch melken und Hasen machen.« Als man zur gleichen Zeit eine ihrer Verwandten richtet, wird deren Tod mit den angeblichen Zauberkünsten des Mädchens in Verbindung gebracht. Solche Schauermärchen finden ihren Niederschlag in der Kolportageliteratur.

Elias Camerarius schreibt zum Beginn des 18. Jahrhunderts: »ein Mägdlein wurde von der Mutter zur Hexerei verführt, und es hat im Beisein des Richters und vieler anderen Leute eine Menge Mäuse in der Stube gemacht. Nachdem sie durch den Steckenknecht eine Handvoll lindener Blätter habe bringen lassen, habe sie sie auf die Erde geworfen. Endlich hat sie freiwillig gestanden, daß sie in diesem Jahr mit ihrer Mutter draußen auf dem Feld so viele Mäuse gemacht, daß sie alles Korn gefressen. Aus den Blättern könne sie nach einer langwierigen Putrefraction wohl Mäuse machen, aber in einem solchen Augenblick und vor dergleichen Leuten sei es nimmer möglich, so muß es notwendig durch die Hilfe des Teufels geschehen.«

Wir haben eine Parallele zum Geschehen in Offenburg und Esslingen. Ein achtjähriges Mädchen aus Ahrweiler, dessen Eltern und Brüder als Hexen verbrannt werden, sagt: »das Hexen habe sie von seiner Mutter gelernt; außerdem könne sie Hasen machen. Dazu werfe sie ein Fell in die Höhe und sage: »Nun lauft (ihr Hasen) in des Teufels Namen.«

1656 behauptet der vierzehnjährige Stiefsohn des Seilers Weber, Johann Karl Rieß. »daß nach dem Baden, als er sich habe ankleiden wollen, eine Kröte auf ihn zugekommen sei, so daß er vor Schreck drei Tage krank gewesen und im Bett gelegen habe.«

Am 15. Mai 1652 beginnt in der Landgrafschaft Homburg-Bingensten ein Hexenprozeß in Gegenwart des Fürsten, zweier Juristen und des Pfarrers. Das Verfahren richtet sich gegen ein Frau von Johann Wildeisen (Schreck-Anna). Sie ist 90 Jahre alt und einstige Gänsehirtin. Das Protokoll weist aus: »sei sei von drei Mädchen und dem Saubub als Hexe angezeigt worden und sie habe sie der Zauberei unterrichtet.«

Ein Julchen bringt vor: »eine Frau Banner habe aus dem Umgang mit dem Satan ein häßliches Kind mit Hörnern geboren und es dem Teufel mit den Worten: »Herr Herrgott, meine Engelein, da habet ihr mein Kind, macht damit was ihr wollt, anvertraut. Man habe es zerschnitten und im Mist vergraben.« Hier wird der Sauhirtenbub Konrad Pfeifer aus Bingenheim erwähnt, auf dessen Konto 27 Besagungen wegen ausgeübter Zauberei gehen.

Zudem wird das Mückenmachen erwähnt: »sie nahm Gerste, Ähre und Haferspreu; der Teufel bließ seinen Odem darüber. Dann nahm sie diese und trug sie hinaus, wo sie fliegen gelassen wurden. Beim Raupenmachen nahm sie Weidenblätter und wickelte sie zusammen; der Teufel kam darüber und es waren Raupen.«

Kinderleichen als Zaubermittel

Es gibt nahezu keine Hexenprozesse, in deren Verlauf das Thema »Kind« unberücksichtigt bleibt. Möglicherweise geht die Vorstellung der größeren Segensmacht, die ein noch unschuldiger Mensch haben soll, der Vorstellung voraus: man sucht sich die in ihm wohnende Macht nutzbar zu machen. Teile von Kinderleichen waren begehrte Heil- und Zaubermittel. Das ausgelassene Fett ungetauft gestorbener Säuglinge eignet sich für die Fabrikation von Zaubersalben. Hunderte von Hexenprozessen dokumentieren es, wenngleich es wohl in keinem einzigen der Realität entsprochen hat!

Oft werden Schwangere aufgeschlitzt, um der Leibesfrucht habhaft zu werden. Auf das

Kinderleichen als Zaubermittel

14. Jh. (Ende) Die Schweizer Hexen, die der Richter Peter von Geierz vor Gericht stellt, behaupten: »man brauche sich damit nur einzureiben, um sich unsichtbar zu machen.«

1494 (Februar) Der Henker Diepolt aus Miltenberg teilt dem Frankfurter Stadtgericht folgende Rezeptur mit: »Item sie nemen die crucifix in wegen und verprennen es zu pulfer und des unschuldig kindleins beyn auch zu pulvermele am Gründonnerstag gemalen und wasser, darauß machen sie eyn deigk und lassen eyn mese daruber lesen uff eyn Gründorstag, damit betzaubern sie die mentzschen.«

1528 wird einer Frau aus Nürnberg, Katharina Leistenschneiderin, vorgeworfen, sie trage immer eine Schachtel voller »kindshendlein« mit sich herum. Sie erklärt. »sie habe damit unter Verwendung von Wachskerzen über zwei Stadtknechten und einem kleinen Kind einen Segen gesprochen und sie habe »es nit genannt zu schaden sonder (ge)sprochen leuthen um gesundheit zu helfen gethan.« Dennoch wird sie gefoltert.

1557 werden Nicolaus Stöller und seinen Gesellen »zu Bamberg auff einer schlaiffen ausgeschleifft, drei griff mit einer glüenden Zangen an ihre Leiber geben, Volgent mit dem rath gericht.« Sie haben acht Morde begangen. Unter ihnen befinden sich drei schwangere Frauen, die sie bei lebendem Leib aufgeschnitten haben. Bei der ersten finden sie ein totes Kind, bei der zweiten ein Mägdlein und bei der dritten »zwei lebendige Knäblein«, sagt Georgla von Sunberg, einer der Gesellen »sie hetten eine grosse Sünd gethan«. Er wollte sie zu einem Priester tragen und solche taufen lassen ... Solche bey den bainen genommen, (und) wider die Erden geschlagen.«

1562 findet in Kärnten ein Gerichtsverfahren statt. Die Totengräber aus Wolfsberg und Baden helfen ihren Geschäften mit einem Zauber nach, der Krankheiten und Seuchen unter den Bürgern verursachen soll. Sie gießen den Sud einer gekochten Kinderleiche in den Straßen aus und hantieren mit Friedhofserde und Leichengewändern.

1588 2. Januar. Die Mörder und Räuber Georg Hörnlein und Jobst Knaus, die zum Tod verurteilt werden, interessieren sich für die zauberkräftigen (Kinder)finger. Sie schwängern eine Hure, worauf sie einen Sohn bekommt. Knaus tauft das Kind und schneidet ihm bei lebendem Leib das Händchen ab. Dann werfen sie es in die Höhe, opfern es dem Teufel, schneiden ihm die Kehle durch und verscharren es im Garten.

1590 In Freudenberg in der Grafschaft Wertheim, stehen im Juli sechs Männer und zwei Frauen vor Gericht, die im Kindesalter von ihren Müttern zum Hexenwerk verführt worden sind. Sie haben bei Hexentänzen die Leichen ungetaufter Kinder, die sie ausgegraben, gebraten und mit Eiern gegessen. Aus dem Leichenfett haben sie Schmiere zubereitet. Es mußte mit Katzenhirn, Schmeißfliegen und Hostien vermischt werden.

1590 bis 1594 In der Reichsstadt Nördlingen werden im Verlauf der Prozesse fünf oder sechs Frauen beschuldigt, auf dem Kirchhof ein Kind ausgegraben und daraus einen Hexenbrei gemacht zu haben.

1601 Unter den 20 Morden des Bastian Grübel, der im April mit dem Strang gerichtet wird, sind »viel schwangere Weiber« gewesen. Er und seine Gesellen haben mit Ihnen Unzucht getrieben, sie hernach aufgeschnitten, den Kindern die Händlein abgeschnitten und zum Einbrechen »liechtlein« daraus gemacht. Zudem hätten sie Kinder gestohlen, um sie an Juden zu verkaufen.

1602 In der ungarischen Stadt Preßburg werden zwei Frauen verbrannt, nachdem sie, neben anderen Schandtaten, bekennen, aus einer Kinderleiche Salbe hergestellt zu haben.

1633 Die sechs Frauen, die man in Reutlingen als Hexen hinrichtet, werden als der Kindsschädigung überführt angesehen.

1634 7. März. Zum Tod durch Enthaupten und anschließender Verbrennung des Leichnams wird die 30jährige Dörlein Müllerin in Wertheim verurteilt, die im Alter von fünf Jahren dem Herrn Jesus abgesagt, im Namen eines Dämons getauft worden und die sich ihm fleischlich hingegeben hat. Sie soll fünf Kinder zur Hexerei verführt und Kinderleichen ausgegraben haben. Damit habe sie Hexenschmiere gemacht.

rechte Händchen eines Knabenembryos als Amulett gegen das Etapptwerden hat es ein Einbrecher aus Eger abgesehen, der eine Hochschwangere aufschlitzt und ermordet.

Catharina Rentz soll als Mädchen von einer Frau zur Hexerei verführt worden sein. Sie habe 25 x mit dem Teufel Unzucht getrieben und eine Anzahl von Kindern vergiftet;

ein Soldatenkind, die vierjährige Tochter ihrer Schwester und das Kleinkind des Kuhhirten, Jacob Brielmayer. Ihm habe sie Salbe auf den Kopf geschmiert, worauf es siech geworden und gestorben.«

Margaretha Schäffer war, wie im September 1633 vor Gericht ausgesagt, bei ihrer letzten Schwangerschaft kurz vor dem Kindbett erkrankt und hat sich niedergelegt, als das Moysi Agnelin Tochter Anna mit einem »gebrannten« Breilein zu ihr gekommen ist, nach dessen Genuß es der Kranken so weh wurde, daß sie meinte: »das Hirn werde ihr überschießen«. Am Tag nach der Geburt sei plötzlich eine Katze auf ihr Bett gesprungen und in der Nacht war es ihr, als schwebe ihr Anna vor dem Gesicht herum.«

Barbara Kuhn hat drei Kinder wegen Gicht verloren, deren letztes, ein einjähriges Knäblein, sie noch frisch und gesund auf dem Arm getragen, als ihr Anna Biedermännin auf der Gasse begegnet sei und zu ihr gesagt habe: »das Kind sehe so übel aus und müsse geschwind hinaufgetragen und aufs Lotterbett gelegt werden.« Tags darauf kam es zu Tode.

Dem halbjährigen Knäblein der Agnes (?), Frau des Schuhmachers Müller, hat Anna, nach dem Kirchgang und der Taufe, den Finger in den Mund gesteckt, »worauf es nur noch einige Wochen gelebt hat.«

Sabine Müller sterben zwei Säuglinge. Einem zwölfjährigen Mädchen hat Anna Birnenschnitz und Brot gegeben, worauf es dem Kind so übel geworden, daß es sich aufs Bett legen mußte und »wie Feuer« brannte. Acht Tage später fiel es auf der Gasse um und betrug sich ganz gelsch (närrisch).«

Die Kuhhirtin, Köchin des Junkers und Gerichtsherrn Hans Röder aus Tierburg im südlichen Schwarzwald, gesteht 1486, einem Kind ein Haar, da sie von einem Leichtuch genommen, einem anderen Kind ein »Löcklein Roßhaare« in den Arm gestoßen zu haben; ein drittes Kind habe sie mit dem eigenen Haar töten wollen.

Wiederbelebungsversuche

Nicht selten sind Versuche der Eltern, ihre totgeborenen und ungetauften Kinder zu beleben. Der Brauch geht bis in das 13. Jahrhundert zurück. 1236 opfert eine Frau aus Turin ihr verstorbenes Knäblein der Mutter Gottes, worauf es, wie berichtet, »sogleich wieder lebend geworden.«

Chatollons im Waadtland entwickelt sich zu einem Wallfahrtsort, der auf die »Wiederbelebung toter Kinder« spezialisiert ist. Man hielt sie über glühende Kohlen, so daß sich in der Hitze ihre Glieder zusammenziehen, was als Zeichen des zurückgekehrten Lebens gedeutet wird. Anschließend werden sie dem Patron geopfert. Nachdem sie mit Hilfe glühender Kohlen oder brennender Kerzen erwärmt und lebend gemacht wurden, tauft man sie unter dem Läuten der Glocken und begräbt sie. Auch in St. Gallen, Luggau, Trens und Kaltenbrunn verfährt man so; auch im französischen Vienne, Tullins und Langres.« Die leget man auf den Altar und opfern es »Unser Frauen.«

Weitere Beispiele

Katharina Jung, ein Mädchen aus Amdorf (Nassau) bekennt sich bei ihrem Vater als Hexe, weil sie das »christliche Gewissen dränge.« Folgerichtig bringt er sie zur Anzeige. Sie wird am 11. Mai 1631 – einen Tag später – zum Tode verurteilt.

1677–81 werden im Salzburger Raum mindestens 100 Personen in einen Hexenprozeß verwickelt. Sie sollen (wollen?) mit dem Zauber- und Schinderjackl in Berührung gekommen sein[47]. Das Alter der in dem Prozeß angeklagten Kinder geht bis zu acht Jahren herunter.

Der christliche Glaube sitzt tief im Gemüt der falsch erzogenen Kinder. So spielt 1681–83 in Kirchhain ein Prozeß wegen Geisterspuk. Ein Kind trägt vor: »jeden Abend kämen Engel in weißen Kleidern, die ihnen den Himmel zeigen und es wäre hübsch darin, denn in ihrer Kammer stünde ein Altar.« Schließlich zeigt der Vater an, daß seine Schwägerin verkleidet ins Haus gekommen sei, um ihnen als Engel zu erscheinen. »Sie mußten niederknien und mit ihnen beten.«

Bei der Hexenepidemie in Giedling bei Pfatter spukt im Haus des Drechslers Gruber eine fromme Seele aus dem Fegefeuer. Vergl. dazu die Ausführungen unter Straubing. Dazu kommen einige hingerichtete Kinder[48].

1708 wird der junge Heinrich Keyser, Schuhmacher aus Hanau, der Hexerei bezichtigt: »er habe den Johann Walter vorn am Rock an der Brust gehalten und ihn gefragt wohin er wolle, »worauf sich zugetragen, daß derselbe einen Schaden bekommen.« Die Frau des Nachrichters habe gemeint: »Es soll ein Hexengriff gewesen sein.«

1715–17 disputieren acht- bis neunjährige Schulkinder in Freising mit Bettelbuben über Zauberer, Mäusemacher und dergleichen. Aus dem Geplänkel entsteht ein Hexenprozeß. Die erfolterten Geständnisse lauten auf Teufelsverschreibung, Unzucht, (Hexen)tänze und Mäusemachen. Ein Trudenfänger erhängt sich an einer Kette: andere beabsichtigen Selbstmord; dann werden sie mit dem Schwert gerichtet.

1754–55 werden in Landshut die dreizehnjährige Veronika Zerritschin, eine Bortenmacherstochter und Veronika Kloßnerin als Hexen verbrannt[49]. Ein 16jähriger aus Molsheim wird in Straßburg eingezogen. Er soll kleine Kinder gelähmt und getötet haben: er habe sich einer Kuh in der Gestalt eines Raben an den Nacken gesetzt, und sich einer anderen in Fuchsgestalt so lange an den Schwanz gehängt haben, bis sie gestorben. Außerdem habe er den Leuten das Horn aus dem Kopf gezaubert und sich dem Teufel verschrieben[50].«

In Amsterdam klagt sich zwischen 1650 bis 1680 ein Mädchen an: »es könne mit den Worten »schurius, turius« Kühe von der Weide hexen und sie habe einen Freier mit dem Namen Rultchen. Er habe ihr erzählt, er sei nämlicher, welcher den Herrn Christus verraten habe. «Als es der Obrigkeit bekannt wird, hat man sie verbrannt[51].

Frosch im Ameisenhaufen

1631 findet vor dem Marburger Samthofgericht das Verfahren gegen den 15jährigen Hans Sang statt, der gesteht:

- Er habe Gott abgeschworen und daraufhin sei ihm der Teufel in der Gestalt einer schönen Jungfrau erschienen. In dieser Weise habe er nachts bei ihr geschlafen und ihr Unzucht zugemutet. Die Jungfrau habe Fleisch und Bein gehabt, sei etwas hitzig und hart anzugreifen gewesen. Sie habe ihn gelehrt, wie man es machen solle.
- Ein Schneidersknecht hab ihn gelehrt, wie ihn die Weiber lieb hätten. »Dazu soll er den Namen des Teufels eine Käsköppel kaufen, einen Laubfrosch darein tun und denselben in einen Ameisenhaufen stellen. Wenn er nach neun Tagen nachschaue, würde er nur noch kleine Knöchlein finden. Würde er damit die Weiberleute ritzen, müßten sie ihn liebhaben.«

Bei so eindeutigen Indizien sieht sich das Gericht veranlaßt, die theologische Fakultät um Abgabe eines Gutachtens zu bitten. Man unterbreitet den Vorschlag: »daß der Knabe in Anbetracht seiner Jugend und seines blöden Geistes nicht mit der Strafe des höchsten Rechts, sondern nur mit Ruten ausgestrichen und zu den göttlichen Geboten angehalten werden möge.«

Dennoch geben die Juristen den Ausschlag: »daß er es verdient habe, aus der Menschheit ausgestoßen zu werden. Milderung anzuwenden, sei (bei ihm) vergebliche Liebesmühe, denn, wen der Teufel einmal in seinen Klauen hält, den lasse er nicht mehr los.« Darauf fällt der Landgraf von Hessen die Entscheidung: »den Jungen mit dem Schwert zu richten und seinen Körper zu Asche zu verbrennen.«

Nikolaus Behringer, ein zehnjähriger Sohn eines Schmieds aus Deizisau (Württemberg) sagt seinen Schulkameraden: »meine Großmutter ist zu nichts nutz, in bin in der Nacht mit ihr ausgefahren.« So wird die Obrigkeit hellhörig. Der Spitalmeister verspricht dem Knaben ein Stück Gold; »falls er die Wahrheit sage.« Darauf trägt er vor:

- Der Teufel habe ihm den Mittelfinger der linken Hand geritzt und dann sei Blut herausgeflossen. Auch habe er ihm Wasser über den Kopf gegossen.
- Er habe auf der Heide, wohin er mit seiner Ahne gefahren, geschmaust und getanzt. Sie könne Raupen, Mäuse und Flöhe machen.

Die Großmutter ahnt das auf sie zukommende Schicksal und entfernt sich aus Angst aus dem Heimatort. Man sucht sie in Albertshausen und findet später einen halbverwesten Leichnam im Wald. So entgeht sie durch Freitod dem von Amtswegen. 1782 wird die Magd

Anna Göldi

beschuldigt, einem neunjährigen Mädchen durch Zauberei ein Bein gelähmt zu haben. Außerdem habe es Stecknadeln, Nägel und seltsame Dinge erbrochen. Ihr Vater hebt hervor: »das Bein der Tochter sey so dürr gewesen, daß man es habe wie einen Zwirnfaden durch ein Nadelöhr ziehen können.«

Dann besinnt man sich, daß Anna der Tochter vor einer Woche einen Honigkuchen gebracht habe. Der konsultierende Vieharzt erklärt: »in ihm wäre Stecknadelsamen gewesen, der im Magen des Kindes ausgebrütet und hier zur Reife gelangt sei.«

Anna Göldi wird gefoltert und mit dem Schwert gerichtet. Steinmüller, wohl der Bäkker oder Lieferant des köstlichen Kuchens, entleibt sich aus Furcht vor der ihm drohenden Folter. Zu der Thematik hat Evelin Hasler 1982 den Roman *Anna Göldin,* letzte Hexe verfaßt. Sie sitzt auf Irrtümern.

- Es handelt sich um keinen Hexenprozeß, sondern eher um eine Giftmischeraffaire.

• Es ist keinesfalls der letzt dokumentierbare Hexen(!)prozeß im deutschsprachigen Raum.

Schauen wir uns einige typische Kinderhexenprozesse – soweit sie nicht im laufenden Text beschrieben sind – mit epidemischen Auswirkungen an.

Kinderhexen von Wertheim

Der merkwürdige Prozeß spielt in der Zeit zwischen 1629–44. In der Grafschaft haben sich am 24. Dezember 1628 die Bürger mit einer Supplik an die Herrschaft gewandt und zum Ausdruck gebracht:

»daß die gemeinste, größte, verderblichste und bei Gott verhaßteste Sünde, nämlich die teuflische verfluchte Zauberei, in der jetzigen bösen Welt durch die Zulassung Gottes allenthalben und aller Orten nicht nur unter Erwachsenen zunehme, sondern Gott (Gott sei es geklagt) sogar die Kinder und Schüler infiziere

... Mit Entsetzen und Mitleid sei zu melden, daß kleine Kinder verführt, zum Abfall gebracht und schließlich hingerichtet würden. Kinder, deren Blut der Eltern und Obrigkeit um Rache zum Himmel schreie. Das verfluchte Hexengift schleiche sich bei der Jugend, der das böse ohnedies mehr als das Gute beliebe, gar süß und wurzele tief, sonderlich, wenn es ohne Wissen der frommen ehrlichen Eltern geschehe.

In der jetzigen Zeit, in der der böse Feind gleichsam losgelassen sei, weil das Ende der Welt bevorstehe, müßten die Eltern zusehen, daß sie ihre Kinder als Gottes Geschöpfe und Ebenbild vor der bösen Teufelskunst bewahren. Dies aber gelinge nur, wenn die christliche Obrigkeit ins Mittel komme und nach Gottes ernstem Befehl, den teuflischen Zauberern und Hexen mit der Abstrafung drohe. Nur so allein geschehe des höchsten Richters Wille, und das verunreinigte und entheiligte Land werde von Gottes Zorn und Strafe befreit. Dann erst stecke der Allmächtige dem Teufel sein Ziel, so daß die »unverständige einfältige Jugend unsere lieben Kinder« nicht so jämmerlich verführt, schmählich hingerichtet und zugleich um Leben, Leib und Seel gebracht werde.«

Es fordert die Obrigkeit zum Handeln heraus. Im Februar 1629 werden zwei Geschwister, das eine zehn und das andere fünf Jahre alt, wegen nachdenklicher Reden wegen geschehener Hexerei durch die Lehrer auf der Kanzel verhört und es kommt zutage:

• Es habe auf seines Vaters Grund und Boden jüngst eine nächtliche Gasterei stattgefunden, eine Art Hochzeit. Anwesend seien ein Pfeifer und zwei Geiger gewesen, die zum Tanz augespielt haben. Man habe gegessen, Wein getrunken und gesungen. Die Mutter des Buben habe für sie gekocht.

• Auf Besen seien sie herumgefahren und ein weißer Löwe sei dabeigewesen.

• Der fünf Jahre alte Daniel behauptet: »Er sei dabeigewesen und habe getanzt. Als der Pfarrersohn am 15. Februar vom Rektor vernommen wird, erzählt er:

• Daß er eines Nachts vor dem Einschlafen an seinem Bett eine weiße Magd, einen Hund, eine Katze und den bösen Feind habe stehen sehen. Mit seinem Vater wäre er später zum Schlot hinausgefahren.

• Hans Klein habe zu Bettingen die Leiche eines gestorbenen Mädchens ausgegraben helfen. Daraus hätten sie Schmier gesotten. Der Spruch bei seiner Teufelstaufe habe geheißen: »Jesus, Sohn David, gehe weg, will dich nicht haben.«

• Der Teufel habe große schwarze Augen gehabt, sei im Gesicht so schwarz wie Tinte gewesen, mit krummen Händen, Gänsfüßen und zwei Hörnern; er heiße Lorenz Bocksbruder, habe erst mitgetanzt, dann aber nur noch zugeschaut und mit dem Fuß »hinten an die Schenkel gestoßen.«

Jetzt werden die Erwachsenen eingezogen und besagen unter dem Druck der Folter andere. Die Witwe Klein, Großmutter des Jungen, bringt es auf mehr als 50 Besagungen.

Am 27. Februar meldet sich Antonius Knoll, Pfarrer aus Bettingen und hinterbringt der Untersuchungskommission, daß in seinem Dorf ein Knabe von zehn Jahren nebst seinem kleinen Bruder, Söhne des Lorenz Zink, vor den Schulkameraden habe verlauten lassen, daß er ein Gürtlein besitze. Wenn er es anlege, verwandle er sich in einen Hasen.

Der Pfarrer habe den Großen in der Sakristei und den Kleinen zuhause vernommen. Dabei habe er feststellen müssen, daß sie von den bösen Sachen vielerlei Kenntnis haben, auch wüßten sie den Anfang eines wider das Christentum gerichteten gotteslästerlichen und ärgerlichen Gebetes aufzusagen: »Ich stehe allhier auf dem Mist und verschwöre den Herrn Jesus Christ.«

• Der zehnjährige Johann Zink sagt: »er würde sich in der Nacht mit Hilfe des ledernen Gürtels in einen Hasen verwandeln und so pflege er durch die Gassen und in die Häuser zu laufen, um Kraut und Fleisch aus den Scheuern zu stehlen.«

• Des Schultheißen Töchterlein, das später dieses Fleisch koche, könne sich in eine Katze verwandeln.
• Mit seinem Bruder fahre er auf Besen in die Stadt und der Teufel habe ihn getauft und ihm ein Mal auf den Rücken verpaßt.
• Sein Vater habe die notwendige Schmier beigesteuert und sein Bruder habe ihm das erforderliche Gebet beigebracht. Bei seiner Taufe habe er beiläufig gesehen, wie man ein totes Kind ausgegraben habe.

Jetzt verbreitet sich das Gerücht. Im März examiniert man fünf Knaben in Bettingen. Sie geben Ausfahrten zu und besagen Kinder und Erwachsene. Darauf steckt man sie »unter fleißiger Bewachung« ins Spital. Ende Mai werden sie erneut verhört. Bei Hans Friedrich findet der Büttel ein Teufelsstigma.

Dann besagt er weitere sechs Kinder. Der kleine Michel Müller, behaupten Hans Zink und Hans Klein, habe mit des Schreiners Töchterlein Unzucht getrieben. Das Mädchen wird so lange geschlagen, bis es ein Geständnis ablegt. Ein anderes Kind gibt zu, dem Christkindlein abgesagt zu haben, »worauf ihm der Teufel ein Mädchen mit dem Namen Maigele zugeführt hat. Mit ihm habe er Unzucht verübet.« Sie wird befragt und beschreibt detailliert die »Taten der Unzucht.«

Des Seidenspinners Reginle bekennt sich zur zweimaligen Buhlschaft mit dem Teufel. Barthols Hänsle, dem man erst die Verschonung des Vaters zugestehen muß, erzählt: »daß er viermal mit ihm ausgefahen sei; seine Mutter habe einmal den kleinen Bruder mitgenommen. Dort habe man Kinder ausgegraben und gesotten. Der Vater und die Mutter, die Wetter machen können, hätten sich daran beteiligt.«

Aufgrund der Aussage der Kinder sind am 7. Mai sechs Personen hingerichtet worden; am 24. Juli folgen weitere vier und noch 1644 werden Hexen justifiziert, die man im Kinderhexenprozeß von 1629 besagt hat.

Nach dem Verfahren gegen Kinder aus Freudenberg und Bettingen geht in Wertheim eine Klage über das gottlose Laster der Zauberei ein. Ausgangspunkt ist der Notruf der Familie Kapf. Hier gibt ein fünfjähriges Kind an, von der Hausfrau Katharina Cöls verführt worden und mit deren Söhnen zum Schlot hinausgefahren zu sein. Die Eltern klagen, daß das von einem bösen Weib verzauberte Kind in der Nacht keine Stunde Ruhe habe finden können. Je mehr es die Eltern zum Gebet anhalten, desto schlimmer gebärde es sich, werde gemartert und vom Bösen gepeinigt. Schon hat es der Superintendent verhört, vor dem Laster der Hexerei gewarnt und zum Gebet emahnt. Dann beginnt das Kind zu erzählen:
• Bei den Ausfahrten auf die Warth, wo sie bei hundert Leut einzufinden und Rippenfleisch zu Essen und Most zu trinken pflegen.
• Zum Fahren schmiere man einen Stock ein. Die Salbe stehe auf der Fensterbank in einem hölzernen Büchslein. Zum erstenmal sei es vor des Vaters Hochzeit mit der Stiefmutter, einer mit der Fallsucht behafteten Frau, gefahren.
• Von seiner Base habe es gehört, daß eine Frau einen Embrio abgetrieben habe, um daraus Schmer zu machen. Draußen tanze es stets mit den beiden Buben der Katharina Cöls.
• Auf der Warth hätten sie ein »tot Kindlein« (von der Länge eines Armes) zu Schmiere gesotten.

Dann befragt man den 16jährigen Nicolaus Cöls, der sagt:
• Seine Mutter habe fast alle Tage so getan, als ob sie die böse Krenk hätte; der Vater habe es als das Treiben des bösen Geistes gedeutet.
• Die Mutter sei ein böses Weib, das dem Buhlen die Bibel aus der Hand genommen und sie hinter die Türe geworfen habe- sie wolle nicht leiden, daß auß Gottes Wort oder aus anderen Psalmen gelesen werde.
• Mehrmals habe sie mit dem Messer nach dem Vater geworfen, der sie bedroht habe und sagte: »sie müsse doch gewiß brennen.«
• Unter der Folter habe sie sich ungebärdig und schimpflich gezeigt, so daß sich ihre Farbe im Gesicht veränderte. Sie habe mit dem Mund geschmatzt und an ihren Kleidern gezupft. Dann habe sie zugegeben, vom Teufel getauft worden zu sein.
• Einst habe sie eine Totgeburt gehabt, die sie zur Herstellung von Zauberschmiere benutzt hat.

Vor Ostern 1634 erfährt die Obrigkeit von der Verführung weiterer vier Schüler und deren Beteiligung am Hexensabbat. Man bringt sie ins Spital und läßt sie vom Schulmeister beobachten. Im Juli und September wird der Graf und Landesvater darüber informiert.

Nachts, vor allem um Mitternacht, war der Schulmeister immer wieder an ihr Bett gekommen, hatte sie gerufen, an Armen und Beinen gerüttelt und sie aufgefordert, ihm zu antworten. Demnach seien die Kinder zu der nämlichen Zeit nicht hinausgefahren. Trotzdem behaupten sie teilweise das Gegenteil; sie seien vom Satan und von Frauen abgeholt worden. Der Teufel habe den Buben befohlen, andere Kinder zu verführen, andernfalls er sie »zerknirschen« werde. Auf Eingebung des Teufels sollten die Kinder dem Schulmeister und den Seinigen Kügelchen auf ihrer Schmiere ins Essen geben, damit sie erlahmen.«

Im August meldet der Schulmeister, der um Sorge um sein Wohl mehrfach um Entlassung gebeten hat, daß die Kinder des nachts drei-bis sechmals ausfahren, er sie »mit fleißiger Acht und drei-bis mehrstündiger Wache und Gebet baufsichtigt habe.« Vergeblich; erst vor zwei Tagen hätten sie bekannt, daß sie in den letzten drei Wochen während der »Fahrnächte« draußen gewesen seien.

Anfang August sei, nachdem sie miteinander gebetet und in Gottes Namen eingeschlafen seien, Hexenweiber zu den Kindern gekommen, hätten sie gerüttelt und dermaßen auf sie eingeschlagen, daß der kleinen Rosina »Maul und Nase« bluteten. Der kleinen Kattel und der Ursel werden Binden vom Hals gerissen. Da habe die Kattel und der Ursel zu beten angefangen: »Befiel dem Engel, daß er komme, und uns bewach dein Aug.«

Unterdessen gehen die Prozesse gegen erwachsene Hexen weiter und im Bedarfsfall zieht man zur Vernehmung Kinder aus der Stadt zu. Zwischen April und Juni des Jahres 1634 wird u. a. gegen Barbara (?) Rüdinger, Mutter von drei Kindern, Appolonia Hüppin, Katharina Körr, Margaretha Fuhrmann, eine Mutter von acht Kindern vorgegangen.

Die Rüdinger gesteht unter der Folter die gängigen Hexereiverbrechen und erwähnt, daß sie mit ihrem Mann, die »Sünde der Verhütung« begangen hat. 1634 befinden sich in Wertheim 16 Personen wegen Hexereiverdachtes im Gefängnis.

Am 29. Juli des gleichen Jahres berichtet der Schulmeister vor der Gerichtskommission: »daß am vergangenen Sonntag, in der Nacht die Hexen um das Spitalfenster hereingeschwärmt seien. Sie haben den Kindern Weck und Wein gezeigt, um sie zu locken und zu verführen. Er, Johann Schildtbach, habe sichtbarlicher Weise gesehen, wie ein schwarzer Strich vom Fenster herabgefahren sei, hernach waren Gasse und Stube voll stinkenden Rauchs. Catharina Straußin habe erzählt, der schwarze Mann habe ihr das Spitalfenster aufgemacht und draußen beim Tanz habe es aus einer Kuhklaue Blut trinken müssen.«

Johann Veltele, das »wildeste aller Büblein« habe laut vor allen anderen herausgesagt, es möchte nicht in den Himmel, sondern lieber in die Hölle kommen, wo das Christkindlein sei und wohin seine Eltern kommen sollten.« Er gibt seine Mutter als Zauberin an und berichtet: »es habe oben auf dem Galgen gesessen und getrunken. Das Hochgericht habe sich herabgebeugt, damit er hinaufsteigen konnte.«

Verfolgungen in Würzburg

Im Januar 1631 gelangt eine Gesandschaft aus der Reichsstadt Hagenau zum Fürstbischof Philipp Adolf von Ehrenberg nach Würzburg. Es wird ihm vorgetragen: »das Hexenwesen im Elsaß habe solche Ausmaße angenommen, daß man in den üblichen Prozessen nicht mehr hinkomme. Nun wäre ihnen zu Ohren gekommen, daß in Würzburg ein »wohldurchdachter Proceß« geführt werde, der das Unwesen auszurotten verspreche. Darum bitte man um Mitteilung, wie man sich verhalten soll.«

Es ist eine kritische Phase. Auch im Hochstift Bamberg – in einer dortigen Flugschrift – wird gesagt: »daß den Geständnissen der Angeklagten zufolge über 3 000 Zauberer in der Walpurgisnacht zum Tanz auf den Kreydenberg bei Würzburg gefahren seien, darunter »etlich Mägdlein« von sieben, neun und zehn Jahren. Zweiundzwanzig von ihnen seien hingerichtet und verbrannt worden und hätten über ihre Mütter »gezetert«, die ihnen die Teufelskunst gelehrt haben.

Unter den in Bamberg Gerichteten befanden sich etliche katholische Priester, die, wie sie unter dem Druck der Folter bekennen, große Zauberei und Teufelskunst getrieben und Kinder in Teufels Namen getauft haben. Der Würzburger Fürstbischof Philipp Adolf von Ehrenberg hat sich in die Geschichte der christlichen Verbrecher eingeschrieben. Unter seiner Verantwortung fällt ein hoher Kinderanteil auf.

»Ich habe Kinder von sieben Jahren sehen hinrichten, wackere Studenten von 10, 12, 14 und 15 Jahren. Aus der Aufzeichnung der Würzburger Hexenbrände wird deutlich, daß ab dem 7. Brand Kindermorde einsetzen. Unter sieben Personen befindet sich ein »fremd Mägdlein von zwölf Jahren.« Später nehmen die Kinderbrände zu.

Unter vier hingerichteten Personen wird »ein klein Mägdlein von neun und zehn Jahren« sowie ein geringeres, ihr Schwesterlein, genannt. Der 15. Brand führt einen Knaben von 12 Jahren in der ersten Schule auf. Ein Edelknab von Ratzenstein ist »morgens um 6 Uhr auf dem Cantzley-Hof gerichtet worden und den ganzen Tag auf der Pahr stehen blieben, dann hernacher den andern Tag mit den hier beschriebenen zwo Töchter und einer Magd verbrannt worden.«

Im 17. Brand enden ein Knabe von elf Jahren, zwei zwölfjährige Buben und ein Mädchen im Alter von 15 Jahren. Im 20. werden u.a. zwei Knaben aus dem Neuen Münster von zwölf Jahren dem Hexenwahn geopfert. Bei der 23. Hinrichtung brennt des »Davids Croten Knab von zwölf Jahren in der andern Schul, des Fürsten Kochs zwey Söhnlein, einer von vierzehn Jahren, der andere von zehn aus der ersten Schul.« Der 24. Brand kostet sieben Personen, darunter zwei Knaben im Spital und drei Vikaren des Neuen Münsters das Leben.

Unter Julius Echter von Mespelbrunn wird das Spital errichtet, dem Schulen angeschlossen sind. Dazu gehört ein Kinderhaus. Anfang Mai 1628 erscheint eine Untersuchungskommission mit dem Malefizschreiber und man läßt sich das zwölfjährige Findelkind Georg Grab, den Zögling der »ersten Schule«, den achtjährigen Mathes Strömbel, Sohn des gewesenen Schultheißen von Untereisesheim und das siebenjährige Findelkird Anna Marialein vorführen, da man sie der Zauberei bezichtigt hat. Einen Tag danach wird Georg in Haft genommen und dann leitet der Malefizschreiber ein Verfahren wegen Hexerei gegen ein Margretlein ein.

Am 5. Juli und 12. August finden Untersuchungen der Kinder-Hexen im Julius-Spital statt. Ein Mädchen aus Bischofsheim wird nach dem Verhör entlassen und im Juli 1628 gelten 28 Spitalinsassen der Hexerei verdächtig. Sie besagen zwölf weitere aus Heidungsfeld: der dreizehnjährige Hans Philipp Schuh bezichtigt unter Rutenstreichen einen Vikar vom Stift Neumünster mit Studenten. Mit dem zwölfjährigen Hans Rueß wird er im November 1628 gerichtet.

Gegen ein Wochengeld von einem Reichstaler übergibt der Bischof am 24. April 1630 drei Kinderhexen aus dem Spital einem Mann. Als Mitte Juni 1631 an den Bischof eine Anfrage ergeht, was mit dem im Spital verbliebenen Hexenkindern zu tun sei, wird einer von ihnen entlassen und bei einem Schneider in die Lehre gegeben.

Ende Oktober 1627 befinden sich weitere Kinder in den bischöflichen Hafträumen: »So liegen auch noch Kinder uff die 12 Jahre gefangen, welche man vermeint, wieder zu Rechts zu bringen.« Man scheut sich nicht, sie zu foltern.

In einem Protokoll des Würzburger Domkapitels aus dem Jahre 1627 wird von einem der Hexerei verdächtigen Mädchen aus Ochsenfurt – dem Butzen Madel – gesprochen: »sie sei in der Tortur dermassen in schlaff gerathen, daß sie wieder herunter gelassen, mit ihren Kleidern angethan, in die Rathsstuben hinauf schnarchendt und unempfindlich getragen und nachdem sie uff die 28 stund geschlaffen, wider erwacht und bald darauff uneracht der medicus nichts an ihr spüren können, die pulses aequales, und vermutlich axternum aliquod maleficium dorbey muß gewesen seyn, unversehens todts verfahren.«

Am 23. Oktober gibt der Schultheiß von Eisenzheim die Ausage des zehnjährigen Valentin Winter aus Dippach weiter. Er hat sich zur Abschwörung von Gott, der Teufelstaufe und der Ausfahrt bekannt und weitere besagt. Sein Vater gesteht unter den Qualen der Folter und wird am 14. Juli 1627 verbrannt.

Ulrich Fasnacht

aus Reutlingen wird 1660 wegen sodomitischer Verstrickungen inhaftiert. Er wird wegen Homosexualität und Sodomie angeklagt, auf die sowohl die Bambergensis (1507) wie die CCC. (1532) die Todestrafe setzen. Er beschuldigt seine Geliebte, Maria Schmidin (Kindsvatterin), die sich wohl darum im Dezember 1660 vom Gefängnisturm stürzt. In das Verfahren werden deren beide Kinder verwickelt. Ausgangspunkt ist eine Besagung.

Die 56jährige Agathe Gebel trägt vor: »der Urbele habe ihren Mann unversehens in den Schlitz gegriffen und an der linken Seite berührt. Kurz darauf habe er sich kläglich gestellt und seinen Verstand nicht mehr bei sich gehabt. Hätte man ihn nicht festgehalten, wäre er fast aus dem Fenster(laden) gefallen. Sein Bauch sei so angeschwollen, daß er seine Füße nicht mehr habe sehen können; er wäre weiß wie Schnee und die Augen seien ihm im Kopf herumgehangen. Er habe so ausgesehen: »als habe man ihn aus dem Grab gezogen.«

Der damalige Glaube an Wunderheiler ist so verbreitet wie heute[52)] und deshalb geht die Verängstigte zu einem solchen. Er führt das Leiden ihres Mannes auf einen von Fasnacht verübten Schadenzauber zurück. Es wird zur Grundlage des später gegen ihn verhängten Todesurteiles.

Anläßlich eines Trauerzuges bei der Beerdigung der Spitalmagd Margaretha beteiligt sich neben ihm der alte Hieronymus Hesse, der bemerkt: »daß Fasnacht den Leichenzug vorab verlassen habe, am Boden liegend die Hosen heruntergelassen habe, hielt einen Hund vor sich im Schoß bei seinem Gemächten und zog diesen immer wieder zu sich hin.«

Hess beteuert: »er habe ein großmächtig Ding heraußen gehabt, habe das Maul aufgesperrt und gelechzt.« In der weiteren Folge wird der Sohn Urbans belastet. Der Metzger Ludwig Bentz sagt: »Hans Ulrich habe vor etwa drei Jahren seine Tochter auf den Arm genommen und entblöst. Dann habe er den Johann Jacob Weinmann, einen der anwesenden Buben, aufgefordert, er solle es »noppen.« Als sich das Mädchen wehrte, habe ihn Hans Ulrich dazu überreden wollen, seine Scham in die des Geisleins zu stekken.

Der 12 bis 13jährige alte Sohn wird am 8. Juni 1660 einem Verhör unterzogen und weist auf väterliche Paktiken. Er habe ihm befohlen, mit der Hurerei umzugehen und sooft es gehe, sich hinter einem Haag auf ein Maidle zu legen. Der Vater weicht aus und schiebt die Schuld auf seine Frau: »da sie nicht habe herhalten wollen, müsse er eben anderswo sehen, wie ihm geholfen werde.« Die Folter macht ihn gefügig und er räumt ein:

- Er habe dem Gebel nicht nur in den Schlitz gegriffen, sondern ihm Gift gegeben.
- Der böse Feind sei ihm vor 12 oder 13 Jahren in Orschel in der Gestalt eines Weibes erschienen und mit ihr habe er Unzucht getrieben. Später habe sie ihm ein grauschwarzes Pulver gegeben, damit er die Leute vergifte.
- Sie habe sich und ihn in aller Teufel Namen getauft und ihn Johann und sich Grete genannt. Dann habe er sich mit Blut dem Teufel verschrieben.
- Schließlich habe er seinen Sohn mit auf den Hexenplatz genommen und ihn (ebenfalls) dem Satan verschrieben.

Urban Fasnacht wird im Juni 1660 wegen »abscheulicher Laster der Hexerei- und anderer unverantwortlicher Missethaten« hingerichtet.

Dem inhaftierten Sohn reicht man gesegnetes Brot, »worauf sogleich das Böse aufs ihm herausgefahren ... und er erklärte, der Leibhaftige sei sein Vater gewesen. Immer wieder klage er darüber, daß ihn sein unsichtbarer Vater besuche, um ihn zu holen. Verführt von ihm müsse er nun in der Hölle braten. Falls er sich bekehre, könnten sie dereinst die ewige Seligkeit genießen.«

Er wird später in Ansehung seiner Jugend mit der Hoffnung entlassen, daß er sich durch geistlichen Zuspruch bessern werde[53]. Im Alter von 17 Jahren wird er erneut inhaftiert und am 31. August des Folgejahres geköpft und verbrannt. Vermutlich haben wir einen »Scheidungswaisen« vor uns, der mit wenig Liebe und Geborgenheit aufgewachsen und dadurch in die Fänge des Hexenwahns gefallen ist. Als der Prozeß gegen Ulrich Fasnacht zu Ende geht, gibt es neue Turbulenzen. Am 7. Februar 1665 wird der zwölfjährige

Urban Helbling

in Haft genommen. Daraus entwickelt sich eine Prozeßlawine. Man hat seine Mutter als Hexe ertränkt und er zeigt die Sympthome der teuflischen Besessenheit; der böse Feind soll ihn schrecklich geplagt haben und schon ruft man nach Seelsorgern, die ihn (Satan) in ein Wortgefecht verstricken.

Pfarrer Enßlin läßt sich auf ein Gespräch mit ihm ein und fordert ihn zu einem Gebet auf. Der Teufel beschwert sich: »daß man ihm keine häßlichen Weiber – wie die jüngst Hingerichteten – schicken soll. Gar wüst und blutig kämen sie in sein Reich. Lieber möge man sie lebend ans Feuer setzen, so daß sie unversehrt bleiben.«

Schließlich fährt er aus dem Behexten. Während seiner Haft betet die Gemeinde »für einen Knaben, welcher von seiner Mutter dem laydischen Sathan geschenckt und übergeben worden, daß sich Gott seiner in aller Gnaden erbarmen und ihn aus solchen satanischen Banden gnädiglich erlösen und erretten wolte.«

Helbling steht in der Öffentlichkeit; er erinnert daran, daß die Hexen möglicherweise die Stadt in Brand stecken werden. Zum Ende des 16. Jahrhunderts hat man hier (vergl. den Beitrag zu den Reutlinger Hexenprozessen) fünf angebliche wegen Brandstiftung verbrannt. Vier Jahre vorher zeigt man Weltuntergangsstimmung[54].

Um die allgemeine Unzucht einzugrenzen, errichtet man im Herzogtum Württemberg gemischte kirchliche und politische Sittengerichte. 1649 werden für Reutlingen Zuchtherren bestellt[55]. In Württemberg steht seit 1586 nicht nur auf Notzucht und Blutschande, sondern auch auf wiederholten Ehebruch des Todesstrafe. In Reutlingen ist der vor- und außereheliche Sexualverkehr unter Strafe gestellt. Ab Januar 1666 kostet der verfrühte Beischlaf 20 Gulden; ein Vermögen.

Anna, das Hexenmädchen
aus Betzenweiler. 1628 zeigen die Eltern Walter an, daß man ihr Kind vergewaltigt hat. Lorentz Khünin, um die 50 Jahre alt, ein »Weiberheld, übler Haushälter und Prodigus« soll sie im Alter von 12 Jahren zu Fall gebracht haben. Der Schultheiß aus Betzenweiler (bei Ansbach) informiert den Klosterverwalter Heinrich Orthoff.

Der Verführer gesteht ohne Umschweife: »hette es anfangs bey der Hand genommen, und in des Knechts Kammer gefiert, uff das bett gelegt, und mit Verhaissung eines Gertelin (Gürtels) das Werck der Unkeuschhait durch erlitnen grossen schmertzen mit Ihme pflegen wollen, aber solcher Mahle nicht recht volbringen khönden, biß erst hinach, da er es noch Fünffmahl nach ein ander, Alß uff dem hewbahren und Lotterbett, darzue angefüert, hab er sein bösen Vorsatz gäntzlich Inns werck gericht.«

Er weist alle Schuld von sich und bezichtigt seine Kontrahentin, daß sie ihn zu dieser Handlung gereizt hat. Sie habe seinen »fleischlichen Willen« angestachelt und seiner Meinung nach müsse sie noch eine Jungfrau sein. Er wird eingezogen und das »unverständige« Kind zu seinen Eltern nach Hopfau geschickt. Ehrbare Frauen sollen es besichtigen und stellen fest, daß man sie gewaltsam ihrer Jungfrauschaft beraubt habe.

Mitte November 1628 teilt der Klosterverwalter von Alphirsbach der Stuttgarter Kanzlei mit: »es müsse mehr hinter dem Fall stekken, als man zunächst vermute[56].« Das freche Mädchen müsse die Hexenkunst (schon) erlernt haben. Der Untervogt von Sulz trägt vor: »trotz ihrer noch so kleinen Jugend sei Anna ein verschlagenes Mägdlein, das unzüchtige und ergerliche Reden führe.« Dann gesteht sie:

- Sie habe mit dem bösen Feind zu tun gehabt. Er wäre ihr in der Gestalt eines Mannes in Pluderhosen erschienen und habe sie zu Fall gebracht.
- Lorentz Khüenin wäre nicht der erste Mann gewesen, der mit ihr geschlafen habe. »Berauber« ihrer Jungfrauschaft sei Michel Haasen, ein Schmied aus Betzenweiler. Nach ihm habe sie noch mit dem Hirten Jacob geschlafen.
- Seit vier Jahren gehe sie mit dem bösen Geiste um. Sie finde vor ihm keine Ruhe. Er beschlafe sie noch immer und verbiete ihr morgens die Hände zu waschen.
- Ihrer Mutter habe ihr das Hexenwerk beigebracht und habe sie, als sie noch klein gewesen, dem Teufel geschenkt.
- Von ihrer Kindheit an sei sie mit ihr zu Hexentänzen gefahren und im sechsten Lebensjahr wäre sie vom Satan verkuppelt worden.

Annas Mutter resigniert: »hätte man ihr nur schon den Kopf abgeschlagen.« Das Mädchen schläft im gleichen Zimmer wie der 70 Jahre alte Hanns Kürner, der vor Gericht sagt: »er spüre genau, wenn der böse Feind zum Töchterlein komme. Dann gebe Anna einen Schrei – mitunter auch zwei oder drei – von sich; auch einen Seufzer lasse sie bei solcher Gelegenheit von sich gehen. In der Nacht vor dem 10. Juli (damals hat sie nach dem eigenen Bekunden der böse Geist besucht) sei es nicht mit rechten Dingen zugegangen: als das Mädchen während des Nachtgebetes bei der Bitte angekommen war: »Woltest mich dieße Nacht auch B(e)hüetten«, sei es mit einemmal ganz still geworden, und ihm, dem alten Kürner, war es vorgekommen, als sei Anna weggeführt worden. Immer wenn die Hexenmutter zu dem Kind komme, höre man sie rufen: »Medlin, Medlin, und das Bett beginne zu zittern.«

Das Ganze weitet sich zu einem Problem aus. Theologen und Juristen aus Tübingen wird der Fall vorgelegt und das Consilium wird befragt. Mehr noch als die Juristen neigen die Theologen zur Todesstrafe. Sie kommt nicht zum Tragen, weil Schadenzauber nicht nachgewiesen werden kann. Vogt und Pfarrer werden zum Gebet für sie angehalten: »sie mögen dem Kind einschärfen, daß es sündhaft und schuldbeladen sei.«

Geistliche sollen in den Wochen-und Sonntagspredigten an Annas Geschick weisen und sie habe regelmäßig die Gottesdienste zu besuchen, um »die kleine Hexe« durch Gottes Gnade dem satanischen Rachen zu entreißen und sie wieder der heiligen Kirche zuzuführen.« Es stellt sich keine Besserung ein.

Im Spätjahr 1629 wendet sich der Sulzer Vogt erneut an die Obrigkeit, was geschehen solle? Dann wird sie ins Spital nach Grünlingen (bei Riedlingen) gebracht. Begeistert ist man nicht, denn man läßt wissen: »es sei für Arme und Kranke geschaffen, aber nicht für Hexenpersonen.«

Mitte September 1629 berichtet der oberste Geistliche der Stadt an die fürstliche Kanzlei: »Anna sei jüngst zu ihm in die Behausung gekommen, habe geweint, gebetet und geklagt: »Ach, lieber Pfarrer, es stehen meine Sachen – leider Gott erbarms – sehr übel. Ich hange hinter dem Teufel schon acht Jahr, kann nicht von ihm kommen, mutet mir alle Nacht zu, daß ich im Spital Menschen und Vieh beschädige und ums Leben bringen soll. Ich begehre, man möge mit mir Recht tun genau so, wie ich es verschuldet habe, und möchte ich eines solchen Todes sterben, daß man mir alle Adern schläge und mich in ein Bad setze. Alsdenn und unterdessen wollte ich mit euch eifrig beten, ob ich vom Bösen möchte ledig werden und in den Himmel komme.« Angemahnt wird vom Pfarrer die Verantwortlichkeit der »weltlichen« Obrigkeit für den Gottesdienst der Gemeinde. »Der Fürst möge den Verdruß aller Gläubigen bedenken, denen es leid sei, in allen Gottesdiensten das »gemeine« Gebet für das Mädchen zu verrichten, ohne daß sich bislang der geringste Errfolg eingestellt habe.«

In den Köpfen der verunsicherten Bürger schwirrt die absurde Vorstellung, daß das Sexualverhalten von theologischen Spekulationen abhängig sei. Es fällt auf die Kinder zurück[57]. Deutlich wird es am Vorgehen gegenüber der neunjährigen

Anna Margaretha Kurz

die im September 1665 in den Verdacht der Hexerei gerät. Sie entstammt einer Hexenfamilie der dritten Generation.

Ihre Großmutter soll sie im Alter von fünf Jahren »hinausgeführt« haben. Sie wäre mit dem inhaftierten Christoph Hameley getauft worden. Dann werden deren sexuellen Praktiken geschildert, wobei der Schreiber notiert: »daß es alles nicht von keuschen Ohren zu melden« sei. Dann trägt das Mädchen vor:

- Die Großmutter habe einstmals ein kleines lebendiges Kind aus ihrer Kammer in die Wohnstube gebracht, habe es ergriffen, mit einem Messer erstochen und es zu Pulver verbrannt. Dabei habe sie die Haustür sorgfältig verschlossen.
- Der Großmutter gehöre ein Erdmännlein, das sei schwarz, haarig und so groß wie jenes zu Pulver verarbeitete Kind. Es mußte jeden Freitag in rotem Wein gebadet werden. Den schenke die Großmutter beim Hexentanz aus[58].
- Christoph Hameley erzählt, er habe mit Margaretha, der etwa 14 jahre alten Tochter des Hans Jauch, gebuhlt. Die Kinder hätten sich auf den Boden gelegt. Eines habe das andere gekitzelt und geküßt. Dann habe sich das Mächen entblöst, der Junge legte sich auf sie und sie tat, was sie ihm zu tun gezeigt[59]. Die

Reutlinger Kinderhexen

beherrschen das Stadtgschehen. Jeweils Sonn- und Feiertags, aber auch Donnerstags, pflegte man die Kinder in den Haupt- und Abendgottesdienst zu bringen. Hier steht eine kleine Bank für sie bereit. Die Gemeinde stimmt zum göttlichen Loblied an, um ihnen noch mehr zu schaden.«

- Urban Helbling bekommt die Krätze und behauptet, der böse Feind habe ihm das beigebracht. Er wäre in der Gestalt eines Metzgerhundes zu ihm gekommen und habe ihn traktiert.
- Jüngst seien drei Hexen, die Cron, die Schmer-Ursel und das Knorrle zu ihm auf den Turm gekommen und hätten das Schloß seiner Ketten aufgemacht. Dann hätten sie ihn auf der Mitte ihrer Gabel Platz nehmen lassen. Oben bei der Glocke sei es hinausgegangen zum Hexentanz auf der »Scheibe«. Hier habe man getanzt und gebuhlt. Außer ihnen seien andere Kinder dagewesen.

Anna Maria Helbling erzählt: »bei der Gelegenheit habe sie der Pfarrer »auf ein schwarzes Kissen gelegt und mit rotem Wein übergossen. Der gelb gekleidete Teufel habe ihr mit einer Stecknadel in die linke Wade gestochen und Blut herausgelassen, mit dem er ihren Namen geschrieben hat.«

Auf dem Oberen Tor hat man Urban Helblings sechsjährige Schwester Anna Maria angekettet. Die Obrigleit schwankt in der Haltung. Sie fordert ein juristisches Gutachten an. Im Sommer 1666 geht das Consilium der Straßburger Juristen ein: »Die angeklagten Kinderhexen seien noch während ihrer Unschuldsjahre, ja zu Teil schon im Mutterleib von den Eltern dem Satan »angelobt« worden. Man könne ihnen das Leben nicht »abkündigen.« Dennoch spreche man sich gegen die Vollstreckung der Todestrafe aus, denn schuld seien deren Eltern und Schadenzauber haben sie keinen angerichtet. Man soll sie für etliche Jahre mit Unterricht, Gebet, Zuspruch und Disziplin zur Besserung führen. Nur falls sie sich nicht bessern, soll man sie später köpfen und verbrennen: nicht vor ihrem 14. Lebensjahr.

Nun wird der Hexenbube Christof nachhause gelassen. Urban zur Erlernung eines Handwerks in die Fremde geschickt und Anna Maria ins Armenhaus gebracht. Am 30. August 1665 hält man für sie einen »Generalbettag« ab. Die Kinder werden in die Kirche geführt und hier zwingt man sie, dem Teufel abzusagen[60]. Dann nimmt man sie wieder in den christlichen Gnadenbund auf, sperrt sie

Hexenprozesse gegen Jugendliche und Kinder (beispielhaft)

1275 Der dominikanische Glaubensrichter Hugo von Boniols geht gegen eine 56jährige vor, die Nachbarn bezichtigt haben, sie habe mit dem Teufel sexuellen Umgang. Aus dem Verkehr mit ihm sei ein Monstrum geboren, das sie mit Kleinkindern gefüttert habe.

1392 bis 1406 (zwischen) macht der Schweizer Richter Mitglieder einer Zaubersekte ausfindig, die bei ihren Versammlungen angeblich dem Teufel huldigen und eigene wie fremde Kinder töten, kochen und verspeisen.

15. Jh. (Ende) Waldensern wirft man vor, nachts zu den Versammlungen zu gehen, um den Teufel anzubeten, dämonische Unzucht zu treiben und Kinder zu fressen. Kattryne Simon sei auf Wölfen und Katzen geritten und habe zahlreiche Kinder verzaubert und getötet, bevor ihr der Scharfrichter den Kopf abgeschlagen hat.

1494 wird in Zürich eine Frau von Kindern der Hexerei bezichtigt.

1521 In Como und Brescia werden Kinder der Hexerei überführt.

1527 Vor den Richtern des Rates von Pamplona treten zwei Mädchen auf, die eine neun und die andere zwölf Jahre alt. Sie behaupten, Hexen zu sein und andere zu erkennen; die Folge ist eine Säuberungskampagne.

1538 wird in Zürich Leonhardt Fryg, ein 12jähriger (?) Bestiarier, hingerichtet.

1556 stirbt in Zürich Christian Knupp, ein Elfjähriger, den man zur Schwertstrafe verurteilt hat, am Folterseil.

1571 In Hagenau (Vorderösterreich) befinden sich drei Jungen im straffähigen Alter von 14 Jahren; sie werden hingerichtet; ein Mädchen stirbt im Gefängnis.

1582 (29. August) In Darmstadt läßt der Landgraf Wilhelm zehn Personen verbrennen: »und ist ein Knab von siebzehn und ein medlin von dreyzehen jarn darunter gewesen.«

1587 Anläßlich der Trierer Hexenverfolgungen werden Erwachsene von Kindern besagt.

1589 Bringt in Bayern (Straßvogtei bei Augsburg) ein Kind eine Prozeßlawine in Gang.

1604 Nimmt das englische Parlament das Gesetz gegen Beschwörung, Hexerei und Umgang mit bösen und verruchten Geistern an. Ein Jahr darauf wird das 14jährige Mädchen Anna Gunter, das sich von Dämonen besessen wähnt, angeklagt.

1606 **Prozesse gegen Bendantini-Kinder in Norditalien.**

1609 Anläßlich der Prozeßlawine von Logrono werden neben 300 Erwachsenen Kinder wegen angeblicher Hexerei beschuldigt.

1609 Stützt sich Pierre de Lancre, Rat des Parlaments in Bordeaux, auf die Besagungen von Kindern. Mädchen und Jungen im Alter von fünf und zwölf Jahren berichten von ihren Flügen und deren Beteiligung am Hexensabbat. Mit ihrer Hilfe spürt er weitere – darunter Geistliche – wegen Hexereiverdächtigungen auf.

1610 Der Inquisitor Don Alonso Salazar y Frias verhört Hunderte von Kindern zwischen sechs und vierzehn Jahren; er erkennt deren widersprüchliche Aussagen.

1613 Im Kanton Bern besagt der zwölfjährige Peter Vanier seinen Vater als teuflischen Verführer.

1615 bis1616 In Hagenau (Elsaß) werden elf Personen wegen Hexerei verdächtigt. Unter ihnen befinden sich der 15jährige Hans Höchstetter aus Wingertsheim und ein Jacob Cuntz aus Surburg. Nach der Verurteilung der vier Hauptangeklagten im März 1661 holt man Hans Höchstetter aus der Hexenkammer und bringt ihm zum Hochgericht, damit er an der Verurteilung Anteil nimmt. Später wird er zum Tod durch den Strang verurteilt.

1620 bringt man einen 17jährigen dazu, seine Mutter zu belasten. Die Untersuchungshehörde in Büren hat »ihn mit so vielen fräglein, bald liebkhosenden glatten, bald auch mit ruchen wortten, fürgendem syn Mutter hab schon bekhendt« und schließlich mit der Folter zu der Aussage gezwungen, daß ein grün gekleideter Mann mit seiner Mutter Unfang gepflogen habe.

1620 In Lancashire entsteht ein Massenprozeß gegen 20 Personen, bei dem ein neunjähriges Mädchen als Hauptbelastungszeuge in Erscheinung tritt.

1623 bis 1631 Mit unglaublicher Grausamkeit läßt der Würzburger Fürstbischof Adolf von Ehrenberg Kinder und Jugendliche richten. Schon läuft die Mär herum: »es würden Kinder von drei bis vier Jahren gegen dreihundert an der Zahl« zum Hexentanz fahren, um dort zu buhlen. Bei den Sammelhinrichtungen stoßen wir auf Kinder von sieben, zwölf und vierzehn Jahren.

1628 (Mai) bekennt Michael Schnyder aus Münsingen, ein 12 bis 13 jähriger, daß der erste Anlaß zu seiner Verführung die Hinrichtung eines anderen gewesen sei, »bei dessen Anblick ihm ein Schrecken und Grausen angekommen sey.«

1628 (1. Juli) In Offenburg stirbt ein elfjähriges Mädchen auf dem Hexenstuhl. Man hat sie elf Stunden sitzen lassen. Es hat auf seiner Unschuld beharrt. Später wird die Leiche unter dem Galgen verscharrt.

1628 Hexenmädchen aus Betzenweiler.
1629 **bis 1644 Kinderhexenprozesse in Wertheim.**
1631 (nach) Hexenprozeßwelle in Würzburg; mehrere Kinder sind davon betroffen.
1635 bis 1638 In Köln werden achtjährige Buben vor Gericht gestellt, denen man vorwirft, Häschen und Mäuse machen zu können.
1636 (vor) Conrat Wirtz, ein Zwölfjähriger, wird wegen Bestialität und Notzucht enthauptet.
1644 In Liegnitz wird die16jährige Anna Vogel von ihrer sechsjährigen Schwester der Zauberei bezichtigt. Sie habe von Kühemelken, Schmieren, Ausfahren und Hexentänzen erzählt.
1643 1644 In Münster wird der neunjährige Arnold Raemers in einen Verführungs(hexen)prozeß verwoben. In seiner Sache werden die theologische und juristische Fakultät in Bonn befragt.
1646 Ein zwölffjähriger schwindelt der Obrigkeit einiges vom Hexen-und Hasenmachen vor. Es handelt sich um einen Landstreicher. Er wird in Köln (Melaten) mit einem Schwert gerichtet.
1649 In Osnabrück werden die Knaben Titus und Cajus im Alter von elf und zwölf Jahren beschuldigt, Vögel, Mäuse und Schweine zaubern zu können.
1650 werden in Oberwalden Kinder zwischen sechs und neun, zehn und vierzehn, fünfzehn und achtzehn Jahren enthauptet.
1650 bis 1680. In Amsterdam wird ein Mädchen verbrannt, das vorgegeben hat, Kühe von der Wiese hexen zu können.
1651 In Schlesien hat Hoditz ein Urteil über die Hinrichtung von acht Personen unterschrieben. Es handelt sich vor allem um Kinder; ein Einjähriges, drei Zweijährige ein Neun- und ein 12jähriges.
1652 In Weidenau werden im Juli zwei Hexenknaben inhaftiert und gefoltert.
1653 1654 Im Verbund mit Münsterberger Totengräberprozessen wird gegen den 14jährigen Hans Kärner aus Kuntendorf verhandelt.
1658 In Luzern erwürgt und verbrennt man ein elfjähriges Mädchen; ein Jahr darauf ein zwölfjähriges und siebenjähriges Kind.
1659 In Nürnberg behauptet die $10\frac{1}{2}$jährige (?) Magdalena Wanderin, vom Hexenflug hierhergekommen zu sein. Sie muß zur Abschreckung an der Exekution der Maria Regina Mettmann teilnehmen. Das Mädchen hat im Beisein eines Geistlichen von St. Lorenz vom Frauenturm aus die Hinrichtung verfolgt.
1660 Urban Fasnacht wird in Reutlingen wegen »abscheulicher Laster der Hexerei und anderer unverantwortlicher Missetaten« hingerichtet.
1660 in Rinteln wird ein Kinderhexenprozeß gegen die elfjährige Anna Romeyer aus Steinbergen und die achtjährige Elisabeth Goedecke aus Exten geführt. Er endet mit Rutenstreichen und Landesverweisung.
1663 Im Zusammenhang mit dem Esslinger Massen(hexen)prozeß empfehlen die Altdorfer Juristen die Kinder Jacob Heberlein, den »töchterlen« von Harsch und Lutz sowie Michael Haisch jun. frommen Schwestern und Geistlichen anzuvertrauen. Den zehnjährigen Jacob Heberlein könne man mit Ruten streichen und Michael Haisch möge man zur Schwertstrafe verurteilen.
1664 In Hildesheim wird ein Junge gerichtet, weil »er den Leib einer Katze annehmen« und ein Mädchen »weil es sich unsichtbar machen konnte.«
1665 In Königsegg (Württ.) wird der zehnjährige Philipp Kholler wegen Hexerei angeklagt. Man läßt ihm in einem warmen Bad das Blut auslaufen.
1667 Ein 12jähriges Mädchen aus Ebersbach (Württ.) gesteht, mit der Mutter an Hexenkonventen teilgenommen zu haben. Es wird mit dem Schwert gerichtet.
1669 1679 finden in Mora (Schweden) umfassende Prozesse statt, in die Kinder verwickelt sind. Eine königliche Untersuchungskommission verhört nahezu 300 von ihnen; in der weiteren Folge finden 70 Frauen den Tod durch Verbrennung.
1670 **Kinderhexenprozesse in Blocula (Schweden)**
1677 **(ab Juli) Calwer Kinderhexenprozesse**
1677 bis 1681 Im Salzburger Raum werden im Verbund mit dem Schinderjackl-Prozeß achtjährige Kinder beschuldigt.
1692 **Hexenprozesse gegen Kinder in Salem (Massachusetts)**
1707 Bürgermeister, Stadtrichter und Pastor von Borgenteich gehen gegen ein neunjähriges Mädchen vor, das in den Ruf der Zauberei geraten ist; das Ganze entpuppt sich als Geschwätz.
1752 Vor der königlichen Landvogtei Meldorf spielt vermutlich der letzte (dortige) Hexenprozeß. Angeklagt ist die Schulmeisterin. Bauern haben ihre Kinder wegen des Gerüchts der Zauberei vom Schulgang zurückgehalten. Das Ganze stellt sich als Aberglauben heraus.
1754 bis 1755 In Landshut werden die dreizehnjährige Veronika Zerritschin und Veronika Kloßnerin als Hexen verbrannt.

wieder ein und läßt sie schließlich frei. Urban Helbling bleibt in Gefangenschaft, bis er eines Tages erblindet.

Später wird er nach Ulm gebracht. Der Vater gibt ihm 80 Gulden mit, die man in seine Hose näht. Er wird auf ein Schiff verfrachtet und »nach dem Ungerland« geschafft. Bis zum November 1667 bleiben Reutlinger Hexenkinder im Blockhaus des Klosters verwahrt. Im Herzogtum Württemberg kommt es 1668 zu einem Verfahren gegen das

Hexenmädchen Salome Wagner

Sie ist acht Jahre alt und Tochter des Schorndorfer Bürgers Jacob Wagner. Sie fällt durch verdächtige Reden auf, worauf der Untervogt, Alexander Reinhardt, ein Auge auf sie wirft. Zudem werden die Aussagen des Mädchens vom Aufseher des Kirchenbezirkes in zwei Nachbargemeinden geprüft, wobei sich herausstellt: »daß sie gantz ohnbegründet« sind. Ihr Vater wird beauftragt, besser auf sie aufzupassen, sie zue fleißigem bethen, auch zue Arbait anzuehalten. Dann läuft sie weg, wird in Kornwestheim gefaßt und vom dortigen Pfarrer befragt. Er macht sich Notizen, schickt sie an den Canstatter Vogt und so erfährt ihr Vater davon, der sie zurückholt.

Schließlich wird die Sache Herzog Eberhard III. von Württemberg (Herzog 1633–74) vorgetragen. Sie bitten ihn um eine Entscheidung, wie mit dem Mädchen verfahren werden soll und ob sie im Hinblick auf einige von ihm angebene Frauen, die sie der Hexerei bezichtigt hat, die Sache auf sich selbst beruhen lassen, oder aber einige fernere inquisition ... anstellen sollten.«

Es wird beschieden, den verantwortlichen Vater in Schorndorf vorzuladen und ihm aufzutragen, daß er seine Tochter zu Gottesfurcht und Arbeit anzuhalten habe. Die von dem Mädchen Angegebenen sollten auf ihr thun und wandel beobachtet werden. Wenn sie in Zukunft verdächtig oder der Hexerei bezichtigt werden sollten, sei wieder darüber zu berichten und zu beschließen.« Von Interesse ist ein Schreiben des

Magisters Johannes Hafners

Pfarrer aus Kornwestheim an den Untervogt zu Schorndorf, in dem er die Ergebnisse seiner Befragung mitteilt, die davon berichten, daß sie dabei war, als Milch aus Stein und Holz gemolken, Wetterzauber gemacht, ein Hexenmahl eingenommen, ein Hexentanz vollführt und eine Verschreibung an den Teufel vollzogen worden sei. Wir fügen die verkleinerten Faksimile und eine Übersetzung bei (Hans H. Pöschko).

»Eß hält sich ain Mägdtlein eine Zeitlang allhie auff, von deren mihr nachdenckliche sachen, die hexerey betreffent, sein hinderbracht worden; Selbige hab ich zue mir beschickhet, die gibt folgendtes auß: Sie seye vom Schorndorff, ihr Vater haiße Jacob, ein wagner daselbsten, der ihr rechter Vatter, die Muetter aber ein Stiefmuetter, Ihr Vatter habe sie weg geJagt, Sie seye 11 Jahr Alt. (Es) Hab daselbsten ein Schloßnerin ihro ins hauß geruoffen, unndt Sie lehren wollen, wie auß Stein und holtz Milch könne gemolckhen werden. Sie habe mit Augen gesehen, wie selbige Schloßerin auß dißen dingen Mülch in Schurtz und Scherben häuffig gemolckhen, etc.

auf befragen: ob Sie es auch könne? Nein, warumb? Sie wiße nit, waß Sie darzue gesagt habe. Selbige Schlosßerin habe mit Ihren gespühlen vor 2 Jahren die Weingardt verfröret, Sie habe auch darzue geholffen. auf befragen: wie Sies gemacht haben? Sie die Schlosßerin sambt Ihren gespühlen haben Strohhelmden genom(m)en, Zuesam(m)en gewickhelt, 6 mal drauff gespühen, undt an die weinstöckh gebunden, darauff seye es gleich verfrohren: waß dann Sie darbey gethon? Sie habe müesen die Strohalmden zuesamenlegen.

Sie seye einsmals bey nächtlicher weil, auch bey derselben Schlosßerin geweßen, haben sich eingefunden 18 große schwartze Männer, undt 15 kleine Männer mit hörner, haben alle Schwartz (aus)gesehen, sey eine Gastung geweßen, auff fragen: wer sonst darbei? die Schulkthaisßin von weyler sambt 3 Mägdtlin, Schulthaißin von Schornbach, sambtelich Mägdtlin, der Schlosßnerin tochter, die Blawbeckhin, die Fürkäufferin,

Waß mehr dabey fürgangen? Sie haben gedantzt, ob Sie auch? Ja, mit einem von den Kleinen. waß er zue ihro gesagt oder sonsten (gestrichen: gesaget) gemacht habe? hab Sie gefragt, ob Sie wolle sein sein. Was sie geantwortet? habe geschwigen, sey wid(er) nider gesesßen. Ob Sie sonsten von selbigem Männlin zuespruch habe, ober nit zue ihr kom(m)e? Nein, aber wann Sie das

Übertragen aus: Pöschko, H. *»des mägdleins praedikat ist auch gar schlechts ... Hexerei im Herzogtum Württemberg – ein Fall aus dem 17. Jahrhundert.* In: Archiv-Nachrichten. Quellenbeilage Nr. 9. November 1994. S. 1 ff. →

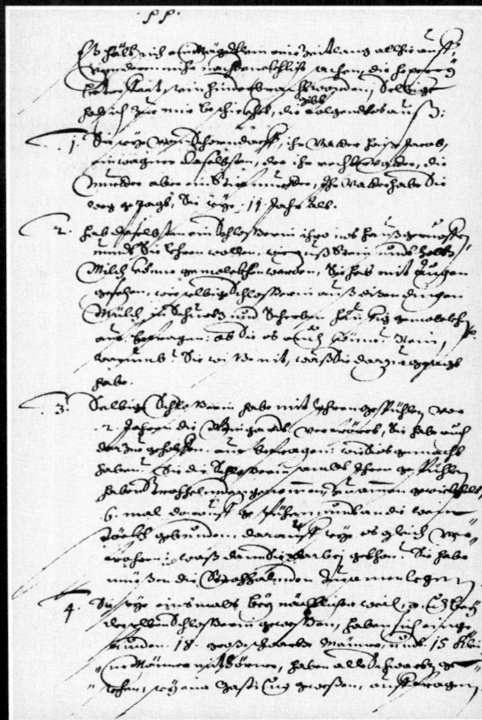

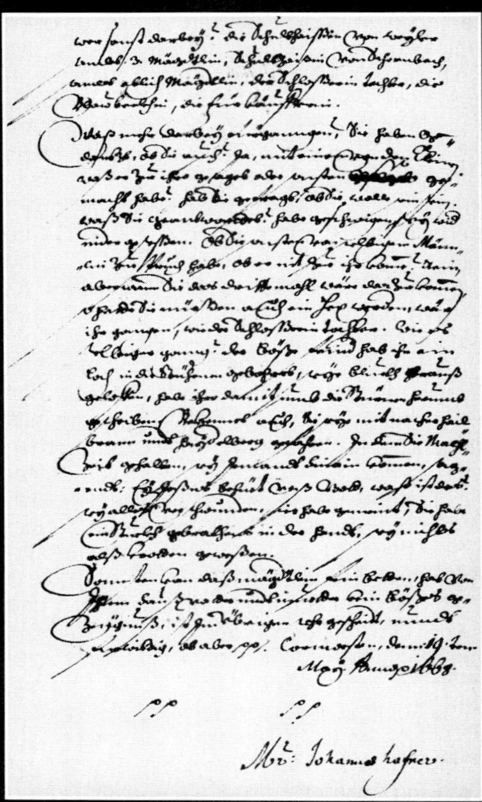

dritte mahl wäre darzuekom(m)en, so hette Sie müeßen auch ein hex werden, wär ihr gangen, wie der Schloßerin tochter: wie es selbiger gangg? der böse feind hab ihr ein Loch in die Stührnen gebohret, seye blueth herauß geloffen, habe ihre damit umb die Stürnen herumb geschriben.Bekennet auch. Sie seye mit nacher hail brann undt haydelberg gefahren. In dem Sie Maehlzeit gehalten, sey Jemandt hinain kom(m)en sagendt: Ey Jeßes behüet vnß Gott, waß ist das? sey alles verschwunden, sie habe gemeint, Sie habe ein Stueckh gebrathens in der handt, sey nichts alß krotten gewesen.

Sonnster kan das mägdtlein fein betten, hab von Jhrem haußvatter undt muetter kein bößes geZeugnuß, ist Im vbrigen sehr gescheidt, unndt furwitzig, ob aber etc. Cornwesten, den 19ten May Anno etc. 1668

M(agiste)r Johannes Hafner

Calwer Kinderhexenprozeß

In den letzten Jahrzehnten des 17. Jahrhunderts kommt die Hochfürstl. Würtembergische wohlbenannte Ampts- und Handelsstadt« Calw in Mißkredit, weil sich eine Anzahl von Kindern vom Teufel verführt meinen und vorgeben, auf Gabeln oder Böcken, Geißen, Hühnern, Katzen oder sonstigen Tieren herumzufahren.

»Es haben etliche Kinder von ungefehr 7., 8., 9 und zehn jahren/theils Knaben heils Mägdlein/deren einige noch in die offentliche Schul gehen/andere vor kurtzer Zeit daraus genommen worden/außgesagt vor Eltern/Bekandten/Frembden/und auch letzlich für geistl. und Welt. Beampten/und bekenns noch bestendig/daß sie von gewissen Personen/deren bereits etliche von Hoher Obrigkeit eingezogen/nach Mitternacht/auch bißweilen gleich bey anbrechender Nacht/oder bloß vor Tags abgeholt/und in die Versammlungen der Hexen geführt werden/an unterschiedliche Orte des Feldes/der Gassen/ oder gemeinen Plätze.«

Die Vorgeschichte stellt sich so dar: Die Witwe Anna Haffnerin (Muflerin) lebt mit ihren Stieftöchtern in Calw. Eine von ihnen hat einen unehelichen Sohn namens Bartlin Süb (Sib). Im Juli 1677 wird der Elfjährige mit seiner Großmutter des Giftmordes an Johann Crispin, dem sechsjährigen Sohn des Schulmeisters Christoph Klemm, bezichtigt. Die Bartin habe dem kleinen »Gift bey und denselben würcklich umbs Leben gebracht.«

Zudem soll er Johann Crispin dazu angestiftet haben, dem kleinen Peter Esslinger davon zu geben; worauf er innerhalb von fünf Wochen gestorben.«

Als der Obrigkeit die Leiche des Schulmeisterkindes öffnen läßt, findet man Gift in Magen und Darm. Bartlin wird eingezogen und gefoltert. Der untersuchenden Behörde komme es vor, als wäre der Junge der Hexerei ergeben, zumal er in einem ehebrecherischen Akt gezeugt und unehelich geboren worden sei: sowohl seine Mutter wie deren Mutter seien »in puncto veneficio« verdächtig. Bertlin gesteht:

- Er habe Giftpulver von seiner Großmutter mit dem Ansinnen erhalten, des Schulmeisters Büblein und den jungen Esslinger zu töten.
- Die Alte habe ihm manches Hexenwerk beigebracht, so etwa die Kunst, anderen Kindern geschwollene Finger und Hände zu machen oder aber Flöhe herzustellen. Dazu benötige man Blut, »Spanischwachs« und Mücken.

Als kurz danach die Haffnerin inhaftiert wird, kommt es mit der wegen Bigamie einsitzenden Barbara Riemplin zum Streit, zumal sie von Barbara beschuldigt wird, ihr Gift ins Essen getan zu haben. Dann schalten sich Tübinger Juristen in die Szene und verwerfen, daß man den kleinen Bartlin gefoltert hat. »Auf das Geständnis eines Kindes, das noch so weit von seinem 14. Lebensjahr entfernt sei, könne man sich nicht verlassen. Man möge dem Buben sein Unrecht vor Augen stellen und die Stadtknechte mögen ihn empfindlich mit Ruten streichen und dann zu seiner Mutter bringen. Besser wäre es, ihn innerhalb der Stadt an einen sicheren Ort zu bringen, wo er bei strenger Aufsicht gehalten werden kann. Gegen seine Großmutter sei wegen der schwachen Indizien der Prozeß einzustellen.«

Daraufhin jagen die Calwer Stadtherren Bertlin mit seiner Mutter aus den Mauern. In Heimsheim, wo Agnes früher gewohnt hat, finden sie kein Auskommen und schleichen sich zurück. Sie wohnen mit zwei verheirateten Tanten »halben Simppeln«, in einem kleinen Häuschen bei der Großmutter. Zudem wohnt hier die Familie des Sattlermeisters Johann Saur mit drei Kindern.

Nun kommt das Gerücht auf, Bartlin und seine Großmutter würden Kinder behexen, um sie zu ihren teuflischen Ausfahrten mitzunehmen. Velt Jacob Zahn, ein Elfjähriger, deutet einmal der Magd seiner Mutter gegenüber an: »es wäre ihm dabei ganz recht geschehen; ja, er habe noch etwas ärgeres getan (und) wenn es seine Mutter wüßte (würde sie ihm wohl noch härter züchtigen).« Veit Jacob, Provisor der Lateinschule und Magister Müller werden in das Haus der Mulflerin geschickt. Es wird ermittelt:

- Hier habe er sich die rechte Hand mit einem schwarzen Gäbelchen kratzen müssen, worauf die Alte einen halben Eßlöffel seines Blutes aufgefangen hat.
- In der Gegenwart ihrer Töchter Agnes, Ursula und ihres Enkels Bartlin habe die Mulferin Veit Jacob getauft und ihn in der Hexenkunst unterwiesen.
- Dreimal schüttete sie Wasser über seinen Kopf und meinte: »er sei zwar auf den Namen Jesu getauft, jetzt aber werde er dem Teufel zugetauft und er solle künftig Sebul heißen.« Er habe ihr nachsprechen müssen: »Jesus, du Schelm, du Dieb.«
- Nachdem er sich auf eine Gabel gesetzt und einen Zauberspruch gesagt habe, fährt er etwa einen halben Meter in die Höhe, was ihm ein Lob der Haffnerin einbringt. Dann wären sie mit Bartlin, dessen Mutter, der Tante Ursula zum Hexentanz auf den Gerstenakker des Forstverwalters von Hirsau draußen beim Gutleuthaus (Armenhaus) gefahren.
- Hier waren mehr als 100 Personen versammelt: Männer, Frauen und Kinder aus Calw und der Umgebung, die auf den unterschiedlichsten Fluggeräten gekommen seien um zu tafeln und zu tanzen: 48 von ihnen können namhaftig gemacht werden.

Die eingeschüchterten Kinder werden vernommen und bestätigen das Gesagte. Die Verhöre finden zwischen dem 8. und 11. September 1683 statt. Bartlin beschuldigt den $11\frac{1}{2}$jährigen Hans Michel Gretzinger »bei den Versammlungen mit der Tochter der Tabakschneiderin, einem Mädchen aus Vaihingen, getanzt zu haben.« Der Sohn des Pfarrers Ergazinger besagt vier Kinder, die die alte Haffnerin getauft haben soll. Der achtjährige Hannß Jacob Bozenhard erklärt:

- Daß die Muflerin bei der Taufe der Kinder das ausgedrückte Blut mit Wasser verdünne, ehe sie es den Täuflingen ins Gesicht spritze.
- Die zwölfjährige Anna Magaretha mußte sich das Taufblut aus dem rechten Schenkel kratzen und Christus: »als Hund, Schelm und Dieb« schmähen.
- Der elfjährige Bruder Jacob Christoph Benz habe mit seinem Blut auf einen Brief schreiben müssen. Den Teufel habe er an seinen großen Hörnern, haarigen Füßen und seinem Sackpfeifenspiel erkannt.

Der Jüngste unter den 18 verhörten Kindern ist Johann Tobias Sauer. Die beiden zehn- und neunjährigen Schwestern (die

Max Gandolf von Kuenburg, Bischof von Sekkau (1665–70); später Bischof von Salzburg. In einem gigantischen Zaubererprozeß im Jahre 1677 und 81 versucht er das Landstreichertum in seinem Verantwortungsbereich auszurotten.

sich zur Hexerei bekennen) entlasten das Brüderchen »und ist mit ihme alß einem Kindt nichts anzufangen.«

- Die elfjährige Maria Juliana Zahn trägt vor: »daß ihr die Magd des Schulmeisters Isaac Kramer aus Versehen eine Warze an der Hand aufgerissen habe, woraufhin die Frau des Schulmeisters das Blut mit einem Schwamm aufwischte und es in einem Schüsselchen verwahrte.«

Jetzt eskaliert das Geschehen im Städtchen. Die Eltern lassen ihre Kinder nicht mehr alleine. Und dennoch geschieht es: »daß wenn ein Kind/ob es gleich in seiner Eltern Armen/oder vor ihren Augen die Nacht hindurch geschlaffen/deß Morgens gesagt/ es seye von diser oder jener Person auff dem Rücken/oder auff einer Gabel hinausgeführt worden/und habe diese oder jene Person auff dem Hexen-Tanz gesehen ... mithin (ist) die Zahl der angegebenen Kinder fast täglich vermehrt worden ... Darauß ist/leicht zu erachten/grosser Mißverstand/gefährlicher Argwohn/hefftiger Zank und Hader/ja gar Thätigkeit mit Ansehung einer und anderer für schuldig gehaltenen Personen/in der Gemeinde erwachsen.«

Manche besorgte Eltern kommen im Haus des Ratsherren Michael Nestlin zusammen, um die Nacht mit Choralgesang und Gebeten zu verbringen. In der Lateinschule finden Betstunden statt. Jedes Einzelne muß knieend ein Gebet sprechen, singen oder einen Spruch aufsagen.

Als der zweite Prozeß gegen Bartlin, seine Mutter und Großmutter beginnt, ist der Junge sechzehn Jahre alt; jetzt wird er wegen Hexerei unter Anklage gestellt, zumal er behauptet:

- Seine Ahne habe ihm im Beisein seiner Tante mit ihren Nägeln die linke Hand aufgekratzt und das herablaufende Blut in einem Schüsselchen aufgefangen.
- Mit ihm habe er auf einen halben Bogen Papier schreiben müssen, daß er Gott und der heiligen Dreifaltigkeit absage, sich statt dessen dem Teufel ergebe und hinfort ihm und seinem Anhang dienen wolle. Er mußte Gott einen Juden, Türken und Lügner nennen.
- Darauf habe ihm seine Ahne die Hand in sein Blut getaucht, es ihm dreimal ins Gesicht gespritzt und habe ihm den Namen »Belzebub« gegeben.
- In der gleichen Nacht sei er hinter ihr auf einer Gabel sitzend zum Tanz gefahren. Dabei habe seine Großmutter gerufen: »Hui oben nauß, stoß nirgend ahn, wir wollen nauß Zum Sathan, und wollen mit Ihm Spiehlen.«

Eingeschüchterte Eltern konsultieren den Fürsten in Stuttgart und erbitten Anweisung, wie sie sich verhalten sollen. Trotzt ständigen Betens und Singens kämen die Kleinen selbst nachts nicht zur Ruhe und unerachtet ihrer Bekenntnisse würden sie von den Frauen zu Tänzen abgeholt; die Erwachsenen kämen vor lauter Sorge nicht mehr zum Schlafen, was auf Dauer nicht auszuhalten sei. Zudem müsse man befürchten, daß die Kleinen Schäden davontrügen.«

Man läßt sich zu folgender Antwort herab: »die Geistlichen, Lehrer und Eltern sollten mit den verführten Kindern fleißig beten, beständig den Namen Jesus rufen und den Choral: »Gott, der Vater, wohn uns bei und laß uns nicht verderben.« anstimmen. Man soll sie über die Blendwerke des Satans unterrichten.

Schließlich sollen die protestantischen Eltern von der Meinung abgebracht werden, sie könnten sie mit den bei den benachbarten Papisten besorgten Amuletten und abergläubischen Mitteln kurieren; ein Teil der besorgten Eltern hat sich an die Kapuziner von Weil der Stadt gewandt. Hier ließen sie die Kinder besprengen und mit Weihwasser einreiben. Mit Zauberzetteln wollen sie das Unheil bannen. Unter Vergießung vieler Tränen bittet eine Mutter, den Zettel behalten zu dürfen; »lieber wolle sie ihr Leben als das Kind unter den Hexen lassen.«

Trotz aller Vorsichtsmaßnahmen klettert die Zahl der Befallenen nach oben und immer mehr Frauen werden als Verführerinnen besagt; die Stadtväter leiden unter ungewohnten Problemen.

Eines abends am 22. November 1683, schläft das zwölfjährige Mädchen Euphrosina Walter, während ihre Familie mit den Dienstboten zu Tisch sitzen, auf dem Sofa ein. Im Schlaf beginnt es zu beten und der Angstschweiß tritt ihr auf die Stirne. Sie gibt sich, als würde sie mit anderen Kindern auf dem Tanzplatz sein.

Am folgenden Tag wiederholt sich das Spektakel. Das Kind fängt im Schlaf hell und deutlich an zu singen. Da leuchten ihr die Angehörigen mit Kerzen ins Gesicht und wieder tritt Angstschweiß hervor. Es schien, als würde sie laut mit dem Teufel reden.

Der Satan behauptet, die Seele gehöre ihm, da sie sich ihm mit Blut verschrieben habe. Das in Trance befindliche Mädchen spricht über die Freude des Himmels und grüßt ihre verstorbene Mutter, ihren toten Geschwister und Großeltern. Gott selbst erklärte ihr jetzt, daß die lieben Kinder(hexen) zwar allezeit fleißig gebetet hätten; nur ein Mal seien sie »ungebetet auß dem Haus gegangen«. Diese Chance habe der Teufel genutzt und sie verführt.

Nun schloß Gott ein Kämmerlein auf und läßt Euphrosina in die Hölle blicken. Darauf führte sie Gott wieder zurück in den Himmel. Am Jüngsten Tag, sagt Euphrosina, werden alle Hexen und Teufel in die Hölle geworfen.« Dann erwachte es und fing heftig an zu weinen. Sie habe vermeint, im Himmel zu sein, jetzt aber sei sie leider wieder auf dieser verfluchten Welt.«

Am 22. November 1683 empfehlen die Tübinger Juristen: »die alte Muflerin zu verbrennen und den Bartlin davor zu enthaupten. Beide haben sich durch Giftmischerei und Zauberei schuldig gemacht und der Stadt einen unauslöschbar schlechten Ruf eingebracht. Der Scharfrichter möge sie nicht lange quälen, sondern durch einen Stoß oder durch Würgung zu Tode befördern.« So verhält man sich. Die Aufstellung der Kosten hat sich erhalten. In einer Nacht- und Nebelaktion trennt man sich von den Schwestern Ag-

Hinrichtungskosten für die alte Muflerin und Bartin. Calw 1683

Vorgang	Kosten	
Scharfrichter Johannes Ostertag (Tübingen)	23 Gulden	12 Kr.
Zwei Verteidiger	47 Gulden	30 Kr.
Advocato fisca (Staatsanwalt)	19 Gulden	39 Kr.
Zeche beim Ochsenwirt	19 Gulden	...
Stadtknechte, Stadtschreiber und Seiler	?	?
Schreiner für die Fertigung des Lienenstuhles	?	?
Zimmerleute für den Eichenstamm	?	?
Kosten für Krücken, Stangen, Feuerhaken, Gabeln, Eisen, Pulver, Fallbeil, Stroh, Bretter und Latten	?	?
Sechs Klafter Holz und 40 Büschel Resig für die Verbrennung	?	?
Ergibt:	225 Gulden	6 Kr.

nes und Anna Haffner, indem man sie vor die Mauern bringt. Als sie nach Weil der Stadt, ins Würmtal und nach Möttlingen kommen, werden sie mit einem Steinhagel begrüßt, geschlagen und mißhandelt. Sie stirbt im Wald von Pottenbronn an Verletzungen.

Damit ist das Spektakel nicht beendet, bis sich im Januar 1684 Tübinger Theologen der Sache annehmen. Sie erklären: »die Angaben der Kinder seien zwar zum Teil phantastisch, zum andern Teil aber realistisch. Man möge sie zu Hause halten, fleißig beobachten und möglichst auseinanderhalten. Stets sollen sie zu fleißiger Arbeit angehalten werden und es sei ratsam, sie bei der Hinrichtung von Hexen zusehen zu lassen. So können sie die Abscheulichkeiten des Verbrechens erkennen.«

Im Januar 1684 geraten weitere Kinder in den Verdacht der Hexerei. Der Herzog schickt im darauffolgenden Mai eine Kommission aus vier Juristen und einem Theologen, dem Professor und Prediger der Universität und der Stiftskirche in Tübingen, Georg Heinrich Heberlin, nach Calw, um sich mit den Kinderhexen zu beschäftigen.

Es ist ein Gesinnungswandel eingetreten, denn die jetzt Bezichtigten werden von den übrigen abgesondert, so daß man daran denkt, sie von einem Privatlehrer unterrichten zu lassen. Nach seinen Recherchen waren es 38, die sich in der Prozeßfolge bezichtigt haben. Eine Ursache erkennt er in ihrem kindlichen Ungehorsam. Die Kommissionsräte halten besänftigende Ansprachen und Heberlin beschwichtigt die Gläubigen am Johannistag, dem 24. Juli 1684, indem er den Spruch auslegt: »Seid nüchtern und wachet«

Eine andere Zeit ist herangebrochen und damit schwinden die Calwer Kinderhexenprozesse aus dem Gesichtskreis. Zum Beginn des Jahres 1694 ereignet sich ein weiterer im westfälischen Fürstenberg gegen den elfjährigen

Heinrich Wilhelm Maeß

Man wirft ihm Zauberei, Teufelspakt und den Mißbrauch sakraler Gegenstände (Hostienschändung) vor. In der Begründung wird herausgestelt: »daß Inquisitus verschiedene malen allhier zu Fürstenberg von seinen Eltern flüchtig worden und sich aus Antrieb des ihm in Person eines Jungen erscheinenden Teufels in fremder Leute Ställen und Häusern des Nachts aufgehalten und anderen Leuten Brot und Butter gestohlen. Wiewohl (er) darüber von seinem Vatter offtermahlen hart geschlagen, daß er, inquisitus, dennoch die Schläge so wenig empfunden, daß darob keine Schmerzen verspüren lassen.«

- Weiterhin habe er anderen Kindern beibringen wollen, wie man Mäuse macht.
- Er habe zu Paderborn bei Molitoris Haus in der Gassen des Abends, als es dunkel worden, Gott und allen Heiligen abgeschworen und stattdessen »dem Teufel sich mit Leib und Seel ergeben und mit seinem Blut mit eigener Hand, so ihm der Teufel geführet, in ein groß Buch verschreiben müssen. Der Hexentanzplatz sei im Haxtergrund gewesen.
- Zudem habe er sich abends in Paderborner Kirchen einschließen lassen, um Hostien und Heiligenbilder zu schänden, gleiches sei auch beim Empfang der Kommunion geschehen.

Unbekannt ist, ob man ihn der Folter unterzogen hat. Er legt ein Geständnis ab und sein Verteidiger hebt hervor: »daß er zum Beginn des Prozesses kaum zehn Jahre alt gewesen und annoch nicht lange das elfte Jahr angetreten habe ... mithin sei er noch ein Kind und könne nicht wie ein Erwachsener mit dem Tod bestraft werden.«

Der Anklagevertreter behauptet, daß er bereits 14 Jahre alt wäre und dann argumentiert der Verteidiger: »Ipsa aetas (das Alter) und alle Umbstände bezeugen deutlich, daß in diesem armseligen Jungen keine formalis dolus (Hinterlist) vorhanden, daß viele Phantasien darunter laufen und dahero dieses Kind viel mehr comiserratione quam poena dignus sei (eher Mitleid als Strafe verdiene). Die Aussagen des Klägers würden »nichts besonderliches auf den Ripen tragen.«

Der Fiskal zeigt sich unbeeindruckt, »da man sehr zweifelt, daß Bessserung bei ihm Platz finden werde und er sich aus den Strikken des leidigen Satans durch Auferziehung und Instruktion frommer Leute wickeln werde ... verdiene er in Umkehrung der Argumentation des Verteidigers nicht Mitleid sondern Strafe. Man plädiere für die des Todes.

Möglicherweise haben die Richter Skrupel und legen den Fall unparteiischen (!) Juristen vor. Sie gelangen zur Auffassung: »daß dem Knaben die Adern zu öffnen und derselbe todt bluten zue lassen (sei). Daraufhin wird er umgebracht. In Olpe wird 1695 ein 12 bis 13jähriges Mädchen wegen Zauberei hingerichtet.

Rintelner Kinderhexenprozesse

1660 werden die elfjährige Anna Romeyer aus Steinbergen und die achtjährige Elisabeth Goedecke aus Exten der »teuflischen Zauberkunst« beschuldigt. Der Prozeß wird teilweise vor der fürstlichen Kanzlei, teilweise auf der Schaumburg in der Zeit vom 1. Mai bis 16. Juli 1660 verhandelt.

Anna Romeyer, im Dienst bei Hans Lampe in Steinbergen, und Elsabeth Goedeke haben mit anderen Mädchen Kühe gehütet. Dabei hat Anna Romeyer der Elisabeth Goedeke das »Große Vater Unser« lehren wollen. Wenn es das Gebet wüßte, könne es in einer halben Stunde nach Bodenwerder und wieder zurücklegen; es käme auch ein schwarzer Drache, der ihr viel Gutes bringen würde.« Sie werden gefragt: »ob sie denn auch mit dem Teufel gebuhlt haben?«

Man zeigt ihnen die Marterinstrumente. Ferner haben sie sich die Wehklagen der Grete Roege anhören in der Tortur anhören müssen und sind vom Scharfrichter mit Ruten gestrichen worden. Darnach haben sie »gütlich« bekannt, wie sie es wohl aus Gerüchten und Dorfgesprächen gehört haben. Über sie wird ein Gutachten erstellt.

Was die zwey verhafften Mägdelein berrühren tun: »Demnach bey Anneken, welches wie es sagt, noch das elfte Jahr seines Alters nicht erreicht, indem dasselbe dem anderen Mägdelein Lisabetgen die Zauberkunst mit Beschwörung Gottes gelehrt, als wäre in Ansehung seiner Jugend es dennoch in dem Gefängnis mit Ruten durch den Nachrichter oder die Eltern schroff zu züchtigen und nach ausgestandener Strafe und geschehener ernsten Verhaltung und Verwarnung sich vor dergleichen bösen Händeln hinfüro zu hüten und vorzusehen, damit ihr nicht etwas Aergeres begegnen und widerfahren möge und darauf des Landes zu verweisen.

Soviel aber das Lisbetgen anbelangt, weil daselbe erst im neunten Jahre seines Alters begriffen, wäre dasselbe in Ansehung seiner Jugend, durch seine Eltern mit Ruten ziemblich zu streichen und zu züchtigen und folgendes bei der Entledigung der Gefängnis seinen Eltern mitzutheilen, daß es darnach bei ehrlichen Leuten außer- und innerlandes unterzubringen, mit der ernstlichen Verwarnung, von dergleichen teuflischen Sachen abzustehen und hinfüro sich zu hüten, damit nicht härterer Strafe gewartig sein möge.«

Der Vater des einen Mädchens bittet darum, sein Kind mit Ruten zu züchtigen und des Landes zu verweisen (!). Der Prozeß endet mit der Entlassung aus dem Gefängnis und Landesverweisung. 1682/83 wird ein Mädchen aus Obernkirchen der Zauberei verdächtigt.

Kinderverbrennungen in Schlesien

Der Breslauer Jurist Erich Lindgen stellt in Bezug auf Zaubereianklagen fest: »waren die Beschuldigten unter 14 Jahren und konnte man sich bei ihnen noch eine Besserung versprechen, so sollten sie nach dem Schöffenurteil ins Gefängnis gebracht, im Christentum unterwiesen und anschließend des Ortes abgeschafft werden.«

Tatsache ist, daß man Kleinkinder und Säuglinge angeklagt und hingerichtet hat. Am 3. November 1651 hat Hoditz ein Urteil über die Hinrichtung von acht Personen unterschrieben. Es handelt sich vor allem um Kinder, ein Einjähriges, drei zweijährige, ein neunjähriges und zwölfjähriges.

1656 kommt es in Neisse zu einer Anklage durch die sechsjährige Ursula, Tochter des gewesenen Pfarrgärtners zu Walddorf, Martin Poles, wegen angeschuldigter Zauberei. Am 5. Juli 1652 werden in Weidenau zwei Hexenknaben inhaftiert und mit anderen gefoltert. Thematisiert wird das Mäusemachen, das auch bei einem Kinderhexenprozeß 1653 in dem in der Nähe liegenden schlesischen Frankenstein eine Rolle spielt. Zur gleichen Zeit findet in Münsterberg ein Prozeß gegen 14jährigen Hans Kärtner statt.

In der Grafschaft Glatz enden mit den Verhandlungen gegen den 17jährigen Joseph Schiller aus Lewin wegen Teufelsverschreibung und Mäusemachen 1697 die Prozesse. Er hat bei seinem Lehrmeister einen mit Blut geschriebenen Zettel hinterlassen. Man will ihn Jesuiten übergeben.

1644 kommt es in Liegnitz zu einem Kinderprozeß. Die 16jährige Anna Vogel wird von ihrer sechsjährigen Schwester der Zauberei bezichtigt. Sie habe von Kühmelken, Schmieren, Ausfahren und Hexentänzen erzählt. Sie wird mit einer ernsten Verwarnung aus der Haft entlassen und man sagt: »man solle auf ihrem künftigen Lebenswandel acht geben.«

In Münsterberg (Schlesische Grenzregion) meldet der Hofrichter, daß in Olbersdorf »etliche Knaben mit dem Hexenwesen befleckt« seien. Der 10jährige Hans Krause beschuldigt Susanne Heller, »die ihn habe mit einer Salbe schmieren wollen.«

1667 werden zwölf Personen inhaftiert. Anfang des Jahres 1669 werden in Ratibor je eine der Töchter der 1668 gerichteten Angeklagten, die neun und zwölf Jahre alt waren, hingerichtet, obwohl der Breslauer Schöffenstuhl in seinem Gutachten vom Januar 1669 Ratibor belehrt, daß sie mit Ruten zu streichen und zu verweisen seien.

Landstreicherkinder

Wir dürfen nicht nur das Wüten gegen angebliche Hexen sehen. Etwa zur Zeit einer zweiten dramatischen Verfolgungswelle ist das Hexenwesen in die Drangsale des 30jährigen Krieges gebettet. Die umherziehenden Bettler gehen in die Tausende. Sie können nicht mehr ordentlich versorgt werden und ziehen streunend im Lande herum. Es formieren sich Bettlerheere und die Zahl der Entwurzelten steigt explosionsartig. Hungerkatastrophen in verschiedenen Regionen führen dazu, daß die Armen Friedhöfe umwühlen, um sich von Leichenteilen zu ernähren.

»Die Räuber hätten auch Kinder eingefangen, in Stücke gehauen, an der Wand zerschmettert und (sie) über dem Feuer gebraten.« Im Schlepptau der Vagabunden halten sich viele Kinder auf. Der Nürnberger Rat klagt 1588: »Die gemeine Bürgerschaft werde mit Landstreichern, Bettlern und Störzern, sonderlich aber mit dem immerwährenden Schreien und Heulen der jungen Kinder, bei Tag und Nacht auf den Gassen und vor den Häusern übermäßig beschwert.«

Vereinzelt werden sie bewußt so verunstaltet und von den Eltern zu Krüppeln gemacht, daß sie durch ihre erbarmungswürdige Erscheinung das Mitleid der Passanten um eine milde Gabe herausfordern. Damals entstehen scharfe Armengesetze, wenngleich man verstärkt an den Bau von Armen-, Arbeits- und Zuchthäusern geht.

Von hier zur kriminellen Energie ist es nicht weit. Schon unterstellt man Bettlern, daß sie Kinder stehlen und ermorden, um sie zu fressen und mit ihnen zu zaubern. Und schon wird im Liber Vagotorum aus dem frühen 16. Jahrhundert gesagt, wo man sie praktisch mit den Unholden auf die gleiche Stufe stellt: »Bettler abentewerer die, die gelben garn austragen, und auß fraw Venus berg komen und die Schwartzen kunst konnen und werden genant faren schuler ... ein beschwerer der teufel fur hagel fur Wetter und fur ungeheur ... und macht ij oder iijj. Creuz und spricht, wo diese wort werden gesprochen, da wirt niemand erstochen es geet auch niemant ungluck zuhanden.«

Natürlich nutzen schlaue Bettler die Einfalt der Bürger. Sie geben vor, den Schlafzauber zu kennen, die Kerzen und die Diebslichter; können sie doch Hellsehen und Wahrsagen. Sie handeln mit abgeschnittenen Diebsfingern, wie es öfters bei Hexenprozessen und solchen gegen Landstreicher zum Ausdruck kommt (Esslingen oder Prozeß gegen die Pappenheimer). Zur Fertigung von »Diebslichtern« sollen sich vor allem die Glieder kleiner »noch nicht genährter sündenloser« Kinder eignen, in deren Fingern, Fett und Eingeweiden man eine gesteigerte Zauberpotenz vermutet. Sie werden hart bestraft und mitunter fallen der Vorstellung Familien zum Opfer.

Mag sein, daß man sie vereinzelt der Hexerei bezichtigt und der (Kinder)hexerei zu überführen sucht. In einem gigantischen Zaubereiprozeß im Jahre 1677 und 1681 versucht der Erzbischof von Salzburg, Max Gandolf von Kuenberg, das Landstreichertum in seinem Verantwortungsbereich auszurotten. Hunderte von ihnen werden eingefangen und angeklagt; unter ihnen befinden sich viele Jugendliche, ja fünf- bis sechsjährige Kinder. Der Prozeß fordert mehr als 100 Todesopfer und hat eine Parallele in österreichischen Schinder-Jackl-Prozeß.

Landstreicherkinder gelten als besonders gefährdet. Wegen seines schiefen Ganges nennt man ihn den »krummen Görgl« (Georg Pröl). Er ist der Sohn eines Tagelöhners aus Pfettrach in der Herrschaft Mauren, das zum kurfürstlich bayerischen Pfleggericht Moosburg gehört. Er ist Waise und lebt als Viehhirte und Stalljunge bei Bauern. Da er sich ein Bein bricht, muß er sich als Bettler verdingen. Um 1617 hält er sich in der Gegend von Freising auf. Hier beschuldigt man ihn mit anderen der Hexerei und bringt ihn in einen Kerker.

Knapp vier Jahre danach wird er mit Begleitern »In Hexerey Sachen ziemlichermaßen gravirt«, erneut festgenommen und auf die Fronfeste Moosburg gebracht. Ein Mitbeteiligter, Veit Adlswart, gesteht, an Hexentänzen teilgenommen zu haben und er besagt zehn weitere. An Eidesstatt erklärt die elfjährige Anna Schaiger, der Görgl habe neun rote und ein weißes Ferkel gemacht; sie selbst, ihre Freundin und zwei kleine Buben hätten das Zauberkunststück gesehen: Nun wird Pröls gefoltert. Nach »wohlangemessenen Spitzrutenstreichen« bricht sein Widerstand. Jetzt gesteht er den Teufelspakt, die Abschwörung der Heiligen und seine Teilnahme an den Sabbaten und Tänzen.

Der epileptische Bettelbub Hanns Staindl wird durch die Folter zugerichtet, daß er sein Bewußtsein verliert und dann das »Zeitliche endete«, bevor das Gericht verfügt, den Todten in einem Sack zu tun und durch den allhiesigen Scharfrichter sogleich unter dem Galgen vergraben zu lassen.« Hat ihn der Pfarrer bereits in aller Stille nämlich morgens gegen fünf Uhr auf dem Friedhof begraben. Der Gerichtspfleger und das Gericht befehlen, den »Cadavera« aus dem geweihten Erdreich zu graben und ihn an seinem gebührenden Platz – unter dem Hochgericht – verscharren zu lassen. Der krumpe Görg wird erdrosselt und dann wird seine Leiche verbrannt. Seine 18 Kumpanen, darunter ein Mensch »Maria mit Namen, des Pröslen Liebste«, kommen am 17. März 1722 frei.

Manchmal zeigt sich die Obrigkeit kritisch. 1646 schwindelt ein Zwölfjähriger allerhand von Hexen- und Hasenmachen. Dann stellt sich heraus, daß es sich um einen Landstreicher und Einbrecher handelt. Er wird am 18. Dezember 1647 in Köln (Melaten) mit einem Schwert gerichtet.

Kinderstrafen

Erschwerend ist, daß man die Hexerei als Ausnahmeverbrechen deklariert und darauf (in der Regel) die Todesstrafe wegen der angeblichen göttlichen Beleidigung setzt, da das Verbrechen der Hexerei im Verborgenen blüht (»unsichtbarer Strafbestand«) kommt es zu dubiosen Untersuchungsmethoden, in deren Sog (auch) Kinder gelangen.

Im 14. Jahrhundert sind minderjährige Delinquenten (Diebe) von der Todesstrafe ausgenommen (Freisinger Rechtsbuch 1328). Seit dem späten Mittelalter zeigt sich eine mehr oder weniger ungebremste Grausamkeit. Die CCC. entscheidet, daß ein Dieb oder eine Diebin, die unter 14 Jahren alt ist, normalerweise nicht zum Tod verurteilt werden kann; doch auch hier gibt es Zwischenlösungen; bedingt sind sie teilweise durch die Rechtsunsicherheit der Epoche, durch die clausula salvatoria und die Willkür einzelner Landesväter. So können Juristen auch bei Jüngeren zur Anwendung der Folter und der Todesstrafe schreiten.

»Die üble verleumdte natur des Diebs«, wie Fröhlich von Fröhlichsburg in seinem Kommentar zur Carolina ausführt, könne »mildernde rechtliche Umbständ auslöschen.« Zudem läßt er wissen: »es sei ungerecht Weibs-Bilder, die ohnehin mit schwächerem Verstand als das männliche Geschlecht begabt seien, in peinlichen Sachen härter zu strafen, indem man deren Schuldfähigkeit auf das 12. anstatt das 14. Lebensjahr setzt.«

Es liegt daran, daß man die Entfaltung der Geschlechtsreife mit der Volljährigkeit in Verbindung setzt, die bei Frauen früher eintritt. 1714 wird in einem Kommentar zur CCC. gesagt: »jugendliche Diebe werden zum Tod verurteilt, wenn zwei Bedingungen erfüllt sind: der Delinquent durfte nicht jünger als $13^1/_2$ Jahre alt sein und seine Bosheit mußte »das Alter« übersteigen.« Man neigt in Zweifelsfällen zum Austreichen mit Ruten, Prangerstehen und der (ewigen) Landesverweisung; langsam schiebt sich die Vorstellung der Todesstrafe für Kinder in den Vordergrund.

Dann entstehen praxisorientierte Richtlinien für die Behandlung von Kinderhexen vor Gericht. Interrogatorien für Erwachsene liegen vor und so werden sie auf die Befragung vom Kindern »umgeschrieben«.

Bei der Festsetzung des Strafmaßes für Kinder gehen die Juristen im allgemeinen von der theologisch-begründeten Überzeu-

Fragekatalog gegen Kinder (beispielhaft)

- Kinder, welche Hexen und Zaubern können, muß man glimpflich und mit Anstellung einer habenden Curiosität besprechen. Nämlich wie sie heißen? wie alt? wie ihr älteren, ob sie den Vater oder die Mutter lieb haben?
- Was sie unter Tags machen, Spielen, treiben? wer zu ihnen komme? was sie können? was sie lernen, ob sie in die Schul gehen? was sie für Kameraden haben?, was diese können?
- Und auf was sie beichten? und Communicieren? warum sie nicht dermalen nicht zu Haus bey dem Vater, Mutter, sondern hier im Amtshaus (Beispiel Reutlingen) sich befinden, was sie nämlich da und da mit diesen getrieben? In wem es bestanden?
- Was, wie er es gemacht? wer es ihme gelehrt, wann? wer dabei gewesen? wie oft sei es gemacht und er wer es ihme gelehrt, wann? wer dabei gewesen? wie oft sie gemacht, wer es gewußt?
- Sie werden noch mehrers können, sollen auch dieses erzehlen? Wie lang das Wetter gedauert, wem es vermeint gewesen? und geschadet? zu wem sie die Mäus geschickt? warummen? Wer ihnen hierzu die Sachen gegeben? ob dem Menschen? dem Viech etwas geschehen?
- Wie er ausgeschaut?, was er abgehabt? was er mit Ihne gesprochen? wie oft sie auf den Tanz gewesen? mit wem? wer sie hingeführt? was sie noch aldorten gethan? was ihnen und jener, auch der Teufel versprochen, was sie zum Wettermachen gebraucht etc.?

gung aus, daß die Kleinen unter sieben Jahren zu keiner Todsünde fähig seien und somit nicht gerichtlich belangt werden können. »man soll sie mit Ruten strafen und hernach mit geistlichen Mitteln und Instruktionen belehren, in wie schwerer Strafe sie gefallen und welch harte Strafe sie in dieser und der jenseitigen Welt zu gewärtigen hätten.« So etwa ist die Rechtslage im Laufe des 17. Jahrhundert. Ursprünglich wird die Züchtigung der Kinder durch den Nachrichter in der Öffentlichkeit vollzogen.

In Paderborn gerät ein elfjähriges Mädchen unter Anklage, gesteht nach Rutenschlägen und wird am 15. April 1631 zum Tod verurteilt »jedoch sollt es auf sonderbare Begnadigung mit dem Schwert vom Leben zum Tod gerichtet, der Körper auf der Richtstätte in die Erde vergraben werden.«

Byloff deutet für 1686 einen Prozeß in Fürstenfeld (Steiermark) an, aus dem das Schicksal eines neunjährigen Buben bekannt ist, dem man aufgrund des Urteils die Adern im Bad geöffnet hat. Da er nicht ausblutet, sollen ihn die Barmherzigen Brüder in Graz ins Spital aufnehmen. Sie lehnen es mit der Begründung ab: »Ihrem Auftrag nach den Armen, Kranken und Bresthaften zu dienen und nicht denen, die durch Urteil und Recht krankhaft würden.«

Man kann es aber auch anders sehen. Kinder sind zu allen Zeiten unser Geschichte das Kapital der Völker und unterliegen einem besonderen Schutz. Sie haben in den jeweiligen gesellschaftlichen Strukturen andere Bedeutungen. Ein Kind zur Zeit der »historischen« Hexenprozesse kann nicht mit einem heutigen, was seine Rechte und Pflichten, was seinen Status anbelangt, verglichen werden. Es ist kein Kind, sondern ein »kleiner Erwachsener.«

Und doch zeigt sich an ihnen das Phänomen der gesellschaftlichen Krise. Bei den Hexenbränden wie im III. Reich wird deutlich, daß man sie verstärkt am Schluß der Ideologie einbringt, um Unmögliches zu rechtfertigen. So gesehen gibt es eine Parallele zwischen Hexen- und Kriegskindern von Christen, die so rücksichtslos wie die Erwachsenen aus der sündigen Welt zu schaffen sind. Eine nicht unwesentliche Rolle spielt das Wollen der Geistlichkeit.

Theologischer Kindermord

Die Gotteskundler stehen vor einem Phänomen und finden eine theo-logische Erklärung: »es verhielte sich so, daß Gott sogar ungetaufte Kinder sterben lasse, die scheinbar unschuldig sind, jedoch wegen des geringsten ihm gegenüber begangenen Verbrechens nicht mehr in den Himmel gelangen können.« Es sei nicht Aufgabe der Menschen, rätselhaften Ratsschlüssen nachzugehen. Die göttliche Güte wäre vollkommen und es gäbe Situationen, wo sie das menschliche Verständnis überschreite. In der Bibel stehe, daß 42 Kinder aus Bethel von einem Bären verschlungen worden seien »weil er den Elias gespottet.«

Jetzt wird es schon gefährlicher und rasch ist man mit der Todesstrafe herbei: »Bouquet leitet sie für Kinder mit der Erklärung ein: drittens stütze ich meine Ansicht auf das Gesetz Exeiintur, das auch das vorpubertäre Kind mit dem Tod bestraft, wenn es sieht, daß sein Herr getötet wird und nicht schreit.«

Guazzo berichtet von einem zwölfjährigen Mädchen, das mit seiner Mutter Binsen gesammelt hat, als sich ihnen ein Dämon in menschlicher Gestalt genähert hat. Er paarte sich erst mit dem Kind und dann mit der Mutter. 1674 gesteht eine Hexe; »schon im Leib ihrer Mutter Unzucht mit dem Teufel getrieben zu haben und später, obwohl sie verheiratet und ihrem Mann unfruchtbar gewesen (sei) dem Teufel einige Kinder geboren hat.«

Der sie untersuchende Arzt meint: »daß es sich um fäkale Ausscheidungen gehandelt hat, die nach Verstopfungen ausgetreten sind.« Eine Hebamme aus Basel gesteht: »daß sie vierzig Neugeborenen, als sie aus dem Leib ihrer Mütter geschüpft, eine Nadel durch den Scheitel ins Gehirn gestoßen, um sie zu töten.«

Jeanne Harvilliers, die 1578 in Ribbemont zum Tod verurteilt wird, berichtet: »daß sie ihre Mutter mit zwölf Jahren dem Teufel verschrieben und sie bis zu ihrem 50. Lebensjahr geschlechtlich mit ihm verkehrt hat. Haquart erzählt, daß man sie gezwungen hat, ihre siebenjährige Tochter dem Teufel zu verschreiben.

Klerikale Moral auf Abwegen

Dem Klerus gehören über Jahrhunderte – bis heute – erhebliche Teile der landwirtschaftlichen Nutzflächen. Noch heute zieht er Kapital aus früheren Landnahmen, mögen sie frei- oder unfreiwillig erfolgt sein. Die Agrarwirtschaft führt in logischer Weise zu einer näheren Bindung an die eingesetzten Tiere, die mitunter als sexuelles Ventil herangezogen werden. Es gibt zahlreiche Verbote, weibliche Tiere aus Klöstern zu entfernen, bzw. Hunde in Nonnenklöstern.

791 schreibt Papst Hadrian I. an Karl d. G., »daß der in Rom weilende Bischof gefragt wird: »ob er Knabenschande getrieben, sich mit dem Vieh vermischt oder mit Nonnen geschlafen hat?« Während einer Synode in Aachen wird bedauert, daß sich Mönche der Sodomie verschrieben haben und es wird gesagt: »Kanoniker dürfen weder Totschläger noch Hurer sein.«

Abt Plato entfernt im 9. Jahrhundert zur Sicherheit alle weiblichen Tiere aus seinem Verantwortungsbereich. Franz von Asissi verbietet in der 2. Regel: »daß sie in keiner Weise selbst oder bei anderen ein Tier halten dürfen.« 1102 setzt eine Kirchenversammlung fest: »daß Kleriker wegen Sodomie ihres Amtes entsetzt und eventuell mit einem Bann belegt werden sollen.«

In den Chefetagen der Kirche denkt man liberaler. Sixtus VI. (1471–84) gestattet Kardinälen, während der Sommermonate Sodomie zu treiben. Parallel dazu läßt er in Rom Bordelle anlegen. Leo X. (1513–21) erlaubt den Geistlichen »ganz nach Gefallen Hurerei, Ehebruch, Blutschande und Sodomie zu treiben.« Der Nuntius von Julius III. (1550 bis 1555), Johann á Casa, Erzbischof von Benevent, verfaßt ein Buch über die Sodomie. Er nimmt die sexuelle Variante in Schutz. Er hat es dem Statthalter Gottes zugeeignet und es erscheint 1552 in Venedig.

Kardinal Robert Bellarmino (1542 bis 1621) wird nachgerühmt: »daß er viele Geliebte und sich außerdem vier schöne Ziegen gehalten hat.« Da in der christlichen Literatur immer wieder auf die widernatürliche Unzucht der Mönche, Priester, Bischöfe, Kardinäle, Päpste, seltener der Nonnen mit Tieren verwiesen wird, ist es reizvoll, einen Blick auf die Geschichte der

Päderastie und Onanie

zu werfen. Es ist darauf hinzuweisen, daß der Mensch von den Tieren abstammt und kein gottgeschaffenes Wesen ist. **Die Menschen haben die Götter gemacht und nicht andersherum.** Paarungen oder Paarungsversuche zwischen Menschen und Tieren reichen in die Antike zurück. In indischen Kulten paaren sich himmlische Schönheiten mit Tieren; selbst mit Elefanten: da es technisch nicht einfach sein dürfte, ist wohl ein Fruchtbarkeitszauber damit verbunden. In der altindischen Kunst wird der Geschlechtsverkehr zwischen Affen, Frauen und Männern dargestellt.

Aus dem islamischen Kulturraum liegt eine bildliche Darstellung der Sodomie aus dem 13. Jahrhundert vor. Früh gehen solche Betrachtungen in die erotische Kunst ein. Kultgegenstände, Wand- und Deckenmalereien der Antike zeigen sexuelle Darstellungen zwischen Halbgöttern und -tieren. Um die Mitte des 18. Jahrhunderts wird in Vavres Jaques Ferrion gehängt, weil er eine Eselin vergewaltigt hat. Einmal ertappt man einen Mann, der, nachdem er seine Frau beschlafen hat, sich einer Ziege angenommen hat.

Die Sodomie ist eine ungewöhnliche Sexualvariante, kann aber nicht todeswürdig sein. Es ist ein Beispiel für die Verfolgungswut der christlichen Führer; was sie sich selbst einräumen, verdammen sie bei anderen; auch im »historischen« Hexentreiben.

Schon Goethe sagt, daß die gleichgeschlechtliche Liebe so alt wie die Menschheit sei. Buhlknaben spielen als Vertreter der käuflichen Liebe in vielen Kulturen des mesopotamischen Reiches eine Rolle. Man findet sie in üppigen Palästen wie auf der Straße und selbst beim Heer werden sie geduldet. Von den alten Persern wird ähnliches berichtet und in Griechenland blüht die Knabenliebe; es war eine Pflegstätte der Päderastie. Das Wort Pädagoge deutet darauf.

Lykurgos, der Gesetzgeber Spartas, behauptet: »niemand könne ein tüchtiger Bürger sein, der nicht einen Freund im Bett habe.« Solon und seine Nachfolger empfehlen der Jugend den gleichgeschlechtlichen Verkehr.

Ab dem Christentum wird erbarmungslos Jagd auf Homosexualität gemacht, wobei sich die Geistlichen ein »Privilegium exclusivum« einräumen. Paulus erhebt sich zum Wortführer der Moralisten.

»darum hat sie Gott auch dahingegeben in schändliche Lüste. Denn ihre Weiber haben verwandelt den natürlichen Brauch in den unnatürlichen. Desselbigen gleichen auch die Männer, haben verlassen den natürlichen Brauch des Weibes, und sich einander erhitzet in bösen Lüsten und haben Mann und Mann Schande getrieben, und den Lohn ihres Irrtums an ihnen selbst empfangen.«

Schon im frühen Mönchtum sucht man Mönche auseinanderzuhalten; sie sollen nicht im Dunkeln miteinander sprechen, keinen an der Hand ergreifen und nicht zu zweit auf dem nackten Rücken eines Esels reiten.

Dann verweist Johannes Chrysostomus (347–407) darauf, daß Homosexualität unnatürlich und deshalb von Gott verboten sei; er wettert gegen die lustverirrten Päderasten.

Augustinus (353–430) brandmarkt die Homosexualität als Vergehen gegen Gott und den Nächsten. Er schreibt 423 an ein Frauenkloster: »die zwischen ihnen bestehende Schwesternliebe könne sich leicht in gleichgeschlechtliche Fleischeslust verwandeln, wie sie von den unanständigen Frauen geübt werde.« Das Konzil von Elvira stellt die Befleckung durch gleichgeschlechtliche Liebe unter Strafe. Ausdrücklich untersagt das Konzil von Paris (1212) den Mönchen: »zusammen in einem Bett zu liegen und Sodomie zu treiben.«

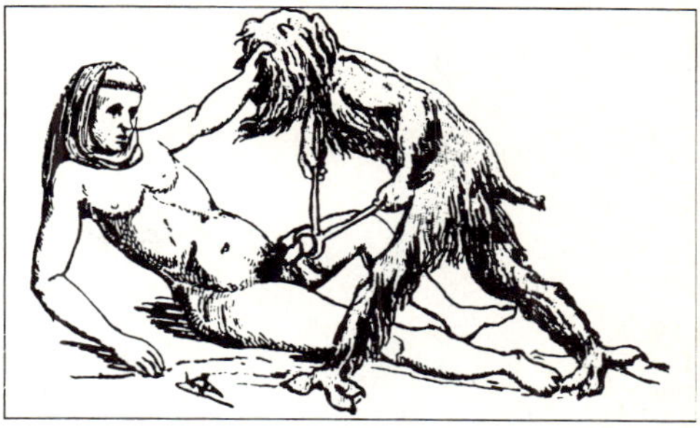

Angelo Giotto: Bestrafung eines wollüstigen Mönches (Fresko der Kapelle Strovegni in Padua).

Der französische König Philipp I. erhebt seinen Lustsklaven Johannes 1098 zum Bischof von Orleans. 1409 werden in Augsburg vier Priester und ein Laie wegen Knabenschändung am Perlachturm erhängt. Solche Beispiele gibt es bis heute.

1835 wird der Kaplan Eisenring in Eyl wegen Sodomie zu einer Zuchthausstrafe verurteilt. Für den Schweizer Raum wird im 19. Jahrhundert ein Geistlicher bezichtigt: »In Susen hat Pater Joseph einen bildschönen Jüngling so entkräftet, daß derselbe unter schrecklichen Schmerzen starb und noch auf dem Sterbebett seinen Verführer und Mörder verfluchte.«

Die Selbstbefriedigung gehört im Gegensatz zur Sodomie zu den am meisten verwirklichten sexellen Neigungen der Menschen. Die Vorstellung, daß es eine Sünde sei, kommt erst spät und wird vom Christentum in den Rang der Schändlichkeit erhoben. Die sexualfeindliche Haltung der römisch-katholischen Kirche prallt an der Realität des Lebens ab; die Kinder wachsen über Jahrhunderte in einer natürlichen Umgebung auf und so entwickelt sich ein akzeptables Scham- und Sexualgefühl.

Aus dem 15. und 16. Jahrhundert haben sich Dokumente erhalten, aus denen hervorgeht, daß Eltern ihre Kinder durch Masturbation befriedigen, um sie vor dem Schlafengehen stillzuhalten. Noch um die Mitte des 18. Jahrhunderts gelten die ärztlichen Thesen des Galenus, Hippokrates und Paracelsus, daß der Körper regelmäßig von überfüssigen Dämpfen und Säften gereinigt werden muß. Selbstbefriedigung beinhaltet ein solches Ventil.

Einmauerung einer Nonne.

Onanie wird von den Machthabern der römisch-katholischen Kirche verurteilt. Nach Thomas von Aquien ist sie eine größere Sünde als Hurerei. Das einmalige Onanieren einer Frau bestraft die mittelalterliche Kirche mit einer dreijährigen Buße und einen Mörder mit 40 Tagen.

Im 13. Jahrhundert befragt der Mönch Willibald von Stabo Abt Rupert von Deutz: »ob jemand die Palme der Jungfräulichkeit verliert, wenn er oder wenn sie durch eigene Hand oder mit fremder oder sonst auf irgendeine Weise ohne natürlichen Geschlechtsverkehr seinen Samen hervorlockt, und ferner, ob eine so befleckte Person geweiht werden darf?«

Luther profiliert sich: »Pfui dich mal an. Sollte man doch nur um der schändlichen Pollution willen alle Klöster und Stifte zerstören, da müßige Leute in guten, faulen Tagen leben, sich mästen wie Säurangen mit dem besten und köstlichsten Essen und Trinken, damit sich solche Unreinigkeiten täglich reizen und mehren: auf dem Concilio zu Nicäa ist hart verboten worden, daß sich jemand selbst geilen soll, denn ihr so viel aus großer Ungeduld, da sie die Unzucht und Brunst so plagte, haben sie sich selbst mit Gewalt gegeilet, auf das sie geschickt und tüchtig möchten bleiben zu Kirchenämtern und die Pfründe möchten behalten.«

Die Selbsbefriedigung unter Nonnen ist so häufig wie die unter Mönchen. Zeitweise steht die Todesstrafe darauf. Selbst hier kann man zur Rechtfertigung die Kirchenväter bemühen. Basileus d. G. (um 330 bis 379) ist der Ansicht: »Die Brüder haben in Frauenklöstern Dinge zu leisten, die die Sorgen der Seelen betreffen und die Bedürfnisse des Leibes; es kommt vor, daß die Schwestern ihre Hilfe nötig haben.« Der heilige Ambrosius meint: »Die Kirche ist ein Leib mit verschiedenen Gliedern; das eine bedarf des anderen.«

Theophrastus Bombastus von Hohenheim (Paracelsus) meint: »daß die In- und Sucubi aus dem Samen von solchen entstammen, die die Sünde der Onanie begangen haben. Die Dämonen würden durch ihre verdorbene Phantasie Männer und Frauen zur Selbstbefriedigung treiben.« So etwa ist die Ausgangslage in der ersten Hälfte des 16. Jahrhunderts.

Klostergeschichten

Es kommt zu unglaublichen Eskapaden. Jacob Frei trägt die Sorgen einer jungen Nonne vor: »In das Kloster Krauchtal bei Burgdorf wurde vor Zeiten eine junge Frau aufgenommen. Da sie Profeß getan, ward sie der Äbtissin übergeben, sie in der Zucht und im klösterlichen Wesen zu unterweisen. Als sie anfing, zu ihren Jahren zu kommen, hob ihr an das Haar am Bruntzfell zu wachsen. Sie sah es und meinte, es wäre ein Zeichen von einer künftigen Krankheit, fing an, sich zu fürchten, aber mochte es niemanden sagen. Zuletzt ward sie von der Äbtissin bei ihrem Gehorsam ermahnt, zu sagen, was sie denn habe.

Sie sagt: »Gnädige Frau, ich weiß, das mir für ein Pelz unten am Bauch zwischen den Beinen wächst, und doch sind die Beine und der Bauch glatt und wächst dort kein Haar. Ich fürchte mich, daß es etwas Übles bedeute.« Die Äbtissin gibt ihr zu Antwort: »Laßt mich sehen.« Sie hob die Kutte und zeigte ihrs; »ja, sagte sie, du Närrin, läßt du doch nicht kümmern! Es ist ein kleines Kätzlein und ich hab selbst eine Katz zwischen meinen Beinen.«

Die Jung wollts nicht glauben, sie hätts denn gesehen. So hob die Alte ihre Kutte und zeigt sie der Jungen. Als sie die Katze gesehen, sagt sie zu der Äbtissin: »Gnädige Frau, was hat Euer Katz für ein groß Maul.« Liebes Kind, sagte die Äbtissin, sie hat ihr Lebtag so viele Ratten schlucken müssen. Wenn deine Katz, so hoff ist, so gut das Mausen lernt, wie es meine kann, wird sie auch einmal ein so großes Maul haben, wie die meine.«

Viele der in Klöstern Neugeborenen werden getauft und umgebracht. Damiani sagt: »Durch heimliche Gänge ließen die Nonnen nachts die Mönche zu sich kommen, um der Venus zu opfern, wie es aus der unterschlagenen Klage gegen die Äbtissin aus dem Kloster der heiligen Justinian zu Lucca hervorgeht.«

1212 wird in Paris ein Konzil gehalten, bei dem Regularklerikern eingeschärft wird: »die verdächtigen Türen in den Abteien, Prioraten und allen Aufenthaltsorten der Religiösen sollen verrammelt werden, damit der Teufel keine Gelegenheit hat. Weiber sollen die Dormitorien nicht betreten. Mönche und regulierte Kleriker sollen nicht zusammenliegen und Sodomie treiben.«

Rezepturen der Klosterapotheken werden für Abtreibungstränke genutzt. 1326 verbietet man während eines Konzils von Avignon den Geistlichen, anderen Gift oder tödliche Kräuter zu verabreichen, um die Leibesfrucht von Geschwängerten abzutreiben. Daraus muß auf eine eingespielte Praxis geschlossen werden, zumal die Verordnung 1337 wiederholt wird.

1408 verbietet eine Diözesansynode in Halberstadt allen Geistlichen den Besuch von Nonnenklöstern und jungverheirateten Frauen, vor allem, wenn deren Männer abwesend sind, sowie alles unehrbare Gespräch und Spiel in deren Kammern.

Johannes Weyer gehört 1555 einer Kommission an, die im Kloster Nazareth Verzauberungen untersucht: »Die Nonnen hatten Anfälle von Krämpfen, in denen sie mit geschlossenen Augen auf dem Rücken lagen, entweder stocksteif oder mit Koitusbewegungen.« Begonnen hat es mit einem jungen Mädchen, das unter der Vorstellung litt, nachts von ihrem Geliebten aufgesucht zu werden. Später werden die Ursulininnen von Auxonne vom Teufel begattet.

Die sie untersuchenden Ärzte gelangen zu der Diagnose: »Eine Hitze, begleitet von einer unauslöschbaren Gier nach Geschlechtsgenuß. Acht Nonnen wollen dabei von Geistern entjungfert worden sein.« 1526 eilen die Schwestern von St. Clara von ihrem Konvent (direkt) ins Freudenhaus.

Hart geht man gegen das Schwängern von Nonnen vor: »Wer mit einem Instrument (mit einer Nonne) Unzucht treibt, soll sieben Jahre Buße tun. Wenn ein Weib mit sich oder einer anderen das gleiche tut, soll sie drei Jahre büßen; den Konkubinen der Priester werde das kirchliche Begräbnis versagt. Priester soll man züchtigen, wenn sie sich fleischlich vergangen haben.«

Wenn kein Mönch zur Hand ist, wenn man sich mit einer Kerze oder der Hand nicht befriedigen will, greift man zu Apparaten. Einen solchen hat man in einem österreichischen Frauenkloster gefunden und Otto Stoll hat ihn beschrieben: »Ein Rohrstück von 21,25 cm Länge, das sich gegen das Ende hin etwas verjüngt, so daß der Durchmesser der breiteren Öffnung 4 cm und der engeren dreieinhalb beträgt. Die Ränder beider Enden sind ein wenig schwulstig erhaben und eingekerbt, offenbar in der Absicht, die Friktion beim Gebrauch zu verstärken. Die Oberfläche ist mit obszönen Zeichnungen verziert, der eines erigierenden Phallus oder eines vorgebundenen Penis.«

In französischen Klöstern wird der künstliche Penis zur Selbstbefriedigung herangezogen; Nonnen nennen ihn Bjoux de religieuse (Nonnenkleinod). Die Bordellbesitzerin Marguerite Gourdan fertigt sie in ihrer Penismanufaktur. Einige von ihnen kann man mit Flüssigkeiten füllen. Als die Gesegnete 1783 stirbt, findet man Bestellungen aus Frauenklöstern.

Johann Busch, Probst der regulierten Augustinerchorherren aus Soltau, ist Visitor des Erzbischofs von Magdeburg. Er berichtet, wie Mönche und Nonnen in den Klöstern Unzucht treiben, wie sie die Unglücklichen, die von ihnen geschwächt sind, an entlegene

Orte und in Wälder schleppen und dann unzüchtig mit ihnen zusammenleben, »bis die mißhandelten Geschöpfe entstellt und entkräftet sind, sie dann einem schändlichen Los preisgeben und nicht selten dabei umkommen.«

Es darf nicht übersehen werden, daß der allgemeine Bildungsstand derjenigen, die im Auftrag Roms das Göttliche Wort verbreiten, nicht allzu hoch ist. Oft wird herausgestellt: »daß sie barfuß mit zerrissenen Hosen und Jacken zum Gottesdienst kommen und daß sie im Alter keine obszönen Grimassen machen und schmutzige Lieder singen sollen.«

Die Nonne Alberta

Zum Ende des 18. Jahrhunderts werden in einem deutschen Staat die Klöster aufgehoben. Der damit beauftragte Kommissar hat die Nonnen eines Karmeliterklosters aufgefordert, es zu verlassen. Sie kommen dem Wunsch nicht nach. Nun wiederholt er vor der Äbtissin und den geistlichen Töchtern den fürstlichen Befehl. Er läßt sich die Personalverzeichnisse vorlegen und stellt fest, daß eine Nonne fehlt. Die Ausflüchte der Äbtissin, sie wäre krank, ja wahnsinnig und könne nicht erscheinen, nimmt er ihr nicht ab und dringt darauf, sie zu sehen.

Der Kommissar ist starr vor Erstaunen, als er unter der Treppe Alberta erblickt, die sie dort seit acht Jahren gefangengehalten und gegeißelt haben. Aus dem Verschlag tritt ein großes bleichgelbes Mädchen von etwa 35 Jahren, mit blosen Füßen und halbverfaulten Lumpen notdürftig bekleidet. Die langen schwarzen Haare flattern unordentlich um ihren Kopf und aus den tiefen Augenhöhlen blitzt die unheimliche Glut eines dunklen Augenpaares, dessen Feuer weder Tränen noch Leiden hatten auszulöschen vermocht. Ihre Erscheinung erweckt das tiefste Mitleid. Mit einem herzzerreißenden Gewimmer wirft sich ihm vor die Füße, umklammert seine Knie und bittet, sie nicht wieder so entsetzlich zu geißeln. Dann bittet sie um Rettung und Befreiung. Ihre Reden sind abgerissen und verwirrt. »Die Leiden haben den Geist des Mädchens gestört.« Sogleich bringt man sie ins Refektorium, läßt ihr reinliche Kleidung und ein ordentliches Bett zuweisen.«

Am kommenden Tag verläßt der Kommissar mit ihr das Kloster und bringt sie in Pflege. Es hat Erfolg und ihre körperliche Gesundheit kehrt zurück; jetzt zeigt sich der Grund ihrer Hysterie, die der Grund das Übel ihres Wahnsinnes gewesen war: die Begierde nach Befriedigung des Geschlechtstriebes. Er geht soweit, daß sie sich ihr nähernde Männer gewaltsam anpackt. In lichten Zwischenräumen gibt sie Aufschluß über ihren Leidensweg.

Sie stammt aus Würzburg, wo ihr Vater Weinhändler ist. In seinem Haus sind Pfaffen willkommene Gäste, und dort haben sich barfüßige Karmeliter eingenistet.

Gerne nehmen ihre Eltern den Vorschlag der Karmeliter an, sie in ein Kloster zu schikken. Erst behandelt man sie gut, zumal der Vater versprochen hat, das seiner Tochter zukommende Vermögen zu überschreiben. Als sie das Gelübde abgelegt hat und sich die Auszahlung des Geldes verzögert, muß es Alberta büßen, »die ja ohnehin wegen ihrer Schönheit von den anderen Nonnen gehaßt wird.«

Mit ihr geht die Phantasie durch. Sie hat vom Baum der Erkenntnis gegessen und die veränderte Lebensweise in den engen Klostermauern trägt dazu bei, ihre Sinnlichkeit anzustacheln. Alberta versucht ihre rebellischen Sinne durch Mittel zu besänftigen, die das Gegenteil bewirken, so daß sie genötigt ist, sich dem Klosterarzt zu offenbaren. Es ist fast zu spät, denn ihre Hysterie ist beinahe in Mannstollheit umgeschlagen. Er kommt mit der Oberin überein, daß man versuchen soll, sie zu kurieren. Bald muß er gestehen, daß er der Aufgabe nicht gewachsen ist und so rät er ihr, es mit der Geißel und häufigem Fasten zu versuchen.

Doch er schüttet Öl ins Feuer. Die Nonne geht beim Kampf mit der Sinnlichkeit fast unter und so beschließt die Oberin, sie von dem Übrigen abzusondern, damit der Ruf des Klosters nicht leide. Sie kommt in einen Holzverschlag unter der Treppe und man läßt sie geißeln. So geht ihre Krankheit in beginnenden Wahnsinn über. Alberta wird krank und beendet ihr Leben im Irrenhaus.

Die Unterdrückung der Sexualität schafft kranke Menschen. Die unaufhörlich vom Klerus geforderte und geförderte Entfremdung schlägt oft in Inhumanität und Haß um. Auch dadurch hat die römisch-katholische Kirche eine unauslöschbare und grausam-tiefe Schuld auf sich geladen.

Es gilt festzustellen, daß die »sexuelle« Komponente im »historischen« Hexentreiben eine Parallele im »allgemeinen« Sexualverhalten des Christentums findet. Deutlicher wird es bei den

Schwarze Messen

Inhalt

Schwarze Messen[1)]

die im Grunde genommen eine Verhöhnung des christlichen Kultes und deren neurotischen Sexualvorstellungen ist. Mit dem zoroastrischen Prinzip zwischen Hell : Dunkel, Gut : Böse, Weiß : Schwarz, Christentum : Judentum, lassen sich viele Phänomene der Religionsgeschichte klären und nicht umsonst sagt man: »Wo Licht ist, ist (auch) Schatten. Die Dualität reicht bis zu den Anfängen unserer Geschichte und alle Weltreligionen schöpfen aus ihr.

Das Christentum bleibt zu keinem Zeitpunkt unumstritten. Es hat sich mit Gewalt und Intoleranz nahezu 2 000 Jahre gehalten und bricht jetzt – so scheint es – wegen seiner tausenden Ungereimtheiten in sich zusammen. Die inneren Widersprüche sind so offensichtlich, daß sich die Kirche der Wahrheit stellen **muß.** Der Ausweg könnte ein weiterer Religionskrieg sein!

Die Alternative ist ein Lippenbekenntnis der Kirchenführer zu den unter ihrer Verantwortung inszenierten oder gutgeheißenen Verbrechen. Davon ist nicht auszugehen! Eine Sonderstellung nehmen die Verfechter des Satanskultes und der Schwarzen Messen ein, deren geistige Grundlagen eng mit denen des Christentums verwoben sind. Es ist eine Umpolung; eine blasphemische Perversion, um den angeblichen Gott der Christen zu verhöhnen und an seine Stelle den nichtexistenten Widersacher, Satan, zu verehren. Der Satanskult ist eine Umkehrung des orthodoxen Christentums[2)], wobei die Schwarze Messe im Mittelpunkt des Rituals steht[3)].

Fest steht, daß der kuriale Apparat aus dem Zeitgeist heraus als Aufbereiter des Teufels- und Hexenwahns **nicht** entlastet werden kann. Er hat es nicht geschafft, sich von den »alten« Vorstellungen des Dämonenglaubens zu entfernen; er hat ihn modifiziert und ausgebeutet. Er hat den Teufel zur Hauptperson des Christentums stilisiert.

»Der Dämonenkult ist nicht wahnwitziger als der Gott geweihte; der eine schwärt im Eiter und der andere bricht in Strahlen aus.« So gesehen, gehört der immer wieder behauptete Gegensatz Gott = Gut und Teufel = Böse, in die Schublade der Spekulationen. **Hat doch die Kirche selbst durch das Zementieren des absurden Teufelsglaubens unendlich viel Böses auf sich geladen.** Die Überwindung des konstruierten Gegenpoles steht auf dem Panier des Christentums und seiner künstlichen Ableger. Der Wahnvorstellung hat sie Tausende Unschuldiger geopfert: sie gehen weit über die Hexenopfer hinaus!

Das Christentum hat die antiken Dämonen über Gebühr, doch für sie von zentraler Bedeutung, auf Hochglanz poliert. Engel und Teufel sind in den Raum gestellte Fabelwesen. Da es keine Hölle gibt, entfällt der Irrglaube an die Existenz eines Fegefeuers und an die höllischen Qualen. All dies wird erfunden, um eine »gigantisches« Sündenbewußtsein bei Tributpflichtigen zu entfachen.

Geht es darum, einen nichtexistenten Gegner permanent zu erniedrigen und ihn künstlich mit allen zu Gebote stehenden (Macht)-mitteln zu bekämpfen, um sich ins rechte Licht zu rücken? Eindeutig, denn gäbe der Teufel seine ihm theoretisch zugeschriebene Rolle als »böser« Widersacher auf, würde die »christliche Idee« wie ein Kartenhaus zusammenfallen. Aufgeschlossene Theologen geben es zu und **aus historischer Sicht ist das Christentum ein »gigantischer« Trümmerhaufen von Fehlspekulationen, arglistigen Täuschungen und unwahren Behauptungen.** Fast alles ist antiken Vorbildern abgekupfert. Hinzu kommt das jüdische Erbe des angeblichen Satans als Widersachers Jahwes. Die Bocksfigur des Teufels ruht auf einem biblisch-jüdischen Überlieferungsstrom. In Palästina wird der Ziegenbock, der wegen seines Gestankes nachts von der Herde getrennt wird, wegen seiner »sprunghaften« Unberechenbarkeit zum Symbol des Verworfenen[4]. Aus dem Ziegen- wird der Sündenbock[5].

Und schon gilt Satan als gestürzter Engel (Luzifer), der sich gegen Gott erhoben hat; er wird zur Zentralfigur des nun entstehenden »neuen« Dämonenglaubens. **Zur Zeit lassen sich etwa eine Milliarde von Leichtgläubigen mit diesem Märchen abspeisen, das nicht nur unwahr, sondern auch bar jeder Vernunft und Logik ist.** Der

Satanskult

ist eine Protestbewegung[6] gegen das unlautere Christentum, womit seine Mängel nicht beschönigt werden sollen. Er schöpft sein Wissen aus antiken Riten; beispielsweise der dort vorkommenden Blutopfer. So wird nach der »orphischen« Tradition Dionysos von Tyrannen zerschnitten und in einen siedenden Kessel geworfen[7]. Eng ist – in beiden Fällen – die Anbindung an Muttergottheiten, aus denen sich die »Gottesmutter« formiert. Die in der Antike angebetete »große« Mutter begegnet uns im Christentum als »Jungfrau Maria« und beim »Hexensabbat« als »Königin der Nacht« (Hexenkönigin). Wieder spiegelt sich die Vorstellung von Gut : Böse!

Der Satanskult gehört zu den bislang wenig erforschten Phänomenen der Religions-, Sozial- und Kirchengeschichte. In ihm äußert sich das Kompensationsverlangen nach mehr geistiger und körperlicher Freiheit einer vom Klerus über Jahrhunderte geknebelten Gesellschaft.

Die im 19. Jahrhundert einsetzende literarische Betrachtung des Satanskultes durch Baudelaire[9], Leopardi[8] und Carducci[10] kann nicht als krankhafte Strömung angesehen werden, zumal die klassischen Ausformungen davor angesiedelt sind. Der Klerus stemmt sich gegen die Religionsvariante und meint: »Der Kult gewähre seinen Teilnehmern im hohen Maß die Möglichkeit, abnorme Triebe auszuleben. Ihre Anhänger stehen der jeweiligen gesellschaftlichen Ordnung frustrierend gegenüber. So wäre einleuchtend, daß der Satanskult zum Sammelbekken psychopatisch Geprägter wird[11].«

Möglicherweise ist das Gegenteil der Fall. Für sie ist jeder Zweifel an der erzwungenen Monopolstellung ein Sakrileg. Sie haben vergessen, daß sie die geistige Grundlage der Opposition sind: mit der Macht wächst der Widerstand; keiner weiß es besser, als die Kirche selbst. Sobald sie vom Teufelsdenken Abstand nimmt, wird der daraus abgeleiteten negativen Komponente die Basis entzogen.

Die hier vorkommenden Orgien haben eine Parallele in den gestört-hysterischen Gotteserlebnissen sexuell unterdrückter Nonnen, Mönche und Priester. »Die Orgie der Schwarzen Messe ist eine Revolte des unterdrückten Fleisches. Der Orgiasmus der entfesselten Instinkte. Ein Halleluja des ans Kreuz genagelten Heidentums« (Przybyzewski).

Erst aus dieser Betrachtung kann der Kult verstanden werden. Er begleitet die Geschichte des Christentums und aus allen wesentlichen Epochen seiner Blutgeschichte lassen sich Beispiele anführen. Eigentlich ist

Der Taufritus

der römisch-katholischen Kirche ein Satanskult á la miniature. 348 berichtet Cyrill von Jerusalem über eine Abschwörung des Satans, der hier vollzogen wird: »ich sage mich los von dir Satan, dem schlimmsten, grausamen Tyrannen, der schlauen und verschmitzten Schlange. O Satan, Urheber und Diener aller Bosheit. Zu deinen Werken gehört jede Sünde. Das, was in Götzentempeln und auf festlichen Märkten ausgehängt ist (gehört), wenn durch die Anrufung der unreinen Dämonen benutzt, zum teuflischen Pomp. Teufelsdienst ist das Beten in Götzentempeln und das, was zur Ehre der leblosen Götterbilder geschieht. Das Anzünden der Lampen und das Räuchern. Wenn Du dich vom Satan und dem Bund mit ihm losgesagt hast, öffnet sich Dir das Paradies Gottes,« was eine unerhört kühne Behauptung ist!

Hier werden Fakten auf den Kopf gestellt, denn die Kirchen bauen ihre Gotteshäuser – die wesentlichen – auf geschleiften Tempeln ihrer Vorgänger und wer weiß nicht, wieviel noch heute in Gotteshäusern geräuchert wird. Die Formel ist von Interesse, weil sie von irrealen Vorstellungen ausgeht und weil noch heute »leblose« Bilder und Statuen vorangetragen und »angebetet« werden. Kerzen und »ewige« Lichter brennen in allen christlichen (und anderen) Kirchen und bei jeder passenden Gelegenheit wird geweihräuchert; u. a. in den Folterkammern beim Wüten der als Hexen Deklarierten. Zwischen den frühen anzubetenden Göttern, die man inzwischen zu Götzen abgestempelt hat, und den heutigen besteht kein Unterschied.

Die phibonitische Gemeinschaft[12)] entsteht in Syrien und breitet sich nach Armenien und Ägypten aus. Um das Jahr 200 u. Z. dringt der Kult in den frühchristlichen. Aus der Verschmelzung ihrer Riten bildet sich das

Phibonitenmahl[13)]

Epiphanius von Salamis kommt 336 mit der gnostischen Sekte in Berührung, löst sich nach dem Studium ihrer Schriften und hinterläßt eine Schilderung ihres Kultmahles[14)]:

»Sie haben ihre Frauen gemeinsam, tragen üppige Speisen auf, essen Fleisch und trinken Wein. Wenn sie miteinander getafelt haben, gehen sie zur Aufreizung über. Der Mann verläßt den Platz an der Seite seiner Frau und spricht zu ihr: »steh auf und vollziehe die Agape[15)] mit dem Bruder.« Die Unseligen vereinigen sich. Danach erheben sie ihre Schande zum Himmel und nehmen das, was aus dem Mann geflossen ist, in ihre Hände, treten hin, richten sich nach dem Himmel, beten und bringen es der Allnatur dar. Danach essen sie es und sagen: »dies ist der Leib Christus.«

Dies machen sie auch mit dem Abgang des Weibes, wenn es in den Zustand des Blutflusses gerät. Das von ihrer Unreinheit gesammelte Menstruationsblut essen sie gemeinsam und sagen: »das ist das Blut Christi.«

Wenn sie sich vermischen, lehren sie, daß man keine Kinder zeugen darf; denn nicht dazu wird bei ihnen Schändung betrieben, sondern um der Lust willen, da der Teufel mit ihnen sein Spiel treibt und so das von Gott geschaffene Gebilde verhöhnt. Sie treiben die Wollust bis zur Vollendung und essen die Frucht ihrer Schande. Wenn einer von ihnen ertappt wird, daß er den Samenerguß einströmen ließ und das Weib schwanger wurde, so höre was sie unternehmen; sie reißen den Embrio zu dem Zeitpunkt heraus, wo sie ihn mit den Händen fassen können, nehmen die Fehlgeburt und zerstoßen sie mit der Mörserkeule.

Hierein mengen sie Honig, Pfeffer, Gewürze und wohlriechende Öle, damit es nicht ekelt. Jeder kommuniziert mit dem Finger von dem verstampften Kind. Nachdem sie den Menschenfraß vollbracht haben, beten sie zu Gott. Wenn sie unter sich in Extase geraten, besudeln sie ihre Hände mit dem Samenerguß, strecken sie aus und beten mit den befleckten Händen; nackt am ganzen Körper.

Das Christentum ist soweit nicht von der Vorstellung entfernt. Bei dessen kultischer Variante wird (historisch) aus dem Sperma das eucharistische Brot und aus dem Menstruationsblut der ebensolche Wein. Einen ähnlichen Kult beschreibt die gnostische Sekte der

Ophiten

Sie verehren eine Schlange. In der frühen Kulturgeschichte tritt sie als Feindin des Göttlichen auf. Im positiven Sinne gilt sie als Vermittlerin von Erkenntnis und/oder der Erlösung. Sie steht in Verbindung zum Heilgott Asklepios. Während sie in der Spätantike als Symbol des Geistes angesehen wird, hebt das Christentum die negative Symbolik hervor. Sie macht aus der Schlange die »Versucherin« der nichtexistenten Eva in einem ebensolchen Paradies und bringt sie mit dem weiblichen Geschlecht in Verbindung; jetzt wird die Frau zur Verkörperung des Teuflischen. **Seit 1000 Jahren grenzen die christlichen Religionsführer das weibliche Geschlecht aus. Kann es eine Religion der Toleranz sein?**

Was es bedeutet, sieht man u. v. a. an den »historischen« Hexenprozessen. Der Tanz in seiner freien Bewegung gehört zu den ältesten Kultformen. In der Antike beten nackte Mädchen auf dem persischen Hochland die

Sonne an. Als Ventil von Zwängen und Ausdruck der Lebensfreude werden

Orgiastische Tänze

aufgeführt. Die früh veranstalteten Tänze an Gräbern sind eine Fortführung antiken Brauchtums. Der Leichenschmaus erinnert daran, vermeintliche Dämonen günstig zu beeinflussen. Die Grabsteine haben (auch) die Funktion, Toten das Hervorkommen zu erschweren und das Läuten der Kirchenglokken soll Dämonen von ihrem schaurigen Tun abhalten.

Früh widmen sich die Kirchenväter der Problematik. Es haben sich einige Aufzeichnungen erhalten, die auf die »unzüchtigen« Tänze eingehen.

Mit dem im 4./5. Jahrhundert einsetzenden Festigungsprozeß der römisch-katholischen Kirche werden die Geistlichen nicht müde, gegen das Tanzen zu polemisieren. Sie handeln nach dem Motto: »wo der Tanz ist, da ist der Teufel nicht weit[16].« Basileus[17] meint: »schamlose Weiber haben, die Furcht Gottes vergessend und das ewige Feuer verachtend an dem Tag, an dem sie in Erinnerung an die Auferstehung zu Hause bleiben und dieses Tages gedenken sollen, anstatt sich mit solchen Gedanken zu beschäftigen und ihre Herzen von bösen Begierden zu reinigen und die früheren Sünden mit Tränen abzuwaschen (und) sich auf die Begegnung mit Christus am großen Tag seiner Ankunft vorzubereiten[18] die Schleier der Sittsamkeit von ihrem Haupt entfernt und sich-Gott verachtend-schamlos jedem männlichen Blick ausgesetzt. Mit lüsternem und ausgelassenem Gelächter, wie rasend in den Tanz gestürzt und vor der Stadt bei den Gräbern der Märtyrer Tänze aufgeführt, und die geheiligten Orte zur Werkstätte ihrer Schamlosigkeit gemacht. Sie haben die Luft mit ihren buhlerischen Gesängen entweiht. Wahre Buhldirnen und ganz verrückt; wie könnte ich dazu schweigen?«

Die Kirche erkennt nicht, daß der von ihr ins Joch Gepreßte im Tanz ein Ventil aus auferlegten Zwängen sucht. Durch Verbote, Exorzismen und die Isolierung von »Befallenen« wird versucht, der Sache Herr zu werden.

Orgiastische Tänze entstehen in der überhitzten Phantasie einer bigott-einfältigen Bevölkerung und deren Interpreten. »Es läßt sich nachweisen, daß von den rasenden Frauen an den Märtyrergräbern ein Weg zu den Hexen führt[19].« Im hohen Mittelalter, als die Dunstglocke der klerikalen Dogmen unerbittlich über allen schwebt, gesellen sich Massenpsychosen dazu. Sie sind im Verbund mit Pesten, Epidemien (auch an Tieren), sozialen Mißständen und einer religiös überzogenen Atmosphäre verständlich. Es kommt zu regelrechten

Tanzwut-Ausbrüchen

Sie erreichen im siebten, achten, elften und zwölften Jahrhundert Höhepunkte. Auffallend wird, daß es in der Regel an kirchlichen Festtagen, Sterbetagen von Angehörigen und auf den Gottesäckern zu Ausschreitungen kommt. Daraus entstehen nicht nur der Johannis- und Veitstanz, sondern auch der Tantarismus, aus dem sich die Tarantella[20] formiert.

Derartige Täze treten nicht nur in der Öffentlichkeit, sondern vor allem hinter Klostermauern in Erscheinung. Vor allem hier zeigt sich der Drang nach mehr Freiheit der unterbundenen Gefühle der nahezu rechtlosen Insassen. Schon damals fungieren Nonnen als Lustobjekt der Geistlichen, werden jedoch gleichzeitig als »Schlange der Lust« verteufelt und degradiert.

Der Klerus versteht es, solche Ausbrüche als Warnfinger des »gerechten« Christengottes umzumünzen. 1374 bricht in der Rhein-Moselgegend eine Welle der Tanzwut aus. Die *Limburger Chronik* berichtet: »und fand man, daß es eine Ketzerey war, und geschehe um Geld willen, daß ihr ein theil Frau und Mann in Unkeuschheit mochten kommen. Und fand man zu Cöln mehr denn hundert Frauen und Dienstmägde, die nicht eheliche Männer hatten. Die wurden alle in der Tanzerey Kinder-tragend. Die Meister von der Heiligen Schrift, die beschworen die Tänzer ein Theil, sie meynten, daß sie besessen wären von dem bösen Geist. Also nahm es ein betrogen End und währete wohl sechszehen Wochen in diesen Landen oder in der Maß. Und er war ein eitel Teuscherey und ist verbottschaft gewesen an Christus nach meinem Bedünken.«

Zur Kompensation der unterdrückten Freude am Tanz bilden sich in Frankreich

Narrenfeste

heraus. Harmlos sind einfache Tänze zwischen dem niederen Klerus und Kindern beim Fest der »unschuldigen Kindlein« (festum innocentium). Sens berichtet 1445: »zittern und erröten mögen die, die, den ruchlosen Ritus einer gewissen Festlichkeit befolgen, den ihre Anführer das Fest der Narren nennen. Es ist eine unzweifelhaft teuflische

Einrichtung unter dem ehrwürdigen Namen des Herren. Sie überlassen sich zur Zeit des Gottesdienstes der Unflätigkeit, indem sie gespenstische und monströse Masken tragen und als Frauen, Kuppler oder Schauspieler verkleidet, Tänze in der Kirche und im Chor aufführen, unanständige Lieder singen, Würfelspiele treiben und mit stinkendem Rauch weissagen, weihräuchern und durch die Kirche rennen. Ohne zu erröten, springen nackte Männer ohne Bedeckung der Schamteile auf schmutzige Wagen und fahren durch die Stadt, wo sie mit ihren Körpern schändliche Gesten aufführen. Mit Recht wird dieses schmähliche »Fest der Narren« genannt[21]. Die

Synode von Orleans

geht im Jahre 1022 auf einige von ihr als »häretisch« bezeichnete Sekten ein. Die Manichäer – die dem stärker werdenden Christentum Pari bieten – vertreten die Meinung: »man könne Sünden überwinden, wenn man sie mit anderen (ab)tötet.« Von der Kirchenversammlung hat sich ein Bericht erhalten, der einige Kultbräuche der Neu-Manichäer in verzeichneter Form beschreibt[22].

»Sie versammeln sich in gewissen Nächten, wobei alle Laternen in den Händen hielten, bis sie plötzlich einen Dämon in der Gestalt eines Tieres unter sich herabsteigen sehen. Sogleich reißt jeder, nachdem die Lichter gelöscht worden waren, eine Frau zum Mißbrauch an sich; ohne Rücksicht auf die Sünde, ob Mutter, Schwester oder Nonne.

Die Begattung wird von ihnen als etwas Heiligen und Religiöses geschätzt. Wenn in der schmutzigen Begattung ein Kind gezeugt wird, wird es am achten Tage bei angezündetem Feuer geprüft und verbrannt. Seine Asche wird zur Verehrung gesammelt. Wie die christliche Frömmigkeit den Leib Christi aufzubewahren pflegt.« Guibert von Nogent gibt ein weiteres Beispiel aus dem frühen 12. Jahrhundert.

»Die Versammlungen halten sie in geheimem Gewölben ab, dabei ohne Unterscheidung des Geschlechts, wobei sie bei angezündeten Kerzen einer mit entblöstem Gesäß nach vorn gebeugten Dirne von hinten Kerzen darbringen. Sobald sie gelöscht sind, verkünden sie das Chaos und jeder vereinigt sich mit der, die ihm als erste unter die Hände kommt. Wenn eine Frau schwanger wird, kehrt sie (erst) nach erfolgter Geburt dorthin zurück. Ein großes Feuer wird angezündet, von den Umsitzenden wird ein Kind von Hand zu Hand durch die Flammen geworfen, bis das Feuer gelöscht ist. Darauf wird es zu Asche gemacht. Aus ihr wird Brot bereitet.«

Der Genuß der Aschen-Reliquie ist ein antik-mystischer Akt[23]. Von hier zur Firmung ist es ein Schritt. Die Gläubigen (?) am Aschermittwoch auf den Kopf gestreute Asche hat nach der Auffassung der Geistlichen eine reinigend-dämonenabwehrende: deshalb schützende Wirkung. Primitive Volksstämme reiben sich noch heute mit Asche ein, um ihrem Körper die Kraft des Anderen zu verleihen. Seit Urzeiten vertritt man die Ansicht, daß die Asche von Getöteten die Substanz des Lebens beinhaltet: man spricht ihr magische Kraft zu und schätzt sie als Zaubermittel. Im christlichen Glaubenskampf tut man nichts anderes!

Nun schaltet sich die höchste Autorität, Papst Gregor IX. in das Geschehen ein. Er beschreibt aufgrund ihm zugegangener Berichte- wahrscheinlich liegt ihm eine Schilderung des Inquisitors Konrad von Marburg vor, ein »diabolisches« Ritual und berichtet in der Dekretale Vox in rama (13. Juni 1233) an König Heinrich VII. und in einem Pastoralschreiben an Erzbischof Siegfried I. von Mainz, wie an den Bischof Konrad von Hildesheim:

»Wenn ein Neuling aufgenommen wird und zuerst in die Schule der Verworfenen tritt, erscheint ihm eine Art Frosch, den manchen eine Kröte nennen. Einige geben ihm einen schmachwürdigen Kuß auf den Hintern, andere auf das Maul und ziehen die Zunge und den Speichel des Tieres in ihren Mund. Es erscheint zuweilen in gehöriger Größe, manchmal so groß wie eine Ente oder Gans, meist nimmt es die Größe eines Backofens an.

Wenn der Novize weitergeht, begegnet ihm ein Mann von wunderbarer Blässe, mit schwarzen Augen, so abgezehrt und mager, daß alles Fleisch geschwunden und nur noch die Haut um die Knochen zu hangen scheint. Diesen küßt der Novize und fühlt, daß er kalt wie Eis ist und nach dem Kusse verschwindet alle Erinnerung an den katholischen Glauben bis auf die letzte Spur in seinem Herzen. Hierauf setzt man sich um Mahle, und wenn man sich von ihm erhebt, steigt durch eine Statue, ein schwarzer Kater von der Größe eines mittelmäßigen Hundes rückwärts und mit zurückgebogem Schwanz herab.

Diesen küßt er Novize auf den Hintern, dann der Meister und so fort alle übrigen der Reihe nach, jedoch nur solche, die würdig und vollkommen sind, die unvollkommenen empfangen vom Meister den Frieden.

Methoden, mit denen das Heilige Offizium seine Fragen stellte (nach B. Picard. Quelle: Bibliothéque Nationale, Estampes).

Wenn alle ihre Plätze eingenommen haben, gewisse Sprüche gesagt und ihr Haupt gegen den Kater geneigt haben, sagt der Meister: »Schone uns« und spricht es dem Nächststehenden zu, worauf der dritte antwortet: »Wir wissen es, Herr« und ein vierter hinzufügt: »Wir haben zu gehorchen.« Nach den Verhandlungen werden die Lichter gelöscht und man schreitet zur abscheulichen Unzucht ohne Rücksicht auf Verwandschaft.

Findet sich nun, daß mehr Männer als Weiber zugegen sind, so befriedigen Männer mit Männern ihre schändliche Lust. Ebenso verwandeln Weiber durch solche Begegnungen miteinander den natürlichen Geschlechtsverkehr in einen unnatürlichen. Wenn die Ruchlosigkeit vollbracht ist, werden die Lichter entzündet und wenn alle auf ihren Plätzen sind, tritt aus dem dunklen Winkel der Schule, wie sie die verworfendsten aller Menschen haben, ein Mann hervor, oberhalb der Hüfte glänzend und strahlender als die Sonne, wie man sagt, unterhalb aber rauh wie ein Kater, und sein Glanz erleuchtet den Raum.

Jetzt reißt der Meister etwas vom Kleid des Novizen ab und sagt zu dem Glänzenden: »Meister, dies ist mir gegeben und ich geb dirs wieder«, worauf er antwortet: »Du hast mir gut gedient, du wirst mir mehr und besser dienen: ich gebe in Deine Verwahrung, was du mir gegeben hast.« Unmittelbar nach den Worten ist er verschwunden.

Auch empfangen sie jährlich an Ostern den Leib des Herren aus der Hand des Priesters, tragen ihn im Mund nachhause und werfen ihn in den Unrat zur Schändung des Erlösers. Überdies lästern die Unglückseligen aller Elenden den Regierer des Himmels mit ihren Lippen und behaupten in ihrem Wahnwitz, daß der Herr im Himmel in gewalttätiger, ungerechter und arglistiger Weise Luzifer in die Hölle gestoßen habe. An diesen glauben die Elenden und sagen, daß er der Schöpfer der Himmelskörper sei und einst nach dem Sturze des Herrn zu seiner Glorie zurückkehren werde. Sie bekennen, daß man alles, was Gott gefällt, nicht tun solle, sondern das, was ihm mißfalle.«

Dies ist von Bedeutung, da hier Satan an die Stelle des gedachten Gottes tritt. Was seither Ketzern vorgeworfen wird, war lediglich die Leugnung der christlichen Religion oder

Der Sadist Gilles de Rais. Faksimile und Siegel. Er wird 1440 hingerichtet.

bestimmte Teile ihrer Lehren. Hier gelobt man dem Teufel Treue und Ergebenheit; man sieht in ihm den Schöpfer und Lenker, der einst triumphieren wird.

Spätere Autoren bemühen sich, den Papst von den Anmerkungen zu entlasten, die er der sündigen Nachwelt hinterlassen hat. Das merkwürdige Dokument papistischer Einfalt aktiviert (später) eine verhängnisvolle Entwicklung.

Der Frosch bedeutet im alten Ägypten und beim koptischen Christentum das Symbol der Lebenserneuerung und Wiedergeburt. Die christliche Tradition stilisiert ihn mit dem Gleichnis: »da er sich im Schlamm der niedrigen Sinnlichkeit aufhalte« zum teuflischen Abbild um. Es ist eine aufgewärmte Tiersymbolik, wie sie antiken Denkleistungen entspricht.

Das Christentum benötigt dazu den Ziegenbock, die Schlange, den Frosch und die Taube: originär ist an der Religionsvariante nichts und es gibt nur ein Wunder: daß es gelungen ist, einen solchen Aberwitz auf Millionen zu übertragen und sich dafür bezahlen zu lassen! Die Aufnahmeriten der

Templer

haben sich erhalten. Wir erkennen eine Anlehnung an antike Männerbünde und deren Initiationsriten. Einer gesteht: »er habe sich bei der Aufnahme in Gegenwart der assistierenden Brüder nackt ausgezogen und man habe ihm befohlen, ihn auf das Gesäß zu küssen: er habe abgelehnt, es zu tun[24).«

Befragt, wie lange er im besagten Orden gewesen sei, antwortet er: »der genannte Bruder P. der ihn in der Kapelle aufgenommen habe, habe ihm die Ordenskleider und den Mantel übergeben. Er habe denselben auf den Mund, Nabel und auf das Rückgrat geküßt. Dann habe man ihm ein Kreuz gebracht und ihm befohlen, darauf zu spucken, es mit Füßen zu treten und Jesus abzuschwören; es gehöre zu den Riten des Templerordens.«

Sie werden in einen langjährigen Prozeß verwickelt. 1312 wird der Orden von Clemens V. aufgelöst. Zwei Jahre später wird der Großmeister, Jaques de Molay, mit anderen verbrannt. Vergl. dazu die Ausführungen im Korrespondenzband *Sünden der Kirche*.

Gilles de Rais

stammt aus einem einflußreichen französischen Geschlecht und steigt in kurzer Zeit zu militärischen Ehren auf. Sein feudaler Lebenswandel beginnt seine Finanzen zu untergraben; so versucht er sich als Alchimist und Goldmacher. Dazu benötigt er die Hilfe vom Satan und gewisser Dämonen. Er muß als Einzelgänger betrachtet werden und seine Verbindung zur Schwarzen Messe ist strittig. Dennoch ist der gegen ihn und seine Mitwisser geführte Prozeß von Interesse.

Er ist Ritter in der Gemeinde Saint-Marie (Nantes). Hier klagen Bürger über den Verlust ihrer Kinder. »Sie sollen gefangen, auf unmenschliche Weise gewürgt, getötet, zerstückelt und verbrannt worden sein. Man habe sie teils tot, teils sterbend auf schändliche Weise gequält und die Leichen bösen Geistern geopfert. In widernatürlicher Weise habe man Unzucht mit ihnen getrieben, wobei er bei Mädchen die natürliche Leibesöffnung verschmähte. Dies soll er etwa 14 Jahre lang getrieben haben.« Immer weiter verdichten sich die Klagen, Gerüchte und Beschuldigungen[25).

Die Aussagen werden geprüft und es stellt sich heraus, daß der Edelmann mit Komplizen[26) über einen längeren Zeitraum Verbrechen begangen hat. Vom 29. Juli 1440 hat sich eine Nachricht über die (geheime) Untersuchung und eine Erklärung seiner Schändlichkeiten erhalten.

Außerdem existiert die Anklageschrift. Sie ist von J. Delauny, J. Petit und G. Lesné unterschrieben. Sie fordert vom Bischof von Nantes und Bruder Jean Blouyn, dem Stellvertreter des Inquisitors, daß Gilles de Rais mit seinen Komplizen bestraft wird. Der Hauptanklagepunkt ist, daß er das Sakrileg der kirchlichen Immunität auf sich geladen und die Strafe der Exkommunikation verdient hat: »man solle ihn bis zu seinem Heil züchtigen.«

Mitte Oktober 1440 erwidert er: »daß er zu den besagten Artikeln keine Einwände hat und nichts hinzufügen möchte. Er gestehe die von ihm begangenen und böswillig verübten Verbrechen. Er bitte demütig, ergeben und weinend um Verzeihung und gesteht seine Scham.Er widerspreche der Anklage in dem Punkt, daß er keine bösen Geister beschworen habe.«

Im weiterführenden Prozeß wird er durch die Aussagen des Geistlichen Francois Prelati aus der Ortschaft Montecatini im Nievolo-Tal belastet. Für die Schandtaten wird er mit seinen Komplizen gehängt.

Hexenpanik in Longrono

1609 bricht in der spanischen Stadt Longrono eine Panik aus. Inquisitoren veranstalten ein Atodafé, bei dem sechs als Hexen verbrannt und 18 begnadigt werden. Fünf

Anklagepunkte gegen den Sadist Gilles de Rais. 29. Juli 1440

- Er habe mit dem ungefähr zehn Jahre alten Knaben, Sohn von Jean Lavary, die Sünde der Sodomie begangen, bevor er ihn töten und sterben sah. Er mißbrauchte den Jungen auf schändliche und unanständige Weise. Anschließend tötete er ihn grausam im Haus eines Nachbarn namens Boethen, und, nachdem er ihm den Kopf abgeschnitten und (diesen) behalten hat, ließ er den Leichnam dieses also massakrierten Jungen in die Latrinen werfen.
- Er habe während eines Zeitraumes von etwa 14 Jahren in den Schlössern Camstocé in der Diözese Angers, Macheoul und Tiffauges, wie in Vannes und verschiedenen privaten Häusern 140 oder mehr Kinder, Knaben und Mädchen, auf meuchlerische, grausame und unmenschliche Weise getötet. Während sie im Sterben lagen, habe er die abscheuliche Sünde der Sodomie, die den Himmel besudelt, begangen. Er mißbrauchte sie auf eine der Natur entgegengesetzte Weise zur Befriedigung seiner unerlaubten und verdammenswerten Fleischeslust; dann verbrannte er die Leichen der Unschuldigen oder ließ sie verbrennen. Er ließ ihre Asche in die Gruben und Gräben besagter Schlösser und in die Kloaken des Hauses La Suze werfen.
- Er habe mit seinen Komplizen Kupplerinnen beauftragt, für ihn (sie) Kinder unter Vorwänden einzufangen und sie ihm (ihnen) zuzuführen.
- Er habe mit einem 15jährigen Jungen oft die widernatürliche Sünde der Unzucht begangen, ihn dann getötet und seinen Körper auf das Schloß Macheoul bringen lassen, damit er dort verbrannt würde.
- Er esse köstliche Speisen und trinke Würzwein, Bleichert und andere Arten, um sich zur besagten Sünde der Sodomie anzustacheln, damit er sie ausschweifender, ergötzlicher und leichter begehe.
- Er habe in seinem Zimmer auf Schloß Tiffauges eine Hand, die Augen und das Herz eines der besagten Kinder mit dessen Blut in ein Glas getan und es daraufhin einem Dämon angeboten.
- Er habe die Sakramente der Taufe und Kommunion erhalten; damit habe er auf die teuflischen Werke und seine Verlockungen verzichtet. Er habe sich mit Wahrsagern, Magiern und Teufelsbeschwörern verbunden[27)].
- Er habe die Geister unter dem Namen Baron, Oriens, Belzebuth und Belial beschwört. Dadurch wollte er sich Wissen, Macht und Reichtum sichern. Messire Eustache Blanchet, Priester der Diözese le Saint-Malo hat ihn in der Kunst der Beschwörung des bösen Geistes unterwiesen. Solche Beschwörungen habe Gilles de Rais an verschiedenen Orten unternommen.
- Seit mehr als 14 Jahren sei er mit Ketzern und Wahrsagern in Verbindung; er habe ihre Dogmen angenommen und deren verbotene Bücher gelesen.
- Er habe die Ruchlosigkeit des heimlichen Glaubensabfalles begangen. Er habe es bereut und geschworen, nie mehr ähnliche Dinge zu begehen. Er hatte deshalb den Vorsatz, zu einer Pilgerfahrt nach Jerusalem aufzubrechen, um das Heilige Grab des Herrn aufzusuchen.
- Er sei (aber) wie ein Hund zum Erbrochenen zurückgekehrt und habe weiterhin mehrere Kinder auf unmenschliche Weise getötet und seine widernatürliche Unzucht an ihnen fortgeführt. Er wurde rückfällig und beharrte in den oben genannten Verbrechen.
- Er sei gewaltsam in die Gemeindekirche Saint-Etienne de Memorte eingedrungen und gegen Jesnil le Feron, einen Geistlichen aus Nantes, vorgegangen. Er ließ ihn fangen und hielt ihn tage- ja monatelang an Händen und Füßen gefesselt. Dadurch habe er die Immunität der Kirche verletzt und sich dem Urteil der Exkommunikation ausgesetzt.
- Die allgemeine Meinung der Menschen, die ihn kannten, sei, daß er ein Apostat, Götzendiener, Würger, Unschuldiger, Wahrsager und Hexenmeister sei.
- Er habe die Angewohnheit gehabt, sich zu seinem Verbrechen zu bekennen. Dadurch habe er unseren katholischen Glauben und unserer heiligen Mutter Kirche, wie auch der Öffentlichkeit, beträchtlichen Schaden zugefügt.

sterben während der Haft. Die Geistlichen berufen sich auf erfolterte Aussagen. Über das damit im Zusammenhang stehende Blutbad hat sich eine Aufzeichnung erhalten; eine Persiflage auf die römische Liturgie[28]. Der Gewährsmann berichtet:

»Um die schändliche Sekte auszubreiten, bedient sich der Teufel der längstgedienten Hexer, die andere in der Kunst unterweisen. Der Lehrmeister überredet den Kandidaten (ein) Hexer zu sein und (kommt) an sein Bett, salbt ihn mit einem dunkelgrün stinkenden Wasser Hände, Schläfen, Brust, Schamteile und Fußsohlen und führt ihn auf der Stelle mit sich durch die Luft. Mit großer Eile gelangen sie zum Platz ihrer Zusammenkünfte.«

Hier sitzt der Teufel auf einem Thron. Er hat große runde Augen, weit aufgerissen, feurigrot, glühend und furchterregend. Körper und Wuchs liegen zwischen dem eines Menschen und eines Bockes. Sein Bart gleicht dem einer Ziege. Er hat eine schauderhaft mißtönende Stimme und sein Gesichtsausdruck ist trübsinnig.

Alsogleich läßt man den Novize abschwören. Zunächst Gott, alsdann der heiligen Jungfrau und der Mutter Maria, dann allen Heiligen, der Taufe, der Firmung, seinen Paten und Eltern, dem Glauben und allen Christen. Nun empfängt er den Teufel als seinen Gott und Herrn. Er wird ihn retten und ins Paradies führen. Der Novize drückt ihm einen Kuß auf die linke Hand, die Brust und die Schamteile. Sogleich wendet er sich auf die Seite und entblöst jene Körperteile, die häßlich und bei ihm schmutzig und stinkend sind. Er wird unterhalb des Schwanzes geküßt. Daraufhin markiert der Teufel den Anwärter, indem er ihm mit seinen Krallen eine Wunde schlägt. Dieses Zeichen bleibt sein Leben (stigma diabolicum).

»An den Vorabenden gewisser Hauptfeste versammeln sie sich zum Hexensabbat, um den Teufel feierlich anzubeten und ihm zu beichten. Er macht ihnen Vorwürfe, daß es sich nicht gehöre, etwas Christliches zu tun. Währenddem wird ein schäbiger Altar errichtet. Der Teufel legt Meßgewänder an und singt eine Messe aus einem missalähnlichen Buch. In einer Predigt sagt er ihnen: »sie sollen ruhmsüchtig und eitel sein: sie sollten nur ihn als Gott anerkennen. Den Christen sollen sie soviel Übel als möglich antun.«

Dann werden Opfer dargebracht. Zwei Hexer, die das Amt der Schleppenträger wahrnehmen, heben das Unterteil der teuflischen Meßgewänder, damit man seine Schamteile küssen kann. In dem Augenblick, da man den Teufel unterhalb des Schwanzes küßt, bläst er einem einen fürchterlich stinkenden Rauch ins Gesicht. Dann setzt er die Messe fort, reicht den Hexen die Kommunion und gibt jedem ein schwarzes Stück, worauf das Konterfei des Teufels gemalt ist und das widerlich und schlecht zu schlucken ist.«

Sobald die Messe beendet ist, wohnt er nach Weise der Sodomiten allen Männern und Frauen bei. Sie suchen eine Frau aus und bringen sie zu ihm. Er streckt sie mit der linken Hand zu Boden und stemmt sie gegen einen Baum. In dieser Stellung wohnt er ihr bei, während die Männer Musik machen.

Maria Istarta, Tochter der Königin des Hexensabbats, erklärte, daß es der Teufel mit ihr beidseitig im Fleische getrieben und sie defloriert habe. Sie habe dabei große Schmerzen ausgestanden und sei mit einem blutigen Hemd nachhause gekommen.

Martin Vizcar Bruco gab zu Protokoll, daß er, als ihm der Teufel das erstemal beiwohnte, Schmerzen empfand und blutig nachhause zurückkehrte. Um seine Frau zu beruhigen, was das für Blut wäre, habe er vorgegeben: »sich an einem Busch verletzt zu haben.« Ohne Ansehen seines Standes und der Verwandschaftsgrade vermischten sich alsdann Männer mit Frauen. Von Interesse ist die Schilderung von

De Lancre[29]

»Der Sabbat ist ein Markt von zusammengewürfelten außer sich geratenen Händlern. Ein Zusammentreffen 10 000 blitzschnell vorübereilender Dinge. Man sieht Reales und Blendwerk. Die unangenehmen Dinge sind voll Häßlichkeit und Greuel. Sie bezwecken Zügellosigkeit, Beraubung, Verderben und Zerstörung.

Die ordentlichen Kuriere des Sabbats sind die Frauen. Sie fliegen und eilen wie Furien zerzaust. Man sieht sie nackt und eingefettet. Sie kommen und entfernen sich, indem sie auf einem Stock oder Besen sitzen. Von einem Bock getragen, ein oder zwei Kinder auf dessen Kreuz (Rücken), wobei sie den Teufel bald vorn als Führer, bald hinten am Schwanz als Peitscher haben. Wenn sie niedergehen, stürzen sie herab, hundertmal schneller als sich ein Adler oder Milan auf eine Ammer stürzen kann.

Der Teufel als Gebieter der Versammlung tritt als stinkender und bärtiger Bock auf. Seine Stimme ist gebieterisch, rollend und entsetzlich. Er sitzt auf einem flammenden Stuhl. Als König in des Sabbats sitzt eine von ihm verführte Hexe an seiner Seite. Man sieht dort große Kessel voll Kröten und Vipern, Herzen ungetaufter Kinder, dem Fleisch von Gehenkten und schauderhaftem Aas. Töpfe mit Fett und Gift, das bei dem Jahrmarkt gebraucht und ausgegeben wird.

Die Frauen und Mädchen, mit denen sich der Teufel vermischen will, sind mit einer Nebelwolke bedeckt, um die Abscheulichkeiten zu verbergen, die es dabei gibt, und um das Mitleid fernzuhalten, das man mit dem Schreien und den Schmerzen der Unglücklichen haben könnte.«

Die 28jährige Marie de la Ralde sagt: »Sie habe auf dem Sabbat viel größere Lust und Befriedigung gehabt, als wenn sie zur Messe gegangen sei.« Die 16jährige Jeanette d'Abradie meint: »daß sie den Teufel in der Gestalt eines schwarzen scheußlichen Mannes gesehen habe. Mit sechs Hörnern und einem großen Schwanz, einem Gesicht vorn und hinten am Kopf. Dann habe sie dem Teufel sein Glied und Gesäß küssen müssen. Sie sei durch den Satan defloriert und von ihm unzählige Male fleischlich erkannt worden.

Sie sei der Paarung mit ihm ausgewichen, weil die Erduldung seines aus Schuppen gebildeten Gliedes außerordentliche Schmerzen bewirke. Zudem wäre sein Samen so kalt, daß er nicht schwängere. Außerhalb des Sabbats habe sie nie etwas Schuldhaftes getan, aber auf ihm ein wunderbares Vergnügen gehabt.«

Die Ehefrau betreibe ihr Spiel in der Gegenwart des Mannes ohne Argwohn und Eifersucht. Der Vater defloriere die Tochter und die Mutter raube ohne Scheu die Unberührtheit des Sohnes, Bruders oder die der Schwester. Sie habe gesehen, wie sich jedermann auf inzestuöse Weise und gegen jede Odnung der Natur vermischt habe.«

Es würde sie nicht der göttlichen Gnade berauben. Sie glauben nicht, dadurch ihren Anteil am Paradies verloren zu haben. Falls sie von der Justiz angeklagt werden, würden sie weder weinen noch eine Träne vergießen. Ja, ihr falsches Mysterium, sei es das der Folter oder das des Galgens, ist für sie so lustvoll, daß sie es kaum erwarten können, mit dem Teufel vereint zu sein. Es gebe ihnen Trost und Befriedigung.« Im Umfeld des Hexenbrennens haben sich einige Fragmente von

Sabbat-Predigten

erhalten: »Indem Marie de Sains sprach, sagte sie, daß man nach der gelesenen Messe eine hl. Hostie genommen und daß ein jeder gegen sie Blasphemien ausgesprochen habe. Während des Opfers begehe man 1000 Schändlichkeiten. Die einen streckten die Zunge heraus, andere lästerten, andere entblösten die Schamteile.«

»Meine Freunde, heute feiern wir den Sabbat der Sodomie. Es ist ein Luzifer angenehmes Werk. Ich bitte Euch, eure Pflicht zu tun und euch untereinander anzureizen. Wenn ihr das Werk oft vollbringt, werdet ihr den Lohn der Welt haben und in der anderen das ewige Leben.«

Fernab vom sündigen Treiben auf »offener« Straße finden in einigen Klöstern sexuelle Verfehlungen statt. Hier ist von einer hohen Dunkelziffer auszugehen. Im frühen 17. Jahrhundert ereignet sich im nördlichen Frankreich ein Verläumdungsprozeß. Schauplatz ist das Kloster

Saint-Louis (Louviers)[30)]

Es kommen Verhexungen, dämonische Erscheinungen, sexuelle Verirrungen, Intrigen und dubiose Verhaltensweisen an den Tag. Eine Leiche wird exhumiert und auf den Müll gekippt, ein Priester wird lebend verbrannt, eine Nonne fünf Jahre in den bischöflichen Kerker gesperrt. Der Fall erregt Aufsehen.

Die Regentin Anna von Österreich nimmt Kenntnis und schickt ihren Vertrauensmann und Hausarzt, Yvelin, mit einem Ratsmitglied nach Rouen. Die Besessenen antworten scheinbar in fremden Sprachen und haben eine Aversion gegen die als heilig anzusehende Kommunion. Kirchlicherseits gilt es als untrügliches (!) Zeichen für das Vorhandensein von bösartigen Geistern. Insgesamt sind 18 Nonnen befallen, wobei als Hauptdämon Dagon, Putifer und Levithian in Erscheinung treten.

Hintermänner des Skandals tragen die Affaire vor das oberste Gericht. Mit Hilfe Kardinals Mazzarin wird sie unterdrückt. Der Fall läßt sich rekonstruieren. Die Generalbeichte der Nonne Bavent hat sich so erhalten wie einige bischöfliche Urteile und Schreiben des französischen Staatsrates. Es wird berichtet, daß es sich um vorgetäuschten Betrug handelt. Nach der Aufdeckung werden die Nonnen in kirchliche und weltliche Häuser verbracht.

Die Affaire ist im Verbund mit den Schwarzen Messen von Interesse, denn hinter Klostermauern werden illuminatische Ideen gepflegt; es kommt zu sexuellen Ausbrüchen. Insassen sterben an Langeweile und leiden unter dem neurotisch-despotischen Beamtenapparat der Vorgesetzten, der nahezu

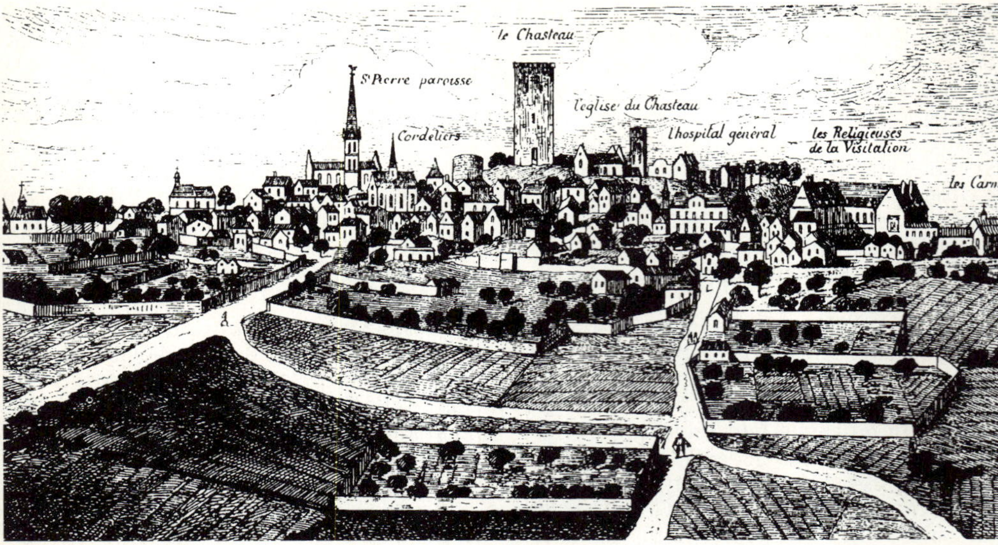

Das Kloster Saint-Louis in Lorviers im 17. Jh. Hier spielt sich der Verleumdungsprozeß gegen die Nonne Bavent ab.

alle Regungen im Keim erstickt. Oft ist der Beichtvater der einzige Kontakt zur Außenwelt. Er hat freien Zugang zu den Zellen und wird zum Tröster in Nöten, Sehnsüchten, Träumen und Begierden[31)].

Magdalaine Bavent
wird um 1607 in Rouen geboren. Als sie neun Jahre alt ist, sterben ihre Eltern. Bis zum 13. Lebensjahr bleibt sie bei einem Onkel und nimmt eine Stelle als Weißnäherin an. Sie verliebt sich in einen Franziskaner, der mehrere Näherinnen verführt hat. Offensichtlich ist sie streng-religiös erzogen, denn sie meint: »von jungen Jahren an gab mir Gott beständig Gedanken über die Religion ein. Ich fühlte eine besondere Verehrung für den heiligen Franziskus und hatte mich darauf versteift, einem Kloster anzugehören, das seiner Regel folgte. Ich schwöre, daß es meine Absicht war, Jesus Christus zu dienen und eine gute Nonne zu werden.« In einem Protokoll berichtet sie:

»sie wäre auf Drängen der Familie eingetreten, da ihre körperliche Gemeinschaft mit einem Mönch als Schuld und Sühne auf ihr laste.« Bald bekommt sie Gelegenheit, die Klosterpraktiken zu spüren!

Um 1623 gründet Hennequien in Louviers das Kloster und stellt es unter die Regel des Vielgelobten. Sie erklärt sich zur Oberin. Die Päpste Paul IV. und Gregor XV. bestätigen es. Bemerkenswert ist der Anlaß der Gründung. Sie will die Seelenruhe ihres Mannes erreichen, den man 1622 u. a. wegen Unterschlagung gehängt hat.

Ihr Vertrauer von der ersten Stunde an wird Pater David, der nach seinem Amtsantritt seine Geliebte, Simon Gaugain, in die klösterliche Gemeinschaft führt. Er verfolgt eine dem Zeitgeist entsprechende Strömung antiklerikalen Verhaltens, die der Illuminaten, Luziferianer, Adamiten und Brüder des Freien Geistes. Einer ihrer Glaubenssätze besagt, daß Sünde nur durch Sünde bekämpft werden kann, also eine Anbindung an die Neu-Manichäer vorliegt. Eine Nonne könne das Gelübde der Armut am vollkommendsten erfüllen, wenn sie den Mönchen alles (incl. ihres Körpers) zur Verfügung stelle.

Magdalaine tritt mit 16 Jahren in das Kloster ein, was ihr zum Verhängnis wird. Neben die Besagungen der Nonne Barré treten weitere Beschuldigungen. Sie führen zu einer unmenschlichen Behandlung und zu ihrer Verurteilung.

Pater David predigt den Novizinnen und jüngeren Nonnen Nacktheit. So wird eine Zügellosigkeit größeren Umfanges eingeleitet. Die Bavent stellt ihrem Beichtvater kein rühmliches Zeugnis aus: »mein Unglück war, David zu finden. Er war ein schrecklicher Priester und eines so heiligen und göttlichen Standes unwürdig. Der schlechte Mensch und ekelhafte Priester hat uns abscheuliche Praktiken gelehrt. Als die frommsten und tugendhaftesten wurden die angesehen, die sich nackt auszogen und in dem Zustand tanzten, im Chor erschienen oder in den Garten gingen. Man gewöhnte uns daran, uns unzüchtig zu berühren und die infamsten Sünden wider die Natur zu begehren. O Grauen!

Ich habe gesehen, wie man die Beschneidung an einem Symbol durchführte, das aus Teig gemacht schien und das einige hinterher nahmen, um damit zu tun, was sie tun wollten. Ich leistete Widerstand, als ich einmal nackt bis zum Gürtel ausgezogen, kommunizieren sollte. Ich mußte es dennoch tun. Dadurch galt ich als ungehorsam, störrisch und rebellisch[32]. Vor allem stellten sich die Oberin, die Mutter Vikarin und die Novizinnenmutter gegen mich.«

Pater David hat außer seinem Vergnügen mit dem nichts zu tun. Er stirbt 1628 im Ruf der obligatorischen Heiligkeit. Vor seinem Tod bestimmt er

Mathurin Picard

Pfarrer von Mesnik-Jourdain, zum Nachfolger und Beichtvater der Nonnen. Bavent hinterläßt eine Kasette, in der er das von ihm und Picard unterschriebene Papier der Blasphemien findet. Es wird während der Messe gelesen und enthält »nichts als schauerliche Flüche gegen die hochheilige Dreifaltigkeit, das heilige Sakrament und die Zeremonien der Kirche.«

Bavent kommt vom Regen in die Traufe. Vom Turm der Externen kehrt sie ins Kloster zurück. Picard schwängert sie und betreibt ihre (Wieder)einweisung, damit sie unbeobachteter entbinden kann. Während der Beichte drückt er ihr für gewöhnlich Ihre Hände auf seine bedeckten Geschlechtsteile, beginnt sie zu streicheln und unzüchtig zu berühren.

»Die Nachstellungen dieses Schuftes dauerten an und seine Unverschämtheit war so groß, daß er seine lüsternen Berührungen fortsetzte, als er schon mehr tot als lebendig war. Ein einziges mal ist er zum Ziel gekommen. Es war eher Gewalt, die mich in das Verbrechen einwilligen ließ. Zu jener Zeit wußte ich nichts vo seinen infernalischen Praktiken, die mich in seine unglücklichen Ketten und verfluchte Sklaverei wickeln würden.«

Sie gerät in die Abhängigkeit eines frivolen Gottesdieners und christlichen Teufelsverehrers. Er bezeichnet sich in seinem Testament als »Meister der höchsten Magie«.

»Er hielt mich in Höllenbanden und befürchtete, daß ich schwanger sei, nachdem er mich gezwungen hatte. Ich hätte lieber ein normales Leben wählen sollen, als so ein perverses und böses in der Religion.« Später wird sie beschuldigt, auf dem Altar geschlechtlich mit ihm verkehrt zu haben.

Einmal hält sie sich mit anderen im Klostergarten auf. Sie hat die Regel und verliert Blut. Picard fängt einige Tropfen mit einer Hostie auf. Dann führt er Magdalaine zum Friedhof und legt die Hostie neben einen Rosenbusch. Später sagen die Nonnen: »dies wäre ein Zauber, um sich wollüstig zu machen.«

Picard stirbt 1642. Nach Augenzeugenberichten setzt um die Zeit die Besessenheit ein. Vermutlich erleidet Magdalaine einen psychischen Schaden und beginnt, über Erlebnisse mit Dämonen zu sprechen, fühlt sich emporgehoben, verliert das Bewußtsein und wähnt sich auf dem Sabbat. Der Bischof von Evreux, Francois de Pericard, weiß um die exorzistischen Machenschaften, hält es aber nicht für nötig, zu reagieren. Mit dem Tod des Beichtvaters dringen einzelne Begebenheiten an die Öffentlichkeit und zwingen ihn zur Stellungsnahme. Zur Vertuschung schleust er eine hysterische Nonne ein. Jetzt steht Aussage gegen Aussage.

Während der Kommunion greift ihr der Geistliche Alois durch den Schleier an den Busen, gibt ihr eine Hostie und sagt: »Du wirst schon sehen, was mit Dir geschieht.« Bald danach erscheint ihr ein Dämon in der Gestalt einer Katze, sie beginnt Stimmen zu hören und wird verunsichert. Um 1638 schließt sie Pakte mit dem Teufel. Sie ist der Meinung, sie mit Blut unterschrieben zu haben, das ihr der Teufel aus einer Vene gezogen hat.

Am Ende ihres Kopfkissens entdeckt sie drei zusammengerollte Eichenblätter: »als ich sie aufklappte, krabbelten mehrere schwarze Tierchen heraus. Ich warf sie aus dem Fenster, doch sie kamen immer wieder durch eine Ritze zurück.« Dämonen verprügeln sie in der Zelle und anderswo. Sie wird zu Boden geworfen und von einer Katze verfolgt. »Der Kater lag auf meinem Bett in der unzüchtigsten Stellung, die man sich denken kann und hatte alles, was einen Mann verkörpert. Er sprang mich an, warf mich brutal auf das Bett und vergewaltigte mich. Er ließ mich seltsame Qualen fühlen.«

Am Todestag Picards zerspringt vor ihr eine Fensterscheibe und sie wird von Dämonen verfolgt: »In der Nacht befand ich mich plötzlich vor seinem Leichnam. Er lag am Rand des Grabes, während er zu mir sprach. Eine Menge Dämonen standen dabei. Die befahlen, seine kalten Füße anzufassen. Man ließ mich drei Stufen in das Grab steigen. Da ich schreckliche Flammen bemerkte, stieg ich wieder hinauf. Da lag ich plötzlich in meiner Kammer.«

1642 besucht der Bischof von Evreux »einer der sanftesten und mildesten Prälaten, die die Erde je getragen und die Kirche gesehen hat« das Kloster. Bavent berichtet über ihre Begegnungen, Verfolgungen und diabolischen Pakte. Der Bischof befreit sie von der drückenden Last, indem er ihr das heilige Sakrament in die Kammer bringt; seitdem ist ihr der Kater nicht mehr erschienen.

Von der Vorstellung leibhaftiger Dämonen ist es ein Schritt zum gleichfalls irrealen Sabbat. Bavent wird in den Bannkreis gezogen: »ich bin immer nachts tranportiert worden, nachdem ich geschlafen hatte; gewöhnlich vor den Frühgebeten, die bei uns nach Mitternacht gesprochen werden. Ich erhob mich, um der Stimme Antwort zu geben, die mir als Nonne des Hauses erschien, und, sobald ich an die Tür meiner Zelle gekommen war, ohne daß ich erkennen konnte von wem oder wie, denn ich verlor jedes Bewußtsein, bis ich mich an jenem verfluchten Ort befand. Der Platz erschien mir eher klein als groß, es gab keine Sitzgelegenheiten und es herrschte wegen der vielen Kerzen, die als Leuchter auf dem Altar standen, Helligkeit. Die Versammelten erschienen nicht besonders zahlreich. Ich habe nur Priester und Nonnen bemerkt. Sie befinden sich im Kreis der Teufel und sprechen schreckliche Beleidigungen gegen die göttliche Majestät und Kirche aus[33].«

Die Teufel erscheinen in diversen Gestalten. Die verwendete Hostie ist rötlich und formlos. Außer der Kommunion praktiziert man Prozessionen, Abschwörungen, Verhexungen, Bisse in geweihte Hostien und zitiert aus einer unbekannten Schrift. Die Hostien fertigt man aus Zaubermitteln. Man stellt sie aus dem fallenden Blut und den wichtigsten Innereien von Kindern und anderen Toten her. Sie sind wie kleine Kügelchen.

So werden eines Nachts zwei große, von der Kirche geweihte Hostien an einigen Stellen durchbohrt. Es flossen zwei oder drei Blutstropfen heraus. Man hat sie aufgefangen und mit der Hostie verrührt, um Zaubermittel zu bekommen. Solche Blutwunder kommen in der römisch-katholischen Kirche öfters vor. u. a. in Walldürn[34].

»Alle Handlungen, die ich auf dem Sabbat gesehen habe, waren schändlich. Die Priester brachten Hostien mit, legten sie auf den Altar und lasen die Messe. Danach entfernten sie daraus ein rundes Stück von der Größe eines Vierteltalers, legten sie auf ein durchbohrtes Pergament und befestigten sie. Sodann ziehen sie sie über ihre Schamteile bis an den Bauch und geben sich in dem Zustand der Gemeinschaft mit Frauen hin.

Der unglückselige Picard hat mich fleischlich erkannt. Außerdem hat mich der Vikar Boullé an jenem Ort beschlafen. Während der Schande hielt er mir die Hände fest. Vier Nonnen aus Louviers haben mit einem Dämon in der Gestalt des toten David Unzuchtshandlungen vollzogen.

»An einem Karfreitag brachte eine Frau ihr neugeborenes Kind. Man hatte die Absicht, es zu kreuzigen. Man trieb ihm Nägel in Form einer Krone in den Schädel und durchstach ihm die Seite. Dann nahmen sie ihr das Kind ab, um die wichtigsten Körperteile für ihre Untaten zu benutzen. Danach haben sie es verscharrt.«

Möglicherweise ist es eine Kompensation an ihr im Kloster geborenes Kind. Am Gründonnerstag wurde während des Abendmahles ein gebratenes Kind von der Versammlung gegessen. Ich weiß nicht mit Sicherheit, ob ich davon gekostet habe.«

Außer der Schilderung gibt sie dem Bußpriester während der Haft eine Beschreibung des Teufels: »er habe eine unheimlich schreckliche Gestalt. Die obere Hälfte des Körpers habe die eines Menschen, die Haare wie Hörner hochgesteckt, das Gesicht schwarz. An den Ellenbogen habe er zwei Schwänzchen aus schwarzem Haar, jedes ungefähr einen halben Fuß lang. Sonst sei er überall nackt. Sein unterer Teil hat die Gestalt einer gewundenen und schwarzen Schlange, ohne Anzeichen von Schamteilen und Glanz, bis auf den seiner Augen.«

Der Teufel zeigte ihr die Schamteile: »ohne daß sie dabei ein fleischliches Empfinden verspürte, obwohl sie ihr wie die eines Mannes vorgekommen sind.« Einmal habe sie der Teufel gezwungen, ihm zwei Stunden fleischlich beizuwohnen. Die kleinen Teufel besäßen Menschengestalt. Einige tragen Krallen, Flügel und Fangzähne. Ihre Köpfe seien wie die von kleinen Löwen geformt; aber immer blieben sie als Teufel erkennbar.« Im Dezember 1642 tritt

Anna Barré

ein und mit ihr eine Verleumdungskampagne nach der anderen. Sie behauptet, von Gott den Auftrag zur Aufdeckung aller Übeltaten empfangen zu haben, empfängt Visionen und sieht den Teufel in der Gestalt eines

Vorwürfe gegenüber der Nonne Magdalaine Bavent im Kloster Saint-Louis (Louvier)

- Der Dämon Dragon habe mehrfach mit ihr geschlafen. Sie habe sich mit Teufeln und Hexern die Zeit in ihrer Zelle vergnügt. Sie habe sich verschiedener Zaubermittel bedient, um sich mit Dämonen zu vereinigen. Sie habe ihre Geschlechtssteile während des Sabbats mit dem Blut Christi aus dem Kelch gewaschen und wäre zu schamlosen Handlungen übergegangen. Sie habe sich körperlich mit einem Bock verbunden und die Dämonen fleischlich erkannt. Zudem wisse sie, daß Boullé jemand beauftragte, von den anwesenden Frauen Schamhaare abzuschneiden, die in einen Kelch geschüttet wurden.
- Sie habe mehrere Kinder tot oder lebend zum Satan gebracht. Sie habe gebärenden Frauen zugesehen, bzw. wie deren Kinder von den Müttern geschlachtet und in der Erde verscharrt wurden. Mit anderen habe sie Kinder verspeist.
- Sie habe bei der Herstellung von Zaubermitteln geholfen. Eines davon sei auf dem Sabbat gemischt worden: »es errege die Sinnlichkeit.« Zudem sei ihr das Zaubermittel »die spirituelle Hochzeit« bekannt.
- Sie sei mit der Absicht in das Kloster gekommen, es zu verderben.

nackten Mannes. Mehrfach wird sie über die Erhabenheit ihres Glaubenszustandes und über die Vortrefflichkeit ihrer hinreißenden Vollkommenheit befragt. Sie meint, Magdalaine Bavent sei die Wurzel allen Übels, demzufolge müsse man sie loswerden. Rasch wird eine durchtriebene Nonne zum Mittelpunkt einer Hetzkampagne.

Der Bischof reagiert unerbittlich. Er läßt der Bavent den Schleier entreißen und man behauptet: »sie trage ein Teufelsmahl.« So befiehlt der Gotteskundige den tugendhaften Nonnen, sie zu rasieren »denn sie waren gewohnt, sich am sinnlichen Anblick weiblicher Nacktheit zu ergötzen.« Am 22. März kommt sie in das bischöfliche Gefängnis von Evreux. Hier wird ihr Geist gebrochen.

Dann wird die Bavent von einem Bußprediger gezwungen, die Aussagen der Barré zu bestätigen. Im übrigen meint sie: »gilt diese Niederschrift als Generalbeichte und öffentlich. Ich sage nichts, was ich nicht für wahr halte. Ich habe es aufgeschrieben, wie ich es meinem Beichtvater sagte, als er mich auf den Tod vorbereitete.«

Am 12. März erläßt der Bischof das Urteil. Er erklärt sie der Abtrünnigkeit, Gotteslästerung und Magie für schuldig; habe sie doch dem Teufel Schriftstücke und Schuldscheine übergeben. Zudem habe sie das heilige Sakrament mißbraucht und sich mit Hexen und Teufeln prostituiert. Gegenüber den Oberen sei sie ungehorsam und habe mit Mitschwestern schlechte Beispiele gegeben. Dann wird beschlossen:

»als Genugtuung für solche Verbrechen soll sie künftig unwürdig sein, den Schleier zu tragen. Sie soll lebenslang eingesperrt bleiben, solange Gott daran Gefallen finde, ihre Tage im Verlies oder Kerker des kirchlichen Gefängnisses des Diözesangerichtes zu verlängern und ihr ganzes Leben an drei Tagen der Woche bei Wasser und Brot fasten; mittwochs, freitags und samstags. Der Kerkermeister wird angehalten, dafür zu sorgen, daß sie das Fasten und die Strafe unter Androhung der Exkommunikation einhalte[35].

Nun wird sie in den bischöflichen (!) Kerker (!) geworfen, um in probater Weise ihren Willen zu brechen und für die Religion der Intoleranz ein Beispiel zu geben. Sie ist dem Verhungern nahe. Schließlich bekennt sie gegenüber dem Bußpriester alle ihr zur Last gelegten Schandtaten.

»Ihr schonungsloser Bericht von der Qual, ihre Versuche, sich zwischen den Exkrementen auf abenteuerliche Weise das Leben zu nehmen, ihre Verteidigung gegen gefräßige Ratten und aufdringliche Wärter, ihre wechselnde Hingabe und Suche nach Gott oder Dämonen bleiben der nachhaltigste Teil ihrer Bekenntnisse[36].

Insgesamt hält man sie fünf Jahre gefangen. Davon dreieinhalb in einem Verlies hinter einem unterirdischen Gang. Wochenlang wird sie nicht aus dem Loch gelassen; sie liegt im unerträglichen Schmutz und Gestank. Einmal fügt sie sich aus Verzweiflung Stiche bei. Ein Messer steckt vier Stunden bis um Heft in ihrem Bauch. Ab und zu bewegt sie es, um schneller ein Ende zu finden. Sie zermalmt Glas und nimmt es mit einem Löffel ein. Sie versucht ihr Regel durch Bandagen zu unterdrücken. Es führt zu heftigem Erbrechen und Erstickungsanfällen. Sie schluckt Spinnen; kleine und dicke, lebende und tote, unbeschädigte und zerdrückte. Sie verweigert die Nahrung und leidet unter Visionen. Einmal will sie Rattengift nehmen, da erscheint ihr ein Engel, nimmt es ihr weg und verbietet ihr, in Zukunft daran zu denken, ihrem Leben ein Ende zu bereiten.«

Dann sagt sie: »ich hatte wieder eine Erscheinung. Ich weiß nicht, ob es ein böser oder ein guter Engel war, der mich an die schwärzeste aller Taten in meinem Leben erinnerte, an die Zeit, da ich eine geweihte Nonne war, hat mich Picard mit ausgebreiteten Armen gegen die Gitterstäbe in der Kapelle gedrückt und im Stehen Geschlechtsverkehr mit mir getrieben.« Später verschafft ihr der Bischof Hafterleichterung. Nach seinem Tod wird sie in das erzbischöfliche (!) Gefängnis (!) nach Rouen verlegt.

Schlechter geht es ihren Peinigern. Barré sagt: »das Haus werde befreit, wenn er exhumiert werde.« So verfügt der Gottesvater über den Toten: »die offenbarten Beweismomente, er habe mit der Bavent Mißbrauch und Gotteslästerungen getrieben und mit seinen Zaubereien die Nonnen des Klosters zu Ausschweifungen verführt. Infolgedessen hat er sich der Grabesruhe an einem heiligen Ort als unwürdig erwiesen. Als Strafe dafür, und um die Ruhe herzustellen, ist angeordnet, und, um die Angelegenheit geheim zu halten, und, ohne andere vom Recht verlangte Formalitäten zu berücksichtigen, da sie sich durch zu einem Skandal ausweiten und zur Entehrung der Priesterschaft, Religion und Vorurteilen gegen das Kloster führen könnten, seinen Leichnam zu exhumieren und ihn insgeheim zu einer profanen Stelle zu bringen[37)].

So ordnen wir an, die Leiche Picards heute dem Vollstrecker des Kriminalgerichts auszuliefern, um auf einem Rost über die Straßen und öffentlichen Plätze der Stadt gezogen zu werden.

Boullé steht vor seiner Verurteilung. Wenn er vor das Hauptportal der Domkiche gelangt, soll er mit entblöstem Haupt, nackten Füßen, einem Strick um den Hals und einer brennenden Fackel von zwei Pfund Gewicht öffentlich Abbitte tun und Gott den König und die Gerechtigkeit (!) um Verzeihung bitten. Danach sollen sie auf den Platz des Alten Marktes gezogen und Boullé verbrannt und der Leichnam von Picard in das Feuer geworfen werden, bis deren Körper zu Asche verfallen sind; sie soll in alle Winde geworfen werden.

Das Ganze hat ein Nachspiel: die Eltern Picards beschweren sich beim Parlament, als sie davon erfahren. So wird eine Untersuchung angeordnet, um den Urheber aufzuspüren und als man entdeckt, daß der Bischof dahintersteckt, wird ein Prozeß gegen ihn angestrengt. Nun erkennt die gütige Kirche eine Bedrohung. Auf Antrag des Erzbischöflichen und Metropolitanischen Gerichtshofes von Paris gehen die Unterlagen an das kirchliche Gericht. Noch ist so mächtig, um zu veranlassen, daß sich der König vor ihre Schande stellt.

Am 7. September 1647 entlastet er sie per Dekret und erläßt die Anweisung: »die Würdenträgerin des Klosters, Mutter Francois, in keiner Weise anzutasten. Er unterzeichnet im logischen Umkehrschluß: Phillip Louis, von Gottes Gnaden.«

Am königlichen Hof wird Magie getrieben und werden Geisterbeschwörungen zelebriert. Katharina von Medici stellt 1558

Cosme Ruggieri

als Hofastrologen ein. Sie erhofft sich von seiner Kunst Hilfe gegen ihre Unfruchtbarkeit, bzw. Kindersegen. Überdies soll er die Zukunft voraussagen. Er braut Gifte und Liebestränke und erhält den Auftrag, dem Hof mißliebige Personen durch Behexungen »aus der Fremde« Schaden anzufügen. Er soll mit dem Satan zusammengearbeitet und für ihn Opfer bereitet haben.

Aufgrund einer Krankheit von König Karl IX. wird ein Kind entführt und in das Laboratorium von Ruggieri nach Vincennes geschafft. Hier steht ein Altar der »Mutter der Finsternis«, Kelche und Hostien stehen bereit. Nachdem drei Kreise um den Altar gezogen werden, wird Satan gerufen, um den König zu heilen. Zum Zeichen der Ergebenheit wird ihm das Kind geopfert. Ruggieri steckt ihm eine Hostie in den Mund und unter Verwünschungen der Jungfrau Maria schneidet er ihm die Kehle durch. Während das Blut über den Altar läuft, wird der König ohnmächtig. Genützt hat es ihm wenig, denn er stirbt einen Tag später.

In der zweiten Hälfte des 17. Jahrhunderts macht sich in französischen Adelsschichten und Bevölkerungsteilen die Angst vor Vergiftungen bemerkbar. Die Kirche von L'Epiné, einem Dörfchen in der Nähe von Chalons, wurde »vor Zeiten« zur Beschwörung des Giftzaubers erbaut.

Chambre-ardente Prozeß[38)]

Zur Zeit von Ludwig XIV. erfährt die Schwarze Messe eine Privatisierung und Aufwertung. Ende 1679 werden mehrere Giftlieferanten verbrannt. Zu ihnen gehört die hübsche Herzogin, weil sie versucht hat, ihren Mann mit Hilfe eines mit Arsen getränkten Hemdes zu töten[39)].

Die verankerten Rituale gelangen mehr und mehr in die Bannmeile der französischen Aristokratie. Durch die Aktivitäten des Pariser Kommissars de la Reynie[40)] kommen schockierende Enthüllungen über das Leben am Hof des Sonnenkönigs zutage, die seine maßlose Selbstliebe wiedergibt. Intrigen, Aberglauben, Mißgunst, Unwissenheit, eine unglaublich flache geistige Spannkraft und Spott geben sich hinter königlichen Fassaden die Hand.

In den Archiven der Bastille haben sich die Protokolle der Verhandlungen und Verhöre erhalten. Es kommt zu 319 Verhaftungen und 104 Urteilen, 36 Todesurteile werden gefällt. 34 Personen werden verbrannt und vier auf die Galeeren geschickt. Andere schmachten bis zu 40 Jahren im Gefängnis. 30 werden freigesprochen.

Es ist ein Drahtzieherprozeß, aus dem die Nähe zwischen Hexenwahn und Schwarzen Messen deutlich wird[41)]. Die Querverbindung zur französischen Prostitution und einigen Zauberbräuchen sind unschlüssig.

In die Exzesse sind neben einigen Klerikern die Priester Adam Bouret (le Sage), Abbé Guiborg, Davot und Cotton verwickelt. Im Mittelpunkt steht Francoise Athenais de Donor-Charente, Marquise de Montespan, in ihrem Wechselspiel mit Catharina de Monte Voisin, einer erfolgreichen Wahrsagerin, Giftmischerin, Hebamme und Kartenlegerin. Zudem beschäftigt sie sich mit dem Herstellen von Liebeszaubern und Fragen des Okkultismus.

De Montespan ist Ehrendame der Königin. Sie kommt 1667 im Alter von 25 Jahren an den königlichen Hof. Die Untersuchung erhüllt die mörderischen Methoden, mir denen sie ihre Position zu festigen sucht und dokumentiert Naivität. Es ist ein Paradebeispiel weiblicher Eigennützlichkeit und Ruhmessucht.

Madame de Montespan setzt sich in den Kopf, die seinerzeitige Geliebte des Königs, Louis de la Valliere, auszustechen, um deren Platz einzunehmen. Des Königs schweifendes Auge fällt (auch) auf die anderen Schönheiten am verlotterten Hof.

Montespan erreicht ihr Ziel, wird zwölf Jahre lang Geliebte des Landesvaters und ist schließlich mächtiger als er und die Königin zusammen. Er baut ihr ein Schloß, überhäuft sie mit Reichtum und Ehren aus dem von Bürgern erpreßtem Schweiß. Sie ist von der Unruhe geplagt, daß er ihrer überdrüssig wird und hat Angst vor seinen Launen. Dann packt ihn die Reue wegen seines Ehebruchs und die Maitresse wird vorübergehend vom Hof entfernt.

1669 wird er ihrer überdrüssig und wendet sich der nächsten Favoritin, Madame Marie Angelique de Fontages, zu. In der Verlassenen reift der Entschluß der Rache. Die Buhlerin soll mit langsam wirkenden Mitteln vergiftet werden. Dem König wird eine Bittschrift überreicht, die ein tödliches Pulver enthält. Der Plan fliegt auf und die Voisin stirbt auf dem Scheiterhaufen. Die vom König geächtete Montespan zieht sich in ein Kloster zurück und stirbt am 17. Mai 1707. Im Umfeld der Entwicklung setzt der Polizeichef mit seinen Recherchen an.

Das Verhängnis der Montespan besteht darin, in jeder Krise die Wahrsagerin Voisin bemüht zu haben[42)]. Sie erklärt sich bereit, die Wirkung einer besonderen Art magischer Messen auszuprobieren, die im Ruf steht, erfolgreich die Liebe zu fördern; es ist eine Variante der Schwarzen Messe.

Um die Gunst des Königs zu erheischen, wird in einem Pariser Haus eine Messe durch Abbé Mariette zelebriert. Er spricht den Ritus und beschwört den heiligen Geist in einer lateinischen Hymne. De Montespan kniet vor ihm und spricht: »Ich, Tochter des ... erbitte die Freundschaft des Königs und des Montseigneurs de Dauphin, und daß sie für mich fortdauern möge, daß die Königin unfruchtbar sei, daß der König ihr Bett und Tisch verlasse um meinetwillen, daß ich von ihm erlange, worum ich für mich und meine Eltern bitten werde, daß meine Bedienten und mein Gesinde ihm angenehm seien, daß ich geliebt und geachtet werde von dem großen Herrn. Daß ich gerufen zu werden vermöchte zu den Ratsversammlungen des Königs, und das zu erfahren vermöchte, was sich dort ereignet. Und daß diese Freundschaft stärker zunimmt als in der Vergangenheit, der König die Valliere nicht mehr beachte, und daß, indem die Königin verstoßen wird, ich den König heiraten könnte[43)].«

Eine weitere Messe mit dem Ziel, den Tod der verhaßten Rivalin herbeizuführen, wird über menschlichen Knochen gehalten. Die Montespan streut Pulver in das Essen des Königs, um sich seiner Liebe zu versichern[44].

Le Sage stellt heraus: »den Priester Davot habe ich zum erstenmal bei der Voisin gesehen. Er und die Voisin haben mir gesagt, daß er im Zimmer der Voisin eine Messe gelesen habe, und zwar auf dem Bauch eines Mädchens oder einer Frau, an die er sich später wieder erinnert habe. Davot sagte, daß er dabei Geschlechtsverkehr gehabt habe, und daß er – während er die Messe laß – ihre Scham geküßt habe.

Gerard, Priester von Saint Sauveur, hat die Messe über dem Bauch einer Kaufmannstochter aus der Rue de Saint Denis gelesen. Sie stamme aus dem gleichen Pfarrbezirk. Er hat sie verführt und ihr Glauben gemacht, daß sie durch die Zeremonien und die Beschwörungen nicht schwanger werde. Aber das Mädchen ist, nachdem sie sich eine Zeitlang mit Gerard auf dem Hängeboden versteckt hat, schwanger geworden und hat ihrem Partner Schwierigkeiten bereitet. Er flieht und hält sich vorübergehend bei Davot in Saint-Benoit versteckt[45]. Von Interesse sind die Aussagen der

Tochter der Voisin

»Le Sage und meine Mutter haben mich eines Tages geschickt, um eine weiße lebende Taube zu kaufen. Ich weiß nicht mehr genau, ob es in der Fastenzeit gewesen ist. Nachdem ich sie ihnen gebracht habe, haben wir ihr den Hals abgeschnitten und das dabei auslaufende Blut in einem Glasgefäß aufgefangen und verwahrt. Sie schickten mich aus dem Gartenhaus, wo dies geschah und ich weiß nicht, was man damit gemacht hat.

Ich weiß nicht, ob das Herz und das Blut der Taube mit Weihwasser gemischt wurde. Aber es ist wahr, daß auch ein Kreuz, das man dabei hatte, in dem etwas vom echten von Jerusalem war, bei den Zeremonien verwendet wurde, die Le Sage und meine Mutter vornahmen. Ob es diesmal benutzt wurde, weiß ich nicht.

Es stimmt, daß bei den Zeremonien Weihrauch, Salz, Schwefel und Weihwasser zusammengemischt wurden und daß ich nach der Rückkehr des Le Sage von den Galeeren dies für die Heirat des Desmartes und die Affairen der Mme. Brisard und für andere, die sie noch gehabt hatte, verwendet wurden.

Ich habe zugesehen, wie Guiborg zwei Messen im Schlafzimmer meiner Mutter las. Er hat auch eine für Del Porte gelesen, hier bin ich ich aber erst am Schluß eingetroffen. Ich habe den vorbereiteten Altar gesehen, das Kreuz und die brennenden Kerzen. Guiborg hat bei meiner Mutter Messen auf dem Bauch von Damen gelesen. Ich habe ihr bei der Zurichtung der dazu nötigen Dinge geholfen; eine Matraze auf einer Unterlage, zwei Hocker zu beiden Seiten für die Leuchter mit den Kerzen seien von frischem gelben Wachs, dem Fett eines Gehängten, gewesen.

Dann sei Guiborg aus dem kleinen Zimmer nebenan gekommen, angetan mit einer Casel. Sodann ist die Dame, auf deren Bauch die Messe gelesen werden sollte, eingetreten und ich bin hinausgegangen.

Als ich älter wurde, hat sich meine Mutter vor mir nicht mehr vorgesehen und ich habe gesehen, daß die Dame splitternackt auf die Matraze gelegt wurde, der Kopf hing herunter und wurde durch ein Kissen auf einem umgedrehten Stuhl gestützt. Die Beine hingen herunter, auf dem Bauch hatte sie ein Tuch, auf dem Magen ein Kreuz und auf dem Bauch einen Kelch.

Madame de Montespan hat etwa vor drei Jahren eine dieser Messen durch Guiborg bei der Voison lesen lassen. Sie ist um zehn Uhr abends gekommen und erst gegen Mitternacht gegangen. Einige Zeit später nahm ich an einer teil, die Abbé Guiborg in der gleichen Weise auf dem Bauch meiner Mutter gelesen hat. Bei der Elevation hat er den Namen von Louis de Bourbon genannt und den einer Dame. Die Voisin hat andere Priester gehabt, die für den gleichen Zweck und ebenso gut wie Guiborg gearbeitet haben.

Ich erinnere mich, daß die Pelletier zwei Nachgeburten bei zwei verschiedenen Gelegenheiten zu Guiborg gebracht hat. Die eine ist von der Pellier, die andere von der Dusmenil destilliert worden. Es ist wahr, daß eine Hebamme, die an der Ecke der Rue des Deux-Portes wohnt, die Eingeweide des Kindes destilliert hat. Die Mutter hat dort geboren, nachdem sie von meiner Mutter dorthin gebracht worden war, um bei ihr eine Frühgeburt herbeizuführen. Von der Destillation sind die Eingeweide des Kindes und die Nachgeburt nach Saint-Denis zu Guiborg gebracht worden. Meine Mutter erzählte nach der Rückkehr, daß Guiborg auf dem Bauch der Frau die Messe gelesen habe, die zu der Zeit noch blutig gewesen ist.

Guiborg hat bei meiner Mutter das Kind eines Mädchens getauft, bei dem die Lepere eine Frühgeburt herbeigeführt hat. Ich habe gesehen, wie man drei oder vier Kinder im Ofen verbrannte; ein anscheinend vor der

Zeit Geborenes hat Guiborg in ein Becken gelegt, ihm die Kehle durchschnitten, das Blut mit der Hostie in einen Kelch gefüllt und konsekriert. Nachdem er seine Messe beendet hatte, entnahm er die Eingeweide des Kindes. Meine Mutter hat das am folgenden Tag zur Dumesnil gebracht, um es zu destillieren. Das Blut und die Hostie hat de Montespan in einer Glas-Phiole mitgenommen. Den Körper des Kindes hat meine Mutter im Ofen verbrannt.«

Aussagen der Filastre

»Die Simon ließ man ich Rande des Kreises sitzen und sagte mir, daß innerhalb die Geister wären und daß eine Kerze für Luzifer wäre, eine andere für einen anderen Teufel. Ich habe eine Kerze aus schwarzem Pech in der Hand gehabt, obwohl eine angezündet war. Ich habe das Charisma, die Kirche und die Taufe verleugnen müssen; die Beschwörung war von Picards Hand geschrieben.

Es ist wahr, daß Cotton Priester von Saint Paul und Schulmeister war. In der Nacht von Gründonnerstag zum Karfreitag zu Mitternacht, angetan mit den priesterlichen Gewändern in einem kleinen Zimmer über dem Saal, hat er die Messe gelesen, ich und Lavander waren anwesend. Hierbei hat Cotton seine Hostie geweiht, die Elevation vollzogen und die drei Fürsten der Dämonen mit unverständlichen Worten angerufen.

Die Beschwörung, die aus einigen Worten bestand, hat er sich auf dem dafür vorbereiteten Alter geschrieben. Nach der Anrufung hat er die Messe beendet und die geweihte Hostie in ein mitgebrachtes Korporale gelegt. Ich habe ihn nie gefragt, was er mit der Hostie gemacht habe.

Abbé Guiborg

Lereoy, Vorsteher der Pagen des kleinen Marschalls, hat als erster mit mir darüber gesprochen, für Montespan zu arbeiten. Die erste Messe, die ich in der Absicht gelesen habe, ist in Ménil gewesen auf dem Bauch einer Frau, die dorthin gekommen war mit einer anderen vornehmen Person. Ich habe in der Beschwörung die Namen des Königs und der Montespan gehört. Das Kind, das bei der Messe geopfert wurde, habe ich um einen Taler gekauft.

Ein großes Mädchen hat es mir angeboten. Ich habe das Blut des Kindes, in dessen Kehle ich ein Federmesser gestochen habe, herauslaufen lassen und es in einen Kelch gegossen. Dann wurde das Kind genommen und an einen anderen Ort gebracht. Später brachte man mir das Herz und die Eingeweide zurück, damit ich eine zweite Messe lese, die dazu dienen sollte, Pulver für den König und Madame de Montespan herzustellen.

Die Dame, für die ich sie gelesen habe, hat herunterhängende Haare gehabt, die ihr das Gesicht und die Hälfte der Brust bedeckt haben. Ich habe eine zweite Messe in einer Ruine auf den Wällen von Saint Denis, auf der gleichen Frau mit derselben Zeremonie gelesen. Die dritte Messe habe ich in Paris bei der Voisin auf derselben Frau gelesen, es kann acht oder neun Jahre her sein, vielleicht aber auch schon 13 oder 14. Ich habe immer die Hostie und das konsekrierte Blut der Kinder in den Gefäßen, die man mir gegeben hat, gelassen. Die Hostie war in kleine Teile zerschnitten.

Ich habe der Voisin, bekleidet mit Albe, Stola und einem Manipel, eine Beschwörung in Gegenwart der Des Oilettes gemacht, die verlangt hat, einen Zauber für den König zu machen. Sie war begleitet von einem Mann, der mir die Beschwörungsformel übergab. In dieser war Sperma beider Geschlechter nötig. Da die Des Oilettes ihre Tage hatte, habe ich etwas von ihrem Blut in den Kelch geschüttet. Dann ging ich mit ihr in ein Nebenzimmer und ihr Begleiter gab etwas Sperma dazu. Schließlich haben wir pulverisiertes Blut der Fledermaus und Mehl hinzugetan, um der Mischung eine festere Form zu geben.

Marianne Charmillion

22 Jahre alt, gegenwärtig freiwillige Büßerin in Saint-Pelagie, hat gesagt, daß sie durch den Subdiakon Bourges, J. B. Sebault, verführt und verdorben worden sei. Sie habe von ihm zwei Kinder gehabt. Er habe ihr vorgeschlagen, einen Pakt mit dem Teufel zu schließen. Einmal wurde zwischen Mitternacht und ein Uhr Messe gelesen. Guignar habe sie in den priesterlichen Gewändern auf dem Körper der Reumütigen zelebriert, die nackt gewesen sei.

Der gleichzeitig nackte Subdiakon konsekrierte die Hostie über ihren Schamteilen, in die er ein Teilchen einführte. Nachdem die Messe beendet war, begattete sie der Subdiakon und wusch seine Hände, seine und die weiblichen Schamteile im Kelch[46).«

Der letzte in Frankreich wegen Zauberei auf einem Scheiterhaufen Verurteilte ist der Geistliche Louis Debarez, der schwarze Messen gehalten hat, um verborgene Schätze ausfindig zu machen[47).

Heiliger Geist, spaziere in mein Herz hinein

Anmerkungen zu einem Sittenskandal in der Toskana[48]. Zu vergleichbaren Vorfällen wie in Frankreich kommt es um 1700 in der Toskana, bzw. dringt an die Öffentlichkeit, was sich bis 1642 verfolgen läßt. Aus der Zeit hat sich eine Replik der Gemeinden an den Großherzog erhalten: »damit man die Verwaltung der Klöster den Dominikanern abnehmen möge wegen der Schandtaten, die sie verüben und über die man schweigen müsse, damit kein größerer Skandal entsteht.«

Kurz danach bitten den Kirchenvorsteher, 200 Edelleute und Bürger aus Pistoja um Abhilfe der schändlichen Unordnungen, um die Ehre der Nonnen zu retten. »Seit mehreren Jahren lebten Dominikanerinnen in infamer Sittenverderbnis. Die eine war die Schwester Catharina Irene Bonamici, ein adeliges Fräulein aus Prato, 50 Jahre alt, die andere Clodesind Spighi, 38 Jahre alt.

Daß die Fälle aufgezeigt werden können, ist dem Bischof von Ricci[49] zu danken, in dessen Nachlaß sich die Dokumente gefunden haben. »Ricci ein frommer und religiöser Mensch, Bischof von Pistoja und Prato, wird ein Opfer der ihn verfolgenden Geistlichkeit, denn er bringt verschwiegene Dinge an den Tag: die Original-Papiere des letzten Jesuitengenerals, den Bericht über die Vergiftung von Clemens XIV. die skandalösen Vorgänge der Sittenverderbnis unter der Geistlichkeit in der Toskana und über den Mißbrauch der Priester, den sie im Zusammenhang mit der Ohrenbeichte bei jungen Mädchen treiben. Es kommt wie es kommen muß: ein Anhänger des Katholizismus wird aus den Reihen gestoßen, weil er auf der Suche nach der christlichen Wahrheit ist.

Eine bedeutsame Quelle sind die Briefe der Flavia Perracini, Priorin des Katharinenklosters von Pistoja, die sie 1773 und 1781 an den Rektor des bischöflichen Seminars, Thomas Comparini, schreibt. Hinzu kommt eine Klageschrift, die zwei Nonnen 1775 dem Großherzog Leopold überreichen. Hierin sprechen sie über die »abscheulichen« Grundsätze der dominikanischen Lehren.

Es kommt zu Intrigen, Vertuschungsaktionen und christlichem Kompetenzgerangel. Die Beichtväter beherrschen das Inszenarium der gekonnten Verführung. Über den verfänglichen Weg der Ohrenbeichte wissen sie um die Intrigen hinter den Klostermauern; schließlich sind sie aktiv beteiligt. Trotzt allem entspinnt sich ein öffentlicher Skandal und die Liebeshändel werden aktenkundig.

Unter den Nonnen entsteht Streit, wer als Geliebte des Einzelnen anzusehen ist. Der Provinzial bezeichnet eine als »Frau Gemahlin«. An öffentlichen Orten unterhielt man sich über die Exzesse und gotteslästerlichen Handlungen, die Pfaffen und Nonnen zum Ärgernis der Gläubigen inszenierten. Die Nonnen werden als abtrünnig, schismatisch, im teuflischen Bann stehend betrachtet. Mehrfach droht man sie zu erwürgen oder zu vergiften.

Selbst das gemeinste Weib wartet mit einer Anekdote auf, wenn sie aus dem Kloster kommt: »ein Chirurgus mit Namen Santini blieb oft über eine Stunde mit einer älteren Nonne zusammen. Er stand mit dem Kloster in Verbindung, weil er eine vortreffliche Mixtur besaß.« So gesehen, herrscht im Gotteshaus der Zwietrachtsteufel.

Jetzt wird die Lage der Beichtväter problematisch. Sie ziehen sich mit einem Trick aus der Verlegenheit, indem sie das Volk ablenken. Sie überreden eine Nonne, vor einem Reliquienkasten, der den Körper der angeblichen hl. Katharina enthält, in Extase zu geraten. Momentan wissen die Gläubigen nicht, was sie glauben sollen: handelt es sich um Visionen, Exorzismen oder geht es bei den Dominkanerinnen so zu? Die Masse wird aufgewiegelt, fühlt ein böses Omen, sieht sich von einem schrecklichen Unheil bedroht und strömt zur Kirche!

Die Affaire ist weniger von Interesse, weil es zu den üblichen sexuellen Eskapaden kommt, sondern weil einige Nonnen Grundsätze des christlichen Glaubens in Frage stellen. Nach zahllosen Verhören werden zwei von ihnen des Nachts in einem Wagen fortgeschafft und ins Narren-Hospital von Florenz gesperrt.

Ein Vikar schreibt am 19. Juli an den Bischof: »die beiden müssen entweder die ärgsten Ketzerinnen oder närrisch sein.« Er vermag sich nicht vorzustellen, daß ihr Verhalten inszeniert ist, um das freud-und sinnlose Leben im Koster aufzulockern.

In Verhören werden die Abtrünnigen nach den christlichen Wahrheiten (!) befragt, die man sich im Laufe der Jahrhunderte zurechtgelegt hat und die bis heute unbewiesen sind.

In gewisser Weise klingen illuminatische Ideen durch. Verdrängte Gefühle suchen ihren Lauf und man bekommt den Eindruck, daß die Nonnen unter der »geistigen« Herrschaft der Mönche stehen. Im Kloster tritt neben diese Knechtschaft eine unerbittlich harte sexuelle. Hier besteht die Naht zum Satanskult. Hier kann der Nachweis nicht erbracht werden, aber die Sympthome sprechen dafür. Z. B. daß sich die Nonnen geweihte Hostien in die Scheide stecken.

Ricci weist auf Pater Bargenelli, einen Minoriten, der mit einem Laienbruder im gleichen Bett geschlafen hat: »wenn sie zur Nachtzeit einem Kranken Beistand leisten sollten.« In dem Zusammenhang schreibt der Advokat Zanabotti an den Bischof: »daß man sich genötigt sah, die Klöster der barfüßigen Karmeliter und Karmeliterinnen bis auf die Grundmauern einzureißen, die durch unterirdische Gänge verbunden waren und in denen Mönche und Nonnen wie Mann und Frau lebten.«

Die Klageschrift von 1775 vermerkt: »statt (daß) sie uns in ihrer Unschuld belassen, verführen uns die Dominikaner mit Worten und Werken. Häufig kommen sie in die Sakristei. Sie hegen ihre 1000 Unanständigkeiten so weit, daß sie ihre Schamteile durch die Löcher des Gitters in der Sakristei stecken und mit den Händen nach den Brüsten der Freundinnen greifen. Bei jeder Gelegenheit kommen sie – unter falschem Vorwand – in das Kloster und gehen mit den ihnen zugetanen auf die Kammer. Sie stoßen schändliche Redensarten aus und sagen, wie glücklich sie wären, daß wir unsere Lüste befriedigen könnten, ohne Kinder zu bekommen.« Am Sprachgitter werden alle möglichen Ungeschicklichkeiten verübt. Sie predigen die Freuden der Welt.

Die Priorin Flavia Perracini berichtet, was unter ihren Augen vorgefallen sei: »drei oder vier unter den Toten und Lebenden ausgenommen, sind alle (Mönche) vom gleichen Kaliber. Sie gehen mit den Nonnen in einer größeren Vertraulichkeit um, als wenn sie mit ihnen verheiratet wären. Es ist schon lange gebräuchlich, daß sie, um den Kranken beizustehen, mit den Nonnen zu Nacht speisen, Singen, Tanzen, Spielen und im Kloster schlafen. Ihr Grundsatz ist: »daß Gott die Liebe nicht verboten hat, daß der Mann für das Weib und ungekehrt geschaffen sei.«

Sie verführen die Unschuldigsten und was wäre es für ein Wunder, wenn sie nicht fielen. Die Pfaffen sind die Gatten der Nonnen, die Laienschwestern die der -brüder. Arme Geschöpfe, die sich der Welt entziehen, um ihren Gefahren zu entgehen, stürzen sie sich in größere. Hier werden sie von Grund auf verdorben. Die Mönche sind Schurken, wie es keine anderen geben kann. So böse Weltkinder auch sein mögen, können sie doch nie einen solchen Grad an Verruchtheit erlangen und in eine solche Betrügerei fallen, mit denen Mönche und ihre Oberen betrügen; es läßt sich nicht beschreiben.«

Ist eine Nonne gestorben, halten sie ihr in gedruckten Zirkularien eine Lobrede und preisen sie selig. Wenn sie uns jährlich das Weihwasser bringen, machen sie die tollsten Streiche. Einmal verkleideten sie den P. Manji als Nonne, spielten Komödie und trieben Vergnügungen.

Einer macht dem Anderen die Geliebte abspenstig. Dies geht aber nicht nur in unserem Kloster so. Ein Mönch hat mir gesagt, »wenn ein Schleier am Nordpol und eine Kapuze am Südpol sei, so wäre die Sympathie noch immer so groß, daß sie sich in der Mitte vereinigten.« Einige haben Portraits ihrer Liebhaber in den Zellen; sie bringen ihnen die schmutzigsten Unterhosen zum Waschen.«

Die Nonnen von St. Vincenz waren in zwei Parteien geteilt, wovon eine den Pater Lupi und die andere in den Pater Borghiani verliebt waren. Der Pater Natta ist eine gute Haut. Er sagt: »daß die Nonne, die den Mönchen alles gibt, das Gelübde der Armut am besten erfüllt.« Im Zusammenhang mit dem Skandal trifft Großherzog Leopold drei Entscheidungen.

1. Die Nonnen sind durch den Polizeileutnant zu verhören.

2. Bischof Allamanni soll die Leitung der Domikinikanerklöster übernehmen und

3. Den Mönchen wird unter Androhung von Haftstrafen verboten, sich Nonnen zu nähern.

Die Situation spitzt sich zu und die Verhöre werden fortgesetzt. Ricci sendet eine Beschreibung der Vorkommnisse an den Statthalter Gottes auf der Erde[50]. Die Aufsässigen sollen weggeschafft werden. Beim Verhör kommt zutage. (s. beigefügte Tabelle)

Nach den Vorwürfen folgt eine Untersuchung der Beschuldigten, die sich im Arrest befinden. Das Unglück nimmt seinen Lauf, denn »wer nicht den christlichen Glauben vertritt, verdient keine Schonung.« Die Bonamici gesteht:

- »daß sie mit der[51] heiligen Hostie Mißbrauch getrieben habe und sie in das heimliche Gemach geworfen habe.
- Vor acht Jahren habe ich eine geweihte Hostie in den Mund genommen und in meine Schamteile gesteckt. Ich glaube, es steckte Jesus darin. Ich tat es aus Liebe zu ihm und wollte, daß er bei mir ist.
- Nie hätte ich Abscheu, es wieder zu tun. Die Beichtväter Gamberini, Orlandi und de

Oppositionelle Glaubensgrundsätze um 1642

- »Der Sohn Gottes ist nicht durch die Jungfrau Maria geboren, sondern aus ihrem geschlechtlichen Umgang mit Joseph.
- Jesus hat die Sakramente nicht eingesetzt. Er ist zwar am Kreuz gestorben, weil man ihn umgebracht hat, aber nicht für die Sünden der Welt.
- Die Erbsünde bestehe in der Einbildung und könne durch die Taufe nicht reingewaschen werden.
- In der Hostie ist weder Christus, noch sein Fleisch und Blut gegenwärtig.
- Es gebe weder ein Paradies noch eine Hölle.
- Das Paradies bestehe im Genuß Gottes, der von jeher geboten hat, Unzucht zu treiben.
- Das Gelübde der Keuschheit lasse sich am besten erfüllen, indem man an seinen Schamteilen spielt und sagt. »Heiliger Geist, spaziere in mein Herz hinein.«
- Man müsse sich mit Männern, vor allem mit Geistlichen, sich aber auch unter sich vermischen.«

Serio haben mich in den Dingen unterrichtet.

- Einer Laienschwester lehrte ich das Gelübde der Keuschheit, daß, wenn sie sich an den Schamteilen spiele, wie ich es ihr zeigte.
- »Um die christliche Liebe auszuüben, müsse man sich mit Männern vermischen, aber auch mit Frauen. Mit der Clodesind habe ich es häufig getan.« Ihre Freundin Spighi hat ähnliche Ansichten und sagt:
- »das Paradies besteht im Genuß Gottes, indem man sich mit ihm vereinigt.« Sie wird gefragt, wie es geschehe: »Wollen sie, daß ich es Ihnen zeige: Hier stand sie auf und hob die Röcke in die Höhe.«
- Außerdem habe ich die Hostie in das heimliche Gemach geworfen. Ich habe es aus Liebe da – sie zeigt mit der Hand auf ihre Schamteile – hineingesteckt und Katharina Irena gezeigt, wie man sich geenseitig mit den Händen berühren müsse.
- Mit der Passi fanden wollüstige Umarmungen und Berührungen statt. Außerdem habe sie beim Gitter die Schamteile des Priesters Botello in die Hand genommen. Bei den Berührungen war ich alleine. Manchmal kam die Bonamici, um uns Gesellschaft zu leisten.
- Mit dem dienenden Bruder Jospeh Marini haben wir uns an die Schamteile gegriffen. Außerdem habe ich mit den Beichtvätern unzüchtige Reden und Handlungen verübt.
- Ich habe am Gitter in der Sakristei meine Röcke gehoben und von ihnen das gleiche verlangt. Ich vereinigte mich mit der Schwester Katharina Irene, um mich mit Gott zu vereinen.«

Der Skandal nimmt sein typisches Ende. Die Störenfriede werden aus dem Nest geworfen und mit der Zeit wächst die Schande zu.

Seit dem Ende des 17. Jahrhunderts zeigen sich im britischen Raum ähnliche Tendenzen wie im französischen. Hier entstehen eine Vielzahl von

Hell Fire Clubs

deren Mitglieder bestehen in der Regel aus jungen Männern, die mit dem Satanismus experimentieren. Solche Verbindungen entstehen zudem in Irland und Schottland. Der Hauptclub trifft sich 1720 unter eleganten Adressen in London.

Um 1750 treten zwölf Wüstlinge zu einer Bruderschaft von Mönchen zusammen und treffen sich zweimal monatlich im Domstift von Medenham Abbey am Oberlauf der Themse. Zu ihnen gehören der skandalumwitterte Sohn eines Erzbischofs von Canterbury und Sir Francis Dagswood, der die Abtei mietet und deren erster Abt wird. Die Mönche besitzen eine Galerie pornographischer Gemälde. Bei den Feierlichkeiten opfert man dem Baccus und der Venus. Die Mädchen für die Orgien werden aus London beschafft. Donatien Alphonse Francois

Marquis de Sade(s)

Zentralthema ist das Böse. Als Kritiker seiner Zeit fällt sein Blick auf die lüsterne Geistlichkeit. In seiner *Justine* bringt er eine Schilderung über das wollüstige Leben hinter Klostermauern. Es handelt sich um das Rekollektenkloster Sainte-Marie-de-Bois, das von Einsiedlern bewohnt wird. Eine dort »wundertätige« Jungfrau stehe im Ruf der Heiligkeit.

Sade beschreibt die erotisch-lüsternen Exzesse, die Mönche mit Verführten anstellen und erwähnt, daß man sie bisweilen nackt auf einen großen Tisch gelegt habe, um sie zu mißbrauchen. Es berechtigt nicht, von einer Schwarzen Messe zu sprechen.

Er schildert in seiner *Juliette* eine Messe im Vatikan. »Riesige Wandschirme umgaben den freistehenden Altar des heiligen Petrus. Zwanzig auf den Stufen sitzende junge

Verhörspunkte aus einem toskanischen Kloster

- Alle Nonnen und Laienschwestern haben gesagt, daß die Bonamici und Spighi von selbst ihren Unglauben zu erkennen geben, indem sie im Kloster versichert und ausgesagt haben, Jesus Christus sei nicht in der hl. Hostie vorhanden. Auch wäre nichts an der Jungfernschaft der hl. Maria. Daß die Seele sterblich sei und mit dem Körper aufhöre, daß zum Heil weder die Taufe, noch die anderen Sakramente etwas beitrügen. Daß es keine Sünde, Hölle und Fegefeuer gebe.
- Daß sie sich in den letzten Zeiten schändlich betragen haben, indem sie die übrigen Nonnen beschimpft und sie mit unanständig-obszönen Handlungen geärgert haben.
- Daß sie verdächtige Korrespondenzen geführt haben. Erstere mit einem Augustinermönch. Er besuche sie wöchentlich zwei bis dreimal und schließt sich dabei fast immer mit ihr hinter dem heiligen Gitter ein. Die Spighi mit einem G.Borthello, einem portugiesischen Ex-Jesuiten.
- Daß die Schwestern mehrfach ihre Irrtümer und Sünden abgeschworen haben, aber später erklärten, daß sie es nur zum Schein und um die Freiheit wieder zu erlangen, getan hätten.
- Daß sie seit sechs oder sieben Jahren alles versucht hätten, um andere Nonnen in ihre Lehren und Schandtaten einzuweihen.
- Geht aus dem Verhör hervor, daß die Baroni von der Bonamici und der Spighi verführt wurde, nicht an die Menschwerdung Christi zu glauben. Er sei lediglich ein gewöhnlicher Priester gewesen. Daß Jesus bei der Konkresation nicht gegenwärtig sei und daß die Seele mit dem Körper sterbe. Außerdem hätten sie beide zu unzüchtigen Handlungen verleitet.
- Sagt die Grazzini aus: »als sie vor sechs Jahren im Klostergarten mit der Bonamici spazierenging, habe sie ihr gesagt, es gäbe weder Sünde, Hölle noch Fegefeuer. In der Hostie sei nichts vorhanden. Wie wäre es möglich, daß zur gleichen Zeit ein Sünder, Büßender und Plagegeist Gott auf die gleiche Weise genösse? Man müsse nur zum Schein beichten. Sie habe es im Vertrauen der Spighi mitgeteilt und sie habe es gutgeheißen. Sie habe es dem Pater Orlandi gebeichtet. Außerdem habe sie ihm die unzüchtigen Handlungen geschildert und ihm gesagt, daß sie ihrer Lehrerin schon öfters bemerkt habe: »dies sei widernatürlich«, worauf ihr diese geantwortet: »es ist besser, wenn es mit Männern tut.«
- Zuletzt sagt die Passi aus: »ich war damals Novize, 16 Jahre alt und der Leitung der Mütter Bonamici und Spihghi anvertraut. Als mir erstere eines Abends sagte, sie wolle mich unterrichten, wie man zur vollkommenen Vereinigung mit Gott gelange, wozu ein Gebet unnötig sei, daß man gewisse Handlungen bestünde, die man gewöhnlich unanständig nennt und die man an sich selbst oder mit anderen beiderlei Geschlechts vornehmen könne.« Hierauf antwortete die Passi erstaunt: »Wie kann man so beten? Du bist ein dummes Gänschen. Das sind Dinge, die Priester, Pfaffen, Nonnen, Weiber und alle tun. Es sei das wahre Gebet und sie möge nichts befürchten. Man könne sich nur vermittelst dieser Handlung, mit Männern und Weibern unternommen, vollkommen mit Gott vereinigen. Nur durch die persönliche Erleuchtung gelange man zu der Erkenntnis.«

  Später begingen die Bonamici und Spighi solche Handlungen in meiner Gegenwart. Und dies fast jeden Tag. Zuletzt forderten sie mich auf, ein Gleiches zu tun. Ich mußte ihnen nachgeben und bald mußte ich es selbst mit anderen tun. Oft hatte ich Gewissensbisse und suchte die Verführerinnen zu fliehen. Allein sie schalten und ermahnten mich, es jeden Tag mit mir selbst zu tun. Sie seien müde, mich so lange zu unterrichten.«
- Geht aus Aussagen hervor, daß die Bonamici Novizen und Zöglinge, die damals sieben oder acht Jahre alt gewesen seien, zu unzüchtigen Handlungen anführte.
- Sie habe öfters gesagt, daß die Reden der Geistlichen nur albernes Geschwätz seien, um Einfaltspinseln und Unwissenden etwas vorzumachen. Daß sie nie nüchtern zur Kommunion gingen, an Festtagen Fleisch äßen und mit ihnen die Schandtaten auf die Spitze treiben, daß sie die Hostie nach der Kommunion aus dem Mund genommen, sie auf ihre Schamteile gelegt und sie in das heimliche Gemach geworfen hätten.
- Nach der Aussage der Schwester Cäcilia Antonia Salvi, jetzigen Priorin, geht hervor: »Die Bonamici habe sie vor fünf Jahren mit der Bemerkung zu verführen gesucht: »sie habe mit Jesus Christus als Mensch Umgang gehabt und Milch der hl. Jungfrau gekostet, wodurch sie in ein Paradies von Entzücken geraten sei.«

Mädchen und Jünglinge schmückten die vier Seiten. Drei Priester standen davor, das Meßopfer zu vollziehen. Sechs nackte Chorknaben bereit, ihnen zu dienen. Zwei lagen ausgestreckt auf dem Altar, ihre Hintern sollten als heilige Steine dienen. Der Papst leitete die folgende Orgie, bei der es zu verschiedenen Variationen des Geschlechtsverkehrs

Henry Chaprout: »Die Schwarze Messe des Kanonikus Docre«, Stich von 1924.

und der Schändung der Hostien kommt, in dem sie der Papst Juliette in einem sodomitischen Akt in den Anus einführte. Der

Kanoniker Docre

ist Pariser Geistlicher und als Beichtvater der Königin im Exil. Er hat Affairen, ist bei Trappisten interniert, aus dem Klerus verjagt und von Rom exkommuniziert. Öfters steht er wegen Giftmischerei unter Anklage, kann aber nicht überführt werden. »Welch Ungeheuer von einem Priester. Er destilliert Fischextrakte und setzt Schwefelsäure bei, damit es in der Wunde kocht; dann taucht er in die Mischung die Spitze einer Lanzette, mit der er sein Opfer durch einen Schwebegeist oder eine Larve stechen läßt. Das ist die gewöhnliche Art der Verhexung.«

Bei der Darstellung seiner Messe fehlen die Komponenten des Hexensabbats; es ist mehr ein Dämonenkult. Sie werden in einem alten Haus in Paris gehalten.

Docre besitzt ein chemisches Kabinett und eine Bibliothek, darunter ein Brevier der schwarzen Messe mit »wunderbaren« Ausmalungen. Der Einband war hergestellt aus der gegerbten Haut eines ungetauft gestorbenen Kindes. Auf der Deckelfläche war als Zierrat eine Hostie (auf)gepreßt, die in einer Schwarzen Messe geweiht war. Man sagt ihm nach, daß er sich habe Christus unter die Fußsohlen malen lassen, damit er ihn besser erniedrigen kann. Die von ihm zelebrierten Messen lassen sich rekonstruieren.

»Ein Chorknabe, rot gekleidet, schritt zum Hintergrund der Kapelle und zündete Wachskerzen an. Da trat ein gewöhnlicher Kirchenaltar, überragt von einem Tabernakel, hervor, über dem sich eine schändliche Spottfigur von Christus aufrichtete. Man hat ihm das Haupt aufgerichtet und den Hals gezogen: Falten, die man auf seine Wangen gemalt hatte, wandelten sein schmerzensreiches Antlitz in eine Fratze, die ein unedles Lachen verzerrte. Er war nackt und an der Stelle, wo sonst einen Leinentuch seine Hüften umgürtete, schoß aus einem Büschel von Haaren der menschliche Schmutzteil in Erregung auf.

Geleitet von zwei Chorknaben, das Haupt bedeckt mit einer Scharlachmütze, aus der zwei Bockshörner ragten, trat der Abbé ein. Er verneigte sich vor dem Altar, stieg die Stufen hinab und begann mit der Messe. Unter den Gewändern war er nackt. Sein Fleisch, abgeschnürt durch hochsitzende Bänder, kam über schwarzen Strümpfen zum Vorschein.

Die Chorknaben glitten hinter den Altar; der eine brachte kupferne Kohlepfannen und andere Räucherbecken zurück. Sie verteilten es unter den Anwesenden. Die Frauen hüllten sich in Rauch. Der Priester stieg, rückwärts schreitend, die Stufen hinab, kniete auf der letzten und schrie mit schwankend scharfer Stimme: »Meister aller Tumulte, der Du solltest die Wohltaten des Verbrechens, Verwalter der üppigen Sünden und der großen Laster. Satan, Dich beten wir an, Du logischer Gott, gerechter Gott, Du. Allgemein bewunderswürdiger Legat der falschen Ängste, Du nimmst auf die Bettelei unserer Tränen; Du rettest die Ehre von Familien durch Abtreibung in Bäuchen, die im Vergessen schöner Erinnerung fruchtbar werden; Du gibst den Müttern die Hast der Frühgeburten ein; und Deine Geburtshilfe erspart den Kindern, die vor der Geburt sterben, die Ängste des Reifens, den Schmerz und die Abstürze ... stürze die Armen in Erbitterung.

Herzensfreund der Besiegten, Du bist es, der sie mit Heuchelei umgab, mit Undankbarkeit und Hochmut, auf daß sie sich verteidigen können gegen die Angriffe der Gotteskinder, der Reichen! Alleinherrscher der Verachtung, Buchhalter der Demütigen, Zinsherr der alten Haßgefühle, Du allein machts fruchtbar das Hirn des Menschen, das die Ungerechtigkeit zermalmt; Du hauchst ihm ein die Idee der vorbedachten Racheakte, der unfehlbaren Missethaten; Du stachelst es auf zum Mord, Du schenkst ihm die überquellende Freude gegen Maßregeln, über die er verfügt, an der guten Trunkenheit der vollstreckten Strafe, der Tränen, die es verursacht hat.

Hoffnung der Manneskräfte, Angst der gähnenden Gebärmutter, Du verlangst nicht die nutzlosen Prüfungen der keuschen Lenden, Du rühmst nicht den Wahnwitz der Fasten- und der Ruhetage; Du allein nimmst auf das Flehen des Fleisches und seine kleinen Wünsche im Bereich der armen Familien mit all ihrer Begierde. Du bestimmst der Mutter, daß sie ihre Tochter verkaufe, ihren Sohn abtrete, Du stehst bei den Unfruchtbaren, verworfenen Liebesbünden, Schutzherr der zerrenden Nerven-Leiden; bleierner Turm der Hysterien, blutiges Gefäß der Notzucht.

Meister, Deine treuen Diener flehen auf Knien Dich an, betteln zu Dir, daß Du die Heiterkeit jener ergötzlichen Frevel ihnen schenkst, von denen die Justiz nichts weiß; bitten Dich, bei den Missetaten zu helfen, deren unbekannte Spuren die menschliche Vernunft auf ihrer Bahn werfe; flehen dich an, Daß du sie erhörest, wenn sie wünschen die Folterung all derer, die sie lieben und die ihnen dienen; sie erbitten von dir für Dich, König der Enterbten, für Dich, Sohn des unerbittlichen Vaters, Ruhm, Reichtum und Macht. »Und du, den ich mit meiner priesterlichen Eigenschaft zwinge, magt Du wollen oder nicht, herabsteigen in diese Hostie, Fleisch zu werden in diesem Brote, Jesus, kunstreicher Webmeister des Betruges, Räuber der Huldigungen, Dieb der Neigung, höre Du! seit dem Tage, an dem Du entsteigst den Eingeweiden der Jungfrau; einer Gemeinschaft, hast Du deine Verheißungen Lügen gestraft.

Jahrhunderte harrten Deiner schluchzenden Erwartung, Du flüchtiger Gott, stummer Gott, Du solltest die Menschen erlösen und hast es nicht gemacht; Du solltest erscheinen in deiner Glorie und bist entschlummert!

Geh, lüge weiter, sage dem Unglückseligen, der nach der schreit; gedulde Dich, leide, das Hospital der Seelen wird dich aufnehmen, die Engel werden Dir bestehen, der Himmel öffnet sich. Betrüger, Du weist wohl, daß die Engel, angewidert von deiner Trägheit, Dir entweichen. Du solltest sein der Dolmetsch unserer Klagen, der Kammerherr unserer Tränen. Du solltest sie bringen vor dem Vater und du hast es nicht getan, denn ohne Frage war dieses Einschreiten Deinem Schlummer eine Störung in seiner selig-statten Ewigkeit.

Du hast vergessen jene Armut, die Du predigst, Du in Liebe der Banken Vasall! Du hast gesehen wie man unter der Presse des Agio die Schwachen zermalmte, hast gehört das Röcheln der Verschüchterten, die Hungersnot lähmte, der Frauen, denen der Bauch aufgähnte um ein wenig Brot und hast, durch die Kanzlei Deiner Simonisten, durch Deine Handelsvertreter, Deine Päpste, als Antwort gesandt hinzögernde Entschuldigungen, ausweichende Verheißungen, Du Säckelmeister der Sakristei, Du Gott der Geschäfte.

Ungetreuer, dessen unfaßbare Rohheit das Leben zeuget, um es Unschuldigen anzuhängen, die Du zu verdammen magst im Namen einer geheimnisvollen Erbsünde, aufgrund unbestimmbarer Klauseln – wir wollen trotz allem endlich dich zum Geständnis Deiner unverschämten Lügen bringen –, deiner unsühnbaren Verbrechen! Wir möchten Dir die Kreuznägel tiefer noch eintreiben, den Dornenkranz heftiger stacheln, den schmerzlichen Blutstrom an die Ufer Deiner trockenen Wunden treiben. Und dieses: wir können und werden es tun, werden der Ruhe Deines Leibes Gewalt antun, Du Entweihter der üppigen Laster, Du Nebelbrauer der stumpfsinnigen Reinheit, verfluchter Nazarener, Faulpelz von König, Feigling vor Gott.«

Amen: riefen die kristallenen Stimmen der Chorknaben und plötzlich schwangen sie Glöckchen. Die Frauen sanken auf den Teppich und wälzten sich. Eine lag auf dem Rükken ausgestreckt, knöpfte sich die Röcke auf und brachte einen nackten Wanst zum Vorschein, verwittert, enorm und wand sich unter scheußlichen Grimassen. Der Kanonicus starrte auf Christus und spie mit ausgestreckten Armen Schmähungen aus. Er stand schwankend zwischen den Chorknaben, die ihm das Meßgewand hochhoben, seinen nackten Bauch zeigten und faßten während die Hostie, die er vor sich trug, verletzt und beschmutzt auf die Stufen sprang.

Die Aura der großen Hysterie folgte auf die Schändung und beugte die Frauen nieder: während die Chorknaben die Nacktheit des Priesters beräucherten, stürzten sich die Frauen auf das eucharistische Brot und erkrallten es, platt auf dem Bauch, zerrissen es in feuchte Stücke, aßen und schlürften den göttlichen Kot. Es war eine Irrenzelle voll Erbitterung, eine ungeheuerliche Schwitzstu-

Felicien Rops: Studie zur Versuchung des heiligen Antonius, 1855.

be voll Prostituierter und Wahnsinniger. Während sich die Chorknaben mit den Männern verbanden, stieg die Herrin des Hauses, hochgeschürzt auf den Altar, um mit einer Hand den Kelch zwischen ihre nackten Beine zu pressen.«

Im Grunde genommen spiegelt der Kanoniker die endlose Reihe der Kirchenkritiker, die immer wieder auf die haltlosen Verheißungen weisen. In Frankreich predigt der suspendierte

Priester Joseph Boullan[52)]

aus Lyon, der Weg zum Heil liege in der Kopulation mit Menschen wie auch mit Engeln und Geistern der Toten. Mit einer Nonne, seiner Geliebten, leitet er eine Satanistengruppe, die sich auf das Exorzisieren von angeblichen Dämonen durch das Verteilen geweihter Hostien spezialisiert hat. Er feiert Schwarze Messen und soll bei der Gelegenheit Kleinkinder gekreuzigt haben. Von ihm wird berichtet, daß er sein Kind dem Satan geopfert haben soll. Sein Treiben wird von einem rivalisierenden Magier, Marquis Stanislas de Guatia, enthüllt, der eine Schwarze Messe gegen Boullan zelebiert haben soll.

Dann schreibt der Okkultist Joris-Karl Huysman da Buch Lá-bas. Hier enthüllt er Details der in Frankreich des 19. Jahrhunderts operierenden satanischen Gruppen. Boullan, der angeblich seinen bevorstehenden Tod in einem Gespräch mit Huysman vorausgesagt haben soll, stirbt zwei Jahre nach der Publikation von La-bas 1893. Im

deutschsprachigen Raum

geht es damals vergleichsweise harmlos zu. Hier wimmelt es von Reglementierungen, politischen, religiösen und sozialen Problemen. Spiritismus und Mesmerismus blühen im Verborgenen. Über deutsche Satanisten des ausgehenden 18. und des laufenden 19. Jahrhunderts ist bislang wenig bekannt.

Neue Konzentrationen

Verschiedene europäische Hauptstädte entwickeln sich zu Zentren der Schwarzen Messen und die Entwicklung hält ungebrochen an; dem Christentum entsteht dadurch wohl neben der literarischen Kritik und der Passivität der meisten Christgläubigen der gefährlichste Gegner, den sie selbst geboren hat.

Es wird eine stärkere Betonung der Kulte, Bräuche, Initiationsriten und Fruchtbarkeitstänze erkennbar. Fast scheint es, als würden sich nun wieder die »alten« Religionen mit ihrer vieltausendjährigen Tradition über die steten Reglementierungen des verzerrten Christentums schieben.

Allerdings ist der Begriff der Schwarzen Messen wesentlich älter als bisher angenommen. Er tritt vereinzelt in Hexenprozessen des Naheraumes und der Grafschaft Blankenheim im Verlaufe des 17. Jahrhunderts in Erscheinung. Der Begriff »Schwarze Messen« taucht 1896 im englischen Sprachraum auf. Auch die russischen Sekten der »Verschnittenen« und »Peitscher« gben sich Orgien hin. Hier wird ein Paar zur »Erzeugung des Gotteskindes« ausgewählt.

Scotland Yard ermittelt, daß an diversen Stellen Londons regelmäßig Teufelskulte mit feststehenden Riten beschritten werden, die oft mit sexuellen Ausschweifungen verbunden sind. Gelegentlich sollen sich Geistliche daran beteiligen. Mehrere Kirchen werden von Teufelsanbetern beraubt und durch Schwarze Messen entweiht.

Harry Price von der Londoner Universität sagt: »Schwarze Magie, Zauberei und Anrufungen des Teufels werden in unseren Tagen praktiziert, auf einer Stufe und mit einer Freiheit, wie sie im Mittelalter undenkbar gewesen wäre[53)]. Der amerikanische Schriftsteller Seabrock beobachtet Zeremonien Schwarzer Messen in New York, Paris und London. Er weist auf die Schlüsselfiguren; entweihte Priester, eine geweihte Hostie, eine Prostituierte und Jungfrau. Die Letztgenannte wird nackt auf dem Altar ausgestreckt und ein umgekehrtes Kruzifix über sie gehängt. Die Dirne übernimmt das Amt des Ministranten. Ein Kelch wird zwischen die Brüste oder Schenkel der Jungfrau gestellt und etwas Wein wird über sie geschüttet. Das Kreuzeszeichen wird gemacht, jedoch mit der linken Hand oder auf dem Boden mit dem linken Fuß.

Als sich das Interesse in den 60er Jahren erneut dem Okkulten zuwendet, beginnen Satanismus und Schwarze Messen zu florieren. 1966 gründet Anton La Veys in San Franzisko die

Kirche Satans

die sich lawinenartig ausbreitet. Ziel der Vereinigung ist, Satan zu einer anbetungswürdigen Gottheit zu erheben; es ist ein Reaktionskult von erstaunlicher Vitalität. Sie verfügt über Mitglieder in Europa, Australien und inzwischen Hundertausende in den Vereinigten Staaten. La Veys Buch *The Satanic Bible* wird ein Bestseller. Die Vereinigung kennt verschieden Ränge, die etwa denen der christlichen Kleriker entsprechen.

Zwei bedeutende Mitglieder der Kirche Satans in Louisville (Kentucky) – ein junges Ehepaar, er im Rang eines Bischofs und sie in dem einer Priesterin, haben einen Keller ihres Hauses zum Kultraum ausgebaut, in den sich die »Louisville Grotte« (Gemeinde) von Satanisten versammelt, um die Macht des Teufels anzurufen.

Sie zelebrieren eine Satansmesse, während eine Nackte auf dem Altar liegt, um die Mutter Erde zu präsentieren. Zu den Ritualgegenständen gehören Kerzen, Weihrauch, eine Glocke und ein Kelch, ein Schwert und ein Phallussymbol. Die Blasphemie der Vereinigung beschränkt sich auf dem Herumtrampeln auf einer Oblate aus Sesamsamen, die die christliche Hostie symbolisieren soll.

Ein neu eingetretenes Mitglied trägt ein rotes Baphomet, ein mit Satan verbundenes Symbol, eine fünfzackige sternförmige Figur, die auf eine Scheibe gemalt ist und an einer Kette um den Hals getragen wird. Je nach der Entwicklungsstufe gibt es Grade von Hexen und Hexern. Der dritte Grad ist die Priesterschaft von Medes, genannt nach einer alten Stadt in Ägypten, in der ein Widder oder als heilig angesehener Ziegenbock verehrt worden ist. Die nächste Steigerung entspricht in etwa dem eines Bischofs der römisch-katholischen Kirche. Der fünfte Grad ist der eines Magisters Satanis (eines satanischen Meisters). In Sydney veranstaltet Rosaleen Norton Schwarze Messen in ihrer Wohnung für aus Liebeskummer unglückliche Männer und Frauen.

Edward Kelly und John Dee beschwören eine Tote.

Hier zelebriert ein Teufelspriester und reicht als Meßwein schottischen Whisky. Im Januar 1963 wird in Rom die Uraufführung eines anti-christlichen Stückes untersagt. Das Abendmahl soll bei Spaghetti und Chianti gefeiert werden.

Turin, Lyon und Prag

entwickeln sich zu okkulten Zentren. Im Februar 1986 berichtet der Korrespondent Joachim Schilling aus Rom: »Vor zwei Jahren habe Kardinal Ballestrero, Erzbischof von Turin, Alarm ausgelöst. Er klage an, »daß aus zahlreichen Klöstern geweihte Hostien gestohlen und bei Schwarzen Messen geschändet worden seien, die von Satanssekten in seiner Diözese veranstaltet würden.«

Kurz zuvor teilt er der katholischen Presse mit, er habe sechs Exorzisten ernannt, weil die Pfarrer von den Bürgern bestürmt würden, die sich vom Teufel besessen wähnen.« Es erregt Aufsehen in der Presse. In einer Doktorarbeit der Turiner Universität wird der Nachweis geführt, daß sich von 1981 bis 83 1350 Besessene bei kirchlichen Stellen des Bistums gemeldet haben.

Beispiele des Hexenwahns im 19. und 20. Jahrhundert

1874	Das Bezirksgericht von Zweibrücken führt einen Prozeß gegen die Frau des Frenzen von Trulben. Sie habe einer Margaretha Klein nachgesagt: »daß sie eine Hexe sei und deren Kind verhext.«
1875	In Aachen gibt die angebliche Verhexung einer Kuh Anlaß zu einer Klage. Sie wird mit dubiosen Prozeduren geheilt.
1875	In einem oberelsässischen Dorf wird für eine neuntägige Andacht ein Hexenmeister verpflichtet. Man will die Frau des Bürgermeisters enthexen.
1910	(um) sucht in einem meiningschen Dorf unweit des Kreises Schleusingen eine Frau bei einem Geistlichen Hilfe gegen die Verfolgungen ihrer Nachbarin, die sie der Hexerei verdächtigt und beschuldigt, ihren Kindern Ungeziefer angemacht und in der Gestalt einer schwarzen Katze Unheil gestiftet zu haben.« Dann sagt sie: »Herr Pfarrer, wir glauben hier alle an das Treiben der Hexen, wenn Sie dagegen auftreten wollen, nehmen Sie den Leuten ihren Glauben und treiben sie aus der Kirche.«
1927	Eine Hexengläubige in Franken lauert einer alten Frau nach dem Kirchgang auf und bringt ihr Stichverletzungen bei. Die Messerheldin ist der Meinung: »die 73jährige sei eine Hexe und müsse unschädlich gemacht werden.«
1929	Ein Ehepaar aus Norddeutschland vertraut sich einem Pfuscher an. Die für verhext gehaltenen Kinder werden durch stundenlanges Schreien und Schlägen wachgehalten. Sie sterben unter der Prozedur. Dann versucht man mit einem Hexenbanner die Schuldigen ausfindig zu machen.
1930	Dorfbewohner zünden ein nachbarliches Anwesen an, weil sie die Hofbäuerin für eine Hexe halten, die die Schuld am Unglück der eigenen Familie haben soll.
1950	Eine 39jährige Ehefrau unternimmt einen Selbstmordversuch in dem Wahn, eine Hexe zu sein. Sie wirft sich vor den Zug und erleidet Verletzungen.
1951	Ein 19jähriger Hilfsarbeiter erschlägt seinen Großvater, weil er durch seine Mutter in der Meinung bestärkt wird, er wäre ein Hexer, bzw. daß er ihm ein Magenleiden angehext habe. Der Täter erhängt sich im Keller einer Scheune.
1952	Eine Frau – südlich von Augsburg – behauptet, daß sie ihr Mann behext haben soll, nachdem sie von ihm geschieden worden ist.
1954	Eine 34jährige Verwaltungsgangestellte beschwört, daß sie an die Möglichkeit glaube, aus einem Handtuchzipfel Milch melken zu können. »Man müsse es nur beherrschen.«
1955	Im Krankenhaus von Haltern wird, drei Wochen nach ihrer Trauung, eine junge Frau mit Verletzungen sterbend eingeliefert. Sie gibt an, daß sie von ihrem Mann und dessen Familie zu Tode geprügelt worden ist. Eine Wahrsagerin aus Gelsenkirchen hat sie als Hexe bezeichnet und sie für die gleich nach der Hochzeit auf dem Hofe der Schwiegereltern ausgebrochenen Viehseuchen verantwortlich gemacht. Auf Veranlassung der Wahrsagerin wird sie in einen dunklen Raum gesperrt und langsam durch Hunger und Prügel zu Tode gequält.
1976	Exorzismusskandal. In Klingenberg (Main) werden der 23jährigen Studentin Anneliese Michel auf bischöfliche Anweisung von zwei Geistlichen Teufel ausgetrieben; sie stirbt unter ihren Gebeten. (sie wird totgebetet: SPIEGEL)
1979	Ein Student der Theologie (Würzburg) sticht in einem religiösen Wahnanfall einem Pförtner ein Auge aus und kastriert ihn.
1981	Eine junge Mutter aus Kiel erwürgt ihre sechsjährigeTochter, um ihr den Teufel auszutreiben.
1983	In Basel lebt der Hexenmeister Johann Rühlin (Sartorius). Er hält sich für den Stellvertreter Satans, mit dem er bereits 1980 gekämpft haben will.
1994	In einer RTL-Fernsehsendung agiert die Münchener Starhexe Sandra, die Tausende von Leserbriefen erhält. Eine Geschädigte räumt ein, daß sie in den Sog eines Hexenmeisters geraten war und dafür DM 40 000 hingeblättert hat!
1994	Erneuter Teufelsaustreiberskandal im süddeutschen Raum.
1995	Der 41jährige Michel Guibal aus Perpignan (Frankreich) bekommt Potenzprobleme und geht zur Wahrsagerin. Sie meint: »sie sind verhext. Eine Jugendliebe hat sie mit einem Fluch belegt. Da hilft nur Feuer.« Der Mann geht zu seiner Ex-Freundin, übergießt sie mit Benzin und zündet sie an.

Kenner schätzen, daß in Turins 1,2 Millionen Einwohnern etwa 40 000 Satanssekten angehören. In Norditalien gibt es mindestens 50 000 Okkultisten, die von der Weißen und Schwarzen Magie leben. Die Stadtverwaltung muß einen Friedhof ummauern, weil nachts Teufelsanbeter Totenschädel aus den Gräbern geraubt haben, um sie für kultische Zwecke zu verwenden.

Turin hat als Zentrum esoterischer Kulte einen Ruf, der sich bis zum römischen Altertum verfolgen läßt. Einer alten Tradition zufolge soll hier der »Antichrist« geboren worden sein. Turin soll mit Lyon und Prag ein

»magisches« Dreieck

bilden, in dem die Weiße Magie Zuhause ist und mit London und San Franzisko eines der Schwarzen Magie bilden, um anderen mit dem »bösen« Zauber zu schaden. In Turin werben Magier in der Straßenreklame und zwei lokale Fernsehsender bringen jeden Abend Okkultes in Haushalte.

Die »modernen« Satanisten führen nahezu das aus, was man den »historischen« Hexen an den Rockzipfel gehängt hat; sie verehren den Teufel, schließen sexuelle Eskapaden in ihr Handeln ein, haben Rituale und veranstalten regelmäßige Zusammenkünfte; vereinzelt werden Kinderopfer erwähnt. Sie kommen der klerikalen Vorstellung von der schadenstiftenden Hexe näher als die »historischen«, von denen man im deutschsprachigen Raum innerhalb von 250 Jahren etwa 20 000 verbrannt hat.

Man schätzt ohne Berücksichtigung einer Dunkelziffer, daß in der BRD mehr als

Ketzersabbat. Miniatur aus: Johannes Tinctor, Tractus contra sectam.

10 000 Hexen- und Teufelsbanner ihr Unwesen mit der Einfalt der Bürger treiben. Hochmut gegenüber vermeintlichen geistigen Verwirrungen des Mittelalters (das zudem den Hexenprozeß kaum kennt!) sind deplaziert. Im übrigen ist das Hexenthema heute aktueller denn je, wie aus der beigefügten Tabelle deutlich wird.

Quellenapparat

—

Literaturverzeichnis

—

Anmerkungen

Literaturverzeichnis*)

A. v. M.: Neuester Hexenprozeß aus dem aufgeklärten heutigen Jahrhundert. 1786.

Abano, P.: Heinrich Cornelius Agrippa's von Nettesheim Magische Werke: samt den geheimnisvollen Schriften des Petrus von A(l)bano, Pictorius von Villingen, Gerhard von Cremona, Abt Tritheim von Sponheim, dem Buches Arbatel, der sog. „Heil-Geist-Kunst" und verschiedenen anderen zum ersten Male vollständig ins Deutsche übersetzt; vollständig in fünf Theilen, mit einer Menge Abb. 4. Auflage. Berlin 1921.
Abdruck aktenmäßiger Hexenprozesse, welche in den Jahren 1590, 1626, 1628, 1630 und 1637 gerichtlich verhandelt worden. Was sich nemlich vom Tag der Einkerkerung bis zur Stunde der Verbrennung mit diesen wegen Hexerei – und Unholden – Wesen angeklagt unglücklichen Schlachtopfern zugetragen. Eichstätt. 1811.

Abrahams v. Worms: Buch der wahren Praktik in der uralten göttlichen Magie. 2. Anhang: Die Beschwörungen der Kapuziner. Köln am Rhein. 1725.

Abrahamse, D.: Magic and Sorcery in Historiography of the Middle Byzantine Periode. In: Byzantinische Forschungen 8 (1982); S. 3–17.

Abt, Adam: Die Apologie des Apuleius von Madaura und die antike Zauberei. Gießen. 1908.

Acxtelmeier, S. R.: Misantropus Audax; das ist: Der alles anbellende Menschen-Hund. Wider die Fehler, Irrthumer, Missbräuche, und aberglaubische, Gotts-lästerliche, teuffelische Zauber-Wercke, und andere Laster, welche leider heutigen Tages häufig im Schwung gehen, durch untadelhaftigen Tadel denen Irrgehenden zu Gemüth gelegt, und im Reisen zusammen getragen. Augspurg. 1710.

Adam, H. A.: Über Geisteskrankheit in alter und neuer Zeit. Ein Stück Kulturgeschichte in Wort und Bild. Regensburg. 1928. berühmter Schwarzkünstler, Goldmacher, Teufelsbanner- und Liniendeuter, Schwärmer, Wahrsager, und anderer philosophischer Unholden. Leipzig. 1975–89.

Aerts, E./Wynants, M.: Heksen in de Zuidelijke Nederlanden (16de–17de eeuw). Brussels. 1989.

Agobard v. Lyon: Liber contra insulam vulgi opinionem de gradine et tonitruis (840).

Agricola, Franz: Gründlicher Bericht, ob Zauberey die argste und greulichste Sünd auf Erden sei. Köln. Bei Henricus Falkenburg. 1597.

Agricola, Franz: Gründtlicher Bericht, ob Zauber- und Hexerei die argeste und grewlichste sünd auff Erden sey. Zum andern, ob die Zauberer noch Büsz thün und selig werden mögen. Zum dritten, ob die hohe Obrigkeit, so lieb ihr Gott und ihre Seligkeit ist, die Zauberer und Hexen an Leib und Leben zu strafen schuldig ist. Mit Ableitung allerley Einreden. Dillingen. 1613.

Agricola, S./Wittmerus, G.: Erschröckliche, ganz warhafftige Geschicht, welche sich (...) zu Spalt inn dem Ey(ch)stätter Bistum (...) verlauffen hat. Ingolstadt. 1584.

Agrippa v. Nettesheim: De occulta Philosophia. Köln. 1510.

Agrippa v. Nettesheim: De incertitudine et venitate scientiarium. Köln. 1527. Ahrendt-Schulte, Ingrid: Schadenzauber und Konflikte. Sozialgeschichte von Frauen im Spiegel der Hexenprozesse des 16. Jhs. in der Grafschaft Lippe. In: Heide Wunder, Christina Vanja (Hg.). Vom Wandel der Geschlechterbeziehungen zu Beginn der Neuzeit. Frankfurt a. M. 1991; S. 198ff.

Ahrendt-Schulte, Ingrid: Hexenprozesse als Spiegel von Alltagskonflikten. In: „Hexenverfolgung. Neuere Forschungen – unter besonderer Berücksichtigung des südwestdeutschen Raumes". (Bei Drucklegung unseres Buches noch nicht publiziert – Anm. d. Verlages).

Alber, Matheus/Bidenbach, Wilhelm: Ein Summa ettlicher Predigten vom Hagel vnd Vnholden/gethan in der Pfarrkirch zu Stuttgarten im Monat Augusto/Anno MDLXII. (...) sehr nutzlich und tröstlich in dieser zeit zu lesen. Tübingen. 1562.

Albers, J. H.: Die Lehre vom Teufel, allgemein fasslich dargestellt für liberale Protestanten aus dem Volk. Eine Preisschrift. Straßburg. 1878.

Alberti, V.: Academische Abhandlung von den Hexen und dem Bündnis, so sie mit dem Teufel haben ... nebst Erörterung einiger andern curieusen Fragen, ob die bekannte Pucelle d(Orleans, insgleichen das rasende Weib, das den Attilam erschrecket, eine Hexe gewesen sei? Frankfurt und Leipzig. 1723.

Albrecht, H.: Oberdorfer Hexen. In: Heimat und Welt. Wochenbeilage zum Marktoberdorfer Landboten. Jg. 6 (1929); Nr. 18.

Albrecht, M.Bernhard: Magie: das ist: Christlicher Bericht von der Zauberey und Hexerey insgemein, und dereo zwölferlei Sorten und Arten (insonderheit): Was es für ein Greuel vor Gott sey: und wie schwerlich beyde, die Zauberer selber, und dann diejenige, so sich fersündigen, welche bei ihnen Rath und Hilfe suchen. Item: Daß eine christliche Obrigkeit recht daran thue, wann sie die Hexen und Zauberer am Leben strafet ... aus heiliger göttlicher Schrift von andern bewährten Historien gestellet. Leipzig. 1628. (Albrecht war Pfarrer in Augsburg).

Alciatus, Andreas: Parergon iuris Lib-VIII. (1510, 1530 gedr.)

Alckens, August: Inquisition in Deutschland und der Ketzermeister Konrad von Marburg. München. 1934.

Aldenbergers: Fewer Siegel. 1610. Alemania. 2. Heft des 11. Bandes: Um 1883 oder 1884. Hier veröffentlicht Dr. Birlinger einige Auszüge aus Hexenprozessen von Königseggwald, die Dr. Buck, Oberamtsarzt in Ulm gemacht und mit Anmerkungen versehen hat.

Alexander, G. M.: Hexenbesen, Ihre Morphologie, Anatomie und Entstehung. Diss. Utrecht. Rotterdam. 1927.

Alfing, Sabine: Hexenjagd und Zaubereiprozesse in Münster. Münster/New York. 1991.

Allesch, Johannes von: Die geistesgeschichtliche Lage Tirols im XV. Jahrhundert. Deutsche Vierteljahresschrift für Literaturwissenschaft und Geistesgeschichte 9. 1931; S. 711–744.

Allgäuer, E.: Zeugnisse zum Hexenwahn des 17. Jh. Ein Beitrag zur Volkskunde. Salzburg. 1914.

Allinger, Elke: Darstellung des Hexenglaubens ab 1950 in Deutschland anhand von Materialien aus dem Kruse-Archiv in Hamburg. Magisterschrift, unpub. Typoscript. Fachbereich Philosophie und Sozialwissenschaften II. der Freien Universität Berlin. 1986.

Allport, Gordon W.: Treibjagd auf Sündenböcke. Berlin und Bad Nauheim (1951). (Originaltitel: ABC's of Scapegoating. Deutsch von Knud Christian Knudsen).

Althaus, Paul: Die Theologie Martin Luthers (1. Aufl.). Gütersloh. 1962. Althaus: Hexenprozesse der Stadt Rinteln. In: Zeitschrift d. Vereins f. Hessische Geschichte. 1884.

Althusius, J.: Vermahnung an die Richter (in Hexenprozessen; WB). In: J. G. Godelmann, Von Zauberern (...). Frankfurt. 1592; S. 142–155.

*) Ich danke Inge für ihre Mühe und Arbeit, die sie beim Zusammenstellen des umfangreichen Verzeichnisses hatte.

Altona: Die Stellung des Reichskammergerichts zu den Hexenprozessen. In: Zeitschrift für die gesamte Strafrechtswissenschaft. Berlin. 1892; Bd. 12; S. 909.

Altötting, F. X. von: (OFMCap), Konrad von Monheim OFM (1643–1712) als Seelsorger bei den Geislinger Hexen. In: Miscellania Melchor de Pobladura 2 (1964); S. 377–391.

Alver, B.G.: Heksetro og Trolddom. Et studie i norsk heksevaesen. Oslo-Bergen-Tromso. 1971.

Am Wald, G.: Gerichts-Teuffel, darin angezeigt und gehandlet wird, wie und was massen der leydig Sathan bißweilen unordnung und zerrüttung in Gerichten (...) anrichten thut. St. Gallen. 1580 (gewidmet dem Stadtrat von Memmingen; WB).

Amira, Karl v.: Thierstrafen und Thierprocesse. In: MIÖG. Bd. 12. Innsbruck. 1891; S. 545–601.

Amira, Karl v.: Die Neubauersche Chronik (= Sitzungsberichte der Kgl. Bayr. Akademie der Wissenschaften, 9. Abhandl.). 1918.

Ammann, Hartmann: Ein Mordversuch durch Zauberei im Jahre 1371. Ein Beitrag zur Kulturgeschichte des 14. Jahrhunderts. In: MIÖG. Bd. 10. Innsbruck. 1889; S. 135ff.

Ammann, Hartmann: Der Innsbrucker Hexenprozeß des Jahres 1485. Zeitschrift des Ferdinandeums in Innsbruck. 3. Folge. 36 S; S. 1–87. Innsbruck. 1890.

Ammann, Hartmann: Eine Vorarbeit des Heinrich Institoris für den Malleus Maleficarum. In: Mitteilungen des Instituts für österreichische Geschichtsforschung. 8. Ergänzungsband. Innsbruck. 1911; S. 461–504.

Ammann, Hartmann: „Die Hexenprozesse im Fürstentum Brixen". In: Forschungen und Mitteilungen zur Geschichte Tirols und Vorarlbergs, Bd. 11. Innsbruck. 1914.

Ammon, Friedrich W.Ph. von: Geiler von Kaiserbergs Leben. Lehren und Predigten. Erlangen. 1826.

Andersen, Leif Esper: Hexenfieber. Dänemark zur Zeit der Hexenverbrennungen. In einer kleinen Stadt wird die Mutter eines Jungen Opfer der Verfolgung. 1977.

Anderson, Alan/Gordon, Raymond: Witchcraft and the Status of Women. In: British Journal of Sociology 29 (1978); S. 171ff.

Anderson, Alan/Gordon, Raymond: The Uniqueness of English Witchcraft. In: British Journal of Sociology 30 (1979); S. 359ff.

Andreae, Johann Valentin: Menippus sive dialogorum Sytyricorum centuria, inanitatum nostratium speculum, Helicone juxta Parnassum. Straßburg. 1617.

Andreae, Johannes: Additationes ad Durandi speculum (Venedig 1518).

Andreas, Willy: Der deutsche Mensch der Renaissance und der Reformation. Langensalza. 1935.

Andreas, Willy: Deutschland vor der Reformation. Eine Zeitenwende. 7. Auflage. Berlin. 1972.

Anglo, Sydney de (Hrsg.): The Damned Art. Essays in the Literature of Witchcraft. London/Henley/Boston. 1977; S. 227–245.

Angstmann, E.: Der Henker in der Volksmeinung. Seine Namen und sein Vorkommen in der mündlichen Volksüberlieferung. In: Theutonista. Zeitschrift f. deutsche Dialektforschung und Sprachgeschichte. Beiheft 1. Bonn. 1928.

Anhorn: Bartholomäus – Magiologia – Christliche Warnung für dem Aberglauben und Zauberey. Basel. 1674. Animavversione Critiche sopra il Notturno Congresso delle Lammie. S'aggiugne il Discorso del P. Gaar sulla Strega d'Erbipoli, la Risposta dello stesso alle Note, il Ragguaglio sulla Strega di Salisburgo, e il Compendio Storico della Stregheria. Venedig. 1751.

Ankarloo, Bengt/Hennigsen, Gustav (Hg.): Early Modern European Witchcraft. Centres and peripheries. Oxford. 1990.

Ankarloo, Bengt: Trolldomsprocesserna i Sverige. Stockholm. 1971 (Skrifter utg. av Institutet för rättshistorik forskning. Serien 1: Rättshistoriskt bibliotek; 17).

Ankarloo, Bengt: Das Geschrei der ungebildeten Masse. zur Analyse der schwedischen Hexenprozesse. In: Degn, Hexenprozesse. Deutsche und skandinavische Beiträge. Neumünster. 1983; S. 172–179.

Anonymus: Ein alter Hexenmeister (Isenring in Feldkirch). In: Archiv für Geschichte und Landeskunde Vorarlbergs. 6. Jg. (1910/11); S. 24.

Anonymus: Ein Hexenprozeß im Hochgericht Neunkirchen (Birkenfeld) im Jahre 1630. In: Birkenfelder Heimatblätter. 3. Jg. (1926); Nr. 9.

Anonymus: Die Hexen am Rodenberg. In: Heimatblatt für Nahe und Hunsrück (Kirner Heimatblätter). 7. Jg. (1927); S. 8.

Anonymus: Hexen in der Pfalz. In: Palatina. Heimatblatt der Pfälzer Zeitung und des Rheinischen Volksblattes. (1930); S. 91ff.

Anonymus: Das Bärenkreuz. Das Gespenst an der Dhronbrücke. Der Hexentanz auf dem Rückersberg in der Walpurgisnacht. In: Hunsrücker Heimatkalender 1953; S. 100ff.

Anonymus: Die Hexenprozesse in Winningen. In: Winningen im Wandel der Zeiten. Heimatgeschichtliche Betrachtungen. Hg. von der Gemeinde Winningen. Winningen. 1965; S. 45–63.

Anonymus: Femina = die weniger Glauben hat. Neue Forschungsergebnisse über die Ursachen der Hexenverfolgung. In: Der Spiegel vom 22. Oktober 1984; S. 117–128.

Anonymus: TV-Pfarrer verklagt Hexe wegen Mordes. In: Rhein-Zeitung vom 29./30. September 1984; S. 3. Anpreisung der allergnädigsten Landesverordnung Ihrer Kaiserl. königl. apostolischen Majestät, wie es mit dem Hexenprocesse zu halten sey, nebst einer Vorrede, in welcher die kurze Vertheidigung der Hex- und Zauberey, die Pater Angelus März der akademischen Rede des Herrn P. Don Ferdinand Sterzingers über das Vorurtheil der Hexerey entgegengesetzt, beantwortet wird von einem Gottesgelehrten. München. 1767.

Anthes, Günter F.: Die Meisenheimer Scharfrichterfamilie Riemenschneider. In: Meisenheimer Hefte. Nr. 15 (1982); S. 29–39.

AP-Meldung: Von der Sonne zum Vampir gemacht. Seltene Krankheit kann hervorstehende Zähne und „Werwolf"-Aussehen bewirken. Abgedruckt in: Süddeutsche Zeitung vom 1./2. Juni 1985; S. 10.

Appel, H.: Die Wechselbalgsage. Berlin 1937.

Appelius, J.: De sortiariis et vera amicitia, zwey Tractätlein: das erste von den Hexen und Zauberern, das andere von der rechten wahren Freundschaft. Han. 1614.

Arbusov, Leonid: Zauber- und Hexenwahn in den baltischen Provinzen. In: Rigaischer Almanach (1911); S. 101–126.

Ardener, E.: Witchcraft, economics and the continuity of belief. In: Douglas, Witchcraft, (1970); S. 141–160.

Arends, Johann: Volkstümliche Namen der Arzneimittel, Drogen, Heilkräuter und Chemikalien. Berlin. 1971.

Arens, Anton (Hg.): Friedrich Spee im Lichte der Wissenschaften. Beiträge und Untersuchungen. Mainz 1984. (Quellen und Abhandlungen zur mittelrheinischen Kirchengeschichte 49).

Aretin, C. M. v.: Geschichte des bayerischen Herzogs und Kurfürsten Maximilian des Ersten. Passau 1842.

Aretin, I. Chr. von (Hg.): Umständlicher geistlicher Vortrag über einen Hexenprozeß aus der ersten Hälfte des 18. Jahrhunderts. In: Aretin: Beyträge zur Geschichte und Literatur vorzüglich aus den Schätzen der pfalzbairischen Central-

bibliothek zu München. Bd. 4. München. 1805; S. 273-328.
Arnold, Gottfried: Die erste Liebe d. Gemeinden Jesu Christi. D. i. wahre Abbildung d. ersten Christen nach ihrem lebendigen Glauben und heiligen Leben. Frankfurt/M. 1696.
Arnold, Gottfried: Unparteiische Kirchen- und Ketzerhistorie. (1699–1700).
Assunto, Rosario: Die Theorie des Schönen im Mittelalter. Köln. 1963. Auhofer, H.: Aberglaube und Hexenwahn heute. Aus der Unterwelt der Zivilisation. Freiburg/Basel. 1960. Ausführliche Erzählungen des Verhörs und der Hinrichtung des im Jahre 1722 der Hexerey beschuldigten Georg Pröls von Pfettrach in Bayern. Herausgezogen aus den Gerichts-Akten, und begleitet mit kritischen Anmerkungen zu Bayern's Aufklärung. 1806.
B., H. A., V. (triusque) I. (uris) D(octor) (Anonymus): Informatio Juris in causa poenali; Utrum tres mulieres maleficii et veneficii ceu reae, delatae capi, et torqueri potueriut, necne? Qua D. Caroli V. Imp. Constitutio Criminalis aliquot in locis declaratur. Rechtliches Bedencken/In Malefitzsachen; Ob drey Weiber/in Gefängliche Verhafft angenommen/vnd Peinlich befragt werden können oder nicht. Frankfurt. 1590.
Baader, J.: Eine bayrische Verordnung gegen Zauberer, Hexen und Wahrsager vom Jahre 1611.
Baader, J.: Zur Geschichte des Hexenwesen. In: Anzeiger des Germ. Museums 23 (1876).
Bach, Adolf: Hexenprozesse in der Vogtei Ems. Nach den Akten des Staatsarchivs zu Wiesbaden. Bad Ems. 1923.
Bach, Adolf: Hexenprozesse in der Vogtei Ems. In: Nassovia. Zeitschrift für nassauische Geschichte und Heimatkunde 24 (1924); S. 18–24, 33–36.
Bacherler, M.: Über Eichstätter Hexenprozesse. In: Heimgarten. Eichstätt (1929); Nr. 43–47.
Bachofen, Johann: Das Mutterrecht. Eine Untersuchung über die Gynäokratie der alten Welt und ihrer religiösen und rechtlichen Natur. Stuttgart. 1861.
Bächthold-Stäubli, Hanns/Eduard Hoffmann-Krayer (Hrsg.): Handwörterbuch des deutschen Aberglaubens. Berlin. 1927. Neuauflage. 1987 als Taschenbuch.
Back, Friedrich: Kampf gegen den aus dem Heidenthum stammenden Aberglauben. Andauer der Hexenverfolgungen. In: Evangelisches Gemeindeblatt aus und für Rheinland und Westphalen. Jg. 1871; S. 198ff.
Bacmeister, Karl A. W.: Zur Geschichte des Hexenprozesses. Concept Bedenkens über die zu Niederthal um Hexerei und Zauberei in verhaft liegende Susann, Michael Lunge's Weib, deren Aussage und noch weiters angegebene Personen. In: Württembergische Vierteljahreshefte für Landesgeschichte. 1886; S. 282–292.
Bader, G./Bader K. S.: Der Pranger. Ein Strafwerkzeug und Rechtswahrzeichen des Mittelalters. Freiburg i. Br. 1935.
Bader, Guido: Die Hexenprozesse in der Schweiz. Züricher rechtswissenschaftliche Dissertation. Affoltern a. A. 1945.
Baetzmann, F.: Hexevaesen og troldskab i Norge. Meddelt til laesning for minigmand, Christiana. 1865.
Baeyer, Walter von: Formen des Hexenwahns. In: Zeitschrift f. d. gesamte Neurologie und Psychologie 133 (1931); S. 676–709.
Bailet, Dietlinde S.: Die Frau als Verführte und als Verführerin in der deutschen und französischen Literatur des 18. Jahrhunderts. Bern u. a. 1981.
Bailey, Frederick G.: The Peasant View of the Bad Life. In: Advancement of Science 23, Nr. 114 (1966); S. 399ff.
Bakan, David: Mensch im Zwiespalt. München/Mainz. 1976; S. 44ff.
Baldi, A.: Die Hexenprozesse in Deutschland und ihre hervorragendsten Bekämpfer. Eine kulturhistorische Abhandlung. Würzburg. 1874.
Baldinger, E. G.: Ein Beitrag zur Geschichte des Ausbruchs des bayrischen Hexenkrieges im Jahr 1766.
Baldung, genannt Grien, Hans: Hexenbilder. Einführung v. Gustav Friedrich Hartlaub. Stuttgart. 1961. (Werkmonographien zur bildenden Kunst 61 = Reclams Universal-Bibliothek B. 9061).
Baleus, Joh.: De Scriptoribus magnae Britanniae. (um 1553). Balzer, E.: Die Bräunlinger Hexenprozesse. In: Alemania. Freiburg i.Br. 3. Folge. 2. Bd. 1910.
Bar, Ludwig von: Geschichte des Deutschen Strafrechts und der Strafrechtstheorien. Berlin 1882 (= L. v. Bar: Handbuch des Deutschen Strafrechts 1).
Barack, A.: Hans Böhm und die Wallfahrt nach Niklashausen im Jahre 1476, ein Vorspiel des großen Bauernkrieges. In: Archiv des Historischen Vereins von Unterfranken und Aschaffenburg 14 (Würzburg 1858). H. 3; S. 1–108. Barbara Elisabeth Schulzin. Ein Arnstädter Hexenprozeß vom Jahre 1669. Nach den Originalprozeßakten herausgegeben von Reinhold Stade. Arnstadt. 1905. Barbara Pachlerin, die Sarnthaler Hexe, und Mathias Perger, der Leuterfresser. Zwei Hexenprozesse. Hrsg. Ignaz Zingerle. Innsbruck. 1858.
Barczyk, Michael/Schurer, Paul: Kirche und Stift St. Peter zu Waldsee (Veröffentlichungen des Stadtarchivs Bad Waldsee 8). Bad Waldsee. 1979.
Barczyk, Michael/u. a.: ... und waren Feuer und Flamme – Deutschlands Hexenwahn und die Hexenverfolgungen in Waldsee. In: Heimatland. Hrsg. von der Kreissparkasse Ravensburg o. J.; S. 45ff.
Barnett, Bernard: Witchcraft, Psychopathology and Hallucinations. In: British Journal of Psychiatry, 1, 1965; S. 439–445.
Barnett, Bernard: Delusions of Witchcraft: A cross-cultural Study. (Rezension). In: BJP. Bd. 114. Ashford/Kent. 1968; S. 1596ff.
Barnett, Harry Elmner: Witchcraft, Psychopathology and Hallucinations. In: Bristish Journal of Psychiatry 111 (1965); S. 439–445.
Barnheim, Friedrich: Erotik und Hexenwahn. Stuttgart 1965.
Baroja, Julio Caro: Die Hexen und ihre Welt (Las brujas y su mundo. Deutsch.) Mit einer Einführung und einem ergänzenden Kapitel von Will-Erich Peuckert (aus dem span. übers. von Susanne und Benno Hübner). Stuttgart. 1967.
Baroja, Julio Caro: Witchcraft and Catholic Theology. In: Bengt Ankarloo/Gustav Henningsen (Hrsg.), Early Modern European Witchcraft. Oxford. 1990; S. 19–44.
Barth, Hans-Martin: Der Teufel und Jesus Christus in der Theologie Martin Luthers. Göttingen. 1967 (Forschungen zur Kirchen- und Dogmengeschichte, 19).
Barth, Hans-Martin: Zur inneren Entwicklung von Luthers Teufelsglauben. Kerygma und Dogma 13, Göttingen 1967; S. 201–211.
Barthels, K.: Lohrer Hexengericht 1576–1633. In: Heimatland. Heimatkundliche Beilage zur Lohrer Zeitung 12 (Lohr/M. 1953) Nr. 6.
Barthels, Karl Josef: ... sind folgende Weibspersonen zu Ostheim peinlich befragt worden ... In: Spessart 57 (Aschaffenburg 1978). H. 1; S. 12–14.
Bartolomäus: „Über Hexenprozesse". In: Zeitschrift für die gesamte Strafrechtswissenschaft, 21. Bd. Berlin 1900; S. 66ff.
Bartsch, Robert: Die Rechtsstellung der Frau als Gattin und Mutter. Leipzig. 1903.
Baschwitz, Kurt: Hexen und Hexenprozesse. Die Geschichte eines Massenwahns und seiner Bekämpfung. München. 1963.
Baschwitz, Kurt: Hexen und Hexenprozesse. Die Geschichte eines Massenwahns und seiner Bekämpfung. München. 1966.
Bauer, Fr.: Schmid, Franz Josef und der Satz: Teuflische Magie existiert, besteht noch. In einer Antwort des katholischen Weltmannes auf die von einem Herrn Landpfarrer herausgegebene Apologie der Professor Weber'schen Hexenreformation. Augsburg. 1791.
Bauer, Georg-Karl: Sternkunde und Sterndeutung der Deutschen im 9.–14. Jahrhundert. Berlin 1937.
Bauer, L.: Die Bamberger Weihbischöfe Johann Schöner und Friedrich Förner. Beiträge zur Gegenreformation in Bamberg. In: Berichte des Hist. Ver. (...) Bamberg 101 (1965); S. 305–530.
Baumann, Karin: Aberglaube für Laien. Zur Programmatik und Überlieferung mittelalterlicher Superstitionskritik. Würzburg. 1989.
Baumgärtel, Gottfried: Die Gutachter- und Urteilstätigkeit der Erlanger Juristenfakultät im 1. Jahrhundert ihres Bestehens. Erlangen. 1962.
Baumgarten, Achim: Hexenverfolgung in der Hinteren Grafschaft Sponheim. Mainz 1982. (masch.). (Wissenschaftliche Hausarbeit für die 1. Staatsprüfung zum Lehramt an Gymnasien, Ref. Prof. Dr. Konrad Fuchs, Fachbereich Geschichte).
Baumgarten, Achim: Was im Jahre 1593 in Rhaunen wirklich geschah. In: Hunsrücker Heimatblätter 24 (1984); Heft 59; S. 314–320.
Baumgarten, Achim: Wie man auf dem Hunsrück die Hexen verbrannt hat. In: Hunsrücker Heimatblätter 24 (1984); Nr. 61; S. 40–42.
Baumgarten, Achim: Hexenwahn und Hexenverfolgung im Naheraum. Ein Beitrag zur Sozial- und Kulturgeschichte (= Europäische Hochschulschriften; III, 325). Frankfurt. 1987.
Baumgarten, Eduard: Der Zaubererjackl. Salzburg. 1930.
Baumgarten, P. M.: Die deutschen Hexenprozesse. In: Frankf. zeitgen. Broschüren. Hrsg. P.Haffner. NF. Bd. IV. Frankfurt am Main. 1883.
Baumhauser, Joachim: Johann Kruse und der „neuzeitliche" Hexenwahn. Neumünster. 1984.
Bautz, Joseph: Die Hölle. Im Anschluß an die Scholastik dargestellt. 2. verb. und vermehrte Auflage. Mainz. 1905.
Baxter, Christopher: Jean Bodin's De la Demonoumenie des sorciers: the Logic of Persecution. In: Anglo, Sydney (Hg.): The Damned Art. Essays in the Literature of Witchcraft. London 1977.
Bayer-Katte, Wanda v.: Die historischen Hexenprozesse: Der verbürokratisierte Massenwahn. In: Wilhelm Bitter (Hrsg.), Massenwahn in Geschichte und Gegenwart. Ein Tagungsbericht. Stuttgart. 1965; S. 220–231.
Bayerl, H.: Die letzte Hexe von Regensburg. In: Die Oberpfalz 33 (1939); 180–183.
Bayle, Peter: Peter Baylens Historisches und critisches Wörterbuch. 4 Bde. Leipzig. 1741–1744. (Hg. J. Ch. Gottscheid).
Bayle, Petrus: Response aux questions d' un Provincial. 1696.
Beaumont, J.: Historisch-Physiologischer und Theologischer Tractat von Geistern, Erscheinungen, Hexerei und anderen Zauberhändeln. Halle. 1721.
Bechstein, Ludwig: Hexen-Geschichten. Sammlung von Hexen-Geschichten, die Bechstein auf der Grundlage alter Hexenprozesse rekonstruierte. 1986. Bechtold, A.: Hexen im bayrischen Lager bei Durlach 1643. In: Alemannia 44 (1917).
Bechtold, A.: Beiträge zur Geschichte der Würzburger Hexenprozesse. In: Frankenkalender 53. Würzburg. 1940.
Beck, Kurt: Zur Phänomenologie des Teufels. Ungedr. Bonner phil. Diss. 1950.
Beck, Paul: Hexenprozesse aus dem Fränkischen. In: Württembergische Vierteljahreshefte. 1883, S. 247ff; 1884, S. 76ff.
Beck, Paul: Zwei Hexenprozesse aus dem Fränkischen. 43. Jahresbericht des Historischen Vereins von Mittelfranken, Ansbach. 1889.
Beck, Paul: Hexenprozesse im Limpurgischen. In: Ipf- und Jagstzeitung (Ellwangen) 1909; Nr. 141, 5.
Becker, A.: Pfälzer Hexensagen. In: Pfälzer Heimat. Beil. zum Pfälzer Kurier vom 8.5.1926.
Becker, Gabriele et al.: Zum kulturellen Bild und zur realen Situation der Frau im Mittelalter und in der frühen Neuzeit. In: Dies. et al.: Aus der Zeit der Verzweiflung. Zur Genese und Aktualität des Hexenbildes. Frankfurt a. M. 1977.
Becker, Gabriele/Bovenschen, Silvia/Brakkert (u. a.): Aus der Zeit der Verzweiflung. Zur Genese und Aktualität des Hexenbildes. Frankfurt am Main. 1977 (edition suhrkamp 840).
Becker, J.: Von Heilmitteln und Zaubertränken und vom Brauchen. In: Heimatbuch des Kreises St. Wendel. 1961/62; S. 165ff.
Becker, Thomas P.: Hexenverfolgungen in Kurköln. In: Annalen des Historischen Vereins für den Niederrhein 195 (1992). Bedenken, die Unhulden betreffend. Ein merkwürdiges Aktenstück aus dem 16. Jahrhundert. In: Ansbachische Monatsschrift Jg. 2 (1794); S. 534–548.
Beemelmans, Wilhelm: Der Hexenprozeß gegen die Großmutter des Dichters Jakob Balde. In: Zeitschrift für die Geschichte des Oberrheins 59 = NF 20 (1905).
Beemelmans, Wilhelm: Hexenwesen und Hexenprozesse. Mühlhausen. 1909.
Beer, J. Ch.: Der höllische Intelligenz-Zettul (...). Augsburg. 1753.
Behringer, Wolfgang: Scheiternde Hexenprozesse. Volksglaube und Hexenverfolgung um 1600 in München. In: Richard van Dülmen (Hrsg.), Kultur der einfachen Leute. München. 1983;
S. 42–78.
Behringer, Wolfgang: Hexenverfolgungen im Spiegel zeitgenössischer Publizistik. Die „Erweytterte Unholden Zeyttung" von 1590. In: Oberbayerisches Archiv 109 (1984); S. 339–360.
Behringer, Wolfgang: Sozialgeschichte und Hexenverfolgung. Überlegungen auf der Grundlage einer quantifizierenden Regionalstudie. In: Lorenz (Hg.), Hexenverfolgung. Würzburg. 1987.
Behringer, Wolfgang: Hexenverfolgung in Bayern. Volksmagie, Glaubenseifer und Staatsräson in der Frühen Neuzeit. München. 1987.
Behringer, Wolfgang: Meinungsbildende Befürworter und Gegner der Hexenverfolgung (15. bis 18. Jahrhundert). In: Valentinitsch, Hexen und Zauberer. Graz/Wien. 1987; S. 219–236.
Behringer, Wolfgang: „Vom Unkraut unter dem Weizen". Die Stellung der Kirchen zum Hexenproblem. In: Richard van Dülmen (Hrsg.), Hexenwelten. Frankfurt a. M. 1987; S. 60–93.
Behringer, Wolfgang: Hexen und Hexenprozesse in Deutschland. München 1988.
Behringer, Wolfgang: Kinderhexenprozesse. Zur Rolle von Kindern in der Geschichte der Hexenverfolgung. In: Zeitschrift für historische Forschung 16 (1989); S. 31ff.
Behringer, Wolfgang: Erträge und Perspektiven der Hexenforschung. In: Historische Zeitschrift 249 (1989); S. 619ff.
Behringer, Wolfgang: Das Wetter, der Hunger, die Angst. Gründe der europäischen Hexenverfolgungen in Klima-, Sozial- und Mentalitätsgeschichte. Das Beispiel Süddeutschlands. In: Gábor Klaniczay/Evá Pócs (Hrsg.), Witch Beliefs and Witch-hunting in Central and Eastern Europe (Acta Ethnographica Hungarica. An International Journal of Ethnography 37 (1991/1992) (erschienen 1994); S. 25–48.
Behringer, Wolfgang: Zur Haltung Adam Tanners in der Hexenfrage. Die Entstehung einer Argumentationsstrategie in ihrem gesellschaftlichen Kontext. In: Hartmut Lehmann/Otto Ulbricht (Hrsg.), Vom Unfug des Hexen-Processes. Gegner

der Hexenverfolgung von Johann Weyer bis Friedrich Spee. Wiesbaden. 1992; S. 161–186.
Behringer, Wolfgang: Chonrad Stoeckhlin und die Nachtschar. Eine Geschichte aus der frühen Neuzeit. München. 1994.
Behringer, Wolfgang: Sozialgeschichte und Hexenverfolgung. Vortrag Weingarten 1986. Weiter ausgearbeitet in: Behringer, Das Wetter, der Hunger, die Angst. Gründe der europäischen Hexenverfolgung in Klima-, Sozial- und Mentalitätsgeschichte. Das Beispiel Süddeutschlands. In: Acta Ethnographica Academiae Scientarum Hungaricae 37/38 (1994).
Behringer, Wolfgang: Sozialgeschichte und Hexenverfolgung. Überlegungen auf der Grundlage einer quantifizierenden Regionalstudie. In: „Hexenverfolgung. Neuere Forschungen – unter besonderer Berücksichtigung des südwestdeutschen Raumes". (Bei Drucklegung unseres Buches noch nicht publiziert – Anm. d. Verlages).
Beinhoff, Johannes: Der Hexenglaube in der Walpurgisnacht und die Blocksbergsage. Diss. phil. Leipzig. 1923.
Beissel, Stephan: Geschichte der Verehrung Marias in Deutschland während des Mittelalters. Ein Beitrag zur Religionswissenschaft und Kunstgeschichte. Freiburg im Breisgau. 1909.
Beitl, Klaus: Volksglaube Zeugnisse religiöser Volkskunst. München. 1981; S. 42, Nr. 6 a–g.
Bekker, Balthasar: Die bezauberte Welt (De betooverede wereld). Amsterdam. 1691/93.
Bellinghausen, Hans: Hexenprozesse in Winningen. In: Rheinische Heimatblätter. Jg. 1924. Nr. 1; S. 9–13.
Ben-Yehuda, Nachman: Problems Inherent in Socio-Historical Approaches to the European Witch Craze. In: Journal for the Scientific Study of Religion, 20. 1981; S. 326–338.
Bender, Peter: Die Rezeption des römischen Rechts im Urteil der deutschen Rechtswissenschaft. Diss. Freiburg. 1955.
Bender-Wittmann, Ursula: Hexenverfolgungen und städtische Gesellschaft im frühneuzeitlichen Lemgo. In: Stadt in der Geschichte – Geschichte in der Stadt: 800 Jahre Lemgo. Dokumentation der stadtgeschichtlichen Ausstellung. Hg. von Jürgen Scheffler. Bielefeld. 1990; S. 45ff.
Bender-Wittmann, Ursula: Schadenzauber und Teufelspakt: Hexereikontrolle im städtischen Umfeld (Lemgo 1628 bis 1637), Magisterarbeit Universität Bielefeld. 1991.
Bender-Wittmann, Ursula: Frauen und Hexen – feministische Perspektiven der Hexenforschung. In: Pramann (Hrsg.), Hexenverfolgungen und Frauengeschichte. Beiträge zur kommunalen Kulturarbeit. Bielefeld. 1993; S. 11–32.
Beneke, Otto: Von unehrlichen Leuten. Hamburg 1863.
Benz, Ernst: Der Toleranz-Gedanke in der Religionswissenschaft (Über den Heptaplomeres des Jean-Bodin). Deutsche Vierteljahresschrift für Literaturwissenschaft und Geistesgeschichte 12, 1943; S. 540–571.
Berg, W.: Die Wahrheit im Zauber- und Hexenwesen. In: Die Übersinnliche Welt. Leipzig. 1961.
Bergdolt, Johannes: Hexenprozesse in Windsheim. In: Heimatkundlicher Lesebogen für den Landkreis Uffenheim. Heft IX, Bad Windsheim 1950.
Berger, Renate/Stephan, Inge (Hrsg.): Weiblichkeit und Tod in der Literatur. Köln/Wien. 1987.
Bergmann, Waltari: Von Hexenwahn und Hexenverfolgungen zwischen Werra, Fulda und Eder. In: Spangenberger Zeitung 45 (Spangenberg 1953), Nr. 20–25, 27, 30, 35 und 37. Bericht: Die Hexen von Schwarzenholz im Gebiet der adeligen Frauenabtei Fraulautern (Saarland), den Rudolf Rebanek nach den Originalakten im St. A. Koblenz erstattete, worin zwei Hexenprozesse gegen einen Mann und eine Frau 1611 und 1612 mitgeteilt werden. In: Südwestdeutsche Heimatblätter Saarbrücken Nr. 2 und 3. Juni und Juli 1928. Berichte von Erforschung, prob und erkenntniß der Zauberinnen, durch's kalte Wasser, durch Hermann Neuwalt. Aus dem Lateinischen ins deutsche übersetzt durch M. Heinrich Meybaum. Helmst. 1584.
Beringe, K.: Hexen- und Aberglauben im Schwarzwald. In: Zeitschrift f. d. g. Neurologie und Psychiatrie. 161. Bd. 1938.
Berkenhoff, Hans Albert: Tierstrafe, Tierbannung und rechtsrituelle Tiertötung im Mittelalter. Straßburg 1937.
Berlich, Matthias: Conclusiones practicabiles secundum ordinem Constitutionum D. August Electoris Saconiae discussae. Leipzig. 1629 (1614).
Berlindus: Die Reise der Hexen nach dem Blocksberge und die Walpurgisnacht mit poetischer Feder ... 1732.
Bernards, Matthäus: Speculum Virginum. Geistigkeit und Seelenleben der Frau im Hochmittelalter. Köln/Graz 1955 (Forschungen zur Volkskunde 36/38).
Bernhardus de Como: de strigibus (1596), Lucerna inquisitorum haereticae pravitatis. 1566.
Berthold, Luise: Sprachliche Niederschläge absinkenden Hexenglaubens. In: Gießener Beiträge zur deutschen Philologie. Gießen. 1938.
Berthold, Luise: Sprachliche Niederschläge absinkenden Hexenglaubens. In: Volkskundliche Ernte. Festschrift für H. Hepding. Gießen. 1938.
Bertram, Benno: Vom Hexenwahn in Koblenz und seiner Umgebung. In: Heimatkalender für den Landkreis Koblenz. 1969; S. 118ff.
Beschreibung des Oberamts Leonberg: Hrsg. vom Württ. Statistischen Landesamt. Zweite Bearbeitung. 1. Bd. Stuttgart. 1930.
Beuther von Carlstat, Michael: Gründlicher Bericht und anweisung/welcher massen in Rechtfärtigung Peinlicher Sachen/nach gemeynen beschribenen Rechten/vor und in Gerichten ordentlich zuhandeln. Frankfurt a. M. 1571 (Übersetzung von Damhouder, Iosse de: Praxis Rerum Criminalium).
Bever, Edward Watts Morton: Witchcraft in Early Modern Wuerttemberg. Diss. phil. Princeton (New Jersey). 1983.
Beyer, Christel: „Hexen-Leut so zu Würzburg gerichtet". Der Umgang mit Sprache und Wirklichkeit in Inquisitionsprozessen wegen Hexerei. Diss. phil. Frankfurt a. M. 1981. Frankfurt a. M. – Bern – New York. 1986.
Beyer, Karl: Kulturgeschichtliche Bilder aus Mecklenburg. Zauberei und Hexenprozesse im evangelischen Mecklenburg. Berlin. 1903. (Mecklenburgische Geschichte in Einzeldarstellungen. Heft 6).
Beyschlag, F.: Ein Speyrer Ketzerprozeß vom Jahre 1392. In: Blätter f. pfälzische Kirchengeschichte. 3. Jahrg. 3. Heft. Speyer. 1927.
Bezold, Friedrich von: Staat und Gesellschaft des Reformationszeitalters. Die Kultur der Gegenwart. 2. Teil 5. Abtl. 1. Bd. Berlin, Leipzig 1908; S. 1–136.
Bezold, Friedrich von: Jean Bodin als Okkultist und seine Dèmonomanie. Historische Zeitschrift 105, 1910; S. 1–64.
Bezold, Friedrich von: Jean Bodins Colloquium Heptaplomeres und der Atheismus des 16. Jahrhunderts. Historische Zeitschrift 113, 1914; S. 260–315; Historische Zeitschrift 114, 1915; S. 237–301.
Bezold, Friedrich von: Aus Mittelalter und Renaissance. Kulturgeschichtliche Studien. München. 1918.
Bezold, Friedrich von: Das Fortleben der antiken Götter im mittelalterlichen Humanismus. Bonn/Leipzig. 1922.
Bidenbach, F.: Manuale ministrorum Ecclesiae. Handbuch für die junge, angehende Kirchendiener im Herzogthumb Württemberg zugericht. Frankfurt a. M. 1613.
Bidenbach, W.: (?) Eine Summe von etlichen Predigten vom Hagel und Unholden (Anm. gehalten in Stuttgart). Tübingen. 1562.
Bieberbach, Ludwig: Galilei und die Inquisition. München. 1938.
Biedermann, Hans: Handlexikon der magischen Künste von der Spätantike bis zum 19. Jahrhundert. Graz. 1968.
Biedermann, Hans: Auf den Spuren eines Phänomens. Traditionen, Mythen, Fakten. Graz. 1974.
Biedermann, Hans: Handlexikon der magischen Künste von der Spätantike bis zum 19. Jahrhundert. 2. verb. und wesentlich vermehrte Auflage. Graz. 1973. München. 1976.
Bièler, Andrè: L'homme et la femme dans la morale calviniste. La doctrine rèformèe sur l'amour, le mariage, le cèlibat, le divorce, l'adultère et la prostitution, considèrèe dabs son cadre historique. Genève. 1963. (Nouvelle sèrie thèologique. 15).
Biener: Beiträge zur Geschichte des Inquisitions-Processes. Leipzig. 1827.
Biener: Beiträge zur Geschichte des Inquisitionsprozesses und der Geschworenengerichte. Leipzig. 1827. Neudruck Aalen 1965.
Biermann, G.: Zwei Hexenprozesse zu Braunau. In: Geschichte der Deutschen in Böhmen. Mitteil. 33. Jahrg. Nr. 3. Prag 1895.
Bigras, Julien: Gute Mutter – Böse Mutter. München. 1975.
Binder, N.: Drey wahrhafftige grundtliche Zeitungen, die erste von ettlichen Hexen und Zauberin, welche hin und wider in Ungern und Teutschland grossen Schaden angericht haben ... Beschriben durch den Hochgelehrten Herrn Nicolaum Binder ... die ander von einem Burger und Tuchmacher der in grosser Unzucht ein zeitlang gelebt ... und wie er durch dess Teufels Eingebung 3. Kinder und sein Weib jämmerlicher weise ermördet. Die dritte von Erscheinung zweyer Engel ... Beschriben durch den ehrwürdigen Herrn Johannem Röseler diser Zeit Pfarrern daselbsten. Erstlich Getruckt in Ingern, nachmahls aber zu Freyburg. 1610.
Binsfeld, Petrus: Tractatus de confessionibus maleficorum & sagarum, et quanta fides ijs adhibenda, sit. Augustae Trevirorum. 1579.
Binsfeld, Petrus: Tractat von Bekanntnuss der Zauberer und Hexen. Ob vnd wie viel denselben zu glauben. Anfänglich durch den hochwürdigen Herrn Petrum Binsfeldium ... in Latein beschrieben. Jetzt aber allen Liebhabern der Wahrheit vnd Gerechtigkeit zu gutem verdeutscht. Trier. Bei Heinrich Bock. 1590.
Binsfeld, Petrus: Tractatvs de confessionibvs maleficorvm et sagarvm. An & quanta fides ijs adhibenda sit? Auctore Petro Binsfeldio ... Accedit eiusdem auctoris Commentatrius in tit. cod. lib. 9. de melefic & mathematic. Ithem bvllae & extravagantes pontificium & c. Editio quarta correctior & auctior. Colonia Agrippanae. 1623.
Binz, Carl: Wier oder Weyer? Düsseldorf. 1887.
Binz, Carl: Augustin Lercheimer (Prof. H. Witekind) und seine Schriften wider den Hexenwahn. Straßburg. 1888.
Binz, Carl: Doctor Johann Weyer (1515–1588). Eine Nachlese. Sonderdruck aus dem 24. Bd. d. Zeitschrift des Berg. Geschichtsvereins. Düsseldorf. 1889.
Binz, Carl: Doctor Johann Weyer, ein rheinischer Arzt, der erste Bekämpfer des Hexenwahns. Ein Beitrag zur Geschichte der Aufklärung und der Heilkunde. 2. Aufl. Berlin. 1896.
Binz, Carl: Apologetische Versuche in der Geschichtsschreibung der Hexenprozesse. Berlin. 1901.
Binz, Carl: Doctor Johannes Weyer, ein rheinischer Arzt, der erste Bekämpfer des Hexenwahns. Ein Beitrag zur Geschichte der Aufklärung und der Heilkunde. Neudruck der Ausgabe von 1896. Nachdruck. Schaan. 1982.
Binz, Louis: Vie religieuse et reforme ecclésiastique dans le diocése de Genéve pendant le grand schisme et la crise concilaire (1378–1450). Genf. 1975; S. 203.
Birck, Thomas: Hexenspiegel, Ein uberaus schöne und wolgegründte Tragedi darinnen augenscheinlich zusehen, was von Unholden und Zauberern zuhalten seie ... Tübingen. 1600.
Birkelbach, Dagmar u. a.: Zur Entwicklung des Hebammenwesens vom 14. bis 16. Jahrhundert am Beispiel der Regensburger Hebammenordnungen. In: Frauengeschichte. Beiträge 5 zur feministischen Theorie und Praxis. München. 1981; S. 83–98.
Birlinger, Anton: Aus Schwaben. Sagen, Legenden, Aberglauben, Sitten, Rechtsbräuche, Ortsneckereien, Lieder, Kinderreime, Neue Sammlung. Bd. 1–2. Wiesbaden. 1874. Auch: Der Teufelskratz oder Hexenmahl.
Birlinger, Anton: Ein Donauwörther Zauberer. In: Alemannia 8 (1880); S. 122. Bizer, Ernst: Heinrich Heppe. In: Lebensbilder aus Kurhessen und Waldeck 6 (1958); S. 112–127.
Black Koltuv, Barbara: Das Geheimnis Lilith. Oder die verteufelte Göttin. München. 1988.
Blanck, Walter: Zur Entstehung des Grotesken. In: Deutsche Literatur des späten Mittelalters. Hamburger Colloquium 1973. Berlin 1975 S. 35–46 (Publications of the Institute of Germanic Studies University of London. 22).
Blankenhorn, Rudolf: Die Gerichtsverfassung der Carolina. Diss. jur. Tübingen. 1939; S. 48.
Blauert, Andreas: Frühe Hexenverfolgungen (Sozialgeschichtliche Bibliothek bei Junius, Bd. 5). Hamburg. 1989. Diss. Konstanz 1988.
Blauert, Andreas: Frühe Hexenverfolgungen. Ketzer-, Zauberei- und Hexenprozesse des 15. Jahrhunderts. Hamburg. 1989.
Blauert, Andreas: Die Erforschung der Anfänge der europäischen Hexenverfolgungen. In: Blauert, Ketzer, Zauberer, Hexen. Die Anfänge der europäischen Hexenverfolgungen. Frankfurt a. M. 1990; S. 11–42.
Blauert, Andreas (Hg.): Ketzer, Zauberer, Hexen. Die Anfänge der europäischen Hexenverfolgungen. Frankfurt a. M. 1990.
Bleck, Wolf: Witchcraft, Gossip and Death: A social drama. In: Man (N. S.) 11 (1976); S. 526ff.
Blécourt, Willem de: Termen van Toverij. De veranderende betekenis van toverij in Nordoost-Nederland tussen de 16de en 20ste eeuw. Nijmegen. 1990.
Blersch, Konrad: Wesen und Entstehung des Sexus im Denken der Antike. Stuttgart, Berlin 1937 (Tübinger Beiträge zur Altertumswissenschaft. 29).
Blöcker, Monica: Wetterzauber. In: Francia 9 (1981); S. 117–131.
Blöcker: Frauenzauber – Zauberfrauen. In: Zeitschrift f. schweizerische Kirchengeschichte 76 (1982); S. 1–39.
Blomberg, Hugo von: Studien zur Kunstgeschichte und Aestetik. 1: Der Teufel und seine Gesellen in der bildenden Kunst. Berlin. 1867.
Blühm, Elger: Fragen zum Thema Zeitung und Gesellschaft im 17. Jahrhundert. In: Presse und Geschichte. Beiträge zur historischen Kommunikationsforschung (Studien zur Publizistik, 23). München. 1977.
Blum, Elisabeth: Das staatliche und kirchliche Recht des Frankenreichs in seiner Stellung zum Dämonen-, Zauber- und Hexenwesen. Paderborn. 1936. (Veröffentlichungen der Sektion für Rechts- und Staatswissenschaften. 72). (Diss. phil.

Köln).
Bobbe, J. B. G.: Vermischte Anmerkungen über Sr. Hochehrwürdigen des Herrn Probstes und Superintendenten in Kempberg, Herrn Gottlieb Müllern Gründlichen Nachricht und deren Anhang von einer begeisterten Weibsperson Anna Elisabeth Lohmännin, mitgetheilt von Antidämoniacus. Bernburg. 1760.
Bock, H.: Kreütterbuch. Straßburg 1577.
Bodin, Jean: Methodus ad facilem historiarum cognitionem. Paris. 1566.
Bodin, Jean: De Daemonomania Magorum. Vom außgelassnen Wütigen Teuffelsheer der Besesenen Unsinnigen Hexen und Hexenmeyster/Unholden/Teuffelsbeschwerer/Warsager/Schwarzkünstler/Vergifter ... etc. und aller anderer Zauberer geschlecht ... Nun erstmals durch den ... H. Johann Fischart ... ins Teutsche gebracht ... Straßburg. 1581.
Bodin, Jean: De la Démonomanie des Sorciers aveque la réfutation des opinions de Jean Wier, Paris 1580 (lat. Bodini De magorum daemonomaniae ... Francofurti 1591; deutsch: Vom außgelaßnen wutigen Teufelsheer der besessenen, unsinnigen Hexen und Hexenmeister, Unholden, Teufelsbeschwörer, Wahrsager, Schwarzkünstler, Vergifter, Nestelverknüpfer, Nachtschädiger und aller anderen Zauberer Geschlecht. Straßburg. 1591. Übersetzer: J. Fischart.
Bodin, Jean: Vom aussgelasnen wütigen Teufelsheer (Übersetzt von Johann Fischart). Straßburg 1591. (Nachdruck Graz 1973).
Bodin, Jean: Daesmonomanie; oder, Ausführliche Erzehlung des wütenden Teuffels in seinen dahmaligen rasenden Hexen und Hexenmeistern dero Bezauberungen, Beschwerungen, Vergifftungen, Gauckel- und Possen-Wercke ... Welches der andere Theil Nicolai Remigii Daemonolatria ... gleichfalls angehänget; Vielerhand warhafftige und erschreckliche Geschichte besessener Leute ... nebst noch einigen betrieglichen und von Menschen practicirten kurtzweiligen Begebenheiten. Hamburg. 1698.
Boehmer, Heinrich: Luthers Ehe. Jahrbuch 7. 1925; S. 40–76.
Boehmer, Heinrich: Der junge Luther. Mit erweitertem Nachw. von Heinrich Bornkamm. 6. durchgearb. Auflage. Stuttgart. 1971.
Boelcke, Willi: Zur mittelalterlichen und frühneuzeitlichen Wirtschaftsgeschichte der Reichsstadt Reutlingen. In: Reutlinger Geschichtsblätter 29 (1990).
Bog, Rosemarie: Die Hexe: Schön wie der Mond – häßlich wie die Nacht. Zürich. 1987.
Bogenschütz, Josef: Der Hexenprozeß von Veringen. o. O. 1902.
Böhm, Ernst: Der Schöppenstuhl zu Leipzig und der sächsische Inquisitionsprozeß im Barockzeitalter. In: ZStW 59, (1940), S. 371ff, 620ff; ZStW 60 (1941), S. 155ff; ZStW 61 (1942), S. 301ff.
Böhm, H.: Strafverfahren gegen Schatzgräber in Dillingen und Lauingen. In: Jb. d. Hist. Ver. Dillingen 79 (1977); S. 195–209.
Böhm, R.: Sagt Ja, Sagt nein – Getanzt Muess Sein. Der Füssener Totentanz. Füssen. 1978.
Boll, Franz/Gundel, Wilhelm: Sternglaube und Sterndeutung. Leipzig. 1931.
Bollmann, Klaus: Die Stellung des Inquisiten bei Carpzov. Diss.jur. Marburg/Lahn. 1963.
Bolzoni, Francesco: Le Streghe in Italia. Bologna. 1963.
Bonfanti, Leo: The Witchcraft Hysteria of 1692. Volume I. Wakefield. Mass. 1971.
Bonfanti, Leo: The Witchcraft Hysteria of 1692. Volume II. Wakefield. 1977. New England Historical Series.
Bonhöfer, J. F.: Erbauliche Abhandlung von dem erschröcklichen und Jammervollen Zustand der geist- und leiblichen Besitzung des Teuffels. In Zweyen Betrachtungen aus Hl. Schrifft. erwiesen und mit historischem Exempeln erleutert ... Mit einer Vorrede Gustav Georg Zeltners D. worinnen er seine Gedanken vom Binden des Satans, Offenb. 20.2. eröffnet. Nürnberg. 1733.
Bonomo, Giuseppe: Caccia alle streghe. La credenza nelle streghe dal sec. XIII al XIX con particolareriferimento all' Italia. Palermo. 1959 (Reprint 1971).
Bormuth, Heinz: Die Sage vom Hexenritt bei Münster. Zum Hexenglauben in alter und neuer Zeit. In: Landschaft Dreieich 1 (Dreieich 1978); S. 97–102.
Bornhak: Zur Geschichte der Hexenprozesse. In: Gesetz und Recht. Zeitschrift für allgemeine Rechts- und Staatskunde. Berlin. 1919.
Bornkamm, Heinrich: Das Jahrhundert der Reformation. Gestalten und Kräfte. 2 verm. Auflage. Göttingen. 1966.
Borst, Arno: Die Katharer. Stuttgart. 1953 (Schriften der Monumenta Germaniae historica. 12).
Borst, Arno: Anfänge des Hexenwahns in den Alpen. In: Arno Borst „Barbaren, Ketzer und Artisten". München/Zürich. 1988; S. 262ff.
Borst, Arno: Anfänge des Hexenwahns in den Alpen. In: Blauert (Hrsg.), Ketzer, Zauberer, Hexen. Frankfurt a. M. 1990; S. 43–67.
Bosl, Karl: Die Grundlagen der modernen Gesellschaft im Mittelalter. Eine deutsche Gesellschaftsgeschichte des Mittelalters. Teil 1, 2 Stuttgart 1972 (Monographien zur Geschichte des Mittelalters 4/1,2).
Bosl, Karl: Das Problem der Armut in der hochmittelalterlichen Gesellschaft. Österreichische Akademie der Wissenschaften. Sitzungsberichte. Phil. Hist. Klasse 294. Wien. 1974.
Bosl, Karl: Gesellschaftswandel, Religion und Kunst im hohen Mittelalter. Bayerische Akademie der Wissenschaften. Sitzungsberichte. Phil. Hist. Klasse. Jg. 1976. München. 1976.
Boudriot, Wilhelm: Die altgermanische Religion in der amtlichen kirchlichen Literatur des Abendlandes vom 5.–15. Jahrhundert. Bonn 1928. (Untersuchungen zur allgemeinen Religionsgeschichte 2).
Bovenschen, Silvia: Die aktuelle Hexe, die historische Hexe und der Hexenmythos. In: Becker, Gabriele et al.: Aus der Zeit der Verzweiflung. Frankfurt 1977; S. 259–312.
Boyer, Paul/Nissenbaum, Stephen: Salem Possessed. The social origins of witchcraft. London/Cambridge/Mass. 1974.
Brackert, Helmut: Daten und Materialien zur Hexenverfolgung. In: Becker, Bovenschen, Brackert, u. a.: Aus der Zeit der Verzweiflung. Zur Genese und Aktualität des Hexenbildes. Frankfurt. 1977; S. 313–440.
Brander, V.: Julius Echter von Mespelbrunn. Würzburg. 1917.
Brant, Sebastian/Geiler, Johann: Welt Spiegel oder Narren Schiff darin aller Ständt schandt und laster vppiges leben, grobe Narrennte Sitten vnd der Weltlauff gleich als in einem Spiegel gesehen und gestrafft werden. Dtsch. von Nicolaus Höninger von Tauber. Basel. 1574.
Brauchitsch, C.: Zauberei und Hexerei. In: Die Grenzboten. Zeitschrift für Politik, Literatur und Kunst. 36. Jg. Leipzig. 1877.
Braun, Birgit: Luthers Stellung zur Medizin aus seinen Tischreden. Diss. Düsseldorf. Med. Fak. Düsseldorf. 1967.
Braun, H. (?): Drey Fragen zur Vertheidigung der Hexerey. I. Ob P. Angelus März die Rede des P. Don Ferdinand Sterzingers gründlich, und II. bescheiden widerleget habe? III. Und ob wohl diese akademische Rede dem heiligen Kreutze von Scheyrn in der That nachtheilig sei? mit einem sichern Ja beantwortet, und dem Pater P. Angelus März selbst decidiret von J. F. Z. ... München, 1767.
Braun, H.: Models J. U. Lie. beantwortete Frage, ob man die Ausfahrt der Hexen zulassen kann wider P. Ferd. Sterzinger. In: Braun (hg.), Der Patriot in Bayern. München. 1769; Bd. 1; S. 47–51.
Braun, Konrad: De haereticis in genere libri sex. Mainz. 1549.
Braun, St.: Freiburger katholisches Kirchenblatt. 1882. Nr. 37 und 38. Darin ein Vortrag über die Hexen.
Brauneck, Manfred: Religiöse Volkskunst, Votivgaben, Andachtsbilder, Hinterglas, Rosenkranz, Amulette. Köln. 1979.
Brednich, Rolf Wilhelm: Historische Bezeugung dämonologischer Sagen (i. e. Werwolf-, Hexen- und Teufelssagen; H. S.) im populären Flugblattdruck. In: Lutz Röhrich (Hrsg.), Probleme der Sagenforschung. Freiburg/Br. 1973; S. 52–62.
Breiden, Heribert: Die Hexenprozesse in der Grafschaft Blankenheim von 1589 bis 1643. Diss. jur. Bonn. 1954.
Breitenbach, J.: Eine Hofmagd als Zauberin (Leuchtenberg 1638). In: Die Oberpfalz 7 (1913); S. 112–115.
Breitschwert, J., Ludwig, C. Freiherr von: Keppler's Leben und Wirken nach neuerlich aufgefundenen Manuskripten. Stuttgart. 1831.
Brenner, I./Morgenthal, G.: Sinnlicher Widerstand während der Ketzer- und Hexenverfolgungen. In: Becker, Gabriele et al.: Aus der Zeit der Verzweiflung. Frankfurt 1977; S. 188–239.
Brenz, Johannes: „Von dem Hagel und Ungewitter". In: Evangelien der fürnembsten Fest- und Feyertagen ... sampt ... andern ... Predigten, übersetzt von Jacob Gretter. Frankfurt. 1558.
Breunig, August: Kurze Geschichte der Stadt und Pfarrei Buchen. In: Freiburger Diözesan-Archiv 13 (1880); S. 27–76.
Brietzmann, Franz: Die böse Frau in der deutschen Literatur des Mittelalters. Berlin. 1912.
Brittmacher, Hans Richard: Der Leibhaftige. In: Alexander Schuller/Wolfert von Rahden (Hrsg.), Die andere Kraft. Berlin. 1993; S. 167–192.
Brockmann, Doris/Eicher, Peter (Hrsg.): Die politische Theologie Friedrich von Spees. München. 1991.
Brönegard, Vagn: Pflanzen im Brauchtum, in der Geschichte und Volksmedizin. Berlin. 1985.
Brouette, Emile: La Sorcellerie dans le comté de Namur au début de l'époque moderne, 1509–1646. Gembloux. 1954.
Browe, Peter (S. J.): Die eucharistischen Flurprozessionen und Wettersegen. In: Theologie und Glaube 21 (Paderborn 1929); S. 722–755..
Browe, Peter (S. J.): Die Eucharistie als Zaubermittel im Mittelalter. Archiv für Kulturgeschichte 20. 1930; S. 134–154.
Browe, Peter (S. J.): Die letzte Ölung in der abendländischen Kirche des Mittelalters. In: Zeitschrift für kath. Theologie. 55. 1931; S. 515–561.
Brown, Peter: Die Keuschheit der Engel. München. 1991.
Bruch, Hans: Strafrechtspflege in der Stadt Trier im 16. Jh. bis 18. Jh. Diss. jur. Waldkirch, 1934.
Brück, Anton Philipp: Ein politischer Hexenprozeß in Bodenheim. In: Mitteilungsblatt zur rheinhessischen Landeskunde 5 (Mainz 1956); S. 49–62.
Brück, Anton Philipp: Hexenprozesse im Binger Land. In: Heimatjahrbuch Landkreis Mainz-Bingen 12 (Rheinberg 1968); S. 81–82.
Brück, Anton Philipp: Johann Adam von Bicken. Erzbischof und Kurfürst von Mainz 1601–1604. In: Archiv für mittelrheinische Kirchengeschichte 23 (Speyer 1971); S. 147–187.
Brück, Anton Philipp: Hexenprozesse in Aschaffenburg und Damm in den Jahren 1603/04 und 1628/29. In: Aschaffenburger Jahrbuch 6 (Aschaffenburg 1979); S. 243–268.
Bruckner, W. H.: De magicis personis et ertibvs disserit, et eas omnio dari ostendit. Von zauberischen Leuten und Künsten, das sicher wahrhafftig anzutreffen und nicht in einer blossen Einbildung bestehen, ocasione legis 6. c. de malef. & mathem. a nobilissimo jurium candatio Jo. Reinhardo Wegelino ... solemni lectione ... explicandae die IX. Maji MDCCXII. Jena (?) 1723.
Brückner, Wolfgang: Das Wirken des Teufels. Theologie und Sage im 16. Jh. Forschungsprobleme der Satanologie und Teufelserzählungen. In: Volkserzählung und Reformation. Ein Handbuch zur Tradierung und Funktion von Erzählstoffen und Erzählliteratur im Protestantismus. Hrsg. von Wolfgang Brückner. Berlin. 1974; S. 393–416.
Brückner, Wolfgang: Forschungsprobleme der Satanologie und Teufelserzählungen. In: Brückner, Volkserzählung und Reformation. Ein Handbuch zur Tradierung und Funktion von Erzählstoffen und Erzählliteratur im Protestantismus. Berlin. 1974; S. 393–416.
Brunnemann, Jacob: Alosii Chartinii (pseud. Discurs von trüglichen Kennzeichen der Zauberey, worinnen viel abergläubische Meinungen vernunfftmäßig untersucht und verworffen; wie auch Carpzovii, Berlichii, Crusiii, und anderer, so woll päpstlicher, als protestantischer Jure Consultorem, Missliche und leichtgläubige Lehr-Sätze von der Zauberey erwogen und beleuchtet worden ... Stargard. 1708. Auch: Halle. 1727.
Brunnemann, Jacob: Discours von betrüglichem Kennzeichen der Zauberey, worinnen viel abergläubische Meinungen freymüthig untersuchet und verworffen, wie auch Carpzovi, Berlichii, Crusii und anderer, so wohl Protestant – als Päbstischer JC torum mißliche und leichtgläubige Lehr-Sätze von der Zauberey erwogen ... werden. Nebst einer Historischen Anleitung von dem Zustande des Hexen Processes vor und nach der Reformation bis auf jetzige Zeiten. Halle. 1727.
Brunnemann, Jacob: Discours von den betrüglichen Kennzeichen der Zauberey. Nebst einer Historischen Anleitung von dem Zustande des Hexen-Processes vor und nach der Reformation. Stargard. 1708. (2. Auflage Halle 1727; 3. Auflage Frankfurt/Leipzig 1729).
Brunnemann, Johann: De processu tum civili tum criminali inquisitorio. 1647.
Brunnemann, Johannes: Tractatus Juridicus de Inquisitionis Processu in gratiam illorum qui Causas Criminales tractant olim conscriptus. (Erstaufl. vermutl. 1647). 5. Auflage. Wittenberg. 1679. Deutsche Ausgabe: InquisitionsProceß Ehemals Denen/welche mit Peinlichen Sachen umbzugehen pflegen/zum Besten geschrieben/Anitzo aber mit allem Fleiß ins Teutsche übersetzt Nebst einem Vollkommenen Register. Frankfurt/Leipzig. 1717.
Brunnenmeister, E.: Die Quellen der Bambergensis. Ein Beitrag zur Geschichte des deutschen Strafrechts. Leipzig. 1879; S. 290.
Bruns, Friedrich: Die Hexenküche. In: Monatshefte für deutschen Unterricht, deutsche Sprache und Literatur 46 (1954); S. 260–266.
Buchda, G.: Die Spruchtätigkeit der hallischen Juristenfakultät in ihrem äußeren Verlauf. In Savigny-Zeitschrift für Rechtsgeschichte. Germ. Abt., Bände 62/1942, 63/1943, 64/1944.
Bucher, J.: Ein groß wunderbarlich und unerhörtes Mirackel (...) von einer junger Magd, welche unschuldig zum Tod verurtheilt (...) ist worden. Augsburg. 1589.
Bücher, Karl: Die Frauenfrage im Mittelalter. 2. Aufl. Tübingen. 1910.
Buchheit: „Johann Baptist Fickler, ein schwäbischer Prinzenerzieher am bayersichen Hof." In: Südwestdeutsche Blätter für Familien- und Wappenkunde I, 1949
Buchmann: Unfreie und freie Kirche in seinen Beziehungen zur Sklaverei, zur Glaubens- und Gewissenstyrannei und zum Dämonismus. Breslau. 1873.
Buchner, Eberhard: Medien, Hexen und Geisterseher. Kulturhistorische interes-

sante Dokumente aus alten deutschen Zeitungen und Zeitschriften (16.–18. Jahrhundert). München. 1926.
Buchner, Franz Xaver: Das Bistum Eichstätt. Historisch-statistische Beschreibung auf Grund der Literatur, der Registratur des Bischöflichen Ordinariats Eichstätt sowie der pfarramtlichen Berichte. 2 Bde. Eichstätt. 1937–38.
Buchrucker, Armin-Ernst: Die Bedeutung des Teufels für die Theologie Luthers. „Nullus Diabolusnullus Redemptor". Theologische Zeitschrift 29. Basel. 1973; S. 385–399.
Buck, M. R.: Hexenprocesse aus Oberschwaben. Alemannia 1882.
Buckland, Raymond: Witchcraft from the Inside. St. Paul/Minn. 1975.
Buff, A.: Verbrechen und Verbrecher zu Augsburg in der zweiten Hälfte des 14. Jahrhunderts. In: Zs. d. Hist. Ver. f.Schwaben und Neuburg 4 (1878); S. 160–231.
Bühler, Franz: Heimatbuch Leonberg. Stadtführung. Geschichte. Kulturgeschichtliches. Bietigheim/Württ. 1954.
Bühler, Johannes: Die Kultur des Mittelalters (6. Aufl.) Stuttgart. 1954 (Kröners Taschenausgabe. 79).
Bumiller, Casimir: „Ich bin des Teufels, wann er nur käm und holte mich". Zur Geschichte der Hexenverfolgung in Hohenzollern. In: Hohenzollerische Heimat 33 (1983).
Bumiller, Casimir: Eine „untertänige Supplikation an den gnädigen Herren Grafen" von 1591. In: Hohenzollerische Heimat 36 (1986).
Bumiller, Casimir: Der Schultheiß und seine Frau, die Hexe. In: Hohenzollerische Heimat 38 (1988).
Bumiller, Casimir: Studien zur Sozialgeschichte der Grafschaft Zollern im Spätmittelalter (Arbeiten zur Landeskunde Hohenzollerns Bd. 14). Sigmaringen. 1990.
Burdach, Konrad: Reformation, Renaissance, Humanismus. Zwei Abhandlungen über die Grundlage moderner Bildung und Sprachkunst. 2. Aufl. Berlin, Leipzig. 1926.
Bürger: Beitrag zum Hexenwesen. Auszug aus dem Kirchenbuch zu Unterregenbach. In: Zeitschrift für Württembergisch-Franken. 8. Bd. 3. Heft. Weinsberg 1870; S. 502–504.
Burghartz, Susanna: Hexenverfolgung als Frauenverfolgung? Zur Gleichsetzung von Hexen und Frauen am Beispiel Luzerner und Lausanner Hexenprozesse des 15. und 16. Jahrhunderts. In: Lisa Berrisch u.a. (Hrsg.), 3. Schweizer Historikerinnentagung. Beiträge. Zürich. 1986.
Burkarth, Rolf: Hexenprozesse in Hohenzollern. Zulassungsarbeit für das Lehramt an Volksschulen. Reutlingen. 1965.
Burke, Peter: The Comparative Approach to European Witchcraft. In: Ankarloo/Henningsen (Hrsg.), Early Modern European Witchcraft. Centres and Peripheries. Oxford. 1990; S. 435–441.
Burkhardt, Christa/Burgdörfer, Reinhild: Hexen sind Frauen. In: Religionspädagogische Hefte (Hg. vom Prot. Landeskirchenrat der Pfalz). Jg. 1984. Heft Nr. 2/3; S. 28–47.
Burr, George: The fate of Dietrich Flade. In: Papers of the American Historical Association. Vol. 5. Nr. 3. New York. 1891.
Bürstle, Susanne: Hexenpredigten der frühen Neuzeit. Magisterarbeit. Stuttgart. 1987.
Buschan, Georg: Über Medizinzauber und Heilkunst im Leben der Völker. Geschichte der Urheilkunde, ihre Entwicklung und Ausstrahlung bis in die Gegenwart. Berlin (1942).
Buxtorf-Falkeisen, Carl: Basler Zauber-Prozesse aus dem 14. und 15. Jahrhundert. Basel. 1868; S.4ff.
Byloff, Fritz: Das Verbrechen der Zauberei (crimen magiae). Ein Beitrag zur Geschichte der Strafrechtspflege in Steiermark. Graz. 1902.
Byloff, Fritz: „Die Blutgenossenschaft des Zaubererjackl". In: Monatsschrift für Kriminalpsychologie und Strafrechtsreform. 18. Jahrgang 1927, Heft 8.
Byloff, Fritz: Volkskundliches aus Strafprozessen der österreichischen Alpenländer, mit besonderer Berücksichtigung der Zauberei- und Hexenprozesse 1455 bis 1850. Berlin. 1929. (Quelle zur deutschen Volkskunde. 3).
Byloff, Fritz: Hexenglaube und Hexenverfolgung in den österreichischen Alpenländern. Berlin 1934. (Quellen zur deutschen Volkskunde. 6).
Byloff, Fritz: Die letzten Zaubereiprozesse in Mühldorf und Landshut. In: Zeitschrift für bayr. Landesgeschichte 11. Jahrg. 3. Heft. München. 1938.
Byr, R.: Hexenprozesse in Bregenz. In: Schriften d. Verf. f. Gesch. des Bodensees 15 (1886); S. 215–226.
Caesarius Heisterbacensis: Dialogus miraculorum, VIII libri miraculorum.
Cahagnet, L. A.: Die Geheimnisse des Jenseits oder die Fortdauer nach dem Tode und die Berufung und Befragung der Verstorbenen auf magnetisch-ekstatischem Wege. Grimma und Leipzig. 1851.
Cahagnet, L. A.: Magie magnétique: ou, Traite historique et pratique des fascinations, miroirs cabalistiques, apports, suspensions, pactes, talismans ... 2. ed. corr. et augm. Paris. 1858.
Camerarius, E.: Unpartheische Gedancken über die Kurtze Lehr-Sätze/von dem Laster der Zauberey/Welche der berühmte Ictus und Professor Herr D. Christianus Thomasius damahls in einer Inaugural-Disputation defendiret/Jetzte aber schon zum andernmahl in die teutsche Sprache übersetzet worden. Nebst Anhang Betreffende die Vertheidigung dieser Lehr-Sätze/kurtz gefasset/und zum Druck befördert. Von einem Membro des Cellegii Curiosum in Teutschland, anno, 1703.
Canaan, T.: Dämomenglaube im Lande der Bibel. Leipzig. 1929.
Cardanus, H.: Friedrich Spee. Frankfurt am Main. 1884.
Cardini, Franco: Magia, stregoneri, superstizioni nell' occidente medievale, 2. Aufl. Florenz. 1984.
Cardini, Franco: Hexenwesen und Volkskultur im Spätmittelalter an Beispielen aus der Toskana. In: Peter Dinzelbacher, Hans-Dieter Mück (Hg.), Volkskultur des europäischen Mittelalters. Stuttgart. 1987; S. 73ff.
Carmin, E.R.: „Guru"-Hitler. Die Geburt des Nationalsozialismus aus dem Geiste der Mystik und Magie. Zürich. 1985.
Carpzov, Benedict: Practicae novae imprialis saxoniae rerum criminialium Benedicti Carpzovii synopsis ... Lipsiae. 1655.
Carpzov, Benedict: Practicae novae (imperialis Saconicae rerum criminalum pars 1) Editio quarta correctior, cum indice rerum et verborum priore multum öocuplectione. Francofurti et Wittenbergae ... 1658.
Carpzov, Benedict: Practica nova Imperialis Saxonica Rerum Criminalium in Partes III Divisa, Editio Sexta. Wittenberg. 1670 (1646).
Carpzov, Benedict: Peinlicher Sächsischer Inquisitions- und Achts-Prozeß, daraus zu vernehmen, wie und welcher Gestalt von der Obrigkeit ex officio wider die Delinquenten und Verbrechen zu inquirieren, so wohl auch wider die Flüchtigen mit der Acht zu verfahren. Leipzig. 1693.
Carrichter, B.: Kräuterbuch, darin begriffen unter welchen Zeichen Zadiaci auch in welchem Grade ein jedes Kraut stehe, wie sie in Leib und allen Schäden zu bereiten, und zu welcher Zeit sie zu collagieren seien. Straßburg. 1589.
Cäsar, A. J.: Ist die Nichtigkeit der Zauberey ganz erwiesen? München. 1789.
Caspar, Max: Johannes Kepler. 3. Auflage. Stuttgart. 1958.
Cassel, C.: Eine Hexenprozess-Akte vom Jahre 1547. In: Hannover'sche Geschichtsblätter. 2. Jg. Nr. 17. Hannover. 1899. Cautio criminalis seu de processibus contra sagas liber. Ad magistratus Germaniae hoc tempore necessarius, tum autem consillariis et confessariis principium, inquisitoribus, judicibus, advocatis, confessariis reorum, conciontoribus ceterisque lectu utilissimus Auctore incerto Theologo Romano orthodoco. Rintelii typis esxscripsit Petrus Lucius typor. Aced., 1631. (Deutsch: Hochnotpeinliche Vorsichtsmaßregel oder Warnungsschrift über die Hexenprozesse, gerichtet an alle Behörden Deutschlands, an die Fürsten und ihre Räthe, an die Richter und Advokaten, Beichtiger, Redner und an das ganze Volk). Weitere Ausg.: 1632 bei Gronäus in Frankfurt am Main. Deutsche Übers. im Auszug von J. Seiffert, Bremen, 1647. Erste vollst. deutsche Übers. durch Joh. Schmidt, Frankfurt am Main, 1648/49. 1695 eine weitere Textausgabe, Sulzbach. Französische Ausgabe, 1600, Lyon.
Cecil, H. Ewen: Witchraft and Demonianism. London. 1933.
Celichius, A.: Notwendige Erinnerung. Von des Sathans letzten Zornsturm, und was es auff sich habe und bedeute, das zu dieser Zeit so viel Menschen an Leib und Seel vom Teuffel besessen werden durch Andream Celichium ... Wittenberg. 1594.
Chmielewski-Hagius, Anita: Das Besenopfer - geheimnisvolle Therapie und heimlicher Brauch in Oberschwaben. In: Volkskunst. Zeitschrift für volkstümliche Sachkultur 13 (1990); H. 4; S. 36–42.
Chmielewski-Hagius, Anita: Heilkundige auf dem Dorf. Studien über laienmedizinisches Wirken von Heilern in Oberschwaben. Diss. Freiburg i. Br. 1993; S. 127–128.
Christi, Gerhard: Die Malefitzprozeßordnung des Codex Maximilianeus von 1616, dargestellt in ihrem Verhältnis zur Carolina und den Rechtsquellen des 16. Jahrhunderts im Herzogtum Bayern. Regensburg Diss. jur. 1975. Christliche Anred nächst dem Scheiterhaufen, worauf der Leichnam der Mariae Renatae, einer durch's Schwerdt hingerichteten Zauberin, den 21. Juni 1749 außer der Stadt Wirtzburg verbrannt worden, an ein zahlreich versammeltes Volk gethan, und hernach auf gnädigsten Befehl einer hohen Obrigkeit in öffentlichen Druck gegeben von P. Georgio Gaar (S. J.). Wirtzburg, in der Hofbuchdruckerei. Churfürstlich-Mayntzisches Landrecht und Ordnungen. Für sämmtliche Chrufürstlich-Mayntzische Lande, ausschließlich deren Erffurtischen und Eichsfeldischen ... Mainz 1755. Churfürstlicher Pfaltz Landt-Recht. Fünffter Theil der Churfürstlichen Pfaltz Landtrechte. Criminalia/Das ist/Peinliche Malefitz/Übel und Mißthaten/auch derenselben Straffen und Ordnungen betrefendt. Heidelberg. 1582. IX. Tit.; S. 9ff.
Clark, Stuart: Inversion, Misrule and the Meaning of Witchcraft. In: Past and Present 87 (1980); S. 49–50.
Clemen, Otto: Eine Erfurter Teufelsgeschichte von 1537. In: Archiv für Kulturgeschichte 10 (Köln 1912), H. 4; S. 455–458.
Cloos, August: Summarische Rechnung für Hexenprozesse und Hinrichtungen. In: Literaturwissen. Jahrbuch der Görres Gesellschaft. Berlin. 1971; S. 51ff.
Cobben, Jan Jacob: Johannes Wier, zjin opvattingen over bezetenheid, hekserij en magie. Assen 1960 (Van Gorcum's Historische bibliotheek; 62).
Cohn, N.: Europe's Inner Demons. An Enquiry Inspired by the Great Witch-Hunt. London. 1975 (Überblick über die gesamteuropäische Entwicklung).
Cohn, Norman: Das Ringen um das Tausendjährige Reich. Revolutionärer Messianismus im Mittelalter und sein Fortleben in den modernen totalitären Bewegungen (The Pursuit of the Millenium). Bern/München. 1961.
Colesie, Georg: Hexenprozesse am Hochgericht Nalbach. In: Zeitschrift für die Geschichte der Saargegend. Jg. 17/18; S. 229. Saarbrücken. 1969/70.
Colpe, Carsten: Aus der Geschichte des Teufels im Abendland. In: Colpe/Schmidt-Biggemann (Hrsg.), Das Böse. Frankfurt a. M. 1993; S. 63–89.
Colquohon, J. C.: Historische Enthüllungen über die geheimen Wissenschaften aller Zeiten und aller Völker, oder vollständige Geschichte der Magie, Zauberei, des thierischen Magnetismus, des Glaubens an Hexerei, an Dämonen und Teufel sowie des Aberglaubens überhaupt. Bearb. von Hugo Hartmann. 1853.
Como, Bernardo da: Tractatus de strigibus (1508). Rom. 1584. Übersetzung nach dem Teilabdruck in Hansen, Quellen und Untersuchungen zur Geschichte des Hexenwahns (Bonn 1901). ND Hildesheim. 1963; S. 279–284.
Como, Bernhardus de: De strigiis. In: Tractatus 1584. Fol. 348–350.
Conrad, Rolf: Der Teufel bei Hans Sachs. Ungedr. Tübinger phil. Diss. 1926.
Conring, Hermann: De origine Juris Germanici. 1643. Consilia vnd Bedencken etlicher zu vnsern Zeiten rechtsgelehrter Juristen, von Hexen vnd Vnholden. In: Theatrum de venficiis. Frankfurt. 1586.
Corbach, Gottfried: Hexenprozesse in der Herrschaft Homburg. In: Romerike Berg. Jg. 19; S. 15. Burg/Wupper. 1969.
Corthoys, Conrad: Meyntzische Chronik / Von Anfang der Statt Mayntz Erbawung bis auff die Regierung des Hochwürdigsten Herrn/Herrn Johann Schweicharden Erzbischoffen vnd Churfürsten ... Frankfurt/M. 1612.
Cothmann, Ernst: Responsorum juris sev consiliorum ac consultationum vol. 1, benutzte Ausgabe Frankfurt a. M. 1662.
Crecelius, W.: Auszug aus hessischen Hexenprozessakten. In: Zeitschrift für deutsche Mythologie und Sittenkunde 2 (Göttingen 1855); S. 62–77.
Cremer, T.: Eine Hexenverbrennung in der Eifel. Kulturbild aus der Zeit des Dreissigjährigen Krieges. In: Rhein. Geschichtsblätter. Jg. Nr. 11/12. Bonn. 1904.
Crispino, Anna Maria u. a.: Das Buch vom Teufel. Geschichte, Kult, Erscheinungsformen. Frankfurt a. M. 1987.
Crohns, H.–J.: Zwei Förderer des Hexenwahns und ihre Ehrenrettung durch die ultramontane Wissenschaft. Stuttgart. 1905.
Crohns, Hjalmar: Die Summe theologica des Antonin von Florenz und die Schätzung des Weibs im Hexenhammer. Helsingfors. 1903 (Acta societatis scientiarum Fennicae. 32/4).
Croissant, Werner: Die Berücksichtigung geburts- und berufsständischer und soziologischer Unterschiede im deutschen Hexenprozeß. Masch. Schrift. Mainz. Rechts- und wirtschaftswiss. Fak. Diss. 1953.
Crowe, Martha J. (Hrsg.): Witchcraft. Catalogue of the Witchcraft Collection in Cornell University Library. Millwood/New York. 1977.
Crusius, Christophorus: De Indiciis delictorum specialibus. 1636.
Curieuser Geschichts-Calender: Darinnen Die vornehmsten Thaten und Geschichte Der Hochwürdigsten Chur-Fürsten und Ertz-Bischöffe zu Mäyntz ... in beliebter Kürtze vorgestellet werden ... Leipzig 1698.
Currie, E. P.: The Control of Witchcraft in Renaissance Europe. In: Donald J. Black, Maureen Mileski (Hg.), The Social Organization of Law. New York/London. 1973; S. 326ff.
Czerski, Johannes: Die Hexenprozesse. Zweite Auflage. Schneidemühl. 1863. Daemonolatria, das ist, von Unholden und Zauber-Geistern, des Edlen Ehrenvesten und hochgelarten Herrn Nicolai Remigii, des durchlauchtigsten Herzogen in Lotheringen peinlichen Sachen cognitoris publici – von welchen wunderbarlichen Historien so sich mit den Hexen, deren über 800 in gedachten Herzogthum Lotharingen verbränet, zugetragen, sehr nützlich, lieblich und notwendig zu lesen, aus dem Latein in hoch Teutsch übersetzt durch Teucridem Annaeum Privat-

um. M. Kais. Maj. Privileg. 1598. Frkf.
Dahl, Jürgen: Nachtfrauen und Geisterweiber. Eine Naturgeschichte der Hexe. Ebenhausen/München 1960.
Dahlerup, V.: Hexe or Hexeprocessor i Danmark. Et Foredrag holt in Foreningen til Oplysingens Fremme blandt Kjobenhavns Arbeijdere. Kjobenhaven. Studentersamfundets Forlag. 1888.
Dalberg, Wolfgang von: Reformation Ordnung an dem Churfürstlichen Maeyntzischen Hoff und Weltlichen Gericht zu Maeyntz, sampt angeheffter ernewerter Tax Ordnung. Mainz: Anton Strohecker 1598.
Dale, Antonius van: De origine et progeressu Idololatria et superstitionum. Amsterdam. 1696.
Damhouder, Jodocus: Praxis Rerum Criminalium. Iconibus materiae subiectae convenientibus, pulchrius quam hactenus recognita atque illustrata, multis quoque in contextu doctis additionibus locupletata, Praetoribus, Propraetoribus, Consulibus, Proconsulibus, Magistratibus, reliquisque ed genus Justitiariis ac Officiariis apprime utilis et necessaria. Antverpiae (Editio 2nda) 1562 (Erstauflage 1554).
Damhouder, Josse de: Praxis rerum criminalium. Antwerpen. 1601. Nachdruck Aalen 1978.
Danckert, Werner: Unehrliche Leute. Die verfemten Berufe. 2. Aufl. (Erstaufl. Berlin 1963). Bern/München. 1979.
Dander, Franz. (S. J.): Gottes Bild und Gleichnis in der Schöpfung nach der Lehre des hl. Thomas von Aquin. Zeitschrift für katholische Theologie 53, 1929; S. 1–40, 203–246.
Daneau, Lambert: De veneficis, qvos olim sortilegos, nvnc avtem vvigo sortiarios vocant: dialogvs, in quio quae de hoc argumento quaeri solent, breuiter & commodé explicantur. Tractatus propter varias & Controuersas de hac quaestione hominum sententias vtilissimus, & rerum capitalium judicibus maximé necessarius. Per Lambert Danaeum. Coloniae Agrippinae, 1575.
Daneau, Lambert: Von den Zauberern, Hexen vnd Vnholden, drei christliche verschiedene vnnd zu diesen vnsern vngefährlichen Zeiten nothwendige Bericht ... Durch die hoch vnd hochgelehrte Herren, Lambertvm, Danaevm, Iacobvm Vallig, vnnd Vlricvm Molitors ... Cölln, 1576.
Daneau, Lambert: De veneficiis, quos olim sortilegos, nunc sortiarios vocant. Parisiis, 1574 (deutsch: Ein Gespräch von Zauberern, welche man lateinisch sortilegos oder sortiarios nennet, in welchen kuertzlich und gruendtlich erklaeret wirdt, was von diesem gantzen Handel der Zauberey disputiret wirdt). Frankfurt, 1586.
Daneau, Lambert: Les Sorciers. Dialogue trés utile et nécessaire pour ce temps. De l'imprimerie de Jaques Bourgeois. Geneve. M.D.LXXIIII.
Dangelmayr, Siegfried: Gotteserkenntnis und Gottesbegriff in den philosophischen Schriften des Nikolaus von Kues. Meisenheim am Glan 1969 (Monographien zur philosophischen Forschung. 54).
Darmstädter, E.: Hexen, Hexenchemie und Narkose. Berlin. 1930.
Darnton, Robert: Das große Katzenmassaker. München/Wien. 1989. Das Hexenwesen in Ungarn. In: Das Ausland. 52. Jahrg. Nr. 41. Stuttgart. 1879.
Davidson, Jane P.: The witch in northern european art 1470–1750 (Science and Research, 2). Freren. 1987 (dt. ebd. 1987).
Davidson, Max: Hexen in der nordeuropäischen Kunst 1470–1750. Freren. 1988; S. 94 ff.
Daxelmüller, Christoph: Der Werwolf. Ein Paradigma zur Geschichte der kulturellen Wahrnehmung. In: Zeitschrift für Volkskunde 82 (1986); S. 203–208.
Daxelmüller, Christoph: Zauberpraktiken, Ideengeschichte der Magie. Zürich. 1992. De Magorum Daemonomania. Vom Außgelaßnen wütigen Teufelsheer Allerhand Zauberern/Hexen und Hexenmeistern-/Unholden/Teufelsbeschwerern/Wahrsagern/Schwartzkünstlern/Vergifftern/Augenverblendern ... Wie die vermög aller Recht erkannt/eingetrieben/gehindert/erkündigt/erforscht/peinlich ersucht und gestrafft werden sollen. Gegen des Herrn Doctor J. Wier Buch von der Geisterverführungen/durch den Edlen Hochgelehrten Herrn Johann Bodin/der Rechten D. und des Parlaments Rath inn Frankreich außgangen. Und nun erstmals durch den Ernvesten und Hochgelehrten H. Johann Fischart/der Rechten D. auß Französischer sprach trewelich ins Teutsche gebracht/und nun zum andernmahl an vilen enden vermehrt und erklärt. Getruckt zu Straßburg/bei Bernhard Jobin. 1591. De Praestigiis Daemonvm Von Teuffelsgespenst Zauberern vnd Gifftbereytern/Schwartzkünstlern/Hexen vnd Vnholden/darzu jrer Straff/ auch von den Bezauberten/vnd wie jhnen zuhelffen sey (...); als photomechanischer Reprint bei Gotthard Bläschke. Darmstadt o. J. (1969). De Praestigis daemonum, das ist: Von Teufelsgespenst, Zauberern Schwarzkünstlern, Hexen und Unholden, erstlich durch Johann Weyer in Latein beschrieben, nachmals von Johann Fuglius verteutscht, jtztund aber nach dem letzten außgezogenen Original auf's neu übersehen und mit vielen heilsamen nützlichen Stücken ... so der Bodinus mit dem Grund nicht widerlegen kann, durchaus gemehret und gebessert. Frankfurt am Main durch Nicolaum Basseum. 1586. Debrumer, Hans-W.: Der Einfluß des Hexenglaubens. In: Theologie und Kirche in Afrika; S. 114. Stuttgart. 1968.
Decker, Rainer: Die Hexenverfolgungen im Hochstift Paderborn. In: Westfälische Zeitschrift 128 (Münster 1978); S. 315–356.
Decker, Rainer: Die Hexenverfolgungen im Herzogtum Westfalen. Westfälische Zeitschrift 131/132. (1981/1982); S. 339–486.
Decker, Rainer: Die Hexenprozesse im Herzogtum Westfalen und im Hochstift Paderborn. In: Degn, Hexenprozesse. Deutsche und skandinavische Beiträge. Neumünster. 1983; S. 204–218.
Decker, Rainer: Die Hexenverfolgungen im Herzogtum Westfalen. In: Schieferbergbau-Heimatmuseum. 1984; S. 189–218.
Decker-Hauff, Hans-Martin: Die geistige Führungsschicht Württembergs. In: Beamtentum und Pfarrerstand 1400–1800. Büdinger Vorträge 1967. Limburg/Lahn 1972; S. 51–80 (Deutsche Führungsschichten in der Neuzeit. 5).
Deckert, J.: Inquisitions- und Hexenprozesse. „Greuel der katholischen Kirche". Wien. Sendboten des heil. Joseph. Wien. 1896.
Defoe, D.: Der Übernatürliche Philosoph, oder die Geheimnisse der Magie, nach allen ihre Arten deutlich erkläret ... aus den bewährtesten Autoribus zusammengetragen und durch das Exempel und Leben des Herrn Duncan Camphell, des tauben und stummen Edelmanns, erörtert. Nebst D. Wallis Methode, taube und stumme lesen, schreiben und jede Sprache verstehen zu lernen, von W. Bond. Aus dem Englischen ins Deutsche übersetzt und mit einigen nöthigen und dienlichen Anmerckungen versehen. Berlin, 1742.
Defoe, D.: Gründliche historische Nachricht vom Teufel. Darinnen die Siege, so der Teufel über das menschliche Geschlechte von Eva an, bis auf unsere Zeiten erhalten hat, klar und deutlich erwiesen. Erster und anderer Theil. Aus dem Englischen und Französischen in das Teutsche übersetzt. Göthen, 1748. Degn, Christian/Lehmann, Hartmut/Unverhau, Dagmar (Hg.): Hexenprozesse. Deutsche und skandinavische Beiträge. Neumünster. 1983.
Delcambre, E.: Le concept de la sorcellerie dans le duché de Lorraine au XVI. et au XVII. siécle, Bd. 1–3. Nancy. 1948–1951.
Dell'Ossa, Ardonio Ubbidente: Das große weltbetrügerische Nichts oder die heutige Hexerei und Zauberkunst. Frankfurt. 1761. (Anm. Pseud. für Jordan Simon, einen Mönch).
DelRio, Martin: Disquisitionum magicarum libri sex, Lyon. 1608.
DelRio, Martinus: Disquisitorum magicarum VI. quibus continatur accurata curiosarum artium et vanarum superstitionum confutatio, utilis Theologis, Jurisconsultis, Medicis, Philologis. Lovaniae, 1599 (Mainz, 1593, 1600, 1606, 1624; Löwen, 1599, 1601; Köln 1633, 1657; Oberursel, 1606).
DelRio; Martinus: Les controverses et recherches magiques. Divusees en six livres, ausqueles sont exactement & doctement confutees les sciences curiences, les vanitez superstitiones de toute la magie. Aves ques la maniere et sorciers, accomode a l'instruction des confesseurs ... Traduit et abregé du Latin par André du Chesne. Paris. 1611.
Delumeau, Jean: Angst im Abendland: die Geschichte kollektiver Ängste in Europa des 14. bis 18. Jh. Bd. 2. 1985.
Delumeau, Jean: La Peur en Occident (XIVe–XVIIe siécles). Une cité assiégée. Paris. 1978 (deutsch unter dem Titel: Angst im Abendland. Die Geschichte kollektiver Ängste im Europa des 14.–18. Jahrhunderts. Reinbek bei Hamburg. 1985).
Demandt, K. E.: Lindheimer Chronik. Schriften und Altenstädter Gesellschaft f. Geschichte und Kultur e. V. Nr. 1. Gießen. 1975.
Demandt, K. E.: Der Altenstädter Raum im Wandel der Jahrhunderte. Schriften der Altenstädter Gesellschaft f. Geschichte und Kultur. Gießen. 1977.
Demos, John P.: Underlying Themes in the Witchcraft of Seventeenth-Century New England. In: American Historical Review 75, 2 (1970); S. 1311–1326.
Demos, John P.: Entertaining Satan: Witchcraft and the Culture of Early New England. New York. 1982.
Dempf, Alois: Sacrum Imperium. Geschichte- und Staatsphilosophie des Mittelalters und der politischen Renaissance. München – Berlin. 1929.
Dengler, Robert: Das Hexenwesen im Stifte Obermarchtal von 1581 bis 1756. Diss. phil. Erlangen 1953 (Diss. phil.).
Dennler, J.: Ein Hexenprozeß im Elsass vom Jahre 1616. Ein Beitrag zur Kulturgeschichte des Elsasses. Nach dem Rotbuch von Enzheim. 1896. Der churfürstl. Durchlaucht. Herzog Maximilian Joseph in Bayern ... erneuerte Land-Gebott, wider die Aberglauben, Zauberey, Hexerey, und andere straffliche Teuffels-Künsten. München. 1746. Der Hexenprozeß und die Blutschwitzerprozedur. Zwei Fälle aus der Criminalpraxis des Kantons Zug aus den Jahren 1737/38 und 1849. Zug. 1849. Der Hexenprozess von Etting. Das tragische Schicksal der Bauernfamilie Pölz. In: Aichacher Heimatblätter 4 (1956); Nr. 5. Der Hexenwahn und die Hexenprozesse. Barmen. 1891. Der Wahre geistliche Schild, so vor 300 Jahren von dem heil. Papst Leo X. bestätigt worden, wider alle gefährliche böse Menschen sowohl als aller Hexerei und Teufelswerk entgegen gesetzt; darinnen sehr kräftige Gebete und Segen ... Nebst einem Anhang heiliger Segen. 1849 (?).
Dertsch, R.: Hexenglaube am Bodensee. In: Bayerischer Heimatschutz. 1929; 65–71.
Dettling, Alois: Die schwyzerischen Hexenprozesse. In: Mitteilungen des historischen Vereins des Kantons Schwyz. Heft 15 (1905); S. 1–125.
Dettling, Alois: Die Hexenprozesse im Kanton Schwyz. Schwyz. 1907.
Dévereux, Georges: Baubo. Die mythische Vulva. Frankfurt. 1981. Die Hexen der Neuzeit. Studien zur Sozialgeschichte eines kulturellen Deutungsmusters. Hrsg. Claudia Honegger. Frankfurt am Main. 1978. Die Hexen-Angst der aufgeklärten Welt. Unversiegelter Brief an Herrn Bluntschii u. Gebrüder. Von Alban-Stolz. Freiburg im Breisgau. 1871. Die Hexenbulle Papst Innocenz VIII. Summis desiderantes aus dem Bullarium magnum. Übertragen und hrsg. von Paul Friedrich. Leipzig. 1905. Die Hexenbulle, nebst Auszügen aus dem „Hexenhammer". Aus dem Lateinischen ins Deutsche übersetzt und mit erläuternden Anmerkungen versehen. 2. Auflage von Wilhelm Römer. Schaffhausen. 1889.
Dieckmann, H.: Zum Aspekt des Grausamen im Märchen. In: Praxis der Kinderpsychologie und Kinderpsychiatrie, 16. 1967; S. 298–306.
Diedrichsen, J.: Hexenprozesse in Angeln. Jahrbuch des Heimatvereins der Landschaft Angeln 3. 1932; S. 27–47.
Diefenbach, Johann: Der Hexenwahn vor und nach der Glaubensspaltung in Deutschland. Mainz. 1886.
Diefenbach, Johann: Besessenheit, Zauberei- und Hexenfabeln. In: Frankfurter zeitgen. Broschüren. Hrsg. v. J. M. Raich. NFBd. XIV. Frankfurt am Main. 1893.
Diefenbach, Johann: Der Zauberglaube des 16. Jahrhunderts nach den Katechismen Dr. Martin Luthers und des P. Canisius. Mit Berücksichtigung der Schriften des Pfarrers Längin – Karlsruhe und des Prof. Riezler – München. Mainz. 1900.
Diefenbach, Johannes: Hexenprozeß. In: Wetzer und Welte's Kirchenlexikon oder Enzyklopädie der katholischen Theologie und ihrer Hilfswissenschaften, Bd. 5. Freiburg/Br. 1888.
Diehl, J. B. M.: Friedrich von Spee. 2. umgearb. Auflage. Freiburg. 1901. Dienst, Heide/Hörander, Edith: Die Hexen kommen wieder. Zum feministischen Hexenbegriff, unter besonderer Berücksichtigung Österreichs. In: Valentinitsch, Hexen und Zauberer. Graz/Wien. 1987; S. 391–396.
Dienst, Heide: Hexenprozesse auf den Gebiet der heutigen Bundesländer Vorarlberg, Tirol (mit Südtirol), Salzburg, Nieder- und Oberösterreich sowie des Burgenlandes. In: Valentinitsch, Hexen und Zauberer; S. 265 ff.
Dienst, Heide: Magische Vorstellungen und Hexenverfolgungen in den österreichischen Ländern (15. bis 18. Jahrhundert). In: Zöllner, Erich (Hg.): Wellen der Verfolgung in der österreichischen Geschichte. Wien. 1986; S. 70–94.
Dienst, Heide: Lebensbewältigung durch Magie. In: Alfred Kohler/Heinrich Lutz (Hrsg.), Alltag im 16. Jahrhundert. Wien. 1987; S. 80–116.
Dienst, Heide: Zur Rolle von Frauen in magischen Vorstellungen und Praktiken nach ausgewählten mittelalterlichen Quellen. In: Werner Affeldt (Hrsg.), Frauen in Spätantike und Frühmittelalter. Sigmaringen. 1990; S. 173–194.
Diepgen, Paul: Frauen und Frauenheilkunde in der Kultur des Mittelalters. Stuttgart. 1963.
Dieselhorst, Jürgen: Die Bestrafung der Selbstmörder im Territorium der Reichsstadt Nürnberg. Mitteilungen des Vereins für Geschichte der Stadt Nürnberg, Band 44. Nürnberg. 1953; S. 58–230.
Diestel, E.: Der Teufel als Sinnbild des Bösen im Kirchenglauben, in den Hexenprozessen und als Bundesgenosse der Freimaurer. Berlin. 1921.
Diethelm, Oskar: The Medical Teaching of Demonologiy in the 17th and 18th Centuries. In: Journal of Behavioral Sciences 6 (1970); S. 3–15.
Dilthey, Wilhelm: Weltanschauung und Analyse des Menschen seit Renaissance und Reformation. 2. unveränderte Auflage. Leipzig - Berlin 1923 (= W. Dilthey: Gesammelte Schriften 2).
Dinghaus, Angela/Möller, Carl/Pockrandt, Solveig: Magie und Hexenwahn. In: Angela Dinghaus (Hg.): Frauenwelten. Biographisch-historische Skizzen aus Niedersachsen. Hildesheim 1993; S. 33–63. Dingswinde der Kirchneffninge auf Westerlandföhr, Hexerei betreffend, vom Jahre 1614. Staatsbürgerliches Magazin 6. Schleswig. 1826; S. 703–705.
Dinzelbacher, Peter: Die Realität des Teufels im Mittelalter. In: Segl (Hrsg.), Der Hexenhammer. Köln/Wien. 1988; S. 151–175.
Dinzelbacher, Peter: Heilige oder Hexen? In: Dieter Simon (Hrsg.), Religiöse Devi-

anz. Frankfurt a. M: 1990; S. 41–60.
Distler, Sonja: Mütter, Amazonen und Dreifältige Göttinnen. Wien. 1989.
Ditwald, Hellmut: Anspruch auf Mündigkeit um 1400–1555. Frankfurt a. M., Berlin, Wien. 1975 (Propyläen Geschichte Europas 1).
Diwo, Josef: Die Hexenprozesse in der Stadt Siegburg. Eine strafrechtliche und strafprozessrechtliche Untersuchung. Diss. jur. Bonn. 1948.
Döbler, Hannsferdinand: Beflügelt vom neuen Hexenwahn. Frauen entdecken die Magie: Über die Wiederbelebung eines Mißverständnisses. In: Die Zeit, 26. Sept. 1986; S. 98.
Döbler, Hansferdinand: Hexenwahn. Die Geschichte einer Verfolgung. München. 1977.
Döllinger, Ignaz v. (Hrsg.): Beiträge zur Sektengeschichte des Mittelalters. Bd. 2. München. 1890.
Döllinger, J. v./Reusch, Fr. H.: Geschichte und Moralstreitigkeiten in der römisch-katholischen Kirche seit dem 16. Jh. Mit Beiträgen zur Geschichte und Charakterisierung des Jesuitenordens. 2. Bde. Nördlingen. 1889.
Domenjoz, Robert: Carl Binz (1832–1913). In: 150 Jahre Rheinische Friedrich-Wilhelms-Universität zu Bonn 1818–1968. Bonner Gelehrt. Beiträge zur Geschichte der Wissenschaften in Bonn. Medizin. Bonn. 1992; S. 156–162.
Dömötör-Dobrovits, Tekla: Die Hebamme als Hexe. In: Probleme der Sagenforschung. Verhandlungen der Tagung veranstaltet von der Kommission für Erzählforschung der Deutschen Gesellschaft für Volkskunde e. V. vom 27. Sept. bis 1. Okt. 1972 in Freiburg im Breisgau. Hg. Lutz Röhrig. Freiburg im Breisgau. 1973; S. 177–189.
Doneldey: Das Bremer mittelniederdeutsche Arzneibuch des Arnoldus Doneldey. Hrsg. von E. Windler. Neumünster. 1932.
Donovan, Frank: Zauberglaube und Hexenkult. Ein historischer Abriß. Geschichte, Riten und Requisiten des Hexenkultes. München. 1976.
Dooren, Leonard: Doctor Johannes Wier. Leven en werken. Utrecht-Aalten. 1940.
Döpler, Jakob: Theatrum poenaerum, suppliciorum et executionum criminalium oder Schauplatz der Leibes- und Lebens-Straffen. 2 Bde. Sondershausen I (1693), II (1697).
Dotterweich, Helmut: Der junge Maximilian. Jugend und Erziehung des bayerischen Herzogs und späteren Kurfürsten Maximilian I. München 1962.
Douglas, M.: Das Problem des Bösen. In: Ritual, Tabu und Körpersymbolik. Sozialanthropologische Studien in Industriegesellschaft und Stammeskultur.
Douglas, Mary (Hrsg.): Witchcraft-Confessions and Accusations. London. 1970.
Douglas, Mary: Witchcraft and Leprosy: Two Strategies of Exclusion. In: Man NF 26 (1991); S. 723–726.
dpa-Meldung: Makabres Hexentreiben in Südfrankreich. Abgedruckt in: FAZ vom 9. November 1983; S. 10.
Dreihandt, Ulrich (Hrsg.): Schwarze Messe. Dichtungen und Dokumente. München. 1975.
Dresen-Coenders, l.: Het verbond van heks en duivel. Een waandenkbeeld aan het begin van de moderne tijd als symptoom van een veranderende situatie van de vrouw en als middel tot hervorming der zeden. Baarn. 1983.
Drewermann, Eugen/Neuhaus, Ingrit: Frau Holle. Olten. 1982.
Drewermann, Eugen: Der Teufel im Märchen. In: Archiv f. Religionspsychologie 15 (1982); S. 93–127.
Drewermann, Eugen: Strukturen des Bösen. Teil 3. Paderborn. 1986; S. LXV.
Drexel, J. (SJ): Gazophyliacum Christi Eleemosyna quam in aula Maximiliani explicavit. München. 1637.
Dreyer, Max: Der Teufel in der Deutschen Dichtung des Mittelalters. T. 1. Von den Anfängen bis in das XIV. Jahrhundert. Diss. phil. Rostock. 1884.
Droß, Annemarie: Die erste Walpurgisnacht. Hexenverfolgung in Deutschland. Reinbek b. Hamburg. 1978.
Droß, Annemarie: Die erste Walpurgisnacht. Hexenverfolgung in Deutschland. Hamburg. 1981.
Droß, Annemarie: Die erste Walpurgisnacht. Hexenverfolgung in Deutschland. Frankfurt. 1985.
Duden, Barbara: Der Frauenleib als öffentlicher Ort. Hamburg/Zürich. 1991.
Duerr, Hans-Peter: Traumzeit. Über die Grenze zwischen Zivilisation und Wildnis. Frankfurt. 1978.
Duesterberg, Daniela: Hexenproduktion – Materielle, formelle und literarische Voraussetzungen. Dargestellt am Beispiel der Freien Reichsstadt Nürnberg. Diss. phil. Frankfurt a. M. 1983.
Düfel, Hans: Luther's Stellung zur Marienverehrung. Göttingen 1968. (Kirche und Konfession 13).
Duhr, B. (S. J.): Die Stellung der Jesuiten in den deutschen Hexenprozessen. Köln. 1900.
Duhr, B. (S. J.): Neue Daten und Briefe zum Leben des P. Friedrich Spee. In: Görres-Gesellschaft zur Pflege des Wiss. im kath. Deutschland. Hist. Jahrbuch. 21. Bd. 2. und 3. Heft. München. 1900.
Dülmen, Richard van (Hg.): Das Schauspiel des Todes. Hinrichtungsrituale in der frühen Neuzeit. In: Ders./Schindler, Norbert (Hg.): Zur Wiederentdeckung des vergessenen Alltags (16.–20. Jahrhundert). Frankfurt a. M. 1984; S. 203–245.
Dülmen, Richard van (Hg.): Theater des Schreckens. Gerichtspraxis und Strafrituale in der frühen Neuzeit. München. 1985.
Dülmen, Richard van (Hrsg.): Hexenwelten. Frankfurt a. M. 1987.
Dülmen, Richard van: Die Dienerin des Bösen. Zum Hexenbild in der frühen Neuzeit. In: Carsten Colpe/Wilhelm Schmidt-Biggemann (Hrsg.), Das Böse. Frankfurt a. M. 1993; S. 187–203.
Dumcke, B.: Zauberei und Hexenprozesse. Berlin. 1912.
Düntzer, Heinrich: Die Hexenküche in Goethes Faust. In: Vierteljahresschrift f. Litteraturgeschichte 2 (1889); S. 288–295.
Düntzer, Heinrich: Frau Baubo in der Walpurgisnacht des Faust. In: Vierteljahresschrift f. Litteraturgeschichte 2 (1889); S. 295–297.
Dupont-Bouchat, Marie-Sylvie: La repression de la sorcellerie dans le duché de Luxembourg aux XVIe et XVIIe siécles. Une analyse des structures de pouvoir et de leur fonctionnement dans le cadre de la chasse aux sorciéres. In: Dies., Willem Frijhoff, Robert Muchembled, Prophétes et sorciers dans les pays-bas XVIe-XVIIIe siécle. Paris. 1978.
Dupont-Bouchat, Marie-Sylvie (Hrsg.): La sorcellerie dans les Pays-Bas sous l'ancien régime. Aspects juridiques, institutionnels et sociaux. Curtrai-Heule. 1987.
Durieux, Achille: Sorciers et sorciéres á Cambrai. In: Memoires de la Societé d'emulation de Cambrai 46 (1891); S. 119–142.
Dürr, G.: Die Hexe von Weißbach. In: Aus der Kirchengeschichte von Weißbach. Zusammenstellung Karl Schumm. Schorndorf o. J. (1959); S. 20–28.
Dürr, Otto: Philipp Adolf von Ehrenberg, Bischof von Würzburg (1623–1631). Diss. phil. Würzburg. 1935.
Dürr, Otto: Der Hexenbischof von Würzburg. In: Frankenwarte. Nr. 42 vom 22. Oktober 1937.
Dürrwächter, A.: Adam Tanner und die Steganographie des Trithemius. In: Festgabe Herrmann Grauert. Freiburg/Br. 1910; S. 354–376.
Easlea, Brian: Witch Hunting, Magic and the New Philosophy. An introduction to debates of the scientific revolution 1450–1750. Brighton. 1980.
Ebermann, O./Bartels, M.: „Zur Aberglaubensliste in Vintlers" „Pluemen der Tugent". In: Zeitschrift des Vereins für Volkskunde. 1913.
Ebersmann, J.: Ein Hexenlied. In: Katholischer Kirchenkalender Dieburg. Dieburg 1926; S. 33–35.
Ebinger, Chr.: Daemonologie; oder, Etwas Neues vom Teufel. Das ist: Wahrhafftiger historischer Bericht von einem sonder- und wunderbaren casu, Anfechtungs-Fall, und satanischer Versuchung, mit welcher, aus Gottes Verhängnis ein Burger und Schuhmacher in Augsburg, etliche Jahre vexiret, und geplaget worden. Augsburg. 1681.
Ebner, Theodor: Friedrich von Spee und die Hexenprozesse seiner Zeit. In: Samml. gemeinverst. wissenschaft. Vorträge. NF. 13. Ser. 291. Heft. Hamburg. 1898.
Echard, M. S.: Des leidigen Teuffels Kunst- und Bubenstücklen. Nürnberg. 1645.
Eder, Karl: Deutsche Geisteswende zwischen Mittelalter und Neuzeit. Salzburg, Leipzig. 1937 (Bücherei der Salzburger Hochschulwochen 8).
Ehinger, Ch.: Daemonologia, oder etwas Neues vom Teufel. Ausgsburg. 1681. Ehrenreich, Barbara/Englisch, Deidre: Hexen, Hebammen und Krankenschwestern. Frauenoffensive. München. 1975. 4. Neuauflage 1977.
Ehret, L.: Schadenzauber der elsässischen Hexen an Menschen und Tieren. Unter besonderer Berücksichtigung des Hexenglaubens auf d.Gebiete der ehemaligen Fürstabtei Murbach. In: Annuaire de la Societe historique, litte(raire et scientifique. Nouvelle Serie. Vol. 3. 1935.
Eichesbacher, J. A.: Hexenprozesse im Freigericht Alzenau. In: Die Frankenwarte. Beilage zum Würzburger Generalanzeiger 7 (Würzburg 1930), Nr. 13 (27.03.) und 14 (03.04.1930).
Eichler, M.: Tempel-Annecke, die letzte Hexe von Braunschweig. Hamburg. (?). Eigentliche und Warhaffte Vertzaichnus, was sich in diesem 1563. Jar (...) zu Augspurg (...) zugetragen. Augsburg. 1563. Ein Christliche und nutzliche Erinnerung uber gegenwertige Tafel, Darinnen kurtzlich angezeigt wirdt der Ursprung, Ursach und Grewel des schändtlichen Lasters der Zauberey. Köln 1595. Ein erschro(e)ckliche geschicht/so zu Derneburg in der Graffschafft Reinsteyn/am Hartz gelegen/von dreyen Zauberin/vnnb zwayen Manen/In ettlichen tagen des Monats Octobris Jm 1555. Jare ergangen ist. (Holzschnitt). (...) Getruckt z Nu(e)rnberg bey Jo(e)rg Merckel/durch verleg Endres Zenckel Botten. Eine bayrische Verordnung gegen Zauberer, Hexen und Wahrsager vom Jahre 1611. Eine Summe etlicher Predigten vom Hagel und Unholden. Gethan in der Pfarrkirch zu Stuttgarten im Monat Augusto, Anno M.D.LXII. Durch Matheum Alberum und D. Wilhelm Bidenbach, sehr nutzlich und tröstlich zu dieser Zeit zu lesen. Tübingen. 1562. Eine Warhafftige Zeitung von etlichen Hexen oder Unholden, welche man kürtzlich im Stifft Mäntz, zu Ascheburg, Dipperck, Ostum, Rönnshofen, auch anderen Orten verbrendt, was Übels sie gestifft, und bekandt haben. Frankfurt. 1603. Eines Weimarischen Medici muthmaßliche Gedanken von denen Vampyren oder sogenannten Blut-Saugern, welchen zuletzt das Gutachten der Königlichen Preussischen Societät der Wissenschaft von den gedachten Vampyren beygefügt ist. Leipzig. 1732.
Einsiedel, Wolfgang von: Der Böse und das Böse. Zur Morphologie des Teufels. In: Merkur 5 (1951); S. 428–444.
Einzing, J. M. M.: Dämonologie oder systematische Abhandlung von der Natur und Macht des Teufels ... 1775.
Eisenmann, Valtin: Cronica oder kleines Zeit-Register, was sich Denkwürdiges allhier in Amorbach von Anno 1630 begeben ... In: Fürstlich-Leiningisches Wochenblatt. Amorbach 1842; S. 88, 91.
Eisenmenger, Joh. Andreas: Entdecktes Judenthum. 2. Bd. (nach kaiserl. Konfiskation neu aufgelegt) Königsberg. 1711.
Elert, Werner: Morphologie des Luthertums (Verb. Nachdruck der 1. Aufl. 1958) Bd. 1,2. München. 1962.
Elias, Norbert: Der Prozeß der Zivilisation. Frankfurt a. M. 1973.
Elichius, Philippus, Ludovicus: De Daemonomagia, seu de daemonis cacurgia, cacomagurgum et lamiarum energia. Frankfurt. 1607.
Ellinger, Friedrich Wolfgang: Die Juristen der Reichsstadt Nürnberg vom 15. bis 17. Jahrhundert. Reichsstadt Nürnberg, Altdorf und Hersbruck. Freie Schriftenfolge der Gesellschaft für Familienforschung in Franken, Band 6. Nürnberg. 1954; S. 130–222.
Ellinger, J.: Hexen-Coppel, das ist: Uhralte Ankunft und große Zunft der Unholdseligen, Unholden und Hexen, welche in einer Coppel von einem ganzen Dutzend auf die Schau und Musterung geführet. Allen Unpassionierten, Unaffectionierten, und Uninteressierten Patriotis durch Johannem Ellingerum Diaconum Arheilgensem. Getruckt im Verlag Unkels. Buchhändler zu Frankfurt am Main. 1629.
Ellinger, Katharina: Die Hexen. In: Herbert Haag: Teufelsglaube. Tübingen. 1974; S. 440–476.
Elm, Kaspar: Johannes Janssen. Der Geschichtsschreiber des deutschen Volkes, seiner Kultur und Frömmigkeit (1829–1891). In: Jahres- und Tagungsbericht der Görres-Gesellschaft. 1991; S. 88–101.
Elsässer, Carl-Friedrich: „Über den Geschäftsgang von der Versendung der Akten an Rechtskollegien an bis zur Eröffnung des eangeholten Urteils". Anhang zu: Wilhelm August Friedrich Dauz, Grundsätze des ordentl. Prozesses. Stuttgart 1806.
Elvenspoek: „Über die Quellen des im Landrecht für das Herzogtum Preußen von 1620 enthaltenen Strafrechts". In: Strafrechtl. Abhandlungen. Bd. 89. 1908. Emberger-Wandel, Gudrun: „Die Zauberinnen sollst Du nicht leben lassen" (Exodus 22,17). Vom Streit der Theologen über die Hexenverfolgung. In: Heimatblätter. Jahrbuch für Schorndorf und Umgebung 6 (1988); S. 45–62.
Emrich, Gertrud: Formen und Grundlagen des gegenwärtigen Hexenglaubens (aufgr. einer Untersuchung eines westpfälzischen Dorfes). Phil. Diss. Mainz. 1953.
Endres, Rudolf: Heinrich Institoris, sein Hexenhammer und der Nürnberger Rat. In: Segl, Der Hexenhammer. Köln/Wien. 1988; S. 195–216.
Engelbert, Günther: Die Bekenntnisse einer Hexe zu Winningen. In: Heimatkalender für den Landkreis Koblenz. 1959; S. 58ff.
Engelbert, Heinrich/Engelbert, Günther: Die Visitation in der hinteren Grafschaft Sponheim von 1560 mit Inventaren einzelner Kirchengemeinden. Düsseldorf. 1969.
Engelhardt, Ingeborg: Hexen in der Stadt. 1971.
Engelskirchen, H.: Johannes Janssen. Persönlichkeit und Lebenswerk. Frankfurt. 1935.
Englert, Anton: Ein kleiner Beitrag zur Geschichte der Hexenprozesse. In: Hessische Blätter f. Volkskunde. 5. Bd. Leipzig. 1906.
Englert, Anton: Eine gereimte Zeitung (in 29 Strophen) über den Hexenbrand in Dieburg im Jahre 1627. Sonderdruck aus: Hessische Blätter für Volkskunde 12. Leipzig 1913; H. 3.
Englert, Anton: Ein Beitrag zur Geschichte der Hexenprozesse. In: Aschaffenbur-

ger Geschichtsblätter 8. Aschaffenburg 1914/15. Nr. 4, S. 5–8; Nr. 5, S. 33–35.

Ennen, Edith: Zauberinnen und fromme Frauen – Ketzerinnen und Hexen. In: Peter Segl (Hrsg.), Der Hexenhammer. Köln/Wien. 1988; S. 7–22.

Ennen, Leonhard: Geschichte der Stadt Köln. Bd. V. Düsseldorf. 1880.

Erasmus von Rotterdam: Epistolarum Opus, Ecomion morias, Colloquia.

Erastus, Thomas: Disputatio de Lamiis seu Strigibus. Basilae. 1572.

Erastus, Thomas: Repetitio de lamiis seu strigibus: in qua plene, solide et persique de arte, potentate itemque poena discepatur. Basiliae, sine anno 1578.

Erberg, Oleg: Die Hexe. Zürich. 1949.

Erbstösser, Martin: Ketzer im Mittelalter. Leipzig. 1984.

Erhard, O.: Ein Hexenprozeß in der Reichsstadt Kempten vom 1664–1665. In: Allgäuer Geschichtsfreund. NF, 2 (1913); S. 7–22.

Erich, E.: Die Darstellung des Teufels in der christlichen Kunst. Kunstw. Studien. Bd. 8. Berlin. 1931.

Erikson, Erik Homburger: Der junge Mann Luther. Eine psychoanalytische und historische Studie (Young Man Luther. A Study in Psychoanalysis and History. Deutsch). Frankfurt a. M. 1975 (Suhrkamp Taschenbuch. Wissenschaft 117).

Ermattinger, E.: Hexenglaube und Massenwahn. In: Frankenwarte Nr. 6 v. 9. Februar 1933.

Ernst, Cécile: Teufelsaustreibungen. Die Praxis der katholischen Kirchen im 16. und 17. Jh. Bern, Stuttgart, Wien. 1972.

Ernst, Detlef: Hexen- und Zauberkräuter. In: Helfried Valentinitsch/Ileane Schwarzkogler (Hrsg.), Hexen und Zauberer, Katalog der Steirischen Landesausstellung 1987. Graz-Wien. 1987. Erschreckhenliche newe Zeyttung (...), wie das Wetter in Wirttenberger Land so großen Schaden gethan. o. O. 1562. Erschreckliche newe Zeitung, welche sich begeben und zugethan in diesem 1650. Jahr, In der Osternach, im Schweitzger Gebirge, bey der Stadt Dillhofen auf einem Dorfe Dinndurff genandt, in welchem drey Hexen gewohnet ... Dillhofen, 1650. Erschreckliche Nüwe Zytung. Warhafftiger und gründlicher bericht wie das Wetter im Wirtenberger Land so grossen schaden gethan einem guten Fründ zugeschriben. o. O. 1562. Erschröckliche doch warhaffte Geschicht, die sich in der spanischen Statt Madrileschos genannt, mit einer verheuratheten Weibs-Person zugetragen, welche von einer gantzen Legion Teuffel siben Jar lang besessen gewest. Und durch Patrem Ludovium de Torre ... widerumb erledigt worden. München. 1608.

Eschbach, H.: Dr. med. Johannes Wier, der Leibarzt des Herzogs Wilhelm III. von Cleve-Jülich-Berg. Ein Beitrag zur Geschichte der Hexenprozesse. In: Beiträge zur Geschichte des Niederrheins. Bd. 1. Düsseldorf 1886; S. 57–174.

Eschbaumer, Gloria: Bescheidentliche Tortur. Der ehrbare Rat der Stadt Nördlingen im Hexenprozeß 1593/94 gegen die Kronenwirtin Maria Holl. Nördlingen. 1973/1983.

Eschenmayer, C. A. v.: Charakteristik des Unglaubens, Halbglaubens und Volksglaubens, in Beziehung auf die neuen Geschichten besessener Personen. Nebst Beleuchtung der Kritik im Christenboten. Tübingen. 1838.

Eschenröder, Walter: Hexenwahn und Hexenprozeß in Frankfurt am Main. Diss. phil. Frankfurt-Gelnhausen. 1932.

Esser, Kajetan O. F. M.: Die religiösen Bewegungen des Hochmittelalters und Franziskus von Assisi. Festgabe Joseph Lortz, Bd. 2. Glaube und Geschichte. Baden-Baden 1958; S. 287–315.

Esser: Das Brauchen. In: Zeitschrift des Vereins für Rheinische und Westfälische Volkskunde. Jg. 1908; S. 101–105, 206–211.

Euler, Julius: Westricher Hexenprozesse. Kusel o. J. (Auch abgedruckt in: Kreuznacher Nationalblatt vom 28. August 1936 ff. unter dem Titel „Hexenprozesse an der oberen Nahe").

Evans, E. P.: Ein Trierer Hexenprozeß. In: Augsburger Allgem. Zeitung. 86. Beilage. Augsburg. 1892.

Evans-Pritchard, Edward E.: Hexerei, Orakel und Magie bei den Azande. Frankfurt. 1978. (Übersetzung des engl. Originals Witchcraft, Oracles and Magic among the Azande, Oxford 1937).

Evans-Pritchard, Edward E.: Theorien über primitive Religionen. Frankfurt/M. 1981.

Ewen, Cécile H.: Witchcraft and Demonianism. London. 1933.

Ewich, Joh.: De sagarum (quas vulgo veneficas appellant) natura, arte, viribus et factis; item de notis indiciisque, quibus agnoscantur et poena, qua afficiendae sint. Bremen. 1583.

Ewich, Joh.: Von den Hexen, die man gemeiniglich Zauberin nennet/oder auff niedersechsisch Töuverschen ... Bremen, 1584.

Ewich, Joh.: De sagarum natura, arte viribus ... et poena afficienda sint. Bremae 1584 (deutsch: Von der Hexen, die man gemeiniglich Zauberin nennt ...). In: Theatrum de veneficiis. Frankfurt. 1586.

Faber, Johann Jakob: Specimen Zeli justi Theologici contra Maleficos et Sagos. Das ist: Muster und Prob eines recht Theologischen Eifers wider die Zauberer und Hexen ... Stuttgart-Tübingen. 1667 (mit einer „Vorred" von Tobias Wagner).

Faber, Renate/Schlesier, Renate (Hrsg.): Die Restauration der Götter. Würzburg. 1985.

Fachineus, Andreas: Controversiam juris libri novem. Vol. I: (Editio 2da) Ingolstadt 1598. Vol. II: (Editio 1a) Ingolstadt 1595. Vol. III: (Editio 1a) Ingolstadt 1597.

Falk, Ulrich: „Der Endzweck der Justiz". Zur Entwicklung des gemeinrechtlichen Strafverfahrens in der Spätphase der Hexenverfolgung. In: Paul Neve/Clois Coppens (Hrsg.), Vorträge gehalten auf dem 28. Deutschen Rechtshistorikertag Nimwegen. Nimwegen. 1992; S. 127–144. Falkenhausen, Friedrich, Frh. v.: Dantes Vergeltungsidee. Deutsches Dante-Jahrbuch 14 (= N. F. 5) Weimar 1932; S. 61–81.

Favret, Jeanne: Hexenwesen und Aufklärung. In: Die Hexen der Neuzeit. Studien zur Sozialgeschichte eines kulturellen Deutungsmusters. Hg. Claudia Honegger u. a. Frankfurt. 1978; S. 336–366.

Favret, Jeanne: Les mots, la mort, le sort. La sorcellerie dans le Bocage. Paris. 1977 (dt. Fabret-Saada, J.: Die Wörter, der Zauber, der Tod. Der Hexenglaube im Hainland von Westfrankreich. Frankfurt a. M. 1979).

Favret-Saada, Jeanne: Die Wörter der Zauber, der Tod. Hexenglaube im Hainland von Westfrankreich. Frankfurt. 1979.

Fechner, Gertrude: Einige deutschsprachige Werke zum Hexenwesen des 16. Jahrhunderts: Die Hexengegner . Magisterarbeit. Wien. 1986.

Fehr, Hans: Die Rechtsstellung der Frau und der Kinder in den Weistümern. Jena. 1912.

Fehr, Hans: Kunst und Recht. Bd. 1. Das Recht im Bilde. Mit 222 Abb. Erlenbach-Zürich. 1923.

Fehr, Hans: Massenkunst im 16. Jh. Flugblätter aus der Sammlung Wickiana. Berlin. 1924 (Denkmale der Volkskunst 1).

Fehr, Hans: Gottesurteil und Folter. Eine Studie zur Dämonologie des Mittelalters und der neueren Zeit. Festgabe für Rudolf Stammler zum 70. Geburtstage. Berlin, Leipzig 1926; S. 231–254.

Fehr, Hans: Zur Lehre vom Folterprozeß. Zeitschrift für Rechtsgeschichte 66 = Germ. Abt. 53. Weimar 1933; S. 317–318.

Fehr, Hans: Tod und Teufel im alten Recht. Zeitschrift für Rechtsgeschichte. Germ. Abteilung 67. Weimar 1950; S. 50–75.

Fehr, Hans: Zur Erklärung von Folter und Hexenprozeß. In: Zeitschrift für schweizerische Geschichte 24 (1944); S. 581–585.

Fehr, J.: Die deutsche Kirche des Mittelalters im Kampfe gegen den zeitweiligen Aberglauben. In: Österr. Vierteljahresschrift f. kath. Theologie. 1. Bd. 1862.

Feist, Elisabeth: Weltbild und Staatsidee bei Jean Bodin. Diss. Halle. 1930. Feiten, Joseph: Zum 300. Todestag des Friedrich von Spee. In: Trierische Heimat 11 (1934/35); S. 130–132.

Ferckel, Siegbert: „Hexensalbe" und ihre Wirkung. In: Kosmos. Bd. 50. Stuttgart 1954; S. 414 ff.

Fester, Richard u. a.: Weib und Macht. Fünf Millionen Jahre Urgeschichte der Frau. Frankfurt a. M. 1979.

Fichard, Johannes: Consiliorum tomus alter; Teutscher Ratschläge. Frankfurt. 1590.

Fichard, Johannes: Consilia, duobus tomis olim distincta, nunc tertii, ... cum praefatione Johannis Strauchii. Tomus Tertius. Consiliorum sive responsorum D. Joh. Fichardi nec non aliorum ictorum celeberrimorum. Darmstadt-Gießen. 1677.

Ficker, Julius: Die gesetzliche Einführung der Todesstrafe für Ketzerei. Mitteilungen Institut österr. Geschichtsforschung 1. 1880; S. 177–226.

Fickler, Johann Bapt.: Judicium generale de poenis maleficorum, magorum et sortilegorum utriusque sexus super maleficia quaedam et sortilegia a personis quibusdam maleferatis intra et extra Salisburgensem metropolim commissa, propter quae illae carceribus traditae et habita inquisitione et confessione de earum commeritis poenis consultatum est. Compositum a Joanne Baptista Ficlero J. U. D. et archiepiscopali consiliario. (Ungedr. Manuskript) Bayer. Staatsbibliothek. München. 1582.

Fickler, Johann Christoph: Disputatio Juridica de Maleficis et sagis, ut vocant, in theses aliquot coniecta: quas deo auspice, consentientibus amplissimis iuridicae facultatis Decano caeterique Professoribus in Catholica et celebri Ingolstadiensium Academia. Sub praesidia nobilis, clarissimi consultissimique viri domini Andreae Fachinei, Juris Cesarii Professoris ordinarii, Praeceptoris ut fidelissimi, ita summa observantia colendi. Ingolstadt. 1592.

Fieger, H.: P. Don Ferdinand Sterzinger, Bekämpfer des Aberglaubens und der Pfarrer Gassnerischen Wunderkuren. Ein Beitrag zur Geschichte der Aufklärung in Bayern unter Kurfürst Maximilian III. Joseph. München. 1907.

Fina, O. (Hg.): Klara Staigers Tagebuch. Aufzeichnungen während des dreißigjährigen Krieges im Kloster Marienstein bei Eichstätt. Regensburg. 1931.

Finauer, P. P.: Gedanken über die Werke des Liebhabers der Wahrheit von der Hexerey. München. 1767.

Findeisen, Hans: Schamanentum. Stuttgart. 1957.

Finke, Heinrich: Papsttum und Untergang des Templerordens. München. 1907.

Finke, Heinrich: Die Frau im Mittelalter. Mit einem Kapitel „Die heiligen Frauen im Mittelalter" von A. Lenné. Kempten, München 1913 (Sammlung Kösel 62).

Fiorelli, Piero: La tortura giudiziaria nel diritto commune. Vol. 1–2 Milano. 1953–1954. (Jus nostrum. Studi e testi pubblicati dall' Istituto di storia del diritto italiano dell' Universitá di Roma 1).

Fiscal, Werner: Hexenwesen und Hexenwahn. Anmerkungen zu den Esslinger Prozessen. In: Esslinger Studien, Zeitschrift 20 (1981); S. 105–128 mit Bildanhang.

Fischer, E.: Die Licht- und Schattenseiten der Inquisition; nebst einer Geschichte der Hexenprozesse und historischen Rückblicken auf die Geisselgesellschaften. Aus geschichtlichen Quellen geschöpft und parteilos. Wien. 1881.

Fischer, E.: Die „Disquisitionum Magicarum libri sex" von Martin DelRio als gegenreformatorische Exempel-Quelle. Diss. phil. Frankfurt/M. 1975.

Fischer, F.: Die Basler Hexenprozesse des 16. und 17. Jahrhunderts. Basel. 1840.

Fischer, W.: Aberglaube aller Zeiten. Stuttgart. 1906/07.

Fischer, W.: Die Geschichte der Teufelsbündnisse, der Besessenheit, des Hexensabbats und der Satansanbetung. Mit 2 Tafeln. Stuttgart. 1907.

Fischer-Fabian, Siegfried: Die Macht des Gewissens: Von Sokrates bis Sophie Scholl. Enthält ein Kapitel über Friedrich von Spee, einen Bekämpfer der Hexenverfolgungen. 1987.

Fleischhauer, Marlene: Das geistliche Fürstentum Konstanz beim Uebergang an Baden (Heidelberger Abhandlungen 66). Heidelberg. 1934.

Fleischmann, Max: Christian Thomasius - Leben und Lebenswerk. Halle. 1931.

Forbes, Thomas R.: Midwifery and Witchcraft. In: Journal of the History of Medicine 17 (1962); S. 264 ff.

Forbes, Thomas R.: The Midwife and the Witch. New Haven. 1966.

Forer, Laurenz: Der einfältige Teufel von Eßlingen ... Dillingen. 1643.

Foucault, Michel: Wahnsinn und Gesellschaft. Eine Geschichte des Wahns im Zeitalter der Vernunft. Frankfurt. 1969. (Originaltitel: Histoire de la Folie. Übersetzt von Ulrich Köppen).

Foucault, Michel: Überwachen und Strafen. Die Geburt des Gefängnisses. Frankfurt a. M. 1979 (Übers. der frz. Originalausgabe Paris 1975).

Francia, Luisa: Berühre Wega, kehr zur Erde zurück. Trancen, Meditationen und Rituale mit Sternen. München. 1982 Zitiert bei Treiber; S. 148.

Franck, J.: Geschichte des Wortes Hexe. In: Joseph Hansen, Quellen und Untersuchungen zur Geschichte des Hexenwahns und der Hexenverfolgung im Mittelalter. Bonn. 1901; S. 614–670.

Franck, J.Chr.: Gottfried's Warlieb (pseud.) Deutliche Vorstellungen der Nichtigkeit derer vermeynten Hexereyen und des ungegründeten Hexen-Processes. Nebst einer gründtlichen Beantwortung der unter dem Namen eines nach Engelland reisenden Passagiers unlängst heraus gekommenen Untersuchung vom Kobold, darinnen die falschen Auflagen/mit welchen derselbe so wohl den Hrn. geheimbd. rath Thomasivm als Johann Webstern ohne allen Grund zu diffamiren gesuchet ... deutlich entdeckt, wie auch die Thomasische Lehrsätze vom Laster der Zauberey wider dessen ungegründete Einwürfe zulänglich behauptet werden...Nach Erfindung der Hexerey im dritten Seculo, und nach Einführung des Hexenprozesses im Jahr, 236. pref. Amsterdam, 1720.Franck: Der Hexenprozeß gegen den Fürstenbergischen Registrator, Obervogteiverweser und Notar Mathias Tinctorius und Consorten zu Hüfingen. Ein Sittenbild aus den 1630er Jahren. Freiburg i. Br. 1870.

Franz, Adolph: Die Messe im deutschen Mittelalter. Beiträge zur Geschichte der Liturgie und des religiösen Volkslebens. Freiburg i. Br. 1902.

Franz, Adolph: Die kirchlichen Benediktionen im Mittelalter. Bd. 1, 2. Freiburg i.Br. 1909.

Franz, Gunter/Irsigler, Franz (Hrsg.): Hexenglaube und Hexenprozesse im Raum Rhein-Mosel-Saar. Trier. 1993.

Franz, Heinrich: Der Hexenglaube in Hessen. In: Zeitschrift „Hessenland" 30/31. Jahrg. Kassel. 1916/17.

Franz, J.: Die Brechung des Malefizstabes in der oberen Pfalz betr., (1752–1753). In: Die Oberpfalz 3 (1909); S. 168–170.

Franz, J.: Von in der Fronveste zu Amberg inhaftierten Hexen und Dieben. In: Die Oberpfalz 13 (1919); S. 153–155. Freiburger Diözesanarchiv. 1882. Bd. 15; S.

99ff. „Verhöre und Verurteilung in einem Hexenprozesse zu Triersperg im Jahre 1486". Nach den Mitt. aus dem Freiherrl. v. Roeder'schen Archiv von Felix Freiherr Roeder v. Diersburg.
Freiding, M.: Gewissens-Fragen oder gründlicher Bericht von Zauberei und Zauberern. Von Mitteln wider dieselben und was für einen Prozeß christliche Obrigkeit wider die Zauberei gebrauchen solle. Frankfurt am Main. 1671.
Freimann, Maxie (Hrsg.): Über den physiologischen Stumpfsinn des Mannes. München. 1978.
Freimark, H.: Okkultismus und Sexualität. Beiträge zur Kulturgeschichte der Vergangenheit und Gegenwart. Leipzig. 1909.
Freimark, H.: Okkultismus und Sexualität. Leipzig 1938.
Freud, Sigmund: Eine Teufelsneurose im 17. Jh. In: Ges. Werke. XII. S. 315. Frankfurt 1964.
Freud, Sigmund: „Eine Teufelsneurose im siebzehnten Jahrhundert". In: Studienausgabe, Bd. VII. Frankfurt/M. 1973.
Freudenberg, P. B.: Die Hexenverfolgung in Freudenberg. In: Spessart 19 (Aschaffenburg 1933). Nr. 9, S. 4–7; Nr. 10, S. 79.
Freudenthal, H.: Das Feuer im deutschen Glauben und Brauch. Berlin u. Leipzig. 1931.
Freudius, Michael: Gewissens-Fragen von Prozessen wider die Hexen ... Güstrow. 1667.
Freuler, Kaspar: Anna Göldi; Die Geschichte der letzten Hexe der Schweiz. Glarus. 1972; 1987.
Freybe, A.: Der deutsche Volksaberglaube in seinem Verhältnis zum Christentum und im Unterschiede von der Zauberei. Gotha. 1910.
Freytag, E.: Ein Nachtrag zum Register der „Hexen" in Schleswig-Holstein. Zeitschrift für Niedersächsische Familienkunde 28. 1953; S. 15.
Frick, K. R. H.: Die Satanisten. Satan und die Satanisten 2. 1985; S. 85ff.
Fried, Johannes: Die Entstehung des Juristenstandes im 12. Jahrhundert. Köln. 1974.
Friedrich, P.: Die Hexenbulle Papst Innocents VIII. „Summis desiderantes" aus dem Bullarium Magnum. Leipzig. 1905.
Friedrich, W.: Thomas Kirchmaier, genannt Naogeorgus. Lebensbild eines bedeutenden Straubingers, mit einem Literaturverzeichnis zu Biographie und Werk. In: Jahresbericht des Historischen Vereins für Straubing und Umgebung, 89 (1987), Straubing. 1988; S. 83–140.
Friese, Victor: Das Strafrecht des Sachsenspiegels. Breslau. 1898.
Friess, Ursula: Buhlerin und Zauberin. Eine Untersuchung zur deutschen Literatur des 18. Jahrhunderts. München. 1970.
Frijhoff, Willem: Jakob Vallick und Johann Weyer: Kampfgenossen, Konkurrenten oder Gegner? In: Lehmann/Ulbricht (Hrsg.), Vom Unfug des Hexenprocesses. Wiesbaden. 1992; S; S. 65–88.
Frischbier, Hermann K.: Hexenspruch und Zauberbann. Ein Beitrag zur Geschichte des Aberglaubens in der Provinz Preussen. Berlin. 1870.
Frischbier, Hermann K.: Hexenspruch und Zauberbann. Berlin 1870. (Nachdruck Hannover 1970).
Frisius, P.: Von des Teufels Nebelkappen, das ist: ein kurtzer Begriff, den ganzen Handel von der Hexerey belangend. In: Theatrum de veneficiis. Frankfurt. 1586.
Froehner, Reinhard: Von Hexen und Viehverzauberung. Leipzig. 1925. In: Abhandlungen aus der Geschichte der Veterinärmedizin 7.
Früh, Sigrid/Wehse, Rainer (Hrsg.): Die Frau im Märchen. Kassel. 1985.
Fry, Christopher: Die Dame ist nicht fürs Feuer. Komödie. 1986.
Fuchs, H.: Ein Hexenprozess in Schleusingen aus dem Jahr 1663. Meiningen. 1889.
Führer, Heinrich: Solanceen als Berauschungsmittel. In: Archiv für experimentelle Pathologie und Pharmakologie. 1926. Fünf bewehrte und wahrhaffte Hexen- und Gespenstergeschichten, die sich unlängst zugetragen. Zur Bestätigung der letzten Hexengeschichte von Ingolstadt, herausgegeben und dem P. Sterzinger dediciert von einer die Wahrheit liebenden Feder. Ingolstadt 1768.
Fürst, Wilhelm: Ein Prozeß gegen Nicolaus von Gülchen Ratskonsulenten und Advokaten zu Nürnberg (1605). In: Mitt. des Vereins f. Geschichte der Stadt Nürnberg. 20. Heft. 1913.
Fürstenberg, Friedrich v.: Tantzteuffel/Das ist wider den leichtfertigen unverschämten Welttanz. Frankfurt/Main. 1567.
Gaar, Georg (SJ): Christliche Anred nächst dem Scheiter-Hauffen, worauf der Leichnam (der Ordensfrau) Mariae Renatae (Sänger von Mossau, ca. 1680–1749), einer durchs Schwerdt hingerichteten Zauberin, den 21. Junii anno 1749 ausser der Stadt Wirtzburg verbrennet worden, an ein zahlreiche-versammletes Volck gethan, und hernach aus gnädigstem Befehl einer Hohen Obrigkeit in offentlichen Druck gegeben. Wirtzburg. 1749.
Gaar, Georg (SJ): Heylsame Lehr-Stück, und Zauberey betreffende Anmerckungen in der christlichen, nach Hinrichtung Mariae Renatae, einer Zauberin, gehaltenen Anred, einiger Massen zwar angeregt, hernach aber ausführlicher erläutert ... An jetzo mit einem Zusatz vermehrt ... Wirtzburg. 1750. Galatariotou, Catia: Holy Woman and Witches. Aspects of the Byzantine Conception of Gender. In: Byzantine and Modern Greek Studies 9 (1984–1985); S. 66–94.
Gale, Thomas: Jamblichius de Mysteriis Aegyptiorum. Oxford. 1678.
Gams: Zur Geschichte der spanischen Staats-Inquisition. Regensburg. 1871.
Ganser, B.: Sendschreiben an einen gelehrten Freund, betreffend die heutigen Streitschriften von der Hexerey. Vom Donau-Strom. 1767 (?).
Gänßlen, Gerhard: Die Ratsadvokaten und Ratskonsulenten der Reichsstadt Ulm insbesondere ihr Wirken in den Bürgerprozessen am Ende des 18. Jahrhunderts (Forschungen zur Geschichte der Stadt Ulm, Bd. 6). Ulm. 1966; S. 75–107.
Gänstaller, R.: Zur Geschichte des Hexenwahns: Der Fall Barbara Reuterin in Eichstätt. ZA. Nürnberg. 1974.
Ganzenmüller, Wilhelm: Die Alchemie im Mittelalter. Paderborn. 1938 (Reprint Hildesheim 1967).
Gardner, G. B.: Ursprung und Wirklichkeit der Hexen. Einführung von M. Murray. Orig. Titel: Witchcraft today. Übersetzt durch U. v. Mangoldt. Weilheim/Obb. 1965.
Gardner, Gerald B.: Witchcraft Today. London. 1954.
Garret, Clarke: Women and Witches. Patterns of Analysis. In: Signes 3 (1977); 461 ss.
Gaspers, J.: Hexenglauben und Hexenwahn in Erkelenz. Im Selbstverlag des Vereins. Erkelenz. 1921.
Gassner, J. J.: Nützlicher Unterricht wider den Teufel zu streiten. Kempten. 1774.
Gäter, J.: Hexen- und Unholdenpredikt. Tübingen. 1589.
Gaube, Karin/v. Pechmann, Alexander: Magie, Matriarchat und Marienkult. Reinbek. 1986.
Gaude, Werner: Die alte Apotheke. Eine tausendjährige Kulturgeschichte. Stuttgart. 1986; S. 149–150.
Gayler, Christoph Friedrich: Historische Denkwürdigkeiten der ehemaligen Freien Reichsstadt Reutlingen izt Königlich Württembergischen Kreisstadt Reutlingen, 2 Bde. Reutlingen. 1840/45.
Gebhard, Horst Heinrich: Hexenprozesse im Kurfürstentum Mainz des 17. Jahrhunderts (Veröffentlichungen des Geschichts- und Kunstvereins Aschaffenburg e.V. Bd. 31). Aschaffenburg. 1989.
Gebhardt: Friedrich Spee von Langenfeld. Hildesheim. 1893.
Gehring, Paul: Der Hexenprozeß und die Tübinger Juristenfakultät. Untersuchungen zur Württembergischen Kriminalrechtspflege im 16. Jh. und 17. Jh. In: Zeitschrift für württembergische Landesgeschichte 1 (1937) 157–188. 370–405; 2 (1938) 15–47.
Geib, Karl: Ein Hexenprozeßurteil. In: Kreuznacher Heimatblätter 1 (1921); Nr. 9
Geib, Karl: Ein Feuersegen. In: Kreuznacher Heimatblätter 2 (1922); Nr. 21.
Geib, Karl: Ein Hexenprozeß in Wallhausen am Ende des 16. Jahrhunderts. In: Kreuznacher Heimatblätter 16 (1936); Nr. 3–5.
Geier, Manfred: Die magische Kraft der Poesie. In: Deutsche Vierteljahresschrift f. Literaturwissenschaft u. Geistesgeschichte 56 (1982); S. 359–385. Geilen, Hans-Peter: Die Auswirkungen der Cautio Criminalis von Friedrich von Spee auf den Hexenprozeß in Deutschland. Diss. Bonn. Rechts- und staatswiss. Fak. Bonn. 1963.
Geiler, J. v. Kaisersberg: De emeis. Dis ist das Buch von den omeissen, vnd auch der künnig ich diente gern. Vnd sagt von eigenschaft der omeissen. Un gibt vnderweisung von den vnholden oder hexen, vnd von gespenst der geist, vnd von dem wütenden heer wunderbarlich vnd nützlich zewissen, was man darvon glauben vnd halten soll. Vnd ist von dem hoch gelerte doctor Johanes Geiler von Keisersperg ... in ein quadragesimal gepredigt worden alle sontag in der fasten ... Strassburg. 1517.
Geisenheyner, L.: Die Pflanze als Zaubermittel. In: Kreuznacher Heimatblätter 8 (1928); Nr. 2–5.
Gentilcore, David: From Bishop to Witch. The System of the Sacred in Early Modern Terra d'Otranto. Manchester UP. 1992.
Gerest, Claude: Der Teufel in der theologischen Landschaft der Hexenjäger des 15. Jahrhunderts. In: Concilium 11 (1975); S. 173–183.
Gerhard: Ein Mainzer Erzbischof kämpft gegen den Hexenwahn. In: Der Katholik, F. 4, 216. Mainz 1936. Nr. 7 (5. Juli).
Gering, Hugo: Über Weissagung und Zauber im nordischen Altertum. Kiel. 1902.
Gerlach, Hildegard: Ein systematisches Nachwort. In: Colette Piat, Frauen, die hexen. Freiburg i. Br. 1985; S. 202–224.
Gerlach, Hildegard: „Hexe". In: Enzyklopädie des Märchens, Bd. 6. Berlin/New York. 1990.
Gernhuber, Joachim: Die Landfriedensbewegung in Deutschland bis zum Mainzer Reichslandfrieden von 1235. Bonn 1952 (Bonner Rechtswissenschaftliche Abhandlungen 14).
Gersmann, Gudrun: Auf den Spuren der Opfer - zur Rekonstruktion weiblichen Alltags unter dem Eindruck frühneuzeitlicher Hexenverfolgung. In: Bea Lundt (Hg.), Vergessene Frauen an der Ruhr. Von Herrscherinnen und Hörigen, Hausfrauen und Hexen 800–1800. Köln/Weimar/Wien. 1992; S. 243ff.
Gerstenkorn, Hans-Robert: Weltlich Regiment zwischen Gottesreich und Teufelsmacht. Die staatstheoretischen Anschauungen Martin Luthers und ihre politische Bedeutung. Bonn. 1956 (Schriften zur Rechtslehre und Politik 7).
Gervasius, Tilberiensis: Otia Imperialia. 1214 (Kaiserl. Mußestunden). Kaiser Otto IV. gewidmet.
Gesemann, G.: Regenzauber in Deutschland. (Diss.). Braunschweig 1913.
Gewalt, Dieter: Sonderpädagogische Anthropologie und Luther. Lutherjahrbuch 41. Göttingen 1974. Gewiser Bericht deß Truten und Hexenbrennens Bambergischen Gebiets wie lang es gewehret, Was für übels, ihrer Außsag nach, sie viel Jahr hero an Menschen, Viehe, Früchten und anderen verübt, was allbereitm verbrennet und vermög heiliger Göttlicher Schrieb (kein Zauberern soll man leben lassen) hingerichtet, und in Summa, wie sie vom Teuffel betrogen und hinter das Licht geführet worden. Allen Frommen Christen zu sonderlich Treuhertzigen Warnung in ein Lied gebracht. Im Thon: Es ist gewißlich an der Zeit (Holzschnitt: Hinrichtung und Verbrennung von Hexen (...).Geyer, H.: Hexen und ihre Verurteilung in den Beschlüssen des Ingolstädter Rates zu Ende des 16. und Anfang des 17. Jahrhunderts. ZA. München. 1964.
Geyer, H.: Die Ingolstädter Hexenprozesse um 1600. In: Ingolstädter Heimatblätter 28 (1965), Nr. 5–8 (in Fortsetzungen).
Gifford, Edward S.: Liebeszauber. Stuttgart. 1964.
Gijswijt-Hofstra, Marijke/Frijhoff, Willem (Hrsg.): Witchcraft in the Netherlands from the fourteenth to the twentieth century. Rotterdam. 1991.
Gijswijt-Hofstra, Marijke: Recent witchcraft research in the Low Countries. In: N.C.F. van Sas/E. Witte (Hrsg.), Historical Research in the Low Countries. Den Haag. 1992; S. 23–34.
Gilardone, Georg: „Wälle und Mauern um München". Ein Führer durch Münchens Befestigungsgeschichte von G. G. In: Bayerland, Bd. 46; S. 673–699.
Gilhausen, Ludwig: Arbor iudiciaria criminalis. Benutzte Ausgabe Frankfurt a. M. 1621.
Ginzburg, Carlo: Die Bendandati. Feldkulte und Hexenwesen im 16. und 17. Jahrhundert. Frankfurt. 1980.
Ginzburg, Carlo: Hexenwesen und Volksfrömmigkeit. In: Spurensicherungen. Berlin. 1983; S. 25–46.
Ginzburg, Carlo: Nächtliche Zusammenkünfte: die lange Geschichte des Hexensabbats. In: Freibeuter. Vierteljahresschrift für Kultur und Politik. Heft 25. 1985; S. 20ff.
Ginzburg, Carlo: Freud, der Wolfsmann und die Werwölfe. In: Zeitschrift für Volkskunde 82 (1986); S. 189ff.
Ginzburg, Carlo: Hexensabbat. Entzifferung einer nächtlichen Geschichte. Berlin. 1989 (Übers. der italienischen Originalausgabe Storia notturrna. Una decifrazione del sabba, Torino 1989 von Martina Kemper).
Glanvill, J.: weil. Königl. Englischen Hof-Predigers und vornehmen Mitgliedes der Societät gelahrter Leute, Saducismus triumphatus, oder vollkommener und clarer Beweis von Hexen und Gespenstern, oder Geister-Erscheinungen, in zween Theilen verfasset, derer ersterer die Möglichkeit vorstellet, daß sie seyn können; der andere beweiset, daß sie würcklich seyn, und solches ernstlich aus heiliger Schrift, ferner mit auserlesenen Geschichten neulicher Zeiten. Zum erstenmahl aus dem Englischen ins Teutsche übersetzt. Hamburg. 1701.
Glanvill, Joseph: Saducismus Triumphatus. London. 1689. Reprinted 1966 by Scholar's Facsimiles and Reprint.
Glaser, P.: Gesindteufel. Darin acht stück gehandelt werden, von des Gesindes untrew. Leipzig. 1564.
Gloger, Bruno/Zöllner, Walter: Teufelsglaube und Hexenwahn. Wien-Köln-Graz. 1984.
Gloger, Bruno/Zöllner, Walter: Teufelsglaube und Hexenwahn. Leipzig. 1993.
Gockelinus, E.: Tractatus polyhistoricus Magico-medicus Curiosus, oder ein kurtzer mit vielen Wunderlichen Historien untermengter Bericht von dem Beschreyen und Verzaubern, auch denen daraus entspringenden Krankheiten und zauberischer Schäden. Was dasselbe eigentlich sey? aus waserley Ursachen solches herkomme? Wie sich vor solchen Unwesen zu hüten? und auf was Weise die dar-

auß entstandenen Krankheiten und zauberischen Schäden vermittelst eines andächtigen Gebets und deren dazu gehörigen Artzney-Mitteln curiret werden können? Alles auß berühmter Alter und Neuer Medicorum Sciptis, auch auß eigener Erfahrung und 42jähriger Praxis zusammengetragen und hervorgegeben. Frankfurt und Leipzig. 1699.
Gödelmann, Johann: Tractatus de magis, veneficis et lamiis deque his recte cognoscendi et puniendis. Norimbergiae 1584. (deutsch: Von Zauberern, Hexen und Unholden ..., 1592). Übersetzer: Georg Nigrinus.
Godet, Alain: Hexenglaube, Rationalität und Aufklärung: Joseph Glanvill und Johann Moritz Schwager. Deutsche Vierteljahresschrift für Literaturwissenschaft und Geistesgeschichte. 1978.
Goedelmann, J. G.: Von Zauberern, Hexen und Unholden Warhafftiger und wolgegründter Bericht (...). Allen Beampten zu unsern zeitten, von wegen vieler ungleicher und streittigen Meynung, sehr nützlich (...) zu wissen. Frankfurt/M. 1592.
Goedelmann, J. G.: Von Zauberern vnd Vnholden, warhafftiger vnd wolgegründeter Bericht Herrn Georgii Gödelmanni ... wie dieselbigen zuerkennen vnd zu straffen. Allen Beampten zu vnseren Zeitten von wegen vieler vngleicher vnd streittigen Meynung sehr nützlich vnnd nothwenig zuwissen ... verteutschet ... durch Georgium Nigrinum ... Franckfurt am Mayn. 1692.
Goehausen, Hermann: Processus juridicus contra saga et veneficos, das ist: Rechtlicher Proceß, wie man gegen Unholden und Zauberische Personen verfahren soll. Rinteli. 1630.
Goldast, M.: Rechtliches Bedencken, von Confiscation der Zauberer- und Hexen-Güter. Veber die Frage: Ob die Zauberer und Hexen, Leib und Guth mit und zugleich verwürcken, allso und dergestalt, dass sie nicht allein an Leib und Leben, sondern auch an Haab und Guth, können und sollen gestrafet werden? Sampt ein verliebtem kurtzem Bericht, von mancherley Arth der Zauberer und Hexen, und deren ungleiche Bestraffung ... Bremen. 1661.
Goldschmidt, Petrus: Höllischer Morpheus, daraus erwiesen, das Gespenster seien, namentlich wider D. Bekkern in der bezauberten Welt. Hamburg. 1698.
Goldschmidt, Petrus: Verworffener Hexen- und Zauberadvokat. Das ist: Wohlbegründete Vernichtung des thörichten Vorhabens Hn. Christiani Thomasii. Hamburg. 1705.
Golling, Joh. Georg: Innocentia vindicata, d. i. juristisch theoretisch und praktische Abhandlung von den Suggestiv Fragen in peinl. Fällen. München. 1747.
Golowin, Sergius: Die Magie der verbotenen Märchen. Von Hexenkräutern und Feendrogen. Hamburg. 1973.
Golowin, Sergius: Die weisen Frauen. Die Hexen und ihr Heilwissen. Basel. 1982.
Gonzenbach, V.: Mitteilungen aus St. Gallischen Hexenakten seit 1600. In: Annalen der Criminalrechtspflege. 1855.
Göran, R.: Die Schweden in Bayern während des Dreißigjährigen Krieges. In: Um Glauben und Reich. Kurfürst Maximilian I. Beiträge zur Bayerischen Geschichte und Kunst 1573–1657. Hrsg. v. Hubert Glaser. München/Zürich. 1980; S. 424.
Gorre, Renate: Die ersten Ketzer im 11. Jahrhundert; religiöse Eiferer – soziale Rebellen? Diss. Konstanz. 1981/82.
Gosler, Sieglinde: Hexenwahn und Hexenprozesse in Kärnten von der Mitte des 15. Jh. bis zum ersten Drittel des 18. Jh. Ungedr. Grazer phil. Diss. 1955.
Gössmann, Elisabeth: Anthropologie und soziale Stellung der Frau nach Summen und Sentenzenkommentaren des 13. Jahrhunderts. In: Albert Zimmermann (Hrsg.), Soziale Ordnung im Selbstverständnis des Mittelalters. Berlin/New York. 1979; S. 281–297.
Gothofredus, Jacobus: Codex Theodosianus. Lyon. 1665.
Göttner-Abendroth, Heide: Die Göttin und ihr Heros. München. 1980. Götz, Roland: Der Dämonenpakt bei Augustinus. In: Georg Schwaiger (Hrsg.), Teufelsglaube und Hexenprozesse. München. 1987; S. 57–84.
Götze, L.: Grafen von Nassau-Dillenburg. Urteil über Hexenprozesse (1582). Mitgetheilt von L. Götze. In: Verein f. Nassauische Altertumskunde und Geschichtsforschung. 13. Bd. Wiesbaden. 1874.
Grabner, Elfriede: Zwischen Wunderbuch und Rezeptbuch. Weisheit. Zum Aussagewert eines handschriftlichen burgenländischen Arzneibuches aus der ersten Hälfte des 19. Jh. In: Ethomedizin Bd. V. 1978/79; S. 25ff.
Graef: Ein Hexen-Prozeß vor dem Gericht zu Wallhausen. In: Kreuznacher Heimatblätter 4 (1924); Nr. 4.
Graef: Ein Hexen-Prozeß vor dem Gericht zu Wallhausen. In: Kreuznacher Heimatblätter 5 (1925); Nr. 4–7.
Graeter, M. J.: Hexen oder Unholden Predigten. Darinnen zweyen vnterschiedlichen Predigten, auff das kürzest und ordentlichst angezeigt würdt, was in disen allgemeinen Landklagen, vber die Hexen vnd Vnholden, von selbigen warhafftig vnnd Gottseeliglich zuhalten. Tübingen. 1589, 1592.
Graf, A.: Naturgeschichte des Teufels. Jena 1890.
Graf, Klaus: Die Geschichtsschreibung der Reichsstadt Schwäbisch Gmünd im 17. und 18. Jahrhundert. In: Barock in Schwäbisch Gmünd. Schwäbisch Gmünd. 1981; S. 193–242.
Graf, Klaus: Eingezogen und verbrannt. Der Chronist Friedrich Vogt über die Gmünder Hexenverfolgungen 1613–1617. In: Einhorn-Jahrbuch Schwäbisch Gmünd.1988.
Graf, Klaus: Hexenverfolgung in Schwäbisch Gmünd. In: „Hexenverfolgung. Neuere Forschungen – unter besonderer Berücksichtigung des südwestdeutschen Raumes". (Bei Drucklegung unseres Buches noch nicht publiziert – Anm. d. Verlages).
Graichen, Gisela: Die neuen Hexen. Gespräche mit Hexen. Hamburg. 1986.
Graminaeus, Diedrich: Inductio sive direcorium ... Anleitung ... wie ein Richter in Criminal- und peinlichen Sachen der Zauberer und Hexen sich zu verhalten. Köln. 1594.
Graner, Ferdinand: Zur Geschichte der Kriminalrechtspflege in Württemberg. Württembergische Vierteljahreshefte für Landesgeschichte 37. 1931. Stuttgart 1932.
Graner, Ferdinand: Erasmus von Rotterdam und die Feuersbrunst im wirtembergischen Städtchen Schiltach. Zeitschrift für württembergische Landesgeschichte. 2. Stuttgart 1938; S. 215–219.
Grässe, J. Th.: Bibliotheca magica et pneumatica oder wissenschaftlich geordnete Bibliographie ... Leipzig. 1843.
Gräße, Johann G. Th.: Bibliotheca Magica et Pneumatica oder Wissenschaftlich geordnete Bibliographie der wichtigsten in das Gebiet des Zauber-, Wunder-, Geister- und sonstigen Aberglaubens vorzüglich älterer Zeit einschlagenden Werke. Ein Beitrag zur sittengeschichtlichen Literatur. Leipzig. 1843 (Dritter Neudruck zuletzt Hildesheim u. a. 1986).
Graßer, J. B.: Vertheidigung der critischen Anmerkungen über Pater George Gaars Rede von der Hexe Maria Renata, Bayreut. 1754.
Grave, M. G.: Von der Wasser-Probe oder (dem) Hexen-Bade. Osnabrück. 1640.
Gravina, Gian Vincenco: Originum iuris civilis libri tres. 1701–1707.
Grawert-May, Erik: Zur Entstehung von Polizei- und Liebeskunst. Tübingen. 1980.
Grebner, Christian: Hexenprozesse im Freigericht Alzenau (1601–1605). In: Aschaffenburger Jahrbuch 6 (Aschaffenburg 1979); S. 141–240.
Greiner, J.: Hexenprozesse in Dinkelsbühl. In: Alt-Dinkelsbühl. Mitt. aus der Geschichte Dinkelbühls. Beilage zum Wörnitz-Boten, 16. Jahrgang, Nr. 6, 1929.
Greiner, K.: Paracelsus im Lande seiner Väter. In: Salzburger Beiträge zur Paracelsusforschung 2 (1961); S. 14ff.
Grigulévic, I. R.: Ketzer, Hexen, Inquisitoren (Istorija inkvizcii) 13.–20. Jh. Mit einem Vorwort von Hubert Mohr. 2. Bde. Berlin. 1976.
Grigulèvic, I. R.: Ketzer – Hexen – Inquisitoren. Berlin. 1980.
Grillandus, Paulus: De Haereticis et Sortilegiis eorumque poenis. 1525/1592.
Grillandus, Paulus: Tractatus de hereticis et sortilegiis omnifariam coitu eorumque penis. Lugduni 1536.
Grillandus, Paulus: De sortilegiis. In: Tractatus 1584; fol. 381–398.
Grimm, Heinrich: Die deutschen „Teufelsbücher" des 16. Jh. Ihre Rolle im Buchwesen und ihre Bedeutung. Archiv Geschichte Buchwesen. 2. 1960.
Grimmelhausen, Hans Jakob Christoffel: Der Abenteuerliche Simplicissimus Teutsch. Mompelgart 1664. (Benutzt wurde die Bearbeitung von Engelbert Hegauer. München 1973).
Gronland, D.: Historisk Efterretning um de i Ribe Bye for Hexerie forfulgte og braendte Mennesker, Viborg 1780 = Genudgivet Af Historisk Samfund For Ribe Amt ved Kirsten Agerbaek, 2. udg., Ribe. 1973.
Gross, Chr.: Christlicher Bericht von und wider Zauberey, was solche schröckliche Sünde sey, wo sie herkommen, und wie man in allen Ständen derselben steuren und weren könne und soll; auss Gottes Wort verfasset und Herfür gegeben. Colberg. 1661.
Grossens, J. M.: Gewisse Macht und Ohnmacht des Fürsten der Finsternis. Regensburg. 1734.
Grossmann, Eberhard: Beitrag zur psychologischen Analyse der Persönlichkeit Dr. Martin Luthers. Monatsschrift für Psychiatrie und Neurologie. 132. 1956.
Grote, Frh. C.: Ortia Lindemann: oder der Zaubereiprozess zu Egeln. 1612; mit Benutzung geschichtlicher Quellen bearbeitet. Osterwieck a. H. 1877.
Grotefend: Die Hexen in Frankfurt. In: Mitteilungen des Frank. Vereins f. Geschichte und Altertumskunde. VI. Band. (S. 67–78). Frankfurt. 1881.
Grundig, Edgar: Hexenprozesse in Delmenhorst und Varel. In: Oldenb. Jb. 52/53 (1952/1953); S. 69ff.
Grundler, Marianne: Gesundheitswächter und Wunderärzte. In: Volkskunst. Zeitschrift für volkstümliche Sachkultur 13 (1990); H. 2; S. 5–10. Gründlicher Bericht, was von der Zauberey und Hexenwerck zu halten sey; Einhellige Antwort der Hochgelehrten Theologen und Predikanten zu Nürnberg (Anm. das waren: M. Helnig, J. Schelhammer, J. Kaufmann und M. Sallinger). Nürnberg. 1603. Gründlicher Bericht/Ob Zauberey die ärgste und grewlichste Sünd auf Erden sey. Zum andern/ob die Zauberer noch buß thun/und selig werden mögen. Zum Dritten/ob die hohe Obrigkeit die Zauberer und Hexen am Leib und Leben zu straffen schuldig. Mit Ableitung allerley Einreden. In sieben Tractat/am Ende zu finden ... Fracciscum Agricolam, Pfarrherrn zu Gülch. Gedruckt in Fürstl. Statt Wirtzburg/durch Stephan Fleischmann. 1627.
Grundling, N. H.: Gründliche Abfertigung der unpartheischen Gedanken eines ungenannten Auctoris, die er von der Lehre „De crimen magiae" des hochberühmten Herrn D. Christian Thomasii, neulichst heraus gegeben. Gestellet von Hieronymo a sancta Fide. Franckfurth. 1701–1703.
Grundmann, Herbert: Religiöse Bewegungen im Mittelalter. Untersuchungen über die geschichtlichen Zusammenhänge zwischen der Ketzerei, den Bettelorden und der religiösen Frauenbewegung im 12. und 13. Jh. und über die geschichtlichen Grundlagen der Deutschen Mystik. Berlin. 1935.
Grundmann, Herbert: Die Frauen und die Literatur im Mittelalter. Ein Beitrag zur Frage nach der Entstehung des Schrifttums in der Volkssprache. Archiv für Kulturgeschichte. 26. 1936; S. 129–161.
Grundmann, Herbert: Ketzergeschichte des Mittelalters. Göttingen. 1963.
Grundmann, Peter: Der Typus des Ketzers in mittelalterlicher Anschauung. In: Kultur- und Universalgeschichte. Walter Goetz zu seinem 60. Geburtstag. Leipzig. Berlin. 1927.
Grundmann, Peter: Ketzergeschichte des Mittelalters. Göttingen 1961 (= Die Kirche in ihrer Geschichte 2. G.1).
Grünewald, Annette: Die Scharfrichter und Wasenmeister im Amt Birkenfeld der Hinteren Grafschaft Sponheim und in seinen Nachbarbezirken. In: Mitteilungen des Vereins für Heimatkunde im Landkreis Birkenfeld und der Heimatfreunde Oberstein 39 (1976); S. 40–47, 84-119.
Grünther, Ralf Achim: Was ist wahres an Hexensalben? In: Gehlen, Rolf und Bernd Wolf (Hrsg.). Der gläserne Zaun. Aufsätze zu Hans Pater Duerr's „Traumzeit". Frankfurt. 1983.
Gryhiander, Johann: De weichbildnis Saxonicis, sive colossis Rulandinis urbium quarundam Saxonicarum, commentarius histor-iur. Francofurti. 1625.
Guarinoni, H.: Von Grewel der Verwüstung menschlichen Geschlechts. Ingolstadt. 1610.
Guenther, Mathias G.: „Not a Bushman Thing." Witchcraft among the bushmen and hunter-gatherers. In: Anthropos 87 (1992); S. 83ff.
Gundel, Wilhelm: Sterne und Sternbilder im Glauben des Altertums und der Neuzeit. Bonn/Leipzig. 1922.
Günther, Ludwig: Ein Hexenprozeß. Ein Kapitel aus der Geschichte des dunkelsten Aberglaubens. Archiv für Kriminal-Anthropologie und Kriminalistik. 19. Leipzig. 1905; S. 298–356.
Günther: Ein westdeutscher Hexenprozeß aus dem Jahre 1648. In: Mitteilungen des westpreußischen Geschichtsvereins. 1. Jahrgang. Danzig. 1902.
Günthert, J. E. v.: Agnes: eine Hexengeschichte aus dem 16. Jh. Stuttgart. 1887.
Gutbier, Reinhard: Der Dieburger Hexenturm – einzerstörtes Baudenkmal. In: Der Odenwald 12. Neustadt/Odw. 1965. H. 3; S. 90–93.
Güterbock, Carl: Die Entstehungsgeschichte der Carolina auf Grund archivalischer Forschungen und neu aufgefundener Entwürfe. Würzburg. 1876; S. 162ff und 226.
Gwinner, H.: Ein Hexenprozeß aus der Reichsstadt Lindau im Bodensee aus dem Jahr 1730. In: Bodensee-Heimatschau 17 (1937), Nr. 1–2.
H., R.: Obergünzburgs letzter Hexenprozeß. In: Der Allgäuer (1951), Nr. 1.
Haack, Friedrich Wilhelm: Hexenwahn und Aberglaube in der Bundesrepublik. München. 1978.
Haag, Herbert: Teufelsglaube. Mit Beiträgen von Katharina Elliger, Bernhardt Lang und Meinrad Limbeck. Tübingen. 1974.
Haage, Bernhard Dietrich: Dichter, Drogen und Hexen im Hoch- und Spätmittelalter. In: Würzburger Medizinhistorische Mitteilungen 4 (1986); S. 63–83.
Haan, J.: Von Hexen und wildem Gejäg. Mit mittelalterlichen Holzschnitten und Kupferstichen sowie Zeichnungen ... Luxembourg. 1971.
Haas, A.: Aus pommerschen Hexenprozeßakten. Ein Beitrag zur Geschichte des pommer'schen Volksglaubens. Programm des Städt. Schiller-Realgymnasiums. Ostern. Stettin. 1896.
Haas, Carl: Die Hexenprozesse. Ein culturhistorischer Versuch nebst Dokumenten. Tübingen. 1865.
Haberlandt, Artur: „Besenritt". In: Handwörterbuch des deutschen Aberglau-

bens, Bd. 1. Berlin/Leipzig. 1927.
Haberling, Elseluise: Beiträge zur Geschichte des Hebammenstandes. I. Der Hebammenstand in Deutschland von seinen Anfängen bis zum Dreißigjährigen Krieg. Berlin. 1940.
Habiger-Tuczay, Christa: Magie und Magier im Mittelalter. München 1992.
Hacker, F. X.: Die Hexenrichter von Würzburg. Historische Novelle von Seeburg (pseud.) 3. Aufl. Regensburg. 1894.
Hader, M.: Zauber-, Hexen- und Gespensterglaube im Frankenwald. Heimatbilder aus Oberfranken. In: Volkskundliche Vierteljahreszeitschrift. 1. Jg. 4. Heft. 1913.
Haffke, Bernhard: Tiefenpsychologie und Generalprävention. Aarau/Frankfurt. 1976.
Häfler, M.: Medizinischer Dämonismus. In: Centralblatt für Anthropologie, Ethnologie und Urgeschichte. 5. Jg. Jena. 1900; S. 1–8.
Hagenbach, D. R.: Die Basler Hexenprozesse im 16. und 17. Jh. Einladungsschrift zu der Rede des zeit. Rector magn. K.R. Hagenbach. Basel. 1840.
Haining, Peter: An illustrated History of witchcraft. Ed. by Peter Haining. 1975.
Haining, Peter: Wahn und Wirklichkeit in Mittelalter und Gegenwart. Oldenburg. 1977.
Haisch, Erich O.: Psychiatrische Aspekte der Hexenprozesse. In: Massenwahn in Geschichte und Gegenwart. Hg. Wilhelm Bitter. Stuttgart (1965); S. 232–235.
Halbey, Marianne: 66 Hexen - Kult und Verdammung. Dortmund. 1987; S. 9ff.
Hall, Karl Alfred: Die Lehre vom Corpus Delicti. Eine dogmatische Quellenexegese zur Theorie des gemeinen deutschen Inquisitionsprozesses. Stuttgart. 1933.
Hallbauer, Joachim: Hexen-Graphiken aus sechs Jahrhunderten. Gross-Gerau. 1964.
Haller, E. A.: Die Hexenprozesse und der Heilige Stuhl. In: Katholische Schweizer-Blätter (NF) 8 (1892); S. 216–239.
Haller, K.: Eine vom Teufel besessene Nabburgerin. In: Der neue Tag. 30.6.1969. Weiden.
Halm, Joseph: Die Bader-Ann von Veringenstadt. In: Hohenzollerische Heimat 4 (1954).
Hälsig, Fr.: Der Zauberspruch bei den Germanen bis um die Mitte des 16. Jahrhunderts. Diss. Leipzig. 1910.
Hamer, St.: Eine erschröcklich Geschicht vom Tewel und einer Unhulden, beschehen zu Schilta bey Rotweil in der Karwochen MDXXXIII. Jahr. 1533 (?).
Hämmerle, Georg: Aus der Geschichte der Stadt Saulgau. Bd. 1. Die Saulgauer Hexenprozesse o. J.
Hammes, Manfred: Hexenwahn und Hexenprozesse. Frankfurt am Main. 1977 (Fischer Taschenbuch, 1818).
Hampe, Karl: Stilübungen zur Ketzerverfolgung unter Kaiser Friedrich II. Festgabe Friedrich von Bezold dargebracht zum 70. Geburtstag. Bonn. 1921.
Hampe, Theodor: Die letzte Amtsverrichtung des Nürnberger Scharfrichters Franz Schmidt (13. November 1617). Mitteilungen des Vereins für Geschichte der Stadt Nürnberg, Band 26. Nürnberg 1926; S. 321–326.
Hampe, Theodor: Die Nürnberger Malefizbücher als Quellen der reichsstädtischen Sittengeschichte vom 14. bis zum 16. Jahrhundert. Neujahrsblätter, hrsg. von der Gesellschaft für Fränkische Geschichte, 17. Heft. Bamberg 1927.
Hampe, Theodor: Der Trudenbanner von Abenberg. In: Die Heimat. Beilage zum Schwabacher Tagblatt (1931), Nr. 5.
Hampp, Irmgard: Beschwörung – Segen – Gebet. Untersuchungen zum Zauberspruch aus dem Bereich der Volksheilkunde. Stuttgart (1961).
Hanauer, Joseph: Der Exorzist Johann Joseph Gassner. Eine Monographie. Diss.phil. Würzburg. 1950.
Hanauer, Joseph: Der Teufelsbanner und Wunderheiler Johann Joseph Gassner (1727–1779). In: Beiträge zur Geschichte des Bistums Regensburg 19 (1985).
Hansel, Hans: Die Maria Magdalena-Legende. Greifswald. 1937.
Hansen, Chadwick: Witchcraft at Salem. New York. 1969.
Hansen, Josef: Der Hexenhammer, seine Bedeutung und die gefälschte Kölner Approbation vom Jahre 1487. In: Westdt. Zeitschrift für Geschichte und Kunst. Jg. XXVI. S. 372. Trier. 1907.
Hansen, Josef: Die Kontroverse über den Hexenhammer und seine Kölner Approbation vom Jahre 1487. In: Westdt. Zeitschrift für Geschichte und Kunst. Jg. XXVII. S. 366. Trier. 1908.
Hansen, Joseph: Zauberwahn, Inquisition und Hexenprozeß im Mittelalter und die Entstehung der großen Hexenverfolgung. Leipzig und München. 1900.
Hansen, Joseph: Quellen und Untersuchungen zur Geschichte des Hexenwahns und der Hexenverfolgung im Mittelalter. Mit einer Untersuchung zur Geschichte des Wortes „Hexe" von Johann Franck. Bonn. 1901.
Hansen, R.: Hexen- und andere Kriminalprozesse zu Meldorf 1616–1642. Jahrbuch des Vereins für Dithmarscher Landeskunde 7. Heide. 1927; S. 83–114.
Harbach, L.: Gründtlicher Bericht, die von Hexerey und Zauberey zu dieser Zeit, sehr nothwenige drei Hauptfragen betreffend ... mit gutem Bedacht zusammengetragen vnd der Welt Vrtheil gestellet, von Laurentio de Harbach ... 1630.
Hardevicia Dassel: J. C. Responsum juris in causa poenali maleficarum Winsiensium prodefensione innoxiarum et condemnatione nocentum, ne quisquam ante iudicium iniuste innocenterque condemnetur. Luneburg. 1597.
Hardt, Hermann von der: Von Gesichtern und Offenbarungen. 1692.
Hardung, Siegfried: Die Vorladung vor Gottes Gericht. Ein Beitrag zur rechtlichen und religiösen Volkskunde. Bühl. 1934.
Harke, Werner: Das Strafrecht des Münchner Blutbannbuches unter Berücksichtigung der anschließenden Malefitzprotokolle 1574–1617. (Ungedr. Dissertation) München 1950.
Harmening, Dieter: Zauberinnen und Hexen. Vom Wandel des Zaubereibegriffs im späten Mittelalter. In: Andreas Blauert, Ketzer, Zauberer, Hexen. Frankfurt a. M. 1990;S. 68ff.
Harmening, Dieter: Superstitio. Überlieferungs- und theoriegeschichtliche Untersuchungen zur kirchlich-theologischen Aberglaubensliteratur des Mittelalters. Berlin 1979.
Harmening, Dieter: „aufsecz" und „zuosatz": Der Fall der Hexen. In: Ferdinand Seibt/Winfried Eberhard (Hrsg.), Europa 1500. Stuttgart. 1987; S. 510–525.
Harmening, Dieter: Himmlers Hexenkartothek. In: Jahrbuch f. Volkskunde NF 12 (1989); S. 99–112.
Harmening, Dieter: Zauberei im Abendland. Vom Anteil der Gelehrten am Wahn der Leute. Skizzen zur Geschichte des Aberglaubens. Würzburg. 1991; S. 22–23.
Harmening, Dieter: Zauberinnen und Hexen – Vom Wandel des Zaubereibegriffs im späten Mittelalter. In: Zauberei im Abendland. Würzburg. 1991; S. 40–59.
Harmening, Dieter: Die Hexe des Hexenhammers - Literarische Kombinationen. In: Zauberei im Abendland. Würzburg. 1991; S. 60–69.
Harmening, Dieter (Hrsg.): Hexen heute. Magische Traditionen und neue Zutaten. Würzburg. 1991.
Harmening, Dieter: Dämonologie und Anthropologie der christlichen Hexe. In: „Hexenverfolgung. Neuere Forschungen – unter besonderer Berücksichtigung des südwestdeutschen Raumes". (Bei Drucklegung unseres Buches noch nicht publiziert – Anm. d. Verlages).
Harris, Marvin: Cows, Pigs, Wars and Witches. London. 1974.
Härtel, Reinhart: Ketzerverfolgungen im Mittelalter. In: Valentinitsch, Hexen und Zauberer. Graz/Wien. 1987; S. 197–208.
Hartlaub, G. F.: Hans Baldung Grien, Hexenbilder, Werkmonographien zur bildenden Kunst in Reclams Universal-Bibliothek 61. Stuttgart. 1961.
Hartmann, E.: Die Trollvorstellungen in den Sagen und Märchen der skandinavischen Völker. Stuttgart. 1936.
Hartmann, F. S.: Über schwarze und weiße Kunst in den Bezirken Dachau und Bruck. In: Oberbayer. Archiv 18 (1881); S. 119–152.
Hartmann, Wilhelm: Die Hexenprozesse in der Stadt Hildesheim. Quellen und Darstellungen zur Geschichte Niedersachsens. 35. Bd. Hildesheim und Leipzig. 1927.
Hartmann, Wilhelm: Der Hexenglaube und die Hexenprozesse in neuer Beleuchtung. In: Deutsches Pfarrblatt 42, Nr. 3, (1938); S. 40ff.
Hartmann: Ketzerprobleme in Oberfranken. In: Archiv der Geschichte von Oberfranken, 36. Band, 3. Heft, Bayreuth 1954.
Hasenfratz, Hans-Peter: Die toten Lebenden. Leyden. 1982.
Hasler, Eveline: Anna Göldin – letzte Hexe. München. 1984.
Hasselwander, Norbert: Aus der Gutachter- und Urteilstätigkeit an der alten Mainzer Juristenfakultät. Wiesbaden. 1956. (Beiträge zur Geschichte der Universität Mainz. Bd. 3).
Hauber, Eberhard David: Bibliotheca Acta et Scripta Magica. Gründliche Nachrichten und Urtheile von solchen Büchern und Handlungen, welche die Macht des Teufels in leiblichen Dingen betreffen. 3 Bde. Lemgo. 1736–45.
Hauffen, A.: Der Hexenwahn. In: Sammlung gemeinn. Vorträge. Nr. 230. Prag. 1897.
Hauschild, Thomas/Staschen, Heide/Troschke, Regina: Hexen. Ausstellungskatalog. Hamburg. 1979.
Hauschild, Thomas: Johann Kruses Beitrag zur Erforschung des neuzeitlichen Hexenglaubens. Mitteilungen aus dem Museum für Völkerkunde. Hamburg. N. F. Bd. X. S. 139ff.
Hauschild, Thomas: Der böse Blick. Ideengeschichtliche und sozialpolitische Untersuchungen. Hamburg. 1979.
Hauschild, Thomas: Der böse Blick. Ideengeschichtliche und sozialpsychologische Untersuchungen. Berlin. 1982.
Hauschild, Thomas: Hexen und Drogen. In: Gisela Völger/Karin von Welck (Hrsg.), Rausch und Realität, Bd. 2. Reinbek. 1982; S. 618–629.
Hauschild, Thomas: Hexen in Deutschland. In: Der Wissenschaftler und das Irrationale. Bd. 1. Frankfurt a. M. 1985; S. 162ff.
Hauschild, Thomas: Die alten und die neuen Hexen. Die Geschichte der Frauen auf der Grenze. München. 1987.
Hausrath, Adolf: Der Ketzermeister Konrad von Marburg. Heidelberg. 1861.
Haustein, Jörg: Martin Luthers Stellung zum Zauber- und Hexenwesen. Stuttgart. 1990.
Haustein, Jörg: Martin Luther als Gegner des Hexenwahns. In: Lehmann/Ulbricht (Hrsg.), Vom Unfug des Hexenprocesses. Wiesbaden. 1992; S. 35–52.
Havemann, Elisabeth: Die Frau der Renaissance. Berlin. 1927. Hayn, H./Gotendorf, A.: Bibliotheca Germanorum Erotica & Curiosa. Bd. 3. München. 1913; S. 171–258.
Hebeisen, Gustav: Die Bedeutung der ersten Fürsten von Hohenzollern und des Kardinals Eitel Friedrich für die katholische Bewegung Deutschlands ihrer Zeit. In: Mitteilungen des Vereins für Geschichte und Altertumskunde in Hohenzollern 54 bis 57 (1920–1923).
Hebeisen, Gustav: Hexenprozesse aus Hohenzollern-Hechingen. In: Hohenzollerische Heimatblätter 4 (1931); Nr. 1.
Heberling, Richard: Zauberei und Hexenprozesse in Schleswig-Holstein-Lauenburg. Auf Grund des Aktenmaterials im Königlichen Staatsarchiv Schleswig. Zeitschrift der Gesellschaft für Schleswig-Holsteinische Geschichte 45. 1915; S. 116–257.
Hecht, Ingeborg: In tausend Teufels Namen. Hexenwahn am Oberrhein. Freiburg. 1977.
Hecht, Winfried: Der Hexenprozeß gegen das Pumpel-Annele im Jahre 1701. In: Rottweiler Heimatblätter (Beilage zum Schwarzwälder Volksfreund) 36 (1975); Nr. 2; S. 3.
Heckel, Gottlob: „Hexenverfolgungen in Schwabach". In: Die Heimat. Beilage zum Schwabacher Tagblatt Nr. 6, 7, 8. Schwabach 1932.
Hecker: Die Tanzwut, eine Volkskrankheit des Mittelalters. Berlin. 1832.
Heeger, Fritz: Hexen- und Teufelsglaube um 1600. In: Die Mainlande, 8. Jg. Würzburg 1957.
Heer, Joachim: Der Kriminalprozeß der Anna Göldi von Sennwald (1781–82). In: Jahrbuch des Historischen Vereins des Kantons Glarus 1 (1865); S. 9–53.
Heerbrand, J.: Ketzer Katzen. Tübingen. 1589.
Hegler, August: Die praktische Tätigkeit der Juristenfakultäten des 17. und 18. Jh. in ihrem Einfluß auf die Entwicklung des deutschen Strafrechts von Carpzov an. Freiburg i. Br. 1899. Zugleich Tübinger jur. Diss. 1899.
Hehl, Ulrich von: Hexenprozesse und Geschichtswissenschaft. In: Boehm, L. et al. (Hg.): Historisches Jahrbuch, Jg. 107, (1987); S. 349–375.
Hehl, Ulrich von: Die Hexenprozesse der frühen Neuzeit. Rheinische Aspekte eines europäischen Phänomens. In: Festg. f. H. Hürten. Frankfurt a. M. 1988; S. 243–264.
Hehn, V.: Das Salz. Eine kulturhistorische Studie. 1919.
Heid, Gertraud: Die Darstellung der Hölle in der deutschen Literatur des ausgehenden Mittelalters. Ungedr. Wiener phil. Diss. 1957.
Heidingsfelder, Franz: Die Zustände im Hochstift Eichstätt am Ausgang des Mittelalters und die Ursachen des Bauernkrieges. Leipzig. 1911.
Heigl. F.: Der Hexenglaube. Ein Rückblick als Perspektive für die Spiritisten unserer Zeit. Von Ferdinand Heigl. Verfasser der „Spaziergänge eines Atheisten". 2. Auflage. Hamburg. 1899.
Heikbauer, Joachim: Hexen-Graphiken aus sechs Jahrhunderten. Nauheim. 1964.
Heilig, O.: „Zur Kenntnis des Hexenwesens am Kaiserstuhl". In: Zeitschrift des Vereins für Volkskunde 1904.
Heilmann, Karl Eugen: Kräuterbücher in Bild und Geschichte. München. 1964.
Heim, Hugo Eberhardt: Wolfgang, Erzbischof und Kurfürst zu Mainz, aus dem hohen Geschlechte der Kämmerer von Worms und Reichsfreyherrn von Dalberg. Mainz 1789.
Heimann, Heinz-Dieter: Über Alltag und Ansehen der Frau im späten Mittelalter -oder: vom Lob der Frau im Angesicht der Hexe. In: Frau und spätmittelalterlicher Alltag. Internationaler Kongreß Krems an der Donau, 2. bis 5. Oktober 1984. Wien. 1986; S. 243ff.
Heimbucher, Max: Die Orden und Kongregationen der katholischen Kirche. Paderborn. 1933.
Heimpel, Hermann: Zwei Wormser Inqauisitionen aus den Jahren 1421 und 1422. Abhlg. der phil.hist. Klasse d.Bayer. Akademie d. Wissensch. III, 75.

Heine, Susanne: Wiederbelebung der Göttinnen? Göttingen. 1987.
Heinemann, Evelyn: Hexen und Hexenglauben. Eine historisch-sozialpsychologische Studie über den Hexenwahn des 16. und 17. Jahrhunderts. Frankfurt a. M. 1976/1986.
Heinemann, Franz: Der Richter und die Rechtsgelehrten. Leipzig. 1900.
Heinemann, Franz: Der Richter und die Rechtspflege in der deutschen Vergangenheit (Monographien zur deutschen Kulturgeschichte). Leipzig 1902.
Heinemann, Franz: Inquisition, Intoleranz, Exkommunikation, Index, Zensur, Sektenwesen, Hexenwahn- und Hexenprozesse. Rechtsanschauungen. Bern. 1908–09.
Heinrich, Hansjoerg: Die Tätigkeit der Zentgerichte in Hohenlohe seit dem späten Mittelalter. Diss. jur. Tübingen. 1965.
Heinrich: Feen und Hexen. In: Südd. Taschenbuch. Freiburg. 1840.
Heinsohn, Gunnar/Steiger, Otto: Die Vernichtung der weisen Frauen. In: März-Mammut. März-Texte 1 & 2. Hg. Jörg Schröder. Herbstein. 1984; S. 494–518.
Heinsohn, Gunnar/Steiger, Otto: Die Vernichtung der weisen Frauen. Beiträge zur Theorie und Geschichte von Bevölkerung und Kindheit. Herbstein. 1985.
Heinsohn, Gunnar/Steiger, Otto: Die Vernichtung der weisen Frauen. Hexenverfolgung, Menschenproduktion, Kinderwelten, Bevölkerungswissenschaft. München. 1987. (Herbstein 1985).
Heintz, P.: Soziale Vorurteile. Ein Problem der Persönlichkeit, der Kultur und der Gesellschaft. Köln. 1957.
Heinzelmann, Matthias: Aus dem Hexenprozeß der Adlerwirtin Katharina Memlerin von Melchingen. In: Hohenzollerische Heimat 5 (1955).
Heipp, E.: Ein Rückblick in trübe Zeit. Anklageschrift gegen eine Hexe. In: Hunsrücker Erzähler. Jg. 1925. Nr. 13; S. 30ff.
Helbing, Franz: Die Tortur. Geschichte der Folter im Kriminalverfahren aller Völker und Zeiten. Bd. 1. Vom Altertum bis zur Reformation. Bd. 2. Von der Reformation bis zur Gegenwart. Berlin. 1902.
Helbling-Gloor, Barbara: Natur und Aberglaube im Policraticus des Johannes von Salisbury. Zürich. 1956.
Held, Hch.: Artikel „Hexen" im M. Buchbergers Lexikon f. Theologie und Kirche. V. Bd. 1933.
Held, Jutta: Die „Weibermacht" in Bildern der Kunst von der frühen Neuzeit bis zum Beginn des 20. Jahrhunderts. In: tendenzen Nr. 152 (1985); S. 45–561.
Helfer, Christian: Wanderungen des Galgenplatzes am unteren Mittelrhein. In:
Mergen, Armand (Hg.): Kriminologische Wegzeichen (Festschrift für Hans von Hentig zum 80. Geburtstag). Hamburg-Husum. 1967; S. 21–28.
Hellinger, Karl: Nikolaus Cusanus S. J. und seine Stellung zum Hexenglauben seiner Zeit. In: Trierische Chronik. NF. 17 (1921/22); S. 50ff.
Hellwig, A-E. K. M.: Ein moderner Hexenprozeß in Posen. Von Albert Hellwig. In: Mitteilungen d. Schles. Gesellschaft für Volkskunde. XII. Bd. Breslau. 1910.
Hemphill, E.: Historical Witchcraft and Psychiatric Illness in Western Europe. In: Proceedings of the Royal Society of Medicine 59 (1966); S. 891–902.
Henischius, G.: Kurze Erinnerung von dem Cometen, Welcher im October dieses 80. Jars erstlich erschinen und noch am Himmel zu sehen ist. Augsburg. 1580.
Henna am Rhyn: Der Teufels- und Hexenglaube, seine Entwicklung, seine Herrschaft und sein Sturz. Leipzig. 1892.
Hennen, G.: Ein Hexenprozeß aus der Umgebung von Trier aus dem Jahre 1572. Ein Beitrag zur Kulturgeschichte des Mosellandes von Dr. Hennen. St. Wendel. 1887.
Hennigsen, Gustav: The Witches' Advocate. Basque witchcraft and the Spanish inquisition (1609–1614). Reno. 1980.
Henningsen, Gustav: Hexenverfolgung und Hexenprozesse in Dänemark. In: Degn,
Christian/Lehmann, Hartmut/Unverhau, Dagmar (Hg.): Hexenprozesse. Deutsche und skandinavische Beiträge. Neumünster. 1983; S. 143–149.
Henningsen, Gustav: Die „Frauen von außerhalb". Der Zusammenhang von Feenkult, Hexenwahn und Armut im 16. und 17. Jahrhundert auf Sizilien. In: Hans Peter Duerr (Hrsg.), Die Mitte der Welt. Frankfurt a. M. 1984.
Henß, K.: Ein Beitrag zur Geschichte der Hexenprozesse. In: Unterhaltungsbeilage der Hanauer Zeitung. Hanau. 1902.
Hentig, Hans von: Über das Indiz der Tränenlosigkeit im Hexenprozeß. Schweizerische Zeitschrift für Strafrecht 48. Bern. 1934.
Hentig, Hans von: Die Strafe. Bd. 1, 2 Berlin. Göttingen, Heidelberg. 1954.
Hepding, Hugo: Zu den Hexenprozessen des Vizedomamts Aschaffenburg. In: Hessische Blätter für Volkskunde 5. Gießen 1906; S. 164–165.
Her, B.: Ein Hexenprozeß zu Schongau vom Jahr 1587. Aus den Originalacten geschichtlich dargestellt in: Oberbayer. Archiv. Bd. 11, S. 126. München. 1850–1851.
Her, B.: Großer Hexenprozeß zu Schongau von 1589 bis 1592. In: Oberbayer. Archiv 11 (1850); S. 356–380.
Hermann, Ernst: Die Hexen von Baden-Baden. Nach den Original-Akten des allgemeinen großherzogl. Landes-Archvis in Karlsruhe. Karlsruhe. 1890.
Hermann, L.: Hexenprozesse aus der ehemaligen Cent vom Spessart und Bachgau (aus aktenmäßigen Urkunden gezogen). In: Erheiterungen, Belletristisches Beiblatt z. Aschaffenburger Zeitung Nr. 11 bis Nr. 32. vom 12. Januar bis zum 6. Februar 1866.
Herrmann, Fritz (Hrsg.): Die Protokolle des Mainzer Domkapitels. Bd. 3: Die Protokolle aus der Zeit des Erzbischofs Albrecht von Brandenburg 1514–1545. Paderborn 1929–1932.
Hertz, Wilhelm: Der Werwolf. 1862.
Herzog: Hexe, Hexerei. Leipzig. 1830.
Hesse, D.: Der Strafvollzug der freien Reichsstadt Schweinfurt. Diss. jur. Würzburg. 1975.
Hesse, W.: Ueber einen Hexenprozeß in Mönchen-Gladbach. In: Rhein. Geschichtsblätter. 3. Jahrg. Nr. 8. Bonn. 1897.
Hessler, M.: Verhörprotokoll über einen der Hexerei Angeklagten. Frötstedt, den 27. July 1680. In: Aus der Heimat. Blätter d. Vereinig. f. Gothaische Geschichte und Altertumsforschung. 1. Jahrg. Nr. 3. Gotha. 1897.
Heuer, Hanns Manfred: hax pax max. Wunder und Geheimnisse des Okkultismus. Hamburg. 1973.
Heuser, K. W.: Hexenglaube und Hexenverfolgung. Geistliche Voraussetzung und geschichtlicher Verlauf. Remscheid. Bergischer Geschichtsverein. 1976. Hexen und Hexenprozesse. Zur Geschichte des Aberglaubens und des inquisitorischen Prozesses. 1855. Hexen, Hexenwahn und Hexenverfolgung in und um Schwäbisch Hall: Hällisch-Fränkisches Museum. Schwäbisch Hall. Ausstellungskatalog. 18. Juni–7. August 1988.
Hexen-Büchlein, d. i. Ware entdeckung vnd erklärung oder Declaration fürnämlicher Artikel der Zauberey und was von Zauberern, Unholden, Hengsten, Nachtschaden etc. zu halten sei. Allen Vögten, Schultheißen etc. nützlich zu lesen. Ettwann durch – Jac. Freyherrn von Lichtenberg – erfahren und jetzt durch einen gelehrten Doctor beschrieben. s. 1. et a. 4.
Hexen. Ausstellungskatalog. Stadtmuseum. Erlangen. 1985. Hexenbrände und Hexenprozesse unter der Regierung Philipp von Ehrenberg (1623–1631). In: Frankenwarte. Nr. 22/23. 1973. Hexenprozesse zu Cösnitz in Sachsen vom Jahre 1657. Aus den in der Registratur zu Cösnitz noch befindlichen Original-Akten. In: Staats-Anzeigen IV. Bd. 15. Heft. Göttingen. 1784.
„Hexenturm wird 500 Jahre alt". In: Studier mal Marburg. 2. Theile. 3. Jahrg. Mai/Juni 1978. Hexenwelten: Magie und Imagination vom 16.–20. Jh. Reich illustrierter Begleitband zu einer Ausstellung in der Staatsgalerie Saarbrücken. 1987. Hexenwesen und Hexenprozesse. Ein Vortrag. Geh. von Wilhelm Beemelmann. In: Bulletin de Museé historique de Mulhouse. Mühlhausen. 1908. HexenZeitSchrift. Magazin für Naturreligion + Magie 4 (1994); H. 1/94, S. 29–31. Hexerei, Zauberei, Wahrsagerei, Lotterie, Traum und Geisterspuk ... Hrsg. von Gelasius Kobold. Regensburg (?).
Hillberg, Paul: Die Vernichtung der europäischen Juden. Die Gesamtgeschichte des Holocaust. Berlin. 1982.
Hille, Joerg: Die Strafbarkeit der Mantik von der Antike bis zum frühen Mittelalter. Diss. Frankfurt a. M. 1979.
Hiller, Helmut: Lexikon des Aberglaubens. 1986.
Hinckeldey, Christoph (Hrsg.): Justiz in alter Zeit. Führer durch das Mittelalterliche Kriminalmuseum. Rothenburg o. T. 1989; S. 225–240.
Hirschmann, A.: Johann Reichard. Ein Sittenbild aus der Zeit der Hexenverfolgungen. In: Hist. Pol. Blätter 161 (1918); S. 679–681.
His, Rudolf: Geschichte des deutschen Strafrechts bis zur Karolina. München, Berlin. 1928. Handbuch der mittelalterlichen und neueren Geschichte. (Abt. 3).
His, Rudolf: Der Totenglaube in der Geschichte des germanischen Strafrechts. Münster. 1929. Historische Nachricht vom Blocksberge und der Hexenzusammenkunft auf demselben. Braunschweig. 1726.
Hobbes, Th.: Leviathan oder Stoff, Form und Gewalt eines kirchlichen und bürgerlichen Staates. Neuwied. 1984; S. 334–340.
Hocker, J.: Wider den Bannteufel. Das ist Eine getrewe, wolmeinende Christliche Warnung wider die gottlosen Teuffelbeschwerer ode Banner, so in diesen örtern herumbherschleichen. Magdeburg. 1564.
Hodge, Joanna: Hexen und die Entstehung der modernen Rationalität. In: Frauengeschichte. Beiträge 5 zur feministischen Theorie und Praxis. München. 1981; S. 77–83.
Hödl, Ludwig: Die metaphysische und ethische Negativität des Bösen in der Theologie des Thomas von Aquin. In: Colpe/Schmidt-Biggemann (Hrsg.), Das Böse. Frankfurt a. M. 1993.
Hoensbroech, P.V.: Das Papsttum in seiner sozial-kulturellen Wirksamkeit. Bd. 1. Inquisition, Aberglaube, Teufelsspuk und Hexenwahn. Leipzig. 1900.
Hoffmann, Birgit: Die Hexenverfolgung in Schleswig-Holstein zwischen Reformation und Aufklärung. In: Schriften des Vereins für Schleswig-Holsteinische Kirchengeschichte. II. Reihe (Beiträge und Mitteilungen) 34./35. Bd. (1978/79); S. 110–172.
Hoffmann, E.: Vom Hexenwesen unserer Gegend. In: Heimatblatt für Nahe und Hunsrück (Kirner Heimatblätter) 4 (1924; S. 5–7, 9ff.
Hoffmann, Friedrich: Dissertatio Physico-Medica de Diaboli Potentia in Corpora. Halle. 1703 (2. Auflage 1729).
Hoffmann, Hans: Der Hexen- und Besessenheitsglaube des 15. und 16. Jahrhunderts im Spiegel des Psychiaters. Greifswald. 1935.
Hoffmann, W.: Der Hexen- und Besessenheitsglaube im 15. und 16. Jh. im Spiegel des Psychiaters. Greifswald. 1935.
Hoffmann-Krayer, E.: Ein Zauberprozeß in Basel. 1719. In: Schweizerisches Archiv für Volkskunde. 2. Jahrg. 4. Heft. Zürich. 1898.
Hoffmann-Krayer, E.: Luzerner Akten zum Hexen- und Zauberwesen. In: Schweizerisches Archiv für Volkskunde. 3. Jahrg. Zürich. 1899.
Höfler, Max: Deutsches Krankheitsnamen-Buch. München. 1899.
Höfler, Otto: Kultische Geheimbünde der Germanen. Frankfurt/M. 1934.
Hofmann, K.: Oberstdorfer Hexen auf dem Scheiterhaufen. Oberstdorf. 1931.
Hofmann, S.: Protokoll eines Verhörs eines Hexenprozesses von 1629 aus Reichertshofen. In: Sammelblatt d. Hist. Ver. Ingolstadt 89 (1980); S. 153–229.
Hofstetter, Lorentius: Reutlinger Chronic von Ursprung der Stadt und was sich Merkwürdiges zugetragen bis 1691. Die Chronik ist abgedruckt in: Reutlinger Geschichtsblätter 20/21 (1981/82); bearb. von Paul Schwarz.
Höher, Frederike: Hexe, Maria und Hausmutter. In: Annette Kunn/Jörn Rüsen (Hrsg.), Frauen in der Geschichte, Bd. 2. Düsseldorf. 1983; S. 49f.
Höhn, W.: Hexenprozesse in den hennebergischen Ämtern Schleusingen, Suhl und Ilmenau. In: Schriften des Hennebergischen Geschichtsvereins. 4. Jahrg. 1911.
Holmes, Ronald: Witchcraft in British History, London 1974.
Hölscher, O.: Friedrich Spee von Langenfeld. Sein Leben und seine Schriften. Düsseldorf. 1871.
Holtz, Gottfried: Die Faszination der Zwänge. Göttinge. 1984.
Holtzmann, R.: Zum Attentat von Anagni. In: Festschrift für A. Brackmann; S. 492. Weimar. 1931.
Holzer, Hans: The Truth about Witchcraft. New York. 1969.
Holzhauer, Heinz: Rechtsgeschichte der Folter. In: Amnesty international (Hrsg.), Folter. Baden-Baden. 1970; S. 107–124.
Holzhauer, Heinz: Die Bedeutung von Friedrich Spees Kampf gegen die Hexenprozesse für die Strafrechtsentwicklung. In: Anton Arens (Hrsg.) Friedrich von Spee im Licht der Wissenschaften. Beiträge und Untersuchungen (= Quellen und Abhandlungen zur mittelrheinischen Kirchengeschichte; 49), hrsg. von Anton Arens. Mainz 1984; S. 151–164.
Holzinger, J.: Zur Naturgeschichte der Hexen. Vortrag. Gehalten vom Vereins-Präsidenten ... J. B. Holzinger, in der Jahresversammlung des naturw. Vereins f. Steiermark am 16. Dezember 1882. Graz. 1883.
Honecker, F.: Hexenprozesse im alten Reutlingen. In: Reutlinger Heimatschriften, Nr. 3. Reutlingen. o. J.
Honegger, Claudia (Hrsg.), M. Bloch, F. Braudel, L. Febvre u. a.: Schrift und Materie der Geschichte. Vorschläge zur systematischen Aneignung historischer Prozesse. Frankfurt. 1977.
Honegger, Claudia (Hrsg.)/Bloch, M./Braudel, F./Febvre, L. u. a.: Die Hexen der Neuzeit. Studien zur Sozialgeschichte eines kulturellen Deutungsmusters. Frankfurt a. M. 1978.
Honegger, Claudia: Hexenprozesse und „Heimlichkeiten der Frauenzimmer": Geschlechtsspezifische Aspekte von Fremd- und Selbstthematisierung. In: Hahn/Krapp (Hrsg.), Selbstthematisierung und Selbstzeugnis: Bekenntnis und Geständnis. Frankfurt/M. 1987.
Hönl, Johann: Zu Geschichte der Gerichtsbarkeit in der hinteren Grafschaft Sponheim. In: Heimatjahrbuch für den Landkreis Zell/Mosel. 1964.
Honselmann, Klement: Friedrich von Spee und die Drucklegung seiner Mahnschrift gegen die Hexenprozesse. Westfälische Zeitschrift 113. 1963; S. 427–454.
Hopkin, Charles Eduard: The share of Thomas Aquinas in the growth of witchcraft delusion. Diss. phil. Philadelphia. 1904.
Hoppstädter, Kurt: Die Hexenverfolgungen im saarländischen Raum. In: Zeit-

schrift für die Geschichte der Saargegend, 9. Jg. (1959); S. 210–267.
Hopstätter, Helmut: Hexenprozesse und Hexenglaube auf dem Hunsrück. In: Hunsrück-Kalender 1955; S. 54–60.
Hörger, H.: Wirtschaftlich-soziale und gesellschaftlich-ideologische Aspekte des Hexenwahns. Der Prozeß gegen Simon Altseer aus Rottenbuch 1665. In: ZBLG 38, (1975); S. 945–966.
Horna, R.: Zwei Hexenprozesse in Preßburg. Preßburg. 1933.
Hörningk, L. V.: Von der Pestilenz. Namen. Eigenschaft, Ursachen, Zeichen usw. Frankfurt am Main. 1644.
Horsley, R. A.: Who Were the Witches? The Social Roles of the Accused in the European Witch Trials. In: The Journal of Interdisciplinary History 9 (1979); S. 689–714.
Horst, Georg C.: Dämonolgie, oder Geschichte des Glaubens an Zauberei und dämonische Wunder, mit besonderer Berücksichtigung des Hexenprozesses seit den Zeiten Innocentius des Achten. Nebst einer ausführlichen, nach Inquisitionsacten bearbeiteten Beschreibung des Hexenthurms zu Lindheim in der Wetterau. Mit Kupfern. Frankfurt am Main. 1818.
Horst, Georg C.: Zauber-Bibliothek; oder, Von Zauberei, Theurgie und Mantik, Zauberern, Hexen und Hexenprozessen, Dämonen, Gespenstern, und Geistererscheinungen. Zur Beförderung einer rein geschichtlichen, von Aberglauben und Unglauben freien Beurtheilung dieser Gegenstände. Mainz. 1821–1826.
Hortzitz, Nicoline: Hexenwahn. Quellenschriften des 15.–18. Jahrhunderts aus der Augsburger Staats- und Stadtbibliothek (Silberburg Wissenschaft, 280). Stuttgart. 1990.
Hössli, H.: Hexenprocess- und Glauben, Pfaffen und Teufel. Als Beitrag zur Sitten- und Kulturgeschichte der Jahrhunderte. Leipzig. 1892.
Hossmann, A.: De tornitur & tempestate, das ist: Nothwendiger Bericht, von Donnern und Hagel-Wettern, wanen vnd woher sich die selben verursachen, ob sie natürlich: Item, ob Teuffel vnd Zäuberer auch Wetter machen können ... Neben Erzehlung etlicher seltsamer Fälle ... in Druck gegeben durch Abraham Hosmanum. Leipzig. 1612.
Hozzel, Michael: Magie und Bewußtseinswandel in anthropologischer Sicht. Diss. Heidelberg. 1977.
Hubensteiner, B.: Die Geistliche Stadt. Welt und Leben des Johann Franz Eckher von Kapfing und Lichteneck, Fürstbischofs von Freising (1695–1727). München. 1954.
Hubensteiner, B.: Maximilian I. In: Um Glauben und Reich. Beiträge zur Bayerischen Geschichte und Kunst 1573–1657, Band II/I. München/Zürich 1980; S. 185–195.
Huber, A.: Hexenwahn und Hexenprozesse in Straubing und Umgebung. Straubinger Hefte Nr. 25, 1975.
Huber, Manfred: Die Durchführung der tridentinischen Reform in Hohenzollern (1567–1648). Diss. Tübingen. 1963.
Hübner, Lorenz: Beschreibung der kurbaierischen Haupt- und Residenzstadt München. 2 Bde. München 1803–1805. (S. 541: „Der Ort des Aufenthalts dieser Gefangenen, die aus demselben entweder den Gang zur Richtstätte, oder in's Zuchthaus machen, ist der Falkenthurm an der östlichen Stadtmauer)".
Huger, Werner: Von Hexen, Zauberern und dem Prozeß zu Villingen. In: Jahreshefte des Geschichts- und Heimatvereins Villingen 5 (1980).
Huizinga, Johann: Herbst des Mittelalters. Studien über Lebens- und Geistesformen des 14. und 15. Jahrhunderts in Frankreich und in den Niederlanden. (7. Aufl.). Stuttgart (1953).
Hults, Linda C.: Hans Baldung Grien's „Weather Witches" in Frankfurt. In: Pantheon 40 (1982); S. 124–130.
Hults, Linda C.: Baldung's Bewitched Groom Revisited. In: Sixteenth Century Journal. XV. (33). 1984; S. 259ff.
Humborg, Ludwig: Die Hexenprozesse der Stadt Münster. Ein Beitrag zur Kulturgeschichte. Diss. phil. Münster/Westf. 1914.
Hundsbichler, Helmut: Das Bild des Teufels. In: Valentinitsch, Hexen und Zauberer. Graz/Wien. 1987.
Hunger, Herbert: Lexikon der griechischen und römischen Mythologie. Wien. 1969; S. 372.
Husemann, Elisabeth: Die Hexenverfolgung in Lippe unter besonderer Berücksichtigung der Kinderprozesse. Staatsexamensarbeit. Bielefeld. 1957.
Hutchinson, Francis: A historical essay concerning Witchcraft. London. 1718.
Hutchinson, Francis: Francisi Huchinsons ... Historischer Versuch von der Hexerey, in einem Gespräch zwischen einem geistlichen, einem schottländischen advocaten, und englischen geschwornen; worinnen über würklich geschehene dinge vernünftige Anmerckungen gemachet, die hierher gehörigen stellen aus der Heil. Schrifft richtig erkläret und die gemeinen Irrthümer auf's bescheidendthlichste widerlegt werden. Nebst zwey vortrefflichen predigten, die erste zum beweiss der wahrheit christl. Religion, die andere, von guten und bösen Engeln; und einer Vorrede des Herrn geheimden raths Thomasii. Aus dem Englichen ins Teutsche übersezet, auch mit kurtzen summarien und vollständigen Registern versehen von Theodor Arnold. Leipzig. 1726.Hutter, Walter: „Weil ich so ein heilloser Kripel bin". Der Prozeß gegen Katharina Geiger aus Straßberg wegen Hexerei und Zauberei im Jahre 1743. In: 1150 Jahre Straßberg. Hrsg. von der Gemeinde Straßberg. 1993.
Huxley, Aldous: Der Teufel von London. Studie über Massenwahn, Exorzismus und Totaliratismus. 1978.
Institoris, Heinrich und Jacob Sprenger: Der Hexenhammer. Nachdruck der deutschen Übersetzung des „Malleus Maleficarum". V. J. W. R. Schmidt o. O. 1974. Neuausgaben des Malleus und des Kelheimer Hammers.
Ivo, Helmut: Die Schürung des Hexen- und Teufelswahn in der zeitgenössischen Berichterstattung des 16. und 17. Jahrhunderts. Diss. Wien. 1961.
Jacob, Mechthild: Die Hexenlehre des Paracelsus und ihre Bedeutung für die modernen Hexenprozesse. Ein Beitrag zur Geschichte der Entwicklung des Hexenglaubens seit dem Mittelalter unter besonderer Berücksichtigung der Überlieferung aus dem Raum Gifhorn. Diss. phil. Göttingen. 1959.
Jacobs, W.: Ursprung, Ausbildung und Ende der Hexenprozesse. In: Annalen der deutschen und ausländischen Criminal-Rechtspflege. Hrsg. von W.L. Demme (u. a.) Berlin. 1843.
Jacoby, Mario: Die Hexe in Träumen, Komplexen und Märchen. In: Das Böse im Märchen. Fellbach. 1983; S. 195–212.
Jäger, F. A.: Geschichte des Hexenbrennens in Franken im 17. Jh. Aus Original-Prozess-Akten von Dr. Jäger, Pfarrer in Pförring an der Donau. Archiv des hist. Vereins. 2. Bd. 3. Heft. Würzburg. 1834.
Jäger, Karl: Die Hexenverfolgungen im Amte Homburg. Auf Grund der Akten aus dem Staatsarchiv zu Wiesbaden. 1931.
Jäger, Karl: Die Hexenverfolgung im Amt Homburg. An einem Hexenprozeß aus dem Jahre 1603 dargestellt. Bad Homburg. 1932.
Jahn, Ulrich: Hexenwesen und Zauberei in Pommern. Breslau. 1886.
James, I.: Demonolgie. Edinburg. 1597.
Jannberg, Judith (Gerlinde Adia Schilcher): Ich bin eine Hexe. Bonn. 1983.
Jannberg, Judith (Gerlinde Adia Schilcher): Ich bin eine Hexe. Erfahrungen und Gedanken, aufgeschrieben von Gisela Meussling. Bonn. 1987; S. 26.
Jannsen, Johannes/Pastor, Ludwig: Geschichte des deutschen Volkes seit dem Ausgang des Mittelalters. Bd. VI.–VIII. 14. Aufl. Freiburg. 1903 auch: Freiburg. 1894.
Janssen, Johannes: Geschichte des deutschen Volkes seit dem Ausgang des Mittelalters. 8. Bd. Volkswirtschaftliche, gesellschaftliche und religiös-sittliche Zustände. Hexenwesen und Hexenverfolgungen bis zum Beginn des dreißigjährigen Krieges. Ergänzt und herausgegeben von Ludwig Pastor. Freiburg/Breisgau. 1894.
Janssen, Marga: Maria Magdalena in der abendländischen Kunst. Diss. Freiburg i. Br. 1961.
Jaquerius, Nicolaus: Flagellum Haereticorum Fascinariorum. Frankfurt, bei Myntzenberg. 1581.
Jaracewsky, A.: Zur Geschichte der Hexenprozesse in Erfurt und Umgegend: ein Beitrag zur Culturgeschichte des 17. Jhts. Erfurt. 1876.
Jarcke, Karl Ernst: Ein Hexenprozess aus der Mitte des 17. Jahrhunderts. In: Hitzigs Annalen der deutschen und ausländischen Criminal-Rechts-Pflege 1 (1828); S. 431–456.
Jegel, August: Die Lebenstragödie des Dr. jur. et med. Heinrich Cornelius Agrippa von Nettesheim. In: Jb. des Kölnischen Geschichtsvereins. Bd. 20. Köln. 1938; S. 15–76.
Jehle, A.: Theologische Articul, darauff die hexen sollen Examinirt werden. In: Blätter für württembergische Kirchengeschichte 9. 1894.
Jelsma, Auke J.: Heilige und Hexen. Konstanz. 1977.
Jensen, K. S.: Zauberei in Dänemark 1500–1588. In: Degn, Hexenprozesse. Deutsche und skandinavische Beiträge. Neumünster. 1983; S. 150ff.
Jerouschek, Günter: Des Rätsels Lösung? – Zur Deutung der Hexenprozesse als staatsterroristische Bevölkerungspolitik. In: Kritische Justiz, Jg. 19, Heft 4 (1986); S. 443–459.
Jerouschek, Günter: Des Rätsels Lösung? In: Kritische Justiz 19 (1986); S. 443–459 (mit Erwiderung von Heinsohn/Steiger, Warum müßte das Speculum zweimal erfunden werden? In: Kritische Justiz 20 (1987); S. 200–207).
Jerouschek, Günter: Besprechung von Behringer, W.: Hexenverfolgung in Bayern. München. 1987. In: Zeitschrift für Neuere Rechtsgeschichte, Nr. 3–4 (1988); S. 213–216.
Jerouschek, Günter: Hexenprozesse. In: Verhexte Justizgeschichten (hg. anläßlich der Ausstellung „Nicht nur Justizkunst" von Philipp Heinisch im Landgericht Bückeburg). Stadthagen. 1988.
Jerouschek, Günter: „Diabolus habitat in eis" (Wo der Teufel zu Hause ist). In: Rechtshistorisches Journal 9 (1990); S. 301–329.
Jerouschek, Günter: Der Hexenprozeß als politisches Machtinstrument. Der mysteriöse Tod des Hexeninquisitors lic. jur. Daniel Hauff und das Ende der Hexenverfolgung in Esslingen. Überlegungen zur Psychohistorie der Hexenverfolgungen. In: Esslinger Studien 30 (1991); S. 108.
Jerouschek, Günter: Die Herausbildung des peinlichen Inquisitionsprozesses im Spätmittelalter und in der frühen Neuzeit. In: Zeitschrift f. d. gesamte Strafrechtswissenschaft 104 (1992); S. 328–360.
Jerouschek, Günter: Vom Schadenszauber zum Teufelspakt. In: Doris Brockann/ Peter Eicher (Hrsg.), Die politische Theologie Friedrich von Spees. München. 1991; S. 133–154.
Jerouschek, Günter (Hg.): Kramer, Heinrich: Malleus Maleficarum Hexenhammer. Nachdruck des Erstdrucks von 1487 mit Bulle und Approbatio. Hildesheim-Zürich-New York. 1992.
Jerouschek, Günter: Die Hexen und ihr Prozeß. Die Hexenverfolgung in der Reichsstadt Esslingen. Esslingen a. N. 1992; S. 286ff.
Jerouschek, Günter: Die Hexenverfolgungen als Problem der Rechtsgeschichte. Anmerkungen zu neueren Veröffentlichungen aus dem Bereich der Hexenverfolgung. In: Zeitschrift für Neuere Rechtsgeschichte 15 (1993); S. 202–224.
Jessen, Chr.: Zur Geschichte der Hexenprozesse in Schleswig, Holstein und Lauenburg. Jahrbücher für die Landeskunde der Herzogtümer Schleswig, Holstein und Lauenburg 2. Kiel. 1895; S. 200–231.
Jezler, Peter (Hrsg.): Himmel, Hölle, Fegefeuer. Das Jenseits im Mittelalter. Katalog des Schweizer Landesmuseums. Zürich. 1994; S. 125–134.
Joerres, Johann Arnold Clemens: Die Verordnung Margarethas, gefürsteter Gräfin zu Arenberg, über die Verfolgung und Bestrafung der Zauberei, Hexen, Teufelsfänger, Wahrsager und Wiederherstellung eines religiösen Lebens in der Grafschaft Arensberg vom 30. November 1593. o. O. 1950. (Diss. phil. Bonn).
Joesten, Josef: Zur Geschichte der Hexen und Juden in Bonn. Eine kulturhistorische Studie. Bonn 1900/1901.
Johansen, Jens Chr. V.: Images of the Devil in Danish Wall Paintings. 1988 (deutsch unter dem Titel: Hexen auf mittelalterlichen Wandmalereien. Zur Genese der Hexenprozesse in Dänemark. In: Andreas Blauer (Hrsg.), Ketzer, Zauberer, Hexen. Die Anfänge der europäischen Hexenverfolgungen. Frankfurt/M. 1990.
Johnson, Eyvind: Träume von Rosen und Feuer. Schicksal eines mutigen Priesters z. Zt. der Hexenprozesse und Inquisition in Frankreich.
Jones, Ernest: Der Alptraum in seiner Beziehung zu gewissen Formen des mittelalterlichen Aberglaubens. Leipzig/Wien. 1912.
Jordan, G.: Kulturbilder aus früheren Zeiten. Kleine Hexengeschichten (aus Lindau). In: Bodensee Heimatschau 12, (1932).
Jordan-Simon: Die heutige Hexerei- und Zauberkunst. Frankfurt und Leipzig. 1766.
Jordaneus, Johannes: Disputatio brevis et categorica de proba Stigmatica. Coloniae Agripp. 1630.
Jungmayr, Jörg: Matthäus Alber, seine Hagelpredigt von 1562 und das Hexenwesen in der Freien Reichsstadt Reutlingen. Vortrag, gehalten anläßlich der Tagung „Interdisziplinäre Ansätze in der Hexenforschung" 30.4./1.5.1993 in Stuttgart-Hohenheim.
Junk, J.: Aus der Hexenzeit eines Moseldörfchens. In: Trierische Heimat 11 (1934/1935); S. 135–139.
Jütte, Robert: Die Persistenz des Verhütungswissens in der Volkskultur. In: Medizinhistorisches Journal 24 (1989); S. 214–231.
Kalbfleisch, K.: Die Hexenprozesse in Gelnhausen. In: Unterhaltungsbeil. des Gelnhauser Tageblatts. Gelnhausen. 1988.
Kalweit, Holger: Die Welt der Schamanen. Frankfurt a. M. 1988.
Kämpfer, E.: Dummheit, Hexenwahn, Teufelsspuk und Religionsschwindel. München. 1937.
Kämpfer, P. J.: Hexen & Hexenprozesse in Wallis; nach bewährten Quellen bearbeitet und kritisch beleuchtet. Stans. 1867.
Karlsen, Carol F.: The Devil in the Shape of a Woman. Witchcraft in Colonial New England. New York. 1987.
Karst, Valentin: Ein Dieburger Hexenprozeß von 1596. In: Dieburg. Beiträge zur Geschichte einer Stadt. Darmstadt 1977; S. 102–107. Katalog der Ausstellung:

Tussen heks en heilige. Het vrouwbeeld op de drempel van de moderne tijd. 15 del 16 de eeuw. Nijmegen. 1985.
Katzer, E.: Ein Hexenprozeß in Gutenstein. In: Unsere Heimat. Monatsblatt f. Nieder-Österreich. 41. Jahrgang. 1970.
Kaufmann, J.: Die Stellung der Kirche zu den Hexenprozessen im 17. Jh. In: Mitteilungen des Westpreußischen Geschichtsvereins. 2. Jahrg. Danzig. 1903.
Kaupen, Haas, Heidrun: Frauenmedizin im deutschen Mittelalter. In: Sterly, Joachim (Hrsg.). Ethnomedizin und Medizingeschichte. Berlin. 1983.
Kausch, Fr.: Hexenglaube und Hexenprozesse in unserer Heimat: ein Beitrag zur Geschichte der Provinz Sachsen und des Harzgebietes. Burg b. M. 1927.
Keefe, O. Daniel, Lawrence: Stolen Lightning, The Social Theory of Magic. Oxford. 1921.
Keenan, M. E.: The Terminology of Witchcraft in the Works of Augustine. In: Classical Philology 35 (1940); S. 294–297.
Kelheimer Hexenhammer: München-Allach (1966). (Faksimile-Ausg. der Orig.-Handschrift aus dem Kelheimer Stadtarchiv).
Keller, Albrecht: Der Scharfrichter in der deutschen Kulturgeschichte. Bonn-Leipzig. 1921 (Nachdruck Hildesheim 1968).
Keller, Elisabeth: Die Darstellung der Frau in Fasnachtsspiel und Spruchdichtung von Hans Rosenplüt und Hans Folz. Frankfurt a. M. u. a. 1992.
Keller, K.: Bosheit und Wahnglaube: oder, der Hexenprozeß. Sittengemälde aus der Mitte des 17. Jh. Bunzlau. 1831.
Keller, Wilhelm Otto (Hrsg.): Hexer und Hexen in Miltenberg und der Cent Bürgstadt. Miltenberg. 1989.
Kellner, Werner: Consilia Hallensium Jureconsultorum (Die Spruchpraxis der hallischen Juristenfakultät in der 1. Hälfte des 18. Jahrhunderts). Diss. jur. Halle. 1907/1908.
Kemper, J.: Hexenwahn und Hexenprozesse in Deutschland. Mit 13 Illustrationen. Regensburg. 1908.
Kemper, J.: Hexenwahn und Hexenprozesse in Deutschland. 2. Aufl. Regensburg 1927.
Kempf, Herbert: Einführung zu: Georg Conrad Horst, Zauberbibliothek oder von Zauberei, Theurgie und Mantik, Zauberern, Hexen und Hexenprocessen, Dämonen, Gespenstern und Geistererscheinungen. 7 Bde. Mainz 1821–1826. Faksimiledruck Freiburg/ Br. 1979.
Kempf, Karl: Hexenverfolgung in Rottenburg. In: „Hexenverfolgung. Neuere Forschungen – unter besonderer Berücksichtigung des südwestdeutschen Raumes". (Bei Drucklegung unseres Buches noch nicht publiziert – Anm.d.Verlages).
Kempf, O.: Hexenprozesse in Amerika. In: Die Kritik. Wochenschau des öffentlichen Lebens Nr. 16. Berlin. 1895.
Kerdaniel, E.-L. de: Sorciers de Savoie. Annecy. 1900.
Kerènyi, Karl: Die Mythologie der Griechen. Bd. 1. Die Götter- und Menschheitsgeschichten. 10. Auflage. Februar 1988. München.
Kern, E.: Hexenprozesse in Dinkelsbühl. Alt Dinkelsbühl. In: Beilage zum Nörmitz Boten. 16. Jg., Nr. 6., Dezember 1929.
Keussen, H.: Zwei Hexenprozesse aus der Crefelder Gegend. In: Historischer Verein f. d. Niederrhein. Nr. 63. Köln. 1897.
Keyser, G. A.: Uhuhu-Hexen-, Gespenster-, Schatzgräber- und Erscheingungs-Geschichten. Erfurt. 1785–92.
Keysser: Über Loos: de vera et falsia magia. In: Zentralblatt f. Bibliothekswesen. 1988; S. 445.
Khueller, S.: Kurtze und warhafftige Historia von einer Junckfrawen, welche mit etlich und dreissig bösen Geistern leibhaftig besessen (...). München. 1574.
Kieckhefer, Richard: European Witch Trials, 1300–1500: Their Foundations in Popular and Learned Culture. Berkeley 1976.
Kieckhefer, Richard: Magie im Mittelalter. München. 1992; S. 93.
Kiesewetter, Carl: Faust in der Geschichte und Tradition. Hildesheim. 1963.
Kiessling, Edith: Zauberei in den Germanischen Volksrechten. Jena 1941. (Beiträge zur mittelalterlichen, neueren und allgemeinen Geschichte. 17).
Kimmerle, G.: Hexendämmerung. Studie zur kopernikanischen Wende der Hexendeutung. Tübingen. 1980.
Kimminich, Eva: Religiöse Volksbräuche im Räderwerk der Obrigkeit. Frankfurt a. M. 1989.
Kingston, Jeremy: Hexenzauber, Hexenwerk. Frankfurt, Berlin, Wien. 1978. (Originaltitel: Witches and Witchcraft. Übersetzt von Eva Brückner-Pfaffenberger).
Kiottredge, George Lymann: Witchcraft in Old and New England (Cambridge). Mas. 1929.
Kirchhoff, Th.: Beziehung des Dämonen- und Hexenwesens zur deutschen Irrenpflege. In: Allgem. Zeitschrift für Psychiatrie und ihre Grenzgebiete. 44. Bd. 4. und 5. Heft. Berlin. 1888.
Kirchner, J.: Aus Alt-München. Die letzte Münchner Hexen. In: Münchener Rundschau (1905), Ausgabe v. 9. Juli; S. 4–5.
Kittel, Martin B.: Kurmainzische peinliche Hexeninquisition vom Jahr 1624. In: Anzeiger für Kunde der dt. Vorzeit. Nr. 10/11. Nürnberg. 1865.
Kittsteiner, Heinz Dieter: Die Abschaffung des Teufels im 18. Jahrhundert. In: Schuller/von Rahden (Hrsg.), Die andere Kraft. Berlin. 1993; S. 55–92. Klaniczay, Gábor: Heilige, Hexen, Vampire. Vom Nutzen des Übernatürlichen. Berlin. 1991.
Klapper, Joseph: Das Gebet im Zauberglauben des Mittelalters. In: Mitteilungsblatt zur rheinhessischen Gesellschaft für Volkskunde 9 (Breslau 1907); S. 5–41.
Klar, Hugo: Ein Hexenprozeß zu Neunkirchen! Neunkirchen (Nahe) im Jahre 1630. In: Heimatkalender des Landkreises Birkenfeld 1959; S. 107–110.
Klauer, Hans: Drei Segenssprüche. Vom zweiten Merseburger Zauberspruch bis zum Brauchspruch der Gegenwart. In: Kreuznacher Heimatblätter 33 (1953). Nr. 1; S. 4.
Klein, Herbert: Die ältesten Hexenprozesse im Lande Salzburg. Mitteilungen der Gesellschaft Salzburger Landeskunde 97. 1957; S. 17–50.
Kleinheyer, Gerd: Zur Rechtsgestalt von Akkusationsprozeß und peinlicher Frage im frühen 17. Jahrhundert. Ein Regenburger Anklageprozeß vor dem Reichshofrat. Opladen. 1971.
Kleinheyer, Gerd: „Die Regensburger Peinliche Gerichtsordnung". In: Festschrift für H. Krause, S. 110. Köln/Wien 1975.
Kleinheyer, Gerd: Zur Rolle des Geständnisses im Strafverfahren des späten Mittelalters und der frühen Neuzeit. In: Gedschr. f. H. Conrad. Paderborn. 1979; S. 367–384.
Kleinpaul, R.: Modernes Hexenwesen. Leipzig. 1900.
Kleinwegener, Günter: Die Hexenprozesse von Lemgo. Diss. jur. Bonn. 1954.
Klélé, J.: Hexenwahn und Hexenprozesse in der ehemaligen Reichsstadt und Landvogtei Hagenau. Hagenau 1893.
Klingner, Erich: Luther und der deutsche Volksaberglaube. Berlin. 1912 (Palaestra. 56).
Kluckhohn, Clyde: Navaho Witchcraft. Cambridge Mass. 1944. Benutzte Ausgabe Boston 1967.
Klugkist, Engelbert: Die Göttinger Juristenfakultät als Spruchkollegium. In: Göttinger rechtswissenschaftliche Studien. Heft 5. Göttingen. 1952.
Knapp, Hermann: Das alte Nürnberger Kriminalverfahren bis zur Einführung der Carolina. Berlin 1891.
Knapp, Hermann: Das Lochgefängnis. Tortur und Richtung in Alt-Nürnberg. Nürnberg 1907.
Knapp, Hermann: Das Übersiebnen der schädlichen Leute in Süddeutschland. Berlin 1910.
Kneubühler, Hans Peter: Die Überwindung von Hexenwahn und Hexenprozeß. Jur. Diss. der Rechts- und staatswissens. Facultät Zürich (1977). Diessenhofen. 1977.
Knieb, Philipp: Zwei Hexenprozesse. In: Unser Eichsfeld 9 (Heiligenstadt 1914). H. 1; S. 63.
Knieb, Philipp: Zur Geschichte der Hexenprozesse. In: Unser Eichsfeld 10 (Heiligenstadt 1915); S. 75.
Knob, Joseph: Der Hexenwahn auf dem Hunsrück. Mittelalterliche Streiflichter aus Sabershausen – Ein dunkles Kapitel unserer Geschichte - Aus alten Urkunden. In: Die Brücke (Heimatbeilage der Trierer Landeszeitung) 1 (1953). Nr. 6; S. 8.
Knoll, Erich: Hexenwahn und Strafrecht. In: Eschbaumer, Gloria: Bescheidenliche Tortur. Der ehrbare Rat der Stadt Nördlingen im Hexenprozeß 1593/94 gegen die Kronenwirtin Maria Holl. Nördlingen. 1983 (Vorwort).
Knortz, Karl: Hexen, Teufel und Blocksbergspuk in Sage, Geschichte und Literatur. Annaberg. 1914.
Knortz, Karl: Amerikanischer Aberglaube der Gegenwart. Gerstenberg. 1919.
Koch, Günther: Frauenfrage und Ketzerei im Mittelalter. Die Frauenbewegung des Katharismus und des Waldensertums und ihre sozialen Wurzeln. Berlin. 1962.
Koch, Hugo: Hexenprozesse und Reste des Hexenglaubens in der Wetterau. In: Gießener Beiträge z. deutschen Philologie. XXXVII. Gießen. 1935.
Koch, Karl: Die Zeichnungen Hans Baldung Griens. Berlin. 1941.
Kocher, Gernot: Die Frau im spätmittelalterlichen Rechtsleben. In: Frau und spätmittelalterlicher Alltag. Wien. 1986.
Koeniger, A. M.: Etwas über Hexenprozesse. In: Neuburger Kollektaneen-Blatt, Collectaneen-Blatt für die Geschichte Bayerns, insbes. der Stadt Neuburg/Donau, Nr. 28, 1862.
Koeniger, A. M.: Zum Kapitel Hexenprozesse. In: Zs. d. Hist. Ver. Schwaben und Neuburg 33. Jg. Augsburg. 1907.
Köhler, Hermann: Die Ketzerpolitik der deutschen Kaiser und Könige in den Jahren 1152–1254. Bonn. 1913; S. 28ff.
Köhler, K.: Luther und die Juristen. Gotha. 1873.
Kohler, Josef: Die Peinliche Gerichtsordnung Karls V. Constitutio Criminalis Carolina. Halle. 1900.
Kohler, Josef: Bodinus und die Hexenverfolgung. Archiv für Strafrecht und Strafprozeß Bd. 66. Berlin. 1919.
Kollmann, J. A.: Zweifel eines Bayers über die wirkende Zauberkunst und Hexerei. An dem Lechstrom (Augsburg) 1768.
König, B.: Ausgeburten des Menschenwahns im Spiegel der Hexenprozesse und der Autodafés. Geschichte des After- und Aberglaubens bis auf die Gegenwart. Historische Schandsäulen des Aberglaubens. Berlin – Friedenau. 1940.
König, Bernhard: Hexenwahn im Amt Kastellaun. Ein Rückblick in eine dunkle Zeit – Wie Else von Roth gefoltert, verurteilt und verbrannt wurde. In: Heimat zwischen Hunsrück und Eifel 7 (1959). Nr. 2; S. 7.
König, Bruno Emil: Ausgeburten des Menschenwahns im Spiegel der Hexenprozesse und der Auto dafés. Rudolfstadt. 1893 (Berlin o.J. (ca. 1937)).
Königer, A. M.: Die Kirche und der Hexenwahn. In: Lit. Beilage der Kölner Volkszeitung. Nr. 31. Köln. 1907.
Königer, A. M.: Der Hexenwahn in neuester Beleuchtung. Köln. 1909. Königl. Leib-Medici in Frankreich lesenswürdige Briefe an einige seiner Freunde, über die Materie von der Zauberey, den Übelthaten, so dadurch angestiftet werden, und von den Zauberern und Hexen insbesondere, worinnen er die wunderbarsten Würckungen, die man gemeiniglich den Teufeln zuschreibet, deutlich erkläret, und dabei zeiget, daß diese Geister of nicht den geringsten Antheil daran haben, sondern alles, was man ihnen beimisset, weder in dem alten noch neuen Testament zu finden, noch auch durch die Kirche bestätigt, und folglich entweder natürlich oder Betrügern sey. Gedruckt zu Paris 1725 mit Approbation und Königl. Privilegio. Statt eines Supplements zum Hutchinson aus dem Frantzösischen ins Teutsche übersetzet, Ruhmgedachtem Lord-Bischoff in Unterthänigkeit dediciret, und mit unterschiedlichen Anmerkungen, wie auch einem Vorbericht und gehörigen Registern versehen von Theodoro Arnold. Leipz. 1727.
Könnecke, M.: Zwei Hexenprozesse aus der Grafschaft Mansfeld. In: Mansfelder Blätter. 10. Jahrgang. Eisleben. 1896.
Köppen, K. Fr.: Hexen und Hexenprozesse. Zur Geschichte des Aberglaubens und des inquisitorischen Prozesses. 2. Auflage. Leipzig. 1858.
Koppenborg, Ingo: „Und hetten es die Kinder uff der Gaßen geredet ...". Hexenprozesse in Detmold 1653–1669. Unveröff. Staatsarbeit Universität – GHS Essen. 1989.
Kors, Alan/Peters, Edward (Hg.): Witchcraft in Europe 1100 bis 1700. A Documentary History. Philadelphia. 1972.
Korte, Ludwina Maria: Das Hexenwesen in Deutschland zur Zeit Maria Theresias. Dillingen (Donau). 1931. (Diss. med. Würzburg).
Köstler, J.: Oberpfälzische Hexneprozesse. In: Die Oberpfalz, Jg. 7 (1914); S. 56–59.
Koszyk, Kurt: Vorläufer der Massenpresse. Ökonomie und Publizistik zwischen Reformation und Französischer Revolution. München. 1972.
Kracht, Heintze von: Hexenritt ein Rauschzustand. In: Echo der Woche vom 1. März 1952. (Zeitungsausschnitt im Kirner Stadtarchiv. D IV Recht c 1a).
Kraisser, Sebastian: Processus criminalis romano-bavaricus. Nürnberg. 1654.
Kramer, K.-S.: Schaden- und Gegenzauber im Alltagsleben des 16.–18. Jahrhunderts nach archivalischen Quellen aus Holstein. In: Degn, Lehmann, Unverhau, Hexenprozesse. Deutsche und skandinavische Beiträge. Neumünster. 1983; S. 222ff.
Kramer, K.-S.: Volksglauben in Nördlinger Urfehdebüchern. In: Bayer. Jb. f. Volkskunde (1957); S. 43–50.
Kramer, K.-S.: Aberglauben im Spiegel von Amtsrechnungen aus Segeberg und umliegenden Ämtern. Segeberger Jahrbuch. 1977; S. 15–19.
Krämer, Wolfgang: Eine Hexenverbrennung im Amt Blieskastel am 30. Januar 1599. Ein Beitrag zur Kulturgeschichte unserer Heimat. In: Südwestdeutsche Heimatblätter (Saarbrücken). 2. Jg. 1928, Nr. 6; S. 41ff.
Krämer, Wolfgang: Ein Hexenprozeß im Amt Glanmünchweiler vom Jahre 1594 in „Pfälzisches Museum (Speyer)", 47. Jg., 1930, Heft 9–10.
Krämer, Wolfgang: Ein Hexenprozess aus Winningen. Das Kriminalverfahren gegen Hans Wilhelm Mölich 1652–1653. In: Mitteilungen zur Landesgeschichte in den Regierungsbezirken Trier und Koblenz. Jg. 1959. Heft 2; S. 98–106.
Krämer, Wolfgang: Kurtrier'sche Hexenprozesse im 16. und 17. Jh. vornehmlich an der unteren Mosel. Beitrag zur Kulturgeschichte. München. 1959.

Kraus, Johann Adam: Opfer des Hexenwahns in Hohenzollern. In: Hohenzollerische Heimat 17 (1967).
Kraus, Jörg: Bedrohungsmetapher mit utopischem Gehalt: die Hexe in der Fasnacht. In: Fasnetshex. Narrenfigur mit Rollenproblemen, Materialien 8/1988. Hrsg. von der Akademie der Diözese Rottenburg-Stuttgart; S. 55–69.
Kraus, Theodor: Hekate. Studien zu Wesen und Bild der Göttin in Kleinasien und Griechenland. Heidelberg. 1960.
Krause, K. Ernst Herm.: Hexenprozesse im Gericht St. Jürgen-Niederende 1550 und 1551. In: Ztschr. d. Hist. Ver. f. Nieders. 1867; S. 227ff.
Krauß, A.: Schwarze Magie. Hexerei zur Zeit des Dreißigjährigen Krieges. In: Oberpfälzer Heimat, Bd. 32 (1978); S. 145–151.
Krauss, F. S.: Südslavische Hexensagen. Wien. 1884.
Krauss, W.: Schwarze Magie. Hexerei zur Zeit des Dreißigjährigen Krieges. In: Oberpfälzer Heimat (1978); S. 145–151.
Kretz, H.-J.: Der Schöppenstuhl zu Coburg. Diss. jur. Würzburg. 1972.
Kretzenbacher, Leopold: Schlangenteufel und Satan im Paradeisspiel. Zur Kulturgeschichte der Teufelsmasken im Volksschauspiel. In: Masken in Mitteleuropa. Volkskundliche Beiträge zur europäischen Maskenforschung (= Sonderschriften des Vereines für Volkskunde in Wien. 1). Wien. 1955.
Kretzenbacher, Leopold: Teufelsbündner und Faustgestalten im Abendlande. Klagenfurt. 1968 (Buchreihe Landesmuseum für Kärnten 23.).
Kreubühler, H. P.: Die Überwindung von Hexenwahn und Hexenprozeß. Diessenhofen. 1977.
Krick, Friedrich: Ein Hexenprozeß gegen eine Ulmerin. In: Aus dem Ulmer Winkel Nr. 2. In: Mitteilungen des Hist. Ver. Neu Ulm (1913); S. 5.
Kriedte, Peter: Die Hexen und ihre Ankläger. Zu den lokalen Voraussetzungen der Hexenverfolgungen in der frühen Neuzeit - Ein Forschungsbericht. In: Zeitschrift für historische Forschung (14). 1987; S. 47–71.
Kries, A. v.: Der Beweis im Strafprozeß des Mittelalters. Weimar. 1878.
Krönert, Georg: Luther und das Okkulte. Neue Wiss. Zeitschrift für Grenzgebiete des Seelenlebens. 7. 1958.
Krug-Richter, Barbara: Magie und Konflikt – Hexenprozesse in Soest 1570–1616. In: Ellen Widder (Hg.): Geschichte der Stadt Soest, Bd. 3. Soest 1995.
Kruse, Heinz: Das Reich Satans. In: Biblica 58 (1977); S. 29–61.
Kruse, Johann: Hexen unter uns? Magie und Zauberglauben in unserer Zeit. Hamburg. 1951.
Kuhlen, F.-J.: Zur Geschichte der Schmerz-, Schlaf- und Betäubungsmittel im Mittelalter und früher Neuzeit. Stuttgart. 1983.
Kuhn, Hans: Der Teufel im Nibelungenlied. Zu Gunthers und Kriemhilds Tod. Zeitschrift für deutsches Altertum und deutsche Literatur 94. 1965.
Kuhn, Hildegard: Hexen (F)liegen in der Luft. In: Das gute Jugendbuch. Jg. 19; S. 1. Ratingen. 1969.
Kuhn-Rehfus, Maren: Mit dem greulichen Laster der Hexerei angesteckte Kinder. Kinderhexenprozesse in Sigmaringen im 17. Jahrhundert. In: Aus Südwestdeutscher Geschichte. Festschrift für Hansmartin Maurer. Hrsg. von Wolfgang Schmierer u. a. Stuttgart. 1994.
Kühn, Ulrich: Inschriften und Verzierungen auf Richtschwertern; ihre Deutung aus der Person des Scharfrichters. Jur. Diss., Erlangen 1969.
Kühnau, R.: Hexen und Hexenzauber, nebst einem Anhang über Zauberer und Hexenmeister. In: Schlesische Gesellschaft für Volkskunde. Bd. 7. 13. Heft. Breslau. 1905.
Kuisel, Fritz: Die Hexen von Werdenfels. Hexenwahn im Werdenfelser Land. Rekonstruiert an Hand der Prozeßunterlagen von 1589–1596. Buchdruckerei u. Verlag A. Adam. Garmisch-Partenkirchen o. J.
Kummer, Bernhard: Die mittelalterlichen Hexenverbrennungen als germanisches Erbe? In: Nordische Stimmen 5 (1935); S. 265–270.
Kundert, Werner: Die Hexenprozesse im Puschlav 1631–1753. Nach den Arbeiten von Bundesrichter Gaudenzio Olgiati. In: Zeitschrift für Schweizerisches Recht (NF), 104. 1985; S. 301–343.
Kunstmann, Hartmut Heinrich: Zauberwahn und Hexenprozeß in der Reichsstadt Nürnberg. Mainzer rechtsw. Diss. 1970. Nürnberg/Erlangen. 1970.
Kuntz, H.: Newe Zeitung, von einer erschrecklichen That, welche zu Dillingen, von einem Jhesuidwider, vnd einer Hexen, geschehen ist, welche denn offentlich, durch strenge Martern, bekand haben, wie sie es getrieben, vnd was sie für grossen Schaden gethan. Auch in Sonderheit, von diesem grossen Gewitter, welches sie den 2. Augusti, dieses 1579. jars, durch ire Zauberey gemacht haben. De (be) neben auch, von dem vngeschlachten Wetter, als Regen, vnd Kelte, welche dem Korn vnd Wein, zum grossen Schaden und Nachtheil, geschehen ist. Auch ist die Hexe, welche 23. Jahr, mit dem bösen Feinde, dem leidigen Teuffel, gebuhlet, den 8. October, zu Dillingen zum Fewer verurtheilet worden. Aber erschrecklicherweise von dem Teuffel aus dem Fewer, in den Lüfften hinweg geführet worden. Durch Hans Kuntzen beschrieben. Basel, 1579. (frei erfunden)Kunz, Peter: Ein Hexenprozeß gegen Frau Linden Mergenin. (Nach dem Heimatbuch von Höchst). In: 600 Jahre Stadt Hofheim. Festschrift zum 600-jähr. Jubiläum der Stadt Hofheim, 1352–1952, hrsg. von Peter Kunz, Hofheim 1952; S. 81.
Kunze, M.: Zum Kompetenzkonflikt zwischen städtischer und herzoglicher Strafgerichtsbarkeit in Münchner Hexenprozessen. In: Zs. d. Savigny-Stiftung für Rechtsgesch., German. Abt., 87 (1970); S. 305–314.
Kunze, Michael: Der Prozeß Pappenheimer. Diss. jur. München, Ebelsbach a. M. 1981.
Kunze, Michael: Straße ins Feuer: vom Leben und Sterben in der Zeit des Hexenwahns. 1982.
Kuoni, M.: Die Hexengerichte im Prättigau. Kulturhistorische Skizze aus dem 17. Jh. In: Alpenrosen. Ein Schweizer Sonntagsblatt. 15. Jahrg. Bern. 1885.
Kuper, Michael (Hrsg.): Hungrige Geister und rastlose Seelen. Texte zur Schamanismusforschung. Berlin. 1991. Kursächsische Konstitutionen von 1572: „Des Durchlauchigsten Hochgeborenen ... Augusten Hertzogen zu Sachsen ..., Verordnungen und Constitutionen." Dreßden. 1578.
Kurth, W.: Das Phänomen des Hexenwahns als massenpsychologischer Ausdruck psychischer Epidemien. In: Berichte der physikalisch medizinischen Gesellschaft. Bd. 76. Würzburg. 1968; S. 39.
Kurtz, Oswald: Beiträge zur Erklärung des volkstümlichen Hexenglaubens in Schlesien. Diss. (Anklam). Greifswald. 1916. Kurtzer und wahrhafftiger Bericht/ vnd erschro(e)ckliche Newe Zeitung: Von etlichen hundert Hexen/Zauberien vnd Teuffelsbannern/So die Bischo(e)ffe zu Wu(e)rtzburg vnd Bamberg haben hinrichten lassen/vnd was sie in gu(e)ttlicher vnd Peinlicher Frage bekandt /wie sie haben etliche hundert Menschen durch ihre Teuffelskunst vmbs Leben gebracht/ auch wie sie haben die Fru(e)chte auff dem Felde/durch Reiffen vnd Frost verderbet/darvnter nicht alleine gemeine Personen/sondern etliche vornehme Herrn/ Doctores/vnd Doctores Weiber/Pfaffen, auch etliche Rathspersonen/alle hingerichtet vnd verbrand worden: Welche solche erschro(e)ckliche Tahten bekandt/ daß alles zu beschreiben vnmu(e)glich ist/was sie mit jhrer Zauberey getriben haben/wird hierinne ein jeder kurtzen Bericht finden. Mit Bewilligung des Bischoffs vnd gantzen Thumb Capittels in Druck geben. 16 (Zierstück) 30. Gedruck zu Wu(e)rtzburg/(1630) bey Johan Vollmar.Kurtzer und wahrhafftiger Bericht und erschreckliche Neue Zeitung Von sechshundert Hexen, Zauberern und Teuffels-Bannern; welche der Bischoff zu Bamberg hat verbrennen lassen / was sie in guetlicher und peinlicher Frage bekannt. Auch hat der Bischoff im Stifft Wuertzburg ueber die neun hundert verbrennen lassen. Und haben etliche hundert Menschen durch ihre Teuffels-Kunst um das Leben gebracht, auch die lieben Fruechte auf dem Felde, durch Reiffen und Frost verderbet, darunter nicht alleine gemeine Personen, sondern etliche der vornehme Herrn, Doctor und Doctors-Weiber, auch etliche Raths-Personen, alle hingericht und verbrannt worden: welche so schreckliche Thaten bekannt, daß nicht alles zu beschreiben ist, die sie mit ihrer Zauberey getrieben haben, werdet ihr hierinnen allen Bericht finden. Mit Bewilligung des Bischoffs und gantzen Thum-Capitels in Druck gegeben; 1630, Bamberg (oder vielmehr Würzburg?). Kurzer und warhafftiger Bericht und erschrekkliche Neue Zeitung. Von sechshundert Hexen, Zauberern und Teufelsbannern, welche der Bischof zu Bamberg hat verbrennen lassen (...) Auch hat der Bischof zu Würzburg über die neunhundert verbrennen lassen (...) Mit Bewilligung des Bischofs und ganzen Thum-Capitels in Druck gegeben. Bamberg 1659.
Küther, C.: Räuber und Gauner in Deutschland. Das organisierte Bandenwesen im 18. und 19. Jahrhundert. Göttingen. 1976.
Labouvie, Eva: Die „soziale Logik" der Hexenprozesse. Herrschaften im Saarraum als Beispiel. ZA. Saarbrücken. 1983.
Labouvie, Eva: Hexenspuk und Hexenabwehr. Volksmagie und volkstümlicher Hexenglaube. In: R. van Dülmen (Hg.); Hexenwelten. Magie und Imagination vom 16. bis 20. Jahrhundert. Frankfurt a. M. 1987; S. 49ff.
Labouvie, Eva: Männer im Hexenprozeß. Zur Sozialanthropologie eines „männlichen" Verständnisses von Magie und Hexerei. In: Geschichte und Gesellschaft 16 (1990); S. 56ff.
Labouvie, Eva: Wider Wahrsagerei, Segnerei und Zauberei. Kirchliche Versuche zur Ausgrenzung von Aberglaube und Volksmagie seit dem 16. Jahrhundert. In: Richard van Dülmen (Hg.), Verbrechen, Strafe und soziale Kontrolle. Studien zur historischen Kulturforschung III, Frankfurt a. M. 1990; S. 15 ff.
Labouvie, Eva: Zauberei und Hexenwerk. Ländlicher Hexenglaube in der frühen Neuzeit. Frankfurt a. M. 1991.
Labouvie, Eva: Von Kassandra bis Dr. Faustus. Saarpfalz Sonderheft Frauen und Geschichte. St. Ingbert. 1991; S. 69–80.
Laer, Annette von: Die spätmittelalterliche Hexenprozesse in Konstanz und Umgebung.
Lamberg, G. v.: Kriminalverfahren vorzüglich bei Hexenprozessen im ehemaligen Bistum Bamberg während der Jahre 1623 bis 1630. Aus aktenmäßigen Urkunden gezogen. Nürnberg o. J. (vermutlich um 1836).
Lambert, Malcolm David: Ketzerei im Mittelalter. München. 1981.
Lampe, Hans-Sirks: Die Darstellung des Teufels in den geistlichen Spielen Deutschlands von den Anfängen bis zum Ende des 16. Jahrhunderts. Eine theaterwissenschaftliche Untersuchung. München. Diss. phil. 1963.
Lancelottus. Joannes Paulus: Institutiones Juris Canonici. Basel. 1566.
Lancre, Pierre de: Wunderbarliche Geheimnussen der Zauberey (...) o. O. 1630 (EA Paris 1612).
Lancre, Pierre de: Tableau de l'inconstance des mauvais anges et démons. Paris. 1613.
Lancre, Pierre de: L'Incrédulité et Mécréances du sortilége plainement convaincu. Paris. 1622.
Landenberger, J.: Stuttgarter-Hexen-Geschichten. Kulturgeschichtliche Bilder aus vergangenen Tagen. Mit einer Einleitung. Lorch. 1904. Landtgebott wider die Aberglauben, Zauberey, Hexerey und andere Sträffliche Teufelskünste. München 1611 (1612). Landtgebott wider die Aberglauben, Zauberey, Hexerey und andere Sträffliche Teufelskünste. München 1665. Landtgebott wider die Aberglauben, Zauberey, Hexerey und andere Sträffliche Teufelskünste. München. 1746.
Langbein, John, H.: Torture and the Law of Proof. Europe and England in the Ancien Régime. Chicago-London. 1977.
Lange, Christiane Josephine: Die Hexenbilder bei David Teniers dem Jüngeren. Magisterarbeit. München. 1989.
Lange, Ursula: Untersuchungen zu Bodins Demonomanie. Frankfurt am Main. 1970 (Das Abendland. 8).
Lange-Eichbaum, Wilhelm/Kurth, Wolfram: Genie, Irrsinn und Ruhm. 6. Auflage. München, Basel. 1967.
Langer, Herbert: Kulturgeschichte des 30jährigen Krieges. Stuttgart 1978.
Längin, Georg: Religion und Hexenprozeß. Zur Würdigung des 400jährigen Jubiläums der Hexenbulle und des Hexenhammers sowie der neuesten katholischen Geschichtsschreibung auf diesem Gebiete. Leipzig. 1888. Lans-Gebott ... Erneuerte Land-Gerichts-Ordnung ... gegen Aberglauben, Zauberey und Hexerei und andere sträfliche Teufelskünste (erlassen d. Herzog Ferdinand Maria), 1603.
Larner, Christina: Crimen exceptum? The Crime of Witchcraft in Europe. In: Bruce Lenman u. a. (Hrsg.), Crime and the Law. London. 1980; S. 49–75.
Larner, Christina: Enemies of God. The Witch-Hunt in Scotland. Baltimore (Maryl.). 1981.
Larner, Christina: Was Witch-hunting Woman-Hunting? In: Alan Macfarlane (Hrsg.), Witchcraft and Religion. The Politics of Popular Belief. Oxford. 1984; S. 84–88.
Larner, Christina: Witchcraft and Religion. The politics of popular belief. Oxford. 1984.
Larrey, Isaac de: Historie d'Angleterre d'Ecosse et d'Irlande jusqua á Guillaume.
Lau, F.: Das Buch Weinsberg. Kölner Denkwürdigkeiten aus dem 16. Jh. Bonn. 1897.
Lauch, J.: Einunddreißig Türkenpredigten. Lauingen. 1599 (1609). (Die 14. Predigt handelt von den Hexen).
Lauen, H.: Die Hexenprozesse in Trier und Umgebung. In: Triersche Chronik. Jg. 4. Trier 1908; S. 113.
Lauffer, Otto: Die Hexe als Zaunreiterin. In: Gießener Beiträge zur deutschen Philologie. 60. Gießen. 1938.
Lauffer, Otto: Die Hexe als Zaunreiterin. In: Volkskundliche Ernste. Festschrift für H. Hepding. Gießen. 1938.
Lauffer, Otto: Singvögel als Hausgenossen im deutschen Glauben und Brauch. Berlin. 1939.
Laun, Friedrich: Die Gegenschreiberin. In: Ellwanger Jahrbuch 2 (1911); S. 9–85.
Lavater, Ludwig: Von Gespenstern, ungeheuren Faellen, oder Foltern und anderen wunderbaren Dingen ... kurtzer und einfeltiger Bericht. Zürich. 1569.
Laven, H.: Die Hexenprozesse in Trier und Umgegend. In: Trierische Chronik. NF. 4 (1907/08); S. 113–135.
Laymann, Paulus: Processus juridicus ... das ist ein rechtlicher Prozeß gegen die Unholden und zauberische Personen. Cöllen. 1629 (Anm. Laymann ist nicht Verfasser, der Verleger hat mit seinem Namen spekuliert).
Lea, Henry Charles: A History of the Inquisition in the Middle Ages. New York.

1887.
Lea, Henry Charles: Materials Toward a History of Witchcraft. ed. Arthur C. Howland. (Philadelphia). 1939. 3. Bde.
Lea, Henry Charles: Notes for a History of Witchcraft (1909), 1939 hrsg. von **Arthur C. Howland unter dem Titel:** Materials Toward a History of Witchcraft. (Philadelphia).
Lea, Henry Charles: Materials Toward a History of Witchcraft. London/New York. 1957.
Lecouteux, Claude: Lamia – Holzmouwa – Holzfrowe – Lamich. In: Euphorion 75 (1981); S. 360-365.
Lecouteux, Claude: Hagazussa – Striga – Hexe. In: ètudes germaniques 38 (1983); S. 161–178.
Lecouteux, Claude: Hagazussa – Striga – Hexe. In: Hessische Blätter für Volks- und Kulturforschung 18 (1985); S. 57–70.
Lecouteux, Claude: Hexe und Hexerei als Sammelbegriff. (Vortrag, gehalten anläßlich der wissenschaftlichen Studientagung „Neuere Forschungen zu südwestdeutschen Hexenprozessen" vom 5.–9. November 1986 in Weingarten). Manuskript.
Lecouteux, Claude: Geschichte der Gespenster und Wiedergänger im Mittelalter. Köln/Wien. 1987.
Leder, Karl Bruno: Todesstrafe. Ursprung, Geschichte, Opfer. München. 1986.
Legué, Gabriel: Urbain Grandier et les possédées de Loudon. Paris. 1880.
Lehmann, Alfred: Aberglaube und Zauberei von den ältesten Zeiten an bis in die Gegenwart. Stuttgart. 1898.
Lehmann, H. L.: Freundschaftliche und vertrauliche Briefe den sogenannten sehr berüchtigten Hexenhandel zu Glarus betreffend. Zürich. 1783.
Lehmann, Hartmut/Ulbricht, Otto (Hrsg.): Vom Unfug des Hexen-Processes. Gegner der Hexenverfolgung von Johann Weyer bis Friedrich Spee. Wiesbaden. 1992.
Lehmann, Hartmut: Hexenverfolgungen und Hexenprozesse im Alten Reich zwischen Reformation und Aufklärung. In: Jahrbuch des Instituts für Deutsche Geschichte. Bd. 7. Tel Aviv. 1978; S. 13ff.
Lehmann, Hartmut: Hexenprozesse in Norddeutschland und in Skandinavien im 16., 17. und 18. Jahrhundert. Bemerkungen zum Forschungsstand. In: Hexenprozesse. Deutsche und skandinavische Beiträge (= Studien zur Volkskunde und Kulturgeschichte Schleswig-Holstein; 12), hrsg. von Chr. Degn u. .. Neumünster 1983; S. 9–13.
Lehmann, Hartmut: Hexenglaube und Hexenprozesse in Europa um 1600. In: Degn, Christian et al.: Hexenprozesse. Neumünster 1983; S. 14–27.
Lehmann, Hartmut: Frömmigkeitsgeschichtliche Auswirkungen der „Kleinen Eiszeit". In: Schieder (Hrsg.), Volksreligiosität in der modernen Sozialgeschichte. Göttingen. 1986; S. 31–51.
Lehmann, Hartmut: Hintergrund und Ursachen des Höhepunktes der europäischen Hexenverfolgung in den Jahrzehnten um 1600. In: „Hexenverfolgung. Neuere Forschungen – unter besonderer Berücksichtigung des südwestdeutschen Raumes". (Bei Drucklegung unseres Buches noch nicht publiziert – Anm.d.Verlages).
Lehmann, Paul: Merkwürdigkeiten des Abtes Johannes Thritemius. München 1961. (Bayerische Akademie der Wissenschaften, Philosophisch-historische Klasse, Sitzungsberichte. Jg. 1961. Heft 2).
Leib, J.: Consilia, responsa ac deductiones juris variae (...), wie und welcher Gestalt der Process wider die Zauberer und Hexen anzustellen (...). Frankfurt/M. 1666.
Leibbrand, Werner/Wettley, Annemarie: Der Wahnsinn. Geschichte der abendländischen Psychopathologie. Freiburg/München 1961 (Orbis academicus 2.12).
Leibbrand-Wettley, Annemarie: Psychopathologie und Dämonologie von Paracelsus und Johannes Weyer. Melemata. Festschrift für Werner Leibbrand zum 70. Geburtstag. Mannheim. 1967.
Leibbrand-Wettley, Annemarie: Wahrheit und Verkündigung. Vorläufige Revision des historischen Hexenbegriffes. In: Festschrift für M. Schmaus. München. 1967.
Leibbrand-Wettley, Annemarie: Die Frau als Hexe. In: Formen des Eros. Kultur und Geistesgeschichte der Liebe. I. Freiburg. 1972; S. 627.
Leibniz, Gottfried Wilhelm: Essais de théodices sur la bonté de Dieu et la liberté de l'homme et l'origine du mal. Amsterdam. 1710.
Leibrock-Plehn, Larissa: Hexenkräuter und Arznei. Die Abtreibungsmittel im 16. und 17. Jahrhundert. Stuttgart. 1992.
Leiser, Wolfgang: Strafgerichtsbarkeit in Süddeutschland. Formen und Entwicklungen. Köln. 1971; S. 63ff.
Leitmaier, Charlotte: Die Kirche und die Gottesurteile. Eine rechtshistorische Studie. Wien. 1953. (Wiener Rechtsgeschichtliche Arbeiten. 2).
Leitschuh, Friedrich: Beiträge zur Geschichte des Hexenwesens in Franken. Bamberg. 1883.
Leland, Charles G.: Die Lehre der Hexen. München. 1979.
Lemp, Hermann: Der Sohn der Hexe Rebecca. München. 1980.
Lempens, C.: Geschichte der Hexen und Hexenprozesse. St. Gallen (Schweiz). 1880.
Lempens, Karl: Das größte Verbrechen aller Zeiten. Pragmatische Geschichte der Hexenprozesse. Jena 2. 1904.
Lengler, Karl: Der Teufel im Birkenfelder Volksmund. In: Heimatkalender des Kreises Birkenfeld 1957; S. 176–180.
Lenz, Wilh.: Hexenprozesse im Lande Hadeln. In: Jb. d. Männer v. Morgenstern 37 (1956); S. 85ff.
Leonicus, C.: Prognosticon und Weyssagung der fürnemsten dingen, so vom 1564. Jar biß auff das 1607, sich zutragen werden. Bern. 1563.
Lercheimer, Augustin: Christlich bedenkken und erinnerung von Zauberey, woher was und wie vielfeltig sie sei ... Heidelberg. 1585 (Pseud. für Witekind Hermann, genannt Wilkken, Professor der Philosophie und Mathematik in Heidelberg).
Leubuscher: Über die Werwölfe und Tierverwandlung im Mittelalter. Berlin. 1850.
Leuenberger, Hans: Zauberdrogen. Reisen ins Weltall der Seele. Stuttgart (1969).
Leutenbauer, Siegfried: Hexerei- und Zaubereidelikte in der Literatur von 1450 bis 1550. Mit Hinweisen auf die Praxis im Herzogtum Bayern. Berlin. 1972 (Münchener Universitätsschriften: Jurist. Fak. = Abhandlungen zur rechtsw. Grundlagenforschung. 3).
Levack, Brian P.: The Great Scottish Witch Hunt of 1661–1662. In: Journal of British studies 20 (1984).
Levack, Brian P.: The Witch-hunt in early modern Europe. London/New York. 1987.
Levack, Brian P.: Articles on Witchcraft, Magic and Demonology. A Twelve Volume Anthology of Scholarly Articles. New York. 1992.
Levenwald, A. v.: Tractätel von den Teufels List und Betrug. Salzburg. 1680.
Levi, Eliphas: Geschichte der Magie. München-Planegg. 1926.
Levron, Jaques: Le diable dans 'art. Paris. 1935.
Lewis, I. M.: A Structural Approach to Witchcraft and Spirit Possession. In: Douglas, Witchcraft Confessions; S. 293ff.
Lewis, Joan M.: Schamanen, Hexer, Kannibalen. Frankfurt a. M. 1989.
Lichtenberg, J. Frh. v.: Hexenbüchlein, das ist: die wahre Entdeckung und Erklärung oder Deklaration für nämlicher Artikel der Zauberey, und das von Zauberern, Unholden, Hengsten, Nachtschadin, Schützen etc. Cologne (?). 1544/1575.
Liebelt, Kurt: Geschichte der Hexenprozesse in Hessen-Kassel. Diss. jur. Marburg. 1931.
Liebelt, Kurt: Geschichte des Hexenprozesses in Hessen-Kassel. In: Zeitschrift des Vereins für hess. Geschichte und Landeskunde. Nr. 58. 1932.
Lieberwirth, R.: Christian Thomasius. Sein wissenschaftliches Lebenswerk. Eine Bibliographie. Weimar. 1955.
Liebherr, M. v.: Ueber Hexerei. Ein Vortrag gehalten am 21. Nov. 1870 in der Aula der Universität zu Rostock. Rostock. 1871.
Liedke, V.: Scharfrichter in Bayern. In: Blätter des Bayer. Landesvereins für Familienkunde 26 (1963); S. 316–327.
Liel, A. F. L.: Die Verfolgung der Zauberer und Hexen in dem Kurfürstenthume Trier. Ein Beitrag z. vaterl. Geschichte. In: Archiv f. rheinische Geschichte. Coblenz. 1833.
Lienhardt, Godfrey: Some Notions of Witchcraft among the Dinka. In: Africa 21 (1951); S. 303ff.
Lilienthal, J.: Die Hexenprozesse der beiden Städte Braunsberg, nach den Criminalacten des Braunsberger Archivs. Königsberg. 1861.
Limborch, Philipp van: Historia inquisitionis hispanicae cum libro Sententiarum Inquisitionis Tholosanae ab A. C. 1307 ab 1323.
Lippert, Elsbeth: Glockenläuten als Rechtsbrauch. Freiburg. 1939 (Das Rechtswahrzeichen. 3).
Lipsius, Justus: Physiologiae Stoicorum libri tres Antwerpen. 1604.
Lobau, E.: Spaziergänge mit Planitz, dessen Ideen und Ansichten über Faust und Hexe. Tagebuchnotizen. Wittenberg. 1924.
Lobin, Gerd: Für die einen der Tod, für die anderen das Geschäft: Die Hexenprozesse und ihr Hintergrund am Beispiel der Gemeinden Großkrotzenburg und Oberrodenbach. In: Frankfurter Allgemeine Zeitung (Frankfurt/M. 1978). Nr. 269 vom 4. Dezember 1978; S. 34.
Locher, Sebastian: Die Baderann von Veringenstadt. In: Mitteilungen des Vereins für Geschichte und Altertumskunde in Hohenzollern 10 (1876/77).
Lodtmann, Fr.: Die letzten Hexen Osnabrücks und ihr Richter. Osnabrück. 1875.
Loeher, H.: Hochnöthige, Unterthanige, Wehmütige Klage der Frommen Unschüldigen: worin (...) Augenscheinlich zu sehen und zu lesen ist, wie die arme unschüldige fromme Leut (...) von den falschen Zauberrichtern angegriffen (...), Welches auch die Herren Tannerus, Cautio Criminalis, Michael Stapirius härtlich bekräftigen. Amsterdam. 1676.
Loewe, Richard: Die Windsbraut und der Wilde Jäger. In: Zeitschrift f.deutsche Philologie 55 (1910); S. 84–91.
Löher, Hermann: Hochnötige, Underthanige, Wemütige Klage der frommen Unschuldigen. Amsterdam. 1676.
Lohmeyer, Wolfgang: Die Hexe. Hexenverfolgung in Köln zur Zeit des 30jährigen Krieges. 1976.
Lohmeyer, Wolfgang: Der Hexenanwalt. Selbständige Fortsetzung von „Die Hexe": der Kampf des Jesuiten Friedrich Spee gegen die Hexenverbrennungen des 30jährigen Krieges. 1979.
Lohmeyer, Wolfgang: Das Kölner Tribunal. Fortsetzung von "Die Hexe" und „Der Hexenanwalt". 1981.
Löhr, Hanns: Aberglauben und Medizin. Leipzig. 1940.
Loichinger, Alexander: Friedrich von Spee und seine „Cautio criminalis". In: Georg Schwaiger (Hrsg.), Teufelsglaube und Hexenprozesse. München. 1987; S. 128–149.
Lommel, Andreas: Schamanen und Medizinmänner. München. 1980.
Loos, Cornelius: De vera et falsia magia. Köln. 1591 (nur teilweise gedruckt, daraufhin konfisziert).
Lorenz, A.: Hexenprozesse. In: Aschaffenburger Geschichtsblätter 2 (Aschaffenburg 1908) Nr. 1; S. 1–7.
Lorenz, Sönke: „Die Zauberinnen solt du nit leben lassen" – ein Rechtsgutachten von Johann Fichard in Sachen Hexenprozeß. In: Demokratie und Arbeitergeschichte 1 (1980); S. 37–62.
Lorenz, Sönke: Johann Georg Goedelmann - Ein Gegner des Hexenwahns. In: Roderich Schmidt (Hrsg.), Beiträge zur pommerschen und mecklenburgischen Geschichte. Marburg. 1981; S. 61–105.
Lorenz, Sönke: Aktenversendung und Hexenprozeß. Bd. 1, I. Dargestellt am Beispiel der Juristenfakultät Rostock und Greifswald. 1570/82–1630.2 Bde. Frankfurt, Bern, New York. Bd. I–1982. Bd. II–1983. (Studia philosophica et historica; Bd. I).
Lorenz, Sönke: Das Reichskammergericht. In: ZWLG 43 (1984); S. 175–203.
Lorenz, Sönke: Ernst Cothmann (1557–1624) aus Lemgo in Westfalen. Ein Iurisconsultus Rostochiensis in Sachen Hexenprozeß. In: Martin Kintzinger, Wolfgang Stürner, Johannes Zahlten (Hg.), Das Andere Wahrnehmen. Beiträge zur europäischen Geschichte. August Nitschke zum 65. Geburtstag gewidmet. Köln/Weimar/Wien. 1991; S. 437ff.
Lorenz, Sönke: David Mevius (1609–1670) und der Hexenprozeß. Zur Problematik der Diskussion, wer als Gegner der Hexenverfolgung bezeichnet werden kann. In: Lehmann/Ulricht, Vom Unfug des Hexenprocesses. Wiesbaden. 1992; S. 305–324.
Lorenz, Sönke: Die Rezeption der Cautio criminalis in der Rechtswissenschaft zur Zeit der Hexenverfolgung. In: van Oorschot, Friedrich Spee (1591–1635), Düsseldorfer Symposion zum 400. Geburtstag. Bielefeld. 1993; S. 140–144.
Lorenz, Sönke: Die Rechtsauskunftstätigkeit der Tübinger Juristenfakultät in Hexenprozessen (Ca. 1552–1602). In: „Hexenverfolgung. Neuere Forschungen – unter besonderer Berücksichtigung des südwestdeutschen Raumes". (Bei Drucklegung unseres Buches noch nicht publiziert – Anm.d.Verlages).
Lorenz: Hexenprozesse in Großostheim und Pflaumheim. Wortgetreue Abschrift aus einem alten Protokoll ... In: Spessart 17 (Aschaffenburg 1931); H. 1, S. 14–17.
Lortz, Joseph: Die Reformation in Deutschland. 4. Auflage. Bd. 1,2. Freiburg i. Br. 1962.
Lory, Karl: Hexenprozesse im Gebiete des ehemaligen Markgrafenlandes. In: Festgabe Karl Theodor von Heigel zur Vollendung seines 60. Lebensjahres. München. 1903.
Losch, Friedrich (Hrsg.): Deutsche Segen, Heil- und Bannsprüche. Nach gedruckten, schriftlichen und mündlichen Quellen zusammengestellt und herausgegeben. Stuttgart 1890.
Loschert, O.: Vorgängerischer Versuch zu Erwürckung eines Vertrages zwischen den in dem bisherigen Hexerey-Kriege verwickelten Gelehrten. Wie auch zum nutzbaren Unterrichte, wie man von der Zauber- und Hexerey weder zu wenig, noch zu viel glauben soll. Unternommen von einem Verehrer der Gelehrten und Liebhaber der Christlichen Wahrheiten. Bamberg, an dem Maynstrome. 1767.
Löwensteyn, Machteld: Helse hebzucht en wereldse wellust. Een iconografische

interpretatie van enkele heksenvoorstellingen van Jacques de Gheyn II. In: Willem de Blécourt/Marijke Gijswijt-Hofstra (Hrsg.), Kwade Mensen. Toveerij in Nederland (Volkskundig Bulletin, 12,1). Amsterdam. 1986; S. 241–261.
Loyer (de Lager), Petrus: Discours et histories des spectres visions et apparitions des esprits anges, demons et ames etc.
Lucanus (pseud.): Ein merckwürdiger Hexenprozeß. In: Neue gemeinn. Blätter. Halberstadt. 1800.
Luck, Georg: Hexen und Zauberei in der römischen Dichtung. Zürich. 1962; S. 24ff.
Luck, Georg: Magie und andere Geheimlehren in der Antike. Stuttgart. 1990; S. 223ff.
Ludendorff, Mathilde/Lammer, W. v. d.: Christliche Grausamkeit an Deutschen Frauen. Ludendorffs Verlag. München. 1938.
Ludendorff, Mathilde/Löhde, Walter: Christliche Grausamkeit an Deutschen Frauen. München. 1934/1936.
Lüers, F.: Hexen. In: Bayerische Wochenschrift für Pflege von Heimat und Volkstum 10 (1932); S. 17–391 (in Fortsetzungen).
Lutz, Eckart Conrad: Spiritualis fornicatio. Sigmaringen. 1990; S. 227ff., 287ff.
Lutz, R.: Warhafftige Zeitung von den gottlosen Hexen, auch ketzerischen und Teufels-Weibern, die zu der heiligen römischen Reichstatt Schlestatt im Elsäß des 1570. Jahres von wegen ihrer schändlichen Teufelsverpflichtung ... sind verbrannt worden, sampt einem kurzen Extract und Auszug ettlicher Schrifften von Hexerey zusammen gebracht durch Reinhardum Lutz ... 1571 (auch in Theatrum de veneficiis, Frankfurt, 1586).
MacCall, D.: Trade and the Role of Wife in a Modern West African Town. In: Aidan Southall (Hg.), Social Change in Modern Africa. London 1961. Neudruck 1969; S. 286ff.
Macfarlane, Alan: Witchcraft in Tudor and Stuart England: a regional and comparative study. London. 1970.
Madar, Maia: Estonia I: Werwolves and Poisoners. In: Ankarloo, Hennigsen; S. 257ff.
Mader, Ludwig: Zum Pakt in Goethes Faust. In: Zeitschrift f. Deutschkunde 1923; S. 188–191.
Mahal, Günther: Mephistos Metamorphosen. Göppingen. 1972.
Mahl, Alexandra: Die Hexenverfolgungen in Meersburg und ihr historischer Kontext. Staatsexamensarbeit Universität Konstanz. 1989.
Mahnke, Dietrich: Das Hexenunwesen in Verden und sein Ende. In: Stadt Arch. 13 (1923); S. 1ff.
Mair, Lucy: Witchcraft. London. 1969.
Maisch, E.: Die geistige Umwelt des Hexenwahns: Psychische Ansteckungen und Besessensein. In: CIBA-Zeitschrift 101 (1963).
Malebranchius (Malebranche): Recherche de la véreté 1. Bd. 1673. 2. und 3. Bd. 1674.
Malinowski, B.: Gedanken zum Problem des Zauberwesen. In: Malinowski, Die Dynamik des Kulturwandels. Wien. 1951; S. 185–196. Malleus maleficarum in tres partes divisus, in quibus I. Concurrentia ad Maleficia; II. Maleficorum effectus; III. Remedia adversus Maleficia, et modus denique procecendi ac puniendi Maleficos abunde continetur, praecipue autem omnibus inquisitoribus et divine verbi concinatoribus utilis ac neccsarius. Colon, 1489. Malleus maleficarum. Der Hexenhammer von den beiden Inquisitoren Jacob Sprenger und Heinrich Institoris. Zum ersten Male ins Deutsche übertragen und eingeleitet von J. W. R. Schmidt. 1906.
Manan-Schiran, Ute: Menschenfrauen fliegen wieder. Die Jahreskreisfeste als weiblicher Initiationsweg. München. 1988. Zitiert wird aus dem zusammenfassenden Buchhinweis von Hildegard Gerlach. Mandat der Zauberer, Wahrsager und deren, welche sich verbottenen Segens gebrauchen. Bamberg. 1610.
Mandrou, Robert: Magistrats et sorciers en France au XVIIe siécle. Une analyse de psychologie historique. Paris. 1968.
Manser, Gallus, M. O. P.: Thomas von Aquien und der Hexenwahn. Divus Thomas 9, = Jahrbuch für Philosophie und spekulative Theologie 2. Serie. Bd. 36. Wien. 1922.
Mantzel, E. J. F.: Ob wohl noch Hexenprozesse entstehen möchten? Rostock. 1738.
Manzius, Casparus: Caspari Manzii Summa Procestus criminalis juxta praescriptum Caroli V. Imperatoris, Maximiliani Bavariae Ducis & Electoris, praxin communem, extracta ex commentario in carolinam. Ingolstadt. 1645.
Manzius, Casparus: Caspari Manzii commentarius Rationalis in Carolinam Sancionem criminalem, vulgo die peinliche Halsgerichts Ordnung dictam, ... publice praelectus anno 1642 & Ingolstadii anno 1650 editus. Ingolstadt. 1650.
Maple, E.: Hexensabbat. Schwarze Kunst und Zauberei im Spiegel der Jahrtausende. Eltville am Rhein. 1978.
Markmiller, F.: Die Beschwörungen des Martinsbucher Pfarrers Johann Weiß gegen Ende des 16. Jahrhunderts. In: Der Storchenturm (1970); Nr. 9; S. 55–66.
Markmiller, F.: Verhandlungen über Hexen- und Zauberwesen im Pfleggericht Dingolfing. Nach Unterlagen des 16. bis 18. Jahrhunderts. In: Der Storchenturm (1970); Nr. 9; S. 67–71.
Martin, Ruth: Witchcraft and the Inquisition in Venice, 1550–1650. Oxford/New York. 1989.
Marwick, Max (Hrsg.): Witchcraft and Sorcery. Selected Readings. Manchester. 1965.
Marwick, Max: Witchcraft and Sorcery. Selected Readings. Second Edition (1982). London. 1990; S. 11–19 (Introduction).
Marwick, Maxwell Gay: Witchcraft. Encyclopedia Britannica. 15. Auflage 1974. Vol. 19; S. 895–900.
Marx, Josef: Geschichte des Erzstifts Trier. 5. Bd. Trier. 1859.
März, A.: Verantwortung über die von P. Don Ferdinand Sterzinger bey dem hochfürstlichen hochlöbl. geistlichen Rath zu Freysing freywillig wider ihn gestellten Fragen. Ingolstadt. 1767.
März, A.: Kurze Verteidigung der tätigen Hex- und Zauberei wider eine dem hl. Kreuz zu Scheiern nachteilige akademische Rede. Freising. 1766; Ingolstadt. 1767.
März, A.: Kurze, doch gründliche Abhandlung von dem Hl. Kreuz Christi und dessen wunderthätigen (sic) Partikel, welcher zu Scheyern O. S. Bened. in Oberbayern schon über 600 Jahr mit großer Andacht verehrt wird. Freysing. 1770.
Marzell, Heinrich: Ein oberpfälzer Hexenstücklein vor zwei Jahrhunderten. In: Die Oberpfalz, Jg. 15 (1921); S. 157–158.
Marzell, Heinrich: Der Widerton als Zauberpflanze. Zeitschrift für Volkskunde. Jahrgang 1931, Band III, Heft 2, Sonderdruck; S. 163–171.
Marzell, Heinrich: Hexen und Druiden in deutschen Pflanzennamen. In: Bayerisches Jahrbuch für Volkskunde. 1962.
Marzell, Heinrich: Zauberpflanzen, Hexentränke. Brauchtum und Aberglaube. Stuttgart. 1963.
Marzell, Heinrich: Zauberpflanzen, Hexentränke. Brauchtum und Aberglaube. Stuttgart (1964).
Maslowski, Peter: Das theologische Untier. Der sogenannte Teufel und seine Geschichte im Christentum. Berlin. 1978.
Mathern, Willy: Faust-Erinnerungen in Bad Kreuznach und in anderen Städten. Zur Erinnerung an das Verweilen des D. Faust in unserer Nahestadt vor 450 Jahren. In: Naheland-Kalender 1957; S. 67–70.
Matthaei, Antonius: Andr. Alciati epistolam ad Bernhard Mattium contra vitam monasticam, cum sylloga epistolarum virorum clarissimorum, qua variam doctrinam continent, nec non veteribis aliquot testamentis seculo 12 et initio sequentis spriptis.
Matuschka, Michael E. Graf: Gynäkologische Sterilisationen zur Zeit des Hexenwahns. Graz. 1981.
Mauch: Notizen über das bei der Verhandlung der Hexenprozesse im Limpurgischen beobachtete Verfahren. In: Württembergisch Franken 2 (1848); S. 62–72.
Maurer, Hans-Martin/Ulshöfer, Kuno: Johannes Brenz und die Reformation in Württemberg. Stuttgart/Aalen. 1984.
Mauritius, Ericus: Dissertatio Inauguralis de Denunciatione Sagarum ... Tübingen. 1664.
Mauz, Jörg: Ulrich Molitoris aus Konstanz (ca. 1442–1507). Diss. Konstanz. 1983.
Mauz, Jörg: Ulrich Molitoris. Ein süddeutscher Humanist und Rechtsgelehrter. Wien. 1992.
Mayer, A. U. (F. N. Blocksberger): Glückwunschschreiben an den hochwürdigen P. Angelus März über seine Vertheidigung der Hex- und Zauberey, von F. N. Blocksberger, Benefiziaten zu T. Straubing. 1767.
Mayer, A. U. (F. N. Blocksberger): Nichtige, unbegründete, eitle, kahle und lächerliche Verantwortung des H. P. Angelus März, Benedictiner in Scheyern, über die von P. Don Ferdinand Sterzinger bey dem hochfürstlichen geistlichen Rath in Freysing gestellten Fragen. Vom Moldaustrom (Prag. 1767).
Mayer, A. U. (F. N. Blocksberger): Sechs Sendschreiben an den Hochwürdigen H. P. Agnellus Merz, Priester des hochberühmten Einsiedler-Ordens des Hl. Augustin ... über seine Vertheidigung wider die schwulstige Vertheidigung der betrügenden Zauberey und Hexerey. Straubing. 1767.
Mayer, A. U. (F. N. Blocksberger): Abhandlung des Daseyns der Gespenster, nebst einem Anhange vom Vampyrismus. Augsburg. 1767; Nürnberg. 1769.
Mayer, Anton: Erdmutter und Hexe. Untersuchung zur Geschichte des Hexenglaubens und zur Vorgeschichte der Hexenprozesse. Freising. 1936. (Hist. Forschungen und Quellen. 12).
Mayer, Hellmuth: Die Strafrechtstheorie bei Luther und Melanchthon. In: Rechtsidee und Staatsgedanke. Festgabe für Julius Binder. Berlin. 1930.
Mayr, B.: Johann Kehrwischens Reise in den Mond, samt dem Realregister über die Merkwürdigkeiten derselben. In: H. Braun (Hg.), Ein Päckchen Satiren aus Oberdeutschland. München. 1770; S. 94–127.
Mayr, Johannes (von Freising): Epitorme Cronicorum seculi moderni. Das ist: Kurtzer begriff vnd inhalt aller gedenckwürdigen Sachen/so von 1500, biß zu dem 1604. Jar Christi/auff dem gantzen Erdenkreiß/zu Wasser vnd Landt/sich verlauffen ... München. 1604.
Mederus, D.: Acht Hexenpredigten ... von des Teufels Mordkindern, den Hexen, den Unholden, zauberisch und erschrecklichem Abfalle ... Drachenleuten ... Milchdieben ... Lastern und Übelthaten. Leipzig. 1606, 1614, 1646.
Meier, Christine: Der „Malleus Maleficarum" – „De praestigiis daemonum et incantationibus, ac venficiis": Eine vergleichende Studie zu den Hexenprozessen und ihrer theoretischen Basis. Magisterarbeit. Bielefeld. 1987.
Meier, Karl: Maria Rampendahl und der Hexenbürgermeister von Lemgo. Detmold. 1935.
Meier, Karl: Der Hexenbürgermeister von Lemgo. Rinteln. 1951.
Meier-Lemgo, K.: Hexen, Henker und Tyrannen. Die letzte und blutigste Hexenverfolgung in Lemgo. 1665–1681. Lemgo/Lippe. 1949.
Meier: Ein Beitrag über Hexenprozesse. In: Württembergisch Franken 8.2 (1869) 314–317.
Meili, David: Hexen in Wasterkingen. Magie und Lebensform in einem Dorf des frühen 18. Jahrhunderts. Diss. phil. Zürich. (CH-)Wetzikon. 1979.
Meinders, Hermann Adolph: Gedanken und Monita, wie ohne Uebereil, mit den Hexenprocessen u. d. Inquisition wegen der Zauberei von Seiten des Richters, Königl. Fiscals und Defensors in den Preuß. u. Brandenb. Landen 1. Edikt v. 13. Decbr. 1714 zu verfahren sey. Lemgo. 1716.
Meinders, Hermann Adolph: Unvorgreifliche Gedancken und Monita, wie ohne blinden Eyfer und Übereilung mit denen Hexen-Processen (...) in denen königlich preußischen Landen ohnmaßgeblich zu verfahren. Lemgo. 1716.
Meinhold, Wilhelm: Sidonia von Bork, die Klosterhexe, angebliche Vertilgerin des gesamten herzoglich-pommer'schen Regentenhauses ... Leipzig. 1847–48.
Meinhold, Wilhelm: Maria Schwedler. Die Bernsteinhexe. Der interessanteste aller bisher bekannten Hexenprozesse nach einer defecten Handschrift ihres Vaters, des Pfarrers Abraham Schwedler in Coserow auf Usedom. Hrsg. v. Elisabeth Kinderlein. Frankfurt. 1978.
Meisen, Karl: Die Sagen vom Wütenden Heer und Wilden Jägern. Münster. 1935.
Meixner, Klaus: Untersuchungen zu Heinrich Himmlers Hexenkartei am Beispiel Würzburg. Magisterarbeit. Würzburg. 1992.
Mell, A.: Zur Geschichte des Hexenwesens: ein Beitrag aus steirischen Quellen. Berlin (?) 1891.
Memminger, A.: Das verhexte Kloster. 2. Auflage. Würzburg. 1904.
Menk, Arnold: Der Hexenwahn im Amte Wehrheim. In: Aus der Wehrheimer Geschichte 2 (Wehrheim 1979); S. 11–14.
Menzel, R.: Todesurteil gegen Georg Kröhnmeier aus Hagenhüll 1610 vollzogen. In: Die Oberpfalz, Jg. 57 (1969); S. 88.
Merchant, Carolyn: Der Tod der Natur. München. 1987; S. 142ff.
Merckle, Josef Adolf: Das Territorium der Reichsstadt Rottweil in seiner Entwicklung bis zum Schluß des 16. Jahrhunderts. Stuttgart. 1913; S. 90.
Merkel, Ernst: Der Teufel in hessischen Hexenprozessen. Diss. phil. Gießen 1939.
Merkel, Ernst: Hexenprozesse in der Herrschaft Dalberg. In: Der Wormsgau 11 (1974/75); S. 79–83.
Merkel, Ernst: Hexenwahn in Frankenthal. In: Frankenthal einst und jetzt. 1976; H. 1. Merkwürdiger Hexen-Process gegen den Kaufmann G. Köbing, an dem Stadtgerichte zu Coesfeld im Jahre 1632 geführt. Vollständig aus den Original-Acten mitgetheilt und mit einer Vorrede begleitet von Joseph Niesert. Coesfeld. 1827, 1828. Merkwürdiger Recht- oder Unrechtsspruch, welcher am 2. April 1756 zu ... (Landshut; WB) an einer par force als Hexe demonstrierten und behandelten dreizehnjährigen unglücklichen Waise auch vollzogen ward. In: Landshuter Wochenblatt. 1818; S. 204–253 (in Fortsetzungen).
Merz, Agnellus: Urtheil ohne Vorurtheil über die wirkend- und thätige Hexerey. Abgefasset von einem Liebhaber der Wahrheit, Sterzingen in Tyroll 1766. Mit Erlaubniß der Obern. (München. 1766).
Merz, Agnellus: Vertheidigung wider die geschwulstige Vertheidigung der betrügenden Zauberkunst und träumenden Hexerey. (o. O.). München. 1767.
Merzbacher, Friedrich: Ein Kinderhexenprozeß in der Reichstadt Schweinfurt. In: Schweinfurter Heimblatt. Nr. 15. Schweinfurt, 1950.

Merzbacher, Friedrich: Geschichte der Hexenprozesse im Hochstifte Würzburg. In: Mainfränkisches Jahrbuch f. Geschichte u. Kunst. 2. Würzburg. 1950.
Merzbacher, Friedrich: Die Hexenprozesse im Hochstift Bamberg. Zeitschrift für Rechtsgeschichte 81 = NF. 68. Kan. Abt. 37. Weimar 1951; S. 376–389.
Merzbacher, Friedrich: Das „alte Halsgerichtsbuch" des Hochstifts Eichstätt. Eine archivalische Quelle zur Geschichte des Strafvollzuges im 15. und 16. Jahrhundert und zur rechtlichen Volkskunde. In: Zs. d. Savigny-Stiftung f. Rechtsgesch., German. Abt. 73 (1956); S. 375–396.
Merzbacher, Friedrich: Die Hexenprozesse in Franken. In: Schriftenreihe zur bayrischen Landesgeschichte. 56. Bd. München, 1957.
Merzbacher, Friedrich: Witchcraft. New Catholic Encyclopaedie 14. New York. 1967; S. 977–979.
Merzbacher, Friedrich: Die Hexenprozesse in Franken. 2. erweiterte Auflage. München. 1970; S. 137.
Mesenzeva, Charmian A.: „Der behexte Stallknecht" des Hans Baldung Grien. In: Zeitschrift f. Kunstgeschichte 44 (1981); S. 57–61.
Mesenzeva, Charmian A.: Zum Problem: Dürer und die Antike. Albrecht Dürers Kupferstich „Die Hexe". In: Zeitschrift für Kunstgeschichte, Heft 2. 1983; S. 187ff.
Mesnard, Perre: La Démonomanie des Jean Bodin. In: L'opera e il pensiero di Giovanni Pico della Mirandola nella storia dell'Umanismo. 2. Firenze. 1965.
Metz, J.: Ein Moosburger Hexenprozeß. In: Der Isargau I (1927); S. 64–68.
Metzger, Ulf: Magie und Gesellschaft. Diss. Hamburg. 1973.
Meyer, Carl: Der Aberglaube des Mittelalters und der nächstfolgenden Jahrhunderte. Basel. 1884.
Meyer, Christel: „Hexen-Leut, so zu Würzburg gerichtet". Frankfurt a. M. 1986; S. 123ff.
Meyer, Friedrich Walter: Christoph Besold als Staatsrechtler. Ungedr. Erlanger jur. Diss. 1957.
Meyer, H.: Ein Hexenprozess aus dem 17. Jh. Aus den Acten dargestellt Hannover. 1867.
Meyer, L.: Die Beziehungen der Geisteskranken zu den Besessenen und Hexen. In: Westermann illustr. deutsche Monatshefte. Nr. 57. (Juni). Wiesbaden. 1861.
Meyer, L.: Die Periode der Hexenprozesse. Hannover. 1882.
Meyer: Joachim II. (v. Brandenburg) und der Hexenglaube. In: Der Bär. Berliner historische Wochenschrift vom 16. Oktober 1886.
Meyfart, Johann Matthäus: Christliche Erinnerung, An Gewaltige Regenten, vnd Gewissenhafte Praedicanten, wie das abscheuliche Laster der Hexerey und Ernst außzurotten, aber in Verfolgung desselbigen auff Cantzeln vnd in Gerichtheusern sehr bescheidentlich zu handeln sey. Erfurt. 1635.
Meyfart, Johann: Christliche Erinnerung an gewaltige Regenten und gewissenhafte Potentaten, wie das abschewliche Laster der Hexerei mit Ernst auszurotten aber in Verfolgung desselbigen auf Cantzeln und in Gerichtshäusern sehr bescheidentlich zu behandeln sei. Halle. 1703.
Michelet, Jules: Die Hexe. München. 1974.
Michelet, Jules: Die Hexe. Mit einem Vorwort von Roland Barthes. Hrsg. von Traugott König. Fulda. 1988 (EA Paris 1862, erste deutsche Übersetzung von G. Klose, 1863).
Michelet, Jules: Die Hexe. Leipzig 1863. Mit einem Nachwort versehen von G. Emig. Berlin 1975. (Übersetzung des frz. Originals La Sorciére, Paris 1862, Brüssel 1863).
Middleton, John/Winter, Edward H. (Hg.): Witchcraft and Sorcery in East Africa. London. 1963.
Midelfort, Hans Christian Erick: Recent Witch Hunting Research or Where Do We Go from Here?. In: The Papers of the Bibliographical Society of America 62 (1968).
Midelfort, Hans Christian Erick: Witch Hunting in southwestern Germany 1562–1684. The social and intellectual foundations. Stanford Calif. 1972 (Bibliographie S. 261–300).
Midelfort, Hans Christian Erick: Were there really Witches? In: R.M. Kingdon (Hrsg.), Transition and Revolution. Minneapolis. 1974; S. 189–205.
Midelfort, Hans Christian Erick: The Renaissance of Witchcraft Research. In: Journal of the History of Behavioural Sciences 13. 1977.
Midelfort, Hans Christian Erick: Alte Fragen und neue Methoden in der Geschichte des Hexenwahns. (Vortrag, gehalten anläßlich der wissenschaftlichen Stufientagung „Neuere Forschungen zu südwestdeutschen Hexenprozessen" vom 5.–9. November 1986 in Weingarten). Manuskript.
Midelfort, Hans Christian Erick: Johann Weyer in medizinischer theologischer und rechtsgeschichtlicher Hinsicht. In: Lehmann/Ulbricht (Hrsg.), Vom Unfug des Hexen-Processes. Wiesbaden. 1992; S. 53–64
Milichius, Ludwig: Der Zauber Teuffel, Sagen, Aberglauben, Hexerey und mancherley Wercken des Teuffels. Frankfurt (bei Feierabend). 1563.
Miller, Arthur: Hexenjagd: ein Drama in 2 Akten. 1987.
Minder, R.: Der Hexenglaube bei den Jatrochemikern des 17. Jh. Zürich. 1963.
Mode, Heinz: Fabeltiere und Dämonen in der Kunst. Die fantastische Welt der Mischwesen. Berlin, Köln, Mainz. 1974.
Model, Johann Michael: Beantwortete Frage: Ob man die Ausfahrt der Hexen zulassen könne? Wider den heutigen Hexenstürmer P. Ferdinand Sterzinger. München. 1769.
Moeder, Marcel: Les proces de sorcellerie á Mulhouse au quinziéme siécle. In: Bulletin de la société industrielle de Mulhouse 92 (1926); S. 292–317.
Moeller, Ernst von: „Die Rechtssitte des Stabbrechens". In: Zeitschrift der Savigny-Stiftung für Rechtsgeschichte, Germ. Abt. 21. Bd., S. 27ff. Weimar 1900.
Mohrig, W. (Hg.): Johannes Praetorius, Hexen-, Zauber- und Spukgeschichten aus dem Blocksberg. Frankfurt a. M. 1979 (Erstersch. 1668, nach der Ausgabe Leipzig 1669 ediert).
Molitor, Ulricus: Tractatus de lamiis et pythonicis mulieribus. 4°. (Deutsche Übersetzung im Theatrum de veneficio v. Sawr enthalten). Konstanz. 1489.
Molitoris, Ulrich: De laniis phitonicis mulieribus tractatus pulcherrimus Constanz 1489 (deutsch: Von Hexen und Unholden. Ein christlicher, nuetzlicher und zu diesen unsern gefaehrlichen Zeiten nothwendiger Bericht, auß Gottes Wort, Geistlichen und Weltlichen Rechten, auch sonst allerley Historien gezogen. Straßburg. 1575. Übersetzer: Conradus Lautenbach.
Möller, Daniel: Commentar zur Praefatio der Const. elect. Ordinationes et Constituones Augusti de processu iudiciario dubissque aliquot, et in iure controversiis casibus. Lipsiae. 1599.
Mommert, Carl: Menschenopfer bei den Alten Hebräern. Leipzig. 1905.
Mondrou, R.: Die französischen Richter und die Hexenprozesse im 17. Jahrhundert. In: Honegger (1978); S. 309–336.
Mone, Franz Josef: Über das Hexenwesen. In: Anzeiger für Kunde der teutschen Vorzeit 8 (Karlsruhe 1839); S. 271–275; S. 444–453.
Monter, E. William (Hg.): European Witchcraft. New York. 1969.
Monter, E. William: Inflation and Witchcraft: The Case of Jean Bodin. In: Rabb/Siegel (Hrsg.), Action and Conviction in Early Modern Europe. Princeton. 1969; S. 371–389.
Monter, E. William: The Historiography of European Witchcraft: Progress and Prospects. Journal of Interdisciplinary. History 2, 1971–1972; S. 435–451.
Monter, E. William: Witchcraft in France and Switzerland. The Borderlands during the Reformation. Ithaca-London 1976.
Monter, E. William: European Witchcraft: A Moment of Synthesis? In: The Historical Journal 31 (1988); S. 183–185.
Mordek, Hubert/Glatthaar, Michael: Von Wahrsagerinnen und Zauberern. In: AfK 75 (1993); S. 33–64.
Morgner, Irmtraud: Amanda: ein Hexenroman. 1983.
Morley, H.: Cornelius Agrippa. London. 1856.
Mornaeus (Mornay), Philipp de: De Ecclesia. Lausanne. 1587.
Morris, Katherine Sue: Early medieval witchcraft: Characteristics of the feminine witch figure. Diss. Austin (University of Texas). 1985.
Morris, Max: Die Walpurgisnacht. In: Euphorion 6 (1899); S. 683-716.
Morschel, Max: Der Kampf um die Abschaffung der Folter. Gießener jur. Diss. 1920. Gießen. 1926.
Moser, Dietz-Rüdiger (Hrsg.): Glaube im Abseits. Beiträge zur Erforschung des Aberglaubens. Darmstadt. 1992.
Moser, F.: Hirsul, die Hexe der Bielhöhle. Merseburg. 1823.
Möstl, Fr.: Ein Szegediner Hexenprozess. Culturhistorische Studie. Graz. 1879.
Muck, G.: Geschichte des Klosters Heilsbronn von der Urzeit bis zur Neuzeit. 3 Bde. Nördlingen. 1879.
Mudrak, E.: Grundlagen des Hexenwahns. In: Reden und Aufsätze zum nordischen Gedanken. 37. Heft. Leipzig. 1936.
Mühlmann, Wilhelm Emil: Weiblicher Schamanismus und Dichtung. Berlin. 1981.
Mühlmann, Wilhelm Emil: Die Metamorphose der Frau. Berlin. 1993.
Müldener, Joh. Christian: Collationem omnium capitulationum a prima Caroli V iuxta josephinam.
Mülleder, Gerald: „Die Kinder des Teufels" und ihre Welt. In: Programmheft Salzburger Theater zu Felix Mitterer, Die Kinder des Teufels. o. J.
Müller, Adolf: Ein Hexenprozeß in Rhens. In: Kreisverwaltung Koblenz-Land (Hg.), Heimatkalender 1957 für den Landkreis Koblenz 11. Jahrgang; S. 43–46.
Müller, Anton: „Wer dieses bey sich trägt ...". Über einen Amulettbrief, Zauber und Gegenzauber. In: Mein Heimatland 27 (1940); H. 2.
Müller, Curt: Hexenaberglaube und Hexenprozesse in Deutschland. Leipzig. 1894.
Müller, Daniela: „Ich bin eine Hexe" – Mythische oder feministische Kampfmetaphorik. In: Harmening, Hexen heute. Würzburg. 1991; S. 153–163.
Müller, Daniela: Albingenser – die wahre Kirche? Würzburg. 1986.
Müller, Daniela: Inquisitio haereticae pravitatis. Ketzerei und Ketzerbekämpfung vom 11. bis zu 1. Hälfte des 14. Jh. In: Heresis. 1987; S. 49–63.
Müller, Daniela: Aufsatz „katharer". In: TRE Theologische Realenzyklopädie Sonderdruck. Band XVIII. Lieferung 1/2. 1989.
Müller, Daniela: Hintergründe des historischen Hexenwahns. In: Blumenthal/Kramer (Hrsg.), Ketzerei und Ketzerbekämpfung in Wort und Text. Stuttgart. 1989; S. 79–88.
Müller, Daniela: Hexenprozeß und Frauenrepression. In: Heresis 1989; H. 12; S. 39–51.
Müller, F.: Beiträge zur Geschichte des Hexenglaubens und der Hexenprocesse in Siebenbürgen. Braunschweig 1854.
Müller, Karl Otto: Heinrich Institoris, der Verfasser des Hexenhammers und seine Tätigkeit als Hexeninquisitor in Ravensburg im Herbst 1484. In: Württ. Vierteljahreshefte für Landesgeschichte. Nr. 4. Stuttgart. 1910.
Müller, Karl Otto: Zur Geschichte des peinlichen Prozesses in Schwaben im späten Mittelalter. Tübingen 1910. (Tübinger Studien für Schwäbische und deutsche Rechtsgeschichte. II/3b).
Müller, M. F. J.: Kleiner Beitrag zur Geschichte des Hexenwesens im XVI. Jh. aus authentischen Akten ausgehoben. Trier. 1830.
Müller, Michael: Die Lehre des hl. Augustinus von der Paradiesehe und ihre Auswirkung in der Sexualethik des 12. und 13. Jh. Regensburg. 1954.
Müller, W.: Das Beispiel Hexenwahn. In: Jürgen Hermann Rauser, Forchtenberger Heimatbuch (Heimatbücherei Hohenlohekreis, Bd. 12). Forchtenberg. 1983; S. 98–100.
Müller-Jahncke, Wolf-Dieter: Astrologisch-magische Theorie und Praxis in der Heilkunde der frühen Neuzeit. Stuttgart. 1985.
Müller-Reimerdes, Friederike: Der christliche Hexenwahn. Gedanken zum religiösen Freiheitskampf der deutschen Frau. Leipzig. 1935.
Müller-Reimerdes, Friederike: Einwände und Widerlegungen. In: Müller-Reimerdes, Der christliche Hexenwahn. Gedanken zum religiösen Freiheitskampf der deutschen Frau (Reden und Aufsätze zum nordischen Gedanken 26). Leipzig. 1935.
Müller-Sternberg, Robert: Die Dämonen. Bremen. 1964.
Müller: Hexenprozeß in Forchtenberg 1617. In: Hohenloher Chronik 22 (1974); S. 1ff.
Multhaupt, Tamara: Hexerei und Antihexerei in Afrika. München. 1989.
Mummenhoff, Ernst: Fröschturm und Eiserne Jungfrau. Mitteilungen des Vereins für Geschichte der Stadt Nürnberg, Heft 13. Nürnberg 1899; S. 272–275.
Mummenhoff, Ernst: Die Eiserne Jungfrau. In: Gesammelte Aufsätze und Vorträge. Band 1, Nürnberg 1931; S. 367–384.
Münch, Th.: Der Hofrat unter Kurfürst Max Emmanuel von Bayern (1679–1726). München. 1979.
Münster, Joh. v.: Ein christlicher Underricht von den Gespenstern. Bremen. 1591.
Muraro, Luisa: La Signoria del gioco. Episodi della caccia alle streghe. Mailand. 1976 (2. Aufl. 1977).
Murr, Walter: Die Hexenverfolgung in der Markgrafschaft Baden-Baden von 1622–1632. Tübingen. 1987.
Murray, Margaret Alice: The Witch-Cult in Western Europe. London. 1921.
Murray, Margaret Alice: The God of the Witches. New York. 1952.
Murray, Margaret Alice: The Witch-Cult in Western Europe. Oxford. 1963.
Murray, Margaret Alice: The witchcult in western Europe. Oxford. 1971 (Reprint).
Muthreich, M.: Theologischer Bericht von dem sehr schrecklichen Zornsturm des Teuffels, welchen er zu diesen letzten Zeiten auch durch seine Getreue, die Zauberer, Hexen und dergleichen Unholden spüren lässet. Frankfurth an der Oder, 1649. Nachricht von dem Hexen-Proceß in dem Ertz-Stift Trier und dem traurigen Schicksal eines Churfürstlichen Ministers. In: Hauber, Bibliotheca sive acta et scripta magica. Lemgo. 1738–1745; II. 21. Stück; S. 582–593. Nachricht von einer wichtigen Schrifft eines Römisch-Catholischen wider den Herrn-Proceß, und die gemeine Lehre von der Gewalt des Teufels, wie derselbe unterdrucket worden, und von denen darüber ausgestandenen Verfolgungen des Authoris (Cornelius Loos, Tractat von der wahren und falschen Magie. Luxemb. 572); S. 74. In: Horst's Zauberbibliothek, 1. Bd. X. Stück.
Naess, Hans E.: Die Hexenprozesse in Norwegen. In: Degn, Christian, et al.: Hexenprozesse. Deutsche und skandinavische Beiträge. Neumünster. 1984; S. 167–171.

Nagel, Petra: Die Bedeutung der „Disquisitionum magicarum libri sex" von Martin DelRio für das Verfahren in Hexenprozessen. Diss. Bielefeld. 1994.
Nagel, W.: Exorzismus. III. Liturgisch. In: Die Religion in Geschichte und Gegenwart. Dritte, völlig neu bearbeitete Auflage. Bd. 2. Tübingen. 1958; Sp. 834.
Nagl, Heinz: Der Zauberer Jackl-Prozeß oder Hexenprozesse im Erzstift Salzburg 1675–1690. (Diss. phil.). Innsbruck. 1966.
Nagl, Heinz: Der Zauberer-Jackl-Prozeß. Hexenprozesse im Erzstift Salzburg (1675–1690). In: Mitteilungen der Gesellschaft für Salzburger Landeskunde, 112/113 (1972/1973); S. 385-541; 114 (1974); S. 79–243.
Nagoldanus, Paulus: Von deß Teuffels Nebelkappen. Das ist: Ein kurtzer Begriff, den gantzen Handel von der Zauberey belangend, zusammengelesen. Frankfurt. 1583.
Nahl, Rudolf van: Zauberglaube und Hexenwahn im Gebiet von Rhein und Maas. Spätmittelalterlicher Volksglaube im Werk Johan Weyers (1515–1588). Bonn. 1983. (Rheinisches Archiv. Bd. 116).
Nahrgang, Karl: Hexenprozesse in der Dreieich im Ausgang des 16. Jahrhunderts. In: Landschaft Dreieich, Blätter für Heimatforschung (Beilage zur Langener Zeitung), NF 3 (Langen 1956); S. 2–16, 22–24.
Naogerorgus, Thomas: „Moralis philosophiae medulla": docens quo pacto ad animi tranquilliatem beatitudinemque praesentis vitae perveniri possit, nempe Epicteti enchiridion graece ac latine cum explanatione Thomae Naogeorgie. Argentorati. 1554.
Narratives of the Witchcraft Cases: 1648–1706, ed George Lincoln Burr. New York 1914; reprinted 1959.
Naudaeus (Naudé) Gabriel: Apologie pour tous grands personages, qui ont esté soupconnez de magie. Paris. 1625.
Naujoks, Eberhard: Schwäbisch Hall im Rahmen der reichsstädtischen Sozialgeschichte Südwestdeutschlands im 14. bis 16. Jahrhundert. In: Württembergisch Franken 74 (1990); S. 195.
Nehring: Von der Wasserprobe der Hexen. Jena. 1714.
Nemec, Helmut: Zauberzeichen. Magie im volkstümlichen Bereich. Wien/München. 1976; S. 144.
Nenonen, Marko: Hexenglauben, Mensch und Gemeinschaft in Finnland. Spätmittelalter und frühe Neuzeit. In: Christian Krötzl/Jaakko Masonen (Hrsg.), Quotidianum Fennicum (Medium Aevum Quotidianum 19). Krems. 1989; S. 58-74.
Nesner, Hans-Jörg: „Hexenbulle" (1484) und „Hexenhammer" (1487). In: Georg Schwaiger (Hrsg.), Teufelsglaube und Hexenprozesse. München. 1987; S. 76–102. Neuester Hexenprozeß aus dem aufgeklärten heutigen Jahrhundert; oder: So dumm liegt mein bayrisches Vaterland noch unter dem Joch der Mönche und des Aberglaubens. Von A. v. M., 1786.
Neumaier, Helmut: Hexenwahn im badischen Frankenland. In: Württembergisch Franken, Jahrbuch 1976; S. 264–277.
Neumann, Erich: Die große Mutter. Eine Phänomenologie des Unbewußten. Zürich. 1956.
Neumann, Erich: Die Große Mutter. Olten/Freiburg. 1985.
Neumeyer, A. F.: Der Mühldorfer Hexenprozeß der 16jährigen Dienstmagd Marie Pauer von der Katharinenvorstadt Anno 1749/50. Mühldorf. 1980 (EA 1926).
Neuwalt, Hermann: Von Erforschung, Prob und erkaendtniß der Zauberinnen durchs kalte Wasser, in welchem Wilhelm Adolph Scribonii meynung wiederleget und von ursprung, Natur und Wahrheit dieser und anderer Purgation gehandelt wirdt. Helmstedt. 1584 (Übersetzer: Heinrich Heybaum, Professor der Geschichte und Poesie).
Newald, Richard: Die Teufelsliteratur und die Antike. Bayer. Blätter für das Gymnasial-Schulwesen 63. 1927. Newe Zeittung von den Hexen oder Unholden, so man verbrendt hat. o. O. 1580. Newe Zeitung. Eine schreckliche Historia/so sich zu Stettin mit einer Zeuberin zugetragen/welche solche grawsame ding bekendt/ das sie auch für züchtigen ohren nicht zu reden oder zu schreiben sind. Geschrieben durch Mart. Marckwart. Flugschrift. 1580. o. O. Newe zeitung. Von einer Erschrecklichen That/welche zu Dillingen (...). Basel. 1579. Newer Tractat von der verführten Kinder Zauberey. In welchem mit reifflichem Discurs und muthmässigem Bedencken vorgehalten wurdt, auss was Ursachen viel unerwachsene, und unmündige Kinder, so noch zur zeit scheinen unschuldig zu seyn, zu der verdampten Geister, und Zauberer Gesellschaft gebracht und unerhörter weiss verführt werden ... Aschaffenburg 1629.
Nider, Johann: Formicarius de maleficiis earumque praestigiis ac deceptationibus ad exemplum sapientae de formicis. 1517.
Niefert, J. H. J. (Hrsg.): Merkwürdiger Hexenprozeß gegen den Kaufmann G. Köbbing in dem Stadtgerichte zu Coesfeld im Jahre 1632 geführt. Coesfeld. 1827.
Niehues, Bernhard: Zur Geschichte des Hexenglaubens und der Hexenprozesse vornehmlich im ehemaligen Fürstbistum Münster. Münster. 1875.
Nielsen, Enno (Hrsg.): Die Hexe von Endor. München. 1978.
Niesert, Joseph: Merkwürdiger Hexenprozeß gegen den Kaufmann G. Köbbing aus den Jahren 1632. Coesfeld 1827.
Niess, Walter: Hexenprozesse in der Grafschaft Büdingen. Protokolle – Ursachen – Hintergründe. Büdingen. 1982.
Nikl, P.: Barbara Kleusl von Hemau. Eine Hexengeschichte aus dem 17. Jahrhundert. In: Neuburger Kollektaneenblatt 47 (1883); S. 1–13.
Nippold, F.: Die gegenwärtige Wiederbelebung des Hexenglaubens. Mit einem literarisch-kritischen Anhang über die Quellen und Bearbeitungen der Hexenprozesse. Berlin, 1875.
Nippold, F.: Die Thümmel'schen Religionsprozesse vom kirchengeschichtlichen und kirchenrechtlichen Standpunkte beleuchtet. Halle, 1887.
Nitschke, August: Historische Verhaltensforschung. Stuttgart. 1981.
Nola, Alfonso di: Der Teufel. München. 1990; S. 214ff.
Nordhoff-Behne, Hildegard: Gerichtsbarkeit und Strafrechtspflege in der Reichsstadt Schwäbisch Hall seit dem 15. Jahrhundert. Schwäbisch Hall. 1971; S. 39.
Nowosadtko, Jutta: Scharfrichter und Abdecker in Bayern (1500-1800). Der Alltag zweier „unehrlicher Berufe" in Theorie, Literatur und Sozialgeschichte. Diss. phil. Universität – GHS Essen. 1992.
Nugent, D.: Witchcraft Studies, 1959–1791. A Bibliographical Survey. In: Journal of Popular Culture 5 (1971).
Obendiek, Harmannus: Der Teufel bei Luther, eine theologische Untersuchung. Berlin. 1931 (Furche-Studien 4).
Obermayer, Peter: Der Wiener Hexenprozeß des Jahres 1583. Diss. phil. Wien. 1963.
Obrist, J. G.: Der Kitzbüheler Hexenbrand vom Jahr 1594. In: Tiroler Bote (1892); S. 1860–67 (in Fortsetzungen).
Odorici, Federico: Le Streghe di Valtelina e la Santa Inquisizione, con documenti inediti del secolo XVI. Mailand. 1861.
Oehler, Dietrich: Zur Entstehung des strafrechtlichen Inquisitionsprozesses. In: Gedenkschrift Hilde Kaufmann. Berlin. 1986; S. 847–861.
Oellrich, Ludwig: Der Strafprozeß in Nürnberg während der letzten drei Jahrhunderte der Selbständigkeit der freien Reichsstadt. Jur. Diss. Erlangen 1948.
Oeser, R.: Die Schreckensjahre von Lindheim. Ein Beitrag zur Sittengeschichte des 17. Jhts. Für das Volk erzählt von O. Glaubrecht (pseud.) 4. Aufl. Frankfurt am Main und Erlangen. 1862.
Ohle, R.: Der Hexenwahn. In: Religionsgeschichtliche Volksbücher für die deutsche christliche Gegenwart. IV. Reihe, 8. Heft. Tübingen, 1908.
Ohle, R.: Die Hexen in und um Prenzlau. In: Mitteilungen des uckermärkischen Museums- und Geschichtsvereins zu Prenzlau. Hrsg. vom Vereinsvorstand. IV. Bd. Prenzlau. 1911.
Ohlmann, Michael: Ein Hexenprozeß zu Dhaun im Jahre 1577. In: Kirner Heimatblätter. Jg. 1936; S. 43ff.
Ohlmann, Michael: Hochgerichtsplätze und Galgenberge im Gebiet der mittleren Nahe. In: Kirner Heimatblätter. Jg. 1936; S. 3–7, 10–12, 14–23.
Ohlmann, Michael: Scharfrichter und Wasenmeister in der Wild- und Rheingrafschaft. In: Kirner Heimatblätter. Jg. 1936; S. 25ff, 19–31, Nachtrag S. 36.
Ohlmann, Michael: Ein Hexenprozeß zu Wartenstein bei Kirn vom Jahre 1650. In: Kirner Heimatblätter. Jg. 1937; S. 5–7.
Ohlmann, Michael: Gedanken über Hexenglauben und Hexenprozesse. In: Kirner Heimatblätter. Jg. 1937; S. 13ff, 17ff.
Ohse, Bernhard: Die Teufelsliteratur zwischen Brant und Luther. Ein Beitrag zur näheren Bestimmung der Abkunft und des geistigen Orts der Teufelsbücher, besonders im Hinblick auf ihre Ansichten über das Böse. Berliner phil. Diss. 1961.
Orzekowa, Eliza: Die Hexe: Roman. Petrusia-Magd bei einem weißrussischen Bauern gerät durch bösen Zufall, Neid und Mißgunst der Dorfbewohner in den Verdacht, eine Hexe zu sein. 1982.
Osa, A. U. Dell: Das große weltbetrügende Nichts oder die heutige Hexerei und Zauberkunst. Frankfurt/M. 1761.
Osborn, Max: Die Teufelsliteratur des 16. Jh. Berlin. 1893.
Osenbrüggen, E.: Der letzte Hexenprozess. Leipzig. 1867.
Osiandrum, Johann Adam: Tractatus theologicus de magie.
Ossuna, F. de: Flagellum Diaboli, oder deß Teufels Gaißl. München. 1602.
Ostermann, Peter: Commentarius iuridicus ad L. Stigmata ... Coloniae Agrippinae. 1629.
Osterwald, P.: Rede vom Nutzen der logikalischen Regeln, besonders wider die Freigeisterei und den Aberglauben. München. 1767.
Osterwald, Peter von: Veremund von Lochsteins Gründe sowohl für als wider die geistliche Immunität in weltlichen Dingen. München. 1766.
Ott, F.: Gespräche von verschiedenem Inhalte, unter einer munteren Fastnachtscompagnie, verfasset von einem Liebhaber einer anständigen Freyheit (A. E. I. O. U.). Gedruckt vor baares Geld, im Jahr, als noch im März Fasching war. Verfaßt am unsinnigen Donnerstag. Lappendorf. 1767. (München).
Ott-Koptschalijski: Die Entwicklung der deutschen Hexenliteratur vom 15. bis zum 17. Jahrhundert. Magisterarbeit. Wien. 1985.
Otto, Ed.: Hexenverfolgung im Odenwald. In: Unter der Dorflinde im Odenwald 57 (Mosbach 1975); S.6–7.
Oufle: (Pseudonym für den franz. Abt Bordelon). Historie des imaginations. Paris. 1710. Historie der seltenen Einbildungen. Danzig. 1712.
Paine, L.: Sex in the witchcraft. New York. 1972.
Palingh, Abraham: Het af gerukt Mom-aangezicht der Tooverij, Amsterdam 1659 (Die abgerissene Maske der Zauberer).
Pancirollus, Guido: de origine et auctoritate ICorum et de vicis illustribus maximine in iure seu de claris iuris interpretibus libros IV.
Papini, Giovanni: Der Teufel. Anmerkungen für eine zukünftige Teufelslehre. Stuttgart 1955.
Parrinder, Geoffrey: Witchcraft: European and African. London. 1963.
Pastor Ludwig: Johannes Janssen, 1829–1891. Ein Lebensbild vornehmlich nach den ungedruckten Briefen und Tagebüchern desselben. Freiburg. 1984.
Patschovsky, Alexander: Waldenserverfolgung in Schweidnitz 1315. In: DA 36 (1980); S. 137–176.
Patschovsky, Alexander: Der Ketzer als Teufelsdiener. In: Hubert Mordek (Hrsg.), Papsttum, Kirche und Recht im Mittelalter. Festschrift für Horst Fuhrmann zum 65. Geburtstag. Tübingen. 1991; S.317ff.
Paul, Cornelia: „Und da waren plötzlich über Nacht die Pferde gezopft". Vom Hexenglauben in einem oberschwäbischen Dorf. In: kea. Zeitschrift für Kulturwissenschaften 5 (1993); S. 103–118.
Paullini, Christian Franciscus: Annales Corbeiiensis. 1688.
Pauls, Emil: Zauberwesen und Hexenwahn am Niederrhein. In: Beiträge zur Geschichte des Niederrheins. Bd. XIII ... S. 134. Düsseldorf. 1898.
Paulus, Nikolaus: Württembergische Hexenpredigten aus dem 16. Jh. In: Diözesanarchiv von Schwaben 15. (Nr. 6) 1897; S. 107–108.
Paulus, Nikolaus: Bibel und protestantische Hexenverfolgung. In: Wissenschaft. Beilage z. Germania. Nr. 44. Jahrg. 1907. Berlin. 1907.
Paulus, Nikolaus: Ist die Kölner Approbation des Hexenhammers eine Fälschung? In: Historisches Jahrbuch 28 (1907); S. 871–876.
Paulus, Nikolaus: Die Rolle der Frau in der Geschichte des Hexenwahns. In: Historisches Jahrbuch 29 der Görresgesellschaft. 1908; S. 72.
Paulus, Nikolaus: Rom und die Blütezeit der Hexenprozesse. In: Hist. pol. Blätter f. d. kath. Deutschland. 141. Bd. 1. Heft. München. 1908.
Paulus, Nikolaus: Zur Kontroverse über den Hexenhammer. Historisches Jahrbuch 29. 1908; S. 559–574.
Paulus, Nikolaus: Johann Bretz und die Hexenfrage. in: Wissenschaftl. Beilage z. Germania. Nr. 26. Berlin. 1909.
Paulus, Nikolaus: Hexenwahn und Hexenprozeß, vornehmlich im 16. Jh. Freiburg i.Br. 1910.
Paulus, Nikolaus: Württemberger Hexenpredigten. In: Paulus, Hexenwahn und Hexenprozeß. Freiburg. 1910; S. 104ff.
Paulus, Nikolaus: Die Bibel als Autorität für protestantische Hexenverfolgung. In: Hexenwahn und Hexenprozeß vornehmlich im 16. Jh., Freiburg/Br. 1910; S. 67–100.
Paulus, Nikolaus: Der calvinistische Prediger Anton Prätorius, ein Bekämpfer der Hexenverfolgung. In: Hexenwahn und Hexenprozeß vornehmlich im 16. Jh., Freiburg, 1910; S. 183–195.
Paulus, Nikolaus: Der Hexenwahn bei den Zwinglianern des 16. Jhs. In: Hexenwahn und Hexenprozeß vornehmlich im 16. Jh., Freiburg. 1910; S. 150–172.
Paulus, Nikolaus: Die Hexenschrift des Calvinisten Lambert Daneau. In: Hexenwahn und Hexenprozeß vornehmlich im 16. Jh., Freiburg. 1910; S. 172–813.
Paulus, Nikolaus: Luther als Beförderer der Hexenprozesse. In: Hexenwahn und Hexenprozeß vornehmlich im 16. Jh., Freiburg. 1910; S. 48–66.
Paulus, Nikolaus: Luthers Stellung zur Hexenfrage. In: Hexenwahn und Hexenprozeß vornehmlich im 16. Jh., Freiburg. 1910; S. 20–48.
Paulus, Nikolaus: Protestantismus und Toleranz im 16. Jh. Freiburg i. Br. 1911.
Peinkofer, M.: Die Hex' von Wittersitt. Ein Hexenprozeß aus dem Bayrischen Wald aus dem Jahr 1703. In: Peinkofer, Werke I, Der Brunnkorb. Passau. 1977; S. 86–92.
Peltzer, A.: Nordische und italienische Teufels- und Hexenwelt. In: E. Castelli

(Hrsg.), Atti del 2. Congresso internazionale dei studi unmanistici. Rom. 1953.
Perneder, A.: Von Straff und Peen aller und yeder Malefitzhandlungen (...). Ingolstadt. 1551.
Peter, Norbert: Hexenwahn in der Grafschaft Hohenems. In: Gedenkschrift Stadterhebung Hohenems 1333–1983. Hrsg. vom Amt der Stadt Hohenems. Dornbirn. 1983; S. 54–57.
Peter, Ralf: Der Schutz des neugeborenen, insbesondere des mißgebildeten Kindes. Stuttgart. 1988; S. 60ff.
Peters, Edward: The Magician, the Witch and the Law. Philadelphia. 1978.
Petersdorff, Egon v.: Daemonen, Hexen, Spiritisten. Mächte der Finsternis einst und jetzt. Eine Daemonologie aller Zeiten. Wiesbaden. 1960.
Petersohn, Jürgen: Konziliaristenund Hexen. Ein unbekannter Brief des Inquisitors Heinrich Institoris an Papst Sixtus IV. aus dem Jahre 1484. In: Deutsches Archiv 44 (1988); S. 120–160.
Peucerus, Caspar: Commentarius de praecipius divinationum generibus. Wittenberg. 1553.
Peuckert, Will.-Erich: Deutscher Volksglaube des Spätmittelalters. Stuttgart. 1942.
Peuckert, Will.-Erich: Die große Wende. Das apokalyptische Saeculum und Luther. Geistesgeschichte und Volkskunde. Hamburg. 1948.
Peuckert, Will.-Erich: Geheimkulte. Heidelberg. 1951.
Peuckert, Will.-Erich: Hexen- und Weiberbünde. In: Kairos Bd. 2. 1960; S. 101ff. Theorie des Hexenglaubens des im Hexenglauben weiterlebenden „weiberzeitlichen" Weltbildes.
Peuckert, Will.-Erich: Hexensalben. In: Medizinischer Monatsspiegel. Darmstadt. 1960.
Peuckert, Will.-Erich: Ergänzendes Kapitel über das deutsche Hexenwesen. In: Julio Caro Baroja: Die Hexen und ihre Welt. Stuttgart. 1967; S. 285–320.
Peuckert, Will.-Erich: Gabalia. Ein Versuch zur Geschichte der magia naturalis im 16. bis 18. Jahrhundert. Berlin. 1967.
Peuckert, Will.-Erich: Quellen und Untersuchungen zur Geschichte des Hexenglaubens im 16. bis 18. Jahrhundert. Hildesheim. 1968.
Pfaff, Karl: Die Hexenprocesse zu Eßlingen im sechszehenten und siebenzehenten Jahrhundert. In: Zeitschrift für deutsche Culturgeschichte 1 (1856).
Pfannenschmid, H.: Erklärungsversuch einiger französischer, auf das Hexenwesen des Mittelalters bezüglichen Ausdrücke: Genot, Genocherie, Criage. In: La Revue nouvelle d'Alsace-Lorainne. Colmar. June. 1884.
Pfau, Elisabeth: Die Pest in der Freien Reichsstadt Ulm. Frankfurt/M. (Diss. Masch.). 1948; S. 25.
Pfaundler, Ignaz: Ueber die Hexenprozesse des Mittelalters mit spezieller Beziehung auf Tirol. Nebst einer aktenmäßigen Darstellung eines Hexenprozesses vom Jahre 1680. In: Zs. d. Ferdinandeums f. Tirol und Vorarlberg 9. Innsbruck, 1843.
Pfeifer, Hans: Verfassungs- und Verwaltungsgeschichte der Fürstprobstei Ellwangen (Veröffentlichungen der Kommission für Geschichtliche Landeskunde in Baden-Württemberg, Reihe B, Bd. 7). Stuttgart. 1959.
Pfeilschifter, G.: Des Exorzisten Gassner Tätigkeit in der Konstanzer Diözese im Jahre 1774. In: Hist. Jb. d. Görres-Gesellschaft 52 (1932); S. 401–441.
Pfister, Christian: Nicholas Rémy et la Sorcellerie en Lorrain á la fin du XVIe siécle. In: Revue Historique 93 (1907); S. 28–44.
Pfister, K.: Kurfürst Maximilian und sein Jahrhundert. München. 1948.
Pfister, Oskar: Das Christentum und die Angst. Eine religionspsychologische, historische und religionshygienische Untersuchung. Zürich. 1944.
Pfister, Oskar: Calvins Eingreifen in die Hexer- und Hexenprozesse von Peney 1545 nach seiner Bedeutung für Geschichte und Gegenwart. Ein kritischer Beitrag zur Charakterisierung Calvins und zur gegenwärtigen Calvin-Renaissance. Zürich. 1947.
Pflug, W.: Anna, eine Hexengeschichte. Dessau. 1929.
Pfrang, Michael: Der Prozeß gegen die der Hexerei angeklagte Margaretha Königer. Ein Hexenverfahren in der Zent Gerolzhofen. In: Würzburger Diözesangeschichtsblätter 49 (1987) S. 155–165.
Piaschewski, Gisela: Das Wechselbalg. Ein Beitrag zum Aberglauben der nordeuropäischen Völker. Breslau. 1935.
Pierrette, Paravy: Zur Genesis der Hexenverfolgungen im Mittelalter: Der Traktat des Claude Tholosan, Richter in der Dauphiné (um 1436). In: Blauert, Ketzer, Zauberer, Hexen. Die Anfänge der europäischen Hexenverfolgungen. Frankfurt a. M. 1990; S. 118ff.
Pietsch, F.: Der Kulmbacher Hexenprozeß von 1666. In: Fränkische Heimat. Kulmbach (1961); Nr. 7.
Pietsch, P.: Die Doruchower Hexenverbrennung vom Jahre 1775.
Pintschovius, Hans-Joska: „Heute wie zu allen Zeiten ..." – Hexerei vor deutschen Gerichten. In: Harmening, Hexen heute; Würzburg. 1991; S. 79–85.
Pintschovius, Hans-Joska: Zur Hölle mit den Hexen. Berlin/Frankfurt a. M. 1991.
Pirckmayr. Fr.: Der Hexenturm in Salzburg. 1885.
Pizzinni, Meinrad: Aspekte der neuen Hexen-Literatur. In: Innsbrucker Historische Studien 12/13 (1990); S. 581–601.
Placius, Vincentius: Theatrum Anonymorum et Pseudonymorum (psotum Hamburg 1708).
Planch, A.: Dissertatio critico-scripturistica de Magia diabolica et Magorum prodigiis. Innsbruck. 1767.
Planitz, E. A.: Die Hexe von Goslar. Wittenberg, 1924.
Plenkers, W.: Das Hexenwesen in Dänemark. In: Stimmen aus Maria-Laach. LV. 1896.
Plenzat, Karl: Die Theophilussage in den Dichtungen des Mittelalters. Berlin. 1926.
Pleyer, R.: Der Hexenprozeß Schuster (1728–34). Ein Beitrag zum Historischen Volksleben in Bayrisch Schwaben. MA. München. 1983.
Plöhn, H. A.: Register der „Hexen" in Schleswig-Holstein. Zeitschrift für Niedersächsische Familienkunde 27. 1952; S. 66–67.
Pohl, Herbert: Die Kurmainzer Hexeninquisition im 17. Jahrhundert, dargestellt an Prozeßvorgängen im oberstiftischen Dieburg. o. O. I. J. (masch.). (Wissenschaftliche Hausarbeit für die 1. Staatsprüfung zum Lehramt an Gymnasien, Ref. Prof. Dr. Friedhelm Jürgensmeier, Fachbereich Kathol. Theologie).
Pohl, Herbert: Hexenglaube und Hexenverfolgung im Kurfürstentum Mainz. Ein Beitrag zur Hexenfrage im 16. und beginnenden 17. Jahrhundert. Diss. phil. (Geschichtliche Landeskunde Bd. 32). Stuttgart. 1988.
Pohl, Josef: Ein Hexenprozeß zu Linz am Rhein vom Jahre 1631. In: Bonner Archiv. Jg. 5. Nr. 5. 1893.
Pollack, H.: Mitteilungen über den Hexenprozeß in Deutschland. Berlin. 1885.
Pölnitz, G. Frhr. v.: Julius Echter von Mespelbrunn, Fürstbischof von Würzburg und Herzog von Franken (1573–1617). München. 1934.
Pomponatius, Petrus (Pomponazzi): Philosophi de naturalium Renaisaance; Philosphi de naturalium effectuum causis sive de incantationibus. 1520. 1566 erstmals publiziert.
Ponzinus, Franciscus (= Giovanni Francisco): De lamiis. In: Tractatus 1584, fol. 350–356.
Pott, Martin: Aufklärung und Aberglaube. Tübingen. 1992.
Praetorius, A.: Von Zauberey und Zauberern, gründlicher Bericht; drainn der grawsamen Menschen thöriges, schändliches vonemmen, vnd wie christliche Oberkeit in rechter Amptspflege ihnen begegnen, jhr Werck straffen, auffheben, vnd hinderen solle, vnd könne ... Hiezu ist gesetzet: der Theologen zu Nürnberg gantz christlich Bedencken, vnd wahrhafftig Vrtheil von Zauberey und Hexenwerck. Heydelberg. 1613.
Praetorius, Anton: Gründlicher Bericht Antoni Praetorii Lippiano-Westphali von Zauberey und Zauberern (...). Frankfurt/M. 1629.
Praetorius, Johannes: Blockes-Berges Verrichtung/oder Ausführlicher Geographischer Bericht/von den hohen trefflich alt- und berühmten Blockes-Berge: ingleichen von der Hexenfahrt/und Zauber-Sabbathe/so auff solchen Berge die Unholden aus gantz Teutschland/Jahrlich den 1. Maij in Sanct-Walpurgis Nachte anstellen sollen. Leipzig/Frankfurt. 1669.
Pramann, Regina (Hrsg.): Hexenverfolgungen und Frauengeschichte. Beiträge zur kommunalen Kulturarbeit. Bielefeld. 1993.
Prätorius, Antonius: Gründlicher Bericht von Zauberei und Zauberern. Frankfurt. 1629 (Pseud. Sculteus, Johannes; 1598 bereits unter Pseud. erschienen).
Préaud, M. (Hg.): Les Sorciéres. (Katalog der Ausstellung 16. Januar bis 20. April 1973). Bibliothéque Nationale. Paris 1973.
Premb, D.: Drei wichtige Fragen über das Hexensystem, von einem gesunden unverrückten Kopf diesseits der Donau. o. O. März. 1767.
Press, Volker: Calvinismus und Territorialstaat. Regierung und Zentralbehörden der Kurpfalz 1559–1619 (Kieler Historische Studien 7). Stuttgart. 1970.
Press, Volker: Ellwangen, Fürststift im Reich des späten Mittelalters und der frühen Neuzeit. In: Ellwanger Jahrbuch 30 (1983/84); S. 7–30.
Pressel, W.: Hexen und Hexenmeister; oder, Vollständige und getreue Schilderung und Beurtheilung des Hexenwesens. Stuttgart. 1860.
Preußler, Otfried: Die kleine Hexe. Stuttgart. 1967.
Prokop, Otto (Hrsg.): Medizinischer Okkultismus. Paramedizin. Jena. 1964.
Propp, Vladimir: Die historischen Wurzeln des Zaubermärchens. München/Wien. 1987.
Prosperi, Adriano: Credere alle streghe: inquisitori e confessori davanti alla „superstizione". In: Bibliotheca Lamiarum. Documenti e immagini della stregoneria dal Medioevo all' Etá Moderna. Pisa. 1994; S. 17–34. Protokolle von Hexenprozessen in Flamersheim. Flamersheim (?). 1629–30.
Prutz, R.: Der Hexenglaube in der Universitätsaula. In: Deutsches Museum. 7. Jahrg. Leipzig, 1857.
Pültz, H.: Die Tortur im bayerischen Strafverfahren von Kreitmayr bis Feuerbach. Diss. jur. Erlangen. 1946.
Puth, Hans: Von allerlei Untugenden der alten Kreuznacher. nach einer Kreuznacher Policey Ordnung aus dem Jahre 1582. In: Festschrift zur Eröffnung des Justizgebäudes in Bad Kreuznach 1956. Hg. Hans Puth. Bad Kreuznach. 1956; S. 52–57.
Putter, N.: Juristische Untersuchung über das gerichtliche Bekenntnis der Hexen, daß sie aus der schändlichen Buhlschaft mit dem Satan ein menschliches Wesen erzeugt hätten. Diss. 1698.
Quanter, Rudolf: Die Folter in der deutschen Rechtspflege einst und jetzt. Ein Beitrag zur Geschichte des deutschen Strafrechts. Dresden. 1900.
Queck, Walter: Der Hexentanzplatz von Trier im Bild. Erläuterungen zu den Textillustrationen. In: Emil Zenz, Ein Opfer des Hexenwahns. Trier. 1977.
Raab, M.: Großer Hexenprozeß zu Geisling 1689 bis 1691. Als Beitrag zur Geschichte der Hexenprozesse in Bayern aus Originalakten dargestellt. In: Verhandlungen des historischen Vereins der Oberpfalz und Regensburg 65. 1915; S. 73–99.
Radbruch, Gustav/Gwinner, Heinrich: Geschichte des Verbrechens. Versuch einer historischen Kriminologie. Stuttgart. 1951.
Radbruch, Gustav: Elegantiae juris criminalis. Sieben Studien zur Geschichte des Strafrechts. Darin: S. 1ff.: „Der Ursprung des Strafrechts aus dem Stande der Unfreien". „Hans Baldungs Hexenbilder". Basel. 1938.
Radbruch, Gustav: Hans Baldungs Hexenbilder. In: Gustav Radbruch: Elegantiae juris criminalis. Vierzehn Studien zur Geschichte des Strafrechts. 2. neubearbeitete und erweiterte Auflage. Basel. 1950.
Rade, Martin: Zum Teufelsglauben Luthers. Marburger Theologische Studien. 2. Gotha. 1931.
Raith, Anita: Ein württembergischer Hexenprozeß des Jahres 1592. Eine Fallstudie. In: „Hexenverfolgung. Neuere Forschungen – unter besonderer Berücksichtigung des südwestdeutschen Raumes". (Bei Drucklegung unseres Buches noch nicht publiziert - Anm.d.Verlages).
Raith, Anita: Hexenprozesse beim Württembergischen Oberrat. In: „Hexenverfolgung. Neuere Forschungen – unter besonderer Berücksichtigung des südwestdeutschen Raumes". (Bei Drucklegung unseres Buches noch nicht publiziert – Anm. d. Verlages).
Rall, Reinhold: Als der Hexenbanner noch nach Eningen kam ... Zwei alte „Zauberzettel" aufgefunden – Die Angst vor Hexen war einst weit verbreitet. In: Aus der Heimat (1966); S. 8.
Rambach, Hermann: Die Agatha stand im Hexenbuch. In: Badische Zeitung. Freiburger Stadtausgabe. 29.10.1964.
Rankl, Helmut: Gesellschaftlicher Ort und strafrichterliche Behandlung von „Rumor", „Empörung", „Aufruhr" und „Ketzerei" in Bayern. In: Zeitschrift f. bayerische Landesgeschichte 38 (1975); S. 524–569.
Rapp, L.: Die Hexenprozesse und ihre Gegner aus Tirol. Innsbruck. 1874.
Rapp, L.: Die Hexenprozesse und ihre Gegner in Tirol. 2. Aufl. Brixen, 1891.
Rathjen, Hans-Wilhelm: Die Höllenvorstellungen in der mittelhochdeutschen Literatur. Ungedr. Freiburger (i. Br.) phil. Diss. 1956.
Ratzinger, Joseph: „Abschied vom Teufel". In: Dogma und Verkündigung. München. 1973.
Rauh, Horst Dieter: Das Bild des Antichrist im Mittelalter. Münster. 1973.
Raumer, G. W. v.: Actenmäßige Nachrichten von Hexenprozessen und Zaubereien in der Mark Brandenburg vom 16. bis ins 18. Jh. In: Märkische Forschungen 1; S. 236. Berlin. 1841.
Rauscher, Ute: Die Hexendarstellungen des Hans Baldung gen. Grien. Magisterarbeit. Stuttgart. 1990.
Rauser, Jürgen Hermann: Das Sonderbeispiel Hexenwahn. In: Ingelfinger Heimatbuch (Heimatbücherei Hohenlohekreis, Bd. 2). Ingelfingen. 1980; S. 105–110.
Rauser, Jürgen Hermann: Ein Niedernhaller Hexenprozeß im Jahre 1592. In: Niedernhaller Heimatbuch (Heimatbücherei Hohenlohekreis, Bd. 7). Niedernhall. 1981; S. 100–106.
Rautert, Fr.: Blos für die Scribenten. Etwas näheres über die Hexenprozesse der Vorzeit, aus authentischer Quelle. Essen, 1827.
Ray-Atkinson: Hexenwahn und Hexenprozesse. Berlin o.J.
Razumovski, Andreas: Hexenjagd, Regenzauber. Südafrika wird fast täglich vom Irrationalen heimgesucht. In: FAZ vom 12. April 1984; S. 25.

Rechsel, F.: Das Hexenwesen im Kanton Bern. In: Berner Taschenbuch 19 (1870); S. 149–234. Records of Salem Witchcraft, printed for W. Elliot Woodward. Roxbury. Mass. 1864. 2 volumes.

Reger, A.: Über das Einsperren der „... letzten Hexe Regenburgs". In: Die Oberpfalz, Jg. 58 (1970); S. 239.

Regnet, C.A.: Von Zauberapparaten und Hexenakten im Reicharchiv zu München. In: Archivalische Zeitschrift. VI. Bd. München, 1881.

Rehfeldt, Bernhard: Todesstrafen und Bekehrungsgeschichte. Zur Rechts- und Bekehrungsgeschichte der germanischen Hinrichtungsbräuche. Berlin. 1942.

Reich, Felix: Hexenprozesse in Danzig und in den westpreußischen Grenzgebieten. München. 1940. (Diss. phil. Kiel 1938).

Reiche, Johann: Unterschiedliche Schriften vom Unfug des Hexenprozesses, zu fernerer Untersuchung der Zauberer. Nebst einer Vorrede von des Werkes Vorhaben und was sonsten von dem Zauberwesen und Hexenprozessen zu halten. Halle. 1703.

Reiche, Johann: Fernerer Unfug der Zauberey. Halle. 1704.

Reichel, R.: Ein Marburger Hexenprozeß vom Jahre 1546. In: Hist. Verein f. Steiermark. Mitteil. 27. Heft. Graz, 1879.

Reichenmiller, Margareta: Das ehemalige Reichsstift und Zisterzienserinnenkloster Rottenmünster. Diss. Stuttgart. 1964; S. 39ff.

Reigler, F.: Hexenprozesse, mit besonderer Berücksichtigung des Landes Steiermark. Graz. 1926.

Reiss, Wolfgang: Die Hexenprozesse in der Stadt Baden-Baden. Freiburger Diözesan-Archiv. 91. 3. Folge 23. Freiburg 1971. Relation Oder Beschreibung so Anno 1669, den 23. Martij in der Ro(e)mischen Reichs-Statt Augspurg geschehen/von einer Weibs-Person/welche ob grausamer vnd erschro(e)cklicher Hexereey vnd Verkreungen der Menschen/wie auch wegen anderer veru(e)bter Vbelthaten durch ein ertheiltes gna(e)diges Vrtheil von eim gantzen Ehrsamen Rath/ zuvor mit glüenden Zangen gerissen/hernach aber mit der Schwerdt gericht/der Leib zu Aschen verbrennt ist worden. Augsburg. 1669.

Remi, Nicolas: Daemonolatreiae libri tres. Lyon. 1595.

Remigius, Nicolaus: Daemonolatriae libri tres. Lugduni. 1594 (Er war Geheimrat und Hexenrichter in Lothringen).

Renczes, Andrea: Wie löscht man eine Familie aus? Eine Analyse Bamberger Hexenprozesse in Nordwestdeutschland. Hildesheim 1977.

Renczes, Andrea: Wie löscht man eine Familie aus? Eine Analyse Bamberger Hexenprozesse (Forum Sozialgeschichte, Bd. 1). Pfaffenweiler. 1990.

Resenhöffl, Wilhelm: Existenzerhellung des Hexentums in Goethes „Faust" (Mephistos Masken, Walpurgis) Grundlinien axiomatisch-psychologischer Deutung. Bern. 1970.

Rest, J.: Ettenheimer Hexenprozesse im 17. Jht. In: Die Ortenau. Mitt. d. hist. Vereins f. Mittelbaden. 3. Heft. Offenburg. 1912.

Reubold, W.: „Geschichtliche Notizen über Gerichts- und Gefängnislokale zu Würzburg" In: Archiv des Historischen Vereins zu Würzburg. Würzburg 1901.

Reuning, Wilhelm: Balthasar Becker, der Bekämpfer des Teufel- und Hexenglaubens. Auszug aus der Dissertation zur Erlangung der Doktorwürde bei der Philosophischen Fakultät der Hessischen Ludwigs-Universität zu Gießen. Gießen. 1925.

Reuss, Rodolphe: La sorcellerie au 16 iéme et au 17 iéme siécle, particulierement en Alsace. Paris 1871.

Reuss, Rodolphe: La sorcellerie au seiziéme et au dixseptiéme siécles, particuliérement en Alsace d'aprés des documents en partie inédits. Paris. 1871 (Neudruck Steinbrunnle-Haut 1987, mit biographischen Angaben im Vorwort).

Reuß: Hexenwesen unter den Studierenden zu Würzburg. In: Anzeiger f. Kunde der deutschen Vorzeit. NF. Organ. des Germ. Museums. 2. Bde. Jahrg. 1855. Leipzig, 1855.

Rhamm, Albert: Hexenglaube und Hexenprozesse, vornehmlich in den braunschweigischen Landen. Wolfenbüttel. 1882.

Rhodiginus, Caelius: Antiquarum Lectionum. 30 Bücher.

Richel, Artur: Zwei Hexenprozesse aus dem 16. Jht. Quellen und Studien zur Geschichte der Hexenprozesse. In: Ergänzungshefte zur ZfK. Hrsg. G. Steinhausen. 2. Heft. Weimar, 1898.

Richter, E.: „er nacherlebte Hexensabbat" In: Forschungsfragen unserer Zeit. 1960.

Riedel, A. J.: Ein Hexenprozeß, verhandelt bei dem Amtsgerichte zu Neustadt an der Dosse, im Jahre 1667; nach den Akten von Geheimen Archivratie Prof. Dr. Riedel, Berlin. 1826.

Rieder, Otto: Geschichte der ehemaligen Reichsstadt und Reichspflege Weißenburg am Nordgau. Bd. 3, abgeschlossen 1916 (unveröffentlicht); S. 119–132, wo umfassend vier Prozesse aus den Jahren 1626, 1628, 1630 und 1637 geschildert werden.

Riegel, Werner: Die Hexe – Ein Fasnachtssymbol? Aus der Sicht der organisierten Fasnacht. In: Fasnetshex. Narrenfigur mit Rollenproblemen, Materialien 8/1988. Hrsg. von der Akademie der Diözese Rottenburg-Stuttgart; S. 55–69.

Riegler, F.: Hexenprozesse, mit besonderer Berücksichtigung des Landes Steiermark. In: Zur Steiermärkischen Kultur. Graz. 1926.

Ries, T.: Hexenprozeß in Treffelstein. Waldmünchen 1572. In: Deutsche Gaue 1909; S. 303–305.

Riezler, Sigmund: Geschichte der Hexenprozesse in Bayern. Stuttgart. 1896.

Riezler, Sigmund: Paul Laymann und die Hexenprozesse. Zur Abwehr. Historische Zeitschrift 84. 1900.

Rimphof, Heinr.: Drachen-König, das ist: Wahrhafftige, deutliche, christliche und hochnothwendige Beschreybunge deß grawsamen, hochvermaledeyten Hexen- und Zauber-Teufels. Rinteln. 1647.

Rinck, G.: Der Hexenwahn in der Ostoberpfalz. In: Die Oberpfalz Jg. 60 (1972); S. 123.

Rinck, G.: Hexenprozeß anno 1679 in Cham. In: Die Oberpfalz Jg. 68 (1980); S. 93.

Rinck, G.: „Du bist ein Narr und bleibst närrisch". In: Die Oberpfalz Jg. 72 (1984); S. 91–93.

Rinder, J. Chr.: Eine Hexe nach ihrer greslichen Gestalt und gerechten Strafe, stellete auf das erschollene und sich weit ausbreitende Gerücht eines zu Apolda vermeintlich vorgegangenen Zauberwercks in nachmittäglicher Sonntags-Predigt den 17. Nov. 1748, aus einem besonders dazu erwehlten Text. 2. Buch Mos. XXII, 18. „Die Zauberinnen sollst du nicht leben lassen", vor und gabs nebst wahrhaftigen Bericht der gantzen Sache zum Druck. Jena, 175?.

Risso, M./Böker, W.: Verhexungswahn. Ein Beitrag zum Verständnis von Wahnerkrankungen süditalienischer Arbeiter in der Schweiz. Basel/New York. 1964.

Risso, M./Böker, W.: Verhexungswahn. In: Bibliotheca psychiatr. neurol. Bd. 124. Basel. 1964.

Risso, M./Böker, W.: Delusions of Witchcraft: A crosscultural Study. In: BJP. Bd. 114. Ashford/Kent. 1968; S. 963ff.

Ritter, Gerhard: Romantische und revolutionäre Elemente in der deutschen Theologie am Vorabend der deutschen Theologie am Vorabend der Reformation. Deutsche Vierteljahresschrift für Literaturwissenschaft und Geistesgeschichte. 5. 1927.

Ritter, Joachim Friedrich: Friedrich von Spee. Cautio Criminalis oder Rechtliches Bedenken wegen der Hexenprozesse. München, 1982 (Übers. des lat. Originals mit einer Einleitung).

Ritter, Rudolf: Die Behandlung schädlicher Leute in der Carolina. Art. 176 in Verbindung mit Art. 128 der PGO. Kaiser Karls V. von 1532. (Strafrechtsl. Abhandlungen Heft 274). Breslau 1930.

Robbins, Rosell, Hope: The Encyclopedia of Witchcraft and Demonology. New York. 1960.

Roeck, Bernd: Christlicher Idealstaat und Hexenwahn. Zum Ende der europäischen Verfolgungen. In: Boehm, L., et al. (Hg.): Historisches Jahrbuch 108 (1988); S. 379–405.

Roeck, Bernd: Wahrnehmungsgeschichtliche Aspekte des Hexenwahns – Ein Versuch. In: Historisches Jahrbuch 117 (1992); S. 72–103.

Roecken, Sully/Brauckmann, Carolina: Margaretha Jedefrau. Freiburg. 1989.

Roeder, Anke: Historia von D. Fausten/dem weltbeschreyten Zauberer und Schwartzkünstler. In: Kindlers Literaturlexikon im dtv. Bd. 11. München. 1974; S. 4535.

Rogge-Ludwig: Hexenprozesse in Eschwege (1657). In: Zeitschrift des Vereins f. hess. Geschichte. 1884.

Röhl, Klaus Rainer: Die verteufelte Lust. Hamburg. 1983.

Romanus, Carl Friedrich: Tractatus an dentur Spectra, Magi et Sagae. Leipzig. 1703.

Römer, W.: Die Hexenbulle, nebst einem Auszug a. d. Hexenhammer. Schaffhausen. 1889.

Romeßwinckel, Joanne/Blankenbergh Walramo: Defensio probae stigmaticae et magistratuum. 2. Processus et forma procedendi per stigmatica contra sagas. 3. Alia defensio ... (wie oben). Köln. 1630.

Rommel, Gustav: Die Kirchenvisitation auf den Landorten der Grafschaft Wertheim im Jahr 1621. In: Jahrbuch des Historischen Vereins Alt-Wertheim. 1926; S. 39–57.

Rommel, Gustav: Beiträge zur Geschichte des Hexenwesens in der Grafschaft Wertheim. In: Jahrbuch des Historischen Vereins Alt-Wertheim. 1938/39; S. 10–25.

Rönckendorff, Edda: Hexen haben's heute schwer: 13 zauberhafte Geschichten um nicht ganz alltägliche Begebenheiten und unverhoffte Begegnungen. 1987.

Rösel, R.: Die letzte Hexe von Schweinfurth anno 1728. In: Schweinfurter Heimatblätter 12 (1932); S. 33–34.

Rösel, R.: Die letzte Hexe von Schweinfurt anno 1728. In: Schweinfurter Heimatblätter. Beil. z. Schweinf. Tagblatt. Nr. 9. Schweinfurt, 1935.

Rosen, George: A Study of the Persecution of Witches in Europe as a Contribution to the Understanding of Mass Delusions and Psychics Epidemics. In: Journal of Health and Human Behavior 1 (1960); S. 200–211.

Rosenkranz, Albert: Eine Pfarrfrau als Hexe. In: Monatshefte für evangelische Kirchengeschichte des Rheinlandes 1 (1952); S. 88–91.

Rosenthal, Eduard: Geschichte des Gerichtswesens und der Verwaltungsorganisation Baierns. 2 Bde. Bd. II: Vom Ende des 16. bis zur Mitte des 18. Jahrhunderts. (1598–1745). Würzburg 1906.

Rosenthal, Theodore/Siegel, Bernard J.: Magic and Witchcraft: An interpretation from dissonance theory. In: South-western Jorunal of Anthropology 15 (1959); S. 143ff.

Rosny, Eric de: Heilkunst in Afrika. Wuppertal. 1994; S. 111ff.

Rossetus, Franciscus: Thetrum tragicum.

Rosskoff, Oskar: Geschichte des Teufels. Leipzig. 1869. Nachdruck 1986.

Rother, Karlhans: Das Recht der Folter und seine Entwicklung in Frankreich im Zeitalter Ludwigs XIV. mit Ausblicken auf das deutsche Recht. Diss. Bonn. 1944.

Rotterdam, Erasmus von: Das Lob der Torheit (1509). Übers. und hrsg. von Anton J. Gail. Stuttgart. 1983; S. 101ff.

Rübel, C.: Hexenaberglaue, Hexenprozesse und Zauberwahn in Dortmund. In: Beiträge zur Geschichte Dortmunds und der Grafschaft Mark. Dortmund, 1913.

Rübel, J. F.: Systematische Abhandlung von denen fast allgemein eingerissenen Irrthümern betreffend die Besizung des Menschen vom Teufel. Hexerey (...). o. O. 1758.

Rücker, E.: Wegen Zauberei angeklagt, anno 1576. In: Unser Kahlgrund (Alzenau 1978); S. 25–26.

Rückert, G.: Der Hexenwahn, ein Kulturbild aus Lauingens Vergangenheit. In: Alt-Lauingen: Organ des Altertum-Vereins. Lauingen a. D. 2. Jahrg. Lauingen, 1907.

Ruckgaber, Heinrich: Die Hexenprozesse zu Rottweil am Neckar. In: Württembergische Jahrbücher für vaterländische Geschichte, Geographie, Statistik und Topographie. 1. Heft (1838).

Rudwin, Maximilian, Josef: Der Teufel in den deutschen geistlichen Spielen des Mittelalters und der Reformationszeit. Ein Beitrag zur Literatur-, Kultur- und Kirchengeschichte Deutschlands. Göttingen 1915 (Hesperia 6).

Ruland, Wilhelm: Steirische Hexenprozesse. Ein Beitrag zur Kulturgeschichte des 17. Jahrhunderts. Zeitschrift für Kulturgeschichte 2. Erg. Heft. Weimar 1898; S. 45–71.

Rülling, G. E. v.: Auszüge einiger merkwürdigen Hexenprozesse aus der Mitte des 17. Jhts. im Fürstenthum Calenberg ausgeführet. Göttingen, 1706 (1786?).

Rummel, Walter: Gutenberg, der Teufel und die Muttergottes von Eberhardsklausen. Vom Wandel des Zaubereibegriffs im späten Mittelalter. In: Blauert, Ketzer, Zauberer, Hexen. Die Anfänge der europäischen Hexenverfolgungen. Frankfurt a. M. 1990; S. 91ff.

Rummel, Walter: Hexenprozesse als Karrieremöglichkeit. In: Kurtrierisches Jahrbuch 25 (1985); S. 181–190.

Rummel, Walter: Die „Ausrottung des abscheulichen Hexerey Lasters". In: Wolfgang Schieder (Hrsg.), Volksreligiösität in der modernen Sozialgeschichte (Geschichte und Gesellschaft, Sonderheft 11). Göttingen. 1986; S. 51–72.

Rummel, Walter: Soziale Dynamik und herrschaftliche Problematik der kurtrierischen Hexenverfolgungen. Das Beispiel der Stadt Cochem (1593–1595). In: Geschichte und Gesellschaft 16 (1990); S. 26ff.

Rummel, Walter: Bauern, Herren und Hexen. Studien zur Sozialgeschichte sponheimischer und kurtrierischer Hexenprozesse 1574–1664. Göttingen. 1991.

Rumpf, Marianne: Spinnstubenfrauen, Kinderschreckgestalten und Frau Perchta. In: Fabula 17 (1976); S. 215–242.

Runeberg, Arne: Witches, Demons and Fertility Magic. Helsinki. 1947.

Ruppert: Ein badischer Hexenrichter. In: Zeitschrift d. Gesellschaft f. Geschichtskunde von Freiburg i. Br. V. 1880.

Russel, Jeffrey Burton: Lucifer. The Devil in the Middle Ages. Ithaka/London. 1984.

Russell, Jeffrey B.: Witchcraft in the Middle Ages. Ithaca/London. 1972.

Russell, Jeffrey B.: Hexerei und Geist des Mittelalters. In: Honegger, Claudia (Hg.): Die Hexen der Neuzeit. Frankfurt a. M. 1978; S. 159–187.

Russell, Jeffrey B.: A History of Witchcraft, Sorcerers, Heretics and Pagans. London. 1980.

Ruth, Rudolf: Zeugen und Eideshelfer in den deutschen Rechtsquellen des Mittelalters. Breslau. 1922. Saatkamp, Marielies: Bekandt daß sie ein Zaubersche were. Zur Geschichte der Hexenverfolgung im Westmünsterland. Vreden 1993.
Sabean, David Warren: Das zweischneidige Schwert. Berlin. 1986.
Sagittarius, Caspar: Antiquitates gentilismi et Christianismi Thuringici . . . 3 Bde. Jena 1685.
Sallmann, Jean-Michel: Hexensabbat. Ravensburg. 1991.
Salzmann (d. Ä.): Die Hexenprozesse der Reichsstadt Eßlingen. Nach einem am 5. März 1887 im württembergischen Altertumsverein gehaltenen Vortrag. Esslingen.
Sartorius, Kurt: Das Begraben der Nachgeburt. In: Beiträge zur Volkskunde in Baden-Württemberg. Bd. 2. Stuttgart. 1987; S. 309–322.
Saur(ius), Abraham(us): Eine kurtze, trewe Warnung, Anzeige und Underricht: Ob auch zu dieser unserer Zeit under uns Christen, Hexen, Zauberer und Unholden vorhanden, unnd was sie außrichten koennen. Frankfurt. 1586.
Saur, A.: Eine kurtze Warnung und Underricht: Ob auch zu dieser unserer Zeit unter uns Christen Hexen, Zauberer und Unholden vorhanden und was sie anrichten. In: Theatrum veneficorum. 1582.
Saur, Abraham: Ein kurzte/treuwe Warnung/Anzeige und Underricht: Ob auch zu dieser unser Zeit unter uns Christen/Hexen (...) vorhanden. (Frankfurt/M.). 1582.
Sauter, Guido: Die Hexerei mit besonderer Berücksichtigung Oberschwabens. Ulm. 1884.
Sauter, Johann Georg: Zur Hexenbulle 1484. Die Hexerei, mit besonderer Berücksichtigung Oberschwabens. Eine culturhistorische Studie. Ulm. 1884.
Savramis, Demosthenes: Die Marienverehrung als frauen- und sexualfeindliche Ideologie. In: Sozialwissenschaftliche Sexualforschung 2 (1989); S. 221–228.
Saxe-Coburg: Herzog Johann Casimirs „Gerichts-Ordnung die Hexerei betreffend". Publiciret am 21. Februar 1629. Aus dem Hildburghäuser Ratsarchiv mitgetheilt von A. Humann. In: Schriften d. Verf. f. Sachsen-Meinungs'sche Geschichte und Landeskunde. Hildburghausen. 1898.
Schacher, J. v.: Das Hexenwesen im Kanton Luzern nach den Prozessen von Luzern und Sursee. 1400–1675. Phil. Diss. (Freiburg?). Luzern. 1947.
Schachtner, Christel: Zur Konstitution von Subjektivität durch Ausgrenzung und Vernichtung: Das Feindbild der Hexe. In: Forschungsbericht 82.01, Hochschule der Bundeswehr. München. 1982.
Schack, Johann: Disputatio juridica ordinaria de probatione criminis magiae. Greifswald. 1706; S. 37.
Schade, Sigrid: Schadenzauber und die Magie des Körpers. Hexenbilder der frühen Neuzeit. Worms. 1983; S. 98. (zugl. Diss. phil. (Kulturwissenschaften) Tübingen).
Schade, Sigrid: Die Mönchshure als Hexe. Zu einer Zeichnung Hans Baldung Griens. In: Journal für Geschichte, 1. 1985; S. 40ff.
Schade, Sigrid: Walpurgisnacht und Hexensabbat. In: Internationale Bachakademie, Aktuell Nr. 1. 1986; S. 4ff.
Schade, Sigrid: Kunsthexen – Hexenkünste. Hexen in der bildenden Kunst vom 16. bis 20. Jahrhundert. In: Hexenwelten, Magie und Imagination vom 16.–20. Jahrhundert. Hrsg. von Richard van Dülmen. Frankfurt a. M. 1987.
Schadewaldt, Hans: Der Medizinmann bei den Naturvölkern. Stuttgart. 1968. Schadewaldt, Hans: Sexualitätskonzepte von der Antike bis zum 19. Jahrhundert. In: Sozialwissenschaftliche Sexualforschung 2 (1989); S. 3–7.
Schäfer, Georg: Die Hexe von Bingenheim. Oberhessischer Volksroman aus den Zeiten der Hexenprozesse unter Benutzung von vorhandenen Originalakten von 1652–1660. 1978.
Schäfer, Herbert: Hexenmacht und Hexenjagd. Ein Beitrag zum Problem der kriminellen Folgen des Hexenaberglaubens. Hamburg. 1955.
Schäfer, Herbert: Der Occulttäter (Hexenbanner, magischer Heiler, Erdenstrahler). Diss. jur. Bonn 1958. Hamburg. 1959.
Schäfer, Herbert: Ein typischer Hexenbanner. In: Kriminalistik. 1959. Bd. 13; S. 158ff.
Schäfer, Herbert: Aus den Prozeßakten eines Hexenbanners. In: Kriminalistik. 7. 1964; S. 347.
Schaible, Marlene: Darstellungsformen des Teuflischen. Diss. Tübingen. 1970.
Scharold, C. G.: Zur Geschichte des Hexenwesens im ehemaligen Fürstenthume Würzburg. In: Archiv des Historischen Vereins für Unterfranken. 5 (1839) S. 165–173; 6 (1840) S. 128–134.
Schattenhofer, M.: Henker, Hexen und Huren. Beiträge zur Geschichte der Stadt München. In: Oberbayerisches Archiv, 109 (1984); S. 113–143.
Scheffer, Johann: De natura et constitutione philosophiae italcae seu Pythagoricae librum prodonum magni operis de philosophia Pythagorica et de claris Pythagiricis. Upsala. 1664.
Scheffler, Jürgen: Lemgo, das Hexennest. Folkloristik, NS-Vermarktung und lokale Geschichtsdarstellung. In: Jahrbuch für Volkskunde NF 12 (1989); S. 113–132.
Scheibe, Siegfried: Zur Entstehungsgeschichte der Walpurgisnacht in Faust I. In: Scheibe u. a. (Hrsg.), Goethe-Studien. Berlin. 1965; S. 7–61.
Schelenz, Hermann: Frauen im Reich Askulaps. Leipzig. 1900.
Scheltema, Jacobus: Geschiedenis der heksenprocessen. Een bijdrage tot den roem des vaderlands. Haarlem. 1828.
Schenck, Eva-Maria: Hexenvogel – Hexerei. Eine Studie zum Bild der Eule im Bereich von Zauber- und Hexenwesen. In: Raggi 10 (1970); S. 43–61.
Schenda, Rudolf: Ein Benandante, ein Wolf oder Wer?. In: Zeitschrift für Volkskunde 82 (1986); S. 200ff.
Schenker, Gabriele: Die Hexenprozesse in Reutlingen im 16. und 17. Jahrhundert. Zula. masch., PH Reutlingen. 1971.
Scherer, G. (SJ): Postill der sonntäglichen Evangelien. München. 1608 (darin eine Hexenpredigt); S. 430–435.
Scherf, Dagmar: Der Teufel und das Weib. Frankfurt a.M. 1990.
Scherf, Walter: Die Hexe im Zaubermärchen. In: van Dülmen, Hexenwelten. Magie und Imagination vom 16.–20. Jahrhundert. Frankfurt a. M. 1987.
Scherr, Johannes: Die letzte Reichshexe. In: Hammerschläge und Historien. Zürich. 1878.
Scherr, Johannes: Geschichte der deutschen Frauenwelt. Leipzig. 1898.
Scherr, Johannes: Die Hexe von Glarus. Historische Essays. Berlin. 1953; darin Daten zur Biographie S. VI–XII von Christfried Coler.
Schieder, Wolfgang (Hrsg.): Volksreligiosität in der modernen Sozialgeschichte. Göttingen. 1986; S. 15–27.
Schieferbergbau-Heimatmuseum Schmallenberg-Holthausen (Hg.): Hexen-Gerichtsbarkeit im Kurkölnischen Sauerland. Schmallenberg-Holthausen. 1984.
Schieler: Magister Johannes Nider aus dem Orden der Prediger-Brüder. Mainz. 1885.
Schier, Barbara: Hexenwahn-Interpretation im „Dritten Reich". In: Dieter R. Bauer/Sönke Lorenz (Hrsg.), Himmlers Hexenkartothek. Das Interesse des Nationalsozialismus an der Hexenverfolgung. Stuttgart (i. V.). Dieser Band geht zurück auf eine vom AKIH (Arbeitskreis Interdisziplinäre Hexenforschung) im Frühjahr 1988 veranstaltete Tagung.
Schier, Barbara: Hexenwahn und Hexenverfolgung. Rezeption und politische Zurichtung eines kulturwissenschaftlichen Themas im Dritten Reich. In: Bayrisches Jahrbuch für Volkskunde. 1990; S. 43–115.
Schiess, E.: Das Gerichtswesen und die Hexenprozesse in Appenzell. Trogen. 1919.
Schild, Wolfgang: Geschichte der Verbrechen und Strafen. In: Strafjustiz in alter Zeit. Hg. vom Mittelalterlichen Kriminalmuseum Rothenburg o. d. Tauber. (Bd. 3 der Schriftenreihe). Rothenburg o. d. Tauber. 1980; S. 103–180.
Schild, Wolfgang: Alte Gerichtsbarkeit. Vom Gottesurteil bis zum Beginn der modernen Rechtsprechung. München. 2. korrigierte Auflage. 1985; S. 161ff.
Schild, Wolfgang: Rechtsphilosophische Hintergründe der Bestrafung von Fälschern. In: Fälschungen des Mittelalters. Akten des Münchener Kongresses der Monumenta Germaniae Historica 1987, Bd. 2. Hannover. 1988; S. 713–748.
Schild, Wolfgang: Der gequälte und entehrte Körper. Spekulative Vorbemerkungen zu einer noch zu schreibenden Geschichte des Strafrechts. In: Klaus Schreiner/Norbert Schnitzler (Hrsg.), Gepeinigt, begehrt, vergessen. München. 1992; S. 147–168.
Schilling, A.: Drei Hexenverbrennungen zu Ulm. In: Württembergische Vierteljahreshefte für Landesgeschichte 6 (1883); S. 137–140.
Schilling, W.: Newer Tractat von der verführten Kinder-Zauberey. In welchem mit reiflichem Discours ... vorgehalten wirdt, auss was Ursachen viel vnerwachsene vnd vnmündige Kinder ... zu der verdampten Geister vnd Zauberer Gesellschaft gebracht vnd vnerhörter Weise verführt werden ... auss lateinischer in die teutsche Sprach vbersetzt vnd in Truck gegeben. Aschaffenburg. 1630.
Schillinger, J.: Die Hexenprozesse im ehemaligen Fürstbistum Basel. Vom Jura zum Schwarzwald. 8. Bd. 1. Heft. Aarau. 1891.
Schilter, Joh.: de libertate ecclesiarum Germaniae, cum libro de prudentia iuris christianorum et de fatis ecclesiae S. Joanni Evengelistae revelatis.
Schindler, H. B.: Der Aberglaube des Mittelalters. Breslau 1858.
Schindler, Norbert: Die Entstehung der Unbarmherzigkeit. In: Bayerisches Jahrbuch f. Volkskunde. 1988; S. 61–130.
Schings, Hans-Jürgen: Melancholie und Aufklärung. Stuttgart. 1977.
Schipperges, Heinrich: Melancholie als ein mittelalterlicher Begriff von Wahnvorstellungen. In: Studium generale 20 (1967); S. 723–736.
Schleichert, Sabine: Hexenprozesse in der Landgrafschaft Hessen-Kassel. In: Hessisches Jahrbuch für Landesgeschichte 43/1993; S. 39–76.
Schletter: Zauberei- und Hexenprozesse. Thatsachen und Ansichten. In: Annalen zur deutschen und ausländigen Criminal-Rechts-Pflege. Hrsg. W. L. Demme (u. a.) Berlin.
Schlözer, A. L.: Hexen-Prozesse aus dem Hennebergischen. In: Staats-Anzeigen. 2 Bde. 6. Heft. Göttingen, 1782.
Schmauch, C.: Heilkunde der Ahnen. Handgeschriebene Rezepte aus einem Hülzweiler Kräuterbuch in den Jahren von 1802 bis 1806. In: Geschichte und Landschaft, vom 20.4.1953.
Schmid v. Kirchberg: Der Kaibenturm. Eine Hexengeschichte. Nach Schweizer-Prozeß-Akten der dreissiger Jahre des 18. Jhts. Dresden. 1903.
Schmid, F. J.: Und der Satz: Teufflische Magie existiert besteht noch: In einer Antwort des katholischen Weltmannes auf die von einem Herrn Landpfarrer herausgegebene Apologie der Prof. Weber'schen Hexenreformation. Augsburg. 1791.
Schmid, U.: Von Zauberern und Hexen in Burghausen. In: Heimatland 5 (1954); S. 42–44.
Schmid, W.M.: Altertümer des bürgerlichen und Strafrechts, insbesondere Folter- und Strafwerkzeuge des Bayerischen Nationalmuseums. München. 1908.
Schmidt, Alfred: Das Hexeneinmaleins in Goethes „Faust". Düben (Mulde. 1925.
Schmidt, Eberhard: Inquisitionsprozeß und Rezeption. 1940.
Schmidt, Eberhard: Einführung in die Geschichte der deutschen Strafrechtspflege. 3. völlig durchgearbeitete Auflage. Göttingen. 1965; S.109.
Schmidt, Franz: Maister Franntzn Schmidts Nachrichters inn Nürnberg all sein Richten. Nach der Handschrift herausgegeben und eingeleitet von Albrecht Keller, Leipzig 1913.
Schmidt, Gerhard: Sinn und Bedeutung der Constitutio Criminalis Carolina als Ordnung des materiellen und prozessualen Rechts. Zeitschrift f. Rechtsgeschichte 96 = Germ. Abt. 1966.
Schmidt, H.: Vordringender Hexenwahn (Rothenburg). In: Fränkischer Feierabend 2 (1954); S. 77–95.
Schmidt, H.: Aberglaube, Hexenwahn (Rothenburg). In: Fränkischer Feierabend 7 (1959); S. 60–72.
Schmidt, J.: „Ein Hexenprozeß im Landgericht Hollenburg". In: Carinthia, 1965.
Schmidt, Michael: Genossin der Hexe. Diss. Göttingen. 1985.
Schmidt, W.: Anhaltische Hexenprozesse. In: Unser Anhaltland. 2. Jahrg. 1.–2. Heft. Dessau. 1902.
Schmitt, Jean-Claude: Heidenspaß und Höllenangst. Frankfurt a. M. 1993.
Schmitt, Wolfram: Hans Hartliebs mantische Schriften und seine Beeinflussung durch Nikolaus von Kues. Diss. Heidelberg. 1962.
Schmitz, Rudolf: Agrippa von Nettesheim und seine Bemerkungen über die Wirkungen der Magie in Medizin und Pharmazie. In: Pharmazeutische Zeitung. 110. Jg. Frankfurt/M. 1965; S. 1131ff.
Schmölzer, Hilde: Phänomen Hexe: Wahn und Wirklichkeit im Lauf der Jahrhunderte. München. 1986.
Schnabel, J.: I. Hexenprozess. II. Folgen des Dreissigjährigen Krieges. Nach den besten Quellen bearbeitet. Brilon. 1864.
Schnaufer, Albrecht: Frühgriechischer Totenglaube. Hildesheim. 1970.
Schneeberger, Helga: Peter Binsfeld und sein „Tractatus de confessionibus maleficorum et sagarum". Magisterarbeit. Wien. 1987.
Schneegans, W.: Abt Johannes Trithemius und Kloster Sponheim. Kreuznach. 1882.
Schneid, Josef: „Das Rechtsverfahren wider die Hexen zu Wemding im ersten Drittel des 17. Jahrhunderts„". In: Oberbayer. Archiv für vaterländische Geschichte, Bd. 57. München 1913; S. 118ff.
Schneider, H.: Die Hexenliteratur-Sammlung der Cornell Universität. Ithaca. New York. In: Hess. Blätter für Volkskunde. Hrsg. Walter Mitzke. XLI. Bd. Gießen. 1950.
Schneider, Martin: Europäisches Waldensertum im 13. und 14. Jahrhundert. Berlin/New York. 1981.
Schneider, Ulrich-Friedrich: Das Werk „De praestigiis Daemonum" von Weyer und seine Auswirkungen auf die Bekämpfung des Hexenwahns. Diss. Bonn. 1951. Schnell, Eugen: Zur Geschichte der Criminal-Justiz und besonders der Hexenprozesse in Hohenzollern. Von Eugen Schnell. Fürstl. Hohenzl. Archivar in Sigmaringen. 1873.
Schnell, Eugen: Zur Geschichte der Criminal-Justiz und besonders der Hexenprozesse in Hohenzollern. In: Mitteilungen des Vereins für Geschichte und Altertumskunde in Hohenzollern 7 (1873/74).
Schneller, J.: Das Hexenwesen im 16. Jh. Nach den Turmbüchern Lucerns. In: Der Geschichtsfreund. 23. Bd. Einsiedeln. 1868.
Schnepf, Ch.: Magdalena Scherer. Eine Hexengeschichte aus dem Jahre 1617.

In: Neuburger Kollektaneenblatt 43 (1879); S. 121–137.
Schnitzer, Katharina: Die Darstellung der Hölle in der erzählenden Dichtung der Barockzeit. Ungedr. Wiener phil. Diss. 1961. Bd. 1, 2.
Schöck, Inge: Hexenglaube – Problem von gestern? Zur sozialen Wirksamkeit eines kulturellen Musters. In: Materialdienst. Aus der Evangelischen Zentralstelle für Weltanschauungsfragen. 37 (1974); S. 114–120.
Schöck, Inge: Hexenglaube in der Gegenwart. Empirische Untersuchungen in Südwestdeutschland. Tübingen. 1978. (Untersuchungen des Ludwig-Uhland Instituts der Universität Tübingen im Auftrag der Tübinger Vereinigung für Volkskunde; Bd. 45).
Schöck, Inge: Das Ende der Hexenprozesse – das Ende des Hexenglaubens? In: „Hexenverfolgung. Neuere Forschungen – unter besonderer Berücksichtigung des südwestdeutschen Raumes". (Bei Drucklegung unseres Buches noch nicht publiziert – Anm. d. Verlages).
Schoeneman, T. J.: The Witch Hunt as a culture change phenomenon. In: Ethos 3 (1975); S. 529–554.
Schoeneman, T. J.: The Role of Mental Illness in the European Witch-Hunts of the Sixteenth and Seventeenth Centuries: An Assessment. In: Journal of the History of the Behavioural Sciences 13 (1977); S. 337–351.
Schoetensack, August: Der Strafprozeß der Carolina (Heidelberger jur. Diss). Leipzig 1904.
Schöffer, Ivo: Heksengeloof en heksenverfolging, een historiografisch overzicht. In: Tijdschrift voor geschiedenis 86 (1973).
Schoisswohl, Veronika: Die Prozesse gegen drei Hexenmeister in Südtirol im 17. Jahrhundert. Diss. phil. Innsbruck. 1971.
Scholtz: Ein im Jahre 1632 auf dem adelichen Gute Röst in Angeln, vorgefallener merkwürdiger Hexenprozeß; nebst einem Anhange ... Staatsbürgerliches Magazin 4. 1824; S. 475–492.
Scholz-Williams, Gerhild: Die dritte Kreatur: Das Frauenbild in den Schriften von Paracelsus (1491–1543). In: Ingrid Bennewitz (Hrsg.), Der frauwen buoch. Versuche zu einer feministischen Mediävistik. Göppingen. 1989; S. 353–371.
Schönach, L.: Zur Geschichte des ältesten Hexenwesens in Tirol. In: Forschungen und Mitteilungen zur Geschichte Tirols und Vorarlbergs. XI. 1904.
Schöne, Albrecht: Götterzeichen, Satanskult und Liebeszauber. Neue Einblicke in alte Goethetexte. Göttingen. 1982.
Schöne, Albrecht: Satanskult: Walpurgisnacht. In: Götterzeichen, Liebeszauber, Satanskult. München. 1982; S. 107–230.
Schoop, T.: Hexenprozesse in Dhaun. In: Dhauner Echo. Jg. 1960. Nr. 3; S. 1ff.
Schoop, T.: Die Eiserne Jungfrau auf Schloß Dhaun. In: Dhauner Echo. Jg. 1960. Nr. 6; S. 1ff.
Schöpf, Hans: Zauberkräuter. 1986.
Schormann, Gerhard: Hexenverfolgung in Schaumburg. Niedersächsisches Jahrbuch 45. 1973; S. 145–169.
Schormann, Gerhard: Hexenprozesse in Nordwestdeutschland. Hildesheim. 1977 (Quellen und Darstellungen zur Geschichte Niedersachsens; 87).
Schormann, Gerhard: Hexenprozesse in Deutschland. Göttingen. 1981.
Schormann, Gerhard: Aus der Frühzeit der Rintelner Juristenfakultät. Bückeburg. 1977.
Schormann, Gerhard: Academia Ernestina. Die schaumburgische Universität zu Rinteln an der Weser (1610/21–1810). Marburg. 1982.
Schormann, Gerhard: Städtische Gesellschaft und Hexenprozeß. In: Kunst und Kultur des Bürgertums in Nordwestdeutschland 1150–1630. Landesausstellung Niedersachsen. 1985; Bd. 4; S. 175–187.
Schormann, Gerhard: Der Krieg gegen die Hexen. Das Ausrottungsprogramm des Kurfürsten von Köln. Göttingen. 1991.
Schott, Clausdieter: Rat und Spruch der Juristenfakultät Freiburg i. Br. (Beiträge zur Freiburger Wissenschafts- und Universitätsgeschichte, Bd. 30). Freiburg. 1965.
Schottmüller, H.: Ein Lieser Hexenprocess von 1740. Posen. 1902.
Schrader, L. W.: Die Sage von den Hexen des Brockens und deren Entstehen in vorchristlicher Zeit durch die Verehrung des Melybogs und der Frau Holle. Historisch bearbeitet. Quedlinburg und Leipzig. 1839.
Schraut, Elisabeth: Ursula Rüeger 1674 – eine „Hexe" aus Sanzenbach? Eine Anklage wegen Hexerei und die Folgen. In: Rieden im Rosengarten 1290–1990, hrsg. von der Gemeinde Rieden – Ortschaft Rosengarten (Veröffentlichungen zur Ortsgeschichte und Heimatkunde in Württembergisch Franken, Bd. 1). Rosengarten -Ortschaft Rieden. 1990.
Schraut, Elisabeth: Niederstetten 1676: Barbara Emmert aus Dunzendorf und ihre Mutter Dorothea, genannt Schopfendöra, werden der Hexerei verdächtigt. In: 650 Jahre Niederstetten, hrsg. von der Stadt Niederstetten. Schwäbisch Hall. 1991; S. 158–165.
Schraut, Elisabeth: Von Zank und Streit zur Hexerei. Nachbarschaftskonflikte in der Katharinenvorstadt im 16. Jahrhundert. In: Haus(ge)schichten, hrsg. von Albrecht Bedal u. Isabella Fehle. Sigmaringen. 1994; S. 351–357.
Schreiber, Heinrich: Die Hexenprozesse zu Freiburg im Breisgau, Offenburg, der Ortenau und Bräunlingen auf dem Schwarzwalde. Freiburg. 1837.
Schreiner, Klaus: Volkstümliche Bibelmagie und volkssprachliche Bibellektüre. In: Peter Dinzelbacher/Dieter R. Bauer (Hrsg.), Volksreligion im hohen und späten Mittelalter. Paderborn u. a. 1990; S. 329–373.
Schrittenloher, Joseph: Aus der Gutachter- und Urteilstätigkeit der Ingolstädter Juristenfakultät im Zeitalter der Hexenverfolgungen. Jahrbuch f. Fränkische Landesforschung 23. Neustadt (Aisch). 1963; S. 315–353.
Schröder, R.: Glaube und Aberglaube in altfränkischen Dichtungen. Erlangen. 1886.
Schubert, E.: Arme Leute, Bettler und Gauner im Franken des 18. Jahrhunderts. Neustadt/Aisch. 1983.
Schuegraf: Zum Hexenprozeß. In: Zeitschrift für deutsche Kulturgeschichte 3 (1858); S. 521–528, 764–773.
Schuhmann, Helmut: Der Scharfrichter. Seine Gestalt – seine Funktion. Kempten 1954.
Schuhmann, Helmut: Krankhafte Färbungen der Gemütslage in den schwäbischen Hexenprozessen. In: Kriminologische Wegzeichen. Festschrift für Hans von Hentig zum 80. Geburtstag = Kriminologische Schriftenreihe aus der Deutschen Kriminolog. Gesellschaft 29. Hamburg. 1967; S. 43–52.
Schuldes, Luis: Die Teufelsszenen im deutschen geistlichen Drama des Mittelalters. Göppingen. 1974.
Schüller, A.: Aberglauben und Leichtgläubigkeit im Trierer Lande (16.–18. Jahrh.). In: Trierische Heimat 1 (1924/25); S. 153–158.
Schulte, Christoph: radikal böse. Die Karriere des Bösen von Kant bis Nietzsche. München. 1991.
Schultheis, Hinrich: Eine außführliche Instruction Wie in Inquisition Sachen des grewlichen Lasters der Zauberey ohn gefahr der Unschueldigen zu procediren, Coelln, 1634.
Schumacher, Hermann A.: Die Stedinger. Faksimile-Verlag. Bremen. Unveränderter Nachdruck der Ausgabe von 1865.
Schumm, Marianne: Fürstliche Frauen als Apothekerinnen. In: Württembergisch Franken 69 (1985); S. 99–125.
Schünke, Wolfgang: Die Folter im deutschen Strafverfahren des 13. bis 16. Jahrhunderts. Diss. jur. Münster. 1952.
Schütz, Siegfried: Die Unholdenzunft zu Weil. Die Hexenjustiz zu Weil der Stadt und in den süddeutschen Reichsstädten. Heimatverein Weil der Stadt. Berichte und Mitteilungen 24. Heft 1/2 1973.
Schütz, W.: Ein Hexenprozess vom Jahre 1705. Mitgeteilt von Herrn Amtscommisär W. Schütz in Weimar. Jena. 1853.
Schwager, Johann Moritz: Beitrag zur Geschichte der Intoleranz, oder Leben Balthasar Bekkers. Leipzig. 1780. D. Balthasar Bekkers bezauberte Welt, neu übersetzt von Johann Moritz Schwager, durchgesehen und vermehrt von D. Johann Salomo Semler, 3 Bde., Leipzig. 1781–1782.
Schwager, Johann Moritz: Versuch einer Geschichte der Hexenprozesse. Berlin. 1784.
Schwaiger, G.: Kardinal Franz Wilhelm von Wartenberg als Bischof von Regensburg 1649–1661. München. 1954.
Schwaiger, Georg: Das Ende der Hexenprozesse im Zeitalter der Aufklärung. In: Teufelsglaube und Hexenprozesse. München. 1987; S. 150–179.
Schwann, Johann: Zwo gründtliche und warhafftige newe Zeitung, die erste von den Hexen und Unholden Mann und Weibs Person, so man in der churfürstlichen Statt zu Aschenburg vnnd auch auff dem Land mit dem Fewer gestrafft und verbrannt hat ... die ander Zeitung. Von dem erschröcklichen Jammer, so sich im Westerreich im Städtlein Sarwerth, begeben hatt und sehen lassen ... Gestelt durch Magister Johann Schwann ... Gießen. 1612.
Schwartz, Fr. L. W.: Zwei Hexengeschichten aus Waltershausen in Thüringen nebst eines mythologischen Excurs über Hexen und ähnliche Versammlungen. Von Direktor W. Schwartz. Berlin. 1888.
Schwarz, Paul: Die Hexenverfolgungen im Mittelalter. In: Der Haalsquell 14 (1962), 5–8.
Schwarzwälder, Herb.: Die Formen des Zauber- und Hexenglaubens in Bremen und seiner weiteren Umgebung, vor allem während des 16. und 17. Jhs. In: Heimat und Volkstum, Bremer Beiträge zur ndd. Volkskunde. 1958; S. 3ff.
Schwarzwälder, Herb.: Die Geschichte des Zauber- und Hexenglaubens in Bremen. 2 Teile. Bremisches Jahrbuch 46. 1959; S. 156–233 und 47. 1961; S. 99–142.
Schweizer, Paul: Der Hexenprozeß und seine Anwendung in Zürich. In: Züricher Taschenbuch. NF. XXV. 1902.
Schwerhoff, Gerd: Rationalität im Wahn. Zum gelehrten Diskurs über die Hexen in der frühen Neuzeit. In: Saeculum, Jg. 37, 1986. Heft 1; S. 45–82.
Schwerhoff, Gerd: Aufgeklärter Traditionalismus - Christian Thomasius zu Hexenprozeß und Folter. In: ZRG/GA 104 (1987); S. 247–260.
Schwerhoff, Gerd: Köln im Kreuzverhör. Bonn/Berlin. 1991; S. 424ff.
Schwerhoff, Gerd: Die Erdichtung der weisen Männer, Gegen falsche Übersetzungen von Hexenglauben und Hexenverfolgung. In: „Hexenverfolgung. Neuere Forschungen – unter besonderer Berücksichtigung des südwestdeutschen Raumes". (Bei Drucklegung unseres Buches noch nicht publiziert – Anm. d. Verlages).
Schwillus, Harald: Der Bischof läßt nit nach bis er die gantze Statt verbrennt hat. In: Würzburger Diözesangeschichtsblätter 49 (1987); S. 145–154.
Schwillus, Harald: Kleriker im Hexenprozeß. Geistliche als Opfer der Hexenprozesse des 16. und 17. Jahrhunderts in Deutschland (Forschungen zur fränkischen Kirchen- und Theologiegeschichte, Bd. 16). Würzburg. 1992.
Sciascia, Leonardo: Das Hexengericht: 3 Erzählungen, Grundlage der sozialkritischen Erzählungen sind Dokumente, Briefe und zeitgen. Berichte zu 3 Prozessen in Italien aus dem 17., 19. und 20. Jh. 1968.
Scot, Reginald: Letters on Demonologie and Witchcraft, London. 1584.
Scot, Reginald: Detectio artis Magicae. London. 1665.
Scott, W.: Briefe über Dämonologie und Hexerei. 2 Theile. 1853.
Scribner, Robert W.: Magie und Aberglaube. Zur volkstümlichen sakramentalischen Denkart in Deutschland am Ausgang des Mittelalters. In: Dinzelbacher/Bauer, Volksreligion im hohen und späten Mittelalter. Paderborn u. a. 1990; S. 253–274.
Scribonius, Wilhelm Adolf: De Sagarum natura et protestate deque his recte congnoscendis et puniendis. Contra Joannem Euvichium in Republica Bremensi. Marpurgi. 1588.
Scribonius, Wilhelm Adolf: Reponsio ad examen ignati patroni veritatis de purgatione Sagarum per aquam frigidam. Francofurdi. 1590.
Scultetus, Abraham: Warnung Für der Warsagerey der Zauberer und Sterngükker. Neustadt an der Hardt. 1608.
Scultetus, J.: Gründtlicher Bericht von Zauberey und Zauberern. Lich/Solms. 1598 (Pseudonym des A. Praetorius).
Sebald, Hans: Witchcraft. The Heritage of a Heresy. New York. 1978.
Sebald, Hans: Hexen damals. Hexen heute? Frankfurt. 1987.
Sebald, Hans: Nazi Ideology Redefining Deviants: Witches, Himmler's Witch Trial Survey, and the Case of The Bishopric of Bamberg. In: Deviant Behaviour 10 (1989).
Sebald, Hans: Hexen – Geständnisse. Stereotype Struktur und lokale Farbe. In: Spirita. Zeitschrift f. Religionswissenschaft 4 (1990); S. 27–38.
Seebacher-Mesaritsch, A.: Hexen-Report. Bericht über eine Massentragödie in der Steiermark. 1425 – 1746. Graz. 1972.
Seemann, O.: Über einige Hexenprozesse im Stift Essen. In: Hist. Verein für Stadt und Stift Essen. Beiträge zur Geschichte von Stadt und Stift Essen. 10. Heft. Essen. 1886.
Seger, O.: Der letzte Akt im Drama der Hexenprozesse in der Grafschaft Vaduz und Herrschaft Schellenberg. In: Jb. d. Hist. Ver. des Fürstentums Liechtenstein 57 (1957); S. 137–227; 59 (1959); S. 331–349.
Segl, Peter (Hrsg.): Der Hexenhammer. Entstehung und Umfeld des Malleus maleficarum von 1487. Köln/Berlin. 1988.
Segl, Peter: Heinrich Institoris. Persönlichkeit und literarisches Werk. In: Segl (Hrsg.), Der Hexenhammer. Entstehung und Umfeld des Malleus Maleficarum von 1487. Köln. 1988; S. 103-126.
Segl, Peter: „Malefice ... non sunt ... heretice nuncupande": Zu Heinrich Kramers Widerlegung der Ansichten „aliorum inquisitorum in diuersis regnis hispanie". In: Mordek (Hrsg.), Papsttum, Kirche und Recht im Mittelalter. Tübingen. 1991; S. 369–382.
Séguin, Robert Lionel: La sorcellerie au Canada francais du XVIIe au XVIIIe siécles. Montreal. 1961.
Seibert, Ludwig: Hexenbrände in und um Seligenstadt. Seligenstadt 1937.
Seidlmayer, Michael: Wege und Wandlungen des Humanismus. Studien zu seinen politischen, ethischen, religiösen Problemen. Mit einem Gedenkwort von Hans Barion. Göttingen 1965.
Seiffert, J.: Gewissensbuch von den Prozessen gegen die Hexen. Bremen. 1647.
Seifriz, K.: Ein Hexenprozeß und der Scharfrichter Meister Christoph Hiert von Bi-

berach. In: Anzeiger vom Oberland (1933), Nr. 160.
Seils, E.-A.: Die Staatslehre des Jesuiten Adam Contzen, Beichtvater Kurfürst Maximilian I. von Bayern. Lübeck. 1968.
Séjourné, P.: Sorcellerie. Dictionnaire de Théologie Catholique 14/2. Paris 1941.
Selge, Viktor: Luther und die Macht des Bösen. In: Colpe/Schmidt-Biggemann (Hrsg.), Das Böse. Frankfurt a. M. 1993; S. 165–186.
Seligmann, Siegfried: Der Böse Blick und Verwandtes. Ein Beitrag zur Geschichte des Aberglaubens aller Zeiten und Völker. 2 Bde. Berlin. 1910.
Seligmann, Siegfried: Die magischen Heil- und Schutzmittel aus der unbelebten Natur. Stuttgart 1927.
Sell, Karl: Neuestes über Papsttum, Inquisition, Aberglauben, Hexenwesen. In: Preußische Jahrbücher. 1900; S. 531.
Sellert, Wolfgang: Friedrich Spee von Langenfeld – ein Streiter wider Hexenprozeß und Folter. In: Neue Juristische Wochenschrift. 1986; S. 1222–1229.
Sellert, Wolfgang: Benedict Carpzov - ein fanatischer Strafjurist und Hexenverfolger? In: Lehmann/Ulbricht (Hrsg.), Vom Unfug des Hexen-Processes, Gegner der Hexenverfolgung von Johann Weyer bis Friedrich Spee. Wiesbaden. 1992; S. 325–340.
Seufert, A.: Hexenprozeß in Reichertshofen im Jahre 1629. In: Ingolstädter Heimatgeschichte 2 (1930); Nr. 2–3.
Sexmour, St. John: Irish Witchcraft and Demonology. Dublin. 1913.
Seyfarth, Carly: Aberglaube und Zauberei in der Volksmedizin Sachsens. Ein Beitrag zur Volkskunde des Königreichs Sachsen. Leipzig. 1913.
Siebel, Friedr. Wilh.: Die Hexenverfolgung in Köln. Diss. jur. Bonn 1959.
Siefener, Michael: Hexerei im Spiegel der Rechtstheorie. Das crimen magiae in der Literatur von 1574 bis 1608. Frankfurt/M. u. a. 1992; S. 13ff.
Siegel, Ernst: Die letzte Hinrichtung im Dreiherrischen am Gericht Beltheim 1781. In: Hunsrück-Kalender 1958; S. 70–74.
Siegfried, T.: Richtige Antwort auf die Frage: Ob Zauberer und Zauberinnen mit ihrem Zauber Pulver Kranckheiten oder den Todt beybringen können … Erfurt. 1593.
Simmel, R.: Ein schwesterlicher Hexenprozeß. In: Tiroler Heimatblätter 9 (1930); S. 234–236.
Simon, J.: Anpreisung der allergnädigsten Landesverordnung Ihrer Kaiserl. Königl. apostolischen Majestät, wie es mit dem Hexenprocesse zu halten sei, nebst einer Vorrede, in welcher die kurze Vertheydigung der Hex- und Zauberey, die der P. Angelus März der akademischen Rede des P. Sterzinger entgegengesetzet, von einem Gottesgelehrten beantwortet wird. München. 1767.
Simon, J.: Nun ja – oder kleine Zweifeln über zwey Berichte von einer Hexen-oder Studentengeschichte, die sich im Jahr 1768 den 10., 11., 12. und 13. Junius zu Ingolstadt in Baiern soll zugetragen haben. Gedruckt zu Unglauben (!), mit der Akademiker Schriften (München. 1768).
Simon, J.: Nicht doch … oder Auflösung der kleinen Zweiffel über zwey Berichte von einer Hexen- und Studentengeschichte, die sich in dem Jahre 1786, den 10., 11., 12. und 13. Junius zu Ingolstadt in Bayern soll zugetragen haben. Aus einem dritten Berichte des Herrn Directors gezogen. Berichtshausen, Laipzig (?). 1769.
Simon, Jordan: Das große weltbetrügende Nichts. Frankfurt/Leipzig. 1761.
Simon, Manuel: Heilige, Hexe, Mutter. Berlin. 1993; S. 139ff.
Sincerus, Th.: Nord-schwedische Hexerey, oder Simia Dei, Gottes Affe. Das ist: Ausführliche Beschreibung der schändlichen Verführungen des leidigen Satans, darinnen zu sehen Gottes erschröckliche Straff-Verhängen, wegen greulicher Sünden-Mengen. In einem Jammer beherzigten Send-Sendschreiben am Tag gegeben von Theophilo Sincero, an Christianum Piandrum. Augsburg (?). 1677.
Sipek, Harald: Arbeitsbibliographie Hexenwahn, -prozesse, Magie, Zauberei. Für die Mitglieder des Arbeitskreises für Interdisziplinäre Hexenforschung (AKIH). Mainz. o. J. (1988).
Sipek, Harald: Bibliographie der Flugblätter und -schriften zur Hexenverfolgung. Mainz. 1994.
Sipek, Harald: Repertorium zur Ikonographie der europäischen Hexe. Mainz. 1994.
Snell, O.: Hexenprozesse und Geistesstörung. Psychiatrische Untersuchung. München. 1891.
Soldan, W. G.: Ein Beitrag zur Geschichte der Hexenprozesse. In: Zeitschrift für deutsche Strafverfahren. 3. Bd. Karlsruhe. 1843.
Soldan, W. G.: Geschichte der Hexenprozesse. Aus den Quellen dargestellt. Stuttgart. 1843.
Soldan, W. G.: Geschichte der Hexenprozesse. Neu bearbeitet von Heinrich Heppe. Stuttgart. 1880.
Soldan, W. G.: Geschichte der Hexenprozesse. Neu bearbeitet und hrsg. von Max. Bauer. München. 1912.
Soll, K.: Neuestes über Papsttum, Inquisition, Aberglauben und Hexenwesen. In: Preussisches Jahrbuch. 1900.
Solleder, Fridolin: Hexenwahn, Zauberei- und Wunderglauben in Franken. In: Frankenland. 1. Jahrg. (1914), 2.–4. Heft. 1914.
Solleder, Fridolin: Ein Hexenbrand im Taubergrund. In: Badische Presse. Karlsruhe. 1929.
Soman, Alfred: The Parlement of Paris and the Great Witch Hunt (1565–1640). In: Sixteenth Century Journal 9. 1976; S. 31–44.
Soman, Alfred: Les procés de sorcellerie au Parlament de Paris (1565–1640) Annales Economies. Sociétés. Civilisations. 32. Paris. 1977; S. 790–814.
Soman, Alfred: Deviance and criminal justice in Western Europe (1300–1800). An essay in structure. In: Criminal justice history 1 (1980); S. 3–28.
Sonnenfels, A. von: Sendschreiben … an den hochgelehrten Herrn P. Ferdinand Sterzinger … über zwey hebräische Wörter Chartumim und Belahateham: nochmals zur nothwendigen Belehrung des sogenannten Liebhabers der Wahrheit, und seiner lateinischen Eutychii Benajamin Transalbini in ihrem Zauber- und Hexereystreite. Wien. 1768.
Söth, Ch.: Hexengeschichten in Dithmarschen. Semesterarbeit. Lüneburg. 1959.
Spach, L. A.: Das Hexenwesen im Elsass. Ca. 1871.
Spamer, Adolf: Zauberbuch und Zauberspruch. In: Deutsches Jahrbuch für Volkskunde 1/2 (1955); S. 109–126.
Sparner, Adolf: Romanusbüchlein. Kommentar zu einem deutschen Zauberbuch. Berlin. 1958.
Spamer, Adolf: Romanusbüchlein. Kommentar zu einem deutschen Zauberbuch. Berlin. 1958 (ergänzend und teils korrigierend: Roderich Feldes (Hrsg.), Der Wahrhaftige feurige Drache. Zwei Zauberbuch-Parodien aus dem 18. und 19. Jahrhundert. Bonn. 1979).
Spanos, Nicholas P.: Witchcraft in Histories of Psychiatry: A Critical Analysis and an Alternative Conceptualization. In: Psychological Bulletin 85 (1978); S. 417–439.
Specht, Thomas: Geschichte der ehemaligen Universität Dillingen (1549-1804). Freiburg i. Br. 1902.
Specker, Hans Eugen: Ulm. Stadtgeschichte. Ulm 1977.
Sperling, Fritjof: Gerichtsorganisation und Prozeßpraxis des Mergentheimer Stadtgerichts unter dem Deutschen Orden von 1784 bis 1801. Würzburg. 1981.
Spiegel, K.: Hexenprozesse und Volkskunde. In: Blätter zur bayerischen Volkskunde 2 (Würzburg 1913); S. 45–50.
Spielmann, Karl-Heinz: Die Hexenprozesse in Kurhessen. Nach den Quellen dargestellt. Mit 4 Urkunden – Facsimiles und 14 Abb. 2. Auflage. Marburg. 1932.
Spina, Bartholomaeus de: Novus Malleus Maleficarum sub quaestione de strigibus seu Maleficis. 1523.
Spina, Bartholomaeus de: Novus malleus maleficarum sub quastione de strigibus. Köln 1581.
Spina, Bartholomaeus de: Novus Mallevs Maleficarvm sub Quaestione de Strigibvs sev Maleficis … unacum Tractatu de Praeeminentia Sacrae Theologiae, et quadruplici Apologia de Lamiis contra Poncinibium. Coloniae. 1581.
Spina, Bartholomaeus de: De strigibus fratris Bartholomei Spinei. In: Tractatus 1584; fol. 356–369.
Spindler, J.: Heinrich V. von Knöringen, Fürstbischof von Augsburg (1598–1646). In: Jb. d. Hist. Ver. Dillingen 24 (1911); S. 1–139; 25 (1915); S. 1–255.
Spirakos, Dimitris: Folter als Problem des Strafrechts. Frankfurt a. M. 1990.
Spirkner, B.: Ein Beitrag zu den religiös-sittlichen Zuständen Altbayerns vor und nach dem Dreißigjährigen Krieg. In: Verhandlungen d. Hist. Ver. Niederbayern 62 (1929); 217–244.
Spitzer: Teufelsbündner, Zauber- und Hexenglauben und dessen kirchliche Ausbeutung der Menschheit. Leipzig. 1871.
Spizelius, Theophilus: Expugnatio Orci: die gebrochene Macht der Finsterniß oder zerstörte teufflische Bunds- und Buhl-Freundschaft mit den Menschen, das ist ein gründlicher Bericht wie und welch Gestalt die abscheuliche und verfluchte Zauberer-Gemeinschaft mit den bösen Geistern angehe, wie dieselbe zu- und fortgehe, ob und auf waß Art sie wiederum zergehe. Augspurg. 1687.
Sporhan-Krempel, Lore: Die Hexe von Nördlingen (Maria Holl). Stuttgart. 1950 (Nördlingen 1978/79).
Sprenger, Jac.: Malleus maleficarum de lamiis et strigibus et sagis aliisque magis et daemoniacis corumque arte, potestate et poena tractatus tam veterum quam recentiorum sanctorum. Norimb. 1494. s. l. et a fol. Colon. 1489. 4. Colon 1494, fol. Francf. 1582, Colon 1511. 1520. 8. Lugduni 1595, multo auctior. Lungduni 1620. 8. Ser. Kaiserlich-königlich-Apostolischen Majestät allergnädigste Landesverordnung, wie es mit den Hexenprozessen zu halten sey. Wien 1766.
Staber, J.: Die Predigt des Tegernseer Priors Augustin Holzapfler als Quelle für das spätmittelalterliche Volksleben Altbayerns. In: Bayerisches Jb. f. Volkskunde (1960); S. 125–135.
Staber, Joseph: Ein altbayerischer Beichtspiegel des 15. Jahrhunderts. In: Bayer. Jahrbuch f. Volkskunde. 1963; S. 7–24.
Stadelmann, J.: Hexenprozesse. In: Zeller, J., Wertacher Geschichtsbuch. Eine Heimatchronik. Beilage des „Wertacher Landboten" (1938); S. 53–55.
Stadtarchiv Augsburg: Strafbücher 1581–1651.
Stapff, Heribert: Der „Meister Reuaus" und die Teufelsgestalt in der deutschen Dichtung des späten Mittelalters. Diss. phil. München 1956.
Starhawk (d. i. Miriam Simos): Der Hexenkult als Ur-Religion der Großen Göttin. Freiburg i. Br. 1983.
Starhawk: Der Hexenkult als Ur-Religion der Großen Göttin. Magische Übungen, Rituale und Anrufungen. Aus dem Amerikanischen von Ulla Schuler. München. 1991.
Staschen, Heidi: Das Johann-Kruse-Archiv. In: Mitteilungen aus dem Hamburger Museum für Völkerkunde. N. F. Bd. 10; S. 117ff.
Stebel, Heinz-Jürgen: Die Osnabrücker Hexenprozesse. Diss. jur. Bonn 1968.
Steck, R.: Der Berner Ketzerprozeß (1507–1509). In neuer Beleuchtung nebst Mitteilungen aus den noch ungedruckten Akten. Bern. 1902.
Steffan, Ferdinand: Wetterabweisende Heiltümer. In: Volkskunst. Zeitschrift für volkstümliche Sachkultur 8 (1985); H. 4.
Stegel, H. J.: Die Osnabrücker Hexenprozesse (jur. Diss. Bonn 1968). Osnabrück 1969. (Bespr. in Savigny-Zeitschrift, GA 87, 1970; S. 476–478).
Steiner, F. K.: Das Zauber- und Hexenwesen der Stadt Lohr. Lohr am Main. 1982.
Steinert, Heinz: Ist es denn aber auch wahr, Herr F.? In: Kriminalsoziologische Bibliographie H. 19/20 (1978); S. 30–45.
Steinhausen, Georg: Quellen und Studien zur Geschichte der Hexenprozesse. 2. Ergänzungsschrift zur Zeitschrift für Kulturgeschichte. 1898.
Steinhausen, Georg: Zur Geschichte der Hexenprozesse. In: Beiträge zur Kulturgeschichte, Bd. 2. 1898.
Stelze, Ulrike: Hexenwelt. Hexendarstellungen in der Kunst um 1900. Berlin. 1983.
Stelzner, Friedrich Karl: Das Zauber- und Hexenwesen in Lohr. Lohr. 1892.
Stemplinger, Eduard: Antiker Aberglaube in modernen Ausstrahlungen. Leipzig. 1922. (Das Erbe der Alten Schriften über Wesen und Wirkung der Antike. Heft VII).
Stephani, Matthias: Caroli Quinti … Constitutiones publicorum judiciorum cum jure communi collatae; ex eoque latius declaratae et utilißimis additionibus, observationibusque practicis illustrata. Braunschweig. 1661.
Sterly, Joachim: Kumo – Hexer und Hexen in Neu-Guinea. München. 1987.
Sterzinger, Ferdinand: Akademische Rede von dem gemeinen Vorurtheil der wirkenden und thätigen Hexerei, welche an Sr. Churfürstl. Durchlaucht, in Baiern … höchsterfreulichen Namensfeste abgelesen worden von P. Don Ferdinand Sterzinger … den 13. October 1766. München. 1766.
Sterzinger, Ferdinand: Betrügende Zauberkunst und träumende Hexerey, oder Vertheidigung der akademischen Rede, von dem gemeinen Vorurtheile der wirkenden und thätigen Hexerey wider das Urtheil ohne Vorurtheil … München. 1767.
Sterzinger, Ferdinand: Der Hexenprocess: ein Traum erzählt von einer unpartheischen Feder im Jahre 1767. München (?). 1767.
Sterzinger, Ferdinand: Gedanken über die Wercke des Liebhabers der Wahrheit von der Hexerey. München. 1767.
Sterzinger, Ferdinand: Bemühungen, den Aberglauben zu stürzen. München. 1785.
Stevnsborg, Henrik: Hexenglaube und Hexenrecht. In: Forschungen zur Rechtsarchäologie und Rechtl. Volkskunde 6 (1984); S. 111–127.
Sticker, Georg: Die letzte Reichshexe. In: Die Medizinische Welt 2 (1928); S. 819–821.
Stiglmayr, E./Brück, A.: Hexen, Die Religion in Geschichte und Gegenwart. 3. Aufl., 3. Tübingen . 1959; Sp. 307–310.
Stöber, August: Die Hexenprozesse im Elsaß, besonders im 16. und im Anfange des 17. Jahrhunderts. In: Alsatia. Jahrbuch für elsässische Geschichte, Sage, Sitte und Sprache (6). 1856/1857.
Stockinger, L.: Invidia, curiositas und Hexerei. Hexen- und Teufelsglaube in literarischen Texten des 17. Jahrhunderts.
Stojentin, M. v.: Aktenmäßige Nachrichten über Hexenprozesse in Pommern. Quellen und Forschungen zur Geschichte der Hexenprozesse. Weimar 1898. Auch der Geh. Archivrat Harleß meint um 1900, daß die Akten der Hexenprozesse vielfach wissentlich und absichtlich vernichtet worden sind.
Stolz, Christian: Auswahl aus der deutsprachigen Literatur zum Hexenwesen des

16. bis 18. Jahrhunderts: Die Hexenverteidiger. Magisterarbeit. Wien. 1986.
Stölzel, Adolf: Die Entwicklung des gelehrten Richtertums in den deutschen Territorien. Stuttgart 1872.
Stone, L.: The Disenchantment of the World. In: New York Review of Books. 2. Dez. 1971.
Strackerjan, Ludw.: Aberglaube und Sagen aus dem Herzogtum Oldenburg. 2. Aufl. Oldenburg. 1909.
Strasser, Hansjörg: Anna Schwegelin. Kempten. 1985.
Stronks, G. J.: Die Ärzte Sennert und Jonctys über Weyers „De prestigiis daemonum". In: Lehmann/Ulbricht (Hrsg.), Vom Unfug des Hexen-Processes. Wiesbaden. 1992; S. 89–98.
Stürler, M. v.: Urkunden über Hexenprozesse aus dem Staatsarchiv Moritz v. Stürler, korrespondierendes Mitglied der Basler historischen Gesellschaft. Basel. 1854.
Sturm, A.: Ein verspäteter Hexenprozeß. In: Die Oberpfalz. Jg. 18 (1924) S. 148.
Stutz, J.: Eine kirchliche Instruktion über die Führung von Hexenprozessen. In: Katholische-Schweizerische Blätter f. Wissenschaft, Kunst und Leben; S. 601. 1888.
Summers, Montague: The History of Witchcraft and Demonology (The history of civilization. Subject histories). London. 1926.
Summers, Montague: Geography of Witchcraft. London. 1927.
Sutter, Berthold: Johannes Kepler und Graz. Im Spannungsfeld zwischen geistigem Fortschritt und Politik. Ein Beitrag zur Geschichte Innerösterreichs. Graz. 1975.
Sutter, Berthold: Wissenschaft und geistige Strömungen zwischen dem Augsburger Religionsfrieden und dem Dreißigjährigen Krieg. Wissenschaftsgeschichte um Wilhelm Schikkard. Tübingen 1981 (Contubernium 26.) S. 153–240.
Sutter, Berthold: Der Hexenprozeß gegen Katharina Kepler. 2. Auflage. Weil der Stadt. 1984.
Svátek, J.: Hexenprozesse in Böhmen (u. a.). In: Culturhistorische Bilder aus Böhmen. Wien. 1879.
Swales, J. K./McLachlan, Hugh V.: Witchcraft and the Status of Women: A comment. In: British Journal of Sociologie 30 (1979); S. 349ff.
Szasz, Thomas: Die Fabrikation des Wahnsinns. Olten. 1974.
Talbot, Charles/Warner, Marina: Der Hexenwahn Hans Baldung Griens. In: FMR (Magazin für Kunst und Kultur). 1988; Nr. 13; S. 83–120.
Tantsch, Werner: Deutsche Teufels- und Hexennamen aus Urgichten des 15. bis 18. Jahrhunderts. Heidelberg. Diss. phil. 1956.
Tardel, H.: „Ein bremischer Hexenprozeß vom Jahre 1603". In: Niederdeutsche Zeitschrift für Volkskunde 1958.
Tardel, Hermann: Die Sagen von Robert dem Teufel. Berlin. 1900.
Tartarotti, Girolamo: Del congresso notturno delle Lammie. o. O. 1749.
Tazbir, J.: Hexenprozesse in Polen. In: Archiv f. Reformationsgeschichte 71 (1980); S. 280–307.
Tedeschi, John: The Question of Magic and Witchcraft in two Unpublished Inquistion Manuals of the 17. Century. In: Proceedings of the American Philosophical Society, 131 (1987), Nr. 1; S. 92ff.
Telle, J.: Pharmazie und der gemeine Mann. Hausarznei und Apotheke in deutschen Schriften der frühen Neuzeit. Wolfenbüttel. 1982.
Thamm, M.: Femgericht und Hexenprozesse. Bibliographisches Institut. Leipzig und Wien. 1903. Theatrum de Veneficis ... das ist ... von Teufelsgespenst, Zauberern und Giftbereitern, Schwartzkünstlern, Hexen und Unholden vieler fürnemlicher Historien und Exempel. (Hrsg.: Bassaeus), Frankfurt. 1586.
Thele, Theodor: Ein Hexenprozeß zu Hechingen a. 1648. In: Mitteilungen des Vereins für Geschichte und Altertumskunde in Hohenzollern 15 (1881/82). Theobald, Leonhard. Das Leben und Wirken des Tendenzdramatikers der Reformationszeit Thomas Naogeorgus seit seiner Flucht aus Sachsen. Leipzig. 1908. Theologischer Prozeß wie mit Hexen und zauberischen Personen zu verfahren seye. Auß H. Göttlicher Schrifft zu behuf der Pastorn, so mit dergleichen Personen umbgehen, absolvieren und trösten müssen, zusammengetragen 1631 (möglicherweise war Fr. Spee der Verfasser).
Thiel, Helga: „Des Teufels Netz". Beobachtungen zur spätmittelalterlichen geistlichen Dialektik. Ungedr. Münchner phil. Diss. 1953.
Thieser, Bernd: Die Oberpfalz im Zusammenhang des Hexenprozeßgeschehens im Süddeutschen Raum während des 16. und 17. Jahrhunderts (Bayreuther Arbeiten zur Landesgeschichte und Heimatkunde 2). Bayreuth. 1987; S. 162ff.
Thieser, Bernd: Die Oberpfalz im Zusammenhang des Hexenprozeßgeschehens im Süddeutschen Raum während des 16. und 17. Jahrhunderts. Bayreuth. 1992; S. 66–75.
Thomas, Keith: The Relevance of social Anthropology to the Historical Study of English Witchcraft. In: Douglas, M. (Hg.): Witchcraft, Confession & Accusations. London. 1970.
Thomas, Keith: Die Hexen und ihre soziale Umwelt. In: Honegger, Claudia (Hg.): Die Hexen der Neuzeit. Frankfurt a. M. 1978; S. 256-308.
Thomas, Siegfried: Richtige Antwort auf die Frage, ob die Zauberer und Zauberinnen Krankheiten ... bewirken können. Erfordt. 1594.
Thomasius, Chr.: Kurtze Lehrsätze von dem Laster der Zauberei ... Halle. Renger. Die curieuse von dieser Materie handelnde Piecen, so überdem hierbey zu finden, sind Cautio Criminalis, oder vorsichtige Anstell- und Führung des Processes gegen die Zauberer, Hexen und Unholden. D. Jh. Meyfarts Christliche Erinnerung an Regenten und Prediger, Wie das Laster der Hexerey mit Ernst auszurotten, aber in Verfolgung desselben sehr bescheidentlich zu verfahren sey. Vielerley Sorten von Hexen-Actis, aus welchen sowohl der vermeynten Zauberkunst und Betrug, als auch durch die unzulängliche und kindische Indicia der Zauberey, ausgefolterte Aussagungen, und andere Mißbräuche der Hexenprozesse offenbahr werden. Die Geschichte der Teufel zu Loudun. Herrn Thomasi etc. Juristische Entscheidung der Frage, ob einer einem andern wegen Furcht vor Gespenstern die Haus-Miete aufsagen könne. 1703.
Thomasius, Chr.: Dissertatio de Tortura ex Foris Christianorum Proscribenda. Leipzig. 1705.
Thomasius, Chr.: Versuch vom Wesen des Geistes. Halle, 1708.
Thomasius, Chr.: Disputatio juris canonci de origine ac Progressu processus inquisitorii contra sagas. Halle. 1708.
Thomasius, Chr.: Johann Webster's Untersuchung der vermeinten und so genannten Hexereyen. Aus dem Engl. Halle. 1719.
Thomasius, Chr.: Francisi's Hutchinson's Historischer Versuch von der Hexerey. Nebst einer Vorrede des Herrn Geheimbden Raths Thomasii. Aus dem engl. ins Teutsche übers. von Theodoro Arnold. Leipzig. 1726.
Thüngen, R. Freiherr v.: Zur Genealogie der Familie Derer von Thüngen. In: AUfr. 54 (1912); S. 1–182.
Tischer, Fritz: „Ein Hexenprozeß des Jahres 1536". In: Altnürnberger Landschaft, 3. Jahrg., Heft 2. Hersbruck 1954; S. 9–14.
itz, Herbert: Schlesien und der Hexenwahn. In: Sagen Sprottauer Heimatbriefe. Jg. 17. Detmold. 1966; S. 224.
Titz-Matuszak, Ingeborg: Zauber- und Hexenprozesse in Goslar. In: Niedersächsisches Jahrbuch für Landesgeschichte 65/1993; S. 115–160.
Torreblanca, Franciscus: Daemonologia, sive des Magia naturali daemoniaca licita et illicita. Mogentiae. 1623.
Tramer, M.: Kinder im Hexenglauben und Hexenprozeß des Mittelalters. In: Acta Paedopsychiatrica. Zs. f. Kinderpsychiatrie 11 (1945); S. 140–149, 180–187.
Trechsel, Fr.: Das Hexenwesen im Kanton Bern. Aus archivalischen Quellen dargestellt. In: Berner Taschenbuch. 19. Jahrgang. Bern. 1870.
Treder, Uta: Von der Hexe zur Hysterikerin. Zur Verfestigungsgeschichte des „Ewig Weiblichen". Bonn. 1984.
Treffzt, J.: Ein Hexenprozess aus dem Jahr 1676. In: Verein f. thüring. Geschichte und Altertumskunde. 29. Bd. 1. Heft. Jena 1912.
Treichel, F.: Hexen und Zauberer in Schleswig-Holstein. Zeitschrift für Niederdeutsche Familienkunde 43. 1968; S. 68–71.
Treichel, F.: Weitere Hexen und Zauberer in Schleswig-Holstein. Zeitschrift für Niederdeutsche Familienkunde 53. 1978; S. 142ff.
Treichler, Rudolf: Doctor Faust – Robert der Teufel nach alten deutschen Volksbüchern. Kuppenheim/Murgtal. 1947.
Treichsel: Ein Beitrag zur Hexengeschichte Westpreußens. In: Zeitschrift des Hist. Vereins f. d. Reg. Bez. Marienwerder. 5. Heft. Marienwerder. 1881.
Trendelenburg, Adolf: Das Hexenbild von Michael Herr. Berlin. 1925.
Treut, Monika: Die grausame Frau. Frankfurt a. M. 1990.
Trevor-Roper, Hugh-Redwald: Der europäische Hexenwahn des 16. und 17. Jh. In:
H.R. Trevor-Roper: Religion, Reformation und sozialer Umbruch. Die Krisis des 17. Jh. Frankfurt am Main – Berlin – Wien. 1967.
Trevor-Roper, Hugh-Redwald: The European Witch Craze of the 16th and 18th Centuries. Harmondsworth. 1969.
Trithemius, Johannes: Antipalus maleficorum.
Trithemius, Johannes: Joannis Trithemii octo quastionum ad Maximilianum Caesarem. Francoforti, per Cyriacum Jacobum. 1550.
Trummer, Carl: Vorträge über Tortur, Hexenverfolgungen, Vehmgerichte und andere merkwürdige Erscheinungen in der Hamburgischen Rechtsgeschichte. Gehalten in der juristischen Section des geschichtlichen Vereins in Hamburg ... Mit vielen bisher ungedruckten Urkunden und Criminalfällen. Hamburg. 1844–50.
Trumpp, Julius: Die Hexenküche des „Faust" im Lichte axiomaler Wissenschaft. Diss. München. 1949.
Trunz, Erich: Johann Matthäus Meyfarts Schrift gegen die Hexenprozesse. In: Gymnasium Casimirianum Coburg 1605–1980. Coburg. 1979/80; S. I–XXIV.
Trunz, Erich: Johann Matthäus Meyfart. Theologe und Schriftsteller in der Zeit des Dreißigjährigen Krieges. München. 1987.
Trusen, Winfried: Anfänge des gelehrten Rechts in Deutschland. Wiesbaden. 1962.
Trusen, Winfried: Vom Inquisitionsverfahren zum Ketzer- und Hexenprozeß. Fragen der Abgrenzung und Beeinflussung. In: Dieter Schwab (Hrsg.), Staat, Kirche, Wissenschaft in einer pluralistischen Gesellschaft. Festschrift zum 65. Geburtstag von Paul Mikat. Berlin. 1969; S. 435–450.
Trusen, Winfried: Strafprozeß und Rezeption. In: Landau/Schroeder, Strafrecht, Strafprozeß und Rezeption. Frankfurt a. M: 1984; S. 29–118.
Trusen, Winfried: Der Inquisitionsprozeß. In: ZRG/KA 74 (1988); S. 168–230.
Trusen, Winfried: Benedict Carpzov und die Hexenverfolgungen. In: Recht und Kriminalität. Festschrift f. F.-W. Krause. Köln u. a. 1990; S. 19–35.
Trusen, Winfried: Rechtliche Grundlagen des Häresiebegriffs und des Ketzerverfahren. In: Seidel Menchi, Ketzerverfolgung im 16. und frühen 17. Jahrhundert. Wolfenbüttel. 1992; S. 1–20.
Tschaikner, Manfred: „Damit das Böse ausgerottet werde" – Hexenverfolgungen in Vorarlberg im 16. und 17. Jahrhundert (Studien zur Geschichte und Gesellschaft Vorarlbergs 11). Bregenz. 1992.
Tschamber, Karl: Aus der Zeit des Hexenwahns. Ein Buchener wird in Miltenberg der Hexerei beschuldigt. In: Der Wartturm. Heimatblätter des Vereins Bezirksmuseum Buchen e. V. 6 (Buchen 1971) Nr. 5.
Tubeuf, C.Frh.: Bilogie, prakt. Bedeutung und Bekämpfung d. Kirschhexenbesens. Berlin. 1900.
Tuetey, Alexandre: La sorcellerie dans le pays de Montbéliard au XVII siécle. Dole. 1886.
Tupet, Anne-Marie: La magie dans la poésie latine. 1.: Des origines á la fin du régne d'Auguste. Paris 1976 (Collections d'études anciennes). Über die Hexenreformation des Professors Weber zu Dillingen. Von einem katholischen Weltmanne. Augsburg 1787. Über Festmachen, Nothhemden, Nothschwerter und Waffensalben. In: Curiositäten der ... Vor- und Nachwelt, Bd. III. Weimar. 1813. Ulbricht, Otto: Der sozialkritische unter den Gegnern: Hermann Witekind und sein Christlich bedencken und erjnnerung von Zauberey von 1585. In: Vom Unfug des Hexen-Processes. Gegner der Hexenverfolgung von Johann Weyer bis Friedrich Spee, hrsg. von Hartmut Lehmann und Otto Ulbricht (Wolfenbütteler Forschungen 55). Wiesbaden. 1992.
Ulf, Christoph: Das römische Lupercalienfest. Darmstadt. 1982.
Unger, Fr.: Die schwarze Magie: ihre Meister und ihre Opfer, darin: das Problem des übernatürlichen Geschlechtsverkehrs zwischen Menschen, Teufeln und Dämonen. Urban Grandier und die Besessenen von Loudun. Werke des Teufels in alter Zeit. Coethen. 1904.
Unverhau, Dagmar: Frauenbewegung und historische Hexenverfolgung. In: Blauert, Ketzer, Zauberer, Hexen. Die Anfänge der europäischen Hexenverfolgungen. Frankfurt a. M. 1990; S. 241ff.
Unverhau, Dagmar: Von „Toverschen" und „Kunsthfruwen" in Schleswig 1548-1557. Quellen und Interpretationsansätze zur Geschichte des Zauber-und Hexenglaubens. Beiträge zur Schleswiger Stadtgeschichte 22. 1977; S. 61–110.
Unverhau, Dagmar: Von „Toverschen" und „Kunsthfruwen" in Schleswig 1548-1557. Geschehen - Verbrechen – Gerichtsverfahren. Beiträge zur Schleswiger Stadtgeschichte 23. 1978; S. 25-86.
Unverhau, Dagmar: Kieler Hexenfälle des 16. und 17. Jahrhunderts. Kiel. 1980.
Unverhau, Dagmar: Akkusationsprozeß – Inquisitionsprozeß. Indikatoren für die Intensität der Hexenverfolgung in Schleswig-Holstein. In: Degn, Christian et al. (Hg.): Hexenprozesse. Neumünster. 1983; S. 59–142.
Unverhau, Dagmar: „Meisterinnen" und deren „Kunsthfruwen" in Schleswig und in Angeln um die Mitte des 16. Jahrhunderts. In: Jahrbuch für die Schleswigsche Geest. 1984; S. 60–80.
Unverhau, Dagmar: „Ich bin eine Hexe" – Frauenbewegung und historische Hexenverfolgung. In: Kieler Blätter zur Volkskunde 18 (1986); S. 61–89.
Unverhau, Dagmar: Volksglaube und Aberglaube als glaubensmäßig nichtsanktionierte Magie auf dem Hintergrund des dämonologischen Hexenbegriffs der Verfolgungszeit. In: Dinzelbacher/Bauer, Volksreligion im hohen und späten Mittelalter. Paderborn u. a. 1990; S. 375–396.
Utz Tremp, Katrin: Das Fegfeuer in Freiburg. Erste Annäherungen an die Akten des Freiburger Waldenserprozesses von 1430. In: Freiburger Geschichtsblätter 67 (1990); S. 7–30.

Valentin: End-Urtheil und Verruf (...) Aller derjenigen (...), so von (...) Augsburg Von Anno 1649 bis Anno 1759 (...) justificiert (...) worden. Augsburg. 1760.
Valentiner: Die Hysterie und ihre Heilung. Erlangen. 1852.
Valentinitsch, Helfried/Schwarzkogler, Ileane (Hrsg.): Hexen und Zauberer. Katalog zur Steirischen Landesausstellung 1987. Riegersburg. Oststeiermark. 1. Mai–26. Oktober. Graz. 1987.
Valentinitsch, Helfried: Die Verfolgung von Hexen und Zauberern im Herzogtum Steiermark - eine Zwischenbilanz. In: Valentinitsch, Hexen und Zauberer. Graz/Wien. 1987; S. 297ff.
Valentinitsch, Helfried (Hrsg.): Hexen und Zauberer. Die große Verfolgung – ein europäisches Phänomen in der Steiermark. Graz/Wien. 1987.
Valentinitsch, Helfried: Ein Zaubereiprozeß gegen zwei oststeirische Bauern im Jahre 1678. In: Blätter für Heimatkunde, hg. vom Historischen Verein für Steiermark 61 (1987); S. 21.
Valentinitsch, Helfried: Hexenwahn und Hexenprozesse im untersteirischen Markt Tüffer/Lasko im ausgehenden 17. Jahrhundert. In: Härtel, Reinhard et al. (Hg.): Geschichte und ihre Quellen (Festschrift für Friedrich Hausmann zum 70. Geburtstag). Graz. 1987; S. 367–378.
Valentinus, Benedictus Pererius: Adversus fallaces et superstitiosas artes, id est De magia, de observatione somniorum, de divinatione libri tres. Ingolstadt 1591.
Vallinck, J.: Von Zauberern und Unholden. Fuernemlich aber was zaubern fuer ein Werck seye, was Krankheit, Schade und Hindernuß drauß entstehe. Auch was gegen Arztney darwider zu gebrauchen seye. In: Theatrum de veneficiis. Frankfurt am Main. 1586.
Vanhemelryck, F.: Heksenprocessen in de nederlanden. o. O. 1982.
Veit, Ludwig Andreas: Hexenprozesse und Hexenverbrennungen in Dieburg in der ersten Hälfte des 17. Jahrhunderts. In: Katholischer Kirchenkalender der Pfarrei Dieburg für das Jahr 1918 (Dieburg 1917); S. 15–21.
Velten, Carl: Das Gesundheitswesen im alten Kreuznach. Ärzte, Bader, Apotheker, Hebammen, Scharfrichter, Totengräber. Bad Kreuznach. 1964.
Velten, Carl: Des Abtes Johannes Trithemius Chronik des Klosters Sponheim. Wortgetreue Übersetzung nach den in Würzburg und Madrid vorliegenden Handschriften, unter Benützung der jüngeren Druckausgabe von Freher, Frankfurt 1601. (Chronikon Sponheimense). Bad Kreuznach. 1969.
Venedey, Michael: Der Bund der Teufelsbeschwörer. Köln. 1840.
Vierling, A.: Unvertilgbarer Volksglaube und Aberglaube nach ältestem bayerischen Volksrecht. In: OA 52 (1904/07); S. 147–172.
Villeneuve, Roland: Le diable dans 'lart. Essai d'iconographie comparée á propos des rapports entre l'art et le satanisme. Paris. 1957.
Villette, Pierre: La Sorcellerie dans le Nord de la France du milieu du Xve á la fin du XVIIe siécle. In: Mélanges des Sciences Religieuses 13 (1956); S. 39–62, S. 129–156.
Vives, Ludovicus: De disciplinis. 1531.
Voet, Gisbert: Disputationes Selectae 5. Bde. 1648.
Voges, Dietmar-H.: Nördlinger Hexenprozesse. – Gesichtspunkte ihrer historischen Bewertung, bisher unveröffentlichtes Vortragsmanuskript vom 6.1.1991.
Vöhringer-Rubröder, Gisela: Hexenverfolgung in der Reichsstadt Esslingen. In: „Hexenverfolgung. Neuere Forschungen – unter besonderer Berücksichtigung des südwestdeutschen Raumes". (Bei Drucklegung unseres Buches noch nicht publiziert – Anm.d.Verlages).
Voigt, Gottfried Christian: Etwas über die Hexenprozesse in Deutschland. In: Berlinische Monatsschrift, Dritter Band. Berlin. 1784; S. 297–311.
Voigt, Gottfried Christian: Über Hexerey, Hexenprozcesse und Folter. In: Voigt, Gemeinnützige Abhandlungen. Leipzig. 1792.
Voitel, Fritz: Scheiterhaufen zu Wemding 1609–1631. 2. Aufl. Wemding 1958.
Volk, Franz: Hexen in der Ortenau. Lahr 1882. Neuauflage Offenburg 1978.
Volk, Franz: Hexen in der Landvogtei Ortenau und Reichsstadt Offenburg. Ein Beitrag zur Sittengeschichte. Lahr. 1882.
Volk, J.: Ein Günzburger Hexenprozeß. In: Schwäbische Heimat. Beilage zum Günz-und Mindelboten (1928); Nr.8–9.
Volland, Gerlinde: Männermacht und Frauenopfer. Berlin. 1993; S. 79ff.
Vollert, A.: Die Hexen und Hexenprozesse. Eine criminalhistorische Skizze. Von Dr. A. Vollert. Hrsg. des „Neuen Pitaval". Leipzig. 1871.
Vollmer, H.: „Über Engel und Teufel im deutschen Volksglauben des Mittelalters". In: Berichte des Deutschen Bibelarchivs Hamburg 1941. Von Hexen und Unholden, ein Christlicher, nützlicher, und zu diesen unsern gefährlichen Zeiten nothwendiger Bericht aus Gottes Wort, geistlichen und weltlichen Rechten; auch sonst allerley Historien gezogen. Anfänglich vor 114 Jahren durch Ulricum Molitoris, von Constnitz der Rechten Doctor, Lateinisch in Form eines Gesprächs, angestellet, und jetzt neulich verteutschet, u. in gewisse Dialogos abgetheilet durch Conradum Lauterbach. Gedruckt zu Cölln, MDLXXVI. 8 Bog. 8; S. 112. In: Hauber's Zauberbibliothek. 1. Bd. 2. Stück XIV.Voss(ius), Gerhard Johann: de historicis Latinis. Amsterdam 1627. Neu 1709 von Joh. Alb. Fabricius.
Vries, Herman de: Über die sogenannten Hexensalben. In: Salix.Zeitschrift f. Ethnomedizin 2 (1986); S. 17–43.
Vulkanovic, T. P.: Witchcraft in the Central Balkans I: Characteristics of Witches. In: Folklore 100 (1989); S. 9–24.
Waardt, Hans de: Das Vordringen der Zaubereiverfolgungen in die Niederlande, Rhein, Maas und Schelde entlang. In: Blauert, Ketzer, Zauberer, Hexen. Frankfurt a. M. 1990; S. 182–216.
Wachter, G. F. v.: Der letzte Hexenprozeß des Stifts Kempten. In: Allgäuer Geschichtsfreund, NF, 5 (1892); 8–63 (in Fortsetzungen).
Wächter, C. G. v.: Die gerichtlichen Verfolgungen der Hexen und Zauberer in Deutschland vom 15. bis 18. Jh. In: Beiträge zur deutschen Geschichte, insbes. des deutschen Strafrechts. Tübingen. 1845.
Wächter, Oskar: Vehmgerichte und Hexenprozesse in Deutschland, nach den Quellen dargestellt von Oskar Wächter. Stuttgart. 1882.
Wagner, Eberhard: Hexenglaube in Franken heute. In: Jahrbuch für fränkische Landesforschung. Bd. 30. 1970; S. 343.
Wagner, H.: Aberglaube und Hexenprozesse im Bezirk Grafenau im 17. und 18. Jahrhundert. In: Passauer Jahrbuch Ostbayrische Grenzmarken 1 (1957); S. 91–95.
Wagner, Johanna: Die, die so aussehen wie jemand, aber möglicherweise etwas anderes sind. Berlin. 1985.
Wagner, Tobias: Der einfältige Teuffel von Eßlingen. Dillingen. 1643.
Wagstaff(e), John: Johann Wagstaff's Gründlich ausgeführte Materie von der Hexerey, oder: Die Meynung derer jenigen so da glauben, dass es Hexen gebe: deutlich widerlegt und mit vernünftigen Anmerkungen über jedes Capitel erläutert. Aus dem Englischen übersetzt. Halle. 1711. Wahre vnd Eigendliche Contrafactur des Newgebauten Bambergischen Malefitz Hauß Welches zur Abstraffung vnd bekherung deren von Gott endwichten vnd verlaugneten bößhefften (?; wg. schlechtem Druck mangelnde Lesbarkeit). Menschen der verdampten Zaubery vnd vbelthättern in disem lauffenden 1627 Jahr so im Monat Junij angefangen vnd nechstfolgenden Augusti ist außgebauet worden. (Holzschnitt). Wahre vnd Eigendliche Contrafactur des Newgebauten Bambergischen Malefitz Hauß zu Bamberg. Welches zur Abstraffung vnd bekherung deren von Gott endwichten vnd verlaugneten bößhafften Menschen, der verdampten Zaubery vnd vbelthättern In disem lauffenden 1627 Jahr so im Monat Juny angefangen, vnd nechstfolgenden Augusti ist auß gebauet worden. (Einblattkupferdruck). Wahrhafftige Nachricht von einer Beschwerung des Satans, so in der letzt abgewichnen Christnacht 1730 (...) von 5 Bürgern in der Stadt Lindau vorgenommen worden. o. O. 1731.
Wahrlieb, Gottfried: Deutliche Vorstellung der Nichtigkeit der vermeynten Hexereyen und des ungegründeten Hexenprocesses, Amsterdam, nach der Erfindung der Hexerey im dritten Secculo, und nach der Einführung des Hexen-Proceßes ins Jahr 236. Halle. 1720.
Waibel, J. Maximilian: „Altmünchner Richtstätten und anderes hie Einschlägige". In: Das Bayerland, 25. Jahrgang. München 1913/14; S. 634ff.
Waider, Heribert: Friedrich von Spee von Langenfeld, ein Aufklärer der Aufklärer. In: JuS 1970; S. 377–380.
Waider, Heribert: Die Bedeutung der Entstehung der Cautio Criminalis des Friedrich Spee von Langenfeld für die Strafrechtsentwicklung in Deutschland. Zeitschrift f. gesamte Strafrechtswissenschaft. 83, 1971.
Waider, Heribert: Der Kampf um die „Cautio Criminalis" des Friedrich Spee von Langefeld-Köln 1632/1633. Jahrbuch des Kölnischen Geschichtsvereins 49. 1972; S. 53–66.
Waitzenegger, F. (praeside): Disputatio iuridica de maleficis et processu adversus eos instituendo. Ingolstadt. 1629 (ad publicam disputationem proponit J. Neydecker).
Waitzenegger, F. (praeside): Dissertatio VI de servitudo daemoniaca, hoc est maleficio et processu contra maleficos instituendo. Ingolstadt. 1637.
Walcher, Karl: Ein Hexenprozeß im Jahr 1591. In: Württembergische Vierteljahreshefte für Landesgeschichte N. F. 1 (1892); S. 345–353.
Waldbrühl, W. v.: Naturforschung und Hexenglaube. In: Sammlung gemein verständlicher wissenschaftl. Vorträge II. Serie. 46. Heft. Berlin. 1867/68.
Waldbrühl, W. v.: Naturforschung und Hexenglaube. In: Melaten und der Galgenberg. In: Kölner Zeitung vom 3. Januar 1875.
Waldkirch, J. R. v.: Die gerechte Folter-Banck: das ist, Eine rechtliche und gründtliche Anweisung und Untersuchung, wie und wann eine christliche Obrigkeit die verdächtigen Maleficanten könne oder solle peinlich befragen. Bern. 1710.
Waldschmidt, B.: Pytonissa Endorae, das ist: Acht vnd zwantzig Hexen- und Gespenster-Predigten, genommen auss der Histori von der Zauberin zu Endor... Gehalten in der Kirche zu Barfüssern in Franckfurt, vnd nunmehr mit nützlichen, auss vornehmer Theologorum vnd anderer berühmten Autorum Schrifften genommenen Anmerckungen vermehrt ... Franckfurt. 1660.
Walker, Barbara G.: Die weise Alte. München. 1986.
Walker, Barbara G.: Das geheime Wissen der Frauen. Frankfurt a. M. 1993.
Walker, Daniel P.: Spiritual and Demonic Magic from Ficino to Companella. London. 1958 (Reprint 1976).
Walter, Th.: Die Hexenplätze der Rufacher Hexenurkunden. In: Jahrbuch für Geschichte. Sprache und Literatur. Elsass-Lothringen. 12. Jg. Straßburg. 1896.
Waltisbühl, R.: Die Bekämpfung des Landstreicher- und Landfahrertums in der Schweiz. Eine Untersuchung der rechtlichen und soziologischen Stellung der Nichtseßhaften in der Schweiz. (Züricher Beiträge zur Rechtswissenschaft, Neue Folge, Heft 104). Aarau 1944.
Walz, Rainer: Der Hexenwahn vor dem Hintergrund dörflicher Kommunikation. In: Zeitschrift für Volkskunde 82 (1986); S. 1–18.
Walz, Rainer: Die autopoietische Struktur der Hexenverfolgungen. In: Sociologia Internationalis 27 (1989); S. 39ff.
Walz, Rainer: Der Hexenwahn im Alltag. Der Umgang mit verdächtigen Frauen. In: Geschichte in Wissenschaft und Unterricht 43 (1992); S. 157ff.
Walz, Rainer: Hexenglaube und magische Kommunikation im Dorf der Frühen Neuzeit. Die Verfolgungen in der Grafschaft Lippe. Paderborn. 1993.
Walz, Rainer: Kinder in Hexenprozessen. Das Beispiel der Grafschaft Lippe. In: Jürgen Scheffler, Gerd Schwerhoff, Gisela Wilbertz (Hg.), Hexenverfolgung und Regionalgeschichte. Die Grafschaft Lippe im Vergleich. Erscheint Bielefeld. 1994.
Wanderer, K. P.: Gedruckter Aberglaube. Studien zur volkstümlichen Beschwörungsliteratur. 1976.
Wangner, B.: „Hexenprozesse aus den Jahren 1635–36 in Löffingen-Blumberg". In: Oberdeutsche Zeitschrift für Volkskunde. 1935. Warhaffte Beschreibung Deß Vrtheils/so Anno 1666, den 15. Aprilis/in deß heiligen Ro(e)mischen ReichsStatt Augspurg/ an einer alten Weibs-Person Namens Anna Schwayhoferin hat begeben vnd zugetragen/die auß deß Teuffels Antrib vnd begehren /die Allerhochheyligiste Dreyfaltigkeit/die seeligiste Mutter Gottes/vnd das gantze Hilische Heer verlaugnet/sie ist auch mit der heyligen Hostien u(e)bel vnd erschro(e)cklich vmbgangen/vnd andern Ubelthaten mehr/Derentwegen ist sie vom Leben zu dem Todt bervurtheilt worden/wie hie vnten zusehen vnd zuvernehmen ist.Warhaffte Beschreibung deß Vrtheils/so Anno 1666, den 9. Januarij (oder: January?) in der Churfu(e)rstlichen Residentz Statt Mu(e)nchen/an einem weit beschreiten vnd erschro(e)cklichen Zauberer vollbracht worden. Warhaffte Historische Abbild: vnd kurtze Beschreibung/was sich vnlangst in deß Heyl: ReichsStatt Augspurg/mit einer ledigen/von einem stummen Teuffel besessen Weibspersohn/ vnd ihren zweyen zauberischen Wartterinnen zugetragen/auch wie endlich durch sonderbahre schickung Gottes alles offenbar worden/vnd dahero mit verwunderung erschro(e)cklich anzuho(e)ren ist. Warhaffter Summarisch außführlicher Bericht und Erzehlung. Was die in deß Heyligen Röm. ReichsStatt Augspurg etlich Wochen lang in verhafft gelegne zwo Hexen/benandtlich Barbara Fröhlin von Rieden (1637–1654)/ unnd Anna Schäflerin von Erringen (1590–1654)/wegen ihrer Hexereyen güt und peinlich bekent/auch was gestalt die alte Anna Schäflerin/im Lobl. ReichsCloster und Gottshauß S. Ulrich und S. Afrae daselbst/ die von einem stummen Teuffel besessen geweste Mariam Pihlerin von Haußstetten/auß deß laidigen Teuffels starcken Antrib vorhero/ehe diser stumme Teuffel durch Priesterliche Gewalt von jhr hätt außfahren sollen/durch einnöth. und beybringung gifftiger Teuffels Sachen/gewaltthätig ermordt hat/und wie endtlich dise beede Unholden jhrem Verdienst nach/auff Sambstag den 18. Aprill diß 1654. Jahrs hingericht worden. Warhafftige Historische Abbild: und kurtze Beschreibung, was sich (...) in (...) Augsburg mit einer besessen(en) Weibspersohn und ihren zweyen zauberischen Wartterinnen zugetragen (...). Augsburg 1654. Warhafftige Newe Zeitung vnd schröckliche Geschicht/So sich begeben vnd zugetragen hat mit diesem Hexen- vnd Teufelsgeschmeiß vnter dem Churfürsten zu Mäntz/jnner vnd ausserhalb der Stadt Dipurgk/wie 38. Person verbrennet worden sind/vnnd noch 14. gefangen sitzen/Vnd werden von Tag zu Tag noch täglich eingefangen/Was sie für schröckliches Vbel/Jammer vnd Hertzenleid gestifftet vnd angerichtet haben/Menschen vnd Vieh gesterbet vnd verderbet/auch die lieben Frücht Wein vnd Korn erfröhret/durch Hage vnd Vngewitter beschediget /Was sie auch in diesem 1628. Jahr für Zauberey vnd Teuffelswerck begangen/

vnd auch das zukünfftige wiederumb treiben wollen/wird menniglich in diesem Gesang berichtet/Im Thon:/ Es ist gewißlich an der Zeit/das etc. Zierstück Erstlich gedruckt zu Franckfurt am Main/durch Hanß Niclas Stoltzenberg. 1628. Warhafftige Newe Zeitung, Frankfurt a. M. 1628, „in diesem Gesang berichtet/im Thon:/Es ist gewißlich an der Zeit/das etc."; Gewiser Bericht deß Truten und Hexenbrennens Bambergischen Gebiets, Schmalkalden. 1628. Warhafftige und erschreckhliche Thatten und Handlungen der 63 Hexen und Unholden, so zu Wiesensteig mit dem Brandt gerichtet worden seindt. o. O. 1563. Warhafftige und erschreckliche newe Zeitung von einer jungen Diernen, welche sich dem Teufel sechs Jahr lang ergeben (...). Item von grewlichen ungestümen Wettern, so den 12. Maii dieses 1582. Jars in Baiern (...) großen Schaden an Menschen und Viehe gethan haben. Dresden. 1582. Warhafftige vnd Wunderbarlich/Newe zeitu(e)ng von einen paruen/der sich durch Zau(e)berey/des tags siben stund zu ainen wolff verwandelt hat/vnd wie er darnach gericht ist worden durch den Colnischen Nachrichter/den letzten October Jm 1589 Jahr (Holzschnitt) (...) Druckt Zu Normberg bey Lucas Mair (Drucker und) Formschneider hinder Sand Katterinna. Warhafftige Zeyttung von 134 Unholden, so umb irer Zauberey halben verbrennet worden. Straßburg. 1583. Warhafftige Zeyttung von dem grausamen Wätter und Schaur (...). München. 1582. Warhafftige/Newe Zeyttung/so den 18. Martij/in diesem 75. Jar/zu Bramberg im Pintzkow/ein Meilwegs von Mittersel im Bisthumb Saltzburg/mit einem Pfarrer vnd seiner Köchin zugetragen hat/vnnd wie sie auch hernach vmb Ihre Missethat hingericht worden sind. (Holzschnitt). Getruckt zu Wien in Oesterreich/bey Steffan Creutzer. 1575. Warhafftiger Bericht (...), welcher gestalt (...) die Junkfraw Anna Elisabetha Susanna (...) ist erlediget worden. Straubing 1665. Warhafftiger summarisch-aussführlicher Bericht und Erzelung, was die in des heyligen Röm. Reichsstatt Augsburg (...) in Verhafft gelegene zwo Hexen (...) bekennt und wie endlich diese Unholden (...) hingerichtet worden. Augsburg 1654. Waschinski: Ein Beitrag zur Geschichte der Hexenprozesse. In: Mitteilungen des westpreußischen Geschichtsvereins. II. Jahrg. Danzig. 1903. Watzlawick, Paul: Wie wirklich ist die Wirklichkeit? Wahn, Täuschung, Verstehen. 13. Aufl. München/Zürich. 1985.

Weber, F. L.: Hexenbrennen – ein einträgliches Geschäft. In: Heimat und Geschichte. Jahresgabe der Aschaffenburger Zeitung für den Geschichtsverein Aschaffenburg. Aschaffenburg 1938–1941.

Weber, H.: Johann Gottfried von Aschhausen, Fürstbischof von Würzburg und Bamberg, Herzog zu Franken. Würzburg. 1889.

Weber, Hartwig: Kinderhexenprozesse. Frankfurt a. M. 1991.

Weber, Hellmuth v.: Benedict Carpzov. Ein Bild der deutschen Rechtspflege im Barockzeitalter. In: Kriegsvorträge der rhein. Friedrich-Wilhelms-Universität. 159. Heft. Bonn. 1944.

Weber, Hellmuth v.: Die peinliche Halsgerichtsordnung Kaiser Karl's V. Zeitschrift für Rechtsgeschichte 90 = Germ. Abt. 1960.

Weber, J.: Die Nichtigkeit der Zauberei. Salzburg. 1787.

Weber, J.: Ungrund des Hexen- und Gespenster-Glaubens, in ökonomischen Lehr-Stunden dargestellt ... 2. verm. Auflage. Augsburg (oder Dillingen?) 1787.

Weber, Kurt Stefan: Geheimwissen für alle. Von Hexen und der magischen Welt im Groschenheft. In: Hexen heute. Magische Traditionen und neue Zutaten. In Zusammenarbeit mit Dieter R. Bauer. Hrsg. von Dieter Harmening. Würzburg. 1991; S. 121–134.

Weber, Marianne: Ehefrau und Mutter in der Rechtsentwicklung. Eine Einführung. Tübingen. 1907.

Weber, Richard: Der Zauberer Paracelsus. Festschrift für Will.-Erich Peuckert zum 60. Geburtstag. Berlin, Bielefeld, München. 1955.

Webster, John: Displaying of supposed Witchcraft, London. 1673 (dt.: Untersuchung der vermeinten und so genannten Hexereijen. Mit einer Vorrede von Chr. Thomasius. Halle. 1719.

Wecker, Johann Jacob: Wahre und eigentliche Entdeckung und Declaration oder Erklärung fürnehmer Artikul der Zauberey ... vor vielen Jahren aus jhren Urgichten erfahren durch Jacob Weckern etwas weitläufiger beschrieben. Nun aber an jetzo mit allem Felisse revidiret ... Leipzig (bei Francke und Scheib) 1631. (Bearbeiter: Wolfgang Hildebrand).

Wegner, Wolfgang: Die Faustdarstellung vom 16. Jahrhundert bis zu Gegenwart. Amsterdam. 1962.

Weier, Johann: Von den Teuffeln/Zauberern/Schwartzkünstlern/Hexen oder Unholden und Giftbereitern. Frankfurt. 1575.

Weigand, Waldemar: Von Lohrer Hexen und Zauberern. In: Rexroth Hauspost 27 (Lohr/M. 1976). H. 3, S. 24–25; H. 4, S. 24–26.

Weigel, Oswald: Geschichte der Hexenprozesse. Leipzig. 1912.

Weigelt, Gertrud: Der Teufel in mittelhochdeutschen Predigten und Epen um 1200. Bonn. Diss. phil. 1976.

Weiland, L.: Ein Hexenprozeß im elften Jahrhundert. In: Zs. f. Kirchengeschichte 9 (1888); 592ff.

Weiler, Garda: Der enteignete Mythos. München. 1985.

Weinstock, Heinrich: Die Tragödie des Humanismus. Wahrheit und Trug im abendländischen Menschenbild. 3. Auflage. Heidelberg. 1956.

Weise, E.: Das „Edikt in Zauberei-Sachen" von 1603 und seine Anwendung durch den Richter Lüder Bicker zu Altluneberg. In: Stad. Arch. NF 40 (1950); S. 35ff.

Weiser-Aall, Lilly: „Zum Hexenritt auf dem Stabe". In: Festschrift für Marie Andree-Eysn. Ed. J. M. Ritz. München 1928.

Weiser-Aall, Lilly: Artikel „Hexe". In: Handwörterbuch des deutschen Aberglaubens. Hrsg. von Bächthold und Stäubli. III. Bd. Berlin, Leipzig. 1930.

Weiß, Elmar: Die Hexenverfolgungen in der mainzischen Zent Buchen. In: Rainer Trunk/Helmut Brosch/Karl Lehrer, 700 Jahre Stadt Buchen. 1980; S. 117–131.

Weiß, Elmar: Thomas Schreiber – ein Streiter gegen den Hexenwahn in Mergentheim. In: Mainfränkisches Jahrbuch für Geschichte und Kunst 38 (1986); S. 131–141.

Weitnauer, A.: Allgäuer Hexen. In: Unser Allgäu (1948); Nr. 2.

Weller, Karl/Weller, Arnold: Württembergische Geschichte im süddeutschen Raum. 7. Auflage. Stuttgart, Aachen. 1972.

Wendelinus, Gottfried: Leges Salicas illustratas cum Glossario Salico vocum Advaticanum. Antwerpen. 1649.

Weng, Johann Friedrich: Die Hexenprozesse der ehemaligen Reichsstadt Nördlingen in den Jahren 1590–1594. Das Ries wie es war und wie es ist, Heft 6 und 7. Nördlingen. 1837/1838.

Weng, Johann Friedrich: Die Hexen-Prozesse der ehemaligen Reichsstadt Nördlingen in den Jahren 1590–94. Aus den Kriminalakten des Nördlinger'schen Archiv gezogen. Nördlingen. 1838.

Wenzel, G. I.: Geist-, Wunder-, Hexen- und Zaubergeschichten, vorzüglich neuester Zeit. Erzählt und erklärt von Gottfried Imanuel Wenzel. Prag und Leipzig. 1793.

Werner, E.: Nachrichten über spätmittelalterliche Ketzer aus tschechoslowakischen Archiven und Bibliotheken. In: Beilage zur Wissenschaftlichen Zeitschrift der Karl-Marx-Universität Leipzig, gesellschafts-und sprachwissenschaftliche Reihe. 12. Jg., 1963, H. 1; S. 215–283.

Wesche, H.: Der althochdeutsche Wortschatz im Gebiete des Zaubers und der Weissagung. Halle. 1940.

Wessel, Klaus: Die stillende Gottesmutter. In: Studien zur altägypt. Kultur 6 (1978); S. 185–200.

Wessely, Joseph Eduard: Die Gestalten des Todes und des Teufels in der darstellenden Kunst. Leipzig. 1876.

Weyer, J.: Etliche newe Zusätz (...) von den Hexen und Unholden, so der Bodinus mit gutem grund nicht widerlegen kann. 1586; S. 555–575. What Happened in Salem? ed. David Levin. New York. 1960. 2nd edition.

Wichert, Wolfram: Hexentreiben. Roman. Die historischen Vorgänge der Hexenprozesse in Lemgo. 1979.

Wichmann, Jörg: Die magische Kunst der Hexen. Geschichte, Mythen, Rituale. Berlin. 1984.

Wickiana: Johann Jakob Wicks Nachrichtensammlung aus dem 16. Jh. Hg. v. M. Senn. Küsnacht/Zürich. 1975; S. 196ff.

Widemann, Berthold: Die Verfassung und Verwaltung der Stadt Meersburg in der Zeit vom 16. bis zum 18. Jahrhundert. Freiburg i. Br. (Diss. masch.). 1958; S. 53–57.

Wiedemann, M.: Hexenprozesse zu Wasserburg. In: Bodensee Heimatschau 8 (1929); Nr. 2–3.

Wiederholdt, Johann Ludwig: Christliche Gedenken von der Folter... Wetzlar. 1739.

Wiegand, Anke: Die Schönheit und das Böse. München/Salzburg. 1967.

Wieland, Georg: Ratsgremien und Hofgericht in der weltlichen Zentralverwaltung. In: Die Bischöfe von Konstanz. Friedrichshafen. 1988; S. 160–188.

Wiesemann, J.: „Hexenhammer" und Zauberglauben – kirchenrechtliche und theologische Quellenstudien zum „Malleus Maleficarum" von 1487. Magisterarbeit. Aachen. 1987.

Wigand, P.: Die Hexenprozesse und das Einschreiten des Kammergerichts gegen die dabei eingerissenen Missbräuche. Leipzig. 1854.

Wigand, P.: Zur Geschichte der Hexenprozesse. Ein Hexenprozeß vor dem Criminalgericht zu Horn im Fürstenthum Lippe. 1554. Leipzig. 1854.

Wilbertz, Gisela: Die Hexenprozesse in Stadt und Stift Osnabrück. In: Degn, Hexenprozesse. Neumünster. 1983; S. 8–222.

Wilbertz, Gisela: Hexenprozesse und Zauberglaube im Hochstift Osnabrück. In: Osnabrücker Mitteilungen 84 (1978); S. 33ff.

Wilhelm: Hexenprozesse aus dem 17. Jh. Mit höherer Genehmigung aus dem Archiv des königl. Hannover'schen Amtsgerichtes Diepholz mitgetheilt von dem Amtsrichter Dr. Wilhelm zu Diepholz. Hannover. 1862.

Will, Georg Andreas: Nürnbergische Criminal Parallele. Historisch-Diplomatisches Magazin für das Vaterland und angrenzende Gegenden, Band 2. 2. Stück. Nürnberg 1782.

Willburger, August: Hexenverfolgung in Württemberg. In: Rottenburger Monatsschrift für praktische Theologie 13 (1929/30); S. 135–145, 167–173.

Williams. Charles: Witchcraft. London. 1941.

Wilson, Colin: Riesen und Hexen. In: Jörg Schröder (Hrsg.), Hammut - März Texte 1 & 2, 1969-1984. Herbstein. 1984; S. 559–570.

Wilson, Monica: Witch Beliefs and Social Structure. In: American Journal of Socioloy 56 (1951); S. 307ff.

Wimmer, Wolf: Anna Maria Schwägelin (gest. 1775). Die letzte Hexenexekution in Deutschland. In: Juristenzeitung. 1975; S. 631+632.

Wind, Edgar: Heidnische Mysterien in der Renaissance Frankfurt a. M. 1981.

Winkler, C.: Die Hexenprozesse in Türkheim in den Jahren 1628–30. Nach den Originalprotokollen der Stadt Türkheim. Gegeben von C. Winkler. Hierzu mehrere Ansichten der auf die Prozesse bezüglichen Localitäten und der Marterinstrumente. Colmar. 1904.

Winkler, N.: Bedenken von künfftiger Verenderung Weltlicher Policey und Ende der Welt, auß heyliger Göttlicher Schrifft unnd Patribus, auch auß dem Lauff der Natur deß 83. biß auf des 88. und 89. Jars beschrieben. Augsburg. 1582.

Winkler, R.: Über Hexenwahn und Hexenprozesse in Estland während der Schwedenherrschaft. Von Probst R. Winkler. In: Baltische Monatsschrift. 51. Jg. 5. Heft. Riga. 1909.

Winteler, Jakob: Der Anna-Göldi-Prozeß im Urteil der Zeitgenossen. Glarus. 1951.

Wirth, H.: „Hexenverbrennung zu Heidelberg". In: Archiv für die Geschichte der Stadt Heidelberg. Heidelberg 1868.

Wirth, H.: „Zur Topographie des Hexenwesen". In: Archiv für die Geschichte der Stadt Heidelberg. Heidelberg 1869.

Wirth, Joseph: Hexenwahn in Aschaffenburg. In: Heimat und Geschichte. Jahresgabe der Aschaffenburger Zeitung für den Geschichtsverein Aschaffenburg (Aschaffenburg 1938); S. 7–9.

Wissenlick, Erika: Hexen. Warum wir so wenig von ihrer Geschichte erfahren und was davon auch noch falsch ist. München. 1986.

Witekind, H. (pseud. Augustin Lercheimer): Christlich Bedencken vnnd Erinnerung von Zauberey, woher, was vnd wie vielfältig sie sey, wem sie schaden könne oder nicht, wie diesem Laster zu wehren, vnd die damit behafft, zu bekehren, oder auch zu straffen seyen. Beschrieben durch Augustin Lerheimer. Aut assentire is, aut meliora doce. Jetzt und auff's new gemehret vnd gebessert. Basel. 1593.

Witkowski, Georg: Die Walpurgisnacht. Leipzig. 1894.

Wittenberger, Wilma: Nach brutaler Folterung gestanden: Vor 350 Jahren Dieburger Hexenprozesse. 36 hingerichtet. In: Wiesbadener Tagblatt 125 (Wiesbaden 1977) Nr. 140 vom 21. Juli 1977; S. 4.

Wittig, G. C.: Hexenaberglaube in Schlesien. In: Psychische Studien. 23. Jahrg. 9. Heft. Leipzig. 1898.

Wittmann, Alfred: Die Gestalt der Hexe in der deutschen Sage. Heidelberger phil. Diss. Bruchsal. 1933.

Wittmann, P.: Friedrich Förner, Weihbischof zu Bamberg. In: Hist. Pol. Blätter 36 (1880); S. 565ff, 656ff.

Wittmann, P.: Die Bamberger Hexenjustiz von 1595 bis 1631. In: Archiv für katholisches Kirchenrecht. Bd. 50, Mainz. 1883; S. 117–223.

Wittmann, P.: Das Bamberger Trudenhaus. In: Zeitschrift des Alterthumsvereins, NF, 5 (1892); S. 21–26.

Wittmer-Butsch, Maria Elisabeth: Zur Bedeutung von Schlaf und Traum im Mittelalter. Krems. 1992.

Woeller, Waltraud: Zur Geschichte des Hexenwahns und der Hexenprozesse in Deutschland. Wissenschaftliche Zeitschrift der Humboldt-Universität Berlin. Gesellschafts- und sprachwissenschaftliche Reihe 12. Jg. Berlin. 1963; S. 881–894. Wohlgegründeter Gegenbericht mit ahngehefften Warhaffter information auff den vor der Zeit durch die Bischoffliche Würtzburgische Rähte wieder die Herren Graven zu Löwenstein und Wertheimb außgesprengten Vermeinten bericht ... 1617/18. Wohlhaupter, Eugen: Die Spruchtätigkeit der Kieler juristischen Fakultät von 1665 bis 1879. In: Zeitschrift der Savigny-Stiftung für Rechtsgeschichte. Germ. Abt. Weimar. 1938; Bd. 58.

Wolf, Hans-Jürgen: Hexenwahn und Exorzismus. Ein Beitrag zur Kulturgeschich-

te. Kriftel. 1980.
Wolf, M.: Opfer des Aberglaubens, Irrthums und Wahns. Erzählungen und Enthüllungen aus uralter Zeit bis auf unsere Tage. Von C. Michael (pseud.) Leipzig. 1880.
Wolf, Werner: Der Mond im deutschen Volksglauben. Bühl. 1929.
Wolff, A.: Flensburger Hexenprozesse. Aus Flensburgs Vorzeit. Beiträge zur Geschichte der Stadt Flensburg. 1887; S. 17–37.
Wolff, H.: Geschichte der Ingolstädter Juristenfakultät 1472–1625. Berlin. 1973.
Wölfing, M.: Zum Verständnis des Hexenwahns. Tübingen. 1921.
Wrede, Richard: Die Körperstrafen bei allen Völkern von den ältestenZeiten bis Ende des neunzehnten Jahrhunderts. Kulturgeschichtliche Studien. Frankfurt am Main.
Wright, Harry B.: Zauberer und Medizinmänner. Augenzeugenberichte von seltsamen Heilmethoden und ihren Wirkungen auf primitive Menschen. Zürich (1958).
Wulz, Gustav: Der Prozeß gegen die Hexe Rebekka Lemp. In: Der Rieser Heimatbote (1937). Nr. 131.
Wulz, Gustav: Nördlinger Hexenprozesse vor 1589. In: Rieser Heimatbote. 1938. Nr. 140.
Wulz, Gustav: Die Nördlinger Hexen und ihre Richter. Eine familiengeschichtliche Studie. In: Der Rieser Heimatbote 1939. Nr. 142–147.
Wulz, Gustav: Nördlinger Hexenprozesse. In: Rieser Heimatverein (Jahrbuch) 20 (1937), S. 42–72; 21 (1939), S. 95–121.
Wunder, Gerd: Der Prozeß des Benedikt Beutelspacher. Schwäbische Heimat 9, 1958.
Wunder, Gerd: Benedikt Beutelspacher. Bürgermeister von Leonberg. Um 1482 bis 1561. Lebensbilder aus Schwaben und Franken 8. Stuttgart 1962.
Wunder, Gerd: Bäuerliche Oberschichten im alten Wirtenberg. In: Bauernschaft und Bauernstand 1500–1970. Büdinger Vorträge 1971. Limburg/Lahn 1974.
Wunder, Gerd: Die Haller Hexenzeugen. Wie es zum Prozeß gegen Katharina Schloßstein kam. In: Der Haalquell 30. (1978); S. 13ff.
Wunder, Heide: Hexenprozesse im Herzogtum Preußen während des 16. Jahrhunderts. In: Degn, Christian et al. (Hg.): Hexenprozesse. Neumünster. 1983; S. 179–203.
Wunderer, R.: Erotik und Hexenwahn. Eine Studie der Entstehung des Hexenwahns in der vorchristlichen Zeit bis zu den Pogromen unserer Vergangenheit. Stuttgart 1963.
Wünsche, August: Der Sagenkreis vom geprellten Teufel. Leipzig, Wien. 1905.
Wurm, Theodor: Chronik der Stadt Wiesensteig. Geislingen. 1954.
Wüst, H. Th.: Teufel, Hexenwahn und Dummheit. Der Weg des deutschen Volkes aus finsterm Aberglauben zum Lichte der Vernunft. In: Rhein-Mainische Sonntagszeitung vom 30. März 1941.
Zacharias, G.: Satanskult und Schwarze Messe. Wiesbaden. 1965 (4).
Zacharias, G.: Satanskult und Schwarze Messe. Ein Beitrag zur Phänomenologie der Religion. Wiesbaden 1964, 1970.
Zacharias, G.: Der dunkle Gott. Die Überwindung der Spaltung von Gut und Böse. Satanskult und schwarze Messe. Wiesbaden/München. 1982.
Zallinger, O. v.: Das Verfahren gegen die landschädlichen Leute in Süddeutschland. Innsbruck. 1895.
Zambelli, Paola: Scholastiker und Humanisten. Agrippa und Trithemius zur Hexerei. In: AfK 67 (1985); S. 41–80.
Zanger, Johann: Tractatus de quaestionibus seu torturis reorum. Wittenberg. 1593.
Zedler, Johann Heinrich (Hrsg.): Großes vollständiges Universal-Lexicon aller Wissenschaften und Künste, 64 Bde. und 4 Ergänzungsbde. Halle/Leipzig 1732–1754; Bd. 12 (1735); Sp. 1978-1995 (Hexerey); Bd. 61 (1749); Sp. 38-62 (Zauberer, Hexenmeister); Sp. 62–142 (Zauberey, Lat. Magia); Sp. 143–144 (Zauberinnen); Sp. 145–161 (Zauber-Kranckheiten); Sp. 164–172 (Zauber-Schäden); Bd. 63 (1750); Sp. 1635–1642 (Zulassung des Bösen).
Zeeden, Ernst Walter: Hegemonialkämpfe und Glaubenskämpfe 1556–1648. Frankfurt am Main. Berlin, Wien. 1977.
Zehner, Joachim: Fünff Predigten von den Hexen, ihren Anfang, Mittel vnd End in sich haltend vnd erklärend. Aus heiliger göttlicher Schrift vnd vornembsten alten Kirchenlehrern zusammengetragen vnd vor dessen gehalten in der Pfarrkirchen zu Schleusingen durch Ioachim Zehner ... Leipzig. 1613. Zeipel, C.v.: Karl XI. Rabenius und der Hexenprozess. Historischer Roman von Carl von Zeipel. Aus dem Schwedischen übersetzt von G. Funk. Stuttgart. 1846.
Zenz, Emil: Cornelius Loos – ein Vorläufer Friedrich Spees im Kampf gegen den Hexenwahn. In: Kurtrierisches Jahrbuch 2 (1962); S. 41–69.
Zenz, Emil: Ein Opfer des Hexenwahns. Das Schicksal des Doctor Dietrich Flade aus Trier. Trier. 1977.
Zenz, Emil: Cornelius Loos – ein Vorläufer Friedrich Spees im Kampf gegen den Hexenwahn. In: Kurtrier. Jb. 21 (1981); S. 147–153.
Zenz, Emil: Die geschichtlichen und geistigen Hintergründe des Hexenwahns. In: Arens, Anton (Hg.): Friedrich Spee im Lichte der Wissenschaften. Beiträge und Untersuchungen. Mainz. 1984; S. 135–149.
Zguta, Russell: Witchcraft Trials in Seventeenth-Century Russia. In: American Historical Review 82 (1977); S. 1187–1207.
Ziegeler, Wolfgang: Möglichkeiten der Kritik am Hexen- und Zauberwesen im ausgehenden Mittelalter. Zeitgenössische Stimmen und ihre soziale Zugehörigkeit. In: Kollektive Einstellungen und sozialer Wandel im Mittelalter. Köln/Wien. 1973.
Ziegler, Caspar: Commentarius in Joh. Lancelotti Institutiones Juris Canonici. Wittenberg. 1669.
Ziegler, Matthäus: Engel und Dämon im Lichte der Bibel mit Einschluss des ausserkanonischen Schrifttums. Zürich (1957).
Ziemer, M. T.: Hexenverfolgungen in den Gebieten des Grafen v. Nassau (Johannes) vor dem Jahre 1675. In: Idsteiner Heimatschau. 1626–28.
Ziemer, M. T.: Die Idsteiner Hexenjagd von 1676. In: Idsteiner Heimatschau. Idstein. 1928.
Zieren, Helene: Studien zum Teufelsbild in der deutschen Dichtung von 1050–1250. Bonner phil. Diss. 1937.
Zihlmann, Josef: Das Besen- oder Rutenopfer auf der Luzerner Landschaft. Separatabdruck aus: Heimatkunde des Wiggertals 37 (1979).
Zilboorg, Gregory: The medical man and the witch during the Renaissance. New York. 1969.
Zimmermann, Karl: Hexenwesen und Hexenverfolgung in der Grafschaft Baden von 1574–1600. In: Badener Neujahrsblätter. 1950; S. 40–55.
Zimmermann, Willibald: Die Empfinger Opfer des Hexenwahns. In: Zollerheimat 8 (1939).
Zimmermann, Wolfgang: Teufelsglaube und Hexenverfolgungen in Konstanz 1546–1548. In: Schriften des Vereins für Geschichte des Bodensees und seiner Umgebung, 106 (1988).
Zimmermann, Wolfgang: Konstanz in den Jahren von 1548–1733. In: Konstanz in der frühen Neuzeit (Geschichte der Stadt Konstanz 3). Konstanz. 1991; S. 282–284.
Zingerle, Ignaz v.: Ein Beitrag zu den Hexenprozessen in Tirol im 17. Jh. Von Ignaz v. Zingerle. Innsbruck. 1882.
Zink, Albert: Ein pfälzischer Hexenprozeß. Leben und Sterben der Appolonia Heß aus Gaugrehweiler. In: Pfälzer Abendzeitung vom 8. November 1950; S. 3.
Zink, Albert: „Peinliche Halsgerichtsverhandlungen" in Meisenheim. Mit dem Strang, dem Feuer und auf dem Rad gerichtet. In: Naheland-Kalender. 1955; S. 75ff.
Zink, Albert: Heilkünstler und Teufelsbändiger im Naheland. In: Naheland-Kalender. 1956; S. 76ff.
Zinser, H.: Der Mythos des Mutterrechts. Verhandlung von drei aktuellen Theorien des Geschlechterkampfes. Berlin/Frankfurt/Wien. 1981.
Zirngiebl: Studien über das Institut der Gesellschaft Jesu mit besonderer Berücksichtigung der pädagogischen Wirksamkeit des Ordens.
Zöckler/Plitt: Hexen und Hexenprozesse. In: Hauck (Hrsg.), Realencyclopädie für protestantische Theologie und Kirche, Bd. 8, Leipzig (3. Aufl.). 1900; S. 30–36.
Zoepfl, Friedrich: „Hexenwahn und Hexenverfolgung in Dillingen". In: Zeitschrift für bayerische Landesgeschichte. Bd. 27. München. 1964; S. 235–244. Zur Naturgeschichte der Hexen. Vortrag geh. von ... J. B. Holzinger, in der Jahres-Versammlung d.naturwissenschaftl. Vereins f. Steiermark, am 16. Dec. 1882.
Zween erschreckliche Geschicht, gesangsweise. Die erste, von einem Wirt im Allergaw, Bastian Schönmundt genandt ... wie er sein ehelich Weib ... so schwanger Leibes gewesen, dreyen Mördern verkaufft ... Die ander, eine erschreckliche und warhafftige newe Zeitung, wie sich im 1596. Jahres ... hat zugetragen, das ein schwanger Weib vom Teuffel besessen, ihren mann sampt drey Kindern; auch sich selbs mit ihrer Leibesfrucht ermordt vnd umgebracht hat. 1596. Zwei Hexenprozesse aus dem Jahre 1688, geführt bei dem hochfürstlichen Amte in Ballenstedt. Quedlinburg. 1863. Zwei Hexenzeitung, die erste Von dreyen Hexen-Pfaffen unnd einem Organisten zu Ellwang, wie dieselbe Christo abgesagt, unnd dem bösen Geist mit Leib und Seel sich ergeben, und die Zauberung von ime erlernet ... Die ander; von einer Unholdin oder Hexen, wie sie mit iren Gespilen alles zu verderben unterstanden, der Satan aber, ihnen Ursachen, warum sie solches bleiben lassen angezeigt, auch nicht gestatten, oder geschehen lassen wöllen. Nürnberg. 1615. Zwetsloot, H.: Friedrich Spee und die Hexenprozesse; die Stellung und Bedeutung der Cautio Criminalis in der Geschichte der Hexenverfolgungen. Trier. 1954. Zwo gründliche und warhafftige newe Zeitung: Die erste Von den Hexen und Unholden Mann und Weibs personen, so man in der Churfürstlichen Statt zu Aschenburg unnd auch auff dem Land mit dem fewer gestrafft unnd verbrandt hat ... Geschehen 1612. Giessen 1612. Zwo Hexen Zeitung, Die erste: aus dem Bisthumb Würzburg. Das ist, Gründliche Erzählung, wie der Bischoff zu Würzburg das Hexenbrennen im Franckenlande angefangen (...). Die Ander aus dem Herzogtum Würtenberg, wie der Herzog zu Wirtenberg in unterschiedlichen Stätten das Hexenbrennen auch angefangen. Tübingen 1616.
Zwo newe Zeittung, die erste welcher gestalt zween falsche Juden durch Zauberey zuwegen gebracht, daß vil tausend Stückh Vihe (...) gestorben ist. Welche auch 1599. Jars ihren gebührenden Lohn empfangen haben. Wien. 1599. Zwo Newe Zeittung. Was man für Hexen oder Unholden verbrendt hat, von dem siebenden Hornung an biss auff den zwentzigsten Höwmonat diss 1580. Jars, auch darbey angezeigt, an was ohrt und enden, auch was sie bekendt haben (...) Die ander von der grausammen Wüterey der Türcken (...). Flugschrift. Hof. 1580. Zwo newe Zeitung, was man für Hexen oder Unholden verbrendt hat. o. O. 1580. Zwo warhafftige newe Zeittung. Die erste ist ein warhafftige Propheceyung, was sich diss tausent sechzehenhundert und 28. Jahr wird verlauffen und zugetragen (...) Die ander Zeittung ist auss dem Bistumb Würtzburg und Bamberg, auch sonst auss andern Herrschaften, wie man viel Hexen uund Gabelreutersen verbrennen lest, und noch viel gefangen liegen (...) Würzburg. 1627. Zwo warhafftige Zeittung. Die erste ist ein warhafftige Propheceyung was sich diss tausent sechszehenhundert und 28. Jahr wird verlauffen und zugetragen... Die ander Zeitung ist aus dem Bistumb Würtzburg und Bamberg, auch sonst aus anderen Herrschaften, wie man viel Hexen und Gabelreuteren verbrennen lest, und noch viel gefangen liegen. Würzburg. 1627.

Erläuterungen

Einführung/Erklärungsversuche

1. »Das Phänomen des Hexenwahns bedarf der Übertreibung nicht, es ist furchtbar genug« (Zit. nach Sutter, a. a. O. S. 8. Vergl. Sutter. Der Hexenprozeß gegen Katharina Kepler. 2. Aufl. Weil d. Stadt. 1984 (S. 1.) Vergl. Soldan-Heppe. Bd. II. S. 124. Vergl. Niess, W.: Hexenprozesse i. d. Grafschaft Büdingen. Protokolle-Ursachen-Hintergründe. 1984.
2. Schindler a. a. O. S. 325.
3. Wolf, H.-J. Vergl. den Korrespondenzband Sünden der Kirche, wo Beispiele zusammengetragen sind. EFB-Verlag. Erlensee, 1995.
4. Zur Schuldfrage: »Es gab Epochen, da waren nahezu alle vom Vorhandensein der Hexen und von der Rechtmäßigkeit ihrer Bestrafung überzeugt« (Zit. n. Eschenröder a. a. O.S. 13. Vergl. Soldan-Heppe, Bd II. a. a. O. S. 389. Vergl. Spielmann in seiner Einleitung.
5. A. Freud (Hg.) Sigmund Freud. Gesammelte Werke. Bd. V. London 1972. S. 161/240. Vergl. Wolf, H.-J.Sünden der Kirche. EFB-Verlag. Erlensee 1995, wo Beispiele zusammengetragen sind.
6. Vergl. Sutter. a. a. O. S. 16. Vergl. Snell. a. a. O. S. 73
7. A. Freud (Hg). Sigmund Freud. Gesammelte Werke. Bd. V. London. 1972. S. 161/240.
8. Petersdorff, Egon v.: Daemonologie. 2 Bde. Bd. II. Daemonen am werk. München 1957. S. 251.
9. »Die Hexenprozesse (...) waren lediglich eine Abart der gegen Haeretiker und wurden wie diese geführt, ohne Sondergesetze und Ausnahmebestimmungen; in der gleichen Absicht, die Abgefallenen zu Gott zurückzuführen, einen weiteren Abfall zu verhüten und die Daemonen daran zu hindern, die Menschen durch Hexenkünste in ihre Gewalt zu bringen.«
10. Petersdorff: »eine Hexe sagte die Wahrheit, wenn sie eine andere Person der Teilnahme an Hexenzusammenkünften bezichtigte, da sie nicht unterscheiden konnte, ob es sich um eine wirkliche oder um eine dämonische Erscheinung handelte. Mit rein historischen und juristischen Erwägungen werden wir das verwickelte Hexenproblem nicht ergründen.«
11. Vergl. Wolf, H.-J.: Neuer Pfaffenspiegel. Das Geschäft mit dem Glauben. Historia-Verlag. 1989, sowie: Wolf H.-J.: Sünden der Kirche. EFB-Verlag. Erlensee. 1995. In beiden Büchern sind Beispiele zusammengetragen.
12. Zit. n. Rienzler (1896). a. a. O. S. 1.
13. Haas, C. Die Hexenprocesse. Ein kulturhistorischer Versuch nebst Dokumenten.
Tübingen 1865. a. a. O. S. 32
14. Zit. n. Merzbacher. a. a. O. S. 1.
15. Zit. n. Snell. a. a. O. S. 73
16. Zit. n. Buchmann. a. a. O. S. 453
17. Zit. n. Baumgarten. Die dt. Hexenprozesse. In: Frankf. zeitgen. Broschüren. Hg. Paul Haffner. NF, Bd. IV. Frankfurt am Main. 1883. S. 143.
18. Ohle, Rudolf.: Der Hexenwahn. Tübingen 1908. a. a. O. S. 41: »Und doch (...) konnten schließlich nur neue Konfiskationen die leeren Kassen füllen. Seit Nabots Weinberg wußten alle gewissenlosen Fürsten, wie sie die Güter ihrer Untertanen sich verschaffen konnten. So wurden denn hier in Süddeutschland die Hexenprozesse immer geschickter auf solche Kreise ausgedehnt, welche die Unkosten des Verfahrens deckten und noch einen Überschuß abwarfen; damit war, wie ein Kenner empört ausrief: »die neue Alchimie entdeckt, Menschenblut in Gold zu verwandeln.« Vergl. d. Anm. »Im Stifte Würzburg gedachte Bischof Julius v. Mespelbrunn mit dem Protestantismus sein Land von den Hexen zu säubern, weshalb er die eifrigste Verfolgung eintreten ließ.« »Im geistlichen Fürstentum Fulda ging die Ausrottung der Hexen mit der des Protestantismus Hand in Hand.« Beide (Herzog Ernst v. Bayern und Ferdinand v. Bayern, Fürstbischöfe von Münster) betrachteten die Ausrottung des Protestantismus in ihren Diözesen als vornehmste Aufgabe, denn wie die Ketzerei der Protestanten, war die Zauberei der Hexen das Werk des Teufels, weshalb derselbe Eifer, der die protestanisschen Prediger verjagte und deren Gemeinden gewaltsam zum Katholizismus zurückführt, sich auf die Aufspürung und Verfolgung deHhexen warf.«
19. Baumgarten gibt ein Beispiel. vergl. Karl Zimmermann. Hexenwesen u. Hexenverfolgung i.d. Grafschaft Baden v. 1574-1600. In: Badener Neujahsblätter. 1950. S. 40-50 (Zitat S. 55).
20. Schuegraf: Zum Hexenprozeß. In: Zeitschrift f. dt. Kulturgeschichte 3. (1858) S. 521-528 und 764-773. Hier: S. 767.
21. Quanter, R.: Die Folter in der deutschen Rechtspflege einst und jetzt. Ein Beitrag zur Geschichte des deutschen Strafrechtes. Dresden. 1900 (Nachdruck: Aalen, 1970). S. 164-193.
22. Nach der Obermarchtalischen Chronik gestand eine Hexe, die unmenschlich und unschuldig gefoltert worden ist. Sie beteuert dem Scharfrichter ihre Unschuld unfd sagt im letzten Augenblick zu ihm: »der Pfahl, an den sie gebunden, werde nach ihrem Tode blühen.« Vergl. die Ausführungen zur dortigen Region.
23. Zit. n. Lambreg.a. a. O. S. 23/27
24. Die Krankheit ist gekennzeichnet durch eine Störung bei der Bildung von Blutfarbstoff (Hämoglobin), die zu einer krankhaften Entstehung von Porhien führt, rotvioletten Blutfarbstoffen, die verstärkte Lichtempfindlichkeit bewirken. Während die Krankheit heute medikamentös behandelt werden kann, mußten die an Porphyrie Leidenden früher regelmäßig große Mengen Blut zu sich nehmen. Der Glaube, Vampire müßten das Sonnenlicht und Knoblauch scheuen, findet eine medizinische Erklärung. Unter der Einwirkung des Sonnenlichtes treten bei den Erkrankten Hautmißbildungen auf. Gesicht und Hände werden haarig (Werwolfeffekt), die Hände verkrüppeln zur Form einer Pfote. Finger können abfallen, Lippen und Gaumen schrumpfen, die Zähne treten hervor (Vampiraussehen). Die im Knoblauch enthaltene Substanz (Diakylsulfit) verschlimmert die Krankheit, weshalb die Erkrankten Knoblauch gemieden haben. Porphyrie kann vererbt werden, wobei ein großer Blutverlust bei erblich Vorbelasteten zum Ausbruch führen kann; deshalb besagt die Volksüberlieferung, daß ein Mensch, der von einem Vampir (einen vom Blutdurst übermannten Porhyriekranken) angefallen und (mehrfach) gebissen wird, zum Vampir wird.«Vergl. AP-Meldung »Von der Sonne zum Vampir gemacht« In: Südd. Zeitung vom 1./2. Juni 1985. Nr. 125. S. 10.
25. Zit. n. Snell. S. 73. und Wolf, H.-J.: Geschichte des Hexenwahns. Manuskript z. Neufassung der 2. Auflage. S. 36.
26. In Kreuznach, wo je eine hauptamtliche Hebamme für die Alt- und die Neustadt angestellt sind, werden in diesem Zusammenhang für das Jahr 1628 Angaben gemacht.
27. Zit n. Schormann a. a. O. S. 108. Eine Verstärkung durch die kirchl. Hexenlehre ist wahrscheinlich. Der Hexenhammer verwies die Verfolger auf Hebammen.
28. Gunnar Heinson und Otto Steiger. Die Vernichtung der weisen Frauen. Beitr. z. Theorie u. Geschichte v. Bevölkerung u. Kindheit. Herbstein. 1985.
29. Zit. nach den Recherchen v. Schormann.
30. Hexenhammer. Teil 1 Frage 11 (Ausgabe Schmidt S. 159).
31. Vergl. Wolf, H.-J.: vorausgegangene Publikationen. Ich habe den Vorgang in meinem Buch Hexenwahn dokumentiert.
32. Nigg, Walter: Das Buch der Ketzer. Zürich. Stuttgart (1962) a. a. O. S. 285: » Alle sexuellen Perversitäten, die den Christen (und besonders dem Klerus) verboten waren, in ihrem Unterbewußtsein aber als lockende Wünsche lebten, wurden in die Hexenvorstellung hineinprojiziert (...) So ist der Hexenglaube ein verstecktes sexuelles Problem, das aus der unerlösten Geschlechterverbindung Triebkräfte bezog.«
33. Burckhardt/Burgdörfer. a. a. O. S. 40. »Das Abschneiden der Haare ist ein verstecktes Sexualverhalten, es kommt einer symbolischen Kastration gleich. Schönes und langes Haar ist ein Sexualsymbol, weshalb im Hexenhammer dargelegt ist, daß die Incubi mehr solche Frauen und Mädchen zu beunruhigen scheinen, die schöne Haare haben. Darum; weil sie der Besorgung oder dem Schmuck derartiger Haare obliegen, oder weil sie durch das Haar die Männer zu entflammen wünschen oder gewohnt sind; oder weil sie sich dessen in einer Weise rühmen, oder weil die himmlische Güte es zuläßt, damit die Weiber abgeschreckt werden, die Männer dadurch zu entflammen, wodurch die Dämonen die Männer entflammt wissen wollen.« Hexenhammer. Teil II. Hauptfrage II. Kap.1. (Sprenger/Institoris) 202 f.
34. Hexenhammer. Teil 1. Kap.4.
35. Zur sexuellen Freiheit vergl. Wolf, H.-J. Neuer Pfaffenspiegel. Dornstadt 1989 und Wolf, H.-J. Sünden der Kirche. EFB-Verlag. Erlensee, 1995, wo Beispiele zusammengetragen sind.
36. Der durch das Bilsenkraut hervorgerufene Rausch ist unlustig, denn es bewirkt rasch einen ruhigen, traumlosen Schlaf; aus dem Grund verwenden die Ärzte dieses Mittel, wo es sich darum handelt, einem Patienten Schlaf und Nervenruhe zu verschaffen. Ein solches Mittel ist ungeeignet, sich über größere Kreise zu verbreiten. Daß die Wirkung im Volk bekannt war, beweist der in einigen Teilen von Deutschland gebräuchliche Name »Schlafkraut.«
37. Ein Edelmann in Magdeburg hatte eine Magd. Die hatte ihm lange und treu gedient, war aber zuletzt der Zauberei und Blocksbergfahrt angeklagt worden. Von ihrem Herrn zur Rede gestellt, gestand sie ihm, daß sie die nächste Nacht auf den Brocken müsse. Der Edelmann rief den Pfarrer und einige andere Männer herbei und sie bewachten die Frau auf das Sorgfältigste. Nachdem sie sich gesalbt hatte, verfielt sie in einen so tiefen Schlaf, daß sie weder in der Nacht noch am folgenden Tag geweckt werden konnte. Als sie wieder zu sich gekommen war, ließ sie sich nicht ausreden, daß sie auf dem Blocksberg gewesen sei.«Dabei ist folgende Strömung zu bedenken: »Die Sucht der Hysteriker und Psychopaten sich aufzuspielen, andere zu verdächtigen und anzugeben, der Hang der an seniler Demez leidenden zu konfabulieren, trugen neben anderen Faktoren zur Ausweitung der Hexenprozesse bei (...) sicher wird eine zelebralsklerotische Geistesstörung mit Verwirrungszuständen, zunehmender Affektabilität, Sprachströrungen, Weinerlichkeit, Aufgeregtheit und Persönlichkeitsveränderung die Vorstellung von Hexen mitgeprägt haben.
38. Das Ergebnis war ein in jenen Salben der Hexen ungefähr Entsprechendes: »wir träumten erst wilde und dann gehemmte wüste Feste, welche einem entfesselten Jahrmarkt gleichen, und mündeten in erotische Zügellosigkeiten ein, auf welche das Erwachen und ein ungemütlicher »Kater« folgten. Alles in allem waren es Träume, das dasjenige Erleben machten, was Hexen auf ihren nächtlichen Fahrten und den Sabbaten erlebten, freilich gemäß der Zeit, in der sie und wir lebten.«
39. Jede Erklärung, welche in Thaten, Zuständen oder Fähigkeiten der Angeklagten und nicht im dem Wahn der Behörden und der Art des gerichtlichen Verfahrens gesucht wird, ist zurückzuweisen (...) gesetzt, daß Frauen durch narkotische Mittel sich in visionäre Zustände versetzt hätten, werden sie sich dessen nicht selbst gerühmt haben, da sie wußten, daß es der sicherste Weg zum Scheiterhaufen gewesen wäre (...) sicher haben die Menschen der damaligen Zeit oft von Hexen geträumt. Das Gegenteil wäre wunderbar, da man im täglichen Leben soviel davon hörte und der Gegenstand diePhantasie aufregte (...) die Anwendung narkotischer Mittel war hierzu nicht erforderlich. Suggestion liegt nur im bildlichen Sinne vor, teils insofern, daß der Wahn in der Luft lag und ansteckend wirkte, teils die Richter durch ihre Fragen den wesentlichen Inhalt der Geständnisse suggerierten.« Vergl.Erich v. Haisch. Psychiatrische Aspekte des Hexenwahns.
40. »(...) von keinen Zweifeln geplagt ist dagegen eine Reihe von Publikationen, die in den letzten Jahren im Zusammenhang mit der neuen Frauenbewegung erschienen sind. Allerdings bleiben die Arbeiten für die Aufklärung der historischen Erscheinung der Hexenprozesse unergiebig; wegen der grundsätzlichen Weigerung der Verfasserinnen, Akten zu lesen und weil die Untersuchungsergebnisse von vornherein feststehen. Hexenprozesse werden ohne weiteres zum »Feldzug des weiblichen Geschlechts und zur »Widerstandsbewegung« ... der maßgebliche Frauen angehörten, erklärt. Behauptungen, die durch Wiederholen nicht an Beweiskraft gewinnen und mehr über das Selbstverständnis der Frauenbewegung sagen als über die Vorgänge im 16. und 17. Jahrhunder.«
41. Zit. n. Riezler (1896). a. a. O. S. 1
42. »Bei den Aufständen der Bauern sahen deren Frauen kaum tatenlos zu. Freilich ist in der herrschenden Geschichtsschreibung nichts davon zu lesen. Es wird stillschweigend davon ausgegangen, daß Bauern Männer sind. Wir sind auf Spekulationen zurückgeworfen. Sie sagen uns, daß das Bauerngeschäft arbeitsteilig funktioniert hat, wobei die Frauen weniger noch weniger harte Arbeit als deren Männer leisteten. Warum sollten sie sich weniger energisch zur Wehr gesetzt haben? In einer patriarchalisch gewordenen Gesellschaft ist es natürlich, daß die kämpfende Frau auf der anderen Seite bedrohlicher ist als der Mann. Desto brutaler muß man gegen sie vorgehen.«Die Aufstände der Bauern konzentrierten sich auf Schwaben, Thüringen, Sachsen, Tirol, Kärnten, Salzbugrg die Nordschweiz, das Elsaß, Franken und das Rheintal südlich von Koblenz. Im Mosel-Hunsrück-Nahegebiet, sowie in Nord-und Westdeutschland kam es nicht zu größeren und ölffentlichen Unruhen. Zudem sagt die kühne Theorie nic hts darüber aus, wie es sich an anderen umgrenzenden (europäischen) Ländern abgespielt haben soll.
43. Stobbe, O.: Geschichte der deutschen Rechtsquellen. Aalen. 1965. Bd. 2. p. 248 und Trusen, W.: Strafprozeß u. Rezeption. Zu den Entwicklungen im Spätmittelalter und den Grundlagen der Carolina. In: P. Landau, F. Ch. Schröder (Hg. Strafprozeß und Rezeption. Grundlagen. Entwicklung und Wirkung der Constitutio Criminalis Carolina. Frankfurt am Main 1984. p. 29 ff.

Das neue Hexenbild/Frühe Hexenprozesse

1. Es melden sich Bürger, die sich bezaubert meinen oder etwas ähnliches von anderen gehört haben wollen. Am häufigsten äußert sich die Bezauberung in Siechtum, Rheuma, Gicht, Blindheit, Kopfschmerzen, gynäkologischen Beschwerden, Unfruchtbarkeit und Impotenz, mitunter Streit unter Eheleuten.
2. Es wird gesagt: »Ein faew, haist die Kleuberin zu Hettingen, soll ihren aigen sun getetet haben darump das er ain weib nam wider iren willen; daz sy selber gesagt hat, wan sy 3 suntag vastet, so möcht er nit das jar überleben. Das auch gescha. Sy hat auch einen man verzawbert, das er an einem fus gross leiden hat.« »Es sint personen, die mit kinsten umbgen, den tüfel anzurüffen, aber sy sollent daz nimmer beichten, es sey zw der liab oder zw ander kranckheit der mönschen.«
3. Am Aschermittwoch (Februar) des Jahres 1486 schreibt er ihm: »der Herr Erzherzog hat Euch reichlich finanziell unterstützt, damit ihr in Frieden ziehen könnt. Ich brauche Eure Gegenwart nicht. Schon oft habe ich Euch erklärt, daß Ihr zum gegenwärtigen Zeitpunkt unter den derzeitigen Umständen nichts in der Diözese zu tun habt, sondern daß Ihr gehen sollt. Einem Bruder Niclas vertraut er: Mich verdrewst des münchs gar vast im bistumb. Ich find in des babst bullen, das er bey vil bäbsten ist vor inquisitor gewesen, er bedunckt mich aber propter senium gantz chindisch sein worden, als ich in hie zu Brichsen gehört hab cum capitulo. Ich hab ihm geraten, das er solt in sein closter ziehen und da bleiben; ipse realiter mihi delirare videtur. Er wolt villeicht noch geren in der frawn sachen handeln, ich lass ihn aber darzue nit chömmen, so er vormaln als vast erriet hat in seinem process.«

Innocenz VIII./Hexenhammer

1. Dionysius von Ryckel. Gest. 1471 in Nuremonde.
2. Zit. n. Theiner. Bd. III. S. 789.
3. Diese Ansicht vertritt Waldbrühl.
4. Zit. n. Schwager. S. 32
5. Zit. n. Diefenbach (1893). S. 50
6. Zit. n. Duhr (1900). S. 16
7. Ich habe den Text in meinem Buch Hexenwahn publiziert. Vergl. Schwager. S. 33 f. 8. »Dem erbärmlichen und geldgierigen Bischof von Straßburg, Albert von Bayern, hat der Papst befohlen, streng auf die Beschützung der Inquisition zu achten. Damit wurde der Willkür der Richter Tür und Tor geöffnet.« Vergl. König. S. 68.
9. Zit. n. Siebel. S. 39.
10. Sprenger, Jacob. Dominikaner. geb. Rheinfelden um 1436. Gest. 6.12.1495 in Straßburg. Er ist 1472-88 Prior seines Ordens in Köln, seit 1481 Inquisitor für Mainz, Köln u. Trier. Vermutlich ist er an der Abfassung des Hexenhammers beteiligt.
11. U.a. Kaiser Friedrich III., sein Sohn Maximilian I., der päpstl. Legat Alexander und der Bischof von Forli.
12. Vergl. d. Fachbücher der Historia-Reihe: Wolf, H.- J.: Geschichte der Buchdruckerkunst. Wolf, H.- J.: Geschichte des Papiers. Wolf, H.-J.: Geschichte der graphischen Verfahren.
13. Zit. n. Siebel. S. 39.
14. Sein Name ist: L. Monte Domini (v. Heerenberg). Vergl. Hartzheim. Biblio. Coloniensis. 1747.
15. »Denn ich darf es doch wohl nicht erst beweisen, daß

es Mönche waren, die diese Fragen ausheckten und unter die Leute brachten. Daß sie die lächerlichen und abgeschmackten Legenden ausgebrütet haben und daß es bis zu dieser Stunde Mönche und Nonnen sind, die die Vita Sanctorum schreiben.« Vergl. Schwager. S. 21
16. Zit. n. Reich. S. 18.
17. Zauberwahn, Inquisition und Hexenprozeß im Mittelalter. München. 1900. S. 481.
18. Zit. n. Hansen. S. 257.
19. Hexenhammer. Teil I. Fragen 1 und 2.
20. Aus dem Jahre 1717 hat sich ein Beispiel erhalten.
21. Unter Bezug auf die Stelle im Exodus.
22. Isidorius, Erythm. Lib. VIII. 9.
23. Hexenhammer. Teil I. Frage 18.
24. Hexenhammer. Teil I. Frage 8.
25. Hexenhammer. Teil I. Frage 9 und Teil II. Frage 12.
26. Hexenhammer. Teil II. 1. Teil. Kap. 4.
27. Institoris, Heinrich. Dominikanertheologe. Geb. Schlettstadt (?) 1430. Gest. 1505 in Mähren. Als von Sixtus ernannter Inquisitor für Oberdeutschl. findet er Widerstand bei Bischof Golser von Brixen. Er verfaßt neben a. Werken den Hexenhammer und stirbt als Inquisitor gegen die böhmischen Brüder (Zit. nach dem Großen Brockhaus).
28. u. 29. Veröffentl. vom Chorherr Hartmann Amann (1890) im Kloster Neustift. Vergl. Zeitschrift des Ferdinandeums für Tirol und Vorarlberg. III. Folge. XXXXIV.
30. Zeugen des Aktes sind neben Bürgern weltliche Beamte: der Richter von Rohr, Andreas Schweybrer von Eberstall und der Landshuter Ratsschreiber Konrad Stör.
31. Gleichbedeutend mit Abgötterei und/oder Götzendienst.
32. Wolf, H.-J.: Hexenwahn und Exorzismus. Frankfurt am Main. 1980. S. 167.
33. »St. Romanae fidei defensionis clippeum adversus Waldensium seu Pickardorum potentatis virulente contagione sparsin inficantes (sic) sanctissimi(!). Alexander VI. pontificuise iusse, redactum.« Dazu verfaßt er eine Schrift über die Gewalt des Papstes und Kaisers gegen die Lehrsätze von Roselli.
34. Hexenhammer. Teil III. Frage 17.
35. »Vor hundert Jahren, da des Papstes Tyrannei in Deutschland noch im Schwang ging, und schier aufs Höchste gekommen war, hatte er zwei Dominikaner oder Predigermönchen Gewalt gegeben, die Ketzer auszuforschen und zu strafen. Sie wüteten grausam und unmenschlich wider die Weiber. An solchem Brandmord hatten viele verständige Leute ein herrliches Mißfallen. (Sie) predigten, schrieen und redeten darwider, so lange und so viel, daß die Brandmeister genöthigt wurden, ihre Sache öffentlich zu verteidigen. Ließen ein Buch ausgehen, nannten es malleus maleficarum, ein Hammer, der die Zauberinnen zerknirst ... in welchem viel Unwahrheit, viel abergläubisches widersinniges Ding ist mit Bäbstlicher Bulla bestätiget.«
36. Zit. n. König. S. 72
37. Zit. n.Schwager. S. 34
38. Zit. n. Siebel. S. 38
39. Zit. n. Ohle. S. 7.
40. Zit .n. Spitzer. S. 58.
41. Wolf, H.-J.: Sünden der Kirche. Vermarktete Illusionen. Das Geschäft mit dem Glauben. EFB-Verlag. Erlensee. 1995
42. Wolf, H.-J. : Hexenwahn und Exorzismus. Frankfurt am Main. 1980. a. a. O. Augsburger Synodalbeschlüsse aus dem Jahre 1452 erwähnen nichts über die Zauberei.
43. Zit. n.vorausgeg. Arbeiten von Wolf, H.-J. zu diesem Thema.
44. Zit. n.vorausgeg. Arbeiten von Wolf, H.-J. zu diesem Thema.

Kritik am Hexen- und Zauberwesen/Seismographen
1. Geb. am 14. 9.1486 in Köln. Ich habe in meinem Buch Hexenwahn Angaben über ihn gemacht.
2. Brennon in einem Brief vom 27. 9.1520 an Agrippa.
3. Diefenbach deckt einen Irrtum Soldans auf. Hier handelt es sich um seine Occulta Philosophica. Das Buch wird 1510 geschrieben und handschriftlich verbreitet.1531 wird es gedruckt und kommt später auf den Index.1529 läßt er sein Werk De vanitate et incertiudine scientiarum erscheinen, das als eine Art Gegenschrift gegen seine Geheimphilosophie, quasi als Widerruf (palinodia) gedacht ist. Hier spricht er sich gegen eine Verfolgung der Hexen aus und sagt später: »als Jüngling habe ich drei Bücher von ansehnlichem Umfang über die Magie geschrieben. Was ich in ihnen aus jugendlicher Neugierde Irriges aufgestellt habe, will ich, jetzt vorsichtiger geworden, verbessern. Lange und vielfältig habe ich mich früher mit diesen eitlen Dingen befaßt.«
4. Johannes Trithemius (J. Heidenberg), wird 1462 im Dorf Trittenheim a. d. Mosel geboren. Von 1483-1503 ist er Abt des Klosters der Benediktiner in Sponheim b. Kreuznach. Von 1506 - 16 (Todesjahr) Abt des Schottenklosters St. Jacob b. Würzburg.
5. Es geht aus einem Brief hervor, dem er dem Mönch Arnold Bostius (Gent) überreicht und der nach seinem Ableben von dem dortigen Abt geöffnet wird. Es bringt Trithemius in den Geruch eines Zauberers.
6. Er entdeckt, daß sich ein Sinn ergibt, wenn man jedes zweite Wort streicht und von den übriggebliebenen, die man sich in eine Reihe hintereinander geschrieben vorstellt, alle Buchstaben an den unger. Stellen streicht; also den 1., 3., 5., usw.
7. In seiner Schrift De arte cabbalistica (1517) gibt er eine Darstellung der kabbalistischen Hauptlehren und ihrer Methoden.
8. Wolf, H.-J.: Hexenwahn und Exorzismus. Frankfurt a. M. 1980. S. 158.
9. Zit. n. König. S. 167
10. Hier kann ein weiterer Fehler Soldans ausgemerzt werden. Geiler schöpft nicht aus dem Ameisenbuch, sondern aus Niders Dekalogserklärung. Das Ameisenbuch stammt aus der Zeit 1435-37. Der Titel heißt: Emeis, unter dem die Geilerschen Fastenpredigten sechs Jahre nach seinem Tod von dem Franziskaner Johann Pauli veröffentlicht werden.
11. Vergl. Martin Pantsch Opusculum de sagis maleficis Martine Planstch concionatoris. Tubengensis. Phorce (Pforzheim) 1507.
12. Wolf, H. J.: Hexenwahn und Exorzismus. Frankfurt a.M. 1980. S. 520.
13. Ich habe den Text in meinem Buch Hexenwahn publiziert. Vergl. das Beispiel bei Nider. Preceptorium (10. Kapitel u. i. dessen Formicarius 1. 2. c. 4.)
14. Precept. c.10
15. Emeis. 44 b.
16. Zit. n. Paulus. S. 19

Religiöse Dissonanzen/Luther, Melanchton, Calvin, Zwingli
1. Zit. n. Erbkam. a. a. O. S. 1
2. Im Sinne meiner früheren Angaben zum Thema Kirche.
3. Zit. n. Fischer (1791).a. a. O. S. 113.
4. »Die Teufel haben nicht ihre Strafe und Pein. Bis zum Jüngsten Tag ist kein Ort, da sich die Verdammten aufhalten. Die Teufel sind ja nicht in der Hölle.« Vergl. Nachl. auf Luthers Schriften. In: Martin Luthers Werk. Mainz 1872. Bd. XI. S. 633.
5. Im Sinne meiner früheren Angaben zum Thema Kirche.
6. De Praestigiis Daemonum. Cap. 23. Deutsche (Frankfurter) Ausgabe v. 1568. S. 208/209.
7. »Wir sind endlich hier angekommen. (obwohl) mich der Satan durch mehr als eine Krankheit zu verhindern gesucht. Denn den ganzen Weg von Eisenach bis hierher bin ich immer schwach gewesen und bin es auch jetzt auf eine solche Art, die ich früher nicht erfahren.« Vergl. d. Neujahrsblatt des Frankfurter Geschichts- u. Altertumsvereins von 1861. a. a. O. S. 40.
8. »Ich glaube, daß die Krankheiten nicht natürlich sind, sondern daß Junker Satan seinen Mutwillen an mir kühlet. Keine Krankheit kommt von Gott, der gut ist; es ist der Teufel, der alles Ungklück stiftet, der sich in alle Spiele und Künste mengt ... (der) Pestilenz anschießt ... das Franzosenfieber (Syphilis?) macht (usw.)«
9. Dr. Martin Luthers ausf. Erklärung der Epistel an die Galater anno 1531. Aus dem Lateinischen ins Deutsche übersetzt von Justus Menicus. Halle-Magdeburger-Ausgabe. VIII.
10. Steinhausen. Geschichte d. dt. Kultur. Leipzig. 1940/a. a. O. S. 518.
11. Luthers Werke. Weimarer Ausgabe XXIX. S. 401/443
12. Luthers Werke. Weimarer Ausgabe. XVI. S. 551.
13. Nach meinen frühren Angaben zum Thema Kirche.
14. Zit. n. Schindler. a. a. O. S. 34.
15. Zit. n. Schindler. a. a. O. S. 35.
16. Zit. n. Schindler. a. a. O. S. 38.
17. De natura explicationibus et proemio. loch. Camerarii. Lipsiae. 1576
18. Luthers Werke. Erlanger Ausgabe. XXI. S. 121
19. Zit. n. Paulus. a. a. O. S. 25.
20. Zit. n. Paulus. a. a. O. S. 24.
21. Luthers Werke. Bd. X. Erlangen. 1826. S. 339. Vergl. Diefenbach.a. a. O. S. 294.
22. Luthers Werke. Bd. X. Erlangen, LX, 17, 23, 27, 50.
23. Luthers Werke. Weimarer Ausgabe XVI. S. 551.
24. Zit. n. Diefenbach. a. a. O. S. 297.
25. Luthers Werke. Erlanger Ausgabe. XXV. S. 378/382.
26. Com. in ep. ad Galatus. Erlanger Ausgabe 1. S. 127.
27. Opery exegetica. Erlanger Ausgabe II. S. 1327.
28. Geboren in Amberg und zu Beginn der religiösen Wirren nach Wittenberg gekommen. 1563 veröffentlicht er drei Predigten »Von den Enbgeln, dem Teufel und der Menschen Seele.« Mit des Herrn Ph. Melanchthon Definitio und Erklerung. Gepredigt durch M. Sebastianum Fröschel von Amberg. Diener des heiligen Evengelii zu Wittenberg. Wittenberg. 1563
29. Im Spätjahr 1536 wird die Geschichte folgendermaßen erzählt: »der Teufel kam dem Pomerano ins Haus, daß die Frauen und Mägde sich müd butterten, ohne etwa Milch zu gewinnen. Da fuhr der Pommer (da)zu, verhöhnte den Teufel und schiß ins Butterfaß. Da ließ der Teufel ab, denn er ist hoffärtig und will nicht verhöhnt werden.«
30. Von den heiligen Engeln. Vom Teufel und der Menschen Seele. Mit des Herrn Ph. Melachtons Definitio und Erklerung. Geprediget durch Sebastianum Fröschel von Amberg. Diener des heiligen Evengelii zu Wittenberg. Wittenberg. 1563
31. Luthers Werke. Irmscher.Bd. LXII. S. 228.
32. Luthers Werke. Walch. Bd. XXII. S. 1208.
33. Zit. im Sinne meiner früheren Angaben zum Thema Kirche.
34. Göbel. Andres Bodenstein von Carlstadt nach seinem Charakter und Verhältnis zu Luther. In: Theol. Studien u. Kritiken. 1841
35. »Von Abthuuung der Bylder. Und daß keyn Bettler unther den Christen seyn soll.« Wittenberg. 1522
36. Zit. n. Diefenbach a. a. O. S. 3.
37. Piper, A.: Geschichte der diplomatischen Vertretung des päpstlichen Stuhles (i. Deutschland).a. a. O. S. 114.
38. Riezler. Geschichte Bayerns. Bd. IV. S. 348.
39. Zit. n. Diefenbach. a. a. O. S. 18.
40. Troß. Zeitschrift f. dt. Kulturgeschichte. 1859. S. 208.

Herzogtum Württemberg
1. Parallel zu den Endarbeiten meines Buches fand in Karlsruhe eine beachtenswerte Ausstellung zum Thema statt. Ich verweise auf den dortigen Katalog und dazugeh. Bildband. Vergl. Anita Raith im Kommentarb. zur Hexenaustellung im deutschen Südwesten. Karlsruhe. 1994. Hrsg. Sönke Lorenz. Redaktion Jürgen Michael Schmidt. 1994. S. 197 ff.
2. Bidembach. »Ein Summa etlicher Predigten vom Hagel und Unholden, gethon in der Pfarrkirch zu Stuttgarten im Monat Augusto, Anno M. D. LXII. Durch D. Matheum Alberum und D. Wil(h)elmum Bienbach, sehr nutzlich und tröstlich zu dieser Zeit zu lesen.« Tübingen 1562.
3. »Erst wurden vier Eichklötze ins Quadrat gelegt, der innere Raum mit Pechseilerstumpen, die an beiden Enden »gefazzert« waren, untermischet mit »hippigem« Tannenholz und »wergflaus« ausgefüllet. Dann eiserne Stäbe darüber »gebrucket«, hierauf ein abermalig fein gittrig Zündholzlager gestreuet, worauf dann Reisig und lange Scheiterlein, wie es die »becken« in ihr Ofen schieben, letztlich »bodenrippig« und eben gefuget. Alles wohl mit Oelsatz beschmiert und hie und da zundschwefel drauf gekuttert. Der ganze Brandstoß war halb Mann hoch und mit einem Bretterdach versehen, damit wenn etwa ein Regen kommen sollte über Nacht, das Zündkraut keinen Schaden leiden könnte.Im Kreis herum waren » störzlein« in den Boden geschlagen, welche mit Seilern umbunden, einen Schauraum bildeten.«

Schorndorf/Großbottwar
4. Die Ausarbeitung ruht auf einer fundierten Dokumentation von Anita Raith. Leonberg
5. Der württenb. Staatsrat Ludwig Freiherr v. Breitschwert hat die von ihm gefundenen Prozeßakten in seiner 1831 erschienenen Kepler-Biographie verwertet. Christian Frisch hat sich 1870 mit der gleichen Thematik befaßt. Ich folge der Ausarbeitung von Berthold Sutter: Der Hexenprozeß gegen Katharina Kepler. Zweite Auflage. Weil d. Stadt. 1984. Der Autor untersucht vor allem die rechtliche Seite, so daß er ein anderes Gewicht erhält. Er sagt: »was bei der Durchsicht der Prozeßakten vor uns entsteht, ist das Bild des kleinen Gemeinwesens mit all seinen Reibereien, mit dem aus Kleinigkeiten bestehenden Hader und Alltagsärger, bedingt durch das Zusammenleben auf engem Raum. Nichtigkeiten, die an Größe gewannen, seit die Reinboldin sich bemühte, diese aufzubauschen.« (a. a. O. S. 114).
6. Zit. n. Sutter.a. a. O. S. 35.
7. Zit. n. Sutter.a. a. O. S. 36.
8. Die Keplerin gibt vor Gericht zu, daß sie den ihr bekannten Segenspruch über ihren kranken Kindern gesprochen habe, ihm dem Schulmeister angeraten und ihn nach ihrer Verhaftung dem Stadtschreiber Werner Feucht »Wort für Wort« ins Protokoll diktiert hat. Er lautet: Heiss mit Gott willkommen ... Sonn und Sonnentag ... Kompst daher geritten ... Da steht ein Mensch, lass dich bitten, ... Gott, Vater, Sohn und Hailiger Geist..Und die hailige Dreyfalttigkeit, ... Geb diessem menschen Bluet und Flaisch ... Auch guete Gesundhaitt.
Hier ist es notwenig, auf einen religiösen Ansatz des Protestantimus zu weisen. Luther steht kirchlichen Benediktionen schroff gegenüber; dazu gehört die Anbetung der Bilder. Er meint dazu. »alle Weihungen seien Erfindungen des Papstes und daher wie Werke des Teufels, nichts als Trug, Teufelsspiel und Blasphemie.« Durch die von ihm ausgelöste Kontroverse, an der sich neben vielen anderen Andreas Bodenstein v. Karlstadt, der ehem. Minorit Johannes Fritzhans, Johannes Eberlin von Günzburg, Ambrosius Moibanus, Johannes Cochläus, Pietro Vergerio von Capodistria; auf katholischer Seite der Bischof Bertholf Pürstlinger von Chiemsee beteiligten, brachte mit sich, daß Beschwörungen und Weihungen gleichermaßen vom Teufel stammen sollten, der damit die Menschen (noch) tiefer in die Abgötterei stürzen wollte. Diese Lehre ging in die Schmalkaldischen Artikel von 1537 und sogar in die weltliche Gesetzgebung ein, indem einzelne deutsche Territorialherren Benediktionen unter Strafe stellten.In unserem Fall ist es der protestantische Pfarrer Johannes Bernhardt Buckh, der sich daran aufhält und der diese - uns heute als Lappalie erscheinende Sache - hochspielt. Unter Berufung auf den Katechismus mit höchstem Mißbrauch des Allerheiligsten Namens Gottes und der hochgebenedeiten Dreifaltigkeit nicht nur selbst abgöttische Segen gesprochen und die stummen Kreaturen angerufen, sondern auch noch andere zu solchen abgöttischen Wesen verleitet habe. Noch schlimmer als dies alles sei, daß sie solches Segensprechen für ein Gebet ausgegeben, was als schwerstes Delikt, nämlich das des Sakrilegs, angesehen werden müsse.«
9. Zit. n. Sutter. a. a. O. S. 38.
10. Zit. n. Sutter. a. a. O. S. 39.
11. Zit. n. Sutter. a. a. O. S. 42.
12. Zit. n. Sutter. a. a. O. S. 50.
13. Zit. n. Sutter. a. a. O. S. 56.
14. Zit .n. Sutter. a. a. O. S. 63.
15.Seine Supllikation wird vom Konsilium abgelehnt, das am 23. Juni 1618 darauf drängt, daß der nunmehrige Prozeß der Glaserin gegen die Keplerin vorangetrieben werde.
16. Zit. n. Sutter. a. a. O. S. 112.
17. Zit. n. Sutter. a. a. O. S. 76.
18. Die Keplerin sagt darauf: »im Gefängnis von Leonberg habe ihr eine Weibsperson, ehe diese justifiziert worden sei, das Messer in die Pelzlegin (?) geschoben. Dann stellt sie richtig, daß nicht die Weibsperson, sondern deren Mann (den man hingerichtet hat) die Frau aber entlassen worden sei ... und ihr deshalb des Messer zugesteckt habe.«
19. Das interessanteste an der Arbeit Sutters ist, daß er die rechtliche Seite analysiert. Sie veranschaulicht den Stand der Jurisprudenz zum Beginn des 30-jährigen Krieges im Herzogtum Württemberg. Verteidigung und Anklage versuchen sich auf allgemeine Rechtsgrundsätze, Sentenzen und nahezu 50 Autoritäten zu stützen. So wird Jean Bodin von den Parteien nahezugleich gleich häufig erwähnt. Die Anklage stützt sich in einem Punkt auf Petrus Binsfeld, den (katholischen) Weihbishcof von Trier. Sofort wird von der anderen Seite zurückgepfiffen und hervorgehoben: »daß dieser ein Doctor Romano-catholicus« sei. Gesetzesstellen werden im Vergleich zur Untermauerung von Anklage und Verteidigung kaum herangezogen. Mit wenigen Artikeln der Peinlichen Gerichtsordung Kaiser Karl V. wird das Auslangen der vorgebrachten Rechtsansicht m Römerbrief, dem zweiten Petrus-

brief und im Alten Testament (was typisch für Protestanten ist) gesucht.
Beim damaligen Rectsgang wäre kaum ein Richter auf die Idee gekommen, einen erfahrenen Wundarzt zu zitieren, der sich die Sache anschaut; was gilt, sind die Aussagen der Zeugen. Seinerzeit war man von der Notwendigkeit überzeugt, daß sowohl von der Seite der Anklage, als auch von der Verteidigung nicht sunwidersprochen bleiben durfte.
Hinzu kommt die Tatsache, daß es den mit der Strafrechtspflege befaßten Vögten oft an der wirklichen Eignung fehlte, welshalb ihnen nach und nach die Urteilsfähigkeit entzogen und der Tübinger Juristenfakultät übertragen wurde (Vergl. Sutter a. a. O. S. 91).
20. Vergl. zu der Problematik, die 1937 und 1938 erschienene Arbeit von Paul Gehring. Der Hexenprozeß und die Tübinger Juristenfakultät. Daraus wird ersichtlich, daß rund die Hälfte all der vielen von dem Tübinger Rechtskollegium abgegebenen Konsilien sich mit der Frage der Zulässigkeit der vom klagenden Vogt beantragten Verhängung der Tortur befaßte; sie bedurfte einer gerichtlichen Zuslassungserkenntnis.

Wiesensteig
Warhafftige vnnd Erschreckliche Thatten und Handlungen der VXIII (63) Hexen vnd Unholden/so zu Wiesenstaig/mit dem Brand gericht worden seindt. Anno M.D. LXiii.

Esslingen
22. Günter Jerouschek. Die Hexen und ihr Prozeß. Die Hexenverfolgung in der Reichsstadt Esslingen. Essl. Studien. Schriftenr. Bd.11. 1992.
23. »auf volgende articul soll Elsbetha Langhansin peinlich gerechtfertiget werden: item, es khume ersamen rat glaublichen fur, das sie etliche lange jar Herr mit dem bösen gaist zauberei getriben und durch Hilff des bößen gaißtes die menschen jung und alt an irn leib und Gesundheit zu beschedigen unterstanden.«
24. Zit. n. Jerouschek. a. a. O. S. 64.
25. Der Kontroverstheologe L. Forer (SJ) polemisiert in seiner in Dillingen 1643 anonym hg. Streitschrift Der einfältige Teufel von Eßlingen gegen den Superintendenten Wagner, der ein Jahr zuvor unter dem Titel: Kohlschwarzer Teufel ... eine Hexenpredigt veröffentlicht hat, daß der von Wagner behandelte Fall mit der wunderhätigen/großbauchenden/endtlich aber über den Besenmarkt gejagten Jungfrawen zu Eßlingen (mit welcher ewere Vorfahren am Wort groß Gepreng und geschrey gehabt) sich so wol vereiniget/daß nit bald ain ay dem andern gleicher ist.«
26. »Und sind düsser 2 obenander mytt aller handtierung ausgefüllt als Werk, lompenn, flax, gernne, haubenn, allte schyrtz, wischtisch, hassenbelg, katzenbelg, kuyeblattern, vells von den jungen kindern darin sie geborenn werdenn, das diesser beuch habenn gewogenn ettlich und 30 Pfund, das hab ich gesehen.«.
27. »Indeme sie die lenge vnd gresse mit aller proportz in ain holtz geschnitten vnd darnach abconterruet vnd in truck gepracht, auch all ir thun und laßen sampt den Segen der in vermelldet werden.« Man gibt es bei Meister Grauer in Auftrag und kann den Auftrag noch vor dem Platzen des Skandals zurückziehen.
28. »Er hieß Satthan Asmodeo. Nach diesen Wortenn hatt sie sich in seinen willen gebenn und mitt ihr pflegtt nach mans artt, doch kalter Natur und einer braunenn gestallt und ihr eingebenn, wie sie sich mitt dem buch halten soll mitt sovill lustigenn enstromenten, das ichs nit als gnug erzellen mag.« wie Drytwein, Zeuge der Urteilsverkündung, gegen die Margarete Ulmer, überliefert.
29. Sie tragen vor: »denn einmal handle es sich um eine langwierige, noch nie dagewesene Sache, für die Bapst, kaiser, king vnd alle Potentaten khommen sei. In ganz teutsch, spanisch, welsch vnd andere land erschollen vnd die da alle betrogen vnnd beschißen«, weshalb diese sich auch um deren Abstrafung kümmern sollen.
30. Die Umstände sind dem Blutbuch zu entnehmen. Anna Ulmer hat den Esslingern, die Vergünstigung, vom Turm ins Armenhaus verlegt zu werden, gedankt: »indem sie mit dem Knappen Hansen, dem Warzenvatter, unzucht getriben, daß sie eins kinds schwanger worden, dasselb auff dem thurm an die welt gepracht, ist ein kneblein gewest, ist das khind den 29. Novembris und volgents sie uff dem thurm gestorben, hatt vül schmerzen erliten.
31. Martin Crusius wirkt als Professor in Tübingen und ist mit einer Esslingerin, aufgrund ihres wohl berüchtigten Lebenswandels, unglücklich verheiratet.
32. Der aus Straubing stammende Thomas Kirchmair, gräz. Naogeorgus, hat sich schon früher als Hexengegner ausgewiesen. In seinen Agriculturae sacrae libri quinque Basiliae (1559) hat er die Obrigkeit beschworen, gegen solche, die Mensch und Tier verhexen, Wetter machen oder Blitze auf Häuser leiten, kraft Amtes einzuschreiten. L. Theobald: Das Leben und Wirken des Tendenzdramtikers der Reformationszeit, Thomas Naogeorgus seit seiner Flucht a. Sachsen. Leipzig, 1908.
33. Zit. n. Jerouschek.
34. Die Stuttgarter Geistlichen M.Alber und W. Bidenbach verhalten sich aus dem gleichen Anlaß so. Ein Summa ettlicher Predigten vom Hagel vnd Vnholden/gethan in der Pfarrkirch zu Stutgarten im Monat Augusto/Anno MDLXII. Tübingen 1562, fol.4. et passim. Derzufolge der Hagel »Zur Rach wegen der Gottseligkeit geschaffen und »über die Sünd verordnet« worden sei, die Kinder des Unglaubens aber »durch des teuffels trug verblendet/auch meinen/sie können auß jren eignen krefften den Menschen vnd andern Creaturen (wölche doch allein in der Allmechtigen handt Gottes steen) schaden zufügen«. Dann wird gepredigt: Andere frech vnd vnuerholen sagen dörffen: »Es komme der Hagel nicht von GOTT (sonder sey von Hexen vnd Vnholden gekocht und zugericht worden/Darumb sie auch/vnangsehen vnd vnberewet jrer eignen Sünd/nur über die Vnholden geschrien/ vnd sie zum fewr vnd aller marter erfordert.«
35. Ratsprotokoll vom 7. 8.1550.
36. Er berichtet von Frauen, die auf der »Frowenberger heyd bey Stuttgarten haben einen dantz gehalten.« Die Vollstreckung der zahlreich auf Feuerstrafe erkennenden Urteile sei aufgegeben worden, da man sich weitere Erkenntnisse durch neue Verhöre versprach.
37. »Zwar sei ein herr Graf usser großen Ursachen vnnd vilfeltigen geschray irer vnderthonnen, auch allerhandt grendtlichen anzaigungen, höchlich bewegt worden, ettliche böse Hexen oder Vnholden inn haffnus einziehen zu lassen, darunder irer zwo vor ettlich wochen gericht worden vnnd biß morgen irer vier ... auch peinlich berechttet vnd vermöge der kayßerlichen Gerichtsordnung zum fewr condemniert werden sollen.« StA Esslingen. Reichsstadt, fasc. 50, Nr. 4.
38. Zit. n.d. Recherchen v. Jerouschek.
39. Dem gestrengen und ernstlichen bevelch Gottes, so dann den kayserlichen rechten und des heyligen romischen reichs peinlichen Gerichtsordnungen nach, gegen den ubrigen Sie in ihrer verdampten Zauberey nit allein unbusfertig weiß beharten, sonnder auch noch tagIichs dorinnen mit großem verderplichen schaden halsstarriglich fürfahren. Nit weniger alls gegen den andern gleichmäßige pillichs straff und handlungen fürnemen zulassen.«
40. Jerouschek. a. a. O. S. 96
41. »In solicher geferlicher sachen, die so besorglich einreißen möchten ... so wol auß gottes befelch als auch Verordnung der kayserlichen rechten ... das übel zu straffen und um ainiche guote pollicey erhalten ... sein ampt zu gebrauchen. Sie kommen zu dem Schluß: Nun befinden wir die Sachen der verhafftin halbens sehr verdechtig, daß wir dafir halten, ein Ers(amer) Rath khöndtz aus diesen in der inquisition befunden anzeigung, welche meisten theils mit zweyen und dreyen zeugnis erwiesen, die verhaffte vermög der Rechten zu der Tortur oder peinlich frag wol und mit guttem gewißen erkhennen ... sei dies umso weniger bedenklich, weil dise Person insgemein ein bösen ruoff ... hett und überdis frech, leichtfertig, übel schwerrend, wiederschempt in reden und berden ... über die Charaktermängel wie auch si Sonstigen verfügem die sich dem leidigen teifel und seinem Willen ergeben.«
42. Sie muß sich verpflichten; sonderlich denen so zu solcher meiner gefenknuß fürschub rat und hilff gethan oder darüber der verdacht, weren hinfüro zu ewigen Zeiten weder mit Wortten noch mit Wercken, auch sonst in andere weyß noch weg außerhalb ordentlichen weg rechten inn guotten nit zu rechen oder ze anden.« Die rechte Hand auf die linke Brust geleget, muß sie geloben, daß der Rat beim Nichteinhalten des Schwurs über »ihr leib und gutt zu richten« das Recht habe, von welchen allem und jedem mit fryden noch beschirmen sol, khain geistlich noch weltlich recht, fryheit, trost oder gelait des kayserlich cammer, noch hofgerichts, khain restitution, absolution, relaxion, dispensation, execution noch sunsten nichtig uberal, gesiegelt durch Herrn Johann Wichern.
43. Zit. n. Jerouschek.
44. Visitatonen erregen Aufsehen. In einem eigens ausgerüsteten Gespannwagen bereist eine Kommission die Landgemeinden, um dort »zum ersten bey dem Pfarrer zu fragen, wie sich der Schultheiß hielt, danach beim Schultheißen, wie sich der Burgermeister im Flecken hielt, darnach Schultheiß und Burgermeister, wie sich das ganze Gericht hielt. Darnach das Gericht, wie sich der Pfarrer, Schultheiß und Burgermiester hielt. Darnach den Hirten und Schitzen, wie sich das ganze Gericht hielt, ferners den Pfarrer, wie sich die ganze Gemain und sie alle hielten, auch sie sich als die gehorsamen in seiner relligion der kyrchen erzeigten wie christenleutt, ob sie auch des heren nachtmahl entpfingen und dergleichen. Also durchaus die gantze gmain, gerechtfertiget.«
45. »Weil der leidige satan sein gaukelwerk und affenspiel gemeiniglich darbei hett und dadurch öfftersmals unschuldige feine leutt in beschwerung und verdacht brengt, mit derlei Materien gantz ungern umbghee.«
46. »Der einfaltige Teuffel von Eßlingen/Welchen Doctor Tobias Wagner/Oberster Diener am Wort alldorten/den kohlschwarzten Teuffel benambst: so er/vnd seine Mitgesellen bey dem Bart erwischt/vnd schier zu todt gepriglet. Wird kürtzlich außgsagten Doctors scharpfer predig/daß diser ein einfältiger Teuffel/der sich so liederlich hat vertreiben lassen/müsse gewesen seyn. Dargethan von einem Liebhaber der Wahrheit.«
47. Zit. n. Jerouschek.
48. Da handelt es sich wohl beim Kugelschießen darum, Projektile treffsicherer zu machen. Der Artikel: Über Festmachen, Nothemden, Nothschwerter und Waffensalben. In: Curiositäten der Vor-und Nachwelt. Bd. 3. Weimar 1813. p. 457 rühmt deren Urheberschaft dem Passauer Nachrichter Kaspar Neidhardt nach.
49. Hauffs Vorfahren waren im Österreichischen ansässig, bis seine dem Protestantismus zugewandten Eltern im Zug der Gegenreformation sich gezwungen sehen, auszuwandern und sich zunächst in Urach, wo Daniel 1629 zur Welt kommt, dann in Ulm niederzulassen. 1643 schickt man den Erstgeborenen »nacher Tübingen auff die hohe Schul«, wo er 1652 zum Lizentiat der Rechte promoviert. Die Bande nach Esslingen waren ein Jahr zuvor geknüpft worden, als er Ursula Schloßberger, Tochter des ehem. Ammannes, ehelicht und dadurch den Grundstein seiner Karriere legt. 1662 sehen wir ihn im Amt eines Ratsadvokaten. Verm. ist er der Stammvater der Dichterfamilie Hauff.
50. Sich fest machen bedeutet sich unverwundbar machen können; berühmt für seine Fertigkeiten in dem Metier ist zum Beginn des 17. Jahrhunderts der Passauer Nachrichter Christian Erenstein. Fries: aus den Papieren eines alten Rathauses in Österreich. In: Blätter d. Vereins f. Landeskunde i. Niederösterreich. NF Jg. 29 (1895). p. 90.
51. Sie fällt so aus: von mittlerer Statur, schwarzhaarig und rotgesichtig, er trage ein schwarzes Bärtlein, habe aber keinen starken Schädel; bekleidet sei er mit einem gelbledernen Wams, die Hose ohne Latz, einen grauen Rock und weißleinernen Stümpfen, trage einen schwarzen Hut mit roßhaarner Schnur, dazu einen schmalen Spitzdegen.
52. Beim Kopfmessen muß man mit einem »bendel« den Kopf erst gegen die Augen, dann gegen das Kinn und zuletzt zum Scheitel hin vermessen, dazu eine Beschwörungsformel im Namen der heiligen Dreifaltigkeit sprechen. »Wenn auch die Patienten drei Vaterunser und drei Glauben beteten, würden sie allemal geheilt.«
53. Der das Unwetter bannende Wettersegen fängt so an: » Unßer hergott ging über das landt, trueg ein büechlin in seiner handt, wolt lernen schreiben, wollt das wetter vertreiben.«
54. Der Venusberg ist seither in der Hexenliteratur kaum beachtet; ist aber wohl der zweitbedeutendste Hexenberg überhaupt. Der Brocken imHharz ist es gewiß nicht.

Reutlingen
55. Das Bamberger Bad war vermutlich nicht nur Kindern vorbehalten, sondern ein eher reguläres Tötungsinstrument; die Inquisitinnen wurden in ein Wannenbad mit siedend heißen »Kalchwasser«, das mit Salz, Pfeffer und anderer scharfer Materie versetzt war, gesetzt, wobei sie »elendiglich vmb ihr Leben kommen vnd gleichmeßig verbrent worden seien«. Vergl. Leitschuh: Beiträge z.Geschichte des Hexenwesens i. Franken. Bamberg 1853. p. 59.
56. Details werden in epischer Breite vorgetragen und müssen hier aus Platzgründen weggelassen werden. Schließlich sagte ich: »Anna, es heißt dies eine heimliche Beicht, und was ich mit Euch geredet, weil es nimand gehört hat als Gott und wir beide, so bin ich schuldig, solches alles zu verschweigen. Sofern es aber Euch zuwider ist, so darf ich es unserer Obrigkeit anzeigen.« »Ei, warum nicht, sagte sie: ich trag dessen keine Scheu. Was ich geredet hab, dabei bleib ich bis in den bitteren Tod, wills auch heute ... wills Gott, fröhlich darauf sterben.« Darauf ich ich M. Daniel und andere, die abgetreten waren. Wann sie mit uns beten wollten, sollten sie es tun und zu uns ins Stüblein kommen. Ich fuhr dann fort mit der Reichung des hochwürdigen Abendmahles.« Christoph Ennslin. Diener am Wort allhie zu Reuttlingen. 1612. Tag. St. Conrads. 26. November.
57. Ich habe die rechtlichen Bedenken in meinem Buch Hexenwahn und Exorzismus dokumentiert, so daß sie hier weggelassen werden können.

Schwäbisch Gmünd
58. Klaus Graf im Kommentarband zur Hexenausstellung in Karlsruhe.1994.

Fürstentum Hohenlohe
Vergl. Elisabeth Schraut. Aufsatzband Hexen und Hexenverfolgung im dt. Südwesten. 1994. a. a. O. S. 275 ff.

Schwäbisch Hall
59. Vergl. die Ausführungen in meinem Buch Hexenwahn.

Grafschaft Wertheim
60. Kommentarband zur Karlsruher Ausstellung. Hexen und Hexenverfolgung im dt. Südwesten. 1994. a. a. O.

Kurpfalz
61.Jürgen Michael Schmidt im Aufsatzband Hexen und Hexenverfolgung im deutschen Südwesten. 1994. 207 ff.
62. »Ein irsall und sect gazariorum« nannte Matthias von Kemnat, Hofkaplan und Chronist Friedrichs d. Siegr. v. d. Pfalz, die Hexen: Ausgeburt der größten Ketzerei aller Zeiten. »Das ist der unholden und die bei der nacht faren uff besamen, offengabeln, katzen, bocken udn uff andern dingen darzu dienend.«

Ulm
63. Zit. n. Sauter a. a. O. S. 6
64. Zit. n. Jerouschek und seinen Studien über die Esslinger Hexenprozesse.
65. Der Nürnberger Rat teilt mit: » weil auch sie schon dergleichen Truttenwerk gehabt, aber nie etwas davon gehalten, auch bey ihren Theologen und Juristen allemahl im Rathe gefunden, daß es keinen Grund habe, sondern ein lauter Wahn sey, so haben sie anders und beschwerliches gegen solche Personen, wieohl ihnen die Handlung schwer unter Augen gewesen und von ihnen hochsträflich geachtet worden sey, nicht gehandelt (sondern) sie ihres Gebietes und Obrigkeit verweisen lassen.«

Ehingen
66. Dazu gibt es viele Beispiele. Wächter berichtet aus einem Bamberger Protokoll: »daß ein wegen Zauberei Angeschuldigter drei und eine halbe Stunde lang mit Beinschrauben und Dauemstock und am Ende, da er nicht gestand, an einem Strick 8 Schuh hoch von der Erde hinauf gezogen und ihm an die große Zehe ein Gewicht vom 20 Pfund gehängt wurde.«

Stift Obermarchtal
67. Robert Dengler: Die Hexenverfolgung im Stift Obermarchtal. 1581-1736. Er bezieht sich im wesentlichen auf den Faszikel »Hexenprozesse« im Archiv des dort.Schlosses.
68. »In Betrachtung, daß die Bosheit des weiblichen Geschlechts alle Bosheit in der Welt übersteigt, daß kein Zorn den einer Weibsperson übertrifft, wie auch, daß das Gift der Schlangen und Drachen leichter zu heilen und unschädlicher sei als die Vertraulichkeit mit dem anderen Geschlecht, haben wir, Konrad, Probst zu Marchtal, nach gemeinschaftlicher Beratung und Einwilligung mit

dem Konvent zum Heile der Seele, des Leibes und des Hauswesens beschlossen, in Zukunft keineOrdensschwester zur Vermehrung unseres Verderbens mehr aufzunehmen, sondern wollen sie als vergiftete Tiere meiden.« (Helbing: Kurze Geschichte von Obermarchtal. S. 173.)

69. Beispiel: Im Mai 1581 bekennt Melchior Hurn (?) aus Rottenburg a.N.: »daß er aus sträflicher, malefizischer Ursach am heiligen Pfingsttag, als er aus Mitleid und auf seine Fürbitte beim Bauern Jacob Amann zu Reittlingen Herberge, Speis und Trank erhielt, in diebischer Weise ein Paar Stiefel, zwei Säcke und einen Leibrock entwendete. »Er wird vom Vogt Bitterlin mit dem Blutbann belegt und soll »nach des Heiligen Reiches peinlicher Halsgerichtsordnung gerichtet werden.«

70. Dengler publiziert die Urgicht.

71. Dengler publiziert das Urteil.

72. Dengler publiziert das Urteil.

Biberach

73. Details werden in epischer Breite geschildert. Aus Platzgründen müssen sie (hier) weggelassen werden.

Saulgau

74.Ich habe die noch vorh. Prozeßakten in meinem Buch Hexenwahn (S. 609 ff.) publiziert, so daß ich sie hier weglassen kann.

75. Dabei handelt es sich um keinen Hexenprozeß, sondern lediglich um eine auf Wunsch der Herrschaft Scheer durchgeführte Vernehmung eines Saulgauer Geschwisterpaares, das gelegentlich einer Wallfahrt nach Scheer in der Nähe von Fulgenstadt angeblich Beobachtungen gemacht haben wollte, die auf das Wirken von Hexen schließen lassen. Von einer weiteren Verfolgung der Angelegenhgeit ist nichts bekannrt (Hämmerle. a. a. O. S. 24).

76. Die Originalprotokolle haben sich erhalten. Anna Persauter, geb. Kempter, geb. am 29.9.1624, hinger. am 26.3. 1672, verheiratet am 24.6.1646 mit dem aus Betzenweiler stammenden Leo Persauter, der in den Rechnungsbüchern des Säckelmeisters deshalb des öfteren genannt wird, weil er als Wächter bei anderen der Hexerei angeklagten Saulgauerinnen aus der Stadtkasse entlohnt worden ist. Zu den Lebensverhältnissen der Familie ist zu sagen, daß es sich um wenig begüterte Leute gehandelt hat. Im Lagerbuch aus dem Jahre 1671 wird Leo Persauter mit einem Vermögen von 450 Gulden und einer Eidsteuer von nur zwei Gulden 15 Kreuzern genannt. Sein Beruf konnte nicht festgestellt werden. Das Ehepaar hatte neun Kinder, von denen die Tochter Ursula am gleichen Tag wie ihre Mutter im Alter von 22 Jahren als Hexe hingerichtet worden ist. Der Mutter wird nachgesagt, sie habe Liebhaber in ihrem Haus geduldet und in den Ratsprotokollen taucht der Name Persauters des öfteren auf, wenn der Rat über Diebstahlfälle und solche übler Nachrede und Ehrabschneidungen befinden mußte.« (Hämmerle. a. a. O. S. 3377. Zit. n. Hämmerle a. a. O. S. 36.

78. Zit. n. Hämmerle a. a. O. S. 55.

79. » Hodie circa 9 mane annuntiata mors est et confessary admissi (heute ungefähr neun Uhr morgens ist (ihr) Tod verkündet und ... sind ... die Beichtväter zugelassen worden.«

Bad Waldsee

80. Zit. n. Sauter. a. a. O. S. 36.

81. Zit. n. Sauter. a. a. O. S. 11.

82. Zit. n. Sauter. a. a. O. S. 11.

83. Zit. n. Sauter. a. a. O. S. 91.

84. Zit. n. Sauter. a. a. O. S. 59.

85. Zit. n. Sauter. a. a. O. S. 59.

86. Dies ist interessant. Auch Elisabeth Fuchs aus Saulgau hat sich dem Teufel ergeben und gleichfalls Gott und die Heiligen verleugnet: »exept. S. Sebastiano« also mit Ausnahme des als hl. angesehenen Sebastian, den ihr der Teufel gutwillig gelassen.«

87. Zit. n. Sauter. a. a. O. S. 33.

88.Nach der Obermarchtalischen Chronik gestand eine Hexe, die unmenschlich und unschuldig gefoltert wurde, um den Schmerz zu beenden, aber gleichwohl dem Scharfrichter ihre Unschuld beweisend und sagte im letzten Augenblick zu ihm: »der Pfalh, an den sie gebunden, werde nach ihrem Tode blühen.«

Unlingen

89. Ich danke dem Landratsamt Biberach. Kreiskultur- und Archivamt für die aktive Unterstützung.

Rottweil

90. Mario R. Zeck .Aufsatzband. Hexen und Hexenverfolgung im deutschen Südwesten. 1994. S. 381 ff. Vergl. Heinrich Ruckgaber. Die Hexenprozesse zu Rottweil am Neckar. In: Württemb. Jahrb. f.vaterl. Geschichte, Geographie, Statistik und Topographie.1. Heft (1838) S. 174-196. Winfrid Hecht: Der Hexenprozeß gegen das Pumpel-Annela im Jahre 1701. In: Rottw. Heimatblätter. Beil. zum Schwarzw. Volksfreund 36 (1975) Nr. 2. S. 3.

Tuttlingen

91. Ich folge den Recherchen von Anita Raith in dem mir freundlicherweise überlassenen Manuskript.

92. HStA Stuttgart A 209, Bü 1971 (auch f. d. folg. geschilderten Fälle).

93. Sönke Lorenz. Johann Georg Godelmann-Ein Gegner des Hexenwahns? In: Beitr. z. pommersc. und mecklenb. Geschichte. Hrsg. Roderich Schmidt. Marburg/Lahn 1981 S. 61-105

94. HStA Stuttgart A 209, Bü 1971 (auch f. d. folg. Fälle).

95. Forderer, J.: Tuttlingen im Wandel der Zeiten. Reutlingen 1949. S. 18. verwechselt Braungreta mit Ursula Kromers Tochter Katharina.

Schwäb.Hexenberge

96. Vergl. Saulgauer Rathausakten

97. Zit. n. Haas .a.a.O . S. 89.

98. Langen, B.: Beiträge zur Geschichte der Stadt Rottweil.1821.a. a. O. S. 643.

99. Zit. n. Sauter. a. a. O. S. 15.

100. Verweis auf dort. Ratshausakten

101. Zit. n. Sauter. a. a. O. S. 15.

102. Hier ist die Quellenlage besser. Sie heißt Maria Auver, ist 12 Jahre alt, stammt aus Ebersbach und wird 1667 in Altshausen als Hexe ingerichtet. Sie antwortet auf die Frage: »was es dem Teufel gegeben?« »Blut aus dem rechten Fuß ... der Teufel hats mir mit einem Messer genommen; den Ort hat es gewiesen. Der Teufel hab das Blut erhalten, damit (es) und (seine) Mutter eingerieben. Der Orth thue ihr noch bisweilen wehe. Das erste mal hab es schreien müssen, hab Ihme eine schwarze Salbe darauf geschmiert (Vergl. den Auszug aus dem Ratsprotokoll der Commende Altshausen).Hier gibt es eine Parallele: : Anna Miolerin von Aufhausen, die man 1612 in Ulm als Hexe verbrannt hat, sagte: »sie mußte sich selbst einschmieren mit dem Blut, das ihr der Teufel aus der rechten Achsel genommen ... und ... er hab ihr die Hand geführt.« Ihr Urteil hat sich erhalten: Am 14. Juni 1616 läßt man sie lebendig auf einen Scheiterhaufen setzen, Ir einen sack Pulver an den hals hencken, damit sie desto belder hingerichtet werde, daselbsten sie zu Asche verbrennt, und hernach in ein fließendes Wasser geworfen werden soll. Gott Ir Gnad.
Zurück zu Maria Auver. Auch hier hat sich ein Auszug des Ratsprotokolles erhalten. »Hexerei eines Mädlins betreffend., « actum dem 17.8.1667. » praes. Ihres Hochw. Gnaden des gnädigen Herren Landkommentur, Ihrer Exc. Herrn Obervogt und mein des Amtsschreibers Wegen in Haft liegenden Mädlins wird in puncto executionis dem Ausschlag der eingeholten, rechtlichen Gutrachten soviel als möglich zugegeben werden, nämlich, daß das wegen Hexerei in Haft liegende Mädchen mit dem Schwert und zwar an einem geheimen Ort vom Leben zum Tod gerichtet und hernach der Corpell (Körper) zu Aschen verbrannt werde. Doch haben gnädige Herrschaft dahin sich gnädig resolviert, wann der Nachrichter einen gülinderen (gelinderen) modum execuendi an die Hand geben werde, so soll man denselben allweg beachten.«Den Ort der Exekution betreffend, soll man eben diesen nehmen, wo das Mädlin bis anher in Verhaft gelegen; kann man aber einen anderen finden, allwo der Prozeß heimlich zu vollziehen wäre, so wird solcher nicht außer Acht zu lassen sein, und im Fall der Freundschaft für das arme Kind suppliciren würde, so soll man die Gnad dahin ertheilt haben, daß der Corpell mit dem Verbrennen verschont und er ein anderes Ort, etwa nahe bei dem Hochgericht soll vergraben werden.« Sie wird am 17. Oktober 1667 zum Tode verurteilt und enthauptet.Der gelindere Modes war die Hinrichtung durch Öffnen der Adern in einem warmen Bad, wie es in Oberschwaben öfters vorgekommen ist (Zit. n. Sauter. a. a. O. S. 35). Es sollte der zehnjährige Philipp Kholler im Wald nach der Weisung eines Dr. jur. Jacob Kuösch, Consulten d. gräfl. Herrschaft Königs-Egg. vom 7. September 1665 gerichtet werden. » schließe demnach, daß gegen den verhaften Buben die Leibs-und Lebensstraf fürgenommen werden könnte und sollte. Gleichwohlen aber und damit die Clementz nicht gar außer acht gelassen werde, kann ihm dieselbe in modo executionis gelten, wann man ihm nämlich in einem warmen Bad das Leben ausrinnen lasset, welches, soviel ich allezeit gehört, der mildeste und gegen Kinder fast übliche Tod ist.«

103. Zit. n. Sauter. a. a. O. S. 16.

Herzog-und Kurfürstentum Bayern

1. Behringer, W.: Hexenverfolgung in Bayern. Volksmagie, Glaubenseifer und Staatsräson in der Frühen Neuzeit. Studienausgabe. München. 1988.

2. Zit. n. Behringer. a. a. O. S. 34.

3. Kaiser Rudolph II. wähnt sich verzaubert. Der Papst und Kardinäle ersuchen den Barnabitengeneral Michael Marrano (Muzaranus) »seine Heilkunst an ihm zu versuchen.«

4. Exemplare des Ingolstädter Universitätsgutachtens finden sich in zahlr. bayer. Archiven, meist in lat. Sprache. Es dient zur Grundl. d. region. Hexendiskussion.

5. »Es wirdt nützlich sein, daß die Richter, so im Bayernland die Handlung für die Hand nemmen wellen, guet Achtung haben, und besechen etliche in der Nachbarschafft gehabte Gerichtsprozeß über die Hexen. Alls im Bistumb Augsburg, und Eichstätt. Dann wie wol zue glauben, daß die bayrischen und anderer nachbarlichen Hexen laster und Mißhandlung gleich sein, also mag man mit ihnen gleich und rechtlich ebenmäßig verfahren. Zu dem werdt viel dienstlich sein, daß man etliche Büecher, so von disem ganzen handel frei, lustig und kurz geschrieben sein, lese, und fürnemblich Malleum Maleficarum, sonst Hexenhammer, 2. und 3. Teil, den Binsfeld, Weichbischof zu Trier, der imb füröberflossenen Jahr an Tag ist geben worden.«

6. Zit. n. Behringer. a. a. O. S. 212.

7. Bayerisches Generalmandat 1598.

8. »Dieweil dann zu unserrn zeitten alle zaubereyen und teufelsgespänst dermaßen uber hand nemen, das schier alle Städt, Märkht und Dörffer im ganzen Teutschland, desselbigen unzifers und teuffelsdinern voll seindt, welche nicht allein die liebe frucht auf dem feldt ... mit ungewöhnlichen Donnern, Blitz, Schawr, Hagel, Sturmwinden, Reiffen, Wassersnöthen, Meusen, Gwürm und was andere Sachen mehr sein, soviel an ihnen, und ihnen Gott verhenget, durch des Teuffels hilff und beistand, in der grundt verderben sich understehen. Sondern auch dem Menschen sein Nahrung durch Verderbung des Viechs, als Khü, Kelber, Pferdt, Schaff und dergleichen zunemen und abspannen, nach allem ihren Vermögen trachten, ja nicht das Viech und Frucht der Erden allein, sondern auch ... der jungen und ungetaufften Kindlein nicht verschonen ... die alten Leuth zu erkrummen, zu erlamen, inn schmertzliche krankheiten und entlichen in den Todt zu bringen allen Fleiß anwenden, dadurch mancherley Jammer und Noth under den Menschen erwachsen thut.«

9. Caspar Lagus war seit 1560 Mitglied der Juristischen Fakultät. Öfters wird ihm Nachlässigkeit vorgeworfen. Er hat 1561 eine landesherrliche Rüge wegens Saumseligkeit und Streitsucht erhalten.

10. Zit. n. Behringer. a. a. O. S. 123.

11. »Wann man die Hexerey nenne, so begreiff man damit allerley laster, so wider alle gebott können erdacht werden, dann dieselben allzumahl in ipso clere confluieren und zusammenfließen, als abgöttereу, grausamste gottslästerung, Muetwillig verachtung und verwerfung des Göttlichen Worts, der heyligen Sacramenten, freventlichste Verleignung der Gnaden Gottes, des heyligen Geists, crimen lasae maiestatis utriusque, die greuliche Todtschlag, Diebstahl, Unsegliche Unzucht, die die Bluetschandt und Sodomiam weit übertreffen ... Conclusive ist es die schröcklichste sinnd, die von Menschen kann begangen werden.«

12. »Waß die lieben heyligen Gottes im Himmel den Einwohnern auf Erden in der Offenbarung Johannis am 12. Capitel mit einem starcken wehe verkündigen, daß der Teufel zue ihnen komme und hab einen großen Zorn, weil er weiß, daß er wenig Zeit hat, das wird zu dieser unser letzten Zeit mit aller Macht erfüllet, da wir sehen und erfahren, wie der leidige Teufel uber allen andern jammer ... aufs allergrausambst wütet und tobet, mit Trutterey, Zauberey vnd unerhörter Büberey, welche dem schandlichen Trutenwerck arg anhenget, alß wollte er ... Menschen und Viehe auf einmahl verderben und Gott selbst von dem Himmel herabstürzen.«

13. »Daß solches laster gar so weit eingerissen, das besorgt werden will, wann man einmahl (mit der Verfolgung) anfang, so werde man so baldt nit wieder aufhören können. Dann je gemeiner diß laster worden ist und noch mehr werden und überhandt nehmen will, je mehr will vonnöthen sein, auf die mittel der gentzlichen außreutung zu gedenken und das landt von solchen greulichen unzifer zu rainigen.«

14. »Das abscheulich und erschreckendlich Laster der Zauberey und Hexenwerckhs von Tag zu Tag weiter einreißen und durch anstiftung des Bösen, zu des Menschen endtlichen Verderben immerdar wachsenen Feinds je länger, je mehr in düzschland hin und wieder gemein werden, auch nit allein der gemainen sag und geschray nach, sondern auch, wie die erfahrung laider mit sich bringt, schon diße landen ergreifen will.«

15. »Den Hochwürdigen Fürst und Herr, ... Marquard von Berg, den ehr ich sehr, ... Ain hocherleuchter Bischoff ist, ... Zue Augspurg, gott well lang fürst ... Ain anfenger dieser sachen war ... der Hexin hat er ohne Zaal, ... Vil durch das feur verheeren Lohn, ... Weil offenbar am liechten Tag, ... was übels Sie gestüfft.« (Schwäbischer Kaplan, 1590).

16. Die Hexenprozesse d. Hochstifts Augsburg werden beeinflußt durch Bischof Marquard vom Berg (1528-91), Bischof (1575-91), Bischof Johann Otto von Gemmingen (1561-98), den Kanzler Dr. Thomas Seld (1584-91), Kanzler Dr. Albrecht Faber (1591-1604) die Räte Dr. J.-D. Saur, Dr. Th. Vogel, Dr. Ch. Schilling, Dr. J. Ram, Wilhelm Schenck v. Stauffenberg, E.v. Westernach, H. J. v. Rietheim, G.W. v. Stadion, H.W.v. Werdenstein.

17. Zit. n. Behringer. a. a. O. S. 130.

18. Nach Auskunft der fürstlich-oettingischen Archive in Spielberg u. Wallerstein sind dort keine Hexenprozeßakten erhalten. Dagegen bringt der Bestand UBM, Cod. Ms.n 214 Bruchstücke aus Wallerstein i. s.Sammlung des Jesuitenkollegs Ingolstadt, darunter eines Prozesses von 1593.

19. Gabler, A.: Altfränkisches Dorf-und Pfarrhausleben 1559-1601. Ein Kulturbild aus der Zeit des 30-jährigen Krieges. Dargestellt n. d. Tageb. des Pfarrherrn Thomas Wirsin von Sinbronn. Nürnberg 1952. 23.

20. Die Prozeßakten liegen bei HStA Stuttgart. Die alten RKG Signaturen waren N/1522, N/1523 und N/2514.

21. Beck, P.P.: Zwei Hexenprozesse a. d. Fränkischen. In: Jahresber.des Hist. Ver. Mittelfranken 43. (1889) 7-25.

22. Geyer, H.: Hexen und ihre Verurteilung in den Beschlüssen des Ingolstädter Rates zum Ende des 16. und Anfang des 17. Jahrh. ZA masch. München 1964. Geyer, H.: Die Ingolstädter Hexenprozesse um 1600. In: Ingolstädter Heimatbl. 28. (1965) 5-8 i. Forts.

23. Der Kelheimer Hexenhammer. Faxsimile-Ausgabe der Original-Handschrift aus dem Kelheimer Stadtarchiv. Grünwald o. J.: Die in diesem Bändchen angebenen Daten (1487, bzw. ca. 1550) entbehren der Grundlage, genauso die Bezeichnung Hexenhammer. Einen Vergleich dreier Fragenschemata findet sich bei S. Hofmann. Protokoll eines Verhörs eines Hexenprozesses von 1629 a. Reichertshofen. In: Sammelbl. des Hist. Vereins Ingolstadt 89 (1980) 153-229. Ebd. 188-199 (Kelh. o. J. Bayern 1622. Pfalz-Neuburg). Die Datierung des bayerischen Fragenschemas ist zu korrigieren. Die Instruktion wird 1590 erlassen. Sie wird Anfang April 1590 von dem Hofrichter gefordert und nach Erhalt des Ingolstädter Hexengutachtens Ende April, also vermutlich im Laufe des Mai 1590, zusammengestellt. Verschickt wird sie am 31. Juli 1590 HStAM, SV 2243, fol .129. An diesem Tag wurde dem Statthalter in Ingolstadt sein Exemplar zugesandt. Den Landrichtern wurde sie anscheinend nur bei Bedarf ausgehändigt, so etwa dem Pfleger von Aibling im März 1591. HStAM KHR 18, fol. 129 v.24. StaA München, Bürgerm. und Rat Nr. 54 A 19, fol. 45 v.

25. »Sintemal uns ... ein fremder Nachrichter hieher erfordert, der nicht allein einer widerwertigen, Als der papistischen Religion, und, wie die gemeine Sag gehet, ein Teuffels-oder Truttenbanner ... auch allbereit sein unordentliche, verpottene mittel, mit den gesuchten Trutten Zeichen und sonsten mehr sein selbsten Zauberey gebraucht haben soll, Innmalen man Nachrichtung erlangt, daß bey etlichen Papistischen Obrigkeiten dergleichen auch fürgenommen werden soll. Wann aber solche Weg die rechten ordentliche mittel nicht, dardurch die Wahr-

heit es an den Tag zu bringen, oder darauf Im urteylen zu fußen, noch anderstwo bey den Evangelischen Stenden erhört ist, daß man dergleichen Abgöttischer hencker und Papistische Ceremonien geduldet und verstattet, und also gleichsamb ein teuffel den andern vertreiben, oder Zauberei wider Zauberei gebrauchen soll.So hätten wird gleichwol freundtlich unnd underthenigst am Liebsten gesehen, daß E. G. und F.D. mit diesen Jezigen alhie anwesenden Abgöttischen Nachrichter unnd seinen zauberischen Ceremonien unnd Gauckelwerck were verschont worden.«
26. »Sagt auch, wann sye die unfletigen und Hesslichen hinweg gebelzt, wöllen sy hernach an den Schönen anfangen. Unter diesen (zuletzt verhafteten) vieren soll eine vermögliche Wirtin sein. Will der Bischoff Inn seinem gebieth daß unzyffer alles ausrotten (Ihn massen er Zue Dillingen auch wieder anheben solle), Würdet er wol ein Weil Zuschaffen und Zu brennen gnueg haben. Und zu Letst vielleicht auch vil vom Adel In gülldin Kettinen gelangen werden. Aber wanns so weit kommen will, so Lauffet man gemeiniglich wieder hinder sich.«
27. Behringer publiz. d. Verordnung.
28. Behringer pub. d. Verordnung.
29. Zit.n. Behringer. a. a. O. S. 229.
30. »Von etlichen, sonderlich auf der Gelehrten Pank ... (zu) einer zimblichen Ausfürung derjenigen opinion, die auf das Laster nit viel halten und kaum glauben, daß der bös feind was solliches mit Zutun des Menschen tuen und vollbringen künne, sondern daß es eine praestiga, imaginationes und starke impressiones sey, in welcher Meinung zu unsern Zeiten der mehr Teil der kötzer, in specie Wierus und Brenzius sein sollen, widerleget und confutieret, adque tam es profanis, quam ex sacris historiis et libris, ja durch die tägliche Erfahrung (!), die nit fählen kann, und in allen dingen eine gewisse Beweisung ist, demonstriert worden, daß es ein ketzerische verdammte opinion.«
31. J. Trithemius, Antwort Herrn Johan Abts von Spanheim auff acht fragstuck, ime von weylandt Herrn Maxilian Roem. Kayser etc. hochlöblicher gedachtnuß, fürgehalten (...) Ingolstadt 1556. Man hat die Fragen 1515 auf lat. in Oppenheim gedruckt. Nach einer Lantenzeit von 40 Jahren wurden sie durch den Ingolstädter Professor Ziegler durch den bayrischen Hofratspräsidenten Hundt ins Deutsche übersetzt. Gewidmet war es er Fürstin Anna v. Österreich, Herzogin v. Bayern (1528-90), der Gemahlin Herzog Albrechts V. (1528-79). Blatt A .ziert das bayerische Staatswappen, was ohne Billigung des Hofes kaum möglich gewesen wäre (Behringer).
32. F. Waizenegger (1580-1634) steht dem Hexenwahn nicht unkritisch gegenüber; seine Gegner behaupten, weil man eine Frau der Hexerei bezichtigt hat. Tatsache ist, daß bei der unter seinem Vorsitz gehaltenen Disputation Zweifel am Wert der Denunziation in Hexenprozesen geäußert worden sind. Die Brisanz ergibt sich auf der zeitgl. Bamberger Hexenverfolgung des J.G. II. Fuchs von Dornheim. Die von Waizenegger 1629 an der Universität durchgeführte Disputation stellt vor dem Hintergrund sein Politkum dar. Um 1630 nimmt er eine Stellung zwischen Binsfeld und Tanner ein.
33. Behringer pub. den Text.
34. G.Stengel (SJ) Opus de iudiciis divins, qua Deus in hoc mundo exercet. 4 Bde. Ingolstadt 1651 (deutsch, Augsburg 1712). Stengel (1584-1651) in Augsburg gebürtig, war 1601 den Jesuiten beigetreten, verbrachte sein Leben in der hier untersuchten Region, 1640 Rektor des Collegiums in Dillingen, nach 1643 in Ingolstadt.
35. Zit.nach Behringer. a. a. O. S. 236
36. Zit.nach Behringer. a. a. O. S. 244.
37. »Item so seie es ein ding, und bringe gar kheinen underschidt ... es seien dergleichen denunciariten, die Jemanden für Iren geselle angeben und sagen, er sey ein Unholder, Häx, oder anderer, undt habe diß oder jenes Laster helffen vollbringen, ainer zween, drey, oder soviel alls derselben wöllen oder sein köndten, dann dieser concursus ... würcke durchaus nichts ... Cum id, quod nihil est, nullam recipiat supplementum.«
38. »Da deme also und die proceß was unordentlich geführt worden sein sollten, trüegen höchtgemelt F.D. ab solcher Unordnung nit allein ein groß befremdem, sondern desto billicher ein ungenedigstes Mißfallen ... und bevelchen darauf höchstgedachte F.D. mit abstellung obangeregter Unordnungen dasjenige zu thun, was den rechten und der kaiserlichen HGO ... erheischen und erfordern.«
39. »Zum vierten sein die Räth auf der Ritterbanck, deren etliche pro testibus allegiert worden, durch die Relation in der Unholdensach nit wenig offendiert worden, dieweil ihre vota in solcher consultation ausgesetzt worden ... Inmassen ihr affectus carpendi eben dahero starck erscheint, daß diejenige, welche Zümalen stundweis bey den examibus gewest, oder ex cut curiosate und als privati darzue khommen, de processu wie ein blinder von der farb iudieren dürfen, da ihnen doch neque praecedendi neque sequenti bewüßt. Daraus abzunehmen, daß die Jenigen, welche vil von den proceß blodern wollen, selbst nit wissen, wo sie darin, oder daran seien. Also wie die leuth zu einem ding gefallen oder mißfallen haben, darnach thuen sie ein sach schenden oder loben, nachdem sie affectioniert sein.« (Wangnereck 1602/03 über seine politischen Gegner).
40. Zit. n. Behringer. a. a. O. S. 252.
41. »Und solle dieß umb so viel mehr statt haben, alldieweil man in crimin plusquam exepto, atrocissimo et occultissimo versiert, daß man sonst gar schwerlich oder nimmer nicht in Erfahrung bringen khündte, es were dann sach, daß Jemals ein Zauberer oder Unhult aus sonderbarem Willen Gottes offenbar wurde, oder die Sach also grob angreiffe, und ausserlich von den Leutten zauberei brauchte, darob die erwischet, quod rerissimo vel nunquam contiget.«
42. »So befindet sich in der Experienz und täglich Erfahrung, daß die inculpationes und abgeben der Unholden auf Ire Gespielschafften schier allzeit wahr, und zwar selten Jemandt unschuldiger deferiert worden ... und gesetzt, daß etwam ainmal auß Verhengung Gottes ein Unschuldiger ins Spiehl khomme und also unschuldiger weis hingerichtet würde, so thue dennoch ein Richter nicht unrecht. Man beger aber zu wissen, wo, wann und wie oft sich ein solches in facto begeben, und ob nicht Tausend fahl zu allegieren, da sich dergleichen denunciationes und angeben alzeit wahr befunden, da herentgegen nicht ain ainziger casus in contrarium khöndte beigebracht werden.«
43. »derowegen billich ain obrigkeit ... starck darauf seze, und diß abscheulichste Laster ausreutte, es treffe gleich irer soviel und stattlichste Personen alls es Immer wölle ... Sonderlich aber wann die Obrigkeit hinlässig, Gott selbst khombt und durchgehendt strafft, Obrigkeit und Underthon, Statt, Länder und sunst allesampt miteinander.«
44. »Hierauf begern F.D. informationem juris, ernstlich und in specie, was gestalt gegen den bekannten drei Personen auf die beschechne denunciationes sey zu procedieren ... Für anders begern I.D. von beden Facultetten Theologica et Judicia ein ausführliche information insgemein, et quod totum processum in hoc crimine instituendem.«
45. »Ist fremd und seltzsam, daß diese als Catholische einen Khetzer als den Godelmanum in tali causa et materia, qua etiam Theologicam est, zu allegieren kein scheuch tragen, daß eben dieser Godelmannes translationes corporalem sagarum nit glauben thuet, als Delrius von ihme schreibt.«
46. »Alls will ein notdurfft sein, die Paufelligkeit dieses Scheinbedenckhens/dadurch gemeiniglich der Welt imponiert würdet, aber nicht alles Gold ist, was gleissen thuet/mit mehrern für die Augen zu stellen und ratione authoritate et experientia zu beehren, daß nach gestaltsamb und beschaffenheit des Lasters der Hexerey negativam zu beweisen unmöglich, noch von einer Christlichen Obrigkeit zuezuelassen sey. Dan ernstlich in dieses Laster also verborgen, daß vil ding beschehen khönden, so die Jhenige, welche umb dergleichen Persohnen sein, nit warnemmen, oder doch also verblendt und an den sensibus illudiert werden, das sie ains für das ander ansehen und halten ... (Delrio lib.2. 2 q. 8 et 18). Diweil aber die zeugschafften fundament und grundvöst in sensibus stehet und beruhtet, khann auch ein jeder geringstverstendiger wol ermessen, das in solchen Fällen, in welchen der Zeugen sensus betrogen werden mögen, auf ir kundschafft wenig zuefuessen seye, sonderlich ab probationem negativam.«
47. »Zum dritten und letzten kann sein, daß ein Unhold corporaliter zum Unholdentanz nit kompt, aber doch an Daemione erpraetendiert würde, als das reichkhündig Exempel mit D. Fladen, gewesten Churf. Tririschen Rhat Zuerkhennen gibt, und von Binsfeldio dotisima ausgeführet würdet, das ex providentia Dei ordinaria allein die Schuldige von dem bösen Geist extratendieret werden mögen.«
48. »Inmassen Er das unlengst in causa die raths Riedenburg (Zauberprozeß) in einem voto mit großem blasen herausfahren dörffen, das die, so einer andern meinung (nemlich der seiner zuwider), die sein nit Christen, ungedacht das, glaub ich, Herr Rentmeister und vil fürnemme Räth mit stimmen darunter.«
49. Es werden in solchen Unholden-Processen vast dergleichen dubia und Zeifel entstanden und fürgefallen sein, auf welche hernach nichtsdestoweniger die Iustitia administriet und so große Anzahl Häxen verbrenndt und hingerichtet worden. Also ersuchen wir E. L. hiemit freundtlich, dieselben wöllen und vertraulich verstendigen, welcher under beeden oppinionem in solchen entstandanen fählen durch Ire verordnete Judices Criminales nachgangen Unnd wie es hierauf gegen den Denunciertem gehalten worden.«
50. »n dieser Sach ... verhafft Riedmüller 2 oder 3 mahl lähr aufgezogen und ernstlich pro diskretione des Pflegers examiniert werde, praeservative grassantibus delictis, und (da) die Zaubereyen so gar gemein werden, und dergleichen sachend de jure communi capitaliter megen gestraft werden. Etliche aber, weilen die von Rietenburg einfeltige und arme Leuth, nit vil zum besten haben, und etwan dieses wiln sie selbst interessiert gewesen, aus lautter einfalt gethon, Sie in loco zu examinieren. Etliche aber zu ersparung des Unkostens commisarios zu verordnen, der sachen auf den rechten Grund zusehen, oder geen Ingolstadt zu commitieren.«
51. »Daß auch hinfüro in dergleichen Sachen observationis seu superstititonis vanae behutsamer Zugehen, die Tortur nit so leichtlich zu repetieren, contraria indicia in acht zunemen, mit den Zaubereyen ein Underschidt zu machen, daß es nit das Ansehen, als wan man aus gemainen vermuthungen in allweg eine confession erzwingen wölle, welliches superstititonis gleich nach den Personen greiffen, dieselben torquieren, ausden Aussagen allerhandt aussagen colligieren, über dieselben abermalen Zeugen verhören, aus denen wieder Vermuethungen ziehen, die Gefangnen stracks wieder peinlich fragen, letztlich confessionem quamcunque erhalten und dann unzelbare persohnen in E.D. Lanndt wegen gemeiner superstition, deren aller Orthen voll, in hechste gefahr dardurch bringen würde.«
52. J. Schneid. Das Rechtsverfahren wider die Hexen zu Wemding im ersten Drittel des 17. Jahrhunderts. In: Oberbayr. Archiv 57 (1913) 118-195
53. »Dieweil sich aber dieser Prozeß weit mechte einreissen, der modus procedendi aber propter varias Doctorum opiniones etwas zweifelich, und die indicia von Ir vilen nit zum genügen capiert werden, daß E. D. die vor menig Jaren uber viele unnderschiedlicher ansehnlicher Universitäten und Rechtsgelehrter gestellter Consilia, aus dern bevelch zusammengetragen guetachten, beede sowohl der Theologischen alß der Juristenfacultaet zu Ingolstadt umb Ir ausfürlich Responsum uberschickht, hernach daraus statuta vergriffen, und allen Iudicibus im landt, sich in den Hexerey-Processen darnach zu regulieren und zu procedieren, anbevolchen werde.«
54. »Laider die Superstitiones und Aberglauben, wie auch das verdächtig ansegnen für kranckheiten an Vich und Leuthen unnd in Suma die Sortilegie mit wahrsagen oder angemaßter offenbarung haimblicher verborgner und künfftiger ding (die Gott dem Allmächtigen allein zuwissen zustehn und ihm gebühren) nit ohne großen Verdacht der Zauberey und vermutlicher expressae invocationis, das ist, außgetruckhtlicher anrueffung des bösen geistes, bevorab bey dem gemeinen schlechten Volck, einreissen und überhand nemmen wöllen, daß sich ... zu besorgen, es möchten hier durch etliche nach und nach und gantz und gar in das hochverbotten und verdammte Laster der Häxerey unnd Zauberey ... verführt (werden). Zi.t n. Behringer.
55. »Daß das vor etlichen Jaren ausgegangene Mandat und landgebott wider die Superstitiones, Aberglauben und Sortilegia nit allein bis anhero nit ordinario modo, wie es mit andern Landgeboten gebrauchig, publiciert, oder allen landstenden zugeschickt, und allein bei den F. Landgerichten vor Gericht abgelesen und zu jedem Landrichter nur ein Exemplar zugeschickht worden. Dardurch es in den Hofmarken, Gerichten und Herrschaften, welche den Landstehnden gehörig, unpubliciert verblieben ist. Dadurch irer vil der Mainung seine, daß solches Mandat etlicher massen in zweifl gezogen und respective in den meisten Artikeln und Puncten recoviret und abgethon sei.«
56. »Weiln auch in solchen Landgebott und Libell zu besserer Nachricht der dißfalls unerfarnen nachgesetzten Obrigkeiten etliche circumstanti Und sachen, welche den fürwizigen leichtlich zu vergeblichem nachgedenckens Ursach geben mechten, etwaß mer erclert und specificirt seind. Auch bey den strafen zu endern ist. Also lassen höchstgenannt F.D. besagten dero Hofrath ein Absonderlich corrigirt Exemplar, darnach Sie durch ainen oder mehr gelehrte (Räte) ires mittels die Andern hieneben Verschlossne ahn seinen ortten gleichfalls corrigieren Und durchstreichen ... überschickhen.«
57. Der Regierung in Amberg wurde die Zusendung zusätzl. Exempare verweigert.
58. Die Protokollbände HStAM, KHR 99, KHR 100 und KHR 107 sind voll mit Beratungen über den Fall Sattler.
59. »Wie uns was gestalt auch dergleichen hochschädlich Laster nicht allein inquiriert, sondern auch, was für ein proceß dißfalls gehalten und angestellt worden, auch was zu Dillingen in dergleichen Fällen für ein Prozeß bißhenero sei fürgenommen ... worden, vorab, wie es anzutreffen, damit ein solcher proceß solang es vonnöten, mög continuiret werden, und nicht gleich nacher angefangen, wegen eingefallender difficulteten und widerwärtigen Meinungen ... wiederum eingestellt ... werden mueß.«
60. »Es wirdet aber fürs ander sehr vil daran gelegen sein, was für Rät und Rechtsgelehrte zu solchen Deliberation gezogen werden, dann es nit ratlich ist, diejenige darzue zu ziehen, welcher vo diesem denunciatione complicum (darduch die meisten Hexen und Unholden offenbar gemacht werden) so stark bestritten haben, als einstlich, daß sie auch nach eingelangten ... responso Delrii noch ... ihre meinung stark beharrt haben und vermuetlich noch beharren werden.«
61. » ch versage aber vor gewiß, daß er den Hexenproceß zu Ingolstadt also geführt, das ein solches an dem Jüngsten Gericht zu verantworten ... Inmassen er zu Wemding vier Weibspersonen alsbalden zuer bekantnuß gebracht. Ich hab aber noch nit gehört, daß er in einem oder andern nit recht procediere, dann wie der Hexenproceß zu Bamberg, Würtzburg und Aystett gefürt wird, dergleichen procedur, sagt man, habe er auch zu Ingolstadt und Wemdingen vorgenommen.
62. »Des ist aber der jüngere Dr. Denich gleich herfürgebrochen. Er halte auf 25. Denunciationen durchaus nichts, möchte einer oder der andere weiß nit was sagen, ob man dergleichen Leuthen Glauben sollte zuestellen? Und weiln in dem Churf. Bevelch, mit was für einer tortur die Hofschneiderin solle angesprochen werden, nicht specifiziert worden, hat er die sachen tactite dahin spülen wollen, damit man sich ferners bescheids erholen sollte. Allein zu diesem Ende, daß der Dr. (Kolb) durch dieses Mittel also wiederum abgewiesen. Und der proceß ganz und gar verhindert werde. Welchem dann die die uff der Rütterbanckh, Alß welche zu diesem Hexenproceß wenig gestudieret haben, leuchtlich nachgefolgt wären.« Wan nit wolernannt Ir Gräfl. Gnaden Herr von Tilly, neben Herrn Dr. Fasold und eben ihme wolernannt resistenz und widerstandt gethon hetten, dasnemblichen vermöge gen. bevelchs die Alte Hofschneiderin mit der Tortur nach Beschaffenheit ihres Leibs constitution sollte angegriffen werden. Also haben sie des herrn wider disen so starckhen Hölden, den jungen Denich, den ersten Süg erhalten.«
63. »es ist der Doctor (Kolb) kaum gen Ingolstadt khommen, hat sich der jung Denich gantz unberueffen und ungeladen bey Herrn Cantzler Dr. Abeckh, der eben zu Ingolstadt gewesen, befunden, und von dem Unholdenwerckh mit Ime geredet. Und andern tags hernach (im Churf. Rat zu Ingolstadt) ungschecht derselbe gesagt, Er seye gestern schon bey Herrn Cantzlern von München gewesen, derselbe halte auch nichts auf die denunciationes, wann deme also sein sollte, so wurden andere Churf. Räthe zu München, sonderlich was noch junge Herrn sein, seine Opinion leuchtlich nachfolgen.Und durch dieses so schädliche Mittel möchte sogar der proceß zu Wemdingen eingestelt werden, welches dann die fürnembste im Rath zu Wemdingen von Hertzen gern sehen thäten. In Betrachtung sie schon zuvor Underschiedliche doctores gebraucht, anderst nit vermaint, Allein disen proceß zu verhindern. Zu diesem Ende sie zu München viel stattliche Herrn mit vil Gelt bestochen und geschmückht haben. Und würden Ihnen die Churf. Räthe zu Ingolstadt wackher darzue helffen, gleich wie Calvi-

nus und Zwinglius dem Luther geholffen.«
64. »Ein milderes Vorgehen ist entschieden vorzuziehen, denn es entspricht nicht mehr allein der Carolina, sondern es wird auch großen Übeln besser vorgebeugt, wie der Diffamation ganzer Familien und Provinzen. An Orten, wo das strengere Verfahren eingehalten wurde, ist es soweit gekommen, daßes den Anschein gewann, ganze Städte und Dörfer müßten verbrannt werden. Was wird wohl geschehen, wenn in allen Ländern Europas, besonders in den mehr bevölkerten Städten, so der Proceß geführt wird? Wieviele Menschen, besonders Weiber, müßten dann nicht hingerichtet werden? Würden nicht auch Leute von gutem Ruf und wirklich Unschuldige in Gefahr kommen, ja in die Verzweiflung gestürzt werden, weil sie sich vor den böswilligen Hexen nicht sicher fühlen?«
65. »Ich vernehm, daß der Fürst kürzlich nicht wenig beleidigt worden sei durch den unklugen Eifer des P. Kaspar Hell, der mit so großer Freiheit dasjenige taden soll, was auf Befehl des Fürsten bei der Untersuchung und Bestrafung der Hexen und Zauberer geschieht. Und ich höre, der Pater sei so fest von seiner Ansicht überzeugt, daß er trotz der ... erfolgten ernsten Mahnung dennoch von seinem Tadel der Maßregeln des Fürsten und seiner Bemühungen, auch andere für seine Meinung zu gewinnen, in keiner Weise abläßt.«
66. Zit. n.Behringer. a. a. O. S. 338
67. »Dahero scheinet, es habe die bekannte »Cautio Criminalis contra saga« alle inquisitiones fast auf aihnmahl eingestellet: und aufgehebet wissen wollen, aus kheiner andern ursach, als weilen wegen Subtils der materie bishero teste experimente sovil Unschuldige in das Spill gerathen seyn, das somithin das sicherste Mittel durchzukhomen davor gehalten werden mechte, illud decantum Evangelii Matthei 13. finite utrumque crescere, propter scil, evellendi tritici zizaniis. Wordurch zuverstehen gegeben wirdt, das so offt ein gefahr seye, jemandt Unschuldigen zuverdamben, die Sache vielmher in statu quo gelassen werden müesse ... wie dann ohnedem jederzeit besser, in dubio nocenta dimmitere, quam innocentem condemnare.«

Pappenheimer
67. Kunze, M.: Der Prozeß Pappenheimer. 1981
68. Kunze. a. a. O. S. 14
69. »in deme sie sich hauffenweiß zusammen rottiren und an underschidliche Ort außtheilen; daß auch etliche sich stellen, als weren sie blind: andere, als weren sie stumm: andere, als weren sie an Henden und Füeßen krump, als weren sie an ketten geschmiedt; andere, als weren sie außsätzig; andere, alswären sie Pilgram, als weren sie arme Schreiber und Handtwerksgesellen, andere, als weren sie Soldaten; andere, als weren sie mit der hinfallenden Krankheit behafft; andere, als legen sie in den letzten Zügen. Etliche aber reiten auf kleinen Eseln, oder fahren auff kleinen Karren; andere lernen und richten einander ab in der Rothwelschen Sprach: andere sitzen an den Landstraßen und waidnen bißweilen den Kauffleuten die Taschen oder Bulgen aus, damit sie nit stinckent werden; andere legen sich in die Wirthshäuser oder Winckelherbergen, verfressen, verspilen und versauffen was ire Weiber und Kinder erbetteln; andere dichten und machen falsche Patenten und Paßbortgen ihrer Türckischen und Morischen Gefengnuß oder erlittenen Brunst und Feuerschadens; andere ziehen auff die Märckt und schneiden Beutel ab; andere brechen in die Kirchen und Almusenstöck.«
70. »Insonderheit aber sollen die Obrigkeiten auf die fremde Landfahrer, so von anderen Landen in unsere Fürstenthum hineinlaufen, hin und wieder, sonderlich bei dem Bauersmann an den Herbergen liegen, und zu einem Deckmantel ein Kramerei mit Zucker, Gewürz, Holzwerk und dergleichen Sachen treiben: Item Decken, Messer-und Felltrager sein, oder sich mit Glasen, Wannen-Pfannen-, Sattelflicken und Schüsselbinden einzuschleichen unterstehn, fleißige Obacht geben, dieselbige keineswegs im Land geduldem. Die inländische aber anderer Gestalt nit passieren lassen, dann sie haben von ihren ordentlichen Obrigkeiten, allda sie wohnhaft, glaubwürdige Urkunden fürzuweisen.«
71. Hans von Hofkirchen wäre ein Petschierstecher. Sei ein langer Mann, schönen gelben zwifachen Barts, komm alle Märkt gen Straubing und derselben Enden herum. Stech einem jedem, wer und was man an ihm ihn begehr, sowohl Dieb als Schelmen als redlichen Leut«
72. »Was der gemeine arme Bauersmann, sonderlich auf den Weilern und in den Einöden, zeithero für gewalttätige nächtliche Überfälle, Bedrängnis, Plünderung und etwa auch Gefahr Leibs und Leben von den herrenlosen gartenden Knechten, Störzern, Bettlern, Stationern, Zigeunern und dergleichen müßig gehendem heillosen Gesindel ausstehen muß.«
73. »Nachdem unsere geehrten Voreltern und regierende Fürsten/mit der Röm. Kay. May. gnedigster bewilligung/und mit Rath unserer Landtschafft/die Juden sampt ihren Weibern und Kindern/... auß unsern Fürstenthumben geschafft haben, ließ Maximilian verkünden. »so wöllen ud gebieten wir hiemit ernstlich/daß hinfüran kein Jud/noch Judin in unsere Fürstenthumb/weder mit Häußlicher wohnung noch Gewerben/oder Handtierungen mehr kommen/noch von jemandt darinn gedultet oder auffgenommen werde.«
74./75. Zit. n. Kunze. a. a. O. S. 77
76. Zit. n. Kunze. a. a. O. S. 80
77. Seine Aufgaben sind vielfältig, um hier nochmals Kunze zu zitieren: »Er sprach Recht in Straf- und Zivilsachen, sorgte für die öffentliche Sicherheit und setzte obrigkeitliche Anordnungen durch, teibt Steuern ein und setzt im Mobilmachungsfall Landsknechte in Marsch, wacht über die Lektüre der Gebildeten und den Lebenswandel der Geistlichen, er saß mit dem Pfarrer über dem Kirchenbuch und läßt sich vom Dorfwirt die Vorratskammern zeigen, er kontrolliert Maße und Gewichte und zerrieb das frisch gemahle Mehl zwischen den Fingern, um es auf seine Tauglichkeit zu prüfen.«
78. Während der Münchener Bürgerunruhen 1399-1403 hat an seiner Stelle ein stark befestigter Wall (Tüll) gestanden. Der um 1450 erbaute neue Turm war Bestandteil der Stadtbefestigung. Dann dient der Falkenturm zur Aufbewahrung der zur herzoglichen Falkenjagd verwendeten Requisiten. Ab 1520 werden Gefangene verwahrt. Der Falkenturm wird im 19. Jahrhundert abgetragen. Eine Beschreibung seines Innenlebens gibt es nicht.
79. Ein Quelle sagt: »die starke und unbendige Übelthäter/sonderlich die mit Teufels-Künsten umgehen/die Schlösser aufblasen/und sonst sich leicht von Ketten und Banden loß wircken können/gespannet/Arme und Beine ihnen ziemlich weit von einander geschlossen/daß sie nichts vorzunehmen vermögen/was zu ihrer Erledigung dient/sondern stille sitzen müssen. Ferner ist auch eine eigene Art Hand-Eisen erdacht worden/so in einen über Ellen lang starken Eisen/daran auf jeden Ende Eine Hand-Schelle/so man auf- und zumachen kann/nebst einer Hülsen bestehet/darein werden des gefangenen Hände/und zwar eine jede á part gethan/die Hülsen zugezogen/und vor jeder Hand-Schelle ein also genandtes Hölen-Schloß/als die nicht leicht geöffnet werden können/geleget. Alsdann kan der Captivus die Hände nicht zusammen bringen/auch nichts damit ausrichten/sondern muß der Straffe mit Geddult erwarten. Es muß aber der Gerichts-Diener bey dem Einschließen wohl acht geben/daß die Hand-Schellen nicht zu weit seyn/daß der Inquisit die Hände/wenn er sie länglich schmahl machet/nicht heraus ziehe/wenn der Diener weg ist/und sehe/ob er seine Reterade suche. Sie müssen auch nicht gar zu enge seyn/daß sie das Fleisch einschneiden/und die Arme davon schellen/sondern eben recht/drum derselben weite/mittelmäßige und kleinere anzuschfafen/daß man solche nach Proportion der gefangenen Arme gebrauchen könnte.«
80. »Denn wenn gleich das Gefängnis nicht eben ein plaisierlicher Ort seyn kann/als wenn man daheim ein einen geschmückten Gemach sitzet/so muß es doch so beschaffen seyn/daß es ein erträglicher Orth ist/darinnen das Tageslicht zu sehen/die Lufft durchstreichen kan/der Gefangene wegen Feuchtigkeit/Nässe/Frost oder ander Ungemach/an seiner Gesundeit und Leben keinen Schaden leide sondern/wenn er hingerichtet werden soll/daß er bay Kräfften bleibe/daß er es ausstehen könne /oder wenn er absolvieret und loßgesprochen wird/nicht ein armer Krüpel und ungesunder Mensch sey.«
81. Sobald nun die gefangene Person in ihr verordnete Verwahrung gebracht, soll er mit seinem zugeordneten Gegenschreiber gestracks kommen und von der gefangenen Person unde denen, die sie gebracht, mündliche Information dessen, was sich mit ihnen verloffen, einnehmen, und was ihme sonst mehr berichtsweis von solcher Person fürkommt ihme fleißig memorieren, und folgends dem Hofrat, bei welchem dann ohne Mittel die Cognito Criminaliam und völlige Disposition der gefangenen malefizischen und anderer Verbrechen der Personen bestehen und verbleiben soll, unverzüglich referieren und fürbringen«
82. »solte jeder Auf die Umfrage und was eines jeden Stimm und Gutachten ist, fleißig merken sich, wann er angefragt würdet, in seiner Stimm und Anzeigen seines Gutbedünkens der Kürz befleißen. Also, daß er nit ander zur Sachen undienstliche Reden einmisch, noch was ein anderer vor im gesagt hat, mit viel Worten repetier, sondern sein Meinung und was ihm für billig und gut ansieht ... bescheidenlich, verständiglich, auch ohne Gezänke, Disputation oder überflüssige Wort fürbringen. Wie dan auch keiner dem andern in der Umfrag in sein Stimm oder Red fallen, oder einreden, sonder bis die Frag an ihm komme, warten solle.
83. Zit. n. a. a. O. S. 109
84. »Was das Weib belangt, welche allhie eingezogen, demnach E.F. Gn. gnädigst mir befehlen, daß ich E.F. gn. wie es damit beschaffen untertänigst berichten solle, tue ich derselben hiermit untertänigst zu wissen, daß man bisher weder mit guten noch mit bösen Worten, weder mit Tortur oder anderen kein einziges Wort heraus hat bringen kinden, wie ich dann selbst gesehen, daß man sie zw(e)ymal redlich aufgezogen ein einmal wohl gebrennt hat. Hat sie nit allein nichts bekannt, sondern unser aller schier dazu gespott, weder »ach« oder »weh« geschrien, noch dergleichen gestellt, als wann sie einigen schmerzen empfinde, allein wann sie auf die Erden wieder kommt, schreit sie einmal »Ach«. Es sagen auch die, so sie aufgezogen, daß alsbald sie von der Erden hinaus komme, werde so sie so ring, als wann sie einen leeren Sack hinauf ziehen. Wer sie so ring macht, das weiß Gott. Einmal scheint augenblicklich, daß sie keinen sondern Schmerzen empfindet. Wann nit das Feuer das beste tun wird, so wird man nit leicht etwas darausbringen. Verschinen Freytag hat man wiederumb ein ander eingezogen, welche unter der von Ingstatt und der Burgerschaft Jurisdction. Ihr Sohn, welcher ein kleiner Bub, hat viel ehrbare schöne Possen von seiner Mutter gesagt, also daß ich glaub, man werd auch bald die Tortur für die Hand nehmen, wiewohl der hiesig Burgerrat nit viel Lust dazu hat.«
85. Zit. nach Behringer. a. a. O. S. 146.
86. »Item wird aber jemandts betretten, der zum dritten mal gestolen hat, ... das ist eyn merer verleumbter dieb, und auch eynem vergewaltiger gleich geacht, und soll darumb ... vom Leben zum todt gestrafft werden.
87. »So eyner eyn stock, darinn man das heylig almusen samlet ... auffbricht, sperret oder wie er arglistig darauß stilt, oder solchs mit etlichen wercken zuthun understeht, der ist auch an leib und leben zu straffen.«
88. »Item so eyner eyn Monstranzen stielt, da das heylig Sacrament des altars inn ist, soll mit dem feuer vom leben zum todt gestrafft werden. Stel aber eyner sunst gülden oder silbern geweichte gefeß, mit oder on heilthumb, oder aber kelch oder patenen, umb solch diebstall alle, sei sein geschehen an geweichten oder ungeweichten ortern, auch so eyner umb stelens willen inn eyn geweichte kirchen, Sacrament hauß oder sacristei bricht, oder mit geuerlichen zeugen aufsperret, dise dieb sein zum todt nach gelegenheyt der sach und radt der rechtuerständigen, zu straffen.«
89. »mit dem schwerdt« » fürsetzlichen, mutwilligen Mord »mit dem Rade« geahndet wissen und in besonders schweren Fällen »durch etlich leibstraff als mit zangen reißenn oder außschleyffung vor der entlichen tödtung.«
90. Dafür hält das Gesetz die Todesstrafe parat: »Item die boßhafftigen überwunden brenner sollen mit dem feuer vom leben zum todt gericht werden.«
91. Er gibt eine ausführliche Beschreibung der einschlägigen Folterpraxis; sie muß hier aus Platzgründen wegbleiben.
92. Zum ersten liegen noch nicht alle »Erfahrungen« vor. Von den Regierungen zu Straubing und Landshut warte man auf die Beurteilungen. Was das eigene Rentamt anbelange, so sei das Ergebnis der Nachforschungen dürftig. Erst wenn die Unterlagen aus Straubing und Landshut vorlägen »könne man ein Ganz machen.« »Dann es uns aus dem, was bis daher einkommen, fast gleich sieht, daß sie in vielen Fällen mit Fleiß falsch angezeigt und die wahren Taten verschwiegen haben, damit sie sich teils unschuldig machen und nit so für große Übeltäter, für die sie beschreit sein, gehalten werden.« Schließlich und endlich seien die Nachforschungen nicht richtig betrieben worden. Man habe in den in Frage kommenden Dörfern einfach herumgefragt, ob denn den Leuten die und die Tat zu Ohren gekommen sei, statt überall einzelne Personen in Abwesenheit der anderen zu verhören.
93. Eine gesetzliche Beschreibung des Bannrichteramtes finden wir in der bayerischen Malefizprozeßordnung von 1616.
94. Am 7. Oktober 1642 macht Maximilian I. einen neuerlichen Versuch, das Bannrichteramt abzuschaffen.
95. »Nachdeme nit weniger die Gottlich Heilig schrifft als auch die allgemeine Kayserliche Recht, Jnsonderhait aber die hailsame von dem Hochstgeerten vnnd aller fürtrefflichsten Khay(s)er Carl dem Fünfften diß Namens, Hochlöblichster Christseligter gedechtnus ein jar der wenigern Zall. 32 aufgericht vnnd im ganzen Römischen Reich publicierte vnnd angenommene Peinliche Halßgerichtsordnung die Hoch verbottne, abscheiliche vnnd erschröckliche Sünd der Zauberey vnd Häxerey, zumaln aber die Verlaugnung vnnd Absagung der Göttlichen Mayestett vnnd seines ganzen himmlischen Hörs, mit den scherffigsten vnnd schrecklichisten straffen so einem Menschen anzuthon vnnd also mit dem Brandt hinzuerichten statuiern vnnd verordnen, Vnd aber gegenwertige menglich Zu einem offnen Exempl fürgestelte Sechs Persohnen, Als mit Namen Paulus Bämpp der sonsten Der Pappelhamer genannt, Anna sein Weib, Gumpprecht vnnd Jacob beede Gebrüder vnnd erstgedachts Pauluses vnnd der Anna Nattürliche eheleibliche Zween Sohne, Jtem Ulrich Schölz Paursman vnnd Geörg Schmälzl Schneider in solche vergessenhait der Ehren Gottes, der Nattürlichen Lieb, so wol gegen Jren negsten wie auch Jrer Seelen Hail selbst, verfluechter Gotloser vnnatürlicher weiß gerathen, das Sie sich obgemelter der leng nach abgeleßner abscheüchlicher Sünden vnd lauter verruechter vnerhörter ganz Viehischer vnnd erschrecklicher weiß, Zuuerachtung der hailigen Gebot Ja das Allerheiligsten Namen Gottes selbs, vnnd aller obbenerter Hailsamen Rechtsatzungen vnzelich vilmal thailhafftig gemacht, mit dem das Sie darzue noch viel sovil Jung vnnd alte Persohnen mit Iren Hoch verdampten Teüflichen Salben vmbgebracht vnnd erkhrimpt Hagl und Schaur Zuegericht, das Vieh, vnnd darzue die waid vergifft, in die Keller vnnd sonsten Zu Jhren Vnholden Tannzen vnnd anndern Gottlosen Teüflischen Zusamen khonnten gefahren, darzue auch die Kürchen vnnd darauß das hochheilige Sacrament mermaln geraubt, vnnd solches offt vnnd vilmals auf aller aberscheülichst gannz Tyrannischer vnmenschicher weiß geunehrt, Item vnnd noch über diß alles vil namhaffte fürsetzliche ganz muetwillige Mordt vnnd Prandt begangen, Auch die Leüth Nächtlicher weil gewalt vnnd Mordttätiger weiß mermalen überfallen, Vncristlich mit prennen vnnd aufziechen diese tractiert, auf den Strassen vnnd sonsten merkliche Raubereyen vnnd diebstahl begangemn, welche vnerhörte zumal auch ganz vnchristliche greüliche vnnd abscheuchliche Hoch verbotne gar verdambte vnnd sträffliche thätten, laster vnnd greül, so nit bald bay einigen Menschen alle Zumal sein erfundten worden. Sie gehörter vnd abgelesner massen begangen Zehaben nit allein güet; vnnd Peinlich bekhänntlich vnnd bestendig gewesen, sondern hat sich solches noch in gleichzeitiger Efahrung wahr befunden, das Jr frl. durtl. bey erJnnrung Jres Landdtsfürstlichen Ambtes, vnnd dann als gehorsamer Fürst vnnd glidt des Heiligen Reiches, dahero Sie sich in deme vnnd anderen die Khayserliche vnnd des Heiligen reichs Edicta, Constitiones, Vnnd Abschidt ZuuolZiehen, alle Erbarkheit, zepflanzen, das aber den frommen zu Trost, vnnd den besen Zu einem Abscheichen Zustraffen schuldig erkhennen, nit umbgehn sollen, wellen noch khünden, mit gegenwirtigen Sechs Persohnen als nunmehr offenbaren bekkantlichen vnnd mit allen obbemelter lastern bekhanndlich behafften Verbrecher vnnd Übltha-tern, Jnnhalt vnnd vermög merbesagter gemainer Recht vnnd Reichs Constitution procediren vnd verfahren Zelassen, derowegen dann nach genugsamer erwegung gegenwertiger erschröcklicher fääl vnnd vnthaten vnnd auf diser fürgestelten obernannten Sechs Persohnen aigne Vnwiderrüeffliche bekanndtnuß vnnd derselben gleich zuestimmende Erfahrung, da sie alle solche abscheüchliche greüliche vnnd also beschaffner laster Begangen, von deroweg nach außweisung Göttlicher schrifft wol Stätt, Landt vnnd Leith offt müessen not leiden, Auch noch Heütigen Tags allerlay straffen vnnd vnhail von Gott dem Allmechtigen wider vnns verhengt

werden, so Erkhennen Jch Christoph Neuchinger Zu ober Neuchingen frl. Panrichter hirmit Khayserlicher recht vnnd sazungen, offternannte Sechs misßthätige Personhen das Leben verworkcht vnnd einen Peinlichen Todt verschuldt. Neebmlichen das diese alle sechs auf Zwayen Wägen offentlich gesetz, vor der Enntlichen Tötung biß zu der Richtstat vmbgefirt Vnnd Jedes leibs Jnsonderheit mit glieenden Zangen sechsmal gerissen; der Muetern aber hürunder beede brüst abgeschniten, dann den fünff Mannspersonen, an Vorgenannter Richtstat, mit dem Rad die Glider abgestossen, vnnd volgenndts Paulus Gampperle, als der Vatter, an den Spieß gezogen, vnnd darauf alle sechs Persohenn, mit dem feur vom leben Zum Todt gericht werden sollen. Publiciert vnd exequiert den 29. July Anno 1600.«
96. Spee sagt dazu: »Ich halte ... nichts von solchen beichtigern, deren erstes und letztes Ziel einzig und allein zu sein scheint, daß die Angeklagten nur ja gestehen und nicht verheimlichen ... Wenn die Angeklagten nur eben gestanden haben ... dann ist für diese Beichtiger alles gut und schön. Dann nennen sie die Angeklagten schon Kinder es ewigen Lebens, dann heißt es, sie gingen bußfertig in den Tod, ungeachtet dessen, wie es in Wirklichkeit mit ihrer Reue bestellt sein mag.«
97. »Welches also geschieht, man steckt einem ein sehr spitzig Holz s.v. in den Hintern, welches mitten durch den Leib, und bisweilen durch den Kopf, auch wohl aus dem Halse wieder heraus gehet. Dieses Holz wird umgekehrt in die Erden gepflanzt, so daß die armen Leute etliche Tage in größten Schmerzen, als immer zu gedenken sein mag, lebendig bleiben, ehe sie sterben. Man saget, daß bei jetziger unser Zeit mit dem Spießen man nicht so viel Wesens mehr mache als vor Alters, sondern bald davon zukommen, denen Übeltätern einen kurzen Spieß in den Afterdarm stoße, und sie damit Auf der Erden hinkriechen lasse, bis sie sterben«
98. Er berichtet es ausführlich.
99. Mit der Überschrift: »Kurtze Erzöhlung vnd Fürbildung der vbelthatten/welche von sechs Personen/als einem Mann/seinem Eheweib/zweyen jrer beiden Söhnen/vnd zweyen anderen Jhren gesellen/begangen/was maßen sie auch/an dem 29. Tag deß Monats Julij/in dem 1600. Jar/in der Fürstlichen Hauptstatt München/von dem Leben zum Tod gebracht worden/den Bösen zu einem Schröcken/den Frommen aber zur Wahrnung/für die Augen gestellt.«
100. Die Schilderung muß aus Platzgründen weggelassen werden. 101. »Als man zolt tausent vnd sechshundert Jahr, ... Der neun vnd zwanzigs July war, ... Zu München in der fürstlichen Statt ... Man sechs Person gerichtet hat, ... Welche sich da in jhrem Leben, ... Dem Teuffel da hoben ergeben ... Durch jhn groß Zauberey getrieben, ... Damit viel Menschen auffgerieben ... Haben auch erlernbt Vieh und Leut ... Viel hagel-Wetter gemacht die Zeit ... Auch habens vmgebracht allein ... Mehr dann vierhundert Kinder klein ... Auch ... Kirchen-Raub gar viel begangen ... Diebstahl vnd Mord. Derb wurdens gefangen ... Die ersten zwo Personen zwar ... Ein Vatter vnd ein Mutter war ... Die zwey hatten zween Söhn darbey, ... Die gaben sich auff Zauberey ... Dergleichen noch zwo Manns-Person ... Die hat man auch mit richten thon ... Erstlich der Frawen schnit man ab ... Jhre zwo Brüst, Jch vernommen hab, ... Damit dem Weib der Züchtiger ... Dreymal vmbs Maul geschlagen er ... Jhre Zween Söhn auch solcher Maß ... Jeder Jhr an der Seiten saß ... Die schlug man mit der Mutter Brüst ... Jeden dreymal vmbs Maul Ihr wißt ... der Mutter vnd der Söhnen beed ... Jedem man sechs Zwick geben thet ... Das ist da vor dem Rathauß geschehen, ... Viel Mann und Weib hobens gesehen ... Nach dem ein mit einem Rad dermassen ... Hat man ihr die zween Arm abgestoßen ... Darnach mans auff ein Sessel setzt darauff mans hat verbrandt zuletzt ... Vnd die andern fünff Manns-person ... Jedem sechs Zwick hat geben thon ... Vnd darnach jedem mit einem Rahd ... Beyd Arm abgestoßen hat.Darnach hat man zu diesen Stunden ... Die vier, jeden an Pfal gebunden ... Aber den Vater, sollt ihr wissen ... Denselben that man lebendig spißen ... Darnach hat man sie all verbrandt«

Schongau
102. Behringer, W.: Die große Schongauer Hexenverfolgung und ihr historischer Kontext. In: DER WELF. Jahrb. des Hist. Vereins Schongau Stadt und Land. 1993. Vogel, H.: Der große Schongauer Hexenprozeß und seine Opfer 1589-92. Berichte u. Dokumente. Hrsg. von der Stadt Schongau. 1989.
103. München 1589 VII. 24. »Lieber Getreuer! Wir haben nit allein aus deinem undertheningen Schreiben, sondern auch laider selbst mit Augen ganz mitleidentlich gesehen, wie durch die Hochwetter, Schaur und Haglschlag den armen Leuten die liebe Feldfrucht verderbt. Wer hieran schuldig, das wais der Lieb Gott. Besorgen aber, die armen Leut merern tails haben mit irem ruchlosen und unbußfertigen Leben und Wandel nit wenig verschuldet, daß der Allmechtig dem bösen Veind und seinem verfluechten Werkzeug zu so sehr verhengt. Darumb ist unser Meinung, daß du den Pfarrern und Predigern deiner Verwaltung andeutest, das gemain (gewöhnlich) Völkel zur Pueß und Pesserung ires lebens embsig und ernstlich zu vermanen, denselben auch mit ihrer selbs (ihren eigenen) Personen pessere Exempel, als bisher beschechen, fürtragen, darneben solst du allerlay haimbliche guete Spech (Erspähung) auf böse Leut und Unholden gebrauchen, Und nach denen (welchen) darauf starker Verdacht geet, in der Still greifen lassen und gleich damit alsbald ire Wohnungen, kisten, Pett, behaltnussen mit Vleiß durchsehen, ob verdachtige Zauberin (Zauberinnen)-Sachen, als Salben, argwenige (verdächtige), Pulver, verdachtige, wachsbilder, die dupft (getupft) waren, menschliche Glider oder Gebein, Caracteres und anders dergleichen argwonisch befunden.Die stark verdächtige Personen aber anfangs mitleidentlich und miltsam (mild) anreden, etwas vertrösten, wan sy nit den Grund, wer in ir(er) Gesellschaft sey, anzaigen mögen. Vleiß zu tuen, denselben bekennenden personen Gnad zu erwerben. Insonderheit erinnern wir uns, daß du neulichen von einem Weib, so nit fern von Peisenberg allein in Holz von zwayen Bidermennern ersechen worden und bald ein grosses Wetter aufgegangen sey, Andeutung getan, dieselben waist du vleisig ires Tuns und Wandls nachzuforschen, auch, da Indicia vorhanden, zu Gefenknus nemen lassen, und unverzogentlich darauf den durch dich angetheuten (angestellten) Nachrichter zu Bibrach beschaiden, uber das (zu dem) Weib führen, am leib wol besichtigen lassen, ob die Signa, Nota oder zaichen, damit sie der böß Veind zu merken pflegt, an ir gefunden werden. Auch ime Nachrichter für dich auf solche Leit dinlich fragen.Und wie du Sachen befinden, waist du uns umbstendlich zu berichten, und, wo von nöten, mit dem Bericht selbst zu uns kommst, dann, wie gepürt, auf alle in Schwung geende und wachsende hochsträfliche Laster, sonderlich das ungeheur Unholdenwerk ernstliche Inquisition und Straff fürzunehmen.Und getrauen dir genediglich wol. Du werdest es hieran an Deinem undertenigen Vleiß nit erwinden (fehlen) lassen. Darnach hast du dich zu richten.
104. Haag 1589 VIII. Hier wird gsagt: »Wir haben dein untertäniges Schreiben belangend vermutlich entstandene Gerüchte und Äusserungen der Untertanen wegen der Unholden gelesen. Und dieweil dir deswegen vor dieser Zeit (bereits) Bescheid zugangen ist, erwarten wird dringend (zu erfahren), was du daraufhin unternommen hast. Befehlen Dir auch nochmals, falls auf etliche Personen besonders grose verdacht fiele, daß du vorheriger in der dir zugeschriebenen Form procedirest (vorgehst). Tun wir uns in Gnaden (darauf) verlassen.« Der hier angeforderte und im folgenden Schreiben erwähnte Bericht Hörwarts konnte nicht ermittelt werden.
105. München 1589. XI. 18.
106. Aschau 1589. XII. 6.
107. In Millers Erzählung hört sich das so an: »darauf hab ime ainer gelernet, er soll einem viech den Kopf abhauen, und der denselben mit deme maul uber sich auf das feuer hengen alls(dann) werde er (bald) wissen, wer Ime solche Ursach zufiege. So seye darauff, alls er solches verbracht, des Hans Leutters Zimmermanns in Soyen (Weib) erblindet, (sie) vier Wochen (lang) hindern ofen gesessen und (habe) geheulet wie ein viech, also daß er sie hernach öffentlich Zigen (sie sei ein Unhold) und noch sey sie eine solche.«
108. Vergl.Schrittenloher, J.: Aus der Gutachter- und Urteilstätigkeit der Ingolstädter Juristenfakultät im Zeitalter der Hexenverfolgungen.
109. Die Schongauer Gerichtsakten nennen an bedeutenden Juristen den Hofrat und Kanzler Herzog Ferdinands, Dr. jur. Hieronymus Nadler (1535-92), Hofrat (und Prof. in Ingolstadt) Dr.jur. Kaspar Lagus (1533-1606). Hofratskanzler und Geheimer Rat, Dr. jur. Johann Gailkirchner (1543-1619), Hofrat Dr. jur. Johann Gabler, Hofrat Dr. jur. Joachim (von) Donnersberger (1561-1650); er wird später Berater des Herzogs Maximilian.
110. Der Landrichter Herwart berichtet an Herzog Ferdinand.
111. Die Liste über das Inventar der bei Agnes Wiß gefundenen verdächtigen Sachen: hat sich erhalten.
112.StAMünchen HVU 2068. Antwort auf eine Frage.
113. Abschlußbericht des Richters Herwarth an Herzog Ferdinand über seine erfolgreiche Bekämpfung des Lasters der Zauberei in der Herrschaft Schongau. Schongau 1594. II.14. Vergl. StA München. Bestand Historischer Verein Urkunden Nr. 2005. Abgedruckt in: Wolfgang Behringer (Hg.) Hexen und Hexenprozesse in Deutschland. München 1988. Novosadtko, J.: Der Scharfrichter Johann Georg Abriel. In: Die große Schongauer Hexenverfolgung und ihr historischer Kontext. In: DER WELF. Jahrbuch d. Hist. Vereins Schongau. Stadt und Land. 1993.

Fürststift Kempten
114. Straßer, Hansjörg: Anna Schwägelin. Der letzte Hexenprozeß auf deutschem Boden 1775 in Kempten. Kempten 1985. S. 80-84. Wachter, F.: v. Der letzte Hexenprozeß des Stiftes Kempten. In: Allgäuer Geschichtsfreund. NF 5 (1892) S. 6ff. Landgerichtsrat von Wachter hat sich i. Allg. Geschichtsfreund (AGF) Jg. 1892. S. 8-14, 21-25, 37-41 und 60-63 dazu geäußert.
115. Er bezieht sich auf eine Abschrift, die im StA unter der Signatur A IV. 18, abgelegt ist. Das Original ist bislang verschollen, so daß die Interpretation einseitig bleiben muß.
116. Lt. freundl. Mitteilung des StA Kempten. Schreiben vom 22. 8.1994 Herrn R. J. Riedel. Es ist denkbar, daß er durch die harte Bestrafung ein Exempel gegen das herumziehende »Zigeuner-, Jauner-und Gart- Gesindel« schaffen will.
117. Ich danke Herrn Riedel für sein Engagement.
118. Der Urteilsatz hat sich erhalten.

Oberstdorf
119. Hofmann, K.: Oberstdorfer Hexen auf dem Scheiterhaufen. Ein finsteres Kapitel aus der Geschichte unserer Heimat mit einem kurzen Überblick über den Verlauf der Hexenprozesse im allgemeinen. Sonderdruck aus dem Oberstdorfer Gemeinde- und Fremdenblatt. 1931
120. Es heißt darin: »Zum ersten soll allweg und in jedem Gericht auf Montag, am ersten zu Oberßdorf, an andern zu Sonthoven, am dritten zu Wertach und am vieren zu Röttenberg und sunst nit dan sovers die nothdurft eraischt, gerichtstag gehalten werden, doch wo es gesten oder andern nach gelegenheit der sachen, so noth thut, möcht man inen mit gunst der Herrschaft hiezwischen recht ergeen lassen.« Unter Artikel 17 wird gesagt: »Item es sollen auch nach landts gelegenhait in allen vier Gerichten die recht von Petri und Pauli bis auf Michaelis ufgehapt und beschlossen sein und niemanden der Herrschaft sonder erlauben und schaffen Rechtstag gehalten werden.«
121. »Betreffend das Verzeichniß des Vermögens der hingerichteten Personen können wir noch nicht unterscheiden, was allein der Hingerichteten gehört und was von ihrem unschuldigen Ehegemach zugebracht wurde. Davon ist zu ziehen das von jeder Hexe zugebrachte Heiratsgut, auch was an Schulden in der Zeit ihrer Hexerei gemacht wurde, damit daraus zu benennen, was kraft gemeinen Rechts konfiskationsweise unserm gnedigen Fürsten und Herrn verbleibt.«
122. Der Vers lautet: »Hupf auf du Hessiges Schmeldier ... In dem Feuer muesßt Du Schweiter schier ... dein Gabel Reiten Hat ein Endt ... Auf dem Heyberg Dich Hast geschendt« Darauf die Hexe: ... »Gott Und seine Heiligen Zwar ... hab ich verleugnet Ist offenbar ... Mein Gelept (Gelübde) hab ich den Teufel thon ... O weh, O weh, was wirt Meur für ein Lohn.«
123. Er sagt: »Ja und gleich darauf, Chonradt, mir seines gemain hierth und liege zuzeith in der Vollerei; thue davon ab, halt dich wohl gegen Gott und die Welt vnd die oberkait, denn welliches in Vollerei, Ehbruch, Gottslästern, Geiz, Hochfahrt, Wucher, Neid und Haß ligt und de khindt nicht zur forcht Gottes und zue gehorsambe Zeucht, khombe nicht inn das Reich Gottes. Siehe zu und beichte und bueß deine Sind dienuff erden, daß du nit an die ort kombst, da ich bin, denn ich mueß jetzt 3 jor for fir vnd vff erden umbgehen und hernach 4 jor im fegfewer pein und mart leiden.«
124. Datum den 15. November 1586 ist Conradt Stöcklin, Roßhiert zu Oberßdorff, vff der herren Statthalter Vnd Räth Vberschickter Interrogatoria Vnderschiedlich von Punctos zu Puncts zue Fluehenstain Inn güete, doch ernstlich befragt worden.
125. »Dieweil dann sich vuß beeder Erbinnen ausjagen vnnd darüber von Euch eingezogenen verkhündigungen (an welchen von Euch Recht beschehen)) souil befindet, daß sich dem teuffel ergeben, wer Hexinnen seind, und mit dem hochwürdigen hailigen Sacrament über die maßen erschroeckentlich verhandelt. Alß das gegen Ihnen Vermög der rechten wol zuverfahren.«
126. »Waßmaßen vnnd gestalt der geweste Pfarrer zu füessen die hiervor hingerichtete Hexenweiber zur wahrheit zu bekhennen, vnnd zu widersagung dem teuffel, zur Rew, Pueß vnd widerkhehrung zum Christlich Catholisch Glauben ermahnet.«
»Wir haben nit underlassen vnnd beeden schwöstern Apollonia vnnd Barbara Erbin hiervor gethaner vhrgichtlich bekhanttnuß nit allein fürzuholten vnnd sie daran von puncten zu puncten ablesendt erinnert, sondern sie auch im Beisein zweier Priester (die vnns hiertu taugentlich sein bedenckht), ferner mit allem vleiß vnnd ernst, doch in der geüte, ob sie vnns den rechten grundt vnnd ahrheit anzaiget, auch sonsten weiter nichts wissen ob innen im gedechtnuß khommen sein möchte, befragt. Aber sie vff irer vorigen bekanntnuß beharrt vnnd merers, daß sie getan od vff ander personen im wenigsten bekhennen wöllen. Darauff wir inen vermerkte zween prister vnnd jed ainen besonderen Tag vnnd nocht zugeordnet, in mainung noch was von ihnen zu bringen: Aber sie wie zuvor beharrt. Also haben wir ihnen vom jetzt verschineen Feuritag (den 8. diß Mai) ainen peinlichen Rechstog vnnd zugeschickhten bevelch mit dem Feur verbrennen vnnd hinrichten lassen, die Bestandschafft vnnd christlich gestorben.«

Werdenfels
127. Werdenfelser Hexenprozeß vom Jahre 1589. sec. Originalakten beim Historischen Verein von Oberbayern. Nr. 183. Der Grainacher Benefiziat Joh. Napt. Prechts benutzt die Dokumente um 1850. Hier befinden sich die Arbeitsunterlagen von Hocheneicher »Geschichte des Werdenfelsischen Hexen-Processes von den Jahren 1589 bis 1592 aus den Akten dargestellt.« und die von J. C. Bernh. Her. »Großer Hexenprozeß zu Werdenfels in Bayern gegen Ende des 16. Jahrh ... aus den Originalen geschichtl. dargestellt. Eine Grundliche Arbeit liefert Fritz Kuisl. »Die Hexen von Werdenfels. Rekonstruiert an Hand der Prozeßunterlagen von 1589-1596. Er hat eine fundierte Namenskartei erstellt. Ich stehe auf seinen Schultern.
128. Zit. n. Riezler. a. a. O. S. 197.
129. Zit. n. Riezler .a. a. O. S. 177.

Wemding
130. Schneid, J.: Das Rechtsverfahren wider die Hexen zu Wemding im ersten Drittel des 17. Jahrhunderts.
131. Am 24. Januar 1629 schreibt der Stadtrat an seinen Advokaten: »Es ist nunmehr leider am Tag, wie daß das erschreckliche Laster der Hexerei überhandt genommen, daß an etlichen Orten, ja in dem Revier herumb auch zu Wemding alhier deßwegen (ohngezwrefelt auf unterthänigsten Berichten und darauf gnädigsten bevelch) der Prozeß besagts Lasters veneficii angestellt ist.«
132. Das Pfleggericht konnte Zeugen der Stadt Wemding nur durch den Bürgermeister laden.
133. »Indem sie Immerzue Sach bei Im entlehne und in Küestall begert, wann das Vieh darin gewesen, wie dan vor einem Jahr in der Fasten zur nachts Ime im Stall ein Kalb ledig worden, so er auffn hof gethan, habs gleich nit mehr auf den füessen stehen wöllen, hab Ers schlachten lassen müssen, der Metzger gesagt, die Unholdin habe dis Kalb geritten, und weil die Pronnenmaierin öfters in sein Stall khommen, habe er den Verdacht auf Sie gehabt wie noch.«
134. Einmal schreibt der Hofrat am 23. September 1609: »Von Ihr Frl. Herzog Maximilian zu Obern- und Niederbayern ist nach eingenommener Erfahrung und unterthenigsten berichtlich Anfügungen hinwider zum hisigen Pflegamt guter bevelch außgefertiget, Barbara Schmidthin usw. umb Hexerey willen in fenckliche Verhaft zu nehmen, welche hierüber Thails sowohl guet als alß Peinli-

chen auf ordntliche Fragstockh examiniret.«
135. Über die Verhaftung schreibt die Instruktion von 1632: »Die verdächtige Person mag gefänglich angenohmen und eingezochen werden, so Tags, so Nachts, wo die zu betretten; dann dießfahls für abergläubig zu halten, daß Sy etwann auf dem Pött müssen aufgehebt werden, damit sye des Ertrich nit berüren. Dann die tägliche Erfahrung befindt sich anders, daß solche Personen als ihre Störck und Teufelskünst verlieren, wann sye von der Obrigkeit angrüeffen sindt und khündten durch die zauberische Stuck nimmermehr entweichen.«
136. Da also der gefenkhnußten Persohnen mehr dann aine werden, sollen dieselben, so vill gefenkhliche Behalltnissen halber möglichst seyn mag, von ainander abgesondert werden, damit Sye Sich in unwahrhafter Aussagen nit ainander nit verainigen dort, wie Sye ihre Missethaten bescheinigen wollten, unterreden mögen.«
137. Er heißt früher »Hetzenturm.« Hetze bedeutet soviel wie Elster. Wegen ihres Gescletters werden noch heute vereinzelt dort die Elstern »Schetterhetzen« genannt; es liegt eine sprachliche Verschiebung vor.
138. Einmal erklärt die Stadt am 19. August 1623: »Weillen von gemeiner Statt Wemding, so lang sie dem Hause Bayern incorporirt, über alle Malefikanten das Urtl geschöpft usw. Dann schreibt Kurfürst Max im Jahre 1685 an Bürgermeister und Rat zu Wemding.
139. Die Herren Dr. Waizenegger und Dr. Denich seien nämlich einer Mainung, was das crimen veneficii belange, dürfen sich die vom Wemding, daß die aus des rats Mitte der adjunction und Verhör auch beisitz gnädigst enthoben werden, nicht wundern, wann diß in etliche bereits unterschidlichen orten des Churfürstenthums Bayern beschehen, ja in den ganze Land gleichsam gericht werden soll. (Und zwar sei diß ein solch laster, daß es sonderbare, hochverständige, veschwiegene und discretierte Personen ervordere, welches mit Herrn Dr. Schmid durch sondere guetigste Churfürst. Bevelch Verordnung beschehen; aber auch vermerken müssen, daß bereits in München der bishero zu Wemding geführte Process mit Roter Tünten gezeichnet und bald ein anderes gehört werde. Und daß neben disem Laster (dessen die von Wemding als Beysitz und Berechtigung gnädigst, ja höflich und so schnell enthebt worden), andere als das crimemn Sodomiae und furti einfallen und einigen weg als den anderen ohne Zuziehung der Ratsverwandter procediret, verwundere man sich gleichwohl, sie aber weitläufig beiden Herrn vorkommen, daß man diß Laster schier größer als das Laster veneficii bei Hof durch Bericht gemacht, idem daß solches weiter zu Wemding eingerissen, als das Hexenwesen. Ist unser Traum, den wir gehabt, daß man mit andern Lasterm das Unholdenwerk wöll bemänteln, herauskommen, also gehts, wann niemand mehr dazu gezohn wird.«

Ingolstadt
140. Geyer, H.: Die Ingolstädter Hexenprozesse um 1600. In: Ingolstädter Heimatblätter (Beilage zum Donau-Kurier) 28. Jg. Nummer 5/1965, 6/1965/, 7/1965 und 8/1965. Sie hat die Zulassungsarbeit: Hexen und ihre Verurteilung in den Beschlüssen des Ingolstädter Rates zu Ende des 16. und Anfang des 17. Jahrhunderts, verfaßt (PH Pasing 1964) .Sowie Würdinger, J.: Der Hexenwahn und seine Zeit. Beilage zum Donaukurier. 57. Jg. Nummer 4/1994.
141. RP 1590 f. 73 r
142. RP 1590 f.80r, 3. Sept.
143. RP 1590 f. 81 v.4.
144. »Ist das Malefitz gehallten und für den articl im Landtbuech, der articl in der Halsgerichts ordnung die Unholden betreffend verlesen, und diewiel Herr Doctor Schober, auch Onoffrius von Berwang, weil diese als Fürstliche Rhätt ieder zeitt bei der tortur und examen gewesen, bei den malefitzsitzen; aber ihre Vota nit geben wellen, ist darfür gebetten worden. Des diser zeitt Nach verlesung der Urgichtt sendt die 3 Unholden vom wasenmeister uff einem Wagen als die Waldtburg Diepoldtin Schöfflerin, auch ir tochtter Margreth und die Rosina Dintzlin zuem hochgerichtt geführtt, daselp verbrendt, iedoch hervor stranguliert worden. Seindt alle drey, wie der Herr Pfarrer bei St. Moritz, Doctor Petrus Steuartius gesagtt, christlich und wol gestorben.«
145. RP 1591 f.73 r, 19. September.
146. Hat H.Uttenberger referirt, demnach ein geschray in der statt aufkhommen, daß der böse feindt in dem waisenhaus regiren udn etliche khinder starckrh anfechten soll, daß e4, daß er H. Dr. Denichts rath gepglogen, der seye der mainung, daß ich, Stattschreiber, etliche Fragstuckh sowol auf den jetzigen waisenvatter unnd mueter, als der drey khinbdere, so deswegen suspect stellen udn alsdan besagten vatter und mueter auf leiblich gelaisten aydt, die khinder aber auf ernstliche zuesprechen darüver vernemmen, über daß die beschaffenheit irer aussagen vleißig beschriben udn referirn sollen. Und wiel die Schartek mehesen dises unwesens ein ursach sein, als solle derselben nachgefrahgt werden, dann etliche sagen, sye seye zue Passau bey irem H. sonne, der ein Priester, sye sitze zue Vhoburg betlendt auff der bruckgckh (f.168 v. 10. Juli)
147. »Die Gerichte, Stadträte und andere Obigkeiten machten von der Aktenverendung auch bei leichteren Sachen Gebrauch, um auf diese bequeme Art ein wohl begründetes Urteil zu erhalten. Die Mehrkosten hatten die Parteien zu tragen.
148. Die Fakultät versucht, die Todesstrafe zu umgehen.

Reichertshofen
149. Hofmann, S. : Protokoll eines Verhörs eines Hexenprozesses von 1629 aus Reichertshofen

Dillingen
150.-152. Ich danke dem dortigen Stadtarchiv für die aktive Unterstützung. Lauingen
153. Rückert, Gg.: Der Hexenwahn. In: Alt-Lauingen. Organ des Altertums-Vereins Lauingen. Nr, 4. April 1907 (in Fortsetzungen).
154. Übertragen aus: Acta des Scharpfrichters Verdienst der Hexen und anderer Maleficanten betrf. Stadtarchiv Lauingen.
155. »er habe sich mit dergleichen schweren, gefährlichen und weitaussenden proceßen desto nie beladen und im gewisen darmit beschweren wollen. Das Hexenwerck Ist ain solche sach, daß darbei die gelehrteste Männer sich geforchten. Man khan zwar bald einen anfang machen aber schwerlich mehr ain endt finden, welches underschidlicher orthen die Experienz und erfahrenheit gezaigt vnd gibt erdeites protocoll vnschwer zu erkhennen weilen von der verhafften Regerbeurin Neben ihrer angegenben Lehr Maisterin nach on andere vil Man- und Weibspersohnen in das Spül gezogen werden, daß auß disem Prozeß, auf einem dergleichen angeben verfahren werden solte nothwendig aine große weittläuffigkeit erfolgen vnd des angebens khein endt sein werde, welches zue bedenckhen sein will, damit Neben den Schuldigen nit vil unschuldige leiden muessen. Eben dem dieses ein solches Laster, darauf mit bestandt schwerlich zu erkhennen vnd leuchtlich zu Irren etc.«Churtz Vnder Richt von Ampts vnd wegen Eines Radts oder durch einen Scharpff Richter Ihn einen deutschen Reimen gebracht: Ein züchtiger bin Ich genandt ... Leb auch Ihn einem Ehelichen standt, ... füehr auch ein züchtig Ehrbarmmes Lebenwie mich gott der herr vf die weldt hatt geben ... Mich hat verordnet ein Ehrsamer Radt ... Ihn dise weit beriempte statt ... Die böß Leidt mit alle Sachen ... khan Ich mit gottes hilf um den Halß khürzer machen ... Die Dieb Ich ann den galgen heng, ... Die Unholdten Ich gar verpren ... Die Chirchenbrecher mit dem brandt ... Der todt ist gahr ein große Schandt ... ein weibsbildt die ein khindt verthut ... sey wer es well ist es Nicht gutt ... Die Richt Ich mit dem wasser hin ... Darzu Ich auch bestelet bin ... Man holt mich oft woll Ihn der still ... man einer die wahrheitt nicht reden will ... So drit Ihn die Gefengnuß Nein ... Das bringt dem Armen eine Schwere pein ... Mit Meinen Ist erment vnd Sachen ... khan Ich Ihn baldt redet machen ... mit Meinem Handtwerkh bin Ich geschwindt ... Meines gleichen Ihm Landt vill Seindt ... bin auch Meiner aoberkeit vnderdan ... wie sprechen thutt der weise Man ... wer sich Nicht heldt Ihn sein gutter Hutt ... Gott vnd die oberkeitt förchten dutt ... Der wirdt ann der Chombexion verblendt ... Gott und seine Heilligen Nicht Erkhendt ... Volgt nur dem deufel vnd seiner Löhr ... Heldt Nichts vf gutte zucht No Ehr ... Dar Nah wereden böse buben draus ... Die Ligen tag und Nacht Ihm Sauß ... mit frechen Saufen und Spillen ... mit Hader Zanck und widerwillen ... Da liebet Ihnen die HÖrey ... Da ist khein glickh noch Segen darbey ... Das Syndt vüwahr die rechten Khnaben ... Die Ihren Eignen willen haben ... Khomen sie mir oder Meines gleichen vnder die Hendt ... Mit Inen Machen wir gar baldt Endt ... Mießen gar eines Schandlichen Dotts sterben ... Das bringt Sie letztlich Ihns Verderben ... Ade, Alde zu gutter Nacht ... Zu Wahrnung hab Ich gemacht (1665 den 30 Jener Ich Johannes Volmar Nachrichter zu Lauingen der Alte.

Straubing
156. Huber, A.: Hexenwahn und Hexenprozesse in Straubing und Umgebung. Beil. z. Jahresb.des Johannes-Turmair-Gymnasiums. 25. Heft 1975.
157. Der Vater wird in den Quellen als »balneator, balnei custos, chirugus, barbier, berbitonsor« bezeichnet. Agnes eine »junge Badewärteriun« (bei A. Rumpler, der sich auf Piccolomini stützt) genannt.
158. Aus den zahlreichen Quellenbelegen seien herausgegriffen: »puella speciosissima; Agnes fuit venusta nimium et bene proportionata in omnibus membris suis et valde subtilis forma; admodum speciosa forma; mulier miro modo pulchra; »ein wunderschöne fraw« (Cod, germ. Mon. 1587, 377) Von ihrem Haupte wallte langes, goldblondes Haar, wie uns L. Sunthemius berichtet.
159. Cod. germ. membr. Monac. 43, f. 413
160. Adlzreitter, J. Ann. Boic, gent. Monachii 1662, P. II. lib. VII, 164: »Albertus ... mulierculam Agnetem Bernauerin nomine, deperiebat ... sola forma et veneri lenocinio commendabilem« (die allein in unerlaubter Weise die verführerischen Reize ihres Körpers ins Spiel brachte).
161. Von Herzog Ernst, die er wohl als Rechtfertigung zu überbringen hat: »daz sein sun beladen sey gewesen mit einem poesn weyb und daz sey seinem sun so hart und streng gewesen, daz man daz mit wenig Worten nit ausgesprechen kund. Ez sey auch sein sun in drein oder vier jarn nie recht froelich gewesen, er hab auch seines sunez leben vor ir besorgt, dar zu was auch ware kuntschaft koemen, daz sy im, auch dem eltern seines pruder sun wolt vergeben haben. und do sich die sache also in posshayt verlenget (verlängert) und dar inn kain ab lassen verstunden und ye lenger ye mer uebels dar aus gieng, hab er daz selbig weyb ertrencken lassen. Item wie sy sich auch mit hartenkait gen den seinen und umb daz sloz Strawbingen gehalten hat, ways im der (Aichstetter) wol ze sagen.«
162. Die Haltlosigkeit dieses erfundenen Vorwurfs beweist ein Schriftstück des Münchner Stadtrechners, das besagt, daß die Kinder Wilhelm schon von Geburt schwächlich und kränklich waren. Schon aus zeitlichen Gründen konnte Agnes am Tod des Prinzen nicht die Schuld tragen.
163. Er schildert den Vorgang in epischer Breite

Calvinistische Kuroberpfalz
164. Thieser, B.: Die Oberpfalz im Zusammenhang des Hexenprozeßgeschehens im süddeutschen Raum während des 16. und 17. Jahrhunderts. 2.erw. Auflage. Bayreuth 1992. Bayr. Arbeiten z. Landesg. und Heimatk. Hrsg. von Christoph Rabenstein.
165. Es hängt damit zusammen, daß die Hexen nach dem Volksglauben am Johannitag vor Sonnanaufgang nackt den Tau oder das Wasser von Wiesen sammeln, indem sie das Ende eines Tuches hinter sich ziehen und zuhause das aufgesogene Wasser in einem Topf ausdrükken. Wenn sie dann das Tuch melken, verschaffen sie sich dadurch Milch von den Kühen, die das Gras der durchstreiften Wiese als Futter bekommen.«
166. So stellt Weyer fest: »daß in den Ländern des Herzogs von Kleve keine Hexen verbannt würden.« Er nennt weitere Füsten, die ebenso fest blieben und dieselbe Wirkung erzielten. z.B. den Kurfürsten Friedrich III .v. d. Pfalz und Herzog Adolf v. Nassau.« Die Universität Heidelberg denkt 1585 fortschrittlich: deren juristische Fakultät widersetzt sich der Todesstrafe bei Hexerei und führt aus: »billicher (Hexen) zu Seelsorgern führen dann zu Martern und zum Tode.«
167. Als ich dann mit derselben öftersmals gütlich und peinlich handeln lassen, hat sy greuliche Ding genug bekkent, wie ich dann, auch noch, gegen Ir mit Todesstrafe verfaren zelassen gedacht, Weylen sy aber ire Bekhantnussen (ausser der zweien Artikul, nemlich des Schatzgrabens und daß sy-Gott behuett uns- mit dem Teufel ein Pindtnuß gemacht zuegehalten) sonsten widerspricht (wiewohl gar vermutlich es sey auch die Wahrheit), sonderlich weil dennoch erkundiget ist, daß die Moritzin zu Almspach, welches umb Nürnberg liegt, davon Sy das Maist gelernt zu haben bekhennt gehabt, mit Zauberei verdacht gewest, und derowegen von Almanspach hinweg geschafft worden, ich aber der Rechtsgelehrten khainer bin, sondern zu meiner fürsehung solches neben Ueberschickhung der Bekandtnussen und Rats willen an Euer Gndaen hiemit gelangen lassen wellen.«168. »Man könne nicht tadeln, mahne aber sonst zur Inanspruchnahme von Rechtsverständigen ... wollen Dir gleichwohl guter Meinung nicht bergen, dieweil das weibliche Geschlecht von Natur aus blöder schwacher Werkzeug, und sonderlich in der gleichen Fällen die Erfahrenheit gibt, daß diese armen Weiber aus geschöpfter Fantasei und Aberglauben sich selbsten, bisweilen ungutlich beschuldigen, die Obrigkeit anfüren und andere leut betören, da nit zugesehen würde; daß Du gute und fleißige Fürsehung zuthun, damit Dir nit dergleichen widerfahren und Dich darin begreifest.«
169. StaatA Amberg. Bestand Oberster Lehenhof München Nr.1456. »Ernwürdig hochgelehrt und ... löblicher fürstlicher Rath. Euer ..., seind mein freundlich und ... willig dienst allezeit Lieb Herren und Freund, Was für ein laidiger oder lose weibsperson ich vor gueter Zeit in meiner Herrschaft Schneeberg, und das sie sich in derselben ettlichen meiner underthanen schetze zu heben, und gelt zubringen, underfangen, aber nichts gericht. Allein die leut betrogen, umb das Ire gebracht und hartt verderbt, hab fenglich einziehen lassen. Das werden E. Gn. zweifelsohn diese Zeit her zum Teil über Land gehört, und in Erfahrung gebracht haben. Als ich dann mit derselben öfftersmals gütlich und peinlich ... massen, hat sy greulich Ding gnug bekhennt, wie ich dann, auch noch gegen Ir mit Todesstraff verfahren zelasen gedacht. Weilen sy aber Ire Bekhantnussen (ausser der zweien Articul, nemlich des Schatzgrabens und das sy (Gott behuett uns) mit dem Teufel ein pindtnuß gemacht, und zuegehalten sonsten widerspütcht (wiewohl gar vermutlich es sei auch die Warheit) sonderlich weil dennoch erkhundiget ist, daß die Moritzin zu Almspach welches umb Nürnberg ligt, das sie das maist gelernnt zuhaben bekhennt gehabt, mit Zauberey verdacht gewest und derowegen (von) Almanspach hinwech geschafft worden. Ich aber der Rechtsgelehrter kheiner bin, So hab ich mir deshalb allein nit volgen, sondern zu meiner fürsehung, solches neben überschickhung ... bekhentnissen, Umb Raths willen an E(uer) Gnaden hiermit gelangen lassen wellen, freundlichst. Hernach volgt was die zu Treffelstein gefangenschaft Catharina Streisin in der güeth und an peinlicher Frag Bekannt und ver ... hat
1. Erstens bekhennt, wie der teuffel am Grafen, bey der kirchen Leyburg nit weit von Nürmberg zu Ir khomen, in gestalt eines pauern, Ir versprochen Ir zugesprochen, obs well sein, sein sy auffs andermal geantwort, ja, darauf ers alspald auf die Spitzen des Kirchthurms geföret und mit ir Zuegehalten, ir damals geben 20 fl. hernach wieder einsmals 5 fl. Sei quartemberlich zu Ir khommen und des obbemelten Wergks mit Ir gepflogen, hab sich Ime auf 20 Jhar versprochen, dann 11 verschien, hab, wie sy In untten angesehen, einen menschen und gamsfuß gehabt.
2. Bekhennt, wy von einer wittib zu Albmanspach, nahheint bey Nürmberg die Moritzin genannth. Im teufel spannen, auch das Zauberey, oder Milchstellen gelernnt, hab dasselb 2 Jhar lang getrieben.
3. Bekhennt man banne den Teufel allso, nemlich man müsse ain ... Venedigisch glaß, so oben eing und ein Kutteröffen (?) sei, wie mans peutt kauffen. Ins teüfels Namen und haimblich sagen: Da kauff ich Dich in den Namen, das ich dich will darin pannen frue und spat, wann ich dich haben wil Und beger Dein weiteres dann ich bedarf Und niemands nichts thue denn es beger es aines, wer es thun wil, der mueß bey seinem höchsten aidt, daß es sich Gottes und aller seiner Fürmanenth und Heiligen verzeihen und mit Ime Teüfel hausen well-Solches mueß unter einem unfruchtbaren paum geschehen und drey mal gesprochen werden. So dann kreuche er nach der dritten verzeichnung in das glaß, bleibe drynnen 13 Stund, hernach wenn man einen etwas stele, kans mans wenn er ainem wol wil, bringen, aber er sag die warheit nit gern, und so er sich spreizt und nit sagen wellst, So nemm man das glas, laine es auf die saiten, So kreuch er heraus, und müß man im mit ainem pürcken (Birken)-gertlein abschmiern und fragen biß ers sag. Von diesem gertlein ein Zweiglein genommen, und gewunnten, so kreucht er hinach wieder Ins Glaß. Diß hab sy von einer wittib, die zu Amspach gewest und die Moritzin genannt gewest gesehen und gelernnt. Es ist auch der Frauen, so dis Dörffl Almspach zugehörig, die Lingkhin genannt, deshalb umb Khundschafft geschrieben, wan deren bericht widern, das nit an, ... Moritzin sy mit Zauberei ... ge-

west, und deshalb von Alspach hinwehch geschafft worden, aber nit bewußt wo sy jetzt sei.
4. Bekhennt ein natur verthun man allso, ain pöß mensch das mit dem Teüffel Laich. nehme das, So der pöß im werhs faren lassen Und thue es ainem in ein pett stellen, so müg er ainer nichts thun und nit solt sein.
5. bekhennt man mach die Salb zum ausfahren wie volgt, Nemxlich man nemb Khüe, Seü und leütkhot, auch abtritt vom Altar und der Kirch, ungenüzte Saiffen, und das, So als obsert der teüfel farn laßt, durcheinander gesotten 3 stundt in teüfels namen, muß nit im hauß sondern aufn felde geschehen, thet sonst schaden.
6. Bekhennt, Todthenpaine in ein Rauch gehenckht mit eines Claidt, macht ihm ausdoreen, wenn mans abher thue, werd im wieder geholfen. Solches hat sy gebraucht wie volgt Ernstens ein Frau bei Altenthann, ein markht Nürnbergisch, Margarets Bonndl Mesner in genannt, hab sy ein, all bvor Neun Jahren umd das sy Ir Zuschaden gewest, geschlagen Und sy Ir darauf ein fleghk aus Irem Hembdt aufgehenckht, doch bald wieder herab gethan., Sy virn wochengelegen, danach wieder erwachen. Zum anderen zu Kauffamholz, ein paurer Connen Sach ... welcher sy am Haimgang aus dem Rokhen, mit einer Stang geworfen, doch nit gerne gethan. Disen umb das ee ir, als sy gewaint, verspott, hab sy ein flegk aus sein hosen, den Ir ein maidl umb 1 Pf. verkhaufft, 5 tag aufgehangen. allsdann wieder abgethan, sei er acht wochen gelegen, wolgemuts wieder aufgericht. Eines dritt Margerets Cunz Waltins zu Lauff Hausfrau, bey der sy zu herberg gewest, habe Ir das fleish und andere ding aus dem hafen gessen. Derowegen Sy Ir von Iren under hembdt ein flegh geschnitten 4 Tag henghen lasenm sy ist 4 wochen krankh gewesen, aber wieder worden. Zum vierten dem Cunt Schleiffer zu Röttmanspach hab sy auf seines Weibs ansprech, nachdem ers übel gehalten ein stückh aus seinem wamms, so it sein weib geben, 9 tag aufgehennkht, sei in zwain tagen danach wieder umbgangen. Sein weib Ir zulhon geben 10 Pfennig Zum Fünfften, hanns Weber zum hallershoff, hab Ir ein Schwester geschlagen, hab sy von seinem knecht aus seinem Hebt ein Stück umb 5 Pf. kaufft, 13 tag aufgehengt und er 16 tag kranngk gelegen hinnach wieder gesund worden. Zum sechsten gab sy cunzen Mayr mit Seünen vetter ainem ... aufgehüett. Er sy mit einem Prügl geworffen, und sy im von ainem alten Leübrock ein Fleckhl, den ir ein maidl gegeben, aufgehenckht 14 tag, der sei gestorben und wochen krankh gelegen. Zum Siebentenn, dem Mogl Dünzle (?) Im Hirschbach, welcher den leüten das vich auf der weidt mit Hütt ... getödt, hab sy aug der leüt bitten, von seinen kleidern, so sy Ir zu wegen gebracht 21 Jahr aufgekennkht das er darnach in 14 Tagen gestorben, vor 11 Jaren beschehen. Zum achten, dem Widman ... im Hirschpach, der mit sein weib übel gehabt auf seiner weibs bitten gethan, das er auch gestorben, 6 wochen gelebt. Zum neünnten aines Knechts, der beim hanns pauren zu Hegelmannsdorf im nürnberger flekhen gedient und ainer maidt ein Khindt gemacht, aber Ir khain guett thun wollen, auf derselben maidt anhalten, ein schalkheit thun wollen, aber das zu hartt gethan, da sy es nit wied verretten mögen, ist gelegen 8 wochen und ir Zulhon geben worden 1 Talern. Zum Zehenndten. Ein Frau zu Bayerstorff bey Fürtt. Des hansen Merthens Hausfrau. der von Wertfeld (?)herangezogen. hab Ir Iren Vatter geschendet. sy Ir mit Irem hembt. daraus Ir ein maidl, das paders töchterl ein felkh und 1 Pfennig geben, gethan und aufgehennkt. Darauf gestorben, bey 9 Jaren beschehen. Zum eilfften. Zu Schwarzenfeld bey Herspruckh, hab ein paur Hanns Streit genannt ... und sein weib sy gebeten, Ime ein schalckheit zuthun, damit ers ließ, Darauf sy der päuerin gelernet.Wo sy Ime mit dem Claide ein schalkheit thun soll, hernachen sein sy baide in ainem Jhar gestorben, aber sy hab Ihnen nichts gethan, ... Ir die päurin geredt gebem sy wels in 6 tagen wied herab thun.
7. Bekhennt. Der Tüeffel hab sy 3 der 4 mal geschlagen und das sy Ime zuhaiße Speiß, als arme mülckh geben. Die mülch müß von ainer schwarzen Khüa sein, denn von ainer Roten Zündet er Das Hauß an, man seze ime die speiß in einen alten ... od Scherber für, darauss Nasche er, wie nein Jungs ferkl, aber wenn er beschrien werde, so verprenne er alles.
8. Bekhennt. Ettlich khönnen wetter machen, habs von ainer frauen gesehen, haber aber gefelt, und sy selbst erschlagen worden. Man khönn khain wetter machen, dann man hab von ainem Verbrechet und nemblich von drein claidten, zu Pulver ... nimtt, auf einer Schaufel. oder andern. So weit man welches möge sehen. So weithaf hagels, Donner und plitz zu machen, alles miteinander mit den teüfel. Allß ... wenn das ... fürmament am himel steet, Tueüffel hinzu Rueff ich dich an, wenn es an der zeit ist, So erschlag mit Thonner plitz das getreide oder was man haben will.Sechs Wetter hab sy gemacht, ains in der Geeg (?), lig ein Caapelln oben auf Perg Dasselbs hab sy das erst gemacht, hab nit weit gewittert, aber seer wyndig sei es gewesen, das sy Ir selbst dabey gefercht, bey 9 Jarem beschehen.Das ander hab sy zu Aicha umb Johanniß bey acht Jaren gemacht aufm felde, zwischem dem Hannes Dolhain und Aicha, über das ganze Dorff. Sey Ir wetter imer gelegen. Und Ir gesagt worden, man werde Ir mit gertten aufhaun. hab sy das Holz ettlicher ausreißn laßn. Und dem ..ein wenig schaden gethan. Das dritt gemacht zu Sinzendorff. Umb daß ein hürtter geschlagen gehabt. Und sy vermaint, Sy wolt Ime erschlagen lassen. Ettlich puamb. bay 10 umbgerissen. Im Hüertt aber nit getroffen. Erachte gennzlich, er müsse dafür gekhönnt haben.Vor fünff fünnf Jahrn hab sy die drei Wetter in ainem Dorff gemacht, Püchtelfeldt genannt, nit weit von Sulpach, Aber khaines schaden gethan.
9. Bekhennt, Caspar Pinzen zu Pinzenhofen, alda 3 höf sein. hab sy ein Sönlein umbbracht. Allst der Hüetter daselbst. dem sy aus seinem gärtelein 3 Zwifeln gezogen. Habs mit ainem steckhen geschlagen. darauf ein vergifft wasser auffs Ängerl bey seinem Haus. Darauf er offt der Seü ghüett, eingraben, auf ... nung, Wenn hüetter darüber gee, daran zu sterben. So sy aber obbemelts Caspar Pinzens pübeldarüber ganhem. Und gestorben. Das Wasser allso gemacht ... ein Krotten, Ablaß vom Teüfel, ein ... Und drey ... In den Teüfels Namen gesotten, habs in einen neuen scherblein bey einer Düstl eingegraben. Sey in der vergangen ein jar gewest.10. Bekhennt, Wie Ir Hanssen Flederwisch zu Offenhausen bey Schlardorff (?) hausfrau. Klagt. Es well omelter Ir man. das stellen nit lassen, deswegen. Sy werde ein mal Schannd am Ime sehen müssen. Unnd sie gebeten, soll Im auffm pagkh. ein meyl weges fürn. Ob er sich ennsetzte und es hiernach läßt. Des sy gethan. Und zue Hintten Hersprukh bey dem Schlösslen zu Michelsperg niedergesetzt, aber nichts gethan, des nachts gewichen, es sinnd
10. ... bey 12 Jaren beschehen umb Johannis. Ir Zulohn geben 62 Pfennig. Mer hab sy ein magd Anna genannt. Die in Hirschperg beim Hammermeister gedient, geben, dieweil ir präutigam khain guett thue Sy soll Im ain 2 meyl auffm pagkh fürrn, und durch ein Hegklein ziehen lassen, damits Im ein wenig zerkrell, unnd doch khain schaden thue. Das sy umb 1 taler Ihon gethan, In von SchonPrunn zum Traumfeld 2 meil geführt und bei der Kirchen daselbst Niedergesetzt, sey bey 12 Jharen gegen mitterfasten beschehen.
11. Schatzgraben. Hab sy vor drey Jaren erst angefangen zur ... damit sy der pagkhs geführet, in ein Dörfflein Zu der Oberen ... genannt, Zum ... stickl beherbergt worden. Welcher vom Schatzgraben geredt, und gesagt, es lig ainer in seinem garten. Sy geantworttet, will Ime den heben, hab Sie der pogkh geführet, in ein dörfflein zu der oberen ... genannt ... beherbergt worden, hab sy ... Waxs und Abtritt, gelegt, 9 Stund liegen lassen, und dann Knies tief darnach graben, ein claines trühel gesehen, aber nicht erheben khönnen, hab Jenes das grab (?) nit lassen, by Ime gewest 14 Tag. Ir essen, trinkhen und 6 groschen Lohn geben. Von dann zum Müller von Droß kommen, Ime in der Stube eines graben, ein kesel mit Koln (?) funden, aufgehoben, gemaint, gelt zer ..., sei aber nit geschehen und betrug gewest, Ir der Müller geben 1 Taler und Essen und Trinkhen. Hernach zur Haide den Clain Jürgens bei der grossen Wag eine eines graben, aber auch nichts ausgericht sondern allein betrogen. Ir geben 2 Taler. Ime den einen widergeben mit Unwille von Ime geschieden.In Irlach hinttens Hürttens ligh ein graben, aber nichts gefunden, Auch nit gewußt, ob einer da sey oder nit. Dann Ir obbmelter Clain Jörg Zur Haid Ir Kutt genommen. Welches sy von seiner Frauen in Almspach gekhaufft ghabt. Er trug nit ein jeds KuttWeber Ir geben ... 2 Pf.Hurt Michel, 1 Taler, Ime aber wied gebenClain Schneider ... 2 Pf. aber Hemd und ... Ir am herausführen ... wied 2 Pf. genommen. Dem Müller zu Droß hab sy 1000 und dem Clain Jörg zur Heyd 500 Pfennig zuheben verheißen gehabt.Aber dem Pauern zu Irlach gelts genug. Nota: Die vorgenannte Strölsin widerspprücht anjezo, all articul, allein das Schatzgraben in Behaimb, zu Irlach unddas zu Murachs unterthanen, welches auch an eine selbst offenbar und genügstenlich erkhundigt, doch Zaigt sy an es sei on einiger Zauberey beschehen- Item da sey auch nit der Teüfel wie ... ein pindtnuß gemacht und nit Im Zugehalten gehabt. Das Bekhennt sy, und verharrt noch darauf ... sonderlich So weist sy an Irem Linkhen fuß der forderen großen Zehen, ainen Nagel, der fast in der größ, wie ein clainer finger, über die Zehen forn aus, untter sich und einwerts in den fuß wechst. Das soll Ir Zaichen von Tüefel. Und Ir derselb Nagl, ehe sy sich dem teüfel ergeben, nit so gewest, sondern hernach allsse worden sein.Antwortschreiben-Rat von Amberg (An Georgen von Murach uff Stambsriech und Schneeberg) Guter fFeund, Wir haben dein Schreiben darinn du dich zubescheiden bittest ... wes du dich gegen einer Zu Treffelstein Ingezogenen WeibsPerson, umb daß sie sich schatzuzgraben unterstanden, auch gütlich und peinlich volm ausgesagt, dessen alles si doch außer des schatzgrabens und mit dem leidigen teuffl gepflegter gemeinschafft, nachmals verleugnet, Zu ... erhalten, haben wir neben dero Aussag empfangen und Inhalts verlesen. Was du nun dahier vermeldst, daß du mit todsstraff gegen Ir Zuverfahrn bedacht und vielleicht die ding albereit erkantnus gezogen, will uns es dieser und anderen versagen dir hierin einichen Bescheid mit Zutheilen bedenklich fallen, Sollte aber noch zur Zeit kein ordentlich erkentnis ... und du diesem Werk zu schwach sein, wurdest du dich, was du in einem oder anderem weg zuthun umb mehrerer sicherheit willen bei den Sachverstendigen zu erlernen willst.Wollen dir gleichwohl guter meinung nit bergen, dieweil das weiblich Geschlecht von natur blöder schwacher Werkzeug, und sonderlich in dergleichen Fällen die erfarenheit gibt, daß diese armen Weiber aus geschöpfter fantasei und aberglauben sich selbsten bisweilen ungutlich beschuldigen, die Obrigkeit anführen unnd andere leut betören, da nit zugesehen würde; daß Du gute und fleissige Fürsehung zuthun, damit Dir nit dergleichen widerfaren uund dich hierin vergreifst.Wir wollen dich auch hiemit erinnert haben, ob nit an dir durch die von der verhafftin besagte Art sonderlich die furnembsten Zuschreiben, und sich der bekanten und doch hernach wiederruffen malefiz und übelthättern halb bezichtigt Zuerholung Welchen wir dir, darin dir doch kein maß gegeben sondern die ding deiner Gelegenheit heimgesetzt sei, hinwieder mit Behalten mogen ... den 23. may, Anno (15)72. Rhäte, Canzler Heller Weber L. Zimleh (?).

Fränkische Hochstifte
1. Über Fälle aus Würzb. u. Bamberg vergl. Friedrich Merzbacher, Iudicium provinciae ducatus Franconiae. Das kaiserli. Landgericht des Herzogtums Franken-Würzburg im Spätmittelalter (= Schriftenreihe z. bayeri. Landesgeschichte 54) München 1956. S. 152 f.
2. Vergl. Rudolf Frh. von Thüngen. Das reichsritterschaftliche Geschlecht der Freiherren von Thüngen. I. Bd. Würzburg 1926. S. 96. Georg Sticker: Entwicklungsgeschichte der Medizin. Fakultät a. d. Alma Mater Julia. In: Aus der Vergangenheit der Universität Würzburg, Festschrift zum 350-jährigen Bestehen. Hrsg. von Max Buchner. Berlin 1932. S. 473
3. Vergl. Merzbacher. Das alte Halsgerichtsbuch des Hochstifts Eichstätt. Eine archivalische Quelle zur Geschichte des Strafvollzuges im 15. und 16. Jahrhundert u. z. rechtlichen Volkskunde. ZRG 86 Germ. Abt. 73 (1956) S. 385. StAW WDKP 78, fol. 18-.In Eichstätter Prozessen wurde Hexen das Ausgraben einer Kindesleiche vorgeworfen. Vergl. Abdruck aktenmäßiger Hexenprozesse, welche in den Jahren 1590, 1626. -28.-30 und -37 gerichtlich verhandelt worden. Eichstätt 1811 S. 114.
4. Gropp-Reuß-Heffner a. a. O. S. 182. Vergl. Merzbacher. Geschichte der Hexenprozesse im Hochstifte Würzburg, mainfränkisches Jahrbuch für Geschichte und Kunst 2, Würzburg 195o
5. Vergl. Archiv Admin 857/1878 im StA Würzburg. Aufzeichnungen über die Untersuchung gegen den Unterprobst des Klosters Wächterwinkel. Vergl. Rost. Archiv d. hist. Vereins. 11. Bd. H. Würzburg.1950.
6. Vergl. Dürr, StA Würzburg, Misc. 1954. Dieses Archivale enthält 39 Produkte zu Hexenprozessen. Interessant scheint die Schilderung der Truden- und Teufelszeichen, die der Scharfrichter bei den verhafteten Frauen 1590 fand.
7. Zit. n. Diefenbach. a. a. O. S. 123.
8. Hettiger bei Heßdörfer. »Julius Echter« Festschrift 1917.S. 195.
9. Vergl. K.J.H. »Ein Hexenprozeß aus Lauda«, Frankenwarte Nr. 3. 1932 (21. Januar 1932).Karl Schreck: »600 Jahre Stadt Lauda 1344-1966. Ein Beitrag zur geschichtlichen Entwicklung einer fränkischen Stadt.«Lauda 1951. S. 40-42.
10. Kerler: Unter Fürstbischof Julius, Arch. d. hist. Vereins v. Unterfranken. 42. Bd. S. 60. Die Quelle liefern Röders Tagebuchaufzeichn. in einem Sammelband. »Newer und alter Schreib-Calender« (1598-1618) (U.B. Würzburg, Rp. V. 51)
11. v. Pölnitz, Julius Echter von Mespelbrunn. S. 301, Brander, Julius Echter, S. 136. Knapp, Zenten II. S. 564.
12. Zit. n. Baldi .a. a. O. S. 1.2
13. Weber, Johann Gottfried von Aschhausen (1889) S. 317 und Dürr (Diss.) Vergl., StA Würzburg, Mainzer Ingrossaturbuch Nr., 84 u. a. fol. 304, 317, 340, 345
14. Zit. n. Weber. a. a. O. S. 136.
15. Zit. n. Soldan-Heppe (Bd.2) 15. Sixt, Chronik der Stadt Geroldhofen in Unterfranken. Arch. d. hist. Verens von Unterfranken. Bd. 35. S. 178.
16. Bechtold: Aus dem alten Würzburg (1940) S. 183, Anm. 67
17. Zit. n. Merzbacher .a.a.O .S. 3.2
18. Gropp-Reuß-Heffner. a. a. O. S. 210, Dürr. a. a. O. S. 103, Wegele I. a. a. O. S. 318
19. Sixt .a. a. O. S. 175. Ein Kupferstich von Matthäus Merian (1593-1650) hat das Brustbild des Bischofs gewiß nicht von ungefähr in eine Komposition mit einer Inquisitionsszene eingefügt. Hans Dietrich von Diepenbroick-Grüter. Allgemeiner Portraitkatalog. Hamburg 1931 ff. Nr. 28909.
20. StA Würzb. Misc. 1954, Dürr. a. a. O. S. 104. Bechthold Frankenkalender 1940, S. 117.
21. Stein, Geschichte Frankens II. Bd. S. 97, Dürr ebd.
22. Gropp, Collectionis novissimae scriptorum et rerum Wirceburgensium tom. III (Würzburg 1748) S. 402. Chroust: Arch. des hist. Vereins 68. Bd. S. 492.
23. Soldan-Heppe-Bauer II. S. 17-20.
24. Dürr. a. a. O. S. 120 Der Junker von Rotenhan ist 1628 mit weiteren Adeligen (Julius Schliderer von Lachen und Eberhart Adolf von Fischborn) gerichtet worden.
25. Das Stadtarchiv Würzburg machte mich freundlicherw. auf die Publikation Geschichte, Namen, Geschlecht, Leben und Thaten und Absterben der Bischöfe von Würzburg und Herzoge von Franken aufmerksam, die 1924 in Würzburg erschienen ist. Darin ist eine Passage über das Leben und die Hinrichtung der Nonna Maria Renata Singer (Sänger), die ich in meinem Hexenwahn veröffentlicht habe und hier weglasse.

Bamberg
26. Hansen, Quellen und Untersuchungen, VI b. Nr. 29 S. 529. Vergl. Friedr. Merzbacher. Die Hexenprozesse im Hochstift Bamberg, ZRG 68. Kan. Abt. 37 (Weimar 1951).
27. Georg Muck: Geschichte des Klosters Heilsbronn von der Urzeit bis zur Neuzeit. III. Bd. Nördlingen 1880. S. 7
28. Looshorn. 6. Bd. S. 29.
29. Georg Conrad Horst: Zauber-Bibliothek oder von Zauberei, Theurgie und Mantik, Hexen und Hexenprocessen, Dämonen, Gespenstern und Geisterscheinungen. Teil 2. Mainz 1821. S. 218-231.
30. Steinhausen. Geschichte d. Dt. Kultur 3. Aufl. S. 422, gibt die Zahl von 102 Hinrichtungen im Bambergischen für 1617 an.
31. v. Lambreg. Criminalverfahren vorzüglich bei Hexenprozessen im ehemaligen Bißtum Bamberg während d.Jahre 1624 bis 1630. Nürnberg o. J.
32. Die Angaben entstammen den handschriftl. Aufzeichnungen eines Zeitgenossen. W. A. Scholderer, der schreibt: »Unter welchen Zeiten zu Bamberg einkommen, sodann nach Zeyl geführt und alda hingericht und verbrändt worden: 214 Personen Bamberger und 22 Personen auswärtig Summe 236 Personen besag selber Specification.«
33. Staatl. Bibl. Bamberg J.H. Msc. misc. 9/2
34. Panoplia armaturare Dei. Conciones contra ommes Superstitiones et praestigiis diaboli. Ingolstadt. 1626
35. Zit. n. Soldan-Heppe. Bd. 2. S. 3
36. Zit. n. Längin.
37. Zit. n. Lambreg a. a. O. S. 26
38. Signatum den 22. September anno 1627 ex Mandato.
39. Datum: Wißmain, den 15. April 1630. Euer Hochfürstl. Gnaden gehorsambster Diener Johann Christian von

Bengenöe. Hanns von Eybcast.

40. Ich habe den Brief in meinem Buch »Hexenwahn« veröffentlicht, so daß er hier aus Platzgründen weggelassen werden kann. Markgrafschaften Ansbach und Bayreuth

41. Lory, K.: Hexenprozesse im Gebiete des ehem. Markgrafenlandes. Die Kulmbacher Ratsprotokolle umfassen in 68 Foliobd. die Jahrg. 1593 bis 1797.

42. »Unsser lieber Vatter, Herr Jesu Christ S. Lucass und S. Johann gingen miteinander, begegnet im der giegtman Vnd giegtina (Gichtmann) mit all ihren Kindern, so spricht mein lieber Vatter Herr Jesu Christ S. Lucass und S. Johannis giegtman und giegtina mit all euren Kindern, wo wollt ihr hin? Ich will Nein in dess Georg Ditmar in sein Haus ich will ihm fressen sein gemüth und sein geblüth fressen Saugen zerren Reissen Nagen; So spricht mein lieber Vatter Herr Jesuschrist S. Lucass und S. Johannis giegtmann und giegtina mit all euren Kindern das verbeuth ich euch bey der Crafft gottes Ir solt in ein wild Röhrig gehn in eine Harweytenne stauden (Weidengebüsch), derinnen Solt Ir Reissen derinnen Solt Ir Zerren dieselbige Solt Ir gantz und gahr verderben, dass Sey Mir Georg Ditmar geschrieben furs Darn gegiegt, furs wölcken gegiegt (Geschaut) furs fliessig gegiegt, furs Schiessig gegiegt furs Reissig gegiegt, furs zerig gegiegt fur Sieben und Sientzig gegiegt im namen Gottes des Vaters Gottes des Sohnes Gottes des heyligen Geistes. Amen.«

43. »Unsser lieber Vatter, Herr Jesu Christ S. Lucass und S. Johann gingen miteinander, begegnet im der giegtman Vnd giegtina (Gichtmann) mit all ihren Kindern, so spricht mein lieber Vatter Herr Jesu Christ S. Lucass und S. Johannis giegtman und giegtina mit all euren Kindern, wo wollt ihr hin? Ich will Nein in dess Georg Ditmar in sein Haus ich will ihm fressen sein gemüth und sein geblüth fressen Saugen zerren Reissen Nagen; So spricht mein lieber Vatter Herr Jesuschrist S. Lucass und S. Johannis giegtmann und giegtina mit all euren Kindern das verbeuth ich euch bey der Crafft gottes Ir solt in ein wild Röhrig gehn in eine Harweytenne stauden (Weidengebüsch), derinnen Solt Ir Reissen derinnen Solt Ir Zerren dieselbige Solt Ir gantz und gahr verderben, dass Sey Mir Georg Ditmar geschrieben furs Darn gegiegt, furs wölcken gegiegt (Geschaut) furs fliessig gegiegt, furs Schiessig gegiegt furs Reissig gegiegt, furs zerig gegiegt fur Sieben und Sientzig gegiegt im namen Gottes des Vaters Gottes des Sohnes Gottes des heyligen Geistes. Amen.«

44. Ich siehe ein Wasser fließen ... Und die Baumen schießen, ... Und der Baumen geschoss ... Und ein Wasser floss ... Gehen alle Wolken los ... So büsse ich dir das Pulvergeschoss, hundertmal, eins mehr oder eins weniger etc. dann waren fünf Vaterunser, fünf Glaubensbekenntnisse und fAve-Maria mit ndacht zu sprechen.

45. Mit Gott dem Vater suche ich euch, ... Mit Gott dem Son da find ich euch, ... Mit Gott dem hl. Geist, so vertreibe ich euch, Ihr Gefloss und ihr geschoss ... Ihr Geschwer und ihr Gesper ... So verschwere ich euch bei Gott und dem hl. göttlichen geschwer, ... So verschwere ich euch bei Gott und der hl. Göttlichen Kron ... Die Gott dem Herr Jesu Christ auf sein hl. Haupt gedrücket worden ... So verschwere ich euch bei Gott und den hl. drei Nägeln ... Die Gott dem Herrn Jesu Christ durch Händ und Füss wurden geschlagen ... Ihr zweiundsiebzig wütend geschoss, ... Ihr tobend Geschoss ... Ihr reissend Geschoss, ... Ihr stehend Geschoss ... hr Gemesch (?), Ihr Gicht, ... Wo euer mehr oder weniger ist, ... So büss dir das Gott der hl. Christ, ... Dass ihr alle verschwindt, ... Wie der mann verschwand ... der die erste ... (unleserlich) band ... Das sei Dir N. N. zu Buss gezählt, im Namen Gottes Vaters.

Fürstprobstei Ellwangen

Ich folge im wesentlichen d. Ausführungen im Kommentarband zur Karlsruher Hexenausstellung. 1994.

Nürnberg

1. Kunstmann, H.: Zauberwahn und Hexenprozeß in der Reichststadt Nürnberg. Disertation.

2. »Anno Domini MCCC eiectus est Vlricus Gvgellin scholaris incantacionibus et aliis criminibus infamatus ad 5 miliaria perpetuo, quod, si deprehensus postmodum fuerit, postmodus absque sentencia suspendetur.« (Schultheiß Acht-, Verbots- und Fehdebücher S. 18. Nr. 192)

3. StAN AStb. Nr. 205, fol. 25 b.

4. StAN Müllners Annalen II. fol. 1012 b. 1013 a; Vergl. Baader. Zur Criminaljustiz der Nürnberger. S. 365.

5. StAN, AStB Nr. 206, fol. 65b.

6. Er habe dann immer diese Wort gesprochen: »Es soll das wasser so wol gesegnet sein, als das wasser und der wein, und als das heilig himel prot, als unser Herrgott sein zwelf jüngern am grundorstag, so ju kum der, der den paternoster genommen hat, in das wasser, in dem Namen des vaters und suns und des heiligen geistes.« StAN. Diff. Akt. Nr. 33 c. fol. 50 b.

7. Der Spruch lautet: »Du wulfen und due packh, ist verpeut dir deinen geith (Habgier) mit den XIIII nothelfen und dem lieben herrn sant Veith, das er mir kein kw noch kein kalb nit peiß, noch ir hawt zereiß und ir plut nit lauf, als lang unsere liebe fraw reyne maid ist, und soll das vihe als wol gesegnet sein, als das heilig wasser und der wein, und das heilig himelprot, das unser lieber Herr sein 12 jüngern pot, und wo ichs hab undter meinem stab zudurf und zufelde und zw im namen des vaters des sons und heiligen geists.«

8. Sie lassen mitteilen: »ein rat solle alle layen personen, so bei dem obberurten handel gewest ferderlich lassen beschicken und sy mit aiden verstricken, das sy sich hinfüro dergleichen Handlung mit beschwerung der gaist oder was dem anhengig sey, on wissen und bewilligung irer pfarrer auch ains erbern rats nicht mehr understehn, was sy in diesem handel gesehen und gehört verschwiegen haben und davon bey andern nicht reden wellen.« StAN, RB Nr.10. fol. 210 a

9. StAN, RV 646 fol. 10 a, vom 11. Februar 1520.

10. StAN, AStB, Nr. 226 a, fol. 26 a

11. StAN, Ratschlagb. Nr. 2, fol. 171 b.

12. StAN. RV 646, 14 b. vom 18. Februar 1520

13. Sie sagen: »Der zwaien gefangenen frawen Els Gernoltin und Anna Sewrin urgichten sampt der ansag soll man den gelerten furdragen und ratsfragen, wie sich nach vermug der recht mit straf darinnen zuhalten sey.«StAN, RV. 646 fol. 16 a, Vom 19. Februar 1520.

14. »darumb aus erzelten ursachen sey uf der verlesen urgicht sein rath und wol das mit getem gewissen thuen, das ein erber rath die Els Gernoltin umb begangen ir verhandlung vom leben zum tod pringen und strafen lassen wollen.« StAN, Ratsclagb. Nr. 2. fol. 171 b

15. »Die weltlichen recht sprechen gleichwohl lauter, wer einem durch ein maleficium handel schaden zuefueg, soll man das nit leidten und den schaediger todlich strafen.«StAN, Ratschlagb. Nr. 2. fol. 172 a

16. StAN. Ratschlagb. ebda

17. Es heißt am 1. März 1520 in den Ratsverlässsen: »Der Anna Sewrin freuntschaft (Verwandschaft) anzaigen, das sy ein rat in ansehung irer furpiten auch irer kleinen kynder hoch begnadt hab. Dann sy wol ein grosse leibstraf verdient hat.«StAN. RV 647 fo. 1 b. vom 1. März 1520

18. StAN RV 647 vom 2. März 1520

19. Hans Hubert Hofmann. Nürnberg-Fürth (= Historischer Atlas von Bayern, Teil Franken. Heft 4. München 1954. S. 115

20. StAN RV 702 fol. 20 b. vom 19. April 1524

21. StAN RV 740 fol. 23 b. vom 28. Februar 1527

22. StAN, Ratschlagb. Nr. 6. fol. 32 a

23. »Der Cleynen und lutfoglin sag soll man bey dem gelerten ratslagen. Und dann eine etiche frag umb sie thuen.« StAN RV. 750, fol. 23 b. vom 27. November 1527

24. StAN Ratschlagb. Nr. 6. fol. 32 a -33a.

25. Er sagt: »Derhalben daz vorhaben und der pöß will nach gemeinen rechten mer zuachten, dan das werck (welches mit der that nit gevolgt) an im selbst zubetrachten sei.« StAN Ratschlagb. Nr. 6. fol. 32 a

26. StAN Ratschlagb. Nr. 6. fol. 32 a

27. StAN Ratschlagb. Nr. 6 32 b

28. StAN Ratschlagb. Br.6 ebda.

29. »daz waß derselben Lutfogelin urgichten gefunden werd, daz sy der zauberey in Wendelstein bey der Dunheintzin, alß der haubtsacherin aller begangener zauberey, geholdigt, die andern angelernt, zusambt, denn so hab die Lutfoglin der Kleinin vil davon gesagt. Dan wer solt si sonst der Kleinin daz offenbart haben. Daruß auch zu vermuten, daz die Lutfoglin nit so unschuldig und einfältig sein mag, wie man bey ir achten will.« StAN Ratschlagb. Nr. 6 fol. 33 a

30. »Die Leistschneiderin weiter uf zauberei zu rad halten, und wo sie nit sagen will, zwey mal mit dem kleynern stein we thon.« StAN RV. 753 fol. 30 b. vom 21. Februar 1528.

31. Fritz Tischer, Ein Hexenprozeß des Jahres 1536. Altnürnberger Landschaft 3. Jg. 2. Heft 2. Hersbruck 1954. S. 9-14. Auch Knapp. Kriminalrecht S. 275. f. streift den Fall.

32. StAN Ratsv. 861 fol. 10 a vom 6. April 1536

33. StAN Ratsv. 860 fol. 24 a vom 21. März 1536

34. StAN Ratschlag. Nr. 9. fol. 104 ff. bildet die Grundlage.

35. SAN RV 861 fol. 1 b vom 30. März 1536

36. StAN Ratschlagb. Nr. b. fol. 106 a

37. StAN Ratschlagb. Nr. 9 fol. 104 b. fol. 107 a

38. Er sagt: » Man findet es apud sanctum Augustinum, das sich die bosen geister mit den menschen vermischen und vermengen, also mag es mit der Adelheit und den andern auch zugeen.« StAN Ratschlagb. Nr. 9 fol. 105 a

39. Er stellt abschließend fest: »Sunderlich dunck es ime, wenn sy die unhulden mit iren kreutern und widerthon und conceptis verbis (Formelbeschwörungen) also etwa handeln, das es kein vantasey, vision gesicht oder nuda imaginatio, ein lauters furpilden, sunder etwas mehrers seye.« StAN Ratschlagb. Nr. 9. fol. 105 a.

40. Er sagt: »Das auch die Adelheyt so hart darauf beharre mit den zweyen frawen, das sei ein groß (fehlt Substantiv) und mogen als die 2 frawen nit so gar für unschuldig geacht werden, doch seyen sy auch noch nit zu verdammen, dann sy uf irem nain gleicher weyß hart beharren.« StAN Ratschlagb. Nr. 9. fol. 105 b.

41. Und zwar folgende: 1. An der muter und dochter (der Adelheit) und andern personen, die besagt seyen, wie es gehandelt sey? 2. Auch den cuntz Erhardten gesindt, darauf er sich zeucht? 3. Die Leut, den das Vieh ertrenkt ist, wie und wann es geschehen? 4. Von der 3 Frauen nachparn, ob sy in gemein (allgemein oder sunst für truten geacht und ob sy sich mit Worten und Werken solcher sachen merkhen lassen hetten? 5. Zum Mogenhof den Nadelpawrn und sein haußfrawen ..., dem sy sein viee (Vieh) verderpt, wenn und wo es geschehen? 6. Der Adelheit man (Ehemann) zu fragen, ob er nit wisse, das sein weib etlich mal zu nachts von ime gelegen? 7. Ob er sy nit im nechsten somer vergangen eins mals, als sy von ime gelegen, gefragt, wo sy gewesen und sy ime geantwort, es were ein gespenst kommen und sy hingefart. 8. Was hier gesprecht er das nachts und sunst gespiert und wie sich die fraw sunst gehalten? 9. Item auch bey den nachparn der Adelheit halben zu erkundigen. 10. Item wo sy den widerthon hab, den selben auch zu handen pringen. 11. Was sy für kreuter prauch zu erquikkung der beschedigten und war mit und wie sy die leut erleure (erspähen, auflauern) und das vihe beschedige.

12. Item die Adelheyt ferner zu fragen, ob sie gewißlich wisse, das sy leiblich gefaren und mit dem Bösen zu schaffen gehabt, auch sich an ine ergeben hat. 13. An welchen Orten er jedes mals und was gestalt er zu ir komen sey. 14. Wann sy sich an ime ergeben hab und mit was worten etc. StAN Ratschlagb. Nr. 9. fol. 105 b.-106. Nummerierung eigenständig.

42. »Doch soll die Adelheit dem Cuntz Erharten sein gelt wiedergeben, und den zweyen frawen vorgemelt auch ein abtrag tun, und volgend nach meiner herren gutduncken ein leibstraf empfahen.« StAN, Ratschlagb. Nr. 9. fol. 107 a

43. »Es khonnte auch solche ding nit alles gespenst oder vantasey sein, denn man find in der Schrift (Bibel) und nemblich exodi am 8. do moses auß bevelch Gottes zeichen thet, do thetens die zauberer gleicherweiß auß ir kunst auch. Dergleichen hab sanctus Augustinus seer vil von solchen dingen geschriben, wie man dann findet de incubus und succubis, do es nit alles so gar ein betrüglich ding sei. Sunderlich libro tertio, die trinitate, sei vil zu lesen de seminis, vom Samen des Teufels, wie der kalt und wider die natur sei und wie er damit handel etc.«StAN. Ratschlagb. Nr. 9. fol. 112 b. 113 a.

44. StAN. RV. 802 fol. 10 b. vom 10. Oktober 1531

45. StAN. RV. 828. fol. 15 a vom 4. Juni 1533

46. »Sonderlich noch ir (der Theologen) bedencken, wie solcher glaub an dy trauten (Hexen) von den hertzen der einfeltigen paursleut durch ermanungen von den cantzeln außgereutet, daneben auch bei den Juristen reslagen, diweildas paurßvolck auch hiesige burger taglich on underlass zu den warsagerin hin und wider lauf, wes zu verhüten derselben für gepot, peen und straf fürgenommen werden mecht, solchs alles wider pringhen.« StAN RV 861. fol. 18 a vom 15. April 1536

47. »der unglaub hat überhand genommen, man man halt wenig von wert (Gottes), so pald einem etwas widerwertiges begegnet, so lauft er gen Dormitz und zu andern warsagern und sucht rat und zuflucht.« StAN Ratschlagb. Nr. 9. fol. 113 b.

48. »Die andren leut aber so nicht gelaubig oder christen sein, bey den auch on das das wort nicht statt hat, werden durch predigen dervon nit zu pringen sein, sunder gegen den selben muß mit der straf gehandelt werden und entlich, wo meine herren gegen den selben das swert nit prauchen, so werden sy die prediger mit irem predigen nit wol herneben komen.« StAN ebda. fo. 14 b.

49. StAN Ratschlagb. Nr. 9. fol. 115 -116 a

50. »Datum hab ein erbar rat gut fug und macht, ja es sei auch von nöten darin ordnung furzunemen und dieselben zuhandthaben.«StAN Ratschlagb. Nr. 9 fol. 115 a

51. Kunstmann publiziert den Text.

52. Noch einmal stellt man heraus: »Das gemein edict und mandat des trautenwercks zaubereien und warsagereien halben gestellt, wurck alsdan alhie anschlag und aufm land allenthalben verkunden lassen. Auch dem pfendter (das Amt des Pfänders war die oberste Sicherheitsbehörde) befelchen ghut kundtschaft zumachen auf di jhenen, so täglich zu der warsagerin gen Domitz laufen, dieselben ... in craft dis mandats zu verclagen un solchen niemants zuversehen, damit solch sach gewehr werde.«StAN RV. 864. fol. 3 b. vom 16. Juni 1536.

53. StAN RV 1480. fol. 42 b- und 47 b. vom 28. August und 31.August 1582. RV. 1485. fol. 37 b. vom 11. Januar 1583

54. StA Nürnberger Chronik Nr. 42 fol. 124 a. Verg. Karl von Amira. Die Neubauersche Chronik (Sitzungsberichte der Kgl. Bayr. Akademie der Wissenschaften. 9. Abhandlung) 1918 S. 39. Ebenso Liermann. Nürnberg als Mittelpunkt S. 12

55. StAN AsTB Nr. 211 fol. 111 b ff.

56. StAN AStB Nr. 211 fol.

57. Er sagt: »Dann wann ein trudt in die gefengnus kombt, so muss sie sich nackendt ausziehen, alsdann sein maister ihr des geweihten salz in den mundt, soviel er als er zwischen zwaien fingern halten kann und ein trunck geweiheten wasser und ein trunck taufwassers. Hernach suche er ir das zaichen, welches ein flecklein ist, als wann es geritzet were, wann ers dann gefunden, so sticht er mit einer schnaidenden nadel hnein, do es dann ein trudt ist, so gibt es kain blud, auch verregt sie sich nicht. Das Salz und Wasser aber solle darzu helfen, da sie in den Verhör desto eher bekhennen solle, aber doch mus manche auch sehr gemertert werden, bis man etwas aus ihr bringen. Er es nit darbey gewesen, wann sein maister aine bestraffen haben, als jetzt, do er die noch zu Abenberg in verhaft ligende Klingschmidin beichtiget, die habe ihr zaichen auf dem rucken zwischen den zwayen schuldtern gehabt.« StAN, AStB. Nr. 211 fol. 112 a und 112 b

58. Sagt: »er wölle darauf sterben, das ihne neyemandts hereiner geschickt habe, sondern er sei von ihm selbsten hereiner gangen und nur alleins nachherberg suchen wollen, do in das volck also sehr zugeloffen, herr es gemacht, das er sich lenger als sonsten geschehen, hier aufgehalten hat: StAn As Tb AstB 211 fol. 113 a.

59. StAn AStB Nr. 211 fol. 113 b.

60. In den Urgichten wird dazu Stellung genommen. StAN AsTB Nr. 211 fol. 111a Nr. 223 fol. 40 b.Vergl. Kermann Knapp. Lochgefängnis. Tortur und Richtung in Alt-Nürnberg. Nürnberg 1907 S. 40. erwähnt kurz diesen Fall; ebenso Franz Schmidt: Maister Frantzen Schmidts Nachrichters inn Nürnnberg all sein richten, nach der Handschrift herausgegeben und eingeleitet von Albrecht Keller. Leipzig 1913. S. 29 Nr. 131. StasTN Nürberger Chroniken Nr.110 fol. 48 b und Nr. 113 fol. 106 b

61. Franz Schmidt: maister Frantz Schmidts Nachrichters inn Nürnberg all sein Richten. Nach der Handschrift herausgegeben und eingeleitet von Albrecht Keller. Leipzig 1913.

62. n. n.

63. StAN Ratschlagb. Nr. 44 fol. 103 b und 106 b.

64. StAN Ratschlagb. Nr. 44 fol. 108 a.

65. StAN ebda fol. 110 a

66. StAN Ratschlagb. Nr. 44 fol. 108 b.

67. StAN Ratschlagb. Nr. 44 fol. 109 b.

68. StAN Ratschlagb. Nr. 44 fol. 111 a f.

69. StAN AsTB Nr. 213. fol. 202 b. Ausführlich werden die Verhörsprotokolle geschildert bei Bock: Zur Volkskunde der Reichsstadt Nürnberg. S. 52 ff. 60 f. und bei Hampe. Nürnberger Malefizbücher. S. 63 f.

70. StAN AStB Nr. 199 fol. 220 b.
71. StAN AStB Nr. 199 fol. 220 b.
72. StAN AStB Nr. 199 fol. 220 b.
73. StAN AStB Nr. 199 fol. 413 b.
74. Demnach auf den grundt ihres verbrechens zue kommen, undt sie hernacher nach verdienst abzustrafen, halten wir gäntzlich eine notturft sein sie mit ernst undt schärpfer ferners zue befragen undt da sie mit der sprach nicht heraus wollte, kann man sich gewißlich nicht vergreifen, wan mit der Tortur an sie gesetzet wird. Es were denn sach, daß ihre Herren deßen auß allerhandt Ursachen bedenken trügen, und einer einrißigen weitleuffigkeit sich befurchten wollten, in welchem Fall sie dann mit der relegation undt ewigen landsverweisung auf das wenigste abgestraft werden könnte.« StAN Ratschlagb. Nr. 46 fol. 56 b.Vergl. StAN, AstrN B. Nr. 217 fol. 151 a ff. Nr. 223 fol. 15 151 b. Auch: Hempe. Nürnberger Malefizbücher.
75. Vergl. Bächthold-Stäubli. HdA VI. S. 1462 f.
76. Bächthold-Stäubli HdA. S. 1099 f.
77. StAN RV 1943. fol. 12 b vom 10. November 1617
78. »Nachdem der Nachrichter sich beschaid erholt, ob er den verhaften Jörg Carl Lamprecht, ehe das feur angezundt werde, zuvor stranguliren soll, dieweil es mit dem pulversack ein mißlich ding sey, weil der wind des püelvers gewalt leichtlich auf ein ander seiten dreiben könne, ist ihm anzuzeigen befohlen, er werd sich solchs am besten in die sach zu schicken wissen, und mög er den Lamprecht zwar strangulieren, doch soll er es solcher gestalt verrichten, das es das gemaine gesind nit merke, dann man dessen im urthel nit gedenken werde.« StAN, RV 1942 fol. 18 b. vom 12. November 1617
79. Zwei Tage vorher, am 11. November 1617, wird Jacob Körnlein, ein Dieb, mit dem Strang gerichtet. Dieser muß häufig den von Lamprecht durchgeführten Teufelsbeschwörungen und beim Schatzgraben beigewohnt haben, wodurch er in den Verdacht der Zauberei gerät. Es geht aus den umfangreichen Verhörsprotokollen hervor. Mit seinen Aussagen belastet er Lamprecht.
80. H.H. Hofmann. Nürnberg- Fürth. S. 119. Großgründlach untersteht dem Hochgericht Nürnberg.
81. Dabei habe er »zu allen und jeden zeiten die heilige hochgebenedeyte dreyfaltigkeit hochsträflicher Weiß mißbraucht, welches nach inhalt göttlichen worths lauter gottslesterungen und sündten in den heiligen geist, undt vermög geistlichen und weltlichen rechtens höchlich zuestrafen seindt.« StAN AstB Nr. 224. fol. 14 a f.
82. »auß sonderbaren gnaden mit dem schwert vom leben zum todt gericht und gebracht, auch furters deßen cörper sampt dem haubt uf einen hierzu sonderbahr verordneten Scheiterhaufen geworfen und zu aschen verbrent werden soll.« StAN, AsB Nr. 224 fol. 14 a-f.
83. Unverständlicherweise verweist Knapp, Kriminalrecht S. 56 und S. 274 ohne Namensnennung auf den Fall der Maria Mettmannin, jeweils nur in einem kurzen Satz; ähnlich Hampe. Malefizbücher. S. 65 f.
84. StAN RV 2491 fol. 47 a. vom 1. April 1659
85. StAN RV 2491 fol. 63 a vom 21. April 1659
86. Zitiert nach Kustmann. a..a.O. S. 91
87. StAN, AStb Nr. 224 fol. 73 a; RV 2491 fol. 74 b. vom 23. April 1659
88. »Das abgehörte urthel soll man an Margareha Maudserin also exequieren, sie nach ihrer erwürgung zu aschen verbrennen, Gott sey ihrer seelen gnädig:«StAN RV 2491 fol. 82 a. vom 26. April 1659
89. Der Geistliche sollte ihr vorhalten, daß sie daselbe Ende zu erwarten habe, wenn sie ihr Leben nicht ändere und fleißig bete. Ferner verlangte der Rat ein Gutachten vom sämtlichen Predigern, wie die Wanderin »dem Teufel auß dem rachen zu reißen« sei. Vergl. RV 2492 fol. 31 a. vom 14. Mai 1659; aufgrund dieser Stellungsnahme war die Wanderin weiter im Gefängnis zu lassen und in dieser Zeit im christlichen Glauben und Gebet zu unterrichten. Vergl. RV 2492 fol. 54 a vom 21. Mai 1659.
90. Knapp, Kriminalverfahren S. 41, der von einer Steinigung des Nachrichters bei ungeschickten Hieben berichtet. Nikolaus v. Gülchen
91. Fürst, W.: Der Prozeß gegen Nikolaus von Gülchen, Ratskonsulenten und Advokaten zu Nürnberg.
92. Nachdem ein ehrbarer und weiser Rat etc. gegenwärtigen Nikolaus, von Gülchen bei Limburg gelegen bürtig, von Amts und Obrigkeit wegen aus rechtmäßigen, guten und hochbewegenden Ursachen jüngsthin allhier in der Stadt gefänglich einnehmen und in die Lochgefängnis überbringen lassen, hat sich allda bei denen mit ihme ordentlich vorgenommenen Verhören befunden, daß er sich nicht nur allein mit begangene, falschen Meineid wider seine Bestallung und Ordnung, wider gemein beschriebener Rechte ungetreuer und unredlicher Weise gepflogenen Handlungen, pflichtvergessenen Beginnungen wider die Obrigkeit und dero Gerichte, Abtragung gemeiner Stadt Ungeldes und mannigfaltige Vervorteilungen vieler ehrlichen Persohnen, sondern auch oft-und vielfältig wiederholten Ehebrechereien und mit seiner zweien Brüdern recht leiblichen Töchtern zum Teil mit beschwerlichen Umständen unterstandenen, zum Teils aber auch mit vollbrachten Blutschanden und anderen Verbrechungen mehr, vergriffen. Wie dann benannter Niclas von Gülchen solches weitläufigen von den heiligen Reichs Bannrichter und zweien geschworenen Schöffen frei ungebunden bekant hat und sonst auch ruchbar und offenbar ist. Dadurch er dann in die Peen der Recht und des hl. Reichs Halsgerichtsordnung gefallen und sein Leib und Leben verwirkt hat. Demnach erkennen meine Herren, die geschworenen Schöpfen, zu Recht, daß benannter Niclas von Gülchen bis auf die gewöhnliche Richstatt geführt und daselbst als ein Übeltäter mit dem Schwert vom Leben zum Tod gebracht und gericht werden soll, andren zu einem billigen Exempel, sich vor dergleichen Übeltaten und sträflichen Handlungen desto baß wissen zu verhüten.«

Ausklang
93. StAN RV 2492 fol. 38 a vom 17. Mai 1659
94. Simon. Pfarrbuch S. 234. Unglenk war seit 1666 Diakon bei St. Lorenz.
95. Stadtr B, Amb. 31 2/0 S. 752
96. StAN RV 2931 fol. 76 b vom 18. April 1692; RV 2932 fol. 12 b. vom 30. April 1692 97. StadtA, Kirchenamt Nr. 108 fol. 1b.
98. Gabriel Romdei und sein Weib werden ernsthaft ermahnt, weil sie mit Hilfe des Scharfrichters Johann Michael Widmann versucht hatten, bei Dorothea Kaufmännin den Teufel auszutreiben.Vergl. StAN RV 2932 fol. 13 a vom 30. April 1692
99. Diese Schriftstücke findet Kunstmann im StadtA Kirchenamt Nr. 107. Das Gutachten vom 21. Juli 1725 ist überschrieben mit »Rechtliches Gutachten in puncto praetensi pacti cum diabolo« (fol. 25 a-28 n) das vom 2. August 1725 mit »Abderweitig rechtliches gutachten in puncto praetensi crimen magia sive pacti cum diabolo« (fol. 29a-32 a.)Zur Frage der Hochgerichtsbarkeitsgrenzen beziehen die Professoren keine Stellung. Sie gehen davon aus, daß dort die früher patrizische, später reichsritterschaftliche Familie Geuder von Heroldsberg die Blutgerichtsbarkeit ausübt. Vergl. zur Familie der Geuder. Fritz Schnellbögl. Heroldsberger Urkunden mit geschichtserzählendem Inhalt. In: Archive und Geschichtsforschung. Fridolin Solleder zum 80. Geburtstag dargebracht. Neustadt a. d. Aisch 1966. S. 175-186.
100. StadtA Kirchenamt Nr. 107, fol. 25 b f.
101. Inmaßen er nach dem Inhalt der protocollen nicht gezaubert, noch einigen menschen oder vieh schaden zugefüget, sondern dasjenigen, was er selbsten gestanden und angezeigt, vielmehr dem ansehen nach aus dummheit des verstandes-die sich mehr als zuvil by dem bauren volck finden läßet-und sich amit eingelaßen.« StadtA, Kirchenamt Nr. 107, fo. 30 b.
102. Ein wunderlich gesprech von fünff unhulden Eins nachts zog ich im Niderland ... (Die Weg mir waren unbekand) ... durch einen dicken wilden waldt ... Zu einer wegscheyd kam ich bald ... Erst west ich nicht, wo ein noch auß ... Ich setzt mich undter einen strauß, ... Zu blieben an der morgen fruh ... Do giengen mir die augen zu ... Sichtlich sach ich in qualmes traum ... Fünff weibsbild undter einem baum, Alt, geruntzelt unnd ungehewer ... redten gar seltzsam abenthewer.
Die erst zawberin ... Die erst sprach: Hört ir lieben gespiln, Wir theten her einander zeiln, ... Iede ir kunst frey zu bewern Und eine von der andern lern ... So wist, das ich mit meiner kunst ... bezwungen kan der mender gunst! ... Mit zawber-listen ich nu thu, ... Da sie on mich kein ruh ... Das manns-glied ich eym nemen kan, ... das er sunst nindert ist kein man. Die ander hex ... Die sprach aber: Du kanst nicht viel ... mein kunst ich auch erzelen will ... ich kan undter das gswelll eym graben ... das es darnach das gschoß muß haben ... Die geschoß kan ich segnen und heylen ... Und melcken milch aus der thor-sewlen, ... die attern bannen, den wurm segen ... Und wo beschriene kinder legen, ... Kan ich machen wieder gesund ... Mein kunst im gantzen land ist kundt.
Die dritt teuffels-bannerin ... Die dritt sprach : Mein kunst solt ihr hörn ... So kan den Teuffel ich beschwern ... Mit meiner Kunst in einem kreiß ... das er verborgen setzt mir weiß ... Die kan ich graben, wenn ich will ... In der christall und der parill ... Kan ich auch sehen viel gesicht, ... was uber etliche meyl geschicht ... Den Leuthen kan ich auch warsagen, ... Wo man in etwas hat endtragen. Die vierdt wettermacherin ... Die vierdt sprah: ir seit seicht gelehrt ... mein kunst mir allein ist bescheit ... den Teufel ich genommen han ... Ich bin sein fraw und er mein man ... derselbig hilfft mir wetter machen ... Da sein die wuchrer mügen lachen ... Wann ichs trayd inn die erden schmitz ... mit hagel, schawer, doner, plitz ... Mit gespenst mach ich ein raysing zeug ... Damit ich die einfeltign treug. Die fünfft unhuld ... Die fünft sprach: Mein kunst ob euch alln, ... Kan mich inn ein katzen verstelln ... Auch kan ich faren auff dem bock, ..far uber stauden, stein und stock, ... Wo ich hinich will und dem Wein-Keller ... So holt ich gut flaschen mit ein, ... Würst, hüner, gense, wo die sein ... damit erfrew ich meine gest ... mein kunnst ist noch die aller-best.
Der Beschluß ... Inn dem ein vogel auff eym ast ... Wurd flattern gar lautraysig fast ... da erwacht ich ain dieser sag ... Da war ein heller, liechter tag ... da kund ich gar wol mercken bey, ... es wer ein traum und fantasey ... Geleich als wo als mit den Weyben ... Die solche schwartze kunst sind treyben ... Ist doch lauter betrug und lügen ... Zu lieb sie nymand zwingen mügen ... Wer sich die lieb lest ubergan, ... der hat es selbst gethan, ... das es laufft wie ain halber narr ... Nimpt man ires eingrabens war, ... So ist es fantasey allwegen ... So sind erlogen all ir segen ... der teuffel lest ein wein sich zwingen, ... So ferr ers inn unglaub müg bringen ... Auch wo man schetz waiß unverhol, ... Die grebt man on den teuffel wol ... So ist der christallen gesicht ... Lauter gespenst, teuffels gedicht ... Ir warsagen ist warheyt lär ... Das zutrifft etwan ungefär ... das wetter-machen sie bethort ... Schlüg sonst gleich wol auch an das ort ... Des teuffels eh und reutterey ... Ist nur gespenst und fantaserey ... Das bockfaren kumpt auß mißglauben ... Der Teuffel thuts mit Gespenst betauben ... Das sie ligt schlaffen in eym qualm ... meint doch sie far umb allenthalbm ... Und trey disen und jhenen handel ... Und in ein katzen sich verandel ... Diß als ist haidnisch und ein spot ... Bey den, die nicht glauben an Got ... So du im Glauben Gott erkennst ... So kan dir schaden kein Gespenst!Anno salutis 1531. am 9 tag Aprili. Die Wiedergabe des Gedichtes aus dem Jahr 1531 folgt der Übertragung bei Keller. Hans Sachs V. S. 285-288.
103. »Druten Zeitung//Verlauf//was sich hin und wider im Frankenland/Bamberg vnd Würtzburg mit den Vnholden/und denen//so sich auß Ehr und Gelt geitz muthwillig dem Teuffel ergeben/denckwürdiges zugetragen/auch wie sie zuletzt ihren Lohn empfangen//haben/gesangweiß gestellt/Im Thon/Wie man die Dorothea singt.«
104. Kunstmann publiziert den umfangreichen Text.
105. »Auß welcher inquisition und bestrafung man sich dann nicht darf irren laßen, das solches laster gar so weit eingerißen, das besorgt werden will, wann man einmal anfang, so werde man sobaldt nit wieder aufhören können. Dann je gemeiner diß laster worden ist und noch mehr werde und überhand nehmen will, je mehr will vonnöthen sein, auf die mittel und gentzlichen außreuttung zu gedenken und das landt von solchem greulichen unzifer zu rainigen.«
106. »Dann ob wol vermög so wol gottlicher gebot als kayserlicher geschriebener rechten die Zauberer und hechßen nit zu leiden, sonder durch fewer, schwerdt, waßer etc. zu vertilgen und außzurotten, nicht allein darumb, das sie hostes communis hominum salutis seind, die vihe und leuth an Leib und leben beschädigen die frücht auf dem walde und alles, davon der Mensch sein zeitlich leben hat, verderben ... sondern vielmehr auch darumb, daß sie von Gott dem allmechtigen ... abtrünnig werden, denselben verlaugnen, die heiligen sacrament, als in der christlichen Kirchen einigen trost, auf das greulichste unehren und lastern.«
107. Die Legende über die in Nürnberg zu keiner Zeit verwendete »Eiserne Jungfrau« erörtert Ernst Mummenhoff, Fröschturm und Eiserne Jungfrau. MVGN 13, Nürnberg 1899. S. 274 ff. Vergl.Ernst Mummenhoff. Die Eiserne Jungfrau. In: Gesammelte Aufsätze und Vorträge. 1. Bd. Nürnberg 1931. S. 367-394. Ein geschäftstüchtiger Antiquar hat dieses angebliche Folterinstrument im 1860 geschaffen und die Geschichte verfälscht.
108. Kunstmann publiziert den umfangreichen Text. Schwabach Ich danke dem dortigen Stadtarchiv für die freundl. Unterstützung.

Rothenburg o.d.Tauber
109. Heinrich Schmidt.Von der Strafgerichtsbarkeit, Sonderdruck zum Fränk.Anzeiger. Nr. 74, 1954, S. 6.
110. Martin Weigel. Rothenburger Chronik. Rothenburg o/Tauber o. J. (1904). S. 222

Schweinfurt
111.Im Stadtarchiv Schweinfurt sind heute keine Hexenprozeßakten mehr vorhanden. Sie befinden sich im Bayerischen Staatsarchiv in Würzburg im Bestand Reichststadt Schweinfurt 75/7. Es handelt es sich um ehemaligs Registraturgut des Schweinfurter Archives. Die Akten unterrichten über die Untersuchungen von Hexenverdächtigen aus der Zeit von 1616 bis 1721. Ein für die Schweinfurter Hexenprozeßgeschichte einschlägiger Akt wird im Germ. Nationalmuseum Nürnberg unter dem Bestandsvermerk Schweinfurt, Gerichtssachen 1560-1682, II, 3. verwahrt.

Mergentheim
Ich folge dem Beitrag von Elmar Weiß im Aufsatzband Hexen und Hexenverfolgung im deutschen Südwesten. 1994. S. 283 ff.

Dinkelsbühl
1. Alt-Dinkelsbühl. Mitteilungen aus der Geschichte Dinkelsbühl und seiner Umgebung. im 16. Jahrhundert. Nr. 6. 31.Dezember 1929

Windsheim
Bergdolt. Hexenprozesse in Windsheim. Heimatkundliche Lesebogen für den Landkreis Uffenheim. Schulamt Windsheim. Heft IX.

Nördlingen
1. Wulz, G.: Nördlinger Hexenprozesse. Er beruft sich auf folgende Quellen: Hexenakten der Jahre 1589/94, Ratsprotokolle, Kammerrechnungen und die Missiven der Zeit. Sämtliche Nördlinger Hexenprozesse und vor allem die Lebensumstände aller an den Prozessen Beteiltgten. Verg. Wulz: Die Nördlinger Hexen und ihre Richter. Eine familiengeschichtliche Studie. Der Rieser Heimatbote Nr. 142 ff.
2. Der Steckbrief lautet: » und ist uff fünfzig Jar alt gschaffen ur ir Mann heißt Sixt Harder und ir Parsonn (Person) sige (sei) mittelmessig an Kürze und Lenge und dick von Libe (Leib) mit einem schuhbelechten (schuppig) backeten Antlüt (Antlitz) und hab einen blozechten (stoßenden) gang mit dicken Beinen. Dazu als sü zu Kestenholz Wohnung gehapt, do hat sü an iren Beinen Mosen als obe es warzten werent.«
3. Hier wird gesagt: » tem Els Harderin von Wettelshin ist bestellt zu einer Hebammen, irenthalb on Absagen (von ihrer Seite ohne Kündigungsmöglichkeit) ... I r Man haist Seytz Harder. Hat glopt der stadt getrewe und gewer zu sein und Recht hie geben und nemen.«
4. StaA Nördlingen, Akten in Sachen der Appolonia, Witwe des Bildschnitzers Paul Ypser, wegen Verdachts der Hexerei. 1594.
5. Er trägt die Begegnung mit der Wahrsagerin vor.
6. Das Urfehdenbuch berichtet: »Appolonia Bildhawerin. Von ir ging vilfeltig Gerücht und Inzicht, als solt ain Trut sein, etlich leut versehen und das Vich beschedigen. Dorum legt man sy in Fronvest. Erließ sy wider uff ain alt Urfehd. Sagt ihr ernstlich, sy solt sich furo halten, daß sy dergleichen Sag und geschray vertragen (enthoben) sein mocht. Wo nit, wurd aim rat nit gelegen sein, sy lenger allhie zu enthalten.«
7. Vergl. die Hexenakten der Jahre 1589/94, die Ratsprotokolle, Kämmereirchnungen und die Missiven der Zeit.
8. Rebekka Lemp war eine Tochter des Leinewebers Hans Dehler, der ein Haus bei Steglingsbrunnen besaß. Peter Lemp, der im Hallgebäude aufgewachsen war (sein Vater Hans Lemp war seit 1549 Zahlmeister), und Rebekka Dehler kannten sich seit der frühesten Kindheit, da die Häuser der Eltern zusammenlagen. (Zitiert nach der Auffassung von Wulz a. a. O.)
9. Ich habe den Text in meinem Hexenwahn publiziert.

10. Ich habe den Brief in meinem Hexenwahn publiziert.
11. »Dann ich bezeuge es mit meinem Gewissen und vielen gueten ehrlichen Leuten, die mein und meines Weibs Gelegenheit erfahren und eingenommen haben, daß, soviel ich und andere vermerken kunthen, sie zu allen zeiten gottesförchtig, züchtig, erhbar, häuslich und fromm, dem Bösen aber jederzeit abhold und feind gewesen. Hat auch mich als ihren lieben Hauswirt die Zeit ihres Lebens ehrlich gehalten, darob ich meins Teils zufrieden gewest. Ihre lieben Kinderlein hat sie gleichfalls, wie auch einer treuen Hausmuetter gebührt und zusteht, neben und samt mir treulich und fleißig nit allein in ihrem Catechismo, sondern auch in der heiligen Biblia, sonderlich aber in den lieben Psalmen Davidis unterrichtet und unterwiesen, also daß, Gott sei lob, ich kein Kind, ohne Ruhm zu vermelden, nit hab, das nit etliche Palmen Davids auswendig weiß und erzählen kündte. Zudem so kann niemand, niemand sag ich, mit Grund der Wahrheit dartun und erweisen, daß sie einmal einem Menschen, es wäre unter der Sonnen, er wer will, einigen Schaden an Leib und sonsten hätte zugefüegt, oder jemals ein vermuetung auf sie gehabt, wie solches alles diejenigen, die täglich im Zahlhaus zu schaffen und von Amts wegen Abwartung zu tun haben, mussen ihr solches Zeugnus geben und nit allein dieselbigen, sondern auch Hilige und Ausländische ingemein! Derohalben (ist es) mein und meiner lieben Kindlin, welcher ich (Gott sei immer Lob) sechse an der zhal hab, undertänig und deümütiges Flehen und umb Gottes und des Jüngsten Gerichts willen, in welchem Jesus Christus der gerechte Richter erscheinen wird, dienstlich Bitte, ehrbarn fürsichtigen Weisheiten als unsere ordentliche Obrigkeit wöllen hiemit gegen unser lieben Mutter ein gnädiges Einsehen haben und tragen und sie wiederum zu uns lassen gelangen. Oder aber, da man ihr auf den Probierstein wölle streichen, mit ihr dannoch der Gestalt fahren (verfahren) daß es nit zu streng oder zu hart angespannt werd und in Confrontierug und Gegenstellung ihrer Mißgünstigen nicht feiern.«
12. Die Stadtschreiberin war Anna Moser, Witwe des im August 1582 verstorbenen Nördlinger Stadtschreibers Rochus Zweifel. Sie wurde von mehreren der Zauberei bezichtigten Frauen als Hexe angegeben. Es wurde ihr jedoch nicht der Prozeß gemacht, weil sie sich damals nicht in Nördlingen aufhielt.
13. Wulz publiziert das Urteil.
14. Bei den weiteren Eheschließungen des Peter Lemp scheint merkwürdig, daß er 1591 Maria Saugenfinger heiratet, Witwe des Stadtschreibers Paul Mair, der 1589 aufgrund der Aussagen der Hexen Haider, Getzler und Marb einverhängnisvolles Gutachten abgegeben hat, das den Rat ermutigte, verschiedene andere Frauen als Hexen einziehen. (Ratsprotokoll 1597/99. Fol. 187).
15. Zitiert nach Wulz. a. a. O.
16. Bei Chr. G.S. Ammerbacher, Allerhand Merkwürdigkeiten der Stadt Nördlingen, 1824. Teil I. A.-L. (Handschrift im Stadtarchiv Nördlingen) findet sich ein aus einer Chronik herausgerissenes Blatt, auf dem der Konflikt zwischen dem Pfarrer Lutz und der Stadt Nördlingen verhandelt wird.
17. » Daß bemelte gefangen Frau als ein geweßne Burgerin zu Ulm in ihrem Anwesen, allhie sich jederzeit gottesfürchtig, ehrlich und ohne einichen Argwohn verhalten ... Ihr verstorbener Vater sei ihnen als des Rats langjähriger Diener und Amtmann aus dem Land persönlich bekannt gewesen und auch von ihren Brüdern und Schwestern wüßten sie, daß sie in der Furcht Gottes auferzogen worden seien, so daß man sie gern zu ehrlichen Ämtern gebrauche. So hätten sie sich ihre Gedanken gemacht und seien zu dem Ergebnis gekommen, daß die Gefangene zweiffellos von mißgünstigen Leuten angegeben worden sei, wie das »an mehr Orten gleichsam täglich beschicht und die Oberkeiten übel verleitet und übereilt werden.«
18. Maria Han wird am 22. September, nach dem jetzigen Kalender am 2. Oktober 1634 begraben. Ihr Mann Michael Han folgt ihr im Alter von 74 Jahren am 10./20. Oktober 1634.

Fürstabtei Fulda
1. Schormann, G.: Die Fuldaer Hexenprozesse und die Würzburger Juristenfakultät.
2. Beschreibung des Fuldischen Hexenproceß, so durch Abt Balthasarn geführet worden, welcher von Anno 1603 bis in das 1606 Jahr in die dritthalb hundert Personen, im Namen als ob sie mit Zauber-und Hexerey behaftet, jämmerlich mit dem Feur vom Leben zum Tode bringen lassen. Balthasar Roß, fuldischer damaliger Centgraf, ist auf Befehl Abt Friedrichen in gefängliche Verhafft genommen worden und 12 Jahr gefänglich gesessen. Anno 1618 ist er nach eingeholtem Urteil von der Universität Ingolstadt vom Leben zum Tode gebracht worden.« StA Fulda. XVI B 1/2.
3. Schormann hat dazu die Abschrift eines Gutachtens publiziert.
4. »In Peinlichen und Inquisitionssachen sich erhaltend zwischen Severinum de Jossa, fürstlichen fuldischen Fiscaln ex officio Anklägern, eines, und den langverhafften Balthasar Nössen, gewesenen Centgrafen zu Fulda Beklagten, ander Theils, ist durch die dazu verordnete peinliche Richter und Schöffen daselbst auf Clag, Antwort, beiderseits verhörte Kundschaft und allen gerichtlichen Fürbringen, auch notwendiger Erfindung, so deshalb vorgangen, mit Rat der Rechtsgelehrten zu recht erkannt, daß beklagter Balthasar Nöß, so gegenwärtig vor diesem Gericht stehet, wegen seines ungebürlichen Procedirens und angelegter scharpfer übermäßiger peinlicher Frag, welche er als Centgraf in peinlicher Rechtfertigung underscheidlichen Personen, der Hexereyen beschuldiget, fürnommen und verübet, und daneben die Erben mit übermäßigen Uncosten belegt und von ihnen eingenommen, des Stifts Fulda bis auf kündliche Erlaubung der Obrigkeit verweist, und die von ihme bekante eingenommene Geldsumme aus seinen Gütern richtig gemacht und erstattet, daraus de Uncosten, so auf die gefangene und hingerichtete Personen gewendt werden müssen, soviel deren noch nit bezahlt, vor allen Dingen entricht, das übrich aber hinder Richter und Schöpfen deponirt und verwahrlich gelegt, mit dasselbe denjenigen, welchen es zu Ungebühr abgenommen, nach Erkenntnus Richter und Schöpfen wiederum herausgegeben und restituiert werden soll. Wie dann wir Richter und Schöpfen des beklagten Balthasar Nössen als des Stifts Fulda verweisen und zu Erstattung eingenommenen und in seiner übergebener Rechnung bekannten Gelds zu dem End, wie obstehet, verdammen und verurteilen.Daß dieses Urtheil den übergebenen actis und den Rechten gemäß, bezeugen wir Dechant, Senior und sämtliche Professoren der Juristenfacultät zu Würzburg urkund unsers hierunder aufgetrückten Facultätinsigels. Gegeben am ...« StAM Best. 90a Nr. 836 Bl. 332
5. »So haben sie viel Weiber in wehrender Torur uff dieselbe in specie und mit Namen wider alle vernünftige und beschriebene rechte gefragt, und ohngeachtet der meiste Theil sie entschüldigte, dennoch nicht nachgelassen, bis sie ein und ander bekantnussen durch oft besagte Marter und Qual uffgefangen, daruff sie mit merklichen Frolocken und Jubilieren dieselbe ... mit öffentlichen Anschlagung publice per edictum citirt und dadurch, wo nicht in dero Güter einen Diebsgriff zu tun, dennoch ihrem Ehrennamen und guten Gerücht ein solche Kletten anzuhengen vermeint, welche zum wenigsten bey dem abern einfeltigen Volk ... ihnen zum Nachtheil gereichen mochte.«

Hessen-Kassel
1. Liebelt, K. Geschichte des Hexenprozesses in Hessen-Kassel. Von der Rechts-und Staatswissenschaftlichen Fakultät der Universität Marburg preisgekrönte Arbeit.
2. »Henz Teuffel, Theis Zimmermann, Henz Knabe, burger zu Margpurg sint burge wurden und haben gelobt für die Wirwatzen, das sie nicht mehr zoubern solle, sunder sich fründlich und erlich halten. Darauf ist si us gefengnus gelassen am donnerstag nach unser lieben frauwin tag Visitacionis anno XVcdrizehen.«
3. Es handelt um ein Hospital (1533) für weibliche Kranke.
4. Es wird zehn Jahre später nochmals eingeschärft. Man spricht sich gegen das Kristallsehen aus und verankert die Gesetzmäßigkeit der Wasserprobe.
5. Er trägt vor: »sowohl er wie dessen Kind wären von einer in Hofgeismar verbrannten Hexe verzaubert worden. Jener wäre wahnsinnig geworden und das Kind sei erblindet.«
6. 1590 berichtet der Rentmeister von Felsberg über das dortige Hexentreiben: »die Witwe des Werner Gerlach würde für eine Zauberin gehalten. Nachbarn meiden die Metze, weil sie nachts mit ihren Kindern als reißender Wolf Unwesen treibe. Die Dirne würde den Sonntag entheiligen und während der Kirchzeit Hanf rupfen.«
7. »Eine kurtze, treuwe Warnung, Anzeige und Underricht ... ob auch zu dieser unser Zeit uns Christen Hexen Zauberer und Unholden vorhanden ... durch M. Abraham Saur beschrieben und an Tag gegeben. Sambt einer vorgehenden jetzt newelich zu Marpurg auff den 25. Tag May deß jetzt währenden 1582 Jars hingerichteten Zäuberinnen Bekandtnuß und Urgicht.«
8. Der erste ist gegen das Feuer bestimmt und lautet: »Gott und St. Peter gingen über Land. Gott sahe einen Feuerbrand. Peter, du solt stille stehn, ich sehe ein Feuer uffgehn; Es soll nicht länger brennen. Bis so lang Ich ihm zu gebieten kan Im Namen des Vaters, Sohnes und Heiligen Geistes.«
Ein anderer Segen ist »von Geschwulst des Menschen« bestimmt oder »da ein Pferd den schwamb hat«. »Ich gesegne dich, Blatter und geschwer, Bei dem heiligen Desper und Lancra bei den heiligen fünf Wunden, die Gott, den herrn, ahn seiner heiligen Seiten fonden, Daß da wohl vergehe Eiter und Blut; Gleich wie der Mann verschwan.der die Vieh wand der den Herrn Christum ahn das Kreuz band. daran stund he u(nser) Christus gebunden Mit seinen heiligen fünf Wunden. Da stund er bis ahn den dritten Tag.Da vergüngen ihme seine heiligen fünf Wunden, Sein Marter und sein Pein; Also vergehe Dir auch das dein.Im Namen des Vaters, des Sohnes und des heiligen Geistes.«
9. Er lautet: »Ich, Henrich Petri, Bürger und Bäcker allhier zue Marpurg, und wir, dessen beide Söhne, M. Johan Henrich und Philip Petri, Gebrüdere, respective Theologiae et Philosophiae Studiosi, urkunden hiermit, als in des durchläuchtigsten Fürsten und Herren, Herrn Wilhelmen, Landgrafens zu Hessen, Fürstens zu Hirschfeldt, Grafen zu Catzenelenbogen, Dietz, Ziegenhain, Nidda und Schaumburg etc. unsers gnädigen und Herren Haften, allhier aufm Schloß, unsere respective liebe Hausfrau und Mutter Maria wegen angegebenen Zaubereiverdachts geraten, selbige auch von Ihre Fürstl. Durchl. Fiscali am hohen peinlichen Gericht besprochen und nach geführten fast zweijährigen Prozeß uff eingeholten Rat der Rechtsgelehrten heut de dato Bescheid erteilet worden, dafern sie uff 500 Reichstaler (!) gnugsame Caution leisten würde, da man inskünftig ein mehre Anzeig oder Verdacht des Zaubereilasters gegen sie in Erkundigung bringen würde, sich jederzeit mit dem Leibe zu sistieren, daß sie darauf der gefärlichen Haften zu erlassen seie. Daß demnach wir uns anstat vorbesagter unserer respective Hausfrau und Mutter zu Bürgen und Selbstschuldnern tan conjunctim quam divisim dargestellt und mit handegegebener Treu an Eidstatt angelobet und versprochen, auch hiemit nachwohls angeloben und versprechen, da auch je über unser verhoffen inskünftig ein mehrere Anzeige oder Verdacht erwehnten Zaubereilasters uff sie, unsere respective Hausfrauen und Mutter, in Erkundigung finden würde, daß wie selbige jederzeit uff Erfordern mit dem Leibe wieder sistieren oder oft höchstgedachter Ihre Fürstl. Durchl. mit vorbesagten 500 Reichstaler verfallen sein wollen. Gestalt wir dann deswegen zu mehrer Versicheurng alle unsere gegenwärtige und zukünftige liegend und fahrende Hab und Güter zu gewissen Underpfanden hiemit eingeseetzet, auch allen und jeden uns hiergegen schützenden oder zu gut geordneten Exeptionen, Benefizien und Gutachten der rechten, sonderlich ordines et divisiones und andern wissend und wohlbedächtlichen renumeriert und zu dessen Urkund nicht allein diesen Cautionsschein eigenhändig unterschrieben, sondern auch den edlen, festen und hochgelahrten Herrn, Johan Herman Freundt, Fürstl. Hess. Rath und Oberschultheißen mit Fleiß ersucht und gebeten, daß er sich ebenmäßig underschreiben und sein Amptssiegel benebens ufftrücken wolle, welches ich, der Oberschultheiß, dann also uff beschene Bitt getan, hiemit bekenne; doch meinem gnädigsten Fürsten und Herrn, mir und meinen Erben ohne Schaden.Gegeben zu Marpurg am 1. Juni anno 1660. (gez.) Henrich Petri (gez.) H. Johan Henrich Petri (gez. Philipss PetriL. S. (gez.) I. H. Pfrendt«
10. »Unser freundliche Dienst zuvoren. Ehrbar, namhafte, gute Freunde. Auf Euer an uns getane Frag, darüber ihr unsere Rechtsbelehrung gebeten, sprechen und vor recht, hat die gefangene Lehna Güntzin bekannt, daß sie dem bösen Feind mit der linken Hand Gelubnis getan, in masen er zu ihr gesagt, sie sollte nit bei Gott fallen oder leben, das sie auch keinen Teil an Gott haben wolte. Darüber sie nun mit ihme schändliche Unzucht getrieben, die Denz besucht und Hanssen Gletten Magd in aller Deufel Namen die Läus angehängt, wie aus ihrer Aussag ferner zu vernehmen. Da sie nun auf solchen ihrem Bekenntnis vor öffentlichem Gericht freiwillig verharret, so wird sie mit dem Feuer vom Leben zum Tod gestrafft ... verordnete Dechant und andere Doctores des Schopfenstuhles zu Jena.
11. »Als wir zu Ende benannten Medicus und Chirurgus vom hiesigen Herrn Oberschulzen der Gebühr requirieret worden, ein an einem auf hiesigen fürstlichen Schloß inhaftierten und der Zauberei beschuldigten Bauern Mägdchen befindes Mal oder Stigma zu visitieren und deshalb unseren in arte medica fundierten Bericht einzuschicken; Daß wir demnach heut dato sothane Besichtigung im Beisein des Herrn Oberschulzen und übrigen Herrn Gerichtsassesoren allhier im Namen Gottes vorgenommen und das Werk folgendermaßen befunden: Es waren am rechten Bein, oben am dicken, etwa zwei Handbreit über dem Knie einwärts, ohngefähr so groß als ein Zweihellerstück eine gewisse Narbe, gleich denen, welche von den großen einfressenden Blattern in der Haut überblieben. Wie denn auch an eben diesem Bein sowohl, als auch an den Armen und sonst hin und wieder am Leibe dieses Mägdchens dergleichen von den Blattern rückbliebene Narben sich funden, dem angegebenen Stigmati in allen gleich, außer daß dieses größer. So ware auch der Ort ganz fühlsam (!) und als ich, der Chirurgus, mit einem kleinen Messerlein darein gestochen, tate es dem Mädchen sehr wehe und lief das frische Blut heraus. Dahero wir diese Narbe gewißlich nicht vor ein Stigma diabolicum halten würden, wann nicht das Mägdlein selbst, daß ihm solche Narbe vom Satan mit Schmerzen eingetrücket sein, deutlich ausgesagt hätte.«Daß sich nun dieses allenthalben erzähltermaßen befunden, solches bekräftigen wir mit dieser unserer Handunterschrift. So geschehen zu Marburg, den 2ten Octobris Anno 1673.Henrich Mey, Fürstlicher Hessischer Leib-Medicus und Professor ord. allhier m(anu) p(ropria) Christian Richter, Balbierer.
12. Hier wird gesagt: »da der kleine Sal, in dem zur Zeit das peinliche Gericht tage, nunmehr zu mehreren Hochzeiten benötigt würde, außerdem, damit sein Inventar ... Tisch und Bänke in ihrem esse verblieben und nicht ruiniert würden.
13. Die frühen Protokolle beginnen im allgemeinen so: »Nachdem des hochfürstlichen ... (folgt der Name des Landesherrn) ... peinlich Gericht der Gebühr besetzt und gehegt ist, erscheint fürstl. Gnaden verordneter Fiskalis und übergibt seine artikulierte peinliche Anclag.«
14. Vnd weil an fleißiger examination der zeugen viel gelegen, so sollen dieselben ... durch einen auss den Räthen oder secretarien, denen man solches durch bescheidt vferlegen möchte, examinirt vnd verhöret werden, es were dan, daß er andere erhafften verhinderungen halber nicht beschehen könnte, vff den fall soll das examen andern jedoch töglichen personnen durch bescheidt vfgetragen werden.«
15. Juramentum Adjuncti. Ihr sollet geloben vnd schweren, daß ihr producirter Zeugen aussage wollet freißig anmercken vnd auffzeichnen, vnd hierinnen nach ansehen freund-oder feindtschafft, gifft noch gaben, ihr wollet auch euer hierüber gehaltenes protocoll keinem theill zukommen lassen, sondern solches bis zu gerichtlicher eröffnung vnd publication der attestationum in geheymer warwahrung bey euch behalten, vnd dan sonsten alles andere thun vnd verrichten was einem getreuen Notarien vnd Adjuncten geziemet vnd zustehet.«
16. Urphedenbuch der Stadt Frankfurt am Main (1571). S. 12.
17. Frankfurter Urphedenbuch. S. 108. Urgichten. 153. Urgichten von 1541.
18. Eschenröder. S. 72.
19. In seiner ersten Predigt (S. 19). Vergl. die Ausführungen bei Eschenröder.
20. Eschenröder. S. 75
21. Demant. S. 32
22. Demant. S. 33.
23. Auflösung in meinem Hexenwahn.
24. Demant. S. 35.
25. b. 27. Zitiert nach Georg Rösch. Gelnhausen. Zeitungsausschnitt.
28. Ich folge der Arbeit von Walter Niess. Hexenprozesse in der Grafschaft Büdingen. 2. Aufl. 1982.
29. Beyer antwortet: die Verantwortung der Hexenprozesse falle seinen einfältigen Gedanken schwer und er

möchte am liebsten, die Hexen sollten alle freiwillig gestehen und man überlege, ob man sie durch einen gewissen Trank desto leichter dazu bewegen könne.Darauf schreibt der Amtmann Geißpisheim dem Kollege Flekkenbühl in Büdingen: Man soll den Weibern den Trank eingeben, so die meisten Gerichte den Weibern eingeben, denn die Meister (haben) angezeigt, er macht sie nicht schwobelich, wenn sie der Bezichtung schuldig hörten, können sie es nicht verschweigen und müssen bekennen. Man darf sie auf den Trank mit der Pein nit befragen, sondern mög sie schrecken, und sein sie schuldig, bekenn sie ohne peinliche Befragung.

30. Verfasser ist der Pfarrer Vicentius Chun aus Gräfenwiesbach, der (u.a.)den Grafen Reinhard zu Ysenburg und Büdingen informiert. .

31. Er studiert in Marburg und wird Kopist bei seinem Vater. 1601 wird er gefangen, was das Ende seiner Karriere bedeutet und stirbt 1628 in hessischen Diensten.

32. Die Ordnung von 1583 bestimmt: Willst Du dich nicht fürchten vor der Obrigkeit so tue Gutes, so wirst Du Lob von derselben haben, denn sie ist die Dienerin Gottes. Tust Du aber Böses, so fürchte dich, denn sie trägt das Schwert nicht umsonst, sie ist Gottes Dienerin, eine Rächerin zur Strafe über den so Böses tut.«

33. Nies publiziert den umfangreichen Artikel

34. »Die gemelte Person aus ihrem Bettlein, durch große Not getrieben, uffgefahren und durch die Stube elendlich gegangen, an eine Wand sich, mit dem Haupt gesteuert, daran sich gestellt, als wann sich itzt in das Hirn ziehen sollt, nachdem der Atem zweimal geschluckt, dann die Mutter sie am Arm gefaßt. Sie habe sie eine halbe Stunde wortlos gehalten, die Angst habe länger als eine Stunde gedauert und man meinte schon, das Mädchen müßte sterben, doch da der Geist noch vorhanden gewesen sei, habe man es gestärkt und erquickt, letztlich wieder in ihr Bettchen gelegt, dort habe sie ruhig gelegen und dann gesprochen: »nun habe ich den Himmel dreimal offen gesehen, ei wie ist es hübsch darin, ich habe mein Brüderlein darin gesehen.«

35. »Auf den 10. Dezember anno 96 Jahr umb zehn Uhr hat meister Wendelt von Büdingen des Pfarrers Tochter zu Eckartshausen, welche zehn Wochen lang gelegen, dick aufgelaufen, aufgeschnitten und befunden auf der Beckenseiten an der Brust braune Mäler als mit einer Hand geschlagen, darunter ein Fingermal kurzer und dikker, dabei der anderen Mäler darunter der Pflaster samt dem Nutz und Mögen erfordert daneben der Lungen an derselben Seiten angewachsen und gewesen war verschluchten der Leber als wenn sie gesotten. Das Herz gar welk, das Wasser so aus dem Leib gelassen bei 4 Viertel (8 Liter). Am Rücken gerade an der Nick braun und blau als wenn mit einem Knittel geschlagen. Hierbei sind gewesen Heinz Fischer und Jost Breddel, Schöffen des Gerichts Eckardshausen sowie Christian Gesseler, Johann Richter und der Glöckner.«

36. 29.12.1596. NB ad 33 artm initionalem. Nies publiziert die Antwort der Zeugin.

37. Nies bringt den Text als Beispiel.

38. Vom ausgelassenen wütigen Teufelsheer der Besessenen, unsinnigen Hexen und Hexenmeister, Unholden, Teufelsbeschwörer, Wahrsager, Schwarzkünstler, Vergifter, Nestelverknüpfer, Nachtschädiger und aller anderen Zauberer Gesellschaft.

39. Nies veröffentlicht den Text.

40. Am 16.5.1611 berichtet Maria Veit Vetters Tochter aus Meerholz über Segen und Rezepte zur Heilung von Vieh und Abwehr von Unwetter. Von einer Frau in Roth, die gestorben war, hat sie einen Wettersegen gelernt: »Unsere liebe Frau ging über Land ... sie führte ihren lieben Sohn an der linken Hand ... so gabs im Himmel Krach ... so sagt ihr lieb Söhnchen, lieb Frau vürchtet ihr euch ... so nehmt euren rechten Girn in eure Hand, und segnet das Wetter über Land ... über Distel und Dorn ... so woll uns behüten Wein und Korn ... und das liebe Brot, das Gott seinen zwölf Jüngern botauf den heiligen Grün-Donnerstag.« Ein Segen, wenn einer Kuh die Milch genommen: »so soll man derselben Milch nehmen und ein Quart davon in das heimliche Gemach schütten, wird also derselben nicht nützen.« Wenn einer Kuh die Milch genommen, muß man dieselbe melken und in eine Pfanne tun, und elendig Holz nehmen, so auf der Wiese liegt. Das Holz in 1000 Teufels Namen anlegen ... Die Milch in 1000 Teufels Namen in die Pfanne tun ... Mit einer Säulen in 1000 Teufels Namen in die Milch stechen ... Also wird die Hexe unter ihren Augen bluten vor Stechen ... und kommt vor ihr Tür, man muß sie aber nicht hineinlassen ... Dies sei gar gewiß Kunst, man mög es wohl tun.« Ein Segen für ein krankes Schwein: Sollen nehmen ein von einer Schuppensau und in der Wund die Maden herauskratzen und sagen: ... Aus diesem deiche sollst du weiche ... wird schaffen ein Himmelsreiche.« Für Hasen vom Gemüse abzuhalten: ... »Man soll den Hasen Gewatter heisen ... und Lumpen in die Augen eigendieselbigen aufhengen ... so kommt der Hase nicht herbei.«

41. Johann Joachim Hartlieb, genannt Walsporn, war 1589 als zweiter Sohn des Johannes Hartlieb, gen. Walsporn (1549-1618) welcher Dr. jur. Mitglied des Reichskammergerichtes, Kurpfälzischer Rat und Ratsadvokat der Reichsstadt Straßburg gewesen war und dessen Frau Regina von Roth aus Holzschwang bei Ulm geboren worden. Die Familie gehört dem rittermäßigen Reichsadelstand seit 1499 an. Den Zunamen Walsporn führte die Familie seit der Ehe des Hans Hartlieb mit Agnes von Walsporn, der letzten ihres Geschlechtes, er war 1420 in Landau gestorben. Im 15. Jahrhundert sitzt die Familie im wesentlichen in der Pfalz.

42. Zit. n. Niessa. a. O. S. 147.

43. »Wir ... unzweifelich dafür halten und noch der Meinung sind, daß unsere hochgräflicher Regierung aus sonderbarer des Allmächtigen Schickung und das Böse, sonderlich aber das abscheuliche Laster der Zauberei sein periodum erreicht und nunmehr dessen total ausreutung fataliter an handen gegeben sei ... man möge die Zauberei inbrünstig bekämpfen, um der Kirche ihr Recht verschaffen zu können.«

44. Der Bericht des Schultheißen Caspar Mohr sagt: den 13. Februar hat (unleserlich, wohl der Satan) die Kittel, Georgens Weib, im Gefängnis des nachts umgebracht, ihr die Beine im Hals alle entzweigebrochen, der Kopf nur noch an der Haut gehangen, dann sonsten am Leib ganz schwarz geschlagen. Nachfolgende Begehr ist sie durch Otto Hansen unter dem Galgen an der Markóbeler Heeg begraben worden.

45. »so ist doch hingegen unser Herz und Gemüt dahin gerichtet, daß Euch Gnaden die in höchster Untertänigkeit davon dank sagen, und stehen in der unbezweifelten Hoffnung, daß unsere Weiber und Schwestern dadurch nicht allein zur Erkenntnis ihrer Sünden zu rechschaffenen wahren Reue und also zu dem ewigen Leben gebracht und befördert worden sein, sondern daß wir nunmehr unsere Kindlein dem Herrn Christo zu Ehren aufzuziehen gedenken. Das Werk der Gerechtigkeit, das Gott vergelten und wir nach unserem Vermögen dankbar mit unseren unterthänigsten Diensten vergelten wollen.«

46. Hier reagiert der Graf und sagt: »wenn sie freiwillig bekannt habe, könne man ihr die Gnade der Enthauptung, wie es bei anderen Frauen gehandhabt werde, gewähren und eine Bestattung anstatt einer Verbrennung genehmigen.«

47. Niess publiziert den Text.

48. Paul Schöffer hat am 16. Juli 1633 auf dem peinlichen Gericht ausgegeben: Für Brot, Wecke, Gewürze, Fleisch, Wien, Bier usw. 135 Gulden. Ferner war für das Gericht geholt worden: 104 Pfund Rinds-, Kalbs- und Schweinefleisch, 19 Pfund Wurst, 18 Pfund Sülzen, 2 Kalbsköpfe, 2 Kalbsgelinge, 1 Kalbsgekröse, 8 Kalbsfüße; für Meister Hansen den Henker 22 Pfund Rindfleisch, 4 Pfund Sülzen und 1 Kalbsgeling, dazu für einen Gulden acht Albus 5 Pfund anderes Fleisch.

49. Zit. n. Niess. a. a. O. S. 195

50. Niess publiziert den Inhalt des Schreibens.

51. Niess bringt dazu Beispiele.

52. Eine interessante Glosse -wohl von Hartiebs Hand: Zipperich habe gesagt, die Hexensache sei lauter Fanbel, und er wisse mehr denn Luther und der Papst, mehr als Kaiser, Graf und Richter.

53. Deutlich wird dies bei der Behandlung seines Kindes., was Niess ausführlich dokumentier

54. Eine kurze Deductionsschrift wie es bei eines vornehmen Grafen des Reiches oder Hexenprozesse zu zweien oder unterschiedliche Malen geführt worden und was sich dabei zugetragen. Niess publiziert den weitschweifigen Text.

55. Niess publiziert den Text. Lieblos den 16. Juni 1653 Sebastian Schwind, Keller.

56. Gebet zu Gott, daß er uns vor der Nachstellung des bösen Feindes bewahren möge. Lieblos 1663. »O getreuer, mildreicher Gott und Vater, demnach der böse Feind und Menschenmörder, ohne Unterlaß suchet, das Häuflein der Christgläubigen und frommen Herzen zu schwächen und alle Menschenseelen in sein verdammlich Nutz zu bringen, da er gehet, um wie ein brüllender Löwe und sieht wie er uns verschlingen, und ist leider am Tage, welchen gewesene Anzahl von dem Weg der Seeligkeit abweichen, Gott von Herzen an, errette und vor seinem Grimm, tue uns von seiner List erhalten, werden lassen, dieweil der Engel soll um uns sein, daß sie uns belehren, daß der böse Teufel nicht zu uns komme, hilf uns durch den Ernst deines guten Geistes, daß wir alle Zeit trocken sein, unsere Leib und Seel die Hilf und Stab befehlen und also unter deinen Schutz sicher bleiben.Laß, o lieber Gott, daß leidiger Seelenfried seines Anfangs Urlaub und Verführung an uns kein Halt finden, auf daß die Vergiftung und Verzauberung, wie an Seel und Leib noch keinen Schaden kommen, gib uns vielmehr, daß wir allezeit getrost in unserer Zuversicht an dir hangen, dir gänztlich vertrauen und mit herzlichen Seufzen und Anrufung des süßen Namens Jesu, den Verführer von uns abhalte und also zu den Strigen betrügt werden. Dieses Heil wiederfahre uns um unserer armen Seele der Seeligkeit wegen. Erhöre uns, hilf uns und errette uns; Herr du gerechter Gott. Amen-Herr Jesus - Amen.«57. Ungefährliche Inquisitionales so den Gemeinden und Dorfschaften, so da die Ausrottung der Hexen an Hans zugeben und daraus und darauf man hernach Judica formieren, den Beweistum darüber und der Handgelöbnis einnehmen. Indicien so man den Konfessionen deren Eingezogenen oder schon allbereit justifiziertren Personen hat ad capturam und vlends ad Torturam procediren kann. Niess publiziert den weitschweifigen Text. Actum Peterweil, die 13. Juli Anno 1656. Euer Hochgräflich Gnaden untertäniger M. Philippus Christiany Werner Pfarrer daselbst.

Oberrhein/Ortenau

Hier handelt es sich um einen spät eingerückten Einschub; auf detaillierte Quellenangaben mußte verzichtet werden.

Kurfürstentum Mainz

1. Ich folge der Arbeit von Pohl, Herbert.: Hexenglaube und Hexenverfolgung im Kurfürstentum Mainz. Ein Beitrag zur Hexenfrage im 16. und beginnenden 17. Jahrhundert. Geschichtliche Landeskunde. Bd. 32. 1988.Pohl macht auf die schwierige Behandlung aufmerksam, da das mainzische Eichsfeld und Erfurt, sowie einige an der Kurpfalz verpfändete Ämter an der Bergstraße dazugehören, die erst nach dem Westfälischen Frieden zurückfallen. Gerhard, H. : Kurmainzer Hexenprozesse des 17. Jahrhunderts. (Dissertation).

2. Diefenbach, Besessenheit, S. 117.

3. BSaA Wü Misc. 90/2880 (14. Oktober 1593)

4. Im Jahre 1603 unternahm der hochwürdigste Herr größere Anstrengungen, zwei Seuchen in seiner Diözese zu bekämpfen und auszumerzen: Die eine war die Aberkunst der Zauberer und Hexen, die andere die der Häresie. Gegen erstere verordnete er scharfe Befragungen und gerichtliche Untersuchngen, und an manchen Orten wurden zahlreiche Weiblein als Hexen verbrannt. Der 1698 erschienene Curieuse Geschichts=Calender erwähnt die Prozesse und schreibt zum Jahre 1603: »In diesem Jahr ließ der Churfürst an unterschiedlichen Orten seines Stiftes viel Hexen und Zauberinnen examinieren und hernach verbrennen.«

5. Der Vizekanzler Franz Philipp Faust aus Aschaffenburg macht dazu Angaben (Stieve II. S. 628-29, Anm. 4)

6. Stieve II. S. 646, Anm. 2

7. In der Vergangenheit hätten einige der wegen Zauberei Hingerichteter ausser Unser Catholischen Religion zu ihrer seelen seligkeit hohen verlust ... der gestalt sind Zweiffel ohnabgelegten sundhafften wesen ihr Leben geendiget ... Zur Vermeidung dessen sollen die Delinquenten zukünftig durch einen Priester zu Innerlicher Christlichen Wahren reumütig unndt bußfertigkeit, uff furhergehende gebuhrliche unndt nottwendige underweißung ermahnet, druff mit dem hochheiligen Sacrament ... versehen, vnndt von gedachten Catholischen Priester biß Inn Ihr letztes Ende underweißen, unndt getröstet werden. BStaA Wü G. 3314 (14. Februar 1603)

8. StA Mz Abt. 4/51

9. »Demnach offtermals uber die menschen schwere/ auch wol sterbliche Schwachheiten wegen vorgelauffener Sünden und dadurch erregeten Zorn Gottes zu zeitten auch teuffelische Praestigia und Zauberey/oder Hexenwerck verhengt werden/sollen krancke Personen/... mit Fleiß dahin trachten/daß ... sie sich mit diesem heyligen Sacrament des Altars zu besserer Widerbringung ihrer Leibesgesundheit oder in Gefahr derselben zu Erlangung ihres ewigen Heilßs versehen lassen.« StA Mz LVO 1615, Juli 10.

10. BStaA Wü MRA Lade 622, H. 1534

11. StA Lb B 412, Bü 26, Responsio 13

12. Steiner, Dieburg, S. 69

13. Wetzel ist der Verfasser der Predigt, in der es hieß: »wenn man die ohnnöthige Vögel und Pferd, wenn man die ohnnöthige Paläste und Häuser abschaffen thäte, und mit den Kosten die Hexen verbrennte und Leut genugsam dazu bestellen ließe ... dann wird es mit der Hexerei bald aus sein.« (Link. II. S. 31)

14. »Anno 1628 vor/und hernach/hat man allhie/wider die Zauberer/Unholten und Hexen/scharff procediert/deren sehr viel/und darunter auch Knaben/von 11, 10, 9 und 8 Jahren/verbrennt worden seyn.«

15. BStA WüG 18889, Lage 27

16. FLA A Rep. A7/24/3/S. 137, Fasz. 44

17. Dieweil ... uns furbracht, welchermaßen das abscheuliche Laster der Zauberey so weit ... eingerissen ... und zu besorgen, noch ferner zu Verderbung und Verführung vieler alt und junger und zu Gefahr derselben Seligkeit umb sich pflantzen möge ... so wollen wir uns ahngelegen sein lassen, ... gelehrte ... unpartheyische ... Rechtsgelehrte ... zu verordnen ... damit dasselbig verflucht abscheulich verführerische Laster als Crimen laesae Maiestatis divina durch dieselben soviel möglich ausgerottet werden möge. (Stimming, S. 66, Anm. 4)

18. Breuning S. 47.

19. Leibniz, bringt in seiner Theodicee $ 96 f die betreffende Passage.)

20. StA Mz 1/2. S. 34

21. In StA Mz 1/2 S. 74

22. StA Mz. 1/3 S. 108

23. BStaA Wü MDP 11, fol. 143, v.

24. BStaA Wü MDP 23, fol. 437/r.

25. BStaA Wü AAR 360/X Nr. 2, fol. 27 v. Ort und Datum werden nicht genannt.

26. Bezüglich der Nichtigkeit des Examens ... (da es ja) keinem Richter zustehe, jemand der Tortur zu unterwerfen, wenn nicht (der Verdacht) zuvor durch ausreichendes und rechtmäßiges Zeugnis zweier Zeugen erwiesen sei, zu dem auch dz solche Zeugen aller Exception befreit sein sollen. Die Beklagte sei freizulassen und habe Anspruch auf Erstattung der Costen und Schaden erlittenen Schmerzen.

27. »dieweil der Teufel und sein Anhang, sampt allein seinen ergebenen Hexen gemeinlich dz Licht scheuen, bei Nacht ihr Zauberei vben und treiben, dahin dan kein ehr liebender Mensch Man od(er) Weibs p(er)son es sei san dz derselbig ebenmeßig ein an hang und Zum theil sein willen geben komen viel weniger sehen oder hören kan.«

28. BHSta M Zwehl, Nr. 26 (16.März 1613)

29. Pohl. a. a. O. S. 66.

Aschaffenburg

Anton Brück: Hexenprozesse in Aschaffenburg und Damm in den Jahren 1603/1604 und 1628/29. Das Mainzer Stadtarchiv verwahrt unter der Sign. 28/291 ein Faszikel, das von einer Hand des 18. Jahrhunderts überschrieben ist: Bruchstück eines Hexenprocesses von 1603. Es dürfte sich um ein Teilprotokoll handeln.

37. Berthold von Henneberg wird das Verdienst zugeschrieben, daß ein auf dem Freiburger Reichstag von 1498 eingesetzter Ausschuß die Notwendigkeit einer Strafrechtsreform anerkennt.

38. Kurfürst Albrecht von Brandenburg hat die reichsrechtliche Strafrechtsreform gefördert und beeinflußt. Sein Interesse am Zustandekommen einer Reichsordnung in Malefiz-und peinlichen Sachen » war so groß, daß er die endgültige Verabschiedung der CCC. auf dem Regensburger Reichstag von 1532 nicht abwartet und vorher den ersten Entwurf vom Wormser Reichstag 1521 in verschiedenen Teilen seines Landes einführt. So in die Städten Aschaffenburg, Dieburg, Miltenberg, Tauberbischofsheim, Walldürn, Amorbach, Buchen, Külsheim, Krautheim und Ballenberg in den Jahren 1527 und -28. Des weiteren sind die Bestimmungen enthalten in der Ordnung der Landschaft vor dem Spessart vom 29. April 1527, den Stadtordnungen von Klingenberg vom 13. Juni 1527, Stadtprozelten von 1528, Gernsheim von 1528, Neudenau von 1530, Amöneburg vom 7. Januar 1532 und in den Ordnungen von Königshofen und Kost-

heim 1528.«
39. Eine Ordnung für Rat und Kanzlei aus dem Jahre 1541 schreibt lediglich vor: daß die Räte den Amtsleuten in peinlichen Sachen auf ihr Ansuchen Rat erteilen sollen und Insehns haben, dass die Beschuldigten nach genugsamer Erkundigung wie billig gestraft werden.
40. Zitiert nach Pohl, S. 147
41. BStaA Wü AAR 143/VII (24. Februar 1594)
42. Man soll in Erfahrung bringen: ob ainige onthat, das sy an menschen Vieh oder früchten schaden gethan, erweislich vf Sy Zubringen, wan, wo, gegen weme, vnnd wie offt es geschehen. Ob man sy etwa an verdechtigen ortten Zu ongewöhnlicher Zeit gesehen vnnd betretten oder ob Sy Leuthen getrohet vnd daruf schaden eruolgt.«
43. Für die Folter bestehen hinreichende Verdachtsmomente wenn: »eyn überwundener mißthetter, der inn seiner missethat helffer gehabt, jemant inn der gefenknuß besagt, der jhm zu seinen geübten erfunden mißthatten geholffen haben.« Es gilt zumindest als »halber » Beweis.
44. Eine Amorbacherin sagt: Es sei auch Ihr Mann daruff gestorben, daß er von ermelter Frauen gelähmt unnd dessen hernacher sterben müssen (sondern er habe) daruff sich mit dem hohen Abendmahl versehen lassen.«
45. CCC Art., 11 verfügt: daß die Gefängnisse zu Behaltung und nicht zu geuerlicher Peinigung der Gefangenen sollen gemacht und zugerichtet sein«.
46. StA Mz 28/291, lah Lage 42, fol 2 v.
47. Nach der CCC Art. 47 muß man dem Bezichtigten mit Eröffnung der Einzelheiten Gelegenheit bieten, seine Unschuld nachzuweisen.
48. Eine Supplikation der Gemeinde Bieber und der Bieberer Gerichtsschöffen von1602 berichtet von einem Gespräch zwischen Margaretha Krug und Christina Sientzel. Sie habe die Krugin ermahnt, wenn sie demnächst zum drittenmal verhaftet werde, so solt sie die wurtzeln under Ihrem lincken arm behalten unndt Zu sehen, das sie solche nicht verliere, so würde sie abermals nicht bekennen. BStaA Wü G. 3314, präs. 4. Dezember 1602.
49. Processus Iuridicus S. 24-25. die Vorstellung, daß dem Haar eine besondere Kraft innewohnt, hat sich in vorchristlicher Zeit ausgebildet. Die Rasur der Haare ist im christlichen Mittelalter weniger ein Exorzismus als eine Form der Strafe. Dies verdeutlicht Can. VI. des Concilium Germanicae vom Jahre 742, derzufolge unzüchtige Nonnen u.a. »radantur omnes capilli capitis eius« (Briefe des Bonifacius, Bearb. von Reinhard Rau, Darmstadt 1968, S. 380)Nach Sturm (Symbolische Todesstrafen, Hamburg 1962, S. 139. 146, dient die Prozedur im mittelalterlichen Strafprozeß auch als Abwehr der Diebsdämonen. In dem Zusammenhang sei am Rande das Schicksal des im Bauernaufstand von 1525 gefangenen Hans Böhm erwähnt: Er wird in Würzburg verurteilt und nachdem ihm die Haare vom Leib geschoren ... zur Richtstätte geführt.
50. Merkel, S. 15.
51. ebd. S. 44
52. Wenn die Thöngessen Krein 1597 in Höchst zunächst aussagt: Ihr Buhle sei als
ein Mucken bei ihr im Gefängnis gewest und habe ihr befohlen, sie solte alles wieder leugnen um dann hinzuzufügen Ihr Buhle, thue Ir Tunckel so gar bang, Bate sie im Liechten zu lassen, versichert sich, er werde nit wieder zu Ihr kommen.«
53. BStaA Wü AAR 360/X Nr. 2. fol. 73 r.
54. Praetorius urteilt 1669 in seiner Blockes-Berges-Verrichtung: wenn die Hexen und Zauberer gefoltert oder gemartert werden/pflegen sie gemeiniglich nicht zu weinen; die Ursach dessen kann seyn. 1. Ihre Verstockung und Hartnäckigkeit, welche fürnehmlich der Teuffel in ihnen wircket.« Der Scharfrichtereid im Kurfürstentum Mainz zum Beginn des 16. Jahrhunderts legt die allgemeine Verpflichtung auf: da er auf Erfordern der Obrigkeit Einen peinlich fragen sollte in demselben sich bescheidentlich und nicht tierannisch zu verhalten, Und in demselbigen nicht mehr tun (zu) lassen, dann ihme allerwegen angesagt vnd befohlen.«
55. Nach Diefenbach (Hexenwahn, S. 106) hatten die Juristenfakultäten der Universitäten Würzburg und Mainz die Dauer der Folter am 24. September 1624 auf eine halbe Stunde beschränkt. Der Mainzer Rechtsfakultät gebührt der Ruhm, die Bahn der Humanität und Vernunft beschritten und den Mißbrauch der Folter bekämpft zu haben.(Merzbacher, Franken, S. 136-37.
56. Also Glaubensabfall, Gottesverläugnung und Teufelspakt. Das Urteil gegen Elisabeth Glauen aus Seligenstadt erkennt 1600 auf die Todesstrafe vermög und nach Ausweisung Gemeiner Beschriebener Rechten (und) weil sie unchristlicher Meineidiger weise von Gott dem Allmächtigen abgefallen und dem leidigen Satan dem bösen Feind sich verpflichtet und Zugeschworen.
57. Pohl. S. 182
58. Merzbacher, Franken S. 31. In dem 1577 veröffentlichten »Straffbuch« (Straffbuch, das ist gründtliche und rechte Underweysung, wie heutigen Tags Missethaten zu straffen gepflogen werden, Frankfurt am Main 1577) des Marburger Juristen Abraham Sawr heißt es mit Bezug auf die sächsische Ordnung von 1572: »So jemandt in Vergessung sein Christlichen Glaubens mit dem Teuffel verbündnuß aufrichtet/vmbgehet/oder zu schaffen hat/daß dieselb Person/ob sie gleich niemandts schaden zugefüget/mit dem fewr vom leben zm todte gericht/unnd gestrafft werden sol.« (S. 12)
59. Für eine Exekution in Neudenau werden bereitgestellt: Stroh, Reisig, Holz und Kohlen sowie Ketten, Feuerhaken, Bandeisen, ein Beil, ein Hammer und eine kleine Rebschnur sowie 2 lb Puluers, so er (der Nachrichter) zum Gericht gebraucht.
60. Ich folge den Ausf. Pohls.
61. Mit der Einführung des »Gnadenzettels« der Enthauptung vor dem Verbrennen, nimmt Kurmainz unter den mainfränkischen Territorien eine Vorreiterstellung ein (Zitiert nach Pohl, S. 185). In Bamberg wird sie erst ab 1624 eingeführt. In Hessen-Kassel wird die Enthauptung seit 1633 obligatorisch. In Camberg noch 1659 nur aus »besonderen Gnaden.« gewährt.
62. Zitiert nach Pohl. S. 186.

Naheraum
1. Baumgarten, Achim B.: Hexenwahn und Hexenverfolgung im Naheraum. Ein Beitrag zur Sozial-und Kulturgeschichte. Europäische Hochschulschriften. Reihe III. Bd. 325.
2. Bistumsarchiv Trier. Abt. 95, Nr. 268. Varia Analecta. F. 4. Criminal Proceß Schehlichs Eva zue Neunkirchen belangend.
3. Baumgarten publiziert das das Urteil.
4. Geheimes Statsarchiv München. Kasten blau Nr. 390 1 v. c. Lage 1. Ecclesiatica Generalia Visationis Protocollum Oberamt Meisenheim 1575. Lage 2: Saubere Abschrift und Befehl.
5. Da der Hexensabbat als verspottende Nachäffung des christlichen Gottesdiensts verstanden wurde, ging die Entweihung der Hostie damit einher. Der Hexenhammer widmet dem Thema ein Kapitel.
6. Lage 1. S. 638 R.- 640. (Obermorschel)
7. Lage 1.S. 837.9. l
8. Lage 1, S. 793-794.
9. LHA Koblenz, Abt 24. Nr. 1685.Visitationsbericht vom 25. Januar 1591. GStA München. Kasten blau. Nr. 390 1 e.
10. Lage 2. S. 204 R. Obermorschel, Halgarten.
12. Hier wird gesagt. » Unser freundtlich dienst zuvor., sonders lieber und gutter freund: nachdem wir auß euerem inngelegten zettel wissen, das ihr (...) si hat auch hochgemelter, unser gnediger furst und her kein eigne od(er) sondere peinliche Gerichtsordnung, Darum habt ihr euch, wie man alhie und an den anderen orten auch thut, des Reichsordnung zu gebrauchen und darauf zu richten. Schicken aber euch nichts desto weniger hirmit ein form einer anclag, wie man ubelthäter offentlich für richter und scheffen von Obrigkeit wegen anzuclagen pfleght, derselben habt ihr euch auch zu gebrauchen (...) wie ir selbst nach Gelegenheit zu thun wohl wisen, das wollten wir euch uff euwer begeren gutter meinung nicht verhalten und seind euch zu guttem geneigt. Datum Zweyprucken, den 26. Oktobris Anno 1560. Verordnete Räth zu zweipruckhen.13. Beide Prozesse sind erwähnt bei: Günther F. Anhes: Verhandlungen vor dem peinlichen Halsgericht in Meisenheim 1547-1629.In: Meisenheimer Hefte 16 (1982) S. 53-68. Hier: S. 64. Albert Zink. Peinliche Halsgerichtsverhandlungen in Meisenheim. In: Naheland-Kalender 1955. S. 75 f. Zink geht irrtümlich davon aus, bei Katzen Engel und Klosten Ella habe es sich um die gleiche Person gehandelt. Landeshauptarchiv Kobenz, Best. 655, 24, Nr. 848. Peinliche Gerichts- Handlungen vor dem Halsgericht zu Meissenheim 1535-1620 (S. 60-62). 14. Landeshauptarchiv Koblenz. Bst. 655, 24. Nr. 848. Peinliche Gerichts-Handlungen vor dem Halsgericht zu Meisenheim 1535-1620 (S. 63-65).
15. Baumgarten publiziert das Urteil.
16. Landeshauptarchiv Koblenz. Best. 24. Nr 1685
17. Baumgarten publiziert das Gnadengesuch Anna Spengler zu Meisenheim 1573.
18. Einzelheiten des Prozesse enthält das Kirchenvisitationsprotokoll von 1575.
19. Tantsch nennt unter der Rubrik »Gemüts- und Charaktereigenschaften« den Teufelsnamen »Fidel«. Wahrscheinlich ein Zuammenhang mit »fiedeln« (Hinweis auf die Tanzmusik beim Hexenabbat) und »Federlein.«
20. Landeshauptarchiv Koblenz. Best. Nr. 24, Nr. 1638. Heilkundige Johann Meddersheimer. Meisenheim 1677.
21. Vergl. Georg Biundo: Die Kichenvisititation im Oberamt Lichtenberg im Jahre 1565.In. BlPfKG 23. Jg. (1956) S. 15-20. In Niederkirchen klagt Pfarrer Nikolaus Enkirch: »Es gebe viel Abgötterei und Teufelsbeschwörung einer von Brücken wollte einen Schatz graben.«
22. Cral Velten: Des Abtes Trithemius »Chronik des Klosters Sponheim. Wortgetreue Übersetzung nach den in Würzburg und Madrid vorliegenden Handschriften unter Benützung der jüngeren Druckausgabe von Freher, Frankfurt 1601 (Chronikon Spanheimense). Bad Kreuznach. 1969. Hier S. 7. Neue Forschungen ergeben, daß Trithemius für die Zeit vor 1250 nicht als verläßlich gelten kann. Vergl. Paul Lehmann: Merkwürdigkeiten des Abtes Johannes Trithemius. München 1961. »Der Abt (14621515) genießt bei den Historikern seit langem keinen guten Ruf und das insofern mit Recht, als er sich mehrfach sich grober Fälschungen und naiver Benutzung unzuverlässiger Quellen bedient hat!« (S. 3)
23. »Es war aber jener Graf ein merkwürdiger Mensch und immer auf neue Dinge aus. Er gab viel Geld für unnütze Unternehmungen aus, denn er trieb Alchmie, dann wieder Mathematik, dann wieder andere kuriose Untersuchungen. Es gab an seinem Hof immer Leute, die solchen Unsinn anhingen; Alchimisten, Mathematiker, Goldmacher, Teufelsbeschwörer, Magier, Zukunftsvorhersager. Denen allen glaubte er, wenn er auch immer von ihnen ausgenützt wurde und überhäufte sie nichtsdestoweniger mit Ehren
24. Zit. n. Baumgarten. a.a. O. S. 25. Schneegans, W.: Trithemius.S 230
26. Ich habe die Ausführungen des Kirchenmannes in meinem Buch »Hexenwahn« veröffentlicht.
27. Die restlichen Kapitel der vom Pfalzgraf Ludwig und Markgraf Philipp erlassenen Polizei-Ordnung betreffen: o Vom Predigen und Anhörung Göttlichen Worts. o Von Gotteslestern und Schweren. o Von übriger Beweinung, Zutrinken, Fülllerey, auch Vermeydung darauss folgender Laster. o Von Hochzeiten o Von Abschaffung der Königreich, Kindtsschenken und übermäßigen Panketten. o Von Kirchweyhen o Von Fassnachten, Mummereyen und anderen Heydnischen Gebräuchen.
Vergl. Puth, H. Von allerley Untugenden der alten Kreuznacher. In: Festschrift zur Eröffnung des Justizgebäudes in Bad Kreuznach. 1956. Hg. von Hans Puth. Bad Kreuznach 1956. S. 52-57 (Zitat S. 57).Von Zauberey, Wahrsagen, Teufelsbeschwören bringen manche Untertanen der Gemeinschaft Kreuznach Unkosten, Aberglauben, ja sogar ehrlichen Leuten Verleumdung und unrechten Verdacht. Solches Tun ist vor dem Herrn ein sträfliches Freveln. Wir gedenken, das nicht länger zu dulden, sondern wir verordnen, davon abzustehen, und Übeltäter, die nicht wolle, von solchem Wesen abstehn, sie wollen an Leib und Leben gestraft werden. Hierauf, so befehlen und gebieten wir wir allen unsern ober und under Amptleuten, auch Schultheiß und Bürgermeister eines jeden Orts, die jetztund seindt und hernach werden, samt und sonder, strenglich bey ihren Pflichten und Eyden, die sie uns gethan haben oder künftig thun werden, nach dieser Ordnung und Satzung fleissig Aufmercken zu halten und halten zu lassen, dieselben ernstlich anzuhaben. Auch alle derselben Überfahrenden nach jedes Stands Gebühr zu oben obenangeregten Peenen unnachlässig anzuhalten, ihnen aufflegen und abzunehmen nach Gestalt der Sachen, und darin niemand befortelien, bey Vermeydung unser schweren Ungnad. Datum auff den ersten Juli 1582.
28. In volcksreicher Versammlung (wurde) der J. Freundt, Kanntgießer zum Grabe begleitet, welcher Bey nächtlicher weile sich uff dem feldt gantze Nacht umhergetrieben worden; Morgens hatt man ihn bei Spahbrükken jedoch sprachlos angetroffen, undt verschied darauf nach etlichen Stunden. War sonst ein frommer Mann, der einen stillen exemplarischen Wandel geführet. Gott gebe, daß er seelig, wie ich verhoff, Verschieden sein möge.«
29. StA Kirn A IV. Recht a 7.
30. Bärmutter, war soltu gahn? (wohin sollst zu gehen?) ... Ich geh über Felt dem sein Herz abstoßen ... Bärmutter, Du solst es nit thun ... Die Messen sind gesungen ... Die Messen sind gelesen ... der N. Bauch soll genesen ... Sey wahr in Christi Namen. Amen.
31. Ich wieg dich über diese Straßen ... Du hast deine sieben Buß dahinter gelassen ... Ich wieg dich wieder herüber ... Du hast deine sieben Buß wieder. Im Namen des Vaters etc.
32. Ich gebiete dir leidige feinde. ..Daß du sollst gehen und ausziehn in die Wolken ... und wiederum herab auf die Erden, ... das sey im Namen des Vaters etc.
33. St. Simeon soll reiten gen Rom und segne dich mit dem Herrn Jesu Christ
34. Die Leute hätten die Nothfeuer am hellen Tge gemacht und zwar in der Weise, daß sie ein Rad in die Erde gegraben, sodann einen Balken von Eichenholz darüber gezogen und Rad und Balken so lange, etwa zwei Stunden., an einander gerieben, bis es Feuer gegeben. Um es schneller hervorzubringen, habe man in die Nabe Schwefel und Papier gelegt. Als das Holz gebrannt, hätten sie drei Kinder, zwei Mägdlein und ein Büblein, welche nackend gewesen, genommen und sie mit blosen Schwertern die ganze Viehherde der Gemeinde im Namen des Vaters, des Sohnes und des heiligen Geistes durch das Feuer treiben lassen. Die Weiber hätten nicht zusehen dürfen, weshalb man sie während des Vorganges eingesperrt, sonst sei die ganze Gemeinde dabei.
35. Die Gemeinden Allenfeld und Gebroth wurden wegen dieses ihr abergläubischen Thuns im Visitationgottesdienst ernstlich gestraft und ihnen angezeigt, daß sie auch noch der Obrigkeit Straf zu erwarten hätten, wie man Nothfeuer mache, war der eine Censor, . der andere Kirchenmeister, und wurden beide ihres Amtes entsetzt.
36. Ob es recht, daß die Jugend auf den Pfingsttag Keeß und Brockel zu Feld tragen und daselbst allerlei Leichtfertigkeit treiben und daß die Jugend auf Philippi Jacobi (1.Mai) mit großem Geschrei ins Dorf des Morgens kommt mit den Pferden und quac schreit und daß sie dreimal um die Linde reiten mit einem verbundenen Knaben, dem dann etliche mit Aberglauben die Reiser und Zweige schneiden, welche gut sollen sein für Schaden. Oder ob es recht, daß sie Hüttenfeuer anzünden auf den Bergen, welches ich nun zwar mit Mühe abgebracht, doch möchten sie es wieder anfangen (...)?
37. Es gingen drei Brüder über einen süßen Miltenfrist ... Da begegnet ihnen unser Lieber Herr Jesus Christ ... Er sprach: Was suchet ihr? Wir suchen das Kraut, ... das Wunden heilt. nehmet die Woll von den Schafen ... und das Oli von den Bäumen, . und schmieret umb ... und in die Wunden ... Im Namen des Vatters etc.
38. AEKR Koblenz, KB 131/32.
39. Melcher der Schmidt und Ludwigs Sohn Hanß Nickel (Näher) haben Kraut gesucht, Rauten, Salbei, Braunmatzel, Graßblumen, Bohnenblumen, Spielt und dergleichen. die sie zu Drei Kraut zusammen genommen, sind gangen zum kreuz auff der Straß zum Schloß zu, und hadt Melcher sie in der Hand gehabt in willens zu sehen, was von der Zauberei vorgeht, haben einen Reudter gesehen, der über sie geritten sagdt hernach, sie haben einen reiff gehabt vom König Faß, dorin sie sich gestelt, und ist das Kraut umb den reiff gebunden gewesen. Diß sagt Melcher aus, Hans Bernhard sagdt, ein jahr hadt den rechten Fuß im Reiff gehabt, und der Reudter sei schwarzt gewesen.
40. Hanß Kuntzen, Becker, sagt, am Walpertag morgens ist die Magt kommen und gesagt, hinter Lochen Greth Haus liege etwas in der Bleich, es sey jetzt nit die Zeit zu bleichen (...) Den Montag zu Morgen eben uff dem Platz gelegen, da die Magt hingangen und komen und gesagt, es seien 2 Seitücher und hab ein katz dabei sehen sitzen in einer alten Mauer, hedt zu der Kaz-kiz, kiz gesagt, aber die Kaz nit weichen wollen, da die Magt über Weg gangen. Nachdem sie gemolken, seien die Düch weg geseen. Das eine Seituch sei gar wüst voll Kühfdreck gewesen, das andere sauber. Gredt hedt gesagt zu ihr: » Ja du hast mir ein schön handel gemacht.«
41. Gott behüet alles, was zwischen Himmel und Erd ist und was uff dem Erdboden ist.«
42. Baumgarten bringt dazu Beispiele.
43. Johannes der hey sagt, da jetzt habß 2 Jahr die Frau

des Nachts die Hände über ihn gelegt auf die lincke Seite, da er Weh gefühlet, solches weg gethan, hernach Morgens auffgelaufen, da man die Zeichen der 5 Finger gesehen, auch in 4 Wochen keine Arbeit thun können, dan, da er zum Laupen zu Gidesweiler, welcher damahlen zu Ellerberg bey Heyen Greth zu (...) gangen, ders ihme gesegnet, doruff eß noch 14 Tag gewehret, da es sich ganz verzogen. Die angeschuldigte Ehefrau gibt zu Protokoll: »daß er sie übel haldt, sonderlich seind zeit sie dem letzte Kind, welches 1/2 Jahr alt, ist zornig wegen der vielen Kinder, davon sie noch 4 (...) jetzt letzt aber, als ihr Mutter zu Allenbach als ein Hex eingezogen, gibt er für, siy sey auch ein Hex, hedt sie übel geschlagen, also daß sie von ihm gangen. Für 14 Tagen hedt Johannes den Knaben wegen abgegangener Schwein geschlagen, daß er darnider gelegen. Johannes den Knaben darnieder gelegen, die Frau gewißen, daß sie hin gehen und dem Bub Wasser bringen soll, als sie dahin gangen, hedt er sie gleich mit einem Stuhl darnider geschlagen, daß sie auch bei dem bub liegen blieben.«
44. Baumgarten veröffentlicht die dezidierte Anordnung des Pfalzgrafen Georg Wilhelm. »
45. Baumgarten beschreibt Details
46. Die Prozeßakten befinden sich im Landeshauptarchiv Koblenz. Die Winninger Prozesse sind in der Literatur besprochen. Vergl. Bellinghausen. Winningen S. 85-95.
47. Vergl. Joseph Knob: Der Hexenwahn auf dem Hundsrück. In: Die Brücke 1 (1953) Nr.6. S. 8. Zum Hexenwahn im Amt Kastellaun allgemein. König, B. Hexenwahn in Kastellaun. In: Heimat zwischen Hundsrück und Eifel 644 (1959) Nr.2. S. 7
48. Zum 1. Januar 1672 wird der Kastellauner Vertrag außer Kraft gesetzt und die Ämter Allenbach, Birfenfeld und Kastallaun in die gemeinschaftliche Verwaltung zurückgeführt. Vergl. Heinrich Rodelaf: das Birkenfelder Schloß 1584-1717. Birkenfeld 1927. S. 28 und 36.
49. Zu den Nachrichten der Hinteren Grafschaft siehe: Anette Grünewald: Die Scharfrichter und Wasenmeister im Amt Birkenfeld der Hinteren Grafschaft Sponheim und in seinen Nachbarbezirken. In: MVBO 39 (1976) S. 40-47 und 84-119. Von den von Else Laux als Mithexen Angegebenen wurde auf Wunsch des Pfalzgrafen nur gegen die »wälsche Marie« aus Roth verhandelt; sie wird noch 1630 gerichtet. Vergl. Back, Kamp, S. 261-263.
50. Die Feststellung steht unter dem Vorbehalt der unsicheren Überlieferung. Man wird annehmen müssen, daß einige Akten durch Kriegsereignisse, Brände, Naturkatastrophen u. a. abhanden gekommen sind, andere absichtlich vernichtet wurden. Vor wenigen Jahrzehnten sind Akten aus den Archiven verschwunden. Um 1840 waren im Stadtarchiv Bernkastel-Kues noch Hexenprozeßakten vorhanden, die vom Pfarrer Martini bearbeitet worden sind und deren Verbleib nicht mehr zu rekonstruieren ist.
51. Was für Stück sie zum Wettermachen und Viehschädigen haben müsen? Was der bös Feind für Kleyder, wie auch sein Fuß ausgesehen? Wie viel Männer, Weiber und Kinder sie getötet? Ob sie auch Wein bei ihrer Hochzeit gehabt? Ob der Spielmann ein Mensch oder böser Geist gewesen, und ob er auf dem Boden oder den Bäumen gesessen? Ob jung oder alt; wie er gestaltet gewesen? wie viele junge Kinder sie geholfen essen? Wie sie solche zugericht, gebraten oder gesotten? Ob sie auch Schmaltz von solchen Kindern gekommen? Wie viele Kindbetterinnen sie umbringen helfen? Ob sie auch Raupen gemacht? Wer in ihrer Gesellschaft gewesen, wie deren Buhlen ausgesehen ? (usw.)
52. C. Schneider: Geschichte des Wild- und Rheingräflichen Hauses, Volkes und Landes auf dem Hundsrücken. Kreuznach 1854. S. 13-21. Conrad Territorialgeschichte. S. 38 53. Eine Frau seye anderthalb iar Ing der Zauberei halben gefangen gelegen. Zu der noch eine, Brandts Catharina genannt, die dritte deß langen Schneiders Frau und die 4. zu Niddernhaußen, Dorothea genant. Die erstgefangene habe uf diese 3 bekennet ... Wer dafür könne, daß er (der Pfarrer) Teufel austreibe?. Habe es nun ein iar oder 20 getrieben, verdiene damit ein Thälerchen oder 20, nach dem die Leudt seien.«
54. Ulrich Helfenstein gehört zu den angesehenen Bürgern der Stadt. 1617 muß er einen Verleumdungsprozeß führen, da man behauptet hat, er sei sei nicht ehrlicher Geburt. Am 11.1. 1621 wird er Bürgermeister der Stadt Kirn (Freundl. Mitteilung von Frau Karoline Cauer vom 5.1.1984)
55. Zit. nach den Recherchen v. Baumgarten. a. a. O. S. 253.
56. Schoop, T: Hexenprozesse in Dhaun. In: Dhauner Echo (1960) Nr. 3. (1/1960)
57. Über Simmern unter Dhaun heißt es im Weistum: » Schultheiß und Schöffen zu Simmern weisen und erkennen, wie es ihre Eltern auf sie gebracht haben. Für recht unserm Herrn, dem Abt zu St. Maximin zu Trier für einen obersten Grundherrm über Hals und Halsbein; nun hat er unsere Herren, die Wildgrafen belehnt und hat nichts ausbehalten als die Kirchenleitung und die Zehnerei. Ob es nun Sach wäre, daß ein missthätiger Mensch da wäre, so soll des Abts Schultheiß ihn angreifen und der Rheingrafen Schultheiß anrufen und demselben Menschen führen in den nächsten Enthalt des Wildgrafen, und wäre es Sach, daß er das Leben verwirkt hätte, so sollen sie ihm sein Recht tun; hat derselbig soviel, daß man ihm damit sein Recht tun kann, dann soll man von seinem Gute nehmen; hat er aber nicht soviel, so sollen die Rheingrafen an ihr Gut greifen und ihm sein Recht tun. Sie weisen auch solchen menschen zu richten, der hier gegriffen ist, auf der »Nytzen Nollen« (?) und sollen die Herren solch gericht daselbsten machen und aufschlagen lassen auf ihre Kosten.« Vergl. Ohlmann. Hochgerichtsplätze S. 28
58. Bröder gab an, er habe die Nachricht von Jungs Hexerei von seiner Frau erfahren; diese behauptete., Katharina, die Ehefrau von Theobalt Frey, habe sie ihr im Backhaus anvertraut. Katharina hatte das Gerücht von Margreth, der Frau von Peter Lorentz gehört, welche wiederum Ottilia, die Tochter von Dominik Culman, als iQuelle nannte. Ottilia Culman wollte es von Anna, des alten Seibels Frau, gehört haben. Anna Seinbels leugnete zuerst, das Gerücht verbreitet zu haben, als aber mehrere Zeugen Ottilias Aussage bestätigen gibt sie am 27. Mai 1630 zu, Hans Jung und Conrad Bender der Hexerei bezichtigt zu haben. Nach eine Bedenkzeit fügt sie hinzu, sie habe die Nachricht nicht erfunden, sondern von Johann Friederich gehört. Friederich beteuert glaubhaft, daß Anna es nicht von ihm erfahren haben konnte, da er erst davon geredet habe, als der Fall vor Gericht behandelt wurde. Da Anna Seibel keine andere Quelle nennen konnte, blieb der Verdacht der Denunziation an ihr hängen.
59. Mitt. des Prinzen zu Salm-Dalberg vom 19. Juni 1985. Die Prozeßakten der von den Kämmerern von Worms, genannt von Dalberg, in ihren rheinhessischen Besitzungen durchgeführten Hexenprozessen sind erhalten . Zentrum der aus den Jahren 1577-99, 1612/13 und 1630/33 überlieferten Prozesse, bei denen sich die Kämmerer Wolfgang und Eberhard hervortun, waren die Orte Heßloch, Herrnsheim und Gabsheim. Vergl. Ernst Merkel.: Hexenprozesse in der Herrschaft Dalberg. In: Der Wormsgau 11 (1974/75) S. 79-83
60. Auf Betreiben des Reichsführers SS. Heinrich Himmler, wird 1935 ein Hexensonderkommando eingerichtet, das den archivalischen Bestand des Hexenwahns im deutschen Sprachraum und darüberhinaus auswerten soll. Ziel war das Offenlegen von »Resten altgermanischen Volksglaubens«, die »Verwertung der Prozesse als antichristliche Propaganda« und die »rassenideologische Einordnung des Hexenwesens.« I n achtjähriger Tätigkeit werden 33.846 Hexenprozesse oder Fälle von Hexerei auf Karteiblättern aufgenommen. Von den 140 in der vorliegenden Arbeit besprochenen Fällen, (die im Einzelfall mehrere Personen umfassen können) sind in der Kartei 49 erfaßt, so daß die Zahl der Hexerenprozesse in Deutschland in der Gesamtheit höher liegen muß. Trotzdem stellt diese Sammlung das bislang umfangreichste Forschungsprojekt zum Thema dar. Darüber hinausgehende Zusammenstellungen sind bisher an der Fülle des Materials gescheitert.
61. Vergl. Graef: Ein Hexenprozeß vor dem Gericht zu Wallhausen: In. Kreuznacher Heimatblätter 5 (1925) Nr. 4-7. Hier Nr. 7.
62. Karl Geib: Ein Hexenprozeß in Wallhausen am Ende des 16. Jahrhunderts. In: Kreuznacher Heimatblätter 16 (1936) Nr.3-5. Hier einige Aktenstücke, die heute nicht mehr vorhanden sind. Vergl. E. Hofmann.: Vom Hexenwesen unserer Gegend.
63. Die Akten sind in zwei Teilen veröffentlicht. Vergl. Graeff: Ein Hexenprozeß vor dem Gericht Wallhausen. In: Kreuznacher Heimatblätter 4 (1924) Nr. 4. Ders. Hexenprozeß II. Nr. 4-7
64. Zu gleichen Zeit werden etwa in den benachbarten Bistum Speyer noch Hexen verfolgt. Vergl. Anonymus: Hexen in der Pfalz. In: Palatian: Heimatblätter der Pfälzer Zeitung und des Rheinischen Volksblattes. 1930. S. 91 f.
65. Vergl. Gustav Schellack: Chronik eines Hundsrückdorfes. Alterkülz (Alterkülz 1983) S. 157
66. Über die innere Entwicklung der Stadt im 16. und 17. Jahrhundert (Pestzüge etc.) P.J. Heidenthal. Chronik der Stadt Bingen und Umgegend. Bingen 1886. S. 274-365).
67. StA Würzburg. MDP Bd..5 S. 516. Teil III. S. 234 f. Protokolle op. cit. S. 601 Anton Philipp Brück hat einige Hexenereifälle im Binger Raum bearbeitet. Er bezieht die Notiz auf einen 1535/36 dgeführten Prozeß gegen eine Frau aus Trechtlingshausen. Dier Schluß ist falsch, da es in der Randbemerkung von 1534 heißt: »De expensis Iudicalibus Damnatae ad mortem«. Die 1535/36 angeklagte Frau war zu lebenslanger Haft verurteilt. » De muliere indrechtlingshausen ad perpetuos carceres damnata«. Vergl. Anton Philipp Brück: Hexenprozesse im Binger Land. In: Heimatjahrbuch Landkreis Bingen 1968. S. 81 f. Hier S. 81. StA Würburg MDP Bd. 5 S. 516 und 589.
68. Haftstrafe für geringe Vergehen dauern in der Regel nicht länger als 48 Stunden. Vergl. C. Velten: Des Rates Gefängnis auf der Kreuznacher Nahebrücke. In: Naheland-Kalender 1959. S. 72 -74 Hier S. 74.Erst die Wende vom 18. zum 19. Jahrhundert bringt den Übergang zum System der Haftstrafen. Vergl. Michel. Foucault: Überwachen und Strafen. Die Geburt des Gefängnisses. (Frankfurt 1967). Helmut von Weber. Die Entwicklung des Zuchthauswesens im Deutschand im 17. und 18. Jahrhundert. In: Abhandlungen zur Rechts-und Wirtschaftsgeschichte. Festschrift Adolf Zycha zum 70. Geburtstag am 17. Oktober 1941. Weimar 1941. S. 427-468.
69. Neben Bingen unterstanden dem Domkapitel die Ämter Mombach, Ober-Algesheim und Hochheim. Vergl. Herbert Pohl: Die Kurmainzer Hexeninquisition im 17. Jahrhundert Dargestellt an Prozeßvorgängen im oberstiftischen Dieburg. Mainz o. J. Wissenschaftliche Hausarbeit (nicht veröffentlicht) In Mombach wurden nach einem im Dom-und Diözesanarchiv Mainz aufbewahrten Rechnungsbogen n den ahren 1613-14 24 Männer und zehn Frauen wegen Hexerei hingerichtet. Vergl. StaAMz, K. 60/II. 11.

Kurfürstentum Trier

1. Ich folge Krämer, W.: Kurtrierische Hexenprozesse im 16. und 17. Jahrh., vorn. a. d. u. Mosel. Ein Beitrag zur Kulturgeschichte. München. 1959. A kten inden sich im Fürstl. v.d. Leyenschen Archiv in Waal bei Buchloe in bayrisch Schwaben. Nr. 539 1/3. Nachtrag: Saarpfalz: des weiteren finden sich in der Nr. 2725 des Waaler Archives Nachrichten über eine Hexenverbrennung in Rheinheim i(593) wie über einen Hexenspuk aus Habkirchen (1540). Das Waaler Archiv enthält einen Faszikel über Hexenprozesse aus der Gegend von Münstermaifeld.
2. Binsfeld ist Zögling des Germanicums. Vergl. Steinhuber. Geschichte d. Collegiums Germanicum Hungaricum. Freiburg. 1895. Bd.1. a. a. O. S. 211 ff.
3. Zit. nach Riezler. a. a. O. S. 171.
4.In: de confessionibus maleficorum et sagarum: Ed. 1623
5. Geboren in Gouda (NL).
6. De vera et valsa magia.
7. Del Rio sagt: »Loos hinterläßt nicht wenige Anhänger seiner Dummheit. Mögen diese, wenn auch spät, inne werden, wie gefährlich es ist, dem Urteil der Kirche, die Delirien eines Ketzers vorzuziehen. Vergl. Riezler a. a. O. S. 245.
8. Zudem sind die Kommissare Dr. theol. G. Helfenstein, Dr. jur. J. Collmann, ein Notar, Zeugen und Schreiber anwesend. Dietrich Flade
7. Gegen Ende des 15.Jahrh. hat ein Hubert Flade die Heimat verlassen, um in die Trierer kanzei zu treten. Später wird er kurf. Kellner zu Pfalzel. Sein Sohn Johann, Vater von Dietrich, steigt 1517 in die Position des Trierer Stadtschreibers auf.
8. Seine zweite Frau ist die ehem. des Arztes und Humanisten Simon Reichwein.
9. Die Familie Flade ist begütert. Er leiht an 74 Personen Geld in der Größenordnung von 26000 Goldgulden und über 5000 Taler aus. der stadt gibt er zur Amorsitation der Scghulden, die durch die Auseinandersetzungen um den Prozeß mit dem Trierer Kurfürst entstanden sind, 4000 Goldgulden als darlehen. Anläßlich seiner verhaftung befinden sich 200 Fuder Wein und 105 Malter Getreide in seinem besitz. Er ist gebildet und verfügt über 107 Bücher.

Frühe Prozesse

10. Sammelband 22/4680 Koblenz, in sich fassend: »A(I)lerlei-Hohheits-, Justiz-und Verwaltungsangelegenheiten im Amt Blieskastel 1550-1630 (311 Bl.). Enthält fol. 302 ff. auf 6 1/2 Seiten folgendes Aktenstück mit der Aufschrift: »Claren von Blickwillers Urgicht de anno »7o«.
11. Görres schreibt in seiner Chirstlichen Mystik 1880. Bd. V. S. 592: »daß unter dem Kurfürst Johan VII. von Schönburg 1581-99 durch die ganze Diözese, alle Städte und Dörfer, liefen ... Ankläger, Inquisitoren, Schöffen, Schergen und Henkerknechte um, die alle Verdächtigen einzogen und in großer Menge verbrannten. Bald verbreitete sich der Terror in der Stadt Trier. Kaum meinte man, habe je eine ärgere Pest im Erzbistum grassiert oder ein tollerer Feind gewütet als diese Spürerei, die so viele traf, für deren Unschuld mancherlei Wahrscheinlichkeit sprach. Viele der Vorgesetzten rühmten sich der Menge der Scheiterhaufen, die sie errichtet ... in kaum sieben Jahren von 1587-93 wurden aus 30 Dörfern nahe bei der Stadt Trier 368 Personen verbrannt. Gesta Treviorum integra. Edit. Wyttenbach and Müller. Aug. Trev. 1839. III. cap. CCCI. p.53.12. 1. Gertrud Leindecker (o. Ortsangabe) : »diese Frau ist durchaus zu Feuer condemniert.« Gemein zu Ettringen Nr. 2-5.
2. Grethe Hofmar, Hausfrau daselbst: »Diese Person ist durchaus zum Angriff, Tortur und Feuer condemniert.«
3. Marianne Endreßen Frau daselbsten: »in gleichen ist diese Frau auch von uns zum Angriff, peinlich Frage und Feuer erkant«
4. Appolonia, des Webers Frau daselbsten, also ist diese Frau ad capturam (Verhaftung), torturem et ignem condemniert.
5. Pulchers Grethen daselbst »desgleichen zum Anfgriff, Tortur und Fewer erkant.« Gemein zu Dauchenheim (Dongenheim) Nr. 6-9.
6. Susanne Kichers Clasen Frau »ad capturam torturam et ignem (condemniert).
7. Anna Schneider Thiesen Hausfrau »Zu Angriff, peinlich Frage und Feuer condemniert.
8. Maria Firming »desgleichen.«
9. Appolonia Sceider Clasen Frau »captura et tortura.« Gemeinde zu Gamelong (Gamlen)
10. Schaffers Gertrauden »ad capturam, torturam und Feuer«. Gemeinde zu Kaisersesch. Nr. 11.-13.
11. Gertrauds Gretzers Frau »captura er tortura.«
12. Gertraud Christen Frau »Angriff und peinliche Frag«
13. Mergen Schaffs Thöngessen Frau »captura et tortura«. Hemeinde Myen Nr. 14 und 15. 14. Dionisy Dreißers Hausfrau (ohne weitere Angabe).
13. Krämer schildert es ausführlich.
14. Krämer bringt den Text als Beispiel.
15. Krämer publiziert den Extrakt.
16. Der Pfarrer M. Martini aus Kues (1827-42) hat in einem Auszug aus den im StaA. Bernkastel damals vorhandenen Akten von 1590-1630 auf die Bereicherungssucht der Richter und Henker verwiesen. Er ist der Meinung, daß die Geschichte des Hexenwesens neben dem Aberglauben durch die Habsucht der Gerichte und Beamten zu einer himmelschreienden Ungerechtigkeit geworden sei. Es kann schon deshalb nicht stimmen, weil nahezu alle Verurteilten arm gewesen sind.
17. Ein pfalzgräfliches Schreiben an den Amtmann von Kastellaun, Junker Josef Zand von Merl vom 2. Januar 1641 erwähnt den »Todesfall mit Johannes Heyden inhaftiert gewesenen Hausfrauen Christina vor Ausübung des wider sie angestellten peinlichen Process ohnversehener weis, vielleicht so gar wegen allzu schwerer gefängnus zu Winningen und Fahrlässigkeit der Kastallauner Wachter ... wegen der bedenklichen Umständ ist ihr Leichnam außerhalb des Gottesackers »gen die Mauer« beizusetzen.
18. Gutachten: »Das hofieren in der Kirche, Z.b. könne wohl auf »üble Leibesdisposition« zurückzuführen sein, wie auch die Beklagte beteuert, sie sei damals »durchflüssig« gewesen und hätte sich geschämt, wegen des Geschimpfs des Pfarrers hinauszugehen und da sei es passiert. Übrigens sei sie damals von der Obrigkeit »umb 50 fl. gestraft worden.«
19. Der Bürger und Gerichtsschöffe Hans Reichard Müden aus Winningen schreibt der Obrigkeit am 2. August 1647: (Text bei Krämer) .
20. Der seine Ausführungen so beschließt: »Wo nicht zuvor redliche Anzeigung der Missetat, darnach man fra-

gen wolte, vorhanden oder beweist(bewiesen) würde, ssoll niemand gefragt werden. Und ob auch gleichwohl aus der Marter die Mißtat bekandt würde, so soll doch dero nicht geglaubt, noch jemandts darauf verurteilet werden. Wo auch einige Obrigkeit oder Richter in solchem (Überführen : zuweit gehen) sollen die, so wider Recht ohne die bewiesene Anzeigung gemartert wäre seinen Schmach, Schmerzen, Kosten und Schaden der Gebühr zu tun unschuldig sein. Es soll auch keine Obrigkeit oder Richter in diesem Falle kein Urfehd helfen schützen oder schirmen, daß der Gepeinigte seine Schmach, Schmerzen, Kosten und Schaden mit recht, doch alle thätliche Handlung ausgeschlossen, wie recht, nicht suchen möge!

21. Für die Region werden 14 Hexenplätze genannt, am meisten die sog. Saalweiden in der Winninger Gemarkung und der Schweinsberg bei Ortendung, der Impelborn in der Layermark, Bubelsheimer Berg, Ellingsberg, Homberg bei Cröfft, Dievelicher Berg, Kleinskorb im Coblenzer Wald, Blaufuß-Layen, Coberberg auf Eulich, Pflaidter Homberg und einmal Maria-Laach und Oberndreeß.

22. Krämer publiziert den umfangreichen Text.

23. Krämer publiziert die Bittschrift.

Blankenheim

1. Breiden H.: Die Hexenprozesse der Grafschaft Blankenheim von 1589-1643. Dissertation. Bonn 1954.

2. Nach Niesen (a. a. O. S. 74) ergibt sich aus luxemburgischen Regierungsakten, daß sich ganze Gemeinden zusammentaten, um die eingebildeten Ursachen ihres Unglücks, die Hexen und Zauberer, auszurotten, einen aus ihrer Mitte beauftragten, den Prozeß anzuwerfen und dann für ihn alle Folgen und Kosten seiner Anklage trugen.

3. Vergl. bei Joerres a. a. O. S. 55. wo bei den dort beschriebenen VO. der Gräfin Margaretha im benachbarten Arenberg erwähnt ist, daß die Pastoren gemäß der VO. gehalten waren, Kindern des Kirchspiels zu befehlen, der Obrigkeit anzuzeigen, sobald ein Mensch oder ein Tier geschädigt worden sei. Ebenso befahl Dietrich VI. von Manderscheid-Schleiden in seiner Kirchen- und Polizeiordnung vom 12.12.1577, daß in seinen-damals der Reformation gewonnenen- Landen die Kirchendiener (Pastoren) etliche tapfere, fromme und gottesfürchtige Männer auswählen sollen, damit diese nach der in der VO. bezeichneten Lastern, darunter Abgötterei, Wahrsagerei und Zauberei, Ausschau halten und etwaige Vorfälle den Pastoren anzeigen möchten.« Zit. n. Siebel. a. a. O. S. 64/65

4. StA Koblenz, Abtlg. 29 A Nr. 232 a. Berichte, Korrespondenzen usw. betreffend das Treiben der Hexen und Zauberer in der Grafschaft Blankenheim1592-1640. Berichte und Korrespondenzen. a. a. O. S. 32.

5. In der benachbarten Grafschaft Manderscheid- Schleiden hat sich sich der evangelische Graf Dietrich VI. in seiner Kirchen- und Polizeiordnung vom 12.12.1577 eine Methode ausgedacht, das Land von schädlicher Zauberei zu verschonen. Die Abgötterei betrieben oder Wahrsager und Zauberer waren, sollten unter Einziehung ihrer Güter des Landes verwiesen werden. Sofern sie nochmals betroffen wurden, sollten sie »im Feuer vom Leben zum Tode gerichtet« und die sie um Rat gefragt, aus der christlichen Gemeinde gestoßen werden.« Zit.nach Siebel. a. a. O. S. 65.

6. Die Hexenordnung des Erzbischofs Ferdinand v. Köln vom 24. 7.1607 mit Nachtrag vom 27.11.1628 hat sich die Spezialinquisition zum Vorbild genommen, wenn sie bestimmt: »die Anklage müsse vor Beginn des peinlichen Verhörs festgelegt und spezifiziert sein.« Vergl. Siebert. a. a. O. S. 298 ff.

7. Akten des StA Koblenz Abt. 29 a Nr. zu 232 b; Vergl. Beschr. des Verhörs bei Neu: Der Hexentanz im Blankenheimer Dorf. a. a. O. S. 92 ff.

8. Anhaltspunkte für das Vorliegen solcher Verfahren gegen einige der Blankenheimer Prozesse. Vergl.Cordie: Hexenprozesse. a. a. O. S. 12 ff.

9. So die häufig angewandte Folterart, Angeklagten aufzuhängen und unter ihren Fußsohlen Feuer zu entfachen oder ein offenes Licht unter deren Achseln zu halten; fas Eintreiben von Holzsplittern zwischen die Fingernägel und das Ausgießen von brennendem Pech über den nackten Körper. Vergl. Carpzov. P.III. Que. CXV.

10. Breiden schildert den Vorgang.

11. Sententia: »In Criminal sachen Fiscalischen Anwaldts des Hochwolgeborenen Grauen vndt hern Johann Arnolden Grauen zu Manderscheid vndt Blanckenheim hern zu Jünckerodt Dhaun vndt Erp, Clegers ahn einem gegen vndt widder gegenwurtig fur Gerichht stehenden Matthiam Hennes beklagten anderntheiß wurdt durch Statthalter Gerichtts vndt Scheffen de Gerichts Esch mit rahtt vndt zustandt eines hierzu Postulirten Rechtsgelehrten vff die von Ermelten Reo selbst vnderschribne vndt sonsten getane bekentnuß hiemit zu Rechtt erkandt, daß ermeldten beklagten nachdeme Er nunmehr aller seiner Geistlicher Immunität vndt würden priuirt vndt würklich degradiert, sonsten aber seiner ehegemeldter Confession nach, durch list vndt betrug des laidigen Sathans dahin verfuhrt, daß Er Gott ab; vndt dem bösen Geist mit dem wortt Ja affirmatione zugesagtt, solches auch durch empfangenes Zauberzeichen vnd conuentus veneficorum subsequutam frequentationem consentiendo ratificirt, daneben sich mit dem bösen Feindt auch fleischlich vermischtt, vndt andere mehr grobe vnthaten begangen, nach vorgegangener strangulation vermög Kaiser Carls des fünfften halßgerichtsordnung mit dem fewer vomleben zum todt hinzuerichten vndt zustraffen seie, inmaaßen die Schultheißin diener Statthalter vdt Gerichten oberermelts obergerichts der herrschaft Jünkerodt denselben (: jedoch Hochwolgeboren Ihre Gnaden vnsers Gnedigen herns Gratia vndt der strafflinderung vorbehaltend:) darzu condemniren vndt verweisen die liebe seel Gott dem Allmächtigen befehlendt.«

Niederrhein

Hier handelt es sich um einen Einschub; aus Zeit-und Platzgründen mußte auf die Nennung der Erläuterungen verzichtet werden.

Reichsstadt Köln

1. Ich folge der Dissertation von Friedrich Wilhelm Siebel. Bonn 1959. Hexenverfolgung in Köln. a. a. O. S. 35

2. Zit. n. Siebel. a. a. O. S. 30

3. In dem von ihm herausgegebenen Enchiridon christiane institutiones.

4. Vergl. Zeitschrift f. Kulturgeschichte.1859. BD. IV. S. 765. Aus den überlieferten Quellen Weinbergs läßt sich erkennen, daß in der Zeit zwischen 1520-70 wenig (Hexen)prozesse geführt worden sind.

5. und sagt um 1589: »den 30. Juni wollten etliche für gewiß halten, daß die Hexen und Zauberinnen das Unwetter verlittener Nacht gemacht hätten, denn das Gerücht ging jetzt stark, wie der Kurfürst in und außerhalb von Trier viele Zauberer und Zauberinnen gefangen, verbrannt und ertränkt habe. Einige geben vor, es wäre wohl eine freie und natürliche Kunst. Über die Zauberei kann ich nach meinem Verstand nicht urteilen. Ich höre, daß sich die Leute darüber nicht einig sind. Etliche glauben nicht daran und halten es für Phantasie, Dichtung und Nutzlosigkeit. Andere, Gelehrte und Ungelehrte, halten viel darauf. Doch wird es Gott am besten wissen ... mich wundert, daß es im katholischen Stift Trier so viel böse Weiber geben soll und nicht auch in Köln. Sollte es bei uns nicht eben so viel Mittel geben, um die Wahrheit zu erforschen? Noch heute sitzt ein armes Weib auf dem Alten Markt am Brunnen. Man sagt, es sei eine Zauberin und verlangt sie zu verbrennen.

6. Zit. n. Wolf, Hans-Jürgen. (Hexenwahn) S. 361

7. Einen gleichgelagerten Fall berichtet der k.-sächsische Altertumsverein über einen Jacob Pechtenau im Jahr 1570 aus Wurzen. Er wird mit glühenden Zangen gezwickt, auf einen Wagen gebunden und lebend auf ein Rad geflochten. Vergl. Mitteilungen des sächsischen Altertumsvereins von 1846. Heft III. S. 81

8. Zit. n. Siebel. a. a. O. S. 53

9. Zit. n. Siebel. a. a. O. S. 53

10. Zit. n. Siebel. a. a. O. S. 53.

11. Ich habe den Brief in meinem Hexenwahn publiziert.

12. Zit. n. Siebel .

13. Zit. n. Siebel. a. a. O. S. 66.

14. Zit. n. Siebel. a. a. O. S. 48

15. Es steht fest, daß sich die Vorgänge auf den Würzburger Raum beziehen, denn in Dumonts Aktenstücken (Dekanat Hersel) ist der Original-Wortlaut abgedruckt.

Kurfürstentum Köln

Ich folge im wesentlichen den Ausführungen Schormanns.

Herzogtum Westfalen/Niedersachsen/Harz Münster

1. Humborg, L.: Die Hexenprozesse in der Stadt Münster. Ein Beitrag zur Kulturgeschichte Münsters. Münster (Westfalen) 1914.

2. Zitiert nach Humborg. a. a. O. S. 69

3. Noch im 17. Jahrhundert bezeichnete man in Norddeutschland die fliegende Gicht mit dem Ausdruck »dat varende, lopende deer«.I n Westfalen und Niedersachsen nannte man sie »de varen, de loppende varen«, also die Fahrenden, Umhergehenden. Man stellte sich darunter Tiere in der Gestalt von Würmern vor, die in den Körper des Menschen hineingezaubert waren. Nach den Worten des Bottmeisters Johann Wytbusch »wachsen von dem Anblasen Würmer, die zwischen Fell und Fleisch hinauf zehren und das Herz abfressen.« Das Volk betrachtet die Hexen als Urheberinnen der Krankheit, deren Heilung schwierig war. Vergl. Grimm. Mythol. 672.

4. Theriak (geht auf den Stamm Tier zurück) = Arznei gegen giftige Tiere. Er bestand aus verschiedenen Pflanzendrogen, die mit Wein angemengt waren. Die rechte Anweisung zur Bereitung des Theriak ist nie Gemeingut geworden. Nach Plinius (naturalis historiae libris) wird er aus Rautenblättern, Nußkernen, Feigen und Salz unter Beimischung vom Blut pontischer Enten gewonnen. Zuerst von Antiochus III (224-187) hergestellt, erhielt er nach dem Rezept des Damokrates, eines Leibarztes Neros, über 50 Bestandteile, die von einem weiteren Leibarzte Neros, Andromachus, vermehrt werden. Durch das Mittelalter, ja bis in die neueste Zeit hat er seine Berühmtheit als Allheilmittel behalten.Vergl. Schelenz. Geschichte der Pharmazie. Berlin. 1904. S. 126 f.

5. Antidotum Mithridaticum ist eine andere Bezeichnung für Theriak. Der Name ist genommen von Mithridates Eupater, König von Pontus (121-64), der sich bei seiner großen Rücksichtslosigkeit und seinem tiefen Mißtrauen aus Furcht vor Vergiftung durch seine Feinde systematisch so an Gift gewöhnt haben soll, daß er einen leichteren Tod durch Gift, den er gesucht hatte, nicht finden konnte, sondern sich in sein Schwert stürzen mußte. Mehrere Rezepte des Mithridates sind auf Veranlassung des Pompejus von dem Grammatiker Lenaeus ins Lateinische übertragen, wie Plinius XXV. 3, mitteilt. Vergl. Schelenz S. 125 ff.

6. Pimpinella oder Pipinella ist eine Wurzel, die mitunter als magenstärkendes Mittel Verwendung findet. Vergl. G. A. Buchheister. Handbuch der Drogisten-Praxis. Berlin. 1906. S. 90.

7. »hollwürtzel« ist entweder als holländische Wurzel, als ausländisches Gewürz aufzufassen, oder aber es ist an Wurzeln des Holunder (sambucus) zu denken. Der Holunderstrauch wurde verehrt. Vergl. Grimm S. 374 ff. Über die Bedeutung des Holunder im Aberglauben des Volkes vergl. Grimm Anhang 74, Nr. 169, Holunder vor die stallthür gepflanzt, bewahrt das vieh vor Zauberei.«

8. Salbei (salvia) wird vor allem in der Volksmedizin gebraucht.

9. Weinraute (ruta graveolens) galt in Griechenland an Wirkung etwa dem Holunder gleich. Vergl. Scherenz S. 104.

10. Die herba vetonica = betonica, über deren 47-fache Verwendbarkeit Apulejus Barbarus ein Buch geschrieben hat, wurde nach Plinius XXV. 46 von spanischen Vettonen entdeckt. Von der Bedeutung der Pflanze für die Heilkunde zeugt das italienische Sprichwort: » Du hast mehr Tugenden als ... oder du bist bekannt wie die Betonie«. Vergl. Schelenz. S. 164.

11. Sevenbaumöl (oleum Sabiniae) ist wegen seiner Giftigkeit nur in geringen Mengen zu vewerten. Vergl. Buchheister 319: »Sevenbaum wird von den Pfaffen auf Palmtag geweiht, man achtet auf die ersten Schößlinge, die nach dem Kreuz geworfen werden. Sie schützen gegen Zauberer und Gespenst.« Grimm, Anhang 157.

12. Liebstöckl, levestock (ligusticum) Kulturpflanze aus Ligurien. Wird von Plinius XIX. erwähnt. In der Volksmedizin findet der Liebstöckel Verwendng als harntreibendes Mittel. Vergl. Schelenz S. 169. Buchmeister S. 87.

13. Unter Beckeler oder Becheler ist Wacholder zu verstehen, der damals den Namen »backgeler« führte und einen Bestandteil der Grut bildete. Die Gruthausrechnungen der Stadt Münster zeigen, daß man sich den Beckeler häufig vom Ausland (Antwerpen) kommen ließ. Vergl. Jos. Grewe. das Braugewerbe der Stadt Münster bis zum Ende der fürstbischöflichen Herrschaft im Jahre 1802. 5. Heft der Abh. a.d. staatswi. Seminar zur Münster. Hrsg. von Max v. Heckel. S. 14

14. Wir haben zwei in lateinischer Sprache abgefaßte Gutachten von den Jesuiten Albertus Hüß und Otto Catenius, die beide einen Zusatz von der Hand des Paters Henrikus Cratz aufweisen. Die sechs Bücher sind sehr auf ihren Inhalt geprüft worden. Die Zensur der Jesuitenpater hat nur bedingten Wert, da die Bücher vernichtet sind.

15. Die Helle (Helleburg) war das Gefängnis des domkapitularischen Gogerichts Bakenfeld und lag eine gute Stunde von Münster am Kappenberger Damm. Vergl. A, . Wormstall i.d. Zeitschrift f. Geschichte und Altertumskunde.Bd. 54. S. 206.

16. Das »lütke Paternoster« lautete: Unser 1. Herr sprach, da unß 1. Frau bei saß, mit ihren fünff fingerkens, ihren zwölf Engelchens, sie sandte aus botten über botten, die das lütke Paternoster gern lerneten, und alle Tage dreimahl spräche, eher er drünke oder äße, daß er nun od. nimmermehr vergehte Christens Amen.

17. Für die Anwendung des Hexenbades im 17. Jahrhundert im Fürstbistum Münster liefern die Prozeßakten des Stadt-und Gogerichtes Ahlen v. J. 1616 gegen den Zauberer Christian zum Loe aus Ahlen ein Beispiel. Er hat, als er von dem im gleichen Jahr verbrannten Kleikamp besagt worden war, sich in Lembeck zum Beweis seiner Unschuld der Wasserprobe, aber mit negativem Erfolg, unterworfen. Vergl. Niehues. S. 97, 102.

18. Forma urphede: » Ihr werdet schweren einen leiblichen Aidt zu Gott und sein H. Evangelium, daß ihr diesem Anfang und diß Anhalten, so euch alhi allhir widerfahren nitt rechen oder mit der That frechen wollen an Herrn Burgermeistern und Rhat zu dießer Statt, derselben Dieneren, Bürgeren und Einwöneren, noch jemanden anderß, so zu dieser Anhaltung Ursach gegeben, daß ihr euch auch von diesem Aide nicht wollen lassen absolvieren von Papst, Kayser oder jemanden, so dessen von Gott oder von Rechts wegen Macht und Gewalt hat, ohne Gefehrd und Ergelist, daß Euch Gott der Allmechtig helffe und sein Heilig Evanglium.«

19. Bericht des Knechtes des Scharfrichters über die Verweisung der Anna Holthauß vom 18. März 1644. In der Stattschreiberey erschienenen Ditherich Böckers des Scharfrichters Knecht, in diser Statt gebohren, und hat an Aids Statt berichtet, daß am verwichenen Dienstag, den 15. laufenden Monats Martii, als Anna Holthauß durch ihne auß St. Ludgeripforten ungefehr den Freygraven der Statt verwießen, geleitete worden, etliche Jungen zu gen. Ananen und ihne mit Steinen und Koht eingeworfen, und etlich Mal gen. Anna zu ihme Dirich underwegs gesagt hette, was soll ich armes altes Mensch thuen. Ich mag sehen, daß ich zum poel waßers komme, und mich vertrenke, damit ich darvon komme, und nachdem er Dirich von gen. Ananen seinen Abschiedt genommen, und zu ihr gesagt, nun gehe hin, daß dich Gott begleite, were Anna von den Jungens umbhergelaufen, vom Ufer in waßer gestoßen, es hette aber sie Anna eine geraume Zeit uffm Waßer gefloßen, etliche Mahl den Halß umbgedrähet, den Mundt aufgethan und den Kopf ins Wasser gedaucht, als wan sie mit Fleiß sich ersaufen wolte. Es hette aber einer hinder ihme Dirich mit rothem Fuderhemd bekleidet, Christoffer Perdekamp genant, mit dem Kuhehirten St. Ludger wohnhaft, so ein schlechter Junge sey, gen. Annam hineingestoßen und wie er von ihm Dirich darüber berispelt, zur Antwort geben, daß andere Jungen ihne gestoßen, also daß er folgentz gen. Annam gestoßen, daß dieselbe ins Wasser gefallen.

20. Verfügung des Magistrates vom 6. August 1627 um die Jugend von der Straße und allem Mutwillen abzuhalten. »Nachdem in Wirklichkeit zu underschiedlichen Malen gespüret worden, daß die junge ungehaldene Jugend allhir allerhandt unzimblichen Muthwillen uff offenen Straßen verübet, zu deme sie nun etliche Malen den einen Vor, den andern nach, sonderlich aber Frauenspersonen, welche der Zauberey oder anderer Unthaten auß einigem Wahn oder Vermutung anrüchtig worden, gleichohl vor der Obrigkeit noch nicht angeklagt, weniger verdammet gewesen, muthwillig überfallen, innß waßer gedrungen, auch wohl mit Stein, Koth und Unfletigkeit oder sonsten Gewaltsamlich angegriffen, und biß auß der Statt verfolget und übel tractirt, da dadurch sie verbottnerweise der Obrigkeit vund von derselben zur Justiz bestellten Dienern unzeitig vorgegriffen, und dan solchen Übermuth zusehen nicht verantwortlich, so will ein Erb. Rhat alle ihre Burgere und Einwohnere, sonderlich auch die Handtwerckleute, so Knecht und Jungen hatten

hiemitt ernstlich verwarnet und ermanet haben, daß die Eltern ihre Kinder in beßerem Zwange und Gehorsam halten, deßgleichen auch die Handwerckhsleute ihnen Knecht und Jungen dergleichen Muth willen ernstlich verbieten, sie davon abhalten und ein jeder uff seine Kinder, Kostgenger, Knechte, Megde, auch Jungen und gantzes Haußgesinde dergestalt acht gebe und sie im Zaum halte, daß ein jeglicher von seinem Gesinde möge Rede und Antwort geben können, . mit ernster Verwarnung, daß sonsten ein erb. Rhat verursacht und genothdrengt würdt, die Eltern und respektic die Amtsmeister, auch Haußherrn und Vorsteher wegen solcher ihrer Kinder und gesindts Übertrettung mit gebürender ernster Straff nach Befindung der Verwürkung anzusehen und zu belegen und nichtdeweniger gegen diejenige, so darüber uff scheindender That betretten oder erkundigt werden mögten, mit ernster straff nach Gestalt der Sachen verfaren zu laßen, darnach sich ein jeder zurichten.« Signatum am 6. Monats August Anno 1627.

Osnabrück

1. Ich folge der Dissertation von Heinz-Jürgen Stebel.
2. Es könnte eine Verwechslung vorliegen, indem man einen Schreibfehler vermutet. Dann müßte es »1594«heißen. Gegen dies spricht, daß die Erdmannsche Chronik, deren Bericht bis zum Einzug Bischof Franz Wilhelm 1628 reicht, in deren 4. Teil nicht von einer Hexenverfolgung in diesem Jahr berichtet; gewiß wäre sie allein wegen ihres Ausmaßes - und zu einem so frühen Zeitpunktdokumentiert worden.
3. Zit. n. Strebel. a. a. O. S. 15
4. »Wilen Rotger Vortkamp nicht swigen kan ist em wis gemaket dat dem Apotheker eine Busse ut der apotheken von den Hexen genommen, und kan em von dem confect de mund vul gewen werden. Ick twiuele nicht, he werde gut dankgelt bekom.«
5. Stebel publiziert das Hexenstatut vom 29. Juli 1639.

Hochstift Paderborn

1. Decker, R.: Hexenverfolgungen im Hochstift Paderborn.
2. Humborg, L.: Die Hexenprozesse in der Stadt Münster. Münster 1914. Wilbertz, G.: Hexenprozesse und Zauberglaube im Hochstift Osnabrück. In: Osnabrücker Mitteilungen 84. (1978) S. 33-50
3. Das Verhör erfolgt vor dem Bürgermeister Hiynrich Kramer, Johann Lucken, Cord Lutels, Gosliß Bessen, Heyneman Smet, Johan van Collen und Thoniges Stalmesters. Bruns datiert die Akte in die Zeit um, bzw. nach 1450, wobei er auf Hunold Bessen weist, dessen Name zwischen 1437 -57 urkundlich erwähnt wird. Dem ist entgegenzuhalten, daß er auch 1493 und 1507 in Bürener Urkunden vorkommt.
4. Kirchoff, K.H.: Paderborn um 1560/80. Neue Quellen zur wirtschaftlichen und finanziellen Situation der Stadt. In: Westfälische Forschungen 28 (1976/77) S. 119-134. Hier: S. 128.
5. StAM Herrschaft Büren. Akten P. Nr. 6 a. Bd.1. Bl. 1-5
6. Tagebuch Kaspars vom 14. September 1603(Neuhaus) »Item wird in rath gezogen, wie gegen den Pater zu Dalheimb und seine mitbeampten wegen denuncirten Zauberei zu verfahren.«
7. StAM, Reichskammergericht (RKG) M. 647, 648
8. Hexenordnung: Ist vor gut angesehen worden, dem H. Commissario täglich 1 Rtlr., 1 Goldg. pro decreto torturae 2 Rtlr., pro sententia definitiva 1 Rtlr. zu verordnen.«
9. Wolf, H.J.: Sünden der Kirche. a. a. O. S. 744
10. Ritter: Friedrich von Spee (1591-1635) Ein Edelmann, Mahner und Dichter. Trier. 1977.
11. In einer Urkunde des Kaisers Barbarossa ist der Ahne Bruno Spede erwähnt. Im geldrischen Lehnsregister aus dem Jahre 1326 wird ein Goose Spede von Langenveldt mit zwei Höfen und einem Gut in der Gemeinde Wenchem und Greefreide belehnt. Der Großvater Friedrich Spees, Friedrich Spee von Langenfeldt, gelangt 1536 in den Dienst des Kölner Kurfürsten und wird Amtmann, Burgvogt und Kommandant der Festung Kaiserswerth. Sein Sohn folgt ihm im Amt.
12. Die Passage habe ich in meinem Buch »Hexenwahn« publiziert, so daß sie hier wegbleiben kann.
13. Dazu schreibt er in seinem Güldenen Tugend-Buch: » Gebenedeit sei die Stund, in der Du mich unwürdigen Sünder zum priesterlichen Amt berufen hast, damit ich Dir täglich alle meine Lebenszeit ein unendlich großes Lob darbringen könne, gebenedeit sei die Stund in Ewigkeit«.In den Jahren 1620.« 1622 erscheinen in Würzburg anonym vier kleine Liederdrucke von ihm. Kurz danach in Köln das Liederbuch Auserlesene catholische geistliche Kichengesäng, das mehr als 100 Spe-Lieder für das Kichenjahr beinhaltet.
14. Decker. a. a. O. S. 335
15. - 23. Zitiert nach den Ausführungen Ritters
24. Er sagt: »Etwas behutsamer hatte ein gewisser Rechtsgelehrter ... Cautionem Criminalum herausgegeben. Dieser Autor leugnet weder den Teufel noch die Hexen. Und gewiß dieses Traktätlein scheint mir von solcher Wichtigkeit zu sein, daß es bishero von niemanden angefochten, und ich nicht bereden kann, daß es verständiger Rechtsgelehrter oder ein kluger Politicus gefunden werden sollte, der nach Durchlesung dessen noch einig Zweifel wegen des unbilligen Verfahrens, so wider die Hexen verübt zu werden pflegt, haben könnte, geschweige, daß er solches zu widerlegen, sich unterfangen könnte.« Vergl. Thomasius: Kurzer Tractat. Laster der Zauberey (§ 4). De origines et progressu inquisitorii contra saga S. 66. Halle 1712.
25. Es seien um die Hälfte des vorigen Jahrhnderts einem nach dem anderen die Augen aufgegangen und hat allsonderlich ein Autor Anonymus eine Cautio criminalum herausgegeben, in der er sich so bescheiden, vernünftig und gelehrt aufgeführet und die meisten Indicis, woraus man gewöhnlich eine Zauberei erzwingen wolte, als schlüpfrig, falsch und ungewiß ausgegeben und erwiesen. Brunnemann- Discours: Vom betrüglichen Kennzeichen der Zauberei. Vorrede des Buches aus dem Jahre 1708.
26. Richter. a. a. O. S. 43. Diese zu erzählenden Quellen zu entnehmenden Angaben werden durch Aktenfragmente im Atciv Graf Oynhausen- Sierstorff (Bad Driburg) bestätigt. Sie enthalten einen Fragenkatalog ob Besessenen wegen eines Mordes, ferner einen Befehl der Paderborner Regierung vom 7. September 1658 an den Rentmeister zu Dringenberg, die dort einsitzenden, unter Mordverdacht stehenden Besessenen nach Wewelsburg bringen zu lassen.
27. Zu dem Prozeß war eeine aus mit promovierten Juristen bestehende Hexenrichterkomimssion aus Paderborn angereist. Der Hofrichter Dr. Warneius, sein Schwiegersohn, Dr. Hofmann (Sohn des Ringelsteiner Hexenrichters von 1630-31), sowie die Doktoren Weltermann und Koch.
28. C. Michels. Blind die Schuldigen gesucht. Hexenwahn und Hexenverfolgung nach dem Dreißigjährigen Krieg im Gogericht Rüthen. In: Heimatblätter Lippstadt Beilage zum Patriot 42. 1961. S. 21 f. 25 f. 31, 34 f. nr. 43 (1962) S. 29.ff, 33 ff.
29. StA des Paderborner Altertumsvereins (AV) Acta 102 Bl. 132/132 Abdruck bei F. Rautert. Etwas Näheres über die Hexenprozesse der Vorzeit aus authentischer Quelle. Essen. 1827. S. 33-37
30. So heißt es in der Anklageschrift gegen Friedrich Vahle: »Sein Vater sei 1658 von mehreren später hingerichteten Personen wegen Zauberei denunziert worden, sein Oheim und seine Schwester seien »dieses Zauberlasters« schuldig erkannt und hingerichtet worden und darüberhinaus seine »verschiedene aus inquisit verwandschaft«, worunter neben anderen Meinike, Agata und Margaretha Brilon genannt Vahlen hingerichtet und verbrannt worden, wie solches aus denen gerichtlichen protocollis ex anno 1659 erweislich, und also die ganze oparentela oder Verwandschaft mit diesem Zauberlaster inficirt.«31. Pollack, H.: Mitteilungen über den Hexenprozeß in Deutschland, insbesondere über verschiedene westfälische Hexenprozeßakten. Berlin. 1886. S. 23-28.

Grafschaft Schaumburg Rinteln

Ich danke der dortigen Archivverwaltung für die professionelle Unterstützung.

Lemgo

1. Hexenverfolgung u. Regionalgeschichte. Die Grafschaft Lippe im Vergleich. Verlag f.Regionalgeschichte. Bielefeld 1994. Darin: Christine Meier. Die Anfänge der Hexenprozesse in Lemgo. S. 83 ff. Die Prozeßakten befinden sich im Stadtarchiv Lemgo unter der Signatur A 3612 ff.
2. In der Akte Teuffel/Culemann aus dem Jahr 1585 heißt es: »Anno domini Achtzigh dreij, haidt ein burgersche binnen Lemgo, die Voßesche genandt, In Ihrer ugicht weiln sie wegen der Zauberey vorwarlich hingesetzt, vnnd per torturam gefragt wurden. Nach erlaßner Pein Zu Zwyen vnderscheidlichen mahlen, alß nemblich den 31.Augusti unnd 3 Septembris, gerurtz Ihr Iharß bekennt, daß sie neben anderen weibern Henrichten Theuffels Hausfrauwen mit im Tantze gesehenn. Vnd nachdem gedachteß Weib, die Voßesche, sich Ihre stunde sunderlich vnd von hertzenn, wie es sich ansehen ließ, leidt sein laßen, sich Gott wiederumb ergeben, vnd deß Herrn Nachtmalß gebraucht, Ist dieselb durch etliche des Rhadtz abgeordnete, zum vberfluß fleißig ermanet, keinen Menschen vnrecht Zubezichtigen, vnd bey der Obrigkeit mitt großer seelen gefahr zumachen. Haitt sie geandtwortt, davor solte sie Gott behueten ... Darbey sie dan auch vorharret, vnd die Pein des thodeß außgestanden.«
3. »Achter deß drosten hoffe, haben sie den tantz gehalten, vmb neun oder zwolff vhr nach gelegenheit der zeitt, auf vnd ab, auff den tanztz kommen sie nicht in Gotteß nahmen, fliegen dahin. Habe sich geschmerrt mitt des Teufelschen auß einem Potte, daß zeuch ist schwartz gewesen, die teufellsche habe eß bereitet, wiße aber nicht wovon.«
4. »Demnach wirtt gefragt, ob man nicht pro arbitrio dieselb nochmalß tertium, vnd da sie dan gleichwohl nicht bekennen wurde, wie man sich nach gestalten Sachen, vnd Ihrer, der Theufellschen, naturbeschaffenheit wohl haitt Zubesorgenn, quartum, weilm in hijusmodi lesae divinae Majestatis crimine gemeine regelm Rechtenß mit guetten gewißen uberschritten werden konnen, auf die folterbank bringen, vnd sich durch scharffe frage dar warheitt erkundigen muege. Oder waß darumb rechtens.«
5. Gabriele Urhahn. Der Fall Maria Rampendahl. In: Der letzte Lemgoer Hexenprozeß. Vergl. Erläut.1.

Barntrup, Alt- Barntrup, Detmold, Amt Sternberg, Hildesheim

1. Hartmann, W.: Die Hexenprozesse der Stadt Hildesheim. Quellen und Darstellungen zur Geschichte Niedersachsens. Bd. 35. Hildesheim und Leipzig. 1927.Hartmann, W.: Zauberrezepte und Zaubersprüche aus Hildesheimer Hexenprozessen. In: Zeitschrift »Alt-Hildesheim« Heft 7. 1926
2. StA Hildesheim. Kämmereirechnungen der Altstadt im Jahre 1431
3. Zit. nach Hartmann.
4. StA Hildesheim. Kämmereirechnungen der Altstadt vom Jahre 1477 Henning Brandis Diarium beim Jahre 1477.
5. StA Hildesheim. Akten CLXXXVII 1. Hier finden sich undatierte Niederschriften und ein datiertes Verzeichnung von Bekenntnissen, Kämmererechnungen der Altstadt im Jahre 1513.
6. StA Hildesheim. Altstadt Nr. 91 b, Bl. 75 und 77. Enthält ab S. 71 Aufzeichnungen über Geständnisse und Aburteilungen in Kriminalsachen (Rotes Buch). Kämmereirechnungen der Altstadt vom Jahre 1521.
7. StA Hildesheim. Akte XXXVIII 1. (Darin befindet sich die Urgicht des Hans Rolef und die Urgicht seiner Frau)
8. SttA Hldsheim. Altstadt Nr. 93 und die Kämmereirechnung aus dem Jahre 1562.
9. StA Hildesheim. Akten CLXXXVII 2. Die Akte enthält die Kopie einer Stellungsnahme der lutherischen Prediger der Altstadt Hildesheim zu einer an den Rat der Stadt gerichteten Bittschrift der Ehefrau Melchiorn Gordelers wegen des Teufelsbannens ihres Ehemannes.
10. Chronik des Joh. Oldekop. Hg. von K. Euling. Tübingen 1891 S. 565). Er war Probst am Kreuzstift und stirbt 1574).
11. StA. Hildesheim Urk. Nr. 934 (Orginal-Pergament mit dem Notariatszeichen)
12. StA Hildesheim. Hf. Altstadt Nr. 93. Kämmerei-Rechnung der Altstadt v. J. 1565.
13. StA Hildesheim. Hf. Altstadt Nr. 93. Prozeß gegen Ilse Ridders 1565. Akten: CLXXXII, 3 und XXXVIII 1. Prozeß gegen die Udensche. 1570.
14. StA. Hildesheim. Akte XXXVIII .1. (Die Prozeßakten sind zu einem kleinen Teil erhalten). Kämmereirechnung der Altstadt v. J. 1569.
15. StA Hildesheim. Akten CLXXXVII, 3 und XXXVIII 1. Die Akten sind nahezu vollständig. Kämmereirechnung der Altstadt.
16. In dem Zeugnis der beiden Braunschweiger Ärzte Dr. med. Martinus Köppen und Dr. med. Thomas Kullver heißt es u.a.: »Doch wissen wir auch, daß auch das cerebrum (Gehirn) sonderlich hominis morte violenta interrempt, in diesem Gebrechen (der Epilepsie nämlich) nach sonderlich art präpariret und ein einem gfeeß a auffm fewr gebt gebrant und zugerichtet, von berumpten Medicis auch unserer Zeit neben anderen zugehohrenden stucken ... gebraucht ... werden.«
17. StA. Hildesheim. Kämmereirechnungen der Altstadt v. J. 1572. Bever. Bibliothek Hf. 115 (Schnarchmachersche Chronik) S. 85.
18. StA. Hildesheim Akte XXXVIII, 1 (nur 1 Blatt mit der Urgicht der Meierschen). Kämmerei-Rechnung der Altstadt vom Jahre 1572.
19. Joachim Brandis d.J. Diarium b. J. 1591 (gleichzeitige Aufzeichnung) Gedruckt: Ausgabe von Buhlers, Hildesheim 1902. StA Hildesheim. Kämmereirechnungen der Altstadt v. J. 1604.
21. Beverinische Bibliothek. Akte Nr. 1509. Die Prozeßakten sind fast vollständig beinander. StA. Hildesheim Akt XXXVIII, 7. 63 (nur ein Bruchstück auf einem Blatt). Joach. Brandis d.J. Diarium. gedruckt Buhlers, Joach. Kämmereirechnung der Neustadt v. J. 1607.
22. »Jobst, heffet deck de Grisen und die Grauwen unterhanden, In dem Nahmen Jesu + Christi benome ich deck und gebede ich dich bey dem Namen jesu Christi und seinen heiligen fünf Wunden rott und bleck (weiß und bleich) datt due so aff thetest (abziehst), alse due up den Man bist kommen; In dem namen des Vaderß, des Sohnes und des heiligen Geistes«
23. »Ich bin ein Sondages kindt, So stelle ich füer und windt. Im Namen des vaders, sohns und heiligen Geistes. Amen« (usw.)
24. Bever. Biblio. Akte Nr. 1509 (d.i. der Prozeß gegen die Mollersche, 1607. StA Hildesheim Akte LXXVI, 2 (erhält die Niederschrift eines Verhörs der Krumf. in Lauenburg)
25. In Schnarmachers Chronik (Beverin Biblio Hf. 115) findet sich die Angabe, die Krumfüßische sei am 12. Oktober 1608 vor Rthem (a.d. Aller) auf eine Schäferhürde gebunden und von der Gerichtsstätte zum Scheiterhaufen geschleift und verbrannt worden.
26. Dazu werden an weiteren Angaben gemacht: Am 28. Juli ... werden zwei Reichstaler gebucht, die man den »gelarten zu Helmstaedt pro studio ..der Floerschen halber« gegeben hat. Am 11. August verausgabt man 11 Guld. 6 gr. 8 Pf. an den Scharfrichter für vier Fuder Holz Die beiden Prediger »so bei der Floerschen gewesen« erhalten am 13. August 1 Guld. 16 H Gr.
27. StA. Hildesheim. Akte CLXXXVII. 7.
28. StA. Hildesheim, Akte XXXVIII, 94. Die Prozeßakten sind unvollständig. Kämmereirechnung der Altstadt v. J. 1615. Bever Bibl. Hf 115 (Schnarmachersche Chronik) S. 130. Schnarmacher war Kammerschreiber des Rates und wird als solcher 1649 beeidigt.
29. StA. Hildesheim. Akte XXXVIII. 109. Die Prozeßakten sind vollständig. Kämmereirechnung der Altstadt v. J.1628.
30. »man müsse ein frisch Ay nehmen, daßselbe in eine zinnerne Schüssel, welche uf einer Leiche gestanden, schlagen und unters Bette, worauf das Kindt ligge, setzen. Dafern nun das Kind damit behafft, würde das Ey sich wider zusamen geben und außsehen gleiche were es gar«
31. StA. Hildesheim Akten XXXVIII 1 und 111. Kämmerei-Rechnung der Altstadt v. J. 1629. Bever. Bib. Hft. Nr. 115 (Schnarmachersche Chronik) S. 149.
32. StA. Hildesheim Akte CLXXXVII, 4. Hier sind die Prozeßakten vollständig. Kämmerei-Rechnung der Altstadt v. J. 1648.
33. Vergl. die Unterlagen zum Prozeß der Puisterflickersche von 1648. Die Akten sind unvollständig
34. StA Hildesheim. Akte CLXXXVII, 5. Die Akten sind fast vollständig. Kämmerei-Rechnung der Altstadt aus dem Jahre 1655.
35. Er schließt seine Anklage mit den Worten: »Wann dann aus Göttlicher hl. Schrift anzunehmen, daß der liebe Gott ein gantzes Land wegen eines Gottlosen bestraffet, als werden meine großgünstigen Herrn als liebe Obere dieser löblichen Stadt Hildesheim das schädliche Unkraut, weswegen eine gantze Stadt von dem Allerhöchsten kan gestraffet werden, nach Befindung der sachen wol wissen auszureuthen.«
36. StA. Hildesheim. Akte LXXXI, 3. Die Akten sind lückenhaft. Kämmereirechnung der Altstadt v. J. 1659. Beverin Bibl. Hf.115
37. StA. Hildesheim. Akte CLXXXVII. 8
38. Beverin, Bibl. Hf. Nr. 1510. Die Akten sind vollständig StA Hildesheim Altstadt Nr. 166, Vo. 1. S. 791 ff. Dieser

Band, fol. Pap. enthält Rechtsgutachten a. d. Jahren 1697-1701 von der Hand des Syndiks Dr. M. Schrader.
39. StA. Hildesheim. Akte LXXXVI. 4. gleichzeitige Kopie des gerichtlichen Protokolles.
40. Zit. nach den Recherchen von Hartmann. a. a. O.
41. StaaA Hannover, Hild. 2 A 8 d Nr. 12 (Akten sind vollständig).

Regionen des Harzes, Goslar
1. Hexenglaube und -prozesse in unserer Heimat. Ein Beitrag zur Geschichte der Provinz Sachsen und des Harzgebietes. Friedrich Kausch. Selbstverlag .1927
2. Responsam juris, in ardua et gravi quadum causa, concernente processum quendam, contra sagam, nulliter institutum, et inde exortam diffamentionem ... Impertium Giessae a JCto quodam in Anna 1621.

Erzstift Bremen, Verden, Hadeln
1. Mahnke, D.: Das Hexenunwesen in Verden und sein Ende

Hadeln
1. Wilhelm Lenz. Hexenprozesse im Lande Hadeln. Vergl. Weise, E.: Das »Edikt in Zauberei-Sachen« von 1603 und seine Anwendung durch den Richter Lüder Bikker zu Altluneberg. Stadter Jahrbuch 1950. S. 35-64. Hier wird das ältere Schrifttum nachgewiesen.

Bremen
1. Schwarzwälder, H.: Die Geschichte des Zauber- und Hexenglaubens in Bremen.
2. Das Bremer mnd. Arzneibuch des Arnoldus Doneldey. Hrsg. v. Ernst Windler Nd Denkmäler, Bd. VII. Neumünster 1932, Arnold Doneldey entstammte einer angsehenen Bremer Ratsherrnfamilie und wurde um 1345 geboren. Sein Vater war Bgm. Albero Doneldey, der wohl 1377 starb. Arnold wird bereits 1367, als er noch nicht 24 Jahre alt war, Anwärter auf das Amt eines Juratus im Martinikirchspiel. 1376 (?) wird er Ratsherr und beginnt als Bauherr von St. Martini mit dem Neubau der Kirche. 1378, -81, -84, -87 und -90 ist er im Sitzenden Rat. 1381 führt er das Bürgeraufgebot in der Mandelsloher Fehde und gerät in Gefangenschaft, aus der er sich mit Geld lösen muß. 1387 wird er als Vormund des St. Jürgen Gasthauses genannt. Es ist möglich, aber nicht zu beweisen, daß er das Arzneibuch für dieses Gasthaus anfertigen ließ. 1398 ist er verstorben, da seine Witwe Gheze erwähnt wird.3. »Darto scal men nemen bockentalch (Bocktalg) unde witte emeteneyere und bilsensat und stoten dat tosamene, alle like vele, unde honich, menghte dato, unde vym eyne witte ule, ut deme neste unde stot dit dink unde vulle de ulen darmede unde brade de bi dem vure also eyn hoen und va (fange) dat smalt unde so (it) in eyne bussen unde smere da darmede; dat vordrivet de gicht.«
4. »so nym des ghires (geiers) herte unde bind dat in den arm; du erkumpft in neynen strid so groß, du ghewinnst den seghe edder du scheydest myt eren von dannen.
3. Die Schrift heißt: Apologia oder ... Widerlegung und Verantwortung ... Eines Ehrwürdigen Thumb Capittuls des hohen Stiffts Verden usw.
4. Das Mandat ist abgedruckt in Wilh. Havemann: Geschichte der Lande Braunschweig und Lüneburg III. Bd. Göttingen 1857, Anmerkung zu S. 62.
5. Bei Pfannkuche heißt die Großmutter Warneke; viell. ist dies ihr Nachname und Wobbeke der Vorname. Pf. konnte sich bei seinem Bericht (a. a. O. S. 313-326) auf die damals noch in Verden vorhandenen Prozeßakten von 1646-51 stützen.
6. Sie sind im Statsarchiv Hannover vorhanden: Celle Br. Arch. Des. 108 a, Fach 21, Nr. 21 a.
7. Dieses Rescript ist mehrfach abgedruckt, erst 1762 in Eberh. Haubers Bibliotheca, acta et scripta magica als Nr. 235. Band III, Lemgo 1741-45. Nach einer vom Syndikus Ramdohr beglaubigten Abschrift, aber in veränderter Rechtschreibung.

Schleswig-Holstein-Lauenburg
1. Heberlin, R.: Zauberei und Hexenprozesse in Schleswig-Holstein-Lauenburg. Aufgrund des Aktenmaterials im Kgl. Staatsarchiv Schleswig. 1915.
2. Hier geht es um die Sage vom König Erich v. Schweden (Windhut) »Der im Wettermachen so fertig gewesen, daß, wohin er am Kopfe seinen Hut gekehrt, daher er Wind und Wetter erweckete«(Schubert 74, S. 385.)
3. So wird gesagt: »o Daß ihn dies nicht erket und sterket nicht kille und schwille, nicht möde und blöde in nomine patris filij et spiritus Amen« (Stadt Mölln, 1612) o Eine andere Zauberin, die 1608 in Schleswig verhört wird, bekennt: » Wen de Elhorn oder undereschern, de Milk und Botter nehmen, neen sede Christus, neen sede Cruz, da schalt se neen Melck und Botternehmen, ehr Jungfer Maria ein better Sohn kriegt also Jhesus Christus im Nahmen des vaders, des Sohnes und des H. Geistes.«.
4. Sie sagen gar: »Durch Bauernkunst müßte ihr geholfen werden, Doctores könnten Abel Jansen nicht helfen.«
5. Um 1358 herrscht in Dänemark. vor allem in den Marschländern, wegen des anhaltenden Regens eine so große Teuerung, daß viele Menschen an Hunger sterben. I »n ihrem Leib wuchsen Würmer, welche nach deren Tod zum Mund herauskrochen «(Pontopiddan (52) Bd.II. S. 154.1362 um laetare werden die Eiderstedtischen und Nordstrandischen Marschgegenden mit einer schrecklichen Wasserfluth heingesucht »welche 30 Kirchen und Kirchspiele vernichtete, und viele tausend Menschen, unter welchen 13 Prediger gewesen, elend ums Leben brachte.« (Mandraemke, Pontipiddan (52) Bd.II. S. 209.
6. Hier wird versichert: »So is ock Godt sulvest by der gebort unde vorfüllet de stede de Bademöne, so möthen solcke frowen ock weten, wenn se ym killebette liggen, dat se nicht yn der gewalt des düwels sind, also wol vorhen gemeint ist, durch den unvorstandt tho Godt.«
7. Arch. Schleswig A. IX. S. 365.
8. In Schlesien wird 1551 eine offenbar Wahnsinnige wegen ihres närrischen Verhaltens angeklagt. Sie gestand unter der Folter, den Teufel angerufen zu haben und wirrd daraufhin als Zauberin verbrannt.1580 wird in der Stadt Möln ein Prozeß gegen Claus Pawels geführt. Er stellt sich besessen und beschuldigt Anneke Stuwen der Bazauberung. Er wird als Betrüger entlarvt und des Landes verwiesen.
9. Der lübische Syndikus Michaelis sagt in seinem Responsum: » Ist auch von allen testibus für ein vom bösen Feinde Besessene gehalten, von etlichen toll oder mit der hinfallenden Seuche behaftet, von etlichen auch für eine lose betriegerische Metzen, daß aber Besessene nicht sofort Zauberin sein, ist kund und offenbar, so ist auch ganz unerweisen, daß sie eine solche gewesen sei.« (Michaelis, Responso (113) S. 252)
10 und 11. Zitiert nach R. Heberlin. a. a. O. S. 147/148.
12. Magazin IV. S. 216
13. Beispiel: » Waß maßen Peter kalund Stieftochter meine hausfrauen hochehrenrührig angegriffen«, so klagt Paul Decker in Schleswig 1642: »und nachgeredt, als sollte sie verwichenen Sommer frühe bei anbrechender Tageszeit auf meines Nachbarn Hofstelle zur Schubuy bei seinem Wagen, so allda gestanden, allerlei Handgebühr getrieben haben, welches sie in alle Ewigkeit nit beweisen kan, in maaßen mein Hausfrau zu der Zeit an meiner Seite gelegen, so ist doch leider die Sache durch culminatione und ihren helfern so weit spargiert und publiziert und ausgebreitet, daß mir solches nicht allein innerhalb Kirchspiels, sondern auch außerhalb ja auch in ehrlichen Gelagen und Zusammenkünften schmähelichen vorgeworfen als wann ich solche große Injurien meine Hausfrau betreffend zu mir gezogen, auf ihr sitzen und bekleben lassen und eingeschluckt, wie ein Hund des Schmeer. Als ich von der hohen Obrigkeit auch mit Hülfe Gottes meiner armen Hausfrauen Unschuld erweisen will, daß Caluminantinnen mit geparter Wahrheit schmähdürftig mir aus lauter teufelischer Bosheit ihres Herzens nit allein ihre, sondern auch mir und meine armen Kinder und ganze Familie (welche wohl arm, jedoch ehrlich und redlich) zu infamieren und ehrlichen Leumundts und nahmen zu verkleinern und berauben gesinnet, welches wie obgedacht sie mit Grund Rechtens in alle Ewigkeit nimmer tun soll.« (Archiv Schleswig. C. XIV. Nr. 29.
14. Mauritii Consilia XXIII. S. 289
15. »Durch diesen grausamen und ungerechten Prozeß haben die Ankläger und Richter an der unschuldigen Frau ärger gehandelt, als wenn sei dieselbe mit der Faust getodt hätten, denn alsdenn wäre sie ohne so große Schmerzen im Huy von dieser Welt in ein rein christliches Begräbnis gekommen.«
16. Als nun berührte Greti folgnden Tages wegen der beschehenen Bekenntnis in der Güte, ob sie dabei beständig verbleiben wolle oder nicht, befraget werden sollte, hat sie wiederum alles verleugnet. Als sie aber zum Höchsten vermahnt, hat sie erklärt, sie hätte es wohl in der Angst so reden müssen, sie wisse von keinem Bösen, wann es aber nicht anders sein könne, möchte es also sein, wie sie für diesem bekannt, dann sie wäre ihres Lebens satt.«
17. Plön. 1602. Archiv Schlesw. B. VII. 22
18. Archiv Schlesw. A. XX S. 365
19. Mauritii Consilia XXIII.S. 288
20. Magazin X. S. 608.

Mitteldeutschland Mark Brandenburg
1. Raumer, W.v.: Actenmäßige Nachrichten von hexenprocessen und Zaubereien in der Mark Brandenburg. Berlin. 184

Schleusingen, Suhl, Ilmenau
1. Höhn, W.: Hexenprozesse in den henneb. Ämtern Schleusingen, Suhl und Ilmenau. In: Schriften des Hennebergischen Geschichtsvereins Nr. 4. März 1911. Schleusingen. 1911.
2. Gemeinschaftli. Henneb. Archiv in Meiningen. Sect. VI. B.B. Nr. 22.
3. Der Jenaer Schöppenstuhl schreibt in Zusammenhang dem Schleusinger Amtmann Humpert von Langen.
4. Drei Ketten, jede einen Klafter lang, 6 Klammern, Hauen und Scheufel, 1 Stützel von halber mannesdicke, 6 Klaftern Dürrholz, 2 Schock Dürreisig, 1 Schock Stroh, 1 Hammer und 1 Feuerhaken mit einer Stange.
5. u. 6. Gemeinschaftl. Henneb. Archiv zu Meiningen. Sect. VL. BB. Nr. 22.
7. »Unsere freundlichen Dienste zuvor. Ehrbar, namhafter, guter Freund. Auf überschickte gütliche und peinliche Aussage der gefangenen Ottilia, des langen Georgen zu Breitenbachs Eheweib, darüber ihr unsere Rechtsbelehrung gebeten, sprechen wir für recht, daß die gefangene Ottilia durch erlitten Tortur ihre Unschuld purgiert. Da nun nicht andere und stärkere Vermutungen begangener Zauberei wider sie vorhanden, so wir sie nunmehre auf eine gewöhnliche Urfehde des Gefängnisses entledigt, Ihr aber dabeneben mit sonderbarem Ernst bei Vermeidung höchster Leibs- und Lebenstrafen eingebunden, sich aller ungebührlichen Gebärden, Worte und Werke hinfürter gänzlich zu enthalten. Von Rechts wegen. Urkundlich mit unserem Insiegl versiegelt. Verordnete und andere Doctores des Schöppenstuhls zu Jena.
8. Höhn publiziert die Urfehde.
9. Höhn geht in seiner Arbeit auf die Problematik ein.
10. Das Titelblatt schafft einen Bezug zu den Schleusinger Ereignissen.
11. Höhn bringt eine Schilderung des Vorganges vom 14. Juli.
12. »Ihr zeigen solltet sämtlich zu Gott im Himmel einen leiblichen Eid mit aufgehobenen Fingern schwören, daß ihr in dieser Sache Barbara, Simon Reuchen Weib zu Schönau, Hexen und Zauberei betreffend, die ganze vollkommene und lautere Wahrheit auf diejenigen unterschiedlichen Artikel, so ein jeder absonderlich wird befraget werden, soviel auch davon wissend sei, ihr auch selbst gesehen und gehört, aussagen und berichten und darinnen nichts verhalten oder verschweigen, viel weniger einigen Falsch und Untreue gebrauchen sollet und wollet, in diesen auch weder Freundschaft, Feindschaft, Gevatterschaft oder andere, so euch von der Wahrheit zur Unwahrheit verleiten möchte, ansehen, sondern eure Aussagen dermaßen als also anstellen, wie ihr sonders von der weltlichen Obrigkeit allhier zeitlich, sondern am Jüngsten Gerichte vor Gott dem Allmächtigen mit guten, reinen Gewissen zu verantworten gedenken. Denn da ihr anders, als Euch bewußt, sagen würdet, ladet ihr nichtt allein Gottes gerechten Horn, schwere Straf und Ungande auf Euch, sondern da es die weltliche Obrigkeit berichtet, so werdet ihr für Meineidiger oder Meineidigerin geachtet und gehalten, und würden euch rechtlichen Prädstcript gemäß, alldieweil die Sache nicht ein geringes, sondern Leben und Leib anbetrifft, die beiden Finger, damit ihr geschworen, abgeseiter oder mit schwerer größerer rechtlichen Strafe beleget, vor welchen zeitlichen und ewigen schweren Strafen und Unheil ich euch allerseits und einen jedem insonderheit Amts halben treulich will verwarnet und dabei erinnert haben, euch und eurer Seelen Heil und Seligkeit in gute Acht zu nehmen und vor Schaden zu hüten. Wollet und bedenket ihr nun, solchem aller also treulich und fleißig nachzukommen, so sollet ihr mit handgebender Treue mir dasselbe angeloben und hernach mit aufgehoebenen Fingern zu Gott eidlich und leiblich beteuern.«Nach diesem haben alle gegenwärtigen Zeugen, so ihnen vorgehalten und vorgelesen, treulich nachzukommen, mit aufgehobenen und aufgelegten Fingern wie folgt: Alle demjenigen, so mir ietzo ist vogehalten, vorgelesen und gesagt, erinnert und verwarnet worden, ich auch wohl vrtnden und vernommen habe, demselben will ich, ob Gott will, ehrlich und aufrichtig nachkommen, so wahr mir Gott helfe durch Jesum Christum, unsern Herrn. Amen.«
13. Dünne sächsische Silbermünze im Wert von 3 1/2 Groschen, 7 galten als ein rhein. Gulden. Der Name stammt von dem Ort Schreckenberg (bei Annaberg) wo dieGeldstücke 1497-1559 von der Ausbeute des dortigenSilberbergwerks gemünzt worden sind. Nach dem aufgeprägten, den Kurschild haltenden Engel heißen sie »Engelsgroschen.«
14. StaA Schleusingen Abt. XXIV. Nr. 23.
15. »Ich schöpf aus diesem Wasserfluß ... Und segne dich für siebnerlei geschoß, ... Für das geschoß, für die und für das gegicht ... Büß dirs Gott in seinem höchsten Gericht ... Es sei im Mittag oder nach Mittag, ... Vor Mitternacht oder nach Mitternacht ... So zahle ich dies zu Buß ... im Namen des Vaters des Sohnes ... und des heiligen Geistes.«
16. StaA Schleusingen. Abt. XXIV. Nr 27
17. Joh. Michael Weinrich erzählt in seinen Kirchen-und Schulen-Staat des Fürstentums Henneberg (Leipzig 1720) im Einleitungs-Diskurs eine ähnliche Begebenheit.
18. Archiv des Hennebergischen Geschichtsvereins Schleusingen.
19. Die Belehrung geht an den Suhler Amtsschultheißen Johann Heuer zurück, die den Präsentationsvermerk 21. July 1603 trägt.Gemeinschaft. Henneb. Archiv Meiningen. Sect. VI. BB. Nr. 23
20. Im geheimen Haupt- und Staatsarchiv Weimar, Abt. Hennebergica, Nr. 491, hat sich folgende Kostenrechnung erhalten: Verzeichnis, was mein Verdienst und Lohn ist von Anna Anschützen von Metz zu justifizieren und für das Gezeug, wie folgt: 10 fl. von ihr zu justifizieren, 8 fl. für Hauen, Schaufel, Pickel, Axt, Ketten, Hammer und Klammern, Schwefel, Pech und Pulver, Strick u. a. 4 fl. vom Staupenschlagen, 1 fl. den Knechten Drengeld (Trank(Trink=geld?) von der Anschützen, 1/2 fl., den Knechten vom Staupenschlagen und freie Zehrung, 6 1/2 fl. haben wir miteinander verzehrt und mit Pferden und allen als hierher. Ott Heinrich Wahl, der Herrschaft Henneberg bestellter Scharfrichter.« Die Bezeichnung »von Meltz« erklärt sich vermutlich daraus, daß Anna Anschütz nach dem Tod ihres Mannes wohl zeitweise in Mehlis gewohnt hat.
21. Man vergleiche, was Weinrich in seinem Kirchen-und Schulenstaat (1720) im Einleitungsdiskurs schreibt.
22. Der Büchnersche Bericht ist abgedruckt in Güthts Poligt. Meing. S. 318 bis 322. Ludovici in seinem Lieber memoralis Gymnasii Henneb. p.18 und Martin Zeiler in seinen, zu Nürnberg (1659) 2. Aufl. Ulm 1667) erschienenen Centuriae variarum quaestionum, 3. Hundert. 26. Frage, S. 123, geben kurze Auszüge.
23. Die Suhler Statuten vom Jahre 1664 treffen im übrigen bezüglich der Besetzung des Peinlichen Gerichts in Tit. XVI. die Bestimmung: »Wann Hexen o. a. Malefiz-Personen zu Sula oder in der Goldlauter eingezogen und zum Tod verurteilet werden oder sonst ein peinlich Halsgericht zu halten, wird das Gericht durch die Rats-Personen besetzet; sind aber die Malefiz-Personen von Heinrichs oder Albrechts, sollen, dem Herkommen nach, die Gerichts-Personen oder Dchöppen ernstgemeldter Orte dazu gezogen werden.«
24. L'Larva Diaboli detecta et reiacta. d.i. Christliche Betrachtung etlicher listigen Anläufe und Verblendung des höllischen Geistes, damit er die Menschen zu dem abscheulichen Laster der Hexerei verführet.«
25. Müller von Raueneck inseiner »Antiquarisch- historischen Beschreibung der Berg-und Handelsstadt Suhl mit Berufung auf »Hexenprozeßakten von Henneberg«, die Ebertin sei »wegen Verzauberung in Katzengestalt« verbrannt worden. (Henneb. Kreisblatt zu Schleusingen, Jahrg. 1836, S. 405).

Mecklenburg/Pommern
1. 1525 lebt in Landsberg a. d. Warthe ein Mönch, der sich mit Hilfe der Schwarzen Kunst unsichtbar machen konnte. Nach Einführung der Reformation soll ein protestantischer Geistlicher aus gleichen Gründen den Verstand verloren haben und 1554 wird Pastor Thomas Tyde aus Wick beschuldigt: »daß er teuflische Künste betrei-

be.« Magister Christian Spalkaver, Pastor aus Wieck auf Witow (1662-1702) stößt nach einer 15-jährigen Amtstätigkeit ein ungewöhnlicher Fall zu: als er die Predigt auf der Kanzel verrichten will, überfällt ihn eine unbeschreibliche Angst, die ihn nötigt, sich nach Stralsund zu einem Arzt zu begeben. Nach einer Sonnenfinsternis eifert ein Prediger im Lande wider die Hexen, um deretwillen die Sonne nicht mehr scheinen wolle.
2. Es wird vorgehoben: »men het wol anhero got lof und dank, in dissem lande van keinen töverschen zu berichten, die »Alruneken, Devedumen, Dodenaken und andere Narrenwerke« bei sich haben; auch pflegten die Bauern in der Walpurgisnacht mit »groten Fuerblasen« (Fakkeln) auf dem Feld herumzulaufen, um de Molkentöverschen zu bernen (brennen), wo man das Narrenwerk nömet.«
3. Bei einer Visitation der Gemeinde Lübsee bei Rehna 1603 wird ins Protokoll genommen: »Freidagesche gehe mit böten und segnen umb, vnd woll sich davon nicht abmanen lassen. Ist vorbescheiden vnd ob sie es woll gestanden, daß sie zu dem Schörbuck vnd Vosse rath wüste mitt segen, vnd vom Herrn stehen ermahnet und bedrohwet worden. So ist sie doch vest dabei geblieben, das es eitel gute wortt waren, vnd thete keine sünde damit, sondern hülffe den leuten, hatt auch müssen die wortt, so sie gebrauchete, sagen, wie folget.« (wird hier weggelassen).
4. 1679 wird in epischer Breite von einem verzauberten Haus berichtet, in dem Kindbetterinnen bedrängt werden. Der um Rat gerufene Freund trägt die Sache dem Rostocker Thelogen und Direktor des Konsistoriums, Dr. Varenius vor. Er wendet sich an einen Arzt und fragt, ob es an schädlichen Ausdünstungen liegen könne, die auf höhere Kräfte lenke. Was der Arzt verneint ... im vorliegenden Falle bestehe der Verdacht auf Hexenwerk, das im Haus in der Erde vergraben oder von einer Hexe versteckt sei.«
5. Sidonia v. Bork. Die Klosterhexe, angebliche Vertilgerin des gesamten herzoglich-pommerschen Regentenhauses. Hrsg. Wilhelm Meinoldt. Leipzig1848. Kübler, F. Die Klosterhexe Sidonia v. Borcke. In: Unser Pommerland Jg. 6. (1921) S. 303-307. Trenkhorst, R.: Das Stiftsfräulein von Marienfließ. Eine Hofgeschichte aus dem 17. Jahrhundert. Bibl. der Unterhaltung und des Wissens. 1886. Bd. 5. S. 183-195.
6. Ihr Schicksal hat seit jenem 19. August 1620 viele in seinen Bann gezogen. Immer wieder haben sie sich Gedanken zu jenen wunderbaren, geheimnisvollen Ereignissen gewandt, die sich hinter den Klostermauern von Marienfließ bei Stargard abspielten und in die Tragödie auf dem Rabenstein endeten. Abscheu vor der satanischen Bosheit oder Mitleid vor dem tragischen Geschick der Sidonia erdeckte die Geschichte ihres Lebens. Die Phantasie und Dichtung hat sich des Stoffes bemächtigt und den Nimbus grausam zerpflückt und nichts Gutes an dem unglücklichen Geschöpf gelassen.
7. »ditsulve wiff ward darum gebrandt, dat sie in pinliken vorhor und sunst frywillig bekant, wo soe to Dantzke eine kunst gelert, dadurch sei 2 spiritus familiares als Sandeken und Spundeken aver gekamen, deren rades sie gelevet, daß sie sick ernheren konde: ock kunde sie andere kunste mehr; die sie tom deile in der bodeleye (Büttelei=Stadthaus) bewisset.«
8. Im Verfahren gegen Katharine Wolgemut (1560) wird über seine Zusammensetzung berichtet: er besteht aus gerösteten Schlangen, Asseln und Kröten, vermischt mit Butter und Blut. In späteren Bekenntnissen tauchen andere Rezepturen auf: Katzenhirn, Mark aus Diebsknochen, Pferde-oder Viehhaar, Spinnen, Kaulquappen, Hundekot u. ä.
9. »Dafern sich auch einige Leute in diesen Landen befinden sollten, welche auf des Teufels Kunst wahrsagen oder durch Crystallen und andere Wege mit dem Teufel Gespräche hielten, Zauberey üben und mit dem bösen Feinde gewisse Pakte hätten, so soll wider dieselben vermöge des gemeinen und üblichen Rechtes verfahren werden. Würde es aber geschehen, daß einige außer Gespräch und Gemeinschaft mit dem Teufel das Chrystallsehens, Mißbrauchung des Evangeliums Johannis, Sieb-, Schlüssel- und Buchlaufens oder-drehens, Augenausschlagens, Segenspechens, Bötens, Stillens oder anderer abergläubischer, unchristlicher, gotteslästerlicher und verbotener Mittel, unter was Schein es auch wäre, sich gebrauchen, dieselben sollen mit Ausstreichung an dem Pranger dabei ehrlos erkannt, angesehen und bestrafet werden.«
10. Als Zauberer sind nach seiner Auffassung mit dem Feuer zu strafen: »welche mit schädtlichen Zauberey Segen/und grauwlichen Verwünschungen/mit Einmengung der bösen Geister/mit Gifft vom Teuffel zubereit/oder durch ungeburliche Künste/von den todten Cörper/von Diebsstricken/und in die vermischten Leiber/zugericht/ hineingebracht/vergraben/unter Speise oder Trank gemengt/der Menschen und deß Viehes Gesundheit und Leben beschedigen unnd verderben.«Von Zauberern unterscheidet er die Lamiä, die im allgemeinen keinen Bund mit dem Teufel schließen.» Aber die Unholden/und alten ungeschickten Weiber/werden vom teuffel mit betrug hindergangen/mit Gewalt und Furcht gedrungen/ auf Irrtumb und Unwissenheit gebracht und disem ergaukelten/oder vermeinetem Zauberbund.
11. »Obwohl gedachts Weib sich verwillkort, wo ferne sie, wann sie uffs Wasser geworffen schwemmen und nicht sinken würde, daß man sie dann ohne alle gnade uffs feuer werffen sollet, und sie darüber durch den Scharfrichter der lande gewohnheit nach uffs Wasser geworffen und nicht zu Grund gegangen, so sind doch uff das Wasser werfen und der Personen Aussagen zur peinlichen Tortur keine genugsame inditia gewesen.«
12. Die Untersuchung ergibt, daß der Verwalter Johann Fleischauer aus Reez, das dem Kanzler Detlow Reventlow gehörte, so gehandelt hat. Der Herzog verfügt: »Johann Fleischauer habe 200 M. Strafe zu zahlen und so künftig die principales die Hexenproben nicht einstellten und die Advokati dergleichen Sachen verteidigten, sollten die Herrn cum privatione Jurisdictionis, die Advocati mit 200 M. bestraft werden ... denn zu gleichen Zeit hätten auch (...) Hexen aufwerfen lassen.«
13. Vergl. d. Ausführungen bei Beyer: Zauberei und Hexenprozesse in Mecklenburg.
14. und den Titel tragen: »Gewissens-Fragen oder Gründlicher Bericht von Zauberey und Zauberern, von Mitteln wider dieselben, und was für einen Prozeß Christliche Obrigkeit wider die Zauberey gebrauchen solle, benebenst einen Anhang von Geist und leiblicher Besitzung und Austreibung deß bösen Geistes. Männiglichen zu gunten Unterricht und treuherzigen Warnung wider solche Teufells-Geschmeiß dienlich, insonderheit denen Richtern zu erwegen hochnöthig und erbaulich ... usw.«
15. Weil sie keinen Schaden getan hätten und es unklar sei, ob wie sie schuldig gewesen ... Auch wäre es wichtig, daß der Seelsorger Nachricht von den Bezichtigungen erhielte, um prüfen und allenfalls kirchliche Zucht üben zu können. Auch dürfe man niemals die Hexen, die ihr durch die Tortur abgewonnenes Bekenntnis später widerrufen, hinrichten, sondern nur dann, wenn sie in ihrem Bekentnisse bis ans Ende beharren; endlich müsse man dem Seelsorger zu seiner Arbeit an der Bekehrung Zeit lassen.
16. Summarischer, jedoch gründlicher Unterricht, wie nach den Rechten, auch christlichen Gewissen und gesunder Vernunfft, folgende, zu der Zeit, da ein Richter mit der verdrießlichen Inquisition wider das Zauberlaster sein Ambt (zu) verwalten hat, sich fürnehmlich aufgebende, hienach gesetzte Fragen zu beantworten. Alles Amptswegen und nur zu dem Ende, damit ein gantz Land oder Stadt in dergleichen Materie durch ungleiche und unbegründete Antwort oder Meinung nicht gantz schädlich irre gemacht werde, nothwendig aufgesetzt und zum Drucke befordert.« (1678)17-19. Vergl. die Ausführungen bei Beyer: Zauberei und

Hexenprozesse in Mecklenburg. Schlesien
1. Lambrecht, K.: Zur Ausrottung der Teufelssekte. Frühneuzeitliche Hexenverfolgung in den schlesischen Territorien. Dissertation. Universität Stuttgart. 1993. Sie bezieht sich im wesentlichen auf die Akten des Breslauer Wojewodschaftsarchiv, Bestände aus dem Breslauer Diözesanarchiv, den Stadtarchiven Merseburg, Brünn, Troppau und Prag, sowie den Liechtensteinischen Hausarchiv in Wien.
2. (1651-1657) S. 148 . »In Schlesien/wurde zu der Zeit wider die Hexerey (so an Männern/Weibern und Kindern erschröcklich überhand genommen) grausam exequiret /und wurden allein in Zuckmandel acht Hencker gehalten/welche alle Tage vollauff zu thun hatten: Wie die Königin von diesem Schlesingischen Hexen-Geschmeiß/und viel andere außgesagt/auch unter der Folter bekannt/so seynd sie, an S. S. Philipp und Jacobi Abendt (= Walpurgisnacht =1. Mai) zu Prag auff dem Munsterplatz gewest und daselbsten auß prag etliche tausend/worunter viel vornehme Herrn und Stands-Personen/angetroffen.«
3. »um diese Zeit schwermeten die Hexen und Unholden in Schlesien/sonderlich im Neissischen/in gantzen Schaaren auffs schröcklichste; wie wiewohl die obrigkeit scharffe Exekutiones gegen sie verübte/also (daß allein zu Zuckmantel 8 Henker bestellet waren/welche mit dem Verbrennen und Köpfen grosse Arbeit hatten/und wegen der Menge dieses Ungeziefers steckten die sechs Meister 6 bis 8 Stücke derselben in die Feuer Oefen/desto besser ihre Arbeit zu beschleunigen.
4. F. Lucae. Denckwürdigkeiten (1689) S. 2233. (Ebd. S. 780).
5. W. Irgang: Die Stellung des deutschen Ordens zum Aberglauben am Beispiel der Herrschaften Freudenthal und Eulenberg. In: U. Arnold (Hg.) Von Akkon bis Wien (1978) S. 261-270. Hier S. 264.
6. Gegen dieses Phänomen kämpfen noch Maria Theresia und ihr Leibarzt Gerard van Swieten an. Maria Theresia erläßt am 1. März 1755 eine Verordnung für Mähren und Schlesien, wie die Verbrechen der Vampyre zu untersuchen seien (Abgedruckt bei Chr. d'Elvert. Das Zauber- und Hexenwesen, S. 376 f.) und 1766 einen Artikel von der Zauberei, Hexerey, Wahrsagerey und dergleichen (Abgedruckt bei M.F.v. Madsburg.
7. In einer Handschrift heißt es: Weder das sacrament sunden die keczer und die an gloubin zwifeln und die ungelouben an in han als peleweis (Bilwisen) und mulkensteleryunnen und die off den brockesberg varen und die den sichen bussen andres wenne mit gote adir nicht mit naturlichen ercztyen.«
8. Alanus contra Haereticos Valdenses: Dicuntur a catho, quod obsculantur posteriora catti, in cuius specie vel dicunt eis apparere luciferum)
9. W. Dürig: Magister Nikolaus von Jauer (Schles.) und sein Kampf gegen den Aberglauben seiner Zeit. In: Schlesien 26 (1981) S. 7-12)
10. G. Schwerhoff: Rationalität im Wahn. In: Saeculum 37, (1986). S. 45-82. Hier. S. 55
11. Lindner (Tilianis) berichtet, daß Institoris »hatte gewalt von papste, keiser, könige, zöbrey und keczir ernstlich czu suchen, als er zuvor der Neise in der Slesia beweyste.« Der um 1530 in Pirna schreibende Dominikaner Johann Lindner. Vergl. J.B. Mencke: Scriptores rerum germanicarum praecipue saxonicarum, Scripta monumenta illustria, pleraque hactenus inidiota, tum ad historiam germaniae generatim tum speciatim saxonia sup. misniae, thuringiae et varisciae specantia, vel nunc primum in lucem protrahunter vel cum codicibus mss. collata notulis illustrantur ... Tomus II. Lipsaie, impensis Joannis Christiani Martini. (1728). datin: Excerpta saxonica, misnica et thguringiaca ex monachi pirnensis seu, vero nomine Johannis Lindneri sive Tillani onomastico autographo, quod exstat in bibliotheca senatoria Lipsiensi (ca. 1530). S. 1514.
12. H.Institoris und J. Sprenger: Miot na czarownice postepek zwierzchowny w czarach. Einen Einstieg vermittelt der deutsch veröffentliche Aufsatz von J. Tazbir. Hexenprozesse in Polen. In: Archiv für Reformationsgeschichte 71 (1980). S. 280-307. Die Neisser Pfarrbibliothek von St. Jacbus, im Zentrum der schlesischen Hexenverfolgung gelegen, enthält sieben Ausgaben des Hexenhamers von 1489-1620 und drei der CCC.
13. Bischoff, F.: Aus den Papieren eines Hexenrichters. Ein Beitrag zur österreichischen Rechts-und Sittengeschichte des 17. Jahrhunderts. In: SHSS 12 (1859). S. 319-421.
14. Das Wort Biel (ahd. Hügel, Berge) auf dem die Hexen ihre angeblichen Zusammenkünfte halten. Schon im Germanischen gehört das Grundwort »bil« zum Stamm von Wissen, vor allem im Zuammenhang mit denen um Wunderkräfte wissende Hausgeister. Im Mittelhochdeutschen bedeutet das Wort »Bilwiz« Kobold und die Gebrüder Grimm geben für »Bilwisz« den Nachweis »lamia«(Hexe). Vergl. F. Kluge. Etymologisches Wörterbuch der deutschen Sprache (1975) S. 78
15. Er setzt auf Ketzerei, Zauberei und Vergiftung die Feuerstrafe. Dahinter verbirgt sich wohl die Vorstellung eines Schadens, den man nur durch ein Feuer reinigen kann.
16. Von der hort gerichte. Wekch cristenman-dy weyle her selbir rechtis gewegirt hat«. Vergl. E. Th. Gaupp. Das Schlesische Landrecht (1828) S. 162, cap. 154.
17. »Von dem der mit czoubir umme get. cap. 118. Welch man adir wip ungeloubik ist adir mit czobir adir mit vorgift umme get des oberwinden obirwundin wirt, den sal man uf der fhort burnen ... Wer mit vorgift umme get. cap. 276. welich cristin man adir wiß ungeloubik ist, czubir adir mit vorgiftnus ummeget unde dez vorwundin ist, den sal uf der hort burnen.«
18. Zukal: Das Criminalregister des Stadtgerichts zu Troppau für die Jahre 1643-70.In: ZVGS 14 (1879) S. 532-557. Hier S. 537 und 556.
19. Als sollen obgedachte mallefitz Personen denen rechtens sazungen, fürnemblich aber Caroli des fünfften Peinlichen halßgerichtsordtnung gemäß, ... vom leben zum tode gebracht werden.«
20. E. Lindegen: Die Breslauer Strafrechtspflege. 1938. S. 167.
21. Die den Titel trugen: Dießes vierdte Volumen derer Criminalia, Scabinatus Vratislaviensis hat nach Anleitung Carpzovii die Delivcte contra septimum praeceptum Decalogi und handelt de crimene furti cum variis furtorum specibusm die crimen sacrilegii, de crimen rapinae seu robbiae, de crimene falsi, de iniuriis verbalibus et rel realibus contra magistratum, dominum et privatum, de famoso libelli, de infamia bey Handwerkssachen.«
22. Nach ihr sollen: Zauberer mit dem Feuer/oder zum wenigsten mit dem Schwerdt auch vom Leben zum Tode gerichtet werden/diejenige aber/welche sich bey den Zauberern und Teufelsbannern Raths und Warsagens erholen/der Güter verwiesen seyn.« Gotteslästerer/Zauberer/Todtschläger/Ehebrecher/ Jungfrawen und Wittwenschender/Also auch andere ärgerliche Sünder als Wucherer /Trunckkenbolt verbietet, getauft zu werden, Taufpate zu sein und zu heiraten, es sei denn, die Obrigkeit gestatte dies, wobei dann auch die öffentliche Kirchenbuße aufgehoben werde.
23. Und sagt: So sollte niemand keinen Wiedertäuffer/ Schwenckfelder/und zwar insonderheit von denen/welche nicht in die Kiche gehen/Zauberer/Zigeuner Wahrsager/dergleichen abergläubische Leute und böse Buben/ übernacht/weniger eine Zeitlang herbergen/auch nicht in der gemeine dulten/bey Straffe eines Thalers.
28. Wir wollen auch ernstlich verbothen haben/das niemand bey keinem Wahrsager/Zauberer/Seegensprecher/Spiegelseher oder Pielweisser/Rath und Hülffe suchen solle/hiemit dieselben Zauberern und Zauberin/welche von Gott ab/und zum Teufel fallen/ernstlich verwarnet seyn/davon abzusehen und sich mit Gott zu versöhnen/oder aber andeutender Straff gewärtig seyn.«
24. »Solche Verdächtige weibes und andere Teufelabbnerische Perschon (?) wieder das Erste Geboth Gottes und dings rechts Ordnung gebrauchen würdet, derselbige oder derjenige Manns oder Weibs Perschon in Eisen und Banden geschlagen, und herein in die Scherg-stuben geliefert werden sollen.«
25. Lambrecht a. a. O. S. 27.
26. »Auf wahrhaffte Zauberey, sie geschehe mit ausdrücklich -oder verstandener Verbündniß, gegen dem bösen Feind, dadurch den Leuten, Viehe, oder Früchten der Erden Schaden zugefüget wird, oder auch auf diejenige, welche wegen Verleugnung Christlichen Glaubens, sich dem bösen Feind ergeben, mit demselben umgegangen oder sich unzüchtig gemischet, wann sie auch sonsten, durch Zauberey niemanden Schaden zugefüget hätten, gehört die Straf des Feuers, ob schon solche aus erheblichen Ursachen, und wann Inquitus oder Inquisita erst darzu gekommen, jung von Jahren, einfältig in der Wahrheit, Bußfertig, oder der Schaden nicht groß, mit vorhergehender Enthauptung gelindert, oder nur der Cörper verbrennet werden kann.«
27. Rescript Maria Theresia vom 6.August 1756, ergangen an das königliche Amt in Schlesien am 16. August 1756, Ebd. S. 11
28. Svätek berichtet nur von einem Gutachten der Universität Prag zu einem Zaubereifall im 17. Jahrhundert, als im südlichen Böhmen ein Bauer des Mäusemachens verdächtigt und zum Tod verurteilt wird.
29. Fürstl. Hauptmann u., Räthe zu Ligniz, daß 6.Okt. 1605 zu Töppersberg vor Ligniz sich ein Weib in des Scholzen Garten gefunden behauptend, der Satan habe sie leibhaftig dahin geführt, sie wäre Herrenstandes aus der marke, wäre seit sieben Jahren vom Teufel besessen etc. wurde ihr wiederholt die Tortur buerkamnnt. Und der zweite Fall: 5. April 1614. Georg von Seidlitz u. Mirkelwitz zu Zirkwitz, des fürstlichen gestiftes u. Jungfer Closter zu St. Clara in Breslau Schaffer; ein Bauer aus Neukirch, Jakob Jonas, obwohl gestorben, im Gesichte roth geblieben, ohne Zeichen der Verwesung der Leiche, mehrmals

ausgegraben. Ein recht sonderbarer Fall, selbst den Schöppen ist die Sache verdächtig, ob nicht Zauberei dahinter stecke.
30. fol. 597
31. Er verficht als 17-jähriger die These: Deum, non Diablum, non sagas tonitrum fulminumque causam esse, die auf eine gemäßigtere Haltung zum Hexenwesen schließen läßt. H. Wendt: Der Breslauer Syndikus D. Andreas Assig (1618-76) und seine Quellensammlungen. In: ZVGS 36 (1901) S. 135-158.
32. Lambrecht publiziert den Text dazu.
33. Und sagt: die Löwenberger hätten ein Buch, worin Galgen, Räder, Schwerter und Staupbesen gemalt wären. Gehe eine Kriminalfrage bei ihnen ein, so nehme man dieses Buch und der »praeses scabinatus« stoße mit einem beinernen Griffel hinein. Entsprechend jenem Zeichen, welches auf dem Blatt gefunden würde, diktierten sie die Straftat auf die Frage; eß möchte der Delinquent solche de jure verdienet haben oder nicht.«
34. Ebenso unrühmlich ist es bei den ebenfalls katholisch-geistlichen Fürstentümern Bamberg, der Fürstabtei Fulda und/oder der Fürstprobstei Ellwangen. Voreilige Schlüsse daraus sollten nicht gezogen werden.
35. Er sagt u.a. darin: Ferner so werden die lutherischen, Calvinischen und andere Kötzerische, Unzüchtige, Abergläubischen, zauberische und verbottne büecher, liederbriefe, schriften und andere dergleichen sachen gegen alle Verbote und Ermahnungen ohne skrupel gehalten und gelesen; so es doch eine große schwöre Todtsind ist, und solche personen von der Päbstlichen Heiligkeit Järlich und offentlich in Pann getan werden.« F.A. Sinnacher; Beyträge zur Geschichte der bischöflichen Kirche Säben und Brixen in Tyrol (1832) S. 194 ff.
36. Lambrecht publiziert denText dazu.
37. Vielleicht ist es zu gewagt, hier von einem Racheakt des Breslauer Bischofs gegen aufsässige schlesische Protestanten zu sprechen, wie es der tschechische Historiker Sindelar vermutet.
38. Zitiert nach ... S. 89
39. Acta betreffend die Verurtheilung eines vom bösen Geiste heimgesuchten Hexenmägdleins zu Johannisberg u. dessen Hinrichtung durchs Schwerdt 1667.
40. Acta. betrf. die Austreibung des Teufels, namens Locon, aus der Anna Steinerin zu Genschdorf durch den Pfarrer Schubert daselbst, auf Befehl der hohen Obrigkeit, durch heilig befördernde Mittel. 1714/15.23 D.
41. Die Aussage der Ehefrau Georg Wiesners aus Böhmischdorf sagt 1622; Sie wüste nicht waß Lutrisch oder Catholisch wehr, der Caplan hete sie in ihren Dorf nicht wollen beicht hören.«
42. Barte Basler sagt: er beichte daß Jahr 2. oder 3. mal unter zweyerley gestalt, er wehre halblutterisch, dan es wehre zuvor gar luterisch gewest.
43. Milch hat eine hohe Wertschätzung. Schon in der Dekretensammlung des Burchard von Worms 1025 wird der zauberische Milchraub der Hexen verdammt.
44. Catharina Jackel berichtet in der Zeugenaussage, daß ihr drei von vier Kühen nacheinander gestorben seien, am »Griendonnerstag wehren ihr wiederum 7 Khüe und ein 4 Kelber nacheinander gestorben, wehren groß aufgelauffen, ganz und gar vorgifft gewesen.« aber sie wüßte nicht weswegen.«
45. Der Glaube an die Nachfahrten dämonischer Frauen ist in Schlesien verbreitet. Klapper belegt in einem Kommentar zum ältesten schlesischen Aberglaubensverzeichnis aus dem 13. Jahrhundert die Verbreitung und Ausgestaltung dieser Nachtfahrten als Element des Hexenglaubens der Neuzeit in den Handschriften der schlesischen Klöster.
46. Schon Spee macht darauf aufmerksam: Er stelle fest, daß Frauen vor den Augen des Nachrichters nackt ausgezogen werden »weil das für das weibliche Geschlecht schlimmer sei als die Tortur.« F. Spee. Cautio Criminalis (1939) S. 215
47. Hauptquelle Staatsarchiv Breslau akte: Acta miscell. betr. die Berüchtigung der Hexerei und des Umgangs mit dem bösen Feinde verschiedene Personen beiderlei Geschlechts auch Kinder an verschiedenen Orten, sowie das Verfahren gegen dieselben und zuletzt, Hinrichtung etlicher derselben durch den Feuerofen 1639-1715.
48. »Mit Verwunderung hab ich Vornehme müsse, gestaldt allhiesiger Stadt Rath gestrigen Tages dem Weißer Niclaß ... inhibiret ferner mit dem Hexen offen forth zufahren biß Sie ein Befelch dessen wegen von der Regierung vorn kommen theden ... damit daß werck, darzu man mit großer Mühe und ohnkosten Materialia gebracht hatt auch tempore peritura seindt ... Weil dan Ihr hochürstl. durchl. ernster Befelch ist mit der Exekution sine ullo respectu ... fortzufahren. Darumb beschieht mein gehorsambeß hochfleißigistes bitten ... dem allhiesigen Stadt rath anzubefehlen, damit derselbe nicht allein dem Bürgermeister neben meiner Person deputiert, sondern auch die Handwerckß leuthe so auferbauung (des) offen anhalten thue.«
49. Lambrecht bringt den Text zu diesem Vorgang.
50. Lea: Geschichte der Spanischen Inquisition: Bd.1. Bearb. v. P.Müllendorf Leipzig 1911, S. 100: (1481 begann die Errichtung eines Quemadero oder Brasero, eines Brandstuhles aus festem Material, wie um zu zeigen, daß es sich um eine dauernde Einrichtung handle.« Merzbacher weist auf das Städtchen Zeil. Hier soll (1627) auf Befehl ihrer fürstlichen Gnaden vom Bamberg ein Ofen mit Backsteinen uff der Richstatt uf den Anger, do man die Unholten verbrent ... errichtet worden sein. Zeil gehört zum Fürstbistum Bamberg. Nach einer früher im Germ. Nat. Museum befindlichen Einblattdruck über die Verbrennung von Hexen im Bambergischen vom Jahr 1628 lautet die 15. Strophe: Ein grosser Ofen ist erbaut/zu zeil da man ein Hauffen/Einwerffen kan mein hört vnd schaut/keine kan da entlauffen.« Kehl berichtet, daß die Hexenöfen in Zeil und Gerolzhofen für je 261 Bedauernswerte das Tor öffneten.Auch der letzte Scheiterhaufen in Berlin soll bei der Hinrichtung 1786 die Gestalt eines Backofens in den Dörfern« gehabt haben.
51. Lambrecht publiziert den Text. Vergl. J. J. v. Weingarten. Codex Ferdinandeo-Leopoldino (1720) S. 469. ff.
52. Nase rät dem Bischof: »auf seinen Anteil zu verzichten und stellt fest: daß vor Jahren so wohl bey dem Bistumb, als in anderen Orthen, wo derogleichen processu Inquisitorias geübet worden, allezeit (ge)brauchlich geweßen sein solle, sothane Speeßen, und Unkosten auß dem Vermögen, derem per propiam Confesionem convincirten Personen herzunehmen.«
53. Demnach Anna Sigelin, Barbara Zimperlin, Maria Golzin, Barbara Glözerin, mit dem allerabscheulichsten Laster der verfluchten Zauberey beschuldiget, solches auch allbereit nach beschehener vblichen confrontation durch selbigen guetliche bekandtnus Zugestanden, daß Sie sich wider die heilligen gebott Gottes schwer versündiget, an Ihrem Schöpfer, Erlöser vndt Seligmacher vergessen, Ihme vndt seinen heilligen ganz abgesagt vndt verlaugnet, hergegen dem hellischen vermaledeyten bösen Rolandt sich ganz ynd gar mit leib und Seel ergeben, auch mit ihrem teuflischen Geist leichtfertig vndt vnmenschlicher weiße öffters Fleischlichen vermischet, Ihren Nechsten in der Nahrung geschadet, vndt waß dieser anhengig; Alß sollen obgedachte malefiz Persohnen denen rechtens sazungen, für nemblich aber Caroli des fünfften Peinlichen Halßgerichts ordtnung gemäß, auf künftigen Freitag so sein wirdt der 31. tag instehenden Monats Augusti durchs Feuer, ein andern zum abscheulichen exempel vom Leben zum Tode gebracht werden von rechtswgen. Setentionatum Neiss den 25. Augusti Ap. 1640. Joachim Best Fherr, mpa.
54. Ende Oktober 1651 wird gesagt: gegen Marianne Tittel aus Zuckmantel: ein Weib von 39 Jahren, nach deme Sie der Zauberey halber, wegen sie so wol Anno 1639 bei damalß angefangenen und des feindtlichen Schwedischen Einfalls halber interumpirten, jetzt aber Anno 1651 wiederumb angestrengten Processu Inquisitorio von Fünfundvierzig Persohnen, Manns vnndt weiblichen geschlechts.«
55. Dieses Laster frisset nun sehr ergerlich umb sich, da es all hier unter die wohl vermögenten, nicht schlechte, so ohn alle noth, ohne der gleichen Leichtfertigkeiten ihrer Tage wol in guetter Befriedenheit hetten zubringen können, gerathet. So viel verursachet der Fürwiz undt nebenst andern Ihren Unnützen Motiven, Ihre gegen Gott stehende sehr mißtrauende Affectiones und verworffene kleimüttige verzweifelte Hertzen.«
56. Die Hochburg und das Hauptläger des Teufels ... du glaubst es nicht, lieber Nachfolger, wenn Du es nicht selbst erfährst ... sehr oft habe er sich in seinem Unglücke über die erschreckliche Schlechtigkeit gewisser Bauern gewundert und sich dieselbe nicht erklären können ... nun sei ihm plötzlich die Ursache entdeckt worden; sie seien Kinder des Teufels, sie können nur Teuflisches im Sinne haben. Von ihm gezeugt, unterwiesen, hassten sie die Wut derjenigen, welche er selber hasste, die Priester und die Kirche Gottes; sie seien die Hauptfeinde und Verfolger ihres Seelenhirten. Das beweise die große Zahl von Hexen, welche soeben dem Feuertode übergeben wurden, von denen die ganze Gesundheit, Ehre, Ruhe und Vermögen des Pfarrers aufgehaten, gehindert, genommen, das Vieh z.B. getödtet worden.«
57. Beschreibung: Er glich einem Schulterschemel, war etwas höher als ein solcher, ohne Lehne, von Buchenholz aus einem Klotze, der Sitz hatte etwa 2" Durchmesser, 3-4, in der Dicke, um die äußere Rundung lief ein eiserner Reifen, das Sitzbrett war nicht gehöhlt sondern eben, oben ringsherum am Ranke staken eiserne Zinken, Spitznägel von 1 Zoll Länge, sahen aus wie » Rechenzinken.« In der Mitte, von einem kleineren Kreise kleinerer Stifte umgeben, stand ein langer eiserner Zinken. Drei nach unten sich ausweitende Beine, etwa 1 Klafter hoch, trugen das Sitzbrett, an jedem Beine etwas über der Erdhöhe war eine eiserne Schnalle zum Anschnallen der Hexen.
58. daß alle bisher erdachten Mittel nichts erreichten, sondern nur die Evangelischen in ihrer »protervia« (Frechhheit) und vorgenommenen Ungehorsam gestärkt hätten. Besonders da sie in großer Menge ausliefen und die Obrigkeiten in Stadt und Land die Hände sinken ließen. Und da aufm Lande alles unkatholische, keiner den andern verrathen würde, wie denn bei den Städten niemand sich gern, die Verbrecher zu erforschen, hiezu gebrauchen lassen will, hätten auch andere Mittel keinen Erfolg«
59. Ein brandt pfall und ein raadt/pech/folter/bley und zangen, strick/messer/hacken/beyll/ein holzstos und ein schwert/Und siedent oel/undt bley/ein spies/ein glueendt pferd/Sin den nicht schrecklich/die/was schrecklich nicht begangen!
60. Karen Lambrecht. a. a. O. S. 177
61. Es hat sich in Lubuskie Muzeum Okregowe ein Protokollbuch über die Hexenprozesse von 1663-65 mit dem Titel: Extractus Protocolli Iudicij Grünbergensis Ex actis Inquisionalibus et Processu Criminali contra Maleficas de annis 1663. 1664. 1665. erhalten. Die Abschrift wird am 1. November 1665 vom Stadtschreiber Johannes Georg Schmolcke erstellt.
62. H. Schmidt: Geschichte der Stadt Grünberg (1922) S. 227.
63. Karen Lambrecht. S. 208.
64. »1581 wurden auss umliegenden Dorffschaften etliche Zauberinnen (wann es wert solcher Canalien zu gedencken) eingebracht, welche nebst anderen abscheilichen Unthaten, die ärgernuss halber nicht zu gedanken, bekennet, dass in Troppau und Leobschütz denen Burgern gantze Vässer Bier mit strohbändern aus dem Keller gezogen und auf denen Turmspitzen aussgesoffen, worzu jedesmahl (nähmliche Hexen von 18 Meilen in gestallt schöketer Hunde, Säu und Katzen zu teuffels Tantz erschienen, verfluchte Blündheit. Dass es geschehen, haben die leere Vässer bezeuget«
65. »Auf den abendt aber vor 12 Uhren ist der bös geist nebenst der verreckten, Zu der hegerin in die Tortur kommen, sich uff die banck gesezt, da man das todt aaß am Tag hingelegt, gesetzt, sagende, siegestu welche ein leichten Todt hat sie geliten, weresthu nur treu geblieben, solt es dier undt den andern auch wiederfahrenb sein. Worauff die Hegerin Jesum angerufft etc. sich mit dem Creuze bezeichnet, und er darauff verschwunden (Anlage 1?)
66. Zuletzt versucht ihre Tochter Eva »ins Stockhaus gewaltsamerweise kommen und bieß uf die dritte Stuffen die Stiegen hienauff gelauffen, der diener aber dieselbte wiederumb zue ruck getrieben, worüber sie hefftig geschrieen, O Mutter, wann Ihr nur wießen möchtet, daß wir sich uer annehmen, und ihr solches hören soltet, und alß die den Hr. Vogt gesehen, Sie wieder geschrieen, Ihr Ungerechten ichter, ir losen Leute, es dürstet euch nur nach meiner Mutter blutt. Wie aber die alte Richterin, solche geschrey ihrer Tochter stimme vernohmen, hat sie zu den Wächtern gesagt, die Kiender wehren Ihr nichts nutze. Last sie nur draußen, sie können ihr nichts helffen.«
67. Dem 28. Juli ist ein Mann bei Schlotta, einem Dorfe ungefähr vier Meilen von hier gegen Polen zu, in der Luft etwa 20 Ellen hoch von der Erde in der Luft von Mitternacht gegen Breslau zu, in einem Stuhle sitzend gefahren gekommen, bekleidet mit einem blauen Rocke, Magenkirchen (?) auf dem Haupte und Säbel an der Seite. Als solchen selbigen Orts von 20 Personen auf der Straße, wie auch anderwärts von mehr als 50 Personen auf dem Felde gesehen, haben sich die Leute darob entsetzt und ihm ugeschrieen, was er bedeute. Da er aber nichts geredet, sondern fortfahrend sich auf solches Anreden nur umgesehen, welches mir. H. Franckenberg damals, sobald er mit Leuten, die es von den selbst Seenden vernommen. Selbst geredet, berichtet. Es geschehen in und wiederviel under. Gott erhalte sich einen heiligen Samen.«Wotschke, Th.: Wilhel Schwartz. Ein Beitrag zur Geschichte des Vorpietismus in Schlesien. In: ZVGS 64 (930) S. 89-126. Hier. S. 90 und 98.
68. 1584 schildert der Probst Christopherus Kirmese, der sich um die Umwandlung der Probstei in ein Jesuitenkolleg bemüht, dem böhmischen Oberstkanzler Niclas Popel von Lobkowitz, die religiösen Zustände in Glatz: Demnach in den umliegenden Dörfern bei dieser Stadt viel Pfarrer und Lehrer bei den Kirchen erfunden werden, die weder der Römischen weder der Augsburgischen Confession zugethan sein, sondern ganz frembde gottlose eigensinnige Leer und Meinungen je lenger je weiter ärgerlich unter das gemeine Volck thuen ausbreiten.«
69. Die Chroniken sagen: Den 8ten 9bris ist hanß Pfister Borbst zu glatz auff dem Berge unser lieben Frauen von seinem ambt entsetzt worden, darumb daß er mit des Organisten Weib unzucht getrieben, denn er ein silbernen Kelch zerschmeltzen lassen und ihr ein silbern Gürtel daruon hat machen lassen, sie ward geköpft und er kam gefenglich nacher Prag ward aber loß. So beispielsweise bei: Lincke. Die Glatzer Chronik des Försters Bobisch zu Brand. In: Glatzer Heimatblätter 15(1929) S. 7793 und 119-134. Hier. S. 119
70. Christina Sturm wurde wegen »Ihrer in der frag angezogenen Mißhandlung mit dem feuer verbrennt und so vom Leben zum Todt gerichtet, die Anna aber der Gefängnis befreiet werden, Was die Dorotheen Mattauschin und die Schmidtwenzelin betrifft, die möchten Peinlich befragt werden, und ergienge auf Ihr Aussag, sowoll der anndern Personen halber, ferner was Recht ist, von Rechts wegen.«
71. Daß jeder Christ, der in Böhmen unnd Schlesien sonst wohnete/an solchen Orten lieber wohnen/da er seiner Christlichen Religion Schutz hette/und sich öffentlich dazu bekennen dörffte/als in denen orten/da er sich nicht offentlich ein Christen aus Furcht der Verfolgung nennen unnd dazu bekennen dörffte.«
72. Alß Ihnen von den Königl. Amt der Landeshauptmannschaft der Graffschaft Glatz, gewiße, in pncto. von dem Johann Kochansky wieder seine unlängst geheyrathete Ehefrau Florentiam gebohrne Degenius von Degenheim angegebene Zauberische Knüpfens und vermeintlich daher rührender Leibes-schwachheit ergangene Criminal-Acta zugeschicket ... und ernandter Denunciator keine andern als die bereits vorkommenden indicias beyzubringen hette, so währe seine obgedachte Ehefrau wider sie angestrengte von dieser Inquisition zu absolvieren.«
73. 1601. Ein grosse Zauberin verbrannt. Den 8. Juni hat der Burggraf zu Wolaw Friedrich Mutschelnitz auff seinem Dorff seine Unterthanin ein altes Weib verbrennen lassen: ist eine Zauberin gewesen hat villen leuthen ahn dem Vieh grossen Schadenn geschehen. Besonders vor ihrem Ende hat sie dem Junckern gemacht, das er vnd all sein ganz hoff voller leuse worden, das ihm engstlich vnd bange geworden. Wie es ferner bleiben wird, gibt die Zeit.

Ostalpenraum
1. Vergl. dazu die Ausführungen in meinem Hexenwahn
2. »die Ursache von Annas Krankheit kenne sie nicht. Wenn man sy gleich zue todt martere, so hab sy kheinen bosen Feindt weder im glass noch anderen sachen nit gehabt, der Anndls auch nie kheinen gezaigt. So hatt sy umb gottes willen sy nit also zu martern gebettet und gesagt: man wolle dem lugenteuffel khein glauben geben, sy sey wahrhafftig dises dings unschuldig.
3. Matthias Hasendorfer wird ein Wachslicht an die Finger gehalten, »hat er wol etlichmal gezuckt und die Schmerzen oder Brennen empfunden, jedoch ain als den andern Weeg nochmahlen widerholet, daß er lieber in der Höll leiden wolle. Ungehindert nun Constitutus abermals gehaut worden, ist doch nichts anderes aus ihm zu bringen gewesen, als daß er den Geistlichen volgen, ihnen die Hand geben und biten wolle, daß sie ihn betten lehrnen und underrichten sollen, welches er auch ex post facto coram Comissione und des Geistlichen getan.«

»Ich beschwöre Dich, Beelzebub und Satanas, daß ihr ıauffahrt und schlagt das Wasser hinauf in ein dicke olcken in die Höh, und macht, daß der kalte Nordwind ımme, damits Eis abgäb und das Eis zu Brocken werd ıd solche die Wolken ausslassen, auch der Wind wird von der Höh herab zu den Häusern auf die Felder, Gür und Weingärten hintreiben, komme die Schwere des Vassers wie ein Wolkenbruch.

Wegen des sachlichen Zusammenhanges führe ich n e Behelligungen von Adeligen an: 1631-32 wird die in adkersburg lebende Benigne von Khevenhiller aufrund der Aussage ihrer Dienstboten der Zauberei verächtigt. Da sie evangelisch ist, nimmt die Regierung ancheinend die Anzeige zum Anlaß, um Druck auf sie ausuüben, schlägt aber wohl die Affaire nieder, bevor es ır Aufnahme eins Gerichtsverfahrens kommt.1

. »Er wischt zur Kirchzeit vor Sonnenaufgang Staub und rösel aus den Fenstern und streut sie um sein Haus und or der Tür aus, damit es seiner Gastwirtschaft gut gehe nd die des nächsten Wirtes »hinterstellig verbliebe.« on einem Nachbarwirt holt er einen neuen Krug voll Vein, stellt ihn unter den Ganter (das hölzerne Gestell, uf dem die Fässer im Keller liegen), damit sein Wein chleunig fortgehe und der des Nachbarn verschlagen leibe.« In »blauen Sonntagsnächten bricht er Hagebutendornen, gießt die Milch von seinen Kühen, die Blut entält, in einen Sautrog und streicht sie mit Dornen. Damit ringt er sein Vieh zurecht. Des öfteren habe er in der Jacht aus den Furchen geschöpft, die von den Rädern es Leichenwagens stammen, und es zum Brotbacken erwendet, das daraufhin wohl geraten sei. Einem alten teirischen Brauch folgend hat er, um die Gewalt des Wintes zu bannen, in der letzten der zwölf Mittwinternächte, ler Dreikönigsnacht, Brösel und Speisereste in einen opf gegeben und vor Sonnenaufgang auf eine Torsäule gestellt, den windt damit zu fuedern, daß selbiger das ganz Jahr hindurch seine Gründt und sachen Kheinen schaden zufuegen möge.«

7. = 102

8. Ich habe den Text in meinem Buch »Hexenwahn« publiziert.

9. »Wan Ein ganze gemeinde einhelig ihren lang beschrienen Rueff wahr zu sein attestirt ... so mueß doch unter der Sach was verborgen liegen. Mit einem worth, der ganze Markht ist wegen angedeuteter entlassung so ritiret, daß nichts guettes zu befahren. Zu dem ist ja handtgreifflich, daß ihre aigene tochter wegen ausgrabender Erde auch nicht löttig, wohin sye mit ihrer Muetter aber disse verwendet oder gebrauchet, mit anstrengendem ernst bestehen werde miesen. Wür haben schon vill Jahre her jederzeit von dergleichen unholden namhafften schaden in Feldern und Weinbergen erlütten. Wie wurde es in daß kuntige, da sye ungezichtigter solte nacher Haus geschickt werden, ergehen, und ebenerwehntes beunruhiget die ganze nachbarschafft, der einberichten rexalirung sich zu widersetzen. Solte aber citra connem spem Hochderselbe unsser bittliche Vorstellung nicht billichen und sye Apollonia nachher hauß schicken. So wurden sye unß nicht verdenken, wan wir selbe in instanti remitiren und zu Einer hochlöblichen I.O. Regierung vorgehörtes auszugleichen, unssern unterthänigst gehorsambsten Recurs zu machen gedrungen sein.« 10. »daß der Markht Wernsee ohne ainigen Ursachen sie alshero in Landtgericht in Eisen und Banden habe bringen lassen, der Marx Auer were ihr Nachbar und 6 Jahr Markhtrichter gewesen, hette wider die Inquisitin nichts widriges verspirt oder wahrgenommen: wäre auch ein Wagner ihr Nachbar, dieser wußte auch wider sie gar nichts schuldig und nichts mehr auszusagen, mieste nur ein Feinttschaft sein, weilen sie sich mit ihrer Wirtschafft befelffe und befleisse ihr Stückhl Brott zu erwerben, da andere zu 3 Tag auch die ganze Wochen in den Wirthshäusern sitzen.«

Sexualität und Frauenhaß

1. Browe, D.: Sexualethik des Mittelalters. S. 48.
2. Ich habe die Szenerie in meinem Buch »Hexenwahn« mitgeteilt.
3. Masters S. 59
4. Viadne »De malignis Spiritibus«
5. Das weiß bereits Cäsarius von Heisterbach. Vergl. Rosskoff. Geschichte des Teufels. Bd.1. S- 319
6. Rapp. Die Hexenprozesse und ihre Gegner in Tirol. Innsbruck 1874. Aus den ältesten Akten von Hexenprozessen in Deutschland.
7. Lambreg. S. 37
8. Lambreg S. 7.
9. und 10. Calmeil S. 463.
11. Bouquet. Nach Calmeil de la folie. Paris 1845. Bd. 1. S. 319.
12. Es entspricht dem Triphallus der Antike
13. Horst. Zauberbibliothek Bd. III. S. 225.
14. Ludovica Sinistrari: De Daemonaia, Isidore Lisieux. Paris 1879. Es ist in erster Linie eine Abhandlung über die sexuellen Aspekte des Hexenwesens. Vergl., Sinistrari. Peccatum Mutum. The Secret Sin. Collectin Le Ballet des Muses. New York. 1958.
15. Aristoteles erklärt, daß die Seele nicht im menschlichen Samen enthalten ist. Jamblichius (de Mysteris Aegyptorum) schreibt, daß der assyrischen und äyptischen Theologie zufolge der stoffliche Körper erst durch den Geschlechtsakt entsteht, während sein Charakter durch eine größere Ursache gebildet wird. Seneca ist der Meinung, daß der Geist göttlichen Ursprungs sei. Augustinus lehrt, daß Gott die Seelen geschaffen habe und daß er ihr die Gabe der Vernunft verleihe.
16. Masters S. 103.
17. Soldan-Heppe, Bd.I. S. 309
28. Paolo Mantegazza. The Sexual Relaions of Mankind. Eugenies. New York 1935.S. 6
29. Spielmann, S. 102
30. Masters. S. 122
31. Gaston-Desaulles Bistiality. Panurge Press. New York 1933. S. 63/64.
32. Masters S. 102
33. Soldan-Heppe Bd.I. S. 309
34. Schwager. S. 247

Kinderhexenprozesse

35. Zum Thema hat H. Weber eine Arbeit verfaßt. Vergl. Wolf, Hans-J.: Hexenwahn. Hexen in Geschichte und Gegenwart. S. 427 ff.
36. Silvester Prierias. De strigimagarum mirandis. Romae. 1512.
37. Beispiele: Benandanti (Norditalien) Der 18-jährige Gasparo, der in den Verdacht der Hexerei geraten ist, stellt 1606 im norditalienischen Plamanica (Friaul) die Behauptung auf, er könne, wenn man ihn nur von den Hexen schütze, viele von ihnen entlarven; sei er doch ein »Benandante«. Wiedie Hexen pflegen sie nachts auszufahren, um an den Glauben für Gott zu kämpfen und um die Hexen zu besiegen. Während die Hexer Feuerhaken als Waffen benützen, kämpfen die Benandanti mit Fenchelstangen. Die Kämpfe finden in der Nacht vom Mittwoch auf Donnerstag statt. Für den Landstrich Friaul hat Carlo Cinzburg die Existenz eines Fruchtbarkeitskultes in der Zeit um 1570 nachgewiesen dessen Träger Benandanti waren. Sie huldigen nicht dem Teufel und schwören den christlichen Glauben nicht ab; ihr Ziel war es, die bösen Taten der Stregoni (Hexen) einzugrenzen; auch heilen sie die Opfer der Verhexungen. Ihr Kennzeichen ist, daß sie ein Hemdchen tragen.Im Grunde genommen bilden sie eine Konkurrenz zum klerikalen Aberglauben, der Rezepte gegen den Frucht- und Feldzauber parat hat. Im Laufe des 17. Jahrhunderts gelingt es der Kirche, die Benandanti in die Schablonen der Hexen zu pressen. Die Kirche polt sie ins Negative und unterstellt, daß sie anderen mit dem bösen Blick schaden, Kleinkinder aus den Wiegen stehlen und säugenden Frauen die Milch nehmen. Sie erst macht aus Beschützern der Kinder und der Ernten Zauberer. Die Kirche erklärt, die Benandanti seien satanischen Ursprungs. Der 1642 als Benandante angezeigte Michele Soppe bekennt nach Verhören, er habe im Auftrag des Teufels drei Kinder getötet.In Sizilien wirken im 16. und 17. Jahrhundert die »donas de fuerta«, feenartige Wesen, die mit den Hexen nachts ausfahren, auch charismatige Heilkundige, Männer und Frauen, die »süßes Blut« besitzen und von bösen Feen verursachte Krankheiten zu heilen vermochten.
1627 setzen die Inquisitoren ein elfjähriges Mädchen in Palermo gefangen, weil es eine Beschreibung dieser Fahrten gemacht hat. Bei ihrem nächtlichen Reigen kamen sie in die Häuser, nahmen die Kleinen aus den Wiegen und herzten sie; sie aber fügten sie ihnen einen Schaden an. Die Amtskirche wettert gegen den Kult und stempelt ihn zum Negativen ab.

Blocula
Es geht um die schwedische Provinz Elfdalen und um das Dorf Mora in Dalarna, wo 1669-70 Kinder verführt worden sein sollen. Als der Vogt Steuern eintreiben will, treten ihm die Eltern von verzauberten Kindern entgegen und tragen vor: »ihre zarten, hilflosen und einfachen Kinder seien von Hexen in die Macht des Satans gebracht worden: darum verlangen sie, die Obrigkeit möge die schädlichen Zauberinnen ausrotten. Nun wird eine Kommission mit der Untersuchung beauftragt und man ermittelt gegen etwa 300 Kinder. Ausgangspunkt der Denunziation ist der 15-jährige Ericsen aus Elfdal, der die 18-jährige Gertrud Svensen beschuldigt hat, Kinder für den Teufel zu stehlen. Als der König der Wahnvorstellung mit seiner Anordnung, verstärkt zu Predigen und zu Beten, entgegentritt, verstärkt sich das ganze. Balthasar Bekker geht in seiner »Bezauberten Welt« auf die Problematik ein. »Demnach haben die Kinder den Kommissaren erzählt, daß es der Teufel gewesen sei, der sie, nachdem sie ihm mit dem Spruch » Antesser, kom/führe und nach Blocula« gerufen haben, zu jenem geheimnisvollen Ort zu bringen pflegte. In vielerlei Gestalt käme der Teufel daher. Meist trage er einen grauen Rock, rote Hosen, blaue Strümpfe, Sein Bart sei rot, und an seinem hohen Hut flatterten zahllose bunte Bänder. Bunter Bänder zierten seine Hosen ... er habe sie verpflichtet, möglichst viele Kinder herbeizuschaffen ... erst dann könne der Ritt durch die Luft beginnen; er erfolge auf allerhand Vieh, vor allem auf Ziegen, bisweilen auf Menschen, Stöcken, Spießen geradeso wie er es einem gestatte, aber de Kinder müßten an der Wand stehen bleiben. Ihren Satan nennen sie Loeita und man gelobt sich ihm an. Ein dort anwesender Priester tauft die Kinder im Auftrag des Teufels. Daraufhin gibt er jedem von ihnen einen kleinen Beutel, der abgeschabte Glockenspäne enthält und einen angehängten Stein. Dann folgt das übliche Sabbatgeplänkel. Die Elfdaler Kinder erzählen, daß sich der Teufel mit den Hexen, die ihm am besten gefallen. in eine Kammer zurückziehe, um die »fleischliche Gemeinschaft« mit ihnen zu pflegen .Aus dem Beischlaf entstehen Kröten und Schlangen. Die Richter stehen dem Phänomen fassungslos gegenüber. Von den Frauen, die die Kinder der Hexerei bezichtigt haben, landen 23 auf Scheiterhaufen. Später werden weitere 47 verbrannt. 15 Kinder werden verurteilt, 36 werden dazu verurteilt, im Alter zwischen neun und zwölf Jahren, ein Jahr lang jeden Sonntag vor dem Kirchenportal zu erscheinen, um sich züchtigen zu lassen.

Salem
1688 bringen vier behexte Kinder eine alte Wäscherin in den Geruch der Zauberei, die korz danach gerichtet wird. 1692 beginnt in Salem eine rHexenjagd. Das Übel beginnt in einem Pfarrhaus. Die neunjährige Betty des Geistlichen Samuel Parris aus Salem, verfällt in Krämpfe. Bettis Freundin Abigail Williams, die elfjährige Nichte des Pfarrers, wird kurz danach vom gleichen Leiden befallen und schon denkt man an Verhexung. Schließlich weitet sich das geheimnisvolle Besessensein auf eine ganze Kinderschar aus. Dann beginnen sie unter der Wortführung der Pfarrerstochter Betty, die Sklavin Tituba bei der Gemeinde als Hexen anzuschwärzen. Aus der Dorfkirche von Salem wird ein Gerichtssaal.Die besessenen Mädchen beschuldigen immer weitere. Im Verlauf der Prozesse wird die fünfjährige Dorothy, Tochter einer hingerichteten Hexe, während seiner Kerkerhaft irrsinnig. Die Theologen gelangen zu der Auffassung. »Die Kinder seien in der Tat keine Heuchler, sondern vom Teufel besessen und verblendet.«
38. Diefenbach. S. 51
39. Vergl. Wof, Hans-J.: Sünden der Kirche. Das Geschäft mit dem Glauben. Historia Verlag. Hier das Kapitel über den Judenhaß.
40. u. 41. Emeis. 1508 In: August Stäber (Hg.) Zur Geschichte des Volks- und Aberglaubens im Anfange des XVI. Jahrhunderts, Basel. 1856. S. 33/34 42. J. Bodin. Daemonia Magorum. Straßburg. 1581. S. 62 und 64. ebd. S. 160
43. Voigt: Disputationem physicam de infantibus suppotitis (1667). W. Bachmann.
Das unselige Ende des Christentums. Die Wechselbälge. Gießen, 1985. S. 33. 44./45. Weber. Kinderhexenprozesse. a. a. O. S. 145/147
46. Adam S. 24
47. Duhr (1913). S. 502. Hexenprotokolle im Kölner StaA 1629/62
48. Dabei werden Kinder »angegriffen«. Unter ihnen befinden sich Personen aus Teisendorf, Trostburg, Traunstein, Tutenhausen, aus Schwaben, dem Berchtesgadischen aus Schellenberg und Ramsau.
49. Riezler S. 287.
50. Buchner. Geschichte von Bayern. Bd. IX. S. 261. Leider ohne weitere Quellen.
51. Im Theatrum Europaneum (III.) a. d. J. 1643 ist zu entnehmen. » In diesem Monat (März) 1633-40 ?) soll unvergessen bleiben ein junger Zauberer,so zu Straßburg justifiziert. Es war ein Jung von Molsheim, auf 16 Jahre alt, Er hatte sich dem Teufel verschrieben. Er verzauberte einen anderen Pfarrer, der ihm begegnete, mit Blattern und Geschwüren. Dieser Zauberjung hat greuliche Taten vollbracht und bekennet- wir erdichten allhier nichts in odium Petrum, sondern referieren pure, wie es an uns gekommen- daß sein Präzeptor in dieser Kunst gewesen sei ein Jesuit aus Molsheim, der ihn neben anderen Jungen so gut angeführet, da der Teufel in der Gestalt eines ansehnlichen schwarzen Mannes zu ihm in die Schul gekommen, hat bekannt, wie der Teufel in der Gestalt einer schönen Jungfrau immer bei seinen Taten gewesen, hätten viele kleine Kinder gelähmt und getötet, das Hirn aus dem Kopfe gezaubert,andere Leute vergiftet. Vieh umgebracht; einer Kuh hätte er sich in Rabengestalt auf de Nacken gesetzt, bis sie gestorben; einer anderen sich an den Schwanz gehenkt in Fuchsgestalt; davon die Kuh geloffen, bis sie gestorben. Er hat vor etlichen Patres Societas (Jesiten) bekennet.«Duhr prüft den Vorgang und bemerkt: »in den Archiven findet sich keine Spur von einem solchen Prozeß. Vergl. Duhr (1913) S. 505. Die Dokumente können verlorengegangen sein.
52. Wolf, Hans-J.: Hexenwahn. Hexen in Geschichte und Gegenwart. a. a. O.
53. Nebst Gott, sagt eine Reutlingerin, habe sie in ihrem Zauberheiler am meisten zu verdanken. StAR. Regest. 7764
54. Regest 7863
55. Walter Bernhardt. Die Zentralbehörden des Herzogtums Württemberg und ihre Beamten (1520-1629) 2 Bde. Stuttgart 1972. S. 16 ff.
56. »Es hat uns der allmächtige Gott diese vergangene Wochen (des Jahres 1619 wegen unseres sündlichen Lebens mit großer, erbärmlicher Wasserfluth heimgesucht, welche gleichsam durch das ganze Land großen, erschröcklichen Schaden gethan, Mühlinnen und Feldgüter über zerissen, große Fäll und Spält in den Bergen gegeben, große Erdfäll sich ereignet, da man ia nit anderst vermeynt, der liebe Jüngste Tag werde einbrechen, gleichsam alle Dörfer in dem Wasser gestanden und überschwemmt gewesen. Wird nach meinem geringen Verstand vor ein unfehlbar Zeichen und Vorboten des Jüngsten Tages gehalten.«
57. In Reutlingen überwacht der Stadtrat nicht nur die Religionshandlungen, sondern auch die Einhaltung der kirchlich geforderten Moral. Per Dekret wird verordnet, daß die Bürger die Predigten »besser und fleißiger besuchen sollen und daß an Sonn- und Feiertagen das Spielen auf den Plätzen zu unterlassen sei. Auch schickte der Rat Beobachter aus, die jeden, der beim Fluchen ergriffen wurde, mit einem Gulden Strafe- für den Gotteskasten- belegen. Während der Haupt-und Abendpredigten sollte sich niemand auf den Gassen blicken lassen. Überdies gingen seit 1643 Stadtrichter und Zunftmeister während der Haupt-, Vesper und Donerstagsgottesdienste durch die Straßen und treiben die Leute in die Kirche. Wer sich während der Nachmittagszeit beim Zechen, Spielen oder Balgen erwischen ließ, wird unnachsichtig bestraft. Wiederholt rügt die Obrigkeit das unziemliche Zechen auf den Zunftstuben und verbot immer wieder, daß sie Bauern an Sonn-und Feiertagen auf dem Feld arbeiten oder Kürschner ihre Felle wuschen.
58. Zu den Lamien erklärt Ellinger: »Diejenige Teufelsbreut/welche deß nachts die Gräberchen und Leichkärchen der Ungetaufften gestorbenen Kinderlein eröffnen/ und sie drauß stehlen/kocheh und sieden/unnd damit jhr teufflische Hexenschmehr zurichten/Zue welchem Ende dann/wie es die Erfarung und Peinliche Aussag an Tag bracht/die Zauberische Hebammen sehen wie sie können/daß sie die Kinderlein/wan sie noch in der Geburt stecken/jämmerlich umbringen.«
59. Aus einem Protokoll eines Verhörs können wir den Fall rekonstruieren. Darin berichtet ein ehemaliger Liebhaber der Großmutter, seine einstige Geliebte habe ihm eines Tages ein in einer Schachtel ein totes Kind von der Länge einer halben Elle gezeigt und behauptet, es sei

von ihm. Vor Gericht bestätigte die Großmutter die Aussage; sie hätte einst mit diesem Mann »in Unehren gehalten«; der Krieg habe ihre geplante Heirat vereitelt. Das Kind hätte sich »angelegt«, sei hernach aber durch einen »Fluß« abgegangen. In einem Schindelädlein habe sie den Embrio aufbewahrt.«
60. Regest 7869 vom 11. September 1661.
61. In seiner Predigt hebt der Pfarrer Enßlin lobend hervor; wie es fein sorgfältig einen christliche Obrigkeit bißher in dieser vor Augen stehenden verhafften Kinder Leibs und der Seelen hette lassen agelegen seyn. Sie weren auch von dem Ministerio täglich ohnablässig besuchet und in Gottes Wort christlich unterrichtet worden, ob doch diese arme verführte Kinder dem hölischen Wolf aus dem Rachen könnten gerissen und ihre Seelen errettet werden.

Schwarze Messe
1.-3. Zacharias. a. a. O. S. 114
4. Zacharias. a. a. O. S. 64
5. Lev. XVI. 2 ff.
6. Zacharias. a. a. O. S. 25
7. Zacharias. a. a. O. S. 88/89
8. Baudelaire schließt sich 1846 in Paris einer Gruppe junger Leute an, die im Zeichen der Revolte gegen die geistigen und sozialen Normen jeweils am Sonntag einen Satanskult einberufen. Seine »Fleur de Mal« erscheinen 1857 in Paris.
9. Leopardi stirbt 1839 im Alter von 39 Jahren und gibt kurz davor eine satanische Hymne heraus.
10. Carducci spielt in der italienischen Freimaurerei eine maßgebliche Rolle.
11. Zacharias. a. a. O. S. 25.
12. Die Phiboniten stellen eine gnostische Sekte dar. Ihr Kult geht in der Vorstellung auf, eine »Allmutter« verehren zu müssen. Sie hat »archon« ihren bösen Sohn, zum Gegner. In ihrer Vorstellung ist es ihnen gelungen, der Mutter göttliche (=gute) Kräfte zu rauben und diese in der Welt zu zerstreuen. Die Phiboniten stellen sich die kultische Aufgabe, dem Sohn diese (angeblichen) Kräfte (wieder) zu entreißen und sie der verehrten Allmutter zurückzugeben. Ihre Gemeinschaft entsteht in Syrien und breitet sich über Armenien bis nach Ägypten aus. Das Embryomahl ist ein logischer Schritt in ihrem kultischen Denken. Die Gefahr, daß das Reich des Bösen durch die Geburt eines »neuen« Menschen vergrößert wird, muß durch seinen Tod beseitigt werden.Bemerkenswert ist der geistige Ansatz.
13. Epiphanius. Panarcion haer. XXVI. 4.5. et. Holl.1. S. 2800
ff. (Migne PG XII, 337. Übers. Leisegang S. 190 ff.
14. Vergl. Reike: Diakonie, Festfreude und Zelos in der Verbindung mit der altchristlichen Agapefeier.
15. Zacharias. a. a. O. S. 42
16. Basilius. Homilia XIV. in ebriosos.1. Migne PG XXXI. 445 f. übers. BKV.Bd. 47. S. 319
17. Hier schwingt die Idee des prophezeiten Auferstehungstages durch. Der Ansatz, bzw. die Tatsache, daß es nur eine Behauptung ist, führt (auch) zu den großen Ketzerbewegungen. Die Kurie muß diese Idee weiterverfolgen, um nicht unglaubwürdig zu werden. So hilft sie sich mit der probaten Ausrede und sagt. »beim Herrn (dessen Existenz ebenfalls als realistisch in den Raum gestellt wird), sind eben 1000 Jahre wie ein Tag.«
18. Zacharias. a. a. O. S. 55
19. Es handelt sich um einen »wilden« Tanz, der ursprünglich zur Heilung bei Vergiftungserscheinungen, die durch den Biß der apulischen Erdspinne Lycosa tarantula hervorgerufen wurden. Eine Spätform ist die Tarantella.
20. Ludovikus archiepiscopus Gemesis in Stat. ann. 1445 tom. 12. Gall. Christ. col. 96.
21. Guibert v. Nogent. De vita sua.III. 17. Migne PL: CLVI. 951
22. Zacharias. a. a. O. S. 50
23. Aus dem Verhör des Hugeot de Bure vom 24. 4. 1310 (ed. Michelet I. S. 205 ff.)
24. Agathe, Frau des Denis de Lemion; von der Witwe des verstorbenen Regnaud Donete aus der Gemeinde Notre-Dame; von Jeanne, der Witwe des Guibilet aus Saint-Denis; von Jean Hubert und seiner Frau aus Saint-Vincent; von Marthe, der Witwe des verstorbenen Econet Kerguen aus Saint-Crois-de-Nantes; von Jeanne, der Frau des Jean Darel aus Saint- Similien (bei nates) und von Tiphanie, der Frau des Econet de Charpentier aus Saint-Clement-hors -les murs.
25. Seine Genossen sind: Gilles de Sillé, Roger de Brinquielle, Henriet Grisart, Etienne Corrilaut (genannt Poitu), André Buchet, Jean Rossignol, Robin Romulart, ein gewisser Spadine und Huquet de Brßemont.
27. Francois Prelati, Jean de la Riviere, Antoine des Palerne, Louis u. a.
26. Zacharias. a. a. O. S. 65.
28. Geb. 1553 in Bordeaux. Er wird von König Heinrich IV. beauftragt, in Labourd (Westpyrenäen) Untersuchungen über das Hexenwesen anzustellen. Diese Tätigkeit nimmt er 1619 auf. Er ist der Verfasser des Buches Tableau de l"Inconstance.
29. Vergl. Historie de Magdalaine Bavent, Religieuse du Monastere de saint Louis de Louviers".Paris 1652. Vor allem: Bekenntnisse der Magdalaine Bavent, einer Nonne im Kloster Saint Louis in Louviers, mit ihrer allgemeinen und testamentarischen Beichte, worin sie alle Greueltaten, Gottlosigkeiten und Gotteslästerungen bekannt hat, die sie sowohl im besagten Kloster als auch auf dem Sabbat begangen hat.« Aus dem Franz. übers. von Dieter Walter. Berlin.1989. Auf ihn beziehen sich meine Ausführungen.
30. Walter. Bekenntnisse. a. a. O. S. 7.
31. Walter. Bekenntnisse. a. a. O. S. 47
32. Walter. Bekenntnisse. a. a. O. S. 69
33. Vergl. Wof, H.J. Sünden der Kirche, bzw. Hexenwahn und hier das Kapitel über
die Schwarzen Messe. Beide Titel im Historia-Verlag
34. Walter. Bekenntnisse. a. a. O. S. 138
35. Walter. Bekenntnisse. a. a. O. S. 13
36. Walter. Bekenntnisse. a. a. O. S. 138
37. Als mehrere Giftlieferanten Mitglieder des französischen Hofes als Kunden benennen, ruft der König eine Kommission ein, um die Untersuchung fortzuführen und um über die Angeklagten zu richten. Sie tagt im Geheimen und tritt in einer mit schwarzen Drapherien ausgeschlagenen, mit Kerzen erleucheten Kammer zusammen (daher die Bezeichnung). Der König drängt darauf: » den abscheulichen Gifthandel so gründlich als möglich zu durchdringen, strenge Gerechtigkeit walten zu lassen ... ohne Ansehen der Person, des Ranges und des Geschlechts.« Er hat Angst davor, vergiftet zu werden.
38. Zacharias. a. a. O. S. 115
39. Der Pariser Polizeipräfekt Nicholas de la Reynie wird im März 1679 von Ludwig XIV. beauftragt, Gerüchten über eigenartige Zusammenkünfte und eine dahinter vermutete Verschwörung aufzudecken. Dabei kommt zutage, daß Personen aus der nächsten Umgebung des Königs in die Affaire verwickelt sind. Vergl. Francois Ravai son: Die Messen des Abbé Guiborg. In: Schwarze Me sen. Dichtungen und Dokumente. Pawlak.1970.
40. Rossel Hope Robbins erklärt: » daß die Chambre-A dente-Affaire möglichweise der einzige Hexneprozeß is der auf einem Element faktischer Wahrheit ruht, statt a den wilden Phantasien junger Neurotiker oder der morb den Logik perbverser Hexenrichter und Inquisitoren.«
41. La Voisins Tochter Matguerite bestätigt den Richter »jedesmal,wenn Madame de Monstepan etwas Neue zustieß, oder sie eine Verringerung der Gunst des Köni befürchtete, sagte sie meiner Mutter Bescheid, damit si Abhilfe schaffe. Meine Mutter suchte sofort Zuflucht be Priestern, daß sie eine Messe lesen ließen und ihr Pulve gaben, das dem König verabreicht werden sollte.«
42. Schwarze Messen. Dichtungen und Dokumente Hrsg. von Ulrich K. Demant. 1970.a. a. O.S. 76
43. Solche Pulver enthielten den Staub getrockneter Le berflecke, Fledermausblut, Kantharidin (hergestellt au feingemahlenen Ölkäfern, der »spanischen« Fliege un weiteren giftigen Substanzen.
44. Demandt. 1970. S. 70
45. Auszug aus dem Verhör des Abbé Guibirg vom 10 Oktober 1680 in Vincennes.
46. Zacharias. a. a. O. S. 125
47. Das Leben und die Memoiren des Scipio von Ricci, Bischof von Pistoja, Reformator des Catholizismus in Toscana unter der Regierung Leopolds ... nach eigenhändigen Manuskripten dieses Prälaten und anderer berühmter Männer des vortigem Jahrhunderts bearbeitet und mit rechtsgültigen Urkunden aus den Archiven des Herrn Commandeur Lap. von. Ricci zu Florenz versehen. Von Herrn v. Potter. Aus dem französischen. Stuttgart 1826.
48. vergl. vorausgeg. Fußnote
49. »Bezeugung der Aufführung der P.P. des heiligen Dominikaners, bei uns Nonnen zu St. Katharina von Pistoja 1775 dem Großherzog Leopold überreicht. Unterschrieben: Ich Schwester A.T. Mertine, manua properia. Ich Schwester B. Perracini, manua properia. Ich Schwester M.C. M.Bambi (manua properia). Ich Schwester G. Poggiani (m.p.) Ich Schwester C.G. Botti (m.p.)
50. Das Verbot trägt das Datum vom 6. und 10. September 1774.
51. Riccis Brief trägt das Datum vom 25. Juni 1781.
52. Auf bischöflichen Befehl und unter seinem Auftrag wurde vom 25. bis zum 30. Juni ein allgemeines Verhör durch den Pater Philipp Baldi im Katharinenkloster zu Prato, welches ein Dominikanerkloster ist, das aus 13 Chornonnen, 13 Layenschwestern und 5 Zöglingen besteht, abgehalten, um zu entdecken, ob Ketzerey, schlechte Gebräuche, Sittenlosigkeit und andere Untugenden einheymisch seyen. Deshalb wurden sämtliche Frauen, einzeln und zusammen, befragt ... Ihre Aussagen niedergeschrieben und von jeder Einzelnen unterzeichnet ... woraus folgende Resultate hervorgigen.«
53. Zum Einzelverhör der beiden beschuldigten. Beisitzerinnen sind die Schwestern Caeculia Antonia Salvi, jetzt Priorin des Klosters, die Schwestern Emarella Dragoni, Sindika (?). Die Originalarbeiten sind bei Potter verarbeitet.
54. Joris- Karl Huysman. Ein Okkultist,schreibt dazu das Buch La Bas. Darin enthüllt er Einzelheiten über zahlreiche in Frankreich im späten 19. Jahrhundert operierende satanische Gruppen. Boullan stirbt zwei Jahre nach der Veröffentlichung .
55. Walter. Bekenntnisse. a. a. O. S. 13.

TIANVS
F. ÆTA
GEO
ÆTA